U0666969

近代大型工業企業總部

《近代大型工業企業總部》提要

自一八六〇年代主張「師夷長術以自强」的洋務運動興起之後，中國近代工業開始逐步建立起來。在曾國藩、李鴻章、左宗棠、張之洞等地方督撫的極力支持下，江南製造局、福州船政局、開平煤礦、上海機器織布局、湖北槍礮廠、漢冶萍公司等官督商辦企業先後創建，均是開風氣之先、冠絶一時的大型工業企業。雖然創建初始，企業自身的技術水平、管理模式、生産效率仍與西方有着較大差距，但畢竟邁出了最爲艱難的一步。尤爲難能可貴的是，張謇等開明士紳懷着實業報國的情懷，衝破重重阻礙，投身近代工業建設，創辦了大生等知名工業企業，在中國近代工業化的過程中，發揮了不可替代的重要作用。

本總部主要收録晚清時期産業規模宏大、影響深遠且資料較爲豐富的大型工業企業的相關文獻。本總部下設《江南製造局部》《福州船政局部》《開平煤礦部》《上海機器織布局部》《湖北槍礮廠部》《漢冶萍公司部》和《大生紗廠部》。緯目包括論説、綜述、紀事、藝文、圖表，各部緯目根據收録文獻的特點與内容進行設置，故而有所差異。

目録

江南製造局部 …… 一二七一

論說 …… 一二七一
綜述 …… 一三〇〇
紀事 …… 一三二六
藝文 …… 一四四〇
圖表 …… 一四四〇

福州船政局部 …… 一六八九

紀事 …… 一六八九

開平煤礦部 …… 一九七九

論說 …… 一九七九
紀事 …… 一九九六

上海機器織布局部 …… 二〇四五

綜述 …… 二〇四五
紀事 …… 二〇七七
藝文 …… 二一五七

湖北槍礮廠部 …… 二一五九

綜述 …… 二一五九
紀事 …… 二一六七
圖表 …… 二一九三

漢冶萍公司部 …… 二一九九

綜述 …… 二一九九
紀事 …… 二二四五

大生紗廠部 …… 二五七一

綜述 …… 二五七一
紀事 …… 二六一〇

江南製造局部

論説

魏允恭《江南製造局記》卷七《工程·槍件鉗工》 裝焊準星座每工十件，絞彈膛每工十件，鎈準星粗胚每工十五件，裝準星每工四件，燒焊牌座每工四件，光磨槍管每工三件，裝配牌座每工四件，裝配準箍每工四件，槍件烘藍每工二十付，鎈改牌簧每工七件，光磨綫牌副座每工十一件，槍件發藍上色每工一件，校準槍枝每工五件，光磨機槽每工八件，裝配機管每工十件，裝配機槽每工二件，裝配扳機每工四件，光磨扣機每工十件，光磨彈倉邊綫每工八件，鎈改彈倉粗胚每工五件，裝配彈倉每工二件，鎈改小螺釘每工二十件，造彈挑蟠簧每工十六件，扣機蟠簧每工五十件，扳機架蟠簧每工四十件，停機鈕蟠簧每工五十件，彈袋鈎蟠簧每工五十件，刀帽蟠簧每工五十件，定箍紐蟠簧每工五十件，鎈彈挑胚每工四件，光機管每工四件，光擊針每工八件，光鎈落彈釘每工二十五件，光磨停機紐每工六件，裝配機管每工二件，裝配落彈釘、退彈鈎，每工三件，光磨上箍每工四十二件，光磨下箍每工十五件，光磨下箍簧每工十件，光磨下箍皮帶環每工七件，光磨環座每工七件，裝配皮帶環每工十件，鎈改鉄護每工二件，光磨槍探每工六件，鎈槍探槽每工十件，鎈改刀坯每工五件，鑽刀護手眼每工十六件，光刀每工五件，光鎈刀護手每工七件，鎈改刀柄頭每工二件，裝配刀刺每工二件，配刀柄木夾每工八件，鑽刀柄眼每工八件，光磨起子每工十件，光磨零件每四工二十件，擦機槽每工一百件，擦槍管每工一百件，擦彈倉每工十件，擦鉄護每工一百件，裝配零件每工二十付，配造下托每六工十一件，裝配上托每六工四件，絞準槍膛每工十件，鋸改槍托粗坯每工三十件，鏢木片每工八十件。以上除鎈改各種車刀，配造各項車牀、刀架零件工程不計外，共計槍件正項鉗工，並雜工，九十餘道。用鉗匠並木匠、鐵匠等約二百人。有派一匠兼造數件工程者，亦有派數匠合造一件工程者，以多匀寡牽算，每日配成新槍十二枝。自光緒三十一年正月起，每禮拜配成新槍七十二枝。

魏允恭《江南製造局記》卷七《機器·機器九種釋要》 一滾牀，其刀式如兩輪相夾，而中貫以軸。用時開動總輪，其刀即旋滾，於所車物之外面逐削，以至合度。其所滾之物，有一模型，附之其滾刀之內口，適如其模型。故每滾一物，必易其滾刀，其移動之法，爲物架漸移，而刀架不動，其全機之形，爲立體。

一洗牀，略如鑽牀之理，而其洗桿之刃爲平頭，頭之平面有多齒，略如銼。用時開動總輪，其洗桿即旋轉，於所欲洗之物之某部，其異於鑽牀之。故以鑽牀，則鑽桿進退由淺而深，此則物架進退，而洗桿不能移動，且不能深入。其洗去之處，不過刨去一層，其洗桿之大小，亦隨物而更換，必使其與所欲洗去之某部合度。

一鍘牀，其理略同立體鉋牀。其所異者，刨刀之式，略同車刀，此則略同洗桿。其鍘法一上一下，雖無異於刨，而其所以上下之法，刨牀爲曲拐摇桿，此爲天平俯仰，刨牀用削外面，此則用切内膛也。其鍘刀架，可使鍘刀伸縮，但鍘物之時，刀架不動，而物架微動，以就之其刀，亦因物更换，且有精粗之别。

一直鑽牀，其鑽桿能上下，其上下之法，或以螺絲，或以桿壓，有單桿至多桿之别。大概大鑽皆單桿，小鑽有多桿，所以便於用也。假如於方寸之物，連鑽三小孔，甲大於乙，乙大於丙，而其差不甚殊，則用多桿之小鑽牀，裝就大中小三鑽頭，或一人，或兩人皆可就，此一部鑽牀，而畢其事。如無多桿鑽牀，則既畢甲孔之後，又須移至乙孔之器，多一器即多一番功夫，且多占一分地位，大鑽用力較巨，故不能多桿，其鑽刀亦視物而更换其式。

一横鑽牀，其理同於直鑽，然直鑽所鑽之孔，小者多不過一二寸，大者多不過五六寸。横鑽則可鑽孔至數尺，有單桿與雙桿之分，而其理無二。其進退之法，物架移動，而鑽架不動，其移動之機，或齒桿，或鍊錘，其鑽桿亦視物而更换，此機專以鑽槍管内膛，他物罕用之者。

一刨牀，其刀略如車刀，其刨桿之進退，以曲拐摇桿行之。其刨路之長短，視曲拐之大小爲定，所以亂車面也。有單刨與雙刨之别，其理無異。不過雙刨，可以兩人同時工作，既省機器，又少占地位也。

一開齒牀，所以刻各種輪輻也。其轉動之遲速，有機輪制之。凡開齒刀之上下，能使適合，其齒之大小疏密，而無毫釐之誤，其刀以齒之大小深淺而更换。

一拔牀，所以拔槍桿内之來復綫也。其法與横鑽之用相反，鑽牀旋而送入，此則旋而抽出，故名曰拔。其拔桿之一端，刻一長方孔，孔内置小刀一具，其刀之寬窄，與欲車之來復綫相等。其旋轉之周數，即爲來復綫所繞之道數。其制用弧弦式之齒尺，可以增損其所繞之路。

一車牀，其種類甚多，舊式有手執刀架者，而近式皆自行刀架。大約車軟鋼，每分時車行五十尺。車硬鋼，每分時止可三十六尺。其刀式甚多，各視所車之物體而定，其率本局已譯有車牀工程嫥書，茲不贅述。

魏允恭《江南製造局記》卷七《攷驗・槍機比較略説》 查今所造毛瑟槍裝子之法，勝於十三連發之呍啫士槍，哈乞開斯槍，及九連發舊式毛瑟等槍。呍啫士槍裝彈用一副筒，筒内有螺絲簧，裝時將十三彈，逐一由管右旁之門，直送入内，頭尾頂接，發數雖多，然忙迫之際，或手太猛，或簧力太硬，或失於計數而多納一彈，則往往碰動引火而非理轟發，甚爲危險。九連發毛瑟槍亦然。哈乞開斯槍雖納彈於槍柄，而其弊亦同。又呍啫士槍既裝彈在前，則每放去一彈，其前段之重即減去若干，逐節遞輕，則左手手勢必有逐發遞高之弊。哈乞開斯槍彈裝於後，其弊乃相反，而逐發遞低。今造槍五彈平行，叠放於機管下層，用彈挑托至合宜之地位，而入彈膛能免此二病，美之。黎意槍，亦同此理。故德國一千九百零三年之新槍，不過略變其式，而未改其法。

查今所造毛瑟槍，其機管可以隨時取去，不必助以刀鉗等物。其裝入亦易，實乃行軍最宜之法。蓋當兩軍相接之際，或不得已而敗退，復不得已而棄其槍械，皆戰場中不可有，不必無之事。若以精利完全之器，委之敵人，則藉寇齎盜，莫此爲甚。故西人於成槍之後，首先思如何可以去其槍之最要部分，使敗時委去，敵人得之，仍與廢槍無異。如呍啫士槍，及馬梯尼槍，黎意槍等，亦可折去其要件，然非用開螺釘等器不可。呍啫士槍用螺楔去其兩旁蓋板之螺釘，而撬出蓋板，方可取去紐機連打火針之二曲節。馬梯尼槍亦需用桿舂去出其邊上簧銷，乃能取出其機。黎意亦需用刀撬出其壓拉殼鉤之蓋板，取去拉殼鉤，乃能退出機頭。舊式毛瑟，雖可不用刀件，然尚多一螺絲蓋，必旋去其蓋板動閘機，方能退出機頭，其裝上亦費事。快利槍退出雖易，而裝入尚難，亦不得爲盡善。苦戰之際，安能得此閒暇，而此槍只用左手指壓住扣機，即可抽去機管，甚爲便捷。故一千九百零三年之新槍，仍用其法。裝時，只將機管向内一舂，即已入槽。

查今所造毛瑟槍之勝於快利槍，以彈子出膛時，坐力較輕。快利槍受坐力處，在機管後段，震力頗大。今造毛瑟受坐力處，在機頭，故放槍者，可以少受震動，既省力，而并易取準。故一千九百零三年之新槍，未改其理。

查今所造毛瑟槍之勝於黎意槍，以裝子法較佳。黎意槍雖亦五子平叠裝入，可免以上所言各弊，然其彈未放完時，欲出其彈，必將子匣卸下再裝。其裝匣之法自下而上，尚覺多費時刻。今造毛瑟槍，其子匣作兩薄片之夾式，自上而下，納入護手弓之内，五彈放完，匣自墮地，放者即可納入第二個子匣，如此循環叠進，較爲便利。然西人猶以護手弓爲多設，而改去之。改法詳另條。

查西國造槍之法，恒有一人先發明造槍管槍彈之理，如管徑大小，螺紋條數道數，及子藥重率。而一人專思槍機，故往往槍件改去，而槍管槍彈不變。

查來復綫之深淺，視鉛彈與鋼彈爲定。鉛彈性軟，易於擠密，故來復綫可深。鋼彈性硬，擠密較難，故來復綫宜淺。近見西報載，美國造一種新槍，來復綫更淺，而出彈更遠。推原其故，當必改來復綫之平槽，而爲凹圓槽，擠彈更密。或於鋼彈之外，及包鉛殼一段，其擠入來復綫更易密，故也。

查毛瑟槍之放法，其機件較快利槍，多至兩次扭轉，似不甚便捷。快利槍機直抽直送，往來甚速。但其機不甚佳，以後如能加意攷察，參互其機件槍管，另成一式，則當更速矣。

查舊毛瑟槍之弊，另有一端，爲不可不知者。其退殼鉤之所連箍簧，用以箍連機管頭者。遇兵丁不諳槍件之人，妄用手力，往往易於扭斷。蓋此件必歸直線，乃可抽出，或有下半節離其部位，則必至斷其箍簧。見近日所修之舊毛瑟槍，犯此弊者，十有八九也。

查今所造毛瑟之件，其退彈鉤，亦有弊病。必匠人焠火，及車槎之法，得其甚合之度，方可，否則有折斷，及鉤退彈殼不得力之患。故最新毛瑟，改去其式。

查今所造毛瑟之擊針盤簧太硬，用時恒覺費力。蓋不如是，則不能扭轉其機，尚不得爲完全之器。故最新毛瑟，已將盤簧改軟矣。

查今所造毛瑟之護手弓彈挑裝彈法，雖較他槍爲佳，然似太大，既增重，而復占地步。故最新毛瑟，改成兩片平叠，中夾折叠簧之彈托法，而改去護手弓，及彈挑。

查今所造毛瑟之望牌座，先皆焊連槍管之上。若連放至百出以後，槍管受熱甚大，焊藥必鎔漲，而望牌有摇動之弊，因而廠中有欲改去其法者。然此論尚非至理，蓋焊藥走動，係連放百出之故，使中有停止之時，則無此病矣。兩軍即當猛戰，亦無有連放百出，而不少停止之事，故其弊尚不爲大，但欲其無病，須改用螺釘之法。

查今所造毛瑟槍，近日於槍管左手托槍處，添木護罩一件，以護手。使握槍者，指着木而不着鐵，槍管熱時，持槍之人，不至因火熱所迫，而停放。然木護罩之裝，甚難，因其間適有望牌，必將望牌取去，乃能摘開護罩。今參仿最新毛瑟槍式，將望牌改狹，可以用手取去護罩，已造有成樣，備驗。

查今日以後，如欲仿造最新式之毛瑟槍，有最難者四端，一，改子鈎之簧至佳而至難造。二，彈托之三疊折簧，焠火甚難合度。不合度，必折式失力。三，其機管上有一套機一件，徑不及半寸之内膛，有此式，而非字式之凹槽三道，無此機器可以車成。若用模鑄成，亦仍需修光，非尋常車牀所能工作。四，其各機理法同，而形式異，其用工成件，更費於今造之槍。非有明文，無從專門試造。

又查英國馬克綏姆廠，有自放槍。其放法，第一器槍彈，用人力，其第二彈以後，則均藉槍子之坐力，以運動各機，至爲精美。今礮廠中見有數尊自放礮，其理大同小異，然其中之機件及簧，至爲難造。

查今所造槍有落彈釘，而黎意，快利皆無之。或云可以省去，殊不知快利，黎意之退子鈎，皆單鈎，其着力在一面，故單殼退至全出藥膛，而下子上行抵之，自能跳出。而毛瑟式係雙鈎，對面着力，無論退子至何地，永爲扣住，非下子上行之抵力，所能令其跳出。故必有落彈釘，力推其尾之一邊，乃可躍然墜地。呍喏士，雖亦雙鈎，然其下子上行之力甚大，且其鈎之位置，爲上下相對，而鈎頭甚窄，故下子向上之力，能令其鈎之一邊脱去。毛瑟槍之鈎，爲左右相對，鈎頭甚寬，下子上行之力復小於呍喏士，故不能省去落彈釘。一千九百零三年之毛瑟槍，雖未嘗有落彈釘，而扣機頭之第一齒，長於舊式，而機管頭之直槽爲通槽。退機時，扣機之齒能切入槽内，行至機管頭之前分許，仍以代落彈釘之用。

查今所造毛瑟之退子鈎式，比各槍較寬，是爲退子鈎中最佳之法，不特黎意等槍之偏鈎所不及。即呍喏士之雙鈎，亦所不及。故新毛瑟，雖改去鈎制，而寬窄不改。凡單鈎遇彈殼之漲大者，往往有鈎之不出之弊。雙鈎固無此病，然鈎頭狹者，有時竟不免鈎斷彈殼。今鈎制從寬，可免此病。

查今所造毛瑟槍裝刀刺之法，從左邊嵌入，故爲偏刃。當時以裝在正面，能礙通條之安置方向，故也。然偏刃之用，終不如正刃之用，力大而順手。故新毛瑟，將刀柄内膛車去一分，而從下面正插入槽，其通條正切入其刀柄内膛車去之空處。

查德槍與日本槍之别，其最關係者，爲螺線及管徑管長。日槍口徑六密里五，而分螺線八條，槍身亦長於德槍五十密里。故德槍於距一百密達之處，僅能擊鋼靶深五密里有奇，日槍可擊深鋼靶至六密里八。故知槍管口徑收小，螺綫增多，管身增長，則繞力愈顯，漲力愈大，而彈子之飛路更直更遠，擊力亦更大，此近日槍制不以增大口徑爲貴之明證。

查今所造毛瑟槍之望牌，初有副牌，近乃改去。其起牌之法，向後扳之至立直，然後移動其準簎，而號碼止牌葉上有，而牌座無之。最新式，則座上亦有號碼，且起牌爲向前推動，其測法更佳。

近年，我國既用後膛槍，於是各營中，凡用後膛槍，皆有拆開各機之事。然其法，止可爲深明槍機，及出自學堂之兵士而設。若招充之額兵，亦令如法爲之，必有簧折鈎斷之病。如爲習練敗退時棄槍，及檢陣亡兵士之槍，令成無用之棄物，則止需習練將槍之機管全部抽去，易而且速，又不至傷及機簧蓋槍之機管全部爲物不大，衣袋中亦可容，皮帶閒亦可佩也。如必欲逐件拆出，而去其機簧，則諳熟槍機之人，至少亦必半分鐘之久，方能從容料理，恐我國兵士決然無此整暇耳。

查驗槍件，其中弊端不一。有最宜留意者，一爲機管頭與後膛口之密合處，微有不合，則有漏火之弊。二爲機管頭之頸，及機管内槽之密合處，微有不合，則易傷退子鈎。三爲機管與後機管之兩斜面，如粗而毛，則滑力不易顯出。四爲保險扭之長短，及其受轉動之凹處，微有不合，則失其功用。五爲擊針尖之焠火，及車工火力之過不及，與中心之偏，及枉皆有害。六爲蟠鑚之火力，以擊針簧爲最要，保險扭簧，及碰機簧次之，過不及，皆失其命中。七爲探插與木殼，及機槽凹凸相接之處，不合度，則多受震動力。八爲槍管外面，如有不平直之處，能令目力測量不準。九爲木殼木宜乾，不宜濕，因濕木爲之不耐久，且難切合於槍體也。

魏允恭《江南製造局記》卷七《攷驗・槍機説》 機槽：上端作管形「如圖一」，其内部有陰螺紋「甲」，所以接連槍管也。螺紋之後，有横槽一周「乙」，以容機管甲伸二邊之凸體切入，使彈子出膛時，機管不爲坐力所震而退也。機頭退離少許，即有漏火之患。槽之左右，各車去一分，與中段平如子仔，子以容機管頭之左右二凸體切入，仔以讓機管甲伸二邊之凸體抽退也。當開後膛時，機管旋轉，其甲伸離開乙槽，正與仔之平路相切。管之外，下面「丙倆」一凸二凹，所以承探插也。探插甲處，與此相連，乙孔用螺釘連於彈倉，丙孔承槍探之末。管之後缺，其上作槽形，機管頭出彈殼，及裝彈入膛之路也。再後以至中段，則上下皆缺，所以內彈入倉也。右口并缺，其邊以容機扭柄也。後段上缺下全，復作槽形，爲機管全部作推路也。其左邊外有兩耳「丁」，耳各有小孔相對，以連扣機也。耳之前有二長方孔，「戊伐」，戊小而縱，伐大而橫，直通內部，以切入扣機之丙丁二齒也。下面有橢圓孔，己，亦通內部，以切入扳機頭也。其孔前有垂舌式之體「庚」，體孔之交，左右各有半圓式之小凹「辛」，兩凹相交處，壬，有小孔通之，所以銷連扳機架也。庚舌以制扳機橫也。尾之上面有直槽一道「癸」，以容機管尾甲之切入，使機管尾，不爲扭柄旋轉時，所牽動而誤轉也。其下面有半圓形，體稍厚而開一孔，孔內有陰螺紋，所以貫螺釘也。此釘即有套管之通天螺絲，下連護弓，上連機槽，中套一管，而通過木托。其附件爲通天螺絲，一套管一。

扳機：共分爲三事「如圖」：第一事爲，架前後各作夾式，共有六孔，兩兩相對，頭部夾式「子」，其兩孔所以銷連於機槽之壬也。夾之下小管「丑」，內安蟠簧，正對於機槽庚舌，以凹凸力制全機之運動，使閘機能上下以制擊針之發縱也。中段「寅」以安機閘，其旁孔卯以銷連二物也。後端夾式「辰」，其兩孔以銷連扳手鈎也。第二事爲，扳機閘，納於扳機架之寅，而銷連之裝合全機時，其子面從機槽之橢圓孔「己」通入，當機管納彈於膛之後，扭柄旋回原位之時，此閘正扣住後機管乙之凸體，使擊針仍然撐開，必以手鈎其機尾，此閘與乙體相離，擊針乃突然椎其彈之引火，而彈乃轟發也。第三事爲，扳手，即扳機尾之下垂，於彈槍後端「辛」處者，其孔「子」以銷貫連於扳機架後端夾式之「卯」孔內，其丑處頂於機槽橢圓孔之後，以曲節爲張弛，俯仰之法，使機閘能離合於後機管也。其附件爲小蟠簧，一等徑等長之銷三。

扣機：「如圖」甲處二缺，及其小孔子，所以連於機槽左邊之兩耳也。圓凹乙，以承蟠簧也。首部第一齒丙，從機槽之戊孔，通入內部，其厚正與機管機頭甲甲二凸體之小直槽相等，使機管向後抽退之時，此齒切入其中，所以抵落彈釘，使向前也。其第二齒丁，從機槽之伐孔通入，內部以扣其機管之凸體甲，使機管全部向後抽退，僅至適合之分，而不至脫出也。如欲取去機管，則以指按此機之戊處，使丙丁二齒退出少許，與機槽內部平，而機管即可抽去矣。其附件爲小蟠簧，一銷一。

機管：全體作管形「如圖」，右有柄，以扭動全體也。管之中作滑膛，以容擊針，及其蟠簧也。管頭外有二凸體「甲伸」，當彈子入膛，機管旋復原位時，二體切入機槽乙之橫槽內，使彈雖發坐力，而全機不能震動也。甲部有小直槽一道，其寬與扣機之丙齒等，使退機時，扣機之丙齒，適能行過其中，而切入機管頭之乙槽內，以抵動落彈釘也。退機時，機管旋轉，而改其方向，甲槽與機管頭端之丑槽正相接。頭之內部，有小橫槽一周子而微缺，其邊口之一小分人，所以容機管頭小方形丁之插入旋轉，而扣住之也。尾端作斜缺口，如乙與後機管之斜段，正負相切，互以滑力，旋轉離接之，使擊針蟠簧發出凹凸力，而擊彈出火也。其一邊之小凹「丑」，以受停機扭半圓桿之閘力也。

機管頭：全體略作管形，上寬下細，後端剖而爲之。「如圖」頭部之徑與機管等，右邊缺處「甲」，以附退彈鈎也。頭部向左作月彎一道，如乙與退彈鈎，左右相輔，而鈎出彈殼也。彈殼後有槽一周，鈎，適切入其間。左邊凸體「丙」，其後端有十字槽，所以安落彈釘也。頭端小孔「子」，落彈釘所出之路也。丙旁有小直槽一段「丑」，與機管甲部之直槽寬狹相等，使退子時，扣機丙齒直入其中，以抵落彈釘之十字尾，其釘頭即由子孔挺出，而擊彈殼離鈎也。頸下徑與機管內膛等，其一邊有小方齒「丁」，所以切入機管前段內部之小橫槽，使二事相連也。裝法以丁齒對機管頭部之小缺處而插入，插入而旋轉之，則齒入槽內而不脫。欲取出機頭，仍旋令丁齒對缺口而拔之。後段剖開之，所以夾輔擊針之乙部也。中心有孔「戊」，直通頭部，以出擊針尖也。【略】

停機扭：「如圖」甲爲丙以執手也。乙爲桿之後段正圓如柱外套蟠簧，其前作半圓形，如丙丙之子面凹處，正與機管圓體相合，納入後機管之上管內，其桿與柄相連之處，爲機管尾所壓，而顯其簧力。當彈已入膛機，管柄旋歸原位之時，後機管爲扳機閘所扣住，機管與此機離開。丑處小凹正當此半圓桿頭之下，可以扭轉甲柄，使半圓桿之凸面頭閘入丑處凹內，則後機管與機管爲此桿所撐開，雖鈎動扳機擊針，仍不能。動欲其發彈，必將此機旋復原位，使擊針簧力仍歸於扳機閘，乃可鈎動扳機尾，而發彈。因此而彈雖已裝，必不至非時誤發也。其附件爲小蟠簧一。

機尾：「如圖」此機有三用，內螺紋甲以連擊針也。小凹乙以容停機扭柄尾之旋轉，兼以閘住之，故外徑與機管徑相等也。小方齒丙，以嵌入機槽之後直槽癸，使後機管頭，及擊針能進退，而不能旋轉也。

以上爲後膛機件全部，其理最繁，當其各事連合之時，各有專用補助抵制之功。其各部變動之法，略解如下。

一各件全闗之時，機管頭切定後膛，而機管之頭部甲伸從機槽仔部，向右橫旋，而切入乙槽之内，機管與後機管之兩斜面交互切合。擊針之尖透出機管頭中孔半分許，爲原式一機管柄左旋扭轉向上至足時，其甲伸二部已離開機槽，乙部而轉至仔部，與機管頭丙部同一方向，機管及後機管之兩斜面，已交互移至高度，而兩相頂接擊針之尖，已退入機管頭内，爲第一式。

一機管扭轉各事變動，而向後抽退至足時，其機管全部離開，機槽其一切位置，如上式而扣機之甲齒，切入機管頭丙，及機管甲之直槽内，而丁齒扣住機管甲部之下，爲第二式。一各件全闗，而扳機未放之時，機管切定後膛機管之甲伸二部，旋入乙槽，如上式，而機管與後機管之兩斜面，雖正負相對，而尚未切合，擊針之尖退入機管頭之内，後機管之下面凸體，爲扳機頭所扣住，爲第三式。

參此三式，可知機管能轉動，而各件不能轉動，故機管能將後機管撐開。其各件所以不能轉動之故，因機管頭爲機槽子部所制，擊針爲機管頭頸下剖分處所制，後機管爲擊針所制，機尾前連擊針後，又有小齒爲機槽後段之直槽所制，故僅能直進直退，使各機俱完全其所作之事。

彈倉：全體略作弓形，故俗名護手弓，裝於木殼之下，以貯子彈袋也。如圖頭部有孔甲，所以貫釘而連於探插也。略後有凸式之三角體乙，其向前之一邊，三角式之一邊。有圓孔子直通内部，所以納起彈挑之機也。即起彈挑頭。以下直剖爲二，至後段方合，以容各機及子匣也。其三角體後之内部，兩邊相連處丙，以制彈挑，使上托至適宜之地位也。丁孔兩邊相對，以銷連彈挑也。戊孔以銷連彈倉底板也。其内部之小斜槽二，相對天底板兩足所切入也。又其後刻而方之即子匣位也。其後有二小孔，兩邊相對庚，所以連子匣鉤也。其後端相連，而橫刻作楕圓形，上面有孔壬，以出扳機尾也。其附件爲螺銷三，蟠簧二，通天螺釘一，底板一，其各件安設之法，視圖自明。

起彈挑：一如圖一甲孔以貫銷也。乙處圓體，與簧機相抵制，而發挑力以逐一托彈入膛也。丙處作挑式，而圓凹其體，以合彈殼之圓凸面也。

起彈挑頭：一如圖一甲處以抵彈挑之乙體也，柱以套簧也，尾孔丙上機時，貫銷也。上彈挑頭後，欲上彈挑，須用一活銷，銷住丙孔，使束住簧力，乃可上彈挑，否則簧力甚大，非一手所能兼及。

子匣鉤：一如圖一甲處以鉤子匣，乙處以安簧也，上機時，乙面正對彈倉之後。丙孔以貫銷也。欲起出彈匣，將機管抽開，用指從彈倉下面之楕圓孔内，力按此鉤之尾，則鉤頭鬆開而彈躍出。

探插：即通條插一如圖一其曲處，甲合於機槽之丙俩處，其頭部有孔乙，内有螺紋，所以貫釘而連於護手弓也，其直孔丙所以插條也。

槍筒：一如圖一甲準星接合處也，乙望牌位也，尾端陽螺絲以連機槽也，管長二十九寸二分，彈膛及交界肩接處，長三寸二分，管内分螺紋四條，螺距與螺紋之寬相等。每十寸繞一周，共繞二周又一周十之六。管口内徑三百十一釐，計德量七密里九。外徑四分七釐，半彈膛内徑四百七十釐，外徑一寸一分半，重三十五兩七錢八分。

望牌座：一如圖一裝連槍筒之乙處，無機動之理，照星則桿連槍筒之甲處。

表尺：共分爲四事：一如圖一一爲，座用藥焊連槍筒之乙處，以承表尺及其簧也。一爲，簧所以制表尺之俯仰其尾端一孔，所以貫釘而連於座也。一爲，尺面刻號碼尾用銷貫於座上也。左邊有齒一道，所以令箍齒之切入，以表定欲擊之度數也。一爲，箍横套於尺之外，可上下移動，左邊有横齒適可，切入表尺，齒内而指出欲定之度數也。欲令箍行動，以手推動簧齒，使與尺上齒離開，自能或上或下，逐一移動。舊式有副表尺，一貫於尺銷之上。銷釘内，有小蟠一件，以制其俯仰，今改去矣。

木殼：一如圖一其内部之各孔，各槽，適可以容槍之全事。其頭部有小孔，直貫至後端托柄之灣，以插通條也，頭端以套頭箍也，中段以套下箍也，尾二孔以銷連護鐵，使槍頓地時，不至傷及木殼尾也。下面有楕圓之凹形，以承背下環座也。

近又增木護罩一件，一如圖一在表尺之一面，與木殼相輔，使執槍者，放槍時，不爲火熱所逼，而至傷手也。

上箍：一如圖一甲處以裝刀刺也，乙孔以貫螺釘，而連於木殼也，下箍一如圖一與上箍並爲束連槍體，及木殼之用也。有簧一枝，首端之首，有齒以切入甲孔，使箍不能移動也。其後端，則連於木殼。以上三圖，無機動之理。總圖有之，分圖無。

刺刀：一如圖一其尾有簧機，以扣住頭箍之甲處，使刀不能退出。欲去其刀，須以指按其子面之圓體，使扣機離開頭箍之槽，乃能取下也。其刀護手之一面作圈，與槍筒外徑等，所以套於槍筒之上，刀乃着力，可以擊刺也。以上五圖，均合總圖。内餘銷簧螺釘零件另表。

銷	簧	螺釘
扳機銷，	扳機簧，	彈底板螺釘，
扳機頭銷，	擊針簧，	彈袋鈎螺釘，
頂頭銷，	彈挑簧，	扣刀螺釘，
箍紐銷，	箍紐簧，	表尺座螺釘，
扳機架銷，	望牌簧，	起彈挑頭螺釘，
扣機銷，	扣機簧，	表尺板簧螺釘，
望牌座横銷，	停機紐簧，	上下箍螺釘二，
刺刀木夾銷釘。	彈挑機簧，	彈倉後裝聯機槽螺釘，此釘外套一件，
	扣刀簧，	彈倉前螺釘，
	下箍簧。	環座螺釘二，
		托尾螺釘二。

魏允恭《江南製造局記》卷八《工程・十五生快礮工程次第並分別上中次三等工作攷略》 查造十五生快礮，鋼管鋼箍各料到齊，照圖樣尺寸點明，先將各箍內徑車成，毫釐不得草率，次車外徑必留大二三分，以備再有車配地步，是項工作係用二等工人。至於鋼管必先上車床，較正其頭尾中三段，倘曲直無幾，均能合用，將三段約略車平，尋裝上鑚內膛機器，鑚第一次是謂粗坯鑚畢，仍過原處車床，照圖樣分段，應先用何項箍，將其內膛尺寸，細心量準，依法車配，此係套上內箍之舉動。車事工竣，即裝下套礮缸處，箍已烘熱，即分段套上，俟其礮身無熱，仍起上過原處車床，又照圖分段，取所用之箍，量準車配，照前裝下套礮處分套外箍，此數事告竣，該礮之根基立矣。以上工作非上等者，不能爲之，且車是礮外徑礮尾螺絲，並火藥膛位拔來復綫，及刨礮尾螺絲分數，又車配是礮螺塞及銅鉸鏈，以上數種，均係上等工作。鉗工鎈配螺絲塞各件，一律裝成全套合式，開闔靈便，能適於用此項工作，亦非上等者不克勝任。是礮工竣，外徑仍要打磨光潔，略無疵病，此則用三等工匠爲之，可也。隨是礮所用之大小件，無論車刨鑚，及鎈配用上等作者，十居其六二等者，十居其三三等者，十居其一再礮架所用各件，務照圖樣，先行一律劃綫，分別車刨，鑚。三項工程，其中最宜細意攷究者，乃退力箭也。礮架各件，專用鋼銅兩種，其工程則上等作者，十居其五二等者，十居其三三等者，十居其二裝配是架，全副合式，造架之人，亦係上等工匠。至二等工匠祇打磨一切，照圖鎈配成件而已。至於拔鑚眼位，或鉸螺絲，或鏨鎈架邊等處之工作，則不必定須上中等工匠矣。

魏允恭《江南製造局記》卷八《機器・汽機攷略》 查礮廠八十馬力汽機，係平卧雙汽筩康邦機器，汽筩連於架座之上，汽罩砌於汽筩之旁，平面挺桿，行動於架面鍵鋪之內。鍵鋪蓋條用螺絲釘連於架座摇桿後端，與挺鍵之鍵相接。其前端接拐軸，以摇動，曲拐兩心輪套於大軸運動。全廠皮帶雖號八十馬力，其實有五百馬力，又三十馬力汽機亦係平卧雙汽筩，與八十馬力相似。惟闢汽門之處，多一遮板，而無康邦機器下有四輪，可以行動，並連汽爐一具，每届年終修理八十馬力汽機，始行開用。

以上汽機：機床，及起重架、汽錘、汽爐、平台、虎鉗等，約合規銀九十一萬四千兩。

魏允恭《江南製造局記》卷八《攷驗・雜記四則》 漲力。漲力者，火藥所化之氣之力，開放礮時所利用者也。漲力大，則推力大，速力亦大，然此力增長過快，恐子彈不能得藥之全力，且或於礮體有損，亦用藥時，不能不審酌者也。今日礮管加長，子彈加重，故藥餅遂有七孔一孔之分，黑藥栗藥之別，皆取其燃燒少慢，以逐漸增加漲力也。至進而用無煙繩藥，則益臻美善矣。漲力既足，壓子彈循來復綫宛轉而前，則爲推力，子彈出口按中心綫飛行，如箭鏃之赴的，則爲速力，以至坐力退力震動，力莫不由漲力所生也。量漲力器具有二，一羅德曼，一銅柱。

退力。夫礮之不能無退力也，鑄礮者，所無如何也。各種臺礮，類用退力蜜箭以抵制此力。至陸路過山小礮，取其靈便，不復加用此箭，一經施放，遂有連礮架退二三密達者，矣西人病之，或製鏟板輪鈎，或用三角坡墊，其法不一，即本局廠員亦曾有用鋼夾箝住兩輪之議，可見講求此事，中外皆同。然至今日，東西各廠，大都皆用蜜箭矣。

量礮機器。外洋各廠，莫不有量礮機器。前德人哈卜門查勘廠中，亦以爲言。今舉西廠所用此項各機器，名目列下，曰回光鏡，曰酯燈，所以照礮管也。曰礮管準，曰量徑尺，曰星表，曰準桿，曰鋼劈，所以量管周膛徑大小長短，以及微差也。曰礮耳環，曰礮耳尺，曰礮耳準，曰礮耳桿，所以量礮耳周徑，及耳軸綫，與礮軸綫成直角否也。曰準板，所以量礮體外形各段尺寸也。曰量門眼桿上嵌輭粉，所以量門眼，恰在好處否也。曰量臺尺，量表尺等臺。曰量礮口二器，曰乂規，量外徑用。曰門眼準，曰鋼絲鈎，所以量門眼之周也。曰半規尺，所以量門眼之斜度也。曰洗桿，曰量彈圈，曰壓水綫，此試礮時水器。曰探爬上綴六齒所以爬試礮管中缺損也。曰礮準尺，此量礮之器。曰彈準尺，此量彈之器。曰印子，曰大小徑規，曰方矩，皆量礮時所用，共二十八件。

阿姆斯脱郎。按英國最著礮廠有二，一麥克信，即馬克新。一阿姆斯脱郎。麥克信善鑄小礮者也，其五生七、三生七，行軍水師各礮，每分鐘自二十餘響，至三十餘響，固爲靈巧無匹。若所造小口輕機，以及雙管、三管、四管、五管，各種自放礮，每分鐘放至六百出，尤爲飛行絶迹，駕格林諸小礮而上之矣。阿姆斯脱郎則以精製大礮著，其礮之最巨者，能容藥至二百磅，裝一噸半，至兩噸重之彈，其魄力雄厚。如此故昔人評伊廠之礮，曰碩大無朋，可以得其梗概矣。

魏允恭《江南製造局記》卷八《攷驗・用礮要法》 一，審察礮體。查大小後膛礮，皆用純鋼製造，内管外箍包束而成。管外鋼箍最後之處，大礮則有礮門螺絲，小礮則有礮門閂子，均爲裝進子藥時，開關所需。而礮門内，又有鋼鑚針，使之擊火，或拉火，或另用電機發火，以然藥礮門之旁插有表尺，礮耳之上豎有眇頭。同一直綫，即爲眇準之要器，不宜偏倚阻滯。所有大小零件，礮架，器具，均須時時擦抹，勿積塵垢，略加油膩，以滋潤之。施放之後，來復綫膛藥煤，急須用肥皂水，加意洗滌，稍有渣滓於其間，則極易發鏽，逐漸增積。放礮之時，亦能因此損傷内管，或致轟裂。各礮以配足藥數爲限，使彈子有攻堅致遠之功。如用藥過限外，恐致礮管受傷，臨時不能再放，貽誤非淺。故平時練準，不妨減藥二成，如四生七口徑礮配足無煙藥一兩七錢半，練準時儘可照限八折，其餘各礮均可類推。近聞歐軍以操演大礮，每放子藥一出，計需銀自數十兩，至數百兩不等，糜費甚鉅。於是定一省藥之法，每尊大礮另造一小礮管，或槍管納入大礮膛内，以爲操礮放響之用，不第子藥省費，更可省礮内體之磨擦云。至於礮表所限擊遠若干碼數，或若干密達數，係就礮之大小，用藥之多寡，使彈子至此有準而言，若用盡表度，彈子往前無物阻當，尚不止所限之數也。

一，慎重子藥。查開花彈，係生鐵鑄成，體長而薄，心空而脆。用時，入滿小粒炸藥，以炸開塊數，多者爲佳。彈體内外不可有鏽，免炸藥入。時與之磨動，發火甚險。銅引火，亦名碰火大礮。每安於彈頂，快礮多安於彈底，安引火之門，不拘在彈之上下，均宜潔浄，旋安緊密，免致藥火透入，先在礮膛内炸開，損傷來復綫，是爲最要。實心彈，亦係生鐵鑄成，爲平時練準擊靶之用。硬質彈，頂尖體厚，堅韌如鋼心，内亦入炸藥，專擊硬物，復能炸開傷人。更有一種羣子彈，以鐵皮作甎，貯小鉛丸百有餘顆，一出礮口横掃無餘，最爲利器。礮藥各有不同，如放小礮應用小礮藥，大礮擊靶應用栗色藥餅，或單孔黑藥餅。若無藥餅時，則用試準藥力之石子藥，惟須視礮之大小分别頭、二、三，號藥，相配取用，以法蘭絨，或粗棉綢裹之快礮，用無煙藥，或條，或塊，亦視礮之大小斟酌配用。另以細粒黑藥錢許，用薄布包裹，先置底下，以爲引燃大礮，亦於近底一層置七孔黑藥餅六七枚，接引然火，再於銅殼之底，安一擊火，或電火燃放。凡藥務要稱量極準，切勿過於礮表限數之外。若未經如法製造之黑色土藥，萬不可用。前聞省有二十八生的後膛大礮，初次施放而轟炸，想係用藥過於限數，或誤用不合式之土藥所致。可知子藥所以利用，而危險即伏於其中，不可不加意慎重也。平日收存子彈，須竪置架上，不宜層叠平置，方免壓壞。銅箍不堪應用，而庫藏之處，亦須乾爽通風，否則彈必沾潮發鏽，藥必變性減力，此又不可不知。

一，檢查礮表。查各項礮表，均爲子彈擊物所用。若能嫻熟，既知物距礮之遠近，檢得礮表應用之度分如數，升起表尺，眇準即放，不至躭延時刻，實放礮定準之捷法也。按表内之距礮碼數，昂表度分彈歷秒數，均從華文體例，自右而左，横推直看，即可檢查其中數目。設有物距礮二千四百碼，以七生六口徑礮之子彈擊之，應檢距礮行内二千四百碼相對隔行之昂表度分爲十、五一，當用表尺十度五十一分。若物距礮三千五百密達，以十二生口徑礮之子彈擊之，配用石子藥十二磅，應檢三千五百密達，與藥十二磅行内，相對之昂表度分爲五、二〇，即用表尺五度二十分。若用柯達無煙藥四磅半，則檢三千五百密達，與無煙藥行内，相對之昂表度分爲四、五，即用表尺四度零五分。其餘各礮皆倣此法，檢表查看距數，昂表便能合式。其彈歷秒，即彈行所歷之時候，秒數也。每碼合三英尺，每密達合三十九英寸。又百分寸之三十七，每度作六十分，每秒作一百分，每磅合中砝十二兩，每噸二千二百四十磅合中砝一千六百八十觔。七生六口徑礮之表尺，旁註洋字，一至二十，即自一度至二十度之數目，字每度有六綫，每綫十分，共六十分，爲一度十二生口徑礮之表尺，左旁註度數一至十五，即自一度至十五度，每度分數同上。右旁註密達數，五百至七千六百，即自五百密達，至七千六百密達之數，尺巔之横表，以中〇之綫爲正，左右各二度，如子彈擊物偏差過多，即旋兩端之小輪，畧改移横表之向，以俟子彈正行無所偏倚，而擊及其物也。四生七口徑快礮之始速率，一秒時彈行八百三十九尺。五生七口徑快礮之始速率，一秒時彈行二千一百五十尺。七生六口徑快礮之始速率，一秒時彈行八百五十三尺。十二生口徑快礮之始速率，一秒時彈行二千零八十尺。十五生口徑快礮之始速率，一秒時彈行二千二百尺。

魏允恭《江南製造局記》卷八《攷驗・十五生船臺快礮定率》

實心彈：百磅。

開花彈：九十七磅半。

彈長、徑：二十一寸。五寸九分六釐。

喫足藥：石子無煙藥三十磅，十三磅。

彈納藥：三磅。

銅殼：二十九磅。

引火：電，擊火。

表昂：十五度二十分。

速率：二千二百尺。

命中：八千四百密達。

致遠：八英里。

攻堅：鐵甲十三寸。

漲力：二十八噸。

料質：全鋼。

身、架重：七噸。七噸。

火、坐高：六十四寸。六十四寸。

魏允恭《江南製造局記》卷八《攷驗・十五生船臺快礮説》 礮身。

查礮廠礮料，皆由本局鋼廠鍊成。含炭每百分三八，堅力每方寸面積，自三十八噸，至四十四噸，伸長力每百分英二寸之二十至二十二。小礮用汽錘錘就，大礮用壓機壓成。壓法用大元鉗鉗緊十五噸之鋼塊，用四十噸力起重機吊起，進於倒燄加熱爐，俟其發白亮之色，即由起重機吊出，進於二千噸水力壓機之中，開用一千馬力汽機，運動水力，達於二千噸水力壓機之汽鼓內，另開水門之機，則二千噸壓機錘，即能隨意上下，鋼塊展轉壓機之中，四面錘壓，漸就模範，再燒再壓，即成大礮鋼管胚料。鋼管壓成，再車外徑鑽穿內膛，則該礮基礎已立。管外各箍，亦由一段整鋼壓成，壓法同上，俟其車鑽工竣，再行節節鋸斷。惟退力一箍，則係翻沙鋼所造。翻沙之法，用兩生鐵格箱，以鐵條爲骨，填築泥沙，將木模印入，近模一層鋪以洋沙，裝進烘沙房烘乾，合緊兩箱，以鋼水澆之，即成退力箍，及退力筩礮架墻等件。此法自光緒二十三四年始精，前此不能造也。按十五生大礮套箍三層，如第一圖，甲爲鋼管，乙至丙係外箍第一層，丁至戊係第二層，己退力箍係第三層，層層貼束，惟恐不固。放時受藥漲力，內層擠緊，外層伸縮，隨之以助內層之力，可免炸裂之虞。漲力坐後，有彈簧油缸抵之，礮身約退十寸許。

礮身口徑六英寸，即德尺十五生的密達，身長四十一倍，合英尺二十尺九寸二分。前外徑十寸，半後外徑二十二寸，來復綫二十八條，綫長十七尺四寸，寬四分，深四釐，紋轉三百零四度，藥膛長三十一寸六，分徑七寸，所有彈藥表昂，攻堅致遠，以及漲力速率，火高坐高，另表列後。

查鋼管前爲綫膛，後爲藥膛。兩膛相交處，後膛略坡以容彈。後銅箍，謂之坡。膛有後膛，而無前坡，又謂坡徑子彈膛。總之，內膛大小，坡徑，平徑，皆有定式。螺綫陰底，陽面，淺深，寬狹，繞力，角度，均與礮準相關，工程極爲細密。西廠各礮管外有用箍者，有加管者，有用箍，并加管者。現在新造之法，且有用鋼絲繩捆裹者。今礮廠此礮內，惟一管外套八箍。套箍之法，穴地爲缸，將鋼管倒豎缸中，先套第四箍，次將礮口朝上，套第三箍、第二箍、第一箍。次層外箍，套法亦如之。各箍套畢，始套退力箍，如第二圖套箍之時，箍燒熱至五百度，俟箍漲大，立時套上，再用噴水機圈圍繞箍外噴水，機頭直豎，管中水如雨注，俾箍速冷，免管受傷，並能令管與箍，收異常緊密之效。彼其工程，次第另説於後。第四箍前用鋼圈，按螺絲鋼圈，係就箍身，車成長二寸。鈐固鋼管尾節。螺絲與螺塞相配，前後互插去三方，每方六度。按：鋼管外徑第一二節放大九絲，第三四節放大一釐三及一釐四，尾內箍外徑放大二釐六，中內箍外徑放大二釐五，前內箍外徑放大二釐二，後段放大二釐四，又退力箍右膛爲銅鉸鏈耳，下節魚尾式，爲退力拖板距箍中綫下八寸起，規十六寸，至魚尾下三十二寸圓式。

礮塞。

查礮門名目不一，有用單長方體者，有用圓底長方體者，有用螺絲從後門入者。按砲廠各砲，小砲用門以柄司其起落，大砲用塞以柄管其出入。十五生砲塞前後螺絲，按三百六十度，各分六方，以與後膛相合。如第三圖。按：砲塞平面螺絲，長三寸三分一寸。五牙尖頭螺絲，長五寸七分。頂上螺絲，車平三分，距螺絲平面一寸三分，有螺絲頭。前有針管孔道，嵌一螺蓋，按：即火門眼螺絲蓋。以便損壞更換。後孔較大，係容納鉸鏈銅塞。按：即銅鉸鏈塞頭。銅塞中孔，亦針管所由進退也。

砲塞用法有三，甲開閉，乙施放，丙進出彈殼。

甲開閉零件，曰銅鉸鏈，曰銅鉸鏈銷，曰保險鐀，曰拖板，曰銅套心，曰拖梗，曰拖梗左右銷，曰門柄，如第四至十三等圖。查銅鉸鏈緊貼砲塞，子爲高管，丑爲塞頭，寅爲銷槽。子套入砲箍，按：即退力箍右膛。丑套入砲塞，砲塞主綫距右九度。按：砲塞上面左邊螺絲爲主綫。有保險一銷，銷脚插入寅槽，自由運動，高管之底爲門柄銷眼，銷眼之左爲拖板槽，拖板内鑲拖梗，拖梗右銷穿入門柄，舉連屬於銅鉸鏈。又砲塞主綫距左六度，開一長槽，中鑲銅套，銅套或進或退，一聽命於銅套心。此爲開關砲塞，最要之件。平時拖梗潛伏板下，一拉門柄，則拖梗挺出，拖板乘勢右進，帶動銅套，砲塞左轉，業已離縫，向右再推，則砲門大開矣。次將門柄左拉，往前一送，則拖梗右退，拖板亦退銅套下，逼螺塞右轉，陽面陰底，兩兩貼合，而關嚴矣。又按砲塞左轉，保險鐀闌入塞右，短槽以嚴制砲塞。按：保險鐀藏銅鉸鏈内。必俟關時，砲身抵進鐀角，鐀始躍出，然後砲塞轉動自由，此亦開合最要機關也。按：拖梗右銷内孔，藏半分徑銅絲，蟠鐀上有螺絲蓋頭，又有活落彈鐀銷一隻，下有七分徑螺絲母一隻，另橫銷一隻，又門柄有生根螺絲銷一隻，螺絲母一隻，上下鐀銷二隻。

乙施放有二，一用電火，用電零件曰電箱，曰電綫，曰護手弓，曰護手弓零件，曰護手弓銅架，曰過電銅座，曰過電鋼螺絲接頭，曰過電大小銅銷，大銷鑲入銅座，小銷鑲入鋼螺絲接頭。曰電綫鋼夾，曰搭電鋼機，曰火針象皮套，曰火針銅管鋼管，曰火針皮墊，曰電綫銅夾。查護手弓下有銅片，銅托中有黑象皮座上有銅鐀。鐀之一端，用銅釘穿過皮座，銅片直貫銅托，前孔一端有象皮，蓋用銅釘銷入，元頂朝下，象皮座面亦露釘頭，兩釘隔斷，先以一綫由電箱接於銅托前孔，復以一綫由銅托後孔接於銅座大銷，再由小銷接綫於砲尾鋼機。另以一綫，由電箱接於砲牆銅夾，一路備置銅銷銅釘，及象皮圈套，所以增長電力，俾循電路，而行放時，一拉護手弓，則兩釘相碰，按：即銅鐀黑象皮蓋，及黑象皮座，釘頭相對之兩釘。銅托前孔之電，過於後孔，由銅座鋼機而傳於火門針管，衝過針孔與金絲引信，遇火即燃。發電箱用乾濕兩電，濕電尤爲力大，法以白鉛，白金入水，化成在水内者，爲陽極，陰極電生於陽片，傳於陰片，達於陽極而過，所連之電綫，復循回綫而歸陰極，前所用接電銅夾，即備回電之用也。護手弓以下各件，如第十四至二十八等圖。按：護手弓黑象皮座面兩旁有銅螺釘兩隻，此釘緊制下面銅托，底距前二寸五分半，又有螺釘二隻，此釘上緊制搭電銅鐀下緊制過電銅片面，上起三周圓綫，中間兩眼各旋入二分徑螺釘，銅托有搭電綫螺絲眼二箇，象皮座有橫銷二隻，護手弓，有制頭螺絲，有穿弓橫銷眼，過電大銷面上，開槽嵌鈎鐀一條，頂面有一拉手，内平面一端有七分徑螺絲，一端鑲黑象皮，一長圈内置白銅一塊，接電螺絲眼鑲黑象皮一圓圈，中有銅絲蟠鐀一條，小銷接電螺絲，同後面鑲黑象皮一圈，並銅心一根。蓋面厚一分内有銅絲彈鐀抵制，鋼機内搭電銷，中節聳凸一肩，兩端均套黑象皮，管橫頭搭電螺絲，内嵌過電銅套，火門針内象皮套，象皮墊皆係隔電所用。一用擊火，擊火零件，曰火針，曰火針拉柄，曰火針外套管，曰彈鐀，曰彈鐀蓋，曰拉火保險銷。查針管左面隆起一節，前陡後坡，保險機鐀銷從鉸鏈身左貫入騎制楞前，是時管已退後，鐀蓋擠緊彈鐀，厚蓄其力，放時將銷一拉，針管藉鐀力猛竄擊，銅引發火，則子彈出口矣。蓋有此銷，則火針待時而動，不至妄發，可免意外。故曰保險銷彈鐀以下各件，如第二十九至四十一等圖。按：火針外套管第三節内，剜一寸二分徑孔，以籠套彈鐀鐀蓋，第三節起公綫二條針脚螺絲長五分，加羊眼一箇，外加母螺絲二隻，又圓螺絲母一隻，拉柄一端扳針脚螺絲母用，一端扳伸縮圈底螺絲母，用拉火銷套半分圓鋼絲蟠鐀，並壓制彈鐀螺絲套一隻，外套拉手環螺絲母一隻。

丙進出彈殼零件，曰進彈銅托，曰銅托銷，曰銅托尾螺絲，曰撥銅殼心，曰括頭鉸鏈，曰撥銅殼橫心蓋，曰蟠鐀。查銅托之用，爲保全砲尾螺絲而設。托有元頂，進退於銅鉸鏈底高下之槽。砲塞關時，頂入高槽，則托尾垂下，砲門洞闢。托頂轉入低槽，則托身昂起，進彈出殼，舉由於此。撥殼之件，用一長銷，即撥銅殼心。由砲身嵌入膛底，緊靠於銅殼底邊，而砲外一節，則套入括頭，括頭上鉸鏈，則橫銷生脚之所。銷即撥銅殼橫心。橫銷第二節，鑲入退力箍，頂着銅鉸鏈，高管外加一蓋，中置蟠鐀。砲門一開，銅管逼橫銷前竄，由括頭帶轉，長銷則子殼跳出，砲門既閉，橫銷藉彈鐀之力，乘勢退回。長銷頭上之月牙綫，又緊靠於銅殼底邊矣。此與小砲撥殼鋼機，靈動無異。銅托以下各件，如第四十二至四十九等圖。按：撥銅殼心長十六寸六分，第一節車三層月牙綫，與銅殼邊同第五節車成六角，係套入括頭，用括頭鉸鏈一銷，外加羊眼橫心蓋，有螺絲二隻。

謹案：安銅帽於彈殼底，以撞針擊火，不再用引火管引火。襯管等件，俾免洩氣受損，此砲廠各砲最擅優勝處。

退力筩。上面兩節套砲身爲上筩，下面裝彈簧油缸爲下筩。

查退力筩爲抵制該砲坐力而設。如第五十一圖，上筩前節兩旁，各凸出四寸十之五，爲該砲兩耳，安擱於砲架兩牆，以便砲身昂俯。中綫與砲軸綫同高，左耳中綫針對齒弧片，子丑兩眼之圓綫，按：即高低齒輪板眼。爲該砲低昂取準最要之處。豪釐千里，不得差錯。從左耳中綫起，規斜下四十九寸一分爲準。寅爲吊鉤銷眼，在前節上面隆起方塊，又起圓面爲該砲輕重適中之地，鑲入吊鉤銷子，可吊起全砲各件。銷眼中綫，亦與耳中綫同。卯辰爲表尺架銷眼，在兩耳中心螺眼前後，下箭形式，前扁後圓，前彈鐼爲彈鐼窟後置油缸，爲油缸殼缸殼左旁，上下隆起兩圓面中亘一筋，此兩圓面中心眼，即齒弧片兩眼也。又箭腰縱横四筋則爲油箱底座，油箱置於其上，用螺釘釘固，斯皆關係重要，餘後詳下箭。彈鐼窟零件，曰彈鐼，曰鋼筒，曰銅套，曰壓鐼螺絲心，曰壓鐼蓋，曰彈鐼外蓋，曰螺絲桿，曰保險圈。查鋼筒底座下抵油缸口，鑲銅套彈鐼籠罩。其外螺絲心，從壓鐼蓋中孔貫入銅套，屢轉屢壓，壓至鐼蓋，距鋼筒口十三寸許爲度。兩螺絲桿，則由彈鐼外蓋穿入砲尾退力箍，按：即退力箍下節左右兩眼。以備拉鐼縮退之用。各件安畢，然後嵌置保險圈，保險圈在彈鐼窟口。油缸殼零件曰油缸，曰鋼心，曰銅心，曰銅銷，曰螺絲蓋。鋼心零件，曰螺絲母，曰鋼圈銅圈，曰皮碗皮墊。油缸外零件，曰油箱，曰銅管，曰進油螺絲，曰眎油螺絲，曰放油螺絲。查鋼心係一長桿，一端加螺母，螺圈生脚於退力箍，按：即退力箍下節居中一眼。與拉鐼螺桿竝列一端，連有鉤盤，直抵缸底，缸底銅心。按：油缸底凸出一寸三分，中有一螺絲孔，銅心第二節嵌入此孔，餘套鋼心。貫入鋼心中孔，缸右銅銷套鉤盤槽内，爲缸油通過之路。缸口銅圈皮碗圍繞鋼心，所以防油滲漏。子彈出口，則鋼心隨砲管退後。拉鐼螺桿，亦退缸油，由銅銷一帶斜坡繞出。鉤盤前面鋼心，亦有旁孔，令油透過銅心。該砲坐力一止，則彈鐼伸直，鉤盤乘鐼力回轉，油爲所逼，改由油箱轉入油缸，有冷氣自銅心噴出，蓋油缸之用，所以抵禦藥力也。彈鐼之用，所以拉回砲位也。兩物柔猛異質，交相裨助，俾砲管一退一進，如電光掣過，末由諦視計，不過千分刹那之一，其神妙如此。按油缸用蜜油，冬冷不凍，故俗呼不凍油，或稱油，或稱蜜，其實一物，西人則謂之格里采。而零彈鐼油缸，及上箭各件，如第五十至七十四等圖。按：吊鉤銷子有羊眼一隻，開口銷一隻，其環係一寸半，圓鋼彎成缸殼底兩眼，前一眼緊制銅銷用，後一眼放出缸油用，缸殼右旁起一肩，角中有螺眼，即眎油螺絲眼，彈鐼窟銅套有鍋釘四隻，鋼心螺絲母有横銷一隻，鉤盤嵌一銅圈缸口有絆綆，兩螺絲銅圈銅銷有鋼螺絲一隻，油箱銅螺絲蓋蓋上面有進油螺絲眼，有螺絲小銅蓋一隻，箱内螺絲銅管一根，通入油缸内，上箭前後兩節鑲銅圈三段頂面銅油盅三隻，中間凹膛銅蓋周回螺釘二十二隻，兩箭後遮板銅皮旋鋏螺絲八隻，下箭左右起筋四條。

謹案：砲廠各船臺砲，皆有此抵力箭，洵稱精善。然西廠之用此箭也，不獨船臺，並用之於行營快砲矣。其箭或安於移斗，或藏於砲卧，或套於砲身。較之坡墊輪鉤，巧拙天壤，新奇日出，並有去油質而專用彈鐼者，如馬克新之自放砲，羅登飛之機器砲，莫不各出心裁，馳騁大陸。倘亦所謂盡火器之能，事極彈鐼之妙用也乎。

眇準儀器。

查眇準儀器有三：一表尺準星，按表尺名目，有鬆表尺，有緊表尺，有三角昂表尺。其佐眇者，有表桿，有稜鋒板，有前後摇尺，種類雖殊，用法則一。查十五生大砲表尺有二，一砲臺表尺，一兵船表尺。砲臺之竪表尺桿，爲三角式，背面平角，左右斜平角，與眇準者，對左右刻碼數。右碼自五百至八千，左碼自二百至九千。每碼合三英尺。尺背面刻度數一至十五，竪桿頭上爲望牌架，架嵌銅片，即横表尺，尺有吸兒推移左右，一至十五爲敵船駛行英里數，下面敵船駛行方向，望牌上有缺口，中有綫眼，綫眼下有箭頭，對準吸兒，則眇得之綫，與砲軸綫平行。望牌架横置，螺棍兩端各套銅輪。轉動銅輪，則望牌可移左移右。石子藥，則用竪桿右碼。無煙藥，則用竪桿左碼。子出口偏差，則移望牌，或左，或右，竪桿脚有銅套管，管置銅鐼，外加螺柄銅輪以升降表尺。銅管置表尺架後孔準星。插表尺架前孔架側面隆起處，則罩砲耳。固以兩銷即退力箭，卯辰兩眼是也。查準星子爲星尖，丑爲銅套，中有十字鋼絲，寅爲銅套梗，卯爲鋼圈，辰爲起落銅套鋼圈，圍梗中節開一銷槽，起落銷插脚其間，以求嵌入架孔，不再摇動。十字鋼絲，即望牌綫眼所由定眇也。恐眇缺口未準，於此加眇以昭慎重。從望牌缺口，至星尖所眇一直之虚綫，爲該砲準綫。表尺分數爲準綫千分之一，用於兵船者，其横竪尺同，惟望牌準星異。查兵船望牌兩牆對峙，横擱一字，鋼絲無所謂缺口綫眼，至能移左移右，則與上同。其準星較長，而瘦矗立架座，亦能移左移右。架有螺棍銅輪，與望牌架同背面銅螺釘一隻，兩旁移用架嵌銅片吸兒，左右五至十五，爲本船每句鐘駛行英里數。架脚鋼圈銅套，與砲臺準星同，眇法由一字鋼絲，直眇星尖，以視準否。本船移動，則旋出螺釘推星尖左右，以便隨時定眇。以上砲臺表尺，兵船表尺等件，如第七十五至九十一等圖。按：表尺銅套管内三角式三角下平面中間彈鐼槽一條，管右邊一彎頭斜下螺柄，上面套銅螺絲，蓋柄頭鑲以銅輪，輪心凸高一分處有横銷一隻，竪表尺左右嵌白銅二條，即刻碼數處底鑲黄銅三角式。頂面用銅小螺絲蓋制，望牌架嵌銅片處兩端有螺絲二隻，架右邊斜下三百六十度之一度，望牌中間旋左右母螺絲螺棍一寸六牙三箇，頭銅輪中間有圓鋼銷一隻，準星十字鋼絲銅套上面有螺絲一隻，銅套梗第三節頂面開槽鑲銅銷一隻，有一分徑螺絲緊制此銷梗中節，鋼圈開二分寬槽一條，起落銅套下面留銷一隻，以套入此槽鋼圈。有橫銷一隻。

一高低摇器零件，曰銅摇輪，曰角尺齒輪，曰角尺銅齒輪，曰螺絲，曰螺絲銷，曰鋼齒輪，曰齒輪心，曰月牙寬緊銅齒輪，曰齒弧片即齒輪板，曰分度銅板，按：此板嵌齒弧片砲架左牆兩處。如第九十二至一百零三等圖。查礮架左牆，距礮耳心中綫後，有形如橫寫品字之膛，中置高低左右齒輪，外覆以銅罩。惟露出摇桿摇輪，及其套管，其間部署，次第詳敘。礮架左牆，按高低角尺齒輪桿生脚於品字左膛桿，前段橫露罩面，鑲以摇輪，摇柄齒輪之，次爲角尺銅齒輪、銅齒輪寬緊銅齒輪，外置與齒弧銜接之鋼齒輪，皆連屬於齒輪心。輪心第五節旋鬆緊桿，即螺絲銷、螺紋盤繞其上，膛有銷座即螺銷，轉動之所。品字右膛內置月牙、母螺絲，可以隨時鬆緊，故名齒弧片嵌退力箭，子丑二處銅罩分甲乙等綫。齒輪銅罩甲乙丙丁戊綫詳後附註。戊綫處，矗立一桿，曰靠身銅桿，爲眇準者抵力之用。眇時一摇輪柄，則角尺齒輪轉，角尺銅齒輪亦轉。右膛內之寬緊，銅齒輪與銷座之螺絲，及右膛外之鋼齒輪，與退力箭之齒弧片，亦莫不交轉，礮口因之昂俯。柄後摇，則礮口昂。柄前摇，則礮口俯。昂則遠擊，俯則近擊，昂度至十五度，降度至七度。輪轉得力與否，惟齒輪心螺母是視，緊則得力，鬆則否。此用時，所宜加之意者。月牙輪鋼銅板等件，則所以防礮震時，受其傷損而設也。餘敘於後。按：高低銅摇輪檔四根，摇柄第三節，外套一黄銅管，有蓋面羊眼一隻，爲制銅管用角尺齒輪與桿相連。齒凡十二桿，中後段相接之，肩下有扁銷一隻。角尺銅齒輪，齒凡十六距，輪底高七分半，有一四分徑螺絲，高低螺絲一寸六分一牙。中孔凸起方銷二條，又摇左右螺絲，與此相同。所異者，彼係左牙，此則右牙耳螺絲銷，第一節本身刨出方銷一條，第三節兩旁有方槽二條鋼齒輪齒。凡十一齒下有二分徑開口銷一隻，輪內徑兩旁有槽二條，齒輪心第一節，留二銷第四節，留四銷第七節，頂頭一孔內剜空三分，深係存油，用銅油盅一隻，有三分徑螺絲蓋頭月牙銅齒、輪齒。凡十六輪後面，有圓槽一週，輪前面有尖式圓槽一條，寬緊鋼銅板膛邊槽四條，鋼板五片，每片內槽四條，銅板五片，邊銷四隻，每片兩面有油槽二週，蓋面鋼板一片、槽四條，同上。又生鋼彈鐀板一片，鬆緊母螺絲前段螺絲深一寸六牙。又母螺絲一隻，一寸八牙，齒弧片距砲耳中綫四十九寸一分。齒凡十四，上下有兩螺絲，銷眼板邊分二十二度，每度六分，板後面剜空三處，有橫銷二隻。又按：圖齒輪銅罩面上高低角尺齒輪眼爲甲綫，牆內轉灣之角尺齒輪眼爲乙綫，套月牙寬緊齒輪眼爲丙綫，摇左右直管眼爲丁綫，靠身直管眼爲戊綫。

一左右摇器零件，曰銅摇輪，曰鋼摇桿，曰角尺銅齒甲輪，曰角尺銅齒乙輪，曰橫摇桿，曰摇桿銅架，曰螺絲，曰週轉銅齒輪，曰中心鋼桿，曰鋼心螺絲，曰磨盤鋼罩，曰磨盤鋼座，曰脚輪銅心，曰盤磨滚輪鋼圈，如第一百零四至一百二十三等圖。查角尺甲輪鋼桿，由下直挺而上，鑲以輪柄，與高低輪柄，係一橫一豎。乙輪較大，裝於品字下膛。乙輪齒與甲輪齒交橫摇桿，自膛底斜挺而出，橫亘於磨盤。鋼罩在週轉銅齒輪右側桿一端，嵌入乙輪，中孔一端盤繞螺絲，螺絲與週轉輪齒交鋼罩下，爲磨盤鋼座，座有銕路一週鋼罩，亦倒懸銕路一週，爲二十四脚輪軌道週轉輪鋼桿，由鋼罩中孔穿入，上鑲螺頂，下套鋼圈，鋼圈旁孔即脚輪插脚之所。一摇輪柄，則甲乙兩輪轉，橫桿與週轉輪亦轉，罩底脚輪相率而大轉，礮口因隨之左右。按：礮口橫移架牆等件，與之俱移，較升降特形笨重。用脚輪者，所以使之便利，而行其所無事也。週轉輪嵌銅板、鋼板，以防震損，與月牙輪同。鋼心螺絲鬆緊，亦同。餘敘於後。按：左右鋼摇桿上套摇輪，下套角尺銅齒、甲輪。甲輪齒凡十二內孔開一銷槽。乙輪齒凡三十六輪，身後面起筋八條，橫摇桿後節方槽二條，平面中有螺孔。蓋面下有方銷一隻，摇桿銅架前後兩耳，中爲左右螺絲膛，架上銅遮板一片，螺絲四隻，週轉銅齒、輪齒凡五十四，與左右螺絲牙同寬，緊鋼銅板膛邊槽四條，輪擋六根，擋面起筋一條。擋內六孔扇面式輪底外，銅墊有四銷，上面有槽二週，寬緊銅板五片，邊凸四銷，兩面油槽二週，鋼板五片，孔內凸起四銷，蓋面鋼板一片，四銷同上。板面油槽一條，又生鋼彈鐀板一片，中心鋼桿外面開槽四條，頂面螺孔一寸八牙鋼心螺絲牙同磨盤鋼罩中鑲銅套罩面距邊左右兩孔有銅遮板二片，螺絲六隻，罩之直面，有加油眼，左右兩箇，蓋面銅片嵌螺絲一隻，磨盤鋼座下面有筋六條，餘皆空洞。底邊週轉二十四眼，有螺絲螺絲母各二十四隻，脚輪二十四箇，脚輪銅心二十四根，有六角螺絲母一隻，開口銷一隻，又方銷一隻，前面對準方銷。有螺眼一箇，螺眼對面有加油眼一箇，此眼穿過銅心滚輪鋼圈，週轉二十四眼，靠身銅桿有工字式灣頭，頭上橫銷一隻，上面鑲木套，以象皮管裝入。

謹案：西礮眇準儀器，有用起落螺者，有用齒輪齒弧移斗並起落螺者。起落螺有二：一單起落螺，一雙，起落螺移斗者，擱於礮架，所以便橫移也。今礮廠大礮，類用齒輪、齒弧，以昂俯左右。至過山小礮，則一律用起落螺法，以螺棍旋入螺套，旁置一銷，嵌進礮體，並保險門銅輪一轉，則螺棍隨意升降，礮口因之俯仰，極稱靈便，與西礮異曲同工云。按：螺套外有陽螺紋套，鋼螺絲母內轉輪套於螺套上，螺套升降一度，螺棍則升降二度，此所謂雙起落螺也。

礮架零件。

查礮架零件，曰左牆右牆，曰齒輪銅罩，曰鋼罩鋼座見上，曰前後鉤板，曰生銕底座，曰螺絲壓板，曰內外遮板，曰內遮板護鋼，曰遮板蓋，曰吊礮遮板鉤，曰內遮板鉤，如第一百二十四至一百三十八等圖。按：高低齒輪，高低角尺齒輪、左右角尺齒輪併安一處，而分三膛。膛式如横寫品字形，在砲架左牆後面各輪羅列。其中品字右膛外，置高低鋼齒輪，内置月牙銅齒輪，輪眼鑲一銅套，膛深三寸半，膛底凸高一寸。品字左膛藏高低角尺齒輪，輪眼鑲一銅套，膛底亦高一寸，膛内有凸出，一斜銷眼之内座内鑲銅套，與下面銷眼銅套相距五寸六分。品字下膛藏左右角尺齒輪，其斜銷眼距底高三寸，亦鑲銅套，膛内凸起三角式圓心，牆上面缺口爲砲耳，夾座鑲一耳。蓋有銷四隻，銕練一條，牆前直面裝遮板眼十箇，牆内距直綫八寸三分，凸起直筋一條，耳中綫下，亦凸起直筋一條，耳後又起斜筋一條，斜筋下又起直筋一條，距後六寸又起直筋一條，牆外起横斜筋四條，牆内底座中起一筋，牆底鍋釘每座二十一隻。後面一帶螺釘右牆内面之筋，距前直面八寸三分，與左牆同。又距十二寸一筋，耳中綫後，斜筋均與左牆同。牆外距前直面三十三寸半，一筋由平面一帶斜下至底。此筋距後四寸，即後直面兩旁，少斜筋四條，餘均與左同。後直面一帶劈下之圓式筋，兩牆亦同，緊制内遮板螺絲共二十隻，銅罩甲乙丙丁戊綫，見上。週回螺眼十三箇，前鉤板三塊，每塊中間一寸，徑眼三箇，螺絲九隻，後鉤板二塊，每塊一寸，徑螺絲三隻，同上。生銕底座，座内起筋十二條，膛下十有二孔，上面邊内鑲入磨盤、鋼座、週回螺絲、銷眼二十四箇，底座生根螺絲十二條，上面方銷一條，套生鐵壓板板十二塊。板面凸出一寸半，有十字斜筋四條，並螺絲母内遮板當中開一護砲身之膛，左右各開一表尺，槽内遮板護鋼三角式，由底至上有階三層，上層鍋釘五隻，中層鍋釘六隻。底外圓邊距磨盤罩，中綫二十九寸一分，磨盤罩下面螺絲五隻，緊制此鋼外，遮板圈成内圓規四尺二寸六分外，圓規四尺四寸，遮板前面中綫距底高二尺五寸半。開一護砲身膛，膛左右各開一表尺槽，兩旁鑲制内遮板螺絲十八隻，遮板蓋前面圓規四尺四寸，後面距前三尺六寸，開一膛左右表尺槽，同上。上面有螺絲二十四隻，後邊有曲尺護鐵一條，吊砲遮板鉤二隻，一寸圓鋼圈成下有螺絲，並六角螺絲母，内遮板鉤二隻，一寸圓鋼彎成螺絲，螺絲母，同上。

案：礮架左右兩牆，其上端擱置礮耳並護手弓，前節分置電箱，而繞以電綫。左牆後面，有形式如横寫品字之膛，則高低左右各齒輪羅列之，所以及鋼罩鋼座，均已詳著於篇。至底座遮板各件，則以無關奥旨，闕而不言。

魏允恭《江南製造局記》卷九《攷驗・造黑藥法》 製造黑藥工作次序。一，配料分兩，每造黑藥百磅，用净硝七十五磅，净磺十磅，柳炭十五磅，多則照加，少則照減，三項舂極細粉。次將三項拌和匀稱。三，用麵水合碾，以和藥性，兼防暴炸。四，將藥團敲碎。五，用銅板間隔，壓成藥塊。六，將藥塊斫碎。七，將碎藥篩分大小顆粒。八，用木筒光藥。九，將藥内水汽烘乾。十，將藥末篩去。十一，每藥百磅，用鉛粉六七錢，以光藥面而藥以成。此造黑藥工作次序，槍礮藥造法略同。所分者，碾工多少、顆粒巨細而已。

凡藥碾工多則力猛，其性速。碾工少則力減，其性緩。槍藥發火宜速，每料碾工以六點鐘爲度。礮藥發火宜緩，每料碾工以四點鐘爲度。然碾若有重輕，則碾工亦須增減，倘碾重可少碾，碾輕可多碾，總以粗細合宜爲度。

藥粒細則發火速而力猛，藥粒粗則發火遲而力緩。槍藥宜細，取其靈速。礮藥宜粗，取其和緩。槍藥少，故速而無礙。礮藥多，速恐炸裂。

魏允恭《江南製造局記》卷九《攷驗・製柳炭法》 炭以柳柴煏成爲最佳，他木質粗紋理縱横，柳木質細而輕性，亦較直且易燃火。枝條不宜過細，細則嫩，著火即成白灰，亦不宜過粗，粗則老，恐内生而外熟。取二三寸徑、節少、心實、皮青、幹直者，極爲合用。採辦務在冬間，枝葉盡落，菁華内歛，氣力較足，須趁濕削去粗皮，不可浸水，防有鹹氣侵入，性即滯澀，因易回潤。燒時每爐約裝柳柴五百餘磅，計燒二十點鐘，久即可鍛蒸成炭。初燒時，柳汁從銕□管内流出，如黑漆，徐出黄烟，化爲紅火，迨變青色藍烟，烟從管出，化爲微火灰色，將管堵塞，冷一二日，取置燗箱，俟熱氣已盡，用布袋裝好，庋置屋内燥處，以便取用。

每拌黑藥一料，計硝粉四十六磅，磺粉五磅，柳炭粉八磅。按此與前開分量，略有參差。蓋黑藥一項，外洋行之最早，各國造法不外硝、磺、炭三項，而分量則均不同，要皆因地因時，各盡其長。

魏允恭《江南製造局記》卷九《攷驗・造栗藥法》 煏紫炭房先用二三寸徑柳柴，蒸去漿質，蒸至二十四點鐘之久，取出，削去柳皮烘乾，用鐵桶每隻裝柳柴一百二十磅，放入煏紫炭爐内。煏十二點鐘，或多至十四點鐘之久。暑天以熱氣表九十度爲止，寒天以熱氣表一百二十度爲止。每五分鐘時，將鐵桶摇一轉，火力均匀，炭油成醬色，將桶出爐，用泥封密，冷透取出，成紫色炭，送入軋炭房。

軋炭房用機器軋碎，磨成炭粉，篩净裝入鐵桶内，用銅圓球三百八十磅，滚細成炭粉料。

簸篩硝磺房每藥一料，用硝八十九磅半，烘乾水汽，磺四磅半，拼入鐵桶内，計重九十四磅半，用機盤一具，銅圓球四百二十磅，合二料一滚，共重一百八十八磅，滚至三點鐘之久，均匀篩出，成硝磺粉料。

拌藥房每料硝磺粉九十四磅，用炭粉十八磅，計重一百十二磅，合二料一拌，共重二百二十四磅，裝入拌藥桶内，用圓木球二百四十磅，拌三四點鐘，成拌藥料，送入碾藥房。

碾藥房用拌藥二料一碾，計重二百二十四磅，加汽水三磅九兩，陸續加匀，碾四點鐘取出，以一小塊送至試藥房，試至水汽成數零二八，方能合用，送入軋頭次藥房，軋至粗細均匀，送壓藥板房。

壓藥板房壓成板式，其壓力以冷氣表爲據。暑天七十度至一百五十度。寒天一百二十度至一百八十度。然後將一小塊送入軋藥房，軋成如米粒大，再送至試藥房，試藥板壓力成數一七三四，方可出藥，送入軋藥房。

軋藥房將藥板軋碎成小粒，如米大，篩净末藥，粗細均匀，裝入木桶內，送砑藥房。

砑藥房將軋碎之藥，裝木桶內，滾二十分鐘，碎藥滾去稜角，篩净末藥，粗細均匀，送入壓六角藥房。

壓六角藥房壓成藥餅，先送至試藥房，試藥餅壓力成數有一八三四，方可造藥，造成六角藥餅，每餅厚一寸，大一寸三分，重一兩二錢二分，送烘藥房。

烘藥房熱度用德國天氣表六十度，烘十三四天，或至三禮拜，將熱氣烘乾，再送試藥房，試得水氣零二五，方可出藥，送裝藥房。

裝藥房裝洋鐵箱，每箱裝藥一百五顆，計重十磅，洋鐵箱口用泥利土膠水封固，外加木箱，每箱裝洋鐵箱六個，共六百三十個，計重六十磅。

魏允恭《江南製造局記》卷九《攷驗·栗藥性質》 栗色藥須攷究燒炭、碾功、壓功、鬆緊、水氣，較准，方能合用。按：硝性堅而直，磺性炸而横。硝性直則能致遠，故用硝宜多。磺性横則易炸，礮即受傷，故用磺宜少，磺少則炸緩，可隨硝及遠以攻堅。有用炭以發其火，使硝磺不至滯澀而難出。其合拌尤須匀和，磺質沈重，硝次之，炭之質極輕浮，三項最難匀合，必使拌和碾匀，壓軋成餅，庶能各盡其長。且鬆則漲力過大，緊則出力太微，故鬆緊亦須合宜也。

魏允恭《江南製造局記》卷九《攷驗·造無烟藥法》 造無烟藥須先造棉花藥，以生棉紗揀净筋條，用熱汽水洗净，每桶用生棉紗一百二十磅，和納養炭養二，即西國鹹名。各六磅，或七磅，裝入熱汽水桶內，蒸洗二十四點鐘，換水八次，即可洗净。然後送撕棉紗房，取出烘乾。如棉紗潔净，鹹粉可少用，棉紗污穢，鹹粉可多用。

撕棉紗房用撕棉絲機器，拉鬆二次，送入烘棉料房。

烘棉料房烘乾透，取出成棉料，送入爛棉藥房。

爛棉藥房用硝强水二百磅，浮量表重一千四百四十度。用磺强水三百磅，浮量表重一千八百五十度。將硝磺强水拼合，陸續放入爛箱內，每箱用硝磺强水八十五磅左右，每次用棉花料八磅，或少用六磅亦可，浸入强水內，約三十分鐘，强水即可吸透爛箱內熱度。如寒暑表七十度，藥水三十度，最爲合宜。爛棉藥看天寒，用熱汽水蒸高度數。天暑用冷水壓下，爛透後，用縮氣揭上强水，取出用摇篩器具濾净强水，取出用清水浸十四點鐘，換水數次，取出復用熱汽水桶，和納養炭養二，各五磅，蒸洗二十四點鐘，換水八次，取出篩乾，送入磨棉藥房。

磨棉藥房將爛過棉藥，用機器拌水磨匀，每缸計重一百二十磅，磨二十四點鐘，棉藥磨研成醬，放於漂藥房。

漂藥房用機器拌清水漂净，用自來水陸續噴匀，齷齪水漏下，漂二十八點鐘，棉藥即可漂净，用試藥紙試過，取出裝入洋布袋內，用摇篩器具篩乾水漬，取出用銅絲篩篩過，裝入棉蓬布木盤，送烘棉藥房。

烘棉藥房熱度用德國天氣表四十八度，約烘九十四點鐘，取出即成棉花藥料，送入拌藥房。

拌藥房用機器桶，每桶合棉花藥四十磅爲一料。槍礮藥三項，祇分藥片條粒大小，拌法則同，其應用各料列後。

棉花藥四十分。酒醋三十分。以脱三十分。

阿西多尼三分。松香五分。樟腦十分。

克司得油五分。白蠟二分。

拌至三點鐘之久，取出送入軋藥房。

軋藥房將拌成之藥，用頭次輥子軋成藥胚，連軋六次，換二次輥子，連軋四次，軋成薄片。無烟槍藥軋至二十三絲，藥因薄發火燥猛。無烟礮藥軋至四十五絲，藥因厚，發火鬆慢。槍礮藥略有分别，軋成送入切藥房。

裁剪藥房將軋成薄片之藥，用機器裁剪，礮藥大小條塊，槍藥裁小方塊。剪好用機器篩净藥頭藥末，裝入木桶，送入烘藥房。烘藥房熱度寒暑表，用一百十五度，將裁剪之藥，放入盤中，關好汽櫃門，槍藥烘至二十六點鐘，礮藥烘至四十四點鐘之譜，取出送入光藥房。

光藥房用木桶器具，將烘好之藥裝入木桶內，每桶槍藥一百二十磅，用黑鉛粉二兩，白蠟一兩五錢，光至十四點鐘之久，成上色無烟槍藥，送入裝藥房內裝成。

以上係大略情形，如爛棉紗，以及拌藥、烘藥等事，須視天氣之寒暖陰晴，藥水之輕重度數，照法推算，隨時更變，並無定數。

魏允恭《江南製造局記》卷九《攷驗·取水法》 無烟藥最忌汙濁，取用之水宜格外清潔。本廠之水必先澄清，方可取用。靠廠近港開小池二口，寬六丈，長六丈，深二丈。又井一口，圓徑一丈二尺，深二丈，四圍打樁砌磚，底鋪黄沙，並雜以碎焦炭，取其能收水中之泥汙、鹹性，由港中放入第一池，留三晝夜，再放入第二池，由第二池放入井中。似此節節陶汰，自然異常清潔，方可取用。

魏允恭《江南製造局記》卷九《攷驗・熬提造無烟藥硝强水法》 用鹽硝六百磅，磺强水一千一百磅，熬至二十二點鐘之久，强水即盡成硝强水八百五六十磅，浮量表成一千四百四十度。又磺强水須外洋購來備用，此水亦關緊要，若熬提不精，或用過再經提用者，則製成藥力必遜。

魏允恭《江南製造局記》卷九《攷驗・調查鄂廠製無烟藥改良法二十條》

第一次，以本地小花一百八十磅，分裝三桶，計每桶六十磅，用開水蒸洗四點鐘，將水放出，加入納養炭養二十一磅，復用開水拌蒸十二點鐘。久换水六次，時用木耙翻洗，驗視水色清亮爲止。

第二次，以開水蒸洗過之棉花，仍裝三桶，用冷水漂洗十六點鐘，换水八次，勤於翻動，洗至水不昏濁爲度。

第三次，以洗净之棉花，入熱汽蒸桶内，用開水蒸洗四點鐘，將水放出，换加清潔開水，祇要蓋平花面，不要過多，再加入鹽强水五磅，拌蒸四點鐘，又連换清潔開水六次，約歷八點鐘，久驗視洗净，然後取出篩乾。緣生花質性，與棉紗熟質不同，其韌力過好，難於磨化，且内含油質，最爲造藥所忌。故以少許磺强，化其堅韌之性，去其油膩之質，庶易於磨洗。

第四次，以鹽强水蒸過之棉花，用冷水漂洗十六點鐘，换水八次，勤於翻洗，洗至水清不濁爲度，取出篩乾。

第五次，以退清磺强之棉花，進熱汽房烘三晝夜，熱度表高至六十度，驗其乾透取出。

第六次，以烘乾之棉花，用機器撕軋兩次，使之蓬鬆，庶爛化時，藥水易於浸入。

第七次，以撕鬆之棉花六十磅，分裝爛棉花缸内，用藥水浸化，每缸計二十磅，日爛八九次不等，覘其爛透，篩乾取出，時候久暫，須視天氣爲轉移。假如寒暑表高至六十度，約爛一點半鐘之久，餘可類推。查藥水配兑之數，每百分用磺强水四分之三，硝强水四分之一，每罐藥水祇爛兩次，即作爲殘藥水。初次爛者，爲頭號棉藥。二次爛者，爲二號棉藥。因初次力量較大，二次稍遜，須分别漂洗標記。待拌藥時，將頭二號搭配拌匀，以期力量適合。

第八次，以爛過之棉花，用冷水漂洗十八點鐘久，换水十次，以退去强水之原性，篩乾取出。以上兩次，須用鉀典試紙試驗，不含一點酸質爲度。

第九次，以冷水洗過之爛棉花，用木桶蒸洗，每桶裝六十磅，加入納養炭養二十一磅，用開水蒸洗，時時翻動，約點半鐘之久，换水一次，共换水十次，計蒸十八點鐘，除去强水之原性，篩乾取出。以上兩次，須用鉀典試紙考驗，以不含一點酸質爲度。

第十次，以藥水化過、蒸洗純净之棉花六十磅，入磨藥機器内，磨研十六點鐘工夫，必令成漿。如驗視尚粗，再須加工磨研。

第十一次，以磨成之漿放入漂藥缸内，用活水淘洗二十四點鐘之久，時時以木耙翻動，漂至水清不濁，試驗毫無酸性爲度，否則再須加工漂洗。查從前德匠柯爾富定漂二十四點鐘，現英匠杜白蘭只漂四點鐘，恐未清潔。

第十二次，以漂洗純净之棉漿，裝盛布袋，紮口放入摇篩機内，開動旋轉，約歷一點鐘工夫，驗其水已濾净，方行取出。

第十三次，以布袋裝盛篩乾之棉藥料，用開水蒸洗十六點鐘久，换水八次，再用摇篩篩乾。

第十四次，以開水洗過之棉藥料，裝入木桶，用熱汽蒸四點鐘久，取出以清水淋洗，復裝布袋，又須篩乾。以上二次法，則係前德匠柯爾富所定。現聘之英匠杜白蘭已停止不用。

第十五次，以熱氣蒸過篩乾之棉藥料，分裝竹盤，每盤約十五磅，入烘藥房，用熱氣烘三晝夜，熱度表高至五十度爲止，試驗水氣乾透，然後取出，而棉花藥以成。

第十六次，以烘乾之頭二號棉藥各三十二磅半，共六十五磅，攙入曾經藥水浸化用剩之餘藥三十磅，又加阿西多尼四十磅，以脱二十磅，酒酯十五磅，用鉛箱盛過一宵，使藥浸透至兩相融洽爲度。

第十七次，以浸透之藥料，入拌藥機内，旋轉和拌，約歷三點鐘之久，拌至凝結不散爲度。

第十八次，以拌好之藥料，放軋藥機上，軋成長片。槍藥計厚十六絲，厚薄必須一律，不得稍有參差。此層工夫極關緊要，蓋速率、漲力，視藥片之厚薄爲轉移。有此密切之關係，自宜格外留意。查鄂局未造大礮藥，祇造五生七陸路礮用方塊藥，配料皆同，惟軋片須略放厚。

第十九次，以軋好藥片，用剪機剪成小方塊，而槍藥以成，再傾入輥桶內，每八十磅須加上等銀色黑鉛粉一兩九錢，拌輥八點鐘久，務使色澤光滑。其剪刀鋒芒宜鋭，應用好鋼爲之。蓋刀快則剪成之藥端整一律，力量自然勾稱。

第二十次，以上色之藥入烘藥房，烘三晝夜，熱度表高至五十度，試驗水氣乾透浄盡，取出分儲標記。緣每日所出之藥，力量各有不同，當聚半月一月造成之藥，和拌勾稱，庶速率漲力歸於一律，免至參差不齊。

魏允恭《江南製造局記》卷九《攷驗・造白藥法》 用水銀四兩，硝强水四十兩，合裝玻璃盃中，置汽櫃內，蒸至一百二十度，水銀化盡，與硝强水均變黄色，取出傾入磁缸內，兑頂上高粱酒三十三兩二錢，轉瞬沸騰，氣如白霧，倏變黄烟，俟成灰色後，加清水數升，使已化之水銀結成細粒。如鍼末沉下，即去浮面清水，裝入細白綢袋內，噴水濾之，硝强水酒氣均已濾盡，置陰凉處凉乾，再放汽櫃中，隔綢烘去水氣，收入細磁瓶內，塞以輭木，勿令透風，臨用配以玻璃粉、鉀緑養安的摩泥，調以樹膠，敵力善膠內所入之高粱酒，務須氣力醕厚。

魏允恭《江南製造局記》卷九《攷驗・試高粱酒法》 試法用量尺插入酒瓶。味厚者，尺碼下沉。味薄者，尺碼上浮。以七百五十度、八百度者，爲最佳。八百四十度以上者，即不合用。緣水性輕而上浮，酒性重而下沉，酒力弱而水力强，酒中攙水，尺碼不能下沉，必須蒸去水氣，酒味始厚。

魏允恭《江南製造局記》卷九《攷驗・試造白藥硝强水法》 硝强水最宜厚，而造白藥之强水不可過濃。用浮量尺碼數，濃至一千四百者，最好。濃至一千三百八十者，亦可用。若濃至一千五百者太厚，轉難消化水銀。淡至一千三百五十者太薄，亦難消化水銀，均不合用。

魏允恭《江南製造局記》卷九《攷驗・造成白藥分量》 水銀一兩，硝强水十兩，酒醕八兩三錢，可造成上等白藥八錢七分五釐，次等白藥四錢三分五釐。次等惟性稍急，亦可攙用，須將强水重濾去盡，方可搭用，否則恐霉變難發火。

魏允恭《江南製造局記》卷九《攷驗・配中針槍子濕白藥》 配濕白藥工料過費，又不能多存，須防爆烈。自光緒九年改用乾白藥，工料亦省。兹將濕白藥各料分量開列於後。

白藥九錢。玻璃粉九錢。甲緑養九錢。

樹膠四錢。安的摩呢七錢。敵力善膠二分。先將二膠化水調用。

魏允恭《江南製造局記》卷九《攷驗・配邊針槍子白藥》 白藥三兩。玻璃粉三兩三錢。甲緑養一兩三錢。樹膠八分。敵力善膠四分。先將二膠化水調用。

魏允恭《江南製造局記》卷九《攷驗・配用白藥分量表》

	白藥	鉀緑養	銻硫
裝四開花銅冒火，每料裝四板半，每板一千顆。	四錢五分	一兩七錢五分	五錢三分
裝老毛瑟小銅冒火，每料裝一板半，每板一千六十四顆。	五錢五分	一兩五錢	六錢
裝新毛瑟並快利小銅冒火。	八錢八分	八錢八分	三錢六分
裝林明敦銅冒火乾用。	八錢	一兩六分	四錢
裝林明敦銅冒火濕用，又開花引火。	一兩七錢六分	一兩七錢六分	一兩四錢
裝碰火開花又名擊火銅冒。	一兩五錢	八錢八分	八錢八分
裝快砲引心。	一兩五錢	一兩二錢	一兩二錢

魏允恭《江南製造局記》卷九《攷驗・提浄毛硝法》 按：提硝之法，用熟鐵大圓鍋一隻，安置高處，鍋底設盤腸管，管有無數小孔，上覆圓鐵板，板上亦鑽眼孔，形如米篩，均令通達熱汽。每次取毛硝三千五六百磅，傾在鐵鍋內之鐵板上，加灌淡水三十五六桶，引鍋爐上汽管，熱汽達入盤腸管，透出鐵板眼孔。蒸至三點鐘之久，硝盡化水，由鐵鍋底面之鐵管瀉下，承以木梘，經過兩道布袋濾盡渣滓，水即流入長大木盆，用木把徐徐推轉，刻不停手。俟水冷成硝顆粒，自細以鐵鏊，撈到竹箕，瀝出硝水，然後過篩。篩盤圓式，以鐵爲底，以紫銅絲布爲周圍。將瀝出之硝傾入，每次約三百磅，兑冷汽水兩三桶，攪動和勻，開展機輪篩盤，旋轉靈快，每分鐘可有百餘轉。旋到五分鐘時，其水氣、鹹氣都從四圍紫銅絲布孔內洩出，篩盤外面護以鐵桶，使硝水流下地井，不致走散。用玻璃管盛清水，放硝少許，烘以高粱酒微火，其硝皆化。加入銀粉藥水二三滴，子細察看，倘不亮，是鹹氣未浄，再篩二三次，復行試驗，必須質色潔白，方可合用。取出攤放木盆，任其濕氣散盡，然後烘乾，以備和拌藥料。其剩餘硝水存在地井大缸，用抽水機器打入方鐵鍋，熾炭煑熬，熬至五六成時候，放到木盤攤冷，越一二日，

即成冰硝，仍傾圓鐵鍋内，與毛硝一併融化，依法提净。至所提成分之多寡，須視硝質之清濁。惡濁輕者，可以提得七八成。惡濁重者，衹能提到五六成，或四五成不等。且天熱，則每日出硝較少。天冷，則每日出硝較多。仍隨氣候以爲轉移，此提硝之定法。其工作次第情形如是。

魏允恭《江南製造局記》卷九《攷驗·熬硝强水法》　净硝二十磅，磺强水二十磅，合同並熬，汽化成强法，與蒸酒相似。每鍋日熬一次，約成十二三磅。熬以文火，鍋須極厚，口式平寬二三尺許，覆以瓦蓋，式如覆釜中間一孔，坐以圓罐，口合瓦蓋，口上罐旁一管下垂，汽從此出，達於盤腸管内，流入瓶中，化爲强水。

魏允恭《江南製造局記》卷九《攷驗·量硝强水法》　硝强水以濃厚爲佳。清薄力弱者，不甚合用。法用浮量尺插入强水瓶中，濃厚者，浮量尺高浮，清薄者，浮量尺下沉。浮至一千四百五十者，爲最好。浮至一千四百者，亦可用。浮至一千三百五十者，太薄，不甚合式。須置玻璃罐中，提去水汽，方可濃厚。

魏允恭《江南製造局記》卷九《攷驗·提濃硝强水法》　法將硝强水裝入玻璃瓶内，坐於黄沙之中，沙熱强水之汽上蒸，從玻璃管盤腸管流出，化爲濃强，法與蒸酒相同。

魏允恭《江南製造局記》卷九《攷驗·驗硝强水法》　硝强水一兩，兑清水四釐，浮量尺則低一數。如原强浮至一千四百者，兑清水四分。僅可浮至一千三百九十之數，較原强退去十數，以此類推。强之厚薄，無難立驗，然天時亦須參攷。天氣升，則强水氣降。天氣降，則强水氣升。天氣寒熱不齊，水氣亦升降不一。如天氣寒暑表六十度時，强水浮量尺得重至一千四百之數。及寒暑表升至八十度，强即輕至一千三百九十之數，比原碼輕去十數。及寒暑表降至四十度，强即升至一千四百十之數，比原碼增重十數。是驗强之厚薄，又當參酌天時，以爲定準。

魏允恭《江南製造局記》卷九《攷驗·燒磺强水法》　凡燒磺强水，須於鉛房前面，修造兩爐，一爐煎熬清水，使熱氣噴入鉛房，凝結黄烟，壓入水中，融化成强。惟熱度不可太過不及。太過，則水氣較重，强難濃厚。不及則氣力太輕，不能裹壓磺烟，烟即散去。一爐專燒磺烟，置小鐵盆於爐内，裝硝粉、淡磺强各半磅，盆外以磺粉圍燒，次等磺亦可用。硝渣按時取出，每點鐘燒磺五磅，盆内换硝粉、磺强各半磅。未燒之前，先將爐内鐵板烘熱，磺鋪於上，以火燃灼。盆置裏面，爐門密閉，微露寸餘，使硝氣磺烟，和入鉛房，與氣融結，悉化爲强，約重一千三百五十左右，即可另熬。提濃磺烟，臭味本重，氣能制烟，烟不外洩房外，其味臭較重，以臭之輕重，驗强之化與不化，最爲確切。

魏允恭《江南製造局記》卷九《攷驗·鉛房熬强水法》　房内净長八丈，高寬七尺，前管以達烟汽，後管以出餘汽，中置鉛板三重，上下互换，留縫寬尺餘，長數尺，以便通達烟汽房，以木架造成式。若長櫃週圍，穿以經木，裡面護以鉛板，頂墻板厚一分，底厚二分，包過墻板六寸，中板半分，旁面開一水門，高寬尺餘，上水則開，熬强密閉，外置鐵汽管一道，從鍋爐上達房頂。中安鉛管四條，一由磺爐烟管達入鉛房。二由房頂穿入房内，管末孔細如針，噴汽不使過重，管旁置一汽表，以驗熱度輕重，過熱塞門微閉，不及微開，總以十四五磅爲准。房角安一鉛管，通入鉛缸，以備水溢，取出另熬。房以長濶爲佳，烟汽流通，强始易化。未燒之前，須將房内先裝清水二十餘擔，淡磺强百餘磅，使烟汽凝結水中，不致解散，方可成强。

魏允恭《江南製造局記》卷九《攷驗·提濃磺强水法》　法將淡磺强裝入鉛鍋，熬去水汽，移置白金鍋内，用文火加熱，驗其濃厚。開去管塞門，使强水從盤腸管流入瓶中，即爲濃强，與提硝强稍異。磺强由烟汽融結所成，汽固可以凝烟，化强汽重，亦未免化水。故初成之强，浮量尺碼數，僅可重至一千四百左右。再濃，則須另提鉛鍋，提至一千四百，亦須更换金鍋。否則鉛即銷化，白金質爲最堅。濃至一千八百，當可提出，過此則無可再提。

魏允恭《江南製造局記》卷九《攷驗·造四開花銅冒火小銅冒火法》　造四開花冒火，用紫銅皮。造小銅冒火，用黄銅皮。先將銅皮浸潤梓油。春成後，洗净烘乾，裝入牛皮筒，或木桶内，滚去稜角，燒紅冷透，用硝强水洗光，置汽櫃内烘乾，點膠水於殼底，將白藥貼入壓緊，再塗膠水烘乾，免有受潮落藥之弊。四開花冒火，再將錫皮壓掩，白藥名爲金底冒火，用錫皮上塗有膠水，烘成黄色也。

魏允恭《江南製造局記》卷九《攷驗·造擊火法》　造擊火先將黄銅板軋成銅條，厚一百六十絲，寬一千二百五十絲，春成銅餅，外徑一千絲，重五錢二分。春成銅盂，大六百八十絲，長四百二十絲，共春十二次，每次烘一回，收至大五百三十二絲，切成長短，然後壓底，底厚六十絲，大六百絲，再加收口鉸，口至一千六百三十絲，長短大小合度，内鉸絲零配公螺絲一個，中鑽小孔，頂上用紫銅小冒火一粒，内裝白藥一分，將螺絲旋緊，再裝黑槍藥八分，中留一小孔透火，上蓋紙餅一個，將膠水封好烘乾，銅殼每個重四錢，裝藥九分。濕白藥性和，緩用之，以防危險也。

魏允恭《江南製造局記》卷九《攷驗・造拉火法》 造拉火先將黄銅板軋成薄銅皮，厚三千絲，寬三千五百絲。舂成銅片，長三千絲，寬五百五十絲，捲成銅管，上裝小横管一個，長七百二十五絲，大二百絲，用錫銲好，内膛鑽孔。裝濕白藥一分，頭用銅環一個，再點白藥，内裝黑藥三分。中留一小孔透火，然後將銅環小横管，壓扁收緊，頂上用石膏膠水封好，外再塗以膠水。裝成連藥，共重二錢五分。此種拉火，西人曾用鵝毛管代之，後因年久潮濕，改用銅管，便收存也。

魏允恭《江南製造局記》卷九《攷驗・各種槍子銅殼鎔銅法》 造各種銅殼，昉自鎔銅，銅有紫黄白三種，其性各有所宜，先鎔對半三七銅，以爲鎔各銅之用。

對半銅。用新紫銅五十磅，白鉛五十磅，先將紫銅槌作小塊，用紫泥罐裝入爐内燒紅，始將銅置罐中，上覆鐵蓋，俟銅稍化，再將白鉛納入，上覆木炭粉磅餘，仍以鐵蓋堵塞，俟銅鎔透，取出去炭粉渣滓，用鐵簽攪匀，傾入鐵模，瀉成銅胚。色亮紋細者爲佳，色暗紋粗者不適於用。

三七銅。用紫銅七十磅，白鉛三十磅，鎔法與對半銅大略相似。

黄銅板。造舊式老毛瑟、林明敦、格林、黎意、哈吃克司、士乃得、馬梯尼七種槍子銅殼，需用之黄銅板，不宜太硬。每罐用三七銅五十磅，碎黄銅五十磅，對半銅十磅，三項合鎔。

造新式快利、曼里夏、新毛瑟三種槍子銅殼，所需之黄銅板，不宜太軟，每罐用新紫銅三十五磅三兩，碎黄銅四十三磅半，白鉛二十一磅三兩，三項合鎔，此就銅配搭而言也，鎔法原無二致。未鎔之前，將銅胚燒紅，納入罐中，稍有化意，即將木炭粉覆上，待至全化，再將對半銅，與白鉛兑入，仍覆木炭粉，並入食鹽少許。俟銅鎔透，取出，去木炭粉渣滓，用鐵簽攪匀，傾入鐵模，瀉成銅板。其浮面星點，及缺陷之處，鎈磨光净，以便軋用。

紫銅板。造四開花銅冒、大小銅冒火，所需之紫銅板，用紫銅八十七磅，對半銅九磅，紫銅先行化開，次入對半銅，上覆木炭粉，鎔透除去炭粉渣滓，傾入模内，瀉成銅板。

白銅板。造新式快利、曼里夏、新毛瑟各子袋，所需用之白銅板。每罐用新紫銅六十二磅三兩，黎銅十三磅七兩，白鉛二十四磅，先將紫銅裝入罐内，稍化再入黎銅，覆木炭粉，間用鐵簽一攪。俟銅全化，加入白鉛，及食鹽少許，鎔透去粉炭渣滓，再攪數次，方能和匀，傾模成板。

鎔法，總以細看火候，攪拌匀稱，去盡渣滓爲妙。至造各種槍子銅殼剩下碎銅，必須次第存留，俟有成數，加對半銅鎔成，亦屬合用。需用木炭粉者，緣銅性堅，鉛性脆，鉛浮銅上，力不能入，即化爲煙，必覆以炭粉，使鉛在銅下，氣不外洩。且可避煤内磺氣，再用食鹽以除垢膩提渣滓，鎔出之銅緜輭光潤，不至炸裂也。銅出鑪時，務須閉門，以防風逼銅凝，凝難傾出。鎔出銅板有長短寬窄之分，緣銅模大小不一。惟視作何用，斟酌得宜，模以生鐵，鑄成上下兩扇，外套鐵箍兩道，箍用螺絲，以便啟閉。鑄銅之前，先將模烘透，鏟盡油潤，揩乾候用，免致銅板蜂窩夾灰等弊。若鎔澆紫銅模，宜速鬆。緣紫銅漲力過於黄銅，稍緩，銅即漲而致裂。且銅質愈佳，漲力愈大，配料時，必須斟酌得宜，方能合用。

魏允恭《江南製造局記》卷九《攷驗・鎔銅鑪改良》 本廠鎔銅鑪，原係方式鎔化黄銅，以六十號紫泥罐，裝上等紫銅七十分，白鉛粉三十分入鑪。周圍用焦炭煏燒，旁作煙路，使煙從路出，鑪上用鐵蓋子蓋住，令不洩火，約三點鐘，出鑪傾入鐵模，鑄成銅塊。每日祇能鎔三鑪，用焦炭較多。

近仿東洋法，將鑪改砌圓式，火力團聚，每日能鎔四鑪，用七十號紫泥罐，用煤亦少。且火聚則力猛化速，鉛性不致走散，而銅性自然綿輭，所造銅殼少破裂之虞，其餘仍照前法。

一鎔銅配料。紫銅係德國華拉魯牌號，白鉛産自雲南爲佳。

一每鑪鎔銅四罐。

一每罐鎔一百二十磅。或一百三十磅。

一每罐鎔成四塊。寬鐵模四塊，窄鐵模五塊。

一每塊重三十磅。或二十餘磅鐵模，因有大小之分。

一每鑪鎔兩點鐘。從前方式鑪鎔三點鐘，每日祇出三鑪。近改圓式，每日能出四鑪。

一每罐約用焦煤九十餘磅。

魏允恭《江南製造局記》卷九《攷驗・軋各色銅板法》 黄銅板，計厚八百二十絲。英度每百絲合一分，用分釐尺較量。

初次軋成七百二十絲。二次六百六十絲。三次六百十絲。四次五百七十絲。五次五百三十絲。六次五百絲。

右第一回，共軋六次。入爐烘，用强水清水洗滌一次，再軋。

初次軋成四百三十絲。二次三百八十絲。三次三百四十絲。四次三百十絲。

右第二回，共軋四次，烘洗如前。

初次軋成二百六十絲。二次二百三十絲。三次二百絲。四次一百七十絲。

右第三回，共軋四次，烘洗如前。

初次軋成二百五十絲。二次一百三十絲。三次一百十絲。

右第四回，共軋三次，烘洗如前。

初次軋成九十絲。二次七十五絲。三次六十絲。

右第五回，共軋三次，烘洗如前。

初次軋成五十絲。二次四十絲。三次二十七絲。四次二十絲。五次十七絲。

右第六回，共軋五次，不烘。統共烘五回，軋二十五次。

軋至一百三十二十絲時，剪成銅條。寬一千五百絲，圈入鐵桶，再行烘過，用磺强水洗淨，木屑擦光，捲成圓箍，而造新舊各式槍子銅殼之料，以成後又依法烘煅，層次軋薄而造。各式銅冒火之料以成。

紫銅板，計厚八百二十絲。

初次軋成七百二十絲。二次六百四十絲。三次五百八十絲。四次五百三十絲。五次五百絲。

右第一回，共軋五次。入爐烘，用磺水清水洗淨，再軋。

初次軋成四百三十絲。二次三百八十絲。三次三百四十絲。四次三百十絲。

右第二回，烘洗如前。

初次軋成二百六十絲。二次二百三十絲。三次二百五絲。四次一百八十五絲。

右第三回，烘洗如前。

初次軋成一百六十絲。二次一百四十絲。三次一百二十絲。

右第四回，烘洗如前。

初次軋成一百絲。二次八十五絲。三次七十五絲。

右第五回，烘洗如前。

初次軋成六十絲。二次五十絲。三次四十絲。

右第六回，烘洗如前。

初次軋成三十絲。二次二十三絲。三次十七絲。四次十四絲。

右第七回，烘完再用磺水清水洗淨，共計烘七回，軋二十六次，總以軋薄至十四絲爲合用，此專造四開花銅冒火之料也。

白銅板，計厚五百絲。

初次軋成四百二十絲。二次二百三十絲。三次一百二十絲。四次五十五絲。五次四十絲。六次三十二絲。七次二十六絲。八次二十四絲。

每軋一次，計烘一回，共烘八回，此造快利、曼里夏、新毛瑟子袋用也。

魏允恭《江南製造局記》卷九《攷驗·槍子銅殼並銅殼底與銅冒相接處上漆油法光緒二十八年洋匠畢第蘭開呈》 紫黃色漆，即泥利土膠六啓羅格臘母每啓羅，計二磅二兩。六啓羅，合十三磅。與九十度力量之火酒即高粱酒之類。三十立得，每立得二磅半，三十立得即七十九磅半。急相鎔化，時常攪動。此外用愛來米松香一啓羅，與樟腦油一啓羅煮滚，然後將此二項攙雜，俟其涼後，加於泥利土膠與火酒內，隨加隨攪，庶幾兩種攙雜者，方能勻透，此預備漆油辦法。惟漆質宜薄，而有紫黃色者，爲合宜。此外泥利土膠内，與愛來米內，所有不潔淨之物，亦宜除去。其法用細黃銅絲布漉之，倘爲時過久，漆油必致太厚，則再加清淨之火酒，使之稍薄可也。

魏允恭《江南製造局記》卷九《攷驗·烘燒槍子快礮各種銅殼法》 銅殼每舂一次，須烘一次，使其性回輭，方能舂長。然烘不宜過度，過則銅性反硬，破壞必多。烘法先將温暖水滌去銅殼油膩，然後用雙蓋鐵桶盛裝，桶底裝木炭屑，覆以鐵片，不使炭屑與銅殼相雜。每桶約裝銅殼三四十磅，將内層桶蓋關住。其内蓋之上，又實以炭屑，旋將外層桶蓋關住，桶邊徧塗爛泥。又洒泥水於桶身，烘至三四點鐘之久，桶變櫻桃色爲止，不可太過不及，既有此色，停留爐內，約歷四點鐘，不加減熱度，始可出爐。俟鐵桶冷透，方可揭蓋。如此烘法，則密不通風，空氣無自而入，銅殼繇輭有力，且色澤光潤，歷久不變也。

以上係從前烘法，因慮鐵桶裝銅殼太多，或至四圍火候已過，中央火候不及，不能盡勻。近乃仿砌東洋烘銅爐式，兩頭有門，以便將銅殼推進拉出。定造淺邊鐵盤，止盛銅殼七八磅，擺列勻稱，依照時刻，如法烘燒。爐有小孔，用塞抵住，看時將塞撥去，細察裏面火候，銅殼現櫻桃色，即當取出，烘到恰好，銅殼自無破裂之弊。爲時甚速，每日烘出較多。

烘銅之煤，若磺氣太重，油烟過多，銅殼必致變壞，以開平九槽末煤爲宜。每烘一次，再用磺碰水清水洗滌一次，去盡油汙，以便再舂。每碰水二十磅，約攙清水二擔。

魏允恭《江南製造局記》卷九《攷驗・造快礮銅殼法》 長三磅銅殼，用黄銅板舂長八次，烘燒七次，打圓凹切口各一次，收口三次，車底車螺絲共一次，鉸口一次。造成底徑二千五百絲，底厚九十絲，外線徑二千三百三十五絲，外線徑厚七十絲，外殼底徑二千二百六十絲，外殼中徑二千一百四十絲，外殼口徑一千八百九十絲，内口徑一千八百五十絲，長一萬四千六百五十絲，重一磅九兩。

短三磅銅殼，舂長七次，烘燒六次，打圓凹二次，切口三次，車底車螺絲共一次，鉸口一次。造成底徑二千八十五絲，底厚一百十五絲，外殼徑一千九百四十八絲，外口徑一千八百九十八絲，内口徑一千八百四十五絲，長五千絲，重六兩半。每個約合工料銀一兩六錢四分。

六磅快礮銅殼，舂長十次，烘燒九次，打圓凹二次，切口二次，收口三次，車底車螺絲共一次，鉸口一次。造成底徑三千絲，底厚一百四十五絲，外綫徑二千二百七十絲，外線厚九十絲，外殼底徑二千六百六十五絲，外殼中徑二千五百絲，外殼口徑二千五百絲，外口徑二千三百十絲，内口徑二千二百絲，長一萬二千絲，重二磅二兩。每個約合工料銀三兩六錢。

十二磅子銅殼，舂長九次，烘燒八次，打圓凹三次，砌口三次，車底車螺絲共一次，鉸口一次。造成底徑三千五百四十五絲，底厚一百四十三絲，外殼徑三千八十二絲，外口徑三千三十四絲，内口徑二千九百八十五絲，長五千四百絲，重一磅二兩。每個約合工料銀二兩八錢八分。

史德高三生七快礮，銅殼重三兩，長三寸五分。每個約合工料銀一兩一錢。局造三生七快礮，銅殼重六兩，長五寸二分。每個約合工料銀一兩五錢四分。哈吃克司快礮，銅殼重三兩，長三寸五分。與史德高銅殼仝價。

魏允恭《江南製造局記》卷九《攷驗・造老毛瑟槍子銅殼法》 造老毛瑟槍子銅殼之銅皮，厚一百十絲，寬一千五百絲，銅片徑一千一百八十七絲。

舂頭次，銅殼上口内徑六百五絲，下口内徑六百絲，外徑八百十絲，長一百八十七絲。

舂二次，銅殼上口内徑六百絲，下口内徑五百九十絲，外徑七百六十二絲，長三百七十五絲。

舂三次，銅殼上口内徑五百九十四絲，下口内徑五百七十絲，外徑六百九十絲，長六百八十七絲。

舂四次，銅殼上口内徑五百八十二絲，下口内徑五百五十絲，外徑六百四十絲，長一千二百五十絲。

舂五次，銅殼上口内徑五百六十八絲，至此打第一次圓凹。下口内徑五百二十七絲，外徑六百十絲，長一千五百絲。

舂六次，銅殼上口内徑五百五十二絲，至此打第二次圓凹。下口内徑五百十五絲，外徑五百九十絲，長一千七百五十絲，第一次切口長一千五百絲。

舂七次，銅殼上口内徑五百三絲，下口内徑四百八十八絲，外徑五百四十四絲，長二千一百八十七絲。

舂八次，銅殼上口内徑四百八十絲，下口内徑四百六十五絲，外徑五百十一絲，長二千七百五十絲。

共舂八次，除第八次不烘外，餘每次烘一回。

舂完又切口一次，打圓凹一次，打火門眼一次，收口二次，車底一次，絞口一次，量底大小一次，輥光一次，量底厚薄一次，照眼一次，揀净一次，量火台高低一次，壓小銅冒火一次，裝藥一次，插鉛子一次，緊口一次，揩油一次，量驗大小一次，量驗長短一次。

裝洋鐵箱，每箱二百五十顆。銲洋鐵箱蓋縫，外加木箱，每箱裝洋鐵箱四個，共計千顆。此舊式槍子造法，與新式略同。惟舂八次較新式多一次，銅殼較薄，且無機器較量。其各次攷較，皆係手工。格林、黎意、林明敦、士乃得、馬梯尼、哈吃克司各槍子，均仿此。

魏允恭《江南製造局記》卷九《攷驗・造新毛瑟槍子銅殼法》 造新式槍子銅殼之銅皮，厚一百二十絲，寬一千五百絲，銅片徑一千一百七絲。

舂初次，銅殼上口内徑五百二十絲，下口内徑五百十絲，外徑七百絲，長五百二十五絲，重四錢三分。

舂二次，銅殼上口内徑五百十三絲，下口内徑四百九十五絲，外徑五百三十二絲，長七百八十絲，重四錢一分。

舂三次，銅殼上口内徑五百八十絲，下口内徑四百八十五絲，外徑五百八十一絲，長一千一百十絲，重四錢一分。

舂四次，銅殼上口内徑四百八十絲，下口内徑四百六十四絲，外徑五百二十九絲，長一千六百九十絲，重四錢一分。

舂五次，銅殼上口内徑四百七十五絲，下口内徑四百四十四絲，外徑五百四絲，至此第一次切口打圓凹。長一千七百八十絲，重三錢九分。

舂六次，銅殼上口内徑四百五十九絲，下口内徑四百二十絲，外徑四百八十絲，長二千六十四絲，重三錢九分。

舂七次，銅殼上口内徑四百四十絲，下口内徑四百十三絲，外徑四百六十絲，長二千九百絲，第二次切口長二千二百五十絲，重三錢八分。

以上共舂七次，打圓凹一次，切口二次，每舂一次烘一回。烘過用礎水清水洗浄浸油再舂，末次舂完。

壓底一次，打圓口火台二次，車底邊一次，收口二次，鑽雙火門眼一次，絞口一次，礎水洗油汙二次，烘乾滚亮各一次。

用機器一具，量銅殼長短、陰紋淺深、殼底厚薄，各一次。

用機器一具，量銅殼底大小、火台高低，各一次。

用機器一具，較銅殼斜肩口徑、内膛大小，各一次。

用刷銅殼内膛膠漆一次，照火門眼一次，點圓凹膠漆一次，裝銅冒火一次，用機器二具，權全子輕重一次，套槍膛是否合度一次，揩油汙一次。

用機器一具，裝藥上鋼彈各一次，用機器輥直槍子一次，緊口線一次。

末次裝入子袋，盛以鐵盒，每盒二百五十顆。外加木箱，每箱裝鐵盒四個，共計一千顆。此新毛瑟工作次第，曼里夏、快利及各種新式槍子、銅殼仿此。

魏允恭《江南製造局記》卷九《攷驗·造老毛瑟鉛子法》 鎔青鉛百磅，須攙入點錫八磅，因青鉛性柔，點錫性剛，柔則易傷槍膛來福線，且難及遠中的。故用點錫，以堅其性，鎔透以水力汽機壓成圓條，再用機器舂成鉛子，上輥光起線。其式前尖後平，單響槍用。若十響、十三響槍，則係平頭，庶便多裝顆數，不致碰觸冒火，用白紙包裹，後半節插入銅殼内，收緊子口，免令濕氣浸入。

魏允恭《江南製造局記》卷一〇《攷驗·造鋼彈法》 新毛瑟槍子銅殼上所插鋼彈，初造所用之鋼盂，購自外洋。其配料得宜火候恰好，所以剛柔相濟。舂時不致破裂，鍍鎳尤爲得法，顔色不變，購來由外洋舂過，初次已成鋼盂，外徑五百三十二絲，長四百七十八絲。

本局購有造鋼彈機器，設在鍊鋼廠。配料、鍍鎳均與外洋購來者相同，絲數一律復由子藥廠自第二次舂起。

第二次，上口内徑三百八十四絲，下口内徑三百七十三絲，外徑四百三十絲，長六百五絲。

第三次，上口内徑三百六十四絲，下口内徑三百四十絲，外徑三百八十六絲，長九百十絲。

第四次，上口内徑三百三十六絲，下口内徑三百十九絲，外徑三百六十絲，長一千一百七十絲。

第五次，上口内徑三百十三絲，下口内徑二百九十絲，外徑三百三十六絲，長一千二百八十絲。

第六次，上口内徑二百九十五絲，下口内徑二百七十六絲，外徑三百十五絲，長一千四百八十絲。

至此切口一次，舂圓尖一次，插鉛心一次，均外徑三百十七絲，長一千一百二十絲。

舂緊鉛心一次，外徑三百十七絲，長一千二百絲。

收鋼彈底口一次，外徑三百十七絲，長一千一百八十絲。

舂底邊鉛線一次，外徑三百十七絲，長一千一百九十絲。

再輥光一次，另用機器二具，一量長短及圓尖底徑大小一次，一權全子輕重是否合度一次。再揀剔揩擦各一次，然後就裝子機器，裝上銅殼，以成槍子。造成鋼殼重六分半，内插鉛心重三錢，共重三錢六分半。

魏允恭《江南製造局記》卷一〇《攷驗·配料》 查大爐進料，約十六噸至十六噸半不等。小爐進料，約四五噸不等。配料以海墨太生鐵，或湖南紫口生鐵七成，西門士碎鋼，或本廠之碎鋼三成亦不等。料純浄則火耗少，亦無險難之慮。劣者反是。進爐先進生鐵，次進碎鋼，再加進卡母尼礦石。鍊至十二點鐘久，即以鐵杓勺鋼汁傾地入水浸冷錘之。錘之而其邊開裂，則必加進礦石。錘而無裂，則其鋼將成。即以錘過之鋼片，刮取其屑，用化學天平，平準十分格蘭姆之一，倒入玻璃器内，以有分寸之玻璃吸管，吸取浄硝强水一个半立方生特邁，當倒入玻璃器内，以化鋼屑，再以熱水蒸器，其鋼屑即化成黄色之水。察其水色，即知炭汽之多寡。多者色濃，少者色淡。然必先將鋼樣，化作比例。無比例，即無準式。察準之後，視鋼質含炭氣若干，再酌配錳鈔等料，敲成小塊，烘熱平準，加進爐内，五分鐘久，開洞門瀉出鋼汁，由鋼桶轉傾於大小鋼模，凝結成塊，此名熟鋼。再攷外洋煅鍊生鋼，係用極浄無燐硫雜質之熟鐵，藏以炭屑，封以密箱，入燜火爐煨之，俟其火色暗紅發亮，如熟櫻桃色者，或十日，或半月取出，趁冷敲碎，其鐵塊滿發炭氣之空泡，入罐再鍊，加進錳鋁鈔料，傾入模內，即成生鋼。其鋼之經久，有埋之土中，更數百年而其質不變者。矣查鋼廠因經費支絀，未能購備燜火爐機具等項，及瑞典上等熟鐵。祗有小爐一座，成料甚少，變通其法，亦能造車床所用之車刀鏨鑿等類。

魏允恭《江南製造局記》卷一〇《攷驗·鍊鋼各料所含性質》 曼干尼司錳鐵。色白如次銀，性韌與鐵相合成鋼，能受錘壓之力。凡鋼欲韌，必添至合度，然後出爐，故爲鍊鋼要質。咸豐七年，始查悉其形性。廠中用者，爲已鍊淨錳。

美南鋁。其色其堅並同於錳，其重與玻璃等，性韌比鐵難化，不易生鏽。廠中用者，形如古斗式銅鈕，爲已鍊淨鋁可打箔抽絲。鋼含鋁則能增其伸漲力，而易於凝結，與錳性略同。

鈔立根。一名鈔立格，即化學科中之矽養，其形有三，一爲淡粽色，二爲筆鉛形，三爲晶粒，形成銀灰色，兼隱粽色，細點有細方形之光質。廠中用者，即第三類，爲已鍊淨鈔，此質與銅鐵相合，均可和溶。法國曾有與銅相合，鍊成礮料者，性堅能使成鋼無含空氣之弊。惟過多，及不另含錳質者以濟之，則與鋼有碍。故須因料斟酌，亦爲鍊鋼要質。

卡姆尼礦石。色紅如粽，即化學科中之鐵養，能化去炭氣，雜有土泥，可研成粉，其色亦不變，配料較錳鋁鈔多用，爲爐中必需之質。

斯比哥而鐵。色微仄而白，發光，有定質之性。凡鋼將成時，用之。

英海墨太生鐵。色如青鉛，而深微有紫暈，作晶結形，發光亮，質地不甚緊密。每萬分中僅含燐質二分，故其質甚淨，可成精鋼。廠中所鍊鎗礮鋼盡用此質，現與湖南棻鐵攙用。

湖南棻鐵。色較海墨太更深，作晶結凝體，光暗，質地緊密，每萬分中約含燐五分，其質稍次於海墨太。廠中所鍊鋼料，現均與海墨太攙用，惟每爐所配分量不及海墨太之多。

湖北一號生鐵。色如海墨太，惟無紫暈，亦作晶結形，發光亮，質地亦與海墨相同。惟剖面不及海墨太淨潔，每萬分含燐十四分之多，故尚不合鍊上等鋼之用。若能提盡燐質，或亦可用，現不敢臆斷。

瑞典生鐵。作深青色，分上下二層，一層發細星光毫，其結粒比海墨太細，而密出鐵之數，不能如海墨太之多。

西門司廢鋼。每種硬軟分儲不相攙合，入爐配生鐵七成，此料三成，先入生鐵，俟溶化，後再進此料。

本廠廢鋼。與西門司相同。

以上各質，均係入西門士馬丁爐鍊鋼所用之料。

瑞典熟鐵。瑞典精鐵馳名天下，因其礦含鐵養甚淨，且用木炭悶成，不用生煤，較英猪鐵尤佳。國家以樹木有限，而刊伐無窮，設律限制，故出産不能如英鐵之多。作青灰色而有光，可作器具，入爐增其炭氣之千分之二十至三十，即可成器具之精鋼矣。

卡本鐵。即炭酸鐵也，其色白如生銀，平面結成亂髮形，剖面成直絲形。其淨者，含質養鐵六二·〇七，炭酸三七九三，內屢有曼干尼司，及美合尼西養代其幾分養鐵。生鋼含炭百分之·七至·八五爲最軟之鋼，·八五至·九五爲鏨石之鋼，·九五至一·一爲螺絲母鋼，一·一至一·二爲刀鋼，一·二至一·三爲剃刀鋼，至爲鋒利，不入大爐。凡鍊罐鋼，始需此配合成料。

以上各質，係專鍊罐子生鋼所用之料。

勃乃文生鐵。色如青鉛，質地密而細緊，性硬。凡澆輥輪，需此和溶成料。

鎳格爾。其質不一，不易生鏽，鋼廠所用者，色白在銀與錫之間，發光，質面結成大蜂窠形。近來爲用甚廣，可作錢幣，與紅銅配合，即成白銅，並可抽絲。廠中一用以攙入鐵内造礮架，一用以鍍子彈箭頭。

硬質生鐵。係泰西專門鑄硬面軋輪輥輪之料。

以上各質，係專澆鐵汁所用之料。

魏允恭《江南製造局記》卷一〇《攷驗·試鋼法》 查鋼廠用化學中酸法鍊就各鋼，均係上等槍礮，及汽爐鋼板用之鋼料。槍礮試條，係仿照英國海部之定例。試條中，節長英二寸，徑百分英寸之五三三。試法，每方寸面積自三十八噸，至四十四噸之堅力。伸長每百分英二寸之二十，至二十二分之韌力。汽爐鋼板試條，係仿照英國囉耳特總保險公司之定例。試條中，節長英八寸，寬英一寸，厚英寸之四分。試法，每方寸面積自二十六噸，至三十二噸之堅力。伸長每百分英八寸之二十，至二十五分。機器鋼試條，亦係照英海部及囉耳特總保險公司之例試。條中，節長英二寸，徑百分英寸之五三三。試法，每方寸面積自二十八噸，至三十五噸之堅力。伸長每百分英一寸之二十四，至二十八分。以上係仿照英國以水力試機拉斷斷試之法。此外又有彎試、紐試、錘試等法。彎試之法，由鋼料中取出方元扁各條，以機彎至一百八十二度半，或至彎平爲止。紐試之法，亦以機紐至一百八十二度半爲止，以察其彎紐之稜角，有無崩裂。錘試之法，用錘錘至極扁，以驗其邊，開裂與否。以上等法，無論尋常鋼料，及槍礮鋼料，皆可照試。蓋鋼之爲物，其堅力愈富者，其韌力必少。抑其韌力愈長者，其堅力必低。故尋常鋼料，韌力必加於堅力，槍礮鋼料堅力必多於韌力，此一定試法也。

魏允恭《江南製造局記》卷一〇《攷驗・汽爐説》 查鋼廠有西門士馬丁十五噸錬鋼爐一座，用煤汽爐五座，遠離五十二英尺，以一暗火道相通，中分二道，各相接於錬鋼爐內之兩端，兩端間有暗風道兩條，下接於吸空氣之機器，下又有暗風道一條，接於分煤汽之機器，下又有暗火道一條，達於煙通爐。升火鼓煙，由暗火道達於錬鋼爐內，以火引之，即成烈火，約熱度表二千度，火由爐內兩端左右而進者，取其火力勻而炭汽亦勻也。每十分鐘捩其暗火道中分煤汽之門，掩右而火即由左端入於爐內，掩左即由右端入於爐內，餘燄仍回於分煤汽之機器之下，達於煙通。吸空汽之機門，亦隨而左右掩。餘風亦隨左右而達於煙通機門之上。又有元蓋門一具，能隨意開合，以度吸風之大小，以助火力。無此空汽則煙不能燃著，即不能成烈火。錬鋼爐外殼，係鋼板。內膛，係西立格磚干聶司打磚砌成。俟火錬至爐膛，發白色，即以西立格沙烘熱，勻進鋪於爐膛之底，成爲凹勢，再錬至西立格沙堅結，而火如電光，即進海墨太生鐵。先鎔一次，名爲搪爐底，以驗爐底之沙堅結與否，然後進鐵錬鋼，再另有三噸錬鋼爐，衹用煤汽爐二座，情形亦復如是，餘詳圖。

魏允恭《江南製造局記》卷一〇《工程・壓軋》 查鋼廠壓鋼工程，用大元鉗鉗緊十五噸重之鋼塊，用四十噸力起重機吊起，進於倒燄加熱爐閘內，將爐門閘下，用泥封好，以開平塊煤燒紅鋼塊。俟其發白亮之色，即由起重機吊起，進於二千噸水力壓機之中，開用一千馬力汽機，運動水力，達於二千噸水力壓機之汽鼓內，另開水門之機，則二千噸壓機錘即能隨意上下，其鋼塊亦能隨意壓成方元扁之大料。其壓力亦能隨意大小，再燒再壓，即成塊料。能造一百磅子、四十磅子礮胚，及機器大小直軸、曲軸等件。又軋鋼工程，用七噸半力起重機，鉗吊一二噸重者之鋼塊，入於倒燄加熱爐，內亦用開平塊煤燒至亮白色，即由起重機吊起，至大軋機之輥輪機臺之上，再開輥輪，旋轉推入於大軋機之中，再開二千馬力汽機，運動大軋機，軋之其紅鋼塊，能隨意進退。大軋機之上，又有旋壓軋輥高低小機器一具，開用小汽機，其軋輥自能隨意高低。軋造鋼板亦能隨意厚薄，厚度不拘，薄度軋至英寸之二分爲止。鋼盂用之薄片，不在此例。軋造方元扁包角等鋼條，係由大軋機軋成六寸、八寸方熟坯，開大剪機剪成三四英尺長，進爐燒紅，用人力鉗入中號軋機之內軋之，其軋輥有大小凹槽，挨次軋造，其尺寸亦能視所需之尺寸若干，軋造若干也。

魏允恭《江南製造局記》卷一〇《工程・鑄輥》 查鋼廠有九噸化鐵倒燄爐一座，又幫力倒燄小化鐵爐一座。試鑄硬面軋鋼、軋銅用之輥輪，用料須用專門鑄輥之特式硬質生鐵。硬質生鐵有三，一號極硬，爲輥輪外面之用。二、三號稍輭，爲輥輪內體之用。臨時察輥輪大小，及壓力若干，酌配硬度之分劑。硬面應厚者，則多配一號。硬面應薄者，則少配一號。生鐵進爐，即鼓爐火溶化，火候須時時帶有煤煙，則鐵不至燒壞。鎔化之後，俟其鐵質汁面浮沸泡爲度，即以鐵杓取出少許，傾於小模凝結，敲開以察其硬質之厚度，再行出爐注於輥模之內，即鑄成軋鋼軋銅之輥輪。加以車磨工程，磨如鏡面光者，即已可用。凡鑄硬面軋輥之範模，其兩端則用沙泥之模，其中段則用生鐵之模。生鐵之模能使輥輪面硬而質地堅實，沙泥之模則不能使其極硬，而有漲縮之力也。凡輥輪中段須硬，能受極大之壓力。兩端須輭，能保機器之危險。

魏允恭《江南製造局記》卷一〇《工程・鍍鎳》 查鋼廠有鍍鎳電機一副，係鍍新毛瑟小口徑槍用之彈箭頭。造法，用試條試出之二十七噸堅力，伸長百分八英寸之二十九分之韌力之輭鋼料，烘紅軋至英寸半分厚，十一英寸寬，二英尺八寸長之鋼片。再用冷軋機，軋成三英尺十寸長，十英寸寬，千分英寸之三十五分厚之薄鋼片。用生鐵箱盛之，入於爐內，烘紅約六點鐘久，取出浸入硝强水內，一小時取出，加白石粉擦洗潔淨，浸入熱鉀衰藥水內，去其油氣，取出又入磺强水內浸之，取出用冷水冲洗潔淨。再入於一百二十二度之熱度銅炭養藥水內電鍍，一刻鐘久，即鍍上紫銅，取出浸入冷水內，擦洗後，又入於棕色鉀衰藥水內浸之，取出又用冷水冲洗。又以外洋紅粉擦之，冲洗潔淨。又入鎳格爾雙倍鹽水內電鍍，三點鐘久，即成鍍鎳之鋼片。再入春機即春成杯式之鋼盂矣。查電機每分鐘旋轉八百五十次，而有電汽運動壓力七度之時，足供電力四百度之用。有抵力板，以較準電力之大小，有電力表以驗其壓力，及電力之度數，以勻合鍍力也。

魏允恭《江南製造局記》卷一〇《費用・光緒二十九年造成鋼件》 方鋼十

一萬一千七百二十一磅。元鋼七萬四千五百八十六磅。扁鋼八萬二十一磅。鋼板八十八萬九千一百七十四磅。包角鋼十九萬二千九百九十六磅。鋼皮七千五百四十一磅半。扁方鋼六百五十磅。八角鋼九千五百五磅。寸半徑槍筒鋼料八千二百四十二磅。小口徑毛瑟槍鋼箭坯，一萬五百五十六枝，計九萬四千九百二十四磅。十四寸毛坯鋼二千七百八十磅。方六寸長二尺礮尾塞鋼料，二條，四百三十磅。二磅子小礮鋼坯，五尊，計二千三百八十一磅。四十磅子礮架鋼遮板六副，每副大小三塊，計三萬三千六百磅。鋼曲拐二條，計一千五百十八磅。百磅子礮管三條，礮箍二十四箇，計十四萬九千八百九十五磅。百磅子礮退力箭三箇，計一萬九千二百磅。百磅子礮架大墻三塊，計一萬五百三十九磅。百磅子礮架小牆三塊，計五千三百四十磅。百磅子礮耳蓋六件，計六百磅。百磅子礮架磨盤蓋三個，計一萬二千八百七十磅。百磅子礮架磨盤座三個，計一萬七千四百磅。百磅子礮架表尺八件，計一千二百十六磅。百磅子礮架遮板座三件，計一千八百磅。百磅子礮退力箭油缸三個，計三千九百磅。四十磅子礮管三條，礮箍二十一個，計五萬七千三百九十四磅半。四十磅子礮架大墻八件，計七千二百磅。四十磅子礮架小墻八件，計四千八百磅。四十磅子礮架磨盤蓋十箇，計二萬一千磅。四十磅子礮架磨盤座六個，計九千磅。四十磅子礮耳蓋六件，計五百二十八磅。四十磅子礮尾螺絲塞三個，計五百十磅。十二磅子長式礮管一條，計二千六百六十六磅。十二磅子長式礮耳架一件，計六百七十六磅。十二磅子長式礮架中心座二十件，計一千四百八十磅。銃模鋼圈八個，計六百七十六磅。寸厚剪刀口鋼一件，計一百三十五磅。八生七頭次陰模一個，計八十三磅。壓鉛條水力機鋼心子二條，計二千五十磅。又鋼螺絲二條，計七百九十二磅。又輥機用鋼齒輪二個，計一萬五千六百四十磅。百磅子礮架遮板四副，每副三件，計五萬七千六百磅。鋼齒輪五箇，計二萬八千八百七十磅。大輥輪鋼接頭盤一箇，計五千八百六十五磅。快打汽錘鋼心子一條，計二千六百四十八磅。浄生鋼件六百九十八磅九兩。

以上共計造成鋼料、鋼件，合壹百玖拾伍萬貳千肆百肆拾貳磅。

魏允恭《江南製造局記》附仿造克鹿卜礮説《礮身》 查本局大小礮料，係用西門司馬丁鋼爐煅鍊而成。拉力達於四十四噸，與克鹿卜罐鋼礮料同一堅固。大礮壓以水力，小礮擊以汽錘。錘法，將鋼塊燒至白亮之色，鉗置五十噸力汽錘之下，轉動六十馬力汽爐門，俾進汽於汽缸之內，以一人開閉汽門，則汽錘自隨意升降，鋼塊展轉受擊，擊至合度而止，即成小礮。礮身胚料，加以車鑽工夫，則該礮基礎已立。從前本局各種小礮，皆用一段整鋼造成。今管退礮，礮身內一鋼管，外一鋼套，鋼套籠罩鋼管，合而爲一件。法將鋼套燒熱至五百度，趁其漲大，立時套上，既冷之後，箝束緊密，與整段者無異。放時受藥漲力，内層緊，外層輭，能得伸縮之力，而收完固之效，不至有意外炸裂之患。西人減輕礮身重量，多用套箍套管等法，昔惟用之九生特，以上各礮，今日益加研究，並用之於小礮矣。箍套礮與整料礮，兩兩比較，以受漲力論，箍套礮小一倍半。

又查此礮，礮管共分三膛，螺紋右轉，繞力平均，角度前後相等，謂之來復綫。膛綫，膛底至鋼管底，一律平面，謂之藥膛。兩膛相交處，有如圓斗形者，使子彈易於滑過，謂之坡膛。三膛之外更有閂膛，閂膛係四方式橫開之窩，俾閂體左右推動。上嵌螺板，即礮閂開關所需。凡陸路礮，中節兩旁皆有礮耳。此礮因擱置礮床滑板，不安礮耳，而置中心柱於礮床之下，以定升降横移。礮身下距中綫七生特，有一方檻，礮底有二小孔，皆爲限制礮身，俾與滑板聯合爲一而設。又按各種山礮表尺準星，嵌置礮身之上，或左，或右，以便眇準，此礮則移置於礮床左方，此皆其特異之點，爲山礮所僅見者也。所有礮身内外尺寸，及以下各種零件尺寸，另表於後。

魏允恭《江南製造局記》附仿造克鹿卜礮説《礮閂》 查管退礮用長方體礮閂，閂底略帶斜式，左面開一缺口，謂之裝子路。右面鏇出裝膛，以便裝鑲各件。裝膛上面距中綫四生七密里，開螺絲柱，進出轉側之長窩。窩内並鑿斜槽工程，極爲精細。長窩下有免險銷，蟠鐄，罩眼前面火針管眼，閂底頂鐄，蓋眼，以及礮閂前面上下之撥彈殼機槽，與制機銷眼，皆最關重要之工作，不可疏忽者也。又按此閂次第用法，一曰開關，一曰擊放，一曰撥彈殼。其開關零件，曰螺絲柱，曰閂柄，曰免險銷，曰蟠鐄罩。查螺絲柱外套閂柄，柱身一面凸出，斜銷嚴合於閂體窩内之陰槽。一面有螺綫二條，與閂膛上面螺板之斜紋，兩相套合，將閂柄往前往後半轉，而礮閂即已開閉。設欲拉礮他去，而子彈已裝入膛，急將下插免險銷圓肩之缺口，轉出閂柄圓面之缺口，則閂柄不能再動，擊火所用之鋼機，亦因此受制，不能再拉矣。此不惟保開關之險，並保擊火之險，而銷脚插入頂鐄，蓋兼保鐄蓋之險。至恐此銷活動，則有蟠鐄罩制之，部署至爲周密。又於閂體圓面開槽半周，用一銷子運行槽内，以管制閂柄，亦一開關要件也。擊放零件，曰機架，曰擊火鋼機，曰扁鐄，曰直機，曰頂直機蟠鐄管，曰火門針管，曰蟠鐄，曰火門螺蓋，曰頂鏆蓋。查機架大小二筍，旁有彎槽，一大筍套擊火鋼機，機底扁鏆一圈，扣入筍旁缺口，機身凸出一節，插入彎槽，自由運動。此一節中孔，則蟠鏆管生脚之所。機架小筍安配直機，直機一端抵制火針缺口，一端緊靠擊火鋼機，蟠鏆管頂面鑿，出盤紆曲折之路，使直機顛簸於其上，最稱巧妙。至擊火鋼機，自退則機底扁鏆之力也。演礮之先，針管爲直機所制，擠緊彈鏆，厚蓄其力，擊火鋼機一拉，則直機閃動，火針挺出，擊銅引發火矣。鋼機藉扁鏆之力，折回原處，直機旋繞，蟠鏆管之頂，亦還歸原位，而火門針管，又爲之撥退矣。查克鹿卜六生特山礮所用撥針鋼挑鏆，與此同一精妙。至鋼機自退，則又爲彼所無。蓋日見精益，如此撥彈。殼零件，曰撥彈殼鋼機，曰制鋼機銷子。查此礮進彈，由門體裝子洞送進彈殼底邊，緊靠於鋼機雙脚，鋼機後節凸出，斜肩門體前面上下亦隆起斜面。按：在鋼機槽頭。子彈擊出，將礮門向右拉退，則門體斜面，與鋼機後節斜肩相碰，彈殼自跳躍而出。又礮門推至此處，戛然而止，不復後退，亦賴有此鋼機抵制之故。至制機銷子，則又用以抵制此機也。按此門附屬十六件，均以陰陽筍□合而成，不用一螺釘。裝卸之時，亦不須器具，靈便之至。

魏允恭《江南製造局記》附仿造克鹿卜礮説《礮床》　查礮床一具，周圍如凸形滑板，置於其上。板之長短寬狹，亦與同式。板左右凹槽，鑲以銅夾，以便自由進退。礮身平卧滑板，滑板後段抵力座，有二陽榫，套入礮身底面孔內。礮身前段方檻，與滑板坐檻相連，旁插一銷，半轉即能開合。礮床最要之件，爲退力鋼油管。油管外套彈鏆，前鑲鏆座，彈鏆能緩坐力。人所共知，此礮妙處，則不專在鏆，而並在油。油之爲用，不惟緩礮之坐力，並以緩彈鏆伸漲之力也。油管內徑有斜直綫三條，爲開閉油門之路。按：自中心直綫右行二十六度，即銅餅油門斜綫，計斜七十一度。又自中心橫綫右行四十二度，即鋼翼油門斜綫，計斜三十一度。又自中心下直綫右行二十七度，即銅餅油門直綫。中置鋼桿，桿一端挺出礮床，前蓋加以螺母，蓋內門套稍轉，即開以備拖桿前退之用。桿一端套二銅餅，旁鑿油門，以下稱銅油門。中置鉸鏈，鋼架有鋼翼油門二扇，撑翼鋼鏆一根。銅餅一走直綫，一走斜綫，鉸鏈鋼架亦走斜綫。又恐油質滲漏，於桿之前節，安配皮碗，加以銅座、銅夾、銅圈、皮圈，油管前口嵌一螺絲銅蓋，蓋外亦叠皮圈。油管後口，則用螺絲鋼蓋，鋼蓋後節套入退力拉板，按：拉板在滑板後節。以便拖管進退。礮床後蓋鑲一銅套，亦使油管利於行動。油管後蓋鑿出小孔，則備進油之用也。平時鋼翼油門二扇，將銅油門緊緊遮蔽，至該礮受藥漲力，隨滑板油管退後，則油質衝過銅油門，將鋼翼油門頂開，繞出油管後面。該礮坐力一止，銅油門關閉，鋼翼油門復張，而管外彈鏆，亦已縮緊礮管。油管藉鏆力回轉，銅油門漸漸開張，使油質循原路退回前面。惟銅油門與鉸鏈鋼架，雖同一行走斜綫，而方向不同。銅洞門漸開，而鋼翼油門漸闔，迨行至油管後口，銅油門盡開，而鋼翼油門又嚴塞於外矣。質而言之，礮管往後，則鋼翼開，而銅門閉。礮管往前，則鋼翼閉，而銅門開。其中運動之巧妙，不可以言喻。究其實，惟善用油質而已矣。按：銅油門窄狹，或進，或退，油質皆緩緩浥過，故礮件不至受損。該礮祇礮管後退，而礮架不動，不必再事眇準，即可接續施放，每分鐘可放十九出。

魏允恭《江南製造局記》附仿造克鹿卜礮説《眇準儀器》　查眇準儀器有三。

一，表尺準星。按管退礮表尺，裝置礮床左方，尺形如弓背，有鋸齒，用小輪司其起落。平水管嵌於表尺之旁，綫尺彎向左方，亦可作横尺之用，極爲精善。惟是項表尺，原圖倉猝，未能繪出，無從仿製。暫將本局七生六山礮表尺準星備用，俟演試後，再仿照原式製造一副，以成完璧。備用表尺不過一時權宜補乏之計，徐當改造，不復贅説。

一，高低摇器。查礮床中段有一鋼托，按：中心柱距礮口後二十四寸二分半，距輪軸中綫前三寸一分，距礮軸綫下八寸六分半。鋼托下節，即中心柱插於十字鋼架，前孔管以螺母十字鋼架之肩，套於輪軸鋼架之尾，夾於横移螺管兩脚之間，距架尾十生特許。有如鉸鏈式者，即起落螺棍生脚之所，十字架用法不一，不徒取便低昂已也。查高低摇器零件，曰起落螺棍，曰起落螺套，曰螺母鋼架，曰鋼架耳套，曰銅斜齒乙輪，曰銅斜齒甲輪，曰銅摇輪。按高低螺母鋼架嵌置礮架兩牆之間，兩耳各加鋼套，左方鑲以摇輪，鋼架旁孔裝配斜齒甲輪，而斜齒乙輪，則覆於起落螺套。螺套紋綫左繞，螺棍紋綫右繞，均附屬於鋼架母螺摇輪。一轉斜齒輪，莫不交轉。前轉，則螺套升，螺棍亦升，礮口因之而俯。後轉，則螺套由鋼架螺孔而下，螺棍亦由鏇而下，礮口因之而仰，升度至十五度，降度至十度。螺棍頂有銷練一副頂之，前面另有撑桿一根，以撑住螺棍，尋以其贅累去之用昭簡便也。

一，左右摇器。其零件，曰横移鋼架，曰雙脚螺管，曰鋼齒甲輪，曰鋼齒乙輪，曰免險鋼圈，曰齒輪銅罩，曰銅摇輪。查横移鋼架套於礮床，鋼架下座倒懸，床下螺管嵌置其中，螺管雙脚即夾緊十字鋼架之尾。横移螺棍鏇入管之中孔，其左方鑲一齒輪銅罩，銅罩内安置鋼齒甲輪，與螺棍鋼齒乙輪，兩兩銜接，罩外套以摇輪，摇輪一轉，則銅罩内之甲輪，與螺棍頭上之乙輪，相隨而轉，螺棍因之，或進，或退。摇輪前轉，則礮口移左。摇輪後轉，則礮口移右。移左移右，均各兩度。螺棍外套螺圈所以防螺棍之滑落也，故曰免險圈。

魏允恭《江南製造局記》附仿造克鹿卜礮説《礮架全件》 查此礮，礮架前後兩節，係用一塊鋼板壓成，形如凵式，不用帽釘相連。前節頭上鑲兩鋼套，以護車軸，軸骰裝配車輪，外加新式銷子。架身兩旁安置墊板，上面護以牛皮，以便眇準時，礮員蹲身其上，不致屈膝於地。該礮拉動，此墊可以折攏。後節架尾安一尖頭插鏟，以備抵禦全礮往後之坐力。此鏟備有活機，亦可收攏。工程極爲細密，餘件無關奥旨，姑付闕如。

魏允恭《江南製造局記》附仿造克鹿卜七生五管退礮全礮尺寸》 礮身，長十四倍，計德尺一百四生特五密里，鋼管長八十七生五，藥膛深十三生五，徑七生九，綫膛長七十四生，來復紋二十八條，深七分五密里，陰綫寬五密里九分二，陽綫寬二密里半，紋繞一百二十度，鋼管外徑九生八，上下圓角五分。第一節長二生五，底面尖式五分，尖式前徑八生三，後徑九生。第二節長三十七生四，外徑十生九，圓角七分。第三節長四十七生七，後外徑十一生八，距内肩長四十二生，外徑十生五，礮唇外徑十一生八，圓式一生三，唇面凸起二分，外徑十生四，鋼管底距前七十五生，即礮身方檻，檻長六生五，寬五生八，距中綫七生，厚一生二，頸徑四生三。鋼套連礮尾方頭長五十九生三，套上鋼管長四十一生三，内徑與鋼管外徑同。套外前圓徑十三生五，距後三十四生五，外徑十五生六，套前肩圓角一生五，後肩至方頭圓凹式一生五方，頭徑十八生，上至中心九生五，下至中心八生五，右至中心八生五，左至中心九生五。閂膛中綫右距底十生八，左距底十一生二，斜式四分。閂膛横徑九生六，直徑十一生六，肩徑十生八，左肩寬二生二，右肩寬一生九。左邊裝子洞徑九生，洞口圓式二生三。開關螺絲柱中綫距底十生八，鑲開關螺絲門膛上寬九生一，深二生，厚二生八，下寬面徑六生二，深一生五。螺絲門内鑲斜筍底徑七生二，斜式一生四，深六生二，至七生二，斜式一生。閂膛上面開關螺絲柱窩圓式四生二，深九分，長十三生。制閂銷槽距左邊六生五，爲中綫槽，寬一生四，圓式五生九，對左斜式五分。撥彈殼機窩圓式一生六，深六分，長十生八。礮底銷孔外徑二生三，内徑二生，深二生一。礮底上面扳手鐶，角尺式，鐶座長七生五，寬三生五，底厚一生，鐶匚圓徑一生三，匚膛長五生，寬一生八。制座螺絲孔徑一生，螺絲肩膛徑一生三，深六密里，螺絲二隻，長二生八，圓徑同上。

礮閂，長二十生，閂面厚一生五，火針直中綫，爲甲横綫，爲乙閂，面開關螺絲，柱膛直綫爲丙横綫，爲丁閂，身四面爲戊己庚辛四綫，直面爲戊綫起，火針蓋爲辛綫止，戊庚對徑十一生六，戊面長十七生八，庚面長十九生九，己辛對徑十一生二，閂面戊庚對徑十五生五，己辛對徑十四生五，庚面圓式八生五，辛面兩肩圓式二十五生，已面上下斜式六密里，小圓角一生五，辛面上下撥彈殼槽深一生三，寬同長十一生。碰機上下兩肩，上肩長六生七，下肩長八生七，肩右高一生，左八密里。火針管直綫距閂面十生九，針管孔徑三生五，深七生。螺絲柱膛直中綫距庚綫十生五，横中綫距己綫四生九，膛徑五生，深十一生二，肩徑六生三，深二生三。機架直中綫距庚綫四生五，横中綫距己綫五生六，機架方膛直徑四生七，横徑六生七，深七生。免險銷膛中綫距己綫一生五，横中綫五生八，與火針管綫同。銷孔徑一生一，深十四生六。蟠鑽罩中綫距己綫一生二，距庚綫三生，孔徑一生七，深四生。制彈殼機銷中綫，距火針中綫八生三，距己綫九生三，銷孔徑一生五。撥針直機槽長三生八，寬一生六。裝子洞圓徑九生，已面上下圓角一生五，閂身自右至左斜式一生。

開關螺絲柱，螺絲長十二生五，外徑四生八，肩厚二生，螺絲十寸、一牙、二陽、三陰。陽牙圓徑八密里，陰牙深六生一，礮閂伸縮長九生六，螺絲柱制閂斜銷圓徑六生一，銷寬一生五，長一生六，斜式長六生一，斜五密里，制本身銷長二生六，螺絲柱蓋面邊圓徑六生二，厚一生九，套閂柄方頭徑二生三，長五生七，柱底小筍長一生五，徑一生八。閂柄圓面方膛中綫距柄中綫十七生，方膛徑三生，圓面外徑八生五，厚三生三。柄身横板厚一生，横板左節平式長十二生五，右節斜式長五生三，斜一生八，左節寬五生，右節寬三生六，厚二生，外圓徑三生四，柄心長九生七，圓徑一生五，木套長八生三，圓徑三生三，兩端銅套圓徑同上，厚一生三。套外羊眼圓徑二生五，厚四密里。

機架，高四生五，直長六生八，内第一節長二生，横徑五生五。第二節長四生九，横徑六生六。第三節長一生四，凸高五密里。每節轉角七密里，圓式架底厚七密里，凸高五密里。處即保險機架之上角牆寬一生四，厚六生，高一生六。機架底牆高二生，厚一生，長五生五。牆面小筍長一生六，圓徑一生二，中綫距牆底一生二，距架邊綫三生九。架中大筍距底面高三生六，圓徑一生七，中綫距架邊一生七，距架面邊二生二。架底中間灣槽一條，長三生七，圓徑一端一生九，一端一生八。

擊火自退鋼機。機厚三生五，夾扁鐄銷，即機架大筍。孔徑一生七，機底扁鐄窩圓徑二生七，深八密里，套扁鐄頭銷徑四密里，長八密里。扁鐄頭窩徑一生，銷中綫距夾鐄銷一生七，窩外圓式三生三，蟠鐄管孔徑一生六，深一生七。中綫距夾鐄銷二生五，孔外圓式二生五，厚二生，底面凸高八密里，圓徑一生八，內孔徑九密里，深一生。制蟠鐄管肩半圓式徑七密里，深一生五，機板距夾鐄銷中綫八生七，板身厚一生八，板尾厚一生一。尾外拉火鉤圈內孔徑一生三，外徑三生，圈圓徑一生，板面凸高一長方，碰肩高六密里，長七密里，厚一生一。夾鐄銷孔頂面凸高一，碰肩長一生六，寬一生五，高三密里，外圓式四生。

扁鐄，寬八密里，厚二密里，長十五生五，蟠成外圓徑二生七。

直機，長八生五，厚一生六，內孔徑一生二，孔外圓式徑二生五。一端厚一生三，寬一生二，頭背圓式一生七，係撥火針管用。一端厚八密里，圓式一生，內凹半圓式八密里，機底半圓式槽深五密里，圓式一生六。

頂直機蟠鐄管，長二生三，頂面括機高五密里，肩徑七密里，半圓式長七密里，管徑九密里，長二生，管內孔徑一生三，外徑一生六。蟠鐄用一密里，徑鋼絲蟠成內徑一生，外徑一生三，高二生。

火針管，長四生，外圓徑三生五，內孔徑一生九，深三生三，火針頭長六密里，徑三密里，針底徑一生六一，帶尖式長一生八，針管肩圓式一生六。

蟠鐄，二密里，圓徑鋼絲蟠成長六生五，外圓徑一生九，內圓徑一生五。

火門螺蓋，厚一生四，蓋面圓徑四生六，厚三密里，螺絲長一生一，徑四生四，火針孔徑二生。

頂鐄蓋，厚一生七，三面方徑三生九，一面圓式徑三生九，外圓徑一生九，內圓徑一生五。

免險銷，長十六生五，第一節長五生六，徑一生。第二節長八生，徑一生二。第三節長九密里，徑二生三。第四節，即蓋面邊長九密里，徑三生六。銷面拉手扁徑八密里，兩端圓式徑二生七，距□內二生八，凸出一保險括頭，銷高七密里，長同銷面圓式。

蟠鐄罩，長四生一，圓徑一生六，蟠鐄孔徑一生一，深三生三，上面一保險括頭，銷高八密里，長一生三，銷面圓式。蟠鐄二密里，鋼絲蟠成高四生五，外徑一生一，內徑七密里。

撥彈殼機，寬十生六，兩脚長九生七，內徑八生一，距肩內九密里，爲中心綫距綫下四生六，圓式脚上節厚八密里，下節厚一生五，碰機肩高距機直中綫一生八，肩寬二生，肩面寬一生三，背面凸高半圓式搖筋一條，圓式一生五，中綫距機底高一生二，距碰機肩平面二生一，曲柄寬二生三，厚一生，柄長四生，彎頭長一生八。

制機銷子，長十一生六，圓徑一生六，距面低一生六，起一方肩高一生七，長二生七，厚五密里。

滑板，長五十三寸三分半，寬五寸二分，板左右上面圓角五分，下面圓角二分，板前節長三十九寸七分半，厚一寸一分，後節抵力座長十四寸，前厚二寸一分半，後厚一寸六分半，前至後斜式四寸三分，陽榫二隻，長六分半，榫前徑六分半，後徑七分半。礟身座檻距前三十五寸，檻長三寸一分，寬三寸三分，高一寸三分，左右凹槽上寬一寸五分，下寬二寸二分，鉤座肩厚三分，座底高三分半，橫銷眼距前一寸四分半，距滑板平面二分半，滑板後節下端退力拉板，中心眼距板底二寸四分半，眼徑一寸一分半，外圓式二寸二分，拉板厚一寸一分，半底寬二寸五分，中心眼面羊眼窩徑一寸半，深二分半，滑板與床架合筍凹槽，寬四寸六分，凹徑四分，凹膛內鑲銅凹夾，長五十三寸半，左右徑四寸半，凹徑二分三釐二，銅凹夾底開徑二寸六分半，面開徑三寸六分半，滑板底面剜空之膛，距拉板前一寸一分，起長十寸二分寬二寸半，深五分，周圍圓坡式六分，制座檻橫銷圓徑七分，銷中段一半圓式長二寸二分，銷身長五寸，徑同肩厚二分，圓徑一寸二分，銷柄長三寸，厚二分半，鐵練螺絲相連。

礟床鋼架，高一寸七分，長五十三寸二分，寬五寸一分半，架面徑四寸半，邊厚二分三釐二，面厚一分，左右滑槽，與滑板筍同架內鐄座，滑槽橫徑三寸二分，凹槽徑二分三釐二，架內中徑二寸六分，下徑四寸五分，深一寸一分，左右肩下圓角式五分，架外下徑五寸，高七分。

護礟床方匣，高四寸，外徑五寸一分半，匣殼係九釐厚，鋼板製成左右鋼扣，三角式，共長二寸七分，圓角式七分，肩厚半寸，身厚七釐，扣門槽寬二分半，深三分，肩寬一寸一分，內肩寬一寸六分，各帶圓坡式。

礟床後蓋，深入匣口二寸一分，蓋底厚五分，左右兩牆長一寸半，蓋底左右兩肩，與架底槽同。蓋內銅套，套底至中心二寸一分半，套厚六分，套底邊厚二分三釐二，橫徑三寸二分，內徑三寸，鑲入蓋內深三分半，外徑三寸二分，套外圓徑四寸。

鋼油管，長五十寸零一分，外徑三寸，內徑二寸二分半，開閉油門綫三條，直綫一條深一分，寬三分。彎綫一條深一分，寬三分，彎七十一度。鉸鏈鋼架行走綫，半斜半直，計斜三十一度，前直後斜油管口內徑二寸四分半，長三寸五分，管口螺絲長一寸三分，餘長二寸二分，裝絆緶皮盌銅夾等項用。

壓鐄銅座，座底至中心高二寸一分半，座厚一寸二分半，底邊厚二分三釐二，橫徑三寸二分，內螺絲徑三寸七分半，外□徑四寸一分。

蟠鐄二節，扁徑一分七釐，內徑三寸，外徑四寸，每節長三十三寸。

銅螺絲前蓋，內孔徑一寸一分，外螺絲徑二寸六分，共長一寸六分半，蓋面邊徑三寸二分半，厚二分半，平面扳手眼四箇，眼徑二分半，深二分，螺絲長一寸半分，餘長三分，外徑二寸四分半。

皮盌，外徑二寸四分半，內孔徑一寸一分，高六分半，內圓式四分，外圓式五分半，一分厚皮壓成七釐厚。

銅座，外圓徑二寸四分半，內孔徑一寸一分，厚四分半，盛皮盌圓槽深三分，圓式五分，座底盛皮圈處，深半分。銅套外徑二寸四分半，內孔徑一寸一分，高一寸一分，盔套皮盌處高六分，內孔徑一寸二分半，外圓徑二寸三分，盔肩圓式四分，蓋面邊周圍半分，徑眼四箇，進油漲皮盌力用。銅圈外徑二寸四分半，內徑一寸一分，厚二分半，中間斜式半分高，皮圈厚一分，內外徑均同上。

鋼螺絲後蓋，螺絲徑二寸二分半，長二寸三分，加紫銅圈一箇，厚一分，蓋面邊外徑三寸，厚五分半，邊內挖深三分半，內徑二寸二分，鑲退力拉板下邊鉋通二寸三分半，寬拉油管方牙螺絲長一寸五分，徑一寸一分，內餘長一寸四分半，套拉板方牙螺絲母二隻。

鋼桿，共長五十寸，圓徑一寸一分，桿頭螺絲徑一寸，長一寸半，桿尾螺絲長一寸，徑一寸五分，肩徑一寸六分，厚二寸，上下圓式三分。

銅餅前油門，長一寸半，外徑二寸二分半，隆起一綫，高一分，寬三分，內螺絲徑一寸五分，螺絲深一寸餘二分，深孔裝螺絲銷肩過油空道內，圓徑一寸七分，左右開一寸一分寬。螺絲銷肩徑一寸三分半，厚二分，銷外圓徑一寸一分半，銷內孔螺絲徑六分，銷身長七分。

銅餅後油門，長一寸二分半，圓徑二寸二分半，隆起一斜綫高寬與上同。過油空道圓徑，及左右開寬，均與上同。餅內孔徑一寸五分，口面斜深二分，內肩徑一寸一分半，套入前餅內，肩徑一寸五分，深二分。

鉸鏈鋼架，隨綫銷外圓徑二寸三分半，長三分，架身徑一寸五分，架高一寸一分，架內徑一寸一分，制架螺絲一隻，圓頂一寸一分，螺絲徑六分，長一寸，架內開通寬一寸零半分，深一寸。

鉸鏈鋼翼油門一扇，外圓徑二寸二分半，鉸鏈圓徑五分，鉸鏈銷孔徑二分，鉸鏈銷一隻，長一寸五分，銷身徑二分，銷頭螺絲徑三分，長二分。

撐翼鋼絲鐄，三釐圓徑鋼絲彎成。

礮床前蓋，高四寸五分半，寬五寸一分半，邊厚四分，中間圓式凸高半寸，蓋口外徑二寸二分，內徑一寸六分，口高六分，蓋內孔深一寸，口外徑三寸七分，內圓式六分半，蓋上面與滑板內槽同。蓋內門套門頭外圓徑四寸六分半，內圓徑三寸二分，內圓肩二分半，門寬一寸零半分，厚二分半，長三分半，門套外圓徑四寸六分半，套內肩圓式六分半，外肩圓式一寸半，套身厚二分半，寬一寸零半分，除門套高一寸，與鋼蓋內圓式同。門套心內孔徑一寸四分，細牙螺絲外圓徑一寸七分，厚七分，套內凸高三分，套外凸高一分。蓋外拉手鋼套，套厚二寸，第一層外圓徑二寸二分，厚三分半，左右拉手柄厚二分，長一寸，寬四分半，周圍圓角。第二層外圓徑一寸六分，厚六分。第三層外圓徑一寸四分半，細牙螺絲。第二層中間一扁銷孔寬二分半，長四分半，兩端圓式。扁銷長二寸半，厚二分半，寬四分半，銷柄彎頭寬六分，彎頭內制練小孔徑一分。一分圓鐵絲圈一箇，半分圓鐵絲，彎成四寸長練一條。螺絲一隻，長二分，開口銷一隻，圓徑一分。螺絲母內徑一寸，厚一寸，開口銷一隻，圓徑一分半。

中心柱鋼托，中心柱長三寸二分，圓徑二寸一分，柱面圓螺絲母厚一寸，內徑一寸七分，外徑二寸七分，開口銷一隻，徑一分半，鋼托內徑五寸一分，外徑五寸六分，托底厚二分半，托長六寸半，高四寸三分，托牆面寬三寸七分半，托牆前後斜角斜一寸，鋼托中綫距礮床前三十一寸。

十字式鋼架，長二十一寸一分半，輪軸中心套長五寸七分，內孔徑二寸一分，外中徑三寸，邊徑二寸半，輪軸中心綫距鋼架底高一寸六分半，中心柱孔中心綫距輪軸中綫前三寸一分，架尾螺棍銷孔中綫距輪軸中綫十二寸半，架尾梢頭寬一寸一分，厚二分半，長二分，梢頭距輪軸中綫十六寸半，螺棍橫銷孔徑五分，外圓式徑一寸二分，牆厚三分，架身剜空，兩牆各厚一分半，架底厚二分，架身前高二寸半，至後十寸長，高一寸，中心柱銅套內徑二寸一分，外徑二寸三分，長二寸二分，蓋面邊徑三寸，厚一分半。

表尺準星鋼架二座，高四寸二分，方套距架底高一寸五分半，架膛中綫距底高一寸二分，套外三面方徑一寸二分半，架底厚一分半，架底横方徑三寸七分，直方徑三寸五分，四角七分，圓式架管距横面高五分，四角螺絲孔四箇，孔徑四分彈鑽銷管中綫距架高一寸零半分，管面距方套高六分，管外圓徑七分，管內孔徑四分半，深六分，裝蟠鑽用管口細牙螺絲徑五分半，襯鐵二片厚一分半，長六寸半，寬三寸六分，四角鍋釘眼四箇，表尺架中綫距礮床前十九寸，準星架中綫距礮床前四十六寸。蟠鑽銷二隻，銷長一寸半，銷頭徑四分半，頭上半分，尖式銷面徑三分，銷身徑二分七釐，長一寸一分。壓鑽螺絲母外徑五分半，細牙螺絲內徑二分七釐，厚二分。蟠鑽半分，鋼絲蟠成高六分，外徑四分半，內徑三分半。縮鑽鋼罩內徑七分，外徑一寸，外徑長五分，內徑深三分，拉手邊厚七釐，邊寬五分半，長三分，邊外圓式五分。制鋼罩銷二隻，圓徑半分，又制架四分，螺絲八隻。

起落螺棍，螺絲長五寸，半徑一寸一分，螺牙一寸四箇，頭上横銷鉸鏈方座，高一寸六分，方式一寸二分，頂上圓式同鉸鏈銷孔徑五分半。

起落螺套，長五寸半，外徑一寸六分，內徑一寸零半分，內外螺絲方牙，均一寸四箇，外面開方槽一條，寬二分半，深一分。

螺母鋼架，長八寸七分，高三寸，內螺絲徑一寸六分，方牙一寸四箇，外圓徑二寸五分，左右兩耳內孔中綫，距右耳肩三寸二分，距左耳肩二寸七分，右耳圓徑一寸六分半，長一寸五分，左耳圓徑一寸長七分半，右耳內孔徑一寸三分。第二節內孔徑一寸零半分，深三分，距內角尺式齒輪膛深一寸零半分，左寬一寸七分，右寬二寸半，四角二分半，圓式輪膛外徑右二寸二分，左三寸一分半，兩肩圓角式七分，輪膛底一孔，徑六分，深同右耳。肩徑一寸三分半，厚二分，距肩內長六分，扁徑四分半，兩旁圓凹式二寸，螺絲母上面左右兩鉗鉗外徑三寸七分，鉗口內徑二寸六分半，口厚一分七釐，內凹槽圓徑二寸四分，鉗高三分半，寬一寸，槽內嵌銅斜齒乙輪用。左耳鋼套蓋面邊長四寸一分，寬一寸二分半，厚一分半，套身長一寸，外徑一寸二分，內徑一寸，制套四分，螺絲二隻。右耳鋼套蓋面邊長四寸七分，中徑二寸二分，兩端圓式一寸五分，厚一分半，套身長二寸，邊內長四分半，邊外長一寸二分，外圓徑二寸四分半，內徑一寸六分，制套螺絲與上同。

銅斜齒乙輪，斜齒三十六箇，齒外徑五寸三分半，齒斜六十八度，齒內徑三寸六分半，輪內孔徑一寸六分，輪身高一寸五分，身面凸高五分，上面圓徑二寸半，邊厚二分，下面凹槽一條，寬三分，徑二寸一分半，輪底凸高半寸，外徑二寸二分，至輪底三分，圓式凹角輪肩角圓式一寸三分。

銅斜齒甲輪，斜齒十五箇，齒外徑二寸半，內徑一寸六分，齒斜二十七度，輪內孔徑五分半，輪身高一寸二分，身面凸高二分，徑一寸零半分，輪底凸高二分斜式。

銅搖輪，輪邊外圓徑六寸六分，邊圓徑四分，內擋四條，寬五分，厚二分，輪心內徑四分，外徑一寸三分，長一寸六分，長半寸。第二節外徑一寸六分，第三節外徑一寸二分，長一寸半，輪心厚五分，銅柄長二寸二分半。一端圓徑一寸一分，一端圓徑六分。輪柄內鋼心長三寸，徑二分半，頭上銅羊眼圓徑六分。鋼桿長六寸三分，第一節徑四分，長五分。第二節徑六分半，長一寸七分。第三節徑一寸，長一寸五分半。第四節徑五分半，長一寸七分半。

横移鋼架，中綫距礮床前十二寸半，內徑五寸一分半，外徑五寸六分，托牆高一寸六分，托底厚二分，托牆長四寸，厚二分，左牆本身凸出鋼齒甲輪內銷圓徑五分半，長一寸七分半，中綫距乙輪孔一寸六分半，横中綫距托牆前二寸四分半，鋼架下節裝螺管牆牆距托底二寸三分，牆底長三寸五分，牆下圓式徑一寸七分，裝螺管膛方徑一寸一分半，托底後凹槽一條，深二分，寬同。槽外肩高六分，肩背五分，圓式嵌十字鋼架尾梢用。

雙脚横移螺管，長四寸二分，外徑一寸三分，內徑一寸，方牙螺絲一寸六箇，螺管左底兩方肩，肩內方膛深五分，寬一寸一分半，肩厚三分。

螺棍兼銅齒乙輪，長五寸六分，螺絲徑一寸，螺絲牙一寸五箇，齒輪徑一寸五分半，輪厚四分，齒輪下第一節徑一寸二分，長二分。第二節徑一寸零半分，長一寸二分，齒輪周圍齒十四箇。

鋼齒甲輪，長一寸半，圓徑二寸二分，輪厚四分，周圍齒十八箇，輪外凸高一分半，輪內外圓徑一寸一分，長七分，輪內徑四分半。

齒輪銅罩，長四寸，高七分，一端圓式三寸，一端圓式一寸七分，內孔周圍厚半分，罩下四脚厚半分，脚外圓式四分，內孔二分半，制罩二分半，螺絲四隻。

銅搖輪，圓徑三寸七分，邊圓徑三分，輪內長五分，圓徑四分半，輪內徑四分半，第二節內徑一寸一分，長五分。

礮架前節，一分厚鐵板壓成，長三尺七寸二分，翹頭高十四寸，距底高九寸三分，即車輪軸中心孔鐵殼外徑七寸六分，內徑七寸四分半，左右轉邊寬一寸三分，中間撑檔兩條，高四寸。

護軸左套，厚三寸，內孔徑二寸二分，外圓徑三寸三分，護牆套板厚二分，板長距中心四寸七分，板前寬三寸七分，後寬四寸六分，套心裏面距板高一寸一分，外面距高一寸半，套肩護板厚二分半，寬一寸半，套心下有兩耳，長一寸二分，寬同厚四分半，耳圓式徑一寸二分，套底護板長二寸三分半，寬一寸七分半，厚二分，護板中綫距套孔中綫一寸五分。右套除去兩耳，餘均相同。右肩鋼套，內孔徑二寸半。

坐墊鉸鏈銅架，後架中心高四寸半，前架三寸六分，三角式對角一寬四寸半，一寬四寸。鉸鏈耳在四寸半，寬之平面耳後二寸，鉸鏈槽六分，耳圓式一寸二分。鉸鏈螺絲銷二副，銷徑五分，長十寸，皮墊兩箇。

皮墊鉸鏈左架二條，鉸鏈外圓徑一寸，內孔徑五分，厚七分，肩高六分，與鉸鏈中綫同。鉸鏈檔距中心高五寸，檔厚三分，檔長距中心六寸，鉸鏈心至肩內一帶，宛如半面太極圖式。鉸鏈右架檔距中心高十四寸，檔長距中心七寸半。鋼板厚半分，四角圓式一寸半，左板長十二寸半，寬八寸，轉角寬九寸，右板長十寸半，餘同。

礮架前節鉸鏈，長九寸二分，高四寸二分，外寬七寸四分半，內寬六寸七分半，底厚二分，牆厚二分，牆內左右鉸鏈耳內徑五寸五分，外徑六寸七分，耳外圓徑二寸一分，耳內孔徑七分，耳厚五分，耳底板厚二分半，長三寸一分，至內斜式底長二寸七分，上至下斜一寸七分，鉸鏈平底長一寸七分，卸架尾鋼骱槽長一寸五分半，寬六分半，骱心圓式徑一寸二分半，長一寸，骱鉤頭孔長五分，寬六分。後節鉸鏈，鉸鏈板高三寸七分，寬三寸三分，上下斜式四寸，板內寬七寸，外寬七寸半，鉸鏈底板厚二分，寬二寸零半分，骱鉤距底高二寸一分，底厚二分半，斜寬二寸三分，骱鉤座長一寸六分，鉤內圓式一寸三分，鉤背圓式三寸，鉤厚六分。鉸鏈銷左右二隻，銷徑七分，長二寸半，蓋面邊徑一寸一分，厚一分，拉銷彎頭圓徑五分，長四寸，頭上扁徑二分，圓式一寸，內孔徑五分，銅練二條，制練二分，徑螺絲二隻。

礮架後節，長三尺六寸半，梢頭斜高七分，長七寸，撑鐵一擋，高一寸二分。

撬套兼鉸鏈銅座，長十寸零半分，寬十寸半，座底兩筋，內寬七寸一分半，高三分，筋外凹圓式七分，座底板厚二分半，鉸鏈耳兩隻，左右對峙，高二寸二分，寬同上面圓式，亦同厚一寸半，鉸鏈銷孔徑一寸一分，鉸鏈耳孔中綫距前三寸七分，距後六寸七分，中間撬套長三寸七分，前高二寸，後高二寸三分，上面圓式同內孔，尖式一端一寸二分，一端一寸。

起插鏟鋼鉸鏈架，鉸鏈座板長十八寸，寬三寸，厚二分，兩端圓式三寸，鉸鏈檔二根，左右對峙，距座底斜高四寸七分，檔長九寸，檔身厚半寸，絞鏈頭厚六分，外圓徑一寸五分，內孔徑一寸。

起插鏟斜心銷，長十三寸，銷徑七分，蓋面邊厚三分，圓徑一寸三分。

尖頭插鏟，護板長二十寸，中間寬五寸，平面長四寸，兩端斜式四寸半，板厚二分，距中綫左右五寸一分，凸起兩筍，每筍寬一寸一分，再距左右五寸六分，兩筍每筍亦寬一寸一分，五寸平面之中嵌一尖頭鋼插，尖頭長三寸半，寬四寸，厚一寸六分，柄厚二分，長一寸半，周圍扁圓尖式。

扳手蟠鑚管，內孔徑七分，外圓徑一寸三分，厚六分，柄長四寸，圓徑六分，外套蟠鑚半分，徑鋼絲蟠成長三寸，內徑六分，外徑七分，扳手柄長四寸六分，柄外圓徑一端一寸一分，一端一寸，肩厚一分半，肩圓徑一寸二分，肩下長方式，鉤彎頭寬一寸二分，厚二分。

合筍鋼機，寬一寸三分，長二寸半，筍膛高二分，深二分。

架尾方銅托，外徑長八寸半，內徑七寸五分半，寬三寸六分，後牆高二寸六分，距邊高二分，左右邊寬一寸三分半，長三寸三分，邊前距底高二寸六分半，後距二分半，前高後低斜二分半，邊內轉角圓式七分，托底內左右圓式一寸一分。

鋼提鐶左右二隻，四分圓鐵圈成高二寸半，長四寸。

撬桿，斜曲柄長二十八寸。

車輪二件，花梨木製，輪外徑三十一寸半，鐵箍寬二寸，厚二分，車輪圓邊寬二寸，厚同輪檔十二根，每根長一尺，寬二寸五分，斜式五分，扁厚一寸五分，制箍螺絲十二副，徑四分，長二寸六分。

輪軸，長四十二寸一分，兩端套銅夾內尖式長五寸半，餘長一寸二分，一端稍頭一寸三分，扁圓長一寸一分，內扁厚六分，外扁厚四分，距內六分半，一孔徑五分，制輪方銷底至外長一寸半，頂面一寸二分，圓式方銷膛寬半寸，長五分，外端圓式距內兩端右端長七寸二分，第一肩徑二寸，厚二分，肩內徑一寸六分，至內長七寸，徑二寸，距內一肩徑二寸六分，厚半寸，左端長六寸六分，第一肩徑二寸，厚二分，肩内徑一寸六分，至六寸六分，長徑二寸，中端長十一寸七分，左至右長十一寸三分，左端徑二寸二分，平徑長二寸半，右端徑二寸半，平徑長二寸二分，中間帶尖式，右端一肩徑二寸六分，厚半寸，制桿鋼蓋厚半寸，内孔徑二寸二分，上面平式，外徑三寸二分，下面兩耳對徑五寸二分，耳内孔徑半寸，耳外圓式一寸，制蓋螺絲二隻，徑半寸。制輪鋼銷長三寸，寬五分半，厚三分半，銷肩内圓式一寸三分，外圓式一寸七分，銷面彎頭高一寸三分，圓式七分，内孔徑二分半，厚四分，提銷鐶二分，圓鐵圈成外徑二寸六分，内徑二寸二分，高二寸三分，鐶頭鉸鏈圓徑六分，内孔徑二分，厚二分。

内外銅夾四件，銅夾心邊外徑六寸五分半，厚二分，肩外徑二寸六分，高一寸半，銅夾身共長五寸半，内孔徑一端一寸半，一端一寸三分。銅夾蓋肩高一寸一分，内孔徑二寸，邊厚二分，邊外徑六寸五分。制夾螺絲二十四副，螺絲徑三分，頂面圓式六分，長三寸六分。

南京圖書館《中國早期展覽會資料彙編》第三輯《江南製造局汽機説明書》

製造地方：

江蘇松江府上海縣南門外，十四圖，高昌廟江南製造局機器廠廠基，計六畝一分二毫。廠分前後右三座，廠屋共六十八間。

構造及元質：

是機配單汽筩，徑二十八寸，推機路長三尺七寸。汽門單扇平式，汽罨匣用方式，連鑄於汽筩之一邊。汽門平行推移，以開關上配平蓋。按：汽筩、轆轆、汽機座、總汽制、汽門軸枕、轉球座飛輪，均生鐵之件。先繪圖樣，照製木模，然後鑄成胚件。按照圖樣尺寸，車造配合。其總軸、挺桿、摇桿、曲拐汽門桿、汽制球桿係行動之件，均用熟鋼製造，取其堅剛可以經久。造法先將鋼料捶打成胚，再照圖式車配。又汽筩壓蓋、銅墊軸枕、挺桿、摇桿各銅夾，均須受磨擦之力，悉用銅質翻沙鑄成，再由機工車鍾配合，銅夾内徑圓式尤須打磨光滑，使用時不致因受熱而損傷。全機原料分銅與熟鐵、生鐵三種，生鐵購自湖北及英國，熟鐵係本局自鍊，銅則購諸外洋。

原動力及用法：

按：汽機原動力用鍋爐盛水，燒煤生火化汽，用管引入汽機之汽筩内，即可推動轆轆，往復回環，行動不息，是汽即爲汽機之原動力。此項汽機現裝設本局鍊鋼廠内，又實爲軋鋼機器之原動力。其用法先燒煤化汽鍋爐熱汽足七十磅，即可開車汽經總汽管入於汽筩，推轆轆向前。汽由回汽孔而出，斯時前汽門已開，汽又復入推回轆轆，仍由回汽孔而出，往還不息，每分鍾行七十六轉。汽制球安置機座前端之右連桿，於總汽制之汽門，使汽力平均，車頭平穩，不致有遲速不匀之弊。惟既爲軋鋼機之原動力，必開倒順車。現於汽制球下左邊裝圓盤一件，盤内有彎槽，將摇桿前端鑲接拐軸，嵌於圓盤槽内。如開倒車，將拐軸移入槽之前端，牽動前汽門先開汽，由前進，車頭必倒轉。如開順車，即將拐軸移退後端，倘不軋鋼亦可將大飛輪改裝，皮帶通連輪軸，牽動機床，以利工作。

效用：

是機受漲力七十磅，開車時抵馬力五十六匹。轉動地軸連以軋輥，即可軋鋼。凡方圓鋼條自四分起至四寸止，均可軋至三四丈長。每日可軋二三千磅至五六千磅，供本局各廠用，並行銷於華洋官商各廠塢。

沿革：

本局鋼廠向用二千馬力汽機軋大鋼胚，嗣因鍊鋼日增，必須兼軋小號鋼條，用途較廣。遂由總器廠造成此項單汽筩汽機一副，專軋四分至四寸方圓熟鋼。

附記：

按：此項汽機佔地甚大，且廠中逐日需用，未能移置會場，特繪全圖陳列。

南京圖書館《中國早期展覽會資料彙編》第二輯浮邱《蘭錡館》 建築爲長方形，四周有迴廊，前有闕門。

館中陳列一室，不分出入口。所列各種槍礮，均極新式者。每種皆有詳細説明書，即不知兵事者閲之，皆能瞭然。

仿造克鹿卜七生五管退山礮，自鍊各種鋼料。較量銅殼機器，三具。較量槍彈機器，較量鋼彈新式機，六密里八馬步槍零件，各種礮彈。

綜述

「中央研究院」近代史研究所《海防檔》丙機器局《同治八年八月二十日總署收上海大臣馬新貽文附抄單一件上海造船出力人員艱苦備嘗懇准照原保給奬》

八月二十日，上海大臣馬新貽文稱，同治八年八月初四日，准兵部火票遞到兵部咨，職方司案呈，内閣抄出，據當月司移付内閣抄出。通商大臣兩江總督馬奏，覆覈上海成造輪船出力人員，實與尋常勞績不同，仍准照原保給奬。竊照去年十二月，調任督臣曾，遵保機器製造局承辦輪船，並上海通商辦理洋務出力人員，請分別奬叙一案，由臣馬等繕疏會奏。奉旨，均著照所請奬勵等因，欽此。欽遵在案，嗣經吏兵二部議，以所保各項，内有與定章不符者，分別駁改。暨飭另覈請奬，先後抄奏咨會前來。查洋務出力各員，既經奉飭改奬。自應遵照部議，另行覈辦。惟機器輪船一事，經李設局創議於前，曾奏請專款開辦於後。方其經營伊始，固兢兢焉以弗奏功爲慮，深賴該局員等，督飭洋匠，殫精竭慮，力求合法，志在必成，洵屬苦心孤詣。雖因寔創也，其隨局差委弁，分任庀材鳩工各事，時與工匠雜同操作。凡銅鉄木三大宗，咸有一定課程，逐日按其時刻分數，持簿而記之。無跬步之或敢離也，無晷刻之或敢懈也。兼之瀛爐、水火、藴毒之薰蒸，終年逼近，則疾易生。機器輪齒旋轉之猛迅，偶涉大意，則性命可虞。凡此艱苦備嘗，皆文員而非工匠也。臣每檢閲卷檔，深爲嘉歎。蓋合局中大小諸委員之心力，精粗交致者，幾及兩年，覈其艱苦之情形，實與軍營中犯霜露冒鋒鏑者。事異而勞同，卒能將第一號輪船，勒期告成。先覩爲快，即接續趕造，已據報於前。月内復將第二號船殼成造下水，一俟安置瀛爐各項竣工，即可試驗行駛。從此愈熟愈巧，不難於工速而費輕。嗣後閩省等處輪船，次第造齊，蔚成鉅觀。現在曾李爲創辦滬局輪船之人，原未稍存張大之見。前次遵旨會同酌保，實此項奬勵，係屬初辦，本無成案可援，祗就在事尤爲出力各員，分別開擬，無非上體朝廷造就振興之意，並不敢稍涉浮濫。兹除已經部議，覈准各員名外，謹再查照原奏清單，可否仰懇天恩，俯念此案。製造出力，實與尋常勞績不同，仍准照原保給奬，以資鼓勵。如蒙特旨允准，他項勞績，斷不敢援以爲例。所有覆覈上海成造輪船奬案緣由，謹奏。同治八年五月二十七日，軍機大臣奉旨，沈保靖等均著仍照原保奬勵，此係特旨允准，嗣後不得援以爲例。該部知道，單並發，欽此，欽遵到部。除儘先守備丁志德等奬勵，應遵旨註册外，相應抄録原奏清單，由驛行文該督查照可也，等因，並抄單到本大臣，准此。相應抄單咨呈，爲此咨呈貴總理衙門，謹請查覈施行。

照録抄單。

謹將上海成造輪船奬案内，覈請仍照原保給奬各員，繕具清單，恭呈御覽。

計開：

湖北補用道沈保靖，擬請賞給三代二品封典。

花翎兩廣督標儘先守備丁志德，擬請免補守備，以都司仍歸兩廣督標儘先補用。六品頂戴丁秉忠，擬請以千總歸兩廣督標儘先拔補，並賞戴藍翎。

藍翎千總丁鳴盛，擬請免補千總，以守備儘先補用。

儘先拔補把總謝照貴，擬請免補把總，以千總儘先補用，並賞戴藍翎。

内地工匠程松齡，黎瓌二名，均擬請以千總儘先拔補，並賞給五品頂戴。軍機大臣奉旨，覽，欽此。

黃式權《淞南夢影録》卷二 自粤匪克復後，當道諸巨公，漸知泰西火器之利，乃擇各省冲要之地，設局製造。滬局在城南高昌廟側，度地四百餘畝，周以繚垣。局中規模宏敞，器具精良。工匠皆閩、粤、寧波人，以西人之精通機器者督之。凡鋸木、鎔鐵、鑄礮、造船以及鑽鑿刮磨等事，俱借蒸氣之力。其局初在虹口，後經丁雨生中丞奏請移至今處。於局側設廣方言館，招華童之聰穎者肄業其中。禮延西儒傅蘭雅、林樂知、金楷理諸君，授以西法算學、化學、光學、行陣、造作諸事，而兼聘中儒教授詩文。歲一考校，拔其尤者充翻譯、駕馭等任。其事創始於李少荃傅相，而觀成於應敏齋方伯，謀國遠猷，洵萬世所永賴矣。

國家清史編纂委員會《李鴻章全集》第六册《上海機器局報銷摺光緒元年十月十九日》 奏爲滬局創設機器歷年動支經費各款，援案開具簡明清單，恭折仰祈聖鑒事。竊自同治初年，臣鴻章孤軍入滬，進規蘇浙，輒以湘淮紀律參用西洋火器，利賴頗多。念購器甚難，得其用而昧其體，終屬挾持無具。因就軍需節省項下籌辦機器，選雇員匠，仿造前膛兵槍、開花銅礮之屬，上海之有製造局自此始。其地爲各國官商薈萃之場，其人皆有炫奇斗巧之智。一名一藝，奔湊爭先，孰楛孰良，見聞較捷，取彼之長益我之短，自强之基莫大於是。六年曾國藩奏辦輪船，請撥江海關洋税一成；八年馬新貽、丁日昌續請添撥一成，而後局用有常款，踵事無止境。先後承辦道員沈保靖、馮焌光、知府鄭藻如等，類能苦心探索，引伸觸類，拓取法之門徑，守覈實之常經。臣等事事加以督察，固无日不責其成效，不惜費亦不任浪費也。兹據馮焌光等詳稱，頻年用款漸巨，積牘亟應清釐。計自同治六年五月動支洋税之日起，截至十二年十二月底止，共收江海關二成銀二百八十八萬四千四百九十七兩九錢八分九釐四毫，共用購器、製造、建廠、薪工等項銀二百二十三萬六千二百二十四兩六錢八分九釐一毫，實存料物等項銀六十四萬八千二百七十三兩三錢三毫，請歸入下次舊管列報。所有開除各款俱係慎重撙節，惟事屬創始，經緯萬端，料物取給外洋則昂，一器講求數樣則昂，匠價優於常例則昂，種種淆異，悉費權宜，固不敢狃於故常，亦不敢絲毫浮冒等因，具詳請奏前來。臣等公同復覈，該局製造大端有五，而纖悉零畸之事不計焉。一曰輪船。開造之始，精擇程式，詳繪表里，成算既定，將船殼、鍋爐、汽機分爲三門，以洋匠三人領工，華人數百，且助且學，經年累月，始得入水配用，已造成者爲「惠吉」、「操江」、「測海」、「威靖」、「海安」木兵船五號。「海安」丈尺加廣，實馬力千八百匹，巨礮二十，兵丁五百，在外國爲二等，在內地爲巨擘。又成鐵殼小輪船三號，其造而未成者爲「海安」同式之第六號兵船、夾板商船、小鐵甲兵船。目今海上要需無如鐵甲，自當因勢利導，速求進益，冀日起而有功，以補購致之不足。一曰槍礮。向曾造英法美兵槍、馬槍數種，今則改造後門槍，專主林明敦底針、中針、鐵管、鋼管之式，別有所謂馬梯泥、士乃得者，法明而器猶未備；向曾造生鐵輕銅田鷄礮多尊，今則議改爲理治鋼膛鐵箍前門炸彈之式，別有所謂克鹿卜、回特活得者，用宏而力有難兼。御侮之器，礮甚於槍，縱不能如島族絶大窮凶之製，尚當勉圖精利，取携自如，庶幾船臺不等虛設。一曰火藥彈子。年來購買及自製槍礮何止數千百具，要皆不耐土藥，不受劣彈，若非及時配辦，分別前膛、後膛、大小、長短之度，臨事何所設施，利器直同廢物。該局又在局西十里之龍華地方分廠治具，如法開造，約計每日出藥千磅，出林明敦彈子五千顆，就中試用化學兼造白火藥及各種鏹水，均有成就。所造礮彈月計不足、歲計有餘，此物貴多貴精，未敢稍涉大意，蓄艾之方，得寸則寸也。至如製器建廠一事，器體互異，名色綦繁，而統謂之機器，造船、造槍礮、造火藥彈子是爲機器大宗，此外鎔銅、煉鐵、鋸木、挖泥、抽水、打樁、起重、印書、印圖等事，亦皆機器爲之入手。以重價購自外洋，迨至隨事遞增，或仿舊式，或出新裁，或考圖説，往往由局自造，工料亦復浩繁。增機器必增廠屋，以資會歸綜，前後營造計之，局以內工藝正副各廠及庫房、畫圖房、方言館、公務廳共十七座；局以外船礮藥彈各廠及洋樓輿圖局共十五座，大船塢一區，皆係價買民地，經營近十年，而後規模粗具，締造之難有如此。又如翻譯課士一事，西法兼博大潛奥之理，苦於語言文字不同，將欲因端竟委，窮流溯源，舍翻書讀書無善策，該局陸續訪購西書數十種，厚聘西士，選派局員，相與口述筆譯，最要爲算學、化學、汽機、火藥、礮法等編，固屬關係製造，即如行船、防海、練軍、採煤、開礦之類，亦皆有裨實用。現譯出四十餘種，刊印二十四種，借是稍窺要領，牖啓高明；又挑選生徒數十人，住居廣方言館，資以膏火，中西併課，一抉其秘，一學其學，製造本原殆不出此。此其局務大略聊可舉數者也。臣等考其歲入之數，至多不過四十萬，而一隅兼數局之任，一日倍千人之供，尚能規畫咸宜，成造之件應付數省，精致適用，自開局以來，凡例所本無、用所必有，率皆稟承臣等斟酌定議。此次總覈放款，委係實用實銷，毫無浮混，但名目繁瑣，剖晰棼如，難以循例造報，理合援照天津成案，匯繕簡明清單，恭呈御覽，仰懇天恩，逾格准予開銷，以清款目而策後效。除分咨總理各國事務衙門、户部、工部查照外，所有上海機器局自同治六年五月起截至十二年十二月底止動支經費各緣由，謹合詞恭折具陳，伏乞皇太后、皇上聖鑒訓示。再，滬局創設之後初次報銷，此折係臣鴻章主稿，合併聲明。謹奏。

光緒元年十月二十二日，軍機大臣奉旨：該衙門知道。單二件、片一件併發。欽此。

〔附〕《清單》

光緒元年十月十九日

謹將上海機器製造局自同治六年五月起至十二年十二月止收支經費銀兩繕具簡明清單，恭呈御覽。

計開：

舊管：無項。

新收：一、收江海關自二十七結起至五十四結止陸續撥用二成洋税銀二百八十八萬四千四百九十七兩九錢八分九釐四毫。

開除：一、購買外洋製造書籍等項及刊刻翻譯書籍等項，共支銀一萬六千四百六十兩六分三釐七毫；一、洋人辛工等項共支銀十四萬一千一百八十八兩九錢七分六釐八毫；一、購買外洋大小機器一切器具、各項軍火價脚及添購廠地、培成廠座、開挖船塢等項，共支銀五十三萬五千一百九十兩一錢九分二釐一毫；一、製造機器等件共支銀十八萬七千五百七十二兩四錢四分九釐；一、製造槍礮等件共支銀十七萬四千五百五兩四錢二分三釐二毫；一、購解總理各國事務衙門銅鉛字模印圖鐵架及轉解神機營千里鏡等件價脚，共支銀五千四百四十八兩八錢六分三釐八毫；一、支委員司事薪水等項共支銀十一萬二千七百四十八兩四錢一分七釐九毫；一、代江寧礮局購買外洋物料價脚共支銀九萬五千五十八兩四分六毫；一、另單開報輪船經費共支銀九十六萬八千五十二兩二錢六分二釐；以上統共支銀二百二十三萬六千二百二十四兩六錢八分九釐一毫。

實在：應存銀六十四萬八千二百七十三兩三錢三毫，歸於下届開報。

軍機大臣奉旨：覽，欽此。

中國第一歷史檔案館等《中國近代兵器工業檔案史料》第一輯《李鴻章等奏上海機器製造局歷年辦理出力之中外員匠懇恩給奬摺光緒二年正月二十日》 兩江總督臣沈葆楨、大學士·直隸總督臣李鴻章、江蘇巡撫臣吴元炳跪奏，爲上海機器製造局歷年辦理尤爲出力中外員匠，循案懇恩優予給奬，恭折仰祈聖鑒事。

竊查上海機器製造局於同治四年開辦，至七年分第一號輪船告成，前督撫諸臣會同臣鴻章將在事出力人員開單請奬，奉旨着照所請奬勵，欽此。嗣經吏、兵二部議以所保各項内有與向章不符，分别駁改，又經前督撫諸臣復覈，成造輪船實與尋常勞績不同，奏懇仍照原保給奬，以資鼓勵，欽奉諭旨允准，當經轉行欽遵在案。

兹據會辦局務蘇松太道馮焌光、直隸補用道前大名府知府李興鋭、遇缺盡先選用知府鄭藻如稟稱：自第一號輪船造成後，推廣之序漸開，事物之繁亦倍，委員、司事已過百人，工匠亦增至千有餘人。陸續造成兵輪船六號，鐵殼舢板輪船五號，挖河機器船二號，夾板帆船、鐵甲輪船各一號；又先後添造機器二百三十三座，大小鋼鐵礮位三百四十八尊，礮架七百八十餘座，開花、實心礮彈十萬一千餘顆，各式洋槍一萬八千六百餘桿，槍彈八十餘萬顆，火藥十七萬磅，其他造辦瑣碎零件關係軍務要需者不可枚舉；翻譯外國有用書籍已刻、未刻共得五十餘種。此皆分任局務諸人盡心經理所致。兹擇其尤爲出力之員及中西匠目共五十八人開單請奬前來。

臣葆楨前於由閩赴任之時，道經上海，曾在該局逐細查看。詢知在事諸人竭慮殫精，不遺餘力，冲寒冒暑，蚤作夜思，寢饋於刀鋸湯火之側，出入於硝磺毒物之間，性命所關，如對强敵，積數年之辛苦，開後事之觀摩，似未便没其微勞。惟此次所開請奬各員，仍有免補、免選、换戴翎枝名目，較常例似稍優，論酬庸則無愧。計滬局自同治七年請奬之後，迄今又閲七年，久而益勵，創而能工，艱險共嘗，心力交瘁，實非尋常勞績可比。合無仰懇天恩俯照所請，優予給奬，以示激勵。出自逾格鴻慈。

所有上海機器製造局歷年辦理尤爲出力中外員匠，循案優予給奬緣由，彙繕清單，合詞具奏，伏乞皇太后、皇上聖鑒訓示。謹奏。

光緒二年二月初三日軍機大臣奉旨：該衙門議奏。單片併發。欽此。

〔附〕《清單》

謹將上海機器製造局歷年辦理尤爲出力中外員匠，循案優予保奬，彙繕清單，恭呈御覽。

勷力總局，分管廠務出力各員：花翎知府銜·浙江候補同知黄恩詔、花翎知府銜·江蘇候補直隸州知州王德均二員，擬請免補本班，以知府各留原省盡先補用。花翎運同銜·候選同知·直隸州知州華衡芳，擬請免選本班，以知府不論雙單月歸部選用。花翎候選郎中徐建寅，擬請俟補缺後以道員選用。候選員外郎李鳳苞，擬請加四品銜。候選縣丞徐壽，擬請免選本班，以通判不論雙單月歸部即選，並請加同知銜，賞給該員父母正五品封典。【略】

外國出力員匠：翻譯西書英國儒士傅蘭雅，擬請加三品銜。翻譯西書德國儒士金楷理，擬請加四品銜。翻譯西書美國儒士林樂知，擬請加五品銜。管理通廠機器英人五品頂戴陸耳士，擬請加游擊銜。管理鑄銅鐵英人尤而、管理造槍英人信來二名，擬請加四品頂戴。管理造礮英人高温、管理造火藥英人阿地開生、管理造鐵甲船英人而林立、英人阿蘭、管理操習洋礮德人畢瑞乃德五名，擬請加五品頂戴。

内地出力匠頭：五品頂戴盡先補用千總郭青、梁榜二員，擬請以守備拔補。六品軍功李金、李悌二名，擬請以千總拔補，並加守備銜。鄧卓、梁桐、鄭坤林、吴應泰四名，擬請以千總拔補。

軍機大臣奉旨：覽。欽此。

中國第一歷史檔案館等《中國近代兵器工業檔案史料》第一輯《沈葆楨奏銷江南製造局同治十三年及光緒元年支用各款摺光緒三年十一月二十一日》 頭品頂戴·兩江總督臣沈葆楨跪奏，爲上海機器製造局支用各款，查照成案，開單覈實報銷，恭折仰祈聖鑒事。【略】

兹據會辦局務署蘇松太道劉瑞芬、補用道前任大名府知府李興鋭、知府鄭藻如詳稱：現將同治十三年及光緒元年兩年支用各款匯齊，除上届報銷案内存銀六十四萬八千二百七十三兩三錢三毫外，兩年續領江海關二成洋税銀一百一十三萬三千四百九十九兩三錢二分五釐八毫七絲，共用銀一百三十五萬九千一十九兩五分三釐七絲，應存銀四十二萬二千七百五十三兩七錢七分三釐一毫。此項存銀，或購買物料存而未用，或開造器物已給工資，均係已經動用，應覈作銀數歸入下次舊管列報。所有開除各款，雖製造悉仿西法，材料多購洋産，辛工、物值難以例價相繩，然皆慎重撙節，不敢絲毫浮冒。至製造門類太繁，萃十餘廠參差紛紜之數，分晰勾稽，殊費時日，加以購物外洋，勢難如期結算，工程未竣，亦難提款湊銷，每年一報，殊覺棘手。可否請以兩年爲限等因，具詳請奏前來。

臣等公同覆覈，該局此二年中造成木殼兵輪船一號，名曰「馭遠」，長三十丈，馬力一千八百配，大礮十八門，悉如前造海安之式。鐵甲小輪船一號，名曰「金甌」，長十丈五尺，馬力二百，船面鐵礮臺配後膛百二十磅彈子礮一門，船首刀形，以利冲擊。又成鐵殼小輪船二號，木殼火輪舢板一號，夾板帆船一號，大小銅礮十六尊，木鐵礮架三百具，礮彈六萬五千餘個，前膛後膛洋槍六千餘桿，後膛槍彈一百十二萬三千餘顆，洋火藥十七萬餘磅。此製造船只軍火之大略情形也。機器則造成七十餘座，添購五十餘座，另造大小器具一萬三千六百餘件。廠屋則添建槍廠、子藥分廠、鐵船廠、鑄銅鐵廠、輪船操場，凡五所，計房屋三百餘間。翻譯西書則除前案譯出四十餘種刊印二十四種之外，續譯二十餘種，刊印十五種。局中學徒則新選數十名，雇用德國教練，俾習槍礮以及出伐之節、測算之功，俟教成後，分派各營充當教習。其廣方言館生徒，一仍其舊。此造添機器、增建廠屋與翻譯課徒之大略情形也。又金陵礮局購用外洋物料，亦赴江海關在二成洋税項下領款，現均一併報銷。至於養船之費，現在「惠吉」、「操江」、「測海」、「威靖」、「海安」五船，俱歸總理輪船操練事宜道員吴大廷管理，其薪糧向係徑赴江海關在二成洋税項下領放，應由吴大廷另行造册詳請奏銷。所有該局統計各項用款，臣等總覈數目，委係實用實銷，毫無浮冒。理合查照成案，彙總簡明清單，恭呈御覽。仰懇天恩俯准覈銷，以清款目。

除分咨總理各國事務衙門、户部、工部查照外，所有上海機器局自同治十三年正月起至光緒元年十二月底止支用各款緣由，謹會同北洋通商大臣·大學士·直隸總督臣李鴻章、江蘇巡撫臣吴元炳合詞恭折具陳，伏乞皇太后、皇上聖鑒訓示。

再，該局所稱，每年一報殊屬棘手，尚係實情，嗣後報銷擬請以兩年爲限。合併陳明。謹奏。

光緒三年十二月初七日軍機大臣奉旨：該衙門知道。單併發。欽此。

〔附〕《清單》

謹將上海機器製造局自同治十三年正月起，至光緒元年十二月止支用各款，繕具簡明清單，恭呈御覽。

計開：

舊管：前案造報存銀六十四萬八千二百七十三兩三錢三毫。

新收：一、收江海關陸續撥用二成洋税銀一百一十三萬三千四百九十九兩五錢二分五釐八毫七絲。

開除：一、購買外洋製造書籍等項及刊刻翻譯書籍、輿圖等項併操習槍礮購用物料，共支銀一萬四千三百五十兩九錢七分三釐二毫。一、洋人辛工火食等項，共支銀六萬三千五十二兩四錢二分九毫。一、購買外洋大小機器、一切器具、各項軍火價脚，及續購廠地、添建廠座併修理船塢等項，共支銀二十六萬八千七百八十一兩七錢四分二釐四毫三絲。一、製造機器等件，共支銀八萬九千八十二兩六錢一分一釐七毫。一、製造槍礮、子藥等件，共支銀一十六萬二千二百八十二兩四錢二釐一毫。一、委員、司事薪水等項，共支銀六萬三千五百三十九兩九錢四分八釐四絲。一、金陵機器製造局購買外洋物料價脚，共支銀七萬八千二百四十八兩一錢七分五釐二毫。一、另單開報輪船經費，共支銀六十一萬九千六百八十兩七錢七分九釐五毫。以上統共支銀一百三十五萬九千一十九兩五分三釐七絲。

實在：應存銀四十二萬二千七百五十三兩七錢七分三釐一毫，入於下届開報。

軍機大臣奉旨：覽。欽此。

中國第一歷史檔案館等《中國近代兵器工業檔案史料》第一輯《左宗棠奏銷江南製造局光緒四五兩年支用各款摺光緒九年七月十六日》 竊查上海機器局製造各項動用經費，截至光緒三年底止，業經分案開具清單，奏奉諭旨，並經户、工二部覈復准銷在案。

玆據會辦局務蘇松太道邵有濂、候選運同潘露、江蘇候補通判蔡匯滄、分部行走郎中聶緝規詳稱：現將光緒四、五兩年支用各款匯齊，除上届報銷案内存銀三十四萬二千一十五兩七錢七分七釐六毫，兩年續領江海關二成洋税銀九十四萬二千八百六十二兩五錢三分一釐六毫五絲，共用銀七十九萬六千八百八兩五分七釐五絲，實存銀四十八萬八千七十兩二錢五分二釐二毫。此項存銀，或購買物料存而未用，或開造器物節給工資，均係已經動用之款，應覈作銀數歸入下次舊管列報。所有支用款項，製造悉仿泰西之法，料件多係購自外洋，工資、物價難以常例相繩，然皆力求撙節，不敢絲毫浮冒。謹遵部議報銷新章，八年以前用款仍開清單，詳請具奏前來。

臣等公同復覈，該局兩年中所領二成洋税，雖未續造輪船，而制成機器者三十五座，大小器具一萬六千三百餘件，鋼膛大礮一十七尊，礮架二十七座，各式開花實心礮彈三萬七千三百餘個，開花礮彈慢藥引一萬二千二百餘個，洋火藥一十六萬三千四百餘磅，後膛洋槍二千九百餘桿，後膛槍彈一百七十七萬七千五百個。所增購者，外洋機器一十三座，大小鋼礮二十三尊，礮架一十五具，大小開花實心礮彈一千三百餘個，礮門銅管自來火一萬二千六百餘根，前膛洋槍四千餘桿，洋槍銅帽一十七萬三千五百顆，後膛槍彈一萬四千餘個。此成造並購置之大端也。廠屋則增置子藥廠、汽機房、提磺房、試藥房、斫藥房、舂藥房、打鐵房、試礮房、儲料房、辦公房，共大小房屋六十餘間。通廠運料鐵路三百餘丈。輪船則修過大小十有一號，又夾板船一號。續譯西書二十餘種。刊成十種，此又增修並翻譯之大端也。至於閩省調來登瀛洲兵船薪糧、江南各輪船行船煤油物料，金陵機器局購用外洋料物價銀以及局內中外員弁匠役薪工、各館教習學徒俸薪膏火，亦在二成洋税項下支放。臣等總覈數目，委係實用實銷，毫無浮冒。理合查照成案，彙繕清單，恭呈御覽，仰懇天恩府准覈銷，以清款目。

除分咨查照外，所有上海機器局自光緒四年正月起，至五年十二月底止，第四案支用各款報銷緣由，謹會同署北洋通商大臣臣李鴻章、江蘇撫臣衛榮光恭折具陳，伏乞皇太后、皇上聖鑒訓示。

再，該局六、七、八三年用款，應盡本年底接續照章造報，合併聲明。謹奏。

光緒九年八月初四日軍機大臣奉旨：該部知道。單併發。欽此。

〔附〕《清單》

謹將上海機器製造局自光緒四年正月起，至光緒五年十二月止支用各款，繕具簡明清單，恭呈御覽。

計開：

舊管：前案造報存銀三十四萬二千一十五兩七錢七分七釐六毫。

新收：一、收江海關陸續撥用二成洋税銀九十四萬二千八百六十二兩五錢三分一釐六毫五絲。

開除：一、購買外洋書籍等項併刊刻譯翻書籍、輿圖及操習槍礮購用物料，共支銀八千七百四十八兩八錢六分五釐二毫。一、洋人辛工、火食等項，共支銀四萬六千六十兩八錢六分六釐八毫。一、購買外洋大小機器、一切器具、各項軍火價值及續購廠地、添建廠座併修理廠屋、船塢等項，共支銀一十五萬二千一百八十兩四錢五分四釐。一、製造槍礮、子藥等件，共支銀一十八萬七千四百二十四兩三錢六分五釐四毫。一、製造機器件等，共支銀一十一萬六千四百七十六兩九錢三分八釐八毫。一、委員、司事薪水等項，共支銀七萬七千一百八十四兩一錢五分五釐九毫五絲。一、金陵機器製造局購買外洋物料價值，共支銀三萬七千九百七十三兩八錢三分三釐九毫。一、另單開報各輪船行船經費併修理各輪船工料，共支銀一十七萬七百五十八兩五錢七分七釐。以上統共支銀七十九萬六千八百八兩五分七釐五絲。

實在：應存銀四十八萬八千七十兩二錢五分二釐二毫。

軍機大臣奉旨：覽。欽此。

中國第一歷史檔案館等《中國近代兵器工業檔案史料》第一輯《左宗棠奏銷江南製造局光緒六七兩年支用各款摺光緒九年八月十二日》 竊查上海機器局製造各項動用二成洋税，截至光緒三年底止均經分案開具清單，奏奉諭旨，並經户、工二部覈復准銷各在案。其第四、五兩年支用各款，亦經臣於本年七月十六日專折奏銷，尚未奉到部覆。

茲據會辦局務蘇松太道邵友濂、候選運同潘露、江蘇候補通判蔡匯滄、分部行走郎中聶緝規，將光緒六、七兩年支用各款匯齊，除上届報銷案内存銀四十八萬八千七十兩二錢五分二釐二毫，兩年續領江海關二成洋税銀一百二十一萬八千二百二十一兩二錢七分二釐七毫，又收招商局繳存惠吉輪船機器變價並成大夾板船租價共銀六千八百四兩七錢九分一毫，共用銀九十五萬三千五百三兩七錢六分一釐，實存銀七十五萬九千五百九十二兩五錢五分四釐。此項存銀，或購買物料存而未用，或開造器物節給工資，均係已經動用之款，應覈作銀數歸入下届舊管列存，俾清眉目。所有動用工資物價，雖係多與洋人交涉，難以常例相繩，然皆力求撙節，不敢浮冒絲毫。謹遵部議報銷新章，八年以前用款仍開清單，詳請具奏前來。

臣等公同復覈，該局此兩年中造成鐵殼水雷六十四個，鋼膛熟鐵箍前膛大礮十四尊，礮架十二座，礮架銅鐵轍路七副，大小實心開花礮彈九千一百餘個，慢藥引，自來火共二萬七百餘枝，洋火藥三十八萬七千二百餘磅，後膛洋兵槍五千桿，槍彈銅卷二百三十一萬八千個，大小機器三十二座，器具一萬八千六百餘件。所增購者，外洋機器一百二十八具，鐵礮架七座，銅管自來火二萬一千二百餘枝，前洋膛槍三千五百餘桿，後膛槍彈四十一萬二千六百個，銅帽四十六萬二千七百餘粒，洋火藥八萬三千三百餘磅。此成造並購置之大端也。廠屋則增建水雷廠、礮架廠、彈子廠、澆鉛房、溶銅房、烘模房、繪圖房、試藥房、裝藥房、鋸木房、儲料房、辦公房大小房屋二百九十餘間，廠内運物料鐵路五百餘丈，修過大小輪船十有一號，夾板船一號，續譯西書二十餘種，刊成九種。此又增修翻譯之大端也。其餘登瀛洲輪船薪糧、江南各輪船行船煤油物料、金陵機器局購用外洋物料價銀以及局用各館教習學生俸薪膏火，亦在二成洋稅項下支放。臣等總覈數目，委係實用實銷，毫無浮冒。理合查照成案，彙繕清單，恭呈御覽，仰懇天恩俯准覈銷，以清款目。

除分咨查照外，所有上海機器局自光緒六年正月起，至七年十二月底止，第五案支用各款報銷緣由，謹會同署北洋通商大臣臣李鴻章、江蘇撫臣衛榮光恭折具陳，伏乞皇太后、皇上聖鑒訓示。

再，該局八年分用款，應即接續照章造報，合併聲明。謹奏。

光緒九年八月二十六日軍機大臣奉旨：該部知道。單併發。欽此。

〔附〕《清單》

謹將上海機器製造局自光緒六年正月起，至光緒七年十二月止支用各款，繕具簡明清單，恭呈御覽。

計開：

舊管：前案造報存銀四十八萬八千七十兩二錢五分二釐二毫。

新收：一、收江海關陸續撥用二成洋税銀一百二十一萬八千二百二十一兩二錢七分二釐七毫。一、收招商局交存惠吉輪船機器變價銀一千六百二兩九錢一分九釐七毫。一、收成大夾板船租價銀五千二百一兩八錢七分四毫。

以上共收銀一百二十二萬五千二十六兩六分二釐八毫。

開除：一、購買外洋書籍等項併刊刻翻譯書籍、輿圖及操習槍礮購用物料，共支銀七千二百二十四兩一錢五分五釐七毫。一、洋人辛工、火食等項，共支銀五萬五千六百八兩四錢一分九釐八毫。一、購買外洋大小機器、一切器具、各項軍火價值，續購廠地、添建廠座併修理廠屋、船塢等項，共支銀三十萬三千三百五十九兩六錢八分八釐七毫。一、製造槍礮、子藥等件，共支銀一十九萬三千三百九十六兩一錢七釐三毫。一、製造機器等件，共支銀一十三萬一千二百二十八兩八錢三分九釐七毫。一、委員、司事薪水等項，共支銀八萬七千三百七十八兩六錢二分四釐八毫。一、另單開報各輪船行船經費併修理各輪船工料，共支銀一十七萬五千三百七兩九錢二分五釐。以上統共支銀九十五萬三千五百三兩七錢六分一釐。

實在：應存銀七十五萬九千五百九十二兩五錢五分四釐。

中國第一歷史檔案館等《中國近代兵器工業檔案史料》第一輯《左宗棠奏銷江南製造局光緒八年支用各款摺光緒九年十月二十八日》 竊查上海機器局製造各項動用二成洋稅，截至光緒三年底止，均經分案開具清單奏奉諭旨，並經户、工二部覈覆准銷各在案。其第四、五、六、七四年支用各款，亦經臣先後專折奏銷，尚未奉到部覆。

兹據會辦局務蘇松太道邵友濂、候選運同潘露、江蘇候補通判蔡匯滄、分部行走郎中聶緝規，將光緒八年支用各款匯齊，除上屆報銷案内存銀七十五萬九千五百九十二兩五錢五分四釐，一年續領江海關二成洋税銀五十二萬九千三十七兩六錢八分八釐四毫，又收成大夾板船租價銀一千六百九十三兩二錢一分三釐三毫，共用銀七十四萬一千二百一十兩五錢九分七釐八毫，實存銀五十四萬九千二百十二兩八錢五分七釐九毫。此項存銀，或購買物料存而未用，或開造器物節給工資，均係已經動用之款，應照案覈作銀數歸入下届舊管列存，俾清眉目。所有支銷工資、物價，多與洋人交涉，然皆撙節動用，不敢浮冒絲毫。謹遵部議報銷新章，八年以前用款仍開清單，詳請具奏前來。

臣等公同復覈，該局此一年中造成鋼鐵巨礮十有一尊，鐵礮架十一具，大小開花、實心礮彈四千六百餘個，後膛洋兵槍二千四百桿，後膛槍彈銅卷一百十五萬九千九百個，洋火藥十七萬一千三百餘磅，機器二十一座，器具一萬五百餘件，修配皮帶輪等項一萬八千二百餘件。所增購者，外洋機器二十二具，鐵殼水雷六十一個。大小鋼礮十七尊，生鐵礮十六尊，礮架八座，大小開花、實心礮彈九千七百餘個，銅管自來火二萬九千三百餘枝，洋火藥三十萬三千一百餘磅，礮藥袋一千七百個，前膛洋槍七千六百餘桿，後膛洋槍二千六百餘桿，槍彈銅卷三百一十五萬一千餘個，銅帽一百二十三萬九千五百餘粒。此成造並購置之大端也。廠屋則增建礮架廠、子藥廠、提硝房、汽機房、停藥房、裝藥房、滾銅殼房、儲物料房、操習槍礮學堂，共大小房屋一百四十餘間。續譯西書八種，刊成四種。修過大小輪船十有一號，大修船塢一次。添招操礮學徒三百餘名。此又增修、翻譯之大端也。此外登瀛洲輪船薪糧、江南各船需用煤油物料以及局用各款，均在二成洋税項下開支。臣等總覈數目，委係實用實銷，毫無浮冒。理合查照成案，彙繕清單，恭呈御覽，仰懇天恩俯准覆銷，以清款目。

除分咨查照外，所有上海機器局自光緒八年正月起至年底止，第六案支用各款報銷緣由，謹會同署北洋通商大臣臣李鴻章、江蘇巡撫臣衛榮光恭折具陳，伏乞皇太后、皇上聖鑒訓示。

再，查部議報銷章程内開，八年以後，即令一律造册，不准再行開單，自應遵照辦理。惟機器局製造諸事，均係仿照外洋辦法，同一器物，既有大小精粗、時價輕重之各别，所用中外員匠、學徒人等，又有長雇、短招隨時去留之不同，工食加減無常，數目紛紜無定，種種情形，較與他局額用款項不同，若令分晰造報，斷難前後一律。與其多方遷就，轉滋流弊，莫如仍舊開單造報，俾昭覈實。是否有當，應請敕部一併覈覆遵行。謹奏。

光緒九年十一月十三日軍機大臣奉旨：該部知道。單併發。欽此。

[附]《清單》

謹將上海機器製造局自光緒八年正月起，至十二月止支用各款，繕具簡明清單，恭呈御覽。

計開：

舊管：前案造報存銀七十五萬九千五百九十二兩五錢五分四釐。

新收：一、收江海關陸續撥用二成洋税銀五十二萬九千三十七兩六錢八分八釐四毫。一、收成大夾板船租價銀一千六百九十三兩二錢一分三釐三毫。以上共收銀五十三萬七百三十兩九錢一釐七毫。

開除：一、購買外洋書籍等項併刊刻翻成書籍、輿圖及操習槍礮購用物件，共支銀四千二百九十四兩三錢九釐四毫。一、洋人辛工、火食等項，共支銀二萬三千六百一十九兩三錢四分四釐五毫。一、購買外洋大小機器、一切器具，各項軍火價值，續購廠地，添建廠座併修理廠屋、船塢等項，共支銀三十六萬四千二百五十兩八錢八分九釐。一、製造槍礮、子藥等件，共支銀一十二萬九千三百八十一兩五錢一釐一毫。一、製造機器等件，共支銀六萬九千四百三十兩六錢一分一釐一毫。一、委員、司事薪水等項，共支銀六萬二千六百七兩七錢八分三釐五毫。一、另單開報各輪船行船經費併修理工料，共支銀八萬七千六百二十六兩一錢五分九釐二毫。以上統共支銀七十四萬一千二百一十兩五錢九分七釐八毫。

實在：應存銀五十四萬九千一百一十二兩八錢五分七釐九毫。

軍機大臣奉旨：覽。欽此。

中國第一歷史檔案館《光緒朝朱批奏摺》第一〇二輯《光緒十七年六月廿九日南洋通商大臣兩江總督臣劉坤一摺》

頭品頂戴南洋通商大臣兩江總督臣劉坤一跪奏，爲上海機器製造局第八次支用各款，查照成案開單，覈實報銷，恭摺仰祈聖鑒事。竊查上海機器局製造各項，動用二成洋税造報，至光緒八年底止。因海防告警工作殷繁，將九年以後報銷，奏准展限辦理。嗣經飭據將九年分用款，照案開單奏銷，經部覈准各在案。茲據會辦局務蘇松太道聶緝槼、江蘇候補道劉麒祥等，將光緒十年分支用各款，悉心勾稽。計上届報銷案内，存銀五十八萬四千五百五十六兩八錢有奇，全年續領江海關二成洋税銀五十萬五千二百五兩八錢有奇。又收江西省撥還洋槍並槍彈價銀一萬三百八十兩。又收福建省撥還洋槍並槍彈價銀三萬二百八十兩。又收回工部删減九年分報銷案内製造動用鉛錫等料價銀三百五十四兩六錢有奇。又收回兵部删減九年分報銷案内護運舢板員弁薪工，並廠中員匠病故卹賞銀，四百一十九兩八錢有奇。管收兩項，以庫平折合湘平，共銀一百一十七萬二千二百五十九兩六錢有奇，共用湘平銀七十萬一千八百一十九兩九錢有奇，實存湘平銀四十七萬四百三十九兩七錢有奇。此項存銀，或係存而未用，或係造而未成。各件之工料，今俱照案覈作銀數列存，歸入下届造報，俾清眉目。其支用一切款項，業經遵照新章，先行詳請咨部立案。茲將收支銀數，及委員司事、中外工匠薪工，購製軍火器具，各項細數，照章分造清册，詳請具奏。前來臣等伏查該機器局製造諸事，悉仿西法，用料多係洋産。工資物價，均無定例。支用款項，實難以常例相繩。此次册開各款，臣等詳細察覈，委係實用實銷，毫無浮冒，理合查照成案，彙繕清單，恭呈御覽。仰懇天恩，俯准覈銷，以清款目。除將清册分咨總理衙門、户部、兵部、工部查照，並飭將以後用款，分年接續造報外，所有上海機器局自光緒十年正月起至年底止，第八案支用各款報銷緣由，謹會同北洋通商大臣臣李鴻章、江蘇撫臣剛毅恭摺具陳。伏乞皇上聖鑒訓示，謹奏。

該部議奏，單併發。光緒十七年六月二十九日。

中國第一歷史檔案館《光緒朝朱批奏摺》第一〇二輯《光緒十八年閏六月初五日南洋通商大臣兩江總督劉坤一摺》

頭品頂戴南洋通商大臣兩江總督臣劉坤

一跪奏爲上海機器製造局第九次支用各款，查照成案開單，覈實報銷。恭摺仰祈聖鑒事。竊查上海機器局製造各項，動用二成洋税，截至光緒十年十二月底止，均經分案開具清單奏銷，經部覈准各在案。兹據辦理局務蘇松太道聶緝槼、江蘇候補道劉麒祥等，將光緒十一年分支用各款，悉心句稽。計上届報銷案内存湘平銀四十七萬四百三十九兩七錢有奇，全年續領江海關二成洋税，庫平銀五十四萬九百五十三兩有奇。内除製造保民輪船，撥用庫平銀一萬三千八百二十兩七錢有奇，另歸製造保民輪船，動用工料銀數，專案奏報外，實收庫平，折合湘平銀五十四萬六千二百六十七兩二錢有奇。管收兩項共湘平銀一百一萬六千七百六兩九錢有奇，共用湘平銀三十七萬五千三百二十八兩二錢有奇，實存湘平銀六十四萬一千三百七十八兩六錢有奇。此項存銀，或係存而未用。物料之價值，或係造而未完。各件之工料，今俱照案覈作銀數，列存歸入下届造報，俾清眉目。

中國第一歷史檔案館《光緒朝朱批奏摺》第一〇二輯《光緒十八年十二月十七日南洋通商大臣兩江總督劉坤一摺》 頭品頂戴南洋通商大臣兩江總督臣劉坤一跪奏，爲上海機器製造局第十次支用各款，查照成案開單，覈實報銷。恭摺仰祈聖鑒事。竊查上海機器局製造各項，動用二成洋税，截至光緒十一年十二月底止，均經分案開具清單奏銷，並咨經部覆准，其併年造報各在案。兹據辦理局務蘇松太道聶緝槼、江蘇候補道劉麒祥等，將光緒十二十三兩年分支用各款，悉心句稽，併年開報。計上届册報存湘平銀六十四萬一千三百七十八兩六錢有奇，十二十三兩年續領江海關二成洋税，庫平銀一百五萬六千一百三十七兩六錢有奇。又收福建省撥還軍火價值庫平銀五萬七千六十五兩七錢，又收江蘇藩司解還撥發雲南軍火價值庫平銀二千七百七十五兩，共收庫平銀一百一十一萬五千九百七十八兩三錢有奇，合湘平銀一百一十五萬六千四百八十八兩三錢有奇。管收兩項共湘平銀一百七十九萬七千八百六十七兩有奇，共用湘平銀九十三萬一千五百五十六兩七錢有奇，實存湘平銀八十六萬六千三百一十兩三錢有奇。此項存銀，或係存而未用。物料之價值，或係造而未完。各件之工料，今俱照案覈作銀數，列存歸入下届造報，俾清眉目。

中國第一歷史檔案館《光緒朝朱批奏摺》第一〇二輯《光緒十九年九月十五日南洋通商大臣兩江總督劉坤一摺》 頭品頂戴南洋通商大臣兩江總督臣劉坤一跪奏，爲上海機器製造局第十一次支用各款，查照成案開單，覈實報銷。恭摺，仰祈聖鑒事。竊查上海機器局製造各項軍火動用二成洋税，截至光緒十三年十二月底止，業經分案開具清單，奏銷在案。兹據辦理局務蘇松太道聶緝槼、江蘇候補道劉麒祥等，將光緒十四十五兩年分支用各款，悉心句稽，遵照部覆，併年開報。計上届册報存湘平銀八十六萬六千三百一十兩三錢有奇，十四十五兩年續領江海關二成洋税，庫平銀一百五萬九千二百七十九兩七錢有奇，合湘平銀一百九萬七千七百三十一兩六錢有奇。又收回部删光緒十年分報銷案内，護運舢板、駁船、水手工食，及小鐵殼船、行船公費湘平銀三十兩七錢有奇，共收庫平申合湘平銀一百九萬七千七百六十二兩三錢有奇。管收兩共湘平銀一百九十六萬四千七十二兩六錢有奇，共用湘平銀一百三萬二千二百七十三兩五錢有奇，實存湘平銀九十三萬一千七百九十九兩一錢有奇。此項存銀，或係存而未用。物料之價值，或係造而未完。各件之工料，今俱照案覈。作銀數，列存歸入下届造報，俾清眉目。

中國第一歷史檔案館等《中國近代兵器工業檔案史料》第一輯《張之洞奏銷江南製造局光緒十六十七兩年支用各款摺光緒二十一年正月十六日》 署理兩江總督・湖廣總督臣張之洞跪奏，爲上海機器製造局第十二次支用各款，查照成案，開單覈實報銷，恭摺仰祈聖鑒事。

竊查接管卷内，上海機器局製造各項軍火動用二成洋税，截至光緒十五年十二月底止，業經分案開具清單奏銷在案。

兹據辦理局務署蘇松太道劉麒祥等將光緒十六、十七兩年分支用各款悉心勾稽，遵照部覆併年開報。計上届册報存湘平銀九十三萬一千七百九十九兩一錢有奇。十六、十七兩年續領江海關二成洋税庫平銀一百二十八萬三千四百六十六兩三錢有奇，合湘平銀一百三十三萬五十六兩二錢有奇，又收長江水師軍火局撥用洋火藥解還料本湘平銀一萬三千二百兩，又收神機營解還撥用局購洋馬槍二千桿價值湘平銀三千八百四十三兩六錢有奇，共收湘平銀一百三十四萬七千九十九兩八錢有奇。管、收兩共湘平銀二百二十七萬八千八百九十八兩九錢有奇。共用湘平銀一百二十一萬五千七十兩七錢有奇。實存湘平銀一百六萬三千八百二十八兩一錢有奇；此項存銀，或係存而未用物料之價值，或係造而未完各件之工料，今俱照案覈作銀數列存，歸入下届造報，俾清眉目。其支用一切款項，均經遵照新章，先行詳請咨部立案。兹將收支銀數及委員、司事、中外工匠薪工，購製軍火、器具各項細數，照章分造清册，詳請具奏。本任督臣劉坤一未及覈辦，移交到臣。

伏查該機器局製造諸事悉仿西法，用料多係洋産，工資、物價均無定例，支用款項難以常例相繩。此次册開各款，詳細察覈，委係實用實銷，毫無浮冒。謹查照成案，彙繕清單，恭呈御覽，仰懇天恩俯准覈銷，以清款目。

除將清册分咨總理衙門、户部、兵部、工部查照外，所有上海機器局計自光緒十六年正月起至十七年十二月底止支用各款，列爲第十二案報銷緣由，理合會同北洋大臣・直隸總督臣李鴻章、江蘇巡撫臣奎俊恭摺具奏，伏祈皇上聖鑒。謹奏。

光緒二十一年二月二十日奉朱批：該衙門議奏。單併發。欽此。

〔附〕《清單》

謹將上海機器製造局自光緒十六年正月起，至十七年十二月止支用各款，並案繕具簡明清單，恭呈御覽。

計開：

舊管：前案造報存湘平銀九十三萬一千七百九十九兩一錢三分一釐四毫九絲七忽二微二沙七塵。

新收：一、收江南海關陸續撥解二成洋税，庫平銀一百二十八萬三千四百六十六兩三錢八分六釐四毫九絲八忽，合湘平銀一百三十三萬五十六兩二錢一分六釐三毫二絲七忽八微七纖七沙四塵。一、收長江水師軍火局撥用洋火藥解還料本，湘平銀一萬三千二百兩。一、收神機營解還撥用局購洋馬槍二千桿價值，湘平銀三千八百四十三兩六錢一分四釐。以上共收湘平銀一百三十四萬七千九十九兩八錢三分三毫二絲七忽八微七纖七沙四塵。

管、收二項合共湘平銀二百二十七萬八千八百九十八兩九錢六分一釐八毫二絲五忽八纖一塵。

開除：一、支委員、司事薪水併夫役人等工食及一切公費，湘平銀一十五萬三千八百四兩一錢三分七釐七毫。一、支洋人辛工等項，湘平銀二萬九千八百三十三兩三錢七分二釐八毫。一、支内地工匠工食，湘平銀二十七萬六千四百一十二兩八錢四釐九毫。一、支雜項工資，湘平銀九千七百六十二兩六錢九分七毫。一、支購買外洋軍火，湘平銀三萬四百九十兩七錢三分。一、支購買外洋大小機器併一切器具，湘平銀一十一萬八千二百一十六兩一錢七分二釐四毫。一、支購買翻譯所用外洋圖書、鉛字、膠墨、顔料、紙張等項，湘平銀三千一百九十兩九分三釐。一、支購買操習礮法、槍法所用外洋物料等件，湘平銀一千三百四十七兩九錢九分一釐二毫。一、支製造槍礮、子藥等項軍火動用外洋物料等件，湘平銀三十五萬五千六百五十八兩二錢六分九釐六毫。一、支製造機器、器具動用外洋物料等件，湘平銀七萬七千四百九十七兩三錢五分一釐一毫。一、支添建廠屋併歲修各項工程動用外洋物料等件，湘平銀一十萬九百九十九兩九錢三分七釐一毫。一、支修理船塢動用外洋物料等件，湘平銀五千九百六十一兩九錢八分一釐。一、支各輪船行船動用外洋物料等件，湘平銀四萬三百兩四錢三釐六毫。一、支修理各輪船併造挖河船動用外洋物料等件，湘平銀一萬一千五百九十四兩八錢三分一毫。以上共支湘平銀一百二十一萬五千七十兩七錢六分五釐二毫。

實在：應存湘平銀一百六萬三千八百二十八兩一錢九分六釐六毫二絲五忽八纖一塵。

（朱批）：覽。

《申報》光緒二十一年十月六日《述滬南製造局始末》 滬南製造局之設，於今已三十有三年矣。溯自同治初元，曾文正公經略江浙軍務，總督兩江，其時大憝，巢穴金陵，跳梁竊據。賊方四出騷擾，蔓延至十數行省。賊氛所至，城郭爲墟。東南半壁，幾無一片乾净土，惟江蘇之上海一隅，獨完善。由是官軍從上海轉戰而前，得尺則尺，得寸則寸，更募洋將戈登等，率洋兵以助戰。槍砲所施，如射中的，幾無虚發。不但烏合之賊，未能當此犀利。一聞隆隆之聲，輒魂飛膽落，相率如鳥獸散。即官軍亦見其過者，摧而當者破，往往任其東盪西决，嚴陣作壁。上觀至讓畔，而不敢近視，厥後大功告成。江蘇肅清最早，未始非開花炸彈，有以制其命而奪其魄也。文正公親見泰西槍砲之利，紅旗報捷後，不得不大蒐軍。實爲善後計，乃奏請設機器製造局於上海。同治四年，先就虹口地方，爲叔孫通之緜蕝，諸務草創，規模未備。鎗則三響五響，而砲猶未知阿姆斯脱郎與克虜伯也。彈則落地開花，而種猶未分前膛後膛，自四十磅至八百磅也。六年，乃大購機器軍械，不惜重價，招雇洋匠，移局滬南，仿照外國製造章程，分建廠屋。俾學藝者各專一藝，如百工之居肆，毋或見異思遷。未數年聰顥子弟，果能守其墨而步其繩。又□數年，並能取其神而遺其貌，法不易度，人貴有心。風氣既開，無論精與不精，轉相授受，一時父詔其子，兄勉其弟，分門别户，各守一藝，共成不拔之基。此滬南製造局，所以若斯其盛也。綜而計之，局用民地六七百畝，縱橫延袤有三英里。西北開馬路一道，以通往來。東南憑浦江，依爲天塹，制通象，譯氣象，森嚴巍巍乎，洵宇内一大壯麗美觀矣。説者謂局内之機器廠，實爲本局發祥之始地，居中央循南而西，則木工煉鋼砲廠，以及工程砲彈。西木輪船等廠，北有□鐵、洋槍□、銅鐵三廠。稍折而西，廣方言館在焉。其次則繙譯、文案、報銷，再次則水雷廠、鍋爐廠、軍火處，鱗次櫛比，有條不紊。入門爲甬道，中設公務廳。三曰，大廳者係爲□酯邸巡閱海軍時，預備南來之所造也。曰中廳者，爲總辦辦公之所。東廳則提調公所，水木明瑟。除□有陂，吐納潮汐，小亭榭也。中廳五楹，楹高軒敞，上有樓設支應所，出梯於外，行者拾級而登。廳之左翼，以庫房雜料等所，暨議價處，如衆星之拱辰。局務以督工、覈料爲重，故料皆有司，而工皆有制，今就其大者述之。機器廠廣厦八十餘間，分前後二廠，安設車鑽等牀各數十具，用三百匹馬力康邦汽機以發總齒輪，總輪動而通軸皆動。其烟囱高至一百零五尺，上月三十夜忽然傾倒者，即此物也。煉鋼廠，洋匠彭脱司煉鋼之事。爐有二，皆西門士式。大者能出鋼十五噸，小者三噸。一日夜燒煤，如其出鋼之數。而稍增損之鋼質，與林明敦槍筩相彷，彿可供鎗料砲料之用。烟囱九大者，高可一百一十尺。汽機有二千四馬力，廠屋皆鐵樑柱，最爲巨擘。砲廠有屋一百六七十間，汽爐九座，烟囱十二座，車刨等牀一百二三十具。能造二百五十磅子長式砲，與三百八十磅子升降砲。工匠三百八九十名，洋匠柯尼□司其事。又有砲彈廠與輪船廠。相連，屬彈廠，屋百二三十間。汽機大者六十四馬力，工匠幾二千指。每年能造前後膛砲彈，自四十磅至八百磅一萬數千。船廠臨江設塢，爲南洋修造兵輪、官輪之總匯，塢深二十餘尺，長三百七十餘尺，寬一百餘尺。塢口設閘作船式，以蓄洩塢内之水。洋鎗樓工匠亦衆，總軸係六十四馬力。近造連珠快鎗，一杪鐘可發二十五出，此皆成效可觀之大略也。餘則等諸，自槍以下可耳，此外又有子藥廠，分設在龍華地方，距局約十里許。該廠計四處，一造鎗子，一造栗色火藥，一造無烟火藥，一造黑色火藥。占地有一百八十餘畝，烟囱林立，樹木叢雜，中遠望之，幾不知其爲村落、爲城市也，吁盛矣。夫當此四郊多壘之秋，竊恐效西法者，有其名無其實耳。苟有製造省分，皆能具同仇敵愾之心，以作其殺敵致果之氣，又何患器有不利，且有器與無器等哉。余故粗述所聞見，以告天下之亡羊補牢，見兔顧犬者。

中國第一歷史檔案館等《中國近代兵器工業檔案史料》第一輯《張之洞奏江南製造局歷次撥解浙江等四省軍火所欠價銀摺光緒二十一年十一月十八日》

竊自上年東洋肇釁，海防戒嚴，各省添勇練兵，槍礮最爲要需，而各省槍礮、子彈存儲甚少，均須借資南洋，各省商撥軍火，無不立時飭局設法匀濟。計自上年六月起至本年四月止，經本任督臣劉坤一暨臣先後飭局撥解浙江省礮藥、槍藥、後膛礮併後膛礮彈、銅火、銅帽五批；臺灣省槍、礮、槍藥、礮藥、槍子、礮彈、銅火、碰火十二批；福建省槍藥一批；湖北省後膛礮併後膛礮彈、銅火、礮藥、槍藥、鐵雷、槍子二批。所需工料價銀，均應由各該省照數撥還歸款。統計浙江省軍火五批，共工料庫平銀六萬三千八百五十兩有奇，現經解還庫平銀一萬三千五十餘兩，尚欠庫平銀五萬七百九十二兩；臺灣省軍火十二批，共工料庫平銀十三萬四千五百七十一兩有奇，解還庫平銀七萬六千二百九十五兩零，尚欠庫平銀五萬八千二百七十餘兩（惟查臺省所欠工料價銀現已無可收回）。此外，福建軍火一批，工料銀三千三百九十兩，湖北軍火二批，工料銀一萬七千九百五十五兩，均尚未據撥解還款。兹據總辦江南機器製造局蘇松太道黄祖修等開折稟請奏咨立案，並咨催各省撥還價銀歸款前來。臣覆覈無異。謹繕具清單恭呈御覽。

除咨催各省將所欠價銀迅速撥還歸款，並咨總理衙門、兵部、户部、工部查照外，理合會同北洋大臣王文韶、江蘇巡撫臣趙舒翹恭摺具陳，伏乞皇上聖鑒。敕部查照施行。謹奏。

光緒二十一年十二月初六日奉朱批：該衙門知道。欽此。

[附]《清單》

謹將江南製造局撥解浙江、臺灣、福建、湖北四省軍火數目價銀，繕具清單，恭呈御覽。

計開：

浙江軍火項下

第一批：頭號石子礮藥五千磅，計庫平銀五百兩；二號石子礮藥五千磅，計庫平銀五百兩；力字號槍藥一萬磅，計庫平銀一千一百三十兩。

第二批：一百八十磅子阿姆斯脱郎鋼管熟鐵箍後膛礮一尊（礮架、器具全），計庫平銀二萬五千三百九十六兩；阿姆斯脱郎開花礮彈二百個（碰火、銅引全），計庫平銀一千二百四兩；阿姆斯脱郎硬質礮彈六十個，計庫平銀三百八十五兩八錢；阿姆斯脱郎實心礮彈四十個，計庫平銀二百五十七兩二錢；六角一孔栗色礮藥一千八百磅，計庫平銀三百二十四兩；六角七孔黑色餅藥一百四十磅，計庫平銀二十八兩；功字小礮藥二百磅，計庫平銀二十兩四錢；銅擊火三百六十個，計庫平銀一十六兩二錢；絨布藥袋料二百碼，合庫平銀三十四兩二錢一分；四開花銅帽火三百萬粒，計庫平銀一千七百四十兩。

第三批：一百八十磅子阿姆斯脱郎鋼管熟鐵箍後膛礮一尊(礮架、器具全)，計庫平銀二萬五千三百九十六兩；阿姆斯脱郎開花礮彈二百個(碰火、銅引全)，計庫平銀一千二百四兩；阿姆斯脱郎硬質礮彈六十個，計庫平銀三百八十五兩八錢；阿姆斯脱郎實心礮彈四十個，計庫平銀二百五十七兩二錢；六角一孔栗色礮藥六千磅，計庫平銀一千八十兩；六角七孔黑色餅藥一百四十磅，計庫平銀二十八兩；功字小礮藥二百磅，計庫平銀二十兩四錢；黑色礮藥一萬二千磅，計庫平銀一千二百二十四兩；銅擊火三百六十個，計庫平銀十六兩二錢；絨布藥袋料二百碼，合庫平銀三十四兩二錢一分。

第四批：六角一孔栗色礮藥四千二百磅，計庫平銀七百五十六兩；黑色礮藥一萬二千磅，計庫平銀一千二百二十四兩；襯墊礮位各木料，共計庫平銀八兩八錢九分。

第五批：四開花銅帽火一百萬粒，計庫平銀六百八十兩。

以上五批軍火，共計庫平銀六萬三千八百五十兩五錢一分，解還庫平銀一萬三千五十八兩五錢一分，尚欠庫平銀五萬七百九十二兩。

臺灣軍火項下

第一批：頭號石子礮藥一萬五千磅，計庫平銀一千五百兩；二號石子礮藥一萬五千磅，計庫平銀一千五百三十兩；栗色火藥三萬磅，計庫平銀四千六百二十九兩；毛瑟槍子四十萬粒，計庫平銀八千八百兩；細槍藥二萬磅，計庫平銀二千八十兩；粗槍藥二萬磅，計庫平銀一千九百兩。

第二批：林明敦槍皮件一千副，計庫平銀三百三十七兩五錢；林明敦槍子六千粒，計庫平銀一百十二兩；毛瑟槍子十九萬四千粒，計庫平銀四千二百六十八兩。

第三批：毛瑟槍子五十萬粒，計庫平銀一萬一千兩。

第四批：毛瑟槍子三十萬粒，計庫平銀六千六百兩；粗槍藥一萬磅，計庫平銀一千一百三十兩；細槍藥一萬磅，計庫平銀一千二百兩；二號礮藥一萬磅，計庫平銀一千二十兩；銅擊火二千個，計庫平銀九十兩。

第五批：毛瑟槍子十萬粒，計庫平銀二千二百兩；碰火銅引一千副，計庫平銀三百一十兩。

第六批：毛瑟槍子二十萬粒，計庫平銀四千四百兩；銅擊火二千個，計庫平銀九十兩。

第七批：毛瑟槍子六十萬粒，計庫平銀一萬三千二百兩；林明敦槍子十萬粒，計庫平銀一千八百五十兩；頭號礮藥一萬磅，計庫平銀一千兩；二號礮藥一萬磅，計庫平銀一千二十兩；碰火銅引三千副，計庫平銀九百三十兩。

第八批：功字小礮藥三萬一千磅，計庫平銀三千一百六十二兩；力字礮藥一萬九千磅，計庫平銀一千九百三十八兩。

第九批：毛瑟槍子三十萬粒，計庫平銀六千六百兩；林明敦槍子四十萬粒，計庫平銀七千四百兩；銅擊火一千副，計庫平銀四十五兩。

第十批：林明敦中針槍一千五百桿(刀頭、皮件全)，計庫平銀一萬七千八百五十兩；林明敦槍子十萬粒，計庫平銀一千八百五十兩；黎意槍一百二十桿(刀頭、皮件全)，計庫平銀一千四百四十兩；黎意槍子六萬粒，計庫平銀一千三百二十兩。

第十一批：栗色礮藥一萬五千磅，計庫平銀二千七百兩；黑色礮藥一萬磅，計庫平銀一千二十兩；細槍藥五千磅，計庫平銀六百兩。

第十二批：林明敦中針槍一百桿(刀頭、皮件全)，計庫平銀二千三百八十兩；黎意槍一百八十桿(刀頭、皮件全)，計庫平銀二千一百六十兩；黎意槍子四萬粒，計庫平銀八百八十兩；四十磅子克鹿卜後膛礮三尊(礮架、零件全)，計庫平銀七千九百三十五兩；四十磅克鹿卜開花礮彈一百八十個(銅引全)，計庫平銀一百七十八兩二錢；四十磅克鹿卜實心礮彈九十個，計庫平銀一百七十八兩二錢；四十磅克鹿卜硬質礮彈九十個，計庫平銀三百三十六兩六錢；三號黑礮藥一千八百磅，計庫平銀一百八十三兩六錢；銅螺絲拉火四百枝，計庫平銀七十四兩；劈山礮彈二百個，計庫平銀二百六十兩；四開花銅帽火五百粒，計庫平銀三錢四分；哈吃開司槍子十萬粒，計庫平銀二千兩；四十磅阿姆斯脱郎開花彈五百個(銅引全)，計庫平銀八百八十五兩。

以上十二批軍火，共計庫平銀十三萬四千五百七十一兩四錢四分，解還庫平銀七萬六千二百九十五兩五錢，尚欠庫平銀五萬八千二百七十五兩九錢四分。

福建軍火項下

一批：力字號槍藥三萬磅，計庫平銀三千三百九十兩。

以上一批軍火，庫平銀三千三百九十兩，均未撥還。

湖北軍火項下

第一批：八十磅子克鹿卜後膛鋼礮三尊、礮架三座(器具全)；四十磅子克鹿卜後膛鋼礮二尊(隨礮器具全)。(查前項鋼礮五尊、礮架三座，係江南籌防局由澄慶、馭遠兩輪船收回之件，其工料價值業經報部覈銷，應毋庸再行重收價值，理合登明。)克鹿卜八十磅開花礮彈一百八十個(碰火、銅引全)，計庫平銀五百六十五兩二錢；克鹿卜八十磅實心礮彈二百四十個，計庫平銀八百五十四兩四錢；克鹿卜八十磅硬質礮彈一百八十個，計庫平銀六百四十兩八錢；克鹿卜四十磅開花礮彈一百二十個(碰火、銅引全)，計庫平銀二百二十四兩四錢；克鹿卜四十磅實心礮彈一百六十個，計庫平銀三百一十六兩八錢；克鹿卜四十磅硬質礮彈一百二十個，計庫平銀二百三十七兩六錢；銅螺絲拉火一千五百枝，計庫平銀二百十兩。四百磅藥生鐵沉雷二十具(雷膽全)，計庫平銀八百五十七兩八錢；一百磅藥熟鐵浮雷二十具(雷膽併練墜全)，庫平銀一千六百四十二兩；力字二號礮藥一萬磅，計庫平銀一千兩；力字槍藥一萬磅，計庫平銀一千一百三十兩；代配四十磅子克鹿卜礮礮架二座，計庫平銀一千三百十四兩；添製八十磅子礮礮架所用生鐵磨盤三個，計庫平銀一百六十二兩。

第二批：毛瑟槍子四十萬粒，計庫平銀八千八百兩。

以上二批軍火共計庫平銀二萬七千九百五十五兩，均未撥還。

統計撥解各省軍火二十批，共價值銀二十一萬九千七百六十六兩九錢五分，除浙江、臺灣兩省解還銀八萬九千三百五十四兩零一分外，其餘尚欠銀十三萬零四百十二兩九錢四分。

(朱批)：覽。

中國第一歷史檔案館《光緒朝朱批奏摺》第一〇二輯《光緒二十三年十二月十九日南洋通商大臣兩江總督劉坤一摺》 頭品頂戴南洋通商大臣兩江總督臣劉坤一跪奏，爲上海機器製造局第十四次支用各款，查照成案，開單覈實報銷，恭摺仰祈聖鑒事。竊查上海機器局，製造各項軍火，動用二成洋稅，截至光緒十九年十二月底止，業經分案開具清單，奏銷在案。茲據蘇松太道蔡鈞、會同局員蔣德鈞、林志道等，將光緒二十二十一兩年分支用各款，悉心句稽，遵照部覆，併年開報。計上届冊報存湘平銀八十萬九百一十一兩三錢有奇。二十二十一兩年，續領江海關二成洋税庫平銀，一百四十萬二千四百四十兩四錢有奇。又收部撥添購機器，仿造槍礮火藥，及建廠經費庫平銀，四十萬兩。又收浙江善後局解還奉撥軍火工料庫平銀，五萬三千五十八兩五錢有奇。又收臺灣解還奉撥軍火工料庫平銀，七萬六千二百九十五兩五錢，共收庫平銀一百九十三萬一千七百九十四兩四錢有奇，合湘平銀二百萬一千九百一十八兩五錢有奇。又收長江水師軍火局，撥用洋火藥解還料本湘平銀，六千七百六十四兩。又收回經部刪除工匠工食湘平銀，四百九十三兩七錢有奇，共收湘平銀二百萬九千一百七十六兩三錢有奇。管收兩項合共湘平銀二百八十一萬八十七兩六錢有奇，共用湘平銀一百八十六萬五千一百六十九兩七錢有奇，實存湘平銀九十四萬四千九百一十七兩八錢有奇。此項存銀，或係存而未用。物料之價值，或係造而未完。各件之工料，今俱照案覈作銀數，列存歸入下届造報，俾清眉目。

中國第一歷史檔案館《光緒朝朱批奏摺》第一〇二輯《光緒二十四年十二月初二日南洋通商大臣兩江總督劉坤一摺》 頭品頂戴南洋通商大臣兩江總督臣劉坤一跪奏，爲上海機器製造局第十五次支用各款，查照成案，開單覈實報銷，恭摺仰祈聖鑒事。竊上海機器局製造各項軍火動用二成洋税，截至光緒二十一年十二月底止，業經分案開具清單，奏銷在案。茲據蘇松太道蔡鈞會同局員林志道等，將光緒二十二年分支用各款，悉心句稽，遵照部覆，按年開報。計上届冊報存湘平銀九十四萬四千九百一十七兩八錢有奇。二十二年續收江海關二成洋税，庫平銀七十九萬三千三百九十九兩六錢有奇。又收浙江善後局解還奉撥軍火工料庫平銀，一萬七百九十二兩。又收臺灣解還奉撥軍火工料庫平銀，五萬八千二百七十五兩九錢有奇。又收新疆解還奉撥軍火工料庫平銀二千七百二十兩，共收庫平銀八十六萬五千一百八十七兩五錢有奇，合湘平銀八十九萬六千五百九十三兩九錢有奇。又收江南鹽巡道解還長江水師撥用洋火藥料本，湘平銀三千四百一十一兩二錢有奇。又收廠中歷年積存廢銅鐵等件，變價湘平銀三萬二千八百五十九兩九錢有奇，共收湘平銀九十三萬二千八百六十五兩有奇。管收兩項，共合湘平銀一百八十七萬七千七百八十二兩九錢有奇，共用湘平銀八十六萬二千六百五兩三錢有奇，實共存湘平銀一百一萬五千一百七十七兩五錢有奇。此項存銀，或係存而未用。物料之價值，或係造而未完。各件之工料，均係已經動用之款。今俱照案覈作銀數，列存歸入下届開報，俾清眉目。

中國第一歷史檔案館等《中國近代兵器工業檔案史料》第一輯《江南機器製造局造呈光緒二十八年春季造成軍械清册光緒二十八年八月十八日》 江南機器製造局爲造報事。

遵將光緒二十八年春季三個月造成各項軍械，開具清册，呈請察覈。

須至册者，計開：

一百磅子鋼快礮一尊，一百磅子鋼快礮架一座，四十磅子鋼快礮一尊，四十磅子鋼快礮礮架一座，三磅子鋼快礮七尊，三磅子鋼快礮礮架七座，十二磅快礮開花子一千五百個，三生七快礮開花子二千三百個，六磅快礮開花子一千六百個，三磅快礮開花子四千五百個，六生脱礮開花子一千四百個，六磅快礮子銅殼三百個，三磅快礮子銅殼一千二百個，三生七快礮子銅殼一千二百個，礮門銅擊火四百個，礮門銅螺絲擊火一萬個，礮門銅螺絲拉火八百個，小口徑新毛瑟後膛兵槍五百三十枝，小口徑新毛瑟槍子藥銅卷四十九萬個，小口徑新毛瑟槍藥銅卷二千個，老毛瑟槍子藥銅卷六十七萬一千個，曼里夏槍藥銅卷六十九萬三千個，小口徑新毛瑟槍子銅袋三萬七千二百八十個，曼里夏槍子銅袋五十個，曼里夏槍子連紙餅小銅帽火四十萬粒，老毛瑟槍子連紙餅小銅帽火七十萬粒，四開花洋槍大銅帽火四百二十萬粒，裝配老毛瑟槍子銅殼手扳機器三具，裝配曼里夏槍子銅殼手扳機器二具，無烟火藥六千二百三十磅，黑色火藥四萬五百四十磅。

中國第一歷史檔案館等《中國近代兵器工業檔案史料》第一輯《江南機器製造局造呈光緒二十八年夏季造成各項軍械清册光緒二十八年十一月十五日》 江南機器製造局爲造報事。

遵將光緒二十八年夏季三個月造成各項軍械，開具清册，呈請察覈。

須至册者，計開：

一百磅子鋼快礮一尊，一百磅子鋼快礮礮架一座，四十磅子鋼快礮一尊，四十磅子鋼快礮礮架一座，十二磅子鋼快礮八尊，十二磅子鋼快礮礮架八座，六磅子鋼快礮二尊，六磅子鋼快礮礮架二座，三磅子鋼快礮一十七尊，三磅子鋼快礮礮架一十七座，四十磅快礮實心子一十個，十二磅快礮開花子二千個，三生七快礮開花子三千二百個，六磅快礮開花子二千一百個，三磅快礮開花子五千個，三磅快礮實心子一百個，六生脱礮開花子一千九百個，三生七快礮子銅殼四百個，十二磅快礮子銅殼二百個，六磅快礮子銅殼四百個，三磅快礮子銅殼一千五百個，礮門銅擊火五百五十支，礮門銅螺絲擊火一萬支，礮門銅螺絲拉火六百支，小口徑新毛瑟後膛兵槍六百六十一桿，小口徑新毛瑟槍子藥銅卷四十一萬三千個，小口徑新毛瑟槍藥銅卷三十九萬五千個，小口徑新毛瑟槍子銅卷二百個，老毛瑟槍子藥銅卷八十七萬六千個，曼里夏槍藥銅卷二十七萬六千個，曼里夏槍銅卷三十七萬六千個，小口徑新毛瑟槍子銅袋七萬九千二百個，老毛瑟槍子連紙餅小銅帽火六十萬粒，曼里夏槍子連紙餅小銅帽火一百四十七萬粒，四開花洋槍大銅帽火五百三十萬粒，裝配新毛瑟槍子銅殼手扳機器一具，裝配曼里夏槍子銅殼手扳機器二具，無烟火藥一萬七千四百二十三磅，黑色火藥六萬二千三百四十磅。

中國第一歷史檔案館等《中國近代兵器工業檔案史料》第一輯《江南機器製造局造呈光緒二十八年秋季造成各項軍械清册光緒二十八年十二月》 江南機器製造局爲造報事。

遵將光緒二十八年秋季三個月造成各項軍械，開具清册，呈請察覈。

須至册者，計開：

一百磅子鋼快礮一尊，一百磅子鋼快礮架一座，四十磅子鋼快礮一尊，四十磅子鋼快礮架一座，十二磅子鋼快礮八尊，十二磅子鋼快礮架八座，六磅子鋼快礮二尊，六磅子鋼快礮架二座，三磅子鋼快礮二十尊，三磅子鋼快礮架二十座，十二磅快礮開花子一千四百個，三生七快礮開花子三千九百個，六磅快礮開花子二千個，六磅快礮實心子一百個，三磅快礮開花子四千六百個，三磅快礮實心子一百個，六生脱礮開花子二千四百個，三生七快礮子銅殼一千六百個，十二磅快礮子銅殼四百個，六磅快礮子銅殼四百個，三磅快礮子銅殼一千二百個，礮門銅管電火一千五百支，礮門銅螺絲拉火六千五百支，小口徑新毛瑟後膛兵槍六百五十桿，小口徑新毛瑟後膛馬槍四桿，小口徑新毛瑟槍子藥銅卷八十一萬九十個，小口徑新毛瑟槍藥銅卷一十一萬五千個，小口徑新毛瑟槍子銅卷一千個，老毛瑟槍子藥銅卷八十七萬六千個，曼里夏槍銅卷五十二萬五千個，小口徑新毛瑟槍子銅袋九萬一千個，老毛瑟槍子連紙餅小銅帽火七十萬粒，四開花洋槍大銅帽火三百五十萬粒，裝配新毛瑟槍子銅殼手扳機器四具，無烟火藥一萬六千九百一十三磅，黑色火藥六萬二千三百磅。

中國第一歷史檔案館等《中國近代兵器工業檔案史料》第一輯《江南機器製造局造呈光緒二十八年冬季造成各項軍械清册光緒二十九年四月十八日》 江南

機器製造局爲造報事。

遵將光緒二十八年冬季三個月造成各項軍械，開具清册，呈請察覈。

須至册者，計開：

四十磅子鋼快礮一尊，四十磅子鋼快礮礮架一座，十二磅子鋼快礮十尊，十二磅子鋼快礮礮架十座，六磅子鋼快礮四尊，六磅子鋼快礮礮架四座，三磅子鋼快礮十一尊，三磅子鋼快礮礮架十一座，十二磅快礮開花彈一千一百個，六磅快礮開花彈一千七百個，三磅快礮開花彈四千三百個，三生七快礮開花彈四千二百個，六生脱礮開花彈一千九百個，三磅快礮彈銅殼一千四百個，六磅快礮彈銅殼一百個，十二磅快礮彈銅殼三百個，礮門銅螺絲拉火一千枝，礮門銅螺絲擊火一千五百枝，礮門銅管電火八百枝，礮門平底擊火一千三百枝，礮門銅管電火胚二千八百枝，十二磅快礮彈銅引三百副，三磅快礮彈銅引一千二百副，十二磅礮彈銅引活機一千二十個，三磅礮彈銅引活機一千七百四十三個，礮門發火干電箱二具，小口徑新毛瑟後膛兵槍六百六十二桿，老毛瑟槍子藥銅卷五十萬四千顆，小口徑新毛瑟槍子藥銅卷八十六萬九千五百顆，哈吃克司槍子藥銅卷五十萬顆，小口徑新毛瑟槍子銅卷二百顆，曼里夏槍藥銅卷十一萬二千顆，曼里夏槍銅卷十八萬二千顆，小口徑新毛瑟槍銅卷一千五百顆，小口徑新毛瑟槍子鋼袋十七萬三千六百個，老毛瑟槍子連紙餅小銅帽火二十萬粒，裝配老毛瑟槍子銅殼手板機器一具，裝配曼里夏槍子銅殼手板機器二具，無烟火藥一萬二千一百六十二磅，黑色火藥五萬八千九百五十磅。

中國第一歷史檔案館等《中國近代兵器工業檔案史料》第一輯《江南機器製造局造呈光緒二十九年春季造成各項軍械清册光緒二十九年五月二十九日》

江南機器製造局爲造報事。

遵將光緒二十九年春季三個月造成各項軍械，開具清册，呈請察覈。

須至册者，計開：

一百磅子鋼快礮一尊，一百磅子鋼快礮礮架一座，十二磅子鋼快礮七尊，十二磅子鋼快礮礮架七座，六磅子鋼快礮二尊，六磅子鋼快礮礮架二座，十二磅快礮開花子一千九百個，十二磅快礮實心子五十個，六磅快礮開花子二千五百個，三磅快礮開花子五千五百個，三磅快礮實心子五十個，六生脱礮開花子二千個，十二磅快礮子銅殼二百個，六磅快礮子銅殼二百個，三磅快礮子銅殼一千個，礮門銅管拉火三千枝，礮門銅管電火一千五百枝，礮門銅螺絲擊火二千五百個，三磅快礮子銅引一千三百副，七生半快礮子紫銅活機套一千三十個，礮門發火干電箱六具，小口徑新毛瑟後膛兵槍五百八十九枝，小口徑新毛瑟槍子藥銅卷五十六萬個，小口徑新毛瑟槍子銅卷二百個，哈乞開司槍子藥銅卷七十四萬個，曼里夏槍藥銅卷四十四萬四千個，智利槍子藥銅卷九萬八千六百二十個，黎意槍藥銅卷一十五萬個，快利槍藥銅卷七千個，小口徑新毛瑟槍子銅袋七萬三千二百六十個，老毛瑟槍子連紙餅小銅帽火二十萬粒，曼里夏槍子連紙餅小銅帽火二十萬粒，裝配曼里夏槍子銅殼手扳機器二具，無烟火藥九千七百四十二磅，黑色火藥四萬一千五十磅。

中國第一歷史檔案館等《中國近代兵器工業檔案史料》第一輯《江南機器製造局造呈光緒二十九年秋季造成各項軍械清册光緒二十九年十一月二十六日》

江南機器製造局爲造報事。

遵將光緒二十九年秋季三個月造成各項軍械，開具清册，呈請察覈。

須至册者，計開：

一百磅子鋼快礮一尊，一百磅子鋼快礮礮架一座，四十磅子鋼快礮二尊，四十磅子鋼快礮礮架二座，十二磅子鋼快礮六尊，十二磅子鋼快礮礮架六座，六磅子鋼快礮四尊，六磅子鋼快礮礮架四座，十二磅快礮開花子三千八百個，六磅快礮開花子二千一百個，三磅快礮開花子三千個，六生脱礮開花子一千九百個，九磅克鹿卜礮開花子七百個，十二磅快礮子銅殼一百個，六磅快礮子銅殼三百六十個，三磅快礮子銅殼一千五百個，礮門銅管電火一千枝，礮門銅螺絲擊火三千五百枝，礮門銅螺絲拉火二千八百枝，礮門平底擊火二千枝，礮門發火干電箱六具，小口徑新毛瑟兵槍七百二十八桿，小口徑新毛瑟槍子藥銅卷六十五萬顆，小口徑新毛瑟槍子銅卷二百顆，小口徑新毛瑟槍銅袋一十二萬二千六十個，老毛瑟槍子藥銅卷一百零七萬八千五百顆，老毛瑟槍銅卷四萬二千五百顆，老毛瑟槍子連紙餅小鋼帽火二十萬粒，曼里夏槍銅卷六萬三千顆，曼里夏槍子銅袋七萬六千個，比利槍子連紙餅小銅帽火六十萬粒，裝配比利槍子手板機器二十五具，四開花洋槍大銅帽火一千五百粒，無烟火藥一萬磅，黑色火藥三萬八百八十六磅。

中國第一歷史檔案館等《中國近代兵器工業檔案史料》第一輯《江南機器製造局造呈光緒二十九年夏季造成各項軍械清册光緒二十九年十一月二十六日》

遵將光緒二十九年夏季連閏四個月造成各項軍械，開具清册，呈請察覈。

須至册者，計開：

一百磅子鋼快礮二尊，一百磅子鋼快礮礮架二座，四十磅子鋼快礮一尊，四十磅子鋼快礮礮架一座，十二磅子鋼快礮六尊，十二磅子鋼快礮礮架六座，六磅子鋼快礮四尊，六磅子鋼快礮礮架四座，十二磅快礮開花子二千五百個，六磅快礮開花子二千七百個，三磅快礮開花子一萬一百五十個，六生脱快礮開花子二千個，九磅克鹿卜礮開花子三百個，四十磅快礮實心子十二個，三磅快礮實心子一百五十個，十二磅快礮子銅殻二百個，六磅快礮子銅殻六百個，三磅快礮子銅殻二千個，哈吃開司快礮子銅殻二百個，三生七快礮子銅殻一千二百個，礮門銅管拉火六千枝，礮門電火銅管坯四千二百枝，三磅快礮銅帽火四千枝，礮門銅擊火一千枝，礮門發火干電箱二具，小口徑新毛瑟後膛兵槍一千二十桿，小口徑新毛瑟槍子銅卷一百顆，小口徑新毛瑟槍子銅袋八萬一千八百六十顆，小口徑新毛瑟槍子連紙併小銅帽火一百萬粒，曼里夏槍藥銅卷一百八十三萬顆，曼里夏槍子藥銅卷八十九萬六千顆，曼里夏槍銅卷十萬四千顆，曼里夏槍子銅袋十萬個，曼里夏槍子連紙餅小銅帽火四十萬粒，智利槍子藥銅卷二十萬五千顆，智利槍子銅托六萬個，比利槍藥銅卷十萬顆，比利槍子連紙餅小銅帽火八十五萬粒，老毛瑟槍子連紙餅小銅帽火五十萬粒，四開花洋槍大銅帽火二千粒，裝配曼里夏槍子全副手扳機器二具，裝配比利槍子全副手扳機器四具，無烟火藥一萬七千一百磅，黑色火藥五萬六千一百三十磅。

中國第一歷史檔案館等《中國近代兵器工業檔案史料》第一輯《魏光燾奏銷江南製造局光緒二十四二十五兩年支用各款摺光緒三十年正月》

兹據蘇松太道袁樹勛會同局員沈邦憲、唐鬱華，將光緒二十四、二十五兩年分支用各款，遵照部復併年開報。計上届册報存庫平銀八十七萬四千二百三十八兩三錢有奇。二十四、二十五兩年續收江海關二成洋税庫平銀一百七十二萬八千三百七十兩一錢有奇，又收税釐項下奉撥二十五年三廠常費庫平銀八萬兩，并補二十三年欠解常費銀十四萬兩，又收奉撥二十五年三廠常費江南籌防局庫平銀一萬兩、金陵釐捐局一萬兩、淮運司二萬兩、蘇藩司二萬兩、蘇糧道一萬兩、江糧道一萬兩、江西督銷局一萬兩、湖南督銷局一萬兩，又收湖北善後局解還軍火工料庫平銀四萬兩、浙江支應善後局四萬五百兩六錢有奇、福建善後局一千三百八十五兩八錢有奇、廣東善後局三千八百兩、福州將軍衙門一萬三千六百兩，共收庫平銀二百一十四萬七千六百五十六兩六錢有奇。管、收兩項共合庫平銀三百二萬一千八百九十四兩九錢有奇。共用庫平銀一百七十六萬二千五百五十七兩有奇。實存庫平銀一百二十五萬九千八百三十七兩九錢有奇；此項存銀，或係存而未用物料之價值，或係造而未完各件之上料，均係已經動用之款，今俱照案覈作銀數列存，歸入下届開報，俾清眉目。其支用一切款項，均經遵章先行詳請咨部立案。兹將收支銀數及委員、司事、中外工匠薪工，購製軍火、器具各項細數，照章分造清册，詳請覈辦。并聲明自光緒二十四年正月起至二十五年十二月底止，遵照部章應扣六分平銀，共扣提庫平銀三萬三千四百一十三兩三錢有奇，存儲候撥等情前來。

伏查該機器局製造諸事，悉仿西法，用料多係洋産，工資、物價均無定例，支用款項難以常例相繩。此次册開各款，詳細察覈，委係實用實銷，毫無浮冒。謹照成案，匯繕清單，恭呈御覽。仰懇天恩俯准覈銷，以清款目。

除將清册分咨外務部、户部、兵部、工部查照，并飭將以後收支各款接續造報外，所有上海機器製造局自光緒二十四年正月起至二十五年十二月底止支用各款，列爲第十七案報銷緣由，謹會同北洋大臣·直隸督臣袁、江蘇撫臣恩恭摺具奏，伏乞皇太后、皇上聖鑒訓示。謹奏。

〔附〕《清單》

謹將上海機器製造局自光緒二十四年正月起，至二十五年十二月底止支用各款，繕具簡明清單，恭呈御覽。

計開：

舊管：前案造報存庫平銀八十七萬四千二百三十八兩三錢二分四釐七毫。

新收：一、收江南海關陸續撥解二成洋税，庫平銀一百七十二萬八千三百七十兩一錢六分二釐二毫。一、收江南海關撥解三廠常費，庫平銀二十二萬兩。一、收江南籌防局撥解三廠常費，庫平銀一萬兩。一、收金陵釐捐局撥解三廠常費，庫平銀一萬兩。一、收淮運司撥解三廠常費，庫平銀二萬兩。一、收江蘇藩司撥解三廠常費，庫平銀二萬兩。一、收蘇糧道撥解三廠常費，庫平銀一萬兩。一、收江糧道撥解三廠常費，庫平銀一萬兩。一、收江西督銷局撥解三廠常費，庫平銀一萬兩。一、收湖南督銷局撥解三廠常費，庫平銀一萬兩。一、收湖北善後局解還軍火工料，庫平銀四萬兩。一、收浙江善後局解還軍火工料，庫平銀四萬五百兩六錢一分三釐三毫。一、收福建善後局解還軍火工料，庫平銀一千三百八十五兩八錢六分九釐。一、收廣東善後局解還軍火工料，庫平銀三千八百兩。一、收福州將軍衙門解還軍火工料，庫平銀一萬三千六百兩。以上共收庫平銀二百一十四萬七千六百五十六兩六錢四分四釐五毫。管、收二項，共庫平銀三百二萬二千八百九十四兩九錢六分九釐二毫。

開除：一、支委員、司事薪水併夫役人等工食及一切公費，庫平銀一十六萬二千三百九兩四錢四分五釐三毫。一、支洋人辛工等項，庫平銀四萬二千四百三十兩二錢五分九釐八毫。一、支內地工匠工食，庫平銀三十九萬三千一百五兩六錢九分八釐。一、支雜項工資，庫平銀八千五十二兩六錢八分四釐。一、支提解節省經費，庫平銀五千七百六十兩八錢八分。一、支購買外洋軍火，庫平銀六千二百二十四兩七錢四分五釐。一、支購買外洋機器併一切器具，庫平銀一十五萬八千二百二十三兩九分四釐七毫。一、支購買翻譯所用外國圖書、鉛字、膠墨、顔料、紙張等項，庫平銀四千四百四十四兩九分六釐六毫。一、支購買操習槍法、礮法所用外國物料等件，庫平銀一千二十五兩六錢三分三釐六毫。一、支購買工藝學堂所用外洋物料等件，庫平銀二千三百六十兩五錢七分七釐一毫。一、支製造槍礮、子藥等項軍械動用外洋物料等件，庫平銀五十二萬四千九百四十六兩六錢二分一釐九毫。一、支製造機器、器具動用外洋物料等件，庫平銀一十八萬四千四百六十五兩七分八釐九毫。一、支熔煉鋼坯動用外洋物料等件，庫平銀一十二萬七千五十二兩五分一釐。一、支添廠房屋併歲修各項工程動用外洋物料，庫平銀九萬八千五百八十一兩八錢五分六毫。一、支築造溝壩、橋梁、碼頭等項動用外洋物料等件，庫平銀一萬三千三百兩二錢一分七釐一毫。一、支修理船塢動用外洋物料等件，庫平銀一千七百九兩五錢五釐五毫。一、支各輪船行船動用外洋物料，庫平銀二萬四千六百二十六兩七錢七分八釐。一、支修理各輪船併挖河機器船動用外洋物料等件，庫平銀三千四百三十七兩八錢三分五釐。以上共支庫平銀一百七十六萬二千五十七兩五分二釐一毫。

實在：應存庫平銀一百二十五萬九千八百三十七兩九錢一分七釐一毫。

中國第一歷史檔案館等《中國近代兵器工業檔案史料》第一輯《周馥爲江南製造局光緒二十六二十七兩年用款立案事致工部之咨文光緒三十一年四月二十三日》　據上海機器製造局詳稱：案照奉行准户部覈覆江南機器製造局報銷一案，飭令查照部定軍需善後内外辦法各章程，務於事前報部立案等因。奉此，遵經查照辦理，業將光緒二十五年以前收支各款，分次造報在案。兹查職局用款，光緒二十六年分連閏計十三個月，内委員人等薪水等項共支銀一十萬七千餘兩，洋人辛工等項共支銀二萬三千餘兩，内地工匠等工食（除扣曠及代修輪船劃出外）實共支銀二十三萬七千餘兩，購買外洋機器、器具，並製造軍火、機器、器具、廠屋、鋼料及各輪船行船、修船、船塢、翻譯學堂、防營動用外洋物料併地基價等項共支銀七十九萬四千餘兩，外洋運華脚價支銀一十一萬七千餘兩，解部節省經費銀一萬一千餘兩。又光緒二十七年分内，委員人等薪水等項共支洋一十萬二千餘兩，洋人辛工等項共支銀二萬餘兩，内地工匠等工食（除扣曠及代修輪船劃出外）實共支銀二十二萬二千餘兩，購買外洋機器、器具並製造軍火、機器、器具、廠屋、鋼料及各輪船行船、修船、船塢、翻譯學堂、防營動用外洋物料併地基價銀等項共支銀六十五萬四千餘兩，外洋運華脚價支銀九萬六千餘兩，解部節省經費銀一萬一千餘兩。均仍循照奉部准銷有案者，分晰聲明，按年造具清册，呈請報部立案。此外隨時雇用雜匠夫工，勢難按月支給，亦難酌爲一定數目，應請於造報奏銷册内，隨册聲明請銷。至各項工匠工食暨購買外洋機器、器具、物料等項，向視需用之緩急及製造之繁簡，隨時酌量以定動用工料之多寡，均未能預爲定數。覈計二十六年分委員人等薪水等項一款，用數比較上届多用添募礮隊、親軍營薪糧等項銀二萬三千餘兩。二十七年分各項用款，比較上届不甚懸殊。今遵章一面先行案立，仍於奏報時分晰造册開報，以昭覈實。並將員司薪水、内地工匠夫役工食，應扣六分平及部飯銀兩，仍照案劃扣入册存儲備撥外，理合詳祈察覈，分咨兵、工、户部查照立案。再光緒二十六、二十七兩年用款，仍援案併作一次造册呈請奏銷，合併陳明等情并清册到本大臣。

魏允恭《江南製造局記》卷首《總辦江南製造局三品銜湖北試用道魏允恭呈送江南製造局記稟》　職道上年五月奉委局務，攷驗製造新法，清查全局利弊得失。竊思曾文正、李文忠暨歷任管理大員皆一時名臣碩彦，數十年經營締搆，其創造之端、成效之迹，亟應編輯，志乘昭示。來兹當派員分廠考訂，設立攷工處隨時編輯。自今夏歷秋徂冬排纂全稿，校印成書，以開局迄本年四月劃分船塢之前爲斷。凡爲圖一卷，表五卷，略四卷，都爲江南製造局記十卷。竊攷泰西十六世紀以後，奈端瓦特發明汽機製造，垂四百年，得稱完備。我中國以平定髮捻，利用西洋槍礮，始講求兵工製造。然開闢維新，造端宏大，始則薈萃百工，合爲一局。繼則科別職事，分列各廠，一物不備無非仰給外洋，一藝未精全局爲之停頓，此其建置之情形也。局廠既設，取法泰西，然鳩工庀材一器甫成，彼已更易新式，且各省征調軍火供給紛繁，局存舊式機器不得不遷就應用，株守繩墨，致勝綦難舍舊圖，新程功匪易，此其製造之情形也。謹編建置圖、製造圖第一，建置表第二，製造表第三。中國度支之款歲有定數，自增洋税資用愈繁，而製造名目煩重。每設一廠開辦需費，購料需費，常年工程薪貲，動逾鉅萬，除額撥洋税而外，難籌協濟。在前人力求自强實業，但期鼓舞人材，廣開風氣，雖糜帑在所不惜，而時會屢變，或事舉而費多，或流節而稍弛，宗旨岐異，責效愈難，至今日而興革多端，殊勞擘畫，此其經費之情形也。謹編會計表第四，查各省操防兵械參差不一，徵發軍火新舊雜乘。甲午以來，解運前敵槍礮子藥，或以新式而施放未嫻，或以舊械而繳還廢棄。總之，用器者未能一律，則製器者新舊多寡應給不遑，此其供億之情形也。謹編征繕表第五。局中各廠按時課工，需用物料臨時置辦不及，必須預爲儲備。若煤鐵大宗尚不難蔓購，而零星雜物種類無盡，時價不一，多則陳因腐敗，少則遲誤要工，且各料未經動用，不得開支報部，在本局已付價實銷，而報册仍係未支之款，或有他處稟咨代造，以及借用物料等項，應候繳還，方能造報，此其存料之情形也。謹編軍火物料存儲表、職官表第六。以上各表或首加謹案，或後附公牘，區分部居，略存梗概。至於各廠工作積年，揣摩簡練藝徒匠目非無造詣專精，然類皆心知其理，而不達於辭。既無以闡發新理，亦無從傳習競進。經職道責成員司繪圖列説，日就各匠目口授筆述，或以表式填注，或以圖畫推求，並將册報價值總數分晰攷覈。然文詞拉雜，而攷工編纂者，既迫於期限，並以機器非所嫻習，未敢妄加删改，爰就槍礮、子藥、銅引、鍊鋼各廠搜集雜記，類分前後，並附克虜伯礮説編爲四略，自第七至第十，大抵圖以精覈爲歸，表以簡明爲主，而攷工略徵驗全局程度，關繫尤重。現在初次編記就工匠口述之詞，沿襲名稱聊存崖略，而此後似宜隨時修改，以覘進步。即圖表各卷亦當陸續增補，俾成完帙。職道愚昧之見，是否有當。

《商務官報》光緒三十二年十月十五日第二十三期《製造局情形之一班》

同治初年，曾文正公創設江南機器製造局，雖建船廠僅爲局中之一部分，其時輪船率係木質，未用鋼板。該廠中木工居多，上年南洋大臣派洋員巴斯專辦船塢，始議將礮彈廠及碼頭一併劃歸該廠，於是始有瀛機、鍋鑪、船埠。但礮彈廠之機器、馬力，不敷修造輪船之用。即廠屋碼頭，亦不能不量加開拓。此添配修建，固非得已。查該廠僱用洋匠多至十四人，廠中事務皆係巴斯主政，故各項工作均受成於外人。中國員司向所能辦之事，今亦有由洋員辦理者，頗聞估修中國商船，較估修外國商船價值不同，往往中昂而外低。修理中國兵輪較商輪，尤爲昂貴，致有謂以中船修費之贏餘，彌補洋船修價之不足者。巴斯現已離滬，由彼引用之洋員毛耕主持一切，各項價目悉由覈報。以中國目下情形而論，凡製造等事不能不聘用洋員，但分清權限，實爲切要之舉。現已由南洋大臣奏派張道士珩接辦製造局，兼管船塢事務。

中國第一歷史檔案館等《中國近代兵器工業檔案史料》第一輯《兵部某司爲奉委查覈張士珩所呈江南製造局款目等項情形事之稟文約光緒三十二年》

職司查該道員此次赴滬詳查製造局廠情形，分別造具册折及洋員哈卜們報告各件，并籌畫辦法，亟盡周妥。查表開近三年收支各款目，計二十九年、三十年，每年入款規銀一百四五十萬兩有奇，三十一年分二百餘萬兩。此項入款，係江海關提解二成洋税，並各處解來三廠常費，此二宗爲常年的款。其餘各處解還代修、代造價值，爲數無定。該局出款，計二十九年需銀一百二十七萬餘兩，三十年需銀一百四十五萬餘兩，三十一年需銀二百二十三萬餘兩。内全局員司薪水、洋匠工食，每年需銀十一萬餘兩；匠目、夫役工食等項，每年需銀三十一萬餘兩。至三十一年分減至二十五萬餘兩。其餘礮營糧餉、購辦物件及各項雜費，每年需銀五六十萬兩有奇。惟三十一年出款爲數較巨，查係爲本處提存新廠經費銀七十萬兩，並江督飭撥寧屬銅元局銀五十餘萬兩二大宗。綜覈該局常年經費，除提存節省經費併新廠經費外，計二十九年實需銀一百二十餘萬兩，三十年實需銀一百零七十餘兩，三十一年實需銀八十五萬餘兩。本年復經魏道允恭將全局人員覈實裁減，計全局除總、會辦外，原共二百三十三名，現在裁去二十員，又酌減數員薪水，每月共少支薪銀五百六十四兩、洋一百十四元。此後每年又節省經費銀七千餘兩。復查該局各所存儲物料細數併價銀數目，約折合價值銀五十五萬餘兩，皆係該廠歷年存儲之物所折合價值，尚屬覈實。綜覈該局由二十九年至三十一年，三年入款共規銀五百十四萬三千二百二十一兩一錢八分六釐，共出款規銀四百九十五萬四千六百二十二兩一錢四分六釐。截至三十一年十二月底止，連同二十九年分舊管項下餘存銀二十五萬九千七百七十四兩二錢四分五釐，共實存銀四十四萬八千三百七十三兩二錢八分五釐。所有該員所查册開各數目尚屬相符。復將該局屢次申報到處册折調齊，逐加較對，亦屬符合。詳覈該局出入各款，若按三十一年分作爲准則，是每年除提存七十萬外，仍可餘存銀三四十萬兩之譜。若將來江海關洋税收數旺時，則尤能餘存多數。其餘槍械、機器、雜件等册以暨該員等所籌整頓辦法各節，除已經職司飭由器械科詳覈另文呈覆外，所有該局廠收支各項數目飭由糧餉科詳覈各緣由，理合呈請憲臺鑒覈施行。

中國第一歷史檔案館等《中國近代兵器工業檔案史料》第一輯《張士珩爲報江南製造局光緒二十九年八月至三十二年八月實收二成洋税銀數事呈陸軍部之禀文光緒三十三年七月二十九日》 委辦江南製造局兼管船塢・二品銜分省補用道張士珩謹禀堂憲大人鈞鑒：敬禀者，竊於本年七月初五日奉鈞部札開，准度支部咨開，北檔房案呈，准陸軍部咨，據總辦江南製造局張道士珩禀稱，款絀用繁，現在籌畫整頓、擴充，正擬次第舉辦，所有江海關新增賠款，祈咨税務處札飭江海關道設法另籌，勿於製造二成洋税攤扣牽動，俾就款設籌，製造日求進步，等情。查江海關解二成洋税，自係製造必需之款，勢難稍有牽動，所有新增賠款一項，希即轉飭設法另籌，不使攤扣此項製造款項等因。並准税務處咨同前由轉咨覈辦前來。查江海關洋税每年增提賠款銀五十四萬兩，此係照近年所收值百足抽五，與舊免、新征兩項税銀實數，由該關報明加提，與原有之洋税無涉。至江南製造局經費應提二成洋税，據江海關近三年册報，自第一百七十三結起至一百八十四結止，此三年共提銀四百四十九萬兩有奇，平均通計每年應估銀一百四十九萬兩有奇，加以各司局所解常費銀二十萬兩，是該局每年應共收銀一百六十九萬兩有奇。以之開支滬局經費等銀九十萬兩，劃解新廠經費七十萬兩，覈計每年尚可餘銀九萬兩有奇，即使此後攤扣賠款每年因少收銀十萬八千兩，尚不至於製造經費驟形竭蹶。所請免予攤扣之處，應無庸議。惟洋税衰旺無定，如嗣後二成收數遠遜於前，應如何撥補之處，再由本部酌覈辦理，以重軍事。相應仍咨陸軍部轉飭遵照等因到本部。准此，合行札飭該道即便遵照辦理。至該道前禀内據稱：滬局常年所收二成洋税，以近三年通扯計之，每年約銀一百二十萬兩，今度支部咨稱，則謂此三年内二成洋税平均通計，每年應估銀一百四十九萬兩有奇，何以數目彼此不符，仰即查明禀復，以憑察覈等因。

奉此，伏查江海關征收洋税，係按西曆三個月一結，一百七十三結起至一百八十四結止，共計一十二結，係自光緒二十九年八月十一日，即西曆一千九百零三年十月一號起，截至三十二年八月十三日，即西曆一千九百零六年九月三十號爲止。惟查該關征收洋税雖按三月一結，而提存二成製造經費則係按月分旬移解過局，且二成一款雖爲製造而設，其實並不全歸滬局領用，尚有金陵機器局南北洋軍火經費每年七萬兩，南洋兵輪登瀛洲、保民等船薪糧每年十三萬八千兩，悉取資於此，向由江海關分月坐扣，而登、保等船所需修費亦在二成洋税項下開支，由關劃扣，歷辦有案。光緒三十一年，滬局會辦李道經叙遵奏携帶學員、匠目、學生出洋考察，奉南洋大臣札飭江海關於二成洋税内扣提經費六萬兩，由關徑交李道支用，亦經奉飭具報有案。現查光緒二十九年八月初一日至三十二年八月底止，一百七十三結至一百八十五結期内，江海關提存二成洋税除按結扣出華税外，應共提存銀四百五十五萬九千三百八十二兩三錢九分二釐，内由江海關先後坐扣寧局經費十七萬兩、兵船薪糧四十三萬七千兩、又保民兵輪修費一萬九百九十九兩八錢四分七釐九毫、又李道經叙出洋考察經費六萬兩，統合銀六十七萬七千九百九十九兩八錢四分七釐九毫，計三年零一個月共實解滬局銀三百八十八萬一千三百八十二兩五錢四分四釐一毫，平均通計每年約攤銀一百二十餘萬兩。職道上年禀内所陳之數，即係按照此項實收之數約略攤算。江海關報部數目，自一百七十三結起至一百八十四結止，三年提銀四百四十九萬兩有奇，當係照該關提存製造二成全數列册具報，未將扣撥寧局經費、輪船薪糧等項劃出。彼此數目不符，或即因此。奉札前因，理合將光緒二十九年八月分起，至光緒三十二年八月底止，江海關提存二成洋税全數，及坐扣寧局經費、輪船薪糧修費、李道出洋經費、併職局實收製造經費各銀數，分年查開清折具禀陳復，仰祈俯賜察覈。

再，江海關册報度支部數目係按結覈計，職道此次查報各數係照該關按月解款覈計。自光緒二十九年八月初一日起，至三十二年八月底止，彼此數目亦不無參差。又查二成洋税逐月衰旺無定，前三年通扯計算每年局中約收銀一百二十萬兩左右，今年正月至六月半年分局中僅收銀四十九萬兩有奇，内正、二、三三個月收數已少，四、五、六三個月收數尤減，以之全數提拔新廠經費尚有不敷，必須設法湊解，以致局中經費支絀異常。現議整頓、擴充，添機建廠彌形竭蹶。所有今年正月起至六月止，局中實收二成洋税數目，謹另繕折呈請鈞覈。合併聲明。

肅禀，敬叩崇安。伏乞垂鑒。 職道士珩謹禀。

計呈清折二扣。

江南製造局光緒二十九年八月至三十二年八月實收二成洋税銀數清折

謹將光緒二十九年八月分起，至三十二年六月底止，江海關提存二成洋税，除由關坐扣寧局經費，輪船薪糧、修費，及李道出洋經費外，製造局實收二成洋税銀數，分年查開清折，恭呈鈞鑒。

計開：

光緒二十九年八月初一日起至十二月底止，江海關提存二成洋税銀四十七萬三千六百四十兩一錢九分七釐二毫，(除由關坐扣寧機器局經費二萬兩、兵船薪糧五萬七千五百兩外)製造局實收二成洋税銀三十九萬六千一百四十兩一錢九分七釐二毫。

光緒三十年正月起至十二月底止，江海關提存二成洋税銀一百一十四萬三千四十一兩三分六釐六毫，(除由關坐扣寧機器局經費五萬兩、兵船薪糧十三萬八千兩、保民船修費八千二百六十四兩五錢八分三釐三毫外)製造局實收二成洋税銀九十四萬六千七百七十六兩四錢五分三釐三毫。

光緒三十一年正月起至十二月底止，江海關提存二成洋税銀一百七十一萬二千二百七十四兩二錢一分四釐，(除由關坐扣寧機器局經費七萬兩、兵船薪糧十三萬八千兩、李道經叙出洋經費六萬兩外)製造局實收二成洋税銀一百四十四萬四千二百七十四兩二錢一分四釐。

光緒三十二年正月起至八月底止，江海關提存二成洋税銀一百二十三萬四百二十六兩九錢四分四釐二毫，(除由關坐扣寧機器局經費三萬兩、兵船薪糧十萬三千五百兩、保民兵輪修費二千七百三十五兩二錢六分四釐六毫外)製造局實收二成洋税銀一百零九萬四千一百九十一兩六錢七分九釐六毫。

以上自光緒二十九年八月初一日起，至三十二年八月底止，一百七十二結至一百八十五結期内，江海關提存二成洋税，(除由關坐扣寧局經費，兵船薪糧、修費，李道出洋經費等，共銀六十七萬七千九百九十九兩八錢四分七釐九毫外)製造局實共收到二成洋税銀三百八十八萬一千三百八十二兩五錢四分四釐一毫。

謹查以上製造局實收二成洋税款内，除二十九年八月至三十年四月不提新廠經費外，自三十年五月分起應由局每年提解新廠經費七十萬兩，截至三十二年八月分止，共已由局提解銀一百六十六萬兩。除提解新廠經費外，計實歸滬局支用銀二百二十二萬一千三百八十二兩五錢四分四釐一毫。合併登明。

中國第一歷史檔案館等《中國近代兵器工業檔案史料》第一輯《端方奏銷江南製造局光緒二十八二十九兩年支用各款摺光緒三十三年十二月十三日**》**竊查上海機器製造局製造各項軍火動用二成洋税，截至光緒二十七年十二月底止，業經分案開具清單奏銷在案。

茲據蘇松太道梁如浩，會同總辦該局道員張士珩，將光緒二十八、二十九兩年分支用各款，遵照部覆併年開報。計舊管項下，上届册報存庫平銀一百三十萬一千二百三十七兩一錢三分三毫。新收項下，二十八、二十九兩年續收江海關二成洋税庫平銀二百二十六萬三千四百九十九兩二錢有奇，又收税釐項下奉撥二十八、二十九兩年三廠常費庫平銀十三萬兩，又收鎮江關、淮運司三廠常費庫平銀各四萬兩，又收蘇藩司庫平銀四萬五千兩，又收蘇糧道、江糧道、江南籌防局、江西督銷局、湖南督銷局庫平銀各二萬兩，又收金陵釐捐局庫平銀一萬兩，又收福建善後局解還軍火工料庫平銀六千五百兩，雲南善後局八萬二千七萬六十兩，江西省一萬九千二百八十八兩九錢有奇，湖南善後局一萬二千兩，奉天省一萬二千六百兩，共收庫平銀二百七十六萬一千六百四十八兩二錢有奇。開除項下，共用庫平銀一百九十一萬六千七百九十兩六錢有奇。實存項下，計存庫平銀二百十四萬六千九十四兩七錢有奇；此項存銀，或係存而未用物料之價值，或係造而未完各件之工料，均係已經動用之款，今俱照案覈作銀數列存，歸入下届開報，俾清眉目。其支用一切款項，均經遵章先行詳請咨部立案，茲將收支銀數及委員、司事、中外工匠薪工，購製軍火、器具各項細數，照章分造清册，詳請覈辦，並聲明自光緒二十八年正月起至二十九年十二月底止，遵照部章應扣六分平銀，共扣提庫平銀三萬八千二百八十六兩五錢有奇，存儲候撥等情，具詳請奏前來。

伏查該機器局製造諸事，悉仿西法，用料多係洋産，工資、物價均無定例，支用款項難以常例相繩。此次册開各款，詳細察覈，均係實用實銷，毫此浮冒。謹照成案，彙繕清單，恭呈御覽。合無(例)〔仰〕懇天恩俯准覈銷，以清款目。

除將送到清册分别咨送外務部、度支部、陸軍部、農工商部查照，並飭將以後收支各款接續造報外，所有上海機器製造局自光緒二十八年正月起，至二十九年十二月底止支用各款，列爲第十九案報銷緣由，謹會同北洋大臣。署理直隸總督臣楊士驤、江蘇巡撫臣陳啓泰恭摺具陳，伏乞皇太后、皇上聖鑒訓示。謹奏。

光緒三十四年正月初七日奉朱批：該部知道。單併發。欽此。

清單

謹將上海機器製造局自光緒二十八年正月起，至二十九年十二月底止支用各款，繕具簡明清單，恭呈御覽。

計開：

舊管：前案造報存庫平銀一百三十萬一千二百三十七兩一錢三分三毫。

新收：一、收江南海關陸續撥解二成洋税，庫平銀二百二十六萬三千四百九十九兩二錢八分七釐五毫。一、收江南海關税釐項下撥解三廠常費，庫平銀十三萬兩。一、收鎮江關撥解三廠常費，庫平銀四萬兩。一、收江蘇藩司撥解三廠常費，庫平銀四萬五千兩。一、收淮運司撥解三廠常費，庫平銀四萬兩。一、收蘇糧道撥解三廠常費，庫平銀二萬兩。一、收江量道撥解三廠常費，庫平銀二萬兩。一、收江南籌防局撥解三廠常費，庫平銀二萬兩。一、收金陵釐捐局撥解三廠常費，庫平銀一萬兩。一、收江西督銷局撥解三廠常費，庫平銀二萬兩。一、收湖南督銷局撥解三廠常費，庫平銀二萬兩。一、收福建善後局解還撥用軍火工料，庫平銀六千五百兩。一、收雲南善後局解還撥用軍火工料，庫平銀八萬二千七百六十兩。一、收江西省解還撥用軍火工料，庫平銀一萬九千二百八十八兩九錢四分九釐。一、收湖南善後局解還撥用軍火工料，庫平銀一萬二千兩。一、收奉天省解還撥用軍火工料，庫平銀一萬二千六百兩。以上共收庫平銀二百七十六萬一千六百四十八兩二錢三分六釐五毫。

管、收二項，共庫平銀四百六萬二千八百八十五兩三錢六分六釐八毫。

開除：一、支委員、司事薪水，夫役、勇丁人等工食，及一切公費，庫平銀十七萬一千九百二兩九錢五分九釐五毫。一、支洋人辛工等項，庫平銀三萬八千二百三十六兩九錢九分八釐。一、支內地工匠工食，庫平銀四十六萬五千九百四十一兩九錢一分五釐。一、支雜項工資，庫平銀七千一百二十五兩四錢九分四釐六毫。一、支提解節省經費，庫平銀二萬三千四十三兩五錢二分。一、支購買外洋軍火等項，庫平銀五千二百七十二兩二錢五分二釐六毫。一、支購買外洋機器併一切器具，庫平銀九萬八千四百七十七兩七錢八分一釐八毫。一、支購買翻譯所用外洋圖書、鉛字、膠墨、顏料、紙張等項，庫平銀五千九百六十八兩四錢六分九釐二毫。一、支購買工藝學堂所用外洋物料等件，庫平銀三千三百八十三兩六錢六釐二毫。一、支購買操習礮法、槍法所用外洋物料等件，庫平銀一千三百七十六兩八錢三分八釐五毫。一、支製造槍礮、子藥等項軍械動用外洋物料等件，庫平銀六十九萬七千八百三十七兩九錢六分四釐二毫。一、支製造機器、器具動用外洋物料等件，庫平銀十六萬三千六百六十六兩三錢一分五釐。一、支熔煉鋼坯併軋鋼坯成料動用外洋物料等件，庫平銀九萬八千九百九十九兩三錢七分五釐七毫。一、支添建廠屋併歲修各項工程動用外洋物料等件，庫平銀七萬八千二百九十兩一錢九分五釐一毫。一、支築造溝壩、橋梁、碼頭等項動用外洋物料等件，庫平銀一萬二千四百二兩四錢二分八毫。一、支修理船塢動用外洋物料等件，庫平銀二千三百六十兩二錢六分八釐六毫。一、支各輪船行船動用外洋物料等件，庫平銀二萬二千七百五兩九錢五分八釐九毫。一、支修理各輪船併挖河機器船動用外洋物料等件，庫平銀四千四百十七兩七錢二分四釐五毫。一、支奉解頤和園電燈、輪船所用外洋物料，庫平銀一萬五千四百八十兩五錢六分二釐二毫。

以上共支庫平銀一百九十一萬六千七百九十兩六錢二分四毫。

實在：應存庫平銀二百十四萬六千九十四兩七錢四分六釐四毫。

（朱批）：覽。

端方《端忠敏公奏稿》卷一二《保獎製造局人員摺光緒三十四年七月》

奏爲江南製造局得力人員，擇尤保獎，以勵人才。恭摺具陳，仰祈聖鑒事。竊維强國，首在練兵。而練兵尤重製械。軍器專門之學，中國甫有萌芽，培植人才洵爲急務。江南製造局設立上海逾四十年，所製槍礮藥彈，較之從前，確有進境。以視西國媲美，尚難。雖因財力，未能擴充，亦由鼓舞之方，尚有未至。臣自抵任後，迭飭該局總辦，力圖整頓。近來槍礮子藥鍊鋼等廠，成效昭然。其辦事勤奮，各員非久留職守，難望推陳出新，非激勸從優，難免半途易轍。際此局款支絀，動多限制，縱厚頒餼廩未易，一概從豐。各該員平日奔走指揮，異常勞瘁，薪金以外別無，希望虛詞獎勉。有時而窮，是以歷練稍深，講求有得者，輒思他往，乏術羈縻，自非擇尤獎勵，無以收因材器使之效。茲查該局在事各員，江蘇試用知縣劉原道任事實心，不避嫌怨，操守廉介，宿弊一清，擬請以知縣。不論繁簡缺出，准予請補揀選。舉人劉文煜，才識敏練，因應咸宜，擬請以知縣選用。江蘇補用知縣翟佩鐸，潔己奉公，綜覈精密，擬請以直隸州知州，仍留原省補用。江蘇試用縣丞陳本端，供差二十餘年，穩練勤能，著有成績。湖北試用府經歷諸炳星，究心利弊，勤慎從公，均擬請以知縣，仍歸原省補用。縣丞銜江泰初，心思靈敏，條理井然，擬請以縣丞，不論雙單月選用。學生郎思謙，明習機算，資藝並深，擬請以從九品，不論雙單月選用。據總辦江南製造局存記道張士珩，詳請奏獎前來。臣復加察覈劉原道等七員，或規畫有方，辦事切實，或洞悉竅要，學識精深，均屬卓著辛勞，歷久不懈，洵屬最爲得力之員。合無仰懇天恩，俯准照擬給奬，實於製器儲材，不無裨益。除飭取各該員履歷咨部查照外，所有江南製造局得力人員擇尤保奬，緣由謹會同江蘇巡撫臣陳啟泰恭摺奏陳，伏祈皇太后、皇上聖鑒。謹奏。

中國第一歷史檔案館等《中國近代兵器工業檔案史料》第一輯《江南製造局光緒三十三年製造槍礮彈藥數目清摺約光緒三十四年》 滬廠項下：七生半過山礮十二尊（每尊約價銀四千六百兩，共合銀五萬五千二百兩），十五生臺（尊）（礮）一尊（每尊約價銀二萬二千七百餘兩），七密里九槍二千九百九十八桿（每桿約價銀十七兩，共合銀五萬零九百六十六兩），六密里八槍四十桿（每桿約價銀二十五兩，共合銀一千兩），七密里九槍彈四百十八萬二千餘粒（每千粒約價銀三十八兩，共合銀十五萬八千九百十六兩），六密里八槍彈九萬二千餘粒（每千粒約價銀三十八兩，共合銀三千六百四十八兩），六密里五槍彈一百五十二萬四千餘粒（每千粒約價銀三十八兩，共合銀五萬七千九百十二兩），曼利夏槍彈一百五十萬五千粒（每千粒約價銀三十六兩，共合銀十萬零三千六百兩），七生半分圈開花彈一萬一千顆（每顆約價銀一兩，共合銀一萬一千兩），七生半礮彈銅殼三千七百個（每個約價銀一兩五錢四分，共合銀五千六百九十八兩），十二磅銅殼三千六百個（每個約價銀八兩，共合銀二萬零八百兩），煉成鋼料一千零三十六噸（每噸約價銀一百兩，共合十萬零三千六百兩），無烟藥一萬二千八百九十五磅（每磅約價銀三兩一錢，共合銀三萬九千九百七十四兩），代南、北洋及本局廠修造各工工價（每工約價銀五錢，共合銀一萬六千五百十九兩），共合銀六十五萬一千五百三十三兩。

中國第一歷史檔案館等《中國近代兵器工業檔案史料》第一輯《陸軍部奏覈江南製造局光緒二十六年至二十九年採購機器物料等項用過銀兩摺宣統元年三月初七日》 竊查前工部原管案內，江南機器製造局光緒二十六、七兩年分採購機器、物料等項用過銀兩造册咨部請銷一案，工部未經辦結，旋由農工商部移交臣部。嗣又據兩江總督端方，將該局二十八、九兩年分採購機器、物料等項銷册，咨送到部請銷前來。

除運費等項應由臣部另案覈辦外，查二十六、七兩年分册開各項，前經臣部以所開價值比較上案或有減少，尤多加增，行查去後。嗣據覆稱：近年五金什物外洋價值無不昂貴，中國物價亦然，委係照實支數目分款開報，並無絲毫浮冒等語。復經臣部以該局先後購買各件，事隔數年始辦報銷，所列各件實在有無是物，行令按件考查。現據聲稱：其購收之件，大批均立合同，零件亦有發票單據，一一可考，尤未敢無物而列虚名各等語，先後咨覆到部。今再按册查覈，所有此次採購機器、物料暨雜支等項價值，共請銷庫平銀一百四十四萬三千七百七十四兩六錢一分零八毫。內除購買外洋機器，共用庫平銀三十八萬二千七百零四兩二錢三分，既據覆稱購收大批均立有合同，自應令將此項合同咨送到部，再行覈辦。其餘各款共用庫平銀一百零六萬一千七十兩零三錢八分零八毫，據稱近年什物昂貴，中外皆然，尚屬實在情形，且該局均有發票單據可考，自應准其開銷。又查二十八、九兩年分採購軍火、機器、物料暨雜支等項價值，共請銷庫平銀一百一十萬零二千一百七十五兩五錢三分五釐一毫。內除購買外洋軍火、機器共用銀五萬九千七百七十四兩八錢七分八釐六毫，應令將此項合同一併咨送到部，再行覈辦。其餘各款共用銀一百零四萬二千四百零六錢五分六釐五毫，查所開各件價值比較上届均互有增減，惟上届既經擬請准銷，此案事同一律，應即一併准其開銷。惟該局此次報銷，事隔數年始行咨部，殊非慎重帑項之道。除此次分別准銷外，其下届三十年至三十四年分用過各款，應即迅速造報，並將合同價單一併隨册咨部。嗣後即須按年造報，不得再事遲延，以昭慎重而免牽混。

所有臣部覈覆江南機器製造局光緒二十六、七、八、九等年分用過銀兩，分別准駁並事後辦法，理合恭摺具陳，伏乞皇上聖鑒。謹奏。

宣統元年三月初十日奉旨：知道了。欽此。

中國第一歷史檔案館等《中國近代兵器工業檔案史料》第一輯《張人駿奏銷江南製造局光緒三十二三十三兩年支用各款摺宣統三年二月初五日》 竊查上海機器製造局製造各項軍火動用二成洋稅，截至光緒三十一年十二月底止，業經叠次開具清單奏銷在案。

茲據蘇松太道劉燕翼會同總辦該局道員張士珩，續將光緒三十二、三兩年分支用各款，遵照部覆併年開報。計光緒三十二年分，舊管項下，實存庫平銀二百八十九萬三千六百三十一兩三錢三分二釐一毫。新收項下，三十二年分，收江海關二成洋稅庫平銀一百三十八萬四千三百五十五兩一錢七分九釐，又江海關二成洋税撥解出洋經費庫平銀六萬兩，又江海關七成船鈔撥解津貼兵工學堂經費庫平銀六千兩，又江海關撥解三廠常費庫平銀九萬兩，蘇藩司、淮運司庫平銀各二萬兩，鎮江關、蘇糧道、江安糧道、江南籌防局、江西督銷局、湖南督銷局、金陵釐捐局庫平銀各一萬兩，又蘇松太道解交收回英公司賠還撞沉寰泰兵輪代運粤省軍火價值庫平銀二萬五百二十六兩九錢二分四釐三毫，又淮運司解還代造毛瑟槍併槍子、皮件工料庫平銀八百七十一兩七錢，共收庫平銀一百六十七萬一千七百三兩八錢有奇。管、收兩項合共庫平銀四百五十六萬五千三百三十五兩一錢有奇。開除項下，共支用併撥解新廠經費庫平銀一百九十四萬一百五十二兩四錢有奇。光緒三十二年分實存項下，計存庫平銀二百六十二萬五千一百八十二兩七錢有奇。光緒三十三年分，續收江海關二成洋税庫平銀八十九萬八千一百三十八兩九錢有奇，又該關撥解七成船鈔津貼兵工學堂經費庫平銀六千兩，又該關撥解三廠常費庫平銀十四萬兩，鎮江關、淮運司各二萬兩，蘇藩司、蘇糧道、江安糧道、江西督銷局、湖南督銷局、金陵釐捐局各一萬兩，又廣東善後局解還撥用無烟火藥價值庫平銀三千一百八十一兩七錢有奇，又浙江省解還撥用洋槍併槍子工料庫平銀一萬兩，又安徽省解還龍驤輪船撥用火藥等件工料庫平銀三百二兩，又江南船塢撥解塢租庫平銀九千二百三十三兩六錢有奇，又收借大清銀行轉解新廠經費庫平銀一十一萬兩，共收庫平銀一百二十七萬六千八百五十六兩二錢有奇。管、收兩項合共庫平銀三百九十萬二千三十八兩九錢有奇。共支用併撥解新廠經費庫平銀一百七十三萬四千八百五兩七錢有奇。實存庫平銀二百一十六萬七千二百三十三兩二錢有奇；此項存銀，除撥借江南籌防局購淺水兵輪庫平銀三十萬兩，江南銅元局借用除收仍欠庫平銀七十萬五千餘兩，江南船塢劃撥料價除收仍欠庫平銀十二萬九千餘兩外，其餘俱係存而未用物料之價值，或係造而未完之工料，均係已經動用之款，今俱覈作銀數列存，歸入下屆開報，俾清眉目。兹將收支銀數及委員、司事、中外工匠薪工，購製軍火，器具各項細數，照章分造清册，詳請覈辦具奏前來。

伏查該局製造諸務悉仿西法，所用料件均係購自外洋，工資、物料價值向無定例，支用各款難以常例相繩。此次册報各款，詳加察覈，委係實用實銷，並無浮冒。謹查照成案，彙繕清單，恭呈御覽。合無仰懇天恩俯准覈銷，以清款目。

除將送到清册分咨外務部、度支部、陸軍部查照，並飭將以後收支各款接續造報外，所有上海機器製造局自光緒三十二年正月起，至三十三年十二月底止支用各款，列爲第二十一案報銷緣由，謹會同北洋大臣・直隸督臣陳夔龍、江蘇撫臣程德全恭摺具陳，伏乞皇上聖鑒訓示。謹奏。

〔朱批〕：該部知道。單併發。

〔附〕《清單》

謹將上海機器製造局自光緒三十二年正月起，至三十三年十二月底止支用各款，繕具簡明清單，恭呈御覽。

計開：

光緒三十二年分

舊管：前案造報光緒三十一年分册存庫平銀二百八十九萬三千六百三十一兩三錢三分二釐一毫。

新收：一、收江南海關陸續撥解自一百八十二結期内起，至一百八十六結期内止二成洋税，庫平銀一百三十八萬四千三百五兩一錢七分九釐。一、補收江南海關於二成洋税項下撥解出洋經費，庫平銀六萬兩。一、收江南海關撥解七成船鈔津貼兵工學堂經費，庫平銀六千兩。一、收江南海關税釐項下奉撥三廠常費，庫平銀九萬兩。一、收鎮江關奉撥三廠常費，庫平銀一萬兩。一、收江蘇藩司奉撥三廠常費，庫平銀二萬兩。一、收兩淮運司奉撥三廠常費，庫平銀二萬兩。一、收蘇松糧道奉撥三廠常費，庫平銀一萬兩。一、收江安糧道奉撥三廠常費，庫平銀一萬兩。一、收江南籌防局奉撥三廠常費，庫平銀一萬兩。一、收江西督銷局奉撥三廠常費，庫平銀一萬兩。一、收湖南督銷局奉撥三廠常費，庫平銀一萬兩。一、收金陵釐捐局奉撥三廠常費，庫平銀一萬兩。一、收蘇松太道解交收回英公司賠還撞沉寰泰兵輪代運粤省軍火價值，庫平銀二萬五百二十六兩九錢二分四釐三毫。一、收兩淮運司解還代造毛瑟槍併槍子、皮件工料，庫平銀八百七十一兩七錢。以上共收庫平銀一百六十七萬一千七百三兩八錢三釐三毫。

管、收二項統共庫平銀四百五十六萬五千三百三十五兩一錢三分五釐四毫。

開除：一、支購外洋軍火、機器、器具，庫平銀九萬五千五百八十九兩八分一釐。一、支奉購頤和園電燈、輪船物料併修配機器零件工料，庫平銀二千六百八十兩一錢六分六釐一毫。一、支製造機器、器具併修配機器、器具，及添建廠屋，築造溝壩、橋梁、碼頭、廠路等項工料，庫平銀二十五萬五千七百九十九兩一錢七分八毫。一、支製造槍礮、子藥等件工料，庫平銀三十七萬一百四十三兩四(四)錢八分八釐六毫。一、支熔煉鋼坯併壓軋鋼坯成料工料，庫平銀三萬四千七百三十四兩九錢九分四釐八毫。一、支修大小輪船併各輪船行船工料，庫平銀四千八百八十七兩三錢五分三釐三毫。一、支翻譯外洋書籍併學堂、巡警、員弁、學生、兵夫薪糧，工料等項，庫平銀六萬九千二百五十九兩一錢八分五毫。一、支檢查洋員併翻書洋人薪水及洋匠工食，庫平銀一萬九千一百二十二兩五錢六分五釐。一、支員司薪水、夫役工食併廠地條銀、地租、電報、川資、雜費及一切局用，庫平銀七萬四千二百八十六兩八錢八分九釐六毫。一、支出洋學習員弁、學徒薪工併留學經費，往返川資、一切雜用，庫平銀七萬二千三百三十五兩六錢七分二釐七毫。一、支解存大清銀行新廠經費，庫平銀九十四萬一千三百十三兩八錢六分八釐六毫。以上共支庫平銀一百九十四萬一百五十二兩四錢三分一釐。

實在：存庫平銀二百六十二萬五千一百八十二兩七錢四釐四毫。

光緒三十三年分

舊管：前案造報光緒三十二年分册存庫平銀二百六十二萬五千一百八十二兩七錢四釐四毫。

新收：一、收江南海關陸續撥解自一百八十六結期內起，至一百九十結期內止二成洋税，庫平銀八十萬八千一百三十八兩九錢三分一釐六毫。一、收江南海關撥解七成船鈔津貼兵工學堂經費，庫平銀六千兩。一、收江南海關税釐項下奉撥三廠常費，庫平銀十四萬兩。一、收鎮江關奉撥三廠常費，庫平銀二萬兩。一、收江蘇藩司奉撥三廠常費，庫平銀一萬兩。一、收兩淮運司奉撥三廠常費，庫平銀二萬兩。一、收蘇松糧道奉撥三廠常費，庫平銀一萬兩。一、收江安糧道奉撥三廠常費，庫平銀一萬兩。一、收江西督銷局奉撥三廠常費，庫平銀一萬兩。一、收湖南督銷局奉撥三廠常費，庫平銀一萬兩。一、收金陵釐捐局奉撥三廠常費，庫平銀一萬兩。一、收廣東善後局解還撥用無烟火藥價值，庫平銀三千一百八十一兩七分七釐五毫。一、收浙江省解還撥用洋槍併槍子工料，庫平銀一萬兩。一、收□□解還龍驤錢一輪船拔用火藥等件工料，庫平銀三百二兩。一、收江南船塢撥解船塢租價，庫平銀九千二百三十兩六錢一分三毫。一、收借大清銀行轉解新廠經費，庫平銀十一萬兩。以上統共收庫平銀一百二十七萬六千八百五十六兩二錢五分九釐四毫。

管，收二項共庫平銀三百九十萬二千三十八兩九錢六分三釐八毫。

開除：一、支購外洋軍火、機器、器具，庫平銀九萬二千八百三十八兩四錢七分六釐二毫。一、支奉購頤和園電燈、輪船物料併代修機器、零件工料，及奉撥船塢代修輪船半價，庫平銀一萬三千四百二十六兩五錢七分二毫。一、支製造機器、器具併修配機器、器具，及添建廠屋、築造溝壩、橋梁、碼頭、廠路等項工料，庫平銀二十六萬九千三百九十兩六錢九分六釐二毫。一、支製造槍礮、子藥等項工料，庫平銀二十九萬二千七百二十四兩五錢二分一釐九毫。一、支熔煉鋼坯併壓軋鋼坯成料工料，庫平銀九萬八千一百一十五兩七錢六分八釐三毫。一、支修大小輪船併各輪船行船工料，庫平銀一千九百九十兩八錢六分五釐九毫。一、支翻譯外洋書籍併學堂、巡警、員弁、學生、兵夫薪糧，工料等項，庫平銀五萬六千三百九十九兩三錢五分四釐五毫。一、支檢查洋員併翻書洋人薪水及洋匠工食，庫平銀一萬八千三百三十二兩一錢六分。一、支員司薪水、夫役工食併廠地條銀、地租、電報、川資、雜費及一切局用，庫平銀六萬八千六百九十四兩九錢一分六釐七毫。一、支出洋學習員弁、學徒薪工併留學經費，庫平銀二萬二千八百九十二兩三錢七分六釐三毫。一、支解存大清銀行新廠經費，庫平銀七十萬兩。以上統共支庫平銀一百七十三萬四千八百五十兩七錢六釐二毫。

實在：存庫平銀二百一十六萬七千一百三十三兩二錢五分七釐六毫。

中國第一歷史檔案館等《中國近代兵器工業檔案史料》第一輯《江南製造局龍華分局擴充無烟藥廠需添機器廠屋清單宣統三年四月初十日》 謹議擴充無烟藥廠製造能力，以每日能造藥五百磅至六百磅，所需添備機械、廠屋清單，開呈鑒覈。

計開：

機械項下：

一、汽機一百五十馬力一，汽爐三，擬以栗藥廠移用，故不約價。一、撕棉花機一，約估銀四千九百兩。一、磨藥機三，約估銀九千兩。一、漂藥機四，約估銀四千五百兩。一、除水機二，約估銀一千三百五千兩。一、硝化箱八，約估銀三百兩。一、除酸機二，約估銀一千一百兩。一、煮棉藥桶二十個，約估銀九百兩。一、拌藥機二，約估銀一千三百五十兩。一、軋藥機大一、小二，約估銀五千二百五十兩。一、剪藥機五，約估銀三千七百五十兩。一、光藥機四，約估銀二千四百兩。一、和酸器二，約估銀三百七十兩。一、存酸器二，約估銀六百兩。一、除油桶三，約估銀一百四十兩。一、磁制送風機一，約估銀一千二百兩。以上機械約計銀三萬七千一百十兩。

廠屋項下：

一、汽機汽爐室一，約估銀三千三百兩。一、撕棉紗室一，約估銀八百兩。一、煮棉藥室一，約估銀一千八百兩。一、洗棉藥室一，約估銀一千八百兩。一、剪藥室一，約估銀四千兩。一、拌藥室四，約估銀一千六百兩。一、涼藥室一，約估銀一千二百兩。一、干燥棉藥室一。

中國第一歷史檔案館等《中國近代兵器工業檔案史料》第一輯《江南製造局宣統二年出入款項清單宣統三年**》** 江南製造局今將宣統二年分出入款項數目，開具簡明清單，送請查覈。

計開：

正款收入：江海關撥解二成洋税，收庫平銀八十七萬三千六百七十九兩四錢八分五釐九毫（內收提解新廠經費庫平銀二十二萬兩）。江海關撥解七成船鈔津貼兵工學堂經費，收庫平銀六千兩。户部加撥添購仿造新式槍、礮、火藥機器並建廠經費，未收。各司關道局撥解三廠常費，收庫平銀一十八萬兩。以上正款共收庫平銀一百五萬九千六百七十九兩四錢八分五釐九毫。

雜款收入：各省調撥軍火解還價值，收庫平銀二十二萬四千一百八十八兩二分六釐四毫。英公司輪船撞沉寰泰兵輪賠還本局由該船搭解粵省洋槍、火藥等價值銀，無。洋行租用本局造成夾板船租價併變賣兵輪廢機器價銀，無。各廠廢機器併廢鋼鐵件變價銀款，未收。江南船塢租用本局船塢租價銀，未收。售出本局譯成各項西書價值，收庫平銀七百一十八兩五錢二分八毫。員司、工匠租用局造房屋併餘地租價，收庫平銀一千五百七十二兩六錢二分七釐九毫。各處借用大清銀行款，收庫平銀七萬五千兩。收回存莊備解新廠經費款，無。各處解還代修、代造各件工料，併撥用料價墊付銀兩，及洋行繳還定銀，收庫平銀二萬四千六百八十三兩五錢三分九毫。江南財政局撥還借購淺水輪船價銀，未收。江寧造幣分廠前借開廠經費規平銀一百萬兩內，收歸還庫平銀三萬二千五百七兩五錢四分二釐九毫。江南船塢撥還因公借用銀兩，無。以上雜項併墊用各款，共收庫平銀三十五萬八千六百七十兩二錢四分八釐九毫。

前項宣統二年分統共收庫平銀一百四十一萬八千三百四十九兩七錢三分四釐八毫，均經逐月造册開報在案，今按照月册分類匯數開呈，合併聲明。

額支各款：員司、書識、寫生、繪圖生等薪水，支庫平銀一十萬三千九百三十二兩一錢七分三釐二毫。夫役、護勇工食，支庫平銀九千一百二十九兩七錢四分五釐三毫。工藝學堂員司薪水、學生膏火、夫役工食、甄別獎賞等經費，無。兵工學堂員司薪水、學生膏火、夫役工食、甄別獎賞，支庫平銀一萬二百八十三兩九錢三釐七毫。礮隊營薪糧節賞，支庫平銀一萬五千九百一十兩五錢二分八毫。巡警、員弁、兵丁、夫役、巡船薪糧並節賞，支庫平銀一萬二千九百八十九兩七錢三分一釐九毫。翻譯製造諸書刊刻工資並購買西書，支庫平銀三百四十一兩一錢九釐一毫。外國工匠工食，支庫平銀一萬八千九百一十三兩四錢二分八釐三毫。內地工匠工食，支庫平銀二十九萬九百八十四兩四錢八分二毫。奉解新廠經費，支庫平銀二十二萬兩。奉剛中堂飭解節省經費，未支。以上額支各款，共庫平銀六十八萬二千四百八十五兩九分二釐五毫。

活支併墊用各款：購外洋軍火價值，支庫平銀四萬二千二百二十九兩八錢九釐一毫。購外洋機器價值，支庫平銀一十一萬六千三百七十九兩三錢七分八釐一毫。購外洋物料價值併預付定銀，支庫平銀五十二萬五千九十二兩六錢三分七釐二毫。開局時建造廠屋工程專款經費，無。開局時自造兵輪專款經費，無。開局時奉購金陵機器局料物用款，無。機器用自來水費、電報、川資、工匠受傷醫藥、病故撫恤、節賞、開工酒席、員司伙食、地租、條銀、心紅、紙張併一切公用，支庫平銀一萬七千三百五十四兩三錢九分一釐六毫。奏派英、德各廠學習學員、學徒薪水、學費、川資等，支庫平銀一萬五千六百三十四兩八錢八分六釐二毫。奉解江南船塢代修頤和園小輪船分認工料經費，無。奉解江南船塢代造江陰火藥庫拖輪一只分認半價，支庫平銀四千二百九十三兩六錢二分八釐八毫。奉撥江南籌防局借購淺水輪船價銀，無。奉撥金陵銅元局借用開局經費，無。提存錢莊備解新廠經費，無。代各處墊付機價、川資併因公價用等項，支庫平銀七千九百八十七兩七分二釐九毫。以上活支併墊用各款，共庫平銀七十二萬八千九百七十一兩八錢三釐九毫。

前項宣統二年分統共支用庫平銀一百四十一萬一千四百五十六兩八錢九分六釐四毫，均經逐月造册開報在案，今按照月册分類匯數開呈。合併聲明。

中國第一歷史檔案館等《中國近代兵器工業檔案史料》第一輯《江南製造局宣統三年正二三月各廠造成軍械數目清單約宣統三年**》** 江南製造局今將宣統

三年正月起至三月底止各廠造成槍、礮、子彈、鋼、藥數目，開單送請查覈。

計開：

槍廠：一、造成七密里九口徑步槍一百四十四枝，一、造成七密里九口徑試藥力槍筒八枝，一、造成六密里八口徑步槍五百枝，一、造成六密里八口徑試藥力槍二枝，一、造成六密里八口徑試藥力槍筒六根，一、造成六密里五口徑槍筒九根，一、造七密里九口徑步槍槍件五十副(未完工)，一、造六密里八口徑步槍槍件二百副(未完工)。

礮廠：一、造成七生五口徑管退過山礮六尊(礮管、礮閂、床架、輪軸、油缸、表尺、准星、昂度、鋼墊、撬桿等全)，一、造成隨礮馬轅桿六副，一、造成隨礮備分接機六副，一、造成隨礮棕洗把六根，一、造成隨礮扛礮棍十八根，一、造成隨礮子彈箱二十四隻，一、造成備用表尺零件器具二十四箱，一、造成隨礮裝卸子彈器具一副。

礮彈廠：一、造成七生五開花彈四千二百六十顆，一、造成七生五銅引四千二百副。

槍子各廠：一、造成七密里九鋼頭無烟藥槍子一百萬三千七百三十顆，一、造成六密里八鋼頭無烟藥槍子九十萬三千二百三十顆，一、造成六密里八尖頭鋼彈無烟藥槍子一萬七千九十五顆，一、造成六密里五紙箭摻藥槍子三十顆，一、造成六密里五鉛箭黑藥槍子六十顆，一、造成六密里五鋼頭無藥空心槍子二百顆，一、造成七密里九鋼彈無藥空心槍子三百顆，一、造成十一密里無帽無藥空心鉛箭槍子五十顆，一、造成六密里八銅殼一百顆，一、造成六密里八尖頭鋼彈五十顆，一、造成六密里八圓頭鋼彈五十顆，一、造成七生五快礮銅殼二千四百個，一、造成七生五平底螺絲擊火四千五百個，一、造成七生五螺絲擊火起子六把，一、造成七生五開花彈引白藥帽火六千粒，一、造成四開花銅帽火三十萬粒，一、造成三寸長銅管拉火五千枝，一、造成七生五野陸礮銅殼厚紙蓋五百三十副，一、造成七生五野陸礮銅殼紙撑五百三十個，一、修理七生五野陸礮銅殼五百個，一、修理七生五山礮銅殼一百四十六個。

煉鋼廠：一、造成鋼槍筒坯五百枝(重五千磅)，一、造成礮架鋼拖板十二件：(重一千六百八十磅)，一、造成方鋼一萬二千八百十八磅，一、造成元鋼一萬一千四百十五磅，一、造成扁鋼七千三百五十磅，一、造成鋼板九千五百八十三磅，一、造成鋼皮四萬零零九十磅，一、造成包角鋼一千七百二十五磅，一、造成七密里九鋼盂一萬八千三百九十八磅，一、造成軋輥四件(重三千五百三十二磅)，一、造成機件四百二十六件(重七萬六千二百六十二磅)。

無烟藥各廠：一、造成無烟槍藥八千八百磅，一、造成七生五無烟摻練礮藥二百八十九磅四兩，一、造成磺强水十萬零七千一百磅，一、造成硝强水二萬二千六百八十磅，一、造成以脱九千六百四十磅，一、乏强水内提成磺强水五萬七千二百磅，一、乏强水内提成硝强水一萬三千二百磅。

《實學報》館文篇卷一陳懋治《觀江南製造廠記》

居常聞江南製造局名，欲入縱覽，寓滬日淺，卒卒未果。丁酉九月，乃始獲一游，時適以星期停工作，僅得入礮廠畧觀大概而出。餘若錬鋼、礮彈、洋鎗、輪船、汽機等諸廠，悉以無人導游，不果入。廠之前，濱申江，離岸數十武，綽楔聳峙，顔，曰「萬方協矩」，雕鐫丹雘之工，窮極豪髮，蓋費金已巨萬云。嗚呼，是局也，湘鄉相國之所經營規畫者也。方同治初元，逆燄甫息，東南財賦之區，糜敝支絀，瘡痍徧野，十室九磬，田菜多荒，蒿艾未刈。迄今垂三十餘年，不能復舊觀。而當日中興大老，若文正公者，固一時之方召也。軍事初定，即急急以武備防務爲先。慮船械購諸外人，彼得持我之緩急也，則仿福建船政之例，奏興此局。後若左文襄、曾忠襄相繼督江南，水師武備學堂以次遞設，保傅若合肥李公，亦未嘗不焦勞拮据，謀所以制敵之具，備邊之策。而此局所製，區區不足給行省之用。歲輒籌巨帑，簡能員，購諸外洋，通商以來，漏卮之巨，於是以此費爲最。甲午乙未間，軍事旁午，前敵需械亟，滬局乃日夜促工，所鑄鎗械子藥數倍前。及大東溝旅順口相繼讓敵，舉數十年搜括之脂膏，與夫賣官鬻爵之所易而得者，拱手贈諸敵人。時則張孝達制軍，方署江督，自强軍之營，又設於金陵矣。和議成，張帥回節兩湖，武備、自强兩學堂，重整旗鼓。蓋自道咸以來，海外交通五十餘年，戰未嘗一勝，而武備則未嘗須臾弛也。嗚呼，策中國者，豈不以五口通商，出外人之逼迫。至於今有事則屈我，無事則侮我，屢受人之箝制抑勒，將藉手一日以圖報復耶。夫國必先富也而後可强，先學也而後可富。中國之患，非患弱也，患貧也。亦非患貧也，患無學也。由今之道，雖使人人爲兵，家出其財産以共軍實，以戰未必勝，以攻未必克也。何也，財力竭，餉源有所不繼也。且即戰必勝，攻必克，於國之貧如故，於國之弱如故也。由前之説，則必無之事。由後之説，則秦之政，法之拿破崙；昔之五季，今之土耳其是已。主用兵之説者，謂兵可百年不用，不可一日無備。以民養兵，即以兵衛民，交相需也。嗚呼，此古義也，未嘗不可行於今。而惜乎執政者之知其一，不知其二也。古之所謂兵，弓矢戈矛衣甲之屬，與今日之軍需較其用，恐不止數倍。春秋邱甲之作周禮田賦之制，以及管子出甲之法，與夫歷代兵賦，恐必不如今日糜費之鉅。以古之兵，民力猶或不給。今地加大，物產不加饒；人加多，工藝不加盛；事加繁，俗加奢，財貨不加充，竭千百萬人衣食之資，以為此殺人利器，無論其不仁也。不務廣其衣食之源，民力足以養兵乎？此所以通商數十載，外侮日迫，上下交困，至今日極也。孔子之策衛也先以富，答子貢之問政，則以兵為可去。傳記衛文公興國曰，務材訓農，通商惠工，敬教勸學，授方任能，而後及兵車。然則國之强弱，在兵而不專藉兵也，彰彰明矣。孟子曰，以德行仁者王，以力假仁者霸。至不務德而專以力征者，罔不亡。愛人者人恒愛之，敬人者人恒敬之。以猜忌待人者，人亦猜忌之；以兵備人者，人亦以兵角之。故夫差能復父之讎，而身覆於越；存勗能成克用之志，而國亡不旋踵。少康布德擾民，以成中興之治；泰王避狄去邠，而開成周之基。有國之責者，亦可以鑒矣。設以此設局之費，與夫數十百萬購械之資，而用之於務材訓農諸大政，夫何至有今日耶。嗚呼，往者已矣，羊亡而不思補牢，桑土綢繆而不及牖户也，悲夫。

紀事

「中央研究院」近代史研究所《海防檔》丙機器局《同治三年九月六日總署收上海大臣李鴻章函附丁日昌密稟籌議設立船廠仿造洋藥暨商民雇買洋船事請咨商總署建設船廠》 同治三年九月初六日，上海通商大臣李鴻章函稱，外國商人出售輪船，春間曾據赫德與關道議定，必須報明領事官與關道，給與憑照，不准私買駕駛。但中外商民，聚集已久，交際頗深，往往自相授受，不肯經官。且華商藉可詭寄洋商名下，騙捐取利，莫可究詰，實難查禁。該關道丁日昌，擬轉咨貴衙門，照會各國公使，通飭各口領事，嚴諭洋行。若有內地人置買火輪夾板各船，須由華商出具聯環保結，稟明關道，稽查給照，似亦防弊之一法。未知各口領事洋行，果能認真遵行否。業據丁日昌來稟咨呈督奪，該道另有密稟一件，識議閎遠，附鈔呈覽。洋人以船礮為性命，不惜傾數千百萬之貲財，竭億萬衆人之心思，積數百年之功力，乃能精堅若此。中國用兵日久，財賦空虛，又陸多水少，素不講求。一旦改絃更張，智者慮其難成，愚者詫為多事。惟各國洋人，不但輳集海口，更且深入長江。其藐視中國，非可以口舌爭。稍有釁端，動輒脅制。中國一無足恃，未可輕言抵禦，則須以求洋法習洋器為自立張本。或俟經費稍裕，酌擇試辦。祈王爺大人加意焉，承詢洋藥製造一事。查京師銅輪製法，久為外間取效。前火器營官弁到蘇，帶有火藥，經鴻章面試，已遠勝常品。較之外洋三字瓶細藥，則力量尚遜。又有渣滓未淨，洋槍非用洋藥不能及遠，誠宜急講製造之方。敝部粗細洋槍，約有三四萬枝，攻勦殆無虛日，用藥極多，不得不向洋商定購。源源運濟，計礮藥百磅，價銀十三兩。細鎗藥百磅，價銀十六兩。尚與中國火藥製價仿佛，嘗覓訪洋人造藥方法。聞另有一種機器，在外洋已值二萬餘金，又須洋匠能用，每日出藥多而費力少。其配合材料，似有外國藥物、木炭，另一名目，似中國藤麻之類。此間未能驟得其器，偶爾仿照製合，實不及洋藥之質重而力猛，容再悉心研求。如得其器與人，學製果有把握，當再奉聞。大抵造船礮軍火，一切機器，有專用者有通用者，竟可合為一廠。若買製齊全，須數十萬金，事事可通。丁日昌請設製造外國船廠，須以廣購機器為第一義，精求洋匠為第二義也。敝處所設西洋礮局，其機器僅值萬餘金，只能製造短礮與炸彈，收拾零碎銅鐵傢具，其他不全之器甚多，謹以密陳。

附稟照抄

敬再密稟者，所有前項事宜，業已備細查明，稟請復核外。其中尚有利害，關於日後經久大計者，敬為憲臺陳之。古來中國所以能自彊者，大抵制人而不受制於人。方今中外互市彼實窺我有事之秋，多方挾制。近雖大難克平，而元氣未復，不得不虛與委蛇，而亦不可不熟思所以自彊之策。夫船堅礮利，外國之長技在此，其挾制我中國亦在此。幸而商賈往來，交際方洽，彼既恃其所長以取我之利，我亦即可取其所長以為利於我。賈生三表五餌之術，所以制匈奴也。其間利害，當度其大小而為之權。僱買火輪夾板船隻，其弊在於匪徒託名駛出外洋行劫。然置造夾板，每船須一二萬金，輪船須四五萬金。內地無此富裕之匪徒，亦並無此揮霍之窩户。若能設法稽查，由地方官編以字號，如沙船之類，置買時有紳富保結，出口時歸監督稽查。其船上水手舵工，初用洋人指南，習久則中國人亦可自駛。中有駕駛精能，礮法純熟與洋人無異者，監督按年一考。擇其尤者，初則獎以頂戴，繼則保以官階。船貨過關，除正餉外，不准絲毫索費，浹以恩而示以信。無事則任彼經商，有事則歸我調遣。若使各口有輪船二三十號，夾板百十號，不惟壯我聲勢，亦且奪彼利權。何則，朝發夕至，彼能往我亦能往。而時價之高下，物產之精粗，洋商必不及華商之精。則取利必不及華商之易，是彼之初以利厚而來者，繼將以利薄而去，是在乎用人之得宜，與奉行之無懈耳。以矛刺盾，此中大有機權，又何憚乎不棄我之短以就彼之長乎哉。中國礮船，在內地淺港，自屬得力。然置之於重洋巨浸之中，則茫然無崖畔，目眩手僵，與驅市人而使之戰者無異。易曰，窮則變，變則通。國策曰，利不百，不變法，功不十，不易器。船礮二者，既不能拒之使不來，即當窮其所獨往。門外有虎狼，當思所以驅虎狼之方，固不能以閉門不出爲長久計也。頃聞英法二國，合攻日本，盡燬其港內礮臺，業與議和。然日本勝，固足爲我他日之憂。即日本敗，亦非我目前之利。近年日本，專心致志，講船造器，幾及泰西之精能，但不如泰西之嫺熟，然猶不能以之制勝。則凡礮船之類於日本並不如日本者，亦可皇然謀所以自强之術矣。我憲臺設立外洋軍火局，廣覓巧匠，擊鋭摧堅，著有成效，惟造船尚力不暇及。值此時稍閒暇，又幸西人尚相聯絡，可否咨商總理衙門，籌儲經費，擇一妥口，建設製造夾板火輪船廠。令中國巧匠，隨外國匠人，專意學習，核其巧拙，以爲賞罰。並准中國富紳，收買輪船夾板，以裕財源而資調遣。將來元氣固，則外邪自不能侵。所謂十年生聚十年教訓之道，不外乎此矣。愚昧之見，是否有當，伏請訓示云云。

「中央研究院」近代史研究所《海防檔》丙機器局《同治三年九月十八日總署致上海大臣李鴻章函籌議設立船廠暨中外商民雇買洋船》 九月十八日，行上海通商大臣函稱，九月初六日，接奉八月二十七日滬字十三號來函，具悉壹是，寄來丁觀察密稟一件。識議閎遠，迥非覩之目前可比，足爲洞見癥結，實能宣本衙門未宣之隱。閣下謂設立外國船廠，以廣購機器爲第一義，精求洋匠爲第二義。下手工夫，有此把握，尤爲切中機宜。本衙門前辦輪船本意，初不止在金陵，原欲漸漬不驟，不求近功。是以定議係用山東、湖南，及滿洲人，俾與輪船外國水手。日親日近，漸能得其用炭用水奥妙。庶中國自操其權，並無全用洋人之說。迨甯波失守，髮逆已近海口，議者多以恐其擄船北犯爲言。彼時需用輪船較切，不得不將緩圖之意，變通趕辦。然用山東等處人之說，固未嘗變也。乃李太國在伊本國自出主意，與本衙門初意，大相逕庭，其事遂寢。閣下莅滬以來，設立軍火局，廣覓巧匠，講求製器以及製器之器，擊鋭摧堅，業已著有成效。今論設立船廠，籌廣購機器，精求洋匠。其於造船之法，已得要領所有駕船之法，仍望密爲講求。其如何用外國人而不致援外國人以柄，用中國人而能使漸窺外國人之秘，而又不致啓外國人之疑，是在大才神明默運。函內求洋法習洋器爲自立張本之語，深心已露端倪，仍希隨時悉心籌酌。其一切章程，及如何籌畫經費之處，統由閣下通盤核計入告。至中外商民，買賣輪船，由官給照之議。原係隱防弊端，亦實欲潛探底蘊，如華商置買此等船隻。中國水手覬其身工，能就洋人微窺用炭用水之秘，由此入門，似亦一法，惟閣下圖之。以上各節，皆數年蓄而未發者。本未敢決其於事有當與否，務祈密之又密爲荷。再金陵雖復，而洋面尚未肅清，即以中國理財而論，稅餉亦係大宗。若洋盜不除，洋商必致裹足。爲今之計，豈可不力求船堅礮利，清洋盜以裕財源，此亦中國必須學造輪船之一說，而爲洋人之所樂聞者也。

「中央研究院」近代史研究所《海防檔》丙機器局《同治四年二月十七日總署收江蘇巡撫李鴻章函議設立船廠擬俟經費稍裕再辦》 同治四年二月十七日，江蘇巡撫李鴻章函稱，前議設立外國船廠，擬俟經費稍裕，酌擇試辦。原以船廠一切機器，買製齊全，約須數十萬金。雇覓中外匠工，采購外洋銅鐵木炭等料，亦需費不貲。蘇省無此鉅款，外省無可協濟，未敢輕議舉行。既承諄屬，自應隨時悉心籌酌。前由曾帥派人赴英美各國，探訪該處船廠機器實價。鴻章又飭海關道丁日昌，在滬訪購，如製器之器，已可購得若干，仍應添補若干。或經費太鉅，蘇省未能獨任，必須他省協撥。或宜另擇妥口，設廠試辦，容通盤籌議，畧有端倪，方可入告。惟造船之器，固不易集，駕船之法，尤不易精。其始雇用洋人，兼募沿海之人，逐漸講習。俟中國人駕駛行洋既有把握，再將洋人辭退。此事果能開辦，外國疑忌譏嘲，皆所不免。須有深心大力者主持其事，又須有精明結實肯究心者數人，幫同辦理。久而勿懈，不求速效，庶冀有成。鴻章以謂籌款甚難，得人則尤難也。

「中央研究院」近代史研究所《海防檔》丙機器局《同治四年三月四日總署致江蘇巡撫李鴻章函論購買機器宜急求製軍器之器》 三月初四日，致江蘇巡撫函稱，二月十七日，接閱滬字第十四號來函，備悉種切。購買機器一節，本處前因威公使諭巴領事代購。並於二月十七日另具密函，布商一切。諒先後均達冰案，即希閣下體察情形，從長計議，總期利重弊輕，方可見諸施行。【略】至於船廠機器，滌生中堂既派人赴英美各國採訪，足徵老成深算，具有深心。近來追求外國底蘊，誠如來示，非有大力深心者主持不能收效。至於疑忌譏嘲，皆不必計也。滌生派往之人，究係何人，是否可靠，仍希密爲覆知。然本處猶有過慮者，就中國情形而論，購求製軍器之器，似較急於製船之器。緣軍器不精，雖有船隻，猶多後慮。蓋中國自製火船，用於海口平静之時，因覺無往不利。若用於洋船對敵之際，恐我船不如彼船之靈。設若爲其所得，防敵轉恐資敵，此層雖似過慮，然爲國家籌至計，又不可不慮及也。

「中央研究院」近代史研究所《海防檔》丙機器局《同治四年四月八日總署收上海大臣李鴻章函論派人出洋學習製造及在京城或通商海口設立機器局事》 同治四年四月初八日，上海通商大臣李鴻章函稱，接奉二月十七日蘇字第七十六號密函一件，親自啓緘，回環誦悉。承示議派旗兵，前往外國布置機器局中，學習製造，以資制勝。若流弊太多，當作罷論，飭即密爲規畫，通籌大局，詳細具復等因。雄才卓識，思有以振積弱之勢，爲久安長治之圖。

國家大計，無逾於此。特以事屬創始，必須計出萬全，詢謀所及，不厭審詳，敢不竭盡管蠡，以備採擇。溯自和約頒行以後，中外之情稍通，不至如前此之扞格太甚。然洋人布徧於通商各口，且得游行内地，於中國文物聲明之盛，日有濡染。而中朝迄未遣一介行李，駛出外津，游其都肆，一探其巧技造作之原。以事言之未免有闕如之憾，以理與勢觀之，亦爲將來必有之舉。鴻章蓋嘗默存此見而未敢倡爲是論，兹承明問及之，因復加以考究。竊謂此事若行，似不至於流弊之太多。特其功效遲速之如何，未可豫操左券。夫事未求有功，先求無弊，此慎之於始之意也。然事既求無弊，又求有功，此要之於終之義也。然則權量於彼我之間，請得爲殿下詳陳其說，此事章程，未審將來如何議定。惟函示有與英使議立合同之語，自與奉使體制不同。然既派旗兵，則必有本管之武弁偕往，以資約束。究屬出使外洋，其事又爲曠古所未有。所關國體甚大遠游異域，從來視爲險途。主客之勢懸殊，猜嫌之迹易起，極力周旋，情好未必能固。一朝反覆，事變遂不可知。輕則季孫有西河之留，重則鍾儀有南冠之困，史册所載，可爲寒心。然以今日夷情論之，江海通商，已遂其願，隨時曲示羈縻，似不遽至決裂。又以外國諸書，參證傳聞之説，風土人情，頗敦東道之誼。凡有遠人投止，無不極力保護。況屬中國奏派官弁，殷殷就學，何至頓有違言，斯可無慮者一也。敵人虚實，無由盡知，羈旅因依，最易入彀。或私交通其縞紵，或賓館隆其餼牽，秦越既漸若一家，肝膽遂爲之傾露。言之者無意，聽之者有心，漏洩已多，譸張必起，伊可畏也。然洋人駐在京師，中國事故，已習聞之。

朝廷一動一言，無不宣布中外，我固不煩於廋詞，彼亦何勞於餌述。臨時再諄飭該兵弁謹慎將事，矢意三緘，斯可無慮者二也。中國因循積弱之由，已非一日，忽焉改其故步，從彼問津，發憤自强之一念，豈能瞞過彼人。初或含愠不言，久必借端造釁。然外洋軍火機器，運售無禁。彼既恃其擅絶之能，不妨炫奇於中土。其中又有獨神之用，不畏盗法之有人。且機器之巧，兼備百工之妙，入門有得，自歸一貫之中。在我心摹手追，固專注於軍火製造。而向彼開宗明義，當旁參於日用便民，如紡織刷印陶埴代耕濬河之類，必有機器房可以分往學習。而軍火自可類及，善爲説詞，不見有機心之流露，則相忘無事，不遽啓彼族之驚疑，斯可無慮者三也。洋人驕慢性成，多所要挾，只可來教，不宜往學。自昔上方冠蓋，未嘗一賁彼中。惟明永樂間，遣太監鄭三寶下西洋各國耀武，傳爲美談。今迺以天家之禁旅，逾重譯而從遊。雜工作於蜃樓，奉師資於鮫客，得無助其天驕，滋爲口實，傳諸史册。其若之何，則又不然也。無論中國制度文章，事事非海外人所能望見。即彼機器一事，亦以算術爲主。而西術之借根方，本於中術之天元。彼西士目爲東來法，亦不能昧其所自來。尤異者，中術四元之學，闡明於道光十年前後。而西人代數之新法，近日譯出於上海。顯然脱胎四元，竭其智慧不能出中國之範圍，已可概見。特其製造之巧，得於西方金行之性，又專精推算，發爲新奇，遂幾於不可及。中國亦務求實用，焉往不學，學成而彼將何所用其驕。是故求遺珠不得不遊赤水，尋濫觴不得不度崑崙。後之論者，必以和仲爲宅西之鼻祖。考工爲周禮之外篇，較夫入海三千人，採黄金不死之藥，流沙四萬里，繙青蓮般若之文，豈可同年語耶。事雖創聞，實無遺議，斯可無慮者四也。凡此流弊多端，從彼外國而起疑者，皆得而辨之矣。若自我弁兵論之，亦有數弊可爲豫防，言語嗜好不同，飲食衣服異宜，苟非入國而問禁。入門而問俗，則羣居萃處之下，動輒牴牾，或冒瓜李之嫌。而苦於不知，或啓鼠雀之争，而莫爲之解。雖曰細微，頗關交際，彼處物産殷富，用錢無節，非特奇技淫巧。其財力足以取給，即日用百物，靡不稱是。而中國素崇儉約，京營弁兵，又多匱乏。縱臨行官爲辦裝，資斧稍從豐厚，豈能滿載而行，以供海角之取携。倘或效彼長袖之舞，貽我客囊之羞，捉襟見肘，徒令外人齒冷。若夫淹留既久，習染易深，荔衣山鬼之裝，羅馬祆神之祀。或如張騫之使大宛，異種取其蒲桃。或如陸賈之拜尉陀，歸裝載其寶劍。一有於斯，均乖體面。惟當責成本管官弁，嚴申禁飭，勿作爲無益。致耗行糧，勿見異思遷，全非故步。凡諸流弊，庶或免焉，抑尤有慮者。兵弁之到彼處，必須繙譯諸色人等。如皆取諸京旗，士不外索，固善矣。否則外間通事之類，連袂偕行，其人生長海濱，性多巧黠，熟於夷言，使得與聞秘要，不難立有會心。是則周公之南車，輪匠早通其解諸葛之流馬，士人先得其傳，詫劉涓鬼遺之書，補海國聞見之録。輕則洴澼百金之方，要挾封侯之賞。重則洞容九淵之術，反爲左道之謀。所云流弊，莫甚於此，而又不然也。通商日久，中外蹤跡相接亦漸密，遂有深心之士，問奇島客，得其砲書圖說以歸者。雖曰一知半解，亦叔孫通識時務之流。其人非有官弁提携而往也，又非有功令教之使然也，夫兩間之秘，有開必先。而風會所趨，不脛而走。利用之材，不以知希爲貴。經國之畧，不以獨得爲奇。孫武十三篇，人人可以學戰，非太公陰符之比也。岐伯八十一難，字字有所發明，非上池禁方之謂也。外國以算造之學，視爲家絃户誦之書，合羣才羣力以赴之。故技益神而國勢益强，使中邦於此事，果能人自爲師，家自爲學，參觀而互進。一旦貫通有得，則集天下之材力聰明，皆可以備國家緩急之用。然則所慮者好學深思之人不易得，推廣流通之途終隘耳，而於隨從兵弁同往之人，又何疑焉。夫如是則此事之流弊既已層層勘破，亦可決行而無疑矣。而又謂功效之如何，未能操其左券者何也。夫洋人之於機器，固非生而知之，不學而能也。又非一蹴而幾，遂躋於巧不可階之域也。攷之外國地理備考諸書，耶穌一千三百四十年間，即元至元六年，歐羅巴人有穌爾的斯者，始造成火藥砲位。然所造者未能齊備，不過偶然而得者也。迨耶穌一千三百八十九年間，歐羅巴人在蒙古部落充當兵卒，由其地携帶彼國火藥砲位運用之法，旋歸本國，是爲歐羅巴備有軍火之始。事在明洪武初年，歷三百年至明末。而利瑪竇入中國著火攻挈要一書，刊於崇禎年間。雖煉銅製藥之法稍精，而施放鎗銃，猶用火繩，迄我朝康熙年間。西士南懷仁在京師監鑄洋銅砲，亦未聞有機器製造之事。惟禮部則例註載，雍正五年，乾隆十七年，西洋國兩次貢物，有自來火、手槍、長鳥槍等件。乾隆五十八年，英吉利國貢物，有運動氣法、西瓜礮、銅礮，及自來火、金鑲槍、銀鑲槍等件。以此考之，外洋火器新法，當在中國康雍之際。而近人考校外國機器輪船之創制，約畧在六七十年前，亦可見其前此得法之不易矣。夫以彼國智巧之士，殫竭心思，累世相承而後獲之法。一旦欲其舉而授之於我，與以規矩復與以巧。如尊意所云，任彼有新巧之器，總不聽其獨得，此固不能必得之於彼者矣。器械一事，彼土謂之力藝，亦云重學。總其制度之原，必借風力、水力、人力，以資運動。而新出機器，則以汽力爲用。汽力者，甑中沸水之蒸氣，較之風力水力，其力尤大。而可以見方一寸起算，其用之爲尤准。比於舊法，則增添水櫃汽鑪諸事。而其樞機之旋運，輪齒之磨激，固不出舊法之範圍，宜若可以一望而見。然以明天啓年間，西士鄧玉函所著奇器圖說考之，其書即發明機器之妙用。而其言曰，此道雖屬力藝之小技，然必先考度數之學而後可。蓋凡器用之微，須先有度有數，因度而生測量，因數而生計算，因測量而有比例，因比例而後可以窮物理，理得而後法可立也。不曉測量計算，則必不得比例。不得比例，則此器圖說必不能通曉。斯言也，指示切實，可以知入門之階級矣。是故以專門工匠，終身爲之。往往知其當然，而不能喻其所以然。今乃責望弁兵人等，漸摩於朝夕之餘，遂能盡發其覆，此又不可必得之數矣。然鈞諭謂天下無不可辦之事，亦視乎發憤與否耳，誠爲至當不易之論。然則此議不行則已，行則必期於功效之有成，貴在精選其人。尤必先爲講求一番，使之稍具知解，可以獲虛受之益。斷不能於異方殊俗，恃爲發蒙之師。竊意京旗兵弁，向在火器營中，於鑄造一事，自必已得梗概。其間有天資穎悟，用心沈細者，别爲上選，爲延精算之士。指授角綫比例之數，測量幾何之義，能明於機巧之原，不在形下而在形上。乃以奇器圖說，泰西水法，諸書中所載舊法各式，切要指點，使曉然於大小諸輪相生相制之妙，與夫螺絲龍尾宛轉引動之奇。蓋舊法已爲西士之常談，然新法之變化出奇，亦不能不以此爲根。又如外國近日書館所刊博物新編，載有輪船機器分合圖式，亦須考究其理。如此新舊法參互相尋，隱然有憤欲啓悱欲發之意，夫而後遣之外國則成效必可期也。寬以歲月，董之勸之，所學既成，或載其機器，或譯其圖說而歸，斯乃不負此行耳。自中國海口至英國倫敦城，輪船約三月可到。彼都百物具備，遊者不以爲苦，弁兵此役，不過如出征邊境一次。而無鞍馬之勞，攻戰之危，又有探奇海外之樂，自當踴躍前行。惟彼國在北極出地六十一度，四面枕海，天時、地氣、人事，種種與中國殊。輪船行海，忌諱最多，越人之視疾徒勞，楚客之招魂無地，投鴟夷而不惜，載馬革以何從。而此項弁兵，前往人數不少，歲月淹留，疾病事故，勢所不免。禮雖殊乎奉使，事究異乎從軍，不安其身，何以責課程。不厚其終，何以示勸勉。凡一應豫籌之事，皆須慎於發軔之初。將來議立章程，鈞慮自必周密。然而此行亦談何容易矣，尊諭以此事必須熟思審處，縱令可以議辦，亦當徐爲布置。計出萬全，益徵慮遠思深，不爲見小欲速之圖，是凡管見之所及者，固早在燭照數計之中矣。正繕復間，接奉蘇字七十七號密函，示飭體察情形，從長計議，必須利重弊輕，方可見諸施行等因。鴻章竊又反覆思之，兩利相權則從其重。兩弊相形，則從其輕此自來論事之大略也。今日講求製造，亦不出兩途，一則派人前往從學，一則開局延請教師。試以民家子弟課誦譬之，生徒負笈從師，不憚千里，謂可專心而力學也。然行李之往來既多勞頓，朋儕之遊處未必相宜，父兄在遠，督責無自非特寬與嚴聽之師，即勤與惰亦聽之子弟，夫如是則學之成否未可知也。若夫家塾，從容執經請益，無遠游之勞，故志不紛。無外人之擾，故時不曠。臨以家督，朝考夕稽師不得不盡職，弟子不敢不勉，夫如是則學之成庶乎其可期也。夫二者之爲學同，而得失不同。如是者，遠近主客之勢殊也。然則學習機器之事，亦如此矣。曰遠求不如近求，爲客不如爲主。夫派人往學，非不可行也。然事體繁重，功效難期，鈞意既不欲輕於一試矣。不如仿照外國語言文字館之例，在於京城或通商海口，設立外國機器局，購買外洋人錢廠現有機器，延請洋匠，教習製造，而別選中國精於算術之士，分充教習。以洋匠指示製造之法，以中士探明作法之原，其學習之弁兵，亦分二等。算造兼通者上也，僅學製造而不能領會算法者次之。每造一器，必繪其圖式，詳説其意法，由淺以入深，由成法以求變化，計日而見功，計月而獲用。工程可大可小，洋匠可進可退，有利而無弊，莫善於此。鈞論慮及，購到機器，彼必秘其精者而與以粗。又謂延請洋人，恐良匠未必肯來，而拙工因之牟利。此皆透進一層，鞭辟近裏之論，誦之深爲佩服。然鴻章竊有説於此，中國智巧之士，非遜於外國，心思之靈變非有不及也。課虛則難，徵實則易，不得其門而鑿空則難，得其路而漸入則易。張平子馬鈞藝元之流，天下之名巧，皆中國產也。昔之所有，未必遂爲今之所無。特以機緘未啓，不得不求其人與器，以爲先路之導。正慮假道莫由，望洋而嘆。即其拙工與粗器，且未可得致耳，何也，天下相需甚殷者，往往相遇甚疎。我既疑彼爲鄭人之賣蟥，不肯擲黄金於虛牝。彼亦慮我爲葉公之好龍，不肯以明珠而闇投。一旦啗以厚利，畀以美名，儼然有燕昭延士，請自隗始之意。安見彼良工不聞風而起，抱器而來耶。聰明奇傑之士，生長鬼方，勞身苦思數十年。幸所學有成，或亦欲播於上國，傳之其人。達磨泛海三年，而説法於梁朝，爲震旦之初祖。利瑪竇繞地行一周，而標奇於明代，爲西術之開山。以今方古，豈無同情。況乎行遠必自邇，登高必自卑，祭泰山必先林放，祭河必先滹沱。以拙者爲巧者之前茅，以粗者爲精者之嚆矢，不亦可乎。尊論又慮此中之巧拙，中國無由分晰。而華工域於聞見，即此拙工之藝，亦徒襲其貌，而不能神其技，於事仍無所補。則鴻章又有説焉，至難料者事也，至難得者時也。外海藩籬盡撤，門庭堂户，我已與人共之，豈可一日以爲安哉。所幸彼陰用其浸淫之漸，而外託於通商之利，暫爲羈縻。我得以閒暇爲綢繆之計，此誠不可多得之機會。明知良工精器之在於其國，遠哉遥遥。將欲褰裳相就，而又遲回審慎，歲月坐銷，何如就此拙工之指授。在彼若不甚吝惜，而我得以按圖索驥，徐求爲變通盡利之方，得寸則寸之益也，得尺則尺之益也。夫有形之器，徵諸實用，差之毫厘，謬以千里，非離奇恍惚不可知之數也。其製成之器，槍足以擊遠，礮足以摧堅，不謂之精不可也。鑄器不能成，或成矣。槍不可施放，礮不能開花，則器非其器矣，豈止於粗而已哉。故與其務精巧之虛名，不如獲粗拙之實效。故曰，猛虎之猶豫，不如蜂蠆之致螫也。騏驥之局促，不如駑馬之安步也。鈞諭有學成回京教習之語，是先往學而後設局教習也。如先設局學習，稍有所得，不妨派人前往外國一爲考驗，則亦並行不悖之事勢與費畧皆相等。然而功效之遲速，有不同焉。鴻章所見止於此，不敢憚辭語之繁複。冀以副諏詢之鄭重，其有未盡。則涵於高遠之量矣，承另示，分別軍器輪船緩急之故。洵爲知彼知己，確當不易之論，並非過慮。製軍器與製船之器，其樞機之原，必無二致。而形式之大小，名目之繁簡，必有不同。若專製軍器，亦須多購機器，方易集事。滌生中堂於前年冬月，派容宏字醇甫者，前赴西洋購買機器。其人熟習花旗語言文字，大抵通事之流，然限定不得過銀三萬兩，恐難如願以償。承詢謹附及之，耑肅密復。

再蘇滬製造軍火局，製器之器，不易購備。承示已晤商威使，轉致巴領事，可令洋商由彼國代購，不致居奇昂價等因。具見垂廑要需，曷任感佩，當將該使所致巴領事洋字信函，飭道轉交。查蘇省製造一事，只就力所能及，稍資應用，隨時添置零碎器具，皆係洋人已運到滬之物。就地購買，或與洋商議定件數，價值貨色，赴該國辦運，以期逐漸蓄集。惟全副機器，其價動以萬億計，遠求諸數萬里外，少與之銀，則不能任其取携，得以有詞延宕。多與之銀，一時難以設措，亦未見確有把握。又其爲器也，名目繁多，用法變化，未易識別精粗。探明底細，一經運到，即有一成不易之勢。設或不適於用，豈非鑄鉄成錯，故不敢不慎之又慎。仍於滬上洋廠内，訪有全副製器之器，就近議購，進退之權，既仍在我。轉移之間，即資應用。如須再由彼國代購，或令巴領事一爲擔承，第慮價值過鉅，敝處無此力量，仍不能勉强爲之耳。

中國第一歷史檔案館等《中國近代兵器工業檔案史料》第一輯《李鴻章奏置辦外國鐵廠機器并局製造并飭奉派京營弁兵到廠學習摺同治四年八月初一日》

暫署兩江總督、江蘇巡撫臣李鴻章跪奏，爲置辦外國鐵廠機器并局製造，并飭奉派京營弁兵分起到廠學習，恭摺具陳，仰祈聖鑒事。

竊自同治元年臣軍到滬以來，隨時購買外洋槍礮，設局鑄造開花礮彈，以資攻剿，甚爲得力。上年春間，蒙總理各國事務衙門函詢學制各種火器成效如何，當即詳細具覆，以短炸礮與各種炸彈均能製造，其長炸礮及洋火藥非得外國全副機器不能如法試造，現亦設法購求，以期一體學制。至於各項運用之妙，與洋人之貴重此器，暨日本視中國之强弱以爲向背各情形，亦推闡陳明，經總理衙門抄函恭呈御覽。并以臣函中所言慮患防微，與該衙門所籌適相符合。宜趁南省軍威大振，洋人未於見長之時，將外洋各種機器實力講求，期得盡窺其中之秘，有事可以禦侮，無事可以示威等語，於同治三年四月二十八日奏，蒙諭旨飭由火器營派撥護軍參領薩勒哈春等官兵四十八員名到蘇，經臣酌派在丁日昌、韓殿甲及洋人馬格里等三局分習製造，專摺覆奏在案。

查製造船礮、軍火各種機器，有通用者，有專用者，若買制齊全，須數十萬金，雇覓中外匠工，採購外洋銅、鐵、木炭等料，亦需費不貲，臣處所設西洋礮局，其機器僅值萬餘金，不全之器甚多，只可量力陸續添購，以求進益。前由曾國藩派人赴英、美各國探訪該處船廠機器實價，臣并議及此物若托洋商回國代購，路遠價重，既無把握；若請派弁兵徑赴外國機器廠講求學習，其功效遲速與利弊輕重，尤非一言可決；不若於就近海口訪有洋人出售鐵廠機器，確實查驗，議價定買，可以立時興造。進退之權既得自操，尺寸之功均獲實濟。擬飭海關道丁日昌在滬訪購各制器之器。已可購得若干，仍應添補若干，或宜另擇妥口試辦，容通盤籌議，略有端倪，方可入告。以上各情，均經節次函陳總理衙門，一面飭訪購辦。此臣處前此議辦鐵廠機器之原委也。

又去年十二月初九日欽奉寄諭：昨據御史陳廷經奏綠營水師廢弛，請飭整頓營伍製造軍火一摺，着曾國藩、李鴻章會同商酌，奏明辦理。原摺着抄給閱看等因，欽此。遵查原奏所議軍火一節，大意以夷情叵測，恃有戰艦、機器之精利，逞其貪縱。然彼機巧之器，非不可以購求學習以成中國之長技。請於廣東等處海口設局，行取西洋工匠，置造船礮，以期有備無患等語。雖語焉不詳，未得要領，而大致與總理衙門暨臣所籌議不謀而合。曾國藩平時亦持此論，自應遵旨商酌辦理。

茲據丁日昌稟稱：上海虹口地方有洋人機器鐵廠一座，能修造大小輪船及開花礮、洋槍各件，實爲洋涇濱外國廠中機器之最大者。前曾問價，該洋商索值在十萬洋以外，是以未經議妥。茲有海關通事唐國華，歷游外國多年，熟習洋匠，本年因案革究，贖罪情急，與同案已革之扦手張燦、秦吉等願共集資四萬兩，購成此座鐵廠，以贖前愆。廠内一切機器俱精，所有匠目照舊發價，任憑遷移調度。其餘廠中必需之物，如銅、鐵、木料等件，另值銀二萬兩，由該關道籌借款項，給發採買，以資興造，先行請示前來。當查唐國華一案，既情有可原，報效軍需贖罪，亦有成案可援。此項外國鐵廠機器覓(贖)〔購〕甚難，機會尤不可失，批飭速行定議，稟候分別具奏。并飭該廠一經收買，即改爲江南製造總局，正名辨物，以絶洋人覬覦。其丁日昌及韓殿甲舊有兩局，即歸并總局。一切事宜，責成該關道丁日昌督察籌畫，會同總兵韓殿甲暨素習算造之分發補用同知馮焌光、候選知縣王德均、熟諳洋軍火之候選直隸州知州沈保靖，一同到局經理。所有出入用款、收發器具、稽查工匠，分派委員數人各司其事，分飭遵照去後。

旋據丁日昌等查造該廠機器物料件數清册，擬具開辦章程，約有數端：一、核計局用房租、薪水及中外匠工等有定之款，月需銀四千五六百兩；其添購物料多寡不能預定，大約每月總在一萬兩以外。一、查原廠所用之洋匠計留八人，其匠目科而一名技藝甚屬精到，所有輪船、槍礮、機器俱能如法製造。現擬於華匠中留心物色，督令操習，如有技藝與洋人等者，即給以洋人工食；再能精通，則拔爲匠目，以示鼓勵。一、現造洋槍器具尚未全備，已令匠目趕製全副，約大小四十餘件，數月可以成功。如式仿制，即省功力。惟已製洋槍則必須銅帽，既得銅帽又必須洋藥，皆係相因而至之物，不容偏廢。但聞製藥機器、工料尤爲繁重，容再設法購求，俾可推行盡利。一、查鐵廠向以修造大小輪船爲長技，此事體大物博，毫厘千里，未易絜長較短，目前尚未輕議興辦。如有餘力，試造一二，以考驗工匠之技藝。其鑄錢、織布、挖河、犁田諸器，雖可仿製，但其法式同中有異，觸類引伸，尚須考究，尤尚權其輕重緩急，庶不致凌躐無序。一、前奉議飭以天津拱衛京畿，宜就廠中機器仿造一分以備運津，俾京營員弁就近學習，以固根本。現擬督飭匠目隨時仿製，一面由外購求添補。但器物繁重，非窮年累月不能成就，尚須寬以時日，庶免潦草塞責。一、查本廠現在江口，每年房租價銀六七千兩，實爲過費。兼之洋涇濱習俗紛華，游藝者易於失志。廠中(中)工匠繁多，時有與洋人口角生事，均不相宜，應請擇地移局。其他所議，如機器宜擇人指授，工匠不令隨意去留，費用實報實銷，賞罰宜明定章程。以上各條，均屬切實。

臣查此項鐵廠所有係製器之器，無論何種機器逐漸依法仿製，即用以製造何種之物，生生不窮，事事可通。目前未能兼及，仍以鑄造槍礮借充軍用爲主。月需經費，容臣隨時於軍需項下通融籌撥。如將來各種軍器仿照洋式造成，所攜甚便，即可省購買洋軍火之費。上海虹口地方設局，於久遠之計殊不相宜，稍緩當籌款另建房屋，移至金陵沿江偏僻處所，以便就近督察。曾國藩採辦西洋機器，俟到滬後，應歸并臣處措置。

至前次派在丁日昌、韓殿甲兩局之護軍校達瓏阿等四員、京營兵二十名，已飭入廠學習。其盡先參領薩勒哈春、副參領崇善等所帶弁兵，本在蘇州西洋礮局。該局機器與上海鐵廠亦自同源，仍可互相觀摩。惟此事形下不離形上，與規矩不能與巧，將來各弁兵所得之淺深，恐難以一例繩也。

機器製造一事，爲今日禦侮之資、自强之本，總理衙門原奏言之甚詳，已在聖明洞鑒之中。抑臣尤有所陳者：洋機器於耕織、刷印、陶埴諸器皆能製造，有裨民生日用，原不專爲軍火而設。妙在借水火之力以省人物之勞費，仍不外乎機括之牽引，輪齒之相推相壓，一動而全體俱動，其形象固顯然可見，其理與法亦確然可解。惟其先華洋隔絶，雖中土機巧之士莫由鑿空而談；逮其久風氣漸開，凡人心智慧之同，且將自發其覆。臣料數十年後，中國富農、大賈必有仿照洋機器製作以自求利益者，官法無從爲之區處，不過銅錢、火器之類仍照向例設禁，其善造槍礮在官人役，當隨時設法羈縻耳。

天下至奇至異之事，究必本於平常之理；如或不然，則推之必不能遠，行之亦不能久。陳廷經原奏以中國修造鐘表推之於機器，雖有精粗大小之別，可謂談言微中。中國文物制度迥異外洋榛狉之俗，所以郅治保國邦、固丕基於勿壞者，固自有在。必謂轉危爲安，轉弱爲强之道，全由於仿習機器，臣亦不存此方隅之見。顧經國之略，有全體，有偏端，有本有末；如病方亟，不得不治標，非謂培補修養之方即在是也。如水大至不得不繕防，非謂浚川澮、經田疇之策可不講也。

事無巨細，樂成固難，而圖始尤不易。自來建一議、興一利，勞臣志士，纏綿而經營之，及乎習之既久，相安於無事，或幾不察其所自來。而追溯創議之初，於此中難易得失之數，幾經審慎，曷敢鹵莽而一試哉？臣於軍火機器注意數年，督飭丁日昌留心訪求又數月，今辦成此座鐵廠，當盡其心力所能及者而爲之。日省月試，不決效於旦夕，增高繼長，尤有望於方來。庶幾取外人長技以成中國之長技，不致見絀於相形，斯可有備而無患，此則臣區區之愚誠之所覬幸者也。除唐國華贖罪一案另行附奏并咨總理衙門外，所有置辦外國鐵廠機器并局製造，并京營弁兵分廠學習緣由，謹會同協辦大學士・兩江總督臣曾國藩恭摺由驛具奏，伏乞皇太后、皇上聖鑒訓示。謹奏。

同治四年八月初十日軍機大臣奉旨：總理各國事務衙門知道。欽此。

中國第一歷史檔案館等《中國近代兵器工業檔案史料》第一輯《李鴻章奏薩勒哈春等學製西洋開花礮子已有成效請予獎勵摺同治四年十一月初八日》 竊臣於同治三年十二月二十七日在蘇州巡撫任內，具奏京營官弁學製西洋火器漸有成效懇恩獎勵一摺，於同治四年正月十五日奉旨，知道了。薩勒哈春等均着暫行存記，俟續有成效再行奏請獎勵。欽此。當即恭録行知該官弁等一體欽遵并飭奮勉學習。

嗣於上海新購機器鐵廠，設立製造總局，復奏明將參領薩勒哈春等暨即補副參領色布什新等各帶兵二十名分派蘇、滬兩局，就所有機器互相觀摩，期於外洋礮火秘法實有所獲。惟機器奥妙精深，礮法又精之又精，即在外洋巧匠亦不易得。該弁兵等竭其心力以從事，或限於天資之不齊，現在甫經設廠，凡製器之器，中國員匠均須逐漸操習，原不能克期求效，但飭該弁兵等朝夕在廠與中外工匠雜作，臣督同各委員時加策勵，或者日計不足，月計有餘。溯自該弁兵等到局之初，臣以行軍攻剿所需莫要於開花礮子一項，即令該弁兵等專力先攻此件，前因已得要領，是經奏請先行獎敘，以勉其已能而策其未能。自奉聖恩記獎以來，數月之間，實力研究，所有開花礮子之内模、外胎、銼光、鉸口、釘絡、旋盤以及裝做彈心木引等事，均能按法承造。復遵總理衙門札飭自行具稟，將此所習各件，開具清摺，由臣處遞京察核。接准總理衙門回文，以其辦理尚屬認真，足征該弁兵等所學已有進益，再能於機器鑄礮之法漸入門徑，自可有裨實用。竊以循名責實，一得未許其自封，而善善從長，利用必資於鼓舞。前奉諭旨，以該弁兵等學習炸礮、炸彈各種軍火機器，如有成效，准該撫從優奏獎等因，欽遵在案。謹查照前次開列銜名，繕具清單，恭呈御覽，合無仰懇天恩准照存記原案給獎，以爲啓憤發悱之助，庶收日新不已之功。

「中央研究院」近代史研究所《海防檔》丙機器局《同治五年六月八日總署收上海大臣李鴻章函論滬局仿製輪船火器》 同治五年六月初八日，上海大臣李鴻章函稱，惟雇買輪船事宜，前經署陳大概，續奉密飭從容籌核，並承開示各節，宜備宜籌，勢不可緩，借水趁風，機不可失。鴻章實刻刻在念，特以事體繁重，經費浩大，非可率爾成議。奉諭以來，周諮博訪，切實體會，益知此事非言之難，而爲之難。即如外國大號兵船，載兵千數百人，載礮多至百數十尊。一船之值，以數十萬金計；一月之費，以數萬元計。此等船隻喫水過深，未能駛進中國海口，中國之望洋向若，無由學步，不待言矣。即就其中號、小號，江海俱能行駛者論之，載兵三二百名不等，載礮數十尊不等。一船買價，或十數萬金，或數萬金；一月費用，或數千金。雇則多一租價，買猶是也。其數亦略相等，只如議辦四五船，統計雇買之貲、終年之費，各須二三十萬金。合之則數更鉅矣。不籌定此款，則不能措手。至若何管轄，若何箝制，求所以用彼而不爲彼用者，縱百端爲之範圍，尚不能窮其變之所至。鴻章明知當力爲其難，實不敢空言塞責。若現在江浙閩粵各口，所議雇買之輪船，大率皆洋商裝貨載人之船，非真正兵船也。捕盗藉張虚勢，實不足以當大敵，然亦縻費不少。上海捕盗局，舊有天平鐵皮二輪船，即外洋根砵子之類，上可載巨礮數尊，較尋常貨船爲靈，如遇有會捕之役，尚可暫以相應。必欲擴充其事，再籌雇買。尋繹鈞示，或造或雇買，均無不可。又慮其造法本不易解等因，具見實事求是，不拘一格，鴻章溯查從前置辦機器之議，本爲兼造鎗礮輪船而設。當時以輪船體大物博，未易絜短較長，而洋鎗小炸礮，最利陸軍攻剿，當務爲急，是以開辦鐵廠，注意學製洋鎗炸礮。然廠中機器，乃製器之器，非即是製鎗之器也；廠中洋匠，乃學造輪船之匠，非兼能製鎗之匠也。勉强效法，自去年開局以來，造成小炸礮，可與外國相埒；洋鎗則屢易其器，迄未能精而多。如再添置機器，寬假時日，當有進益。惟刻下洋鎗不甚難購，並非急待造成應用。而新有輪船之議，該局洋匠，稍窺門徑。擬飭將洋鎗暫且停工，俟廠基移建，籌造輪船，就其機器之身分，與夫物料之可以覓致者，小試其技，須仿造外國根砵子，即中國俗名小礮劃。若能載用大小炸礮數十尊，以之行駛海口長江，庶爲中國禦侮自守之助。第其中曲摺甚多，工匠技藝若何，究無考驗，能否確有把握，未敢預定，容再隨時續陳。

魏允恭《江南製造局記》卷三《同治五年總辦沈保靖等稟修造滊爐機器》

卑局自上年十二月底停工。因滊爐火力不足，趕緊修理，於正月初六日工竣。初七日開工，目下運動機器，氣力比前加倍，所有新添之碾捲槍筒及大滊錘，均能一齊動運。至車刮外光機器，昨日演試車刮，頗爲匀圓光滑，螺絲自行往復不及一刻，將來駛用純熟，每日車刮洋槍外光，即二三十枝，想亦不難。若捲筒之機器，以速爲妙，否則烘煆時久，鐵汁易於燒枯。現因爐內未盡全乾，恐火氣太猛，易於炸裂。數日內，即可開辦捲筒，仍一面趕造大榔錘，以期早日工竣，則機簧等件，均可應手。至洋槍木托一節，查外國製造槍托，均用機器剖鋸刨刮，用力極省。去年曾查此項機器，需價不過千金，惟往返約須六月，且千金之價，但據原書開列，其時價漲落，難以預定，亦無妥人可托，是以未遑議辦。現在卑局擬趕緊先製鋸木機一具，所有槍托即用此鋸曲摺剖成粗壞。其刨刮鏇鑽機器，當陸續添置。惟開廠至今，已逾半載，刻下必須趕造洋槍，其槍托或先用人工，不能再待各器齊全，然後興辦洋槍，致稽時日也。至十二磅輕砲，據洋匠云，英國原有此種，名爲四寸百分之二十五，約重不過二百數十磅，較之解去之砲畧短。惟砲身既薄，則用藥仍應慎重，不可過多致悮。前次稟請砲樣，可否即交王令帶回，照樣仿造，較有把握。至憲諭趕緊多造開花砲彈，正二月間，陸續解甯，當即飭匠趕辦二千箇，呈解憲轅。其來福樣彈，如用鐵盤，未免費工。且恐鎔鐵之時，鐵盤偶有不正，則膛内來福凹槽必致窒礙，易於誤事。前造鑲嵌鉛錫之彈，曾經演試，頗能及遠，而鉛性柔軟，彈身圓滑，斷不致誤。且價廉工省，易於成造。現用螺絲機器，每日可鏇出螺絲管口五十餘箇，視前用數人之力，每日僅能絞鏇十餘箇者，遲速迥別。可否即照鑲嵌鉛錫式樣，造辦二千箇。解呈之處，伏乞核示，祇遵。

署兩江總督李批：稟悉，該局試辦捲筒槍機器，經營數月，糜費鉅萬，總未得手。馮丞初信洋匠未士科之誑語，以爲必可得心應手，今竟何如耶。未士科歸咎於火爐烟囱等器，若不拆造，無以摺服其心，既經改造，斷不得再有推諉。自大爐工竣爲始，限一月期，如洋槍不成，委員則罰去薪水，未士科則令將所得薪工繳出，並劄行該領事，説伊手藝惡劣，不顧體面，專好騙人，押回本國，看該洋匠尚要顧臉否，仰隨時察度具復。又製造洋槍機簧、心板、銅鐵箍、木托等件，皆係手錯而成，似與打造無異。即用機器印出粗坯者，亦不能不用手錯，使之光潔，費工，費錢，費時日。將來洋槍即成，每桿合銀已多，尚不知果能經久及遠否。竊料外國造洋槍法與器，必不如是之蠢且費也。該局仍在滬確訪苦思，求一省且多之法，方有長進。此槍即成，亦不可靠，況未必成耶。劉學士移營在即，屬購馬槍數百枝，即由沈牧代購，約四五百枝可也。又曾閣部堂所需洋槍，但求槍質精堅，不論來復與否。即代購買具報，春營法國十二磅礮一尊，昨已借送該局，即照此式製造礮尾。以木仍厚其輪廓，使旱路搬運完固，不敗爲要，別項砲位，均暫緩製。

「中央研究院」近代史研究所《海防檔》丙機器局《同治六年四月十五日總署收軍機處交出曾國藩鈔片酌留江海關二成洋税撥濟造船及軍餉》

同治六年四月

十五日，軍機處交出曾國藩鈔片稱，再臣回任後，通計餉需款目，一年入數，較之出數，不敷甚鉅。且有萬不容緩之事，須另行籌者，約計數端。如製造輪船，實爲救時要策。上海開設鐵廠，在滬及出洋購買機器兩副，大致已屬全備，而造船一事，則以無款可籌，尚未興辦。臣前在安慶，曾試造一小輪船，不甚得法。李鴻章苦心經營，獨得要領，現在江寧、上海各局製造洋砲、洋槍、洋火等項，均用內地匠人，能學外洋機巧，以必應速辦之事，又有可乘之時。有可用之人，而坐困於無可撥之銀，殊覺機會可惜，此一端也。【略】至製造輪船等事，福建尚奉撥鉅款。新立鐵廠，江南已有鐵廠，豈可置之不辦？再四思維，實有萬難周轉之勢，查海關洋税一項，自扣款清結以後，提解四成。另款存儲部庫，本係奏定專撥之款，未能動用絲毫。惟現當餉需萬緊，合無仰懇天恩，俯准將洋税解部之四成，酌留二成，以濟要需。如蒙俞允，臣擬以一成爲專造輪船之用；以一成酌濟淮軍及添兵等事；其餘二成，仍隨時按結報解。俟輪船辦有就緒，各軍餉項稍裕，即當奏明仍按四成全數解部，以符初議。

「中央研究院」近代史研究所《海防檔》丙機器局《同治七年七月十一日總署收上海大臣曾國藩函上海鐵廠一號輪船秋間可成》 上海鐵廠，所造輪船，秋間可成一號。現據該廠稟報，已於六月初四日，將造成之船放進河面。俟安置滊爐機器等件，試驗穩利，擬令其駛赴金陵。詳加察驗，果其製造如法，即當附片具奏，茲特先行奉告。

李瀚章《曾文正公全集》奏稿卷二七《新造輪船摺同治七年九月初二日》 奏爲新造第一號輪船工竣，並附陳上海機器局籌辦情形，恭摺仰祈聖鑒事。竊中國試造輪船之議，臣於咸豐十一年七月覆奏購買船礮摺內即有此説。同治元二年間，駐紮安慶設局試造洋器，全用漢人，未雇洋匠。雖造成一小輪船，而行駛遲鈍，不甚得法。二年冬間，派令候補同知容閎，出洋購買機器，漸有擴充之意。湖廣督臣李鴻章，自初任蘇撫，即留心外洋軍械。維時丁日昌在上海道任內，彼此講求禦侮之策，製器之方。四年五月在滬購買機器一座，派委知府馮焌光、沈保靖等，開設鐵廠。適容閎所購之器，亦於是時運到，歸并一局。始以攻勦方殷，專造槍礮，亦因經費支絀，難興船工。至六年四月臣奏請，撥留洋税二成，以一成爲專造輪船之用。仰蒙聖慈允准，於是撥款漸裕，購料漸多。蘇松太道應寶時及馮焌光、沈保靖等朝夕討論，期於必成。查製造輪船，以滊鑪、機器、船殼三項爲大宗。從前上海洋廠自製輪船，其滊鑪機器均係購自外洋，帶至內地裝配。船殼從未有自構式樣，造成重大機器滊鑪全具者。此次創辦之始，攷究圖説，自出機杼。本年閏四月間，臣赴上海察看，已有端緒。七月初旬，第一號工竣，臣命名曰「恬吉」輪船，意取「四海波恬，廠務安吉」也。其滊鑪、船殼兩項均係廠中自造，機器則購買舊者，修整參用。船身長十八丈五尺，闊二丈七尺二寸。先在吳淞口外試行，由銅沙直出大洋，至浙江舟山而旋復，於八月十三日駛至金陵。臣親自登舟試行至采石磯，每一時上水行七十餘里，下水行一百二十餘里，尚屬堅緻靈便，可以涉歷重洋。原議擬造四號，今第一號係屬明輪，此後即續造暗輪。將來漸推漸精，即二十餘丈之大艦，可伸可縮之煙筩，可高可低之輪軸，或亦可苦思而得之。上年試辦以來，臣深恐日久無成，未敢率爾具奏。仰賴朝廷不惜巨款，不責速效，得以從容集事。中國自强之道，或基於此。各委員苦心經營，其勞勩亦不可没也。溯自上海初立鐵廠，迄今已逾三年。先後籌辦情形，請爲皇上粗陳。其概開局之初，軍事孔亟。李鴻章飭令先造槍礮兩項，以應急需。惟製造槍礮，必先有製槍製礮之器，乃能舉辦。查原購鐵廠修船之器居多，造礮之器甚少。各委員詳考圖説，以點線面體之法，求方圓平直之用，就廠中洋器以母生子，觸類旁通，造成大小機器三十餘座，即用此器以鑄礮。鑪高三丈，圍逾一丈，以風輪煽熾火力去渣存液，一氣鑄成。先鑄實心，再用機器車刮鏇挖，使礮之外光如鏡，內滑如脂。製造開花、田雞等礮，配備礮車、炸彈、藥引、木心等物，皆與外洋所造者足相匹敵。至洋槍一項，需用機器尤多，如碾捲槍筒車、刮外光鑽、挖內膛鏇、造斜棱等。事各有精器，巧式百出。槍成之後，亦與購自外洋者無異。此四五年間，先造槍礮，兼造製器之器之情形也。該局向在上海虹口暫租洋廠，中外錯處，諸多不便。且機器日增，廠地狹窄，不能安置。六年夏間，乃於上海城南興建新廠，購地七十餘畝，修造公所。其已成者曰滊鑪廠，曰機器廠，曰熟鐵廠，曰洋槍樓，曰木工廠，曰鑄銅鐵廠，曰火箭廠，曰庫房、棧房、煤房、文案房、工務廳，暨中外工匠住居之室。房屋頗多，規矩亦肅。其未成者，尚須速開船塢，以整破舟，酌建瓦棚以儲木料，局立學館以習繙譯。蓋繙譯一事，係製造之根。本洋人製器出於算學，其中奥妙皆有圖説可尋，特以彼此文義扞格不通，故雖曰習其器，究不明夫用器與製器之所以然。本年局中委員於繙譯甚爲究心，先後訂請英國偉烈亞力、美國傅蘭雅、瑪高温三名，專擇有裨製造之書，詳細繙出。現已譯成《滊機發軔》、《滊機問答》、《運規約指》、《泰西採煤圖説》四種。擬俟學館建成，即選聰穎子弟，隨同學習。妥立課程，先從圖説入手，切實研究庶幾、物理融貫，不必假手洋人，亦可引伸另勒成書。此又擇地遷廠，及添建繙譯館之情形也。茲因輪船初成之際，理合一併附奏。該局員等殫精竭慮，創此宏規，實屬著有成效，其尤爲出力，各員可否籲懇天恩，給予獎敍。恭候命下，遵行，如蒙俞允，臣當與李鴻章、丁日昌，酌核清單，由新任督臣馬新貽會奏。所有新造第一號輪船工竣，並附陳機器局籌辦情形，謹會同湖廣總督臣李鴻章、江蘇巡撫臣丁日昌，恭摺具陳。伏乞皇太后、皇上聖鑒訓示，謹奏。

中國第一歷史檔案館《咸豐同治兩朝上諭檔》第一八册《同治七年九月十七日》 軍機大臣字寄大學士兩江總督調任直隸總督一等毅勇侯曾，協辦大學士湖廣總督一等肅毅伯李，兩江總督馬，江蘇巡撫丁。同治七年九月十七日奉上諭，曾國藩奏，新造輪船工竣，並陳上海機器局籌辦情形，及請獎上海通商委員各摺片。中國試造輪船，事屬創始。曾國藩獨能不動聲色，從容集事，將第一號輪船成造。據稱堅緻靈便，可涉重洋。此後漸推漸精，即可續造暗輪大艦。並陳製器設廠，及添建驛館各情形，足見能任事者，舉重若輕，深堪嘉尚。馬新貽計抵新任，即可會同丁日昌，按照曾國藩、李鴻章籌辦規模，悉心講求，以期周妥。設局以來，各該委員等均屬著有微勞，所有尤爲出力。各員准由曾國藩會商李鴻章、馬新貽、丁日昌，酌量奏保。其上海通商委員辦理洋務，亦臻妥協，並著曾國藩等擇尤請獎，以示鼓勵。將此由四百里各諭令知之，欽此。遵旨，寄信前來。

李瀚章《曾文正公全集》批牘卷六《上海機器局稟購料限期及查明已到未到繕呈清摺》 由此係訂購外洋大批料物，惟造船案内尚有購自上海、香港木料，共有幾起，已未運到，未據一併具報。仰再查明同訂購料物，俟有到滬者，另行開摺報查。至各色料物購運既屬不易，尤宜加意點檢。工程一事，最忌匠人偷漏。若承辦各員稽核稍疏，必至漫無限制，暗地銷蝕。採時則多，用時則缺。昔人於竹頭木屑，經營周緻。該局所辦多係珍物，正宜師法此意，庶不至臨時缺乏，譬之爲學。採辦多儲者，日知其所亡也，檢點恐失者，月無忘其所能也。嗣後應於各項料物，立一四柱簡明册。每料舊管若干，新收若干，開除若干，實存若干。每月底該道府等照册查點一次，三箇月報明督撫衙門一次。規模雖甚宏大，條理卻極謹嚴則，善矣。

李瀚章《曾文正公全集》批牘卷六《上海機器局委員徐壽等稟條陳輪船製器四條》 來稟所陳，似多出於揣度之詞，未得要領。緣製造輪船，係由總署與外國公使議定，爲借法自强之一事。興造時所用，極大木料與銅板鐵板之類，無一不取材外洋，不僅鐵之一項也。即專以鐵言，如輪船應用通長大鐵軸，斷非中國所能鑄造。設一旦無從購運，此事即當作罷論。縱能自設鐵廠，亦復何爲。故目下祗可乘此機會，量力試辦，不必預計他日之何如也。第二條礮與船相配而行。船成時，自必由局中酌量安設大礮。聞上海局中於六十四磅以上之礮，實未能製。蓋人事物力均有所限，未易勉强擴充。然礮亦不必過大，軍事固須利器，然究以選擇將材爲先務。第三條行船與管機，自是兩事。洋船所用諸色目人，有大鐵櫃、二鐵櫃之稱，即管機之類。今日果能學製，他日或可管理此事。若行船，則外國謂之船主，中國謂之舵工，非熟習風雲沙線之人，不可令充。其選製船與駕船，豈能合爲一手。第四條製造必從圖説入門。聞上海局中洋匠向來專造輪船，本有成書可據，第有各種船式，爲該匠所未曾經造者，即不能依圖立説，是必得圖而後能製造，亦必且造且困且思且通而後能繪圖也。至外國書不難於購求，而難於繙譯。必得熟精洋文而又深諳算造，且別具會心者，方能闡明祕要，未易言耳。滬局開設已近二年，在局委員必均能見於此。該員等此番赴局，宜遵諭專心襄辦輪船，能於一年之内趕速製成一二隻，乃爲不負委用。其輪船以外之事，勿遽推廣言之精心。廣願而出之，以約旨卑思，庶其有濟，切切。

「中央研究院」近代史研究所《海防檔》丙機器局《同治八年二月二十五日總署收軍機處交出馬新貽抄片請酌留江海關二成洋税專濟造船》 同治八年二月二十五日，軍機處交出馬新貽片稱，再上海機器局製造輪船，前于同治六年四月，經調任督臣曾國藩奏准，將江海關洋税解部之四成，酌留二成。聲明以一成酌濟軍餉，以一成專爲造船之用。七年八月造成第一號輪船，即接造第二三號。今年正月，據報開工，當經臣批飭該局員等，寔力經營，精心製造。現在仿製暗輪，較之第一號明輪者，工費加重，應用銅鐵木等各項巨料，以及雜項用物，均須向外國先爲定購。每次一批或數批，即需價銀數千至數萬兩不等。鐵廠規模，不得不參用外洋辦法，以故局用經費浩繁，迥非内地工程可比。兼之製造所需，時有另行添購物料，動亦必須鉅款，計此項洋税，每一年四結期滿，應攤一成，銀數僅二十萬兩左右。又須三箇月一結，始有進款濟用。在該廠創造之初，得此有著款項，較前已爲稍裕。迨今正值工料需費喫緊之際，用款寔屬不敷。所幸中原軍務肅清，淮軍扣裁，賸留防各營餉項，亦經酌定，據會辦機器局務江海關道應寶時稟。懇將所留洋税二成，全數撥充造船之用。聲請具奏在前，臣覆加察核，除此辦法之外，別無款項可以請益。相應將廠務用款大致情形，瀆陳聖聽。請自八年正月洋税第三十四結起，所留二成銀兩，准其全數爲製造輪船之用。出自逾格鴻慈，臣仍當嚴飭該關道局員等，督察工料，務於力求精實之中，懔存慎重帑項之意，斷不敢任其稍涉浮糜。除咨明總理衙門外，所有已留二成洋税，全爲造船濟用緣由，理合會同江蘇巡撫臣丁日昌附片具奏。

「中央研究院」近代史研究所《海防檔》丙機器局《同治八年四月九日總署收户部文附會奏抄摺一件江督馬新貽請將江海關所留二成洋税專濟造船與奏案不符應不准行》

兩江總督馬新貽奏，上海機器局製造輪船，請將江海關自八年正月洋税第三十四結起，所留二成銀兩，准其全數爲製造輪船之用一摺。同治八年二月二十三日，軍機大臣奉旨，該衙門議奏，欽此。欽遵於二月二十四日，由內閣抄出到部。【略】臣等伏查各海關洋税，前於同治四年十二月間，總理各國事務衙門奏准英法二國扣款將次清結，所有停付扣款，各關仍按結酌提四成，委員解交部庫，另款存儲等因，通行各海關遵照辦理在案。同治六年四月，據前任兩江總督曾國藩奏，請將江海關洋税，解部之四成，酌留二成，擬以一成爲造輪船之用，以一成酌濟淮軍及添兵等事，其餘二成，仍隨時按結報解，俟輪船辦有頭緒，各軍餉稍裕，仍按四成全數解部。於同治六年四月十三日，奉旨，著照所請，該衙門知道，欽此。欽遵亦在案，今據兩江總督馬新貽奏稱，上海機器局，製造輪船，用款不敷。請將江海關自八年正月洋税第三十四結起，所留二成銀兩，全數爲製造輪船之用等語。臣等查湘淮軍務早已一律平静，留防各營餉項，既據聲稱亦經酌定，所有酌濟淮軍之一成洋税，自應解交部庫，以充京餉。該督請留爲製造輪船之處，核與奏案不符，應不准行。併請旨飭下兩江總督、江蘇巡撫，轉飭上海關道，即將江海關征收洋税，應行解部之四成銀兩，仍留一成，以爲製造輪船之用；其餘三成，按結解部交納。以符奏案。所有臣等遵議緣由，理合恭摺具奏，是否有當，伏祈皇太后皇上聖鑒。

中國第一歷史檔案館等《中國近代兵器工業檔案史料》第一輯《馬新貽等奏江南製造局造成魚尾式馬槍及供天津局機器分別報解片同治八年五月二十四日》

臣等將上海購制機器、由局配成車床等項，先行揀擇精要，於上年十月委解赴津聲明其餘重大之件，俟今春再行解運。又准總理衙門函囑，飭局製造洋馬槍三千桿，分起撥解，亦於本年二月委解六百桿赴京交收，先後附片奏陳在案。

兹據該局總辦委員沈保靖、馮焌光等稟稱：前項機器，除上年配解外，其餘九座續經添配清楚，并另行添造大起重架等項，應用什物均屬齊全。前次未經解完之件，分別繕具清摺，聽候撥解。又洋馬槍一項，續准總理衙門咨會，應改作魚尾形式。除已選妥槍未便更制外，將未經造成者，查照發來槍樣飭局如式造辦。兹據該局匯報，現已遵照式樣造成魚尾式馬槍一百桿，其前經造成舊樣未便更制者，尚有五百桿，合共六百桿，聽候一并撥解各等情前來。

臣等查上海購造機器運解天津，已准三口通商大臣崇厚函催，以現已擇地建廠，囑爲迅速起解。臣等現委候補直隸州知州廣元、候補知縣倪咸生，將機器、馬槍各件會同報解，由海道起運，分別解津、解京。其餘未解馬槍亦當飭局照式製造，隨後源源報解。

除開摺分咨總理衙門、三口通商大臣查明外，理合附片陳明，伏乞聖鑒。謹奏。

「中央研究院」近代史研究所《海防檔》丙機器局《同治八年六月三日總署收護理江蘇巡撫張兆棟文附抄摺一件奏報江海關第三十四結洋税分別解撥情形》

奏爲江海關徵收第三十四結洋税內，酌提四成銀兩，分別解交部庫，及撥充造船之用。並查明免單總數，業經儘抵軍餉。恭摺奏祈聖鑒事竊照前准總理各國事務衙門咨稱，各關征收洋税，既無外國扣款，仍按結酌提四成銀兩，委員解交部庫。另款存儲，以備要需。嗣經前督臣曾，奏准將江海關解部四成洋税內，酌留二成，以備製造輪船等項之用。至免單税銀，先准總理衙門奏請分別撥解，每三月一結之期，將實發免單張數，税銀數目，於摺內聲敘，續准咨開。洋商轉運洋貨，無論南洋北洋，一律改用存票。旋經議定，該商倘有不須請領存票，特行赴關請給免照者，仍照所請給發各等因，均經遵照辦理在案。兹據署江海關道杜文瀾詳稱，自同治七年十一月十九日起，至八年二月十九日止，係外國第三十四結期滿。正任關道應寶時暨該署道任內，實共征收各國洋商進出口税銀四十六萬九千八百七十二兩四錢五厘。又洋藥税銀十四萬六千三百九十一兩二錢八分，共銀六十一萬六千二百六十三兩六錢八分五厘。奉文應提四成銀二十四萬六千五百五兩四錢七分四厘，內以二成銀十二萬三千二百五十二兩七錢三分七厘備撥製造輪船，及添購物料之用。其餘二成銀十二萬三千二百五十二兩七錢三分七厘，仍即繕給咨批解交部庫。至三十四結期內，洋商請領存票居多，間有願請免照之貨。除廣東一口，並未給發免照外，實給各口免單税銀，天津五萬八千六百十兩五錢五分六厘，牛莊三千六百兩三錢六分八厘，登州一萬八千六百六十三兩三錢八分九厘，鎮江一千八百四十七兩四錢八厘，漢口七百八十五兩一錢四分，九江一千八十五兩五錢二分五厘，臺灣四百三十四兩九錢七分九厘，福州一千五十一兩七錢二分九厘，厦門十兩五錢，汕頭二兩四錢五分，甯波二萬二千五百九兩四錢二分八厘。另造清册，送部查核。此項免單税銀，即在前項實徵數内均已抵放軍需，無從撥還等情。

「中央研究院」近代史研究所《海防檔》丙機器局《同治八年六月二十七日總署收上海大臣馬新貽文附抄摺一件續造第二號輪船操江竣工試航》

奏爲續造第二號輪船工竣，循案具報，恭摺仰祈聖鑒事。竊照上海機器局籌辦製造情形，並已造成第一號輪船經調任督臣曾，於去年九月奏明在案。臣新貽抵任後，遵旨會同江蘇撫臣丁，按照曾李所定規模，悉心籌辦。正值該局接造第二三號輪船，隨時撥款購料，飭由該局員等，督同中外匠目，如法儹造。本年四月據報稱，第二號輪船，係仿照外國暗輪兵船式樣，製造完工。先由吴淞江口出洋試行，駛至浙江舟山，旋回上海，沿途察看船上機器，尚覺穩利。即經駛至金陵，臣親自登舟驗視，工料極爲堅緻。船身長十八丈，船面寬二丈七尺八寸，可以安砲八尊。即令開駛至采石磯而回，往返幾及二百里，不過兩時有餘。機器小而靈動，在長江行駛，尤爲便利，取名曰操江輪船。察看該船規制，雖未能遽與外洋大兵船相頡頏，而船壳瀛爐，及暗輪機器全副均係廠内自造，頓覺機杼一新。其第三號約九十月間亦可竣工，從此由熟生巧，似乎船工製造，已有把握。除飭該局員等，加意講求，精益求精，並將廠内所需鉅細要件，必須購之外洋者，陸續寬爲籌買，以免停工待料之虞。所有續造第二號輪船工竣緣由，謹照案會同大學士直隸督臣曾，協辦大學士湖廣督臣李，江蘇巡撫臣丁，恭摺具陳。

中國第一歷史檔案館等《中國近代兵器工業檔案史料》第一輯《馬新貽等奏請將原案奏留酌濟軍餉之一成洋税抵作江南製造局用摺同治八年十月初七日》

竊臣等接准部咨，以江海關征收洋税應行解部之四成銀兩，仍留一成爲造船之用，其餘三成按結解部交納等因，當即飭行該關遵照在案。

旋據會辦機器局務・升任江海關道竇應時等會稟覆稱：上海設局製造輪船，自六年五月開辦起，支用奏留二成洋税銀兩，至八年正月，將製造槍礮用款亦稟明并入洋税項下開支，於是局中既有造船、行船、翻書等款，復增製造槍礮、建立學館用款，爲數甚巨。本年夏間已將第二號船造成，其第三號船九月間亦可告竣。從此多成一船，即每月多支辛工、油、煤等銀二千餘兩。至造船工料，船身愈大，其費用必遞增。目下開造第四號船，計長二十丈有奇。將來第五號船擬造至二十餘丈。以後逐漸推廣，再行察看議加。是造船、行船經費既已日見浩繁，而槍礮等項又難置之不辦。至於目前工程，有與製造輪船相因而至，不能不亟爲舉辦者：一曰添廠屋。緣局内添造機器日漸加多，必須酌增廠屋，方敷安置。嗣又寄信外國覓購大瀛爐，其刨床及造來福槍機器，目下瀛爐業已運來，其餘亦計日可到。如不添造廠屋，機器無處安置，即辦理無從下手。此工程之難緩者一也。一曰學館未了工程。查外國造船、行船及制各種利器，皆有專門之學。上年局中覓雇洋人繙譯製造諸書，正欲先明其理與數之所以然，使門徑既辟，得以循序漸進。建造學館工竣，即挑選聰穎子弟分門學習，以期日起有功。此工程之難緩者二也。一曰船塢未了工程。查船塢爲修船所必需，上年已將後截造成，其前截直出黄浦江邊，現復接續築造，將來尚須造備塢口木舟以資啓閉，安配抽水機器以便提汲。此工程之難緩者三也。上年議建廠屋、(學)館、船塢工程，雖已隨摺奏明，而一切費用系在何項撥發，當時未及籌定，此爲目前難緩之款。又工程既竣之後，歲支辛工等費，此爲將來因事遞增之款。以上各項，均系造船、行船之外增添用款，若非通盤籌畫，恐致辦理束手等語。

臣等查該局機器製造原分兩項：其仿造外洋火器用款，始於同治四年閏五月，由李鴻章奏明在於軍需項下通融籌撥；其造辦輪船經費，始於同始六年五月，由曾國藩奏准酌留二成洋税撥用。其開辦先後相隔二年。截至同治七〡年十〡二月底，兩項(制)造同在一局，而用款各不相涉。嗣因軍務肅清，軍需無款可撥，而槍礮未能停工，自八年正月起，改歸洋税項下借撥濟用。論該局目前急務，自應以造船爲專案，而洋火器一項，經營傳習，數年以來，甫得入門，既未便半途而止，虚棄前功。又槍礮二者之中，以洋槍撥用之數爲多，内而京營調撥馬槍或三數千桿必不可緩外，而江楚留防各軍習用洋槍，亦須隨時更換。其尤要者，有一輪船即有一船應安之礮位與護礮之洋槍，船既由廠自造，則隨船槍礮不應外求。是故製造雖分兩項，實屬一事相因。綜計該局用款：造船項下既須兼辦槍礮，而製造之外又有諸色工程，各項經費較之前(二年)間用費倍增。察核該局所稟，均屬實在情形。同治五年，前閩浙督臣左宗棠奏請設局試造輪船摺内聲明，開工集料及中外匠作薪水，每月約需五六萬兩，以一年計之，需費六十餘萬兩，其造船廠購機器、募師匠各款尚不在内。現在滬局造船事同一律，所留二成洋税，通年計之，不過四十餘萬兩；況兼造槍礮及各項工程，經費無一不取給於此。即使全准充用，比照閩省用款，尚減三分之一。若祇留用一成税銀，則本年下半年收款以之歸還上半年借用之款，尚恐不敷，若非停工以待，必至束手無策。實緣此後局務與開辦之初情形迥别，有非從前章程所能盡其範圍者。臣日昌於前日因公赴滬之便，親至該局厘定一切，復會商臣新貽，所見相同。該局甫經得手，冀望日有進益，不便定爲一成不易之規，仍於不爲限量之中，嚴存節制，責其實力辦理，精益求精。惟款項之已經透支者虚懸無着，工料之急當興辦者進退兩難。臣等深知帑項支絀，何敢不力求撙節？而功在垂成，事關大局，亦不敢不將實在情形縷晰上達。惟有仰懇天恩俯允將奏留酌濟軍餉之一成洋税，仍准抵作機器局之用，實於興造大有裨益。

除俟命下之日飭行關局欽遵辦理外，謹會同直隸督臣曾國藩、湖廣督臣李鴻章，合詞恭摺具陳，伏乞皇太后、皇上聖鑒訓示。謹奏。

佚名《廣方言館全案・江海關道涂上督撫憲通商大臣稟》 敬稟者：竊查上海廣方言館學習外國語言文字，同治二年經黄前道任内建造館屋，議定章程，詳蒙具奏。所需經費，系在船鈔項下給發，自三十一結起，七成船鈔全歸總税司支領。該館用款，每月即在總税司所支七成船鈔項下扣出銀五百兩，給葉承銑照章核發，按月造報。其在館肄業諸生，並由道隨時考試在案。現在機器製造局開設學堂，譯習外國書籍，與廣方言館事屬相類，自應歸并一處，以期一氣貫串。職道擬將廣方言館董事師生人等，一律移駐製造局學館，由馮道焌光、鄭守藻如隨時就近督飭妥辦，仍留廣方言館之名，以符前次奏案。其每月七成船鈔項下所扣銀五百兩，即移歸製造局專款存儲核發，按月將支發各數，另立一册，以備將來赫税務司查考。至原建廣方言館房屋，本與敬業書院毗連，既經騰出空閑，應即歸入書院作考課之所，另籌閑款，置備桌凳什物，以便課試。愚昧之見，是否有當？理合稟請，仰祈俯賜察核批示祇遵。同治八年十月。

中國第一歷史檔案館等《中國近代兵器工業檔案史料》第一輯《總理各國事務衙門奏擬准將酌濟淮餉之一成洋税暫作江南製造局用摺同治八年十一月二十五日》 兩江總督馬新貽等奏上海機器局經費不敷，請將原奏留濟軍餉一成洋税抵作局用一摺，同治八年十月二十一日軍機大臣奉旨，該衙門議奏，欽此，欽遵由軍機處交出到部。【略】查該局機器製造，原分兩項：其(仿造)外洋火器用款，始於同治四年，由李鴻章奏明在軍需項下籌撥；其造辦輪船經費，始於同治六年，由曾國藩奏准酌留二成洋税撥用。截至七年十二月，兩項同在一局，用款各不相涉。自八年正月起，改歸洋税項下并撥。綜計該局用款，造船項下既須兼辦槍礮，又有諸色工程，各項經費較前二年用費倍增。若只留用一成税銀，則本年下半年收款，以之歸還上半年借款，尚恐不敷，若非停工以待，必至束手無策。該局甫經得手，冀望日有進益，精益求精。惟款項之已經透支者虚懸無着，工料之急當興辦者進退兩難。功在垂成，事關大局，懇准將奏留酌濟軍餉一成洋税，仍准抵作機器局之用等語。

臣等查本年五月間，據前護江蘇巡撫張兆棟奏稱：江海關第三十四結洋税應提四成銀兩内，以二成銀十二萬三千二百五十二兩零備撥製造輪船之用。經臣等會議，該關四成洋税，業由臣等於本年三月議覆江督馬新貽請留二成洋税摺内，奏准以一成製造輪船，其餘三成解部交納，應令遵照奏案辦理等因，奉旨允准行知在案。兹復據該督等奏稱：輪船、火器并諸色工程用款支絀，仍請將奏濟軍餉一成洋税作抵局用等情。查同治六年四月，江督奏准江海關酌留二成洋税原案，除一成撥輪船經費外，其酌濟淮軍一成原與製造輪船無涉，現軍務業已平靖，自應遵照歷届奏案，批解部庫，以重帑項。惟查該督等所陳輪船之款兼撥火器，已屬移步换形，而諸色工程乘時并舉，又復踵事增加，若必限以一成洋税通濟各項，惟懸款難清，勢必停工待餉，恐於製造事宜轉滋貽誤。臣等公同商酌，擬請准如該督等所請，將原案酌濟淮餉之一成洋税，暫作機器局用款，俟局務稍減，再由該督等奏明提還部庫，以符奏案。如蒙俞允，即行知該督等遵照辦理。

再，查該關免單税銀，前因防剿吃緊，暫准留用，現該省軍務平定，應令稟遵本年六月奏案，自三十四結起，分别解還各關，以清款目，不得借詞宕延，致干參辦。

所有臣等議奏緣由，理合恭摺具奏，是否有當，伏乞皇太后、皇上聖鑒。謹奏，請旨。

再，此摺系户部主稿，會同總理各國事務衙門辦理，合并聲明。謹奏。

同治八年十一月二十五日具奏，本日奉旨：依議。欽此。

佚名《廣方言館全案・江海關道涂移製造總局》 爲奉批移知事：同治八年十一月十二日奉通商大臣馬批：海關稟請將上海廣方言館師生移駐製造局學館，請示遵由奉批，如稟辦理，仍候總督衙門蘇撫部院批示繳等因，到關奉此。合就抄稟移知，爲此合咨貴局，請煩查照施行。同治八年十一月十四日。

「中央研究院」近代史研究所《海防檔》丙機器局《同治八年十一月二十七日總署收上海大臣馬新貽文附清册咨送第二號操江輪船船式旗號及月需經費清册》

十一月二十七日，上海大臣馬新貽文稱，據江南海關道涂宗瀛呈稱，案於同治七年十一月二十五日，奉憲台札，准總理各國事務衙門咨，查各關輪船。現擬清查底案，咨飭將現有輪船，造具清册呈送等因。奉經前管關應升道，移准捕盗製造兩局，各將經管輪船造册，詳請咨送在案。兹又准機器製造局，將續造第二號「操江」輪船，照式造具清册，移請轉送前來，職道覆查無異，理合具文呈祈鑒核。咨送總理各國事務衙門查核等情並册到本大臣，據此。所有清册，相應咨送，爲此咨呈貴總理衙門，謹請查核施行。

照録清册。

委辦江南機器製造局務杜文瀾、涂宗瀛、馮焌光、鄭藻如，謹將「操江」輪船船式旗號等項，及月需經費，開具清册，呈請鈞鑒，須至册者。

計開：

一，船名「操江」輪船。

一，船身長一十八丈，船面寬二丈七尺八寸，由船旁攔水板量至龍骨，計高一丈八尺半。艙深一丈三尺，食水九尺有餘，前後桅二枝，裝配暗輪。

查該船船殼、機器、瀛爐，並一切裝修，俱係機器局自造，於同治八年四月中成船。目下暫在江浙洋面巡緝，並在長江奉解餉銀軍械等項。

一，船上大桅，掛用方旗一面，寫「操江輪船」字様，船尾掛用畫龍三角旗一面。

一，管帶輪船補用總兵馬鎮復震，每月薪水銀七十兩，辦公湘平銀一百兩。

查管帶委員馬鎮，現奉

兩江督江蘇撫部堂院批准，每月支給薪水銀七十兩，辦公銀三十兩，理合登明。

一，船上司事、書識、通事，共計華人三名。

查前項華人三名，内司事一名，月給辛金湘平銀十二兩。書識一名，月給辛金湘平銀八兩。通事一名，月給工食洋二十六元，理合登明。

一，船上水手、火夫等，共計華人四十九名。

查前項華人四十九名内，水手頭目二名，每月共給工食洋三十六元。水手三十名，每月共給工食洋三百九十元。内水手十八名，每名月給洋十五元。又十二名，每名月給洋拾元。管機器添油，及瀛爐火夫一十二名，每月共給工食洋二百一十二元。内四名月給洋二十元，又四名月給洋十八元，又四名月給洋十五元。木匠一名，月給工食洋十九元。司役及小工四名，每月共給工食洋三十一元，理合登明。

一，船上管理機器副銕櫃，計華人二名，每月共給工食洋六十元，理合登明。

一，管理行船及機器等事，共計洋人四名。查前項洋人四名内，柏文一名，英國人，係管行船事務，月支工食洋二百九十五元。洽滿一名，英國人，係管機器正銕櫃，月支工食洋二百四十五元。麥克那一名，英國人，係大夥，月支工食洋一百四十五元。克乃呑一名，英國人，係二夥，月支工食洋一百五元。理合登明。

一，船上看更掌舵及水手，共計洋人一十五名。查前項洋人一十五名内，看更掌舵四名，每月共給工食洋一百六十元。水手頭目一名，月給工食洋四十五元。水手十名，每月共給工食洋三百五十元，理合登明。

一，以上薪水、辛金、工食等項，每月計用湘平銀一百二十兩，洋二千一百十九元。

查購煤價值，以本年五月至九月市價核算，每噸約銀六兩有零。至每年用煤數目，以行船多少爲定，未能預計。

一，需用雜物，現計每月約用銀一百一十餘兩。查船上需用雜物，係牛油、荳油、魚油、籽油、棉紗、砂皮紙、洋燭、洗船刷帚、砂石、洋皂、刮刀、竹箕、大小繩索、帆線，及預備油飾所需色漆等項。現就八年四、五、六三個月，用過款項核算，每月約支規平銀一百一十餘兩。將來遇有修葺，應俟臨時酌核，理合登明。

一，船上砲位七尊。現令在船水手操習演放，將來仍擬添配大砲一尊，應增人數，隨後酌定。

一，船上每年需用火藥、砲彈、鉛子、銅帽等件，數目多少，未能預計。

一，以上各條均就現在辦理情形開列，嗣後如有酌增酌改事宜，另行續報。

佚名《廣方言館全案・總辦機器製造局鄭馮上督撫憲稟》 敬稟者：竊查同治七年夏間蒙憲臺臨閲卑局，奉諭添購地基，建造學館，並添建機器廠屋等因，遵於八年四月初一日，先將學館開工興造，業經稟明憲鑒在案。迨八年十二月，已將學館造成。計正屋頭層平房一座，共房十一間，第二第三層樓房二座，連樓上樓下共房三十六間，第四層平房一座，共房十一間，東西廂樓房二座，連樓上樓下共房十二間，又東西廂平房二座，計房四間，另厨房三間，小房二間，一律工竣。當即商令繙譯委員王牧德均、華牧蘅芳、徐主簿壽、徐令建寅等，與所延西士傅蘭雅、金楷理二名，均在學館樓上居住。繙譯所需繪圖司事人等，亦令同住樓上，以便就近料理。至平房及樓下房屋，俱爲廣方言館師生移駐之用。查廣方言館向設上海城内，去冬經江海關衙門稟蒙憲臺批准，移駐卑局學館講習等因。本年正月底遵將該館師生一律移至，所有支發薪水及一切經費，仍照廣方言館向章，在於海關征收外國船鈔項下核實支發，另款報銷。其餘原定章程，除循照辦理外，現復酌擬課程數條，並本年延請中西教習姓名，理合分别開列清摺，呈候俯賜察核批示祇遵，實爲公便。至建造學館工料銀兩，系由江海關衙門在二成洋税項下發給，容俟逐細開列清册續呈鈞核。又增造機器廠屋，亦於去臘學館工竣後接續動工，計增平房二座、樓房二座，以爲安置各項大小機器之用，仍俟工竣開列工料細數清册呈報。合并陳明，伏乞垂鑒。同治九年三月初三日。

「中央研究院」近代史研究所《海防檔》丙機器局《同治九年三月八日總署收上海大臣馬新貽文上海機器局第三號輪船測海竣工》 茲據機器局稟稱，接造第三號輪船，於上年九月初一日，工竣進河。即將船上需用各件，一律配齊。十月間，先在吴淞江内試駛一次，計洋面行駛，每點鐘約走二十八里，沿途遇風尚覺安穩。其船上所配機器瀛爐各件，因六年分。開造輪船時，曾經遵奉曾爵中堂批示，寄信英國，訂購新式兵船機器瀛爐一分，以備變通仿造。迨由外洋購運到局，適「恬吉」「操江」兩輪船，先已造成。所有瀛爐及機器各件，亦經由局自行製造，故將購到前項機器瀛爐一分，曾作此次第三號輪船配用。查前項機器，均係造成卧形，款式甚矮，安置艙内，係在水線之下。設遇接仗，機器在水線下，礮子不能轟擊，較别項輪船，更爲穩固。其瀛爐烟通，能伸能縮，接仗時將烟通逐節套縮，以避彈子。船尾暗輪，亦作活式，可裝可除。或遇順風，或遇缺煤，即將爐火閉歇。提起暗輪，用鐵鍊懸掛後艄，便能將帆行駛。以上制作，俱屬精巧，的爲兵船正軌。於十二月十一日，由滬駛赴金陵，聽候試驗。並請示船名等情前來，查此項輪船，經本大臣親自登舟驗看，工料極爲堅實。船身長一十七丈五尺，船面寬二丈八尺，船上配銅礮六尊，大鐵砲二尊，均活機砲架。即令開駛試驗，頗覺穩利，應取名爲「測海」輪船。所有該船巡歷洋面，以及管駕操練一切。除另飭局員妥爲辦理外，相應將第三號輪船工竣試驗情形，咨呈貴總理衙門，謹請查核施行。

「中央研究院」近代史研究所《海防檔》丙機器局《同治九年九月十日總署收直隸總督曾國藩奏片調派吴大廷總辦上海輪船局操練事宜》 目下沿海防務，亟

宜籌備，閩滬兩處鐵廠，成船漸多，而未嘗議及海上操兵事宜。臣於七月十九日，曾經具奏一次，操兵之法，其要全在船主得人。既爲一船之主，第一貴善於使船，熟悉掌舵看火等事，而後合船之水手兵役，皆可俯首聽命。第二貴明於海道沙線，兼善閲看地圖。第三貴嫻於戰陣，能察進退分合機宜。三者兼全，即洋人亦不可多得，中國武員中尤難其選。臣愚以爲須求之文員中，得一素諳戎機，講究地圖，兼明洋務，而又不憚風濤者，綜理其事，始則博求將才。探訪可爲船主之員，繼則出洋督同操練，稽其勤惰。終則徧詢外國水戰事宜，暗師其法，而取其長，乃可日起有功。該道吴大廷，熟悉船政，於兵事洋務，講求有素。近年南北往返，屢涉重洋，不畏艱險。又久在浙閩，頗留心可爲船主之才。現在上海船廠道員馮焌光等，專講造船及鎗砲等事，無暇兼顧操兵。擬請將吴大廷調至江南，綜理輪船操練事宜，微臣藉資臂助。該道久駐閩廠，閩滬亦可聯絡一氣，於整頓海防，實有裨益。

佚名《廣方言館全案・製造總局移江海關道涂》 爲移復事：同治九年十二月二十九日准貴關移奉通商大臣曾札開，同治九年十二月十四日准兵部火票遞到總理各國事務衙門咨，查同治六年九月十五日，本衙門奏設同文館並聲明由上海通商大臣將該處所立外國語言文字學館内，擇其已有成效者酌送數名來京考試，以便群相研究等因，嗣經上海通商大臣咨送附監生嚴良勛等六名赴京考試在案。現在本處同文館學習需人，應仍照章調取，希由貴大臣將上海同文館内擇其人品端謹，文理優長者，酌送十數名來京，聽候考試，以便送館學習，俟有成效，仍由本衙門酌請獎勵，俾資鼓舞。再，上海自開設學館以來，歷有年所，其中肄業諸生有無成效，近科鄉、會兩試諸生中有無獲雋人員，希即一并聲覆，以慰期望。相應咨行貴大臣查照辦理可也等因到本大臣，准此札關。即便分晰查明，迅速遵辦具復，仍報明蘇撫部院查考等因到局。准此，茲查廣方言館肄業生員朱格仁、王宗福、楊兆鎣、黎子祥、徐廣坤、金仁杰、楊兆鋆等七名，品行均屬端謹，於中西文字並能苦心學習，堪以送京聽候考試。相應查明該生等年貌籍貫造册移復。爲此合移貴關，請煩查照酌核詳請咨送赴考。至館内肄業諸生，當日取其口音清楚，易於教習西文，多系年幼入館，學習有年，文理漸就清晰，近年考試由文童進學者頗多，去歲文生許延祺入館讀書，適庚午科浙江本省鄉試取中副榜，惟西學較淺，故此次未及録送。此外尚無鄉、會獲雋人員，合并移明。又查同治七年録送嚴良勛等赴都應考，以章程内載「肄業生能繙譯西書全帙文

理成章者，准作爲附生」。該生等業已入學，曾經隨文稟請通商大臣曾酌核保獎中書、學正等銜，以昭激勸。此次赴都應考諸生，除黎子祥一名系監生外，餘均入學，應請保獎聲明之處，統乞酌奪施行。

同治十年三月初八日。

佚名《廣方言館全案·江海關道涂移製造總局》 爲移送事：照得廣方言館趕京考試諸生，業經本道於四月初十日在署課試西文，除將課卷評定甲乙加考詳請通商大臣給發咨文外，合將課卷名册移送。爲此合咨貴局，請煩查照諭知施行。

同治十年四月十三日。

佚名《廣方言館全案·又移製造總局》 爲移送事：同治十年五月初四日奉通商大臣曾批本關詳請給發調取上海廣方言館肄業諸生赴京應試咨文，並送清册由奉批所選赴京應試之朱格仁等七名年歲籍貫三代清册，已據詳先行咨明總理衙門查核，仍將發來給咨公文七角、批七張，即行按名轉給該七人祇領，親賫赴京投考，並將起程日期報查繳等因到關，奉此合就抄詳同奉發咨批一并移送。爲此合咨貴局，請煩查收分別轉給。仍希將起程日期移知本關，以便轉報施行。

同治十年五月初六日。

佚名《廣方言館全案·又移文一件》 爲録批移知事：同治十年五月初十日奉蘇撫部院張批本關詳請給發調取上海廣方言館肄業諸生赴京應試咨文，并送清册由，奉批仰候通商大臣給咨批示繳册存等因到關。奉此，查此案前奉通商大臣批示，即經抄詳同奉發咨批一并移送在案，奉批前因，合就録移。爲此合咨貴局，請煩查照施行。

同治十年五月十二日。

「中央研究院」近代史研究所《海防檔》丙機器局《同治十年六月八日總署收南洋大臣曾國藩文附清册咨送第三四號「測海」「威靖」兩輪船船式旗號及月需經費清册》 六月初八日，南洋通商大臣曾國藩文稱，據江南海關涂道呈稱，案於同治七年十一月二十五日，奉前憲劄，准總理各國事務衙門咨。查各關輪船，現擬清查底案，咨飭將現有輪船，造具清册呈送等因，奉此。經先後移准製造捕盜兩局，各將經營輪船造册呈請咨送在案。茲又准製造局將續造「測海」輪船九年閏十月以前辦理情形，及第四號「威靖」輪船，分造清册，移道轉送。並聲明「威靖」輪船，自九年十二月，駛赴金陵試驗後，即經移交總理江南輪船操練局吳，派員管帶操練巡緝。所有管帶委員，及船上水手人數，月支薪工等項，均係吳道經理等因到道，准此。理合具文呈祈鑒核，咨送總理衙門查核等情到本大臣，據此，相應咨送。爲此合咨貴總理衙門，請煩查核施行。再「測海」係上海機器局造成第三號之船，業經前大臣試驗取名咨報在案。其「威靖」係第四號船，造成之時，駛來金陵。經本大臣試驗，堅實穩速，可涉重洋，取名「威靖」。現均交吳道大廷綜理操練，合併咨明。

照録清册

《委辦江南機器製造局務造送「測海」輪船船式旗號等項及月需經費清册》

委辦江南機器製造局務分巡蘇松太道涂宗瀛，江蘇儘先補用道馮焌光，四品銜刑部候補主事陳蘭彬，遇缺儘先選用知府鄭藻如，謹將「測海」輪船船式旗號等項，及月需經費開具清册，恭呈鈞鑒。須至册者，

計開：

一，船名「測海」輪船。

一，船身長一十七丈五尺，船面寬二丈八尺。由船旁擱水板量至龍骨，計高一丈九尺九寸。艙深一丈三尺四寸，前後桅二枝，裝配暗輪。

查該輪船船殼並一切裝修，俱係機器局自造。惟暗輪機器滊爐全副，係同治六年開辦輪船時，即奉兩江爵閣部堂曾　札飭。一面在外國購買機器一副，以期迅速而資考究。一面自行查照圖式另造機器，是以「測海」輪船機器滊爐，係將外國購來之一副安配。於同治八年十月成船，奉派在江浙洋面巡緝。此外各輪船機器滊爐，均係機器局自造，理合登明。

一，船上大桅掛用方旗一面，寫「測海輪船」字樣，船尾掛用畫龍三角旗一面。

一，試帶輪船委員儘先補用都司一員。

查該都司金榮，月支薪水，湘平銀五十兩。自八年十二月二十日到船起，截至九年閏十月底止，共由機器局發過十一個月零十一天薪水，湘平銀五百六十八兩三錢三分三厘三毫三絲，申合規平銀五百九十六兩七錢五分，理合登明。

一，幫同照料船中需用物料司事，湖北試用縣丞一員。

查該縣丞黄建藩，於造船之時，經手管理船上各件。成船後仍撥歸該船照料，以資熟手月支薪水，湘平銀二十四兩。自九年正月初一日到船起，截至九年

八月底止，該縣丞即行告假回籍，計由機器局發過八個月薪水，湘平銀一百九十二兩。申合規平銀二百一兩六錢，理合登明。

一，船上司事一名。

查該司事汪鳳藻，月支薪水，湘平銀一十二兩。自九年十月分新添到船起，截至閏十月底止，計由機器局發過兩個月薪水，湘平銀二十四兩，申合規平銀二十五兩二錢，理合登明。

一，船上通事一名。

查該通事賈澄，月支辛工洋二十六元。自八年十月二十三日到船起，至九年十月底止，即調回局内，充當通事。計由機器局發過十二個月零八天辛工洋三百一十八元九角三分三厘三毫，理合登明。

船主美國洋人，

品特而登一名。該洋人自八年十一月初七日即外國十二月初八日，招僱到船起，至九年二月三十日即外國三月底止，即行告假辭去，計在船三個月零二十三天。

夾敦羅一名，該洋人係接替品特而登。自九年三月初一日即外國四月初一日募補到船起，至九年五月初二日即外國五月底止，即調至繙譯館充當教習，計在船兩個月。

百克一名，該洋人係接替夾敦羅。自九年五月初三日，即外國六月初一日募補到船起，截至九年十一月初十日即外國十二月底，即移交操練局接管。

查前項船主内，均照外國月分，每月給辛工洋二百五十元，火食洋四十五元。每月祇用一名，前後共計更換三人，統由機器局發過十二個月零二十三天辛工火食洋三千七百五十八元八角七分三毫，理合登明。

一，管機器正鋏櫃美國洋人。

楷能亨吳一名，該洋人自八年十二月二十四日即外國正月二十五日招僱到船起，至九年二月二十八日即外國三月二十九日，即行辭退。計在船兩個月零六天。

麥克林一名，該洋人係接替楷能亨吳，自九年三月初一日即外國四月初一日，募補到船起，截至九年十一月初十日即外國十二月底止，即移交操練局接管。

查前項正鋏櫃均照外國月分，每月給辛工洋二百元，火食洋四十五元。每月祇用一名，前後共計更換二人，統由機器局發過十一個月零六天辛工火食洋二千七百四十七元八角一分一厘四毫，理合登明。

一，大夥美國洋人。

三吾生一名，該洋人自八年十月三十日即外國十二月初一日到船起，至九年正月初一日即外國正月底止，即行辭退，計在船兩個月。

樸根士一名，該洋人係接替三吾生。自八年十二月二十五日即外國正月二十六日，募補到船起，至九年五月初二日即外國五月底止，即行辭退，計在船四個月零六天。

求士培里一名，該洋人係接替樸根士。自九年五月初三日即外國六月初一日，募補到船起，截至九年十一月初十日即外國十二月底止，即移交操練局接管。

查前項大夥，均照外國月分，每月給辛工洋一百元，火食洋四十五元。每月祇用一名，前後共計更換三人，統由機器局發過十三個月零六天辛工火食洋一千九百二元三角八分七厘，理合登明。

一，二夥美國洋人白來脱一名。該洋人自八年十二月初二日，招僱到船起，至八年十二月二十三日止，即行裁撤，不復募補。

查前項二夥，照外國月分，每月給辛工洋一百元，火食洋四十五元，計由機器局發過二十二天辛工火食洋一百二元九角二厘八毫，理合登明。

一，看更掌舵吕宋洋人四名。該吕宋人，自八年十一月初七日即外國十二月初八日招僱到船，至九年十一月初十日即外國十二月底止，均由機器局給發工食。

查前項看更掌舵吕宋洋人，每月均用四名，每名照外國月分，每月給辛工洋二十五元，火食洋一十五元。自八年十一月初七日即外國十二月初八日招僱到船起，截至九年十一月初十日即外國十二月底止，共計由機器局發過十二個月零二十三天辛工火食洋二千三十八元七角九厘四毫，理合登明。

一，吕宋水手一十一名。該吕宋人，自八年十一月初七日，即外國十二月初八日招僱到船，至九年十一月初十日即外國十二月底止，均由機器局給發工食。

查前項吕宋水手，每月均用一十一名。内頭目一名，照外國月分，每月給辛工洋三十元，火食洋一十五元。又水手一十名，每名照外國月分，每月給辛工洋二十元，火食洋一十五元。自八年十一月初七日，即外國十二月初八日招僱到船起，截至九年十一月初十日即外國十二月底止，共計由機器局發過十二個月零二十三天辛工火食洋五千一十二元六分三厘九毫，理合登明。

一，中國水手二十九名。

查前項中國水手，由八年十月分起，僱用八名。八年十一月分，陸續添僱一十名，計用十八名。八年十二月分起，又添僱五名，計用二十三名。九年正月分，裁撤二名，計用二十一名。九年二月分，又裁撤二名，至九年五月分，每月均用一十九名。九年六月分，又陸續添僱一十名，至閏十月底止，每月均用二十九名。以上水手每名月給工食洋一十五元，共由機器局發過工食洋四千七百一十七元，理合登明。

一，瀛爐火夫一十二名。

查前項瀛爐火夫，由八年十一月分起，僱用九名。八年十二月分添僱三名，至九年閏十月底止，每月均用一十二名。以上火夫内二名每名月給工食洋二十元，又五名每名月給工食洋十八元，又五名每名月給工食洋十五元，共由機器局發過工食洋二千四百九十五元，理合登明。

一，管理機器内地工匠二名。

查前項管理機器内地工匠，係自八年十二月二十六日招僱到船起，每月均用二名。每名月給工食洋三十元，茲截至九年閏十月底止，共由機器局發過十一個月零五天工食洋六百六十元陸角陸分六厘六毫，理合登明。

一，木匠一名。

查前項木匠每月均用一名，自八年十二月二十四日僱備到船起，至九年八月底止，均每月給工食洋二十元。由九年九月起，截至閏十月底止，每月減去洋一元，月給工食洋一十九元，共計由機器局發過十一個月零六天工食洋二百二十一元，理合登明。

一，洋人司役一名。

查前項洋人司役，每月均用一名。自八年十一月初九日僱備到船起，至九年四月底止，均每月給工食洋一十元。自九年五月分起，截至閏十月底止，每月加給洋一十元，月給工食洋二十元，共計由機器局發過十二個月零二十二天工食洋一百九十七元三角三分三厘三毫，理合登明。

一，水手等所用燒飯小工二名。

查前項燒飯小工，由八年十月分起，僱用一名。八年十一月分添僱一名，至九年閏十月底止，每月均用二名。每名月給工食洋七元，共由機器局發過十三個月零一十九天工食洋一百八十五元三分三厘三毫，理合登明。

一，帶水二名。

查前項帶水内，八年十二月分，僱用陳賢球一名，至九年二月分，每月均用一名。九年三月分，添僱虞慶堂一名，至九年閏十月分，每月均用二名。每名月給工食洋三十元，共由機器局發過工食洋六百二十七元，理合登明。

一，中國二夥一名。

查前項二夥周鳳智一名，係九年七月分僱用，二十六天即行告假回籍。於九年閏十月分復又到船，前後共計一個月零一十六天。月給工食洋三十元，共由機器局發過工食洋四十六元，理合登明。

一，以上委員司事等薪水，及中國水手人等工食，自八年十月輪船試行起，截至九年閏十月底止，核計共用規平銀八百二十三兩五錢五分，洋九千四百六十七元九角六分六厘五毫。

以上所用外國人等工食，自八年十月輪船試行起，截至九年十一月初十日即外國十二月底止，共用洋一萬五千五百六十二元七角四分四厘八毫。

一，船上瀛爐二座，需用英煤，計行船一日夜燒煤一十五噸。

查購煤價值以九年正月至閏拾月市價核算，每噸約銀七兩左右。至每年用煤數目，以行船多少爲定，未能預計。

一，需用雜物，約計每月用銀一百九十餘兩。

查船上需用雜物，係牛油、豆油、魚油、籽油、棉紗、砂皮紙、洋燭、洗船刷帚、砂石、洋皁、刮刀、竹箕、大小繩索、帆線，及預備油飾所需色漆等項，茲就九年閏十月以前用過款項核算，每月約支規平銀一百九十餘兩。所有船上隨時修葺以及添置器具等件，不在此項之内，理合登明。

一，船上現配砲八尊，係在船水手人等操習演放。

一，船上每年需用火藥砲彈鉛子銅帽等件，數目多少，未能預計。

一，以上各條，均就九年閏十月以前辦理情形開列。自九年十一月起，所有各輪船，均歸綜理江南輪船操練局吴道大廷經理，理合登明。

同治十年四月　　日。

《委辦江南機器製造局造送「威靖」輪船船名旗號及行船用煤用料數目清册》

委辦江南機器製造局務分巡蘇松太道涂宗瀛，江蘇儘先補用道馮焌光，四品銜刑部候補主事陳蘭彬，遇缺儘先選用。知府鄭藻如，謹將「威靖」輪船船名旗號及行船用煤用料數目查照清册，呈請鈞鑒，須至册者。

計開：

一，船名「威靖」輪船。

一，船身長二十丈五尺，船面寬三丈六寸。由船旁攔水板量至龍骨，計高二丈三尺三寸。上下艙兩層，共深一丈六尺八寸。前後桅二枝，裝配暗輪。查該輪船殼機器瀛爐，並一切裝修，均係機器局自造。於同治九年九月進河，十二月出洋試駛，理合登明。

一，船上大桅掛用方旗一面，寫「威靖輪船」字樣，船尾掛用畫龍三角旗一面。

一，船上氣爐二座，需用洋煤，計行船一日夜燒煤一十五噸半。

一，需用雜物，現就同治十年正二三等月核計，每月約用銀三百兩。查船上需用雜物，係牛油、荳油、魚油、籽油、棉紗、砂皮紙、洋燭、洗船刷帚、砂石、洋皁、刮刀、竹箕、大小繩索、帆線，及預備油飾所需色漆等項，茲就十年正二三等月，用過款項核算，每月約支銀三百兩。所有船上隨時修葺，以及添置器具等件，不在此項之內，理合登明。

一，船上現配開花子銅砲十尊，來福子鋼砲三尊，係在船水手人等操習演放。

一，船上每年需用火藥、砲彈、鉛子、銅帽等件，數目多少，未能預計。

一，以上各條，均就機器局經理事宜開列。所有管帶委員銜名，並船上水手人數，月支薪工等項銀兩數目，均歸綜理江南輪船操練局吳道大廷經理，理合登明。

同治十年四月。

佚名《晚清洋務運動事類匯鈔·輪船招租》　欽差大臣辦理通商事務太子太保協辦大學士兵部尚書直隸總督部堂一等肅毅伯李爲咨商事，竊照天津上海機器兩局，所需采購外洋機器物料，皆由上海香港兩處，搭雇帆船裝運，其難百倍。津局今年運物水脚，計已萬金以外。滬局每年運物之費，亦不下二萬餘金，勞費寔甚。查六百噸夾板船，除去艙位一切，計二百噸尚餘四百噸地位。即以米石計之，可裝米六千七百餘石。每石運費約銀七錢，合銀四千七百餘兩，裝運他物稱是。曷若自行製造五六百噸夾板船三四隻，以兩隻往來香港上海，運送物料，爲滬局之用。以其一往來上海天津，運送物料，爲津局之用。且造中號夾板船工料，每兩三隻，始抵造中號輪船一隻，又無修理機器及鐵櫃煤炭襍項之費。近今輪船，皆用華工駕駛，夾板船更不必用洋人矣。又輪船雖停泊不用，而正副鐵櫃及水手人等，絲毫不能裁減。若夾板無論大小，須十數華工，看守擦磨，即能敷用。如此辦理，則滬津兩局，自香港至上海至天津，所有一切物料，皆係官局夾板裝運。每年可省運費三四萬金，此亦製造中必應籌畫之一大端也。查試造夾板船之利有九，造船不造機器，其工省一也。既無機器，一切費用，遇順風時，能與輪船並駕齊驅。或竟過之，即遲亦不過十數日，其運速，二也。輪船停運，而鐵櫃水火夫人等不能酌減，夾板則工食有限。每月或數百金，至千元足矣，不若中小輪船月費二三千金。其費省，三也。往來運儎，其工價金錢費用，盡爲華工所得。洋人不能專其利，四也。夾板運儎，類係重大之件。洋船卸儎，遲至一日，即須貼水脚三四十元至六七十元不等。官廠夾板，則遲速惟命，五也。又十七八丈輪船，除儎機器瀛爐外，只能裝儎三四百噸零星散碎之物。如長松木大機器則不能容，火藥火器則不敢載，夾板則艙多深廣，不用格壁，腹大能容，無物不宜。是以西洋各國官商，必須輪船帆船並用，六也。論者謂輪船可禦盜賊，夾板行遲，恐有疏失。不知其中無可欲，雖漁艇可以無恐。其中有可欲，雖法人百丈輪船，猶有戒心。若以解餉之事專差輪船，而以夾板船裝運木料機器各項，即遇盜船，無所顧慮。此又平穩無失之事，七也。倘遇軍興，或購備兵米，或撥解軍火，或裝儎勇丁，一夾板船可抵中號輪船三隻之用。載多而費甚廉，尤爲緩急得濟，八也。又如今冬採買奉省賑糧，搡江輪船，每次僅運千石。而煤價已在四五百金。嗣運滬米，欲借「威靖」「測海」兩船。聞「威靖」僅可載一千三四百石，「測海」僅可載七八百石，往返煤價已需三千餘金。夾板船大如「操江」者，至少可運三千餘石。再大則裝載愈多，所遲日期無幾，此又費省能容，不疾而速，九也。凡事窮則變，變則通。今帑項支絀，幸有洋稅一項，可以補苴。然洋稅有贏歉，局廠無盡期。處百貧之日，而有前此之九利，不及此時爲經久之計，殊爲失算。輪船日多，費帑日鉅，刻下滬閩各局，自製輪船，已有十餘隻。既難禦侮，又不合裝貨之用，每歲費帑在三十六七萬兩以外。洋稅一停，不掣自斃，必非百年之計。亟應飭由滬局趕造中號夾板船四五隻，以便往來運解各項。萬一損舊，滬上商民，尚可改作商船，變價較易。而輪船朽壞，則從無商民能領買作商販者，此可以見其情矣。況每年江浙海運漕糧水脚，動至七八十萬，沙船且日見其少。若滬局每年造三船，或竟能多造，十年之後，海運米石可得三四十艘，約計每次已省運費十二三萬兩。每年運三四次，則全漕可竣，其裨益於國家根本大計者，爲利尤遠。除逕札上海機器局迅速籌畫，刻期趕造具覆外，相應咨商爲此合咨：

貴閣爵部堂，請煩查照酌核，一體飭辦，望切施行等因。除咨曾爵中堂外，合行札飭札到該道，即便查照此札。十年十一月二十五日到節録李中堂復沈道函津滬各局定購機器料物搭雇帆船勞費甚鉅尊議由滬局製造五六百噸夾板船三四隻，專爲運送物料之用。所陳九利言之鑿鑿，並擬推廣多造。籌及將來海運所省經費寔多，誠爲可久可大之規。慮遠思深，可勝敬佩。已查照來議，咨商侯相，請飭滬局照辦矣。

同治十年十一月二十五日。

中國第一歷史檔案館等《中國近代兵器工業檔案史料》第一輯《李鴻章奏洋務需才請將馮焌光等四員存記待選片同治十一年五月十五日》 洋務交涉日煩，人才日少。其由科目進者，平素未習軍事，未諳洋情，或視爲畏途，一經艱巨，非茫昧無措，即制馭失宜，由於所用非所學也。其由他途進者，間有熟悉機宜，或又以資望不足短之。各國既經通商，事變之來，不可思議；即使相安無事，而洋人心力精强，稍予間隙，即相逼迫。剛柔張弛之際，全賴關道得人。惟人才不能生知，須由造就歷練而成。現在總理衙門司員，學習年久得以保薦關道，洵屬用其所長。惟京内爲洋務總匯，外省尤諸務管樞，自須及時儲備，以濟緩急。

查上海機器局道員馮焌光、知府鄭藻如、天津機器局道員沈保靖，亦由滬局調來，均在局八年之久，日與外洋員匠交接，於輪機制器等項固已學有心得，且深悉外人强弱伎倆，措施悉當。綜理江南操練輪船前福建臺灣道吴大廷，才識閎達，任事沉毅，帶船改用華人，訓練亦甚認真。以上四員，皆由舉人出身，臣與曾國藩傾心委任，欲其練成邊才，爲國家異日之用；且局差煩苦異常，該員等勞身焦思，爲中土開此風氣，亦不可(不)略加湔拔。

中國第一歷史檔案館等《中國近代兵器工業檔案史料》第一輯《李鴻章奏請飭鄭藻如迅速回滬吴贊誠來津辦理洋務製造事宜片同治十一年五月十五日》 滬、津機器各局仿制輪船、槍礮軍火，事體繁重，理大物博，非有精心果力志趣深遠者，實難相與有成。滬局現有江蘇補用道馮焌光、選用知府鄭藻如，津局現有後補道沈保靖，籌辦一切，苦心經營，數載於兹，駕馭中外各匠，操縱咸宜；綜核工料巨款，絲毫不苟；監制船械，日起有功。惟鄭藻如因親老久未省視，春間乞假歸粤，尚未知何時回局。其人才大心細，洞悉機要，有俾軍國，擬請飭下廣東督撫臣飭催迅速回滬。沈保靖近因廠基被水積受潮濕，屢請病假，亦須遴員替代，以資練習。上年丁日昌丁憂回粤，臣因其平日講求洋務機器，囑爲留意真才。昨據函稱，有前署廣東惠潮道候補道吴贊誠，清正有爲，不憚煩苦，又精於算學，堪備督理(制)造之選。查臣於同治六年二月間帶兵剿捻，(雖)(曾)奏調吴贊誠赴營差委，亦深知其結實可靠。可否仰懇飭下該督撫檄令該道雇搭輪船航海來津，隨辦洋務製造事宜，俾收指臂之助。

中國第一歷史檔案館《咸豐同治兩朝上諭檔》同治十一年五月十七日 軍機大臣字寄

大學士兩廣總督兼署廣東巡撫瑞，同治十一年五月十七日奉上諭，【略】滬津兩局，辦理洋務機器，委用需人。著瑞麟即飭令鄭藻如迅速回滬銷假，無稍延緩。並飭吴贊誠即行，雇搭輪船航海來津，隨同辦理洋務製造事宜，以資臂助。將此諭令知之，欽此。遵旨。寄信前來。

「中央研究院」近代史研究所《海防檔》丙機器局《同治十一年六月十八日總署收署南洋大臣何璟文附江南製造局稟籌議以洋關間款協養輪船滬局接續製造須力求撙節並論輪船招商運糧得失商租輪船運漕米煤鐵可濟養船經費並稟明江南製造局造船造槍砲及譯書情形》 六月十八日，署南洋通商大臣何璟文稱，據江南機器製造局，儘先補用馮道焌光等會稟，遵飭籌議輪船情形，候示祗遵等情到本署大臣，據此，除批。據稟該局創始，暨前今辦理各情形，均悉。所議輪船招商運糧二事，應合爲一卷。查曾前部堂任内，容丞閎、許故道道身，先後議請承辦招商輪船，即以兼運南糧爲説。蓋商人覬得沙船之水脚，爲大宗有著之利。其事雖蒙允准，而卒無成議者。非特貲本之不易集，與沙船舊商之不肯相讓也。良由糧道事涉繁難，生手不能遽任其責耳。現在江南四船，又止有「威靖」一船，仍須修改，方可出租。即如所稟，承租之商，每年可獲利兩萬金。果肯分其半以歸官，而區區一船之租利，究亦與大局無補。若將「恬吉」「測海」二船，一併修改招租。凡物一經修改，必不如原造之堅固渾成，冀此未能必獲之租利。而令新成之船先受其損，似屬非計。昨據綜理操練局吴道來稟，有四船現尚不敷周轉之語，則是招商一説，刻下原可從緩。然嗣後尚將添造商船幾號，即是專爲出租而設。據稟先以「威靖」爲權輿，未始非先事預籌之道。該道等即宜留心訪察，遇有可靠華商，亟須設法招租，試一行之，使商人有利可圖，未必寂無應者。曾前部堂，不重索租價之議，似可爲試行招商辦法。惟商租輪船章程，江海關定有成案，久經刊示，實與現經所議截然兩事。前准李爵閣大臣咨，據津海關陳道抄致江海關沈道函稿，有云，輪船招商租雇，丁中丞在上海任內，出示數載，從無一人承領，想其中必多有與商情窒礙者。陳道此語，當係由在津之粵商傳聞誤會所致。查從前江海關出示招商，其時尚無官局開造輪船，只爲勸諭華商之租買洋船貿易者，概行報關編號，免其隱寄洋商名下。創辦之初，定章稍密。今既以官船出租，誠恐各商誤執昔年章程，仍前裹足，不可不分晰諭知，俾無疑慮。其前章中，有仍須採用者，有應加區別者，在乎體察情形，期於官商兩益。該道等應即詳細查詢，籌議核奪，慎勿徒事空言，而不求實際也。至挖煤採鐵二事，查從前該局迭次呈議，應臬司亦極陳煤窑之利，而驓兩前大臣，概置不議。有卷可稽，兹復據來稟，反復言之，固不必因成案議駁在前，拘泥不行。第思此等事，若專就利益一邊立説，何嘗不娓娓可聽。一爲核實考究，官辦是否能籌鉅典，商辦是否能致殷商。出産有盈虚，是否不致虧摺貲本。流弊有輕重，是否不致貽害地方。皆須博訪周知，熟思深慮，確有把握，然後可以創辦。放言易，力行難，未可徒以美言市也。若爲預杜洋人覬覦起見，先發制人，在尋常交涉事宜中，原有此權變辦法。若開礦則關繫地方較重，洋人雖極矯强，豈能不經明議。逕嗾奸商，擅在内地開山，即如上年有英人力請試開句容鎮江等處煤山。經馬前大臣會同丁前撫院，委員探視，卒未舉辦，彼族亦無異説。此事遠近咸知，不待更稽卷案，該道等何獨未之聞乎。大凡論事，當就本案切求歸宿之處，不宜更爲泛騖之詞。如此案總署原函，有自强而轉以自累之慮。宋閣學有請停造船之奏，良以已成之船，尚無安置。續造之船，作何限制。已用之款，久未報銷，方來之費，將何籌畫，此皆必不可以漫無歸宿者也。果如曾前部堂復函所議，是已造及續造之船，大約以十餘號爲准。若論其船之如何得力，固不必侈談海上挈較短長，即以中國沿海數省，應有分布輪船。在滬局分造十餘號，未有能復議其多者矣。船數如此，則豢養亦易有著落，能以招商稍資貼補可也，否則以此船官運南漕亦可也。如謂沙船生計，未可遽奪。尚望其接年興復，足運江浙之漕。則如湖廣西皖各省，將來復徵本色，即以新輪船辦運，泝江入海。於計尤便，用以補河運之未逮，無不可也。如其運糧非輪船所宜，則南北洋長江各關，皆有租置輪船應用，遞年必有損壞。如九江關呃吩輪船故事，即以新造之船補入。經費一仍舊貫固妙，不然則酌量情形，添養一船。在各關正款，自難妄動，而間款尚可自籌。如江海關向以籌防損項爲外銷之款，月入約二萬金之譜，目下固已儘數開支。然苟力求減并，每月騰出二三千金，添養一船，似尚易辦。推之各關，諒亦無異。以洋關協養輪船，固爲名正而言順。由通商衙門臨事調遣，不慮勢渙而權分。如此則養船之資，確乎有著，更無有能議其虚糜者矣。又如曾前部堂復函所云，只宜因費多而籌省，此語尤爲吃緊。省之云者，非特裕其流，正將節其源也。卷查機器設局之初，專造鎗砲。經李爵閣大臣奏明，此項經費，在於軍餉節省項下動用。每月用款一萬餘兩，已由軍需報銷局附案分起辦理。是以機器局轉無報銷，迨後開造輪船，由曾前大臣奏明撥用一成洋税，於是乎每年用款約二十萬兩。嗣因捻務肅清，由馬前大臣奏請將接濟軍餉之一成洋税，亦併入機器局開支，於是乎每年用款約四十萬兩。兹據稟稱，自六年起，截至十年十二月，共領過餉銀一百八十七萬餘兩。計所造五六兩號輪船，果於今年竣工，則用款當在二百二十萬兩之譜。據稱現在趕辦報銷，本署大臣以爲續有製造，當於舊款報銷竣後，明定用款章程。在局既無洋人，一應員匠薪工，可減者減之。采辦既經多年，一切物料價值，可核者核之。局外酬伺行船等費，當免者免。局中修建土木各工，宜停者停。某船樣約用工料幾何，多一層稽核，即少一項潑撒。某號船勒定限期幾何，早一時完工，即省一日工價。此外但有可從節省者，力求撙節。如此縱未能仍用一成洋税，以另一成歸還關庫報解，而約計所省之數，當必大有可觀。非惟可補經費之不足，抑庶乎該局經久之良規，所謂以約失之者鮮也。該道等思之，以爲何如。以後兵船商船應造幾號，查曾前部堂函復總署，即已聲明。兵船再造三號，商船再造四五號。惟密函未便作爲定案，故又有輪船不宜停止，容當恭摺復奏之語。該局自當接續製造，隨後應否查照成案附奏之處，再行飭知可也。仰即遵照，並録批移會操練局吳道一體知照，仍候咨明總理衙門李爵中堂查照繳印發外，相應抄稟咨呈。爲此，咨呈貴總理衙門，謹請查核施行。

照録抄稟

《江南機器製造局來稟》

敬稟者，同治十年十二月二十八日，奉直隸爵閣督憲李抄發總理衙門密函。以閩滬製造輪船，養船經費不敷，議欲變通辦理。或招商租賃，或酌運漕糧，飭即妥籌具復。本年正月初八日，又奉原任通商大臣曾札開，奉上諭，宋晉奏，閩省上海製造輪船，請暫停止等語。著通盤籌畫，斟酌情形，妥籌熟計等因，恭録札局欽遵妥議詳覆。二月初一日，又奉原任通商大臣曾抄發覆總理衙門函稿。内開，豢養輪船，變通之法，不外配運漕糧，商人租賃二議。中國欲圖自强，不得不於船隻砲械練兵演陣等處入手。刻下祇宜自咎成船之未精，似不能謂造船之失計。祇宜因費多而籌省，似不能因費絀而中止。趁此内地軍務將竣之際，急謀備禦外侮，理與勢皆應及時以圖等語。並奉札飭卑局核明來往函内事理，酌量蘇省現在情形，詳細查明，妥籌章程，稟候核辦，勿稍拘泥遲延各等由，奉此。竊惟西國船械之利，中土向未講求。同治初年，直隸爵閣督憲李，創議設局，購買機器，特於寧滬兩處，先後舉辦。嗣奉原任兩江爵閣督憲曾奏留洋稅仿造輪船，由是閩省津沽，陸續踵起，舉凡槍砲輪船火藥，以及一切軍營利器，遂漸擴充。徒觀其迹，似乎無裨目前，且啓外人之猜疑，而耗中原之財力。不知中西通市以後，門闥洞開，戰艦分布沿海，火器携帶出遊，據我要津，覘我情實，亂我風教，奪我利權，既有日逼處此之嫌，自無永遠相安之理。苟非亟圖自立，未雨綢繆，一旦釁起他人，恐成束手。今之考求製造，門徑初窺，款不如彼國之裕，藝不如彼國之精，材料不如彼國之適用而充足，所成之器，何敢遽與頡頏。然竊觀數年以來，工匠手藝，漸有進益製造理法，漸知推闡。倘不設法求精，半途輒止，固非所以仰副憲台體國安邊，維持大局之意，尤恐轉生他人輕視之心。且聞西洋創造機器，已數百年，創造輪船，亦百餘年。其始由小而大，由粗而精，心思財力，耗費於無用之地，不知凡幾。即如道光年間輪船到粤者，所配明輪，間或藏在船腹，行駛尚鈍。繼而有暗輪，有鐵殼，又復造爲鐵甲，愈出愈奇。洋砲一項，當初鑄以生鐵，鑄以熟銅，繼而用熟鐵包裹，用鈍鋼鑄成，並有來福及後開門等式。洋鎗一項，從前祇用火石敲擊，繼而改用銅帽，今則並省銅帽。洋火藥之佳者，往年但求光亮細緻，形如黑芝，繼而有三稜藥，有藕筒藥，有棉花藥。凡此層累曲摺，彼族呆費工夫，備歷甘苦。今中土開局，不滿十年，所用皆其新得之精，所習皆其已成之效，是西人費盡數百年心力，而以現成巧妙，轉授華人，所佔便宜不少。設非鼓勇精進，正如子弟讀書，纔知文義，又得良師啓牖，而一旦棄置不學，良可惜也。查卑局開辦之始，亦深慮需費甚鉅，成效甚遲顧西人製器。往往所製之器甚微，而所需以製器之器甚鉅。且機器重大，必求安置穩固之地，不惜工本，積累歲月而後成。其需用器具，缺一不備，則必俟各件齊全，方能下手。而選料之精，必擇其良而適用者，恰合尺寸，不肯畧有遷就。此外不中繩墨，皆在擯棄之列。又經營構造，時有變通，往往甫造未成，忽然變計，則全料已經拆改廢棄。且以洋匠工價之貴，輪機費用之繁，倘製造甚多，牽算尚爲合計。若製器無幾，而逐物以求分晰工料之多寡，則造成一器，其價有逾幾倍之數者。故卑局製造，與軍需則例，畧有不同。部中製造工料，皆有一定章程。視卑局所造，初覺費工費料，而製法精粗，價值貴賤，似難一律而論。至局中工匠，均須雇募督造，與定價估造不同，全在督課之嚴，方免偷曠時日。物料多係從外洋購辦，專恃留心覈實，較勘日精。幸而開局草創之初，防檢嚴密，所用洋匠無多，稽核工料，皆有一定章程。故規模則由小而大，日見其擴充，綜覈則自畧而詳，愈求其精細。查自四年設局開辦，其始因尚未興造輪船。先將製造洋槍之器，查照西國圖説，如式仿造。及後鎗砲輪船，以次舉辦，於是所用之車床、鑽床、刨床、滊鑪、滊機、鎔銅鎔鐵大鑪，造鎗造砲器具，及一切需用輪機各件，皆陸續添造。先後計造成各項機器共百餘座，此所謂以器製器，而先致力於製器之器也。至仿造洋鎗，以購廠之先，並無造鎗機器。苦心探索，歷經盤錯而後成。其始仿造英國兵鎗馬鎗，計已成報解者共七千九百餘桿。嗣因新出鎗樣，均從後門裝送子藥。施放既捷，子路遠而且准，其渾堅靈捷，尤以林明敦鎗爲最。刻下計造成林明敦馬鎗七百餘桿，兵槍一千餘桿。又上年寄信外國，購買製造林明敦鎗子藥銅捲之機器，於本年正月全數運到。所雇洋匠四名，於去年三月底，自外國抵局。於碾捲鎗筒，鏇刮内膛，較舊法加倍靈捷。其專造子藥銅捲之洋匠，本年正月，亦已到局。一俟機器安配齊全，即可將子藥一項，接續仿造，此造鎗之情形也。上年卑局奉造開花子輕銅砲，共造成二百五十四尊，其時係爲陸路行營之用。嗣仿美國式樣，造成千斤重銅砲四十尊。除解軍營外，皆配作輪船邊砲。現於局之東北，添造大滊錘廠，擬試造四十餘磅之來福子熟鐵大礮。俟工匠手藝日熟，則可仿照銅砲。此又造砲之情形也。至造船之事，分三大宗，一曰機器，一曰滊鑪，一曰木殼。卑局所造輪船，除第一號「恬吉」輪船，係在上海覓購機器，由局配造滊鑪木殼。又第三號「測海」輪船，其機器滊鑪，均購自外洋，由局裝配木殼外。其餘第二號「操江」輪船，第四號「威靖」輪船，及現造未完之第五、第六號輪船，所有機器滊鑪木殼三項，均由局出樣構造。又第七號輪船，因有開造未成之機器滊鑪，與「威靖」輪船同式。曾稟請仿造鐵殼輪船，一以償「天平」輪船之缺，一爲鐵甲船先導。此外又擬仿造夾板船一隻，此造船之情形也。卑局志在盡得西法所長，借洋人以爲引導，不令洋人以把持。募集内地工匠，日與洋匠講求，寓教習於製造之中，而不欲多用洋人，致長盤踞之漸。年來口講指畫，心摹手追，亦覺門徑漸窺，粗有造就，而尤切要者。在設立繙譯學館，招致西人之積習有素，而又通曉中國語言文字者，擇譯外國有用諸書。計自同治七年起，先後覓請英國傳蘭雅，美國金楷理林樂知三人，在局繙譯。又七年分，曾覓得英國偉烈亞力，美國瑪高温二人，暫在上海租界，就近繙譯。均係局員徐縣丞壽，華牧衡芳，王牧德均，徐令建寅，李主事鳳苞，嚴中書良勳，丁舉人樹棠，協同司事，日與西人口講筆述，悉心研究。現計譯成製器之書六種，一曰瀛機發軔，二曰瀛機必以，三曰瀛機信度，四曰瀛機新制，五曰藝器記珠，六曰範模要畧。造船之書一種，曰造船新法。火器之書四種，一曰大砲全輪，二曰克虜伯砲法，三曰製火藥法，四曰水雷祕要。繪圖之書三種，一曰運規約指，二曰器象顯真，三曰行軍測繪。地産之書三種，一曰金石識别，二曰地學淺識，三曰開煤要法。化學之書二種，一曰化學分原，二曰化學鑑原。行船之書四種，一曰航海簡法，二曰御風要術，三曰測候瑣言，四曰航海通書釋例。船操之書三種，一曰水師操練，二曰輪船布陣，三曰兵船砲法。設防之書三種，一曰防海新論，二曰城壘全法，三曰攻守制宜。江海圖説二種，一曰長江圖説，二曰海道圖説。西國雜記之書二種，一曰四裔年表，二曰綖紘外乘。算學之書三種，一曰代數術，二曰積微溯源，三曰平弧三角法。聲學之書一種，曰聲學。此外已譯未成者，趕緊譯出。其前項譯成各書，均經陸續校刊，以求盡得其成法所在，切實演習。將來中土曰精，則不用洋人，亦可自爲辦理，此繙書之情形也。至林明敦鎗子所配火藥，視别項之藥爲最精。現已專造林明敦鎗，自不能不仿造鎗子，既造鎗子。自不能不仿照火藥，且不獨鎗子之藥最關緊要。即各項砲藥，皆爲軍營所必需。如一概購自外洋，固恐洋商居奇。萬一遇有急需，來源一斷，則諸器俱爲無用。去秋奉原任通商大臣曾飭令設廠開辦，經於上海龍華地方，酌買稻田，開建廠屋。擬先造林明敦鎗子火藥，及鎗彈砲彈所用白火藥，一面帶造砲藥。所有林明敦鎗子機器，即彙歸火藥廠内安置造辦，此擬造火藥之情形也。此外如船塢一項，工程絶大。現既有輪船，不能不謀及修葺，不能不先作船塢，逐漸經營。刻下已將船塢造成，又上年添造鑄鐘鐵廠、洋鎗樓、捲鎗廠、熟鐵廠，及學習行船測量所用高台，俱已造成。其尚未竣工者，則有瀛錘廠，火藥廠兩處，此又前後增添工程之情形也。夫鎗砲火藥與輪船相維繫，繙書館與製造相表裏，皆係今日要圖，不可偏廢。且機器添造日多，局地增建日廣。又如奉札飭辦各項器用，分濟各處，兼管並舉。事既繁賾，費亦加增，計動用二成洋税。自六年開造輪船起，截至十年十二月止，共領過銀一百八十七萬餘兩。原非專爲造船之用，所有局中用款，歷年以來，均經按月造册呈報在案，現已趕緊分别門類，造册報銷。其行船用款，另列造報。惟是經費浩繁，自宜早爲籌畫。伏讀總署函稿，於養船款下，通盤計算，謂運糧一説，爲時甚暫，津貼無多，慮於大局無裨。招商一説，華商之力不敵洋商，其勢恐難持久。此誠洞窺肯綮，事求萬全之至意也。竊謂運糧招商兩説，與其分而爲二，不若合而爲一。如果租船華商，准其兼運糧米時，商人恃有運漕專門生意，縱客貨未能充裕，亦得藉資彌補，可冀樂從。試以中等火輪貨船言之，假如每船運漕八千斛，比照沙船辦法，每斛給水脚銀六錢。若一月能運兩次，則每船月領水脚，約計銀九千餘兩。若兩月共運三次，則每船月領水脚，約計銀七千餘兩。回空附搭貨客，不在此數之内。其一月兩運者，船上薪工油煤各費，每月約銀五千兩，尚贏四千餘兩。兩月三運者，船上各費，每月約用銀四千兩，尚贏三千餘兩。一年之内，以六個月攬載各口貨物，盈縮牽算，年中獲利，當在二萬兩左右。官收其半，亦得萬金。查赴津輪船，吃水過十二尺者，不能進紫竹林。如吃水十二尺以下之船，所載米數不及八千斛，則水脚以次遞減，倘能過八千斛，水脚亦以次遞增。惟今日之議，首在商人信從，船有著落。但使其漸開風氣，而不必遽計奇贏。誠於各輪船中，將載貨之船租去一號，便省一號餉需。將租船之項湊養兵船，便減兵船巨費。從此仍就撥定之款，隨時籌畫，或添造載貨之輪帆等船，或參造火輪兵船，仍可與時消息，相機辦理。倘商人承租之後，確知有利無病，踴躍舉行，則中土商運日興，西人利權日替，此尤計之甚得者也。或謂輪船運米，有礙沙船，不知沙船短少，非始今日。本年海運米石，聞沙船不敷配載，封雇拮据。茲計輪船每號儘半年之力，不過載米十萬餘石。目前可以出租之船，亦復不多，於沙船似無大礙。或謂華商本輕，洋商資重。商租輪船一出，洋人必減價争利，不知海運乃天庾正供。其利專歸華商輪船，不許洋舶干預。商船既有半年專門生意，貨物皆可隨便搭載，水脚必較洋船畧輕。至招商事宜，必覓老成華商，熟諳貿易者，訪察情形，參酌盡善。其出名承租之人，必身家殷實，俾有責成，斷不許暗與洋商合股。承租之後，該商具結呈官，由官給予憑據，酌定租項，或按季或按月照數完納。其關税船鈔，及關單起貨開艙稽查等事，仍酌用洋商章程。此外浮費，一概禁絶。凡船上薪工油煤，及年中小修，擬歸該商自理。遇有損傷大修，擬由官局酌辦。並令商人籌湊資本，設立保險公局，以示安穩。凡在滬兑米堆棧，擬由商辦。在津卸米撥運，擬由官辦。惟糧米到津之日，立須起卸回運，此層最關要緊。擬由官先在天津酌造囤棧，或多造剥船，以備隨到隨收。並擬請將輪船所運之米，劃歸北洋通商大臣飭員驗收剥運，以期迅速。蓋輪船躭延一日，多一日盤費，即誤一日行程。西商開船，限以時刻。凡遇租賃帆船，亦必訂明上貨卸貨日期。逾期一日，罰補費用，動至百元數十元之多，職是故也。至載貨輪船與兵船之制，各有不同。貨船專主載貨，必將貨置之艙位下層，斯出洋可期安穩。且中層並不安置砲位，亦可全裝貨物。其船面上層，則分置房間，以便搭客。船身宜畧短而中寬，因欲多載貨物，逕入口岸，故食水宜淺，則長江以及各洋，皆可行駛。若兵船艙面安置砲位，上重下輕。又機器在水線之下，以避轟擊。故船身較長而中狹，艙下多壓重載，食水較深。查卑局所造輪船，上年已成者四號，現在未成者兩號。其已成之四號內，「恬吉」「操江」兩船，雖非西國兵船新式。而當日係爲巡海起見，故仍與貨船式樣有別。「測海」一號，則機器滊爐皆在水線之下，暗輪能上能下，烟通可高可低，確係兵船制度。以上三船，皆裝貨無多。萬難强作貨船，發商承租。惟「威靖」一號，原照旗昌洋行滿洲輪船式樣造爲貨船，嗣奉前江蘇撫憲丁　諭飭改作兵船。遂將船面客艙撤去，配置砲位，故艙内不便裝載貨物。如將砲位撤去，以中艙住房移歸船面，而以中下兩層艙位載貨，則仍與貨船無異也。兹就卑局情形，僭爲擬議。似不若將「恬吉」一船，撥歸捕盗局發餉，以補「天平」輪船之缺。既可出洋護商，亦可隨時操演，以公濟公，似屬兩便。且捕盗局之「天平」輪船，既有「恬吉」償補，則將來擬造之第七號鐵壳輪船，逕可仿照貨船式樣。其「威靖」一船，擬邀上海殷商登船察看，能否承租。如果願租有人，續行稟報聽候核示。然後將該船改作商船，遵照出租。在卑局先以「威靖」爲權輿，以騐得租之多寡。在商人即以「威靖」爲榜樣，以占獲利之盈虚。嗣後若欲增造貨船，亦得視爲定盤，冀有把握。至未成之第五第六兩號輪船，每船計長三十丈有零，均係查照西國大兵船圖説，將機器滊爐木壳三大宗，及一切要緊器物，如法仿造。且遇有兵船到滬，職道等復携中外工匠赴船細觀，參酌辦理。可否俟兩船告成後，彙同「操江」「測海」共爲四船，或分赴沿海各省，按月輪流梭巡。一面操演鎗砲，一面練習海道，無事則分，有事則合。其養船費用，酌歸輪巡省分，籌撥協濟，以紓餉項。以上各層，又卑局目下擬議情形，靜候核奪者也。抑更有請者，自古欲謀强兵，必先富國。兹汲汲焉慮養船之無費者，以國之不富也。國不富則不特養船無費，無以爲自强之本。且自有之利，其權盡屬他人，並無可以自立之地。近來西人屢以内地煤礦爲議，又謂中土鐵質，遠勝外洋。揣其耽耽逐逐之情，已非一日。特以無隙可乘，未敢涉手。倘中土不及時興辦，先發制人，此輩惟利是圖。萬一暗嗾奸商，引誘土人，通同私採，不止美利坐失，尤恐後患潛滋。竊謂欲弱西國，必自富中國始。欲富中國，必自暗抑洋貨，流通土貨始。兹商人承租輪船，既訂擬以半年運漕，半年另覓貨載。或乘此間辦之初，並爲内地籌畫生計，則轉運煤鐵，亦屬官商兩便之一端。試就上海一口而論，旗昌怡和兩洋行輪船，不下二十餘號。別家輪舶尚多週年需煤，爲數甚鉅。即卑局廠内及輪船用煤，亦復不少。一遇煤炭缺乏，往往洋煤進口，故意居奇。查南省地方，如湖南江西臺灣，向皆産煤，價值甚賤。特無抽水機器，故僅能挖取上層次等之煤。至下層佳煤，爲水浸灌，無從汲净，不能施工。誠使招覓商人，購買機器，如法開採，則得煤既多。水路復近，價值必視洋煤輕減。凡上海及通商各口，皆可廣爲銷運。而洋煤不阻自絶，此煤利之宜興者一也。古之言裕國者，鹽鐵並稱。道光年間，粤省佛山一鎮，鐵商四五十家，皆售本地之鐵，買賣甚大。咸豐年間，楚省所産之鐵，運至漢口發售者尚多。近則外洋之鐵，價值甚賤，中土之鐵，成本較昂。以之内地鐵商，十歇其九。查西國煉鐵煉鋼，及碾卷鐵板鐵條等項，無一不用機器。開辦之始，置買器具，用本雖多，而煉工極省，煉法極精。且大小方圓，色色俱備。土鐵貴而費工，洋鐵賤而適用，無怪洋鐵銷售日盛，而中土鐵商，忍氣歇業，不能與較也。去冬英國鐵價驟昂，凡遇至内地者，價增十分之二。然土人仍狃以洋鐵之便，甘以厚利與人，是則煉法不精，機器不講之明證矣。現聞粤省商人，有擬購機器，在惠州一帶開礦煉鐵之説，未知能否成就。至如兩湖三江福建等省，産鐵俱佳，誠使設法經理，或官辦。此等日用必需之物，銷路必暢。但求採煉得法，則價值自然平減，洋鐵自難居奇，此鐵利之宜興者二也。夫貨權輕重，無一不與地方元氣相關。貨入内地，便是銀出外洋。消長之機，所繫甚大。果能興自然之利，供有用之需，絶壟斷之謀，培生人之命，富國之計，似有未便於此者。且古之爲市，以有易無，彼此互爲周轉。今則但知有洋貨，幾不復知有内地之貨。洋貨充斥，遂至内地貨物，壅塞不通。無論泰西各國，奇巧日出，與我爭衡。即如日本一隅，所産銅鐵煤木，漸已通行宇内，故内地非無貨也。心力日偷於佚惰，轉運復困於舟車。論物之適用，則洋貨反得其宜矣。問價之貴賤，則洋貨反居於廉矣。於此而不濬其源，導其流，中國之困，恐無既極。且西人之奪我利權，不獨洋貨爲然也。以輪船運内地之貨，則利不假外求矣，且不獨洋商爲然也。以華商假洋商之號，則利仍爲彼有矣。又聞華商貪圖入口半税之利，轉託洋商報税。貨物出入，另有行用。税絀於内，利歸於外，淵魚叢雀之喻，何以異此。彼洋人者，無貨而有貨，非商而皆商。又奚怪中土利權，不爲其網盡也哉。然苟能用彼成法，開我利源，擇地興辦，擇要舉行，以漕運爲商租輪船之本，以煤鐵爲商租輪船之繼。一年之中，商船運漕，既有半年專門生意。而煤鐵係創辦之舉，及早歸商開採轉運。刻下先在漢口臺灣等處，每年夏間招商定價收買煤觔，堆存口岸，秋後輪船即可源源裝運。除官局官船承買，照價發給水脚，其餘准該船商及煤商，分運各口出賣。銷售既多，出産之地，定有商人購買機器，開採煤鐵。鍱鐵出産本同，鎔煉鐵質，需煤甚鉅。煤既開採，則鐵工亦可就近興辦。如此則中國輪船於漕運之外，得此大宗接濟，自可行之久遠。既不必慮養船之無費，從此漸推漸廣。如開設機器，南省織洋布，北省織羽呢，又重收洋藥税銀，藉以嚴禁了片烟，彼將何利之可圖乎。夫西人之入中國，爲貿易來也。奪回利權，則彼貿易必減。將見中國輪船日多，洋人輪船日少，其不却步反走，斷斷乎未之有也。夫然後我中國物産愈旺，華商愈興，民富則國富，國富則兵强，隱然有不可輕犯之形，而狡謀當漸息矣。職道等遵奉前由，謹將籌辦輪船情形，冒昧臚陳。至所辦輪船，除五六兩號兵船開造未成，及第七號鐵壳商船，木壳夾板船，稟明奉札購料興辦外，以後應否添造兵船幾號，商船幾號，或逕將輪船停造。職道等未敢擅議，伏乞訓示祇遵，理合稟覆，仰祈大人俯賜鑒察，實爲公便云云。

「中央研究院」近代史研究所《海防檔》丙機器局《同治十二年正月二十六日總署收署南洋大臣張樹聲文附吏部抄摺一件吏部核議江南輪船管駕員弁請獎事》

正月二十六日，南洋通商大臣張樹聲文稱，同治十二年正月初八日，准吏部咨。文選司案呈，所有前兼署通商大臣署兩江總督江蘇巡撫何，保奏管駕輪船案内之威靖船主天文司經歷銜招錫恩一員，請旨飭查准保案據，專咨報部。以便照章辦理等因一摺，於同治十一年十二月二十五日具奏。奉旨，依議，欽此。相應粘單知照可也等因，並抄單到本署大臣，准此，相應抄單咨會。爲此合咨貴總理衙門，謹請查照欽遵施行。

照録粘單

吏部謹奏，爲奏明請旨飭查事。内閣抄出前兼署通商大臣署兩江總督江蘇巡撫何璟奏稱，竊查江南創造輪船，所有在船駕駛等事，亦仿外國之例，分立船主、大副、鐵櫃，等項名目，各司其事，以專責成。上海機器製造局，初成輪船三號，取名「恬吉」「操江」「測海」。此三船船主人等，向係借用洋人。嗣因閩廠輪船，自船主以次，盡用華人駕駛，應行仿照辦理。於同治九年分，先將「恬吉」一船，改用華人黄梅生等，充當船主等差。是年九月，前督臣曾　奏調前任福建臺灣道吴大廷來江，綜理江南輪船捺練事宜，復以盡用華人爲囑。即經招募熟習管駕之張順高，由前督臣曾給予五品功牌，充當「操江」船主。王予照給予六品功牌，充當「測海」船主。嗣後又成一船名「威靖」，復募都司銜孫紹鈞充當船主。其各船大副、鐵櫃、隊總人等，亦俱改用華人，以資練習，均隨時給予六七品功牌，並將「恬吉」船主黄梅生一併給予六品功牌在案。該船主黄梅生等，講求駕駛，逐日遵章督同操練，寒暑無間。或出洋練習波濤，仿演船圖陣式，或奉差往來江海，熟習沙線礁石，先後二年，並無貽誤。查閩廠輪船，所用各項華人，先給五六品功牌。一年無誤，請保寔職，奏准有案。江南輪船事同一律，似應仿照閩省奏定章程弊敘，以示鼓勵。又各船管帶委員，支給兵餉，督率操練，解餉護運，出洋捕盗，亦有微勞足録。據吴大廷分晰開摺具稟前來，臣查中國創造輪船，力圖自强。吴大廷綜理以來，滬局造成各船，盡用華人管駕，督飭訓練，不遺餘力。洵屬寔心任事，惟官職較崇，未敢遽邀議敘。其船主黄梅生等，在船熟諳駕駛，勤習捺演，先後二年，從無貽誤。閩省既有奏定章程，自應援照給奬。至各船管帶委員，均屬著有微勞，亦應分别奬敘。謹將擬奬各員弁，分繕清單，恭呈御覽。合無仰懇天恩，俯准給奬，以昭激勸。理合會同大學士北洋通商大臣直隸督臣李，恭摺具奏等因。同治十一年十一月初二日，奉旨，薛培榕等均著照所請奬勵。該部知道。單二件併發，欽此。欽遵抄出到部，臣等查該大臣保奏清單内開。「恬吉」管帶官，提舉銜分發儘先補用知縣薛培榕，請俟補缺後，以同知直隸州用。查照章程，尋常勞績，准保應陞官階。該員所請核與同治八年三月，原任大學士調任直隸總督曾等，保奏成造輪船出力人員，准保應升官階之案相同，應即欽遵註册。至所保「威靖」輪船天文司經歷銜招錫恩，請加六品銜。查該大臣等摺内聲敘，閩省輪船所用各項華人，先給五六品功牌。一年無誤，請保寔職，奏准有案等語，未據聲敘何年月日何人奏定，臣部檢查無案。即經行查户部工部去後，兹據該二部咨覆，均稱閩省輪船所用各項華人請給奬敘之案，未據該省奏報到部，無憑抄送。臣等查該大臣等所稱奏准之案，今既查無案據，所有天文司經歷銜招錫恩，請加六品銜之處，未便懸擬覈辦，相應奏明請旨飭下該大臣等。即將閩省輪船所用各項華人，先給五六品功牌。一年無誤，請保宦職，奏准之案，專咨報部，以便照章辦理。謹將臣等奏明請旨飭查緣由。

李本方等《開縣李尚書政書》卷六《奏留知府鄭藻如會辦機器局片》 再上海機器局會辦委員候選知府鄭藻如，籍隸廣東，於本年六月呈報丁父憂，業經遵例回籍守制。惟查機器局事務重大，又極繁瑣凡，駕駛洋匠，辨别料物，稽核課程，一切要務非精明穩練、熟悉中外情形之員，難期勝任。該員鄭藻如在局多年，才大心細，前督臣曾國藩、直隸督臣李鴻章均極信任，該局總辦委員馮焌光與之和衷商搉，尤倚如左右手。自該員回籍後，馮焌光一人綜理鉅細，深慮照料難周，稟請該員仍來會辦。李鴻章致臣函内亦稱鄭藻如精細老成，實爲局中必不可少之員。臣詳加察度，意見相同，除咨明廣東撫臣飭令該員於百日後仍來上海當差外，相應奏明請旨，俯准候選知府鄭藻如仍留機器局會辦，以收得人之效。謹會同直隸總督臣李鴻章附片陳明，伏乞聖鑒。謹奏。

「中央研究院」近代史研究所《海防檔》丙機器局《同治十三年二月十七日總署收南洋大臣李宗羲文上海機器局第五號輪船「鎮安」改名「海安」及建造試航情形》 二月十七日，南洋通商大臣李宗羲文稱，案照上海機器製造局，造成第五號輪船。前於同治十一年四月十八日進河，稟經前署督部堂何，取名「鎮安」，批飭去後。茲據該局員馮道焌光等稟稱，「鎮安」輪船，係照外國兵船樣式，繪圖仿造。船身計長三百尺，船面寬四十二尺。艙分四層，其第一層艙面，安置照日房一間，爲行船瞭望測量等事所用。艙面並安設布國克鹿卜第五號一百二十磅彈子鋼砲一尊，第四號八十磅彈子鋼砲一尊，探哨輪機舢板一隻。第二層艙，兩旁安配第三號四十磅彈子鋼砲十六尊，第四號八十磅彈子鋼砲二尊，船尾官艙住房俱全。另由局製造四十磅彈子鋼砲六尊，刻下尚未造齊，俟造成後再行安配。第三層艙安置機器鍋爐，並船鐵櫃人等住房。第四層艙，安置儲火藥彈子物料甜水等房。所有船上暗輪機器，及滊爐各件，馬力計有五百匹，均照外國兵船，仿繪圖式，將尺寸如法照造。其機器造成卧形，安置艙内，體製甚矮，均藏在水線之下。其滊爐煙通，能伸能縮。設遇接仗時，縱有礮彈轟擊，而機器、滊爐、煙通，俱可如常穩固。至船尾暗輪，係作活式，亦復能上能落。如遇順風或煤斤缺乏，即將滊爐息火，提起暗輪，便可張帆行駛。船上並造配起錨機器一副，其小滊爐，業經安配。以上制度，均視「恬吉」、「操江」、「測海」、「威靖」四船，較爲擴充。前於船壳進河後，即將船上需用各件，並滊機等項，一律配齊。惟所需鋼礮，係十一年九月間，奉飭與派利洋行定購。十二年十一月，始據該洋行由外國運到，旋經飭匠將礮架添造二座，並將礮位安配齊全。上年十二月十五日，先在黄浦江試行一次。十二月十八日，復由吳淞出口，駛赴銅沙黄隴一帶洋面演試，第二日旋滬。沿途察看機器，尚覺靈捷穩利，每點鐘約行三十四里。現在該船火夫水手，均係在局中機器工匠撥用，並暫雇行船水手，料理一切。於本年正月二十六日，由滬開行，駛赴金陵，聽候試驗等情前來。經本大臣於二月初一日，親赴該船試驗無異，當飭駛赴天津，呈請李中堂查驗。再行移交吳道大廷，綜理操練。又據馮道面稟，該船「鎮安」之名，查與廣東船名相同等情。現經本大臣改名「海安」，除批發外，相應咨明。爲此咨呈貴總理衙門，謹請查照施行。

《申報》同治十三年十二月一日《製造局新造强水》 本埠製造局邇來所造各色器具，無不精巧靈捷。其所仿效西法各技藝，可謂升堂入室者矣。茲悉雪村徐君，近又仿西法添造强水一事，專爲大小鎗礮上銅帽所用者。蓋强水一物，前皆自英法等國購辦來滬。然性極猛烈，故輪船防有遺患，俱有不欲裝運來者。所以在西國，雖屬價廉，而加以水脚費，每磅約合價洋銀四五角也。徐君近深得西國製作之妙法，故現已在龍華火藥局，自行製造。較西國所來强水，毫無少異，其價每磅僅合大錢五六十文而已。噫！徐君何其心靈智巧之如是耶，無怪曾文正公稱爲江南第一巧人也。

李本方等《開縣李尚書政書》卷六《奏委知府李興鋭會辦上海機器局片》 再，上海設立機器局，創造輪船及洋鎗、洋礮等件，經前督臣曾國藩等檄委補用道馮焌光專司其事，復經臣奏調候選知府鄭藻如會同辦理在案。查馮焌光欽奉上諭，補授蘇松太道，業經飭赴新任。所有機器局事務關繫重大，非廉潔嚴毅之員不能勝任。臣與直隸督臣李鴻章往返函商，查有升用道前任大名府知府李興鋭，秉性剛方，不避勞怨，且於中外交涉事件，尤能隨時留意，洞悉機宜。前督臣曾國藩任内，曾委令赴機器局綜核一切，於製造情形向極熟悉，堪以委赴機器局，會同鄭藻如，督率綜理，實於局務大有裨益。除檄飭遵照外，謹會同直隸督臣李鴻章附片陳明。伏乞聖鑒，謹奏。

楊書霖《左文襄公全集》卷二六《答上海製造局李勉林觀察》 來信具悉，聶仲芳，非弟素識。其差赴上海局，由王若農及司道僉稱，其人肯説真話。弟見其在此尚稱馴謹，故遂委之。又近來於造船購礮諸事，極意講求。機器一局，正可藉以磨勵人才。仲芳尚有志西學，故欲其入局學習，并非以此位置閒人代謀薪水也。來書所陳曾侯舊論，弟固無所聞，劼剛聰明仁孝，與松生密，而與仲芳疏，必自有説，惟弟於此，亦有不能釋然於懷者。

中國科學院歷史研究所《劉坤一遺集》書牘卷五《復劉蔭渠光緒元年六月初八日》 前往上海，次赴清江，次第查勘機器局所造兵輪、鐵甲各船，與外洋各項槍礮，并沿江一帶礮臺、水師，殊覺一無把握。隨經商之合肥相國，擬令該局專辦數種，以期精工；又商之雪琴宫保，將鎮江以下礮臺量爲變通：均蒙許可。然謂如此便有把握，則仍未敢自信。此中委曲不能罄諸筆墨，亦不敢形諸筆墨。所幸山東賈莊合龍，江南境内各河亦經脩復就緒，本年或可倖免潰決耳。

中國科學院歷史研究所《劉坤一遺集》書牘卷一五《復索領事光緒二年六月初五日》 頃接來函，即經閱悉。潘委員定購火藥機器一事，現據善後總局查覆，原立合同内開，機器各物價值約銀二萬八千餘兩，另有火藥碾篩等件價銀不在其内。局中先已發過價銀二萬二千兩，嗣機器到粤，又於本年閏五月二十五日發銀一萬兩，先後共發價銀三萬二千兩。尚應找尾數若干，潘委員現赴洋行會算，俟算清報局，即行照發等由，相應函復貴領事官查照。

中國科學院歷史研究所《劉坤一遺集》書牘卷一五《復索領事光緒二年十二月二十九日》 昨接來函，以壓水櫃爲製造火藥機必需之物，請飭委員另立合同購買，前此往復各函，一概置之不論等情。查華洋交易，應以合同爲憑。此事當時未立合同，是以總局不能承買。今貴領事來函，請飭委員另立合約，向該洋行買取，則係從新購置，自與前事無干。本部堂深悉雅懷，欲爲該洋行曲全此事，現已飭局，將來函所言各情，酌量辦理矣。

魏允恭《江南製造局記》卷二《光緒二年總辦李興鋭稟設松江火藥庫》 竊維藏藥總匯，自以省會爲宜。其間挹注多端，瞬息千變，機括靈滯，須總全局計之，庶臨事不虞掣肘。金陵之藥接濟五龍山、鎮江最便，似難兼顧江陰。蘇州之藥接濟江陰，劉聞沙最便，似難兼顧吴淞。吴淞砲台首當衝要，輪船、陸師棊布星羅島，夷所忌在此，所争亦未必不在此。卑局逼近洋涇，恐仍順處安常之舊勢，必聽前敵仰給。甯蘇海道若有梗阻，運解須由内河。無論展轉搬移，糜費已多，即或兼程亦須數日，敵如飄風驟雨，我則雅步坦途，殆未足以制其死命，尚將望其僥倖成功耶。職道等愚見，擬於松江城内，由局自造藥庫一所，每月解存一萬磅，其餘彈子等件有須供給水陸各軍者，酌量撥存，爲局後路。其地上達江防，下顧海口，巨艦所不能及，陸路頗不易攻。較之建庫上海，此爲穩着。日前親往松江晤商李軍門楊守，咸以爲宜。細跴建庫地方，南城内有後營游擊舊署基址，空曠適用，後營移駐嘉定，舊基閑廢，原屬官物，購地之資可省，營造約須數月，四圍挑河，擬借郡防勇夫一助，將來儲藥以二十萬磅爲度，爲省局分蓄艾之勢。即爲防務助儲胥之勢，此屯藥雖分，而猶合之意也。

〔附〕《保險章程八條》

一建造藥庫不拘方向，宜擇僻静陰涼之地。内外夾牆，石砌牆脚，上用土甎砌成，飾以蜃灰，離外牆五丈。四面多種冬青樹，藉收電氣。壕牆掘溝積水以繞之。

一藥庫屋面，當先釘子口木板，上鋪和勻之石灰泥土，再覆窑瓦。切不可蓋白鐵瓦、嵌玻璃瓦等類，房屋以塏爽爲要。地板宜架高四五尺，照西法可容七十五方尺。空氣下砌風路，使濕氣不得鬱積。四角宜砌通風洞，以散濕氣，而引養氣。

一藥庫門窗不宜過大，裏面概作木板，以鐵皮裹之。内圍牆宜離藥庫二三丈，免助風力，使空氣得以宣達。外圍牆尤以遠隔爲妙，牆内不得住人、炊爨、堆積柴草穢物。無論局内局外往來人等，不准吸煙。

一藥庫屋脊上宜設避電針，用紫銅絲横貫直下入土二三尺，以引電下行。紫銅絲宜粗，對徑三分爲度，不得代以他物。庫内宜設寒暑表，以測熱度。夏秋如過七十度，即當啓開窗户，招納涼風。冬春亦須每月啓開窗户一二次，以洩鬱氣。若值天雨雷電、酷暑亢炎，亦須防之。

一經理藥庫之人，宜擇老成精細、深明利害者，以專責成。搬運火藥出入，即選局内誠樸勇丁，以司其事。赤脚入内，免沾泥沙，不可令領藥之人混入扛抬，恐粗心失事。火藥出入，地上偶有漏落，即須掃盡，庶不致踐踏失事。

一製造藥箱，用洋鐵皮，不若用鉛皮。洋鐵性燥易觸電氣，且日久箱蓋螺絲起銹收緊，恐敲擊生火。鉛性柔滑堅韌，可無他虞，各種火藥分别存儲，列爲四隅，計定每庫相距若干遠，縱令一庫有失，他庫無得相驚。

一存儲火藥防日久走性，收箱時宜妥爲安置。舊存者，先行出領，不可陳陳相因。各種火藥須用時，始行開箱。須放時，方安引火銅引。各件尤須另儲，不可合併一處。用賸之藥，即須收箱封固，以免疎忽失事之虞。

一藥庫失事，非疎忽即偷竊。總辦督察須嚴，用人宜慎，配就物料若干，製藥若干，平日細加考核。儲庫之藥每季盤算一項，登數註簿詳報。局内員司工役人等盜賣火藥者，視其輕重治罪。疏忽失事者，除革辦外，勒令倍償。如賣空放火以圖搪責，查實以軍法從事。庶可以示懲戒而肅規章。

魏允恭《江南製造局記》卷三《兩江總督李批》 據稟，德國克鹿卜廠及英國阿姆斯脱郎廠，新造全鋼後膛快砲，較尋常砲位每放一出，可以放至四五出，靈捷異常。該局與華洋各匠，再三討論，擬即設法仿造十尊，分撥砲台兵輪配用。所云一百磅子後膛鋼快砲，究係何廠所造，其中關鍵各件，緊密湊合，曲摺甚多。若憑圖式範模試造，恐有毫厘千里之差。擬由外洋購買一尊，逐件拆開，照樣製配，較有把握。一面將所需鋼料，酌數定購，俟前造五十二噸、四十七噸大砲造成，即行接造。仰即照議，妥慎籌辦，認真講求，務與外洋快砲一律堅利，以資得力。其前造五十二噸等砲，何時能成，並先具報考查。

魏允恭《江南製造局記》卷三《總辦劉麒祥稟復》 查後膛全鋼快砲，英國阿姆斯廠及德之克鹿卜廠俱能製造。現在擬向阿姆斯廠購買樣砲一尊來滬，以便照樣仿製。一面即將所需鋼料，酌數定購。所有前擬仿造之五十二噸、四十七噸大砲各二尊，其砲料甫經由外洋運到，正在飭廠興工，約須一年始能造成。至一百磅子快砲十尊，一俟砲樣鋼料購到後，擬就廠中機器，勻工帶造，可以並行不悖，俾免延緩。仍當恪遵鈞諭，實力講求，妥爲籌辦，以期仰副憲台慎重軍需之至意。

魏允恭《江南製造局記》卷三《總辦劉麒祥稟造成後膛快利新槍》 竊照講求軍實，自以槍砲爲先，而行軍利器，尤以兵槍爲重。近來泰西各國後膛槍式，日新月異，種類不一。其較爲精緻者，則以毛瑟、黎意及哈吃、開水爲最。職局向來所造兵槍，係林明敦中針式樣，在從前原屬得用，而近來有外洋各種槍樣，則林明敦已嫌其舊。職局屢擬改造新式之槍，皆以機器不全，故迄未定議。兹今督飭管理槍礮等廠委員，知府銜、候選直隸州知州王直牧世綬，與華洋匠目，再三考校，仿照英國新出之兵槍，名曰新利槍，造成槍樣數桿。其機簧有似乎毛瑟，而較爲靈巧省便。其槍筒有似乎黎意，而較爲輕利。所配藥彈銅捲，係用無烟火藥七厘，實係包銅之鉛子，形長而細，施放可及三千碼之遠。昨經在局試演，以無烟火藥之彈子，距槍靶三百碼，其彈子穿過二分厚鋼板，又洞穿四寸厚之木板。以黑藥彈子試放，僅能穿過鋼板而止。似槍件尚稱堅利靈捷，比校毛瑟、哈吃、開斯等槍，力量加半。較之林明敦槍則又倍之。惟現在廠内機器尚未齊備，所造之槍樣及藥彈，皆係參以手作，猶未能過求精緻。兹將槍樣二枝，並藥彈二百粒，專差賫呈，敬乞鈞詧，飭員試演。如其合用，恭候批示。一面由局照樣製造，一面將所需機器，除就現有之件酌用外，仍向外洋添購數座。一俟購齊器具，仍當精益求精，果能製造如法，再行逐漸擴充，添工多造，將來各軍皆可一律換用此槍，俾期利用。

魏允恭《江南製造局記》卷三《總辦劉麒祥稟請改造林明敦中針槍，添配活蓋》 竊照林明敦中針兵槍，多有走火之弊，故各營未肯領用。現在金陵存有數千桿，局存亦有萬餘桿，堆置殊爲可惜。上年准金陵機器局郭道、江南籌防局桂道、金陵軍械所吴道等，往復函商，擬就原槍設法改造，以期化無用爲有用。嗣經職局再四講求，於原槍機簧之後，添配活蓋，試驗毫無走火疵病，約計改造工料，每桿需銀二兩左右。惟施放時，不過多費一手工夫，尚無妨礙。曾將添配活蓋之槍，專差賫送金陵，由桂道等發營試演，俱稱合用，囑爲照辦。此時職局既擬改造新式之槍，擬仍將從前造存之林明敦槍，由職局抽工代爲改製，俾免廢棄。將來即以新式兵槍，撥發各營領備有事之用。以改製之林明敦槍，爲各營平時操練打靶之需，俾令各適其用。

魏允恭《江南製造局記》卷三《兩江總督曾批》 近外洋後膛槍式，日新月異，各國皆殫精竭慮，獨出心裁，以爲制勝之具。該局所造之林明敦槍式樣，既舊又有走火之弊。現雖就機簧之後，添配活蓋，可免走火之虞。然亦祇能爲平時操練之需，自應及時改造，推陳出新，以資利用。改造之法，必得就各國新式各種後膛之槍，互爲考究，擇定之後，再行推求造法。多一考較，即少一弊病。不侈近功，務求實際，試造如法，然後放手做製，庶得精美，費不虛糜。現據呈送仿製英國新利槍樣，飭據郭道、吴道、曾道等會同演試，子路迅直，機捩靈便，爲子彈用銅皮貫鉛，膛路蓄勁稍弱，用二分厚板爲靶，相距三百碼，僅能靶上見窩，節次移近施放，至二十碼方能洞穿，此係就該局原來黑火藥彈，與來稟所云，黑火藥彈能洞穿距三百碼之二分鋼板，大相懸殊。是槍式尚佳，製造猶未得法，自應再行詳細考究，力求精利，務期子能及遠，鋭力得與洋製相同。至所配無烟火藥，是否該局自製，未據聲明。此項槍彈自行仿製，原欲圖其取用便捷，若彈内應配之藥，仍須購自外洋，一旦有事，來源遽斷，便成無舵之舟，亦應一併預籌仿製，方爲妥善，仰即遵照辦理。直隸總督李批：該局仿照英國新式兵槍，造成槍枝，名曰新利。其機簧槍筒，比毛瑟黎意各槍，較爲輕利，演以無烟火藥之彈子試放，距靶三百碼，能穿過二分厚鋼板，又四寸厚木板。以黑火藥彈子試放，僅能穿鋼板而止，足見苦心探討。應將送到槍樣並子，飭發天津軍械局。張道會同營員，認真演試，據實具復。前造林明敦中針兵槍，各營多因走火，不肯領用。現在金陵及該局存儲甚多，棄置可惜。該局近於原槍機簧之後，添配活蓋一個，試驗已無疵病，自應設法抽工，帶爲改造，化無用爲有用，專備各營操練之需。現製新槍，據稟應全用無烟火藥，此藥購自外洋，究向何國訂購，何商經手，價值如何，並即查復具報。

國家清史編纂委員會《李鴻章全集》第七册《上海機器局請奬奉駁各員改奬摺光緒三年五月二十八日》 奏爲上海機器局請奬奉駁各員，遵照部議分別改奬，恭摺仰祈聖鑒事。竊照上海機器製造局歷年辦理尤爲出力各員，經臣等於光緒二年正月二十日會摺請奬，當奉諭旨交部核議。嗣准吏、兵二部以所保各員内有未據聲叙系由何項分發、何案保舉，并有應行另核請奬者，咨令詳查另奬聲□。即經轉行去後。兹據會辦局務、署蘇松太道劉瑞芬等分別查明，并經酌量改奬，開單稟請具奏前來。臣等查機器局務，非精思不能探其奥竅，非苦心不能耐其煩難。各該員等數載辛勤，不遺餘力，較之尋常勞績奚啻倍蓰。兹核所改奬勵，尚非過優。合無仰懇天恩，逾格俯照所請給奬，以昭激勸。所有上海機器局請奬奉駁各員現經改奬緣由，謹繕清單，合詞具陳，伏乞皇太后、皇上聖鑒訓示。謹奏。

光緒三年六月十一日，軍機大臣奉旨：該部議奏。單并發。欽此。

中國第一歷史檔案館《德宗景皇帝實録》光緒三年十二月上 兩江總督沈葆楨奏，上海機器製造局，支款紛紜，加以購物外洋，勢難如期結算，工程未竣，亦難提款湊銷，一年一報，殊覺棘手，嗣後報銷，請以兩年爲限，從之。

佚名《廣方言館全館·又移製造總局》 爲移知事：光緒五年二月二十六日奉南洋通商大臣沈批，本道稟上海廣方言館肄習法文生徒堪備調京考試由奉批據稟已悉。廣方言館學習法文生徒，既有成效，仰即由道考試，馳稟核辦。法文教習傅蘭雅倘一時未能回滬，應即趕緊另延，以便及時教導。仍候咨呈總理衙門查核等因到關。奉此，合就抄稟録批移知，爲此合移貴局，請煩查照辦理施行。

光緒五年三月十九日。

佚名《廣方言館全案·又移文一件》 爲移請事：照得廣方言館學習法文頭班學生，前奉督憲諭「接總理衙門公函，該學生如果考試學有成效，自可咨送來京覆核」等因，並准貴局將習法文頭班學生吴宗濂、黄致堯二名年歲籍貫開送到道，即當轉詳通商大臣核示給咨。所有法文生徒吴宗濂、黄致堯二名，本道定於四月初五日在署課試西學等文，以便加考。轉詳合繕示諭一紙移送。爲此合移貴局，請煩查收發貼，並希預備試卷送道備用施行。

光緒五年四月初三日。

佚名《廣方言館全案·製造總局移復江海關道劉》 爲移知事：光緒五年五月十三日准貴道移開，奉署理通商大臣吴批，本關詳請給發調取上海廣方言館肄業法文學生赴京應試咨文云云等因到局。准此，當將咨文二角分别轉給該學生吴宗濂、黄致堯祗領，並在廣方言館經費項下，照案支給每名川資銀五十兩、津貼銀五十兩。該學生等定於八月二十六日附搭輪船，由滬起程北上。相應移知，爲此移煩貴道查照轉報施行。

光緒五年五月十五日。

中國科學院歷史研究所《劉坤一遺集》書牘卷七《致彭雪琴光緒六年七月二十八日》 吴朝傑書來，以圌山關新築明礮臺，需用礮位，亟須籌撥等語。查此間續購外洋礮位十尊，大約冬臘月方到，上海製造局所造礮位約有四尊，年底可成，此外别無可以籌撥，而烏龍山等處，此次移缺二礮位，亦須取資於此十四尊中酌量撥補。未知圌山關兩岸，共修明礮臺若干，需礮若干位，除留用焦山等處替出之生鐵礮及選用從前舊礮外，尚須礮位若干，即請飭查示知。至此次修築圌山關兩岸礮臺經費，并請飭吴朝傑隨時赴此間司局支取。

前示焦山等處礮臺，所用金陵機器撥發之洋火，不能得力，已經該營自往上海置辦等因。當經密飭營務處洪琴西前往查驗，即囑令精加製造，以免貽誤。兹據洪琴西覆稱：「該機器局存有梅筱巖中丞移交造成洋火，實不見佳。焦山礮臺所用，定係此種，並非現今所造。已飭該局另行撥給現造之洋火，以期合用，並囑以後加意監製」云云。即祈轉飭該礮臺弁勇，前往機器局請領合用之洋火，不必自往上海製辦。

佚名《廣方言館全案·南洋通商大臣劉札行製造總局》 爲札查事：現在籌辦海防，需才甚殷。上海機器局内廣方言館學生，肄業多年，有無文理明順兼熟西語西文堪資考用，合行札查。札到該局，即便遵照查明，先行據實稟復核辦，並飭嗣後將館中所延何師，所教何業，學生共若干名，年貌、籍貫、月考優劣以及該館所用經費，逐一分造清册，按季呈報，以憑稽考。切切特札。

光緒七年正月二十八日。

佚名《廣方言館方案·總辦機器製造局李、蔡稟復南洋通商大臣劉》 敬稟者：竊職道等接奉憲臺札開云云等因。奉此，伏查廣方言館原系江海關道所設，嗣由城内移館入局，即歸局就近兼管。其經費出自船鈔項下，道中按年核成解局，局中按年造册移道轉報各憲。其館章，學徒向額四十名，設英文、法文、算學三館，以生童文理通順者入館肄業，以繙譯西書。美人林樂知兼充英文教習，英人傅蘭雅兼充法文教習，江蘇興化附生劉彝程充算學教習。歷奉總理衙門調考，俱蒙前憲臺給咨赴都。現尚有在同文館肄業者，未奉調考諸生仍令在館肄業，而年齒長大，攻苦無恒。光緒三年正月，另選年幼聰俊子弟學習英文，作爲新班，延浙江鎮海人舒高第教習。該教習自少赴美，隸籍十餘年，始行返華，西學甚深，導引得法。惟老班敷衍歲月，多攻制藝，不復用心西學，故中學尚有可觀，西學幾同墻面，此何異内地書院，殊失設立方言館之本意。職道等公同商酌，與其率由舊章，徒糜公項，不如棄舊謀新，冀收實效。適又奉前憲臺沈飭遵總署新章，推廣法文。於光緒五年十月於老班中擇其安詳者，改派繙譯文案等事，其餘一概撤退。另挑聰幼肄習法文，并添英文學生作爲二班，附入舒教習館中。法文以在局司事顧文藻暫充教習。該教習上海人，在福建船政局法文學堂多年，訓蒙尚能勝任。而林樂知、傅蘭雅不復兼事，專譯書矣。通館每七日中，以四日讀西書，三日讀《四書》《五經》，另延生、貢四人主講。每年甄别三次。劣者開除，優者重獎。現在英文、法文兩館學生共三十九名，算學六名。英文新班入館五年，學有成效，可備他日之用。惟年尚幼稚，不堪任事。此外别有武學一館，鐵船兩館，共四十六名。所學皆畫圖、算法、語言文字、兵書礟表，兼讀《四書》《五經》等書，中師、西師分限督課。經費在局收二成洋税項下動支，按季匯入册報在案。嗣後自應遵將考驗優劣，按次呈報憲鑒，仍飭監館委員嚴加約束，各教習認真訓迪，以冀拔十得五，儲指臂之助，用副憲臺造就人才之至意。再職道等去年函請出使英法各國大臣曾聘請法文教習，嗣奉函覆，俟延訪有人，議定修俸，訂立合同，即屬來滬，合并陳明。

光緒七年三月二十一日。

兩江總督部堂劉批：廣方言館選集生徒肄業，國家不惜經費，該道等大費心力，無非爲西學人才起見。本部堂於西學屬門外漢，而於此項人才，亟盼有成，以應時務。該道等以後務於肄業諸生或習外國語言文字，或習算學，或習武學及鐵船，擇其出衆得力者，遵照前札具報本部堂存記查考。並將此項人才妥爲培植，毋任散去，不唯虚糜可惜，且恐爲洋人所用，是我耕之炊之，而彼獲之食之也。該道等務宜悉心教育，凛之勉之。至廣方言館經費在於船鈔項下動支，武學、鐵船兩館經費在二成洋税項下動支，每年究用若干，來稟未據聲明，無憑查考，仰即先行呈復察奪，仍一面按季造册送核。繳。

光緒七年四月十六日。

佚名《廣方言館全案·又移製造總局》 爲移送事：光緒五年五月初三日奉署理通商大臣吴批，本關詳請給發，調取上海廣方言館肄業法文學生赴京應試咨文，並送清册，由奉批候據詳並履歷册先行咨送總理衙門，查照所有該學生赴考咨文二角，隨批印發，仰即查收給領，仍將起程日期具報，並候蘇護撫院批示，繳等因到關。奉此，合就抄詳，同奉發咨文二角一并移送。爲此合移貴局，請煩查收，分别轉給，仍希將起程日期移知本關，以便轉報施行。

光緒五年五月十一日。

佚名《廣方言館全案·製造局又稟復兩江督憲劉》 敬稟者：竊照卑局稟覆廣方言館情形一案奉到鈞批，内開廣方言館挑選生徒云云等因。奉此，遵查廣方言館經費每月約用銀伍伯數十兩，歷經分造月册，按年送由江海關核辦。鐵船、武學兩館生徒薪費，每月約用銀三百兩，經卑局於季報册内匯列呈報在案。兹奉前因，除移知江海關外，理合稟覆，仰祈憲臺察核，實爲公便。肅稟，伏乞垂鑒。

光緒七年四月二十八日。

敬再稟者：職道前次晉謁之時，蒙以船政大臣黎手定粤西學館條款賜觀一過，精審切要，允宜參用。匆匆未及抄録，謹乞飭賜抄發下局，俾資法守，不勝感被之私。謹再稟。

中國第一歷史檔案館等《中國近代兵器工業檔案史料》第一輯《左宗棠奏任用潘露陳鳴志片光緒九年三月三十日》 江蘇吴縣正紳候選運同潘露，天賦異能，其氣學與製造一切機器，獨出心裁，多與西法暗合，曾在廣東遵旨繪畫廣東全省輿圖，總辦創建機器軍火局務，爲粤人所推服，洋匠亦自愧不如。江寧藩司梁肇煌在籍時深知其能。臣現調至江蘇，委其總理江南上海、金陵兩機器製造局，密飭先造機器，於崇寶沙、寶山、吴淞口、白茅沙各處間段分設。聆其諸論切實近理，高出時人。札委總理兩機器局，制作可期工精費省，且於江海防務裨益實多。如果功效昭著，再當據實保奬，懇恩破格録用，以勵人材。惟據稱在粤制辦機器未嘗引用洋人，聞上海機器所用工匠頗多，其中洋匠亦復不少，一時未可挑汰，慮多隔閡之虞。臣查隨員辦理籌防局布政使銜候補道陳鳴志在兩江辦事多年，諳練勤干，熟悉情形，深資倚任，已飭隨同赴滬幫同辦理，并兼顧金陵機器局務，冀資同心之助。

中國第一歷史檔案館等《中國近代兵器工業檔案史料》第一輯《左宗棠奏上海機器局委員劉守恩病故請從優議恤片光緒九年十月二十八日》 上海機器製造局委員、候選通判劉守恩，自同治六年入局，委派經管機器廠務，迄今十有七年。遇事躬親，不辭勞瘁，實爲該局得力之員。本年夏間染患痢疾，時當趕造輪船、軍械，仍復力疾從公，以致受病日深，醫藥罔效，延至八月二十二日病故。該員在局多年，勤勞夙著，且平時廉潔自持，貧苦特甚，身後蕭條。目睹情形，殊堪憫惻。合無仰懇天恩俯准，飭部將該故員援照軍營立功後積勞病故例，從優議恤。

中國第一歷史檔案館《德宗景皇帝實録》光緒十年正月 又諭。岑毓英奏，前由津滬兩局，撥發槍礮。及由福建帶來快槍各件，碼子無多。請飭由津滬兩局，再撥發十三響、十七響快槍碼子二百萬顆，士乃打快槍碼子一百萬顆，迅速解滇。所需銀兩，由江蘇應解滇餉項下扣抵等語。即著李鴻章、左宗棠、裕禄、如數籌撥，迅解滇省應用。現在邊防吃緊，滇粤兩省所需軍火，自應寬籌接濟。所有岑毓英、徐延旭等各營需用軍械，著該大臣等，源源籌解，毋任缺乏。將此由六百里各諭令知之。洋務

中國第一歷史檔案館《清代軍機處電報檔彙編》第四册《收福建會辦大臣張佩綸電爲二十日將軍赴長門查看海防等事光緒十年七月二十二日》 密將軍二十日赴長門，旋軍候凱營到齊，改劄他要隘。廠器由何船政驗收報署，派黄方五營駐廠。何方同潮人黄小病，囑安心調理。北洋礮未到滬，槍洋船恐不能運，奈何。綸。箇。

朱壽朋《光緒朝東華録》卷六六《光緒十年十月》 曾國荃奏，南洋兵輪所需煤炭，向係購辦東洋可介子煤及臺灣基隆煤兩種。近因派船援臺，又添購西洋松白煤一種，其價雖較可介基隆之煤增鉅，而火力較旺。輪船燒用，其行較速，是以酌購數千噸，以備各兵輪出洋禦敵之用。至平常操演行駛，仍發給可介、基隆兩種。惟江海防務孔亟，基隆之煤現已難購，可介之煤價亦日昂，不得不先事豫籌。訪辦内地之煤，以供兵輪及機器局之用。七月初間，派記名道馮邦棟採辦湖南耒陽白塊煤。先後運到試驗，火力較遜，不甚合用。嗣聞江西樂平老龍坑所產之煤，力量尚佳。經籌防機器局道員湯壽銘、孫傳樾、郭道直等，囑湖口鎮總兵丁義方辦到樣煤數十噸，分發各兵輪試用，僉云火力與可介、基隆相彷，其價亦甚相埒。當此防務緊要之時，内地有煤可用，自應預爲採辦，以免外洋居奇，臨時不致匱乏。昨已照飭丁義方即日試辦，認真揀選，務須與所寄樣煤相符，庶可杜攙雜細碎之弊。仍飭記名道馮邦棟，俟湖南辦煤經手事畢，馳往湖口會同丁義方經理，如果樂平老龍坑之煤，以後各兵輪燒用咸宜，將來即由丁義方、馮邦棟源源購辦。庶幾輪煤有資，實於防務多所裨益。至此項煤炭，乃海防應用之件，自應預先奏明免完關卡税釐，以利軍儲。下户部知之。

中國第一歷史檔案館等《中國近代兵器工業檔案史料》第一輯《曾國荃奏請江南製造局光緒四至八年支用各款悉照津局准銷成案准銷片光緒十一年五月初一日》 上海機器製造局光緒九年分用款，茲因製造日繁，未能依限開報細數，當經奏請展限，業已奉旨允准。并准户部咨開，飭將四年至八年用款分晰報部查核等因。

臣查八年以前用款，經前督臣左宗棠分案開單奏報，因部文駁查，尚未准銷。惟查南洋之滬局與北洋之津局相爲表里，津局支款前經臣李鴻章劃清界限，將八年以前所用仍援照歷届成案開報，業經户部核准。滬局事同一律，未便兩歧。且支用均在各部定章之前，斷難以現定之章程强繩從前之用款。合無仰懇天恩俯念津、滬兩局情事相同，飭部將滬局四年至八年各案開單報銷，悉照津局准銷成案一并准銷。九年以後用款，自當轉飭照章造報，以符部議而免兩歧。除照津局開報准銷款式，另開清單分咨各部查照外，謹會同北洋通商大臣李鴻章、江蘇撫臣衛榮光附片陳請，伏乞聖鑒，飭部施行。謹奏。

光緒十一年五月十七日軍機大臣奉旨：户部議奏。欽此。

中國第一歷史檔案館《清代軍機處電報檔彙編》第五册《收北洋大臣李鴻章電爲法戈使稱中國勘界大臣違反新約等事光緒十二年正月初四日》 奉旨，張之洞電奏悉四川商務礦務緊要，道員鄭孝胥著仍遵前旨，發往該省，隨同辦理。上海製造局務，亦關緊要，著張之洞遴派妥員，認真經理，欽此。

正月二十四日。

佚名《廣方言館全案·江海關道龔移製造總局》 爲移會事：案准貴局咨，廣方言館肄業學生程鑾等學有成效，應否送京考試開單咨道核辦等因，當經本道轉詳請示，並移復在案。兹於光緒十三年正月初十日奉南洋通商大臣曾批開「查上海廣方言館學生學有成效，歷由該關道先後甄别，詳請給咨赴京考試在案。據詳該館學生程鑾等肄習英、法文、算學，均堪造就，應否照案送京考試，以資上進而示鼓勵，候先咨請總理衙門核復再行飭遵繳摺存」等因到道。奉此，合就録批移會。爲此合移貴局，請煩查照施行。

光緒十三年正月十二日。

中國第一歷史檔案館《光緒朝朱批奏摺》第一〇二輯《光緒十三年六月初十日四川總督鹿佳霖摺》 再，准練兵處咨，滬廠應將不急工作開宂員司，核實删減，於現時應用各項子彈，及鍊鋼修船等事，精求造法，暫應急需。俟新廠造成，屆時如何歸併，再行酌定等因。查滬廠積弊甚深，前經兵部左侍郎鐵良查勘，指陳疵纇，抉摘無遺。第法歷久，則必敝政待人而後行。該廠建置有年，規模頗大，誠能力加整頓，自可焕然改觀。現已飭令滬局總辦等力圖振作，核實稽查，並將宂濫員司，實力裁汰。容臣隨時考察，如總辦不能得力，或才不相宜，即會同北洋大臣，另行遴員接辦。至該廠應將各項子彈、鍊鋼、修船等事，精求造法一節，除船隖已劃分，機器另委副將吴應科，改照商隖章程辦理，業經會同北洋大臣具奏在案。至槍礮所用各種子彈，名類不一，理法極深。歷年所製，均非精品。而火藥一項，比較洋製，尤屬不逮，非廠員不欲求精也，其學力所限，衹有此數。再四籌度，非派員匠出洋學習不能得其良法，非雇洋師先行改製不能暫濟急用。現延日本精製火藥師一名，先行到廠考驗舊藥，並改製新藥之法。一面選派道員李經叙，帶同學生員匠，逕赴歐洲，分詣英德各國名廠，學習機器，精求造法。並妥雇精製各種子彈，及鍊鋼工師來華，選料製造，兼教工匠。擬於廠内設立工藝學堂，教導藝徒，庶幾分途併進，程功較易。製成各件，漸闢新機。將來南北廠告成，滬廠地居中要，無論歸併何廠，挹注灌輸，均有裨益。此臣殫心竭慮爲國家規畫久遠，不僅覙覙爲目前計者也。是否有當，理合附片陳明。伏乞聖鑒，謹奏。練兵處議奏。

中國第一歷史檔案館《光緒朝朱批奏摺》第一〇二輯《光緒十三年六月十一日兩江總督曾國荃摺》 太子少保、兩江總督、一等威毅伯臣曾國荃跪奏，爲上海機器製造局支用各款，查照成案第七次開單，核實報銷，恭摺仰祈聖鑒事。竊查上海機器局製造各項，動用二成洋税，截至光緒八年底止，均經分案開具清單，奏奉諭旨，並經户兵工三部覈覆，准銷各在案。其九年以後用款，前以海防告警，工務匆忙，未克依限造報。經臣奏准，展限辦理。嗣以防務解嚴，准部咨催，當經轉行遵辦。兹據會辦局務蘇松太道龔照瑗、分部行走郎中聶緝槼、江蘇補用知府唐壽嵩、浙江候補同知黄恩詔，將光緒九年支用各款，悉心勾稽。計上届報銷案内，存銀五十四萬九千一百一十二兩八錢有奇，全年續領江海關二成洋税銀，四十三萬八千四十八兩有奇。除撥給江南籌防局，支發登瀛洲輪船薪糧等項銀，九千二百七十九兩六錢有奇。歸籌防局彙案造報外，實收造報銀九十七萬七千八百八十一兩二錢有奇，共用銀三十九萬三千三百二十四兩四錢有奇，實存銀五十八萬四千五百五十六兩八錢有奇。此項存銀，或係存而未用。物料之價值，或係造而未完。各件之工料，今俱照案覈作銀數，列存歸入下届開報，俾清眉目。

朱壽朋《光緒朝東華録》卷八四《光緒十三年七月》 乙丑，曾國荃奏，吴淞、江陰兩處建築洋式大礮、明臺，分設八百磅子大礮八尊，每尊計重七萬餘斤，礮架機器，極巧極繁。所有礮價臺工兩項，分計各得數十萬金。不特取准命中，手法宜精，即平時擦磨油飾，轉移運動，亦當處處如法，所以保利器而重鉅款也。前於展留吴淞教操英人博斯案内聲明，俟兩處礮臺工竣，再將詳細章程奏咨在案。現在大礮安設齊全，臺工告竣在即，亟宜將各項用款預先籌定，以便開支。除吴淞已展留英人博斯外，當再募精於礮學之洋人一名，專充江陰大礮教習。其應需川資薪費，俟僱定後另行開報。每大礮一尊，應由營抽撥勇丁四十名常川駐守，專學操礮等事。查兵輪礮勇有每名月支銀八兩者，此項陸營礮勇，自難盡同兵輪。然係操習新式大礮，亦應稍加津貼，庶可責令一意從事。擬每名於額餉外按月酌加津貼銀一兩，每礮目什長一名則倍之。俟數年後學習有成，再將洋人遣去。又吴淞、江陰兩處礮臺，每處須添設機器匠正副各一名，專司礮身礮架及一切機器。此項匠人多爲製造局及上海洋廠所僱用，每月薪工四五十元不等。礮臺所用者，非稍優其值，難得手藝精巧之匠。擬每正匠一名月給湘平銀十八兩，副匠一名月給湘平銀十兩，此項礮勇機匠，雖遇防營調動，統領營官不得攜之而去，亦不得率行告假他適。如有學習不勤者，由統領、營官從嚴懲辦。仍不時由局派員前往察看，以期實事求是。至尋常一百磅子内外各礮，每礮月給礮費四元。八百磅子之礮大逾數倍，擬每月給礮費十元，俾資濟用。其旁佐之哈吃克司各礮，仍照章每礮月給礮費四元，以符定案。下所司知之。

佚名《廣方言館全案・又稟南洋通商大臣曾》 敬稟者：竊於光緒十四年二月二十二日，准江南機器製造局移開：「廣方言館肄業生，曾經擇其學有成效之英文學生程鑾等五名、法文學生瞿耀彝等六名、算學學生朱正元等四名，於光緒十二年十一月二十八日，開列名單送道轉詳憲臺咨詢總理衙門酌核調考在案。迄今未奉復示，各學生俱仍在館聽候送考。本年系戊子科鄉試，所有通曉算學之學生，並擬遵照上年總署奏定章程，得於此時赴京考入同文館肄業，尚可照例投考算學，以便録送順天鄉試，俾求上進，轉稟咨催核復，如准送考，再將該生等送道甄別，由館發給川費，請咨赴京考試」等因。准此，職道伏查上海廣方言館肄業學生程鑾等學有成效，應否送京考試，前經照録名單轉詳憲示，嗣於光緒十三年正月初四日奉到鈞批「該館學生程鑾等應否送京考試，候先咨請總理衙門核復，再行飭遵」等因在案。迄今年餘未蒙總署核復。茲准前因，理合轉稟，仰祈俯賜鑒核，咨催總理衙門核示遵行，實爲公便。

光緒十四年二月二十九日。

中國第一歷史檔案館《德宗景皇帝實録》卷二五三《光緒十四年三月》 戊午，兩江總督曾國荃奏，金陵洋火藥局修葺廠屋，及添備鍋爐等費，請由金陵防營支應局撥用，下部知之。

佚名《廣方言館全案・抄粘總理衙門片奏》 再，本年三月二十日准南洋大臣曾國荃咨稱，今届戊子科鄉試，所有上海廣方言館肄業算學各生，擬赴京考入同文館肄業，以便録送順天鄉試，俾求上進各等因。臣等查上年奏定算學取士章程，只准各省學政於生監中考取咨送臣衙門覆核録送鄉試。嗣由北洋大臣李鴻章奏請，將天津水師武備學堂學生就近咨送。臣衙門擇尤送考，業經奉旨允准，並經臣衙門咨行北洋大臣遵照定章，將生監出身者，遴選咨送，其非生監出身者，毋庸咨送在案。今南洋大臣曾國荃將方言館學生咨請録送鄉試，其生監出身文理較優者，似應准其咨送臣衙門，一律擇尤送考。至同文館學生現有一百一十餘名，足敷學習，所請送考各學生先行考入同文館肄業之處，應毋庸議理。合附片陳明，伏乞聖鑒訓示遵行。光緒十四年四月初五日奉硃批：依議，欽此。

佚名《廣方言館全案・又移文一件》 爲轉移事：本年四月二十四日奉南洋通商大臣曾札，光緒十四年四月十六日准兵部火票遞到總理各國事務衙門咨，光緒十四年三月二十日准貴大臣咨稱，今届戊子科鄉試，所有上海廣方言館肄業算學各生，擬赴京考入同文館肄業，以便録送順天鄉試，俾求上進各等因，經本衙門議覆具奏，於四月初五日奉硃批：「依議。欽此。」相應抄録原奏，咨行貴大臣，欽遵可也等因，並抄單到，本爵大臣承准此，合行抄單札關轉移遵照等因到關。奉此，除録摺呈報蘇撫憲外，合就抄粘轉移。爲此合移貴局，請煩查照，飭知施行。

光緒十四年四月三十日。

佚名《廣方言館全案・製造總局移江海關道龔》 爲移請事：光緒十四年五月初三日准貴道移開：奉南洋通商大臣曾札，准兵部火票遞到總理各國事務衙門咨：准貴大臣咨：稱今届戊子科鄉試，所有上海廣方言館肄業算學各生，擬赴京考入同文館肄業，以便録送順天鄉試，俾求上進各等因。經本衙門議覆具奏，於四月初五日奉硃批：「依議。欽此。」抄録原奏咨行欽遵等因並抄單到，本爵大臣承准此，抄單札關轉移遵照等因，除録摺呈報蘇撫憲外，抄粘移局查照飭知等因。准此，查此次總理衙門原奏内開：廣方言館學生咨請録送鄉試，其生、監出身文理較優者，似應准其咨送，一律擇優送考。至同文館學生現有一百一十餘名，足敷學習，所請送考各學生先行考入同文館肄業之處，應毋庸議等因。遵查廣方言館肄業算學學生胡惟德、朱正元、葉耀元、李錫恩四名，俱系生員出身，在館肄習算學有年，文理均尚明順，堪以送考。奉准前因當經轉飭去後，茲據該生等呈請給咨前來，相應開單移請。爲此合移貴道，請煩查照，希即核明轉詳南洋大臣，迅賜給予咨文，尅日發下，以便轉交該生等趕緊起程，赴京應試，望速施行。

光緒十四年五月十二日。

佚名《廣方言館全案・江海關道移製造總局》 爲移會事：本年五月二十日奉南洋通商大臣曾札：光緒十四年五月初十日准兵部火票遞到總理各國事務衙門咨：查上年本衙門會同禮部議復御史陳琇瑩條陳算學取士摺内請旨飭下各省學政，於歲科試時生監中有報考算學者，除正場仍試以《四書》經文、詩策外，其考試經、古場内另出算學題目。果能通曉算法，即將原卷咨送總理衙門，復勘注册，俟鄉試之年按册咨取，赴總理衙門試以格物、測算及機器製造、水陸軍法、船礮水雷或公法條約、各國史事諸題。擇其明通者，録送順天鄉試，並擬定取中額數，示以限制，奉旨允准，欽遵通行知照在案。嗣經北洋大臣奏准，將天津水師武備學堂教習及學生，屆時遴選文理清通者，咨送總理衙門考試等因。又准貴大臣咨稱上海廣方言館學生擬録送順天鄉試等因，經本署分別奏咨，應照章程，生、監出身人員始准咨送，其非生、監出身者，毋庸咨送等因各在案。查上年奏准算學取士，初意本以算學爲主，而其餘格物、製造等學爲輔，歷經各省學政咨送録取之卷到署，均系以算學發題，推衍中西算學確有門徑者，方准咨送注册。如不諳算學，縱嫻習别項藝能，亦不甄録，以符原奏。且禮部會奏所定中額本窄，如以不諳算術者濫竽充數，恐轉使精通九章幾何、代數之士，或抱滄海遺珠之憾，尤非所以拔真才而輔微學，殊失以六藝取士之本意。相應咨請貴大臣查照，如有各學堂教習、學生咨送來京者，務希考校文藝，以算學爲主，嚴爲甄别，擇尤咨送本署，以憑覆勘，決定去取，録送鄉闈，以符原奏初意。切勿遷就咨送，致令徒勞往返，是爲至要可也等因到。本爵大臣承准此，札道轉移製造局，一體遵照等因到關。奉此，除報明撫憲外，合亟移會。爲此合移貴局，請煩查照施行。

光緒十四年五月二十四日。

佚名《廣方言館全案・又移文一件》 爲移送事：本年六月十七日奉南洋通商大臣曾批：本關詳請給發上海廣方言館肄業算學生員胡惟德、朱正元、葉耀元、李錫恩等赴京應試咨文並呈清摺由，奉批已據詳並各生履歷清摺先行咨送總理衙門查照矣。茲將該生等赴考咨文四角，隨批印發，仰即查收給領，並將起程日期報查仍候撫部院批示。繳。又，先於六月十四日奉蘇撫憲崧批開：「仰候通商大臣核咨批示。繳。」摺存等因各到關。奉此，合將奉發咨文四角移送。爲此合移貴局，請煩查收，轉給該生等祇領赴京，仍將起程日期示復，以憑轉報施行。

光緒十四年六月十九日。

佚名《廣方言館全案・製造總局移復江海關道聶》 爲移請事：光緒十五年五月初一日准貴關移開：光緒十五年四月二十五日奉南洋通商大臣曾札，光緒十五年四月十七日准兵部火票遞到總理各國事務衙門咨：前於光緒十三年准貴大臣文開：據江海關道詳稱云云等因到道。移局查照造具各該生履歷名册先行送道考試，再行詳咨等因到局。准此，查前於光緒十二年十一月開單移請擬送總署考試之廣方言館英文學生程鑾等五名、法文瞿耀彝等六名，茲查該學生等，内除程鑾、劉生順二名業已病故，張坤德、梁普暶、王斯元、瞿耀彝、萬鍾元、吴錫三等六名，俱已調赴開平、雲南、廣東、高麗等處關局辦公外，今將在館肄業英文學生朱敬彝、楊書雯、陳貽範三名，法文學生劉鏡人、劉式訓、陸增祥、翟青松四名，先行由館考試，繙譯文理俱尚明順，堪以送考，相應查明該生等年歲籍貫履歷三代造册移請。爲此合移貴道，請煩查照，酌定傳考日期，先行示知，以便轉飭該學生等到署課試加考，詳咨送京，望切施行。再，查廣方言館並無肄業俄文、德文學生，合並移明。

光緒十六年六月二十四日。

佚名《廣方言館全案・江海關道聶移製造總局》 爲移請事：案奉南洋通商大臣行准總理衙門咨：廣方言館各學生肄習有年，應擇學有成效者照案詳請送京考試等因，奉經咨准貴局，將在館肄業之英文學生朱敬彝、楊書雯、陳貽範三名，法文學生劉鏡人、劉式訓、陸增祥、翟青松等四名年歲三代籍貫開送到道，即當轉詳南洋通商大臣核示，給咨所有肄業生朱敬彝等七名，本道定於七月初八日在署課試西學等文，以便加考轉詳。合繕示諭一紙移送。爲此合移貴局，請煩查收發貼。並希預備試卷，先期送道備用施行。

光緒十六年七月初五日。

魏允恭《江南製造局記》卷二《(光緒)十五年三月總辦聶緝槼稟購栗色火藥並僱洋匠如式仿製》 竊查火藥一項爲軍火要需，製礮製藥皆相輔而行之要務。其間選料之方，與配合之宜，必求其良而適用，實有未便遷就者也。近年南洋購造各礮，皆屬極長新式後膛鋼礮，所配之藥仍用舊式黑色火藥，如三稜石子及六孔餅藥等項，既恐藥性較猛，不適於用。萬一遇有炸裂情事，更非思患豫防之道。職道等每一討論及此，僉以外洋近製之藥以栗色火藥爲最，並聞北洋近購有栗色藥餅數百萬磅，在津招匠如式仿製，未審能造若干，將來能否撥濟南洋之用，均難懸揣，如不能酌量勻撥，則南洋似應一律仿造。否則有礮無藥，與無礮等。職道等曾與金陵火藥局章道玗多方商榷，意見相同，苦於經費支絀，有願未逮。上年適有德商滿德，因事回國。職道等曾囑其回國後訪察情形，詳詢價值，以便酌量購造。茲據該洋商由德來華稟稱，栗色火藥係創自德國都田廠，經向該廠訂議，即在該廠定購栗色藥餅二百噸，約需價值規平銀十三萬兩。分三年作爲三次運滬交收，其價值能否減少，尚難預必。若能在該廠購定此項火藥，該廠並允派撥精於造藥之洋匠一名來華教習，俟將造法教成後，再行回國。此項洋匠辛工每月約需規銀三百兩，及應給往來川資約需英金二百磅，至所需造藥機器須查明，應添何件，亦由該廠代辦，約需銀一萬數千兩左右等語。職道等一再籌思，特以價值等項需款甚鉅，就職局情形而論，尚恐力有不足。惟此項栗色火藥爲軍火必需之件，內地向未造過，不得不先行定購一批以應急需，並僱洋匠來局教習造法，以爲永遠之計。前聞兩廣督憲張亦擬購辦是項火藥，擬請轉咨粵省，如其果須購買，可否即在擬購之二百噸內，分買一百噸，其餘一百噸，即由職局設法定購。似此分認購辦，而價值又係分年付給，庶可周轉。再查上年奉行部定章程，凡購辦船械軍火，須由出使各國大臣在外洋議價定購，不得由洋商經手。又一切軍火須由機器製造，不准向外洋購買各等因。查栗色火藥內地各機器局尚未仿造，此係初次購辦，且向該洋商購買，既可接濟目前之用，兼可得其洋人前來教習，誠屬一舉兩得，如蒙允准，並請咨明出使德國大臣援照部章，由使署諭飭該都田廠分別訂立合同，依限運交。應付價值，訂明分次發給，併飭該廠選僱洋匠一名來華，以便仿製。職道等爲籌備軍儲起見，是否有當，伏乞察核示遵。

朱壽朋《光緒朝東華録》卷九一《光緒十四年十月》 潘霨奏，據布政使史念祖、會同善後礦務兩局司道署按察使黄元善、署糧儲道儲裕立詳稱，案准總理江南製造局兼辦貴州機器礦務候選道潘露移稱，上年購辦錬鐵機器，據外洋裝船報單分三起起解，共重一千七百八十餘墩。每墩以一千六百八十斤合計華秤，共重二萬九千九百餘擔到滬。由滬僱船裝運前來，均須立架按件起重。由湖南常德而上，灘高水淺，又須按件起駁。頭批機器已於八月中旬運到青谿縣，二三批亦跟蹤而來。所帶各項工匠同時抵青，即日開工起造安配，擬於年內開鑪錬鐵。惟工程甚鉅。所需經費，雖經招有股分，一時未能收齊。目前用款正殷，移請籌畫接濟等因。該司道等查機器之設，原爲地方興利起見。然購自外洋，節節轉運，迄今二年之久，始行運到，可見創始之難。又查開採煤炭鐵礦，成色均佳，山硐極旺。機器既到，開鑪有期，誠爲幸事。惟所集商款催繳難齊，大抵因歷年股票無憑，富商受累。此次非見開鑪出鐵，勢難踴躍輸公。所幸現在機器及製造工匠均已到青，是開鑪有期，似未可專候商款，坐失事機。溯查去今兩年，凡遇該廠用項，如付機器價值，修建廠房碼頭等款，歷經該司道等設法籌措，或由商騰挪，或於釐金項下暫撥，均量緩急收股歸還，幸無貽誤。茲既機器到青，應一面由該司道等設法再籌酌量接濟，一面請飭該道迅即定期年內開鑪。俾商股易於催集，陸續歸款，庶成此興利盛舉，並請查核具奏等情到臣。據此，臣查黔地瘠苦，惟鐵爲自有之産，是以奏明派員前赴外洋購辦機器。在鎮遠府屬之青谿地方開設鐵廠，以興大利。茲據道員〔潘〕（露）押運機器工匠陸續到青，業已開工起造，安配大工將竟。祇以所集商款催繳難齊，而需用正殷。勢難坐待，移由該司道等公同商酌，或向商號騰挪，或於釐金項下暫撥，酌量緩急，收股歸還。似此略一轉移，不致坐困，實於廠務大有裨益。下户部知之。

佚名《廣方言館全案・又移製造總局》 爲移會事：本年四月二十五日奉南洋通商大臣曾札：光緒十五年四月十七日准兵部火票，遞到總理各國事務衙門咨：前於光緒十三年，准貴大臣文開：據江海關道詳稱：廣方言館中各學生肄習有年，應擇學有成效者照案詳請送考，現有英文學生程鑾等五名、法文學生瞿耀彝等六名，俱質地聰明尚堪造就等因，相應咨請轉飭該關道，將肄業英法文學生擇其繙譯尤爲精熟者各數名，備具履歷清册，咨送本衙門，聽候録取留館。如有繙譯俄文、德文精熟者，亦可咨送一二名。其專習算學者，無須咨送可也等因到，本爵大臣承准此，札道轉移製造局，一體遵照辦理等因到道。奉此，合亟移會。爲此合移貴局，請煩查照辦理，仍希造具各該生履歷名册，先行送道考試，再行詳咨，望切施行。光緒十五年四月二十八日。

魏允恭《江南製造局記》卷二《（光緒）十六年九月總辦劉麒祥稟購機器試錬鋼料情形》 竊照職局仿造鋼鐵大礮，並後膛兵槍，其機器等件，雖不能謂之全備，然就所有者，權宜辦理，已可將就敷用。惟造礮所需之鋼料鋼彈，造槍所需之鋼管，必須購自外洋，其價值運費已不合算，且平時購運往來，雖尚稱便，誠恐一旦海上有事，海程梗阻，則輪船不能抵埠，而內地又無處採買，勢必停工待料，貽誤軍需，關繫實非淺鮮。職道等再四籌維，似非自行錬造不可。茲與造礮洋匠柯尼施、彭他妥爲商酌，擬即購辦錬鋼並捲槍筒之機器爐座各一副，先行試辦，約需機器價銀一萬二千兩左右，再添設廠座，約需銀數千兩。將來每日可出鋼三噸，槍管一百枝，以供職局造槍造礮之用，當可無虞缺乏。此時購買機器等款，仍由職局在領到二成洋稅項下撙節動支，無須另請添撥經費。嗣後如果辦有成效，力有餘裕，再行推廣辦理，添器多造，則各省機器局所需之鋼件，皆可備價，由職局撥用，以免取資外人，似屬大有裨益。職道等係爲籌備軍實起見，所擬購買機器試錬鋼料情形是否有當，理合稟明，謦核訓示。如蒙俯允，擬即飭令洋匠柯尼施、彭他將機器等件，寄信外國定購，以期節便，統候批示，祇遵。

南洋大臣曾批：該局因所需造礮之鋼料、鋼彈，造槍之鋼管，購辦非計。擬在所領二成款内動撥銀兩，購辦鍊鋼並捲槍筒之機器爐座一副，設廠試辦，本爲該局應辦之事，所籌尚屬可行，惟應付價值，務令檢呈，廠單以及一切動用經費，務須核實估辦，毋任稍有浮費，是爲至要。

北洋大臣李批：據稟，已悉。該局仿造鋼鐵大礮，及後膛兵槍所需之鋼料鋼彈、鋼管，均需購自外洋，價值既昂，運費又重，頗不合算，一旦海上有事，無處採買，更恐停工待料，貽誤軍需。該道等現與洋匠妥爲商酌，擬購鍊鋼並捲槍筒之機器爐座各一副，先行試辦鍊造。每日可出鋼三噸，槍管一百枝，以供局中造槍造礮之用。所籌是否確有把握，應需機器價銀一萬二千兩左右，添設廠座約需銀數千兩，即在領到二成洋税項下撙節動支，無庸另添經費。將來辦有成效，再行推廣，添機多造，他省機器局需用鋼件亦可備價向該局購用，藉免取資外洋。果能鍊造得法，逐漸擴充，於製造軍火事宜，大有裨益。仰即飭令洋匠迅將機器等件，函致外國定購，尅日運滬，及早試辦，仍候南洋大臣、江蘇撫院批示，録報。繳。

魏允恭《江南製造局記》卷三《（光緒）十七年總辦劉麒祥稟改造新快利槍》

竊職局向外洋購到奥國曼里夏新式連珠快槍一桿，詳加考察，確係堅巧靈捷無比。惟查所用連珠子盒，祇能從上插入，兵士臨陣，每人至多不過携帶百餘盒，多則笨重，借令子盒放完，必需停手，再裝未免稍有不便。其槍筒口徑畧大，内膛來復線祇有六條，彈子出路尚嫌迅直，且望牌係連槍筒一爐鑄成，製造頗費工力，無所取義。旋飭華洋匠目，按件繪圖，逐細考究，仍於仿造之中，加以變通之道。業經造成樣槍數桿，其節套、機簧、保險、槍刺之類，即以曼里夏式樣，全用鋼料製成。取其造法堅緻；開闔便捷，利於行間也。其槍筒仍用新利槍之式，蓋新利槍筒，來復線計有七條，口小而子長，彈子逼出較爲勁利，槍之退力亦小，望牌係裝釘槍筒之上，取其精製而功省也。子盒一項，則以英國南夏槍五子手弓彈盒，依樣更易，取其前後皆可裝子，陣仗之際，兵士所帶銅盒告匱，仍可隨手握子，從後裝入，亦能連珠施放，源源不絶。將來製造，並擬不用銅盒，似更省便。至所配藥彈銅捲，係用無烟火藥六分三釐，實以包銅之鉛子，施放可及二千餘碼之遠。昨將造成槍件，設靶演試，用職局自造之黑藥一錢重藥彈，距靶二百碼，能於靶上見裂。六分三釐外洋無烟藥彈，便能穿一分半厚之英鐵板，即後面一寸木板，亦畧有竅。其藥彈之分兩，祇能如此。若再將火藥加重，誠恐漲力過大，多放則槍筒必見損傷，反有窒礙。此職局自行演試新槍之實在情形也。現造之槍，乃係初次仿辦，機器不全，多半參以手作，尚未能過求精緻。將來配齊機器，各匠手藝嫻熟，自當精益求精，以期利用。再彈子所需之無烟火藥，前經職局託地亞士洋行，向英國購到二千磅。昨又與該行訂購二噸，以現在購到之藥計之，可以配造彈子一百二十萬個。此後擬將無烟火藥彈子，存備有事之用。如各營平時操練之需，則仍用職局自造之黑色藥彈。俟將來無烟火藥，可以自行製造，再行統歸一律，以免匱乏。茲將造成樣槍二桿，無烟藥彈一百粒，自造黑藥彈一百粒。派令管理洋槍樓、都司銜儘先守備，劉吉順賫呈，敬乞鈞譽，飭員試驗，如其合用，恭候批示，並懇命名，再由職局添器照製，仍當悉心探討，實力考究，以期仰副憲台講求武備之至意。

兩江總督劉批：外洋於製造一道，得以日新月異者，以其用心專，而考究精密，既創其器，必底于成，既成其器，復求其精。雖竭畢生之力，有所不憚，故得以出類拔萃，利賴無窮。今該道等能于此用意講求，將來于製造之件，亦不難日有起色。送到仿製曼里夏樣槍二桿，先在箭道試驗，實屬靈捷，出槍口槍之退力亦小，惟每槍放黑藥彈兩次計十響，又放無烟藥彈一次五響，槍桿便覺極熱。約計每放三次十五響，即須停候槍冷，始能再放。將來能精練綱質，連環接放，庶臨陣可無停頓之虞。此係憑空演試，其槍之率力，彈之勁利，一切應候再行設靶試驗，另行飭知。栗藥不獨爲該局現造之新式長鋼砲所必需，即吴淞江陰各砲台所設，前購八尊之大砲，亦非栗藥不能合用。前因海軍衙門來咨，因北洋自製栗藥，祇能敷北洋之用，未能外撥。若購自外洋，平時已不免利源外溢，遇事各守局外之例，不肯出售，便成無源之水。是以南洋，亦擬自行創製，曾咨海軍衙門，核准有案。現在該局既經選具帶同匠目，赴津察看，自應迅速考究，如有應添機器，即行購辦，以便趕爲仿造。無烟火藥，較之黑藥，力量過半，實爲軍中最利之物。新造之槍，又必需此藥，方能適用。其藥係用何料，應如何製造，亦當攷求其法，自爲仿造，以資利用，而實軍儲。

直隸總督李批：該局仿造後膛連珠兵槍，仿照奥國曼里夏槍之式，而畧改其不妥之弊。並將子盒，按英國南夏槍五子手弓彈盒，依樣更易。務期裝放便利，擊力遠大，具見講求新式利器，殫心製造。該局自行試驗用無烟火藥六分三釐，可穿一分半厚之鐵板。用黑藥一錢，則板上只能見裂。其靶相距遠數相同，是無烟火藥之火力，較黑藥爲大。無怪西洋各國，多改用無烟之藥也。出使德、俄，洪、許兩大臣，屢次函稱，各國争出連珠槍式，取其靈捷及遠，而操法亦精益求精。中國誠自愧不逮，候將送到槍枝、子彈札發天津軍械局，會同營員，妥細施放察驗。惟據稱現造之槍半由手作，配齊機器需費若干，額款能否敷用，俟機器造熟後，每枝約計工料銀若干，仍核明專案具報。再請命名，並候南洋大臣、蘇撫部院批示。另稟派員，帶同匠目，到津學習製造栗色餅藥，並候行知天津機器局，遵照飭令，隨同學習考究。

魏允恭《江蘇製造局記》卷二《（光緒）十八年十二月總辦劉麟祥稟購造無煙火藥機器》 竊照職局仿造快礮、快槍所需無煙火藥，奉南洋大臣劉批飭設法製造，自應遵辦。惟查無煙火藥一項，在外洋甫經創造，其造法並配用何項物料，一概秘不告人。此時若欲設法仿造，通盤籌畫所有定購機器，及添建廠屋之經費，約共需銀十餘萬兩，始能布置。職道前在金陵已經面稟兩江督憲劉，允准照辦，並以職局經費有限，深慮不敷應用，兼蒙兩江督憲劉面允，由南洋海防項下撥濟銀六萬兩，於明年九十月間飭撥下局。茲經職道等與瑞生洋行反覆訂議，屬其向外國定購造無煙火藥機器全分，並代僱洋匠一名來華教習。訂明此項機器每天做十六點鐘工夫，能出藥一千磅，並能製造礮棉、硝鏹水等件。統計機器價脚，並洋匠川資，及一年辛工，共外國銀一萬六千八百四十磅。現在先付定價外國銀五千磅，限七八箇月内運滬交收。又造藥廠屋，由該洋行向外國繪圖，於機器未到之六箇月以前，送局察核，以便先期建造廠座。業經繕立合同，彼此畫押，暨由德領事蓋戳，分執爲據。除稟明南洋大臣劉、北洋大臣李、江蘇撫憲奎外，理合鈔録合同稟報，俯賜詧核，實爲公便。

中國第一歷史檔案館《清代軍機處電報檔彙編》第七册《收南洋大臣劉坤一電爲上海製造局存有快槍解津由吉林提用事光緒十八年九月初八日》 支電，敬悉。詢據上海製造局存有黎意快槍千桿，省局存有新泰白快槍千桿，均後膛單響。又購存五響後膛哈吃開司快槍，尚可勻撥千桿以上，共計三千桿。俟配齊零件，即併交上海製造局解津，由吉林派員迎提。同爲公用，無庸歸款。馬槍既無存儲，如造單響千桿，至速需期十月。應否飭造，統候示遵。坤。庚。

佚名《廣方言館全案·江海關道製造總局會稟南洋大臣劉》 敬稟者：竊照上海廣方言館，於同治二年間蒙前署南洋大臣李奏明，招選聰穎子弟入館肄業兼習外國語言文字並算學等藝。該館原系設於上海城内，由江海關道派紳董經理。嗣於同治九年正月移駐職局就近兼管。所有在館肄業諸生學有成效者，向候總理衙門調取入都考試，留於同文館肄業。自同治二年開館起至光緒十六年止，計二十八年中僅先後四次，奉調學生二十餘名赴都應考，均蒙總署録取，奏奬留京差遣。惟查廣方言館之設，原系陶育人才備用起見，近年以來，總理衙門以同文館學生較多，飭停送考，而廣方言館學生其才堪造就者自不乏人，往往學業有成，懷才莫試，徒留在館。各學生年齒漸長，常此淹滯，或另圖别業，良爲可惜，且失當年設館之本意。因查廣東同文館諸生，曾由廣東督撫憲於同治六年將文藝可以造就者咨送赴京，經總理衙門考試，奏准作爲繙譯生、監生，准其一體鄉試，分别派充將軍、督、撫各衙門繙譯官。行令嗣後該省於該學生等三年學成後，即行奏明，分别給予生、監並派充繙譯官。如有西語西文才識出衆者，另行送京考試，授以官職等因。歷經廣東督撫憲每届三年期滿照章考試，分别給予繙譯生、監生，均准其一體鄉試，奏明各在案。竊念上海廣方言館，事同一律，可否仰懇憲臺俯賜援照廣東成案，奏明將上海廣方言館學生，亦於三年之後由職道等挑選詳送崇轅考試，分别給予繙譯生、監生，派充繙譯官，並准其一體鄉試，俾各學生得以自圖進取，用示鼓勵，而免向隅之處，出自逾格恩施。職道等愚昧之見，是否有當？理合稟祈詧核訓示祗遵。

光緒十八年十二月十二日。

南洋大臣劉批：據稟，廣方言館學生，擬請援照廣東成案，每届三年期滿挑送考試，奏明給予生、監一事，現在粵省是否仍照向章辦理，其有才識出衆者，是否另行送京考試，自定章後有無辦過之案，候先咨請兩廣督部堂，飭抄近數届辦理案卷並歷辦情形，俟咨復到日再行咨商總署核復仿辦。繳。

十二月二十二日。

佚名《廣方言館全案·又札行製造局》 爲札知事：案據該局稟，上海廣方言館學生，擬請援照廣東成案，每届三年期滿，挑送考試，奏明給予生、監一案，當查粵省是否仍照向章辦理，即經咨詢，并批示在案。茲准兩廣督部堂咨復，廣東同文館設立以來，每届期滿，均系照章辦理，録案咨復前來。除再咨請總理衙門核覆，另行飭遵，并復請兩廣督部堂，將粵省同文館光緒三、六、九、十二、十五、十八等年，每届所保員數奬叙録案見復外，合抄來咨及咨稿，札飭。札到該局，即便知照，毋違。此札。

光緒十九年五月十四日。

中國科學院歷史研究所《劉坤一遺集》書牘卷一○《致曾仰階光緒十九年六月初七日》 此項毛瑟洋槍價銀既減兩倍，添購一萬桿，以備操防之用，尚屬可行。

第應查明是否現成，抑須新造，如以現成之槍存在外洋，應查明係屬何廠，是否實價，當電請出使大臣，前往該廠詢明，是否相符，槍件是否合用，考究明確，而後分別奏咨定案。事關購買大宗軍火，不可不加慎重，非如他省採購無多，可由外辦也。

至添造兵輪一事，再四籌商，苦無善策。擬如前議，前往外洋查照北洋致遠、靖遠快船，添造兩號，仍遵譯署奏定章程，由出使大臣經手。訂之致靖原廠，彼必自顧聲名，不敢苟且；並用致靖原圖，以免另繪，可省工料之費；至原價若干，似向可以酌減，自造之礮位，剔除價值，猶在外也。唯慮該廠以用舊鋼鐵材木攙雜敷衍，則由上海製造局遴派熟習人員前往，隨同出使大臣逐件查看。似此辦理，一切尚有成規可循，較有把握。其雷艇一項，即如臺指，先在外洋購製四號，將來如有不敷，續購亦易。唯桂薌亭議購大雷艇兩號及新式巨雷，不審南洋是否合用，已囑此君與尊處熟商，仍俟定議後，當與快船併案核辦。客衆事繁，面談不盡。

中國第一歷史檔案館《光緒朝朱批奏摺》第一〇二輯《光緒十九年六月十六日北洋大臣直隸總督李鴻章原摺》

北洋大臣大學士直隸總督一等伯臣李鴻章、南洋大臣頭品頂戴兩江總督臣劉坤一跪奏，爲上海機器局創造西洋新式槍礮，卓著成效，有裨軍需，照章擇尤請奬，恭摺仰祈聖鑒事。伏查光緒十二年七月，海軍衙門奏定變通保奬章程内開，如有奇才異能創製軍械，由該督撫考驗明確，即破格懇恩録用。又十四年八月，海軍衙門奏定北洋海軍章程内開，各機器局所造大小新式槍礮，與外洋所造一律，准擇其尤爲出力者，照異常勞績酌保等因，均經欽奉懿旨，依議欽此，欽遵各在案。近日泰西各國，以槍礮之利，爭雄角勝，日異月新。現新出之連珠快槍，及全鋼快捷大礮，尤爲行軍守口利器。快槍之製，以奥之漫利夏槍、德之新毛瑟槍爲最，後出而最精。其快礮則從前各洋廠，僅能造三磅、六磅小礮。嗣英之阿摩士莊廠，多方考究，造成四十磅子大快礮，爲各國所推重，爭先購置。鴻章前以上海機器局所造槍枝，均是舊式仿造。英廠新式南夏槍，亦不適用。因於十六年秋間，飭令專就漫利夏、新毛瑟槍兩式，講求仿造。該局總辦道員劉麒祥，覓得兩項槍枝，並購阿摩士莊快礮一尊，逐件拆卸，認真考驗。督率廠員華洋匠目，悉心仿造。竭兩年之力，將槍礮先後造成，經該廠演試，能與西洋所造新式一律。於上年九月間，派員齎送來津。臣鴻章委派軍械局道員張士珩，會同各營將領，督同洋教習，分日逐細考察，驗得該槍膛線六條，子路甚准，開放裝退，極爲省手。每分鐘放快自二十二出，至二十五出。距靶二百碼，能洞穿一分五釐厚鐵板，並擊入後面松木一寸四分。每秒速率四百八十九密達，堅緻靈捷，與德國新毛瑟相等。其速率線路，更駕漫利夏之上。又驗得該礮用全鋼套箍製造，隨礮鋼子計重四十五磅，用德廠配造。經遠來遠快船最堅厚之鋼面鐵甲爲靶，能受擊力較尋常鐵甲三倍，彈子竟能深入三四寸。其速率均數六百二十九密達，每分鐘可放子十二出。子彈出膛，准頭極好，與大沽海口購用阿摩士莊快礮出數相同。臣鴻章覆加察驗，以上兩項槍礮，並能與外洋最新之式一律精利，洵爲難能可貴。當飭逐漸推廣仿造，以資利用。至槍礮所需鋼料，購自外洋，價值既昂，運費又貴。該員等復仿照西法鍊成純鋼，捲成礮管槍筒，並大小鋼條，精純堅實，與購自外洋者無殊。惟現購鑪座僅有三噸者一具，出鋼尚不能多。將來經費漸充，添購機器，增置廠屋，就中產之煤鐵，鍊西式之鋼料。多製新式器械，以備各營領用，不必取資外洋，實爲自强根本。至計其有裨於軍實者，誠非淺鮮。竊維泰西各國槍礮之學，俱係專門名家，或世代相傳以臻極詣，或逐年改作以集衆長。每一器成，其國家必重加賞，擢特示旌異，故能才藝競奮，利器日新。日本蕞爾小邦於槍礮一事，猶能竭力經營，其所製造幾與西洋相埒。中國地大物博，獨以囿於風氣，限於財力，未能與彼爭長。遇事仰給他人，原非久遠之策。

醇賢親王有鑒於此，故於海軍衙門章程内，一再奏請特懸此格，以勵羣才，規慮至爲深遠。上海機器局爲各省製造最大之廠，該局員等苦思力索，不憚繁難，奮勉圖功，竟能於數年之間，創造新式槍礮，與西洋最精之器無異，爲中國向來所未有。今年五月間，日本陸軍中將川上操六遊歷來津，試放此槍，動色歎羨，謂彼國中邨田大廠所造，殊不能及，乞取兩枝以爲標准。是該局員等創製軍械，實能與外洋一律，與海軍衙門奏定保奬之例相符，自應據實上聞，籲乞恩施，以勵成勞，而策後效。除劉麒祥一員另片陳請外，所有在事委員，補用知縣。江蘇試用縣丞劉家傑，江蘇試用縣丞劉毓湘，劉殿華、成希緡、李承淵、陳其壽，均擬請免補本班，以知縣仍留原省，歸候補班補用。補用知州候選布經歷馮祖霨，擬請免選本班，以知州儘先選用。候選縣丞李華、張信璥，均擬請免選本班，以知縣儘先選用。以上九員，均係最爲出力，始終勤苦。該局分廠十餘處，承辦數百人，經臣等再三核減，所保僅止此數，實屬無可再删。所擬官階，仍未敢優於常格，仰懇天恩俯准，照擬給奬，足以振興軍實，鼓勵人才。謹合詞恭摺具陳，伏乞皇上聖鑒訓示。再，此摺係由臣鴻章主稿，合併陳明，謹奏。著照所請，吏部知道。

光緒十九年六月十六日。

中國第一歷史檔案館《光緒朝朱批奏摺》第一〇二輯《光緒十九年六月十六日北洋大臣直隸總督李鴻章原摺》 再，二品頂戴江蘇候補道劉麒祥，於光緒十五年夏間，委辦上海機器局。到局之初，即以創造新式槍礮，及自鍊鋼料爲己任。西國新出利器不以祕法示人，其機括靈巧異常，猝難臆測。開辦之始，幾無端緒可尋。該員久在外洋，究心製造，故能精選洋匠，博訪窮探，考索成式，參以心得，督飭員匠鋭意仿造，無間寒暑造成。試驗稍不如法，輒復拆改，於兩年之内，盡羣材之用，竟能造成新式槍礮，并鍊就鋼料。經臣等疊次考驗，與西洋所造一律精堅。有志竟成，實非始願所及。該員爲故陝西撫臣劉蓉之子志行，著聞前經曾紀澤奏調，出洋派充駐法參贊。十年閏五月，特旨派赴江南，隨同曾國荃辦理事件。旋經左宗棠奏調，隨赴福建總理營務。歷經左宗棠、曾國荃、穆圖善、楊昌濬及臣坤一，先後保薦，均奉旨交軍機處存記。其人才可用，久在望明洞鑒之中。此次創辦槍礮，尤能力任其難，於軍實攷工，裨益甚大。自應援照海軍衙門奏定章程，奇才異能創製軍械，准予破格録用之例。奏乞恩施該員虚銜實職，並無可加。查吉林機器局道員宋春鰲，於上年八月經將軍臣長順奏保，請以海關道記名。請旨簡放，仰蒙特恩，允准在案。劉麒祥資勞較深，所造新式軍器，爲中國向來所無，尤非尋常製造可比，應如何破格録用之處，出自慈施特沛，謹合詞附片陳請。伏乞聖鑒訓示，謹奏。

劉麒祥著交軍機處存記，以海關道員用。

佚名《廣方言館全案・南洋大臣劉札行製造局》 爲咨行事：光緒十九年六月二十九日准兵部火票遞到總理各國事務衙門咨：光緒十九年五月二十五日接准咨開，據上海機器製造局稟稱云云等情，呈請咨查核復等因。本衙門查廣方言館之設，原爲陶育人才備用起見，近年來未能調考，而在館學生年齒漸長，懷才莫試，或另圖別業，未免可惜。廣東既有成案，自應由貴大臣奏明辦理，並希轉飭該道等於挑選送考時，認真比較，毋得濫竽充數，以致有名無實可也等因到。本大臣承准此，合行札飭札到該局，即便照案擬叙妥詳呈候核辦毋延！此札。

光緒十九年七月初七日。

中國科學院歷史研究所《劉坤一遺集》書牘卷一〇《復李中堂光緒十九年八月二十四日》 仰蘧方伯過寧，於下關小泊，隨即東行。先有書來，約於臘正南旋，以圖良晤。此間將來購買快船，無論如何籌款，必照新式，以期得力。可否即派上海機器局會辦瀋道學祖、南琛管駕葉副將伯鋆前往監造，仍由龔星使主政，以符向章。目下外洋金鎊過昂，局中存項無多，擬先往德廠定製魚雷艇與雷礮艇四號，以爲守口之資。鈞意何如？

佚名《廣方言館全案・製造總局移江海關道聶》 爲咨請事：案照廣方言館學生，前經擬請援照廣東成案，每届三年期滿，挑送考試，奏明給予生、監，俾圖進取等因。稟蒙南洋大臣，咨准總理衙門核復仿辦，飭局遵照在案。茲查該館肄業學生，肄習英、法文理及天文、算法等學，已届三年，理應甄別，以備挑送。業於本年十一月初十、十一等日先行由局扃門考試，除將各卷評定甲乙榜示外，相應匯齊試卷，抄榜咨請。爲此合咨貴道，請煩查照，示期覆試施行。

光緒十九年十二月二十七日

魏允恭《江南製造局記》卷三《(光緒)十九年八月總辦劉麒祥稟請將用賸銅屑鑄造制錢》 竊照職道稟明，擬將積存銅屑，試鑄制錢緣由，奉憲批開：據稟，已悉查前于光緒十二年間，欽奉懿旨，整頓錢法，經户部會議奏復，以外洋銀錢皆用機器製造，式精工省，行令江蘇直隸機器局，添購機件，妥籌試辦。因核計工料過虧成本，未敢輕爲舉辦。至今錢法，難以規復舊制，惟當時估計工料，祇按照時值考較科算，未經試以實事。現在該局歷年積存銅屑，回爐鎔化造器既不適用，估價售變，所值又復無幾。該道擬就局中機器工匠，將所存銅屑，鑄成制錢，不獨化無用爲有用。且於機器制錢，實在應需工料，藉此亦得確切考究，果能合算，將來即可奏咨，購辦機器，推廣製造，應准先行。如稟試辦，所擬試鑄之錢，每文計重一錢，亦核與前奉懿旨所定之數相符。據稱連銅鉛炭火人工核算，每鑄錢一千文，計合銀六錢左右。果如所稟，是尚有盈餘，惟所用之銅是否係照銅屑估價核算，抑以上等純銅價值計之，未據分晰聲叙，仰即遵照，妥籌辦理，務將所用各工料，隨時悉心考核。究竟銅屑，與整銅，實在各計價值若干，能否合算，逐細稟候酌奪等因。奉此，遵經將局中積存之銅屑，銅末，攙合鉛料鎔成銅片，以機器壓作錢文。現在祇有機器一分，用幼童二名，管理製成之錢，每文計重九分，每千文共重五斤十兩，約合工料銀六錢左右。然此係就銅屑，每百斤值銀十兩核計。若購上等純銅，則銅價每百斤值銀十餘兩，至二十餘兩不等。

是每錢一千文，須合銀一兩有奇，殊不合算。今職局係因銅屑積置可惜，與其變售，得價無幾，莫若製成制錢，猶可化無用爲有用。擬將製成之錢，除去炭火人工之費，其餘即作爲收回變買銅屑之價，列作收款，抵放工食。查銅屑銅末並非常有之物，有則製造，無則停止，較之各省錢局，買銅僱工，常川鑄造者，情形不同。既非動用正項，又不能作爲外銷開款。故前次稟內，擬請毋庸咨部，免其報銷，以歸簡易。茲謹將銅屑製成錢樣二十千文，專差賫呈，能否照辦，伏候示遵。再錢之分兩，不宜過重。故現在每文重僅九分，將來仍擬減輕至八分左右。蓋此時銅價甚貴，重則奸商購去，或有私銷之弊。又呈送之錢樣，係用鏹水上色，故燦爛可觀，以後常製，概不上色，俾期節省，合併陳明。

兩江總督劉批：據稟已悉，制錢爲國家圜法，非經奏咨不能鼓鑄。前據來稟，以有歷年積存銅屑，擬就局中工匠機器，試鑄制錢。當查光緒十二年間，曾經欽奉懿旨，整頓錢法，經部議復，行令直隸、江蘇機器局添機籌辦，因核計工料過虧成本，未敢輕辦。該局既存有銅屑，以之試鑄制錢，不獨化無用爲有用。藉此亦得切實攷究，實在工料，以爲將來鑄錢張本，是以准其試辦。現將銅屑試鑄，每文計重九分，既經該道核算，每千文約合工料銀六錢左右。若照純銅每千文，須合銀一兩有奇。是此時，用純銅鼓鑄，未能合算，固由銅斤價昂，亦由於工作未熟。現在制錢缺乏，年甚一年，必須力籌規復。該局既有銅屑，應即悉數試鑄，詳加考究，一俟銅斤價減，估計工料，不致有虧，即行稟候核辦。至錢文分兩，至輕應以八分爲度，似不宜過於核減，並即妥籌辦理。

中國科學院歷史研究所《劉坤一遺集》書牘卷一〇《復榮仲華光緒二十年三月十三日》 林明敦中針後膛洋槍，本是利器，上海機器局自能倣製，存項頗多。如尊處需用若干，即當照數撥解，並擬加倍配發丸子，以免續領之煩。此項後膛洋槍比馬梯尼等項略重，北人氣力强壯，自能合用。

佚名《廣方言館全案·江海關道聶移製造總局》 爲移請事：案准貴局咨開云云等因到道。准此，當經本道於二月二十七、八兩日派員在貴局大廳分課中西學文，業將課卷會同校閱，評定甲乙，列榜曉示在案。茲據監館委員禹國儀稟，光緒十四年起所收學生提爲一、二班，多可造就，分別考取合英、法、算學、天文各生共十三名，造册呈請，會詳督憲覆核奏獎。並據該館委員司事及中西各教習稟請援案附保前來，查上海廣方言館肄業各生，學有成效，向候總理衙門調取入都考試，留於同文館肄業，應如何給予獎敘，歷由總理衙門奏保有案。現在一、二班學生，學有成效，既經貴局稟請援照廣東成案，每届三年期滿，挑送考試，給予生、監，已蒙南洋大臣批准，咨詢粵省抄案行局，自應酌核詳辦。本道現值交卸，未及辦理，應請貴局核案主稿挈銜會詳請示遵辦，以期便捷。合就抄稟移請。爲此合移貴局，請煩查照辦理，仍祈見復施行。

光緒二十年四月二十三日。

王樹枏《張文襄公全集》卷一三八《致江甯劉制台上海製造局劉道台光緒二十年七月十二日午刻發》 電悉，允借四礮，感佩萬分，敬謝。請速飭滬局將彈藥配足，每尊彈須三百方敷用。局存水雷數百，務懇借四十二具，并交委員金甌、管帶董大炎速運鄂，并令轉運委員樊棻幫同照料。惟現在同人公商，不揣冒昧，更有無厭之請。聞滬局尚有八十磅克虜伯臺礮一尊，一百八十磅前膛臺礮四尊，均未用。此時江南必無需此礮，可否一併暫借，配足藥彈。此次運來安定全楚之功，軍民同深銘感，屢瀆愧悚，是否可行，惟聽尊裁，即候速示復之，洞。繼洵之春，寶箴同叩。文。

中國第一歷史檔案館《清代軍機處電報檔彙編》第一〇册《收北洋大臣李鴻章電爲日本欲擾江南機器各局製造軍火等事光緒二十年八月初十日》 倫敦初八電，日本現擬不許上海作爲局外之地，其意欲擾江南，使機器各局停裝軍火，在本館之意，皆不爲然。然日本寔欲激英國，速爲調停。又有謠言日在旅順之西得一海島，作爲儲糧屯兵之所。又日本提請耶麻加速撥帶十萬陸兵，前來中國攻擊北京等語，鴻查旅順西並無倭人，儲糧屯兵之所，寔係誤傳。蒸。

王樹枏《張文襄公全集》卷一四〇《致上海電局楊守廷杲上海道劉道台天津盛道台光緒二十年十一月二十一日未刻發》 吴淞礮臺與製造局道署不通電，警報不靈。若由吴淞南岸沿海塘至川沙入黄浦白蓮涇，經日暉港至製造局。由局至道署達滬電局，趕造一電綫，方可備急電之用。電局物料易辦，楊守務即速酌辦。

王樹枏《張文襄公全集》卷三七《江南製造機器局擴充機器請撥專款摺光緒二十一年四月初六日》 竊據總辦江南機器製造局署蘇松太道劉麒祥等稟稱，前奉准部咨，軍需善後報銷章程第十四條，內開各省機器局常年經費若干，如有添購機器經費若干，雖不能限以定數，亦當立有範圍等因，當以局中用款取給二成洋稅，此外別無撥項。則常年領款祗有此數，當不出此範圍。嗣後添造船隻，或承造各項軍火，如須添撥經費，再請咨部立案，以憑核銷，稟蒙咨部准覆在案。

自溯光緒十七八年，沿江各省教案會匪紛紜四起，深恐海上早晚必開兵端。臣當將應行添製快槍、快礮、新式火藥各件，籌議購機試造，先後經本任督臣劉坤一批准試辦。迨至光緒二十年，倭人肇釁，海防戒嚴。各省徵兵，調撥軍火。局中所造槍礮藥彈，幾至撥發一空。戰事方殷，此後軍火自更有增無減。疊奉飭添機器加工趕造，並欽奉諭旨飭令設法擴充，多造以應前敵，及沿海各軍之用。自應遵照擴充，上緊趕造。查近時軍械，以槍礮藥彈爲先，而槍礮尤以新出快式爲利。是以前請設廠自煉鋼料，爲礮筒槍管之用。又因新式巨礮皆用栗色餅藥，快礮快槍皆用無煙火藥，先後稟准試辦。現當時勢孔亟，待用方殷，局中造存無多。若不將應添各項擇要先辦，實恐貽誤。業經將煉鋼製藥及造快槍、快礮各機器數十座，向洋商定購，約需銀二十五萬餘兩。又添購基地，增建煉鋼廠、造栗色藥廠、無煙藥廠，並建廠屋及添購煉造槍礮、鋼料與造藥物料，約需銀一十五萬餘兩，合而計之約共需銀四十餘萬兩。惟事機甚緊，撥款甚難。明知大局所關，實未敢稍涉拘泥，不得不權其緩急，先經商允洋行令其墊辦，先將各項機器運來建廠，開工製造。目前急須歸還洋行墊款，此項用款係專造快槍、快礮及無煙、栗色兩項火藥。在常年工作之外，所有局中原撥二成洋税銀兩，自有製造各項槍礮彈藥之用，未便顧此失彼。且此次所添各項機器料物，係爲尅期趕造解濟前敵要需，非請撥專款銀四十萬兩，不能濟急。現在既經添設煉鋼製藥各廠，其工匠物料在在增添，此後常年所用經費仍僅恃二成洋税一項，勢不能敷。並懇添撥的款，俾常年工作不致缺乏。理合稟請補行，奏咨立案等情。前來臣查快槍、快礮、自煉精鋼以及栗色餅藥、無煙火藥各件，洵爲今日軍務要需。至上年夏間，海防戒嚴以來，關内外與臺灣征軍，以及各處防軍需用一切軍械，皆係立待撥解，火藥、子彈尤爲大宗。外洋守局外之説，每以不肯代購爲詞。即使委婉向商設法購運，不特價值昂貴，且運費保險種種刁難，較平時增至數倍。況敵船不時邀截涉險，運送實極艱虞。該局則機設廠，自能仿製。不待外求，自爲當務之急。雖未據先請奏咨，但該局際此時艱，豫防早計，從權先自訂購，令洋行墊款代辦。現在正獲其接濟前敵要需之用，似此防患未然。深知中外情形，軍需急務似未便，束以文法致誤戎機第。此項機器料物，該局已與洋商訂購墊辦在先，統需價銀四十餘萬兩。一經到限，即須全數付清，自應由部指撥專款，俾資清給。至該局常年所領二成洋税僅數十萬兩，祇能製造各項子藥，分濟南北兩洋操練備用之需。若加造新式槍礮，接濟軍前，則機廠既增工料自倍，尤須加撥的款以冀擴充。謹據情補行奏咨立案，合無仰懇天恩，俯念軍需緊要，飭部籌撥銀四十萬兩，以濟急用。並懇在於江海關六成洋税項下，或洋藥税釐款内，每年添撥銀二十萬兩，以爲擴充，後加撥常年工作之需。

中國歷史博物館《鄭孝胥日記》第一册《光緒二十一年五月初五日》 王柳生來，言當往機器局，與言明日令駕時送餘東渡，斯美現亦在此，可裝軍械續往。有頃，得南京來電云：「賴道臺轉交長發棧鄭蘇龕，密。臺已自爲民政之國。唐中丞電奏調該丞之電尚未到，該丞務須候奏准奉旨方可前往，切要！兩江，豪。」余獨沉吟久之，決意東渡。王柳生來邀，即詣泰記。姚子良亦在，云唐中丞電來催訊，且屬專輪送往，勿裝軍械。

王樹枏《張文襄公全集》卷一四七《致上海製造局光緒二十一年七月二十二日亥刻發》 車礮鋼擋牌，經該局重繪圖樣呈覽，已兩三箇月，迄未見寄來，殊屬可怪。此件乃禦敵要策，亟應籌思一妥善之法，造成應用。務速造成，寄甯爲要。養。

王樹枏《張文襄公全集》卷一四八《致上海製造局阮道台潘道台光緒二十一年八月初二日戌刻發》 滬局每月實能出快利槍幾枝？前聞他人云，每月出百餘枝，恐不確。務據實查復所用槍管及各項零件，是否係外洋購來，抑該局煉鋼自造，均速復。沃。

王樹枏《張文襄公全集》卷一四八《阮潘道來電光緒二十一年八月初四日戌刻到》 每月實造出一快利槍壹百柒捌拾枝，槍管並零件，均用湘鐵兼洋鐵，在本廠鍊成自造。學祖，祖棠稟。支。

中國第一歷史檔案館等《中國近代兵器工業檔案史料》第一輯《奕訢等奏請飭派劉麒祥專辦上海機器局事務摺光緒二十一年九月十九日》 查去年海上用兵，中國購買外洋槍礮，其價較尋常倍蓰，而窳敗充數之弊卒不能除。臣等深鑒前失，因於各省機器局能自制快槍、快礮者，留心考察。查有江蘇候補道劉麒祥，在上海機器局督造有年，凡煉鋼、制藥等事，頗能得洋法之精微，開華工之風氣。本年八月該員奉旨來京，臣等復與面加討論。將所制快槍與外洋新出最利之槍同時試驗，力量、速率均能相等，其價值則所省實多。臣等公同商酌，值此求才孔亟之際，必當擇能而授，俾盡厥長，相應請旨飭派劉麒祥專辦上海機器局事務。其經費、房屋均應次第擴充，所制槍礮由臣等隨時調驗，一切報銷徑報督辦軍務處咨部辦理。儻有貽誤，惟該道是問。責任既專，規模較遠，而考校亦易爲力。

中國歷史博物館《鄭孝胥日記》第一册《光緒二十一年九月廿九日》 晴。過謝筠亭，不遇。午後，復雨。有蘇晉者來訪，是南皮新委爲製造局襄辦者，山西人，號康侯。陳庚白慶衍來訪，即昨夜同席之粤人。

王樹枏《張文襄公全集》卷一四九《致上海製造局潘道台阮道台光緒二十一年十月十五日巳刻發》 局款支絀，自宜慎重度支。該道等交卸在即，更須截清款目。乃聞該道等購物料至廿萬之多，添匠勇小工一百七十餘名之衆，設有虧空，咎將誰歸。該道等明知劉道前車之鑒，何以自蹈其轍。且聞所購物件有過貴者，有不急需者，有不堪用者，速即全行退還。所募匠勇等，又多不自愛，不可用之人，亦宜速行裁汰。現在劉道不久即回滬接事，勿令交代轇轕，致貽後悔。立候速復，咸。

中國第一歷史檔案館等《中國近代兵器工業檔案史料》第一輯《高燮曾奏請收回令劉麒祥專辦上海機器局事務成命摺光緒二十一年十月十八日》 竊臣恭閲邸鈔，九月十九日上諭：上海製造軍器局着督辦軍務王大臣督率江蘇候補道劉麒祥辦理，欽此。仰見皇上整飭武備之至意，曷容以管蠡妄測高深。然臣不能無惑者，劉麒祥在上海機器局督造有年，并無掣肘，如能實心辦理，當有成效可觀。皇上但傳旨令其擴充，該道亦自歡忻鼓舞，何必假督辦軍務處督率之名，致該省督撫臣不能過問。豈督辦軍務王大臣可信，而該省督撫臣舉不可信乎？豈考校於二千里之外者反易爲力，而考校於數百里之近者反難爲功乎？督辦軍務處原摺内有云，一切報銷徑報督辦軍務處咨部辦理。此端一開，流弊甚大。臣風聞劉麒祥在上海累年任意揮霍，虧空巨萬，懼督撫臣查參，到京時百計營謀，出此假公濟私之策，督辦軍務處誤信其言，意切救時，遽以入奏。夫製造軍器局爲武備第一要務，諭旨又系第一破格任用之舉，而乃加諸操守平常、性情浮薄之人，臣恐廉能者裹足不前，貪滑者聞風競起，此後洋務更難措手。臣不諳洋務，然嘗推究中西得失之所以然，大抵西法自西人行之則有利，中國學之則未睹其利先受其害，無他，認真與不認真之别耳！即如海軍之創設，鐵甲戰艦及快船之購置，水雷、魚雷之兼備，非不效西法也，徒以統將非人，辦理不實，遂至一掃無遺。痛定思痛，其痛何如！若不破除瞻徇積習，遴選真材，力圖挽救，諸事仍以文具相蒙，使西人狡焉思啓，其將何以爲國？臣所由不容已於言者，非儀爲誤用劉麒祥一人起見，亦非僅爲上海機器局一事起見也。仰懇皇上收回成命，飭該省督撫臣查看劉麒祥製造快槍若干，經手有無虧空，并將機器局如何擴充詳細籌畫，勿粉飾，勿因循，妥擬章程，奏明辦理，庶足以重綸言而收實效。

中國第一歷史檔案館等《中國近代兵器工業檔案史料》第一輯《高燮曾奏劉麒祥著名貪劣請飭兩江督臣查明片光緒二十一年十月十八日》 現在事變日亟，練兵、制械動需巨款，必得承辦之員潔己奉公，事事核實，方可以經久遠而成自强之基。恭讀前月十九日諭旨，特派江蘇候補道劉麒祥辦理上海製造局。初以爲該員必系廉能素著，通曉製造之材，是以特邀簡任。乃旬餘以來，道路傳説皆謂劉麒祥揮霍縱侈，著名貪劣，於製造一事并不精通，其從前經管局務多年，虧空公款至六十餘萬之多。似此任意侵欺，實屬駭人聽聞。

竊思該局製造槍礮，關係軍國要圖，每歲用款將及百萬，司其事者稍不廉潔自持，即滋無窮之弊竇。使以劉麒祥專此巨任，一切便其私圖，督撫不能問，户部不能詰，其爲流弊豈可勝言！應請旨飭下署兩江督臣張之洞，查明該員虧空公項究有若干，是否侵漁入己，不准稍涉含混。劉麒祥非該署督所派，無所用其回護。至上海製造快槍及煉成各種鋼鐵，果能製造精良，洵爲有用之器。并請飭下兩江督臣慎選廉干勤能、精於製造之員，專司其事，仍由該督隨時考驗，咨報督辦軍務處稽核，以期立收實用。

王樹枏《張文襄公全集》卷一四九《致上海黄道台製造局劉道台阮道台稽察委員蘇令晉光緒二十一年十月二十六日亥刻發》 頃奉十月十八日寄諭，江蘇製造軍器局仍著張之洞督飭，劉麒祥認真規畫，毋庸督辦軍務王大臣督率等因，欽此。除札行外，特先電知該局。從前賬目每多淆混，務須迅速議擬一妥善章程飛稟，候核定批示，此時萬不可率行添購物料，虚開工匠，任意開銷。并先將以前用過款目速即截清，開報清楚，以免牽混。如藉端濫費，本部堂斷不准銷。至江海關應撥該局之款，每月電稟請示，方准撥發，切切。宥。

王樹枏《張文襄公全集》卷一四九《徐牧來電光緒二十一年十一月十九日寅刻到》 製造局積弊，在換一總辦，即添用心腹委員、司事三四十名。陳陳相因，有增無減。故員司兩項，幾至二百，實屬冗濫。工匠除藝精匠首外，餘則久役年老不能工作者，餼廩轉優。操礮學生原設祗百名，今改爲礮營弁勇，多至六百。現計合局薪工兩項，月款幾至三萬，每年三十六萬，已耗常年經費十分之六。謄此四成購料買機，何能敷用。今欲整頓，必先裁汰員司，挑留工匠，撤礮營而補學生舊額。清查積料，以免任意走漏，此大較也。陛稟。嘯。

中國第一歷史檔案館《德宗景皇帝實録》光緒二十一年十一月下 兼署湖

廣總督湖北巡撫譚繼洵奏，鄂省礮價，無力籌付，請由江南代撥。得旨，即著咨行張之洞，由江南製造局撥給。

中國第一歷史檔案館《光緒朝朱批奏摺》第一〇二輯《光緒二十二年正月南洋通商大臣兩江總督劉坤一片》 再前准户部議復，江南機器局購機建廠，創造快槍快礮，製藥鍊鋼，請添撥常年經費銀二十萬兩。擬俟將加造槍礮火藥細數，統盤覈定奏明指撥，行令遵照，等因。兹據總辦局員江蘇候補道劉麒祥等稟稱，每年加撥常費銀二十萬兩，現在統盤合計：鍊鋼廠每年可出快槍管、快槍筒，及槍礮機件，礮架器具等鋼料，二千餘噸。栗色藥廠每年可出栗色火藥二十餘萬磅。無煙藥廠每年可出無煙火藥六萬餘磅。以上三大宗，即係常年製造之外，所創新廠各項加造之數。其快槍、快礮、槍子、礮彈，均已一律改造新式，無從分别。常造、加造併而計之，快利新槍每年可成一千五百桿。一百磅子快礮每年可成六尊。四十磅子快礮每年可成十二尊。快利槍子每年可出一百二三十萬顆。快礮鋼彈每年可成一千五百餘顆。大小鐵彈每年可成一萬餘顆。此係併計加造、改造之數，稟請照撥接濟。前來臣查該局常年所領二成洋税，除分撥金陵機器局及養船經費外，爲數本屬無多，祇能供原設各機廠之用。機廠既增工料自倍，蓋栗藥、無煙藥及鍊鋼三廠，均係新創，本無常費。有廠無費，仍與無廠相等。新式之快礮、快槍以及子彈等項，製作既精，工費益鉅，亦斷非額領經費所能敷用。是署督臣張之洞，請加撥常費，委屬必不可少之需。合需仰懇天恩俯准。敕部照案指撥，俾濟要需。除分咨督辦軍務處及户部、兵部工部，查照外，理合附片具陳。伏乞聖鑒訓示，謹奏。

著照所請，該部知道。

中國科學院歷史研究所《劉坤一遺集》奏疏卷二五《查明道員承辦製造並無虧短摺光緒二十二年五月二十二日》 奏爲遵旨確查道員劉麒祥辦理上海製造局並無虧短情事，據實覆陳，恭摺仰祈聖鑒事：

竊查接管卷内，承准軍機大臣字寄：「光緒二十一年十月十八日，奉上諭：『去歲海上用兵，中國購買外洋槍礮，良楛不一，價倍尋常。朝廷有鑒前失，特降諭旨，令督辦軍務王大臣，督率江蘇候補道劉麒祥，辦理上海製造軍械局。原冀實事求是，一切藉資整頓，並非將該局遠隸二千里之外，不准該省督撫過問也。兹有人奏，劉麒祥在上海多年，任意揮霍，虧空鉅萬等語。朝廷用人行政，一秉大公，毫無成見。況製造局關繫自强要圖，自不惜再四求詳，俾臻至當。江蘇製造軍器局，仍著張之洞督飭劉麒祥，認真規畫，次第擴充，按照向辦章程，報部核銷，毋庸由督辦軍務王大臣督率辦理。至劉麒祥承辦該局，究竟有無虧短情事，著張之洞確查具奏。』」等因，欽此。經署督臣張之洞遴委江蘇糧儲道陸元鼎、直隸候補道徐建寅、湖北候補知府朱滋澤、山東候補直隸州徐賡陛等，前往確查。嗣因交卸在即，盤查未能完竣，將飭查大概情形，先行覆奏，請旨飭交臣接續查辦。臣於本年正月到任後，復經札委原查之陸元鼎、徐建寅、徐賡陛等，會同暫行兼管局務之蘇松太道黄祖絡，照案秉公確查去後。

兹據該員等稟稱，遵經先後抵滬，會同接續催查考核，現就物料、款目兩端，清理已有端緒。該局所存物料，大小不下數千宗，扯合先後價值，約合規銀八十七萬四千餘兩，除未付料價銀一十二萬一千餘兩外，約存料值規銀七十五萬三千餘兩。以現盤之數，與現造未成銷册應存之數，截至劉麒祥交卸日止，總計銷册，應存料價湘平銀七十萬七千二百三十五兩有奇，申合規平銀七十四萬九千九百七十八兩有奇，計溢出規銀五千餘兩。詰據庫員聲稱，係開局以來，收發料物，累年溢積餘存。既屬有盈無絀，應毋庸議。仍令以後每一廠所，務須將查存之料，統編一號，作爲舊管。若有新收，另編字號，記明片件，倘遇撥用，列爲開除，核出實存，每月造册送查，庶不再滋淆混。

至劉麒祥經手款目，計收洋税部款及收回代修等款，共銀四百七十九萬一千一百六十五兩有奇，現在銷册尚未造齊，照月册逐一核算，自光緒十六年閏二月二十六日接辦起，截至二十一年七月十七卸事日止，加以前任移交舊管不敷銀一千七百二十四兩有奇，總共用規銀四百八十七萬七千四百六十八兩有奇，計不敷銀八萬六千三百三兩有奇。當將歷年月册所報之數，與十六年已辦報銷之數，詳加比對，其實存與不敷之數，迥然不符。詰據支應報銷委員聲稱，自來報部銷册，係造成一物，始將所成之件工價料價，詳晰造銷。如大礮、輪船，一物之成，動須經年累月，若造而未成，則已發之工，已用之料，不得不俟造成之日，剔歸下届造銷。故惟月册有實數之可稽，而銷册實參差之不一。所言係屬實情，故現查之數，仍以月册爲衡，以昭核實。又詰以不敷之數，挪自何款。據稱，除奉撥洋税外，如有不敷，向於錢莊通融借用，或變估用賸碎料價值挪應，是以有附存之款，有簿可稽。則是劉麒祥經管此局，以大致言之，入少用多，尚無虧短情事。但報銷册籍，尚未繕造齊全，其中未報之款，尚有銀三百六十餘萬兩，是否悉合例章，應俟銷册報部，由部核辦。

其添設機器廠屋工料各價是否核實一節。伏查所購機器，均有洋行合同爲憑，檢對數目相符。惟添設煉鋼廠屋二百一十二間，又栗色藥廠屋一百七間，又無煙藥廠屋五十六間，連購地、築基地、鋪鐵板、鐵路、圍墻、溝道、木駁、更房等項，實用銀二十二萬餘兩，較之原估之數，或絀或盈，緣内有原估工程，或可從緩，未經興作，或有原估所無，逐漸添增，三廠合計，尚屬不相上下。又前查雜款兩摺：一，收銀四萬九千五百餘兩、洋銀一千餘元、錢五百餘千文；一，收銀七萬兩有奇，現亦查明係屬暫時借撥，及爲各處代購外洋機器、物料等項之用居多，或隨時撥還，或代爲付出，每清一款，即行銷賬，是以另摺收存，與該局正款報銷，尚無出入。惟内有該局歷年積存廢銅、鐵及工作所賸銅、鐵、鉛碎屑，用舊繩索、碎皮，共售價約銀三萬四千兩，應即作正入收。嗣後專設一庫，派委員司事，逐日驗收登簿入庫，積至兩三年，由局詳請派員查驗相符，稟請批准變價，作正入收，隨册報部，庶免狼籍等弊。至奉查任意揮霍一節，並無真實確據等情前來。

伏查該局之設，原爲自强之圖。劉麒祥自到局後，深知軍械之利，貴乎推陳出新，不憚繁難，即以創造新式槍礮及煉鋼製藥爲己任，數年來苦思力索，以底於成，其勤勞實爲人所難能。惟是一物之成，必須多方考究，創造之始，原不能與常例相衡。且因限於經費，機器新舊參用，工作不無較增。前歲海防戒嚴，南北各軍需用軍火，均賴立時接濟，深資其力。前署督臣張之洞於請撥經費案内，亦謂該局創造各件，前敵要需獲其接濟，曾經奏明有案。是劉麒祥之防患未然，亦爲張之洞所深許。現在既經查無虧短情事，自應遵旨飭令該道將局務悉心規畫，實力整頓。該局用人較多，需款較鉅，目下財用日絀，時事日艱，計事考工，務求至當，不使局中稍有浮費，稍有冗員，節一分虛耗之款，即多一分製造之需，庶幾工歸實在，器資利用。

除檄飭遵照妥籌辦理，並將以後舊料及廢鐵等項設庫收儲，按時稟辦，其未報各款，趕緊照章接續造報外，理合恭摺覆陳，伏乞皇上聖鑒訓示。謹奏。

中國第一歷史檔案館《光緒宣統兩朝上諭檔》第二三册《光緒二十二年六月十一日》 軍機大臣字寄兩江總督劉，光緒二十二年六月十一日奉上諭，劉坤一奏，遵查道員劉麒祥辦理上海製造局，並無虧短情事一摺。上海製造局爲自强要圖，劉麒祥經理多年，既據該督派員將物料款目詳細確查，尚無虧短情事，即著毋庸置。議惟該局事關重大，每年撥款較鉅。劉坤一務須督飭該道悉心規畫，實力整頓，毋得稍有虚糜。並著該督隨時稽覈，總期著有成效，逐漸擴充，用副朝廷實事求是至意。將此諭令知之。欽此，遵旨寄信前來。

中國第一歷史檔案館等《中國近代兵器工業檔案史料》第一輯《劉坤一奏江南製造局造成無烟藥片光緒二十二年十一月二十五日》 查外洋軍火日精，近有無烟藥一種，施於槍礮最爲利用，法秘不傳。上海製造局密雇洋匠，設廠仿造，日久無成。該局委員候選直隸州知州王世綬，心靈手敏，接辦此廠，以意變通，竟收實效，洋匠自謂不及。現在每年可造六萬餘磅，將來添購機器，尚可擴充，是亦奇才異能之一端可以節取者也。該局所造栗色藥、快利槍及煉鋼、鑄礮等項，均係新式，該員之力居多。該局總辦蘇松太道劉麒祥每與臣言及該員，贊不絶口，并稱該員聯絡各廠華洋員匠認真講求，各項製造日有起色，尤堪嘉賴。

中國第一歷史檔案館《光緒朝朱批奏摺》第一〇二輯《光緒二十三年九月初六日南洋通商大臣兩江總督劉坤一片》 再上海機器製造局，前因創造新式槍礮等項，力圖擴充。責令原辦局務之蘇松太道劉麒祥，兼管現在。劉麒祥因病出缺，所遺局務亟應遴員接辦，以專責成。查有候選道蔣德鈞，廉幹有爲，留心時事，於製造一切軍火，均能實力講求。直隸候補道林志道，穩練老成，操履不苟。本在北洋總辦，支應局務，措理裕如。臣坤一前因該局事務繁重，商調該兩員駐局會辦，以資助理。現經檄飭，蔣德鈞總辦局務，林志道會同經理。一應事宜，責成該兩員協力商籌，妥慎辦理，以期周密，而重軍儲。謹會同北洋大臣直隸督臣王文韶，附片具陳。伏乞聖鑒，謹奏。

知道了。

魏允恭《江南製造局記》卷二《光緒二十三年十月榮禄片》 再戰艦彫零，海權全失，沿海之地易啓彼族窺伺之心。現雖與英德伏爾鏗廠、阿姆士莊廠訂造魚雷快船，尅日包送來華，以資駕駛。徒以餉項難籌，不能購定多隻鐵甲巨艦，是海防仍一無可恃。況製造廠局多在濱海之區，設有疏虞，於軍事極有關繫。查各省煤鐵礦産以山西、河南、四川、湖南爲最，又皆内地，與海疆情形不同，應請飭下各該省督撫設法籌款，設立製造廠局，其已經設有廠局省分，規模未備，尤宜漸次擴充，自鍊鋼以迄，造快槍、快礮，造無煙藥彈，各項機器均須購辦，實力講求，從速開辦，以重軍需。至上海製造局購有鍊鋼機器，因其地不産煤鐵，採買鍊製所費不貲，以致開爐日少，似宜設法移赴湖南近礦之區，以便廣爲製造。如蒙俞允，並請飭下各該省督撫刻日興辦。庶武備日增，而國威自振，謹附片具陳。伏乞聖鑒。南洋大臣劉札，光緒二十四年正月初四日，准兵部火票遞到軍機大臣，字寄南洋大臣兩江總督劉、四川總督裕、署四川總督恭、湖南巡撫陳、湖廣總督張、山西巡撫胡、河南巡撫劉。光緒二十三年十二月二十五日奉上諭，近來中國戰艦未備，沿海各地易啓他族覬覦，從前製造廠局多在沿海要衝，亟應未雨綢繆，移設堂奥之區，庶幾緩急可恃。兹據榮禄奏稱，各省煤鐵礦産以山西、河南、四川、湖南爲最，請飭籌款設立製造廠局，漸次擴充，從速開辦，以重軍需。至上海製造局似宜移赴湖南近礦之區等語，自係爲因地制宜起見。著劉坤一、裕禄、恭壽、張之洞、胡聘之、劉樹堂、陳寶箴各就地方情形，認真籌辦，總期有備無患，足以倉卒應變，是爲至要。原片均著鈔給閲看，將此各諭令知之，欽此。遵旨寄信前來等因，並鈔片到本大臣承准。此查前因，法事之後鑒於閩廠，擬將滬廠移設内地。嗣以該局立基已久，移動爲難，事遂中止。近十餘年來，逐漸擴充，規模較前益大，謀遷更屬非易。蓋各廠之設，地工廠料，費用較繁，一經遷移，便多廢棄。惟時局日艱，情形迥非昔比。該局鍊鋼所需鐵料，本係購諸湘中，現擬移廠就料，係屬因地制宜，究應如何辦理較爲妥善，應由道局確切籌議，迅速具復，以憑商辦。除行江海關籌議外，合鈔□片，恭録札飭，札到該局，立即欽遵，妥爲籌議，刻日稟復，核辦。

中國歷史博物館《鄭孝胥日記》第二册《光緒二十四年正月十六日》 聞有旨，將上海製造局移至湖南。沈次裳來，由旱道出京，甫到。詣公司。歸過大馬路，買黑呢。

中國科學院歷史研究所《劉坤一遺集》書牘卷一二《致奎樂峯光緒二十四年正月十八日》 查上海製造局創設逾三十年，規制夙閎，恢廓益廣，此年新製槍礮子藥，除供南、北洋常年操防之外，北達京畿，東踰遼瀋，西度關、隴，南臨湘、桂，亦恃有江海之利，克得密籌轉輸，遠資接濟；徒以强鄰窺伺，保護綦難，先事謀遷，誠爲要著。惟衡量事勢，厥有數難，敢爲執事縷晰言之：

製造設局首在借材。上海爲中外輻輳之區，技能之士鱗萃，取長去短，遴擇易施。下至匠目藝徒，半皆吳、越穎異之民，簡練觀摩，成效昭著。若在腹地，不但雇募洋匠窒礙良多，各項匠人亦恐却顧。湘工縱廉，教練有待，即糜重俸，尠獲良工。其不便一。

該局基址平遠，濱臨浦江，披榛闢蕪，歷有年所，凡填地、築隄、造橋、開路、浚河、通渠、戽水、建隖，工程極大，汔至築室分廠，安機設爐，未開工之先，勞費已數百萬。新添之火藥局，近在龍華，基廣工鉅，差與局等，一旦顧而之佗，此項地工悉成虚擲。其不便二。

機器之體，常用則靈，久停則滯。該局機器大小數百種，詭製殊形，名目繁賾，終日運動，擦洗不停。若謀遷移盡當摺卸，摺卸之後廢棄必多，運至他廠，重製則修補之費不減於創造。其不便三。

製造材料，胥取給於外洋，銅、鉛、油、漆、木植、麻繩、橡管、皮帶、硝鏹藥水，猶其輕而易舉者也。若麤獷之煤鐵，笨重之機器，水脚保險，煩費不貲，内地購運，殆將倍徙。將來製成軍械，撥送南北，輸助鄰封，舟車遲鈍，時日稽延，不特運價昂於購價，亦慮貽誤軍需。其不便四。

中國製造局以上海爲大，中外皆知。近因膠澳爲德所占，各國兵艦麕聚亞東，並風聞歐洲各報倡瓜分之説，爭相覬覦，人情不勝驚疑。兹將該局移赴湖南，是已視上海爲甌脱，棄長江若敝屣，示弱太甚，軍民皆因之解體，外人愈從而生心。其不便五。

凡此至纖至悉，諒均在君若相灼鑒之中，故不責江南之遽議遷移，而特飭各省之亟謀開拓，祇將新設之鍊鋼廠移往湖南近礦之區，明燭萬里，權衡至當。該廠採煉湘鐵頗稱適用。邇來煤價翔貴，局員復以購湘煤爲請，因地制宜，謹當遵諭先將鍊鋼廠移於湖南，開爐烹煉，供製造槍礮之資，所需經費即在加撥常款二十萬内酌量匀給。派員駐湘，認真趕辦，藉爲江南之後路，兼樹湖南之初基。該局仍循舊辦理，所儲槍礮，頗多利器，寄存槍枝子彈，爲數亦夥，昨已飭移至金陵、江陰兩處。省垣武庫，量加展拓，嗣後製成之械，便可陸續庋藏。新式火藥，或分存上游各局，以備緩急之需，漸作收束之計。餘候蔡道等稟覆到時，再行酌核具奏。

獨是事變環生，每出意料之外。上海一局固岌岌可危，他如松江之火藥，江陰之軍械，金陵之製造，漢陽之鐵政，均慮保護難周；湘潭口岸若開，即湖南亦有偪處之患。近日西報紛紛謂上海爲二十餘國公共口岸，即我之礮臺等項在英里五十里内各有保護之權，不能讓人侵軼。道路流傳，未敢遂詆爲無稽，亦未敢遂信爲可恃。事機棘手，憂憤填膺，惟有殫竭血誠，隨時應付而已。

中國第一歷史檔案館《光緒宣統兩朝上諭檔》第二四册《光緒二十四年三月初四》 軍機大臣字寄北洋大臣直隸總督王、南洋大臣兩江總督劉，光緒二十四年三月初四日奉上諭，剛毅奏，南北洋機器局，每年雜支有八十九萬之多，應大加覈減等語。著王文韶、劉坤一，各就該局現在情形，悉心綜覈，認真裁減，不得仍前濫支濫用。將此由四百里各諭令知之。欽此，遵旨寄信前來。

中國第一歷史檔案館等《中國近代兵器工業檔案史料》第一輯《江南製造局爲録報北洋大臣江蘇撫憲就該局籌議移設湖南事之批文呈南洋大臣之申文光緒二十四年三月二十一日》 竊照稟職局移設湖南，遵奉籌議，懇乞核示緣由，於光緒二十四年三月初四日奉北洋大臣王批開：據稟已悉。兹事體大，不可不通盤籌畫，謀定後動。大約以湘省擇地設廠爲第一義，俟湘廠辦有規模，再議如何分設，方爲穩着。仍候南洋大臣、蘇撫部院批示遵行。繳。又於三月十四日奉江蘇撫憲奎批開：據稟并另單均悉。仰候南北洋大臣核示遵行。

魏允恭《江南製造局記》卷二《光緒二十四年總辦林志道稟復》 伏查上海機器製造一局自同治年間創辦，即經奏陳應移至沿江偏僻處所。逮今三十餘年，封疆臺諫論列者，不可勝數，矧鑒於閩旅之熸夷，臺灣之攘奪。今則海權全失，情形蓋非昔比，其亟須設法移徙者，固已毫無疑義。惟是職局歷年既久，廠所較多，誠如憲諭移動爲難。地工廠料一經遷徙，便多廢棄，尤爲不刊之論。職道等悉心籌議，竊謂局中各廠有萬不能不遵移者，似亦有不必遽移者，而不能不移之中，又須不動聲色，因勢利導，統籌經費，挹彼注兹，庶爲兩全之計。謹擬辦法三條：一於湖南地方相度善地，分建錬鋼廠、洋槍廠、子藥廠各一所，添購錬鋼機器一部，並上年定購之洋槍新機一部，分撥該廠鋼槍子藥。規模略定，再行籌及礮廠。湖南煤鐵人工事事相宜，移廠就料製造必多，而槍礮、子彈悉具於兵船不到之處。無論海波如何糜沸，儲備可以無虞，工作可以不輟，各路軍營皆能源源接濟矣。一滬局老廠工作照常，上游新廠需用物料仍可隨時取用。至於方言繙譯等館，應設上海，所謂置之莊嶽之間，更無庸徙。一購買錬鋼新機約需十萬金，買地造廠、修建碼頭等事藥需二十萬金，擬於職局二成洋税項下分年撥款辦理，並將局用一切浮費嚴行釐剔，工作可緩者緩之，以資挹注，至將來常年經費應如何指撥之處，伏候蓋裁，奏明辦理。所有遵奉籌議緣由是否有當，伏乞察核訓示。飭遵南洋大臣劉批，稟單均悉，查滬局立基既久，規模較宏，鋼廠新設，尚不便移，其餘舊廠不能遽遷，更不待言。現在南北常操所需軍火，以及船臺應用快礮至繁且要。各廠既不能遷，操防軍火又不可缺。原有經費，尚屬不敷供支，更難匀爲另行購機建廠之需。蘇省現有五處鹽貨釐金改歸税司代徵抵債，本省短少一切緊要餉糈，不能不就本省司關各局騰挪匀應。該局擬購槍機本未訂定，滬關增撥之款亦歸無著，境隨時遷，目前更無辦法。與北洋大臣一再商籌分遷之策，祇能暫從緩議，應俟奏復，另行飭遵。

中國第一歷史檔案館等《中國近代兵器工業檔案史料》第一輯《江南製造局爲用款向系核實列報并無雜支名目事之稟文并南洋大臣劉坤一等之批文光緒二十四年閏三月初六日》 查該局一切經費均關製造要需，本無所謂雜支，惟當此時艱財匱，國家不惜巨款，以供該局之用，原爲裨益軍儲，自收權利，該局員等務當實心實力，認真整頓，制器、造械必求利用，考工、鳩料毋使虛糜，庶幾不負委任也。除分咨外，合行恭録札飭，札局立即欽遵，切實籌辦。并奉江蘇撫憲奎、憲臺札同前由各等因。

奉此，伏查職局領款，向只有江海關二成洋税一項，每年約收銀六七十萬兩，其用款則製造軍火、機器、器具、廠屋工料，添購軍火、機器、器具價值，修理各兵輪工料，并行船領用料物，以及委員、司事薪水等項，均系實用實銷，歷經列款造册報部在案，委無絲毫浮濫，亦無雜支名目。一切核實辦理情形，已蒙鈞鑒。職道等惟有懔遵諭飭，實力整頓，務使工歸實濟，料無虛糜，以期仰副憲臺上重國帑、下裕軍儲之至意。

所有職局用款，向系核實列款報銷，并無雜支名目緣由，理合稟明，仰祈大帥察核，實爲公便。除稟北洋大臣王、南洋大臣劉、江蘇撫憲奎外，專肅寸稟，恭叩崇安。伏乞垂鑒。

光緒二十四年閏三月初六日稟北洋大臣、南洋大臣、江蘇撫臺。

本年閏三月十八日奉南洋大臣劉批：據禀已悉。仰候北洋大臣、蘇撫部院批示。繳。

閏三月二十三日奉北洋大臣王批：據稟已悉。仰候南洋大臣、江蘇撫部院復核會奏。繳。

中國第一歷史檔案館等《中國近代兵器工業檔案史料》第一輯《江南製造局爲查明馬步槍礮名目斤重及牌靶尺寸事呈兩江總督劉坤一之詳文光緒二十四年閏三月初十日》 竊照光緒二十四年三月二十六日奉憲臺札開：光緒二十四年三月十九日准兵部火票遞到咨開，武庫司案呈，查前經軍機大臣會同本部議定酌改武科章程，於光緒二十四年二月二十六日具奏，奉上諭一道，并刷印摺片、清單行知各處在案。所有一切未盡事宜，本部次第酌擬舉行。查武場應用槍礮，必須靈便堅固。近年以來，槍礮名目繁多，日新月異，本部無從懸擬，相應咨行南洋大臣，將現練耐火合用之洋槍、洋礮分别馬、步，開具斤重、名目，造册送部核辦，并將演試等第，中靶出數，築竪牌靶遠近步數、高寬尺寸，需用藥鉛及礮手、槍匠等項，一切詳細章程，逐一聲復，限一月内報部核定可也等因，到本部堂。准此，合就札行，札局遵照逐一查明，造具詳細清册二本，限文到十日内，呈送核咨，毋稍延遲等因。

奉此，伏思近來槍礮名目繁多，新奇日出，兹與提調、教習等詳加考察，逐一比較，或靈捷而不能耐久，或堅固而不便練習者，皆非武試所宜。查職局所造快利連珠後膛步槍，雖較靈捷，亦能致遠，第各省尚未通行習練，遽以試士，竊恐指授乏人，似應以德國老毛瑟單響後膛步槍爲最便，通行既久，練習亦多，教導易於得人。職局曾取其操練礮隊，按月四次，每次每名演放五出，人各一槍，凡初學演試立放者，距靶一百碼，跪放與坐放則一百五十碼，卧放或二三百碼，均以中靶三槍爲合式，輪流演習，以别優劣，操畢各自拆洗、磨擦，無須槍匠隨赴教場。可授爲考試之具。至於馬槍之簡便者，以温者士連珠後膛馬槍爲最，而堅固耐久則以老毛瑟後膛馬槍爲宜。惟後膛機簧零件精純靈巧，演放日多，不無脆摺，必須工匠隨時修理，方能經久。此馬、步各槍之詳細情形也。

至礮之耐久合用，則職局所造三磅子後膛快礮，似尚可用。臨陣運動只需三人拖礮，兩人扛子藥箱，雖日行數十里不致重滯，登高涉遠夷險皆宜，可以作步礮之用；若歷長途策馬負行，礮位暨子藥箱架等件，即可分置鞍上，又可作馬礮之用。此外尚有局造之十二磅子後膛快礮，亦尚合宜。如於礮架上安配輪盤，用四馬或六馬架之而行，可作礮隊之馬礮；若去輪用座，又可置礮臺、輪船之上，兩軍對壘，攻守皆宜。以上馬、步兩礮，演放均以五人爲一隊，甲立於礮後之右，專司礮門啓閉；乙立於礮後之左，定向瞄准，專司演放；丙立甲下，拉火燃放；丁立乙下，專進子藥入膛；戊立子藥箱之右，專掌子藥。距靶五百碼或一千碼升起表尺，望准度數，然後演放。彈子出膛，即以次推移，如乙移甲位，丙移乙位之類。俾五人裝放之法練習純熟，無須另用礮手。惟裝運、修整所需工匠，長夫多寡，隨時酌用。此馬、步各礮之詳細情形也。

至武科每場演試等第，中靶出數，暨築竪牌靶之步數，尺寸應如何方爲合式之處，事屬創始，無例可援，未敢擅擬，伏候鈞裁。

所有遵飭查明馬、步槍、礮斤重、名目及牌靶尺寸，理合分别造呈清册二本、圖説二本，是否有當，伏乞憲臺察核，實爲公便。爲此備由呈乞照詳施行。

須至詳者，計呈清册二本、圖説二本。

江南機器製造局爲造册詳送事。

謹將遵飭查明馬步槍礮名目、斤重及牌靶尺寸，分别造具清册，呈送伏候察核。

須至册者，計開：

一、江南機器製造局造快利連珠後膛步槍（每桿照中砝中尺，每碼合二尺八寸八分）。槍重七斤二兩，筒長二尺四寸一分六厘，全長四尺五分，内徑二分四厘二毫四絲，來福綫六條，子重三錢七分，無烟藥重六分二厘，銅殼重三錢五分，裝成銅殼連子藥共重七錢八分二厘，致遠自三百碼起至二千一百碼止。

一、德國老毛瑟單響後膛步槍（每桿照中砝中尺，每邁當合三尺一寸五分）。槍重七斤八兩，筒長二尺六寸八分四厘，全長四尺一寸七分，内徑三分四厘六毫四絲，來福綫四條，子重六錢五分，黑藥重一錢三分，銅殼重三錢七分，裝成銅殼連子藥共重一兩一錢五分，致遠自二百邁當起至一千六百邁當止。

一、美國温者士連珠後膛馬槍（每桿照中砝中尺，每碼合二尺八寸八分）。槍重五斤十兩，筒長二尺八分，全長三尺八分，内徑三分三厘六毫八絲，來福綫六條，子重三錢六分，黑藥重八分，銅殼重一錢四分，裝成銅殼連子藥共重五錢八分，致遠自一百碼起至九百碼止。

一、德國老毛瑟單響後膛馬槍（每桿照中砝中尺，每邁當合三尺一寸五分）槍重五斤七兩，筒長二尺四分，全長三尺，内徑二分八厘，來福綫四條，子重三錢五分，黑藥重九分五厘，銅殼重一錢五分，裝成銅殼連子藥共重五錢九分五厘，致遠自二百邁當起至一千一百邁當止。

一、江南機器製造局造三磅子後膛快礮（每尊照中砝中尺，每碼合二尺八寸八分）。礮身重五十八斤八兩，礮身長三尺，礮口内徑一寸四分八厘，礮前外徑二寸，礮後外徑三寸六分，來福綫十八條，綫長二尺三寸四分四厘，綫寬一分七厘六毫，綫深一厘四絲，綫周轉行十六度，藥膛内徑一寸六分八厘，藥膛長四寸，配用柯達無烟藥一兩八錢，或用功字小礮藥五兩五錢，開花子重一斤十四兩，硬鐵子重二斤四兩，銅殼重四兩，裝成銅殼連無烟藥、硬鐵子共重二斤九兩八錢，礮架重一百七十八斤八兩，致遠可及十二三里。

一、江南機器製造局造十二磅子後膛快礮（每尊照中砝中尺，每碼合二尺八寸八分）。礮身重一百九十一斤四兩，礮身長三尺六寸八分，礮口内徑二寸四分，礮前外徑三寸四分四厘，礮後外徑五寸六分，來福綫二十四條，綫長二尺七寸六分，綫寬二分，綫深一厘六毫，綫周轉行十八度，藥膛内徑二寸四分六厘四毫，藥膛長四寸四分，配用柯達無烟藥四兩五錢，或用功字小礮藥八兩五錢，開花子重八斤十兩，硬鐵子重九斤，銅壳重十五兩，裝成銅壳連無烟藥、開花子共重九斤十三兩五錢，礮架重四百七十五斤四兩，致遠可及十五六里。

一、鐵板槍靶。靶方三尺二寸，厚六分。頂用鐵横梁一根，長五尺，徑一寸二分。兩傍竪鐵桿二根，鐵撑二根，每長七尺，徑一寸二分。將靶懸在中央，後面堆築土墻，高三丈，寬十丈，頂厚五尺，底厚五丈。演放時立、跪、坐、卧皆用一靶，以鉛子中靶爲合式。

一、木板礮靶。靶高八尺，寬六尺。用椿木四根，每長一丈二尺，徑八寸。横木四根，每長六尺，徑五寸。木撑四根，每長八尺，徑六寸。前面用一寸厚板釘滿，加白漆，油紅心，竪立作靶。以鐵彈中靶爲合式。若演放時中多靶碎，則换補板木。後面如無土山，則堆築土墻，高六七丈，寬二十丈，頂厚一丈，底厚十丈，以便停留彈子之用。

中國第一歷史檔案館等《中國近代兵器工業檔案史料》第一輯《江南製造局爲停購新式槍機事之稟文并南洋大臣劉坤一之批文光緒二十四年四月初五日》

兹據地亞士洋行將洋廠槍機價值及減少數目，開具清單呈送前來。據稱目下磅金昂貴，計每日造槍四十枝機器全副暨水脚、保險須銀六十餘萬，其次三十枝須銀五十餘萬，其次二十五枝須銀四十餘萬。當照來單逐一稽核，除正價外，尚有添拓廠房、安置器具、雇募洋匠各項費用，如四十枝槍機并計非百萬兩不辦，平時養廠之費猶不在内；其次機價稍減，而一切養廠、拓廠、雇匠之用較之四十枝者亦所少無幾。蓋機器製造愈多則愈相宜，愈少則愈不合算，此其大較也。至於將來出槍數目能否悉照原議不致減少，雖據該行聲稱包造，然以職道揣之，殊無把握。即如湖北槍廠機器，當日原議出槍四十枝，迨興工之後，僅造十二枝，近能造十六枝，日後多不過二十枝而止。聞所費已在二百萬金左右。若就擴充一面而言，自以添置大宗機器爲正辦，然目下帑項奇絀，似此數十百萬之巨款，局中既無可籌，請撥亦慮鮮濟。職道悉心比較，體察情形，即前稟另訂之稍小機器出槍二十枝者，初未料及價值如此之昂，此時既無力購辦，若三十枝、四十枝者更無論矣。竊謂製造固應推陳出新，用財尤宜量入爲出，今既款難應手，此項機器似以决意停辦爲是。愚昧之見，是否有當，伏乞憲臺訓示祗遵。

〔附〕《南洋大臣劉坤一之批文》 光緒二十四年四月初五日稟南洋大臣，本年四月初九日奉南洋大臣劉批：稟摺閱悉。該局議購槍機，前據劉故道稟請擴充製造添撥專款案内，批飭酌核先訂槍機一部，議價四十萬兩，因未准督辦軍務核復，迄今尚未訂立合同。兹據該道向洋行確探，知新式槍機價值昂貴，款難應手，自屬實在情形，應即暫緩議購。惟頃據面呈另摺，擬將原有槍機添購機器爲改造小口徑毛瑟槍之用，約估價銀十五六萬兩。查該局自造快利槍，頗爲人所稱許，但聞多用手工制成，不獨工繁費巨，并恐膛口或有參差，裝彈至有格礙，今以舊機添配機器改做小口徑毛瑟槍，究竟合用與否，務須詳細考核，以期允當。此項槍機改配之後，每日約出槍若干枝，每年須經費若干兩，所估十五六萬是否連運保用費在内，仰即遵照核實，估計開列清摺。并將緩辦新槍機緣由，另具妥詳，聽候咨商核辦。

中國第一歷史檔案館等《中國近代兵器工業檔案史料》第一輯《劉坤一等奏委上海機器局會辦林志道爲總辦片光緒二十四年四月十八日》 上海機器製造局前經臣奏明派委候選道蔣德鈞總辦局務，直隸候補道林志道會同辦理。現准部咨，蔣德鈞原捐道員之案照章議駁，仍以知府原官核辦等因。

查該局事務近年愈形繁重，非監司大員不足以資督率。會辦道員林志道情形熟悉，應即改爲總辦，以專責成。

除檄飭遵照妥慎經理外，謹會同北洋大臣·直隸督臣王文韶附片具陳，伏乞聖鑒。謹奏。

中國科學院歷史研究所《劉坤一遺集》奏疏卷二八《上海局廠繁重難遷摺光緒二十四年五月二十六日》 奏爲遵旨籌議上海製造局及鍊鋼廠繁重難遷，據實覆陳，恭摺仰祈聖鑒事：【略】竊查江南製造局，一在江寧，一在上海。臣於二十二年春回任，即擬將上海廠局移併江寧堂奥之區，當據司道會稱：「滬局規模較寧爲大，南、北洋操防軍火常年取給，轉運亦靈。從前海上有事，該局加工製造各項槍礮、藥彈，東輸遼瀋，北達畿疆，西抵雍凉，南浮湘桂，亦恃江海之利便，得以密速轉輸。若謀移併，勞費紛繁，並慮江防要需難以迅速籌撥。」揆時度勢，正切躊躇，致上廑宵旰之憂，宜亟作綢繆之計。遵飭該局體察情形，並查照原奏將鍊鋼廠設法移赴湖南近礦之處，一併速議詳奪。兹據辦理上海製造局江海關道蔡鈞等先後稟覆前來。

臣詳加察核，上海設局經營數十年，糜帑千百萬。近來奉准擴充，添設快槍、鍊鋼、無煙藥、栗色藥等廠，用宏工鉅，蒂固根深，毀之重勞，更張不易。機器大小，詭製殊形，按件摺卸，糜工既繁，置廠重裝，需款尤鉅。兼以巧藝工匠萃於滬濱，精良物料購自洋廠，轉運内地，既恐成本匪輕，接濟鄰封，亦難刻期從事。職道倘謂腹地可以重閉，海隅近於慢藏，將來岳州通商，湖南與滬無異。況製造經費，全資洋税二成，即使移局湖南，洋税仍在上海。如以上海地方爲可慮，則洋税且將無出，湖南留一空局何爲？此不待煩言而解者。當此强鄰環伺，伏莽潛滋，備豫不虞，正在廣爲製造，若湘廠之規模未定，而滬局之製造先停，亦似昧乎緩急輕重之序。當與前北洋大臣・直隸總督臣王文韶往返電商，意見相同。臣又深維杜漸防微之意，就省垣軍械所量拓基址，增建庫房，飭將該局製成槍礮子彈陸續運至，分別存儲，並擬將自製無煙栗色火藥分儲長江上游各局，庶期有備無患，藉以仰副聖主慎重軍實之至意。

所有遵議上海製造局及鍊鋼廠繁重難遷緣由，謹會同江蘇巡撫臣奎俊恭摺具奏，伏乞皇上聖鑒訓示。謹奏。

中國第一歷史檔案館等《中國近代兵器工業檔案史料》第一輯《江南製造局爲與地亞士瑞生兩洋行前議訂購快利槍機草合同呈繳注銷事之稟文光緒二十四年五月二十七日》 兹據地亞士洋行稟稱：上年議定草合同，代購日出四十枝槍機全副。當訂議時，英金市價尚未大漲，事隔一載，情形各殊，現在除水脚、保險等項，必須價銀六十餘萬兩，前經開單陳明。今若限於原訂四十萬兩之數，每天包造快槍四十枝，實難遵辦，委非故意推諉，只得將草合同一紙繳呈等情。并據瑞生洋行稟同前情，呈繳合同前來。職道等覆查該行等所稟各節，尚屬實情，自應將前訂草合同注銷，以免轇轕。除將繳回合同兩紙連局存一紙共三紙一并注銷外，理合稟明，仰祈大帥鑒核，實爲公便。專肅寸稟，恭叩鈞安，伏乞垂鑒。

中國第一歷史檔案館等《中國近代兵器工業檔案史料》第一輯《江南製造局爲擬酌給繙譯洋員傅蘭雅加薪事之稟文并南洋大臣劉坤一之批文光緒二十四年六月初九日》 敬稟者：竊製造局繙譯西書洋員傅蘭雅，於同治七年開創時爲前憲曾文正公所延致，品學兼優，歐美中未易多覯。光緒元年於酌保製造局出力中西員匠案内，經前憲沈文肅公奏請獎叙三品銜。該洋員在局最久，於兵制、公法、電礦、瀛化、象數、格致、製造等學，靡不鈎深索隱，闡發詳明。三十年來譯成西書五十七種，海内風行。其已譯未刊者尚多。上年該洋員請假赴美，并聲明假期内不領薪水。本年四月回局，職道等屢與接談，意氣浹洽。與之商議整頓譯書章程，局中工藝如煉鋼、造無烟、栗色等藥柯達新法，及農務、開礦，有益中國實用之書，必須廣爲繙譯，彼此意見相同。并言及此次到館，兩月以後仍需請假赴美。蓋以美國舊金山創立大學堂延渠掌教，意欲往來其間，兩無廢事。職道等竊思中國近來風氣大開，朝廷取士改章，重在學通中外，各士子購閲西書，必争先而恐後，則局中繙譯西書亦當日出而不窮。值此講求譯務之時，既不便更换新手，而美國遠隔重洋，來往必難克日，於譯務尤屬非宜，當即婉詞慰留，歷叙中國相處之歡，盛述憲臺愛重之雅，且動以後日獎叙之榮。該洋員極爲欣感，自言抱歉斷不以學堂館俸較優輕言去就。惟家屬僑居舊金山，而學堂已有前約，必須請假數月，赴美布置一切，決於臘杪春初，辭絶美事，趕速來華，此後可以專心多譯書籍，以爲西學風氣之助。職道等因西人最重信實，既有美約在前，勢難阻其不往，惟有准其暫時赴美之行，而堅其趕早來華之約。已於六月初五日俶裝就道。此洋員傅蘭雅請假趕舊金山訂期回華之大略情形也。

當其瀕行之際，擬有整頓繙譯館章程八條，頗有切實可施行者。第念該洋員既知感中國接待之優，而忽有美國學堂之就，職道等初亦不能無疑，既而與之從容研詰，據云近今無論中西日用無不昂貴，華美兩處用度已屬不貲，加以銀價日低，金磅日漲，匯歸尤爲耗費，始知該洋員亦有不得已之隱衷。且以局中洋匠彭脱、柯尼施等薪水皆七百餘兩，未免相形見絀。雖云不敢計較豐薄，畢竟該洋員身游萬里之外，年屆六旬有餘，即存報效之心，豈無身家之計。今昔既難同論，去留均見爲難。觀所擬章程第二條，蓋已情見乎詞矣。既能踐約重來，勢難以空言維繫。查該洋員原領薪水三百八十兩，職道等商酌至再，該洋員譯書年久，裨益良多，并未續請獎叙。揆理准情，設透支數月薪水，似屬事理之常，而該洋員竟一介不取，即求之中國儒士中亦覺難能可貴。現擬俟其回館時，或每月加給薪水一二百兩，合原領薪水每月約支銀五六百兩之譜。另立合同，訂定年限，俾償其加薪之願，以紓其内顧之念，并杜其另謀之心。職道等亦明知籌款爲難，然繙譯一端，爲西學之引導，現在中國正切講求，則於該洋員歲加一二千金迥非虚糜可比。理合據實稟陳。至應否酌加薪水之處，伏候鈞裁。如蒙允准，擬俟奉批示後，謹當函致該洋員，但告以出自憲恩格外優待，决其必能感激國報，不至再生異議。

頃又奉到電諭，飭覓購農學西書，當即由電稟復，并擬轉飭該洋員遵照在外洋擇要購辦。查職局已譯成農學初級，現續譯農務化學問答。合并陳明。

除將所擬整頓繙譯館章程另摺録呈憲鑒外，所有該洋員請假赴美及擬酌加薪水各緣由，理合稟請裁核施行。肅稟，敬請福安，伏乞垂鑒。

附呈清摺一扣

謹將傅蘭雅所擬整頓繙譯章程抄録呈請憲核。

（以下缺）

光緒二十四年六月初九日稟南洋大臣。本年六月二十二日奉南洋大臣劉批：據稟已悉。查該局繙譯洋員傅蘭雅，在局年久，極爲得力，現在請假赴美，踐舊金山掌教之約，嗣後擬往來其間。該道等一再婉留，度其難以空言維縶，本大臣詳加查核，均系實在情形。現當國家講求新法、新學，譯書之舉，自宜整頓擴充。應准如稟：加給薪水以示優待。該洋員所擬章程八條，洵屬簡潔詳明，并即查照辦理。至該局新譯農學初級、農務化學問答二種，印成後即呈送咨行。仰即遵照。繳。摺存。

中國第一歷史檔案館等《中國近代兵器工業檔案史料》第一輯《江南製造局爲送廣方言館英文學生六名赴日游學事之詳文并南洋大臣劉坤一之批文光緒二十四年七月十五日》 爲詳送事：竊照光緒二十四年七月初三日奉憲臺電諭：頃准總署電稱，前奉旨令派學生游學日本，頃與日使議商章程，據述其外部電稱，可將大學堂、中學堂酌行變通，除學生等衣食、筆墨等費每年每人約自備三百元外，其特爲學生派定教習束修及督責課業，日本政府無不極力擔承云。查所派學生必須年少聰穎，有志向上，諳習東文或英文，庶易受教。由各省在學堂内挑選，酌定人數，派妥員帶往。按名籌備銀元隨時支用。仍托駐日華使代爲布置約束等因。廣方言館辦理有年，學生年少聰穎，可派往者諒不乏人。該道即督同吴守妥速挑選數人，開列名數，詳定章程，呈候匯齊核辦。又於初七日接奉札開：光緒二十四年七月初二日准總理衙門電開，奉旨日本政府允將該國大學堂、中學堂章程酌行變通，俾中國學生易於附學，一切從優看待，以期造就。着各省督撫就學堂中挑選聰穎學生，有志上進，略諳東文英文者，酌定人數，克日電咨總署核辦。余由總署電知，欽此等因，到本大臣。承准此，查此案兩准總理衙門咨電，業經分飭挑選，稟送核咨在案。今奉電旨，英文學生亦可附送日本游學，正各學生登庸精進之時，亟應於該兩項學生内分别酌量選派，一并稟候匯案核辦。除分行外，合行恭録札飭，札局欽遵辦理各等因。

奉此，伏查此案前奉札飭，遵經查明職局廣方言館向未教習東文，所有學生只習英、法兩國語言文字，惟有遴選英文學生之年少聰穎、堪以造就者備送。兹奉前因，理合將挑定英文學生章通駿、單啓鵬、張朝基、朱思榛、唐在禮、舒厚德等六名年歲、籍貫繕開清摺，具文詳送，仰祈憲臺察核，俯賜匯案核咨，實爲公便。再，該學生等年紀尚幼，均無職銜，合并聲明。

除先由電稟復外，爲此備由呈乞照詳施行。

須至詳者，計呈清摺一扣。

謹將詳送廣方言館英文學生章通駿等六名姓名、年歲、籍貫繕摺呈請憲核。

計開：

章通駿，湖南善化縣人，現年十八歲。單啓鵬，安徽滁州人，現年十七歲。張朝基，江蘇長洲縣人，現年十七歲。朱思榛，浙江慈溪縣人，現年十七歲。唐在禮，江蘇上海縣人，現年十六歲。舒厚德，浙江慈溪縣人，現年十五歲。

光緒二十四年七月十五日詳南洋大臣。本年七月二十七日奉南洋大臣劉批：查派赴日本肄業學生，前據該館挑選英文學生六名，開具姓名電稟，業經連同儲材學堂學生匯咨總理衙門核辦示復在案。仰即遵照。繳。

敬再稟者：竊廣方言館學生挑送六名，咨送游學日本，業已遵先電稟在案。尋繹初次憲臺電諭督同吴守詳定章程，呈候匯核，職道等遵即與吴守增僅參酌情形，悉心商確，似宜先籌專款經費，預定取齊日期爲要義。蓋幼童之願出洋游學者，寒畯居多。此次廣方言館所挑六名，材固可造，境皆清貧，如日使所議衣食等費人各自備，力恐有所不逮。若以該館學生即令該館籌款撥用，則廣方言館近來經費支絀異常，自顧不遑，焉能挹注。此經費專款不可不先籌也。又南洋各局館可送之學生不止一處，咨送之後，若令各自起程，則到京時日必致先後參差，更以先至而待後來。道里之遠近不同，行李之遲速難必，且有虚擲旅費之患。此齊集日期不可不預定也。又如出洋後約束宜有責成，課程宜嚴考核，迨至學成回國，宜優加量使之處，憲臺蓋畫周詳，自能上體朝廷造就振興之意，固無俟土壤細流仰贊高大。惟職道等一得之愚未敢自外，敬陳管見四條，繕呈鑒核。是否有當，伏候大帥鈞裁。

除備文詳送外，合再肅稟，恭叩崇安。職道、卑府謹再稟。

計呈清摺一扣。

謹擬咨送日本游學學生節略四條，繕摺恭呈鑒核。

計開：

一、經費宜專籌的款也。據日使云，此項學生每年衣食筆墨等費每人須自備三百元。今廣方言館咨送學生六名，計每年須洋一千八百元，此常年額款也。惟該學生等皆系寒士，尋常衣食本難整潔，初入彼都，服色藍縷，未免貽笑外人，似乎樸素衣冠略宜代爲籌備。此外川資有費，護送委員有費，約略計之，料量咨行又非一千數百元不辦。廣方言館經費逐年虧欠甚多，方擬懇恩加撥，自無餘款供此要需。伏思此次咨送學生出洋游學，與昔年派員出洋游歷事異而意同。擬請援照昔年派員出洋游歷成案，咨明總署，在於出使經費項下隨時劃撥應用，庶幾歲有常款，不虞缺乏。

一、咨送宜期會齊集也。查南洋各局館可以資送之學生不止方言一館，屆時赴京候送，若令分起自行，勢必先後不齊，且先到者住京守候，久暫均不可知，不特糜費川資，亦恐曠廢時日。擬請賜飭各局館約定某月日到滬會齊，或電商總署，將咨送出洋日期酌量訂示，俾南北洋學生如期畢集，似較劃一。

一、學生課程宜請欽差就近嚴核也。該學生等既入日本學堂，自有該堂學規可守，原無庸中國過問。惟是童年心性靡定，易悦紛華，難保無始勤終怠、背善趨惡之事。擬請咨明駐日欽使隨時考核。遇有不能卒業、不堪造就之士，似宜早日咨遣回國，另選童穎以補其缺，庶免浪擲帑金、有名無實之弊。

一、學成回國宜量材録用也。查此項學生大半家道貧寒，異日學業有成，即須自謀家食。國家歲糜巨款成就此才，將以備疏附先後之選。辛勤以培之，土苴而棄之。萬一晉用楚材，爲患甚大。擬請奏明此項學生異日學成，不准私自回國，應由駐日欽使咨回，總署考試等第，量材授官。或發外省當差，或即留京供職，庶幾樹木得陰，不致别圖枝借。而該學生等咸知將來有此獎勵章程，尤足以堅其發奮上進之志也。

中國科學院歷史研究所《劉坤一遺集》電奏卷一《寄總署光緒二十四年七月二十一日》 振興商務爲富强根本，上海綰轂中外，樞紐南北，商務甲於亞東，如絲、茶、棉、繭、麻布、陶器、紙貨等類，以及機器、紡紗、繅絲、織布、造紙、舂米、榨油各廠，胥於上海總匯，物産饒衍，貿易繁盛，與漢口脈絡貫通，兩地當聯爲一氣。現於上海設一商務總局，擬舉在籍翰林院修撰張謇，會同分發湖北候補道劉世珩經理其事，並派江西候補道惲祖祁、江蘇候補道蒯光典，分辦江南、皖北商務，使之聯絡紳富，鼓勵商民，講求物土之宜，倣辦製造之事，以期厚集貲本，漸加擴充。沿江、沿海蕃庶之處，亦令其選舉樸誠明白之商董數人，量設分局，協同辦理，俾克合羣興業，以闢利源。其商學、商報、商會，當令因地制宜，妥議舉辦。

惟商務以農爲本，以工爲用，三者必相輔而行。泰西經商致富，以生植製造之阜昌，其大較也。上海現有紳士創辦之農學報館，規模粗具，方以建堂、設學、立會、考業爲請，擬由官酌撥款項，量爲布置，定名上海農學總會。並就上海製造局之廣方言館，拓爲工藝學堂，就款定章，招延生徒，以考求各項工藝爲要，庶期置之莊嶽，尤易程功。至漢口設局，應由湖廣委派員紳辦理。其餘籌辦事宜及應行聯絡之處，當與楚督會商核辦，以期妥善。

中國第一歷史檔案館等《中國近代兵器工業檔案史料》第一輯《江南製造局爲廣方言館游學日本學生之經費請援案撥用出使經費事之詳文并南洋大臣劉坤一之批文光緒二十四年八月十三日》 竊於光緒二十四年八月初六日接奉南洋大臣劉札，内開：光緒二十四年七月二十七日准兵部火票遞到總理各國事務衙門咨，中國選派學生游學日本一事，兹於本年六月二十九日日本林署使來署，面遞外務大臣來電一件。查原電所開一切辦法尚爲詳備，除已遵旨電達外，相應抄録咨行貴大臣查照，務於現設學堂内選派年少聰明、有志向上、諳習東文或英文諸生，開具銜名、年歲、籍貫，克日咨復，本衙門酌定派往。至每人每年應需衣食、筆墨等費三百元，應由選派省分自行籌借核發，由出使大臣就近照料可也，等因，并抄單到本大臣。承准此，查此案迭准總理衙門電咨，均經轉行遵照。嗣據江南儲材學堂及上海廣方言館先後電稟開送各學生姓名前來，業於七月二十四日咨呈總理衙門核辦示復在案。兹准前因，除咨復并分行外，合行抄單札飭，札到，該局即便遵照如數撥給具報，等因。奉此，伏查廣方言館初創之時，常年經費原定每年八千金，嗣後每年准解六千金，已不敷用。迨至金陵同文館、洋務局先後在前項經費内每年撥去一千五百六十金，於是該館經費鋭減，至於學生所讀書籍幾於不能購辦，挪移撙節，每年不敷甚巨，結至二十三年年底，共虧欠錢莊本利銀八九千金之巨。前據該館委員禹國儀稟詳加撥經費，即經總稅務司協撥二千金，然暫時補苴終無濟於該館經久之計。正擬詳請核示，奉札前因。查此次該館呈送游學日本學生六名，除啓行川資及一切雜用尚需一千數百元外，計該學生每年每人需用三百元，合共六人每年額需一千八百元，若仍在該館經費項下撥用，則該館經費又去其半，將使左支右絀，無法騰挪，必有萬難支持之勢。伏讀近日邸抄刊載總理衙門奏請催解出使經費一片内開，出使經費出款，即有學生肄業陸續出洋一條在内。似該館學生出洋肄業，事同一律，能否援照辦理，職局未敢懸揣。除咨江海關道外，理合備文具呈，伏乞大帥俯賜鑒核批示祗遵。須至詳者。

光緒二十四年八月十三日詳南洋大臣。本年八月二十三日奉南洋大臣劉批：查廣方言館常年經費已屬不敷，今又遵派學生六名赴日本游學，川資雜用洋一千餘元，常年額需洋一千八百元，萬難動撥，尚屬實情，惟准總理衙門咨稱，此項費用應由選派省分籌備。能否於使費内支給，仰候咨商核奪，再行飭遵。繳。

中國第一歷史檔案館等《中國近代兵器工業檔案史料》第一輯《江南製造局爲查覆閩省所需槍礮彈能否承造及其價值事呈南洋大臣之申文光緒二十四年八月十七日》 竊於光緒二十四年七月二十八日奉憲臺札開：光緒二十四年七月十七日准福州將軍增函開，敝屬現已改用新法操練，并添設武備學堂，亟須添置新式利器，以資練習。聞上海機器局所造新式快槍、快礮與洋廠無異。其價較廉，自不必出洋購辦。近時快槍，如小口毛瑟暨曼里夏之類，均稱快利，但未識機器局現造何種。至陸路新式快礮名目不一，大抵仍以克虜布與格魯森兩種爲適用，以閩省地勢而論，固無須身長大礮，如二十倍身長之過山礮，足合於用。此二種能否定造？所需裝成各種子彈以及步隊行軍小鐵鍬、隨礮用之鐵鍬等件，均祈飭廠查照單開，各合價銀若干？其有未經列單者，統希詳細開示，以便籌定款項，酌核購辦等因前來。查單開各項槍礮、子彈，該局能否全造，抑或能造幾種，槍礮究以何者爲最，各需銀兩若干，合行抄單札飭，札到該局即便遵照，刻日詳晰申復，以憑核咨等因。

奉此，伏查職局槍、礮、子、藥各廠，製造軍械隨時推陳出新，以資利用。就目前所造而論，槍則自光緒十七年始，專造快利連珠後膛一種。近因奉飭添配機器改造小口徑毛瑟槍，期與北洋、鄂省一律在案，一俟外洋新機購到，即可開制。礮則大小各位，系仿英國阿母斯脱郎式製造。現在造成之三磅子快礮，即四生七，亦名四十七密里；現造之十二磅子快礮，即七生的半，亦名七十五密里。此兩種皆過山快礮，輕靈易運，升高涉險無往不宜，尤便於陸軍之用，工料價值亦廉，以閩省地勢而論，似尚合宜。至於子彈、火藥等件，職局照常所製造者，爲槍子、銅壳、銅帽、自來火、拉火、擊火、快礮長短銅壳及黑藥、無烟、栗色等藥。其小口徑毛瑟、曼里夏兩種槍子曾經帶造。嗣後以快利爲新式，老毛瑟爲通行，遂專造此兩種子彈，免致紛歧。亦因限於經費，未克擴充盡量。至若克虜布、格魯森兩種快礮，來文未注明口徑，大概指小快礮而言，如有礮樣，職局均能仿造。

至閩省所需軍械，飭局代造一節。查職局製造，本爲南北洋創設，原不僅供南北洋之用，如他省咨商憲臺飭局代造，仍按價歸款，自應遵辦。然其中亦有爲難情形不得不預爲陳明。蓋以近來各項物料無不翔貴，價值之若干，不能預爲估計，必須俟工竣後，統照購料時市價核實造報，其難一。又近來製造日繁一日，需用之處日多一日，北洋、湖北、四川之撥取軍火，已有日不暇給之勢，一經允定承辦，竊恐兼顧未遑，其難二。又局中款項奇絀，奏撥常款又不能隨時解濟，代造各省軍火工料均須先行墊付，亦恐力有未逮，其難三。職道等再四思維，如閩省僅就職局造成之槍、礮、子彈各件，擇其合式者，隨時購取，似彼此較便，亦不致貽誤臨時。兹奉憲飭詳復，不敢不據實陳明。是否有當，伏乞憲臺鑒核，酌奪咨復。

所有遵飭查明閩省所需槍、礮、子彈等件能否承造，并各項價目緣由，理合分別開繕價(目)清摺，備文申復。爲此呈乞照驗施行。

須至申者，計呈清摺一扣。

謹將職局所造軍械各種口徑、價值開繕清摺，呈請憲鑒。

計開：

三磅子後膛過山快礮(口徑一寸八分半，合德尺四生的七，身長三十二寸半，合二十倍)，每尊連架工料銀三百四十六兩六錢八分九厘。

十二磅子後膛過山快礮(口徑三寸，合德尺七生的半，身長三尺十一寸，合十五倍)，每尊連架工料銀五百一兩四錢六分八厘。

三磅彈子每顆工料銀四錢。

十二磅彈子每顆工料銀一兩。

無烟藥小口徑毛瑟槍子，每千顆需價庫平銀約三十八兩。

黑藥小口徑毛瑟槍子，每千顆需價庫平銀約三十五兩。

無烟藥曼立夏槍子，每千顆需價庫平銀約三十六兩。

黑藥曼立夏槍子，每千顆需價庫平銀約三十三兩。

黑藥老毛瑟槍子，每千顆需價庫平銀約二十兩。

無烟藥快利槍子，每千顆需價庫平銀約三十八兩。

黑藥快利槍子，每千顆需價庫平銀約三十五兩。

小口徑毛瑟槍演用黑藥銅殼，每千顆需價庫平銀約二十六兩。

曼立夏槍演用黑藥銅殼，每千顆需價庫平銀約二十四兩。

老毛瑟槍演用黑藥銅殼，每千顆需價庫平銀約十八兩。

快利槍演用黑藥銅殼，每千顆需價庫平銀約二十六兩。

小銅帽火，每萬粒需價庫平銀約七兩。

四開花銅帽火，每萬粒需價庫平銀約六兩五錢。

無烟礮藥，每磅需價庫平銀約一兩八錢。

無烟槍藥，每磅需價庫平銀約二兩。

黑色礮藥，每磅需價庫平銀約一錢四分。

黑色槍藥，每磅需價庫平銀約一錢五分。

栗色六角礮藥，每磅需價庫平銀約一錢八分。

銅螺絲擊火，每百枝需價庫平銀約七兩。

銅螺絲拉火，每百枝需價庫平銀約四兩。

長三磅快礮銅殼，每個需價庫平銀約二兩一錢。

短三磅快礮銅殼，每個需價庫平銀約八錢。

十二磅快礮銅殼，每個需價庫平銀約二兩。

六磅快礮銅殼，每個需價庫平銀約二兩一錢。

中國第一歷史檔案館等《中國近代兵器工業檔案史料》第一輯《江南製造局爲抄呈與地亞士信義兩洋行訂購造槍枝子彈機器合同事之詳文并南洋大臣劉坤一之批文光緒二十四年九月十六日》 竊職局遵議緩購快利槍機器及添機改造小口徑毛瑟槍緣由，於六月初七日奉到憲批：詳摺并另單均悉。查該局前年議購之新槍機，現因購價難籌，養廠之費亦巨，常款不敷挪撥，自應停辦。先就原有槍機添配機器，改造小口徑毛瑟槍，并添購造子彈機器，以資利用。亟應趕速設籌，綜各局廠經費通行核計，移緩就急，去冗節浮，務騰出有着之款，備廣製造。至此項添購機器各件，既經該局估校核實，即與該洋行訂立合同，以期早日到廠。一切總期格外妥慎，免受侵欺，是爲至要等因。

奉此，職道等遵即督同提調、廠員詳加考核，旋與地亞士洋行面訂核實價值，計需英金二萬一千五百磅。於六月初十日訂立合同，彼此存據。先付定銀三分之一，計英金七千一百六十六磅十三喜四本，照本日磅價，每三十本七五核算，合規銀五萬五千九百三十四兩九錢五分，取其收據存案。職道等又以前次與該行所議添購槍機清單未有詳細件數，深恐考究尚未精詳，復電囑洋廠過細考核。茲復據洋廠將應行添配機器詳核件數開單寄局，職道等再加考校，所開各器件數計七十五具，均屬廠内必需添配之件。嗣又以槍枝與槍子連類而及，槍機既定，槍子機器亦不容緩。業經詳奉憲臺核准添購造子機器，自宜同時并舉。職道等又與信義洋行議添購造子機器全副二十七具，計需英金五千零七十一磅，於六月十七日訂立合同，先付定銀三分之一，計英金一千六百九十磅，照本日磅價，每三十本七五核算，合規銀一萬三千一百九十兩二錢四分，取具收據存案。以上兩項機器，一俟分批運到，裝配齊全，即可動工開造矣。

所有遵與地亞士、信義兩洋行所訂合同，并洋廠所開機器細數清單，理合匯繕清摺，詳請憲臺察核示遵，實爲公便。爲此，備由呈乞照詳施行。

須至詳者，計呈清摺。

謹將職局與地亞士、信義兩洋行訂購造小口徑毛瑟槍枝、子彈機器合同并清單，録呈鑒核。

製造局與地亞士洋行訂購造小口徑毛瑟快槍機器合同

立合同江南製造總局、上海地亞士洋行。

今地亞士洋行奉江南製造局委，向外洋頭等名廠照後附清單定購製造小口徑毛瑟快槍之機簧管、接套及表尺用各種機器鍘床、車床全副，均選上等材料，配上等工程，應配器具、模尺等件，一概齊全，包外洋下船力費在内，共計實價英金二萬一千五百磅外，給地亞士洋行二分五厘行用。立合同日，按實價先付定銀三分之一，計英金七千一百六十六磅十三喜四本；俟機器出廠裝船到製造局碼頭點交清楚，再付第二次三分之一；其餘三分之一，應俟機器裝齊，每天八點鐘工夫確能造出機簧管、接套及表尺各十件，實能堅精利用時，再行找清。所有代墊銀兩，由外國付出日始至交還日止，按年七厘起息，由製造局付還。惟有前項機器，自立合同之日起，限八個月運至製造局碼頭交貨。交到之日，製造局准照原單點收。機器裝齊試驗後，付清找價，并付水脚、保險、駁力、進口關税各費。地亞士洋行屢承製造局照顧，彼此信實，今復蒙委定購各件，情願擔保前項機器實系近時最新、最靈之式。尚如日後查得機器低窳、式舊、不靈，或配件短少，或每天不能造出機簧管、接套及表尺各十件之數，種種不合，均須聽憑製造局退還，由地亞士洋行重辦補交，不另加價費。如有退還重辦或過期不交貨等事，地亞士洋行情願受罰規銀二千兩，交製造局作爲彌補定銀利息以及過期誤工之咎，以昭平允。立此華、洋文合同一式二紙，各執一紙爲據。

光緒二十四年六月初十日（西曆一千八百九十八年七月二十八日）立。

地亞士洋行開呈，日作八點鐘，可成德國八十八年定制小口徑毛瑟快槍機件十副，應配機器、器具、模尺、配件清單。計開：

一、造望牌機器列下：圓刀橫車各件機器一具，又一具，燒焊器具一具，雙桿鑽機一具，開孔眼鍘床一具，後望牌燒焊器具一具，後望牌畫綫器具一具，測試望牌器具一具，開望牌葉内凹槽機器一具，打磨各件機器一具，應用熟鐵爐、鉛鍋、生鐵桶及燒焊爐所配鐵件全備。上開機器應需一切配件、模尺、器具全備。

一、造接套機器列下：圓刀橫車各件機器五具（造一號圖樣工程），又二具，圓刀車各什機器二具，圓刀車各件立式機器一具，毛車管膛卧式鑽機一具，細車管膛卧式鑽機一具，車槍管頭鑽機一具，車槍管洞内螺絲機器一具，各件用鍘機二具，各件雙桿打磨機器一具，校准槍管位置以及頂肩位置機器一具，絞光内膛機器一具，各件用雙桿鑽機一具，各件用馬式刨床一具，開拉殼銷缺口機器一具，車管路用圓刀機器一具，打磨機簧管板手等件機器一具，圓刀橫車各件機器三具（造二十一號圖樣工程），車橫銷孔眼雙管鑽機二具。

一、造簧管機器列下：車各件用圓刀車床二具（造三號圖樣工程），毛車擊針膛卧式鑽機一具，細車又一具，開拉殼銷位及機頭位鑽機一具，車扳手球圓光用圓刀機器一具，鑽機一具，車前端凹槽機器一具，毛車外光機器一具，細車又一具，車各件用圓刀機器二具（造五號圖樣工程），馬式圓刨床一具，車擊針眼等件雙桿鑽機一具，車後端外光機器一具，打磨停銷機器一具，車鷄頭圓刀機器一具，打磨停銷尾及邊雙桿打磨機器一具，磨盤刀夾車床一具（造十三號圖樣工程），鍘床機器一具，打磨機器一具，圓刀橫車放槍扳手左右邊機器一具（造十五號圖樣工程），鉗式圓刀車圓箍及長桿機器一具，打磨圓箍尾花紋雙桿打磨機器一具，車長桿半圓形鑽機一具，車各件磨盤刀夾車床一具（造十六號圖樣工程），車圓桿馬式刨床一具，車各件圓刀機器（圓桿頭之凹綫工夫歸十三圖所用機器車作）一具，鑽床機器一具，車桿上凹槽圓刀機器一具，車圓桿用鉗式圓刀機器一具（造二十六號圖樣工程），車圓桿頭尾磨盤刀夾車床一具，車平處及頭用圓刀橫行機器一具，出螺絲機器一具，車各件圓刀機器一具（造三十九號圖樣工程），各件打磨機器一具，應需一切瀛錘打熟鐵機器全備，惟裝水之槽系製造局自辦。

上開各機器應需一切配件、器具、模尺等項全備。

製造局與信義洋行訂購造毛瑟槍子機器合同

立合同江南製造總局、上海信義洋行。

今信義洋行奉江南製造局委，向外洋頭等名廠照後附清單定購製造德國小口徑毛瑟槍及槍子與子用彈頭等項機器二十七具，均選上等材料，配上等工程，應配器具一概齊全，包外洋下船力費在内，共計實價英金五千零七十一磅，照此價值應給信義洋行二分五用金。立合同日，按實價先付定銀三分之一，計英金一千六百九十磅；俟機器運到製造局碼頭點交清楚，再付第二次三分之一；其餘三分之一，須俟機器裝齊開車試造，每天八點鐘工夫確能造出槍子并彈頭齊全共一萬顆，實能堅精利用，再行清找。所有代墊銀兩，由外國付出日始至交還日止，按年七厘起息，由製造局付還。惟前項機器，自立合同之日起，限以九個月運至製造局碼頭交貨。交到之日，製造局准照原單點收，安裝完竣，試驗妥當，即付清找價，并付水脚、保險、駁力、進口關税各費。信義行主畢第蘭，於製造槍子工程甚爲熟悉，今蒙製造局委辦各件，情願擔保前項機器實系近時最新、最靈之式。交到之日，自願親往龍華槍子廠，指點華匠安設機器及教導一切開用之法，不取酬費。倘如日後查得機器低窳、舊式、不靈，或配件短少，或每天不能造出槍子一萬顆，種種不合，均須聽憑製造局退還，由信義洋行重辦補交，不另加價費。如有退還重辦或過期不交貨等事，信義洋行情願受罰規銀五百兩，交製造局作爲彌補定銀利息以及過期誤工之咎，以昭平允。倘因外洋機匠停工，或因中途失事，均不議罰。立此華、洋文合同一式二紙，各執一紙爲據。

光緒二十四年六月十七日（西曆一千八百九十八年八月初四日）立合同上海信義洋行。

信義洋行開呈製造德國八十八年定制新式毛瑟槍及槍子機器清單

計開：

一、撞片壓坯機器一具，二、車邊綫及車殼合度機器二具，三、初次、二次車殼合度機器二具，四、車火眼二道機器二具，五、初次、二次收口機器二具，六、初次壓平殼底機器一具，七、二次壓平殼底機器一具，八、三、四次拔長殼身機器二具，九、造鋼盃尖鋒機器一具，十、剪鉛坯及造鉛條機器（配搖車架一個并配車二輛）一具，十一、壓鉛彈條機器一具，十二、初次、二次車鉛彈頭機器二具，十三、八寸心八尺床空桿螺絲車床二具（配夾盤各件全備），十四、六寸心六尺床小車床二具。

造槍機器列下：十五、德國略維廠所造雙車槍管新式機器一具，十六、打磨車桿機器一具，十七、造節套及機簧件印錘一具，十八、前净印坯粗邊機器一具，十九、烘熱鋼塊以備壓印用爐子一座，二十、烘爐用器具及剪粗邊用器具全套。

光緒二十四年九月十六日詳南洋大臣，本年十月初二日奉南洋大臣劉批：查該局添配小口徑毛瑟槍機，既與地亞士洋行訂購，實價英金二萬一千五百磅，先付三分之一，合規銀五萬五千九百三十餘兩。槍子機器另與信義洋行議定，英金五千零七十一磅，先付三分之一，合規銀一萬三千一百九十兩有奇。已據分訂合同，先付定銀，應准照辦。仰俟該機到局，即行督飭員匠趕緊興工。并將收到日期、件數隨時報查。繳。摺存。

中國第一歷史檔案館等《中國近代兵器工業檔案史料》第一輯《江南製造局爲抄呈與地亞士洋行訂購礮鋼兩廠應添機器合同事之詳文并南洋大臣劉坤一之批文光緒二十四年九月十六日》

爲詳明事：竊職局詳復遵議三省合力籌辦槍礮一律緣由，於八月二十日奉到憲批：據詳已悉。查整頓武備，首重槍礮製造，稍有參差，各處難期合用，遇有戰事，接濟爲難，殊非國家慎重軍需之至意。兹核來詳，該局現造十二磅、六磅子快礮，既核與北洋七生的半及五十七密里快礮口徑、子彈相同，剛北洋七生的、南洋六生的、湖北三生七快礮，名雖殊而實無異，自應就現有礮機，酌量添配仿造。三省仍當互相討論，精益求精，俾尺寸歸於畫一，格式免致參差，仰即遵照。仍趕將應添礮機，妥實探訪，應需經費若干，切實查明，稟復核辦。當飭滬關設法騰挪，且該關應攤税司經費，已奉部准由各關攤派，諒可勻撥，以應亟需。一面督飭工匠人等，俟毛瑟槍機運到，上緊仿造，勿稍疏懈，有誤要工等因。奉此，仰見憲臺整軍經武，藎慮周詳。職道等自當仰秉宏謨，實力籌辦，何敢因循貽誤，上負栽成。

至添配礮機一節，前曾遵奉憲飭停造大礮，專造一百磅子至三磅子等後膛快礮。其間如十二磅子、六磅子者兩種，核與北洋之七生的半及五生七快礮口徑、子彈相同，自應多爲製造。尚有北洋七生的、湖北三生七等快礮職局未經製造者，亦須添機加造，以期三省一律。職道等於未奉到憲諭之先，曾經督同提調、廠員及洋匠柯尼施、彭脱等，悉心考核，互相討論。旋據柯尼施單開，每年約造一百磅子快礮八尊、四十五磅子快礮十二尊、各種小快礮七十五尊，應添機器共約三十餘具。嗣又以爲添購礮機固不可緩，但機器既多則成礮必多，成礮既多則需料亦必多。現在槍機業經訂定，礮機正擬添配，將來新機運到，儲料不豐，其勢不免停工以待料，是煉槍礮鋼料機器亦有不容不同時添置者。并據洋匠彭脱單開，應先添造包鉛彈鍍鎳鋼片軋機各件。蓋槍廠、礮廠實與鋼廠交相爲用，職道等於遵議槍礮一律及擬添配礮、鋼兩廠機器詳内，業經縷晰陳明在案。嗣與地亞士洋行號校核實價值，計合造礮、煉鋼兩項機器同時并添，共需英金一萬七千八百六十五磅。兹奉憲飭前因，職道等公同核議，適近日磅價稍平，未敢過於拘泥，因復將兩廠應添機器，與地亞士洋行詳加考核，面商訂定，於八月二十五日訂立合同，彼此存據。先付定銀三分之一，計英金五千九百五十五磅，照本日磅價每三十二本核算，合規銀四萬四千六百六十二兩五錢，取其收據存案。此職局遵諭籌添礮機，訂立合同，并酌量添配鋼機之實在情形也。

所有職局遵飭添購礮、鋼兩廠機器情形，理合將所訂合同及洋匠所開機具單，匯録清摺，詳請憲臺察核示遵，實爲公便。爲此，備由呈乞照詳施行。

須至詳者，計抄呈合同清單。

謹將職局與地亞士洋行訂購礮、鋼兩廠應添機器合同，録呈鑒核。

立合同江南製造總局、上海地亞士洋行。

今地亞士洋行奉江南製造局飭，向英國照後附西曆一千八百九十八年七月初九日、七月十三日，洋匠柯尼施所呈清單：礮廠添購造三磅、六磅、十二磅、四十五磅、一百磅快礮所用細車桿膛機器等件，兩共三十六具，又西曆九月二十四日，洋匠彭脱所開呈清單：煉鋼廠用包鉛彈鍍鎳鋼片用軋機等件、等副，皆因前項機器均須洋廠按照最精、極新之式出樣開造。惟外洋工程倍繁，製造局又值工作緊要之際，地亞士洋行承製造局照顧多年，相信有素，願與洋廠商訂趕緊照樣分别製造，應自本日始，限以十二個月内陸續運送至製造局前碼頭交卸。所有實在廠價，由地亞士洋行格外撙節包辦，議明統共廠價英金一萬七千八百六十五磅，不得額外添價。另給地亞士洋行經手行用二分五厘。其水脚、保險、關税、裝船下力等費，由製造局隨時按照外洋原單核明付給。自立合同之日，先付定銀三分之一，計英金五千九百五十五磅。其第二次三分之一，英金五千九百五十五磅，應於頭批機器運到時，由製造局立即照付。尚餘末次三分之一，英金五千九百五十五磅，應俟前項機器全數運齊，安裝完竣，試車恆夫製造局之意，然後清找第末次。代墊價款，由英國付出日起至到滬交還日止，按年七厘起息，由製造局照付。惟單開各項機器等件，必須照辦最新、最精，上等式樣、工料，所配各件俱須新式、全備，務合於各項工程之用。尚驗收日或試車時驗出工料不佳，并與單開不符，不能合於各項工程之用，均聽製造局退還，由地亞士洋行重行補交，不加價費。爲此，立合同一式兩紙，彼此畫押存據。

光緒二十四年八月二十五日（西曆一千八百九十八年十月初十日）立。

謹將洋匠開呈礮、鋼兩廠應添機具，繕摺呈請鑒核。

計開：

洋匠柯尼施呈開，每年造一百磅快礮八尊、四十五磅快礮十二尊，并礮架全，應添機器清單

細車管膛機器二具（車桿配件全），車尾螺絲及藥膛車床二具（身長三十五尺，針高二十五尺），十寸機路鉚床三具，十四寸機路鉚床二具，二寸半桿徑圓刀車床一具，圓刀大車床一具（配圓刀全套），六寸高六寸長空桿小車床四具，十二寸高二十尺長車床一具，十四寸高十四尺長車床二具，百磅礮車箍膛機器二具，十七寸高啓口車床一具，四十五磅礮尾塞三間螺絲刨桿一根，百磅礮尾塞三間螺絲刨桿一根，百磅礮彎擋牌機器一具，一噸手力運起重架三具，造圓車刀機器一具，磨圓車刀機器一具。

洋匠柯尼施開呈每年造小快礮七十五尊，應添辦機器清單

毛車二十五尺長管膛機器一具，細車二十五尺長管膛機器一具，車尾門圓刀車床二具，車尾門膛圓刀車床一具，開火門專用卧式鑽床一具，斜紋鑽嘴及螺絲公瓣各數副。

洋匠彭脱開呈製造包鉛彈之鍍鎳鋼片用軋機等件清單

軋薄鋼片用軋機一具，又可軋二厘半至二分厚三十六寸寬薄鋼片，配有與軋機不相連之剪刀機器一具，又冷軋包彈用鋼片條機器一具，又配有圓鋸機器一具，又撞杯機器一具，又擦電機器一具。并各配件。又另配與工三個月所需之鎳（洋名匿哥爾），以及各種强水藥料。

連上總共核實價，英金一萬七千八百六十五磅。

敬稟者：竊職局迭奉鈞批增添機器，改造槍礮，業將槍、礮等廠應添機具詳細考核，先後與地亞士、信義兩洋行訂立合同，稟呈憲核在案。惟查製造局不難於添機而難於籌款。江海關加撥三廠常款雖蒙批飭迅速籌解，移緩就急，復經職道等備文咨催，往來函商，僅於前月續解四萬金，作爲二十三年應解常款。連前共解到十萬兩。在蔡道亦深知更定軍械爲國家自强大計，無如該關撥款浩繁倍於疇昔，探索庫藏幾有不敷周轉之勢。往返函牘徒託空言，早在憲臺洞鑒之中。職局槍、礮等廠機器既已訂購，轉瞬陸續運華，即須陸續付款。且各廠添設機器，逐漸擴充，將來製造日繁，工料日增，撥解日廣，用款必日多。二成洋税本有額支，三廠常款竟無着落，雖不能因噎而廢食，難恐免懸釜以待炊。再思籌思，惟有仰懇憲臺俯念拓充製造需費日繁，訂購新機需費尤亟，或別籌可恃之款，以爲挹注之資，按月動支，無虞缺乏，庶幾拓充製造既不致無米爲炊，定購新機亦可以刻期付值。職局幸甚！是否有當，仍候大帥察核訓示，實爲公便。肅修寸稟，恭叩鈞安，伏乞垂鑒。

光緒二十四年九月十六日詳南洋大臣，本年十月初二日奉南洋大臣劉批：查該局添購礮、鋼兩機，既與地亞士洋行商定價值，共需英金一萬七千八百六十五磅，先付定銀三分之一，合規銀四萬四千六百六十餘兩，已與定立合同，應准照辦。另單請別籌可恃之款，以充製造常費、機價之需等語。際此時局艱難，各庫同一支絀，均無的款可籌，前經飭令移緩就急，節冗去浮，騰挪應用，即已豫慮及此。究竟礮、鋼兩機常年養費及制作料款共需若干，亦應通盤籌畫，詳晰稟候咨商大部酌核辦理，勿稍遲延。繳。摺存。

中國第一歷史檔案館等《中國近代兵器工業檔案史料》第一輯《江南製造局爲代吉林造之哈乞開斯鋼礮筒業已開制事呈吉林將軍延茂之稟文光緒二十四年十月初一日》 敬稟者：竊於光緒二十四年九月十七日奉憲臺文開：案據機器製造局申稱，竊查前奉憲臺札飭，奉仁諭飭各省機器局酌定快槍、快礮格式及槍子、礮彈分量、造法，互相討論，摺衷一是，精益求精，以期利用，欽此，合亟札飭該局妥速籌辦，呈覆候奪等因。奉此，職局遵將承造之槍子、礮彈格式，分量、造法，并聲明無力製造槍礮，如造必須籌款、討論格式等情，業經申覆在案。惟查槍礮一項，嗣後如果籌有的款，仍令職局製造，則槍礮之格式、造法必須預爲綢繆，免致臨時竭蹶。應先與南、北洋機器局詳細討論准式，并在上海煉鋼廠定鑄伏機開斯鋼礮筒六根；討論無烟藥，以便將來如式製造。擬請咨明南、北洋大臣，轉飭天津、上海、江寧等處各機器局知照，并請揀派妥員，帶領工匠，前往與各該局詳細討論，較准樣式，以期摺衷一是，而免兩歧。如蒙允准，除

分咨外，仍請照會各該局知照，以昭捷便，并發給委員等護照，而利遄行等情，到本督辦將軍。據此，准如聽請，除派候選府經歷縣丞劉東焌，帶領工匠前往討論，以備如式製造，并分咨照會外，相應照會查照等因。奉此，并委員經歷劉東焌到局，仰見將軍整頓武備，擴充製造之至意，欽佩莫名。

伏查製造槍礮，自當講求新法，以精堅利用爲貴，尤以摺衷至當，式樣一律爲第一要義。職局所造槍枝，系連珠新快利，現擬添購機器，改造小口徑毛瑟，與湖北槍礮局快槍一律。礮位則推陳出新，現在所造系一百磅子、四十五磅子大快礮，三磅子、六磅子、十二磅子等小快礮。其十二磅子快礮，與北洋擬造之克鹿卜新七生的半快礮口徑，子彈相同；六磅子快礮，與北洋現造之格魯森五十七密里快礮口徑，子彈相同。此外尚有北洋擬造之七生的快礮，南洋定購之六生的快礮，湖北現造之三生七即二磅子快礮，職局均擬酌量籌款，添配機器，陸續仿造，將來制成，合南北洋、湖北快礮可爲一律。聽有職局現造之槍、礮、藥、彈式樣，機器，造法，遵飭各該廠會同劉委員，帶匠周歷察看，詳細指告一切，大致自易領會。至需由職局代造伏機開斯即哈吃開斯鋼礮筒六具，已經遵飭鋼、礮兩廠趕緊開制，計三個月工程可以告竣，約估工料共需銀一千兩左右。一俟造成，即照劉委員面稱，擬交由上海慎裕洋行轉解運吉。是否有當，伏候訓示飭遵。理合先行肅稟具覆，仰祈將軍俯賜察核，實爲公便。

中國第一歷史檔案館等《中國近代兵器工業檔案史料》第一輯《江南製造局爲代鄂省造槍彈價礙難再減事之稟文并南洋大臣劉坤一之批文光緒二十四年十月十五日》 敬稟者：竊職局前奉電諭，准湖廣督憲張電開，滬局代鄂造槍彈二百萬顆已齊，每千合庫平銀二十兩，查鄂省二十年三月購德國毛瑟槍彈，每千合規銀十四兩，江南工料、運費較外洋爲省，擬請飭局照每千顆合規銀十四兩核減等因。業經將工料、物價近來逐一翔貴，職局所開每千顆合庫平銀二十兩者委系核實，勢難再減情形電稟，懇求憲臺轉達在案。

仰維蓋懷謀國，畛域無分。職道等既承乏攻工，復值時局之艱，所需軍火無論自制、代造，皆系操防臨陣之資，苟可減省一分，即紓一分財力，何敢稍涉冒濫，各私所見。溯查歷年承造江南與各省軍裝子藥等件，均依早晚時價，按數攤分，核實造報。邇來外洋物料無不昂貴，即以煤、銅、硝、磺大宗而論，較昔日有增至一倍者，有增至三分之一者。他物亦然。蓋物料價值既昂，則造件銀數亦與俱增。此子彈銀兩實價之情形，早在憲臺洞鑒之中。至鄂電所稱，購買德國老毛瑟槍子系在二十年三月，而職局代造之彈乃在本年秋間，時日已有先後之分，價值亦有低昂之判。若以庫平摺作規元，不獨耗摺太多，且無外銷可彌縫其闕，即鄂、滬奏案亦恐不符。職道等復向滬上各商察探外洋確實行情，據稱：如其新造此項槍彈，每千顆須廠價規銀二十一兩有奇，而運費、行用尚不在內；如購此項舊彈，連同舊槍并購，即照每千顆十四兩之數亦可辦到等語。惟近來泰西各國製造軍火推陳出新，兼漁華利，廢存無用之器封儲國庫，浪費可惜，往往廉其價值，向中國承攬生意。若此之類，較中國專購物料於外洋者又復不同。再查職局二十年奏撥湖北、臺灣等省老毛瑟槍彈，每千顆合庫平二十二兩，均經詳請咨部核銷在案，似此次代鄂造槍彈，較前已有減無增。嗣後如外洋物料價賤，自可隨時核減造報，以期核實。

所有此次代鄂製造彈價礙難核減情形，除前電稟外，合再縷晰詳陳，并將物料時價核實，開具清摺，仰乞大帥鈞核酌奪。肅稟，恭叩崇安，伏祈垂鑒。

計呈清摺一扣。

謹將光緒二十四年分製造老毛瑟槍子，每千顆所用料價、工資數目開摺，呈請憲鑒。

計開：

一、用紫銅二十斤（每擔三十一兩），合規銀六兩二錢。

一、用白鉛九斤（每擔七兩四錢），合規銀六錢六分。

一、用青鉛四十斤（每擔七兩二錢五分），合規平銀二兩九錢。

一、用點錫二斤（每擔三十一兩），合規銀六錢二分。

一、用白藥八錢（每兩一兩），合規銀八錢。

一、用黑藥十一磅（每百磅十五兩），合規銀一錢六分。

一、用開平煤九百四十磅（每噸七兩八錢），合規銀二兩九錢五分。

一、用焦煤二百十磅（每噸二十二兩五錢），合規銀二兩一錢。

一、用鋼三磅（每磅二錢六分），合規銀七錢八分。

一、用鐵五斤（每擔三兩七錢四分），合規銀一錢八分七厘。

一、用皮帶二尺（每尺洋二角），合規銀二錢九分二厘。

一、用麻蓬布半碼（每碼洋二角八分），合規銀一錢。

一、用紫銅絲布半尺（每尺三錢），合規銀一錢五分。

一、用松板一尺半(每丈一兩四錢),合規銀二錢一分

一、用鐵釘一磅(每磅洋一分),合規銀七厘。

一、用梓油四斤(每擔六兩三錢),合規銀二錢五分二厘。

一、用豆油四兩(每擔六兩九錢五分),合規銀一分七厘。

一、用松香水二磅(每箱一兩六錢八分),合規銀五分八厘。

一、用洋皂一條(每箱八錢五分),合規銀四分七厘。

一、用工合規銀三兩五錢。

以上計造成老毛瑟槍子一千顆,共用工料規銀二十一兩九錢九分九一,合庫平銀二十兩。

〔附〕《南洋大臣劉坤一批文》 光緒二十四年十月十五日稟南洋大臣,本年十一月初八日奉南洋大臣劉批。

稟摺均悉。查此項槍彈,昨准湖廣督部堂來咨,業經照每千顆合庫平銀二十兩之數先行撥銀二萬兩,派員來滬領運一百萬顆回鄂應用,已札飭該局知照矣。仰即遵照辦理。繳。

中國第一歷史檔案館等《中國近代兵器工業檔案史料》第一輯《江南製造局爲議陳工藝學堂章程事之稟文并南洋大臣劉坤一之批文光緒二十四年十月二十三日》 敬稟者:竊前奉憲臺札行知,以奏明製造局添設工藝學堂,飭將江海關道所設之廣方言館及製造局之礮隊營酌量裁并,擬議興辦等因,當以廣方言館現在課程爲工學所必不可少,并操礮學徒未可全裁,擬請酌減二成各緣由,稟奉批准在案。

伏查日本工藝學校遍設郡縣,要其命意約有兩宗:一爲關係國家製造之工藝,一爲關係小民生計之工藝,各不相混,立法至周。至其工藝科目巨細不遺,亦不出兩大綱領,蓋一爲化學工藝,一爲機器工藝,理法紛紜,二者實盡之矣。前者復奉鈞諭,將合三省全力,在寧垣創立三省大學堂,飭即妥議章程等因。此關係小民生計之工藝,門類紛煩,雖握要以圖,亦非寬籌經費不可。至於職局開辦三十餘年,實爲國家綜匯工藝之地。則所謂添設工學者,要惟是精求化學之理法,詳習機器之功用,預計學堂授課,必與職局緊切相關,方可共貫同條,交相爲用。若稍涉及民生工藝,則將來造成各物展轉售賣,竊恐流弊太多,轉於職局大有窒礙。職道等愚見,竊以職局添設工藝,實爲目前切要之圖,如果就地設法,因事制宜,則所費尚不致過巨。此與省學堂同名工藝,而辦法之詳略未可强同者也。惟是廣方言館常年經費,出於總税務司七成船鈔項下,而現在擬裁之操礮學徒二成口糧,則出於職局二成洋税項下,一經拓爲工藝學堂,則昔日職局礮隊二成口糧,今日改爲添設工學經費,於報部尚不爲難,然廣方言館歲撥經費向由江海關道報銷,與製造局無涉,若勉强牽合,反生枝節。且廣方言館課程,皆爲工藝中所必不可少,與其裁而復設,不若仍照舊章較爲簡捷。第以事關奏案,不敢不設法通融。擬請將職局舊有之畫圖房拓爲工藝學堂,分立化學工藝、機器工藝兩科,而以之隸入廣方言館,責成提調吴守增僅經理。俾可切近教習,冀收實效,庶於憲臺原奏及孫中堂議復黄司成贊樞條陳一摺,均不相背。是否有當?

謹就管見所及,列陳大致辦法八條,繕摺呈請採擇。是否有當,伏候大帥訓示祇遵,實爲公便。

專肅寸稟,恭叩鈞安,伏乞垂鑒。

計呈清摺一扣

謹將擬製造局畫圖房拓爲工藝學堂,議陳章程八條,繕摺呈請憲鑒。

一、辦法。製造局舊有畫圖房,內設學生十餘名,延聘教習,分授漢文、洋文、算學、畫圖等課。尋常製造局各廠繪畫機器圖樣,均用該館學生,是該館學生已得工學門徑。擬請將該館拓爲工藝學堂,即暫於製造局大廳開館;其他與廣方言館切近比鄰,無庸另起房屋,以節糜費。

二、經費。查畫圖房常年經費系出製造局所收二成洋税項下,每年約需用三千餘金;合之操礮學徒二成口糧三千兩,每年可得六千餘金,大致尚可敷用。年終報銷,仍由製造局自行核辦,於廣方言館無涉。

三、學生。此項學堂應招學生,就以上兩項經費,擬請以五十名爲額。除畫圖房原有學生十餘名,并本年調取各廠匠童二十名,照舊留館學習外,此外或招選聰穎子弟入學,或就廣方言館學生擇其優等者撥入,一并授課。

四、課程。除漢文、英文、算學、畫圖四事仍照畫圖房一切舊章辦理外,其餘擬請仿照日本大坂工業學校章程,設立化學、機器兩科,一專教分化物質諸理法,一專教重力、滊熱諸理法,而以本局各廠製造,就諸生所學爲實習實驗之地,庶幾交相爲用,學有實際。其逐日工課,應俟奉憲批後開辦時,詳細妥議。

五、教習。製造局熟悉化學、機器等學者尚不乏人。算學則有華守蘅芳,化學則有徐丞華封,工藝則有王直牧世綬,繪圖則有楊縣丞漸逵,機器則有華從

九備鈺，擬令分司教習。俟將來擴允，再行延聘洋師，以求深造。仍責成廣方言館提調吴守增僅經理其事。

六、學器。查外洋學校，教授某項學問，必有某項學器，以資實習。製造局各種瀛機，足資問學，自可毋庸重設。此外如化學器具、藥料及機器各種小樣、圖式，均由製造局隨時擇要購買。

七、書籍。工學既開，則東西洋各種需用工藝書籍，亟宜擇其切於實用者首先繙譯。現擬聘請日本儒士滕田豐八兼辦繙譯之事，薪水較西洋極廉。應翻化學、工藝書籍，已擇要購買。一俟購到，即可陸續譯述。其譯印書籍除供寧、滬兩學堂取用外，餘照製造局圖書處一例發售，以廣流傳。所有此項譯印經費，仍歸製造局繙譯館開支。

八、學成。凡在館學生，擬請以四年爲學成之期。學成之後，除廣方言館學生每遇總署調取照舊咨送外，其餘學生專留爲寧、滬兩學堂教習之選；製造局各廠需用員司，亦即此項學生隨時録用。俾諸生有此出路，足以鼓其發奮向學之心。

光緒二十四年十月二十三日稟南洋大臣。本年十一月初五日奉南洋大臣劉批：察核所議各條極爲明晰，籌畫辦法亦頗周詳，應准照辦。仰將教習、繙譯、員司、學生人等，每月應需經費若干，刻日妥議詳復核奪，以憑奏咨辦理。繳。

中國第一歷史檔案館等《中國近代兵器工業檔案史料》第一輯《江南製造局爲遵議擴充製造并經費爲難情形呈南洋大臣劉坤一之詳文光緒二十四年十一月初五日》 竊於光緒二十四年九月十八日奉憲臺札開，准軍機大臣字寄，九月初二日奉上諭：王毓藻奏近來各省洋操需用槍礮約增數百倍，若購自泰西，價昂道遠，轉運極難，購之洋行，多以敗窳充數，不如就天津、上海、江寧等處局廠擴充製造，以便各省分途取運等語。製造槍礮爲當今第一要着，惟各省財力不齊，自應就原有局廠切實擴充，以備鄰近各省就近購用。着裕禄、劉坤一、張之洞會籌，酌核辦理，以重軍需。原片均着抄給閲看。將此各諭令知之。欽此。遵旨寄信前來等因。承准此，查擴充製造，迭經遵飭各該局趕造槍礮，以備緩急，并滬局原有槍機添購機器，改造小口徑毛瑟，以期一律。仍飭將槍、礮、子彈口徑，名目、分量、格式，咨商津、鄂各廠，酌量畫一，以免參差。正擬請籌的款，訂購礮機，擴充製造，欽奉前因，除恭録咨行外，合行抄單恭録札飭。札到，該局即便遵照切實核議，稟候會籌酌辦。十月初二日復奉憲札，准湖廣總督部堂張咨同前由，除分行外，合行札飭。札到，該局迅速妥爲籌議，刻日稟復核辦。又於十月初三日奉到江蘇撫部院德札同前由。各等因。

奉此，竊維擴充製造，以經費多寡爲定衡，制備軍儲，以多造槍礮子藥爲根本，至於供給鄰省撥用，則又須視領款多寡與機器能力之所出以爲節制，此均未可以空言塞責者也。職局近數年來，仰承憲臺藎謀碩畫，講求槍礮子藥，幾於無歲不事圖新。自煉鋼廠設，而槍礮之料以具，於是鋼胚無待他求；自栗色、無烟等廠設，而子彈之用以全，於是火藥不待外購；近復奉飭就舊有快利槍機添配機器，改造小口徑毛瑟，并酌添礮、鋼等機，精益求精，較之從前規模，軒輊殊遠。擬俟新機運到，即趕將小口徑毛瑟槍并子彈等項，及一百磅、四十磅、十二磅、六磅、三磅子、二磅子等大小快礮，逐一仿造。查現造之十二磅子快礮，核與北洋機器局所稱七生的半快礮口徑、子彈相同；現造之六磅子快礮，核與北洋五十七密里即五生七快礮口徑，子彈相同。惟北洋之七生的即七十密里九磅子快礮，南洋定購之六生的即六十密里亦名六磅子快礮、湖北現造之三生七即三十七密里亦名二磅子快(磅)(礮)，職局正擬添配礮機，陸續仿造，將來制成是合南北洋、湖北快槍快礮爲一律。預計來年新機一律裝成，趕緊鑄造，每年小口徑毛瑟槍約可成一千八百餘桿，一百磅及四十磅快礮可成十餘尊，十二磅至二磅各種快礮可成七八十尊。其餘原舊機工約計，煉鋼廠每年可成二千餘噸，栗色藥約可成二十餘萬磅，無烟藥約可成三四萬磅，鋼鐵大小礮彈約共成三四萬顆，各種槍子約可成三四百萬顆，各種引火約可成一千餘萬枝。此職局力籌擴充大概之情形而即爲機器能力之界限也。至南洋自强軍現用小口徑毛瑟槍，各營現用大口徑毛瑟槍，均一律。

改習洋操，需用軍火料物倍增於前，即於小銅帽火一項，前據軍械所咨商，每年需造二千萬粒之多，洵屬從來所未有。其餘各項亦有加無已。似此情形，盡本省之製造，供本省之操防，常恐力有未逮。至協撥各省軍火，查上年奉神機營調取快利槍一千二百桿，槍子七萬二千顆；又奉練兵處調取快利槍二千桿，槍子五十餘萬顆；本年北洋飭撥快利槍三百桿，子彈一百六十萬顆，八生脱開花彈二萬顆，并引火各件；又奉撥直隸正定督練甘軍董軍門快利槍一千桿，子彈五十萬顆；又四川奏撥十二磅快礮八尊，三磅快礮十二尊，并礮彈、銅殼、引火、無烟藥等件：均應作正開銷。此外奉飭代湖北製造老毛瑟槍彈二百萬顆，又無烟藥一千五百磅；又代廣東省造洋槍鋼管五百根，無烟藥一千磅；又代吉林省造哈吃開斯鋼礮料六尊；又代福建省修理電光山大礮兩尊；又代浙江省修理超武兵輪。墊用各款，僅據湖北解到二萬兩，其餘未經撥還，已另稟懇請分咨歸款。

仰維憲臺廑懷大局，畛域無分，但使職局力量果能兼營，決不敢稍涉推諉。職局常年經費，向由江海關二成洋稅項下按結陸續撥給，每年約五六十萬或六七十萬。從前製造較簡，其開支制買物料及各項薪工，每年約需六七十萬兩，以入抵出僅足敷用。厥後本省需用軍火逐漸加增，外省商撥亦源源而來，而經費迄未請益。自創煉鋼、造藥三廠，二十二年十月蒙奏准部撥，江海關在於六成洋稅及稅厘項下，每年添撥二十萬兩，作爲三廠常費及槍礮不敷之需。於是挪移緩急，遂成全局盈虚消長之機。本年添配毛瑟槍機，并未另請撥款。迨至添配礮、鋼兩廠機具，仰蒙憲臺洞悉職局拮據情形，飭將需用經費通盤籌畫，稟呈咨商撥款等因。職道等亦未敢遽請撥款者，亦以爲有此三廠常費稍可騰挪，蓋明知撥款爲難，不忍重瀆藎慮也。惟該關撥款太多，雖極力兼顧，自二十二年起，至今年十月止，僅准解過十萬兩，而實欠未解者，計去今兩年尚有三十萬兩，加以三廠常費侵及二成洋稅，爲數日益加多，均尚虚懸無着，以致應儲緊要材料，未敢寬爲購備。就目前而論，不特三廠常費及添備新機等費急切無從籌墊，而舊有各廠經費因之掣動，似於全局益形竭蹶。必不得已，是以有呈懇奏咨改撥的款之稟，計已上達慈聰。如蒙憲允，俯念職局擴充煉鋼、造藥等廠及先後添配新機，關係至大，需用至殷，俾以有着可恃之款指項撥給，則目前周轉既可展舒，他日擴充尚可盡力，實於軍儲重計裨益甚多。此職局經費盈絀之關係，即爲擴充製造之機括也。

至江西、安徽、浙江等省，全年需用軍火爲數多寡無從懸揣，曾經電請憲臺咨詢三省在案。第值此講求武備之時，自應切實擴充，統籌兼顧，無如職局經費有常，平時除供給南、北洋而外，近年奉飭代各省製造各項軍火，雖或領或購時有不同，而墊用過多亦受周轉不靈之弊，如復供應三省，萬一經費稍有窒礙，顧此失彼，轉恐貽誤滋多。恭繹諭旨就原有局廠切實擴充，以備鄰近各省就近購用，蓋朝廷亦深知經費艱難，非必顯爲區別也。擬請憲臺俟准三省撫憲咨復需用軍火確數，轉諭下局，再行會同寧局，各計機器能力，需用經費，通盤籌畫，核實稟辦。將來墊用經費，亦擬臨時由職局核明工價，詳請憲臺咨明原省隨時備價領運。再查北洋機器局詳稱，嗣後如奉有神機營、武勝新隊調取之件，由局核明工料價值，每届年終匯總開單，詳請咨由户部按數撥還；如遇大宗料物，實在無可挪墊，仍應隨時專案辦理等因。職局亦時奉有神機營、練兵處調取之件，如果有大宗軍械實在無可挪墊者，應否援案一律辦理，職局未敢擅議。然此次統籌用款及撥解軍火之數，又不得不預爲籌及也。應請憲臺咨明户部暨北洋大臣察核飭遵，并請分咨湖廣督部堂，江蘇、江西、安徽、浙江撫部院，實爲公便。是否有當，伏候鈞裁。

中國第一歷史檔案館等《中國近代兵器工業檔案史料》第一輯《劉坤一奏江南製造局煉鋼用礦石生鐵專在湘省限數定購片光緒二十四年十二月十九日》 江南機器製造局近來仿照前後膛鋼質大礮并後膛新式兵槍，業已漸著成效。惟需用鋼料仍須取資外洋，不獨利源外溢，遇有緩急，更慮受制於人，亟應設爐自煉，以資利用而杜漏卮。惟該局經費有限，不能不逐漸圖維。現經購辦煉鋼機爐一分，并在湖南湘鄉縣購取礦石、生鐵，分別試煉，甚爲合用。其生鐵體質亦與外洋硬質生鐵無異，除攙和煉鋼之外，并可鑄造大礮彈子，合計價值亦較購自外洋爲廉。現只鋼爐一分，年需生鐵、礦石各八百噸。并向外洋添購大爐一具，以圖擴充，每年約需礦石、生鐵各三千噸。寶慶、邵陽、益陽、新寧等處所産與湘鄉相同，礦産亦旺，將來若專在湘省購辦，亦足敷用。現經該局與礦户訂立合同，限數定購，按起發給照票，令其運局驗收，給價注銷照票。以後所需，另行换給辦運，俾免派員採辦，多所耗費。仍一面將定購數目隨時稟請咨行各省關照案查驗，免完税厘。如該礦户照外多帶及有別項貨物，仍令照納厘税，以杜隱射。據江南機器製造局稟請奏咨前來。

中國科學院歷史研究所《劉坤一遺集》奏疏卷二九《籌議擴充製造懇撥三廠常費摺光緒二十四年十二月十九日》 奏爲遵旨籌議擴充製造添配槍礮各機期歸一律，并懇敕部另議撥補三廠常費，恭摺覆陳，仰祈聖鑒事：竊臣迭奉上諭，飭令各機器局，酌定快槍、快礮格式，槍子、礮彈分量，互相討論，如式製造；並飭就原有局廠切實擴充，各等因，欽此。嗣又欽奉懿旨：「行軍利器，以後膛快礮小口徑毛瑟槍爲最。現時南、北洋及湖北各省均設機器製造等局，著該督撫就地籌款，移緩就急，督飭局員，認真考求，迅即製造。」等因，欽此。仰見皇太后、皇上修明武備，期以建威銷萌，莫名欽服！

方今强鄰環伺，伏莽潛滋，非整飭戎行無以立自强之本，非講求利器無以操制勝之權。現值各軍改練洋操，是製造槍礮子彈，俱應一律如式。縱分途倣製，工作可免參差，即衆軍合操，心志亦能專一。迭經臣恪遵聖諭，分飭金陵、上海兩機器局，欽遵辦理。惟查各省設局，自行製造，初皆博收約取，近益推陳出新，舊式軍械，均已停造。如金陵局造之後膛擡槍，上海局造之快利新槍，各軍均稱利用；大小礮位，亦皆合宜。第金陵一局，本專供南、北洋各軍之用，機器無多，經費有限。凡轉輸京畿，饋運鄰省，及南北常年操防大批軍火，胥由上海機器局製造供用。近來奉撥之軍械益夥，所用之工料倍增。嗣經添設鍊鋼、栗藥、無煙藥三廠，規模觕備，講求漸精。前辦局員，請撥專款六十萬兩，購辦槍礮等機，原爲擴充製造地步，只因款鉅難籌，議而未購。現以快利槍機簧略異，已就原有槍機，酌量配換，添購各項機器，改造小口徑毛瑟槍及製槍彈機一部。又該局之十二磅子、六磅子兩項快礮，與北洋之七生的半快礮、五十七密里快礮，核其口徑、子彈相同，本係常川自造。惟查北洋之七生的快礮、湖北之三生七快礮，與南洋所購之六生的快礮，犀利便捷，爲陸軍所必需，均應鑄備，亦就舊有之機，酌量配換，並添購鍊鋼機鑪等件，共計價銀三十八萬餘兩。由此專精倣造，則槍礮子彈與津局、鄂廠，均係一律，自免叢雜之弊。特是製造經費，以二成洋稅爲大宗。後因鍊鋼、造藥，事屬創造，所費不敷勻撥，仰蒙敕部核准，在於江海關稅釐項下，每年撥銀二十萬兩，作爲三廠常費。第稅收盈絀無恆，常費欠解甚鉅，若非另請指撥的款，恐致機價兩懸。迭據該局詳請奏咨前來。

臣查製造槍礮以歸一律，實屬自强要圖，勢難延緩。該局僅就原撥之二成洋稅，三廠常費，騰挪估計，添購槍礮等機，辦理尚屬撙節。惟江海關撥款浩繁，收不敷放。此項三廠常費，關局均請改撥，已經據詳咨部有案。稅釐俱屬正項，製造亦關要需，既難挹彼注兹，惟有仰懇天恩，敕部另籌的款，如數撥補，俾資製造而厚儲胥，藉副朝廷整軍經武之至意。

所有遵旨籌議擴充製造添配槍礮機件並請撥補三廠常費各緣由，除分咨外，謹會同北洋大臣直隸總督臣裕禄、江蘇巡撫臣德壽恭摺覆奏，伏乞皇太后、皇上聖鑒訓示。謹奏。

中國第一歷史檔案館等《中國近代兵器工業檔案史料》第一輯《户部奏江南製造局煉鋼栗色藥無烟藥三廠常費擬由江蘇自行籌措摺光緒二十五年正月初七日》 兩江總督劉坤一奏擴充製造，添配槍、礮各機，并懇飭部另籌撥補三廠常費一摺，光緒二十五年正月初五日奉朱批，户部妥議具奏，欽此，欽遵由內閣鈔出到部。據原奏內稱：上海機器局添設煉鋼、栗藥、無烟藥三廠，規模粗備，講求漸精。前辦局員請撥專款六十萬兩，購辦槍、礮等機，原爲擴充製造地步，只因款巨難籌，議而未購。現以快利槍機簧略異，已就原有槍機酌量配換，添購各項機器，改造小口徑毛瑟槍及制槍彈機一部。又查北洋之七生的快礮、湖北之三七快礮與南洋所購之六生的快礮，犀利便捷，爲陸軍所必需，均應籌備，亦就舊有之機酌量配換，并添購煉鋼機爐等件，共計價銀三十八萬餘兩。由此專精仿造，則槍、礮、子彈與津局、鄂廠均系一律，自免叢雜之弊。特是製造經費以二成洋稅爲大宗，因(練綱)〔煉鋼〕、造藥事屬創辦，所費不敷，由部核准在於江海關稅厘項下，每年撥銀二十萬兩作爲三廠常費。惟江海關撥款浩繁，收不敷放，此項三廠常費，關局均請改撥，已經咨部有案。稅厘俱屬正項，製造亦關要需，既難挹被注兹，惟有懇恩飭部另籌的款，如數撥補，俾資製造等語。

臣等伏查江南機器製造局常年經費，向由江海關二成洋稅項下按結陸續撥給，每年雖無定數，約計有六七十萬兩，其開支薪工以及制買各項，每年亦約需六七十萬，是以入抵出尚無不敷。自光緒二十一年添購機器，仿造快槍快礮子彈火藥，并添建廠屋，遂於常年經費之外，另由臣部指撥銀四十萬兩，付還添購各項機器、物料價值。嗣復奉旨准其由江海關稅厘項下，每年添撥銀二十萬兩，作爲(練綱)〔煉鋼〕、栗藥、無烟藥三廠常費，均經臣部先後行知遵辦在案。兹復據該督奏稱：江海關撥款浩繁，收不敷放，三廠常費請另籌的款撥補等因。查前項常費，既奏准由江海關稅厘添撥，原應責成該關按年如數撥給，惟所稱江海關撥款浩繁，收不敷放，亦屬實情。現經奉旨交臣部妥議，臣等竊維三廠常費款目頗巨，專令滬關認解，誠恐獨力難支，改由各處分籌，尚可衆擎易舉。上年欽奉懿旨，南北洋、湖北各省機器製造等局，着該督撫就地籌款，移緩就急，督飭局員認真考求，迅即製造等因，欽此。是南洋機器局添設三廠，常費不敷，自應仍令該督遵照上年十月二十四日懿旨，就地籌款，在於江蘇司關道局各款項下斟酌緩急，通融分撥，按年湊足銀二十萬兩，解交機器局，以爲三廠常費之用。庶江海關財力得以稍(舒)〔紓〕，而機器局要需亦可接濟。如蒙俞允，應請旨飭下兩江總督遵照臣部所議辦理。仍令該督將分撥何處若干，專案報部查核。并轉飭該局員撙節動用，核實造報，毋任稍有虛糜。

所有遵旨妥議具奏緣由，理合恭摺具陳，伏乞皇太后、皇上聖鑒訓示。謹奏。

奉旨：依議，欽此。

中國科學院歷史研究所《劉坤一遺集》電奏卷一《復總署光緒二十五年五月十七日》 咸電謹悉。前奉電旨，查詢製造槍礮數目，並槍礮子彈首重合膛等因，遵即電知鄂督，互相考求，並由製造局員將試造槍枝及各項快礮口徑格式、子彈分量，與津局鄂廠承辦各員，逐細比較，期免參差。猶恐函電往還或有舛誤，復由該局員馳赴鄂廠，會同該廠員匠，更番試驗，槍彈均屬合膛，快礮亦復一律，與坤一去年臘月復奏三省槍礮合成一律情形無異。

正在敍奏間，奉到四月二十七日寄諭，莫名感悚。遵查江寧、上海兩局，製造槍礮、子彈、火藥以及各種軍火、雷電等件，以供南、北洋操防備戰之需。寧局經費歲有定額，由南、北洋在製造二成稅項内勻撥。滬局逐漸擴充，規模略備，節經添造快利槍、各項快礮，並創設鍊鋼、無煙藥、栗色藥三廠，所造軍火，除南、北洋常年取用外，並經神機營、武勝新暨各省各軍調撥協濟，爲數甚多。製造數目之多寡，視經費盈絀以爲衡。甲申、甲午兩役，征調紛繁，該局加工趕造，晝夜不停，儲偫未嘗缺乏。現就機器力量及近年製造成數計之，寧局每年可造後膛擡槍一百八十枝，兩磅後膛礮四十八尊，一磅子快礮十六尊，各項礮彈六萬五千八百顆，擡槍自來火子彈五萬粒，毛瑟槍子彈八萬一千五百粒；滬局每年可造快利槍二千餘枝，各種槍彈四百萬粒，各項快礮七八十尊，各種大小實心開花礮彈三四萬顆，無煙藥、栗色藥、黑藥三十餘萬磅，各種引火、拉火、擊火、銅帽、銅引一千數百萬箇，鍊鋼二千餘噸。此外代造各省軍火，修理槍礮、兵艦、差輪、水雷等件不在此數。詳細情形，遵當專摺奏明辦理。惟滬局所造之快利槍，係就舊置修整林明敦槍機器，參以手工造成。上年奉旨飭令各軍一律改用小口徑毛瑟槍，當飭局核議擬購此項槍機，比因款鉅難籌，仍就舊機添換零件，按照各軍所用德國新式七美里口徑毛瑟槍訂購倣造，即與鄂廠所購槍機造成之槍可期一律，未敢稍有更改。現在槍機將次到齊，安配竣工，秋初即可開造。第機器迭經改配，能力有限，每日僅衹出槍十枝，較之湖北所購專門新機，大相徑庭。用敢據實陳明，伏乞聖慈垂鑒。請代奏。

中國科學院歷史研究所《劉坤一遺集》奏疏卷三〇《寧滬兩局製造查議擴充摺光緒二十五年五月二十九日》 奏爲遵旨查明江寧、上海兩局機器軍械數目，並籌議擴充製造情形，謹繕清單，恭摺覆陳，仰祈聖鑒事：竊臣承准軍機大臣字寄：「光緒二十五年四月二十五日，奉上諭：『前因天津、上海、江寧、湖北等處，均有製造槍械局廠，諭令該督等切實會商，務將所製槍礮膛口子彈，各局統歸一律，以期通用；並將每年所造槍件子藥若干，據實奏報，並按季咨報户部、神機營查核。現在爲時已久，並未據報有案。槍礮爲行軍要需，豈容因循延玩！著裕禄、劉坤一、張之洞詳細查明各該局廠所造槍礮究係何項名目，是否業已會商造成一律，迅即切實奏覆。嗣後仍遵前旨，按年奏報，並按季分別咨報，毋得延宕。該督等務當懍遵迭次諭旨，督率承辦各員，認真經理，精益求精；並將膛口子彈，彼此比較畫一，務令不差累黍，庶各省互相接濟，臨時不致缺誤。倘該管局員草率從事，虛糜經費，或演放時有炸裂等項情弊，定即治以重罪，決不稍存寬貸。將此各諭令知之。欽此。』遵旨寄信前來」等因，承准此。遵即恭録咨行會商查議在案。

伏念時局艱鉅，外侮頻仍，自以製械、練兵爲當務之急。設局製造槍礮，允宜進求精利，力戒因循。迭次欽奉懿旨、諭旨，飭令就地籌款，擴充製造，並槍礮子彈均須一律合膛各等因，仰見宫庭宵旰憂勤，謨謀深遠。臣忝膺疆寄，蒿目時艱，倚馬枕戈，昕夕敢忘儆戒。節經督飭各該局員，將出入款項切實句稽，製造軍械詳細考究，並令與天津機器局、湖北槍礮廠隨時知照，互相講求。復由上海局員馳赴湖北，比較數次，兩局所造槍礮子彈格式、分量、口徑大小，現均一律合膛，並無歧異。已將製造槍礮數目大概情形，由電奏陳，當蒙慈鑒。

查江寧製造局所造後膛擡槍，係屬新創，各處均無此式；其兩磅子、一磅子後膛快礮，亦與滬製一律。此外礮架、礮彈、各種槍子、拉火等件，歷經解由南、北洋分撥各軍應用。衹以經費有常，款項奇絀，未能加撥，以期擴充。惟該局設在江寧城外，歷經締造，粗具規模。且居腹地形勝之區，一旦海疆有事，尚須在此製造，接濟軍需，庶幾緩急足恃。

至上海製造局兼造各項快礮，除船臺需用之大礮外，其四十磅一種即北洋之十二生的快礮，十二磅一種即北洋之七生的半快礮，六磅一種即北洋之五十七米里快礮，兩磅子一種即北洋之七生的半、亦即湖北之三生七快礮，洋廠名稱雖殊，而尺寸則不差累黍。今由該局與天津、湖北兩局逐一比試，均無參差。其快利新槍係就舊機參用人工所造，亦頗便利；究嫌費繁工多，出槍甚少。去年遵飭各軍改用小口徑毛瑟槍，本擬訂購此項槍枝、槍彈機器，專壹倣造，以歸一律。訪之滬上各洋行，需款百萬，爲期三年。一時無此財力，遂仍用舊機，更易機簧，添配車座；訂購改造七美里九口徑毛瑟槍枝、槍彈機器等件，按照合同，每日出槍十枝，現將到齊。安裝告竣，當飭董率員司興工監造，嚴定課程，如有廢弛虛糜，據實參辦。並按年、按季，將製造軍械數目，分飭造册奏報，以昭核實。

惟值朝廷整軍經武之秋，迭飭天津、湖北、上海、江寧各局廠，迅速擴充製造槍礮，以供各省各軍之用。聖意淵深，既免利權外溢，且以備豫不虞，允操自强之勝算。臣查各局兼造各項快礮，均應新式，尚敷應用。至倣造小口徑毛瑟槍，僅祇湖北、上海兩廠，其機器一係新購專門，一係舊式更改，能力所限，造槍之數目，多寡懸殊，各處通用，恐難徧給。前與直隸督臣裕禄、湖廣督臣張之洞往返籌商，添購造槍新機，無論津、鄂、寧、滬何廠承造，按據覆電，咸以款絀爲詞。當此度支奇窘，内外胥同，更何能另請撥款，上瀆宸聰。惟製造能否擴充，軍火不致減少，胥視經費之盈絀以爲衡。江寧製造之需，向由南、北洋照額匀撥，歲有常經。上海則專恃製造二成洋税以資工作。但冀税收暢旺，撥款加增，各司道局分認改撥三廠常費，依期籌解。除備常年操防軍火而外，擬令極力撙節，另款存儲，以備添購倣造小口徑毛瑟槍機器一部。並一面與洋行照式議購，訂立合同，分期交款，要以三數年内機器購齊。其有不敷，另再設法辦理，俾與湖北槍礮廠分途倣造，可期儲備日裕，器械日精，藉以仰副聖主建威銷萌之至意。

所有遵旨查明上海、江寧兩局現有機器，暨每年造成軍械數目並籌議擴充製造緣由，除分咨查照外，理合繕單恭摺據實覆陳，伏乞皇太后、皇上聖鑒訓示。謹奏。

中國科學院歷史研究所《劉坤一遺集》奏疏卷三一《滬寧兩局現製槍枝未能即解來京片》 再，臣欽奉寄諭：「飭令江寧、上海、湖北各廠，將倣造之小口徑毛瑟槍，各提二十枝，配齊子彈藥碼一切零件，派員解送來京，以備考驗。」等因，欽此。欽遵分飭遵辦在案。

惟江寧機器局常年製造南、北洋操防軍火，修整各營臺槍械零件，兼造兩磅快礮、後膛擡槍，委無大宗款項可購新式機器以倣造小口徑毛瑟槍，當蒙聖慈垂鑒。至上海機器局所造快利槍，係就原有之林明敦舊槍機添改零件，參以人工，創造新式，尚稱便利，二十三年解交神機營練兵處三千二百桿在案。上年奉飭各軍改練洋操，通用小口徑毛瑟槍，以歸一律。本擬另置專門槍機，藉此擴充製造，無如費逾百萬，期以三年，倉猝無此財力，祇得仍就原有之林明敦舊槍機，督同洋匠，詳細講求，更易機簧，改配車座，並添購零星機件，倣造七美里九口徑毛瑟槍，當經繪圖貼説，件析條分，交洋行代爲訂購，聲明本年秋季，運齊到局，每日約出槍十餘枝。并由該局員匠先就舊機，另用手藝，造成洋槍兩枝，攜赴湖北槍礮廠互相比較，與該廠所造七美里九口徑毛瑟槍一律合膛，子彈分量適均，並無歧異。其兼造各項快礮，亦與津局、鄂廠隨時會商，切實考究，均經迭次奏明在案。現在添配槍機，已經分批運到，尚有車牀、爐座，准九月内一律到齊，便可督飭工匠，漏夜安裝，趕即倣造槍枝、槍彈，於槍上鐫勒廠名及製造年月，遵當揀選二十枝，配齊子彈藥碼零件，聽候委員齎解呈請考驗，據詳請奏前來。

臣查上海機器局倣造小口徑毛瑟槍，係以林明敦舊機更改添配，一俟機器全到，即可分配造成，當飭飛電洋廠趲程起運，限九月内到齊；一面妥速安裝，精心製造，膛口子彈統歸一律，務須精益求精，以副朝廷慎重軍實之意。

除江寧機器局並未倣造小口徑毛瑟槍應請免其提解外，謹附片具奏，伏乞聖鑒。謹奏。

中國科學院歷史研究所《劉坤一遺集》卷三二《局員辦事精詳堪膺簡用片》 再，二品頂戴・直隸候補道林志道，前經臣檄調來南，派委會辦上海製造局。嗣准前北洋大臣・直隸總督臣王文韶電商，以該員縝密端詳，堪委總辦局務，均經會同奏明在案。該員到差之日，值錬鋼、栗藥、無煙三廠甫經告成，督率工作，不辭勞瘁，句稽款項，事事運以精心。兩年以來製造倍多，轉輸四達，錬鋼、配藥日益精良，而以無煙藥爲最，各省均來購用。核計工價，較購諸外洋爲廉。去年奉旨，各省一律改用小口徑毛瑟槍，遵飭預籌。該員就局存舊槍機器，繪圖摺樣，督同委員、洋匠逐細考求，爰就舊機添配新機，藉免另購多費；且稔知庫儲奇絀，不請另籌，僅以原撥之二成洋税及三廠常費，撙節騰挪，添購倣造。現在此項槍枝造成解京，經總理衙門王大臣驗收，試放口徑子彈均稱一律。其實心任事，力體時艱，裨益軍儲，良非淺鮮。臣查該員林志道，局度閎深，才優守潔，曾經兩次蒙恩交軍機處存記，是該員才具已在聖明洞鑒之中，應如何加恩簡用之處，恭候慈施。

理合附片具陳，伏乞聖鑒訓示。謹奏。

中國第一歷史檔案館《光緒宣統兩朝上諭檔》第二五册《光緒二十五年十二月初九日》 軍機大臣字寄署理兩江總督江蘇巡撫鹿，光緒二十五年十二月初九日奉上諭：載漪等奏江南製造局槍枝楛劣，請飭整頓一摺。據稱虎神營前調到江南製造局所製快利槍二千枝，經該王大臣派員試演，大半機簧不靈，甚有接筭不密，火由縫出，致傷兵丁等弊，覽奏殊深詫異。該局製造槍械，歲需鉅款，爲各省練兵所取給。似此楛劣之器，用以臨敵，必至貽誤事機。以軍需至要之件，而上下因循，漫不經心至此，實出情理之外。著鹿傳霖查明該局員職名，從嚴奏參，毋稍徇庇。並嚴飭嗣後製造槍枝，務求迅利堅寔。造成之後，均須詳加覆驗，實事求是。如敢再蹈前轍，敷衍將就，以致不適於用，定惟鹿傳霖是問。將此諭令知之，欽此。遵旨寄信前來。

中國科學院歷史研究所《劉坤一遺集》卷三二《機局製造有裨軍需請奬在事人員摺光緒二十五年十二月初八日》 奏爲上海機器局創造槍礮、無煙火藥，成效昭著，有裨軍需，出力各員，照案擇尤請奬，以示激勸，恭摺仰祈聖鑒事：竊今日自强要圖，以練兵、製械爲最急，迭次欽奉上諭、懿旨，飭令講求軍實，擴充製造各等因，欽此。惟製造以槍礮爲首重，而槍礮以火藥爲要需。近年泰西化學之士，創造無煙火藥，各國競相倣傚，槍礮所用，均係此種，取其施放時速力大而漲力小，槍筒、礮身不虞受損，而子彈出口時亦無煙氣障目，命中及遠，絶無捍蔽之虞。光緒二十年間，上海製造局曾經延聘洋員設廠試辦，半年之久迄用無成。蓋洋人恃爲祕傳，冀獲厚利，平時購用皆懸倍蓰之價以居奇，臨敵急需必守局外之例以相困。有利器而無良藥，其何以實軍儲？是以前辦局員劉麒祥鋭意講求，擴充製造新式槍礮，復建錬鋼、栗藥、無煙藥三廠，督飭委員王世綬，設法創辦，規倣有成。自直隸候補道林志道總辦局務以來，復派熟習化學之吴家琢暨通知製造工藝各員，幫同王世綬竭力經理，苦思力索，極深研幾，昕夕旁皇，參互考訂，幾歷歲月，而無煙藥製造益精，試驗施放與外洋所購者一律精利。復發交江勝、自强等軍，以改造小口徑毛瑟槍及各種大小快礮次第演放，均能貫遠洞堅，綫路準直；各處槍礮教習洋員，詳晰比較，莫不贊歎同聲。且每年製成五六百萬磅，核價僅外洋四分之三，粤、鄂、川、閩各省備價代造，絡繹不絶。此創造無煙火藥成效昭著之實在情形也。現據總辦局員林志道等將在事出力各員分別異常、尋常勞績，開單稟請奏奬前來。

臣等伏查光緒十九年，該局創造新式槍礮，卓著成效，經前北洋大臣・直隸督臣李鴻章會同請照異常出力奏奬；湖北槍礮局製造快槍、快礮著有成效，經湖廣督臣張之洞援照異常、尋常勞績，專案奏保，亦蒙俞允各在案。該局委員王世綬等，創造無煙火藥，日有起色情形，臣於二十二年曾經附片奏蒙聖鑒。事歷數年之久；經營締搆，克底於成，不特開中國未有之奇，且足洩外國未傳之祕。該員等督匠攷工，奔走於嚴霜烈日之中，指揮於爐火輪機之側，毒煙猛藥，薰灼馳驅，稍一不慎，命在頃刻，竟能艱險不避，勞瘁不辭，直與疆場効力無異，洵屬異常出力，且與歷次保案亦屬相符，自應援案擇尤分別異常、尋常勞績，開單請奬，以昭激勸。合無仰懇天恩，俯准照擬給奬，以勵人材而厚軍實。

再，此次請奬員數，業經節次删減，並無冒濫。

除將履歷造册分咨外，所有上海機器局創造槍礮無煙火藥成效昭著，照案擇尤請奬緣由，理合會同江蘇撫臣鹿傳霖恭摺具陳，伏乞皇太后、皇上聖鑒訓示。謹奏。

中國第一歷史檔案館等《中國近代兵器工業檔案史料》第一輯《載漪等奏江南製造局槍枝楛劣請飭整頓摺光緒二十五年十二月初九日》 竊查虎神營前調到江南製造局所製快利槍二千枝，昨經奴才等派員試演，大半機簧不靈，甚有接筭不密，火由縫出，致傷兵丁，及甫經鈎機，簧即迸碎之弊。竊維近今練兵，純尚火器，儻製造濩落，常操則轟傷足慮，臨敵尤僨事堪虞。現當經武之秋，該局槍枝爲各省練兵所取給，似此楛劣之器，貽誤實非淺鮮。擬請飭下兩江督臣嚴飭該局，嗣後製造槍枝務求堅利，擇派妥員詳細覆驗，不得再蹈前弊，并將督工不力之局員酌予懲處，以儆玩懈。奴才等爲慎重軍實起見，除咨該督派員來營，將不堪用之槍解回檢換外，謹恭摺具陳。

中國第一歷史檔案館《光緒宣統兩朝上諭檔》第二六册《光緒二十六年六月二十五日》 軍機大臣字寄兩江總督劉，光緒二十六年六月二十五日奉上諭：現在戰事既開，槍礮子藥並需寬爲籌備。江南、上海製造局所儲軍械子藥，爲行軍要需，儻有疏虞，關係匪淺。著劉坤一體察情形，應否先行運赴江南省城存儲一半，以備應用外以一半，乘此運道尚通，迅速妥籌北運，以資接濟，萬勿延緩致誤事機，是爲至要。將此由六百里加緊諭令知之。欽此。遵旨寄信前來。

中國第一歷史檔案館等《中國近代兵器工業檔案史料》第一輯《江南機器製造局造呈光緒二十六年秋季造成各項軍械清册光緒二十六年十二月二十三日》 江南機器製造局爲造報事，遵將光緒二十六年分秋季造成各項軍械，開具清册，呈請察核。

須至册者，計開：

一百磅子快礮二尊，一百磅子快礮礮架二座（隨用器具全），四十磅子快礮二尊，四十磅子快礮礮架二座（隨用器具全），三磅子快礮四尊，三磅子快礮礮架四座

（隨用器具全），四十磅快礮實心子二百個，十二磅快礮實心子三千二百個，六磅快礮實心子三千七百個，三磅快礮開花子五百個，三磅快礮實心子六千個，三生七快礮開花子二千五百個，七磅阿姆斯脱郎礮開花子二百個，劈山礮實心子二百個，一百磅快礮子銅殼一百六十個，四十磅快礮子銅殼五十個，六磅快礮子銅殼七百個，三磅快礮子銅殼二千九百個，三生七快礮子銅殼二百個，快礮電氣自來火一千個，礮門銅螺絲拉火九千一百個，礮門銅螺絲擊火一萬四千五百個，礮門銅管自來火三萬五千二百個，快利連珠後膛洋兵槍四百二十枝，毛瑟後膛洋兵槍一百九十枝，快利槍藥銅卷一十萬五百個，老毛瑟槍子藥銅卷二百二十八萬二千個，老毛瑟槍藥銅卷五萬四千個，小口徑毛瑟槍子藥銅卷二萬二百一十個，馬梯尼槍子藥銅卷二萬九千個，曼里夏槍子藥銅卷六千五百個，格林槍子藥銅卷三百個，來福槍子三十二萬八千個，槍子銅袋二萬三千八百四十個，槍子小銅帽火一百八十五萬粒，洋槍大銅帽火一百九十五萬一千粒，裝槍子扳手機器六具，無烟洋火藥一萬三千六百一十磅，黑洋火藥七萬七千五百一十磅，炸藥四千二百磅。

魏允恭《江南製造局記》卷四《光緒二十六年總辦林志道稟遵照部章扣存平餘》　竊查製造經費，撥用二成洋税，向係循案據實造報，並不分別内銷、外銷，亦無外銷款項。嗣經大部議復，御史宋伯魯條陳，各局處所支款，概扣六分平，自二十三年七月起，另款存儲，造報等因。當於二十四年六月，稟奉憲台，抄案行知在案。　惟製造用款，以購外洋物料，及洋匠工食爲大宗。向不扣平，至於員司弁勇薪糧，及内地工匠丁夫工食，每年約支銀三四十萬兩。支用在前，奉文在後，此項已放之款，無論從前難於追提，即以後亦難照扣，實緣比年錢荒物貴，食力維艱，所得工資，幾何一議扣減，羣情譁然，必致貽誤工作。迭經職道等再三商酌，除委員司事薪水照章扣存外，若並扣及工匠工食，恐多窒礙，祇得於無可設法之中，爲從前彌補之計。查得職局歷年用款，稍有餘賸，合之二十三年銷餘之款，截至本年四月二十日止，計共存銀四萬二千六百兩有奇，以之備撥，扣六分平一項，有盈無絀，尚屬以公濟公。既不違乎部章，亦有益於工作，惟是權宜暫籌此通融辦法，理合具稟陳明。

兩江總督劉批：據稟已悉，從前應扣平餘，據稱難於追提，尚屬實情。惟以後應扣之項，自應一例遵照部章，妥爲辦理，並將用款，仍循舊章，不必再分内銷外銷，以昭核實。

中國科學院歷史研究所《劉坤一遺集》書牘卷一三《復張埜秋光緒二十七年正月二十日》　陳道子元，才堪世用，亦所深知；一俟上海袁道查明製造局潘道弊端，擬即以子元代之。第該局爲南、北洋公共之物，且係奏派，屆時尚需會商合肥。

中國第一歷史檔案館等《中國近代兵器工業檔案史料》第一輯《江南機器製造局造呈光緒二十六年冬季造成各項軍械清册光緒二十七年四月二十五日》　江南機器製造局爲造報事，遵將光緒二十六年分冬季造成各項軍械，開具清册，呈請察核。

須至册者，計開：

一百磅子快礮一尊，一百磅子快礮礮架一座（隨用器具全），十二磅子快礮六尊，十二磅子快礮礮架六座（隨用器具全），六磅子快礮三尊，六磅子快礮礮架三座（隨用器具全），二百五十磅子阿姆斯脱郎熟鐵箍鋼膛大礮一尊，二百五十磅子阿姆斯脱郎熟鐵箍鋼膛大礮礮架一座（隨用器具全），十二磅快礮實心子三千四百個，六磅快礮實心子二千個，三磅快礮實心子五千個，三生七快礮開花子二千九百個，阿姆斯脱郎快礮七磅實心子三百個，一百磅快礮子銅殼一百一十個，四百磅快礮子銅殼二百個，十二磅快礮子銅殼四百五十個，六磅快礮子銅殼三百個，三磅快礮子銅殼二千七百個，三生七快礮子銅殼九百個，快礮電氣自來火六百枝，礮門銅螺絲拉火五千五百枝，礮門銅螺絲擊火一萬三千五百枝，快利連珠後膛洋兵槍一百八十二枝，毛瑟後膛洋兵槍二百三十枝，精利快槍二枝，精利快槍子藥銅卷二千三百個，老毛瑟槍子藥銅卷一百二十五萬七千個，小口徑毛瑟槍子藥銅卷一萬三千個，來福槍鉛子六萬個，槍子銅袋六百一十個，槍子小銅帽火二百七十萬粒（紙餅全），洋槍大銅帽火七十萬粒，無烟洋火藥九千四百磅，黑洋火藥四萬九千八百一十七磅，炸藥九百五十磅。

中國第一歷史檔案館等《中國近代兵器工業檔案史料》第一輯《江南機器製造局造呈光緒二十七年春季造成各項軍械清册光緒二十七年六月》　江南機器製造局爲造報事，遵將光緒二十七年春季三個月造成各項軍械，開具清册，呈請察核。

須至册者，計開：

一百磅子鋼快礮一尊，一百磅子鋼快礮礮架一座，四十磅子鋼快礮一尊，四十磅子鋼快礮礮架一座，二十磅子鋼快礮四尊，二十磅子鋼快礮礮架四座，六磅子鋼快礮一尊，六磅子鋼快礮礮架一座，四十磅快礮實心子八十個，二十磅快礮實心子二千二百個，三生七快礮開花子二千八百個，六磅快礮實心子二千五百個，三磅快礮實心子五千個，三生七快礮子銅殼九百個，六磅快礮子銅殼五百個，三磅快礮子銅殼一千一百個，快礮電火銅引三百個，快礮銅螺絲擊火一萬五千五百個，快利連珠後膛兵槍七十五桿，小口徑新毛瑟後膛兵槍三百四十三桿，精利快後膛兵槍三桿，老毛瑟槍子藥銅卷一百九萬三千個，老毛瑟槍藥銅卷五萬個，精利快槍子藥銅卷二百個，老毛瑟槍子連紙餅小銅帽火二百八十五萬粒，無烟火藥五千四百磅，黑色火藥三萬二千九百三十磅。

中國第一歷史檔案館等《中國近代兵器工業檔案史料》第一輯《江南機器製造局造呈光緒二十七年夏季造成各項軍械清册光緒二十七年十月十八日》 江南機器製造局爲造報事，遵將光緒二十七年夏季三個月造成各項軍械，開具清册，呈請察核。

須至册者，計開：

一百磅子鋼快礮一尊，一百磅子鋼快礮礮架一座，四十磅子鋼快礮二尊，四十磅子鋼快礮礮架二座，十二磅子鋼快礮七尊，十二磅子鋼快礮礮架七座，六磅子鋼快礮五尊，六磅子鋼快礮礮架五座，十二磅快礮實心子二千二百個，六生脱礮開花子一千個，三生七快礮開花子三千個，六磅快礮實心子三千個，三磅快礮實心子六千個，一百磅快礮子銅殼六十個，十二磅快礮子銅殼五百五十個，三生七快礮子銅殼一千個，六磅快礮子銅殼六百個，三磅快礮子銅殼一千七百個，快礮電火銅引一十個，快礮銅螺絲擊火一萬八千五百個，四百磅藥鐵殼沉雷殼四十一個，小口徑新毛瑟後膛兵槍五百一十八桿，小口徑新毛瑟槍子藥銅卷一十八萬七千五百個，小口徑新毛瑟槍藥銅卷一十萬個，老毛瑟槍子藥銅卷二十五萬二千五百個，老毛瑟槍藥銅卷一十三萬個，老毛瑟槍銅卷一百萬個，曼里夏槍藥銅卷一十二萬個，小口徑新毛瑟槍子銅袋二萬六百個，老毛瑟槍連紙餅小銅帽火五百三十五萬粒，裝配毛瑟槍子手扳機器二副，無烟火藥七千四百七十磅，黑色火藥三萬六千四百三十磅。

中國第一歷史檔案館等《中國近代兵器工業檔案史料》第一輯《江南機器製造局造呈光緒二十七年秋季造成各項軍械清册光緒二十七年十二月二十七日》 江南機器製造局爲造報事，遵將光緒二十七年秋季三個月造成各項軍械，開具清册，呈請察核。

須至册者，計開：

一百磅子鋼快礮一尊，一百磅子鋼快礮礮架二座，四十磅子鋼快礮一尊，四十磅子鋼快礮礮架一座，十二磅子鋼快礮三尊，十二磅子鋼快礮礮架三座，六磅子鋼快礮三尊，六磅子鋼快礮礮架三座，三磅子鋼快礮一十五尊，三磅子鋼快礮礮架一十五座，十二磅快礮開花子一千二百個，十二磅快礮實心子一千四百八十個，六生脱礮開花子一千四百個，三生七快礮開花子二千一百個，六磅快礮實心子五千三百二十個，三磅快礮開花子二千三百個，三生七快礮子銅殼一千七百個，六磅快礮子銅殼五百個，三磅快礮子銅殼一千九百個，礮門銅螺絲擊火一萬七千五百枝，礮門銅螺絲拉火八百枝，礮門銅管拉火六千枝，一千磅沉雷鐵殼一十二個，小口徑新毛瑟後膛兵槍五百一十八桿，小口徑新毛瑟槍子藥銅卷三十二萬六千個，小口徑新毛瑟槍子銅卷二百個，老毛瑟槍子藥銅卷一百六十三萬二千個，小口徑新毛瑟槍子銅袋五萬一千二百個，曼里夏槍子銅袋二萬個，老毛瑟槍子連紙餅小銅帽火三百三十萬粒，裝配毛瑟槍子手扳機器三具，無烟火藥六千一百七十五磅，黑色火藥四萬六百九十磅。

中國第一歷史檔案館等《中國近代兵器工業檔案史料》第一輯《江南機器製造局造呈光緒二十七年冬季造成各項軍械清册光緒二十八年三月二十六日》 江南機器製造局爲造報事，遵將光緒二十七年冬季三個月造成各項軍械，開具清册，呈請察核。

須至册者，計開：

一百磅子鋼快礮一尊，一百磅子鋼快礮礮架一座，四十磅子鋼快礮一尊，四十磅子鋼快礮礮架一座，六磅子鋼快礮二尊，六磅子鋼快礮礮架二座，三磅子鋼快礮二十八尊，三磅子鋼快礮礮架二十八座，十二磅快礮開花子一千六百個，六生脱礮開花子一千五百個，三生七快礮開花子二千九百個，六磅快礮開花子三千三百五十個，三磅快礮開花子三千五百五十個，一百磅快礮子銅殼六十個，三生七快礮子銅殼一千二百個，三磅快礮子銅殼一千五百個，六磅快礮子銅殼五百個，礮門銅螺絲拉火一千八百枝，礮門銅管拉火一萬二千六百枝，礮門銅螺絲擊火一萬二千枝，礮門銅擊火五千枝，小口徑新毛瑟後膛兵槍五百五桿，小口徑新毛瑟槍子藥銅卷三十九萬八千個，小門徑新毛瑟槍藥銅殼二萬一千個，老毛瑟槍子藥銅卷一百二十一萬六千個，曼里夏槍藥銅卷三十四萬二千八百個，曼里夏槍銅卷一萬九千二百個，小口徑新毛瑟槍子銅袋四萬六千四百個，老毛瑟槍子連紙餅小銅帽火一百四十五萬粒，曼里夏槍子連紙餅小銅帽火二十萬粒，四開花洋槍大銅帽火二百四十萬粒，裝配曼里夏槍子手扳機器四具，無烟火藥八千九百九十一磅，黑色火藥二萬九千二百八十五磅。

中國第一歷史檔案館等《中國近代兵器工業檔案史料》第一輯《劉坤一奏銷江南製造局光緒二十三年支用各款摺光緒二十八年四月初九日》 竊上海機器局製造各項軍火動用二成洋稅，截至光緒二十二年十二月底止，業經分案開具清單奏銷在案。

兹據蘇松太道袁樹勛，會同局員毛慶蕃，將光緒二十三年分支用各款，遵照部復，分別開報。計上屆册報存湘平銀一百一萬五千一百七十七兩五錢有奇，摺合庫平銀九十七萬九千六百十七兩四錢有奇。二十三年續收江海關二成洋稅庫平銀八十一萬二千二百五十一兩有奇，又收稅厘項下加撥常款經費庫平銀六萬兩，又收扣平庫平銀一千三百二十九兩三錢有奇，共收庫平銀八十七萬三千五百八十兩三錢有奇。管、收兩項，共合庫平銀一百八十五萬三千一百九十七兩有奇。共用庫平銀九十七萬八千九百五十九兩四錢有奇。實共存庫平銀八十七萬四千二百三十八兩三錢有奇；此項存銀，或系存而未用物料之價值，或系造而未完各件之工料，均系已經動用之款，今俱照案核作銀數列存，歸入下屆開報，俾清眉目。其支用一切款項，均經遵章先行詳請咨部立案。兹將收支銀數及委員、司事、中外工匠薪工，購制軍火、器具各項細數，照章分造清册，詳請核辦。并聲明自光緒二十三年七月起至十二月底止，遵照部章應扣六分平銀，共扣提庫平銀七千七百四十一兩六錢有奇，存儲候撥等情前來。

覆查該機器局製造諸事，悉仿西法，用料多系洋產，工資、物價均無定例，支用款項難以常例相繩。此次册開各款，詳細察核，委系實用實銷，毫無浮冒。謹照成案，匯繕清單，恭呈御覽。仰懇天恩俯准核銷，以清款目。

除將清册分咨外務部、户部、兵部、工部查照，并飭將以後收支各款接續造報外，所有上海機器製造局自光緒二十三年正月起，至十二月底止支用各款，列爲第十六案報銷緣由，謹會同署北洋大臣·直隸督臣袁世凱、江蘇撫臣恩壽恭摺具奏，伏乞皇太后、皇上聖鑒訓示。謹奏。

光緒二十八年四月二十四日奉朱批：該部知道。單并發。欽此。

《清單》

謹將上海機器製造局自光緒二十三年正月起，至十二月底止支用各款，繕具簡明清單，恭呈御覽。

計開：

舊管：前案造報存湘平銀一百一萬五千一百七十七兩五錢四分九毫五絲九忽九微六纖一塵，合庫平銀九十七萬九千六百一十七兩四錢二分八厘三毫。

新收：一、收江南海關陸續撥解二成洋稅，庫平銀八十一萬二千二百五十一兩一分三厘八毫。一、收江南海關撥解稅厘項下，庫平銀六萬兩。一、收扣平，庫平銀一千三百二十九兩三錢五分六厘。以上共收庫平銀八十七萬三千五百八十兩三錢六分九厘八毫。

管、收二項，共庫平銀一百八十五萬三千一百九十七兩七錢九分八厘一毫。

開除：一、支委員、司事薪水并夫役人等工食及一切公費，庫平銀七萬七千六百八十二兩四錢一分九厘七毫。一、支洋人辛工等項，庫平銀一萬七千九百一十八兩四錢三分四厘六毫。一、支内地工匠工食，庫平銀一十八萬九百九十三兩一分六厘八毫。一、支雜項工資，庫平銀四千三百一十五兩八錢一分二厘。一、支購買外洋軍火，庫平銀三百六十二兩三錢四分五厘。一、支購買外洋機器并一切器具，庫平銀一十二萬一千九百三十三兩六錢九分九厘四毫。一、支購買繙譯所用外洋圖書、鉛字、膠墨、顔料、紙張等項，庫平銀一千三百九十六兩四錢一分二厘二毫。一、支購買操習礮法、槍法所用外洋物料等件，庫平銀三百八十八兩七錢五分六厘七毫。一、支製造槍礮、子藥等項軍械動用外洋物料等件，庫平銀三十萬九千一百二十兩九錢二分九厘八毫。一、支製造機器、器具動用外洋物料等件，庫平銀五萬九千四百四十一兩二錢六分六毫。一、支熔煉鋼坯動用外洋物料等件，庫平銀一十萬二千六百四十一兩一錢六分五厘一毫。一、支添建廠屋并歲修各項工程動用外洋物料等件，庫平銀八萬一千二百九十八兩一錢一分二厘九毫。一、支築造溝壩、橋梁、碼頭等項動用外洋物料等件，庫平銀八千一百一十一兩五銀六分二厘九毫。一、支修理船塢動用外洋物料等件，庫平銀一千三百三十九兩一錢三分三厘五毫。一、支各輪船行船動用外洋物料等件，庫平銀九千四百七十五兩八錢七分七毫。一、支修理各輪船并挖泥機器船動用外洋物料等件，庫平銀三千五百四十兩五錢四分一厘五毫。以上共支庫平銀九十七萬八千九百五十九兩四錢七分三厘四毫。

實在：應存庫平銀八十七萬四千二百三十八兩三錢二分四厘七毫。

中國第一歷史檔案館《清代軍機處電報檔彙編》第二五册《發上海製造局毛道電爲試行印花稅及訂購印花機紙張事光緒二十八年四月二十九日》 外務部、户部奏准，試行印花稅。自應訂購印花機器及各種紙張，以便開辦。惟此項機器紙張，若在日本洋行訂購，能否價廉合用，抑係仍由西國各洋行訂購爲妥。即希貴道詢問明確，並將由何處訂購，應用何項價值，連運脚保險，共須銀若干，詳細電復户。豔。

「中央研究院」近代史研究所《海防檔》丙機器局《光緒二十八年五月十一日外務部收南洋大臣劉坤一文滬局擬派員選帶工匠前往日本官商各廠考求槍礮子藥製造》 五月十一日，南洋大臣劉文稱，據上海機器局稟稱，竊以職局製造軍械。凡槍礮子藥等項，一以仿照西法爲准，原期精益求精。而泰西各國於製造之事，有異而歲不同，往往新製一出，其利用遠勝於前時，實由虚心體察，不憚研求所致。日本自變法以來，於泰西製器，深探其所以然，故已能自出新法。其得力在派人游歷歐美各邦，入校學習，殫精攷索，務期貫澈。即如職局設於海上，外國官商時來游覽，其中尤以日本爲多。蓋自水陸軍官及其朝士，以至商業學生，相繼而來，日常數起，少則數人，多則數十人。舉國一心，勤求不倦，彼軍官之考究，已爲難得。若朝士商校，製造非其專司，尚復留心若此，則凡身在局中者，更何容因循自畫。中國聰明才智，實不乏人。在上者誠能鼓舞而陶成之，則日闢新機，當不至自安故步。目前限於經費，不能遠涉西洋，亦當先往東洋，需款無多，程功較易。去冬日本駐滬領事，亦以此相勸。職道等愚見，擬請就局中各廠員司，擇其留心製造者，酌派數員，選帶心地明白熟諳工作之工匠數名，酌給資斧，前赴日本東京、大阪、横須賀，官商各廠，考求槍礮子藥四端。上之冀窺其體要，次之亦擴其見聞，總期獲益而歸，有裨製造。并先令至湖北槍礮局、鋼藥局，細心觀覽，期先詳稽本國之所長，然後益博求海國之所長，亦事理所宜然也。區區愚見，理合稟祈示遵。如蒙俯允，並懇咨明外務部，暨出使日本大臣查照，届時煩爲照料。其湖北槍礮鋼藥各局，擬即由職局咨請派員導引，較爲簡便等情到本大臣。據此，除批外洋於製造一事，精益求精，故能月異而歲不同，且不獨於所造之件，務求推陳出新。即於製器之具，亦必力求其成件多而工作省用費節，是游覽考較，實爲切要之圖。該道籌計及此，足見實事求是，應准照辦。仰候咨諳出使日本蔡大臣，隨時照料，並咨明外務部查照繳印發外，相應咨明。爲此咨呈貴外務部，謹請查照施行。

中國第一歷史檔案館等《中國近代兵器工業檔案史料》第一輯《張之洞奏遴委鄭孝胥接辦江南製造局務片光緒二十八年十二月十三日》 上海所設江南製造局務，經前督臣劉坤一派委道員毛慶蕃承辦在案。兹准北洋大臣直隸督臣袁世凱電稱，奏調道員毛慶蕃業經奉旨俞允，現在銀行開辦在即，事關大局，務祈轉飭該道迅速來津，至盼等因。准此。并准咨同前由。

查毛慶蕃既經北洋大臣奏調赴津，已奉俞允，自應飭令迅速交卸北行。所遺該道經辦江南製造局務，事體繁重，關係緊要，亟應遴委廉干之員接辦，以期得力。查有江蘇特用道鄭孝胥，操守廉潔，才力堅强，博通西法，事事研究，堪以派委。除飭該道迅將局務接管，務須殫思竭力，不辭勞怨，延訪外國上等工師，督率員司、工匠認真經理外，所有遴委道員接辦江南製造局務緣由，理合附片具陳，伏乞聖鑒。

魏允恭《江南製造局記》卷三《光緒二十八年署兩江總督張之洞奏舊存快利槍報廢片》 再，據前辦上海製造局道員毛慶蕃，會同蘇松太道袁樹勛稟稱，該局上年停造快利槍枝，專造小口徑新毛瑟槍。從前局内造存快利槍二千餘枝，如將機簧、彈倉等件，改换新式，以防走火，尚可設法辦理。惟欲騰出機器人工，即須停造毛瑟槍半年，方可從事。每槍修改工料，較原造價值加倍。現在趕造新槍，方虞不敷。若以修改舊日之快利槍，致停新工半年，且又一槍而費兩槍之工料，實覺無此辦法。若仍以舊槍存備，轉發各軍，又恐或因此時各軍尚有快利槍，以致仍飭廠再造此項槍彈，亦覺紛歧。查泰西各國章程，於槍砲等件，每得新製，攷驗精確，國中一律通行。其舊式軍械，即由國家頒示，概行報廢，以一耳目，而齊心志。擬請按照西法，將局存快利槍二千餘枝，一律註明報廢。遇有請領者，不再發給，既免槍式雜出、子彈紛歧之弊，亦免沿習搭用，日久走火之虞。稟請奏咨，並行知各軍，如原發藥彈用完者，即一體繳换等情前來。臣查鄂滬兩局槍枝，現今一律專造新式小口徑毛瑟槍爲主。上海製造局所存快利舊槍，如不修改，則流弊過多。如令修改，則工料加倍，且與小口徑新毛瑟槍工作有礙。自應如該道等所議，將舊存快利槍枝，一律作廢，以期騰出工作，專造新槍，於攷核軍火精益求精之道，實有裨益也。

魏允恭《江南製造局記》卷四《光緒二十八年總辦毛慶蕃稟清釐局款》 竊職道於上年，奉憲札委辦上海機器製造局，遵於三月十九日到差。嗣准前總辦潘道學祖移交文摺前來，慶蕃逐款清釐。計潘道經手借欠各項，共實在虧銀七十二萬二千餘兩。業於上年開具清摺，稟奉批飭，妥爲辦理在案。職道視事年餘，秉承訓示，隨時隨事，持以小心，飭勵局員，嚴杜購買不急之物，騰出經費，於上年年内，將購料已出未出期票，欠付銀四十餘萬兩，逐款次第悉數付清。並將銀行錢莊有息之款，設法先後歸償，以及本局提存節省應還各公款，亦經陸續如數提還。所有職道接收移交，虧欠銀七十二萬二千餘兩，現在一律填補。又前摺之外，本年續經籌防局咨明，潘道前年冬電稟，借過輪船支應所銀三萬兩，熙盛洋行希爾遜煤價應補息銀七百餘兩，均經催索職道，現亦籌付清。訖連前計，共清還銀七十五萬餘兩。此皆仰賴憲台提撕策勵，各員司亦知奮勉，又值洋税旺月頗多，始克及此。再查二成洋税，於上年年底據江海關袁道函稱，自上年十月起，將進口洋税，改照十二成之二成撥解。前次具稟陳明蒙批，以此案已作罷論。惟今春袁道仍照十二成之二成撥解，職道亦即照數列收。竊惟製造專款，動撥二成洋税，係曾文正公暨馬端愍公數十年奏定之章，原爲講求軍實大加擴充起見，本不容輕有更改。惟東南此時，民力竭矣，製造軍火其實不過剿捕土匪，如於軍需項下，多撥一分賠款，究可少紓江南一分民力。職道又何敢以軍實方殷，不復念民生之重，困此後如税收常旺，職局亦可無他詞。設以後税收較絀，應請飭令關道，届時查照。仍按二成定章報解，以顧大局，俾職道得免後來之責備，不敢不據實陳明立案。於前區區之愚，是否有當，抑或以事關定章，究應如何從長計議，以期持久之處，統候訓示遵行。至職局按月申報實收洋税銀數，文案委員於上年十月以後，仍照向章繕寫，截留二成洋税字樣。以後此項月報，應否按關道來文進口税照十二成之二成出口，及洋藥税照十成之二成，據實書寫，以及報部文册銀數，究應作何聲敘，并懇飭知，俾可遵守。再上年冬間，職道稟復，考究槍枝案内，奉批以出槍太少，尚宜設法擴充。職道因擬俟積欠清還之後，即併力集款，爲擴充之舉。迭經督飭華洋員匠，將購機建廠一切事宜，並初年常年經費，再四考求，通盤籌畫，容俟另稟，合併聲明。伏祈核示，祗遵。

兩江總督劉批：據稟，該道接辦局務年餘，即將積欠七十五萬餘兩清還，足見籌畫得宜，實心任事，深堪嘉慰。製造槍礮，實爲當今急務。必須費裕匠巧，乃能出其新奇。該局向提二成洋税，江海關仍以十二成之二成提解。前據來稟，當經札飭，該關查復在案。據稟前情，候再札飭該關查明復奪，再行飭遵。

王樹枏《張文襄公全集》卷一八六《致上海製造局鄭道台光緒二十九年正月初一日戌刻發》　滬局所造雜槍、各種子彈及小口徑礮，均不適用，亟應停造，以節靡費。該道到局後，務即詳細考察情形，通盤籌畫。假如每年只限定四五十萬金，作爲該局酌造新槍，並彈、大礮、無煙藥廠、鋼廠、船廠、學堂譯書之用，餘一概暫行裁節。每年留出百二十萬，爲分設新廠購機建廠經費。則四五年節省之款，便可敷用而有餘。究竟能否辦到，速詳籌稟復，以便具奏。東。

王樹枏《張文襄公全集》卷八五《致軍機處光緒二十九年二月十二日子刻發》

前電奏請留道員鄭孝胥仍辦上海製造局，奉旨四川商務鑛務緊要，道員鄭孝胥著仍遵前旨，發往該省隨同辦理。上海製造局亦關緊要，著張之洞遴派妥員認真經理，欽此。自應欽遵遴員接辦，查該局乃東南武備根本，誠如聖諭亦關緊要，且每年開支甚鉅。人皆視爲利藪，紛紛營謀，非廉幹任怨之員，斷難勝任。前經電奏陳明在案，查有湖北候補道趙濱彦操守清廉，風骨剛鯁，辦事認真，不避嫌怨，以之接辦上海製造局務，必能考工節費，裨益軍儲。相應請旨電飭兼署湖廣督臣端方，迅飭該員刻日來甯，以便派赴上海接辦局務。裨鄭孝胥早日交卸赴川，以副宸廑，請代奏。文。

王樹枏《張文襄公全集》卷六〇《籌辦移設製造局添建槍礮新廠摺光緒廿九年二月十九日》　竊照上海高昌廟地方新設江南製造局，創自同治初年，經前督臣曾國藩、前署督臣李鴻章艱難草創，基構方成。歷任督臣漸次擴充，規模始備。然在創造之初，李鴻章原奏即有上海地方設局，於久遠之計，殊不相宜。稍緩當移至金陵沿江偏僻處所之議，具見老成謀國、慮遠思深。迨今三十餘年，中外臣工鑒於福州、旅順之事，屢經論列，謂宜將滬廠遷移内地。光緒二十三年十二月，今大學士臣榮禄復奏，請將上海製造局設法移赴湖南近鑛之區。欽奉上諭，近來中國戰艦未備，沿海各地易啓他族覬覦。從前製造局廠多在江海要衝，亟應未雨綢繆，移設堂奥之區，庶幾緩急可恃。著各就地方情形，認真籌辦，總期有備無患，倉卒足以應變等因，欽此。仰見聖慮淵深，至周至密，欽仰莫名。上年冬臣甫到金陵製造局，總辦道員毛慶蕃即首申此議。臣伏查上海地方，今昔情形迥不相同。近年黄浦江中吴淞口外，爲各國兵輪所萃。遇有中外戰事，輒阻我軍火裝運出口，致不能接濟他處。甚或以兵艦駐泊近廠江面，以相伺察，慢藏之害，岌岌可虞。至該局所有機器，七年以前所造係林明敦槍，乃外洋陳舊不用之式。兩年以前所造係快利槍，乃滬局臆造之式，亦不適用。故槍機新舊湊配出數，無多礮機，亦未完備。歲糜巨款，實爲可惜。本應另籌良法，俾各械日精日多，得收實效。近數年疊奉諭旨，飭令各省軍營所用槍械，宜歸一律，洵爲軍實最要之義，曷勝欽服。遵經屢次互較，直至上年，始經該局定議滬廠仿照鄂廠，一律改造小口徑新毛瑟快槍，惟滬廠槍機不能全備，必須兼以人工剉磨，並非全係機器所成。故費工多，而出槍少。近年陸續添機，漸次整頓。每日仍祇能出槍七枝，一年祇能出槍二千餘枝。既不合算，且於武備大局無裨。其礮廠所造車礮，亦不盡適用，必須另購新式造槍機器，須每年能造五萬枝快槍者。添配新式造礮機器，須每年能造大臺礮十尊、七生半口徑快礮二百尊者。庶數年之後，足以應各省之取求，而歸於畫一。即各國軍火不來，亦可無慮。嘗聞外洋覘國者之言，謂若一國中一年能造槍十萬枝者，其國即未可輕侮。今得此大宗新機，川流鑄造，聲威遠布，亦足以壯士氣，而定民心。臣自抵兩江署任，即注意此事，疊與該局總辦道員毛慶蕃、鄭孝胥再四籌議，僉稱該局自應遵旨，移設堂奧之區，方爲正辦。惟是滬廠地段甚廣，工程甚大。一經遷移，機墩、煙囱、地基、石工，全歸無用。若存此舊廠，用處甚多。故籌移廠不如設分廠，此拆彼安，遠道搬運機器易損，糜費亦多。較之購機新建所省，不過一半，故移舊機不如購新機。而添機添廠需款極鉅，萬難猝集。故待另籌新款，不如節舊械無益之費，爲新廠新機之費。臣通盤籌畫，業已粗有端倪。謹將籌辦大概情形，分條縷陳如左。

一，新廠移設內地，已擇定基址也。臣三次派委道員劉錫庚、鄭孝胥、潘學祖等先後馳往金陵上游沿江偏僻處所，分投履勘，茲選得皖省宣城縣屬灣沚鎮迤東之啓發山。陸路距江甯省城二百二十餘里，道路平坦，並無山嶺，祇有小河一道。水路距蕪湖江邊七十餘里，由蕪湖之中江可通至灣沚。此河春夏秋水頗深廣，可行小輪，冬間亦可行百餘石之民船。由灣沚有小河通至胡家橋，此山距胡家橋約三里許。山面寬廣平坦，約有地千餘畝，並無墳墓。全山有土無石，山麓係坦，坡迤邐而上，斜度僅止數丈。地勢高燥，土性堅實，南面秦龍山遠峯聳峙，秀氣蔥蘢。東西兩面重山環抱，遠在數十里外，形勢極佳。以此地移建新廠，最爲合用。

一，新廠工程、新機價值約可預計也。查近年鎊價日昂，購買外洋物料以銀摺算，貴至倍蓰。近經采訪約略核估，槍廠新式全副機器，槍機須每日能造一百七十枝，歲出槍五萬枝者，彈機須每日能造十萬顆，歲出彈三千萬顆者，約需銀二百四十五萬兩。舊廠造礮機，造藥機尚多可用，祇須酌量添配，以備移設。以每歲能造陸路七生半快礮二百尊，十五生、十二生臺礮共十尊，彈藥足用爲度，計添配之機約需銀五六十萬兩。此外修理機器廠、翻沙廠等各項應用機器，約需銀二三十萬兩。各所工廠地基、鑪座、煙囱、磚石、鐵木各項工料，填地、築路、開溝、圍牆、馬頭、磡岸、起重架、住房、雜屋、堆棧庫房，一應工程地價，及搬移舊廠礮機藥機，拆起運卸之費，約需銀一百五十萬兩，綜計約五百萬兩。以歲提銀一百萬兩積算，五年可以完備。此外按年添補擴充，不在此限。

一，經費不必另籌也。查近年滬關稅收較旺，應撥該廠二成洋稅，歲得銀一百二十餘萬兩。又奏定各關局另撥滬廠常年專款二十萬兩，統計每年可得銀一百四十萬兩。擬提出一百萬兩，專作新設分廠經費。飭該局將各項械彈，分別有用無用，酌量停造、減造，並裁汰冗員，雜費歲可節省用款銀十餘萬兩。銷售鋼鐵，修理輪船，及各省購用槍礮價值，歲可收回工本銀十餘萬兩。每年仍劃留二成洋稅銀二十萬兩，及滬局常年經費二十萬兩，作爲滬上舊局經費，足敷支應。其餘一百萬兩陸續提出，存放上海匯豐銀行，買鎊生息，以備修建新廠，購辦新機之用。無論何項要需，不准動支此款。

一，分建新廠，宜先所急也。查滬局槍廠機器，最不合用，而行軍利器，用槍最繁。現新局宜先從造槍各廠起手。俟槍廠既成，再造礮廠。礮廠既成，再造藥廠。似此專力經營，則造成一廠，便得一廠之用。而遞年構造經營，亦易於接濟。

一，新機雖大，常年止須製造一半也。或慮每年如造快槍五萬枝，快礮二百尊，每槍每礮各配造子彈五百顆，臺礮十尊，則常年經費浩繁。原有之款恐不敷用，不知置購新機。須備急用時，可加工趲造，其數目多多益善。平日儘可視所有經費酌量減造，假如能造五萬枝之槍機，常日止造二萬五千枝，經費即可省一半。甚至歲造二萬枝，亦可。礮機亦然。況中國工匠，斷不能如外洋工匠手藝之純熟。約計初造時，出數亦止能及半。故購辦新機，斷不可僅顧目前，致有事時，仍貽措手不及之悔。

一，舊廠宜大減製造，以節糜費也。此五年內本省外省撥用械彈者，滬局祇可酌量應付。此後凡不急之物，可緩之需。及式舊數少之槍，彈大小礮之實心彈等類，皆行停造。槍枝除小口毛瑟外，亦皆停造。其雜項槍礮、藥彈較爲有用者，酌量減少。各項機器祇開一半，每屆半年，更番開用，此開彼歇。工匠亦祇用一半，如此則機器不致鏽澀，良工不致走散，而工料可省一半。本省外省撥用者，亦減半應付。撥用槍彈者，可酌量分歸金陵機器局認造。但儘存留之四十萬兩，撙節支持，免礙提存巨款。

一，各省繳付購械價銀，宜收作正款也。查槍局向來風氣，凡外省訂購槍礮、修理輪船繳到之款，往往收支含糊，諸多牽混。查湖北槍礮廠所收各省付價之銀，皆收作正款濟用。今江南新廠廣增機器，出械日富，則購械亦多。此項收回之價，應作正款列收。其代外省修理輪船繳價之款，亦照此辦理。此項合計甚鉅，可充添補新廠經費之用。

一，新廠既成，舊廠可改作商廠也。查滬局煉鋼廠所出鋼料，除供本局之用外，兼可銷售洋行，爲製造器物船料之用。原有船塢，亦可代修華洋官商各輪。其槍廠機器，酌量改配，可以製造各項機器，以供銷售。此外遷空之廠屋，兼可賃與華商，另作生理，量取租資。上海局廠如林舊廠，用處甚廣，生發無窮，斷不可使一機一屋聽其閒廢，實可籌巨款以添補廠用。

一，灣沚新廠製械之鋼，可暫用鄂廠新煉罐鋼，以節經費也。查滬局歷年所造大礮，其礮管皆自外洋購來，並非自煉。滬局煉鋼廠止能煉西門馬丁鋼，尚非極精之品。若再添設煉罐鋼廠，則所費過鉅，勢難猝辦。擬令新廠製造槍礮，則用湖北罐鋼廠之鋼。鋼料來自上游，不虞梗阻。其製造次等鋼料之件，則用滬局自煉之西門馬丁鋼。俟將來經費充裕，自應於新廠自設罐鋼，以臻完備。

一，新廠距煤鑛甚近，可資取用也。宣城屬境距灣沚百里，内外煤鑛甚多，質係煙煤。土人現用土法開采，上年曾經試驗，甚合機鑪之用。現有日本國人在此租定一山用機器試開，一兩年内當可見效。該山運煤即由灣沚鎮前之河，經過新廠，購用甚便。常年所省經費不少。

一，滬廠所造無煙藥，宜暫行停止，以節糜費也。查上海藥廠原造黑色藥、栗色藥、無煙藥三種，黑藥栗藥現已停造，而無煙藥尚照常製造。聞歲需費三十餘萬兩之多，其實松江藥庫各種火藥堆積如山。該郡紳民方惴惴以藥多爲危險，屢次稟求遷徙。且藥性受燥，固甚可危。藥性受潮，即又失用，久儲殊多不便。近數年來，杭州金陵藥庫相繼失慎，可爲鑒戒。玆擬飭該局將無煙藥一併暫行停造，各處軍營請領火藥，均就庫存之藥照章應付。至無煙藥彈，原以備臨敵制勝之需。平日操練重在置槍於架，演習瞄準。惟打靶始用真彈，不能甚多。至操演手法及行軍隊，必須放響，皆係用空銅壳裝黑藥木子，並不用無煙藥。及鋼彈頭是暫停製造，但以存儲之藥供用，並無不給之虞。俟松江藥庫存藥將罄，再造不遲。

一，工匠宜趁此五年之内，派赴外洋練習也。此等大局，新機僅用華匠，則藝不足參用，洋匠則費過鉅。滬上雖亦有良匠，但不甚多，且僅憑閱歷並無學問。應由該局選派聰穎巧捷之匠目藝徒，分赴德國及日本學習。一半用文理略通者，以爲將來監工委員。一半用自能動手技藝已嫺者，以爲將來匠目。能擇略通德語日語者，尤善。

一，新製快槍口徑，宜再收小也。查鄂廠現造快槍，口徑係七密里九。近來各國講求槍學，口徑愈小則子彈激射愈遠，擊方愈猛。且口徑小則子彈亦小，分量自然減輕，隨身可以多帶至一百五十顆。故英國最新快槍口徑止七密里，日本最新快槍口徑止六密里五，德國最新快槍口徑止六密里。其口徑各不相同者，係防槍爲敵軍所奪，使子彈不能合膛，得之亦無所用。惟口徑大小等差，其或七密里幾絲，或六密里幾絲，或六密里，皆有精密算法。配合槍身，藥力不能隨便臆定。然槍彈銅壳分爲兩節，前少半段細處爲彈膛，自肩以下後多半段粗處爲藥膛。彈膛須按槍之口徑，及鋼彈頭之肥瘦，不能稍差。藥膛則肥瘦長短可略爲增減，以便別於他國。玆購造槍新機，擬酌中定口徑爲六密里五，並將彈之藥膛酌量加肥。而微短槍上之彈子庫，照彈壳之藥膛肥瘦長短爲之。令與日本槍有異，自不能彼此通用。並商令鄂廠此後製槍口徑，亦改歸一律。

一，此後各省新練之兵，火器宜改用一式也。查中國從前軍營所用火槍種類，紛雜最爲大病。不獨一省之中，此軍與彼軍異器。甚至一軍之中，此營與彼營亦復異器，以致藥彈不能通用。一種彈缺即一種槍廢，且行軍匆遽之時，配發子藥，偶有歧誤，雖有利器，儼同徒手，失其所資，臨敵安有不潰。現江鄂之製新槍，既有成式。應請旨敕下各直省督撫及統兵大員，以後需用快槍均向江鄂兩廠備價購取，不得再向外洋采辦雜槍，用昭畫一。

一，新廠及滬局至第四年，應即合併製造，即以舊廠經費併歸充用也。查第六年起，機價已清，提款已完。自有原撥全廠經費，惟第四、第五兩年二成洋稅已備抵機價及造廠工費。此兩年中，槍機已全到安設。應即將滬局礮機、藥機，酌量次第移設新廠。所有製造之事，應併歸灣沚新廠辦理。其關稅餘款二十萬，另撥常年經費二十萬，即併作爲新廠此兩年經費，暫行儘款製造。俟第六年後，款項加增，再行多造。其滬局應即改爲商廠，以售鋼修船所收回之款，充作該局經費，勿庸另籌。

一，購機宜委妥員，以省糜費也。外國軍火利息最重，故購機之弊亦最多。若僅憑洋行代訂，價必不廉，亦恐不全不備。若託出使大臣代購，則使臣不過派一委員經理，亦未必實能深諳。應令該局選擇操守可信、明曉機器者，親赴外國考核議訂。革除九五扣陋弊，並由出使大臣考核，庶幾機器完美，不致有短缺雜湊、陳舊改造之弊，亦可免買辦浮開中飽浮糜。

一，造械既定新式，各省用械宜限一定期，以歸畫一也。江南製造新廠以後快槍專造六密里五口徑一種，快礮專造七生五口徑一種。此外雜槍小礮及各色藥彈，永遠停造。並請飭下各路督撫、統兵大臣，明定章程。以後本省外省指撥雜項槍礮，及雜項子彈者，五年之内務須減少。五年以後概不應付，只能撥給新械新彈。必須如此，則天下各軍器械方能畫一。

以上辦法，不過臚陳大要。其詳細情形，及建廠、購機、工程價目，應俟奏奉俞允後，再飭局員切實核估，隨時稟由新任督臣魏光燾督察辦理。臣惟上海製造局廠，從前屢議遷移，而皆憚於改作者，以爲另建新廠必須另籌鉅款。值此用繁帑絀，遂致觀望躊躇。其實滬局歲購不急之需，日造已陳之械，從前每日祇能實造槍三枝，近日亦祇能每日實造槍七枝。本應變通整頓，撙節浮糜。此次該局總辦道員毛慶蕃首倡斯議，接辦道員鄭孝胥力贊其成。經臣反覆推求，但就常年本有之款分别裁提，可將軍儲固本之圖，刻期興辦。款既確有著落，勢更無可因循。惟在責成承辦之員精心規畫，殫力經營，不辭勞不避怨，不貪利不畏難，並無庸另籌分文經費。而五年之後，全廠完功，新機廣置，精械利器，日出不窮。廠地阻江瀕河，依山遠市，上運鄂廠之鐵，近取宣城之煤，既便轉輸，永無驚擾，尤爲得地。至在事各員果能潔已自愛，奮勉圖功，應俟五年内購機設廠，一律告成。工固器精，毫無浮冒。擬懇天恩准予從優奏獎，如查有絲毫情弊，或遷延怠緩，貽誤要工，立即從嚴參辦。庶勸懲兼，盡可期及早觀成。合無仰懇宸斷，俯准照議施行，大局幸甚。

硃批：政務處議奏。欽此。

魏允恭《江南製造局記》卷二《政務處議奏本年三月初三日軍機處鈔交張之洞奏江南製造局移設内地新造分廠節省原有之款添購新式機器籌辦大概情形一摺》 查上海製造局本係李鴻章在兩江署任内創辦，其後調任直隸，即歸南洋大臣管轄，而報銷督察各事，仍會同北洋大臣辦理。張之洞兩任南洋，情形熟悉，考察滬局近年之積弊，預籌新局經久之布置，窮竟原委，備極詳明，既係首倡此議之人，自不應置身事外。新廠自滬移皖，俱在兩江轄境之中，據稱惟在責成承辦之員，盡心規畫，現原辦道員毛慶蕃、鄭孝胥均經奉調離差。已由該督奏派道員趙濱彦接辦，應如原奏所請，即飭該員將建廠購機工程價值，切實勘估，並將五年之内，滬廠槍械如何酌量減造，每年經費實能節省若干，果足百萬之數否。如有不敷，應如何展限節存，俾新廠得以早日開辦，滬局現有機器既係糅雜，勢難改造小口徑新式。但減造之槍，亦須擇其精利者，造成一律，不得稍有偷減含混，以供撥用。至舊廠機器房屋甚多，經營累年所費甚鉅，以後或應專辦鍊鋼鐵修理機器輪船，或製他項有用器物等事俾。舊廠仍歸有用經費亦不待另籌，以及新舊各廠稽核收支，剔除積弊。一切事宜，均責成該員趙濱彦詳細妥籌，就近稟由南洋大臣魏光燾督飭察核，仍會商張之洞隨時妥慎詳議，奏明辦理，將來所造新式小口徑快槍，並知會北洋大臣一體詳加考察，總期除積弊，而收實效。所有遵旨議覆緣由是否有當，伏乞皇太后皇上聖鑒訓示，謹奏。

南洋大臣魏札：光緒二十九年六月初一日准政務處咨，本年閏五月十五日本處遵旨議覆前署兩江總督湖廣總督張奏江南製造局移設内地，新造分廠，節省原有之款，添購新式機器，籌辦大概情形一摺。本日奉旨依議。欽此。相應鈔録原奏，咨行貴大臣查照辦理可也，等因。並鈔奏到本大臣承准，此除分咨外，合行札飭，札到該局即便分移，一體遵照辦理，仍録報蘇撫部院查考。

王樹枏《張文襄公全集》卷一八八《致江甯魏制台光緒二十九年六月二十四日午刻發》 巧、哿、漾三電均悉。滬局稟及録寄尊處先後行局兩札稿亦到。尊意但於灣沚添一槍廠，其滬局原有各廠，皆仍舊。貫於原奏，所以改設内地，以防敵制之意。恐有未符。滬廠若不酌量停減，節存經費，更少新廠，何日能成。即勉强成之，局面太小，亦無大用。尚祈飭局通盤籌畫，仍照原奏辦理，此爲江南軍實計，爲大局計，於湖北無涉也。若僅慮滬局槍廠停造，後購用鄂槍，價貴，此極小事。查金陵軍械局存儲後膛槍萬餘枝，新式快槍二千餘枝，滬局存槍亦多。甯滬兩局存儲大小礮甚多，松江存藥尤爲充足，數年内軍實斷斷不致缺用。即果有不給，亦必有限。滬廠停造期内，鄂省願每年備槍一千枝，每槍配彈五百顆，聽候屆時撥用。槍彈均止取半價，比江南自造所省更多。如江南不願用鄂槍，亦可聽便。若各省需購快槍快礮，暫可由鄂支應，不患無著。原奏辦法，務請照行。至毛道現派財政處慶邸相需甚殷，萬難商調。鄙意江南道員中精細穩練，遇事肯考求實際，以沈道邦憲爲最。尊意如以爲然，祈會敝銜奏派該道，接辦滬局，必可得力。總之滬局歲糜巨款，而因遷就舊機，不能多造精械，實爲可惜。且有事時斷斷不妥，尤爲失計。鄙人權篆兩次，稍知利害，故建爲内地設廠之議，所謂浮屠三宿桑下，未免有情。自思此舉於江南有百益而無一損。耿耿寸衷，可質天日，其有不以爲然者，或狃於積習，或所見不遠。望公卓識主持，不爲浮言所動，曷勝佩仰，即祈電復。宥。

王樹枏《張文襄公全集》卷一八八《致江甯魏制台光緒二十九年六月二十六日丑刻發》　上海製造局遇有海警，動受挾制，凡軍火製造轉運皆不得自由。故二十六年，有旨飭移設堂奧之區，實爲遠謀。至計弟春間奏，請將滬局槍礮廠移建灣沚。本係遵旨籌辦，幸經政務處議覆，悉照原奏施行，並慮及節存經費，或有不敷，可展年節存，俾新廠期於必成。已奉旨照准，頃接大咨，知政務處咨文已達冰案。聞公近檄滬局添購新機，擴充舊廠，似與鄙人原奏兩歧。查滬局造槍機器，皆係舊式改造。小口徑快槍日僅數枝，糜工費時，仍不合用。即將就添配新機，亦斷不能製造。如式徒使，經費無從撙節，延誤新廠要工，甚爲可惜。此局關係大局利害太鉅，弟既忝預會商之列，不敢不苦口直陳，務懇台端鼎力主持，勿爲浮言所惑，萬勿添舊廠槍機。一面嚴催該局將新廠建築工程，購機價值，切實核估。舊廠冗費濫工，認真裁節，總期新廠早日開辦，早日觀成，大局幸甚。近接端午，帥電以鄂事需員，擬調趙道回鄂。以後另派何人，請台端酌選廉正認真、講求製造之員電示，以便商酌定議，另行會同奏派。但奏准辦法，一切不宜更動。事關軍實，特此剴切飛布，諸希鑒諒，即盼電復。宥。

王樹枏《張文襄公全集》卷二二〇《致瞿子玖那琴軒鹿滋軒》　頃聞魏午莊制軍電致尊處，商調毛道慶蕃接辦上海製造局務，並未知會敝處，竊所未喻。查政務處覆奏，以弟爲創議節費移廠之人，未便置身事外。奏令南洋遇事會商敝處，辦理更易。總辦爲全局成敗所關，安有不使弟與聞之理。原派趙道濱彥籌畫辦法，煞費苦心。祇以南洋續派唐道郁華意見不合，動多掣肘。午莊制軍寖，不以趙道爲然。弟恐因意見牴牾，無益於事，故特允將趙道奏調回鄂。惟力勸南洋原奏辦法，絲毫不可更動。乃南洋檄飭該局，方將添置機器。就滬廠力圖擴充，謂恐停造後四五年間，軍實不給於用。弟告以鄂廠可年備新槍一千枝，祇取半價，聽南洋隨時撥用，免致移廠之舉，牽掣無成。南洋置之不復，前以擬調毛道見商，弟以尊處正在需人，甫經派定，未便商調。另舉沈道邦憲，請南洋斟酌，亦未見答。今仍單銜徑電尊處，商調毛道滬局總辦，月薪千兩。自較在京爲優，諒毛道無不樂從。惟毛道操守清廉，人所共信。而主見無定，於疑難之際，不甚肯著力擔當。即如移廠之議，本創自該道，迨弟出奏，後以抉摘滬廠積弊過嚴，頗聞其退。有後言轉謂移廠爲過，舉其識議，自相矛盾，於此可見一斑。第念全才難得，苟於事尚可有濟。弟亦何敢偏執，徒爭意氣。擬於日内招毛道來寓詳細與之討論，察其志願是否能力擔此任，再爲酌量。此時務請尊處暫勿遽允南洋所請，以便審量。是所至禱，弟專爲大局起見，毫無成心。前復南洋一電謹鈔録呈覽，亦可見區區之誠，固別無所爲也。光緒二十九年六月二十九日。

王樹枏《張文襄公全集》卷八五《致軍機處光緒三十年三月十二日亥刻發》　江南製造局移建槍礮新廠一事，之洞陛辭時面奉懿旨，飭赴江南查考。會商妥辦回任後，諸務紛雜，不得不略爲部署。茲定十三日乘輪前往江南，先至蕪湖勘視灣沚地方形勢，再赴江甯與兩江督臣妥商辦法，請代奏。文。

王樹枏《張文襄公全集》卷六二《會籌江南製造局移建新廠辦法摺光緒三十年四月十八日》　竊臣之洞於上年十一月陛辭請訓時，面奉皇太后懿旨，飭赴江南查核製造局事宜。會同臣光燾將移建新廠各事，妥籌辦理。當於三月十三日起程赴甯，業經電請軍機大臣代奏在案。伏查中外大局情形，今年較之去年尤爲變動莫測。則軍實關係緊要情形，今年較之去年尤爲急迫難緩，自宜迅速定議舉辦。查移建新局以籌款、擇地、定機、核用用人、定槍礮式、儲備廠才、整頓舊局爲八大端。臣光燾上年接准政務處議覆，後疊經督飭局員按照原奏，將滬局應裁應節各款，確考詳籌，祇以時當多，故軍火需用方殷。舊廠遽難停辦，致提款不能甚多，用是躊躇未定。臣之洞抵甯後，連日與臣光燾往復晤商，分別定議。其間有按原奏切實舉行並加推闡者，有較原奏量爲變通者，謹爲我皇太后皇上縷晰陳之。一曰籌款。查原奏就滬局原有經費，將各工廠裁節歸併，每歲約可提存銀一百萬兩。惟據各局稟稱本省需用軍火，取給於滬局者居多。北洋亦常有調取飭造之件，他省亦間有索取者。況現值東方有事需用，或較平日爲多。新局未成以前，所有滬局槍礮藥彈等廠，只可暫留以應急需等情。臣等查滬局槍礮，非全由機器所成。因歷年機器係陸續添置湊配，故必須參用人工，以致不能精密一律，且出槍不能甚多。本應早日停舊改新，以免虛糜而收實用。惟新廠之成尚早，不得不酌量應付，暫作支持。然目前雖不能全行停辦，必當漸次減造，並將各項冗員浮費竭力裁汰，暨將附屬各小廠歸併減省。再三核算，每年祇可節存銀七十萬兩，不敷之數尚鉅。經臣光燾電商江蘇、安徽、江西三省撫臣，歲籌協濟，以五年爲限。將來三省撥用槍礮彈藥，准將協款劃抵，旋准江西電復，允歲籌銀十萬兩。江蘇、安徽電復，各允歲籌銀五萬兩。五年内，當由臣光燾於江甯省司庫鹽務各款籌撥銀十萬兩，共湊足三十萬兩之數。其滬局每年節存之七十萬兩，無論滬關二成洋税，及各關局額解之款，盈絀如何，責成總辦道員總須設法撙節，如數提撥，總計仍係歲撥一百萬兩。五年後，此三省協款雖停，而舊局應將原有之款約一百四十萬兩，全數撥歸新局之用，以上係議定籌款辦法。惟新局現議槍礮，鋼藥兼營並造，且將各項出數極力擴充，開辦經費既非原估五百萬兩之數所能敷用。而此後常年製造之款，僅恃滬局原有經費一百四十萬兩，亦尚不足以濟事。若不另籌挹注，誠恐新局因用繁費絀，觀成無期。際此多故之秋，新局早一日竣工，即新械早一日資用。又上年在日本訂造長江淺水兵輪四艘，原議養船經費，在鎮滬加抽米捐項下動支。現在江南米捐並未開辦，將來新艦造齊，其養船經費亦擬由滬局籌撥，非有的款供支，勢難持久。查光緒十二年間，欽奉懿旨整頓圜法。經户部會議復奏，以外洋銀錢皆用機器製造，行令直隸江蘇機器局妥籌試辦。嗣於光緒十九年二月，前督臣劉坤一因上海地方錢價奇昂，商民交困，批飭江南製造局總辦道員劉麒祥，遵照前准部咨用機器鼓鑄制錢，以資民用。旋因虧耗太多，未能源源接鑄。該處仍苦制錢缺乏，以致近年錢荒物貴，貧民生計愈形艱難。兹飭查照户部奏案，就原有機器添配碾片、舂餅、印花各機，酌鑄銅元，流布市廛，以濟圜法之窮。所獲盈餘，新舊兩局各半分撥。俾規模得以完備，經費免致不敷，利國利民，斯爲一舉兩得。俟新局告成，一律開工製造，即將滬局槍礮藥彈各工截止停辦，專辦煉鋼廠、修船廠、修理機器廠三大端。其機器廠内並設法製造造槍礮機器之機器，以備中國擴張軍實，取用不窮，免致仰給外人。並酌量改造各種農工需用之機件，及仿造有益民生實用之外洋貨品，以廣行銷，藉資抵制。所製出售之品，可隨時酌量收回工價，以資添補廠用。除將銅元一半盈餘，仍留充舊局，成本如有不敷，另籌撥濟外，其原有製造款項二成洋税，及奏定各關局常年經費二十萬，暨銅元一半盈餘，應盡數撥充萍鄉新局常年經費。核計新局每歲造足快槍五萬枝，過山快礮、野戰快礮、共二百尊，臺礮、船礮共四十尊。械數既屬宏富，需款自必浩繁。除江南自籌各款外，必須各省取用槍礮隨時付價，方足以資周轉，免致捉襟露肘，停機減造，致妨自强要圖。二曰擇地。原奏擬用皖省宣城縣屬境灣沚鎮之後啓發山。此次臣之洞於赴甯之便順道往勘，臣光熹接准電知，亦即乘輪前往，同於十五日馳抵蕪湖會同。至灣沚地方，其地距大江口七十里，距内河即中江三里。春夏秋可行小輪，惟冬令水涸時止能行一二百石之民船。大率運道暢行之時，一年可有八箇月。但船至二百石，即可裝一二萬斤。若在此設廠，其機器大件及煤炭，可趁此八箇月内水大時趕運，並無妨礙。其餘零小機件料物及造成槍枝，陸路礮各項彈藥，冬間小剥船仍可常運，絶無停阻。當即登山履勘，該處一帶山阜頗多，皆係斜坡迤邐而上，斜度約高十餘丈，人行殊不覺有登陟之勢。其山頂延袤數百丈，横寬十餘丈、數十丈不等，稍加鏟平，即可聯合爲一，並不費工。其地概係堅實黄土，並無一石，亦無墳墓，間有民間種植小樹，大率皆聽其荒棄不用。如此山阜大約有六七處，無論建設若干廠，均可取用不窮。似此遠江近河高堅平廣，兼有此八字之利，洵爲難得。若在江北，容或有之。若在江南，並在江蘇附近地方，已屬無出其右，惟詳加籌度。距江僅止七十里，尚非極爲深邃之區。既經移設，若有更勝於此者，自不如籌一勞永逸之計。臣之洞自鄂啓行時，接晤總辦漢陽鐵廠兼辦萍鄉煤廠道員張贊宸，詢據稟稱，江西境内之萍鄉縣地方出煤甚富，試煉焦炭已有成效。現更擬開辦鐵鑛，擬即於萍鄉屬境之湘東地方，添設化煉生鐵爐。若以新廠移建該處，則煤鐵取資尤便等情。到江後復會商臣光熹，詳詢道員張贊宸，據覆稱萍鄉縣屬之湘東地方，濱臨小河，下通湘江，地勢平坦寛廣，亦不低窪，可用之地不止數千畝。東距萍鄉煤鑛四十四里，西距湖南屬境之醴陵縣六十里。由萍至醴已造有運煤鐵路，由醴陵至湘潭縣屬之洙洲，現亦接造鐵路，約計明年四月可成等語。查此路與粤漢幹路相接，由岳州至洙洲可自造拖輪及大剥船，用拖輪帶運。現在漢陽鐵廠開辦萍鄉煤鑛，轉運機器即是如此辦法。似此地勢既屬深邃，運道亦極暢通，洵爲兩全。臣等公同商酌前此議於灣沚建設新廠，因其地在江陰鎮江上游，又不濱臨大江，且距江甯甚近，督察較便。今漢陽鐵廠商董既議於萍鄉之湘東鎮，創設化鐵爐。而萍鄉鐵路已接通該處，則將來煤鐵可以兼資。至其遠隔洞庭，深居堂奥，與灣沚相較，可取之處尤多。且仍在兩江轄境之内，以之建造江南槍礮鋼藥新局，似較灣沚尤爲相宜，擬即定用此地。現已派員前往湘東覆加察勘，并就近考驗煤鐵性質。一面即行購地備用，以免居奇。雖目前運送機件勞費較增，而將來就地取用煤鐵，價廉運速，可以歲省鉅款，利益宏多。至灣沚地方形便利多，棄之可惜，擬即由官收買備用。博訪華洋各員僉云，以之建設武庫亦甚相宜，可爲省城軍械分局及火藥庫派兵駐守。將來萍局造成各械及無煙火藥，即分存此處，聽候撥運江甯省城、上游各省，及江南北各處。三曰購機。查原奏廠地，擬用灣沚去滬較近。除造槍機器須全行定購外，其礮機、藥機尚可酌量移用，祇須量爲添配。鋼料原擬仍用滬廠所煉者，或兼用鄂廠所煉者，故無須另設鋼廠。兹既移建湘東，上溯遥遠，與其挪運舊機，運卸糜費，莫如全定新機，益臻完美。西人覘國者，以精利軍械製造儲藏之多寡，分其國之强弱。當此時艱，孔亟外侮憑陵，此項械藥不容不力求廣製多藏，爲建威銷萌之計。茲擬向外洋名廠定購，每日能造新式小口徑快槍一百七十枝，歲出槍五萬枝者，新式槍機一全分。每日能造槍彈十七萬顆，歲出彈五千萬顆者，新式彈機一全分。每年能造七年半口徑長快礮、短快礮共二百尊，又每年能造十二生口徑、十五生口徑新式長身臺礮、船礮各二十尊者，新式礮機一全分。礮彈礮架等機照配。每日能造無煙火藥五百啓羅，合英權一千一百二十磅，歲出藥三十餘萬磅者，新式藥機一全分。應配各項强水機，稱是每爐能煉罐鋼一噸者二座，煉西門馬丁鋼十噸者一座，及拉鋼、壓鋼、軋鋼、烘鋼等新式機爐一全分。此外修機翻沙等各項，應用機器一律齊備。同時分向各洋廠訂購，應付機價，向係於訂定合同後，付價三分之一。機器起運時，續付價三分之一。餘俟機器全數運送到廠安設齊備，一律找付清楚。惟現在時事日急，軍實最關緊要，必宜及早開造，方無後時之患。擬與各洋廠商明機價，分五年匀付，而機器則儘三年内分别先後陸續運送廠地。如機器早到而暫未清款，則向該廠酌認利息。總期趕早安設完備，以便及早開工製造。至新局訂購各項機器，必須有明習妥實之員，親歷外洋機器各廠，考校議訂，方免種種弊混。茲查有候選郎中李維格，考求機器製造之學有年，嫻習英法兩國語言文字，人品亦端潔可信。現經督辦鐵路總公司大臣盛宣懷，派往外洋考查鐵廠需用機器。臣等公同商酌，擬即派委該員，將萍鄉新局各項機器，就外洋有名各大廠，分别考訂議購。四曰核用。查原奏約計各項機價，及建廠購地，一應工程雜用，共需銀五百萬。内礮機、藥機本擬將舊廠所有擇要遷移，添配足用。至煉鋼機爐，因一時力有未逮，姑俟緩圖，故約計五百萬兩足以敷用。現擬將新局移建湘東，爲一勞永逸之計。則槍礮鋼藥均屬相須爲用，必應同設一處，方爲合宜。核計用款，一須添廠。原奏本設灣沚，故鋼廠即不另設。今萍滬相距過遠，必須添設造槍鋼之罐鋼機廠，又須添設造礮鋼之西門馬丁鋼機廠。又造無煙藥，須添設硝强水廠、磺强水廠、磺强水廠，此兩項强水爲造藥所必需，以免購自外洋，徒滋浮糜之弊。又須添設造火甎廠，以備製造各爐之用。用造青紅甎廠，以備建造各項廠屋之用。凡此數廠，皆全廠添設，原奏所無，此添廠之必應添款者也。二須添機。原議礮機不須全購，今移設萍鄉必須全購新機，一鐵一木不能遷就。且現議造礮之種類較多，造礮之數又復增多，必須多添機件。此外各廠大率類此，故同此舊有之廠，而機件較前繁多，此添機之應添款者也。三添運費。原議新局建設灣沚，距蕪湖江口僅止七十里。由滬至蕪亦不足千里，故運費尚省。今移建湘東，則由上海達岳州，江程已經加倍。由岳達湘，由湘入小河以抵湘東，水路紆迴，機件爐座皆極繁重，節節盤剥，運費勢必加增，此添運費之應添款者也。茲據上海各洋行電詢外洋各廠開報之價，就現在鎊價約略核估，計歲出新式小口徑槍五萬枝，彈五千萬顆之全分機器，共需庫平銀一百八十餘萬兩。歲造陸路七生半口徑長快礮短快礮各一百尊，船臺十二生十五生快礮各二十尊，及礮彈礮架馬鞍皮件等各項全分機器，共需庫平銀一百餘萬兩。歲造無煙火藥三十餘萬磅，及造硝强水磺强水等全分機器，共需庫平銀六十餘萬兩。每爐煉罐鋼約一噸者二座，煉西門馬丁鋼約十噸者一座，及拉鋼、壓鋼、烘鋼、軋鋼等各項全分機爐，共需庫平銀八十餘萬兩。此外翻沙、修機、造甎、抽水、木模等項，各種應備機器，共需庫平銀三十餘萬兩。各所工廠地基、爐座、煙囱、甎石、鐵木、水泥、火泥、皮帶、繩索各項工料，填地、築路、開溝、圍牆、馬頭、磡岸、起重架、小鐵軌、住房、雜屋、堆棧庫房，一應工程運費，共需庫平銀二百餘萬兩，綜計約需庫平銀六百五十餘萬兩，較原估五百萬之數約增銀一百五十餘萬兩。此雖就洋行開價摺合大概之數，其細數須俟派員到外洋就廠訂議，方能確實。而通計添廠、添機、添運費所增出之款，實皆相因而及，爲萬不可少之需。五曰用人。查原奏新舊兩局，均責成滬局總辦道員一手經理。茲新局移建湘東，距滬二千餘里，鞭長莫及，實有顧此失彼之虞。自應將兩局分别委員承辦，各專責成，仍令互相籌商稽考，聯絡一氣，俾免隔閡之虞。現辦滬局道員沈邦憲，因病辭差。查有湖北試用道魏允恭，心思精敏，學問賅通，才具優長，講求時務，堪以派充江南製造局總辦，駐劄上海兼管籌辦萍鄉新局事宜。該員雖係臣光燾疎遠同族，而服官鄂省，其才品爲臣之洞所深知。製造事關軍實，不比地方差務。現值節裁經費精求製造之際，因事擇人未便拘牽成例，應即責成該道，將該局原有員司工匠嚴加淘汰，各廠工作切實整頓，務將節款如數提存，隨時撥解新局濟用。其新局定機購地建造各事宜，並由該道會同籌商辦理。又查有江蘇候補道方碩輔，儉樸清廉，耿介絶俗，辦事精實，成效昭彰，堪以派充江南製造局會辦，駐劄萍鄉專管建設新局、安設新機，兼稽核滬局事宜。凡新局購地、建廠、考工、核料，一切應辦之事，均令其切實辦理，務求實際，力戒虚糜。其滬局節裁支用款目，並由該道隨時認真稽核。大率新舊兩局雖分設兩處，而本是一事，必須事事通貫，事事和衷，不得劃分畛域，故兩局責成，皆以魏允恭爲重，而令方碩輔佐之，並令魏允恭時常親赴萍鄉考察，每三箇月必須親往一次。至槍礮藥彈等廠之監造，需用外國上等工師。容臣等隨時函電，向外國詢訪雇用。俟將來派往外國遊學之委員學生學成回國，即可專用中國員匠。嗣後新舊兩局總辦會辦之員，遇有更易，應仍由南洋主稿咨商選擇，會同奏派，以昭慎重。六曰定槍礮式。查原奏新製快槍口徑宜再收小，擬酌中定爲六密里五。誠以口徑愈小則飛路愈直，速率愈快，激射愈遠，擊力愈猛。且口徑小則子彈亦小，分量減輕，隨身可以多帶，尤爲制敵要義。年來與東西洋各國武員詳加詢考，現將各國最新式快槍派委員弁多人一一演放比較，試驗擊力。於距遠一百密達之處，日本六密里五口徑新槍，擊透五分厚松木板五十八塊，擊深鋼靶至六密里八，實爲最優。其次則德七密里口徑槍，擊透木板五十塊，擊深鋼靶五密里有奇，擊力已遜。此外各國快槍口徑皆較日本爲大，擊力皆較日本爲絀，衆目共覩，不能意爲軒輊。惟日本之槍，機簧各件稍覺繁多，亦間有不甚堅牢之處。因與德國新槍兩相比較，查日本明治三十六年即光緒二十九年所造之新槍，與德國一千九百零三年即光緒二十九年所造之新槍，拆開考較，計德槍各種共七十六件，日本槍各種共計九十三件，計日槍多於德槍十七件。查係日本設槍廠時，定爲此式，已有七年，間有未能想到之處，不免稍參人工，以故機件稍多。至德槍係去年新式，推求更加精詳，概用機器不煩手工，是以件數減少。詳加酌核，詢之委員匠目，若用德國槍簡少之機件，而用日槍迅疾之口徑，則兩美相合，更爲有利無弊，員匠皆稱極善。茲擬即定用日本六密里五口徑快槍，而機件悉照德槍簡少之數。至日槍來復綫係八條，以增繞力而求迅直，其槍身長於德槍五十密里，取其逼束藥力。其通條較長，直通到底，較之德槍兩截者，利便甚多，皆不宜妄加改易。現在江南新槍既改此式，則此後鄂廠製槍，亦擬改從此式。將來他省如有另建機廠製造快槍者，口徑亦宜照辦，以歸一律，擬請旨通飭遵行。其造礮一節，查近日外國陸戰專以礮隊爲制勝之具，歷經詳加考較，必須七生半口徑者。其炸彈撒面可及一百密達，正可徧擊敵營一隊之兵。若五生七之山礮，便於馬馱過山。本極利用，惟口徑略小而擊力尚嫌稍薄。現擬將陸路行營快礮定爲兩種，一口徑七生半，身長二十倍口徑，行用車拉，牽用六馬。北省攻戰及大江以北，地勢平廣者用之。一口徑七生半，身長十四倍口徑，登山用馬馱，平地用人拉。江以南及各省，地多山嶺，溪田道路窄狹者用之。其臺礮船礮皆用快礮，口徑亦定爲兩種。一口徑十二生身長，三十倍至四十倍者。一口徑十五生身長，三十倍至四十倍者。此兩等在長江内地應用，及防守海口已足禦敵。七曰儲備廠才。機器製造，本係專門，而兵器學爲軍實所關，各國尤爲注重。外國高等工師及學成武職，皆入專門學堂研窮理法，務造精深。又親歷工廠，手治目驗，徵諸實用，故能智創巧述，推陳出新。但外國礮兵工廠，其中多有秘奥，不令人知，不許人學。中國素未講求製造之學，故每創機廠，不得不募用外國工師匠目。此本權宜應急之謀，實非經久可恃之道。現既議建新廠，則製造之材必須預爲儲備。茲擬商明各國選派才優心細之官員二十人，才具明敏文理優通之學生四十人，技藝優長悟性素好之匠目四十人，前往德國、比國、日本國，分入學堂工廠。官員則親歷學堂工廠，學管理稽核等法，以備回國後，派充新局委員之選。學生則入學堂分門學習造槍、造礮、造藥、煉鋼各項精深理法，以備回國後，派充新局各廠工師、監工之選。匠首則入工廠學習運用機器、分司工作，及修理安配各種手法，以備回國後，派充新局各廠領工之選。約均以五年爲度，所需旅費、學費、川資整裝、安家各費，及監督、繙譯薪水、公費，均勻牽算每人每歲多或一千四五百兩，少或七八百兩，統計歲需經費銀約十萬兩。將來學成畢業回國，嫻習製造之材日多，則經理局中各事不必借材異地，方爲自强長策，而繁費亦可節省，裨益廠務，實非淺鮮。此係專指儲備新局人才而設，其上海舊局亦需派人遊學外洋，應另行選派，不在此數之内。八曰整頓舊局。查原奏滬廠此後凡不急之物，可緩之需，及式舊數少之槍彈，大小礮之實心彈等類，皆行停造。槍枝除小口徑毛瑟外，亦皆停造。其雜項槍礮藥彈，併應限數減造等語。現經酌定，滬局以後快槍止造。江鄂兩廠現有之小口徑毛瑟一種并彈，其專造槍彈者，則止造舊毛瑟、曼理夏兩種，因此三種槍各營發出較多。新廠未成以前，暫資應用快礮，祇造十五生口徑臺礮，七生半口徑陸路礮兩種并彈。其餘雜項槍礮子彈，均一概停造。各省如有需用此等雜項子彈，應令自向外洋購辦。滬局不再應付，以免紛歧糜費。至滬局所造無煙藥，迭經臣等考察，製煉尚未能純浄得法，應即飭令迅速改求精善，務得合度無害之法，方可接造。其栗色礮藥一種，久經北洋大臣考驗，不適於用，此時亦不宜造。如存藥用罄，可隨時向外洋購買。惟黑藥爲雜項，槍礮子彈及操練所需，當責成承辦之員，精求製煉之方，撙節浮濫之費，視實在需用之數，酌量製造。其船廠、鋼廠，仍舊辦理修理機器廠，并應擴充此三廠。將來可常設在滬，此皆工作之事，自無妨礙。一俟新廠告成，再將滬局製造軍火各廠全行停止，改作工藝製造廠。就其機器於製造工藝，何物相宜者，即量爲製造，以利民用。且可收回工料價值，以資周轉，則局中官用經費有限，而民間農工各業取資不窮矣。以上辦法係因舊廠暫難停辦，新廠亟須興建，不得不統籌兼顧。經臣等互相商榷，審量再三而後定議，應即責成承辦之員遵照現定辦法，次第認真興作，不得再有游移，款項亦不容別有絲毫挪動。所有煉鋼、製藥、槍礮、彈架各項機器、廠屋，及全局一應工程，應即及時興作，分別先後，次第完工。每成一廠，即先開一廠。工作務於五年之内，一律開機製造槍礮、藥彈，有以資用，不准遲誤逾限。期於利器日出，軍實充盈，各省軍械焕然一新，較若畫一，士氣奮興，威棱遠布，以仰副朝廷擴張武備之至意。至在事各員果能殫力經營，精心考察，工程堅固，核實經費，涓滴歸公，應俟新廠依限告成後，奏請照異常勞績從優獎勵。如能將全廠於四年内一律完工開辦，獎勵格外加優。如稍有浮冒怠緩，貽誤要工，亦即從嚴參處。至各省新練之兵，火器宜歸畫一。當俟此次改定口徑，新槍新礮造成之後，咨行各省陸續向江鄂兩廠備價購取，統令常備。各軍一律繳換新槍新礮，限五年内一律换齊。其江鄂舊造之小口徑毛瑟快槍，酌給續備各軍及各州縣警察勇丁使用。雜式可用之礮，分給各臺壘要隘，作爲護礮。其餘陳舊雜槍，除最劣者，飭令停廢外，其稍勝者，酌發各州縣團練緝捕勇丁使用。查换齊新械限以五年，則各省購换新械之費可以陸續籌備。自今年移廠定機起，至廠成出械已需五年。自新械既出以後，又以五年换齊爲期，則統計已及十年。分年積款分年購换，無論大小省分，皆能辦到，並不爲難。至定限廠成五年之後，各省常備軍如有仍用陳舊雜式槍礮者，應由練兵處考察，將該省營務處及統帶營官懲處，以期早收畫一之效。擬請明降諭旨，通飭各省一體遵行。此外，未盡事宜容臣等隨時會同奏明辦理，並查照政務處原奏，將來造成新械並知會北洋大臣，一體詳加考察，所有遵旨會籌江南製造局移建新廠妥議辦法緣由，謹合詞會同北洋大臣袁世凱，恭摺具陳，伏祈皇太后皇上聖鑒。再，此摺係臣之洞主稿，發摺後即日遄回鄂省，合併聲明。

硃批：政務處、練兵處妥議具奏，欽此。

中國第一歷史檔案館等《中國近代兵器工業檔案史料》第一輯《練兵處奏議江南製造局移建新廠辦法摺光緒三十年五月初二日》

光緒三十年五月初二日准軍機處鈔交湖廣總督張之洞、兩江總督魏光燾會奏江南製造局移建新廠妥籌辦法一摺，奉朱批政務處、練兵處妥議具奏，欽此。

臣等竊維時局險危，情形日迫，非練兵無以衛國，非製造槍礮無以爲練兵之資。查上海製造局於同治初年經前督臣曾國藩、李鴻章等艱難締造，基構方成，嗣是逐漸擴充，規模益備。惟歷年既久，承辦不盡得人，出械不精，糜費甚巨，遂屢爲議者所持。且自海疆多事，有鑒於福州、旅順之役，輒以遷入内地爲宜。今該督臣等相度地勢，擬於湘東另建新廠，不用滬局舊機。平地爲山，經營弗易，籌謀討論，不厭求詳。臣等悉心核議，所有該督臣等會籌辦法，其尚宜審慎者，敬爲我皇太后、皇上陳之。

如原奏内籌款、核用兩條，謂移建新局，所有添廠、添機工程、運費，共約需銀六百五十餘萬兩，擬就滬局歲提七十萬兩，江西、江蘇、安徽、江寧共歲協三十萬兩，并擬以銅元一半盈餘，撥充新局常年經費等語。查該督臣上年所奏系估需銀五百萬兩，此次因廠地移建費用較繁，改爲六百五十餘萬兩。而所籌辦法僅滬局歲提七十萬兩，江西等省歲協三十萬兩，即使該款毫無短少，五年中亦止湊足五百萬兩，其餘不敷之數取給何處，亦未據切實聲明。且江西等省協濟之款，將來於撥用軍火時劃抵，是此項不過預先挪用，仍屬有名無實。至新局既成，新械日出，此後常年製造之款，自必數倍於前滬局，原有經費固屬不敷應用，而此外僅憑銅元一半餘利借資挹注，深恐未必有濟。萬一彼時偶有不給，則軍火官廠與工藝各廠不同，既未便撥歸商辦，而外人耳目所屬，即停辦亦有不能。凡此爲難情形，皆當熟計於事先，庶免棘手於事後。此款項之尚宜審度者一也。

又原奏内擇地一條，謂灣沚距江七十里，尚非深邃之區，擬改用江西萍鄉縣境之湘東地方等語。查廠地之設，總以運道通暢、轉輸便利爲主。灣沚當内河暢行之時，每年僅八個月轉運，已覺不便。萍鄉雖兩江轄境，而地方實遠處西偏，該督臣等并未親往履勘，其土性之堅實，地址之平廣，是否足與灣沚相埒？且萍鄉接壤湖湘，水途紆曲，此日機器之運入，他日軍火之運出，恐必多阻滯。至洙州鐵路之通尚在明年四月以後，原奏尚稱節節盤剥，運費加增，其轉運煩難亦可概見。又上年議移灣沚，系恃有日本試開之宣城煤礦，而煤礦旋已作爲罷論；今議移湘東，又指萍鄉擬開之鐵礦與湘東擬設之化煉生鐵爐足以取供廠用，而該鐵礦等尚未興辦，更不知何日觀成。況萍鄉爲江、湘交界之處，會匪、游勇出没其間，設無重兵防守，萬一匪徒竊發，軍火重地尤極可慮。至謂灣沚棄之可惜，擬再購地設建武庫，則是上海既存舊局，湘東復設新局，而灣沚又別立支局，以一局分而爲三，非特費用加增，所擬之款亦恐必不敷用。且灣沚地非深遂，設局既有不宜，而欲以已成之軍械分存於此，似非慎重軍儲之道。此廠地之尚宜考察者二也。

又原奏内購機一條，謂挪移舊機，運卸糜費，莫如全購新機等語。查購機之大小當以出械之數爲憑，而需械之多寡又當以用器之人爲斷。各省練兵，現方萬分爲難。如此項新機每年能造槍五萬枝、礮二百四十尊、火藥三十餘萬磅，以五年計之，即有槍二十五萬枝、礮一千二百尊、火藥一百五十餘萬磅，足敷三十萬人之用。此後日積月累，爲數尤多。而各省所練之兵果否能及此數，俾軍械得以銷受，此時尚難預計。且上年該督臣奏稱：槍機歲出五萬枝、彈機歲出三千萬顆者，約需銀二百四五十萬兩，此次所奏，則云歲出槍五萬枝、彈五千萬顆等，共需銀一百八十餘萬。何以此項機器出彈增至二千萬顆，而銀數轉減至六七十萬之多？大抵訂購軍火機器，言人人殊，考較不易。非售主多方冒價，即機件不甚完全，縱令開具細單，猶復時虞缺少。若僅向海外輾轉電詢，斷難據爲確論。萬一巨機率行訂定，將來付價爲難，非失信外人，即重認利息，甚至停工待款，已事可征。此購機之尚宜酌量者三也。

又原奏内定槍礮式一條，謂擬用德槍簡少之機件，而用日槍迅疾之口徑，則兩美相合，有利無弊等語。查外洋每一新式槍出，必由專門家考校精詳，務使於瞄準打靶激射之遠近、速率之緩急、擊透力殺敵力一一適宜，然後著爲定式。故各國之槍名目互殊，皆能爲獨得之利器。該督臣等擬制新式槍械，兼取德、日二國之長，擇善而從，具征心得。惟該二國所出之槍均屬新制，日槍之機件何以不減如德槍之簡少，德槍之口徑何以不縮如日槍之迅疾，是否別有取義，應再悉心體察，深求其所以然之故，以定摺中之法，似未可率爾操觚。此制器之尚宜考究者四也。

其餘如用人、儲材、整頓舊局各條，辦理均關緊要。惟自滬至湘東，江河間隔，非朝發夕至者可比。總辦與會辦既分駐新舊兩局，復責以互相籌商稽考，恐鞭長莫及，亦屬有名無實。至儲備廠材，自屬當務之急，惟統計此項出洋經費，歲需銀約十萬兩，於何取給，摺内亦未聲明。又將來滬局停辦後，仍留修船、煉鋼、修機三廠，而此三廠之費，豈銅元一半餘利所能濟事？且此後鑄造銀、銅元，皆歸户部主持，以一幣制而重財政，各省并不得紛紛設廠，將所得餘利就地開支。若民間農工日用各器，欲以官局制售覓利，往歲早有此議，迄尚未見有成，亦恐仍無把握。至江、鄂舊造之小口徑毛瑟快槍，擬酌給續備各軍。查各國軍制，常川駐營操練者爲常備軍，期滿退歸者爲續備軍，凡續備軍應用軍械，平日均由國家設庫存儲，遇有戰事酌量征調，給予軍械，令與常備軍同往御敵，即與常備軍無異。若以舊造之槍酌給續備各軍，不但軍械參差，各國亦無此辦法。又謂五年之後各省常備軍如有仍用陳舊雜式槍礮者，應將營務處統帶營官懲處。查此事自應責成各該省督撫隨時稽察；蓋軍械之更換，各省均由督撫主持，既非營官等所能操其權，即非營官等所能任其咎也。

臣等伏查建廠一事，軍實所系，大局所關，際此時艱，庫儲奇絀，欲籌一勞永逸之法，固不可因陋而就簡，尤不可窮大而失居。臣等謹就該督臣等原奏所及，綜計初終，熟籌利弊。至灣沚、萍鄉二地是否合宜，槍礮諸制若何盡利，自非身歷其境，目驗其式，不足以昭審慎而底精詳。可否請旨飭派專員，前往各該處詳細考求，通盤籌畫，務使謀定後動，款不虛糜，以期仰副朝廷慎重軍儲、有備無患之至意。所有遵旨議覆緣由，謹恭摺會陳，伏乞皇太后、皇上聖鑒訓示。謹奏。

中國第一歷史檔案館《光緒宣統兩朝上諭檔》第三〇册《光緒三十年六月初五日》 軍機大臣字寄兵部左侍郎鐵，光緒三十年六月初五日奉上諭，前據張之洞等奏，江南製造局移建新廠一摺，製造局廠關繫緊要，究竟應否移建，地方是否合宜，槍礮諸製若何盡利。著派鐵良前往各該處，詳細考求，通盤籌畫，據實覆奏。並著順道將各該省進出款項，及各司庫局所利弊，逐一查明，併行具奏。所有隨帶司員，均毋庸馳驛，著户部酌給往返川資，不准地方供應。該侍郎務須破除情面，實力辦理，以副委任，欽此。

王樹枏《張文襄公全集》卷一九〇《致蘇州端撫台光緒三十年八月初七日午刻發》 鐵使意江南製造局究擬移設何處，傳聞袁慰帥意欲移至河南，此非計也。北洋製造誠是要事，然江南移萍鄉之局，歲止實款七十萬。此外尚須另籌，或另借五年之久，方能辦成。北洋權力恢宏，即專借洋款數百萬。目前即可購機設局，迅速趕辦，兩年可出槍矣。其款陸續籌還，豈不簡易迅速，而又無損於江南之局哉？江南所製軍械，長江下游沿海五六省，皆將於此局取給，豈能廢而不設？無沿江沿海諸省，北洋能安枕乎？望相機婉言之，至幸。遇。

中國第一歷史檔案館《光緒宣統兩朝上諭檔》第三〇册《光緒三十年十月二十二日》 光緒三十年十月二十二日内閣奉上諭：前據魏光燾、張之洞會奏，改建製造局廠一摺，特派鐵良馳往，詳加察勘，再行籌議辦法。因諭令順道抽閱營伍，並將所過省分出入款項，一併查覈，期杜浮糜。該侍郎行抵江南，計已藏事。著即遄赴灣沚萍鄉兩處，審定局廠，應否移建，地勢何處合宜，即行回京覆命。

魏允恭《江南製造局記》卷三《(光緒)三十年十月總辦魏允恭稟復鑄錢廠開辦情形》 竊職局鑄錢廠需用物料，以銅煤兩項爲大宗。本月初旬，職局稟報該廠應預爲布置事宜，及預爲購備物料，奉端署憲批，飭分别估定，稟候核奪。日前，憲旌莅滬，周歷局廠，蒙垂詢添鑄銅元設廠情形。職道等當將江鄂會奏，因議設分廠，需費極鉅，請援案添鑄銅元，冀有盈餘，俾充新舊兩局經費。並將機器業已訂購，明正先到一批，即可開辦等情形，詳細面陳。伏查職局本年四月，奉到奏案後，其時因另建新廠，籌款不易，稟准將礮彈廠機器移併别廠，騰出房屋，改爲鑄錢廠，以節經費。嗣又奉魏前憲電諭，今年關税短絀，照案提節，局用必不能敷，飭速定鑄錢機器，提早交貨等因。是以職道等遵飭各廠，先將礮彈機器拆遷，一面詢訪機價，趕緊訂辦，並將價值合同，録報查攷在案。至修改房屋，添設廠所、爐座、烟囱各工程，原係一面飭廠估計工料，一面具稟大畧。現在除辦公房五間，估須工料規平銀三千九百八十五兩，又鎔銅房八間，估須工料規平銀四千六百二十兩。又鎔銅烟囱底八座，連打樁等，估須工料規平銀四百二十六兩八錢，業於十月初旬，動工趕辦外，其餘修改原有廠房、廠門、軋銅機、建築、碼頭等，正在分别估計，容即另行開單稟報。惟前稟請購各項料物，均係必須應用之件。原擬趁機器未到之時，先爲預備，以便機器一到，即可開工鼓鑄。其中尤以銅、煤兩項爲緊要，是以擇要提出，先行請示訂購。查現在市面，日本住友銅斤極爲難購。英國銅及花旗電提銅，近數日間，每擔約價須規平銀三十四五兩不等。德國春成之銅元餅壞，每擔約須規銀四十七兩左右，探聞不久尚須漲價，而煤炭市值向後亦有漲無落。職道等愚昧之見，竊謂製造銅元，以撙節鑄本爲先，則訂辦料物，是以價值便宜爲貴。前稟請購銅煤各項，目前市價既屬相宜，仍擬及時訂辦，以免有礙鑄本。且機器未到之先，預爲訂定，尤免奸商臨時居奇，所有遵查情形，理合據實稟復。

魏允恭《江南製造局記》卷四《總辦魏允恭稟借撥積存經費銀二十萬兩爲鑄造銅元經費》 竊於光緒三十年六月二十七日奉憲批，職局修製銅元機器，選購洋廠新機，妥籌辦法，核減實價，提前呈送草合同緣由，奉批據稟已悉。查該局訂購鑄造銅元、印花機器等件，察核辦法，尚屬妥善。應准照辦，惟查應付三分之一定價，沈道移交現款，足資撥用，似不必動支匯豐存款，以免有耗息銀。倘該廠逾限，不將機器運齊，及機器缺少，運動不靈等情，應如何議罰。合同內應否載明，並即由局酌辦。茲將合同隨批發還，仰即查照辦理具報，等因奉此。職道等遵復，與瑞生洋行定議，屬其繕立正合同，並將批飭議罰各節，與該行洋東切商另立，附合同分執爲憑。正在籌商，尚未定議。又據鑄錢廠提調及監造委員等稟稱，局中舊存總瀛機一部，原議撥歸鑄錢廠應用，現查所辦鑄錢機器，粗細軋輥，共十餘座。應用總瀛機，必須八百匹馬力，始能合度。局中舊存瀛機，僅三百五十四馬力，恐不敷用，應請改辦等語。職道等詳加復核，竊見總瀛機一項，爲全廠機器命脉。所繫馬力多，則各機運動較速，而成件亦多，此一定不移之理。局中舊存瀛機馬力既不敷用，未便稍事遷就，自以另行購置爲宜。然待至印花等機到後，再行訂購，又恐不能及時應用。因復與瑞生商酌，添定八百匹實馬力總瀛機全副，核減價值，摺實英金三千零四十磅。該行尚稱擬格外報効添送省煤火瀛機一副，約值英金一百六十磅有零。現已另立合同，均約明提前交貨。此項合同，應俟立定後，連同前訂鑄錢各機合同，會繕清摺呈覽。至應付定銀，奉批沈道移交現款，足資撥用，似不必動支匯豐存款，免耗息銀等因。仰見憲台，謀畫周詳，慎重公款。伏讀之餘，莫名欽悚。惟查沈道移交之款，綜計規銀六十五萬餘兩，除已提存匯豐五十二萬兩外，尚有現款十三萬餘兩。此項銀款，當時僅准沈道開單移交，亦係分存各莊號。職道允恭一面接收，即一面因事支用，並非存而不動之款。而其中有解部平餘之款，則又不能擅行動用。其匯豐所存五十二萬兩，查係三批交付，上年十一月一批二十萬兩，本年五月底期滿，職道等當以銅元機價議妥後，局款無多，尚須提存新廠經費，定銀無從應付，擬即在此款内撥給。若再由匯豐轉期，恐不能隨時撥用。又查本月銀行轉期，市息太短，不能照前次所定，長年五釐起息，深恐息銀有虧，是以再三商酌，到期提出，另存妥實商號，訂定三個月期，按月六釐起息，較之銀行月息，約多一釐有奇，業具文稟報在案。如果仍向匯豐存放，應請俟三個月以後，再行轉移。惟職道允恭本年五月稟報到差後，籌辦整頓情形案内聲明，新廠經費擬在滬局收款内，按月攤提，另行存放，以每年提銀七十萬兩計之，分月勻攤，每月應提銀六萬兩。本年關税短絀，局中收款，頓不如前去兩年。每月如提新廠經費銀六萬兩，局中用款益慮不敷。目前斷無餘力，再顧銅元機價，可否將匯豐第一批提出之二十萬兩，仍存妥實商號，專備鑄錢廠定機購銅各項用度。不獨藉資周轉，亦免款目牽混，所有存莊利息，現均絲毫歸公，按月報册，歷歷可稽，無虞虧耗。其現存匯豐之三十二萬兩，應俟滿期，陸續轉票，用慰憲廑。是否有當，理合稟陳，仰祈察核批示，祇遵。再查匯豐存款五十二萬兩，本係上年趙沈兩道陸續節存，以爲籌辦新廠經費。滬局現設鑄錢廠，將來所獲盈餘，既經奏定，新舊兩局各半攤用。似鑄錢成本，亦應新舊兩局分籌，不應滬局獨任。職道允恭前稟請將匯豐存款，全充鑄錢成本及購機價值。蓋不欲使滬局利息有虧，並欲令萍廠攤認鑄本之實在情形也。

《東方雜誌》第一年第九期《論鐵侍郎提取製造局存款八十萬兩事》　今者鐵侍郎良南下之宗旨，其見諸諭旨者，計有二端。一曰考查製造局，一曰考查各省司庫局所之利弊。而究竟考查以後，如何處置，則尚未見明文。據所聞推之，則知其考查製造局，果極認真。然其認真之意，蓋欲抉其弊病之所在，以爲南方前者所委各員辦理不善之證據，將來所定之方法，必將如電報局之有電政大臣，輪船招商局之派楊京堂爲總理，由北洋特行奏保，請旨簡放。使製造局之權，全歸於北洋而後止。惟事尚未行，或不能以爲據。至其考查各省司庫局所利弊之後，處置之法，雖尚未詳，然以五月二十八日懿旨推之，恐不出厘剔中飽、提取陋規之二法。此實爲有損國體，大傷元氣，識者已非之矣。乃觀於近者，提取製造局存款八十萬兩之事，則知其所存主意，不必問其爲中飽與否，亦不必問其爲陋規與否。但見有存款，即行提取而已。夫製造局之於江南全省，不過局所之一端，似無足深論。然設局已久，則自有其應辦之事。既有其應辦之事，則自有其應用之款。鐵侍郎之意，如以爲該局辦理不善，不能事歸實濟，則令其認真整頓可也。不能款不虛糜，則令其極力撙節可也。今不求其端，不訊其末，遽將其現存之款，責令另行存儲，不得動用，聽候提取。初不思該款提取以後，製造局將何所恃以開支，何所憑以周轉，如此而曰籌款，誰則不能。且查江鄂兩督今春所奏移建新廠辦法一摺，知局中經費，每歲才得一百四十萬兩。以中國之大，南北數省之所取資，除漢陽槍礮廠外，僅僅有此一局，而此局之經費，僅僅止有一百四十萬兩，實不可謂之過多。故立論者，但可責其經理之不盡善，而不能指爲支銷之太巨。今乃驟提其大半而去，是則鐵侍郎此來，并不爲考查積弊起見，而實爲提取存款起見。而其提款之法，又高出於剛毅之上。使率是以往，即以此法施蘇州。由是而江寧，而安慶，而南昌，而武昌，無不以此法行之。其所得豈止八十萬已哉，即千萬與萬萬，亦屬不難。然而此計一行，大禍立見，必將凶於而家，害於而國，誠不得不爲一陳之。一、近年東南各省，民窮財盡，已至極境。而各省疆吏，又以舉行新政，籌付賠款之故，不能不取資於民。雖至失政體招民怨之事，亦復不得已而爲之。而廣西梧州，以辦統捐而滋事。江西樂平，以抽靛捐而作亂。是則民窮思亂之象，亦已漸次發現。今如一切不顧，遽將各省現存之款，悉數提取。就表面觀之，似僅取之於官，而非取之於民。然各省無款可支，必仍將取之於民。是各省窮而無告之民，既出一巨款於前，以供公中之用。復出一巨款於後，以彌補提存之所取也。如此竭澤而漁，敲骨吸髓，不亂何待。又況公中既無存款，設有意外之事，無一款可支，即無一事能辦，不知又何以處之。其禍一矣。庚子之亂，其故多端。然苟非前一年剛毅先有南下搜括之舉，則是年猶不致有拳匪之亂。蓋當時情狀，實由先有剛毅之籌款，而後榮祿之練兵，得以取之裕如。而後首禍諸人，見有大兵之可用，又有巨款之可指，乃敢鹵莽滅裂，輕於嘗試。卒致宗社爲墟，人民塗炭，誰生厲階，至今爲梗。今鐵良籌款之手段，更辣於剛毅。而其所籌之款，又更多於剛毅。輕則足以啓太后之侈心，必有如曩者工作頻興，糜費無節之舉。重則機勢構會，必將復有躁妄之人。恃其款項之充足，取求之自便，輕易發難如庚子之已事，以致不可收拾。是既以提取存款之故，重困南方。復又以巨款輸入政府之故，供其無知妄作，貽禍北方也。其患二矣。執筆人言念及此，安得不兢兢也。

中國第一歷史檔案館等《中國近代兵器工業檔案史料》第一輯《吴學廉參議江南製造局移建萍鄉之條陳約光緒三十年》　敬陳者：日前職道面奉憲諭，以香帥會奏移建新廠之摺，事屬創造，其中有可參議辦難之處，令悉心探索，條議以聞。聞命之餘，不勝惶悚，自維譾陋，何敢仰贊高深。循繹原奏籌款、擇地、定機、核用、用人、定槍礮式、儲備廠才、整頓舊局八大端，詳陳一切，規模宏遠，條理精密，實已巨細畢賅，悉臻美備，無可置議。惟以職道職司製造，既蒙垂談，事關軍實，不厭詳求，竊據管蠡之見，妄參末議。或補闕拾遺引伸其意，或一知半解昭晰其疑，自知無當事機，惟在重違鈞命。謹條陳其議於左。

一、原奏籌款一條內，每歲造足快槍五萬枝，過山快礮、野戰快礮共二百尊，臺礮、船礮共四十尊，云云。竊思槍礮之數既多，更須多造各項子彈。即照每槍配彈千出核計，歲需造槍彈五千萬顆，每礮配彈三百出，歲需造礮彈七萬二千顆，約計槍、礮兩項子彈，已歲需造費二百數十萬金。連同造槍、造礮、造藥及一切養廠之費，通盤估計大數約在五百萬，必非原有製造二成洋稅及各關局常年經費暨銅元局一半盈餘所能敷用。即各省取用槍礮隨時付價，仍恐不足以資周轉，似宜添籌巨款，宏此遠謨。

一、原奏擇地一條內，萍鄉出煤甚富，現更擬開辦鐵礦，將來就地取用煤鐵，價廉運速，可歲省巨款，云云。查萍煤可燒瀛爐，其焦煤可煉罐鋼，惟煉西門馬丁鋼其煤不甚合用，因其生煤中有磺硫、磷質，煉出之鋼上壓機必致壓碎。但此說系職道訪聞之詞。擬請飭先運萍鄉生煤數十噸至滬局試驗，如其煤真能合用，庶此款不致虛糜，煉鋼可期完備。又運道由上海達岳州，江程已遥，復由岳達湘，由湘入小河以抵湘東，水路紆回，節節盤剥。轉運之道遠費重，尚可以煤鐵之價廉運速抵補，惟慮小河水淺，轉運艱阻，凡料物、軍械大率多繁重之件，設有滯擱，貽誤可虞。似宜派委妥員先往周歷察驗，并詳詢土人常年河水深淺如何，淺時船只能載重若干，預計於先，庶免遷就於後，致多窒礙。又灣沚地方擬建設武，爲省城軍械分局及火藥庫派兵駐守一節。伏思火藥危險，原不宜存於人烟稠密之所，則造藥庫於其地尚屬相宜。若軍械則非火藥可比，如將軍械分局一并設於灣沚，似覺地太空曠；且附近小河不甚深廣，冬令水涸時運送軍械恐亦不易；而又距寧省較遠，照應難及，雖派多兵駐守，可保無虞。然就以上情形而論，似尚非十分相宜之地。

一、原奏購機一條內，擬與各洋廠言明機價分五年匀付，而機器則盡三年內分別先後陸續運送廠地，云云。竊思議購造槍礮、造子彈、造火藥、煉鋼各項機器，件極繁重，訂造需時，且外洋訂購機器，雖合同立定期限，往往不能如期運到，三年內亦難全數到齊得以安設。且安設機器事極繁雜，最易稽延時日，新廠各項機器如此之多，五年內能否一律開機製造，似難預定。則五年後滬局一律停造軍火之說，似亦宜屆時再議，萬一新廠不能全行開機，滬局尚可補其闕略也。

一、原奏核用一條內，綜計約需庫平銀六百五十餘萬兩，云云。溯查上海製造局創設三十餘年，經歷次擴充機器、廠屋，計前後所費款目不下千萬。今議新局造軍火之數既倍蓰滬局，則購機建廠及一應工程轉運之資當視滬局有增無減，似建設新局恐非六百五十萬所能敷用。應請預爲添籌的款，以免臨時支絀，功虧一簣之虞。

一、原奏定槍礮式一條內，擬定用日本六密里五口徑快槍，而機件悉照德槍簡少之數。又擬將陸路行營快礮定爲兩種，皆口徑七生半，其一身長十四倍口徑者，登山用馬馱，平地用人拉，江以南及各省地多山嶺、溪田，道路窄狹者用之，云云。查德槍是去年新式，機件簡少而精堅，照此式造毫無疑義；惟口徑仿日本六密里五快槍之式，雖激射較遠，然子彈太小，恐臨陣非中人要害，多不能傷人。聞庚子各國聯軍之役，已有知其弊而事後改大者。蓋戰陣死生呼吸之間，我不傷人，人即傷我，惟有殺敵之具，始免破軍之災。兵凶戰危勢不兩立，固未可以傷人多爲慮，而行其仁術也。又槍子專取擊遠，亦非上乘要義。蓋施放槍子在數百碼之間，子出系平綫，故能直射傷人，若至千碼以外，子出系拋綫，由上落下，擊力自遜；且相距太遠，目力所不能及，亦難取准；故槍子落遠即不得力。聞日本亦自知此槍流弊，擬將所造六密里五之槍造滿三十萬枝，即須改造他式。又聞日本明治三十六年已另造有新槍，不肯明示外人，如果屬實，近與俄戰必用此槍，擬請鈞裁遴派膽識素優、曉暢戎機之員，帶同諳悉槍礮員匠前往觀戰，不特熟睹其戰陣兵法，兼可實知其新式槍礮口徑，以資取法。此舉似不可少。又查德國一千八百八十八年所造槍系七密里九口徑，即滬仿造之新毛瑟也，嗣於一千八百九十七年改小爲七密里，至一千九百零三年（即光緒二十九年），仍改爲七密里九。德於槍械考校素精，其所以由小而後改爲大者，必有不貪擊力之遠速，而別有精能致勝之道已。今新局擬制新槍，口徑似宜再加考究，以期盡美盡善，未可遽行定議，令各省畫一通行。至七生半礮，礮身頗重，用之平地野戰自屬相宜，若用爲過山礮，雖礮身改短爲十四倍口徑，而以滬局所造七生六礮身比計，約估身重仍有一百數十斤之譜，其礮車雖可設法改制爲兩截套接之式，分拆爲二馬分馱，然分計約估亦各重有百數十斤或二百斤左右，山路非平路可比，終恐均非馬力所能勝。似宜先制備一二尊，以馬馱過山演試數次，熟察馬力能否勝任，上下穩便與否，再行定議。

一、原奏儲備廠才一條內，擬選派官員二十人、學生四十人、匠目四十人，前往德、比、日本分入學堂、工廠，分門學習，均以五年爲度，回國後即派充新廠之用，不必借材異地，云云。洵爲握要治源、振興製造之上策。惟官員系備管理廠務，學生系備充各廠工師、監工之選，匠目系備充各廠領工之選，其各廠應用工匠須數千人之多，倉卒招募未必皆良。良工既少，雖有工師、監工、領工皆極一時之選，而其下衆匠不能稱意，則承制之軍火必難完善。似宜先行諭令總辦局員在各舊廠留心有用匠人，并廣選聰穎學徒，每年勤加省試，予以獎勵，均留其在廠工作，聽候撥於新局各廠。庶良工群集，不致濫竽充數，致誤製造，而工食亦可較省。

一、原奏整頓舊局一條內，雜項槍礮子彈均一概停造，各省如有需用此等雜項子彈，應令自向外洋購辦，云云。竊以雜項槍礮各營領出尚多，滬局每年所造雜項子彈約五六百萬顆，除供給各省購買及本省操防外，剩存想亦無多。今一概停造，令向外洋購辦，不特舊式子彈外洋久經停造，欲購無從；即使有現成可購者，必系昔年造存窳敗之物，亦恐難以合用；縱洋廠肯制模現造，則價必昂貴：種種皆形吃虧。大滬局機力本可兼造雜項子彈，只因裁節經費，是以停造、減造，若各省有款向外洋購辦軍火，何如繳價於滬局一一代造。價平工速，取用近便，既免漏卮於外，而又以公濟公，於滬局之窮窘實不無裨補，似兩益之策也。抑更有陳者，練兵、制械爲方今急要之圖，建立新廠自刻不容緩，惟時事日棘，外侮內訌相逼而來，五年之內未知事變如何，軍火爲應變要需，萬難短少。擬請憲裁多方籌款，先其所急，俾滬局製造不致過於減少。且必俟新局確有成效，出械日多，然後再停滬局製造，有備無患，方爲勝算。否則新局後效未宏，而舊局前功已棄，事機中斷，惟望待新局之廣制肆應，恐有緩不濟急之虞，關係實非淺鮮。伏願大帥規時撫勢，遠慮深謀，不以集款艱難而缺經武整軍之具，不以造端宏大而略統籌兼顧之規，務使酌劑有方，緩急足恃，大局幸甚。

中國第一歷史檔案館等《中國近代兵器工業檔案史料》第一輯《江南製造局整頓辦法約光緒三十年》

謹將整頓製造軍械，參酌外洋商廠章程，密籌辦法數條，恭呈鈞誨。

一、製造經費宜定爲官本也。按滬局收款，專恃海關二成洋稅以爲支付，稅收衰旺不同，則成本不能預算，經理辦事之人往往徒存瞻顧，絕無把握。一遇稅絀年分，妄事裁節，名曰省費，其實皆苟且彌縫之計；稅豐之年，勢必用度加增，多購料物，以及挂名津貼各項，等於濫用。非掃除更張，不足以廓清舊習。應請奏明每年指定撥款，作爲官本。此數即照鄂督前奏之約數一百四十萬兩，攤半分撥，以七十萬兩專歸滬局。其新局應提之七十萬兩，徑由滬關按月提解，不得以稅數盈絀，增減定數。此項製造成本，自奏准後一個月起，逐月即應提付五厘利息，按年解交藩庫，列入正款存儲備撥。其原解節省經費一萬餘兩，應請刪除，以昭核實。

一、製造成件宜提盈餘也。向章制局代各省製造槍礮軍火，收回價值僅照工料成本核算，并未將開支各項列入攤計。至修理兵輪，南洋雖照章歸籌防局撥款，亦未於工本之外再加絲毫；其南、北洋應需槍械、子彈，本未付價，無從計算。現在議領官本，即應比照商廠辦法，一律提出盈餘，應照工本加添員司經費三成，再加付五厘息銀，合計作價。滬局本爲南、北洋創立，向不給價，然每年領用各械亦須報明價值，即在官本項下除付，減輕息銀。其各營、臺批准領用軍械等項，統應開報價值，咨送司庫備案，以便扣算成本，隨時考查。

一、製造各廠宜估定料本也。現在局領成本既有利息，則分廠所用工料，凡造一物件，必須逐項預算工本、料本，分別立表。其平時領用料物，開報工價不得有逾此數。逐月比較，如能節省工料而成件并不短少者，是爲最上，應即記功一次；如工料逾出所定之數，即應記過。每届年終，匯齊功過以定賞罰。如此，則員司、工匠均有鼓舞，而精神庶可振作。至庫房購料收發簿册，須分別繕立，如某廠某料簿。各廠收料，即照表定物件按月列收，俾逐月可以比較領料多寡與成件多少之數。

一、員司獎勵宜分別優給也。查各省製造，向章准届三年奏請獎叙。滬局三十餘年，總辦、道員往往升途甚捷，而委員、司事各人，辦事勤勞，終歲無以自見，殊非鼓勵人才之道。擬請奏明，每届三年，如辦事勤奮，實有成效者，准擇尤保獎一二員，以示鼓舞。如廠員中有辦理不善者，亦應分別輕重，治以應得之罪。

一、員司、工匠宜急資送出洋也。現在無論舊廠、新廠，各項員司、工匠如欲考求工藝，必須預擇心思精敏、身體健壯者，派赴外洋兵廠，各就性質，練習專門，或三年至六年不等，學成回國，分派辦事，方有把握。此項經費，擬請奏明提撥的款若干。俟款項有着，再定名數，則數年以後不至有缺材之憾，而濫竽充數之輩，自不容徇情録用矣。

一、製造輪船急宜改立商標也。查滬局船塢創設以來，修造南、北洋兵輪，極稱合用，徒以經費有限，不能擴充。若能及早改定章程，准歸商辦，凡各商應修、應造之船，一律承攬，仍派官爲督理，必有實效。辦法：宜籌撥官本一百萬，其餘均歸商本。先於浦江對而擇定相宜之地，另建船塢，仿照日本船廠，先行試造魚雷艇艘，扣定每年出船若干，約計長江魚雷艇隊需船若干，趕緊照式製造。所用工料，均按實價開報，即於官本項下分年提還，并應付常年五厘息銀。官本提淨之後，即不付息。此後每年盈餘，按照原付官本減半計算，作爲永遠官股。將來生意擴充，股票價漲，前項官本亦照商股一律加價。所有承修官輪，亦一律酌提盈餘，以示大信。

一、煉鋼廠宜添煉罐鋼也。查滬局現煉馬丁鋼，專爲礮胚、槍筒及各商廠之用。雖兼煉罐鋼，然每爐只出兩罐，僅爲本廠器具所需。若增添經費，加煉罐鋼，比之鄂省鋼廠盈餘必多，辦理得人，必不至有虧成本。惟需聘請熟精練法之洋監工預算本利，并包定每年用料多少，出鋼多少，某鋼定值若干。本廠槍礮用料，亦須計值。算定之後再行舉辦。提出盈餘，洋工幾成，華工幾成。數年以後，銷路必能擴充。

一、無烟藥廠亟宜聘請洋工也。本廠所造無烟藥，制法雖合，仍不如外洋配制之精，速率、漲力均有不齊。且此項槍礮各藥，用之臨陣爲多，藥料貴至數倍，平時操演豈宜輕用。自應精求制法，不惜工本，并訪聘外洋著名制藥工師來廠督造。鄂省藥力較大，造法較好，皆洋監工指示之力。如果仍前製造，誠不如停造之爲愈也。

一、整頓購置采辦諸弊宜添設選料處也。凡局中購置物料、鐵件，向章均憑總辦督飭庫房委員辦理。即改設議價，不過考求較精，而物料品目之好壞，則仍不能詳辨。况總辦、委員數年之中常有更易，稍不精審，便爲商家所蒙，而公家受害日甚一日。倘遇考究商情之員，彼等反妄肆狡猾，甚至饋送逢迎，希圖承攬，不遂其請，毀謗沸騰，此種陋習，無足深怪。欲制其弊，必清其源。無論官商購置何物，必先由選料處審定。即仿周官市夫平價之制，於通衢大市設一選料公會，將各種應用物料預儲樣式，精者、次者各分類列價，自外洋各貨以及内地各産，凡製造所需并尋常應用各物，圖樣、價值一應完備。并公聘西商、華商之公正者推爲會董，隨時稽考。所用司事，必出公舉，而章程必由官定。即平時民間購貨，均可訪問。無論官商購置貴重料物，如須由其審定者，必另立圖記，以爲識别。如銀行有公估之類，每價銀一百兩須提費二錢，以上遞加，作爲經費。如此，則闤市欺詐之習可以净除，而官吏貪蔽之私亦有所禁阻。其利甚溥，不獨製造一項有關係也。

一、製造軍械宜聘請總監工也。局中總辦、提調，均任辦事之專責。至工匠一項，雖有廠員督率，而稽察勤惰，分别良窳，非熟悉製造確有專門學業者不能辨晰毫芒。目前出洋學生初次舉辦，尚難應用，應選聘日本礮兵工學校卒業學生一二人，充當正副監工，優給薪水，令其逐事考核，庶期工作可以進步。

一、製造軍械用款辦法擬請改歸奏銷也。東西洋兵廠章程，凡國家製造規則，外人不肯輕洩。其所以慎重軍儲者，至周且密。如槍枝口徑、彈藥速率，以及如何制配之法，多半秘密，平時非奉政府訓令，不得任便進廠閱看。將來如果添購新機，辦理分廠，此項章程自應采用。每年收支款目，應由專管大臣開單奏銷；其不關涉軍火之件，如輪船、煉鋼機器等廠，應仍照舊報部核銷，以昭實在。日本兵廠向隸陸軍，嗣後各省製造軍械，自應與練兵處聯絡一氣，并可按年派員稽查，則從前照例報部以及融銷雜款各項舊習，可以盡除。

魏允恭《江南製造局記》卷三《(光緒)三十年總辦魏允恭稟籌辦銅元》 竊職道前奉憲台札飭，查照光緒十九年稟准鑄錢成案，就局中原有機器添配碾片、舂餅、印花各機，改鑄當十銅元，流布市廛，所獲盈餘，新舊兩局各半分撥等因。職道允恭到局接差後，遵與提調李令鍾珏籌商，探詢機價，斟酌廠屋。一面札委李令，兼充鑄錢廠提調，責令將應辦一切事宜，妥籌辦理。旋據該令稟稱，擬就局中原有廠屋，騰挪應用較爲省便。查砲彈廠房屋尚寛，如將翻砂機器移併鑄銅鐵廠，車牀移併砲廠，銅殼機器移併子藥廠，分别兼辦，則該廠原有鍋爐房屋，即可全行騰出，改爲鑄錢廠等語。職道等詳加覆核，尚屬相宜，擬即照辦。惟現在切要之圖，應以訪詢機價爲第一義。前經飭令各洋行開送清單，細爲比較，並與現辦湖北銅元機器桑道寶會商攷究，免受洋商欺虧。就目前情形而論，英國著名之廠，機價較貴，而每月銅元出數較多。德國機價較廉，而每月銅元出數較少，攷核再三，似槍砲機器，德勝於英，而銅元機器，則英勝於德。現聞江西、浙江、湖北等省，同時購辦銅元機器，均由上海各洋行承辦。職道等恐購置太急，機價不免居奇，仍擬詳細攷求，持以鎮静，正在具稟詳陳一切。適接方道碩輔來函，傳奉憲諭，飭令趕緊就局開辦銅元，仰見憲台注重籌款之意。當此各省争購機器之時，職道等擬令密籌辦法，總期機器精美，而價較廉，並須比較浙江、湖北所訂合同，再爲核減。將九五扣等項名目，一概剔除，責成洋行於六個月内，先行運到印花機器若干部，以便開用。其餘機器零件，可就近由本局廠内製造者，已飭提調開單提出，飭機器廠趕緊照樣配製應用，其應行添購各機器，擬俟攷核價值，與洋行定議後，再行抄録合同，恭呈憲鑒。此職局遵飭籌辦銅元，攷核機價，分别購置之實在情形也。至於機器如何布置，廠屋如何修改，以及一切開辦事宜，必須參互攷訂，悉心籌議，以期周妥。擬請憲台札飭江南銅元局，將該局鑄造銅元各項應用機器物料等件，逐一詳細開列清單，並將該局廠屋圖樣，以及現辦章程，移送過局，以備參考。

兩江總督魏批：據稟已悉，仰即妥籌，趕速開辦，並候札飭。江南銀元制錢局移送機件、清單、廠圖、章程核辦。

魏允恭《江南製造局記》卷四《(光緒)三十年七月欽差大臣鐵札》 查據江南製造局魏道允恭詳稱，截至三十年六月底止，實存正款規銀五十五萬八千一百六十五兩零，雜款規銀二十四萬六千八百二十三兩零，兩共銀八十萬四千九百八十餘兩，應令如數存儲，暫緩動用。其自七月起，應放工料薪水等項，即各由本月分江海關所提二成洋税等項下，撙節開支。除咨明南洋大臣外，合行札飭，札到該局，即便遵照。

中國第一歷史檔案館等《中國近代兵器工業檔案史料》第一輯《鐵良奏遵旨查明江南製造局應否移建各情形摺光緒三十一年正月十八日》

奏爲遵旨查明江南製造局廠應否移建各情形，據實覆陳，恭摺仰祈聖鑒事。

竊奴才前在保定練兵營次承准軍機大臣字寄，光緒三十年六月初五日奉上諭：前據張之洞等奏江南製造局移建新廠一摺，製造局廠關係緊要，究竟應否移建？地方是否合宜？槍礮諸制若何盡利？着派鐵良前往各該處詳細考求，通盤籌畫，據實復奏等因。欽此。仰見朝廷於擴張武備之中，寓鄭重精詳之意，欽服莫名。

奴才於上年七月間陛辭請訓後，取道天津，乘輪赴滬，即連日率同隨帶各員，至江南製造總局及龍華鎮分局逐一履勘，詳加考察。嗣奴才赴蘇州調查款項，復留員在該處，將所制槍礮及造械各機器分別檢驗。旋於十一、十二月間，先後赴安徽灣沚及江西萍鄉地方，照原奏議設新廠之處，陟巘降原，親歷數過。謹將所查詳細情形，敬爲我皇太后、皇上陳之。

查江南製造局自同治四年五月在上海虹口地方購得洋人機器鐵廠一座，修造輪船、槍礮，至六年夏，始於高昌廟地方購地移設新廠。計先後造成機器廠、瀛爐廠、木工廠、鑄銅鐵廠、熟鐵廠、洋槍樓、庫房、煤棧、工務廳、文案房、輪船廠、船塢等處廠屋。八年，添設瀛錘廠，又另建槍廠，專造來福槍枝，并將城内廣方言館移入局中兼管。十三年，於局西十里外之龍華設黑藥廠，製造黑色火藥。光緒初年，因原設瀛爐廠地不敷用，復設法擴充改爲鍋爐廠；又於龍華鎮設槍子廠，製造來福、林明敦、馬梯尼、黎意、格林各項槍子。四年，改瀛錘廠爲礮廠，仿造英國阿姆斯脱郎後膛礮位。五年，設礮彈廠，雇用洋匠仿造各種開花、實心礮彈。七年，立礮隊營，并創設水雷廠。十一年，停造輪船，專修南北洋兵輪。十六年，購辦煉鋼機爐，拓地建廠，試練槍管、礮胚及各種鋼料。十七年，改造快利槍，并添造各種快礮。十九年，仿造栗色、無烟兩種火藥。二十四年，創設工藝學堂。二十七年，加造新式快礮，并停造快利槍，專造小口徑新毛瑟槍。三十年，以黑藥、栗藥造存頗多，暫行停造，并因籌辦銅元，將礮彈廠機器并入他廠，騰出廠房以備鑄錢。此前後因革損益之大略情形也。

綜計該局開辦垂四十年，綿造擴充，規模甚大。惜該廠所有機器新舊羼雜，大都不甚齊全，其中因年久而損壞者有之，因省費而缺少者有之。即如槍廠各機，本系昔年所造來福槍之件，嗣改造林明敦槍，又改造快利槍，現又改造小口徑毛瑟槍，均就原機陸續湊配，從權改用。其大小有不合者，則兼以人工銼磨。所用工匠又皆未經教練，不過仿照洋式以意爲之，以致所出之械一經逐件拆卸，厚薄寬窄互有參差，彼此不能調換。而局中自總辦以至員司人等，亦無精通製造之學，於制就之槍、礮、彈、藥等項其是否合用，并不詳加驗視，分別良楛，以定去留，但造成後即盛箱發用。奴才此次派員將該廠所造之械整件、零件逐細考察，疵累甚多。以如此巨廠歲糜經費一百四十萬金，而各械無一完善者，殊爲可惜。至於員司之冗濫，工作之宕延，各物購價之浮開，各廠用料之虛耗，種種積弊，又復不一而足。而該處又爲江海要冲，吴淞口内外各國兵輪不時萃集。上年該督臣原奏曾有慢藏之害，岌岌堪虞等語，綢繆未雨，具見深謀。夫舊機欠利，舊法未良，尚不難添購新機，整頓辦法；至舊地弗善而欲求深邃之所，臻穩固之方，則該廠之移建自不容已。

原奏又以舊廠諸器搬運易損，糜費亦多，謂移舊廠不如設新廠，亦屬不易之論。獨是改建固屬正辦，而擇地猶爲要圖。查安徽灣沚地方，由蕪湖江口入内河，東南行七十里至該鎮，距鎮四里至啓發山，即原勘廠基地。其地廣袤一千四十餘畝，土脉尚稱堅實，詳考面積，亦尚敷建廠之用。惟該鎮地勢稍卑，每當夏令，山水冲發，直趨下流，市面積水約四五尺不等，其低窪之處數月方退。此地勢之不合者一。由蕪至灣，河水盛漲時約有八九尺，冬令水涸，僅及尺餘，重載之船不克駛入。此運道之不宜者二。機廠以煤鐵爲大宗，原議就宣城煤礦，而該礦迄未開採。此外涇縣、南陵等處雖有煤礦，聞煤質欠佳，不合機器之用。此煤鐵之不便者三。運船來往，臨河須築碼頭，碼頭前水宜深闊，以便停泊旋轉。今該處河身既淺，且系沙底，縱或開挖，易就淤塞。此碼頭不易建者四。廠中料件出入，須有馬路或鐵道載運，今距河四里内，非羊腸小徑，即高下圩灘，倘一律墊平，工費太巨。此軌道之不易修者五。有此諸弊，似該地不如湘東之優。

湘東在江西萍鄉縣境之西，自湖北武漢溯江而上，經岳州入洞庭湖，復歷湘陰、長沙至湘潭縣屬之洙州鎮，計水程九百八十里。由洙州陸行至醴陵，由醴陵循鐵路抵湘東，共一百五十里。如由洙州舟行經湘河、淥口、醴陵以達湘東，則共一百八十五里。該鎮原勘廠基地名楊家場，嗣又添備二處：曰峽山口，曰朝天柱。峽山口地約一千三四百畝，瀕河地勢稍低，水大時恐致冲刷；朝天柱在峽山口之西，地約六百二十餘畝，土質尚堅，惟較峽山口尤爲窪下，均無足取。楊家場局面最廣，約可得平地三千餘畝，三面界山，一面傍水，以中心估計，距鐵路約六七里。就該處全面而論，遠隔大江，深居堂奥，地勢高曠，土質堅凝，界内廬墓稀少，除建廠外，隔山餘地尚可擴充，東臨大河足供廠用，其西北隅之泉塘灣，流泉清潔，於造藥及漱鍋亦甚相宜。安源煤礦即在鄰近。去安源四十里，聞尚有鐵礦可開。而由武漢至株州，江湖運道，四時可通。由洙入湘東河，雖河水漲落無定，不免節節盤剥，然裝載一二百石之船只，亦尚可往來。且聞萍洙鐵路本年四月間即可造齊，是陸運亦尚便。具此格局，自較灣址爲勝。

惟其中尚待斟酌者亦有數端：一、湘東雖兩江轄境，而距江寧省城及滬局太遠，稽察爲難。二、該鎮山阜甚多，層層拱峙，非得重兵駐守，防御難周；惟節節設防，恐餉項所需，爲數必巨。三、鐵礦尚未開辦，是否可用，尚無把握。四、萍醴礦路如能接通粵漢干路，運道固較便捷，惟此項路權其中有無轇轕尚須詳查。五、該省地勢偏南，於東北諸省運用軍火稍覺不便。以上各節均爲原奏所未詳，既於廠務有關，自不得不預先籌及。此查明江南局廠之應行移建及移建地方有宜有不宜之實在情形也。

竊維强國之舉，首重練兵。練兵之要，必先利器。兵以精練爲貴，即軍械亦以自制爲宜。以中國全勢論之，斷非一二廠所能敷用。當此時局艱危之際，尤應計出萬全。奴才再四圖維，謹就目前情形，酌擬辦法二條，敬備聖明採擇。

一、統籌全局辦法。各省軍隊現方次第編練，所需新械較前日多，非得南、北、中三廠源源製造，恐所出之械難期因應而不窮。擬請就湘東現勘之地設爲南廠，再於直、豫等省擇其與山西煤鐵相近便者另設一處，作爲北廠，而以鄂廠貫乎其中，以輔南北廠之所不及。應需款項，南廠於五年内，則取給於滬局節存之七十萬兩，江、皖、贛三省協濟之三十萬兩及銅元一半餘利；北廠則於奴才上年奏請試辦八省土膏統捐項下動支，得以各歸各用。惟照原議購備全機等項計之，所需甚巨，恐該款尚有不敷。擬將兩廠均按全局之規模布置，而辦法則分別次第，先從槍廠、子彈廠、藥廠入手。所造槍式，三廠均須一律，不得稍有參差。俟將來經費充足，再將煉鋼、造礮等廠逐漸擴充。南、鄂兩廠則專造過山快礮，北廠則專造陸路車礮，冀臻美備。此時并隨廠各設學堂，招集生徒，延師教練，借以儲備廠才。此通盤籌畫之正計也。

一、變通辦法。湘東廠基大致可用，惟於東北諸省相距稍遠耳。如南北兩廠一時難以并舉，只能先務其急，而又以該地偏南，轉輸究多不便，則惟有將該處暫行緩辦，另於江北一帶地方選擇深固利便之區，取其與南北各省均屬適中可以兼顧者，專設一廠。地段局面仍須具有全廠體格，而亦先從槍廠、子彈廠、藥廠辦起，庶需費較省，成功較速，製造較專而易精。其款項即照原奏内籌款一條，將擬建湘東新廠之五年經費六百五十萬兩，盡數撥歸此項工需，當可敷用。一俟辦有成效，再行添制礮、鋼等廠。似此擇要辦理，雖未必如兩廠并建之美備，而亦不致有顧此失彼之虞。此求全不能姑思其次之變計也。

總之，無論如何建置，似宜循序漸進，量力而行，較有把握。外洋各國凡興一大工，造一巨廠，無不由日積月累而成，其辦法大率類是。至廠務責任綦重，自應以專員督理其事，并由練兵處隨時派員考察，以昭慎重。其滬局除提存新廠經費外，每歲所餘洋税等款及銅元一半餘利，亦尚有一百餘萬兩之譜，應將不急之工作，閑冗之員司，核實删減，即僅此項銀兩，於現時應需各件如各項子彈及煉鋼、修船等項，精求造法，暫應急需。俟數年後新廠告成，届時如何歸并，再行酌核辦理。惟新廠之設，事體重大，究應如何定議較爲妥善之處，奴才未敢擅便，應請飭下政務處、練兵處會同妥議具奏。

至槍礮諸制，原奏擬請飭照德國槍筒少之機件，而用日本槍六密里五之口徑，行營、臺、船各礮，則分別大小口徑定爲長身、短身等四種，度其地勢而用之，自系爲力求利便起見。惟查槍枝口徑既小，則子彈因之亦小，如不中要害，恐不能致敵人之命。聞各國槍枝口徑互有不同，除日本外，均較此項有大無小，且德槍曾改口徑爲七密里，旋又復其七密里九之舊式，其反覆改制，自非無因。又快礮爲摧堅擊遠之具，其身長、口徑、斤重大小關(於)[系]武備者尤要考訂不厭求詳。以上兩項，擬請一并飭下練兵處詳細考校，妥擬畫一成式，奏請欽定施行。

所有奴才遵旨查明江南製造局廠應否移建各情形，謹恭摺具陳，伏乞皇太后、皇上聖鑒訓示。謹奏。

光緒三十一年正月十九日奉硃批：政務處、練兵處議奏。

《申報》光緒三十一年正月三十日第二版《預備閲廠》 江南製造機器局總辦魏蕃實觀察，以蘇撫陸春帥業已莅滬因飭各廠委員，預備一切，以便春帥莅廠，閲視各項工程。

《申報》光緒三十一年四月初二日第四版《禁止工人造謡生事》 江南製造局總辦魏觀察允恭近悉各廠工匠，謡言停廠，恐滋事端，於前日傳集各廠匠目，轉知各匠，謂本廠停與不停，均有上台主裁，毋得紛紛徧造謡言。如此次諭知，再有前項情事，定當究辦云云。

「中央研究院」近代史研究所《海防檔》丙機器局《光緒三十一年四月十一日外務部收軍機處交出南洋大臣周馥抄摺整頓上海船塢仿照商塢辦法妥籌改良並派大員督理》 光緒三十一年四月十一日，收軍機處交抄摺稱，奏爲上海船塢，亟須整頓。擬派大員經理，改照商塢辦法。先將改辦大概情形，恭摺具陳，仰祈聖鑒事。竊查江南機器製造總局内，舊有船塢，創自同治初年，本爲製造官商輪船，並修理兵船而設。日久弊生，多糜經費。又辦理之員，類皆無師之學，以致承修船隻，工緩價昂。近年以來，商船裹足不前，兵輪反入洋塢修理，非認真整頓無由振興。經臣與北洋大臣，往復咨商定議，將船塢另派大員督理。仿照商塢辦法，掃除官場舊習，妥籌改良。查船塢與海軍事相表裏，廣東水師提督葉祖珪，前經奏明奉旨總理南北洋海軍，往來津滬，上海船塢事宜，自應歸其督察，以一事權。該提督現已南來，會商多次，欲籌整頓之法，須得明練之人。查有總兵銜候補副將吴應科，久在海軍，熟習船學，堪以派委總辦船塢事宜。又查有二等寶星副將銜洋員巴斯，久在北洋總管輪機辦事核實，堪以派委船塢總稽查差使，業已分別檄飭前往任事。其委員司事機師工匠人等，概由該總辦自行遴選，以專責成。所有應用機器等件，即飭總辦上海製造局道員魏允恭等，相度情形，分別劃撥移交接收。其有不便分析者，量爲添置。將來南北洋兵輪，如須修理，只要船能入塢，均可歸該塢包修。按照實用工料，收回工價，其餘各商輪船，亦准由該塢承攬修造。總期價廉工速，事事核實。上海爲通商總匯，往來船艦極多，機輪器具，時待修理。如果辦理得法，人自争趨，辦事員司人等，果能始終出力。將來獲有餘利，應酌提花紅奬賞，以示鼓勵。其餘溢款，仍可留爲該塢添補機器購存料物之用。惟是目前購料添廠等費，加以開招塢基，約計需銀二十餘萬兩，擬由糧道庫款，暫挪就急，隨後即將修船餘利，分期歸還。常年經費，統由該塢修船收價，自行周轉，不另請款，庶能工歸實用，費不虚糜。此誠窮極當變之時，實爲海軍應盡之責。臣當與北洋大臣，隨時認真考察，以期經久無弊。其詳細章程，由該提臣督員妥議核定，再行飭遵。所有上海官船塢整頓，改照商塢辦法情形，理合會同北洋大臣臣袁世凱，恭摺上陳。伏乞皇太后皇上聖鑒訓示，謹奏。

中國第一歷史檔案館等《中國近代兵器工業檔案史料》第一輯《練兵處奏議鐵良奏江南製造局應否移建各情形一事摺光緒三十一年五月十三日**》** 前准軍機處鈔交兵部左侍郎鐵良奏查明江南製造局廠應否移建各情形一摺，奉硃批政務處、練兵處議奏，欽此。【略】查江南製造〔滬〕廠及安徽、江西新擇廠基，既經該侍郎周歷查勘，據稱舊廠積弊以改建爲宜，新廠基址則湘東較勝，足爲定論。所擬辦法於南廠外兼及北廠，籌畫尤屬周詳。現在北省陸軍，直隸已成數鎮，豫東等省亦次第編練，需械日多，大江以北若無專廠就近接濟，雖有南廠輸運，緩急終不可恃。自應兼權并計，按全國兵隊所需通盤籌畫，就目前財力所及力圖擴充。臣等公同商酌，現今時勢南北并重，自應趕即添設南、北兩廠，以資應付。應需經費亦宜勻撥濟用，分任責成。擬將滬廠節存之每年七十萬兩，撥作北廠開辦經費，不敷之款估定後，責成直隸、山東、河南、山西、陝西、奉天、吉林等省限以五年分別攤籌，奉、吉兩省俟大局平定再令認解。南廠則以江、皖、贛三省協濟之三十萬兩及銅圓一半餘利提作開辦經費，估有不敷，責成江蘇、浙江、四川、兩湖、兩廣等省亦按五年分成攤解。鄂廠本已成之局，應仍就原有經費辦理。至現在開辦之八省膏捐，應仍照財政處、户部奏復原案，專作練兵經費。南、北兩廠均按全局規模布置，而先從槍廠、子彈廠、藥廠入手。所造槍式各廠均須一律，不得稍有參差。俟經費充足，再將煉鋼、造礮等廠逐漸推廣。

至南、北兩廠經營伊始，全在總辦得人，非精諳槍學、礮學，體用兼備之員，不足膺斯重任。應請飭下直隸、兩江、湖廣總督各舉所知二三員，開列銜名，出具切實考語，詳叙事迹，咨由練兵處匯核開單，奏請簡派。俟奉旨後，即責成總辦之員，將建廠事宜詳細規畫，稟承練兵處王大臣及該管總督，克期興辦。

滬廠除提存新廠經費外，每歲所餘洋税等款及銅圓一半餘利，尚有一百餘萬兩之譜，并如所奏令將不急工作、閑冗員司，核實删減，即盡此項銀兩於現時應用。各項子彈及煉鋼、修船等事，精求造法，暫應急需。俟新廠告成，届時如何歸并，再行酌定。

北廠基址則直隸、河南、山西三省爲適中之地，并請飭下該督撫等各於境内查勘選擇，以地居堂奥、局勢開拓、運道通行、水泉煤鐵近便者爲合格。各具説帖、繪圖，咨送練兵處復核，奏請派員履勘。其建廠一切事宜，俟廠基勘定再行分別奏明辦理。

至原奏内稱南、鄂兩廠專造過山快礮，北廠專造陸路車礮，并隨廠各設學堂，招集生徒，延師教練等語。查過山礮、陸路礮應分廠鑄造，各求精進。學堂儲備廠才，尤關今日要務，應俟南、北兩廠開辦時次第舉行。鄂廠應設學堂，即由該督妥爲籌辦。

又原奏内考察槍枝口徑大小，縷陳利弊，并各礮身長、口徑、斤重大小，請飭下練兵處詳細考校，妥擬畫一成式等語。查槍學、礮學備極精微，東西各國刻意研求，新理日出，必須博採衆長，加以實驗，庶幾得所摺衷。應由練兵處詳爲討論，將各種槍、礮、彈、藥速率、透擊、爆發等力推算比較，以定其輕重、大小之宜。俟斟酌盡善，擬定成式，再行專摺具奏。

所有遵旨議復江南製造局廠應否移建各緣由，謹會同繕摺具陳，伏乞皇太后、皇上聖鑒訓示。

《申報》光緒三十一年五月十四日第四版《查明製造局各所物料》 江督委唐子中觀察、郁王欽軒直刺來温，區分製造局物料。昨日總辦魏慕實觀察，派員將煤鐵所、鋼鉛所、實料所各物，逐一查明，約計共值銀九十餘萬兩。稟覆觀察，轉咨葉軍門，請檢點船塢應用之物，以便訂期點交，並柬訂滬道上海縣，並熟悉五金煤鐵之商董朱葆三、周舜卿、樊時勛持平估價，以使檢交。

《申報》光緒三十一年五月二十二日第九版《製造局留改各工匠彙志》 製造局砲彈廠，前奉督憲改爲鑄造銅元廠，未幾銅元歸江寧設局鑄造，仍改爲砲彈廠。刻此廠已歸船塢，裝設船塢。應用機器，所有工匠，由洋工頭羅斯桑另行招用。所有砲彈廠各工匠，仍還製造局。 昨日魏觀察將以上各匠，分派製銅製鐵砲廠、藥廠等各處收用。

朱壽朋《光緒朝東華録》卷九三《光緒三十一年五月》 乙酉，周馥奏，上海製造局諸事廢弛，亟須改良。 經臣與北洋大臣商定辦法，劃出船塢，另派大員經理，前經奏明在案。查滬廠所造彈丸、火藥、鍊鋼、製礮等事，皆由摹仿而成，非由心得，終未精良。上年曾派員匠赴鄂廠考察，以期觀摩取益，惟良匠難撥，且滬廠機器不全，非赴外洋細心考驗，無從購補。查製鎗製礮，爲費甚鉅，非一時所能驟辦。彈丸火藥，則須多製，以備操防。現查南北洋所用各種鎗礮之彈丸、無煙藥、栗色藥，皆爲行軍要需，刻不容緩。應即先就現有經費，加工精製，以儲軍實。一面選派委員學生，帶同明練機匠，同赴英、德各名廠學習講求，並考察製造鎗礮藥彈及鍊鋼之法。學生未習機器，則藉匠人爲目驗。匠人不通言語，則藉學生爲舌人。兩者相成，易於深造。至稽查約束，須人經理，查有分省補用道李經敘，精練核實，堪以委令帶往。應如何分駐各廠，分習機件，俟到歐洲後，稟商英、德駐使，博訪周諮，擇定分派。所需經費，仍就滬廠籌撥。但學成歸國，至速計須數年。工匠不能久閒，機器不能虚設，此數年中，擬先僱東西良匠，來滬試辦。訂立合同，約定年限，合同期滿，華匠學成，可以自行製造，即仿日本辦法，將洋匠辭退。如此前後承接，則目前既不曠誤，後日更復精良，此誠正本清源之計。用費雖鉅，成效可期，臣與北洋大臣袁世凱往復電商，意見相同。擬即照此舉辦。下所司知之。

《東方雜誌》第一年第三期《兩江總督魏飭江南機器製造局總辦沈籌議整頓裁并事宜札》 上海機器製造局節提經費移建分廠一案，前經本大臣酌擬整頓，及裁并各條，并每年節省經費數目，嚴飭該局會商籌辦在案。茲已派該道前往接辦，究竟現在應如何辦法，分廠應如何建造，新機應如何購買，亟應統籌全局，悉心研究，妥定詳細章程，以便奏咨立案。特將酌擬整頓舊局，分建新廠，亟宜興辦各大端，分條列後。一，工匠宜變通成法也。查從前槍廠，日僅出槍七枝。自毛道整頓後，日可出槍十枝。若再添設機件，日可再出槍三四枝，以期逐漸擴充，是全在督飭之力。嗣後各廠小工作則歸點工，大工作則歸包工。責成本廠委員率同匠首，於驗收時逐件考察。稍不合度，飭令改换。如再不合，罰扣工資。工匠中有手藝優長者，隨時獎加工食，頑劣者斥革。一，工匠宜嚴加搜檢也。聞該局所設稽查處，不過於每日放工之際，派人看守局門，并未嚴密搜查。不肖工匠私竊物件，朦混出廠，在所不免。亟應嚴飭各廠員司督同匠首，隨時稽查。於放工時，如有形迹可疑者，認真搜索，獲即重辦。一，庫房存料物宜分别變賣也。該局庫房現存有銅鐵渣屑，及從前購存不合用之料，所值頗鉅。亟應選派公正員司逐漸者求，有可設法搭用者，留之。若實不能搭用，及笨重銹澀者，可以拍賣，得有鉅款，以之生息，亦可補新廠經費之不足。一，局内護勇宜酌復舊章也。該局護勇，本爲防範各廠起見。自裁撤後，飭礮隊營勇輪流供差，何能專心緝查，亟應將舊章酌量變改除。前後各門仍派護勇看守外，其餘各廠均由本廠委員，遴選勤慎小工，充看門支更等事。既歸廠員節制，自不敢稍有疏忽，非獨口糧較廉於護勇也。一，礮隊營勇宜規復舊制也。查礮隊營專爲操習槍礮而設，名曰礮勇，實系學徒。必須年輕識字者，方可入選，教以礮表、算法、准頭、步伐諸技，隨時考校。俾令識藝，兼資并得局廠守御之助，立法甚善，亟應查照舊章，妥爲辦理。一，新廠地基物料宜繪圖估核議購也。分廠工程浩大，須將廠地圖繪出，以便委員前往估工。所用磚瓦木石等料，尤須格外斟酌。應在建廠地方，就近議購，期節運費。以上各條，該道立即遵照會同江海關袁道，詳晰妥籌辦理。

魏允恭《江南製造局記》卷二《（光緒）三十一年六月兩江總督魏批》 提款

既有定數，入款稅絀數少，製造銅元約計今歲恐難開辦，是目前裁節冗費實爲第一要義。淘汰員司，及停支掛名薪水，係屬正辦。至裁併廠所，查所儲栗藥既足敷數年之用。此次籌防局所請添造栗藥，應即造至三萬磅，即行停止。黑藥松江藥庫存儲尚多，亦應一律停造。此外，凡有可裁可併，必須按照實事，分別妥籌，切實釐剔。鑄造銅元擬就砲彈廠改辦，并將裁停各廠工匠，擇其手藝尚優，工作勤謹者，留爲新廠及銅元廠之用。事均可行，購料用料出入既鉅，流弊滋多，前設議價處因承辦之人未能核實裁撤，現在復設必得慎選切實可靠之員，庶不致弊因除而復滋，能就局中供差各員遴選廉潔數人兼理其事，且可節省另派薪費。領料具表原爲有數可稽，第仍當不時向各廠切實考究，以期互相印證。製造銅元應行添購機具，必須從速趕辦。省垣錢局現雖迭飭整頓，目下尚未定有妥善章程。該局本爲機器製造老廠，銅元雖係創辦，而鎔銅展片等務在局員司工匠實已考究有素，自應就局中辦法，切實參仿切究，俾得各盡所長。至省局酌提花紅原定三釐三毫，嗣擬提紅八釐作爲十成，以八成歸總辦員司工匠夫役，及留作常年修理局廠開支、局勇親兵薪糧等用。其中員司工匠亦祇三成，尚未據司局議復，本無提出一成專作花紅之事。譬如歲獲盈餘百萬，按一成即須提紅十萬，即員司工匠照八成作十酌提三成，亦有二萬四千金之鉅，豈不駭人聞聽。是甯局續議提紅本未妥洽，亦未定案。且銀局總辦月薪甚微，與該局總辦開支薪費多寡懸殊，而局中一切開支修理及勇糧夫辛，或本無須另行添支，或歸入公款開報，辦法亦自不同。此時該局添鑄銅元，縱以在事員司工匠，須給花紅，亦祇宜酌量少少提給，以示鼓勵，多提不獨有虧正用，且與製造軍火同在一局，一則優給花紅，一則僅給薪工，相形見絀。亦恐給紅者，未必真能奮勉。向隅者勢必轉有藉口，事貴兼籌，法期平允。年來部撥防費浙關歷年積欠未解，撥補蘇滬兩釐局應解之款，各省亦復屢催，岡應南洋江海兼防一切經費，惟賴滬關一成洋稅，甯局八萬釐金。滬關近來稅絀防費，亦復相隨短少。而用款現又新添建威建安兩船薪費，雷艇雷營又復設立，行駛，日本訂購一船，瞬將告竣。以後須仍查照張部堂原奏，續訂三船米釐，既不可恃船費，尚不知從何籌補二成所撥四船養費，當於裁船案內，既經張部堂奏明備購新船之用，而保民一船近復行駛，薪費又須照發，不獨防費萬絀，正無可爲謀。且本省如銀局等稍有餘力之處，又須湊解新廠經費，所請原撥四船薪糧撥歸局用，不獨與案不符，亦爲目前財力萬不能行，應毋庸議。至滬關欠解二十四年常費，應即專案詳候札催。所請各營台兵輪等處需用軍火，稟經本署及撫院批准，行局方可承造，應准照辦，並即分移遵照。前次積存匯豐之款，屆期提取，方免受虧。且此時訂購銅元機具，價銀無多。新廠開機鑄造，尚需時日，自可從容議提。將來仍須隨提隨報，以資稽攷，新廠機價俟有成議，如何應付，計數若干，如何向商號挪借，臨時詳晰稟奪，仰即遵照，分別籌辦。並將新廠應辦事宜，會同方道妥辦，仍録報湖廣張部堂，并候批示録報。

魏允恭《江南製造局記》卷二《總辦魏允恭續稟整頓滬局情形》 竊職道允恭本年四月到差後，遵飭整頓舊局，籌辦新廠，業於五月十九日先將大概情形具文稟報，並聲明其餘未盡事宜，容隨時查攷，釐剔稟候，核辦在案。嗣於辦公之餘，復將滬局各廠悉心攷察。竊見局中廠所名目紛繁，辦事散漫，有須添設以資攷究者，有須改辦以期整肅者，有可歸併不必特設者，有應隸於此而反屬於彼者。均於工料經費確有關係，不敢不認真釐定。七月間，奉鐵欽憲面諭籌辦新廠，尚無定議。目前應仍就滬局加意整頓，不必多改舊章。俟妥議奏奉諭旨後，再行飭遵等因，自當遵辦。惟已經整頓各事宜，但與舊章不致窒礙，仍應督飭辦理，謹舉四端，爲我憲台陳之。

一，添設攷工處，以研求廠務。職局創始於同治四年，變法圖强，獨開風氣之先。迨後逐漸推廣，鎗砲由前膛而改爲後膛，子藥由舊式而兼製新式。智創能述，疊矩重規。蓋不知幾經損益，惟設廠分二十餘處，歷時經四十餘年，某廠房屋機器具初置若干，後添若干，某廠製造軍械辦理情形，從前何如，現在何如，員司隨時更易，往往有問諸本廠而不能對者，至於此廠之人不能周知彼廠之事，則比比皆然。總辦到局，但見規模宏遠，事體重大，其中某廠制度沿革一切情形，既無章程可攷，亦無圖籍可稽，必須歷時稍久，始能得其大凡。職道允恭到局後，因創設攷工處，擬編輯攷工説略一書，調派提調、纂述、書記、校對各員司，參稽往蹟，博攷新規，分期周歷各廠，訪詢一切，隨時記載。並選派廠員歷練較深者十餘人，會同商榷，沿波溯流，舉凡製造之良楛，成物之多寡，用費之繁簡，一一筆之於書。不能明者，附以圖表。卷首則冠以歷年奏案。異日編纂既成，數十年間因革損益，無論何人，手此一篇，足資攷證。

一，改設巡警處以鄭重關防。職局爲製造軍械重地，關防首宜謹嚴。從前局中原有護勇百餘名，分布各廠，晝夜巡守，稽查出入。上年趙道濱彥辦理局務，查悉各廠護勇疲玩偷竊，爲局中一大漏巵，遂一律裁撤，飭由砲隊營按禮拜輪派勇丁，分赴各廠當差。自爲節費起見，惟局中地段遼濶，廠所林立，勇丁輪流值班，廠内人數衆多，仍不能一律辨認，日久玩生偷漏仍所不免。即將勇丁裁撤，另就砲隊營挑選精壯樸實勇丁八十名，勤加訓練，明定規條，先於局門以内劃分扼要地段，輪班站崗，日夜巡緝，每早未接班者，操演鎗法步法。午後未接班者，一律聽講警章。俟有成效，再議推廣辦理。添募巡兵於圍墻以外，一律分班巡綽，以期周密。

一，西木棧應歸併庫房管理。查該棧專儲各種中西木料，各廠需用隨時具領。遇有缺乏，由管棧委員稟明，總辦批飭庫房購買，運至局中，仍由該棧員司點收，入棧堆存。庫房並不過問。數目有無訛錯，庫房亦不得而知。平時請購木料，庫房惟遵批示辦理，究竟存料已否短缺，庫房亦不能隨時考查。木料亦局中料物之一端，既由庫房購買，似亦應由庫房經管收發，庶辦理可期畫一。

一，皮帶房應改歸機器廠兼管。查皮帶房設於機器廠後面，向歸庫房管理。平時修製各廠機輪皮帶，由庫房購買大張牛皮，發交皮帶房工人裁剪縫紉。庫房員司平日收發物料一切事宜，甚爲繁瑣。已有兼顧不遑之勢，加以相距較遠，尤難隨時稽查糜費工料，在所不免。該皮帶房既與機器廠毘連，自應併歸機器廠兼管，庶辦理可期核實。

凡此四端，但就外面觀之，似與局中經費無甚出入，而核其實在，皆足爲鄭重。軍需稽核工料之助，不必務裁汰節省之虚名。庶可收整齊畫一之實效，理合稟陳，伏乞批示祇遵。

署兩江總督端批：察核所議西木棧歸併庫房管理，皮帶房改歸機器廠兼管，及添設攷工處，改設巡警處各節，既係由裨局務，應准照辦，仰即遵照，仍候湖廣督部堂批示。

《申報》光緒三十一年七月二十五日第九版《製造局紀事》 江南銅圓局，前請滬南製造局向瑞生洋行定購銅元機器五十架，運寄配用損壞殊多，且少零件等物。經總辦潘觀察電請製造局魏總辦，查詢弊病。魏總辦得電後，當向該行查問，據稱並未損壞，亦無缺少。現已派夥唐姓前往甯局查閱，故於昨日據情電覆。製造局總辦魏觀察，查得劃分船塢以來，各員辦事紛繁，頗覺不敷調遣。昨日因特札委縣丞沈蔭鎔二尹，在局差遣，二尹當即到差視事。

中國第一歷史檔案館等《中國近代兵器工業檔案史料》第一輯《練兵處奏議江南製造局應行認真整頓片光緒三十一年九月十六日》 本年七月二十七日准軍機處鈔交，署兩江督臣周馥奏整頓滬廠擬派員匠出洋學習製造一片，奉朱批，練兵處議奏，欽此。原奏内稱：滬廠積弊甚深，現已飭該局總辦等力圖振作，核實稽查，裁汰冗濫，如總辦不得力，即會同北洋大臣遴員接辦。槍礮歷年所制均非精品，火藥比較洋制尤屬不逮，現延日本精制火藥師一名，考驗舊藥并改制新藥之法；一面選派道員李經叙帶同學生、員匠分詣各國名廠學習；妥雇精制子彈、煉鋼工師來華選料製造兼教工匠；擬於廠内設立工藝學堂教導藝徒：分途并進，程功較易各等語。

查滬廠積弊本深，自應認真整頓，删汰冗濫，將該總辦等隨時考察撤換，以挽積習而重軍儲。近來各國於子彈、火藥等項莫不精求製造，推陳出新，以利軍用，亦非酌派員匠前往學習，無以探其精蘊而資仿效。該署督臣所請整頓該廠及派員匠出洋、雇洋師改制各節，規劃尚屬周詳，應即照准。至原奏擬於廠内設立工藝學堂一節，殊與各省工藝學堂、工藝局廠等名目相混，且此項學堂系專力教導製造軍械之用，應名曰兵工學堂，俾符名實而示區別。刻下兵學日新，軍械尤重，該廠每年糜款不貲，制器不精，幾等虚設，臣鐵業於本年春間查覆摺内詳細上陳。該廠將來固須裁并，目下亦斷不可任其窳廢。該署督臣務須按照所奏認真辦理，以期漸收實效，款不虚糜，上副朝廷振興戎備綜核名實之至意。

「中央研究院」近代史研究所《海防檔》丙機器局《光緒三十一年十二月三日外務部收兩江總督周馥文「威靖」「虎威」兩船因機老行遲業已變賣「南端」一船仍暫停留》 光緒三十一年十二月初三日，收兩江總督周文稱，據江南籌防局詳稱，竊照南洋兵運各船，前因機老行遲，不適於用。遵飭將「南瑞」、「威靖」、「虎威」等輪裁停之後，不復起用，僅派員勇看守，俾節餉需。惟各該船久浮水面，勢必腐棄。若復修駛用，爲款不資，且常年養費，又無所出。當據看守委員稟報，「威靖」運船係前三十年江南機器局所造，舊式銅皮木殼，腐爛不堪，亟須設法變通。據情詳經憲台咨，由前總理南北洋海軍廣東水師葉提台，酌將該輪在滬拍賣義昌成洋行，計價規銀二萬兩。兹准接統海軍薩提台咨明，價款照收，歸海軍活支項下動用。該船砲械軍火，逕交江南機器局照數收儲。又「虎威」蚊船裁停後，停泊無用，儀徵鹽棧因「飛霆」蚊船，前歸該棧緝私被焚，須輪抵用。詳准備價，將「虎威」買作緝私之用。並奉飭派上海船塢洋員巴師勘驗，估值洋一萬元，由該棧照繳，解交籌防局核收，以備凑撥修船之款。其「虎威」隨船槍砲器械軍火等件，仍歸該輪巡緝之用。除「南瑞」一船仍暫停留外，所有「威靖」「虎威」兩船，變賣價款，分別備撥理。合詳祈核咨等情到本大臣，據此，除批示並分咨外，相應咨明，爲此咨呈貴部，謹請查照，立案施行。

魏允恭《江南製造局記》卷四《三十一年署兩江總督周札》 查上年四月前南洋大臣魏會同湖廣總督張奏設萍鄉新廠案内，聲明由滬局提銀七十萬兩，爲建設新廠之用。旋於六七月間，據上海機器局魏道先後具稟請自五月分起，就收款内，按月攤提，隨時撥存殷實商號，以爲新廠存款。以每年提銀七十萬兩計之，分月勻攤，每月應提銀六萬兩等語。昨經本大臣面詢江海關袁道，據稱上年該關應解二成洋税，均已如數解局。是此項銀兩，自五月份起，截至年底止，八個月之久，以每月六萬計之，應存銀四十八萬兩。其每月所生之息，尚不在内，而究已存放何號，如何生息，未據該局隻字具報。款關要需，既經奏明，斷須照數提扣。惟此項本由滬關撥解，應即責成上海道經手存放，俾昭慎重。嗣後該關應於撥解二成洋税内，按月提扣六萬兩，名曰新廠經費，另發銀行，妥存生息。上年該局提存之款，即由魏道等結清本息數目，現存何家商號，一併移交上海道，妥爲存放，以後按月提扣，及按期取回，息款各數目。由上海道另造月報四柱清册，專案報核，並移知該局，照案造報，以憑查考。

魏允恭《江南製造局記》卷二《總辦林志道稟創辦工藝學堂》 竊前奉憲札行知，以奏明製造添設工藝學堂，飭將江海關道所設之廣方言館，及製造局之砲隊營，酌量裁併，擬議辦法等因。查日本工業學校遍設郡縣，要其命意，約有二宗，一爲關係國家製造之工藝，一爲關係民生之工藝。各不相混，立法至周。至其科目，鉅細不遺，亦分二大綱。一曰化學工藝，一曰機器工藝。理法紛紜，二者實盡之矣。職局開辦三十餘年，實爲國家總匯工藝之地。則所謂設工學者，要惟是精求化學之理法，詳究機器之功用。預計學科必與職局緊切相關，方可共貫同條，交相爲用。惟是廣方言館經費出於船鈔項下，而操砲學徒口糧出於職局洋税項下。一經拓爲工藝學堂，則砲隊口糧改爲添設工學經費，於報部尚不爲難。然廣方言館經費向由滬關報銷，與職局無涉。若勉强牽合，反生枝節，擬將職局畫圖房拓爲工藝學堂，分立化學工藝，機器工藝兩科，隸入廣方言館。庶於憲台原奏不相違背，是否有當，伏祈核示，祇遵。

（附）《工藝學堂章程》 一辦法。製造局原有之畫圖房内，設生徒十餘名，授以漢文、洋文、算學、繪圖等課，繪畫各廠尋常機器圖樣，均用該館學生。是該生等，已得工學門徑，擬請將該館拓爲工藝學堂，即職局大廳開館，毋庸另建，以節糜費。

二經費。查畫圖房經費出於職局所收二成洋税項下，每年約需銀三千餘兩，合之操砲學徒二成口糧三千兩，每年可得銀六千餘兩，大致尚可敷用，其年終報銷，仍由職局自行核辦，於廣方言館無涉。

三學生。此項學堂應招學生，就以上兩項經費，擬設額五十名，除原有畫圖學生并本年調取各廠匠童二十名，照舊留館外，或招選聰穎子弟，或擇廣方言館學生之優等者撥入，一併授課。

四課程。除漢文、英文、算學、畫圖四事，仍照畫圖房舊章辦理外，其餘擬請仿照日本大阪工業學校章程，設立化學機器兩科。一專教分化物質諸理法，一專教重力滊熱諸理法，而以本局各廠製造就諸生所學爲實習實驗之地。庶幾學有實際，其逐日課程應俟開辦時，詳細妥議。

五教習。職局熟習化學機器等學者，尚不乏人。算學，則有華守衡芳，化學則有徐丞華封，工藝則有王牧世綬，繪圖則有楊縣丞漸逵，機器則有華從九備鈺。擬令分司教授，俟將來擴充，再聘洋師以求深造，仍責成廣方言館提調吴守增僅，秉公辦理。

六學品。查外洋學校教授某項學問，必有某項學品以資實習。製造局各種滊機足資問學，自可毋庸重設。此外，如化學器具、藥料及機器小樣各種圖式，均由局擇要購。

七書籍。工學既開，則東西洋各種需用工藝書籍，亟宜擇其切於實用者，首先繙譯。現擬聘日人籐田豐八，兼辦繙譯之事，薪水較西人極廉。應繙化學工藝書籍，已擇要購買。一俟購到，即可陸續譯出。其譯印書籍，除供甯滬兩學堂取用外，餘照製造局圖書處一例發售，以廣流傳。所有此項譯印經費，仍歸製造局繙譯館開支。

八學成。凡在館學生，擬請以四年爲學成之期。學成之後，除廣方言館學生每遇總署調取照章咨送外，其餘學生均留充甯滬兩學堂教習之，選局中需用員司，亦即此項學生隨時録用，以鼓其奮發向學之心。

十一月兩江總督劉批：察核所議各條，極爲明晰，籌畫辦法，亦頗周詳，應准照辦。

魏允恭《江南製造局記》卷三《兩江總督劉札》 據金陵機器局稟稱，本月十四日，奉發上海機器局，解到自鍊鋼條。飭令詳細試驗成色，稟候核奪等因。奉此，職道等遵即領回發廠，逐條詳細試驗。先按洋法，用機器試其拔力之數，及伸力、凹凸力各數，均與滬局原試之數相符。又用藥水化分，試其所含鐵質、炭質、錳質、矽質，各分數亦與外洋鋼質之數相同。次又下爐燒至白熱，取出錘打，性能粘合無隙，伸長曲屈，絶無疵病，其質性之堅，而且韌實，與外洋造礮之鋼相埒。洵稱精良適用，擬俟該局鍊有成數，嗣後職局所用後膛槍礮各鋼壞，即可改託滬局再鍊，運來應用，免向外洋購買。惟聞現在鍊鋼所用之生鐵、鐵石等件，尚向外洋購買，而劉道加意精求，亟思將來全用中土物料。職道等於光緒十三年間，曾將徐州利國所産鐵石，運到十餘噸，及四川所産之生鐵，在職局就原有之爐機試鍊礮鋼，造成二磅後膛鋼砲一尊，解津發營試驗，亦與外洋鋼礮相埒。本擬購置鑪錘開辦，嗣因經費支絀中止，所有運到利國鐵石，尚有存儲。此次即將前存鐵石，交「鈞和」輪船附解滬局。函致劉道發廠試驗，如能合用，則徐滬一水可通，轉運甚便，於製造實多裨益。所有遵驗滬局自鍊鋼質，精良合用，並將前鐵石運滬試鍊緣由，理合稟乞鈞鑒等情到本大臣。據此，除批，據上海製造局自鍊鋼條，經該局用機器、藥水，分别試驗質力之後，復又下爐錘打，粘合屈伸，與外洋造砲之鋼相符。是試鍊業已得法，匠作嫻熟，當可益精。昨已批飭將所製槍筒造成槍件，再行呈候試驗，一面將機器廠屋趕緊安配，逐細考求，以期添購大鑪，漸圖擴充。將來不獨可應該局之取用，並可供各局之購取也。至所需鐵料，據該局稟，覓得湘省所産礦鐵，入爐鎔鍊，不獨成數較多，且鋼質堅而不脆，最合槍筒砲料之用。已派員赴湘採買，亦經批飭。此外各處礦産，亦當詳加購試，庶料物何者爲佳，價脚何者爲廉，得以擇便而從，各在案。徐州利國礦鐵石，該局既有存儲，已交鈞和解局試鍊，果能合用，似更較爲近便。仰候札行上海製造局遵照核辦，此批印發外，合行札飭該局遵照辦理。

魏允恭《江南製造局記》卷三《直隸總督李札》　據天津機器局稟稱，上年十一月十六日，奉憲台札飭，以上海機器局稟，前購鍊鋼機器鍊成各項鋼料體質，查驗與洋鋼尚無軒輊。候將送到鋼條槍筒一箱，鋼樣一盒，札發天津機器局，督令員匠詳細試驗考核，飭局遵照辦理。具復計抄摺，並發鋼條槍筒一箱，鋼樣一盒等因，遵即行知化學委員考校，因京差較忙，一時未得考驗。現准承道霖交到節畧内開，兹化得三角鋼每百分含炭五十五分。圓鋼條每百分含炭三十五分。其他各種，均與此二種大畧相仿。其鋼極佳，體細密，紋理匀净，毫無砒硫燐等迹，最爲上等之鋼。惟長方鋼板一種，紋理稍有未匀等由，理合稟報憲台鑒核等情，到本閣爵大臣。據此，除批示外，合行札飭，札到該局，即便查照。

魏允恭《江南製造局記》卷三《總辦魏咨金陵銅元局》　敝局遵奉奏案，添辦銅元，業經騰挪廠房，購置機件料物，正在修建房屋。嗣復奉署督憲周札，飭滬局鑄錢廠，已經本大臣附片奏請，歸併金陵銅元局合辦等因。自應遵照辦理，惟該廠自開辦起，至十一月止，所有購機價值，建廠工料，以及局中添置鍋爐，陸續訂購。應用器具物料，支放員司匠役薪水工食等項已經動用之款，均有册簿可稽。飭據該廠提調委員查開清單前來，除繕摺稟明署督憲周外，相應開單咨會，爲此合咨貴局，請煩查照施行。

魏允恭《江南製造局記》卷四《兩江總督劉札飭江蘇各司關道局協撥銀數》　查上海機器製造局，擴充製造，添配造槍礮各機，曾經奏請飭部另撥三廠常費，當准部咨議復，在於江蘇各司關道局項下分撥。旋經分飭每年各能認籌若干，迅速妥議詳奪，各在案。查添製槍礮，趕緊製造，迭次欽奉懿旨、諭旨，飭令就地籌款，迅速舉辦，以備緩急之需，亟應欽遵辦理。現值時事多艱，局款奇絀，自難責以無米爲炊。應由各司關道局，分籌認解，俾得衆擎易舉。且此項經費，係奉諭旨交部議奏分撥。該司道等宜如何仰體時艱，竭力籌措，溯自奉旨通飭各省改練洋操以來，需用軍械尤夥。南北洋操額用更難短缺，加以神機、虎神兩營拱衛禁籞，北洋武備全軍，屏蔽畿疆，所需槍礮藥彈，皆由製造局籌備。設以經費製造難供，貽誤軍實，誰執其咎。該司道等受恩深重，矢志公忠，務思共濟艱難，勉爲籌撥。當此度支窘迫，本大臣同切焦思，豈願竭澤而漁，施之不恕。特以製造爲練兵之根本。款項關製造之命脈。有精兵而無利械，何以爲圖强禦侮之資。仰維宫廷講求武備，宵旰憂勤，凡屬臣工，均應奮勉。事機所迫，緩急宜知。今由本大臣酌定，除甯藩司庫實係奇窘免其派認外，此項常費原案本由大部指撥江海關税釐銀二十萬兩，常年照解。因撥款浩繁，現經奏交部議，在於司關道局分籌認解。該關宜首先多認解數，方爲正辦。每年應籌解銀八萬兩。所餘之十二萬兩，應派蘇藩司籌銀二萬兩，兩淮運司籌銀四萬兩，鎮江關籌銀二萬兩，蘇松糧道籌銀一萬兩，江安糧道籌銀一萬兩，江南籌防局籌銀一萬兩，金陵釐捐局籌銀一萬兩，共合銀二十萬兩，按年如數解交上海機器局，以供三廠常費。自經此次派定之後，毋許再有推諉，致誤軍需。再，江海關尚有欠解光緒二十三年常費銀二萬兩，二十四年銀二十萬兩，此係該關前去兩年欠解之款，不在分籌之列，應由該關迅即設法，陸續分批掃數補解，以應購機急用，不得以已經分派，遽圖諉卸，切切。

魏允恭《江南製造局記》卷四《總辦魏允恭稟復查明製造各款》 竊七月間，奉鐵大臣親莅職局，周歷製造各廠，考察各種槍礮子彈。並奉飭查職局，自同治四年開辦起，至光緒三十年夏季止，歷年收支正雜各項銀兩數目。又製成機器軍械等項，共值工價銀兩，内收回代外省製造軍械等項工價銀兩，及售出鋼板價銀，約獲餘利各數目。又現在實存各種器械物料值銀數目，飭即按年開具簡明清單，並將每年盈虧數目，附説聲明，以憑考覈。又本年實存正雜各項，並提存備建新廠各款，及不列月報另存零款各數目，一併開送。又以湖廣督憲原奏，有裁汰冗員雜費，歲可節省十餘萬兩之議。現在裁汰節省，究有若干。飭即一併查覆各等因。當以職局自同治四年開辦迄今，已四十年，所有遵飭清查各款，雖檔案具在，而員司既非一手，册簿不止一宗，逐款清釐，未易剋期竣事。即分飭各廠處，遵照趕辦，並先從職道允恭四月二十六日到差起，至六月底止，將實存正雜銀錢各款，並實存各項軍火數目，實存各種料物數目，繕具四柱簡明清册，送呈查核。其實存正雜銀錢各款，嗣復續送至七月分止，又附説聲，復裁汰冗員、雜費歲可省十餘萬兩一節，細繹原奏經費不必另籌條下，擬將各項械彈，分别有用無用，酌量停造減造。並裁汰冗員，雜費歲可節省用款銀十餘萬兩，係將裁汰冗員雜費，並停造減造，通共約計之數。雖經前辦局務趙道沈道先後遵擬稟辦，尚未奉准定案。適因籌辦防務，迭奉飭撥軍火，並添出趕造加造之件，僅於冗員雜費内，切實撙節。職道到差時，接收規銀五十餘萬兩，即係各前總辦歷屆節存之款。惟實在裁汰節省之數，每年有無十餘萬兩。查卷並未專案稟報，無從分晰指明。又代外省製造軍械等項，收回工料銀兩，及銷售鋼板獲有盈餘一節，續奉札查。以湖廣督憲張原奏有云，外省訂購槍礮、修理輪船繳到之款，往往收支含糊，諸多牽混。又銷售鋼鐵，修理輪船，及各省購用槍礮，歲可收回工本銀十餘萬兩，飭一併聲復。當查此項代造之件，向來先由各省咨明憲台暨撫憲，札局遵辦。凡槍枝子藥等項，即飭廠趕造。若重大之件，以及代修船艘，均先估計工料，稟明立案。一面動工，俟工竣後，核計實用銀數，開單稟請，轉咨各省，如數撥還，隨時收入工款，歷經申報有案，並於月報印册内，逐款開列，按月申報，並無分毫遺漏。惟報部册内，如各省咨部有案者，一體開報。若徑用文牘、函電商請代辦，則大部無案可稽。倘亦將收支各數，一併列入，恐轉干駁詰，是以未便列款開報。原奏所稱，諸多含糊，或即指此，至銷售鋼料、修理輪船及各省訂購槍礮，每年本無定數，則收回工價銀兩，多寡亦無一定數目，有不及十餘萬兩者，亦有不止十餘萬兩者。若論盈餘一層，職局凡代造之件，因同係公家之事，僅就實用工料核計，向不多開。惟鋼料一端，自鄭道孝胥接辦後，商廠大半來局購用，與公家不同，始於工料之外，畧開盈餘，曾經稟明在案。當飭各廠彙數造册呈送，此外尚有銀行及各莊號存息一項，職道呈送本年實存正雜銀錢各款册内，五六兩月收有各莊存息規銀六百五十二兩零，又一千三百七十二兩零，又匯豐銀行半年存息規銀五千四十三兩零。復奉札，查局存正雜各款每月不下七八十萬兩，以月息六釐勻計，亦應得息銀四千數百兩。今合匯豐半年存息，併計祗得銀七千兩有零，飭即查明聲復。當查各莊及銀行存息有長期、短期之分。短期存銀多寡無定，按月收息，可以隨時收入月册。若長期則數目有定，必須到期，收本方能收息，月册内未便預收。即如所存匯豐半年長期，原係規銀五十二萬兩，分作三期，前款五千四十三兩零，乃已經到期本銀之二十萬兩，半年五釐息也。尚有本銀三十二萬兩，未經到期，又存各莊號半年長期，正雜各款銀四十二萬兩，亦均未至期。以上應收息銀，均須俟到期後，方能入册。因將已收未收各息銀，分别另開清摺，以便易於查核。總計職局現存正雜各款，截至六月底止，共銀八十萬四千九百八十餘兩。現已奉鐵大臣札飭，如數存儲，暫緩動用。自七月以後，應放工食薪水等項，即在江海關所解二成洋税項下，撙節開支。現在使節已經到蘇，仍派洋員哈普們帶同繙譯，逐日來局，考察槍礮各種，並水雷子藥等廠，詳究辦法。合將奉查職局各節，並職道聲復各情，由先行具稟陳明。

魏允恭《江南製造局記》卷四《總辦魏允恭稟復》 竊於正月二十三日，奉憲台札，飭職道等遵即會商籌議辦法。竊謂職局認提新廠經費，按月由關坐扣，原屬正辦。惟海關每月税收二成，多寡懸殊，向無定數，旺月照數扣提，自與滬局無礙。若遇淡月，或收數不及六萬，不獨滬局無款解濟，即提存新款，亦必爲難。職道等往復籌商，擬請畧爲變通，由江海關道在提解二成洋税項下，無論多寡，按旬扣出一半，作爲新廠存款。其餘一半，仍照章按旬解交滬局，以供製造經費。統俟年終，會結補足，俾與奏案相符。至職局上年提存新廠之款，既奉飭移交上海道存放，應即遵辦。惟查五月分提存六萬兩，已奉鐵大臣札飭，併入局款八十萬兩内存儲緩動，業經册報有案。又六七兩月備提新廠之款，内有挪付第一期銅元機價，定銀九萬兩，及備撥機器進口税銀五千兩，前奉電諭，飭將此項機價，暫不移存，仍作銅元局暫借。又第二期銅元機價，瑞生洋行函催，應備付銀九萬兩。昨亦由甯銅元局，傳來電諭，飭令仍在存款内暫爲墊付。又上年訂購奉飭歸併甯局之鎔銅罐二千隻，外洋運到，已墊付價銀一萬四千八百二十餘兩。又職道允恭前奉憲諭，代甯銅元局訂購銅斤五千擔，已到兩批，先後墊付價銀十一萬數千兩。以上札存，及墊付各項，共銀三十八萬餘兩。目前甯銅元局無款可付，均應暫緩移存。又萍鄉灣沚兩次勘地，動用川資旅費等項，約合銀五千餘兩，應在新廠項下開支。此外尚有第三期銅元機，價八萬數千兩，又代甯局定購銅斤，尚有第三批價銀，約六萬餘兩。目前雖未到期，轉瞬即須應付。銅價在三月間，即須付清，期限尤爲迫促。尚有應行併歸甯局之鍋爐、鎔銅、爐脚底面板，及鉛銅錫等價值，不在其内。此後新廠經費，既由滬關扣提，局中進款有限，無可挪墊。目前電稟，擬請將上年新廠存款，仍准暫留局中備墊。第三批機銅等價，俟甯局將此款撥還後，再行解交滬關存放。仰懇憲台，垂念局款爲難，允准照辦。前職道碩輔晉謁時，曾經分款開摺，請示辦理。其存息一項，因萍局提款未解，仍照向章列入滬局，月報四柱簡明册内，業經報至上年十月分止，擬俟欽奉諭旨，定議後，再行分別列册，以清界限。上年新廠存款，如暫留備墊甯銅元局機銅等價，所有劃出新廠項下息銀，應請一併留局，統俟將來稟數呈報。現飭支應處，將上年五月分起，陸續奉飭存儲墊付備墊各款，分别繕摺，呈請核奪飭遵，並請飭知甯銅元局，俟職局結清墊支數目，統由該局補還清款。其未經提用以前，應否照存放銀行，酌定利息，並候示遵。

墊付備墊並備付不敷各數目清單：光緒三十年五月起，十二月底止，共提銀四十八萬兩。内計，

鐵欽憲札存五月分提款銀六萬兩。

墊付第一批銅元機價銀九萬兩。

墊付第二批銅元機價銀九萬兩。

墊付銅元機器進口税銀五千兩。

墊付鎔銅罐價銀一萬四千八百二十一兩九錢二分。

墊付第一批銅價銀五萬八千八百八十四兩三錢九分四釐。

墊付第二批銅價銀五萬九千兩。

支銷灣沚萍鄉勘地川資銀五千兩。

備付第三批銅元機價銀九萬兩。

備付第三批銅價約銀六萬一千兩。

以上遵飭存儲緩動，及已經墊付支銷，並備付各項，共計銀五十三萬三千三百七十兩六錢三分一釐四毫。

遵將上年提存新廠經費四十八萬，全數撥抵外，仍不敷銀五萬三千三百七十兩六錢三分一釐四毫。

魏允恭《江南製造局記》卷四《署兩江總督周批》 據稟已悉，該局向撥滬關二成洋税，收數多寡無定，應准照所請，按旬扣提一半，作爲新廠存款。仍以一半解局濟用，統俟年終，稟結補足，以資周轉。至代甯局墊付機銅各價，自應按照起息，由甯局如數撥還，各歸各款。但核計摺開墊付各數，除鐵大臣札存五月分提款六萬兩外，實墊祇有四十七萬有奇。儘上年所提四十八萬兩，已足敷用，似可不必再動前次存款。惟前據來電，業已札行司局核議，應俟復到，再行飭遵。

魏允恭《江南製造局記》卷一〇《費用・歷年鍊成鋼料》 熟鋼：

光緒十七年，二萬一千七百一磅。

十八年，十三萬七千九百五十六磅。

十九年，八萬八百四十二磅。

二十年，七十五萬三千五百三十六磅。

二十一年，七十萬六千八百六十一磅。

二十二年，七十六萬九千三百四十二磅。

二十三年，四百五十三萬八千二百四十磅。

二十四年，一百六十四萬六千八百九十一磅。

二十五年，一百四十八萬五千五百四十七磅。

二十六年，一百二十四萬三千九十六磅。

二十七年，八十五萬三千六百九十一磅。

二十八年，一百二十三萬一千七百九十六磅。

二十九年，三百四十五萬九千二百八十四磅。

三十年，六十九萬二千六百六十六磅。

生鋼：

二十八年，一千七百十六磅三兩。

三十年，四千七百六十九磅半。

魏允恭《江南製造局記》卷八《攷驗・現造五種快礮暨歷年鑄造各種大礮述略》 四生七口徑過山快礮，即三磅子快礮。身長三英尺一寸，來復綫十八條，綫長二尺五寸三分，寬二分二釐，深一釐半，裝膛徑二寸一分，長六寸一分，礮前

外徑二寸半，礮後外徑四寸半，身重七十八磅，輪架重一百七十磅，彈子重三磅，配足本局功字號小礮黑藥四兩半，或無煙藥一兩七錢。平時練準，應用小礮黑藥三兩六錢，或無煙藥一兩三錢六分，命中三千碼，及遠六中里。

五生七口徑船臺快礮，即六磅子快礮。身長九英尺四寸半，來復綫二十四條，綫長七尺九寸，寬二分，深二釐，裝膛徑二寸七分，長十二寸六分，礮前外徑三寸半，礮後外徑八寸半，身重一千二百八十磅，架重一千一百五十一磅半，彈子重六磅，配足三號小礮黑藥二十二兩，或無煙藥六兩。平時練準，應用小礮黑藥十七兩六錢，或無煙藥四兩八錢，命中八千碼，及遠五英里。

七生六口徑過山快礮，即十二磅子快礮。身長四英尺四寸，來復綫二十四條，綫長三十九寸二分，寬二分，深二釐，裝膛徑三寸一分，長五寸六分，礮前外徑四寸六分，礮後外徑七寸，身重二百六十七磅，輪架重二百八十磅，彈子重十二磅，配足功字小礮藥十兩五錢，或無煙藥五兩。平時練準，應用小礮藥八兩四錢，或無煙藥四兩，命中四千三百碼，及遠四英里。

十二生口徑船臺快礮，即四十磅子快礮，身長十六英尺四寸，來復綫二十二條，綫長十四尺零四分，寬五分，深二釐，裝膛徑五寸四分半，長一尺六寸，礮前外徑七寸六分，礮後外徑十五寸，身重二噸七百二十八磅，架重二噸半，彈子重四十磅，配足石子藥十二磅，或無煙藥四磅半。平時練準，應用石子藥十磅，或無煙藥四磅，命中七千二百密達，及遠六英里。

謹案：十五生口徑船臺快礮一種，詳著於首篇礮説內，故此未敘列。又案四生七、五生七、七生六三種快礮，前均經量出尺寸，以備立説。嗣聞各種小礮，尚需改良，仿造新式，因未列入首篇礮説內，而略具梗概，於此至十二生船臺快礮，造法用法，全與十五生礮相髣髴，祇零件略減損耳，故亦不贅。十四生九二口徑大礮，即八十磅子大礮。身長十四尺三寸，來復綫二十五條，綫長十一尺十之五，寬四分，深四釐，裝膛徑六寸七分五釐，長二尺五寸，礮前外徑十一寸，礮後外徑二十三寸，身重四噸半又六十磅，彈子重八十磅，配足栗色藥餅三十五磅，或二號石子藥二十五磅。平時練準，應用栗色藥餅二十八磅，或二號石子藥二十磅，及遠七千五百碼。

二十生三一七口徑大礮，即一百八十磅子短式大礮。身長十四尺一寸七分，來復綫三十三條，綫長九尺五寸二分，寬四分，深四釐，裝膛徑八寸半，長三尺五寸半，礮前外徑一尺二寸六分，礮後外徑二尺六寸半，礮身重八噸半，彈子重一百八十磅。配足栗色藥餅六十磅，或單孔黑藥餅五十磅。平時練準，應用栗色藥餅四十八磅，或單孔黑藥餅四十磅，及遠七千碼。

二十生三一七口徑大礮，即一百八十磅子中式大礮。身長十七尺十寸，來復綫三十三條，綫長十四尺半寸，寬四分，深四釐，裝膛徑十寸半，長三尺五寸半，礮前外徑一尺五寸半，礮後外徑二尺九寸，身重十四噸又八十磅，彈子實重二百十磅。配足栗色藥餅九十磅，或單孔黑藥餅六十五磅。平時練準，應用栗色藥餅七十二磅，或單孔黑藥餅五十二磅，及遠七千七百碼。二十生三十七口徑大礮，即一百八十磅子長式大礮。身長二十三尺四寸，來復綫三十三條，綫長十八尺六寸，寬四分，深四釐，裝膛徑十寸半，長三尺七寸，礮前外徑一尺三寸，礮後外徑二尺八寸，身重十七噸半，彈子實重二百十磅。配足栗色藥餅一百十磅，或單孔黑藥餅七十五磅。平時練準，應用栗色藥餅八十八磅，或單孔黑藥餅六十磅，及遠八千四百碼。

二十三生口徑大礮，即二百五十磅子短式大礮。身長十六尺三寸六分，來復綫三十六條，綫長十一尺三寸，寬四分，深四釐，裝膛徑十二寸，長三尺九寸，礮前外徑一尺七寸，礮後外徑三尺一寸，身重十九噸又四百五十磅，彈子重二百五十磅。配足栗色藥餅一百磅，或單孔黑藥餅九十磅。平時練準，應用栗色藥餅八十磅，或單孔黑藥餅七十二磅，及遠七千二百碼。

二十三生口徑大礮，即二百五十磅子中式大礮。身長二十一尺，來復綫三十六條，綫長十五尺五寸二分半，寬四分，深四釐，裝膛徑十二寸，長四尺三寸，礮前外徑一尺八寸，礮後外徑三尺一寸，身重二十一噸半，彈子實重三百磅。配足栗色藥餅一百六十五磅，或單孔黑藥餅一百二十磅。平時練準，應用栗色藥餅一百三十二磅，或單孔黑藥餅九十六磅，及遠八千碼。

二十三生口徑大礮，即二百五十磅子長式大礮。身長二十六尺三寸，來復綫三十六條，綫長二十尺二寸三分，寬四分，深四釐，裝膛徑十二寸，長四尺六寸七分，礮前外徑一尺八寸，礮後外徑三尺一寸，身重二十五噸，彈子實重三百磅。配足栗色藥餅二百磅，或單孔黑藥餅一百五十磅。平時練準，應用栗色藥餅一百六十磅，或用單孔黑藥餅一百二十磅，及遠一萬一千碼。

二十三生半口徑大礮，即三百八十磅子大礮。身長二十六尺十寸，來復綫三十六條，綫長二十尺，寬四分半，深五釐，裝膛徑十二寸半，長五尺，礮前外徑一尺五寸，礮後外徑三尺一寸，身重二十五噸又五百六十磅，硬質子重三百八十磅。配足栗色藥餅二百二十磅，開花子重三百二十磅，配足栗色藥餅一百六十五磅。平時練準，硬質子應用栗色藥餅一百七十六磅，開花子應用栗色藥餅一百三十二磅，及遠一萬一千碼。

三十生四七六口徑大礮，即八百磅子大礮。身長三十五尺，來復綫三十六條，綫長二十七尺六寸，寬六分，深六釐，裝膛徑十五寸，長五尺六寸，礮前外徑二尺，礮後外徑四尺一寸，身重五十噸，彈子重八百磅。配足栗色藥餅三百磅，或單孔黑藥餅二百磅。平時練準，應用栗色藥餅二百四十磅，或單孔黑藥餅一百六十磅，及遠一萬碼。

中國第一歷史檔案館《光緒朝朱批奏摺》第一〇二輯《光緒三十二年閏四月廿四日署理兩江總督山東巡撫周馥片》 頭品頂戴兵部尚書銜署理兩江總督山東巡撫臣周馥跪奏，爲上海機器製造局第十八次支用各款，查照成案，開單核實報銷，恭摺仰祈聖鑒事。竊查上海機器局製造各項，軍火動用二成洋稅，截至光緒二十五年十二月底止，業經分案開具清單，奏銷在案。茲據蘇松太道瑞澂會同局員魏允恭等，將光緒二十六、二十七兩年分支用各款，遵照部復，併年開報。計上届册報，存庫平銀一百二十五萬九千八百三十七兩九錢一分七釐一毫。二十六、二十七兩年續收江海關二成洋稅，庫平銀一百七十五萬三千八百五十七兩二錢有奇。又收稅釐項下，奉撥二十六七兩年三廠常費，庫平銀十六萬兩，並補二十四年欠解常費銀四萬兩。又收奉撥二十六七兩年三廠常費，鎮江關庫平銀四萬兩。並補二十五年欠解常費庫平銀二萬兩。又收蘇藩司庫平銀三萬五千兩。淮運司庫平銀四萬兩，蘇糧道、江糧道、江南籌防局、金陵釐捐局、江西督銷局、湖南督銷局庫平銀各二萬兩。又收福建善後局，解還軍火工料庫平銀二萬一千六百七十三兩。江西善後局十萬三千九百五十七兩有奇，陝西省一萬五千六百八十五兩，四川省二萬一千八百六十一兩三錢有奇，安徽防軍支應局二萬三千五百兩，浙江善後局九百，兩湖北善後局六千兩。又收廠中歷年積存廢銅鐵等件，變價庫平銀二萬七千二百六十八兩一錢有奇，共收庫平銀二百四十二萬九千七百一兩七錢有奇。管收兩項，共合庫平銀三百六十八萬九千五百三十九兩七錢有奇，共用庫平銀二百三十八萬八千三百二兩五錢有奇，實存庫平銀一百三十萬一千二百三十七兩一錢有奇。此項存銀，或係存而未用。物料之價值，或係造而未完。各件之工料，均係已經動用之款。今俱照案核作銀數，列存歸入下届開報，俾清眉目。其支用一切款項，均經遵章先行詳請咨部立案。茲將收支銀數，及委員司事、中外工匠薪工、購製軍火器具各項，細數照章分造清册，詳請核辦。並聲明自光緒二十六年正月起，至二十七年十二月底止，遵照部章，應扣六分平銀，共扣提庫平銀三萬九千二百五十八兩一錢有奇，存儲候撥，等情、前來。伏查該機器局製造諸事，悉仿西法，用料多係洋產。工資物價，均無定例。支用款項，難以常例相繩。此次册開各款，詳細察核，均係實用實銷，毫無浮冒。謹照成案，彙繕清單，恭呈御覽。合無仰懇天恩，俯准核銷，以清款目。除將清册分咨外務部、户部、兵部、工部查照，並飭將以後收支各款接續造報外，所有上海機器製造局，自光緒二十六年正月起，至二十七年十二月底止，支用各款列爲第十八案報銷緣由。謹會同北洋大臣直隸督臣袁世凱、江蘇撫臣陳夔龍恭摺具奏。伏乞皇太后、皇上聖鑒訓示，謹奏。該部知道，單併發。

光緒三十二年閏四月二十四日。

中國第一歷史檔案館等《中國近代兵器工業檔案史料》第一輯《練兵處奏擬派張士珩總辦上海機器局事務片光緒三十二年七月十九日》 整軍之用最重制器。臣等前因上海機器局現支經費，除奏撥北廠外，爲數尚巨，現在南、北廠未能即時開辦，自應將該廠設法整頓，以濟目前之用。又以金陵機器局前經臣鐵查明窳廢情形，奏准令由兩江督臣督飭酌量裁并，亦久未籌定妥善辦法。當查有分省補用道張士珩，干練廉明，嫻悉製造，先後札派馳往查勘該兩局利弊，并飭通盤籌畫整頓之法。茲據稟查滬局槍礮各廠及現制槍子、礮彈、火藥、鋼料情形甚爲詳晰。并稱該局之利，在程度較深，規模較備，該局之弊，在機器太舊，工匠不精，因臚陳遵籌整頓辦法八條。如加造槍子，配造礮彈，整理藥、槍、礮、鋼等廠，皆爲當務之急。撮其大指，在就現有之經費，擴切用之製造，多仿新式以底精良，少用人工以節糜耗。至於用款，則從省估計，局務則立法檢查。皆不爲無見。

臣等酌度再四，滬局現制軍械，暫爲南、北洋及各省所取資，既欲切實籌辦，自非委任得人，稍重事權，難期收效。該道所稟查勘及一切辦法，洵屬洞明製造，動中窾要。擬即派分省補用道張士珩總辦上海機器局事務，仍責成南、北洋大臣督飭經理，務收實效。原充該局總辦等員，應令另候差委，毋庸在局當差，以免牽礙。至該局如何整頓擴充及重要事宜，并准由該道徑報臣處核辦，以重軍儲。

《東方雜誌》第三年第一二期《江南製造局整頓槍礮彈藥煉鋼上練兵處南北洋條議》 一，造槍宜就舊機，專改新式也。查東西洋用槍之國，約共三十有五，口徑用七密里九者居多。式樣不一，而大要不外四端。一，機捩靈便，開放捷速。二，表尺精密，瞄靶易准。三，子路綫直，命中及遠。四，經久耐用。現考英德日奥各國新出槍式，互相比較，以德之一千九百零五年七密里九口徑新式爲最精。滬局從前由快利槍改仿毛瑟，廠制并未全配新機，且大半參用手工。雖望牌護手板拉殼鈎各項迭次改良，仍難完備。機床有新舊之分，造件即有疏密之判。與其多造不合用，不如減造以求新。目前先立祖模，制齊樣板，將來可以按照造件配購新機。至口徑大小不難隨時斟酌更换，以整頓舊廠之規模，立開辦新廠之基礎，計無便於此者。嗣後并擬咨請出使各國大臣，調查每年新出槍式，發局照造，每種數枝，考求利病，隨時呈送鑒核。不但新廠仿造可資參考，而向來承辦軍械各商，亦不能以新奇炫售，專攬利權。一，造礮宜查考用法，分别改制也。查各國礮式計有兩等，一曰守器，二曰戰器。礮臺營壘利防守之器，水師戰艦陸軍携用利攻堅之器，必先預算用法，再定造數。英國阿姆斯脱郎、德國克虜伯兩廠，鑄造大礮先後馳名。其礮身礮箍，急用純鋼精制。惟德廠後膛門閂用銷子，英廠後膛閂用中心螺塞。配法雖殊，利用則一。至陸路過山等礮，從前均以鋼繩束制坐力，以免倒退。近則改用管退，較前益加穩固。其配裝管退鋼鎖，德礮在下，英礮在上。滬局兩種式樣，現均齊備。上年仿造德礮，按照新式管退之法鑄成一尊，是仿制改良已有把握，擬承造祖模，可期一律。目前所造一百磅子、四十磅子快礮，及十二磅子陸路快礮，三種俟成料完工，即可停造，節費專造新式管退七生六口徑以下快礮。按照常年經費酌定每年造數，以期利用，而免耗費。一，煉鋼應延聘工師，并宜設法擴充辦理也。查製造軍械用鋼最多，既欲擴充製造，必先擴充煉鋼，此根本之計也。各國煉鋼廠最大者如德之克虜伯、英之阿姆斯脱郎、法之科魯蘇，均負盛名。比國之考克立爾，其規模之大，煉制之精，西人亦推爲克虜伯之次。雖彼此煉法各有不同，然煉成之料大要不外兩種，一曰生鋼，專爲造鋭利刀鑚螺鑚等用。一曰熟鋼，專爲造船械槍礮等用。滬局專煉熟鋼一種，仿西門士馬丁鋼爐煉法，歷經試驗，實合槍礮胚料之用，拉力足與外洋槍埒。惟現在廠中僅設十五噸鋼爐一座，三噸小鋼爐一座，規模尚形狹隘，出鋼究不能多。將來開辦新廠所需鋼料，應遵原奏，由滬鄂兩局供應，是滬局鋼廠尤非極力擴充不可。擬請延聘外洋煉師，多添小號鋼爐。另推廣罐鋼等法，并及器具。生鋼除供本國局廠購用器具各鋼外，兼可售諸民間，行銷洋廠，振興利源，莫大於此。將來接濟新廠與維持舊局之要端，亦莫切於此。一，運機宜改用電力，并宜設廠制造器具也。查西洋各廠所用機器，現在新法均用電氣，以運動之妙在用一機。即開一機，各有電力，各司啓閉，圓轉自如，成件甚速。滬局各廠機器仍用舊法，以滊機皮帶彼此牽率，互相掣動，不便殊甚。然全局機器，合計有千數百具之多，沿用四十餘年之久。一旦全廢煤火，改用電力，需費浩繁，其勢斷辦不到。顧因經費爲難，全改不易，遂舉外洋最新最精之法，恝置弗取，似亦非講求軍實之道。擬請目前各廠原有機器，仍用舊法，將來如推廣新廠，或添置新機，一律改用電力，以期靈捷而省煤火。於採用新法之中，仍寓撙節核實之意。至於制器之器，如菊花車刀等類，最爲緊要。據洋監工柯尼施稱，宜特設製造此等器具之廠。只備必不可少之機器，略雇心靈手敏之工匠，認真辦理，并於各廠設立藏器。所收藏足敷應用之器具，以備隨時取用。并稱菊花車刀，請用新出之大速力鋼，其堅韌耐用，勝於尋常鋼料三倍，無須常時打磨各等語，洵爲切要之圖。蓋機器爲製造之命脉，此等器具又實爲機器之命脉。如全恃購買，應用不能自制，或偶然仿造，不求精美。領用者又不甚愛惜，不善收藏，實於製造成件之精粗，大有關係，虚糜經費猶餘事也。一，工匠藝徒應推廣教育，以充學識也。查各國工匠多由學堂出身，通曉機理，諳習測繪。而各廠家猶復多方教育，於工作餘時，附近設立晚課學堂，招收在廠工匠，教以工藝理法。是以製造日精，而新理日辟。中國製造工匠，并非學堂出身，往往在廠多年，手藝未嘗不高，而知其法者未必明其理，甚至充當領首而目不識丁。欲求製造之進步，談何容易。滬局雖設有畫圖房，挑選識字藝徒，每一星期中教以英文圖算三日。但額數無多，工匠多不與其選。至兵工學堂教授理化、圖算、輿地、歷史，程度較高而又非工匠所宜。擬請在局廠左近設一初等晚課學堂，延聘教習或由兵工學堂頭班學生中選派教習二三人，專教廠中質藝較優之工匠藝徒。凡有志向學者，每日下午放工後入學，由教習講解粗淺藝理，并授圖算洋文，增廣其識見，爲將來續派出洋，預備科廠員洋監工等，均注意於此。一，工匠工食應核實加增，以資鼓勵也。查外洋工匠手藝較優者，無不優給工食贍恤身家。滬局開辦四十餘年，不乏優等之匠。乃近年以來，每有托詞他去、久假不歸者，固因湖北四川等局，計工授食所得較優，而各省先後開辦銅圓，亦皆不吝厚薪，多方招致。該匠等既爲謀食而來，自當以工資多寡决其去就，雖嚴定規條無益也。楚材晉用，維縶誠難。據洋監工柯尼施稟稱，照目前廠中工食，難容上等工匠，急應分等優加。又稱欲工作踴躍，宜行按成件給價之法各等語。查按件給價，全賴驗收得力，其法極善，外洋多行之者。滬局各廠雖已設立檢查所，一切祖模樣板尚未置備齊全，造成之件多憑目驗。遽行按件給價之法，恐工作草率，難於檢查。至籌增工食一節，擬將積年在廠手藝較優之工匠，以及資質可造之藝徒，區別等第，核加工資，以資鼓舞。至各廠學生匠目，如有得力者，應請給發五六品功牌各數張，交局隨時獎勵。

中國第一歷史檔案館等《中國近代兵器工業檔案史料》第一輯《張士珩爲請新增賠款切勿牽動製造二成洋税事呈陸軍部之稟文光緒三十三年四月二十四日》

委辦江南製造局兼管船塢・二品銜分省補用道張士珩謹稟堂憲大人鈞鑒：敬稟者，竊查職道上年考查滬局，籌擬整頓、擴充辦法八條內，約計經費一條聲明，滬局常年收款近三年通扯計之，每年約二成洋税銀一百二十萬兩，各司局常費銀二十萬兩，共約銀一百四十萬兩，除提新廠經費七十萬兩外，滬局實收銀七十萬兩。茲酌擬每年造成無烟藥槍子一千萬粒，應需銀三十八萬兩；槍五千枝，需銀九萬兩；礮二十餘尊，需銀九萬兩。計子、藥、槍、礮四大宗，共需常年經費銀五十六萬兩。此外各廠經費及各項薪費，就滬局近年支用數目核計，煉鋼廠約銀十萬兩。（除代造收回價值二三萬兩，約實支銀七八萬兩）；鑄銅鐵廠約銀四萬兩，礮彈廠約銀二萬數千兩，銅引廠約銀二萬數千兩，機器廠約銀二萬數千兩，兵工學堂一萬三千餘兩，礮隊營、巡警處三萬四千餘兩，員司薪水、洋匠薪水、護勇長夫工食約銀十二萬兩，以上各項共約銀三十四五萬兩。通計常年經費約需銀九十萬兩。其收款約七十萬兩，系以近三年通扯計算，若照三十一年洋税收數甚旺，再能竭力核實撙節，差可敷用，如遇收數支絀之年，應由局隨時設籌，稟請酌辦各等語，稟陳在案。

職道接辦局務以後，曾奉憲臺札飭，應照整頓、擴充辦法八條籌辦，并奉函諭飭切實整頓，次第籌舉各等因，自應遵照辦理。現經切實計議，擬即先將子藥廠添廠、添機，一俟廠機布置定後，每年擬造無烟藥槍子一千萬粒；其槍廠、礮廠并俟樣槍、樣礮制成，考核完善呈驗以後，如無他項要工承造，亦擬按照稟定造數辦理；此外礮彈、煉鋼等廠并即逐漸籌舉。除開辦廠機各費另案稟辦外，其常年經費復加核算，前次約計每年銀九十萬兩大數實無可減少。伏查經費爲製造命脉所關，必須先事綢繆，通盤籌畫。統計職局入款，除各司局庫三廠常費二十萬兩外，即專恃二成洋税爲的款。洋税之收數衰旺亦不能一致，三十二年即不能如三十一年之旺，近年通扯約一百二十萬兩。其新廠經費七十萬兩，則無論洋税收數如何均須解足，是職局實收常年製造經費洋税只五十萬兩左右，連同常費二十萬，每年共只七十萬兩左右，衡以約計常年用款九十萬之數，已不敷銀二十萬兩。全冀洋税較旺，能每年多解若干，再於支款實力撙節，方能勉强支付。近查各項料物無一不遞加昂貴，較之一二年以前情形已有不同。而來自外洋料物，新章復一律征税，每年又增一支款。是前所擬常年九十萬兩，近則非百萬不能敷用。且二成洋税近數月解數不旺；又金陵制局因北洋經費提回，奉飭在二成税下增提二萬；尚有西苑傳辦輪船料件，歲屬巨款；近頤和園又傳辦電燈全副，連轉運京都安設完全，約須二萬兩上下。種種情形，通等并計，焦慮正深。而值此財力支絀之時，深知各司道局庫同一竭蹶，職道何敢以款絀爲言另請增撥，但已有之款則何能再有減解。乃上年年底准江海關道函稱：近奉行每年賠款增提五十四萬兩，擬於二成洋税攤扣，即自上年十月以後，按數扣減等語。是每年統計竟少銀十萬八千兩。當此款絀用繁，何堪歲少此巨款。現在籌畫整頓擴充，正擬次第舉辦，一旦歲減經費十萬八千兩之多，則諸事均因之牽礙。倘減造軍火，何以應目前之需；竟孟浪開拓，勢必至半途束手。且既常年經費不足，則籌廠、籌機、籌料顧後瞻前，均亦無從着手。職道每念時局之多艱，軍實之空乏，緩急何恃？恨不能槍、礮、子、藥立時并舉，造有成數。只以欲速不達，事有條理，必須脚踏實地逐漸經營。正在數米爲炊，忽又經費驟減，命脉所系，正不能不先事預算，借免後來之隕越。所有江海關新增賠款一案，惟有仰乞憲臺咨明税務處，札飭江海關道遵照務於各項洋税中設法另籌，切勿於製造二成洋税攤扣牽動，仍應查照向來應解數目，按期照解。并此後遇有税務他項攤扣，應解制局二成洋税均不得輕動。俾職局得以就款設籌，製造日求進步，實爲公便。理合縷晰具稟陳明，伏候俯賜鑒核，批示飭遵。

除稟南洋大臣、北洋大臣外，肅此恭叩福安。伏乞垂鑒。

職道士珩謹稟。

敬附稟者：江海關道瑞道澄素講公益，力顧大局，於制局款項盈絀極爲關心。如洋税中有可運籌者，必能通盤計劃，兼籌并顧，倘此後再有奉派攤款，自可於應解製造經費二成洋税内不至輕動。職道鰓鰓過慮者，恐瑞道或有升轉，際此製造經費支絀之時，倘於制局款項情形不甚熟悉，或致遇有派款，再於二成洋税内輕有牽動，則制局實將無從辦理。是以縷稟，仰乞札行遵照，以重製造要需。合并附陳，再叩崇綏。

職道士珩謹又稟

中國第一歷史檔案館等《中國近代兵器工業檔案史料》第一輯《度支部爲江南製造局請新增賠款免予攤扣該局二成洋稅應無庸議事致陸軍部之咨文光緒三十三年六月初七日》　北檔房案呈：准陸軍部咨，據總辦江南製造局張道士珩稟稱，竊查職道上年考查滬局，籌擬整頓、擴充辦法八條內，約計經費一條聲明，滬局常年收款近三年通扯計之，每年約二成洋稅銀一百二十萬兩，各司局常費銀二十萬兩，共約銀一百四十萬兩，除提新廠經費七十萬兩外，滬局實收銀七十萬兩，支用各項經費約需銀九十萬兩。若照三十一年洋稅收數甚旺，再能竭力核實撙節，差可敷用，如遇收數支絀之年，應由局隨時設籌，稟請酌辦各等語，稟陳在案。伏查經費爲製造命脉所關，必須先事綢繆，通盤籌畫。統計職局入款，除各司局庫三廠常費二十萬兩外，即專恃二成洋稅爲的款。乃上年年底准江海關道函稱：近奉行每年賠款增提五十四萬兩，擬於二成洋稅攤扣，即自上年十月以後，按數扣減等語，是每年統計竟少銀十萬八千兩。當此款絀用繁，何堪歲少此巨款。現在籌畫整頓、擴充，正擬次第舉辦，一旦歲減經費十萬八千兩之多，則諸事均因之牽礙。倘減造軍火，何以應目前之需；竟孟浪開拓，勢必至半途束手。且既常年經費不足，則籌廠、籌機、籌料顧後瞻前，均亦無從着手。所有江海關新增賠款，惟有仰祈咨明稅務處，札飭江海道遵照務於各項洋稅中設法另籌，切勿於製造二成洋稅攤扣牽動，仍應查照向來應解數目，按期照解。并此後遇有稅務他項攤扣，應解製造局二成洋稅均不得輕動。俾職局得以就款設籌，製造日求進步，實爲公便等情。查江海關應解之二成洋稅，自系製造局必需之款，勢難稍有牽動，所有江海關新增賠款一項，希即轉飭於他項洋稅中設法另籌，不使攤扣此項製造款項，俾該局得以漸次擴充，免致竭蹶，實於軍事大有裨益，等因。并准稅務處咨，同前由轉咨核辦前來。

查江海關洋稅每年增提賠款銀五十四萬兩，此系照近年所收值百足抽五，與舊免、新征兩項稅銀實數，由該關報明加提，與原有之洋稅無涉。至江南製造局經費應提二成洋稅，據江海關近三年冊報，自第一百七十三結起至一百八十四結止，此三年共提銀四百四十九萬兩有奇，平均通計每年應占銀一百四十九萬兩有奇。加以各司局所解常費銀二十萬兩，是該局每年應共收銀一百六十九萬兩有奇。以之開支滬局經費等銀九十萬兩，劃解新廠經費銀七十萬兩，核計每年尚可餘銀九萬兩有奇。即使此後攤扣賠款，每年因少收銀十萬八千兩，尚不至於製造經費驟形竭蹶。所請免予攤扣之處，應無庸議。惟洋稅衰旺無定，如嗣後二成收數遠遜於前，應如何撥補之處，再由本部酌核辦理，以重軍事。相應仍咨陸軍部轉飭遵照可也。

中國第一歷史檔案館等《中國近代兵器工業檔案史料》第一輯《陸軍部爲請還清挪用江南製造局款以作北廠開辦經費事致南洋大臣之咨文光緒三十三年七月二十一日》　准貴大臣咨，據江寧布政使繼昌等會詳稱，奉札准陸軍部魚電開，前於三十一年五月間練兵處奏准將滬廠節存餘款撥作北廠開辦之用，從三十年五月提起截止是年臘底共八個月，每月六萬，應提庫平銀四十八萬兩。彼時前督周因銅元局購辦機器、銅斤，將此款暫行挪借，三十二年二月，撥還庫平銀十八萬兩，下欠三十萬兩尚未歸款。現因北廠開辦期迫，需款孔亟，希飭籌措，迅即如數撥還，望先電復等因。除電復外，合抄復電札廠即便遵照，會同江藩司迅速如數設籌解還歸款，具報勿違等因。計抄復電，由廠轉移到司。奉此，卷查三十一年春間，奉前憲臺周奏明將備設滬、揚兩處鑄錢機器歸并寧局案內，當因急須歸還墊付滬局機價、銅價，并前會辦鄧道購訂揚局機價，暨寧局擴充廠屋等項，在在需款，經前辦滬局魏道允恭來寧會商黃前司及前辦廠務潘革道學祖等，請將滬局撥建北廠存款規銀四十八萬兩，又鐵欽憲札存一款，除用仍存規銀五十二萬兩，二共規銀一百萬兩，通挪借用，按月照五厘二毫半行息，稟蒙前憲臺周批准借撥。所有四十八萬兩一款，業於三十二年二月撥還銀十八萬兩，仍欠銀三十萬兩；至五十二萬兩一款，除上年十二月以點錫抵還銀二萬三千三百二十兩六錢五厘五毫，仍欠四十九萬六千六百七十九兩三錢九分四厘五毫。二共仍欠規銀七十九萬六千六百七十九兩三錢九分四厘五毫。此外，尚欠籌防局銀八十一萬八千餘兩，均經列表報明在案。伏查本年三月間，奉院臺札飭核議籌還借款案內，經本司等會議，自光緒三十三年起，將每年所得餘利分作十成，除提解練兵經費四成外，以三成留爲新政之用，以三成分還籌防、製造兩局本款，不拘年限，以還清爲度，并請免付息銀，會同詳奉院臺批開如詳辦理，并候咨明度支部立案等因。是請提三成餘利之中，應攤成半歸還滬局借款。茲值銅貴錢賤之時，歲獲餘利多寡尚未可必。現奉札以北廠開辦期迫，需款孔亟，自應遵辦。本司等一再籌商，擬自本年起，按照詳定應得成半餘利之數，首先分年歸還陸軍部建造北廠經費規銀三十萬兩，以應急需。俟此款償清後，再還滬局餘欠銀四十九萬六千餘兩。是否有當，理合遵飭會議具文詳祈鑒核，俯賜批示祗遵，并請轉咨陸軍部備考等情到本部堂。據此，相應咨呈，謹請查照施行等因到部。

查銅元餘利勢成弩末，嗣後所得多寡毫無把握，北廠開辦伊邇，亟需應用銅元局挪欠之三十萬兩，若按一成五分年提還，恐遥遥無期，勢成畫餅。相應咨行貴大臣查照，希飭趕速籌措，務於年内一律還清，以應急需而免延誤。望切施行。

中國第一歷史檔案館等《中國近代兵器工業檔案史料》第一輯《張士珩爲請飭江海關將欠解江南製造局光緒二十四年常費速解五六萬兩以濟要需事呈陸軍部之稟文光緒三十三年八月二十六日》　委辦江南製造局兼管船塢·二品銜分省補用道張士珩謹稟堂憲大人鈞閣：敬稟者，竊查江海關欠解職局光緒二十四年分三廠常費一款，前於光緒三十年因議建新廠，每月在滬局籌提新廠經費六萬兩，局款頓減，支持不易，叠次稟請前南洋大臣魏札催該關迅籌補解濟用。三十一年正月，准江海關袁道移稱：本道稟復欠解二十四年常費分年帶還，奉南洋商憲批，滬局現在尚擬擴充，又須提存新廠經費，需用甚殷，未便一再宕延，姑准於應解洋税及常年經費外分批帶還，不准再有延諉，等因，録批移知到局。是年五月，准該關補解銀一萬兩，三十三年五月，又經稟奉札關補解銀一萬兩，尚實欠二十四年常費銀十四萬兩。

伏查此項欠解銀兩，前經部飭補解，又奉前南洋大臣批飭，分批帶還，不許延諉，自是有着之款。惟職局目前情形尤極窘迫，新廠尚未開辦，滬局亟待擴充，迭次稟准辦法，鈞部極爲注意。子廠、藥廠正在籌添機屋，槍廠、礮廠亦應次第擴張，而本年關税又值不旺，二成收數鋭減於前，三、四、五、六等月入款尤爲減少，甚至新廠提款不敷，尚須另籌湊解，局中薪工、料價騰挪應付，竭蹶異常。轉瞬子、藥兩廠添配新機運到，又須核付價款。通盤籌算，焦灼萬分。其欠解本局之款，不得不亟盼撥還躉數，以資湊付。此項欠解常費銀兩尚有十四萬之巨，系該關早應分批清解之款，前於本年六月報收江海關補解二十四年常費第五批一萬兩案内，業經聲請南洋大臣再飭該關將仍欠銀十四萬兩接續籌撥。瑞道素顧大局，叠次晤談亦深以局款爲念。職道再四籌思，擬仍懇南洋大臣再行札催江海關，將欠解二十四年三廠常費一款，迅爲寬籌五六萬兩，早日移解過局，下餘陸續籌撥，以濟要需。理合具稟，仰祈俯賜鑒核，轉咨南洋大臣，并咨請税務處轉行該關從速籌解，實爲公便。

中國第一歷史檔案館等《中國近代兵器工業檔案史料》第一輯《江南製造局呈報光緒三十三年九月份提存新廠經費銀已撥交上海户部銀行存放之申文光緒三十三年十月十八日》　竊職局遵奏歲提新廠經費銀七十萬兩，分月匀攤，每月約提銀六萬兩一案，前奉練兵處電飭撥存上海户部銀行。業將三十年分提存暫借銀銅元局之四十八萬兩催取十八萬兩，先行撥存，并將光緒三十一年正月起至三十三年八月止，續提新廠經費銀兩分批撥存，先行具文呈報在案。

兹查本年九月分江海關税較絀，三旬提存解局僅庫平銀五萬三千四百二十六兩八錢七分，不敷提解九月分新廠經費額定銀六萬兩之數。職道等再三籌劃，竊以此項新廠經費關係重要，當於局款内設法籌墊庫平銀六千五百七十三兩一錢三分，凑足庫平銀六萬兩，照案於十月十五日備札解交上海户部銀行存放，作爲本年九月分新廠經費，理合具文申報。仰祈憲臺鑒核俯賜，轉咨度支部察照。除呈報兩江督憲外，爲此呈乞照驗施行。

中國第一歷史檔案館等《中國近代兵器工業檔案史料》第一輯《度支部爲江南製造局應得二成經費并未扣減事致陸軍部之咨呈約光緒三十三年》　北檔房案呈：准兩江總督咨，據江海關道瑞澄稟稱，准江南機器製造局咨通稟製造經費支絀，擬懇札飭江海關將新增賠款勿牽動製造二成洋税一案，鈔稟咨請查照辦理等因到關。遵查江海關進出口洋税、洋藥正税，向作十成計算，内以四成之中提出二成撥作製造經費之用，歷經照辦。奈自光緒二十七年十月初一日起，奉文進口洋貨收(足)值百〔足〕抽五及舊免、新征之項，分別增收税銀，提還新案賠款。經袁前升道商諸好税務司復稱：税收改章，貨價參差，花名不一，逐件估計，頭緒紛繁，幾十百倍於他關，勢難將增收新税逐款提出。請查照近三年收數，酌中定一額數，留關備撥，其餘即作增收之税。當查是年洋税比從前收數較多，約計每月增收銀七萬五千兩，盡數提充賠款，其餘仍照向章提分四六成。原未牽動製造經費之款，則所提賠款銀兩，即系洋税(百)足抽五及舊免、新征之項，與製造局毫無出入。近年來税收逐加，賠款并未增提，奉部飭新增洋税一款，與向章之税截然兩事，理應盡收盡撥。此項税銀專爲償款之用，應令嗣後將所收此項税銀盡數提撥等因。伏查新增洋税，前定每年九十萬兩之數，尚系比較二十七年十月以前三年收數酌提，現税收已漸逐加增，誠如部文應盡數提拔，以昭核實。遵經按照上年一届洋商進口貨税切實比較，查得值百足抽五及舊免、新增兩税，約占正數二成之譜，計實增銀一百四十餘萬，除照往年提銀九十萬外，尚應增提銀五六十萬。擬自一百八十五結起，每月改提賠款銀十二萬兩，十二個月共提銀一百四十四萬，以足每年實增之數。呈蒙咨部核准，即從三十二年十月起，將進口洋税項下，每月改提新增洋税湊還賠款銀十二萬兩，其餘洋税仍作十成分算，應得二成製造經費如數解足，并未有所扣減等情。據此咨請查照核辦等因前來。

查江南製造局經費，每年應在江海關洋税銀内按收數提解二成，歷經辦理在案。前據該局總辦張道士珩以江海關近奉行知，每年賠款增提五十四萬兩，請飭勿於製造二成洋税攤扣，稟由陸軍部轉咨核辦。當經本部查明江海關增提賠款五十四萬兩，系照近年所收值百足抽五與舊免、新增兩項税銀實數，由該關報明加提，與原有之洋税無涉，分咨查照亦在案。茲淮兩江總督咨稱：從三十二年十月起，將進口洋税項下，每月改提新增洋税湊還賠款銀十二萬兩，其餘洋税仍作十成分算，應得二成製造經費如數解足，并未有所扣減等語，核與本部前咨相符，自應照此辦理。

中國第一歷史檔案館等《中國近代兵器工業檔案史料》第一輯《張士珩呈報遵飭籌議江南製造局礮廠添機加造新式礮位之稟文光緒三十四年五月二十九日》

竊職道前於稟陳籌議整頓滬局八條案内聲明，滬局礮廠經營有年，基礎頗具仿造德礮綫路、鋼質、准度、退力均尚平穩；惟機器稍有不合，若將車、鑽、刨、洗等床添備二十九部，需價三萬餘兩，每年能造管退礮五十尊。稟奉練兵處札飭查照原擬辦法力加整頓，遵經札行礮廠遵照籌酌辦理。嗣奉練兵處頒示槍礮口徑式樣，礮用七生五·十五倍螺閂式。其時局中正仿造克廠七生五·十四倍橫閂礮，復經督飭礮廠，按照練兵處所定新式設法試造。於上年秋間，造成螺閂、橫閂兩種各一尊，連同局中仿造十四倍橫閂式礮一尊，一并運京。奉鈞部核驗，飛路、准綫均尚穩准。并奉鈞札，擇其善者核定礮用十四倍橫閂式，飭即遵照等因。仰見鈞部慎重武備，切實講求，職局亟應遵照辦理。

惟查上年試造此項樣礮，因廠機不甚完備，大率參用手工，造成之件稍費時日；將來放手製造，如仍就廠中原有機器因陋就簡，不添新機，每年成數若干，殊無把握。既奉核定式樣，即須源源製造。而按照職道原稟添機廿九部，約價三萬餘，歲成五十尊之數，就廠中目前情形而論，必須通籌復核，以期准確。迭飭總查委員霍參將良順，會同洋監工柯尼施及礮廠委員、匠目等，按照稟定歲成七生五管退礮五十尊之數，就廠中原有機器悉心考核，究應酌添新機若干，需費若干，詳爲估計。據稱，廠中舊有機床能合製造新礮之用者，不過六十餘部。如能另設器具專廠，則按照原稟酌添機床二十八九部，約銀三萬數千兩，即敷歲造管退礮五十尊之用；否則，需添新機七十餘部或六十餘部，約需機價銀七八萬兩，表尺、鑽桿等項尚不在内等語。職道當查制事欲求精良，器具必先求精利，器具專廠系必應設立。第目前局款奇絀，添辦一廠，度地、建屋、購機、雇工至爲不易，此節只好暫從緩議。礮廠所需添配新機，部數既多，需款必巨，如能斟酌核減，擇其必不可少者酌量添配，機價可期減少，辦理較易措手。又職道原擬添機二十九部，成礮五十尊之數，當時系約略核計，專指製造礮位而言，凡廠中別項代修、代造工作，均未曾并計在内。現議實行整理，似亦應統籌兼顧，因仍飭令該員匠等通盤籌畫。昨復據稟稱，廠中如專造礮位，無別項工作分占機力、人工，即不設器具專廠，按照原稟酌添機床二三十部，盡敷歲成新礮五十尊之用；無如各處、局、所、營、臺、兵輪時有請代修造之件，通扯計算，約占全年工作十分之二三，如每年須造新礮五十尊，又兼顧各處修造之件，僅添機床二三十部，斷不敷用。現擬變通辦理，將造礮以外工作，如各處修配、代造之件一律劃開，即就廠中原有舊機内騰出機床約二十部，專供此項外來工作之用，不與造礮工程混雜。機器既經騰撥，則造礮之機益少，應另購新機二十部補足，再照原稟添配機床二十九部，合爲四十九部；連同廠中舊有機器，專備製造新礮之用。庶外來工作既可兼營，而造礮歲額亦可無礙。所需配補添購之機，計車床十五部、刨床九部、插床十四部、洗床十部、拔絲床一部，約需價銀五萬四千餘兩。另再添備表尺器具全副，鑽山野礮内膛新式鑽桿數副，約價銀一萬三千餘兩。共約需銀六萬七八千兩。機器由外洋運華，應需關税、運保等費，照價加二成，約銀一萬三千餘兩。礮廠房屋尚寬，添配機器四十九部足敷安置，無須添蓋廠房。新機配齊裝用，再將應需造礮材料預爲儲備，毋使缺乏。并酌添上等工匠，停造他項礮位，專造七生五管退山礮，每年准能造成五十尊等語。并據查開應添機器名目、部數、價值清單前來。職道詳加復核，所籌尚屬切實，其所稱劃撥舊機，專顧外來修造之件，不與造礮工程混雜，尤爲兼籌并顧。謹將所估應需添配必不可少之機器名目、部數、價值清單繕摺，呈請鈞鑒。單内所開機價，系飭霍參將、柯尼施等在上海洋行密爲探詢約略估計，究竟准數若干，應俟核准後，再將機器清單發交各洋行寄往洋廠，按照現時價值切實核估，開交洋廠價單，方能核算確數。外洋機價均照金鎊、馬克計算，前項應添機器價款，亦須俟定購付價時，核計金鎊、馬克漲落，合爲華銀，始有確數。

所有遵飭籌議礮廠添機，按照稟定加造新式礮位數目推廣辦理情形，理合繕摺具稟，仰祈俯賜鑒核，批示祇遵。再查礮彈、煉鋼等廠，有應行整頓擴充改添機器事宜，現亦督飭詳加考核籌議，應另案次第稟辦，謹并聲明。

中國第一歷史檔案館等《中國近代兵器工業檔案史料》第一輯《度支部爲江南製造局每年節省之薪工銀兩擬撥歸江蘇厘金事致陸軍部之片呈光緒三十四年六月初一日**》** 據兩江總督端方奏江蘇省撥補鹽貨厘仍多無着，請由部改撥，并請催各省歷年欠款一摺，奉朱批，度支部議奏，欽此。并將無着各款開具清摺，咨部改撥。

查單開上海機器局每年認解節省薪工銀一萬一千九百四十兩，該局自三十年秋季起至三十二年止，共欠銀二萬八千八百餘兩。據稱，前奉陸軍部批准，將節省薪工銀兩備撥購機、添屋之用，是此款又成無着，等因。查續借英、德洋款本息，奏准每年由七處厘金作抵，而厘金應支款項，每年由部另款撥補解歸應用。上海機器局節省薪工銀兩，系奏准撥補厘金之用。相應片呈貴部，可否將前項銀兩撥歸江蘇厘金之處，務希聲覆過部，以憑核辦可也。

中國第一歷史檔案館等《中國近代兵器工業檔案史料》第一輯《陸軍部爲江南製造局欠解節省薪工銀兩即在江南造幣廠與財政局欠款内撥抵飭江南製造局辦理事之札文光緒三十四年八月初七日**》** 准度支度片稱：據兩江總督端方奏江蘇省撥補鹽貨厘仍多無着，請由部改撥，并請催各省歷年欠款一摺，奉朱批，度支部議奏，欽此。并將無着各款開具清摺，咨部改撥。查單開上海機器局每年認解節省薪工銀一萬一千九百四十兩，該局自三十年秋季起至三十二年止，共欠銀二萬八千八百餘兩。據稱，前奉陸軍部批准，將節省薪工銀兩備撥購機、添屋之用，是此款又成無着，等因。查續借英、德洋款本息，奏准每年由七處厘金作抵，而厘金應支款項，每年由部另款撥補解歸應用。上海機器局節省薪工銀兩，系奏准撥補厘金之用。相應片呈貴部，可否將前項銀兩撥歸江蘇厘金之處，務希聲覆過部，以憑核辦等因前來。

查上海製造局擴充子、藥兩廠，前據該總辦張道稟明籌撥款項，并據稱江南造幣分廠、籌防局欠款，擬稟請南洋大臣核奪分飭撥還，如不敷用，暫於另存雜款内撥借各節，經本部核准照辦。嗣復據該總辦稟稱：造幣廠、財政局兩處借款未易就用，局中正款支絀異常，應付購機定銀，查有雜款項下光緒三十年秋季至三十二年冬季節省薪工濟餉一款，計銀二萬八千八百兩可以暫行借撥等因，各在案。兹又准度支部片稱：上海機器局節省薪工銀兩，系奏准撥補厘金之用等因，是此項銀兩自應仍撥歸江蘇厘金，以符定案。惟該局用款異常支絀，江南造幣廠、財政局所欠巨款又未能撥還作用，其節省薪工一項，已據該局指撥購機定銀，所有應撥江蘇厘金銀二萬八千八百兩，即在江南造幣廠、財政局兩處欠款内照數撥抵，庶該局要需不至貽誤，且仍與撥補厘金原案亦屬相符。

中國第一歷史檔案館等《中國近代兵器工業檔案史料》第一輯《陸軍部爲准江南製造局截留四個月應解新廠銀兩事致度支部等之咨文光緒三十四年九月**》** 前據江南製造局總辦張道士珩稟，該局額領江海關二成洋税收數鋭減，擬請以後江海關按月提解洋税，局中列收後，提出一半撥解新廠，其餘一半留爲局用，各等因。當經本部查照度支部前咨：嗣二成洋税收數遠遜於前，如何撥補之處，再行酌核辦理等語，咨查度支部去後。復據該道稟稱：職局於上年四月間稟陳籌辦子、藥兩廠添機增廠情形，奉鈞部批飭認真經理，業經訂購機器，抄呈合同，并飭廠按照稟定辦法，籌建廠屋，添制器具，各在案。現查子廠機器，據瑞生洋行運交到廠者已有十二部，其餘合同所載機器三十八部及全機備用器具冲模一副，六密里五冲模樣板一副，據該行函報，一律由外洋裝船起運，約六禮拜可以到齊。并稱機器均系提前運交，該款請先付一半，以便匯撥外洋等語。職道查此項機器計價值德銀二十八萬馬克，除付過定銀五萬六千馬克外，尚須找銀二十二萬四千馬克，照現時鎊價，約合華銀九萬二千五百餘兩，現請先付一半，照現時鎊價約計應合銀四萬數千兩。又查子、藥兩廠添造房屋、器具，并添購藥廠機器，上年估計開摺陳明，共需經費銀十三萬七千二百餘兩。現在槍子廠項下添造瀛爐房一座，并以員司住房與廠屋毗連，必須隔開，續添圍墻一道(四十三丈五尺)，均已完工。其槍子廠一座工程甫及十分之四，磚烟通一座工程甫及十分之二，其餘應添打鐵、裝子、熔銅、木工等房，并軋銅廠熔銅、烘殼等爐，及鐵烟通、庫房等項，均待工料，尚未動工。其安設機器所需鋼鐵、木石等料，亦尚未議購。核計槍子一廠，添造房屋、器具并續添圍墻，除已經動用工料外，仍需工料銀四萬二千二百餘兩。火藥廠項下，除圍墻一道(計一百五十)業已完工外，所有添造磺强水廠及燒硝磺、熬强水瀛爐房，制磺强水鉛房并鉛房木架、磚臺等，均各二座，現甫各成一座，餘因料未備，均未動工。其應添磚烟通一座，原擬高八丈五尺，嗣因太低，恐將來擴添廠座不敷應用，遂加高至十丈，雖已開工，工料尚未齊備。所需鍋爐四座、抽水機兩分，亦尚未議購。又添造磺以脱廠及瀛爐房，以脱庫，均待工料，尚未動工。鍋爐、抽水機各一具，亦未議購。謹將廠中應添銅、鐵、磚、木各器具稍事添制，所缺工料亦多。又添造提乏强水廠各項廠、庫、烟通，除存强水庫三間已完工外，其廠屋須造兩座者，甫成一座。磚烟通四座，原擬高三丈六尺，後因吸力不足，烟路不靈，加高一丈，現亦甫成兩座。其廠中應造鐵、木各器具，雖經配造，尚未完全。又添造强水、以脱等三廠，應設各種爐座及燒强水房屋、爐座、庫房、烟通，并撕棉花、爛棉花、烘藥、光藥、篩藥等房，均待工料，尚未開工。其應添頭、二、三道軋藥輥機、漂棉藥機各一具，均未議購。撕棉紗機一具，原估價銀一千七百五十兩，系照舊式估計，并不配輥輪、鋼針、切藥刀等件，嗣聞有新式雙輪一種，因向瑞生洋行訂購新式機器一具，并備用輥輪、鋼針兩副，又配切藥刀二千把，價值改爲德銀三萬四千四百一馬克八十七分，約合華銀一萬四千五百餘兩，機器甫經運到，價款尚未付給。核計火藥各廠添造房屋、器具，并添購機器，除已經動用工料外，仍須工料銀六萬四千七百餘兩，又德銀三萬四千四百一馬克八十七分，約合華銀一萬四千五百餘兩。統計子、藥兩廠添造廠房，并各項器具及藥廠機器，原估工料價銀十三萬七千二百餘兩，內除撕棉紗機改購新式，其價值應照德銀計算外，另加入續添圍墻及加高烟通工料銀二千二百二十餘兩，共應工料銀十三萬七千七百一十餘兩。現查已經建造完工并開工尚未告竣者，計已用工料銀三萬四百二十餘兩。其尚未動工以及已經動工尚須添備工料者，約計仍須銀十萬七千數百兩，又德銀三萬四千四百一馬克八十七分，約合華銀一萬四千五百餘兩。連同槍子廠新機未付之價并計，統合銀二十一萬數千兩。謹將槍子廠原訂各機器，分别已經運交到廠及已由外洋裝船起運，并已付價款、應找價款各若干；又子、藥兩廠添造廠、庫、器具已未完工及開工待料并尚未開工各若干處，暨已用工料仍需工料各數目，分繕清摺兩扣，恭呈憲鑒。此項機器價款，雖經載明合同俟機器交到再行付給，現查未交各機已由外洋起運，六禮拜即全到，一經運到即須付價，勢不能不預爲籌備。至兩廠建造廠屋、器具，於前稟整頓、擴充辦法極有關係，已經動用工料甫及三萬餘兩，立待應用工料尚有十萬數千兩，如將來機器運到，廠、庫、器具尚未完備，必與工作有礙。目前局中經費支絀異常，上年二成洋税收數已覺鋭減，今年尤甚，正、二、三三個月合計，僅收銀十六萬餘兩。正、二兩月新廠經費十二萬雖已照提，三月新廠六萬所短甚巨，不得已在提備解部六分平項下挪借撥解。四、五兩月二成洋税亦僅收銀十五萬二千九百餘兩，除提解新廠十二萬外，僅實收銀三萬餘兩。六月上、中兩旬僅收二成銀二萬二千餘兩，下旬雖未解到，爲數亦必不多，新廠經費尚不知如何籌解。是本年上半年二成洋税銀兩除提解新廠外，實歸局用者爲數無幾。此後關税衰旺未可預期，二成多寡殊無把握。轉瞬瑞生機器運到，應付價銀九萬二千餘兩，子、藥兩廠添造廠屋、器具、工料亟須籌備之款又十二萬一千餘兩之多，待用尤爲迫切。如僅賴二成洋税支用，目前收數有減無增，萬不足恃，而造幣江廠、江南財政局兩處欠款籌還辦法，又皆爲數畸零，緩不濟急。造幣江廠本年春季應撥之款送催未解，江南財政局欠款三十萬雖經該局詳准抽還辦法，迄今亦未撥解分毫。本年五月初間稟蒙南洋大臣批准，飭造幣廠將春季餘利三成全解滬局，并飭財政局另籌歸還辦法，現在造幣廠春季餘利仍未解到，財政局有無另還辦法亦未可知。是二成洋税既不可恃，各處欠款又難抽還，無米之炊，巧婦亦將束手。伏思子、藥兩廠添機增廠一案，系因籌備南、北軍需，稟奉鈞部核准。上年冬間又奉鈞部札飭，現在南、北廠尚未成立，滬局製造亟須認真整理，等因。現兩廠機器已將運齊，兩廠房屋亦次第動工，而經濟困難一至於此，早夜以思焦灼萬狀。機器購自外洋，一經交貨，即當付價，尤非他須能通融遲緩者可比。本年五月初間，職道因洋税短收，局款奇絀，稟懇於二成洋税內，月提一半撥解新廠，留一半以供局用，如收數太少，免予提撥，系爲新廠、舊局兼籌并顧起見，現尚未奉鈞部批示。目前子、藥兩廠添機建廠經費，并計二十一萬餘兩，立待籌備，刻不容緩。瑞生洋行并語先付機價一半銀約四萬數千兩，情形尤爲迫切。再四思維，一籌莫展。職道迂愚，竊謂新廠經費一款，本爲籌辦北廠根本，職局歷年提解户部銀行者，已積至二百數十萬之多，本年按月提款，亦解至五月份爲止。現在新廠開辦尚未有期，滬局子、藥兩廠整頓已有端緒，於無可設法之中，爲移緩就急之計，擬請將本年六、七、八、九四個月應照章提解新廠銀兩，暫行截留，專爲子、藥兩廠備付機價、建設廠庫之需，俟九月以後，再照向章按月提解。一轉移間，於新廠存款不過稍等時日，而子、藥兩廠整頓擴充或不至半途中輟，實於南北軍需關係非淺。惟所慮者，關税衰旺未能預計，設遇二成收數太絀，如去年十一月，今年三月僅二、三萬兩，局小額支之項且慮不敷，雖請截留新廠經費四個月，亦屬有名無實，而子、藥兩廠待用要需仍虞缺乏。是否有當，理合縷晰具稟，仰祈堂憲俯賜察奪批示。届時應再察酌情形，稟請核示。并准兩江總督咨同前因。茲又准度支部覆稱：現在税款支絀，實屬無從設法，可否即如張道所擬各節，暫行變通辦理等因前來。

查新廠經費一款，爲籌辦北廠根本，自應按月照章提解，該道前稟所稱江海關按月提解洋税，局中列收後，提出一半撥解新廠各節，礙難照准。惟滬局支絀，尚系實在情形，本年六、七、八、九四個月應解新廠銀兩，姑准暫行截留，備付子、藥兩廠機價、建造廠庫之用；一俟税款暢旺，即行照數撥還。其九月以後應提之款，應即照章按月提解。至於目前洋税鋭減如何設法撥補之處，仍應由度支部查照前咨，酌核辦理，以重軍需。相應咨行度支部、南洋大臣查照，并札飭該局遵照可也。

中國第一歷史檔案館等《中國近代兵器工業檔案史料》第一輯《楊士驤爲南北洋各鎮所需榴霰彈宜統由江南製造局製造事致陸軍部之咨呈光緒三十四年十一月二十四日》 據北洋陸軍軍械局、兵備處會呈稱：竊照江南製造局稟復籌造北洋二、四兩鎮七生半速射礮用榴霰彈并代用榴霰彈兩種，估計添配廠機及製造工料，需用銀兩數目一案，奉憲臺札飭職局、處會議具復等因。奉此，遵即會同妥議。查原稟内稱：配造兩種礮彈共四萬三千二百顆，分三年造成，所需製造工料暨添配機廠，共需銀三十九萬兩。按照購買外洋子彈價值比較，僅多籌銀十數萬兩，而子彈造齊之後，廠屋俱在，機器俱在，仍可續造各種礮彈，將來源源不斷，緩急足恃，無虞受制於人。所擬辦法誠爲盡善，但北洋只有二、四兩鎮，所需礮彈究屬有限，前經職處呈奉升任督憲袁批准，札飭該局籌議能否代造二、四兩鎮礮彈。原就該局現有廠機而論，既須添建廠屋、添購機器，需款甚巨，若專爲北洋二、四兩鎮礮彈，頗覺難於爲力，似宜南、北洋合辦，由陸軍部主持，飭由該局另行籌議，查照南、北洋各鎮所需礮彈數目，均歸該局製造。雖須從事擴充，而子彈成數愈多，叫經費愈省。應需款項即按鎮攤籌，庶較專爲二、四兩鎮籌造尤爲便益。如蒙允可，即請咨商陸軍部察核辦理。所有遵議滬局代造礮彈緣由，謹合詞呈復，是否有當，伏乞鑒核批示施行等情，到本大臣。

《申報》光緒三十四年十二月初十日第二版《化學學生參觀成法》 商務總會致江南製造局、内地電燈公司、龍章造紙廠、鞏華製革公司函云，初一日，接奉江督憲札開，江南實業學堂東文化學教習淺田忠順，擬於十二月初旬，率同應用化學專科學生十二名，前赴上海各機器製造廠，以及製革製紙煤燈各公司參觀，爲實地練習之助。札行敝會，轉知機器製造廠，以及製革製紙煤燈各公司，一體接待等因，並准滬道文，悉同前因。查該學堂教習淺田忠順君，業已率同學生十二人，於初七日抵滬，分寓旅店。除由敝會接待外，請即備函指引於製造各處，一一指教，俾資參考。

《申報》光緒三十四年十二月十六日第二版《製造局預備停工》 江南製造局總辦張觀察，因時屆歲暮，自應循例停工。昨特傳知提調處，督同各廠司員，催令工匠將未竣鎗械等件，趕速營造。先於十九日，將鎗砲砲彈廠停工度歲。其餘各廠，俟工竣停止。

《申報》光緒三十四年十二月二十一日第二版《陸軍部續添快砲銅殼》 江南製造局參議李綬臣直刺，前奉張總辦委運新式緊口毛瑟快鎗及砲械等項，前赴陸軍部交納。茲局中接到京電，知此項鎗砲，已由陸軍部驗收。並須續添七生的五快砲，銅殼五百個，及機火等件。張觀察因飭軍火處預備製配，俟明春工竣，即行解部。

中國第一歷史檔案館《光緒朝朱批奏摺》第一〇二輯《光緒三十四年十二月光緒朝兩江總督片》 再，江南機器製造局近來仿造前後膛鋼質大礮，並後膛新式兵槍，業已漸著成效，惟需用鋼料，仍須取資外洋。不獨利源外溢，遇有緩急，更慮受制於人，亟應設爐自鍊，以資利用，而杜漏巵。惟該局經費有限，不能不逐漸圖維。現經購辦煉鋼機爐一分，並在湖南湘鄉縣購取礦石生鐵，分別試鍊，甚爲合用。其生鐵體質，亦與外洋硬質生鐵無異。除攙和鍊鋼之外，並可鑄造大礮彈子，合計價值亦較購自外洋爲廉。現祇鋼爐一分，年需生鐵礦石各八百噸，並向外洋添購大爐一具，以圖擴充。每年約需礦石生鐵各三千噸，寶慶、邵陽、益陽、新甯等處，所産與湘鄉相同，礦産亦旺。將來若專在湘省購辦，亦足敷用。現經該局與礦户訂立合同，限數定購，按起發給照票，令其運局驗收，給價註銷照票。以後所需，另行換給辦運，俾免派員採辦，多所耗費。仍一面將定購數目，隨時稟請，咨行各省關照案查驗，免完税釐。如該礦户照外多帶，及有別項貨物，仍令照納釐税，以杜隱射。據江南機器製造局稟請，奏咨前來，除分咨外，理合附片陳明。伏乞聖鑒，謹奏。

該部知道。

中國第一歷史檔案館等《中國近代兵器工業檔案史料》第一輯《王亨鑒呈查驗江南製造局新造七十五毫米口徑管退快礮情形清摺光緒三十四年》 二品銜稽查二、四兩鎮軍械候選道王亨鑒，謹將查驗江南製造局新造七生的半口徑管退快礮情形，繕具清摺，恭呈憲鑒。

計開：

一、查原造快礮四尊，計第一號系十五倍身長，螺絲門礮身，爲該局遵制擬造之品。又第一號十五倍身長横閂礮，及二、三號十四倍身長横閂礮，并二號管退機礮架等，均系仿克鹿卜樣式，工做甚爲精細。

一、一號十五倍螺絲閂礮，較十四倍礮略短二十六密里，輕一啓羅，中靶綫路稍高，用馬馱載甚屬合宜，惟礮閂上用以拉火之横銷，遇連放時常行拉脱。

一、一號十五倍横閂礮，中靶綫路與螺絲閂礮同，惟横閂礮閂膛所占地位略大，礮身加長，用馬馱載稍有不便。

一、二、三兩號十四倍身長横閂礮，綫路雖較前二礮稍低，然中靶面積頗聚。

一、用各礮裝子母彈試擊排靶，均能高低，左右運用如意，子彈開花中靶甚匀，所有中靶部位，均列圖説於後。

一、瞄准機器筭孔甚嚴，螺絲極緊，運用時毫無松動之處。又，刻下德、法新礮所用之瞄准機上有遠鏡，下有度盤，測擊敵人異常靈速，較此更善。

一、管退機退後還回甚屬靈穩，决無猛震之弊。

一、礮架堅實穩固，刻經試放礮彈一百餘出，所有搭接各處均如原式，毫無損壞。惜原來礮彈無多，未能試驗最高昂度，以見礮架之擔力。

一、左右機與快礮之關係甚大，現今局造之礮，左右機系仿克鹿卜樣式，礮托下有中心軸，因改變左右，常與礮架成交義綫，如圖【略】。若將礮位瞄准連放，每因震蕩而礮架偏出目標。前見法礮左右機設於車軸之上，無論若何移動，管退機與礮架永遠平行，任便連放，毫無偏處。

一、察以上各礮身情形，如能將螺閂礮改妥，固以用十五倍長螺閂礮爲合；倘一時難就，或以十四倍半長横閂爲准，亦是特别之一法。

一、横閂摇把凸出於礮右之外，連放時礮手遇有不慎，難免不受擊撞。前見克鹿卜新礮已將摇把移在礮尾上面，蓋亦有鑒於此之故。

中國第一歷史檔案館等《中國近代兵器工業檔案史料》第一輯《江南製造局呈報籌議擴充槍廠加造槍枝之稟文約光緒三十四年》 竊照光緒三十三年十一月二十二日，管解樣槍、樣礮委員李直牧壽仁回滬，奉到鈞札，以職局所制樣槍、樣礮，核定槍用第六式，礮用十四倍横閂式；并以職局初制之槍半系手造，宜逐漸添置新機，推廣加至每日出槍五十枝爲度；并照第六式先造百枝，送部發各鎮演放，詳考利弊等因。奉此，仰見鈞部鄭重軍需實事求是之至意。當經督飭槍廠，將飭造新槍一百枝，按照七年呈解第六式製造，慎選工料，考求制法，逐層檢查，精益求精。一面督飭廠員、匠目，遵飭將添機加造槍枝辦法悉心研究。

竊以職局槍廠原有機器新舊雜湊，攙用手工，成件既不能多，工作尤難盡善。職道前於稟陳籌議整頓八條案内，請將槍機改配刀架零件，另購造機槽、望牌、機管等機十數部，練習稍久，約可日成槍二十枝，系指造七密里九槍而言。據廠員稟陳，因局款不充，籌此撙節整頓之計，仍須雜用手工，不能全用機器。現造六密里八槍，一切機簧零件分採各國式樣，視七密里九槍件全不相同，必須添購各國新式機器，力求精善，自未便因陋就簡。伏讀札諭，深佩宏識遠圖。其時適有德國絢赫廠機器師名白郎者在滬，熟諳機器製造之學，由德商瑞生洋行介紹，邀其來局，將槍廠機器代爲考察。派總查員霍參將良順會同商榷，即照改制六密里八槍，斟酌廠内所有機器如何修改，如何添配及應添配新機若干，會籌大略。并由該機師將廠中原有機器名目、號碼抄録，原有廠座略繪草圖，携去過細斟酌，轉詢洋廠籌擬添配。該機師復恐遠隔重洋，函電往來未能詳晰，又於今年正月親赴外洋籌酌，估計目前尚未來華。職道初擬待該機師來華或外洋廠單寄到，再行稟陳。

中國第一歷史檔案館等《中國近代兵器工業檔案史料》第一輯《楊士驤爲校試江南製造局礮彈合用情形事致陸軍部之咨呈宣統元年正月十三日》 據北洋陸軍軍械局孔副將慶塘稟稱：竊查上海製造局前次解交仿造各種礮彈，曾經驗收，當將仿造日礮子彈、先造第二鎮日礮，詳細校試，甚屬合用，業經填表稟呈憲鑒。并聲明其餘費開士、克魯蘇、克鹿卜管退陸山各礮，均在三、五、六鎮操用，應由職局另行派員分赴各鎮，會同校試各在案。旋即遴派提調滕都司毓藻，隨帶庫兵并携帶滬局仿造費開士山礮子彈十顆，克鹿卜管退陸山礮子彈三十顆，馳赴新民府、長春府，會周五鎮、三鎮礮標詳細校試；又派委員任貴泰隨帶武弁，并携帶滬局仿造克魯蘇陸山礮子彈每種四顆，前赴第六鎮，會同該鎮礮標切實考校。兹據該提調等考校事竣，先後填表呈請核辦前來。伏查該員等校試滬局仿造各種礮彈，其裝用均於子膛吻合。以及飛行(杪)〔秒〕數均於放礮表相符，亦無半途開炸疵弊，確與洋廠所造者無甚懸殊，頗能合用。該局若能承造大批，必更求精良。以上各種礮彈，將來統歸滬局推廣仿造，嗣後不特不仰給於人，且可源源接濟。惟滬局必須另行建廠購機，方能開辦。職局前次曾將擬議該局籌造日礮子彈辦法，會同兵備處詳復憲鑒亦在案。所有三、五、六鎮應需各種礮彈，統應如何辦法之處，擬懇俯賜咨商陸軍部核飭遵辦。理合將該員等此次校試礮彈合用情形，填表稟請憲臺鑒核，分別轉咨陸軍部查照備案，實爲公便。計呈試驗表二份等情，到本大臣。

《申報》宣統元年正月十五日第二版《追繳製造局存款》　江南製造局被元源錢莊倒欠公款銀四萬八千四百七十餘兩。現已稟知江督，請飭滬道行縣追繳。端午帥以該局存款關係軍需，絲毫不能短少，業已札由滬道轉行上海縣，趕緊追繳。

中國第一歷史檔案館等《中國近代兵器工業檔案史料》第一輯《陸軍部爲准江南製造局將十冬臘三個月所收二成洋税之半留作自用事致度支部等之咨文宣統元年正月十五日》　查新廠經費一款，爲籌辦北廠根本，自應按月照章提解，本部前因滬局支絀，本年六、七、八、九四個月應解新廠銀兩，暫准截留，并令俟税款暢旺，即行照數撥還等因，是九月以後應提之款，自應照章按月提解。此次該道所請截留新廠經費六個月一節，礙難照准。惟滬局窘迫亦系實在情形，而需用各款又須急於籌付，姑准於十、冬、臘三個月，按照所收二成洋税，每月提一半撥解新廠，以一半留作滬局用款，一俟三個月期滿，自明年正月起，即應照章提解，不得稍有延誤。至於洋税短絀如何設法撥補，仍應咨由度支部迅速妥籌辦理。相應咨行度支部、南洋大臣、北洋大臣查照，并札飭該局遵照可也。

《申報》宣統元年正月二十七日第三版《弁兵私賣煤屑》　製造局砲隊營兵丁某甲，日前與隊官童某，私將該廠煤屑四籮賣於某老虎竈，得價分用，事爲該營幫帶張雨發查悉，立即傳詢，該隊官大爲不服，遂致衝突。現張已稟明總辦派員查辦矣。

《申報》宣統元年正月二十七日第三版《部飭添造新鎗》　製造局總辦張觀察，去年札委李綏臣直刺，將造竣之新式緊口改良毛瑟鎗解至北京陸軍部。交納試驗之下，甚爲合意，茲奉部電飭，再添造以應軍需。觀察遵即飭令鎗廠委員，督率工匠，趕緊製造。

《申報》宣統元年二月十八日第三版《江督派員閱看藥廠》　製造局總辦張弢樓觀察，月初赴甯謁見江督已誌前報，茲局中接到來電，知觀察現奉江督委赴江陰秦王山，閱香新建子藥廠，約十七八日起程，事畢逕行返滬。

《申報》宣統元年二月十八日第三版《隊官與警兵衝突》　製造局警兵某甲，前日午後，在新馬路北段守崗，忽與砲隊營隊官童某口角，旋由該隊官率同營兵多名，將該警兵毆傷。嗣經巡警處得悉，飭將警兵舁回醫治。一面由總巡劉原道明府稟明會辦張觀察，諭俟總辦由甯回滬再核。

中國第一歷史檔案館等《中國近代兵器工業檔案史料》第一輯《陸軍部爲擬籌江南製造局代造礮彈應由北洋咨商南洋事致直隸總督楊士驤之咨文宣統元年二月二十日》　呈准直隸總督楊咨稱，據江南製造局籌造北洋二、四兩鎮七生半速射礮用榴霰彈并代用榴霰彈兩種，估計添配廠機及製造工料需用銀兩一案。查原稟内稱：配造兩種礮彈共四萬三千二百顆，分三年造成，所需製造工料暨添配機廠共需銀三十九萬兩。按照購買外洋子彈價值，僅多籌銀十數萬兩，而子彈造齊之後，廠屋俱在，機器俱在，仍可續造各種礮彈，將來源源不斷，緩急足恃，無虞受制於人。所擬辦法誠爲盡善，但北洋只有二、四兩鎮，所需礮彈究屬有限，似宜南、北洋合辦，由陸軍部主持，飭由該局另行籌議，查照南、北洋各鎮所需礮彈數目，均歸該局製造，應需款項即按鎮攤籌各等因，咨部前來。

本部查原咨所稱既擬合南、北兩洋合辦，應即由貴督咨商南洋，該鎮所需礮彈能否由江南製造局代造，再行咨明本部酌核辦理可也。

中國第一歷史檔案館等《中國近代兵器工業檔案史料》第一輯《張人駿奏銷江南製造局光緒三十三十一兩年支用各款摺宣統元年十月二十三日》　竊查上海機器製造局製造各項軍火動用二成洋税，截至光緒二十九年十二月底止，業經疊次開具清單奏銷在案。

茲據蘇松太道蔡乃煌會同總辦該局道員張士珩，續將光緒三十、三十一兩年分支用各款，遵照部復并年開報。計光緒三十年分舊管項下，上屆冊報實存庫平銀二百一十四萬六千九十四兩七錢四分六厘四毫。新收項下，三十年分，收江海關二成洋税庫平銀九十四萬六千七百七十六兩四錢五分三厘三毫，又江海關奉撥三廠常費庫平銀一十一萬兩，鎮江關、淮運司庫平銀各二萬兩，蘇藩司庫平銀一萬兩，蘇糧道庫平銀一萬兩，江糧道庫平銀一萬兩，金陵厘捐局庫平銀二萬兩，湖南督銷局、江西督銷局庫平銀各一萬兩，又奉天解還槍子工料庫平銀三萬九千六百兩，廣東解還槍礮工料庫平銀四千四百八十一兩四錢三厘五毫，共收庫平銀一百二十一萬八百五十七兩八錢有奇。管、收兩項合共庫平銀三百三十五萬六千九百五十二兩六錢有奇。開除項下，共支用庫平銀七十八萬二千七百六十五兩九錢有奇。光緒三十年分實存項下，計存庫平銀二百五十七萬四千一百八十六兩六錢有奇。光緒三十一年分，續收江海關二成洋税庫平銀八十萬五千五百八十八兩有奇，又該關解交代扣新廠經費庫平銀六十三萬八千六百八十六兩一錢三分一厘四毫，又該關奉撥三廠常費庫平銀九萬兩，鎮江關、淮運司庫平銀各二萬兩，蘇藩司庫平銀三萬兩，蘇糧道、江糧道庫平銀各一萬兩，江南籌防局庫平銀二萬兩、金陵厘捐局、湖南督銷局、江西督銷局庫平銀各一萬兩，又江海關七成船鈔撥解兵工學堂經費庫平銀五千兩，又福建善後局解還無烟火藥工料庫平銀一千七百五十兩，共收庫平銀一百六十八萬一千二十四兩二錢有奇。管、收兩項合共庫平銀四百二十五萬五千二百一十兩八錢有奇。共支用并撥解新廠經費庫平銀一百三十六萬一千五百七十九兩五錢有奇。實存庫平銀二百八十九萬三千六百三十一兩有奇；此項存銀內，除撥借江南籌防局購船銀三十萬兩，江南銅元局購機建廠一百萬兩、江南船塢劃撥料價一十四萬四千餘兩外，其餘俱系存而未用物料之價，或系造而未完之工料，均系已經動用之款，今俱核作銀數列存，歸入下届開報，俾清眉目。兹將收支銀數及委員、司事、中外工匠薪工，購制軍火、器具各項細數，照章分造清册，詳請核辦等情具詳請奏前來。

伏查該局製造諸務，悉仿西法，所用料件均系購自外洋，工資、物料價值向無定例，支用各款難以常例相繩。此次册報各款，詳加察核，委系實用實銷，毫無浮冒。謹查照成案，匯繕清單，恭呈御覽。合無仰懇天恩俯准核銷，以清款目。

除將送到清册分咨外務部、度支部、陸軍部查照，并飭將以後收支各款接續造報外，所有上海機器製造局自光緒三十年正月起，至三十一年十二月底止支用各款，列爲第二十案報銷緣由，謹會同北洋大臣·直隸總督臣端方、江蘇巡撫臣瑞澄恭摺具陳，伏乞皇上聖鑒訓示。謹奏。

中國第一歷史檔案館等《中國近代兵器工業檔案史料》第一輯《張士珩呈江南製造局槍子廠格外改良已著成效之稟文宣統元年十一月初九日》 敬附稟者：竊職道前稟加造槍子辦法，其時查知子廠原有造七密里九及曼里夏兩種機器用年已久，均須整理，督飭廠員一面修理，一面製造，并將現造之子詳細研求，稍見進步，於光緒三十三年四月略舉數端，縷晰稟陳在案。嗣復督飭該廠員司、匠目等，一面將新廠新機趕緊籌備；一面將現造子彈再加研究，逐漸改良，力圖精進。迫匠目張嘉賓由德國留學畢業回滬，飭令回廠認真整理，復將熔銅、拉驗、軋條、舂殼、烘洗等法，研究改良，并於料物認真剔選，設法撙節，逐步考求，成效已著。謹爲鈞部縷晰陳之。

一、改良熔銅。從前熔銅每罐一百二十磅，用新紫銅二十二磅半，白鉛七磅半，碎黄銅九十磅熔成，用洋硝、口碱、白鹽提出銅內灰垢。現每罐改用新紫銅二十六磅，白鉛五磅，碎黄銅九十四磅，銅、鉛熔化後，用福司福而司二十格郎木入罐，以紫泥棒將銅汁攪開，灰垢上浮，渣滓下沉，澆成銅板四塊，每重三十磅，共合一百二十磅，留罐底渣滓四磅，傾去另用，或再提净配用。每罐銅、鉛配數多寡，視拉力之大小以爲增減。其福司福而司一物，即磷與紫銅、白鉛配合而成，無碱鹽酸碱之質，用爲熔料，能提灰垢渣滓，亦能使銅性堅凝，造成子殼夾灰、開裂等弊自少。

一、試驗拉力。將澆成之銅，軋成三密里三十絲厚、二十五密里寬，用機器拉斷，須伸出六十密里左右。拉力每一密里拉重八十磅上下，合英噸二十噸以外，方可合用。拉斷後伸出愈長，噸數愈多，凝力愈足。

一、碾軋鋼條。將澆成已經拉驗之銅板，用頭號鋼輥連軋四道，銅板原厚英尺九百絲，軋至五百一十絲止，初次退火。復用二號鋼輥軋四道，軋至三百二十絲止，二次退火。又軋四道，軋至二百二十絲止，三次退火。又軋四道，軋至一百三十五絲止，然後剪開成條，每寬一寸三分，四次退火，洗擦潔净，即發廠舂造。

一、舂造銅殼。由頭道起，舂一次退火一次，至第五道舂過退火後，即打元凹，舂第六道，壓銅殼底。此三道工夫皆不退火，比從前少退火兩次，銅殼性質較硬，能受藥之漲力，槍子放後，自無走火脱帽等弊。惟銅質既然加硬，工作即不免費事。

一、紅洗銅殼。銅殼退火出爐後，裝入紫銅皮桶內，桶之四周有眼，浸入藥水鉛盆中約十五分鐘，將煤氣篩洗净盡，再入紫銅滚桶內。桶分上下兩層，上層置清水，下層置洋碱水。銅殼在上層由清水洗過，滚入下層再經碱水洗過，滚出發廠舂造。從前均系冷洗，極費鏹水，現改紅洗，用鏹水極輕，每淡水百分，約用鏹水四分，銅殼即洗滌潔净，較冷洗省鏹水百分之十，每年可省鏹水一萬數千磅。且隨烤、隨洗、隨舂，循環不斷，工作格外捷速，并可少用退火爐一支，人工、煤炭均節省。

一、重燒殼口。六密里五、六密里八兩種槍子銅殼，較之七密里九口徑愈小，殼口愈薄。現將此兩種銅殼造成，車底、鑽眼後，再用燒口機器，將殼口再燒一次，使其回軟，鋼彈裝入殼口不致受傷，改後亦少裂口等弊。

一、精選銅、鉛。外洋紫銅種類極多，以華拉魯牌號爲最優，然冒牌亦所不免，白鉛質類亦不一。近數年來，凡購買此項銅、鉛，貨到時必派諳練五金性質之員，仔細驗收，嚴爲剔選。其白鉛一項，廠中用時先飭熔化一道，將渣滓提净，然後配用，原質既精，造成槍子益臻完善。

一、減省鋼料。廠中原有春銅壳機器三十二部，機式稍舊。現飭將曲軸、夾頭酌改加長，并將春頭改短，使能受春力，損斷較少。所用鋼模圓徑，一律收小半寸，外加套模，將鋼模束緊，難得破裂。間有損壞，只换鋼模，其套模永不更易，既省鋼料，又省車工。查從前槍子一萬顆，須用春模鋼料五十餘磅，現在改良以後，每萬槍子約用鋼料三十磅左右，較從前省用二十磅有奇。按每年造子千萬計之，約可省鋼料二萬餘磅，每磅鋼料約價銀二錢七分，每年即可節省銀五千四百餘兩；車工尚未計及。

以上各節，均系近年督飭該廠員匠及出洋回廠之匠目等，循舊圖新，切實整頓，於工作則務求精良，於工料則必期核實。各該員司、匠目、工匠等，均尚能認真講求，力圖進步。惟槍子一項，製造固貴於求精，較驗尤關係緊要。從前局中造成槍子，全用人工以樣板逐道比量，極費工夫，且難密合。上年由德國購到新發明較量槍子鋼彈、銅壳機器七部，價銀二萬六千一百餘兩，凡較量鋼彈、銅壳之長短，陰紋之深淺，元凹口徑、底徑之大小，火臺之高低，斜肩之尺寸，各道工程稍有纖毫不合，即能自行剔出，比人工樣板尤准，精巧已極。第現在推拓廠機，增加造額，較量之機僅此一副，不敷應用。而此項機器，外洋製造極精，是以定價極昂。疊與幫辦張道錫藩籌商，督飭廠員，就廠内手藝最優之匠，挑選二十餘人，先將購到機器七部拆開，逐件分繪圖樣，再用鋼皮做成樣板，悉心模仿，照式試造。該工匠等按件摹制，心手尚靈，由去年秋間開工起，現已造成較量鋼彈機器一部，較量銅壳機器兩部；此三部零件最多，每部計有一千數百件，是以工作最難。其餘四部工作較減，現正仿制已有一半工程，年内外可一律竣事。已成機器三部，經職道督同總查機器員霍參將良順仔細考驗比較，實與購到德機功用絲毫無異。將來七部造齊，核計工料只合銀九千兩左右，比較購價可節省銀一萬七千餘兩。此外如收壳口、切壳口、車壳底及車床、刨床等機器，仿制尚多，工料均較購價減省。各該員匠等心精力果，隨處能勉爲其難，而於改良製造之外，并能通盤籌畫，爲廠中添制新機，又爲公家節省巨款，裨益軍需尤非淺鮮。

除仍督飭隨處講求，無論制械、制器，務使工作益精，工料益省，俾款不虛糜，而工歸實濟，借副鈞部整頓軍儲實事求是之意外，所有職局槍子廠近年格外改良，已有實效詳細情形，理合縷晰附陳，伏祈堂憲大人俯賜鑒核。

中國第一歷史檔案館等《中國近代兵器工業檔案史料》第一輯《張士珩爲請將二成洋税提半解新廠留半供江南製造局用事呈陸軍部之稟文宣統元年十一月二十六日》

敬稟者：竊職局製造經費，以江海關二成洋税爲命脉，近年關税不旺，局款極受影響，而各廠工作日益紛繁，既須整頓擴充，又須兼顧新廠，左支則右絀，顧此即失彼，艱窘情形幾不可以終日，前經歷次稟陳在案。本年六月，因局款奇絀，稟懇截留新廠經費四個月，自十月份起應遵札飭仍照向章按數提解。第查九月以後關税仍不暢旺，現在截留期滿，自二成銀兩改照西曆月分提解，前准關道移解西曆十一月二成税款到局，以中曆推算僅解至十月十八日爲止，除西曆十一月一號至十二號，即中曆九月十九至三十日收款應行劃出，無須提解新廠外，其西曆十一月十三號至三十號，即中曆十月初一至十八日收款，僅合銀三萬一千餘兩，不敷十月分新廠解額，應俟西曆十二月洋税解到，再行湊撥，倘不足額，擬即援照本年正月辦法，盡數撥解。惟盡收盡解辦法，系一時權宜之計，此後封河期内，冬、臘、正、二等月洋税收數必更減色，如但顧新廠經費，置滬局薪工料餉於不顧，似非鈞部鄭重軍需、新廠舊局兩面兼顧辦法。前奉鈞部札飭：南、北廠尚未成立，滬局製造亟須認真整頓，等因，現在子、藥兩廠添機拓廠，成效已著。子廠新機裝齊後，每年已能造足槍子一千萬顆；藥廠添辦藥水三廠後，亦能自制磺强、以脱等水。該二廠造額既加，所需人工、材料亦較從前格外增益，其大宗材料，如紫銅、白鉛、硫磺等項，最關緊要，必須斟酌時價，以時購儲，免致缺乏。煉鋼廠煉造槍礮原料，槍子鋼盂所需一切材料，關係極重，有所短缺尤不能不於年内擇要籌備，以應春初廠需。此外各廠、處、營、隊薪工餉項，每月必須支放者又約四萬金左右。所缺一切料物，年内爲時無多，亦不能不斟酌購儲，以備開春應用。以目前情形而論，滬局用款實較新廠經費尤爲緊迫，其緩急蓋未可以同日而語。而海關洋税提解到局者日益短少，不提新廠經費則與部案不符，提出新廠經費即與局款有礙，甚至全然無着。夙夜持籌，莫知所措。伏思上年五月、十一月，職道曾以局款支絀，兩次稟懇於按月所收二成洋税内提半撥解新廠，留一半以供局用，原期新舊并籌，兩有所益。嗣經疊奉鈞札，均以籌辦北廠根本爲言，飭候咨商度支部妥籌撥補。現在撥補之款已否籌定，未敢懸擬，而造幣廠、財政局兩處欠款，從前指爲擴充製造之用者，目前銅元停辦，財政困難，一任文牘催轉，舌敝筆枯，終無歸還辦法。際此年關緊迫，各廠薪工餉需，緊要物料一無籌備，全局人心徬徨莫定。

職道迂愚，竊謂新廠經費固爲籌辦北廠根本，滬局工料要需亦爲目前南北各省軍需所系。現在子、藥等廠整理甫有成效，工料已日有所增，此後槍、礮等廠機器添配齊全，槍、礮造額加多，工料所需更非目前情形可比。通盤籌計，焦灼尤深。職道於無可籌措之中，仍爲新舊兼顧之計，可否准照上年職道所稟，按每月所收江海關二成洋税，無論多寡，以一半提解新廠，一半留於滬局，俾每月新廠經費仍可接續提存，每月滬局用款亦不至全無指恃，實於新舊兩局均有裨益。如蒙核准，現在二成洋税改按西曆提解，職局已詳請將新廠經費亦按西曆收款内提撥，借省勾算凑合之煩。擬請俟西曆十二月洋税解到凑撥新廠十月解款後，即自西曆一千九百零十年正月分起，按月各半分攤，俾免畸輕畸重。如鈞部必以籌辦新廠較整理滬局尤爲緊要，提存經費必照原案辦理，不能照逐月收款各半分撥，輕重緩急之間鈞部自有權衡，職道何敢固請。惟滬局仰蒙委任認真整理，當此經濟困難，需款萬緊，可否暫准於封河期内關税極衰之時，如冬、臘、正、二等月，即西曆一千九百零十年正、二、三、四等月，按照二成收數逐月提半撥解新廠，留一半以資滬用，俾冬春之交滬廠工料稍有着落。一俟春融開河後，關税如能較旺，仍照向章辦理；或收數仍無起色，再行籌酌請示辦理。是否有當，理合具稟，仰祈堂憲大人俯賜核奪批示，并轉咨度支部飭知上海大清銀行遵照。一面仍懇咨催度支部，將籌款撥補辦法從速籌定，早日飭遵，俾此後局款不至時形困絀，實於南北軍需裨益非淺。

除稟南洋大臣、北洋大臣外，肅稟，敬叩崇安。伏乞垂鑒。

中國第一歷史檔案館等《中國近代兵器工業檔案史料》第一輯《度支部爲江南製造局擴充礮廠添購機器價銀准在北廠經費内挪撥事致陸軍部之咨文宣統元年十一月二十八日》 制用司案呈：准直隸總督咨稱，據江南製造局稟稱，竊職道於光緒三十四年五月，稟陳擴充礮廠，加造新礮，歲成五十尊，約估添機經費情形一案。此次現購瑞生洋行機床七部，由滬行隨時交付，無須海關驗放。其八月間所訂禮和洋行造七生五管退山礮用各機床，照合同所載，計車床九部，刨床九部，鍘刨床十部，拔來復綫床一部，洗床九部，共三十八部，又造表尺機器兩部，總計機床四十部，統合净值英金八千七百三十一鎊二先令。系向外洋購運，限六個月交貨，自應按照税務處定章辦理。應請南洋大臣核咨陸軍部轉咨税務處，飭總税務司從速電飭滬關税務司查照，陸續驗放。

又查局中添機擴充經費，本指恃江南造幣廠及江南財政局欠款歸還應用，現幣廠停造，款無可還，財政局又無款還欠。此項添購礮機價銀共英金八千七百三十一鎊二先令，照現在鎊價，約合華銀七萬五千五百餘兩；將來付價時鎊價有無漲落，尚不能定。按合同載明辦法，將來機器由外洋裝船起運，即須先付半價，約合銀四萬兩以内。目前局中經費支絀異常，前於本年六月間稟懇截留新廠經費四個月，雖蒙陸軍部札飭，以新廠經費已移交度支部接收，應咨度支部查照辦理。惟前項截留之款，系爲局中四個月薪工膏餉及子藥各廠急需購辦之料而設。局中每月薪工膏餉約四萬兩，提解新廠計六萬兩，共計約需十萬兩。即使將來關税轉旺，能否於約需十萬以外仍有餘款備付機價要需，毫無把握。擬俟禮和機器由外洋電報裝船起運時，如届時關税暢旺，局款内尚可籌備，此項機價自當盡力籌付；設局款太絀，既無欠款收回，又無常年經費二成洋税堪以挹注，可否即在曆年解存大清銀行北廠經費項下挪撥應用，以濟急需？擬懇大部查照，預飭上海大清銀行知照，臨時再由職道電請咨部核飭遵辦等情。據此，相應咨部查照，并准陸軍部知照前來。

查南洋製造局所需礮機，既向洋商訂購，如届時機器運到，局款支絀，所有前項機價銀英金八千七百三十一鎊二先令，約合華銀七萬五千五百餘兩，自應准如所請，由解存銀行北廠經費項下暫行挪撥，以應急需。仍令俟二成關税收數暢旺，即行照數籌還，嗣後不得援以爲例。并令將應解北廠經費，仍俟四月截留期滿，按月照數籌解，以符原案。相應咨行直隸總督、兩江總督轉飭遵照辦理，并知照貴部可也。

中國第一歷史檔案館等《中國近代兵器工業檔案史料》第一輯《某某爲江南製造局仿制之德礮較湖北兵工廠製造之礮優勝事致趙爾巽電宣統元年十二月二十五日》 督憲：程潛等面稱，調查滬廠仿制德礮，較鄂礮優勝處有六：一、運轉靈便，二、發射捷速，三、瞄准精確，四、擊力遠大，五、戰斗力較鄂礮大兩倍，六、口徑式樣悉合部章。雖每尊索價四千五百餘兩，較購自外洋已省一半，據云尚可核減。川軍新創礮式，似宜完善。應否改購滬礮，請飭議示遵。葵。二十五。

中國第一歷史檔案館等《中國近代兵器工業檔案史料》第一輯《張士珩呈報江南製造局槍子廠增加造額成效已著之稟文約宣統元年》 敬稟者：竊職道於光緒三十二年稟陳籌議整頓辦法八條内，請將滬局槍子廠原有機器修理，并添配新機，擴充廠屋，每年造七密里九、六密里五槍子各五百萬顆。光緒三十三年稟陳子、約兩廠籌辦情形：以子廠現有之機分別修配大致就緒，應添之機據瑞生洋行報價，擬與磋議稟辦；其不敷房屋，擬就子廠後面隙地，添建廠房一座，新機購到安設其中，舊機改配酌量移設，分爲前後兩廠，前廠造七密里九子，後廠造六密里五子。并估計添造瀛爐、烟囱、打鐵、裝子、熔銅、軋銅、木工等房，工料廠機成後，每年選足槍子一千萬，分應南北洋操需。繕摺縷陳，奉鈞部批飭認真辦理。旋與瑞生洋行磋商機價，訂立合同，抄摺呈請鑒核各在案。

嗣經督飭廠員，按照估定應添之槍子廠一座，并瀛爐、打鐵、裝子、熔銅、軋銅、木工等房，及烟囱、爐座，趕緊籌備工料，招工興辦。又將安設新機應添之鐵輪、皮帶輪、螺絲、鐵板、水管等項，分飭各廠預爲備制。一面催令瑞生洋行，將已訂機器提前先運十二部來局，以便裝設，加增造額。其全批各機，不時函催趕運。至光緒三十四年冬間，各項機器計載入合同者，尚有三十八部，又舂模、樣板兩副。又訂合同後，續添收殼、舂尖機器三部，均陸續運到交齊，分期驗收付價。復經督催廠員，將添建廠座房屋、器具等項，趕緊料理完備，先行鋪築地面，裝配輪盤、軸桿，本年春間即將新式機器擇要安設。計壓銅殼底機器二部、收銅殼口機器一部、車銅殼底徑陰紋并絞口機器四部、鑽銅殼火門眼機器二部、舂鋼殼機器十部、鋼頭壓平底收底口撞鉛心機器共二部、舂鋼殼元尖機器二部、收鋼頭底口機器三部、壓鋼頭平底機器三部、車床八部、洗床一部、鋸鋼模機器一部，共計三十九部，均系新式。并將廠中原有之銅殼等廠舂造子殼、改良修配各機器，斟酌遷移布置。計舂銅殼機器十三部、打銅殼元凹機器三部、切銅殼口機器四部、打銅殼底字機器二部、絞銅殼元口機器一部、切鋼殼口機器四部、車床九部、刨床一部、磨鋼模機器一部，共計三十八部，均舊廠所存老式，修配改用一律精利。其餘尚有購到之新式烘軟銅殼口、車光銅冒火、壓平銅冒火、上銅冒火、點元口黑膠、裝藥、造紙插各機器，均分別安設舊有各廠及新添之熔銅、軋銅、裝子等廠，督催趕辦，至本年七月間新添各機、改良舊機，統於新舊槍子各廠內一律裝設齊全。

查新廠建設，即在舊有槍子廠後北面。前經稟明，分爲前廠、後廠。前廠造七密里九子，後廠造六密里五子。現飭廠員即將舊廠名爲槍子南廠，新廠名爲槍子北廠。南廠新機較少，仍照前稟專造七密里九子；北廠新機居多，除照前稟造六密里五子外，兼造新式六密里八子。如遇外省訂造子彈，無論何種，南北兩廠只須掉换舂模，即可通力合作。將來如遇有工作不便之處，南北兩廠機器仍可隨時更移位置，以期製造合宜。廠機（布）〔部〕署停妥後，即於七月十七日開車動工，酌撥工匠隸入新廠，調派匠目管理工作，并將原有各項匠目，斟酌撥調，分別權限，各專責成。開工以後，試驗新添各機，均尚精利合用；其由舊廠修理移設各機，亦均配置相宜。充南北兩廠新舊機器能力，每日每廠可成槍子二萬顆，南北兩廠共可成槍子四萬顆。如能裝設電燈，早晚加做鐘點，每日每廠可加造五千顆，南北兩廠并計，每日共可成子五萬顆。通全年成數計之，照原估歲成一千萬之數有增無減。惟造子成數加多，則造子工料亦必加多。當此局款支絀，工料兩項籌備極其爲難。目前廠機既已擴充，基礎已立，宜先求造件精美，其日成之數，似不必格外求多。新機安設，舊機改良，分廠配置，動工之初，每日南北兩廠，限造三萬顆。經廠員督飭工匠認真工作，自九月份起，每日兩廠已能加造三千顆，共計每日可成子三萬三千顆。以全年成數計之，約可造足一千萬顆。只須將來經費充足，工料齊備，充兩廠機器能力，每日造成四萬顆或五萬顆，全年又可多成一二百萬顆，或三四百萬顆。據廠員稟報前來，職道詳爲考核。竊以前稟籌議整頓滬局辦法，原從加造槍子入手。迨光緒三十二年八月，職道到差後，即照稟定之案辦理。并商囑幫辦張道錫藩，專駐龍華分局，督察員司、工匠認真籌舉。現在擴充廠機，增加成件，修改舊機，添配新機，開造未久，成件已能如額。職道督同總檢查員及洋員哈卜們考核，於速率、擊力、漲力、鋼銅料質，一切詳細試驗，并由各省領運委員會同考核，暨歷次解部各項小口徑子彈更番校試，均屬合用。

新機新廠敷設完備，造件成績日有進步，實賴幫辦張道錫藩籌度監察之力居多。而數年以來各員司及總匠目并正副匠目、工匠、藝徒等，繪算營繕，夕計晝庀，規畫機器，籌新改舊，監工考料，驗殼試子，冒犯寒暑，忍饑耐苦，實屬異常勤奮，乃能出數多而成績完好，有裨於軍需者甚巨，現仍與幫辦張道錫藩督飭員司、匠目、工匠、藝徒等益加奮勉，并於熔銅、舂殼、制殼、裝箭等事處處加意研究，入細講求，務使成件益臻精美，不徒造額加多。所有出力員司、匠目、工匠、藝徒等，不無微勞足録。

除匯同三藥水廠告成之案，另稟懇予給獎以示鼓勵外，理合將職局槍子廠添機拓廠，增加造額，成效已著情形，縷細具稟陳報，仰祈堂憲大人俯賜鑒核，實爲公便。

除稟南洋大臣、北洋大臣外，專肅寸稟，敬叩崇安。伏乞垂鑒。

職道士珩謹稟

中國第一歷史檔案館等《中國近代兵器工業檔案史料》第一輯《陸軍部爲請准江南製造局將一至四月二成洋稅提半解撥新廠并請速籌該局經費事致度支部之咨文宣統二年五月初四日》 前據江南製造局稟請提半撥解新廠經費等情，當經度支部核駁分咨查照在案。茲據委辦江南製造局張道士珩稟稱：伏查職道上年六月稟請截留新廠款四個月，系因子、藥廠整理擴充新機裝設，亟需籌備材料加造足額，仰蒙度支部核准，得以趕緊籌備，并全局四個月薪工膏餉亦得以按時應付，不致有缺乏之虞。原期四個月後，新廠提款仍照向章辦理，不意秋冬之間，關稅仍然不旺。子、藥廠既加造額，需料遂多，煉鋼等廠認真整理，選料尤慎，時近年關，不能不斟酌儲蓄，以備春季廠需。而封河期內關稅必更減少，造幣廠、財局欠款均不能抵用。新廠舊局兩面兼顧，益慮爲難。礮廠訂購機器，雖經稟懇於歷存銀行北廠經費項下籌撥價款，系屬機價要需，不能移爲局用。長此竭蹶，於製造前途極多窒礙。展轉思維，殊無善策，不得已稟懇以後二成洋稅，按月分半撥解新廠，俾新廠存款不致無着，滬局用款亦可支持。又慮新廠經費大部極爲注重，恐不以二成各半辦法爲然，特於文内聲明，或暫於封河期内（西曆正、二、三、四等月）按二成提半撥解，留一半以資滬用，聽候大部核酌。初未敢因滬局用款艱難，堅持二成分半之議。茲奉前因，始知新廠經費已劃撥鈞部，作爲陸軍各項學堂專款。前請於按月二成提半撥解辦法，未奉度支部核准，職道自不敢再申前請，惟於西曆正、二、三、四四個月暫請提半撥解新廠一節，度支部未經議及。職道查西曆正、二、三、四等月，即中曆冬、臘、正、二等月，其時適在冬春之交，子、藥、煉鋼等廠擴充整頓以後，造額既增，需料極費，年内或可支持，春初應需材料尚未預備，時值封河稅絀，不能不妥爲預籌。現查冬、臘兩月，訂購外洋大批材料，如剪口、碎鋼、冷風熔化生鐵、打磨輥子機器，又二年正、二兩月訂購中外大批材料，如生鐵、焦煤及外洋紫銅、白鉛、青鉛、硫磺、酒醇、無烟火藥、紙盒胚料等件，均系子、藥、煉鋼等廠最關緊要之件，四個月并計，約需銀十五萬餘兩。雖訂購各項有現交者，隨時付價，亦有訂立期限，俟貨到分期付價者，然此但指大批物料，購價在千兩以上者而言；尚有不及千兩以上，隨購隨用；隨時付價者，冬、臘、正、二四個月爲數亦復不少。又有從前陸續訂購機器、料物，陸續由外洋運交，應在冬、臘、正、二等月内付價者。查上年冬月間核付煤、鉛、木料、雜料價銀三萬二千餘兩，臘月間核付鋼、鐵、銅、鉛、煤炭、木料、雜料、機器價銀七萬二千八百餘兩，本年正月間核付煤價銀一萬二千三百餘兩，二月間核付鋼、鐵、銅、鉛、煤炭、木料、雜料價銀八萬七千六百餘兩，綜計冬、臘、正、二四個月，除訂購大批料物未經運到者尚未付價外，其隨時零購及以現價購現貨并陸續應付已經運到各機料價款，共已合銀二十萬四千九百餘兩。尚有全局薪工膏餉每月約四萬金左右，冬、臘、正、二四個月又約需銀十六萬兩左右。連同四個月料價并(記)[計]，冬、臘、正、二四個月共須支銀三十六七萬兩。而四個月内局中所收二成銀兩，除西曆三、四兩月尚未准江海關撥解到局數目多寡無從預計外，其西曆正月分僅收銀五萬四千九百餘兩，二月分僅收銀六萬二千六百餘兩，如提撥一半解歸新廠，則滬局西曆正、二兩月僅實收銀五萬八千數百兩，以上年冬、臘兩月用款相衡，尚未及半。西曆三、四兩月二成洋稅雖未解到，然西曆三、四月之交尚在北洋封河期内，逆計關稅所入必不能多。以局中用款而言，所短亦必甚巨，全賴年終所收各處三廠常費尾數及各處解還代造工料各款，騰挪湊用不足者暫在往來銀行錢莊通融挪借，俟續收關稅能於較旺再行撥還。若西曆正、二、三、四等月所收二成洋稅亦不能提半撥解，新廠必須照額解足，竊恐四個月所收洋稅不過僅敷新廠解額。倘西曆三、四兩月洋稅再減於正、二兩月收數，則并新廠解額亦慮不敷，滬局用款必致毫無着落，僅恃年終三廠常費尾數并各處解還代造工料及往來莊號挪貸應付，斷不足以濟事。無米之炊，雖有巧婦亦慮無從措手。職道再三籌計，目前新廠經費一項，度支部已劃撥陸軍學堂經費，原以籌辦此項學堂，系爲造就陸軍人材起見，雖職局製造軍械正在擴充，較之學堂尤關緊要，然甫經劃撥抵用，所請二成分撥辦法，度支部既未核准，職道亦何敢驟請更議。惟所請於西曆正、二、三、四四個月所收二成洋稅提半撥解新廠一節，實以冬春之交關稅極衰，又值局中子、藥、煉鋼等廠籌備材料支付料價較多，造幣廠、財政局欠款既未能籌還就用，局中又無別款可籌，不得已暫請通融將四個月洋稅分半撥解新廠，留一半以資滬用，實與永遠劃半辦法不同。擬仍仰懇鈞部再賜咨商度支部核准。一俟西曆四月以後，北洋冰解，如關稅較旺，仍按向章照額提解。本年冬季，如果關稅不過短絀，局用可以支持，亦斷不敢再行援例以請。合再縷晰稟陳，仰祈俯賜察核，轉咨，實爲公便。

再，曆奉鈞部禮，洋稅短絀，候咨商度支部妥籌撥補等因，近年關稅有減無增，二成分半撥解新廠辦法度支部既不謂然，局中製造關係軍需極爲重要，且轉瞬礮廠新機運到，槍廠新機續訂，增加槍礮造額，歲需材料尤多，長此困難，終非久遠之策。究竟如何撥補，仍懇鈞部咨催度支部從速籌定飭遵，實於南北軍需裨益非淺等因前來。

查該局所請將正、二、三、四等月新廠經費提半撥解各情可否准行，應仍由度支部酌核辦理。至近來二成洋税收數日絀，度支部前允另籌撥補一節，應如何從速籌定之處，相應一并咨行貴部查照辦理。并希於核定後知照過部可也。

咨度支部。

中國第一歷史檔案館等《中國近代兵器工業檔案史料》第一輯《張士珩爲江南製造局是否趕造槍彈事致陸軍部電宣統二年五月初八日》 陸軍部堂憲鈞鑒：洪。虞電敬悉。六密里八槍現造全用舊機，參以手工，成件甚緩，價亦難核，除存樣槍數十枝，并代廣西定造馬槍五百枝外，未能多造。添機雖經奉准，屢向各洋廠考驗圖樣，比較價值，正在磋議。俟購妥安裝，每日出數，價值方能核計。至造彈機已經安齊，如趕造二百萬粒，約六七十日可成，每千價銀四十二兩。造否？乞電示。職道士珩謹稟。齊。

中國第一歷史檔案館等《中國近代兵器工業檔案史料》第一輯《陸軍部爲江南製造局第六式槍應再與湖北兵工廠短槍互相實地試驗事覆湖廣總督之咨文宣統二年七月二十一日》 准湖廣總督電稱：鄂廠取到滬局六密里八樣槍，督同洋工師題來研究，將其尺寸與前三年德國毛瑟廠代中國所制一千九百零七年式新樣尺寸表互相比較，查得槍管比原表較長三十九零二密里，木托較長四十四零二密里，故望牌綫亦較原表長四十四零二密里。查此種較長之槍毛瑟廠亦曾代制數枝，然該廠乃依中國意旨定式而制，未經詳細考驗保其可用。槍管既行改長，而彈頭裝藥等又仍舊未改，則槍彈出口速率與其飛行之路必與原表所載不同，誠恐擊射稍遠，於命中位置不無少差；雖其差甚微，或與實際上無甚關係，然加長一節固無利可言。且兵士持槍瞄准，難免摇動偏差，槍管愈長，則擊射之偏差愈大，此近年來各國反有改短之議也。總之，槍管加長於擊射瞄准既不足恃，又增其偏差之度，且未經前人考驗，成效如何尚未可知，不若仍照毛瑟廠已經試過原樣之槍製造，似較穩妥等情。滬局新改六八樣槍，其管較原表較長三九零二密里，應否仿造不厭精詳，合達大部核奪，迅賜電覆飭遵等因前來。

查滬、鄂兩廠前送本部試驗樣槍，鄂廠系長、短二式，滬廠系第六式，經本部派員在長辛店用機器逐槍試驗，打三百米突靶，以鄂廠長槍之散開面爲最密；打四百米突靶，滬槍暨鄂之短槍只中一出；打五百米突靶，滬槍散開面爲最密。

至穿力以滬槍力最優，鄂廠長槍次之，短槍又次之。以上俱系當日試驗實情。兹准電稱，滬槍加長，諸多不利等語，自系確有考較。兵工製造不厭精詳，且此項槍枝一經改制，輕重長短將來即成爲定式，所關甚大，自不能不詳細考求。除滬、鄂各槍由部再行實地試驗外，相應咨復貴督，希即轉飭該廠，將此次取到滬廠第六式槍枝，與鄂廠原有短槍互相實地試驗，開具比較表，專案由郵政局咨送本部，以資參考可也。

中國第一歷史檔案館等《中國近代兵器工業檔案史料》第一輯《度支部爲江南製造局請截留新廠經費六個月礙難照准事致陸軍部之咨文宣統二年九月二十八日》 制用司案呈：准北洋大臣咨，據江南製造局張道士珩稟稱，竊職局歲解新廠經費七十萬一款，光緒三十年稟定於局中經收二成洋税内分月攤提，每月約提解六萬兩。其時江海關洋税收數正旺，每月提撥二成，實解職局者均在十萬以外，多或解至十五六萬，是以按月提解新廠六萬外，滬局實收之款仍有四五萬或八九萬。益以三廠常費每年二十萬（以下殘缺）未擴充，薪工、料價不僅從容應付，抑且歲有盈餘。近數年來各廠設法整頓，次第擴充，又添辦磺强，以脱、乏强等廠，工料等項日有所增，迥非數年以前可比，而海關洋税不旺，二成收數（脱）〔鋭〕減，於前新廠經費一項，仍須照章按月提解，左支右絀情形，前已歷次瀆陳鈞聽。前、去兩年均以局款奇絀，稟蒙批准截留新廠經費四個月移緩就急。并以新廠舊局同關緊要，滬局用款長此困難，終非久計，歷次稟商於按月所收二成洋税内，提一半解新廠，留一半以資滬用，爲兩面兼顧辦法，未奉大部核准。上年冬間，又以截留新廠款四個月，期滿後關税仍然不旺，瀝情稟懇准照前稟，按每月所收二成洋税，新廠舊局各半分攤，彼此兼顧；否則，或暫於西曆一千九百十年正、二、三、四月封河期内，按照二成，逐月提半撥解新廠，俟春融開河仍照向章辦理。仰蒙咨商大部，札行下局，又以新廠款劃作陸軍學堂經費，不能挪作別用，并西曆正、二、三、四四個月二成洋税，新廠舊局各半攤用辦法，亦未允准。雖西正、二、三、四月所收洋税，前已按照稟懇辦法劃留一半備解新廠，餘一半早經支用，然新舊劃半辦法，度支部既不謂然，則四個月新廠經費，自不得不按照定額於局款内設法籌凑補解。昨甫將西正、二、三、四四個月新廠經費二十二萬設法籌足，於本年七月底解交上海大清銀行列收。西曆四月以後，海關洋税收數仍然不旺，西五月分二成銀數由關解局者僅七萬二千八百餘兩，西六月分更少，僅收五萬五千九百餘兩。現在華曆七月底即西曆八月分業已届滿，而西七、八兩月洋税尚未解局，數目多寡尚難懸揣。職道查西五、六兩月即華歷四、五等月，此兩個月局中用款計薪工膏餉、雜支約九萬餘兩，應付料物價款約九萬四千餘兩，統計兩個月用款共約需銀十八萬數千兩，而兩個月收入二成洋税僅十二萬八千七百餘兩。即就局中用款而論，以入抵出已不敷幾及六萬兩，如照額提解西五、六兩個月新廠經費十二萬兩，僅餘八千七百餘兩，局中兩月用款全然無着，如何應付？且此項洋税，局中收入均以經費奇絀隨時支用，又騰挪湊數補解西二、三、四月新廠經費，目前早已支用罄盡。西七、八月洋税雖未解局，逆計收數亦必不多。而西七、八兩月，即華六、七兩個月，局内應支之款，約略核計共需薪工膏餉九萬餘兩，銅、鉛、煤、鐵各料價約六萬二千餘兩，收入之款能否抵支，毫無把握。若將西七、八兩個月新廠款劃出，則局用更不堪設想。此外尚有近月訂定各廠待用之料，如各項煤炭約價四萬一千餘兩，各項銅、鋼、鐵約價六萬七千餘兩，各項火藥、槍子、煉鋼等材料約價三萬餘兩，又造礮、軋鋼等機價約七千餘兩，共約銀十四萬數千兩；轉瞬機料陸續運到，均須陸續按照合同付價；而七、八月間購備零星物料，應隨時支付價款者，又約需銀六七萬兩。待支之款極多，經收之款奇絀，出入相權，莫知所措。雖六、七月間金陵厘捐局、湖南督銷局各解三廠常費一萬兩，然爲數不過如此，不能抵支大宗用項。造幣江廠早已停鑄，財政公所款絀異常，從前借欠滬局之款，目前均無可指恃。前奉部札，該局經費困難，應由南洋設法添籌等因。職道奉文後雖經擬議辦法，以南洋另籌款項亦恐不易，請仍就製造經費二成洋税項下設法補苴：將附支金陵、北洋兩製造局經費及南洋兵輪薪餉一律收回，照案全充滬局經費，較之泛言籌款稍易就緒。然此案何時核議定妥，目前尚難懸揣，即使議允照辦，亦不過逐月收款可以略增，并不能大批濟目前之用。且本年各局業已支用大半，更難指應眉急。再四思維，一籌莫展。伏思職局前去兩年，均以款絀稟蒙咨商核准截留新廠經費四個月，勉爲支拄。目前經費竭蹶不堪，槍子造數加至千萬以外，并添辦藥水三廠，工料等款較前一律加增，又值甫經設法騰挪湊解西正、二、三、四月新廠經費二十二萬兩，近月應解新廠之款猝難續籌，近月應支薪工、料價及必須備付料機之價全無着落。擬仍仰懇咨部俯念滬局經費關係南北軍需，准再援案截留新廠經費六個月，借以稍紓急喘。俟六個月後關税如能較旺，局款不致困難太甚，仍照定章按月提解，以符部案。理合具稟，仰祈察核，咨部察奪，行知大清銀行上海分行查照等情。據此備文咨部查照。并據北洋大臣咨同前由各等因前來。

查江南製造局關係軍需重要，目前經費困難系屬實在情形。前由陸軍部咨據該局稟請，將二成洋税項下附支金陵、北洋兩製造局經費及南洋兵輪薪餉一律收回，照案全充滬局經費等因，業經本部咨商南、北洋大臣酌核，咨部以憑核辦在案。至新廠經費既經本部劃撥陸軍部，作爲辦理學堂經費，自不能再行挪作他用，所請截留該廠經費六個月之處，本部礙難照准。相應咨行北洋大臣、南洋大臣查照，并知照貴部可也。

中國第一歷史檔案館等《中國近代兵器工業檔案史料》第一輯《張士珩爲江南製造局添購新機擴充槍廠事呈陸軍部之稟文宣統二年十月二十五日》 竊職道於光緒三十四年五月、十月，宣統元年閏二月，先後稟陳籌議擴充槍廠，加造槍枝，估計增添機、屋經費情形。宣統元年三月二十三日奉鈞部札開：查添購新機擴充軍實，自以按照本部前札日能成槍五十枝辦法較爲完善，惟目前經費支絀，遽籌數十萬金洵爲不易，應准照第一次所稟辦理，此時先加至二三十枝以立基礎，將來再行接續推廣。仰該總辦悉心籌畫，并隨時將購機、建廠情形及訂購機器合同詳細稟呈，以憑查核等因。

奉經札行總檢查委員會同槍廠委員、匠目等，按照光緒三十四年五月第一次稟陳籌議擴充辦法，悉心妥籌，并由幫辦李直牧壽仁隨時督商籌議。一面斟酌推辟廠房騰并機器，一面將應添新機名色、部數，按照瑞生洋行所派絢赫廠機師報單過細考核。該機師復逐日來廠，就廠中原有機器斟酌配合歷數月之久，由總檢查霍參將良順及槍廠委員、匠目會同商榷，斟酌圖樣，逐細改選，詢探價值。嗣以德國絢赫廠外尚有侶佛廠機器亦極佳，且爲造槍專廠，該廠駐華□理者爲禮和洋行。因復將職局槍廠應添機器飭禮和洋行考核報價，并令該行電商侶佛廠遴派優等機師於上年年底來滬，親至槍廠就所制六密里八槍及廠中原有機器詳爲考核，斟酌應添、應配之件。并向洋廠檢取圖樣，由霍參將等會同逐細參考，摘録號數，核開准單，發交瑞生、禮和兩行寄往絢赫、侶佛兩廠開報價值。又以核定應添之機一百二十部，均系造槍機器，其隨機配用器具及各項花刀，必須另有機器隨時修理，并隨時制配花刀以備更換應用。此項機器若概付闕如，則機器隨配之器具、花刀等一有損缺，須重向外洋購配，極爲展轉。復飭霍參將等與洋廠機師考究，即將此項修整器具、花刀之機器亦斟酌添配二十部。共計一百四十部，一并由絢赫、侶佛兩洋廠報價比較，再行酌訂。當據禮和、瑞生兩洋行先後開送侶佛、絢赫兩廠所報價單，計機器一百四十部連手力器具配件，禮和報價需德銀六十三萬四千一百五十六馬克，瑞生報價需德銀七十萬一千五百一十六馬克四十五分。其時以兩行報價均昂，往返商酌，叠次磋磨，未易減讓。嗣將各該行所以報價昂貴之故詳密查探，始知職局擬購之機器一百四十部內，有系絢赫廠專機而爲侶佛廠所不造者，亦有系侶佛廠專機而爲絢赫廠所不造者，各廠專造之機承辦自較容易，價值亦不至過昂；若并非專造之機亦責令承辦，勢必設法應付，或竟展轉販運，原價之外不得不任意加增。此次職局添購機器一百四十部，如必欲歸一行一廠承辦，在行家注重牟利，不厭其多，竊恐將來交貨難免遲延，甚且勉强湊付，料質功用均有不能滿意之弊，索價加昂尚其餘事。迭與李直牧壽仁、霍參將良順等詳密商籌，擬改爲禮和、瑞生兩行分任辦法，擇侶佛廠專機令禮和報價，擇絢赫廠專機令瑞生報價，而以兩行均可承辦之機。

中國第一歷史檔案館等《中國近代兵器工業檔案史料》第一輯《馮熙光爲四川兵工廠招收匠徒事呈四川總督趙爾巽之説帖約宣統二年》 敬稟者：竊卑職昨由張鎮彪、蔡道琦傳奉鈞諭，以四川辦理製造，需覓熟手，飭令卑職進見。遵即恭詣崇轅，備承訓誨，衹聆之下，欽佩莫名。卑職學識空疏，才慚謭陋，渥蒙大人不棄葑菲，仰荷甄陶，謹當勉竭駑駘，上供驅策。

惟奉諭搜羅工匠一節，查辦理製造之廠，首在規畫得地，布置合宜。今廠屋既已落成，機器亦經大半安設，則先莫要於經理規則。凡製造耗費多由管理未得善法。誠以從事於斯，非親身閱歷，逐事研求，而又於素習得以底蘊者，不克驟臻美備。如預籌採購運輸料物，是爲全廠切要之一大宗；蓋川省路遠艱險，轉運良不易易。尤在察看工作需料幾何，有應半年一備，有應全年預備者，視工作之繁簡定用料之數目，通盤籌定，自無停工待料之虞。此中籌措，稍一大意，糜費無窮。至招募工匠，則鄂、滬下游各廠技優者頗不難得，不過工價稍優，招之即至。現川廠業經開辦，則匠徒諒亦陸續添派，果有良匠數人，亦可就本地廣招藝徒，令其交相傳授，甄別補充，轉瞬之間人材輩出，如此庶可節虛糜而期實濟。否則遠道招致，勢必辛工優給，川費浩繁，及至前途尚不知能否合用，而舉動仍無裨於事也。是否有當，伏候訓示祇遵。

中國第一歷史檔案館《光緒宣統兩朝上諭檔》第三七册《宣統三年正月十八日》 軍機大臣欽奉諭旨，陸軍部奏遵保江南製造局錬鋼、槍子、藥水、等廠出力各員，分别請奬，繕單呈覽一摺，著休議。又奏，請奬滬局道員張士珩等一片，張士珩著賞給四品卿銜，張錫藩著交軍機處存記。又奏，滬局總檢查洋員哈卜們，請奬寶星一片，著外務部查核具奏，欽此。軍機大臣署名臣奕、臣毓、臣那、臣徐。

中國第一歷史檔案館等《中國近代兵器工業檔案史料》第一輯《度支部爲江南製造局添機經費准在新廠經費項下動支事致陸軍部之咨文宣統三年二月二十日》 制用司案呈：准南洋大臣咨，據委辦江南製造局張士珩稟稱，職道遵奉陸軍部札，按照光緒三十四年五月第一次稟陳籌議擴充辦法，悉心妥籌，將應添新機名色、部數逐細參考，交瑞生、禮和兩行購配，共計一百四十部，净價共合德銀四十九萬八千零八十一馬克八十七分。并與議明，所訂機器，盡七個月内陸續交貨；所需定銀，俟奉到部批，先給五分之一，余俟機器到齊，查無短缺，裝配開車試驗合用後，再行找付清款；鎊價隨時漲落，應付價銀統按付銀之日電匯市價核算。各該行均一律應允，現已於九月底先後訂立合同，簽印分執。惟有仍懇陸軍部俯准，援照上年訂購礮機成案，仍在歷年解存上海大清銀行北廠經費項下挪撥銀二十萬兩，以資應用等情。據此，相應咨部查照核覆等因前來。查此案前經本部片查陸軍部去後。兹據覆稱，該局擴充槍廠，添購新機，本部於光緒三十四年五月十日，暨宣統元年閏二月，先後據該總辦等稟陳籌議情形，當以經費支絀，遽籌數十萬金洵爲不易，札飭該局准照第一次所稟辦理。兹據將訂立合同各情具稟到部，業經批准照辦在案。此項機價約需銀二十萬兩，該局既無款可資挹注，所有應付合同定銀五分之一約四萬兩，及將來機器到齊應找付銀約十六萬兩，自可准其在於本部移交新廠經費項下動支，應請度支部轉飭照數撥給濟用等語。

既據陸軍部將此案訂購槍械價目批准，并先後應付該價銀二十萬兩，一并准由該部移交新廠經費項下動支，本部自應照准。除咨行南洋大臣轉飭該局遵照領用，札行大清總銀行即飭上海分行照數發給外，相應札行大清總銀行即飭上海分行，將前項價銀二十萬兩，由新廠經費内照數發給該局，以資應用，咨行南洋大臣轉飭該局，遵照向上海大清分行如數領用，一俟該價付清，即將合同并開支細數報部核銷，并知照陸軍部可也。

中國第一歷史檔案館等《中國近代兵器工業檔案史料》第一輯《度支部爲由滬行撥銀四萬兩作江南製造局購槍機定銀事致陸軍部之咨文宣統三年四月十四日》 制用司案呈：准陸軍部咨，准度支部咨稱，江南製造局添購新機價銀，經查據陸軍部覆稱，此項機價約需銀二十萬兩，自可准其在於本部移交新廠經費項下動支等因，業經分别行知在案。嗣據上海大清分行電稱：現在滬行并未存有新廠經費。并據大清總行付同前因。又經本部電知南洋大臣轉飭江南製造局，將應解新廠經費銀兩，迅即提解上海分行去後。兹據電稱：已飭製造局趕速交解等語。所有前項機價銀兩，自應由上海分行於該局解到新廠經費項下如數撥給，以資應用等因。當經本部轉電江南製造局去後。兹據電稱：陸軍部堂憲鈞鑒：東電謹悉。關税不旺，局款萬絀，現先籌凑銀十二萬，作爲宣統二年西五、六月新廠款，日内解銀行，懇轉度〔支〕部電飭滬行列收後，即撥借四萬，俾付槍機定銀，餘八萬亦飭存行勿動，俟機到續撥。除呈報外，士珩謹稟。冬。等因。相應咨部查照，轉飭遵照辦理等因前來。

查江南製造局添購機價銀約二十萬兩，迭經本部分别電咨南洋大臣轉飭該局迅將新廠經費解交上海分行，以便轉給等因，并知照陸軍部在案。兹據陸軍部咨稱前因，所有該局解到宣統二年西五、六月新廠經費十二萬兩内，自應由滬行先行撥給四萬兩，以資該局應付槍機定銀，其餘八萬兩一俟機到再行續撥。相應咨行南洋大臣轉飭該局向滬行先行領用四萬兩，札行大清總銀行轉付滬行迅由該局解到前項内先行撥給四萬兩，仍將領到、支付銀數、日期報部查核，并知照貴部可也。

中國第一歷史檔案館等《中國近代兵器工業檔案史料》第一輯《張士珩爲革命黨人進攻江南製造局事致陸軍部電宣統三年九月十三日》 十三日五點鐘，有革黨二百餘人，均袖扎白布，一人持白旗，一人持紅旗、白角并白令箭，跳躍率領，趁工人放工之際，直冲入局門，分半由船塢便門闖進，開放排槍，并放炸彈轟擊。經士珩與張道錫藩、李守壽、提調陳本端、咸守瑶圃、趙直牧安國、方委員惟庸等，督飭哨弁謝華國、巡警劉萬祥、高孔鑄及弁兵等，奮勇扼御。彼此放槍一點餘鐘，革黨連放炸彈二十餘枚，各弁勇憑土袋拚死抵拒，當放排槍將該黨擊斃多人，始退至局門，摇旗復戰。又經總巡參將緒謨，帶領哨弁盧家有、荆秀友，挑領新募奮勇二十名，會同劉萬祥，開放連環排槍，革黨始逃。因局外民人太多，疾飭收隊。擊斃四人，斃傷五人。現局内均屬平靖。

查該革黨袖紮白巾，手持白旗，闖入局中，直搶總公務廳，并捉工人，囑帶赴軍火處，施放洋槍、炸彈。幸員弁、兵丁等拼命血戰，相抗至一時之久，尚屬異常奮勇。除由士珩先發賞號以示鼓勵外，惟局防單薄，龍華、浦東均屬空虚，船塢無人，沿江處處可登，防不勝防，雖由士珩等督委士弁，勉勵嚴防。除飛電江督，迅調沿江得力巡防營隊來滬，以救危局。再，局内巡警禹晉元、高玉山、滿玉德三名，工夫一名，均受傷，已飭醫調治。士珩謹稟。

全國圖書館文獻縮微複製中心《清季鈔電匯訂・安徽巡撫來電》 陸軍部鈞鑒，洪感電敬悉，山砲缺件，本年五月曾開明損失細數，咨請江督轉飭滬局修配。一面派員赴滬局面商，七月准江督咨復。據該局稟稱，廠機多係英式。皖購克魯蘇乃屬法廠，外貌雖曾瀏覽，内容究未研求，須將全砲運滬細勘，擇可修者陸續代修，其不可修者再轉知洋廠補配。且必先改大架器具，不但曠日糜費，尤恐非其模範。機竅不符，將來能否合宜，仍難逆料等因。旋據委員回皖稟覆情形，亦復相同。滬局改配，既多周摺，需時又難，必其合用，不得已始向原行添配，再四磋商，方克定議。仍祈大部核准，電示以憑遵辦。家寶。豔。印。

全國圖書館文獻縮微複製中心《清季鈔電匯訂・上海朱京卿來電》 陸軍部鈞鑒，現由滬局携帶作樣六八馬槍三枝，步槍五枝，子彈四千二百顆，無烟槍藥一箱，槍管壞六枝。擬由滬運漢，再行轉京。應即知照税務處，轉知沿途各關查驗放行。恩紱叩。梗。印。

全國圖書館文獻縮微複製中心《清季鈔電匯訂・閩浙總督來電》 陸軍部鑒，洪閩省製造所赴滬購辦紫銅磚五千斤，黑鉛條三千斤。除填給護照外，請核明知照税務大臣，分飭江海各關驗明，免税放行。壽，元，印。

全國圖書館文獻縮微複製中心《清季鈔電匯訂・江北提督來電》 陸軍部鈞鑒，洪江北陸軍向上海製造局定造三十年式六密里五槍實彈一百萬粒，響彈四十萬粒。業經造齊，擬由笞河運浦。除另文咨呈大部備案外，請電飭滬鎮關道驗放。珍。霰。印。

全國圖書館文獻縮微複製中心《清季鈔電匯訂・護湖廣總督來電》 陸軍部本任瑞督，前致鈞部問電。因滬局改造六八步槍，其管較原表長三九零二密里，恐瞄准較難，商請改短等因，尚未接奉復電。伏查此項新槍，須先在外洋定購鋼，一切爲時較久。現管式未定，不便購機。究竟應否准改，懇即早日電示飭遵。護督王乃徵叩。虞。印。

袁世凱《袁世凱未刊書信稿》上册《復張觀察士珩》 貴局在滬剏辦最先，歲久日深，遂叢積弊，執事莅彼四載，掃除整頓，力果心精，邇來諸般製造足以方駕歐美，成效昭著，大部褒嘉，誠非虚譽。

惠示出品説明書及稟稿均已披閲，至佩至佩，兄養疴洹上，泉石優游，入夏以來起居尚稱平適，堪以告釋。雅廑嵩復，敬請暑安。惟希朗詧，不備。姻如兄袁世　頓首。六月十六日。

袁世凱《袁世凱未刊書信稿》下册《復張觀督士珩》　執事綜司製造，籌簾深遠，進步日增，允爲各省廠之冠，樞部諸公頗加獎許，足見鑒衡，自有真也。獻歲發春，遥維起居，定多佳勝。【略】手復祗頌，新釐並請勛安，不備。姻如兄，袁大功世　頓首。三月五日。

王爾敏《盛宣懷實業朋僚函稿》下册《楊宗濂致盛宣懷函三十七》　承囑代詢銅皮價值，昨赴機器局詢問，據云此項銅皮僅千分寸之十分。局中用造後膛槍子小銅帽者，須厚十五分。前膛槍之銅帽須厚十八分。至毛瑟槍子銅竟須厚八十五分方可合用。兹將機器局復函并送到銅樣三種，一并寄閲，即希察入如荷。餘容續布，先修鳴謝，敬頌勛安，惟照不盡。愚兄楊宗濂頓首。廿七。附銅皮三種，信一紙。

藝文

顧炳權《上海洋場竹枝詞》頤安主人《滬江商業市景詞・製造局》　滬南製造局垣崇，機器鋼銅鍛煉工。炮彈槍刀軍用廣，鐵成各具仿西東。

秦榮光《上海縣竹枝詞・堂局十五》　地擇城南建局房，占田頃半浦灘旁。五年，巡撫丁日昌奏請擴充。巡道應寶時籌撥經費，移建城南高昌鄉。計擴充奏准籌經費，蘇撫當年丁日昌。地七十餘畝，以二十餘畝爲局房及製造所，以四十餘畝設船廠、船塢、馬頭，及洋匠住房。另購廠東地五畝，蓋中匠住房。

李維清《上海鄉士志》第一三五課《製造局》　製造局在城南高昌廟，同治初元李文忠公創立。計地七十餘畝，以二十餘畝爲局房及製造之所，以四十餘畝設船塢及洋匠住房，隸於南、北洋大臣。内有機器、煉鋼、槍炮等廠，龍華又有分廠。工匠數千人，爲我國家之産業。製造軍械，昕夕不休，機器俱用西式，工作亦頗精良，各省軍火仰給於此，爲全國軍需之命脉。其間又有學堂巡警及炮隊營等，規模宏大，條理秩然云。

南京圖書館《中國早期展覽會資料彙編》第二輯《蘭錡館》　三吴白鐵入陶鈞，椎楔槍雷製造新。縱洗甲兵光日月，中朝聖武自精神。

蘭錡館在武備館後，面積九十四方半，專陳上海製造局出品，合計一百三十餘件。有荷色圓粒無煙操練鎗藥，鐵色方片無煙鎗藥，七生五小方塊無煙礮藥。光緒三十三年式五響快鎗，五響馬鎗，六磅子船台快礮，一百磅子船台快礮，二百五十磅子後膛台礮，三百八十磅子後膛地阱冷汽礮，八百磅子後膛台礮，四十磅子船台快礮，十二磅子船台快礮。三百匹馬力新式汽機，五十六匹馬力新式汽機克鹿卜，七生五管退山礮，及較量銅壳機器。古者受兵曰蘭，受甲曰錡，故以名館。

圖表

魏允恭《江南製造局記》卷二《建置表》　謹按：上海製造局同治四年五月初購洋人機廠在虹口開辦，六年夏始移城南高昌廟鎮，分建各廠，曰機器廠，其樓上曰洋槍樓。曰汽爐廠、木工廠、鑄銅鐵廠、熟鐵廠、庫房、煤棧。其管理各所，曰公務廳、文案處、報銷處、支應處、議價處。又建中外工匠住居之室，繼建輪船廠，築船塢。七年設繙譯館。八年增汽錘廠。另建槍廠，移城内廣方言館於局。十三年立操礮學堂，又在龍華寺鎮購地設黑藥廠。光緒元年改汽爐廠爲鐵船廠，繼又改名鍋爐廠。是年設槍子廠於龍華鎮。二年建火藥庫於松江城内。四年改汽錘廠爲礮廠。五年復於礮廠對面購地設礮彈廠。七年改操礮學堂爲礮隊營，又創設水雷廠。十六年設鍊鋼廠。十八、十九兩年添設栗色、無煙火藥兩廠。二十四年設工藝學堂。二十九年二月署南洋大臣張之洞奏請裁節滬廠經費，在安徽宣城縣灣沚鎮啓發山分設新廠，政務處議准。三十年三月湖廣總督張之洞會同南洋大臣魏光燾奏請改建江西萍鄉縣湘東鎮以就煤鐵，并札委湖北候補道魏允恭、江蘇候補道方碩輔辦理滬局，兼籌萍鄉新廠，是年停止舊局黑藥、栗藥兩廠，籌辦銅元，改礮彈廠爲鑄錢廠，挑選礮隊營勇八十名舉辦巡警，又設攻工處併皮帶房於機器廠，併西木棧於庫房。十二月署兩江總督周馥奏請將滬局銅元歸併江甯辦理，鑄錢廠仍改爲礮彈廠。三十一年奏請將船塢改照商辦，派總理南北洋海軍提督葉祖珪及洋員巴斯經理其事。四月劃分輪船、鍋爐、機器三廠歸商塢經管，又改水雷廠爲銅引廠。

各廠

廠名	製造	機器	員役	廠屋
機器廠 同治六年設，光緒三十一年劃歸商廠。	大小兵輪、汽機。 本局汽機機器，船塢抽水碼頭，挖泥起重機件，試驗煤筋。 開放工匠汽鐘號令。 添配南北洋魚雷、兵輪機件。	三百匹馬力康邦機器一部。 一百二十匹馬力舊機一部。 添爐水抽二具，大汽爐二座，大小車牀四十七具，鑤牀、鑽牀十九具，輪牀、螺絲牀九具，鍘牀一具，起重架九具，共八十六件。	委員一人，每月支銀五十兩。 帮辦一人，月支銀三十一兩。 司事六人，每月共支銀一百二十三兩。 匠目二人，每月共支洋一百六十元。 工匠、幼童共二百九十八人，每禮拜六工，共支洋四百五十七元。 小工十九人，每六工共支錢二十八千餘文。	前廠樓房十四間，後廠平房十六間，右新廠房屋十二間，左新廠房屋十二間，機器汽爐房九間，修改機件房五間，銅作房七間，儲機器房二間，員司住房四間，共八十一間。
木工廠 同治六年設。	各廠機器木模，輪船機器木模，各項軍火木箱，各廠應用木件。	鋸木機器三部，車牀機器七部，共十件。	委員一人，每月支銀三十兩。 司事二人，每月共支銀二十八兩。 匠目一人，每月支洋五十六元。 工匠二十三人，幼童八人，每六工共支洋九十元。 小工八人，每六工共支錢十一千文。	廠房十四間，鋸木房一間，住房五間，收放器具房五間，共二十五間。
鑄銅鐵廠 同治六年設。	翻砂，造模，鎔鑄銅鐵。	磨砂機器一部，鎔銅爐二座，鎔鐵冲天爐三座，地風箱二具，地窖鐵桶三個，起重架大小四具，盛鐵汁滚炭灰鐵桶十五個，翻砂模箱一百七，共二百件。	委員一人，每月支銀三十兩。 司事三人，每月共支銀四十六兩。 匠目二人，每月共支洋一百四元。 工匠二十四人，每六工共支洋一百三十元。 幼童八人，每六工共支洋九元。 小工二十一人，每六工共支錢三十二千文。	翻砂房三十二間，木樣房八間，鎔鐵房三間，烘模房三間，辦公房三間，共四十九間。

（續表）

各廠				
廠名	製造	機器	員役	廠屋
熟鐵廠 同治六年設。	各廠船應用熟鐵器具。	二十四馬力汽爐一座， 三十四馬力汽爐一座， 進爐水抽二具， 大小汽錘三具， 起重架五具， 共十二件。	委員一人，每月支銀二十六兩。 司事三人，每月共支銀四十二兩。 匠目一人，每月支洋四十二元。 工匠六十人，每六工共支洋二百二元。 幼童十一人，每六工共支洋十四元。 小工八人，每六工共支錢十二千文。	前廠房屋十四間， 後廠房屋六間， 汽爐房二間， 辦公房四間， 共二十六間。
輪船廠 同治六年設，光緒三十一年劃歸商廠。	南北洋兵輪， 本省小號官輪， 廣艇， 砲架， 廠房， 水閘， 鐵路木墊， 橋梁， 馬路， 碼頭， 船塢， 機器木座， 砲船， 駁船， 水溝， 竹笆， 水木雜作。	三十四馬力抽水機一部， 二十四馬力起重機一部， 四四馬力鋸木機一部， 三十一四馬力通壑船挖泥機一部， 十六四馬力導澤船，挖泥機一部， 共五件。	委員一人，每月支銀四十一兩。 司事五人，每月共支銀一百三十六兩。 匠目三人，每月共支洋一百四十六元。 工匠一百五人，每六工共支洋二百十七元。 小工七十二人，每六工共支錢一百二千餘文。	船塢一座， 大小房屋九十八間。

（續表）

各廠				
廠名	製造	機器	員役	廠屋
鍋爐廠 同治六年設，光緒元年改名鐵船廠，尋復名鍋爐廠。三十一年劃歸商廠。	南北洋兵輪鍋爐， 屋梁鐵架， 添配蚊雷船鍋爐機件， 添配機器零件。	四十四馬力汽機一部， 三十匹馬力汽機一部， 水抽機器一部， 造鐵甲機器一部， 挺直鐵條機一具， 磨石機一具， 地風箱機一具， 壓鐵機二具， 剪刀機五具， 捲筩機四具， 鉋牀機四具， 鑽眼機五具， 鍋釘機二具， 總鍋爐二座， 汽錘四具， 烘鐵爐二座， 打鐵爐十七座， 車絞螺絲牀五具， 共五十九件。	委員一人，每月支銀三十八兩。 司事三人，每月共支銀五十二兩。 匠目三人，每月共支洋一百七十元。 工匠五十九人，每六工共支洋二百八十九元。 小工四十四人，每六工共支錢六十六千餘文。	機器房十三間， 汽爐房十二間， 總汽機鍋爐房八間， 安設車牀廂屋一間， 樣板房四間， 儲物料房四間， 辦公房三間， 檢工房一間， 共四十六間。

（續表）

各廠				
廠名	製造	機器	員役	廠屋
槍廠 同治六年設，原附於機器廠樓上，名洋槍樓，八年始設專廠。	前膛來福兵槍， 林明敦邊針槍， 林明敦中針槍， 黎意兵槍， 快利新槍， 七密里九口徑新毛瑟槍。	五十磅汽鍋爐二座， 烘鐵爐二座， 打鐵爐六座， 打水機器一具， 六十匹馬力總汽機一部， 五英担汽錘一具， 十英担汽錘一具， 十五英担汽錘一具， 四連印錘一具， 剪浄印胚粗邊機一具， 造刀大砂輪一具， 磨槍刀砂輪大小二具， 地風箱三具， 大小車牀、刨牀、鍘牀、鑽牀計一百九十具， 共二百九件。	委員一人，每月支銀四十兩。 帮辦一人，每月支銀二十三兩。 司事五人，每月共支銀七十九兩。 畫圖學生一人，每月支銀八兩。 匠目二人，每月共支銀一百二十四兩。 工匠、幼童、小工共四百零五人，每六工約共支銀一千兩。	新廠平房二十四間， 舊廠樓房上下一百三十二間， 汽機房一間， 汽爐房一間， 打鐵爐房三十間， 木壳房二十間， 上色房五間， 淬火房二間， 堆棧四間， 畫圖房三間， 員司住房三間， 共二百二十五間。

（續表）

各廠				
廠名	製造	機器	員役	廠屋
礮廠 同治八年設，十年落成，本爲汽錘廠，專造輪船内重大鐵件，光緒四年改爲砲廠。	九磅子前膛砲， 阿姆斯脱郎廠八百磅大砲， 又三百八十磅砲， 又二百五十磅大砲， 又二百八十磅大砲， 又一百四十磅大砲， 又一百二十磅大砲， 又一百磅大砲， 又四十磅彈快砲， 又十二磅彈快砲， 又七磅彈快砲， 又六磅彈快砲， 又三磅彈快砲， 又二磅彈快砲。	八十匹馬力汽機、 三十四馬力汽機各一具， 車牀六十二具， 鑚牀二十四具， 插牀十二具， 刨牀十二具， 刮牀八具， 鋸牀五具， 洗牀四具， 磨牀一具， 拔絲牀三具， 分厘尺二架， 擦膛牀一具， 剪舂牀一具， 滚齒牀一具， 磨石二塊， 磨車刀牀二具， 汽錘二具， 汽爐三座， 大小鐵爐二十三座， 套砲箍機缸一副， 捲鋼板機一具， 起重架大小十八具， 平抬十一座， 共二百二件。	委員一人，每月支銀五十兩。 會辦一人，每月支銀二十二兩。 司事五人，每月共支銀八十四兩。 洋匠一人，每月支英金九十磅。 匠目八人，每月共支洋三百九十四元。 畫圖學生四人，每月共支洋三十元。 工匠一百六十六人，每六工共支洋六百三十六元。 幼童六十五人，每六工共支洋八十六元餘。 小工五十九人，每六工共支錢七十三千餘文。	汽錘房二十間， 砲架房二十七間， 東機器房連披屋九十二間， 後機器房連披屋四十四間， 汽機汽爐房十間， 砲房套砲房連披屋六十四間， 堆棧十一間， 木工房八間， 辦公房、員司住房、門房共三十七間， 共四百三間。

（續表）

各廠

廠名	製造	機器	員役	廠屋
火藥廠 同治十三年設於龍華鎮。	黑藥，栗色藥，無煙藥。	製黑藥三十四馬力汽機二部，二十四匹馬力汽機一部，二十四馬力汽機一部，十五匹馬力汽機一部，汽爐六座，提硝磺造藥機十九部，製栗藥百五十匹馬力汽機一部，汽爐二座，造藥試藥機器共二十部，製無煙藥一百二十四馬力汽機一部，汽爐二座，造藥機器三十部，共八十六件。	委員四人，每月共支銀八十兩。司事二人，每月共支銀四十六兩。匠目三人，每月共支銀九十六兩。工匠一百三十六人，小工十一人，每六工共支銀三百二十四兩。	製黑藥、汽機、汽爐房五所，計十五間，提硝磺、燜炭、造藥房五十六間，堆棧二十間，製栗藥、汽機、汽爐房九間，煏紫炭、碾硝磺、造藥房七十六間，試藥房五間，製無煙藥、汽機、汽爐房九間，鍊鏹水、儲藥水、造藥房四十五間，棧房廠棚三十三間，住房五間，共二百七十三間。

（續表）

各廠

廠名	製造	機器	員役	廠屋
銅引廠 光緒七年設，原名水雷廠，光緒三十一年改爲銅引廠。	箭式百磅藥碰電熟鐵浮雷，銅螺絲拉火，開花彈碰火，千磅藥電火生鐵沈雷，水力機器銅擊火，八生脱克鹿卜砲彈銅引，百磅、四十磅彈電火銅引，銅螺絲火門，六角新式百磅藥碰電熟鐵浮雷，百磅、五十磅、三十五磅拉碰火地雷，三磅、六磅快砲彈銅引，三生七銅引，銅螺絲擊火，避電針，放砲手摇乾電箱，史高德砲彈銅引，格魯生砲彈銅引，平底擊火，快砲電鈴，百磅、四十磅彈通用長短式銅螺絲電火，螺絲拉火，綠絨電火。	三十匹馬力雙門汽爐一座，又單門汽爐一座，二十四馬力汽機一部，十二匹馬力汽機一部，汽機水抽一具，上電電機二架，手扳銃機八架，鑽牀三具，刨牀四具，軋牀一具，磨牀一具，車牀大小三十四具，共五十八件。	管廠委員一人，每月支銀二十四兩。司事三人，每月共支銀四十八兩。匠目二人，每月共支銀八十二兩。工匠幼童六十二人，每六工共支洋一百零三元。小工六人，每六工共支錢十一千九百文。	汽機汽爐房二間，鐵匠房一間，工作房十間，物料房三間，水雷館三間，電氣房三間，辦公房住房共七間，共二十九間。

（續表）

各廠

廠名	製造	機器	員役	廠屋
槍子廠 光緒元年設於龍華鎮。	來福槍子， 林明敦槍子， 馬梯尼槍子， 黎意槍子， 格林槍子， 舊毛瑟槍子， 新毛瑟槍子， 曼里夏槍子， 智利比利槍子，每日可造三萬餘粒。	三百五十四馬力汽機一部， 二十四馬力汽機一部， 三十四馬力汽機二部， 汽爐三座， 車牀、舂牀、刨牀、鋸牀、鑽牀共一百五十九具， 手扳機器二十二具， 各種機件一百八具， 共二百九十六件。	坐辦委員二人，每月共支銀八十兩。 管廠委員二人，每月共支銀一百兩。 司事七人，月共支銀一百四十兩。 畫圖教習一人，每月支銀二十八兩。 匠目八人，每月共支洋三百八十二元。 工匠二百三十四名，幼童一百七十人，小工六十四人，每六工共支銀六百九十餘兩。	機器汽爐房八間， 工作廠房一百七十間， 儲料房四十五間， 辦公房、庫房、住房二十間， 共二百四十三間。

(續表)

各廠				
廠名	製造	機器	員役	廠屋
礮彈廠 光緒五年設，原名彈子廠，十八年改名礮彈廠。	十二磅圓開花彈， 二十四磅圓開花彈， 克鹿卜包鉛開花實心彈， 烏理治前膛四十磅、八十磅開花實心彈， 四十磅快砲銅殼， 三磅快砲彈， 六磅快砲彈， 十二磅快砲彈， 各種砲彈銅殼。	六十四馬力汽機一部， 三十五匹馬力汽機一部， 三十四馬力汽機一部， 舂銅殼水力汽機二部， 舂百磅銅殼機一部， 舂三磅、六磅、十二磅銅殼機一部， 壓四十磅銅殼底機一部， 壓彈子銅箍機一部， 軋銅板輥輪機一部， 地風箱一具， 碾砂、節砂機各一具， 輥炭機一具， 翻砂胎機大小三十二具， 鎔銅鐵爐共十座， 烘熱彈子爐一座， 打車刀鐵匠爐二座， 澆彈子爐二座， 汽爐三座， 彈胎鐵模箱四十二副， 翻砂模箱一千三百只， 刨牀三具， 鑽牀七具， 烘銅殼爐二座， 彈胎機泥心模箱四十二副， 共一千四百二十九件。	管廠委員一人，每月支銀二十四兩。 稽核工料一人，每月支銀三十六兩。 司事八人，每月共支銀四十八兩。 畫圖學生一人，每月支錢九千文。 匠目四人，每月共支洋一百二十八元。 工匠幼童二百三十七人，每六工共支洋二百九十七元。 小工四十二人，每六工共支錢六十四千數百餘文。	機器房五十四間， 模箱機器房二十四間， 翻砂房二十二間， 銅作物料房二十間， 鎔銅房四間， 烘銅房四間， 繪圖房三間， 辦公房三間， 共一百三十四間。

（續表）

廠名	製造	各廠		
		機器	員役	廠屋
鍊鋼廠 光緒十六年設。	槍枝鋼料， 小砲料， 百磅、四十磅快砲料， 汽爐板， 機件料， 小口徑毛瑟槍鋼箭頭。	二千匹馬力汽爐二座， 一千匹馬力汽爐二座， 烘砂爐二座， 五十六匹馬力汽爐一座， 二千匹馬力、一千匹馬力雙筒汽機各一部， 三十四馬力雙筒汽機一部， 五十六匹、二十四、十四馬力單筒汽機各一部， 二十四馬力三筒汽機一部， 二十四馬力雙筒汽機二部， 大力水抽三具， 剪冷鋼板機二具， 剪熱鋼板機一具， 輥輪機、軋鋼條彈簧機共六具， 滚輪機二具， 水力機七具， 壓鋼鐵機各一具， 打鋼機一具， 頂重機三具， 試鋼機一具， 軋鋼坯機二具， 鋸鋼輪機一具， 鋸鋼條機三具， 小汽機一具， 五英担快打汽錘一具， 起重機四具， 刨牀大小五具， 車大小砲管砲箍大牀四具， 鑽砲膛機二具，	管廠委員一人，每月支銀四十兩。 帮辦一人，每月支銀三十六兩。 司事八人，每月共支銀二百九十二兩。 匠目八人，每月共支洋四百七十三元。 洋匠一人，每月支銀一百六十兩。 工匠一百四十九人，每六工約共支洋四百二十餘元。 幼童三十八人，每六工約共支洋四十八元零。 小工六十九人，每六工約共支洋一百十七元零。	舊廠鐵屋一百五十五間， 木架披屋八十五間， 新廠鐵屋十六間， 木架披屋四十四間， 汽機汽爐房六間， 木工房四間， 儲料房十一間， 辦公房三間， 共三百三十二間。

（續表）

各廠				
廠名	製造	機器	員役	廠屋
		鍘牀二具，鑽眼牀二具，軋輥車牀一具，短面大車牀一具，鑽槍管機一具，螺絲車牀一具，車螺絲機一具，打磨輪鋸機一具，打磨條鋸機一具，磨石機一具，磨剪口機一具，旋磨石機一具，鍍鎳擦電機一具，舂鋼盂機一具，裁鋼片機一具，滚鋼盂木旋桶一具，修舂小車牀一具，磨光鋼片機一具，碾沙泥機一具，水刀手鑿機二具，鋼水桶摇車機二具，拉鋼絞車機二具，鍊鋼爐二座，煤汽爐七座，化鐵爐二座，烘砂爐二座，烘模爐二座，打鐵爐三座，鍊鑕子生鋼爐一座，倒熖加熱爐大小十一座，共一百八十一件。		

（續表）

各廠			
廠名	製造機器	員役	廠屋
附：工程處 同治六年設，光緒二十九年改歸船廠兼辦，三十年因工程事務紛繁，復派專員管理，仍附於船廠。三十一年劃分船塢，另設專廠。	房屋，道路，橋梁，溝渠，各項雜工。	委員一人，每月支銀三十一兩。 司事四人，每月共支銀七十二兩。 匠目一人，每月支洋三十二元。 木瓦匠、溝匠、漆匠、竹匠、鋸匠、玻璃匠共五十六人，小工三十人，每六工統共支洋四十一元二角錢八十六千文。	測望台一所，平房二所，計六間，竹棚四間，共十間。

魏允恭《江南製造局記》卷二《建置表·管理處》

管理處			
處所	職事	員役	房屋
公務廳 同治六年設。	總辦、會辦、提調逐日到廳，各廠員司稟承辦事。		辦公房十四間。
文案處 同治六年設。	辦理公文案件。	委員四人，每月共支銀一百三十四兩。 司事十四人，每月共支銀二百七十兩。 貼寫四人，每月共支筆資四十三千八百文。	辦公房十八間
報銷處 同治六年設。	分年按照收支銀錢、工料造册報部。	委員二人，每月共支銀八十兩。 司事十人，每月共支銀一百七十八兩。	辦公房十八間。

（續表）

管理處			
處所	職事	員役	房屋
支應處 同治六年設。	收發款項， 發給各廠匠役工食。	委員二人，每月共支銀七十四兩。 司事四人，每月共支銀八十兩。	辦公房十二間。
議價處 同治六年設。	估核物料價值。	隨時遴派。	辦公房十六間。
攷工處 光緒三十年設。	稽核全廠工作。	委員三人，每月共支銀八十兩。 司事二人，每月共支銀二十六兩。	辦公房五間， 軍械標本房二間， 謄録房夫役住房五間， 共十二間。
儲物庫 同治六年設，陸續構造。	採辦、收發物料器具。	委員四人，每月共支銀一百八十兩。 司事八人，每月共支銀一百四十二兩。 長夫二十二人，每月共支錢一百八十三千餘文。	煤鐵棧五十八間， 銅鋼棧三十六間， 雜料房四十七間， 辦公房三間， 共一百四十四間。
軍火處 光緒十二年設軍械所，十八年改名軍火處。	收發本局製造及購自外洋並寄存各項軍火。	委員二人，每月共支銀五十七兩。 司事四人，每月共支銀六十九兩。 工頭、小工共二十九名，每月共支錢五十六千七百餘文。	棧房十二所， 共一百二十二間。 電綫房二間， 辦公房二間， 住房四間， 軍火樣房一間， 共一百三十一間。
松江藥庫 光緒二年設於松江府城内。	存儲各種子藥，以五十萬斤爲額。	委員一人，每月支銀三十四兩。 司事一人，每月支銀二十兩。 小工四人，每月共支錢二十四千文。 護勇十人，每月共支錢七十千二百文。	舊庫三十三間， 新庫二十六間， 員司住房二十間， 勇役住房十間， 共八十九間。

學館

學館	功課	員役	學生	房屋	經費
廣方言館 同治二年設於上海城内，八年移入本局。	國文，英文，法文，算學，輿地。	提調一人，每月支銀六十兩。 國文教習三人，每月共支洋一百二十元。 西文教習四人，每月共支洋二百九十元。 稽課委員一人，每月支銀三十兩。 司事一人，每月支銀十二兩。 夫役十一人，每月共支錢八十二千文。	正課四十名，附課四十名，考取試國文兩藝，年歲十五以上二十以下合格。 四年畢業，收膳費。	平房十三間，樓房二座三十六間，廂房二座十二間，平房連兩廂共十六間，茶房、厨房、浴房共二十五間，共一百二間。	江海關船鈔項下銀六千兩，本局歲撥津貼銀三千兩，共九千兩。
工藝學堂 光緒二十四年設。	化學工藝，兼習國文、英文、算學。機器工藝，兼習國文、英文、算學、繪圖。	國文教習二人，西學教習六人，月共支銀二百三十兩。 司事二人，月共支銀四十二兩。 夫役七人，月共支錢四十二千文。	學額五十名，考取試國文二藝。 四年畢業。	正南北樓房各五間，東西廂樓房各二間，又平房三間，茶房厨房共三間，浴堂厠所各一間，共二十一間。	畫圖房經費銀三千餘兩，操砲學徒二成口糧銀六千餘兩，共九千餘兩。
繙譯館 同治六年設。	翻譯格致、化學、製造各書。	提調一人，口譯二人，筆述三人，校對畫圖四人，月共支薪水約洋三百元，銀二百六兩。		藏書樓二間，譯書室三間，住房四間，客廳一間。	員司薪水、購買圖書、刷印等項無定額，隨時由正項開支。

圖書附

書名	本數	卷數	圖	原著	繙譯	筆述	校對	出版	價值
四裔編年表	四	四		[美]林樂知	嚴良勳	李鳳苞			一元九角
埏紘外乘	八	二十五		林樂知	嚴良勳	蔡澄		光緒二十八年	二元四角
西國近事彙編	每年四冊，自癸酉至己亥年，共一百八冊，由繙譯館委員分年編輯，計價洋十六元。								
俄國新志	三	八		[英]陔勒低	傅蘭雅	潘松		光緒二十四年	八角五分
法國新志	二	四		[英]陔勒低	傅蘭雅	范熙庸	潘松	光緒二十四年	七角
西美戰史	二			[法]勃利德	李景鎬			光緒三十年	四角五分
佐治芻言	三	一			傅蘭雅	應祖錫			七角五分
列國歲計政要	六	十二		[英]麥丁富得力	林樂知	鄭昌棪		光緒二年	一元八角半
保富述要	二	一		[英]布來德	傅蘭雅	徐家寶		光緒二十二年	五角五分
國政貿易	二	二		[英]法拉	傅蘭雅	徐家寶		光緒二十三年	五角五分
公法總論	一	一		[英]羅柏村	傅蘭雅	汪振聲			一角
各國交涉公法	十六	十六		[英]費利摩羅巴德	俞世爵	汪振聲 錢國祥		光緒二十四年	二元六角
各國交涉便法論	六	六		[英]費利摩羅巴德	傅蘭雅	錢國祥			一元八角
東方時局論略	一	一		[高麗]鄧鏗					一角五分
東方交涉記	二	十二		[英]麥高爾	林樂知	瞿昂來		光緒六年	五角
英俄印度交涉書	一	一		[英]馬文	羅亨利	瞿昂來		光緒十三年	三角五分
防海新論	六	十八	九十五	[布]希理哈	傅蘭雅	華衡芳	江衡	同治十二年	一元五角

書名	本數	卷數	圖	原著	繙譯	筆述	校對	出版	價值
前敵須知	五	四	十九	[英]克利賴	舒高第	鄭昌棪		光緒十六年	七角
行軍測繪	二	十	二百五十五	[英]連提	傅蘭雅	趙元益	沈善蒸	同治十三年	六角
臨陣管見	四	九	三	[布]斯拉弗司	金楷理	趙元益	孫鳴鳳		一元一角
行軍指要	六	六	四十九	[英]哈密	金楷理	趙元益		光緒二十七年	二元八角
水師章程	十六	二十		英水師兵部	林樂知	鄭昌棪		光緒五年	四元
水師操練	三	十八	十一	英戰船部	傅蘭雅	徐建寅		同治十三年	八角五分
水師保身法	一	一		[法]勒羅阿	伯克雷	趙元益			二角
海軍調度要言	二	三	四十	[英]拏核甫	舒高第	鄭昌棪		光緒十六年	四角
輪船布陣	二	十二	一百五十八	[英]賈密倫	傅蘭雅	徐建寅		同治十三年	六角五分
鐵甲叢談	二	五	五十	[英]黎特	舒高第	鄭昌棪			六角五分
營城揭要	二	二	五十	[英]儲意比	傅蘭雅	徐　壽			四角
營壘圖説	一	一	八	[比利時]伯里牙芒	金楷理	李鳳苞			二角
攻守礮法	一	六	五十四	布軍政局	金楷理	李鳳苞			四角
營工要覽	二	四	一百九十	英武備工程課則	傅蘭雅	汪振聲			五角
行軍鐵路工程	一	二	八十三	英武備工程課則	傅蘭雅	汪振聲		光緒十二年	三角
開地道轟藥法	二	三	一百十四	英武備學堂	傅蘭雅	汪振聲		光緒十九年	六角五分
英國水師考	二	一		[英]巴那比、美克理	傅蘭雅	鍾天偉			四角五分
英國水師律例	二	四		[英]德麟	舒高第	鄭昌棪			六角五分

圖書附

（續表）

書名	本數	卷數	圖	原著	圖書附 繙譯	筆述	校對	出版	價值
俄國水師考	一	一		[英]百拉西	傅蘭雅	李嶽蘅			三角
法國水師考	一	一		[美]杜默能	羅亨利	瞿昂來	鍾天偉		三角
美國水師考	一	一		[英]巴那比、美克理	傅蘭雅	鍾天偉			三角
列國陸軍制	三	一		[美]歐潑登	林樂知	瞿昂來		光緒十五年	八角五分
西國陸軍制攷略	四	八		[英]柯理集	傅蘭雅	范本禮		光緒二十八年	一元二角
德國陸軍考	四	四	二	[法]歐盟	吴宗濂	潘元善			五角
兵船礮法	三	六	一百八十	美水師書院	金楷理	朱恩錫	李鳳苞		七角
礮乘新法	六	三	一百四十一	英製造局	舒高第	鄭昌棪		光緒十六年	四角
水雷秘要	六	五	二百二十四	[英]史理孟	舒高第	鄭昌棪		光緒六年	一元
爆藥紀要	一	六	四	美水雷局	舒高第	趙元益		光緒五年	三角
礮法畫譜	一	一	二十七	丁乃文			程瞻洛	光緒十五年	一角五分
礮準心法	二	二	二十三	布軍政局	金楷理	李鳳苞	邱瑞麟		三角五分
子藥準則	一	一		丁乃文				光緒十四年	三角
克虜卜礮圖説	二	四	三十五	布軍政局	金楷理	李鳳苞	胡樹棻	同治十三年	六角
格林礮操法	一	一		[美]佛蘭克林	傅蘭雅	徐建寅		光緒元年	一角
洋槍淺言	二	一	十五		顔邦固			光緒十二年	一角
喇叭吹法	一	一	三十一		金楷理	蔡錫齡		光緒三年	一角
養蒙正規	一	一			秀耀春	汪振聲			一角

（續表）

圖 書附

書名	本數	卷數	圖	原著	繙譯	筆述	校對	出版	價值
小學韻語								光緒二十一年	
日本學校源流攷	一	一	三	[美]路義恩	衛理	范熙庸		光緒二十五年	二角五分
日本東京大學規制攷略	一	一							三角
類證活人書	四	二十	十五		吴勉學			光緒十二年	一元一角
保全生命論	一	一		[英]吉蘭肥勒	秀耀春	趙元益	趙詒琛	光緒二十七年	三角
儒門醫學	四	三		[英]海得蘭	傅蘭雅	趙元益	徐華封		一元一角
法律醫學	十	二十	一百八十七	[英]該惠連、弗里愛	傅蘭雅	趙元益	趙詒琛	光緒二十五年	四元
臨陣傷科附圖	四	四	一百五十一	[英]怕脱	舒高第	鄭昌棪			一元
内科理法	十二	二十	一百十	[英]虎伯	舒高第	趙元益	程仲昌	光緒十五年	四元
産科	四	一	六十五	[英]密爾	舒高第	鄭昌棪		光緒三十一年	
婦科	六	一	二百六十六	[美]湯麥斯	舒高第	鄭昌棪			二元二角
濟急法	一	一	四十八	[英]舍白竦	秀耀春	趙元益	趙詒琛	光緒三十一年	三角
西藥大成	十六	十	二百六十九	[英]來拉、海得蘭	傅蘭雅	趙元益	孫鳴鳳	光緒十三年	六元
農學要書簡明目録	一	一			傅蘭雅	王樹善	趙元益	光緒二十七年	一角五分
農學初級	一	一		[英]旦爾恒理	秀耀春	范熙庸		光緒二十四年	三角
農學津梁	一	一		[英]恒理湯納耳	衛理	汪振聲		光緒二十八年	二角五分
農務土質論	三	三	四十五	[美]金福蘭格令希蘭	衛理	汪振聲		光緒二十八年	二角五分
農務化學問答	二	二	三十七	[英]仲斯敦	秀耀春	范熙庸	王汝駲	光緒二十五年	五角

附圖書（續表）

書名	本數	卷數	圖	原著	繙譯	筆述	校對	出版	價值
農務化學簡法	一	三		[美]古來拉	傅蘭雅	王樹善	蔡澄	光緒二十八年	四角五分
西藥大成中西名目表	一	一							一角五分
意大利蠶書	一	一	三十三	[意]丹吐魯	傅蘭雅	汪振聲	趙元益	光緒二十五年	四角
工業與國政相關論	二	二		[英]司担離遮風司	衛理	王汝駢			三角
藝器記珠	一	一	五十七		徐建寅			光緒十年	六角
西藝知新	六	十	三百九十五	[英]諾格德	傅蘭雅	徐壽	徐華封	光緒四年	一元六角
西藝知新續刻	九	十三	七百四十四		傅蘭雅	徐壽	徐華封	光緒十年	
化學工藝	十三	十	七百十一	[英]能智	傅蘭雅	汪振聲	徐華封		二元八角
工程致富	八	十三	七十六	[英]馬體生	傅蘭雅	鍾天偉		光緒二十四年	一元六角
海塘輯要	二	十	八	[英]偉根斯	傅蘭雅	趙元益	沈善蒸		六角
船塢論略	二	二			傅蘭雅	鍾天偉	程瞻洛		二角
鐵路彙考	二	十三	二	[美]柯理集	傅蘭雅	潘松		光緒二十五年	八角
鐵路紀要	一	三	二	[美]柯理集	潘松	章善彝		光緒二十三年	一角五分
航海通書									
行海要術	三	四	六十六		金楷理	李鳳苞		光緒十六年	八角五分
航海章程	一	一		[美]弗蘭克林	鳳儀	徐家寶		光緒二十一年	二角五分
行船免撞章程	一	一	六十		傅蘭雅	鍾天偉	程瞻洛		二角五分
御風要術	二	三	五十一	[英]白爾特	金楷理	華衡芳	江衡	同治十二年	五角五分

（續表）

圖書附

書名	本數	卷數	圖	原著	繙譯	筆述	校對	出版	價值
算學啓蒙		三	九		朱世傑				六角五分
算法統宗	四	十一	一百三十九	程汝思	梅穀成		賈步緯	光緒四年	一元二角
勾股六術	一	一	二十六	項名達			賈步緯		二角五分
疇人傳	十二	五十二		阮文達元	羅士琳				二元
董方立遺書	一	一		董佑誠				光緒五年	三角五分
謝穀堂算學三種	一	三	一		謝家禾		沈善蒸	光緒十五年	二角
九數外録	一	一		顧觀光			賈步緯	同治十三年	二角五分
幾何原本	三	四	六百八十三				沈善蒸		一元
代數術	六	二十	四十一	[英]華利司	傅蘭雅	華衡芳	劉彝程	同治十三年	一元七角
數學理	四	九		[英]埭麼甘	傅蘭雅	趙元益	江衡	光緒五年	一元
算式集要	二	四	一百四十二	[英]哈司偉	傅蘭雅	江衡	賈步緯		五角五分
代數難題	六	十六		[英]倫德	傅蘭雅	華衡芳	華世芳	光緒九年	二元二角
微積溯原	六	八	五十九	英國原書	傅蘭雅	華衡芳	劉彝程	同治十三年	一元五角
三角數理	六	十二	一百七十二	[英]海麻士	傅蘭雅	華衡芳	劉彝程	光緒三年	一元七角
算式解法	二	十四	九	[英]好敦斯開奈利	傅蘭雅	華衡芳	周道章	光緒二十五年	五角五分
開方表	一	一					賈步緯		一角五分
繙譯弦切對數表	八	八			賈步緯		火榮業		一元七角
八線簡表	一	一	一		賈步緯		賈步緯	同治十三年	二角

（續表）

圖書附

書名	本數	卷數	圖	原著	繙譯	筆述	校對	出版	價值
對數表	四	四					賈步緯		一角五分
八線對數簡表	一	一			賈步緯		火榮業		二角
恒星圖表	一	一	二		賈步緯		火榮業		二角
簡易庵算稿	四	四		劉彝程		丁國均		光緒二十六年	一元二角
運規約指	一	三	一百三十六	[英]白起德	傅蘭雅	徐建寅	沙　英	同治九年	三角
器象顯真附圖	三	四	三百六十二	[英]白力蓋	傅蘭雅	徐建寅	邱瑞麟	同治十年	七角五分
測繪海圖全法	六	八	五十六	[英]華爾敦	傅蘭雅	趙元益	趙詒琛	光緒二十六年	一元七角
測地繪圖	四	十一		[英]富路瑪	傅蘭雅	徐　壽			一元二角
繪地法原	一	一	三十九	英國原書	金楷理	王德均			二角五分
海道圖説附長江	十	十五		[英]金約翰	傅蘭雅	王德均	蔡錫齡		三元一角
石印平圓地球圖	一		十二						一元二角
石印八省沿海圖	一		一百十八						六元四角
談天	四	十八	一百三十五	[英]侯失勒	偉烈亞力	徐建寅		光緒七年	一元八角
測候叢談	二	四	二十二	金楷理	華衡芳			光緒二年	六角
躔離引蒙	二	一		賈步緯			賈文浩	光緒十八年	四角
交食引蒙	一	一						光緒二十年	一角五分
地學淺釋	八	三十八	七百十五	[英]雷俠兒	瑪高温	華衡芳	沙　英	同治十二年	三元五角
金石識別	六	十二	二百九十八	[美]代那	瑪高温	華衡芳	江　衡	同治十一年	一元九角

（續表）

附圖書

書名	本數	卷數	圖	原著	繙譯	筆述	校對	出版	價值
寶藏興焉	十六	三十	三百三十六	[英]費而奔	傅蘭雅	徐　壽	徐華封	光緒十年	四元八角
相地探金石法	四	四	四十一	[英]喝爾勃特喀格斯	王汝駉			光緒二十九年	一元一角
求礦指南	二	十	五十二	[英]安德孫	傅蘭雅	潘　松		光緒二十五年	六角
銀礦指南	一	一	二十一	[美]亞倫	傅蘭雅	應祖錫		光緒十七年	三角
探礦取金	二	六	三十四	[英]密拉	舒高第	汪振聲		光緒二十九年	五角
開煤要法	二	十二	五十七	[英]士密德	傅蘭雅	王德均	王峻卿	同治九年	五角
井礦工程	二	三	二百四十	[英]白爾捺	傅蘭雅	趙元益		光緒五年	五角
金石表	一	一							一角五分
石印開礦器法圖説	六	十	六百九十一	[美]俺特累	傅蘭雅	王樹善	華衡芳		三元
格致啓蒙	四	四	一百五十四	[英]羅師古	林樂知	鄭昌棪		光緒五年	一元
格致小引	一	一		[英]赫斯賁	羅亨利	瞿昂來		光緒十二年	一角五分
化學源流論	二	四		方尼師	王汝駉				三角
化學鑑原	四	六	一百四十九	[英]韋而司	傅蘭雅	徐　壽	趙元益	同治十一年	一元二角
化學鑑原續編	六	二十四	十五	[英]蒲陸山	傅蘭雅	徐　壽	趙元益	光緒元年	一元五角
化學補編	六	六	二百六十		傅蘭雅	徐　壽	徐　鍾	光緒八年	二元四角
化學求數	十四	十五	一百八十六	[德]富里西尼	傅蘭雅	徐　壽	徐華封	光緒九年	四元六角
化學分原	二	八	五十九	[英]蒲陸山	傅蘭雅	徐建寅	江　衡	同治十一年	七角
化學考質	六	八	四十八	[德]富里西尼	傅蘭雅	徐　壽	徐華封	光緒九年	二元五角
化學材料中西名目表	一	一							一角五分

附 圖書

（續表）

書名	本數	卷數	圖	原著	繙譯	筆述	校對	出版	價值
物理學上編	四	四	二百	[日]飯盛挺造	藤田豐八	王季烈		光緒二十七年	一元三角
物理學中編	四	四	二百六十	[日]飯盛挺造	藤田豐八	王季烈		光緒二十八年	一元三角
物理學下編	四	四	二百三十	[日]飯盛挺造	藤田豐八	王季烈		光緒二十九年	
聲學	二	八	一百六十九	[英]田大理	傅蘭雅	徐建寅			七角
光學	二	二	三十	[英]田大理	金楷理	趙元益	沈善蒸	光緒五年	六角五分
電學	六	十	四百二十	[英]瑙挨德	傅蘭雅	徐建寅		光緒六年	二元五角
電學綱目	一	一		[英]田大理	傅蘭雅	周郇	沈善蒸		三角
無線電報	一	一	十二	[英]克爾	衛理	范熙庸		光緒二十六年	二角五分
電氣度鎳	一	一	五		傅蘭雅	徐華封		光緒十二年	一角五分
通物電光	一	四	九十	[美]英且登	傅蘭雅	王季烈		光緒二十五年	四角五分
物體遇熱改易説	二	四	六	[英]瓦特斯	傅蘭雅	徐壽	趙元益	光緒二十五年	五角五分
電氣鍍金略法	一	一	十二	[英]華特	傅蘭雅	周郇	沈善蒸		三角五分
冶金録	二	三	四十二	[英]阿發滿	傅蘭雅	趙元益			五角五分
考工紀要	八	十七	一百九十五	[英]瑪體生	傅蘭雅	鍾天偉	汪振聲	光緒二十年	二元五角
鑄金論略	六	六	三百五十一	[英]司布勒村	傅蘭雅	汪振聲		光緒二十八年	二元
金工教範	一	一	九十五	[美]康潑吞		王汝駒 范熙庸		光緒三十年	
鍊金新語	三	一	八十三	[英]奥期吞	舒高第	鄭昌棪			九角
製羼金法	二	二	十二	[日]橋本奇策		王季點		光緒二十七年	四角五分

圖書附

（續表）

書名	本數	卷數	圖	原著	繙譯	筆述	校對	出版	價值
鍊石編	二	三	六十六	[英]亨利黎特	舒高第	鄭昌棪			五角
鑄錢工藝	二	三	三十二	工藝製造書中摘譯	傅蘭雅	鍾天偉	程瞻洛	光緒十六年	六角
鍊鋼要言	一	一	四		徐家寶			光緒二十二年	一角
汽機必以	六	十二	一百九十九	[英]蒲而捺	傅蘭雅	徐建寅	趙元益	同治十二年	一元七角
製機理法	四	八	二百四十二	[英]覺顯禄斯	傅蘭雅	華備鈺		光緒二十六年	一元四角
汽機發軔	四	九	八十三	[英]美以納、白勞那	偉烈	徐壽		同治十年，光緒二十九年再版	一元三角
汽機新制	二	八		[英]白爾格	傅蘭雅	徐建寅		同治十一年	六角五分
汽機中西名目表	一	一							一角五分
兵船汽機	八	六	二百六十二	[英]息尼德	傅蘭雅	華備鈺		光緒二十年	二元三角
製火藥法	一	三	五十八	[英]利稼孫、華得斯	傅蘭雅	丁樹棠	李乘時	同治九年，光緒二十八年再版	三角五分
克虜卜礮藥彈造法	三	四	一百五十二	布軍政局	金楷理	李鳳苞	胡瑞麟	同治十三年	七角
煤油法									
取濾火油法	一	一	十五	[美]日得烏特	衛理	汪振聲		光緒二十七年	二角五分
造洋漆法	一	一	八	[日]田原良純	藤田豐八	汪振聲		光緒二十九年	二角
考試司機	六	七	一百九十	[英]施爾那	傅蘭雅	徐華封		光緒二十一年	二元四角
照相鏤板印圖法	一	一	一	[美]貝列尼	衛理	王汝駢		光緒二十七年	二角

防護所

營名建設年月	勇額	營制	經費
礮隊營 光緒七年設。	帮帶官一人，督操官一人，管理文牘、糧餉、軍械、雜務長四人，巡查四人，隊長二人，排長六人，司書生三人，護兵八人，正目二十四人，正兵九十六人，副兵九十六人，伙夫二十九人，共計弁兵二百七十五人。	全營共分三隊，每隊八棚，每棚正目、正兵、副兵、伙夫共十人，另立鼓號隊，專司步法各號令。 砲隊營兼司防護，其東南西三卡，及軍火棧後卡、西柵門卡、高昌廟龍華兩巡防局，共七卡，派巡查五人，正副兵三十一人，以資稽察。	全營餉項大建每月一千三百七十餘兩，小建每月一千三百五十餘兩，作正項開支。
巡警營 創自光緒三十年。	委員一人，書記一人，巡弁一人，巡長三人，巡目八人，巡丁七十二人，鼓號二人，管庫二人，差役伙夫共十六人。	每日值班時刻以三點鐘爲一班，日夜共分八班，每班以弁長一人、巡目二人領之，所設弁長四人，日夜輪流分班，率領出巡。每屆一旬，將班次推換一次，每晚七點鐘點名，由不值班弁長隨時密查。	委員、書記、巡弁每月共支薪水銀七十二兩。 巡長、巡目每月共支餉銀七十二兩四錢。 巡丁、鼓號、管庫等共每月支銀三百四十五兩六錢。 差役、火夫等每月共支銀五十四兩。 全營薪餉每月共支銀五百六十八兩。

魏允恭《江南製造局記》卷三《製造表》 謹按：同治四年創辦之初，廠中機器均未全備，先就原有機器推廣，造成大小機器三十餘座，用以鑄造槍礮炸彈。六年，始造輪船。十三年，仿製黑色火藥。光緒四年，仿造九磅子、四十磅子前膛快礮。五年，更造前膛四十磅、八十磅各種開花實心彈。七年，造箭式一百磅藥碰電熟鐵浮雷，及生鐵沈雷。十年，造林明敦中針槍。十一年，停造輪船，專修理南北洋各省兵輪船隻。十六年，仿造新式全鋼後膛快礮。十七年，改造快利新槍，試鍊鋼料，又造各種新式後膛快礮，及五十二噸、四十七噸大礮。十九年，仿製栗色火藥，又稟准將用餘銅屑鑄造制錢，旋以摺耗停止。二十一年，試

造無煙火藥，停造水旱雷，專製各種銅引。二十四年，造七密里、九口徑新毛瑟槍，並將所有各式舊槍一律停造。二十八年，舊存快利槍報廢。三十年，遵照奏案，添造銅元，尚未開工，旋奉札飭，歸併江甯合辦。三十一年四月，復奉飭，將船塢及輪船、鍋爐、機器三廠，劃歸海軍商廠辦理。

魏允恭《江南製造局記》卷六《職官表》

職官表

年分	督辦				總辦		提調
	北洋大臣直隸總督	湖廣總督	南洋大臣兩江總督	江蘇巡撫	蘇松太道	總會襄辦	
同治四年			李鴻章	劉郇膏	丁日昌，應寶時。	韓殿甲，記名總兵。馮焌光，補用同知。	
五年				郭柏蔭		沈保靖，候選同知。馮焌光，候補知府。	
六年		李鴻章	曾國藩				
七年			馬新貽	丁日昌		杜文瀾，江蘇候補道。馮焌光，江蘇補用道。	
八年	曾國藩			張朝棟	杜文瀾，涂宗瀛。	沈保靖，湖北補用道。鄭藻如，選用同知。鄭藻如，選用知府。	
九年			魁齡	丁日昌，張之萬。		陳蘭彬，刑部主事。	

（續表）

職官表

年分	督辦				總辦		提調
	北洋大臣直隸總督	湖廣總督	南洋大臣兩江總督	江蘇巡撫	蘇松太道	總會襄辦	
十年	李鴻章		曾國藩	何璟		陳蘭彬，候補京堂。	
十一年				恩錫，張樹聲。	沈秉成	李興鋭，江蘇補用道。	
十二年			張樹聲，李宗羲。				黃恩詔，華衡芳，徐壽，徐建寅。
十三年				吴元炳	馮焌光		
光緒元年			劉坤一，沈葆楨。			李興鋭，直隸補用道。	
二年							
三年					劉瑞芬		王鎮昌
四年				勒方琦	褚蘭生	蔡匯滄，江蘇候補通判。	
五年			吴元炳	吴元炳，譚鈞培。			
六年			劉坤一				
七年							

（續表）

職官表

年分	督辦				總辦		提調
	北洋大臣直隸總督	湖廣總督	南洋大臣兩江總督	江蘇巡撫	蘇松太道	總會襄辦	
八年	張樹聲		左宗棠	衛榮光	邵友濂	聶緝椝，分部郎中。	
九年	李鴻章					潘露，候選運同。	
十年			曾國荃			鍾啓祥，江蘇候補道。	
十一年				譚鈞培		倪人涵，江蘇候補同知。	
十二年				衛榮光，崧駿。	湯壽銘，龔照瑗。	黄恩詔，浙江候補同知。	程錫書
十三年			裕祿			唐壽嵩，江蘇候補知府。	
十四年			曾國荃				
十五年				黄彭年，剛毅。		劉麒祥，江蘇候補道。張慶勛，雲南候補知府。	周純

（續表）

職官表

年分	督辦				總辦		提調
	北洋大臣直隸總督	湖廣總督	南洋大臣兩江總督	江蘇巡撫	蘇松太道	總會襄辦	
十六年			沈秉成		聶緝槼	李家驊，江蘇候補道。龔壽圖，江蘇候補道。潘學祖，江蘇候補道。	
十七年			劉坤一				張鼎
十八年				奎俊			
十九年							
二十年			張之洞		黃祖絡		
二十一年	王文韶			趙舒翹		阮祖棠，江蘇候補道。	
二十二年			劉坤一		呂海寰，劉麒祥。	張慶勛，江蘇補用知府。	王世綬
二十三年				奎俊	蔡鈞	蔣德鈞，四川候補知府。林志道，直隸候補道。	
二十四年	榮祿，裕祿。			德壽			

（續表）

職官表

	督辦				總辦		提調
年分	北洋大臣直隸總督	湖廣總督	南洋大臣兩江總督	江蘇巡撫	蘇松太道	總會襄辦	
二十五年				鹿傳霖	李光久，曾丙熙，余聯沅。	許夔	
二十六年	廷雍		鹿傳霖，劉坤一。	陸元鼎，鹿傳霖，聶緝椝。	袁樹勛。	潘學祖	周純
二十七年	李鴻章，袁世凱。			恩壽		毛慶蕃，直隸候補道。	陳本端
二十八年	吴重熹，袁世凱。		李有棻			鄭孝胥，江蘇候補道。	李鍾珏
二十九年		張之洞	張之洞，魏光壽。			趙濱彥，湖北候補道。沈邦憲，江蘇候補道。唐郁華，江蘇候補道。	
三十年			李興鋭，端方，周馥。	端方，效曾。		魏允恭，湖北候補道。方碩輔，江蘇候補道。	

槍機類

機件	工程	用料	共價
機槽俗名節套	二工成一件	馬丁鋼十一兩八錢	銀一兩八錢八分四厘
扳機俗名扳手	一工成十件	馬丁鋼四錢八分	銀一錢三分
扳機簧俗名扳手簧	一工成五十件	洋鋼絲二分	銀一分四厘
扳機銷俗名扳手銷	一工成八十件	洋鋼絲一分三厘	銀三分七厘
扳機架俗名扳手軸	一工成五件	馬丁鋼四錢二分	銀一錢九分七厘
扳機架銷	一工成八十件	洋鋼絲一分四厘	銀一分七厘
扳機頭銷俗名扳手銷	一工成十件	洋鋼一錢一分	銀一錢一分四厘
扳機頭銷俗名機管軋	一工成三件	洋鋼絲一分三厘	銀二分七厘
扣機俗名盤簧	一工成六十件	馬丁鋼三錢六分	銀一錢六分七厘
扣機簧	一工成一百件	洋鋼絲一分	銀二分三厘
扣機銷俗名銷子	一工成八十件	洋鋼絲一分五厘	銀一分七厘
機簧類			
機管俗名套管	一工成一件	馬丁鋼五兩二錢四分	銀一錢六分
機管頭俗名套管頭	一工成二件	馬丁鋼六錢三分	銀二錢六分七厘
後機管俗名機頭	一工成二件	馬丁鋼一兩四錢八分	銀一錢四分四厘
後機管暗銷俗名太平銷一件	一工成四十件	洋鋼絲一分	銀一分
機管尾俗名定留機	一工成七件	馬丁鋼四錢九分	銀一錢五分三厘

（續表）

機件	工程	用料	共價
機簧類			
退彈鈎俗名拉殼鈎	一工成二十件	洋鋼四分	銀一錢三分八厘
落彈釘俗名推殼簧	一工成五件	馬丁鋼三分	銀一錢二分
停機紐俗名保險紐	一工成六件	馬丁鋼七錢四分	銀三錢四厘
停機紐簧俗名保險簧	一工成十件	洋鋼絲一分	銀五分三厘
擊針俗名打火針	一工成三件	洋鋼絲一兩七錢三分	銀五分四厘
擊針盤簧俗名盤香簧	一工成十一件	洋鋼絲三錢六分	銀二錢五分
彈倉類			
彈倉俗名護手弓	二工成一件	馬丁鋼八兩二錢六分	銀一兩六錢四分八厘
彈倉前螺絲俗名通天螺絲	一工成一百件	馬丁鋼二錢二分	銀五分
機槽尾螺釘俗名裝彈釘	一工成一百件	馬丁鋼二錢四分	銀六分
螺絲管俗名通天套	一工成十五件	馬丁鋼二錢八分	銀一錢
彈倉底板俗名蓋板	一工成十二件	馬丁鋼三錢四分	銀一錢六厘
彈袋鈎俗名蓋板螺絲	一工成二十件	馬丁鋼四錢一分	銀一錢九厘
彈袋鈎簧俗名子袋鈎	一工成十三件	洋鋼一分	銀三分三厘
起彈挑俗名子袋鈎簧	一工成五十件	馬丁鋼七錢四分	銀二錢八分一厘
起彈挑簧	一工成二十件	洋鋼一分	銀四分
起彈挑頭簧俗名彈托	一工成四件	洋鋼絲六分	銀二分三厘

（續表）

機件	工程	用料	共價
彈倉類			
彈袋鈎螺絲俗名頂頭銷	一工成十四件	馬丁鋼三分	銀一分四厘
起彈挑頭螺絲俗名頂頭鎖簧	一工成廿三件	馬丁鋼四分	銀一分四厘
彈倉底板螺絲	一工成二十件	馬丁鋼三分	銀一分四厘
槍管類			
槍管俗名槍筒	一工成一件	馬丁鋼三十五兩七錢八分	銀二兩三錢五分一厘
綫牌俗名望牌	一工成三件	馬丁鋼六錢三分	銀五錢一分
綫牌座俗名望牌座	一工成三件	馬丁鋼一兩二錢二分	銀三錢七分
綫牌扳鐀俗名望牌簧	一工成六件	洋鋼絲二錢一分	銀二錢一分九厘
綫牌鐀螺釘	一工成廿五件	洋鋼絲一分	銀四分二厘
牌座銷俗名庇門銷子	一工成十二作	馬丁鋼四分	銀二分四厘
綫牌副座俗名副望牌	一工成八件	馬丁鋼一錢二分	銀二錢三分一厘
綫牌副座蟠簧俗名小簧	一工成五十件	洋鋼絲七厘	銀三分三厘
綫牌準箍俗名滑路	一工成五件	馬丁鋼一錢九分	銀三錢九厘
定箍紐俗名望牌鉗	一工成八件	馬丁鋼六分	銀一錢五分五厘
箍紐銷俗名鉗銷	一工成九件	洋鋼絲三厘	銀一分三厘
箍紐蟠簧俗名鉗簧	一工成九件	洋鋼絲三厘	銀一分八厘
準星俗名前準對	一工成十件	馬丁鋼三分八厘	銀七分五厘
準星座俗名準對庇座	一工成十件	馬丁鋼二分六厘	銀一錢一分六厘

（續表）

零件類			
機件	工程	用料	共價
皮帶環俗名背絆	一工成十件	馬丁鋼二錢三分	銀八分九厘
環座俗名背絆座	一工成九件	馬丁鋼四錢六分	銀一錢二分
環座暗銷	一工成五十件	洋鋼絲二分	銀一分
環座螺絲釘		羅馬鐵二錢一分	銀一分八厘
上箍俗名頭箍	一工成十件	馬丁鋼一兩三厘	銀五錢四分
上箍螺絲釘俗名頭箍螺絲	一工成十五件	馬丁鋼九分	銀一錢三分
下箍俗名二箍	一工成七件	羅馬鐵五錢九分	銀二錢六分
下箍皮帶環俗名箍皮帶絆	一工成七件	馬丁鋼二錢二分	銀四分
下箍鑽俗名二箍鑽	一工成七件	馬丁鋼二錢二分	銀四分
下箍螺絲釘俗名二箍螺絲	一工成五十件	馬丁鋼六分	銀一錢
槍探俗名通條	一工成十一件	洋鋼絲二兩七錢	銀一錢八分五厘
探插俗名通條插	一工成十件	馬丁鋼八錢	銀一錢八分
槍托類			
槍托俗名木売	一工半成一件	東洋椐木二十六兩五錢	銀一兩三錢五分
托尾護鐵俗名包底	一工成二件	馬丁鋼二兩一錢六分	銀三錢
托尾螺絲釘		羅馬鐵二錢七分	銀二分

（續表）

槍刀類			
機件	工程	用料	共價
刺刀俗名刀頭	一工成一件	馬丁鋼全力十七件重十二兩	銀一兩一錢五分
刺刀護手俗名刀頭	一工成六件	馬丁鋼	
刀柄木夾俗名木刀二件	一工成九件	稠木	
木夾釘俗名銷子四件	一工成八件	鐵絲	
木夾銷釘俗名羊腹四件	一工成七十件	馬丁鋼	
刀柄頭俗名刀柄	一工成十件	馬丁鋼	
扣刀螺絲俗名刀項銷	一工成二十件	羅馬鐵	
扣刀螺絲母俗名刀帽	一工成十八件	馬丁鋼	
扣刀蟠簧俗名刀項銷簧	一工成四十六件	洋鋼絲	
刀銷	牛皮		

全槍八十四件，除刺刀不計外，重六斤十二兩四錢。所需鋼、鐵、油、煤並各種雜料，核算每槍一枝值銀十七兩四錢零。

魏允恭《江南製造局記》卷七《攷驗・歷年仿造各槍表》

年分	來福槍	林明敦槍	黎意槍	快利新槍	小口徑毛瑟槍
同治六年	前膛兵槍一千四百八十七桿，馬槍四千九百九十桿。	後膛兵槍三千四百四十二桿，馬槍七百十七桿。抬槍一桿。			
十三年		後膛兵槍二千五百桿。			

（續表）

年分	來福槍	林明敦槍	黎意槍	快利新槍	小口徑毛瑟槍
光緒元年	前膛馬槍千桿。	後膛兵槍二千五百五十八桿。			
二年		後膛兵槍二千五百十桿。			
三年		後膛兵槍一千七百三十桿。			
四年		後膛兵槍一千六百三十八桿。			
五年		後膛兵槍一千三百桿。			
六年		後膛兵槍二千二百桿。			
七年		後膛兵槍二千八百桿。			
八年		後膛兵槍二千四百桿。			
九年		後膛兵槍二千桿。	兵槍十二桿。		老毛瑟兵槍十二桿。
十年		後膛兵槍二千三百六十桿。	後膛兵槍十二桿。		
十一年		後膛兵槍二千五百桿。	後膛兵槍十二桿。		
十二年		後膛兵槍二千五百五十桿。			
十三年		後膛兵槍二千三百五十桿。	洋抬槍二桿。		
十四年		後膛兵槍二千四百五十桿。			

（續表）

年分	來福槍	林明敦槍	黎意槍	快利新槍	小口徑毛瑟槍
十五年		後膛兵槍二千一百零四桿。	兵槍二桿，馬槍二十桿。		
十六年		後膛兵槍六百桿。	兵槍二百二十桿。	馬槍二桿，兵槍三桿。	
十七年			兵槍一千一百桿。	連珠後膛槍六桿。	
十八年			兵槍四百桿。	連珠後膛槍四百六十桿。	
十九年				連珠後膛槍五百七十桿。	
二十年				連珠後膛槍一千二百二十四桿。	
二十一年				連珠後膛槍一千一百六桿。	抬槍二桿，子母槍八桿。
二十二年				連珠後膛槍一千三百九十六桿。	
二十三年				連珠後膛槍一千四百七十三桿。	後膛兵槍八桿。
二十四年				連珠後膛槍一千九百八十桿。	
二十五年				連珠後膛槍一千八百桿。	後膛兵槍二十桿。
二十六年				連珠後膛槍一千五百四桿。	後膛兵槍四百二十桿。
二十七年				連珠後膛兵槍七十八桿。	後膛兵槍一千八百八十四桿。

（續表）

年分	來福槍	林明敦槍	黎意槍	快利新槍	小口徑毛瑟槍
二十八年					兵槍二千五百三桿，馬槍四桿。
二十九年					後膛兵槍三千六十七桿。
三十年					後膛兵槍一千七百七十六桿。

魏允恭《江南製造局記》卷七《攷驗·各槍異同表》

槍名	口徑	速力	全體	重率
毛瑟兵槍	三分五釐藥膛逕三百十六釐。	三百碼起，一千六百碼止。	長四尺七分。	身重十磅，刀頭重二碼，共重十二磅。藥重一錢三分，銅壳重三錢二分，鉛子重六錢，共重一兩五分。
黎意兵槍	三分五釐藥膛逕五百十九釐。	一百碼起，一千二百碼止。	長四尺二寸二分。	身重九磅，刀頭重二磅，共重十一磅。藥重一錢三分，銅壳重六錢七分，鉛子重三錢四分，共重一兩一錢四分。
林明敦邊針槍	四分一釐藥膛逕五百七十二釐。	一百碼起，一百碼止。	長三尺十一寸三分。	身重九磅。三兩，刀頭重二磅三兩，共重十一磅半。藥重一錢，銅壳重一錢二分，鉛子重六錢五分，共重八錢七分。
林明敦中針槍	三百五十釐藥膛逕五百七十七釐。	三百碼起，一千二百碼止。	長四尺一寸七分。	身重九磅九兩，刀頭重二磅，共重十一磅九兩。藥重一錢八分，銅壳重三錢五分，鉛子重七錢八分，共重一兩二錢七分。
快利連珠兵槍	三分五釐藥膛徑四百九十四釐。	三百碼起，二千碼止。	長四尺二寸四分。	身重九磅半，刀頭重一磅，共重十磅半。黑藥重一分半，無煙藥重五分四釐至五分六釐，銅壳重三錢四分，鉛子重三錢五分。
培來兵槍	四分藥膛徑八十一釐。	一百碼起，九百碼止。	長四尺七分。	身重八磅三兩，藥重一錢二分，銅壳重三錢五分，鉛子重七錢八分，共重一兩二錢五分。

（續表）

槍名	口徑	速力	全體	重率
林明敦邊針抬槍	五分藥膛徑七百四十三釐。	一百碼起，一千碼止。	長七尺七寸。	身重二十九磅，藥重六錢，銅殼重二兩八錢，鉛子重六兩二錢，共重九兩六。
毛瑟快兵槍	三分五釐六毫藥膛徑四百七十釐。	五百碼起，二千五十碼止。	長四尺九寸。	身重八磅六兩，刀頭重一磅，共重九磅六兩。藥重六分二釐至六分四釐，銅殼重三錢二分，鉛子重四錢一分。

魏允恭《江南製造局記》卷七《工程·各機牀工程表》

機槽	綫牌	扳機	機管
第一號車牀： 機槽一道工程，每工四十八件。 機槽八道工程，每工二十四件。 第二號車牀： 機槽七道工程，每工二十七件。 第三號車牀： 機槽九道工程，每工三十五件。 機槽十道工程，每工二十二件。 第四號車牀： 機槽十二道工程，每工二十二件。 機槽十三道工程，每工三十件。 第五號車牀： 機槽十一道工程，每工十二件。 第六號車牀： 機槽二十五道工程，每工二十四件。 機槽三十五道工程，每工五十四件。 第七號車牀： 機槽二十九道工程，每工二十三件。 機槽三十四道工程，每工六十八件。	第一號車牀： 牌座一道工程，每工二十六件。 牌座二道工程，每工四十件。 牌座八道工程，每工九十件。 牌座九道工程，每工四十件。 第二號車牀： 準箍三道工程，每工一百十二件。 準箍八道工程，每工一百十二件。 準箍十一道工程，每工一百十二件。 準箍十二道工程，每工一百十二件。 準箍十三道工程，每工一百十二件。 準箍十四道工程，每工一百六十件。 準星四道工程，每工九十件。 準星五道工程，每工七十件。 第三號壓牀： 綫牌九道工程，每工五十五件。 綫牌十道工程，每工四十六件。 第四號洗牀： 牌座四道工程，每工十七件。	第一號車牀： 扳機一道工程，每工三十二件。 扳機二道工程，每工七十四件。 扳機四道工程，每工七十四件。 扣機一道工程，每工四十六件。 第二號車牀： 扣機二道工程，每工六十六件。 扣機三道工程，每工六十六件。 扣機四道工程，每工六十六件。 扣機七道工程，每工六十六件。 第三號車牀： 扳機架一道工程，每工六十一件。 扳機架二道工程，每工六十件。 扳機架三道工程，每工六十一件。 扳機架五道工程，每工七十件。 扳機架六道工程，每工七十件。 第四號車牀： 扳機架七道工程，每工七十件。 扳機架八道工程，每工七十件。	第一號車牀： 機管二道工程，每工六十五件。 機管七道工程，每工八十六件。 機管八道工程，每工八十六件。 機管九道工程，每工四十八件。 機管十九道工程，每工六十五件。 機管二十八道工程，每工八十六件。 機管一道工程，每工四十七件。此一道工程與機槽第一號車牀合用。 第二號車牀： 機管三道工程，每工十五件。 機管五道工程，每工七十四件。 第三號車牀： 機管四道工程，每工二十四件。 機管六道工程，每工七十五件。 機管十四道工程，每工二十二件。 第五號車牀： 機管十五道工程，每工四十七件。 機管十六道工程，每工五十六件。

（續表）

機槽	第八號車牀： 機槽二十一道工程，每工二十三件。 機槽二十六道工程，每工二十八件。 機槽四十七道工程，每工六十四件。 第九號車牀： 機槽二十二道工程，每工三十二件。 機槽三十三道工程，每工六十八件。 第十號車牀： 機槽二十三道工程，每工十九件。 機槽四十九道工程，每工三十二件。 機槽四十八道工程，每工八十件。 機槽三十六道工程，每工四十八件。 現移至槍箍車牀兼造。 第十一號車牀： 機槽二十七道工程，每工二十七件。 機槽三十道工程，每工十六件。 機槽四十六道，每工四十件，現移至槍箍車牀兼造。 第十二號車牀：此號車牀兼造機管二十二道工程。 機槽三十九道工程，每工二十二件。 第十三號車牀： 機槽三十七道工程，每工二十二件。 機槽三十八道工程，每工二十二件。 第十四號車牀： 機槽三十二道工程，每工十九件。 第十五號車牀： 機槽二十四道工程，每工三十二件。 機槽二十八道工程，每工二十二件。
綫牌	牌座七道工程，每工一百十二件。 定箍紐七道工程，每工一百十二件。 定箍紐八道工程，每工一百十二件。 第五號車牀： 綫牌副座二道工程，每工二十九件。 綫牌副座四道工程，每工四十八件。 綫牌副座六道工程，每工九十六件。 副座三道工程，每工五十五件。 副座五道工程，每工一百十二件。 第六號車牀： 綫牌二道工程，每工四十三件。 綫牌十一道工程，每工六十件。 準星座二道工程，每工七十三件。 牌座加工工程，每工六十件。 第七號車牀： 定箍紐二道工程，每工七十六件。 定箍紐三道工程，每工九十六件。 定箍紐四道工程，每工八十六件。 定箍紐六道工程，每工一百三十件。 定箍紐十道工程，每工一百件。 第八號車牀： 準箍一道工程，每工四十七件。 準箍二道工程，每工四十九件。 準箍六道工程，每工一百十二件。 準箍十五道工程，每工一百件。 第九號車牀： 牌座三道工程，每工二十七件。 準箍五道工程，每工一百十二件。 準箍七道工程，每工一百十二件。
扳機	扳機架九道工程，每工七十件。 扣機十一道工程，每工五十六件。 第五號車牀： 扳機五道工程，每工七十件。 扳機頭二道工程，每工五十六件。 扳機頭三道工程，每工五十六件。 扳機頭五道工程，每工五十六件。 扣機十道工程，每工五十六件。 第六號洗牀： 扳機六道工程，每工五十九件。 扳機頭六道工程，每工八十件。 扳機頭七道工程，每工六十七件。 第七號車牀： 綫牌六道工程，每工三十九件。 扳機架四道工程，每工三十件。 扣機五道工程，每工三十六件。 第八號車牀： 扣機八道工程，每工五十六件。 扣機九道工程，每工五十六件。 第九號鑽牀： 扳機三道工程，每工八十七件。 扳機頭四道工程，每工八十七件。 扣機六道工程，每工五十六件。 綫牌四五兩道工程，與機槽第二號車牀合用每工二十八 三十件。 第十號車牀： 牌座五道工程，每工四十四件。 牌座十道工程，每工二十二件。
機管	機管十七道工程，每工五十六件。 機管十八道工程，每工五十六件。 機管二十五道工程，每工五十六件。 第六號車牀造： 擊針三道工程每工十三件。 第七號車牀造： 擊針四道工程每工十件。 第八號車牀造： 擊針一道工程，每工五十一件。 擊針二道工程，每工八十六件。 擊針五道工程，每工二十件。 擊針八道工程，每工一百三十件。 第九號車牀造： 機管頭一道工程，每工三十四件。 機管頭三道工程，每工二十九件。 機管頭四道工程，每工三十四件。 第十號車牀造： 機管頭五道工程，每工四十六件。 機管頭六道工程，每工四十六件。 機管頭十道工程，每工四十六件。 機管頭十八道工程，每工三十六件。 第十一號車牀造： 機管頭二道工程，每工十八件。 退彈鈎七道工程，每工三十六件。 落彈釘一道工程，每工五十件。 落彈釘二道工程，每工一百三十件。 第十二號車牀造： 退彈鈎二道工程，每工十九件。 又額外二道工程，每工五十六件。

（續表）

機槽	機槽四十八道工程，每工三十五件。 第十六號車牀： 機槽二道工程，每工十二件。 第十七號車牀： 機槽三道工程，每工六十八件。 機槽五道工程，每工六十八件。 機槽六道工程，每工三十二件。 機槽十四道工程，每工三十六件。 第十八號車牀： 機槽四道工程，每工十二件。 第十九號車牀： 機槽十六道工程，每工二十四件。 第二十號車牀： 機槽十五道工程，每工三十六件。 機槽十九道工程，每工二十八件。 機槽二十道工程，每工三十二件。 第二十一號車牀： 機槽四十道工程，每工三十六件。 第二十二號車牀： 機槽三十一道工程，每工十一件。 第二十三號車牀： 機槽四十一道工程，每工四十四件。 機槽四十二道工程，每工十六件。 第二十四號車牀： 機槽四十三道工程，每工四十四件。 第二十五號車牀： 機槽十九道工程，每工三十件。 機槽十二道工程，每工四十件。 機槽十七八兩道係鉗工工程，每工一百四十四件。
綫牌	準箍十道工程，每工一百十二件。 定箍紐九道工程，每工一百八十件。 第十號車牀： 綫牌十四道工程，每工六十件。 第十一號拔牀： 綫牌一道工程，每工一百十二件。 綫牌三道工程，每工一百八十件。 準箍四道工程，每工一百八十件。 第十二號車牀： 定箍紐一道工程，每工六十二件。 箍紐銷一道工程，每工六十二件。 準星一道工程，每工八十件。 準星座一道工程，每工八十件。 第十三號鍘牀： 此牀兼造機管二十一道工程， 牌座六道工程，每工六十件。 第十四號鑽牀： 此牀兼造機管頭十一道工程， 準箍九道工程，每工八十件。 定箍紐五道工程，每工八十件。 第十五號鑽牀： 此牀兼造後機管二十道工程， 綫牌七道工程，每工五十六件。 綫牌八道工程，每工一百十二件。 綫牌十三道工程，每工一百十二件。 綫牌副座七道工程，每工一百八十件。
扳機	綫牌十二道工程，每工四十四件。
機管	又額外三道工程，每工五十六件。 第十三號車牀： 停機紐五道工程，每工四十二件。 退彈鈎三道工程，每工二十三件。 退彈鈎六道工程，每工四十七件。 第十四號車牀： 後機管一道工程，每工六十件。 後機管十三道工程，每工二十三件。 後機管十四道工程，每工三十二件。 第十五號車牀： 後機管二道工程，每工二十件。 後機管三道工程，每工二十九件。 第十六號車牀： 後機管五道工程，每工三十二件。 後機管六道工程，每工六十件。 後機管七道工程，每工四十八件。 後機管八道工程，每工四十八件。 第十七號車牀： 機管十一道工程，每工四十件。 機管二十道工程，每工五十件。 後機管四道工程，每工三十五件。 機管額外十道工程，每工八十件。 第十八號車牀： 後機管九道工程，每工三十五件。 機管頭七道工程，每工九十五件。 機管頭八道工程，每工四十七件。 機管頭九道工程，每工四十二件。 第十九號車牀： 後機管十道工程，每工四十二件。

（續表）

機槽	
綫牌	
扳機	
機管	後機管十一道工程，每工四十七件。 擊針六道工程，每工二十六件。 第二十號車牀： 後機管十八道工程，每工三十五件。 第二十一號車牀： 後機管十二道工程，每工三十七件。 後機管十五道工程，每工三十七件。 後機管十七道工程，每工三十七件。 第二十二號車牀： 機管二十三道工程，每工三十九件。 機管二十四道工程，每工三十九件。 後機管十九道工程，每工三十五件。 第二十三號車牀： 停機紐二道工程，每工三十五件。 停機紐三道工程，每工三十五件。 停機紐四道工程，每工四十二件。 停機紐額外工程，每工五十六件。 第二十四號車牀： 機管尾一道工程，每工十六件。 機管尾六道工程，每工一百十二件。 停機紐一道工程，每工四十二件。 第二十五號車牀： 機管頭十七道工程，每工八十七件。 機管頭十九道工程，每工八十七件。 機管頭二十道工程，每工八十七件。 落彈釘六道工程，每工八十七件。

距礮密達數	柯達無煙藥 昂表度分	柯達無煙藥 彈歷秒	頭號石子藥 昂表度分	頭號石子藥 彈歷秒
一百	四	一六	五	二〇
二百	八	三一	一〇	三八
三百	一一	四六	一五	五七
四百	一五	六二	二〇	七七
五百	一八	七八	二六	九七
六百	二三	九四	三三	一・一七
七百	二七	一・一〇	四〇	一・三八
八百	三一	一・二七	四七	一・五九
九百	三五	一・四四	五四	一・八〇
一千密達	四〇	一・六一	一・二	二・二
一千一百	四五	一・七九	一・一〇	二・二五
一千二百	四九	一・九七	一・一八	二・四八
一千三百	五四	二・一五	一・二六	二・七一
一千四百	一・	二・三四	一・三四	二・九五
一千五百	一・六	二・五三	一・四三	三・一九
一千六百	一・一一	二・七二	一・五二	三・四四
一千七百	一・一六	二・九二	二・一	三・六九
一千八百	一・二二	三・一二	二・一一	三・九五
一千九百	一・二七	三・三三	二・二一	四・二一
二千密達	一・三三	三・五二	二・三一	四・四八
二千一百	一・三九	三・七三	二・四一	四・七五
二千二百	一・四五	三・九三	二・五一	五・二
二千三百	一・五一	四・一四	三・一	五・三〇
二千四百	一・五八	四・三六	三・一二	五・五八
二千五百	二・五	四・五九	三・二三	五・八七

（續表）

距礮密達數	柯達無煙藥 昂表度分	柯達無煙藥 彈歷秒	頭號石子藥 昂表度分	頭號石子藥 彈歷秒
二千六百	二・一二	四・八二	三・三四	六・一六
二千七百	二・二〇	五・六	三・四五	六・四五
二千八百	二・二七	五・三〇	三・五七	六・七四
二千九百	二・三四	五・五四	四・九	七・三
三千密達	二・四一	五・七九	四・二一	七・三三
三千一百	二・四九	六・四	四・三三	七・六四
三千二百	二・五七	六・三〇	四・四六	七・九五
三千三百	三・五	六・五六	四・五九	八・二六
三千四百	三・一三	六・八二	五・一二	八・五七
三千五百	三・二一	七・九	五・二五	八・八九
三千六百	三・三〇	七・三六	五・三八	九・二一
三千七百	三・三九	七・六四	五・五二	九・五三
三千八百	三・四八	七・九二	六・六	九・八六
三千九百	三・五七	八・二〇	六・二〇	十・一九
四千密達	四・七	八・四九	六・三四	十・五二
四千一百	四・一七	八・七八	六・四八	十・八五
四千二百	四・二七	九・八	七・三	一一・一九
四千三百	四・三七	九・三八	七・一八	一一・五三
四千四百	四・四七	九・六八	七・三三	一一・八八
四千五百	四・五八	九・九八	七・四八	一二・二三
四千六百	五・一〇	十・二九	八・三	一二・五八
四千七百	五・二一	十・六〇	八・一八	一二・九三
四千八百	五・三二	十・九一	八・三四	一三・二九
四千九百	五・四四	一二・二三	八・五〇	一三・六五
五千密達	五・五六	一一・五六	九・六	一四・一

（續表）

距礮密達數	柯達無煙藥 昂表 度分秒	柯達無煙藥 彈歷	頭號石子藥 昂表 度分秒	頭號石子藥 彈歷
五千一百	六．九	一一．八九	九．二二	一四．三七
五千二百	六．二一	一二．二四	九．三八	一四．七四
五千三百	六．三四	一二．五七	九．五四	一五．一一
五千四百	六．四七	一二．九〇	十．一一	一五．四八
五千五百	七．	一三．二三	十．二八	一五．八六
五千六百	七．一三	一三．五七	十．四五	一六．二四
五千七百	七．二七	一三．九〇	一一．二	一六．六二
五千八百	七．四一	一四．二五	一一．一九	一七．一
五千九百	七．五六	一四．六一	一一．三六	一七．四〇
六千密達	八．一〇	一四．九八	一一．五四	一七．八〇
六千一百	八．二四	一五．三四	一二．一二	一八．二〇
六千二百	八．四〇	一五．七〇	一二．三〇	一八．六〇
六千三百	九．五六	一六．七	一二．四八	一九．
六千四百	九．一二	一六．四四	一三．七	一九．四〇
六千五百	九．二八	一六．八一	一三．二七	一九．八〇
六千六百	九．四五	一七．一八	一三．四五	二十．二一
六千七百	十．三	一七．五五	一四．四	二十．六三
六千八百	十．二〇	一七．九三	一四．二三	二一．五
六千九百	十．三七	一八．三一	一四．四二	二一．四八
七千密達	十．四五	一八．六九	一五．一	二一．九一
七千一百	一一．一二	一九．八	一五．二〇	二二．三四
七千二百	一一．三〇	一九．四七	一五．四〇	二二．七八
七千三百	一一．四九	一九．八六	一六．	二三．二二
七千四百	一二．八	二十．二五		
七千五百	一二．二六	二十．六四		

（續表）

距礮密達數	柯達無煙藥 昂表 度分秒	柯達無煙藥 彈歷	頭號石子藥 昂表 度分秒	頭號石子藥 彈歷
七千六百	一二．四五	二一．三		
七千七百	一三．四	二一．四三		
七千八百	一三．二二	二一．八四		
七千九百	一三．四一	二二．二五		
八千密達	一四．	二二．六七		
八千一百	一四．二〇	二三．一〇		
八千二百	一四．四〇	二三．五三		
八千三百	一五．	二三．九六		
八千四百	一五．二〇	二四．四〇		

魏允恭《江南製造局記》卷八《攷驗·二十三生短式後膛大礮表》

平常開花彈或硬質彈，配用單孔黑藥餅九十磅或栗色藥餅一百磅。

距礮碼數	昂表 度分	距礮碼數	昂表 度分
一百	六	二千一百	二．四一
二百	一二	二千二百	二．五一
三百	一八	二千三百	三．一
四百	二五	二千四百	三．一一
五百	三二	二千五百	三．二一
六百	三九	二千六百	三．三一
七百	四六	二千七百	三．四一
八百	五三	二千八百	三．五一
九百	一．〇〇	二千九百	四．二

（續表）

平常開花彈或硬質彈配用單孔黑藥餅九十磅或栗色藥餅一百磅。

距礮碼數	昂表 度分	距礮碼數	昂表 度分
一千碼	一·七	三千碼	四·一三
一千一百	一·一五	三千一百	四·二四
一千二百	一·二三	三千二百	四·三五
一千三百	一·三一	三千三百	四·四六
一千四百	一·三九	三千四百	四·五七
一千五百	一·四七	三千五百	五·九
一千六百	一·五五	三千六百	五·二一
一千七百	二·四	三千七百	五·三三
一千八百	二·一三	三千八百	五·四五
一千九百	二·二二	三千九百	五·五七
二千碼	二·三一	四千碼	六·九
四千一百	六·二一	六千一百	十·五八
四千二百	六·三四	六千二百	一一·一三
四千三百	六·四七	六千三百	一一·二八
四千四百	七·〇〇	六千四百	一一·四三
四千五百	七·一三	六千五百	一一·五八
四千六百	七·二六	六千六百	一二·一四
四千七百	七·三九	六千七百	一二·三〇
四千八百	七·五二	六千八百	一二·四六
四千九百	八·六	六千九百	一三·二
五千碼	八·二〇	七千碼	一三·一八
五千一百	八·三四	七千一百	一三·三四
五千二百	八·四八	七千二百	一三·五〇
五千三百	九·二		
五千四百	九·一六		

（續表）

平常開花彈或硬質彈配用單孔黑藥餅九十磅或栗色藥餅一百磅。

距礮碼數	昂表 度分	距礮碼數	昂表 度分
五千五百	九·三〇		
五千六百	九·四四		
五千七百	九·五八		
五千八百	十·一三		
五千九百	十·二八		
六千碼	十·四三		

魏允恭《江南製造局記》卷八《攷驗·二十生三一七短式後膛大礮表》

平常開花彈配用大號石子藥或單孔黑藥餅五十磅，硬質彈配用栗色藥餅六十磅。

距礮碼數	黑藥五十磅		栗藥六十磅	
	昂表 度分	彈歷 秒	昂表 度分	彈歷 秒
一百	三	一八	三	一六
二百	六	三五	六	三一
三百	九	五三	九	四六
四百	一二	七一	一二	六一
五百	一六	九〇	一五	七八
六百	二〇	一·一〇	一九	九五
七百	二四	一·三〇	二三	一·一三
八百	二九	一·五一	二七	一·三一
九百	三六	一·七五	三二	一·五二
一千碼	四四	一·九七	四〇	一·七一

（續表）

平常開花彈配用大號石子藥或單孔黑藥餅五十磅，硬質彈配用栗色藥餅六十磅。

距礮碼數	黑藥五十磅		栗藥六十磅	
	昂表度分	彈歷秒	昂表度分	彈歷秒
一千一百	五二	二.二〇	四七	一.九〇
一千二百	一.〇〇	二.四三	五六	二.一一
一千三百	一.〇九	二.六五	一.五	二.三〇
一千四百	一.一八	二.九〇	一.一三	二.五二
一千五百	一.二八	三.一五	一.二一	二.七三
一千六百	一.三八	三.四〇	一.三〇	二.九五
一千七百	一.四九	三.六五	一.三九	三.一七
一千八百	二.〇〇	四.〇〇	一.四八	三.四〇
一千九百	二.一一	四.一六	一.五七	三.六一
二千碼	二.二二	四.四二	二.六	三.八四
二千一百	二.三四	四.六九	二.一六	四.〇七
二千二百	二.四六	四.九五	二.二六	四.三〇
二千三百	二.五八	五.二五	二.三六	四.五六
二千四百	三.一〇	五.五五	二.四六	四.八二
二千五百	三.二二	五.八五	二.五六	五.〇七
二千六百	三.三五	六.一五	三.七	五.三四
二千七百	三.四八	六.四五	三.一八	五.六〇
二千八百	四.一	六.七五	三.二九	五.八七
二千九百	四.一四	七.六	三.四〇	六.一四
三千碼	四.二七	七.三六	三.五一	六.四〇
三千一百	四.四〇	七.七〇	四.二	六.七〇
三千二百	四.五四	八.〇〇	四.一三	六.九五
三千三百	五.八	八.三三	四.二四	七.二四
三千四百	五.二二	八.六六	四.三五	七.五五

（續表）

平常開花彈配用大號石子藥或單孔黑藥餅五十磅，硬質彈配用栗色藥餅六十磅。

距礮碼數	黑藥五十磅		栗藥六十磅	
	昂表度分	彈歷秒	昂表度分	彈歷秒
三千五百	五.三六	九.〇〇	四.四六	七.八二
三千六百	五.五〇	九.三二	四.五八	八.一〇
三千七百	六.四	九.六五	五.一〇	八.四〇
三千八百	六.一九	十.〇〇	五.二二	八.六五
三千九百	六.三四	十.三五	五.三四	九.〇〇
四千碼	六.四九	十.七〇	五.四七	九.三〇
四千一百	七.四	一一.五	六.〇〇	九.六〇
四千二百	七.一九	一一.四〇	六.一三	九.九一
四千三百	七.三四	一一.七五	六.二六	十.二三
四千四百	七.四九	一二.一二	六.三九	十.五三
四千五百	八.五	一二.五〇	六.五三	十.八七
四千六百	八.二一	一二.八六	七.七	一一.一七
四千七百	八.三七	一三.二五	七.二一	一一.五二
四千八百	八.五三	一三.六三	七.三五	一一.八五
四千九百	九.九	一四.一	七.四九	一二.一八
五千碼	九.二五	一四.四〇	八.三	一二.五二
五千一百	九.四一	一四.八〇	八.一七	一二.八七
五千二百	九.五七	一五.二〇	八.三一	一三.二一
五千三百	十.一三	一五.六〇	八.四五	一三.五六
五千四百	十.二九	一六.〇〇	九.〇〇	一三.九一
五千五百	十.四五	一六.四〇	九.一五	一四.二六
五千六百	一一.一	一六.八一	九.三〇	一四.六一
五千七百	一一.一七	一七.二三	九.四五	一四.九七
五千八百	一一.三三	一七.六五	十.〇〇	一五.三四

（續表）

平常開花彈配用大號石子藥或單孔黑藥餅五十磅，硬質彈配用栗色藥餅六十磅。

距礮碼數	黑藥五十磅 昂表 度分秒	黑藥五十磅 彈歷	栗藥六十磅 昂表 度分秒	栗藥六十磅 彈歷
五千九百	一一·四九	一八·〇五	十·一五	一五·七〇
六千碼	一二·五	一八·五〇	十·三〇	一六·〇八
六千一百	一二·二一	一八·九五	十·四五	一六·四八
六千二百	一二·三七	一九·三七	一一·	一六·八四
六千三百	一二·五三	一九·八〇	一一·一五	一七·二〇
六千四百	一三·九	二十·二五	一一·三〇	一七·六〇
六千五百	一三·二五	二十·七〇	一一·四五	一八·〇〇
六千六百	一三·四二	二一·一五	一二·一	一八·三九
六千七百	一三·五九	二一·六〇	一二·一七	一八·七八
六千八百	一四·一七	二二·〇五	一二·三三	一九·一七
六千九百	一四·三五	二二·五〇	一二·四九	一九·五六
七千碼	一四·五三	二三·〇〇	一三·五	二十·〇〇

魏允恭《江南製造局記》卷八《攷驗·二十生三一七中式後膛大礮表》

彈子實重二百一十磅，平常開花彈配用單孔黑藥餅六十五磅，硬質彈配用栗色藥餅九十磅。

距礮碼數	藥六十五磅 昂表 度分秒	藥六十五磅 彈歷	栗藥九十磅 昂表 度分秒	栗藥九十磅 彈歷
一百	一	一二	一	八
二百	三	二七	三	一八

（續表）

彈子實重二百一十磅，平常開花彈配用單孔黑藥餅六十五磅，硬質彈配用栗色藥餅九十磅。

距礮碼數	藥六十五磅 昂表 度分秒	藥六十五磅 彈歷	栗藥九十磅 昂表 度分秒	栗藥九十磅 彈歷
三百	六	四五	五	三三
四百	九	六五	七	五〇
五百	一二	八六	九	六六
六百	一六	一·〇七	一二	八八
七百	二一	一·二九	一五	一·六
八百	二七	一·五一	一九	一·二四
九百	三四	一·七三	二三	一·四二
一千碼	四一	一·九五	二七	一·六一
一千一百	四八	二·一七	三三	一·七九
一千二百	五五	二·三九	三七	一·九七
一千三百	一·三	二·六一	四二	二·一五
一千四百	一·一一	二·八三	四八	二·三四
一千五百	一·二〇	三·〇五	五四	二·五三
一千六百	一·二九	三·二七	一·〇〇	二·七二
一千七百	一·三九	三·四九	一·六	二·九一
一千八百	一·四九	三·七二	一·一三	三·一〇
一千九百	一·五九	三·九六	一·二〇	三·三〇
二千碼	二·九	四·二一	一·二七	三·五〇
二千一百	二·二〇	四·四六	一·三三	三·七〇
二千二百	二·三一	四·七一	一·四〇	三·九〇
二千三百	二·四二	四·九六	一·四七	四·一一
二千四百	二·五三	五·二二	一·五四	四·三二
二千五百	三·四	五·四八	二·一	四·五四

（續表）

彈子實重二百一十磅，平常開花彈配用單孔黑藥餅六十五磅，硬質彈配用栗色藥餅九十磅。

距礮碼數	藥六十五磅 昂表度分	藥六十五磅 彈歷秒	栗藥九十磅 昂表度分	栗藥九十磅 彈歷秒
二千六百	三·一六	五·七四	二·一〇	四·七六
二千七百	三·二八	六·一	二·一八	四·九八
二千八百	三·四〇	六·二八	二·二六	五·二〇
二千九百	三·五二	六·五五	二·三四	五·四二
三千碼	四·四	六·八二	二·四二	五·六五
三千一百	四·一七	七·〇九	二·五一	五·八八
三千二百	四·三〇	七·三七	三·〇〇	六·一一
三千三百	四·四三	七·六五	三·九	六·三五
三千四百	四·五六	七·九三	三·一八	六·五九
三千五百	五·九	八·二二	三·二七	六·八四
三千六百	五·二二	八·五一	三·三六	七·〇九
三千七百	五·三五	八·八〇	三·四六	七·三四
三千八百	五·四八	九·〇九	三·五六	七·五九
三千九百	六·〇一	九·三九	四·六	七·八五
四千碼	六·一四	九·六九	四·一六	八·一一
四千一百	六·二七	十·〇〇	四·二六	八·三八
四千二百	六·四一	十·三一	四·三六	八·六五
四千三百	六·五五	十·六二	四·四六	八·九三
四千四百	七·九	十·九三	四·五六	九·二一
四千五百	七·二三	一一·二五	五·六	九·四九
四千六百	七·三七	一一·五七	五·一七	九·七七
四千七百	七·五一	一一·九〇	五·二八	十·六
四千八百	八·五	一二·二三	五·三九	十·三五

（續表）

彈子實重二百一十磅，平常開花彈配用單孔黑藥餅六十五磅，硬質彈配用栗色藥餅九十磅。

距礮碼數	藥六十五磅 昂表度分	藥六十五磅 彈歷秒	栗藥九十磅 昂表度分	栗藥九十磅 彈歷秒
四千九百	八·一九	一二·五六	五·五〇	十·六五
五千碼	八·三三	一二·八九	六·一	十·九五
五千一百	八·四七	一三·二二	六·一三	一一·二六
五千二百	九·一	一三·五五	六·二五	一一·五七
五千三百	九·一五	一三·八八	六·三七	一一·八八
五千四百	九·三〇	一四·二二	六·四九	一二·一九
五千五百	九·四五	一四·五七	七·一	一二·五〇
五千六百	十·〇〇	一四·九二	七·一三	一二·八一
五千七百	十·一五	一五·二七	七·二六	一三·一三
五千八百	十·二九	一五·六二	七·三九	一三·四六
五千九百	十·四四	一五·九七	七·五二	一三·七九
六千碼	十·五八	一六·三二	八·五	一四·一二
六千一百	一一·一三	一六·六七	八·一八	一四·四五
六千二百	一一·二七	一七·三	八·三一	一四·七八
六千三百	一一·四二	一七·三九	八·四五	一五·一一
六千四百	一一·五七	一七·七五	八·五九	一五·四四
六千五百	一二·一二	一八·一二	九·一三	一五·七七
六千六百	一二·二八	一八·五〇	九·二七	一六·一〇
六千七百	一二·四四	一八·八八	九·四一	一六·四三
六千八百	一三·〇〇	一九·二六	九·五五	一六·七七
六千九百	一三·一六	一九·六四	十·九	一七·一一
七千碼	一三·三二	二十·二	十·二三	一七·四五
七千一百			十·三七	一七·七九

（續表）

彈子實重二百一十磅，平常開花彈配用單孔黑藥餅六十五磅，硬質彈配用栗色藥餅九十磅。

距礮碼數	藥六十五磅		栗藥九十磅	
	昂表度分	彈歷秒	昂表度分	彈歷秒
七千二百			十·五一	一八·一三
七千三百			一一·五	一八·四七
七千四百			一一·一九	一八·八一
七千五百			一一·三三	一九·一五
七千六百			一一·四七	一九·四九
七千七百			一二·一	一九·八三

魏允恭《江南製造局記》卷八《攷驗·二十生三一七長式後膛地阱礮表》

彈子實重二百一十磅，平常開花彈配用單孔黑藥餅七十五磅，硬質彈配用栗色藥餅一百十磅。

距礮碼數	藥七十五磅		藥一百十磅	
	昂表度分	彈歷秒	昂表度分	彈歷秒
一百	四	一八	三	一五
二百	九	三五	六	三〇
三百	一四	五三	一〇	四六
四百	二〇	七一	一四	六二
五百	二六	九〇	一八	七八
六百	三二	一·九	二二	九四
七百	三八	一·二八	二六	一·一〇

（續表）

彈子實重二百一十磅，平常開花彈配用單孔黑藥餅七十五磅，硬質彈配用栗色藥餅一百十磅。

距礮碼數	藥七十五磅		藥一百十磅	
	昂表度分	彈歷秒	昂表度分	彈歷秒
八百	四四	一·四七	三〇	一·二七
九百	五〇	一·六七	三四	一·四四
一千碼	五六	一·八七	三八	一·六一
一千一百	一·二	二·八	四三	一·七八
一千二百	一·九	二·二九	四八	一·九六
一千三百	一·一六	二·五〇	五三	二·一四
一千四百	一·二三	二·七二	五八	二·三二
一千五百	一·三〇	二·九四	一·三	二·五〇
一千六百	一·三七	三·一六	一·八	二·六九
一千七百	一·四四	三·三八	一·一三	二·八八
一千八百	一·五一	三·六〇	一·一八	三·七
一千九百	一·五九	三·八三	一·二三	三·二六
二千碼	二·七	四·六	一·二八	三·四六
二千一百	三·一五	四·三〇	一·三四	三·六六
二千二百	二·二三	四·五四	一·四〇	三·八七
二千三百	二·三一	四·七八	一·四六	四·八
二千四百	二·三九	五·二	一·五二	四·二九
二千五百	二·四七	五·二七	一·五八	四·五〇
二千六百	二·五六	五·五二	二·四	四·七一
二千七百	三·五	五·七七	二·一〇	四·九二
二千八百	三·一四	六·二	二·一六	五·一四
二千九百	三·二三	六·二七	二·二三	五·三六
三千碼	三·三二	六·五二	二·三〇	五·五八

彈子實重二百一十磅，平常開花彈配用單孔黑藥餅七十五磅，硬質彈配用栗色藥餅一百十磅。（續表）

距礮碼數	藥七十五磅		藥一百十磅	
	昂表度分	彈歷秒	昂表度分	彈歷秒
三千一百	三·四一	六·七八	二·三七	五·八一
三千二百	三·五〇	七·四	二·四四	六·四
三千三百	四·	七·三一	二·五一	六·二七
三千四百	四·一〇	七·五八	二·五八	六·五〇
三千五百	四·二〇	七·八五	三·五	六·七四
三千六百	四·三〇	八·一三	三·一二	六·九八
三千七百	四·四〇	八·四一	三·二〇	七·二二
三千八百	四·五〇	八·六九	三·二八	七·四六
三千九百	五·〇一	八·九七	三·三六	七·七〇
四千碼	五·一二	九·二六	三·四四	七·九五
四千一百	五·二三	九·五五	三·五二	八·二〇
四千二百	五·三四	九·八四	四·〇〇	八·四五
四千三百	五·四五	十·一三	四·八	八·七一
四千四百	五·五六	十·四二	四·一七	八·九七
四千五百	六·七	十·七二	四·二六	九·二四
四千六百	六·一八	一一·二	四·三五	九·五一
四千七百	六·三〇	一一·三二	四·四四	九·七八
四千八百	六·四二	一一·六三	四·五三	十·六
四千九百	六·五四	一一·九四	五·二	十·三四
五千碼	七·六	一二·二五	五·一一	十·六二
五千一百	七·一八	一二·五六	五·二〇	十·九〇
五千二百	七·三一	一二·八七	五·三〇	一一·一九
五千三百	七·四四	一三·一八	五·四〇	一一·四八

彈子實重二百一十磅，平常開花彈配用單孔黑藥餅七十五磅，硬質彈配用栗色藥餅一百十磅。（續表）

距礮碼數	藥七十五磅		藥一百十磅	
	昂表度分	彈歷秒	昂表度分	彈歷秒
五千四百	七·五七	一三·四九	五·五〇	一一·七七
五千五百	八·一〇	一三·八〇	六·〇〇	一二·六
五千六百	八·二三	一四·一二	六·一〇	一二·三五
五千七百	八·三六	一四·四四	六·二〇	一二·六五
五千八百	八·四九	一四·七六	六·三〇	一二·九五
五千九百	九·二	一五·〇八	六·四〇	一三·二五
六千碼	九·一六	一五·四一	六·五一	一三·五五
六千一百	九·三〇	一五·七四	七·二	一三·八六
六千二百	九·四四	一六·〇七	七·一三	一四·一七
六千三百	九·五八	一六·四〇	七·二四	一四·四八
六千四百	十·一二	一六·七三	七·三六	一四·七九
六千五百	十·二六	一七·六	七·四八	一五·一〇
六千六百	十·四〇	一七·三九	八·〇〇	一五·四一
六千七百	十·五四	一七·七三	八·一二	一五·七二
六千八百	一一·九	一八·七	八·二四	一六·〇三
六千九百	一一·二四	一八·四一	八·三六	一六·三五
七千碼	一一·三九	一八·七六	八·四八	一六·六七
七千一百	一一·五四	一九·一二	九·一	一七·〇〇
七千二百	一二·九	一九·四八	九·一四	一七·三三
七千三百			九·二七	一七·六六
七千四百			九·四〇	一七·九九
七千五百			九·五三	一八·三二
七千六百			十·六	一八·六六

（續表）

彈子實重二百一十磅，平常開花彈配用單孔黑藥餅七十五磅，硬質彈配用栗色藥餅一百十磅。

距礮碼數	藥七十五磅 昂表 度分	藥七十五磅 彈歷 秒	藥一百十磅 昂表 度分	藥一百十磅 彈歷 秒
七千七百			十·二〇	一九·〇〇
七千八百			十·三四	一九·三四
七千九百			十·四八	一九·六九
八千碼			一一·二	二十·〇四
八千一百			一一·一七	二十·三九
八千二百			一一·三二	二十·七四
八千三百			一一·四七	二一·一〇
八千四百			一二·二	二一·四六

魏允恭《江南製造局記》卷八《攷驗·五生七六磅子船台快礮表》

彈子配用柯達無煙藥六兩或三號石子藥二十二兩。

距礮碼數	昂表 度分	距礮碼數	昂表 度分
一百	四	二千一百	二·三
二百	七	二千二百	二·一二
三百	一一	二千三百	二·二二
四百	一五	二千四百	二·三三
五百	一九	二千五百	二·四四
六百	二四	二千六百	二·五五
七百	二九	二千七百	三·七
八百	三四	二千八百	三·一九

（續表）

彈子配用柯達無煙藥六兩或三號石子藥二十二兩。

距礮碼數	昂表 度分	距礮碼數	昂表 度分
九百	四〇	二千九百	三·三一
一千碼	四六	三千碼	三·四四
一千一百	五二	三千一百	三·五七
一千二百	五八	三千二百	四·一〇
一千三百	一·四	三千三百	四·二四
一千四百	一·一一	三千四百	四·三八
一千五百	一·一八	三千五百	四·五二
一千六百	一·二五	三千六百	五·六
一千七百	一·三二	三千七百	五·二〇
一千八百	一·三九	三千八百	五·三五
一千九百	一·四六	三千九百	五·五〇
二千碼	一·五四	四千碼	六·五
四千一百	六·二〇	六千一百	一二·三三
四千二百	六·三五	六千二百	一二·五四
四千三百	六·五一	六千三百	一三·一五
四千四百	七·七	六千四百	一三·三七
四千五百	七·二四	六千五百	一三·五九
四千六百	七·四四	六千六百	一四·二一
四千七百	八·一	六千七百	一四·四四
四千八百	八·一八	六千八百	一五·七
四千九百	八·三六	六千九百	一五·三〇
五千碼	八·五四	七千碼	一五·五三
五千一百	九·一二	七千一百	一六·一六
五千二百	九·三一	七千二百	一六·三九
五千三百	九·五〇	七千三百	一七·三
五千四百	十·一〇	七千四百	一七·二七

（續表）

彈子配用柯達無煙藥六兩或三號石子藥二十二兩。

距礮碼數	昂表度分	距礮碼數	昂表度分
五千五百	十・三〇	七千五百	一七・五二
五千六百	十・五〇	七千六百	一八・一七
五千七百	一一・一〇	七千七百	一八・四二
五千八百	一一・三〇	七千八百	一九・三
五千九百	一一・五一	七千九百	一九・五四
六千碼	一二・一二	八千碼	二十・

魏允恭《江南製造局記》卷八《攷驗・十二生四十磅子船台快礮表》

彈子實重四十五磅，平常開花彈或硬質彈配用柯達無煙藥四磅半或石子藥十二磅。

距礮邁當數	石子藥十二磅		無煙藥四磅半	
	昂表度分	彈歷秒	昂表度分	彈歷秒
一百	六	二四	四	一七
二百	一二	四七	八	三三
三百	一八	七〇	一二	四九
四百	二五	九三	一七	六六
五百	三二	一・一六	二二	八三
六百	三九	一・三九	二七	一・一
七百	四六	一・六二	三二	一・一九
八百	五三	一・八六	三七	一・三八
九百	一・	二・一〇	四二	一・五七
一千邁當	一・七	二・三四	四七	一・七六
一千一百	一・一五	二・五八	五二	一・九六

（續表）

彈子實重四十五磅，平常開花彈或硬質彈配用柯達無煙藥四磅半或石子藥十二磅。

距礮邁當數	石子藥十二磅		無煙藥四磅半	
	昂表度分	彈歷秒	昂表度分	彈歷秒
一千二百	一・二三	二・八二	五八	二・一七
一千三百	一・三一	三・六	一・四	二・三八
一千四百	一・三九	三・三〇	一・一〇	二・五九
一千五百	一・四七	三・五五	一・一六	二・八一
一千六百	一・五六	三・八〇	一・二二	三・三
一千七百	二・五	四・五	一・二八	三・二六
一千八百	二・一四	四・三〇	一・三五	三・五〇
一千九百	二・二三	四・五五	一・四二	三・七四
二千邁當	二・三二	四・八一	一・四九	三・九九
二千一百	二・四一	五・七	一・五六	四・二四
二千二百	二・五一	五・三四	二・四	四・五〇
二千三百	三・一	五・六一	二・一二	四・七六
二千四百	三・一一	五・八八	二・二〇	五・三
二千五百	三・二一	六・一五	二・二八	五・三一
二千六百	三・三二	六・四三	二・三六	五・六〇
二千七百	三・四三	六・七一	二・四五	五・八九
二千八百	三・五四	七・一	二・五四	六・七八
二千九百	四・六	七・二九	三・三	六・四七
三千邁當	四・一八	七・五八	三・一三	六・七七
三千一百	四・三〇	七・八七	三・二三	七・七
三千二百	四・四二	八・一七	三・三三	七・三八
三千三百	四・五四	八・四七	三・四三	七・六九
三千四百	五・七	八・七七	三・五四	八・一
三千五百	五・二〇	九・八	四・五	八・三三

（續表）

彈子實重四十五磅，平常開花彈或硬質彈配用柯達無煙藥四磅半或石子藥十二磅。				
	石子藥十二磅		無煙藥四磅半	
距礮邁當數	昂表度分	彈歷秒	昂表度分	彈歷秒
三千六百	五·三三	九·三九	四·一六	八·六六
三千七百	五·四六	九·七〇	四·二七	九·
三千八百	六·	十·一	四·三八	九·三四
三千九百	六·一四	十·三二	四·五〇	九·六九
四千邁當	六·二八	十·六四	五·二	十·四
四千一百	六·四二	十·九七	五·一四	十·三九
四千二百	六·五七	一一·三〇	五·二七	十·七四
四千三百	七·一二	一一·六三	五·四〇	一一·一〇
四千四百	七·二七	一一·九六	五·五三	一一·四六
四千五百	七·四二	一二·二九	六·七	一一·八三
四千六百	七·五七	一二·六三	六·二一	一二·二〇
四千七百	八·一二	一二·九七	六·三九	一二·五七
四千八百	八·二八	一三·三二	六·五一	一二·九五
四千九百	八·四四	一三·六七	七·六	一三·三三
五千邁當	九·	一四·二	七·二二	一三·七一
五千一百	九·一六	一四·三八	七·三八	一四·一〇
五千二百	九·三二	一四·七四	七·五四	一四·五〇
五千三百	九·四九	一五·一一	八·一一	一四·九〇
五千四百	十·六	一五·四八	八·二八	一五·二〇
五千五百	十·二三	一五·八五	八·四五	一五·七〇
五千六百	十·四〇	一六·二三	九·三	一六·一〇
五千七百	十·五八	一六·六一	九·二二	一六·五一
五千八百	一一·一六	一七·	九·四一	一六·九二
五千九百	一一·三五	一七·三九	十·	一七·三四

（續表）

彈子實重四十五磅，平常開花彈或硬質彈配用柯達無煙藥四磅半或石子藥十二磅。				
	石子藥十二磅		無煙藥四磅半	
距礮邁當數	昂表度分	彈歷秒	昂表度分	彈歷秒
六千邁當	一一·五四	一七·七八	十·一九	一七·七七
六千一百	一二·一四	一八·一八	十·三九	一八·二〇
六千二百	一二·三四	一八·五九	十·五九	一八·六四
六千三百	一二·五五	一九·	一一·一九	一九·八
六千四百	一三·一七	一九·四二	一一·四〇	一九·五二
六千五百	一三·三九	一九·八四	一二·	一九·九七
六千六百	一四·二	二十·二七	一二·二三	二十·四二
六千七百	一四·二五	二十·七〇	一二·四五	二十·八七
六千八百	一四·四八	二一·一四	一三·七	二一·三三
六千九百	一五·一二	二一·五九	一三·三〇	二一·七九
七千邁當	一五·三七	二二·五	一三·五三	二二·二六
七千一百	一六·二	二二·五一	一四·一六	二二·七三
七千二百	一六·二七	二二·九七	一四·四〇	二三·二〇

魏允恭《江南製造局記》卷八《攷驗·四生七三磅子過山快礮表》

彈子配用無煙藥一兩七錢或小礮藥四兩五錢。			
距礮碼數	昂表度分	距礮碼數	昂表度分
一百		一千七百	九·二八
二百	二九	一千八百	十·一四
三百	五七	一千九百	一一·一
四百	一·二六	二千碼	一一·四九

（續表）

彈子配用無煙藥二兩七錢或小礮藥四兩五錢。

距礮碼數	昂表 度分	距礮碼數	昂表 度分
五百	一·五六	二千一百	一二·三八
六百	二·二七	二千二百	一三·二九
七百	三·	二千三百	一四·二三
八百	三·三五	二千四百	一五·一九
九百	四·一一	二千五百	一六·一八
一千碼	四·四七	二千六百	一七·一九
一千一百	五·二四	二千七百	一八·二三
一千二百	六·二	二千八百	一九·二九
一千三百	六·四一	二千九百	二十·三八
一千四百	七·二一	三千碼	二一·五〇
一千五百	八·		
一千六百	八·四四		

魏允恭《江南製造局記》卷八《攷驗·七生六十二磅子過山快礮表》

彈子配用無煙藥五兩或小礮藥十兩五錢。

距礮碼數	昂表 度分	距礮碼數	昂表 度分
一百		二千一百	九·五
二百	七	二千二百	九·四〇
三百	三一	二千三百	十·一五
四百	五五	二千四百	十·五一
五百	一·二〇	二千五百	一一·二八
六百	一·四五	二千六百	一二·六

（續表）

彈子配用無煙藥五兩或小礮藥十兩五錢。

距礮碼數	昂表 度分	距礮碼數	昂表 度分
七百	二·一一	二千七百	一二·四六
八百	二·三七	二千八百	一三·二七
九百	三·三	二千九百	一四·九
一千碼	三·三〇	三千碼	一四·五二
一千一百	三·五八	三千一百	一五·三七
一千二百	四·二六	三千二百	一六·二三
一千三百	四·五四	三千三百	一七·一〇
一千四百	五·二三	三千四百	一七·五九
一千五百	五·五三	三千五百	一八·五〇
一千六百	六·二三	三千六百	一九·四三
一千七百	六·五四	三千七百	二十·三九
一千八百	七·二六	三千八百	二一·三六
一千九百	七·五八	三千九百	二二·三四
二千碼	七·三一	四千碼	二三·三四

魏允恭《江南製造局記》卷八《攷驗·十四生九二後膛大礮表》

平常開花彈配用中號石子藥二十五磅，硬質彈配用栗色藥餅三十五磅。

距礮碼數	藥二十五磅	藥三十五磅	距礮碼數	藥二十五磅	藥三十五磅
	昂表 度分	昂表 度分		昂表 度分	昂表 度分
一百	七	三	二千一百	三·四	一·五二
二百	一四	六	二千二百	三·一五	一·五九
三百	二一	一〇	二千三百	三·二六	二·六

（續表）

平常開花彈配用中號石子藥二十五磅，硬質彈配用栗色藥餅三十五磅。

距礮碼數	藥二十五磅 昂表 度分	藥三十五磅 昂表 度分	距礮碼數	藥二十五磅 昂表 度分	藥三十五磅 昂表 度分
四百	二八	一四	二千四百	三·三七	二·一三
五百	三五	一八	二千五百	三·四九	二·二一
六百	四三	二三	二千六百	四·一	二·二九
七百	五一	二八	二千七百	四·一四	二·三七
八百	五九	三三	二千八百	四·二七	二·四五
九百	一·七	三八	二千九百	四·四〇	二·五三
一千碼	一·一六	四三	三千碼	四·五三	三·二
一千一百	一·二五	四八	三千一百	五·六	三·一一
一千二百	一·三四	五四	三千二百	五·一九	三·二〇
一千三百	一·四三	一·〇〇	三千三百	五·三二	三·二九
一千四百	一·五二	一·六	三千四百	五·四五	三·三八
一千五百	二·二	一·一二	三千五百	五·五九	三·四八
一千六百	二·一二	一·一八	三千六百	六·一三	三·五八
一千七百	二·二二	一·二四	三千七百	六·二七	四·八
一千八百	二·三二	一·三一	三千八百	六·四一	四·一八
一千九百	二·四二	一·三八	三千九百	六·五五	四·二八
二千碼	二·五三	一·四五	四千碼	七·九	四·三九
四千一百	七·二四	四·五〇	六千一百	一二·四七	九·五
四千二百	七·三九	五·一	六千二百	一三·五	九·一九
四千三百	七·五四	五·一二	六千三百	一三·二三	九·三三
四千四百	八·九	五·二四	六千四百	一三·四一	九·四八
四千五百	八·二四	五·三六	六千五百	一三·五九	十·三
四千六百	八·三九	五·四八	六千六百	一四·一七	十·一八
四千七百	八·五五	六·〇〇	六千七百	一四·三五	十·三三
四千八百	九·一一	六·一二	六千八百	一四·五三	十·四八

（續表）

平常開花彈配用中號石子藥二十五磅，硬質彈配用栗色藥餅三十五磅。

距礮碼數	藥二十五磅 昂表 度分	藥三十五磅 昂表 度分	距礮碼數	藥二十五磅 昂表 度分	藥三十五磅 昂表 度分
四千九百	九·二七	六·二四	六千九百	一五·二一	一二·三
五千碼	九·四三	六·三六	七千碼	一五·三〇	一二·一八
五千一百	九·五九	六·四九	七千一百		一二·三三
五千二百	十·一五	七·二	七千二百		一二·四八
五千三百	十·三一	七·一五	七千三百		一三·三
五千四百	十·四八	七·二八	七千四百		一三·一八
五千五百	一一·五	七·四一	七千五百		一三·三三
五千六百	一一·二二	七·五五			
五千七百	一一·三九	八·九			
五千八百	一一·五六	八·二三			
五千九百	一二·一三	八·三七			
六千碼	一二·三	八·五一			

魏允恭《江南製造局記》卷八《攷驗·二十三生中式後膛大礮表》

彈子實重三百磅，平常開花彈或硬質彈配用單孔黑藥餅一百二十磅或栗色藥餅一百六十五磅。

距礮碼數	黑藥餅一百二十磅 昂表 度分	黑藥餅一百二十磅 彈歷 秒	栗藥餅一百六十五磅 昂表 度分	栗藥餅一百六十五磅 彈歷 秒
一百	六	二	三	一八
二百	一二	四〇	七	三三

（續表）

距礮碼數	彈子實重三百磅，平常開花彈或硬質彈配用單孔黑藥餅一百二十磅或栗色藥餅一百六十五磅。			
	黑藥餅一百二十磅		栗藥餅一百六十五磅	
	昂表度分	彈歷秒	昂表度分	彈歷秒
三百	一八	五九	一一	四九
四百	二五	七八	一五	六六
五百	三二	九八	一九	八三
六百	三九	一·一八	二三	一·○○
七百	四六	一·三九	二八	一·一七
八百	五三	一·六○	三三	一·三四
九百	一·○○	一·八一	三八	一·五一
一千碼	一·○七	二·○二	四三	一·六九
一千一百	一·一五	二·二三	四八	一·八七
一千二百	一·二三	二·四五	五三	二·○六
一千三百	一·三一	二·六八	五八	二·二五
一千四百	一·三九	二·九一	一·○三	二·四四
一千五百	一·四七	三·一五	一·○九	二·六三
一千六百	一·五五	三·三九	一·一五	二·八二
一千七百	二·四	三·六三	一·二一	三·○一
一千八百	二·一三	三·八七	一·二七	三·二一
一千九百	二·二三	四·一一	一·三三	三·四一
二千碼	二·三一	四·三六	一·三九	三·六一
二千一百	二·四一	四·六一	一·四五	三·八二
二千二百	二·五一	四·八七	一·五一	四·○三
二千三百	三·○一	五·一三	一·五七	四·二四
二千四百	三·一一	五·四○	二·三	四·四六
二千五百	三·二一	五·六七	二·一○	四·六八

距礮碼數	彈子實重三百磅，平常開花彈或硬質彈配用單孔黑藥餅一百二十磅或栗色藥餅一百六十五磅。			
	黑藥餅一百二十磅		栗藥餅一百六十五磅	
	昂表度分	彈歷秒	昂表度分	彈歷秒
二千六百	三·三一	五·九四	二·一七	四·九○
二千七百	三·四一	六·二一	二·二四	五·一二
二千八百	三·五一	六·四九	二·三一	五·三五
二千九百	四·○二	六·七七	二·三八	五·五八
三千碼	四·一三	七·○五	二·四五	五·八一
三千一百	四·二四	七·三三	二·五二	六·○五
三千二百	四·三五	七·六一	二·五九	六·二九
三千三百	四·四六	七·九○	三·七	六·五三
三千四百	四·五七	八·二○	三·一五	六·七八
三千五百	五·九	八·五○	三·二三	七·○三
三千六百	五·二一	八·八○	三·三一	七·二八
三千七百	五·三三	九·一○	三·三九	七·五三
三千八百	五·四五	九·四○	三·四七	七·七八
三千九百	五·五七	九·七○	三·五五	八·○三
四千碼	六·九	十·○○	四·○四	八·二九
四千一百	六·二一	十·三○	四·一三	八·五五
四千二百	六·三四	十·六○	四·二二	八·八二
四千三百	六·四七	十·九○	四·三一	九·○九
四千四百	七·○○	一一·二○	四·四○	九·三六
四千五百	七·一三	一一·五○	四·四九	九·六三
四千六百	七·二六	一一·八一	四·五八	九·九○
四千七百	七·三九	一二·一三	五·八	十·一八
四千八百	七·五二	一二·四五	五·一八	十·四六

（續表）

（續表）

彈子實重三百磅，平常開花彈或硬質彈配用單孔黑藥餅一百二十磅或栗色藥餅一百六十五磅。

距礮碼數	黑藥餅一百二十磅		栗藥餅一百六十五磅	
	昂表 度分	彈歷 秒	昂表 度分	彈歷 秒
四千九百	八·六	一二·七七	五·二八	十·七四
五千碼	八·二〇	一三·〇九	五·三八	一一·〇二
五千一百	八·三四	一三·四二	五·四八	一一·三一
五千二百	八·四八	一三·七五	五·五八	一一·六〇
五千三百	九·二	一四·〇八	六·九	一一·九〇
五千四百	九·一六	一四·四一	六·二〇	一二·二〇
五千五百	九·三〇	一四·七五	六·三一	一二·五〇
五千六百	九·四四	一五·〇九	六·四二	一二·八〇
五千七百	九·五八	一五·四三	六·五三	一三·一〇
五千八百	十·一三	一五·七八	七·四	一三·四〇
五千九百	十·二八	一六·一三	七·一六	一三·七一
六千碼	十·四三	一六·四八	七·二八	一四·〇二
六千一百	十·五八	一六·八三	七·四〇	一四·三四
六千二百	一一·一三	一七·一八	七·五二	一四·六六
六千三百	一一·二八	一七·五三	八·四	一四·九八
六千四百	一一·四三	一七·八九	八·一六	一五·三〇
六千五百	一一·五八	一八·二五	八·二八	一五·六二
六千六百	一二·一四	一八·六一	八·四〇	一五·九四
六千七百	一二·三〇	一八·九七	八·五三	一六·二七
六千八百	一二·四六	一九·三三	九·六	一六·六〇
六千九百	一三·二	一九·六九	九·一九	一六·九三
七千碼	一三·一八	二十·〇五	九·三二	一七·二六
七千一百	一三·三四	二十·四一	九·四五	一七·五九

（續表）

彈子實重三百磅，平常開花彈或硬質彈配用單孔黑藥餅一百二十磅或栗色藥餅一百六十五磅。

距礮碼數	黑藥餅一百二十磅		栗藥餅一百六十五磅	
	昂表 度分	彈歷 秒	昂表 度分	彈歷 秒
七千二百	一三·五〇	二十·七七	九·五八	一七·九二
七千三百	一四·六	二一·一四	十·一二	一八·二六
七千四百	一四·二三	二一·五一	十·二六	一八·六〇
七千五百	一四·四〇	二一·八八	十·四〇	一八·九四
七千六百	一四·五七	二二·二五	十·五四	一九·二八
七千七百	一五·一〇	二二·六二	一一·八	一九·六三
七千八百	一五·二七	二二·九九	一一·二三	一九·九八
七千九百	一五·四四	二三·三六	一一·三七	二十·三三
八千碼	一六·〇一	二三·七三	一一·五三	二十·六八

魏允恭《江南製造局記》卷八《攷驗·二十三生長式後膛大礮表》

彈子實重三百磅，平常開花彈或硬質彈配用單孔黑藥餅一百五十磅或栗色藥餅二百磅。

距礮碼數	藥一百五十磅		栗藥餅二百磅	
	昂表 度分	彈歷 秒	昂表 度分	彈歷 秒
一百	四	一六	三	一五
二百	七	三一	六	二九
三百	一〇	四六	九	四三
四百	一三	六二	一二	五七

（續表）

彈子實重三百磅，平常開花彈或硬質彈配用單孔黑藥餅一百五十磅或栗色藥餅二百磅。

距礮碼數	藥一百五十磅		栗藥餅二百磅	
	昂表度分	彈歷秒	昂表度分	彈歷秒
五百	一七	七八	一五	七一
六百	二一	九四	一八	八六
七百	二五	一·一〇	二二	一·〇一
八百	二九	一·二六	二六	一·一六
九百	三三	一·四二	三〇	一·三一
一千碼	三八	一·五九	三四	一·四六
一千一百	四三	一·七六	三八	一·六二
一千二百	四八	一·九三	四二	一·七八
一千三百	五三	二·一〇	四六	一·九四
一千四百	五八	二·二八	五〇	二·一〇
一千五百	一·〇三	二·四六	五四	二·二六
一千六百	一·〇八	二·六四	五八	二·四二
一千七百	一·一三	二·八二	一·〇二	二·五八
一千八百	一·一八	三·〇〇	一·〇六	二·七四
一千九百	一·二三	三·一九	一·一〇	二·九一
二千碼	一·二八	三·三八	一·一五	三·〇八
二千一百	一·三三	三·五七	一·二〇	三·二五
二千二百	一·三八	三·七六	一·二五	三·四二
二千三百	一·四三	三·九五	一·三〇	三·五九
二千四百	一·四八	四·一四	一·三五	三·七六
二千五百	一·五四	四·三四	一·四〇	三·九四
二千六百	二·〇〇	四·五四	一·四五	四·一二

（續表）

彈子實重三百磅，平常開花彈或硬質彈配用單孔黑藥餅一百五十磅或栗色藥餅二百磅。

距礮碼數	藥一百五十磅		栗藥餅二百磅	
	昂表度分	彈歷秒	昂表度分	彈歷秒
二千七百	二·〇六	四·七四	一·五〇	四·三〇
二千八百	二·一二	四·九四	一·五五	四·四八
二千九百	二·一八	五·一六	二·〇〇	四·六六
三千碼	二·二四	五·三七	二·〇五	四·八四
三千一百	二·三〇	五·五八	二·一〇	五·〇二
三千二百	二·三六	五·七九	二·一六	五·二一
三千三百	二·四二	六·〇〇	二·二二	五·四〇
三千四百	二·四八	六·二一	二·二八	五·五九
三千五百	二·五四	六·四三	二·三四	五·七八
三千六百	三·〇〇	六·六五	二·四〇	五·九八
三千七百	三·〇六	六·八七	二·四六	六·一八
三千八百	三·一二	七·一〇	二·五二	六·三八
三千九百	三·一九	七·三三	二·五八	六·五八
四千碼	三·二六	七·五六	三·〇四	六·七八
四千一百	三·三三	七·八〇	三·一〇	六·九八
四千二百	三·四〇	八·〇四	三·一六	七·一九
四千三百	三·四七	八·二八	三·二二	七·四〇
四千四百	三·五四	八·五三	三·二八	七·六一
四千五百	四·〇一	八·七八	三·三四	七·八二
四千六百	四·〇八	九·〇三	三·四一	八·〇三
四千七百	四·一五	九·二九	三·四八	八·二五
四千八百	四·二二	九·五五	三·五五	八·四七

（續表）

彈子實重三百磅，平常開花彈或硬質彈配用單孔黑藥餅一百五十磅或栗色藥餅二百磅。

距礮碼數	藥一百五十磅 昂表度分	藥一百五十磅 彈歷秒	栗藥餅二百磅 昂表度分	栗藥餅二百磅 彈歷秒
四千九百	四·三〇	九·八一	四·〇二	八·六九
五千碼	四·三八	十·〇七	四·〇九	八·九一
五千一百	四·四六	十·三三	四·一六	九·一四
五千二百	四·五四	十·六〇	四·二三	九·三七
五千三百	五·〇三	十·八七	四·三〇	九·六〇
五千四百	五·一二	一一·一四	四·三七	九·三八
五千五百	五·二一	一一·四一	四·四四	十·〇六
五千六百	五·三〇	一一·六八	四·五一	十·三〇
五千七百	五·三九	一一·九六	四·五八	十·五四
五千八百	五·四八	一二·二四	五·六	十·七八
五千九百	五·五七	一二·五二	五·一四	一一·〇二
六千碼	六·六	一二·八〇	五·二二	一一·二六
六千一百	六·一五	一三·〇八	五·三〇	一一·五〇
六千二百	六·二四	一三·三六	五·三八	一一·七四
六千三百	六·三四	一三·六四	五·四六	一一·九八
六千四百	六·四四	一三·九三	五·五四	一二·二三
六千五百	六·五四	一四·二二	六·二	一二·四八
六千六百	七·四	一四·五一	六·一〇	一二·七四
六千七百	七·一五	一四·八一	六·一九	一三·〇〇
六千八百	七·二六	一五·一一	六·二八	一三·二六
六千九百	七·三七	一五·四一	六·三七	一三·五二

（續表）

彈子實重三百磅，平常開花彈或硬質彈配用單孔黑藥餅一百五十磅或栗色藥餅二百磅。

距礮碼數	藥一百五十磅 昂表度分	藥一百五十磅 彈歷秒	栗藥餅二百磅 昂表度分	栗藥餅二百磅 彈歷秒
七千碼	七·四八	一五·七一	六·四六	一三·七八
七千一百	七·五九	一六·〇二	六·五五	一四·〇四
七千二百	八·一〇	一六·三三	七·四	一四·三一
七千三百	八·二一	一六·六四	七·一三	一四·五八
七千四百	八·三二	一六·九五	七·二二	一四·八五
七千五百	八·四四	一七·二六	七·三一	一五·一三
七千六百	八·五六	一七·五八	七·四〇	一五·四一
七千七百	九·八	一七·九〇	七·四九	一五·七〇
七千八百	九·二〇	一八·二二	七·五八	一六·〇〇
七千九百	九·三三	一八·五四	八·七	一六·三〇
八千碼	九·四六	一八·八七	八·一六	一六·六〇
八千一百	九·五九	一九·二〇	八·二六	一六·九〇
八千二百	十·一二	一九·五三	八·三六	一七·二〇
八千三百	十·二五	一九·八六	八·四六	一七·五〇
八千四百	十·三八	二十·三〇	八·五六	一七·八〇
八千五百	十·五一	二十·五四	九·六	一八·一〇
八千六百	一一·五	二十·八八	九·一六	一八·四一
八千七百	一一·一九	二一·二二	九·二六	一八·七二
八千八百	一一·三三	二一·五六	九·三六	一九·〇三
八千九百	一一·四七	二一·九〇	九·四六	一九·三五
九千碼	一二·一	二二·二五	九·五六	一九·六七

（續表）

彈子實重三百磅，平常開花彈或硬質彈配用單孔黑藥餅一百五十磅或栗色藥餅二百磅。

距礮碼數	藥一百五十磅 昂表 度分	藥一百五十磅 彈歷 秒	栗藥餅二百磅 昂表 度分	栗藥餅二百磅 彈歷 秒
九千一百	一二·一六	二二·六〇	十·七	一九·九九
九千二百	一二·三一	二二·九五	十·一八	二十·三一
九千三百	一二·四六	二三·三〇	十·二九	二十·六四
九千四百	一三·一	二三·六五	十·四〇	二十·九七
九千五百	一三·一六	二四·〇〇	十·五一	二一·三一
九千六百	一三·三一	二四·三五	一一·三	二一·六五
九千七百	一三·四六	二四·七一	一一·一五	二一·九九
九千八百	一四·一	二五·〇七	一一·二七	二二·三三
九千九百	一四·一七	二五·四三	一一·三九	二二·六七
一萬碼	一四·三三	二五·七九	一一·五一	二三·〇二
一萬〇一百	一四·四九	二六·一五	一二·四	二三·三七
一萬〇二百	一五·五	二六·五一	一二·一七	二三·七二
一萬〇三百			一二·三〇	二四·〇七
一萬〇四百			一二·四三	二四·四二
一萬〇五百			一二·五六	二四·七八
一萬〇六百			一三·九	二五·一四
一萬〇七百			一三·二二	二五·五〇
一萬〇八百			一三·三五	二五·八六
一萬〇九百			一三·四九	二六·二三
一萬一千碼			一四·三	二六·五九

平常開花彈重三百二十磅，配用栗色藥餅一百六十五磅。硬質彈重三百八十磅，配用栗色藥餅二百二十磅。

距礮碼數	藥一百六十五磅 昂表 度分	藥一百六十五磅 彈歷 秒	藥二百二十磅 昂表 度分	藥二百二十磅 彈歷 秒
一百	四	一六	三	一五
二百	七	三一	六	二九
三百	一〇	四六	九	四三
四百	一三	六二	一二	五七
五百	一七	七八	一五	七一
六百	二一	九四	一八	八六
七百	二五	一·一〇	二二	一·〇一
八百	二九	一·二六	二六	一·一六
九百	三三	一·四二	三〇	一·三一
一千碼	三八	一·五九	三四	一·四六
一千一百	四三	一·七六	三八	一·六二
一千二百	四八	一·九三	四二	一·七八
一千三百	五三	二·一〇	四六	一·九四
一千四百	五八	二·二八	五〇	二·一〇
一千五百	一·三	二·四六	五四	二·二六
一千六百	一·八	二·六四	五八	二·四二
一千七百	一·一三	二·八二	一·二	二·五八
一千八百	一·一八	三·〇〇	一·六	二·七四
一千九百	一·二三	三·一九	一·一〇	二·九一
二千碼	一·二八	三·三八	一·一五	三·〇八
二千一百	一·三三	三·五七	一·二〇	三·二五
二千二百	一·三八	三·七六	一·二五	三·四二

（續表）

平常開花彈重三百八十磅，配用栗色藥餅一百六十五磅。硬質彈重三百二十磅，配用栗色藥餅二百二十磅。

距礮碼數	藥一百六十五磅		藥二百二十磅	
	昂表 度分	彈歷 秒	昂表 度分	彈歷 秒
二千三百	一·四三	三·九五	一·三〇	三·五九
二千四百	一·四八	四·一四	一·三五	三·七六
二千五百	一·五四	四·三四	一·四〇	三·九二
二千六百	二·〇〇	四·五四	一·四五	四·一二
二千七百	二·〇六	四·七四	一·五〇	四·三〇
二千八百	二·一二	四·九五	一·五五	四·四八
二千九百	二·一八	五·一六	二·〇〇	四·六六
三千碼	二·二四	五·三七	二· 五	四·八四
三千一百	二·三〇	五·五八	二·一〇	五·〇二
三千二百	二·三六	五·七九	二·一六	五·二一
三千三百	二·四二	六·〇〇	二·二二	五·四〇
三千四百	二·四八	六·二一	二·二八	五·五九
三千五百	二·五四	六·四三	二·三四	五·七八
三千六百	三·〇〇	六·六五	二·四〇	五·九八
三千七百	三· 六	六·八七	二·四六	六·一八
三千八百	三·一二	七·一〇	二·五二	六·三八
三千九百	三·一九	七·三三	二·五八	六·五八
四千碼	三·二六	七·五六	三· 四	六·七八
四千一百	三·三三	七·八〇	三·一〇	六·九八
四千二百	三·四〇	八·〇四	三·一六	七·一九
四千三百	三·四七	八·二八	三·二二	七·四〇
四千四百	三·五四	八·五三	三·二八	七·六一

（續表）

平常開花彈重三百八十磅，配用栗色藥餅一百六十五磅。硬質彈重三百二十磅，配用栗色藥餅二百二十磅。

距礮碼數	藥一百六十五磅		藥二百二十磅	
	昂表 度分	彈歷 秒	昂表 度分	彈歷 秒
四千五百	四· 一	八·七八	三·三四	七·八二
四千六百	四· 八	九·〇三	三·四一	八·〇三
四千七百	四·一五	九·二九	三·四八	八·二五
四千八百	四·二二	九·五五	三·五五	八·四七
四千九百	四·三〇	九·八一	四· 二	八·六九
五千碼	四·三八	十·〇七	四· 九	八·九一
五千一百	四·四六	十·三三	四·一六	九·一四
五千二百	四·五四	十·六〇	四·二三	九·三七
五千三百	五· 三	十·八七	四·三〇	九·六〇
五千四百	五·一二	一一·一四	四·三七	九·八三
五千五百	五·二一	一一·四一	四·四四	十·〇六
五千六百	五·三〇	一一·六八	四·五一	十·三〇
五千七百	五·三九	一一·九六	四·五八	十·五四
五千八百	五·四八	一二·二四	五· 六	十·七八
五千九百	五·五七	一二·五二	五·一四	一一·〇二
六千碼	六· 六	一二·八〇	五·二二	一一·二六
六千一百	六·一五	一三·〇八	五·三〇	一一·五〇
六千二百	六·二四	一三·三六	五·三八	一一·七四
六千三百	六·三四	一三·六四	五·四六	一一·九八
六千四百	六·四四	一三·九三	五·五四	一二·二三
六千五百	六·五四	一四·二二	六· 二	一二·四八
六千六百	七· 四	一四·五一	六·一〇	一二·七四

（續表）

距礮碼數	平常開花彈重三百二十磅，配用栗色藥餅一百六十五磅。硬質彈重三百八十磅，配用栗色藥餅二百二十磅。			
	藥一百六十五磅		藥二百二十磅	
	昂表	彈歷	昂表	彈歷
	度分	秒	度分	秒
六千七百	七·一五	一四·八一	六·一九	一三·〇〇
六千八百	七·二六	一五·一一	六·二八	一三·二六
六千九百	七·三七	一五·四一	六·三七	一三·五二
七千碼	七·四八	一五·七一	六·四六	一三·七八
七千一百	七·五九	一六·〇二	六·五五	一四·〇四
七千二百	八·一〇	一六·五三	七·四	一四·三一
七千三百	八·二一	一六·六四	七·一三	一四·五八
七千四百	八·三二	一六·九五	七·二二	一四·八五
七千五百	八·四四	一七·二六	七·三一	一五·一二
七千六百	八·五六	一七·五八	七·四〇	一五·四一
七千七百	九·八	一七·九〇	七·四九	一五·七〇
七千八百	九·二〇	一八·二二	七·五八	一六·〇〇
七千九百	九·三三	一八·五四	八·七	一六·三〇
八千碼	九·四六	一八·八七	八·一六	一六·六〇
八千一百	九·五九	一九·二〇	八·二六	一六·九〇
八千二百	十·一二	一九·五三	八·三六	一七·二〇
八千三百	十·二五	一九·八六	八·四六	一七·五〇
八千四百	十·三八	二十·二〇	八·五六	一七·八〇
八千五百	十·五一	二十·五四	九·六	一八·一〇
八千六百	一一·五	二十·八八	九·一六	一八·四一
八千七百	一一·一九	二一·二三	九·二六	一八·七二
八千八百	一一·三三	二一·五六	九·三六	一九·〇三

（續表）

距礮碼數	平常開花彈重三百二十磅，配用栗色藥餅一百六十五磅。硬質彈重三百八十磅，配用栗色藥餅二百二十磅。			
	藥一百六十五磅		藥二百二十磅	
	昂表	彈歷	昂表	彈歷
	度分	秒	度分	秒
八千九百	一一·四七	二一·九〇	九·四六	一九·三五
九千碼	一二·一	二二·二五	九·五六	一九·六七
九千一百	一二·一六	二二·六〇	十·七	一九·九九
九千二百	一二·三一	二二·九五	十·一八	二十·三一
九千三百	一二·四六	二三·三〇	十·二九	二十·六四
九千四百	一三·一	二三·六五	十·四〇	二十·九七
九千五百	一三·一六	二四·〇〇	十·五一	二一·三一
九千六百	一三·三一	二四·三五	一一·三	二一·六五
九千七百	一三·四六	二四·七一	一一·一五	二一·九九
九千八百	一四·一	二五·〇七	一一·二七	二二·三三
九千九百	一四·一七	二五·四三	一一·三九	二二·六七
一萬碼	一四·三三	二五·七九	一一·五一	二三·二
一萬〇一百	一四·四九	二六·一五	一二·四	二三·三七
一萬〇二百	一五·五	二六·五一	一二·一七	二三·七二
一萬〇三百			一二·三〇	二四·七
一萬〇四百			一二·四三	二四·四二
一萬〇五百			一二·五六	二四·七八
一萬〇六百			一三·九	二五·一四
一萬〇七百			一三·二二	二五·五〇
一萬〇八百			一三·三五	二五·八六
一萬〇九百			一三·四九	二六·二二
一萬一千碼			一四·三	二六·五九

八百磅，平常開花彈或硬質彈配用單孔黑藥餅二百磅或栗色藥餅三百磅。

距礮碼數	黑藥餅二百磅		栗藥餅三百磅	
	昂表度分	彈歷秒	昂表度分	彈歷秒
一百	三	一七	三	一六
二百	六	三五	五	三二
三百	一〇	五三	七	四八
四百	一四	七二	一〇	六五
五百	一九	九一	一四	八二
六百	二四	一・一〇	一八	九九
七百	二九	一・二九	二三	一・一七
八百	三四	一・四八	二九	一・三五
九百	四〇	一・六七	三五	一・五三
一千碼	四六	一・八六	四一	一・七一
一千一百	五二	二・六	四七	一・八九
一千二百	五八	二・二六	五三	二・〇七
一千三百	一・四	二・四六	五九	二・二五
一千四百	一・一〇	二・六六	一・五	二・四三
一千五百	一・一六	二・八六	一・一一	二・六二
一千六百	一・二二	三・〇七	一・一七	二・八一
一千七百	一・二八	三・二八	一・二三	三・〇〇
一千八百	一・三五	三・四九	一・二九	三・一九
一千九百	一・四二	三・七〇	一・三五	三・三八
二千碼	一・四九	三・九一	一・四一	三・五七
二千一百	一・五六	四・一二	一・四七	三・七六
二千二百	一・三	四・三三	一・五三	三・九五
二千三百	二・一〇	四・五四	一・五九	四・一四
二千四百	二・一七	四・七五	二・五	四・三三
二千五百	二・二四	四・九六	二・一一	四・五三

（續表）

八百磅，平常開花彈或硬質彈配用單孔黑藥餅二百磅或栗色藥餅三百磅。

距礮碼數	黑藥餅二百磅		栗藥餅三百磅	
	昂表度分	彈歷秒	昂表度分	彈歷秒
二千六百	二・三一	五・一八	二・一七	四・七三
二千七百	二・三八	五・四〇	二・二三	四・九四
二千八百	二・四五	五・六二	二・二九	五・一五
二千九百	二・五四	五・八五	二・三五	五・三六
三千碼	三・二	六・〇八	二・四二	五・五七
三千一百	三・一〇	六・三一	二・四九	五・七八
三千二百	三・一八	六・五四	二・五六	五・九九
三千三百	三・二六	六・七七	三・三	六・二〇
三千四百	三・三五	七・〇〇	三・九	六・四一
三千五百	三・四四	七・二三	三・一六	六・六二
三千六百	三・五三	七・四七	三・二三	六・八四
三千七百	四・二	七・七一	三・三〇	七・〇六
三千八百	四・一一	七・九五	三・三六	七・二八
三千九百	四・二〇	八・一九	三・四三	七・五〇
四千碼	四・二九	八・四三	三・五〇	七・七二
四千一百	四・三八	八・六八	三・五七	七・九四
四千二百	四・四七	八・九三	四・四	八・一七
四千三百	四・五六	九・一八	四・一一	八・四〇
四千四百	五・五	九・四三	四・一八	八・六三
四千五百	五・一四	九・六八	四・二五	八・八六
四千六百	五・二四	九・九三	四・三二	九・一〇
四千七百	五・三四	十・一八	四・三九	九・三四
四千八百	五・四四	十・四四	四・四六	九・五八
四千九百	五・五四	十・七〇	四・五四	九・八二
五千碼	六・四	十・九六	五・二	十・〇六

（續表）

八百磅，平常開花彈或硬質彈配用單孔黑藥餅二百磅或栗色藥餅三百磅。				
距礮碼數	黑藥餅二百磅		栗藥餅三百磅	
	昂表 度 分	彈歷 秒	昂表 度 分	彈歷 秒
五千一百	六·一四	一一·二二	五·一〇	十·三〇
五千二百	六·二四	一一·四八	五·一八	十·五四
五千三百	六·三四	一一·七四	五·二六	十·七八
五千四百	六·四四	一二·〇一	五·三四	一一·〇三
五千五百	六·五五	一二·二八	五·四二	一一·二八
五千六百	七·六	一二·五五	五·五〇	一一·五三
五千七百	七·一七	一二·八二	五·五八	一一·七八
五千八百	七·二八	一三·〇九	六·六	一二·〇三
五千九百	七·三九	一三·三六	六·一四	一二·二九
六千碼	七·五〇	一三·六四	六·二三	一二·五五
六千一百	八·一	一三·九二	六·三二	一二·八一
六千二百	八·一二	一四·二〇	六·四一	一三·〇七
六千三百	八·二三	一四·四八	六·五〇	一三·三三
六千四百	八·三四	一四·七六	六·五九	一三·五九
六千五百	八·四五	一五·〇四	七·八	一三·八六
六千六百	八·五六	一五·三二	七·一七	一四·一三
六千七百	九·七	一五·六〇	七·二六	一四·四〇
六千八百	九·一八	一五·八九	七·三五	一四·六七
六千九百	九·二九	一六·一八	七·四四	一四·九四
七千碼	九·四〇	一六·四七	七·五三	一五·二一
七千一百	九·五二	一六·七六	八·三	一五·四九
七千二百	十·四	一七·〇六	八·一三	一五·七七
七千三百	十·一六	一七·三六	八·二三	一六·〇五
七千四百	十·二八	一七·六六	八·三三	一六·三三
七千五百	十·四〇	一七·九六	八·四三	一六·六一

（續表）

八百磅，平常開花彈或硬質彈配用單孔黑藥餅二百磅或栗色藥餅三百磅。				
距礮碼數	黑藥餅二百磅		栗藥餅三百磅	
	昂表 度 分	彈歷 秒	昂表 度 分	彈歷 秒
七千六百	十·五二	一八·二六	八·五三	一六·九〇
七千七百	一一·四	一八·五七	九·三	一七·一九
七千八百	一一·一六	一八·八八	九·一三	一七·四八
七千九百	一一·二八	一九·一九	九·二四	一七·七七
八千碼	一一·四〇	一九·五〇	九·三五	一八·〇六
八千一百	一一·五二	一九·八一	九·四六	一八·三五
八千二百	一二·四	二十·一二	九·五七	一八·六四
八千三百	一二·一六	二十·四四	十·九	一八·九三
八千四百	一二·二八	二十·七六	十·二一	一九·二三
八千五百	一二·四〇	二一·〇八	十·三三	一九·五三
八千六百	一二·五二	二一·四〇	十·四五	一九·八四
八千七百	一三·五	二一·七三	十·五七	二十·一五
八千八百	一三·一八	二二·〇六	一一·九	二十·四六
八千九百	一三·三一	二二·三九	一一·二一	二十·七七
九千碼	一三·四四	二二·七二	一一·三三	二一·〇八
九千一百	一三·五七	二三·〇五	一一·四五	二一·三九
九千二百	一四·一〇	二三·三九	一一·五八	二一·七〇
九千三百	一四·二三	二三·七三	一二·一一	二二·〇一
九千四百	一四·三六	二四·〇七	一二·二四	二二·三二
九千五百	一四·四九	二四·四二	一二·三七	二二·六三
九千六百	一五·五	二四·七七	一二·五〇	二二·九四
九千七百	一五·一五	二五·一三	一三·三	二三·二五
九千八百	一五·二九	二五·四九	一三·一六	二三·五七
九千九百	一五·四三	二五·八五	一三·二九	二三·八九
一萬碼	一五·五七	二六·二二	一三·四二	二四·二一

魏允恭《江南製造局記》卷八《費用·礮彈銅殼工料價值表》

礮彈名目	生鐵	焦煤	紫銅	青鉛	雜料	火耗	翻砂	車床	鏟擦	澆松香油漆	統計
十五生快砲開花實心彈	二兩	一兩	八錢	一錢	五錢	一錢	七錢五分	六錢五分	一錢五分	一錢五分	六兩二錢
十二生快砲開花實心彈	八錢	四錢	四錢	五分	一錢六分	五分	三錢	四錢	七分	七分	二兩八錢
七生六快砲開花實心彈	二錢四分	一錢二分	一錢二分	三分	一錢六分	三分	一錢二分	一錢六分	一分	一分	一兩
五生七快砲開花實心彈	一錢二分	六分	七分	二分	一錢三分	二分	八分	八分	一分	一分	六錢
四生七快砲開花實心彈	一錢	五分	六分	一分	一錢二分	一分	七分	六分	一分	一分	五錢
銅殼名目	紫銅	白鉛	焦煤	雜料	火耗	鎔銅	烘銅	軋銅	銃銅	車擦	統計
十五生快砲用銅殼	七兩五錢	七錢	八錢	二兩五錢	五錢	一兩二錢	八錢	二錢	三兩二錢	六錢	十八兩
十二生快砲用銅殼	二兩八錢	三錢	四錢	一兩二錢	三錢	六錢	四錢	一錢	一兩六錢	三錢	八兩
七生六快砲用銅殼	七錢	一錢	八分	三錢	二分	一錢四分	一錢	四分	四錢二分	一錢	二兩
五生七快砲用銅殼	一兩	一錢八分	一錢	三錢	二分	一錢四分	一錢	四分	四錢二分	一錢	二兩四錢
四生七快砲用銅殼	二錢	一錢	五分	一錢四分	一分	二分五釐	二分	一分五釐	一錢二分	二分	七錢

魏允恭《江南製造局記》卷八《費用·造五種快礮工料銀數表》

礮名	工價	鋼料	銅料	雜料	總計
四生七過山快砲	二百二兩三錢七毫	一百九兩三錢七分五釐	三十一兩九錢六分	一百五十八兩八分三釐五毫	五百一兩七錢一分九釐二毫
五生七船台快砲	六百四十二兩五錢一分一釐七毫	六百二十五兩	三百七十六兩七錢八分	四百八十一兩五錢四釐三毫	二千一百二十五兩七錢九分六釐
七生六過山快砲	四百十二兩九錢六分七釐	二百四十六兩	六十三兩九錢二分	三百十二兩七錢九分五釐四毫	一千三十五兩六錢八分二釐四毫

（續表）

礮名	工價	鋼料	銅料	雜料	總計
十二生船台快砲	二千五百四十五兩六錢二分八釐一毫	六千兩	九百八十兩七錢	一千九百二十八兩一錢一分五釐九毫	一萬一千九百六十兩七錢四分四釐
十五生船台快砲	三千五百六十四兩九錢九分一釐	一萬六千兩	四百八十四兩一錢	二千七百兩二錢四分二釐	二萬二千七百四十九兩二錢九分五釐二毫

魏允恭《江南製造局記》卷八《工程·十五生船台快礮工程表》

名目	車工	打磨工	鉗工	鐵工	裝配工	拔來復綫工	統計
礮身	一百二十六工	一百五十五工			五十工	十工	三百四十一工
鋼管	車内外徑八十二工						八十二工
第一箍	十九工		一工				二十工
第二箍	十九工		一工				二十工
第三箍	二十二工		一工				二十三工
第四箍	十七工		一工				十八工
第五箍	二十八工		一工				二十九工
第六箍	二十六工		一工				二十七工
第七箍	四十工		二工				四十二工
礮尾退力箍	三十三工		七十二工				一百五工
後膛螺絲砲塞	二十工		六十四工				八十四工
螺絲礮塞銷	二工半			一工十件			二工五點
礮塞保險簧	一工		四工				五工
礮尾銅鉸鏈	十五工		四十八工				六十三工

（續表）

名目	車工	打磨工	鉗工	鐵工	裝配工	拔來復綫工	統計
銅鉸鏈螺絲	一工四點半						一工四點半
鉸鏈銷子	二工半		三工	一工五件			五工五點
開關拖板	六工		十二工	二工			二十工
開關銅套	半工		二工				二工半
開關銅套心	一工		半工	一工五件			一工六點
開關拖梗	四工半		八工	二工			十四工半
開關拖梗銷	一工		半工	一工十五件			一工四點
開關拖梗銷	一工		半工	一工五件			一工四點半
拖梗銷蓋	一工半						一工半
拖梗銷蓋彈簧	一工		半工				一工半
拖梗銷蓋心	一工		半工	一工十五件			一工四點半
閂柄	十一工		十二工	二工			二十五工
閂柄螺絲母	半工		三工	一工八件			四工五點
閂柄螺絲梗	二工			一工十五件			二工一點
螺絲梗銷	半工			一工十二件			五點半
過電護手工	一工半		十三工				十四工半
護手弓銅架	半工		二工				二工半
護手弓内黑象皮	一工		三工				四工
黑象皮銅托			四工				四工
護手弓内銅簧			一工				一工
銅簧象皮							一工

（續表）

名目	車工	打磨工	鉗工	鐵工	裝配工	拔來復綫工	統計
過電火鋼機			三工半	一工三件			三工六點
電箱木托							一工
電箱鋼托板							六工
過電銅座	一工		三工				四工
過電銅銷大小各一件	一工半		八工				九工半
過電鐵銷二件	一工半		二工				三工半
電綫夾	一工三件		十工	一工			十一工三點
電綫夾螺絲	一工四件						二點
電綫夾銷	一工十件		一工四件				三點
電火銅蓋	一工四件		半工				六點
搭電鋼機							五工
打火針							三工半
打火針外套	七工半		八工	一工二件			十六工
打火針象皮套							二工
打火針銅套							二工半
打火針銅簧							二工半
打火針蓋頭	二工半		八工	一工十五件			十工四點半
蓋簧套							四工
拉火保險銷							十四工
打火針皮墊							一工
母螺絲二隻							二工

（續表）

名目	車工	打磨工	鉗工	鐵工	裝配工	拔來復綫工	統計
又母螺絲一隻							一工
羊眼一隻							一工
銅拉手一箇							一工
進彈売銅托	一工半		十工				十一工半
銅托螺絲	一工三件		一工六件				四點半
銅托尾螺絲	一工半		一工				二工半
銅托尾銷	二工			一工十件			二工一點
撥銅売心子刮頭	五工		六工	一工			十二工
撥銅売横心	二工半		三工	二工			七工半
撥銅売横心銷	半工		一工	一工十件			一工五點
撥銅売横心彈簧							三工
撥銅売横心蓋	四工		三工	二工			九工
撥銅売横心羊眼	一工六件		二工				二工半
撥銅売心蓋螺絲二件	一工半		一工	一工十件			二工六點
退力箭	六十八工		八十五工				一百五五十三工
內彈簧二件							均購自外洋
外彈簧二件							
彈簧蓋頭	十六工		十工	七工			三十三工
撥銅売心	六工		三工				
彈簧鋼筒							
鋼筒座子	六工						

（續表）

名目	車工	打磨工	鉗工	鐵工	裝配工	拔來復綫工	統計
彈簧銅套							
壓彈簧螺絲心	七工		二工				
彈簧外蓋	三工半		四工				
彈簧蓋外螺絲	一工		一工				
保險圈							
拉砲尾螺絲二件	五工		一工				
銅油箱	一工半		四工				
油箱銅蓋	二工		一工				
油缸	四十工		一工				四十一工
螺絲鋼心	十七工		十工	十二工			三十九工
銅心	二工		二工				四工
銅銷							七工半
螺絲蓋	十六工		二工	二工			二十工
蓋前銅螺絲	二工		二工				四工
蓋後銅螺絲	一工半		二工				三工半
螺絲蓋銅内圈							一工
螺絲母	五工半		六工	二工			十三工半
伸縮螺絲圈	二工半			一工			三工半
伸縮螺絲制							一工一點
加油銅螺絲六件							二工
加油螺絲							一工五點

（續表）

名目	車工	打磨工	鉗工	鐵工	裝配工	拔來復綫工	統計
放油螺絲	一工		半工	一工十件			二工
螺絲制四箇	二工半		半工	一工十件			三工一點
制油缸銅銷螺絲	一工		一工	一工十件			二工一點
退力簧吊鈎							一工
吊鈎心子	二工		四工	一工二件			六工半
吊鈎横心銷子	二工			一工十件			二工一點
横心開口銷							購於外洋
退力簧銅箍三件							十四工
加油銅管							二工
托加油管鐵架			二工	一工四件			二工二點
油箱銅蓋螺絲三十六件	一工五件		一工四件				十六工
銅油盅三件							七工半
左表尺鋼架	六工		五十工				五十六工
右表尺鋼架	六工		五十工				五十六工
左表尺螺絲二件	二工半		一工	一工十件			三工五點
右表尺鐵螺絲二件							半工
前表尺内銅鐵件二十件	八工		四十工	一工			四十九工
後表尺	六工		十四工				二十工
表尺銅套管	四工		七工				十一工
銅準頭	三工半		六工				九工半
表尺内銅簧			二工				二工

（續表）

名目	車工	打磨工	鉗工	鐵工	裝配工	拔來復綫工	統計
表尺螺絲及高低螺絲四件	一工半		一工	一工五件			三工半
高低銅搖輪	五工半		二工				七工半
高低輪桿鋼銷子			二工	一工十件			二工一點
高低角尺銅齒輪螺絲制	一工四件			一工十件			三點
高低角尺齒輪銅鋼各一件	七工半		十三工	二工			二十二工半
高低鋼齒輪	六工		十二工				十八工
高低月牙寬緊銅齒輪	十二工		四工				十六工
高低寬緊鋼板五塊	十五工		三十工				四十五工
高低寬緊銅板五塊	七工半		四十工				四十七工半
高低齒輪心	六工		八工	二工			十六工
高低齒輪心套	四工		二工	一點半			六工一點半
高低齒輪心外套	一工		二工	一點半			三工一點半
高低搖桿銅油盅	一工		一工				二工
高低齒輪板	三工		三十七工	三工			四十三工
分度銅板							二工
高低左右螺絲各一件							十五工一點
左右銅搖輪	五工半		六工				十一工半
左右角尺銅齒甲輪	一工半		二工				三工半
左右角尺銅齒乙輪							十工
左右角尺銅齒輪心	十工		十工	二工			二十二工
左右銷子			半工	一工八件			五點

（續表）

名目	車工	打磨工	鉗工	鐵工	裝配工	拔來復綫工	統計
週轉銅齒輪	三十六工		十二工				四十八工
左右寬緊鋼板五塊	四工一件		八工一件				六十工
左右寬緊銅板五塊	二工一件		十工一件				六十工
週轉銅輪鋼心	八工半		五工	五工			十八工半
週轉銅輪鋼心螺絲	二工		一工	一工十件			三工一點
左右齒輪鋼桿	七工		五工	二工			十四工
週轉搖桿銅架	五工半		五工				十工半
齒輪銅罩	十工		十八工				二十八工
齒輪銅罩螺絲十三件	十二工六點		三工三點	一工三點			十七工三點
靠身銅	二工半		三工				五工半
挨身象皮							二工半
靠身左右鋼銷各一根							半工
磨盤鋼罩	三十八工		二十工				五十八工
磨盤鋼座	二十六工		十二工				三十八工
磨盤底座	八工		十工				十八工
脚輪銅心二十四箇	八工		七工	一工十件			十七工半
脚輪鋼圈	十工半		二十四工	十二工			四十六工半
脚輪四十四箇	一工六件			一工六件			十五工
脚輪螺絲母二十四箇							五工
礮架左墻	四工		五十八工				六十二工
礮架右墻	六工		五十二工				五十八工

（續表）

名目	車工	打磨工	鉗工	鐵工	裝配工	拔來復綫工	統計
左右墻螺絲二十件	一工二件		一工一件	一工十件			三十二工
內遮板			九十五工	十工			一百五工
外遮板							三百十一工
內遮板護鋼							二十工
外遮板蓋							六十工
內遮板鈎二件	一工半		二工	二工			五工半
吊砲遮板鈎二件	一工		一工半一件	二工			六工
遮板蓋螺絲二十六件	一工三件		一工六件	一工十件			十五工半
遮板左右螺絲十八件	一工二件		一工六件				十二工
磨盤螺絲二十四箇	一工二件		一工一件	一工五件			四十一工
內鈎板	十四工			五工			十九工
外鈎板	十工			五工			十五工
鈎板螺絲十五件	一工三件		一工三件	一工十件			十四工
礟架銷子	一工半		一工	一工六件			二工五點半
砲架開口銷四件	一工二件		一工二件	一工五件			五工
礟口塞							五工
裝擊火箱							二工半
洗把送子棍二件							十三工
螺絲起子十四件							七十一工
螺絲扳手八件							四十三工
螺絲絞手二件							三工
出銅売拉手							七工

車床共六十三部均購自英廠

字號	長	闊	高	重
西上下三件	九百六十寸	六十寸	五十七寸	二百噸
肆上下三件	八百二十寸	七十四寸	七十寸	二百四十噸
困	二百七寸	十三寸	三十六寸	三噸
説	一百十寸	十寸五分	三十六寸	一噸一千五百磅
晉	七十寸	十寸	三十六寸	一千五百磅
楚	七十寸	十寸	三十六寸	一千五百磅
更	七十寸	十寸	三十六寸	一千五百磅
霸	七十寸	十寸	三十六寸	一千五百磅
鍾	一百十寸	十三寸	三十八寸	二噸半
槖	一百十寸	十三寸	二十六寸	二噸半
背	一百寸	十八寸	二十八寸	三噸
面	一百六十寸	十一寸	二十六寸	三噸半
芒	二百四十寸	十三寸	二十八寸	四噸半
浮	一百寸	十寸	二十七寸	二噸半
有	一百六十寸	十三寸	二十六寸	四噸
俊	一百五十五寸	十寸	二十六寸	三噸半
卑	九十寸	十一寸	二十八寸	二噸
左	八十寸	十一寸	二十八寸	二噸
綵	八十寸	十一寸	二十九寸	一噸二千磅
畫	八十寸	十一寸	二十八寸	一噸二千磅
舍	八十寸	十一寸	二十八寸	一噸二千磅
靈	六十寸	六寸	二十寸	二千磅
二	六十寸	八寸五分	二十寸	二千磅
丙	五十寸	十一寸	二十八寸	一噸
右	六十寸	十寸	二十八寸	一噸
洛	六十寸	六寸	二十九寸	一噸

（續表）

車床共六十三部均購自英廠

字號	長	闊	高	重
承	八十寸	十寸	二十六寸	一噸半
槐	九十寸	十一寸	二十寸	二噸
席	二百寸	二十寸	二十四寸	七噸六百磅
多	二百四寸	十八寸	二十六寸	六噸半
樹	二百四寸	十八寸	二十六寸	六噸半
甯	一百四十四寸	十四寸	二十六寸	五噸
實	一百四十四寸	十四寸	二十六寸	五噸
内	一百六十六寸	十九寸	二十六寸	五噸
京	一百四十八寸	十九寸	二十寸	三噸半
杜	一百三十寸	十九寸	二十二寸	三噸半
英	一百五十寸	十九寸	二十寸	三噸半
魏	二百九十寸	二百五十寸	二十五寸	十噸
趙	二百九十寸	二百五十寸	二十五寸	十噸
羣	二百十寸	十六寸	二十二寸	七噸
剪車砲尾	四百三十寸	三十四寸	五十二寸	三噸
據雙	四百二十寸	二十二寸	二十寸	二十三噸
艾二件	二百六十寸	二十三寸	十九寸	二十噸
武二件	四百十寸	五十三寸	五十寸	七十噸
感二件	三百九十寸	三十八寸	五十寸	七十噸
將二件	六百七十寸	五十寸	六十寸	一百三十噸
羅二件	五百五十寸	五十八寸	四十九寸	一百噸
夫	二百七十寸	二十六寸	四十寸	一百十噸
貞	二百六十寸	二十三寸	四十寸	一百十噸

以上東機器房

（續表）

車床共六十三部均購自英廠

字號	長	闊	高	重
和三件	五百三十寸	五十六寸	七十寸	四十噸
母	二百八十六寸	三十七寸	六十寸	十三噸半
隨	二百十寸	三十六寸	三十六寸	十一噸
唱	一百三十寸	一百寸	八十寸	二十噸
睦	二百十寸	三十六寸	四十六寸	十三噸
通	三百寸	二十六寸	三十六寸	十三噸
廣	三百寸	二十六寸	三十六寸	十三噸
存	二百十寸	三十寸	三十九寸	十噸
儀	二百九十寸	三十三寸	四十寸	十二噸
既	二百十寸	三十六寸	四十寸	十五噸
最	二百四十寸	二十寸	四十寸	十六噸
勿	三百七十寸	二十六寸	四十寸	二十三噸
密	三百七十寸	二十六寸	四十寸	二十三噸
以上後機器房				
殊扶盤對徑二十四尺	一百四十寸	八十寸	八十寸	一百五十噸
以上汽錘房				

鑽床共二十一部均購自英廠

字號	長	闊	高	重
奉	一百二十七寸	三十寸	九十六寸	九噸
會	二百寸	一百二十寸	一百二十寸	二十噸
宮	一百三十寸	二十四寸	九十寸	十一噸

鑽床共二十一部均購自英廠

字號	長	闊	高	重
惠	一百十寸	三十寸	八十三寸	五噸半
迴二件	一百六十寸	八十寸	七十七寸	七噸
路	五十寸	三十五寸	九十寸	九噸
文二件	一百六十寸	六十寸	一百寸	十噸
乃	一百寸	三十寸	四百寸	二噸半
土	六十寸	二十六寸	二十一寸	二噸
以上東機器房				
集	六百八十寸	七十寸	三十六寸	一百二噸
知	五百八十寸	七十寸	三十寸	一百噸
踐	六百十寸	三十三寸	四十寸	八十噸
號	六百十寸	三十三寸	四十寸	八十噸
以上後機器房				
漢	六十寸	二十寸	六十寸	一噸半
綺	六十寸	二十六寸	七十寸	二噸
訓	六十寸	五十六寸	七十寸	二噸
昃	六十寸	三十寸	九十寸	二噸
始	四十寸	二十六寸	七十寸	一噸半
滅	五十寸	三十寸	七十寸	二噸半
設	五十四寸	二十六寸	七十三寸	四噸
龍	四十四寸	三十寸	九十六寸	三噸
以上汽錘房				

（續表）

（續表）

插床共十一部均購自英廠

字號	長	闊	高	重
何	三十寸	二十寸	五十寸	一千二百磅
遵	三十寸	二十寸	五十寸	一千二百磅
約	五十寸	六寸	六十寸	三噸半
法	五十寸	六寸	六十寸	三噸半
盟	五十寸	六寸	六十寸	三噸半
韓	六十八寸	二十寸	八十寸	一噸
弊	六十八寸	二十寸	八十寸	一噸
以上東機器房				
河	一百七十寸	七十寸	一百四十寸	十一噸
墳	九十六寸	四十六寸	一百二十寸	十一噸
婦	一百二十七寸	四十九寸	九十寸	十四噸
亦	九十寸	四十寸	七十寸	八噸
以上後機器房				

刨床共十四部内積字號一部購自美廠餘均購自英廠

字號	長	闊	高	重
光	一百七十寸	三十六寸	八十六寸	十二噸
積				
月	六十寸	十寸	五十七寸	三噸
戶雙	六十五寸	十六寸	五十四寸	三噸
八	一百七十寸	二十六寸	三十寸	四噸
根	一百五十五寸	三十九寸	七十寸	十二噸
涇	二百四十寸	二十二寸	六十寸	十噸
楹	六十六寸	十六寸	五十四寸	三噸

（續表）

刨床共十四部内積字號一部購自美廠餘均購自英廠

字號	長	闊	高	重
縣	三百六十寸	一百二十寸	一百十寸	四十噸
聚	八十寸	十七寸	五十四寸	二噸半
封	九十寸	七十寸	三十寸	五噸
經二件	四百十寸	二十六寸	四十寸	二十噸
薑	二百四十寸	四十六寸	九十六寸	二十噸
以上東機器房				
傳	六十六寸	四十六寸	三十寸	一噸半
以上鉗作房				

刮床共七部均購自英廠

字號	長	闊	高	重
書鋼齒輪	六十寸	二十六寸	一百寸	十噸
以上東機器房				
渭刮砲箍	三百寸	三十三寸	四十六寸	十噸
達刮砲箍	一百九十寸	四十寸	四十寸	十三噸
筵刮砲箍	二百九十寸	六十寸	六十寸	二十噸
假	三百二十寸	二十二寸	四十寸	十四噸
横	三百二十寸	二十二寸	四十寸	十四噸
以上後機器房				
啓	四十寸	十六寸	四十寸	一千六百磅
以上鉗作房				

（續表）

字號	長	闊	高	重
洗床共三部均購自英廠				
頗	六十寸	二十七寸	二十一寸	二噸
以上東機器房				
刑	七十寸	五十六寸	九十寸	二噸
途	五十寸	三十寸	七十寸	二噸
以上鉗作房				
拔絲床共二部均購自英廠				
字號	長	闊	高	重
傍十四件	八百寸	二十三寸	二十四寸	六十噸
相二件	六百二十寸	二十三寸	二十九寸	四十噸
以上東機器房				
絞螺絲床共二部均購自英廠				
字號	長	闊	高	重
盤	八十寸	十二寸	三十寸	一噸半
殿	九十寸	十三寸	四十六寸	二噸
以上東機器房				
鋸床共二部均購自英廠				
字號	長	闊	高	重
起	四十寸	三十六寸	五十寸	一噸六百磅
以上鉗作房				

（續表）

字號	長	闊	高	重
鋸床共二部均購自英廠				
卿	七十六寸	七十寸	七十六寸	二噸半
以上汽錘房				
擦礮膛床一部購自英廠				
笙	五百七十寸	二十一寸	三十寸	二十五噸
以上東機器房				
滾床一部購自英廠				
頌	一百寸	七十寸	九十寸	十一噸
以上後機器房				
翦春床一部購自英廠				
唐	九十六寸	三十三寸	八十九寸	十噸
以上汽錘房				

以上洗鋸等機床十二部，計共機床一百二十八部。

謹按：礮廠後機器房，尚有由礮彈廠遷來之海、子、端、本等字號造彈用之機床三十三部，及表所未載之木工房鋸床、車床各二部，又大小鋸床三部，計共四十部，連前併計一百六十八部。另有大小汽爐二座，大小汽錘二座，大小鐵爐二十三座，套礮箍機缸一副，捲彎鋼板機器一副，捲風機器二副，磨石二具，磨器具床一部，分釐尺二架，大小起重架十八副，大小平臺十一座，大小虎鉗八十二把，以上計共一百四十七座具，所有各種機件功用附表列後。

機	捲彎鋼板機器： 專彎百磅子、四十磅子快砲檔板。 捲風機器： 開小鐵爐用。
爐	大小汽爐： 運動廠中機器，並著砲色，開汽錘套、砲箍。 大小鐵爐： 燒砲身、砲箍、砲耳及各種零件。
床	車床： 車砲箍、砲膛、砲身、砲架、退刀箭、汽缸及各種砲位零件。 鑽床： 鑽砲架鋼板、砲管內膛，並各種零件。 插床： 插砲塞齒輪、鋼機，並各種零件。 刨床： 刨鋼板、砲塞，及各種零件。 刮床： 刮砲箍、砲耳。 鋸床： 鋸鋼板及零件。內有二部爲鋸木用。 洗床： 洗表尺、銷子槽，並洗各種砲位、絞縺。 拔絲床： 專拔各砲來復綫。 絞螺絲床： 專絞螺絲公母紋。 擦砲膛床： 專擦砲膛。 翦舂床： 翦鋼板，並舂鋼板眼。 滚齒床： 專滚齒輪。 磨車刀床： 磨各種車刀。 磨器具床： 磨平方大小扳手等件。
器具	分釐尺： 量較內外準鉗，及表尺度數。 大小汽錘： 打砲身、砲耳，並各種零件。 套砲箍機缸： 專套砲箍。 磨石： 磨鑽頭鏨子。 大小起重架： 起砲件並各種重物。 大小平台： 專供機匠畫綫，砲架匠敲平鐵板之用。 大小虎鉗： 鏨鎈、打磨各種砲用零件。

魏允恭《江南製造局記》卷九《攷驗・造成各種槍子尺寸分兩準數》

槍子名	口徑	銅殼附藥	鋼頭	共重附藥	共長
新毛瑟	七密里九，計三百十六絲，合英度三分一釐六毫。	重三錢，裝無烟火藥六分二三四釐，裝黑藥一錢二分。	重四錢。	七錢六分三四釐，裝黑藥共重八錢二分。	三千二百三十絲，合英度三寸二分三釐，係西曆一千八百八十八年式。
智利	七密里，計二百八十二絲，合英度二分八釐二毫。	重三錢，裝無烟火藥五分四釐，裝黑藥一錢一分。	重三錢。	六錢五分四釐，裝黑藥共重七錢一分。	三千五十絲，合英度三寸五釐，係一千八百九十七年式。
比利	七密里八，計三百十三絲，合英三分一釐三毫。	重二錢九分，裝無烟火藥五分六釐，裝黑藥一錢二分。	重三錢八分。	七錢六分二釐，裝黑藥共重八錢二分。	三千一百絲，合英度三寸一分。
曼里夏	七密里八，計三百十三絲，合英度三分二釐。	重三錢，裝無烟火藥六分二釐，裝黑藥一分二釐。	重四錢。	七錢六分二釐，裝黑藥共重八錢二分。	二千九百八十二絲，合英度二寸九分八釐二毫。
快利	七密里，計三百八絲，合英度三分八釐。	重三錢，裝無烟火藥六分，裝黑一錢三分。	重三錢五分。	七錢一分，裝黑藥共重七錢六分。	三千八十五絲，合英度三寸八釐五毫。
老毛瑟	四百三十七絲，合英度四分三釐七毫。	重四錢，裝黑藥一錢三分。	重六錢六分。	一兩一錢九分，不上船頭，祇裝黑火藥一錢一分。	三千絲，合英度三寸。
哈乞開司	四百五十八絲，合英度四分五釐八毫。	重三錢五分，裝黑藥一錢一分。	重七錢。	一兩一錢六分，不上船頭，祇裝黑藥一錢。	二千六百絲，合英度二寸六分。

黎意槍子口徑，全彈長短輕重，與老毛瑟子相仿。

魏允恭《江南製造局記》卷九《攷驗・軋造子彈銅殼冒子袋各色銅條皮絲數表》

軋造物件名目	銅色	烘燒次數	軋成次數	合用絲數銅板係八百二十絲軋起
新毛瑟子殼	黄銅條	三次	十六次	百三十絲現軋三十五絲
曼里夏子殼	黄銅條	三次	十六次	百三十絲現軋三十五絲
老毛瑟子殼	黄銅條	三次	十七次	百十絲
老毛瑟小銅冒	黄銅皮	五次	二十三次	二十七絲或二十六絲
曼里夏小銅冒	黄銅皮	五次	二十二次	三十二絲或三十絲
新毛瑟小銅冒	黄銅皮	五次	二十五次	十七絲或十九絲
新毛瑟子袋	白銅皮	八次	二十四次	二十二絲
曼里夏子袋	白銅皮	七次	二十二次	二十八絲

（續表）

軋造物件名目	銅色	烘燒次數	軋成次數	合用絲數銅板係八百二十絲軋起
四開花銅冒火	紫銅皮	七次	二十六次	十四絲
平底擊火	黃銅條	三次	十七次	一百絲
拉火	黃銅皮	五次	二十三次	三十絲
六磅快礟銅壳	黃銅塊	一次	七次	四百二十絲
十二磅快礟銅壳	黃銅塊	一次	九次	三百四十絲
長三磅快礟銅壳	黃銅塊	一次	八次	三百六十絲
短三磅快礟銅壳	黃銅塊	二次	十一次	二百五十絲

此外各種新式槍子銅壳，與新毛瑟同。各種舊式槍子銅壳，與老毛瑟同。

魏允恭《江南製造局記》卷九《工程·每日造成槍子數目表》

造槍子各項工作	新毛瑟槍子每日造件數目	老毛瑟槍子每日造件數目
春頭次銅盂	三百六十磅	六百磅
春二次銅壳	六百三十磅	六百磅
春三次銅壳	五百八十五磅	六百磅
春四次銅壳	五百五十八磅	六百磅
春五次銅壳	五百四磅	六百磅
春六次銅壳	四百六十八磅	六百磅
春七次銅壳	四百五十磅	五百磅
春八次銅壳		五百磅
頭次切口	二百五十二磅	三百磅
二次切口	二百四十三磅	三百磅

（續表）

造槍子各項工作	新毛瑟槍子每日造件數目	老毛瑟槍子每日造件數目
打圓凹	五百四磅	五百磅
壓底	二百四十三磅	四百磅
頭二次收口	四百六十八磅	四百磅
打圓口火台	四百七十七磅	四百五十磅
絞口	一百九十磅	二百磅
車底絞口	九十九磅	
鑽火門眼	一百九十八磅	四百五十磅
車底	一百九十八磅	二百磅
春二次鋼壳	九十九磅	
春三次鋼壳	一百八磅	
春四次鋼壳	一百八磅	
春五次鋼壳	一百八磅	
春六次鋼壳	九十磅	
春圓尖鋼壳	九十磅	
切鋼壳口	四十磅半	
撞鋼壳鉛心	三百六十磅	
收底口		四百九十五磅
春底邊圓線	四百九十五磅	
量底大小厚薄	一萬顆	九千顆
量壳身長短	一萬顆	九千顆
上銅壳膠水	七千顆	

（續表）

造槍子各項工作	新毛瑟槍子每日造件數目	老毛瑟槍子每日造件數目
洗油膩	一次	一次
輥光	一次	一次
照火門眼	一萬顆	九千顆
揀浄	八千顆	九千顆
量火台高低	八千顆	九千顆
裝壓小銅冒火	三千五百顆	六千顆
揀小銅冒火高低	八千顆	九千顆
裝藥子	各一萬三千顆	一萬二千 五千五百顆
裝紙臘餅		各一萬二千顆
碰緊收槍子口	四千五百顆	一萬二千顆
輥鉛子線		一萬顆
輥直槍子	一萬三千顆	
銃槍子大小	六千顆	六千顆
揩油膩	四千顆	四千顆
揀鋼彈子	五千顆	
量鋼彈大小	一萬顆	
裝子袋並裝洋鐵箱	四千顆	四千顆
焊洋鐵箱	一百隻	一百隻
洗小銅冒油膩	一次	一次
洗藥水裝白藥	一次	一次
點膠水壓白藥	一次	一次

新式槍子，多用機器上鋼彈。舊式槍子，多用手工上鉛彈。此不同處也。

魏允恭《江南製造局記》卷九《工程・老式槍子每日車鑽定數表》

器具	製造	工作	日程
頭次春頭	春舊式槍子初次銅盂	車工	三條
頭次剪刀管	春剪初次銅盂之銅片	車工	二把
頭次大模子	春初次銅盂	車工改內膛	二六個
二三次春頭	春二三次銅壳	車工	五條
四五次春頭	春四五次銅壳	車工	四條
六七次春頭	春六七次銅壳	車工	三條半
八次春頭	春八次銅壳	車工	三條
鋼管	頭二次銅壳切口	車工	一隻半
壓底箍	打圓凹城壓底	車改內膛	二十四個
壓底箍毛胚		鑲箍車鑲	二十四個
實心小春頭	打圓凹	車工	四根
空心春頭	銅壳壓底	車工	三根
長春頭	壓底	車工光頭焠火 毛胚	七 十根
管子	壓底	車工	四個
長春頭	打圓凹	車工光頭焠火 毛胚	七 八條
套管	打圓凹	改鑽	八個
小春頭	壓底	車工	二十條
各次鋼模	春各次銅壳	車工改內膛	二十七個
收口鋼模	銅壳二次收口	車工	三個
收口鋼模	銅壳頭次收口	車工改內膛	十二個
收口心子	收口銅壳	車工	六條

（續表）

器具	製造	工作	日程
小春頭	打圓口	車工	八條
管子	銅壳車底	車工	一隻半
鋼鍼	打火門眼	車工	二十隻
各次鋼模	春各次銅壳	鑽眼	四十八個
座子下春	打圓口	車工	六條
座子下春	打火門眼	車工	六條
鑲箍鋼模	壓底	車工	一個
小鋼模	春小銅冒火	車工	十二個
剪刀管	春小銅冒火	車工	四個
春頭	春小銅冒火	車工	八條
各次鋼模	春銅壳	車外光	八個

魏允恭《江南製造局記》卷九《工程·新式槍子每日車鑽鉗鎈定數表》

器具	製造	工作	日程
頭次鋼春	春新式槍子頭次銅壳	車工	三條
二次鋼春	春二次銅壳	車工	五條
三次鋼春	春三次銅壳	車工	四條
四五次鋼春	春四五次銅壳	車工	三條半
六七次鋼春	春六七次銅壳	車工	三條
初次鋼盂春	春初次鋼盂代鍊鋼廠	車工	二條
初次鋼盂模	春初次鋼盂代鍊鋼廠	車工	二個半

（續表）

器具	製造	工作	日程
二次鋼春	春二次銅壳	車工	五條
三次鋼春	春三次銅壳	車工	四條半
四次鋼春	春四次銅壳	車工	四條
五次鋼春	春五次銅壳	車工	三條半
六次鋼春	春六次銅壳	車工	三條
鋼壳春	春圓尖	車工	四條
鋼春	撞鉛心	車工	七條
鋼春	銅壳打圓凹	車工	三條
管子	銅壳壓底	車工	四個
管子	打圓凹	車工	四個
套頭模子	壓底打圓凹	車工	一個
小春頭	壓底打圓凹	車工	十八條
長短式鋼春	壓底	車工未焠火	三四條
長短春頭	壓底	車工 車工改舊	七條 十條
頭次鋼模	壓底	車改	二個
剪刀管	春頭次銅盂	車改有無肩	二個 二個半
管子	切銅壳口	車工	二個
管子	車銅壳底	車工	二個
管子	切鋼壳口	車工	三個

（續表）

器具	製造	工作	日程
鋼箍	壓底	車毛胚	三十個
小鋼模	壓底打圓凹	車工	四個
小春頭	打圓凹	車工	四個改成十個
頭二次收口模子	收銅壳口	車工	三個
鋼箍	壓底	車工	二十四個
鋼箍	壓底	車鑲成内膛	十四個
小春模	壓底	車工	四個
小管子	車底	車工	四個
鋼心子	銅壳收口	車工	五個
底座子	銅壳收口	車工	四個
鋼彈模	新毛瑟春鋼壳	車工	三個
銅子模	老毛瑟造鉛子	車工	一個半
凹頭春心	鉛子凹頭	車工	一條
鉛子春頭	老毛瑟春鉛子	車工	三條
鋼春	銅壳打圓口	車工	五條
鋼春	打圓口下座	車工	三條
準數模子	量裝成槍子準數	車工	二個
春頭	壓白藥小銅冒火	車工	十四條
剪藥刀	剪無烟藥	車工	三把
各次鋼春	春銅壳	車毛胚	七條
六七次鋼春	春六七次銅壳	車毛胚	五條
鋼模	春銅壳	車毛胚	十二個

（續表）

器具	製造	工作	日程
鋼壳模	春新毛瑟鋼壳	車改内膛	三十二個
銅壳模	春銅壳	車改内膛	四十個
絞口刮鑽	銅壳絞口	車工	四隻
鉛子刮鑽	造鉛頭	車工	一個半
收口刮鑽	銅壳收口	車工	三個
緊口模子	裝槍子緊口	車工	三個
春心	鋼彈模内	車工	五條
各次鋼模	春銅鋼壳	磨工	八十個
空心軸轉梗	新毛瑟車底	車工	一條估三工
鋼模春	裝藥抬緊銅壳口	車工	一個
鋼心	車底機	鎈工	八隻
鋼管	鋼壳切口	鋸鎈工	五隻
收口刮鑽	銅壳收口	鋸鎈工	三隻
絞鑽	銅壳車底	鎈工	六隻
各次鋼模	造銅壳	鑽眼	六十個
鑽頭	打火門眼	鎈工	十隻
車底刀	車新毛瑟銅壳	鎈工	三把
機簧鉗頭	車底機器	鎈工	二副
鋼鉗	造新毛瑟小銅冒火	鎈工	一把估十六工
機器鉗子	銅壳收口	鎈工	每副估一工半
機器鉗子	造鋼彈	鎈工	每副一工
小鑽頭	打火門眼	鎈工	一百八十隻

藥名	機	爐	器具
黑藥	三十馬力汽機二座，抽水機器二具，碾藥機器八具，三十四馬力提硝汽機一座，抽水機器一具，篩硝機器二具，拌藥機器一具，壓藥板機一具，碾硝磺機器二具，水力機器二具，二十馬力篩藥汽機一副，抽水機器一具，篩藥機器一具，軋藥機器一具，光藥篩子機一具。	三十馬力汽爐二座，三十四馬力提硝汽爐一座，焖柳炭爐一座，二十馬力篩藥汽爐一座。	冷水缸二隻，冷水缸一隻，淡水缸一隻，熬硝鍋一隻，化硝鍋一隻，提硝缸一隻，烘硝盤一隻，焖柳炭鐵桶八隻，裝柳炭鐵桶六隻，飛磺鍋一隻，提磺鍋一隻，光藥輥桶四具。
栗藥	一百五十馬力汽機一副，抽水機器一具，碾藥機器四具，拌藥機器三具，軋柳炭機器二具，壓藥板機器一具，水力汽機一具，壓六角藥餅機器一具，水力機器一具，軋碾藥機器一具，軋藥機器一具。	一百五十馬力汽爐二座，煏紫炭爐一座。	冷水缸一隻，輥硝磺炭桶三具，筵篩硝磺炭架三具，烘藥器具汽管六副，煏紫炭鐵桶四隻，鐵架子二具，存水鐵箱二隻，裝炭鐵桶八隻。

（續表）

藥名	機	爐	器具
無煙藥	一百二十馬力汽機一座，抽水機器一座，大水力汽機一座，汲汽機器一具，吹汽機器一具，撕棉紗機器一具，漂棉紗機器鐵缸七隻，篩棉藥機器篩子三具，壓圓頭砲藥機器一具，拌藥機器三具，軋藥機器四具，剪藥機器八具。	一百二十馬力汽爐二座。	存汽桶二具，篩無烟槍藥篩子一副，光藥木桶二具，燒硝磺强水缸二隻，爛棉紗架子八具，存藥水鐵缸二隻，篩棉紗篩子二具，烘圓條砲藥器具二架，漂棉紗木桶五隻，蒸洗棉紗木桶八隻，烘棉藥器具十三架，烘棉紗器具三架。
白藥			提酒蒸二副，化學盃七隻，錬藥磁缸六隻，烘藥汽箱一副，白紬袋三隻。

工程	機	爐	床	器具
鎔銅		鎔銅爐十二隻，烘銅條爐四座，烘銅壳爐四座。		澆黃銅鐵模五十四副，澆紫銅鐵模二十副，澆白銅鐵模二十副，澆銅大鉗四把，澆銅架四件，拮缸子長鐵鉗四把，長手鉗八把，長手鉗十二把。
軋銅	二十馬力汽機一座，軋銅機器大小三具，裁剪銅條機器二具，抽水機器一具。		一丈一尺長磨軋輥車床二具。	剪銅條刀架一具。

（續表）

工程	機	爐	床	器具
銅壳	六十馬力汽機一座，春一百磅銅壳機器一具，並水力汽機一座，春四十磅大銅壳機器一具，春三磅六磅十二磅大銅壳機器一具，並水力汽機一座，春三生七快砲銅壳機器二具，軋銅機器一具，車大銅壳底口機器一具，切大銅壳口機器一具。	烘銅壳爐一座。	六尺長車床二具，八尺長車床一具，一丈二尺長車床二具。	冷汽壓力缸一隻。

（續表）

槍名	機	床	器具
老毛瑟	三十馬力汽機一座， 壓底機二具， 打圓凹機一具， 切口機五具， 車底機三具， 收口機二具， 打火門眼機二具， 打圓口機二具， 絞口機二具， 春小銅冒機一具， 春拉火銅管機一具， 春鉛子機一具， 春子袋片機一具， 春成子袋新式機二具， 春成子袋老式機四具， 鋸木機二具， 刨木機一具， 鋸木筍機一具， 輥鉛子線機六具， 車銅壳底邊機一具， 老式春鉛子機一具， 打頭次圓凹機一具， 打二次圓凹機一具， 磨盤壓底機二具， 壓那騰飛銅壳底機一具， 裁蠟紙條機器二具， 春紙餅機器一具。	頭次春床二具， 各次春壳身春床七具， 直春床一具， 五尺長車床五具， 六尺長車床六具， 八尺長車床三具， 十尺長車床一具， 十二尺長車床二具， 一丈六尺長車床一具， 一丈八尺長車床一具， 大小鑽床三具， 大小刨床三具， 鋸各樣光鑽鋸床一具， 鍘床一具， 磨模子磨床一具， 車電火車床一具， 車擊火螺絲車床一具， 春長各次春床二具， 自造刨鎔銅模刨床一具， 五尺小車床一具。	老虎鉗十七把， 手扳器具十一副， 磨刨木刀砂輪一部， 澆蠟餅器具三副。

槍名	機	床	器具
新毛瑟	三十馬力汽機一座， 壓底機器二具， 圓凹機器二具， 收口機器二具， 圓口機器一具， 車底機器四具， 鑽雙火門眼機器二具， 切銅壳口機器四具， 切銅壳口機器三具， 春圓尖機器一具， 撞鉛心機器一具， 收底口機器一具， 春鉛心機器一具， 春小銅冒機器一具， 壓白藥小銅冒機器一具， 壓平線機器二具， 春鉛心機器一具， 春小銅冒機器一具， 車小銅冒口機器一具， 澆銅壳內膛膠水機器一具， 上下銅冒膠水機器一具， 較量銅壳火台高低機器一具， 裝成槍子機器一具， 輥直槍子機器一具， 較量銅壳長短機器一具， 較量鋼彈大小機器一具， 較量鋼彈輕重機器一具， 較量槍子輕重機器一具， 裝準槍子機器一具， 較量銅壳大小機器一具， 壓鉛條機並水力機鎔銅爐座一副， 壓白藥小銅冒機器一副。	頭次春銅壳春床二具， 各次春銅壳身春床六具， 春各次銅壳身春床五具， 五尺長車床六具， 六尺長車床五具， 八尺長車床八具， 一丈二尺長車床二具， 磨光鋼模車床二具， 小刨床一具， 大小鑽床二具。	點膠水器一副， 裝白藥小銅冒器具一副， 冷水缸一隻。

（續表）

槍名	機	床	器具
曼里夏	裝小銅冒手扳機二具，新廠老廠合用三百馬力汽機一座，三百馬力汽爐三座，抽水機器一具，壓底機器二具，圓凹機器一具，收口機器二具，圓口機器二具，車底機器四具，打雙火門眼機器一具，切銅壳口機器三具，絞口機器一具，切鋼壳口機器二具，舂鋼壳圓尖機器一具，撞鋼彈鉛心機器一具，收鋼彈底口機器一具，壓鋼彈平底線機器二具，壓比利老毛瑟小銅冒火機器一具，備用收槍子口機器一具，壓四開花銅冒機器二具，舂四開花銅片機二具，壓錫片機二具，壓四開花白藥奶子機二具，車快砲擊火螺絲機二具，打鐵爐八座。	頭次舂銅壳舂床一具，各次舂銅壳身舂床六具，舂各次鋼壳身舂床五具，五尺長車床五具，六尺長車床五具，八尺長車床五具，一丈四尺長車床一具，磨光鋼模車床一具，大小刨床二具，小鑽床一具。	裝白藥小銅冒器具一副，輥光鋼彈旋桶一具，新鋼彈子器具一副，點膠水器具一副，裝白藥器具二副，手扳器具十七副，老虎鉗二十把。

魏允恭《江南製造局記》卷十《攷驗·各種鋼質應配各料名目表》

物料	汽爐鋼板及包角鋼條料	礮料	槍料	最軟鋼片料	翻沙料
湖南生鐵	二二〇〇〇磅	一九〇〇〇	一八〇〇〇		
海墨太生鐵		〇七〇〇〇	〇八〇〇〇	二〇〇〇〇	〇八七五〇
本廠廢鋼	一五五〇〇	一〇〇〇〇	〇九八〇〇		
曼干尼斯	〇〇二八〇	〇〇三〇七	〇〇三一三	〇〇三〇〇	〇〇二六〇
西立根	〇〇〇五〇	〇〇一四五	〇〇一五〇		〇〇五七五
卡姆尼礦石	〇〇六五〇	〇二九八〇	〇二一五〇	〇三四五〇	
青石	〇〇二二〇	〇〇三二〇	〇〇二八〇	〇〇三九〇	
斯比哥		〇〇〇三〇			
瑞典生鐵				〇五八〇〇	
西門司廢鋼				一〇二〇〇	一七五〇〇
美南鉛				〇〇〇二〇	〇〇〇五〇

汽爐	汽機	機牀
二千馬力汽爐二具， 一千馬力汽爐二具， 三十馬力汽爐一具， 十五噸鍊鋼爐一具， 三噸鍊鋼爐一座， 烘沙爐二座， 煤汽爐七座， 九噸化鐵爐一座， 小化鐵爐一座， 煉罐子生鋼小爐一座， 大小倒焰加熱爐十一座， 烘模房爐二座， 打鐵小爐三座， 大小鋼板煙囱十二座， 大小磚砌煙囱五座。	五十六馬力汽機一具， 二千馬力雙汽筩倒順車汽機一具， 一千馬力雙汽筩倒順車汽機一具， 五十六馬力單汽筩倒順車汽機一具， 二十馬力單汽筩汽機一具， 小汽機一具， 二十馬力雙汽筩汽機二具， 二十馬力三汽筩汽機一具， 三十馬力雙汽筩汽機一具， 鑽大小砲膛大力汽機二具， 十馬力單汽筩汽機一具， 鑽抬槍管機器一具， 車螺絲機器一具， 打磨條鋸機器二具， 打磨輪鋸機器一具， 新式磨石機器一具， 鍍鎳用擦電機器一具， 舂鋼盂機器一具， 碾沙泥機器一具， 裁鋼片機器一具，	大力水抽機一具， 剪十寸厚熱鋼雙汽筩倒順車大剪機一具， 滚輥機一具， 剪寸二厚冷鋼板單汽筩剪機一具， 剪二分厚冷鋼板單汽筩剪機一具， 三十六寸徑輥輪軋鋼機一具， 滚輥機一具， 二十四寸徑輥輪軋鋼機一具， 十八寸徑輥輪軋鋼機一具， 十二寸徑輥輪軋彈簧鋼條機一具， 十二寸徑十三寸長輥輪軋鋼片機一具， 軋槍坯機一具 鋸六寸方熱鋼雙汽筩輪鋸機一具， 鋸三寸方熱鋼雙汽筩輪鋸機一具， 鋸二寸方熱鋼輪鋸機一具， 二千噸雙汽鼓水力壓銅機一具， 一千二百磅雙汽筩水抽機一具， 水力頂重機三具， 五十噸水力試鋼機一具， 鼓汽雙汽筩水抽機一具， 水抽機七具， 五英擔力快打汽錘機一具， 魯志風箱機四具， 水力壓生鐵機一具，
	盛模大地缸四具， 淬油大地缸一具， 冷水直立式元缸五具。	水力打廢鋼機一具， 四十噸、二十五噸、十五噸、七噸半，平行起重機各一具， 車鑽大小砲管砲箍内外大車床一具， 造砲箍内外徑大車床一具， 車砲管砲箍外徑大車床一具， 鑽砲管砲箍内徑大車床一具， 車砲管大小外徑大車床一具， 磨光大小軋輥車床一具， 短面大車床二具， 大小直行鉚床二具， 大小平行刨床五具， 大小鑽眼鑽床二具， 條鋸鋸鋼機三具， 輪鋸鋸鋼機一具， 螺絲車床六具， 平磨剪口機一具， 旋磨石機一具， 滚鋼盂木旋桶一具， 修舂小車床一具， 磨光鋼片機一具， 二十五噸重地平磅一具， 移動大洋磅一具， 定安大洋磅一具， 水力手鑿機二具， 拉鋼絞車機二具， 方水櫃四具， 藥水櫃十具， 十五噸鋼水桶摇車機一具， 三噸鋼水桶摇車機一具， 車十八寸徑軋輥車床一具。

魏允恭《江南製造局記》卷十《費用·各種鋼胚工料銀數表》

製造	物料	薪工	共價
一百磅子快砲鋼坯連架全副	約銀一萬一千零七十兩	約銀四千九百三十兩	約銀一萬六千兩
四十磅子快砲鋼坯連架全副	約銀四千五百五十六兩六錢五分	約銀一千九百五十三兩三錢五分	約銀六千五百兩
四磅子砲坯連架每尊	約銀一百九十九兩八錢	約銀七十五兩二錢	約銀二百七十五兩
二磅子小砲坯連耳箍每尊	約銀九十七兩四錢	約銀三十七兩六錢	約銀一百三十五兩
小砲坯用之鋼料每磅	約銀一錢一分二釐	約銀三分八釐	約銀一錢五分
小口徑毛瑟槍筒鋼坯每枝	約銀八錢五分	約銀三錢五分	約銀一兩二錢
抬槍坯用之鋼料每枝	約銀六兩七錢六分	約銀三兩二錢四分	約銀十兩
鋼板坯之鋼料每噸	約銀七十八兩四錢	約銀十九兩一錢	約銀九十七兩五錢
包角鋼之鋼料每噸	約銀八十一兩七錢四分	約銀七兩八錢六分	約銀八十九兩六錢
元方扁之鋼條料每噸	約銀九十六兩三錢四分四釐	約銀十五兩四錢五分六釐	約銀一百十二兩
汽機用之元鋼料每磅	約銀一錢三分八釐	約銀一分二釐	約銀一錢五分
翻沙之鋼料每磅	約銀一錢二分八釐	約銀一錢二分二釐	約銀二錢五分
鍍鎳鋼盂每中擔	約銀五十四兩二錢一分	約銀十一兩二錢六分六釐八毫	約銀六十五兩四錢七分六釐八毫

按：以上各項鋼料價值銀數，未能定準以爲一律，因造件物料有貴賤之分，工程有難易之別，此係大略情形。如有定造之件，尚須隨時酌量增減也。

靶場		奉天新民府北方											
炮名		英國費開司7.5生的口徑身長12倍有奇陸路過山炮											
子彈廠名		江南機器局造開花彈										英國費開司廠造開花彈	
江南局造開花彈	長	390密里										同前	
	重	6.385啓羅										同前	
用英國原裝彈膛炸藥	名色	黑色炸藥										同前	
	重	270格郎木										同前	
用英國原裝藥包	名色	黑色方塊無烟藥										同前	
	重	174.128格郎木										同前	
用英國原來銅殼	長	160密里										同前	
	重	647.135格郎木										同前	
過山炮之號數		5 584	5 587	5 584	5 587	5 584	5 587	5 584	5 587	5 584	5 587	5 584	5 587
子彈發出號數		1	2	3	4	5	6	7	8	9	10	1	2
射擊距離	密達	1 500	1 600	1 600	1 600	1 600	1 600	1 600	1 600	1 600	1 600	1 600	1 600
射擊偏差	密達	不及90	不及40炸	不及30炸	中靶	不及10炸	不及15炸	不及20炸	不及80炸	不及20	中靶	不及10炸	不及80
子彈飛行時刻	秒	6秒20	6秒50	6秒50	6秒50	6秒50	6秒50	6秒50	6秒50	6秒50	6秒50	6秒50	6秒50
落地炸點		不炸中	中	不炸中	不炸	中	中	中	中	不炸中	炸中	中	不炸中

附記

一、用江南機器局造7.5生的口徑開花彈10顆。

一、用英國造炸藥、藥包、銅殼各10分。

一、用英國造開花彈2顆。

一、用炮靶3面。

一、用子彈車靶二面。

一、查江南機器局造開花彈10顆，試放開花者6顆，其飛行時刻及飛路均與炮表相符，惟炸快較英造之彈略碎。其4顆未炸者，確係土質松軟，距離近，落角小之故。如距離遠，落角必大，諒無不炸之弊。

中國第一歷史檔案館等《中國近代兵器工業檔案史料》第一輯《試驗炮彈表二光緒三十四年九月二十一日》

靶場	長春府城西南六里肖家棚鋪東南端河身		
炮名	德國造7.5生的口徑30倍身長管退路炮	德國造7.5生的口徑14倍身長管退山炮	
彈藥：制造子彈廠名	江南機器局造管退陸路炮用開花子	江南機器局造山炮開花子	江南機器局造管退山炮用子母彈
江南局造開花子 長	275 密里	213 密里	
江南局造開花子 重	6.020 啓羅	5.3 啓羅	
用德國原裝彈膛炸藥 名	黑色炸藥	黑色炸藥	
用德國原裝彈膛炸藥 重	190 格郎木	135 格郎木	
江南局造子母彈 長			238 密里
江南局造子母彈 重			5.3 啓羅
用德國原裝子母彈膛炸藥 名			黑色炸藥
用德國原裝子母彈膛炸藥 重			71 格郎木
用德國原裝陸路山炮藥 名	元片黃色無烟藥	元片黃色無烟藥	同前
用德國原裝陸路山炮藥 重	445 格郎木	113 格郎木	同前
用德國原來銅殼 長	272 密里	117 密里	同前
用德國原來銅殼 重	1.193 啓羅	779 格郎木	同前

炮	陸路過山管退炮號	子彈發出數目號	射擊距離[密達]	射擊偏差[密達]	子彈飛行時刻[秒]	開花子跳炸時刻[秒]	子母彈霰飛帶[密達]	小子破片及全彈中靶數
路炮	1	1	1 800	不及157 跳飛 500炸	路炮開花彈10出，平均每出7秒08	路炮開花彈跳跳飛500密達用2秒50	長300、寬29	全彈 3顆；破片 70塊大小不等；小子 84粒
路炮	1	2	2 200	過200 偏左 12炸				
路炮	1	3	2 000	命中 偏左 5炸				
路炮	1	4	2 000	不及10 偏左 5炸				
路炮	1	5	2 000	命中 偏左 10炸				
路炮	1	6	2 000	命中 偏左 2炸				
路炮	1	7	2 000	命中 方向 好炸				
路炮	1	8	2 000	過20 偏左3 跳飛 不見				
路炮	1	9	2 000	不及10 偏右 2炸				
路炮	1	10	2 000	過30 偏左 2炸				
山炮	1	1	1 800	不及200 偏左 3炸	山炮開花彈5出，平均每出7秒78			
山炮	1	2	2 200	過120 偏左 3炸				
山炮	1	3	2 000	不及75 偏右 1炸				
山炮	1	4	2 000	不及80 偏左 1炸				
山炮	1	5	2 000	不及50 偏左 5炸				
子母彈	1	1	2 000	太高40 偏左 30炸	7秒9			
子母彈	1	2	2 000	太高26 偏左 10炸	7秒9			
子母彈	1	3	2 000	太高26 偏左 10炸	7秒9			
子母彈	1	4	2 000	太高18 偏左 30炸	8秒2			
子母彈	1	5	2 000	過10 偏左20 碰地	8秒2			
子母彈	1	6	2 000	高12 偏左 10炸	8秒2			
子母彈	1	7	2 000	高8 小子 好	8秒4			
子母彈	1	8	2 000	正高 小子 好	8秒4			

中國第一歷史檔案館等《中國近代兵器工業檔案史料》第一輯《試驗炮彈表三光緒三十四年十二月初十》

靶場：北京南苑練兵臺

炮名：法國克魯蘇7.5生的口徑31.5倍身長管退陸路炮

子彈廠名	7.5生的口徑開花彈 長	7.5生的口徑開花彈 重	用法國原來彈膛炸藥 名色	用法國原來彈膛炸藥 重	用法國原來無烟藥 名色	用法國原來無烟藥 重	用法國原來銅壳 長	用法國原來銅壳 重	陸路炮號數	子彈發出號數	射擊距離[密達]	射擊偏差[密達]	落地炸點	子彈飛行秒數
法國克魯蘇廠造7.5生的開花彈	267密里	6.275啓羅	黑色炸藥	160格郎木	灰色無烟長條板藥	605格郎木	323密里	1.369啓羅	3 639	1	1 500	偏右50炸	中	6秒
江南機器局造7.5生的開花彈	同前	6.261啓羅	同前	同前	同前	同前	同前	同前	3 639	1	1 500	中靶炸	中	陸炮開花彈10出，平均每出5秒
									3 639	2	1 500	同前	中	
									3 639	3	1 500	不及100炸	中	
									3 639	4	1 500	不及150炸	中	
									3 639	5	1 500	同前	中	
									3 641	6	1 500	同前	中	
									3 641	7	1 500	同前	中	
									3 639	8	1 500	同前	中	
									3 639	9	1 500	同前	中	
									3 641	10	1 500	同前	中	
法國克魯蘇廠造7.5生的鋼猛彈	266密里	連彈膛黄炸藥6.262啓羅	原裝黄色炸藥		同前	同前	同前	同前	3 639	1	1 500	同前	中	5秒
江南機器局造7.5生的鋼猛彈	同前	連彈膛黄炸藥6.168啓羅	同前		同前	同前	同前	同前	3 639	1	1 500	同前	中	鋼猛彈4出，平均每出4 5秒
									3 639	2	1 500	同前	中	
									3 639	3	1 500	同前	中	
									3 639	4	1 500	不及100炸	中	

附記：江南造陸炮開花彈較外洋造工作細致，惟鐵質微松，其炸力、碎塊均與外洋造相等，其鋼猛彈亦與外洋造相符。

中國第一歷史檔案館等《中國近代兵器工業檔案史料》第一輯《試驗炮彈表四光緒三十四年十二月初十日》

靶場	炮名	子彈廠名	7.5生的口徑開花彈 長	7.5生的口徑開花彈 重	用法國原來彈膛炸藥 名色	用法國原來彈膛炸藥 重	用法國原來無烟藥 名色	用法國原來無烟藥 重	用法國原來銅殼 長	用法國原來銅殼 重	過山炮號數	子彈發出號數	射擊距離[密達]	射擊偏差[密達]	落地炸點	子彈飛行秒數
北京南苑練兵臺	法國克魯蘇7.5生的口徑18.5倍身長管退過山炮	法國克魯蘇廠造7.5生的開花彈	223密里	4.765啓羅	黑色炸藥	152格郎木	深灰色無烟塊藥	165格郎木	156密里	592格郎木	4 387	1	1 500	不及10炸	中	6秒8
		江南機器局造7.5生的開花彈	同前	4.711啓羅	同前	同前	同前	同前	同前	同前	4 390	1	1 500	同前	中	山炮開花彈10出，平均每出6秒2
											4 387	2	1 500	同前	中	
											4 390	3	1 500	同前	中	
											4 387	4	1 500	同前	中	
											4 390	5	1 500	同前	中	
											4 387	6	1 500	同前	中	
											4 390	7	1 500	同前	中	
											4 387	8	1 500	同前	中	
											4 390	9	1 500	同前	中	
											4 387	10	1 500	同前	中	
		法國克魯蘇廠造7.5生的鋼猛彈	219密里	連彈膛黄炸藥4.718啓羅	原裝黄色炸藥		同前	同前	同前	同前	4 390	1	1 500	不及10偏右70跳炸	不炸中	6秒
		江南機器局造7.5生的鋼猛彈	同前	連彈膛黄炸藥4.648啓羅	同前		同前	同前	同前	同前	4 387	1	1 500	不及10跳炸	同前	鋼猛彈出，平均每出6秒
											4 390	2	1 500	同前	同前	
											4 387	3	1 500	同前	同前	
											4 390	4	1 500	同前	中	
附記	江南造山炮開花彈較外洋造工作細致，惟鐵質微松，其炸力、碎塊均與外洋造相等，其鋼猛彈亦與外洋造相符。															

中國第一歷史檔案館等《中國近代兵器工業檔案史料》第一輯《張士珩呈報江南製造局光緒三十四年實存槍炮子彈分目表宣統二年》

一、槍炮類

細目 / 名稱	口徑	速率	最大射距	購領製造年月	購領製造局廠	購領製造價值	現有數（枝，尊）		
							合用	不合用	合計
毛瑟步槍	7.9 密里	600 密達	2 000 密達	光緒 32—34 年	本局製造	庫平銀 18.2 兩	1 377		1 377
毛瑟步槍	7.9 密里	600 密達	2 000 密達	光緒 29 年	購自德國毛瑟廠	德銀 75 馬克	9		9
新式毛瑟步槍	6.8 密里	820 密達	2 000 密達	光緒 33 年	同上	德銀 150 馬克	2		2
新式奥國步槍	6.5 密里	615 密達	2 000 密達	同上	購自奥國槍廠	英金 72 先令	3		3
新式曼里夏步槍	8.0 密里	600 密達	2 000 密達	同上	購自奥國曼里夏廠	英金 68 先令	1		1
智利毛瑟步槍	7.0 密里	670 密達	2 000 密達	同上	購自德國智利廠	英金 66 先令 6 本士	7		7
100 磅子船臺快炮	6 寸	2 200 英尺	9 100 碼	光緒 26—34 年	本局製造	庫平銀 20 800 兩	14	1	15
40 磅子船臺快炮	4.724 寸	2 080 英尺	8 500 碼	光緒 17 年	購自英國阿姆斯脱郎廠	英金 1 488 磅	1		1
40 磅子船臺快炮	4.724 寸	2 080 英尺	8 500 碼	光緒 26—33 年	本局製造	庫平銀 10 955 兩	10		10
12 磅子船臺快炮	76 密里	674 密達	7 000 密達	光緒 28 年	本局製造	庫平銀 2 905 兩	1		1
12 磅子陸路快炮	3 寸	1 023 英尺	4 200 碼	光緒 24—31 年	本局製造	庫平銀 945 兩	45		45
6 磅子船臺快炮	2.244 寸	2 150 英尺	8 000 碼	光緒 26—29 年	本局製造	庫平銀 1 937 兩	13		13
7.5 生口徑管退過山快炮	75 密里	280 密達	4 000 密達	光緒 33—34 年	本局製造	庫平銀 4 340 兩	6		6
3 磅子過山快炮	1.85 寸	980 英尺	3 000 碼	光緒 23—26 年	本局製造	庫平銀 456 兩	1	1	2
3.7 生口徑單輪過山快炮	1.45 英寸	1 410 英尺	3 600 碼	光緒 24 年	本局製造	庫平銀 764 兩	2		2
380 磅子阿姆斯脱郎后膛地阱炮	9.2 寸	2 140 英尺	11 000 碼	光緒 23 年	本局製造	庫平銀 45 941 兩	2		2
250 磅子阿姆斯脱郎后膛船臺炮	9 寸	2 100 英尺	11 000 碼	光緒 26 年	本局製造	庫平銀 49 264 兩	1		1
總共	各種槍1 399 枝，各種炮98 尊。								

二、子彈類

名稱	細目	重量	裝藥 種類	裝藥 重量	信管	購領製造年月	購領製造局廠	購領製造價值	現有數
毛瑟步槍	毛瑟步槍彈	14.55 格郎姆	無烟藥	2.55 格郎姆		光緒 32—34 年	本局製造	每千顆庫平銀 38 兩	7 118 455
同上	同上	14.16 格郎姆	同上	2.28 格郎姆		光緒 29 年	購自德國毛瑟廠	每千顆德銀 140 馬克	7 408
新式毛瑟步槍	新式毛瑟步槍彈	9.1 格郎姆	同上	3.34 格郎姆		光緒 33 年	同上	每千顆德銀 160 馬克	1 660
新式奧國步槍	新式奧國步槍彈	10.14 格郎姆	同上	2.02 格郎姆		同上	購自奧國槍子廠	每千克英金 150 先令	2 090
新式曼里夏步槍	新式曼里夏步槍彈	15.91 格姆郎	同上	2.70 格郎姆		同上	購自奧國曼里夏廠	同上	290
智利毛瑟步槍	智利毛瑟步槍彈	11.19 格郎姆	同上	2.46 格郎姆		同上	購自德國智利廠	每千顆英金 130 先令	5 260
100 磅子船臺快炮	100 磅生鐵開花快炮彈	100 磅	同上	15 磅	銅螺絲電火	光緒 18—30 年	本局製造	庫平銀 55.403 兩	1 272
同上	100 磅鐵質實心快炮彈	同上	同上	同上	同上	同上	同上	庫平銀 52.063 兩	378
同上	100 磅硬質實心快炮彈	同上	同上	同上	同上	同上	同上	同上	1 295

（續表）

名稱	細目	重量	裝藥 種類	裝藥 重量	信管	購領制造年月	購領制造局廠	購領制造價值	現有數
同上	100磅鋼質實心快炮彈	同上	同上	同上	同上	同上	同上	庫平銀 96.723兩	113
40磅子船臺快炮	40磅素珠生鐵開花快炮彈	40磅	同上	4磅6兩	同上	同上	同上	庫平銀 21.72兩	2 249
同上	40磅生鐵開花快炮彈	同上	同上	同上	同上	同上	同上	同上	1 004
同上	40磅生鐵實心快炮彈	同上	同上	同上	同上	同上	同上	庫平銀 119.37兩	937
同上	40磅硬質實心快炮彈	同上	同上	同上	同上	同上	同上	同上	40
同上	40磅鋼質實心快炮彈	同上	同上	同上	同上	同上	同上	庫平銀 40.3兩	229
12磅子船臺快炮	12磅生鐵開花船臺快炮彈	12磅	同上	5兩	鋼螺絲擊火	光緒23—33年	同上	庫平銀 4.925兩	200
12磅子陸路快炮	12磅生鐵開花陸路快炮彈	同上	同上	同上	同上	同上	同上	同上	35 440
同上	12磅生鐵實心陸路快炮彈	同上	同上	同上	同上	同上	同上	庫平銀 3.935兩	2 280
6磅子船臺快炮	6磅生鐵開花快炮彈	6磅	同上	6兩	同上	光緒21—33年	同上	庫平銀 4.65兩	26 168

（續表）

名稱	細目	重量	裝藥 種類	裝藥 重量	信管	購領制造年月	購領制造局廠	購領制造價值	現有數
6磅子船臺快炮	6磅生鐵實心快炮彈	6磅	無烟藥	6兩	銅螺絲擊火	光緒21—33年	本局製造	庫平銀4.085兩	13 999
7.5生管退過山快炮	7.5生生鐵雙層開花快炮彈	527格郎姆	同上	114.71格郎姆	同上	光緒33—35年	同上	庫平銀5.347 3兩	9 126
7.5生管退過山快炮	7.5生生鐵單層開花快炮彈	527格郎姆	同上	114.71格郎姆	銅螺絲擊火	光緒33—34年	同上	庫平銀5.197 3兩	720
3磅子過山快炮	3磅生鐵開花快炮彈	3磅	同上	1.5兩	同上	光緒23—31年	同上	庫平銀1.963兩	37 231
同上	3磅生鐵實心快炮彈	同上	同上	同上	同上	同上	同上	庫平銀1.464兩	52
3.7生口徑過山快炮	3.7生生鐵開花過山快炮彈	2磅	同上	9錢	同上	光緒25—29年	同上	庫平銀1.728 5兩	36 600
380磅子阿姆斯脱郎后膛地阱炮	380磅生鐵開花阿姆斯脱郎后膛地阱炮彈	380磅	栗色餅藥	220磅	銅螺絲拉火	光緒23—26年	同上	庫平銀60.473兩	37
同上	380磅生鐵硬質阿姆斯脱郎后膛地阱炮彈	同上	同上	同上	同上	同上	同上	庫平銀57.393兩	200
250磅子阿姆斯脱郎后膛炮	250磅生鐵開花阿姆斯脱郎后膛炮彈	250磅	同上	200磅	同上	光緒17—26年	同上	庫平銀55.693兩	438

名稱	細目	重量	裝藥 種類	裝藥 重量	信管	購領制造年月	購領制造局廠	購領制造價值	現有數
同上	250磅生鐵實心阿姆斯脱郎后膛槍彈	同上	同上	同上	同上	同上	同上	庫平銀50.593兩	21
同上	250磅硬質實心阿姆斯脱郎后膛炮彈	同上	同上	同上	同上	同上	同上	同上	1 694
同上	250磅鋼質實心阿姆斯脱郎后膛炮彈	同上	同上	同上	同上	同上	同上	庫平銀61.243兩	40
總共	各種槍彈7 135 163顆，各種炮彈172 363個。								

謹按表内所列各種槍炮、子彈，係光緒三十四年年底本局庫廠存件。内除炮彈一項，因近年專造新式，間有庫存各式稍舊之彈，未及配足藥火外，余均完全合用。又查庫存從前造存各種子彈，預備各營、臺、兵輪領用，並無槍炮考驗藥量。又有名雖購領，非由本局經辦，以及遠年製造並各種繳存，或速率、射力無表可稽，或廠名、價值無從查考，未能詳晰填入表内者，謹仍查照上年辦法，分制存、購存、繳存三種，查明光緒三十四年年底存數，附列於后。

計開：

制存項下：計存各種前膛馬槍二十一枝，后膛馬槍八十五枝，后膛步槍一枝，各種前膛有箭槍彈三十四萬四千七百十八顆，后膛有箭槍彈並手槍彈五百五萬六千八百九十二顆，后膛無箭槍彈二百五十九萬一千三百一顆，各種前膛底炮二十三尊，后膛座炮一尊，后膛車炮二尊，各種前膛炮彈八萬四千二百十五個，后膛槍彈十萬七千九百十七個。

購存項下：計存前膛步槍一枝，各種后膛步槍並手槍九枝，各種后膛有箭槍彈並手槍彈七十五萬四千五百五十九顆，各種前膛車炮四尊，后膛座炮二尊，后膛車炮六尊，各種前膛炮彈二千七百四千一個，后膛炮彈四千九百二十一個。

繳存項下：計存各種前膛馬槍二枝，前膛步槍並手槍六百六十五枝，各種后膛馬槍一百八十枝，后膛步槍並手槍、抬槍二千五百四十枝，各種前膛有箭槍彈一萬七千四百三十五顆，后膛有箭槍彈並手槍彈九十五萬二千五百五十七顆，后膛無箭槍彈十四萬八千一百九十六顆，各種前膛座炮六十四尊，前膛車炮二尊，后膛座炮三十八尊，后膛車炮六尊，各種前膛炮彈一萬八百五十八個，后膛炮彈十一萬四千四百四十五個。

中國第一歷史檔案館等《中國近代兵器工業檔案史料》第一輯《張士珩呈江南製造局光緒三十四年入款分目報告表宣統二年》

常年的款				暫時撥款			
款別／細目	數目	從何處撥	係何平色	款別／細目	數目	從何處撥	係何平色
二成洋稅	庫平銀29萬兩係備解新廠經費之款，庫申規平銀447 953.664兩係留備局中支用之款。	江海關撥解	原解均係庫平，上海向用規平，該款解局後，除將備解新廠款照原平劃提外，餘即按照稟定1 083申合規平銀支用。	江寧造幣廠解還借款。	127 848.363兩	由江寧造幣廠於盈餘項下按成撥還。	原借規平，仍按原平核收，上開係規平之數。
三廠常費	227 332.53兩	係由江蘇藩司補解三十三年1萬兩，又三十四年2萬兩，江海關8萬兩，兩淮運司2萬兩，江蘇糧道1萬兩，江安糧道1萬兩，鎮江關2萬兩，湖南督銷局1萬兩，江西督銷局9 910兩，金陵厘捐局1萬兩，江南財政局補解三十三年分1萬兩。	原解庫平，上開銀數係申合規平。	各處解還代造代修及購撥軍火料械工價。	80 450.15兩	蘇浙緝捕清鄉局庫平2 740兩，奉天軍械局庫平37 000兩，福建財政局庫平18 000兩，浙江省庫平1萬兩，江南財政局庫平6 544.533 5兩。	原解庫平，上開銀數係申合規銀之數。
江南船塢塢租	2萬兩	由江南船塢撥解	規平		132.035兩	江南財政局原解銀元178.305元，7 405合規平銀132.035兩。	原解洋元，兑合規銀，上開係規平。
兵工學堂經費	6 684兩	江海關撥解	原解司平，上開銀數係申合規平。		29 828.062兩	四川轉運局規平3 784.943兩，奉天軍械局規平54.48兩，北洋糧餉局規平2 414.6兩，江南財政局規平3 206.014兩，浙西鹽抽營規平679.529兩，德州製	規平

(續表)

常年的款				暫時撥款			
款別 細目	數目	從何處撥	係何平色	款別 細目	數目	從何處撥	係何平色
						造局規平1 985.53兩，陝西撫憲規平4 844.21兩，四川製造局規平6 025.507兩，江南船塢規平382.74兩，南匯青浦革中婁縣英江震澤等縣規平2 997.083兩，實業學堂規平45.19兩，南北洋海軍規平61.731兩，新關税務司規平159.18兩，姜軍門規平1 083.414兩，蘇松太道規平7.215兩，榨油公司規平1 264兩，馬立斯瑞記行自來火廠玻璃公司等處規平832.696兩。	
				廢料變價	174.1兩	係本局庫房廢鐵屑變價歸公	規平
				劃分料價	10 663.43兩	江南船塢解還	規平
				借撥	103 760兩	借用本局提存六分平65 760兩，又提存節省款38 000兩。	規平
總計	共收庫平銀29萬兩正。庫平、司平申規暨原收規平共合規銀701 970.194兩。			共收庫平申規、銀元合規暨原收規平共合規銀352 856.14兩正。			

【上表説明】

謹按：表列常年的款項下二成洋税一款，查同治六年，經南洋大臣奏請在江海關經征洋税項下截留一成作製造經費。八年，因用款不敷，又經奏請截留二成。該款銀數多寡，視關税盈絀以爲衡。每月由關在二成數内提出輪船薪餉、金陵機器局經費及按結扣回華税外，餘均以庫平銀解局。局中除以原平提解新廠經費外，餘因上海向用規平，即按照稟定一零八三申合規平列收支用。

又，三廠常費一款，查光緒二十一年，局中創設煉鋼、無烟藥、栗藥三大廠，經南洋大臣奏請由江海關每年另撥的款庫平銀二十萬兩。嗣因江海關税收不旺，未能如數按撥，經部議酌定每年由江海關撥銀八萬兩；蘇藩司、淮運司、鎮江關各撥銀二萬兩；江安、江蘇兩糧道，江南籌防局，金陵厘捐局，湘西兩岸督銷局，各撥銀一萬兩。共二十萬兩，按年撥解濟用。原解庫平，局中亦照案申合規平列收支用。

又，江南船塢塢租一款，查光緒三十一年奉南洋大臣奏請將局中原有之船廠及鍋爐、機器等廠劃歸海軍辦理，並飭由塢每年繳租銀一萬兩。表列塢租規銀二萬兩，係該塢解繳劃分第一、第二兩年分塢租。原解規平，即以原平列收。

又，兵工學堂經費一款，查局中原附設有江海關所轄之廣方言館，由局代爲管理，每年由江海關在船鈔項下撥解司平銀六萬兩，解局作爲該館經費，仍由江海關報銷。光緒三十一年，經練兵處奏請改名兵工學堂，并由陸軍部核準，將原有經費六千兩津貼兵工學堂，由局列收，不敷之數在局款籌補，列册報銷。該款原解司平，即按照一一四申合規平列收。

其暫時撥款項下，江南造幣廠解還借款一款，查光緒三十一年，奉南洋大臣飭局籌款撥借江寧造幣廠應用，遵經籌議將局中提存備解光緒三十年分北廠經費規銀四十八萬兩，又局存正款規銀五十二萬兩，共一百萬兩撥借濟用。光緒三十二年由寧藩司先行籌還北廠經費規銀十八萬兩；三十三年又由寧造幣廠遵飭在余利項下提成，并以點錫作價抵款，共解還前欠規銀五萬五千七百五十一兩二錢六分七釐五毫；本年又在余利項下提成，並以鍋爐作價抵款，共解還前欠規平銀十二萬七千八百四十八兩三錢六分三釐。該款原借規平，仍以規平核數列收。

又，各處解還代修、代造、購撥軍火料械工價一款，查各省向本局購造及修配軍火暨官商各廠購撥機料事竣，均核明實在工料銀兩，如數收回歸款。查本局向章，凡墊支、代造、代修各工料收回銀兩后，即與原墊銀兩核數冲銷，向不列册報部。此次表列本年全年實在收款與册銷之案不同，未便將此項收回代修、代造工料銀兩一款劃出，故亦按照本年實收銀數列入，以昭核實。將來造册報銷時，仍須查照向章辦理。又此項收款内除原解規平外，其有以庫平及銀元合價者，亦一律照案申合規平分别列收。

又，廢料變價一款，查局中因製造各項積存無用鐵屑，廢棄可惜，照章招商估價變賣，得價收入正款支銷。該款係屬規平，即以原平列入。

又，劃分料價一款，查光緒三十一年，奉南洋大臣飭局將舊存物料與船塢劃分應用，並派唐道郁華招商公估價值。查劃歸塢料，按照原購價值應合銀十八萬四千余兩，唐道招商照市估價只合銀十三萬九千七百九十六兩三錢四分六釐六毫，當時即照估價定議。嗣因此項存料局中原在正款内陸續購儲，動用若干始行開價若干，列册報部。此次劃歸塢料尚未報部，應由塢歸價，免礙造銷。稟奉南洋大臣飭塢俟各料收回售價，積成夐數隨時解還。光緒三十三年準該塢解還第一批規銀一萬兩，本年又準續解第二批規銀一萬六百六十三兩四錢三分。原解規平，即以原平列收。

又，借撥一款，查本年因江海關洋税不旺，提解二成銀數無多，三月份收數尤少，不敷提解新廠經費，即在局中遵飭提存六分平項下借撥規平銀六萬五千七百六十兩，以一零九六摺合庫平銀六萬兩備解。三月份新廠經費又因局用不敷，復在遵飭提存節省款項下撥借規銀三萬八千兩濟用。以上借撥兩款，一俟局款稍紓即須隨時撥還。原借係屬規平，即以原平列收。

綜核以上表列，本年所收常年的款及暫時撥款兩項合計，共收庫平銀二十九萬兩，又庫平、司平申規及銀元合規暨原收規平，共合規銀一百五萬四千八百二十六兩三錢三分四釐。理合登明。

中國第一歷史檔案館等《中國近代兵器工業檔案史料》第一輯《張士珩呈江南製造局光緒三十四年首領銜名表宣統二年》

局廠別 細目	總幫辦銜名	各項委員銜名
江南製造局總辦	頭品頂戴存記補用道張士珩	
江南製造局幫辦	二品銜直隸補用道張錫藩	
參議兼總稽核委員		知府銜補用直隸州知州李壽仁
提調委員		廣東補用知縣李鍾珏

（續表）

局廠別 細目	總幫辦銜名	各項委員銜名
		江蘇候補知縣陳本端
幫提調		江蘇候補知縣劉殿華
總稽核處委員		候選從九馮溥昌
		議叙鹽大使劉家立
		候選從九金鑒
總檢調處委員		留江補用游擊霍良順
		江蘇候補知府趙涞彦
翻譯處委員		分省補用直隸州知州羅之彦
		方言館畢業生蔡祚東
文案處委員		揀選知縣劉文煜
		湖北補用知縣諸炳星
		候選部司務金志存
		州同職銜劉承熙
		候選縣丞田一貫
支應處委員		江蘇補用直隸州知州翟佩鐸
		分省補用知縣胡師烈
儲料庫房委員		江蘇即補知縣劉原道

（續表）

局廠別 細目	總幫辦銜名	各項委員銜名
議價處委員		候選通判周純
報銷處委員		候選從九陶楷
槍廠委員		候選縣丞葉蔭嵩
		候選縣丞沈輅
炮廠委員		候選府經歷黃承慶
子藥廠委員		候選縣丞江泰初
		候選縣丞吳家琢
		候選縣丞禹國僑
		州同職銜唐志喜
		江蘇候補縣丞姚恭寅
		候選從九陳河清
		候選巡檢龔長經
炮彈廠委員		候選從九吳昌鼎
		候選從九黃乃增
煉鋼廠委員		候選通判楊均
		候選縣丞唐燮
鑄鋼鐵廠委員		機器廠委員方德庸兼管

（續表）

局廠別 \ 細目	總幫辦銜名	各項委員銜名
機器廠委員		候選同知方德庸
		候選從九郎思謙
軍火處兼浦東藥庫委員		直隸補用直隸州知州趙安國
		候選縣丞賀壽祺
		候選縣丞沈茂椿
松江藥庫委員		候選從九李肅綱
翻譯館委員		候選訓導鄧嘉緝
印刷所委員		廣東候補通判孫如璋
兵工學堂 兵工小學堂 藝徒學堂 初級學堂 委員		候選直隸州州判王維泰
		常州府訓導達錫純
		候選鹽大使沈毅
		候選縣丞魯厚均
		正黃旗漢教習榮福
炮隊營督隊官		花翎守備張玉發
巡警處委員		庫房委員劉原道兼管

（續表）

局廠別　細目	總幫辦銜名	各項委員銜名
西路總巡		留江補用游擊蘇緒謨
高昌廟巡防局兼發審委員		江蘇候補縣丞李錫年
龍華巡防局委員		江蘇試用從九梁慶真
龍華浦東稽查委員		候選從九梁廣寬
官醫局委員		候選縣丞楊克讓
出洋調查委員		候選從九趙景簡
隨局差遣委員		江蘇候補縣丞朱綸
		江蘇試用典史崔昌斌
		揀選知縣褚德紹
		江蘇試用典史薩景顔
		候選縣丞金乃光
		候選從九李鴻吉
附記	謹按：本局各項首領，計總辦一員，幫辦一員；參議、提調及各廠、處、庫、所、學堂、總巡、稽查、官醫、調查、差遣各委員，除鑄銅鐵廠係機器廠委員兼管，巡警處係庫房委員兼管外，其餘共六十員；又炮隊營督隊官一員。通共六十三員。再，本局各廠、處委員時須視各廠、處事項之繁簡互有更調。有本年上數月在彼廠辦事，下數月調至此廠者。表列各項員數，均係按照光緒三十四年年底實在派定員數核填。理合登明。	

金石類			竹木類			布革類		
名稱 細數	堪用件數	不堪用件數	名稱 細數	堪用件數	不堪用件數	名稱 細數	堪用件數	不堪用件數
槍廠汽機	2		槍廠老虎鉗木臺	30		槍廠機用皮帶	605	
槍廠爐座風箱水櫃	31		槍廠繪圖臺凳	5		炮廠機用皮帶	308	
槍廠各項機床	181		炮廠儲圖橱	1		槍子各廠機用皮帶	526	
槍廠老虎鉗	180	104	炮廠繪圖臺凳	6		炮彈廠機用皮帶	122	15
槍廠磨刀石	2		槍子廠各儲圖橱	3		火藥各廠機用皮帶	123	
炮廠汽機	2		槍子各廠繪圖臺凳	4		煉鋼廠機用皮帶	94	22
炮廠爐座汽錘平臺起重架等	55		槍子各廠繪圖板尺	12		鑄銅鐵廠機用皮帶	5	
炮廠各項機床	143		槍子各廠提鉀綠養木桶	1		機器廠機用皮帶	86	
炮廠老虎鉗	82		槍各子廠存藥木桶	1				
炮廠磨刀石	2		槍子各廠儲小銅帽木臺	2				
炮廠分釐尺及繪圖器具	8		槍子各廠輥銅殼木桶	6				
槍子各廠汽機	6		槍子各廠儲炮彈銅殼木架	2				
槍子各廠爐座風箱打鐵墩等	58		槍子各廠儲鋼模木橱	3				
槍子各廠機床器具	370		炮彈廠老虎鉗木臺	9	4			
槍子各廠老虎鉗	62		炮彈廠繪圖臺凳	3				
槍子各廠磨刀石	2		火藥各廠洗棉紗木桶	13				
槍子各廠分釐尺及繪圖器具	16		火藥各廠爛棉藥木架	13				
炮彈廠爐座風箱	9		火藥各廠光無烟藥木桶	2				
炮彈廠機床器具	78	10	火藥各廠烘藥木架	14				
炮彈廠老虎鉗	33	12	火藥各廠烘硝木架	3				
炮彈廠磨刀石砂輪石	3		火藥各廠烘藥木架	7				

（續表）

金石類 名稱	堪用件數	不堪用件數	竹木類 名稱	堪用件數	不堪用件數	布革類 名稱	堪用件數	不堪用件數
火藥各廠汽機	7		火藥各廠存硝木桶	1				
火藥各廠爐座等	197		火藥各廠光黑藥木桶	6				
火藥各廠機床	78		煉鋼廠儲圖橱	1				
火藥各廠老虎鉗	4		煉鋼廠繪圖臺凳	4				
煉鋼廠汽機	10		煉鋼廠曬圖機	1				
煉鋼廠爐座等	91		煉鋼廠滚鋼盂桶	1				
煉鋼廠機床	84		鑄銅鐵廠手推車	2	1			
煉鋼廠老虎鉗	17	2	鑄銅鐵廠代存各廠木模	600				
煉鋼廠磨刀砂輪石	4		機器廠老虎鉗木臺	11	5			
鑄銅鐵廠汽機	1		機器廠繪圖臺凳	2				
鑄銅鐵廠爐座等	45							
鑄銅鐵廠模箱熔銅罐等	196							
鑄銅鐵廠老虎鉗	49							
機器廠汽機	2							
機器廠爐座等	14							
機器廠機床及螺絲扳手	59							
機器廠老虎鉗	50							
機器廠磨刀石	2							
總計								
各項機床砂石	2 235	129	各項竹木器具	769	10	各項皮帶	1 869	37
附記	謹按：表内所列各項，均係光緒三十四年年底實存數目。遵照大部調查表式，分金石、竹木、布革三類分别填注。理合登明。							

總分局廠等別		江南制造局															
		總辦		幫辦		參議承政稽核處		提調處		總稽核處		總檢查處		翻譯館 翻譯處 天文館		文案處	
員弁等項名稱		額數	現數	額數	現數	額數	現數	額數	現數	額數	現數	額數	現數	額數	現數	額數	現數
各項官	總幫辦	1	1		1												
	各廠處庫所各項委員						1		3		3		2		3		5
	炮隊營督隊官																
各項弁	炮隊營棚長司務長等																
	巡警處巡弁巡長等																
	炮船及公務廳各哨弁																
各項兵	炮隊營目兵																
	巡警兵																
各項勇	總分局護勇																
	炮船水勇																
各項夫役	炮隊營工夫隊巡警處火夫																
	公務廳廠處庫學堂局門工役																
各項工匠	各廠匠目工匠小工																
	檢查洋員各廠洋工司												1				

（續表）

總分局廠等別	員弁等項名稱	一切雜項文武人屬：各廠處庫各局門司事	各廠學生	各廠繪圖生	教習	出洋留學員生兵工學堂學生	書識	醫士	合計：員數	名數	建設地
江南制造局總辦	額數										松江高昌廟
	現數								1		
幫辦	額數										在本局
	現數								1		
參議承政稽核處	額數										在本局
	現數								1		
提調處	額數										在本局
	現數	1							3	1	
總稽核處	額數										在本局
	現數	2							3	2	
總檢查處	額數										在本局
	現數								3		
翻譯館 翻譯處 天文館	額數										在本局
	現數	15			3				6	15	
文案處	額數										在本局
	現數	7							5	7	

總分局廠等別	員弁等項名稱	各項官：總幫辦	各廠處庫所各項委員	炮隊營督隊官	各項弁：炮隊營棚長司務長等	巡警處巡弁巡長等	炮船及公務廳各哨弁
支應處	額數						
	現數		2				
儲料庫房兼議價處	額數						
	現數		2				
報銷處	額數						
	現數		1				
槍廠	額數						
	現數		2				
炮廠	額數						
	現數		1				
子藥廠	額數						
	現數		7				
炮彈廠	額數						
	現數		2				
煉鋼廠	額數						
	現數		2				

（續表）

總分局廠等別	員弁等項名稱	各項兵：炮隊營目兵	各項兵：巡警兵	各項勇：總分局護勇	各項勇：炮船水勇	各項夫役：炮隊營工夫隊巡警處火夫	各項夫役：公務廳廠處庫學堂局門工役	各項工匠：各廠匠目工匠小工	各項工匠：檢查洋員各廠洋工司	一切雜項文武人屬：各廠處庫各局門司事	一切雜項文武人屬：各廠學生	一切雜項文武人屬：各廠繪圖生	一切雜項文武人屬：教習	一切雜項文武人屬：出洋留學員生兵工學堂學生	一切雜項文武人屬：書識	一切雜項文武人屬：醫士	合計：員數	合計：名數	建設地
支應處	額數																		在本局
	現數									7							2	7	
儲料庫房兼議價處	額數																		在本局
	現數							9		12							2	21	
報銷處	額數																		在本局
	現數									11							1	11	
槍廠	額數																		在本局
	現數							426		6	6						2	438	
炮廠	額數																		在本局
	現數							346	1	6	8						1	361	
子藥廠	額數																		龍華鎮
	現數							864	1	19	3		2				9	887	
炮彈廠	額數																		在本局
	現數							169		5	1						2	175	
煉鋼廠	額數																		在本局
	現數							258		7	4						2	269	

（續表）

總分局廠等別	員弁等項名稱	各項官			各項弁			各項兵		各項勇		各項夫役		各項工匠	
		總幫辦	各廠處庫所各項委員	炮隊營督隊官	炮隊營棚長司務長等	巡警處巡弁巡長等	炮船及公務廳各哨弁	炮隊營目兵	巡警兵	總分局護勇	炮船水勇	炮隊營工夫隊巡警處火夫	公務廳廠處庫學堂局門工役	各廠匠目工匠小工	檢查洋員各廠洋工司
鑄銅鐵廠	額數														
	現數		兼											117	
機器廠	額數														
	現數		2											205	
工程股	額數														
	現數		兼											88	
各廠繪圖	額數														
	現數														
軍火處兼浦東藥棧	額數														
	現數		3											30	
松江藥庫	額數														
	現數		1												
印刷所	額數														
	現數		1												
兵工學堂 兵工小學堂 藝徒學堂 初級學堂	額數														
	現數		5										16		

(續表)

總分局廠等別	員弁等項名稱	各廠處庫各局門司事	各廠學生	各廠繪圖生	教習	出洋留學員生兵工學堂學生	書識	醫士	合計 員數	合計 名數	建設地
鑄銅鐵廠	額數										在本局
	現數	4								121	
機器廠	額數										在本局
	現數	4	3						2	212	
工程股	額數										在本局
	現數	2								90	
各廠繪圖	額數										在本局
	現數			5						5	
軍火處兼浦東藥棧	額數										本局浦東
	現數	5							3	35	
松江藥庫	額數										松江城内
	現數	1							1	1	
印刷所	額數										在本局
	現數	1	5				4		1	10	
兵工學堂 兵工小學堂 藝徒學堂 初級學堂	額數										分設本局
	現數				20	261			25	277	

總分局廠等別	員弁等項名稱	各項官 總幫辦	各項官 各廠處庫所各項委員	各項官 炮隊營督隊官	各項弁 炮隊營棚長司務長等	各項弁 巡警處巡弁巡長等	各項弁 炮船及公務廳各哨弁
炮隊營	額數						
	現數			1	30		
巡警處	額數						
	現數		兼			11	
西路總巡	額數						
	現數		1				
巡防局兼發審處	額數						
	現數		2				
護送軍火炮船	額數						
	現數						1
稽查處	額數						
	現數		1				
官醫局	額數						
	現數		1				
出洋調查	額數						
	現數		1				

（續表）

總分局廠等別＼員弁等項名稱		各項兵		各項勇		各項夫役		各項工匠		一切雜項文武人屬							合計		建設地
		炮隊營目兵	巡警兵	總分局護勇	炮船水勇	炮隊營工夫隊巡警處火夫	公務廳廠處庫學堂局門工役	各廠匠目工匠小工	檢查洋員各廠洋工司	各廠處庫各局門司事	各廠學生	各廠繪圖生	教習	出洋留學員生兵工學堂學生	書識	醫士	員數	名數	
炮隊營	額數																		駐扎局外
	現數	225				43											31	268	
巡警處	額數																		駐總分局
	現數		169			36									2		11	207	
西路總巡	額數																		巡總分局
	現數																1		
巡防局兼發審處	額數																		設總分局
	現數																2		
護送軍火炮船	額數																		駐泊局前
	現數				11												1	11	
稽查處	額數																		龍華浦東局門
	現數									2							1	2	
官醫局	額數																		在本局
	現數															1	1	1	
出洋調查	額數																		在英國
	現數																1		

（續表）

員弁等項名稱		出洋學習製造員生 額數	出洋學習製造員生 現數	差遣處 額數	差遣處 現數	總分局公務廳及各廠處 額數	總分局公務廳及各廠處 現數	總計
各項官	總幫辦							63
	各廠處庫所各項委員				6			
	炮隊營督隊官							
各項弁	炮隊營棚長司務長等							45
	巡警處巡弁巡長等							
	炮船及公務廳各哨弁						3	
各項兵	炮隊營目兵							394
	巡警兵							
各項勇	總分局護勇						25	36
	炮船水勇							
各項夫役	炮隊營工夫隊巡警處火夫							203
	公務廳廠處庫學堂局門工役						108	

附記：

謹按：本局附總辦額定一員外，幫辦及各項委員、弁兵、勇夫、工匠暨雜項文武人屬均無定額。幫辦則由南、北洋大臣隨時派委，其餘各項人屬均由本局總辦視承辦事項之繁簡、工作之多寡，隨時察酌增減更調。炮隊營雖擬有章制，然究非地方營隊可比，亦間有視局中操試槍炮及巡防修築等事因時制宜，小有增減。兹將光緒三十四年分局中實用員弁、兵勇、夫工及雜項人屬，遵照奉頒表式，斟酌列項，核數分填。理合登明。

（續表）

員弁等項名稱 ＼ 總分局廠等別		出洋學習制造員生 額數	出洋學習制造員生 現數	差遣處 額數	差遣處 現數	總分局公務廳及各廠處 額數	總分局公務廳及各廠處 現數	總計	附記
各項工匠	各廠匠目工匠小工							2 515	
	檢查洋員各廠洋工司								
一切雜項文武人屬	各廠處庫各局門司事							454	
	各廠學生								
	各廠繪圖生								
	教習								
	出洋留學員生兵工學堂學生		9						
	書識								
	醫士								
合計	員數		5		6		3		
	名數		4				133		
建設地		留英德		在本局		在總分局		3 710	

附記：

謹按：本局附總辦額定一員外，幫辦及各項委員、弁兵、勇夫、工匠暨雜項文武人屬均無定額。幫辦則由南、北洋大臣隨時派委，其餘各項人屬均由本局總辦視承辦事項之繁簡、工作之多寡，隨時察酌增減更調。炮隊營雖擬有章制，然究非地方營隊可比，亦間有視局中操試槍炮及巡防修築等事因時制宜，小有增減。兹將光緒三十四年分局中實用員弁、兵勇、夫工及雜項人屬，遵照奉頒表式，斟酌列項，核數分填。理合登明。

葛元熙《滬游雜記》卷一《製造局》

製造局即機器廠，離城南數里。地廣四百餘畝，工匠二千餘人，以機器製造輪船及各種軍械。又有火箭分廠在陳家港，火藥局在龍華寺南，均以西匠一人爲監制。

葛元熙《滬游雜記》卷三《鐵廠》

鐵冶洪爐利器精，鈎心斗角總分明。個中尤愛風斤運，借與人間削不平。

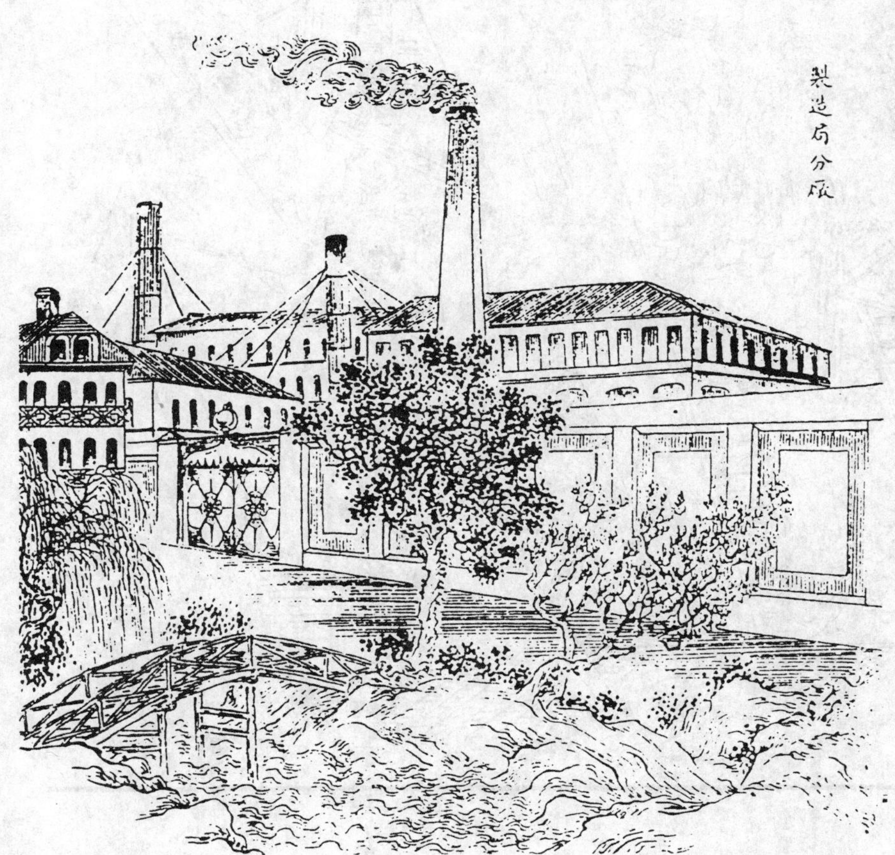

《點石齋畫報》第三集上《礮隊鉅災》

礮隊鉅災

滬南製造局東南隅半里許，駐有炮隊營。四面圍築泥墻，中爲中軍營房二十餘間，兩旁共設營房四十餘間。營房西南角土城上有瞭臺一座，下面即係火藥房，中儲大砲兩尊及銅帽火藥等各種軍火。本月十二夜，不知何火星飛入火藥堆中，立時炸裂，燄及大砲，轟然一聲，天驚石破。各營房遂次第延燒，霎時延及中軍營房。各營兵奔逃不及，以致葬身火穴者十有二人，有肢體不全者，有蹤影全無者，類皆慘不忍覩。其受傷者三十七名，均舁至仁濟醫院求救，間有火毒過重不一救藥者。當火熾時，營房中繫有四馬，事後三馬斃，均浮諸浦面，惟一馬尚存。又有一人被轟至五里外草田間，安然而返，人多異之。至附近居民房屋門窗被震毀壞者不可數計。維時營帶劉毓湘因在滬北冶游，得免於禍。聞是役共燬營房六十餘間，軍火尚不甚多，而遠近居民已受驚不淺。無怪松郡之大火藥庫，松人士皆憂心如焚，不能安枕也。

何元俊

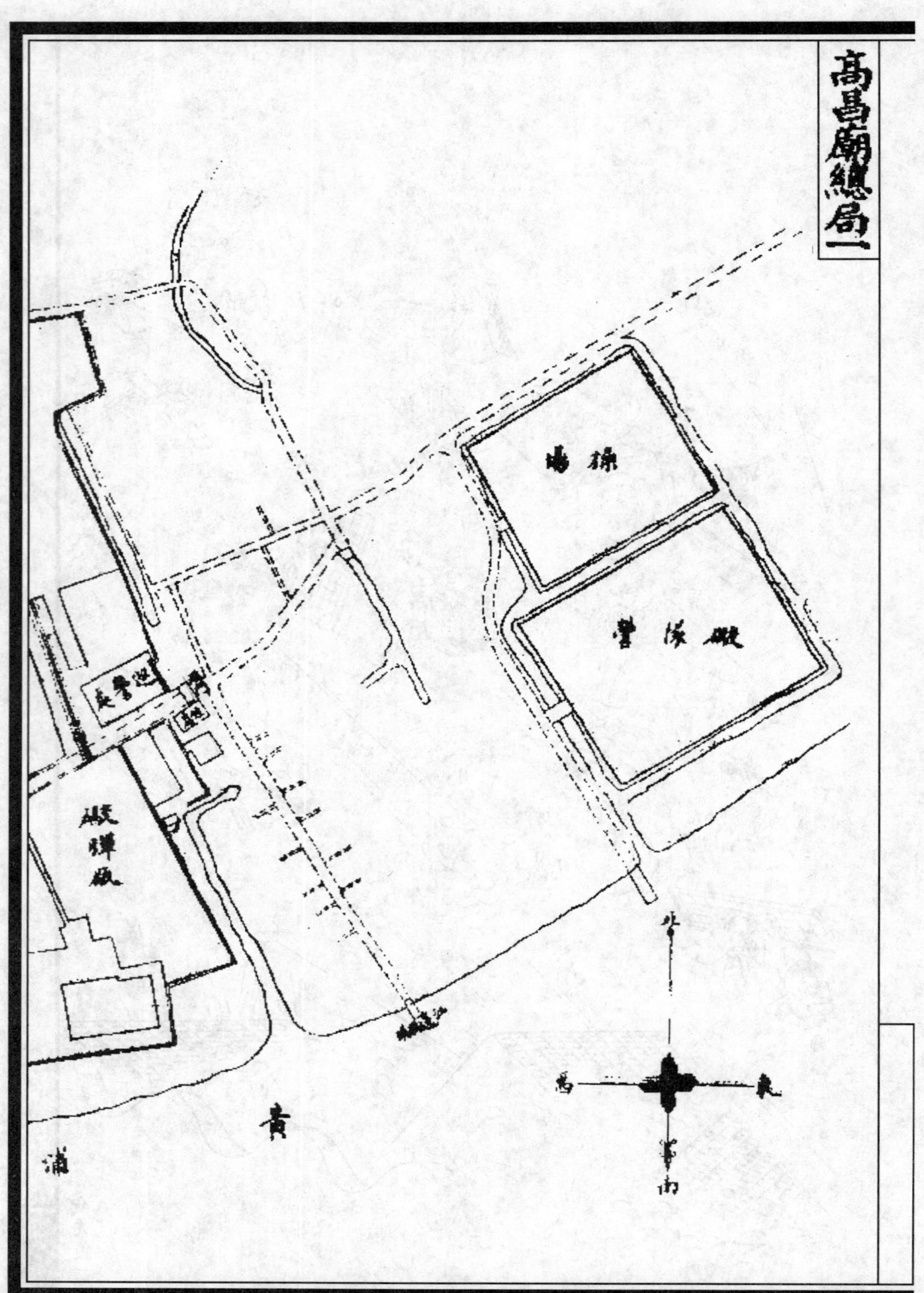
高昌廟總局一
黃
浦
北
西
東
南

高昌廟總局一

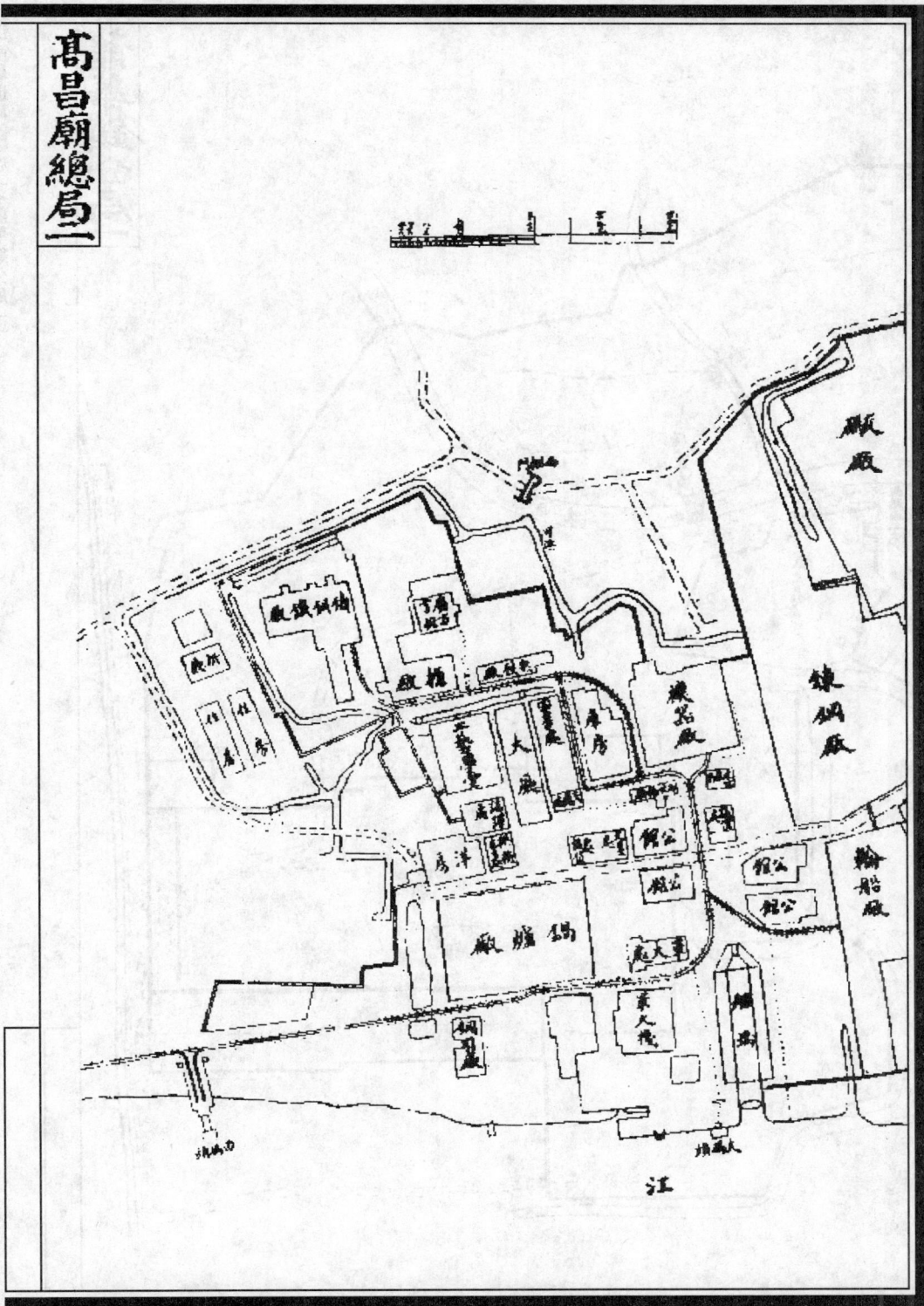

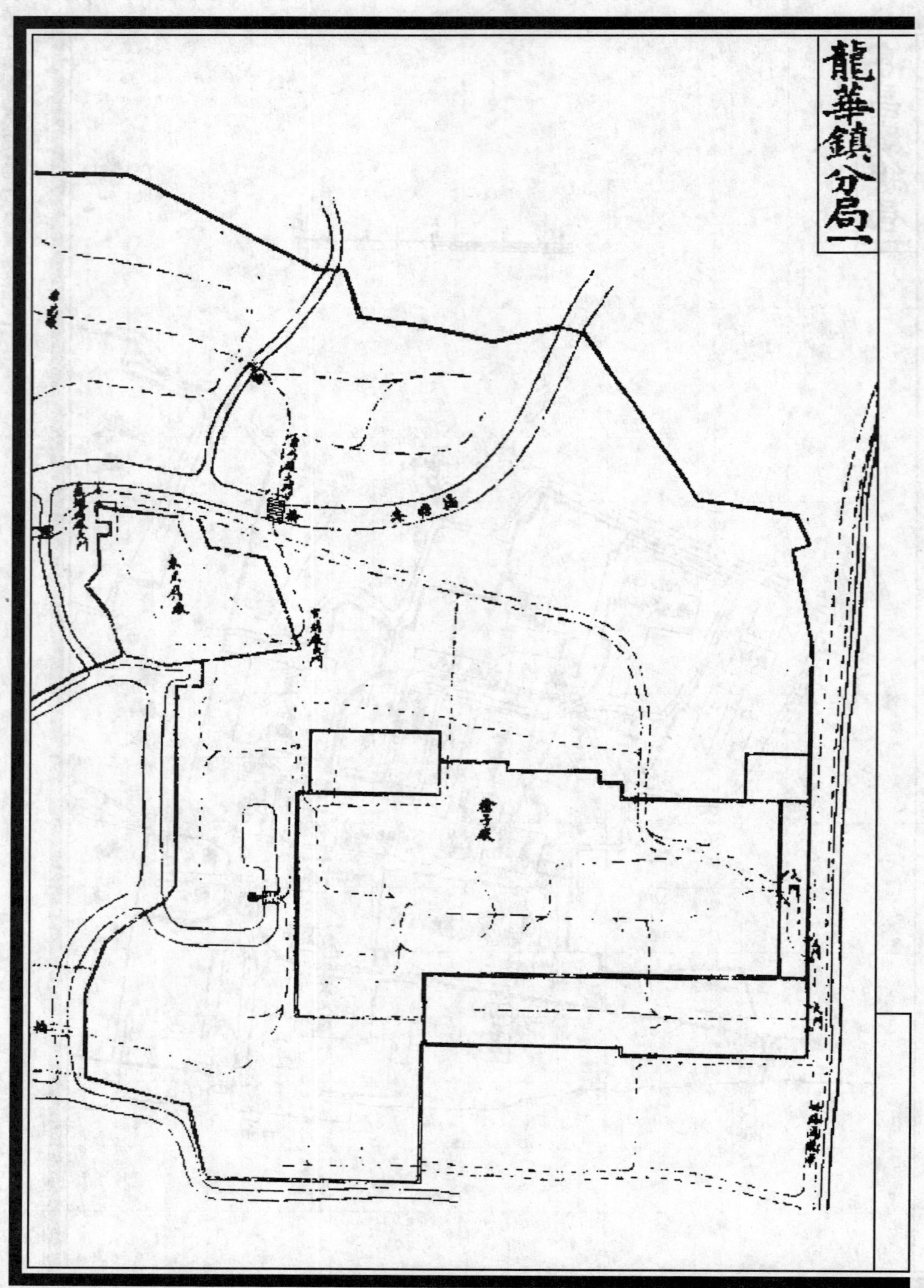
龍華鎮分局一

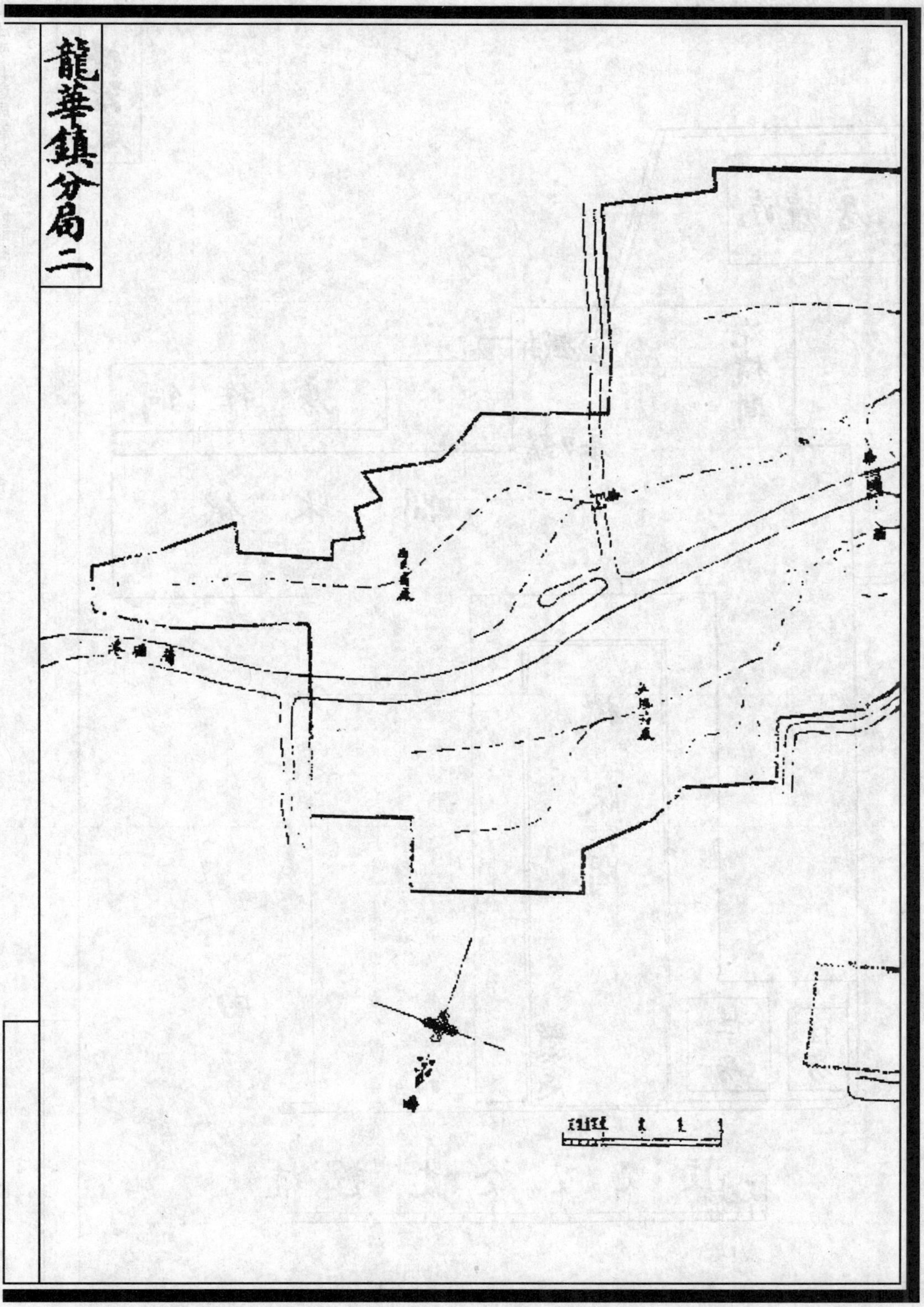

龍華鎮分局二

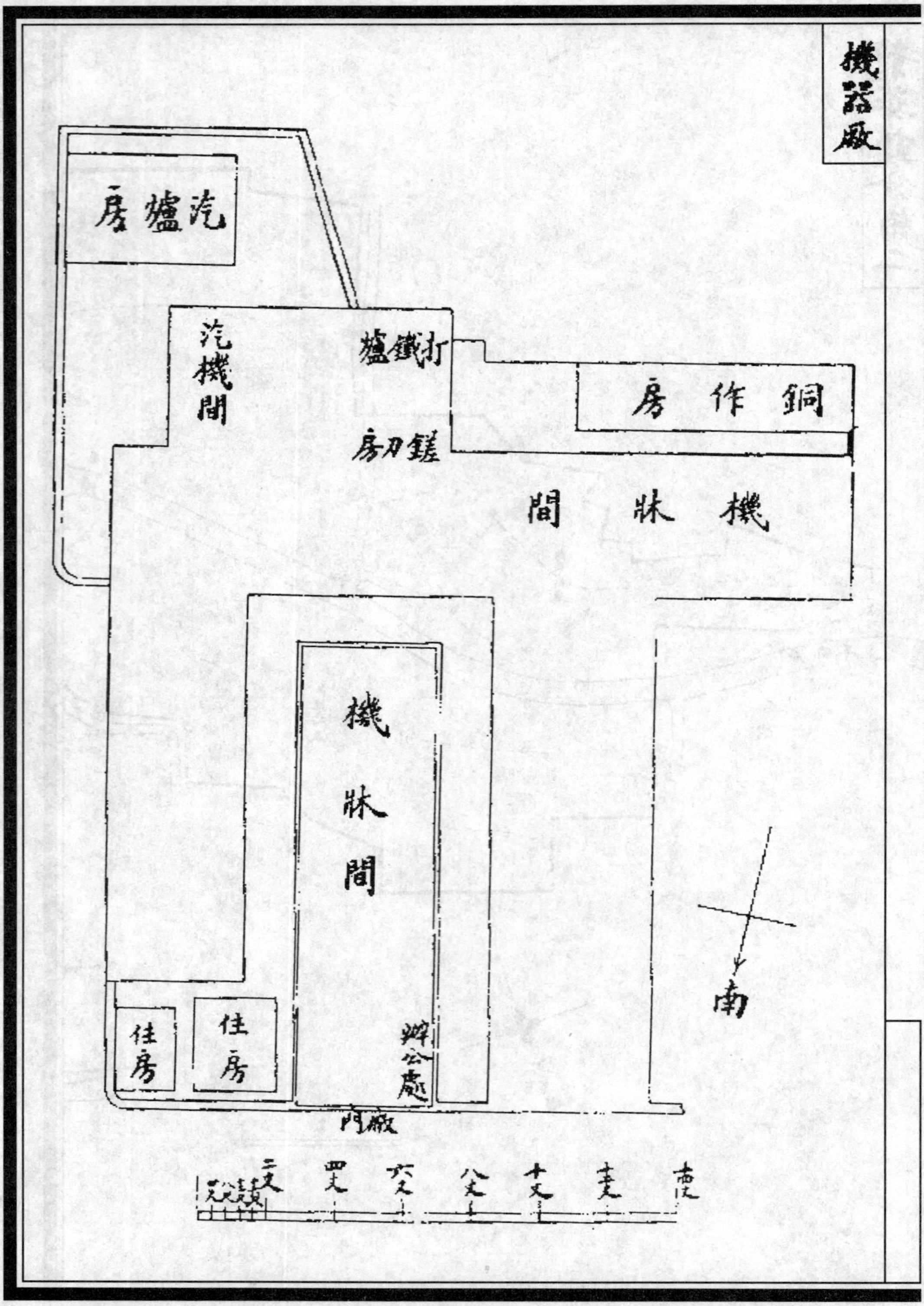

機器廠

汽爐房

汽機間

打鐵爐

銅作房

鏇刀房

機牀間

機牀間

住房

住房

辦公處

廠門

南

二丈 四丈 六丈 八丈 十丈 十二丈 十四丈

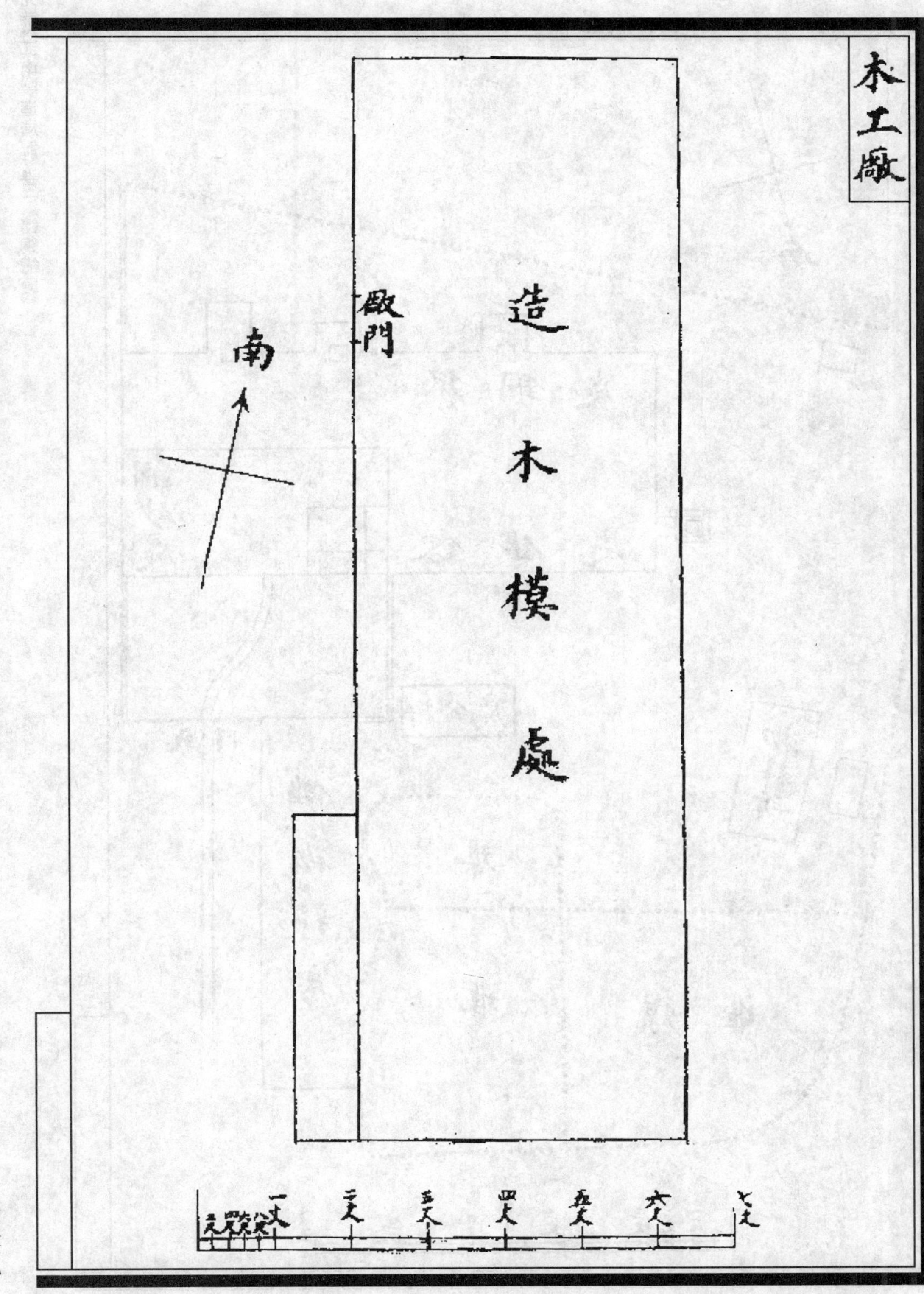
木工廠
造木模處
廠門
南
一丈
二丈
三丈
四丈
五丈
六丈
七丈

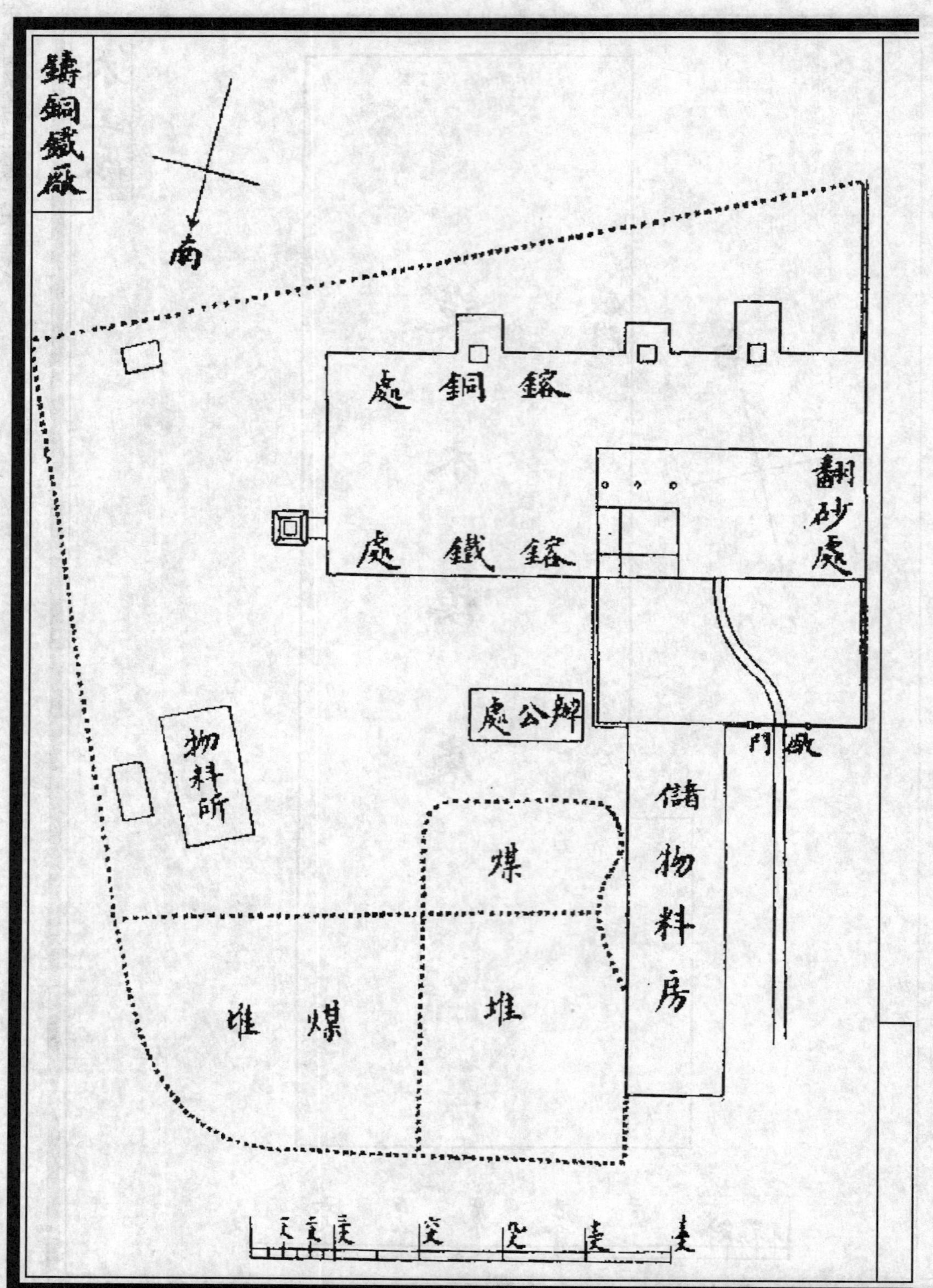
鑄銅鐵廠
南
鎔銅處
鎔鐵處
翻砂處
辦公處
廠門
物料所
儲物料房
煤堆
煤堆

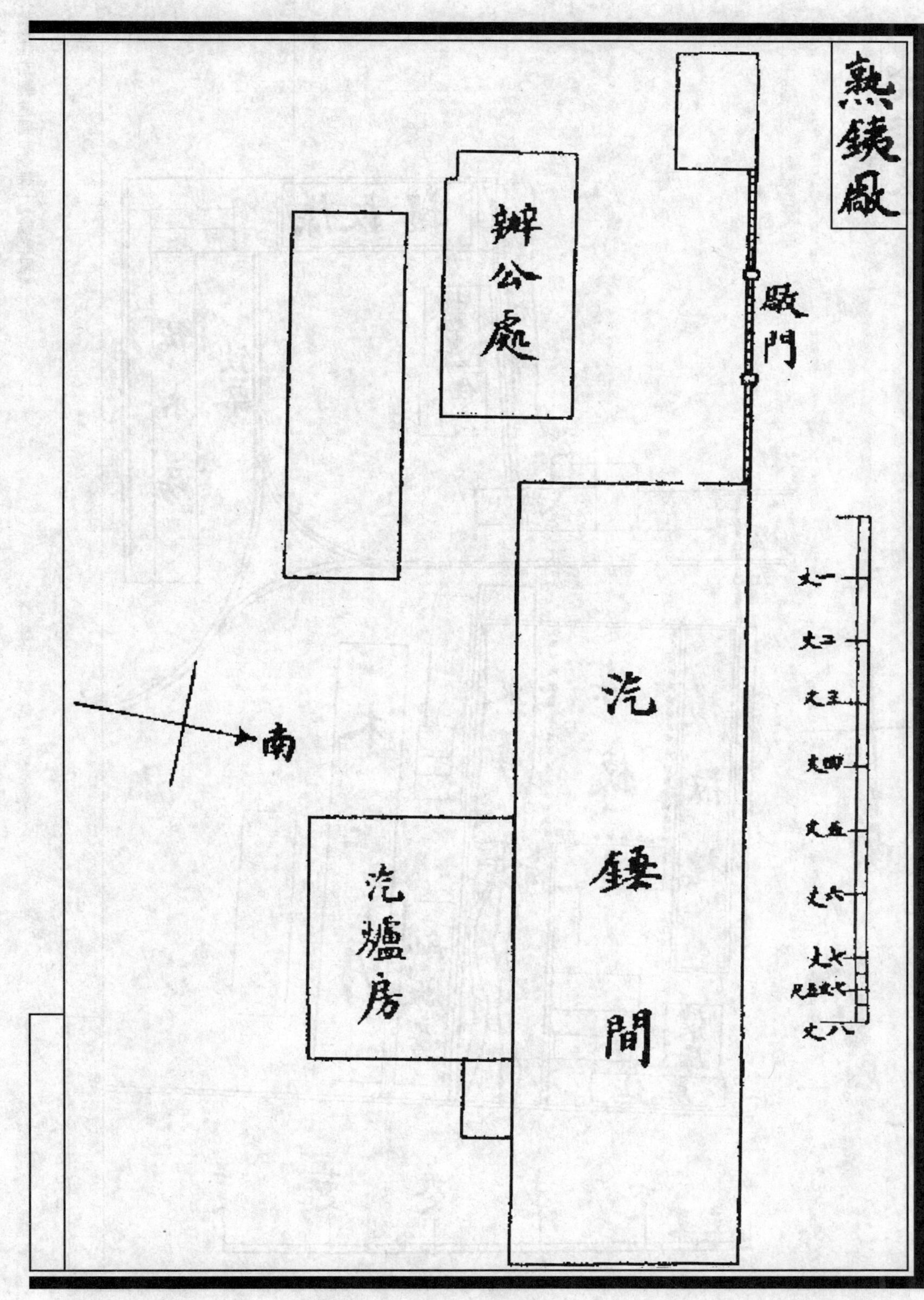
熟鋘廠
辦公處
廠門
汽鎚間
汽爐房
南
一丈
二丈
三丈
四丈
五丈
六丈
七丈
八丈

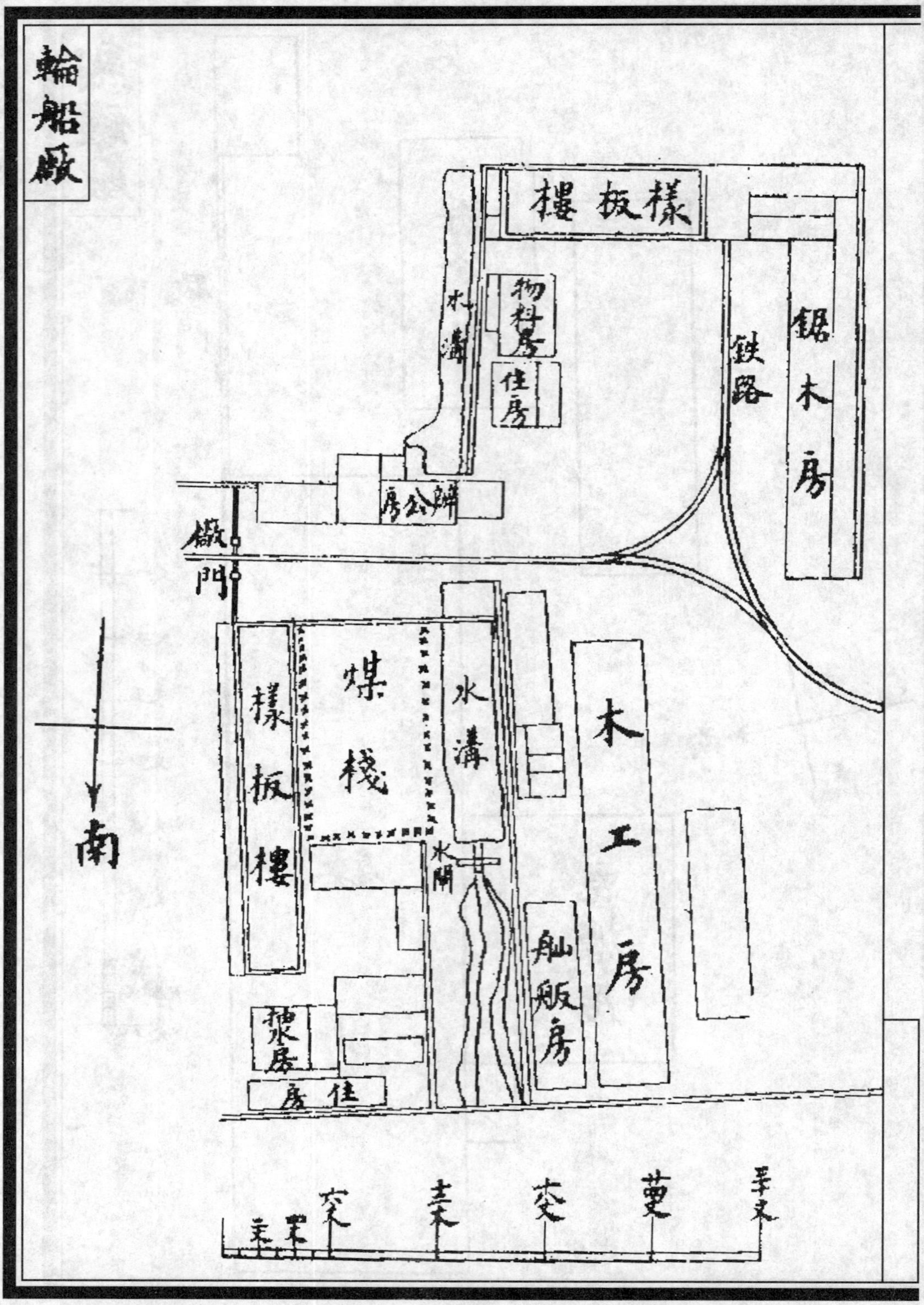

輪船廠

樣板樓
物料房
住房
水溝
鋸木房
鉄路
辦公房
廠門
南
樣板樓
煤棧
水溝
水閘
木工房
舢舨房
抽水房
住房

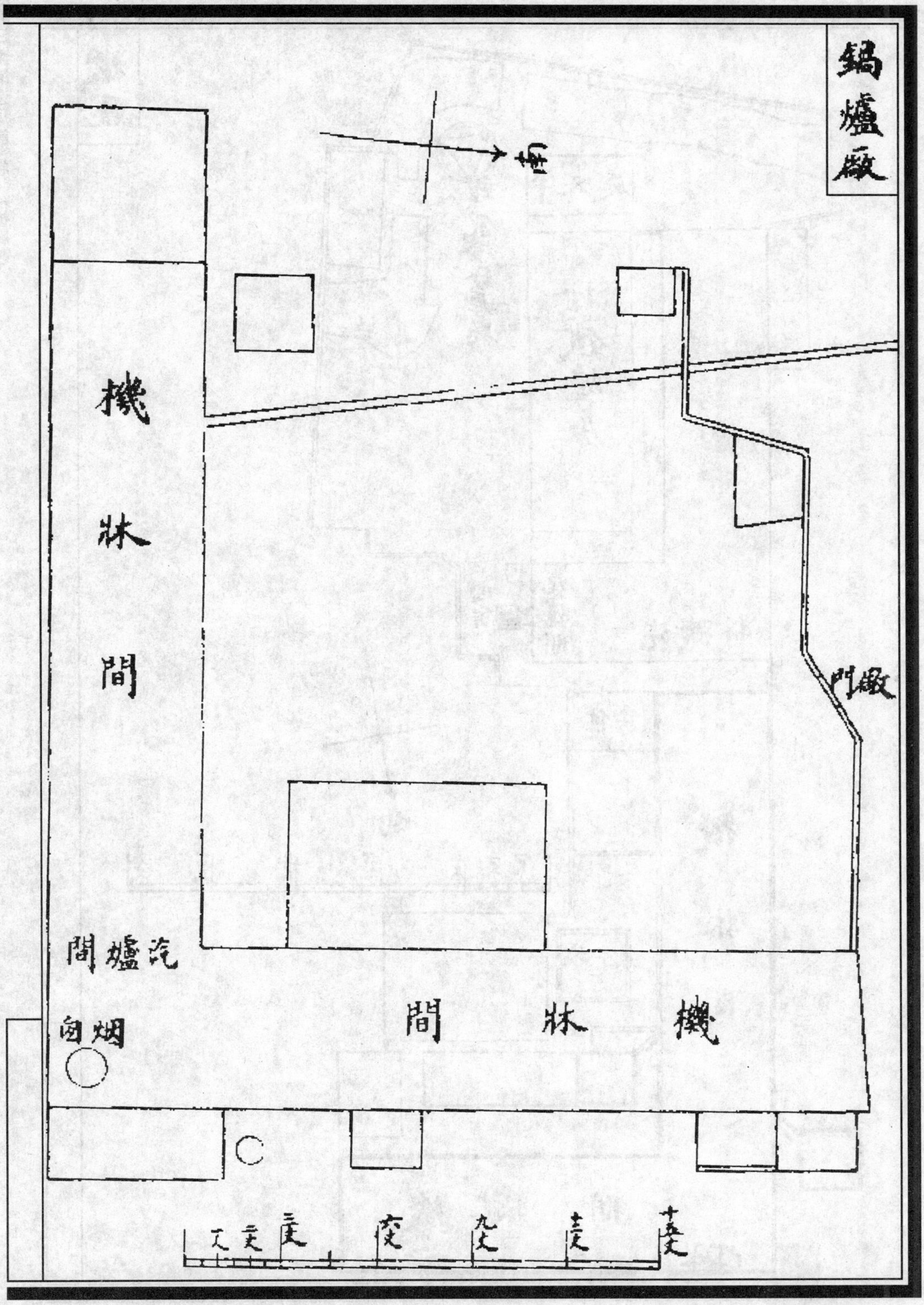

鍋爐廠

南

機牀間

廠門

汽爐間

烟囱

機牀間

一丈 二丈 三丈 六丈 九丈 十二丈 十五丈

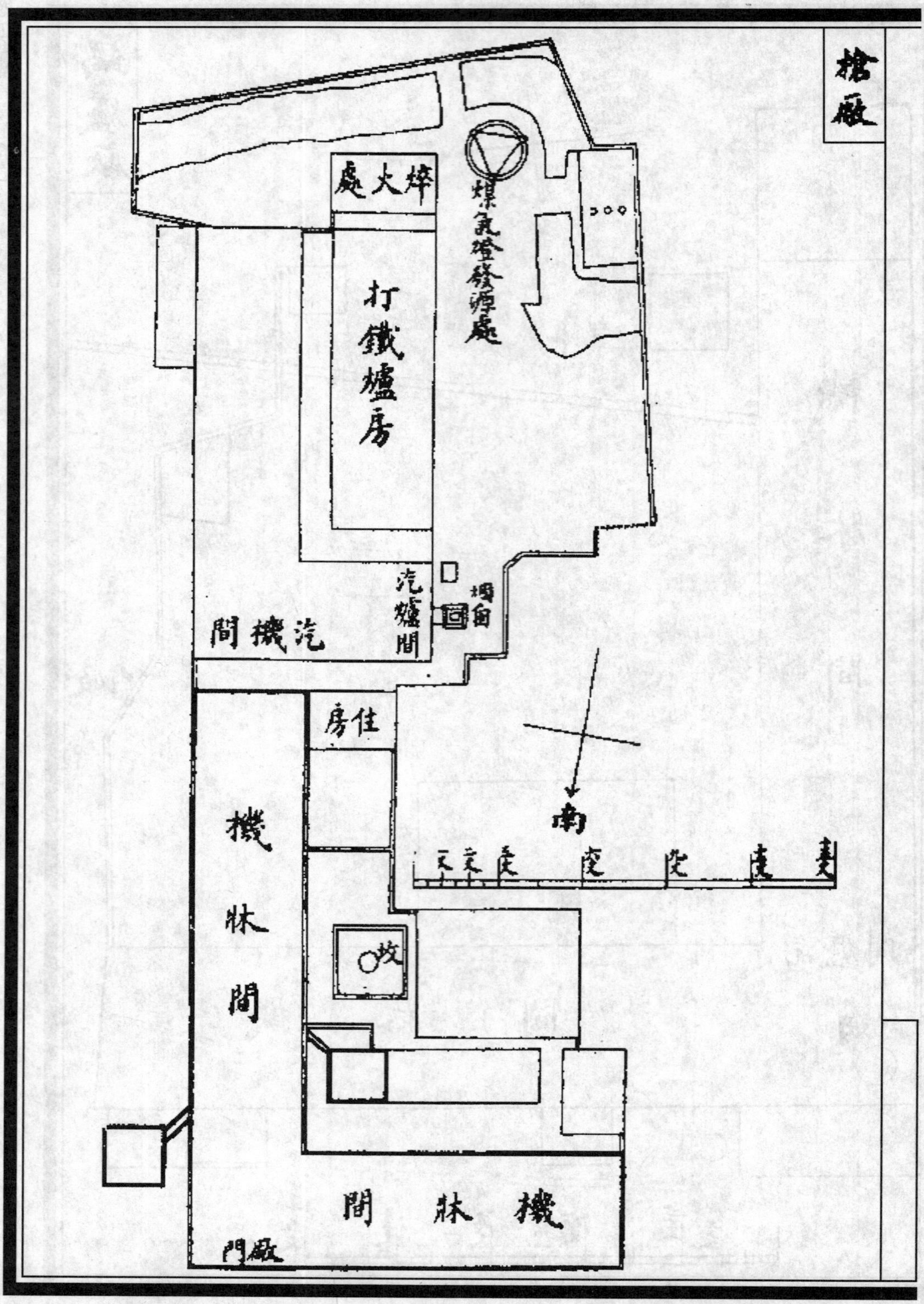

槍廠

焠火處
煤氣燈發源處
打鐵爐房
汽爐間
烟囱
汽機間
住房
南
機牀間
機牀間
廠門

礮廠

汽爐房

烟囪

機器製礮房

機牀間

汽鎚房

鐵路

木工房

漆作房

洋房

辦公房

廠門

南

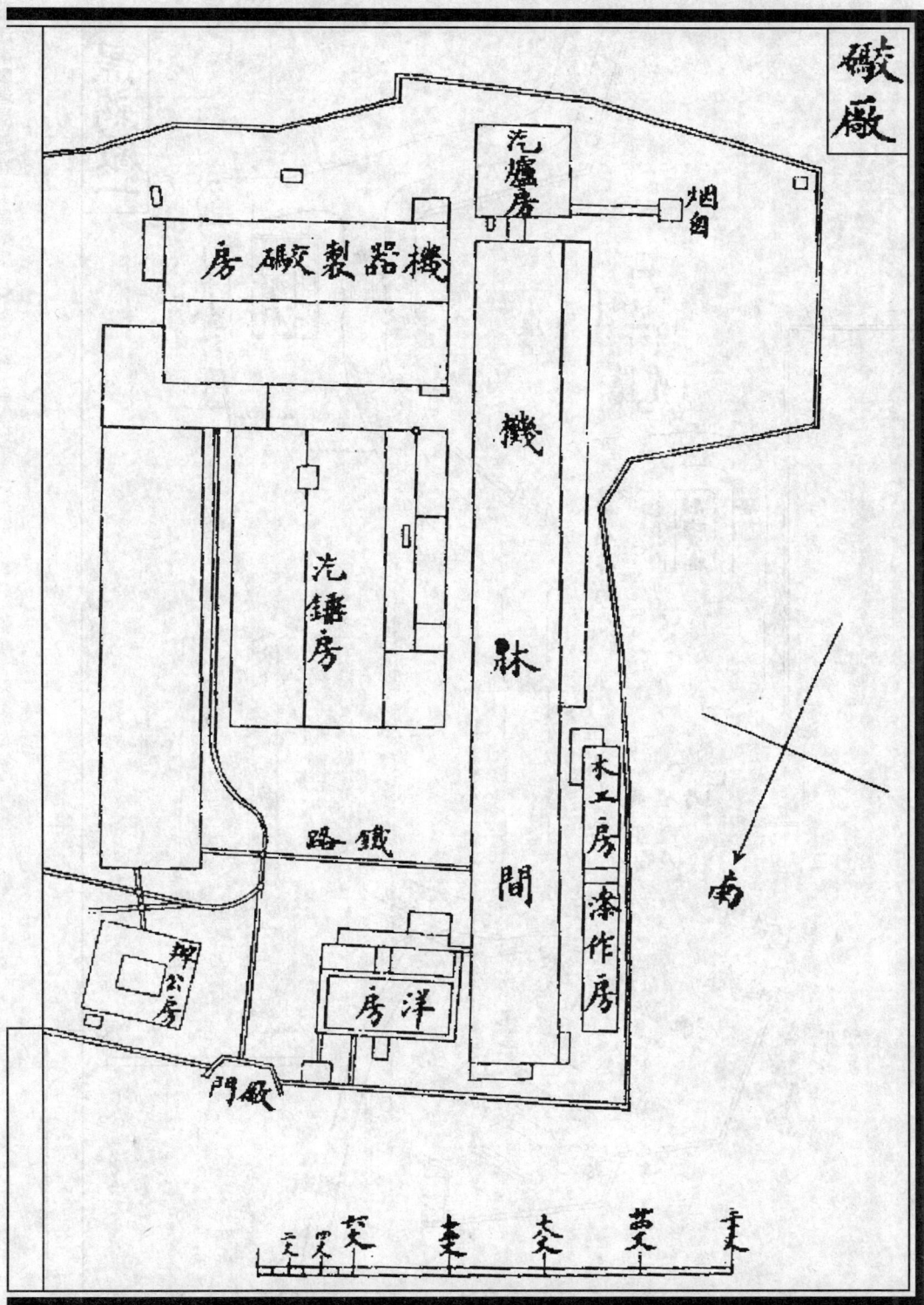

魏允恭《江南製造局記》卷一《黑藥廠一》

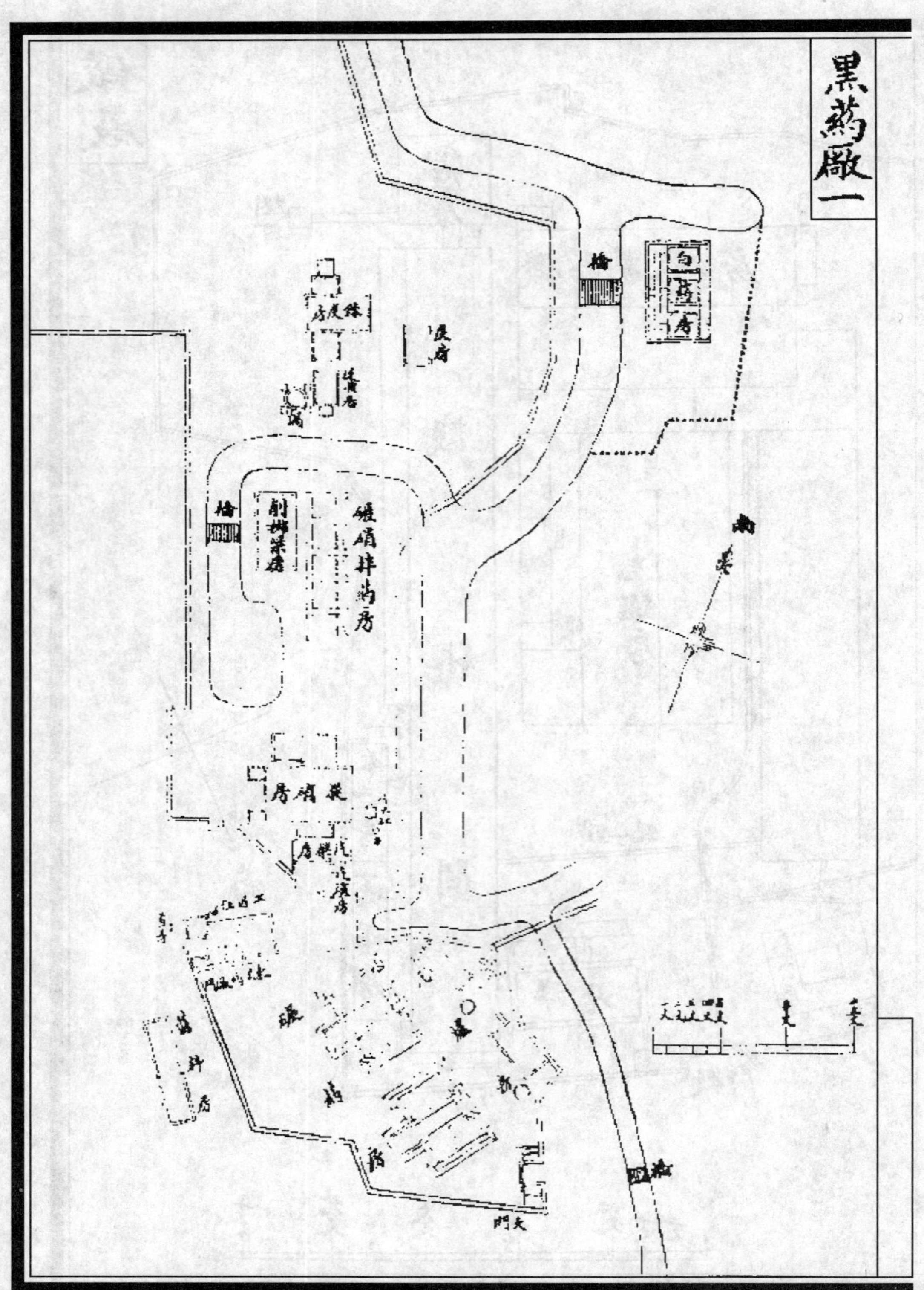

黑藥廠二

蒲滙港

水池

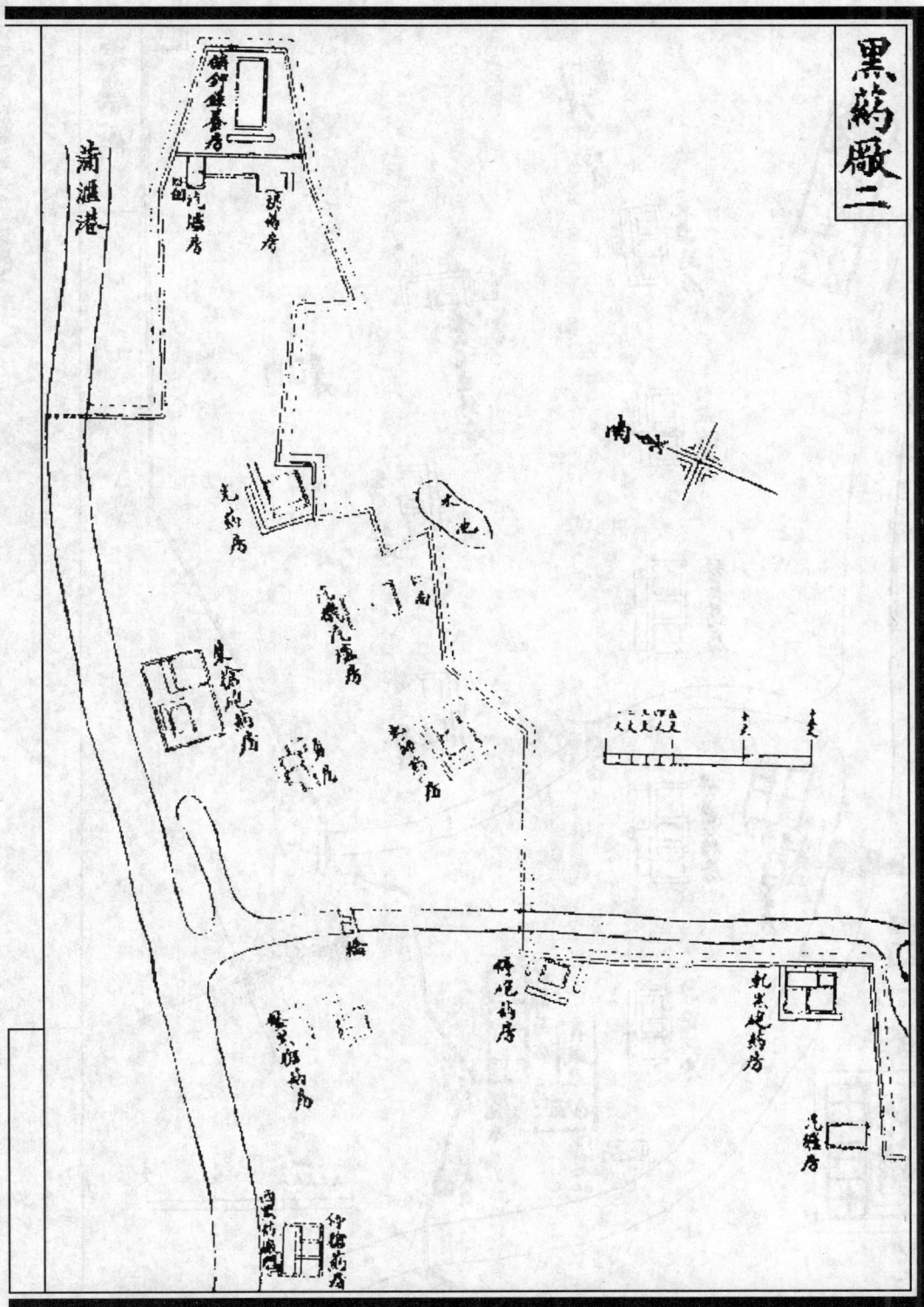

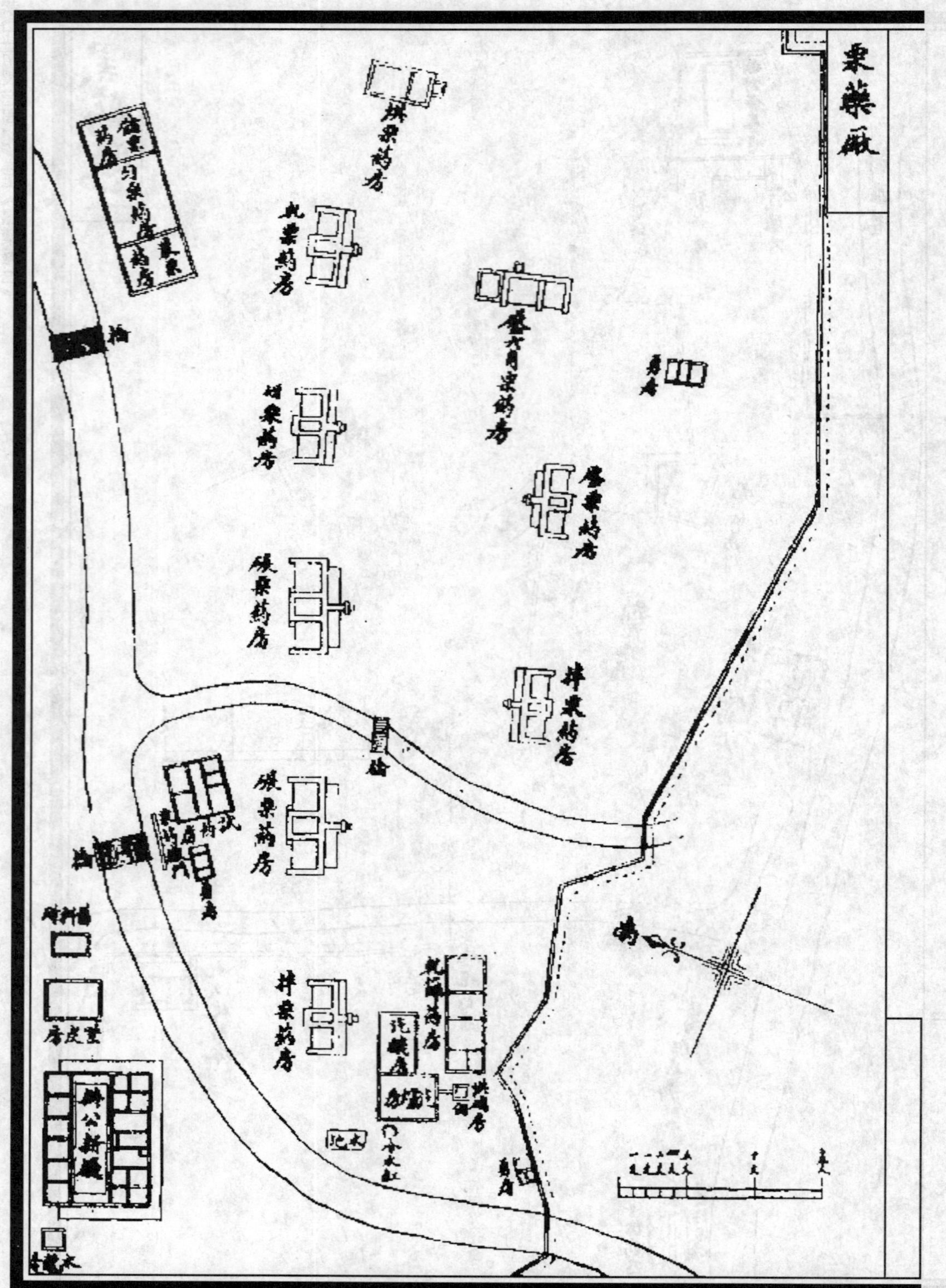
栗藥廠

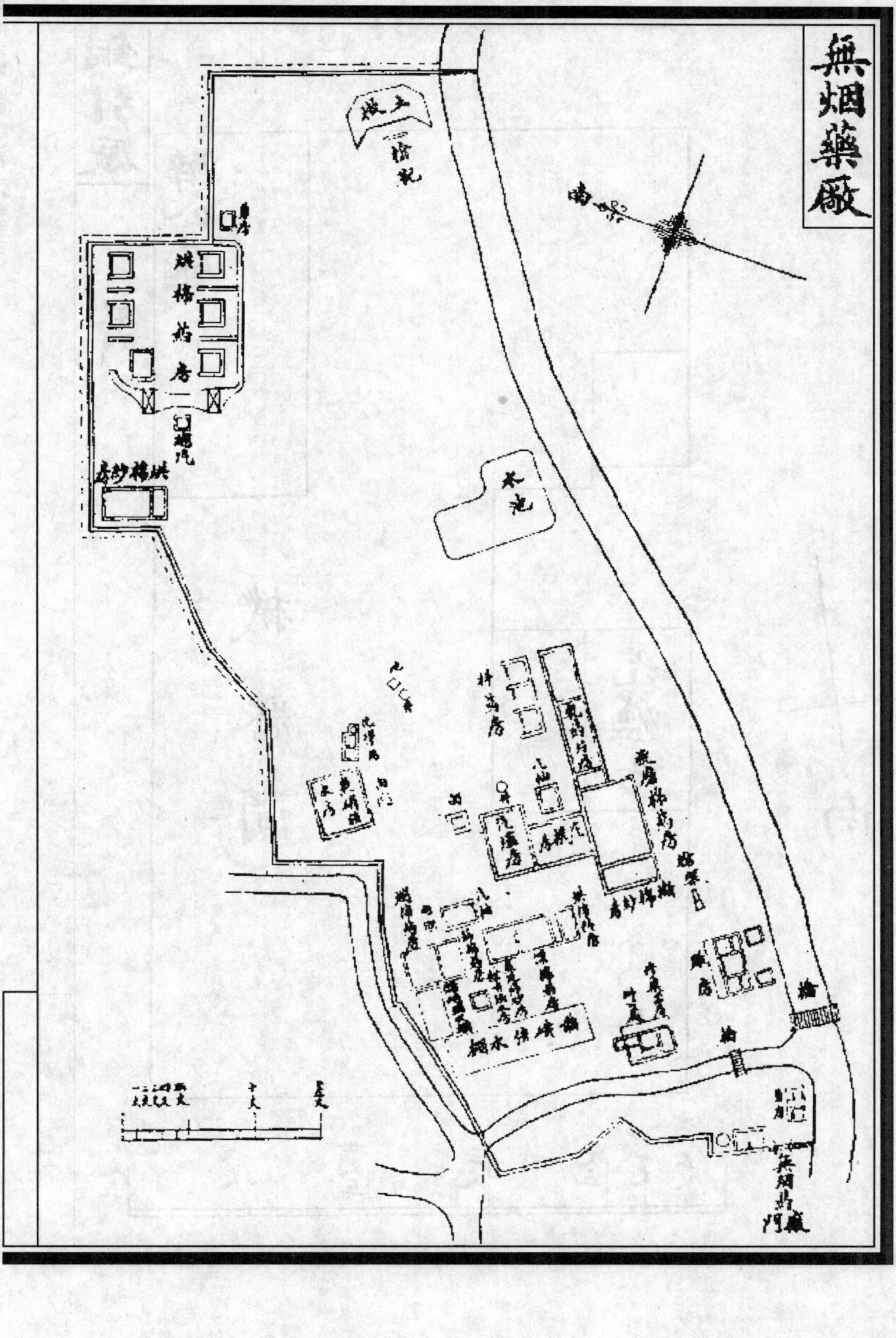

無烟藥廠

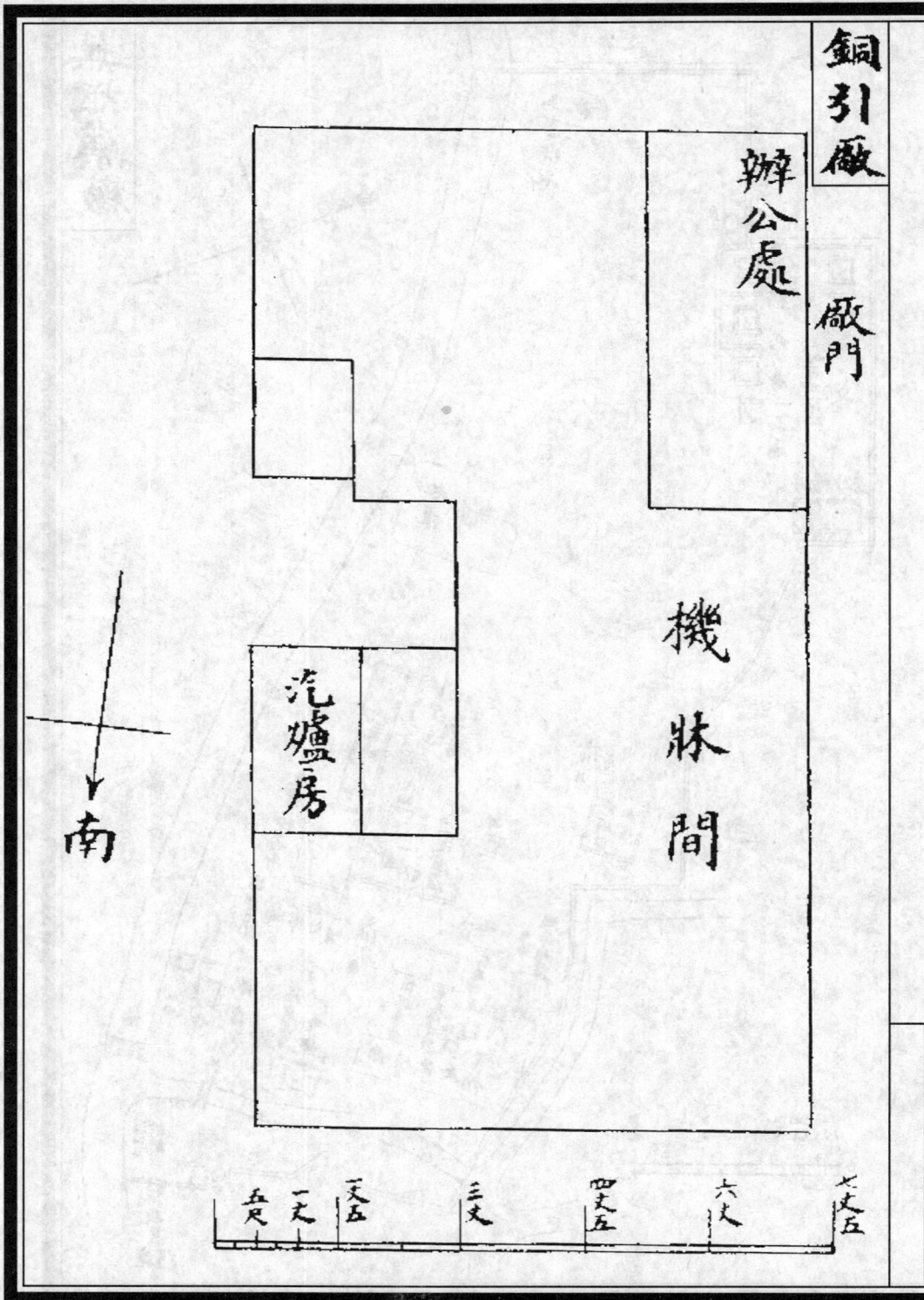

銅引廠

辦公處

廠門

機牀間

汽爐房

南

五尺 一丈 一丈五 三丈 四丈五 六丈 七丈五

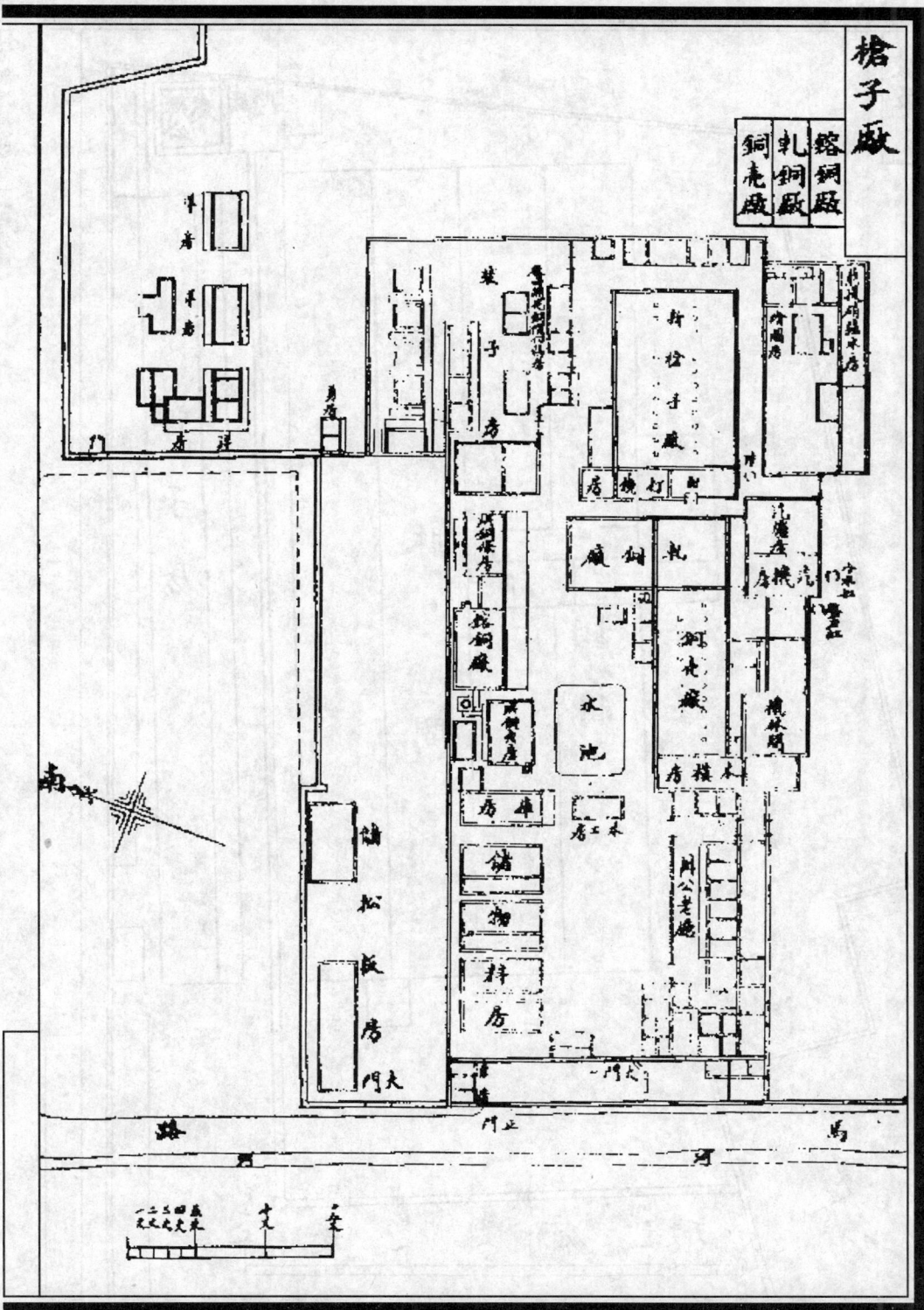

槍子廠

鎔銅廠
軋銅廠
銅売廠

新槍子廠
軋銅廠
銅売廠
鎔銅廠
水池
木樣房
木工房
庫房
儲物料房
儲松板房
大門
正門
馬路
河
南

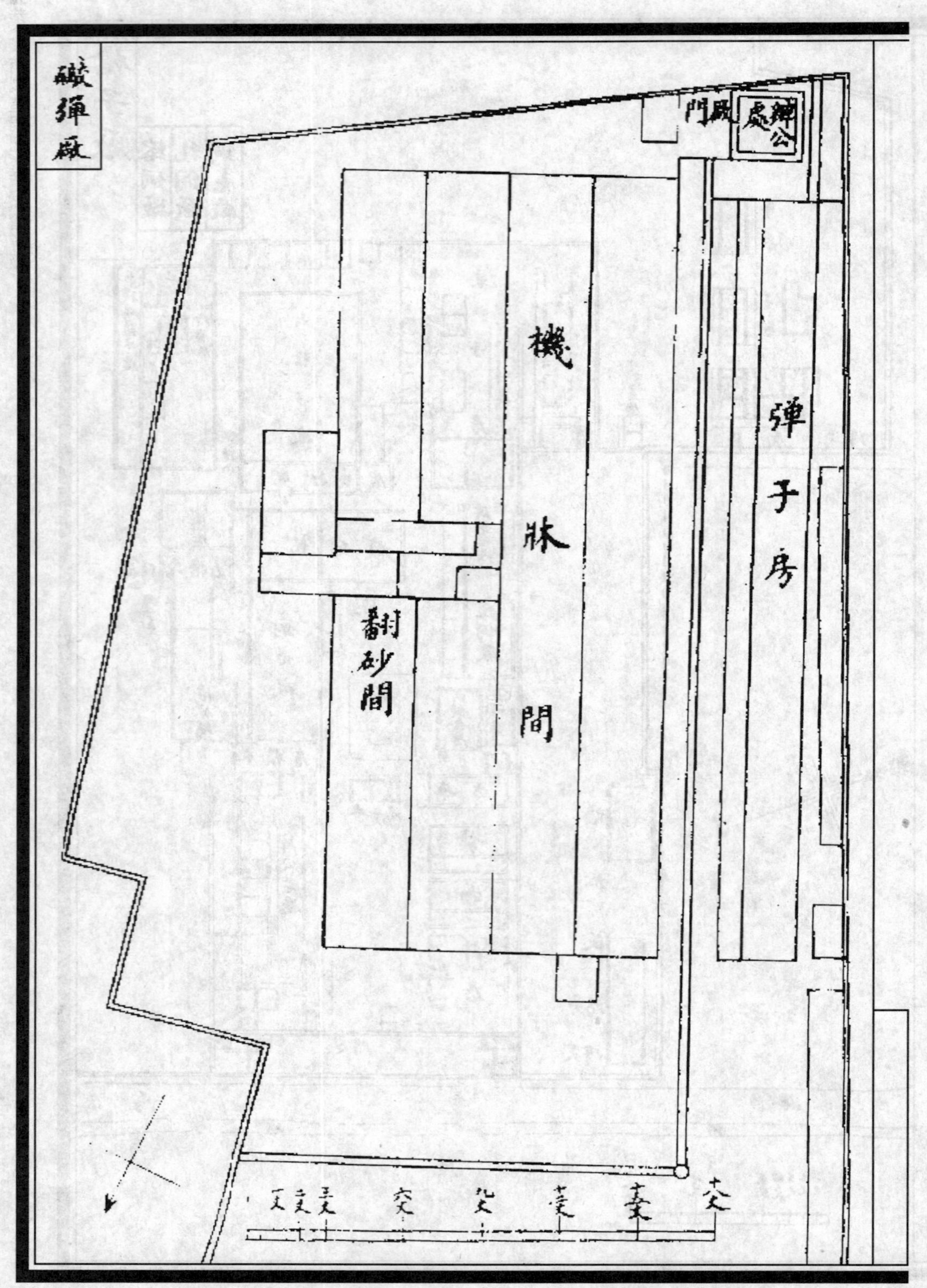
礮彈廠
辦公處
厰門
機牀間
彈子房
翻砂間

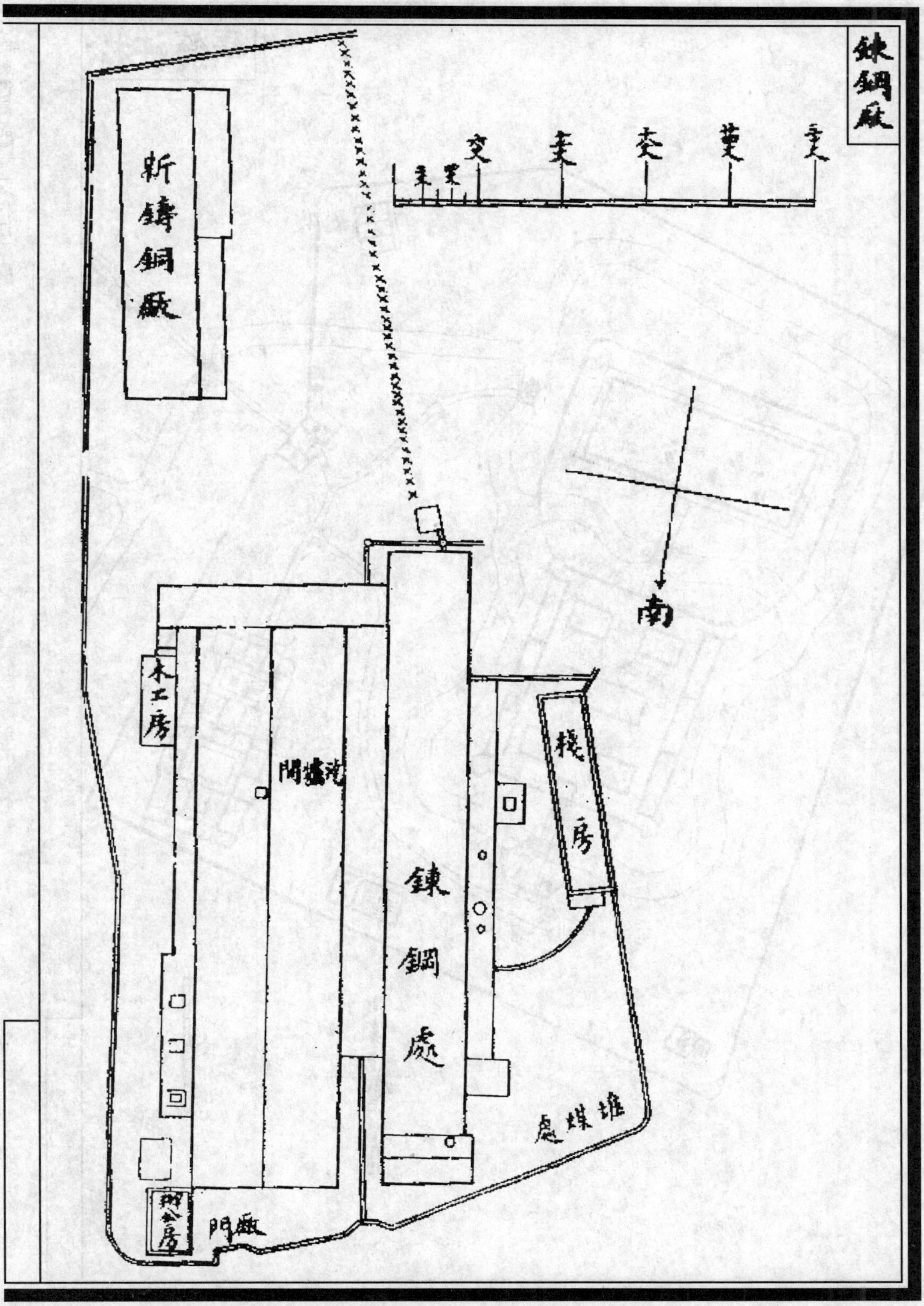

鍊鋼廠

新鑄銅廠

木工房

汽爐間

鍊鋼處

棧房

堆煤處

廠門

辦公房

南

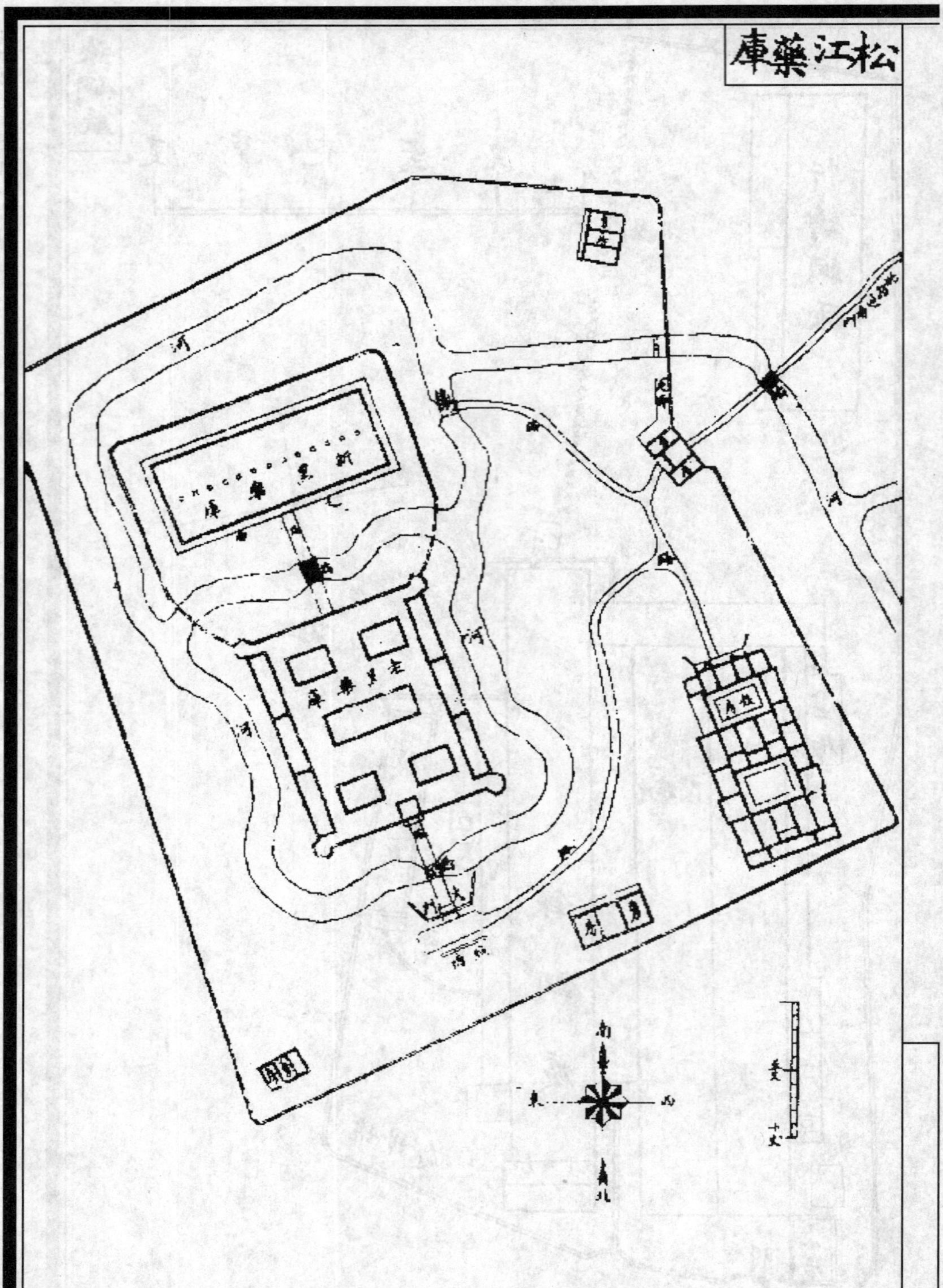

魏允恭《江南製造局記》卷一《松江藥庫》

松江藥庫

工藝學堂

體操場

亭

僕夫住房

住宿舍

樓上教習房

住宿舍

樓上講堂

樓上講堂

膳廳

膳廳

客廳

住宿舍

大門

樓上藏書室

講堂

南

十尺 二十尺 三十尺 六十尺 九十尺 百二十尺 一百五十尺

廣方言館

住宿房

廚房

南

樓下講堂

樓上住宿舍

樓上住宿舍

大門

樓下講堂

五尺　一丈　一丈五　三丈　四丈五　六丈　七丈五

礮隊營
操場
南
中哨
望台
營門
勇房
勇房
勇房
勇房
勇房
勇房
勇房
勇房

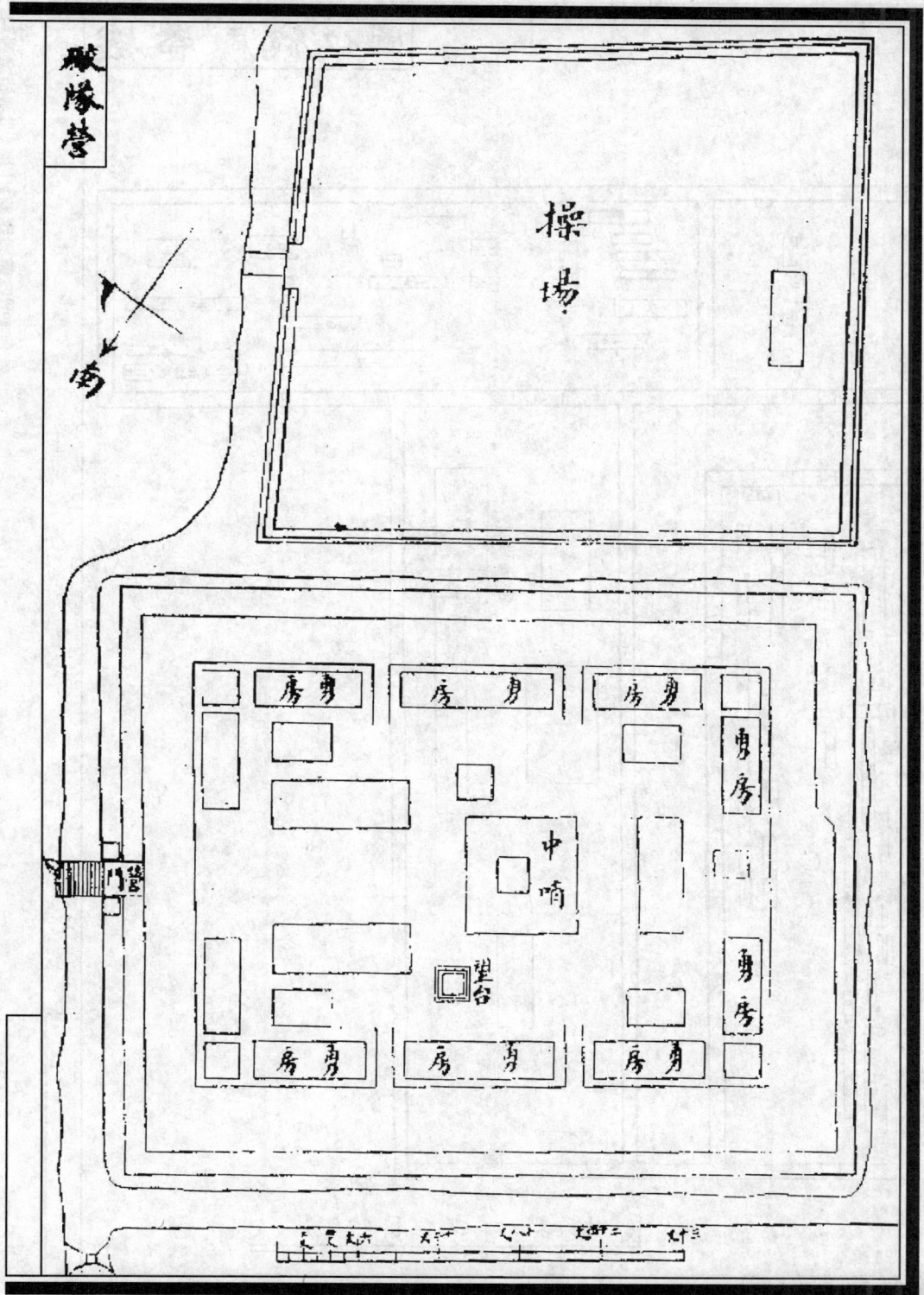

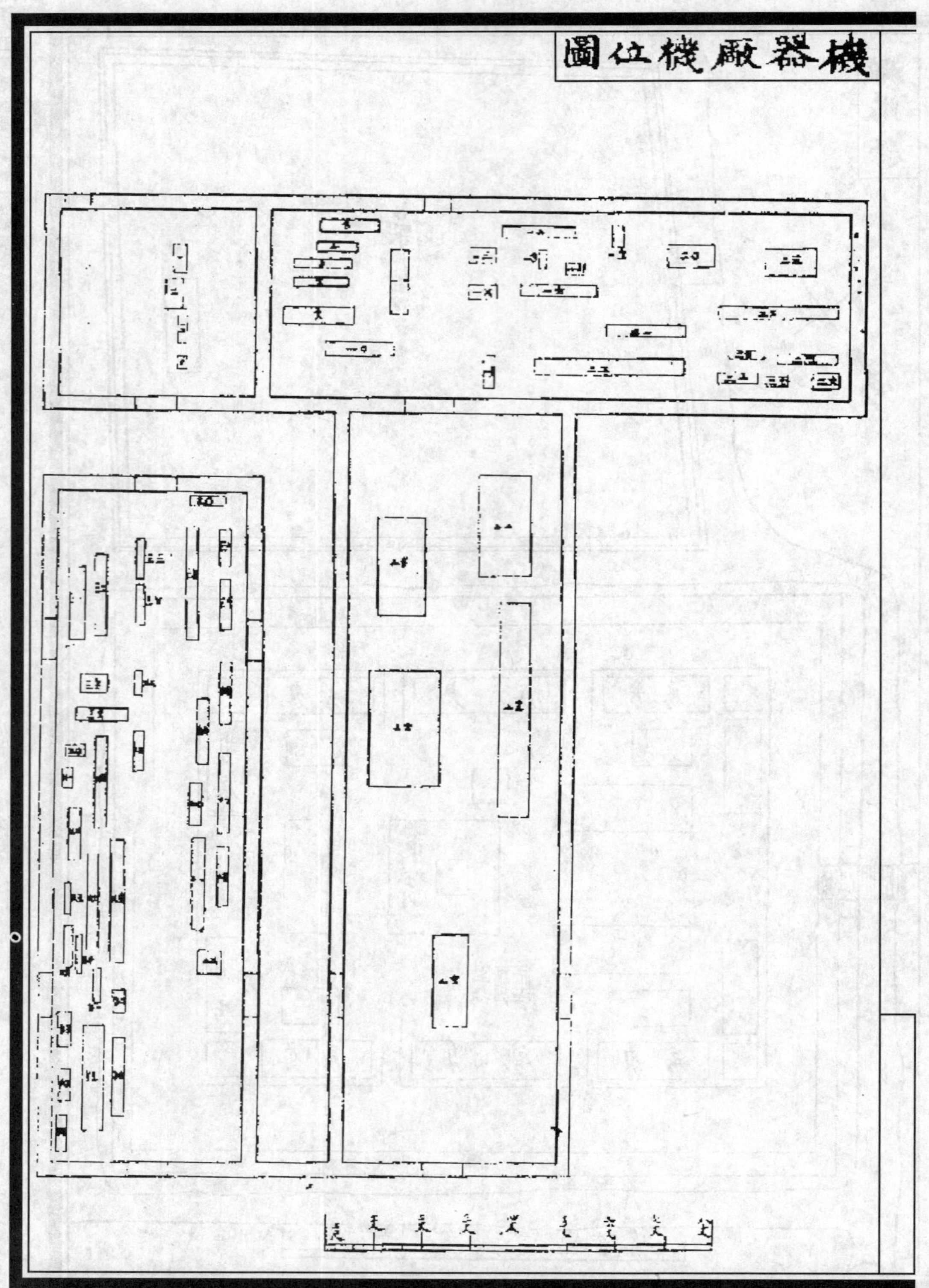
機器廠機位圖

機器廠一	二十五 車床	五十 車床
一 鑽床	二十六 車床	五十一 車床
二 鉋床	二十七 車床	五十二 車床
三 車床	二十八 車床	五十三 車床
四 鑽床	二十九 輥床	五十四 車床
五 車床	三十 磨刀石	五十五 車床
六 車床	三十一 車床	五十六 車床
七 車床	三十二 車床	五十七 車床
八 車床	三十三 車床	五十八 車床
九 車床	三十四 車床	五十九 車床
一十 車床	三十五 車床	六十 車床
一十一 鉋床	三十六 車床	六十一 車床
一十二 車床	三十七 車床	六十二 車床
一十三 製螺絲母機	三十八 製齒輪機	六十三 車床
一十四 製螺絲母機	三十九 鉋床	六十四 鑽床
一十五 鉋床	四十	六十五 鍘床
一十六 鑽床	四十一 鍘床	六十六 車床
一十七 車床	四十二 車床	六十七 車床
一十八 鍘床	四十三 車床	六十八 車床
一十九 鍘床	四十四 車床	六十九 平台
二十 車床	四十五 車床	
二十一 車床	四十六 車床	
二十二 車床	四十七 車床	
二十三 鑽床	四十八 車床	
二十四 車床	四十九 車床	

魏允恭《江南製造局記》卷一《機器廠機位圖二》

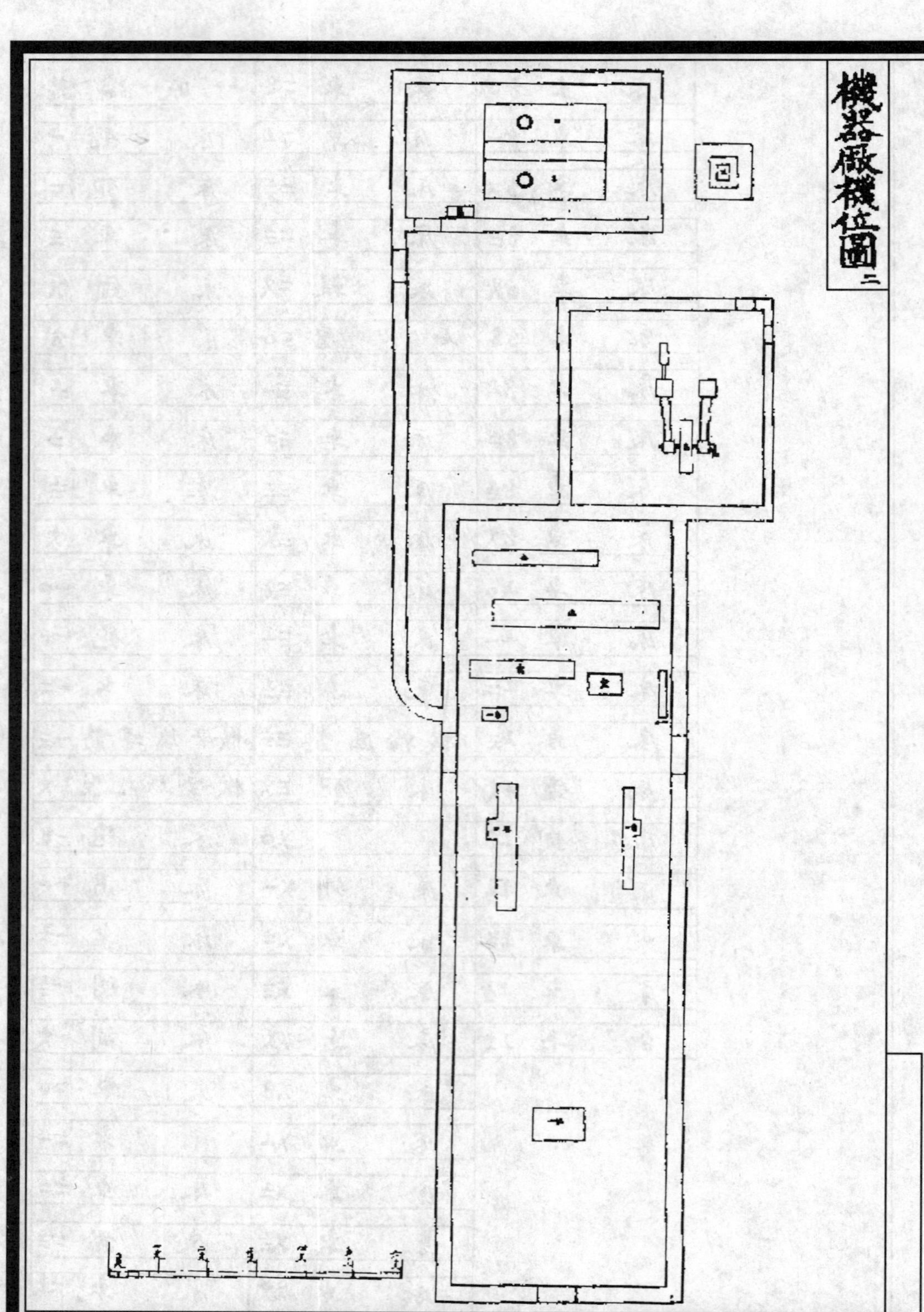

機器廠二

號	名稱
一	鍋爐
二	鍋爐
三	抽水機
四	小汽機
五	汽機
六	車床
七	車床
八	車床
九	烟通
一〇	鑽床
一一	磨刀石
一二	鉋床
一三	鉋床
十四	平台

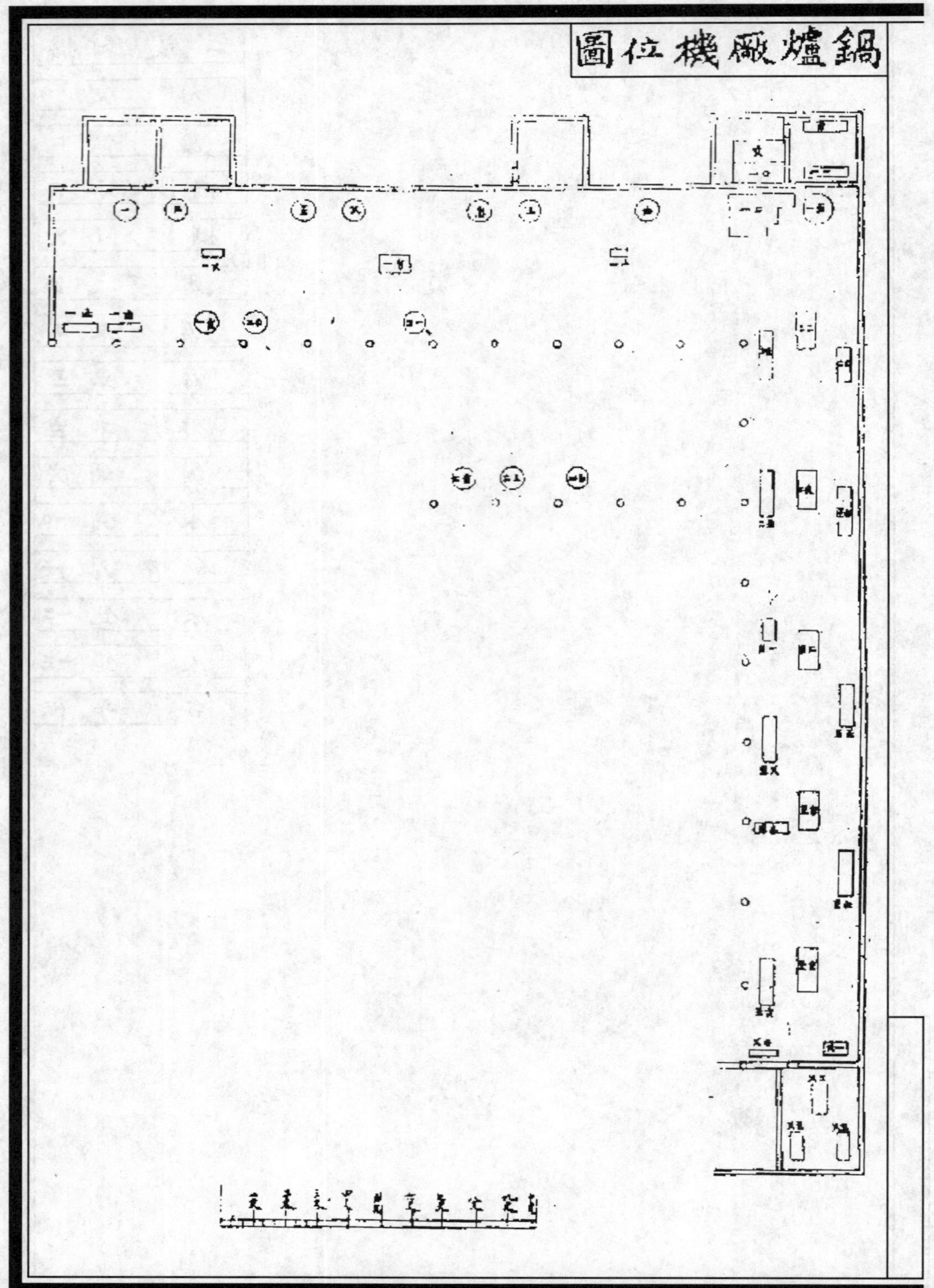
鍋爐廠機位圖

鍋爐廠	
一	打鉄爐
二	打鉄爐
三	打鉄爐
〤	打鉄爐
〥	打鉄爐
〦	打鉄爐
〧	打鉄爐
〨	汽機
〩	汽爐
一〇	汽爐
一一	汽機
一二	熱板爐
一三	烟通
一〤	汽錘
一〥	剪撞機
一〦	汽錘
一〧	鋸床
一〨	鋸床
一〩	打鉄爐
二〇	打鉄爐
二一	打鉄爐
二二	撞鍋釘機
二三	鑽床
二〤	鋸床
二〥	打鉄爐
二〦	打鉄爐
二〧	打鉄爐
二〨	鉋床
二〩	剪撞機
三〇	鉋床
三一	鉋床
三二	鑽床
三三	鉋床
三〤	軋床
三〥	剪撞機
三〦	軋床
三〧	車床
三〨	剪撞機
三〩	鑽床
〤〇	磨刀石
〤一	鋸床
〤二	車床
〤三	車床
〤〤	車床

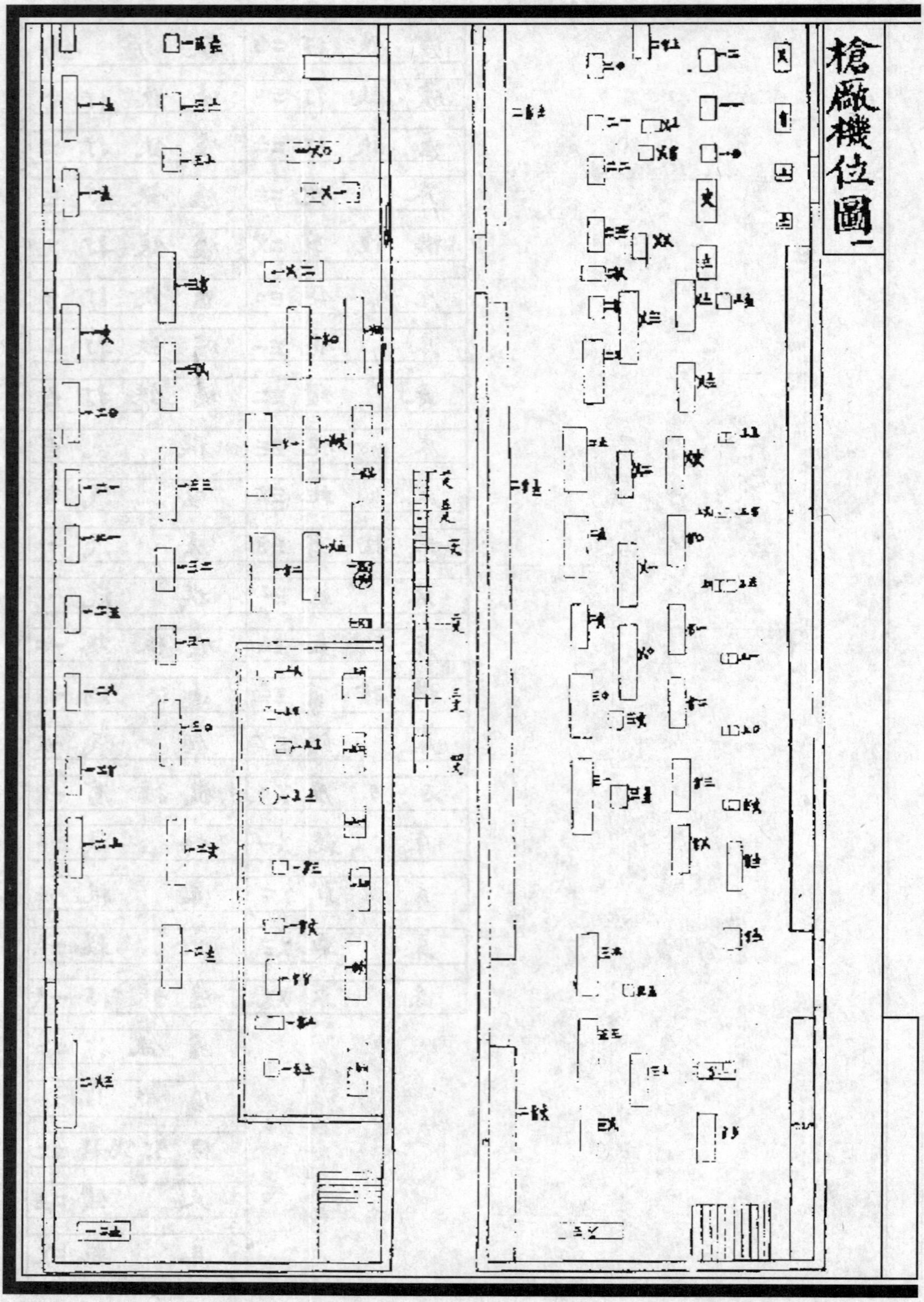

槍廠機位圖一

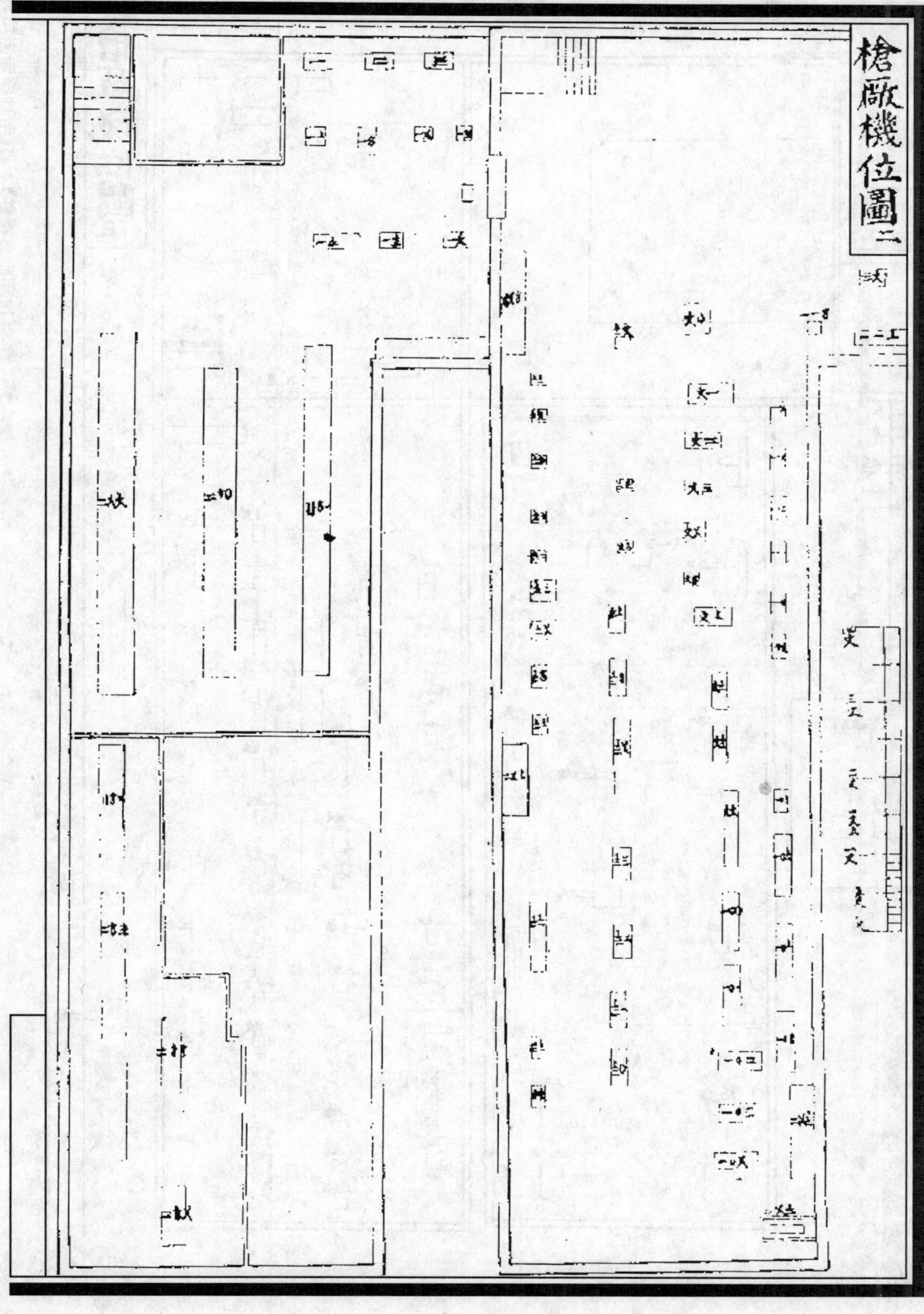
槍廠機位圖二

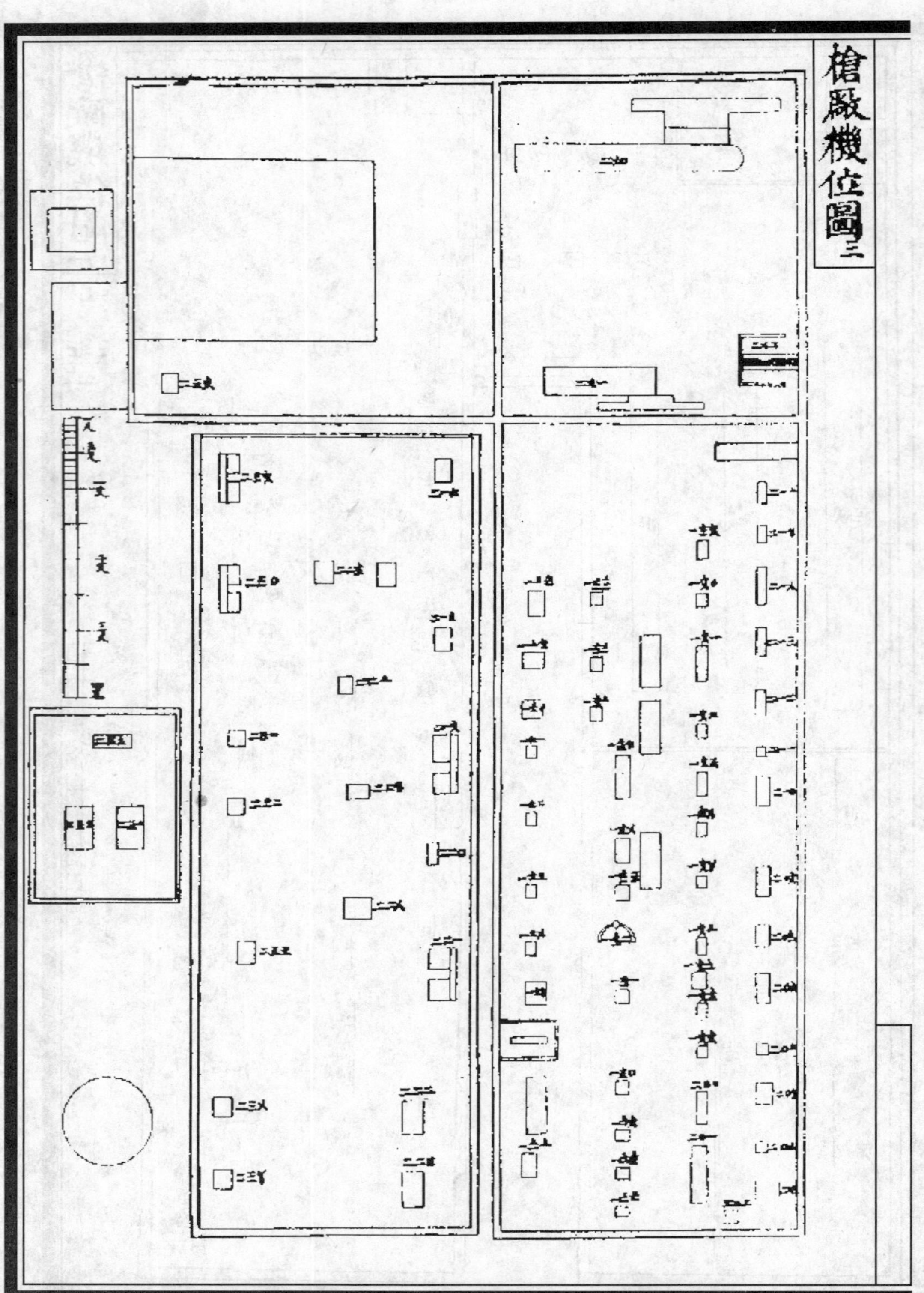
槍廠機位圖三

槍廠機位

號	機	號	機	號	機	號	機
		二五	鍘床	五〇	車床	七五	鍘床
一	輥床	二六	鋸齒床	五一	車床	七六	鍘床
二	輥床	二七	車床	五二	車床	七七	車床
三	輥床	二八	車床	五三	車床	七八	鍘床
四	輥床	二九	車床	五四	車床	七九	鍘床
五	輥床	三〇	車床	五五	拔床	八〇	車床
六	輥床	三一	車床	五六	鋸齒床	八一	車床
七	輥床	三二	車床	五七	輥床	八二	鉋床
八	刮床	三三	車床	五八	刮床	八三	鉋床
九	鑽床	三四	車床	五九	鑽床	八四	鉋床
一〇	輥床	三五	磨刀石	六〇	鑽床	八五	車床
一一	鍘床	三六	轉床	六一	鑽床	八六	車床
一二	鍘床	三七	轉床	六二	鑽床	八七	輥床
一三	轉床	三八	輥床	六三	鑽床	八八	輥床
一四	轉床	三九	輥床	六四	鑽床	八九	鑽床
一五	轉床	四〇	車床	六五	鑽床	九〇	鑽床
一六	鑽床	四一	車床	六六	鑽床	九一	刨床
一七	拔床	四二	車床	六七	沙輪床	九二	轉床
一八	轉螺絲床	四三	車床	六八	輥床	九三	轉床
一九	轉床	四四	車床	六九	輥床	九四	轉床
二〇	轉床	四五	車床	七〇	輥床	九五	轉床
二一	刨床	四六	車床	七一	輥床	九六	刨床
二二	刨床	四七	車床	七二	輥床	九七	車床
二三	車床	四八	車床	七三	轉床	九八	車床
二四	轉床	四九	車床	七四	轉床	九九	車床

名稱	號碼
床車	一〇〇
床車	一〇一
床刨	一〇二
床刨	一〇三
床刨	一〇〤
床車	一〇〥
床車	一〇〦
床車	一〇〧
床鍘	一〇〨
床鍘	一〇〩
床鍘	一一〇
床鍘	一一一
床鍘	一一二
床鍘	一一三
床鍘	一一〤
床鋸	一一〥
床車	一一〦
床車	一一〧
床車	一一〨
床車	一一〩
床車	一二〇
床車	一二一
床車	一二二
床車	一二三
床車	一二〤
床車	一二〥
床車	一二〦
床車	一二〧
床車	一二〨
床車	一二〩
床車	一三〇
床車	一三一
床車	一三二
床根光	一三三
床眼光	一三〤
床眼光	一三〥
床輥	一三〦
床輥	一三〧
床輥	一三〨
床輥	一三〩
床刨	一〤〇
床鋸	一〤一
石刀磨	一〤二
床絲拔	一〤三
床車	一〤〤
床車	一〤〥
床輪齒	一〤〦
床輪齒	一〤〧
床眼打	一〤〨
床眼打	一〤〩
床眼打	一〥〇
床絲拔	一〥一
床絲拔	一〥二
床木鋸	一〥三
床木鋸	一〥〤
床鑽	一〥〥
床車	一〥〦
床輪沙	一〥〧
床車	一〥〨
床刨	一〥〩
床車	一〦〇
床刨	一〦一
床車	一〦二
床車	一〦三
床車	一〦〤
床車	一〦〥
床車	一〦〦
床車	一〦〧
床輥	一〦〨
床轆	一〦〩
床轆	一〧〇
床輥	一〧一
床輥	一〧二
床輥	一〧三
床輥	一〧〤
床押	一〧〥
床轆	一〧〦
床輪沙	一〧〧
床鑽	一〧〨
床鑽	一〧〩
床鑽	一〨〇
床鍘	一〨一
床鑽	一〨二
床鑽	一〨三
床鑽	一〨〤
床拔	一〨〥
床輥	一〨〦
床輥	一〨〧
床輥	一〨〨
床鍘	一〨〩
床輥	一〩〇
床鑽	一〩一
床輥	一〩二
床車	一〩三
床刨	一〩〤
床輥	一〩〥
床刨	一〩〦
床轆	一〩〧
床轆	一〩〨
床輥	一〩〩

編號	名稱
二〇〇	車床
二〇一	車床
二〇二	押床
二〇三	輔床
二〇四	輥床
二〇五	車床
二〇六	輥床
二〇七	車床
二〇八	車床
二〇九	車床
二一〇	車床
二一一	輥床
二一二	床
二一三	鑽床
二一四	鑽床
二一五	鑽床
二一六	鑽床
二一七	鐵爐
二一八	鐵爐
二一九	鐵爐
二二〇	撞床
二二一	鐵爐
二二二	沙輪床
二二三	沙輪床
二二四	汽鎚
二二五	汽鎚
二二六	鏇床
二二七	押磨鎚
二二八	押磨鎚
二二九	鐵爐
二三〇	鐵爐
二三一	鐵爐
二三二	鐵爐
二三三	鐵爐
二三四	鐵爐
二三五	鐵爐
二三六	鋸木床
二三七	鋸木床
二三八	平台
二三九	進水汽機
二四〇	汽機
二四一	汽機
二四二	風箱
二四三	車床
二四四	鉗作台
二四五	鉗作台
二四六	鉗作台
二四七	風箱
二四八	鉗作台
二四九	鉗作台
二五〇	鉗作台
二五一	鉗作台
二五二	鉗作台
二五三	鉗作台
二五四	鉗作台
二五五	鉗作台
二五六	鉗作台
二五七	鉗作台
二五八	鉗作台
二五九	鉗作台
二六〇	鉗作台
二六一	鉗作台

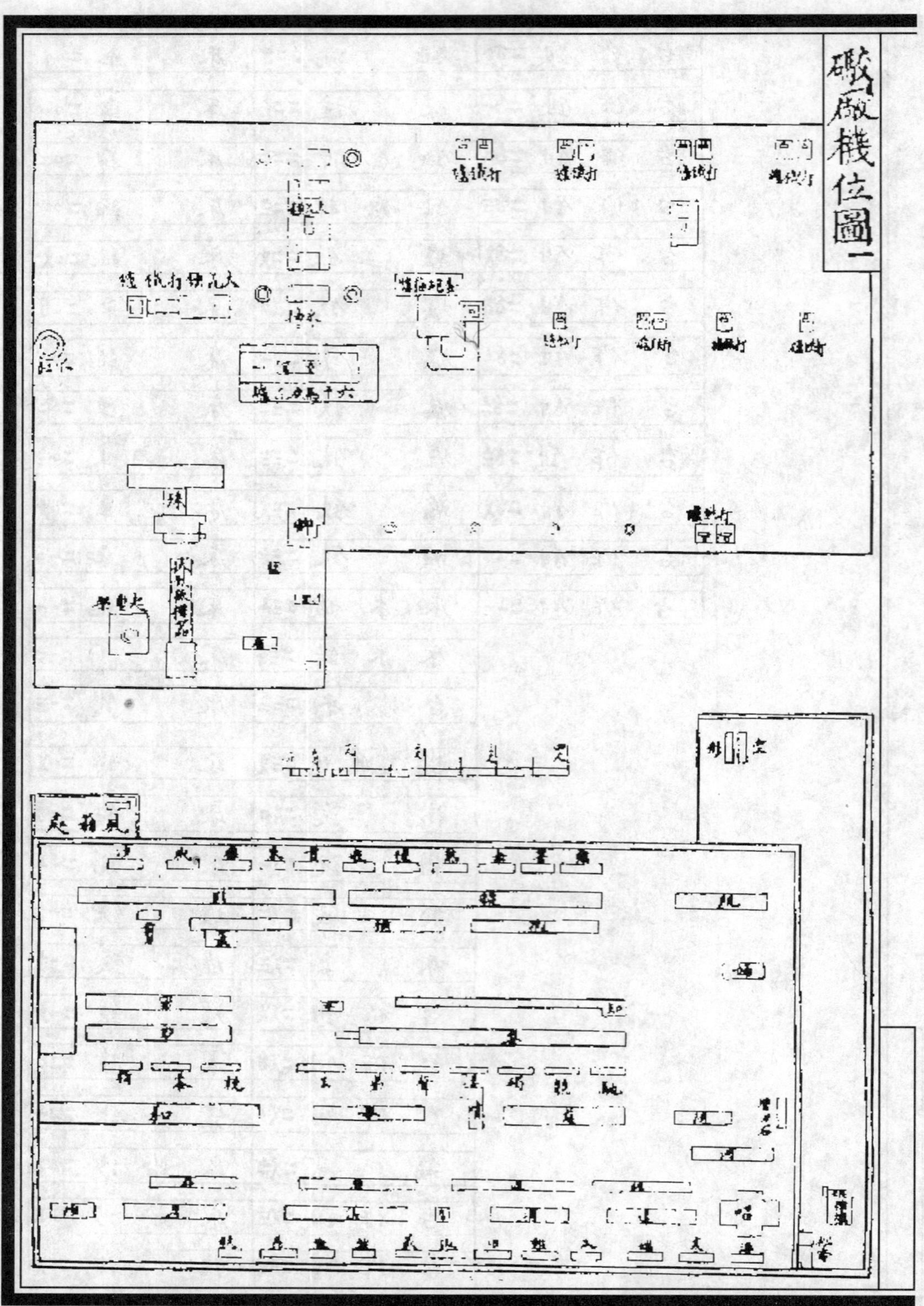
礮廠機位圖一

峻	敢	一
綠	車	床
鄉	鋸	床
鼓	鑽	床
龍	鑽	床
雲	剪	丘床
紫	鑽	床
彩	洗	床
藏	鑽	床
著	車	床
沐	車	床
熱	車	床
穫	車	床
收	車	床
貢	車	床
來	車	床
雁	車	床
戚	車	床
沙	車	床
岷	車	床
鐵	鑽	床
踐	鑽	床
假	刨	床
填	刨	床
最	車	床
翦	車	床
歸	鋸	床
知	鑽	床
亦	鋸	床
密	車	床
集	鑽	床
勿	車	床
馳	車	床
競	車	床
嗚	車	床
漢	鑽	床
聲	車	床
弟	車	床
主	車	床
貌	車	床
泰	車	床
精	岡	床
隨	車	床
莚	刨	床
境	鋸	床
毋	車	床
和	車	床
河	鋸	床
睦	車	床
道	車	床
廣	車	床
存	車	床
鳴	車	床
達	刨	床
渭	刨	床
岩	鏟	床
儀	車	床
尊	車	床
域	滾	床
海	車	床
寒	車	床
端	車	床
奉	車	床
雞	車	床
田	車	床
敝	車	床
最	車	床
妝	車	床
池	車	床
昆	車	床
秋	車	床

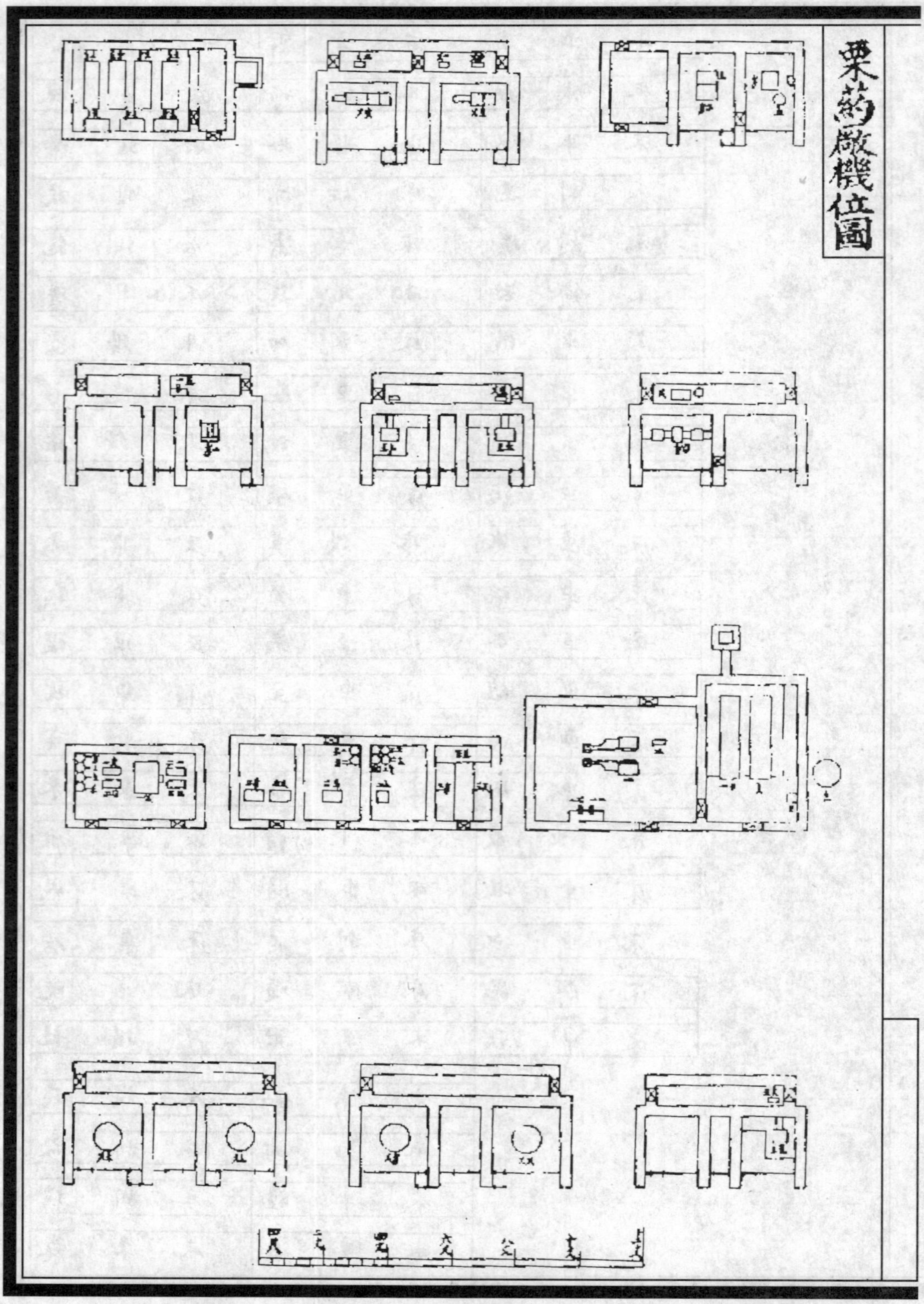

魏允恭《江南製造局記》卷一《栗藥廠機位圖》

栗藥廠機位圖

			栗藥廠
〤〥 碾藥機器	三〇 存硝磺鉄桶	一〥 燜炭鉄桶	一 一百五十馬力汽機
〤〦 碾藥機器	三一 存硝磺鉄桶	一〦 燜炭鉄桶	二 存水鉄箱
〤〧 碾藥機器	三二 存硝磺鉄桶	一〧 燜炭鉄桶	三 抽水機器
〤〨 軋篩藥機器	三三 烘硝木架	一〨 燜炭鉄桶	〤 抽水機器
〤〩 軋篩藥機器	三〤 烘硝木架	一〩 燜炭鉄車	〥 抽水機器
〥〇 壓藥機器	三〥 烘硝木架	二〇 燜炭鉄車	〦 抽水機器
〥一 研粟藥機器	三〦 拌藥機器	二一 存水鉄箱	〧 壓力鉄桶
〥二 壓六角藥機器	三〧 拌藥機器	二二 存水鉄箱	〨 冷水缸
〥三 烘藥木架	三〨 拌藥機器	二三 旋篩硝磺機器	〩 汽爐
〥〤 烘藥木架	三〩 軸架	二〤 旋篩硝磺機器	一〇 汽爐
〥〥 烘藥木架	〤〇 軸架	二〥 旋篩硝磺機器	一一 老虎鉗
〥〦 烘藥木架	〤一 軸架	二〦 軋炭機器	一二 老虎鉗
〥〧 烘藥木架	〤二 軸架	二〧 存硝磺鉄桶	一三 老虎鉗
〥〨 烘藥木架	〤三 軸架	二〨 存硝磺鉄桶	一〤 燒炭爐
〥〩 烘藥木架	〤〤 碾藥機器	二〩 存硝磺鉄桶	

魏允恭《江南製造局記》卷一《無烟藥廠機位圖》

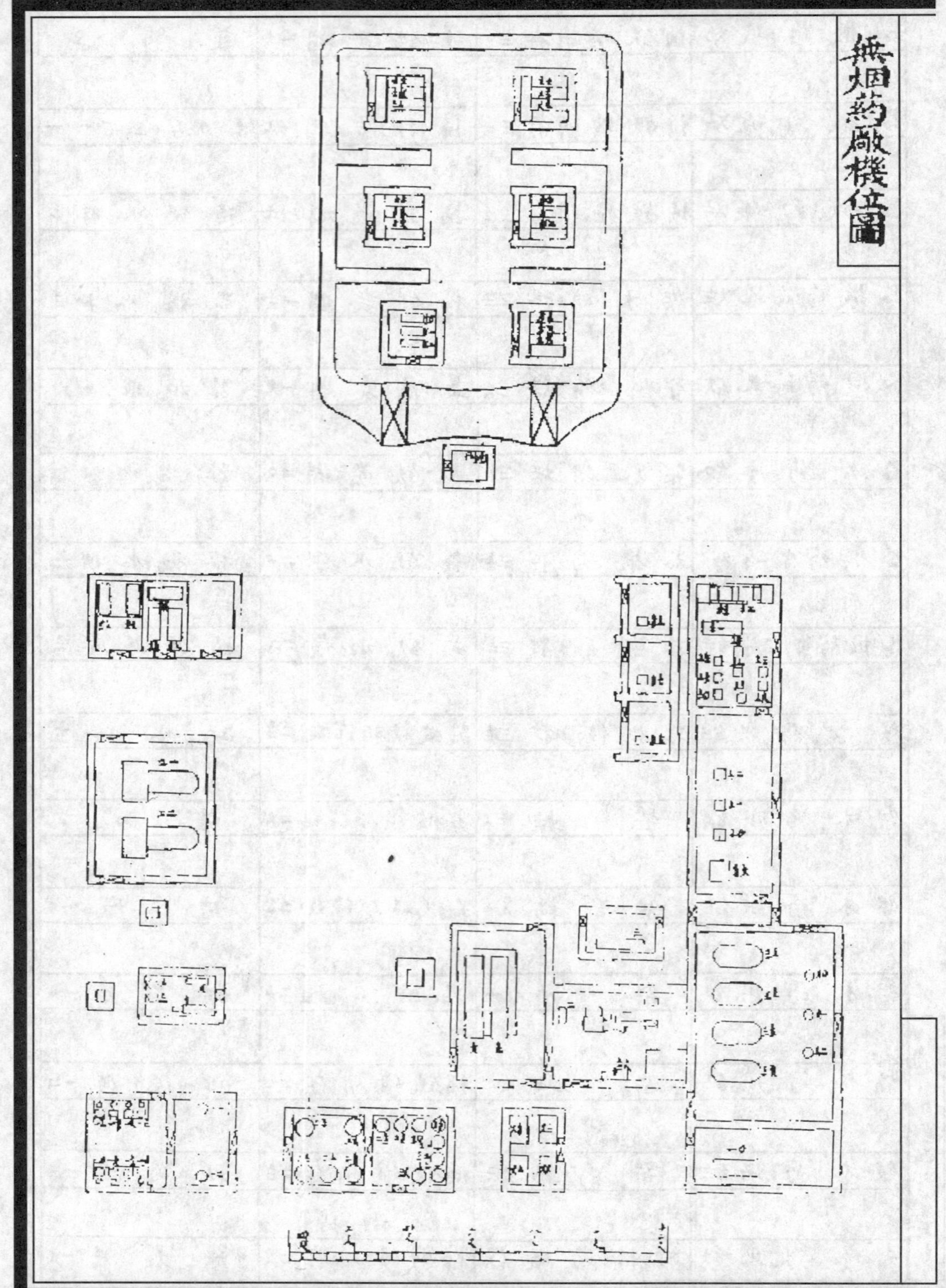

	無煙藥廠						
一	一百二十馬力汽機	二三	蒸洗綿紗木桶	四六	烘棉藥木架	六九	裁剪棉炮藥機器
二	抽水機器	二四	蒸洗綿紗木桶	四七	烘棉藥木架	七〇	裁剪棉炮藥機器
三	抽水機器	二五	蒸洗綿紗木桶	四八	烘棉藥木架	七一	篩藥機器
四	抽水機器	二六	蒸洗綿紗木桶	四九	烘棉藥木架	七二	光藥木桶
五	抽水機器	二七	蒸洗綿紗木桶	五〇	烘棉藥木架	七三	光藥木桶
六	存汽鐵桶	二八	蒸洗綿紗木桶	五一	烘棉藥木架	七四	烘棉炮藥木架
七	存汽鐵桶	二九	蒸洗綿紗木桶	五二	烘棉藥木架	七五	烘棉炮藥木架
八	汽爐	三〇	蒸洗綿紗木桶	五三	烘棉藥木架	七六	烘棉炮藥木架
九	汽爐	三一	蒸洗綿紗木桶	五四	烘棉藥木架	七七	烘棉炮藥木架
一〇	撕綿紗機器	三二	蒸洗綿紗木桶	五五	烘棉藥木架	七八	烘棉炮藥木架
一一	存藥水鐵桶	三三	蒸洗綿紗木桶	五六	拌藥機器	七九	烘棉炮藥木架
一二	存藥水鐵桶	三四	蒸洗綿紗木桶	五七	拌藥機器	八〇	烘棉炮藥木架
一三	燜綿紗鐵箱	三五	蒸洗綿紗木桶	五八	拌藥機器	八一	烘棉炮藥木架
一四	燜綿紗鐵箱	三六	漂磨綿藥機器	五九	軋藥機器	八二	烘棉炮藥木架
一五	燜綿紗鐵箱	三七	漂磨綿藥機器	六〇	軋藥機器	八三	烘棉炮藥木架
一六	燜綿紗鐵箱	三八	漂磨綿藥機器	六一	軋藥機器	八四	烘棉炮藥木架
一七	燜綿紗鐵箱	三九	漂磨綿藥機器	六二	軋藥機器	八五	烘棉炮藥木架
一八	燜綿紗鐵箱	四〇	篩綿藥機器	六三	裁剪棉炮藥機器	八六	烘棉炮藥木架
一九	燜綿紗鐵箱	四一	篩綿藥機器	六四	裁剪棉炮藥機器	八七	烘棉炮藥木架
二〇	燜綿紗鐵箱	四二	篩綿藥機器	六五	裁剪棉炮藥機器	八八	塊流管
二一	熬提硝強水爐	四三	烘棉藥木架	六六	裁剪棉炮藥機器	八九	老虎鉗
二二	熬提硝強水爐	四四	烘棉藥木架	六七	裁剪棉炮藥機器		
		四五	烘棉藥木架	六八	裁剪棉炮藥機器		

魏允恭《江南製造局記》卷一《銅引廠機位圖》

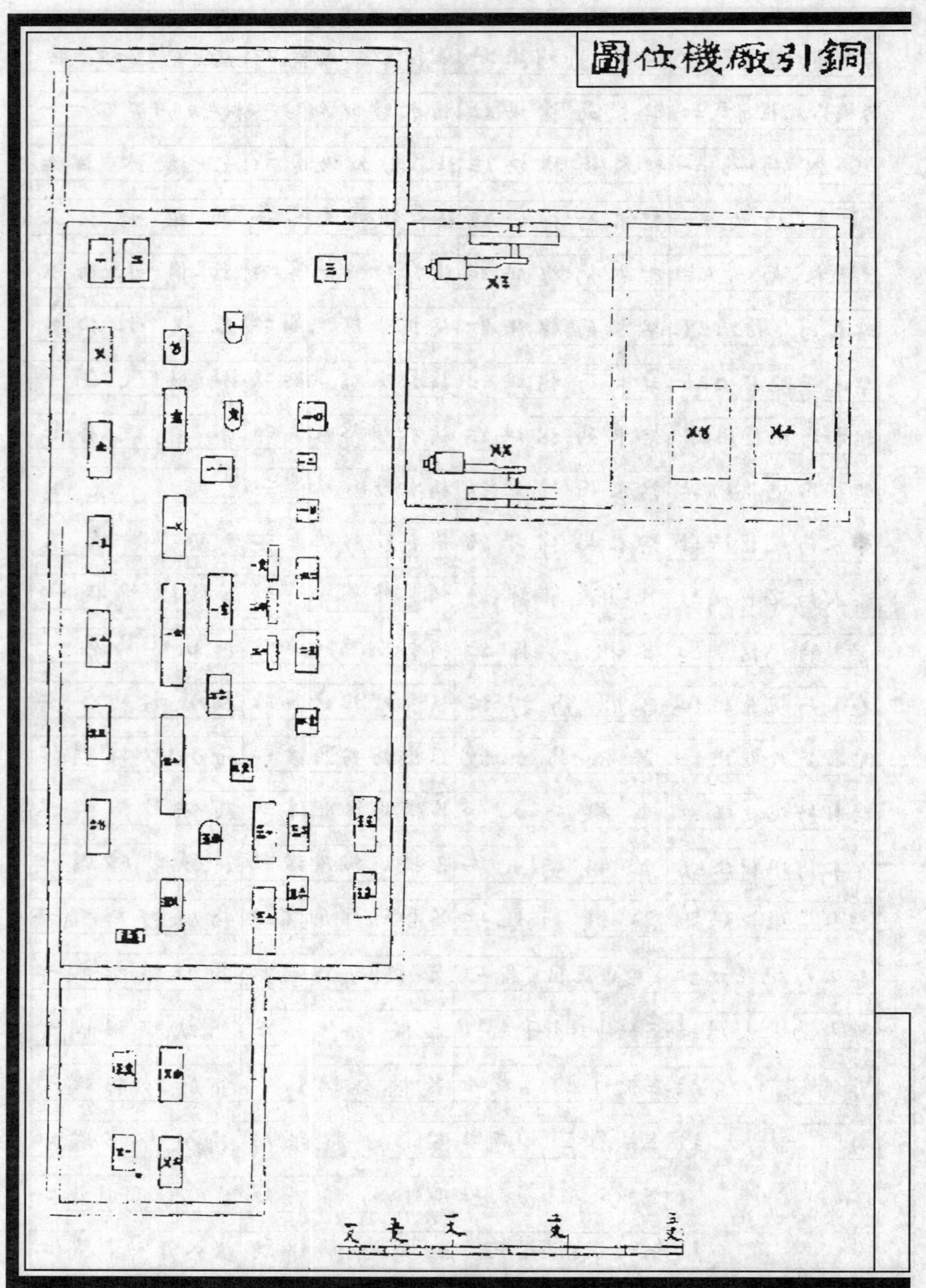

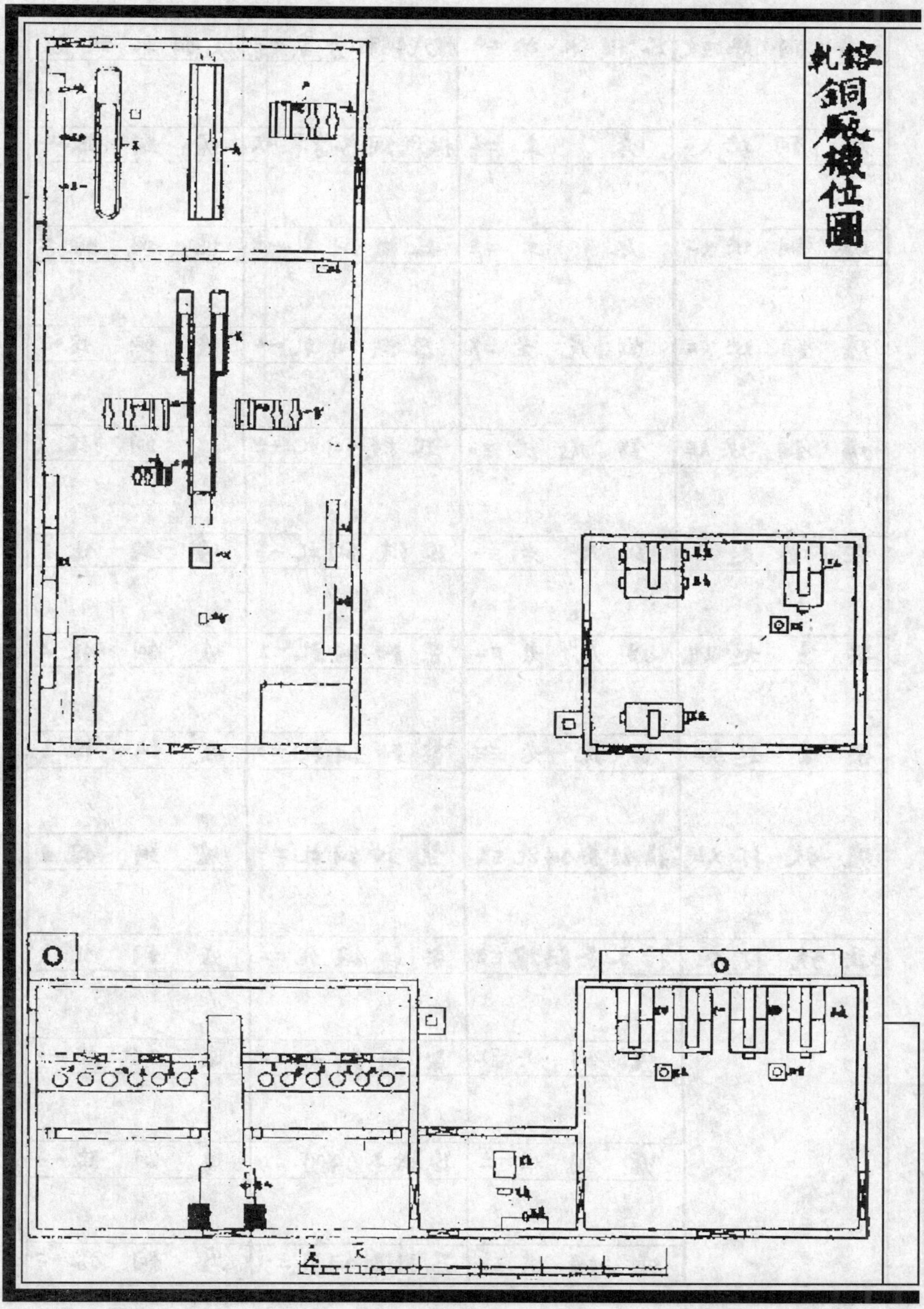

鎔軋銅廠機位圖

鎔銅軋銅廠

鎔銅爐 一
鎔銅爐 二
鎔銅爐 三
鎔銅爐 〤
鎔銅爐 〥
鎔銅爐 〦
鎔銅爐 〧
鎔銅爐 〨
鎔銅爐 〩
鎔銅爐 一〇
鎔銅爐 一一
鎔銅爐 一二

一三 字房軋銅汽機
一〤 平房軋銅汽機
一〥 軋銅機器
一〦 軋銅機器
一〧 軋銅機器
一〨 軋銅機器
一〩 軋銅軸架
二〇 軋銅軸架
二一 軋銅軸架
二二 軋銅軸架
二三 軋銅軸架
二〤 剪銅条機器
二〥 剪銅条機器

二〦 抽水機器
二〧 車床
二〨 車床
二〩 老虎鉗
三〇 老虎鉗
三一 老虎鉗
三二 老虎鉗
三三 老虎鉗
三〤 洗銅条鉛箱
三〥 擦銅条木枱
三〦 烘銅爐
三〧 烘銅爐
三〨 烘銅爐

三〩 烘銅爐
〤〇 烘銅爐
〤一 烘銅爐
〤二 烘銅爐
〤三 烘銅爐
〤〤 起重架
〤〥 起重架
〤〦 起重架
〤〧 打鐵爐
〤〨 打鐵墩

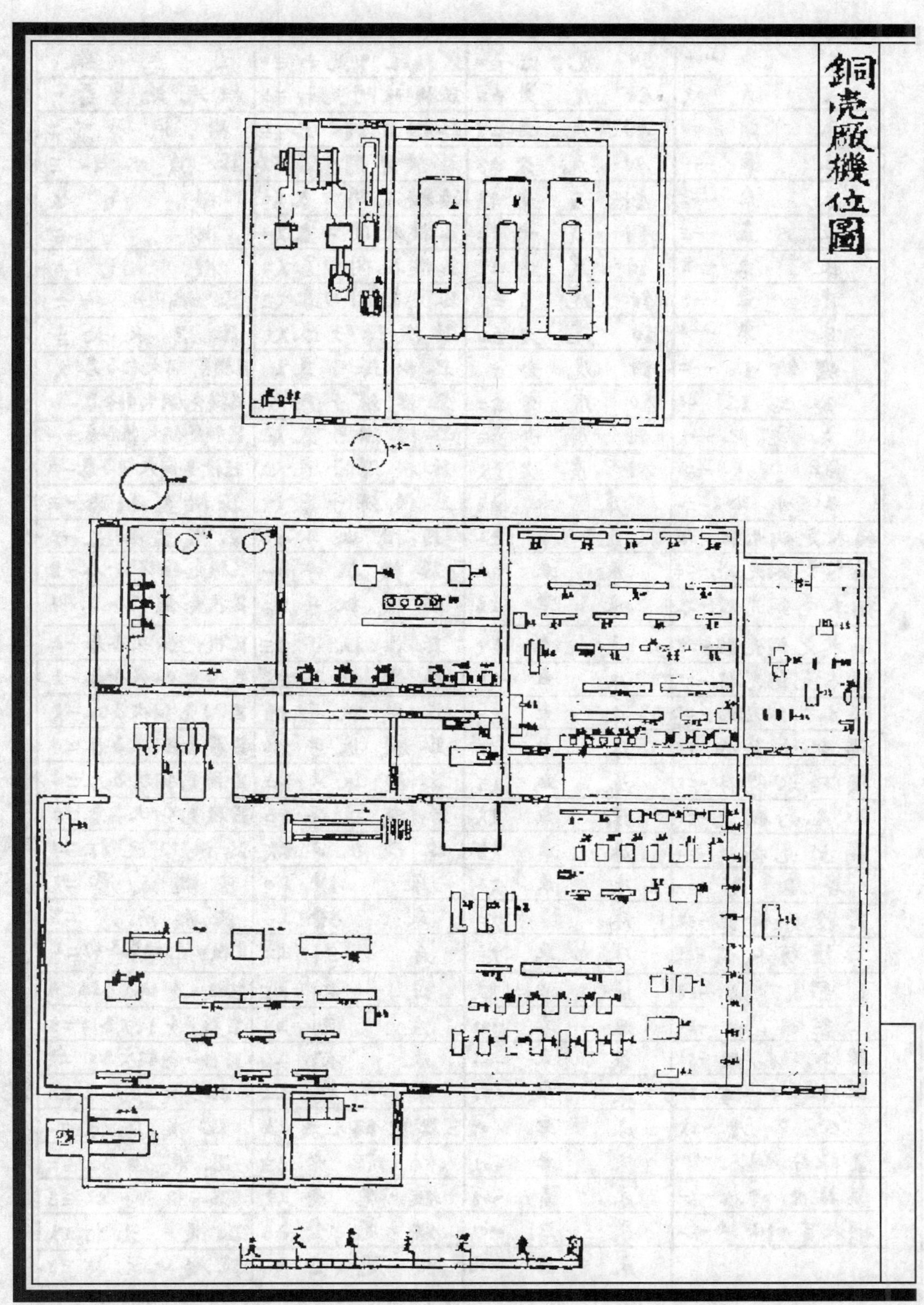
銅壳廠機位圖

床車一〇〨	鉗虎老〧二	器機眼門大打三〦	廠殼銅
床車一〇〩	鉗虎老〧三	器機眼門大打三〧	機汽號易番一
床車一一〇	鉗虎老〧〤	器機管銅小套三〨	機汽号卒二
床車一一一	鉗虎老〧〥	器機管銅小套三〩	器機水抽三
床車一一二	鉗虎老〧〦	器機花開四套〤〇	機汽〤
床車一一三	鉗虎老〧〧	器機花開四套〤一	機汽〥
床車一一〤	鉗虎老〧〨	器機花開四套〤二	機汽〦
床車一一〥	鉗虎老〧〩	器機花開四套〤三	器機水抽〧
床車一一〦	鉗虎老〨〇	器機彈子套〤〤	器機水抽〨
爐銅烘一一〧	鉗虎老〨一	器機彈子套〤〥	器機殼銅大種各套〩
缸足肥一一〨	鉗虎老〨二	器機彈子套〤〦	器機殼銅大種各套一〇
缸足肥一一〩	鉗虎老〨三	器機彈子套〤〧	器機殼銅大種各套一一
缸力壓一二〇	鉗虎老〨〤	器機彈子套〤〨	器機殼銅大種各套一二
缸水冷一二一	床車〨〥	器機彈子套〤〩	器機盂銅套一三
桶木殼銅光輥一二二	床車〨〦	器機扳手〥〇	器機盂銅套一〤
桶木殼銅光輥一二三	床車〨〧	器機扳手〥一	器機殼銅次各套一〥
桶木殼銅光輥一二〤	床車〨〨	器機扳手〥二	器機殼銅次各套一〦
桶木殼銅光輥一二〥	床車〨〩	器機扳手〥三	器機殼銅次各套一〧
桶木殼銅光輥一二〦	床車〩〇	器機扳手〥〤	器機殼銅次各套一〨
桶木殼銅光輥一二〧	床車〩一	器機扳手〥〥	器機殼銅次各套一〩
桶鉛水藥存一二〨	床車〩二	器機扳手〥〦	器機殼銅次各套二〇
桶鉛水藥存一二〩	床車〩三	器機扳手〥〧	器機殼銅次各套二一
缸光殼銅洗一三〇	床車〩〤	器機扳手〥〨	器機殼銅次各套二二
箱鉛殼銅洗一三一	床車〩〥	器機扳手〥〩	器機凹元打二三
石刀磨一三二	床車〩〦	床鑽〦〇	器機底壓二〤
器機鋸木鏇一三三	床車〩〧	床鑽〦一	器機底壓二〥
器機鋸木鏇一三〤	床車〩〨	床刨〦二	器機口元銅次各切二〦
架軸一三〥	床車〩〩	床刨〦三	器機口元銅次各切二〧
架軸一三〦	床車一〇〇	床刨〦〤	器機口元銅次各切二〨
器機木鏇一三〧	床車一〇一	床鏇〦〥	器機口元銅次各切二〩
器機木鏇一三〨	床車一〇二	床鏇〦〦	器機底車三〇
石刀磨一三〩	床車一〇三	器機模銅元磨〦〧	器機底車三一
盤樣片銅大一〤〇	床車一〇〤	鉗虎老〦〨	器機口收三二
盤樣殼銅大一〤一	床車一〇〥	鉗虎老〦〩	器機口收三三
櫃汽管銅小烘一〤二	床車一〇〦	鉗虎老〧〇	器機口元打三〤
	床車一〇〧	鉗虎老〧一	器機口元打三〥

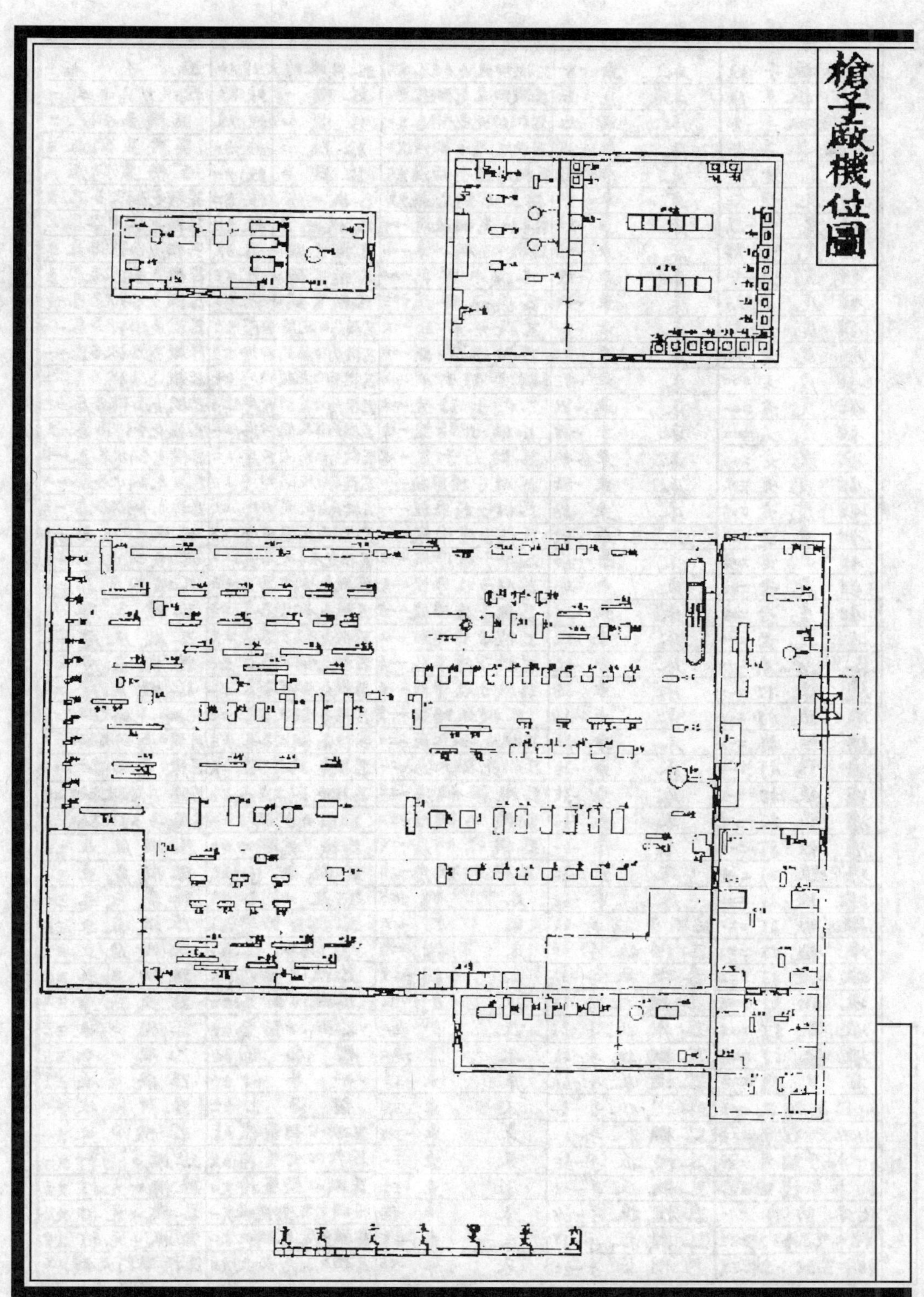
槍子廠機位圖

棧子廠
一 三十馬力汽機
二 臺銅五機器
三 臺銅五機器
〤 臺銅五機器
〥 臺各次銅克機器
〦 臺各次銅克機器
〧 臺各次銅克機器
〨 臺各次銅克機器
〩 臺各次銅克機器
一〇 臺各次銅克機器
一一 臺各次銅克機器
一二 臺各次銅克機器
一三 臺各次銅克機器
一〤 臺各次銅克機器
一〥 臺各次銅克機器
一〦 臺各次銅克機器
一〧 臺各次銅克機器
一〨 打元四機器
一〩 打元四機器
二〇 打元四機器
二一 磨底機器
二二 磨底機器
二三 磨底機器
二〤 磨底機器
二〥 臺各次銅克口機器
二〦 臺各次銅克口機器
二〧 臺各次銅克口機器
二〨 臺各次銅克口機器
二〩 臺各次銅克口機器
三〇 車底機器
三一 車底機器
三二 車底機器
三三 車底機器
三〤 車底機器
三〥 車底機器
三〦 收口機器
三〧 收口機器
三〨 收口機器
三〩 收口機器
〤〇 收口機器
〤一 收口機器
〤二 打元口機器
〤三 打元口機器
〤〤 打元口機器
〤〥 打元口機器
〤〦 鑽大門眼機器
〤〧 鑽大門眼機器
〤〨 鋑口機器
〤〩 鋑口機器
〥〇 鋑口機器
〥一 鋑口機器
〥二 鋑底口機器
〥三 鋑底口機器
〥〤 臺小銅冒機器
〥〥 臺小銅冒機器
〥〦 臺小銅冒機器
〥〧 磨四開花白葯機器
〥〨 磨四開花白葯機器
〥〩 磨四開花白葯機器
〦〇 磨四開花白葯機器
〦一 磨四開花白葯機器
〦二 磨四開花白葯機器
〦三 磨四開花白葯機器
〦〤 磨四開花白葯機器
〦〥 磨四開花白葯機器
〦〦 臺各次銅克機器
〦〧 臺各次銅克機器
〦〨 臺各次銅克機器
〦〩 臺各次銅克機器
〧〇 臺各次銅克機器
〧一 臺各次銅克機器
〧二 臺各次銅克機器
〧三 臺各次銅克機器
〧〤 臺各次銅克機器
〧〥 臺各次銅克機器
〧〦 [illegible]銅克口機器
〧〧 [illegible]銅克口機器
〧〨 抽水機器
〧〩 [illegible]
〨〇 磨鋁機器
〨一 鎔鋁爐
〨二 臺鋁心機器
〨三 臺鋁心機器
〨〤 臺鋁心機器
〨〥 [illegible]
〨〦 鋁茶篩
〨〧 鋁茶篩
〨〨 槌槳鋁心機器
〨〩 槌槳鋁心機器
〩〇 槌槳鋁心機器
〩一 收鋁克底口機器
〩二 收鋁克底口機器
〩三 收鋁克底口機器
〩〤 臺銅克元四機器
〩〥 臺銅克元四機器
〩〦 臺銅克元四機器
〩〧 流鋁子邊椽機器
〩〨 流鋁子邊椽機器
〩〩 機光鋼彈木樑
一〇〇 境鍛銅克口機器
一〇一 車小銅冒口機器
一〇二 瓶膠水機器
一〇三 瓶膠水機器
一〇〤 瓶膠水機器
一〇〥 瓶膠水機器
一〇〦 瓶鉼鋁基木稿
一〇〧 叢鋁子機器
一〇〨 叢鋁子機器
一〇〩 叢子葯機器
一一〇 較準樣子機器
一一一 較準樣子機器
一一二 較準樣子機器
一一三 較準樣子機器
一一〤 較準樣子機器
一一〥 較準樣子機器
一一〦 較準樣子機器
一一〧 較準樣子機器
一一〨 較準樣子機器
一一〩 鐵鍋鐵機器
一二〇 臺大銅克機器
一二一 臺大銅克機器
一二二 磨鋼模機器
一二三 磨鋼模機器
一二〤 磨鋼模機器
一二〥 磨鋼模機器
一二〦 鑽床
一二〧 鑽床
一二〨 鑽床
一二〩 刨床
一三〇 刨床
一三一 [illegible]床
一三二 車床
一三三 車床
一三〤 車床
一三〥 車床
一三〦 車床
一三〧 車床
一三〨 車床
一三〩 車床
一〤〇 車床
一〤一 車床
一〤二 車床
一〤三 車床
一〤〤 車床
一〤〥 車床
一〤〦 車床
一〤〧 車床
一〤〨 車床
一〤〩 車床
一〥〇 車床
一〥一 車床
一〥二 車床
一〥三 車床
一〥〤 車床
一〥〥 車床
一〥〦 車床
一〥〧 車床
一〥〨 車床
一〥〩 車床
一〦〇 車床
一〦一 車床
一〦二 車床
一〦三 車床
一〦〤 車床
一〦〥 車床
一〦〦 車床
一〦〧 車床
一〦〨 車床
一〦〩 車床
一〧〇 車床
一〧一 車床
一〧二 車床
一〧三 車床
一〧〤 新植子機器
一〧〥 手扳機器
一〧〦 手扳機器
一〧〧 手扳機器
一〧〨 手扳機器
一〧〩 手扳機器
一〨〇 手扳機器
一〨一 手扳機器
一〨二 手扳機器
一〨三 手扳機器
一〨〤 手扳機器
一〨〥 手扳機器
一〨〦 手扳機器
一〨〧 手扳機器
一〨〨 手扳機器
一〨〩 手扳機器
一〩〇 手扳機器
一〩一 手扳機器
一〩二 老虎鉗
一〩三 老虎鉗
一〩〤 老虎鉗
一〩〥 老虎鉗
一〩〦 老虎鉗
一〩〧 老虎鉗
一〩〨 老虎鉗
一〩〩 老虎鉗
二〇〇 老虎鉗
二〇一 老虎鉗
二〇二 老虎鉗
二〇三 老虎鉗
二〇〤 老虎鉗
二〇〥 老虎鉗
二〇〦 老虎鉗
二〇〧 老虎鉗
二〇〨 老虎鉗
二〇〩 老虎鉗
二一〇 老虎鉗
二一一 箱風機器
二一二 打鐵爐
二一三 打鐵爐
二一〤 打鐵爐
二一〥 打鐵爐
二一〦 打鐵爐
二一〧 打鐵爐
二一〨 打鐵爐
二一〩 打鐵爐
二二〇 打鐵爐
二二一 打鐵爐
二二二 打鐵爐
二二三 打鐵爐
二二〤 打鐵爐
二二〥 打鐵爐
二二〦 打鐵爐
二二〧 磨刀石
二二〨 鐵銅克鋁箱
二二〩 [illegible]模子木柏
二三〇 [illegible]模子木柏
二三一 [illegible]模子木柏
二三二 套箱木柏
二三三 罐小銅冒木柏
二三〤 罐小銅冒木柏

鍊鋼廠機位圖一

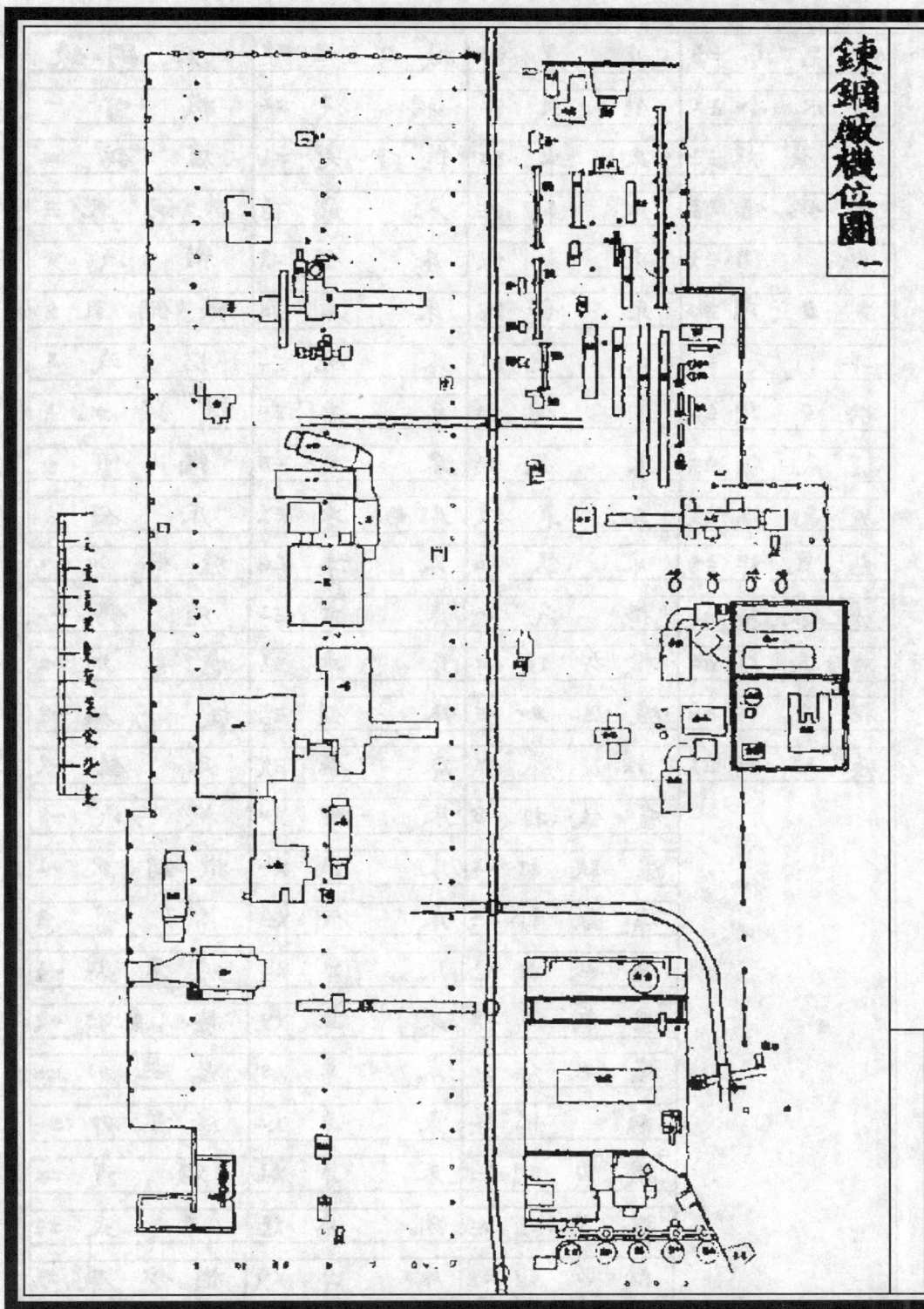

號	名稱
	鍊鋼廠一
一	剪機
二	鍋爐
三	軋鋼機
〤	汽機
〥	軋鋼機
〦	汽機
〧	軋鋼機
〨	剪機
〩	鋸床
一〇	加熱爐
一一	鍋爐
一二	加熱爐
一三	鍋爐
一〤	鋸床
一〥	汽機
一〦	軋鋼機
一〧	剪機
一〨	煤氣爐
一〩	拉熱鋼機
二〇	加熱爐
二一	加熱爐
二二	汽機
二三	天平
二〤	碾砂機
二〥	拉力機
二〦	汽機
二〧	起重機
二〨	鑽床
二〩	鋸床
三〇	車床
三一	鉋床
三二	車床
三三	車床
三〤	車床
三〥	車床
三〦	車床
三〧	車床
三〨	鑽床
三〩	鋸床
〤〇	鉋床
〤一	鍘床
〤二	鍘床
〤三	車床
〤〤	車床
〤〥	車床
〤〦	車床
〤〧	車床
〤〨	車床
〤〩	車床
〥〇	車床
〥一	汽錘
〥二	車床
〥三	車床
〥〤	車床
〥〥	鑽床
〥〦	鉋床
〥〧	鉋床
〥〨	鉋床
〥〩	車床
〦〇	鋸床
〦一	汽機
〦二	頂力機
〦三	加熱爐
〦〤	汽錘
〦〥	打鐵爐
〦〦	打鐵爐
〦〧	打鐵爐
〦〨	打鐵爐
〦〩	煤氣爐
〧〇	煤氣爐
〧一	鍋爐
〧二	頂力機
〧三	頂力機
〧〤	頂力機
〧〥	冷汽錘
〧〦	冷水櫃
〧〧	煤氣爐
〧〨	鑄鋼筒
〧〩	鋼爐
〨〇	頂力機
〨一	天平
〨二	頂力機
〨三	煤氣爐
〨〤	煤氣爐
〨〥	煤氣爐
〨〦	煤氣爐
〨〧	煤氣爐
〨〨	頂力機
〨〩	烘砂爐

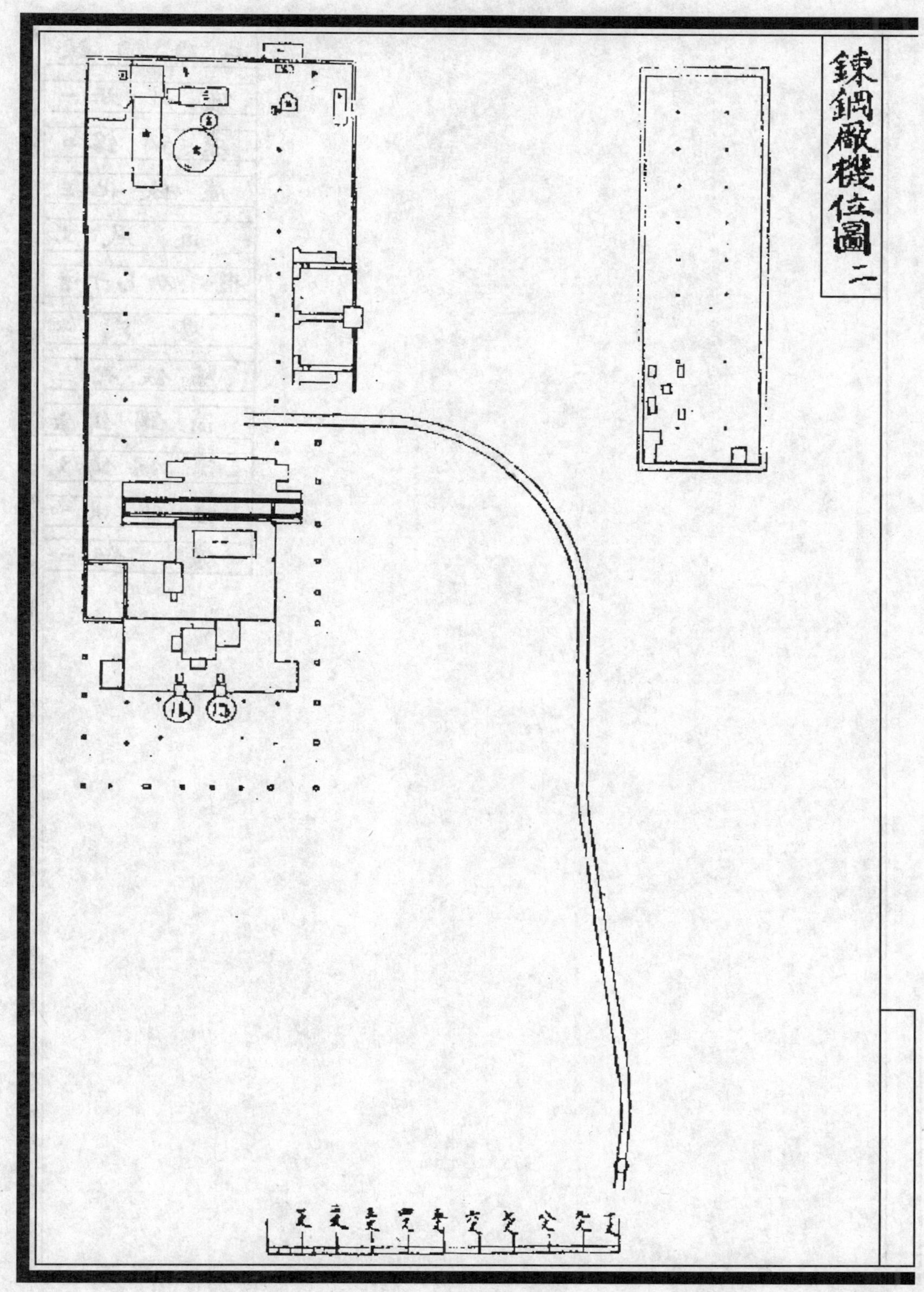
鍊鋼廠機位圖二

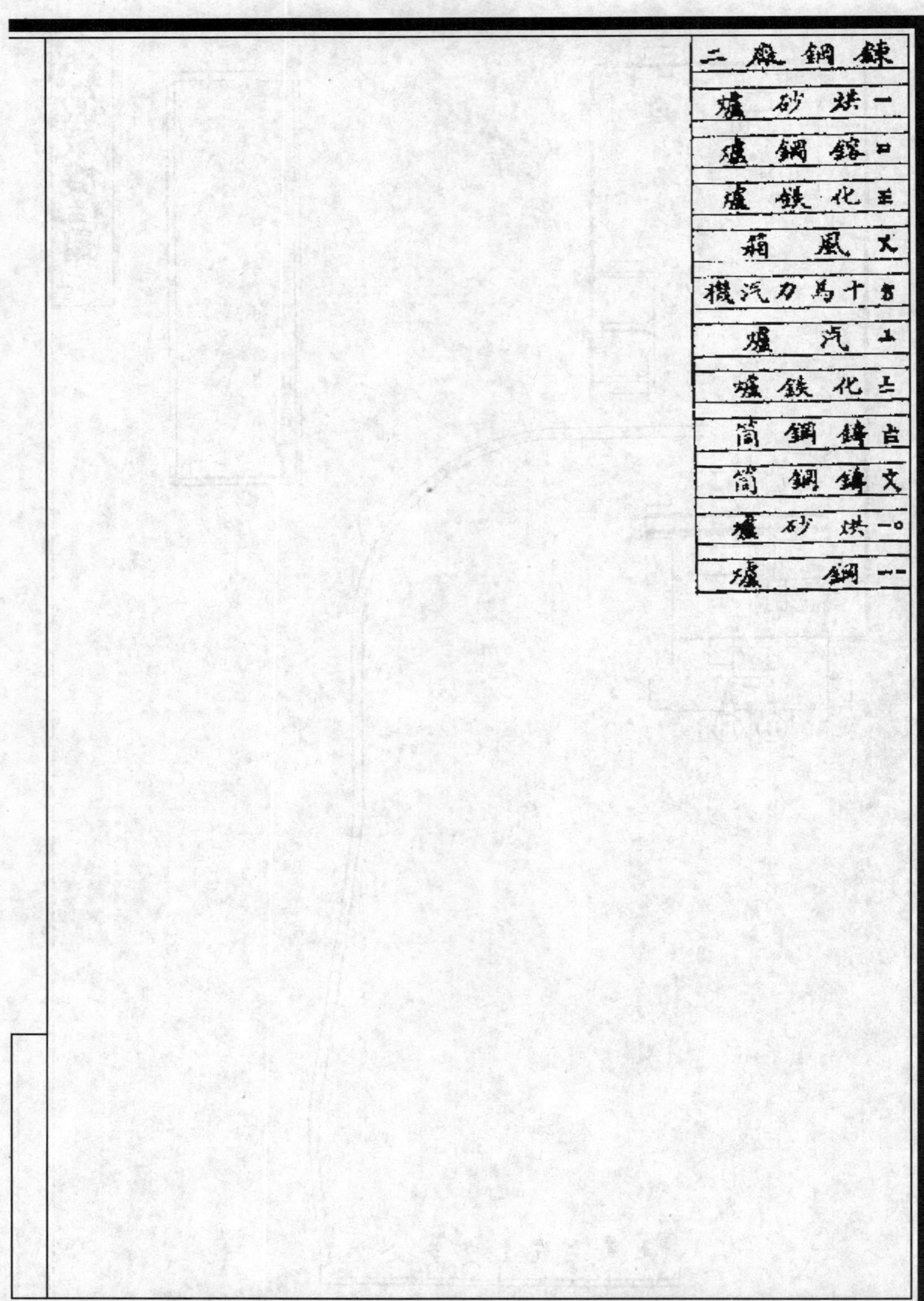

練鋼廠二
一 烘砂爐
二 鎔鋼爐
三 化鐵爐
四 風箱
五 十馬力汽機
六 汽爐
七 化鐵爐
八 鑄鋼筒
九 鑄鋼筒
一〇 烘砂爐
一一 鋼爐

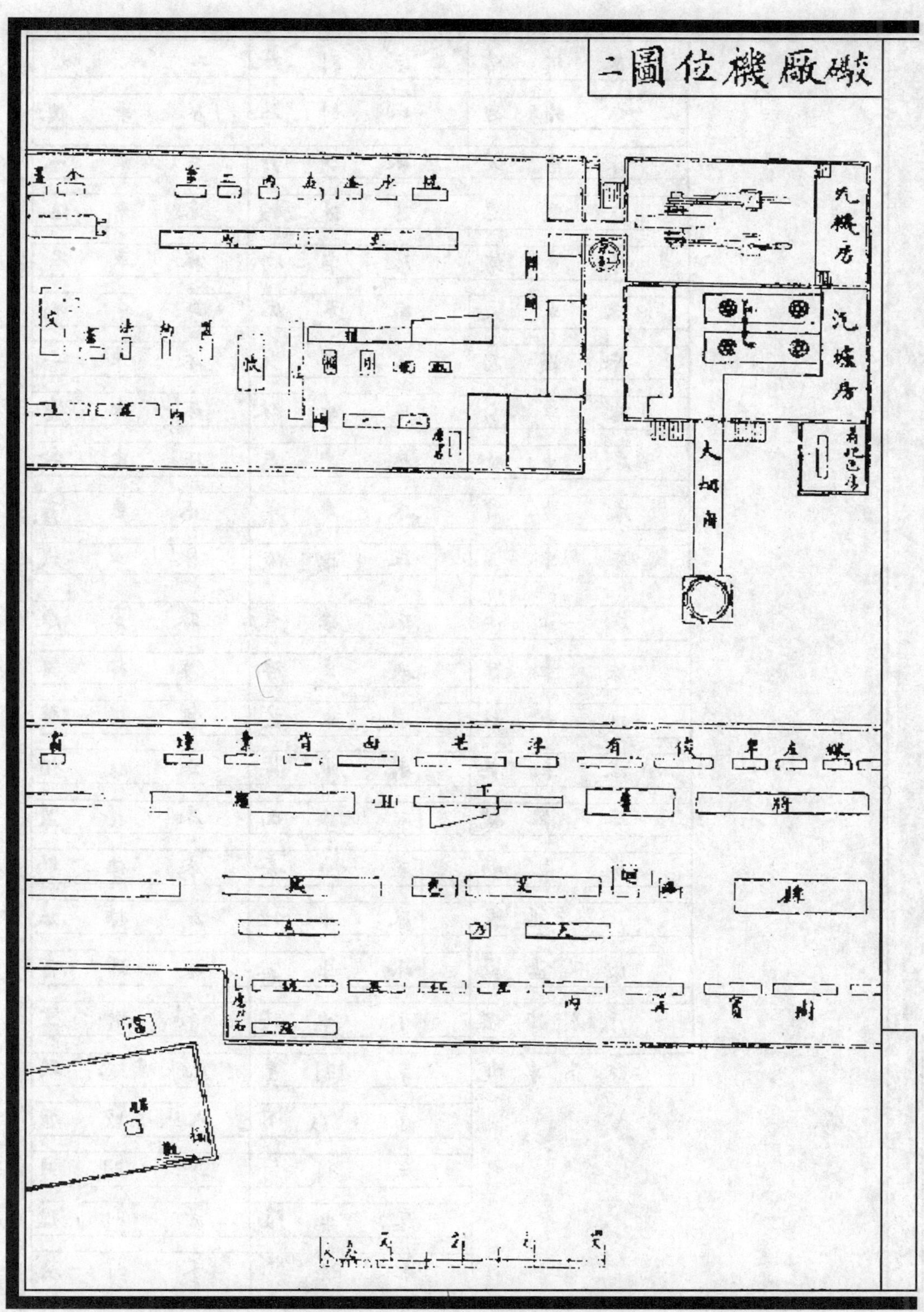
礮廠機位圖二
汽機房
汽爐房

碾礪二	帳刨床	路鑽床
機車床	八刨床	迴鑽床
承車床	戶刨床	艾車床
洛車床	頻洗床	忠鑽床
右車床	均車床	據車床
內車床	席車床	夫魚床
二車床	多車床	乃鑽床
重車床	綵車床	貞車床
含車床	左車床	樹車床
書車床	卑車床	實車床
式車床	俊車床	寓車床
成車床	有車床	內車床
韓插床	淨車床	京車床
弊插床	芒車床	杜車床
相拔絲床	背車床	英車床
盟插床	面車床	魏車床
約插床	橐車床	趙車床
法插床	鍾車床	當鋸木床
書刮床	竊車床	鬱鋸木床
文銷床	將車床	樓車木床
戰絞螺絲床	蓋刨床	龍車木床
盤絞螺照床	下板絲床	
月刨床	封刨床	
極刨床	羅車床	
溼刨床	鬆刨床	

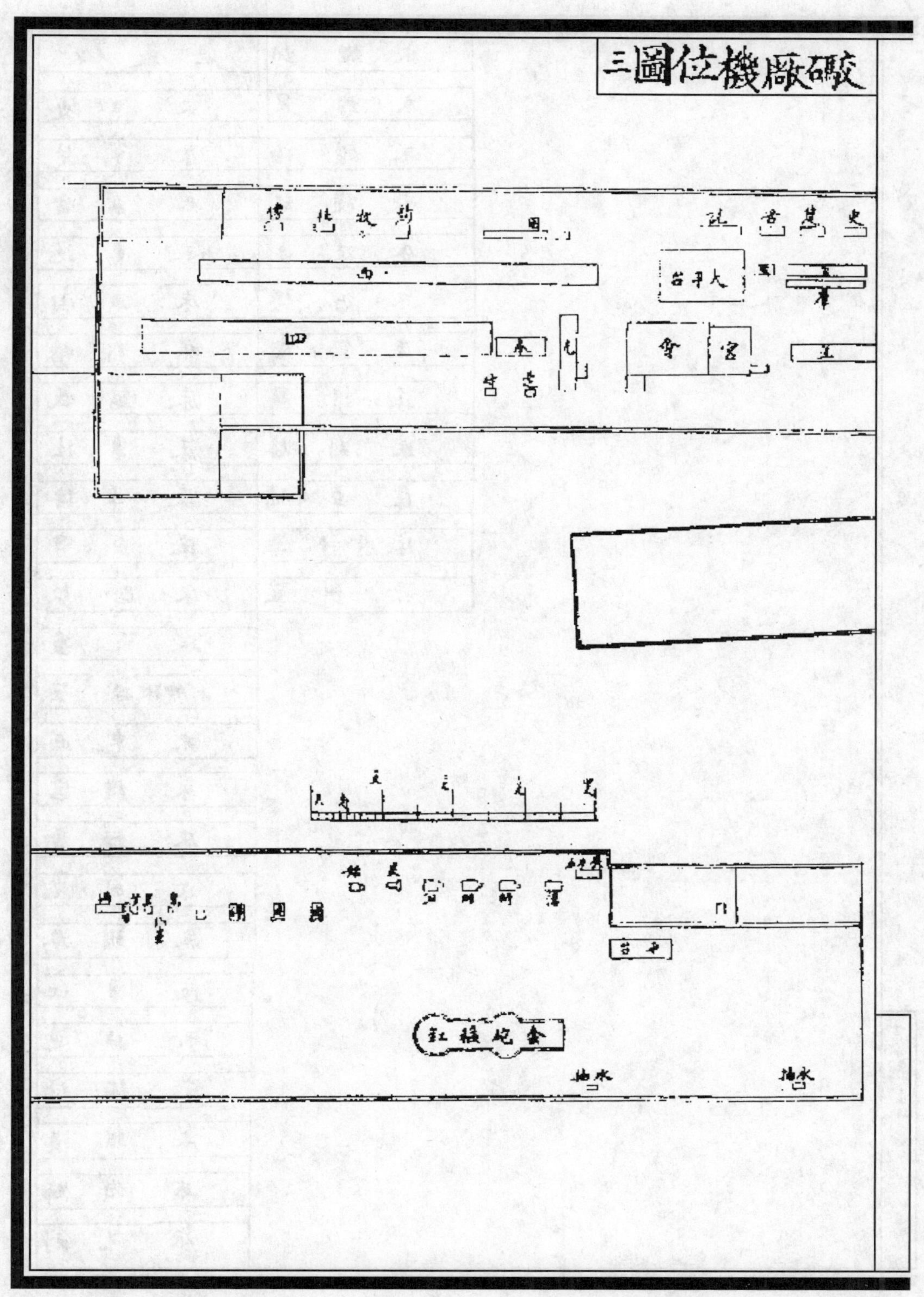
礮廠機位圖三
抽水
抽水

砍	殿	三
史	車	床
楚	車	床
晉	車	床
說	車	床
閩	車	床
精	刨	床
嗽	鉋	床
往	車	床
傳	車	床
劈	車	床
駁	刨	床
羣	車	床
笙	搽磁牆	床
西	車	床
宮	鑽	床
會	鑽	床
光	刨	床
華	鑽	床
四	車	床
蓮	抻	床
付	插	床
漢	鑽	床
綺	銑	床
剩	銑	床

剗	鑽	床
昃	鑽	床
始	鏇	床
滅	鑽	床
逢	銑	床
傳	刨	床
驚	鑽	床
皇	鏜	床
格	刮	床
猶	車	床
業	平磨	床
宜	銑	床

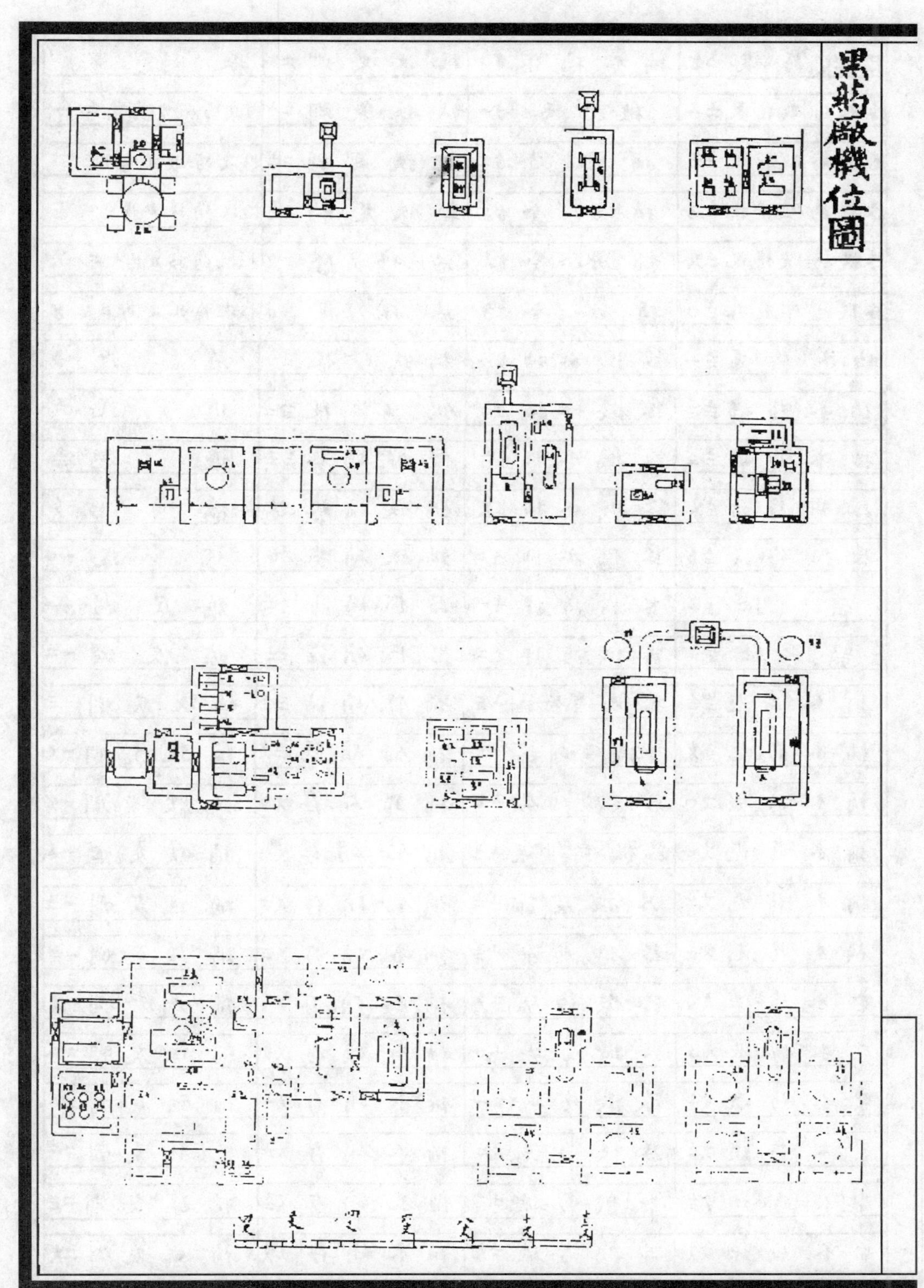
黑葯廠機位圖

黑藥厰

號	名稱
一	三十馬力碾藥汽機
二	三十馬力碾藥汽機
三	廿四馬力提硝汽機
四	二十馬力篩藥汽機
五	十五馬力軋藥汽機
六	汽爐
七	汽爐
八	汽爐
九	汽爐
一〇	汽爐
一一	烟炭爐
一二	烟炭爐
一三	烟炭鐵桶
一四	烟炭鐵桶
一五	烟炭鐵桶
一六	烟炭鐵桶
一七	烟炭鐵桶
一八	烟炭鐵桶
一九	烟炭鐵桶
二〇	烟炭鐵桶
二一	烟炭鐵桶
二二	烟炭鐵桶
二三	烟炭鐵桶
二四	烟炭鐵桶
二五	烟炭鐵桶
二六	烟炭鐵桶
二七	烟炭鐵車
二八	烟炭鐵車
二九	修件爐
三〇	提磺爐
三一	提磺鐵桶
三二	提磺鍋
三三	熬硝鐵鍋
三四	熬硝鐵鍋
三五	熬硝鐵鍋
三六	篩硝機器
三七	篩硝機器
三八	篩硝鐵桶
三九	篩硝鉛桶
四〇	存硝鉛桶
四一	存硝鉛桶
四二	存硝鉛桶
四三	存硝木桶
四四	存硝木桶
四五	存硝木桶
四六	存硝木桶
四七	存硝木桶
四八	存硝木桶
四九	存硝木桶
五〇	存藥木桶
五一	水、櫃
五二	冷水桶
五三	冷水桶
五四	冷水桶
五五	冷水桶
五六	抽水機器
五七	抽水機器
五八	抽水機器
五九	抽水機器
六〇	抽水機器
六一	拌藥機器
六二	拌藥機器
六三	篩硝磺機器
六四	篩硝磺機器
六五	碾硝磺機器
六六	碾硝磺機器
六七	篩炭機器
六八	碾藥機器
六九	碾藥機器
七〇	碾藥機器
七一	碾藥機器
七二	碾藥機器
七三	碾藥機器
七四	碾藥機器
七五	碾藥機器
七六	軋稽碾藥機器
七七	軋稽碾藥機器
七八	軋稽碾藥機器
七九	軋稽碾藥機器
八〇	軋稽碾藥機器
八一	搗藥木梏
八二	搗藥木梏
八三	搗藥木梏
八四	篩藥機器
八五	篩藥機器
八六	軸架
八七	軸架
八八	光藥木桶
八九	光藥木桶
九〇	光藥木桶
九一	光藥木桶
九二	光藥木桶
九三	光藥木桶
九四	烘藥木架
九五	烘藥木架
九六	烘藥木架
九七	烘藥木架
九八	烘藥木架
九九	烘藥木架

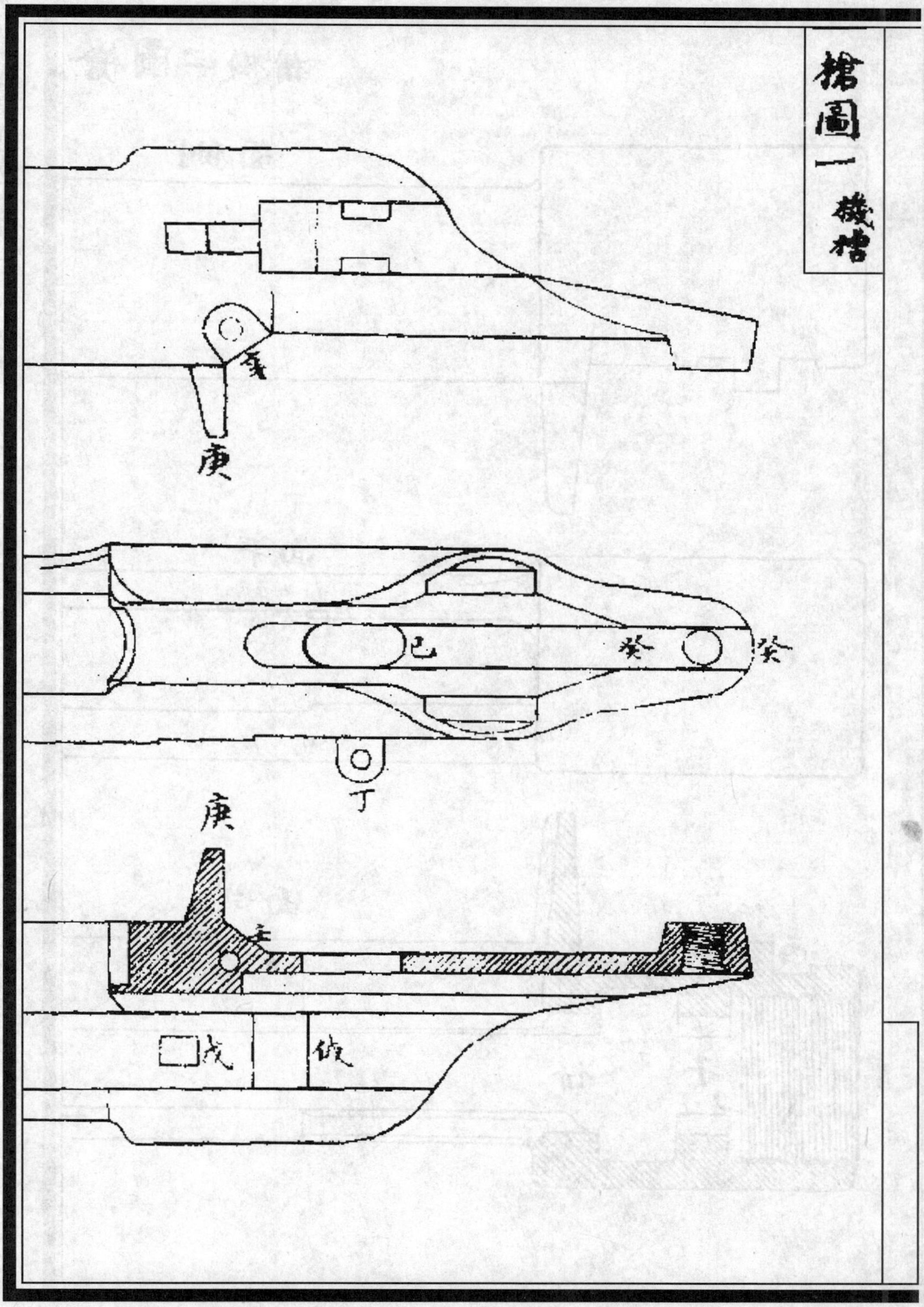

槍圖一 機槽

庚

己 癸 癸

丁

庚

戊

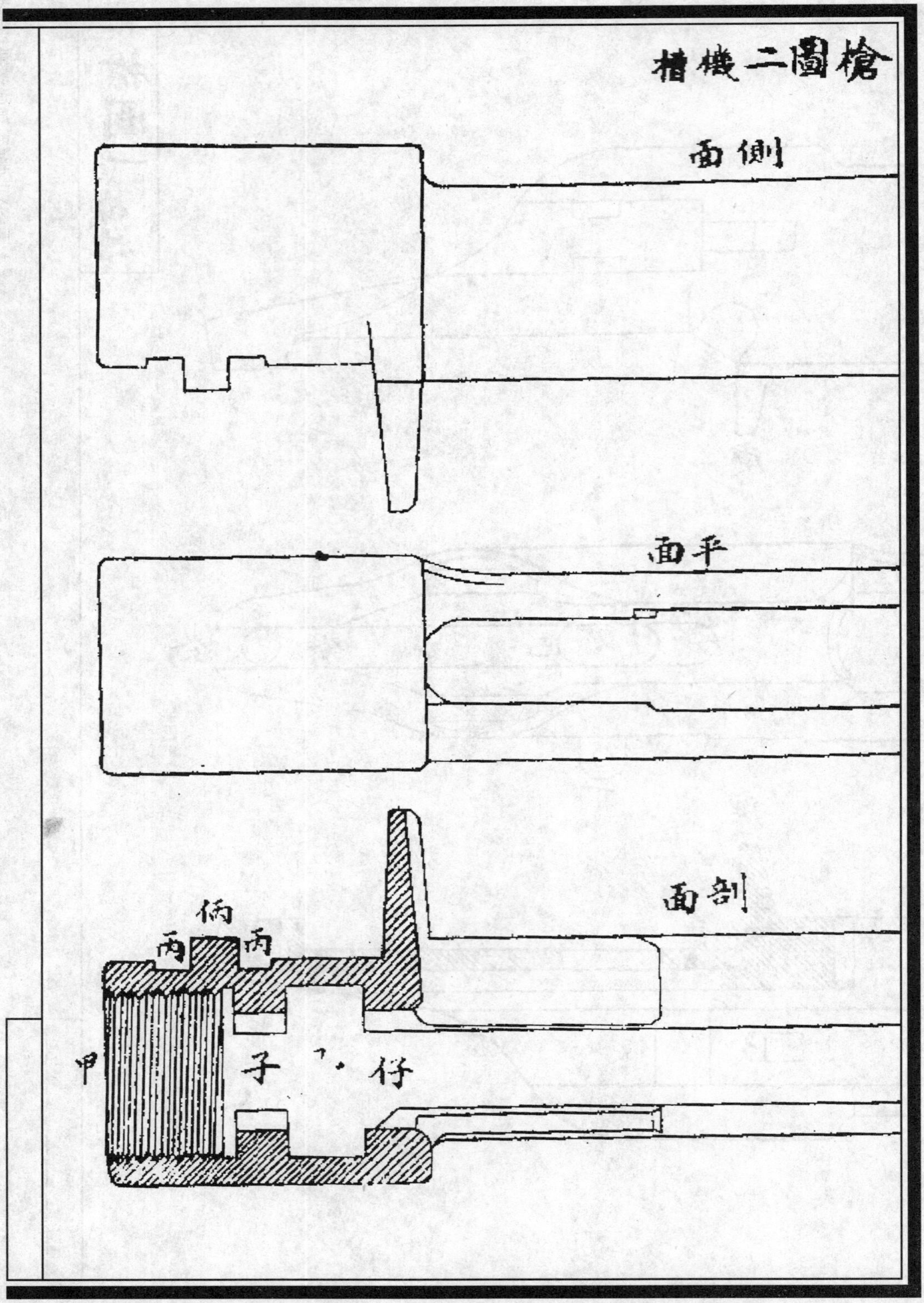

槍圖二機槽

側面

平面

剖面

俩

丙

丙

甲

子

仔

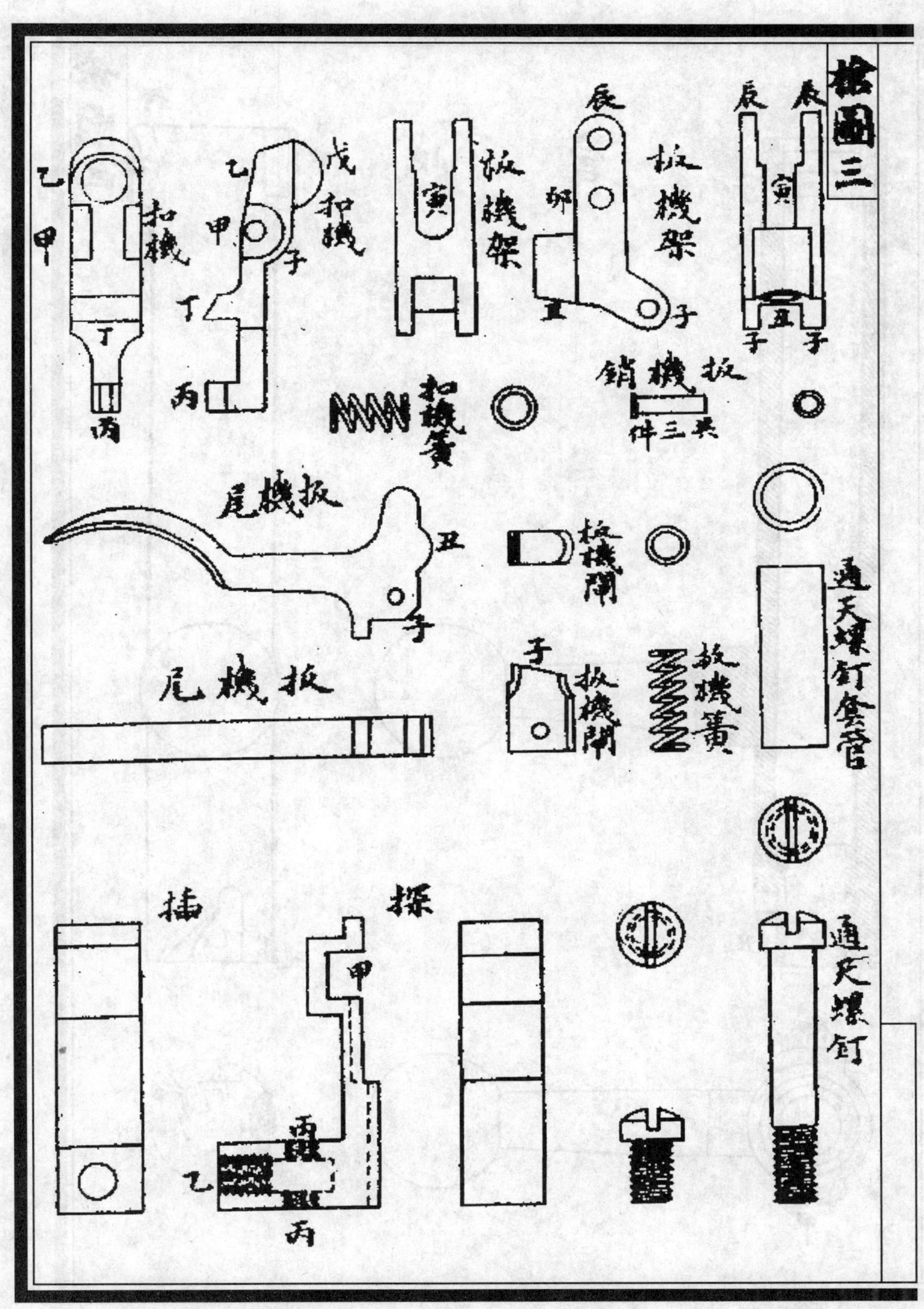
槍圖三
扣機
扳機架
扳機架
扣機簧
扳機銷
扳機尾
扳機閘
扳機尾
扳機閘
扳機簧
通天螺釘套管
通天螺釘
插
探

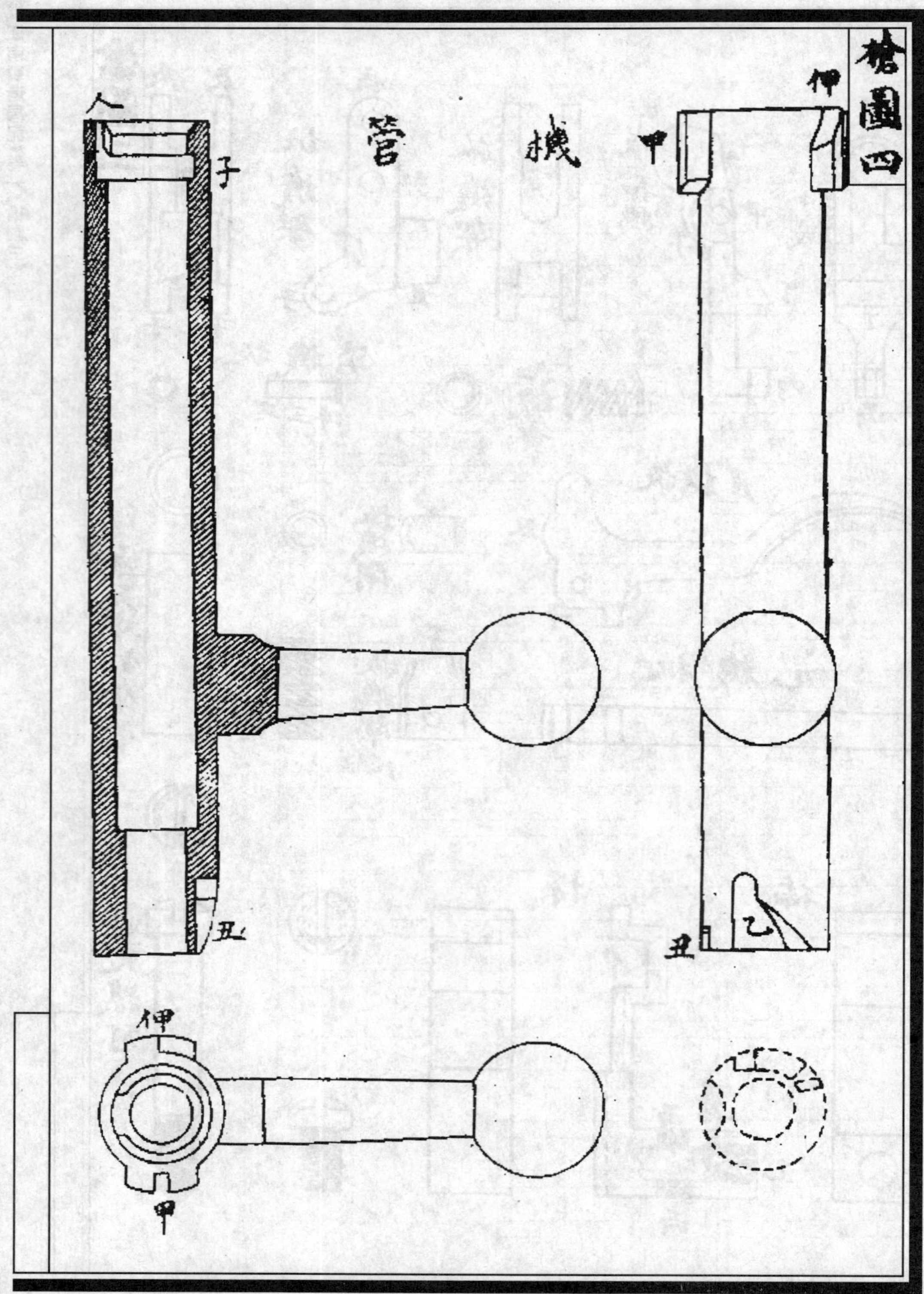
槍圖四
機管
甲
仲
人
子
丑
乙
丑
仲
甲

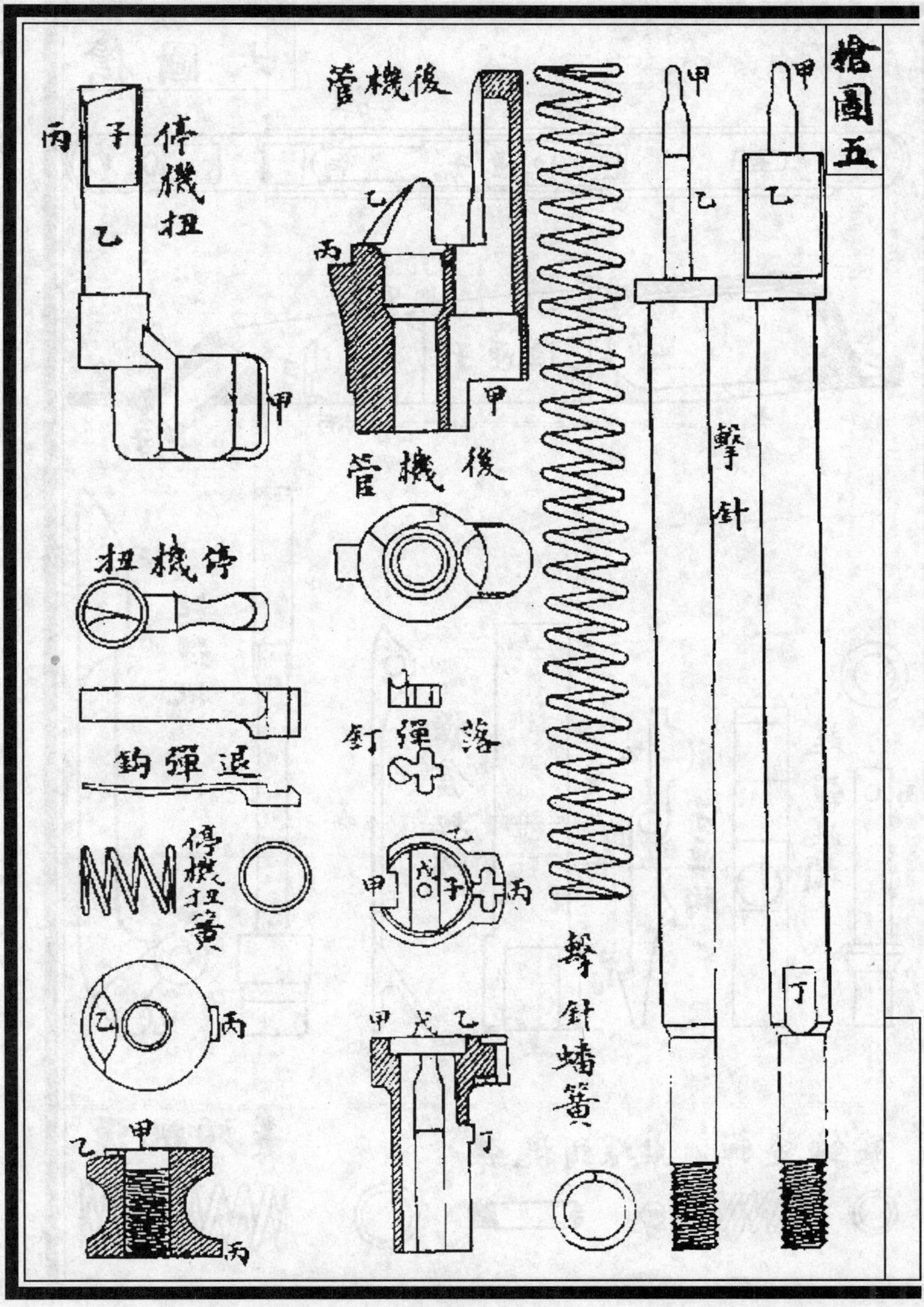

槍圖五

停機扭
丙
子
乙
甲
後機管
乙
丙
甲
後機管
停機扭
退彈鉤
落彈針
停機扭簧
甲
戊
子
丙
乙
丙
乙
甲
甲
戊
乙
丁
擊針
甲
乙
擊針
甲
乙
丁
擊針蟠簧

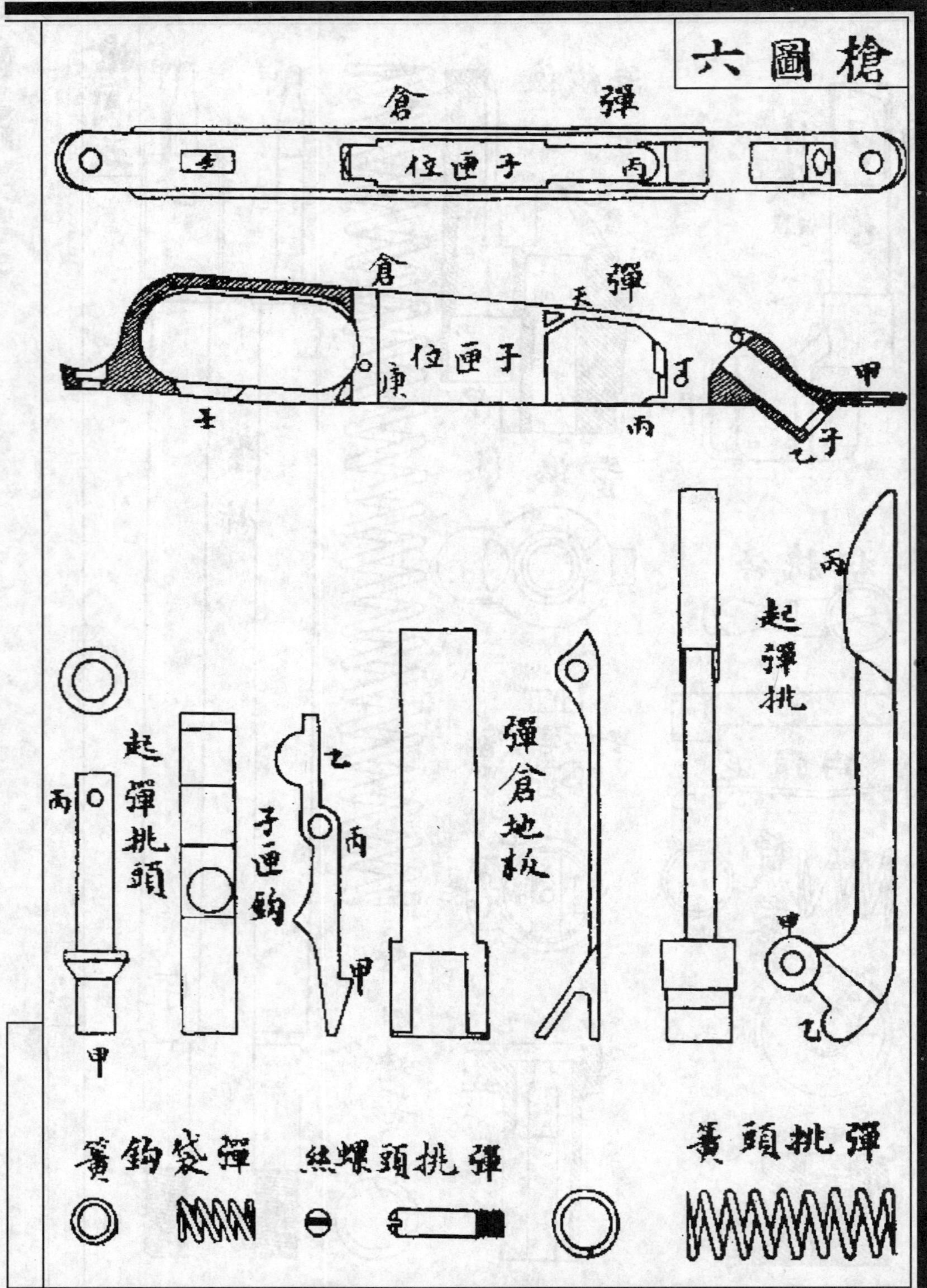
槍圖六
彈倉
子匣位
彈倉
子匣位
起彈挑
起彈挑頭
子匣鉤
彈倉地板
彈袋鉤簧
彈挑頭螺絲
彈挑頭簧

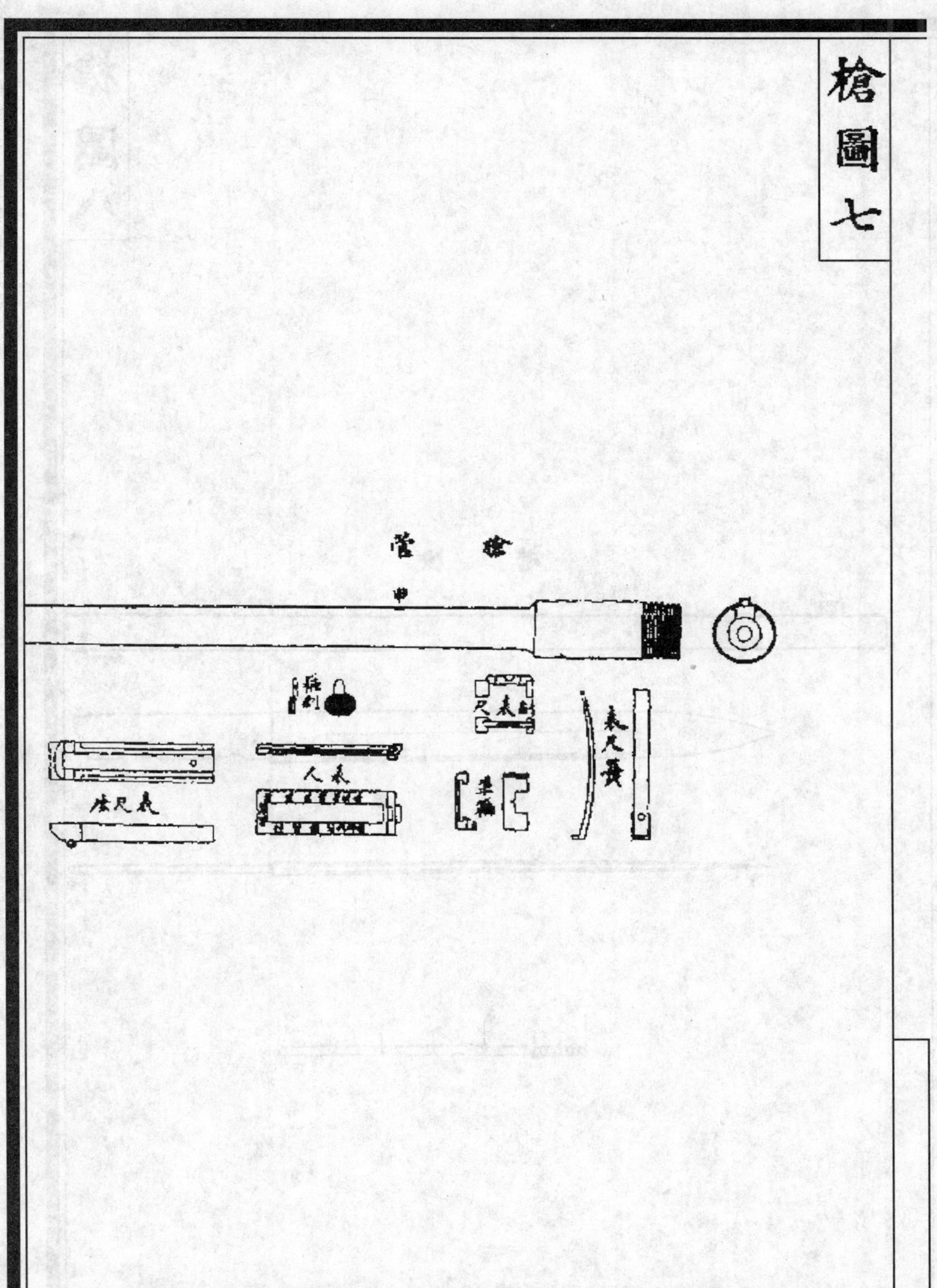
槍圖七

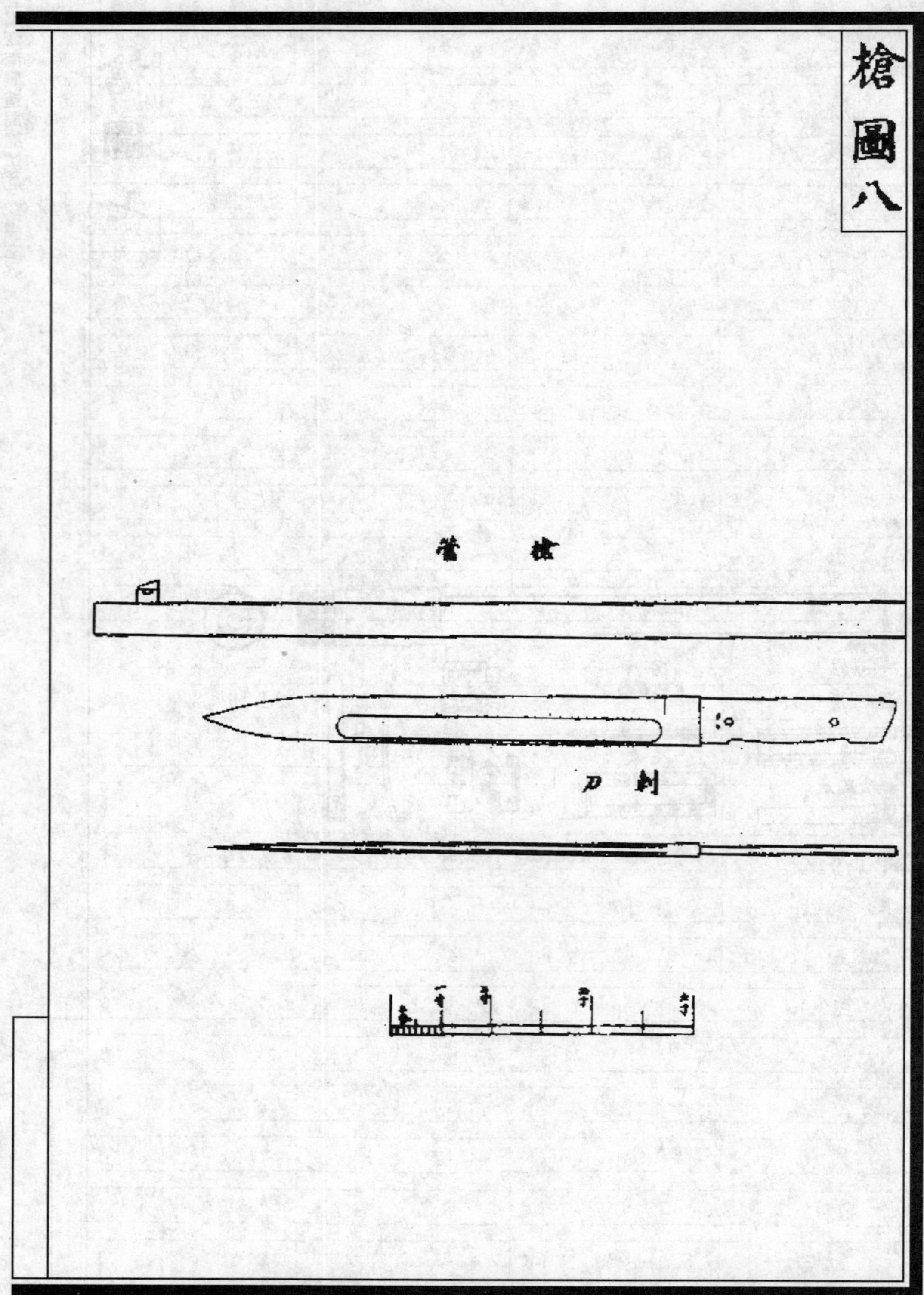
槍圖八
槍管
刺刀

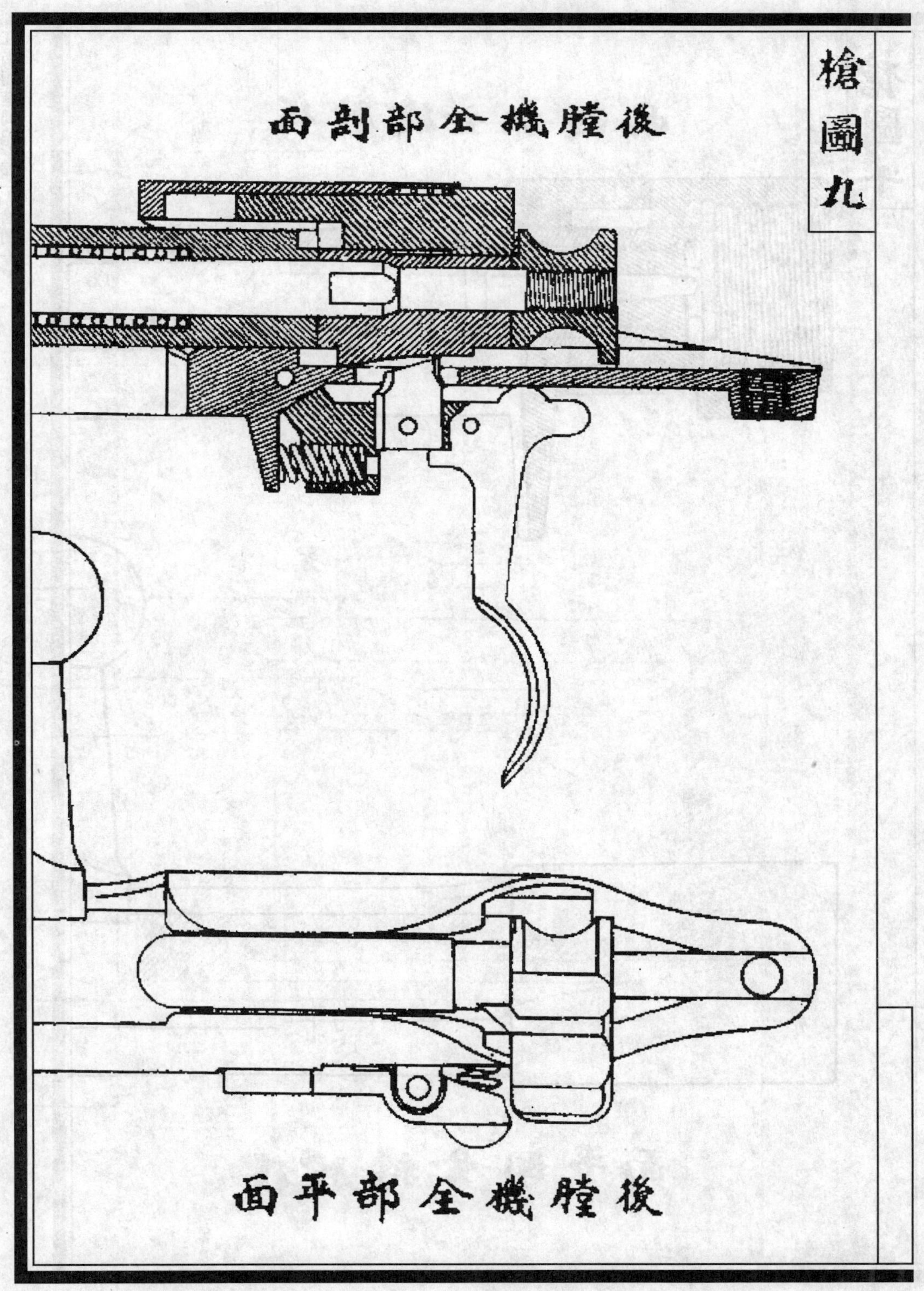
槍圖九
後膛機全部剖面
後膛機全部平面

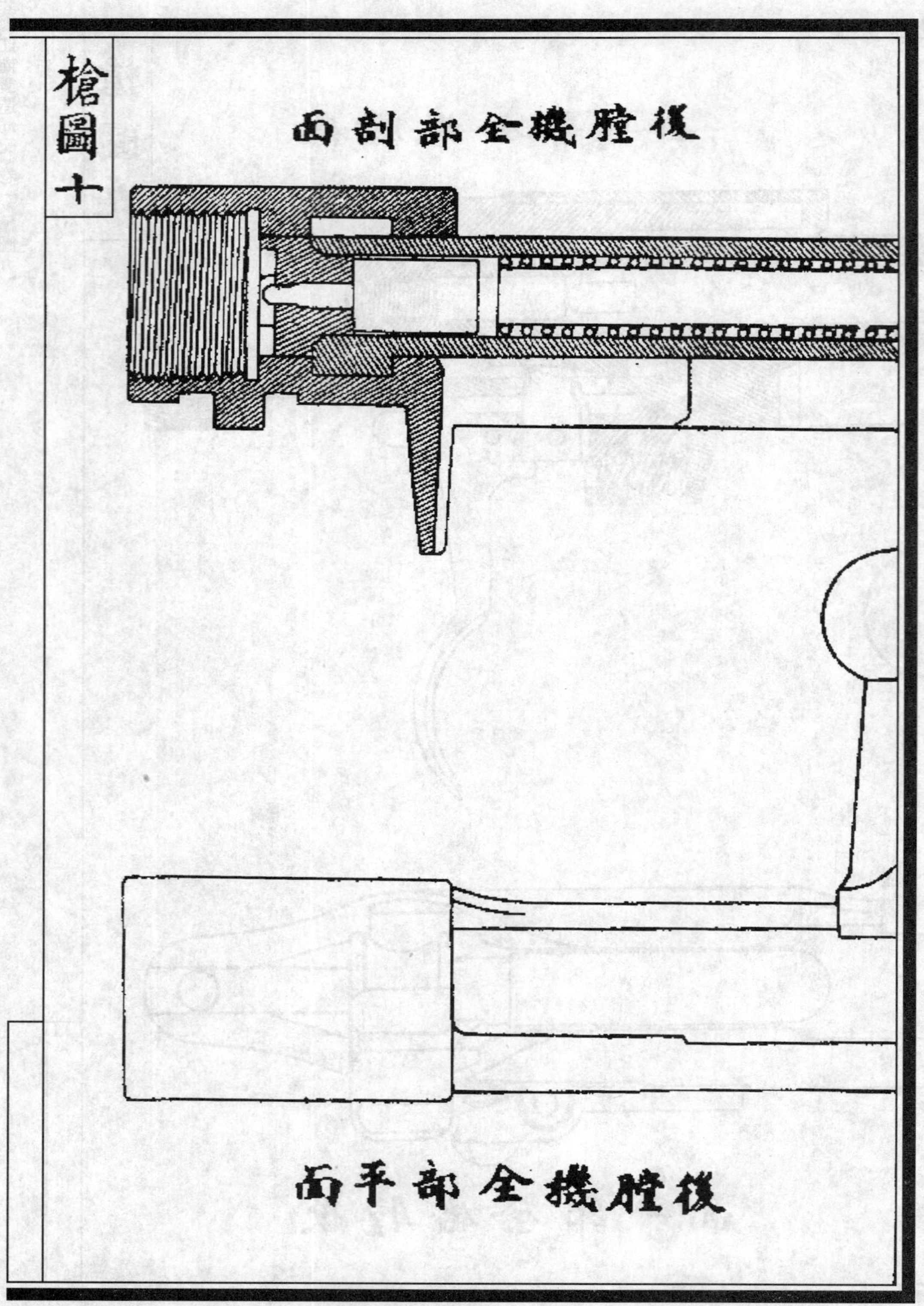
槍圖十
後膛機全部剖面
後膛機全部平面

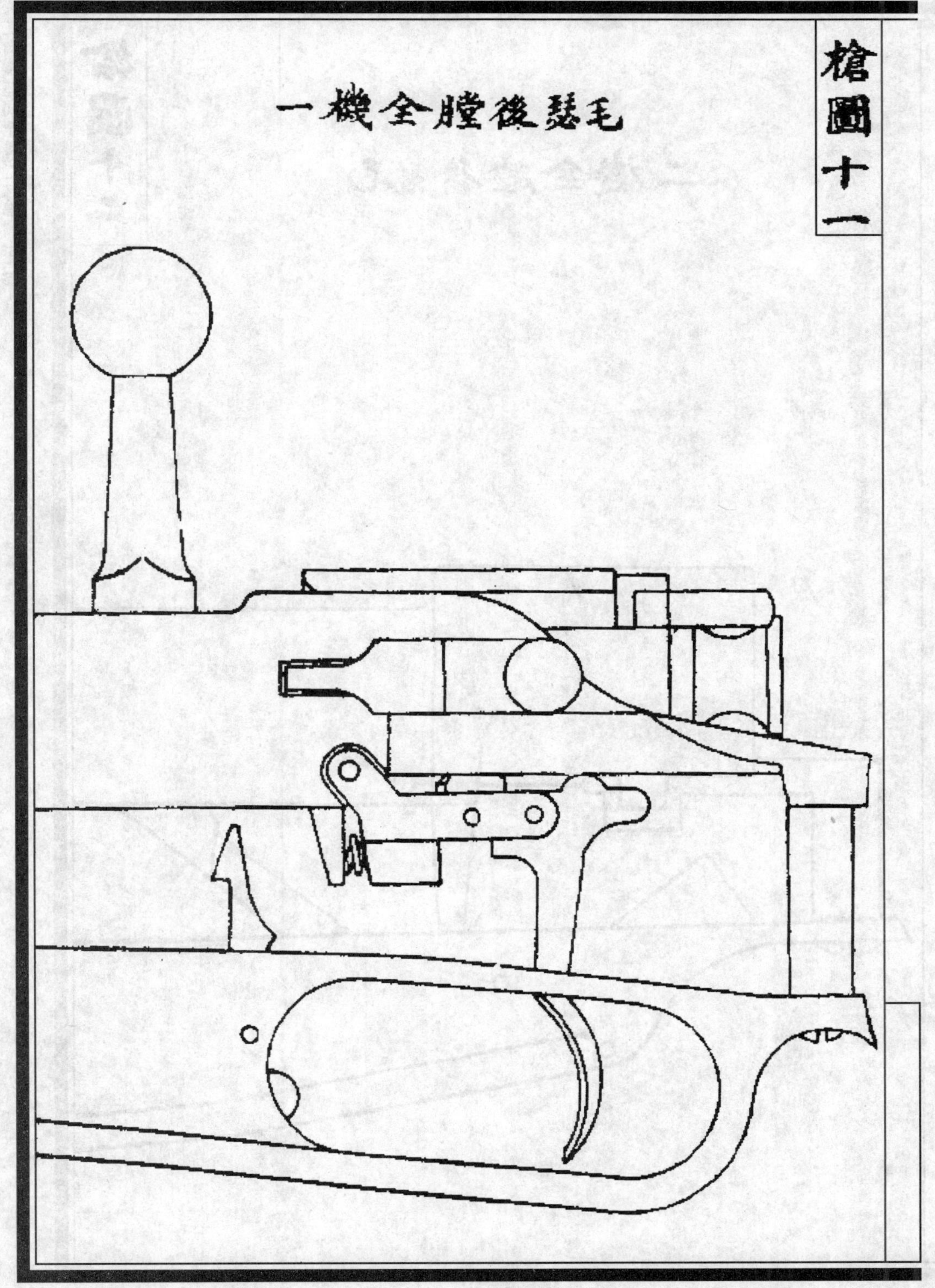
槍圖十一
毛瑟後膛全機一

槍圖十二

毛瑟後膛全機二

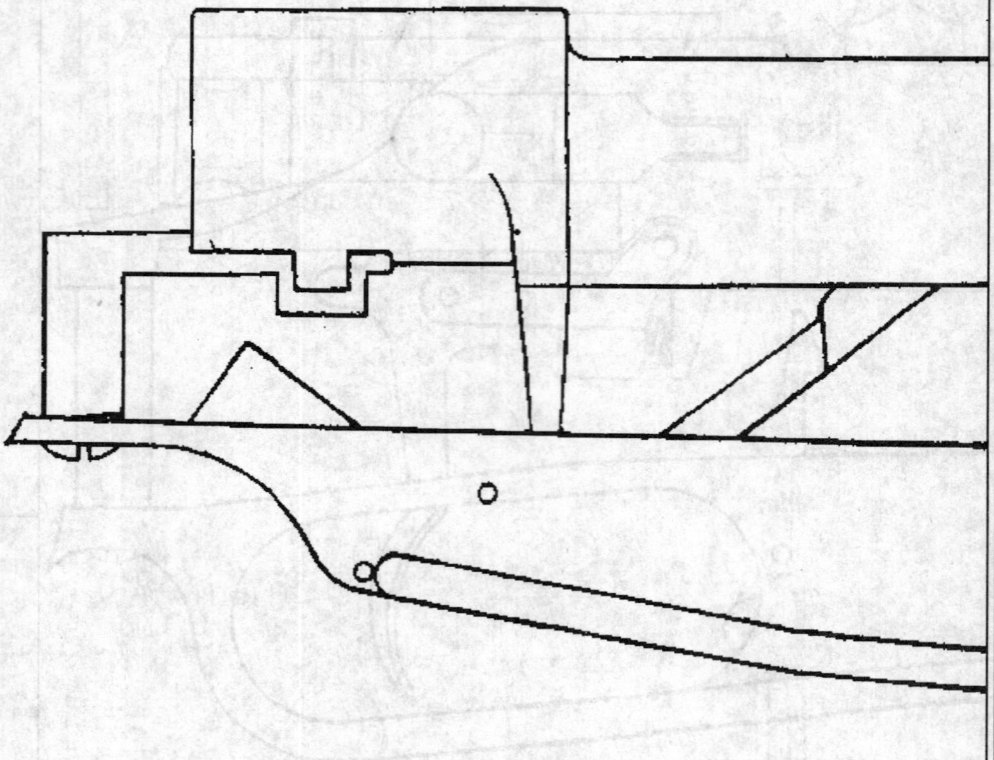

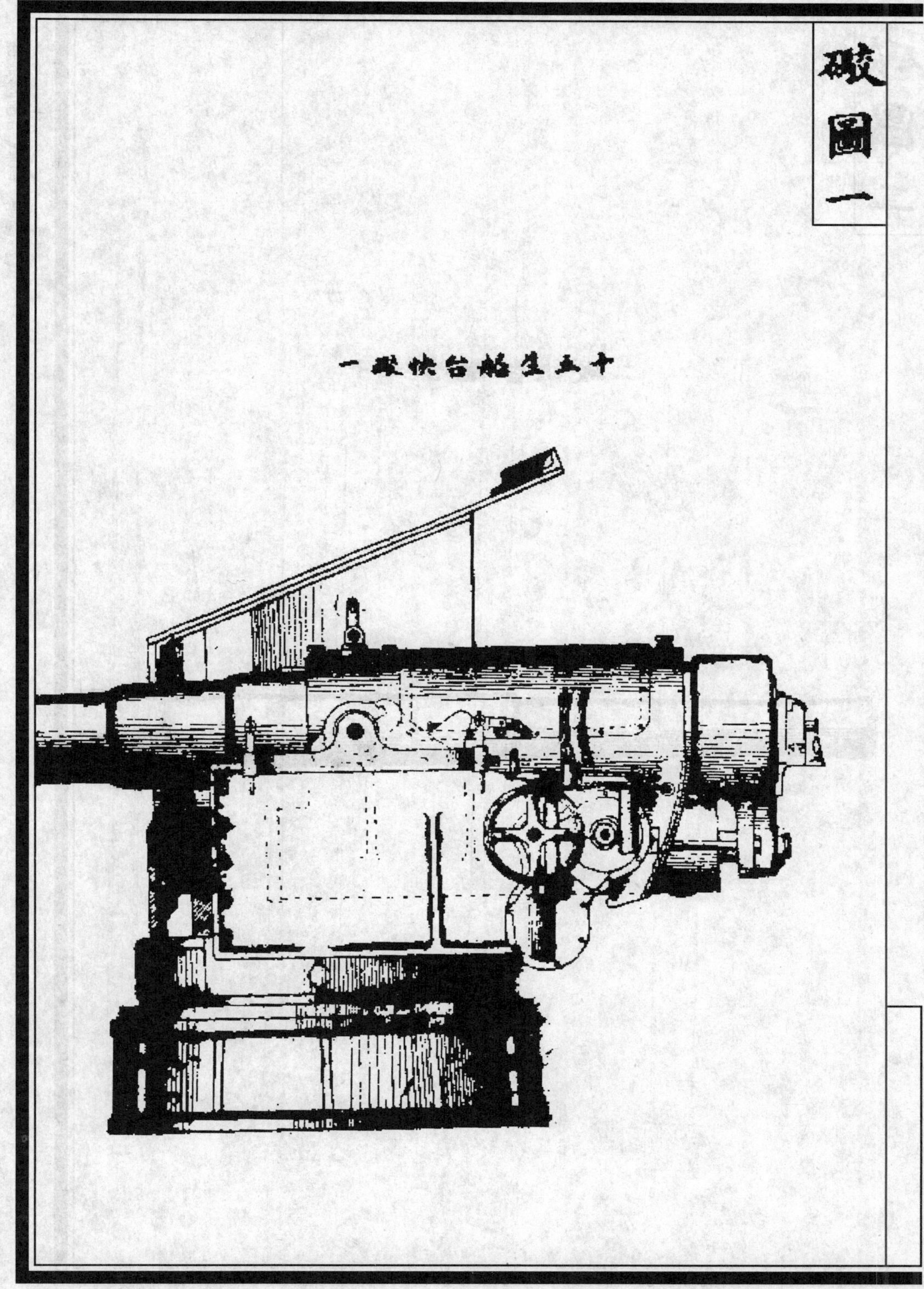
礮圖一
十五生船台快礮一

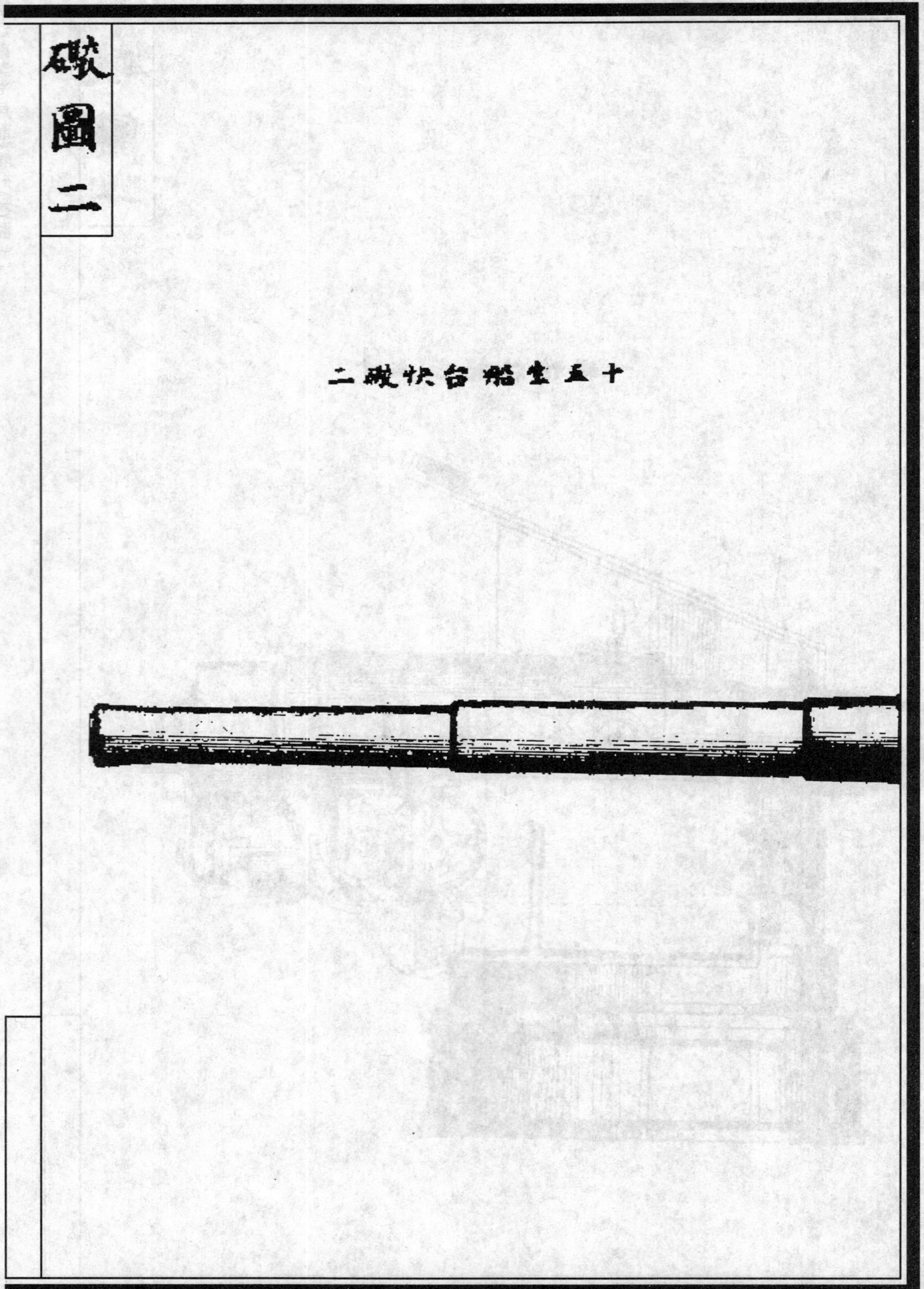
礮圖二
十五生船台快礮二

礮圖三

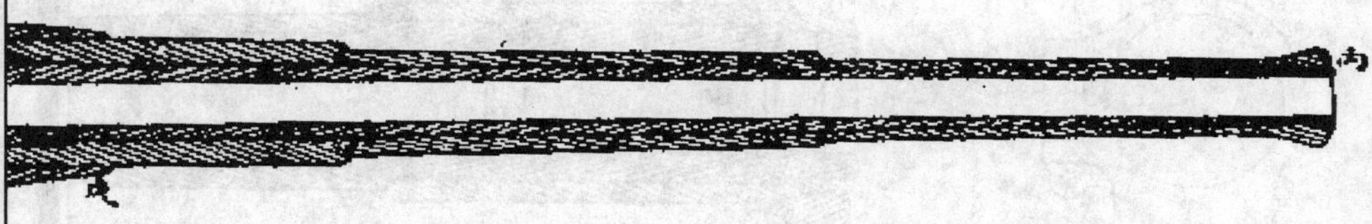

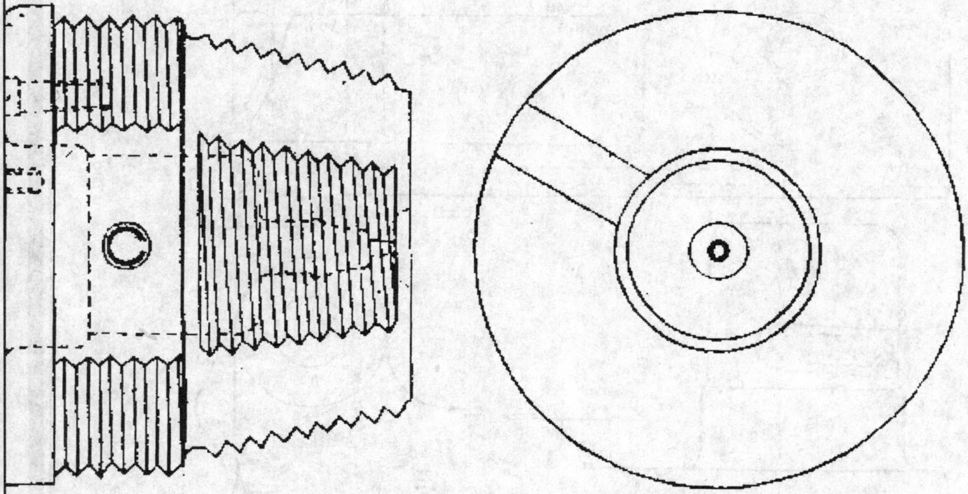

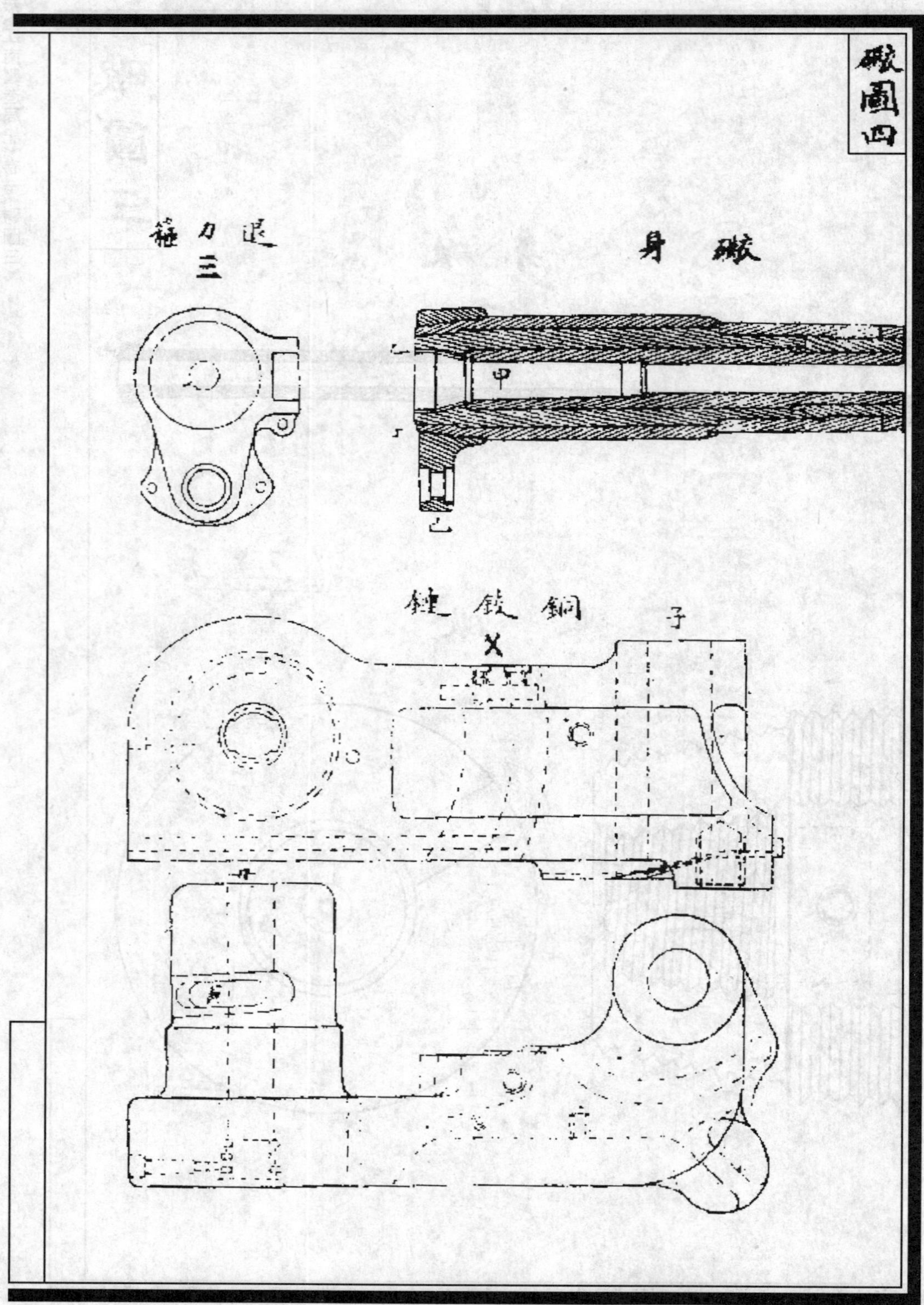
礮圖四
礮身
退力箍
三
銅鉸鏈
X
子
中

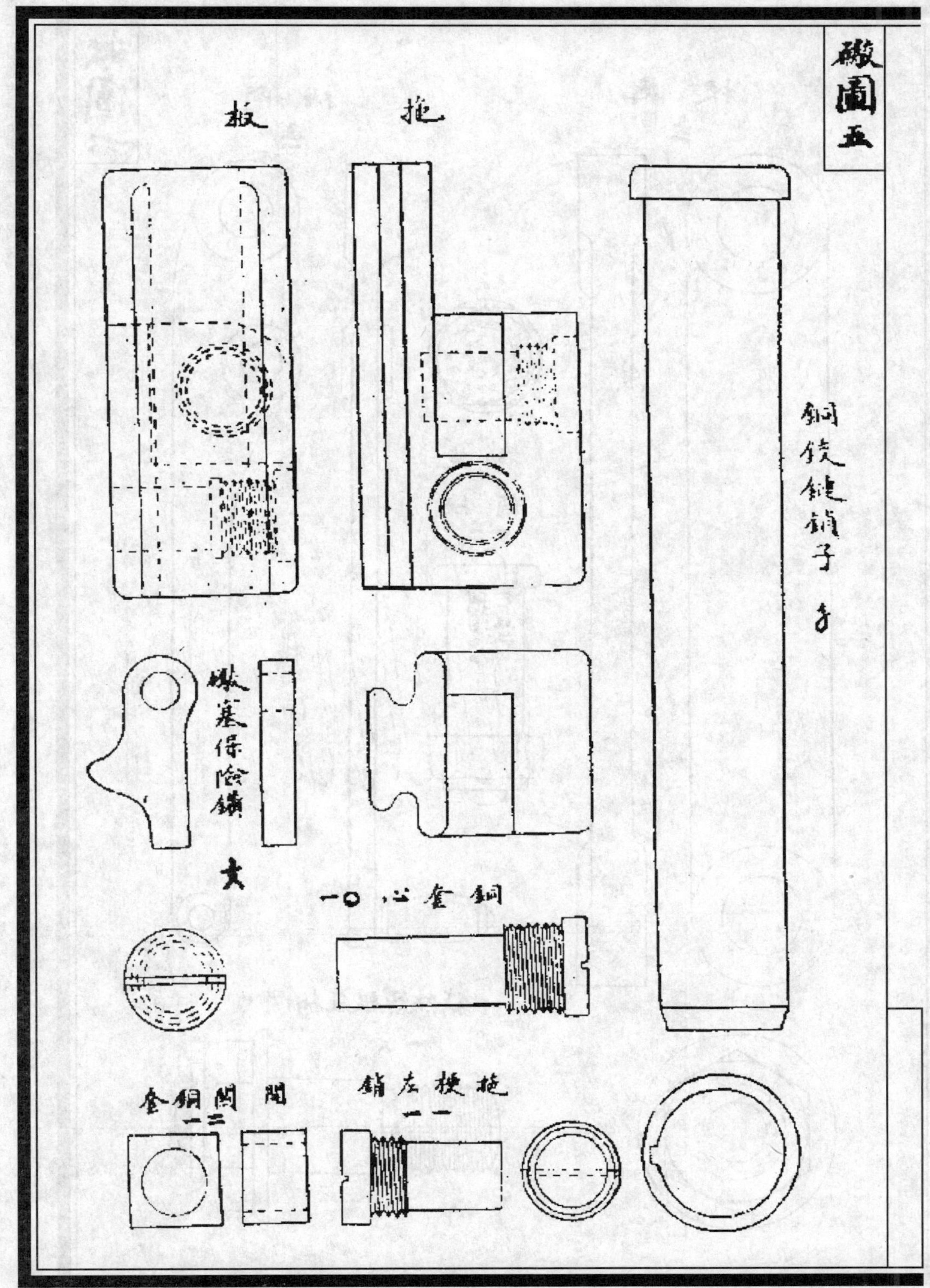
礮圖五
拖板
銅鉸鏈銷子
礮塞保險鑰
銅套心
一〇
拖梗左銷
一一
閘閂銅套
一二

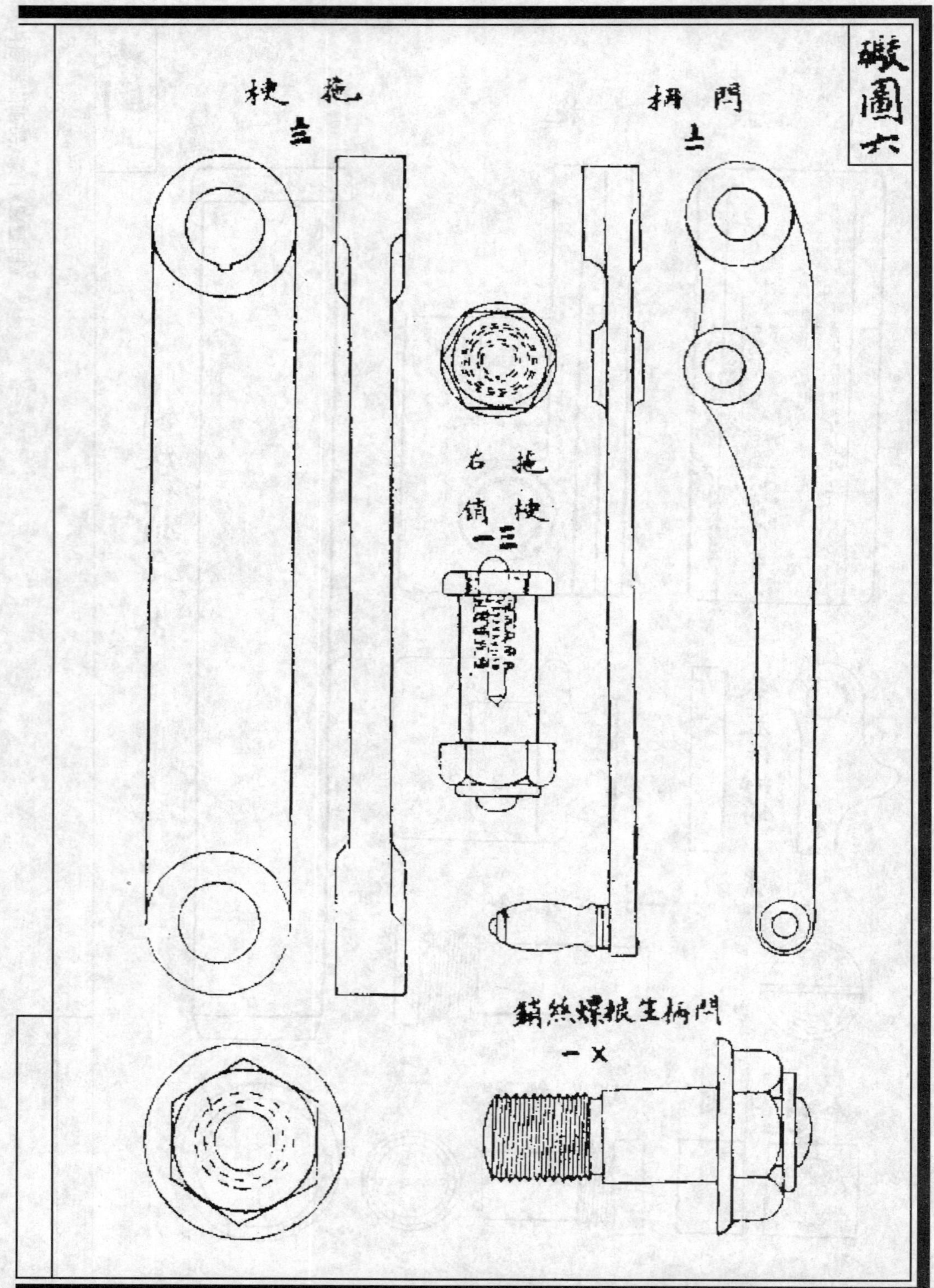
礮圖六
挽梗
門柄
門柄生根螺絲銷

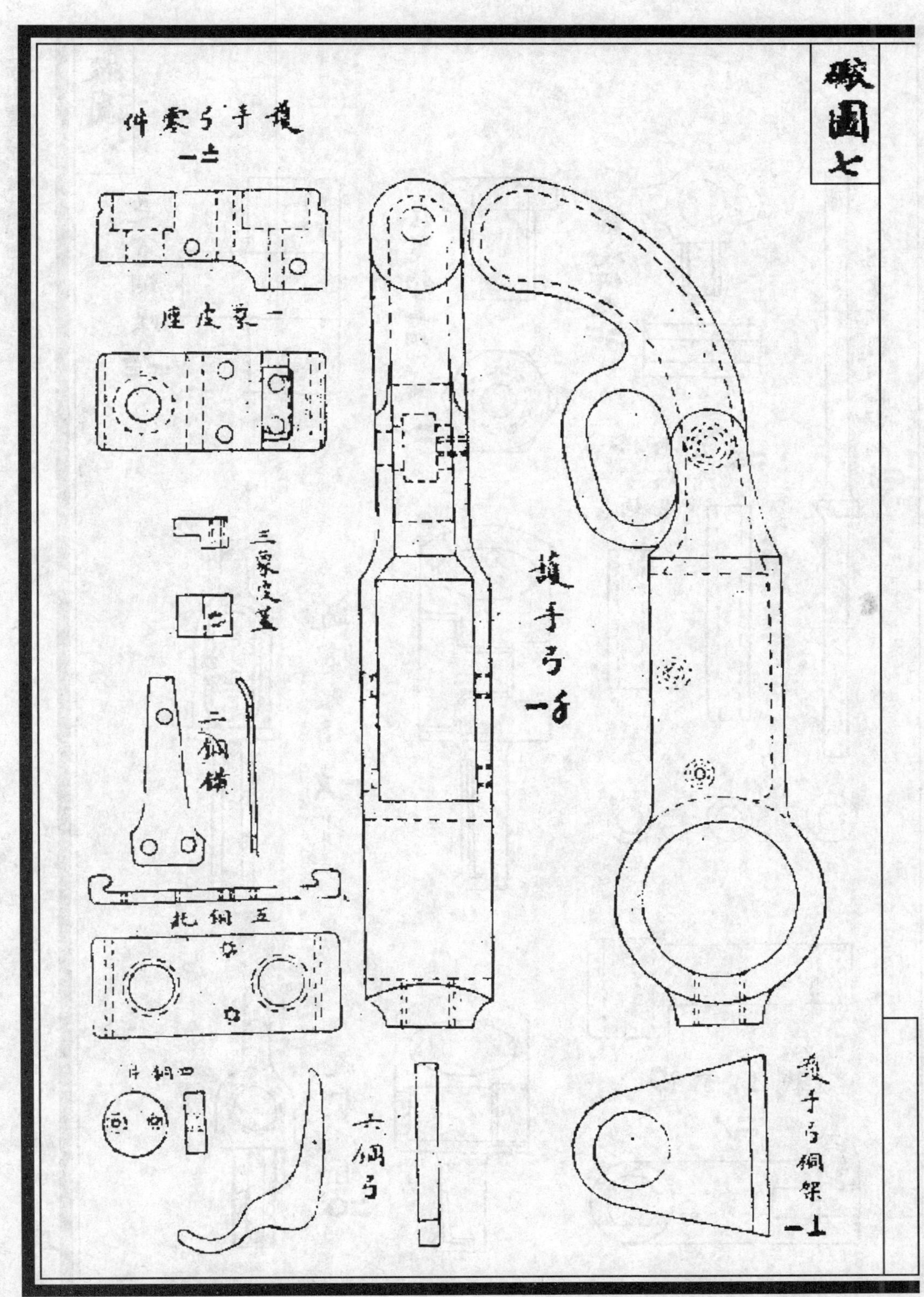
礮圖七
護手弓零件
護手弓
護手弓鋼架
五 鋼托
六 鋼弓

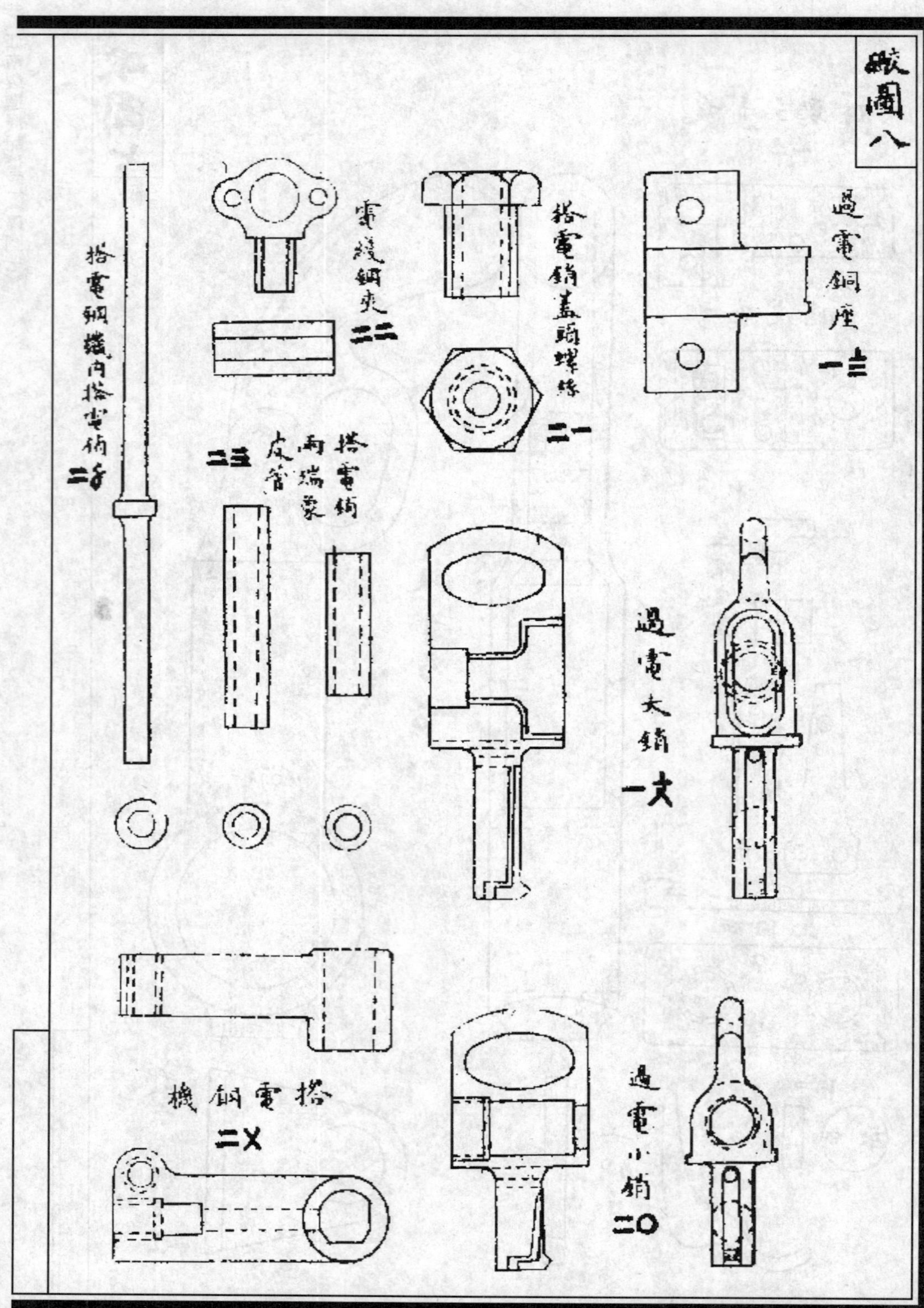
廠圖八
過電銅座
搭電銷蓋頭螺絲
電綫銅夾
搭電鋼鐵內搭電銷
搭電銷兩端象皮管
過電大銷
搭電銅機
過電小銷

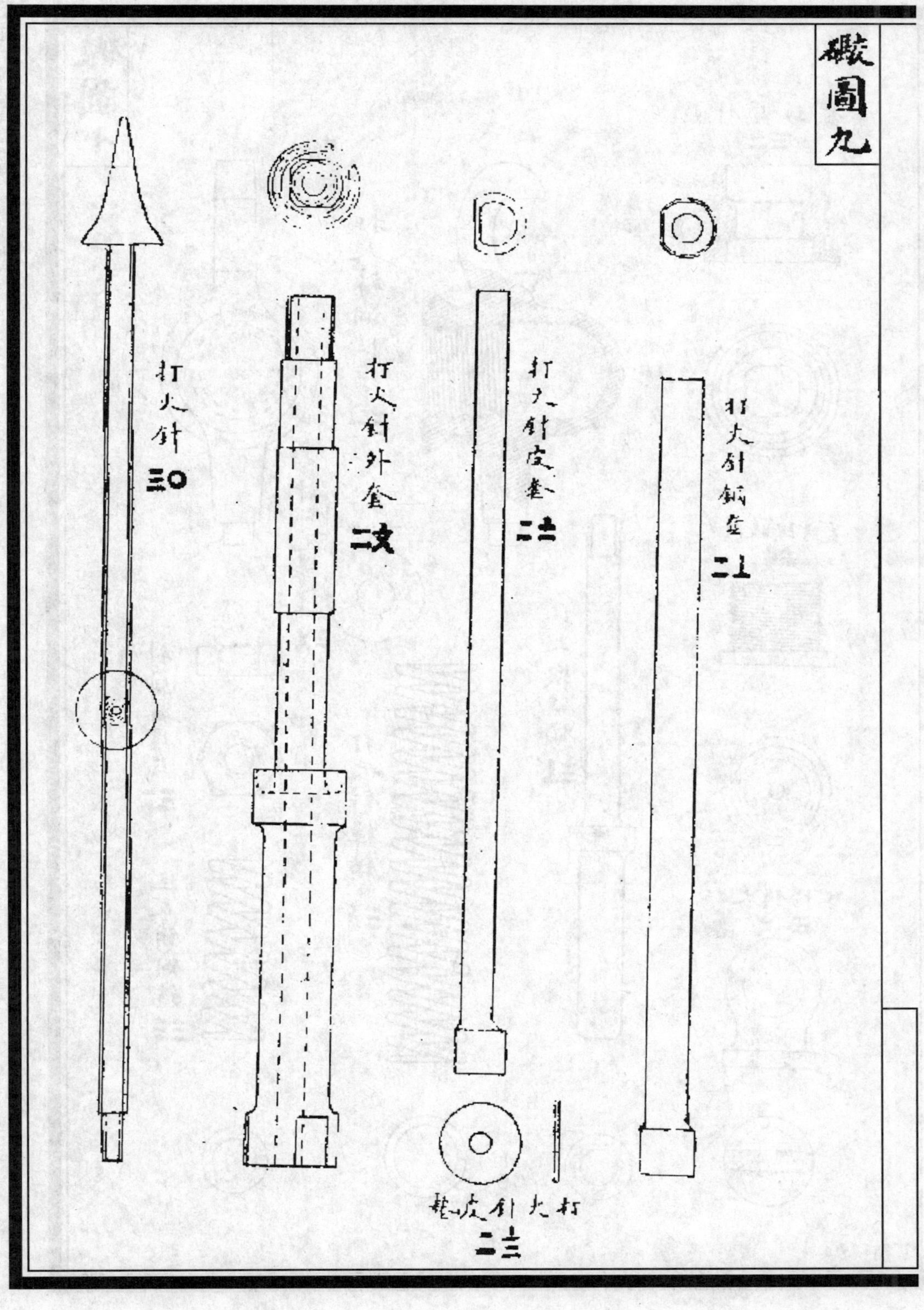
礮圖九
打火針
打火針外套
打火針皮套
打火針銅套
打火針皮墊

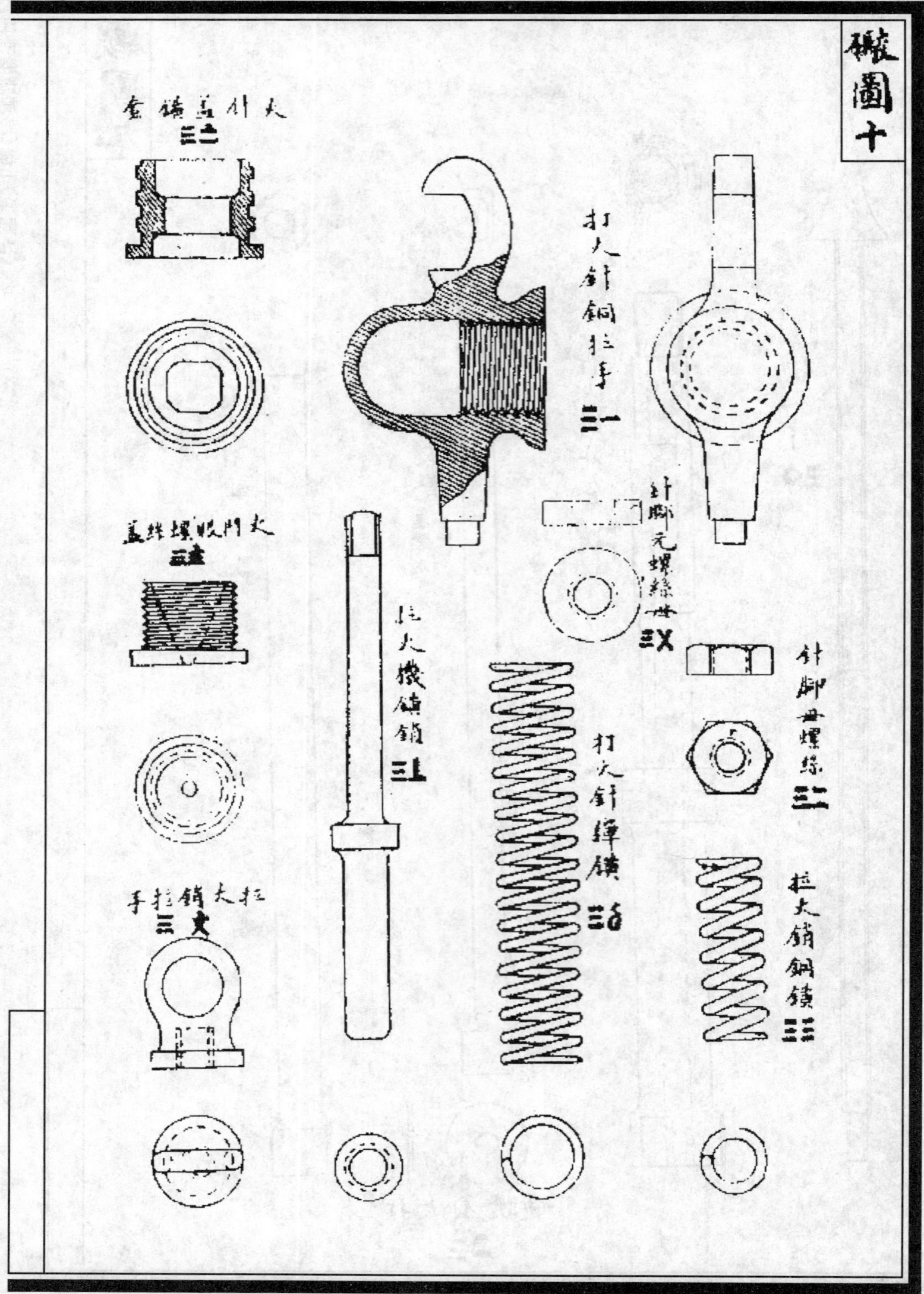
礮圖十

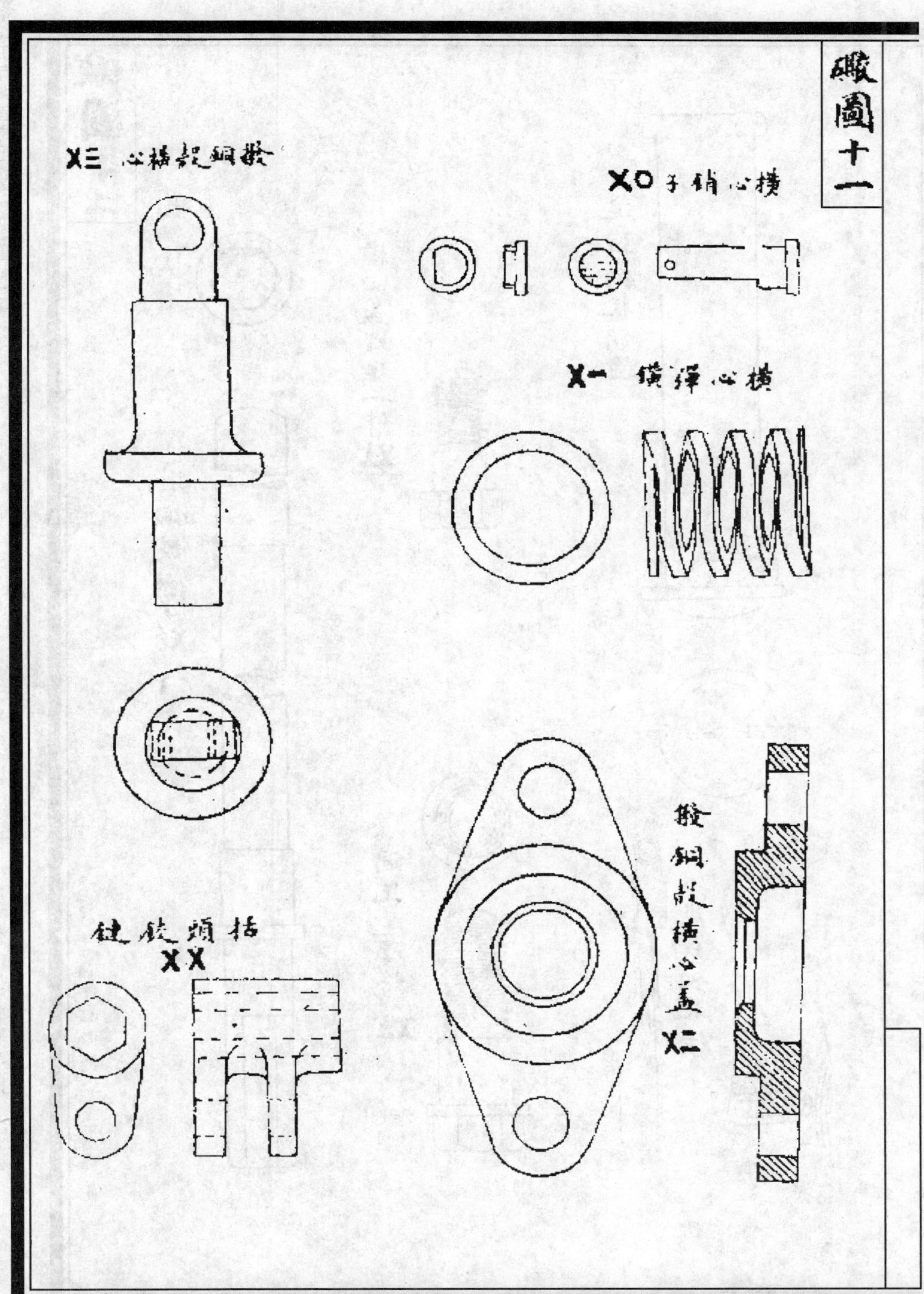

礮圖十一
X三 撥銅殼橫心
X○ 橫心銷子
X一 橫心彈簧
撥銅殼橫心蓋 X二
括頭鉸鏈 XX

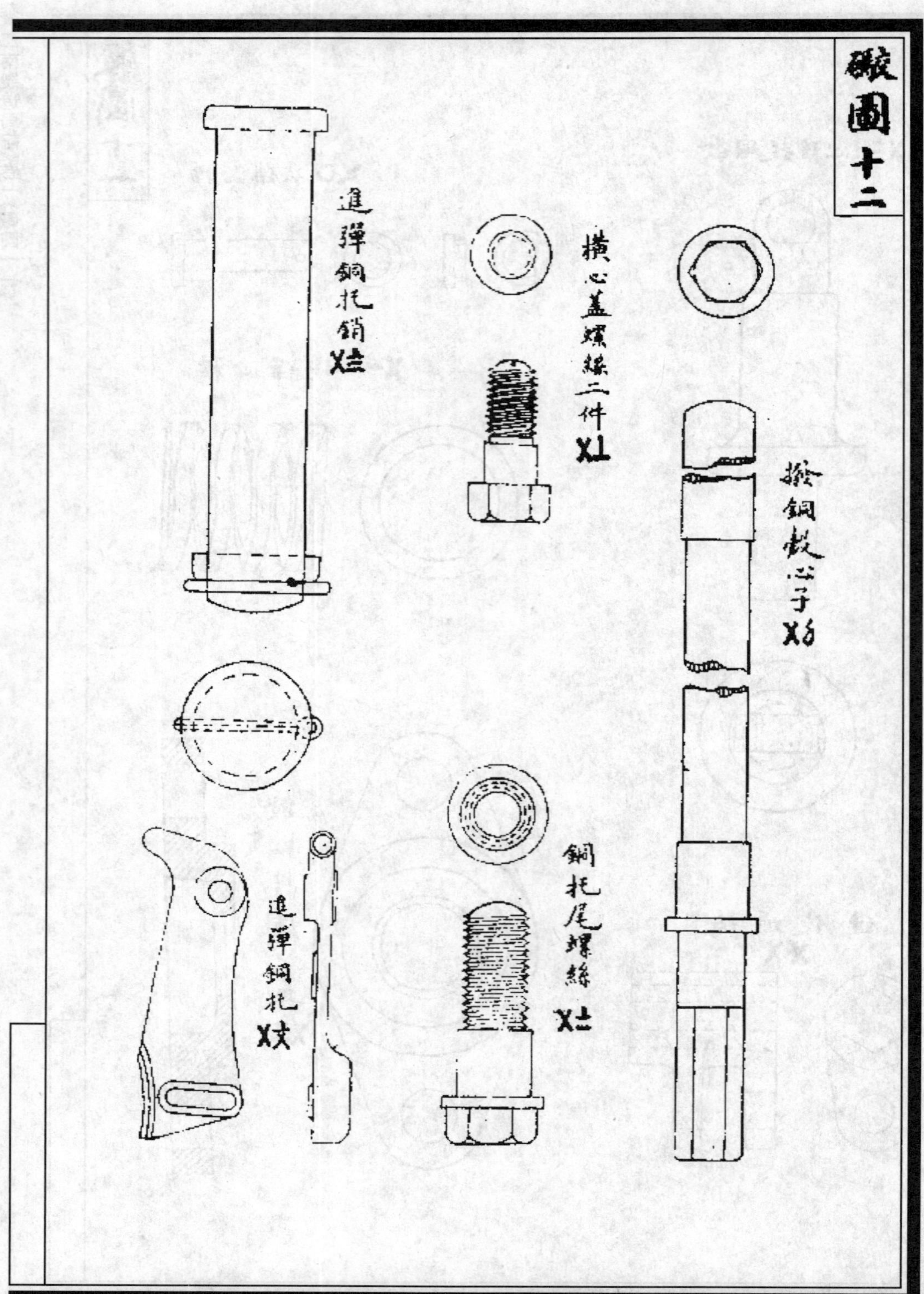
礮圖十二
進彈鋼托銷
横心蓋螺絲二件
撳鋼殼心子
進彈鋼托
鋼托尾螺絲

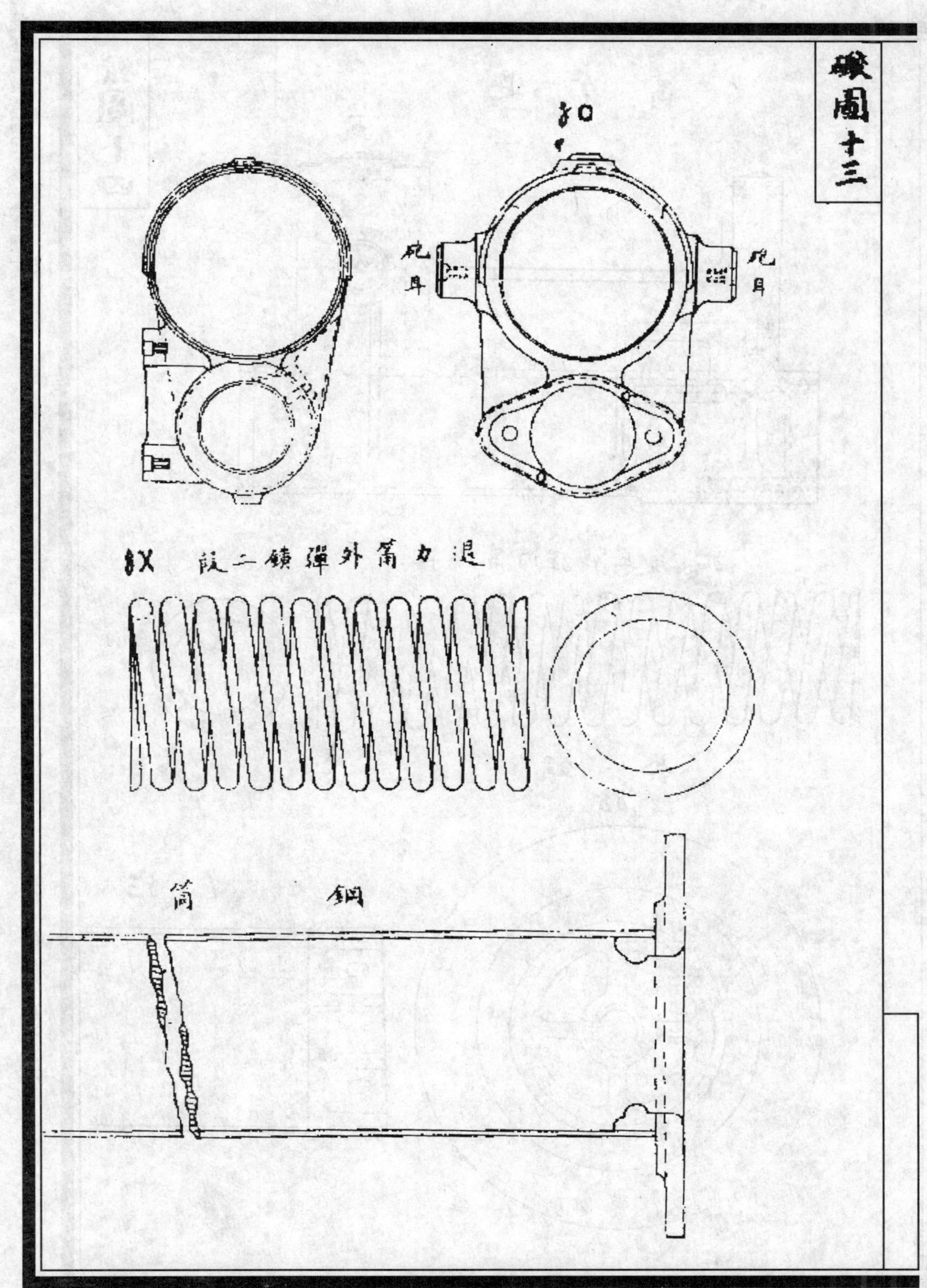
礮圖十三
扣
砲耳
砲耳
退力簧外彈簧二段
鋼筒

礮圖十四

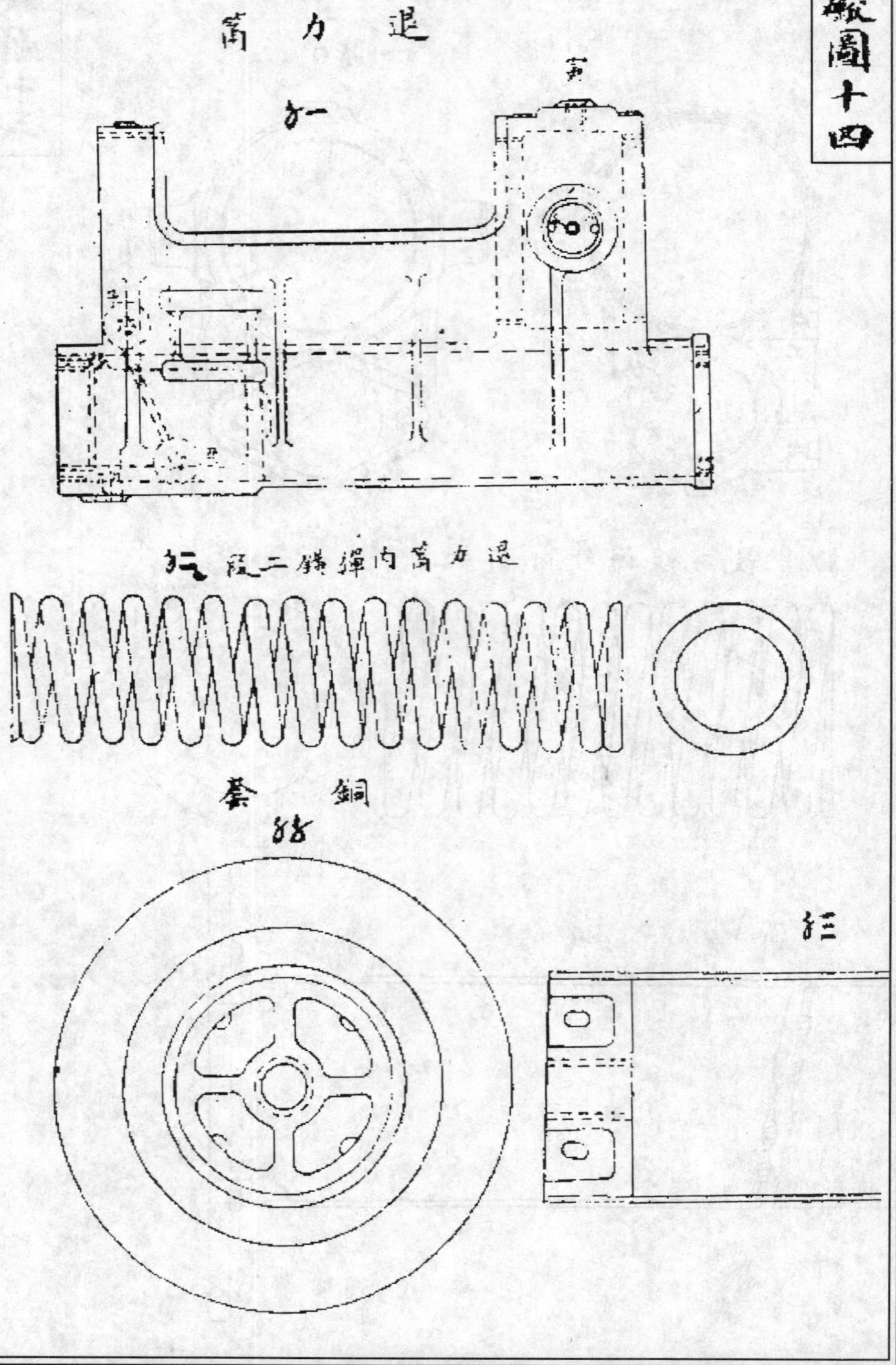

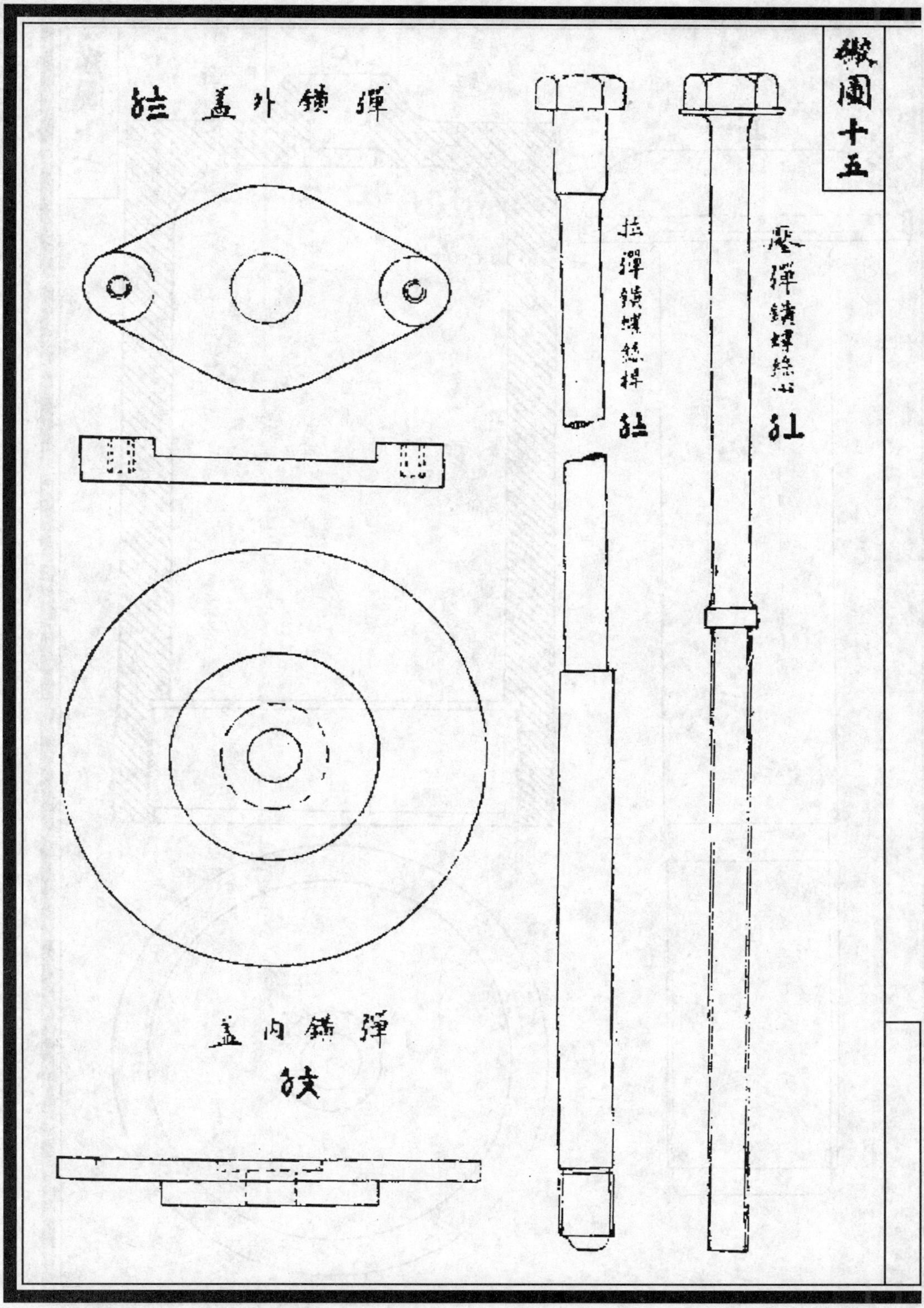
礮圖十五
彈鐄外蓋
鉎
拉彈鐄螺絲桿
鉎
壓彈鐄螺絲桿
釭
彈鐄內蓋
鈇

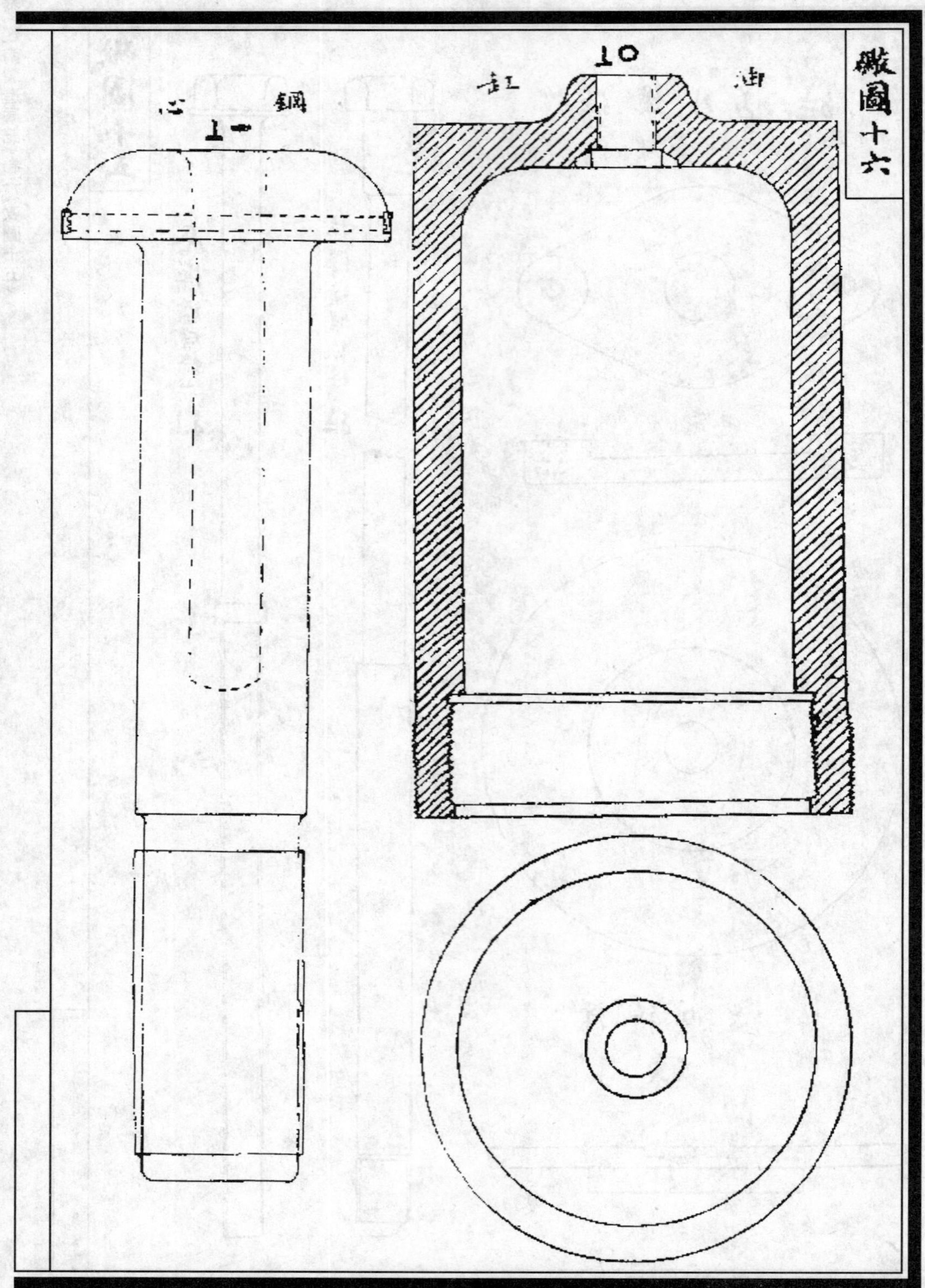
礮圖十六
鋼心
油缸

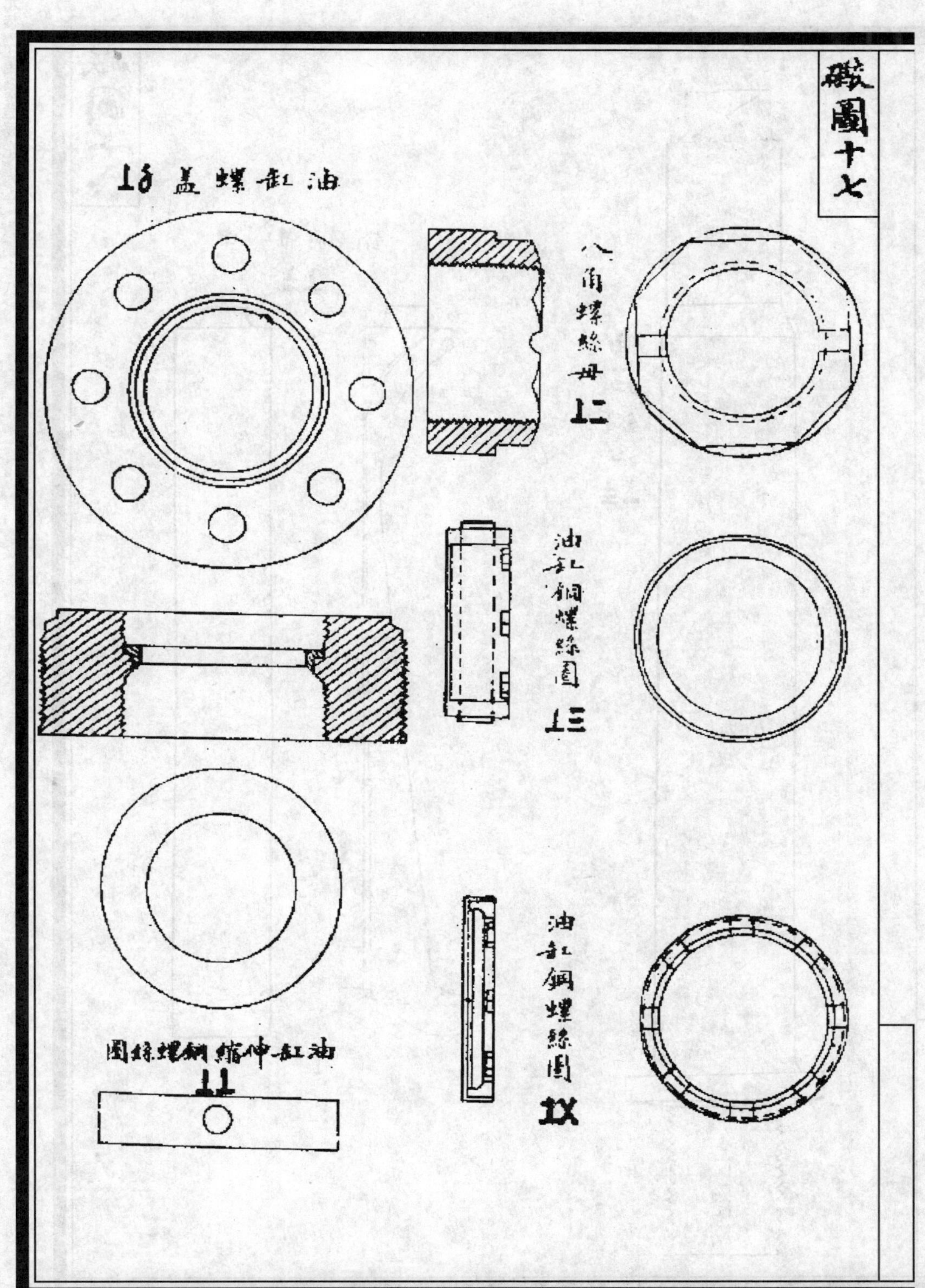
礮圖十七
油缸螺蓋
八角螺絲母
油缸鋼螺絲圈
油缸鋼螺絲圈
油缸伸縮鋼螺絲圈

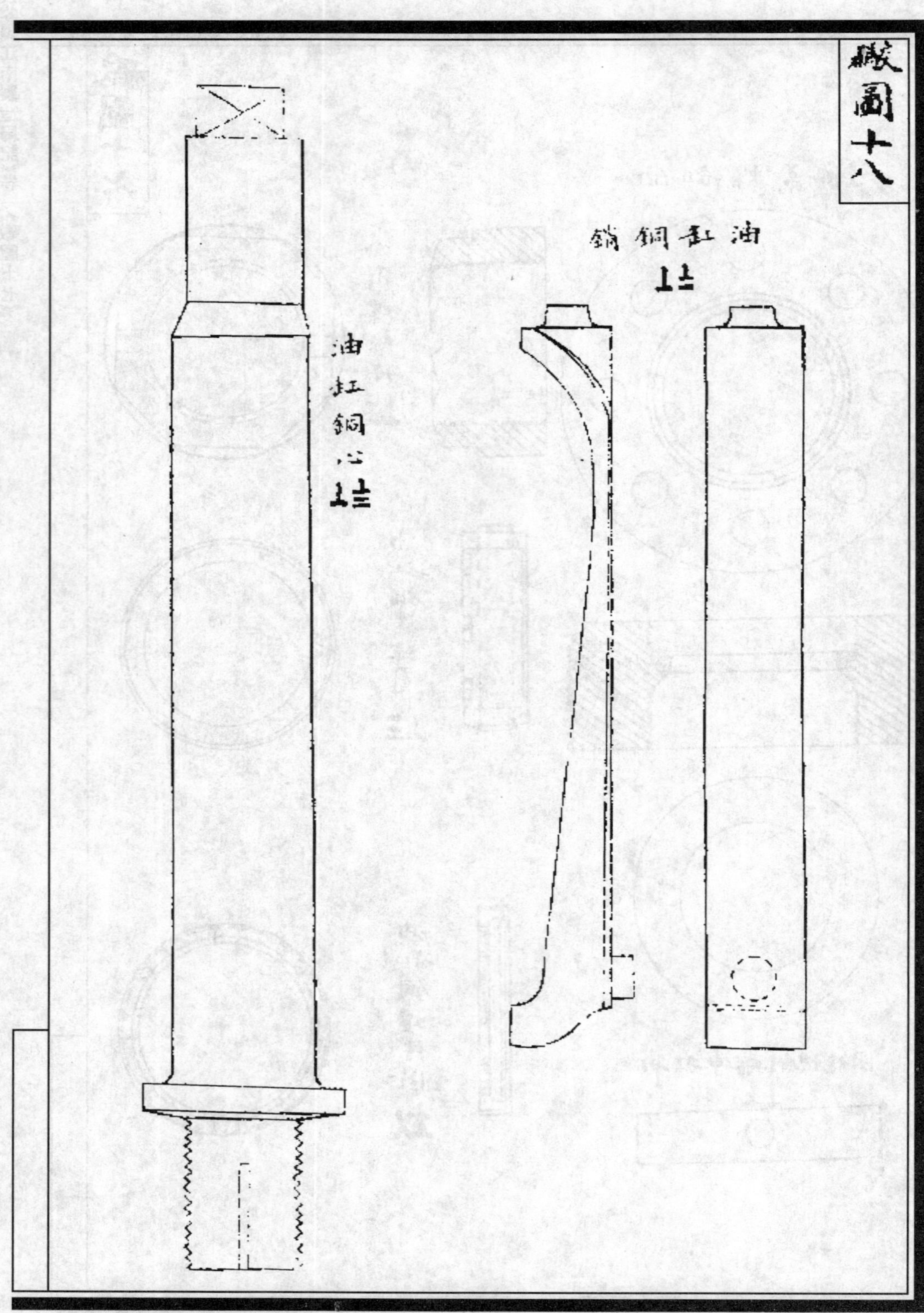
廠圖十八
油缸銅心
油缸銅銷

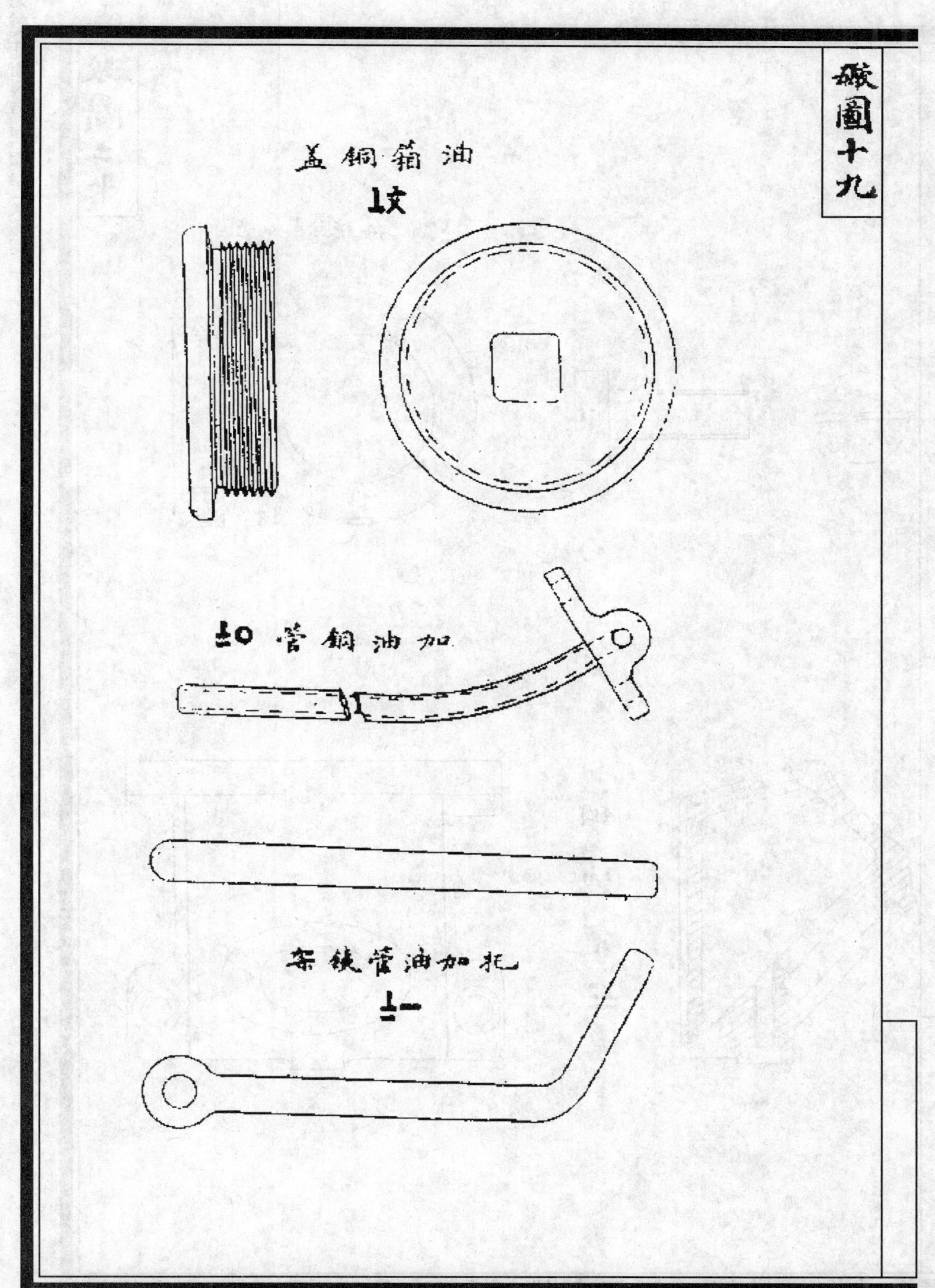
礮圖十九
油箱銅蓋
加油銅管
托加油管鐵架

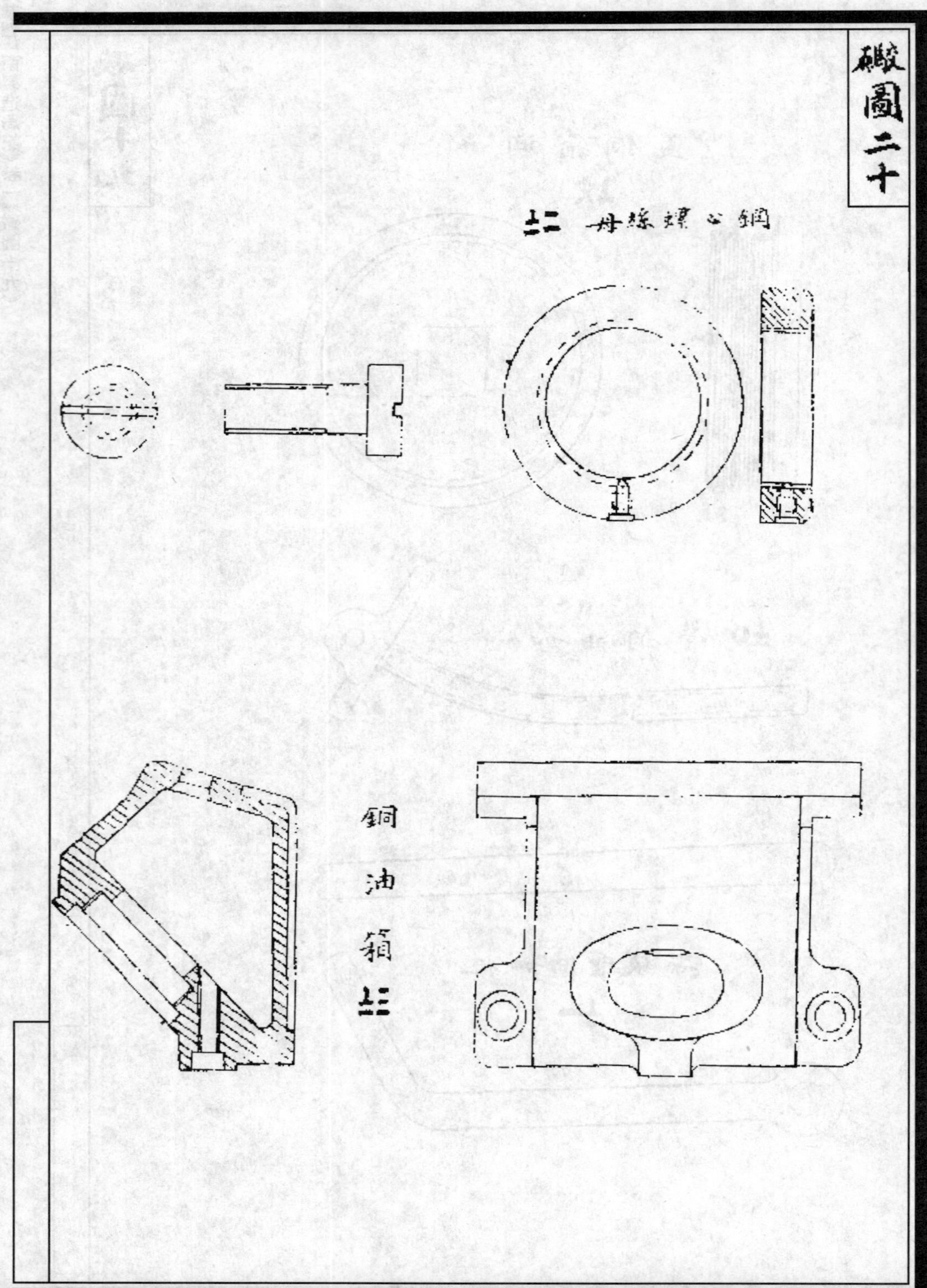
礮圖二十
鋼心螺絲母圖
銅油箱圖

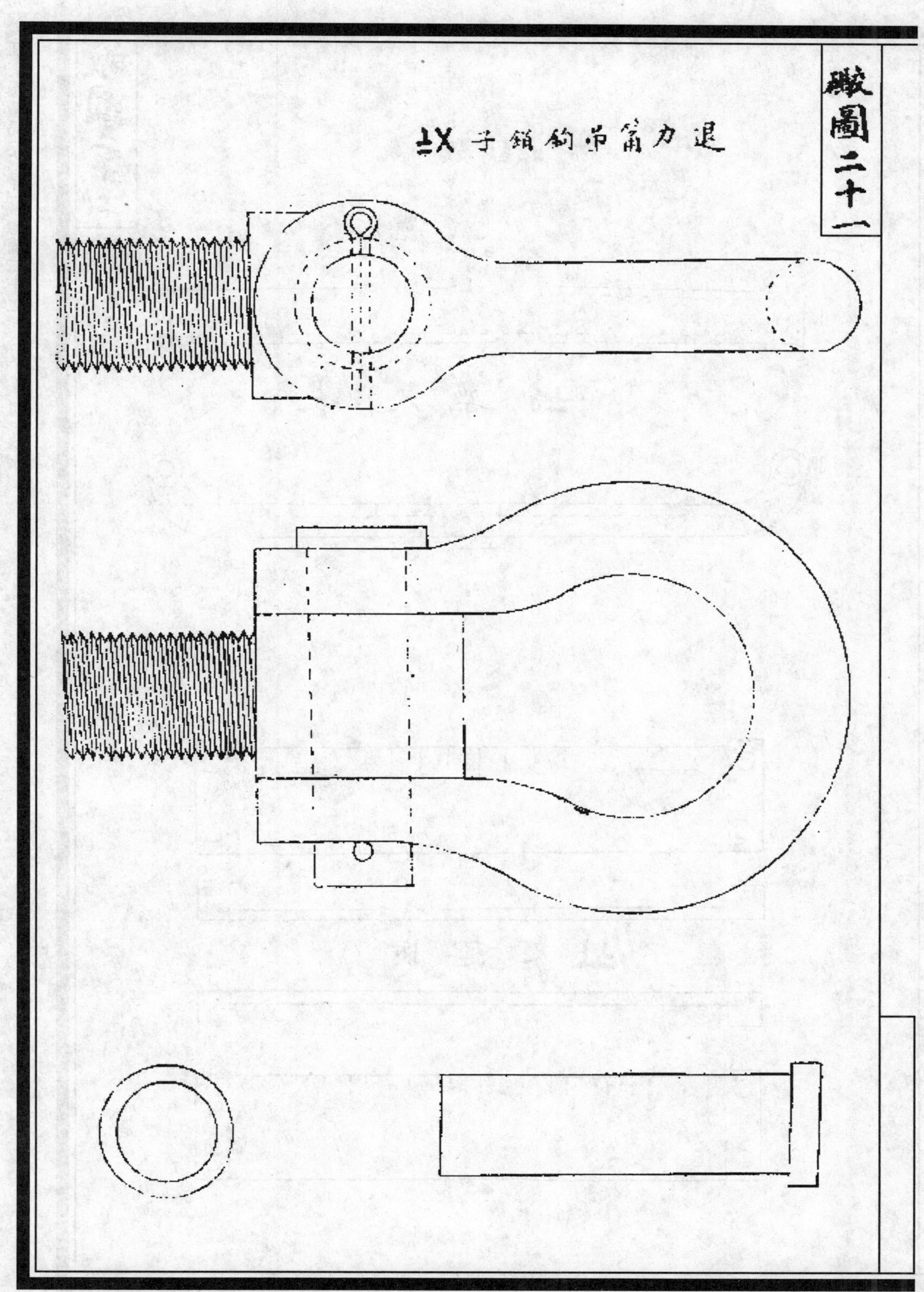
礮圖二十一
退力筩吊鈎銷子

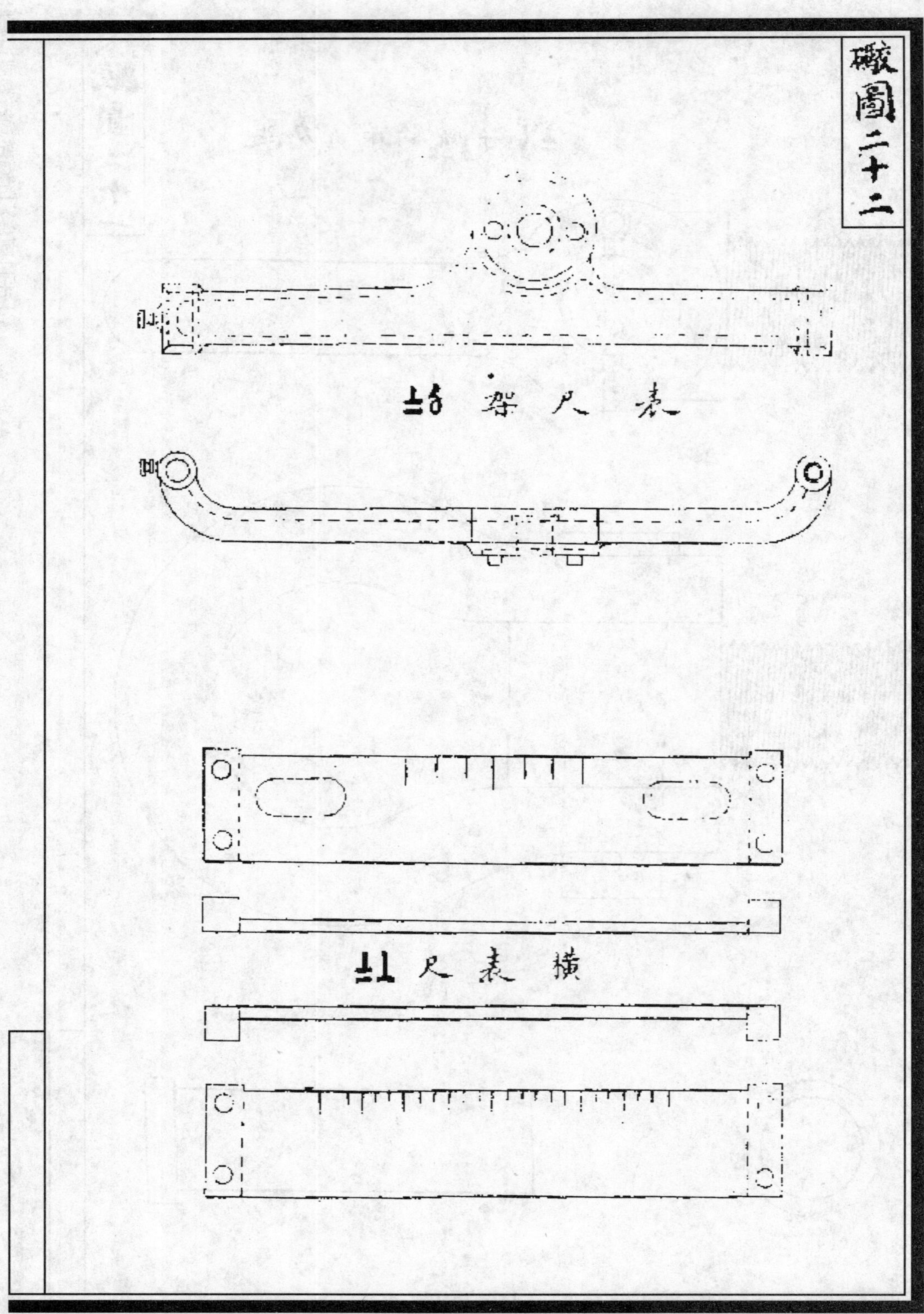
礮圖二十二
十二 表尺架
十一 横表尺

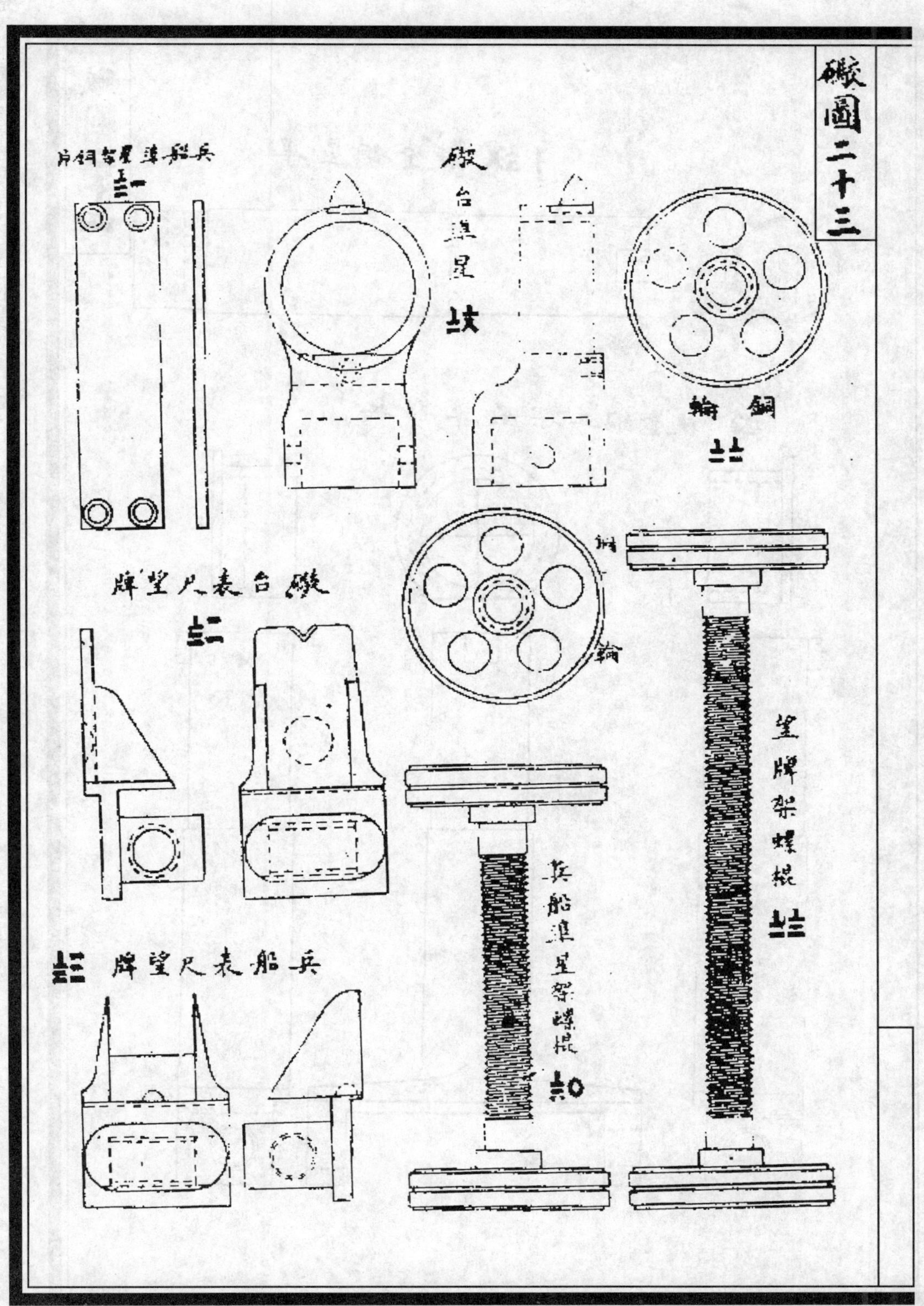

礮圖二十三
兵船準星銅片
礮台準星
銅輪
礮台表尺望牌
兵船表尺望牌
兵船準星架螺根
望牌架螺根

礮圖二十四

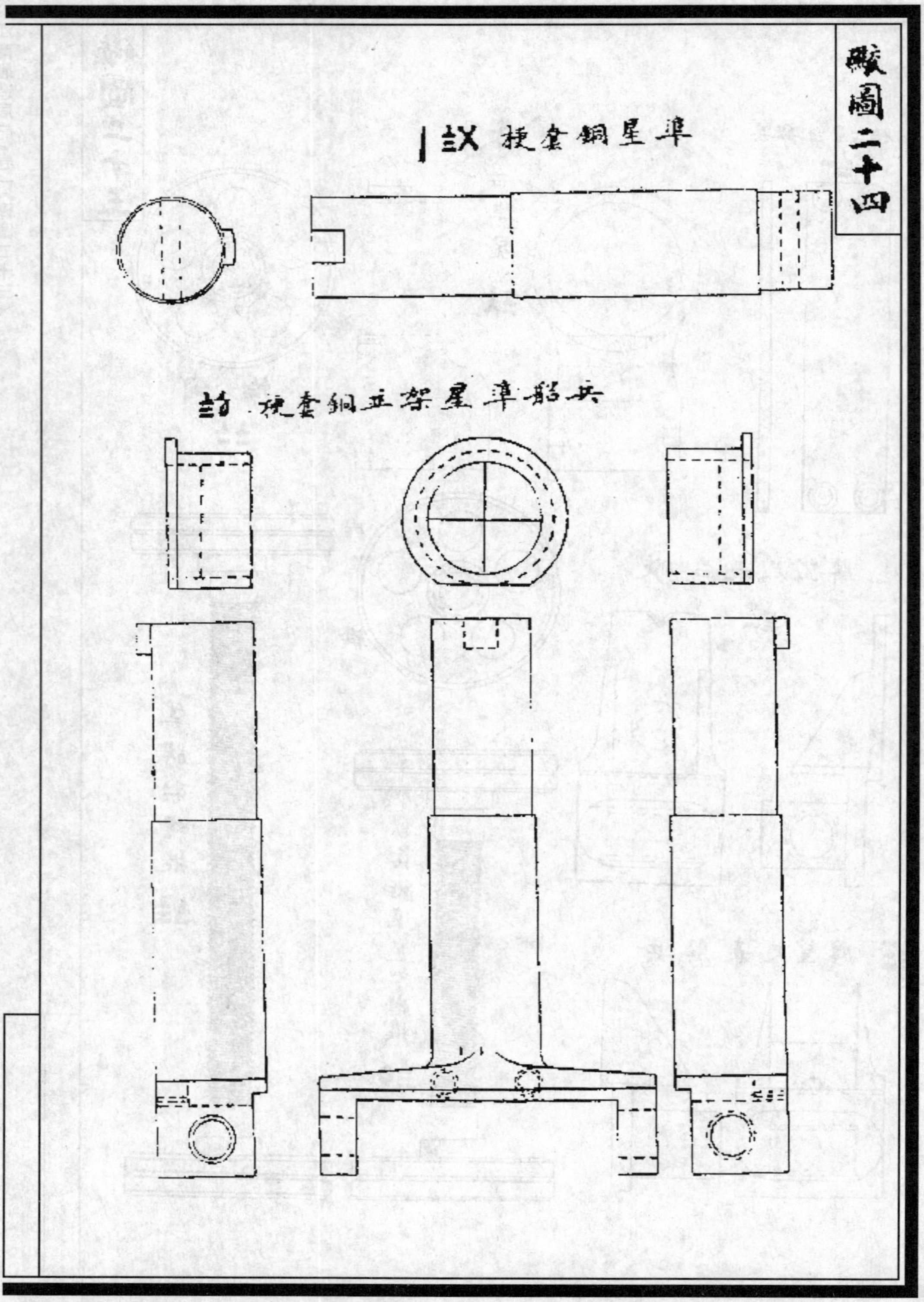

準星銅套梗式一

兵船準星架並銅套梗式二

礮圖二十五

兵船表尺式

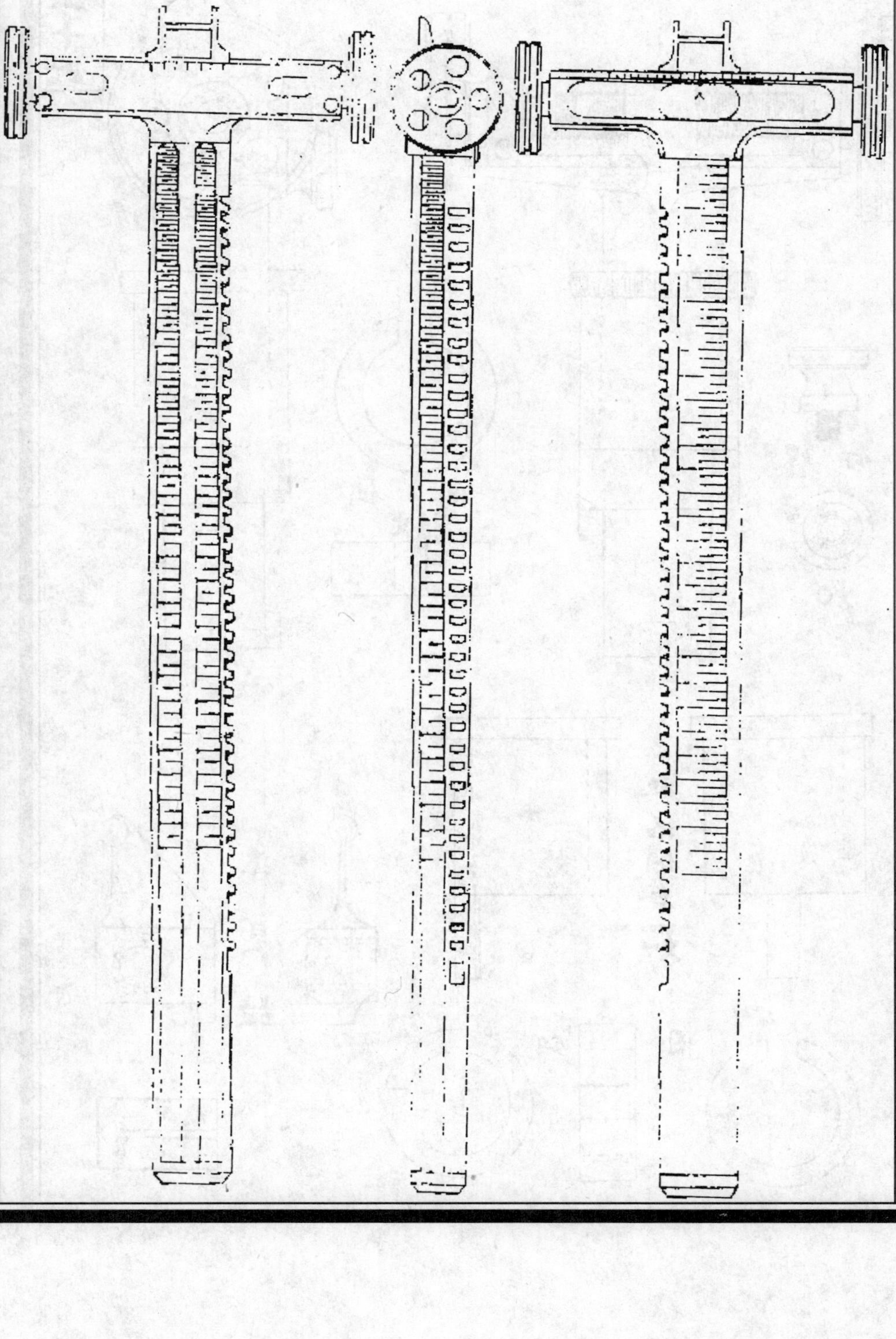

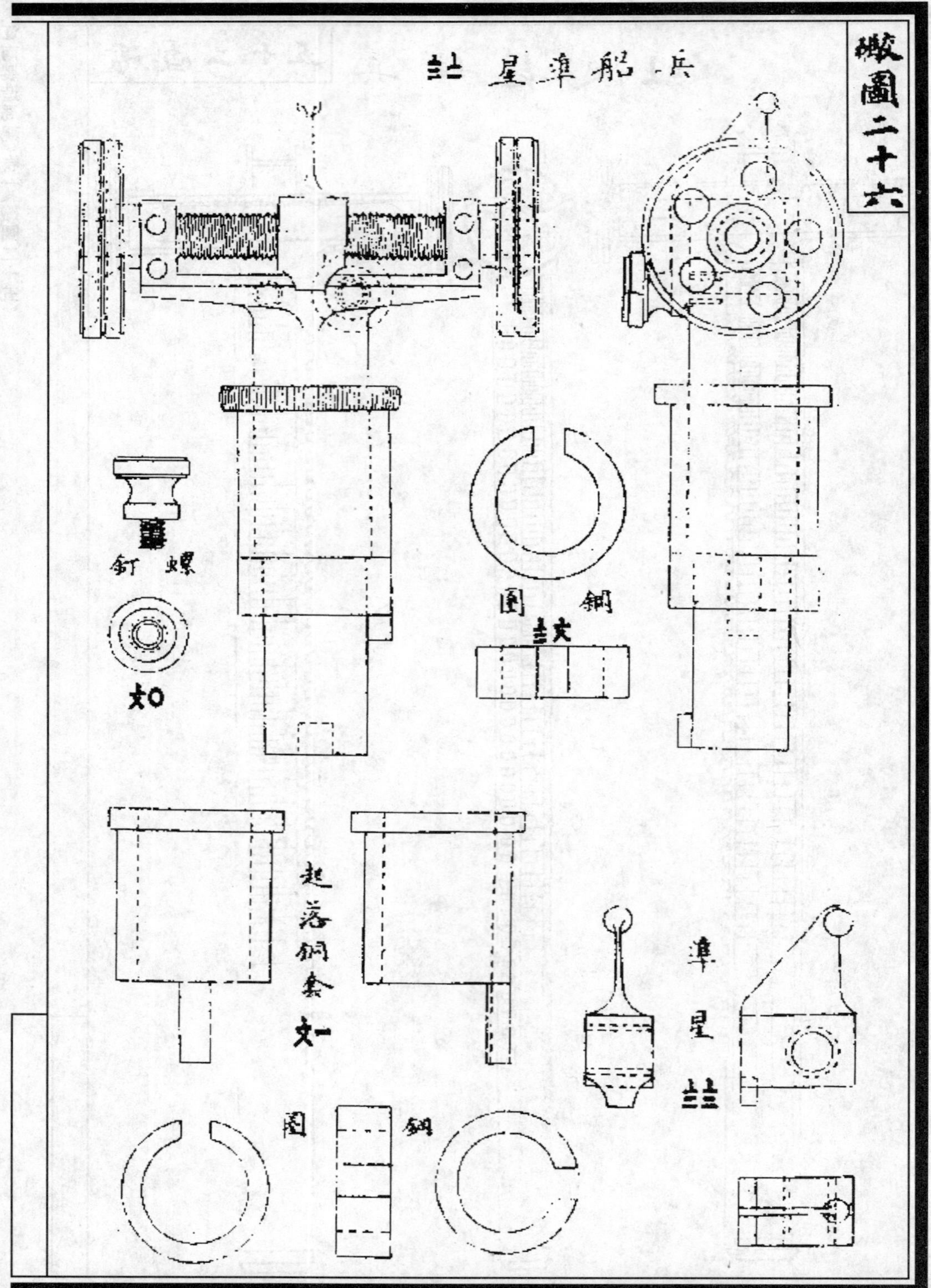
礮圖二十六
兵船準星
螺釘
銅圈
起落銅套
準星
銅圈

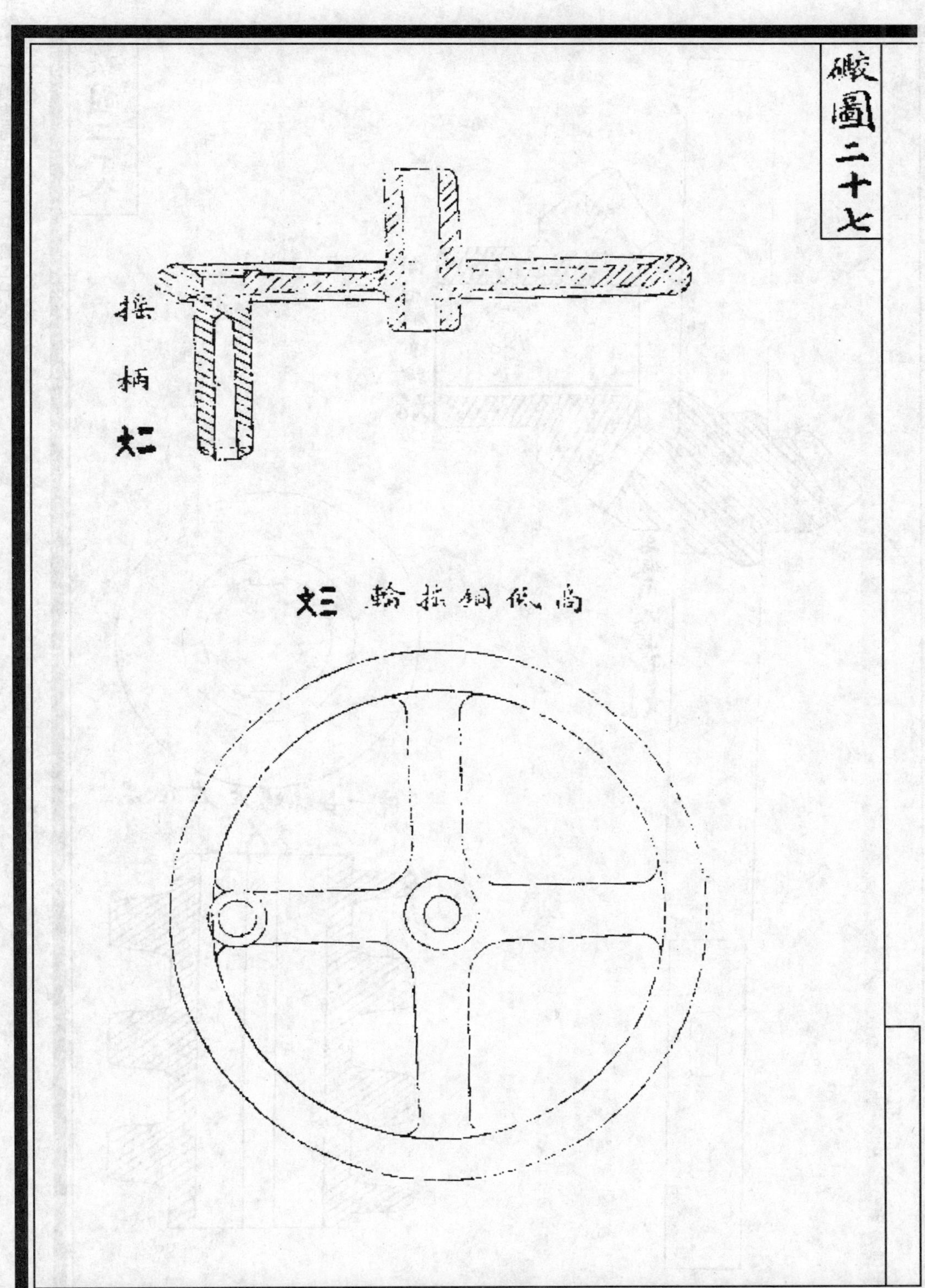
礮圖二十七
摇柄 文二
高低銅摇輪 文三

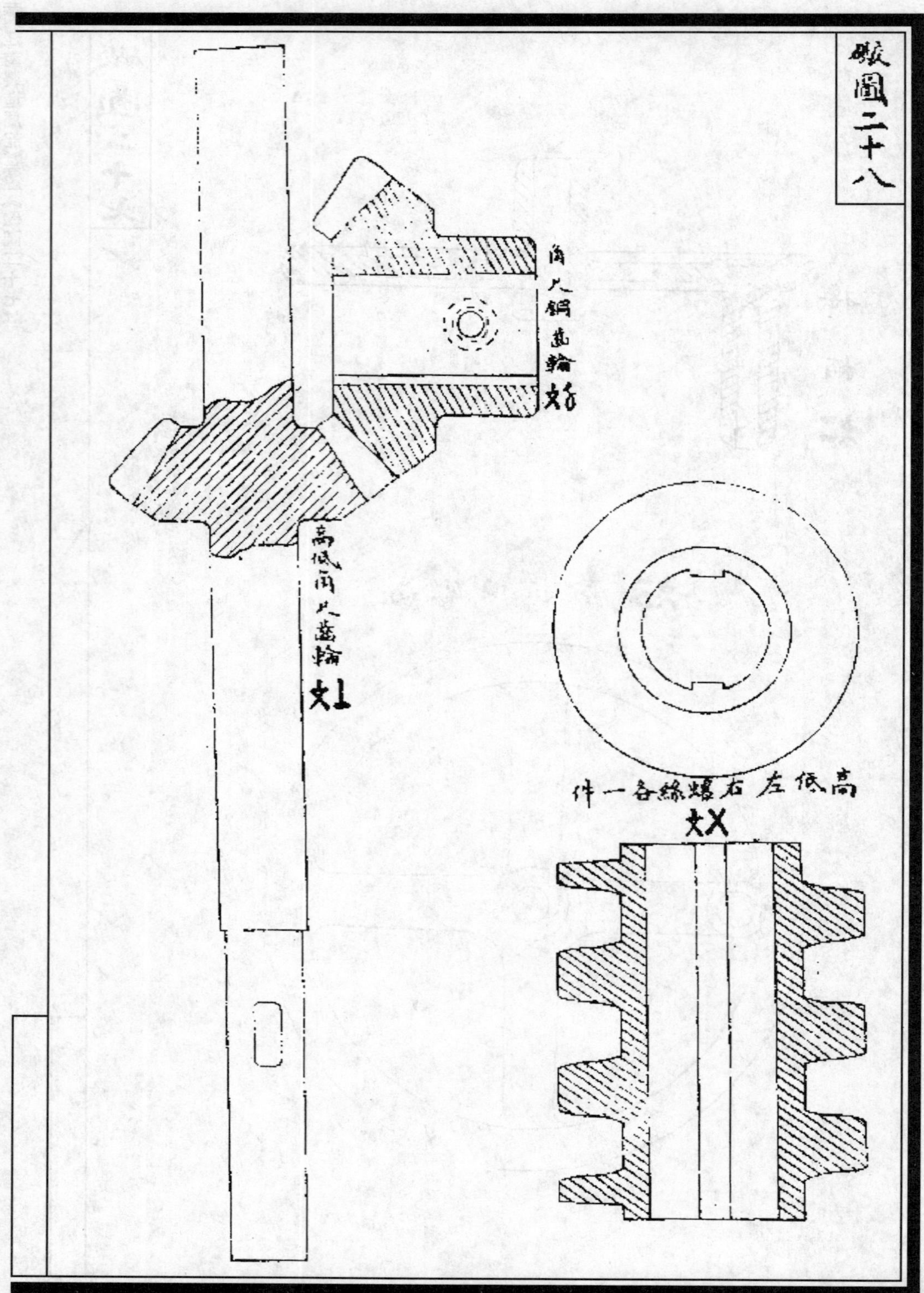
礮圖二十八
角尺鋼齒輪
高低角尺齒輪
高低左右螺絲各一件

廠圖二十九

齒輪心 卌

月牙寬紫銅齒輪 卌

銅齒輪 卌

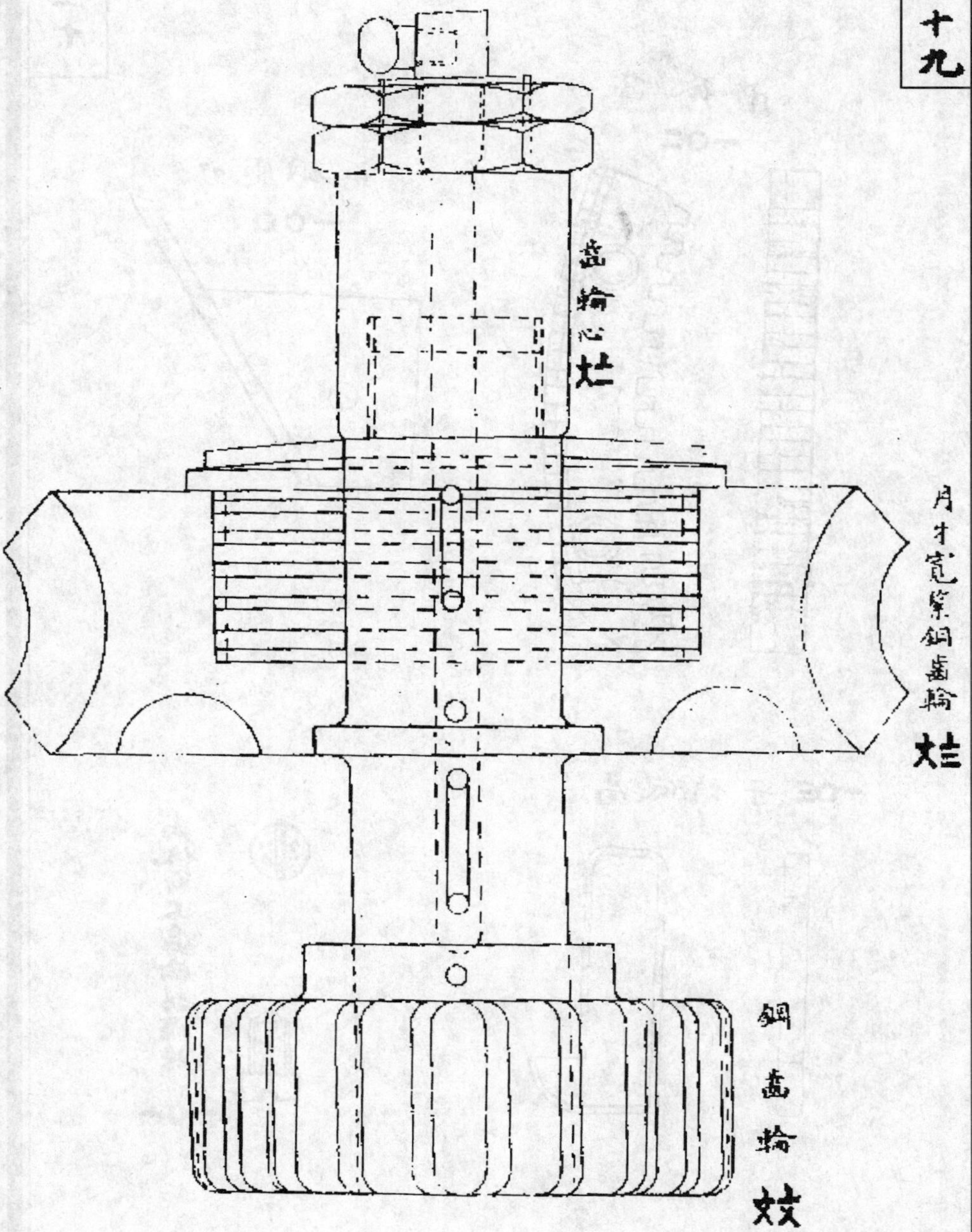

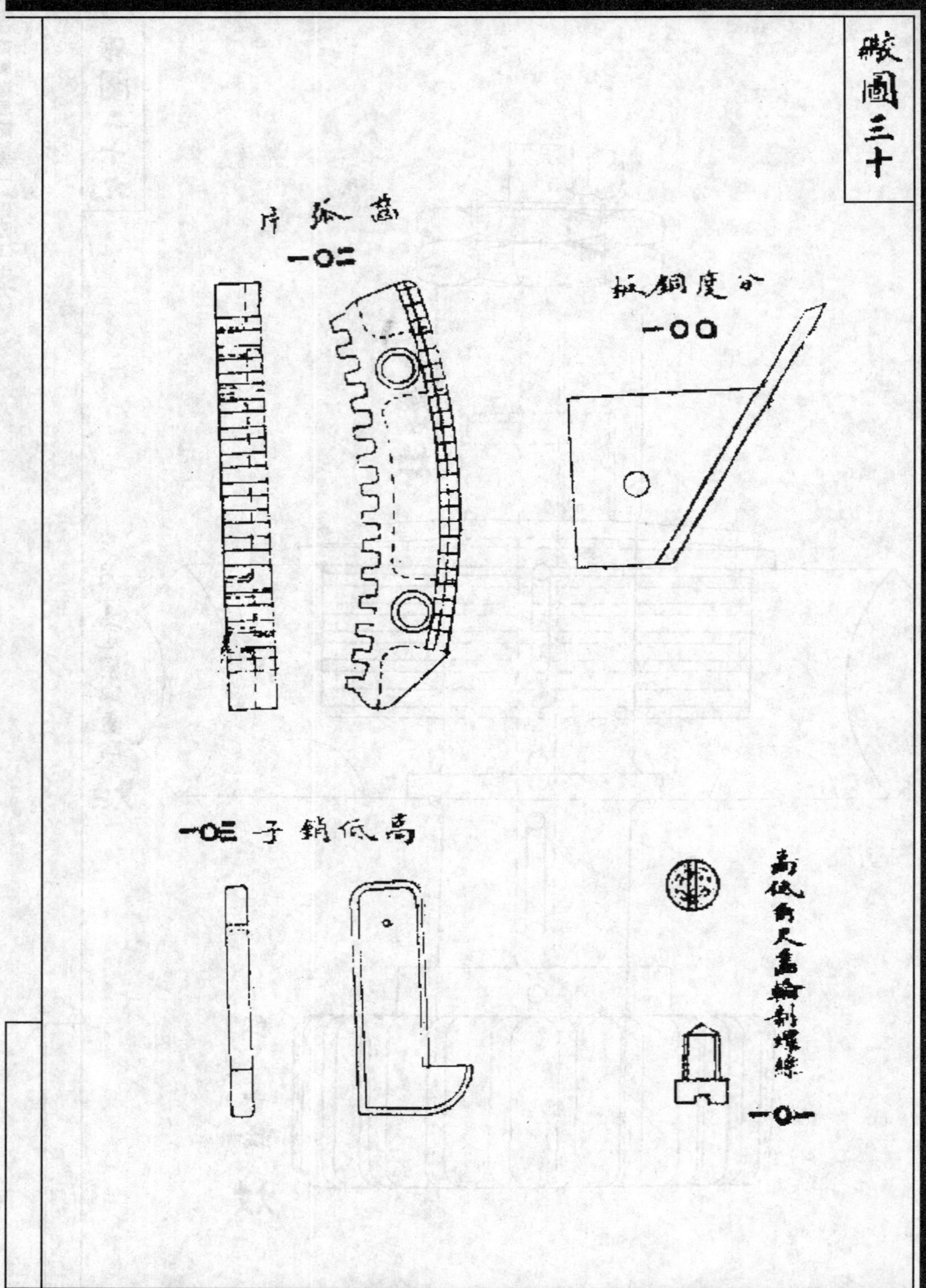
廠圖三十
齒弧片
一〇二
分度銅板
一〇〇
高低銷子
一〇三
高低角尺盖輪割螺絲
一〇一

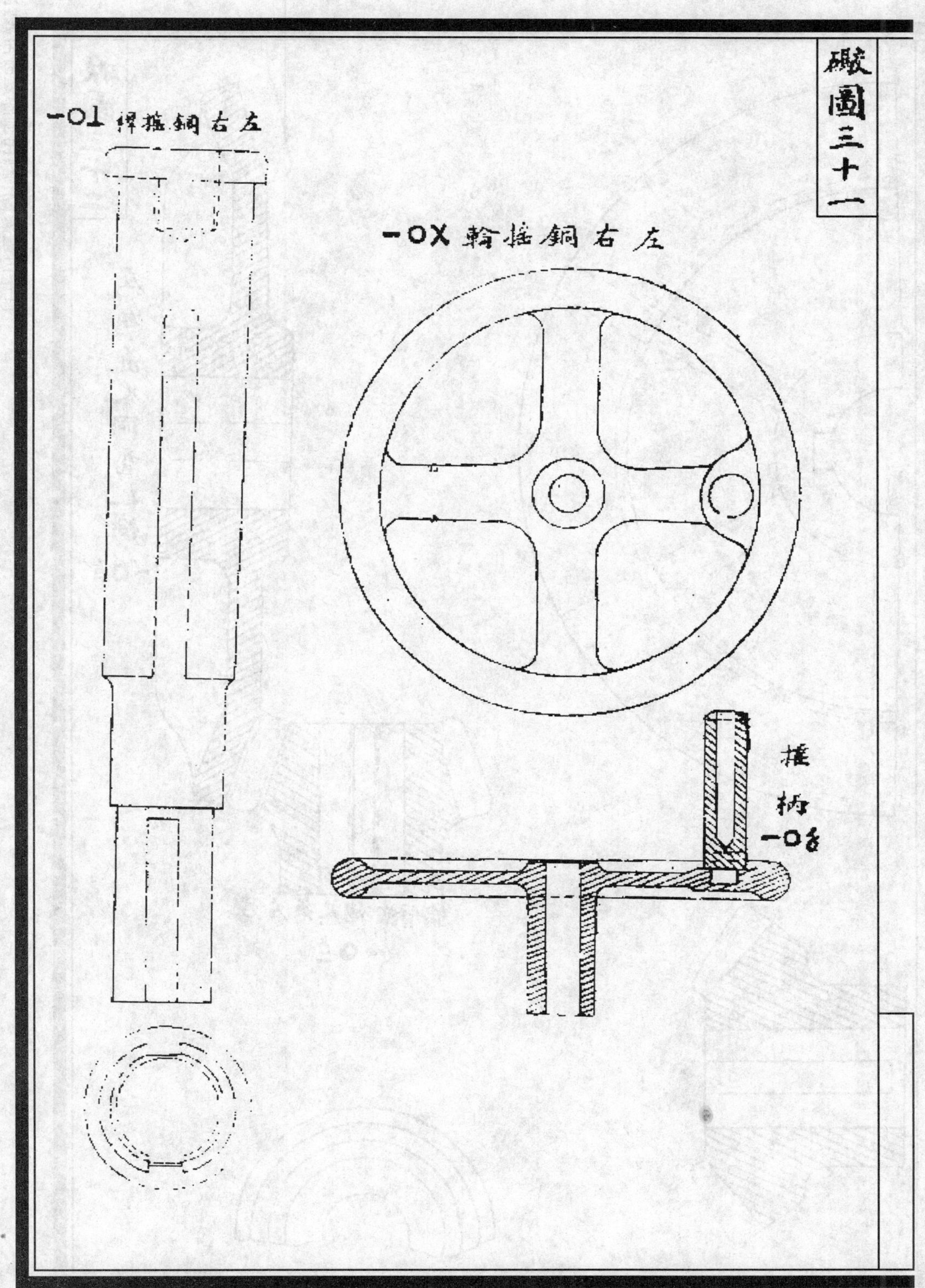
礮圖三十一
左右銅搖桿
左右銅搖輪
搖柄

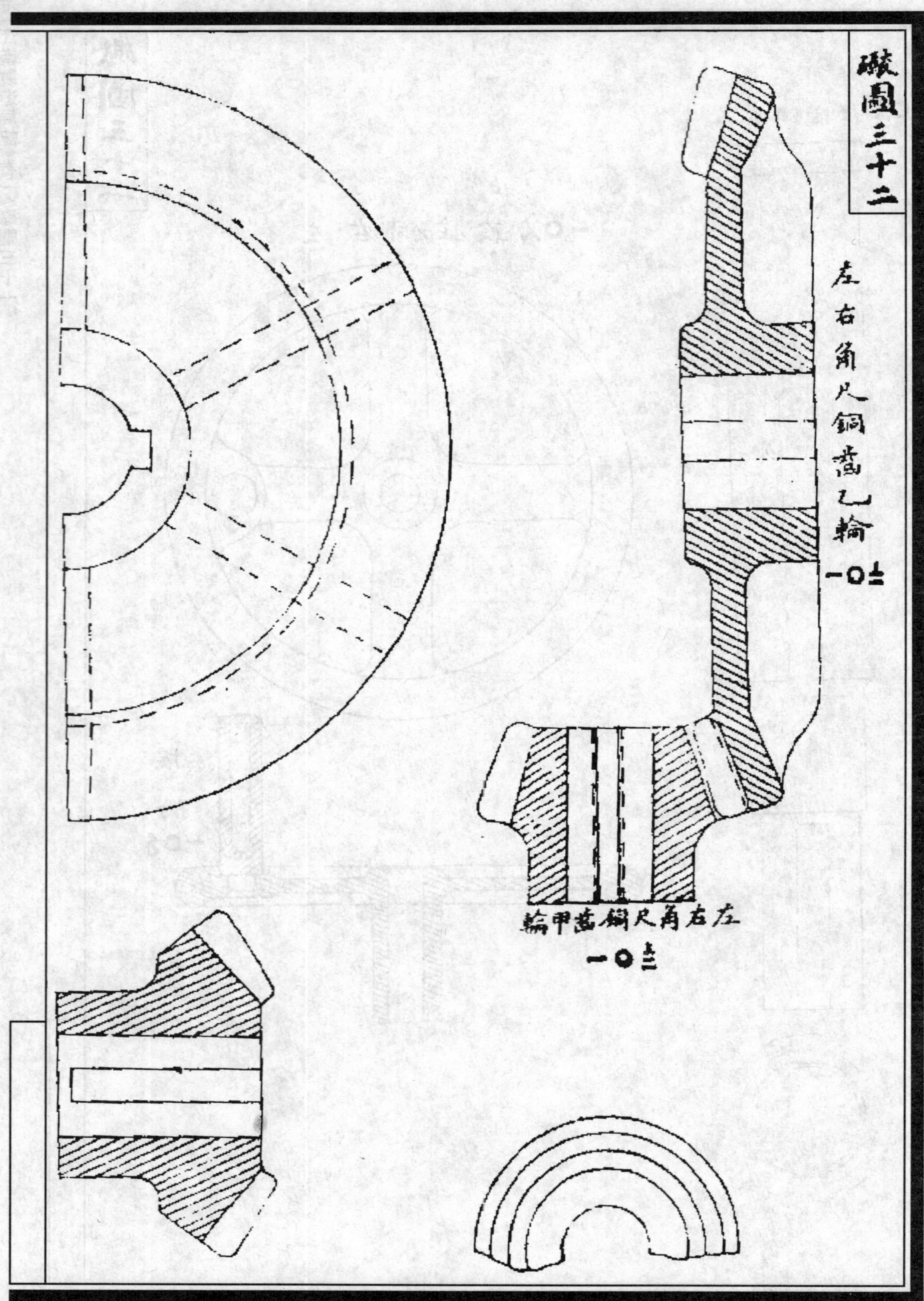
礮圖三十二
左右角尺鋼齒乙輪
一〇三
輪甲齒鋼尺角右左
一〇三

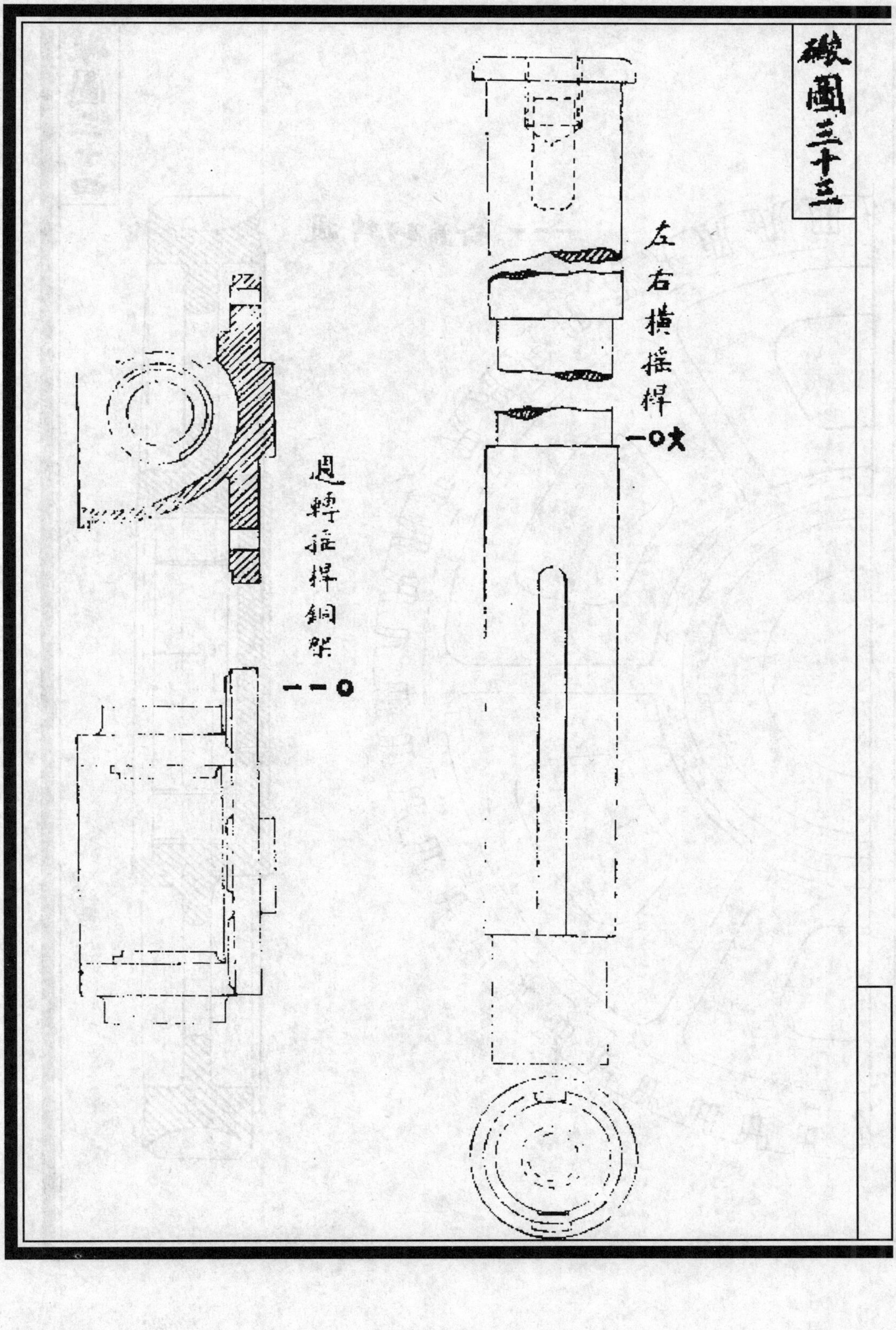

礮圖三十三

左右横搖桿 一〇九

迴轉搖桿銅架 一一〇

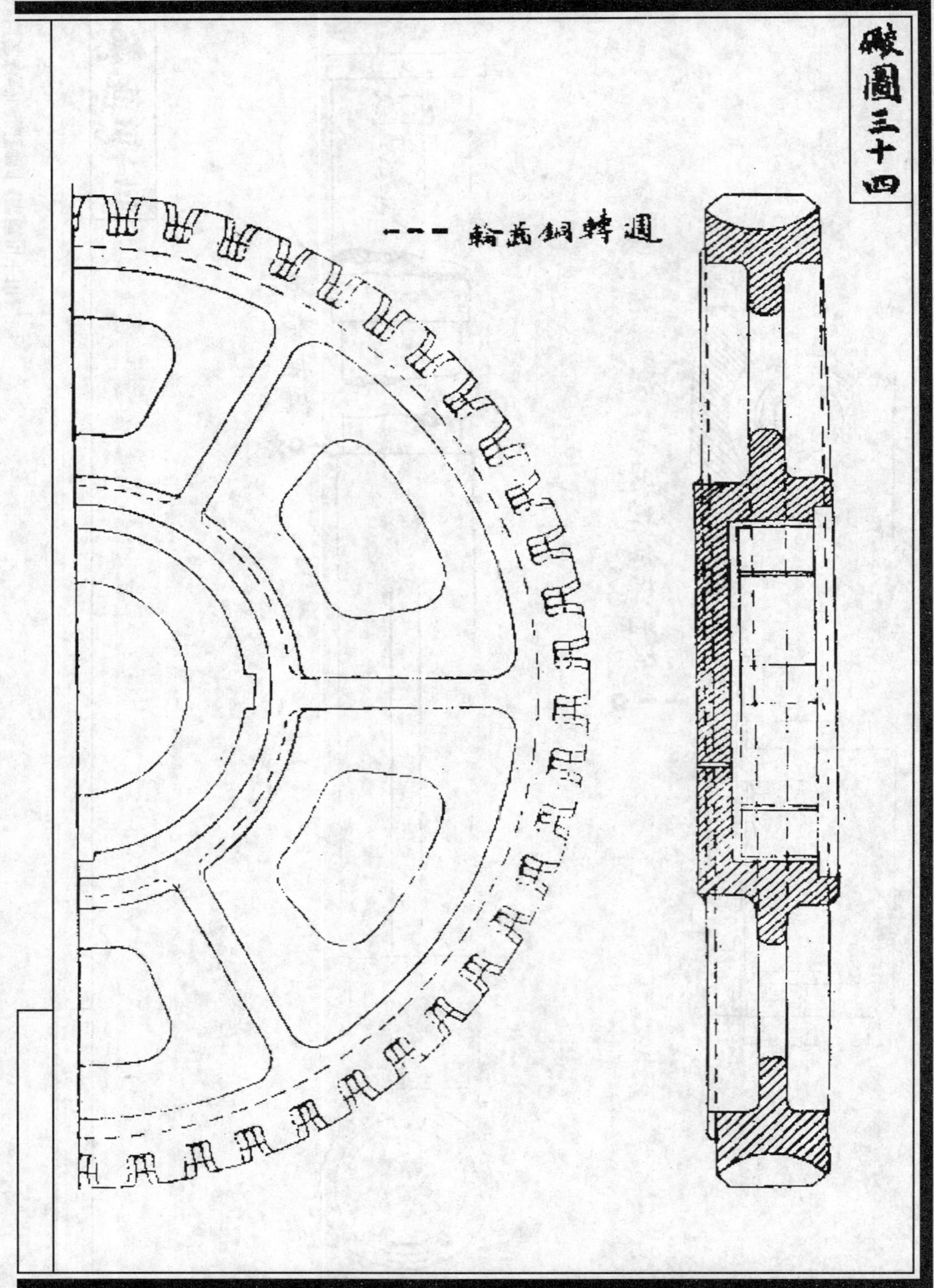
礮圖三十四
週轉鋼齒輪

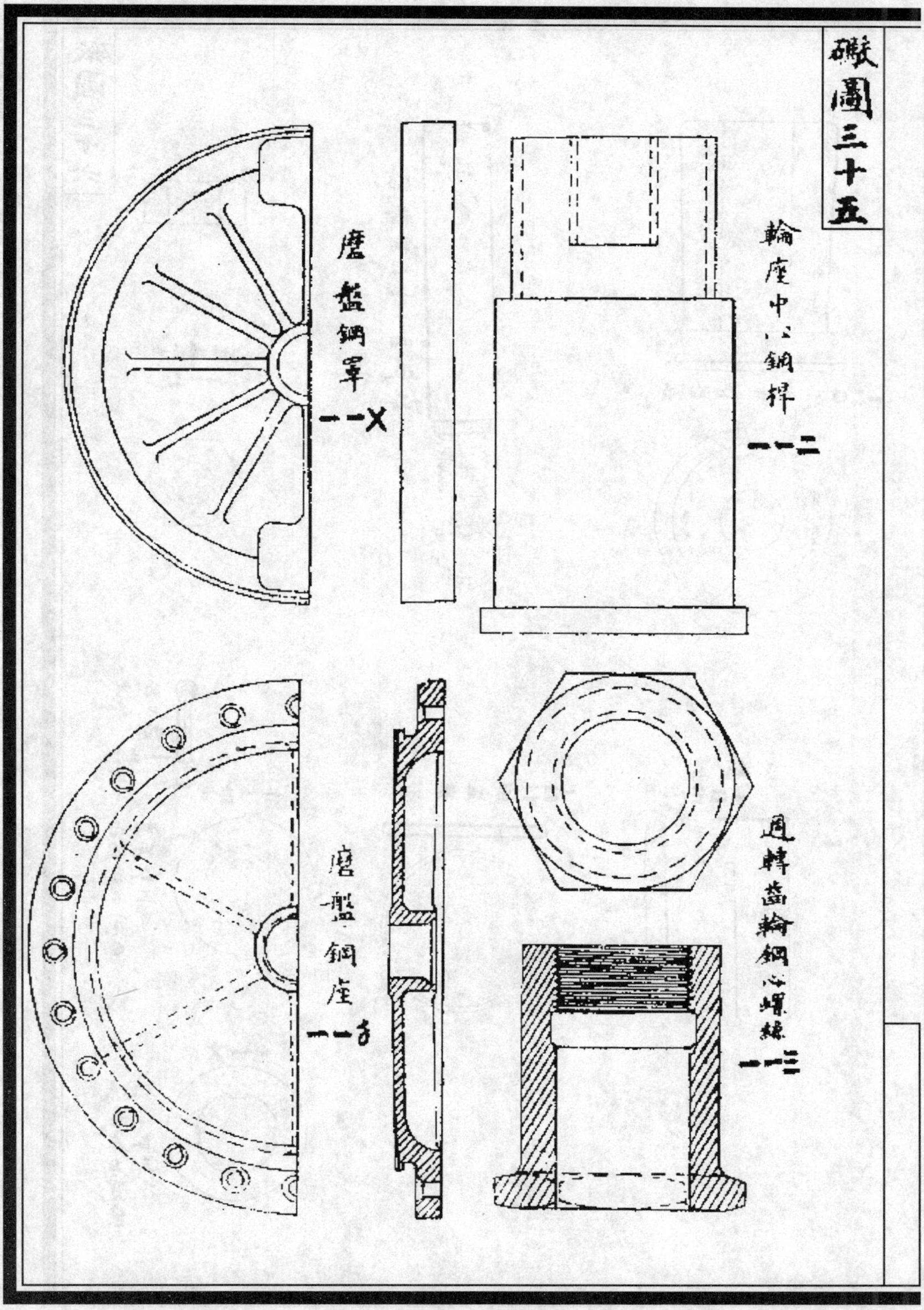

礮圖三十五

磨盤鋼罩 一一〤

輪座中心鋼桿 一一二

磨盤鋼座 一一〥

週轉齒輪鋼心螺線 一一三

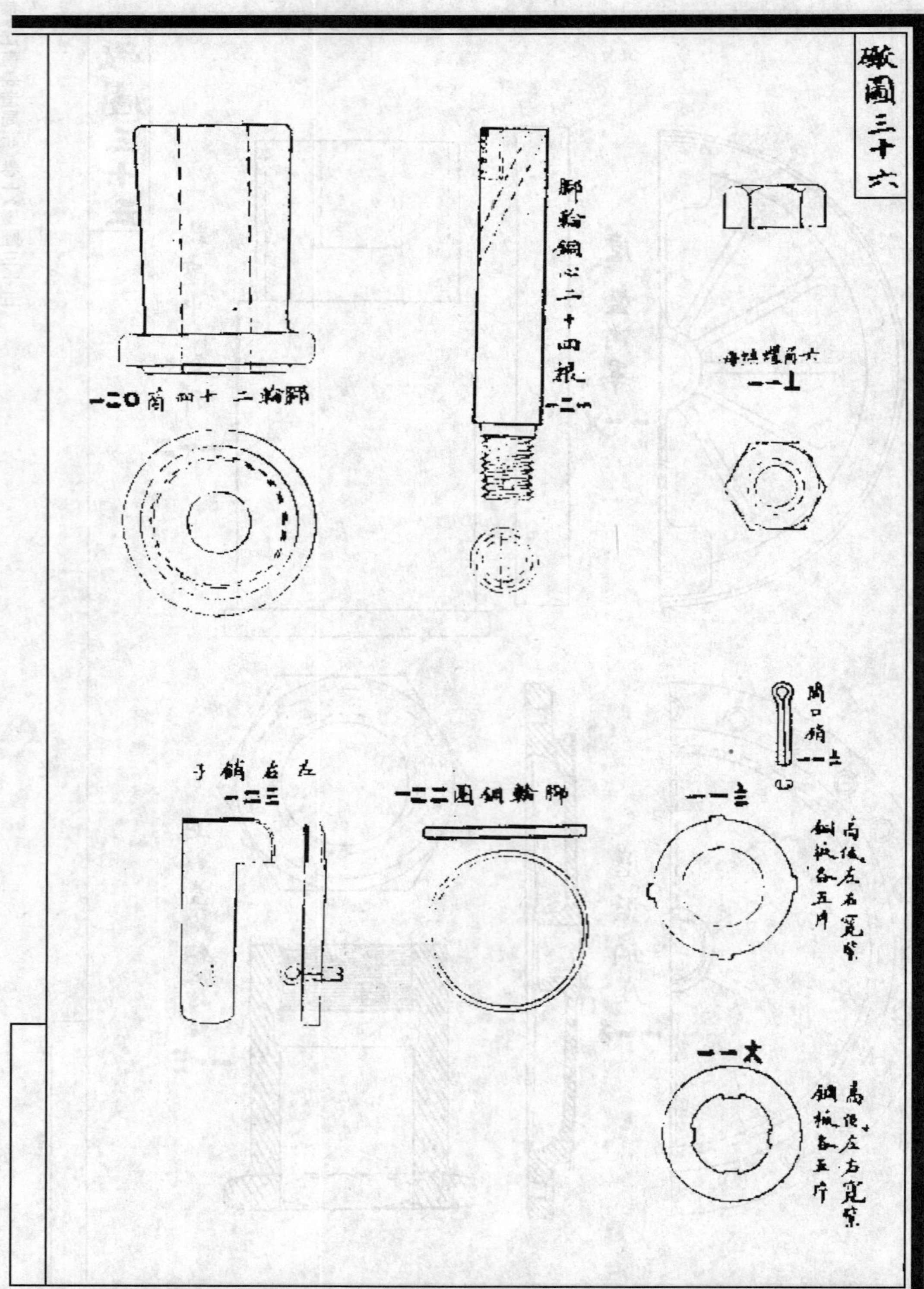
礮圖三十六
脚輪鋼心二十四根
一二一
脚輪二十四箇 一二〇
六角螺絲母
開口銷
高低左右寬緊鋼板各五片
高低左右寬緊鋼板各五片
左右銷子
一二三
脚輪鋼圈 一二二

礮圖三十七

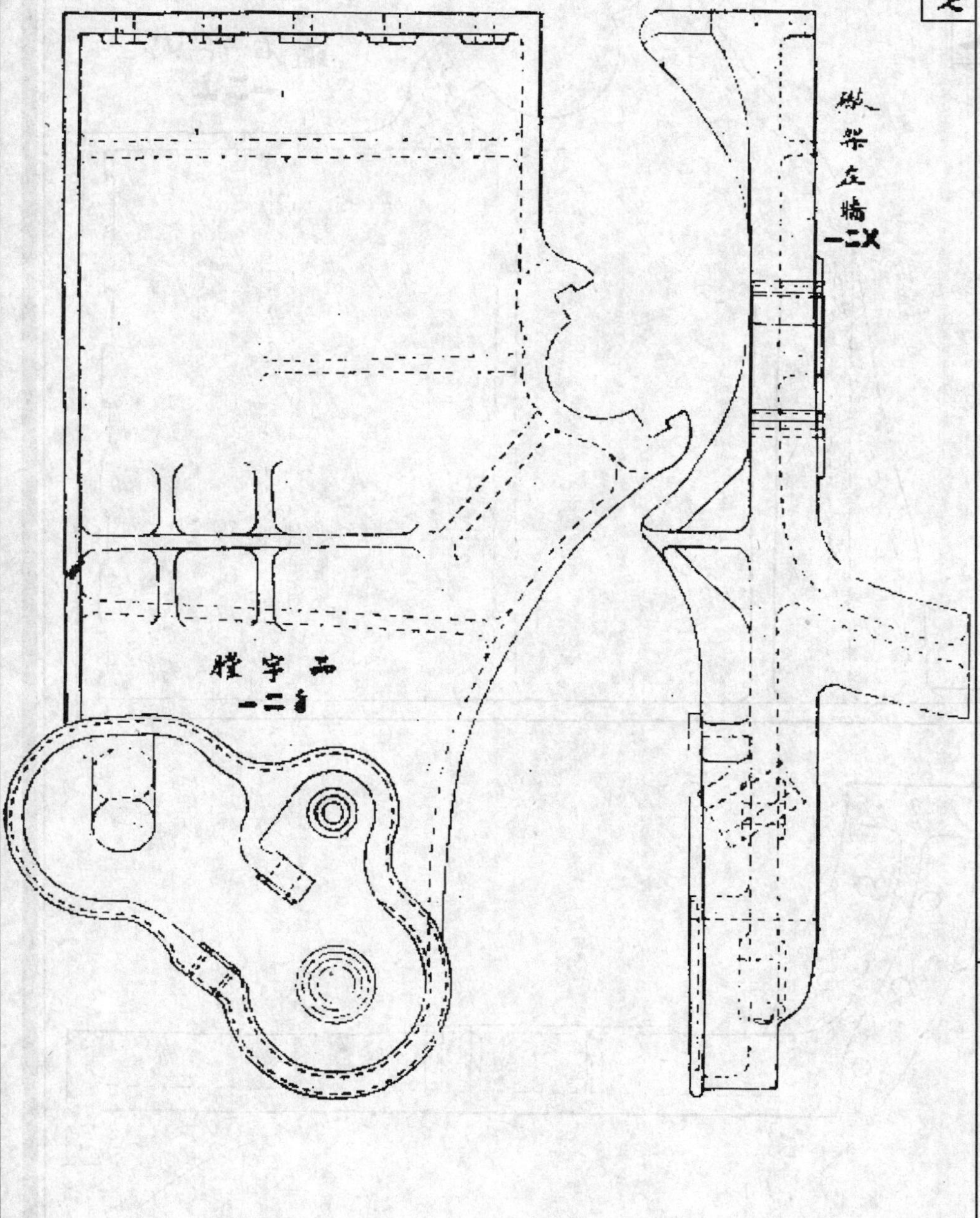

礮架左墻

工字膛

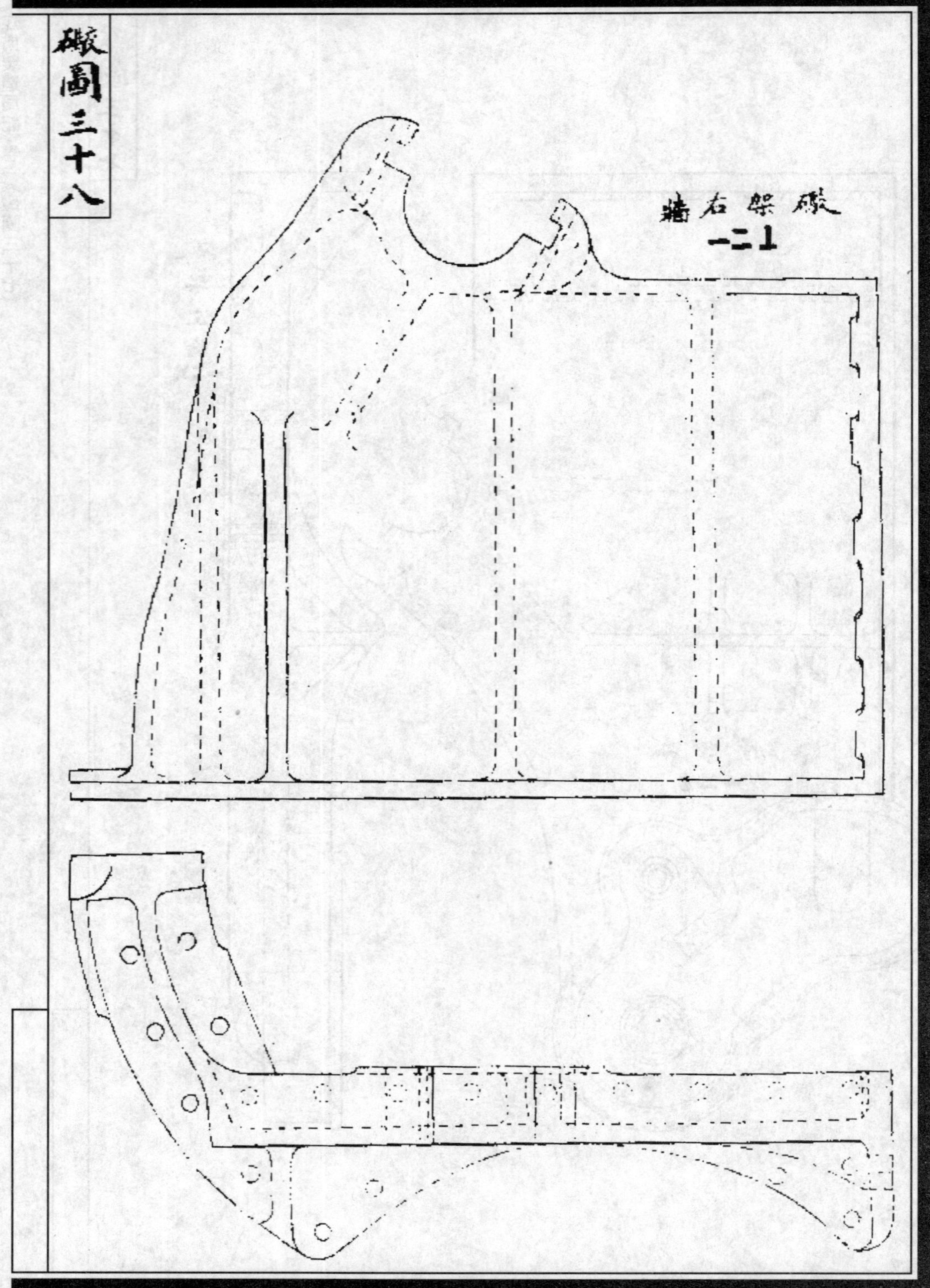
礮圖三十八
礮架右牆
一二丄

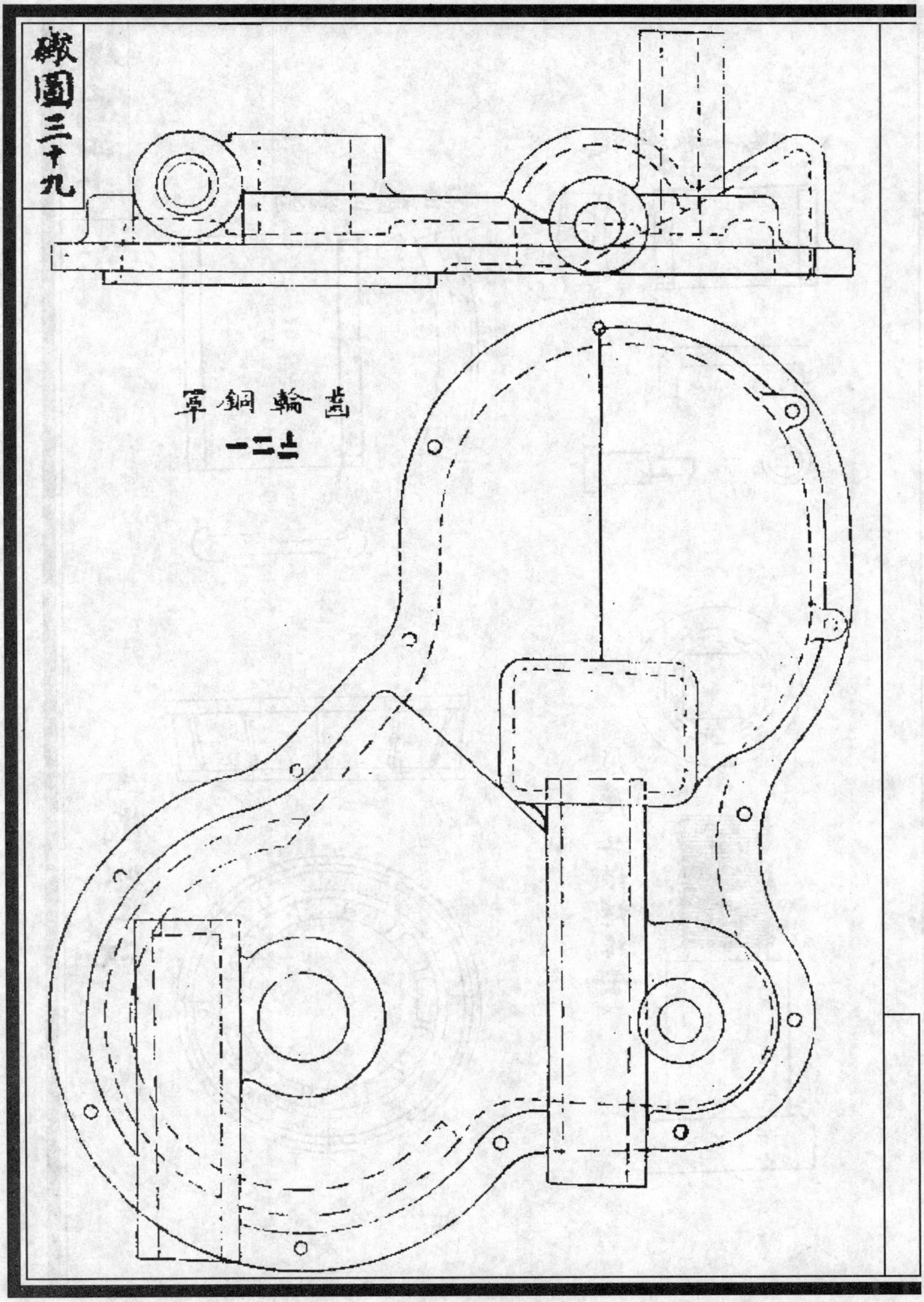

礮圖三十九

齒輪銅罩

一二上

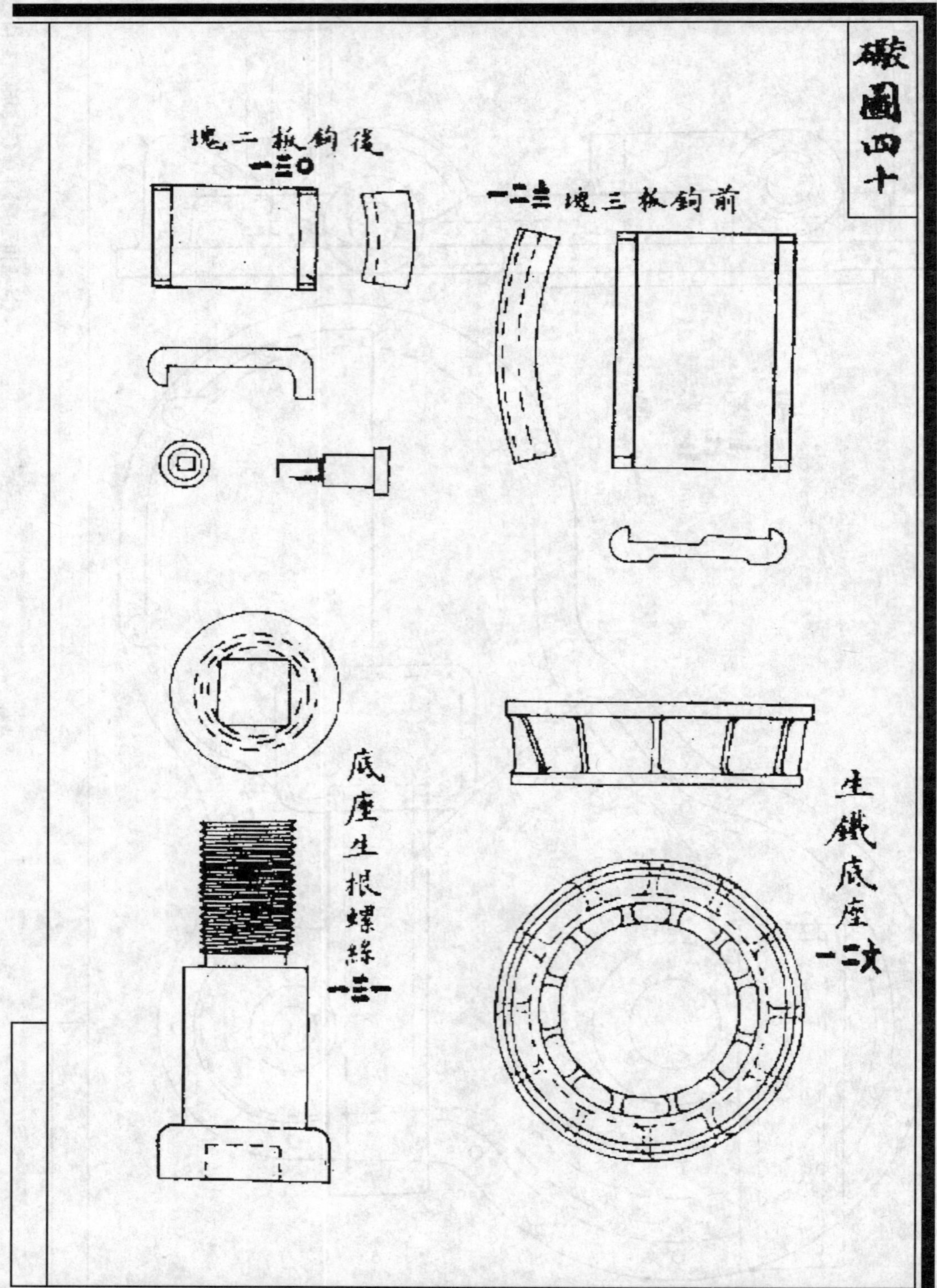
礮圖四十
後鉤板二塊
一三〇
前鉤板三塊
底座生根螺絲
生鐵底座

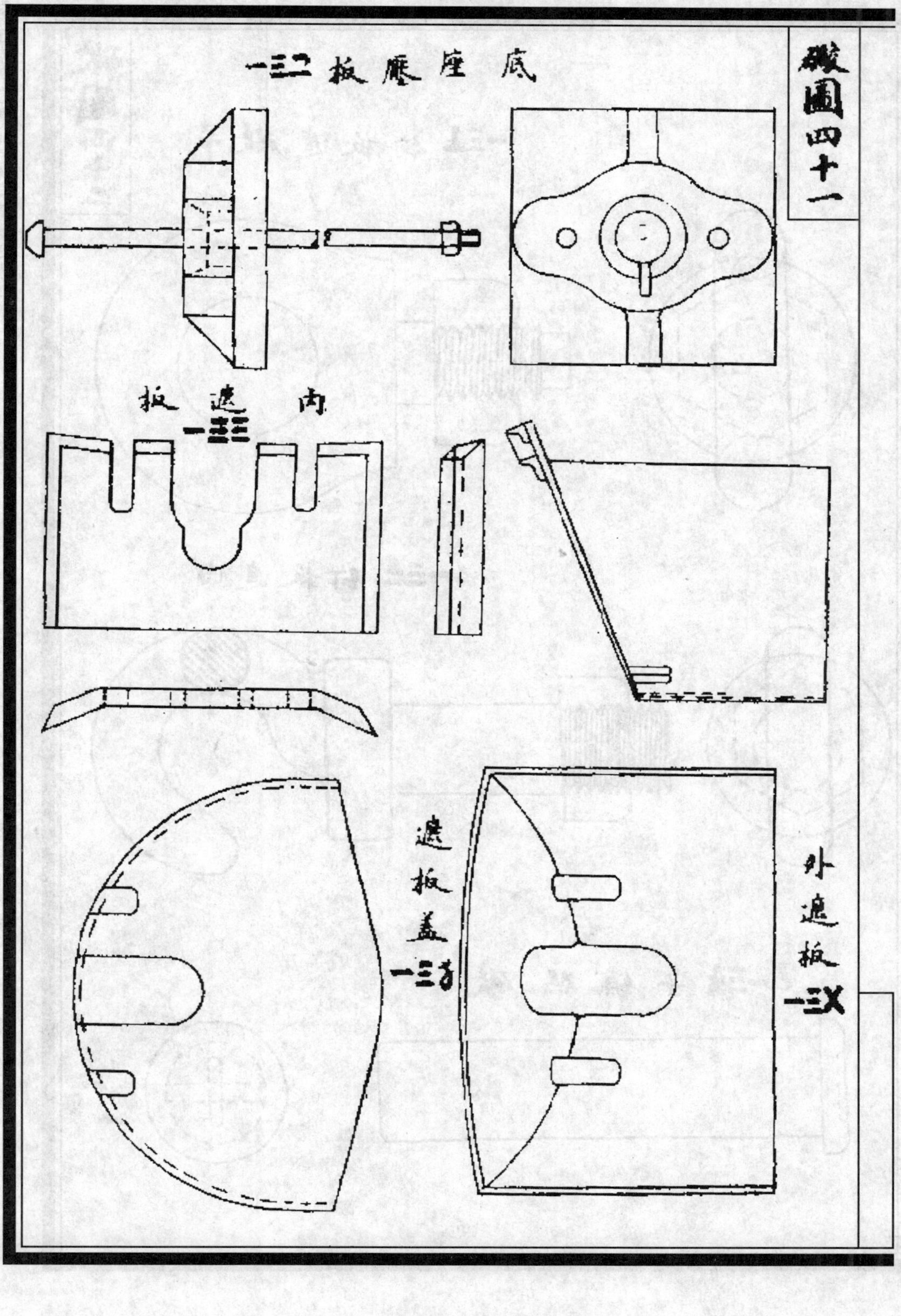

礮圖四十一

底座壓板 一三二

內遮板 一三三

遮板蓋 一三四

外遮板 一三五

礮圖四十二

一三五 鉤板進礮吊

一三六 鉤板進內

一三七 子銷架礮

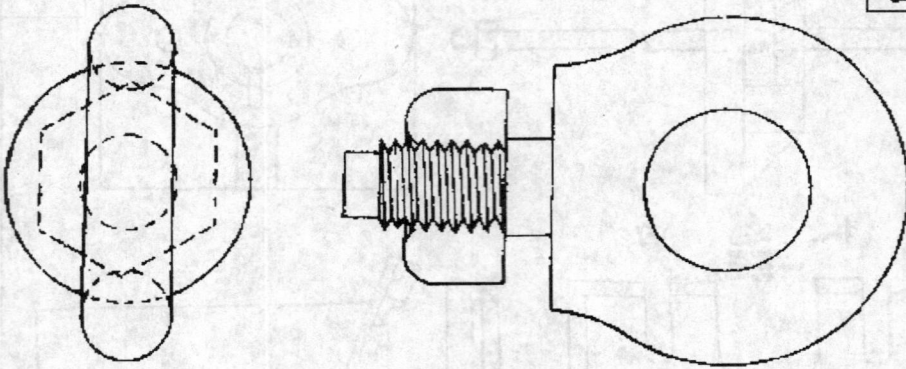

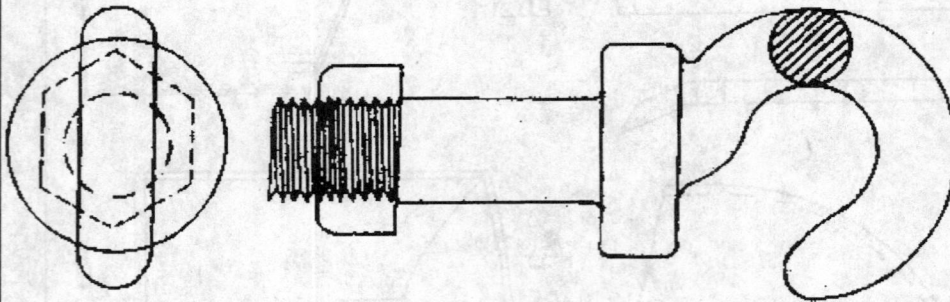

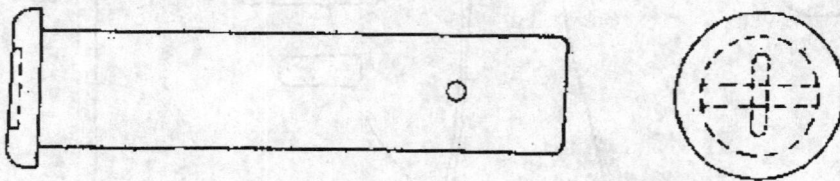

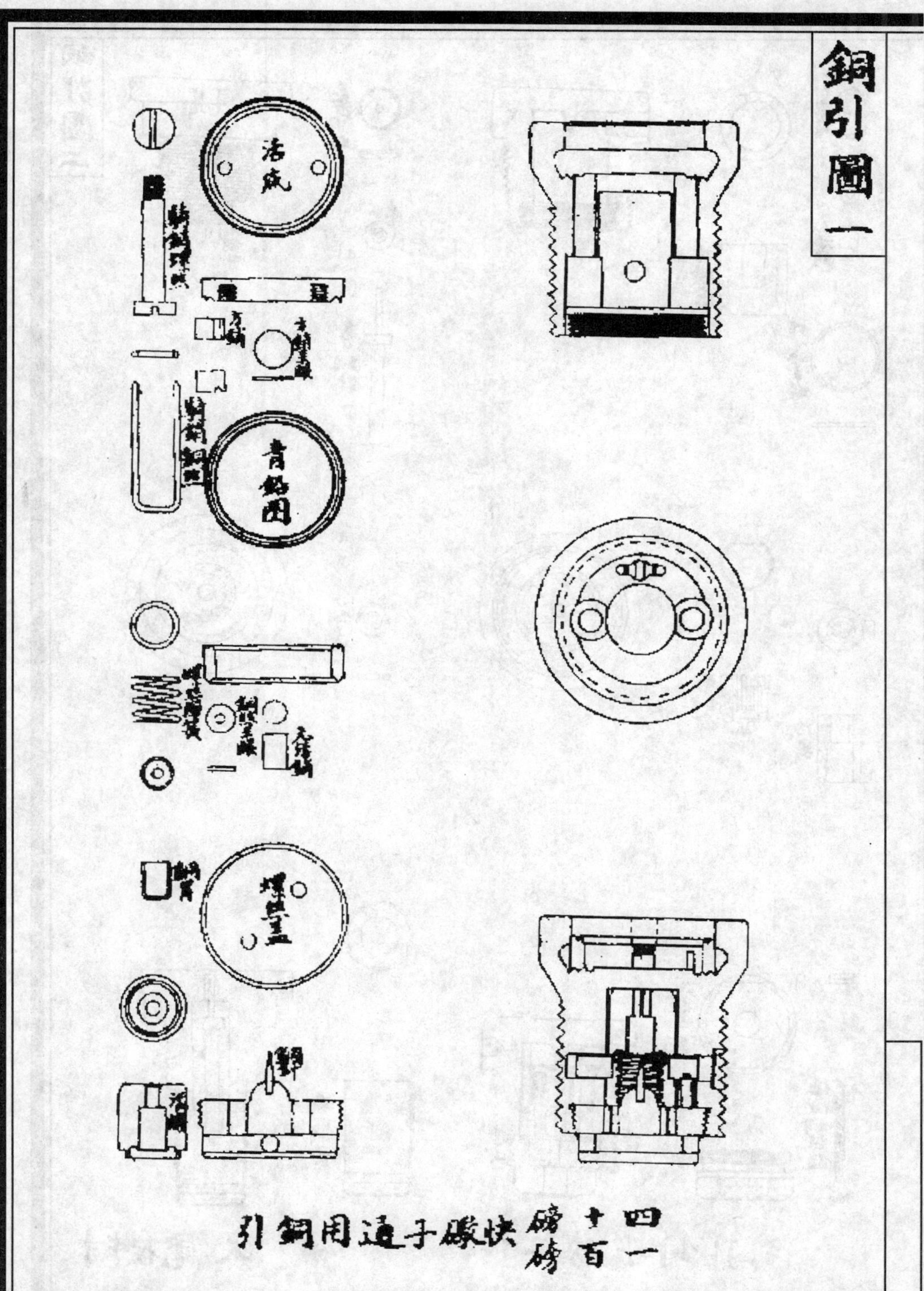
銅引圖一
活底
青鉛圈
螺絲蓋
四十磅
一百磅
快礮子通用銅引

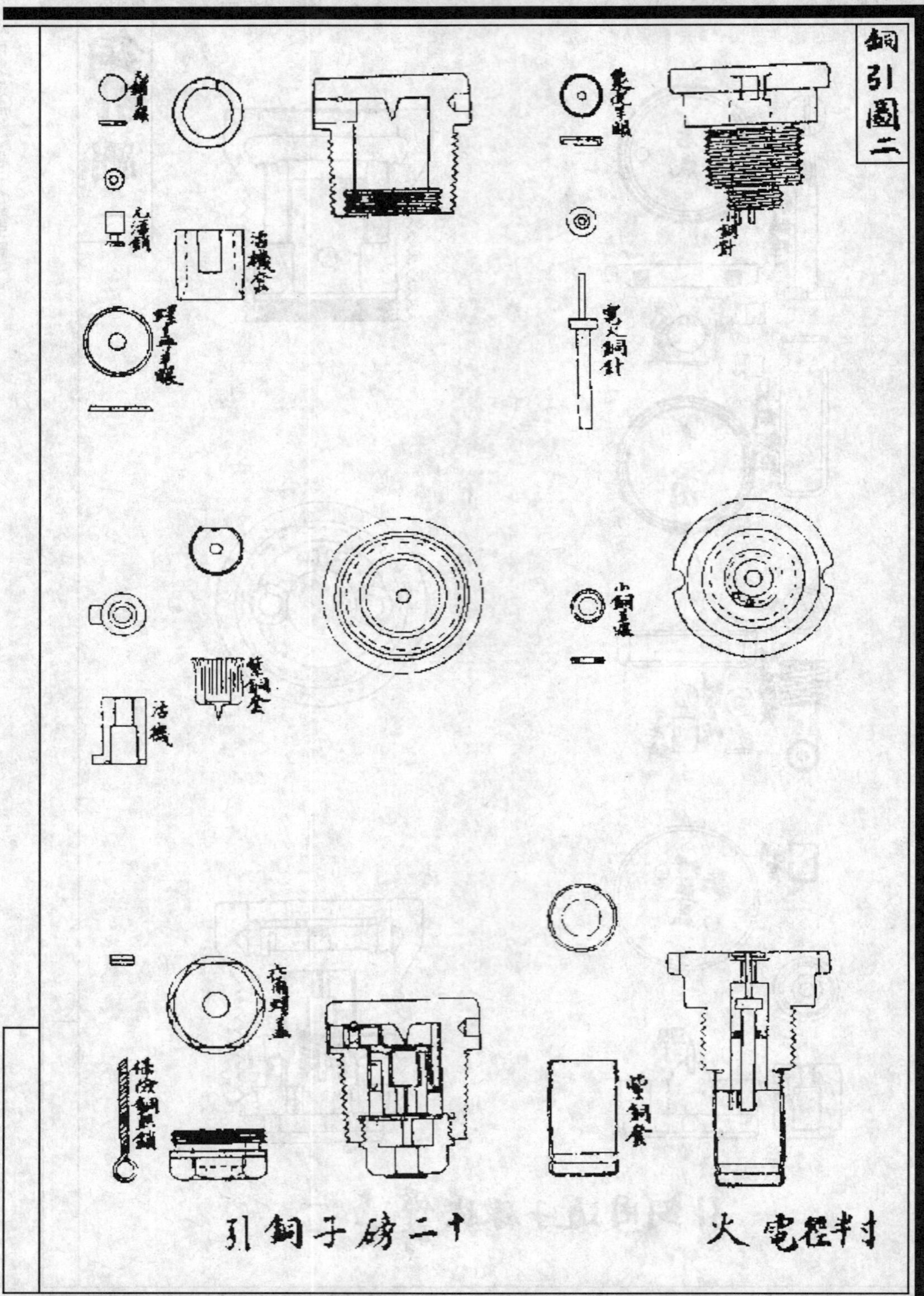
銅引圖二
十二磅子銅引
料程電火

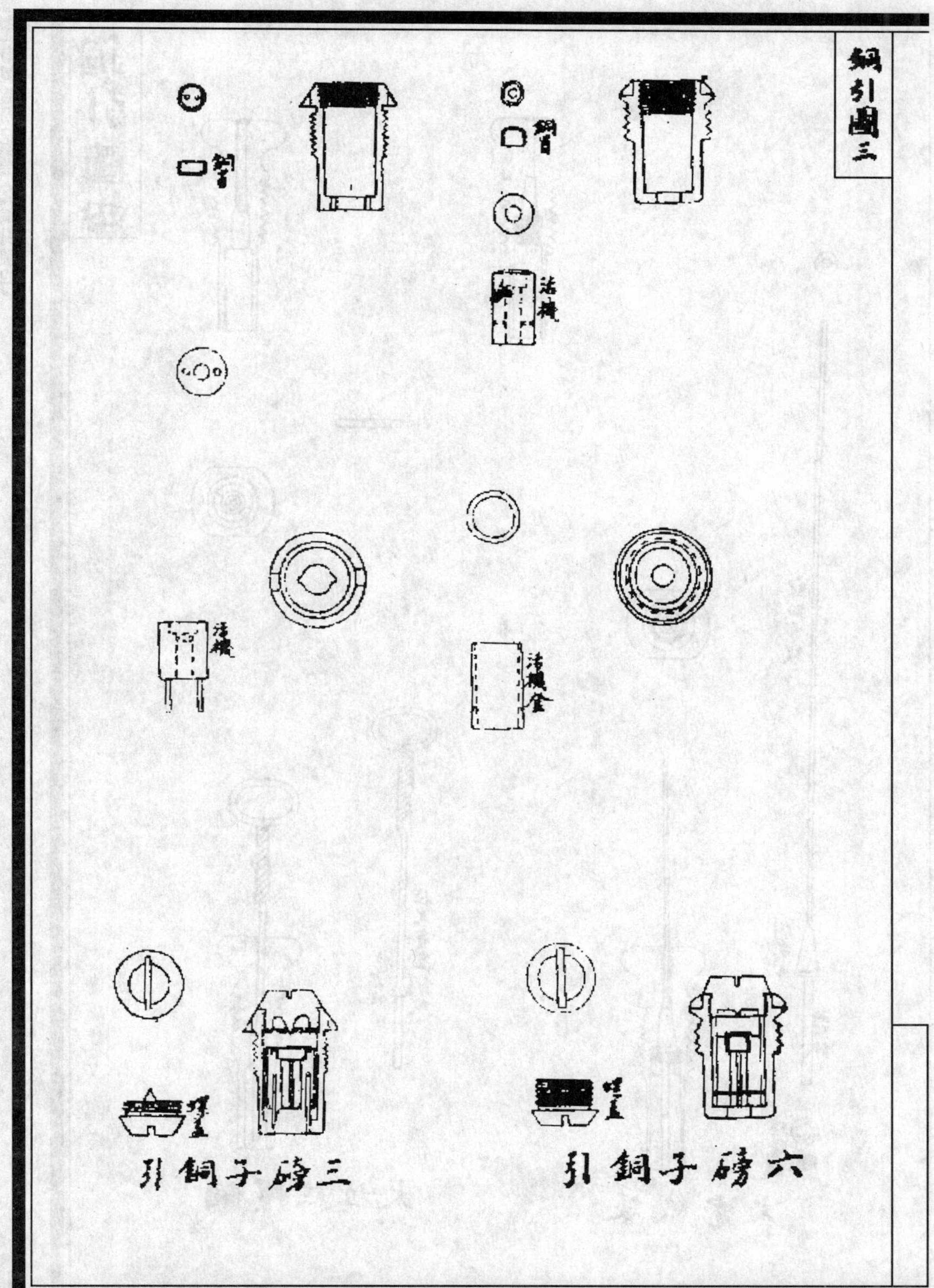
銅引圖三
銅管
銅管
活機
活機
活機套
螺蓋
螺蓋
三磅子銅引
六磅子銅引

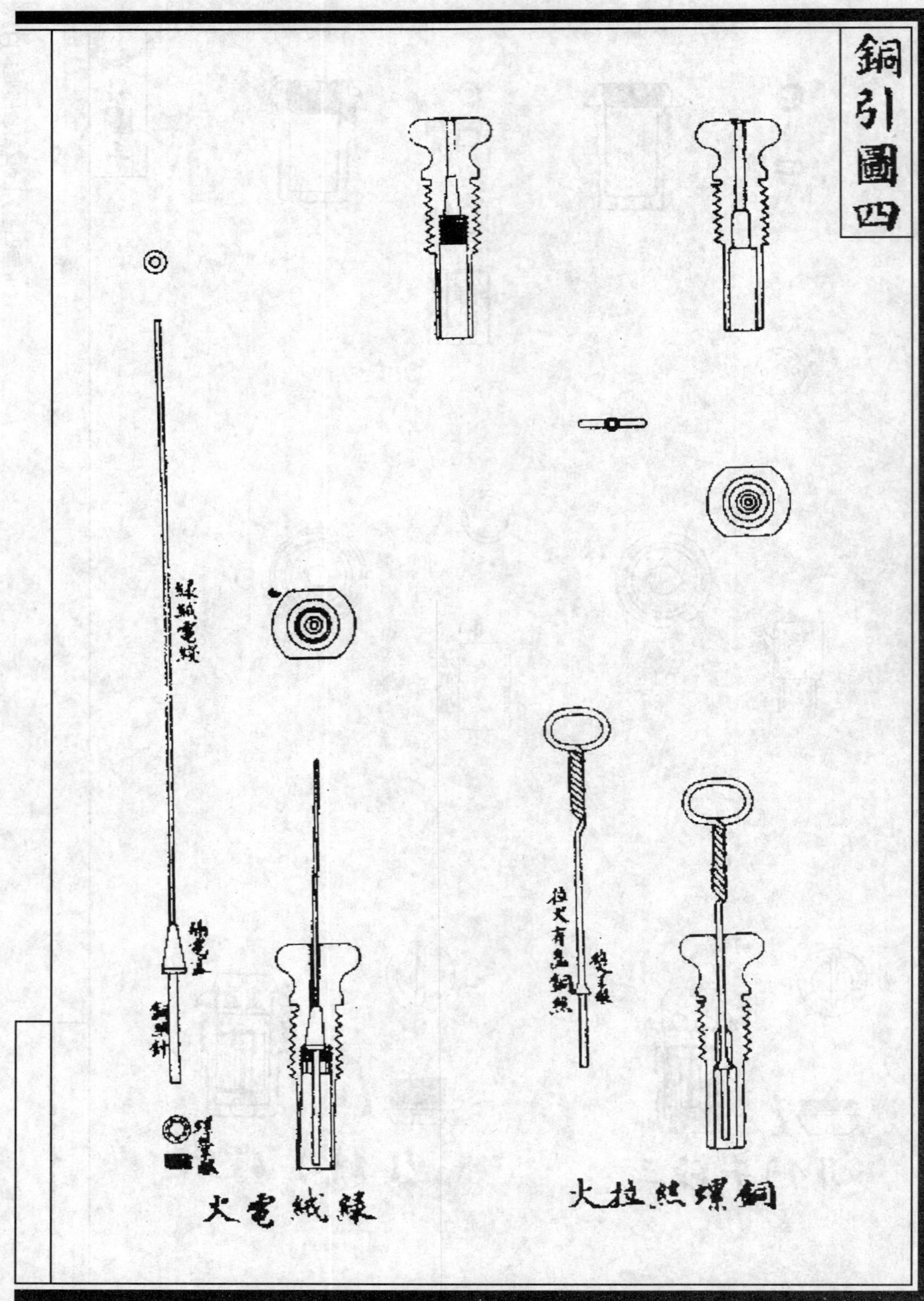
銅引圖四
綠絨電綫
綠絨電火
銅螺絲拉火

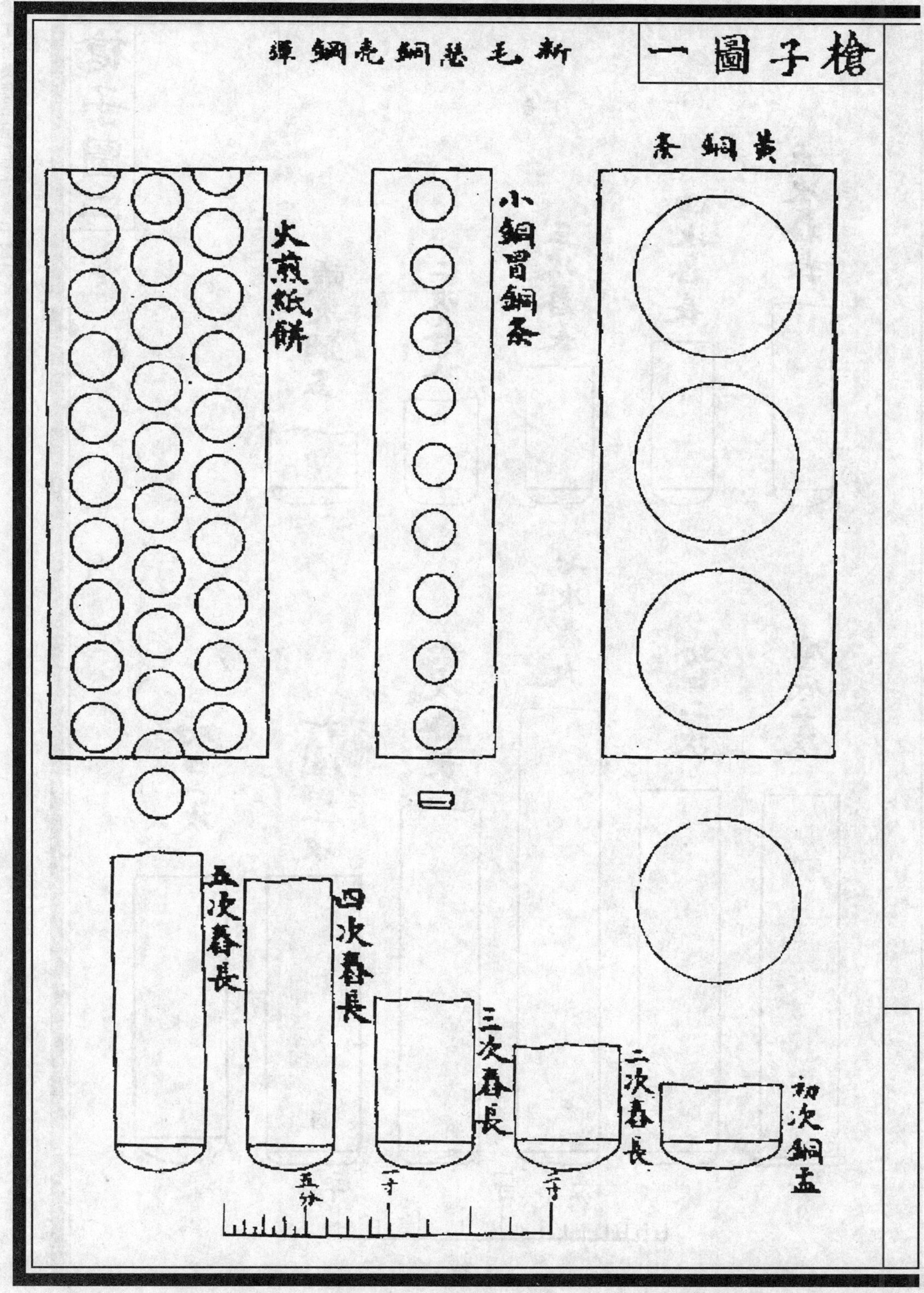
槍子圖一
新毛瑟銅殼銅彈
黄銅条
大煎紙餅
小銅冒銅条
五次舂長
四次舂長
三次舂長
二次舂長
初次銅盂
五分
一寸
二寸

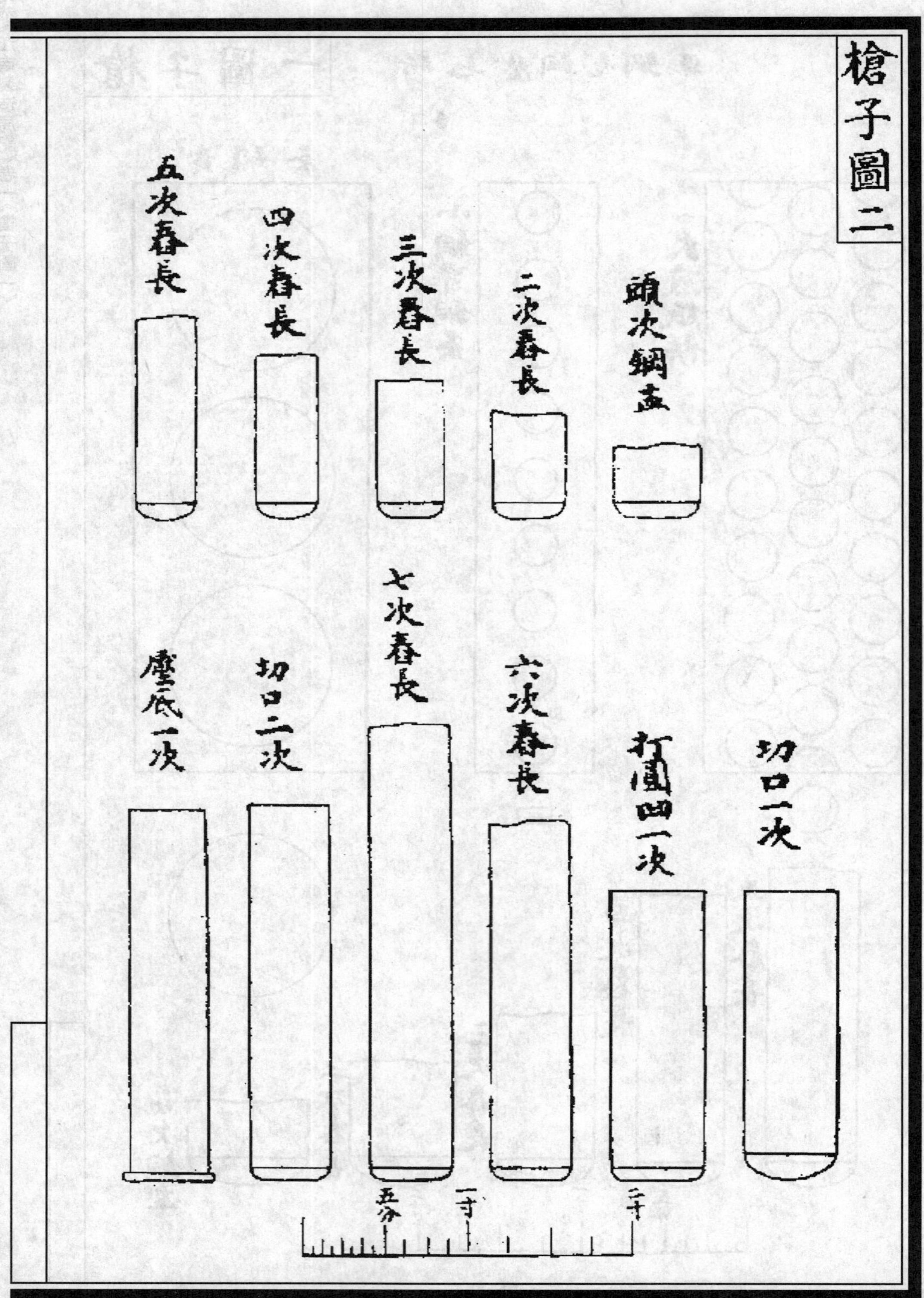
槍子圖二
頭次銅盂
二次舂長
三次舂長
四次舂長
五次舂長
切口一次
打圓口一次
六次舂長
七次舂長
切口二次
壓底一次
五分
一寸
二寸

槍子圖三

六次舂長

切口一次

舂圓尖一次

舂鉛心一次

撞緊鉛心一次

收鋼殼底口一次

打圓凹二次

收口一次

收口二次

車毛坯底一次

車底邊螺紋口一次

鑽火門眼一次

五分　一寸　二寸

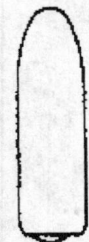

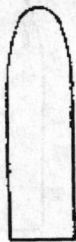

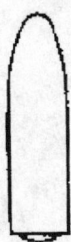

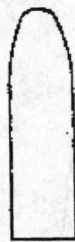

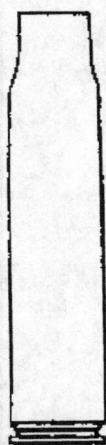

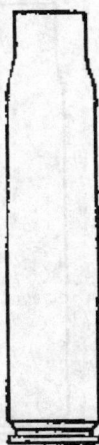

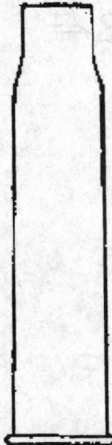

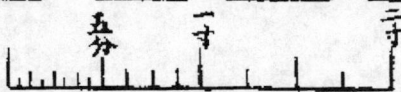

魏允恭《江南製造局記》卷一《槍子圖四》

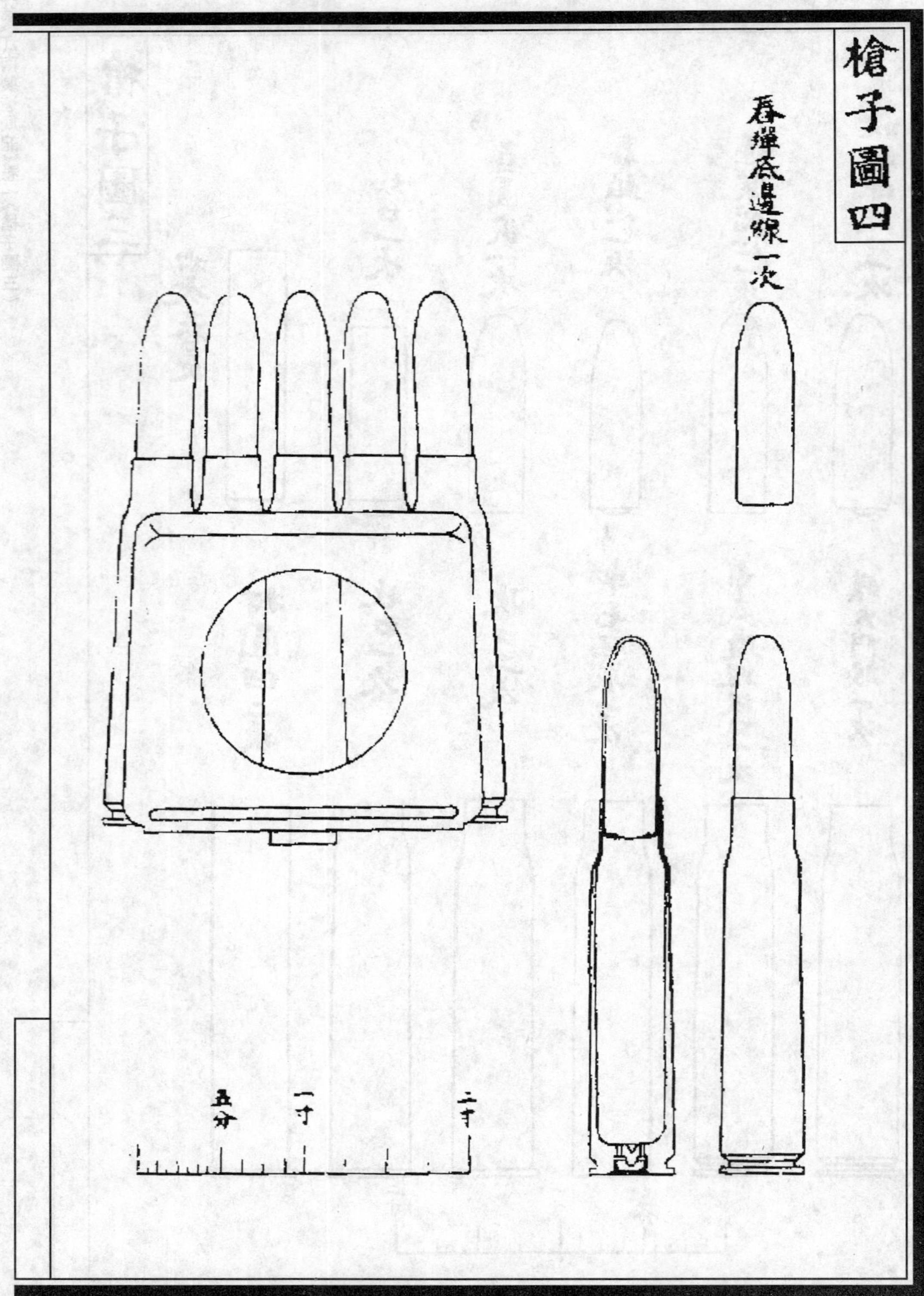

槍子圖五

受罡夏銅亮銅撣

小銅冒銅条

火煎紙餅

黄銅條

切口一次

五次舂長

四次舂長

三次舂長

二次舂長

頭次銅盂

五分

一寸

二寸

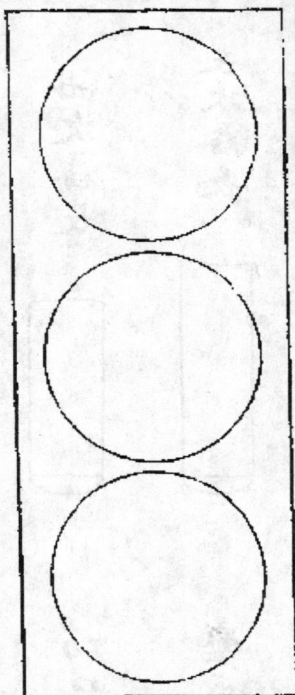

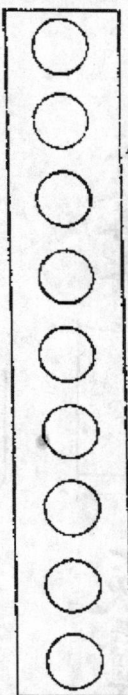

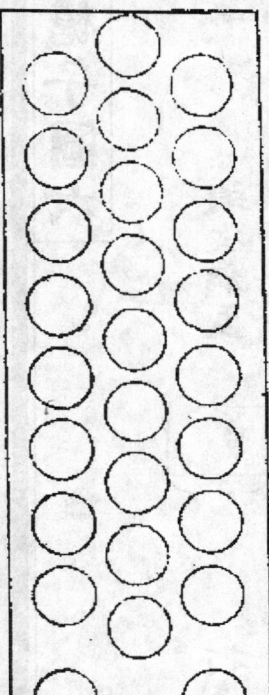

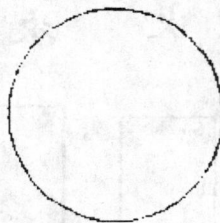

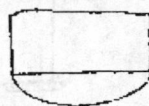

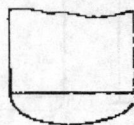

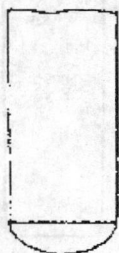

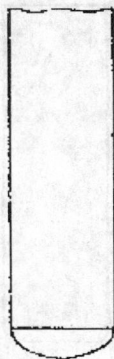

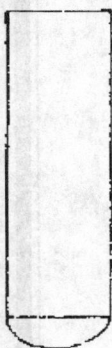

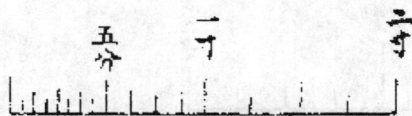

槍子圖六

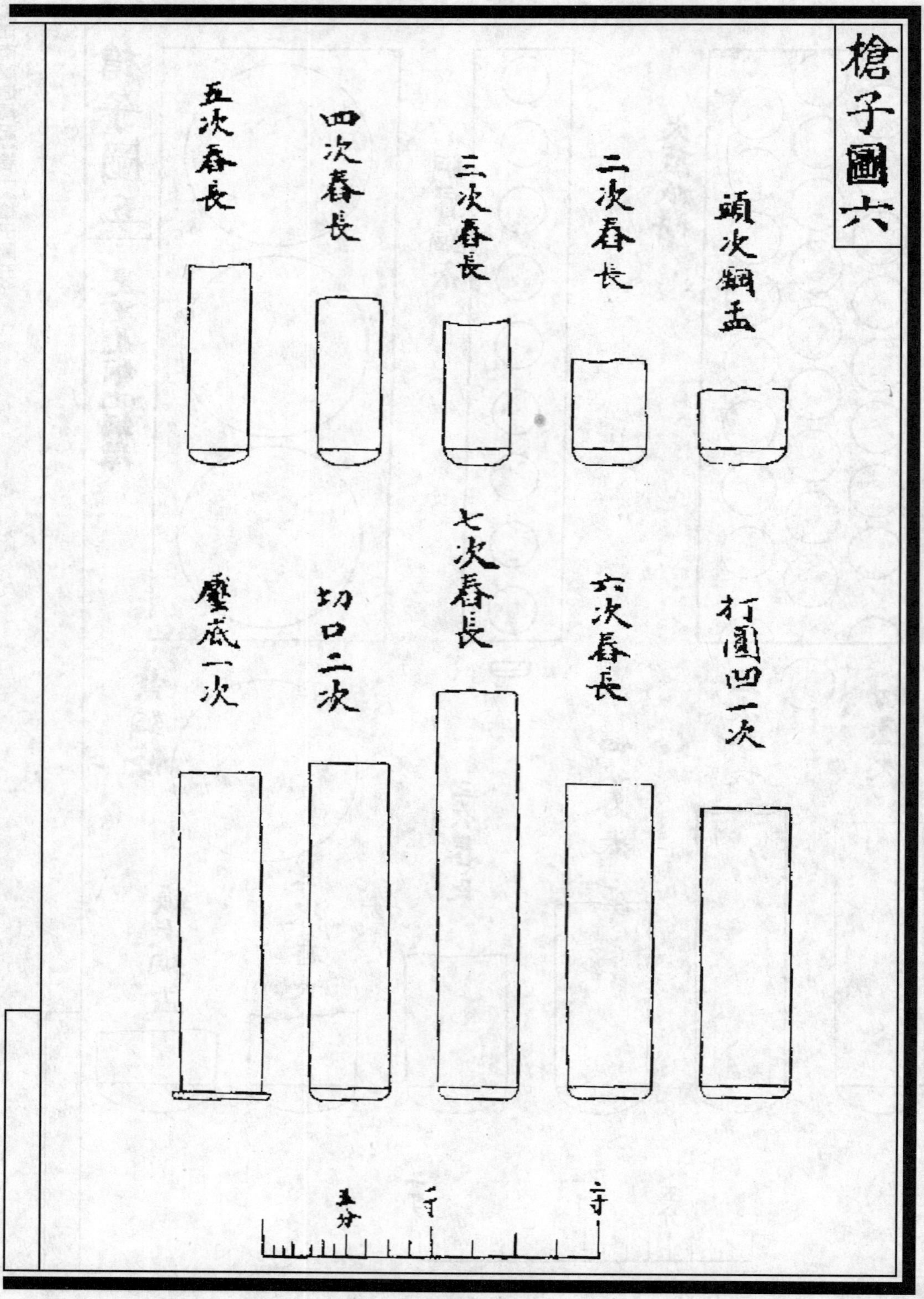

頭次翻盂

二次舂長

三次舂長

四次舂長

五次舂長

打圓四一次

六次舂長

七次舂長

切口二次

壓底一次

五分 一寸 二寸

槍子圖七

六次舂長

切口一次

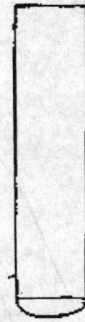

舂圓尖一次

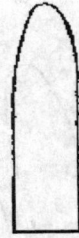

舂鉛心一次

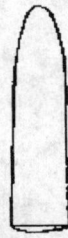

揰緊鉛心一次

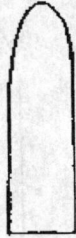

打圓口一次

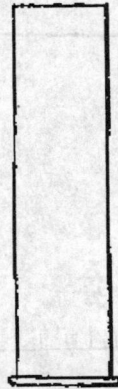

打火門眼一次

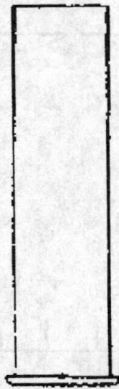

收口一次

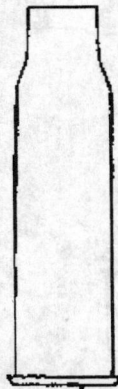

車底一次

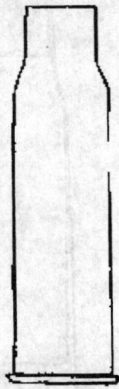

絞口一次

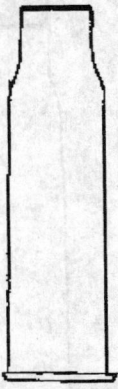

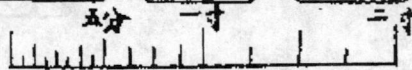

五分　一寸　二寸

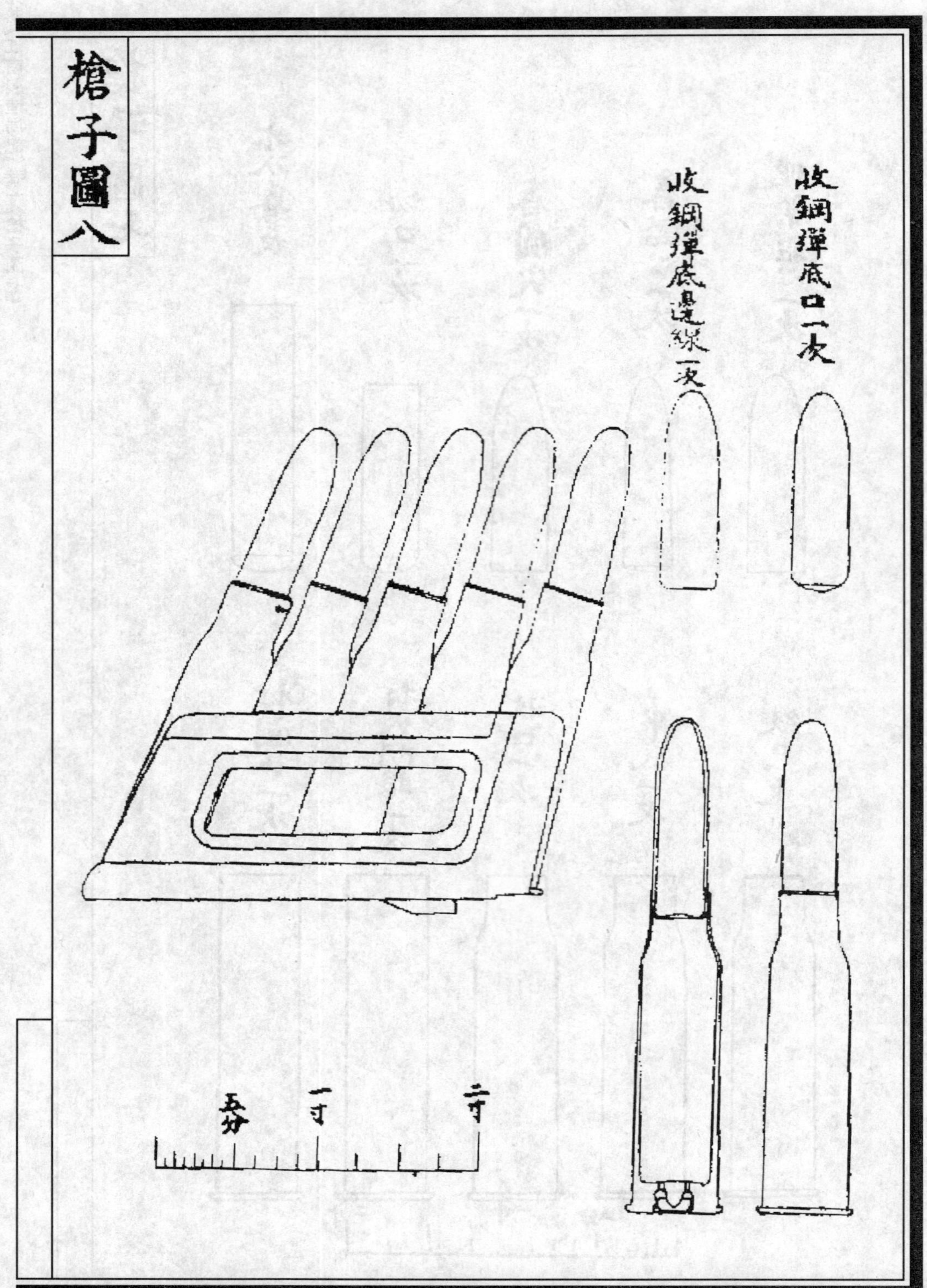
槍子圖八
收銅彈底口一次
收銅彈底邊緣一次
五分
一寸
二寸

福州船政局部

紀事

楊書霖《左文襄公全集》奏稿卷一八《覆陳籌議洋務事宜摺同治五年五月十三日》 奏爲遵旨密陳，仰祈聖鑒事。竊臣欽奉寄諭各就該處情形，及早籌維，仍令將通盤大局，或目前即可設施，或陸續斟酌辦理，或各處均屬阻滯，斷不可行，務須條分縷析，悉心妥議，專摺速行密奏。此事關係中外情形甚重，該督撫大臣等務當共體時艱，勿泥成見，知己知彼，保國保民，詳慎籌畫，不可稍涉疏略，是爲至要。外國論議，及説帖照會四件，均鈔給閲看，將此由五百里諭令知之，欽此。臣維西洋各國向以船礮稱雄海上，從前中國雖許通市，番舶鱗集南洋，然彼貪質易之利，素仰中國之威，未敢妄逞。嘉慶道光年間，始有兵船闌入中國之事，雖稱堅緻殊常，然不過夾板等類，藉保護洋商爲詞，實則護送鴉片。地方大吏以理喻之，旋即引去。其時各國未造火輪船，彼尚無所挾也。道光十九年，海上事起，適火輪兵船已成，英吉利遂用以入犯。厥後尋衅生端，逞其狂悖，瞰我寇事方殷，未遑遠略，遂敢大肆狓猖。此次威妥瑪赫德所遞論議説帖，悖慢之詞，殊堪髮指。威妥瑪所論與赫德同，可知即赫德之意，我之待赫德不爲不優，而竟敢如此。彼固英人耳，其心惟利，是視於我何有。臣揣其意，有三。髮逆既平，彼無所挾以爲重，恐啓中國輕視之漸，一也。結欵已滿，彼無所圖，欲藉購雇輪船器械因緣爲利，一也。西洋各國，外雖和好，内實險競，共利則争，英人欲首倡雇船買船之議，見好各國，以問其交。又知各國必將以新法售我，思先發以籠其利，三也。若云别蓄詭謀，藉以挑釁，尚或不然。前此中國賊勢甚熾，彼尚未以險語恫喝。兹值巨逆殄除，東南敉静，乃直舉不軌陰謀，坦然相示，似無是理。且就彼己强弱言之，中國前此兵力制土匪不足，何況制各國夷兵。前此槍礮制髮逆不足，何能澈彼中機器。今則將士之磨練日久，槍礮之製造日精，不但土匪應手殲除，即十數年滔天巨寇，亦已埽除净盡。英法兩國助我討賊者，需我援捄策應，乃能成其功。其助賊拒我者，經我擒斬赦宥，亦已挫其氣。彼獨無所聞，無所見乎。就英法兩國而言，英詐而法悍，其助我也，法尚肯稍爲盡力，英則坐觀之意居多。法之兵頭捐軀者數人，英無有也。法人與中國將領共事，尚有親愛推服之詞。英則忌我之能，翹我之短，明知中國兵力漸强，彼之材技有限，而且深藏以匿其短，矜詡以張其能。如此彼之所恃，以傲我者，不過擅輪船之利耳。若槍礮之製，廣東無壳，擡槍三人可放兩杆，一發可洞五人，無需洋火藥銅帽之費，足收致遠命中之功，較之洋人所推來福礮更捷而更遠。大礮之製，新嘉坡所鑄不如其祖家之良，中國若講求子膛、藥膛、火門三事合式，改用鐵模，净提鐵汁，可與來福礮同工。硼礮一種又稱開花礮、天礮，用生鐵鑄成者重百餘斤，可放十餘斤礮子；用熟鐵製成者，重四十五斤，亦可放十斤零礮子，遠可三里許，落地而始開花，其巧在子而亦在礮。臣回閩後督匠鑄製，共已成三十餘尊，用尺測量施放，亦與西洋硼礮同工。至輪車機器、造鐵機器，皆從造船機器生出。如能造船，則由此推廣製作，無所不可。其信綫一種，則運思巧而不適於用，安置數十里之遠，無人常川監護，則機身易壞，徒增煩擾，非民間所宜，非官所能强。上年臣過福州時，美里登曾申前請，臣以此謝之，給以價值，敗其器具現尚存福州府庫也。此外奇巧之器甚夥，然皆美觀而不適於用，則亦玩藝而已，奚足與於有無之數乎？抑臣竊有慮者，各口未開以前，英人專互市之利，所獲甚饒；各口既開之後，有約、無約之國均來中國貿易，利以分而見少。近聞英商各行買賣摺閲漸多，譬如巨賈，多開子店，費用益繁，利市更少，其倒歇實在意中。雖彼自失計，於我無尤，然事急變生，不奪不饜。未届换約之期，或無異説，數年以後，彼因生計愈耗，求贏於我，將顧而之他，藉端要挾，恐所不免。如有決裂，則彼己之形所宜審也：陸地之戰，彼之所長皆我所長，有其過之，無弗及也；若縱横海上，彼有輪船，我方無之，形無與格，勢無與禁，將若之何？此徵臣所爲鰓鰓過計，擬習造輪船，兼習駕駛，懷之三年，乃有此請也。據德克碑云，中國擬造輪船，請以西法傳之中土，曾以此情達之法國君主，君主允之，令其選國中工匠與之俱來，未知確否。見在借新法自强之論既發之威妥瑪、赫德，則我設局開廠，彼雖未與其議，當亦無詞阻撓。至我國家自强之道，莫要於捐文法，用貴才，任親賢以擇督撫，任督撫以擇守令。政事克修，遠人自服，是在皇太后、皇上聖謨廣運，非徵臣所敢議也。謹據實密陳，伏乞聖鑒訓示，謹奏。軍機大臣奉旨，著留中，欽此。

楊書霖《左文襄公全集》奏稿卷一八《擬購機器雇洋匠試造輪船先陳大概情形摺同治五年五月十三日》 奏爲謹擬購買機器，募雇洋匠，設局試造輪船，先陳大概情形，仰祈聖鑒事。竊維東南大利，在水而不在陸。自廣東、福建而浙江、江南、山東、直隸、盛京以迄東北，大海環其三面，江河以外，萬水朝宗。無事之時，以之籌轉，漕則千里猶在户庭。以之籌懋遷，則百貨萃諸廛肆。匪獨魚、鹽、蒲、蛤足以業貧民，舵艄、水手，足以安游衆也。有事之時，以之籌調發，則百粤之旅可集三韓。以之籌轉輸，則七省之儲可通一水。匪特巡洋緝盜有必設之防，用兵出奇有必争之道也。況我國家建都於燕，津、沽實爲要鎮。自海上用兵以來，泰西各國火輪兵船直達天津，藩籬竟成虚設，星馳飆舉，無足當之。自洋船准載北貨行銷各口，北地貨價騰貴。江浙大商以海船爲業者，往北置貨，價本愈增，比及回南，費重行遲不能減價以敵洋商。日久銷耗愈甚，不惟虧折貨本，寖至歇其舊業。瀕海之區，四民中商居什之六七。坐此闤闠蕭條，税釐減色，富商變爲窶人，游手驅爲人役。并恐海船擱朽，目前江浙海運即有無船之慮，而漕政益難措手。是非設局急造輪船不爲功。從前中外臣工屢議雇、買、代造，而未敢輕議設局製造者，一則船廠擇地之難也；一則輪船機器購覓之難也；一則外國師匠要約之難也；一則籌集鉅款之難也；一則中國之人不習管駕，船成仍須雇用洋人之難也；一則輪船既成，煤炭薪工需費不訾，月需支給，又時須修造之難也；一則非常之舉，謗議易興，創議者一人，任事者一人，旁觀者一人，事敗垂成，公私均害之難也。有此數難，毋怪執咎無人，不敢一抒籌策以徇公家之急。臣愚以爲欲防海之害而收其利，非整理水師不可；欲整理水師，非設局監造輪船不可。泰西巧而中國不必安於拙也，泰西有而中國不能傲以無也。雖善作者，不必其善成；而善因者，究易於善創。如慮船廠擇地之難，則福建海口羅星塔一帶，開槽濬渠，水清土實，爲粤、浙、江蘇所無。臣在浙時，即聞洋人之論如此。昨回福州參以衆論，亦復相同。是船廠固有其地也。如慮機器購覓之難，則先購機器一具，鉅細畢備，覓雇西洋師匠與之俱來。以機器製造機器，積微成鉅，化一爲百，機器既備，成一船之輪機，即成一船，成一船即練一船之兵。比及五年，成船稍多，可以布置沿海各省，遥衛津沽，由此更添機器，觸類旁通，凡製造槍礮、炸彈、鑄錢、治水，有適民生日用者，均可次第爲之。惟事屬創始，中國無能赴各國購覓之人，且機器良楛亦難驟辨，仍須託洋人購覓，寬給其值，但求其良，則亦非不可必得也。如慮外國師匠要約之難，則先立條約，定其薪水，到廠後由局挑選内地各項匠作之少壯明白者，隨同學習。其性懸夙有巧思者，無論官紳士庶，一體入局講習。拙者、惰者，隨時更補。西洋師匠盡心教藝者，總辦洋員薪水全給；如靳不傳授者，罰扣薪水，似亦易有把握。如慮籌集鉅款之難，就閩而論，海關結款既完，則此款應可劃項支應，不足則提取釐税益之。又，臣曾函商浙江撫臣馬新貽、新授廣東撫臣蔣益澧，均以此爲必不容緩，願湊集鉅款，以觀其成。計造船廠、購機器、募師匠，須費三十餘萬兩。開工集料、支給中外匠作薪水，每月約需五六萬兩，以一年計之，需費六十餘萬兩。創始兩年，成船少而費極多。迨三、四、五年，則工以熟而速，成船多而費亦漸減。通計五年所費，不過三百餘萬兩。五年之中，國家損此數百萬之入，合雖見多，分亦見少，似尚未爲難也。如慮船成以後，中國無人堪作船主，看盤、管車諸事，均須雇倩洋人，則定議之初，即先與訂明：教習造船，即兼教習駕駛。船成即令隨同出洋，周歷各海口。無論兵弁各色人等，有講習精通能爲船主者，即給予武職千、把、都、守，由虚銜洊補實職，俾領水師。則材技之士争起赴之，將來講習益精，水師人材固不可勝用矣。且臣訪聞浙江寧波一帶，現亦有粗知管駕輪船之人。如選調入局，船成即令其管駕，似得力更速也。如慮煤炭薪工按月支給，所費不訾，及修造之費爲難，則以新造輪船運漕，而以雇沙船之價給之。漕務畢則聽受商雇，薄取其值，以爲修造之費。海疆有警，專聽調遣，隨賊所在，絡繹奔赴，分攻合勦，剋期可至。大凡水師宜常川住船操練，俾其服習風濤，長其筋力，深其閱歷，然後可恃爲常勝之軍。近觀海口各國所駐兵船，每月操演數次，儼臨大敵；遇有盜艇，即踴躍攫擊，以試其能。所以防其惡勞好逸者如此。且船械機器，廢擱不用則朽鈍堪虞。時加淬厲則晶瑩益出。故船成之後，不妨裝載商貨，藉以捕盜而護商，兼可習勞而集費，似歲修經費無俟別籌也。至非常之舉，謗議易興，始則憂其無成，繼則議其多費，或更譏其失體，皆意中必有之事。然臣愚竊有説焉。防海必用海船，海船不敵輪船之靈捷，西洋各國與俄羅斯、咪利堅，數十年來講求輪船之制，互相師法，製作日精。東洋日本始購輪船，拆視仿造未成，近乃遣人赴英吉利學其文字，究其象數，爲仿製輪船張本，不數年後，東洋輪船亦必有成。獨中國因頻年軍務繁興，未暇議及，雖前此有代造之舉，近復奉諭購雇輪船，然皆未爲了局。彼此同以大海爲利，彼有所挾，我獨無之。譬猶渡河，人操舟而我結筏；譬猶使馬，人跨駿而我騎驢，可乎？鈞是人也，聰明睿知相近者性，而所習不能無殊。中國之睿知運於虚，外國之聰明寄於實；中國以義理爲本，藝事爲末。外國以藝事爲重，義理爲輕。彼此各是其是，兩不相喻，姑置弗論可耳；謂執藝事者，舍其精，講義理者必遺其粗，不可也。謂我之長不如外國，藉外國導其先，可也；謂我之長不如外國，讓外國擅其能，不可也。此事理之較著者也。如擬創造輪船，即預慮難成而自阻，然則治河者，慮合龍之無期，即罷畚築。治軍者，慮蕆役之無日，即罷徵調乎？如慮糜費之多，則自道光十九年以來，所糜之費已難數計。昔因無輪船，致所費不可得而節矣；今仿造輪船，正所以預節異時之費，而尚容靳乎？天下事，始有所損者，終必有所益。輪船成，則漕政興，軍政舉，商民之困紓，海關之税旺，一時之費，數世之利也。縱令所製不及各國之工，究之慰情勝無，倉卒較有所恃。且由鈍而巧，由粗而精，尚可期諸異日，孰如羨魚而無網也！計閩、浙、粤東三省通力合作，五年之久，費數百萬，尚非力所難能，疆臣誼在體國奉公，何敢惜小費而忘至計？至以中國仿製輪船，或疑失體，則尤不然。無論禮失而求諸野，自古已然。即以槍礮言之，中國古無範金爲礮，施放藥彈之製。所謂礮者，以車發石而已。至明中葉始有「佛郎機」之名，國初始有「紅衣大將軍」之名。當時得其國之器，即被以其國之名，謂「佛郎機」者，即「法蘭西」音之轉；謂「紅衣」者，即「紅夷」音之轉，蓋指紅毛也。近時，洋槍、開花礮等器之製，中國仿洋式製造，亦皆能之。礮可仿製，船獨不可仿製乎？安在其爲失體也？臣自道光十九年海上事起，凡唐、宋以來，史傳、别録、説部，及《國朝志乘》載記官私各書，有關海國故事者，每涉獵及之，粗悉梗概。大約火輪兵船之製，不過近數十年事，於前無徵也。前在杭州時，曾覓匠仿造小輪船，形模粗具，試之西湖，駛行不速。以示洋將德克碑、税務司日意格，據云大致不差，惟輪機須從西洋購覓，乃臻捷便。因出法國製船圖册相示，并請代爲監造，以西法傳之中土。適髮逆陷漳州，臣入閩督勦，未暇及也。嗣德克碑歸國，繪具圖式、船廠圖册，并將購覓輪機，招延洋匠各事宜，逐款開載，寄由日意格轉送漳州行營。德克碑旋來漳州接見，臣時方赴粤東督勦，未暇定議。德克碑辭赴暹羅屬日意格候信，彼此往返講論，漸得要領。日意格聞臣由粤凱旋，擬來閩面訂一切。臣原擬俟其來閩商妥後，再具摺詳陳請旨。因日意格尚未前來，適奉購、雇輪船寄諭，應先將擬造輪船緣由，據實馳陳，伏乞皇太后、皇上聖鑒訓示，至設局開廠、購料興工一切事宜，極爲繁重，俟奉到諭旨允行後，再當條舉件繫，恭呈御覽。合併聲明。謹奏。軍機大臣奉旨，另有旨，欽此。

「中央研究院」近代史研究所《海防檔》乙福州船廠《同治五年六月四日總署收軍機處交出同治五年六月三日上諭准在閩設廠試造輪船經費着在閩海關税内酌提如有不敷並准提用閩省厘税》 六月初四日，軍機處交出同治五年六月初三日奉上諭。左宗棠奏現擬試造輪船摺，覽奏均悉，中國自强之道，全在振奮精神，破除耳目近習，講求利用實際。該督現擬於閩省擇地設廠，購買機器，募雇洋匠，試造火輪船隻。實係當今應辦急務，所需經費，即著在閩海關税内酌量提用。至海關結款雖完，而庫儲支絀，仍須將此項扣款按年解赴部庫，閩省不得輒行留用。如有不敷，准由該督提取本省釐税應用。左宗棠務當揀派妥員，認真講求，必盡悉洋人製造駕駛之法，方不致虚糜帑項。所陳各條，均著照議辦理。一切未盡事宜，仍著詳悉議奏，欽此。

「中央研究院」近代史研究所《海防檔》乙福州船廠《同治五年七月九日總署收軍機處交出廣東巡撫蔣益澧片擬請在沿海省分建設鐵廠製造輪船以重海防而圖自强》 同治五年七月初九日，蔣益澧片稱，再粤東爲洋務濫觴之始，相習既久，聲氣易通，而百姓性悍氣剛，亦多不爲之下。臣前途經香港，見其師船雄壯，樓閣崇閎，碼頭生意之旺。甲於南洋，迫路過大虎小虎大王滘獵德一帶，所有扼險砲臺，全行廢墮。虎門昔號天險，今爲坦途。然則言治粤之權輿，固以中外相安爲要，而籌自强之急務，尤以卧薪嘗膽爲先。查泰西與我通商之國，以俄英法美爲最强，俄則延袤西北，爲患在陸而不在海，英人强於水師，法人强於旱隊，美人精於商賈，其勢各不相下。而英人尤外柔内剛，爲海外傑出之雄。從前中外兵事交涉，英國取材於五印度，法國取材於亞非利加加里加而馬喜等部。近年以來，東南洋各國浸被蠶食，美則以日本巫來由爲外府，法則以安南爲外府矣。凡軍事日用之所需。朝發可以夕至，故昔日之言自强，可以歲月計，今則旦夕圖之，猶恐其不急也。昔日之言自强，可以宣廟廊，今則惟幄謀之，猶恐其不密也。此時中外交際尚洽，急宜以防海盜平土匪爲詞，造船購砲，效其所長。省沿海師船歲修大修之資，以爲經費，師船在洋運掉，非風不靈。若輪船則今日可剿虎門之賊，明日即可以剿南澳之賊。是三五號得力之輪船，即可以抵百十號循例之師船，計勞與費，正復相等，而效則過之。沿海富商大賈，亦准其租購輪船夾板，而籍其名於官，無事則任彼經商，有事則歸我調遣。船上舵工砲手，初用洋人指南，習久則中國人亦可自駛。技長者録以武職，若使各口有輪船二三十號，夾板船百十號，不惟壯我聲威，亦且奪彼利權，何則。五洲四海，彼能往我亦能往，而時價之高下，物産之精粗，洋商必不及華商之精，則取利亦必不及華商之易。將彼之初以利厚而來者，繼將以利薄而去，是在乎用人之得宜，求遠功而不求速效，乃能有濟耳。計歐羅巴各國地，固不及亞細亞十分之三，人民更不及中國十分之一，而自中海以迤南洋。凡印度巫來由財賦之區，概被鯨吞，即現在暹羅緬甸，亦復服其衣服，習其言語，勢岌岌又將爲彼附庸，其故何也。盖彼不獨船堅砲利，足以縱横海外，而其用心之專壹沈毅，辦事之刻苦精到，實有一往莫遏之勢。故其無事則以官吏爲經以商爲緯有事則以攻戰爲綱，以貨財爲目，凡商賈經營數萬里外，彼國特設官維持而調護之。是以上下之情通，而内外之氣聚，内地閩粤等省赴外洋經商者，人非不多，如新嘉坡約有内地十餘萬人，新老金山約有内地二十餘萬人，檳榔士伽拉巴約有内地數萬人，和約中原載彼此遣使通好。若得忠義使臣前往各處聯絡羈維，居恒固可窺彼腹心，緩急亦可藉資指臂，且各國外雖相聯，中實相忌，見利則合，遇害則離。我苟深圖自强之實際，欲取故與，擇可親之國，優游浸漬而深交之，則彼因忌生疑。勢將自涣，投骨於地，羣犬有不狺然而争者乎。總之，固國以人心爲本，順民之情而不遏抑其生計，則元氣實而外邪自不能侵。禦敵以武備爲先，利兵之器而復代籌其身家，則義憤發而鋒鏑有所不避。杜摯曰，利不百，不變法，工不十，不易器，吕氏曰，三代所寶莫如因，因則無敵。臣嘗熟思審處，而知今日外夷之弊，在於所用非所學，所學非所用。有不得不變之方，外人呈貢其藝術技能以求媚於中國。禮失則求諸野，有不能不因之勢。臣前路過閩省，督臣左宗棠與臣熟商。擬於沿海一帶省分，建設鐵廠，製造輪船，一面僱覓洋匠指授，一面選擇聰明子弟入廠學習。各省不分畛域，合力經營，一遇有事，則如常山之蛇，擊首尾應。臣復熟商督臣瑞麟，深以爲然，擬即函商左宗棠，或在福建設廠，或在廣東設廠，總期所出萬全，謀定後動。一俟左宗棠覆到，再行奏明舉辦，省冗雜虚糜之費，儲有備無患之資，外而虚與委蛇。守漢過不先之約，内而力除積蠹，盡實事求是之心，財用既足，民心既固，外情既熟，器械既精，由是始可以言戰，始可以言守矣。臣甫涖粤疆，洋務本未諳熟，輒因交涉諸際之難，而深求利害得失之故，芻蕘之見，有不敢自安緘默者。臣仍當與督臣瑞麟虚心實力，慎發徐圖，斷不敢鹵莽決裂，因循推諉，致干咎戾，所有抵省後察看洋務情形，理合附片密陳。伏乞聖鑒訓示，謹奏，同治五年七月初八日，軍機大臣奉旨。

「中央研究院」近代史研究所《海防檔》乙福州船廠《同治五年八月十四日總署收法使伯洛内函閩省欲用法人設立船廠滬法領未便照應保全仍應俟赫德回京再行商辦》 八月十四日，伯洛内函稱，日前本署繙繹官李親赴貴衙門面談。閩省左部堂欲用法國人。日税務司及德副將在福州地方設立砲船船廠及海部學房一事。本大臣現接上海總領事稟函，内開左部堂曾派委員到總領事署内，面請總領事代本國應許照應保全，當即回云。此事左部堂與日德二位自能會議定辦，想此受託承辦之事，如同交易之常情，本國亦不能過問，更無允許保全之條例等語。本大臣查該總領事之回言，皆按情理，且詳揣此事，實乃貴國有益之舉。左部堂既託法國人承辦，尤爲妥善之籌運，聞之甚喜，雖有定制之限，不能照管。然貴國與日德二公商辦此事，必立有會同字據。倘後彼此有所争論，本大臣自必按照會同所寫查辦。再中國設立船廠一事，必有高見，本大臣本不應多言。因念情好相關，又當明告，切思貴國船廠新立。一切火輪器具皆由自造，恐造成之後，每隻較買外國現成之船，價銀總有數倍之差。至新船應用之槍砲及駛船應用水營之弁工，不知本國視此刻時勢情甘意肯辦理否，更兼雇外國人到中國教習造船，及火輪器具立限三年之説。爲時太促，竊恐所來之人，不但無功，連中國話亦不能盡曉。因查總税務司赫在中國辦理税務事件甚爲妥善，緣其無偏愛一國之心，故此各國無不欣羨。本大臣想貴國既有意設立砲船之廠及海部學房等事，應當候赫總税司回京之日，與伊商明再作道理方合。

「中央研究院」近代史研究所《海防檔》乙福州船廠《同治五年八月二十八日總署致前閩浙總督左宗棠函設廠造船等事已交代署督英桂接辦仍望妥商籌辦以全始終》 八月二十八日，致前閩浙總督左函稱，所有閩省設立船廠一事，前經閣下具奏後，當奉有諭旨飭辦。數月以來，想已辦有頭緒。查設廠雇匠，試造機輪，誠爲當今應辦急務。洋匠德克碑等既將造船圖册繪呈，并將購買輪機，招延洋匠各事宜，逐款開載，按圖講論，參酌損益，自可得其要領。惟必須中國揀派精明强幹熟習洋務之員爲之監造，認真講求，盡悉洋人製造駕駛之方，方不致虚糜帑項，有始無終。閣下洞悉機宜，躬親督率，有利必興，有弊必除。所派之員，亦必争自濯磨，不敢稍涉大意。今閣下調鎮蘭疆，不日振旅西行，閩省一切緊要事宜，移交香岩將軍接辦，諒能循守舊章，斟酌盡善。近日以來，未准閣下將如何興辦情形，隨時知照。刻下廠地曾否建立，機器曾否購來，招募工匠能否合式，揀派人員能否得力，此事關係重大。既經閣下創議於前，即賴香岩將軍守成於後。無論若何爲難，總期志在必行，行則必成。中國既可收自强之效，外族亦可免覬覦之心。竊其意無非以募用洋人購買船隻爲牟利之張本。本處洞矚其情，渾含答復，但法國既有此論，中國尤應極力講求，俾資駕駛。閣下砥砫中流，留心時事，以自强莫先於防海，以防海莫要於造船。將來舉辦成功，實足以震懾中外，諒不致因外國稍有阻撓，致形鬆懈。務望閣下與香岩將軍熟商辦法，妥定常章，并嚴其考察，課其程功，俾委員等不致始勤終惰，以期餉不虛糜，功歸實用，是爲至要。

楊書霖《左文襄公全集》奏稿卷十九《請簡派重臣接管輪船局務摺同治五年九月二十三日》 奏爲請旨簡派重臣總理船政，接管輪船局務，以便開局試辦，恭摺馳奏，仰祈聖鑒事。竊維試造輪船，兼習駕駛一事，臣詳加諮度，始敢據以入告。欽奉諭旨允行。比即函知原議之洋員日意格，令轉告德克碑速來定議。時日意格方充江漢關稅務司，得信後來閩，一面函寄德克碑，德克碑時方在安南海濱也。日意格於七月初十日來閩，臣與詳商一切事宜，同赴羅星塔，擇定馬尾山下地趾，寬大一百三十丈，長一百一十丈，土實水清，深可十二丈，潮上倍之，堪設船槽、鐵廠、船廠，及安置中外工匠之所。議程期，議經費，議製造，議駕駛，議設廠，議設局，冀由粗而精，由暫而久，盡輪船之長，并通制器之利。日意格立約畫押後，候德克碑未至，返滬見法國總領事白來尼，畫押擔保。八月二十七日，德克碑自安南來閩，臣出示條約，無異詞。惟慮馬尾山下，土色或係積淤沙所致，未能徑決。臣比令開掘取驗，泥多沙少，色青質膩，知非淤成，德克碑乃信其真可用也。正議令其到滬見白來尼，并約日意格及始議之按察使銜福建補用道胡光墉等同來定議。此事係德克碑、日意格兩人承辦，非齊來面訂不可定約。臣亦非俟條約訂定，不敢率行陳奏也。九月初六日奉到恩命，調督陝甘。時德克碑正在臣署議事，比即令其遄赴甯波約日意格。據稱：日意格江漢關稅務司已經辭退，惟向例須三月始能離任，恐不能同來。臣謂日意格已經面議畫押，即不偕來亦可。惟該洋員到總領事白來尼處畫押後，須速來此，以便面訂移交后任。德克碑即覓輪船於十三日赴滬，大約十月初旬內外始可回閩也。臣維輪船一事，勢在必行，豈可以去閩在邇，忽爲擱置？且設局製造，一切繁難事宜，均臣與洋員議定。若不趁臣在閩定局，不但頭緒紛繁，接辦之人無從諮訪，且恐要約不明，後多異議，臣尤無可諉咎。臣之不能不稍留三旬，以待此局之定者，此也。惟此事固須擇接辦之人，尤必接辦之人能久於其事，然後一氣貫注。衆志定而成功可期，亦研求深而事理愈熟，再四思維，惟丁憂在籍前江西撫臣沈葆楨，在官在籍，久負清望，爲中外所仰。其慮事詳審精密，早在聖明洞鑒之中，見在里居侍養，愛日方長，非若宦轍靡常，時有量移更替之事。又鄉評素重，更可堅樂事赴功之心。若令主持此事，必期就緒，商之英桂、徐宗榦，亦以爲然。臣曾三次造廬商請，沈葆楨始終遜謝不遑。可否仰懇皇上天恩，俯念事關至要，局在垂成，溫諭沈葆楨勉以大義，特命總理船政，由部頒發關防，凡事涉船政，由其專奏請旨，以防牽制。其經費一切，會商將軍、督撫臣隨時調取，責成署藩司周開錫不得稍有延誤。一切工料及延洋匠、雇華工、開藝局責成胡光墉一手經理，緣胡光墉才長心細，熟諳洋務，爲船局斷不可少之人，且爲洋人所素信也。此外尚有數人，可以裨益此局者，臣當咨送差遣，庶幾製造、駕駛確有把握。微臣西行萬里，異時得幸觀茲事之成，區區微忱亦釋然矣。至此事係臣首議試行，倘思慮未周，致多疏漏，將來察出，仍請旨將臣交部議處，以爲始事不慎者戒。謹瀝悃馳陳，伏乞皇太后、皇上訓示施行，謹奏。軍機大臣奉旨，另有旨，欽此。

楊書霖《左文襄公全集》奏稿卷十九《軍機大臣字寄》 同治五年十月十三日奉上諭，前因閩省設廠製造輪船，事關緊要，特經諭令吴棠接辦。復經諭令左宗棠將輪船事務辦有端倪，交英桂、吴棠、沈葆楨等經理。茲據左宗棠奏請派重臣總理船政，接管局務一摺。該督以輪船事在必行，不以去閩在邇，遽行擱置。實屬沈毅有爲，能見其大。著遵奉前旨，將設局造船事宜，辦有眉目，再行交卸起程。沈葆楨辦事素來認真，人亦公正廉明，見雖守制家居，惟事開船政大局，必須經理得人。該前撫務當遵奉前旨，出而任事，不可稍行諉卸。所有船政事務，即著該前撫總司其事，并准其專摺奏事，先刻木質關防，用以昭信守。一俟局務辦成，再行奏請部頒關防。一切應辦事宜，并需用經費，均著英桂、吴棠、徐宗榦妥爲經理，仍隨時與沈葆楨會商，不可稍有延誤，道員胡光墉即著交沈葆楨差遣。

中國第一歷史檔案館《咸豐同治兩朝上諭檔同治五年十月二十七日》 軍機大臣字寄，福州將軍兼署閩浙總督英，陝甘總督前閩浙總督一等恪靖伯左，閩浙總督吴，福建巡撫徐，前江西巡撫沈，同治五年十月二十七日奉上諭。前因閩省設廠製造輪船，諭令沈葆楨幫同該省督撫等，悉心區畫。嗣據左宗棠奏請派重臣總理船政。復諭令沈葆楨總司其事，與英桂，吴棠，徐宗幹會商辦理。茲據左宗棠奏，該前撫兩次呈稱以丁憂人員，不應與聞政事。如奉旨飭辦，亦必俟明年六月服闋後，始敢任事。其未釋服以前，遇有咨奏事件，請由督撫臣代爲咨奏等語。製造輪船一節，關係中外事，更重於金革，豈得以引避爲辭。沈葆楨辦事認真，著仍遵前旨，總司其事，一切應辦事宜，均著英桂、左宗棠、吴棠、徐宗幹與沈葆楨隨時會商辦理。署藩司周開錫，即著與道員胡光墉一併交沈葆楨差遣。

惟既據該前撫呈稱，現未服闋，未敢公然任事。即著俯順所請，未釋服以前，遇有應行陳奏事件，由沈葆楨知會該督撫，代爲具奏。一俟服闋，仍著會同該省督撫聯銜奏事，以重事權。其購買機器等項，共需銀十三萬三千八百餘兩，著照左宗棠所籌，先行動款應付，以便與辦。將此由五百里，各諭令知之，欽此。遵旨寄信前來。

「中央研究院」近代史研究所《海防檔》乙福州船廠《同治五年十月十三日總署收福州將軍英桂等函籌設船廠情形及商請奏派沈葆楨總理船政》　十月十三日，福州將軍英桂等函稱，昨奉鈞函，以設廠製造輪船，習造輪機，兼習駕駛，爲當今應辦急務，關係重大。並因宗棠調任陝甘，詢及興辦接辦情形，仰見蓋謨深遠，規畫精詳，曷勝欽佩。宗棠自奉諭旨允准辦理，博採周諮，咸以設廠之地，惟福州羅星塔爲宜。七月初十日，洋將日意格來閩，同往相度，擇定馬尾山後設廠。已籌買民田，估計砌岸築基繚垣及鐵廠船槽船廠學堂一切公所房屋工程。令日意格與上海殷實中外商人定議包辦，由洋員督造，一面與日意格酌定保約條議合同規條，開購器募匠款目，並訂明洋匠購器募匠來閩程期，一切均有頭緒。日意格以江漢關税務司事及湖北委練洋鎗隊尚未交卸，亟須折回漢口，先將保約等件草稿畫押稟呈。由宗棠札發委辦賫赴上海，交法國總領事官鈐印畫押具保去後，據委員回閩稟稱，同見總領事白來尼，業經允保德克碑、日意格辦理此事。並云，奉伊國來文，恐有他國阻撓，飭一體照料德克碑等辦理。德克碑接日意格信，於八月下旬由安南逕來閩省，見日意格所擬各條，均以爲然。因宗棠調任陝甘，於本月十三日趁輪船赴滬上催日意格來閩，並見白領事。俟其鈐印畫押後，與日意格會銜稟送核辦。宗棠以此事雖有端緒，洋將會稟尚未遞到，未敢即以上聞。故一切事宜未即縷呈鈞覽。自昨初六日奉調任新命後，擬俟此局議定并趕將本任內要務清結，即整隊西行。竊維輪船一事，事在必行，志在必成。而將軍督撫事務既繁，官轍靡常。五年以內，不能無量移之事。洋人惟多疑慮，恐交替之際，不免周章。前此本擬俟開局以後，請派京員來閩總理船政，以便久司其事。現則請派京員，已迫不及待。惟前江西巡撫沈中丞在籍守制，並因父老服闋，欲乞終養，就近省城可以移交專辦。則沈中丞清望素著，一則遇事謹慎可當重任，其尤相宜者。派辦之後，必能始終其事。英桂等意見相同，官紳聞之亦皆稱善。宗棠已兩次造廬商請沈中丞接辦，沈中丞尚在謙遜未遑。宗棠日內即當具摺請旨，簡派沈中丞總理船政也。所需船料，惟大桅必需番本。蓋海中荒島，多數百年老樹，且砍伐運售，價脚均不甚費。中國老林深谷，雖不乏良材，然不近水次，難於運購，故價轉昂於番木者，以其價賤於中國，非謂其材之良勝於中國也。前次日意格來面商造大輪船可用番木，以求節省，造次號輪船必用華木，以取堅實。又輪船不仗風力，無需大桅，故重番木也。又中國鐵亦可用，但在山開爐取鐵，均不得法，成筒而不成條。又提鍊不淨，故不如外國之好，將來開工時，亦必仿用洋法，免致遠購爲難。洋人中不必人人皆知造船，即德克碑、日意格兩人中，德克碑本係法國水師員弁，長於製造。日意格辦事安詳，曾充船主，洋務亦嫺，但製造不及德克碑。就兩人而論，各有長短，皆不可少也。至自造輪機，成船較買現成輪船多費至數倍。即較之購買現成輪機配造成船，亦費增過半。所以必欲自造輪機者，欲得其造輪機之法，爲中國永遠之利，並可興別項之利，而紓目前之患耳。外國多方阻撓，乃意中必有之事。現在英國領事等屢以造船費大難成，不如買現成船爲便宜，此即暗中使壞之一端。不然伊何愛於我，而肯代爲打算乎。惟既能造船，必期能自駕駛，方不至授人以柄。現買香港輪船，改名華福寶。即用寧波軍功貝錦泉管帶，船中所用管車看盤砲手皆中國人。現令貝錦泉多募寧波熟練舵工，優給辛工，隨同學習，意在熟習閩粤江浙山東直隸洋面，能多造就數人，則後此廠中所造之船，即可用中國人駕駛。又慮舵工多屬粗人，難期精敏，故仍歸重於設學堂教習英法語言文字，俾通船主之學，庶造就更衆，不患無駕駛之人。宗棠管見，不可借用外洋弁工。倘該公使詢及此節，請以俟輪船成時再議應之。鎗砲尚易製造，現製就千餘斤以下者八十尊。德克碑並擬帶外國匠數人前來也。

佚名《晚清洋務運動事類匯鈔》上册《總署致曾中堂函》　滌生中堂閣下逕啓者，設廠製造輪船一事。同治五年十月，由季高奏准辦理，當時與洋匠日意格、德克碑議以五年爲期，造一百五十匹馬力輪船十一隻，八十匹馬力輪船五隻，共計大小輪船十六隻，並教中國員匠監造駕駛事宜，總計所費不逾三百萬兩。歷經季高於五年十月、十一月兩次具奏有案。旁諮羣議，幾於無義不搜。數年以來，計中國所有輪船，廣東則購買「飛龍」等七號，福建則「長勝」「華福寶」二船，江蘇則鐵皮「海生」等船，皆購自外洋，俱備巡洋捕盜之用。福建又有「靖海」一船，歸廈門水師提督調用。「福源」小輪船，在内港差使公幹，皆非自造。現由各該省分別駕駛，其經費亦由各該省妥設籌撥，暫可毋庸置議。至設廠製造之輪船，江蘇已成者四號，「恬吉」一船在長江解餉。其「操江」、「測海」、「威靖」三船，前於十月二十四日接准少荃來咨，准閣下咨，據吴道大廷稟，請以每年二月、五月、七月分班來往梭巡南洋，以期熟悉等因。經閣下批，俟滬厰第五號輪船今冬告成，歸入南北梭巡之内辦理。其閩省已成輪船，能否照此辦理，咨商閩省督撫酌辦等語，具見藎慮周詳，深爲欣佩。惟閩省船厰所造輪船，已成者五號，「萬年清」、「湄雲」、「福星」、據報改爲練船矣。「伏波」、「安瀾」。其第六號業已開工，第七、第八號前准星岩來咨，擬作兵船，亦已開工，旋於十月初三日，經星岩片奏，以閩省洋藥票税不敷，輪船經費，續造之船如何分派，各省抑或另籌經費，有旨交議。經本處復奏，奉有諭旨，咨照在案。然各省能否分派，尚不可知，即沿海各省，每口派一隻，在閩省則分出一船，少一船之經費。在國家，則無論何省，同此度支也。查閩省已成輪船，大號三隻，小號二隻，每月需銀九千餘兩。又建威夾板船，每月需銀一千一百餘兩，共計每月需銀約已一萬一千餘兩矣。將來大小十二隻，全行工竣，約計每月需銀不下四萬兩，合之滬厰所造，續有增添，及閩粤江蘇三省購買之船，統計可得三四十隻，每月所需更鉅，而税餉所入，歲有常數，勢必益形支絀。亟宜先事預籌，通盤核算，以期功收實效。餉不虚糜，方可持久。夫造船，原以爲自强之計，現在功未及半，而經費已慮不支，則自强者轉以自累。況目下已成及購買各船商船式樣爲多，不盡可作兵船之用。應如何變通辦理，寬籌經費之處，再四思維，殊尠良策。夙稔大才，碩畫用思，合力籌商。溯查從前郭雲仙在廣東巡撫任内，函論此事，有官置輪船，一時之利也，可以議行，而使商民得公置輪船，永遠無窮之利也。一切皆可以是推行官商各船，運載貨物，沿海暢行，以使洋人不得專其利，有□國家之經費，亦必多矣等語。丁雨生在上海道任内，有雇買火輪夾板船隻，由地方官編以字號，如沙船之法，無事則任彼經商，有事則歸我調遣等語。是否可行，本處無從懸斷。閣下來函，以防範洋商之章，概以施之。華商恐於商情未順，刻下討論既久，疑義愈晰。

「中央研究院」近代史研究所《海防檔》乙福州船厰《同治五年十月十八日總署收廣東巡撫蔣益澧函設厰造船原議係閩浙粤三省合辦由閩先行試辦由粤分籌經費至廣東情形以固結民心簡練軍實爲亟務》　十月十八日，廣東巡撫蔣益澧函稱，昨奉七月二十二日廣十二號鈞函，以益澧陳請於沿海一帶省分建設鐵厰製造輪船一節。辱承俯采芻蕘，曲加奬飾，循環雒誦，慙感逾增，洋務情形。益澧本未諳習，第鑑振古撫綏之道，默揣邇來交涉之端，思患預防，不可或懈。因於由浙赴粤時，繞道閩疆，與左宫保面議設厰造船，以冀有備無患。任事以來，函商至再。擬先自左公試辦，蓋設厰以擇地爲先，造船以得人爲要。福建海口羅星塔一帶，地面寬閒，水清土實，開槽築渠，易於集事，實爲粤浙諸省所不及。廣東離省三十里之黄浦，雖同爲海口，可以設厰，究不若羅星塔之寬闊。益澧在浙時，即聞洋人論如此，殆從福州比臨斯土，親爲履勘，博訪周諮，無不以羅星塔之形勢爲佳。況與左公商議時，原係三省合辦，且機器一項，左公已將得半，是以函致左公，請其首先開辦，由粤陸續籌備經費也。至造船須覓機器，機器購自外洋，不惜重貲，尚屬易得。但器以法成，法由人授。益澧曾與左公試造小輪船駛於杭之西湖，以示洋將德克碑，税務司日意格，經其指陳利弊，并出法國製船圖册以觀，允代爲監造。現在左公已約日意格，德克碑赴閩面商，一切機宜，亦先從伊入手也。且益澧猶有慮者，洋人之勸我製備輪船，或購或造皆所樂從。豈真欲我之果於自强，而爲之築室代謀，抑料我之不克自强，而爲是旁觀訕笑。其言若甘，而其情叵測，不待智者能辨之矣。一旦同時並舉，無論人地各不相宜，不轉中其疑忌乎，是又不得不慎發徐圖也。俟福建造成一船，視其工本之多少，時日之久暫，駕駛之利鈍，器具之精粗，參酌而美備之，然後再當另自建設。少荃中丞處亦密函就商，期於有濟。目前廣東亟務，以固結民心，簡練軍實爲第一要務。譬如射然，内志正，外體直，持弓矢，審固然後可以命中。益澧所日夜兢兢而不敢因循推諉者，必先有以安内，始得足以攘外，自古交鄰之道，不外是矣。是否有當，尚祈指示，庶一切有所遵循，謹泐復陳。

「中央研究院」近代史研究所《海防檔》乙福州船厰《同治五年十一月五日總署收軍機處交出福州將軍英桂造船經費閩海關税不敷支撥請准暫動四成結款等摺》　十一月初五日，軍機處交出英桂等摺稱，奏爲開造輪船，需用經費浩繁，閩海關税不敷支撥，請暫動總款，以濟要需。恭摺仰祈聖鑒事。竊臣等欽奉同治五年六月初三日上諭，該督現擬於閩省擇地設厰，備買機器等因。欽此，伏查製造輪船一事，前與洋員德克碑、日意格定議購買機器等件，需銀十六萬九千九百六十九兩。保險包紮及募僱洋匠盤費，需銀二萬九千五百十二兩。德克碑、日意格借支薪水，及來往盤費，並各洋匠借支辛工，需銀一萬九千三百七十兩。又蓋造鐵厰船槽船學堂，及外國員匠公所住屋，並製辦一切用器購買地基，約需銀二十餘萬兩。統計約需銀四十三四萬兩。刻德克碑、日意格來閩定約，所有募僱洋匠盤費辛工，及德克碑等借支薪水，應先全給。置買機器應先付一半價銀，以便回國購辦。鐵厰船槽船厰及各項房屋，除地基價銀應即全給，其一切料本年動工，亦須先付一半銀十萬餘兩。餘俟明年春夏間清給，將來開廠之後，用費較省，每月牽算有四萬兩，諒可敷用。而本年應給銀兩，則萬難刻緩，閩海關稅通年約計不過二百萬兩，內除四成結款八十萬兩，兑費銀四萬兩。本年奉撥京餉五十萬兩，補解上年京餉十萬兩，加半飯食萬八千兩，兑費等項約共三萬九百兩，又奉撥內務府餉銀三萬兩，平餘抬費兑費二千五百餘兩，撥補常稅二萬五千兩，司稅辛俸並本關經費約共銀十五萬兩，改留閩省協餉本年正月至十一月止，應解銀五十五萬兩，覈計本關進出各款，尚不敷銀二十四萬餘兩。至閩省厘稅，現因清發各營欠餉需銀三十餘萬。臣左宗棠隨帶西征勇丁行糧，及製辦軍火一切，又需銀十餘萬。此外留防本省弁勇餉項，亦須隨時發給，並應兼籌協濟甘餉，寔已竭蹶萬分。臣等再四思維，製造輪船爲中國自强之策，久在聖明洞鑒之中。無論如何爲難，必須設法辦理，所需經費，臣等苟能勉爲籌措，何敢妄自瀆陳。無如開辦之初，需款甚鉅，閩省關稅厘稅，皆無可撥，而事已定議。未便暫置緩圖，合無仰懇天恩，俯准由四成結款項下動撥銀四十萬兩。嗣後再由閩海關稅撥濟。如尚不敷，即提閩省厘稅應用，不得再動結款，以重部帑。臣等謹合詞恭摺，由驛具奏，伏乞皇太后皇上聖鑒訓示施行，謹奏。同治五年十一月初四日，軍機大臣奉旨，著照所請，該衙門知道，欽此。

「中央研究院」近代史研究所《海防檔》乙福州船廠《同治五年十一月二十三日總署收陝甘總督左宗棠文附日意格、德克碑稟稿保約條議清摺合同規約續增條議清摺各一件咨呈日意格、德克碑稟稿保約條議清摺合同規約等件稟稿》

十一月二十三日，陝甘總督左宗棠文稱，爲照本爵部堂於同治五年十一月初五日具奏詳議輪船創始章程一摺。所有日意格、德克碑稟稿保約條議清摺合同規約，相應抄録咨呈。爲此，咨呈總理各國事務衙門，謹請察照施行。照録粘單，

提督銜前權授浙江總兵官法國水師參將德克碑、總兵銜前代辦權授總兵官事法國水師參將日意格謹稟，宫保爵憲大人閣下，敬稟者。竊自上年三月間，卑鎮意格接據卑鎮克碑函開，所有前奉憲台飭議開設鐵廠、船廠製造輪船，并教成中國員匠自行監造駕駛等事。於回國引見時，面奏法國皇上。蒙法國皇上以中外和好，卑鎮克碑既願報效中國，亦甚喜悦。奉准給予外國假，令來中國開廠造船，教導監造駕駛各事務。須教導中國員匠技藝精嫻，力圖報效。當由法國内閣衙門知照駐京公使照料卑鎮等辦理，並因卑鎮克碑前在中國出力，賞加一等功牌，以示鼓勵等因。曾經卑鎮意格於主稿會同卑鎮克碑稟呈遵飭條覆各款清摺稟内聲明。卑鎮克碑上年到漳州時，亦曾面稟各在案。茲卑鎮等遵將開設鐵廠船廠學堂各事宜，詳細議呈，渥荷憲恩委任。合將保約條議清摺，並擬合同規約，與外國員匠要約計十四條，一併呈覽。卑鎮等俟奉批發各項銀兩後，回國採辦各件，募僱員匠三十七員名，即來閩省開局，教導中國員匠監造駕駛，並請奏派監督大員會同辦理，以昭慎重伏，候訓示遵行。再卑鎮等上年初議，請限三年教成。今請增限，以開鐵廠之日起，改爲五年。如三年之後，憲台察看中國員匠已能監造駕駛，或將外國員匠全行撤回，或陸續酌撤回國，悉聽憲裁飭遵。合併聲明，恭請鈞安。卑鎮克碑意格謹稟。計呈　保約一件。條議十八條。清摺一扣。合同規約十四條。

具保約奉委總辦輪船局事務，提督銜德克碑，總兵銜日意格，今具到宫保伯爵爵前。竊卑鎮等遵奉憲台諭飭查賬保辦製造輪船，並採買外國鐵廠船廠傢伙及一切外國物料等件，奉經逐細查明各價，開摺呈覽。現奉委辦，遵照憲示，傢伙器具運脚等項銀兩，准先給發一半，餘俟到齊付清。其包紮保險，及所僱外國員匠三十七員名，借支一月辛工安家治裝，並由外國來閩盤費，暨卑鎮等借支薪水，給領川資等項銀兩，均准全給。合即仰求憲恩，准先給半領全領各項，共實關平銀十三萬三千八百六十六兩五錢。俾同帶回法國，分別趕辦。其外國辦來一切傢伙，大小輪機，卑鎮等保必頭等最好之件，不准稍有低壞之物搪塞。倘有低壞，卑鎮等自當賠繳並認限自鐵廠開廠之日起，扣至五年。保令外國員匠教導中國員匠，按照現成圖式，造船法度，一律精熟，均各自能製造輪船，並就鐵廠傢伙，教令添造一切造船傢伙，並開設學堂，教習法國語言文字，俾通算法，均能按圖自造。教習英國語言文字，俾通一切船主之學，能自監造駕駛，方能教有成效。此係卑鎮等兩人分内保辦，決不有悞。所有輪船需用木料板片油漆灰炭及銅器，並船身之鐵器暨應用土鐵等項，並同輪船局各廠房屋器皿鍋灶床凳等件，均請憲台飭派委員購備。並請選擇能通官話，少年精明者數十人，俾入學堂隨時學習。輪授各工匠，俾易周知熟習，速期完竣。惟一經開工，則中國物料須源源濟用，方無曠時待料之虞。應請按月寬籌銀兩，解交中國監督大員收儲，隨時採辦中國物料給發。中國員匠薪水辛工，及一切局用開銷，幸勿逾期，恐致停工坐食。至於採辦外國傢伙物料等件應找銀兩，一俟各件運到齊全，仰求俯賜即行找給轉發清款，懇祈弗遲。其外國員匠三十七員名，如五年工竣遣回，或中國有事中止，半途撤回，均請給發每人辛工洋銀兩月，並發回國路費。即查照三十七員名自外國來閩路費一萬四千兩之數，按人分別匀給。如中國無故停辦遣撤回國，及

員匠如有因工受傷等事，均分別給發辛工等項，具載合同規約中。倘員匠等或滋事犯革，或因懈惰不力撤退，不給辛工兩月，不發路費。所有奉委採買外國傢伙物料，募僱員匠教造輪船，並造船傢伙，及開設學堂教習英法兩國語言文字，教導監造駕駛諸務事，理合出具保約。除擬呈詳細條議附開款目清摺，並擬定合同規約，與外國員匠要約外，合具保約是實。

計附呈自擬條議十八條、清摺一扣、外國員匠合同規約十四條。

同治五年　月　日。

具承辦保約提督銜德克碑，總兵銜日意格，大法國駐劄上海總理法國通商事務總領事官見議查核。

鈐印。

畫押。

謹將遵奉憲諭飭查募僱外國員匠製造輪船，暨採辦外國傢伙物料一切價目，並開學堂教習英法兩國語言文字造船算法，及一切船主之學，教成中國員匠能自監造駕駛各事宜款目，逐細詳查，開具條議，附呈清摺。伏乞憲台核示，以便遵照條議辦理。須至摺者，計開條議十八條。

一、請買外國造好一百五十匹馬力之輪船輪機二個，除將一個暫存鐵廠，作爲式樣，以便初學仿造，免致鋼鐵等料被匠蹧蹋廢壞外，另一個先行配造成船，以免船廠曠待。俟鐵廠內造出輪機一個，即將存作式樣之輪機成造輪船，以後陸續接替，備作式樣。至造出五六個輪機後，將新出輪機連同備作式樣之輪機，並皆配造成船。此後鐵廠新造輪機，不用式樣徑自教造。庶中外員匠教學製造，倍加研究，可期寔有心得。

二、請買鐵廠傢伙，以便製造一百五十匹馬力之輪船輪機九個，連所買外國造好一百五十匹馬力輪機二個，可成造裝一萬石米輪船十一隻。此項鐵廠傢伙，即是機器細心使用，數十年不能損壞。即有損壞一二件，鐵廠內亦可修造補整，不必寄回外國去修。卑鎮等並當一面督同員匠，就傢伙教造一切鐵廠應用傢伙。此項傢伙，並可兼造通行槍砲，如欲特造槍砲，講求精緻，尚須酌添傢伙，所費亦不甚多。

三、請買外國船廠傢伙，及製造輪船物料等件，以便製造能裝一萬石米一百五十匹馬力之火輪船十一隻。

四、請買鋼鐵鐵片，以便打造輪機水缸等用。

五、請買八十匹馬力輪船輪機五個，交輪船廠抽空配造，以免間曠。緣船廠船槽工匠既不能少用，而鐵廠出輪機較慢，船廠船槽成輪船較快，故須買現成小輪機搭造。此項八十匹馬力輪機併水缸等物，應請先買兩隻，其餘三隻俟陸續添買，以免多擱成本。

六、請募僱外國諳練精明員匠三十七員名，以便設立鐵廠、輪船廠。俾得逐日製造輪船，教導中國員匠一切依法製造，計連管理外國帳務一員，共三十八員名，每月應領辛工銀五千九百七十八兩，又日用雜費銀一千兩。

七、請將承辦限期以鐵廠開廠之日爲始，卑鎮等回國募僱採辦，將傢伙物料備齊，員匠僱妥。卑鎮意格先同學堂船廠船槽員匠，隨帶船廠應用物料前來，約計五個月可到閩省，先開船廠。卑鎮克碑俟鐵廠傢伙輪機齊備，連輪機水缸鋼鐵，交鐵廠員匠妥爲照料，由夾板船前來，約計十一個月可到閩省，開設鐵廠。卑鎮克碑先坐輪船前來，約計九個月可到閩省，五年限期。自鐵廠開廠之日起，船廠先開先造，仍隨鐵廠同日起限，以所難者，本不在船廠也。一切傢伙物料自外國運來，責令員匠沿途照管，庶免疏忽。

八、請將一切外國傢伙物料輪機等件，包紮妥善，以免沿途蹧蹋損壞。

九、請將外國運來傢伙物料輪機等件，一律保險，倘遇損壞疏失等事，以便責令賠償，免致他虞。

十、現蒙憲台諭令，卑鎮克碑以畫押會稟奉批准行之日，先行起支薪水。卑鎮意格以離江漢關稅務司任之日，先行起支薪水每月各給銀一千兩，並蒙各給回國來閩往返川資一千兩。憲恩體恤，卑鎮等謹當遵照支領。

十一、現蒙憲諭，自鐵廠開廠之日起，五年限滿。如能照所具保約，教導中國員匠，於造船法度，一切精熟，均各自能製造，並能自造傢伙，並學堂中教習英法兩國語言文字。造船算法及一切船主之學，均各精熟，俾中國員匠自能監造駕駛，應加獎勞卑鎮等銀兩。人各二萬四千兩，加獎外國員匠銀共六萬兩。此係憲恩格外，謹當傳諭各員匠倍加奮勉，卑鎮等理應竭誠報效，不敢言功。教成之後，悉候憲裁。如五年限滿，教導不精，卑鎮等及各員匠，概不敢仰邀加獎。

十二、現經議定外國各員匠辛工，每於月底按月支給。當在本局按月挂牌開示，仍按季造册報銷，送呈憲核。

十三、請將此次發給募僱員匠，採辦傢伙物料，及大小輪機價脚包紮保險路費借支薪水辛工等項銀，計實關平十三萬三千八百六十六兩五錢。匯寄上海由江蘇蘇松太道法國總領事官眼同交兑，以便卑鎮等分別兑帶回國。將來開局設廠後，月支款項，即在閩省給領。

十四、開廠後每月購備物料等用，多寡難以預定，請寬籌款項，以備支撥。庶免停工待料，轉致虛糜。

十五、所有應用中國物料，悉聽憲台及會辦大員委員採辦，卑鎮等當督飭員匠核實估用。

十六、所買外國造好輪機，均連水缸在內，除已買一百五十四馬力輪機二個，八十四馬力輪機二個，均已兼有水缸。並另買造輪機水缸之鋼鐵，備一百五十四馬力輪船九隻之用外，尚有八十四馬力輪船三隻所需水缸。將來續買輪機時，自與輪機俱來，不必另備鋼鐵。

十七、教作船主，有難有易。洋面能望見遠山者，駕駛較易。其數月數日不見山地之大洋，駕駛較難。卑鎮等所稱五年限內教成中國員匠能自駕駛，係指能望見遠山之海面而言。如欲保能行駛數月數日不見山地之大洋，須照星宿盤時辰表測算洋面情形，海水深淺，尚非五年所能盡悉。將來五年限滿，或留外國人一二員，再教習二三年，必能周知熟習。此事俟五年期滿，再候憲裁。

十八、所僱員匠三十七員名中，請准酌撥一人，就中國鄰近煤山之産鐵地方，教導工匠開山鎔鐵。所有需用工匠，容屆時再行核報。其輪船中所用星宿盤、量天尺、羅盤、水氣表、風雨鏡、寒暑鏡、千里鏡、玻璃管子，及製造塞輪機之軟皮軟氈，即音陳勒勃之傢伙等件，應另僱匠教造。卑鎮等回國後，即當詳查僱匠辛工，及購買器具價值。如所費不過數千兩，即由卑鎮等籌墊僱買，將器具及現成各件式樣買齊，僱匠同來，招工習造。

計附呈款清摺一扣。

提督銜前權授浙江總兵官法國水師參將德克碑，總兵銜前代辦權授總兵官法國水師參將日意格，謹將遵議採買製造輪船各廠傢伙，及輪機物料先領銀兩，分別全半數目，開具清摺。呈乞察核施行。須至摺者，計開：

採買船廠傢伙一切俱全，計關平銀三千一百二十五兩。

採買鐵廠傢伙一切俱全，計重四百噸，計關平銀五萬兩。

造一百五十四馬力輪機九個，及所用水缸之洋鐵，內除土鐵外，所有鋼鐵鐵片計重三百餘噸，如中國員匠生疏，損廢太多，應酌量稍添鋼鐵。計關平銀二萬八千兩。以上均半領。

各員匠路費，計關平銀一萬四千兩。此款應全領。

採買外國一百五十四馬力輪機一個，水缸一應俱全，作式樣計重一百一十噸。計關平銀二萬三千兩。此款應半領。

各廠傢伙同輪機洋鐵等件，共重九百八十七噸，每噸水脚銀十二兩。計關平銀一萬一千八百四十四兩。此款應半領。

包紮，計關平銀五千二百零六兩。此款應全領。

保險，計關平銀五千二百零六兩。此款應全領。

共計應領關平銀十四萬零三百八十一兩。

添一百五十四馬力輪機一個，水缸一應俱全，計重一百十噸。計關平銀二萬三千兩，此款應半領。

輪機一百十噸，每噸水脚銀十二兩。計關平銀一千三百二十兩。此款應半領

包紮，計關平銀一千一百五十兩。此款應全領。

保險，計關平銀一千一百五十兩。此款應全領。

共計應領關平銀二萬六千六百二十兩。

採買八十四馬力輪機兩個，水缸一應俱全，每個重七十噸。計關平銀二萬八千兩。此款應半領。

輪機共重一百四十噸，每噸水脚銀十二兩。計關平銀一千六百八十兩。此款應半領。

包紮，計關平銀一千四百兩。此款應全領。

保險，計關平銀一千四百兩。此款應全領。

共計應領關平銀三萬二千四百八十兩。

統共計實關平足銀十九萬九千四百八十一兩。

各員匠川費及各包紮、保險，共應全領銀二萬九千五百十二兩。

採買各傢伙水脚等項，共應半領銀八萬四千九百八十四兩五錢。

總共計應領實關平銀十一萬四千四百九十六兩五錢。

又借給到中國各員匠辛工一個月，計關平銀五千三百七十兩。此款應全領。

借支卑兩監督薪水半年，計關平銀一萬二千兩。此款應全領。

兩監督回國來閩往返川貲，計閩平銀二十兩。此款應全領。

以上通共計應領實關平銀十三萬三千八百六十六兩五錢。

同治五年七月　日呈。

以上條議十八條清摺銀數，均由大法國駐劄上海總理法國通商事務總領事官見議查核眼同照兑給領。

鈐印。

畫押。

監督輪船局務，爲遵批轉立合同規約事。同治五年奉太子少保閩浙爵督部堂左　諭令本監督等由外國採辦製造輪船之鐵廠船廠傢伙物料，及大小輪機各二個，連同水缸，以便製造一百五十匹馬力輪機九個。成造裝一萬石米輪船十一隻，八十匹馬力輪船五隻，並教導中國員匠造船各法，并就鐵廠傢伙教造傢伙能自添置。暨開設學堂，教習英法兩國語言文字造船算法及一切船主之學，俾各精熟，能自監造駕駛，因本監督等未能周顧，又蒙太子少保閩浙爵督部堂左批准募僱諳練員匠三十七員名，隨同妥速辦理各等因。奉此，合特代憲轉立合同規約，以昭慎重。而免貽誤，所有合同規約十四條開列於後，此約。

計開：

一、所設鐵廠輪船廠，並開學堂，以便華人習學外國語言文字。及造船駛船法度，及一切算法繪法等事，今本監督等荷蒙中國大憲飭委監督製造。倘有爾等正副監工及各匠等辦理不妥，係歸本監督等兩人自問。

二、本監督等奉諭僱募外國熟悉工作官匠三十七員名幫同造作理料。各宜認真出力，並帶運各廠傢伙物料大小輪機照管妥當，不得疏忽。

三、所有教習限期，原定三載。今本監督等深恐期迫，稟請以該正副監工及各工匠等到閩開鐵廠之日爲始，改作五年。該正副監工及各工匠等辛工，均自到閩之日起支。如三年之後，中國員匠已能監造駕駛，應請中國大憲酌量裁撤。

四、五年限內，該正副監工及工匠等務各實心認真辦事，各盡所長，悉心教導各局廠華人製作迅速精熟。並應細心工作，安分守法，不得嬾惰滋事。於五年限內，除局廠正工並本監督等奉派工作差使外，不准私自擅攬工作。

五、凡有各局廠無論大小公事及與中國官長往來，均係本監督等分內之事。該正副監工同各工匠等不准私自越躐干預並無故瑣謁中國官長。倘適本監督等或緣事公出，或皆患病，亦須聽候代辦監督節制約束。該正副監工同各工匠等，均須一律遵照。若遇各局廠公事由本監督等或面諭，或出示曉諭，或札飭，該正副監工同各工匠等，亦應認真照辦。非特自身勤勉，其餘所管各員匠，更應引導認真辦理。如該正副監工及工匠或因事患病必須告假者，應稟由本監督等察准後，方可准假。倘該正副監工同各工匠在五年限内必欲回國者，應預於四個月前稟明本監督等批准，一面另選接替有人，方許離開。所有回國路費及兩月辛工，一概不給。若各局廠内各工匠遇有賞罰事件，應聽本監督等自行轉請辦理。

六、該正副監工及各工匠等來中國路費，自應由本監督轉請給發。立合同之日，即另外借給辛工一月，以便該官匠等安家及製備行囊等用。該官匠等在局五年期滿並無過失者，此項辛工免其扣繳。如五年限内告假回國及犯事撤退者，均將此項一月辛工扣繳。至該正副監工及各工匠等來中國時，所坐不論火輪夾板等船來者，本監督等兩人自有辦理。

七、該正副監工及各工匠等應得辛工，按月奉發散給該各官匠等所居房屋，應請中國大憲或造或租，均聽憲便。惟現在延訂外國醫生一員，如遇各官匠等患病，即責任該醫官治理。

八、五年限滿無事，該正副監工及各工匠等概不留用。自應轉請發給辛工兩個月，並查照到中國時路費，按人分別匀給。限内教導精嫻，中國員匠果能自行按圖監造輪船，學成船主並能仿造鐵廠傢伙。中國大憲另有加獎銀六萬兩，本監督等屆時當照約請領。查明該正副監工同各工匠勞績，分別轉給。如五年限滿，教導不精，不給獎賞。

九、該正副監工及各工匠等，若由工作得受微傷，本監督等自當量其重輕，轉請酌給養傷辛工一二月。或因工作傷重身死，或因受傷成廢，均當轉請賞給辛工六個月，並給路費。

十、該正副監工及各工匠等，或不受節制，或不守規矩，或教習辦事不力，或工作取巧草率，或打駡中國官匠，或滋事不法。本監督等隨時撤令回國，所立合同作爲廢紙，不給兩月辛工，不發路費。

十一、中國嗣後設有兵事阻撓，停工撤回該正副監工及各工匠等回國。本監督等應轉請給予辛工各兩個月，並請給賞路費，仍於一月前知照。

十二、如中國無事，大憲意欲中止各工，撤回該正副監工及各工匠等歸國。本監督等應轉請各給辛工四個月並各賞路費，亦於一月前知照。

十三、該正副監工及各工匠等除不守局規違背合同章程應即斥退外。如有別項犯法事情，應照通商章程懲辦。

十四、該正副監工及各工匠等今來中國工作，均係本監督等奉中國大憲札委代僱，所給辛工並另給路費恤賞等項，概由中國大憲給發，本監督等亦係奉憲轉散。

以上合同規約十四條，均已稟奉太子少保閩浙爵督部堂左　批准照擬鈔發，并給印札委辦轉行遵照毋違。同治五年　月　日收報。

限期滿工竣日銷，

大法國駐劄上海總理法國通商事務總領事官見約查核。

鈐印。

畫押。

條議清摺續增一款。

竊奉憲諭會辦監督製造輪船，事繁工巨，總以盡善盡妥爲先，維製造教習，非同帶兵可比。不論官階大小，總期熟悉中國情形言語文字，方可主政其事。與教習製造庶有裨益。現因克碑意格遵奉憲諭，會商法領事官，蘇松太道，公擬意格雖係外國人員，深知中國文字言語，且禮數公牘亦所熟諳。不須言憑通事，字憑繙譯，現在舉辦之始，自能議定，此後公事。公舉日意格主政，德克碑隨同辦理，則將來稟見。既免遞言之誤，而稟牘且無繙譯之訛。

「中央研究院」近代史研究所《海防檔》乙福州船廠《同治五年十一月二十五日**總署收軍機處交出陝甘總督左宗棠摺議立船政章程及飭洋員回國購器募匠》**

十二月二十五日，軍機處交出左宗棠摺稱，奏爲詳議創設船政章程，飭洋員回國購器募匠來閩教習，恭摺奏祈聖鑒事。竊臣前議習造輪船，曾將應辦情形，及請簡總理船政大臣接管，籌發購器募匠銀兩各緣由，業經迭次陳明，臣於交卸督鹽兩篆後，駐營城外東教場，嚴裝以待洋員之至。本月二十三日，道員胡光墉偕日意格，德克碑來閩，據日意格等稟呈保約條議清摺合同規約各件，業經法國總領事官白來尼印押擔保。臣逐加覆核，均尚妥洽，所有鐵廠船槽船廠學堂及中外公廨工匠住屋築基砌岸一切工程。經日意格等覔中外殷商包辦，由臣核定，計共需銀二十四萬餘兩。船槽尤爲通局最要之件，應用法國新法，購辦鐵板，運來船廠嵌造成槽。此外一切局中應用什物，由護理巡撫臣周開錫委員估置，日意格，德克碑俟廠工估定，即回法國購買機器輪機鋼鐵等件，並購大鐵船槽一具，募雇員匠來閩。一面開設學堂，延致熟習中外語言文字洋師，教習英法兩國語言文字算法畫法，名曰求是堂藝局。挑選本地資性聰穎粗通文字子弟入局肄習，並採辦鋼鐵木料等件，一俟船廠造成，即先製造船身，庶來年機器輪機運到時，可先就現成輪機，配成大小輪船各一隻。此後機器輪機，可令中國匠作學造，約計五年限內，可得大輪船十一隻，小輪船五隻。大輪船一百五十四馬力，可裝載百萬斤。小輪船八十匹馬力，可裝載三四十萬斤。均照外洋兵船式樣，總計所費不逾三百萬兩。惟採買物料一切，有此月需多，彼月需少者，勢難畫一。應將關稅每月協撥兵餉五萬兩，劃提四萬兩歸軍需局庫另款存儲，以便隨時應付，而前後牽計，仍不得踰每月四萬之數，以示限制。抑區區之愚，有不敢不盡者。兹局之設，所重在學造西洋機器以成輪船，俾中國得轉相授受，爲永遠之利，非如雇買輪船之徒取濟一時可比。其事較雇買爲難，其費較雇買爲鉅。臣德薄能淺，不足爲其難，又去閩在即，不能爲其難，當此時絀舉盈之際，凡費宜惜，鉅費尤可惜，而顧斷斷於此者。竊謂海疆非此，兵不能强，民不能富，雇募僅濟一時之需，自造實無窮之利也。於是則雖難有所不避，雖費有所不辭，然而時需五載，銀需二百數十萬兩，事屬創舉，成否未可預知。幸而學造有成，縱局外議論紛紜，微臣尚有以自解，設學造未能盡洋技之奇。即解造輪船，不能自作船主，曲盡駕駛之法，則費此五年之時日，二百數十萬之帑金，僅得大小輪船十六號。機器一分，鐵廠船槽船廠及各房屋，雖所造輪船，較尋常購買各色輪船精堅適用，而估計所費，多於買價一倍，於大局仍少裨益，責以糜帑，咎何可辭，凡此皆宜預爲綢繆，而不能預爲期必者，故此局之定。愛臣者多以異時咎責爲臣慮，局外阻撓爲臣疑。即日意格亦言此時局面既更，勢難兼顧，如欲停止，願將已領之銀仍即繳回。臣答以事在必行，萬無中止之理。但願一一謹守條約，盡心經畫，共觀厥成，如有差謬，當自請朝廷嚴加議處而已。察看人情，尚可望其有成，合將日意格，德克碑會稟保約，條議，清摺，合同規約。照鈔咨呈軍機處，總理各國事務衙門存案外，謹臚舉船政事宜十條。另繕清單恭呈御覽。謹會同兼署閩浙總督福州將軍臣英桂，恭摺具陳，伏乞皇太后皇上聖鑒訓示施行，謹奏。

同治五年十一月二十四日，軍機大臣奉旨，欽此。

「中央研究院」近代史研究所《海防檔》乙福州船廠《同治五年十一月二十五日**總署收軍機處交出同治五年十一月二十四日上諭左宗棠所議船政章程藝局章程並請續撥船局經費酌保裨益船政人員等事均諭准所請》**

十一月二十五日，軍機處交出同治五年十一月二十四日，奉上諭，左宗棠奏，詳議船政章程並藝局章程各開單呈覽，及曉諭日意格等各摺片，覽奏均悉。此次創立船政，實爲自强之計。若謂浮言摇惑，則事何由成，自當堅定辦理方能有效。左宗棠所見遠大，大臣謀國，理當如此。其所議優待局員酌定程限，甚爲周妥，均著照所請行。若五年限滿，洋員教有成效，即著照所議加賞，以示獎勵。其日意格、德克碑，勤勞既著，忠順可嘉。尤當優加賞賚，並著英桂等存記，俟五年後，中國工匠如能按圖監造，自行駕駛。即著奏聞，候旨破格於原定賞銀之外，再給優賞，届時甘肅必早底定。朝廷不難令左宗棠赴閩，共觀厥成。該督等可傳諭日意格、德克碑，俾其專心教習，毋稍疑惑，其餘所議各條，均屬妥協，並著照所議辦理。左宗棠雖赴甘肅，而船局乃係該督創立，一切仍當豫聞。沈葆楨總理船政，其未服闋以前，遇有船局事宜，由英桂等陳奏。服闋以後，由沈葆楨會同該督撫陳奏，均著仍列左宗棠之名，以期終始其事。另片奏船局經費不敷銀兩，請於續撥銀兩內動用等語，著照所請，所有前項不敷銀七萬兩，即於續撥閩海關每月五萬兩內支用。著英桂如數籌撥，毋許遲誤，道員胡光墉既據左宗棠歷試可以相信。即著交沈葆楨差遣，其補用道葉文瀾，同知黄維煊，著准其留閩，並候補經歷徐文淵，均交沈葆楨差遣。軍功貝錦泉熟悉洋務，堪作船主。自應破格録用，即著以都司留於福建水師儘先即補，並賞加遊擊銜，此後如能奮勉有功，並著沈葆楨等再請優獎，用資鼓舞。其餘如有可用之才，即由沈葆楨酌委，務當虚心訪求，以期集事。左宗棠業經啓程，船局事務，沈葆楨自當專心經理，英桂、吴棠、周開錫，亦當和衷商酌，於日意格等加意籠絡，勿稍膜視，欽此。

「中央研究院」近代史研究所《海防檔》乙福州船廠《同治五年十一月二十五日總署收陝甘總督左宗棠片道員胡光墉懇辭專任輪船局務事》 十一月二十五日，左宗棠片稱，再工程必期核實，應支尤戒虚縻，而輪船局事屬創行，將來限滿，果能習成與否。雖據日意格、德克碑一力耽承，臣亦不敢遽謂確有把握。但覺事不可已，惟當擇人而任，盡力以圖耳。其中支銷款目，並無例案可循。公家之事，往往縛於文法，摇於物議，故敢任此事者絶少其人。即如道員胡光墉，素敢任事，不避嫌怨。從前在浙歷辦軍糧軍火，實爲緩急可恃。咸豐十一年冬，杭城垂陷。胡光墉航海運糧，兼備子藥，力圖援應，舟至錢塘江，爲重圍所阻，心力俱瘁。至今言之，猶有遺憾。臣入浙以後，委任益專，卒得其力，實屬深明大義不可多得之員。惟切直太過，每招人忌。臣茲於輪船局務，奏請將一切工料，及延洋匠、雇華工、開藝局，責成該員一手經理，實爲局務需才起見。昨據胡光墉具稟固辭，願隨同署福建布政使現護巡撫臣周開錫辦理局務，聽候總理船政差遣，凡其所舉之人，出具保狀，經手之項，出具領狀。惟該員是問，至一切局務及支銷款目，實以臣軍上海採辦轉運諸務，奉委督辦。必需兼顧，未能常川在閩一年經理。懇請陳明等語，蓋以非常之舉，易滋疑議，不欲以一身爲衆射之的也。臣稔知其任事之誠。招忌之故，與其過重責成，轉使畏難於今日，不若稍寬責任，仍收臂助於方來。且臣軍採辦轉運局務，亦需該員經理，不得不勉如所請，准其往來照料，聽候總理船政差遣。總之，此局非尋常工程可比。即朝廷不預存綜核之見，在事者已不免有意外之虞，惟有仰懇天恩。曲蒙鑒察，庶幾率作興事，敏則有功，倘臣所舉非人，致有貽誤，仍請將臣交部嚴加議處。謹附片具奏。伏乞聖鑒，謹奏。

同治五年十一月二十四日，軍機大臣奉旨，欽此。

「中央研究院」近代史研究所《海防檔》乙福州船廠《同治五年十一月二十五日總署收陝甘總督左宗棠片保舉有裨船政人員》 十一月二十五日，左宗棠片稱，再臣所知閩浙官紳中，有裨船政之員，亟宜咨送沈葆楨差遣，如鹽運使銜廣東補用道葉文瀾，好善急公，熟悉洋務，遇有委辦事件，均能妥實經理，爲人敦樸可恃，候選同知黄維煊，叠次委赴香港厦門上海寧波，及福州羅星塔等處，測量沙水，訪察洋務，并隨同胡光墉與日意格、德克碑議擬章程，均能不辭勞瘁，該員係丁憂在籍人員，輪船局甫經議設。人才最少，與尋常局務不同，應請旨准其留閩差委。以裨要工，又五品軍功貝錦泉，向在江浙管帶捕盗緝私各輪船，熟習直隸山東江蘇閩浙各洋面情形，堪充輪船主。閩省新買輪船一隻，取名「華福寶」。昨由上海展輪來閩，即係貝錦泉管駕。此船應令貝錦泉管帶，隸水師提臣李成謀統轄，爲巡洋捕盗之用，並令貝錦泉多募寧波少年，在船習練駕駛，庶將來成一輪船。即有駕駛一輪船之人，無須外雇，迨五年輪船成。局中船主之學亦成，人才固不可勝用也。該軍功樸實勇敢，熟悉洋務，應請旨破格録用。以都司留於福建水師儘先即補，并賞加游擊銜，以獎倡導之人。又福建候補布政司經歷徐文淵，涉獵西洋圖書，頗有巧思現仿製洋砲百餘尊，亦均合用，應一併送交沈葆楨差遣。至士紳商民中可用之才，應由沈葆楨隨時蒐訪，札調入局差遣，謹附片具奏。伏乞聖鑒施行，謹奏。

「中央研究院」近代史研究所《海防檔》乙福州船廠《同治五年十二月十四日總署收陝甘總督左宗棠函論製造輪船不可惜費》 十二月十四日，陝甘總督左宗棠函稱，昨建陽途次，接奉鈞函，於輪船局務，指示周詳，無微弗至，欽佩何言。宗棠於此事思之十餘年，諏之洋人，謀之海疆官紳者，又已三載。適彼人有借法自强之論，遂通盤籌畫，亟請試行，雖奉命西征，猶且日夜計畫，必期章程周妥，經理得人而後去，蓋將欲堅洋員之信，奠此事之必有成，不敢失此機會也。事前不得不密者，緣彼族險競嗜利，有益於我之事，彼必撓之。別國有結好於我之意，彼必忌之。或以利器不可示人之説行其間於外國，或以工繁費鉅事難必成之説行其間於中國，使我疑信相參。顛倒於彼術之中，而彼得久據其利，故我之謀之也。藏之隱微，秘之機緘，未啓之始，惴惴乎猶虞之或泄也。迨計議甫定，要約已明，立局於大海之濱，島族熙來攘往之地，與洋員往返定議畫押鈐印於島族萃處之所，彼已譁然，屬耳目聞，已刊入新聞紙。雖欲密之，亦烏從而密之乎。輪船之製式各不同，約而言之，爲兵船，爲貨船。兵船以堅緻爲主，宜避砲火，故船面不高。貨船以多載爲主，船面安砲少，而造屋多，此其異也。同一輪船，而各國師匠争新鬭巧，時出異式。約而言之，有明輪、有暗輪、有木底、有鐵底。明輪喫水淺而行速，然水力不敵風力，時有傾覆之虞。暗輪行稍緩，而入水較深，船亦較穩，故外洋兵船多用暗輪，而明輪絶少也。鐵底船遇礁觸損，難於粘補。遇近處有船廠，尚可收泊修整。否則竟成廢物。木底觸礁，以木塞補，即可駛行。而外洋兵船用木底，不用鐵底，其出售亦鐵底多，而木底少，鐵底賤而木底貴也。此次開局試造，取暗輪，不取明輪，取木底，不取鐵底，蓋欲仿其國自用之兵船工精料固，不欲仿其國之貨船，用久則賤售於人也。船既求精，工料所需自鉅，此費之不可惜者一也。泰西諸國，以奇巧著聞，自唐以來，載籍詳之矣。惟火輪船之製，從前未有所聞。據彼中人言，近四十餘年，乃始造成，以西歷推之，則道光初元前後也。萃彼中千數百年之奇秘，併之一船之中，百物之所爲備。正不但輪機一事，巧奪天工，而我欲於五年中，盡其能事歸之於我，其不容有所靳也明矣。夫使學造輪船，而僅得一輪船之益，則自造不如雇買。聊濟目前之需，惟必求其精，求其備，而盡其所長，歸之中土。相衍於無窮，非許以重貲，彼必有所靳。我若節節爲之，如市賈之易躉買爲零估，費益多而效難驟睹。正恐所得不償其勞，此費之不可惜者二也。今之入局學造者，內地工匠耳，執柯伐柯。所得者不過彼柯長短之則，至欲窮其製作之原，通其法意，則固非習其圖書算學不可。故請於船局中附設藝局，招十餘歲聰俊子弟，延洋師教之。先以語言文字，總之圖書算學，學成而後督造有人，管駕有人。輪船之事，始爲一了百了，此費之不可惜者三也。合計自始事至蕆事，五年之中，需費至三百萬兩，可謂多矣。然如果有成，則海防、海運、治水、轉漕一切歲需之費，所省無數，而内紓國計、利民生，外銷異患，樹强援，舉在乎此，惟賴朝廷堅持定見，力排浮議，方能宏此遠謨。措此險局，宗棠兩次密陳，請勿惜小費，勿求速成，昨疏陳船政章程復瀝忱入告，並將稟約各件，咨呈尊處。計已蒙鈞覽，唐劉晏造江淮運船，價五百貫者，輒給一千貫，或議其枉費，晏曰，大國不可以小道理，凡所創制，須使人有餘潤，私用不窘，則官物牢固。故轉運五十餘年，船無破敗，造尋常運船且然。何況學造外國輪船，兼習駕駛，又將因機器化一爲百乎。條約中於估計微存寬博之意，亦欲使彼有餘潤，然後肯爲我役，且後無以加也。宗棠瀕行語日意格、德克碑曰，條約外勿多説一字，條約內勿私取一文，儻有違背，爲中外訕笑，事必不成。爾負我，我負國矣。日德唯唯，此幼丹中丞及司道所共聞者，日德力任其成，且言脱有差謬，伊不見信於中國，亦不見容於其國主。比送行登舟，猶請勿庸過念，情詞懇摯，實出衷誠，虛靡之慮，倡可免矣。宗棠首倡此議，所恃者，由寒素出身。除當年舌耕所得，薄置田産二百餘畝外，入官後別無長益，人所共知。幼丹中丞清望素著，謹慎有餘，其無虛糜之事，不用虛糜之人，尤可預決。若必於事前時申儆之曰，毋蹈虛糜之咎，竊恐幼丹將爲三字所束縛，不敢任事。而差遣各員，惟求脱卸干係，不肯奮往圖功。古云，蓄疑敗謀。又曰，疑事無成，良足鑒也。香巖，幼丹既均非豪縱之人，苟可節省，自知節省。伏求鈞緘下逮時，勿復以虛糜爲戒，庶少一分瞻顧，即多一分擔當。而局外浮言，島人蜚語，均不禁自絶矣。輪船所重在輪機水缸烟筒，學造者以此爲急，駕輪船之要在看盤管車，而船主總其成，學駕者以此爲急。至於篷桅椗索，取材則中外皆可用，用人則中外無弗宜，見在外國輪船掌篷桅椗索，多雇廣東寧波人，即其證也。此外節目尚多，非楮墨所能罄，擬陛見時面奏請旨，敬詣邸第一詳陳之，奉教非遥，不勝欣忭，信江舟中，手牋奉上，伏維鑒照不宣。

中國第一歷史檔案館《穆宗毅皇帝實録》卷一七八《同治五年》 又諭，左宗棠奏，現擬試造輪船，并陳剿捻利用車戰各摺片。中國自强之道，全在振奮精神，破除耳目近習，講求利用實際。該督現擬於閩省擇地設廠購買機器，募雇洋匠，試造火輪船隻，實係當今應辦急務。所需經費，即著在閩海關税内酌量提用，至海關結款雖完，而庫儲支絀，仍須將此項扣款。按年解赴部庫，閩省不得輒行留用，如有不敷，准由該督提取本省厘税應用。左宗棠務當揀派妥員認真講求，必盡悉洋人制造駕駛之法，方法至虛糜帑項，所陳各條，均著照議辦理。

中國第一歷史檔案館《穆宗毅皇帝實録》卷一八六《同治五年》 丙申，諭軍機大臣等：英桂、徐宗幹奏，閩省紳民懇留督臣暫緩西行一摺。據該紳民等呈稱，聞左宗棠調補甘肅之命惶然如失所恃，并以創造輪船一事，機不可失。如使總督暫駐閩中，豫將赴甘之師，先行部署。俟外國工匠畢集，創造一有端緒，即移節西征，既省待兵待餉之期，又無顧此失彼之慮等語，所陳不爲無見。朝廷亦知輪船事屬創始，有治法必有治人，方臻周妥。無知關隴數千里之地賊衆兵疲，民生日蹙，若不亟籌得力大員，統師前往，誠恐蔓延腹地，爲患益深。是以令左宗棠移節西陲，爲地擇人，實非得已。今據沈葆楨等所呈各節，亦屬切要之圖，英桂現尚未接印，著左宗棠暫緩交卸督篆，克日催督工匠，上緊制造，妥定章程，與英桂、沈葆楨會商辦理，并將西征兵將，豫爲部署。該省協餉原皆有著之款，惟增兵仍須增餉，該督如有所見，不妨據實敷陳，以備採擇，前已有旨授劉典甘肅臬司，爲其與該督相習，可收指臂之助。著該督即行檄催劉典先行赴任，并將兵將酌撥數營，交劉典管帶，令其迅速入甘。該督俟吴棠到任後，再行交卸來京。輪船辦有端倪，即交英桂、吴棠、沈葆楨認真經理。沈葆楨現既在籍，於此等緊要事件，未可視同膜外，即著幫同該省督撫等悉心區畫，以期周密，將此由五百里各諭令知之。

「中央研究院」近代史研究所《海防檔》乙福州船廠《同治六年正月十五日總署收署閩浙總督英桂函船廠學堂舉辦情形及沈葆楨須釋服後方出任事》 同治六年正月十五日，署閩浙總督英桂函稱，昨奉十一月初五日福字第七號密函，以閩省創造輪船，費鉅事難，囑會同格外詳慎妥辦。以期名實兼收等因，具徵思深慮遠，燭照靡遺，曷勝欽佩，查創造輪船。經左前督在閩時，督同洋員日意格、德克碑議定章程，先後奏報。續奉諭旨派委前江西沈巡撫總董其成，並令熟悉情形之候補道胡光墉聽候差遣。均已委任得人，第事係創辦，雖一切粗具規模，而似此非常之舉。經始難而觀成不易，觀成難而奏效尤不易。況事事假手于洋人，即須處處留心其素性。誠如來示所云，稍有不慎，即啓猜嫌。是以左前督啓行時，亦曾諄諄然商及之矣。現在廠基已於羅星塔附近之馬尾地方，勘估買定宇宙洪荒四字號民田三百二十八畝有零，因閩省田價本昂，兼以該鄉僅有此三百餘畝之田，全數買作廠基。業於農者須另籌生計，不得不格外體卹，量予酌增。計每畝給價銀五十五兩，共用銀一萬八千零八十七兩有奇。於十一月十七日開局，先行鳩工庀材，派委員紳與洋員督同砌岸築基，繚垣建屋，習學洋技之求是堂。亦經開設，並選聰穎幼童入堂，先行肄習英語英文，洋員日意格、德克碑，亦已領銀攜帶回洋，購買輪機，募僱洋匠，一俟來閩，當將船槽鐵廠次第舉辦。徐中丞雖因病出缺，此間自當會同沈巡撫及現護閩撫周開錫，密商妥辦。總期物歸適用，費不虛糜，善成左前督之志，以仰紓宵旰之廑勞，并無負殷肫之囑付也。除將舉辦事宜隨時縷細陳達外，先此肅覆，并將廠基繪圖呈覽。敬再肅者，沈巡撫奉命總理船政，本係擇人而任，茲准沈巡撫呈懇奏請俟釋服後再行接管。經與周護閩撫再三向商，請其遵旨董理其成，俾一切悉臻妥洽，沈巡撫以釋服之期相距已僅數月，且此時船政尚未繁興，必須釋服後方出任事，堅不可奪，業經照呈代爲入告。恭候諭旨遵行。

「中央研究院」近代史研究所《海防檔》乙福州船廠《同治六年正月二十三日總署致前任江西巡撫沈葆楨函設廠造船係屬借法自强務希從權任事勿存惜費之心並與吴棠英桂協商辦理》 正月二十三日，致前任江西巡撫函稱，月之十五日，接誦來函，以輪船局務，必須釋服後始克敬謹莅事。未經服闋以前，礙難會辦，業懇閩中大憲據情代陳。然中外自涉釁以來，强弱情形，固不待縷析條分，早覺瞭如指掌。季皋制軍苦心孤詣，籌思十餘載，謀之海疆官紳，諏之外洋將弁，通盤籌畫，始得借法自强。爲創造輪船之計，甫經手定規模，又復奉命西征，不遑朝夕。以閣下清標素望，豫章耆舊，久洽口碑，爲當局思得人。不得不有奪情之請，聖明洞鑒，適慰旁求，從茲移孝作忠，盡謀周摯，振中邦之勢，即以紓宵旰之憂，固不獨區區薦剡爲酬知已計也。如謂守禮以前，礙難奏事，此層前季皋摺中業已代陳。如謂莅事必待服闋，約計六月之期，固祇在轉瞬間，然事關創始，一切機宜，既無成例可循。而閣下又係奉命總理之員，責無旁貸。六月以前，應辦事件，仍望與香岩、仲仙諸公會同計議，俾臻妥協，庶不負朝廷簡在之心，與季皋殷拳之意。陶宏景勳名事業，久卜山中，又何必拘泥爲耶。至經費一節，據季皋制軍貴溪舟次來函云，合計自始事至蕆事。五年之中，需費約三百萬兩。以成數而論，固覺所費不貲。然既成之後，則海防海運治水轉漕，一切歲需之費，所省無數，而内紓國計，利民生。外銷異患，樹强援，舉在乎此。似此一勞永逸，惜費之見可不必存矣。且泰西諸國火輪船之製，從前未有所聞。據彼中人云，近四十餘年乃始造成，以西歷推之，則道光初元前後，萃彼中數千百年之奇秘，始得輪船之巧。一旦欲其於五年中，盡傳之於我，若非許以重貲，安能無所靳惜？此情勢之必然也(也)。凡物之堅實者，其爲價必較昂，固不獨輪船有然。即以輪船而論，有明輪，有暗輪，有鐵底，有木底，明輪入水淺，遇風勁則傾覆可虞。暗輪則不然，鐵底爲物笨，遇觸損則難於修補。木底則不然，聞此時開局則取暗輪木底。彷彼中兵船之製，物既求精，費必較鉅，稍存顧惜。倘日後船成廢物，豈非徒費經營耶。總而言之，此事志在必成，季皋既已西行，所賴閣下維持一切。但期破故常之見，勿泥於守禮恒經，勿涉於瞻前顧後。此則本處所仰企而日夜期之者也。如何辦理之處，更祈時爲詳致爲荷。

「中央研究院」近代史研究所《海防檔》乙福州船廠《同治六年二月二十二日總署收福州將軍英桂函附福州法税務司美里登摺略福州税務司法人美里登謀干預船政於中取利附件申陳日意格所議設廠造船及學堂各條有欠妥協勢將徒糜鉅款終無成功》 二月二十二日，福州將軍英桂函稱，正月十七日，接據法國福州税務司美里登申稱，此次試造輪船，辦理欠妥，并開具摺署前來。查左前督與洋員日意格、德克碑議定創造輪船諸法，具限五年。保使內地工匠，學習純熟，并因駕駛外洋，必須兼學天文地理算法，方有把握。逐一議定條約在案。竊思製造西洋機器，及天文地理之學，奥妙無窮。五年之中，固難必其精熟，然斷不能不學而成。但能悉心講求，久之自有成效。況由閩粵寧波上海天津各洋面駕駛，尚有山畧可循，學習較易，現得駕駛之法，如都司貝錦泉者，尚不乏人。將來輪船造成，廣爲招致，再加精求，便即可用。原不僅謂此幼童，五年中即諳造法能駕駛也。其所以必令幼童學習者，不過推測其理，欲廣其傳，學者既多，內中必有通曉。可爲異日翻陳出新之技耳。至現在所請洋師博賴，新加坡人曾恒忠，先行教導不過暫時權代，以之教初入學堂之幼童，自盡有餘。轉瞬日意格等來閩，當另延洋師同來，條約內已經聲明。又造船不如買船之省費，上年赫總税司曾有此議，迭經左前督將一切細情奏明并函致尊處，諒已早邀洞鑒。又謂法國白總領事簽押，并未稟明駐京公使，豈能自主。如不能自主，後來該二員辦理欠妥，將誰是問。查上年日意格稟左前督係稱，德克碑曾將教導中國製造輪船等事，面奏法國君主，甚爲喜悦，准給假三年。令來中國教習員匠技藝嫻熟，力圖報効。而條約內亦稱，德鎮奏明法國君主，及外國駐京公使處，由德鎮、日税司先自稟明等語，白總領事復有簽押，似屬可信。五月間日意格等即可來閩，一切實情自可再爲詳詢也。細察美理登所言各節，名爲中國節省經費，實則暗事阻撓，且其詞語，前後多自相矛盾。蓋因議造輪船之始，美理登原未預聞，及至臘月來閩接辦税務司，即謀攙入，希圖於中取利。然此事現與日意格，德克碑等既有成約，即有責成，美理登係局外之人。自未便復令干預，英桂當與沈巡撫，周護撫隨時酌商，妥爲辦理。如美理登所陳，或由赫總税司徑達尊處，并祈力持前議，免致另生枝節。除札覆該税司外，謹照抄原摺署，祇呈鑒察，敬請鈞安，伏惟垂照，照録原摺署。

具摺署爲日意格德克碑前議試造輪船，有欠妥協，合具摺署申明事，竊本税司查前日德二員所與左宮保文函並其合約，俱已詳悉。聞當時日德二員議設藝局，招募十三十六歲以內幼童，入局學習外國語言文字算法，以及駕駛輪船。倣造機器，設立船槽，教造大小輪船十六隻。冀以五年爲限，俾中國人學成外國語言文字，並得造船製機之法。海上駕駛之方，左宮保遂聽其言，遽行陳奏。極力擔承即舉辦學此最難成功之事，本税司深知西洋定例，外國幼童欲習技藝並學駕駛輪機等事，固係言語已通，必先入藝局學習文字圖史算法天文地志等件。須學至五六年，然後入於本口內輪船之中習看機器。又須學至五六年，始能頗知頭緒。是欲學全功者，非數十年難知奥妙。不意日德二員如何朦混左宮保，欲使中國素不識外國語言文字之幼童人等，期於五年中能造機器，能駛輪船。本税司深知徒糜鉅款，終無成功，故不得不及早申明。即以招募生徒學習外國語言文字一事觀之，如總税司前在京師代延請者，皆外國名師，教導生徒自必有益，辦理固屬甚善。至福州設立藝局，其所延教讀之師，係新加坡人。該人並無學問，延以爲師，斷不能啓盲振聵，其爲糜費已可知矣。但國家欲設輪船，並學駕駛之法，固有案可稽，何不照廣東督撫所辦成案而行。廣東只置輪船三隻，每隻價約四萬五千兩，爲費不多。輪船辦妥，始雇中國數十人入於船中，日習進退行止之方。樞機轉動之妙，水火既濟之宜，有物可視，有法可循，日相觀摩，諒數年中即能寔得駕駛之要訣，可以任便管駕行洋。至將來或尚不足，更有北京已教之生徒可以學習，本税司近見日德所議試辦條約，誠似夢中行爲，以夢中之行爲而輕動國家之鉅款。所糜經費，核寔將過三倍，有何所益，當此庫款支絀之時，四方尚未安謐，若將其過倍之費，移抵别項急需，尚望有益。聞左宮保前已有奏，意以五年之後，如中國人學不成功，尚有十六隻輪船等語。然自本税司觀之，有船而不知駕駛，要船何爲。且內地試造之船，勢必不及洋來慣造之堅，況試造之船，比諸購買者價尚高三倍。然福州一口，亦不必用此多船。如欲奉公緝盜，有三四隻輪船分巡臺厦本口已足，多造十二隻，並無所用。廣東現時已有輪船，自可勿庸撥用，所欲撥用者惟上北兩三隻而已。當時造此多船，諒左宮保尚未計及，船成每月所需經費甚鉅矣。據本税司管見，十六船按月經費，總在十二萬兩左右。不知後來此項將以何款應給。本税司見此事辦理欠妥，即法國欽差大臣亦慮有欠妥之處，所以不肯干預其事。想左宮保當時定約交銀，所恃者有法國總領事簽押而已。然總領事尚未禀明欽差大臣，豈能自主。如若不能自主，後來該二員辦理或有欠妥，將誰是問。若按公事而論，承擔事務，權無他屬，須由欽差大臣一人擔承舉辦。事方有著，日德二員承辦此事，出自己見，係無上司督飭之人，且未諳事體，不惜國帑。冒昧而行，爲今之計且將該二員所議事宜，暫緩辦理。一面函致令其不必招雇洋匠來閩，仍發給該二人四個月薪水，停辦前議最爲妥善，倘或事已成局，萬難中止，則擬請將船隻減少，只造四條。限約更改，著令簽押只可試辦三年。洋匠止雇十五人，一面請管理船政人員，隨時將應用銀兩咨商本口税司核實勘估，按月咨報總税司察核轉報總理衙門。庶幾事有共商，可期核寔，費有共見，弗致虚糜。如此辦理，諒七八十萬足敷，不必至三百萬之多。但本口既經試造有輪船三四隻，又有船槽，將來修理亦便，並足以知便宜之處。且足以察看機宜，如果可辦，將來即再辦亦可，惟前議試辦此事，原與本税司無相關涉，即日德二員與本税司亦係同國。固屬友好，祇因本税司親在本口承各憲優待之盛情，見國庫未充，不忍坐視輕費此三百萬之國帑，故不得不直言無隱，是否有當，幸望鈞裁。

「中央研究院」近代史研究所《海防檔》乙福州船廠《同治六年二月二十七日總署收法使伯洛内函法使以設廠造船雖用法人但係中國自主之事法國不應干預》

二月二十七日，法國伯洛内函稱，本大臣接准上海來函，得悉前税務司日、總鎮德前奉左督憲設立火船船場及火輪機館一事。現有福州税務司美理登擅稱奉有本國及本大臣飭令，委其協同管理，並藉此詞與該處地方官理論等因。本大臣查此光景，殊與本國及本大臣有所不便。因此不得不細爲詳明於貴衙門，以便咨行該省督憲查核辦理，以免含混。查中國舉行之事，本國設有可否之論，美税司皆不得而知，因伊不在其位也。縱有是否之議，亦必然咨行本大臣與貴衙門商酌，並無使外人於貴國官傳説之理。再本大臣又聞知德總鎮於閩省督憲寫立合同之内，有法國皇帝已聞知此舉，特使該總鎮前來辦理之言。查外國官不論大小，而朝覲爲常。若朝見時，德總鎮奏明回中國辦理此事。本國皇帝亦許有勸伊給中國出力之語，殊不可做爲前來辦理之特旨。倘本國有派辦之意，必由本總理衙門咨行本署轉行貴衙門商酌辦理。想中國亦必如此，乃美税司於去年在法國時，亦曾造言奉貴親王所委辦理事件。若實有其事，自必貴衙門先有明文，於本署知照，以符定例。至中國此次設立船場，是否願派美税司或願委日税司德總鎮之處，均應隨便中國做主。本大臣絶不過問，至此舉後來成否開收，亦是中國自做主張，於外國並無干涉。若中國未辦之先，同本大臣商酌，自然照直將心内所見，確切講明。中國既不如此，本大臣豈能冒管，但此事將來成否不計，設有事内之法國人，虧欠中國銀兩多寡，而中國不得向法國討償，不過將虧欠之法國人，法國官只能照所立合同之言，給中國出力催還。本大臣不得不預爲説明，以免再有前勒日尼色之事。查本大臣在中國辦理事件，非有欲法國人發財之意。若有此意，此事及所用之人，均係法國之人，而始快意，且無别語。但本大臣在中國無有不欲做有利益之事於中國，是以不免想現今辦理之件有所牪也。查中國欲辦此等事件，應用各國之人爲是。若僅用一國之人，難免别國有所藉口不平，如從前李泰國辦理輪船一事爲鑒矣。現今中國之税務内，各國之人，皆有所用，非止一國。而所用之人，均學中國言語，真如中國官員一般，而各國因無不平之情，反有相同辦理之意焉。又查所立之合同内，言明所請泰西各等師傅，定以五年爲限，期甚不廣。而所來之人，焉能用工學習中國文語。若不學習，中國焉能得其大用，再日税司，德總鎮，均係法國水師武官。所約之人，亦許是法國軍機處之員。此與中國有大不便之處，設如本國或有不測之件。飭令該員等即速回國。中國難以强留，而於事件不大有礙乎。即本大臣亦無法辦理，因此思揣中國所用之外國人，萬不可用各國之有官權者。又查造火船之事，非五年限期可能明白。不論中外匠人，雖有一技之能，焉知百件之深理。如有人雖能製造船輪，即不解此輪不轉之故。若非二十年之工，實不得其熟諳也。且本大臣於貴衙門言此者，恐其嗣後中國有所失望，因知預先有言，定不以法國人爲無能也。總之，此事乃貴國之事，本大臣本不應干預，更不得使事外人强爲管理。倘若將來中國於事内之人，有所争論，法國官只可查照所立合同，視事辦理。此布，順頌日祉。

吴元炳《沈文肅公政書》卷四《船政任事日期摺同治六年六月十七日》

奏爲恭謝天恩，馳報任事日期，兼瀝下忱，仰祈聖鑒事。竊臣於同治五年十一月初一日奉上諭，左宗棠奏請派重臣總理船政一摺。沈葆楨著總司其事，並准其專摺奏事，先刻木質關防印用，一切應辦事宜，並需用經費，均著英桂，吴棠，徐宗幹妥爲經理，仍隨時與沈葆楨會商，不可稍有延誤等因，欽此。臣自渥荷生成，優子終制，從未敢一入官署，左宗棠奉命西征，倉卒見訪，堅以船政相屬。臣知事在必行，自顧材非其任，面辭者四，函辭者三，呈辭者再，且徇本籍士民之意，聯名籲留左宗棠暫緩去任。原以創造輪船關係至鉅，非其人莫能勝也。乃蒙聖主特達之知，采及菲材，畀以重寄，始飭會辦，繼令專司，且感且懼，至於涕零。早夜徬徨，寢食幾廢，誠以臣之材，望迥非左宗棠之比，而所處之地，又各不同故也。洋人之性善疑，非其素所信服之人，動生猜忌。日意格、德克碑久隸左宗棠麾下，其公忠果毅，親見之，而習知之，固宜爲之盡力。臣於二將無一面之識，其難一也。輪船經費與別項軍需不同，稍不應手，便礙大局，從前所估祇屬大概，數月以來，核計應辦工程應發款項，便有從前未經議及者，出款稍溢，便苦不敷。至於成船之後，一船又有一船之經費，非放開眼界，通盤籌畫，雖竭帑藏，不足以供之。臣以迂拙之才，處桑梓嫌疑之地，其難二也。紳受治於官者也，爲所治者，忽然與之並列，其勢必爭。咸豐年間，設團練大臣，選巨紳之有鄉望者，爲之。然獲咎者，往往而有未見成功者，蓋互相推諉，則事不行。互執己見，則事又不行。搆隙甚微，頓成冰炭，雖封疆大吏均公忠體國，而權勢所在，媒孽者多下至胥隸，皆足以簸弄是非，其難三也。官之於民有分以相臨，故威則知懲，恩則知勸，紳與士民等耳，不任事猶可也，任事則親故滿前。恩威俱窒，所求不遂，謗讟橫生。臣自束髮受書，及宦成歸里，頗不見惡於鄉黨。乃奉命之日，薦書盈篋，户爲之穿，舌敝脣焦，立成怨府，匿名揭帖，倡自官場，寖爲風俗，輒思搖撼大局，以快其志。於臣何所加損，然而人心世道之憂也，其難四也。欲速則不成，惜費則不成，其理顯而易見，然費數百萬帑金，責效於五六年之後，人人以利藪相窺一處脂膏，便思自潤，先飽私橐，貽笑遠人，非以法痛繩之，即轉相仿效，其難五也。外國可法之事無多，而製器之工，實臻神妙，其人非有聰明絶異之質，但此精益求精，密益加密，不以見難自阻，不以小得自足，此意正自可師。內地工匠，專以偷工減料爲能，共用意即已迥別。故不患洋人教導之不力，而患內地工匠向學之不殷，非峻法以驅之，重賞以誘之，不足以破除其相沿之痼習，其難六也。日意格、德克碑功成之日，既獲厚利，又得重名，名利所歸，妒之者，衆求分其利，求毀其名，皆在意料之中，稍涉游移，則前功盡棄。左宗棠威望足以鎮之，非臣之所及也，其難七也。具此七難，何敢輕率從事，惟念殷憂啓聖，時事多艱，皇太后、皇上旰食宵衣，焦勞中夜。若爲臣子者，狃於避謗遠罪之私，智何以上答君父，而自立於天地之間，是以再四躊躇，欲辭不敢計。惟有毀譽聽之人，禍福聽之天，竭盡愚誠，冀報高厚鴻慈於萬一。臣所深恃者，諭旨諄切知自强之道，斷自宸衷，以萬不得已之苦心，創百世利賴之盛舉，必不爲浮説所搖。但願共事者，體朝廷之心以爲心，勿以事屬創行，而生畏難之見，勿以議非己出，而存隔膜之思，則大功之成，拭目可俟矣。船廠根本在於學堂，臣訪聞所派教習，咸能認真講授。生徒英敏勤慎者亦多，其頑梗鈍拙者，隨時去之，有蒸蒸日上之勢。惟馬尾船廠洋樓一切工程，去城較遠，監工員紳呼應不靈，匠役不無延緩。臣函囑前署藩司船政提調周開錫，先行親赴工所，催督一次，現在工程亦漸有端緒，可以無誤事機。周開錫一腔血誠，不避嫌怨，視公事如家事，爲船政中必不可少之人。現在病已就痊，與臣常川住局，可以隨時相與講明，而切究之。聞日意格已將機器購齊，料理下船，約計七月間，可到福建。候補道船政提調胡光墉，將左宗棠餉事安置妥帖，亦可來閩。臣於本月十六日釋服。十七日往晤福州將軍臣英桂，閩浙總督臣吴棠，福建巡撫臣李福泰後，即駕輪船駛至馬尾工次，恭設香案，望闕叩謝天恩，敬謹任事。遵旨刊刻木質關防，文曰：總理船政關防。即日開用一切辦理情形，容俟詳細察核會商，隨時奏請聖裁，所有任事日期，並感懼下忱，理合先行由驛馳陳。伏乞皇太后、皇上聖鑒訓示，謹奏。

中國第一歷史檔案館《咸豐同治兩朝上諭檔》第一七册《同治六年七月初十日》 軍機大臣字寄，福州將軍兼署閩浙總督英、閩浙總督吴、福建巡撫李、前江西巡撫沈同治六年七月初十日奉上諭，前因左宗棠奉命西征，特令沈葆楨總理船政。茲據沈葆楨奏報，到任事日期並瀝陳各情覽奏，具見誠悃船政事宜本非旦夕所能奏效，左宗棠以事當創始專摺，請派其知該前撫者實深該前撫清慎之懷，中外共見。朝廷因事擇人，亦期任事者以朝廷之心爲心，並非浮言可奪。該前撫現已任事，惟當勉爲其難，即著督飭周開錫等實力講求，並將日意格等加意籠絡，庶覩成有日，用以自强，毋得瞻前顧後，有誤鉅工。沈葆楨以本地紳士督辦船政，必須地方大吏聯爲一氣呼應始靈，英桂、吴棠、李福泰務當和衷商辦，俾該前撫永無掣肘之虞，其應需經費，並著英桂等隨時經理，以竟全功。將此由五百里各諭令知之，欽此。遵旨，寄信前來。

抄交總理衙門

吴元炳《沈文肅公政書》卷四《察看福州海口船隝大概情形摺同治六年八月初八日》 奏爲察看福州海口及船隝大概情形，恭摺具陳，仰祈聖鑒事。竊臣於六月十七日，馳赴馬尾莅事，業經奏明在案。隨接見在事員紳，咨詢一切，並駕輪船周覽上下形勢。知馬尾一區，上抵省垣南臺，水程四十里。下抵五虎門海口，水程八十里有奇。自五虎門而上，黄埔、壺江、雙龜、金牌、館頭、亭頭、閩安皆形勢之區，而金牌爲最要。自閩安而上，洋嶼羅星塔、烏龍、江林浦皆形勢之區，而羅星塔爲最要。馬尾地隸閩縣，踞羅星塔之上流，三江交匯中間，港汊旁通。長樂、福清、連江等縣，重山環抱，層層鎖鑰，當候潮盛漲，海門以上島嶼，皆浮潮歸。而後，洲渚礁沙，縈迴畢露。所以數十年來，外國輪船、夾板船常泊海口，非土人及久住口岸之洋人引港，不能自達省城。道光末年，地方大吏籌備海防，但載石鑿舟以塞林浦上流，竟割重重天險而棄之。臣詢之海濱土人，至今猶共以爲非策也。船隖在馬尾山麓，地曰中岐。但就其一方地勢而言，大江在前，迆南而下，羣峯西拱，狀若匡牀，中閒坦處，舊本村田，去年購買歸官，始圈爲船隖，計地周圍四百五十丈有奇。客冬以來，招集民夫，窪者平之，低者壘之，慮田土之積弱難勝也。沿隖密釘木樁以固之，慮海潮溪汛之不時驟至也。沿隖各增五尺以防之，隖外三面環以深濠，既藉通運載之船，亦可瀉積淤之水。隖内濱江者，爲船槽。若鐵廠、輪廠、機器之廠、斲木之廠、架木之棧房，皆參列其後。餘尚有從前未經商定之件，宜俟洋將到閩，續行分別籌商措置。隖外之東迆北，爲臣及辦事各員紳公所，外列外國匠房三十間，周以甎垣，如鱗之次。外國匠房之左，爲法國學堂，後綴生徒下處三十間，其制略如匠房之式。又左爲英國學堂，其生徒下處同之。下近江滸，則煤廠在焉。上倚山麓，則中國匠房在焉。循麓再上山之，左肋可以眺遠。臣飭前駐楚軍五百人，因地築壘，不特可攬船廠全局。沿江上下數十里，風帆沙鳥，如在几前，稍下則監督日意格所居也。在臣公所之右者，有外國醫生寓樓、匠首寓樓。其與日意格山樓對峙者，則副監督德克碑之屋。下爲官道，將抵江岸劃爲官街，以便民閒貿易。一切土木，或已經完工，或已有三四分，至八九分不等，辰下畚鍤雨集，斤斧雲從，計日課功，屈指可數。此船隖内外之大概情形也。臣又維船政根本在於學堂，因於六月十九日，就馬尾甄別法學藝童，隨及英學藝童，既因其勤惰，分別升降，復定章程，每日常課外，令讀聖諭、廣訓孝經，兼習論策，以明義理。其續招八局者，先扁門考校，擇其文理明通，尤擇其姿質純厚者，以待敘補。蓋欲習技藝，不能不藉聰明之士，而天下往往愚魯者，尚循規矩，聰明之士，非範以中正，必易入奇衺。今日之事，以中國之心，思通外國之技巧，可也。以外國之習氣，變中國之性情，不可也。且浮澆險薄之子，必無持久之功。他日於天文算法等事，安能精益求精，密益求密，謹始慎微之方，所以不能不講也。採辦一節，似易實難，不患美材之難求，而患人心之苟且。向來官場氣習，以浮冒搪塞爲能，船政之興，尤視爲利藪。去年以來，承辦銅鐵、木料、煤炭者，非無其人，然用商賈，有時擾累之弊，甚於官司。用官司，有時侵漁之端，甚於商賈。馴至劣幕奸胥，交通市儈，鬼蜮叢生，是以民閒置貨，尚有精良。一屬公家，便多贋鼎。明知國帑之當重，竟敢於糜國帑。明知要工之不可誤，竟敢於誤要工。言之，實堪痛恨。臣邇又聞，向來外國船材煤炭，多運自緬甸暹羅。現雖遣員先於近處採幹搜巖，他日恐仍不免取材荒裔。重洋遼迥，更防不勝防，任非其人，糜費雖多，仍歸無用。擬乘此發令之初，明罰勅法，以警其餘人心，畏法而後弊竇可除，良材畢至也。至船廠之興，固須收羅工匠。輪船下水，則舵工水勇，缺一不行，非徒習慣風濤，尤須熟精槍礮。蓋國家之創造輪船，譬諸千金買駿。倘衝鋒陷陣，不持寸鐵，雖有千里之馬，安足成功。現在洋匠尚未至，閩船成尚需時日，擬先調閩中舊撤礮船十隻，添練水勇二三百名。未成船以前，藉以巡緝近洋。成船以後，即可擐甲登舟，駕輕就熟。此臣近日考校學堂，分飭採辦，及招募水勇之情形也。至製造工程，俟日意格等分載工匠輪機到廠後，再行具奏，除繪圖咨呈軍機處、總理衙門外，理合先將大概情形，謹會同一等恪靖伯陝甘總督臣左宗棠，福州將軍臣英桂，閩浙總督臣吳棠，福建巡撫臣李福泰恭摺，由驛具奏以聞。伏乞皇太后、皇上聖鑒訓示遵行，謹奏。

吴元炳《沈文肅公政書》卷四《洋將購器雇工詳悉情形摺同治六年九月二十三日》 奏爲謹將洋將購器雇工詳悉情形，恭摺仰祈聖鑒事。竊臣於九月初十日業將洋將日意格到閩日期，奏明在案。茲據日意格禀稱，該洋將去年十一月二十二日，由香港西旋，十二月二十七日抵國，即日向該國水師兵部尚書禀明，中國委造輪船情由。該尚書以未奉天朝諭旨，令該洋將暫緩雇工，一面行文該國留駐香港之水師提督確查。五月初四日，該提督覆稱，此事已奉諭旨，並簡派大臣督辦，且以該洋將並德克碑等，効勞中國有年，此次刱造輪船，尤裨實用等語，該國尚書乃許雇定工匠。七月二十日，該洋將即乘輪船起程，九月初九日抵福州馬尾，前約往返以六箇月爲期，現逾原限，實因輾轉行查所致，並非無故稽延，至原約採辦各廠器具，及輪機洋鐵等項，共重九百八十七噸，今多備一千餘噸，所有價銀，以及包紮保險，尚屬敷用。惟水脚不敷，船中所用星宿盤、量天尺、水氣表之類，亦已購齊。該洋將先於六月十四日，派夾板船一號，由該國載船廠器具，並鐵二百五十餘噸。八月十八日，又派夾板船一號，載鐵廠一半器具，並鐵二百餘噸。十月初，又派夾板船一號，載鐵廠一半器具，並輪機兩副，尚有輪機兩副。十二月初，亦可開船。惟夾板之捷，不及輪船，每次約須五箇月爲期，鐵船槽長三十丈，闊十五丈，可以進修二千五百噸之輪船。工匠原約共三十七人，現由該洋將帶來匠首五，匠人七，另有醫官一，總監工一，看鐵監工一，駕船教習一，下月可到。餘則皆於明年正月，由德克碑帶來。又稱本年六月二十四日，經該國主傳詢中國造船情形，諭令用心辦理。旋飭該國各部行文，留駐香港之水師提督，隨事照料各等情，據此。臣維該洋將此次遠涉數萬里風濤，購器募工均已就緒。現在征衣甫卸，即躬督中外工匠，日在船隖，將應辦工程妥速布置。一面趕造船身，以便輪機到時，即可配製。洵屬踴躍從公，深堪嘉尚。除將日意格原稟，抄呈軍機處、總理衙門備查外，謹將所有購器雇工詳悉情形，會同一等恪靖伯陝甘總督臣左宗棠，福州將軍署閩浙總督臣英桂，閩浙總督臣吴棠，福建巡撫臣李福泰合詞，由驛四百里具奏，伏乞皇太后、皇上聖鑒訓示遵行，謹奏。

吴元炳《沈文肅公政書》卷四《船政創始需才摺同治六年九月二十三日》 奏爲船政創始，在在需才，宜固人心，以全大局，恭摺瀝陳，仰祈聖鑒事。竊惟爲政在人，古有明訓，事關創始，尤藉羣策羣力，以相與有成。況駑鈍如臣，若非廣益集思，何以上承朝廷付畀之重。前者渥荷天恩，以署藩司周開錫，補用道胡光墉，交臣差遣。良以周開錫器局宏敞，志慮忠純，且藩司爲度支總匯衙門，呼應較捷。胡光墉素爲洋人所信，才具優長，内外兼資，俾臣得所藉手，是以左宗棠與臣會商，派周開錫、胡光墉爲提調。又奏請，以廣東補用道葉文瀾等，一併交臣差遣。得旨允行，知朝廷所以爲船政謀者，至深且遠。臣方幸協力同心，衆擎易舉，乃督臣吴棠到後，晤將軍臣英桂，即有船政，未必成，雖成，亦何益之語。嘗以總理衙門公信示臣，謂臣曰，此慮我等用錢失當也。臣逐加披閲，只囑將所辦情形，隨時函致，並無涉及惜費一語。臣知督臣胸有成見，然尚冀各行，其是彼此，兩不相妨。詎意周開錫爲匿名揭帖所牽涉者，督臣吴棠明知其誣，以業經病痊之員，諭令續假。另委藩司葉文瀾爲訟棍，陳永禄所翻控。督臣吴棠明知其誣，以業經咨結之案，任聽狡展，致滋拖累。周開錫爲各員領袖，且甚有功於閩省，葉文瀾亦於諸紳中，工程較熟，官職較崇。當局者，先懷潔身之思。共事者，遂有波及之懼。胡光墉在浙堅辭提調，屢展行期，難保非以憂讒、畏譏之情，致有觀望徘徊之意。伏維國家之任事以人，人之慮事以心。若人人自危，將事事皆廢。聖主至誠，所感洋將効順。日意格自八閩以來，殫精竭思，孜孜焉如治其家事，如能和衷共濟，臣當決其有成，倘人各有心，不特事廢半途，抑將爲遠人所笑，且船政之設，雖由總理衙門王大臣及左宗棠奏請，而自强之道，實斷自宸衷。爲臣子者，宜何如激發天良，以副宵旰勤求之望。臣官非言責，分屬部民，苟非船政所關，雖桑梓情殷，斷不敢妄參末議。至船政係臣專責，死生以之，與其終誤國家，百身莫贖，何如傾竭愚戇，以自鳴於君父之前。合無仰懇天恩，諄諭周開錫終始其事，專意從公，毋畏浮言，輒萌退志。飭督撫臣將葉文瀾被控之案，秉公斷結，並飭下浙江巡撫，催胡光墉即日前來，俾臣獲收指臂之助。不勝急切，待命之至。伏乞皇太后、皇上聖鑒訓示遵行，謹奏。

吴元炳《沈文肅公政書》卷四《洋將到閩摺同治六年九月初十日》 奏爲洋將到閩，恭摺馳陳，仰祈聖鑒事。竊臣於本年八月初八日，業將船隖大概情形，奏明在案。兹九月初九日，洋將日意格帶同洋員、洋匠十二人，女眷四口，幼孩一口，乘輪船駛至馬尾。其機器各件，據稱，兩月一起分作三起，由夾板船裝運來閩，以後陸續可到。至所有船槽鐵廠，一應如何興造之處，俟其詳晰具稟，再行隨時奏聞。理合先將洋將到閩日期，會同一等恪靖伯陝甘總督臣左宗棠，福州將軍署閩浙總督臣英桂，閩浙總督臣吴棠，福建巡撫臣李福泰，合詞恭摺，由驛四百里具奏，伏乞皇太后、皇上聖鑒訓示，謹奏。

吴元炳《沈文肅公政書》卷四《李慶霖留局差遣片同治六年九月二十三日》

再，伏讀本年八月二十日上諭，吴棠奏，甄別知府，請旨革職等語，延平府知府李慶霖，著名巧猾，專事趨承，著即行革職，勒令回籍等因，欽此。是時，李慶霖正隨臣課督廠工，欽奉前因，理應飭即交卸經手事件，以便具報起程，俾免逗遛之咎。惟閲原參摺内稱，李慶霖到任未久，即夤緣爲通商局員，又兼爲船政局員。督臣所謂趨承者，當即指此。查李慶霖以咸豐年間入通商局至今已十有餘年，自船政議興，左宗棠以其熟悉洋情，委辦購地設廠等事。去年十二月，部咨飭赴延平府新任，復經兼署督臣英桂、護撫臣周開錫，以通商船政，均極緊要，接辦乏人，會商奏調來省，是其入局之始，皆在延平府未到任以前。此後則爲地擇人，藉資熟手，何得以奏調有案，責其夤緣，縱使李慶霖極善趨承，豈左宗棠、英桂、周開錫等均甘受其籠絡。且延平府地方安静，通商局事掣肘，均在聖明洞鑒之中，豈善於趨承者，轉舍所甘，而就所苦。又原摺内稱，其在船政局，則向督臣言，該局紳董主持委員無權。又言洋人日意格，不知何日能來。督臣所謂巧猾者，當即指此。查臣原係本省紳士，船政爲臣專責，臣自當一力主持。至日意格之來，本難定期，縱有此言，亦非取巧。乃臣面詰李慶霖，則據稱，謁撫臣時曾問及船政，謹陳大概情形。至謁督臣時，從未垂詢，何由妄對。臣未任船政以前，與李慶霖向無一面之識。其先後八局，則左宗棠、英桂、周開錫所委。臣無所用其迴護，地方官之賢否，非臣所能周知。封疆大吏之黜陟，尤非臣所得干預。督臣勒令回籍之請，原以預杜留局之階。臣且自處危疑，何敢更存偏袒。惟船政濟否，關係匪輕，人無卻顧之心，而後事有告成之日。李慶霖在局襄辦已閱年餘，勞瘁不辭，並無劣蹟。若聽其負屈以去，此後何以用人。臣顧惜身家，坐視事之頹廢，不特終蹈罪戾，即此心何以上對朝廷。合無仰懇天恩，俯念船政需人，准將李慶霖留局差遣，如能著有成效，由臣奏請開復，倘始勤終怠，即當奏請加等治罪，斷不敢稍事優容。是否有當，理合附片陳明。伏乞皇太后、皇上聖鑒訓示，謹奏。

中國第一歷史檔案館《咸豐同治兩朝上諭檔》同治六年十月十七日　軍機大臣字寄，福州將軍兼署閩浙總督英、福建巡撫李、浙江巡撫馬、前江西巡撫沈同治六年十月十七日奉上諭。沈葆楨奏洋將購器募工均已就緒，並請令周開錫始終其事，留李慶霖差遣各摺片。洋將日意格回國探辦，器具俱已齊備，並僱覓工匠人等，十月後可陸續到閩，即著沈葆楨會同英桂、李福泰督飭局員及該洋將等，將應辦工程妥速布置，一面趕造船身輪機，到時即可配製。前署藩司周開錫道員，胡光墉前經左宗棠等奏派充局員，並據左宗棠奏稱，但願謹守條約可望有成，是左宗棠於船政一事責成，該員等確有把握，著沈葆楨傳知周開錫專意從公，毋得畏難退阻，並著馬新貽迅催胡光墉剋期赴閩，以資差委。道員葉文瀾現在已否到局，該員前有被控之案，著英桂、李福泰速爲秉公斷結。知府李慶霖前經吳棠奏參革職勒令回籍，茲據沈葆楨奏稱，該員在局襄辦有年尚無劣蹟，著准其暫留船政局差遣，儻復始勤終怠，即著沈葆楨據實參撤，無稍迴護。所有船政一切事宜，著英桂等俟吳棠旋任後詳細商榷，和衷辦理。將此由五百里各諭令知之，欽此。遵旨，寄信前來。

「中央研究院」近代史研究所《海防檔》乙福州船廠《同治六年十一月二日總署收陝甘總督左宗棠函附日意格來稟並批一件船政委員來稟二件船廠學堂學生均甚聰明數年後當可學得西人之長惟賴堅持定見勿惑浮言附件日意格返國購器僱匠情形》　十一月初二日，陝甘總督左宗棠函稱，日昨奉復一緘，計達鈞覽。茲接日意格福建來稟，具述其來遲之由，亦見法國君主欲結好中國之意。閩中藝局學生，均民間十餘歲粗解文義子弟。上年去閩時，即聞教師博賴說，均甚聰明，易學易曉。今日意格亦云然，可見中國人才本勝外國，惟專心道德文章，不復以藝事爲重，故有時獨形其絀。數年之後，彼之所長，皆我之長也。惟賴朝廷堅持定見，不爲浮言所惑，則事可有成。彼族無所挾以傲我，一切皆自將斂抑，自强之道，此其一端。條約時當不致另生枝節，多所要求。福建局員兩稟及日意格稟，謹鈔呈鈞覽，伏希鑒詧不宣。照録來稟、鈔船政正監督法國水師參將日意格來稟并批。

敬稟者，監督前蒙諭回本國購買機器雇人，於外國去年十二月二十八日，即中國十一月二十二日，由香港搭輪船動身。本年二月初一日，即中國十二月二十七日到國。即日向水師兵部尚書大臣稟明中國委辦情由，不料初兵部尚書誤聽謠言，謂中國皇上未曾答應此事，又有云此事與中國無益，白花了錢等語，欲令監督辭官。嗣因憲台札中敘及中國皇上諭旨。一面行文與駐紮中國水師提督查明有無其事，一面令監督先購傢伙，暫緩雇人。旋於六月初五日，即中國五月初四日，得提督回文。據云，實有中國上諭，並簡派欽差大臣督辦船政，且知監督與德副監督在中國日久，辦公不錯。此次製造輪船，實於中國有益，所雇外國員匠，只是教中國人造船駕船，並無別樣法子等語。兵部尚書遂允監督雇人，七月底匠人雇定，八月十九日，即中國七月二十日，由國前來，九月底到香港，十月初六日抵福州馬尾，即中國之九月初九日也。前合約内監督定六箇月凖到，因以上緣故，致有擔擱，監督在國時並非空過日子。經到各處揀選好裝物件，並公道價錢，纔行買定。所有前立清摺内開，各廠傢伙同輪機洋鐵等件，共重九百八十七噸，現監督多辦至一千餘噸，所議傢伙價銀，并包紮保險之款已彀。惟水脚不彀，俟物件到時再報細帳也。外國七月十五日，即中國六月十四日，派一隻船裝船廠傢伙並鐵二百五十餘噸。九月十五日，即中國八月十八日，又派一船裝鐵廠一半傢伙並鐵二百餘噸。十月底，即中國十月初，又有一船裝鐵廠一半傢伙並裝輪機兩箇。尚有兩個輪機。須明年正月開船，即中國十二月初，但所裝之船，均係夾板，每一船到中國，大約五箇月之則。監督所買之鐵，皆可造一百五十匹馬力輪機之用。其合同第十八條内開，輪船中所用星宿盤量天尺水氣表之類，都已購齊，約需銀五千兩。將來另報，監督從前所稟鐵條船槽横排鋪之之法，現在所辦之槽，盡照此法。凡木料鐵料傢伙，均係雇人在國包辦，木料已鋸好，傢伙亦齊集，俟到中國時，再行拚攏鋪排。監督前包船槽關平銀九萬一千兩，現購槽之價七萬八千四百兩，定不逾額矣。其槽長三十丈，寬十五丈，實見宏闊，可以進修二千五百噸之輪船。至於監工匠人共三十七員名，監督先帶匠頭五名，匠人七名同到。還有總監工一員，看鐵監工一員，醫官一員，駕船教習一位，共四員位，定下月可到。餘俟德副監督於明年正月間帶同前來，再監督前年面稟憲台，鐵廠一年中能造四百匹馬力之工程。茲採辦傢伙均極精良，一年可造七百匹馬力之工程，蓋器利故工捷也。監督於外國七月二十五日，即中國六月二十四日，引見法國皇上，垂詢此情。甚蒙喜悅，諭令監督用心辦理，並沐恩典傳諭各部尚書大臣咨行駐紮中國提督隨事照應等因。且監督起程時，已見兵部尚書大臣，以監督該工辦好。許賞加一品功牌，以資獎勵，凡前有謠言皆不足信，合將監督回國購辦雇人各實在情由，詳縷稟達。中國九月十一日，法國十月初十日稟。批覽稟欣慰之至，益見中外和好，非浮言所能間阻。該鎮購辦船槽等件，諸臻妥協。欽差總理船政沈部院來緘，亦稱該鎮明白實心，從此認真教習。相與有成，庶不負本爵大臣期望之意。前據胡道稟稱，該鎮在國醫治臂傷，可期全愈，現在想已復原矣。即此問候，繳。

鈔福建船政委員來稟。敬稟者，洋員日意格業於九月初九日帶同洋匠十二人到閩，內三人帶有眷屬，所購各料，并機器各件，以及洋員教習人等，亦陸續可到。中外流言，諒可始息，卑職查其帶來洋人內，三名係洋匠頭目，揆之情理，均皆實心。若伊國無情願幫助之意，安肯挈眷而來，當詢之日鎮。據云，此事先因伊國兵部誤聽謠言，致費周摺。後經行文與駐紮中國之水師提督查明，實有天朝諭旨，並欽派大臣督辦船政。於中國有益，並無別故，伊國甚爲喜悅，並傳諭各部尚書咨行駐紮中國提督隨事照應。飭日鎮用心辦理等情，其餘各情，諒各憲及日鎮已另行分別咨稟。茲不多贅，再明年換和約之事，現在已有謠言，推原其故，或外國商人志在圖利。或外國替中國辦事之人意圖見好，或中國人妄生議論，種種不一。今逐加細探，外國人並無十分苛求，斷不致有意外之虞。即問之日意格，意見相同，請勿廑念，除俟探查確實，再行隨時稟陳外。合肅附聞，又一稟敬稟者，日意格於九月初九日抵閩，隨來洋匠十二人，內有三人帶家眷來者，所稟輪機傢伙俱已購齊。十一月間先來一船，餘陸續可到，德克碑來閩，約在明年。並詢悉日意格初回國時，謠言紛起，緣美理登垂涎此事。希圖攙入，未遂所欲，遂致函於駐京公使。謂此係我帥一人私事，非國家公事，必不能成。公使寄信回國，其水師兵部欲將日意格革去官職，不准來中國。嗣經日意格反覆辯明，行查駐紮上海水師提督正月間赴鄂謁見我公。洞悉此事原委，據實覆陳，疑團始釋，准其來閩。日意格並見過該國君主，以如能代中國辦成。實爲該國體面，一俟開工，當先賞伊頭等功牌。如不能辦成，以致丟臉，將來回國，必革伊官職等語。故此次日意格之來，圖報之心甚切，一則欲得中外好處，一則畏美理登等從傍訾議，欲速成一二船，以塞讒間之口也。現在洋樓各處工程，俱將次完竣，即趕辦鐵廠船槽。庶外國機器等項到來，不致延擱，日意格既來。嗣後自不致有別故，但望明年換約，不旁生枝節，其事必可望成。藝局學童，學習半年，漸有可觀，據日意格云，外國無此聰穎子弟，此亦興旺氣象也。九月十四日。

「中央研究院」近代史研究所《海防檔》乙福州船廠《同治六年十一月八日總署致福州將軍英桂函辦理船政應和衷共濟並請曲爲照料調處》

十一月初八日，致福州將軍函稱，設廠造船一節，此議雖起自疊臣，朝廷亦以中土數百年來，士大夫習於道德。而忘器藝，卒之海疆有事，舟帆砲械悉不足以應敵，是坐困於弱勢也。西洋輪機盛行者，不過數十年。推其奧妙，不外步量測算，而根本於立天元一書。西人所目爲東法者，其鼻祖仍在中華，世儒鄙薄九章，遂忘其本來面目。今之仿學西人，仍自返其本而已。然有治法必先有治人，幼丹中丞宿望清標，久深簡在。此次出山，由於季皐推轂，其無汲汲自見之心，本天下所共喻。況簡用既專，亦斷不能因一二浮言致滋搖惑。帑金所貴，幾及巨萬，則事期必集，志在必成。垂竟之功，又豈肯敗於中止，仲宣在閩，聞事事務反前人，即造船一節，諸多作難，此中非非是是，誰譽誰毀。本處原未據爲定評，惟以大局而論，創造輪船乃國家公事，非幼丹私事，若因意見不合，遂陰爲掣肘。是因一人而隳全功，其咎伊誰職之，季皐幼丹處均已致函，並囑幼丹以不負委任爲重。一切尤望閣下妥爲照料，俾成全業，同疆大吏，有彼此不協者，更望曲爲調處。喻以國事爲重，一歸同德同心，諒閣下不辭此任也。

「中央研究院」近代史研究所《海防檔》乙福州船廠《同治六年十一月八日總署致總理船政大臣沈葆楨函辦理船政望以大局爲重》

十一月初八日，致總理船政大臣沈函稱，小春，中浣，兩接手書，並所開洋將名單，均經閱悉。洋將日意格於重陽抵閩，屈指已逾六月之期，近接季皐制軍寄來該弁稟函。始知旋國後幾因此而褫職，經該國大臣細加探訪，確得顛末，方克縱令來華，風謠所布，中外一轍，殊堪嗟訝。該弁經此番警惕，報稱之心，諒益踴躍，現聞其常駐工所。每日已午未三時，輒到局中與員紳會商，其勤懇已可概見。閩省藝局子弟，聞甚聰明，一切均易學易曉，從而進而益上，不數年間，定有可觀。輪船機器，陸續齊湊，明春德克碑押尾抵工，或先將所購各種輪機，囑洋畫匠繪一縮本圖式寄覽，尤爲欣慰。仲宣在閩，事事務反前人，即造船一節，處處陰起而爲難。殊不解用意所在，前閣下拜章入奏，方謂彼此共事。一時不克和衷，比讀季皋制軍奏陳所言，如出一轍，是是非非，天下自有公論。本處縱有風聞，亦不必言之瑣瑣。閣下此次出山，本由於季皋推轂，並非鋭身自薦，亦天下所共喻。以大局而論，朝廷既不惜巨萬帑金，求轉弱爲强之計。則功期必集，志在必成，斷不因偶有阻撓，致垂成之功敗於中止。閣下膺兹重寄，總以不負委任爲第一要義。斷不可因臣下偶爾芥蒂，瘝國家殷殷囑咐之意。況閣下清標卓犖，閩中耆舊，久洽口碑，縱旁觀浮議横生，諸多牽掣。閣下總以大局爲重，勿存疑慮之見，勿生退阻之心。古來成大事者，必先能任大怨，斯言希閣下再三味之。條約一事，前密函臚舉數大端，諒已登覽，島族惟利是圖，狃於性成，非一日始。現值重修舊約，亦惟是上維國體，下繫人心，將來舌敝脣焦，本處斷不能辭其責矣。閩中一切情形，刻已函致季皋 志、孫。二使臣前往西洋，業已另函奉布。兹不多贅，此覆，即頌。勳。祉。

吴元炳《沈文肅公政書》卷四《造船開工日期併船廠情形摺同治七年正月初九日》 奏爲報明造船開工日期，併將船廠一切情形，恭摺具陳，仰祈聖鑒事。竊臣於同治六年九月二十三日，業將洋將購器雇工到閩，詳悉情形，奏明在案。十月十二日，總監工達士博、鐵山煤山監工都逢、英文教習嘉樂爾、醫官尉達樂等到，臣隨時犒勞安置，該洋員等靡不感戴皇仁。臣一面與日意格熟籌應辦事宜，並飭各員紳鳩工庀材，務期妥速，以便開工。日意格先令木匠，將從前所蓋棧房，按段編門，平鋪地板，令畫匠繪一百五十匹馬力船式，於地板之上，分行布線，細如繭絲。凡船身所有關筍銜接處，莫不有圖，各不相混，曲直尺寸，誌以洋字，令中國木匠一一辨識，俾按圖仿造，可以不煩言而解。又於船塢之右臨江口岸，創造船臺。其造之之法，先用木樁長二三丈餘者，以雲梯懸七百斤鐵椎，數十人挽繩擊下之，與地平而止，星羅碁布，以固其基。復將大木縱横壓於木樁之上，以取其平，乃鱗疊巨材，鈐以長四尺、方圍四寸之鐵釘，使黏合無間，其底寬二丈五尺，以次遞鋭，及其巔僅五尺厚一尺三四寸不等。正視之，若堵牆，旁視之，如累塔，是爲一疊。自外而内，以次漸高，凡爲疊五十有五，前疊高一尺六寸五分，積至末疊，則一丈六尺五寸，將來船成，八水順推而下，勢若建瓴，可不重煩人力。每疊相去三尺有奇，統計全臺長二十有四丈。自江中遥望之，若岡巒迤邐而來。中間貫以巨梁支側柱無數，使互相撐拄，深固不摇，然後可鋪板其巔以造船底。自去年九月中旬而後，匠作百餘人，斧斤無間，至十二月初五日，第一座船臺始竣，其餘三座，今年秋冬當陸續告成。然而船之所可貴者在機，機之所從出者在廠。鐵廠關係既重，工費益繁。方日意格之未來也，其監工俄羅斯人貝錦達壘土於塢之中央，形如半月，議以船臺鐵廠參列其中。嗣達士博以火患難防，宜離不宜合，於是復召工填土，期於一律坦平，劃前右方百餘丈之地爲船臺四，劃後左方百餘丈之地爲鐵廠。其一曰鐵廠，其二曰水缸廠，其三曰打鐵廠，其四曰鑄鐵廠，其五曰合攏鐵器廠。廠界既定，乃於壘牆之地，各開溝徑二十丈，廣六尺，深五尺，恐其積水難消也。每溝之旁，各開一井，以洩之。溝底編釘巨樁，留徑尺出地面，填以碎石，擣之成屑，使與樁齊，其上築以石灰，再聯疊方石，交互鈐束，以爲基址。然後可施甎甓梁柱，天寒霜肅，衆杵争鳴，邪許之聲，聞於數里。此未造船以前，刱立船臺，並量度鐵廠基址之情形也。去年十一月十八日頭起，夾板船運火鋸鑽鐵機、劈鐵機、礪輪、洋秤等物，並大小鐵片、鐵條二百五十餘噸到，船高器重，數百人運二十餘日始畢，有一器以五十餘人舁之，而揮汗如雨者。所購木料除暹羅以急於運米無船可裝外，餘則花旂木及香港所購之暹羅木，先後附舶而來。雖輪機未齊，而船臺已成，船材漸集，可造船身。遂擇於十二月二十四日，親率在事員紳，並日意格、達士博等，祭告天后，出赴船塢，偕提調官周開錫、夏獻綸與諸員匠，共捧龍骨，安上船臺，又到鐵廠親自拽繩下石，均奠以牲醴，以昭慎重。禮畢，召中外員匠敬宣皇上德意，勗以黽勉圖功。我國家懋賞懋官有逾常格，聞者皆歡聲雷動，手舞足蹈，出自至情。臣偕提調官舉爵挈觴勞之以酒而退。此當日船身開工，並鐵廠經始之情形也。日意格以造船之樞紐，不在運鑿揮椎，而在畫圖定式，非心通其理，所學仍屬皮毛。中國匠人多目不知書，且各事其事，恐他日船成，未必能悉全船之竅要，故特開畫館二處，擇聰穎少年通繪事者，教之。一學船圖，一學機器圖，庶久久貫通，不至逐末遺本。又以船臺船身所需鐵葉釘鐶甚夥，萬難待鐵廠之成，不得不先蓋兩區，俾隨時打造，於是有小鐵廠之設。春間多雨，恐停工廢日，不得不先事圖維，於是有附近船臺搭蓋板棚之舉。擣和石灰，鎚鑿石版，恐其散漫無稽，致滋偷惰，於是有附近外國棧房搭蓋板棚之舉。此隨時相機酌量辦理之情形也。臣維輪船之制，雖屬奇刱，而詳察洋匠所造窾竅，皆依準繩。苟竭中國之聰明，諒不難於取法。惟是工煩費重，厥有數難，海濱土狹水寬，列數千萬斤之機器於一隅，已不勝爲患。

若機器一動，颶馳霆擊，尤虞内重外輕，必周圍累巨石爲隄，方臻鞏固，而各廠急需之石，招匠廣採，方日不暇給。石隄所需，更難計數，不得不俟諸春末夏初。去年十二月二十五日，以風怒潮激，衝齧隄根，致崩圮十數丈，牽倒棧房五分之一，聲震如雷，現搶護之，以巨樁大局尚無妨礙，然一勞永逸，則石隄終非可緩之圖，而石匠往往居奇，冀徼高價，縱之則玩，急之則逃，不得不略示羈縻，爲招徠地步，此需石之難也。鐵廠初基取材最鉅，尚有柁廠、模廠、纜廠等十餘處，梁棟大必數圍近水之區。萬難中，選深巖邃谷，輦致一枝，費既不貲，動淹旬月，取之立竭，而待之甚殷，此需木之難也。廠地本屬村田，恒虞水潦，每有營造，必增土五尺，方樹屋基。而所填之土稍乾，則尺寸頓減，須添填兩三次，乃得其平，以錢購土，竟至十數里内無可購者，此需土之難也。中外工匠言語未通，目攝手畫，事多隔閡，稍習其言語者，又染於積習，輒思因緣爲奸，且藉以陵其儕伍。外國匠人以精勤自喜，彼則以偷減爲能。巡察稍疏，作輟任意，督責少過，怨謗叢生，此需匠之難也。要工所係，臣不敢浪費，以糜帑金，亦何敢惜費，以誤大局。不敢作威，以失衆望，亦何敢姑息，以媚俗情。所幸我皇上至誠格天，自去年九月以來，雨少晴多，既無損於農田，而趨事赴功得以日新月異。日意格、達士博實心實力，事事務求精詳，又執法嚴明，絶不徇庇。其下如監工貝錦達，辦事遲緩，匠首布愛德，負氣陵人，皆立與驅斥，所以洋員、洋匠咸恪遵約束，盡心教導，不致滋生事端。在事員紳仰體宵旰之勤，沐雨櫛風，昕宵匪閒，天心若此，人心若此，庶幾可望有成。謹將造船興工日期，並一切情形，會同一等恪靖伯陝甘總督臣左宗棠，福州將軍署閩浙總督臣英桂，閩浙總督臣吳棠，福建巡撫臣李福泰，合詞由驛四百里具奏。伏乞皇太后、皇上聖鑒訓示遵行，謹奏。

中國第一歷史檔案館《咸豐同治兩朝上諭檔》第一八册《同治七年二月初二日》 軍機大臣字寄，福州將軍兼署閩浙總督英、閩浙總督馬、福建巡撫調任廣東巡撫李、福建巡撫卞、前江西巡撫沈，同治七年二月初二日奉上諭，沈葆楨奏報，造船開工日期並陳明船廠情形一摺。據稱開造輪船鐵廠關係最重，上年十二月間船臺造成一座，所運鐵器木料，亦已附舶而來，當親率在事官紳工匠前赴船塢開工，相機酌辦，惟需石需木需土需匠四者頗難，所奏均中窾要。輪船一事所難，在於經始。現在鳩庀，已有可觀，尤當矢以實心實力，期於必成。即著沈葆楨督飭周開錫等及日意格各員盡心經理，毋以畏難自阻，庶日新月異共觀厥成，其巡察布置一切，均著照該前撫所議辦理。沈葆楨以本地紳士督辦船政事非易，爲英桂、馬新貽、李福泰、卞寶第務當遇事籌商，並將經費隨時撥給，俾得一無牽掣，克蕆要工。沈葆楨另片奏請，將洋將獎勵等語，日意格等自委辦船工以來，勤能盡職，自應量予恩施。正監督日意格著賞加提督銜，並賞戴花翎，副監督德克碑著賞戴花翎，總監工達士博著賞加三品銜，該前撫接奉此旨後，即行宣示，以昭激勸。將此由四百里各諭令知之，欽此。遵旨，寄信前來。

「中央研究院」近代史研究所《海防檔》乙福州船廠《同治七年二月三日總署收軍機處交出船政大臣沈葆楨鈔片船政提調等員到工日期及調派員工辦理廠局事務情形》 二月初三日，軍機處交出沈葆楨鈔片稱，再臣於同治六年十一月初十日奉上諭，著沈葆楨傳知周開錫專意從公，無得畏難退阻。並著馬新貽迅催胡光墉剋期赴閩，以資差委。道員葉文瀾現在已否到局，該員前有被控之案，著英桂李福泰速爲秉公斷結等因，欽此。臣當即恪遵諭旨，傳知周開錫，該員跪聆之下，感極涕零，自謂賦質疏愚，恐辜重任，乃荷天恩逾格。勖以專意從公，雖頂踵捐糜，豈足仰酬高厚於萬一，更何敢以身家爲念。稍存避禍弭謗之見，自蹈愆尤等語，胡光墉於十一月初一日到工。臣與熟商一切。該員因兼辦陝甘轉運局務，未便久離，旋於十一月二十五日請假回浙。該員經左宗棠奏明往來照料，奉旨允准，未能常川在局。臣查有前署福建藩司候補道夏獻綸，辦事精細，因而商調到工，協同周開錫辦理提調事務，葉文瀾於去年四月間來省。臣囑其即赴工所，據稱有被人京控之案，應在省候訊，且原案曾經咨結，諒不致久延。若先行到工，恐招物議等語。嗣至六月，案尚未結，而廠工孔棘，刻不容緩。臣尺得諄飭其先行到工，遇有傳質之時，不難上省，該員熟於營造，是以派爲總監工。數月以來，早夜奔馳，備嘗勞怨，比因各匠假歸度歲，暫停數日之工。五品銜舉人王葆辰，會同日意格前赴上海考驗胡光墉所招鐵匠並駛船之人，内閣中書銜莆田縣學訓導吳仲翔，會同達士博前赴泉州之深滬祥芝等處。踩勘南洋木料，葉大瀾亦赴泉厦一帶採辦紅磚等件，知關宸感。謹會同一等恪靖伯陝甘總督臣左宗棠，福州將軍署閩浙總督臣英桂，閩浙總督臣吳棠，福建巡撫臣李福泰，附片陳明。伏乞皇太后、皇上聖鑒，謹奏。同治七年二月初二日，軍機大臣奉旨，知道了，欽此。

吳元炳《沈文肅公政書》卷四《據情代奏謝恩摺同治七年三月二十九日》 奏爲據情代奏，恭謝天恩，仰祈聖鑒事。竊臣據船政正監督日意格稟稱，比奉恭録諭旨，行知謹悉，同治七年二月初二日奉上諭，沈葆楨另片奏請將洋將獎勵等語。

日意格等自應量予恩施，正監督日意格著賞加提督銜，並賞戴花翎。副監督德克碑著賞戴花翎，總監工達士博著賞加三品銜等因，欽此。欽遵跪誦之下，感激難名。竊維外裔末員，馳驅中土戎行，幸厠天寵，躬膺奬功，叨金珮之頒，作鎮許銅符之授。每撫衷而負疚，思奮力以趨公邇。因船政開工，海壖興役重膺委任，方慚作楫，非材幸與經營。竊喜運斤有藉三年，跰踵兩度，滄溟度地，甫竣募工畢。集數月以來，規模粗具，方將慎之又慎，精益求精，用壯横海之威，永廣梯航之利，迺微勞纔効，温旨旋頒，既畀崇銜，復加翠飾。德克碑泰西採幹，同承寵錫影纓，達士博末技襄勞，亦荷榮加新秩。九重異數，四海稱榮，頂踵捐糜，詎足報稱。惟有勉鞭駑鈍力效奔馳，俾鉅工早蕆利涉同歡，以上副聖朝開物成務之至意。所有感激下忱，謹懇代奏，前來臣勵其益加奮勉，以迓逾格恩施，合將日意格等感激下忱，謹會同一等恪靖伯陝甘總督臣左宗棠、福州將軍兼署閩浙總督臣英桂，調任廣東巡撫福建巡撫臣李福泰，合詞恭摺代奏。伏乞皇太后、皇上聖鑒，謹奏。

吴元炳《沈文肅公政書》卷四《江岸坍塌謹陳籌堵情形摺同治七年閏四月二十五日》

奏爲江岸坍塌，逼近船臺，謹陳籌堵情形，並請旨將臣交部嚴加議處，恭摺仰祈聖鑒事。竊臣於本年三月二十九日，業將德克碑到工，及船廠現在情形，奏明在案。入夏以來，雨水漸晴，方督中外匠作趕造船身，以待機器，一面建銅鐵各廠。詎閏月十九日，海潮初落，西南風驟來，逆浪旁衝，深齧岸址。二更以後，船臺前右横四十丈，直十丈之江岸，塌入水中。臣率在事員紳夫役人等，馳赴搶護，奈水勢迅急，上實下虛。遠者，已臥波心。近者，土紋冰裂。雖沿江一帶前已遍釘巨樁，而根柢受傷，樁亦隨流而靡。百端設法，補救無從，只得將岸傍堆積羣材，拖運中閒，以防漂溺。船臺本近水濱，岸址愈低，潮痕漸及，因於船臺前，添釘巨樁三層，以禦目前之急。大局尚無妨礙，然土性既爲水所剋，土日剋，則水日驕，欲固土，必先敵水。臣前此即思，沿江盡砌石岸，以敵洪濤。因工繁費鉅，需石甚夥，非曠日持久，不能成功。且恐岸址未堅，驟加石隄，不免下輕上重，是以姑俟緩圖。今受病既深，則病源不可不塞，蓋船隖地本洲田，港汊糾紛，窪處皆爛泥，所積去歲填平，浦漵又於平地。增高五尺，望之坦然，而客土與原土，燥溼不相能，非多歷歲時，未能黏合。無閒邇來，每有營造，患土力之不勝，則密釘巨樁以實之。釘樁之地，實而旁土爲樁所逼，雖日溢一黍，無迹可見。而外既無所鈐束，內逼則外傾。前者全隖環以深濠，可通潮汐，爲便於運致材木。然土性必乾，而始凝置土水中，水愈通，土將愈弱，此病源之在內者也。隖之上流五里，地名下洲角，十數年前，水心漲一沙洲下接中岐江，分爲兩江水，爲洲頭所激，横出東西，然後摺而南下東出者，遂以隖口爲衝，途兼以今春洲尾之在中岐者，沙痕漸長，彼嬴則此絀。隖前港底愈深，衝流愈迅。臣與日意格及諸員紳乘小舟，從上流詳察水勢，試以木屑數十石，傾入水中，木屑逐水斜行，恰抵隖岸而止，當是時也。潮迴風定，波浪無聲，衝激之狀，猶灼然可見。倘夏秋之閒，海颸一作，驚濤怒爾，傾江倒海而來，撮壤懸流，愈不相敵，此病源之在外者也。夫內外之病源如此，非石岸必不爲功。然非先導水勢，使之旁流，石與水已相搏，其閒岸亦不能遽就。臣愧憤之下，博訪周諮，咸謂上流當衝之處，宜以數巨艦滿，載大石鑿，沈水中，以殺其怒。再廣伐竹箭，斜插淺流處，所順迴瀾之勢，引之西行，隖不當衝，江流自緩。然後依勢築捍水短壩於外，更緊靠江岸，樹樁爲幹壘，石爲隄，以垂久遠，斯外患可平。依山另開數小溝，以洩諸路內積之水，將環隖長濠一律填塞，不致往來潮汐，漸漬四旁。遲之又久，土性乾凝，而後內患可息。臣曩者亦慮水勢西趨，則隖前淤塞，不便舟行，長濠既填，則盤運路遠，既而思之隖外之水，併力而西，對岸之沙洲，必日侵日削，輪船仍可暢行。不過船臺去水稍遥，成船之時下水，多費人力，隖內之長濠盡塞，不過小舟不能出入，多用人夫，然地基鞏固，較之目惴惴焉。以横決爲憂者，相云懸絶，兩害相形，則取其輕。此臣籌堵內外之大概也。惟是臣躬膺鉅任，不能先事豫防，咎無可諉。合無仰懇天恩將臣交部嚴加議處，以爲不慎所事者戒，謹將籌堵情形，由驛四百里馳奏，伏乞皇太后、皇上訓示遵行，不勝戰慄，屏營之至，謹奏。

吴元炳《沈文肅公政書》卷首《機器到工已齊，并船廠現在情形摺同治七年六月二十三日》

奏爲機器到工已齊，并將船廠現在情形，恭摺具陳，仰祈聖鑒事。竊臣於本年正月初五日，業將洋將日意格等所購第一起機器到工，奏明在案。四月十六日，復由外國馬梨阿勒各三丁船運到第二起機器。其中最鉅者，爲鐵廠水筒三口，每口各廣數十圍，高近一尋。輪船之水缸次之，餘爲鐵廠一半器具，殊形詭狀，非安頓如法，關捩咸張，無從稱名指類，當時分派員紳督率人夫移頓，二十餘日之久始獲竣事。五月十九日，第三起機器，復由外國夾板船運到。船名曰法彼爾士，較第一、二起之船大倍之。據日意格稱，中所載，除鐵條七千四百二十九條、鐵片鐵釘大礮洋灰等項，數百件不計外，凡爲機器者，五百六十有三，最重者，二萬餘觔，餘或萬餘觔、七八千觔、三四千觔不等。自五月末旬之初，勇丁數百人，揮汗炎風烈日之中，併力搬運，及今一月，尚未蕆事。六月十七日，第四起機器復到。船名曰「汪德乃木」，所載皆輪船機器，計重百有二萬四千八百觔，計件三萬五千有奇。當令抛泊江中，先將稍輕者，用兵船剥載八廠，其餘重大者，俟第三起搬竣，再行部署。而當時羅列岸旁，分頭起運者，則有曰「安迷喇」，係運花旂木板之船。有曰「悦諾花思得」，係運喰叻長短雜木之船。有曰「西洞」，係運船槽木料之船。外尚有臺灣運木運煤之船，厦門運甎之船，附近運沙、運石、運土之民船。分載竹梢，插護江岸之小船，搬移杉木儲。蓋各廠之排船，而木簰小舠不與焉。沿江埠頭星羅碁布，無隙可容，故日役千夫，難以剋期告畢。論閩省夏秋之閒，颱颶常作，機器重船，皆涉數萬里而來，倘因風浪疏虞停工待器，勢必遷延時日。今各起陸續到齊，但費安置之力，大廠一成，便可專心製造。故中外員匠成鼓舞赴功，以爲鉅工之成，愈有把握也。船隖地基舊坍之處，臣恐其復有横決。自閏月末旬之初，即派弁入山採伐竹箭數萬，分插沿江淺流處所，從前潮汐爲西南風，所激洶湧隖前者，現十減其四五。上流衝口，前擬巨艦載石沈之水中，無如旋渦屈注，萬馬奔馳，千石之舟無從下碇。現於水中，樹木爲栅，壘石爲壩，力遏怒流。因江底向多爛泥，泥弱石强，須漸實漸加，一時未能遽就。環隖長濠當一律盡填，惟左近一帶工作繁興，需土匪易，而小溝未開，倘遇陰雨，無從疏洩。因於左側濠口當衝之處，先封塞，以杜近患，再行施工。現在急流漸緩，果經秋颱安堵如故，潮頭盡摺而西，以後水落霜寒，石塘方可興役，此船隖地基之情形也。船廠以内已成者，曰轉鋸廠，安十五匹馬力水缸於中。中爲鋸輪者三，一曰大直鋸，一曰小直鋸，一曰圓鋸。外爲礪輪者，一爲鑽機者，一爲車牀者二，爲鉗牀者三。十有五缸中，湯氣既升，大小鐵輪，互相牽引，各機一時並發，雷動飈馳，除零星鎊鑿鑪削不計外，尚有重機未曾排比妥帖者，難以枚舉。四起機器既齊，從前房屋不足容之，復搭瓦房三十餘閒，曰大機器之所。輪船水缸凹凸累砢，高若重樓，關竅相通，盈千累百。其已成者，自外洋轉運，皆拆解而來，入廠後，必費數月釘鈐紐合之工，方可適用。因於製作之處，建瓦亭一區，名曰水缸之廠。外國鑄器皆先有鐵模，始必刻木爲範，不溢累黍，後乃搗炭和沙與土，即其空隙填之，脱胎而出，再灌鐵汁，其閒鐵模乃就。刻模者，以遲而成功。鑄模者，以速而見效。遲速既殊，不得淆雜，於是分建二區，一曰木模之廠，一曰鑄鐵之廠。風雨鍼，寒暑表，皆輪船必需。其製法則鈎心鬭角，其器具或牛毛繭絲，當其游思無閒。炫於日光，則目神散。有所隔蔽，則目力窮。其造作之所，塞向闢牖，陰陽向背，調度必有洋人，辰下業已完工，可以董率匠徒排列鏤刻，因名之曰鐘表之廠。西人鎚鐵小者，需人力大者，賴懸機懸機之器，或隆然而高，或呀然而深，重皆數千觔，森挺槎枒。目前大廠未成，已須工作，非夏屋不能容。於是復有暫搭之鎚鐵廠。其與鐵廠隣者，曰銅廠。地雖稍狹，制亦如之。鐵銅水缸等廠，鎔錬火鑪甚夥，扇鞴爲煩，西法取風地中，不勞人力，先周各廠甃甎爲隧，斜引旁通，磐石蓋之，鋪土地平，而翕張之。鐵機繫於鋸廠之方窖，氣輪一動，彈指閒，數百步外，鑪火併熾力倍。風箱若是者名曰風洞。銅鐵重器，自彼移此，皆需百十人，因刱拽車，以便挪動，然恐溼土埋輪，因處處削木爲道，凸其兩旁，中平如砥，俾易推行，若是者名曰木轍。從前畫館之設，寄於棧房。現在堆積充牣，不能不另蓋一區，於是復有繪事之廠。采辦銅鐵、煤炭、木料、石灰、繩纜等件，分道而來，連艑累舸，量移上岸，非分儲之不可。而收積材木之地，非潮水可通，不但出運爲難，亦慮久而枯朽。於是隖外南側既建一區，曰廣儲之廠。又於隖北里許濱江淺港，圈數百丈，以鱗疊巨材，上接山坳，駐兵守之，曰儲材之廠。廠内除轉移執事外，隨同洋人學習者，若鋸木之匠，造船之匠，冷鐵之匠，鑄鐵之匠，刻模之匠，鑄銅之匠，水缸之匠，反沙之匠，車牀之匠，鉗牀之匠。其因營造各廠而招者，若斲木之匠，版築之匠，鎚石之匠，攻皮之匠，共二三千人。五方雜處，漫無統紀，易滋事端，棲息無從，亦難號召。於是隖外復建二所居之，在左者，曰東考工所，在右者曰西考工所。皆以員紳統之，早出暮歸，乃無紊亂。據日意格前稱，華匠與洋匠器用不同，言語不通，事事隔閡，況素諳繩墨者，類皆中年，以往心氣耗散，往往不能探賾通微，請各廠分招十五以上十八以下，有膂力悟性者，或十餘人，或數十人，俾易教導，名曰藝徒。現所招已及百餘，又不能無以鈐束之，於是復有藝圃之設。各廠事務猥煩，委派員紳近增至百餘，曉鐘出隖，躬率工作，指揮奔走，見星始歸，饋饁在道，每遇暴風驟雨，借蓋無從，不能不小築數閒，以資憩息，於是復有隖内官廳之設。傭工雜作，是有健丁，日每八九百人，非以兵法部勒，則散而難稽，呼而不應，於是每十人以什長一人束之，每五什長以隊長一人束之，特派勤能之武弁統焉。然必寢息有所，竈厠有所，稽查有所，因傍山結壘，略如營房，是爲健丁營之設。凡此者，數月以來，已皆趕辦，計可先後告竣。其餘若錬鐵鑪甎片之窑，燒煤骨之窑，鍛靨灰之窑，以及浸木甎槽等處，或纔興工，或纔擇地經營。之後當更陸續奏聞，此船隖内外之情形也。鐵廠地基，去冬以來，開土釘樁，以及嵌填石屑石灰，皆已就緒。應行補苴者，亦屬無幾。惟所需堅甎方石，厥數甚鉅，合計五廠需甎數百萬方，需石則自長二丈三尺六寸，至一尺二寸五分者，計十萬有奇。堅甎以海船運於下游，數目既多，非數百起，不能盡之。石質粗重，運載更難，即源源到工，但移一石，非數人不可。況刓方琢平，勢難用驟，際此盛夏酷暑，石上如沃熱湯。凡椎鑿者，下蒸上曝，敲火生光，膚焦肉泡，故雖監工日號，迄今牆基未就。廠內橫梁需堅木一百五六十根，每根長須七丈二尺有奇，圍圓八尺以上，近地搜採，無此巨材。現飭員往暹羅三馬、丹吻、嘮呷等處覓購，窮海帆檣往來，第憑風汛，更非刻日可期，所幸機器已齊，并有現成輪軸。倘船材該備，年底船身可就，尚易圖成。惟斲輪之方，總俟營構齊全，方有眉目，此大鐵廠之情形也。洋將德克碑自到工以來，覩隝內運載之艱，願往南洋訪購，載貨夾板船已附搭輪船，前往安南各國，兩月以後，方得回閩。理合附陳，今先將機器到齊日期，并船隝一切情形，謹會同一等恪靖伯陝甘總督臣左宗棠，福州將軍兼署閩浙總督臣英桂，福建巡撫臣卞寶，第合詞恭摺，謹由驛四百里具奏。伏乞皇太后、皇上聖鑒訓示，

謹奏。

「中央研究院」近代史研究所《海防檔》乙福州船廠《同治七年九月二十八日總署收船政大臣沈葆楨文附摺稿一件船廠第四起機器起運蕆事暹羅木料頭起購運到工》　奏爲暹羅船木到工，恭摺具報，仰祈聖鑒事。竊臣於六月二十三日，經業將機器到齊並各廠情形奏明在案。其第四起所載輪船機軸，尤繁重殊常，經派人夫起運。四十餘日之久，始獲蕆事，銅鐵機器，封閉艙底，經年海氣薰蒸，盡掩銼鏽，難以遽臻靈轉。當即一面督工節節磨刮，使光潤滑澤，以利樞闢。一面責令學習駕駛之藝童水手人等。幫同洋匠相機辦竅，零星湊合，俾即鉤心鬭角之處，悟推行利轉之功。由體達用，由委窮源，果能實力講求。他日製造之法，駕駛之方，實根於此，機器雖齊，船材未備。斧斤莫施，殊深焦急。臣自船廠開工以後，即維上游杉木既不足以耐風濤，臺地樟木，港狹山深，出運遲滯，而遣員踩勘深滬祥芝等處存儲洋木，復不適用。因於四月間派洋員達士博同營弁等。赴喰叻暹羅仰光各處購致南洋楢木。嗣據營弁回工稱，該處得木易而得船難，難木價廉而船價貴，業已由該洋員試辦數船應用。臣以船工稽遲，正擬專員催趲，東裝未行，而該船之來自暹羅者，於八月二十六日報到。船名曰「華德西樂」，共載木五百餘節。二十七日駛入塢口，人夫併力五日之久，盡數起岸，一面著洋匠估量尺寸，一面劈鋸興工。又據日意格稱，此次到工係頭起洋船，其第二起船名曰，麻力阿立三丁。聞自暹羅揚帆已二十餘日，其第三四五起船。有曰「悅諾花思得」者，有曰「安密喇」者，有曰「巴奴格」者，數日內亦自暹港出洋。此時海面雖北風司令，然颱颶不作，則較夏間倍其日數，亦陸續可到。果如所揣，一兩月內數起俱齊，船材賅備，廠內加工趕造船身應易告竣。至船上帆檣器具，俱經日意格購致齊全，船身下水。機器入船之後，便可次第安妥，理合先將暹羅木船到工日期。謹會同一等恪靖伯陝甘總督臣左，閩浙總督兼理福州將軍臣英，福建巡撫臣卞，合詞恭摺，由驛四百里具奏。伏乞皇太后、皇上聖鑒訓示，

謹奏。

「中央研究院」近代史研究所《海防檔》乙福州船廠《同治七年九月二十八日總署收船政大臣沈葆楨函附密片稿一件》　九月二十八日，船政大臣沈葆楨函稱，六月二十三日，恭繕寸箋，諒邀蓋鑒，邇維金秋清肅，鼎祉綏龢，允符忭頌。機器到工，起運久竣，而磨礲鬬合，尚未畢工，非第爲數多而質重也。西人製作，每數十器合成一器，節節拆解運載而來。如散錢未貫，殊形詭狀，驟觀之莫悉端倪，其實曲摺窪突之間，皆有宛轉關生之故。而非餙觀見美之爲，若不逐件講求，無以爲學習地步。所以日來分飭匠徒幫同鈐合，令其枝枝節節，皆了然於心，了然於口。積久或得貫通，而中外語言不同，名稱各異，又必從新因形錫號，度寸量分，乃有以握其大綱。而著之圖籍，蓋爲一事，而欲精粗賅備，且必垂爲定式，固非旦夕所能奏功也。暹羅木料頭起已到，船身現已興工，倘海上風静波恬，陸續抵工。圖成自速，除將摺稿抄呈鈞覽外，謹肅奉聞，祇候棐誨，敬請崇安，伏維垂鑒。葆楨謹肅。

再：密肅者，日意格所辦各木中，有曰文同梧者，軀幹既偉，紋理亦密，其外甚屬可觀，乃施以斧斤，動輒拆裂，詰諸日意格，尚以爲木質原好。此等祇屬偶然，及歷試皆然，始悔爲人所誤。因令將船工暫行停止，專俟暹羅楢木到日，方准興工。成船之遲，實由於此，日意格此事委託非人，致良楛不辨。雖辰下諭令截止，稽延之咎，實無可辭。然海外波臣，初知向化，且非有心朦混，若遽行剔退，責令賠補，殊與招徠之本意不符。是以姑爲存儲。令俟後日再行設法，究之該監督所辦暹羅楢木，亦只敷數船之用，後此源源接濟，須專員坐運，方不至愒日曠工。容待熟籌其人，再行奉達，知關廑注。謹將密片抄稿先行附聞，尚祈錫之箴規，俾得遵守，不勝感禱，再請鈞安，伏惟崇鑒，葆楨謹再肅。

抄密片稿

再洋將日意格所辦木料，前此陸續到工者，臣俱節次奏明在案。惟所購之木中，除鐵鈔木可爲船梁，楢木可爲船脅，花旗木可爲船板及雜器具外，另有數百根，名曰文同梧，圓圍合抱長各五六丈有奇，材鉅質重，外黑中紅，削皮寸許觀其紋理，似堅緻殊常，及施之斧斤，則隨風坼裂。經臣傳詢日意格。據稱，係託其國人在南洋者購辦，擬爲船骨及鐵廠梁棟之需。看此情形，只好留作別用等語。臣維船身底木，衝激波濤，關係最重，必慎之又慎，方利涉無虞。何得以外强中乾之材，濫充重任，惟既迢迢萬里而來，勢難遽行剔退，使喫虧於此。而取償於彼，且洋人性本善疑，又力護其所短，操之太蹙，適予以藉口之端。因但一面飭其飛書截止未離岸者，不准再行運工，一面飭其趕辦暹羅楢木應用。船工稽緩，實由於此，究之暹船即使盡到。不過供三四船之需，以後非專派妥員坐山收運，何能源源接濟。惟款目既鉅，得人尤難，辰下頭起已來，方在動工。俟新船下水後，擇一忠誠廉幹者，親莅暹羅仰光等處，躬自履勘。方足膺此鉅任，而無他虞。謹先將實在情形附片密陳。伏乞皇太后、皇上聖鑒訓示，謹奏。

中國第一歷史檔案館《穆宗毅皇帝實録》卷二二四《同治七年》 又諭，沈葆楨奏報造船開工日期，并陳明船廠情形一摺。據稱開造輪船鐵廠，關係最重。上年十二月間，船臺造成一座，所運鐵器木料，亦已附舶而來。當親率在事官紳工匠，前赴船塢開工，相機酌辦。惟需石、需木、需土、需匠，四者頗難。所奏均中窾要。輪船一事，所難在於經始。現在鳩庀已有可觀，尤當矢以實心實力，期於必成。即著沈葆楨督飭周開錫等及日意格各員，盡心經理，毋以畏難自阻。庶日新月异，共觀厥成，其巡察布置一切，均著照該前撫所議辦理。沈葆楨以本地紳士，督辦船政，事非易爲。英桂、馬新貽、李福泰、卞寶第務當遇事籌商，并將經費隨時撥給。俾得一無牽掣，克蕆要工，將此由四百里各諭令知之。

吴元炳《沈文肅公政書》卷四《暹木到工船身告成並鐵廠教造起限情形摺同治七年十二月二十六日》 奏爲謹將暹木陸續到工，第一號船身告成，第二號船身經始，並鐵廠教造起限情形，恭摺具陳，仰祈聖鑒事。竊臣於同治七年九月初五日，業將第一起暹木到廠，召匠趕工情形，奏明在案。當時所到之木，僅有五百餘節，匠作雲集，斤斧繁興。直至十月中旬，而續到木船，尚無確耗，臣不勝焦灼，只得一面派員赴厦門洋人船塢，購致曲木四十一片，直木一百二十九根，以添船脅。一面派員赴香港洋人船塢，購致楢板七十片，以爲船旁。雖俱陸續到工，而撮壤涓流，隨到隨盡。十月二十一日，第二起船麻勒阿立三丁到，據日意格報稱，内載曲木二百七十餘節，方木一百九十餘根，楢板三百六十餘片。二十七日，第三起船安密唎到，據報，内載曲木一千二百二十餘節，方木二百二十餘根，楢板一百九十餘片。船材既足，添募省外各匠，加緊課功。所有船脅底骨灰絲縫節，均一律完竣。内骨既成，旋封外板，分段嵌鑲，鱗次而上，逐日增高。惟尾脅之際，骨節窪隆，相去數尺，封釘匪易。於是該洋匠等，刱設木氣筒一座，長約三丈有奇，承以臥架筒之首尾，各戴鐵笠，旁結板棚，安置湯鑪一具。湯鍋之側，綴以銅管，通於氣筒，入巨板於筒中，鐍固鐵笠，閉氣而蒸之。歷兩時許，便柔韌如牛皮。然後以釘尾脅，曲摺隨心，不煩繩削。辰下外板既封，内板亦齊，船身木工，計已集事。此後分鈐鐵葉，安頓鐵脅横梁，須加一月之功。布置輪機包裹銅片，以及油漆妝飾等事，須加兩三月之功。再得一月試演駕駛，便可展輪出洋。十二月初九日，第四起船悦諾花思得到，據報，内載曲直木一千七百五十六節。十三日，第五起船巴奴格到，據報，内載楢木八百零四根。竊思前此因木料費手，致船工稽遲。若必俟第一號船工盡完，始將第二號開造。未免曠日糜費。因先於塢中預疊第二號船臺，可造八十四馬力者，現在四船接續而到，木料既不止供一船之需，因一面飭趕第一號未竟之工，一面飭將第二號龍骨鏟削鋪排，擇於本月二十七日興工。該洋匠等樣板已成，中國匠人即其分注尺寸，施之斧鋸，駕輕就熟，尤易就緒。鐵廠本年以來，疊石絫甎，牆基已就。惟梁柱瑰材，苦難覓購。前日意格擬用鐵柱，已試鑄一根，費重工遲，告齊不易。現擬仍參用外洋大木，而運道險遠，總須來年，方可節次到工。查合同内載，五年限期，以鐵廠開廠之日爲始。今經費如此其絀，成廠又如此其難，爲日愈多，則需費愈鉅。所幸前者暫搭各廠，可以次第興工。現在暫搭打鐵之廠，則船上鐵軸鐵脅，俱能打造。暫搭鑄鐵之廠，則大而銙柱小，而齒輪俱可成功。地窖烟鑪，亦尚適用。茲據日意格稟稱，所有五年之限，請以明年正月爲始，察看省外各匠，日與洋人共事，日講手畫，頗能心通其意。惟輪機之分度，水氣之升合，非日久融會貫通，莫能盡探底藴耳。合將暹木陸續到工，第一號船身告成，第二號船身經始，併鐵廠起限教造情形，會同一等恪靖伯陝甘總督臣左宗棠，福州將軍臣文煜，閩浙總督臣英桂，福建巡撫臣卞寶第，合詞恭摺，由驛四百里具奏。伏乞皇太后、皇上聖鑒訓示，謹奏。

「中央研究院」近代史研究所《海防檔》乙福州船廠《同治八年正月十八日總署收船政大臣沈葆楨函第一號輪船船身已就及洋匠教造起限日期並請頒格物入門數部》 同治八年正月十八日，船政大臣沈葆楨函稱，十二月十二日祇奉諭函，承示修約一切事宜。剴切詳明，於國家慎柔無外之中寓震疊遐陬之意，洵足使波臣懾服，遠裔輸忱，藎畫無遺，曷勝欽佩。十五日復奉諭函一道，辱蒙厪念船工。殷殷然以天津上海福建三局聯絡一氣爲囑，仰見通盤籌策，綱舉目張，以葆楨樗櫟庸材，尤宜奉爲圭臬。惟從中如何聯絡之處，尚容與地山禹生往復函商。再行奉覆。楢木到工四起。船身已就，而裏銅鈴鐵，並安置輪機潤色丹艧等事，又須數月。屆計夏間當可出洋。第二號八十四馬力，亦於本月二十七日開工，船材既齊，當即竭力趕辦。以期無負朝廷委任之意，合同立限五年，以鐵廠營造竣事。匠作開工爲始，前因巨材難得，擬用鐵柱鐵梁。今察看試鑄鐵柱，亦復工遲費重，不得不仍參用洋木，然俱非旦夕所能奏功。成廠如此其難，經費如此其絀，多延一日之限，即多耗一日之需。焦灼之私，莫能舉似，只得嚴催日意格設法妥速辦理，旋據稟稱，鐵廠關係甚鉅，不敢草率圖成。幸暫搭之廠，一切規模俱備，可以開工。原約教導五年，請即以明年正月起限，惟輪機一節，暫搭之廠，亦可鑄造。但其器具極重，鑄造一副之後，新廠告成，搬移安置器具。又須停工經月，不如於暫搭之廠。先造別項機器，俟新廠成時，再鑄輪機，既無挪動之煩。又免工程間斷，而起限亦可無誤，似屬兩得等語。察其所稟，尚係實在情形。謹以附達，再聞總理衙門新刊格物入門一編。伏乞頒發數帙，俾廣見聞，是爲至禱，除將摺稿抄呈鈞覽外，向望時錫箴規。俾勿隕越，不勝銘感之至，敬請崇安。伏維垂鑒。

吴元炳《沈文肅公政書》卷四《第一號輪船下水並續辦各情形摺同治八年五月十二日》 奏爲第一號輪船下水，並續辦各情形，恭摺具陳，仰祈聖鑒事。竊臣於七年十二月二十六日，業將船政一切工程，奏明在案。本年正月起，廣召艌鑽各匠黏灰、穿孔、塞罅，漚釘鐵匠打鑲鐵梁、鐵脅、鐵條等件，兩月之久，始行蕆事。三月初旬，船匠始得刓雕梁座、鬬攏機器、車治舵桅，鐵匠拆移輪機水缸等件，上船配合，徧嵌泡釘螺餅，兼製銅管氣筒尾輪鐵輥等事。如是者，復一月有奇。四月以後，船内之匠，則造艙堵戰枰桅架椗車舨板等件。船外之匠，則趕包龍骨銅皮，分造重輞凹槽下水托輞等件，内外完備，乃加塗洋油聯鈴銅板。如是者，復二十日有奇。四月之杪，日意格稟稱，船上大小工程，一切告竣，請期下水。臣飭監工員紳，覆驗無異，因諏五月初一日，乘午潮漲滿，縱船入江。先期一日，用巨鑊煮牛膏豕脂胰皂油等物數十斛，灌入船底凹槽，凝厚寸許，將船臺初疊之木，節節掇下，另墊木楔，使船身低倚，兩旁托架，附萼相銜，留船旁撐柱數十根，以支之。屆期臣躬率提調周開錫及各員紳，致祭天后、江神、土神、船神，向午潮平，日意格督匠作人等，盡拔撐柱，將船頭所銜木楔，衆斧齊敲，使船勢全力趨下，再將船頭托輞鋸斷，鋸甫過半，船砉然自行，一瞬之間，離岸數十丈。船上人乘勢下椗，拋泊江心，萬斛艨艟，自陸入水，微波不濺，江岸無聲，中外歡呼，詫爲神助。辰下方升桅竿，繫帆纜，安牀褥，添旗幟，製號衣，整礮械，以備出港。適提調道員胡光墉，同管駕官副將銜遊擊貝錦泉，續募通曉輪機之中國舵工水手八十餘人到工。伏念新船如生馬，非銜轡均調，恐不相習。且一律用中國人駕駛，初試風濤，尤當慎益加慎。因飭該管駕等，就船上加緊練習，由近漸遠。七月間，當可逕出大洋，駛赴津門，請旨簡派大臣勘驗，此第一號下水之情形也。第二號之船，自開工以來，匠作等駕輕就熟，工程較速。現邊板已封三分之一，再有兩三月，亦可下水。第三號船臺底樁，俱如法釘齊，全架一成，便可興造。木料一節，日意格所購者，年内已到五起，業經臣等奏明在案。本年二月初十日，第六起報到。二月二十八日，第七起報到。三月初十日，第八起報到。三月二十九日，第九起報到。四月十二日，第十起報到。凡五起，計統裝曲直木，及楢板六萬六千六百四十六幅地。去年委員劉國泰，往南洋所辦者，於二月十七日報到，船名曰法蘇甲里。凡載楢木鐵抄打馬軻轆武結嘿唧峇蚋等木，一千八百四十餘節，石來板二千七百八十餘片。其中可供鐵廠横梁之用者不少，目下良材麕至，船工自易圖成。惟機器之出，專由纖廠。閩省春夏陰雨連綿，版築不易，監工員紳，披蓑荷笠，號召泥滓之中，數月以來，甎垣石檻石簷，一律完竣。楶棁宋桷，亦皆裁量如式。而鑄匠方趕造各種船上器具，未遑兼鑄鐵柱，是以棟宇未得觀成。現首船下水，鑄工稍鬆，當飭刻期趕辦，鐵廠告竣，便可講求輪機關竅輪機之巧，能應手得心，船事乃中邊俱徹也。前派總監工道員葉文瀾，赴暹羅采辦楢木。據報於三月初一日，安抵喰叻，派遊擊吴世忠，舉人蔣錫璠等，先赴暹羅。葉文瀾先將喰叻所辦木料，雇船起運，亦於四月初六日，前赴暹羅矣。第一號船，擬名曰「萬年清」，第二號船擬名曰「湄雲」，暫資號召，應俟抵津勘驗，再懇恩旨寵錫嘉名，以光海宇。其「萬年清」謹委遊擊貝錦泉管駕，「湄雲」謹委遊擊吴世忠管駕。貝錦泉原駕之「華福」，寶委都司銜貝珊泉管駕，以專責成。合將第一號輪船下水日期，併第二號，第三號工程，以及采辦暹木，營造鐵廠，遴委管駕各情形，謹會同一等恪靖伯陝甘總督臣左宗棠，福州將軍臣文煜，閩浙總督臣英桂，福建巡撫臣卞寶第，合詞恭摺，由驛四百里具奏。伏乞皇太后、皇上聖鑒訓示，謹奏。

吴元炳《沈文肅公政書》卷四《輪船監駛入津静候派驗摺同治八年八月二十六日》 奏爲第一號輪船試演漸熟，專員監駛入津，静候派驗，恭摺具陳，伏祈聖鑒事。竊臣於本年三月二十五日，因船工將成，請旨飭調，前臺澎道吴大廷來閩，督同管駕官赴津請驗。五月十二日，復將第一號新船下水，及一切工程奏明在案。維時船上機器、汽鑪、銅輪各大宗，雖已如法安置，而零星大小器具，爲開駛所必需者，尚難數計。下水之後，臣一面飭管駕官貝錦泉，督率目兵，駐紮船上，練習駕駛，操演礮械，以臻純熟。一面飭日意格催中外匠作，逐件製造，大自桅舵烟筒煤艙舢板，小至明窗水管繩纜欄梯，精自舵表氣表遠鏡號鐘，麤至帆旗衣裝牀襆，倚几計兩月有餘，大致完備。八月之初，日意格先同各洋匠等，在隝前升火試輪，以覘靈鈍。八月十三日，候補同知黄維煊，會同遊擊貝錦泉等，駛出閩安館頭壺江等處。二十日申刻，臣親督日意格，暨各員紳將領，登舟出港，向晚寄椗熨斗内洋。二十一日丑刻，東北風大作，潮聲甚壯，逆風衝潮，徑出大洋，以試輪機之堅脆，駕駛之巧拙，星月在天，一望無際，銀濤萬疊，起落如山。臣不勝眩暈，而在事人等，皆動合自然，隨於大洋中，飭將船上巨礮，周迴轟放，察看船身，似尚牢固，輪機似尚輕靈。掌舵管輪礮手水手人等，亦尚進退合度。由正東轉向福甯洋面，繞南茭，北茭各島而歸。謹按部頒營造尺核計，船身長二十三丈八尺有奇，廣二丈七尺八寸有奇，船頭高二丈六尺一寸有奇，船尾高二丈三尺三寸有奇，其齧水也。虚船則船頭五尺五寸有奇，船尾八尺四寸有奇。重船則船頭一丈二尺六寸有奇，船尾一丈四尺五寸有奇，其任重也。除汽鑪機器，官艙煤艙外，可裝貨七十萬斤，煤艙兩所可裝煤二十五萬餘斤，煤艙之間爲前後汽鑪兩座，前鑪火門五高一丈六寸有奇，深九尺九寸有奇，廣一丈五尺七寸有奇。後鑪火門四高深均如前鑪，廣一丈二尺五寸有奇。鑪後機器承之器，高一丈二尺有奇，座廣九尺有奇，長一丈有奇。火炎湯沸，蒸氣盤鬱匣中船尾暗輪，每一時轉九千三百六十餘遍。其出也，逆風逆水，一時行七十里，而遥逮乘風潮摺回，一時行九十里，而近以風平浪静計之，蓋閲一時，以八十里爲準。云輪機船身既已并試駕駛，亦漸純熟，可以遠出重洋。前臺灣道吴大廷，先於七月十一日病痊，遵旨到閩，謹擇八月二十六日，展輪北上，駛赴津門。合無仰懇天恩，於該船到津之日，簡派大臣勘驗。所有未能如法之處，恭候旨下，再行督飭中外員匠，悉心研究，損過就中，庶幾獲所遵循，漸臻完善。至船中妝飾，仰體我皇上崇儉之意，務求樸固，不敢稍涉浮華。伏祈寵錫嘉名，以光海宇。其船身機器汽鑪之式，恭繪總圖，呈送軍機處，以備御覽。至船骨機關鑪竅，條目孔繁，俟更細意講求，分圖貼説，彙帙進呈。除將管駕官以下銜名，并酌擬月給薪糧數目，造册咨部外，謹會同一等恪靖伯陜甘總督臣左宗棠，福州將軍臣文煜，閩浙總督臣英桂，福建巡撫臣卞寶第，恭摺具奏。伏乞皇太后、皇上聖鑒訓示，謹奏。

「中央研究院」近代史研究所《海防檔》乙福州船廠《同治八年十一月八日總署致船政大臣沈葆楨函請飭吴大廷等將洋面情形編輯成書並陳巴世棟干預船政等事未便照會法使緣由》 十一月初八日，致船政大臣函稱，月前接誦函咨，以「萬年清」輪船告成。經閣下督同在事員紳，會同管駕官演習駛出大洋，船身輪機均堅緻靈動，舟中人磬控縱送，動合自然。並將船上駕駛人等銜名年歲籍貫月給薪糧數目。造具清册船圖咨送前來，復慮函牘中於經營創造情形，筆墨未能罄述。特令吴道大廷來署縷晰面陳，具徵閣下蓋畫周詳，於此等艱鉅工程，製造悉臻妥善。實能集外國之所長，得其竅妙，從此精益求精，續造之船亦可早日完竣。洵足以靖海宇，而宏遠謩，曷勝欣慰。吴道大廷於輪船驗收完竣後，即經來京到署謁見。詢其船廠海疆情形，均能曉暢，管駕官遊擊貝錦泉於海上風濤沙線，亦甚熟悉。該船均係中國人駕駛，並不攙用洋人，尤爲難得。當經本衙賞給該游擊綢緞小刀，以示鼓勵。現已於十月二十九日稟辭出京，回閩銷差。該道等面稱，海上險要處所，均有記載。尚希閣下俟該員升等到閩，飭將見聞所及，編輯刊刻成書，頒發各海口，以便洞悉洋面情形。匪特一省獲益已也，至巴世棟干預船政一案，日意格請革洋匠及請撤洋員，既係因公，並非别有情節，復經閣下嚴明持正，鬼蜮自無所施其技倆。緣船政本非法國公使所應干預，法使羅淑亞詭譎多端，現因教案未結，氣燄鴟張，幸未前來干預船政。若復以巴世棟之事照會該使，轉恐乘勢出頭要求干預，有類開門揖盜，於大局有損無益也。

「中央研究院」近代史研究所《海防檔》乙福州船廠《同治八年七月二十七日總署收船政大臣沈葆楨文法署領巴世棟傳訊船政人員干預船政》 七月二十七日，船政大臣沈葆楨文稱，據法國管理通商事務署領事巴世棟咨移，照得刻據前在船政鐵廠工人白爾思拔稟控船政監督官日意格、德克碑二人辭工不照章程，請爲質訊，以辨曲直，以伸寃抑事。據此，敝署領事查此案中外人証甚多，除將在鐵廠之法國人由本處行文傳質外，其有當時在場華工。據白爾思拔指稱証見六名，其名另列清單，敝處未便傳集，合當咨請貴大臣。希爲查鑒，即爲傳諭單内人証六名。令於六月初八日未刻前集敝署，以便質証，以分曲直，幸勿參差，實爲公便等由。據此，查船政合同内載，工匠不受節制，不守規矩，監督等隨時撤令回國等因。前據日監督等具禀，博士巴不遵匠頭約束，當面罵辱，請予撤革，當經本總理核與定章相符，批准在案。監督有約束工匠之責，不能不予以進退之權。若各匠因犯規革退，挾嫌禀控，遂令監督與該匠質訊，不特體制未協，且恐啓各匠挾制監督之心，於船政大局，甚有窒礙，其張維新等皆係小工，不通法國言語。當時博士巴如何罵辱，彼亦不得而知。且中國民人即有過犯，應歸中國地方官審理，非署領事所能傳訊。况此事與張維新等無涉乎，船政與通商兩不相涉，領事爲通商而設，不應干預船政。本總理未便照覆，除咨明閩浙督院、福州將軍、福建巡撫，並照會福建通商局轉飭外，爲此，咨呈欽命總理各國事務衙門，謹請察照施行。

「中央研究院」近代史研究所《海防檔》乙福州船廠《同治八年七月二十七日總署收船政大臣沈葆楨呈恭親王函法署領巴世棟及法籍税司美里登干預船政請示處理辦法》 七月二十七日，船政大臣沈葆楨呈王爺函稱，前月附驛奉上蕪函，計邀青睞，辰維鼎衡篤祜，備叶頌私。福州自設立通商馬頭以來，法國向無領事。今年忽有領事席孟、副領事巴世棟來謁。自陳前因福州絶少法國商船，故未設此官。比以船政所用員匠，該國人爲多，是以由寧波調來駐紥。且詳問船政一切章程並極力搜求兩監督短處，當直告以領事爲通商而設。與船政兩不相涉，設席優待之而去。次日求將法文告示貼船廠中，復告以船廠非領事管轄之地，且無從知示中所説是何言語，斷難照辦，力爲拒絶。嗣聞廠中洋醫赴領事處禀控日意格，旋經調處息事，席孟住月餘日遂回本國。五月朔，第一號輪船下水，巴世棟忽來廠中道喜，談次提及鐵匠卞士巴。即白爾思拔，因詈辱匠頭博士忙，即白爾思蒙，經日意格禀革，情殊可憫，乞向日意格説情。當告以如係説情，則汝與日意格同國之人，憑汝如何説去。至我只有照章辦理，必不能有所輕重其間。嗣後迭次向總督衙門嘵嘵不已，語多挾制，經香巖制軍再三開導，猶復不知悛改。六月初三日，竟敢具文咨提該監督日意格及匠頭博士忙，並中國工人張維新等六名。赴伊處候訊，越分妄爲，令人髮指。雖已據理駁斥，彼當無可置辭，然狼子野心，意別有在。據日意格稱，該領事曾示意監督出銀一千元，并補該匠辛工五年，便可消弭。借端訛詐，已屬顯然，遂其初心，則循例而來。源源不絶，拂其所欲，則譸張爲幻，防不勝防。我所急者船工，彼總以搆煽洋匠居奇爲長策，不特此風一啓，洋匠可以挾制匠頭，匠頭可以挾制監督，上下威令不行，合同置爲無用。即目前各洋匠已有恃無恐，相率刁難。入夏來洋匠皆卯正到，今則辰正始到，華匠不能停工以待，則又任意挑剔，以爲做不如法。雖經日意格再四曉諭，堅不聽從，風聞該領事謀此席時，所費不少，固將於此求償。更有税務司美理登向香巖制軍求派伊爲正監督，將日意格、德克碑，改爲左右副監督。雖已謝絶之，然耽耽虎視，於心終不忘也。似此情形，不掀翻全局不止，不得不瑣屑奉聞。應如何設法辦理，使船政不至動摇，祗乞訓示爲感，但使領事可以裁撤。抑仍回駐甯波，税務司固無能爲也。

「中央研究院」近代史研究所《海防檔》乙福州船廠《同治八年九月九日總署致閩浙總督英桂函咨詢法領事税務司干預船政及日意格辭工緣由》 九月初九日，致閩浙總督函稱，前因沈幼丹來函。據稱，法國副領事官巴世棟干預船政，並敢用文咨提監督、洋匠、華工等赴該領事處候訊，藉端訛索銀兩等情。並據稱，税務司美理登向閣下面求派伊爲正監督，將日意格、德克碑改爲左右監督等因。當經本處函復沈幼丹會同閣下剴切開導，持正力與争辨等情在案。昨又據幼丹將控告監督之白爾思拔呈詞，及巴世棟所訊供詞，詳晰咨達前來。查船政事務非領事官所應干預，亦非税務司所能預聞。此次日意格所革之鐵匠白爾思拔，係因罵詈匠頭不遵約束，核與合同内開，工匠不受節制，不守規矩，監督等隨即撤令回國各等語相符。巴世棟之所以必欲傳訊者，無非以船廠爲利藪，藉此牽制監督，希圖訛索，於中取利。即税務司美理登之求爲監督，亦無非爲意圖攙入分肥起見。前據幼丹函稱，現經閣下再三開導巴世棟，並於美理登所求峻詞謝絶，具見持正秉公，維持大局之意。該領事等見無隙可乘，必當廢然自返，倘再不知悛改，仍前嘵瀆不休，即令該領事禀明駐京公使。照會本處核辦，本處自可盡力辨駁，囑該公使行文嚴行禁止。此時本處所以不即據咨照會法使者，以船政一事，本與公使無干。若將前項情節告知，該使必諉爲不知，轉來乘勢干預也。現在此案已否辦有頭緒，未據閣下函咨，實係繫念。船政正在吃緊之際，仍希閣下與幼丹力持大局，不爲浮言所惑，是爲至要。幼丹來咨稱，美税司等爲中國所用之官，未奉明文，竟會審干預中國發銀賠銀之事各等語，當經本處面詢赫德。據稱，外國律例，案在五百兩以上，必須邀同外國人會審畫押，作爲見証等語。是該税務司會審，尚無不合，惟求派船政監督，係屬越俎干預。難保無勾串巴世棟暗中設計阻撓情事，已囑赫總税務司另行辦理。現在廠中如何情形，並日意格辭工一節，究否因公，抑別有情節，以致受人挾制，希閣下迅查見覆爲盼。此布。

中國第一歷史檔案館《咸豐同治兩朝上諭檔》第一九册《同治八年九月二十七日》 軍機大臣字寄三口通商大臣兵部左侍郎崇、前江西巡撫沈，同治八年九月二十七日奉上諭，沈葆楨奏新造輪船赴津請派大員勘驗一摺。福建新造第一號輪船，沈葆楨現派道員吴大廷監駛赴津，著派崇厚前往驗收，所有船身機器瀛鑪一切是否悉臻完繕，並著詳細勘明，據實覆奏。至此號輪船即著照沈葆楨前擬名爲「萬年清」，沈葆楨所繪輪船總圖業由軍機處呈進留中備覽，沈葆楨原摺著抄給崇厚閲看，欽此。遵旨，寄信前來。

吴元炳《沈文肅公政書》卷四《二號輪船下水並續造情形摺同治八年十一月十二日》 奏爲第二號輪船下水，並續造第三號、第四號各情形，恭摺具陳，仰祈聖鑒事。竊船廠本年八月間，第一號輪船北上之後，第二號船身鑚艙各工已有三分之二，輪機瀛鑪俱安排妥帖。計船上大端所短者，惟鐵脊、鐵梁，及桅舵、戰坪等件。一經完竣，以常法論之，便可入江。嗣據日意格議稱，前者第一號輪船下水之後，尚需兩三月之久，始能出洋者，以一切零星器械未全，工匠在船操作，手足難展，登降殊煩，致稽時日。此次當移後工爲前工，即在架上安置各件器具，然後下水試輪，少加修飾，便可出洋演駕。當時在事員紳，分廠催趲中外匠作，工程習熟，不及兩月之久，大自桅舵、舢板、鐵櫃、烟筒，小至瀛管、水筒、欄梯、釘鎖，粗自布帆、鐵纜、油繩、轆轤，精至向盤、時表、遠鏡、湯鍼，一律完備。因擇十一月初四日，乘午潮入江，屆期臣祇告天后、江神、土神，旋赴船上勘驗已畢。該工匠等，如法推船下架，自在游行，毫無窒礙。次日在隝前江面，升火試輪，輪機亦稱靈便。適該船之管駕官遊擊吴世忠到閩，派令駐船，監製旗幟，號衣，髹漆，內外船板，檢點軍火，礮械，申定號令章程，月終當出大洋駕駛。第三號之船，亦於初四日，安放龍骨。其船脅數百幅，前兩月間，分工繩削，業已告齊。辰下均已一律鬭合，年底可上旁舨。第四號現方添紥舲臺，臺工一畢，便擇日安放龍骨，開造船身。今將第二號輪船下水，暨第三號，第四號經始情形，謹會同一等恪靖伯陝甘總督臣左宗棠，福州將軍臣文煜，閩浙總督臣英桂，福建巡撫臣下寶第，恭摺具奏。伏乞皇太后、皇上聖鑒，謹奏。

「中央研究院」近代史研究所《海防檔》乙福州船廠《同治八年十一月二十三日總署收船政大臣沈葆楨文附日意格德克碑稟稿並批七件法領事越分訊斷革員控案迭次阻撓船政請照會法使即予以撤退》 十一月二十三日，船政大臣沈葆楨文稱，本年六月初七、七月二十九等日，業將撤退洋匠博士巴，怙惡不悛，據正監督日意格稟請撤退，經本大臣批准，達士博又赴領事官具控。該領事官復希圖從中干預，據監督等各具稟前來，查洋員洋匠食中國薪水，辦中國工程，便有功過，有功過便有賞罰。若以局外人把持其間，賞罰不行，是船(？)政也。其人之有益船政，只恐留之不堅，豈有忍予撤退之理。其撤退之人，必與船政爲難者也。撤則必赴領事官具控，控則領事官必斷令監督賠銀，是賞其與船政爲難也。該員匠進有所圖，退有所恃。有不羣起而與船政爲難者乎。以船政所豢養之人，羣與船政爲難，望船政之萬有一成，無是理也。監督稟撤員匠，須候本大臣批示遵行，是本大臣撤之也。應撤與否，本大臣必視該員匠功過爲衡，即監督亦不能任意爲之，與領事官毫無干涉，何得過問也。

國家優給監督每月薪水千金，恤其身家，所以養其廉節。博士巴散匠耳，撤一散匠，罰銀數千元，則撤一總監工，應罰者倍蓰其數，終歲所得，不足以供一朝之罰。該監督能變外國之產，以奉中國之公乎。是該領事阻撓船政，不至於一步不可行不止，若不將該領事即予撤退。不獨日後要挾之端，難以枚舉，即目前博士巴、達士博兩案，混行勒派賠罰。監督之號令不能行於員匠，無從責其成功，爲此，將前後各稟批抄録咨呈貴總理衙門。請煩察核照會法國公使，將迭次阻撓船政之領事官撤退，另委賢員接辦。

照録粘單，監督教練輪船德克碑謹稟，大人閣下，敬稟者，竊監督前奉憲台照會，改委監督教練輪船。業經稟明他務他工不能兼顧等情在案，監督已謹將公文並稟批呈送敝國領事官，繙譯敝國文字存册，惟監督既卸船政之任，則船政責成應歸日監督一人承當。此後凡有畫押之事，自與監督無涉，理合稟懇大人知會日監督。自今以後，凡有稟片，並外國所有字據，均不得寫會同監督畫押字樣，以免株累，耑肅，祇請鈞安。伏維垂鑒，監督德克碑謹稟，六月初一日，批：船政兩監督久經奏明有案。貴監督無可卸責，惟現在教練輪船，不能兼顧船工，係屬實情。希候照會日監督，嗣後凡有稟件，應聲明貴監督奉派教練輪船事務，不及會押可也，此繳。船政正監督日意格謹稟大人閣下，敬稟者：五月二十七日，祇奉大人照會，照得萬年清輪船現已下水，當即赴津請旨派員勘驗。所有後學堂學習駕駛管輪各藝童，工夫未臻純熟，經本大臣飭前管駕「華福寶」之遊擊貝錦泉。另招中國素習輪船之管輪舵工水手人等到船駕駛，惟「萬年清」船身較大，馬力有加，該管輪人等雖技藝素通，仍恐有生熟之別。德監督向來洞澈船工機宜，勤能卓著。「萬年清」船安置器具帆索等件齊備，尚有一兩月之久，方能出洋。副監督可將所派船主管輪舵工水手炮手各色人等，認真閱練嫻熟，以臻妥協，如能著有成效，以後新船下水，本大臣所派船主管輪舵工水手炮手人等，俱由副監督隨時閱練，然後開洋，以昭慎重。大功告成，當從重保獎，以酬厥勞，業經本大臣照會在案。嗣據副監督稟稱，閱練駕駛，責成較重，必逐日躬親，方有成效，以後他事他工不能兼顧與聞等情。除批來函已悉，希認真閱練，俾臻純熟外，合就照會，爲此照會。請煩查照施行，須至照會者，奉此。竊思德副監督既另奉差使，所有監督以後稟函等件，可否毋庸會銜會押，以專責成。敬候示遵。恭請鈞安，正監督日意格謹稟。六月初六日，批：德副監督既另派差使不能兼顧船政，貴監督以後稟函等件，毋庸會函會押可也。此繳。船政正監督日意格謹稟大人閣下，敬稟者，八月十三日，第一號「萬年清」輪船開演之時，並無洋員洋匠在船照料。監督當即將達總監工所咨公文，及造船試船始末之例稟明在案，又請周提調官夏方伯囑將達總監工並洋員匠存心不順之故。詳細轉達憲聽，旋據覆述當日萬年清試開，並無洋員匠到船勘驗，原出無心，並非故存礙臉外國之意。至試船例應如何，實緣貴監督當時未曾説明，以後儘可另擇日期，聽憑再演該船等語。嗣于十五日監督面稟欽憲，蒙諭亦無異辭，遵即繕辦公文轉咨達總監工知照。登時復接達總監工公文，內稱，此事欲要説開，須請監督稟明欽憲説。當時驟行試演，誠屬有錯，以後當保必無此等情節。如監督不肯照稟，或欽憲不肯頒發此諭，本總監工從此再不到萬年清船上。並將此公文抄遞領事官等語，接誦之下，殊覺語涉不恭。是以未敢粘抄稟瀆，竊思日前開演輪船，不特達總監工理應察驗。即各洋匠亦有分管之職，且此事監督已經作主説開，即可了結。又經函勸我二人係各洋匠表率，必須同心和氣，斷不可各執己見。致各匠等藉口效尤，更告以萬年清必須趕快駛到天津。請其另日會同督演之語，詎料達總監工善言不入，翌日竟將自己公文抄遞領事官，請其察辦，復於十九日監督同斯緡譯官與達總監工會商工程之後，告以二十一日請到萬年清船上督演，并請派洋匠頭德索洋匠雷意同往。據云，不但自己不去，早已告明德索，如本總監工未到船上，不許擅往，請傳德索來問，看其聽從誰人之語。監督再四思維，如達總監工不請撤回，將來遇有緊要大工，種種刁難，如何是可，當即面稟欽憲。請即撤卸，蒙諭應撤即撤亦可二十一日，「萬年清」開試出洋。監督隨同憲節在船，又經面稟，且待此船開駛北行之後，如達總監工有悔過之心，便留在工，却亦省事。迨二十六日，萬年清開洋北上，達總監工依然怙惡不悛。竊以演船事關重大，如監督一人不承督演專責，此船恐必不能屆期北行，豈不重礙大局，且達總監工不但自己攔阻工務。還要籠絡各洋匠爲其黨援，冀相掣肘，似此情形。嗣後再有緊急要工，監督如何能保。爲此不能不請裁奪撤退達總監工回國，以肅廠規，敬候批示遵行。恭請鈞安，正監督日意格謹稟。

九月初四日，批：來函閱悉。八月十三日試演新船，該總監工自己不願上船，並非本大臣勒令不許前往，經貴監督屢次曉諭。又復種種刁難，殊屬冒昧，應如所稟撤退，希即知照，此繳。船政監督教練輪船德克碑謹稟大人閣下，敬稟者。監督前爲副監督時，責成有二，一係船政工程，一係與三十七員名洋員匠共立合同之事。既蒙委員教練事務，則卸却工程之責，惟洋員匠等因前合同內有監督名字，不肯使監督遽行脱卸。洋員匠等或有差錯，或有委曲要監督照合同辦理。現時雖無此事，誠恐將來有冒瀆我憲之處，即如總監工今經撤退。渠心不服，已控於敝國領事官處，監督名字亦在案內。萬一總監工官司獲勝，要監督賠給多銀，但此番撤退總監工係日監督一人主意，監督已改派教練，此事並未預聞，倘復賠銀，殊不公道。且日監督前曾修信知會云，此後我之行爲，歸我一人責成等語。監督不知日監督有若干私囊，約爲核估。似不敷賠墊，一切洋員匠控賠之項，日監督既無銀賠，洋員匠必問監督賠墊，無已，具稟請示，所賠銀項，或係衙門發給，監督自不敢干預。否則請明白批示脱却監督干係，後來不致賠累，俾克監督往敝國領事官處剖辦，又費一番唇舌也。專此稟懇，伏候批遵，並請鈞安。監督德克碑謹稟。

九月初八日，批：請撤總監工。係日監督單銜具稟，即使辦理錯誤，亦日監督一人承當，非貴監督干係也。希即知照，此繳。船政正監督日意格謹稟大人閣下。敬稟者竊照前立條議。五年限滿，中國員匠能自監造駕駛，應如外國員匠獎勞銀六萬兩等因在案。嗣因萬年清下水，總監工達士博身先督率，晨夕不遑，即遇禮拜日期。亦勤事不懈，當由監督商請提調周、胡轉達憲聞，俟新船工竣。乞於前項獎勞銀內，先行提出三千兩。發爲達總監工賞款，仰荷准行，監督當向達總監工轉諭知悉矣。八月二十六日，新船開赴天津後，達總監工與監督公事不合，經監督稟請撤退，竊以該總監工達士博雖有後錯。究有前功，此項借賞，既邀憲允，似不能不仍行請給，以符前語。而酬其勞，合行肅稟祇候批發轉給，實爲恩便。附呈押領。恭請鈞安。惟祈察鑒，正監督日意格謹稟，九月二十一日。批：獎銀六萬兩，謂五年期滿，中國官受教導之益。償外國員匠積年口講指畫之勞，無論甫造一船，不足以爲功。即使成船不止十六號，而中國員匠不能脱手自造，究於中國何益。即與原約不符，當提調轉達貴監督，請借提三千預賞總監工之語。本大臣即據原議駁之。嗣該提調等急於觀成，謂創造之難。較異尋常，以後他船斷不能援以爲例。且曾經約明，必俟全船竣事，如果工既精良，期又迅速。貴監督方能爲乞格外恩施，倘遲延附會，何敢爲之嘵瀆。達士博經一番鼓舞，必益加奮勉。貴監督亦可藉此加緊嚴催等語，是以本大臣姑如所請，詎意達士博從此之後，既甚居奇，亦復嬾惰。當五月初一日下水之時，原謂六月便可出洋，乃遲至八月，尚有零星器具未經就緒。致本大臣與奏案不符，初次試演新船，宜如何慎重，乃抑勒各洋匠不許遵照辦理。經貴監督迭次曉諭，毫無悛心。此等舉動，加之以賞，無論在中國駭人聽聞，想西洋諸國亦定無此賞法也。獎銀六萬兩，到教導成時，是中國必發之款，將後提前，於中國毫無所損，然賞所以待有功。若減將來有功之賞，以與現在有過之人，於情於理，順乎否乎，倘以前功爲言。則凡革去之員匠，孰非曾經效力者，不追其從前之薪水。給以回國之路費，似亦足矣。使革去者皆援例以分後日之賞，貴監督能一一爲之請耶，抑又何辭以拒絶之耶，且何以服始終勤慎之員匠耶，所請礙難准行，希即知照，此繳，押領發還。

船政正監督日意格謹稟大人閣下，敬稟者，前□法國巴領事官面致監督云，此次撤退總監工達士博之事，德副監督已將稟奉憲批轉咨本領事前來。據批中所云，請撤總監工。係日監督單銜具稟，即使辦理錯誤。亦日監督一人承當，非貴監督干係也。是達士博所有告狀，皆正監督一人之責，應向本領事過堂等語。監督聞之，知領事官未明白批語也。中國創造船政，欽派憲爲總理大臣，蓋總中國外國員匠而理之也。總理之下，設立監督，固有約束洋員匠督工教造之任。然而每事必請示於欽憲而後行，蓋以欽憲膺船政之重責也。此次撤退達士博，先則面稟蒙准，後又具稟蒙准，是即欽憲撤之也。如監督稟撤有錯，將來惟有欽憲可以問諸監督，別人不能問也。巴領事見前批即使一語，其意以爲監督有約束洋員匠之權，撤退收回。可以隨便主意。並與欽差不相涉，只是監督承當，前在本國招募員匠之時。該員匠等不曉的中國，心中估量只與監督打立合同。如有違背合同，交監督自問，又欽差前照會通商局内，亦有約束洋匠歸監督辦理之説。故稟撤之事，監督不過禮貌上事，其實欽差照稟照撤，未嘗查究應撤與否。此次批語，亦是此樣意思也。領事之意如此，爲此，博士巴之案，要監督過堂，今者，達士博之案，亦經要監督過堂，監督竊以船政監督名目係在總理大臣屬下。辦中國之事支中國之薪，可以不算外國之員，可以算得中國之員，而且與員匠發合同規約中。有特代左憲轉立各約之語，又看所發辛工及路費卹賞等項，亦係奉憲轉散之語，故撤與不撤。惟憲是主，監督只是請示而已，遵辦而已，是以領事官過堂，監督如何能去，如斷出撤退不是，罰賠銀兩，從何賠起，監督所以博士巴之事未去過堂。早經咨明領事官不去緣由，然此舉甚是擔險，監督雖在船工，應遵本國法律，領事前斷監督應賠博士巴案内洋番二千數百元。監督已將自己月薪劃出繳去，現在雖向安南按察官控訴，設使仍斷監督之錯，前項銀兩竟是虚花，且監督只有一定月薪，别無外項進款，將來又派賠銀。如何支持得下，所以有不能不爲欽憲稟明候示者。一則欽憲有無總理洋員匠之權，稟請撤退之事，是否理應請示抑不過禮貌上事。撤退員匠是欽憲撤之。抑只算監督撤之一則僱募洋員匠有無奉示代立合同。各洋員匠等是與中國官打立合同，抑只算是與監督打立合同。至於撤退員匠之事，如欲查問，是否向中國官長查問，不必問諸監督。以上各條，應請欽憲批示。以便各人心上明白，後來可以省事矣。專肅，敬請鈞安。正監督日意格謹稟。

九月二十八日，批：德副監督以另派教練之後，船廠工程並未與聞，不願同擔干係，此固人情。是以具稟前來，即予明白批示。如果當日稟撤達士博，事涉虚誣，本大臣非貴監督之問而誰問耶。謂既係正監督專責，即應向領事官過堂，此語出何典記。豈正監督固領事官所屬耶，監督爲船政而設船政爲中國工程，中國有大臣主之，若法國領事官可以任意把持。則是法國船政，非中國船政也。監督有約束外國員匠之責，員匠不遵約束，監督理應檢舉，至撤與不撤本大臣自有權衡，非監督所能專擅也。當日格里那滋事，本大臣照會貴監督立予撤退，貴監督雖再四求情。本大臣不能曲允，法之所在，不可私也。若謂撤退收回，監督可以隨便主張。然則本大臣所司何事耶，倘中國卑監督以重權，至撤留員匠，本大臣且不相涉，謂領事官轉可以任意訊之罰之，此何理耶，船政之舉，是法國永敦中國之好。非法國欲圖中國之利也，如領事官謂法國之人，不應代中國辦理船政。抑或謂本大臣待法國員匠刻薄，各員匠均不願爲中國辦理工程，亦當稟請法國駐京公使聽候辦理，撤退員匠之事。不特不應向貴監督查問，非領事官責成所在，亦不應向中國官長查問也。兩國永敦和誼，船政當不至有始無終，假令法國竟將貴監督及各員匠一併撤回，本大臣罪無可逭。本大臣縱萬分爲難。亦自當另行設法辦理，即使才力不足，半途而廢，本大臣之心尚堪自問，若有船政之名，無船政之實。曲徇人意，坐視事之無成，縱朝廷有寬大之恩。此心何以上對君父，至於食中國一日薪銀，須辦中國一日工程，以盡貴監督及各員匠一日職分，天經地義，無二理也。希即知照，此繳，船政監督教練輪船德克碑謹稟大人閣下。敬稟者，竊日監督撤退總監工，經總監工在敝國領事官控告，昨蒙敝國領事官邀議，要監督與日監督會同畫押，當時監督覆云。如欲我畫押，俾日監督官事速結，須日監督依我兩事，一要日監督預備多銀。以防備給總監工之費，一須欽差批准，方敢遵行等語，但監督前已具稟蒙批。撤退總監工非監督干係等諭，曷敢故違。然事在兩難。不得不肅稟奉聞，可否之處，仰祈批示祗遵，敬請崇安，伏維垂鑒。德克碑謹稟。

十月初二日，批：貴副監督另委教練之後，船政事宜均不會同畫押，業經稟明有案，領事官何得勒令畫押，達士博由本大臣批繳，日監督何故預備賠銀，領事官又何得干預。所稟均不准行，希即知照，此繳。

吳元炳《沈文肅公政書》卷四《船政漸著成效懇擇尤獎勵摺同治九年二月初十日》 奏爲船政漸著成效，懇俟輪機創造就緒，恩准將中外出力人員，擇尤獎勵，以資鼓舞，恭摺籲陳，仰祈聖鑒事。竊臣於同治八年十一月十一日，續將第二號輪船下水情形，奏明在案。十二月初七日，前任臺灣道吳大廷督駕「萬年清」駛回工次，仰賴聖主福庇，海若効靈，風静波恬，人人額慶。初九日，第二號「湄雲」器具告備，管駕官遊擊吳世忠調度水手人等，整理旗幟礮械，申明約束。申刻，臣率同監督日意格及各員紳將領，登舟出洋。是晚，寄椗媽祖澳。初十日，黎明遥望大洋，展輪而出，水天無際。午後，回舵拂福甯左界，繞南茭北茭各島，揚帆而歸。臣親在洋面，細察掌舵管輪礮手水手人等，俱能操縱如意，船身尚稱牢固，輪機亦頗輕靈。二十七日，日意格偕吳世忠又駛至福安，於洋面較羅盤之有無參差。本年正月初四日，駛回工次。本月初五日，載采辦京米委員，前赴臺灣購米。俟購有成數，飭「萬年清」前往裝運。臣查外洋船式與中國迥不相同，船身固以木料爲大宗，而銅鐵零星器具，名目繁多，雖洋人亦未易悉數。創始之艱難，非語言所能罄。今兩船就緒，歷試外洋。第三號之船，四月可以下水。第四號亦刻日興工，此製造之漸著成效也。有船不能駕駛，與無船同曩者，官私均購。有輪船因駕駛未得其人，卒之呼應不靈，臂難使指。興事以來，招中國素習洋舶之人爲管駕官。當其任者，皆有奮於功名之念，不敢惟利是視，而以効命聖主爲榮。龍窟蛟門無異輕車熟路，此駕駛之漸著成效也。惟前此四號輪機，係購自外洋。若中國鼓鑄無成，則買櫝還珠，教者學者均難逃其責。現在打鑄銅鐵澒鑪各廠，兩年以來，所造廠中應用大小機器，及船上所需雜件，不下萬計。去冬之杪起造一百五十匹輪機，先由畫廠繪圖，以定其廣。次由模廠刻木以肖其形，然後照模逐件錘鑄刮摩鬭合成副。臣嘗細詢駐廠員紳工匠人等，俱以爲頗有把握。如果鑄造成功，與購自外洋者合轍。可否籲懇天恩，將出力之中外文武員弁工匠人等，容臣擇尤請獎，以資鼓舞而收後效。出自逾格鴻慈，理合會同一等恪靖伯陝甘總督臣左宗棠，福州將軍臣文煜，閩浙總督臣英桂，福建巡撫臣卞寶第，恭摺由驛具陳。伏乞皇太后、皇上聖鑒訓示，謹奏。

吳元炳《沈文肅公政書》卷四《三號輪船下水並續造情形摺同治九年五月十四日》 奏爲第三號輪船下水，並續造第四號情形，恭摺具陳，仰祈聖鑒事。竊臣於本年二月初九日，業將第二號船成出洋，隨即前往臺灣情形奏明在案。第三號龍骨船脅，去冬即已安排。當時正在趲辦第二號出洋事宜。僅一面分工，繩削新正，以後始得督率工匠畢力其間。四月下旬，據監督及在事員紳等稟稱，外而鑽艙，内而輪機，一律齊備，可以下水。臣謹擇五月初一日巳刻，祭告天后江神土神，乘潮縱江，推移如法。所有桅柁篷鈎舢板已先期製造，可以隨時安置。船上應需者，惟零星器具，以及刮摩髹漆門艙牀爨等事，一經就緒，便可出港試輪。臣竊維船成之後，以駕駛爲急務。年來招中國之素習洋舶者，充管駕官。固操縱合法，而出自學堂者，則未敢信其能否成材，必親試之風濤，乃足以覘其膽智否，即實心講究，譬之談兵紙上，臨陣不免張皇。去年派員到香港南洋各處，購致夾板輪船，以資藝童練習。無如願售者，皆朽窳之餘，不適於用。購歸修整，價又不貲，遂作罷議。而登舟練習之事，終不可以久延。辰下第三號，八十匹馬力輪船告成，其式本屬戰艦，利於巡洋。擬以學堂上等藝童移處其中，飭洋員教其駕駛，由海口而近洋，由近洋而遠洋。凡水火之分度，礁沙之夷險，風信之徵驗，桅柁之將迎，皆令即所習聞者，印之實境，熟極巧生。今日聚之一船之中，他日可分爲數船之用，隨後新舊相參，踐更遞換，冀可漸收實效。第四號係一百五十四馬力，龍骨業已安置，船脅鬭合亦已過半，南洋木料陸續到工，匠作漸皆熟手，當易蕆功。茲謹將三號擬名「福星」，四號擬名「伏波」，以資號召。當否之處，伏候聖裁，合將第三號下水，暨第四號製造情形，謹會同一等恪靖伯陝甘總督臣左宗棠，福州將軍臣文煜，閩浙總督兼理福建巡撫臣英桂，合詞恭摺具奏。伏乞皇太后、皇上聖鑒，謹奏。

「中央研究院」近代史研究所《海防檔》乙福州船廠**《同治九年六月六日總署收福州將軍文煜文附録往來文稿船政衙門購砲進口艙單不符經商税司先將砲位解還請示船主應否罰辦》** 六月初六日，福州將軍文煜文稱，爲船政衙門購辦飛輪礮進口，因艙單不符，經福州口美税司扣留一案。先於本年三月二十八日，准船政大臣沈咨。據監督教練輪船德克碑稟，前購飛輪礮，於本月二十三日，由「德吉利士」輪船運到，當經請發免單起運。詎税務司不肯發單，因當時儎單上載係水銀，並無飛輪礮字樣，儎單既係不符，即是假的。此礮六箱，可以全行取去，不准運回。竊思所以不符緣由，必係裝運之人，因恐飛輪礮內有彈子，洋船多不肯裝運，當以彈子有二三箱與水銀觔兩相似。故單上只載水銀字樣，並非聲明飛輪礮。蓋説係飛輪礮彈子，商船必不肯裝運等語，由船政大臣咨請轉飭税務司給還前來。當經本將軍劄行美税務司查照給還，並咨覆去後，旋據美税務司申陳。日前有洋人由香港寄與德克碑物件六箱，裝冗加拉士輪船進口，艙口單冒稱水銀，被本關驗出乃係礮械等件。且此項礮械並無由局發給護照，亦不咨請軍憲行文飭知本關。是以扣留，原因軍器礮械，總署衙門曾有明文。凡軍器進口，或由關採買而無劄護可驗者，均即查拏入官。敝税司職有專司，分應扣留嚴查。如船政大臣知查拏禁物係海關專政，將從中曲摺前來明白聲敘妥商，猶可通融辦理等情，復經本將軍以昨准船政大臣來咨。已將從中曲摺明文聲敘，業經劄行給還在案，應遵前劄給還等因劄復美税司遵照。暨咨船政備查，據該税司復稱，購買軍火，早經總理衙門定有章程，必須請照備案，方准採買。今船政大臣並無先行通知，而報單儎係水銀，儎單又係綢緞，按照約款，艙口單不符。船主應罰銀五百兩。今敝司飭罰船主，想該船主亦必稟求領事向船政大臣或香港代辦人討取。茲承飭令給還，衹得據寔申明，惟祈明白示下，以便申呈總税務司轉申總理衙門，使知非敝司敢以故違成例等情。又經本將軍將此案業已先後劄行税務司給還緣由，咨會船政大臣查照賜覆，隨准船政大臣咨覆，查教練監督德克碑。以法國飛輪礮新製精巧，可備陝甘軍前之用，稟請採辦，經本大臣批准在案，該礮到時。何以報單稱係水銀，儎單又係綢緞。據稟恐船主不肯領運，是以改換名色，果否屬實。海外情形，本大臣無從稽察，至本大臣所謄免單，實係飛輪礮，未嘗與貨不符。至於軍火應先請照，請照本大臣更無從懸揣而知。請將購辦軍火應行請照定章迅賜補咨，並將此案應如何辦理賜覆施行等因。又經本將軍以德監督置買飛輪礮，既經稟請船政大臣批准有案。並請免單，係屬官物，自應給還。其美税司所稱，艙口單不符，應按約飭罰一節，究應如何辦理，隨即飭委福州口委員協領長慶。前延平府李慶霖，會同美税司將前項飛輪礮即行給還。一面將如何辦理妥速議結具稟核辦，暨咨覆船政大臣查照，並將總理衙門前定購辦軍火請照章程，及續准上海通商大臣移咨各成案。照録咨送船政大臣查照各在案，現又據美税司申覆，購買軍火，應於派辦之初，先行給照。非俟運到始請免單，此係總理衙門定章，前已詳申在案。茲奉劄令將礮發還，敝司終恐違章未妥，擬將該礮交送崇轅，聽候憲轅給還船政。至罰船主一節，似亦可毋庸議，既不扣礮，斷難罰商，況瞞報之咎，在辦礮之人。而船商不過爲其所愚耳，理合申請一併札覆，將還礮亦免罰商各等明賜示下。以昭公允等情，又經本將軍查前項飛輪礮，因係船政大臣批准採辦官物，且係左大臣軍前要需，是以疊次劄飭給還。據申前情，應如所請，將該礮解由本將軍衙門轉移船政衙門交收，惟該礮現在江干，若運至本衙門轉送，徒勞往返。應即作爲本衙門收到，即由該口委員長協領李守就近解送交收。其前此申陳艙口單不符，按約議罰之處，究應如何辦理。本將軍業經札飭長協領，李守會同美税司妥議，應仍遵照前札妥爲議結等因劄復美税司遵照。暨札飭委員長慶。李慶霖，將前項飛輪礮即日轉送船政衙門察收，一面將議罰一節，究應如何辦理，迅速會同美税司妥爲議結覆奪，併咨覆船政大臣查照亦在案。本將軍復查前項飛輪礮，既係船政衙門採辦物件，自應給還，其美税司所陳之購買軍火。須先核給執照等情，核與同治元年間總理衙門所定章程，及續准上海通商大臣移咨各成案，均屬相符。此項章程，自係因各路軍營需用外洋槍礮，議定給照採運，本與船政衙門無涉，未經移知，故船政大臣現有未准移知及無從懸揣之語。本將軍飭美税司將礮給還，原因船政大臣批准採辦官物，且係左大臣軍前要需，不得不通融辦理。茲據美税司將原礮送繳，已備文飭令該委員等解送船政衙門察收給領，其艙口單不符一節，究竟應否議罰之處，相應録案咨請。爲此，咨呈總理各國事務衙門。謹請察核轉飭赫總税務司議覆核准賜復到關，以便遵辦施行。

照録往來文稿

欽命總理船政大臣頭品頂戴世襲一等輕車都尉沈，爲咨請事。據監督教練輪船德克碑稟，竊監督前購飛輪礮，業於本月二十三日由德吉利士輪船運到。當經請發免税單，前往税務司處轉發關單，以便起運。詎以税務司不肯發單，因當時儎單上載係水銀，並無飛輪礮字樣，税務司以儎單既係不符，即是假的。此礮六箱，可以全行取去，不准運回。竊思所以不符緣由，必係當日裝運之人，因恐飛輪礮内有彈子，洋船多不肯裝運，當以彈子有二三箱與水銀觔兩相似。故單上只載水銀字樣，並未聲明飛輪礮。蓋若説係飛輪礮彈子，商船必不肯裝運也。此番躭擱，皆因當日儎單不符之故，心中甚是不安。惟有仰仗憲威，早爲設法遣人赴海關處，尅日起運回工。是爲厚幸等由。據此，查德監督請購飛輪礮，前經稟明有案。嗣該監督赴甘，稟明飛輪礮到時，另請免税單赴關騐明起運。據稟前情，合就咨明。爲此，合咨貴將軍，請煩轉飭税務司查明給還，希即賜覆施行，須至咨者。

右咨閩海關將軍，同治九年三月二十七日。

爲劄行、咨覆事，准欽命總理船政大臣沈貴大臣咨云云等因到本將軍。准此，合就劄行。爲此，劄仰美税司即便查照給還，仍即申覆察查，須至劄者。

劄福州口美税司云云，准此。除劄行美税司查照給還外，相應咨覆。爲此，合咨貴大臣。煩請查照施行，須至咨者。

一咨欽命總理船政大臣沈，同治九年三月二十九日。

欽賜頭等金功牌賞給四品銜辦理福州洋税新關事宜税務司美，爲伸陳事，竊照日前有洋人由香港寄與德克碑物件六箱，裝冗加拉士輪船進口。據艙口單内冒稱水銀，被本關騐出乃係礮械等件。查德克碑身爲船政局屬員，果係局辦礮械，何以冒稱水銀，其中有何隱曲之處，殊不可解。諒船政局大臣亦未預知，且此礮械並無局發給護照，亦不咨請軍憲行文飭知本關，是以扣留。原因軍器礮械，總理衙門例禁綦嚴，前曾奉有明文，凡軍器進口或由官採買而無劄覆可騐者，均即查拏入官等語。敝税司管理税務，職有專司，於進出口貨物，有關例禁，分應扣留嚴查。如船政大臣知查拏禁物係海關之專政，將從中曲摺前來明白聲敘妥商，敝税司猶可以通融辦理。兹合將扣留情由，申請軍憲察鑒，須至申陳者。

右申陳欽命總守福州等處將軍兼管閩海關印務文，同治九年三月二十九日呈。

爲劄復咨明事，據該税司福州口美税司申陳云云全敘等由到本將軍。據此，查核申陳各情，足見辦事認真，惟昨准船政大臣來咨。已將從中曲摺明白聲敘，業經本將軍札行查照給還在案。兹據申陳前情，合再劄復。爲此，劄行美税務司即便遵照前劄給還，須至劄者。

劄行福州口美税務司云云到本將軍。據此，查昨准貴大臣來咨。業經劄行查照給還在案。兹據申陳前情，除札復美税司遵照前札給還外，相應咨明。爲此，合咨貴大臣，請煩查照施行。

一咨欽命總理船政大臣沈，同治九年三月三十日。

欽賜頭等金功牌辦理福州洋税新關事宜税務司美，爲申覆事，准奉軍憲札開，准欽命總理船政大臣沈咨。據監督教練輪船德克碑稟，所購飛輪礮於本月二十三日由德吉利士船運到。當經請發免單，赴税司處轉發關單，以便起運。詎税司因儎單載係水銀，既屬不符，不准運回。稟請移咨起運回工劄飭給還前來等因到敝司。奉此，查購買軍火，早經總理衙門定有章程，必須先行請照備案，方准採辦，節奉行知在案。今船政大臣並無先行通知，而報單載係水銀，儎單又係綢緞。如此紛歧，殊難查考，敝司愚意以爲總理衙門定章，自應一體遵守。若船政大臣置辦軍火，不先通知，似恐上行下效。致敝司難於稽察，按照約款，艙口單不符。船主應罰銀五百兩，今敝司飭罰船主，想該船主亦必稟求領事向船政大臣或香港代辦人討取。兹承飭令給還，祇得據寔申明，伏祈酌核。若以船政大臣不必循照總理衙門定章。則敝司只可將原礮發還，惟祈明白示下。以便申呈總税務司轉申總理衙門，使知非敝司敢以故違成例也。爲此申陳，恭請勛安。伏維鈞鑒，須至申陳者。

右申陳欽命鎮守福州將軍兼管閩海關務文，同治九年三月三十日。

爲咨會事。據福州口美税司申陳云云全敘等由到本將軍。據此，查此案前准貴大臣來咨，當經劄行美税司查照給還。嗣據該税司申陳前情，復經照案劄復遵照前劄給還，並先後咨復各在案。兹據申陳前由，相應咨會。爲此，合咨貴總理大臣，請煩查照賜復施行。

一咨欽命總理船政大臣沈，同治九年四月二十日。

欽命總理船政大臣頭品頂戴世襲一等輕車都尉沈，爲咨覆事。本月二十二日准貴將軍咨，據美稅司申陳，准奉軍憲札開，准貴大臣咨。據監督教練輪船德克碑禀，所購飛輪砲。於本月二十三日，由「德吉利士」船運到。當經請發免單赴稅司處轉發關單，以便起運。詎稅司因儎單載係水銀，既屬不符，不准運回。禀請移咨起運回工札飭給還前來等因到敝司。奉此，查購買軍火。早經總理衙門定有章程，必須先行請照備案，方准採辦。節奉行知在案。今船政大臣並無先行通知，而報單載係水銀。儎單又係綢緞，如此紛歧，殊難查考。敝司愚意以爲總理衙門定章，自應一體遵守。若船政大臣置辦軍火，不先通知，似恐上行下效，致敝司難於稽查。按照約款，艙口單不符，船主應罰銀五百兩。今蔽司飭罰船主，想該船主亦必禀求領事向船政大臣或香港代辦人討取。茲承飭令給還，祇得據實申明。伏祈酌核，若以船政大臣不必循照總理衙門定章，則敝司只可將原礮發還。惟祈明白示下。以便申呈總稅務司轉申總理衙門，使知非敝司敢以故違成例也。爲此，申請鈞鑒等由到本將軍。據此，查此案前准貴大臣來咨。當經劄行美稅司查照給還。嗣據該稅司申陳前由，相應咨會。爲此，合咨請煩查照賜復等因，查教練監督德克碑。以法國飛輪礮新製精巧，可備陝甘軍前之用，禀請採辦前來。經本大臣批准在案，該礮到時，何以報單稱係水銀。儎單又係綢緞，據禀緣恐船主不肯領運。是以改換名色，果否屬實，海外情形。本大臣無從稽察。至本大臣所謄免單，實係飛輪礮，未嘗與貨不符也。購買軍火，必須先行請照，未准貴衙門咨明有案。本大臣迭經委員赴香港採辦礮械，亦有委正監督日意格自外國辦來者。均未向貴衙門先請執照，礮械到日，亦未准貴衙門扣留，且執照所以杜私。既請免單，必非私販，免單發自貴衙門，與貴衙門之執照名異而實同也。總之，關務係貴將軍專政，此案應如何辦理。貴將軍自有權衡，無俟本大臣嘵舌，唯謂單貨兩不相符。本大臣斷不能爲他人分謗。至於軍火請照，本大臣更無從懸揣而知，准咨前因，合咨請貴將軍查照。將購辦軍火應行請照定章，迅賜補咨，並將此案應如何辦理之處賜復施行，須至咨者。

右咨閩海關將軍，同治九年四月二十三日。

爲札劄行事，案准船政貴大臣咨開，准貴將軍咨。據美稅司申陳云云等因，准此。查監督德克碑置買飛輪礮，既經禀請船政貴大臣批准有案。併請免單，係屬官物，自應給還。其美稅司禀稱，艙口單不符，應按約飭罰等情。究應如何辦理，應即飭委妥爲議結，合丞札劄飭札劄到該協守美稅務司。即便遵照會同長協領及美稅司，李守及美稅司，長協領、李守，將前項飛輪礮即行給還。一面將如何辦理之處，妥爲議結具禀核奪，毋稍片延，切速切速，特須札至劄者。

札長協領、李守，劄美稅務司。

爲咨復事云云，准此。查德監督云云，應即飭委妥爲議結，除札飭南台口委員長協領慶、李守慶霖會同美稅務司，將前項飛輪礮即行給還，妥爲議結。並將前准通商大臣總理衙門各原咨照録另文咨送外，相應咨復。爲此，合咨貴總理大臣。請煩查照施行，須至咨者。

一咨欽命總理船政大臣沈。

爲録咨移送事，案准貴大臣咨開，將購辦軍火應行請照定章補咨等因，准此。相應將前准通商大臣薛原咨一件，通商大臣李原咨二件。

總理衙門原咨一件，照録咨送，爲此，合咨貴大臣，請煩查照施行，須至咨者。

一咨欽命總理船政大臣沈，同治九年四月二十六日。

欽賜頭等金功牌賞給四品銜辦理福州洋稅新關事宜稅務司美。爲申復事，奉憲札開。准船政大臣咨，以購辦軍火，應行請照定章，祈賜補咨，並將扣留飛輪礮一案如何辦理之處。賜復施行等因。伏閱憲札，以德監督置買該礮，即經禀請船政大臣批准有案。並請免單，係屬官物，自應給還。其艙口單不符，以敝司前請應飭罰船主等情，飭委妥爲議結等因。奉此，遵查購買軍火，應於派辦之初。先行移請執照，非俟運到始請免單，此係總理衙門定章，前已詳申在案。茲奉札令將礮給還，自應遵照，然敝司終恐違章未妥。既奉嚴札，擬將該礮送交崇轅，聽候憲台還給船政。至罰船主一節，似亦可毋庸議。既不扣礮，斷難罰商，況瞞報之咎。在辦礮之人，而船商不過爲其所愚耳，理合申請憲台一併札復。將還礮亦免罰商各情明賜示下，以歸公允，以結此案。敝司除遵照辦理外，仍具詳總稅司轉申總理衙門存案可也。須至申復者。

右申陳欽命鎮守福州地方將軍兼管閩海關印務文，同治九年四月二十七日呈。

爲劄覆事，據美稅司申陳云云全敘等情。據此，查前項飛輪礮，因係船政衙門批准採辦官物，且係左大臣軍前要需。是以叠次劄飭給還，據申前情，應如所請，將該礮解由本將軍衙門轉移船政衙門交收。唯該礮現在江干，若運至本衙門轉送，徒勞往返，應即作爲本衙門收到。即由該口委員長協領、李守就近解送交收。其前此申陳艙口單不符，按約議罰之處。究竟如何辦理，本將軍業經札飭長協領、李守，會同美稅務司妥議，應即遵照前札妥爲議結。除咨明船政大臣，並札飭該委員等遵照辦理外，合行劄復。爲此，劄仰美稅務司，即便將前項飛輪礮徑交長協領、李守，承領轉運船政衙門交收。一面將應否議罰，究應如何辦理之處，會同妥爲議結具復核奪，無稍違延，須至劄者。

劄美稅司，爲札飭遵辦咨明事云云，應仍遵照前劄，妥爲議結。除劄復美稅司遵照辦理外，合行札飭。爲此，札仰該協領、守即便會同李守長、協領，前向美稅司處將前項飛輪礮照數領出，尅日轉送船政衙門察收。先行具文報查，一面將應否議罰。究應如何辦理之處，迅速會同美稅司妥爲議結稟覆核奪，均毋違延，速速。

札委員長協領、李守云云，遵照辦理，併飭委員長協領、李守前向美稅務司處將前項飛輪礮照數領出。尅日轉送貴衙門查收外，相應咨明。爲此，合咨貴大臣，煩請查照施行。

一咨欽命總理船政大臣沈，同治九年五月初二日。

中國第一歷史檔案館《咸豐同治兩朝上諭檔》第二〇册《同治九年九月二十七日》 軍機大臣字寄，閩浙總督兼署福建巡撫英、前江西巡撫沈，同治九年九月二十七日奉上諭，英桂沈葆楨奏酌保水師人才開單呈覽一摺。輪船現既次第告成，必須有長於海戰，熟於駕駛及諳習沙綫風雲，通曉輪機之人，方足以資得力。茲據英桂等酌保總兵黃聯開等七員，及遊擊貝錦泉一員，以備擢用並將把總吳錫章一員，及都司吳世忠等十六員，分別請獎，均著照所請給予獎勵。該員等尚未著有勞績，此次破格給獎，藉資觀感。英桂、沈葆楨務當督飭各該員等實力講求，以資驅策。國家不惜數百萬帑金，創製輪船，原以籌備海防，期於緩急足恃。現在已成之船，必須責成李成謀督率各員弁駕駛出洋，認真操練，技藝愈精，膽氣愈壯，方足備禦侮摺衝之用。至所稱揀，調弁兵分配輪船常川訓練之處，即著會議章程迅速具奏。需用鎗礮等件，亦當悉心講究，認真製造備用。英桂另片奏，保總兵張其光等二員，已交軍機處與黃聯開等一併存記矣。將此各諭令知之，欽此。遵旨，寄信前來。

中國第一歷史檔案館《咸豐同治兩朝上諭檔》第二〇册《同治九年十月初三日》 軍機大臣字寄，福州將軍文、閩浙總督兼署福建巡撫英、前江西巡撫沈，同治九年十月初三日奉上諭，文煜等奏船政大臣，現丁父憂請飭守制，百日後仍出任事一摺。前江西巡撫沈葆楨自同治六年接辦船政以來，不辭勞瘁綱舉目張辦理，已著成效。該前撫現在丁憂懇請簡員接辦，本應俯如所請，以慰孝思。惟船政緊要，未便遽易生手，且非有地方之責，沈葆楨守制在籍，亦非出宦外省可比，即著文煜、英桂傳知沈葆楨於守制百日後，仍將船政事務照常經理，毋得固辭。該前撫平日辦事，實心想能仰體朝廷倚畀之重，移孝作忠也。沈葆楨守制百日內應行奏咨事件，並著文煜、英桂飭令夏獻綸等隨時稟知，該將軍督撫等代爲咨奏，以符體制。沈葆楨百日後遇有應奏事件，仍著照常奏事。將此各諭令知之，欽此。遵旨，寄信前來。

中國第一歷史檔案館《咸豐同治兩朝上諭檔》第二〇册《同治九年閏十月二十一日》 軍機大臣字寄，福州將軍文、閩浙總督兼署福建巡撫英、前江西巡撫沈，同治九年閏十月二十一日奉上諭，前因船政緊要，諭令沈葆楨守制百日後，照常經理。茲據文煜、英桂奏稱，沈葆楨具呈固辭，謂前丁母憂時，奉署理江西巡撫，及總司船政之命，籲懇終制，皆邀允准。並引李鴻藻從前丁憂之事，仍請終制等語。該前撫恪守禮經，陳情終制，原屬出於至誠。惟在籍辦理船政，仍可素服從事，非奪情釋服者比。李鴻藻侍從禁廷，亦與沈葆楨情形不同。該前撫丁母憂時，船政尚未動工，辦理本可從緩，故即允其所請。此時船政正在緊要，沈葆楨經理有年，辦有成效，若半途而廢，設有參差貽誤，關繫匪輕。是總理船政事，尤重於墨絰從戎。著文煜、英桂傳知沈葆楨，仍遵前旨，於百日後，將船政事務照常經理。事非有悖禮經，毋再拘泥固辭。朝廷因船政牽涉洋務，未便明降諭旨宣布，諒沈葆楨必能領會也。將此各諭令知之，欽此。遵旨，寄信前來。

中國第一歷史檔案館《咸豐同治兩朝上諭檔》第二〇册《同治十年正月十七日》 軍機大臣字寄，福州將軍文、閩浙總督英、福建巡撫王、前江西巡撫沈，同治十年正月十七日奉上諭，文煜等奏，船政大臣因病未能赴工，請派員接辦一摺。前因船政緊要，疊經諭令沈葆楨，於百日孝滿後，將船政事務照常經理。茲據文煜等奏，稱沈葆楨百日孝滿後，以患病未能赴工，呈請代奏等語。沈葆楨管理船政已著成效，現當工程喫緊之際，豈可因病諉卸，致誤要工。即著文煜、英桂、王凱泰傳知沈葆楨，趕緊調理。其船政事宜，仍督飭夏獻綸等，認真妥辦，並令隨時稟商沈葆楨，以昭慎重。該前撫一俟病痊，即當迅速赴工，照常督率經理，用副委任。將此各諭令知之，欽此。遵旨，寄信前來。

抄交總理衙門。

中國第一歷史檔案館《咸豐同治兩朝上諭檔》第二〇册《同治十年四月初一日》 軍機大臣字寄，福州將軍兼署閩浙總督文、閩浙總督英福建巡撫王、前江西巡撫沈，同治十年四月初一日奉上諭，文煜等奏第六號輪船開工，第七號改造兵船情形一摺。另片奏船政大臣因病不能赴工，請旨遵行等語。閩省第六號，輪船現已購齊木料，剋日開工。即著照文煜等所擬，命名「鎮海」。至輪船之設，須礮位多，而馬力大，方能利涉波濤，制勝較有把握。文煜等擬將第七號，改造兵船，不爲無見。著即督飭在事人員，與日意格，悉心講求，功歸實際，不得曠日持久，虚糜帑金。沈葆楨辦理船政，成效彰彰。現雖病未就痊，仍未可置身事外。著文煜等督飭夏獻綸等，認真妥辦，並令該道等隨時禀商沈葆楨，以昭慎重。沈葆楨著俟服闋後，再行赴工督率經理。此係朝廷曲體孝思，俯允所請，該前撫毋再因病固辭，以副委任。將此各諭令知之，欽此。遵旨，寄信前來。

中國第一歷史檔案館《咸豐同治兩朝上諭檔》第二〇册《同治十年十二月十四日》 軍機大臣字寄，大學士兩江總督一等毅勇侯曾、福州將軍兼署閩浙總督文、前升任閩浙總督江蘇巡撫張、江蘇巡撫何、福建巡撫王，同治十年十二月十四日，奉上諭，宋晉奏閩省製造輪船經費，已撥用至四五百萬，名爲遠謀，實同虛耗。且聞採買雜料，委員四出，雖官爲給價，民間不無擾動。江蘇、上海製造輪船情形亦同。請飭暫行停止，其每年額撥之款，即以轉解户部。已經造成船隻，撥給殷商駕駛，收其租價，以爲修理之費等語。製造輪船原爲綢繆未雨，力啚自强之策。如果製造合宜，可以禦侮，自不應惜小費而墮遠謀。若如宋晉所奏，是徒費帑金，未操勝算，即應迅籌變通。著文煜、王凱泰通盤等畫，應否將輪船局暫行停止之處，酌量情形，奏明辦理。其上海輪船應否一律停造，並著曾國藩、張之萬、何璟妥籌熟計，據實奏聞。原片均著抄給閱看，將此各諭令知之，欽此。遵旨，寄信前來。

「中央研究院」近代史研究所《海防檔》乙福州船廠《同治十年四月二日總署收軍機處交出福州將軍文煜等奏第六號輪船開工第七號輪船改造兵船》 四月初二日，軍機處交出福州將軍文煜等奏稱，爲第六號輪船開工，第七號改造兵船情形，恭摺會陳。仰祈聖鑒事。竊照閩省船廠第五號輪船開工，擬名「安瀾」，據船政提調福建遇缺題奏道夏獻綸禀經臣等會摺奏明在案。旋因廠中所存木料，不敷續造輪船應用，夏獻綸當飭先儘存料繩削。一面派員會同監督日意格赴上海洋行採購，於正月底將各木料購運到工，即據監督日意格以現在第六號船身，配用八十四馬力輪機者，所有龍骨脊骨等料，均經鋸斲各備，計船身長十六丈六尺，寬二丈六尺有奇，可以尅刻期開工等情。禀由夏獻綸於同治十年二月初九日安上龍骨，查輪船之設，外洋所長，全在砲位多而馬力大。故能於重洋巨浪之中，縱横顛簸，履險如夷，制勝確有把握，今閩省不惜巨帑。創造輪船，自應設法講求，得其奧妙，當商之日意格，以仿照外國兵船式樣，製造輪機。馬力似宜增拓，日意格深以爲然，因議定購二百五十匹馬力新様輪機水缸一副，約以五箇月後到工，爲第七號船配用。現在一面先繪船圖，三月間即先製造船身，以免間曠。其身長十九丈，寬三丈六尺有奇，以取艙面空濶，則可安砲位。外國兵船有配砲二十一尊者，有配砲十三尊者，總以砲大而能及遠者爲佳，究應如何配設，已由夏獻綸咨商統領輪船福建水師提督臣李成謀。斟酌妥辦，計該船可容水手兵丁二百四十人，如果製作堅利，行駛迅速，以後並可按式仿造。惟據日意格禀稱，造一百五十匹馬力輪船，一年内可成三號。如改製二百五十匹馬力兵船，一年工程，僅抵一半，統計一船自開工起，須閲十五箇月方能造成。所用木料銅料鐵料及篷索器具等件，均須加增一倍等語，現在第七號二百五十匹馬力，係購買輪機水缸，試行製造。將來如照此辦理，輪機水缸由廠中自製，則所需經費尤繁，擬俟此號工竣，勘驗如均合法，再行奏請辦理。據夏獻綸禀請具奏，並將日意格繪呈船砲各圖轉送前來。臣等覆查無異，謹將第六號輪船擬名鎮海，以資號召，當否之處。恭候聖裁。至第五號伏波輪船，于同治九年十一月初一日下水，本年二月十二日工竣出洋，駕駛甚爲靈捷。除將船砲各圖咨呈總理各國事務衙門察查外，所有第六號輪船開工，第七號改造兵船緣由。臣等謹會同一等恪靖伯陝甘總督臣左宗棠，合詞恭摺具奏，伏乞皇太后、皇上聖鑒訓示。再總理船政前江西巡撫臣沈葆楨因丁憂患病，未出任事，是以仍由臣等具奏，合併陳明。謹奏。同治十年四月初一日，軍機大臣奉旨，欽此。

「中央研究院」近代史研究所《海防檔》乙福州船廠《同治十年九月二十八日總署收閩浙總督文煜文船政監督日意格請假赴安南治病並順雇洋匠》 九月二十八日，閩浙總督文煜文稱，據船政提調福建遇缺題奏道夏獻綸禀稱，船政監督日意格，前次禀請病假六個月回國醫治，並順僱鐵廠監工匠頭兩名，以補缺額，届期即當前來。職道當以工程緊要，該監督未便遠離，如果患病，儘可在工安心調理，毋庸回國。洋匠應由其另行設法僱募，並傳憲諭再三慰留照覆去後。兹復據稱，監督竊思現在工程正關緊要，洋員匠缺一不可。今以各廠而論，辰下廠中起造二百五十匹馬力輪船，洋員監工，尚缺其人。鑄鐵廠洋匠首，早經回國，尚有副匠首一名，近沾病恙，不日亦要回國，鎚鐵打鐵廠，目下打造輪機，應用大宗器件。一面兼拉大鐵條，該二廠洋匠首洋匠統算不過五名，人數亦不敷用，輪機廠洋匠首，須一面在廠監理諸工，一面奔赴輪上監製。一人亦不敷用，現在一切工務增繁，又值監督抱恙，在在需人幫理，若各廠所遺數缺。不早圖募補，監督恐難保是舉必望有成。倘設法寄國托人覓僱技藝優長者來工酌用，此事前經照辦，礙難施行。緣外國規矩，匠首自己不用動手做工，僅指揮熟悉，各匠自知依法製造。船政各廠洋匠首，必須事事躬親，與外國情形不同。如托外人代僱，恐所僱之人，不僅不識中國情形。並恐有礙工務，此監督所亟急於請假者，職是故耳。監督雖不能遠離工次，而募匠尤爲船政所急務，再四思維，必須就近一行。庶可僱募得人，於工務方無妨礙。查安南國有數處地方，向屬敝國管轄，近來敝國各色人等多住該處。監督現擬躬赴安南，選募洋員匠到工補用，順便延訪良醫，療治病軀，約需假期三箇月。且安南相距中國不遠，工次如有緊急事務，請由衙門片致辦公所，令其作速函寄香港。即由電報直達安南，監督得信，自當馳回工次，萬不致悞。監督承辦船政工程，已蒙本國允許，准來中國辦理，可無他慮。所有辦公所中外承接各事務，暫交繙譯官斯恭塞格代行妥辦。監督有已辦未了各事件，經一一交代明晰等因，准此。查日監督現已定於九月初三日起程，由香港前赴安南。所有中外交接事件，暫交繙譯官法國人斯恭塞格代辦。遇有公事，仍用日監督銜名，由繙譯官代押，廠中一切工程。現經照常辦理，理合稟明會咨總理各國事務衙門察照等情，到本兼署部堂部院。據此，除稟批示外，相應咨呈，爲此，咨呈貴衙門，謹請察照施行，再福州將軍係本兼署部堂本任，毋庸會銜。總理船政前任江西撫部院沈因丁憂未出任事，是以未經列銜，合併聲明。

「中央研究院」近代史研究所《海防檔》乙福州船廠《同治十年九月二十八日總署收福州將軍文煜等函日意格告假詞意懇切》 復查該監督抵工數年，遇有交涉事件，俱能和衷商辦。此次陳請病假，雖係實情，僱募洋匠，亦屬公事。然何以如此急迫，再三挽留，竟難中止。訪察該監督因未有妻室，故始欲回國，繼欲赴安南。冀得因公之便，以遂其私情也。惟現據請假三月，能否依期銷假，彼國正圖生衅。該監督雖情殷効順，能否不致阻留，均未可定。夏道與其往返詰詢，該監督總以現在工程有繙譯官斯恭塞格代辦，可期無誤，如廠中無事，或再寬假期一二箇月，倘實有緊要事件，則隨時皆可函寄香港由電報直達安南，不過數日，即可得信。自當馳回工次，至辦理船政工程，已蒙本國允准，方能前來。監督係水師人員，應歸本國水師提督管轄，上年天津案起，提督仍令照常辦理，可無他虞等情。察其詞意，實爲懇切，據夏道密稟前來，除另行咨呈外，謹將船政監督日意格告假情形，密達察照。

「中央研究院」近代史研究所《海防檔》乙福州船廠《同治十年十月三日總署收軍機處交出閩浙總督文煜等摺第五號輪船下水並自製瀛鑪輪機告成及第七第八號兩船製造各情形》 十月初三日，軍機處交出閩浙總督文煜等摺奏稱，奏爲第五號輪船下水，並自製瀛爐輪機告成，第七第八號兩船製造各情形，恭摺會奏，仰祈聖鑒事。竊照閩省船廠續造第五號輪船，擬名「安瀾」，並第六號輪船開工。第七號改造兵船情形，經督臣英桂會同臣等先後恭摺奏明在案。茲「安瀾」輪船，據監督日意格稟稱，該船船長二十丈，寬三丈，船前舀水一丈有奇，船後舀水一丈二尺有奇。自船面至船底，深一丈八尺有奇。除機器煤艙外，可裝貨四百噸，計重六十七萬餘斤，所有船身灰艌鑽孔鑲鈴鐵手，及包釘銅片等項，均已齊備。請即擇期下水，經提調夏獻綸謹擇於同治十年五月初一日，會同在事員紳，祭告天后江神土神畢，即將該船推移入水。所配輪機瀛爐，係一百五十四馬力，均由廠中自製。先於三月間將瀛爐製好，安置船上，其機輪至本年六月底竣工，現亦移配入船，一俟桅柁篷纜礟架，及零星各件料理就緒，即可展輪出洋。並據日意格稟，製造輪機之法，計分五項，一在先將全座輪機，分件按量尺寸，縮畫圖式。一在模廠按畫圖之大小，刻木以肖其形。一在打鐵鑄鐵各廠仿照模樣，打鑄成器。一在輪機廠將打鑄器件，刮磨合攏。一在水缸廠打造大小各節銅管，鑲配聯合，是併數廠之工作，方能共成一器。做法雖極靈巧，卻皆有次第可循。該輪機自九年八月起造，適因爲廠皆有添配器件，未暇專力於此。故至本年六月始報完竣，現在第二副第三副輪機，均按照式樣接續製造。匠作趨事日久，駕輕就熟，較易爲功，其第七號改造二百五十四馬力兵船，於五月二十五日安上龍骨。現在兩舨船脅，均已上齊，即日可以封板。第八號輪船仍係一百五十四馬力，已於七月初間動工。謹將第七號船擬名「揚武」，第八號船擬名「飛雲」，以資號召，至錘鐵廠本設於船廠之內。與輪機鑄鐵水缸各廠並列，旋因廠內地方鬆軟，每一瀛錘擊動，則屋瓦皆震，經日意格勘明，於船廠迤東山麓一帶，添設錘鐵廠一所。並銜接起盖拉鐵廠一所，因廠中所用鐵條鐵片，皆須購自外洋。如能拉鐵，則廠中可以自製，爲一勞永逸計也。現在拉鐵錘鐵兩廠，均已完工，據船政提調福建遇缺題奏道夏獻綸稟請具奏前來。除咨呈總理各國事務衙門察照外，所有第五號輪船告成，並第七第八兩船製造情形。臣等謹會同一等恪靖伯陝甘督臣左宗棠，合詞恭摺具奏。伏乞皇太后、皇上聖鑒訓示。再總理船政前江西巡撫臣沈葆楨因丁憂未出任事，是以仍由臣等具奏。福州將軍係臣文煜本任，毋庸會銜，合併陳明，謹奏。

同治十年十月初一日，軍機大臣奉旨，該衙門知道，欽此。

「中央研究院」近代史研究所《海防檔》乙福州船廠《同治十年十一月五日總署收户部白片開送註寫堂銜》　十一月初六日，本衙門遞正摺稱，奏爲遵旨議奏事，軍機處抄交福州將軍文煜等奏，續造輪船，應如何分派各省，抑或另行添籌經費一片。同治十年十月初一日，軍機大臣奉旨，該衙門議奏，欽此。總理各國事務衙門查原奏内稱，閩省新造輪船，配撥弁兵舵水人等應需薪糧公費及煤炭等項，前經奏明將福州厦門兩口洋藥票税一款，截留支用在案。洋藥票税每年征銀不過七八萬兩，近來尤形短絀，現成大號輪船三隻，小號輪船兩隻，每月需銀九千餘兩，又建威夾板練船，每月需銀一千一百餘兩，已不敷支給，以後成船日多，經費更鉅。前項薪費不能不通盤籌及，并稱創造輪船，原爲中國自强之計。沿海各省，必須協力通籌，分撥應用，在各處洋面，既資巡緝，而往來港道亦易熟諳。現在僅准浙省咨明，需船一號，薪糧等項，即由浙支銷，其餘續造輪船，究應如何分派各省，抑或另行添籌經費，相應請旨飭下總理各國事務衙門覈議遵行等因。伏查閩省開廠製造輪船，原爲備物制用，以期有備無患之意。經前任閩浙督臣左宗棠，於同治五年迭次奏准在案。嗣是次第興造，計已成者五隻，其續造者亦陸續可以告竣，雖工費浩繁，究有成效可覩。惟已成之船，亟應分布海口，以期熟習風沙。且使弁兵及舵水人等嫺於駕駛，方爲有用之器。誠如該將軍等所稱，各處洋面，既資巡緝，而往來港道，亦易熟諳，固不僅爲通融經費起見。臣等公同商酌，除江蘇一省，原有滬局製造之船，足敷應用，並浙省已咨准撥用一隻，均毋用添撥外。其餘沿海省分，如廣東之香澳，山東之登州，奉省之牛莊，直隸之天津等處，均屬海道可通。且各該省每有雇買外國火輪夾板等船，以資辦公之時，與其借資外洋，徒增耗費，曷若撥用閩廠船隻，既可省就地雇買之費，兼可節閩局薪糧之需。且不致以有用之船，置之無用之地。於試演新船，撙節度支之道，均有裨益。如蒙俞允，應俟命下之日。臣等行文南北洋通商大臣，及沿海各督撫，體察各處情形，分別奏咨撥往應用。所需薪糧各費，准令由各該省洋藥厘金項下，就近動支，仍覈實支銷，毋許浮濫。户部查各該省洋藥厘金，前經臣部奏撥京餉，直隸每年解銀五萬兩，山東五萬兩，廣東十萬兩，按季解部交納，除動撥輪船經費外，應解京餉，仍令各該省遵照奏案解部。不得因支發輪船經費，將京餉短缺，致誤支放。其福建應解洋藥厘金京餉每年五萬兩，並應照舊解部，至洋藥票税一款。總理各國事務衙門查閩廠船隻既已分撥，所存較少，薪費無慮不敷，應仍照案於福夏二口洋藥票税項下截留支用。該將軍所稱近來洋藥滯銷，票税短絀，恐由偷漏走私所致。應由該將軍督飭關員認真稽查，務使積弊一清，征收自有起色，不得以此需費較減。遂於票税盈絀，稍形泄視。户部查閩省輪船，一經分撥各省，經費較省，其餘存洋藥票税，仍遵奏案報部候撥，毋得擅動，遵議沿海省分撥用輪船各緣由。謹繕摺覆陳，伏乞皇太后、皇上聖鑒訓示。再此摺係由總理各國事務衙門主稿，合併陳明，謹奏。

佚名《晚清洋務運動事類匯鈔》上册《宋晋片》　再，閩省連年製造輪船，聞經費已撥用至四五百萬，未免糜費太重。此項輪船將謂用以制夷，則早經議和，不必爲此猜嫌之舉。且用之外洋交鋒，斷不能如各國輪船之利便。名爲「遠謀」，實同虚耗。將謂用以巡捕洋盗，則外海本設有水師船隻。如果製造堅實，駛以熟悉沙線之水師將弁，未嘗不可制勝，何必於師船之外，更造輪船，轉增一番浩費。將欲用以運糧，而核其水脚數目，更比沙船倍費。每年閩關及厘捐撥至百萬，是以有用之帑金，爲何緩可無之經費。以視直隸大灾賑需，及京城部中用款，其緩急實有天淵之判。此在國家全盛時，帑項充盈，或可以此創制新奇，示閗智角勝之用。今則軍務未已，費用日絀，殫竭脂膏以争，此未必果勝之事，殊爲無益。且聞製造原歸帑項，而一切採買雜料，皆須委員，四出辦理，即官爲給價，民間亦不無擾動。聞歷任督臣吴棠，英桂，文煜亦多不以爲然。江蘇上海製造輪船局，亦同此情形。應請旨飭下，閩浙兩江督臣，將兩處輪船局暫行停止。其每年額撥之款，即以轉解户部，俾充目前緊急之用。其已經成造船隻，似可撥給殷商駕駛，收其租價，以爲修理之費。庶免船無可用之處，又糜費庫款修葺也。臣愚昧所及，附片縷陳。伏乞聖鑒，謹奏。

同治十年十二月十四日，軍機大臣奉旨，欽此。

「中央研究院」近代史研究所《海防檔》乙福州船廠《同治十年十二月二十四日總署致浙江巡撫楊昌濬函查詢湄雲輪船不宜於浙洋原因》　十二月二十四日，致浙江巡撫楊昌濬函稱，本年十二月十七日，本處收到軍機處鈔交福州將軍文煜等片奏。内稱，准浙江撫臣以「湄雲」輪船於浙洋不甚相宜，緘商改派，當將該輪船調回。飭據船政提調查有成造第四號「伏波」輪船，堪以派往等因。查閩省開厰製造輪船，原爲備物制用，以期有備無患起見。前於同治五年間經左季臯宫保叠次奏准在案，查季臯奏辦之始，其摺内曾聲明，成一船即練一船之兵，可以布置沿海各省，遥衛津沽等因。本年十一月間，本處議覆福州將軍等奏，續造輪船應如何分派各省摺内，亦曾聲明已成之船，亟應分布海口，以期熟習風沙，方爲有用之器等語。現據閩省奏報，第六號輪船下水，第九號業已開工，並第五號出洋試驗，與購自外洋者無異各等語。本處方喜該省製造輪船，陸續告竣，雖工費浩繁，究有成效可觀，乃閱此次星巖將軍片奏。竊意「湄雲」一船，必有不能應用之處，一船如此，他船可知。閣下函中，謂於浙洋不甚相宜，查洋面皆同，豈有能駛用於閩洋，而不能駛用於浙洋之理。所貴乎輪船者，謂其能駕駛咸宜，無往不利，方足以資攻戰。而涉重洋，若限於一處，遷地即形弗良，又安用此輪船爲，誠恐日意格等未肯將外洋輪船之製。盡洩其秘，而該厰提調委員等，復不能悉心講求，廣諮博採。以致虚縻巨帑，徒成粉飾之觀，閣下致閩省函中，未曾道破此層，原屬不肯越俎之見，但本處於此事。屢經奉旨飭議，時時以不能得有實濟爲虞，務望閣下將「湄雲」輪船所以不適用之故，確鑿告知，不必稍存瞻顧，並以後易換伏波輪船。能否得用，亦須詳細提及，本處當爲補救挽回之計，將來擬議如何辦法，決不以所聞得之閣下，形之公牘也。幸有以釋其疑，而迅予見復爲盻，專此，順頌勳祉。

吴元炳《沈文肅公政書》卷四《七號八號輪船出洋並以次下水酌改船式各情摺同治十二年正月二十七日》 奏爲第七號、第八號輪船出洋，第十號、第十一號輪船下水，並第十二號酌改船式各情形，恭摺具陳，仰祈聖鑒事。竊閩厰七號、八號、九號輪船下水，並十號、十一號輪船起工，業經督撫臣節次奏明在案。此據提調夏獻綸禀稱，第七號之「揚武」，第八號之「飛雲」，先後竣工，出洋試演，計順風順水，「揚武」一時約行百里，「飛雲」一時約行八十里，輪機靈捷，礮位精良。第九號之「靖遠」工尚未畢，再需三四箇月，方可出洋。第十號之「振威」，十一年十一月十一日下水，第十一號之「濟安」十二月初四日下水，船身既竣，水缸滊鑪機器等事，飭令次第安排。第十二號於九月二十二日安上龍骨，目下船脅甫齊，正在封釘舨板等語。臣視事後，察看「飛雲」工堅料實，與「萬年清」「伏波」「安瀾」相伯仲。而兵船之用，則以「揚武」爲長鑪座輪機，僅與水面相平，烟筒三節可以隨意升降，利於避礮。本船配大礮十有三尊，利於攻敵，馬力加多，行駛尤速。然而造船之費，購礮之費，薪糧之費，煤炭軍火之費，則不啻倍於「飛雲」矣。「揚武」所用多英國之前膛礮，摧堅及遠，迥異尋常，而靈巧則不如「飛雲」所用之布國後膛礮。蓋前膛礮築藥裝子洗礮，均須人出艙外，身當礮口，既慮敵礮見傷，又防餘藥遺患。後膛礮則裝放之時，敵人無從望見，而内膛螺絲中有無渣滓黏滯，從後窺之，便一目了然。惟打放數十次之後，即須暫停，否則恐其熱而炸裂。蓋靈巧與堅實互有短長，在熟知其性者，舍所短而用所長，庶幾收其利，不受其害。第十二號輪船擬名「冰保」，馬力百五十匹，本與「飛雲」一律辦理。而養船經費支絀異常，臣擬令監督日意格仿照外洋商船規制，將房間移建上層，俾中艙底艙地位寬闊，多裝貨物，以便招商。試行領運不苛繩以成法，冀收效於將來。如荷恩俞，請將第十三、十四、十五等號輪船一體改造，廣閭閻之生計，節國家之度支。然此第屬一時權宜，若經費漸裕，仍當仰體我皇上力圖自强之意，講求兵船新法以固疆圉而壯聲威。臣愚昧之見，是否有當。謹會同陝甘總督一等恪靖伯臣左宗棠，閩浙總督兼署福州將軍臣李鶴年，福建巡撫臣王凱泰恭摺，由驛四百里具陳。伏乞皇上聖鑒訓示，謹奏。

吴元炳《沈文肅公政書》卷四《船政經費支絀摺》同治十一年正月二十七日　奏爲覆陳船政經費支絀情形，仰祈聖鑒事。竊臣鶴年、臣凱泰於同治十一年十二月二十日准户部咨，本部議覆。陝甘總督左宗棠奏，閩省輪船經費不敷，請於該省應解廿餉内酌撥一摺。閩省造船經費，前據英桂等奏，每月牽算不過四萬兩。留撥閩海關銀五萬兩，已屬寬爲籌備。究竟大小船隻，每隻需銀若干，每月經費實需若干，並造成後，管駕員弁薪費若干，請飭下福州將軍，閩浙總督，福建巡撫核實估計。奏報到日，再由臣等酌核等因。奉旨，依議，欽此。查左宗棠之議立船政也，中國無一人曾身歷其事者，不得不問諸洋將。其約自鐵厰開工之日起，立限五年，成船一十六號，估費三百萬兩。雖中外員匠有生熟巧拙之殊，銅鐵木料有貴賤之異，零星物件，外國取諸市肆而皆足。中國非一一本厰自造，即購諸重洋。然所估之數，尚不甚相遠。至以結款四十萬兩，爲購器募匠買地建厰之需。則昔之所估，與今之所費，大相懸絶。專就建厰而論，一椽未立，一瓦未覆，第購民田，釘木樁，培山土，地基甫固，而所費已不貲矣。蓋洋將所見者，外國已成之厰，而未見當日經營締造之艱難。所以，臣葆楨初次任事時，即有應辦工程，應發款項，多從前未經議及之奏也。原議鑄鐵爲一厰，打鐵爲一厰，模子爲一厰，水缸兼打銅爲一厰，輪機兼合攏爲一厰，合共五厰。後增拉鐵、搥鐵、鐘表、帆纜、火甎、舢板六厰，而打鐵、輪機、鐘表又各有分厰，計船壹三座，船亭五座，船槽一座外，凡爲廠一十有四。原議學堂兩所，後添繪事院、駕駛學堂、管輪學堂、藝圃，四所。臣葆楨察看其均係不容已之需，懔遵我皇上勉爲其難，毋得瞻前顧後之旨。不追繩其原估之疏漏，而務責其全局之必成。所有添設緣由，均經奏明在案。雖於同治八年正月初一日起限，實則十年科間，廠工始畢，購器建廠，費百餘萬。此結款不敷，挪用月款之實在情形也。添廠則添機器，添匠丁並添工費。原議監督暨洋員匠三十八員，每月薪費銀八千九百七十八兩。嗣增拉鐵、搥鐵、洋匠銀四百兩。監造工程，洋匠銀五百兩。駕駛管輪教習，銀七百五十兩。教造船上鐘表洋匠，銀四百四十兩。德克碑教練公費，銀五十兩。各洋匠夜課藝徒讀書，銀二百兩。洋匠禮拜加工夜作加工，銀六七百兩不等。中國匠丁人數，亦逐廠隨之而增。原議兩學堂藝童六十人，今則藝童藝徒合三百餘人。始也月給贍銀四兩，學業日進，則贍銀日增。其自南洋來，通外國語言文字，略知機器之學者，贍銀月數十金。此月款始而充裕，繼而支絀之實在情形也。成船日多，票稅日絀。十一年所入票稅僅七萬兩，按月匀算得五千餘兩，就分撥各省後，目下閩省存船計之，「揚武」薪費月番銀三千二百五十兩，「萬年清」、「飛雲」月各二千一百二十六兩五錢，建威練船月一千四百八兩四錢，鎮海水師船月六百四十八兩八錢，共番銀九千五百六十兩二錢，摺紋銀八千六百九十一兩九分一釐。而煤炭之費，修理之費不與焉，且分撥各省輪船，均須在閩教練數月，此數月之薪費，不得不出於閩。此養船經費不敷，因而挪用月款，致月款愈絀之實在情形也。每船工料價銀若干，驟難一一釐析。臣等謹就每月額定經費計之，洋員匠薪費約一萬二千兩，監工員紳薪水暨書役工伙約一千二百餘兩，各匠工食約一萬一千五十餘兩，健丁運夫排工口糧約四千三百九十餘兩，藝童贍銀約八百八十餘兩，藝徒幸工約八百一十兩，零通事辛工約九十兩，各船薪費八千六百九十一兩，零共三萬九千餘兩。而歷年採辦大小料件，匀月牽算，數與相當。蓋每月實不敷，銀二萬餘兩。合無仰懇天恩，准自本年正月爲始，每月添撥銀二萬兩。臣等再行極力撙節，以收垂成之功。俟限滿，洋將撤回，此二萬之款，即行停撥。臣等愚昧之見，是否有當。謹會同陝甘總督一等恪靖伯臣左宗棠合詞，由驛四百里具陳。伏維皇上聖鑒訓示，飭部議覆施行，謹奏。

佚名《晚清洋務運動事類匯鈔》上册《督憲札》 爲札飭事，准欽差大臣兩江閣爵部堂曾咨。同治十年十二月初五日，准總理衙門函開，閩、粵、江蘇三省目下已成輪船，及購買各船商船式樣爲多，不盡可作兵船之用。應如何變通，寬籌經費，尚望酌量。現在情形勿拘成説熟籌良法等因，到本大臣准此。除械覆總理衙門，並劄江南機器製造局綜理輪船操練，吴道等核明來往函内事理酌量蘇省現在情形詳細查明，妥籌章程，禀候核辦，勿稍拘泥遲延外，抄粘咨會查照等因。到本大臣准此合行札飭，札到該道即便查照。

佚名《晚清洋務運動事類匯鈔》上册《船政大臣沈奏》 總理衙門謹奏爲遵旨籌議船政事宜，未可停止，恭摺具陳，仰祈聖鑒事。同治十一年五月十七日，軍機大臣面奉諭旨，李鴻章奏輪船未可裁撤摺，同左宗棠、沈葆楨前奏各一摺，一併交總理各國事務衙門議奏，欽此。欽遵鈔出到臣衙門，臣等伏查陝甘督臣左原摺内稱，製造輪船寔中國自强要著。自鉄廠開工，已造過輪船九號，爲時尚止三年，此時日之可考者也。近來船式愈造愈精，原擬配砲三尊者，今可配砲八尊。續造之船，竟配新式大洋砲十三尊，此成效之可考者也。又稱工作之事，創始爲難。工作之費，亦惟創始最鉅。仿造輪船，必先建廠。創造伊始，百物備焉，故始造數隻所費最多。迨後續造，則各項工程無須再造，經費專用之船工，而亦日見其少。竊維此舉，爲沿海斷不已之舉，此事寔國家斷不可少之事。若即行停止，無論彼族得據購僱之永利，國家旋失自强之遠圖。且即因節費起見，言之停止製造，已用之三百餘萬，能復追乎。定買之三十餘萬，及洋員洋匠薪工等項，能復扣乎。所謂節者，安在也。前江西撫臣沈原摺内稱，當左之議立船廠也，中國無一人曾親歷其事者，不得不問之洋將。洋將所見者，外國已成之廠，而不知當日經營締造之艱難。原議鑄鉄廠、打鉄廠、模子廠、水缸兼鑄銅廠、輪機兼合櫳廠，合共五廠。後增八廠，廠基購民田、釘木樁、培土山，所置機器需費甚鉅。倘經停止則發賣無承售之人，存儲有看守之費，積日朽蠹，必歸無用。輪船無一歲不修，數歲則一大修，工停而船無可修，則廠廢而船隨之俱廢驟。籌七八十萬金，遣散不做工之洋人，清還不適用之物價，是省費，而費愈迫也。外人垂涎兩廠非一日矣，我朝棄則彼夕取，枝節横生，有非意料所及者。反覆再三，竊以爲不特不能即時裁撤，即五年後，亦不可停止，所當與國家億萬年有道之長永垂不朽者也。大學士直隸督臣李原摺内稱，國家諸費皆可省，惟養兵設防練習鎗炮製造輪船之費，萬不可省。求省費，則必屏除一切。國無與立，終不得强。苟或停止，則前功盡棄。所費之項，轉成虚糜，不獨貽笑外人，亦且浸長寇志各等語。臣等溯查，同治五年六月，左首建設局造船之議，前兩江督臣曾，直隸督臣李等，又均以力圖自强，非講求機器製造輪船不可，臣等意見亦復相同。是以先後議，准期於事之必成朝廷行政用人自强之要。固自有在然武備，亦不可不講制於人，而不思制人之法，與禦寇之方，尤非謀國之道。雖將來能否臨敵制勝，未敢豫期，惟時際艱難，只有棄我之短，取彼之長，精益求精，以冀漸有進境。不可惑於浮言，淺嘗輒止。臣等於船廠未經親歷，寔不能知其詳。惟李、左、沈，諸臣慮事周詳，任事果毅，意見既已相同，持論各有定識，且皆身在局中，力任其難，自必確有把握。其間造商船，以資華商僱領一節。李、沈，俱以爲可行，應由該督撫，隨時察看情形，妥籌辦理。至李籌及嗣後添造兵船，無可分撥擬，請裁撤各省内外洋紅單拖繒艇船，而配以自造兵船，即以各船修造養兵之費，抵給輪船月費等語。應由各該省督撫，另行奏請諭旨，飭部覈議。所有遵議製造輪船，未可停止緣由，謹恭摺具陳。伏乞皇太后、皇上聖鑒訓示施行，謹奏。同治十一年七月十一日。

「中央研究院」近代史研究所《海防檔》乙福州船廠《同治十一年二月三十日　總署收北洋通商大臣李鴻章文請令閩廠鎮海輪船於出洋時順至天津查閲再議調撥》二月三十日，北洋通商大臣李鴻章文稱，據天津機器局陳道欽，沈道保靖稟稱，前奉諭函，直隸海防議撥閩廠輪船一節。業經行知在案，閩廠「萬年清」輪船，運載賑米來津，届時該道等應即親赴該船察看具復等因。奉此，查「萬年清」輪船，於本月初五日行抵葛沽，以水淺沙淤，不能駛進紫竹林。職道等遵即會同孫道士達，於十四日馳往該船子細察看，其機器係英國舊式滊洞，力量甚足，惟係高機，窮窿在上。近年外國皆不甚合用，且能勝任此項機器之船，其船身較大較重，雖能容物，而吃水亦較深，刻間水旺之時，止能停泊葛沽。於津郡海口之内，似亦不甚合用。「安瀾」一船停泊大沽口外，不能進口，以上兩船所載賑米，皆就地起駁。不日回駛，隨即細詢貝游擊錦泉，閩廠所造各號輪船情形。據稱，閩廠輪船，器料最堅最利用者。莫若第七號「揚武」輪船，刻已下水，詢其吃水。至十四尺之深，又與津郡不甚相宜，當與再三商榷，惟「鎮海」輪船，按其船身丈尺，吃水分寸，可期合用。且係屬兵船，惟未曾目覩，其船之良窳，實不敢懸定也。又「伏波」輪船，上年泊紫竹林，船身高大，係法式，其機器一切，俱未見過，合併陳明。所有議撥閩廠輪船，急切未能就緒，其應如何辦理之處，祇請訓示遵行等情到本大臣。據此，除批據稟閩廠「萬年清」、「安瀾」、「揚武」三輪船，或船身太大，或吃水過深，均與津郡不甚相宜。「鎮海」輪船與「伏波」輪船，船身丈尺，吃水分寸，似於津郡可期合用。惟「鎮海」一船，前准閩省寄到船册，内開。八十四馬力，本年春夏可以配齊出洋，未知船器良窳若何，「伏波」一船，上年雖泊紫竹林，其機器一切亦未見過，現已撥往浙省巡緝。候先咨商閩浙署督部堂福建王撫部院察核，請令「鎮海」船出洋之便，順至天津一爲查閲，再行定議可耳繳等因掛發並分咨外，相應咨明。爲此，合咨貴衙門，煩請查照施行。

「中央研究院」近代史研究所《海防檔》乙福州船廠《同治十一年三月一日總署收軍機處交出福州將軍文煜正摺撥解船政經費及船廠造船情形》　三月初一日，軍機處交出文煜正摺稱，爲閩省製造輪船情形，遵旨覆陳，仰祈聖鑒事。竊臣等承准軍機大臣字寄同治十年十二月十四日奉上諭：製造輪船，原爲綢繆未雨，力圖自强之策等因，欽此。伏思閩省製造輪船，本爲自强之計，經前督左宗棠於同治五年奏准試造，適調任陝甘，復奏蒙簡派前江西撫臣沈葆楨總理船政，迨沈葆楨於九年九月十二日丁憂，未能赴工。欽奉諭旨，著臣等督飭夏獻綸等妥辦，因查左宗棠原議製造輪船十六號，定以鉄廠開工之日起限，五年爲期，總計經費不逾三百萬兩。鉄廠開工，在同治八年正月，其撥解經費，先於閩海関結款項下，提銀四十萬兩作爲創始之用。嗣後每月於洋税項下撥銀五萬兩，自同治五年十二月起支，按月撥解，暫截至十年十二月止，已撥過正款銀三百一十五萬兩。另以洋藥票税奏明撥作養船經費，共解過銀二十五萬兩。輪船於鉄廠未開工之先，造成下水者一號，鉄廠開工後，造成下水者五號，具報開工者三號，雖造船尚未逾限，而用款已較原估有增。臣等竊以製造輪船，前臣左宗棠創議於前，立意至爲深遠，前江西撫臣沈葆楨總理於後，規畫亦極精詳。惟現在造成之各號輪船，雖均靈捷，而與外洋兵船較之，尚多不及，以之禦侮，寔未敢謂確有把握。查閩廠第七號改造二百五十四馬力兵船，同開工之第八號，計本年四五月間，方克蕆工下水，秋間可以出洋。第九號船工甫及半，出洋尚無準期，應否即將閩省輪船局暫行停止，以節帑金之處，伏候聖裁。如奉旨暫行停止，尚有左宗棠原議五年限内，應給洋員洋匠辛工，並回國盤費加奬銀兩。又定買外洋物料，勢難退回者，應給價值，以上各款，約需銀七十餘萬兩，應行籌撥。至原奏一切採買雜料，皆須委員四出，即官爲給價，民間亦不無擾動一節。查船廠自開設以來，委員赴各處採買物料，以及水陸挑運，均係公平給價，從無擾累民間。又原奏已經造成船隻，似可撥給殷商駕駛，收其租價，以爲修理之費一節。查已成各船，如租給殷商駕駛，殊爲可惜，沿海各省，雖有額設師船，而自軍興後，尚未按額造齊，且師船須候風汛，不敵輪船之靈捷。閩省前已遵旨選派弁兵，分配各船，出洋訓練，擬請將閩省歲收洋藥票税一款，仍作爲養船經費，酌留兩船出洋訓練遣用。其餘各船，除浙省先行撥赴一號外，前曾奏請分撥各省。業奉總理各國事務衙門議令南北洋通商大臣，及沿海督撫臣體察情形，分別奏咨撥往，仍請勅催各省酌量調用，是否有當，並候命下遵行。其動用造船經費並從前用過養船經費，俟奉旨後，截清月日，分別造册報銷，臣等謹合詞恭摺覆奏。伏乞皇太后、皇上聖鑒訓示，謹奏。

同治十一年二月三十日，軍機大臣奉旨，欽此。

「中央研究院」近代史研究所《海防檔》乙福州船廠《同治十一年三月六日總署致山東巡撫丁寶楨函請調用閩廠輪船》 三月初六日，致山東巡撫丁寶楨函稱，去年十月間，據星巖將軍等奏，閩廠輪船如何分派各省，抑另添籌經費一摺。奉旨交本處議奏，當經本處以沿海各省分，每有僱買火輪夾板等船之事，與其借資外洋，徒資耗費，不如撥用閩廠之船，既可省費，且可試演新船等因覆奏，奉准行文各省體察情形分別撥用在案。閩廠製造之船，現報已造成者六隻，已開工者三隻，除閩省留用二隻，浙省調用一隻，直隸擬調一隻外，其餘新船，正可分撥各省海口爲捕盜之用。各省既可以清盜源，閩省亦不至置輪船於無用之地，誠屬一舉兩得，且向來各海口多用紅單等船。捕盜非不得力，而船户水手通盜等弊，亦不能免。故海疆盜風，終不能息，自有輪船以後，如浙蘇閩粤等省，聞皆爲盜所畏，較前頗爲斂戢。東省洋面綿長，保障詰奸，均關緊要。去秋閣下酌擬整頓水師一疏，已籌及委員赴粤購造船礟，足徵藎籌宏遠，惟内外必應兼防，而緝捕尤爲目前要務，曲港窄流，船身自宜愈小愈靈，而外洋捕盜，駕駛輪船，已有明效。台端何不調撥閩廠之船，試其良窳，加以講求，該船管帶官弁，隨時差遣，既無掣肘之虞，且駕駛均係中國之人，亦無慮他族逼處。本處籌度及此，稔知賢勞命意，通顧全局，是以覼縷奉達，仍候酌奪辦理爲幸。此佈，即頌勛祉。

「中央研究院」近代史研究所《海防檔》乙福州船廠《同治十一年三月十日總署收軍機處交出兩廣總督瑞麟正摺請調伏波輪船來粤巡緝》 三月初十日，軍機處交出瑞麟正摺稱，爲調撥閩省輪船來粤，藉資巡緝，併節該省薪粮之需，以顧大局。恭摺馳陳，仰祈聖鑒事。竊照同治十年十二月初十日，准兵部火票遞到總理各國事務衙門咨，所有籌議閩省輪船經費一摺。十一月初六日，本衙門會同户部具奏。本日奉旨，依議，欽此。抄録原奏知照前來，查閱原奏内稱，閩廠

大小輪船，已成五號。續造者亦陸續可以告竣，亟應分佈海口，以期熟習風沙。且使弁兵及舵水人等，嫻於駕駛，各處洋面，既資巡緝。而往來港道，亦易熟諳。除江蘇一省，原有滬局製造之船，足敷應用。並浙省已咨催撥用一隻，均毋庸添撥外，其餘沿海省分，如廣東之香澳、山東之登州、奉省之牛庄、直隸之天津等處，均屬海道可通。且各該省每有僱買外國火輪夾板等船，以資辦公之時，與其借資外洋，徒增耗費，曷若撥用閩廠船隻，既可省就地僱買之費，兼可節閩局薪糧之需，且不致以有用之船，置之無用之地。於試演新船，撙節度支之道，均有裨益等因。奴才伏查粤省先後購置輪船共有大小七號，歷年分道出洋巡緝，陸續拏獲要犯多名，甚屬得力。惟欽州一帶，毘連越南所屬狗頭山等處洋面，向爲盜匪淵藪。該處海港遼闊，風濤不測，巡洋師船，頗難駐泊，必須大號輪船，方足禦風濤之險。而收緝捕之效。現聞閩省造成之「伏波」輪船一號，長約三十餘丈，與粤省所置輪船，形製較巨，以之駛巡洋面，最爲穩妥。應即咨撥此號輪船來粤，俾資巡緝，併節閩省薪水之需。奴才已督飭在省司道，先將此項輪船經費，設法籌備，以應支發。兹據善後總局司道詳請奏咨撥調前來，相應請旨敕下閩浙督臣，派撥閩廠已成之「伏波」輪船一號，即用該廠原派管駕此號輪船之弁兵舵工水手人等，駕駛來粤，以期熟練。而資巡緝，除咨閩浙督臣查照，併將該輪船月需工費弁兵薪粮，及各項人等薪工數目，移覆過粤，飭局照發。併飭善後總局趕緊籌款備支，及咨明户兵二部，暨總理各國事務衙門查照外，所有調撥閩省輪船來粤緣由。謹會同廣東水師提督奴才翟國彦，合詞恭摺馳陳。伏乞皇太后、皇上聖鑒訓示。再廣東巡撫係奴才兼署，毋庸會銜，合併陳明，謹奏。

同治十一年三月初九日，軍機大臣奉旨，欽此。

「中央研究院」近代史研究所《海防檔》乙福州船廠《同治十一年三月二十日總署收山東巡撫丁寶楨函調撥閩省輪船事擬俟籌定經費後即可照辦》 三月二十日，山東巡撫丁寶楨函稱，本月十二日，接奉大咨並拜鈞函，以閩省製造輪船，可以分撥各省海口爲捕盜之用，既清盜源，亦省經費，復蒙籌及東省洋面綿長。緝捕緊要，諭令調撥閩船應用，以資得力。催令迅速籌辦，分別奏咨辦理，具仰藎籌碩畫，周悉靡遺，無任欽服。查撥用閩船，去歲十一月，接到咨行原奏，暨欽奉諭旨。當以東省洋面寥濶，輪船出洋巡捕，深有裨益，即擬遵照撥船一隻應用。惟查每船年中所需經費，就閩省原奏内所稱，大號輪船三隻，小號兩隻，每月需銀九千餘兩。覈計則輪船一隻，每月需銀約一千九百餘兩，以一年經費計之，約

需銀二萬二千餘兩。每歲歲修之費，尚不在内，是撥用輪船一隻，每年總計經費必需銀三萬餘兩。爲数已覺不少，而此項薪粮各費，先准貴衙門奏明，令由各省洋藥厘金項下，就近動支，復經户部以洋藥厘金，山東奏撥京餉五萬兩，仍令按季解交。不得以支發經費，將京餉短平銀誤支放等因，復查東省洋藥一項，除每年撥解京餉外，所餘實屬無幾，以之支發輪船經費，不敷甚鉅。而該船年中所需薪糧修費，又断不可少缺，若再由別項厘金動用支給，而東省每年塩貨所抽各厘，爲数不過四五萬兩，尚須撥解固本軍餉六萬兩。此外尚有本省調練馬兵，津貼口粮，亦復取給於此。勢難復供輪船之用，寶楨等再四籌思，殊難設措，現擬於海関税厘項下，每年那凑銀一萬三四千兩。藩運兩庫緝捕生息項下，每年那凑銀萬餘兩。藉資接濟，第此項銀兩，月不可少，非寔在籌定，將來必難持久，現在各處籌畫實数，一時尚未確有把握，是以未敢遽行奏咨。刻已飭催迅速妥籌，一俟籌定實在銀数，即可奏咨辦理，約計四月内必能照辦。渥承藎注，先此肅聞，敬請鈞安，統維澄鑒。丁寶楨謹啓。

羅文彬《丁文誠公遺集》卷九《請撥閩省輪船酌籌經費摺同治十一年三月二十九日》 奏爲請撥閩省新製輪船，赴東巡緝，並酌籌經費，以重海防，恭摺仰祈聖鑒事。竊前准總理各國事務衙門會同户部議覆，福州將軍文煜等奏，續造輪船應如何分派各省一片，以閩局製造輪船，原爲備物制用，亟應分布海口，以期熟悉風沙。如廣東、山東、奉天等省，均屬海道可通。若撥用閩省船隻，既可節閩局薪糧，且不致以有用之船置之無用。應令各督撫體察情形，分別奏咨，撥往應用，所需薪糧各費，准由各省洋藥釐金項下，就近動支等因。於同治十年十一月初六日，奏奉諭旨，依議，欽此。咨行到前署撫臣文彬，轉行藩臬兩司，並東海關監督籌議，稟覆在案。臣伏查東省海道緜亘三千餘里，洋面遼闊，港汊分歧，登郡尤爲天津咽喉，巡防、護漕在在均關緊要。上年臣以登州水師廢弛日久，力求整頓，酌議變通營制，製造師船，以期有備無患。業經臚列條款，奏蒙諭旨，交部議奏。一面先行籌款，委員赴粵，查看船隻式樣，購覓料物，隨時具稟核辦。竊維前請購製拖繒船，原爲内洋操防之用，以立水師根本。若再加輪船出洋，梭織巡哨，防範尤爲周密，且閩局成船日多，經費浩大，自當各省分撥，以維大局。惟所需經費，准由洋藥釐金動支。查文煜原奏聲明，現成大號輪船三隻，小號輪船兩隻，每月需銀九千餘兩。東省所轄，皆係大洋，必須大號輪船，方能適用。其每隻所用舵工水手弁兵，以及管船官弁，並應用煤炭一切，需費若干，原摺並未分晰聲敘。臣亦礙難懸揣，約計每月總在二千兩上下，每年即需銀二萬數千餘兩，再加以歲修經費，合計不下三萬餘兩。而東省所收洋藥釐金正税居多，自立關以來，奏定章程，洋藥正税均歸入洋税項下，按結開報，統入進出口各貨，正税分四六成動支。四成解天津機器局應用，六成奏撥京協各饟，以及該關一切坐支。每年均無贏餘，其釐金一項，每年所收綜計，不過七八千金，均係凑解饟項。即以按年全數撥歸輪船薪糧，不敷甚鉅。臣與在省司道，及東海關監督，再四籌商，惟有將所收洋藥釐金一款，專作爲輪船經費，此外不敷之項，再由藩運兩庫，於巡防緝捕經費生息項下，移緩就急，凑撥接濟，再有不敷，隨時籌款辦理，總不得動用正款，至釐金正税應撥京饟，並天津機器局經費，仍分別照舊按成如數分解，不准短少。惟此項經費，臣係就閩省所奏九千餘兩之數約略核計，其必需口糧薪水實在用數，未能即定，應俟咨取閩省所定各船經費章程來東，詳細核明，實用數目，再行奏明核辦。至於歲修之需，此時更難懸定，亦應俟輪船到東，試用一半年後，臨時酌核情形籌議。至臣傳聞閩局製成輪船有名曰「安瀾」，於東省洋面較爲適用。相應請旨，飭令閩省督撫船政大臣，迅即分撥大號「安瀾」輪船一隻，配齊舵工水手，委員駕駛，至東省煙臺停泊應用。抑臣更有請者，輪船舵工水手，東省現在本無熟諳之人。茲既撥用，自應就該船現用人數駕駛，方期得用。其需用官弁兵丁管理操防等事，東省本有水師，自應俟船隻到東，由臣自行遴選派撥，並令其逐漸練習，不必再用閩省弁兵。庶期易於駕馭，而東省習久技熟，始可收輪船之益。至該船既歸東海巡防，應即就近歸海關監督，鈐束差遣，以一事權，而資稽查。除分咨總理各國事務衙門，暨閩浙督撫船政大臣查照，並咨取原定一切經費章程，酌核辦理外，所有請撥閩省新製輪船，赴東巡哨，並酌籌經費緣由。理合恭摺具奏，伏乞皇太后、皇上聖鑒訓示，謹奏。

「中央研究院」近代史研究所《海防檔》乙福州船廠《同治十一年四月五日總署收盛京將軍都興阿文議籌調撥閩省輪船經費事已飭關道查報》 四月初五日，盛京將軍都興阿文稱，會辦通商處案呈，本年三月十五日，准總理各國事務衙門咨開，爲咨行事。同治十一年十一月初六日，本衙門會同户部具奏議籌閩省輪船經費一摺。本日奉旨，依議，欽此。當即抄録原奏，恭録諭旨，咨行在案。查閩省開廠製造輪船，原爲備物制用起見，本衙門前次會奏摺内，業經詳細聲明。沿海各省將軍督撫等，自應恪遵前奉諭旨，迅籌辦理。乃自奉旨以後，迄今已届四月之久，僅據北洋通商大臣將擬撥「鎮海」輪船緣由。於二月三十日咨報到本衙門，此外各省，均未將船隻如何分撥。經費如何動支，籌議辦法，奏咨有案，殊非所以重海防而顧大局。相應再行咨明貴將軍，迅即體察情形。欽遵籌辦，分別奏咨，毋得再延可也。須至咨者等因，查前准咨稱，閩省製造輪船，奏請分撥各省，應令籌給經費，分別奏辦等因，隨案劄行海關兵備道遵照在案。茲准咨稱，除專差劄行護理海關兵備道奎瑞遵照，先行劄示查照原奏該口抽收六成洋稅洋藥厘捐各項銀兩。除留客兵以及該處練兵口分外，有無浮餘其徵存四成洋稅，每年約有若干，能否足敷撥留輪船一隻薪水之需，務須據實查報呈覆，以憑奏辦外。相應咨行直隸總督，辦理三口通商大臣，奉天府府尹衙門查照，仍將劄行該道作速查報緣由。先行咨報欽命總理各國事務衙門查照可也。

「中央研究院」近代史研究所《海防檔》乙福州船廠《同治十一年四月十八日總署收軍機處交出奉天府府尹瑞聯摺請撥小號輪船一隻赴奉巡緝其經費由四成洋稅項下動支》　四月十八日，軍機處交出奉天府尹奴才瑞聯清凱恭鏜跪奏，爲遵照奏咨擬撥輪船，籌議經費緣由，恭摺具奏，仰祈聖鑒事。竊准總理各國事務衙門咨，爲籌議閩省輪船經費一摺。同治十年十一月初六日奉旨，依議，欽此。欽遵抄録原奏咨行前來，奴才等詳查原奏内稱，閩省製造輪船，計已成者五隻，其續造者，亦陸續可以告竣。亟應分布海口，以期熟悉風沙，且使弁兵舵水人等，嫻於駕駛，方爲有用之器。奉省牛莊，海道可通，若撥閩廠船隻，可省就近雇置之費。行令體察情形，分別奏咨撥往，所需薪糧各費，准由各省洋藥厘金項下，就近動支等因。奴才等伏查奉省南濱大海，口岸甚多，鳳凰、岫巖二城，密邇東邊，尤爲匪藪。近年夏秋之間，動輒結夥滋擾，一經撥兵追勦，即搶船入海，游奕窺伺，雖撥水師營戰船往擊，第船身重笨，不甚得力，今閩廠製造輪船，既有弁兵嫻於駕駛，又且熟悉風霜。誠如總理衙門所議，係屬有用之器，若以撥來奉省巡洋擊賊，較之水師營戰船，實屬捷便。但有船必先籌費，方可經久。查奉省徵存各款，尚不敷本處之用，其海關徵收各項洋稅洋厘，除練兵客兵月餉外，能敷若干，亦難逆料。奴才等當經札據護理海關道同知奎瑞詳稱，洋藥厘捐，一年不過二三萬兩。儘數撥充客兵月餉，六成洋稅，除營口練兵經費外，餘存亦協濟客兵月餉，僅有四成洋稅。一年六七八萬兩，係經户部奏明，不准擅動。奴才等詳加酌覈，此次擬撥小號輪船一隻，駕駛弁兵各項經費，寬爲籌計，每年約需不下二萬餘兩。現在查明海關徵收洋稅洋厘，除協餉外，僅存四成洋稅，一年約有七八萬兩，既係不准擅動之款。奴才等又何敢妄議留用，第舍此之外，無款可以通融籌給。伏思皇上綏靖地方，慎重根本，無論何款要需，皆准動用。今輪船經費，既無款項可籌，而奉省巡洋緝捕，得此利器，於地方大有裨益。惟有仰懇天恩，俯准奴才等暫由四成洋稅項下動支，一俟地方安謐，客兵酌撤，即由六成洋稅洋厘歸款，如蒙俞允。請旨飭下閩省酌撥小號輪船一隻，由海道駛赴奉天牛莊海口停泊，聽候札調巡緝，所有月放薪水，責成海關道就近支發辦理，核實報銷，以杜冒濫。是否有當，理合恭摺由驛具奏。伏乞皇太后、皇上聖鑒訓示遵行，謹奏。

同治十一年四月十七日，軍機大臣奉旨，欽此。

中國第一歷史檔案館《咸豐同治兩朝上諭檔》第二一册《同治十一年四月二十日》　軍機大臣字寄，福州將軍兼署閩浙總督文、福建巡撫王、前江西巡撫沈，同治十一年四月二十日，奉上諭：前因文煜等奏閩省製造輪船未能剋期蔵工，應否暫行停止，當經諭令李鴻章等妥籌具奏。茲據沈葆楨縷陳船政情形，不可遽行停辦等語，著侯李鴻章奏到，再降諭旨文煜、王凱泰、沈葆楨仍將該廠未成船隻督飭委員照常辦理，毋稍玩忽。沈葆楨所請籌撥訓練經費，即著文煜、王凱泰按月籌給銀五百兩，作爲李成謀出洋操費，即飭該統領認真訓練，無論留閩及分撥外省輪船均應隨時校閱，俾臻嫻熟。且駛用日久，船隻易致損壞，應如何分年點驗修理之處，並著文煜、王凱泰、沈葆楨斟酌會商，奏明辦理。另片奏，船政委員未便驟易生手，請飭夏獻綸暫緩交卸等語，船政經理需員。而臺灣道員缺亦關緊要，夏獻綸應否暫緩赴任，或另行遴員署理，著文煜等會商具奏。將此由五百里各諭令，知之，欽此。遵旨，寄信前來。

「中央研究院」近代史研究所《海防檔》乙福州船廠《同治十一年五月十一日總署收北洋大臣李鴻章文調撥閩省輪船經費事山海關無從籌畫》　查閩省開廠製造輪船，原爲備物制用起見，本衙門前次會奏摺内，業經詳細聲明，沿海各省將軍督撫等，自應恪遵前奉諭旨，迅籌辦理。乃自奉旨以後，迄今已届四月之久，僅據北洋通商大臣將擬撥「鎮海」輪船緣由，於二月三十日咨報到本衙門，此外各省，均未將船隻如何分撥，經費如何動支，籌議辦法奏咨有案。殊非所以重海防而顧大局，相應再行咨明貴將軍，迅即體察情形，欽遵籌辦，分別奏咨，毋得再延可也。須至咨者等因，查前准咨稱，閩省製造輪船，奏請分撥各省，應令籌給經費，分別奏辦等因，隨案札行海關兵備道遵照在案。茲准咨稱，相應專差札行護理海關兵備道奎瑞遵照先後札示，查照原奏該口抽收六成洋稅洋藥厘捐各項銀兩，除留客兵以及該處練兵口分外，有無浮餘，其征存四成洋税，每年約有若干，能否足敷撥留輪船一隻薪水之需。務須據實查報呈復，以憑奏辦等因，蒙此，卑廳查原奏内開，此項輪船經費。准由洋藥厘金項下動支等因，惟查營口抽收洋藥厘捐，每年不過二三萬兩之數。儘數接濟奉省客兵月餉，僅供二三個月之需，是厘金項下無可再籌輪船經費之款。其六成洋税銀兩，除支發營口練兵月餉，及海關税務司各項經費外，其餘儘數撥解奉營。協濟客兵月餉，仍屬不敷提用，因無别款可籌，屢經將軍奏借四成洋税，以資支放。但洋税征收，豐歉無常，查每年所征四成洋税，約在六七八萬兩不等。惟係專案奏明解部之款，不准擅行留用，且以前將軍奏借之四成洋税，仍須由常洋兩税項下撥補。此項輪船經費，似未便動用此款，卑廳詳加酌核，營口厘金税項，俱已支絀，無從籌畫，所有閩省輪船，營口應否撥用之處，未敢擅擬。除逕復將軍府尹等衙門查核外，理合具文呈復查核示遵等情到本大臣，據此，相應咨請。爲此，合咨貴衙門，請煩查核施行。

「中央研究院」近代史研究所《海防檔》乙福州船廠《同治十一年五月十七日總署收軍機處交出前江西巡撫沈葆楨摺船政萬難停止並請撥訓練經費》 五月十七日，軍機處交出前江西巡撫沈葆楨摺稱，奏爲遵旨通盤籌畫，船政萬難停止，恭瀝愚忱，仰祈聖鑒事。竊臣於同治十年三月二十日，准福州將軍兼署閩浙總督臣文煜咨，本月十七日，承准軍機大臣字寄二月三十日奉上諭：前因内閣學士宋晉奏，製造輪船，縻費太甚，暫行停止一摺等因，欽此。仰見聖主慎重周詳，力圖自强之至意，伏維自强之道。與好大喜功不同，即使中國船砲遠勝西國，我皇上斷不肯勞師異域，爲漢武唐宋之所爲，至自固藩籬，爲民禦灾捍患，非維事勢所不容已，抑亦覆幬所不可遺。查宋晉原奏稱，此項輪船，將謂以之制夷，則早經議和，不必爲此猜嫌之舉。果如所言，則道光年間已議和矣。此數十年來，列聖所宵旰焦勞者何事？天下臣民所痛心疾首不忍言者何事？耗數千萬金於無底之壑，公私交困者何事？夫恐其要挾，爲抱薪救火之計者，非也。激於義憤，爲孤注一擲之計者，亦非也。所恃者，未雨綢繆，有莫敢侮予之一日耳，若以此爲猜嫌，有礙和議，是必盡撤藩籬，並水陸各營而去之而後可也。原奏稱，用之外洋交鋒，斷不能如各國輪船之利，名爲遠謀，實同虚耗，夫以數年草創伊始之船，比諸百數十年孜孜汲汲精益求精之船，是誠不待較量，可懸揣而斷其不逮，旋亦思彼之擅是利者，果安坐而得之也。抑亦苦心孤詣，不勝糜費而得之耶，譬諸讀書，讀至數年，謂弟子當勝於師者，妄也。謂弟子既不如師矣。莫若廢書不讀，不益妄乎，且各國輪船亦有利有不利，其創之也。各有後先，其成之也。互相師法，久於其道，熟能生巧者，則利鹵莽從事。淺嘗輒止者，則不利。加意講求，兢兢惟恐失之者，則利，恃其精巧，疏於防範者，則不利。此中人事居其半，天事亦居其半，即如廠中新造之「萬年清」、「伏波」輪機，搆諸外國者也。「安瀾」輪機，成諸本廠者也。「萬年清」船工，屢作屢改，「伏波」、「安瀾」，漸少更張，而試諸海邦，則「伏波」穩於「萬年清」，「安瀾」穩於「伏波」，前者生，後者熟也。新造諸船，俱用華人駕駛，夫華人駕駛之技遜於洋人，昭昭也，去歲海上颶颶作，壞夾板百餘號，輪船二十餘號，而閩滬兩局華人駕駛之船，幸保無事。非我皇上震動恪恭之念上格天心乎，勇猛精進，則爲遠謀，因循苟且，則爲虚耗，豈但輪船一事然哉。原奏稱，捕盗已有師船，運糧不若沙船，前年浙江成案，師船出，則洋盗悍然戕官。輪船出，則洋盗弭首就縛。前年運米成案，沙船自滬達津。以月計。輪船自滬達津。以日計，此其利鈍贏絀，尚待辨而明哉。至謂成造船隻，撥給殷商，將其租價，以備修理，不知兵船與商船迥别。商船高其項，務廣其艙，以受客貨，兵船則避槍砲，壓風濤，斂之惟恐不密，以兵船畀之商人。即不索其租，彼亦不以爲利也。船政採辦。洋料購自香港，香港木料購自暹羅，此皆與洋人交接，不居奇則幸耳，不受我擾也。當設廠之始，本地水田，所需木樁，不可勝數，省城木價爲之驟昂，且丈尺不敷，因委員赴上游採辦。嗣木商聞風自至，即時停止，台灣曾委員採辦樟木。嗣後洋人踵行，亦於前年停止，惟雞籠之煤炭。無日不需，辦運亦源源不絶，然價值水脚，均照民間一體由行公平交易。從無派諸官累諸民者，當左宗棠之議立船政也。中國無一人曾親歷其事者，不得不問之洋將，其約自鐵廠開工之日起，立限五年，成船一十六號，估費三百萬，惟中外員匠，有生熟巧拙之殊，銅鐵木料，有貴賤之異，零星物件，外國取諸市肆而皆足，中國非一一本廠自造，即購諸重洋。然所估之數，不甚相遠，以結款四十萬爲購器募匠買地建廠之需，則昔之所估，與今之所費，相去懸絶。專就建廠而論，一椽未立，一瓦未復，第購民田、釘木樁、培山土，地基甫固，而所費已不支矣。蓋洋將所見者，外國已成之廠，而不知當日經營締造之艱難，所以臣任事時。即有應辦工程，應發款項，多從前未經議及之奏也。原議鑄鐵爲一廠、打鐵爲一廠、模子爲一廠、水缸兼鑄銅爲一廠、輪機兼合攏爲一廠，合共五廠後增拉鐵、錘鐵、鐘表、帆纜、火磚、舢板六廠。又定打鐵輪機分廠，共添八廠。添廠則添機器，添匠徒，並添工費。原議學堂兩所，藝童六十名，後添繪事院，駕駛學堂，管輪學堂，藝圃四所，藝童徒共三百餘名。臣察看其均係不容已之需，凛我皇上勉爲其難，毋得瞻前顧後之旨。不追繩其原估之疎漏。而務責其全局之必成，所有添設緣由，均經奏明在案。各廠工九年夏間甫畢，拉鉄、搥鉄兩廠，十年秋廠間始畢。此微臣辦理不善，工遲費鉅之實在情形也。夫辦理不善，臣百喙難辭，然不當以承辦者之乖方，疑創議者之失策，倘因是而廢之，機器所置甚鉅。發賣無承售之人，存儲有看守之費，積日朽蠹，卒必歸於無用。輪船無一歲不修者，數歲則一大修，且須撤換機器，工停而船無可修，則廠廢而船隨之俱廢。然猶曰舉已費者棄之耳，驟籌七八十萬金，遣散不做工之洋人，清還不適用之物價，海關厘局，未必具此巨款。更挪解部之款，協餉之款，以應此急需，是省費而費愈迫也。然猶曰一勞永逸耳，外人之垂涎兩廠也，非一日矣。我朝棄則彼夕取，始也以借用爲言，無辭以却之也。繼必於他處故啟釁端，勒賠兵費，而以此爲抵，枝節横生，有非意料所及者，且當日左宗棠與洋將堅明約束。各國周知，今無故而廢之，一則謂中國辦事毫無把握，益啟其輕視之心；一則謂中國帑項不支，益張其要求之燄。此臣所以及覆再三，竊以爲不特不能即時裁撤，即五年後亦無可停，所當與我國家億萬年有道之長，永垂不朽者也。臣志廣術疎，拙於居積。或滋糜費，責夏獻綸精核，遠過於臣，接辦以來，無日不競競以撙節爲念。然用款之鉅猶昔，非不痛減。此減而彼旋增，臣交卸時，尚有存款，儲材尤富，今則截長補短，銀垂盡，料亦垂盡，海關五萬，按月解給。且恐萬萬不敷，欲求減省，或在五年限滿洋將遣散後乎，禦侮有道，循已成之法而益精之耳。洋人來中國教學，未必非上上之技，去年曾國藩有募幼童赴英國學藝之舉，閩中欲踵而行之，以艱於籌費而止。擬限滿後選通曉製造駕駛之藝童，補以年少技優之工匠，移洋人薪水爲之經費，以中國已成之技，求外國益精之學。較諸平地爲山者，又事半功倍矣。西法雖千頭萬緒，要權輿於算學，中法與西法，派雖別而源則同。臣嘗會同前督臣英桂，有請設算學科之奏。部臣因無人可以閱卷議駁，然聞京師同文館教習李善蘭，通西法者也。前任山東河東道楊寶臣，通中學者也。倘廢無用之武科，以勵必需之算學，導之先路，十數年後，人才蒸蒸日上，無求於西人矣。然而外侮之來，何能待我，但就已成之船砲。訓練精熟，未嘗不可轉弱爲强，否則士卒不習，雖極精之船砲，亦塊然一物耳。前蒙特簡福建水師提督李成謀爲輪船統領，俾常川訓練，惟是訓練不能無費，該提督素性廉介，必不思藉潤乎其中。而缺瘠家貧，力不足以賠墊，臣旋即丁憂交卸，未及奏請，應懇飭下督撫臣按月籌解五百金，爲該提督出洋操費。但凡閩局之船，無論留於福建及分撥外省者，統領均須逐時校閲其高下，其藥彈等項，則撥歸何省之船，由何省應付，毋令缺乏，縱事變猝發，不至倉皇無措矣。至養船經費，原不在造船所估之中，若慮兵船過多費無從出，則間造商船，未嘗不可，亦不患領者之無人。但兵船爲禦侮之資，不容因惜費而過少耳。臣丁憂人員，不應奏事。茲奉特旨飭令與議，不敢引避嫌疑，愚昧之言，自知無當，所有遵旨酌議緣由。理合恭摺由驛四百里密陳，伏乞皇太后、皇上聖鑒訓示，不勝悚惕屏營之至，再洋槍、洋砲、火藥等件，係前督臣英桂在城中設局試造，船廠並未兼辦，合併聲明，謹奏。同治十一年四月二十日，軍機大臣奉旨，欽此。

「中央研究院」近代史研究所《海防檔》乙福州船廠《同治十一年五月十七日總署收軍機處交出陝甘總督左宗棠摺福建船政有利無害不可停止》 竊維製造輪船，實中國自强要著。臣於閩浙總督任内，請易購雇爲製造，實以西洋各國恃其船砲，横行海上，每以其所有，傲我所無，不得不師其長以制之。其時英人威妥瑪、赫德，有借新法自强之説。思藉購雇而專其利，美里登、有雅芝等，亦揚言製造耗費。購雇省事，冀以阻撓成議，幸賴聖明洞鑒。允於福建設立船局，特命沈葆楨總理船政，而後羣喙息而公論明。臣於具奏後，旋即去閩，然於船政一事，則始終未敢恝置也。西征以後，迭接沈葆楨、周開錫、夏獻綸緘牘，皆稱船政順利。日起有功，第一號輪船「萬年清」駛赴天津時，華夷觀者如堵，詫爲未有之奇。臣時於役畿郊，目覩其事，私懷幸慰。嗣是率作興事，成效益臻。臣原奏自鉄廠開工起，限五年内造成大小輪船十六隻，計閩局自八年正月鉄廠開工。至今已造過九號，爲時尚止三年，縱限内十六號輪船，未能悉數報竣。然亦差數不遠，此時日之可考者也。試造之始，本擬由淺入深，近來船式。愈造愈精，原擬配砲三尊者，今可配砲八尊。續造二百五十匹馬力輪船，竟配新式大洋砲十三尊，此成效之可考者也。據夏獻綸稟，各廠匠作，踊躍精進，西洋師匠所能者，均已能之。而藝局學徒一百四十餘名，既通英、法語言文字，於泰西諸學，尤易研求。臣前據閩局緘報，天文、算學、畫圖、管輪、駕駛諸藝童，有學得七八分者，有學得五六分者，屢請英、法教師考校，列上等者約七八十名，次亦三四十名，將來進詣。尚未可量，如果優其廩餼，寬以時日，嚴其程督，加以鼓舞，則以機器造機器，以華人學華人，以新法變新法，似製造駕駛之才，固不可勝用也。前聞西人議論，每歎華人質地聰穎，猶勝泰西諸邦，未之能信。觀近時藝童能事漸多，所學日進，參之西人羨者妒者之口。觀其消沮斂退之形狀，似非無因，此人事之可考者也。文煜、王凱泰奏稱，較外洋兵船尚多不及。臣未見其原奏，不知所稱不及外洋兵船者何事，無從懸揣，惟文煜等既於造成輪船稱其靈捷。又以撥給殷商爲可惜，是已成之船，非不適用，數百萬之費，非虛擲也明矣。其稱尚多不及外洋兵船者，亦止就目前言之，並非晝地自限，謂此事終應讓能於島族也。泰西各國之各造輪船，始事至今，閱數十年，所費何可勝計。今學造三年之久，耗費數百萬之多，謂遂能盡其奇巧，無毫髮憾。臣亦不敢信其誠然，然側聞島人議論，僉謂中國製造駕駛，必可有成，而閩局地勢之宜，措置之當，索圖傳覽，靡不歎服，亦足証前功之有可睹，後效之必可期也。至制勝之有無把握，此時海上無警，輪船雖成，未曾見仗。若預決其必有把握，固屬無據之談，但就目前言之，製造輪船，已見成效。船之砲位馬力，又復相當管駕掌輪，均漸熟悉，並無洋人羼雜其間，一遇有警，指臂相聯，迥非從前有防無戰可比，此理勢之可考者也。

諭旨局內浮費如何減省，竊維船局經費一款。臣於同治五年奏請試造輪船時，議於閩海關結款先提銀四十萬兩，爲創始之用。係專爲購器募匠買地建廠之需，當初撙節確估，原慮支銷不足。厥後拓廠基，添購機器料物，用工日多，需費日鉅，視原議增至一倍有餘。嗣復於洋税項下每月撥銀五萬兩，自五年十二月起，至九年八月止，共二百三十萬兩。自九年九月起，至十年十二月止，共八十五萬兩。據閩局開報各項用款，有因開創之始，不得不從寬估撥者，有因購辦外洋物料，商賈居奇，不得不按照時價以廣招徠者，亦有趁價值平減，豫購備用者。局中工匠人數，較原議日有增加，如鉄廠、船廠工匠一千六百名，後增至二千名。鉄廠原只五處後添至八處，藝局學徒原只六十名，後添至一百四十餘名等類。工料既非求精而加，經費自以寬籌而絀，勢有固然，惟匠作技藝，熟習而精。或可期其速，外洋物價，爭趨而賤。或可期其減夏獻綸上年總辦局務，曾稟節減經費銀數萬兩。此後有無可節之費，臣相距太遠，無從懸揣，大約工作之事，創始爲難，工作之費，亦惟創始爲最鉅。即如仿造輪船，必先建生鉄廠、水缸廠、火鋸兼模廠、熟鉄兼銅廠、輪機兼合攏廠拉鉄廠、搥鉄廠、鐘表廠、帆廠、陶廠、舢板廠、鉄船櫓等，各項工程，以應一船之用。各工既畢，量材分廠，併力湊辦，庶機器相聯，工作無間，船成而費亦省，各項工程。既均因造船而設，其費自應彙入船工銷算，創造伊始，百物備焉。故始造數隻，所費最多，以船工之先。

凡輪船各具，均須修造齊全。色目既多，款項甚鉅也。迨接續造作，則各項工程，無須再造，經費專用之船工，而經費亦日見其少。此時造船雖僅數號，而經費已逾臣原估三百餘萬之數，良由工料馬力。既較臣原估之數有增，而又將創始各項工程經費，一併計算之故耳。以臣愚見揣之，閩局已成及將成輪船，約九號。聞十一號十二號之番木，亦已購備齊全，則通工告成，所費自少。而現造二百五十匹馬力機器，實與西洋各國兵船無異，廠中既能自造，將來再增馬力。祇須增機器，不須增廠，尤爲便利。竊維此舉爲沿海斷不容已之舉，此事實國家斷不可少之事，若如言者所云，即行停止，無論停止製造，彼族得據購雇之永利。

國家旋失自强之遠圖，隳軍實而長寇讎，殊爲失算，且即原奏因節費起見言之。停止製造，已用之三百餘萬，能復追乎。定買之三十餘萬，及洋員洋匠薪工等項，能復扣乎，所謂節者又安在也。臣於同治五年奏請試造輪船時，即豫陳非常之舉，謗議易興，事敗垂成，公私兩害，所慮在此。茲幸朝廷洞矚情形，密交疆臣察議，成效漸著，公論尚存。微臣得於欽承垂詢之餘，稍申惓惓不盡之意，否則微臣雖矢以身家性命殉之。究於國家奚所裨益，興念及此，實可寒心。所有福建輪船局務，必可有成，有利無害，不可停止實在情形，謹披瀝直陳。伏乞皇太后、皇上聖鑒訓示施行，謹奏。

同治十一年五月十七日，軍機大臣奉旨，欽此。

「中央研究院」近代史研究所《海防檔》乙福州船廠《同治十一年五月十七日總署收軍機處交出北洋大臣李鴻章摺製造輪船未可裁撤仍應妥籌善後經久事宜》

臣竊維歐洲諸國，百十年來，由印度而南洋，由南洋而東北，闖入中國邊界腹地。凡前史之所未載，亘古之所未通，無不款關而求互市。我皇上如天之度，概與立約通商以牢籠之，合地球東西南朔九萬里之遥，胥聚於中國，此三千餘年一大變局也。西人專恃其槍砲、輪船之精利，故能横行於中土，中國向用之弓、矛、小槍、土砲，不敵彼後門進子來福槍砲。向用之帆篷、舟楫、艇船、砲劃，不敵彼輪機兵船，是以受制於西人。居今日而曰攘夷，曰驅逐出境，固虛妄之論，即欲保和局，守疆土，亦非無具而能保守之也。彼方日出其技，與我爭雄競勝。挈長較短，以相角而相淩，則我豈可一日無之哉。自强之道，在乎師其所能，奪其所恃耳，況彼之有是槍砲輪船也。亦不過創製於百數十年間，而侵被於中國，已如是之速。若我果深通其法，愈學愈精，愈推愈廣，安見百數十年後不能攘夷而自立耶。日本小國耳，近與西洋通商，添設鉄廠，多造輪船。變用西洋軍器，彼豈有圖西國之志，蓋爲自保計耳。日本方欲自保，而傴視我中國，中國可不自爲計乎。士大夫囿於章句之學，而昧於數千年來一大變局，狃於目前苟安，而遂忘前二三十年之何以創鉅而痛深。後千百年之何以安内而制外，此停止輪船之議所由起也。臣愚以謂國家諸費皆可省，惟養兵設防，練習槍砲，製造兵輪船之費，萬不可省。求省費則必屏除一切，國無與立，終不得强矣。左宗棠創造閩省輪船，曾國藩飭造滬局輪船，皆爲國家籌久遠之計，豈不知費鉅而效遲哉。惟以有開必先，不敢惜目前之費，以貽後日之悔。該局至今，已成不可棄置之勢，苟或停止。則前功盡棄，後效難圖，而所費之項，轉成虛糜，不獨貽笑外人，亦且浸長寇志。由是言之，其不應裁撤也明矣。至奉旨詢及經費如何節省一節，閩廠相距過遠。臣實不知其詳，但就天津機器各局情形推之，凡西人製器，往往所製之器甚微，而所需以製器之器甚鉅，機器重大，必先求安置穩固之地，培土釘樁，建廠添屋，不惜工本。積累歲月而後成，其需用器具，缺一不備。則必各件齊全，方能下手，而選料之精，必擇其良而適用者。恰合尺寸，不肯略有遷就，其不中繩墨，皆在屏棄之列，又經營構造，時有變更，或甫造未成，忽然變計。則全料已經拆改廢棄，且以洋匠工價之貴，輪機件數之繁，倘製造甚多，牽算尚爲合計。若製器無機，逐物以求，分晰工料之多寡，則造成一器，其價有逾數倍者矣。凡造槍砲、輪船等項，無事不然，閩廠創始。係由法人日意格、德克碑定議立約，該二人素非製造輪船器機之匠。初不過約略估計，迨開辦後逐漸增多。勢非得已，其造未及半，而用數已過原估，或造更加多。而用費轉就減省，似屬西人製器事理之常，實未便以工部則例，尋常製法，一律繩之。惟廠工既已粗備，以後不過工料薪費數大端，應如何設法節省之處。請敕下福建督撫臣會同船政大臣沈葆楨，隨時督飭撙節妥辦，省其所當省，而非省其所必不可省，斯於事有濟矣。又奉旨詢及輪船如何製造，方可以禦外侮一節。臣查兵法須知己知彼，乃得制勝之要，訪聞英國兵船三百六十餘隻，在諸國爲最多，内有鐵甲船四十餘隻。法國先有兵船三百餘隻，現減至二百四十隻，内鐵甲船六十餘隻。美國兵船二百餘隻，内鐵甲船五十餘隻。俄國兵船三百餘隻，内鐵甲船二十餘隻。布國兵船僅百餘隻，内鐵甲船六隻。現又續籌添造，此皆西洋數大强國，勢力相埒，其餘小弱諸邦，或兵船數十隻百隻不等。然而上年布法之戰，法兵敗於陸路，雖戰船多而堅，且數倍於布，尚無把握，兵事勝敗，固難言已。大概西洋商船，只可運載兵糧輜重，其兵船則分數等，小者曰根駁。艙面置礮數尊，用以哨探巡防。今閩廠所製「萬年清」、「伏波」、「安瀾」等船，滬廠所造「恬吉」、「操江」、「測海」等船，大小尺寸雖稍異，總之不離乎根駁式樣，至外洋兵船，大者馬力或七八百匹，食水至二三十丈。置礮兩層，至四五十尊，閩廠尚未試造。現滬局造成第五號，船身長三十丈，機器馬力四百匹，鍋鑪均在船腹水線之下。艙面及兩旁兩層，置礮二十六尊。確係仿照外國三枝桅兵船做法，英館新聞紙稱係中國第一號大船，信不虛也。然食水已十九尺，内江淺涸時，便虞阻擱。又據滬局道員馮焌光禀稱，上年法國有鐵甲船至滬，該員登舟察看，船礮堅利異常。本年四月，英國鐵甲船又至滬，俱泊吳淞江外，不能進口。該道等往觀，水線之上。鐵甲厚十寸，襯木板厚十八寸，船幫均係夾層，中可藏人。即轟破外層，而裏鐵未穿，外水不能灌入。機器鍋鑪及兩層巨礮，均在厚鐵甲之中，其首尾鐵皮稍薄，水線之下，鐵皮不過五六分。船内礮位，用電氣線燃放，各礮一時同響，又用滊機輪轉起椗。較人力尤爲神速等語，此等制作，實堪奇詫，蓋根駁不若大兵船之堅猛。兵船又不若鐵甲船之堅猛，以鐵甲船禦兵船，當之輒靡，況根駁乎，惟船愈堅大則費愈多，今欲我數年創始之船，遽敵彼百數十年精益求精之船，不待智者而知其不逮，然就已成者而精益求精，未必其終不逮也。中國大勢，陸多於水，練陸軍視練水軍尤亟，即使兵船造精。非專恃輪船可以禦侮，況如天津海口最淺，次則江南之吳淞口，福州廣東進口均有淺處，外洋大兵船鐵甲船勢難深入。即長江金陵以上，亦不能駛。我之造船，本無馳騁域外之意，不過以守疆土、保和局而已。海外之險，有兵船巡防，而我與彼可共分之，長江及各海口之利。有輪船轉運，而我與彼亦共分之，或不讓洋人獨擅其利與險，而浸至反客爲主。臣嘗督同滬局委員籌議，仿造兵船以該局現造五號爲度，不宜更求加大，庶無事時揚威海上，有警時仍可收進海口。以守爲戰，該局員匠，近由英國覔得小鐵甲船式樣，身短中寬底平，僅置巨砲數尊，其圓活砲台。在船中段，食水淺而不能出洋，聞西國用以守口最宜，曾國藩上年曾經奏明仿造，尚未開工。第爲禦侮之計，則不妨多爲之備，彼見我戰守之具既多，外侮自可不作，此不戰而屈人之上計。即一旦齟齬，彼亦陰懷疑懼，而不敢遽爾發難，若慮制勝無甚把握，而遂自褻成謀。平日必爲外人所輕，臨事只有拱手聽命，豈强國固本之道哉。惟是國家經費支絀，製造輪船，既未可裁撤，必須妥籌善後經久之方。竊查閩廠用費，專指閩海關洋税每月五萬。滬廠用費，專指江海關二成洋税，均係撥定專款。應請仍就原款節縮經營，暫無庸另請添撥，惟閩廠洋匠過多，需費較重。若有不足，再由船政大臣等隨時奏辦，至於養船之費，當分兵船商船二端，閩廠兵船。現議酌撥沿海各省巡防分養，嗣後添造兵船，無可分撥。擬請裁撤各省内外洋紅单拖繒艇船，而配以自造兵輪船，即以艇船修造養兵之費，抵給輪船月費。應請旨飭部，凡有議修各項艇船者，概予奏駁，令其改領官廠兵輪船，以裨實濟。緣紅单拖繒等船，實不如輪船之迅利，雖費倍而功用亦倍之也。沿海沿江各省，尤不准另行購雇西洋輪船，若有所需，令其自向閩滬兩廠商撥訂製。庶政令一而度支可節矣。至載貨輪船，與兵船規制迥異，閩滬現造之船，裝載無多，商船皆不合用。曾國藩前飭滬廠再造兵船四隻外，另造商船四五隻，閩廠似亦可間造商船，以資華商領雇，總理衙門去冬已函商及之。臣前與曾國藩籌議，中國殷商每不願與官交涉，且各口岸輪船生意，已被洋商佔盡。華商領官船另樹一幟，洋人勢必挾重貲以傾奪，則須華商自立公司。自建行棧，自籌保險，本鉅用繁。初辦恐無利可圖，若行之既久，添造與租領稍多，乃有利益。然非有熟悉商情，公廉明幹，爲衆商所深信之員，爲之領袖擔當。則商人必多顧慮，自此議。聞華商願領者，必准其兼運漕粮，方有專門生意，不至爲洋商排擠，惟運漕事體繁重。現又無船可雇，自應從緩酌議，將來各廠商船造有成數。再請飭下總理衙門，商飭各省，妥爲籌辦。抑臣更有進者，船廠機器之用，非鐵不成，非煤不濟。英國所以雄强於西土者，惟藉此二端耳。閩滬各廠，日需外洋煤鐵極夥，中土所産，多不合用，即洋船來各口者，亦須運用洋煤。設有閉關絶市之時，不但各鉄廠廢工坐困，即已成輪船，無煤則寸步不行，可憂孰甚。南省如湖南、江西、鎮江、台灣等處，率多産煤，特無抽水機器，僅能挖取上層次等之煤，至下層佳煤，爲水浸灌，無從汲净，不能施工。誠使遴派妥員，招覓商人，購買機器開採，價值必視洋煤輕減。通商各口，皆可就近廣爲運售，而洋煤不阻自絶，船廠亦應用不窮。至楚粵鉄商，咸豐年間前銷售甚旺，近則外洋鉄價較賤。中土鉄價較昂，又麤硬不適於用，以致内地鉄商，十散其九，西洋練鉄練鋼及碾捲鉄板錢條等項，無一不用機器，辦之始，置買器具，用本雖多，而練工極省，練法極精，大小方圓，色色俱備。以造船械軍器，土鉄貴而費工，洋鐵賤而得用，無怪洋鉄銷售日盛，土鉄營運漸稀也。近來西人屢以内地煤鉄爲請，謂中土自有之利而不能自取，深爲嘆惜，聞日本現用西法開煤鉄之礦，以興大利。亦因與船器相爲表裏，曾國藩初回江南，有試采煤窟之議，而未果行。誠能設法勸導，官督商辦，但借用洋器洋法，而不准洋人代辦。此等日用必需之物，採練得法，銷路必暢，利源自開。榷其餘利，且可養船練兵，於富國强兵之計。殊有關係，此因製造船械而推廣及之，其利又不僅在船械也。要之法待人而後行，事因時爲變通，若徒墨守舊章，拘牽浮議，則爲之而必不成，成之而必不久，坐讓洋人專利於中土，後患將何所底止耶。所有遵旨悉心酌議緣由，謹繕摺由驛密陳。伏乞皇太后、皇上聖鑒訓示，謹奏。

同治十一年五月十七日，軍機大臣奉旨，欽此。

「中央研究院」近代史研究所《海防檔》乙福州船廠《同治十一年五月二十一日總署收北洋大臣李鴻章文鎮海輪船約五月底可出洋尚須試演兩三月方能赴津候驗》

五月二十一日，北洋大臣李鴻章文稱，本年五月十六日，准署閩浙總督部堂文，福建巡撫部院王、咨開，案准貴大臣爵閣部堂咨。據天津機器局陳道欽、沈道保靖禀稱，前奉諭函，直隷海防議撥閩廠輪船一節，業經行知在案。閩廠「萬年清」輪船運載賑米來津，届時該道等應即親赴該船察看具復等因。奉此，查「萬年清」輪船，於本月初五日行抵葛沽，以水淺沙淤，不能駛進紫竹林，職道等當即會同孫道士達。於十四日馳往該船仔細察看，其機器係英國舊式瀛筒，力量甚足。惟係高機，穹窿在上。近年外國皆不甚合用，且能勝任此項機器之船，其船身較大較重，雖能容物，而吃水亦較深，刻間水旺之時。祇能停泊葛沽，於津海口之内，似亦不甚合用「安瀾」一船，停泊大沽口外。不能進口，以上兩船所載賑米，皆就地起駁，不日回駛。隨即細詢貝遊擊錦泉，閩廠所造各號輪船情形。據稱，閩廠輪船，器料最堅最利用者。莫若第七號「揚武」輪船，刻已下水，詢其吃水至十四尺之深，又與津郡不甚相宜。當與再三商榷，惟有「鎮海」輪船，係属兵船，按其船身丈尺，吃水分寸。可期合用，惟未曾目覩其船之良窳，寔不敢懸定也。又「伏波」輪船，上年泊紫竹林，船身高大，係法式。其機器一切，俱未見過，合併陳明。所有議撥閩廠輪船，急切未能就緒。其應如何辦理之處，祇請訓示遵行等情。據此，除批據禀閩廠「萬年清」「安瀾」「揚武」三輪船，或船身太大，或吃水過深，均與津郡不甚相宜。「鎮海」輪船與「伏波」輪船，船身丈尺，吃水分寸，似於津可期合用。惟「鎮海」一船，前准閩省寄到船册開八十匹馬力，本年春夏可以配齊出洋，未知船器良窳若何「伏波」一船。上年雖泊紫竹林，其機器一切，亦未見過。現已撥往浙省巡緝，候先咨商閩省，請令「鎮海」船出洋之便，順至天津一爲查閲。再行定議可耳，繳等因，掛發分咨外，相應咨商查照，希即轉飭「鎮海」輪船出洋之便。順至天津查閲等因，即經檄飭船政提調福建遇缺題奏夏道獻綸，轉飭管駕官遵照。於該船出洋之時，順往天津聽候查閲具報，並咨復欽差大臣直隸爵閣督部堂李查照在案。茲據夏道詳復，第六號「鎮海」輪船，一切機器均係按照英國兵船新式，現飭據日監督查復，須五月底方可工竣出洋。所有該船配用舵工水手礮手，及管輪升火人等，俱係赴甯滬等處新募。現在尚未到工，將來出洋，應稍練習，新船並須試演兩三月，方能再往北洋。屆時自當飭令該船管駕官陸倫華，駛赴天津聽候欽差大臣直隸閣爵督憲李閱驗，理合洋請察核。先行會同咨復等情到本兼署部堂。本部院，據此，除詳批示外，相應先行咨復。爲此，合咨煩請查照施行等因到本大臣。准此，除分別咨行外，相應咨會。爲此，合咨貴衙門，謹請查照施行。

「中央研究院」近代史研究所《海防檔》乙福州船廠**《同治十一年六月九日總署收署閩浙總督文煜等文日意格回工銷假》**　六月初十日，福州將軍兼署閩浙總督文煜等文稱，竊照閩廠續造第七號輪船，擬名「揚武」，第八號輪船擬名「飛雲」，前將製造情形，經本兼署部堂部院恭摺會奏在案。茲據監督日意格，以第七船身工已告竣，機器亦均安置，惟滊爐及四葉輪，暨零碎器件，可俟下水後再行鑲配，計該船二百五十四馬力，長十九丈，寬三丈六尺有奇，船前嚙水一丈四尺有奇，船後嚙水一丈六尺有奇。又第八號船，工程亦已完備，滊爐及四葉輪，均安置妥帖，機器俟下水鑲配，計該船一百五十四馬力，長二十丈有奇，寬三丈二尺有奇，船前嚙水一丈有奇，船後嚙水一丈二尺有奇，兩船配置機器，雖先後稍有不同，及其告成，則並無二致。稟請分期下水，經提調夏獻綸擇於三月十六日，將第七號船推移入水，四月二十八日，將第八號船推移入水。察看七號八號兩船，烟筒房艙篷桅繩索礮架等項，均於七八月間可期料理就緒。展輪出洋，惟第七號船全照外洋兵船式樣，其工料之繁鉅，本兼署部堂部院前已奏明。現在統爲核計，較一百五十四馬力者，約多一倍有零，其滊爐機器安置艙內，適與水面相平，以取其能避礮子也。烟筒分作三截，隨意升降，亦取能避礮子之意。一百五十四馬力輪船，配礮不過六七尊，舵水兵勇人等，有一百三四十名，即可操駕。二百五十四馬力兵船，配大礮十三尊，舵水兵勇人等，非配二百餘名，不敷遣用。即查外洋兵船規制，亦與此相仿，其艙位全爲機器滊爐所佔，除住人而外，不能再裝貨物，艙面以上，不另起蓋房間。取其寬闊，便於演習鎗礮，此仿造兵船之大概情形也。該二船既已告竣，惟有督飭該管駕員弁等認真操練，以求實用。而免虛縻，又船廠對岸，沙洲漸漲，恐港流逼窄，有礙船工。經日意格於上年購買挖土機器二副，今年三月配造成船一隻，專事挖取泥土，可省人工，甚爲便捷。據船政提調署福建臺灣道夏獻綸稟請具奏前來，經本兼署部堂部院覆查無異，除會摺具奏外，相應咨呈爲此，會同一等恪靖伯陝甘督部堂左咨呈貴衙門，謹請察照施行，再總理船政前江西撫部院沈，因丁憂未出任事，是以仍由本兼署部堂部院代奏。至福州將軍係本兼署部堂本任，毋庸會銜，合併呈明，須至咨呈者。

「中央研究院」近代史研究所《海防檔》乙福州船廠**《同治十一年六月九日總署收軍機處交出福州將軍兼署閩浙總督文煜等摺湄雲輪船撥奉省遣用》**　六月初九日，軍機處交出福州將軍兼署閩浙總督臣文煜，福建巡撫臣王凱泰跪奏。爲遵旨派撥輪船前赴奉省聽候調遣，恭摺覆陳，仰祈聖鑒事。竊臣等承准軍機大臣字寄同治十一年四月十七日奉上諭：瑞聯等奏，擬撥輪船巡緝並籌議經費一摺等因，欽此。臣等查閩廠製造各輪船內，第二號「湄雲」，第三號「福星」，第六號「鎮海」，第九號「靖遠」，均係小號八十四馬力之船所有，「福星」輪船，先已派往台灣巡緝，又「鎮海」輪船，前准直隸督臣李鴻章咨會飭調駕赴天津閱驗，其「靖遠」輪船未經下水，蕆工尚早。惟有「湄雲」一船，現在工次，堪以派赴奉省，聽候調遣，至該船管駕、舵水、管輪、砲勇、升火等項薪糧。每月大建支銀一千一百七十八兩，小建支銀一千一百三十八兩七錢三分五厘五毫，公費係動用若干，按月據實報銷，其配練兵丁。既歸奉省遴派，所需口糧，應由奉省酌給，以歸畫一。據船政提調准署福建台灣道夏獻綸具詳請奏前來。除飭令該道即將舵水人等花名，并槓具砲械等項，另行造册詳咨奉省辦理，并將章程先行咨送盛京將軍臣都興阿等查照外。臣等謹恭摺覆陳，伏乞皇太后、皇上聖鑒。再「湄雲」輪船管駕官，尚須前赴甯波、上海等處添雇舵水人等，整理就緒，方可展輪開駕，合併陳明謹奏。

同治十一年六月初八日，軍機大臣奉旨知道了，欽此。

「中央研究院」近代史研究所《海防檔》乙福州船廠**《同治十一年六月九日總署收軍機處交出福州將軍兼署閩浙總督文煜等抄片改撥萬年清輪船赴山東備用》**　六月初九日，軍機處交出福州將軍兼署閩浙總督文煜等抄片稱，再臣等承准軍機大臣字寄同治十一年四月十一日奉上諭：丁寶楨請調福建「安瀾」輪船赴東備用等因，欽此。伏查「安瀾」輪船，先經臣等奏明派赴粵省遣用，已據具報於五月初四日開駕前往。其閩廠續造第四號「伏波」輪船，亦已派赴浙江巡緝。第六號「鎮海」輪船，前准直隸督臣李鴻章咨會，飭令出洋後，駛赴天津聽候驗閱，將來即可留於天津遣用。第七第八兩號輪船，均於三四月間甫經下水。第七號馬力加大，船身喫水太深，第八號係一百五十四馬力，與「伏波」、「安瀾」造法無異，如派赴烟台，可期合用。惟七八月間方可工竣，尚須試演兩三月，再往北洋，恐稽時日。現在東省既需船巡哨，查有第一號「萬年清」輪船，亦係一百五十四馬力，疊次前赴天津山東，往來俱極妥速。業經臣等咨商山東撫臣可否先將「萬年清」一船派赴東省巡哨，如能得力，即留於東省差遣。倘未能合用，俟第八號告成，再行派往更換。庶於洋政可期無誤，至「萬年清」輪船管駕、舵水、砲勇等項薪糧，每月大建需銀一千六百九十兩五錢，小建需銀一千六百三十四兩一錢五分，公費係動用若干，按月據實報銷，其配練兵丁口糧既由東省遴派。應由東省配給，以昭畫一。據船政提調准署福建台灣道夏獻綸具詳前來，除將章程先行咨送山東撫臣查照核覆外，臣等謹合詞附片覆奏。伏乞聖鑒，謹奏。

同治十一年六月初八日，軍機大臣奉旨，知道了，欽此。

「中央研究院」近代史研究所《海防檔》乙福州船廠《同治十一年六月二十八日總署奏船政未可停止》 臣等意見亦復相同，是以先後議准，期於事之必成。朝廷行政用人，自强之要，固自有在，然武備亦不可不講。制於人而不思制人之法與禦寇之方，尤非謀國之道，雖將來能否臨敵致勝，未能豫期，惟時際艱難，只有棄我之短，取彼之長，精益求精，以冀漸有進境，不可惑於浮言，淺嘗輒止。臣等於船廠未經親歷，實不能知其詳，惟李鴻章、左宗棠、沈葆楨諸臣，慮事周詳。任事果毅，意見既已相同，持論各有定識，且皆身在局中，力任其難，自必確有把握。其間造商船以資華商雇領一節，李鴻章、沈葆楨，俱以爲可行，應由該督撫隨時察看情形，妥籌辦理。至李鴻章籌及嗣後添造兵船無可分，擬請裁撤各省內外洋紅單拖繒艇船，而配以自造兵船，即以各船修造養兵之費，抵給輪船月費等語，應由各該省督撫另行奏請諭旨飭部核議。所有遵議製造輪船未可停止緣由，謹恭摺具陳。伏乞皇太后、皇上聖鑒訓示施行，謹奏。

「中央研究院」近代史研究所《海防檔》乙福州船廠《同治十一年六月九日總署收軍機處交出福州將軍兼署閩浙總督文煜等摺第七第八兩號輪船下水》 六月初九日，軍機處交出福州將軍兼署閩浙總督臣文煜，福建巡撫臣王凱泰跪奏爲第七號第八號輪船下水情形，恭摺具奏，仰祈聖鑒事。竊照閩廠續造第七號輪船，擬名「揚武」，第八號輪船擬名「飛雲」。前將製造情形，恭摺會奏在案。茲據監督日意格，以第七號船身工已告竣，機器亦均安置，惟滊爐及四葉輪。暨零碎器件，可俟下水後再行鑲配，計該船二百五十四馬力，長十九丈，寬三丈六尺有奇，船前嚼水一丈四尺有奇，船後嚼水一丈六尺有奇，又第八號船工程亦已完備。滊爐及四葉輪均安置妥帖，機器俟下水鑲配，計該船一百五十四馬力長二十丈有奇，寬三丈二尺有奇，船前嚼水一丈有奇，船後嚼水一丈二尺有奇，兩船配置機器。雖先後稍有不同，及其告成，則並無二致。稟請分期下水，經提調夏獻綸擇於三月十六日。將第七號船推移入水。四月二十八日，將第八號船推移入水，察看七號八號兩船，烟筒、房艙、篷桅、繩索、砲架等項，均於七八月間可期料理就緒。展輪出洋，惟第七號船全照外洋兵船式樣，其工料之繁鉅。臣等前已奏明，現在妥爲核計，較一百五十四馬力者，約多一倍有零，其滊爐機器。安置艙內，適與水面相平，以取其能避砲子也。烟筒分作三截，隨意升降，亦取能避砲子之意。一百五十四馬力輪船，配砲不過六七尊，舵水兵勇人等。有一百三四十名，即可操駕，二百五十四馬力兵船，配大砲十三尊舵水兵勇人等，非配二百餘名。不敷遣用即查外洋兵船規制，亦與此相仿，其艙位全爲機器滊爐所佔，除住人而外，不能再裝貨物。艙面以上，不另起蓋房間，取其寬闊，便於演習鎗砲，此仿造兵船之大概情形也。該二船既已告竣，惟有督飭該管駕員弁等認真操練，以求實用。而免虛糜，又船廠對岸，沙洲漸漲。恐港流逼窄，有礙船工，經日意格於上年購買挖土機器二副，今年三月配造成船一隻。再事挖取泥土，可省人工，甚爲便捷。據船政提調署福建台灣道夏獻綸稟請具奏前來。臣等覆查無異，除咨呈總理各國事務衙門查照外，謹會同一等恪靖伯陝甘督臣左宗棠，合詞恭摺具奏，伏乞皇太后、皇上聖鑒。再總理船政前江西撫臣沈葆楨，丁憂未出任事，是以由臣等代奏。至福州將軍係臣文煜本任，毋庸會銜，合併陳明，謹奏。

同治十一年六月初八日，軍機大臣奉旨該衙門知道，欽此。

「中央研究院」近代史研究所《海防檔》乙福州船廠《同治十一年七月三日總署收山東巡撫丁寶楨文附摺稿一件請撥安瀾輪船赴山東巡緝並酌籌經費》 奏爲請撥閩省新製輪船赴東巡緝，並酌籌經費，以重海防，恭摺仰祈聖鑒事。竊前准總理各國事務衙門，會同户部議復福州將軍文煜等奏，續造輪船應如何分派各省一片。以閩省製造輪船，原爲備物制用，亟應分布海口，以期熟悉風沙。如廣東、山東、奉天等省，均屬海道可通，若撥用閩省船隻，既可節閩局薪粮，且不致以有用之船。置之無用，應令各督撫體察情形，分別奏咨撥往應用。所需薪粮各費，准由各省洋藥、厘金項下就近動支等因。於同治十年十一月初六日奏奉諭旨，依議，欽此。咨行到前署撫臣文，轉行藩臬兩司，並東海關監督籌議稟復在案。臣伏查東省海道，綿亘三千餘里，洋面遼闊，港汊分歧，登郡尤爲天津咽喉，巡防護漕，在在均關緊要。上年臣以登州水師廢弛日久，力求整頓，酌議變通營制製造師船，以期有備無患業經臚列條款奏蒙諭旨交部議奏。一面先行籌款，委員赴粵查看船隻式樣，購覓料物，隨時具禀核辦。竊維前請購製拖繒船，原爲內洋操防之用，以立水師根本。若再加輪船出洋，梭織巡哨，防範尤爲周密，且閩省成船日多，經費浩大。自當各省分撥，以維大局，惟所需經費准由洋藥、厘金動支。查文煜原奏聲明，現成大號輪船三隻，小號輪船兩隻，每月需銀九千餘兩，東省所轄皆係大洋，必須大號輪船方能適用。其每隻所用舵工、水手、弁兵，以及管船官弁，并應用煤炭一切，需費若干。原摺並未分晰聲叙，臣亦礙難懸揣，約計每月總在二千兩上下，每年即需銀二萬數千餘兩，再加以歲修經費，合計不下三萬餘兩。而東省所收洋藥厘金，正税居多，自立關以來，奏定章程。洋藥正税均歸入洋税項下，按結開報統入進出口各貨正税分四六成動支，四成解天津機器局應用，六成奏撥京協各餉，以及該關一切坐支，每年均無贏餘。其厘金一項，每年所收，綜計不過七八千金，均係凑解餉項。即以按年全數撥歸輪船薪糧，不敷甚鉅。臣與在省司道及東海關監督再四籌商，惟有將所收洋藥、厘金一款，專作爲輪船經費，此外不敷之項，再在藩運兩庫。於巡防緝捕經費生息項下，移緩就急，凑撥接濟。再有不敷，隨時籌款辦理，總不得動用正款。至厘金正税，應撥京餉，並天津機器局經費，仍分別照歸按成如數分解，不准短少，惟此項經費。臣係就閩省所奏九千餘兩之數，約略核計，其必需口粮薪水實在用數，未能即定，應俟咨取閩省所定各船經費章程來東。詳細核明實用數目，再行奏明核辦，至於歲修之需。此時更難懸定，亦應俟輪船到東試用一半年後，臨時酌核情形籌議。至臣傳聞閩省製成輪船，有名曰「安瀾」，於東省洋面較爲適用，相應請旨敕令閩省督撫船政大臣。迅即分撥大號「安瀾」輪船一隻，配齊舵工、水手，委員駕駛至東省烟台停泊應用。抑臣更有請者，輪船舵工、水手，東省現在本無熟諳之人。茲既撥用，自應就該船配用人數駕駛，方期得用，其需用官弁、兵丁管理操防等事。東省本有水師，自應候船隻到東。由臣遴選派撥，並令其逐漸練習，不必再用閩省弁兵，庶期易於駕駛，而東省習久技熟，始可收輪船之益。至該船既歸東海巡防，應即就近歸海關監督鈐束差遣，以一事權，而資稽查，除分咨總理各國事務衙門，暨閩浙督撫船政大臣臣查照。並咨取原定一切經費章程酌核辦理外，所有請撥閩省新製輪船赴東巡哨，並酌籌經費緣由，理合恭摺具奏。伏乞皇太后、皇上聖鑒，謹奏。

吴元炳《沈文肅公政書》卷四《船政物料仍免納税釐片》 再准江西撫臣劉坤一咨開，同治十一年八月二十九日，奉上諭：劉坤一奏，近年來各省興辦善後工程，及造船修隄，需用木植物料甚多。出外購買之員，因有免完釐捐印照，其跟丁船户紛紛夾帶私貨，乘機闖關，不候稽查，借詞津貼運費，抗不完納釐税，並有不肖委員轉爲庇護，卡員亦或瞻徇情面，勉强放行，流弊日滋，請飭停止發給印照等語。似此情形，恐不獨江西一省爲然。著各直省督撫嚴查，即行禁止，不得發給免完釐税印照等因，欽此。臣等伏查船政需用各項料件向係遴委妥員親赴各處採辦，並給發免税印照，逐一填明件數，以杜弊端，從無敢不候稽，查夾帶私貨者。欽奉前因，自應遵照辦理。惟現在輪船經費支絀異常，若完一項税釐，即多一項經費。合無仰懇皇上俯念，船政係欽奉特旨興辦事件，與尋常善後工程不同，且船政所需經由洋税關者，多過內地釐卡者，百不及一。通商條約，外國師船駛入中國修理船隻，不納各項税餉，即洋商船用雜物，各口皆准免税。倘外藩邀寬大之典，而天朝軍國重事反不得與之一例辦理，恐於政體有妨。若新關免税，而內地完釐，則事涉兩歧所得不過錐刀之末。恭繹諭旨，似爲嚴杜夾帶私貨而言，並非於工程中之物料，計較釐税。竊思印照既逐一填明件數，倘有夾帶，一經查驗，便水落石出。臣等當嚴飭採辦委員及跟丁船户人等，每過關卡，靜候查驗放行。倘有夾帶營私各項情弊，察出立予盡法，究辦其船政物料。伏乞天恩仍予免納税釐，以資撙節。是否有當，恭候聖裁。謹合詞附片陳明。伏乞皇上聖鑒訓示，謹奏。

「中央研究院」近代史研究所《海防檔》乙福州船廠《同治十一年九月十三日總署收閩浙總督文煜等文第九號輪船下水並續造第十第十一兩號輪船情形》 九月十三日，閩浙總督文煜等文稱，竊照續造第九號輪船，擬名「靖遠」，前將製造情形，恭摺會奏在案。茲據監督日意格以第九號八十匹馬力「靖遠」輪船，所有船身灰艌、鑽孔、鑲鈐、鐵手，及艙堵並船底包釘、銅片。均已完竣，其瀛爐、烟筒、輪機、砲架、篷桅等項，應俟下水後，再行鑲配。請先擇期下水，禀經提調夏獻綸謹擇於七月十八日，率同在事員紳。祭告天后、江神、土神畢，將該船推移入水，一面催令將未竣各工，趕緊料理就緒，以便出洋。其第十號輪船，仍係八十匹馬力，丈尺大小暨造法，均照兵船式樣，與第六、第九號相同，已先於五月十九日安上龍骨。第十一號輪船，係一百五十匹馬力，丈尺大小暨造法，與第四、第八號相同，於六月二十二日安上龍骨。現督飭工匠，併力營造，約計年内均可下水。第十號擬名「振威」，第十一號擬名「濟安」，以資號召，至原奏應造大號一百五十四馬力輪船十一隻，小號八十四馬力輪船五隻，今第二、第三、第六、第九、第十等號，均八十四馬力。已如額造齊，其一百五十四馬力輪船十一隻内，將第七號改爲二百五十四馬力，工料繁鉅，約增一倍有零。應作爲兩號，統計應造十號，除已經動工外，應再續造一百五十四馬力輪船四號，據船政提調准署福建台灣道夏獻綸稟請具奏前來。本兼署部堂部院覆查無異，除會摺具奏外，相應咨呈。爲此，會同一等恪靖伯陝甘督部堂左，咨呈貴衙門，謹請察照施行。再總理船政前江西巡撫部院沈因丁憂未出任事，是以仍由本兼署部堂部院代爲奏咨，福州將軍係本兼署部堂本任，毋庸會銜，合併呈明。

「中央研究院」近代史研究所《海防檔》乙福州船廠《同治十一年九月二日總署收盛京將軍都興阿等文「湄雲」輪船抵奉及派兵赴船學習駕駛助勦》　九月初二日，盛京將軍等文稱，右兵司會案呈，本年八月十三日，據海關兵備道呈稱，爲申報事，本年八月初四日，據管帶「湄雲」輪船都司銜楊益寶稟稱，竊都司於本年七月初八日，奉船政提調憲夏劄開，奉兼署閩浙總督部堂文批，本提調詳請會咨「湄雲」輪船駛赴奉省遣用，造送船上機器、砲械、槓椇，並花名薪糧清册一案，奉批，已據詳會同撫部院分咨盛京將軍都，盛京副都統清，暫署盛京將軍兼管奉天府府尹瑞，奉天府府尹恭，查照飭遵核覆。仰將發去各咨文轉給管帶官楊益寶賫投，並轉移福藩司知照，仍候撫部院批示繳册存送咨四角併發等因。奉此，合將奉發公文劄發。爲此，劄仰該管駕官即便遵照查收，隨帶奉省照銜投遞，並將開駕日期具報，計發公文四角等因。奉此，都司遵於初十日，自閩起椗，駛赴台灣之奎籠地方裝儲煤斤，至十六日，裝足開船。於二十日，行抵上海，採辦一切物料完畢，值風浪不時，致於二十七日由滬開行。至本月初二日早，抵牛莊、營口停泊，聽候憲台差遣，除俟晴霽道路可行，親赴藩陽恭呈各憲咨文外。所有奉派來奉聽候差遣，以及抵口日期，理合稟請察轉等情。據此，卑府查前蒙部軍尹憲奏請撥赴奉省捕盜輪船一隻，又蒙户部總理衙門議准，每年由四成洋税項下動支銀二萬兩，作爲輪船薪水經費，均經奉旨允准，先後飭知遵照在案。茲該都司楊益寶管帶「湄雲」輪船駛抵營口，應由何處遴派弁兵，隨同駕駛，習練出洋，並起支薪水經費章程各事宜。未經行知到道，無所遵循，卑府未敢擅擬，除將「湄雲」輪船暫行停泊河内，飭令該都司親赴憲轅投文。聽候核奪辦理外，理合具文申報憲台查核示遵，實爲公便。爲此，備由具申，伏乞照驗施行。須至申者等情。據此，案查前奉上諭，福建酌撥小號輪船一隻，駛赴牛莊、海口聽調，此項船隻到後，遴派得力弁兵，隨時出洋巡緝等因，欽此。當即飭令水師營派熟習海洋官弁，聽候輪船到時，撥調助勦，並札飭該道遵照在案。嗣據水師營協領詳稱，出派防禦韓興果領催兵五十名，造册呈覆聽調，復准總理各國事務衙門。直隸總督，辦理三口通商大臣先後咨稱，參將徐付隆管帶「測海」輪船，派巡北洋，維鳳岫二城一帶，海口甚窄，沙礁頗多，輪船恐難進口。十五日回至天津停泊，俟閩省湄雲輪船到日，請派員嚮導，在於各處常川巡緝，亦飭令各處遵辦在案。今據該道詳稱，都司銜楊益寶管帶前調湄雲輪船，駛抵營口停泊等語，但前派官兵，曾經行令該道。今稱無所遵循，除札飭水師營協領，仍遵前札，轉飭前派防禦轉興呆領催兵五十名，催令刻即起程，徑赴營口，隨同管帶輪船楊益寶學習駕駛助勦，勿得片刻遲延。所需川資，仍由該道徑行酌核給發，相應札飭海防兵備道遵即官兵到營，所需廪糧川資經費，仍由該道酌核給發，免致偏枯。造册呈覆，勿得貽誤，咨報欽命總理各國事務衙門查照可也。

「中央研究院」近代史研究所《海防檔》乙福州船廠《同治十一年十一月二十八日總署收户部文附摺稿一件議照左宗棠所請由福建應解甘餉項下每月撥銀二萬兩以補船廠經費不敷奉旨依議》　奏爲遵旨速議具奏事，陝甘總督左宗棠奏，閩省輪船經費不敷，請在於該省應解甘餉内，酌撥應用附片一件，同治十一年十一月十六日，軍機大臣奉旨，户部速議具奏，欽此。欽遵交出到部，據原奏内稱，閩省輪船經費，每月需銀七八萬兩，年來接續支銷，銀料俱盡。查閩省西征協餉，每月原協銀四萬兩，按時籌解增協銀四萬兩，截至本年六月止，祇欠一百二十五萬。復經該省咨，除月解五萬兩外，請以甘捐之半，抵解欠餉。是該省措解協餉，固屬不遺餘力，而輪船尤全局攸關，請飭該督撫除每月解臣軍餉五萬兩外。於欠解甘餉内，酌撥銀若干，爲輪船經費。如力不能及，或於現解臣軍餉五萬兩内，及甘捐項下，改撥銀二萬兩交輪船局收支，以免廢輟等語。臣等伏查閩省製造輪船，其造船經費，除同治五年十一月間奏撥閩海關税銀四十萬兩購買機器外，續據奏明自五年十二月起。由閩海關每月撥銀五萬兩，留充製造之用，至駕船經費。亦經臣部奏明准動該省洋藥票税，並經總理各國事務衙門會同臣部，奏請將閩省成造輪船。飭令奉天直隸山東各省分撥應用，均爲籌畫經費起見，今陝督左宗棠深慮輪船經費不敷，請在於閩省欠解甘餉，或現解軍餉内。酌量撥款，以資應用，自係爲輪船久遠之計，力顧大局，惟閩省製造輪船經費。前據福州將軍英桂等奏，每月牽算不過四萬兩，按月留撥閩海關銀五萬兩，已屬寬爲籌備，即使來年續造。存料無多，經費或有不敷，究竟大小船隻，每船應需工料價銀若干，每月經費實需若干，並成造後。管駕員弁薪水公費若干，前經臣部奏令核寔報部，以憑查核，該督撫等總未奏報。兹左宗棠既慮及經費短缺，將甘餉竭力騰挪，通融撥濟，應請飭下福州將軍，閩浙總督，福建巡撫，將輪船經費核實估計，如果實有不敷，或於該省積欠甘餉內，酌量撥款，或於現解左宗棠軍餉五萬兩。及甘捐項下，酌撥銀一二萬兩，交輪船局以充經費之處，酌量彼此緩急情形，奏明辦理。總之，輪船爲防海要需，左宗棠身任西陲，尚擬勻撥邊餉，以顧全局。臣等兼籌中外度支，更宜思深慮遠，除現在勻撥甘餉外，將來應作何協籌之處，統俟該督撫等，將實在輪船經費情形奏報到日。再由臣等悉心酌核奏請辦理，所有遵旨速議緣由，理合恭摺復奏。伏乞皇太后、皇上聖鑒，謹奏。

吴元炳《沈文肅公政書》卷四《船政任事日期摺同治十一年十二月十五日》　奏爲恭謝天恩，馳報任事日期，仰祈聖鑒事。竊臣於同治九年十月二十三日，奉上諭：沈葆楨現丁父憂，懇請簡員，接辦本應俯如所請，惟船政緊要，未便遽易生手，著百日後，仍照常經理等因，欽此。又於九年十一月十二日，奉上諭：沈葆楨陳情終制，原出至誠，惟辦理船政，仍可素服從事。著遵前旨，毋再固辭等因，欽此。又於十年二月初九日，奉上諭：文煜等奏沈葆楨百日孝後，患病未能赴工，現工程喫緊，著趕緊調理，一俟病痊，迅速赴工等因，欽此。又於十年四月二十二日，奉上諭：文煜等另片奏船政大臣，因病不能赴工，請旨遵行沈葆楨。著服闋後，再行赴工，以副委任等因，欽此。伏念臣才識庸愚，疊蒙覆幬，三年曠職，聖人鑒讀禮之忱九譯輸誠，盛世重濟川之業敢辭艱鉅，勉効涓埃。臣於本年十二月十二日，釋服十五日赴工，恭設香案，望闕叩謝天恩。敬謹任事一切情形，容俟詳細察看，會商將軍督撫，臣續行具奏。所有任事日期，並感激下忱，理合先行由驛馳陳。伏乞皇太后、皇上聖鑒訓示，謹奏。

「中央研究院」近代史研究所《海防檔》乙福州船廠《同治十二年二月十五日總署收船政大臣沈葆楨函成船每隻需銀數目難以考究》　二月十五日，船政大臣沈葆楨函稱，敬啟者，久疏音敬，伏惟禔躬昜福，至以爲頌，户部議覆甘督請以甘餉酌撥船政一摺。飭查輪船每隻需銀若干，每月經費若干，成船後每月薪糧若干，俟覆到再行酌撥。當將按月經費及各船薪糧，詳晰陳明。並抄摺咨呈冰案，惟成船每隻需銀若干，考究月餘，日迄無端緒，譬如一株之木，或幾分用之於廠，幾分用之於船。其用之於船者，或幾分在於此船，幾分在於彼船，即均在一船。而爲用既殊，則所耗迥異，至於銅鐵，則入火便失本來面目，有屢變其面目而始成一器者。尤難溯流尋源，工匠或日食二三百文，或日食數金，按匠計工，參差百出。目下船政之望經費，如久旱之望雲霓，苟可以撮其大端，何敢不刻期以應。無如智盡能索，苦無次第可循，固緣拙於勾稽，亦其事過於繁賾。未易求之旦夕者也。知關厪念，謹以附聞，虔請台安，伏希垂鑒。

「中央研究院」近代史研究所《海防檔》乙福州船廠《同治十二年二月十五日總署收船政大臣沈葆楨文附摺稿一件輪船薪糧公費銀數並管駕員弁銜名》　奏爲輪船薪糧公費銀數，並管駕員弁銜名，恭摺具陳，仰祈聖鑒事。竊准兵部咨，閩省調撥輪船赴粵，僅將大建小建銀數，籠統具奏。其管駕舵水管輪升火人等，如何配僱，薪糧如何酌定，均未妥議章程奏明定案。至所稱番銀，是否洋元，抑係實銀，公費一款。據稱，每月用過若干，俟月底由管駕官據實報銷，是每月用款由管駕官臨時酌定，並無畫一數目。核與奏案不符，應另行詳議，一併附奏立案等因。查閩廠成造各輪船，官弁舵水名額及薪糧銀數，前經核定。二百五十四馬力者，額設一百八十員名，月支銀二千八百五十兩。一百五十四馬力者，額設九十八員名，月支銀一千六百九十兩五錢。八十四馬力者，額設六十七員名，月支銀一千一百七十八兩。大建則照額開支，小建則照數核扣。兹查「伏波」、「安瀾」、「飛雲」各船，額支銀數，雖屬相符。而二等水手額應一十名，各該船共設一十四名，二等升火額應六名，各該船僅設四名，副號手並醫生各應一名，各該船迄未募補。現臣札飭各該管駕官，自本年正月起，分別裁補，以符定章。前督臣英等奏請添撥弁兵，以資練習，除分派各省之船，應由各該省酌辦外。現在工之「萬年清」、「飛雲」，各派千總一員，月給薪水十六兩。兵四十名，每名月加行糧三兩。惟「揚武」額設水手既多，現經費孔艱，擬從緩添撥，至公費一款。前因成船伊始，需用浩繁，管駕官力難賠墊，不得不准其實用實銷，每月自三四百兩至八九百兩不等。現飭其極力撙節，自本年正月起，二百五十四馬力者，限每月四百兩。一百五十四馬力者，限每月三百兩。八十四馬力者，限每月二百四十兩。所有船中應用各色洋漆、油斤、棉紗、砂布，同募友書識各口引港經費更換旗幟號衣，以及購備應用零星物件，均於此款動支。唯帆布繩索，價值甚鉅，居限朽爛，准報明由廠換給，其尋常修補，亦於公費動支，應需煤炭火藥彈子各項。准予隨時具領，閩粵通行番銀輪船薪費，概以番銀給領，稍資撙節，然係屬實銀，並非洋元，天津牛莊等處，向不通行番銀，仍給紋銀，以示體卹。相應將各船薪費銀數，並管駕員弁銜名，開單恭呈御覽。謹會同陝甘總督一等恪靖伯臣左，閩浙總督兼署福州將軍臣李，福建巡撫臣王，恭摺具奏。伏乞皇上聖鑒訓示，謹奏。

謹將現委管駕輪船員弁銜名，開列清單，恭呈御覽。

計開：

「萬年清」輪船，五品軍功儘先把總沈順發管駕。

「湄雲」輪船，都司銜居宗年管駕。

「福星」輪船，五品軍功楊永年管駕。

「伏波」輪船，儘先遊擊補用都司貝珊泉管駕。

「安瀾」輪船，儘先遊擊補用都司吕文經管駕。

「鎮海」輪船，五品軍功儘先把總陸倫華管駕。

「揚武」輪船，副將銜補用參將南澳左營游擊貝錦泉管駕。

「飛雲」輪船，准補湄州營游擊吴世忠管駕。

謹將各號輪船官弁舵水員名，并月支薪糧公費銀數，開列清單，恭呈御覽。

計開：

二百五十匹馬力輪船，管駕官一員，月支銀二百六十兩。

大副一名，月支銀六十兩。

二副一名，月支銀四十兩。

三副一名，月支銀三十兩。

正管隊一名，月支銀四十兩。

副管隊一名，月支銀三十兩。

水手正頭目一名，月支銀三十兩。

水手副頭目一名，月支銀二十兩。

頭等水手六十名，每名月支銀一十二兩五錢，共月支銀七百五十兩。

二等水手三十名，每名月支銀一十兩，共月支銀三百兩。

管帆桅頭目六名，每名月支銀二十兩，共月支銀一百二十兩。

舵工頭目一名，月支銀二十四兩。

舵工八名，每名月支銀一十五兩，共月支銀一百二十兩。

舢板頭目一名，月支銀一十六兩。

正管輪一名，月支銀一百二十兩。

副管輪一名，月支銀六十兩。

三管輪一名，月支銀四十兩。

管小水缸一名，月支銀二十四兩。

管油三名，每名月支銀二十兩，共月支銀六十兩。

管水氣表三名，每名月支銀一十六兩，共月支銀四十八兩。

頭等升火一十二名，每名月支銀一十四兩，共月支銀一百六十八兩。

二等升火六名，每名月支銀一十一兩，共月支銀六十六兩。

總管鎗砲一名，月支銀二十六兩。

管礮頭目二名，每名月支銀一十六兩，共月支銀三十二兩。

礮勇二十六名，每名月支銀一十兩，共月支銀二百六十兩。

正號手一名，月支銀一十兩。

副號手一名，月支銀九兩。

正鼓手一名，月支銀九兩。

副鼓手一名，月支銀八兩。

銅匠一名，月支銀一十五兩。

鐵匠一名，月支銀一十五兩。

木匠二名，每名月支銀一十五兩，共月支銀三十兩。

醫生一名，月支銀一十兩。

以上官弁舵水人等一百八十員名，計月支薪糧銀二千八百五十兩。

公費，月支銀四百兩。

統共月支薪費銀三千二百五十兩。

一百五十匹馬力輪船，管駕官一員，月支銀二百兩。

大副一名，月支銀五十兩。

二副一名，月支銀四十兩。

三副一名，月支銀三十兩。

管隊一名，月支銀四十兩。

水手正頭目一名，月支銀二十五兩。

水手副頭目一名，月支銀二十兩。

頭等水手二十九名，每名月支銀一十二兩五錢，共月支銀三百六十二兩五錢。
二等水手一十名，每名月支銀一十兩，共月支銀一百兩。
舵工八名，每名月支銀一十五兩，共月支銀一百二十兩。
正管輪一名，月支銀一百兩。
副管輪一名，月支銀五十兩。
三管輪一名，月支銀四十兩。
管油三名，每名月支銀二十兩，共月支銀六十兩。
管水氣表三名，每名月支銀一十六兩，共月支銀四十八兩。
頭等升火一十二名，每名月支銀一十四兩，共月支銀一百六十八兩。
二等升火六名，每名月支銀一十一兩，共月支銀六十六兩。
正管礮一名，月支銀二十五兩。
副管礮一名，月支銀一十三兩。
礮勇一十名，每名月支銀八兩，共月支銀八十兩。
正號手一名，月支銀一十兩。
副號手一名，月支銀九兩。
鼓手一名，月支銀九兩。
木匠一名，月支銀一十五兩。
醫生一名，月支銀一十兩。
以上官弁舵水人等九十八員名，計月支薪糧銀一千六百九十兩五錢。
管帶練兵千總一員，月支銀一十六兩。
練習水務兵丁四十名，每名月支銀三兩，共月支銀一百一十兩。
以上官兵四十一員名，計月支薪糧銀一百三十六兩。
公費，月支銀三百兩，統共月支薪費銀二千一百二十六兩五錢。
八十四馬力輪船，管駕官一員，月支銀一百六十兩。
大副一名，月支銀五十兩。
二副一名，月支銀三十兩。
三副一名，月支銀二十五兩。
水手正頭目一名，月支銀二十五兩。
水手副頭目一名，月支銀一十四兩。
頭等水手一十六名，每名月支銀一十二兩，共月支銀一百九十二兩。
二等水手一十名，每名月支銀一十兩，共月支銀一百兩。
舵工六名，每名月支銀一十五兩，共月支銀九十兩。
正管輪一名，月支銀一百兩。
副管輪一名，月支銀五十兩。
三管輪一名，月支銀三十兩。
管油一名，月支銀二十兩。
管水氣表一名，月支銀一十四兩。
頭等升火八名，每名月支銀一十四兩，共月支銀一百一十二兩。
二等升火四名，每名月支銀一十一兩，共月支銀四十四兩。
正管砲一名，月支銀二十四兩。
副管砲一名，月支銀一十二兩。
砲勇六名，每名月支銀八兩，共月支銀四十八兩。
正號手一名，月支銀一十兩。
副號手一名，月支銀八兩。
鼓手一名，月支銀八兩。
木匠一名，月支銀一十二兩。
以上官弁舵水人等六十七員名，計月支薪糧銀一千一百七十八兩。
管帶練兵千總一員，月支銀一十六兩。
練習水務后丁二十名，每名月支銀三兩，共月支銀六十兩。
以上官兵二十一員名，計月支薪糧銀七十六兩。
公費，月支銀二百四十兩，統共月支薪費銀一千四百九十四兩。

「中央研究院」近代史研究所《海防檔》乙福州船廠《同治十二年二月十五日總署收船政大臣沈葆楨文附摺稿一件第七號第八號輪船出洋第十號第十一號輪船下水並第十二號輪船酌改商船式樣》 奏爲第七號、第八號輪船出洋，第十號、第十一號輪船下水，並第十二號酌改船式各情形，恭摺具陳，仰祈聖鑒事。竊閩廠七號、八號、九號輪船下水，並十號、十一號輪船起工，業經督撫臣節次奏明在案。比據提調夏獻綸稟稱，第七號之「揚武」，第八號之「飛雲」，先後竣工，出洋試演，計順風順水「揚武」一時約行百里，「飛雲」一時約行八十里，輪機靈捷，砲位精良。第九號之「靖遠」，工尚未畢，再需三四個月方可出洋。第十號之「振威」，十一年十一月十一日下水。第十一號之「濟安」，十二月初四日下水。

船身既竣，水缸瀛爐機器等事，飭令次第安排。第十二號於九月二十二日安上龍骨，目下船脅甫齊，正在封釘舨板等語。臣視事後，察看「飛雲」，工堅料實，與「萬年清」、「伏波」、「安瀾」相伯仲。而兵船之用，則以「揚武」爲長，爐座輪機，僅與水面相平，烟筒三節，可以隨意升降，利於避礮。本船配大礮十有三尊，利於攻敵，馬力加多，行駛尤速。然而造船之費，購礮之費，薪糧之費，煤炭軍火之費，則不啻倍於「飛雲」矣。「揚武」所用，多英國之前膛礮，摧堅及遠，迥異尋常。而靈巧則不如「飛雲」所用之布國後膛礮，蓋前膛礮築藥裹子洗礮，均須人出艙外。身當礮口，既慮敵礮見傷，又防餘藥遺患，後膛礮則裹放之時，敵人無從望見。而内膛螺絲中有無渣滓黏滯，從後窺之，便一目了然。惟打放數十次之後，即須暫停，否則恐其熱而炸裂。蓋靈巧與堅實，互有短長，在熟知其性者，舍所短而用所長，庶幾收其利，不受其害。第十二號輪船擬名「永保」，馬力百五十四，本與「飛雲」一律辦理，而養船經費，支絀異常。臣擬令監督日意格仿照外洋商舶規制，將房間移建上層，俾中艙底艙地位寬闊，多裝貨物，以便招商試行領運，不苛繩以成法。冀收效於將來，如荷恩俞，請將第十三、十四、十五等號輪船，一體改造，廣閭閻之生計，節國家之度支，然此第屬一時權宜，若經費漸裕，仍當仰體我皇上力圖自强之意。講求兵船新法，以固疆圉，而壯聲威，臣愚昧之見，是否有當，謹會同陝甘總督一等恪靖伯臣左，閩浙總督兼署福州將軍臣李，福建巡撫臣王，恭摺由驛四百里具陳。伏乞皇上聖鑒訓示，謹奏。

「中央研究院」近代史研究所《海防檔》乙福州船廠《同治十二年二月十五日總署收船政大臣沈葆楨文附摺稿一件瀝陳船廠經費支絀情形請自本年正月起每月添撥經費銀二萬兩》　二月十五日，船政大臣沈葆楨文稱，竊照本大臣於同治十二年正月二十七日，在福州府中岐工次，會列閩浙總督兼署福州將軍李，福建巡撫王前銜，陝甘總督左後銜，具奏覆陳船政經費支絀情形一摺。相應抄録摺稿咨呈，爲此，咨呈欽命總理各國事務衙門，謹請察照施行。

照録粘單，奏爲覆陳船政經費支絀情形，仰祈聖鑒事。竊臣鶴，臣凱，於同治十一年十二月二十日，准户部咨，本部議覆陝甘總督左奏，閩省輪船經費不敷，請於該省應解甘餉内酌撥一摺。閩省造船經費，前據英　等奏，每月牽算不過四萬兩，留撥閩海關銀五萬兩，已屬寬爲籌備。究竟大小船隻每隻需銀若干，每月經費實需若干，並成造後管駕員弁薪費若干，請飭下福州將軍，閩浙總督，福建巡撫，核實估計奏報到日。再由臣等酌核等因，奉旨，依議，欽此。查左之議立船政也。中國無一人曾身歷其事者，不得不問諸洋將，其約自鐵廠開工之日起，立限五年，成船一十六號，估費三百萬兩。雖中外員匠，有生熟巧拙之殊，銅鐵木料，有貴賤之異，零星物件，外國取諸市肆而皆足。中國非一一本廠自造，即購諸重洋，然所估之數，尚不甚相遠。至以結款四十萬兩爲購器募匠，買地建廠之需，則昔之所估，與今之所費，大相懸絶。專就建廠而論，一椽未立，一瓦未覆，第購民田，釘木樁，培山土，地基甫固，而所費已不貲矣。蓋洋將所見者，外國已成之廠，而未見當日經營締造之艱難，所以臣葆　初次任事時。即有應辦工程，應發款項，多從前未經議及之奏也。原議鑄鐵爲一廠、打鐵爲一廠、模子爲一廠、水缸兼打銅爲一廠、輪機兼合攏爲一廠，合共五廠。後增拉鐵、搥鐵、鐘表、帆纜、火磚、舢板六廠，而打鐵、輪機、鐘表，又各有分廠，計船台三座。船亭五座，船槽一座外，凡爲廠一十有四。原議學堂兩所，後添繪事院，駕駛學堂，管輪學堂，藝圃四所。臣葆察看其均係不容已之需，懍遵我皇上勉爲其難，毋得瞻前顧後之旨。不追繩其原估之疏漏，而務責其全局之必成，所有添設緣由，均經奏明在案。雖於同治八年正月初一日起限，實則十年秋間，廠工始畢，購器建廠，費百餘萬。此結款不敷，挪用月款之實在情形也。添廠則添機器，添匠丁，並添工費，原議監督暨洋員匠三十八員名，月薪費銀八千九百七十八兩。嗣增拉鐵搥鐵洋匠銀五百兩，駕駛管輪教習銀七百五十兩，教造船上鐘表洋匠銀四百四十兩，德克碑教練公費銀五十兩，各準匠夜課藝徒讀書銀二百兩，洋匠禮拜加工，夜作加工，銀六七百兩不等。中國匠丁人數，亦逐廠隨之而增，原議兩學堂藝童六十人，今則藝童藝徒合三百餘人，始也月給贍銀四兩，學業日進，則贍銀日增。其自南洋來，通外國語言文字，略知機器之學者，贍銀月數十金。此月款始而充裕，繼而支絀之實在情形也。成船日多，票税日絀，十一年所入票税，僅七萬兩，按月匀算，得五千餘兩，就分撥各省後日下閩省存船計之。「揚武」薪費月番銀三千二百五十兩，「萬年清」、「飛雲」月各二千一百二十六兩五錢，建威練船月一千四百八兩四錢，「鎮海」水師船月六百四十八兩八錢，共番銀九千五百六十兩二錢，摺紋銀八千六百九十一兩九分一厘，而煤炭之費，修理之費不與焉，且分撥各省輪船，均須在閩教練數月。此數月之薪費，不得不出於閩，此養船經費不敷，因而那用月款，致月款愈絀之實在情形也。每船工料價銀若干，驟難一一厘析，臣等謹就每月額定經費計之，洋員匠薪費約一萬二千兩，監工員紳薪水暨書役工伙約一千二百餘兩，各匠工食約一萬一千五十餘兩，健丁運夫排工口糧約四千三百九十餘兩，藝童贍銀約八百八十餘兩，藝徒辛工約八百一十兩零，通事辛工約九十兩，各船薪費八千六百九十一兩零，共三萬九千餘兩。而歷年採辦大小料件，勻月牽算，數與相當，蓋每月實不敷銀二萬餘兩，合無仰天恩，准自本年正月爲始，每月添撥銀二萬兩。臣等再行極力撙節，以收垂成之功，俟限滿洋將撤回，此二萬之款，即行停撥。臣等愚昧之見，是否有當，謹會同陝甘總督一等恪靖伯臣左，合詞由驛四百里具陳。伏維皇上聖鑒訓示，飭部議覆施行，謹奏。

「中央研究院」近代史研究所《海防檔》乙福州船廠《同治十二年三月二日總署收户部文附摺稿一件閩省所請每月添撥船政經費二萬兩准由該省茶税項下提解》

户部查閩省製造輪船，先經奏撥閩海關税銀四十萬兩，建廠購器，續據奏明。自同治五年十二月起，月撥閩海關銀五萬兩，留充製造之用。又經奏動該省洋藥票税，以爲駕船經費，同治十一年十一月間，據陝甘總督左宗棠深慮輪船經費不敷，請在於閩省應解甘餉内，酌撥應用。經臣部議令閩督等將輪船工料，並月需經費核寔估計奏報到日，再行核辦等因，奉旨允准行令遵照在案。今據該督撫等會同船政大臣，將輪船經費寔在不敷情形，並按月額定薪費數目奏報前來。查輪船一事，控馭海洋，原爲國家久遠之規。該船政大臣果能認真製造，實力訓練，以期有備無患。所有不敷經費，臣等自當竭力籌畫，以收垂成之功。即於現解甘餉内前督左宗棠請在閩省協甘欠餉内，酌量撥款，固恐緩不濟急。至閩海關税月撥之五萬兩，已係借動另款解京四成洋税，未便再行添撥。而甘餉亦関緊要。臣等公同商酌，查閩省茶税征收甚形暢旺。近年來臣部提撥京餉二十萬兩，内在於茶費十萬兩，餘均另款存款候撥，擬將輪船經費每月不敷銀二萬兩，即在於茶税項下提撥，以資應用。相應請旨飭下福州將軍，閩浙總督，福建巡撫。即自同治十二年正月起，由閩省征收茶税項下，除部撥京餉等項外，按月提銀二萬兩解交船政大臣，以充經費。此項添撥銀兩，一俟原議五年期滿後，即行停撥。至輪船經費，業經月撥閩海關銀五萬兩，此次又添撥茶税二萬兩，並動撥洋藥票税，合之每年約有九十餘萬兩，經費既鉅，責成宜重，並請飭令船政大臣沈葆楨懔遵同治九年九月諭旨，國家不惜帑金創製輪船，原以籌備海防，期於緩急足恃。所有未造之船，加意講求，寔力製造。已成之船，督飭員弁駕駛出洋，認真操練，以仰副皇上備物制用，綏靖海疆之至意。至閩省應解甘省欠餉，及現解月餉，仍令該督撫等照舊籌撥。以顧全局。所有遵旨議奏緣由，理合恭摺具奏，伏乞皇上聖鑒。再此摺係户部主稿，合併聲明，謹奏請旨。

「中央研究院」近代史研究所《海防檔》乙福州船廠《同治十二年三月九日總署收户部文令丁寶楨先行咨報閩省第八號輪船到山東日期並迅報該船經費銀數》

三月初九日，户部文稱，同治十一年十二月十一日，准福建司付稱，准山東巡撫丁咨稱，奏撥閩省第八號輪船，俟造成駕駛來東一片。合先抄片咨部查照等因，相應移咨閩浙總督、福建巡撫、總理船政大臣。應俟第八號輪船告成，趕緊委員駕東交收，暨咨山東巡撫查照等因付知前來。查山東省登州等處巡哨洋面，前據該撫奏請撥用閩省造成「安瀾」大號輪船一隻，約計每年需用煤炭及修製器械等銀三萬餘兩。在於東省抽收厘金項下動支，當經本部核覆，一俟該船由閩駕駛到東日期，並派撥管駕巡哨各官弁，以及舵水人等數目，暨每年實需各項銀数，先行造具清册，報部查考在案。茲據該撫丁寶楨片奏，接准閩省咨會，「安瀾」輪船前已派赴粵東。其八號輪船與「安瀾」造法無異，惟此時尚未造竣。現在東省洋面巡哨，尚不吃緊，約計第八號輪船明春必可竣事。定於明年正二月内，咨請駕駛來東等語。查閩省成造第八號輪船，既經山東省奏明，定於本年正二月間，咨閩駕駛赴東。其船内每年應需煤炭，及修製器械各項，同管駕官弁舵水人等薪水口分，約用銀数若干，原奏並未聲叙，應令山東巡撫一俟前項輪船駕駛到東時，迅即詳晰奏咨報部查核。仍將該船到東日期先行咨部備查，均毋延緩，並知照總理各國事務衙門可也。

「中央研究院」近代史研究所《海防檔》乙福州船廠《同治十二年三月十八日總署奏閩省製造輪船第十二號至十五號應准其改造商船自十六號起仍改造兵船》

臣等查閩省設局造船，創議於督臣左宗棠，該督於同治五年六月間奏辦之始，其摺内曾聲明，有事之時，以之籌調撥，則百粵之旅可集三韓。並云成一船即練一船之兵，可以布置沿海各口，遥衛津沽等因。復有函致臣等謂，輪船有明輪、暗輪、鉄底、木底之分，外洋兵船多用暗輪木底，取其穩固而便於修補。此次開局試造，取暗輪不取明輪，取木底不取鉄底，盖欲仿其國自用之兵船等語。是該督所注意者，原重在兵船一層。同治十年四月間，福州將軍文煜等奏，第六號輪船擬名「鎮海」，第七號改造兵船情形。欽奉上諭，閩省第六號輪船。現已購齊木料，剋日開工，即著照文煜所擬，命名「鎮海」。至輪船之設，須砲位多而馬力大，方能利涉波濤，制勝較有把握等因。仰見皇上慎重海防至意，茲據沈葆楨奏稱，第七號之「揚武」，第八號之「飛雲」，先後竣工。第九號之「靖遠」，需三四個月出洋。第十號之「振威」，第十一號之「濟安」，亦俱先後下水。其第十二號輪船，擬名「永保」，本與「飛雲」一律辦理，因經費支絀，擬仿照外洋商舶規制。並請將第十三、十四、十五等號輪船，一體改造等語，自係一時權宜之計。查本年二月間，閩浙督臣李鶴年等奏，閩省輪船經費不敷，請按月添撥等因。業經臣衙門會同户部奏准除原有經費外，自同治十二年正月起，由閩省茶税項下，按月提撥銀二萬兩在案，此後經費，當可毋虞支絀，臣等公同商酌。此次既據該大臣請將第十二號至十五號輪船改造商船，係爲撙節度支起見。應如所請辦理，惟從第十六號起，應仍一律改造兵船，以無失設廠造船力圖自强本意。至現在所造十二號輪船，擬即照該大臣所請，命名「永保」。所有臣等遵議緣由，謹恭摺具陳。伏乞皇上聖鑒，謹奏。

「中央研究院」近代史研究所《海防檔》乙福州船廠《**同治十二年閏六月八日總署收户部文附録送閩浙總督李鶴年等片稿閩省輪船經費仍由甘餉項下劃撥**》 再准户部咨，議覆閩省輪船經費，自本年正月起，由征收茶税項下，按月提銀二萬兩等因。當經轉行遵照去後，兹查閩省茶税一項，每年約征銀三十萬左右。本年奉撥户部京餉二十萬，内務府京餉十萬。又兩項匯費等銀一萬九千二百兩，支給緝捕經費三萬五千七百兩。計尚短銀四五萬，是茶税項下，無可撥解。至茶葉厘金加捐軍餉，及洋藥貨税厘，就上年收數稽核，亦僅一百六十餘萬。本年原撥添撥各項京餉，協甘協黔軍餉，甯夏並本省兵餉。又養船經費，巡洋弁兵口糧，防年薪糧，共應二百餘萬。出納兼權，約短四十餘萬。是茶税之外，亦無別款可以撥解。伏思船政爲久遠之規，臣等非不欲顧全大局。無如閩省厘金，只有此數，本已入不敷出，何能再籌鉅款。惟有仰懇天恩，仍照陝甘督臣左宗棠原議，現解甘餉項下劃撥，以濟要工。俟明年添撥輪船經費停止，仍當照舊解足。庶于邊餉要工，兩有所濟。據藩司據善後税厘兩局司道會詳前來，除咨部外，謹合詞附片具陳。伏乞聖鑒，謹奏。同治十二年六月十四日奉硃批，着照所請，户部知道，欽此。

吴元炳《沈文肅公政書》卷四《續陳各船工程並挑驗匠徒試令自造摺同治十二年六月二十日》 奏爲續陳各船工程，並挑驗匠徒，試令放手自造情形，仰祈聖鑒事。竊臣於本年正月二十七日，業將第七號、第八號輪船出洋，第十號、第十一號輪船下水，第十二號酌改船式各情形奏明在案。二月，第九號「靖遠」工竣，以留閩補用，千總鄭漁管駕，二十八日試洋，順風順水，約每時可行七十里，輪機靈捷完好，惟礮位向外國定製，往返數萬里，未克如期而來耳。第十號「振威」閏六月工亦可竣，以留閩補用，千總羅昌智管駕，擇吉試洋。第十一號「濟安」，七月底可以竣工。第十二號「永保」，閏六月可以下水。該船之水缸機器車軸等項，均於船臺上安置妥帖。下水後兩個月，即可出洋。第十三號於二月初二日安上龍骨，船身已得過半工程。第十四號於六月初九日安上龍骨，船脅尚未就緒。此近日各船工程之實在情形也。自增月款二萬之後，臣得以廣購木料，南風司令，暹羅，仰光所産絡繹而來。第十二號下水，十五號即可安上龍骨，雖成船未能適符限期，而逾期計不甚遠。然當時創始之意，不重在造而重在學。臣與監督日意格約限滿之日，洋匠必盡數遣散，不得以船工未畢，酌留數人。如中國匠徒實能按圖仿造，雖輪船未盡下水，即爲教導功成，獎勵優加，犒金如數，必不負其苦心。倘洋匠西歸，中國匠徒仍復茫然，就令如數成船，究於中國何益，則調度無方，教導不力，臣與該監督均難辭其咎。該監督請六月自模廠始挑選匠徒之聰穎者，逐加驗試，洋匠頭授之以圖，令其放手自造。是後洋匠均不入廠，俟其自造模成，察看脗合與否，稍有絲毫未協，再爲詳説窾竅，令其改造試之。又試至再至三，務期盡其技能，而止模廠既畢，他廠繼之。臣以其所議尚屬責實，飭令次第舉行，毋令中國匠徒得以附會塞責。愚昧之見，是否有當。謹會同陝甘總督一等恪靖伯臣左宗棠，福州將軍臣文煜，閩浙總督臣李鶴年，福建巡撫臣王凱泰恭摺，由驛四百里具陳。伏乞皇上聖鑒訓示，謹奏。

吴元炳《沈文肅公政書》卷四《統領隨時操演片同治十二年六月二十日》 再輪船之設，必聲勢聯絡。如身使臂，如臂使指，倉卒徵召，方足以資敵愾。前以養船經費支絀，署督臣文煜等奏請，分撥各省，奉旨允行。計誠出於萬不得已，第仍須於分撥之地，力籌聯絡之方。雖各省大吏可以督其勤加操演，而有事合之一處，各不相習，甚慮驅策不靈。臣與統領臣羅大春熟商，若俟其來閩修船，順便閲操，則曠日太久，且有本省自有船隖可修，不必定歸閩廠者。若紛紛召之而至，則於其本省巡洋捕盗諸務，窒礙殊多。計不如統領躬任其勞，隨時周歷各口校閲。凡遇統領出洋，將赴某省，先期由驛咨會某省督撫，惟海道瞬息可達，驛遞有時遲延，或統領船來，而督撫之行知未到，則由統領知照海關道，即時校閲。其船上有練兵者，亦一體操演，所需子藥等項，統由各該省應付。爲統領者，不敢以遠涉風濤爲憚，而封疆大吏自必以不分畛域爲心。臣愚昧之見，是否有當，謹合詞附片陳。明伏乞皇上聖鑒訓示，謹奏。

吴元炳《沈文肅公政書》卷四《續陳輪船工程並練船經歷南北洋各情形摺同治十二年七月二十四日》　奏爲續陳輪船工程，並練船經歷南北洋各情形，仰祈聖鑒事。竊臣於本年六月二十日，業將第九號輪船試洋，第十三號、第十四號輪船起工，並中國匠徒放手試造情形，奏明在案。閏六月十八日，第十二號「永保」，船身灰艌鑽孔鑲鈴，船内艙堵輪機水缸，船底銅片各工告備。臣謹致祭天后江神土神船神，將船推送下水。其桅杆烟筒煤艙銅管，並帆纜等工，八月間可以蕆事。該船寬長，及齧水尺寸，與「伏波」、「安瀾」等船一律。惟船面前後，增設艙房，則仿照商船程式耳。永保下水，騰出船臺，飭匠修理完固，即於二十四日，安上第十五號龍骨。二十五日，第十號之振威工竣。監督日意格親帶出洋，展輪而出，展輪而入洋面，則息火張帆，將船左右摺轉而行，約計其適中者，每時行七十里，輪機靈捷，與靖遠同。第十一號之濟安，工亦垂竣。臣擬調管駕飛雲之湄洲營遊擊吴世忠，於引見後，回工管駕。其原帶分撥山東之飛雲，查有久充該船大副之都司銜林文和，水務諳練，心地樸誠，兼通英語，堪以接管。此各輪船續辦工程之實在情形也。其建威練船，去年乘風北駛，歷浙江上海燕臺天津，至牛莊始摺而南。本年二月教習洋員德勒塞駕船南行，先厦門，次香港，次新加坡，次檳榔嶼，六月始回工次。計四閲月，除各馬頭停泊外，實在洋面七十五日。海天蕩漾，有數日不見遠山者，有島嶼縈迴，沙線交錯，駛船曲摺而進者。去時教習躬督駕駛各練童，逐段謄注日記，量習日度星度，按圖體認，期於精熟。歸時則各童自行輪班駕駛，教習將其日記子細勘對，至於颱颶大作，巨浪如山，顛簸震撼之交，默察其手足之便利如何，神色之鎮定如何，以分其優劣。其駕駛心細膽大者，則粤童張成，吕翰爲之冠。其精於算法量天尺之學者，則閩童劉步蟾，林泰曾，蔣超英爲之冠。臣謹拔張成，吕翰管駕閩省原購之海東雲長勝兩輪船，使獨當一面，以觀後效。此教練駕駛之實在情形也。限期瞬届臣惟有力催洋員洋匠，認真教導中國匠徒，刻意講求，以冀上副　聖懷於萬一。愚昧之見，是否有當。理合會同陝甘總督一等恪靖伯臣左宗棠，福州將軍臣文煜，閩浙總督臣李鶴年，福建巡撫臣王凱泰，恭摺由驛四百里具陳。伏乞皇上聖鑒訓示，謹奏。

吴元炳《沈文肅公政書》卷四《船政教導功成籲懇獎勵摺同治十二年十月十八日》　奏爲船政教導功成，籲懇天恩，將出力之洋員匠，併案獎勵，并速籌犒銀回費，俾得如期遣散，以昭大信，而杜虚糜事。竊臣於同治九年二月間，奏請俟輪機創造就緒，懇將中外出力人員，擇尤獎勵。奉旨，允准在案。嗣臣以丁憂交卸，致未舉行。自本年六月起，該監督日意格逐廠考校，挑出中國工匠藝徒之精熟技藝、通曉圖説者，爲正匠頭。次者，爲副匠頭。洋師付與全圖，即不復入廠。一任中國匠頭督，率中國匠徒，放手自造，並令前學堂之學生，繪事院之畫童，分廠監之。數月以來，驗其工程，均能一一脗合，此教導製造之成效也。後學堂學生，既習天文地輿算法，就船教練，俾試風濤，出洋兩次。而後教習挑學生二名，令自行駕駛，當颱颶猝起，巨浪如山之時，徐覘其膽識。現保堪勝駕駛者，已十餘人。管輪學生凡新造之輪船機器，皆所經手合攏，分派各船管車者，已十四名，此教導駕駛之成效也。伏惟船政祇自强之一道而創始，較他務爲獨難。當一簣之甫施詎成山之敢望，或以洋人祕其要領，弗輕傳授爲疑，或以中國狃於見聞，無可攀躋爲慮。仰賴乾綱在握，翊贊僉同，既歷久而弗渝，遂觀成之有日。雖精益求精，密益求密，尚有待於將來，而步能亦步，趨能亦趨，已幸償夫始願想重譯，争效所長之意，正中朝有善，必録之科。兹據日意格，將出力之洋員洋匠，開單請獎前來臣逐加檢核，尚無冒濫，謹將原單抄呈御覽，候旨遵行。監督日意格始終是事經營，調度極費苦心，力任其難，厥功最偉。德克碑自同治九年二月後，前赴甘肅，臣左宗棠另有差使。惟經始之時，度地計功，購料雇匠，馳驅襄事，亦未便没其微勞。應如何分別獎勵，俾昭激勸之處，出自宸裁。至合同内約明，五年限滿，中國員匠能自監造駕駛，應加獎，兩監督各銀二萬四千兩。加獎外國員匠，銀六萬兩。又約明五年工竣，每名另給辛工兩月，并匀給回費三百七十八兩。照現在洋員匠名數科算，統共犒賞辛工回費，需銀十五萬兩有奇。合無仰懇天恩，飭部速即籌撥銀十五萬兩，俾得於限内，及時遣散，不致坐食虚糜。其中國出力之員弁工匠，可否容臣一體併案保奬，以資鼓舞，而責後效。出自逾格鴻慈理合會同一等恪靖伯陝甘總督臣左宗棠、福州將軍臣文煜、閩浙總督臣李鶴年、福建巡撫臣王凱泰，恭摺由驛四百里馳陳。伏乞皇上聖鑒訓示，謹奏。

吴元炳《沈文肅公政書》卷四《船工將竣謹籌善後事宜摺同治十二年十月十八日》　奏爲船工將竣，謹籌善後事宜，請旨定奪事。竊惟船政之設，原約造百五十四馬力輪船十一隻，八十四馬力輪船五隻。嗣督臣英桂，議改第七號爲二百五十四馬力。據該監督估計，工料繁鉅，較百五十四馬力增一倍有零，請以一號抵作兩號。經臣文煜等奏明在案。共應大小成船一十五隻，除第十號以上，業經迭次奏明出洋外，本年八月初六日，第十一號之「濟安」試洋。八月二十八日，第十二號之「永保」試洋。均一時以七十里爲率，輪機之靈捷，船身之堅固，與

「安瀾」等船，大略相同。九月十九日，第十三號之「海鏡」下水，計年内可以出洋。第十四號輪船，年内亦可下水。惟第十五號，須待明春。然中國匠徒能放手自造，與遣散洋匠兩無妨礙，此船工將竣之實在情形也。此後如爲節省經費起見，則停止造船，除修船養船而外，一切皆可節省。惟既絶難續，不免盡棄前功，而鵲巢鳩居，異族之垂涎尤爲可慮。若歲仍造船兩號，則已成之緒，不致中乖，而洋人辛工歲可省十餘萬。然中國員匠能就已成之緒而熟之，斷不能拓未竟之緒而精之。雖則歲告成船，究竟毫無進境，與我皇上力圖自强之旨，迥不侔矣。臣竊以爲欲日起而有功，在循序而漸進。將窺其精微之奥，宜置之莊嶽之閒。前學堂習法國語言文字者也，當選其學生之天資穎異，學有根柢者，仍赴法國，深究其造船之方，及其推陳出新之理。後學堂習英國語言文字者也，當選其學生之天資穎異，學有根柢者，仍赴英國深究其駛船之方，及其練兵制勝之理。速則三年，遲則五年，必事半而功倍。蓋以升堂者，求其入室，異於不得其門者矣。其學生中有學問優長，而身體荏弱，不勝入廠上船之任者，應令在學堂接充教習，俾指授後進天文地輿算學等書。三年五年後，有由外國學成而歸者，則以學堂後進之可造者補之，斯人才源源而來，朝廷不乏於用。惟合之遞年成船二隻，所費甚鉅，本年所加月款二萬可省，而原定月款五萬必不能省也。限期瞬届，應如何辦理之處，敢懇皇上飭下，各衙門速議具奏。徜以前赴外國學習爲可行，則數萬里長途，驟試者，不無疑懼。臣奉旨後，尚須與日意格，及生童人等堅明約束，詳議章程，必事事得理，之所安而後人，人於心有所恃。臣不揣冒昧謹，會同一等恪靖伯陝甘總督臣左宗棠，福州將軍臣文煜，閩浙總督臣李鶴年，福建巡撫臣王凱泰，恭摺附驛馳陳。伏乞皇上聖鑒訓示，謹奏。

「中央研究院」近代史研究所《海防檔》乙福州船廠《同治十二年十一月六日總署收船政大臣沈葆楨呈恭親王函船政教導功成望速發犒賞辛工回費並籌船政善後事宜》 十一月初六日，船政大臣沈葆楨呈王爺函稱，七月曾玨寸牋，計當渥邀青睞，恭維康强逢吉，積日增隆。本年十二月爲船工限滿之期，中國匠徒均可按圖自造，習駕駛者亦能自在游行，教導苦心，業已不負所諾。惟洋員洋匠渥受大朝豢養之恩，不無久而忘歸之意。葆楨與之申明約束，此處界限，不得不的實分明。若冀酌留數人，則與成功二字，自相矛盾。惟望犒賞辛工回費，速行籌發則届期遣散，定可帖服無辭。至船政善後事宜，再四思維，覺惜費與圖功兩者，斷難並行不悖。想老成謀國，早已經緯在胸，無待鯫生之饒舌也。

「中央研究院」近代史研究所《海防檔》乙福州船廠《同治十二年十一月七日總署收軍機處交出船政大臣沈葆楨鈔摺附出力洋員匠清單船政教導功成懇奬洋員匠並撥銀十五萬兩以供犒賞回費等用》 十一月初七日，軍機處交出船政大臣沈葆楨鈔摺稱，奏爲船政教導功成，籲懇天恩將出力之洋員匠併案奬勵，並速籌犒銀回費，俾得如期遣散，以昭大信，而杜虚糜事。竊臣於同治九年二月間，奏請俟輪機創造就緒，懇將中外出力人員擇尤奬勵，奉旨允准在案。嗣臣以丁憂交卸，致未舉行，自本年六月起，該監督日意格逐廠考校，挑出中國工匠藝徒之精熟技藝、通曉圖説者爲正匠頭，次者爲副匠頭，洋師付與全圖，即不復入廠。一任中國匠頭督率中國匠徒放手自造，並令前學堂之學生，繪事院之畫童，分廠監之。數月以來，驗其工程，均能一一脗合，此教導製造之成效也。後學堂學生既習天文地輿算法，就船教練，俾試風濤，出洋兩次而後教習挑學生二名，令自行駕駛使當颱颶猝起巨浪如山之時。徐覘其膽識，現保堪勝駕駛者已十餘人，管輪學生，凡新造之輪船機器，皆所經手合攏，分派各船管車者已十四名，此教導駕駛之成效也。伏維船政祇自强之一道，而創始較他務爲獨難，當一簣之甫施，詎成山之敢望，或以洋人秘其要領，弗輕傳授爲疑，或以中國狃於見聞，無可攀躋爲慮，仰賴乾綱在握。翊贊僉同，既歷久而弗渝，遂觀成之有日，雖精益求精，密益求密，尚有待於將來，而步能亦步，趨能亦趨，已幸償夫始願，想重譯争效所長之意，正中朝有善必録之科。玆據日意格將出力之洋員洋匠開單請奬前來，臣逐加檢核，尚無冒濫，謹將原單抄呈御覽。候旨遵行，監督日意格始終是事，經營調度，極費苦心，力任其難，厥功最偉，德克碑自同治九年二月後前往甘肅。臣左宗棠另有差使，惟經始之時，度地計功，購料僱匠，馳驅襄事，亦未便没其微勞。應如何分别奬勵，俾昭激勸之處，出自宸裁。至合同約明五年限滿，中國員匠能自監造駕駛，應加奬兩監督各銀二萬四千兩，加奬外國員匠銀六萬兩，又約明五年工竣，每名另給辛工兩月，並匀給回費三百七十八兩。照現在洋員匠名數科算，統共犒賞辛工回費需銀十五萬兩有奇。合無仰懇天恩，敕部速即籌撥銀十五萬兩，俾得於限内即時遣散，不致坐食虚糜。其中國出力之員弁工匠，可否容臣一體併案保奬，以資鼓舞而責後效，出自逾格鴻慈。理合會同一等恪靖伯陝甘總督臣左宗棠、福州將軍臣文煜、閩浙總督臣李鶴年、福建巡撫臣王凱泰，恭摺由驛四百里馳陳。伏乞皇上聖鑒訓示，謹奏。

同治十二年十一月初七日奉硃批，該衙門速議具奏，單片併發，欽此。

謹將船政在事出力洋員匠，開具清單，恭呈御覽。

謹開：

幫辦斯恭塞格，練船教習德勒塞，以上二名均請賞給三品銜並一等寶星。

總監工舒斐，仕德，文案博賴，以上三名均請賞給四品銜並一等寶星。

繙譯官日意傑，請賞給四品銜。

醫員布沙德，前學堂教習禄賽，邁達，後學堂教習嘉樂爾，管輪教習阿瀾，以上五名均請賞給四品銜並三等寶星。

各廠洋師樂平，博士忙，以上二名均請賞給四品銜並金牌。

各廠洋師克林，德索，馬益識，馬爾尚，盧維，普曈，帛黎，仕記，阿務德，三達士，臘都實，力法索，嘉部勒，以上十三名均請賞給五品銜並金牌。

各廠副匠頭卑德兒，臘佛奴，機魯，克那温，普里奴，阿貝順，特閣歲，色爾樂，巴里耶，北山松，庇鴻，拉畢列，賽和，塞和，賽達格，維得禄，穆菜，逢士，格士朗，法士德，傑達翁，雷乙，赫徹那，布魯愛，和排託，以上二十五名均請賞給六品銜並銀牌。

同治十二年十一月初六日奉硃批，覽，欽此。

「中央研究院」近代史研究所《海防檔》乙福州船廠《同治十二年十一月十八日**總署奏沈葆楨所請獎勵洋員匠等擬一律照准所需犒賞回費准由該省茶税並茶葉加捐軍餉項下提撥**》

臣等伏查同治五年十一月間，據左宗棠奏陳日意格等稟呈保約合同各件內開，自鐵廠開廠之日起，五年限滿，如能教導中國員匠造船法度，一切精熟，自能監造駕駛。應加獎勞日意格、德克碑，各銀二萬四千兩，加獎外國員匠銀六萬兩。外國員匠五年工竣遣回，給發每人辛工兩月，並發回國路費，按人分別匀給等語，繕單恭呈御覽。奉上諭：均著照所請行等因，欽此。至八年間，據船政大臣沈葆楨奏鐵廠教造起限摺內聲明，五年限期請以八年正月爲始。九年二月間，又據該大臣奏，船政漸著成效，懇將中外出力人員獎勵。奉旨，著准其擇尤保奏，毋許冒濫，欽此。該大臣旋即丁憂卸任，未據保奏。本年閏六月間，據該大臣奏陳挑驗匠徒試令放手自造情形，奉硃批，知道了，欽此。欽遵各在案，今據該大臣奏稱，輪船製造駕駛，均已教有成效，自應量予獎勵，所有單開船政在事出力之洋員匠等五十一名。臣等詳加覆核，尚無冒濫，應請仰懇天恩，一併照准。恭候命下，由臣衙門行文該大臣轉飭遵照辦理，其中國出力人員，併請飭下該大臣懍遵前旨。擇尤保奏，以昭激勸，至日意格、德克碑，及外國員匠加獎銀兩，各員匠辛工回費等項，既已載在保約合同，經左宗棠奏准在案。此次該大臣奏稱，共需銀十五萬，核與保約合同所議數目相符。應請照數給發，俾得依限遣散，以示大信。而免虛糜，此項銀兩應如何籌撥之處，户部查此項加獎監督洋員匠並回費等項，共需銀十五萬兩。既經總理各國事務衙門核與保約合同原議數目相符，自應趕緊照數籌撥，俾得遣散擬於閩海關。福、廈二口及內地收征起運運銷兩項茶税並茶葉加捐軍餉項下，提撥十五萬兩，相應請旨飭下福州將軍、閩浙總督、福建巡撫即在臣部指撥款內如數籌撥，解交總理船政大臣沈葆楨，按原議數目分別給發，依限遣散。再此項銀兩，原係約明著有成效，即行獎給，該將軍督撫等，務須迅速籌撥，無得稍有遷延。俾得約信，而免坐食糜費，仍將籌撥銀數，並遣散給監督洋員匠銀兩數目，先行報部查核，所有臣等遵旨速議緣由，理合恭摺具陳。伏乞皇上聖鑒，再此摺係臣衙門主稿，會同户部辦理，合併聲明，謹奏請旨。

「中央研究院」近代史研究所《海防檔》乙福州船廠《同治十二年十一月十八日**總署奏請飭下南北洋大臣等議復沈葆楨所奏謹籌船政善後事宜**》

臣等伏查閩省船政之設，創議於督臣左宗棠，於同治五年六月間奏奉諭旨允准在案。原爲中國力圖自强有備無患起見，茲據該大臣奏稱，原約造大小輪船十五號，將次工竣，如從此停止造船，不免盡棄前功。且恐異族垂涎，擬即由中國員匠每歲造船二號，并分遣學生前赴英法兩國，探究其精微之奥，期於日起有功。自因圖始維艱，既費數百萬之帑項，復竭六七年之經營，現甫立有基址，中國匠徒且能放手自造，若竟棄前功，誠屬可惜。該大臣所奏亦仍係爲中國力圖自强之意，惟每歲造船之費尚有限制。而以後成船日多，養船修船之費層遞加增，誠恐爲數愈鉅，勢不能支。查同治十一年十一月間，直隸督臣李鴻章奏准設局招商試辦輪船摺內聲明，若從此中國輪船暢行，閩滬各廠造成商船，亦得隨時租領等語。隨據該督飭議條規，於上海設局試行已及一年，此次據沈葆楨奏。嗣後閩廠每歲續造船二隻，未知招商輪船局是否合用，能否陸續租領，俾船不賦間，費不虛耗，可以驗其良窳。加意講求，倘能隨造隨領，閩廠輪船得以暢行中外，則既可留造船之基，並可省養船修船之費，洵屬意美法良，應請飭下南北洋通商大臣妥籌定議奏明辦理。至該大臣所稱分遣學生赴英法兩國學習一節，查同治十年七月間，原任兩江督臣曾國藩等奏。遴選聰穎子弟前赴泰西各國肄習技藝，業經奉旨准行，由該督等派員在滬設局分批遣令出洋在案。此次沈葆楨擬遣前後學堂學生分赴英法兩國，探究造船駛船之精奥，與原任督臣曾國藩等遴選學生赴美國學習技藝意見相同。一切章程，應否仿照滬局辦理，抑或有酌量變通之處，應請一併飭下南北洋通商大臣。并原議開設船廠之陜甘督臣左宗棠，與沈葆楨會商熟籌，期於有利無弊，功效漸臻，以仰副我皇上有備無患之至意。所有臣等遵旨速議緣由，理合恭摺具陳。伏乞皇上聖鑒，謹奏。

「中央研究院」近代史研究所《海防檔》乙福州船廠《同治十二年十二月二十二日總署收北洋大臣李鴻章函議復輪船招商造船養船暨閩廠選派學生赴英法留學等事》

十二月二十二日，北洋大臣李鴻章函稱，閩廠善後，定爲每年遞造二船，令商局隨時租領，力求自强，兼省養船費用，洵屬法良意美。查招商局現有輪船四隻，又在英國定造一隻，明正可到。滬商習知外國造船，堅利便用，價值又省，每隻約銀七八萬至十萬兩不等。開辦之始，洋商船多貲厚，各口裝貨，往往減跌把持，擠令虧本。華船專恃運漕獲占餘利，挹注澆裹。近來蘇浙歉收，漕數頗減，除沙船承運外，輪船分裝，不及二十萬石，故衆商入股，不甚踴躍。總局員董，亦未敢多租輪船，致虧商本。鴻章前既奏請江楚試運本色，現復商懇江楚，另籌採辦，無非爲上裕國儲，下順商情起見，乃本色未能征解。采辦又難多添，則漕運仍屬有限。若欲商局多租閩船，必先推廣海運，以擴輪船之用，減讓船價，以轻商人之本，自然踴躍争趍。盖中國自造輪船，成本過重，商局租用，須向洋行保險，洋人照泰西船價核估，必不及原造之數。萬一失事，若責局商賠繳原價，勢將傾家敗產，必不樂爲不敢爲矣。是以迭經緘商幼丹中丞，姑寬其格，誘其自至。昨據招商局員同知唐廷樞禀報，已於冬月杪赴閩禀商妥辦，俟議有端倪，再行據情奏咨，但使商局生意日盛，歲造輪船合用，當可酌量陸續租領。惟閩廠歲造，必兼兵船貨船兩様，貨船或有商局可領，后船須籌分養之方。鴻章前奏請令沿海各省裁撤巡洋紅單拖繒艇船，逐漸配以自造兵輪船，識者多韙斯言，以艇船修造養兵之費，抵給輪船月費，雖未必敷用，究尚可得實濟。東南各當事置而不議，或議而不行，則無如何耳，即肯照辦。二十年後，成船過四十隻，猶慮無處安插也。至閩廠選派學生赴英法學習造船駛船，洵屬探本之論，幼丹與日意格堅照約束未知如何議法，想因日意格管廠多年，與學生言語性情相習，又熟悉外國情形，令其帶往分派學習，呼應較靈，收效較速。即如陳主事等帶學生赴美國，若無容丞閎爲之先導，必致迷於所往，寸步難行，如幼丹與日意格嚴定規條，或可由我操縱，鈞意以洋人充斯重任。究不如中國委員流弊較少，亦是慎重之道，自應由閩廠内，籌派與日意格素習之華員管帶同往，較爲得力，他處委員更恐鑿枘不入，已緘請幼丹熟籌主持矣。

「中央研究院」近代史研究所《海防檔》乙福州船廠《同治十二年十二月二十九日總署收陜甘總督左宗棠函議覆造船遣人赴泰西游學養船撤裁沿海江單拖繒艇船及請頒船政關防等事》

十二月二十九日，陜甘總督左宗棠函稱，閩省船廠事，徹始徹終，未留罅隙，均賴大猶堅定，不動聲色，率要其成。海宇幸甚。德克碑秋杪來蘭州，俟宗棠凱旋，如赴閩去，晤談之下，亦頗言中華多手，製作駕駛，均可放手自爲。引看蘭州新設製造局，亦謂能翻新也。幼丹諸疏，語語切實能見其大，尊疏議允其每年造船兩隻，庶幾有基勿壞，日起有功。洵爲開物成務要圖，嘗歎泰西開花礮子及大礮之入中國自明已然。見在鳳翔府城樓，尚存有開花礮子二百餘枚，平凉府西城，見有大洋礮上鐫萬歷及總制胡等字。餘皆剥蝕，然則利器之入中土三百餘年矣。使當時有人留心及此，何至島族縱横海上數十年，挾此傲我，索一解人不得也。今幸閩廠工匠自能製造，學生日能精進。兹事可望有成，再議遣人赴泰西游歷各處，藉資學習，互相考證，精益求精，不致廢棄，則彼之聰明有盡。我之神智日開，以防外侮，以利民用，綽有餘裕矣。就此一節而論，沈議遣赴英法，曾議遣赴花旗。竊意既遣生徒赴西游學，則不必指定三處，儘可隨時斟酌資遣，如布洛斯鎗礮之製。晚出最精，其國哆嗹呢曾言，彼中新製水雷，足破輪船。如中國肯挑二十餘人同往學習製造，則水雷後膛螺絲開花大礮，亦可於三年内學得。宗棠雖有所聞，却以相距太遠，不能决也。然即此類推，則不必英法咪應遣人前往，此外尚可商量明矣。所遣之人，須派人領帶，無論内地員紳，即華人在泰西各國貿易日久者，亦可由幼丹採擇委用。如此則取材廣而事易集，至每年造船兩隻，既須鉅貲，而修船養船經費，閩省實難獨任。宗棠原奏請以新造輪船運漕，而以所僱沙船之價給之，並聽商僱，薄取其值。藉以護商捕盜，與現設之招商船局所議略同，若論取效捷速，則尤以新成輪船裝運淮鹽，屯集湖口漢口，聽各地商販分運行銷各口岸爲是。顧儀徵爲綑掣總要，江西湖口湖北漢口爲囤盐總要，始事經費，非各省籌措不可。而納課行銷，仍遵兩淮現章，絲毫於淮無損，於閩廠修船養船有益。惟事屬東南各疆臣主持，不能保其各無意見，且於見在行盐商人已辦之盐，頗有窒礙，必多方造作語言，以相摇惑。疆臣不盡透徹根底意見，外加以阻撓，殊恐難覩成效。故宗棠前此因關隴餉源日涸，頗思藉籌盐餉，而不敢據以入告也。至少荃以兵船商船宜間造，以便商僱一著，閩廠亦曾有議及者，按西洋商船兵船。本分兩種，不僅艙槅高低多少攸殊，即工料良窳亦異，近時外洋輪船每多失事。而閩廠居然無損，亦緣閩廠所造兵船，而洋人所用多貨船耳，今造商船待雇。萬一偶有失事，則領雇者必少，而耗費亦多，似不若仍精造兵船，益求堅緻。而以引帶各口商船，則無須間造商船，而藉資養船經費，亦猶是也。此節未知的否，去海疆日久，未能隨時考訂，聯舉以備諮詢，沿海各省，皆有洋船。藉捕内洋盜賊，紅单艇船拖罾，各有所宜，輪船捕洋盜之效，人能言之。至内洋捕盜，則聞警即開，熟諳沙綫，非若輪船必需舉火，必需覓帶水之人，稍有停待也。宗棠在閩擬造輪船，亦從提督李成謀之議，改造紅单，故内外洋迄無盜賊之警，由是言之。則沿海内洋各船，可議減，而又未可盡廢也。至閩廠與津滬各處人才，及遣往英法各國生徒，均宜彼此派撥，以收相觀而善之效。於事理均宜，無所窒礙，固不待言，大抵輪船既成。僅籌修船養船經費，事本非難，東南倚海爲國，合七省通力合作。如果各盡乃心，孜孜謀之，不爲纖人私議所阻，則漕務可興，裝運内地貨物可興，行銷官盐可興，如是何事不成。又豈但區區養船修船云耳哉，謹因垂詢所及，畢獻其愚，伏求訓誨，敬請鈞安。

再船政之設，宗棠曾奏請頒發關防，比奉批回，一俟局務辦成，再行奏請部頒。茲局務漸有成緒，未逾五年之限，幼丹自未便請給關防，而事關重大，木質關防不足久用。應否由尊處奏明請旨，伏候鈞裁。

「中央研究院」近代史研究所《海防檔》乙福州船廠《同治十三年正月十九日總署收軍機處交出福州將軍文煜摺奉撥閩廠獎勞洋員匠銀十五萬兩現已籌撥挪解以應要需》　正月十九日，軍機處交出福州將軍文煜摺稱，爲閩省船廠工竣，奉撥獎勞銀兩，現已籌挪解應要需，恭摺馳陳，仰祈聖鑒事。本年十二月初十日，承准總理各國事務衙門行知，本衙門會同户部議覆船政大臣奏請保奬船廠洋員匠，並籌撥奬勞銀兩一摺。又本衙門議覆船政大臣奏，船工將竣籌辦善後事宜一摺。同治十二年十一月十八日，奉旨，依議，欽此。欽遵鈔録原奏，咨行遵照前來。奴才查船政大臣沈葆楨所請加獎監督洋員匠，並回費等項，共需銀十五萬兩一節。既經總理衙門會同户部奏准在於閩海關福、厦二口，及内地征收起運運銷兩項茶税，並茶葉加捐軍餉項下，如數籌撥，自應遵照立時撥給，以資依限遣散。而免坐食虚糜，現在閩海關六成洋税，雖因撥款漸增不敷甚鉅。但此項獎勞銀兩，係保約合同之所載，爲目前之要需，何敢稍涉遷延。奴才現已暫向號商挪借銀八萬兩，於十二月十二日移交船政大臣沈葆楨查收，並咨會督撫臣行令税厘總局福藩司等。速就内地征收起運運銷兩項茶税，並茶葉加捐軍餉項下，即日動撥銀七萬兩，解交船政大臣分別給發，以符應撥十五萬兩之數。除將籌撥緣由先行分咨總理衙門户部查照外，理合恭摺馳奏。伏乞皇上聖鑒，謹奏。

同治十三年正月十八日奉硃批，該衙門知道，欽此。

「中央研究院」近代史研究所《海防檔》乙福州船廠《同治十三年正月二十三日總署收南洋通商大臣李宗羲函輪船招商運漕載貨造船分造兵船商船及閩學堂生徒前赴英法學習等事》　正月二十三日，南洋通商大臣李宗羲函稱，上年十一月二十七日，接奉上字一百十四號鈞函，並承准大咨抄奏以閩省船工告竣。籌議善後各節，推及於津滬兩廠，豫計日後兵船商船如何分造分養，仰見藎猷周密，全局通籌，尋繹再三，莫名欽佩。原夫造船之初意，專以兵船爲主，近因籌養船之費，而兼及於商船，誠不可不一再躊躇也。養船之説，不能外運漕載貨二事而別圖大宗，且二事亦止一事耳。載貨而不運漕，則不能得成總之水脚，運漕而不載貨，則不能免半年之曠閒。以二事相輔而行，雖未可遽決其獲利與否，而一船總可敷一船之養，稍進焉則當以兩商船而兼養一兵船，方不負一番運用。所不可知者，經理若何耳，如閩局所云，每年定造兩船，滬局半是，以十年計，則積船三十號矣。即或節省經費，閩廠一年造一船，滬局兩年造一船，合計兩局十年之外，已積船十餘號矣。斷非招商局所融消，縱令減價廣招民商，或置本自爲官運，亦無如許分銷之路，是以少荃中堂前奏。即有機器局亦可間造商船，以資租雇之語，並極言華商租用輪船，煞費經營，究未能與洋商比贏之故。今試就漕貨兩事分陳梗概，輪船運漕之所得最優，以其裝載多而往還速也。而所以勿須多用船隻之故，即在於此，目前海運，僅屬江浙，而沙船並未歇業，關系滬上市面大局，萬不能盡奪其利，以俾輪船，上年招商局試辦海運，祇二十萬石。在沙甯船，不過少一尾運耳。嗣後縱值全漕起運，約計三分之一，亦止數十萬石。以六百噸增及千噸之輪船，每月三運，僅用四五船三月而畢矣。即推之將來，或沙船廢歇，或自行改圖，則江浙全漕一百數十萬石，盡由輪船，究亦僅用十數船足矣。及至漕竣裝貨，則後船即是前船，固不能另添租用，且恐並此十餘船者，亦將用其半而置其半，斯又可以預決者也。沿江海只有此口岸，只有此生理，即如洋商入中國十數年，全力所注，不可謂非繁盛也。而統計各洋行公司輪船，行長江者，約只八九號，行各海口者，約只十餘號耳。近有太古洋行，減價以争旗昌行之利，遂至輪船生意色色均形退之，中國輪船，若非得運漕保全成本，斷不能出而與洋船並駕，又安能別開生面，租用多船乎。然則商船一項，造船之數，當權乎用船之數，而多寡可約畧定矣。夫製造既有成效，自屬不可停歇，招商局如果獲利，亦必逐加推廣。所謂推廣者，仍不外乎漕與貨兩事而已。江皖等省，目前未能開徵本色，自係實在情形，然早遲總須起運。河運並治之策，既重不易舉，而地方漕運事宜，即修造幫船招復衛丁二事，亦猝難就理，以大勢觀之，言漕者日趨重於海運矣。將來江淮揚徐之糧，或者仍存河運餼羊之意，他如江皖湖廣運事，終必以輪船試辦爲急就章。合之蘇浙全漕，亦必將專造全幫輪船，而後海運之大局方定，以東南數省向辦漕運之經費，分備數十號輪船之養，而全漕畢舉，未始非濟時之急務也。此就海運而推廣養船之一説也。惟是江皖諸省漕事情形，各有不同，外國市面光景，尤須真正熟習，均非咄嗟可辦之事，必待人事與機會相乘。因勢而利導，則事半而功倍所謂行之有其時也。經國大計，往往萌芽于十年之前，而著見于十年之後，所謂致之有其漸也。至于經用之盈虚操縱，則必臨事而察其條理，歷久而益加縝密，所謂不可以空言定其規模也。若夫自强之根本，與創造之初心，則尤以兵船爲重，將來兵船漸多，仍應限以成數，如數造完，亦可以造船之資。移補養船經費之不足，否則籌出專款以爲養，免致東綴西湊，捉襟見肘。僅屬目前補苴之計，刻下各路軍務報竣，所有防勦各營，早遲必有一番裁減。倘能移其餉以養兵船，尤爲經久之宏規也。至衡量兩項船隻之緩急輕重，旁觀議論與當局主謀，大約軒視兵船之意多，且有不屑造商船之意，斯亦一偏之見也。夫兵船盛，則可由强而富，商船盛，亦可由富而强，舳艫銜接於㕓市，貨物充牣於觸山，不問其爲官爲私。一望而足以覘國之肥，彼洋人之來中國，有事則以一二兵船張皇恫喝。平時則第見其商船更代往來，乘風破浪而已龐然大矣。然則富强之景象，兵商兩項輪船，豈不相得而益彰歟。況乎運漕通商，實濟攸關。一旦軍符調遣，則運解軍火糧餉，猶陸營之必有輜重車也。又安可不早爲之圖哉。嗣後分造兩項船隻，總當視需船之多寡，以定造船之增減，不必意爲輕重，此又因養船而及於造船，推廣分別之一説也。宗羲所見止此，管蠡無當，聊以備採擇百一爾。滬局現在各員匠於造船事宜，未必即能勝過閩局之人。似暫時不必赴閩，學堂生徒前赴英法學習製造駕駛之法。校諸前赴美國學童僅學語言文字者，所費自必更鉅，蓋蒙童不過分派書館，教習生徒則須入其機器房，登其輪船，相與羣居，方能探其竅要。在在皆有所費其數目非懸揣可得，亦非美國學童前案所能備其參校。至於管帶，委員尤難，其選固在於老成練達，而尤在於欲赴某國。即以諳某國情形之員帶往，方有措手之處，如陳主事蘭彬美國之役，因有同知容閎者，其人生長花旗，回中國爲通事。繼入曾文正大營，同治初派赴美國購辦機器，其子現仍在美國紐約都城書館肄業。有此介紹，遂起學童出洋之議，陳主事係起議之人，而容閎實兼主伴之權也。中外交涉已久，如粤之香山，浙之甯波諸處，不乏熟習歐洲情事之人。然流品太雜，又未經歷試，何敢輕信而用之，只可隨時留心物色，以備他日之選。至閩局現議之役，既經幼丹中丞與日意格堅明要約，殆取其與學堂諸生有數年之契識也。若另議委員而與諸學生格格不入，似亦非宜，此事想閩局接奉咨函，已有一番妥籌矣縷悉肅復，恭請鈞安，伏維垂察。

「中央研究院」近代史研究所《海防檔》乙福州船廠《同治十三年正月二十五日總署收户部文附福州將軍文煜摺稿籌撥閩廠獎勞洋員匠銀兩並咨船政大臣專案報部》 福州將軍兼管閩海關税務奴才文煜跪奏，爲閩省船廠工竣，奉撥獎勞銀兩，現已籌挪解應要需，恭摺馳陳，仰祈聖鑒事。本年十二月初十日，承准總理各國事務衙門行知，本衙門會同户部議覆船政大臣奏，請保獎船廠洋員匠，並籌撥獎勞銀兩一摺，又本衙門議覆船政大臣奏，船工將竣，籌辦善後事宜一摺。同治十二年十一月十八日奉旨，依議，欽此。欽遵鈔録原奏，咨行遵照前來，奴才查船政大臣沈葆楨所請加獎監督洋員匠並回費等項，共需銀十五萬兩一節。既經總理衙門會同户部奏准在於閩海關福厦二口，及内地征收起運運銷兩項茶税，並茶葉加捐軍餉項下，如數籌撥，自應遵照立時撥給以資依限遣散。而免生食虚糜現在閩海關六成洋税，雖因撥款漸增不敷甚鉅，但此項獎勞銀兩係保約合同之所載爲目前之要需，何敢稍涉遷延。奴才現已暫向號商挪借銀八萬兩，於十二月十二日移交船政大臣沈葆楨查收，並咨會督撫臣行令税厘總局福藩司等，速就内地征收起運運銷兩項茶税，並茶葉加捐軍餉項下。即日動撥銀七萬兩，解交船政大臣分别給發，以符應撥十五萬兩之數。除將籌撥緣由先行分咨總理衙門户部查照外，理合恭摺馳奏。伏乞皇上聖鑒，謹奏。

同治十三年正月二十八日奉硃批，該衙門知道，欽此。

「中央研究院」近代史研究所《海防檔》乙福州船廠《同治十三年二月十九日總署收北洋大臣李鴻章交出船政大臣沈葆楨函附日意格條議及游學章程籌議各省師船仍宜裁撤商局駕船專用華人生徒出洋擬用日意格爲委員及派人留學布國設立電報出洋經費等事並抄日意格條議及游學章程》 二月十九日，北洋大臣李鴻章交來船政大臣沈葆楨函，內稱，杏蓀觀察到奉臘後二日手諭，以晚瘞琹之戚，慰誨拳拳，感激豈可言似，就諗指揮稱意，威德日隆，悉符所頌。唐景星認領三船，十三號「海鏡」駕駛之人已到，日內即可成行。十四號「琛航」二月方能竣事。十五號「大雅」，則三月初方能下水也。官輪船畀之華商，租費保險，俟均不必，以示朝廷之寬大。閣下以爲何如，局商頗以兵船機器費煤爲慮，敝局之總監工葉道云，康邦機器不准購，惟俟定議後議購。成船當在明年，詢之杏蓀，不以爲遲也。尊諭數年後生意日盛，不慮歲造船隻無消納處，誠屬正言，然非我公開其覓食之源。生意無由日盛，我公排羣議而創招商局，豈以毀譽攖心。萬一局務蕭索，敗於垂成，他族揶揄，華人奪氣，所關夫豈淺尠，漕運鹽運，是在登高之一呼耳。我公議復停止輪船之奏，請撤各省紅單拖罾以養兵輪船，去歲三月總署議復閩省改造商船之奏，請十六號起一律仍造兵船，均老成謀國之心，至深且遠。而此次總署所議，未及兵船，豈因裁撤紅單拖罾之議，各省付之不答耶。然閩廠歲費數十萬，僅以供商人之用，而原設營船，人人知其不適於用。任其坐食虛縻，恐均無此政體，敢請間造兵船商船，兩符總署所議。杏蓀英敏精細，洞達世務，想見大匠門下，才俊林立，晚與再三往復，各竭所知，未審有當高深否。囑其到津時，將所議面呈鈞座，專俟詧奪商局船用閩局人駕駛無不可者。惟有洋人在船，恐各執成見，轉費商局調停，如杏蓀所議，專歸華人駕駛。而局員操其賞罰，則一氣呵成矣。出洋擬用日意格者，爲其深知外國學問之窾竅，深知中國生徒之階級，則經費光華，無虛擲之虞。員紳生徒久與之處，熟知其性情，可無意外疑慮，非無曾到英法兩國之華人。然品學不及荔秋，才具不及蒓甫，既不爲洋人所重，復不爲華人所信，數萬里長征而挈以非所倚仗之人，有望洋而阻耳。總署謂以洋人充斯重任，不如中國委員之操縱由我，老成之見，欽佩奚如，第亦視其人何如耳。蒲安臣以美國人膺天使之命，雖中道凋謝，然未嘗負中國，即如船政本兩監督。今舍德克碑，用日意格，未嘗不操縱由我也。日意格心地明白，頗曉中國倫常義理風俗好惡，不致以不入耳之談，與員紳生徒糾紛齟齬，故敢以是付之，而擇性情肫摯。曉暢事體之員紳偕焉，倘此事日意格至於負國，葆楨無論在局出局，均願職其咎，經費有難與滬上一律者。用洋人宜養其廉，且英法兩國，以一人兼顧，故日意格擬仍以船政薪水與之，員紳以詩書起家，義當爲國宣力。但行者居者，俱有資粮，萬里長征，便無難色，故薪水只居滬上之半，滬上生徒發蒙伊始。故川費用費外，無贍家銀兩，閩局生徒藝成之後。日或十餘兩或八九兩，其家藉以舉火者，歷有年所，今長行數萬里，不能不酌加贍銀。其從師之費，筆墨書籍之費，游歷觀摩之費，亦與初發蒙者迥異，然滬局欲以十五年，將前之有餘，補後之不足，閩局欲以五年計功，亦相埒耳。謹將所議大概章程，抄呈電覽，一切可行與否，統候鈞裁挈銜會奏。是爲至禱，祗請侍安，諸惟霽照不備。

年晚生期沈葆楨謹上，元夕。再去歲有布路斯人來謁，獻砲廠各圖。並呈執事答其廠東一牋，甚以爲榮，知潞國聲名洋溢中外也。其圖極精緻可愛，問其廠之廣狹，曰周圍三百里，問其成此廠經費若干，曰雖廠東不知也。其起有是廠也。大小工匠五人，茅屋一區，漸推漸廣，以迄於茲。今六十餘年，富埒國也，該國兵船，迥不若英法之多且固。而雄視西陲者，專恃鎗砲，蓋兵船專於水，而鎗砲則奄有水陸之長，人只知禦戎之要在水，不知其要仍在陸。我新創之槍砲，必不敵彼之鉄甲船，若腹地鎗砲可恃，則彼之徘徊游奕口外者，仍塊然一物耳。津局習鎗砲有年，迥非平地爲山者比，若擇聰穎子弟與靈巧工匠，赴布國習其鎗砲與其水雷，或究其理，或熟其藝，庶幾水陸均有可恃。而海上稍得安枕乎，且歐洲無不以得交中華爲榮，出洋局成，則英法美方相誇耀。布國自以爲雄長西戎，恥不得與，保無有尋衅之念。而他族欲收漁人之利者，從而慫恿之，似不無可慮，售我伐交伐謀之術，以鼓其各獻所長之心。毋亦愚者之一慮乎，由津而滬而粵，洋人均有電報，而我無之，外國消息外國知之。而中國不知，猶之可也。中國消息外國知之，而中國不知，可乎哉。我公何不於近處一試，其有無窒碍否，葆楨於船政一節，尚引避不遑。兢兢焉曰罪戾是懼，而復以不干己之事，妄致脣舌者，自顧衰病日增，無足報國，願託令公之庇。冀終身爲不見兵革之民而已，冒昧干瀆，伏乞垂原，葆楨又上。

再承垂詢出洋經費由何處籌提，查船政歲入六十萬兩，每年造兵船二隻，約需四十萬兩。學生經費，修廠經費，各員紳薪水，各書差工食，水師口粮，及一切雜費，約需十萬。以十萬爲出洋經費，甚足敷用，若換兵船爲商船，每船約減四萬，可減八萬，則經費更見從容，商船無砲一切陳設商局自備故也。季帥創議造船時，原未慮及養船，現局中自養者，二百五十四馬力一號，一百五十四馬力三號，八十四馬力二號，薪費歲十餘萬，煤炭歲數萬，經費在外，此船政所以不支也。自聞尊議裁撤師船以養輪船，如獲來蘇之命，日月以冀，至今渺然，若竟作罷論。無論出洋之款無處可籌，若再成兩輪船，即不出洋亦索我於枯魚之肆矣。晚處贅疣之地，惟望大力者挈之以行，他處無可呼籲也。非不願停此局以圖卸責，其如非心之所安何，區區下私，想愛我者，當曲鑒之也。葆楨又上。

照抄船政監督日意格條議，竊船政各童擬赴西洋分習，其情形較滬局不同，滬局入學伊始，層累而上，除束修日用，別無他端。故估費特省，閩局如前學堂及繪事院之藝童，數年來已學有根柢，且兼諳手藝，即各廠之藝徒。已習手藝，亦兼讀過洋書。此次議赴泰西，固應變通滬局章程，而求其精善，今擬法學辦法，半日肄業工廠，每年復以兩個月游歷各國各船廠鉄廠，以增長其見識。庶四五年間可以鍊出全才，惟獲效速則需費必增，謹作每年用度大略，另列奉覽，至英國駕駛之學，每年均在學堂，亦以二個月赴大兵船上閱看練習。如建威之閩童等，其成功年限，想不逾兩年，定堪勝任矣。鄙見所及，伏候采擇施行。

法學章程：

一，在法國地方，各學生應合住一所，委員亦住其間，以便稽查。

二，有遇懲責學生事件，歸委員辦理。

三，學生在屋，遇有他事出門，應向委員説明，准而後行。其每日到廠到工，或委員或洋教習，均應往返領帶。

四，禮拜日不到廠，上半日在屋讀書，下半日或委員或洋教習，領帶出門散步。

五，學生所住之屋，要離大廠不遠，並應挑水土潔好地方，以免久住生病。

六，每三個月由監督甄別一次，其名册分數寄呈船政衙門察驗。

七，學生遇有病恙，應請外國醫員爲其診視。

八，學生住房，應設外國僱理三四名灑埽伺應。

九，各學生寄致家信，彼此來復，每月計各四次，其信貲由局發給。

十，每年兩司到西洋各國觀看學習，委員洋教習均應偕行。

十一，出洋學生萬一水土不服，難期久住，應斟酌剔回，其遺缺應請由閩送補。

十二，所開洋教習束金，係就學生三十名以内估算，如增出五名，歲應加束一千元，增出十名，歲應加束二千元。

十三，每年駐洋委員將一年用費册報船政衙門，倘正款有餘，仍涓滴歸公，若正款寔有不敷之處，由委員隨時禀報 衙門補給。

十四，赴洋後年復一年，若閩局以此舉辦有成效，更議廣招學生及增習他學，監督及委員等理應効勞，其薪水均應仍照向額，不得因事繁請增。

藝童課序

第一年學習：重學統論、畫影勾股、水力重學、汽學、化學、輪機製造法、法國語言、畫圖。

第二年學習：輪機重學、材料配力之學、輪機製造法、水力重學、化學、五聖學、房屋製造法、法國語言、畫圖。

第三年學習：輪機重學、輪機製造法、挖鉄煤學、船上輪機學、鉄路學、法國語言、畫圖。

以上三年，各學生合同習學，所有重學統論，計可學完，以後分就各廠練習廠藝。三年後擬分習三廠，一分造船廠，一分輪機水缸廠，一分鎗砲廠。

藝徒課序

第一年：畫影勾股、算學、代數、勾股、畫學、法國語言。

第二年：畫影勾股、重學統論、汽學、畫圖、法國語言。

第三年：重學統論、製造輪機學、水力重學、輪機重學、汽學、化學、畫圖、法國語言。

以後四年五年，各分各廠學習工藝，其分習之廠，擬同藝童。

英學課序

一，駕駛練童赴英國學習，期擬二年。

二，九個月内在英國學堂，地名期梨呢士學天文，畫海圖學，汽學，水師戰法，英國語言。

九個月後赴英國操砲船，地名博士穆德。學各砲各槍砲採法，約六個月工夫。再在該處學畫海圖之學，約三個月工夫。嗣後又赴英國水師營，分派各童到各兵船上學習四個月。

三，前項學堂並兵船地方，應由駐京公使咨會英國總理衙門分赴學習。請先由中國總理衙門照會駐京英公使辦理，估擬用費清单。

一，學生赴法英學習，每名每月房租火食約番二千元。

一，法英書籍紙筆傢伙信資醫費各雜用，每月約番三百元。

一，每年游歷法國各廠英國兵船洋教習並委員學生，每員每名費用約番三百元。

一，法英教習四二員教學生約三十二十名，每年束金共約番六千元。四千元。

一，法英學生，上等者每年每名贍養銀二百四十兩，次等者每年每名贍養銀二百兩。

一，學生出洋時，每名給予行裝並逐年添補衣服銀二百兩。

一，監督一員，薪水照船政原額，每月一千兩。

監督辦公月費，每月約二百兩。

一，委員赴英法各擬二員，每員每月薪水二百兩。

一，監督往返川資，每次五百兩。

一，委員並學生往返川資，每人每次法三百五十元。英四百元。匠役每名每次法二百四十元。英三百元。

一，酌帶廚子、剃頭並裁縫等匠。法英各四名，每人每月工伙約番十六元。

「中央研究院」近代史研究所《海防檔》乙福州船廠《同治十三年二月二十六日總署收船政大臣沈葆楨文附摺稿一件外洋員匠遵約遣散謹將動用款項開單呈覽》 二月二十六日，船政大臣沈葆楨文稱，竊照本大臣於同治十三年二月初六日，在神州府中岐工次，會同協辦大學士陝甘總督左，福州將軍文，閩浙總督兼署福建巡撫李，恭摺由驛四百里具奏外洋員匠遵約遣散一摺。相應抄録摺稿咨呈，爲此，咨呈欽命總理各國事務衙門，謹請察照施行。

照録原奏

奏爲外洋員匠，遵約遣散，謹將動用款項，開列清單，仰祈聖鑒事。竊臣前以船政限滿，請籌犒銀回費經總理衙門暨户部會議指撥，奉旨，依議，欽此。旋准閩海關解銀八萬兩，福建税厘局解銀七萬兩前來。臣謹按照合同，發交監督日意格具領分給，並將黄馬褂寶星等件，加工配製，以壯觀瞻。各員匠感戴皇仁，歡聲雷動。現在日意格，德克碑，均赴上海等處游歷，除補請寶星之日意傑在閩候旨，斯恭塞格候交外洋續到礮械外，其餘英法員匠，已儘數起程。薪水一例截止同治十二年十二月三十日止，所有動支奬賞各款，謹援照天津機器廠成案。開單呈覽，可否允行之處，出自逾格天恩。理合會同協辦大學士陝甘總督一等恪靖伯臣左宗棠，福州將軍臣文煜，閩浙總督兼署福建巡撫臣李鶴年，恭摺馳陳。伏乞皇上聖鑒訓示施行。謹奏。

照録清單

謹將正副監督暨洋員匠犒賞辛工路費收支銀數，開具清單，恭呈御覽。

謹開：

舊管，無項。

新收，一，收閩海關解銀八萬兩。一，收福建税釐局解銀七萬兩，共收銀一十五萬兩。

開除，一，支正副監督各奬賞銀二萬四千兩，共銀四萬八千兩。一，支洋員匠五十員名奬賞銀六萬兩。一，支正副監督暨洋員匠共五十二員名兩個月辛工，共銀二萬一百三十六兩。一，支正副監督各回國路費銀五百兩，共銀一千兩。一，支洋員匠五十員名各回國路費銀三百七十八兩，共銀一萬八千九百兩。一，支製給正監督日意格黄緞貂馬褂一件工價銀一百三十七兩。一，支製給正監督日意格等一等寶星七顆，二等寶星五顆，共一十二顆。每顆金重一兩二錢八分八厘三毫，工價裝潢合銀二十五兩九錢三分八厘二毫，共銀三百一十一兩二錢五分八厘四毫。一，支製給洋師樂平等金牌一十五面，每面重二兩三錢九分六厘，工價裝潢合銀四十四兩九錢九分七厘，共銀六百七十四兩九錢五分五厘。一，支製給洋匠卑德兒等銀牌二十五面，每面重四兩三錢，工價裝潢合銀八兩三分三厘，共銀二百兩八錢五分二厘。一，支辦給正監督日意格一品頂一顆，價一兩二錢。一，支辦給洋員斯恭塞格等二名各三品頂一顆，價銀六錢，共銀一兩二錢。一，支辦給洋員舒斐等一十一名各四品頂一顆，價銀六錢，共銀六兩六錢。一，支辦給洋師克林等一十三名各五品頂一顆，價銀五錢，共錢六兩五錢。一，支辦給洋匠卑德兒等二十五名各六品頂一顆，價銀四錢，共銀一十兩。共支銀一十四萬九千三百八十五兩五錢三分八厘四毫。

實在，存銀六百一十四兩四錢六分一厘六毫。

謹查洋員日意傑，現經臣等附片奏請賞給二等寶星，如奉俞允，當於此款存銀照數動支製給，尚餘銀兩，歸於造船經費項下作收，合併聲明。

「中央研究院」近代史研究所《海防檔》乙福州船廠《同治十三年三月二十一日總署收户部文附閩浙總督李鶴年等片稿及硃批挪借號商銀七萬兩撥解船廠奬賞洋員匠一俟本年茶税加捐征有成數即行發商歸款》 現在税厘正届淡月，一時無款可籌，惟船廠加奬等項銀兩，爲遣散洋員匠要需，無論如何爲難，必應立時付給。臣等督飭司道轉向號商籌挪，計三次借到銀七萬兩，於上年十二月内，悉數解交總理船政前江西撫臣沈葆楨兑收應用，仍俟本年茶税加捐徵有成數，發商歸款，據税釐局司道具詳前來。除分咨外，謹合詞附片具陳。伏乞聖鑒，謹奏。

同治十三年三月初六日奉硃批，該衙門知道，欽此。

「中央研究院」近代史研究所《海防檔》乙福州船廠《同治十三年四月二十九日總署收船政大臣沈葆楨文附片稿一件暫將琛航輪船留閩派林國祥管駕裝運軍火》　四月二十九日，船政大臣沈葆楨文稱，窃照本大臣於同治十三年四月十九日，在福州府中岐工次，會同福州將軍文、閩浙總督兼署福建巡撫李，附片具奏琛航輪船暫留閩省轉運軍火等件一片，相應抄録片稿咨呈欽命總理各國事務衙門，謹請察照施行。

照録片稿

再船政自第十二號「永保」起，仿照商船式樣，除「永保」留於船政以備轉運外，餘三號議撥招商局應用，第十三號海鏡，去年經招商局派員領回。兹第十四號琛航工竣，應行續撥招商局，惟目前軍火孔亟。洋船向不肯裝，「永保」一船，恐不敷周轉。擬暫將琛航留閩，派五品軍功林國祥管駕，以佐轉運，俟防務稍定，再撥歸招商局。至第十五號之「大雅」，亦於四月初一日下水矣，合併陳明。伏乞聖鑒訓示，謹奏。

「中央研究院」近代史研究所《海防檔》乙福州船廠《同治十三年五月一日總署收軍機處交出福州將軍文煜片及硃批請飭前陝西藩司林壽圖暫緩北行派充稽查船政藉資座鎮其船政工程仍責成調吴仲翔經理》　五月初一日，軍機處交出文煜片稱，再臣葆楨渡台後，船政工程，委内閣中書銜莆田學訓導吴仲翔提調。該員素以篤誠剛直爲在事員紳所信，可以保無他虞。惟廠地費國家數百萬帑金，外人垂涎，已非一日。其左羅星塔，即閩海咽喉，前數日有琉球人來看廠後，又有日本人踵至，愚者千慮，不無後顧之憂。倘倉卒變生，非有威望卓著之大員，難資鎮壓號召，查前陝西藩司林壽圖，在籍服滿，不日進京。合無仰懇天恩，飭林壽圖暫緩北地，藉稽查船政爲名，資其坐鎮，並隨時察看海口情形。以固省垣門户，萬一事出不測，可否准其專摺奏事，以重事權。臣等飭管帶福靖後營駐守船廠之總兵銜副將王政道，添募新後一營，仍歸王政道統帶，聽候林壽圖調度，其船政工程，仍責成吴仲翔一手經理。台事定局，林壽圖便可起程入都，是否有當，伏乞聖鑒訓示，謹奏。同治十三年五月初一日奉上諭，另片奏請派員稽查船政等語，沈葆楨現在赴台，著文煜等傳諭前陝西布政使林壽圖前往船廠，認真稽查隨時察看海口情形。如有緊要事宜，與文煜、李鶴年妥爲備禦，並著會銜具奏，欽此。

吴元炳《沈文肅公政書》卷四《閩廠輪船續行興造片同治十三年七月　日》

再閩廠計成輪船十有五號，除「鎮海」一號，駐天津，「湄雲」一號，駐牛莊，「海鏡」一號，歸招商局駕駛外，祇餘十有二船。辰下海防喫緊，「揚武」、「飛雲」、「安瀾」、「靖遠」、「振威」、伏波皆兵船也。前囑日意格，向赫德借海關之淩風輪船已到。臣擬派此六號，常駐澎湖，隨之練習，合操陣式。「福星」一號，駐臺北，「萬年清」一號，擬駐厦門，「濟安」一號，擬駐福州。以固門户，尚嫌單薄。「永保」、「琛航」、「大雅」三船，本商船也。現派迎淮軍，並裝運礮械軍火，往來南北，殊少曠時，此閩局諸船分派之情形也。而滬船之到閩者，現祇「測海」一船，僅供閩滬遞通消息，臺灣遠隔内地，防務文書刻不容緩。就眼前輪船計之，實覺不敷周轉。臣計現在廠中百五十匹馬力之輪機水缸已成兩副，所運外洋木料，閒亦陸續歸來，因未奉諭旨，不敢擅自興工。工匠人等祇令製造備用器具，并修理舊船。若爲省費起見，尚須酌量遣撤。惟該工匠等學習多時，造輪之法已皆諳悉，聚之數年，散之一旦，不免另圖生計，他日重新招募，殊恐生疏。而已便之水缸機器，已購之木料，將俱置諸無用之區，實則暗中糜費。似不如仍此成局，接續興工，在匠作等，駕輕就熟，當易告成。而廠中多造一船，即愈精一船之功。海防多得一船，即多收一船之效。况由熟生巧，由舊悟新，即鐵甲船之法，亦可由此肇端。購致者，權操於人，何如製造者，權操諸已。除出洋學習一節，仍候會議復奏請旨遵行外，合懇天恩，准將閩廠輪船續行興造，以利海防。臣等愚昧之見，是否有當。謹會同協辦大學上陝甘總督臣左宗棠，附片陳明。伏乞皇上聖鑒訓示遵行，謹奏。

「中央研究院」近代史研究所《海防檔》乙福州船廠《同治十三年十一月二十三日總署收浙江巡撫楊昌濬文附片稿一件請由閩局代浙造辦輪船兩號以資巡緝》

十一月二十三日，浙江巡撫楊昌濬文稱，爲照請由閩局代浙造辦輪船兩號，以資巡緝緣由。經本部院於同治十三年十月二十五日，由驛附片具奏，除分别咨行外，相應咨呈。爲此，咨呈欽命總理各國事務衙門，謹請察照施行。

照録片奏

再浙省原定協濟閩省船政局經費每年十二萬兩，嗣經調任陝甘督臣左　奏明劃抵甘餉，歷年以來，均已彙入甘餉案内報解，此款總而計之，不下八九十萬兩。前年由閩酌撥「伏波」輪船一號來浙巡緝，洋面賴以静謐。本年夏初，台灣有事，將「伏波」輪船調回。臣深慮洋盜乘機竊發，又值辦理海防輪船，實所必需，當遣妥員赴滬密爲購辦，乃非價值過昂，即船老無用，急切未能就緒，旋即函商閩省船政大臣沈葆楨等。囑爲代造大兵輪船兩號移浙應用，所需經費，估計後由浙籌還。嗣接復函，以輪機各料局存敷用。惟購買洋木，尚須時日，年内可以興工。明年三四月必能撥駕來浙，並以歷年協款已多，此次造船，自應一體報銷，無所區別等因。刻下台事雖已議結，防務未能稍懈，除催閩局趕爲置造齊全，一面將管駕人等先行揀選定妥，以備派撥外，是項經費數亦不少。如來年浙中財力稍紓，仍應酌量籌撥解還，以濟局用。謹將閩局代浙造辦輪船緣由，附片陳明。伏乞聖鑒訓示，謹奏。

羅文彬《丁文誠公遺集》卷十《籌議海防應辦事宜摺同治十三年十一月二十日》

奏爲遵旨籌議海防應辦事宜，恭摺密陳，仰祈聖鑒事。竊臣回任後，接准前署撫臣文彬密交同治十三年九月二十七日，欽奉上諭，總理各國事務衙門奏，海防極宜切籌，請飭詳議一摺。該王大臣所陳，練兵簡器，造船籌饟，用人持久，各條均係緊要機宜，著詳細籌議，將逐條切實辦法，限於一月覆奏。此外別有要計，亦即一併奏陳，欽此。又交到接准總理各國事務衙門咨行，同治十三年十月二十日，該衙門議覆，廣東巡撫具奏，丁日昌預擬海洋水師章程六條一摺。所籌練兵，築臺之法，是否可行，及將來如何設備，應由沿海各大臣體察就地情形，詳審推求，方可見諸行事。請敕下各大臣、將軍、督撫等彙入臣衙門前奏，仍於一月内，一併妥籌復奏，於同治十三年十月十三日，欽奉硃批，依議，欽此。伏讀之下，仰見我皇上慎固海疆，集思廣益之至意，欽服莫名。臣竊維海防應辦之事大要，實不外練兵，簡器，造船三大端，而籌饟爲兵器船三者之根本。用人持久，又爲兵器船三者之實用。總理衙門王大臣思患預防，請飭詳議切實辦法，極爲切要之圖。惟各省海疆之形勢不同，斯防守之機宜亦異。臣忝任東疆海防，是其專責。謹將各條切實辦法，並參酌丁日昌所籌練兵築臺之法，一併彙入，妥籌詳議，敬爲我皇上陳之。臣閲練兵一條，查該王大臣等所議，係水陸並重。丁日昌所籌，以陸兵兼習水師。用意同，而練法則實有别。蓋陸兵與水師，惟紀律嚴明，彼此無異。至操練技藝，陸兵無風濤不測之險，一切槍礮刀矛坐作進退，可以從容演習。即如丁日昌所云，徒手上城，憑篙躍濠，各技稍爲便捷之夫，一學而能以其暇豫故也。水師則操練槍礮，須出没於驚風駭浪之中，顛簸欹覆之際，發必命中，乃爲得力。是則不待臨敵，當操練時，已有危險之勢，非陸兵之所可擬。故海防宜專練水師，而切實練法雖貴駕駛得宜，風濤熟悉，尤必練之使能入海施放鳥槍，爲長技始也。由淺而漸及深，由暫而漸及久，總期於入水數十丈，經歷四五時爲定迫。練之，既久身與水習，入海不濡。當臨敵之餘，雖使敵礮覆舟，猶能伏水應變。至於教練槍礮，則於洋面寬闊處，用圓木浮水面爲的，令其照準施放，期於命中，失則有罰。以圓木之隨波浮沈，而又加以船隻之動盪，果能礮無虛發，則臨敵時，自覺目定手穩，不稍游移，而駕駛之餘，再爲訓之以行列，令之以進退，或可爲制勝之師。臣於水師自上次改設登榮兩營，派員訓練，即定以入海爲第一教法，而槍礮之準，則延一外洋人教之，駕駛之法，則特選募粤中之精於摩水者教之，辦理甫有規模，臣即得假回籍。現聞該水師一切操練尚守舊章，而熟悉與否，擬俟河工竣，事後親往校閲，力加整頓。但該水師初設僅八百人，原擬當時海疆無事，不敢多設人數，以節饟需。今若籌辦海防八百人，似覺過少。臣擬每營再酌添二百名，合成千二百名之數，照舊章訓練，有此始基，設遇倉卒生變，即照臣上年原議，選募海邊强壯漁人，於風汛沙綫皆能熟習，編列成隊，而配以練成之兵，第使專習槍礮，申明紀律，以之應敵，自亦可用。至陸兵，則軍興十數年來，戰守之法，人人皆知。但儘現有之營，勤加練習，萬一臨事，不敷調用，隨時酌募，便可應手，不必再議添設，徒糜重饟。其丁日昌所籌陸兵兼習水師，似覺未爲盡善。臣以爲水師能兼習陸師，陸師斷不能兼習水師。蓋陸兵不習洋面，一見大海之狂瀾，已覺心摇目炫，心目既亂，而平日所習之藝皆非。非若水師慣歷洶湧，一經登岸則舍危險而覆康莊，倍覺游刃有餘。惟水師水操之外，亦可兼練刀矛，以備登岸策應，誠不可少之事也。又閲簡器一條，查自古器械不精，以卒予敵，兵家先求利器，尚矣顧器莫利於火器，而火器尤莫利於外洋所幸者。外洋有獨擅之利器，而不思自祕其長，每製一械，但使足以濟用，即貪利而轉售之他人。此在彼，有自敝之愚。在我，則有可乘之機。第中國雖購洋礮，而施放不能如彼之準，此由測算礮力礮藥所及之遠近高下，不及其精。故彼之利器，在彼用之，仍可擅長。我用之，則仍不可恃。臣愚以爲，礮宜購備，而放礮之準頭尤宜講求。查現在外洋之槍礮，以克虜伯近時所造之後膛開花槍礮爲最精，然亦必得其施放之術，乃可以命中而致遠。臣上年改設水師艇船，即在彼購辦大小鋼礮銅礮十四尊，槍一百二十桿，均極精良。初到東時，無人悉其施放之法。嗣乃延一西人教之，數月演放，始能如意。臣擬籌措款項分購口徑七、八、九、十寸大之後膛鋼礮各數尊，以備應用。惟此礮價值甚昂，東省籌款不易，擬分年匀湊十數萬金，陸續購辦，第各礮均購自外洋，在彼之利器，固失而我之財力終虧。惟冀閩滬所設機器局，極意經營，及時仿造。凡在管理局員及一應工匠人等，務就其已成之器，殫精畢思，悟澈其實在精妙之處。然後工力悉敵器，不虛製，且積久生新，亦無難奪彼之長。如此辦理，庶我之財力不致盡耗於外洋，斯爲計之得者也。又閱所議造船一條，查中國舊式戰艦，誠遠遜輪船之捷利。現在閩滬兩廠製造，頗具成規，無難力求精進。惟造船之費甚鉅，養船之費亦多，各省斷難照行，一省亦難獨任。臣愚以爲，以後製造之事，專責之閩滬兩省。養船之事，分責之沿海各省相維相助。閩滬可以節養船之費，挪之於造船。各省可以節造船之費，挪之於養船。如此挹注，則費較省，而事可永圖。第中國海疆寥遠，現有船隻以之分防，自不敷用，應由各省酌量籌辦，分年購買。即以東省洋面而論，必須有輪船三四隻，呼應方靈。現僅有閩局調來一號，臣已飭煙臺所練之槍隊，挑撥四十名，赴船操演，以後尚擬購備一二隻，添入操練，一遇有事，乃能應手。惟以東省之財力，非蓄之三四年不能成功。至於舊式艇船，原不及輪船，然亦不可不相間互用。蓋輪船遇大洋深水迅駛自足見長，若遇淺水膠舟或附近島嶼窄隘之處，有艇船旁出以擾之，游弋無定，以牽制之，亦可助輪船礮臺之力，近閱西人防海新論，知其用輪船與鐵甲船，亦須參用舢板。至其田鷄礮船，極爲得力，然細觀其戰攻時，該船所到之處，須用輪船拖帶，則此項礮船亦非輪船。可知丁日昌所籌有輪船數隻，即可將一切師船廢棄不用，殆未思海面雖大，而其中島嶼分歧，各處亦多汊港，有舢板艇船伏藏其閒，正可以出奇制敵，似亦不必偏廢。至鐵甲船本屬堅固，然以臣愚見，似祇宜施之於海口緊束之區，輪船必由之道。如直隸之大沽，江蘇之吳淞等處，有此一船把塞，則可動可静，極爲靈活得力。若舍海口而恃之以遠攻，該船恐亦失之笨重，反不及輪船之便捷，旋轉悉能合宜。查東省洋面至爲寥闊，無緊要收束之海口，鐵甲船暫可以不購，惟礮臺則斷不可不修。臣閱丁日昌所籌極合機宜，蓋沿海城池險隘非得礮臺爲犄角，一經大礮遠轟，則萬不能守。但此時修築礮臺，非僅如尋常守備，壘土累石隨便據險爲之，遂謂可資捍禦也。必須得熟習海疆形勝，精通地輿，深明算法，而又周知外洋攻戰機宜之人，或乘舟歷險，或登山涉隘，遠測近觀，以定臺基，臺基既定，然後講求築之之法，方圓斜正，一一精審，務使彼船之礮，不能遠傷我臺，我臺之礮，可以遠及彼船。斯築一臺，始得收一臺之用。不致動糜鉅款，徒費無益。然臣於礮臺一事，上年曾擬興辦，以地勢未經勘定，未及舉行。竊以爲修築礮臺之法，有明礮臺，尤須有暗礮臺，明之以顯，互相攻擊之具，暗之以爲出其不意之舉。庶幾奇正相生，使我之礮可以擊彼之船，而彼不及防，且不知所以防。斯爲得礮臺之利，固不僅在照其臺式也。臣籌辦東省海防，注意以礮臺捍蔽各城，而以輪船爲游擊之師，以艇船舢板爲相閒雕擊之用，雖不遽能制勝，或亦可以應敵。至丁日昌所云，演礮不得其準，守臺不得其人，則爲近時切病。然此則在練兵時，嚴飭統領，加意講求，重示賞罰，固不難立時改觀也。又閱所議籌餉一條，查中國餉源所入，以錢糧關税爲大宗。軍興以來，始行抽釐。軍務至十數年，而餉稍不致十分告匱者，未始非抽釐之力。今欲求餉需不竭之源，大約仍以此爲較有把握。但目前釐金，如江蘇、廣東、湖北、江西、湖南、四川、安徽、浙江、福建等省水陸相通，商賈輻湊，釐數較旺。如能認真講求，嚴核官紳之中飽，重懲胥役之偷漏，力杜不急之開銷，而又於正用之中，加意撙節，事事核實，當可有盈無絀，是全在各省司事者，設法層次句稽。如各州縣徵解錢糧正雜之例，不容稍涉弊混。斯爲得之若舍，此而別求之開煤挖礦，非不獲利於一時，而地力一竭無業之輩，能聚而不能散，勢必釀成事端，是欲籌餉以禦外侮，轉致內患叢生，外侮亦無從籌禦，此則事之必當計較萬全者也。惟釐金之爲餉源東南各省可恃，西北各省實有難行。然使各省能於賦税所入，勤加考核，事事句稽，而持之以節用，亦未始不可自裕。此全在因時審勢，善自爲謀，固不能以一格繩矣。又所議用人持久兩條，查自古爲國得人者，昌用兵，特其一事。現在籌辦海防，任人最爲喫緊，不得其人，兵器與船皆成虛器。惟海疆之用兵，不惟與陸路異，即與長江水師亦異，故得人尤爲最難。該王大臣所議，令各直省大臣實舉所知，公議會推，誠爲慎重選擇之計。況軍興以來，各省用兵日久，未必遂無所知，然所知多係陸路之兵，與長江習戰之員，以之移任海防，恐知識未能盡悉。萬一遷地弗良，以陸路長江之將才，而失於海疆之一蹶，亦爲可惜。臣愚以爲，人才以磨礪而出，但須得質地樸勇血心自負之士，任之以事，假之以權，責之以效，而又能正以率之，嚴以馭之，恩以結之，使之知畏知感，自能鼓舞奮興，可以致其死力，足爲我用。如謂一舉而即爲可靠之才，恐亦未敢必也。至練兵製器造船各事，該王大臣議以持久行之，而要於一心一力，誠爲確論。凡事未有不持久而可期有成，亦未有不一心一力而可望集事者。

吳元炳《沈文肅公政書》卷四《擬購挖土機船鐵脅新式輪機片同治十三年十二月初一日》

再船工現已續辦，臣等查應亟購備者，尚有三端：一曰大挖土機船、一曰船上鐵脅、一曰新式輪機。船廠江濱，年來泥沙日淤，雖用挖土機船，設法開濬，無如地寬器小，旋挖旋積。倘江流日淺，新船下水，無由廠地便因而廢。聞外國有極大挖土機船，計一點鐘可挖土五十方尺，當人工一千餘擔之多。果得此船，刷除積淤廠地，乃可無虞。此挖土機船之購，所以不容緩也。船脅必需天然彎木，内地無之，向運諸暹羅，仰光等處。聞該處近來此木亦少，所以西洋刱易鐵脅，以濟其窮。閩廠前者，皆用木脅。邇來十六號開工，木脅大形竭蹶，勉强湊集，尚不敷一船之用，後繼尤難，非亦改鐵脅，不爲功。惟此項工程，本廠匠徒未曾素習，不得不取式於外洋。此鐵脅之購，所以又不容緩也。舊式輪機用煤過費。外國近又刱新式臥機，以爲兵船，取其機器與水面平，可以避礮也。刱新式立機，以爲商船，取其機器所佔艙位無多，可多裝客貨也。煤較省，而機較靈。非各購一副而來，俾匠徒仿造，則巧拙懸殊，造船之功，亦難於精進。此新式輪機之購，所以又不容緩也。惟此三項之費，自定購以，及保險包紮護送，合攏計非二三十萬金不可使。惜一時之勞費，誤後日之遠圖，因小失大，又非良策。臣等再四思維，似難中輟。合無仰懇天恩，俯准乘此防務已鬆，飭日意格先赴厦門，打電線出洋，探悉三項實價，然後令其歸國，先辦大挖土機船一隻，迅駛來工，以保廠地。一面在法國定造鐵船脅全副，帶匠一二人前來鬬合，並教匠徒打造，約限一年，成功而歸。一面往英國定造新式臥機立機各一副，帶匠二三人前來合攏，並教匠徒鑄造，亦約限一年，成功而歸。鐵脅必取法國者，以閩船皆法匠所造，其尺寸乃符。新機必取英國者，以英船向稱堅緻，其制度無弊也。至議定製鐵甲船，未知底細，下手殊難，亦擬令日意格順途細訪，詳悉開單寄歸，以便他日斟酌舉辦。可否之處，謹會同大學士陝甘總督臣左宗棠，附片陳明。伏乞皇上聖鑒訓示遵行，謹奏。

「中央研究院」近代史研究所《海防檔》乙福州船廠《光緒元年二月十七日總署收軍機處交出沈葆楨抄摺附養船經費清單造船經費清單各一件閩廠刱造輪船歷年用款截期報銷》　二月十七日，軍機處交出沈葆楨抄摺稱，爲閩廠刱造輪船，年久費繁。謹核用款大數，截清月日，援案開單彙報。懇恩准銷，恭摺具陳，伏祈聖鑒事。竊維國家自强之計，於刱造輪船肇其端。其辦之難，其費之鉅，臣未受事以前，雖心知之。究所謂難者如何，所謂鉅者如何，尚無能預揣。累年以來，身親其役，始知前此籌及者，不過曰廠工、船工、購器、雇匠、學習製造、駕駛數大端。而一端之中，始終之層次，分出之條目，曲摺之變態，何止百十端。事既日增，費亦日溢，誠非筆墨所能罄。左宗棠刱議之疏惟云。但求其良，寬給其值。迨臣莅工而後，應辦工程，應發款項，往往有從前未經議及者，曾據實奏明。奉旨勉爲其難，毋得瞻前顧後等因，欽遵在案。經始之時，不但以成船爲期，必能自造自駕。乃於自强之意有合，局外方以洋人祕其要領爲慮，以中國艱於學步爲虞。臣無事不存節費之思，亦無日敢懷各費之見。偷漏者銖兩必誅，奮勉者細微必賞，無非以鼓勵誘進爲心，以經久遠圖爲計。仰賴朝廷體卹，輪船得以依限告竣，製造駕駛尚能師其成法。惟一切用款，與原議萬不能符。當時所估購輪機、募洋匠、鐵廠、船槽、學堂洋樓，併製器、買地等款不過四十三四萬兩，今則何止倍蓰。就廠工而論，初但曰五廠耳，今塢内所蓋其砌甎者，曰鐵鐵廠、曰輪機廠、曰合攏廠、曰大鐵廠、曰水缸廠、曰大火爐屋、曰轉鋸廠、曰繪事樓；其架木者，曰拉鐵廠、曰鎚鐵廠、曰打鐵廠、曰小輪機廠、曰木模器具廠、曰桅舵舢板廠、曰帆纜廠、曰鐘表廠、曰船亭、曰船台、曰船槽、曰鐵天車馬頭；餘若鐵轍、風隧、鐵爐、烟筒，其用只一端，其工則經年累月始就者，殊難枚舉也。塢外者，初但曰學堂洋樓耳，今則學堂有前後之分。而藝童下處，隨之而增，大洋樓四座以居洋員，大洋房四所以居洋匠。臣與各員紳辦事公所外，曰東西考工所、曰藝圃、曰健丁營擁、曰儲材所、曰機器所、曰廣儲所、曰甎窑廠等處，物質粗重，棟宇宜寬，人工既多，拓地益廣。至鎮廠之神宫，捍水之石壩，逐漸興建者，又難以枚舉也。且機器非不已購也，而配座配槓零星添造之費，不知凡幾，洋匠固有月辛也。而撤招路費，傷亡卹賞，禮拜補工之款，殊難靳給。藝童以外，又有藝徒工匠，以外又有健丁，千夫萬杵，併日連宵，所有情形，雖陸續上陳，未能十盡三四。蓋外國造船，頻年有之，爲洋將所親見。雖中外有難易之不同，而所估不致懸絕。外國造廠，在百數十年以前，日新月異，乃成鉅觀。其締搆之艱，洋將無由親見之，故所估懸殊也。今核製船經費，經前督臣左宗棠奏撥閩海關四成結款銀四十萬兩，爲購器建廠等項之需。以後按月解銀五萬兩，嗣因經費支絀，於十二月正月間，臣等會奏，請自是年正月起，至十二月止，每月添撥銀二萬兩，經總理衙門議由閩省茶税項下提撥，奉旨允准各在案。計自同治五年十一月十七日開局之日起，截至十三年六月底止，共計收閩海關結款銀四十萬兩，閩海關月款銀四百七十萬兩。福建税厘局解銀二十六萬兩，又收犒賞限滿洋匠剩銀五百八十八兩五錢二分三厘四毫，統共收銀五百三十六萬五百八十八兩五錢二分三厘四毫。除造船購器盖廠贍工等項，支用銀五百一十六萬四千四百八十九兩二錢五分七厘，又墊支養船經費銀一十九萬二千四百五十八兩九錢七分六厘五毫二忽一微，統計共支銷銀五百三十五萬六千九百四十八兩二錢三分三厘五毫二忽一微。實存銀三千六百四十兩二錢八分九厘八毫九絲七忽九微，此年來製船實用之款項也。至養船經費，於同治八年五月間，經前撫臣卞寶第同臣會奏。請七年三月以後，將福建稅厘局所收洋藥票稅銀兩撥濟。嗣於十三年十二月間，經臣以籌辦海防，輪船往來如織，需費益多，養船不敷。奏請自十三年四月十六日起，將洋藥票稅併各船薪糧，歸入台防項下收支在案。今計自同治八年八月起，至十三年四月十五日止，共收福建稅厘局解來票稅銀四十二萬九千三百七十二兩八錢一分三厘七毫九絲七忽九微。除自六年八月起，截至十三年四月十五日止，共支銷養船各款銀六十二萬一千八百三十一兩七錢九分三毫外，尚不敷銀一十九萬二千四百五十八兩九錢七分六厘五毫二忽一微。係就製船項下挪用，此年來養船實用之款項也。臣自開辦船政以來，即飭在工人等，一面極力講求製造駕駛之方，一面鉤稽大小費用之數，雖逐日登記，不敢曠遺。無如事爲剏舉，器具皆耳目所未經。言造船，或馬力同而配製不同；言蓋廠，或丈數同而間架不同；言購器，或斤磅同而機關體質不同；言辦料，或名目同而精粗鉅細不同。且西匠擇材務精，稍不中繩墨，即棄而不收。甚有工程甫半，忽思變更。營造既成，改求新異，此等情事。誠有如直隸督臣李鴻章前遵旨籌畫輪船善後疏中所言者，若必廠歸各廠，船歸各船，工歸各工，料歸各料，縷析而條分之。雖監工員紳，日數十人，把筆其側，亦瞠目而無可如何。反復思維，智盡能索，而時近十年，案牘山積。若不及時截報，過此以往，更轇轕難清。臣智術短淺，本無理繁治劇之能。況事關剏辦，無可憑依，祇有竭其愚衷，實支實用，以仰副國家委任之意。謹援照天津機器局成案，將製船以及養船各款，截清年月，據實開具簡明清單，恭呈御覽。仰懇天恩，逾格准其開銷，以清積牘。至製船單内存剩銅鐵木料煤斤，及購存鋼砲等款，留備六月以後船工撥用，合併聲明。除咨總理衙門，户部，兵部，工部查照外，理合會同大學士一等伯陝甘總督臣左宗棠、福州將軍臣文煜、閩浙總督臣李鶴年、福建巡撫臣王凱泰恭摺具陳。伏乞皇太后、皇上聖鑒，謹奏。

光緒元年二月十六日，軍機大臣奉旨，該衙門知道，單二件片一件併發，欽此。

照録清摺

謹將養船經費，自同治六年八月起截至十三年四月十五日止，收支各款數目，開具簡明清單，恭呈御覽。

謹開：

舊管，無項。

新收，一，於同治八年八月起，至十三年四月十五日止，先後共收福建稅厘局呈解七年三月起，至十三年正月止，征收洋藥票稅銀四十二萬九千三百七十二兩八錢一分三厘七毫九絲七忽九微。一，收挪用製船經費，銀一十九萬二千四百五十八兩九錢七分六厘五毫二忽一微。以上共收銀六十二萬一千八百三十一兩七錢九分三毫。

開除，一，支各號輪船併建威練船，七年正月初三日起，至十三年四月十五日止，官弁舵水薪費番銀四十二萬一千七兩九錢九分九厘五毫。每百兩貼水一十兩，申銀三十八萬二千七百三十四兩五錢四分五厘。一，支各輪船煤炭價脚銀四萬七千六百七十八兩四錢三分四厘。一，支各輪船藥彈價脚銀二千九百四十二兩九錢八分四毫。一，支水師營，六年八月初一日起，至十三年四月十五日止，薪費銀八萬七千四百九十五兩二錢三厘二毫。一，支福星練童，九年六月初五日起，至十一月十六日止，贍養飯食共銀一千二百八十四兩六錢六分六厘八毫。一，支建威練童，十年四月初一日起，至十三年四月十五日止，贍養飯食共銀一萬五千四百六十六兩七錢八分三厘一毫。一，支駕駛藝童，七年正月十九日起，至十年三月底止，贍養飯食共銀八千四百一十九兩四錢四分一厘六毫。一，支管輪藝童，七年正月十九日起，至十年四月十五日止，贍養飯食共銀一萬九千六百四十六兩七錢七分四厘九毫。一，支福星建威並駕駛管輪各藝童獎賞，銀六百二十一兩八錢一分八厘二毫。一，支駕駛管輪藝童並輪船舵水各項盤費銀四千九十一兩四錢。一，支駕駛管輪學堂書籍器具價脚銀二千九百一十二兩五錢一分五厘四毫。一，支購脩建威練船工料，銀二萬八千七百三十兩七錢六分一厘八毫。一，支修理「萬年清」並「湄雲」「福星」未撥牛莊台灣以前輪船工料，銀一萬五千八百六十二兩八錢九分三厘五毫。一，支水師營船隻衣旗鎗械工價，銀三千九百四十三兩五錢七分六毫。以上共支銀六十二萬一千八百三十一兩七錢九分三毫。

實在，無項。

光緒元年二月十六日，軍機大臣奉旨，覽，欽此。

謹將製船經費，自同治五年十一月十七日起，截至十三年六月底止，收支各款數目，開具簡明清單，恭呈御覽。

謹開：舊管，無項。

新收，一，收閩海關解款銀四十萬兩。一，收閩海關解製船經費，自同治五年十二月起，至十三年六月底止，連閏計九十四個月，每月銀五萬兩，共銀四百七十萬兩。一，收福建税厘局解製船經費，自同治十二年正月起，至十二月底止，連閏計一十三個月，每月銀二萬兩，共銀二十六萬兩。一，收犒賞洋員匠用剩銀五百八十八兩五錢二分三厘四毫。以上共收銀五百三十六萬五百八十八兩五錢二分三厘四毫。

開除，一，支製造二百五十四馬力輪船一號，併應配機器舢板一號，帆桅舢板五號，小舢板一號，暨衣旂傢伙器具工料價脚銀二十五萬四千八百九十三兩八錢一分一釐八毫。一，支製造一百五十四馬力輪船九號，併應配機器舢板一號，帆桅舢板三十五號，小舢板九號，暨衣旂傢伙器具工料價脚銀一百四十七萬五千九百六兩一錢八分二厘七毫。一，支製造八十四馬力輪船五號，併應配帆桅舢板二十號，小舢板五號，暨衣旂傢伙器具工料價脚銀五十四萬二千一百一兩一錢三分一厘。一，支製造八匹馬力小輪船一號，併應配衣旂傢伙器具工料價脚銀二千三百四十五兩五分七厘二毫。一，支已製成未合攏一百五十四馬力輪機一副，又製成一百五十四馬力輪機胚一副，除四葉輪併水缸内配用物件暨小馬力抽水機未造外，共工料銀二萬七千三百五十七兩四錢一分一厘六毫。一，支已製成未合攏一百五十四馬力水缸二副，除銅管未造外，共工料銀二萬四千五百六十兩九錢三分四毫。一，支輪船槍礮價脚，銀一十六萬二千五百四十二兩三錢二分六厘八毫。一，支製造挖土機船暨裝土各船隻工料，銀一萬二千二百二十五兩八錢四分九厘六毫。一，支起蓋各廠所購買田地價值，銀二萬五千三十二兩七錢一分九厘九毫。一，支起蓋洋樓購買山地價值，銀二千二百四十九兩一錢。一，支起蓋各廠所填地工價，銀三萬九千五百二十九兩八錢七分五毫。一，支開掘環塢長濠暨板橋工料，銀四千四百三十八兩二錢八分四厘。一，支鋪砌石道頭工料，銀二千一百四十八兩六千八毫。一，支壘築石壩工料，銀一萬三千四百九十九兩一錢。一，支監督日意格領蓋學堂洋樓洋房工料，銀六萬七千二百八十兩。一，支製造船台工料，銀六萬四千二十九兩七錢三分六厘一毫。一，支起盖船亭工料，銀六千四百八十一兩二錢八分五厘四毫。一，支起盖鑄鐵廠工料，銀七萬七千四百一十一兩五錢一厘。一，支起盖輪機廠工料，銀四萬二千三百六十四兩一錢三分三厘八毫。一，支起盖合攏廠繪事廠工料，銀二萬三千三百九十九兩四錢八分七厘。一，支起盖大鐵廠工料，銀三萬三百六十一兩二錢八分三厘三毫。一，支起盖水缸廠工料，銀五萬六千八百一十九兩六錢四分七厘五毫。一，支建造烟筒併大火爐屋工料，銀六萬三百四十六兩一錢四厘七毫。一，支起盖拉鐵搥鐵廠工料，銀一十七萬五千五百八十三兩九錢三分二厘三毫。一，支起盖轉鋸廠工料，銀二萬二千六百七十四兩九錢三分五厘二毫。一，支起盖打鐵廠工料，銀二萬二千四百一十五兩六錢一分五厘八毫。一，支起盖小輪機廠工料，銀三千二百五十七兩五錢一分一厘六毫。一，支起盖木模器具廠工料，銀三千一百六十九兩六錢八分一厘四毫。一，支起盖儲模所工料，銀一千二百四十六兩三錢五分八毫。一，支起盖鐘表廠工料，銀三千三百一十五兩八錢七分七厘一毫。一，支起盖桅舵舢板廠工料，銀四千一百八十六兩七錢二分九厘四毫。一，支起盖帆纜廠砲廠併藝徒誦堂工料，銀三千六十一兩二錢三分九毫。一，支起盖磚廠工料，銀一萬九千六十七兩七分三厘三毫。一，支製造鐵船槽併機器房工料，銀一十七萬五千四百兩二錢八分八厘七毫。一，支建造起重鐵馬頭水枰鐵車道工料，銀五萬五千九百九十四兩一錢二厘五毫。一，支起盖天后宫工料，銀三千八十三兩八錢一分一厘七毫。一，支起盖衙署工料，銀八千五百九兩二錢九分一厘二毫。一，支起盖東攷工所工料，銀五千二百九兩五錢三分六厘四毫。一，支起盖西攷工所工料，銀八千七十一兩五錢三分六厘七毫。一，支起盖藝圃工料，銀三千八百六十兩五錢三厘四毫。一，支起盖廣儲所工料，銀一千三百七十七兩四錢七分二厘六毫。一，支起盖廣儲所第一座料廠工料，銀二千四百八十一兩五錢一分七厘六毫。一，支起盖廣儲所第二座料廠工料，銀一千六百七十三兩三錢八厘八毫。一，支起盖廣儲所第三座料廠工料，銀一千六百四十八兩六錢四分六厘五毫。一，支起盖機器所工料，銀一百九十六兩七錢二分二毫。一，支起盖儲材所工料，銀一百七十七兩三錢五分七厘八毫。一，支起盖鎮海營兵房工料，銀一千六百七十七兩一錢五分五厘二毫。一，支起盖健丁營房屋工料，銀一千四百一兩三錢三分九厘四毫。一，支修理船臺工料，銀七千六百五十八兩四錢八分一厘。一，支修理烟筒火爐火溝風溝等項工料，銀一萬一千四百九十六兩五錢三分二厘二毫。一，支購買各廠機器併合攏添配工料，共銀一十二萬三千三十九兩九錢七分三厘四毫。一，支製造各廠機器工料，銀五萬四千七百五十七兩九錢六分五厘八毫。一，支歲修各廠機器工料，銀八千四百六十四兩九錢六分五厘二毫。一，支購製各廠所傢伙器具工價，銀一十一萬九千六百三十兩九錢八分八毫。一，支洋員匠，五年九月十八日起，至十二年十二月底止，薪費銀八十七萬一千四十三兩五錢二厘八毫。一，支洋員匠路費借辛，銀五萬六千八百二十二兩三錢八分一厘八毫。一，支洋員匠卹賞，銀四千五百六十兩。一，支員紳五年十一月十七日起，至十三年六月底止，薪水銀八萬五千五百二兩三錢六分七厘。一，支前學堂藝生童，五年十月初一日起，至十三年六月底止，贍養飯食共銀二萬五千二百五十七兩一錢七分四厘九毫。一，支後學堂藝生童，五年十二月初一日起，至十三年六月底止，贍養飯食共銀二萬三百一兩二錢八分二厘五毫。一，支繪事院畫童，六年十二月初一日起，至十三年六月底止，贍養飯食共銀一萬四千二百六十七兩四錢二毫。一，支藝徒，七年正月二十四日起，至十三年六月底止，工食銀四萬九千八百九十四兩七錢八分。一，支前後學堂繪事院藝生童獎賞，銀二千八百六十二兩九錢八分一厘八毫。一，支前後學堂繪事院藝圃書籍器具價脚，銀七千五百六十六兩六錢六分三厘四毫。一，支書役，五年十一月十七日起，至十三年六月底止，工伙銀一萬一千九十六兩八錢二毫。一，支心紅紙張，一千一百五十兩四錢三分三厘四毫。一，支油燭，銀一千三百三兩八錢九分九厘九毫。一，支通事，八年正月十九日起，至十二年十二月底止，工伙銀五千五百二十五兩一錢。一，支健丁，六年十月十三日起，至十三年六月底止，辛糧銀四萬四千四百九兩五錢。一，支看管船槽匠丁，九年十月初一日起，至十三年六月底止，工食雜費共銀一萬一千四百一十五兩四錢八分。一，支廣儲所盤運料件運夫，六年九月初一日起，至十三年六月底止，口糧銀一萬八千三百二十三兩。一，支儲材所運送木料挑工，七年正月十一日起，至十三年六月底止，口粮銀七千七百一十四兩四錢四分。一，支親兵，六年六月二十五日起，至十年二月二十九日止，口粮銀一萬三千八百五十六兩一錢一分三厘三毫。一，支臺灣東湾採辦木料局護勇，六年七月初一日起，至九年八月二十八日止，口粮銀三千四百五十二兩。一，支親兵護勇旗械號衣工價，銀三百七十七兩五錢五分二厘二毫。一，支甯粤厦門各匠暨通事盤費，銀二千五百八十三兩四錢九分九毫。一，支副監督德克碑采辦教練輪船用飛輪砲價脚，銀五千六百七十三兩四分八厘四毫。一，支購存用剩銅鐵木料煤斤價脚，銀一萬六千一百九十兩六錢八分八厘九毫。一，支購存銅砲價脚銀一萬四千三百二十五兩四錢五分八毫。一，墊支養船經費，銀一十九萬二千四百五十八兩九錢七分六厘五毫二忽一微。以上共支銀五百三十五萬六千九百四十八兩二錢三分三厘五毫二忽一微。

實在，存銀三千六百四十兩二錢八分九厘八毫九絲七忽九微。

光緒元年二月十六日，軍機大臣奉旨，覽，欽此。

「中央研究院」近代史研究所《海防檔》乙福州船廠《光緒元年二月十七日總署收軍機處交出沈葆楨鈔片遣散船政洋員匠用剩銀兩歸入造船經費項下兑收》

二月十七日，軍機處交出沈葆楨鈔片稱，再遣散船政洋員匠經費動支各數目，經臣於同治十三年二月間，開單具奏，聲明存銀六百一十四兩四錢六分一厘一毫。嗣洋員日意傑補請賞給二等寶星，奉旨俞允，當於此款動支製給，計工價銀二十五兩九錢三分八厘二毫，實存五百八十八兩五錢二分三厘四毫，歸入造船經費項下兑收。謹附片陳明，伏乞皇太后、皇上聖鑒，謹奏。

光緒元年二月十六日，軍機大臣奉旨，覽，欽此。

「中央研究院」近代史研究所《海防檔》乙福州船廠《光緒元年三月二日總署收户部文附摺稿一件船政經費仍於閩海關六成洋税項下按月撥解》

户部謹奏，爲遵旨速議具奏事，船政大臣沈葆楨奏，船工動費殷繁，解款久停，懇仍就閩海關迅籌接濟一摺。光緒元年二月十六日，軍機大臣奉旨，户部速議具奏，欽此。由軍機處交出到部，據原奏内稱，船政自同治五年十二月起，准於海關六成項下，每月撥銀五萬兩以爲經費，俾得祗遵原限，船工廠工一律造成。同治十三年八月初二日，復奉上諭，續行興造得力兵船等因，欽此。遵即劄飭船政提調督率員匠，集料興工開造，第十六號兵船工程業已大半，而廠儲木料銅鐵雜件，均已用罄。必須赶辦輂運，方無停工待料之虞。倘工程作輟，則廪食虚糜，誠非計也。今海關月撥之款，以六成項下萬分支絀，解至同治十三年八月分而止。至今四月有餘，短解之款已二十餘萬，祗得於臺防經費項下暫行移撥。而臺地開山築壘，需用繁興，又不能挪此而輟彼。合無籲懇天恩，俯念船政撥款，係奉特旨允准遵行，祗緣續撥之款逐漸增多。致海關入不敷出，請飭部將續款改撥他省，原定經費，仍於閩海關按月撥解，以扶自强之局等語。臣等伏查閩省輪船經費，前經臣部奏明自同治五年十二月起，月撥閩海關銀五萬兩，留充製造之用。同治十三年十一月二十日，軍機大臣奉上諭，文煜奏，臺防要需，六成洋税入不敷出，雷正綰月餉及船政經費，均無款可撥，應如何籌畫之處。著户部議奏等因，欽此。臣等欽遵妥議，以船政關係緊要，此項經費係奏定按月撥解之款，該將軍仍應竭力籌解，以顧要工，未便因一時無款可撥。遽議更張，況該省防務已鬆，商船無所觀望，稅務當漸有起色。應請飭下福州將軍將關稅認真征收，於應解雷正綰月餉及輪船經費，通融勻撥，陸續報解。務當力任其難，不得藉詞諉卸，致誤要需等因。於同治十二年十二月二十日具奏，奉旨，依議，欽遵抄録原奏。行知福州將軍暨該大臣欽遵在案，今該大臣奏稱，船工動費殷繁，解款久停，請仍就閩海關迅速籌撥等因，是必該大臣未經接到臣部行知所致。惟既據該大臣專摺奏請，奉旨速議。臣等自應申明前議，仍請旨飭下福州將軍迅將應解輪船經費，即在於閩海關六成項下，按月如數撥解，以顧要工。其自上年八月以後短解銀二十餘萬兩，亦即隨時籌湊補解，以清該大臣台防經費下暫時移撥之款，以免顧此失彼之虞。至該大臣所請將續款改撥他省一節，臣等查此時各省經費，莫不支絀，即擬另行改撥，亦屬無款可指，亦經臣部於前奏内聲明在案，自應仍請飭下福州將軍查照臣部前奏。通融勻撥，陸續報解，以濟要工，所有臣等遵旨速議緣由，理合恭摺具陳。伏乞皇太后、皇上聖鑒，謹奏請旨。

「中央研究院」近代史研究所《海防檔》乙福州船廠《光緒元年三月四日總署收軍機處交出船政大臣沈葆楨等抄片揚武改爲練船派提督蔡國祥督操》 三月初四日，軍機處交出沈葆楨等抄片稱，再閩廠新製兵輪船，均經分配礮械，增設勇丁，尤須隨時訓練，方足以資得力。前由臣等奏派署水師提督羅大春統領，嗣該提督赴陸路本任，遂難兼顧。去年洋務方興，專派六船駐紮澎湖，朝夕教練，究屬一時權宜之計。現擬將「揚武」改爲練船，取熟諳西學，堪以出洋之藝童，薈萃其中，募洋將德勒塞爲總教習，以精於鎗礮帆纜洋師二人副之，以期日益求精。其餘各船，除出差外，亦隨之合操，俾號令畫一。惟輪船一日千里，或由洋而外海，或由腹地而邊陬，非有熟習水務之大員坐鎮船中。周歷洋面，無以察其勤惰而策其精能，不特陸路提督萬難兼顧，即水師提督，亦有本衙門及各營汛應辦事件。未易遠離，且駕駛之才，曰熟狎風濤，曰精通槍礮，曰曉暢輪機，兼備者已難其選。而統領尚須於數長之外，能正已率屬，而後爲所統領者，可期有勇知方，所以躊躇累年，迄未能定局也。兹查有記名提督蔡國祥，前經大學士臣曾國藩擬派統帶輪船。嗣以李泰國違約，輪船發還而止。曾國藩素有知人之明，該提督爲所賞識，必非庸庸者比，但該提督由長江水師出身，外洋情形，非試之實境。臣等亦未敢深信其能，現擬令暫充習練之任，俟其周巡海上數月，如果于外洋駕駛竅要嫻習精通，能誘掖諸藝童。咸摺節以取西人之長，無桀驁以蹈西人之習，再奏懇作爲統領，以專責成，可否之處。出自天恩，謹會同大學士陝甘總督一等伯臣左宗棠，合詞附片陳明。伏乞聖鑒訓示遵行，謹奏。

光緒元年三月初三日，軍機大臣奉旨，欽此。

「中央研究院」近代史研究所《海防檔》乙福州船廠《光緒元年六月十一日總署收福州將軍文煜函船政經費當儘力籌撥》 六月十一日，福州將軍文煜函稱，五月初九日，奉福字九十八號函示南關一案，遵即抄録分致督撫善後總局遵照分别咨行辦理。十二日，復奉福字九十九號鈞函，以幼丹星使來信。船廠月餉，待用孔殷，命籌措款項，陸續撥解等因，亟應遵照辦理。伏查船政月款，自同治七年文煜到任，暨十二年回任後，均經按月撥解，從無蒂欠，其所以能按月撥解者，良由六成洋稅早已出入不敷。每遇無款可籌，念船政要需，不容停緩，往往於四成項下暫作通挪。上年迭經户部奏准行文，四成不准挪動，告誡甚嚴，不敢不按結全行解部。無可挪措，其勢立窮，復值台灣有警，滬打二口之款，既經截留，又有協濟防費。入益少而出益多，庫藏罄如，是以船政一項。自上年九月起，無可籌濟，刻下茶稅初開，尚未見旺，而奉撥續撥之京餉，俱有嚴限。且迭准部催以及部墊榮將軍，景都統軍餉，均係不容稍待之款，儘力籌湊，並向阜康號商商借二十餘萬。始得按限解清，實已智盡能索，然已無可設法之中。猶先後籌足銀五萬兩，批解船局作爲九月分月款，此後稅項一旺，自當遵諭陸續撥解。惟六成祗有此數，京餉係根本之需，應先儘籌撥。至於船政月費暨甘肅雷營協餉，惟有遵照部文，通融勻撥。文煜有一分力，必盡一分心，斷不敢挨延推諉。若欲如以前之按月撥解，局勢所限，恐力不從心，尚祈鑒詧，專肅縷復，敬請勛安。

「中央研究院」近代史研究所《海防檔》乙福州船廠《光緒元年六月十三日總署收軍機處交出船政大臣沈葆楨抄摺請奬積勞出力文武員弁》 六月十三日，軍機處交出沈葆楨抄摺稱，奏爲船政告成，遵將積年出力員紳將弁藝童匠徒，擇尤併案請奬緣由。恭摺列單，仰祈聖鑒事。竊臣葆楨自同治五年間奉旨協辦船政，仰賴天恩優渥，不惜巨款，不摇浮議，船工廠工，得以依限告成。製造駕駛，藉獲著有成效，捫心深夜，感激莫名。同治九年二月間，經臣等奏請俟輪機捌造就緒，懇將中外出力人員擇尤奬勵，奉旨允准。嗣臣葆楨以丁憂交卸，致未舉行。同治十二年十月間，奏奬出力洋員洋匠摺内，復經申請將中國出力之員弁工匠一體保奬，均蒙允准在案。正在遵照核辦，上年五月奉命巡臺因而中止，現在洋防稍定，謹細加考核，始固因事而任人。今則因人而考績，苟有所劾，雖小善不敢没，以仰體朝廷作養人才之心。苟無可録，雖所親不敢濫，以上副國家慎重名器之意。惟船政之刱始，較他務爲獨難，其初員匠則中外言語不相通，器具皆平生耳目所未見。自一簣之始基，至全體之具備，其間朝更夕改，瑣碎繁重非筆墨所能陳。監工者顛蹶於嚴風烈日之中，從役者體會於意象形聲之表，總辦者於向無章程之事而遞刱章程。學習者於無可尋繹之中而曲爲尋繹，未成船以前，司采辦者，絶島窮荒，衝烟冒瘴。既成船以後，練駕駛者，濤山浪屋，測海占星。自始至終，時經十稔，無日不聞鷄趨役。篝火傳餐，瘁心力於機輪，視波濤爲衽席，雖由熟臻巧。尚有待於後來，而應手得心，已無需乎借助。查各省局務，每二年請奬一次，合無仰懇鴻慈。俯念該員弁等無前輒之可循，幸成功之有日，且係積年併案保奬。如蒙天恩允准，請飭部毋庸照尋常勞績核減，以資觀感，而勵將來。玆擇其尤爲出力者，開列清單，出具考語。籲候天恩，其出力稍次者，可否由臣等咨部奬敘。祇乞宸裁，所有船政積年出力人員併案請奬緣由，謹會同大學士一等恪靖伯陝甘總督臣左宗棠、福州將軍臣文煜、閩浙總督臣李鶴年、福建巡撫臣王凱泰，合詞恭摺附驛具陳。伏乞皇太后、皇上聖鑒訓示遵行，謹奏。

光緒元年六月十三日，軍機大臣奉旨，陳宗濂等均著照所請奬勵，餘依議，該部知道，單併發，欽此。

謹將船政積年在事尤爲出力員弁，併案請奬，開單恭呈御覽。

計開：工部額外主事陳宗濂、花翎道銜不論班次遇缺即選知府曾光斗、花翎知府銜甘肅候補直隸州知州劉存仁、五品銜揀選知縣舉人王葆辰、候選教諭林衹曾、試用訓導沈錦波、不論雙單月選用訓導林雲光、舉人葉蘭台、副貢生周梅初、六品銜遇缺即選從九品范寶書、候選從九品陳崑笙。陳宗濂、林雲光二員，總辦文案，籌畫精密，綱舉目張。陳宗濂可否以同知直隸州分發省分，歸候補班前補用，並賞加知府銜；林雲光可否以訓導不論雙單月遇缺先前選用，並賞加五品銜。王葆辰、林衹曾二員辦理中外交涉事務，操縱得宜，動合體制。王葆辰可否以知縣分發省分，歸候補班前補用，並賞給四品頂戴；林衹曾可否俟選缺後，以知縣不論雙單月儘先前選用，並賞加五品銜。曾光斗、劉存仁、沈錦波、葉蘭台、周梅初、范寶書、陳崑笙七員，幫辦文案，條理精詳。曾光斗可否俟選缺後以道員儘先升用，劉存仁可否俟補缺後以知府升用，沈錦波可否以訓導不論雙單月遇缺先前選用，葉蘭台可否賞給五品頂戴，周梅初可否以復設訓導不論雙單月儘先前選用，范寶書、陳崑笙可否均以巡檢分發省分，歸候補班前補用。

候補同知朱景遜、五品頂戴不論雙單月即選知縣黄敬熙、揀選知縣鳳山縣學教諭吴叔章、花翎福建候補遊擊黄淇彬、福建試用巡檢鄔國銓、附生林全功、書吏鄭友恭、書吏戴慶餘。黄敬熙、吴叔章二員，總辦支應局，考核精詳，久耐煩劇。黄敬熙可否俟選缺後以直隸州歸候補班前補用，並賞加運同銜；吴叔章可否以知縣不論雙單月在任儘先選用，並賞加五品銜。黄淇彬、朱景遜二員，辦事勤奮。黄淇彬可否賞給二品頂戴，朱景遜可否俟選缺後以知府升用。鄔國銓、林全初二員，辦事細心，鄔國銓可否俟補缺後以縣丞升用，林全初賞給五品頂戴。書吏鄭友恭、戴慶餘二員，核算精勤，可否均以從九品未入流不論雙單月遇缺儘先選用。

舉人蔣錫璠、揀選知縣舉人吴鼎燮、福建閩安左營補用都司林天從、都司銜吴作楫、例貢生林鵬飛、州同銜林士芳、州同銜劉壽年、州同銜薛鳳卿、州同銜邱篤信、州同銜陳國豪以上十員，均隨同總監工道員葉文瀾，分赴暹羅、仰光、新加坡各國，采辦木料，風濤萬里，備極辛勞。蔣錫璠、吴鼎燮苦心擘畫，吴作楫長駐仰光，尤爲艱苦。蔣錫璠、吴鼎燮可否均以知縣分發省分，歸候補班前補用，並賞加五品銜；吴作楫可否以守備留閩儘先補用，並賞加游擊銜；林天從可否以都司留閩儘先補用；林士芳可否賞給五品封典；林鵬飛、劉壽年、薛鳳卿、邱篤信、陳國豪可否均賞給五品頂戴。

候選主事區望濂、花翎游擊銜儘先都司吴國順、揀選知縣泰甯縣學訓導林毅、候選訓導黄嘉禾、福建試用縣丞陳耕、附生孟宗伊、書吏黄隆以上七員，常川香港采辦，悉心籌畫，勞瘁不辭。孟宗伊可否以縣丞不論雙單月儘先前選用，並賞加五品銜；吴國順可否以遊擊留閩儘先補用，並賞加二品頂戴；區望濂可否以直隸州不論雙單月在任儘先選用；林毅可否以知縣不論雙單月儘先前選用，並賞加五品銜；黄嘉禾可否以訓導不論雙單月儘先前選用，並賞加五品銜；陳耕可否以縣丞歸候補班前補用，並賞加五品銜；黄隆可否以從九品未入流不論雙單月儘先選用。

儘先選用知縣邱書勳、留閩補用縣丞蔡品蓮以上二員，前赴台灣番境，采辦樟木並煤炭等件，衝冒烟瘴，艱險深嘗。邱書勳可否以知縣分發省分，歸候補班前補用，並賞加五品銜；蔡品蓮可否以縣丞歸候補班前補用，並賞加五品銜。

揀選知縣范繼聲、升用遊擊福建漳州城守營都司林崇春、理問銜廣東候補縣丞陶繼武、藍翎光祿寺署正銜王春暉、縣丞銜葉逢春，按照磨銜監生孟宗疇以上六員，分赴上下游采辦木鐵甎灰各料，久耐煩劇，辦事認真。范繼聲可否以知縣分發省分，歸候補班前補用，並賞加五品銜；孟宗疇可否賞給五品頂戴；林崇春可否賞加五品銜；王春暉、葉逢春可否均賞給五品頂戴。

分部學習員外郎林洄淑、提舉銜不論雙單月候選通判鄭綽、分發試用通判董敬箴、揀選知縣舉人林舜璋、崇安縣學訓導馮夢辛、候選訓導梁益謙、候選訓導李錫棻、廣東候補縣丞陳繼徽、候選縣丞李聖培、副貢生林世仁、江西分缺先補用府照磨程克岐、從九品銜監生李柏桂、從九品銜監生戴慶年、附生林豐鑫、浙江海門游擊陳世榮、花翎游擊督標水師補用都司傅德柯、花翎儘先補用都司陳廣明、花翎儘先補用都司陸桂棠、世襲騎都尉兼一等雲騎尉饒懷忠、藍翎升用守備候補千總黃有忠、福建水師提標中營世襲雲騎尉紀鴻慶、福建水師提標前營千總蔡國華、五品軍功福建閩安左營千總陳清福、拔補千總陳兆連、拔補千總王三友、儘先千總蔡德陞、福建督標右營把總于步瀛、候選從九品吳永柱、書吏林秉慧、書吏吳科蕃。

李錫棻、傅德柯、董敬箴、李聖培、陳世榮、林世仁、陳兆連、王三友八員，通曉造船西法，宣力有年。李錫棻可否以盐大使不論雙單月儘先前選用，並賞加五品銜；傅德柯可否以游擊留閩儘先補用，並賞加二品頂戴；董敬箴可否以同知升用，並賞加運同銜；李聖培可否俟選缺後，以知縣歸候補班前補用，並賞加五品銜。陳世榮可否以參將留閩浙儘先補用，並賞加二品銜；林世仁可否以教諭不論雙單月儘先前選用，並賞加五品銜；陳兆連、王三友可否均以守備留閩儘先補用，並賞加都司銜。

林舜璋、林洄淑、鄭綽、梁益謙、林豐鑫、陸桂棠、饒懷忠、馮夢辛、李柏桂、黃有忠、蔡國華、陳清福、于步瀛十三員，分管船工船槽舢纜木模舢板器具鐵碼頭材料等廠，任勞任怨，始終罔懈。林舜璋可否以知縣分發省分，歸候補班前補用，並賞加五品銜；林洄淑可否俟員外郎補用後，以知府不論雙單月儘先選用，先換頂戴；鄭綽可否以通判遇缺前選用，並賞加運同銜；梁益謙可否以訓導不論雙單月遇缺先前選用，並賞加五品銜；林豐鑫可否以縣丞不論雙單月儘先選用，並賞加五品銜；陸桂棠可否以游擊留閩浙儘先補用；饒懷忠可否以都司留閩儘先補用，並賞加游擊銜；馮夢辛可否賞加五品銜；李柏桂可否賞給五品頂戴；黃有忠可否以守備留閩儘先補用，並賞加都司銜；蔡國華、陳清福、于步瀛可否均以守備留閩儘先補用。

程克岐、陳繼徽、戴慶年、陳廣明、蔡德陞、紀鴻慶、吳永柱、林秉慧、吳科蕃九員，勤慎供職。程克岐可否以從九品仍留江西候補班前補用，陳繼徽可否賞加五品銜，戴慶年可否賞給五品頂戴，陳廣明可否以游擊升用，蔡德陞、紀鴻慶可否均以守備留閩儘先補用，吳永柱、林秉慧、吳科蕃可否均以從九品不論雙單月遇缺儘先選用。

候補內閣中書鍾大鈞、運同銜福建試用同知余慶祺、山東即用知縣署觀城縣知縣何式珍、揀選知縣光澤縣學教諭王星庭、揀選知縣舉人林琅、揀選知縣舉人陳承嫣、舉人郭茀康、舉人林昌謨、候選教諭選缺後以知縣用陳蒓、五品銜候選訓導選缺後以應升之缺升用曾北鵬、試用訓導薩克修、試用訓導楊謙、福建試用縣丞鄭應基、廣東試用縣丞劉紹綱、留閩遇缺即補縣丞張家湄、福建試用縣丞余貞祥、候選縣丞林毓良、候選縣丞夏允晃、候選縣丞鄭弼、福建甌甯縣典史楊宗逵、福建候補從九品姜春棠、不論雙單月儘先選用從九品曹鎮南、布經歷銜戴景卿、優廩生翁景沂、附貢生陳慶辰、附生許肇基、附生黃春熙、附生王元穉、監生孟宗洛、監生陳桂、監生周貞度、花翎遇缺即補都司補缺後留閩補用游擊湯昭陞、拔補把總林得茂、福建都標中營二等武舉楊方平、從九品銜林寶琛、從九品銜鄭三英、從九品銜葉逢春、書吏楊慶辰。

王星庭、林琅、陳承嫣、郭茀康、林昌謨、陳蒓、鄭應基、許肇基、張家湄、孟宗洛、林毓良十一員，諳熟西法製造，宣力有年。王星庭可否以知縣不論雙單月在任儘先選用，並賞加五品銜；林琅、陳承嫣、郭茀康、林昌謨可否均以知縣分發省分，歸候補班前補用，並賞加五品銜；陳蒓可否以教諭不論雙單月儘先前選用，並賞加五品銜；鄭應基可否以知縣仍留福建歸候補班前補用，並賞加五品銜；許肇基可否以縣丞不論雙單月遇缺先前選用，並賞加五品銜；張家湄可否俟補缺後，以知縣補用，並賞加五品銜；孟宗洛尤熟機器之學，可否以縣丞不論雙單月儘先前選用，並賞加五品銜；林毓良可否俟選缺後，以知縣候補班前補用，並賞加五品銜。

余慶祺、曾兆鵬、薩克修、劉紹綱、陳慶辰、翁景沂、湯昭陞、林得茂、黃春熙、陳桂十員，與匠丁同艱苦，歷久不衰。余慶祺可否俟補缺後，以知府儘先升用；曾兆鵬可否俟訓導選缺後，以知縣在任候選；薩克修可否以復設訓導不論雙單月遇缺先前選用；劉紹綗可否以補缺後知縣仍留廣東歸候補班前補用，並賞加五品銜；陳慶辰、黃春熙可否均以縣丞不論雙單月遇缺先前選用，並賞加五品銜；翁景沂可否賞給五品頂戴；湯昭陞可否賞給二品頂戴；林得茂可否以守備留閩儘先補用；陳桂可否以從九品不論雙單月儘先前選用。

夏允晃、曹鎮南、楊宗逵、何式珍、楊謙、王光稈、余貞祥、姜春棠、戴景卿、楊方平、鍾大鈞、鄭弼、周貞度、林寶琛、葉逢春、鄭三英、楊慶辰十七員，辦事認真。夏允晃可否以縣丞留閩歸候補班前補用，曹鎮南可否以從九品留閩歸候補班前補用，楊宗逵可否賞加六品銜，何式珍可否以同知升用，楊謙可否以訓導不論雙單月遇缺先前選用，王元稈可否以縣丞不論雙單月儘先前選用，余貞祥可否賞加五品銜，姜春棠可否俟補缺後以縣丞升用，戴景卿可否以布經歷歸部選用，楊方平可否以守備留閩儘先補用，鍾大鈞可否賞加侍讀銜，鄭弼可否俟補缺後以知縣升用，周貞可否以從九品不論雙單月儘先前選用，林寶琛、葉逢春、鄭三英、楊慶辰可否均以從九品不論雙單月遇缺儘先選用。

吏部額外主事高紀、三品銜湖北安陸府知府李慶林、浙江候補同知鍾大榮、福建永定縣知縣謝昌霖、五品銜福建補用同知候補班前補用知縣錫鈞、即選知縣沈樹樺、國子監典籍銜監生劉壽鏗、福建候補監大使戴鐸才、六品頂戴選缺後以應升之缺升用分缺先前選用訓導孫翼文、從九品銜葉捷魁、附生鄭鏞、附生鄭瓊書、已革總兵銜浙江乍浦副將張清標、藍翎把總湯昭明、從九品銜林士藹、書吏陳承論、書吏林瀾平。

劉壽鏗、沈樹樺、鄭鏞、湯昭明四員，諳習西法營造，宣力有年。劉壽鏗、鄭鏞可否以縣丞不論雙單月遇缺先前選用，並賞加五品銜；沈樹樺可否以知縣分發省分，歸候補班前補用，並賞加五品銜；湯昭明可否以守備留閩儘先補用，並賞加都司銜。

鍾大榮、張清標、葉捷魁三員，始終勤奮，遇事躬親。鍾大榮可否俟補缺後，以知府仍留原省歸候補班前補用，先換頂戴。張清標於咸豐十一年十一月署黃岩鎮總兵任內，縣城失守革職，同治元年四月奏報克復台州各郡縣，仍留署任，三年二月間卸事，可否開復原官。葉捷魁可否賞給五品頂戴。

高紀、李慶霖、謝昌霖、戴鐸才、孫翼文、臧錫鈞、鄭瓊書、林士靄、陳承綸、林瀾平十員，辦事結實。高紀可否以同知直隸州分發省分，歸候補班前補用；李慶霖可否以道員歸原省儘先升用；戴鐸才可否俟補缺後以知縣補用；孫翼文可否賞加五品銜；謝昌霖、臧錫鈞可否均交部從優議敘；鄭瓊書可否以從九品不論雙單月儘先前選用；林士藹、陳承綸、林瀾平可否均以從九品不論雙單月遇缺儘先選用。

花翎知府銜福建候補同知吴本杰、前署福建福州海防同知彭光藻、前署福建廈門海防同知龔愷、福建補用同知張重颺、福建補用同知候補知縣潘慶辰、福建試用同知沈兆桂、同知銜福建試用繆嘉行、同知銜福建揀發知縣俞珣、同知銜候補知縣蘇金策、五品銜福建候補知縣林大受、陝西大挑知縣梁濟謙、鳳山縣學訓導葉滋東、福建候補盐大使李鏞、五品銜廣東試用縣丞葉杓南、福建試用縣丞李麟瑞、候補縣丞周德新、福建候補府經歷沈聯奎、候選從九品鈕家鍈、附生黃嘉爾、署台灣安平協副將周振邦。

葉杓南、黃嘉爾、繆嘉行三員，約束嚴明，歷久不懈。葉杓南可否以知縣仍留廣東歸候補班前補用；黃嘉爾可否以縣丞不論雙單月遇缺先前選用，並賞加五品銜；繆嘉行可否俟補缺後，以同知直隸州留閩歸候補班前補用。

沈兆桂、李麟瑞、梁濟謙、葉滋東、沈連奎、吴本杰、俞珣、林大受、張重颺、潘慶辰、龔愷、彭光藻、蘇金策、周德新、周振邦、鈕家鍈、李鏞十七員，稽查得力。沈兆桂可否賞加知府銜，李麟瑞可否以縣丞歸候補班前補用，梁濟謙可否仍留陝西歸大挑本班儘先前補用，葉滋東係舉人出身可否以知縣不論雙單月在任儘先選用，沈聯奎可否俟補缺後以知縣升用，俞珣可否俟補缺後以同知儘先補用，林大受可否俟補缺後以同知直隸州補用，張重颺可否俟補缺後以知府補用，吴本杰、龔愷、彭光藻、潘慶辰、蘇金策、周德新可否均交部從優議敘，周振邦可否賞加總兵銜，鈕家鍈可否以從九品留閩儘先補用，李鏞可否賞加盐提舉銜。

揀選知縣舉人陳壽臧、舉人王舉翰、候選教諭王宣辰、候選從九品吴禮堂、候選從九品黃紹本、不論雙單月候選從九品朱慶生、理問銜監生羅豐禄、附生林憲曾、附生施魯濱、附生黃煊、從九品銜監生魏瀚、從九品銜林日章、五品軍功監生曾恒忠、五品軍功陳兆翱、五品軍功劉步蟾、五品軍功林泰曾、五品軍功陳季同。王樹翰通曉法言語文字，兼熟算學機學，可否以知縣不論雙單月儘先前選用，並賞加五品銜。曾恒忠精熟英文算學，充當教習，盡心訓迪，著有成效，可否賞給四品頂戴。林憲曾、黃煊、羅豐禄三員通曉英文算學，訓迪有方，可否均以縣丞不論雙單月遇缺先前選用，並賞加五品銜。魏瀚、陳兆翱、劉步蟾、林泰曾、陳季同五名在學堂多年，西學最優，此次隨日意格赴英法各國采辦，兼資考究，情殷報國，不辭艱險，應請破格獎敘，以爲後來者勸。魏瀚可否以縣丞不論雙單月儘先選用，並賞加五品銜。陳兆翱、劉步蟾、林泰曾、陳季同可否均以守備留閩儘先補用，並賞加都司銜。

朱慶生、林日章二名，通曉法文測算畫學。朱慶生可否俟選缺後以府經縣丞歸候補班前補用，林日章可否以從九品不論雙單月儘先前選用。

陳壽臧、王宣辰、施魯濱三員，督課認真，範圍嚴密。陳壽臧可否以知縣不論雙單月儘先前選用，並賞加五品銜；王宣辰可否俟選缺後，以知縣不論雙單月儘先前選用，並賞加五品銜；施魯濱可否以縣丞不論雙單月遇缺先前選用，並賞加五品銜。

吳禮堂、黃紹本二員，幫教得力。吳禮堂可否俟補缺後以縣丞升用，黃紹本可否以從九品分發省分儘先補用。

「揚武」輪船管駕副將銜福建水師提標中軍參將貝錦泉、「飛雲」輪船管駕儘先副將福建湄洲營遊擊吳世忠、「伏波」輪船管駕儘先遊擊貝珊泉、「濟安」輪船管駕拔補千總鄭漁、「福星」輪船管駕儘先千總楊永年、「靖遠」輪船管駕儘先千總張成、「鎮海」輪船管駕儘先千總陸倫華、「永保」輪船管駕都司銜儘先千總林文和、「海鏡」輪船管駕都司銜儘先千總柯國棟、「靖海」輪船管駕儘先千總陳紹芳、「萬年清」輪船管駕儘先把總沈順發、「湄雲」輪船管駕都司銜屠宗年、「振威」輪船管駕都司銜呂翰、「琛航」輪船管駕都司銜林國祥、「海東」雲輪船管駕五品軍功葉富、「長勝」輪船管駕五品軍功黎家本以上十六員，貝錦泉，吳世忠出力最久，歷險最多，熟悉洋情，於中外交涉事宜，均能得其竅要。張成、呂翰，西學最深，船上操演，規矩謹嚴，洋人見之，均以爲合於兵法，應請破格獎敘，俾資觀感。貝錦泉、吳世忠可否以水師總兵記名請旨簡放；張成可否以都司仍留福建儘先補用；吳翰可否以守備留閩儘先補用，並賞加遊擊銜。貝珊泉、鄭漁、陸倫華、楊永年、沈順發、屠宗年均由洋船出身，熟悉風濤沙綫，由大二副拔至管駕，皆四五年以上，始終罔懈，備極辛勞。貝珊泉可否俟遊擊補缺後，以參將仍留閩浙儘先補用，並賞加副將銜；鄭漁、陸倫華、楊永年、沈順發可否以守備留閩浙儘先補用，並賞加都司銜；屠宗年可否以守備留閩浙儘先補用；林國祥、葉富、黎家本，通曉西學，精於駕駛。林文和、柯國棟、陳紹芳，熟諳海防，辦事勤能，可否均以守備留閩儘先補用。

「福星」輪船正管輪留閩補用都司何朝光、「揚武」輪船正管輪儘先千總童愷、「飛雲」輪船正管輪儘先千總胡恒煊、「伏波」輪船正管輪儘先千總林維三、「振威」輪船正管輪儘先千總黃應元以上五員，充正管輪七八年以上，諳練機學，毫無貽誤。何朝光可否以遊擊仍留閩省儘先補用；童愷、林維三、胡恒煊、黃應元可否均以守備仍留閩浙儘先補用，並賞加都司銜。

「湄雲」輪船正管輪儘先千總陳良貴、「永保」輪船正管輪儘先把總郭成志以上二員，通曉機器，不辭勞瘁，可否以守備留閩浙儘先補用。

「湄雲」輪船大副儘先把總貝錦希、「永保」輪船二副福建湄洲營千總陳漢、「飛雲」輪船前大副儘先把總康長慶、「飛雲」輪船二副儘先把總江輝、「揚武」輪船學習世襲三等男爵邱炳忠、「揚武」輪船總管槍礮儘先千總龐輔相、「鎮海」輪船管帶練兵儘先千總劉文鐸、「建威」練船前稽查委員花翎游擊本任福建金門都司陳世英、「靖海」輪船前管駕藍翎補用守備福建水師提標後營把總陳有才以上九員，均能不避艱險，各勤厥職。邱炳忠可否以副將留閩浙水師儘先補用，貝錦希、陳漢、江輝、龐輔相可否均以守備留閩浙儘先補用，康長慶可否以守備留原省儘先補用，劉文鐸可否賞加五品銜，陳世英可否以游擊留閩儘先補用，陳有才可否以守備留閩儘先補用。

大挑二等舉人趙廷禧、副貢生就職教諭李書升、副貢生就職教諭郭炳燦、試用訓導江承恩、候補縣丞貝錦雷、附貢生吳寶璋、附生黃毓楠、監生王承烈、監生陳良瑜、監生郭紹寬、候選未入流黃葆、文童周書以上十二員，承辦各船文案，均能涉歷風濤，任勞耐劇。趙廷禧可否以本班儘先前選用，郭炳燦、李書升可否均以教諭不論雙單月遇缺前選用，江承恩可否以訓導遇缺前選用，貝錦雷以應升之缺升用，吳寶璋、黃毓楠可否均以從九品不論雙單月遇缺前選用，王承烈、陳良瑜、郭紹寬可否均以從九品不論雙單月選用。黃葆、周書可否均以典史不論雙單月遇缺前選用。

管帶福靖新後老後兩營總兵銜閩浙補用副將王正道、總兵銜閩浙候補副將余宏亮、候補遊擊湯昭龍、花翎儘先遊擊李忠元、花翎儘先遊擊林本喜、藍翎補用都司孫東軒、游擊銜浙江海鎮標候補守備陳友定、藍翎都司銜儘先守備王國良、藍翎都司銜儘先守備劉三俊、藍翎守備銜儘先千總余宏富、藍翎儘先千總熊福增、藍翎儘先千總宋喜發、儘先千總戴明耀、藍翎儘先把總王發科、福建督標候補把總林國英、已革福建升用同知同知銜藍翎補用知縣章慶霖、候選從九品彭肇基、生員王浤庭。

王正道不避嫌怨，晝夜巡防，奸匪歛迹，可否以總兵記名請旨簡放。熊福增駐扎船廠，實力稽查，歷久不懈，可否以守備留閩儘先補用，並賞加都司銜。李忠元、林本喜二員，認真勞務，實力巡防，可否均以參將留閩儘先補用，並賞加副將銜。孫東軒、王國良、宋喜發、戴明耀、王發科、林國英六員，摻防勤奮，不遺餘力。孫東軒可否以遊擊留閩儘先補用，王國良可否以都司留閩儘先補用，宋喜發、戴明耀、王發科、林國英可否均以守備留閩儘先補用。

余宏亮、湯昭龍、陳友定、劉三俊、余宏富、章慶霖、彭肇基、王湆庭八員，各勤厥職。余宏亮可否以副將仍留閩浙儘先補用，湯昭龍可否賞給二品頂戴，陳友定可否以都司仍留浙江鎮標儘先補用，劉三俊可否以都司留閩補用，余宏富可否以守備留閩儘先補用，章慶林可否開復原官，彭肇基可否以從九品留閩補用，王湆庭可否以從九品儘先選用。

二品頂戴花翎儘先遊擊楊廷輝，儘先守備世襲雲騎尉繆承勳，都司銜降千總世襲雲騎尉劉朝清，守備銜世襲恩騎尉廖麟書，福建閩安左營千總補用守備楊廷煌、陳成勛，千總補缺後儘先守備楊廷煌，藍翎儘先把總吴文基，儘先選用訓導舉人嚴伯謙，廣東候補從九品楊慶璣。

繆承勳、劉朝清、吴文基三員，轉運梭巡，晝夜不懈。繆承勳可否以都司留閩儘先補用，並賞加遊擊銜；劉朝清可否開復守備，仍歸閩省水師儘先補用；吴文基可否以守備仍歸閩省水師儘先補用。嚴伯謙、楊廷輝、陳成勳、廖麟書、楊廷煌、楊慶璣六員，辦事勤能。楊伯謙可否賞加內閣中書銜，楊廷輝可否以參將留閩儘先補用，楊廷煌、陳成勳、廖麟書可否均以守備留閩儘先補用，楊慶璣可否以應升之缺留粵即補。

光緒元年六月十三日，軍機大臣奉旨，覽，欽此。

「中央研究院」近代史研究所《海防檔》乙福州船廠《光緒元年六月十三日總署收軍機處交出抄片奬勵提調夏獻綸等員》

六月十三日，軍機處交出抄片稱，再花翎布政使銜現署臺灣道夏獻綸、花翎二品頂戴督操滬局輪船前臺灣道吴大廷、花翎布政使銜現辦陝甘後路粮臺江西候補道胡光墉三員，均經臣等奏派船政提調。夏獻綸心思精密，調度有方，前臣葆楨丁憂交卸，該員代理三年，遇事講求，不遺餘力，且值物議紛紜之際，能以定識堅持；吴大廷識見洞徹，留心時務，首先監駛「萬年清」輪船赴津勘驗，遇事鎮定，動協機宜；胡光墉熟悉洋情，商捌船廠，聯絡中外，堅明約束，於互調外洋正副監督之際一力擔當，雖均係監司大員，爲國宣勞，分所應爾，堅求不敢仰邀奬敘，而積年苦心所在，臣等亦未敢壅於上聞。候選道梁鳴謙、吴仲翔二員，前經臣等奏派代辦提調，措置裕如，遇中外交涉動輒窒礙事件，苦心擘畫，詞婉義嚴，深裨大局。可否仰懇天恩，均以道員不論雙單月儘先選用，並賞加三品銜。花翎布政使銜廣東候補知府補缺後以道員補用葉文瀾，前經臣等奏派總監工，該員通曉英語，樸誠勤奮，督課工程，堅任勞怨，曾親赴暹羅、新加坡各國，採辦木料，費歸實用，艱險備嘗，可否懇恩逾格免補知府本班，以道員仍留廣東。遇缺題奏同知銜候選知縣張斯桂、候選通判張斯栒二員，通曉西學，諳造水雷電線各機器。張斯桂慷慨坦直，張斯栒粹然儒者氣象，其性行逈非目前以通曉洋務市重居奇者比，應如何恩予録用之處，可否援照成案，送部引見，恭候欽定，謹合詞另片具陳。伏乞聖鑒訓示遵行，謹奏。

光緒元年六月十三日，軍機大臣奉旨，夏獻綸、吴大廷、胡光墉，均著交部從優議敘。梁鳴謙等，均著照所請奬勵。張斯桂、張斯栒，均著飭赴總理各國事務衙門，聽候考察，欽此。

「中央研究院」近代史研究所《海防檔》乙福州船廠《光緒元年七月二十二日總署收户部文附摺稿一件船廠經費不敷准令借動四成洋税》

户部等衙門謹奏，爲遵旨速議具奏，恭摺會陳，仰祈聖鑒事。辦理台灣等處海防兼理各國事務總理船政沈葆楨奏，船政需費萬緊，海關六成無款可撥，懇撥四成洋税一摺。光緒元年七月十四日，軍機大臣奉旨，該衙門速議具奏，欽此。欽遵由軍機處交出到部，據原奏內稱，同治十三年八月初二日奉上諭，閩廠准續行興造得力兵船，以資利用等因，欽此。遵即分途趕辦木煤銅鐵等料，加緊課工。詎九月以後，海關以六成入不敷出，遂將船政月款停解。經臣奏懇將閩海關續款改撥，原定船政經費仍按月批解，並聲明短解之款，於台防經費項下，暫行挪墊。經部議請旨飭下福州將軍，迅將輪船經費在六成項下，按月如發撥解，上年短解銀二十餘萬，亦即隨時補解，以清移撥之款。奉旨，依議，欽此。乃臣文煜極力挪湊，閱時三個月，分爲四次，僅解銀十萬兩至去年十月而止。臣之巡台，以船政本臣所辦，故未設後路糧台，凡台灣應由內地采購之件，兑發之款，即以船政局員兼理。近者台防餉源日絀，不特萬難再事挪墊，而采購之件，兑發之款，必逐漸清償。春季尚可向錢號錢莊籌借，指茶季關款坐扣，今則茶季最旺之月，失信於人。人亦咸知船政此後無可指之款，而籌借之路絶矣。入夏南風司令，去年定辦各料，絡繹到工，此時隨解之四十萬兩，源源而來，亦僅足敷周轉。昨准臣文煜覆書，閩海關歲徵銀約二百三十萬，六成約銀百四十萬，奉提京餉五十七萬。萬年吉地十萬，應解部庫墊款十三萬有奇。陝西出關餉運十萬，福厦司税辛俸十二萬，部庫加平飯銀匯費撥補常税支銷等項十三萬有奇，此必不可緩者，約銀百一十六萬。所存僅二十四萬，應匀撥輪船經費六十萬，雷正綰銀二十四萬兩。奉省捕盗銀二萬，計不敷銀六十二萬，即使二十四萬全數解歸船政，亦所短甚鉅。惟四成項下可餘四十萬，原奉庫文不准截留，第船政要需，斷難貽誤，應請將所餘四成儘數撥抵，不敷仍由六成匀撥，方有實濟。函商會奏前來，臣即不顧大局，擅議停工，而已定之料，已用之工，當刻日清償，亦須鉅款。懇將閩海關所餘四成洋税，儘數撥抵船費，不足者再由六成匀撥，俾符原數，以濟要工。明知不准截留四成，部臣特爲海防護惜命脈，第船政與海防相表裏，若船政半途而廢，則海防並無一簣之基，不得不竭其狂愚。冒昧干瀆等語，臣等伏查福建省船政經費，前經户部奏明自同治五年十二月起，准於閩海關税六成項下，每月應撥銀五萬兩，留充製造之用。同治十三年十一月間，經福州將軍文煜奏，台防要需，六成洋税入不敷出，船政經費無款可籌，當經户部議以船政關係緊要。此項經費，係奏定按月撥解之款，應令福州將軍將閩税認真徵收，所有輪船經費，通融匀撥。陸續報解，不得藉詞諉卸等因，並於本年三月間，議復船政大臣沈葆楨奏，船工動費殷繁，懇就閩海關迅籌接濟摺内。請飭下福州將軍，迅將輪船經費在於六成項下，按月如數撥解，上年短解銀二十餘萬兩，亦即隨時補解，以清移撥之款。奏准行知遵照各在案。兹據該大臣奏稱，准福州將軍文煜復稱，閩海關歲徵銀二百三十萬，六成約銀百四十萬，奉提京餉等項必不可緩者，約銀百一十六萬，所存僅二十四萬，應匀撥輪船經費六十萬。雷正綰餉二十四萬，奉省捕盗餉二萬，計不敷銀六十二萬，即使將二十四萬全數解歸船政，亦所短甚鉅。惟四成項下可餘四十萬，原奉部文不准截留，第船政要需，斷難貽誤，請將所餘四成洋税儘數撥抵船費，不足者再由六成匀撥，俾符原數，以濟要工。函商會奏，仰懇天恩俯准等語，查船政月款，奏定由閩海六成洋税内指撥，原未便動用别款。惟查本年六月初十日，臣等會議指撥海防餉需摺内聲明，粤海潮州閩海浙海山海等五關，並滬尾打狗二口。應提四成洋税暨江海關四成内洋税，按結分解督辦南北洋海防大臣李鴻章、沈葆楨兑收，請自本年七月爲始，遵照此次奏案，按期如數批解，不准絲毫蒂欠。奏奉諭旨允准。飛咨各該省飭遵在案，是閩海關四成洋税，業經議歸海防應用，沈葆楨係奉簡派充辦南洋海防大臣，玆復瀝陳閩海關拮据情形，並臚列六成項下，用款紛繁，所有欠解船政經費六十萬兩，僅存二十四萬兩，即使全數解歸船政，所短甚鉅。懇將閩海關所餘四成洋税，儘數撥抵船費，不足者再由六成匀撥，俾符原數等因。查本年六月間奏案指撥餉需，本爲籌辦海防專款，若通融挪用，海防經費必致不敷。惟念製造輪船與海防相爲維繫，既據該大臣奏稱用款艱難，並聲明定辦各料絡繹到工，刻日清償亦須鉅款，自屬實情，應即先其所急，准如所請。將四成項下餘銀四十萬兩，儘數撥歸船政應用，以濟要需，尚有不敷，仍由六成項下匀撥。此因船政爲海防一大端，是以從權議准，别項用款均不得援以爲例，復查籌辦海防案内，指撥閩海關四成洋税。聲明自本年七月爲始，該大臣所稱四成項下餘銀四十萬兩，自屬本年七月以前應解部庫之款，此次准令撥抵，係爲移緩就急起見。仍請飭下沈葆楨、文煜等，將七月以後續徵四成洋税，先行提歸此次撥用之四十萬兩，解還部庫，以清界限。嗣後船政經費，除欠解不敷之款匀撥籌補不計外，仍遵原定章程，由閩海關六成項下每月撥解銀五萬兩，以符奏案。如實有萬不得已之用，應由該大臣等通盤籌核，專摺奏陳，由部核復不得動輒提用海防經費，致多淆混，所有臣等遵旨速議緣由，理合恭摺會陳。伏乞皇太后、皇上聖鑒，再此摺係户部主稿，會同總理各國事務衙門辦理，合併聲明，謹奏。

朱壽朋《光緒朝東華録》卷四《光緒元年六月》　劉坤一奏，臣於二十三日行抵上海，查看機器局各廠。該司正在監造鐵甲輪船及各項鎗炮鉛藥，頭緒極爲繁多。臣以西洋船炮日事新奇，而中國經費有限，應否先行擇其得力合用者，與直隸、福建各局分途製造各等名藝，以期精熟而收成功。擬與直隸督臣李鴻章及海防大臣沈葆楨妥爲商酌。

吴元炳《沈文肅公政書》卷四《會籌船政替人候旨盤交遵赴新任摺光緒元年八月初八日》　奏爲會籌船政，替人候旨盤交，遵赴新任，恭摺馳陳，仰祈聖鑒事。竊臣於本年八月初一日，承准軍機大臣密寄，七月十四日奉上諭，臺郡事宜漸次就緒，沈葆楨交代清楚，即行前赴新任，籌辦海防，毋庸來京陛見等因，欽此。伏念臣以樗朽之質，膺艱鉅之投。疊奉恩綸，自容無地，瀝情上籲，慰勉有加，尚冀瞻覲天顔，面申忱悃，抑或機宜密授，得所遵循。兹奉前因，仰思宵旰焦勞，何敢更爲再三之瀆。計惟有遵旨速赴新任，竭蹶襄事，以待朝廷徐擇賢能。而區區下私，所不能釋然者，則以船政一端，剏之甚難，墮之甚易，名則爲觀成之有日，實不過一簣之始基。倘非精益求精，恐前此數百萬帑金，盡歸虛擲。得其人則恢之彌廣，日進無疆。失其人，雖欲循前軌，而守成規，有所不可得。臣在臺時，已與臣凱泰，昕夕晤商十餘次。自七月二十一日奏報起程後，二十二日開駛是晚，寄碇澎湖。二十三日登岸，查閱礮臺工程，甫及七成修築，尚均牢固。閱畢起碇，二十四日到工，將積牘稍事清釐。二十七日，到省與臣文煜、臣鶴年晤商船政交代，咸以爲無逾於前署廣東巡撫，現任福建按察司郭嵩燾者，詢謀僉同，與臣凱泰所見若合符節。郭嵩燾學問經濟，十倍於臣，人人知之。而忠愛肫摯之忱，尤臣久所佩服。日來虛己苦心，以講求洋務，所見益深。惟船政責重緒繁，且時有關涉中外事件，必躬親諦審，以威望坐鎮其閒，臬司礙難兼顧。合無仰懇天恩逾格，俯念船政關海防大局，可否准將郭嵩燾，臬司開缺，賞給卿銜，督理船政，俾得專摺奏事，以肅中外之觀聽，而期呼應之靈通。臣一面飭各廠員紳，將現存物料，敘造簡明清册，並將臣經手未完事件，及採辦欠發款項，逐一清查，開具節略。如奉俞旨，即可以次點交。愚昧之見，深恐無當。謹會同大學士陝甘總督臣左宗棠，福州將軍臣文煜，閩浙總督臣李鶴年，福建巡撫臣王凱泰，恭摺由驛六百里馳陳。伏乞皇太后、皇上聖鑒訓示，不勝惶悚待命之至，謹奏。

吳元炳《沈文肅公政書》卷四《船政需人甚急請派重臣接辦摺光緒元年八月十八日》　奏爲船政需人甚急，改請欽派重臣接辦，並懇飭由海道南來，俾臣得以迅速盤交，遵旨赴任，恭摺馳陳，仰祈聖鑒事。竊臣於本月初八日，業將船政請派郭嵩燾接辦緣由，奏明在案。初九日，准大學士直隸總督李鴻章密咨，知郭嵩燾已奉出使英國之命，勢不能爲船政中止，而船政關係海防根柢，斷不容不慎擇其人。非無熟悉工程，結實可靠者，然能恪守成法，恐未能式廓前規。且當經費支絀，動輒掣肘之時，非有卓絶之才識，老成之資望，能於萬難中，出新意，以經緯之者，不足爲國家鞏持久之基，而收自强之效。臣思維再四，計惟有北洋幫辦大臣丁日昌，果毅精明，不避嫌怨。近日講求洋務，罕出其右者，可否仰懇聖恩，准派丁日昌督辦船政。該大臣必能恢此遠謨，爲南北洋生色。臣因陋就簡，負疚於心者有年，亦急待丁日昌之精思密慮，補臣之闕。至北洋幫辦，原係鉅任，然李鴻章莅事日久，綱舉目張，似可無煩藉助。且天津與福建雖遠隔數千里，而海道五六日可通。船政如得其人，南北洋均藉以聯氣脈，是於幫辦之任，正相成而不相妨。近聞丁日昌，因病思歸，想水土異宜所致。閩粤接壤，令煖差同，該大臣亦可藉是調攝其躬，爲國家更膺非常之任。冒昧之見，是否有當。謹會同大學士陝甘總督臣左宗棠，福州將軍臣文煜，閩浙總督臣李鶴年，福建巡撫臣王凱泰，恭摺由輪船馳赴天津，發驛六百里馳遞。如蒙俞允，應請飭下丁日昌，即坐遞摺輪船，由海道來閩，俾臣得以迅速盤交，即赴新任。伏乞皇太后、皇上聖鑒訓示，不勝惶悚待命之至，謹奏。

「中央研究院」近代史研究所《海防檔》乙福州船廠《光緒元年八月二十五日總署收船政大臣沈葆楨函請派郭嵩燾接督船政》　八月二十五日，船政大臣沈葆楨函稱，敬肅者，七月二十一日，由台祇羾寸牘，未知何時得荷青垂。葆楨二十二日登舟，於澎湖小駐，查閱炮台。二十四日即抵馬尾工次，船事一切照常，惟經費窘極，工程每多掣肘，替人公議，咸屬郭臬司。第臬司衙門，日行公事既繁，且與工次遠隔，兵勇匠役，以數千計，必須坐鎮其間。事到立與剖斷，方不致釀成巨案，且時有中外交涉事件，必力能專達，方足以樹風聲。是以不揣冒昧，遽行上請，當否統候卓裁，現飭各廠赶造清册。倘奉旨俞允，可以隨時點交，但剏設船政，將近十年，物料既多，名目襍出，清理亦非旦夕所能就緒耳。肅此，敬叩鈞安。

中國第一歷史檔案館《光緒宣統兩朝上諭檔》第一册《光緒元年八月二十六日》　軍機大臣字寄欽差辦理臺灣等處海防兼理各國事務大臣兩江總督沈、福州將軍文、閩浙總督李、福建巡撫王，光緒元年八月二十六日奉上諭，沈葆楨奏請派郭嵩燾督理船政一摺，前已有旨將福建按察使郭嵩燾開缺以侍郎候補，與直隸候補道許鈐身均充出使英國欽差大臣，並令郭嵩燾即行交卸起程北上。沈葆楨此次奏報自係尚未接奉前旨。所有督理船政事宜，著沈葆楨等悉心會商，另行遴選妥員，奏請簡派。將此由五百里各諭令知之，欽此。遵旨，寄信前來。

「中央研究院」近代史研究所《海防檔》乙福州船廠《光緒元年八月二十七日總署收軍機處交出船政大臣沈葆楨片第十六號輪船工竣撥歸浙省及第十七號輪船十八號續造擬名情形》　八月二十七日，軍機處交出沈葆楨片。再據船政提調吴仲翔報稱，第十六號百五十匹馬力元凱輪船，於本年六月二十八日工竣，在本港試輪。七月初五日出五虎口試洋，旋於二十日駛到臺灣安平。載臣葆楨内渡，發軔之始，即涉横洋，船身完固，輪船靈捷，與「伏波」等，前准浙江巡撫楊昌濬函稱，浙洋輪船不敷調遣，尚須添派，今擬增撥「元凱」輪船與之，其船上砲位，業安配三尊，因關款欠解甚多，所有應配邊砲六尊，無從購辦。應歸浙省自行補足，用資捍衛。十七號船身過半，而機器未備。十八號仍做百五十匹馬力兵船，業於本年六月十九日安上龍骨，現正昕夕趕工。十七號擬名之曰「藝新」，十八號擬名之曰「登瀛洲」，以資號召，是否有當之處，附片陳明。伏乞聖鑒訓示，謹奏。

光緒元年八月二十六日，軍機大臣奉旨，知道了，欽此。

吴元炳《沈文肅公政書》卷四《船政欠款飭閩海補解足額以後六成洋税先儘按月解濟摺光緒元年八月二十九日》 奏爲船政欠款，懇恩飭閩海關，查照部議，補籌足額。以後六成洋税，先儘船政，按月解濟，勿因他款挪動，以固海防之基。恭摺馳陳，仰祈聖鑒事。竊臣准户部咨，本部會同總理衙門議覆，船廠經費不敷，請撥用四成洋税一摺，奉旨，依議，欽此。查原奏以製造輪船，與海防相爲維繫。既據該大臣稱，用款艱難，應即准如所請，將四成項下，餘銀四十萬兩，儘數撥歸船政。將七月以後，續徵四成洋税，提撥四十萬兩，解還部庫，以清界限。嗣後船政經費，仍遵原定章程，由閩海關六成項下，每月撥解銀五萬兩，以符奏案等因。旋准福州將軍臣文煜咨稱，七月以前，存銀堪以查照部案，撥解輪船經費者，僅只十五萬兩，並即隨文咨解前來。伏念船政月款，自去年九月停解。今年四月以後，陸續彌補二十萬兩，僅敷去年十二月而止。兹遵撥四成十五萬兩，亦僅敷今年三月而止。而船政懸款，如日意格采辦之鐵脅全副，新式輪機兩副，挖土大機船一號，半價十餘萬元。南洋采辦木料未到者，又十餘萬元。挪用巡臺經費，逐月補還外，尚十餘萬兩。如果部撥六月以前，四成之四十萬兩，儘歸船政。閩海關固當遵照部議，提七月以後，四成四十萬兩，補解部庫。今六月以前，存銀僅十五萬兩，則是舊存之二十五萬兩，業經先期解部。自當提七月以後，之四十萬兩，以十五萬兩補解部庫，而以二十五萬兩交還船政，方與部議相符。而船政自本年五月，至八月款項，始有著落，大局不致決裂。其九月以後，既照原定章程，於六成項下，每月撥解五萬兩，應懇飭下閩海關，先儘船政籌解，所餘再撥京協各餉。庶幾月款不至子虛，接辦者方得所藉手。臣交卸在即，而嘵嘵不已，於君父之前者，誠以海防始基，不容中廢。按月有款，而後可次第責其成功。區區下私，是否有當。謹會同大學士陝甘總督臣左宗棠、福州將軍臣文煜、閩浙總督臣李鶴年、福建巡撫臣王凱泰，恭摺附輪船至滬，發驛六百里馳陳。伏乞皇太后、皇上聖鑒訓示，不勝戰慄屏營之至，謹奏。

中國第一歷史檔案館《德宗景皇帝實録》卷一六《光緒元年八月》 辛卯，諭軍機大臣等，昨據沈葆楨奏，請派郭嵩燾督理船政，當以郭嵩燾前已派充出使英國欽差大臣。諭令沈葆楨等另選妥員，奏請簡派。本日復據沈葆楨奏，郭嵩燾出使英國，請另派重臣接辦等語，所以閩廠船政，即著丁日昌認真督辦，准其專摺奏事。該前撫即迅速起程，毋庸來京請訓，到閩后將應辦一切事宜，實心經理，用副委任，應撥餉項，著文煜等隨時籌解，俾應急需。沈葆楨將船政交代完竣后，即行馳赴兩江新任，毋稍耽延，將此由六百里各諭令知之。

「中央研究院」近代史研究所《海防檔》乙福州船廠《光緒元年九月二日總署收軍機處交出前任江蘇巡撫丁日昌摺恭謝天恩並遵旨迅速起程赴任》 九月初二日，軍機處交出前任江蘇巡撫丁日昌摺稱，爲恭謝天恩，並遵旨迅速起程，仰祈聖鑒事。竊於光緒元年八月二十八日奉上諭：所有閩廠船政，即著丁日昌認真督辦，准其專摺奏事。該前撫即迅速起程，毋庸來京請訓等因，欽此。當即恭設香案，望闕叩頭謝恩，伏念臣質本駑庸，於洋務一無所知，兹蒙高厚之恩，畀以非常之任，撫衷循省，感激涕零。目前交涉等事，外人動以恫喝爲得計，言之心傷思之髮指。苟非於船政製造，認真講求，嘗膽卧薪，不務其名而務其實，豈尚有雪恥報仇之一日。沈葆楨督辦船政多年，苦心孤詣，具有規模，循是而行，諒無隕越。微臣吐血之症，現在大發，赴差既恐不勝鉅任，陳情又恐辜負天恩，輾轉躊躕，傍徨中夜。現擬遵旨迅速登程，一面料理醫藥，臣七月間蒙恩賞假之時，曾經函邀從前治臣有效之本籍萬姓醫生，至津診治，屈指不日可到。臣即與之偕行，沿途調治，約計初冬即可到閩。倘該醫生老不能來，而臣又萬不能支，即擬順道到籍就醫。仰邀聖主福庇，若能醫有起色，即由海道前往，閩粵接壤，朝發可以夕至，亦不致過於躭延。查沈葆楨去年奉命巡臺，一切廠中事務，皆由局員候選道吴仲翔經理，毫無貽悮。臣現與李鴻章熟商，沈葆楨到江事急，似無候臣親自交盤。可否請旨迅飭沈葆楨即赴新任，其船政事務交閩省督撫臣暫行兼顧，仍責成吴仲翔一手經理。俟臣到廠隨時交代，庶廠事不致延擱，而沈葆楨亦免久爲守候。臣向來上路性急，但可免刀馳驅，無不兼程行走，斷不敢稍有遲滯。所有微臣感激下忱，並遵旨迅速起程緣由。理合借用天津縣印，繕摺由驛奏，恭謝天恩。伏乞皇太后、皇上聖鑒，謹奏。

光緒元年九月初三日，軍機大臣奉旨，欽此。

吴元炳《沈文肅公政書》卷四《報赴新任起程日期摺光緒元年九月□日》 奏爲遵旨，即赴新任，恭摺馳報起程日期，仰祈聖鑒事。竊臣承准軍機大臣字寄，光緒元年九月初二日，奉上諭：船政事宜，沈葆楨即交李鶴年等，暫行兼顧，督率道員吴仲翔一手經理。俟丁日昌到閩後，再行交代，並著沈葆楨即起程，前赴兩江新任等因，欽此。仰見聖主慎重海防之至意，循誦再四，感悚交并，伏念船政經費萬難，經臣疊次縷陳在案。吴仲翔工程熟悉，廉正樸誠，任怨任勞，此臣所素信者。倘費無所出，課虛責有，不特非一道員所能爲力。即丁日昌到閩後，亦斷不能以空拳赤手從事。其間兩江責重事繁，宵旰憂勤，惓惓南顧。臣何敢藉船政籌款爲口，實稍事遷延，惟是事關自强，中外屬耳目焉。若半途而廢，則大局全隳。伏懇天恩，飭下將軍督撫臣，設法支持，視如家事。舊欠者，彌補足額。按月者，解濟如期。俾丁日昌得以展其所長，補臣積年固陋之愆，曷勝辛甚。臣擬於十月初一日，乘輪船，由海道入江，遵旨赴任。合將起程日期，由驛五百里馳報，以冀上慰慈廑。伏乞皇太后、皇上聖鑒訓示，謹奏。

「中央研究院」近代史研究所《海防檔》乙福州船廠《光緒元年九月二十四日總署收吏部文附摺稿一件議覆沈葆楨請奬出力各員事》

九月二十四日，吏部文稱，文選司案呈，所有總理船政沈等奏船政告成，積年出力各員，請奬查明具奏一摺。於光緒元年九月十四日具奏，奉旨，依議，欽此。相應粘連原奏知照可也。

照録原奏，吏部謹奏，爲查明具奏請旨事，軍機處交出辦理臺灣等處海防兼理各國事務總理船政沈葆楨等奏稱，竊臣自同治五年奉旨創辦船政，仰賴天恩優渥，不惜巨款，不摇浮議，船工廠工，得以依限告成，製造駕駛，藉獲著有成效，捫心深夜，感激莫名。同治九年二月間，經臣等奏請俟輪機創造就緒，懇將中外出力人員擇尤奬勵，奉旨允准。嗣臣葆楨以丁憂交卸，致未舉行。同治十二年十月間，奏奬出力洋員洋匠摺内，復經申請將中國出力之員弁工匠，一體保奬，均蒙允准在案。正在遵照覈辦，上年五月奉命巡台，因而中止，現在洋務稍定，謹細加考核。惟船政之創始，較他物爲獨難，其初員匠則中外言語不相通，器具皆生平耳目……繁重，非筆墨所能陳。監工者顛蹶於嚴風烈日之中，從役者體會於意象形聲之表，總辦者於向無章程之事而遞創章程，學習者於無可尋繹之中而曲爲尋繹。未成船以前，司采辦者，絶島窮荒，衝烟冒瘴。既成船以後，練駕駛者，濤山浪屋，測海占星，自始至終，時經十稔，無日不聞鷄趨役。篝火傳餐，瘁心力於機輪，視波濤爲衽席，雖由熟臻巧，尚有待於後來。而應手得心，已無需乎借助，查各省局務每二年請奬一次，合無仰懇鴻慈。俯念該員弁等無前軌之可循，幸成功之有日，且係積年併案保奬，如蒙天恩允准。請飭部毋庸照尋常勞績覈減，以資觀感，而勵將來。兹擇其尤爲出力者，開列清單，出具考語。籲候天恩，出其力稍次者，可否由臣等咨部奬敘，祇乞宸裁等因。光緒元年六月十三日，軍機大臣奉旨，陳宗濂等均著照所請奬勵，餘依議，該部知道，單併發，欽此。又據片奏花翎布政使銜現署臺灣道夏獻綸、花翎二品頂帶前臺灣道吴大廷、花翎布政使銜江西候補道胡光墉三員，均經臣等奏派船政提調。夏獻綸心思精密，調度有方，前臣葆楨丁憂交卸，該員代理三年，遇事講求，不遺餘力。吴大廷識見洞徹，留心時務，首先監駛「萬年清」輪船赴津勘驗，遇險鎮定，動協機宜。胡光墉熟悉洋情，商創船廠，聯絡中外，堅明約束，雖均係監司大員爲國宣勞。分所應爾，堅求不敢仰邀奬敘，而積年苦心所在。臣等亦未敢壅於上聞，候選道梁鳴謙、吴仲翔二員，前經臣等奏派代辦提調。措置裕如，如遇中外交涉動輒窒礙事件，苦心擘畫，詞婉義嚴，深裨大局，可否仰懇天恩。均以道員不論雙單月儘先選用，並賞加三品銜。花翎布政使銜廣東候補知府補缺後以道員補用葉文瀾。前經臣等奏派總監工，該員通曉英語，樸誠勤奮，督課工程，堅任勞怨，可否懇恩逾格，免補知府本班，以道員仍留廣東遇缺題奏。同知銜候選知縣張斯桂、候選通判張斯栒二員，通曉西學，諳造水雷電線各機器。張斯桂慷慨坦直，張斯栒粹然儒者氣象，其性行迥非目前以通曉洋務市重居奇者比。應如何恩予録用之處，可否援照成案送部引見，恭候欽定等因。光緒元年六月十二日，軍機大臣奉旨，夏獻綸、吴大廷、胡光墉，均著交部從優議敘。梁鳴謙等，均著照所請奬勵。張斯桂、張斯栒，均著飭赴總理各國事務衙門聽候考察，欽此。欽遵交出到部，除清單内保奬武職各員，應由兵部辦理，已革福建陞用同知銜藍翎補用知縣章慶霖一員。臣部另行辦理外，查定例各省道府請旨缺出，概不准將在省候補人員開單隨摺請簡。又各省道府因軍營出力保奏儘先補用者，均無論應題應調應選之缺，令該督撫酌量悉准先儘補用。又定章無論何項勞績，五六品各官加銜不得逾四品，七品各官加銜不得逾五品，八品以下各官加銜不得逾六品，如請加銜有逾限制者，即照限制改給應得之銜。銜已無可再加，即改爲議敘，又外官著有勞績，准照升銜奏請封典。如有違例奏請者，即行查明更正各等語。今據總理船政沈葆楨等保奏船政告成，積年出力各員請奬，欽奉諭旨允准。臣部臣等查該大臣自同治五年辦理船政，從未保奬員紳，應按何項勞績核議。臣部並無成案可稽，惟據該大臣奏稱，船政之剏始，較他物爲獨難，未成船以前，司采辦者，絶島窮荒，衝烟冒瘴，既成船以後，練駕駛者。濤山浪屋，測海占星，自始至終，時經十稔，無日不聞鷄趨役，篝火傳餐，瘁心力於機輪。視波濤爲衽席等語，核與別項勞績不同，既經奉旨允准，自應查照軍營異常勞績辦理。謹分別准駁，另繕清單，恭呈御覽，其片奏内，夏獻綸、吴大廷、胡光墉三員，交部從優議敘，臣部另行辦理。梁鳴謙、吴仲翔二員，所保以道員不論雙單月儘先選用。並加三品銜，覈與章程相符，應即欽遵註册。張斯桂、張斯栒二員，欽遵諭旨知照總理各國事務衙門辦理外。查葉文瀾所保免補知府本班，以道員仍留廣東遇缺題奏，應將該員遇有廣東應題應調應選道員缺出。按照例章題補奏補，如遇請旨之缺，照例仍不准開單隨摺請簡，以符定制，謹將臣等查明緣由，繕摺具奏。伏乞皇上聖鑒訓示遵行，謹奏。

謹將總理船政沈葆楨等保奏船政告成，積年出力各員請奬，覈與例案相符，應請照准，核與例案不符，應請駁正各員，繕寫清單，恭呈御覽。

計開：工部額外主事陳宗濂，請以同知直隸州分發省分，歸候補班前補用，並加知府銜。

花翎道銜不論班次遇缺即選知府曾光斗，請俟選缺後，以道員儘先陞用。

試用訓導沈錦波，請以訓導不論雙單月遇缺先前選用。

副貢生周梅初，請以復設訓導不論雙單月儘先前選用。

六品銜遇缺即選從九品范寶書，請以巡檢分發省分，歸候補班前補用。

候選從九品陳崑笙，仝上。

福建試用巡檢鄔國銓，請俟補缺後，以縣丞升用。

書吏鄭友恭，請以從九品未入流不論雙單月遇缺儘先選用。

戴慶餘，仝上。

舉人蔣錫璠，請以知縣分發省分，歸候補班前補用，並加五品銜。

揀選知縣舉人吴鼎燮，仝上。

候選主事區望謙，請以直隸州不論雙單月儘先選用。

書吏黄隆隆，請以從九品未入流不論雙單月儘先選用。

儘先選用知縣邱書勳，請以知縣分發省分，歸候補班前補用，並加五品銜。

揀選知縣舉人范繼聲，仝上。

分部學習員外郎林泂淑，請俟員外郎補缺後，以知府不論雙單月儘先選用，先換頂帶。

提舉銜不論雙單月候選通判鄭綽，請以通判遇缺前選用，並加運同銜。

揀選知縣舉人林舜璋，請以知縣分發省分，歸候補班前補用，並加五品銜。

江西分缺先補用府照磨程克岐，請以從九品仍留江西歸候補班前補用。

候選從九品吴永柱，請以從九品不論雙單月遇缺儘先選用。

書吏林秉慧、吴科藩，仝上。

候補内閣中書鍾大鈞，請加侍讀銜。

運同銜福建試用同知余慶祺，請俟補缺後，以知府儘先陞用。

揀選知縣舉人林琅，請以知縣分發省分，歸候補班前補用，並加五品銜。

舉人陳承嬀、郭茀康、林昌謨，仝上。

五品銜候選訓導選缺後以應升之缺陞用曾北鵬，請俟訓導選缺後，以知縣在任候選。

試用訓導薩克修，請以復設訓導不論雙單月遇缺先前選用。

楊謙，請以訓導不論雙單月遇缺先前選用。

福建試用縣丞鄭應基，請以知縣仍留福建歸候補班前補用，並加五品銜。

候選縣丞夏允晃，請以縣丞留閩歸候補班前補用。

福建甌甯縣典史楊宗逵，請加六品銜。

福建候補從九品姜春棠，請俟補缺後，以縣丞升用。

不論雙單月儘先選用從九品曹鎮南，請以從九品留閩歸候補班前補用。

布經歷銜戴景卿，請以布經歷歸部選用。

附生王元樨，請以縣丞不論雙單月儘先前選用。

監生陳桂，請以從九品不論雙單月，儘先前選用。

周貞度，仝上。

從九品銜林寶琛，請以從九品不論雙單月遇缺儘先用。

鄭三英，仝上。

書吏楊慶辰，仝上。

吏部額外主事高紀，請以同知直隸州分發省分，歸候補班前補用。

三品銜湖北安陸府知府李慶霖，請以道員歸原省儘先升用。

浙江候補同知鍾大榮，請俟補缺後以知府仍留原省歸候補班前補用，先換頂帶。

福建永定縣知縣謝昌霖，請交部從優議敘。

五品銜福建補用同知候補班前補用。

知縣臧錫鈞，仝上。

即選知縣沈樹樺，請以知縣分發省分，歸候補班前補用，並加五品銜。
福建候補鹽大使戴鐸才，請俟補缺後，以知縣補用。
附生鄭瓊書，請以從九品不論雙單月儘先前選用。
從九品銜林士藹，請以從九品不論雙單月遇缺儘先選用。
書吏陳承綸、林瀾平，仝上。
候補知府銜福建候補同知吴本杰，請交部從優議敍。
前署福建福州海防同知彭光藻，仝上。
前署福建廈門海防同知龔愷，仝上。
福建補用同知張重颺，請俟補缺後，以知府補用。
福建補用同知候補知縣潘慶辰，請交部從優議敍。
福建試用同知沈兆桂，請加知府銜。
同知銜福建試用知縣繆嘉行，請俟補缺後，以同知直隸州留閩歸候補班前補用。
同知銜福建揀發知縣俞珣，請俟補缺後，以同知儘先補用。
同知銜候補知縣蘇金策，請交部從優議敍。
五品銜福建補用知縣林大受，請俟補缺後，以同知直隸州補用。
陝西大挑知縣梁濟謙，請仍留陝西歸大挑本班儘先前補用。
鳳山縣學訓導葉滋東，係舉人出身以知縣不論雙單月在任儘先選用。
五品銜廣東試用縣丞葉杓南，請以知縣仍留廣東歸候補班前補用。
福建試用縣丞李麟瑞，請以縣丞歸候補班前補用。
候補縣丞周德新，請交部從優議敍。
福建候補府經歷沈聯奎，請俟補缺後，以知縣陞用。
候選從九品鈕家鍈，請以從九品留閩儘先補用。
揀選知縣舉人陳壽臧，請以知縣不論雙單月儘先前選用，並加五品銜。
舉人王樹翰，仝上。
候選從九品黄紹本，請以從九品分發省分，儘先補用。
不論雙單月候選從九品朱慶生，請俟選缺後，以府經縣丞歸候補班前補用。
從九品銜林日章，請以從九品不論雙單月儘先前選用。
大挑二等舉人趙廷禧，請以從九品不論雙單月儘先前選用。
副貢生就職教諭郭炳燦，請以教諭不論雙單月遇缺前選用。
李書陞，仝上。
試用訓導江承恩，請以訓導遇缺前選用。
附貢生吴寶璋，請以從九品不論雙單月遇缺前選用。
附生黄毓楠，仝上。
監生王承烈，請以從九品不論雙單月選用。
陳良瑜，仝上。
郭紹寬，仝上。
候選未入流黄葆，請以典史不論雙單月遇缺前選用。
文童周書，仝上。
候選從九品彭肇基，請以從九品留閩補用。
生員王沿庭，請以從九品儘先選用。
儘先選用訓導舉人嚴伯謙，請加內閣中書銜。

以上九十員，核與例案相符，應行照准。再該大臣原奏內稱，自同治五年剏辦船政，保奬積年出力人員，查臣部官册內，李慶林於同治十一年選授湖北安陸府知府，係未選缺以前著有勞績。沈兆桂、繆嘉行二員，均於同治十二年丁憂，核計丁憂以前著有勞績，是以一併照准，合併聲明。

五品銜揀選知縣舉人王葆辰，請以知縣分發省分，歸候補班前補用，並給四品頂戴。
候選教諭林祇曾，請俟選缺後，以知縣不論雙單月儘先前選用，並加五品銜。
不論雙單月選用訓導林雲光，請以訓導不論雙單月遇缺先前選用，並加五品銜。
舉人葉蘭臺，請給五品頂帶，五品頂帶不論雙單月即選知縣黄敬熙。
請俟選缺後，以直隸州歸候補班前補用，並加運同銜。
揀選知縣鳳山縣學教諭吴叔章，請以知縣不論雙單月在任儘先選用，並加五品銜。
附生林全初，請給五品頂帶。
例貢生林鵬飛，仝上。
州同銜劉壽年，仝上。
薛鳳卿，仝上。

邱篤信，仝上。

陳國豪，仝上。

揀選知縣泰甯縣學訓導林毅，請以知縣不論雙單月在任儘先選用，並加五品銜。

候選訓導黃嘉木，請以訓導不論雙單月儘先前選用，並加五品銜。

福建試用縣丞陳耕，請以縣丞歸候補班前補用，並加五品銜。

附生孟宗伊，請以縣丞不論雙單月儘先前選用，並加五品銜。

留閩補用縣丞蔡品蓮，請以縣丞歸候補班前補用，並加五品銜。

理問銜廣東候補縣丞陶繼武，請加五品銜。

藍翎光禄寺署正銜王春暉，請給五品頂帶。

按照磨銜監生孟宗疇，仝上。

崇安縣學訓導馮夢辛，請加五品銜。

候選訓導梁益謙，請以訓導不論雙單月遇缺先前選用，並加五品銜。

李錫棻，請以鹽大使不論雙單月儘先前選用，並加五品銜。

廣東候補縣丞陳繼崧，請加五品銜。

候選縣丞李聖培，請候選缺後，以知縣歸候補班前補用，並加五品銜。

副貢生林世仁，請以教諭不論雙單月儘先前選用，並加五品銜。

從九品銜監生李柏桂，請給五品頂帶。

戴慶年，仝上。

附生林豐金珏，請以縣丞不論雙單月儘先選用，並加五品銜。

揀選知縣光澤縣學教諭王星庭，請以知縣不論雙單月在任儘先選用，並加五品銜。

候選教諭選缺後以知縣用陳蒓，請以教諭不論雙單月儘先前選用，並加五品銜。

廣東試用縣丞劉紹綱，請俟補缺後，以知縣仍留廣東歸候補班前補用，並加五品銜。

留閩遇缺即補縣丞張家湉，請俟補缺後，以知縣補用，並加五品銜。

福建試用縣丞余貞祥，請加五品銜。

候選縣丞林毓良，請俟選缺後，以知縣歸候補班前補用，並加五品銜。

優廩生翁景沂，請給五品頂帶。

附貢生陳慶辰，請以縣丞不論雙單月遇缺先前選用，並加五品銜。

附生許肇基，仝上。

黃春熙，仝上。

監生孟宗洛，請以縣丞不論雙單月儘先前選用，並加五品銜。

國子監典籍銜監生劉壽鏗，請以縣丞不論雙單月遇缺先前選用，並加五品銜。

六品頂帶選缺後以應升之缺陞用分缺先前選用訓導孫翼文，請加五品銜。

從九品銜葉捷魁，請給五品頂戴。

附生鄭鏞，請以縣丞不論雙單月遇缺前先選用，並加五品銜。

福建候補鹽大使李鏞，請加鹽提舉銜。

附生黃嘉爾，請以縣丞不論雙單月遇缺先前選用，並加五品銜。

候選教諭王宣辰，請俟選缺後，以知縣不論雙單月儘先前選用，並加五品銜。

理問銜監生羅豐禄，請以縣丞不論雙單月遇缺先前選用，並加五品銜。

附生林憲曾，仝上。

施魯濱，仝上。

黃煊，仝上。

從九品銜監生魏瀚，請以縣丞不論雙單月儘先選用，並加五品銜。

五品軍功監生曾恒忠，請給四品頂戴。

查照章程，無論何項勞績，五六品各官加銜不得逾四品，七品各官加銜不得逾五品，八品以下各官加銜不得逾六品。如請加銜有逾限制者，即照限制改給應得之銜，銜已無可再加，即改爲議叙。又無官職人員，應照八品以下各官辦理。又在任候補升階人員保舉加銜。臣部歷辦成案，均照現在實任官階核議，應將王葆辰准以知縣分發省分歸候補班前補用註册。其四品頂戴係逾加銜限制，已據聲叙有五品銜，銜已無可再加，應請改爲議叙。林祇曾准俟選缺後，以知縣不論雙單月儘先前選用註册。其五品銜已逾加銜限制，應將該二員均改爲請加六品銜。葉蘭臺係無官職人員，應照八品以下各官辦理，所請給五品頂戴，已逾加銜限制，應改爲請給六品頂戴。黃敬熙准俟選缺後，以直隸州歸候補班前補用註册，其運同銜係逾加銜限制。已據聲叙有五品頂載，銜已無可再加，應請改爲議叙，吳叔章現任教論，係八品官，准以知縣不論雙單月在任儘先選用註冊，其五品銜已逾加銜限制，應改爲請加六品銜。林全初、林鵬飛、劉壽年、薛鳳卿、邱篤信、陳國豪，均係無官職人員應照八品以下各官辦理。所請給五品頂戴已逾加銜限制，應將林全初、林鵬飛，均改爲請給六品頂戴。劉壽年、薛鳳卿、邱篤信、陳國豪四員，已據聲敘有州同銜，銜已無可再加，均應改爲議敘。林毅現任訓導，係八品官，准以知縣不論雙單月在任儘先選用註冊。黃嘉禾准以訓導不論雙單月儘先前選用註冊。陳耕准以縣丞歸候補班前補用註冊。孟宗伊准以縣丞不論雙單月儘先前選用註冊。蔡品蓮准以縣丞歸候補班補用註冊。該五員所請加五品銜，已逾加銜限制，均應改爲請加六品銜。陶繼武所請加五品銜，係逾加銜限制，已據聲敘有理問銜，銜已無可再加，應請改爲議敘。王春暉、孟宗疇，均係無官職人員，應照八品以下各官辦理，所請給五品頂帶，已逾加銜限制。王春暉已聲敘有光禄寺署正銜，銜已無可再加，應請改爲議敘。孟宗疇改爲請給六品頂帶，馮夢辛係八品官，所請加五品銜，已逾加銜限制，應改爲請加六品銜。梁益謙准以訓導不論雙單月遇缺先前選用註冊。李錫棻准以鹽大使不論雙單月儘先前選用註冊。該二員請加五品銜，已逾加銜限制，均應改爲請加六品銜。陳繼淼所請加五品銜，已逾加銜限制，應改爲請加六品銜。李聖培准俟選缺後，以知縣歸候補班前補用註冊；林世仁准以教諭不論雙單月儘先前選用註冊。該二員請加五品銜，已逾加銜限制，均應改爲請加六品銜。李柏桂、帶慶年，均係無官職人員，應照八品以下各官辦理，所請給五品頂帶，已逾加銜限制，均應改爲請給六品頂帶。林豐金珏准以縣丞不論雙單月儘先選用註冊，其五品銜已逾加銜限制，應改爲請加六品銜。王星庭臣部官册内係現任福建光澤縣訓導，准以知縣不論雙單月在任儘先選用註冊；陳莼准以教諭不論雙單月儘先前選用註冊。該二員所請加五品銜，已逾加銜限制，應改爲請加六品銜。至原保清單内聲敘王星庭係光澤縣教諭，因何不符，應令查明報部。劉紹綱准俟補缺後，以知縣仍留廣東歸候補班前補用註冊；張家湎准俟補缺後，以知縣補用註冊。該二員請加五品銜，已逾加銜限制，均應改爲請加六品銜。余貞祥所請加五品銜，已逾加銜限制，應改爲請加六品銜。林毓良准俟選缺後，以知縣歸候補班前補用註册，其五品銜已逾加銜限制，應改爲請加六品銜。翁景沂係無官職人員，應照八品以下各官辦理，所請給五品頂帶，已逾加銜限制，應改爲請給六品頂戴。陳慶辰、許肇基、黃春熙，均准以縣丞不論雙單月遇缺先前選用註冊。孟宗洛准以縣丞不論雙單月儘先前選用註冊。劉壽鏗准以縣丞不論雙單月遇缺先前選用註冊。該五員請加五品銜，已逾加銜限制，均應改爲請加六品銜。孫翼文所請加五品銜，係逾加銜限制，已聲敘有六品頂帶，銜已無可再加，應請改爲議敘。葉捷魁係無官職人員，應照八品以下各官辦理。所請給五品頂帶，已逾加銜限制，應改爲請給六品頂戴。鄭鏕准以縣丞不論雙單月遇缺先前選用註冊，其五品銜已逾加銜限制，應改爲請加六品銜。李鏞所請加鹽提舉銜，已逾加銜限制，應改爲請加六品銜。黃嘉爾准以縣丞不論雙單月儘先前選用註冊。王宣辰准俟選缺後，以知縣不論雙單月儘先前選用註冊。羅豐禄、林憲曾、施魯濱、黃煊，均准以縣丞不論雙單月遇缺先前選用註冊。魏瀚准以縣丞不論雙單月儘先選用註冊。該七員請加六品銜，已逾加銜限制，應將黃嘉爾、王宣辰均改爲請加六品銜。羅豐禄已聲敘有理問銜，銜已無可再加，應請改爲議敘。林憲曾、施魯濱、黃煊、魏瀚，均改爲請加六品銜，曾恒忠係無官職人員，應照八品以下各官辦理，所請給四品頂帶，已逾加銜限制，應改爲請給六品頂帶。

候補同知朱景遜，請俟選缺後，以知府升用候選縣丞鄭弼，請俟補缺後，以知縣陞用。

候選從九品吴禮堂，請俟補缺後，以縣丞陞用。

查原保清單内，朱景遜係候補同知，應將該員改爲俟補缺後，以知府陞用。鄭弼係候選縣丞，應改爲俟選缺後，以知縣升用。吴禮堂俟候選從九品，應改爲俟選缺後以縣丞陞用。

分發試用通判董敬箴，請以同知陞用，並加運同銜。

山東即用知縣署觀城縣知縣何式珍，請以同知陞用。

候補縣丞貝錦雷，請以應升之缺陞用。

廣東候補從九品楊慶璣，請以應陞之缺留粤即補。

查各省應陞及升用班次，均係現任人員在任候陞，並無候補人員，原保清單内，董敬箴係分發試用通判，應俟分發省分補缺後，以同知升用。並加運同銜，何式珍臣部官册内，該員係福建進士，同治十年分發到山東省。該大臣原奏内稱，自同治五年剏辦船政，保獎積年出力人員，核計未分發以前在籍著有勞績，應俟補缺後，以同知升用。貝錦雷係候補縣丞，應俟補缺後，以應陞之缺陞用。楊慶璣係廣東候補從九品，請以應陞之缺留粤即補，查應升人員，並無即補班次，應俟補缺後，以應陞之缺陞用。所請即補字樣，應毋庸議。州同銜林士芳，請給五品封典。

查奏定章程内開，外官著有勞績，准照升銜奏請封典。如有違例奏請者，即行查明更正等語，今州同銜林士芳所請五品封典，核與奏定章程不符，應令該大臣另行奏請。

花翎知府銜甘肅候補直隸州知州劉存仁，請俟補缺後，以知府升用。查該員福建舉人，由揀發甘肅委用知縣，奏署大通縣知縣，於同治十二年八月告病開缺，原保清單内，並未聲敘該員係於何年月日回籍。著有勞績並候補直隸州知州，係何案内保舉，何年月日奉旨。應令一併查明聲覆具奏，再行核辦。

縣丞銜葉逢春，請給五品頂帶。

從九品銜葉逢春，請以從九品不論雙單月遇缺儘先選用。

查該二員姓名相同，兩經列名，是否即係一人重複請獎之處，應令查明聲覆具奏，再行核辦。

「中央研究院」近代史研究所《海防檔》乙福州船廠《光緒元年九月二十八日總署收軍機處交出船政大臣沈葆楨摺懇飭閩海關補足船政欠款以後並儘先按月撥解》 伏念船政月款，自去年九月停解，今年四月以後，陸續彌補二十萬兩，僅敷去年十二月而止。兹遵撥四成十五萬兩，亦僅敷今年三月而止，而船政懸款，如日意格采辦之鐵脅全副，新式輪機兩副，挖土大機船一號，半價十餘萬元。南洋采辦木料未到者，又十餘萬元，挪用巡台經費，逐月補還外，尚十餘萬兩。如果部撥六月以前四成之四十萬兩，儘歸船政，閩海關固當遵照部議，提七月以後四成四十萬兩補解部庫。今六月以前存銀僅十五萬兩，則是舊存之二十萬兩，業經先期解部，自省提七月以後之四十萬兩，以十五萬兩補解部庫。而以二十五萬兩交還船政，方與部議相符。而船政自本年五月至八月，款項始有著落，大局不致決裂。其九月以後，既照原定章程，於六成項下，每月撥解五萬兩，應懇飭下閩海關先儘船政籌解。所餘再撥京協各餉，庶幾月款不至子虛，接辦者方得所藉手。臣交卸在即，而嘵嘵不已於君父之前者，誠以海防始基，不容中廢，按月有款，而後可次第責其成功。區區下私，是否有當，謹會同大學士陝甘總督臣左宗棠、福州將軍臣文煜、閩浙總督臣李鶴年、福建巡撫臣王凱泰，恭摺附輪船至滬，發驛六百里馳陳。伏乞皇太后、皇上聖鑒訓示，不勝戰慄屏營之至，謹奏。

光緒元年九月十八日，軍機大臣奉旨，欽此。

「中央研究院」近代史研究所《海防檔》乙福州船廠《光緒元年十月十五日總署收船政大臣沈葆楨文「揚武」改作練船及該輪試洋請填發洋員護照》 十月十五日，船政大臣沈葆楨文稱，據正一品銜管理教練並學堂事務前船政監督日意格稟稱，竊監督去年十二月間，請將「揚武」作爲練船，延總教習、幫教習、砲教習、帆教習，凡四員，調派學生水手開洋練習，益求精進等因，均荷我憲准行。並奏以蔡軍門駐船督操，續定章程及薪額人數各在案。本年四月初一日，准「揚武」管駕貝副將將該船盤交，先據砲教習阿務德赴船接管。五月十三日，總教習英國水師總兵德勒塞抵閩，十八日，帆教習閣順亦至，一面調齊學生，次第開辦，計改艙五所：曰督操艙、曰總教習艙、曰教習艙、曰學生艙、曰伙食艙，均限槅屏，各拓窗户。易庖爨之舊製，移厠牏於上舨。桅纜則朽者新之，鬆者牢之，一一辦條，寸寸矚目，帆皆甫給，其舊者復補綻以備需，幔以上遮，其旁者亦製新以求固。復緣汽爐蒸迫，營設風箱煤扇助以益然人站守而釋熱，若汽爐之聚汽筒，若淡水櫃，若船面水龍，若船面柁輪，若船前錨眼，若通語旗櫃，若望台羅盤柱，若督操舢板，若舢舨挑，分別添改，處處如法。又維兵船之要，首在子藥度置盡善，斯臨事從容，否則濕作銹生。倉卒束手，該船火藥艙分前後二處，按箱列架，如比如鱗，前艙添製風韝，屏潮汽也。砲子艙層層隔板，顆顆壘星，不倚不偏，是一是二，若裝藥艙，若洋槍架，若繫砲索，若砲下木柱，一律整治。軍械肅然，營修練船工程蓋如此。九月初二日，監督派幫辦斯恭塞格會同蔡軍門德總教習等展輪試洋，我憲並派「靖遠」「振威」二船隨同駛出。初五日回工，據總教習函報前來，照譯附呈督覽。練船幫教習一員，現未報到，擬中旬先行開洋，北向津沽一帶，順歷東洋海口。洵與風信相宜，應請我憲填發洋員護照，並咨明總署轉咨各國駐京公使，將來該船隨洋游歷，俾各知照，以重練務。而示刱舉，計該船北上南返，帥節時已莅新。總教習等當駛抵金陵，聽候督驗等由。據此，查此案前據該監督稟，該練船出洋，分爲六膛：一，中國各海口；二，日本各口；三，小吕宋新加坡檳榔與利阿瑪；四，金山；五，印度各國；六，西洋各國並花旗各國。應否分咨各國駐京公使之處，應請貴衙門酌辦，除稟批發暨填給護照外。爲此，咨呈欽命總理各國事務衙門，謹請察照施行。

中國第一歷史檔案館《光緒宣統兩朝上諭檔》第一册《光緒元年十月十六日》 軍機大臣字寄，福州將軍文、兩江總督沈、閩浙總督李、福建巡撫王、前江蘇巡撫丁，光緒元年十月十六日奉上諭，沈葆楨現赴任一摺，沈葆楨現赴兩江新任，船政一切事務，仍著與丁日昌隨時商辦。至所稱經費萬難亟應，設法支持。著文煜、李鶴年、王凱泰悉心籌商。所有舊欠款項，即行設法補足。其按月協濟之款，亦須如期解濟。丁日昌到閩後，即將應辦事宜，實心經理。所造輪船，務期工堅料實，庶不致徒耗餉需也。將此由五百里各諭令知之，欽此。遵旨，寄信前來。

「中央研究院」近代史研究所《海防檔》乙福州船廠《光緒元年十月十七日總署收軍機處交出浙江巡撫楊昌濬摺閩廠代造元凱輪船到浙並解還墊款及月支薪糧數目》 十月十七日，軍機處交出浙江巡撫楊昌濬摺稱，奏爲閩廠代造輪船到浙驗收，並解還墊款，及月支薪糧數目，循案辦理，恭摺仰祈聖鑒事。竊目前因浙洋巡緝緊要，械商閩省船局代造大號兵輪兩隻駕浙應用，業經奏明在案。兹於本年八月，准船政大臣沈葆楨來咨，新造第十六號「元凱」輪船，派記名總兵福建水師提標中營參將貝錦泉管帶。應配舵工水手及管輪升火人等，以及旂幟器械槓具傢伙，均已配齊。堪以派駛浙洋巡緝，歸臣調遣，船中砲位，因經費支絀，僅配三尊。應俟該船抵浙後，由浙添購，應支薪糧，係照一百五十四馬力奏定章程。額設管駕舵水人等九十八員名，每月大建額支薪糧銀一千六百九十兩五錢，公費銀三百兩，小建月支薪糧銀一千六百三十四兩一錢五分，公費銀二百九十兩，閩省已代給至光緒元年七月底止。八月以後薪糧，歸浙接支，該船舵水人等，先於本年四月初一日撥配足額，即日起支薪糧，並自七月十六出洋起支公費，扣至七月底止，共計墊發庫平銀六千七百九十九兩三錢。應由浙省解還歸款等因，准此。並據管帶官員錦泉呈報，元凱輪船於八月十三日自工次開輪，至十五日卯刻進抵甯波甬江，在閩領砲三尊，尚須添配鋼砲六尊，以備巡緝。經臣咨行浙江提督甯紹台道就近驗收去後。兹准提臣黄少春等復稱，親赴該船按冊點驗，船殼、輪機、帆桅、篷纜、旗幟、鎗砲、艙底、船面裝飾一應槓具，均屬堅固結實，親乘該船駛赴鎮海試驗，計一點鐘行三十餘里。轉輪靈捷，舵工人等亦皆熟悉機具，技藝精强，應配砲位六尊。約重二千餘斤，長八九尺，口徑四五寸，方可合用，又於原在伏波輪船之提標左右二營兵丁四十名內。抽撥兵二十名，分歸「元凱」輪船，另派游擊陳文英管帶，勤加習練，仍隨時挑撥更换，以資嫻熟。管帶薪水，照案月支銀二十兩，兵丁每名月支口糧銀四兩等情前來。除檄飭軍需局將閩省墊發該船薪糧一款，同存船煤炭價銀五百六十五兩零，一併解還歸款。一面添購外洋砲位配用外，所有元凱輪船薪糧公費煤炭等項，自元年八月初一日接支起，同解還閩省墊款，均應照案在於軍需項下隨時支給。另册報銷，以昭核實，恭摺具陳。伏乞皇太后、皇上聖鑒敕部查照施行，謹奏。

光緒元年十月十六日，軍機大臣奉旨，該部知道，欽此。

「中央研究院」近代史研究所《海防檔》乙福州船廠《光緒元年十一月二日總署收船政大臣丁日昌函任事日期及派員赴外國機器廠駐工開煉煤鐵船政經費等事》 十一月初二日，船政大臣丁日昌函稱，敬肅者，竊日昌於九月初間，在天津差次，曾肅寸丹，諒邀鈞鑒。日昌當於九月初六日在津由運河動身，沿途醫藥不無延滯，二十八日到滬，因幼丹函約面商事件，遂在滬守候。十月初七日幼丹到滬，畧談船政大概。日昌因途中躭擱過久，焦急萬分，若仍取道内地，途迂水涸，恐須十一月方能到閩。因改由海道南下，初八日在滬開輪，十一日行抵馬尾工次。據吴提調呈送木質關防一顆，十二日任事，日昌於工程一事。本未學習，且初到工次，未窺門徑，一切只可率由舊章。俟有真知確見，方能慎發徐圖。中國學習西法，有始境而無止境，彼族得其精者深者，而後導我以粗者淺者，粗欲與精抗，淺欲與深衡，固不待智者而知其萬萬不如矣。故謂機器仍我用我法，西法爲不足學者固非。然僅得其皮毛，而謂遂足恃以無恐者亦非也。外國輪船改用康邦機器將十年矣。用煤少而行駛速，而中國滬閩二廠，仍用舊式機器；況彼之輪船已改用鐵甲，而我仍以木；彼之礮台已改用鋼鐵，而我仍以泥。此豈我識見之盡不如彼哉，限於財力不足者半，限於隔閡未能得風氣之先者亦半也。日昌昨與李相沈督面商，謂宜派一熟悉製造精明廉正之員，帶同明白學生及精能工匠，親赴外國極大機器廠，朝夕研究，彼中一有新式機器，即繪圖貼説，寄回中國。各廠從速仿製，必使外國駐工之人與各廠督辦之人，呼吸相通，互爲表裏，方能有裨實用。仍確訪外國上等製造工匠若干人，延往各廠教習。自可比在中國所延洋匠爲强，且尤須在中國距水相近之處，自開煤鐵，先學錬鐵錬鋼之法，方能取不盡而用不竭，自用有餘。即以發賣，每年總可盈餘二三百萬金，否則彼一閉關絶市，無煤則輪船寸步難移，雖有多船，將安用之。無鐵則有礮無子，何以擊敵，雖有多礮，將安用之，是製造之於煤鐵。猶水母之目蝦，不可須臾離者，今不急圖開錬煤鐵，而但圖製造，是燈無膏而求其明，木無根而求其茂也。日昌所謂慎發徐圖者，則派員赴外國駐工，及開錬煤鐵二事，其首務矣。至於現在船政經費，海關撥款，僅解至四月爲止，無米之炊，實堪焦灼，海關入少出多，並非吝而不解。此後能否源源接濟，誠未可知。日昌本擬日内晉省一商，因在輪船嘔吐過甚，血症復發，容稍調理痊可。即晉省與將軍督撫妥商，有無就緒，再當隨時縷陳，先此肅達，敬請鈞安。

「中央研究院」近代史研究所《海防檔》乙福州船廠《光緒元年十一月五日總署收軍機處交出福州將軍文煜摺遵撥船政經費情形並請飭部核議洋稅撥解截數》

十一月初五日，軍機處交出福州將軍文煜摺稱，奏爲遵旨飭撥船政經費，謹將洋稅核實截數，懇請飭部核議緣由，恭摺由驛覆奏，仰祈聖鑒事。竊本年十月初五日，奴才承准軍機大臣字寄光緒元年九月十八日奉上諭：沈葆楨奏船政欠款，請飭閩海關補籌足額，並以後洋稅先儘解濟一摺等因，欽此。奴才遵查四成項下，先准部議，自七月初一日起，分解南北洋海防大臣兑收。續據沈葆楨請撥四十萬爲船政經費，復經部議，令就七月以前四成項下照數撥給，仍在七月以後續征四成，按數提還部庫歸款。當經奴才查明七月以前四成洋稅，僅有餘銀十五萬三千餘兩，隨撥整數銀十五萬解交船政兑收，並將尾銀三千餘兩先行解部歸款，恭摺奏報在案。兹欽奉前因，自應懍遵諭旨，將七月以後所征四成洋稅，提出銀四十萬分別撥解。但四成一款，全年四結，計收銀僅共九十萬上下，除洋商解款，元二兩年扯算，每年應還本息銀十七萬三千餘兩。又臺灣闢境撫番經費，按結核撥，每年共須銀二十萬。又月協陝西巡撫軍餉，全年計銀十二萬，約共開除銀五十萬，是四成一款，全年餘銀不過四十萬兩上下。奴才惟有勉力籌畫，業經解交船政銀五萬兩，仍當接續措解，以濟要需。至於六成洋稅，不但目刻無銀可動，而且墊解甚多，懸未歸補，不得不覈實截數，敬爲我皇上明晰陳之。竊閩海關福厦二口洋稅，所有收支款目，截至第五十九結止，業經按結覈數繕單奏報，並造册分咨在案。查五十九結收支案内實在項下，計有流存稅銀二萬八千七百餘兩，又自本年五月二十八日起，至九月初二日届滿第六十結止，徵收稅鈔銀九十八萬二千九百餘兩。又自九月初三日第六十一結起，暫截至十月初七日止，逐月徵收稅鈔銀三十四萬四千二百餘兩。内厦門口徵數，始據報至九月二十二日止，統共徵收稅鈔銀一百三十二萬七千一百餘兩，除四成噸鈔兩項銀五十二萬八千八百餘兩，均歸另款撥給外，實六成稅銀七十九萬八千三百餘兩，加之五十九結流存銀二萬八千七百餘兩，合計共存六成洋稅銀八十二萬七千餘兩。除支解京餉並加平部飯，共銀五十五萬九千六百餘兩，又歸還部庫墊發榮全景廉兩處月餉，共銀十三萬九千四百兩。又奉省捕盜餉銀二萬兩，又雷正綰月餉銀二萬兩，又輪船經費銀十五萬兩，司稅辛俸三萬兩，又匯解京餉，及四成洋稅應需兑費，及撥補常稅暨通關歲需經費等項，共銀十六萬餘兩，統共支解銀一百七萬餘兩。以所存之六成銀八十二萬七千餘兩抵除，核計不敷銀二十五萬餘兩，皆因定限攸關，或奉諭旨飭催。奴才不得不勉力籌挪，依期墊解，所墊之銀二十五萬餘兩，應就十月初八日以後續征六成洋稅，照數撥補歸償。現經沈葆楨奏准將六成項下每月應解船政五萬兩，先儘籌解，奴才自當遵照儘先解交，惟是前所挪墊之銀，既無別款堪以歸還，即雷正綰月餉二萬兩。係經户部核覆行令與船政經費通融匀撥之款，亦無從匀解，且每年均有奉提京餉五十七萬，歸補部庫墊發榮全景廉兩處月餉共十三萬九千四百兩。又奉省捕盜兵費二萬兩，以及司稅辛俸部飯匯費通關支銷各等項，合併覈計，爲數不貲，且洋稅月分，有旺淡之不齊。遞年十一月後，謂之淡月，征稅稀少，直至來年五月，茶葉起季，始能旺征。其間籌撥各款，更覺爲難，是閩海關六成洋稅，目刻並無存銀可動，且有墊款未償，此後又有京餉要款，定限綦嚴，必須遵限完解。即其餘各項，或奉旨飭撥，或循案開支，均當畫籌支應，今先儘船政，勢必有顧此失彼之虞，再四籌思，惟有仰懇天恩。飭部按照奴才現開實在款目，逐一確核，將此後撥款，分別酌減議覆飭遵，俾撥款不致臨時貽誤，理合恭摺由驛覆奏。伏乞皇太后、皇上聖鑒訓示，再臺灣之滬打二口所征洋稅，業經沈葆楨等奏准儘數截留，撥充臺灣海防經費，合併陳明，謹奏。

光緒元年十一月初四日，軍機大臣奉旨，户部議奏，欽此。

「中央研究院」近代史研究所《海防檔》乙福州船廠《光緒元年十一月二十四日總署收户部文附摺稿一件閩省歷年造船養船經費擬准開銷並請飭嗣後應按年分晰造報》

十一月二十四日，户部文稱，福建司案呈，本部援案核覆閩省製造輪船經費，開單請銷一摺。光緒元年十一月二十五日具奏，本日奉旨，依議，欽此。相應抄録原奏，恭録諭旨，咨呈總理各國事務衙門可也。

照録原奏

户部謹奏，爲援案核覆閩省製造輪船經費，開單請銷一案，恭摺奏祈聖鑒事。船政大臣沈葆楨奏閩廠刱造輪船，年久費繁，援照天津製造機器成案，將收支銀數並養船經費，分別開單請銷一摺。光緒元年二月十六日，軍機大臣奉旨，該衙門知道。單二件併發等因，欽此。由軍機處交出到部，當經臣部檢查同治九年十月間，通商大臣崇厚奏天津製造機器動用經費，開單請銷一摺。欽奉諭旨准其開銷，經臣部行令通商大臣暨直隸總督轉飭局員，將此案收支各款銀兩，補造清册咨部，並令以後收支款項，務須分晰造册，不得籠統開報，以重帑項等因在案。此次船政大臣沈葆楨將閩廠製造養船各經費開單奏報，既據摺内聲明援照天津成案開單請銷。臣部自應查照天津機器經費准銷成案辦理，惟查清單内製造經費一項，祇將支用數十萬或百數十萬總數籠統開銷，並未將各款中料價工食運脚等項名色分晰開列。又清單内養船經費一項，並未將收支各款分年截數，以致每年部撥經費能否敷用。臣部無從考核，隨經臣部移咨船政大臣查照臣部覆核天津機器局銷款成案，轉飭局員，即將此次單開製造養船收支各款，造具簡明清册，送部查核。再由臣部奏明請旨辦理等因行知去後，兹於□月十九日准陞任船政大臣沈葆楨覆稱，閩省船廠，事屬刱造，工程浩大，頭緒分繁。應辦工程，應發款項，往往有從前未經議及者，曾據實奏明，奉旨，勉爲其難。毋得瞻前顧後等因，欽此。欽遵在案，兹准部咨，令將各款所列名目，分晰開報等因。查輪船機器工作，均係購覓外洋，當購置之初，或能指完爲某船之物，待支款後，復有因此船不甚相宜。而用於彼船者，即不得不通融挪用，參互相成，斷難截然指其細數，分晰開報，應將養船經費收支銀兩。挨年分月，開具簡明清册，送部核覆等因前來。臣等伏查閩省製造輪船，事屬刱始，其一切支用各款名目，爲向例所無，亦爲軍需條例所不載。誠與同治八年通商大臣崇厚奏報天津機器局用過經費，開單准銷成案事同一律。臣部前因該省自設廠以來，興作歷六七年之久，動款至五百餘萬之多，不能不核實辦理。行令飭查明確，以重帑項。現據該大臣聲稱，輪船機器工作器具，彼此參互相成，斷難截然指其細數，分晰開報。臣等悉心酌核，尚屬實在情形。所有單内製造經費，共銀五百一十六萬四千四百八十九兩二錢五分七釐，所開收款，核與臣部奏撥閩海關洋税解充輪船經費數目相符。又單開養船經費，共銀六十二萬一千八百三十一兩七錢九分三毫。現據該大臣造送簡明清册，核與歷年福建巡撫咨送釐金册報數目符合。以上共請銷銀五百七十八萬六千三百二十一兩零四分七釐三毫，自應援照天津機器開單請銷成案。懇恩准其開銷，仍令查照成案。將製造經費補造清册送部備查。至單内所開存剩銅斤木料等項，應令歸入續辦工程動用開報，毋令糜費。抑臣等更有請者，閩省設廠造船，係國家自强之計。前奉諭旨續行興造，是此項工程，以漸擴充。則此後用款，更當核實。值此經費支絀之時，朝廷不惜數百萬帑金興此工作，設經理不得其人，難保不因支銷款項無例可稽，重滋弊竇，相應請旨飭下接辦船政大臣，督飭局員，實事求是，以爲經久遠大之計。毋得恃有此次開單准銷成案，啓員以浮冒之漸。且輪船機器，悉仿外洋，在從前則創舉爲難。在日後則遵循漸易，應併令將同治十三年以後製造經費，同治十三年四月十五日以後養船經費動支款項，按年分晰奏報，分別造具簡明清册，送部查核。毋任含混，以重帑項，所有臣等援案核覆閩省輪船經費緣由，理合恭摺具奏。伏乞皇太后、皇上聖鑒，謹奏。

「中央研究院」近代史研究所《海防檔》乙福州船廠《光緒元年十二月二日總署行户部片會議文煜奏撥船政經費一摺開送註寫堂銜》

五月十三日，俄股抄付船政大臣奏稿稱，邇來船工製造，日求其新，而經費日見其絀。上年七月間起造鐵脅及康邦輪機，洋匠半係新招，工徒皆非素習，考究規摹，變通增減。稍一大意，往往既成復毁，工料虛糜，不似前此專造舊式之易循成軌也。出洋監督道員李鳳苞暨日意格西行時，臣曾囑一抵法都，即校定一千七百匹馬力巡海快船圖式及應配料件，開單趕寄。現接電報，該監督及學生等於三月二十四日抵法之馬塞海口，前項圖式清單，計日可到，當即起手仿製。唯籌工必先籌費，而海關月款。元年欠解二十萬兩，二年欠解十八萬兩。本年自正月迄今，六成項下，又新欠十二萬兩。雖四成項下按月撥解二萬兩，杯水車薪，立見其涸。第一號鐵脅船竭力趕工，始克依期下水。第二號鐵板銅管各料，已由外洋購到者，價脚未能給清，船殼應用之楢木，因費不應手，尚未購辦。度支如此其難。雖使聰明才力十倍於臣者，處此亦不免有無米爲炊之慮。況臣之暗昧，尤恐顧此遺彼，欲速反遲，總監工道員葉廷眷，因母病未克來工，廠中一切事件，僅恃提調道員吳仲翔襄理。該員熟練工務，任事實心，深資臂助。惟當此工繁費拙，措手殊難。倘台防稍鬆，臣仍暫回工次，往來照料，以期慎密。李鴻章以所購三十八噸砲鐵船二號，日内可到，囑臣俟該船抵閩，將教習洋人分別去留，並配募砲勇，核定章程，歸併「龍驤」、「虎威」等船一處操練。届時臣若未能遽回，應飭吳仲翔就近禀商督撫臣代爲酌奪。撫臣丁日昌素抱公忠，力維大局，台事正有起色。若病勢稍減，必仍一手經理，以收未竟之功。臣現將廠事略爲部署，即日帶船政關防渡台，應如何籌畫布置。當謹遵諭旨，隨時咨商督撫臣妥籌辦理，船政尋常公事，暫交提調吳仲翔代拆代行。緊要事件，包封遞台，由臣親自酌辦。至製船經費，爲目前急需，並懇天恩飭下閩海關按月照數撥解，並將新舊欠款陸續解清，以濟要工，而全大局。除俟抵台後察看情形隨時馳報外，所有微臣赴台，並將船政事宜布置緣由。理合恭摺附輪船遞交上海縣四百里馳陳，伏乞皇太后、皇上聖鑒訓示，謹奏。

「中央研究院」近代史研究所《海防檔》乙福州船廠《光緒元年十二月三日總署收户部文附摺稿一件船政經費由閩海關六成洋税内月撥三萬兩四成洋税内月撥二萬兩》 臣等伏查閩海關六成洋税一款，前經臣部奏明，自同治五年二月起，月撥船政經費銀五萬兩，留充製造之用，其餘指撥京餉及各路軍餉，均經核明於該關六成項下，分别匀撥。本年九月十八日，軍機大臣奉上諭：沈葆楨奏船政欠款，請飭閩海關補籌足額一摺，福建船政經費不敷，嗣後六成項下每月應解之五萬兩，著文煜先儘籌解等因，欽此。欽遵行知遵照在案。兹據福州將軍文煜覆陳，六成項下，每年均有奉提京餉歸補部庫墊發軍餉。又奉省捕盗兵費，以及司税辛俸部飯匯費通關支銷各項，合併核計，爲數不貲。今先儘船政，勢必顧此失彼，懇按照現開實在款目，逐一確核。將此後撥款分别酌減，飭部議覆等語。臣等查核該將軍所稱各款，均屬要需。勢難分别酌減，而船政經費，關繫匪輕，亦須源源撥濟。俾資應用，通盤籌畫，惟有將閩海關解交船政一款。量爲變通，以重要工，查本年六月間臣等會議指撥海防餉需奏案，所有閩海關四成項下銀兩。業經奏准自本年七月起，按結分解南北洋海防大臣李鴻章，沈葆楨兑收。以爲籌辦海防專款，竊思製造輪船，與海防相爲表裏，是以前此該關積欠船政經費四十萬兩。奏請於四成項下撥用，經臣等議准。兹准該將軍瀝陳閩海關六成項下入不敷出情形。臣等詳加核算，必須量籌酌劑。俾免缺誤，查閩海關四成洋税。既准撥充海防支用，輪船一項，係海防第一要需，船政經費，若由四成洋税内通融匀撥。洵屬名實相符，擬請自光緒二年正月爲始，所有船政經費，由閩海關六成洋税内，月撥銀三萬兩。四成洋税内，月撥銀二萬兩，仍令先儘批解船政衙門兑收，不得再有分毫蒂欠。如蒙俞允，由户部行文福州將軍，船政大臣，督辦南北洋海防大臣遵照辦理。此因船政爲海防之一端，是以酌量匀撥，其六成洋税項下，每月抵撥銀三萬兩。計每年可節省銀二十餘萬兩，解款自可稍紓。此後税務暢旺，征收充裕，應令隨時報部候撥，以重款項。至該關七月以後續征銀兩應行解還部庫款項，並請飭下福州將軍遵照奏案，趕緊掃數解部。以清界限，所有臣等遵議緣由，理合恭摺會陳。伏乞皇太后、皇上聖鑒，再此摺係户部主稿，會同總理各國事務衙門辦理，合併聲明，謹奏。

「中央研究院」近代史研究所《海防檔》乙福州船廠《光緒元年十二月二十一日總署收船政大臣前江蘇巡撫部院丁日昌文附摺稿一件請飭地方官籌支養船經費》 十二月二十一日，船政大臣前江蘇巡撫部院丁日昌文稱，竊照本大臣於光緒元年十二月初四日，在福州府中岐工次，會列欽差大臣兩江總督沈前銜。暨列欽差大臣陝甘閣爵督左、福州將軍文、閩浙總督李後銜，恭摺由輪船賫交上海縣，發驛四百里具奏養船經費不敷。請旨飭地方官設籌支應，以全大局一摺，相應抄録摺稿咨呈。爲此，咨呈欽命總理各國事務衙門，謹請察照施行。

照録原奏。

奏爲養船經費不敷，請旨飭歸地方官設籌支應，以全大局，恭摺仰祈聖鑒事。竊照前因閩廠新造輪船先後下水，年需養船經費，無可動撥，經前撫臣卞會摺奏請將同治七年三月以後。閩省續征洋藥票税之款，撥作養船經費，奉部議准。臣葆去年奉命巡臺，當以閩廠輪船。因海防緊要，均調臺灣差遣。此後台防應辦之事，非可以歲月計，所有經費宜向台防領支。

奏請自同治十三年四月十六日起，將所撥養船經費，併入台防項下，其各船薪糧，亦歸入台防項下支銷，奉旨，該衙門知道，欽此。計自去年四月十六日起，截至現在止，僅據税釐局先後批解船政衙門洋藥票税正項銀九萬八千二十九兩零。而各船之調供台灣差使者，除「飛雲」、「伏波」仍歸各該省支給外，其「萬年清」等船，截至去年底止，已由船政衙門支銷番銀九萬七千八百五十兩零。此外尚有「建威」練船、「鎮海」水師營，出洋學生贍養，各船煤費修費，爲數甚鉅。尚未並計在内。前此因台防經費有解存船政衙門者，挹彼注兹，猶堪敷衍，現在台防本款，涓滴無存，在工各船，並「鎮海」水師。月應支銀一萬三千六百七十三兩零。出洋遊歷，並赴台繪圖學生贍養，月應支銀一百六十九兩零。台灣砲台洋匠，「揚武」洋教習，並日意格等薪水，月應支銀四千五百四十一兩零。祇此三款，年共銀二十二萬六百一十六兩零。核計洋藥票税歷年徵數，同治八九兩年，尚七八萬兩。十年以後，則祇六萬兩左右，比較支銷之數，不敷二倍有零。製船經費自今年六月起，至十二月止，共欠解三十五萬兩。即使掃數解清，而應辦之料，應還之款正多，何能兼顧及此。台灣建路建城，一切工程尚未竣事，各輪船之運木石糧餉軍火者，絡繹不絶。又未能將各輪船分撥各省，致台事有所掣肘，再四思維，惟有仰懇天恩。俯准將養船項下應銷各款，統歸地方官設籌支應，庶製船與養船之款，不致並逼一處。臣日得以專督製造，無顧此失彼之慮。微臣幸甚，大局幸甚，理合會同大學士陝甘總督臣左、福州將軍臣文、閩浙總督臣李鶴年，恭摺附輪船到滬，交上海縣由驛四百里馳陳。伏乞皇太后、皇上聖鑒訓示，再此摺係臣日主稿，合併聲明，謹奏。

「中央研究院」近代史研究所《海防檔》乙福州船廠《光緒元年十二月二十一日總署收船政大臣丁日昌文附摺稿一件懇辭福建巡撫兼職》 十二月二十一日，船政大臣前江蘇巡撫丁日昌文稱，竊照本大臣於光緒元年十二月初四日，在福州府中岐工次，恭摺附驛具奏恭謝天恩。瀝陳感悚下忱，並衰病未能勝任實情，籲懇鴻慈收回成命一摺，相應抄録摺稿咨呈。爲此，咨呈欽命總理各國事務衙門，謹請察照施行。

照録原奏

奏爲恭謝天恩，瀝陳感悚下忱，並衰病未能勝任實情。籲懇鴻慈收回成命，恭摺仰祈聖鑒事。竊臣於本年十二月初三日奉上諭：福建巡撫丁日昌補授，欽此。當即恭設香案，望闕叩頭，伏念臣嶺嶠荒傖，至愚極陋，仰荷高厚生成，仍畀海疆重任。雖頂踵捐糜，豈足仰酬萬一，然聞量而後入者，古人所以事君，信仕者，聖門以之自勵。荷物者不揣身力幾何而輒負，顛躓之所以即形也。操舟者不諳駕駛之法而輒行，傾覆之所以立見也。雖際多事之頃，蹈湯赴火，非臣子所敢辭，而當無事之時，度德量力，實事理所難已。謹將臣不能兼任地方實情，爲我皇太后、皇上縷晰陳之，船政與海防相爲表裏，其責任並不輕減於地方。臣莅工月餘，雖未能盡窺門徑。然鉅細必親，錙銖必較，無一日不巡查各廠，評記功過，明知内而員弁。外而洋匠，嘖有煩言，嫌臣瑣碎。而臣固不敢自安緘默，倘能專心致志，或可不墜前規，天下事非專則萬不能精。凡言遥制者，皆屬具文，沈葆楨之經營臺事也。廠中諸務，即已有不能兼顧之時。臣自問才具不如沈葆楨遠甚，今若身任地方，則廠事即云兼顧，必致有貌無神。臣病入膏肓，深恐先犬馬填溝壑，亦嘗欲爲國家預籌一接替船政之人。然才優者或望未敷，望敷者或才未足。際此餉需奇絀，幾於赤手空拳，尤非泛泛之人所能接手。好官非不欲爲，而要工未忍中廢。臣實自諗才力不及，苟爲高掌遠蹠之圖，必有顧彼失此之慮，此臣才短不能兼任地方之實在情形也。臣丁憂後里居頻年，去歲仰荷聖慈宣召，病未能行。今春驟聞穆宗毅皇帝賓天之信，踉蹌北上，途中吐血盆餘。從此一日數吐，或數日一吐，今雖多方調理，然當公事不能順手。或目睹員弁未能盡心，便覺肝氣上升，嘔吐竟日，徹夜不能成寐。現值隆冬氣斂，猶可力疾從公，一交春令，木旺土衰。即船政猶恐不能勝任，况乎巡撫爲刑錢總匯之區，更非孱軀所能卧治。臣本無肆應之才，而又諸事不肯假手於人，任蘇撫時甫四十餘歲，數年之間，鬢髮盡白，尚且於地方毫無裨益。今臣精力遠不如前，而閩省自撫臣渡台後，案牘壓積之多，尤過他處。誠恐病軀從事其間，不能徹底清釐，措置一未裕如，貽誤誠非淺鮮，此臣身病不能兼任地方之實在情形也。臣現於公事之餘，時近醫藥，仰荷聖主福庇。一二年内，精力稍健，船政接替有人，其時予以地方之任，必當竭力馳驅，即遇台灣有緊要事件。派臣前往專駐，臣用志不紛，或亦不致顧彼失此。至閩省辦理海防，並中外交涉事件。臣雖未身任地方，謹當遵旨與文煜、李鶴年等，隨時會商辦理，以慰慈謹。臣孑然孤立，四顧徬徨，荷聖明非常特達之知，恨不粉骨碎身以圖一報。惟此時遽任地方，實覺外慙物議，内疚神明，有不能不宛轉陳情於君父之前者。合無仰懇天恩鑒此愚忱，收回成命，另簡賢能，庶地方得免貽誤。微臣亦荷終始矜全於靡既矣。謹將感激悚懼下忱，恭摺附驛馳陳，伏乞皇太后、皇上聖鑒訓示，不勝戰慄屏營之至，謹奏。

「中央研究院」近代史研究所《海防檔》乙福州船廠《光緒元年十二月二十三日總署收軍機處抄交船政大臣丁日昌片鐵脅廠興工》 十二月二十三日，軍機處抄交船政大臣丁日昌片稱，再製造輪船脅骨，必須天然彎木，向係運諸南洋。近來該處此木亦少，是以泰西各國刱易鐵脅，以濟其窮。閩廠前者皆用木脅，因購致爲難，沈葆楨原有鐵脅之議，惟此項工程，華工未曾素習，不得不取式於外洋。因飭日意格西歸，在於法國定造一副，帶匠前來鬥合，教導匠徒打造，約限一年成功，業經沈葆楨奏明在案。惟刱造鐵脅，必先蓋廠，方堪工作。廠中隙地無多，無可另蓋經沈葆楨議將打鐵工程，歸併拉鐵，其新舊打鐵廠，改作鐵脅廠，而舊廠土木之料，日久傾敗，因往吕宋購運樑棟巨木。現在已報到工，並據洋員斯恭塞格繪圖呈送前來，臣即督飭委員於十一月十一日興工起蓋，約計來正可以蕆事。至日意格所購鐵脅，並新式省立機卧機，同挖土機船，前據函報，係在法國地中海並英國謨士來鐵廠定製，自六月十八日起，限六個月完竣，此時瞬將限滿。臣當催其迅速起運，以副要工，所有鐵脅廠興工緣由，謹會同大學士陝甘總督臣左宗棠、兩江總督臣沈葆楨、福州將軍臣文煜、閩浙總督臣李鶴年，附片陳明，伏乞聖鑒，謹奏。

光緒元年十二月二十三日，軍機大臣奉旨，知道了，欽此。

「中央研究院」近代史研究所《海防檔》乙福州船廠《光緒二年二月十日總署收船政大臣丁日昌文附摺稿一件擬保吴贊誠黎兆棠接替船政恭候簡派》 奏爲遵旨擬保船政替人，恭候簡派，仰祈聖鑒事。竊臣等奉上諭，地方與船政事難兼顧，自係實在情形。即著丁會同沈，酌保一二員奏請簡派。所有船政事務責成該員經理，仍由該督等隨時稽查，以期周妥，欽此等因。仰荷聖慈體恤周至，臣日無任感激涕零。伏查船政事宜，不特與海防相爲維繫，而且尤與台灣相爲表裡。船政若稍有掣肘，則台灣諸事不能順手。臣荷與臣日往返函商，皆以爲無逾於二品頂戴順天府尹吴贊誠、布政使銜直隸津海關道黎兆棠者。查吴贊誠深諳算學，曾在直隸督臣李鴻處管理機器廠數年，功歸實用，費不虚糜，李鴻深以爲能。其前署廣東惠潮嘉道時，臣日正丁憂在籍，深悉其惠政及民，操守不苟，黎兆棠熟悉洋務，前署台灣道，張弛得宜，民懷吏畏。前年臣葆經營台事時，調充營務處，籌度軍情，悉中肯綮。以上二員，其才識皆遠過臣等，可否於該二員中，簡派一員來閩接辦船政事宜，於時局必大有裨益。如蒙俞允，並籲懇天恩飭該員乘坐輪船迅速前來閩廠接手，以免曠誤。至船政提調候選道員吴仲翔，辦事結實，長於理財，足膺地方之任。臣日到省接巡撫印後，所有船政款項並日行事件，仍交吴仲翔一手經理。緊要事件，由臣自辦。省城距工次不遠，新任未到之前，臣仍當不時親自赴工督商，期臻妥洽。所有遵旨酌保船政替人緣由，謹會同福州將軍臣文、閩浙總督臣李，恭摺由閩省例送會試士子輪船之便，交天津縣發驛五百里馳陳。伏乞皇太后、皇上聖鑒訓示，再此摺係臣日主稿，合併聲明，謹奏。

「中央研究院」近代史研究所《海防檔》乙福州船廠《光緒二年二月十日總署收船政大臣丁日昌文附摺稿一件派員前赴香港招募學生趕緊學習駕駛諸法》

再，船政前設立前後學堂，招致聰慧學生，延請精通西學教習製造駛船并英法語言文字，用意至爲深遠。現在該學生等學業有成者，已派充輪船管駕，類皆深諳測量經緯以及風潮沙線。即西人亦深贊其能，其尤精者，如張成、吕翰等，已派在揚武輪船隨同教練洋人前赴日本等處遊歷，以增膽識，而擴見聞。惟後學堂學生，除入「揚武」輪船并經洋將日意格帶往英法各國遊歷外。現在均係新選幼童，僅習吚唔，難冀其即能升堂入室，查現在輪船數目日增。若非由學堂造就管駕之才，諳練天文算學各事，則一出大洋，便茫無津涯，豈能與西人并駕齊驅，決勝頃刻。從前張成、吕翰，皆由香港英國學堂招集而來，蓋緣該學生在彼先已肄習數年。近朱者赤，變化更易爲力。臣日現在札飭熟悉洋務之知府銜分發同知唐廷樞、同知銜黄達權，前往香港英國生堂，挑選學業可造之學生四十名，俟其到廠，即派歸後學堂趕緊學習天文算學駕駛諸法，仍一面延請諳通西人，認真教督。庶人才日盛，不致有有船無人之慮矣。是否有當，謹會同福州將軍臣文、閩浙總督臣李，附片陳明。伏乞聖鑒訓示，謹奏。

中國第一歷史檔案館《德宗景皇帝實録》卷二六《光緒二年二月》　壬申，諭令軍機大臣等，前據丁日昌奏，地方與船政事難兼顧，當經諭令同沈葆楨，酌保一二員，奏請簡派經理船政。茲據沈葆楨、丁日昌奏稱順天府府尹吴贊誠，深諳算學，直隸津海關道黎兆棠，熟悉洋務。請於二員中簡派一員，來閩接辦等語。吴贊誠、黎兆棠，品學才識，李鴻章諒所深知，於經理船政事宜，能否勝任。該二員中何人尤爲得力，著李鴻章詳晰據實奏聞，再降諭旨，將此諭令知之。

「中央研究院」近代史研究所《海防檔》乙福州船廠《光緒二年三月二日總署收軍機處交出福建巡撫丁日昌片再延英人嘉樂爾來工教導駕駛》　三月初二日，軍機處交出福建巡撫丁日昌片稱，再臣派員前往香港英國學堂挑選學生四十名來廠學習，並擬延請西人認真教習，業經奏明在案。查從前後學堂本有兩項教習，一係駕駛，一係管輪。其充駕駛教習者，爲英人嘉樂爾，心氣和平，循循善誘，學生素所悦服。同治十二年冬間，因届限滿，遣撤回國。現飭日意格函招嘉樂爾再行來工，並另募管輪老手教習一名。查照舊章，給予安家路費，每月各給辛工銀二百兩，約定三年爲限。如果教導出力，三年限滿，給予回費並兩個月辛工。倘不受節制，不守規矩，或教導不力。聽憑撤回，所有招募洋教習緣由，謹會同福州將軍臣文煜、兩江總督臣沈葆楨、閩浙總督臣李鶴年，附片陳明。伏乞聖鑒，謹奏。

光緒二年三月初一日，軍機大臣奉旨，知道了，欽此。

「中央研究院」近代史研究所《海防檔》乙福州船廠《光緒二年三月十三日總署收軍機處交出南洋通商大臣沈葆楨片請奬船政各員内之葉逢春二員並非一人請飭部核明給奬》　三月十三日，軍機處交出南洋通商大臣沈葆楨片稱，再准吏部咨稱，船政告成，積年出力各員請奬案内，有葉逢春二員，是否一人兩經列名，行令查明聲復核辦等因。當查縣丞銜葉逢春，從九品銜葉逢春，實係二員，並非一人重複請奬，即經咨明吏部核准註册。茲准復稱，此件係奏明行查之案，應照章奏明辦理前來，合無仰懇天恩。俯准飭部將縣丞銜葉逢春、從九品銜葉逢春二員，查照原保頂戴官階，核明給奬，以示鼓勵。理合附片陳明，伏乞聖鑒訓示，謹奏。

光緒二年三月十二日，軍機大臣奉旨，吏部知道，欽此。

「中央研究院」近代史研究所《海防檔》乙福州船廠《光緒二年三月二十一日總署收船政大臣吴贊誠文咨調同文館肄業生嚴良勛隨帶差遣》　三月二十一日，

船政大臣吳贊誠文稱，本京堂奉命赴閩督辦船政事宜，需員隨帶差遣。查有現在同文館肄業之候選主事嚴良勳，諳曉洋文算學，人亦謹飭。前在江南製造局繙譯泰西機器諸書，甚能得力，堪以隨帶，擬請飭派前往差遣，相應咨調。爲此，咨呈貴衙門，請煩查照可否飭派該員隨同本京堂前往福建，以資差遣。而冀得力，祈即見覆施行。

「中央研究院」近代史研究所《海防檔》乙福州船廠《光緒二年四月二十五日總署收船政大臣丁日昌文附片稿一件第十七號「藝新」輪船下水》 再去年夏間，因南洋灣木購辦未齊，一百五十匹馬力兵船，驟難動工。前學堂藝童吳德章、羅臻祿、游學詩、汪喬年等獻所自繪五十匹馬力船身機器各圖。稟請試造，於五月初一日安上龍骨，取名「藝新」。經沈葆楨先後奏明在案，計自興工後。船身則先造樣板，機器則先製木模，次第趕工，迄本年二月杪，據船政委員報稱，外而舷板，內而氣爐輪機，一律齊備。稟請諏吉下水，臣謹擇三月初三日午刻，親臨工次，督率在事員紳。祭告天后江神土神船神，乘潮縱江，具臻妥善。船長自前垂線至後垂線計一十一丈八尺八寸，闊自外舷極寬處量應一丈七尺，通深一丈五尺一寸，喫水深七尺六寸，水缸機器均在水線之下。辰下當升桅桿，繫帆纜，安床爨、上烟通、配氣管，以及髹漆等事，一經就緒，便可試輪出洋，據船政提調儘先選用道員吳仲翔具稟請奏前來。臣查閩廠自經始迄今，共成一十七艘。「海鏡」以下等船，雖係工匠放手自造，皆仿西人成式。唯藝童吳德章等獨出心裁，克著成效。寔中華發軔之始，該藝童等果能勇猛用功，精進當未可量。所有藝新輪船下水緣由，謹會同兩江總督臣沈葆楨、福州將軍臣文煜、閩浙總督臣李鶴年，合詞附片陳明，伏乞聖鑒，謹奏。

光緒二年四月二十六日，軍機大臣奉旨，知道了，欽此。

「中央研究院」近代史研究所《海防檔》乙福州船廠《光緒二年五月十八日總署收軍機處交出丁日昌抄片卸辦船政日期》 五月十八日，軍機處交出丁日昌抄片稱，再准吏部咨。奉上諭：順天府府尹吳贊誠，著開缺以三品京堂候補督辦福建船政事宜，欽此。臣自任閩省後，所有船政一切工程，均仍由提調道員吳仲翔認真整頓。頃吳贊誠已航海來閩，當於五月初一日將船政關防文卷，委員齎交吳贊誠接收任事。其廠中一切料物經費等件，本係吳仲翔一手經理，應即由吳贊誠就近交盤查點，除分咨總理各國事務衙門及吏户工三部查照外，臣謹附片陳明，伏乞聖鑒，謹奏。

光緒二年五月十七日，軍機大臣奉旨，知道了，欽此。

「中央研究院」近代史研究所《海防檔》乙福州船廠《光緒二年五月二十三日總署收軍機處交出吳贊誠抄摺馳報行抵工次任事日期》 五月二十三日，軍機處交出吳贊誠抄摺稱，奏爲恭報微臣到工任事日期。叩謝天恩，仰祈聖鑒事。竊臣蒙恩派辦福建船政事宜。三月二十日跪聆聖訓，遵即陛辭啓程，由天津航海南下。四月二十八日行抵馬尾工次，准福建巡撫臣丁日昌移送船政木質關防一顆。臣當於五月初一日恭設香案，望闕叩謝天恩。謹領任事，伏念臣賦質庸愚，毫無知識，雖曾在天津辦理藥廠製造。而於輪船配製及測量駕駛諸法，未能窺見崖畧，仰蒙聖慈鑒其駑鈍。

訓勵優加，臣感激涕零，亟思殫誠圖報。該廠先經沈葆楨規畫有年，諸臻妥善，復經丁日昌力加整頓，在工員紳暨學生工匠，靡不誠知警惕，益勵精勤。丁日昌自接撫篆，力疾辦公，於船政要務，仍復兼顧不遺，提調道員吳仲翔，素具血誠，辦事精細，廠規皆其一手釐定。常川住廠督理，尤能隨時提振，罔懈初終，雖閩省餉源奇絀。關稅時有旺淡，未能挹注裕如，而兼署督臣文煜。夙著公忠，顧全大局，無不力籌接濟。是以船工一切，不至廢誤。臣惟率循舊章，無事更改，仍隨時會商督撫臣。並咨商南北洋大臣，悉心籌度，切寔講求，冀有進益。倘察看有稍宜變通之處，亦不致拘泥遷就。務求盡善，以期功歸寔用，費不虛糜，藉以仰荅高厚生成於萬一。所有微臣行抵工次任事，叩謝天恩緣由。謹專摺由驛馳陳，伏乞皇太后、皇上聖鑒訓示，謹奏。

光緒二年五月二十二日，軍機大臣奉旨，知道了，欽此。

「中央研究院」近代史研究所《海防檔》乙福州船廠《光緒二年五月二十六日總署收福州將軍文煜文附摺稿一件閩省洋務需員襄理請調唐廷樞等來閩遣用》 五月二十六日，福州將軍文煜文稱，竊照本署部堂現經由驛具奏閩省洋務。襄理需人，請調熟悉情形之候選道唐廷樞等來閩遣用一摺。所有摺稿，相應照録咨呈。爲此，咨呈貴衙門，謹請查照施行。再福州將軍係本兼署部堂本任，是以未經會銜，合併呈明。 謹將閩省洋務，襄理需人。請調熟悉情形之員來閩遣用一摺，照録呈送察核。

奏爲閩省洋務，襄理需人，請調熟悉情形之員來閩遣用，恭摺仰祈聖鑒事。竊維沿海各口通商，寔爲全局攸繫，辦洋務者首在妥速，而其要尤在通達洋情洋語洋文。蓋無熟悉洋情之員，則事之緩急重輕，末由區別。既未能因勢而利導，又不克隨地而制宜，或惟圖遷就致拂民心，或相率宕延授人口寔，此猜嫌所以易啓也。無通曉洋語洋文之員，一切交涉案件，或領事官晋見面商，或派員前往會議，均須由通事輾轉傳述。非獨詞難達意，抑亦顛倒混淆，且遇有洋字函牘，閲之茫然，即遣人繙譯。而未解其意義，每多舛錯遺漏。目前辨別不慎，轉致日後枝節横生，此扞格所以易形也。即如閩省各司道辦理通商局道，平日於洋情不甚講求，以致被經手采辦軍火之劣員串同洋人，多所欺蔽。即使飭令此時認真學習，但非性之所近，終覺格格不入。臣文與臣丁再四籌商，亟須求之於向來慣辦洋務者，酌調數員來閩襄理。庶可免扞格而泯猜嫌，兹查有辦理上海招商局候選道唐廷樞，才識練達，器宇宏深，於各國情形以及洋文洋語，罔不周知，本副將王榮和，籍隸福建，臣日在廣東時，知其精通外國語言文字。招之赴粤，旋又隨赴上海，派充繙譯，兼理機器槍砲輪船各局務。該員熟諳洋情，心地亦極平正。同治八年間，曾經前署臣英會同臣文奏調赴閩，時臣日因所辦洋務多係該員經手。是以籲請留蘇，蒙恩允准。現在蘇滬人才衆多，非閩省之無一諳習洋務者可比，而唐廷樞，王榮和，又皆係臣日舊日僚屬。指臂之資，由來已久，惟唐廷樞於招商局務尚有經手事宜，已函商李鴻令其往來閩滬，李鴻回信，亦謂可以往來兼顧。據通商局司道詳請奏調前來，合無仰懇天恩，俯准，將候選道唐廷樞，總兵銜儘先補用副將王榮和二員調閩遣用，如蒙俞允，並請勅下直隸兩江督臣暫飭各該員迅速來閩。俾資臂助，除咨呈總理各國事務衙門，暨分咨查照外。臣等謹合詞恭摺具陳，伏乞皇太后，皇上聖鑒訓示，再福州將軍係臣文本任，合并陳明，謹奏。

「中央研究院」近代史研究所《海防檔》乙福州船廠《光緒二年六月二十八日總署收船政大臣吴贊誠函第十八號輪船下水第十七號輪船試洋及趕造第十九號自製輪機並面試學生等情形》　六月二十八日，船政大臣吴贊誠函稱，敬肅者，竊贊誠於五月抵工後，曾將接辦船政情形肅牘上陳，計邀鈞覽。自五月望後，陰雨連旬，閩省上游，溪河水漲，省城西南一帶沿河窪地，皆成澤國。船廠地勢較高，幸未被浸，工作如常。數日後水亦旋退。第十八號「登瀛洲」，船身艙釘已完。輪機裝妥，閏五月初二日下水。具臻穩善，計船身長二十丈四尺有奇，喫水一丈三尺。現在裝竪桅杔，鑲配氣管，七月內當可試洋。此船原議分撥浙省，近接江南沈制軍函，以長江須添輪船，擬將該船趕緊完工。先行撥往，以資差遣。惟廠中採購外洋物料，前係葉道文瀾經辦有年，自該道因病銷差，遂乏熟手，兼因經費不充，未能預儲多料，臨時采辦，猝難應急，船工之有時不能併力趲完者，往往由此。現已遴員前往香港，向妥實洋行購辦應需各料。若港市所不常有者，仍須轉向外洋購運，不免稍有稽延。已囑洋員查明，嗣後應造何式船機，需配用何等物料，總在未動工四個月前，逐一核計，預爲託購，以免停曠。第十七號「藝新」裝配妥竣，於閏五月十九日駛出五虎門外試洋，輪機運動尚能如法。惟馬力較小，一遇風浪，不免簸搖。須加鐵片壓艙，方得穩稱。此係學生自繪自製，初次試手，由此進加考究，當可漸底精純。復查廠中自製之百五十匹馬力輪機水鍋，合攏完楚者，已有一副。南洋曲木，尚可敷用。因飭廠員督工趕造第十九號船脅，亦於閏五月十九日安上龍骨，連日已將前後一百零二脅，鬪合如法，形模既具。再加塞匡、插脅、鑲釘、舦板諸工。日意格五月十二日回自外洋，所購新式康邦卧立機器及鍋鑪兩副，現於閏五月二十九日運到，當即召集夫船，趕緊起駁到廠，依式合攏，以便將來仿造。其配此輪機之船殼，須俟所購洋廠造成之鐵脅全副隨後運到，方可動工。廠中尚有已製成之第二十一、二十二等號輪機，未便廢棄，商之洋匠，擬於原有大汽鼓上，添二小汽鼓，改换汽鼓蓋數事，並將水鍋改製圓形。雖非全式康邦，較常式約可省煤三分之一。至前後學堂畫院各學生，均經逐一面試，內中不乏聰穎可造之士。而「揚武」練船上出洋學生內，尤有傑出之才，將來可成大器者，贊誠惟有留心培植，以備他年之用。竊思中土地利未開，餉源日竭，即目前有著之經費，尚恐未可深恃，不得不殫竭思慮，力求節省，冀可持久，不至墮已成之局，而誤國家遠大之圖，是則私心所輾轉焦籌而不敢自逸者也。所幸丁中丞任事實心，不遺餘力，文將軍顧全大局，共濟時艱，贊誠從事其間，得所觀摩，益自奮勵。尤願俯頒訓誨，示以遵循，實深跂禱，專此肅陳，祇請勳安。

「中央研究院」近代史研究所《海防檔》乙福州船廠《光緒二年六月二十九日總署收軍機處交出船政大臣吴贊誠片鐵脅廠布置及自製輪機酌改省煤新式情形》　六月二十九日，軍機處交出船政大臣吴贊誠片稱，再鐵脅廠本年三月間起蓋已竣，鑽牀剪牀及一切火鑪機器，亦已布置妥貼。因大鑪屋須展拓七間，大煙筒須增高丈餘，召匠趕造，七月初方能蕆事。日意格所辦新式卧機立機及鍋鑪兩副，閏五月二十九日到工，日來召集夫船，趕緊起駁，以便合攏。一俟鐵脅續到，便可興工。惟廠中自製一百五十匹馬力之輪機，耗煤較多。緣開廠之初，尚未有康邦新式，工匠規摹成法，衹可駕輕就熟，驟難推陳出新。現在既能步趨，自應益求精密。已將外國原來康邦輪機全圖，飭學生分手摹繪，陸續發廠製模，以資仿造。第二十一第二十二等號輪機，先已製成，未便廢棄。臣經飭日意格於洋匠斟酌，稍加增改，俾可省煤，據稱須各添小汽鼓二，並汽鼓蓋數事。工程尚不甚鉅，水鍋則應改製圓筒，雖非全式康邦，亦可省煤三分之一。已飭繪圖趕製，一俟製成，再督令妥爲裝配，以期合用。所有鐵脅廠布置，及自製輪機酌改省煤新式情形，謹會同兩江總督臣沈葆楨、福州將軍兼署閩浙總督臣文煜、福建巡撫臣丁日昌，合詞附片陳明。伏乞聖鑒，謹奏。

光緒二年六月二十九日，軍機大臣奉旨，知道了，欽此。

國家清史編纂委員會《李鴻章全集》第三一册《致總署議選員管帶學生分赴各國學習光緒二年八月二十五日》 敬肅者：查同治十二年十一月間，前船政大臣沈幼丹制軍奏陳船工善后事宜摺內，請於前、后學堂選派學生分赴英、法兩國學習制造、駕駛，擬令船廠監督日意格詳議章程。旋經貴衙門議復，令仿照赴美國學習技藝章程酌量變通辦理，奏請飭下南、北洋大臣會商熟籌，期於有利無弊等因。十三年春間，幼丹即令日意格赴津籌商，適值臺灣告警，倥偬未及定議。臺事蕆后，幼丹復因日意格回國之便，令其帶學生數名分赴英、法游學，兼探詢鐵甲船價值。上年丁雨生中丞接辦船政，迭次函商，以前、后堂學生內頗多究心測算、造、駛之人，亟應遣令出洋肄習，以期精益求精，不致半途而廢。幼丹亦屢緘催。本年三月間，鴻章請派武弁卞長勝等七人往德國練習武備函內，曾經聲明擬選藝童數十名赴英國鐵甲船廠學習諸法，俟籌定管帶之員再行會核奏咨。當奉直字三百零四號鈞復謂此舉原未可緩，又經緘商幼丹、雨生，由電信催調日意格回華商辦。雨生等力薦丁憂候選郎中李鳳苞堪以會同管帶學生出洋。五月間，日意格到閩，幼丹、春帆令其携帶訪購鐵甲船圖式、價目與李鳳苞偕同赴津稟商一切。鴻章適有烟臺之役，即帶日意格等往烟。其時英、法、德各國鐵甲兵船皆調集烟臺，迭請鴻章上船閱操，借以考究其利鈍。英、法各船製法絕精，而駕駛操練英尤靈捷嚴整。并見日本有年少武弁在英船隨同操作，是知出洋學習造、駛之舉實爲中國海防人材根本，誠如鈞示，未可緩圖也。滇案議結時，曾會商威使，將遣學生赴該國水師大學堂及鐵甲船學習。該使允俟接有確信，即爲轉致本國外部核準。茲與日意格、李鳳苞再四討論該監督等擬呈章程，復詳加駁改。經費欲其節省，而缺乏則掣肘堪虞；督課專以責成，而克期則收效較速。統計薪費、路費各項，以五年爲率共關平銀四十二萬餘兩，較之赴美學生十五年需銀一百二十萬餘兩，似覺事半功倍。日意格久襄船政，條理熟悉，心地亦尚忠懇；李鳳苞究心洋務，才識精明，志趣亦甚遠大。該二員和衷共濟，此事可期有成。如李郎中者出洋歷練數年，將來并可備絕域專對之選，敬希留意。該員等擬定學生出洋章程，并敝處咨商船政及江、閩各督文稿録呈鈞覽，伏祈誨削爲幸。英、法駐京各使似須定議會奏到日，懇由鈞署分別照會，屬其轉咨本國妥爲照料。法使白來尼屢以日意格辦船有效爲詞，自必樂爲幫助。昨梅輝立過津談及此事，據稱應由總署先行照知威使，以便知會本國，一面應由鴻章加函諄托威使，一面由出使大臣到英后與伊國執政商辦。除已緘告筠仙侍郎知照外，并乞卓裁核準施行。專肅奉布，衹叩中堂、王爺、大人鈞福。李鴻章謹上。直字二百四十七號。

「中央研究院」近代史研究所《海防檔》乙福州船廠《光緒二年九月二十四日總署收船政大臣吴贊誠文附摺稿一件片稿三件》 九月二十四日，船政大臣吴贊誠文稱，竊照本大臣於光緒二年九月初七日，在福州府中岐工次，會列欽差大臣兩江總督沈、福州將軍兼署閩浙總督文、福建巡撫丁後銜，恭摺具奏鐵脅船興工並廠務情形一摺。附奏十八號船調員管駕試洋，派赴金陵差遣一片。又附奏調員接辦總監工事務一片，又附奏知州劉存仁歷保勞績一片，相應抄録摺片稿咨呈。爲此，咨呈欽命總理各國事務衙門，謹請察照施行。

照録摺片稿

奏爲鐵脅船興工，並續陳廠務情形，恭摺仰祈聖鑒事。竊臣於六月初十日，業將船工情形奏明在案。日意格所辦鐵脅，六月二十日到工，當即召集夫船起駁上岸。七月十五日，就第二號船臺先上龍骨，套前門鯨、次脅骨，次横樑、次堵板，皆鋏片鋏槽所製者，密嵌泡釘十三萬餘顆。鋏工既竣，而後可施木工。廠中試造第二號鋏脅，製成各色胚六百餘件，按照全船鋏件科計約十分之一，康幫臥立機由外洋購來者，業已合攏完好。現在模廠自製臥機木模，陸續鼓鑄，已成者約十分之五。查近日泰西各國鐵皮鐵甲諸船機器，皆取省煤，脅骨則全用鋏。學徒工匠果能殫心研究，實力規摹，一二年後技藝漸熟，興造鐵甲，當有始基。惟鐵脅雖較木脅之料易辦，而工程之鉅，則較木脅多一倍有零。輪機水鍋所需銅鐵料件，長短廣狹，照從前所辦，以備製造。舊式者尺寸少有脗合，必須另爲購致，而經費支絀，籌畫維艱。所望海關收款可旺，按月源源解濟，方無停工待料之虞，庶收日起有功之效。至十九號船，內外舷板已上齊全，水鍋輪機，不日入船鑲配，現正趕製龍骨，夾門鯨套四葉輪及戰枰曲肘等件，剋日可以下水。挖土船隻與鐵脅同時報到，一俟第一號船合修竣，即行派匠裝合，塢前港道仍前淤塞。此船成後，逐段開挖，輪舶出入，方期通暢。所有鐵脅船興工及廠務情形，理合會同兩江總督臣沈、福州將軍兼署閩浙總督臣文、福建巡撫臣丁，由驛四百里馳陳。伏乞皇太后、皇上聖鑒訓示，謹奏。

再，「登瀛洲」下水後，經臣督飭廠員，昕夕趕工，帆桅旗幟及應配器具，一律全備。調原帶「濟安」輪船補用都司鄭漁管駕，先在塢前試輪。七月二十八日駛出媽祖澳試洋，船身完固，輪機靈捷，悉合成法。准沈函請飭赴金陵差遣，以固江防。臣當飭於八月二十八日展輪，惟礮位祇安船頭七十磅螺絲前膛一尊，尚有應配邊礮六尊，因經費支絀，艱於籌辦，應由江省自行補足，用資捍衛。至「濟安」輪船，查有儘先遊擊呂文經，海道熟悉，兼通英語，堪以管理。理合會同兩江總督臣沈、福州將軍兼署閩浙總督臣文、福建巡撫臣丁，附片陳明。伏乞聖鑒，謹奏。

再，船政總局廣東遇缺題奏道葉文瀾，經臣等奏派前赴臺北開辦煤務，現在製造鐵脅，工務較繁，亟應遴員接理。查有按察使銜候選道葉廷眷，籍隸廣東，才識優長，熟悉洋務，前任上海縣，於中外交涉事件，辦理合宜，政聲頗著。臣等會商飭調該道來工接辦總監工事務，以資得力。理合會同兩江總督臣沈、福州將軍兼署閩浙總督臣文、福建巡撫臣丁，附片陳明。伏乞聖鑒，謹奏。

再，花翎知府銜甘肅儘先升用直隸州知州劉存仁，經沈於船工告成案內，以該員幫辦文案，條理精詳，奏請俟補缺後以知府用。奉旨，著照所請獎勵等因，欽此。嗣准吏部咨，該員係何年月日回籍，著有勞績並儘先升用直隸州知州，係何案內保舉，何年月日奉旨，應令一併查明聲復具奏，再行核辦等因。因飭據劉存仁稟稱，該員由福建舉人揀發甘肅，以知縣委用。同治四年，官軍分勦黄河兩岸獲勝，陣斬首逆孫義保等案內，經西安將軍都興阿奏獎。四年八月二十四日奉上諭：著以知縣不論班次遇缺儘先升用，並賞戴藍翎，欽此。五年官軍收復甯夏靈州案內，經甯夏將軍穆圖善奏獎。五年八月初二日奉上諭：著俟補缺後，以同知直隸州升用，並賞換花翎，加知府銜，欽此。六年題署大通縣知縣，七年委署秦州直隸州印務，適值道路梗塞，繞道赴任，行抵西安，因病稟請銷委。八月十一日，奉辦理西征糧臺三品銜翰林院侍講學士袁保恒札委回閩，辦理甘捐分局。十年五月差竣，經前船政提調夏獻綸札調來工差遣等情。臣覆核無異，相應仰懇天恩，敕部查照原奏，劉存仁仍俟補缺後。以知府升用，示以鼓勵。理合會同兩江總督臣沈、福州將軍兼署閩浙總督臣文、福建巡撫臣丁，附片陳明。伏乞聖鑒訓示，謹奏。

「中央研究院」近代史研究所《海防檔》乙福州船廠《光緒二年九月二十四日總署收船政大臣吴贊誠函鐵脅船興工第十八號船派赴金陵差遣並造船養船經費支絀等情形》

九月二十四日，船政大臣吴贊誠函稱，竊贊誠於六月初十日辦理船工情形，專肅上陳。計邀鈞覽，日意格自外洋所辦錢脅一副，及挖土機船一隻，均於六月二十日運到，當即招集船夫，分别起駁，督飭洋匠逐一點明編號。七月十五日就第二座船臺先安鐵龍骨，動工裝釘前鬬鯨及脅骨一百四十八節，横樑、堵板、牽板等項鐵件，以次鬬合。其銜接處，密加泡釘，計十三萬餘顆。鑲嵌牢固，復加鏨平，逐日分手趲釘，猝難完妥。外舷木板，須俟泡釘完竣，方可施工。其康邦卧立機，業已合攏。第一號鐵脅船成，即先卧機裝酌，尚餘立機一副，擬另造商船配之，斯可盡其用。第二號鐵脅由本廠自製，先經繪圖製成樣板，開爐試造，已成粗胚六百餘件，照全船鐵料計，尚止十分之一。所配卧機一分，亦已由模廠自製木模，陸續鼓鑄，約成十分之五。自製一百五十四馬力常式輪機，加二小汽箭，以期省煤，現已改鑄，並另購加長鐵板，改製圓形鍋爐。惟此本係立機，其形稍高，非兵船所宜，仍擬作商船之用。第十九號船，內外舷板已齊，水鍋輪機不日入船鑲配，並趕製龍骨夾鬬鯨套四葉輪及戰枰曲肘等件，剋日可以下水。第十八號「登瀛洲」船應配器具，一律齊備。調原帶「濟安」之都司鄭漁管駕，七月二十八日試洋，靈捷如法，准兩江沈制軍函請派赴金陵差遣，以固江防。當飭於八月二十八日展輪前往。贊誠自到工以來，日督員弁設法趲工，未敢稍涉玩愒。從前百五十四馬力之船，自安龍骨日起，至速總須七八箇月方能下水，此次十九號船。經委員等嚴加督促，除秋節外，雖禮拜亦不停工，故自閏五月中旬起工，不過五閲月即可下水，其迅速實從前所未有。至鐵脅工料，較之木脅，所費不止兩倍，工匠皆初經試手，萬難潦草完工。雖與洋員約定自七月中旬起限，以一年教成，而所需銅管、鐵板等料，皆與從前所辦備製常式者，不能脗合，即滬香兩處，亦無此料，必須往外洋定購。運到不能剋期，察看情形，斷難依限本與日意格定議，再雇教捲鐵並拉銅管洋匠二名來工教製，庶可無須外求。該監督現赴天津，須其回工，再寄信外洋覓雇。惟閩省自水灾後，關徵總難起色，應解製船經費，除上年舊欠四箇月外，本年截至八月底止，又欠解十二萬餘兩。稅釐局應解養船經費，亦欠至八萬餘兩。現在旺月期內，尚且如此。恐至冬令，更形拮據。目前竭蹶補苴，實有不可支持之勢。贊誠惟有勉盡心力，圖效涓埃，而支絀情形，不得不上陳聰聽，惟懇俯加訓示。俾有遵循，實深跂禱，專肅呈達。

「中央研究院」近代史研究所《海防檔》乙福州船廠《光緒二年十月二十五日總署收署閩浙總督文煜文「凌風」「飛虎」兩船運臺砲械價銀由福建善後局劃撥》

十月二十五日，署閩浙總督文文稱，據福建善後局司道呈詳，奉欽命總理船政大臣吳照會，案據全臺支應局臺灣道夏獻綸詳，奉准兩江督部堂沈咨，據船政提調吳道呈稱，赫總稅司請發「凌風」、「飛虎」兩船運交砲械價銀，船政衙門無案可查，呈請察核飭遵等情。查此項砲械，係本大臣前在臺灣時，因海防需用，由日監督定購。既經「凌風」、「飛虎」兩船分起運交，所有價銀，自應照給。咨會查照轉飭臺灣夏道如數照給等因，飭道查明給領等因。又奉札開，查此項砲械，乃沈大臣在臺灣購。本衙門並未支給價銀，其價值若干，本衙門無案可稽。惟前准辦公所譯送赫總稅司來椷內稱，四十磅砲四尊。每尊價銀五百磅，二十磅砲四尊，每尊價銀三百五十磅，八尊共計價銀三千四百英磅，照時價摺算，應合關平銀一萬兩有奇。緣該砲前經用過三四年，不能照新砲價錢發售，酌減至關平銀一萬兩等語，經提調吳道開摺具報在案。茲准兩江督部堂咨，據船政提調吳道呈稱，赫總稅司請發「凌風」、「飛虎」兩船運交砲械價銀，船政衙門無案可查。理合開摺呈請飭遵等情前來。查此項砲械，係本大臣前在臺灣時，因海防需用，由日監督定購。既經「凌風」、「飛虎」兩船分起運交，所有價銀，自應照給。除札提調吳道知照外，咨會查照轉飭如數照給等因轉飭查照辦理各到局，奉此。查安蒙士郎前膛螺絲四十磅鋼砲四尊，安蒙士郎後膛螺絲二十磅鋼砲四尊，均係赫總稅司代辦。由「飛虎」、「凌風」輪船先後運臺，歸安平砲臺配用，該砲價值若干，已否發給，局中無案可稽。嗣准日監督來函，以此項砲價清單，轉飭繙譯官日意傑檢查呈送，共計三千四百英磅，摺合洋銀若干兩，並請轉飭辦公所按照時價核明。暨此項價銀已否付清，行局遵照，即經開摺呈送。茲奉前因，復查前項砲位八尊，既准赫總稅司來椷內稱，四十磅砲每尊價銀五百磅，二十磅砲每尊價銀三百五十磅，緣該砲前經用過三四年，酌減至關平銀一萬兩。自應照數給發，惟臺防經費係由善後局撥解，相應備文詳請查核，飭局在於應解臺防經費項下劃撥關平銀一萬兩，申合庫平銀一萬一千一百兩，呈交轉給歸款，以免解運之煩等由。據此，查此項砲價屢經請領，往返咨詢，已稽時日，既經兩江督部堂咨准照給。復據臺灣道詳就省局應解臺防經費項下劃撥歸款，相應照局如數解應等因，奉此。相應由局在於局存應解臺防經費項內，劃出庫平番銀一萬一千一百兩，填批委員試用縣丞蔡信華解赴船政衙門呈繳察收轉給歸款等情。到本兼署部堂部院，據此，除詳批示外，相應咨呈。為此，咨呈貴衙門，謹請察照施行。

「中央研究院」近代史研究所《海防檔》乙福州船廠《光緒二年十二月十日總署收船政大臣吳贊誠函第十九號輪船下水鐵脅船興造及造船養船經費支絀等情形》

十二月初十日，船政大臣吳贊誠函稱，於九月初七日將興工製造鐵脅，並第十九號船身工程將竣各情形，肅牘縷陳，計邀鈞覽。十月初旬，據船廠委員報稱，第十九號船身灰艌鑲鈴，船內輪機水鍋，船底銅片各工齊備，當擇是月十七日推送下水，取名「泰安」。計船身長二十丈四尺四寸，闊三丈三尺五寸，艙深一丈六尺五寸，喫水一丈三尺。刻下趕製桅桿、煙筒、煤船、銅管，並帆纜等工，一經就緒，即可展輪試洋。因本年撥往山東巡洋之「萬年清」輪船，行駛年久，亟須大修。並據登萊青龔道稟稱，「萬年清」船身稍長，於該處海口不甚合宜。現該船已避凍回工，擬明春「泰安」試洋後，即派赴東省替換差遣。第一號鐵脅船，脅骨及隔堵鐵板，已嵌泡釘八萬餘粒，外舨已鑲木板二十五行，鐵工得十分之八，木工得十分之三，明歲二三月當可下水。第二號鐵脅全係自製，自興工迄今，製成內外匡脅骨五百九十餘件，內龍骨鐵槽四百九十餘件，尚須逐一鑽孔，以備合攏。更有戰枰、樑柱、鐵牽、脅座等項，現亦催督華洋各匠次第製造，康邦卧機銅鐵件，輪機廠已製成五百三十餘件，其大氣鼓泥模已竣。日內即可鼓鑄，在事工匠，尚能勤奮趨公，若探求繪算之原，以期推移變換，則非工匠所能。老班學生現議出洋，繼起不可無人，現考選閩童材質聰穎者，分送前後學堂肄習，照章給予贍銀。時加課督，總期廣植人材，以收異日指臂之效。惟辰下工務繁興，物料既需多用，經費益形不敷，海關月撥之五萬兩，除六月以前解清外。自七月至今，已欠解六成銀十二萬兩，而稅釐局應解之養船經費，欠解甚多，已由船政購料款內墊發銀十一萬餘兩，並未歸款。統計本年船政製造，連閏已將十一閱月，僅收到四六成洋稅銀四十三萬兩，內墊發養船十一萬餘兩，歸製造實用者僅三十二萬兩。而購買料件出其中，華洋匠食出其中，學生贍養員役薪工亦出其中。遇有採辦大宗，只得設法騰挪，將贏補絀，而應籌之工，應辦之料。往往因此躭延，贊誠仰荷厚期，亟思竭力經營，稍裨海防實用，無如際此左支右絀。無米難炊，昕夕焦思，彌深悚疚，惟乞俯加訓示。俾有遵循，實所感禱，專肅上陳，祗請勛安。

中國第一歷史檔案館《光緒宣統兩朝上諭檔》第二册《光緒二年十二月初十日》 軍機大臣字寄，福州將軍兼署閩浙總督文、閩浙總督何、福建巡撫丁，光緒二年十二月初十日奉上諭：吳贊誠奏船政局造船經費，向由閩海關月撥六成四成洋稅，共銀五萬兩，計新舊欠解銀三十二萬兩，養船經費計支發過銀二十三萬六千餘兩，除稅釐局解過銀十二萬六千餘兩，計不敷銀十一萬，餘兩均在造船本款，暫爲挪墊。現在經費支絀異常，請飭儘先撥解等語。船政經費，均關緊要，必須源源接濟，以期毋誤要需。著文煜、何璟、丁日昌酌度情形，分别緩急，將船政局造船養船兩款，儘先撥解，毋稍延緩。其欠解之款，並著隨時解清，俾資應用。將此各諭令知之，欽此。遵旨，寄信前來。

「中央研究院」近代史研究所《海防檔》乙福州船廠《光緒二年十二月十一日總署收軍機處交出船政大臣吳贊誠摺第十九號輪船下水並廠工情形》 臣謹擇是月十七日，致祭大后江神土神船神，將船推送下水，擬名之曰「泰安」。以資號召，船長自前垂線至後垂線計二十丈四尺四寸，濶自船舷極寬處量應三丈三尺五寸，戰枰至内龍骨計深一丈六尺五寸，船前喫水一丈一尺，船後喫水一丈三尺，辰下趕製桅桿烟筒煤艙銅管，並帆纜等工，一經就緒，便可展輪試洋。第一號鐵脅船脅骨及隔堵鐵板，已嵌泡釘八萬餘粒，外舷已鑲木板二十五行，鐵工得十分之八，木工得十分之三，銀款如能應手，工程不致作輟，明歲二三月當可下水。第二號鐵脅自興工迄今，製成内外匡脅骨五百九十餘件，内龍骨鐵槽四百九十餘件，尚須逐一鑽空，以備合攏，更有戰枰樑柱鐵牽脅座等項，現亦催督華洋各匠次第製造。康邦卧機銅鐵件，經輪機廠鉋削，已成者共五百三十餘件，其大氣鼓泥模已竣，不日亦可鼓鑄。在事工匠，尚能悉心考究，勤奮趨公，惟獨出心裁，創立新法，則非工匠所能，老班學生現擬出洋，繼起不可無人。臣現選閩童材質聰穎者，分送前後兩學堂肄習，照章給予贍銀，時加課督，以期廣植人材。爲國家將得人之益，理合會同兩江總督臣沈葆楨，福州將軍兼署閩浙總督臣文煜，福建巡撫臣丁日昌，恭摺由驛四百里馳陳。伏乞皇太后、皇上聖鑒訓示，謹奏。

光緒二年十二月初十日，軍機大臣奉旨，知道了，欽此。

「中央研究院」近代史研究所《海防檔》乙福州船廠《光緒二年十二月十三日總署收軍機處交出船政大臣吳贊誠片請飭福州將軍督撫將造船養船經費儘先撥解》 十二月十三日，軍機處交出船政大臣吳贊誠片稱，再閩廠造船經費，向由閩海關於六成洋稅項下，按月解銀五萬兩。嗣文煜以六成洋稅不敷撥解，奏奉飭部議覆，請自光緒二年正月爲始，所有船政經費，由閩海關六成内月撥銀三萬兩，四成内月撥銀二萬兩，仍令先儘批解等因，奉旨，依議，欽此。養船經費向在閩省續征洋藥票稅項下撥解支給，同治十三年，沈葆楨奉命巡臺，閩廠輪船均調赴臺差遣。奏請將原撥養船經費併入臺防項下支銷，丁日昌到工後，因臺防本款無存，洋藥票稅徵數年來短絀，奏請將養船項下應銷各款，統歸地方官設籌支應。奉上諭，著文煜、沈葆楨、李鶴年、丁日昌，斟酌情形，妥議章程，奏明辦理等因，欽此。欽遵各在案，核計閩海關應解光緒元年分之款，截至二年三月，陸續解過銀四十萬兩，按數扣算，僅解足八個月而止，其二年分月款，六月以前，均照五萬之數解清。七八九十等月，因六成無銀，僅撥四成項下銀八萬兩，統計新舊欠解共三十二萬兩。養船各款，自丁日昌請由地方官籌支，去年十二月起，至本年十月底止，先後據稅釐局批解番銀十二萬六千餘兩，仍歸船政衙門臺防項下作收。而在工輪船鎮海水師薪糧，出洋遊歷，赴臺繪圖各學生贍銀，「揚武」洋教習，臺灣礮臺洋匠辛費，以及礮子銅帽價銀等款，共支發番銀二十三萬六千餘兩。計不敷番銀一十一萬餘兩，均在造船本款暫爲挪墊，各船修理之費，煤炭之費，尚不與焉。伏查船政月款，祗有此數，購買料件出其中，華洋匠食出其中，學生贍養員役薪工亦出其中，遇有採辦大宗。尚須設法騰挪。將贏補絀，乃一年之中，海關欠解十餘萬，代墊養船，又須十餘萬，應籌之工，應辦之料，勢必因此就延。署督臣文煜，撫臣丁日昌，皆公忠在抱，顧全大局。丁日昌曾任船政，深知此中爲難，斷不致視同隔膜，祗緣今歲閩省慘遭水患，商情彫敝。釐稅短收，加以部撥之款增多，以致入不敷出。惟船政爲海防根本，關係東南大局，辰下正在趕辦鐵脅及康邦機器，所需木料銅鐵，均須分途購運來工。不容因所費不貲，遂爾中輟，即在船將士，衽席風濤，責其操防，尤未便令其枵腹。臣渥荷天恩，畀以船工重任，亟思力求樽節，以期工歸實濟。惟是經費必須充裕，遇物料價賤時，方可預爲儲積，免致零星購買，轉被居奇，急之則擡價，既須受虧，緩之則曠工，又滋糜費。譬如大賈富商，經營必有厚利，窮民小販。貿易必少盈餘，豈智不足識不逮哉，蓋本厚則利權可自我而操，本薄則盈絀皆由人而定也。今船政東挪西貸，右絀左支，料價賤則無款可籌，料價昂而解款始到。欲圖節費而爲費更增，欲速竣工而延工更甚。臣焦思輾轉，悚惕彌深，惟有仰懇天恩，飭下福州將軍督撫臣遵先儘船政之旨，將造船養船兩款儘先撥解，源源接濟，其欠解之款，隨時解清，俾無顧此失彼之慮，大局幸甚，微臣幸甚，理合附片馳陳。伏乞聖鑒訓示，謹奏。

光緒二年十二月初十日，軍機大臣奉旨，欽此。

朱壽朋《光緒朝東華録》卷一三《光緒二年十二月》 戊子，李鴻章、沈葆楨奏，臣葆楨前於同治十二年十一月奏陳船工善後事宜摺内，請於閩廠前後學堂選派學生分赴英、法兩國，學習製造駕駛之方及推陳出新練兵制勝之理。速則三年，遲則五年，擬令船廠監督日意格詳議章程，經總理衙門議請敕下南北洋大臣會商熟籌等因。奉旨，依議，欽此。欽遵在案，前因臺灣有事，倥偬未及定議，上年臣等籌海防摺内，於出洋學習一事，斷斷焉不謀同辭。及臣日昌、臣贊誠先後接辦船政，察看前後堂學生内秀傑之士，於西人造駛諸法多能悉心研究，亟應遣令出洋學習，以期精益求精。臣等往返函商，竊謂西洋製造之精，實本於測算格致之學，奇才迭出，月異日新，即如造船一事，近時輪機鐵脅，一變前模，船身愈堅，用煤愈省，而行駛愈速，若不前赴西廠觀摩考察，終難探製作之源。至如駕駛之法，近日華員亦能自行管駕，涉歷風濤，惟測量天文沙線遇風保險等事，仍未得其深際。其駕駛鐵甲兵船，於大洋狂風巨浪中，布陳應敵離合變化之奇，華員皆未經見，自非目接身親。斷難窺其祕鑰，查製造各廠，法爲最盛，而水師操練，英爲最精。閩廠前堂學生本習法國語言文字，應即令赴法國官廠學習製造，務令通船新式輪機器具，無一不能自製，方爲成效。後堂學生本習英國語言文字，應即令赴英國水師大學堂及鐵甲兵船學習駕駛，務令精通該國水師兵法，能自駕鐵船於大洋操戰，方爲成效。如此分途學習，期以數年之久，必可操練成才，儲備海防之用。至學生中有天資傑出，能習礦學化學及交涉公法等事，均可隨宜肄業，惟人數既多，道里遼遠，非遴選賢員派充監督，不足以資統馭而重責成。查有三品銜候選道李鳳苞，學識宏通，志慮遠大，於西洋輿圖算術及各國興衰源流，均能默討潛搜。中外交涉要務，尤爲練達，實屬不可多得之才，以之派充華監督，必能勝任。至訪詢各國官學，安插學生，延請洋師，仍應有情形熟悉之員聯絡維持，主客方無隔閡。臣葆楨原奏所稱正一品銜閩廠監督日意格，前已回國，經臣等催調來華，商辦一切。該員久襄船政，條理熟諳，於船廠學生情誼亦能融洽，以之派充洋監督，必可勝任。六月間，李鳳苞、日意格二員來津稟商，臣鴻章適有烟臺之役，即攜該員同往，飭令籌議章程，滇案結後，曾將該員等所議各節鈔送總理衙門核奪。茲經臣等再四討論，復與李鳳苞、日意格切實核減，學生員數以三十名爲度，肄習年限以三年爲度，責以成效，嚴定賞罰。出洋經費按分年匯解，共需銀二十萬兩，此項經費，必應籌定有著之款。臣鴻章前議由閩省額釐撥解釐金，不敷即在閩海關四成洋税項下就近湊撥，旋准福州將軍臣文煜咨稱。閩關四成洋税，暫無存款，俟第六十五結届滿再行核數撥解等因。新授閩浙督臣何璟過保定時，曾與面商一切，亦深以爲然。茲由臣日昌函致臣鴻章，議定由閩省釐金項下籌銀十萬兩，閩海關四成洋税項下籌銀五萬兩。船政經費項下勻撥銀五萬兩，是此項二十萬之數均已議有著落。查照分年匯解章程，第一年七萬三千兩有奇，第二年六萬兩有奇，第三年五萬八千兩有奇，並游歷及應支教習脩金等費，隨時核計撥匯。閩力雖甚拮据，必能酌量緩急，以符定議。應請於海防額餉内作正開銷，查西洋各國，均以中國遣人赴彼學習爲和好證驗，前派幼童赴美國，英使即有該國大書院極多將來亦可隨時派往之語，秋間滇案議結時。臣鴻章面告威妥瑪以擬遣學生赴英學習，該使允俟總理衙門知照到日轉致本國外部。九月間，威妥瑪回國過晤，臣復與商明照辦，惟該國兵船定例稍嚴，聞日本近時已有七人在英兵船學習。臣在烟臺閱視洋操，即見有日兵武弁在英國鐵甲船隨同操演，今議學生分班送往，又有郭嵩燾等駐英商辦，當無礙難之處。至法使白來尼屢以日意格辦船有效爲言，此舉亦該使所深願，擬令該監學等率同學生於明年正月啓行，應請飭下總理衙門，迅速分别咨照英法駐京公使，令其轉達本國妥爲照料。臣鴻章於本年三月間，因洋員李勱協回國之便，派令武弁卞長勝等七人同赴德國軍營學習兵技，當時未派監督，心甚懸念。此次李鳳苞出洋，飭令該員按三月一次由輪車馳赴德國，兼查卞長勝等功課，並請總理衙門酌量照會德國駐京公使一體知照辦理。近自同治十二年籌遣幼童赴美學習之後，上年日意格回國，臣葆楨遣學生數名隨往游學。本年臣鴻章又遣卞長勝等赴德國學習，此次又派李鳳苞等率領學生分赴英法兩國，從此中國端緒漸引，風氣漸開，雖未必人人能成，亦可拔十得五，實於海防自强之基不無裨益。謹將臣等籌議船政學生出洋章程及經費數目，分繕清單，恭呈御覽，仰懇飭下總理衙門核准施行，得旨。下該衙門知之。

中國第一歷史檔案館《德宗景皇帝實録》卷四三《光緒二年十二月》 南洋

大臣沈葆楨等奏，選派候選道李鳳苞閩廠監督日意格，充華洋監督，率領閩廠前后堂學生，分赴法國官廠，學習製造，英國水師大學堂，及鐵甲兵船，學習駕駛。學生員數，以三十名爲度，肄習年限，以三年爲期。經費約共需銀二十餘萬兩，由閩省釐金閩海關洋税船政經費各項下匀撥，分年匯解，下所司知之。

「中央研究院」近代史研究所《海防檔》乙福州船廠《光緒三年二月十日總署收軍機處交出福州將軍文煜等摺閩海關洋税入不敷出懇請緩付船政欠款》 二月初十日，軍機處交出福州將軍文煜等摺稱，奏爲六成洋税撥款遞增，入不敷出，懇將船政經費前欠銀兩暫准停緩，據實核數，恭摺覆奏。仰祈聖鑒事。竊奴才承准軍機大臣字寄光緒二年十二月初十日奉上諭：吴贊誠奏，船政局造船經費，向由閩海關月撥六成四成洋税等因，欽此。奴才遵查閩海關洋税，自同治五年十二月起，每月奉撥船政經費銀五萬兩，留充製造之用，歷經遵照撥解。嗣因六成洋税撥款漸增，入不敷出，致難依期解完。光緒元年九月間，沈葆楨奏船政欠款請飭閩海關補籌足額一摺。奉上諭：福建船廠經費不敷。嗣後六成項下每月應解之五萬兩，著文煜先儘籌解等因，欽此。隨經奴才於是年十月間，核明全年洋税收支數目，六成項下，每年均有奉提京餉，歸補部庫墊發軍餉。又奉省捕盗兵費，以及司税辛俸部飯匯費通關支銷各項，合併核計，爲數不資，先儘船政，勢必顧此失彼。懇恩飭部確核，分別酌減議覆飭遵。前蒙俞旨，飭據户部會同總理衙門奏准，自光緒二年正月爲始，所有船政經費，由閩海關六成洋税内月撥銀三萬兩。四成洋税内，月撥銀二萬兩。仍令先儘批解船政衙門兑收等因。奴才於元年十二月二十七日奉到行知，遂自二年正月起，遵照奏案分别撥解，其舊欠元年九月至十二月船政經費銀二十萬兩，維時實因無款可撥，業經截數奏明有案。是以莫從撥解，此舊欠船費之原委也。所有續定解款，計自二年正月起，至六月止，均遵奏案按數解交。迨六月以後，則惟四成項下有款可解，截至十二月分，皆已照數解清，其六成項下，適上年奉旨飭解西征新餉。經奴才將月協雷正綰營軍餉，按有閏之年，全數解完銀二十六萬兩，顧此難免失彼，所以應解船政經費，自上年七月至年底，計六個月，共銀十八萬兩，均無存銀可撥，此新欠船費之實情也。所欠之銀，原當按數籌補，奚事瀆陳，無如六成項下撥款遞增。如總理衙門議奏籌備出使各國經費一款，行令各關自六十五結起，在於六成洋税每結提出十分之一，計閩海關全年四結約須提銀十三四萬兩。六十五結期内尚有騰挪墊解雷正綰軍餉十六萬，無款歸償，未經報銷，應就現徵項下彌補。綜核所入之銀，委實不敷所出。奴才再四籌思，實乏良策，業於附片陳奏墊解欠款各數目案内聲明，將本年正月起應解船政之款，仍就現徵洋税，集有成數，陸續解交在案。兹欽奉前因，奴才伏查本年所徵六成洋税，既當提撥出使經費，又須歸補墊解西徵新餉，合計比常年開支將次多銀三十萬。在常年無此二款籌撥，已形掣肘。本年多此兩項，竭蹶更不待言，而每年奉提支用各款案經户部核明，均屬要需，勢難分别酌減等因。自不能稍事延緩，奴才通盤核算，反復籌思，惟有請將船政經費自本年正月起，按月竭力籌解，所有前欠銀兩，請准暫行停緩，一俟解款稍紓，税課暢旺，仍當隨時補解清款。是否有當，謹恭摺由驛覆奏。伏乞皇太后、皇上聖鑒訓示，謹奏。

光緒三年二月初九日，軍機大臣奉旨，該衙門議奏，欽此。

「中央研究院」近代史研究所《海防檔》乙福州船廠《光緒三年五月七日總署收軍機處交出船政大臣吴贊誠摺鐵脅船告成並泰安輪船試洋情形》 五月初七日，軍機處交出船政大臣吴贊誠摺稱，奏爲鐵脅船告成，並「泰安」輪船試洋情形，恭摺具陳，仰祈聖鑒事。竊鐵脅船光緒二年七月十五日安上龍骨，「泰安」輪船十月十七日下水，業經臣先後奏明在案。本年三月下旬，據鐵廠委員報稱，鐵脅船船身自灰艙鑲鈴，及包裹銅板各工一律告竣。輪機已上輪，請諏吉下水。臣謹擇四月初三日致祭天后、江神、土神、船神，將船推送下水，擬名「威遠」，船内配七百五十四馬力新式卧機。在水線之下，係日意格購自外洋者。船身自前垂線至後垂線計長二十丈七尺一寸，闊自船舨極寬處量應三丈二尺一寸，戰枰至内龍骨計深一丈七尺八寸，船頭喫水一丈五尺四寸，船尾喫水一丈五尺九寸，辰下趕配鍋鑪、桅杆、銅管、煤艙。並帆纜等工，一經就緒，便可展輪試洋。「泰安」輪船下水後，經臣督飭廠員，昕夕趕工。桅帆、槍械、旗幟、號衣，及應配大小器具，一律完備。調原帶「萬年清」輪船補用守備周鳳震管駕，先於二月初一初四等日在塢前試輪。三月二十日駛出芭蕉試洋，船身完固，輪機靈捷，悉合成法。日内擬飭赴山東烟台差遣。東省原派飛雲輪船，元年十二月間回工修理，經丁日昌札留該船管駕官吴世忠辦理營務處，改派「萬年清」船前往。嗣據登萊青道龔易圖禀，「萬年清」船身稍長，於該處海口不甚相宜，請予另調，當以「泰安」船式於「飛雲」相埒，准予互換。惟船上應配大礮七尊。因經費支絀，艱於籌辦，已咨回東省自行購備，用資捍衛。至「萬年清」船行駛多年，機器鍋鑪均應大修。現調管駕連勝、輪船都司銜千總鄭溥泉酌帶弁勇到船接管，俟修理工竣，再將舵水人等照額募足。其建勝輪船委「揚武」練船未出洋學生把總陳毓淞管駕，理合會同兩江總督沈葆楨、閩浙總督兼署福州將軍臣何璟、福建巡撫臣丁日昌，合詞恭摺，由驛四百里馳陳。伏乞皇太后、皇上聖鑒訓示，謹奏。

光緒三年五月初八日，軍機大臣奉旨，知道了，欽此。

「中央研究院」近代史研究所《海防檔》乙福州船廠《光緒三年五月十三日總署收俄股抄付船政大臣吳贊誠函接辦臺防籌餉購器及船政經費支絀情形》 五月十三日，俄股抄付船政大臣吳贊誠函稱，敬肅者，贊誠忝司船政，將屆一年，未報涓埃，時虞隕越。月前曾赴澎湖校閲各船操練，適雨生中丞來澎會晤，察其病體難支，遂與同舟旋省，協同小宋制軍商籌台營月餉，及購辦外洋船礮軍火各事宜，尚未就緒。欽奉寄諭飭贊誠暫往接辦台防，聞命之下，無任惶悚。竊維台防關係東南大局，雨生中丞以全力經營，苦心規畫，大端雖已畢舉，成效尚待徐收，自顧菲材，何能勝此鉅任。伏念朝廷垂厪海防，爲臣子者敢不勉竭駑駘，冀酬高厚。現將廠事略爲部署，擬於二十五日坐「海鏡」輪船東渡，應如何籌畫布置，容到台察看後，隨時續陳，藉紓藎注。至籌防以裕餉爲要，練兵以利器爲先，計現在台防不下三十營，需餉甚鉅。各兵勇被榛莽，冒炎瘴，口食所需，皆致自遠處，時虞不給，故口糧斷難懸欠，槍砲水雷，實防禦所必需。若不預爲購儲，設一旦有事，外國皆守公法，不肯運售，或且以下貨居寄，器既務取精良，則價亦難概從減省。刻下籌商截留備用各款，已有眉目。另行會奏請旨，惟船政邇來製造，日求其新，而經費日形其絀，顧此失彼，貽誤可虞。如台防稍鬆，贊誠似仍當暫時回工，往來照料。上年七月間起造鐵脅及康邦輪機，洋匠半係新招，工徒皆非素習，稍一大意，往往既成復毀，工料虛糜。船工今已十稔，僅計百餘匹之兵船，不能製千餘匹之巨艦，法獨未備也。當出洋監督李道鳳苞暨日意格西行時，贊誠曾囑一抵法都，即校定一千七百匹馬力巡海快船圖式及應配料件，開單趕寄。現接電報，該監督及學生等於三月二十四日抵法之馬塞海口。前項圖式清單，計日可到，校勘後擬即起手仿製。惟籌工必先籌費，而海關月款，元年欠解二十萬兩，二年欠解十八萬兩，本年自正月迄今，六成項下又新欠十二萬兩。雖四成項下按月撥解二萬兩，杯水車薪，立見其涸，爲之奈何。第一號鐵脅船竭力趲工，始克依期下水，第二號所需鐵板銅管各料，已由外洋購到者，價脚未能給清，船殼應用之猶木，因費不應手，未遑辦購。且養船經費欠解十餘萬金，按月各船薪糧，尚須在於製船項下，設法挹注，度支如此其絀，工務如此其繁。贊誠所以須不時回工籌畫一切也。緣係藎厪，合肅上達，虔請鈞安。

「中央研究院」近代史研究所《海防檔》乙福州船廠《光緒三年九月三日總署收船政大臣吳贊誠文附摺稿一件片稿三件》 九月初三日，船政大臣吳贊誠文稱，竊照本大臣於光緒三年八月十三日，在福州府中岐工次，會同南洋大臣兩江總督沈、閩浙總督兼署福州將軍何、署理福建巡撫葆，恭摺具奏鐵脅船出洋並廠務情形一摺，附奏許道到工派稽查員紳一片，又附奏元凱等船調員管駕一片，又附奏千總陳春愷病故請卹一片，相應抄錄摺片稿咨呈。爲此，咨呈總理各國事務衙門，請煩察照施行。

照録清摺

奏爲「威遠」鐵脅船出洋，並廠務情形，恭摺仰祈聖鑒事。竊臣於本年四月十九日，業將「威遠」鐵脅船下水緣由奏明在案。八月初旬，據船廠委員報稱，「威遠」船上應需之桅桿、帆纜、鍋鑪、煤艙，以及調管等工，一律配寘完竣。業就隝前試輪三次，堪以定期試洋。當調現帶「飛雲」輪船儘先都司呂翰過船管駕，擇是月初八日臣力疾登舟，親督該駕弁於十二點鐘升火展輪，二點鐘駛至壺江，察看船身堅固，機器精良。臣因巨浪掀騰，病體難支，換坐「藝新」輪船先回，飭呂翰駕出白大洋面，次日申刻始返。據報一分鐘輪轉九十七週，順風順水每閲時約行八十里，尚覺穩捷，船上應設礮位七尊，經由外洋購辦，一俟運到，即行安配，用資捍衛。第二號鐵脅船於六月十九日安上龍骨，所用脅料，由廠自製，雖依圖仿樣，而工匠等體認平側，裁度繩尺，均能力求脗合造於自然。該船需脅一百四十八節，逐節製竣，現已配上一百脅有奇，尚覺曲中成法。所製七百五十匹省煤卧機一副，打鐵鑄鐵兩廠均已竣工。輪機廠磨刮工程得十分之八，合攏工程得十分之五。更有立機一副，模成起鑄，工程計亦得半。臣仍常川分飭趕造，以副要工。至「飛雲」輪船改調現帶「振威」輪船千總梁梓芳接管。「振威」輪船調現帶「藝新」輪船千總沈有恒接管，遞遺「藝新」管駕，查有「揚武」未出洋學生現充該船大副之千總許壽山。堪以拔令管帶，各經分札飭遵。所有「威遠」鐵脅船出洋並廠務情形，理合會同兩江總督臣沈葆楨、閩浙總督兼署福州將軍臣何璟、署理福建巡撫臣葆亨，恭摺由驛四百里馳陳，伏乞皇太后、皇上聖鑒訓示，謹奏。

再，准總理衙門咨稱，光緒二年十二月初二日，內閣奉上諭：直隸候補道許鈐身，著發往福建船政局差委等因，欽此。許鈐身遵於本年五月二十七日到工，查工次員紳，理應常川在廠，從前經派道府大員，專事稽查，設簿登記，考其勤惰，現在工程仍緊，當派許鈐身司稽查員紳之任。以昭慎密，理合會同兩江總督臣沈葆楨、閩浙總督兼署福州將軍臣何璟、署理福建巡撫臣葆亨，附片陳明。伏乞聖鑒，謹奏。

再，管駕「元凱」輪船海壇鎮總兵貝錦泉，現已赴任，所遺管駕事務，調現帶「伏波」輪船總兵銜補用副將貝珊泉接管。其「伏波」輪船調現帶琛航輪船儘先都司林國祥接管，遞遺琛航管駕。查有「海鏡」輪船大副儘先千總林高輝，堪以委令管帶。理合會同兩江總督臣沈葆楨、閩浙總督兼署福州將軍臣何璟、署理福建巡撫臣葆亨，附片陳明。伏乞聖鑒，謹奏。

再，五品軍功儘先千總陳春愷，在廠充當鑽匠首，經沈葆楨於船工告成案內，咨部拔奬令職，該弁在工十年，始終出力，今年七月二十三日，衝暑操作，暴病身故。寔堪憫惻，合無仰懇天恩，飭部照軍營立功後病故例從優議卹，出自逾格鴻慈。謹會同兩江總督臣沈葆楨、閩浙總督兼署福州將軍臣何璟，署理福建巡撫臣葆亨，附片陳明。伏乞聖鑒，謹奏。

「中央研究院」近代史研究所《海防檔》乙福州船廠《光緒四年正月九日總署收船政大臣吳贊誠文附摺稿一件片稿三件》 正月初九日，船政大臣吳贊誠文稱，竊照本大臣於光緒三年十二月十八日，在福州府中岐工次，恭摺由驛四百里馳奏製船養船經費兩絀，請旨飭下閩海關將軍及督撫設法籌解，以濟要工一摺。又會同兩江總督沈、閩浙總督兼署福州將軍何、署理福建巡撫葆，附奏派委候選道王葆辰接辦船政總監工一片，又附奏開復副將銜張清標免行送部引見，仍留廠當差一片。相應抄録摺片稿咨呈。爲此，咨呈欽命總理各國事務衙門，謹請查照施行。

照録清摺

奏爲製船養船經費兩絀，請旨飭下閩海關將軍及督撫臣設法籌解，以濟要工，恭摺仰祈聖鑒事。竊本年正月間，准福州將軍文咨，光緒二年十二月初十日奉上諭：船政經費均關緊要，必須源源接濟，以期毋悞要需，著文何丁酌度情形，分別緩急，將船政局造船養船兩款，儘先撥解，毋稍延緩，其欠解之款。並著隨時解清，俾資應用，欽此。

嗣准文咨會六成洋税撥款遞增，奏懇將船政經費前欠銀兩停緩，奉旨飭據户部會同總理衙門議奏，閩海關六成洋税，自上年七月至年底，計六箇月，共欠船政銀十八萬兩。請飭遵照上年十二月初十日諭旨，隨時解清，其自本年正月起，應撥四成六成項下船政經費。並令月清月款，不准再有絲毫蒂欠等因，奉旨，依議，欽此。欽遵各在案，仰見聖主眷念海防，慎重要工之至意。督臣何、撫臣丁、署撫臣葆，同抱公忠，深知費集始可程工，費絀必形棘手。祇緣閩省迭遭水患，關收減色，部撥加多，遂致船工月款，舊欠者杳無可指，新欠者日且遞增。核計製船項下，元二兩年已欠銀三十八萬兩，本年六成應撥者又欠銀一十二萬兩，養船項下截至二年十月底止，已由製船經費墊發銀一十一萬餘兩。自二年十一月起，截至本年十二月十七日止，各船薪糧等款共支發銀二十六萬餘兩。税釐局先後僅解銀一十五萬餘兩，計又墊發銀十萬餘兩，而煤炭之費，修船之費不與焉。臣查洋面風浪之險，無過台灣，且無泊船口岸，自防事興，各輪船周歷南北兩路。行駛已艱，迫進軍後山，連艘轉運，洶湧倍於山前，即當乘間拋停。而巨颶怒濤，四起衝激，或斫椗以避，或留火以防，顛簸磨盪，諸形喫重。因而船身易傷，帆纜易傷，水缸輪機亦易傷。幾於無役不修，所費工料，每船輕則數百金，重者萬餘金及數千金不等。從前船少而較新，今則船多而漸老，即如「萬年清」一船，爲時最久，均須逐件大修。「靖海」則全換船身，兼治機鑪。此外各船，往往接踵請修，日不暇給。且船多則多費薪糧，多糜煤炭，若養船本款充裕，儘可次第設籌。無如不敷已多，悉取資於製船本款，贏餘亦得從容兼顧，無如自瞻弗給，更分力於養船之需。竭蹶籌維，寔難措手。現在次號鐵脅船工程及半，正擬續將前購康邦立機配造木船，而木料購自外洋，因窘於費未能猝辦，海關月款祇有此數，即按期批解，亦僅足敷周轉，斷不能稍有餘存。況欠解者五十萬兩，挪用者又二十餘萬兩，前此遇有支絀，尚可向銀號錢莊籌借，指關款以歸還。邇來商景蕭條，且僉知關欠纍纍，告貸其誰相信。惟船政爲海防根本，關繫匪輕，倘因費絀工停，恐啓外人覬覦之漸。臣展轉焦思，悚惶彌切，查海關四成洋税項下，尚有所羸，原應解部，光緒元年六月間，經沈以六成解不足數，奏請將四成所餘四十萬兩，儘數撥濟船費，業奉恩准。所有本年六成項下欠解之一十二萬兩，惟有仰懇天恩逾格，飭下閩海關將軍於四成項下照數撥湊。嗣後六成如不及額，准予一律於四成劃解，其養船經費，並懇飭下督撫臣設法多籌，欠解之款，欽遵前奉諭旨，隨時解清，以重舟師，而全大局。理合由驛四百里馳陳，伏乞皇太后、皇上聖鑒訓示，謹奏。

再，候選道葉廷春，經臣於光緒二年九月間奏調來工接辦總監工在案。該員以母老多病，不克遠離，具稟辭退，未便强留。惟日意格已帶學生出洋，幫辦洋員斯恭塞格又已回國，廠中洋匠，必須駕馭得人，即各廠船工，尤必有提綱挈領者，方期日起有功。查有候選道王葆辰在工十年，品學優長，工程諳練，經沈葆楨於船工告成案內，以該員辦理中外交涉事務，操縱得宜，奏請獎敘。臣經札委該員接辦總監工，以資臂助，而重要工，理合會同兩江總督臣沈葆楨、閩浙總督兼署福州將軍臣何璟、署理福建巡撫臣葆亨，附片陳明。伏乞聖鑒，謹奏。

再，已革乍浦副將張清標，於同治六年間，經沈札調來工差遣。船工告成案內，奏請開復原官。嗣准兵部議復，該員前署黄巖鎮總兵任内，因縣城失守革職，克復台州各郡縣出力，准其免罪，此次應給予副將銜。光緒二年三月，准署福建陸路提督孫開華咨，承准兵部劄開。光緒元年十二月十三日奉旨，此次查辦武職廢員圈出之張清標等，著兵部帶領引見等因，欽此。遵經行知，旋據該員以盤川難以驟籌，稟請暫緩請咨赴部，當即咨明兵部查照各在案。茲准兵部咨催，飭據該員稟稱，從前在洋巡緝，積受寒溼，脾胃過傷，邇來年力就衰，舊恙時作。現在工次，尚可力疾從公，若勉强赴都，不勝長途跋涉，懇請奏咨免予北上等情。臣細加查核，係屬寔在情形，合無仰懇天恩，俯准該員張清標免行送部引見，仍留船廠當差，出自逾格鴻慈。理合會同兩江總督臣沈、閩浙總督兼署福州將軍臣何、署理福建巡撫臣葆亨，附片陳明。伏乞聖鑒，謹奏。

「中央研究院」近代史研究所《海防檔》乙福州船廠《光緒四年正月九日總署收船政大臣吴贊誠涵船政經費支絀及擬造巡海快船並出洋學生入學等情形》

正月初九日，船政大臣吴贊誠函稱，敬肅者，竊贊誠閩廠督工，瞬將兩載，遠叨鈞誨，藉獲遵循，私衷時深感佩。本年鐵脅船成，雖止一號，而各船接續大修，工費頗繁。緣廠中成船既多，閲歲已久，雖當日工料堅寔，而多經風浪，難免損傷。自台防事起，各船輪流轉運，曾不少停，台洋急溜東趨，風浪最惡，且少泊船口岸，南北兩路，行駛已艱，而後山洶湧，倍於前山，謹慎十分，亦難免時有損舵失錨之事。而船身簸盪，尤易受傷，修船之費日增，養船之款又絀，東西挪墊，周轉殊難，製造工程因之牽掣。閩中督撫藩司，未嘗不思顧全大局，無如税釐日減，部撥加多，寔有無可籌挪之勢。海關六成一項，短絀過多，即令旺徵，亦難足額。惟查四成一項，間有贏餘，擬請嗣後應解製船經費，每結六成不足，即儘四成贏餘劃解。業已具疏上陳，籲求恩准，疏稿另牘咨呈督照在案。擬造二千六百疋馬力巡海快船，洋監督日意格已令學生在外洋繪算圖表。現因學生送入官學，繪算尚未完妥。又送地中海洋廠校正確準，方可寄回摹製，而監督李鳳苞近日來書又稱，英國格拉司哥廠所創每點鐘能行廿五英里之快船，尤爲精利。惟製法秘奥，須先派學生入廠學習，而後能按圖仿造。已函囑其先購總圖寄回，再爲察酌辦理，學生在英國考入格令尼次官學者六人，入琴士大官學者一人，上狄分司等鐵甲船者三人，上伯里洛分等兵船者三人，在法國入削浦官學者四人，其餘尚在地中海等處民學民廠内學習。惟第二年出洋經費，僅海關解到銀一萬六千餘兩。其閩省税釐局應解之三萬三千餘兩，現尚無款撥解，船政認出之一萬六千餘兩，亦因費絀無從凑匯，尚須設法另籌。「揚武」兵船又需大修，估費頗鉅，開春即當趲辦，閩中冬節後，陰雨連旬，嚴寒特甚，糧價驟漲，民食多難，幸地方洋面均甚平靖。知系藎廑，合併附及，肅泐，敬請勛安。

「中央研究院」近代史研究所《海防檔》乙福州船廠《光緒四年六月十七日總署收船政大臣吴贊誠文附摺片稿各一件第二號鐵脅輪船下水並廠務情形》

爲第二號鐵脅輪船下水，並廠務情形，恭摺具陳，仰祈聖鑒事。竊臣於三年八月十三日，業將第二號鐵脅船六月十九日安上龍骨情形奏明在案。本年五月初旬，據船廠委員報稱，船身自灰艌鑲鈴，以及包裹銅板各工，一律告竣。輪機亦已上船，請諏吉下水。臣謹擇是月十九日，致祭天后、江神、土神、船神，將船推送下水，擬名之曰「超武」。船内配七百五十匹馬力新式卧機，氣鼓在水線之下，船身自前垂線至後垂線計長二十一丈七尺一寸，闊自船舨極寬處量應三丈二尺一寸。戰枰至内龍骨計深一丈七尺八寸，船頭喫水一丈五尺四寸，船尾喫水一丈五尺九寸，均與「威遠」輪船相同。所有鐵脅、鐵樑、鐵牽、鐵龍骨、鬥鯨，及所配輪機，均係華工按圖仿造。視「威遠」經始時，手技較熟，原可剋期蕆事。祗緣月款支絀，不免懸釜待炊。臣覩省門窘迫情形，因將匠丁酌量裁撤，以期節省。督飭留工者併力趕作，料件則權其緩急，次第購辦。計自動工以迄下水閲十一箇月，較之威遠，竣工稍遲。但望此後關税旺收，源源解濟，庶工料應手，自無延曠之虞。臣現飭廠員將該船鍋爐、桅桿、銅管、煤艙、帆纜、槍械等件，趕配完備。一經就緒，當即選派管駕，展輪試洋。從前廠製各船，艙内截堵鐵板，船底銅板，及爐内烟管，皆來自外洋，動需時日。閩省所産熟鐵，以之拉製鐵板，尚覺堅韌適用。惟火爐機器，力量較小，長止能拉至九尺有零，闊則三尺左右。臣經飭出洋監督日意格招募拉銅洋匠曰赫莫，拉鐵洋匠曰墨士勃日，均給月薪洋平番三百元，安家來費悉照舊章給發。赫莫到工後，悉心教導，拉成銅板二千五百餘片，現用作第二號鐵脅船底，堅緻異常，與洋製相埒。銅管機器，洋廠居爲奇貨，不肯出售。赫莫請繪圖自製，製就後安置妥帖，方可興工。墨仕勃日將拉鐵舊軸略爲更易，已可拉一丈二尺餘長。現擬添製能拉二丈餘長、六尺餘澗之碾軸機架。如果有成，鐵脅船所需之截堵板，毋須購諸歐洲，即將來製造鐵皮船亦較易集事。前學堂洋教習，曰德尚，曰邁達。德尚月薪二百五十兩，教老班學生，邁達月薪二百兩。教新班學生，各能循循善誘，生徒學業，均有竿頭日進之象。後學堂另延管輪洋教習穆勒登，去年十二月到工，月給薪銀二百兩。經選粵童八人，閩童二十一人，入堂肄業，內有四人本係輪機廠藝徒，向習法文法語。現令兼習英文，每日堂課畢，該教習率帶諸童到廠學習合攏技藝。臣竊以現在出洋之製造生徒，皆不能通英語，專在法廠學習，尚恐囿於一偏。此班學生如果藝成，不獨用爲船上管輪，且可備將來選赴英廠學工，藉以廣儲才技。所有第二號鐵脅船下水並廠務情形，理合會同兩江總督臣沈葆楨、福州將軍臣慶春、閩浙總督臣何璟、署理福建巡撫臣葆亨，恭摺由驛四百里馳陳。伏乞皇太后、皇上聖鑒訓示，謹奏。

「中央研究院」近代史研究所《海防檔》乙福州船廠《光緒四年七月七日總署收軍機處交出船政大臣吴贊誠摺第三號鐵脅輪船興工》 七月初七日，軍機處交出船政大臣吴贊誠摺稱，奏爲第三號鐵脅輪船興工，恭摺具陳，仰祈聖鑒事。竊臣於五月二十八日，業將第二號鐵脅輪船下水，並廠務情形具奏在案。光緒元年二月間，船政監督日意格回國，經沈葆楨奏明飭令於英廠購買七百五十匹馬力康邦新式卧機立機各一副，其卧機已配「威遠」船上，立機不佔艙位，利於裝貨，亦經由廠合攏。因窘於經費，未能猝辦。臣於上年十二月十八日具奏製船養船經費摺內，曾經陳明。本年春間，業省需糧，「永保」、「海鏡」等舊式商船，儘數撥往，濟運亦尚得力。若再配以康邦新式立機，遇有急需，轉運必更迅捷。臣前擬造一千七百匹馬力巡海快船，地中海洋廠監工核覆須改爲二千四百疋馬力，方可適用。目下圖表未全寄到料價尚須另籌，一時未能起手。廠中工程稍鬆，當飭洋匠就威遠超武鐵脅兩船原圖，酌改爲商船式樣。據稱，但於船面前後拓蓋艙棚各一段，爲管駕大副諸人住所船內之艙地，可以益擴，餘與兵船之制仍同。入月以來，拉鐵洋匠已拉便鐵脅三百餘枝，龍骨套板各鐵片，亦據鐵脅廠委員稟報製造竣工。當於本月十三日，臣親詣船臺安上龍骨，船殼竣後，即配以日意格所購之立機。其所需戰枰板內外舨板，應用外洋楢木前因經費奇絀，未遑預購。現與洋商訂立合同，由暹羅搜致運濟，一面由香港上海兩處覓訪尺寸合度者，先行購應冀副要工。至此項立機，已飭在廠華工摹圖仿造，藉收圖新之效。所有第三號鐵脅輪船興工緣由，理合會同兩江總督臣沈葆楨、福州將軍臣慶春、閩浙總督臣何璟、署理福建巡撫臣葆亨，合詞恭摺由驛四百里馳陳。伏乞皇太后、皇上聖鑒訓示，謹奏。

光緒四年七月初五日，軍機大臣奉旨，知道了。欽此。

「中央研究院」近代史研究所《海防檔》乙福州船廠《光緒四年九月十六日總署收署福建巡撫吴贊誠文録送超武鐵脅船試洋並廠務情形教造鐵脅洋匠限滿回國請給獎賞請卹病故法國出洋學生等摺片稿》 九月十八日，軍機處交出吴贊誠片稱，同治十三年十二月間，沈葆楨奏請飭日意格回國購買鐵船脅，並康邦卧機立機各一副，隨帶洋匠前來教導在案。先是台防有事，日意格請將前屆限滿未歸洋員舒斐留製砲子。嗣因議造鐵脅，改充輪機監工，並募洋員匠古都阿、蘇法熱、嘉部勤、克勤涅、河貝順凡五人，先後到工。嘉部勤三年五月初六日，舒斐三年七月二十五日，先經資遣回國。古都阿等自二年七月十五鐵脅開工之日起，按照外國月日，扣至三年七月二十五日限滿，臣以華工放手自造。雖有把握，更得洋師監視，庶幾益密益精，因予展限一年，以收成效。克勤涅本年七月初四日病故，賞卹如例。古都阿、蘇法熱、河貝順，八月初六日二次限滿，回費犒薪亦如例。伏查該員匠等跰踵重洋，宣勤中土，深堪嘉尚，古都阿、蘇法熱，尤爲循循善誘。喜觀成之有日，願懋賞之優加，可否籲懇天恩，准照前屆船工限滿洋師克林等請獎成案，將古都阿、蘇法熱，各賞給五品銜並金牌，以示鼓勵，出自逾格鴻慈。理合會同兩江總督臣沈葆楨、福州將軍臣慶春、閩浙總督臣何璟，謹附片陳明。伏乞聖鑒訓示，謹奏。

光緒四年九月十七日，軍機大臣奉旨，著照所請，該衙門知道，欽此。

吴元炳《沈文肅公政書》卷七《海防成案礙難掣動船政支絀設法通融摺光緒五年二月初八日》 奏爲海防成案礙難掣動，船政支絀，設法通融，恭摺馳陳，仰祈聖鑒事。竊臣准船政大臣吴贊誠咨，光緒五年正月十八日具奏，製船養船經費兩絀一摺，請以閩海關應解南北洋海防經費，撥補欠解船廠之項。嗣後如六成洋税不敷，一律於四成應解海防銀內，劃解等因。咨會查照前來，臣查南洋海防經費自定議後，屢有變遷，直至上年春間，始經臣奏定，仍解南洋，除接濟晉豫賑項外，應解南洋者，祇有原定十分之五。各省釐金項下，解者寥寥。南洋經費，本已有名無實。浙江撫臣梅啓照曾函商，臣處擬留南北洋經費，爲供應輪船之需。臣以大局攸關，未敢照辦。玆船政大臣吴贊誠，又有是請自因閩省籌款支絀，爲此不得已之舉。臣承乏船政多年，其中爲難情形，知之最深，自應互相維持，豈敢劃分畛域。惟查福建船政經費定章，於六成洋税項下撥用，並於四成洋税内，亦有按月額撥之款。若舍定額應撥之項，而爲借款劃補之舉，恐各省紛紛請留，掣動全局。是船政之所得者甚少，南北洋之所損者實多。目前船政經費製船居其半，養船居其半。船日多，則費日增。與其留南洋之費，爲養船之需，不如移閩廠之船，就南洋之餉。江南操練輪船，本苦不敷，如果多撥數號，赴江應用。其養船之費，即於南洋經費項下開支。庶船政用款，稍可從容，海防全局不至掣動，彼此兩無所損，而於自强之道，稍有裨益。且使從前奏定之案，不致廢於半途。除函致船政大臣吴贊誠外，理合由驛四百里馳陳。伏乞皇太后、皇上聖鑒訓示，謹奏。

「中央研究院」近代史研究所《海防檔》乙福州船廠《光緒五年二月八日總署收軍機處交出船政大臣吴贊誠抄摺懇飭閩省籌解船政經費》 欽遵在案，仰見聖主肅海綏邊，力圖自强之至意。臣維船政與海防相表裏，海防持久而不敝，船政亦宜日起而有功。同治十三年，臺灣事興，護送兵勇、轉運軍裝、接濟糧食，均由輪船直達重洋，尅期而集。後山浪湧，倍於前山，泊各軍深入，陸行則山道艱難，舟行則商艘畏憚。總兵孫開華、吴光亮諸軍，前年克阿棉納納，去年克加禮宛等社，濟師窮域，舍輪船無以應征調之機。從前南北各洋，盜艇出没，自牛莊、天津、江甯、甯波，及閩省之福甯、海壇、厦門、臺灣。南北分派「湄雲」、「鎮海」等船，駐紮梭巡，疊獲巨盜，海氛稍戢，商旅便之。去年晉豫旱災，待賑孔急。臣派「海鏡」、「永保」、「琛航」三船，會同招商局各艘，分赴金陵、上海、牛莊，接裝米麥，大幫賑務得以應手。近年省厦洋面，華商遇險，無不派船拖帶。即外洋船支遭風擱淺者，亦往往倉卒乞援。臣立飭拔椗前往，或拯其人口，僉以化險爲夷。具函致謝，是不特杜藉端需索之口，且上示朝廷柔遠之仁。凡此數端，皆海防船政相輔而行者。現在内地匠徒放手自造，均有端緒，尤寡宜力求擴充，俾臻精密。無如製船經費項下，元二三等年，共欠解銀五十萬兩。四年分六成應撥者，又欠銀一十八萬兩。養船項下，自三年四月起，截至四年十二月底止，由製船經費墊發薪糧，約銀二十八萬餘兩。既左支而右絀，復挹彼而注玆。無論難爲展拓之圖，即循守成規，已屬竭蹶萬分。閩省頻年水患，釐税短絀，撥款日增。臣深知度支爲難，如其稍可撑持，自當酌盈劑虚，何敢再三瀆請。實因積欠較多，甚有懸釜待款之慮。去年經將工匠極力裁汰，目下留工者，皆不可少之人，應備者皆不可緩之料。使釜斤中輟，殊員十餘年締造苦心，且匠徒遣散後各自營生，再集良非易易。至應修之船，幾無間斷，亟予整治，則舊質尚可生新。任令抛停，則擱廢亦殊可惜，況駕駛將弁，効力海上，衽席風濤，額領薪糧，亦應按月籌支，未忍令其枵腹。竊維海防之機宜，以船政爲關鍵。既蒙聖慈准照部臣所議，由海防經費項下籌商移撥，以濟萬難，所有閩海關欠解四年分六成銀一十八萬兩。合無仰懇天恩逾格，飭下閩海關將軍就於四成應解南北洋海防經費項下，照數撥補。嗣後六成如不及額，一律就於四成應解海防銀内劃解。其養船經費，並請飭令督撫臣設法多籌，從前欠解之款，均欽遵前奉諭旨，隨時分别解清，以重舟師，而全大局。理合由驛四百里馳陳，伏乞皇太后、皇上聖鑒訓示，謹奏。

光緒五年二月初七日，軍機大臣奉旨，户部速議具奏，欽此。

「中央研究院」近代史研究所《海防檔》乙福州船廠《光緒五年二月十七日總署收户部文附抄摺一件請飭閩省將軍督撫不得延欠船政月款並請飭船政大臣嗣後製造輪船務須嚴立保固年限》 臣等伏查閩省船政經費，前經户部奏明，自同治五年十二月起，准於閩海關六成洋税項下，每月撥銀五萬兩，留充製造之用。嗣據福州將軍文煜奏，將洋税核實截數，請飭核議。經臣等會議，自光緒二年正月爲始，所有船政經費，由閩海關六成洋税内，月撥銀三萬兩。四成洋税内，月撥銀二萬兩。先儘批解船政衙門兑收。光緒四年正月間，據船政大臣吴贊誠奏，請將三年六成項下欠解一十二萬，於四成項下照數湊撥。並請嗣後六成如不及額，一律於四成劃解。其養船經費，懇飭督撫臣設法多籌。欠解之款，隨時解清等情。經臣等會議，所有三年分欠解船政銀十二萬兩，仍於六成項下趕緊撥解。嗣後製船經費，應遵照奏案。於六成四成項下按月籌解，不准再有蒂欠，其養船經費，亦令寬爲籌備。積欠之款，陸續解清。如實因經費支絀，萬分爲難。並請飭下船政大臣咨明南北洋海防大臣，於海防經費項下籌商酌濟。由南北洋大臣奏明辦理，不得藉口於餉需短絀，停誤要工等因。奏准行知遵照各在案，誠因船政爲海防之一端，製造輪船業已著有成效。自當認真經理，俾底精良。是以奏令船政大臣咨明南北洋大臣，於海防經費項下籌商酌濟，由南北洋大臣奏明辦理。玆據該大臣奏請，將閩海關欠解四年分六成銀一十八萬兩，就於四成應解南北洋海防經費項下，照數撥補等情。查船政固海防要務，而海防經費需用甚多，不僅造船一事，所有閩海關四成項下應解海防銀兩，能否提撥銀一十八萬兩解充船政經費。臣等無從懸揣，相應請旨飭下船政大臣遵照前奏，速行咨商南北洋海防大臣奏明辦理，以重要工。至原奏聲稱，嗣後六成如不及額。一律於四成應解海防銀内劃解一節。查船政經費，向於閩海關六成項下。月撥銀五萬兩。自奏准於四成項下按月改撥銀三萬兩，計每年六成項下可節省銀二十餘萬兩，解款自當稍紓。且歷奉諭旨，均以船政緊要，先儘籌解爲急，自不應尚有蒂欠。並請飭下福州將軍，閩浙總督，福建巡撫，嗣後閩海關六成項下應解船政經費，務須月清月款，不得再有延欠。並將養船經費設法多籌，從前欠解之款，陸續解清，俾製船養船得以從容籌備。無令拮據，是爲至要。再原奏聲稱，應修之船，幾無間斷等語。查製造船隻，自應工堅料實。雖海面風濤不測，如果船身堅固，亦何致時待興修。況經費有數，修船之費愈多，則造船之費愈少，安能擴充添製，多資應用。應再請旨飭下船政大臣，嗣後製造輪船，務須明定章程，嚴立保固年限。如限内損壞，責令賠修，不得動用正款。並將章程奏明立案，以重帑項，而專責成。所有遵旨速議緣由，謹恭摺會陳。伏乞皇太后、皇上聖鑒。再此摺係户部主稿，會同總理各國事務衙門辦理，合併聲明，謹奏。

「中央研究院」近代史研究所《海防檔》乙福州船廠《光緒五年閏三月四日總署收軍機處交出船政大臣吴贊誠摺假期屆滿病猶未痊請開船政差使》 閏三月初四日，軍機處交出船政大臣吴贊誠摺稱，爲微臣假期屆滿，病未就痊，籲懇天恩賞開船政差使。恭摺陳明，仰祈聖鑒事。竊臣正月十八日奏明驟患急證，請假調理，欽奉恩旨賞假一個月。臣仰荷聖慈，感激無地，亟思加緊醫治，速就痊可，得以勉圖報效。惟臣當繕摺時，風眩漸定，方謂已有轉機。因由省回工，冀内患既清，左手左足，雖形牽掣，就外醫治，便可日痊，乃連日服藥，兼以湔熨，筋絡稍舒，手足畧能運動，不數時而仍然蹇滯。工次地方荒僻，既無良醫，亦無良藥，且負山面江，風勁濕重，水土不服，病體愈爲之不調。據醫云，病之起伏無常，仍係積受風邪，深入腠理，須易地静養。内劑外灸，方可望漸次平復，斷不能剋日見功。竊念臣待罪船工，已深惶悚，濫膺卿秩，復荷生成。但使稍可支持，方將竭盡駑駘，期答鴻慈於萬一。乃假限已屆，病尚未痊，有時强起披閱案牘，而頭重目眩，閱未半神輒瞀亂。廠中公事，提調道吴仲翔暫代經理。遇有要件，臣亦力疾與之商辦一切。雖幸無曠誤，惟臣精力實在不支，黽勉從公，則雖專事醫藥，悉心調攝，則難兼顧工程。臣自受事以來，遇病每自撑持，從未敢稍躭安逸。此次心力相違，勢難速效，一身之疾猶輕，公事之繁甚重。躊躇再四，惟有瀝懇天恩，俯念臣嬰病已逾兩月，療治久未見功。准開船政差使，賞假兩個月。俾臣赴江南訪求良醫，穩易水土，冀得漸痊。後此有生之年，皆係聖主所賜。至船政關係海防，交涉中外，應懇簡派賢能接辦，以重工務。臣倘蒙天庇，得以就痊，即當泥首宫門，求賞在都供職。藉抒犬馬報效之忱，不勝瞻闕待命之至。所有微臣病未就痊，請開船政差使緣由，謹專摺陳明，伏乞皇太后、皇上聖鑒訓示，謹奏。

光緒五年閏三月初四日，軍機大臣奉旨，吴贊誠著賞假兩個月，毋庸開船政差使。所有船政事務，著交吴仲翔暫行代辦，欽此。

「中央研究院」近代史研究所《海防檔》乙福州船廠《光緒五年六月二十九日總署收軍機處交出光禄寺卿吴贊誠抄摺臚陳輪船難於立限保固賠修實情》 六月二十九日，軍機處交出光禄寺卿吴贊誠抄摺稱，爲修理輪船立限，事多窒礙，臚陳實在情形，恭摺仰祈聖鑒事。竊准户部咨，製造船隻，自應工堅料實。雖海面風濤不測，如果船身堅固，亦何致時待興修。於會議復奏製船養船經費支絀摺内，請旨飭下，嗣後製造輪船，務須明定章程，嚴定保固年限。如限内損壞，責令賠修，不得動用正款，並將章程奏明立案等因。五年二月十五日具奏，奉旨，依議，欽此。仰見聖主慎重要工，自應欽遵辦理。臣維輪船之大宗有四，曰船身，曰船機，曰水缸，曰帆桅。其隸於船身者，曰龍骨，曰鬬鯨，曰套輞，曰脅骨，曰舨板，曰戰坪，曰截堵，曰望台，曰舨梯，曰艙梯，曰舢板，而尾柁、錨練、椗車、柁車、向盤、礟門、礟轍屬焉。隸於輪機者，曰氣鼓，曰氣罨，曰氣餅，曰氣筒，曰開車機，曰轉輪臂，曰轉輪軸，曰冷水櫃，曰四葉輪，曰大車軸，而氣表、號筒、水龍、水抽拔機、套環屬焉。隸於水缸者，曰火爐，曰氣道，曰烟筒，曰煙管，曰轉氣筒，曰脱氣筒，曰進水筒，而水管、氣管、煤艙、水櫃、風筒，及驗水機之玻璨管屬焉。隸於帆桅者，曰天篷，曰遮陽，曰横擔，曰側杆，曰綼索，曰繚索，曰收帆索，曰開帆索，曰舢索，曰錨梯索，曰鐵索梯，曰油索梯，曰索髻，曰索串，曰轆餅，而帆套桅衣、向水杆、舢板桁屬焉。此外件數甚繁，名目不一，究難枚舉。閩廠之造船身也，先經洋匠教導，選材必精，稍有瑕疵，概擯勿用。自船底以至戰坪，密鈴、銅鐵釘栓三萬餘枝。長者丈餘，短亦一二尺。龍骨則鑲以銅夾，水底則裹以銅皮，脅骨横樑，既嵌鐵牽，復鑲鐵肘。雖至庖厠之細，居楔之微，亦必力求堅固。洋匠撤後，華工恪守成法，罔敢或渝，年來改製鐵脅，造法雖殊，而工料之堅，則與從前無異。輪機則銅鐵諸件，皆幾經提鍊成胚，成胚矣而後車光，車光矣而後較準，較準矣而後刮磨，刮磨矣而後合攏，所以精益求精者，防一絲之溢，一隙之疏，或礙全體耳。水缸則需鐵板百餘片，厚至五分三釐至三分五釐不等，平向者務取精良，轉摺者尤求堅韌。工竣驗試，能勝火力，不漏湯氣，乃稱完善。至於桅杆帆布，以及繩索之屬，皆取材於歐洲諸島。開廠以來，工匠習於西法，非精者不敢用，亦不能用也。就其常者言之，輪機最爲經久，船身次之，水缸又次之，桅帆繩纜又次之。然船身灰艙，時有剥落。輪機轉拔受力之件，時有鬆蝕。水缸之氣道烟管，時有滲漏。風帆繩索，時有綻裂。儻遇暴風，則桅傾柁摺，鍊斷錨沈，舢板漂没，舷梯衝失，往往有之。駕駛者持滿磅火力以敵風力，於驚濤駭浪之中，衝突摩盪，震撼掀騰，則船身傷，輪機傷，水缸尤傷，而帆索之受傷，更無論矣。蓋屬於人者，可豫爲防。屬於天者，難以逆料也。夫派駐他省之船，或間年而後修，或兩三年而後修，或今歲修此件，明歲修彼件，或此件數年一修，或數年未修。緣南北各洋，駕駛者可以測驗天時，較有把握。獨臺灣洶湧極惡，頃刻變幻，出人意外，往往卜晴而出，遇澳將停，而颱颶猝來，展輪莫及，後山之險，倍於前山，後者寄椗無從，淺者觸礁可慮。當夫發危候於瞬息，争性命於呼吸，借而脱險，已爲天幸。此其境固臣所親歷，而非駕弁張皇其説爲諉卸地也。是以同治十三年，沈葆楨奉命巡臺，即奏明船隻難保無傷損之時，飭船將應備物件，加緊配製，以待不時更换。竊計歷年以來，赴臺各船，有此蹚修而次蹚復修者，有此船修而彼船亦修者，皆出於不容已也。今欲立定限期，則船身等四項，幾年小修，幾年大修，幾年摺造，既難明定章程。而四項中各有所隸，不下數百件，更難逐一區别。況同一船身，有木脅鐵脅之殊。同一輪機水缸，有老式新式，立機卧機之别乎。天下事亦求無弊耳，拘尋常文法以律輪船，必有已届修而不必修，未届修而不容不修者，不必修而報修。廠員駕弁具有天良，斷不致有此舉動。不容不修而竟格於成例不得言修，因而不敢言修。遷就於目前，必至貽誤於後日。其害曷可勝言。至若責令賠修，則以不得已之故，竟致負累，既罰非其罪，彼衹席風濤者，月薪無多，迫至賠繳不前，多方催追，徒延時日，於事究屬無濟。而船隻更不免擱朽之虞。臣愚以爲程功固宜節費，立法亦貴準情。擬請嗣後每船稟修時，驗係駕弁將事不慎立予參辦外，果因歷時已久，或遭風遇險，人力難施，以致損壞，仍予動款修理。所有部議立限之處，合無仰懇天恩逾格，免予舉行。臣待罪船工，當此籌款萬難，固不敢稍事虚糜，亦不敢少存迴護。良以責嚴則窒，法密轉窮。惟有據實陳明，冀收舟師之益。所有修船礙難立限緣由，謹會同兩江總督臣沈葆楨、福州將軍臣慶春、閩浙總兼署福建巡撫臣何璟，合詞恭摺附驛陳明，伏乞皇太后、皇上聖鑒訓示，謹奏。

光緒五年六月二十九日，軍機大臣奉旨，著照所請，户部知道，欽此。

「中央研究院」近代史研究所《海防檔》乙福州船廠《光緒五年六月二十九日總署收軍機處交出光禄寺卿吴贊誠抄摺第三號鐵脅輪船下水並廠工情形》

六月二十九日，軍機處交出光禄寺卿吴贊誠抄摺稱，爲第三號鐵脅輪船下水並廠工情形，恭摺具陳，仰祈聖鑒事。竊臣於四年六月十五日，將鐵脅船安上龍骨，並配康邦立機，仿照商船造法情形奏明在案。本年五月中旬，據船廠委員報稱，船身自鑲鈴灰艙，以及包裹銅板各工，一律告竣。輪機亦已上船，請諏吉下水。臣謹擇六月初三日，委提調道員吴仲翔恭代致祭天后、江神、土神、船神，將船推送下水，擬之曰康濟。船身自前垂線至後垂線計長二十一丈七尺一寸，闊自船舷極寬處量應三丈一尺一寸，戰坪至内龍骨計深一丈七尺八寸，船頭喫水一丈五尺四寸，船尾喫水一丈五尺九寸，配七百五十匹馬力康邦省煤立機，不佔艙位，利於裝貨。其鍋鑪前經日意格連前項立機同時購到。嗣因超武所配卧機，廠中仿造已便，而鍋鑪鐵板，甫由外洋辦運到工，製造需時，經將前項購便鍋鑪，先行移用。一面飭廠按式自製，以備該船之需，辰下工作已竣，堪以裝配。並趕辦桅杆、煙筒、煤、船艙、銅管，以及帆纜等工，一經就緒，便可展輪試洋。前准兩江督臣沈葆楨來函，以江防需船，請予調撥。本擬以「揚武」、「威遠」二船應之，而海防正值喫緊，閩洋未便空虚。現將廠製第二副卧機配造第四號鐵脅兵船，以備撥往。經飭該廠將龍骨並前後鬬鯨各鐵件，趕備齊全。本月初七日，委提調吴仲翔代詣船臺，安上龍骨，次第興工。但望關税起色，源源接濟，庶免延曠之虞。前募拉鐵洋匠墨仕勃日，教導限滿，業於四月間回國。鐵脅鐵樑鐵牽及船艙鍋鑪，應用四尺零闊之鐵板。華均能自製，其六尺餘闊之碾軸，鼓鑄已就，正在車光，將來安置機架，果堪拉造，成效更有可觀。拉銅洋匠赫莫，銅板銅條銅線之工，均各精良。惟銅管拉機，外洋不肯出售，衹就廠中機器添改拉製。雖成數十枝，究未能靈捷應手。該洋匠亦届限滿，當飭回國。令華工就其所授成法，且自仿造。當再購致外洋機器，期盡能事。駕駛學生現選首班八名，飭上「揚武」輪船，以資練習。製造及管輪學生，亦日有精進，各洋教習均能循循善誘，不忮所傳，足收廣植人材之益。所有第三號鐵脅輪船下水並廠工情形，理合會同兩江總督臣沈葆楨、福州將軍臣慶春、閩浙總督兼署福建巡撫臣何璟，恭摺由驛四百里馳陳，伏乞皇太后、皇上聖鑒訓示，謹奏。

光緒五年六月二十九日，軍機大臣奉旨，知道了，欽此。

「中央研究院」近代史研究所《海防檔》乙福州船廠《光緒五年六月三十日總署收軍機處交出船政大臣吴贊誠抄摺各船添設砲勇以資操練》 六月三十日，軍機處交出船政大臣光禄寺卿吴贊誠抄摺稱，再閩廠輪船礮勇一項，經奏定二百五十四馬力者，額設二十六名。一百五十四馬力者，額設十名。八十四馬力者，額設六名。同治十三年五月間，臺防吃緊，沈葆楨奏明二百五十四馬力者，增五十名。一百五十四馬力者，增四十名。八十四馬力者，增三十名在案。「揚武」輪船係二百五十四馬力，額設並續增共七十六名。光緒元年九月改作練船。延募洋教習，帶同駕駛學生上船練習，不設礮勇。二年十二月，洋教習回國，學生仍回學堂聽候出洋。該船委記名總兵吴世忠管帶，復飭募配礮勇六十名。三年十月，因海防安謐，經費支絀，飭裁三十四名，仍留原額二十六名。其一百五十四馬力之「萬年清」、「飛雲」、「濟安」，八十四馬力之「福星」、「振威」等船，續經添募者，均於三年間，先後裁撤。現在籌辦洋防，更應認真操練，原額礮勇，仍不敷調遣。當飭揚武先增四十名。「萬年清」、「飛雲」、「濟安」、「威遠」，各先增二十名。「福星」、「振威」，各先增十五名。責成各管駕官迅募登舟，勤加訓練。「揚武」、「威遠」募補後，即於五月十七、二十一等日，先後赴吴淞口合操。臣一面隨時察看緩急，酌量添募，以臻周密，而壯舟師。理合會同兩江總督臣沈葆楨、福州將軍臣慶春、閩浙總督兼署福建巡撫臣何璟，合詞附片陳明，伏乞聖鑒訓示，謹奏。

光緒五年六月二十九日，軍機大臣奉旨，知道了，欽此。

「中央研究院」近代史研究所《海防檔》乙福州船廠《光緒五年六月三十日總署收軍機處交出船政大臣吴贊誠抄摺請飭福州將軍督撫迅撥船政經費》 六月三十日，軍機處交出船政大臣光禄寺卿吴贊誠抄摺稱，再製船經費，向仰給於閩海關，養船經費，向取資於税釐局。前經奏奉諭旨，飭令儘先撥解在案。近來税釐短絀，部撥增多，以致解不應時，積欠甚鉅。臣局無可籌挪，只得極力節省，遇緊要必需之料，暫向洋行賒取，急待款到清還。本年自正月起，截至五月底止，製船項下支發匠工料價二十萬餘兩。海關僅解到正月至五月四成洋税銀十二萬兩。正二兩月，六成洋税銀六萬兩。養船項下支發薪糧等項，銀七萬餘兩。釐局僅解到三萬兩，實屬入不敷出。現屆南風司令，台北煤船聯艅而至，暹羅洋木亦陸續到工，所需價銀，並洋行欠款，及應撥第三年出洋學生經費，非得十餘萬金，無以解目前之急。而應發之辛工，應辦之料件，更應隨時籌備，方免曠工。且籌辦海防，講求操務，各船子藥需費，煤炭需費，薪糧需費，尤不容缺乏，或誤事機。現在釐税旺月，徵收當較起色，再四思維，惟有仰懇天恩，飭下福州將軍，將本年三月起至五月止六成洋税，即日撥解，以濟眉急，嗣後按月照數解清。並請飭下督撫臣將養船經費迅撥大批接濟，其海關釐局從前積欠之款，續籌歸還，以副要工，而全大局。微臣幸甚，理合附片陳明，伏乞聖鑒訓示，謹奏。

光緒五年六月二十九日，軍機大臣奉旨，欽此。

中國第一歷史檔案館《德宗景皇帝實録》卷九六《光緒五年六月》 諭軍機大臣等，福建船政局巡海快船，製造已有端緒，需餉甚急，請飭於閩海關續增各路撥款，暫行停解。將船政經費按月接濟，其舊欠亦須勻期清還等語。船政經費，關係海防要需，與他款宜分緩急，著户部詳細查明，如可照請，即行奏明辦理。將此由五百里各密諭知之。

「中央研究院」近代史研究所《海防檔》乙福州船廠《光緒五年七月二十三日總署收軍機處交出船政大臣吴贊誠摺附造船經費收支清單報銷同治十三年七月一日至光緒三年十二月底之製船經費》 七月二十三日，軍機處交出船政大臣吴贊誠摺稱，奏爲閩廠製辦各款，查照成案，開單核實報銷，恭摺仰祈聖鑒事。竊查閩廠製造輪船支用各款，自同治五年十一月十七日起，截至十三年六月底止，動支閩海關暨福建釐局所解税釐銀兩。經沈葆楨彙數分款，開具簡明清單，於光緒元年正月三十日奏奉諭旨，並經户部核覆准銷在案。臣維閩廠自洋匠遣散以後，華工各出所學，悉心仿造，固已輒見有成，學生亦能自運心裁，製作合度，以爲恪守成法足矣。迨鐵脅輪船之役興，不特船身之製造視前大異，即輪機水缸之體段亦迥然不侔。甚至所蓋之廠屋，所砌之爐座，所用之機器傢伙，有非成式所可比擬者。事既效其新奇，費自形其增鉅，他若老班各生徒已出洋矣。復募訂洋教習，以培後進，前後兩學堂已分課矣，復選入電線局，以擴新知，習管駕矣，更習管輪，習算學矣，兼習化學，鐵工精悉矣。而鐵片鐵槽復延拉鋏洋師以益其技，銅工純熟矣。而銅條銅板復延拉銅洋師以廣其能，搥鋏廠已告成功矣。復增七千磅氣鎚以鍊大車軸，鑄鋏廠已著成效矣。復設將軍柱懸機以鑄大氣鼓，船隖重地，防範宜周也。於是圍墻以界之，船工要款，庋藏宜慎也。於是設庫以儲之，廠岸瀕江，淤塞宜治也。於是添購挖土大機船以濬之，至於練船礮械購運有費，船臺廠所，歲修有費，各廠模具，學堂書籍，添置又有費，凡屬零星之件。其爲事所必需者，尤難枚舉，此歷年製造一切之實在情形也。查閩海關六成洋稅，每月應解船政銀五萬兩。嗣因部撥增多，入不敷出，船政月款停解。沈葆楨於光緒元年六月間，奏請將四成項下餘銀四十萬兩，儘數撥歸船政。經户部會同總理衙門議復准照所請，奏蒙俞允，並奉諭旨。嗣後每月應解六成銀五萬兩，著先儘籌解等因，欽此。是年十月，福州將軍文煜以六成支絀，先儘船政，勢恐顧此失彼。奏奉飭部議復，自光緒二年正月爲始，六成月撥銀三萬兩，四成月撥銀二萬兩，仍先儘批解船政兑收各在案。今核製船經費，自同治十三年七月接造起，截至光緒三年十二月底止，上届報銷案内，存銀三千六百四十兩二錢八分九釐八毫九絲七忽九微。閩海關每月應解銀五萬兩，自同治十三年七月起，至光緒元年十二月底止，計一十八箇月，内除欠解四箇月外，實一十四箇月，計收六成銀三十萬兩，四成銀四十萬兩，共銀七十萬兩。又四成洋稅，自光緒二年正月起，月奉撥銀二萬兩，截至三年十二月底止，連閏計二十五箇月，共收銀五十萬兩。又六成洋稅，自光緒二年正月起，月奉撥銀三萬兩，截至三年十二月底止，連閏計二十五箇月，内除二年分七、八、九、十、十一、十二，凡六個月，三年分九、十、十一、十二，凡四箇月，計共一十箇月欠解外，實一十五箇月，共收銀四十五萬兩。又收前届報銷案内，存剩銅鐵木煤各料，價脚銀一萬六千一百九十兩六錢八分八釐九毫。又存鋼礮，價脚銀一萬四千三百二十五兩四錢五分八毫。又收同治十三年間，臺灣辦理海防案内，旗後礮臺撥用「安瀾」輪船鋼礮，價脚銀九千六百四十四兩一錢六分四釐二毫。核計管收共銀一百六十九萬三千八百兩五錢九分三釐七毫九絲七忽九微。内除造船購器蓋廠贍工等項，支用銀一百三十八萬四千四百四十兩五錢七釐九毫九絲七忽九微。又墊支光緒三年四月起，至十二月底止，各輪船薪糧銀一十二萬三千三百八十五兩一錢九分四釐三毫。又墊支光緒元年十月起，至三年十二月底止，各輪船煤炭，價脚銀六萬三百六十四兩六錢六分七釐九毫。又墊支修理輪船，工料銀六萬五千三百四十二兩四錢九分一毫。統共支銷銀一百六十三萬三千五百三十二兩八錢六分二毫九絲七忽九微。實存銀五萬二千一百四十二兩二錢七分九釐五毫。又存鋼礮，價脚銀八千一百二十五兩四錢五分四釐。共應存銀六萬二百六十七兩七錢三分三釐五毫。查輪船薪糧，煤價，修費三款，上届報銷係另歸養船項下開報。沈葆楨奉命巡臺時，奏明自同治十三年四月十六日起，將所撥養船經費併入臺防項下，其各船薪糧亦歸臺防項下支銷。奉旨，該衙門知道，欽此。維時臺防經費有解存船政者，挹彼注兹，猶堪敷衍。迨臺款停解，而稅釐局奉撥養船經費應統歸臺防造報者，又批解不前。各船應領之項，除赴臺赴厦者各就差次支領外，其餘均就製船項下暫行墊支。現核同治十三年四月十六日起，薪糧一項，截至元年九月止，煤修費兩項。截至光緒三年三月止，業就臺防項下支收歸款。應歸臺防另案造銷外，其自三年四月起墊支薪糧。元年十月起墊支煤價修費，統截至三年底止，共銀二十四萬九千餘兩。刻下臺防本款，涓滴無存，莫從劃還，而鉅款久懸，徒滋轇轕。自應援照前届成案，將墊支前項養船銀兩。歸入本案作正開銷，以昭核實。此歷年支銷一切之實在情形也。竊念經費之鉅，上關國帑，船工之要，下繫海防。沈葆楨，丁日昌，皆不憚繁難，實事求是，遂成經久之規。臣受事以來，考察各廠工程，均屬不可稍緩。當令在事人等極力講求，益期精密，而動用叢集，無日不存撙節之想，亦無日敢懷靳吝之見。致曠事機，獨是工務浩繁。但循故步，條緒已極千端，重以新異日開，器件之洪纖，機竅之奥摺，益出不窮，殫精竭慮，手摹心追，非不逐款比照。逐日登記，而一器或經數廠，一件或連數件，有錯綜參差，斷難剖析者。總之事資洋員，製資洋法，料資洋産，必欲一意鉤稽，俾用款犂然不紊，案牘山積，握算胥窮，誠有如沈葆楨前案報銷疏中所言。若廠歸各廠，船歸各船，工歸各工，料歸各料，欲縷析條分而無可如何者。今仰賴國家威福，西人效順，銕脅輪船仿造告成。華工之操作，生徒之循習，亦次第就理。所有頻年款目，實支實用。若不及時截報，恐日久糾纏，愈難核結。謹援照前届成案，將製船經費截清年月，據實開具簡明清單，恭呈御覽。伏懇天恩逾格，准予開銷，以清積牘。至單内存剩銅銕、木料、煤炭等款銀兩，留備四年正月以後船工撥用，合併聲明。除咨總理衙門，户部，工部查照外，理合會同兩江總督臣沈葆楨、福州將軍臣慶春、閩浙總督兼署福建巡撫臣何璟，恭摺具陳，伏乞皇太后、皇上聖鑒訓示，謹奏。

光緒五年七月二十二日，軍機大臣奉旨，該衙門知道，單併發，欽此。

照録清單

謹將製船經費，自同治十三年七月初一日接造起，截至光緒三年十二月底止，收支各款數目，開具簡明清單，恭呈御覽。謹開：

舊管，截至同治十三年六月底止，流存銀三千六百四十兩二錢八分九釐八毫九絲七忽九微。

新收，一、收閩海關解製船經費，自同治十三年七月起，至光緒元年十二月底止，計一十八個月，内除欠解四個月外，實一十四個月，每月銀五萬兩，計六成洋税解銀三十萬兩，四成洋税解銀四十萬兩，共銀七十萬兩。

一、收閩海關四成洋税，自光緒二年正月起，每月奉撥銀二萬兩，截至三年十二月底止，連閏計二十五個月，共銀五十萬兩。

一、收閩海關六成洋税，自光緒二年正月起，每月奉撥銀三萬兩，截至三年十二月底止，連閏計二十五個月，内除二年分七、八、九、十、十一、十二，計六個月。又三年分九、十、十一、十二，計四個月，共一十個月欠解外，實一十五個月，共銀四十五萬兩。

一、收前届報銷案内，存剩銅鉄、木、煤各料，價脚銀一萬六千一百九十兩六錢八分八釐九毫。

一、收前届報銷案内，流存鋼砲，價脚銀一萬四千三百二十五兩四錢五分八毫。

一、收臺防案内，旗後砲臺撥用「安瀾」輪船鋼砲七尊，價脚銀九千六百四十四兩一錢六分四釐二毫。

管收，共銀一百六十九萬三千八百兩五錢九分三釐七毫九絲七忽九微。開除，一、支製造第一十六號一百五十匹馬力「元凱」輪船一號，並應配帆桅舢板四號，小舢板一號，暨衣旗傢伙器具工料，共銀一十六萬二千七百七兩五錢八分五釐八毫。内除撥用前届報銷案内，廠存已製成未合攏輪機一副，工料銀一萬五千三百七兩四錢一分八釐八毫。又已製成未合攏水缸一副，工料銀一萬二千二百八十兩四錢六分五釐二毫外，計撥用前届報銷案内，流存用剩銅鉄木煤，價脚銀一萬六千一百九十兩六錢八分八釐九毫。本案湊用工料銀一十一萬八千九百二十九兩一分二釐九毫，二共銀一十三萬五千一百一十九兩七錢一釐八毫。

一、支製造第一十七號五十匹馬力「藝新」輪船一號，並應配帆桅舢板二號，小舢板一號，暨衣旗傢伙器具，工料銀五萬一千六百一十一兩二錢二分八釐。

一、支製造第一十八號一百五十匹馬力「登瀛洲」輪船一號，並應配帆桅舢板四號，小舢板一號，暨衣旗傢伙器具工料，共銀一十六萬二千五百二十四兩八錢五分六毫。内除撥用前届報銷案内，廠存輪機胚一副，工料銀一萬二千四十九兩九錢九分二釐八毫。又已製成未合攏水缸一副，工料銀一萬二千二百八十兩四錢六分五釐二毫外。計本案湊用，工料銀一十三萬八千一百九十四兩三錢九分二釐六毫。

一、支製造第一十九號一百五十匹馬力「奉安」輪船一號，並應配帆桅舢板四號，小舢板一號，暨衣旗傢伙器具，工料銀一十六萬二千六百九十四兩六錢三分六釐九毫。

一、支製造第二十號七百五十匹實馬力「威遠」鉄脅輪船一號，並應配帆桅舢板六號，暨衣旗傢伙器具，工料銀一十九萬五千三百九十六兩九錢六釐九毫。

一、支製造未成第二十一號七百五十匹實馬力鉄脅輪船一號，並應配帆桅舢板六號，已動用工料十分之五，計共銀九萬五千八百六十七兩三錢七分八釐三毫。

一、支製造四十四馬力挖土大機船一號，工料銀三萬二百二十一兩九錢七分一釐五毫。

一、支已製成未合攏一百五十匹馬力輪機一副，除大車軸通軸筒束軸托車軸托四葉輪，并水缸配用物件未造外，工料銀一萬三千七百三十三兩六錢六分六釐一毫。

一、支已製成未合攏一百五十匹馬力省煤輪機一副，除大車軸通軸筒束軸托車軸托四葉輪，並水缸配用物件未造外，工料銀一萬五千四百七兩三錢二分五釐二毫。

一、支已製成未合攏一百五十匹馬力省煤輪機一副，除轉汽櫃方座脱汽筒大車軸通軸筒車軸托束軸托四葉輪水缸配用物件，並備用銅鉄件未造外，工料銀一萬四千三百二十三兩六錢五分八釐六毫。

一、支製造未成七百五十匹實馬力康邦立輪機一副，已動用工料十分之三，並仿製木模，計共銀九千七百七兩四錢八分一釐一毫。

一、支製造一百五十匹馬力省煤水缸胚一副，除煙筒座煙筒套鑪格汽門蓋螺絲棍銅煙管銅汽管未造外，工料銀九千一百三十五兩七錢九分四毫。

一、支製造七百五十匹實馬力康邦水缸胚一副，除煙筒、煙筒座、煙筒套、鑪格、汽門蓋、火鑪門、螺絲、棍鐵撐鐵鈴銅煙管銅汽管未造外，工料銀一萬一千二百六十兩二錢六分七釐四毫。

一、支已製成未合攏八十四馬力水缸一副，除煙筒鑪承銅汽管未造外，工料銀六千八百七十三兩七錢九分七釐五毫。

一、支前船政監督日意格采辦七百五十匹實馬力康邦立輪機一副，價脚銀二萬四千四百八十八兩二錢三分九釐七毫。

一、支前船政監督日意格采辦七百五十匹實馬力康邦水缸一副，價脚銀一萬四千四百六十八兩一錢四分六釐七毫。

一、支匀撥出洋肄業學生第一年，經費銀一萬六千八百七十七兩八錢六分一釐五毫。

一、支續派出洋肄業藝徒第一年，經費銀四千八百四十九兩七錢三分八釐。

一、支采辦「威遠」練船配用鋼砲，價脚銀一萬九千九百五十一兩六錢二分四毫。

一、支「元凱」「登瀛洲」兩船撥用前屆報銷案内，流存鋼礟，價脚銀六千一百九十九兩九錢九分六釐八毫。

一、支續購廠，地價銀二百九十四兩五錢四分五釐四毫。

一、支建造環塢圍墻并牌樓栅門木橋，工料銀一萬六千三百一兩二錢八分五釐一毫。

一、支建蓋鉄脅廠并砌造煙筒鑪溝，工料銀一萬九千三百五十三兩八錢八分六釐四毫。

一、支添造掟鉄廠機器座鑪溝，工料銀一萬六千三百七十一兩三錢一毫。

一、支建蓋銀庫，工料銀二千八百三十八兩一錢一釐九毫。

一、支修理船臺，工料銀一萬七千一百二十三兩七錢三分七釐六毫九絲七忽九微。

一、支修理各廠火鑪火溝風溝等項，工料銀六千六百九十八兩七錢七分九毫。

一、支修理各廠屋，工料銀五百七十四兩三錢九分五釐。

一、支購製各廠機器，工價銀四萬五千一百五十一兩九錢五分四釐二毫。

一、支歲修各廠機器，工料銀八千九百兩二錢四分二毫。

一、支購製各廠所傢伙器具，工價銀三萬七千二百四兩六錢三分二釐。

一、支洋員匠，光緒元年五月初一日起，截至三年十二月二十九日止，薪費銀五萬五千三百四十八兩二錢四分二釐九毫。

一、支洋員匠路費，借辛銀九千三百六十兩六錢七分四釐九毫。

一、支洋員匠恤賞銀七百三十四兩一錢八分一釐四毫。

一、支員紳，同治十三年七月初一日接給起，截至光緒三年十二月底止，薪水銀六萬三千一百九十八兩五錢六分六釐八毫。

一、支前學堂藝生童，同治十三年七月初一日接給起，截至光緒三年十二月底止，贍養販食共銀一萬三千五百四十九兩三錢五分七釐一毫。

一、支後學堂藝生童，同治十三年七月初一日接給起，截至光緒三年十二月底止，贍養販食共銀一萬五千五百三十三兩三錢一分四釐三毫。

一、支繪事院畫童，同治十三年七月初一日接給起，截至光緒三年十二月底止，贍養飯食共銀五千六百三十二兩三錢九分九釐七毫。

一、支學習電線藝童，光緒二年三月十四日起，截至三年十二月底止，贍養飯食共銀五千一百六十八兩五錢一分六釐五毫。

一、支藝徒，同治十三年七月初一日接給起，截至光緒三年十二月底止，工食銀九千四百八十七兩五錢一分。

一、支續派出洋肄業藝徒光緒三年九月初一日起，截至十二月底止，贍養銀二百八十六兩六分四毫。

一、支前後學堂繪事院各生童，獎賞銀八百四十二兩三錢八分一釐八毫。

一、支購買學堂繪事院藝圖書籍器具，價脚銀三千一百一十四兩八錢四分六毫。

一、支粵童厦匠，盤費銀六百七十四兩一錢八分一釐八毫。

一、支書役，同治十三年七月初一日接給起，截至光緒三年十二月底止，工伙銀五千五百九十五兩六錢三分三釐一毫。

一、支心紅紙張銀五百八十兩三錢八分三釐八毫。

一、支油蠟銀六百五十兩二錢六分六釐九毫。

一、支健丁，同治十三年七月初一日接給起，截至光緒三年十二月底止，口糧銀一萬四千六百四十二兩一錢六分六釐七毫。

一、支看管船槽匠丁，同治十三年七月初一日接給起，截至光緒三年十二月底止，工食雜費共銀一萬四千四百八十兩五錢三分三釐三毫。

一、支廣儲所盤運料件運夫，同治十三年七月初一日接給起，截至光緒三年十二月底止，口糧銀八千三百四十九兩四錢二分。

一、支儲材所運送木料排工，同治十三年七月初一日接給起，截至光緒三年十二月底止，口糧銀四千一百一十四兩八錢。

一、支購存用剩銅錢木料煤炭，價脚銀一萬六千九百五十四兩四錢二分一釐七毫。

一、墊支各輪船，光緒三年四月起，截至十二月底止，薪費銀一十二萬三千三百八十五兩一錢九分四釐三毫。

一、墊支各輪船，光緒元年十月起，截至三年十二月底止，領用煤炭價脚銀六萬三百六十四兩六錢六分七釐九毫。

一、墊支修理各輪船，光緒元年十月起，截至三年十二月底止，工料銀六萬五千三百四十二兩四錢九分一毫。

以上共支銀一百六十三萬三千五百三十二兩八錢六分二毫九絲七忽九微。實在，存銀五萬二千一百四十二兩二錢七分九釐五毫。又存鋼礮價脚銀八千一百二十五兩四錢五分四釐。統共應存銀六萬二百六十七兩七錢三分三釐五毫。

光緒五年七月二十二日，軍機大臣奉旨，覽，欽此。

中國第一歷史檔案館《德宗景皇帝實録》卷一〇二《光緒五年十月》 甲子，諭軍機大臣等，前因吴贊誠奏，條陳督操輪船事宜，當經諭令李鴻章等會商酌辦。玆據丁日昌遵議覆奏各摺片，不無可採，現議整頓輪船水師，自非擇將帥精器械不可，西人熟習輪船操練，若能延致才技精通者爲教練，當可日有起色，應如何設法訪訂之處，著李鴻章、沈葆楨，與出使各國大臣函商辦理，所稱以總兵吴奇勛爲統領，而以張成等副之，應俟延致西人到華后，再由該督等酌度具奏。目前仍當責成彭楚漢，先將船政局輪船操練成軍，將來精益求精，自更得力。至學堂練船出洋諸舉，皆爲豫儲將才之計，尤當擴充精選，以備异日之用。鐵甲蚊子等船，爲海防所不可少，鐵甲船所費過鉅，一時尚難籌辦，蚊子船現已先后購到八號，著即督飭管帶之員，認真演練，毋得有名無實。以后如何陸續添購并購船及續延教練西人，可否令赫德及出使大臣分辦之處，著李鴻章、沈葆楨，一并籌商妥辦。所需槍子礮子水雷等物，購自外洋，倉猝難致，即當設廠自造，以資應用。

中國第一歷史檔案館《德宗景皇帝實録》卷一〇一《光緒五年十月》 又諭，李鴻章、沈葆楨奏，海防需才，請飭閩局生徒出洋肄業，定章三年爲限。自光緒三年起，至光緒六年，即當陸續送回供差。現在南洋定購蚊子船四號，即擬以學生飭派管駕。此后閩廠成船日多，需才甚亟，閩局前后學堂續招各生，不乏穎异之才，可以接續派往，就已成之緒，收深造之功等語。著慶春、何璟、勒方錡，查照出洋章程，接續遴才，派赴英法各國就學，以冀人才日盛，緩急有資，將此各諭令知之。

中國第一歷史檔案館《德宗景皇帝實録》卷一〇二《光緒五年十月》 諭軍機大臣等，至福建船政局製造各船，必精益求精，不可蹈常襲故。李鴻章此次定購之快船，將來如能仿造，始有裨於實用。著該管大臣實力整頓，逐漸圖功。惟籌備海防，經費宜裕。除福建業經該省奏請截留外，其餘各該省應解南北洋海防經費，著各該督撫趕緊設法籌解大批餉項，各監督按結如數迅速分解，以應急需。儻再稍有挪延，由李鴻章等指名嚴參，將此由五百里密諭李鴻章、沈葆楨、李瀚章、何璟、劉坤一、周恒祺、吴元炳、李文敏、譚鍾麟、勒方錡、潘霨、裕寬、黎兆棠，并傳諭俊啓知之。

國家清史編纂委員會《李鴻章全集》第三二册《復山東周福陔中丞光緒六年正月十九日》 福陔仁兄大人閣下：十一奉新正初八日手書，敬聆一一。東省擬購蚊船兩只，布置稍覺寬展，執事定於何日出奏，俟咨到再飭匯訂。閩省已於臘月奏復，準購二只。浙撫來函，亦屬代購一只。只粤東尚未復到，似裕澤生署篆后未暇及此。弟二月初赴津，即與税司面商酌定，計船到華須明年夏秋間，管駕及大二副等最爲緊要。閩廠素習駕駛機器學生較外間泛募者稍精，近已擇尤分帶各船，又半遣出洋習藝。人才無多，好在時日尚長。黎召民閏春間抵船政，容屬其隨時留意儲備。至舵礮水手人等，則由管駕選募，無庸另爲物色矣。【略】手泐，復頌勛祺。不具。

「中央研究院」近代史研究所《海防檔》乙福州船廠《光緒六年三月三十日總署收總税務司赫德申呈閩廠新造「康濟」輪船行駛不穩請飭詳細察看》 三月三十日，准總税務司赫德申呈稱，玆據閩海關税務司申稱，福州船廠新造之「康濟」輪船，業經下水，并試行一次之日起，曾於去年西歷七月暨本年正月間詳報一切在案。現將該船交付招商局副總辦驗收，相應復爲申請鑒核。竊查該副總辦由滬至閩，其船上之船主暨大副等人，俱經携帶同來。昨已將該船試行一次，本關理船廳亦在船眼同監視。據理船廳報稱，此船行駛，尚爲妥適。每一點鐘約行九海里半，且旋轉亦屬便捷。惟此船雖裝壓載砂石三百噸之多，而未能平穩，倘多搭客人，恐更不免搖簸。緣搭客係在船面之上，兼以來往行走無定，慮有傾覆之虞。欲在船之兩旁設載砲位，勢有難行，且所裝貨物亦不能多等語。本稅務司查該船按照船廠量船計算，係六百噸。而招商局以爲未及此數，是以向該副總辦商訂。應俟此船抵滬時，再爲丈量。現據理船廳報稱，前因竊意該船欲作爲搭客之用，恐招商局難免失望，緣該船或搭載客人，或作別用，俱有此不平穩不合宜之虞等因前來。總稅務司查華商置用火輪夾板等船隻章程內云，凡遇華商置用船隻，實係能出海堪用與否，應由稅務司派人前赴查明等語。此次招商局所收領福州船廠新造之「康濟」輪船，係欲作搭客之用，原應堅實穩重。乃既據該稅務司詳稱，該船甚不平穩。若作搭客之用，深慮顛險即在早晚間也。應預爲申請查核於未領牌照之先，可否飭將該船詳細察看，如實堪搭客，不致有虞，方爲妥協。理合備文申請貴衙門核奪施行可也。須至申呈者。

「中央研究院」近代史研究所《海防檔》乙福州船廠《光緒六年四月七日總署致總稅務司赫德函察看「康濟」輪船事已咨行查復》　四月初七日，致總稅務司赫德函稱，本年三月三十日，准申文內開，船廠新造康濟輪船，試行一次，不甚平穩，應於未領牌照之先，飭將該船詳細查看，方爲妥協等因。本總辦現已回明堂憲咨行南北洋大臣暨船政大臣轉飭查明聲復，查中國設廠造船，原期堅穩適用，閣下據稅務司詳查康濟輪船一切情形，即行據實申報，足徵遇事關心，認真公事。惟所引華商買船章程，核與船政局自製船隻交招商局收領之案，微有不符。總之，事屬因公，如有見及利弊之處，應請隨時函知爲荷。

中國第一歷史檔案館《德宗景皇帝實録》卷一一二《光緒六年四月》　甲辰，諭軍機大臣等，穆圖善等奏，籌備鐵甲船價銀，請飭借撥銀兩各摺片。現在定購柏爾來鐵甲船，需款甚急，閩省籌備支絀，自屬實在情形。穆圖善、何璟等已於藩鹽兩庫及關稅項下，提湊銀六十萬兩，數尚不敷，即著照所請，由李鴻章、劉坤一、吴元炳於出使經費項下，通融提墊銀二十萬兩，同部撥銀三十萬兩，共一百一十萬兩，以爲船價保險辛工等項之用，均交李鴻章匯寄李鳳苞，照數轉付。俾該船早日來華，管駕船只，必須得力之人。著李鴻章飭令游擊劉步蟾，交卸管駕蚊船之任，克日赴閩局抽選輪機生徒舵水人等六十人，帶赴倫敦，上船練習。該官弁等需用薪糧等銀，即由閩省豫爲籌備。此船到華，雖駐閩省，而養船之費，沿海各省，自不得稍分畛域，應如何合力籌濟之處。著李鴻章妥籌具奏，閩局生徒，黎兆棠務須飭令教習認真講求，以備隨時選用。所有借用出使經費一款，該將軍等請將江西協餉提銀十五萬兩，浙江提銀五萬兩歸還前款，著李文敏、譚鍾麟，於應解閩省協餉項下，無論新撥舊欠，如數提撥，年內解交南洋大臣照收歸款，毋許延宕。另片奏，請飭撥款製造快船，并請飭開學堂專習西法等語。仿造快船，可與鐵甲船相輔而行，自應及早創辦。閩省存款，既湊付鐵甲船之用，即著劉坤一、吴元炳協撥銀二十萬兩，俾資經始。凡事以人材爲本，管駕鐵甲等船，均須結實可靠，兼通西學者任之。劉坤一前曾捐銀十五萬兩，擬在粤省開設學堂，專習西法。此款借撥辦賑，刻下豫晋等省情形，日有起色，著張樹聲、裕寬催還前款，抑或另籌別項，設立西學館，講究機輪駕駛及一切西學，與洋務交涉事宜，庶幾教育成材，足供任使，將此由五百里諭知李鴻章、劉坤一、穆圖善、何璟、張樹聲、吴元炳、裕寬、譚鍾麟、李文敏、勒方錡，并傳諭黎兆棠知之。尋張樹聲等奏，遵旨籌議設立西學館，酌定房屋圖式，下所司知之。

「中央研究院」近代史研究所《海防檔》乙福州船廠《光緒六年五月十七日總署收船政大臣黎兆棠函附招商局稟復李鴻章原稿一件「康濟」輪船添造艙位情形並咨呈招商局稟復李鴻章原稿》　五月十七日，船政大臣黎兆棠函稱，敬肅者，四月二十一日祗奉船字七十八號諭函，並録示赫總稅司申呈，誦悉一是。查閩廠「康濟」鐵脅商輪船，係配七百五十匹馬力康邦立機。其船身尺寸，經洋匠蘇法熱參照威遠，超武兵船成式，定圖開製。船頭艙棚，略爲增長，爲水手艙。船尾艙棚亦如之，作爲官艙。桅杆則改三枝爲二枝，以便裝貨。下水後奏歸招商局領用，經該局唐道廷樞帶同洋工波頓先來逐細量勘，以頭尾艙棚自戰坪面起，高原英尺七尺。請拓高六寸，更於中間一律添蓋，作爲客艙。復於棚上環以闌干，置柁房並船主住房及庖厠各所。戰坪而下，除輪機水缸兩艙仍舊外，其餘統爲貨艙。桅仍二枝，而每枝改用獨節。其原製插花横擔等件，概從減省，均由該局專派洋匠麥加未、活士達二人前來繪圖監造。竣後試洋，該洋匠活士達在船驗駛，報稱妥適。本年二月間，該局派張道鴻禄挈同洋船主必得生及大副人等到工，復經出洋演試，僉云合度。當即具領開行，抵滬後，據報船身堅固，機器靈捷，派往香港各埠攬運等情，兹者蒙詢前因。竊念該船行駛南洋港灣，計已數次，果否穩適，搭客在船面之上來往行走，是否傾側，抑有不平穩不合宜，或蹈傾覆之患。當即專函切詢，該局尚未遞到，而該局先奉李中堂函查。業將一切情形稟覆録寄稟稿前來，查核所陳，尚屬實在。究竟該局接到棠函具覆若何，容俟到日再當縷達外。謹將該局稟覆李中堂原稿先行照録呈察，以副慎重要工之意。肅此，奉覆，虔叩鈞安，照録清摺。

敬稟者：竊職道等於光緒六年四月初十日，接奉鈞諭，以准總理衙門函詢閩廠新造康濟輪船各節，並將原函抄發。飭即察看酌度詳細稟覆等因，奉此。伏查「康濟」輪船，身長英尺二百十九尺，寬二十八尺，艙深二十五尺十一寸，其噸位在閩量見六百噸。上海覆量得有六百八十八噸，可裝貨九百噸。機器馬力虛稱七百五十匹，實則一百五十匹。每點鐘走十海里，無貨食水十四尺，有貨食水十七尺，均經勘量明確。第係兵船格式，船底尖利，蓋恐裝礮出洋，只圖行路迅捷，而不計裝貨多寡也。嗣奉撥交職局領用，因見船面之下，裝貨無多，且無尺地可容搭客。若不更改，決難合算，是以請將船中添配船面，接連船頭船尾。庶使住房之外，多裝搭客。本年二月二十五日由閩至滬，因貨不多，船主格外小心，配有壓載砂二百噸，及卸貨之後，即將壓載砂卸去五十噸，留存一百五十噸，其船亦覺平穩。船底雖非平坦，却與職局自購之和衆及旗昌歸併之「海晏」、「海琛」等船，相去無幾。曾邀同洋行保險驗船人到船細看，均稱船身堅固，行駛平穩，否則船主固不放心，即保險洋行亦不肯承保客貨。福州理船廳稱其裝壓載砂三百噸，未能平穩等語，恐非確論。又稱裝貨不多，雖係實情，而亦視乎行銷之地。如長江牛莊粵省等處，雖二千噸之船，猶嫌其小。如甯波、温州、福州、廈門、臺灣等處，雖一千噸之船，亦嫌其大。蓋船大貨多者，馬力必加，用煤亦費，有貨而不能多裝，固爲可惜。貨少而用大船，亦屬非宜。是以每船裝貨若干，並應派走何埠，只須主事者之調度得要，亦不必以多少計之。大凡輪船式樣，底平者裝貨多而食水淺，底尖者裝貨少而食水深，平底之船，如豐順保大者，必需實馬力二百五十匹，方能行走快速。「康濟」船底尖利，核與職局之走北洋各船不同。現在派走香港海口等處，將及兩月，往返搭客，亦稱平穩。且船高二十五尺有零，食水已至十七尺，在水面者三分之一，在水裏者三分之二，不甚搖簸，當可概見。除飭令船主另將本月行走情形報明彙稟外，理合先行稟覆，仰祈垂鑒，恭叩勛綏，光緒六年四月十一日。一稟直隸閣爵督。

「中央研究院」近代史研究所《海防檔》乙福州船廠《光緒六年五月二十日總署收閩浙總督何璟文録送請飭南洋大臣協撥閩省仿造快船銀兩一片諭旨》 五月二十日，閩浙總督何璟文稱，於光緒六年三月二十一日，會同閩海關將軍穆、福建巡撫勒、總理船政大臣黎，附片具奏。閩省仿造快船，庫款奇絀，請飭南洋大臣協撥銀兩，以爲經始之費一片。兹於光緒六年四月二十四日，准兵部火票遞回原片，後開，軍機大臣奉旨，另有旨，欽此。除片稿先經抄録咨呈外，相應恭録咨呈，爲此，咨呈貴衙門。謹請查照欽遵施行。

「中央研究院」近代史研究所《海防檔》乙福州船廠《光緒六年五月二十九日總署收船政大臣黎兆棠函船政積弊及「康濟」輪船並吉林不宜開設船廠等事》 五月二十九日，船政大臣黎兆棠函稱，前月二十日，曾奉一函，想登左右，比維勛祉增綏，爲頌。船政爲海防根本，海防爲自强根本，弟初本願實力整頓，不顧名利，專辦成此事。曾爲峴莊制軍定之，迄今觀之，恐難如願。緣當初開捌時，僱募洋人日意格等，本非精於造船之人，其招募洋匠幫辦，類皆二三等脚色，所造之船，多是舊式。即如康邦機器，外國通行已久，而船政遲至光緒二年始行改造，其他可知。此則洋監督之不得力也。洋匠與中國立合同，訂明若干年造船若干號。據委員夏允晃稟稱，洋匠恐成船太速，不能久留，以食薪水餼廩，往往派華匠造一器，必寬其期限。有先期而成者，即甚精美，必以爲不中程式棄之，故華匠相約緩延，竟成錮習。中國仿效西法，未有比其更貴者。惟船政不然，此則開捌時洋匠辦壞也。中國所遜於外國者，以官場積弊太深，不能實事求是，諸多粉飾耳。船政管駕，由學堂培養而成，自管駕以至水手，皆厚其俸薪，法本甚善，無如日久弊生。聞管駕數年，即有坐擁厚資者，弟已嚴行申飭，諭以痛洗積習。倘有再犯，懲以軍法，蓋深痛中國積弱，日夜思竭其不肖材力，以期報稱於萬一。乃前月舉人邱敏光等，赴都察院爲林文明控告一事，詢之閩省下第公車。云，事由賄囑而成，同鄉有識者，無不罵之賄賂公行，顛倒是非，竟敢肆無忌憚，財可通神，竟至於此，能不令人寒心。此事全案具在，可不必辯。惟恐將來管駕員弁，有賣缺走私，侵吞軍餉等事，弟執軍法從事，又買舉人京控，則弟無所措手足矣。岳哉穆治兵，仁信智勇之外，必加以嚴，況積弊之後，不嚴則萬無起色，江河日下，中國永無自强之日矣。而時事若此，能不灰心，弟擬再察看一兩月，若不能整頓，將辭此船政，以免有玷身名，貽誤大局。現在南北洋應辦之事甚多，求其可以報效者，盡心力而爲之，以完此生之分量。固不敢希冀高官，亦不敢退歸安逸，惟有鞠躬盡瘁，死而後已，此則弟之苦心也。請吾兄爲當事宜陳之，專此奉佈，祇請台安。

再：「康濟」輪船，赫德所言，已有公函具覆，大抵洋人各有私心，互相傾軋。赫德欲中國多購蚊船，則謂「康濟」欠穩妥。而日意格致信李丹崖又力詆赫德不知船政之有用，但力勸中國用蚊船，使中國水師永無興日，船政工程漸廢，此正如蠻觸相爭，在我則兼聽均覽，以求其是焉可耳。

吉林開設船廠，似宜審慎，船廠以工料爲大宗，料則煤木銅鐵爲大宗。吉林之匠，未經學習，强以就範，難期得力。閩匠學習有年，現計精詣者，亦無幾人。若全帶粵匠以往，該匠遠離鄉土，工價既增，往返又須路費。匠有勤惰，不能隨時黜涉，工有緩急，不能隨時增減，必致費時失事，此工之難也。吉林之煤，自是足用，但不知有烟煤否，能製枯煤否，木則豫章川楚之材，不甚相宜。未知該處之木可造船否。造桅之木與造船又不同，未知能適用而又能兼備否。銅鐵縱有礦産，而製造須用機器，由礦沙而至成器，件件齊備，則購買機器非先費數百萬金不可。更有製造未得其法，如鋼輪軸之類，仍須購自外洋者，其餘帆纜螺絲零星等項。中國即能製造，不如外洋專造之工精而價廉者，吉林遠在極東，素未與洋人通商。若木料購之南洋，鐵銅購自泰西，每一購辦，無洋船附搭，必專船裝運。費已無算，一物不具，即不能成，往返數月，匠人停工以待，費更不貲，此則料之難也。現計閩局已較粵局費幾一倍，若吉林恐更增數倍矣。更可慮者，泰西新法日出，必須隨時通信，互相考較，方不致費有用之金錢，製無用之舊器，吉林僻處東隅，比及得法，而泰西已成陳迹。閩局前已不免此弊，吉林似不宜再蹈其轍也。大抵兵可隨地而練，船可擇地而製之，鄙見如此。

「中央研究院」近代史研究所《海防檔》乙福州船廠《光緒六年六月八日總署奏片請飭查船政積弊》 查船政原爲海防而設，乃製造既未求精，餼廩又不稱事。臣等所聞各節如果屬實，殊失從前議立船政之本意，尤恐積習相沿，流弊更無所底止。新任船政黎兆棠甫經到任，無所用其迴護，應請飭下該大臣按照臣等風聞各節，確實查明，倘有前項情弊，即行分別據實參辦，並將船政各事認真整頓，實力講求，期與防務稍有裨益，其應如何實事求是之處，即由該大臣奏明辦理。臣等爲慎重船政起見，理合附片陳明，謹奏。

軍機大臣奉旨，另有旨，欽此。

「中央研究院」近代史研究所《海防檔》乙福州船廠《光緒六年十月十七日總署收軍機處交出黎兆棠抄摺第四號鐵脅輪船下水並廠務情形》 十月十七日，軍機處交出黎兆棠抄摺稱，爲第四號鐵脅輪船下水並廠務情形，恭摺具陳，仰祈聖鑒事。竊第四號鐵脅船，去年六月初七日安上龍骨，業經前督辦船政吴贊誠奏明在案。本年九月初旬，據船廠委員報稱，船身自鑲鈴灰艙，以及包裹銅板各工，一律告竣，輪機亦已上船，請諏吉下水，臣謹擇是月十九日，致祭天后、江神、土神、船神，將船推送下水，擬名之曰「澄慶」。船内配七百五十匹馬力康邦卧機，氣鼓在水線之下。船身係仿兵船造法，長短廣狹，及吃水尺寸，均與威遠、超武二船相同。所有鐵脅、鐵樑、鐵牽、鐵龍骨、鬬鯨，及輪機、水缸，均係華工自造。臣現飭廠員將該船水缸、桅杆、銅管、煤艙、帆纜等件，趕配完備，以期早日試洋。方今泰西以巡海快船爲新式，仿造經費，續經户部議奏在於南洋添收各關税銀項下，照數撥解，荷蒙旨准，經臣咨准劉坤一咨覆，將粵海關欠解南洋第七十六、七十七兩結約銀六萬三千餘兩，匯解閩廠，復經臣咨催粵海關監督俊啓趕解，並派員前往守提。惟快船經始，購備材料約銀二十萬兩，南洋指撥此數，僅得三分之一，不敷尚鉅，容再竭力催提，設法鳩集，以期舉辦。臣到工以來，目擊支絀情形，已將各廠可併者併之，工匠可裁者裁之。「澄慶」輪船試洋後，快船如因費絀，酌量撙節，積有成數，再行仿造。前後學堂聽候挑選出洋各學生，經臣迭次考校，尚不乏雋穎之才，惟學駕駛者，於帆纜槍砲諸法，尚待歷練。當派出洋學成回華學生蔣超英，帶上「揚武」輪船，勤加練習，學製造者，仍令在堂温習舊業。洋教習德尚課之，近因德尚抱恙撤回，改派洋教習邁達教導。數月以後，各生學業，當更有進，遣之西行，派入官廠官學，庶理法素諳領會較易。後學堂新班學生洋教習，本係嘉樂爾，管輪洋教習，本係穆勒登，四月間嘉樂爾病故，穆勒登續因限滿而歸。現延駕駛洋教習曰鄧羅，管輪洋教習曰理格，月薪各銀二百兩，均於八月二十七日到工。所有學生人品學問，臣當嚴加考察，並激勵洋師盡心訓迪，期副聖主作養人材之至意。所有第四號鐵脅船下水並廠務情形，理合會同兩江總督臣劉坤一、福州將軍臣穆圖善、閩浙總督臣何璟、福建巡撫臣勒方錡，恭摺由驛四百里馳陳，伏乞皇太后、皇上聖鑒訓示，謹奏。

光緒六年十月十六日，軍機大臣奉旨，知道了，欽此。

中國第一歷史檔案館《德宗景皇帝實録》卷一二四《光緒六年十一月》 諭軍機大臣等，有人奏，閩洋兩局廢弛，請飭嚴加整頓一摺。據稱福建船政局，近來專徇情面，濫竽充數，提調監工，不諳洋務。船政大臣亦爲所欺，一切公事，提調等任意把持，所造輪船，難以適用，虚糜薪水。出洋學生，近來多入耶蘇教，幫辦繙譯黄姓，暗誘學生進教，總辦區姓，十數日不到局，學生等毫無管束，抛荒本業等語。朝廷不惜重帑，設立船政局，并派員管帶幼童出洋，原期製造輪船，精堅合式，成就人材，以裨實用。若如所奏種種弊端，尚復成何事體。著何璟、勒方錡、黎兆棠、將船政局事務，力加整頓。提調監工等如有怠玩把持，即行從嚴參處。并著李鴻章、劉坤一、陳蘭彬，查明洋局劣員，分別參撤，將該學生等嚴加約束。如有私自入教者，即行撤回，仍妥定章程，免滋流弊，原摺均著鈔給閱看。將此由四百里諭知李鴻章、劉坤一、何璟、勒方錡、陳蘭彬，并傳諭黎兆棠知之。

「中央研究院」近代史研究所《海防檔》乙福州船廠《光緒七年正月九日總署收軍機處交出船政大臣黎兆棠鈔摺附製船經費收支各款清單報銷光緒四年正月一日至五年十二月底製船經費》　正月初九日，軍機處交出黎兆棠鈔摺稱，奏爲閩廠製造輪船支用各款，查照成案，開單核實報銷，恭摺仰祈聖鑒事。竊閩廠製船各款，自同治五年十一月十七日起，截至光緒三年十二月底止，動支閩海關洋稅等款，業經沈葆楨、吴贊誠，先後彙數分款，開具簡明清單，奏奉諭旨，並經户部核覆准銷在案。茲核閩廠自光緒四年正月接造起，截至五年十二月底止，計湊成康邦卧機鐵脅兵船一號，曰「超武」，製成康邦立機鐵脅商船一號，曰康濟，起造康邦卧機鐵脅兵船一號，曰「澄慶」，皆七百五十匹馬力，用煤較省行駛尤靈，水線以下，鬬鯨凸出，取其利於衝突，泰西之新法也。又向法國地中海訪購二千四百匹馬力巡海快船圖表，全副凡二百四十幅，用資仿造，又湊成七百五十匹馬力立機一具，以備續配商船。添製碾鐵輪架，煉銅機器各一副，四十四，二十五匹馬力水缸各一座，以供廠用。藝童則隨時選充，洋師則仍留課督。出洋肄業者，則寬籌經費，以廣甄培。藝成回華者，則優予俸薪，以資指臂。他如歲修廠所，購補器具，添置書籍，在在需費，款目繁多，實難枚舉，此製造一切之情形也。閩海關洋稅應解船政者，經户部議奏。自光緒二年正月爲始，六成月撥銀三萬兩，四成月撥銀二萬兩，今核製船經費。自光緒四年正月起，截至五年十二月底止，上届報銷案內，存銀五萬二千一百四十二兩二錢七分九釐五毫，又存用剩銅鐵木煤各料價脚銀一萬六千九百五十四兩四錢二分一釐七毫，又存銅砲價脚銀八千一百二十五兩四錢五分四釐，閩海關六成洋稅月奉撥銀三萬兩。自光緒四年正月起，截至五年十二月底止，連閏計二十五箇月，內除四年分七、八、九、十、十一、十二，凡六箇月，五年分七、八、九、十、十一、十二，凡六箇月，共一十二箇月欠解外，實一十三箇月，共收銀三十九萬兩，又四成洋稅月奉撥銀二萬兩。自光緒四年正月起，截至五年十二月底止，連閏計二十五箇月，共收銀五十萬兩，核計管收共銀九十六萬七千二百二十二兩一錢五分五釐二毫，內除造船購器修廠贍工等項。支用銀五十四萬二千八百五十二兩一錢七分八釐九毫，又墊支光緒四，五兩年分各輪船薪糧銀二十二萬九千七百二十八兩七錢五分三釐七毫。各輪船煤炭價脚銀五萬三千一百九十七兩九錢一分七毫，修理輪船工料銀七萬一百一十五兩九錢九分二釐六毫，統共支銀八十九萬五千八百九十四兩八錢三分五釐九毫，實存銀六萬三千二百一兩八錢六分五釐三毫，又存鋼砲價脚銀八千一百二十五兩四錢五分四釐，統共應存銀七萬一千三百二十七兩三錢一分九釐三毫。查輪船薪糧、煤價、修費，船政第一次報銷係另歸養船項下開報。沈葆楨奉命巡臺時，奏明自同治十三年四月十六日起，將所撥養船經費併入臺防項下。各船薪糧，亦歸臺防項下支銷，奉旨，該衙門知道，欽此。光緒五年間，吴贊誠辦理船政第二次報銷，因各船薪糧等款，除由臺防本款支給外，截至三年十二月底止，船政墊支銀兩，無款劃還。彙入製船經費單內，奏請作正開銷，業奉户部覆准在案。所有光緒四，五兩年分稅釐局奉撥養船之項，應歸臺防造報者，仍復批解不前。各船應領之項，除將解到養船銀兩儘數支給，並赴厦就於差次支領外，製船項下，尚墊支各船薪糧、煤價、修費三款，共銀三十五萬三千餘兩。現在養船經費，涓滴無存，莫從支收歸款，自應援照成案。將墊支前項銀兩歸入本案作正開銷，俾免款項虛懸，以昭核實，此支銷一切之情形也。竊維製船經費，絲毫均關國帑，吴贊誠事必躬親，力求撙節。在事員紳，亦皆恪守舊章，潔身自愛，臣核此兩年中動支各款，均係實用實銷，惟是器械之洪纖不一，機竅之奥摺尤多。仿製之初，一物或經數廠，既成之後，一器或連數宗，錯綜參差，實難剖析，若必壹意鈎稽。誠有如沈葆楨前案報銷疏中所言，雖監工員紳數十人把筆其側，亦無可如何者，所有光緒四，五兩年分用款。惟有及時截報，免致日久糾纏，謹援照歷届成案，將製船經費截清年月，據實開具簡明清單。恭呈御覽，伏懇天恩逾格，准予開銷，以清積牘，至單內存剩銅鐵、木料、煤炭等款銀兩，留備六年正月以後船工撥用，合並聲明，除咨總理衙門、户部、工部查照外，理合會同兩江總督臣劉坤一、福州將軍臣穆圖善、閩浙總督臣何璟、福建巡撫臣勒方錡，恭摺具陳，伏乞皇太后、皇上聖鑒訓示，謹奏。

光緒七年正月初八日，軍機大臣奉旨，該部知道，單併發，欽此。

照録清單

謹將製船經費。自光緒四年正月初一日接造起，截至五年十二月底止，收支各款數目，合就造具四柱簡明清單，恭呈御覽。

謹開：

舊管，截至光緒三年十二月底止，流存銀五萬二千一百四十二兩二錢七分九釐五毫，流存鋼砲價脚銀八千一百二十五兩四錢五分四釐，流存用剩銅鐵木煤各料價脚銀一萬六千九百五十四兩四錢二分一釐七毫。

新收，一，收閩海關解四成洋稅。自光緒四年正月起，每月奉撥銀二萬兩，截至五年十二月底止，連閏計二十五箇月，共銀五十萬兩。

一，收閩海關解六成洋稅，自光緒四年正月起，每月奉撥銀三萬兩。截至五年十二月底止，連閏計二十五箇月，內除四年分七、八、九、十、十一、十二，計六箇月。又五年分七、八、九、十、十一、十二，計六箇月，共一十二個月欠解外，實一十三箇月，共銀三十九萬兩，管收共銀九十六萬七千二百二十二兩一錢五分五釐二毫。

開除，一，支製造湊成第二十一號七百五十匹實馬力鐵脅「超武」兵輪船一號，並應配帆桅舢舨六號，連前共湊成工料十分。暨衣旗傢伙器具工料銀二十萬四百六十九兩九錢五分九釐三毫。內除光緒三年十二月以前造報銀九萬五千八百六十七兩三錢七分八釐三毫。又撥用前届報銷案內，購存七百五十匹實馬力康邦水缸一副。價脚銀一萬四千四百六十八兩一錢四分六釐七毫外，計撥用前届報銷案內。存剩銅鐵木煤各料價脚銀一萬六千九百五十四兩四錢二分一釐七毫。本案湊用工料銀七萬三千一百八十兩一分二釐六毫，共銀九萬一百三十四兩四錢三分四釐三毫。

一，支製造第二十二號七百五十匹實馬力鐵脅「康濟」商輪船一號，並應配帆桅舢板五號，小舢板一號，暨傢伙器具工料銀二十一萬一千七百四十六兩八錢六分八釐九毫。內除撥用前届報銷案內，製造七百五十匹實馬力康邦水缸胚一副，工料銀一萬一千二百六兩二錢六分七釐四毫。又購存七百五十匹實馬力康邦立輪機一副，價脚銀二萬四千四百八十八兩二錢三分九釐七毫外，計本案湊用工料銀一十七萬六千五十二兩三錢六分一釐八毫。

一，支製造未成第二十三號七百五十匹實馬力鐵脅澄慶兵輪船一號，除桅擔帆纜舢板未動工外，船身輪機水缸已動用工料十分之二，計共銀三萬四千六十九兩九錢四分八毫。

一，支製造湊成未合攏七百五十匹實馬力康邦立輪機一副，除大車軸通軸筒車軸托束軸托四葉輪小馬力抽水機水缸配用物件未造外，併仿製木模，計共工料銀一萬七千二百八十七兩五分八釐七毫。內除光緒三年十二月以前造報銀九千七百七兩四錢八分一釐一毫外，本案湊用工料銀七千五百七十九兩五錢七分七釐六毫。

一，支購買巡海快船船身機器圖表，價值銀三千九十一兩九錢八分八釐九毫。

一，支匀撥出洋肄業學生第二第三兩年經費銀二萬七千三百二十二兩三錢一分四釐四毫。

一，支續派出洋肄業藝徒第二年經費銀三千八百六十八兩七分六釐九毫。

一，支添造拉鐵廠水缸爐工料銀二千七百三十九兩七錢二分二釐四毫。

一，支修理各廠火爐火溝等項工料銀二千七百一十兩五錢四分四釐八毫。

一，支修理各廠屋工料銀三百四十六兩三錢九釐六毫。

一，支添製各廠機器工料銀七千八百一十八兩六錢一分四釐二毫。

一，支歲修各廠機器工料銀五千二百七十五兩七錢三分五釐六毫。

一，支購製各廠所傢伙器具工價銀一萬五百九十五兩八分九釐。

一，支洋員匠。光緒三年十二月三十日接給起，截至五年十二月二十日止，薪費銀五萬一千二百九十一兩九錢九分四毫。

一，支洋員匠路費借辛銀五千二百九十四兩六錢八分六釐六毫。

一，支洋員匠獎賞卹賞銀一千六百八十七兩二分五釐九毫。

一，支員紳。光緒四年正月初一日接給起，截至五年十二月底止，薪水銀三萬一千四百八十九兩三錢九分九釐九毫。

一，支肄業藝成回華學生。光緒五年十月初一日起，截至十二月底止，薪水銀五百兩九錢四分五釐四毫。

一，支前學堂藝生童。光緒四年正月初一日接給起，截至五年十二月底止贍養飯食共銀九千五十九兩二錢八釐八毫。

一，支後學堂藝生童。光緒四年正月初一日接給起，截至五年十二月底止，贍養飯食共銀七千六百三十六兩一錢二分四釐三毫。

一，支繪事院畫童。光緒四年正月初一日接給起，截至五年十二月底止，贍養飯食共銀三千四百一十一兩八分三釐三毫。

一，支學習管輪藝童。光緒四年正月十九日起，截至五年十二月底止，贍養飯食共銀五千八百二十三兩三錢四分二釐一毫。

一，支學習電線藝童。光緒四年正月初一日接給起，截至五年十二月底止，贍養飯食共銀六百九十二兩四錢一分六釐七毫。

一，支藝徒。光緒四年正月初一日接給起，截至五年十二月底止，工食銀五千一百五十八兩八分。

一，支續派出洋肄業藝徒。光緒四年正月初一日接給起，截至五年十二月底止，贍養銀一千七百八十九兩九分九毫。

一，支前後學堂繪事院管輪各生童獎賞銀七百三十五兩五分四釐五毫。

一，支購買學堂繪事院藝圃書籍器具價脚銀四千三十一兩四錢七分四釐五毫。

一，支各生童盤費銀四百三十兩二錢五分四釐五毫。

一，支書役。光緒四年正月初一日接給起，截至五年十二月底止工伙銀三千三百一兩三錢二分。

一，支心紅紙張銀三百四十四兩四錢。

一，支油蠟銀三百八十一兩三錢。

一，支健丁。光緒四年正月初一日接給起，截至五年十二月底止，口糧銀七千三十七兩。

一，支看管船槽匠丁。光緒四年正月初一日接給起，截至五年十二月底止，工食雜費銀八千八百七十兩三錢二分六釐七毫。

一，支廣儲所盤運料件運夫。光緒四年正月初一日接給起，截至五年十二月底止，口糧銀四千三百三十九兩四錢四分。

一，支儲材所運送木料排工。光緒四年正月初一日接給起，截至五年十二月底止，口糧銀一千七百一十一兩四錢四分。

一，支購存用剩銅鐵木料煤炭價脚銀一萬六千二百三十二兩一錢六分四釐一毫。

一，墊支各輪船。光緒四，五兩年分薪費銀二十二萬九千七百二十八兩七錢五分三釐七毫。

一，墊支各輪船。光緒四，五兩年分領用煤炭價脚銀五萬三千一百九十七兩九錢一分七毫。

一，墊支修理各輪船。光緒四，五兩年分工料銀七萬六千九百八十九兩七錢九分一毫。內除撥用前届報銷案內，已製成未合攏八十匹馬力水缸一副工料銀六千八百七十三兩七錢九分七釐五毫外，計本案實用工料銀七萬一百一十五兩九錢九分二釐六毫。

以上共支銀八十九萬五千八百九十四兩八錢三分五釐九毫。

實在，存銀六萬三千二百一兩八錢六分五釐三毫，又存鋼礮價脚銀八千一百二十五兩四錢五分四釐，統共應存銀七萬一千三百二十七兩三錢一分九釐三毫。

光緒七年正月初八日，軍機大臣奉旨：覽，欽此。

朱壽朋《光緒朝東華録》卷三九《光緒七年正月》 李鴻章奏，准出使德國大臣兼肄業監督李鳳苞咨開，前因福建船政選派駕駛製造生徒出洋肄業，經該大臣偕同洋監督日意格、隨員馬建忠、文案陳季同、繙譯羅豐禄等於光緒三年三月內到洋，督率肄習三年，陸續學成，咨送回華，其展限補習四月者，扣至六年八月亦一律完畢，分別留洋遣回在案。溯查出洋生徒，在船時各限功課，不令間曠，既抵英法，專延洋師補教，以充根柢。一面偕同洋監督面商英、法部臣，將在英之駕駛生先派三生登鐵甲船，九生入格令尼次官學，續將官學八生調入鐵甲船學習。歷赴地中海、大西洋、美利堅、阿非利加、印度洋等處學習操防排布迎禦之法。迨離船後，又專延教習補授電氣鎗礮水雷各法，具有船主憑單給執，並照章酌量游歷工廠，以廣見識。是駕駛諸生在船學習，不止原定章程分班五六人上鐵甲船已也。其在法之製造生，先送四生入削浦官學，五生入多廓官廠，其餘派入汕答佃官礦學及科魯蘇民廠，分習開採烹鍊鎔鑄等事。旋經商明部臣，將汕答佃處五生入巴黎官礦學，其製造藝徒，初派民廠補習工藝，續經分送賽隆及向海士登官藝學，該生徒等各照官學所定章程，專門洋師按年甄別，給執官憑，並酌量游歷英、法、比、德各國新式機器船械各廠，以資考訂。凡有傳習，各生徒俱已竟功，雖天資不一，造就有深淺之殊，而按章督課，實與諸官學卒業之洋員無所軒輊，其製造者能放手造作新式船機及應需之物，駕駛者能管駕鐵甲兵船，調度布陣，其製造如魏瀚、陳兆翱、鄭清濂、林怡游，開採鎔煉如羅臻禄、林慶升，駕駛如劉步蟾、林泰曾、蔣超昊、方伯謙、薩鎮冰，頗爲優異。其餘加以陶鎔，均可成器。皆有考取確據，委與原定章程辦有成效之語相符，苟非在事各員指臂相資，未克臻此。所有出力各員，除正一品前船政監督日意格屢稱渥荷隆恩不敢再邀獎敘，及隨員候補道馬建忠業經奏奬，襄辦文案縣丞錢德培不及三年存記勞績外，其文案陳季同、繙譯羅豐禄、出使德國二等參贊官除建寅、幫辦監督洋員斯恭塞格、洋文案商氏邪等五員，辦理文案繙譯，襄助華洋監督，移調生徒，料管妥協，及偕同前赴各廠考求機器製造採鍊並查察功課，兼習律例、公法、化學、政治等事，均能始終勤奮，辦理有成，應請照案奏獎。允之。

「中央研究院」近代史研究所《海防檔》乙福州船廠《光緒七年三月十一日總署收軍機處交出閩浙總督何璟等抄摺整頓福建船廠剔除積弊情形》 三月十一日，軍機處交出何璟等鈔摺稱，奏爲遵旨查明，據實覆陳，恭摺仰祈聖鑒事。竊臣等承准軍機大臣字寄光緒六年十一月十六日奉上諭：有人奏閩局廢弛，請飭嚴加整頓一摺等因，欽此。仰見聖主虛衷採納，博訪周諮。臣等曷勝欽悚，伏查原摺所稱，提調監工專徇情面，及任意把持等語。查提調吴仲翔於船政開辦時，即以紳士襄辦文案，爲前督辦船政臣沈葆楨所最倚重，後派充提調。該員在局日久，凡求入局當差者，未能盡如人意，以致積怨頗深。前歲因有赴選之請，臣兆棠抵工後，該員又復力申前説，時以四五兩年報銷，皆由該員經手，當勉留終事，漩於去冬給咨北上。監工王葆辰，品學素優，操守亦尚廉潔。惟駕駛工匠，非其所長，然亦於去冬自以母病乞養早退，至廠中進退人材，事無鉅細，皆向臣兆棠躬親裁決，在事員紳，尚無把持怠玩陋習，此又臣璟等共事一方，確有聞見者也。又原摺所稱，局中學生，皆學畫學歌詞，提調監工並不過問等語。查船政設立學堂，挑選生徒分習製造駕駛，按季考課，分别獎黜。臣兆棠抵工後，按照向章，依期面式，勤者優獎惰者黜退。其有不堪造就及罔知自愛者，别經訪聞，亦即隨時革去，從不稍事姑容。計數月以來，革退者已十餘人矣。至繪畫本西學大宗，製造必先繪圖，不能毫髮舛誤，局中現有繪事院專門督課，實學生所宜習者也。初習西學，必先調音翻切，或有類於歌詞。論者不察，疑其有荒本業，非無因也。又原摺所稱，現造輪船，惟「揚威」、「振遠」二隻尚稱合式，餘則大半不兵不商，難以式用。局中及各船薪水，每月需銀萬餘兩，大家虛糜等語。查船政開辦時，所造輪船，原議兼備糧運，事經前督臣左宗棠奏明在案。是以初造各船，不能盡照兵船式樣，迨後「揚武」、「威遠」、「超武」、「澄慶」等船，則全仿兵船之式製造。然舊船留資轉運，新船用備操防，未見遂難適用。惟洋監工日意格，於製造本非素精，招來洋匠，亦非上選，所以太西續出康邦機器。至光緒二年始行仿造，此則日意格之過，非提調監工之過也。至於各船薪工，向有奏定章程，局中員紳，從前費裕工繁，歲支自鉅。臣兆棠抵工後，復會商臣景等，力圖撙節，煤炭則採自官廠，員紳則大加撤裁。一切經費，比前均省，期於餉歸實用。工必精良，正不敢苟避嫌怨也。惟太西以戰争相爲雄長，刱造輪船，匪今伊昔，又復不惜重貲。萃千百萬人之材力聰明，互相仿效，即互新奇，此戰艦所以月異而歲不同也。閩省開局日淺，從前皆洋匠總其成，近始有選派生徒從學外洋之事，加以經費支絀。成船無多，正如初學爲文，豈能出奇争勝，然從此廣育生徒。實心考究，製造漸多，自能熟極生巧。臣等惟有懔遵諭旨，力加整頓，於局員則必爲事擇人，斷不稍從徇濫，於生徒則必勤加督課，不任舍業嬉荒，製造必期精堅，糜費務盡裁革，用以裕自强之本計。所有令查閩省情形，謹合詞恭摺具陳，伏乞皇太后、皇上聖鑒，謹奏。

光緒七年三月初十日，軍機大臣奉旨，覽奏均悉，仍著實力整頓，嚴剔弊竇，不得徒託空言，致糜帑項，欽此。

「中央研究院」近代史研究所《海防檔》乙福州船廠《光緒七年八月一日總署收船政大臣黎兆棠文附摺片稿各一件一船廠猝被風災亟籌修補情形二派道員呂耀斗充船政提調》 八月初一日，總理船政大臣黎兆棠文稱，竊照本大臣於光緒七年閏七月十一日，在福州府中岐工次，會同南洋大臣兩江總督劉、福州將軍穆、閩浙總督何、福建巡撫岑，恭摺由驛四百里馳奏船廠猝被風災。各廠所塌倒損傷，亟籌修補情形一摺。又附奏派道員呂耀斗充船政提調一片，相應鈔録摺片稿咨呈。爲此，咨呈欽命總理各國事務衙門，謹請查照施行，照録粘單。奏爲船廠猝被風災，各廠所塌倒損傷，亟籌修補情形，恭摺仰祈聖鑒事。竊本年閏七月初一日，夜間驟起暴風，初二日終朝怒吼，雨勢如潮，雲垂水立。至戌亥之間，風力尤猛，雨聲更沸，江潮方長，比向時頓長數尺，直淹至臣署二堂階下。廠中各所，多被淹浸。幸初三日風勢漸減，臣隨飭員紳詳查廠所受傷情形。據報，學堂洋樓前，圍牆坍倒數丈，輪機廠棧房，盡被吹倒。料件棧房，牆壁坍塌。截鐵廠屋瓦吹落殆盡。拉鐵廠棧房，瓦蓋飛去幾半。水缸廠鐵棧房，概行傾倒。其雜料房、傢伙房、銅棧房，屋瓦均損壞甚多。水龍房亦倒塌。鐵脅廠棧房瓦傷損大半，礮廠亦被水淹。福靖後營兵房，倒塌八間。健丁營棚屋，概被打倒。甎灰廠、煉鐵亭，全座吹塌。東考工所倒塌左右圍牆二面，西考工所匠棚全壞，廣儲所椽瓦門窗牆壁均損壞。此外前後學堂、鑄鐵廠、藝圃、皮廠、船廠、帆纜廠、船臺、廠亭、木料亭，以至模房、轆餅房、舢板廠等所，及火藥庫圍墻，均各有損壞。幸停泊工次各輪船，以及馬力機器，均無損傷。匠役均皆無恙。查閩省夏秋間向患海颱，此次疾風怒雨，傾山倒海，而來勢甚猛烈。土人亦稱多年所未有。船廠濱臨大江，受風尤烈，幸各廠料件多是銅鐵，雨濕尚無大礙。臣一面飭各員弁開單召匠勘修，次第整理，務期各安棲息。率作興事。上慰廑懷，所有廠所猝被風災。一面估修大概情形，謹會同南洋大臣兩江總督臣劉坤一、福州將軍臣穆圖善、閩浙總督臣何璟、福建巡撫臣岑毓英，合詞恭摺由驛具陳，伏乞皇太后、皇上聖鑒訓示。謹奏。

再，船政衙門聚員紳將弁學生匠徒數百人於咫尺之地，提調一員，非老成端謹，不足以資表率，而孚衆望。前提調吴仲翔已請咨北上，亟宜遴員，查有指發直隸試用道吕耀斗，穩練端方，才識通達，臣因函商北洋大臣李鴻章，亦稱其堪收臂助，鎮式浮囂。現已檄調吕耀斗到閩委充提調，是否有當，伏乞聖鑒訓示，謹奏。

中國第一歷史檔案館《光緒宣統兩朝上諭檔》第七册《光緒七年八月初五日》 軍機大臣字寄，大學士兩江總督二等恪靖侯左、福州將軍穆、閩浙總督何、福建巡撫張，光緒九年八月初五日奉上諭：張夢元奏船政局在工員紳，向於例銷薪水外，加增津貼，局内苦無雜款動支。請准將撥解製船經費貼水銀兩，提作外銷雜款。員紳津貼，均於此款支放等語。著左宗棠、穆圖善、何璟、張兆棟覈議具奏。原片均著抄給閲看，將此各諭令知之，欽此。遵旨寄信前來。

中國第一歷史檔案館《德宗景皇帝實録》卷一三四《光緒七年八月》 三品卿銜督辦船政黎兆棠奏，船廠猝被風灾，房屋塌壞甚多，亟籌修備情形，得旨。著確實勘修，以資工作。

中國第一歷史檔案館《德宗景皇帝實録》卷一三八《光緒七年十月》 又諭，黎兆棠奏，開造巡海快船，請催經費一摺。閩廠仿造快船，前由部撥南洋經費銀二十萬兩，僅據粵海關解到銀三萬兩，尚短銀十七萬兩，此項快船，現於九月内開工，需款甚急，著劉坤一趕緊如數籌解，毋誤要需。將此由四百里諭令知之。

「中央研究院」近代史研究所《海防檔》乙・福州船廠《光緒七年十一月十八日總署收兵部文咨詢閩省「琛航」「永保」二輪渡臺順搭客貨事》 十一月十八日，兵部文稱，車駕司案呈，光緒七年十月十七日，據當月司付軍機處片交福州將軍穆圖善等奏，擬派「琛航」、「永保」輪船二號，輪流渡往基隆滬尾，渡送來往官兵及省臺文報一片。光緒七年十月十五日，軍機大臣奉旨，知道了，欽此。欽遵交出到部，相應恭録諭旨，由驛行文福州將軍、閩浙總督福建巡撫、船政大臣一體遵照。至原奏聲稱，官兵文報，多寡難定，而輪船所需煤炭薪工，則未能短少，不得不籌款添補，擬遇有民人渡台暨商民販運貨物，均准隨時搭船仿照招商局章程，酌減水脚收支輪船炭工等語。惟搭坐商民以及貨物，作何收支輪船脚價，原奏並未敘及，應令逐細聲復報部，並將招商局酌減水脚章程抄録送部查核，並將前二號輪船係若干匹馬力，管駕員名月需薪工數目，一併隨文報部備查，相應知照總理各國事務衙門可也。

中國第一歷史檔案館《德宗景皇帝實録》卷一三九《光緒七年十一月》 諭軍機大臣等，劉坤一奏，閩省開造快船，請催經費等語。閩廠仿造快船，前由部撥南洋經費銀二十萬兩，僅據粵海關解銀三萬兩，現由劉坤一籌解銀四萬兩，尚短銀十三萬兩。刻下閩廠定期興工，需款甚急。粵海關欠解南洋經費，約有十五六萬之多，著崇光即於前項欠解款内，迅速撥銀十三萬兩，徑解閩廠，以濟要需，毋稍延誤。

「中央研究院」近代史研究所《海防檔》乙福州船廠《光緒八年三月二十七日總署收户部文粵海關報解閩省快船經費》 三月二十七日，户部文稱，派辦處案呈，准粵海關監督崇咨稱，案准船政大臣黎咨，閩省製造快船經費，前准部議，南洋協撥銀二十萬兩，仍應籌解。當經咨催，准南洋大臣咨復，南洋海防經費，各關税項下，自改章以來，屢催未解，即以前各結積欠之款，亦報解無多。南洋購辦船械軍火等件，尚難自顧，實無另款可以兼顧船政造船。而粵海關所欠經費，爲數最鉅，只得仍以粵海關應解銀内匯解，以應急需。茲擬以七十六、七兩結，約銀六萬三千餘兩匯解閩省船政查收，以作製造快船之用。此乃粵海關上年徵存未解，並奉諭旨催解之項。咨請查照派員徑往粵海關催提應用等因，即經咨請籌齊見復，以便委員前赴承領在案。現在待支孔急，亟應派員前往催提，以副應用。茲查即用知縣盧慶雲，堪以派往，咨飭剋日籌撥交委員管解回閩等因到關。當於光緒六年十一月間，解過銀三萬兩在案。茲再籌措銀一萬兩，撥交船政大臣派來委員盧慶雲解赴船政大臣查收，其餘俟關税稍有徵存，再當續解。再當南洋海防經費銀兩，自八十結以前，業經掃數解清，現在所解快船經費銀一萬兩，係於八十一結期内劃撥，理合呈部查照等因。查粵海關此次報解製造快船經費銀一萬兩，撥交船政大臣委員盧慶雲領解，並據聲稱，南洋海防經費，自八十結以前，業經掃數解清。現在所解快船經費，係於八十一結期内劃撥等情，相應咨行船政大臣將收過銀數日期報部查核，並咨南洋海防大臣、兩江總督查照。暨咨復粵海關監督仍將應解款項，即行跟接批解，以重要需，並知照總理各國衙門查照可也。

左宗棠等《船政奏議匯編》卷三黎兆棠《續造第五號鐵脅船工程并南北洋議造快船情形片》　再，六年十一月，第四號鐵脅「澄慶」船出洋試輪后，臣即飭廠接造巡海快船，配二千四百匹馬力輪機。當因快船制度、規模與廠中向製各號常式兵輪迥別，圖式、木模絶無可仿。從新估算，繪圖六百餘紙，製模二千餘件。未開工之先，鐵廠工程正松，一面飭其乘間按制七百五十匹輪機一副，備快船下水后續造第五號鐵脅船配用。及七年九月快船開工時，鐵脅之輪機已成十之五六，嗣以快船工程萬緊，不克兼營。辰下快船已經下水，開春各廠工程稍寬，仍飭湊製成副，第五號便可起工安上龍骨。

現據北洋大臣來函，囑造快船兩號，又據南洋大臣來咨，囑造快船五號，合計七艦，均應趕趲工程以期迅速。臣擬木料、鋼件由外洋趕購，一面開拓廠地以廣招工匠，添設機器，以多製輪機。每起兩艦并造，便覺事半功倍，且可爲將來試造鐵甲船之地。現在多製快船，且亟須添造大石塢，可修喫水深一丈八尺之船者，以備隨時勘修。即外國購回之鐵甲船到閩修理，亦無不可。閩廠前此只造常式兵輪，其輪機不如快船繁重，工程不如快船艱巨，故廠地猶未廣，機器猶未備，船槽猶未大，不足以修大船。臣莅工后，常冀漸拓規模，製船愈多，成船愈速。庶幾海防有賴，足以副國家自强之意。惟是拓廠、添機、造塢需費，動輒巨萬，必須經費應手，方能逐漸舉辦，日起有功。稍可上慰聖懷於萬一。臣愚昧之見，是否有當，謹會同大學士、南洋大臣、二等恪靖侯、兩江總督臣左宗棠、福州將軍臣穆圖善、閩浙總督臣何璟、署福建巡撫臣張兆棟合詞附片，伏乞聖鑒訓示遵行。謹奏。

同日拜發。奉旨：覽。欽此。

左宗棠等《船政奏議匯編》卷三黎兆棠《請留學生游學詩在臺灣煤務差遣片》　再，學堂製造學生、候選縣丞游學詩，前經督辦寧古塔等處事宜大臣吴大澂奏請，調赴吉林差委，當奉諭旨，準調在案。臣經恭録札飭該學生欽遵前往，適該學生兩目昏翳，乞假醫理。臣委員驗明屬實，咨商吴大澂寬展限期，俾安心醫痊赴吉。嗣該學生病痊銷假，臣即飭赴吉林候遣。正在啓程北行間，據臺灣道劉璈稟，臺北煤礦整頓需人，惟該學生熟悉情形，堪以勝任。且臺灣海防緊要，與東省無殊，亦惟該學生最熟。請將該學生留臺遣用，并據閩浙督臣、福建撫臣同咨前因。臣當咨商吴大澂，據復由臣奏明。謹將學生游學詩留臺差遣情由附片具陳，可否之處，伏乞聖鑒訓示遵行。謹奏。

同日拜發。奉旨：知道了。欽此。

左宗棠等《船政奏議匯編》卷三黎兆棠《輪船大副吴夢良積勞病故請恤片》　再，輪船員弁積勞病故者，向例請予恤典，歷屆奏明在案。現據派駐江寧「澄慶」兵輪船報稱，該船大副留閩儘先千總吴夢良，因積勞成疾，於本年七月十三日病故。

查該大副吴夢良，由閩廠駕駛學堂學生出身，派人練船，歷赴東西洋練習。調補各船大副，歷委管駕「龍驤」、「操江」、「鎮西」、「鎮北」各兵船。八年正月，補充「澄慶」兵船大副。歷練風濤，始終勤慎，竟以積勞病故，殊堪悼惜。合無仰懇天恩，飭部將該千總吴夢良照軍營病故例議恤，以慰幽魂。謹會同大學士、南洋大臣、二等恪靖侯、兩江總督臣左宗棠合詞附片，伏乞聖鑒訓示。謹奏。

同日拜發。奉旨：兵部議奏。欽此。

「中央研究院」近代史研究所《海防檔》乙福州船廠《光緒八年四月十一日總署收軍機處交出船政大臣黎兆棠抄摺舊疾增劇籲請開缺》　四月十一日，軍機處交出黎兆棠抄摺稱，爲微臣舊疾增劇，籲請天恩准予開缺事。竊臣前在台灣得怔忡不寐之症，惟時年力尚强，醫治旋即就痊，自蒙恩簡授直隸臬司。陛辭出都，舊疾復發，因陳請開缺回籍調理。五年冬在籍奉督辦船政之命，病體總未就痊，顧以受恩深重，不敢自耽安逸。六年二月，力疾抵閩，九月鐵脅第四號澄慶兵船告成，擬即造巡海快船，因經費不敷，奏請酌量撙節。積有成數，再行仿造，逐漸由外洋購料，並廠中製件。至七年九月，安上龍骨，正擬督率在事員紳工匠，合力興作，催趲加工。奈自夏秋間感受暑濕，入冬精力委頓，通夕不寐，一面延醫調治，一面力疾從公，原冀春融脾土漸旺，可以振刷精神，力圖報効。詎本年開春後晝夜不寐，心氣愈虧。現在工程正當喫緊，內外匡鐵脅已排齊，安上船台，木模廠最繁重之件，大致已就。鑄鐵廠工程過半，其餘各廠工程，不過十分之二。鉤稽攷核，在在須運以全神，焦灼之餘，病益加劇，思維再四，與其精力不周，疏虞無補。不如請另簡賢員督率，俾臣得乞恩歸里，以免貽誤要工。倘邀聖主福庇，一俟就愈，即當泥首宫門，徐圖報稱，不敢自外生成。可否仰懇天恩，准臣開缺回籍調理。出自鴻慈逾格，臣不勝屏營迫切之至，所有微臣病勢增劇，籲請開缺緣由，恭摺瀝陳。伏乞皇太后、皇上聖鑒訓示，謹奏。

光緒八年四月初十日，軍機大臣奉旨，著賞假一箇月，毋庸開缺，欽此。

中國第一歷史檔案館《光緒宣統兩朝上諭檔》光緒八年七月初十日　光緒

八年七月初十日奉上諭：左宗棠奏閩省船政局製造快船，應由南洋協撥銀二十萬兩，除前由粵海關監督，在於欠解南洋經費内兩次撥過，銀九萬兩。劉坤一在於收存南洋經費項下，解過銀四萬兩。現因閩廠需款孔亟，復經左宗棠於應解還陝甘餉款内，暫撥銀四萬兩，解閩仍欠銀三萬兩，無款可籌，請飭粵海關監督迅速撥解等語。著崇光迅即在於欠解南洋經費款内撥銀三萬兩，經解閩廠以濟要需，另撥銀四萬兩，解至江甯，以爲解還陝甘餉銀之款，其餘應解南洋銀兩，並著埽數撥解，毋再延欠。欽此。

軍機大臣遵旨，傳諭粵海關監督崇光。

「中央研究院」近代史研究所《海防檔》乙福州船廠《光緒八年十月三日總署收船政大臣黎兆棠文附延募洋教習合約底稿請照會英國海部聘請管輪洋教習一員》 十月初三日，船政大臣黎兆棠文稱，竊照福建船政後學堂管輪洋教習，先因原募之穆勒登限滿回國，經函囑洋監督日意格由英國另延來閩教授。當准日意格募到管輪教習理格一員，於光緒六年八月二十七日，挈帶眷口抵工，按照向章訂立合同，約定三年爲限，應扣至九年八月二十七日限滿。緣察看該洋教習教授年餘，未甚得力，遂將舊班管輪各學生分派上船練習。於七年十月間遣令理格回國，所餘新班管輪學生，即派老班學生充爲教習，暫時課授。但輪船機器，最關緊要，根抵全在學堂講究。現新派練習管輪學生頗衆，仍須由英國海部聘請洋教習一員教導，俾期得力，定以三年爲限，薪水一切，照章辦理。兹謹將從前募過洋教習訂定合同底稿，抄録咨呈。爲此，咨呈總理各國事務衙門。謹請察照俯賜照會英國海部選募品學兼優才技出色管輪洋教習一員，訂明合約，尅期來閩。以期培材應用，聘定員名，請先由電報復閩知照，以便預備。

照録合約底稿，管輪學堂教習某人，現奉船政衙門准募在工，應換立合約，各款列後。

計開：

一，某人係募在福州船政爲管輪學堂教習。該教習應盡心教導在堂生徒，並各管車，無輪在船在岸，均應教以管輪理法，兼教手藝。以外凡屬管輪本分應曉之事，亦無論在船在岸，衙門或派其兼辦。某人即應遵照，不得請加月薪。

二，某人係於光緒某年某月某日到工，截至某年某月某日止，以幾年爲限，限内倘逢難料之事，須行停工。致中國大憲應撤其回國。則給予四個月貼薪並回費。若係某人教導不力，或辦理不善，或擅打中國生徒人等被撤者，則只給回費，不給兩月貼薪。

三，某人在工立限幾年，限内應盡心認真教導各生徒。凡事宜勤慎守分，除應授課程並衙門諭辦各事外，不得干預別項事宜，及不行告明於船政之外，暗攬他事。

四，某人應受船政大臣節制，並應聽稽查學堂委員之諭。以外不准私自越躐干謁中國官長。

五，某人薪銀，月給洋平二百兩。自抵工之日起，按西歷月分支領，其由外國起行之日，即另發一個月薪銀，貼爲安家行裝之用。

六，船政衙門應給予某人住屋，有病時給予醫生，在辦公所公費項下動支。

七，某人由英至閩，來費歸由船政發給。其回費應由辦公所照數報領轉給。以後如無辦公所，衙門照洋平番銀三百七十八兩給領。

八，如幾年限内，某人或因病卸回，或爲本國召回，船政只給回費。倘係自己有事回國，須先四個月稟明衙門，以便募人接代。

九，幾年限滿，如衙門不留某人，則給予貼薪二個月並回費。若再留教導，其貼薪回費，應俟遣散之日支領。

十，某人既到福州船政，衙門另與換立合約，發交該教習收執爲憑。某人既得新立合約，舊合約即爲廢紙。

光緒某年某月　日。

立合約船政衙門，畫押。

管船教習某人，畫押。

左宗棠等《船政奏議匯編》卷三黎兆棠《恭謝天恩報明回籍就醫起程日期摺》 奏爲恭謝天恩并報明微臣回籍就醫起程日期，恭摺仰祈聖鑒事。

竊臣於十月十四日因病日增劇，奏請給假回籍就醫，十一月二十三日，承准軍機大臣奉旨：黎兆棠著賞假兩個月，回籍就醫，一俟假滿，即行回工。現在船廠一切事宜，務令吕耀斗認真督率，妥爲經理。欽此。臣當即恭設香案，望闕叩頭謝恩。

伏念臣迭受生成，深慚病朽，向江湖而戀闕，假歸猶捧丹忱，效犬馬以酬知未老敢渝素願。屢蒙温詔，備荷優容，感激涕零，不能自已。

現在快船業經下水，廠中趕速鑲配，不日便可試洋。所有應辦工程事宜及一切料件存款，提調吕耀斗盡可付托。臣於日内交代明白，切囑認真妥辦。其總理船政木質關防，并交該員敬謹封藏，遇有事關緊要應行奏報者，令其就近稟請閩浙督臣代奏，以重廠務。臣於十二月初三日快船下水，后即乘輪船回粵就醫。儻沐聖慈福庇，早日就痊，仍當恪遵諭旨馳回工次，斷不拘泥假期，稍耽安逸。所有微臣起程日期并感激下忱，謹繕摺叩謝天恩，付驛陳明，伏乞皇太后、皇上聖鑒訓示。謹奏。

光緒八年十二月初三日拜發。奉旨：知道了。欽此。

「中央研究院」近代史研究所《海防檔》乙福州船廠《光緒八年十二月十四日總署收軍機處交出兩江總督左宗棠片添造快船小輪船情形並請簡船政大臣》 十二月十四日，軍機處交出兩江總督左宗棠片稱，再臣前會同彭玉麟陳奏海防事宜，擬添造小輪船十隻，快船五隻，欽奉諭旨，該衙門知道。當即恭録咨行福建船政局，上海機器局遵照估工繪圖，並派船政學生汪喬年齊文赴閩。確估快船每隻約需銀三十餘萬兩，礮位另向外洋購辦，惟五船同時並舉，專責閩廠製造，未能速觀厥成。於劄調上海泰來洋行德國商人福克來甯，定購礮位鋼件之使，與之商造快船時日久暫，價值低昂，據稱由德國船廠製造，八箇月可成二隻，每隻估值約需銀二十七萬兩。礮架及駕駛來華費用在外。臣以需時不久，價值亦尚合宜，飭令定造快船二隻，悉如閩廠所造新式。俾中外合造，迅速成功，原議造快船五隻，即除現在閩廠已造成之一隻外，尚需製造二隻，自應專由閩廠辦理。已咨船政大臣劄行提調道員吕耀斗刻日開工，所需經費，由南洋隨時撥發，其小輪船十隻。據上海機器製造局道員李興鋭繪圖估工，每隻約需十七八萬兩。礮位在外，已飭試造一隻驗看，衹期工堅料實，費不宜省。惟念福建船政，自臣奏設至今，已十有七年，當時立法，本極意講求，頗稱周密。嗣後屢易其人，墜緒難尋，殊深惋惜。此局頗爲外人側目，褱壞非宜，近聞船政大臣黎兆棠久病不痊，屢次陳情乞假，未蒙允准。現值增造快船，事務尤爲煩劇，可否仰懇天恩，俯念船政緊要，迅賜簡員任事，以重職守。庶臣得隨時商榷，俾費節工竣，得免疎誤，感荷鴻施，實無涯涘。謹附片陳明，伏乞聖鑒訓示施行，謹奏。

「中央研究院」近代史研究所《海防檔》乙福州船廠《光緒八年十二月二十四日總署收軍機處交出船政大臣黎兆棠摺巡海快船下水並廠工情形》 十二月二十四日，軍機處交出船政大臣黎兆棠摺稱，奏爲刱製巡海快船下水，並廠工一切情形，恭摺具陳，仰祈聖鑒事。竊查巡海快船，製精而行速，利於衝擊，與鐵甲船相輔，而其用過之，固中華所未曾有之巨艦，海防必不可少之利器，非尋常輪船可比。臣兆棠仰體國家自强之意，遵奉諭旨，督工試造，於上年九月十八日開工，安上龍骨，當經奏明在案，快船每時行水程百里，較之常式兵輪每時僅行五六十里者迥别，故稱快船。其制度規模，亦較常式兵輪新奇而宏壯。未開工之先，繪圖製式，既無舊制可承，選料厄材，又非一時可集，事之籌畫，積閱月日，備極繁難。及開工後，部署甫定，木料之購自暹羅者，鋼件之購自英德兩國者，陸續麕至，於是廣招工匠，分廠呈能廠大者容七八百人。廠小者六百餘人，接圖製作，推陳出新，趲趕工程，夜以繼日。在事員紳匠徒人等，莫不殫精竭粹，寢饋不遑，咸與黽勉從公，深望鉅工告成，稍答宵旰勤求之至意。比據出洋製機學生楊廉臣，李壽田稟稱，船上輪機，由廠自製者，如鐵汽鼓、鐵輪機座、鐵冷水櫃、鐵滑軌、鐵水缸、烟道等。大小一千餘件，均已蕆事。其由外洋采購之鐵水缸板、鋼轉輪軸、鋼轉輪臂、鋼汽餅樣等數十款，亦已循序開合將竣。現在各廠製件，隆然高者，呀然深者，星羅鱗叠，只待刨光琢平，排比妥帖，便可成副。關捩咸張，又據出洋製船學生吴德章稟稱，全船鐵脅，經已配齊。鐵樑、鐵柱、鐵牽，經已鑲竣，舨板銅片，經已封固。粘灰穿孔，塞罅漚釘，經已妥協，船首之銅刀，船尾之銅夾銅馬，船面之鐵戰枰，前後左右耳臺。暨首尾兩傍之砲位，船中之鐵望臺、鐵厨房，船底之全鐵截堵，船内之輪機艙、水缸艙、煤炭艙、鐵練艙、礮勇水手艙亦均已一律完工。堪備下水，其餘火藥、彈子、帆纜、糧食各艙，以及桅檣、帆纜、舢板、軍裝、盒舵車錨挑抽水汽機向盤等件，間有竣有未竣。一俟下水後，緊催鑲配，即可試洋。臣飭各廠員紳等覆驗無異，因命之曰開濟，諏十二月初三日，乘午潮漲滿，縱船入江。先期一日，用巨鑊煮牛膏豕脂胰皁油等物數十斛，灌入承船凹槽，凝厚寸許使滑，船臺初疊之木，節節掇下。另墊木楔，使船低倚兩旁托架，跗萼相銜，留船旁撐柱數十根支之。屆期臣躬率提調吕耀斗及員紳，致祭天后江神土神船神，向午潮平，拔撐柱，抽墊楔，鋸斷船顱托輞，砉然有聲，瞥眼間船已離岸矣。船通長二十六丈有奇，寬三丈六尺，喫水深一丈七尺，高三丈四尺，全船噸儎計二千二百噸，配新式二千四百匹馬力省煤康邦卧機一副，汽鼓三座，水缸八個，機件之繁重，馬力之猛烈，皆閩廠刱設以來，目所未覩。其大段款式，已於常式兵輪有異。製件之精良，算配之合法，悉皆製造學生吴德章，李壽田，楊廉臣等，本外洋最新最上最便捷之法而損益之，尤爲各船所不可及。其慮船身籌重，難速行程也。特易木脅爲鐵脅，匪特船可耐久，而又較輕，且曲木難購，故今泰西製船，鐵脅稱爲獨步，其慮外舨不固，日久滲漏也。特於船身鐵脅外掩以雙重木舨，內重以鐵栓，外重以銅栓，兩相嵌固，使各稱其質而不相蝕，日後行船，匪特無虞滲漏。且利水程，其慮砲彈礁石損礙船殼也。特於船中多設阻漏全鐵截堵，設一堵受損，次堵阻隔，船仍可駛而無害。其慮砲位不周，難以角敵巨艦也。特於船之前後向，製左右耳台，可賓新式後膛長身鋼砲，四面轟放，旋轉攻打，無不及遠命中，前向耳台砲每尊約重一萬六千八百斤。每尊放度可得一百三十五度，凡外國鐵甲船之能來中國口者，皆足以破之。後向耳台砲每尊約重四千二百斤，每尊放度可得一百二十五度，船尾砲重與後向耳台砲同，其放度可得二百二十五度，三面施放，無不如意。船首一砲，船旁四砲，均約重二千六百斤。每尊放度可得七八十度，共成配砲十尊。進可角戰，退可拒敵，船砲猛快。當無有逾於此者，更於船頭水線之下，設碰船銅刀，以之衝擊敵艘。洵屬堅銳，閩廠前造各號常式兵輪，恒藉外國員匠誘掖而教導之，方始有成。今快船算繪之難，製作之巧，工程之鉅，何止數倍從前。而該學生等及在工各執事，競能式廊前規，無煩藉助，實國家刱設船政力圖自強之寔效。此次下水後，臣仍嚴催其趕速酌上輪機，湊成艙位帆桅錨練，並船上一切器件。以及髹添等事，務須及早一律完備，以便試輪出洋，合將刱製巡海快船下水日期，並廠工一切情形。謹會同大學士二等恪靖侯南洋大臣兩江總督臣左宗棠，福州將軍臣穆圖善，閩浙總督臣何璟，署福建巡撫臣張兆棟，合詞恭摺由驛四百理其陳，伏乞皇太后、皇上聖鑒訓示遵行，謹奏。

光緒八年十二月二十三日，軍機大臣奉旨，該衙門知道，片併發，欽此。

楊書霖《左文襄公全集》卷六〇《添造兵輪預籌駕駛人才派員教習片 光緒九年四月十四日》 再臣前因南洋兵船不敷分布，奏明添造大小兵輪船十五號，見已飭由閩、滬兩廠及向德國商人分別定製。數年之內，即可先後告成。惟駕駛人才選擇甚難，必須預爲籌及。見在閩廠學堂學生，雖通行船之竅要，而於一切機宜，究未躬親練習，仍恐將來調派來船，亦難驟期實效。臣請將南洋之「澄慶」兵船作爲練船，飭由管駕官遊擊蔣超英在於閩廠學堂中挑選學生十人，并招水手一百名來船，教以西學，練習帆纜一切事宜，并使游歷各海口，衽席風濤，辨識海道，定以三年爲限，庶可練習精熟。將來前項船隻先后告成，此等學生、水手亦可陸續調用，較與臨時招募者得力，殊非淺鮮。該船管駕官遊擊蔣超英，係由學堂出身，并曾游歷西洋，精通西學，熟諳駕駛，以之派爲教習，實堪勝任。惟練船一設，人數倍多，每年約增經費銀一萬四五千兩，煤炭、引港等項在外，不能預計。其在船之管駕及大副以下員弁，有督同教練之責，較尋常差務爲繁，且常年辛苦，與學生同歷斯境。擬俟著有成效之日，准其擇尤分别從優請獎，以爲實心辦事者勸。臣爲慎選人才、預謀管駕起見，除俟遴選學生水、手到船，另行造册咨部查核外，理合先行附片陳明。伏乞聖鑒訓示。謹奏。軍機大臣奉旨，該部知道，欽此。

「中央研究院」近代史研究所《海防檔》乙福州船廠《光緒九年二月九日總署收兵部文催報開濟快船及歷年成船養船經費》 二月初九日，兵部文稱，車駕司案呈，光緒八年十二月二十四日，據當月司付船政大臣黎奏刱製巡海快船，命名開濟，諏於十二月初三日下水。並廠工一切情形一摺，又附奏續造鐵脅船，及南北大臣來函囑造快船，擬請拓廠添機造塢，逐漸舉辦一片。光緒八年十二月二十三日，軍機大臣奉旨，該衙門知道，片併發，欽此。欽遵到部，相應恭録諭旨，由驛行文該大臣遵照。查此次新造開濟快船，原奏僅稱，二千四百匹馬力，其配管駕舵水人等若干，月支薪糧若干，並未逐細開單奏明。本部無憑核辦，應令該大臣即行分晰奏明，俟奉部覆准後再行起支薪糧，仍將此船繪具正側圖說送部備查。至該廠自刱設以來，現已製成循常兵輪若干，鐵脅船若干，均係若干匹馬力。配員名銀數各若干，何船係於何日造成，先行逐細繪圖報部。其南北洋囑造快船，亦俟製成落水配駕之日，分晰繪圖奏報核覆。併咨南北洋大臣，俟前項快船造成驗收之日，先將馬力若干，並如何配員管駕，及月需薪糧各數，立即專案奏明。俟奉部覆准之日，再行起支薪糧。倘不奏明，將來報銷到部，概不准銷。再查上年十二月間，本部奏定報銷章程內開，養船經費、輪船薪糧，向係臣部應銷之款，並應造入臣部款內核銷，俾免分歧。其以前行查款目，未經該省聲覆者，應統限此次奉到部章之日起，福建限九箇月逐一覆奏，如有逾限，將該大臣及承辦局員分别參處等因，奏准通行遵照在案。溯查光緒元年二月間，據前船政大臣沈奏閩廠創造輪船用款，自同治五年十一月十七日起，至十三年六月底止，截清月日，開單報銷一摺。當經本部行令該大臣，即將養船經費項下，按照定章，將各船於何日造成，何日配員管駕，何日起支薪糧，以及製船所需水陸運送脚價，轉飭承辦各員造具妥册送部，以憑核銷。並經本部迭次咨催各在案，迄今八年之久，仍未造册送部，似此任意玩延，殊屬不成政體，併令該大臣查照本部奏咨各案，轉飭承辦各員，趕緊造具詳細妥册咨送本部，以憑核辦。其十三年七月以後用款，並即彙案造册專咨本部銷算，以清積牘。倘再任意玩延，本部定行照章參處，並知照總理各國事務衙門可也。

楊書霖《左文襄公全集》卷六〇《新造開濟快船弁勇人等月支薪銀懇敕部核復遵辦片光緒九年四月十四日》　再，准兵部來咨：閩廠新造之二千四百匹馬力開濟快船，應配管駕人等若干，月支薪糧若干，應令分晰奏明，俟奉部復核准後，再行起支薪糧。等因，當經咨行船政大臣遵照辦理在案。臣查此項「開濟」快船馬力二千四百匹，係屬實數，較與別項船身尤大，實爲中國所未有者。今既調歸南洋差遣，所有船上應行配用各項員弁、勇丁、舵水人等，酌量配募，計共二百一十員名，每月薪糧需銀三千五百一十五兩。惟該船一切小件，尚須略加整修，約計五月内即可蕆事。見在該船正當合攏鑲配輪機帆纜之時，必須先行委派管駕以及管輪水手人等到船，幫同總理，庶可使其洞悉船中機器之窾竅，繩索絡繹之往來。若俟部復到日再行起支薪糧，不但尚須時日，抑難令其枵腹從公。臣思維再四，擬將已招在船人等，先行按照原定薪銀，每名給發一半，容俟部復到日，再行全給。似此變通辦理，庶可稍節經費。除飭福建船政提調道員吕耀斗遵照辦理并分咨外，所有「開濟」快船應配弁勇水手人等，每月支須薪糧銀數，謹繕清單，恭呈御覽。合無仰懇天恩，俯准敕部核復遵辦，理合附片具陳。伏乞聖鑒訓示，謹奏。

軍機大臣奉旨，著照所請，該部知道，單併發，欽此。

左宗棠等《船政奏議匯編》卷二一張夢元《交卸臬篆到工任事恭謝天恩摺》

奏爲恭報微臣交卸臬篆并到工任事日期，叩謝天恩，仰祈聖鑒事。

竊臣在福建臬司任内欽奉諭旨：着開缺賞給三品卿銜，督辦福建船政事宜。業經專摺謝恩，旋準督撫臣奏委鹽法道解煜接署臬司篆務，遵於光緒九年四月初三日，將印信、文卷移交卸事，即於是日馳赴馬尾工次，由提調道員吕耀斗呈送木質關防前來，當即恭設香案，望闕叩頭，敬謹任事。伏念臣才識愚庸，於泰西製造等法素未諳習，乃蒙聖恩稠迭，畀任優加，聞命悚惶，彌思奮勉。

查船政爲籌辦海防而設，溯自創始迄今幾二十年，歷經前督辦臣措置，一切漸臻完備，近日仿造新式快船亦能如法。臣莅事伊始，既未敢於章程久定妥議更張，亦未敢於利弊攸關莫思補救。經費更須撙節，庶持久之可圖；規模或待擴充，乃自强之有具。自維菲質，深懼弗勝，惟有振刷精神，遇事考究，時與將軍、督、撫臣悉心商榷，并咨商南、北洋大臣，極力籌維，以期仰答高厚生成於萬一。所有微臣交卸臬篆并到工任事日期，謹繕摺由驛馳陳，叩謝天恩。伏乞皇太后、皇上聖鑒訓示。謹奏。

光緒九年四月十三日拜發。奉旨：知道了，欽此。

左宗棠等《船政奏議匯編》卷二一張夢元《第五號鐵脅輪船安上龍骨并陳廠務情形摺》　奏爲第五號鐵脅船安上龍骨并陳廠務情形，恭摺仰祈聖鑒事。

竊「開濟」快船於去年十二月初三日下水，鐵廠工程稍松，乘間興工續造第五號鐵脅輪船，經前督辦船政黎兆棠奏明在案。黎兆棠乞假還籍，經提調吕耀斗督率工匠，趕將鐵脅、龍骨、斗鯨等件陸續製齊。臣到工視事后，即據吕耀斗稟請諏吉安上龍骨。前來爰擇於本月十一日臣親率在事員紳、匠徒，將全鐵龍骨安設第三號船臺。其前后斗鯨、兩翼鐵脅等飭令以次鑲合。應配之康邦臥機一副，先經籌備，現已制造過半。此次安上龍骨后，其船舨、水缸一切工程即可次第興作矣。

南洋定製快船二號，其機器、料件有應由廠自製者，業經分別交廠鑄造；有應在洋定購者，亦經詳具圖册，咨由出使德國大臣李鳳苞限期購寄。一面趕將第一號、第二號船臺兩座修理堅實，一俟定購之料件運到，即安上龍骨，與第五號鐵脅輪船可以兼營并造。至「開濟」全船工程已得十之八九，水缸雖已懸放，而斗合輪機蕆功匪易，兼之桅檣、帆索、裝潢、油漆等項猝難告竣，約須夏、秋之交方克試洋。臣甫經莅事，粗悉規模，惟有矢慎矢勤，加意董率，以仰副我皇上軫念要工之至意。所有第五號鐵脅輪船安上龍骨并廠務情形，理合會同南洋大臣、大學士、兩江總督、二等恪靖侯臣左宗棠，福州將軍臣穆圖善，閩浙總督臣何璟，署福建巡撫臣張兆棟恭摺，由驛四百里具奏，伏乞皇太后、皇上聖鑒訓示。謹奏。

光緒九年四月十三日拜發。奉旨：「該衙門知道。單、片并發。欽此。」

左宗棠等《船政奏議匯編》卷二一張夢元《藝新等船員弁舵水名額并月支薪費銀數片》　再，準兵部咨行報銷章程内開輪船薪糧報銷，如系奏明有案，均照章核銷；其未經奏明者，應令奏明后再行核銷等因。查閩廠輪船弁勇員名薪糧、公費，曾經前總理船政沈葆楨開單奏明在案。嗣后續造各船，馬力相符，部中均照前奏核計。惟五十四馬力之「藝新」輪船、八匹馬力之「祥麟」小輪船、十六匹馬力之「威鳳」小輪船，其員名銀數但經按季咨部，未經奏報。「藝新」現派巡防福寧等處，「祥麟」、「威鳳」二艘系在工次巡緝，兼以起運料件。該三船所設弁勇舵水員名，額支薪糧、公費銀數相應開列清單，恭呈御鑒。謹會同南洋大臣、大學士、兩江總督、二等恪靖侯臣左宗棠，福州將軍臣穆圖善，閩浙總督臣何璟，署福建巡撫臣張兆棟合詞附片具奏。伏乞聖鑒訓示遵行。謹奏。

同日拜發。奉旨：覽。欽此。

謹將「藝新」等號輪船官弁、舵水員名并月支薪糧、公費銀數開列清單，恭呈

御覽。

計開：

五十四馬力「藝新」輪船：管駕官一員，月支銀一百兩；大副一名，月支銀三十兩；二副一名，月支銀二十兩；水手頭目一名，月支銀一十八兩；頭等水手八名，每名月支銀一十兩，共月支銀八十兩；二等水手八名，每名月支銀八兩，共月支銀六十四兩；舵工四名，每名月支銀一十二兩，共月支銀四十八兩；正管輪一名，月支銀六十兩；副管輪一名，月支銀三十兩；管油兼管水汽表一名，月支銀二十兩；頭等升火六名，每名月支銀一十二兩，共月支銀七十二兩；二等升火四名，每名月支銀一十兩，共月支銀四十兩；管礮一名，月支銀一十六兩；礮勇四名，每名月支銀八兩，共月支銀三十二兩；號手一名，月支銀八兩；鼓手一名，月支銀七兩；木匠一名，月支銀一十兩。

以上官弁舵水人四十五員名，計月支薪糧銀六百五十五兩。公費月支銀一百二十兩；統共月支薪費銀七百七十五兩。查該船系光緒二年四月造成起支；

八匹馬力「祥麟」小輪船：駕弁一名，月支銀一十二兩；管車一名，月支銀八兩；舵工一名，月支銀六兩；水手八名，每名月支銀四兩五錢，共月支銀三十六兩；升火一名，月支銀四兩八錢。

以上駕弁舵水人等一十二名，計月支薪糧銀六十六兩八錢。公費月支銀一十五兩。統共月支薪費銀八十一兩八錢。查該船系同治十二年十二月造成，十三年正月起支；

十六匹馬力「威鳳」小輪船：管車一名，月支銀八兩；又一名，月支銀六兩；舵工二名，每名月支銀六兩，共月支銀一十二兩；水手一十名，每名月支銀四兩五錢，共月支銀四十五兩；升火二名，每名月支銀四兩八錢，共月支銀九兩六錢。

以上管車、舵水人等二十六名，計月支薪糧銀八十兩六錢。公費月支銀二十兩。統共月支薪費銀一百兩六錢。查該船系同治十三年七月由臺防經費項下購買，即月起支歸「祥麟」駕弁兼帶。

左宗棠等《船政奏議匯編》卷二一張夢元《遵照部章查出應行聲明各款摺》

奏爲遵照部章查出應行聲明各款，恭摺仰祈聖鑒事。

竊臣於四月初三日到工任事，查接管案内光緒八年十一月前督辦船政黎兆棠任内，接奉户部奏定外省報銷章程第十四條内稱，各省設立機器局并閩省船政局購買輪船、機器、外洋槍礮、電綫等件，日新月异，名目不一，耗費尤多，既無定例可循，部中無憑稽核。應請飭下南、北洋大臣及設立機器局各省督、撫暨船政大臣，總計常年經費若干；如有添購機器，經費若干，雖不能限以定數，亦當立有範圍，事前奏明，報部立案，事后方準核銷等因。

現黎兆棠業經開去差使。臣查船政常年用數，視閩海關解款爲衡，解款足，則工程緊而用數多；解款不足，則工程緩而用數少，量入爲出，不能預定情形。其添購機器一節，自應隨時奏咨立案。茲據提調道員呂耀斗稟稱，現辦六年至八年前督辦船政黎兆棠任内銷案，除已經奏明有案及例支各款外，尚有添製機器各款，應行照章聲明者。一爲添製各廠機器、添造各廠水缸爐之款，此款因年來製造船身并輪機，水缸均有加大，故各廠機器、爐座有不敷用之處，隨時由廠添配。計添製機器約用銀二萬一千五百餘兩；添造水缸爐約用銀四千七百餘兩。一爲修理鐵船槽并機器房之款，此項因歷年久遠，其木、鐵件及機器等項，不無損壞。船槽爲修船所必需，自應興修，約用銀一萬六千五百餘兩。一爲修拓巡海快船臺并添蓋快船樣板房之款。此款因前所造只資八十匹、一百五十匹、二百五十匹、七百五十匹馬力各船所用，現新造二千四百匹馬力快船，殊不敷用。若從新另造，需費孔多。故將第一座舊船臺修理拓大并添蓋樣板房一所，計修拓船臺約用銀七千零兩，樣板房約用銀一千零兩。呈請具奏。前來經臣復查無异，除咨部查照并飭另行匯案造銷外，合將應行照章聲明各款緣由，謹會同南洋大臣大學士兩江總督二等恪靖侯臣左宗棠、福州將軍臣穆圖善、閩浙總督臣何璟、福建巡撫臣張兆棟恭摺，由驛四百里馳陳，伏乞皇太后、皇上聖鑒訓示。謹奏。

光緒九年六月十五日拜發。奉旨：該部知道。欽此。

左宗棠等《船政奏議匯編》卷二一張夢元《閩廠製造輪船支用各款查照成案開單核實報銷摺》 奏爲閩廠製造輪船支用各款，查照成案開單核實報銷，恭摺仰祈聖鑒事。

竊閩廠製船各款自同治五年十一月十七日起，截至光緒五年十二月底止，動支閩海關洋税等款，業經沈葆楨、吴贊誠、黎兆棠先后匯數分款，開具簡明清單，奏奉諭旨，并經户部核復準銷在案。

兹核閩廠自光緒六年正月接造起，截至八年十二月底止，計湊成「康邦」卧機七百五十匹實馬力鐵脅兵船一號，曰「澄慶」；起造「康邦」卧機二千四百匹實馬力鐵脅巡海快船一號，曰「開濟」；乘間鑄造「康邦」卧機七百五十匹馬力輪機銅鐵胚件，以備續配鐵脅兵船之用。添製機器，則如三十四、十五匹馬力水缸各二副，公用大小水缸、磚爐各一座，剪鐵輪架、製土模鐵斛、木架起重機各一副，拗鐵脅鐵床六座以及拉鐵之碾輪、拗鐵之輪架、劃枰、懸機等件，以供廠用。添修廠所，則如七年秋季颶風爲灾，墻屋補葺者不少。船槽歷年久遠，亦於此届大修。仿造快船樣板房、船臺，均當添拓。藝童隨時選充，而美國回華各童亦派同學習，洋師仍留督課，而廠中工作洋匠則一概撤回。出洋學生藝成回華者皆優予俸薪，以資指臂。出洋經費一次找支外，又續派二届以廣甄培。他如歲修爐溝、機器，添置書籍，器具，在在需費，款目紛繁，實難枚舉。此製造一切之情形也。

閩海關洋税應解船政者，經户部議奏，自光緒二年正月爲始，六成月撥銀三萬兩，四成月撥銀二萬兩。今核製船經費自光緒六年正月起，截至八年十二月底止，上届報銷案内存銀六萬三千二百一兩八錢六分五釐三毫。又存用剩銅、鐵、木、煤各料價脚銀一萬六千二百三十二兩一錢六分四釐一毫，又存鋼礮價脚銀八千一百二十五兩四錢五分四釐。

閩海關六成洋税月奉撥銀三萬兩，自光緒六年正月起，截至八年十二月底止，連閏計三十七個月。内除六年份七、八、九、十、十一、十二凡六個月；七年份七、閏七、八、九、十、十一、十二凡七個月；八年份三、四、五、六、七、八、九、十、十一、十二凡十個月。共二十三個月欠解外，實解一十四個月，共銀四十二萬兩。

又四成洋税月奉撥銀二萬兩，自光緒六年正月起，截至八年十二月底止，連閏計三十七個月，共銀七十四萬兩。南洋協撥快船經費，原奏請撥二十萬兩，除粤海關欠解銀二萬五千七百七十七兩外，實解到銀一十七萬四千二百二十三兩。核計管、收共銀一百四十二萬一千七百八十二兩四錢八分三釐四毫。内除造船、購器、修廠、贍工等項支用銀八十萬四千八百二十九兩四錢五分九釐五毫。又，墊支光緒六年至八年各輪船薪糧銀四萬七百七十四兩三錢七分八釐七毫，各輪船煤炭價值銀四萬四千一百六十四兩一錢九分三釐七毫；修理輪船工料銀一十萬八千九百二十五兩四錢三釐六毫。又，六年間閩省議購鐵甲船，經善后局撥借製船經費銀七萬兩。統共支銀一百六萬八千六百九十三兩四錢三分五釐五毫，實存銀三十四萬四千九百六十三兩五錢九分三釐九毫。又，存鋼礮價脚銀八千一百二十五兩四錢五分四釐，統共應存銀三十五萬三千八十九兩四分七釐九毫。查輪船薪糧煤價、修費，船政第一次報銷系另歸養船項下開報。

沈葆楨奏命巡臺時，奏明自同治十三年四月十六日起，將所撥養船經費并入臺防項下，各船薪糧亦歸臺防項下支銷。奉旨：該衙門知道。欽此。

光緒五年間，吴贊誠辦理船政第二次報銷，六年間，黎兆棠辦理船政第三次報銷，均因各船薪糧等款除由臺防本款支給外，截至五年十二月底止，船政墊支銀兩無款劃還，匯入製船經費單内奏請作正開銷。歷奉户部復準在案。所有光緒六年至八年税釐局奉撥養船之項應歸臺防造報者，仍復批解不前。各船應領之項，除將解到養船銀兩盡數支給并赴臺、赴厦就於差次支領外，製船項下尚墊支各船薪糧、煤價、修費三款共銀一十九萬三千八百餘兩。現在養船經費涓滴無存，莫從支收。舊款自應援照成案將墊支前項銀兩歸入本案作正開銷，俾免款項虚懸，以昭核實。此支銷一切之情形也。

竊維製船經費絲毫均關國帑，黎兆棠并廠裁工，力求撙節，深冀積有成數，湊合南洋協款，以舉辦快船併擬以所贏者留爲湊備拓地、添機之用。所有動支各款，均系纖毫核計，實用實銷。在事員紳亦皆恪守舊章，潔身自愛。

臣莅工后，檢查接管卷内八年十一月十四日奉户部頒到部議外省報銷章程，内開光緒八年八月以前未經報銷各案，各省向來開單者，截至光緒八年十二月止照舊開單。自奉到部章之日始，福建限九個月奏報到部等因。當飭局員逐件鈎稽，臣復覆加詳核，深悉此三年中一切支銷并無浮冒，所有光緒六年至八年用款謹援照歷届成案，將製船經費截清年月，遵照部章於限期内開具簡明清單，恭呈御覽。伏懇天恩逾格，準予開銷以清積牘。至單内存剩銅鐵木煤等款銀兩，留備九年正月以后船工撥用，合并聲明。除咨總理衙門、户部、工部查照外，理合會同南洋大臣大學士兩江總督二等恪靖侯臣左宗棠、福州將軍臣穆圖善、閩浙總督臣何璟、福建巡撫臣張兆棟合詞恭摺具陳，伏乞皇太后、皇上聖鑒。謹奏。

光緒九年七月初五日拜發。奉旨：該衙門知道。單并發。欽此。

謹將製船經費自光緒六年正月初一日接造起，截至八年十二月底止，收支各款數目，合就造具四柱簡明清單，恭呈御覽。

謹開：

舊管，截至光緒五年十二月底止，流存銀：六萬三千二百一兩八錢六分五釐三毫；流存鋼礮價脚銀：八千一百二十五兩四錢五分四釐；流存用剩銅鐵、木煤各料價脚銀一萬六千二百三十二兩一錢六分四釐一毫。

新收，一收閩海關解四成洋税：自光緒六年正月起每月奉撥銀二萬兩，截至八年十二月底止，連閏計三十七個月，共銀七十四萬兩；

一收閩海關解六成洋税：自光緒六年正月起，每月奉撥銀三萬兩，截至八年十二月底止，連閏計三十七個月，内除六年份七、八、九、十、十一、十二計六個月，又七年份七、閏七、八、九、十、十一、十二計七個月，又八年份三、四、五、六、七、八、九、十、十一、十二計一十個月，共二十三個月欠解外，實一十四個月，共銀四十二萬兩；

一收南洋協撥快船經費：銀二十萬兩。除粤海關欠解外，實銀一十七萬四千二百二十三兩；

管收，共銀一百四十二萬一千七百八十二兩四錢八分三釐四毫。

開除，一支製造湊成第二十三號七百五十匹實馬力鐵脅「澄慶」兵輪船一號，并應配帆桅、舢板六號連前共湊成工料十分暨衣、旗、家伙、器具，工料銀二十萬二百七十七兩二錢一分四毫。内除光緒五年十二月以前造報銀三萬四千六十九兩九錢四分八毫外，計撥用前屆報銷案内存剩銅鐵、木煤各料價脚銀一萬六千二百三十二兩一錢六分四釐一毫，本案湊用工料銀一十四萬九千九百七十五兩一錢五釐五毫，共銀一十六萬六千二百七兩二錢六分九釐六毫；

一支製造未成第二十四號二千四百匹實馬力鐵脅「開濟」巡海快船一號，并應配帆桅舢板五號、機器舢板一號已動用工料十分之七，暨仿製木模樣板全副，計共銀二十六萬八千七百一十三兩一錢五分四釐三毫；

一支製造未成卧機七百五十匹實馬力「康邦」輪機胚一副，已動用工料十分之五，計共銀五千八百六十三兩二錢三分三釐四毫；

一支匀撥第二屆出洋肄業學生第一、第二兩年經費銀一萬五千九百九兩九分九毫；

一支第一屆續派出洋肄業藝徒第三年經費銀六千一百三十八兩二錢四分七毫；

一支添造鑄鐵輪機、水缸、模子、小輪機各廠水缸爐并烟筒工料銀四千七百五十七兩二錢七釐五毫；

一支添蓋巡海快船樣板房工料銀一千五十八兩六錢三分三釐三毫；

一支修拓巡海快船船臺工料銀七千五兩九錢六分八釐一毫；

一支修理鐵船槽并機器房工料銀一萬六千五百一十五兩一錢五分八釐五毫；

一支歲修各廠火爐、火溝、風溝等項工料銀四千一兩六錢六釐六毫；

一支歲修各廠所并七年份遭風大修工料共銀五千六百五十七兩九錢一分三釐；

一支添製各廠機器、工料銀二萬一千五百九十一兩二錢四分三釐二毫；

一支歲修各廠機器、工料銀七千九百六十六兩六錢七分一釐八毫；

一支購製各廠所家伙、器具工價銀一萬八千二百八十兩五錢四分一釐三毫；

一支洋員、匠光緒五年十二月二十一日接給起，截至八年十二月二十三日止薪費銀三萬二千二百五十九兩四錢七分二釐六毫；

一支洋員、匠路費借辛銀，四千六百二十兩二錢二分二釐一毫；

一支員紳光緒六年正月初一日接給起，截至八年十二月底止，薪水銀四萬七千三百一兩一錢三分三釐三毫；

一支肄業藝成回華學生光緒六年正月初一日接給起，截至八年十二月底止，薪水銀一萬四千三百七十三兩三錢七分五釐三毫；

一支前學堂藝生、童光緒六年正月初一日接給起，截至八年十二月底止，贍養、飯食共銀一萬三千九十一兩九錢九分一釐四毫；

一支后學堂藝生、童暨美國回華學生光緒六年正月初一日接給起，截至八年十二月底止，贍養、飯食共銀一萬四千五百二十八兩二錢九分一釐三毫；

一支繪事院畫童光緒六年正月初一日接給起，截至八年十二月底止，贍養、飯食共銀四千二百七十九兩五錢四分一釐九毫；

一支學習管輪藝童光緒六年正月初一日接給起，截至八年十二月底止，贍養、飯食共銀五千九百四十九兩二錢六分六釐九毫；

一支學習電綫藝童光緒六年正月初一日接給起，截至八年十二月底止，贍養、飯食共銀二千四百四十四兩二錢五分一毫；

一支藝徒光緒六年正月初一日接給起，截至八年十二月底止，工食銀五千九百八十四兩六錢一分；

一支續派出洋肄業藝徒光緒六年正月初一日接給起，至八年正月回華止，贍養銀一千二百五十八兩六錢六分六釐七毫；

一支前后學堂、繪事院管輪各生、童獎賞銀五百二十三兩三錢九釐一毫；

一支購買學堂、繪事院書籍、器具價值銀四千七百八十五兩九錢七分八釐六毫；

一支各生童盤費銀六百三十六兩八錢七分二釐七毫；

一支書役光緒六年正月初一日接給起，截至八年十二月底止，工伙銀四千四百一十九兩九錢二分七釐；

一支心紅紙張銀四百五十三兩七錢四分九釐四毫；

一支油蠟銀五百四十八兩五錢八分三釐；

一支健丁光緒六年正月初一日接給起，截至八年十二月底止，口糧銀一萬二千一百六十一兩八錢三分三釐三毫；

一支看管船槽匠丁光緒六年正月初一日接給起，截至八年十二月底止，工食、雜費銀一萬三千五百五十一兩一分三釐三毫；

一支廣儲所盤運料件運夫光緒六年正月初一日接給起，截至八年十二月底止，口糧銀六千四百三十二兩七錢二分；

一支儲材所運送木料排工光緒六年正月初一日接給起，截至八年十二月底止，口糧銀二千一十一兩九錢二分；

一支購存用剩銅鐵、木料、煤炭價脚銀六萬一千九百四十兩七錢七分七釐七毫；

一墊支各輪船光緒六、七、八三年份薪費銀四萬七百七十四兩三錢七分八釐七毫；

一墊支各輪船光緒六、七、八三年份領用煤炭價值銀四萬四千一百六十四兩一錢九分三釐七毫；

一墊支修理各輪船光緒六、七、八三年份工料銀一十三萬三千四百六十八兩五錢一分九釐二毫，內除撥用光緒三年以前報銷案內已製成未合攏一百五十匹馬力省煤輪機一副，工料銀一萬五千四百七兩三錢二分五釐二毫。又，撥用一百五十四馬力省煤水缸胚一副，工料銀九千一百三十五兩七錢九分四毫，共銀二萬四千五百四十三兩一錢一分五釐六毫外，計本案實用工料銀一十萬八千九百二十五兩四錢三釐六毫；

一支撥借閩省議購鐵甲船，在閩海關六成洋税應解船政經費項下提銀一十萬兩，嗣鐵甲船罷議，經善后局解還銀三萬兩外，實撥借銀七萬兩；

以上共支銀一百六萬八千六百九十三兩四錢三分五釐五毫；

實在，存銀三十四萬四千九百六十三兩五錢九分三釐九毫，又存鋼礟價脚銀八千一百二十五兩四錢五分四釐。統共應存銀三十五萬三千八十九兩四分七釐九毫。

「中央研究院」近代史研究所《海防檔》乙福州船廠《光緒九年七月七日總署收兵部文催請船政大臣報銷船政經費》 七月初七日，兵部文稱，內閣鈔出船政大臣張奏第五號鐵脅輪船於四月十一日安上龍骨，並陳廠務情形一摺。又附奏五十四馬力之藝新輪船，八匹馬力之祥麟小輪船，十六匹馬力之威鳳小輪船，所設弁勇舵水員名額支薪糧公費銀數。開單附奏一片，均於本年五月初四日奉旨，該衙門知道，單併發，欽此。欽遵到部，查上年十二月間，前大臣黎奏刱製開濟快船下水日期，並接製七百五十匹馬力輪機一副，備續造第五號鐵脅船配用各摺片，曾經本部行查開濟船員名銀數，並令繪圖送部備查。現已據南洋大臣奏報「開濟」快船已調歸南洋差遣等語，應歸另案核辦外，惟該船全工告竣試洋時，應令船政大臣將試洋日期及正側圖説，一併先行咨報本部查核。又該廠自刱設以來，已製成常式兵輪若干，鐵脅船若干，並馬力員名銀數各若干，何日造成，前經行令逐細繪圖報部。並閩廠角同治五年十一月十七日起，至十三年六月底止，養船製船各經費，催令趕緊造册咨送本部核辦。十三年七月以後用款，並即彙册專咨本部核銷。迄今並未分別聲覆報部，殊屬玩延，應再行催該大臣查照本部迭次奏咨各案，迅速查明報部辦理。倘再任意玩延，本部溷將該提調承辦各員，查照新牽參處。至此次奏報第五號鐵脅輪船，俟全工告成試洋，應配管駕人等若干，月支薪糧若干，並取何名色，均應先事籌議，列册奏報核覆。其藝新，祥麟，威鳳等三輪船員名銀數，既據開單奏明，應即存案備查。各船月需公費，事隸户部，應由户部核覆，相應由驛行文船政大臣，並知照總理各國事務衙門可也。

左宗棠等《船政奏議匯編》卷二二張夢元《察看船政情形通盤籌劃摺》 奏爲察看船政情形，通盤籌劃，具摺瀝陳。仰祈聖鑒事。

竊臣四月初三日抵工后，第五號鐵脅輪船安上龍骨，業於四月十三日并將廠務情形奏明在案。近復細心察看，極力圖維，竊念船政之難，難在籌款。辰下各處餉源支絀，度支爲難，船政工程自應節省經費。惟是專圖節省，則減工匠，即有曠日持久之病；少採購，又有停工待料之虞。欲省轉糜，雖設猶廢，所以不敢議請停止者，則以船政關係海防，爲自强之本。國家既費數百萬帑金製船、製機，已有成效，前功不容盡廢。且慮及洋人設有閉關之日，未有之船無從購，已有之船無從修，則船政有萬萬不敢請停之議。夫船政既不敢議停，則船工當日求起色，惟有添廠地，添機器，添工匠，添料件而后製船速成。船多，既足以應海防之急需，且合工程通盤而估計之。同此，日用船出愈多，則費實愈省，不如開拓之更爲合算。然開拓則經費更多，按月五萬兩解足外，尚須加添，庶幾展拓規模，日有起色。且成船日衆，養船經費亦日增，此亦不能不從長計算者也。

臣才識疏淺，何補巨工？合將察看近日船政情形通盤籌劃，先行具摺馳陳。至應如何變通辦理之處，容臣咨商南洋大臣并會商福州將軍臣、閩浙督臣、福建撫臣悉心妥籌，再行據實瀝陳，檮昧之見，是否有當。謹會同南洋大臣大學士兩江總督二等恪靖侯臣左宗棠、福州將軍臣穆圖善、閩浙總督臣何璟、福建巡撫臣張兆棟恭摺，由驛四百里馳奏，伏乞皇太后、皇上聖鑒訓示遵行。謹奏。

光緒九年七月十三日拜發。奉旨：知道了。欽此。

左宗棠等《船政奏議匯編》卷二二張夢元《製船經費貼水銀兩提作雜款以爲津貼員紳薪水等款外銷片》 再查船政工程仿照西法日新月异，事事繁難。在工各執事非精細靈敏者，不足以督率工作，相與有成。故或用候補人員，或用在籍紳士，因材器使，遴擇唯嚴，無不風雨奔馳，昕宵勞瘁，專靠薪水酬其苦，以養其廉。蓋入局之員別無調劑，薪水不足，孰效驅馳？入局之紳，各有本圖，薪水無多，焉能維縶？船政用人之難，誠非他處可比。故自開辦以來，員紳薪水於例銷之外皆有加增，以津貼之。惟視其差使之重輕，不專論品職之大小，皆開銷於正款之内，惟是薪水一款，自應作正開銷。至津貼之款，似應變通辦理，改歸外銷。外銷各省皆有，系從雜款動支，而船政則又苦無雜款。查歷來撥解製船經費，有貼水銀兩一項，嗣閩海關以號商、工伙應予津貼，於每百兩貼水十兩之内劃提三兩，動支經海關奏明有案。竊念號商、員紳同是津貼，而員紳之勞心、勞力更甚於號商，似可援照津貼號商之例。所有津貼員紳薪水，即於每百兩貼水七兩項下動支。合無仰懇天恩，俯準將撥解製船經費貼水銀兩提作雜款，以爲外銷。所有向給津貼員紳等款，均於此款支放，以歸核實。

查船政爲南洋大臣左宗棠創議，其中情形諒所洞悉。福州將軍、閩浙總督、福建巡撫皆近在咫尺，臣萬不敢一毫欺飾。可否，請旨飭下南洋大臣、福州將軍、福建督、撫臣查看核議，具奏請旨定奪。臣愚昧之見，是否有當，伏乞聖鑒訓示遵行。謹奏。

同日拜發。奉旨：另有旨。欽此。

國家清史編纂委員會《李鴻章全集》第三三册《復船政大臣張光緒九年七月十七日》 蓉軒尊兄大人閣下：昨奉初六日惠書，猥蒙藻詞注飾，愧感曷任。敬審諗動履增綏，勛猷懋裕，引瞻暉吉，允協頌私。承詢天津機器局報銷辦法，前經振軒製軍出示尊函，聆悉津局八年以前用款尚未一律報銷，是以九年后如何辦法，一時未能議定。然部章既已如此，恐此后尚須造册。查向來有例可循者造册，無例可循者開單，本應分別辦理。今不論如何概令造册，誠如來示，與洋人交涉，頭緒煩瑣，工料參差，難整齊劃一。若部中即據所造之册爲定章，將來互有盈絀，駁詰隨之，則任事者無從措手。鄙意此次部議亦知料物均購自外洋，并無繩墨可守，經費難限定數，因令總計常年經費若干，隨時添購經費若干，立有範圍，事前奏明，報部立案，是其所重者又在預立範圍，事前奏報也。至閩廠不能造册緣由，既經沈文肅奏準有案，尊處或再將種種爲難，不能整齊劃一情形詳切具奏。嗣后購買各件約開款多寡，或隨時、或按季，分別奏咨立案，以爲報銷根據。如必照部議造册聲明，只能實用實報，如同一匠工，或日辛二三元、或日辛二三角；或同一洋料，上次價平，下次價漲之類，礙難執此例彼。總之，工程仿照西法，本無成例可循，部中如能量事變通，隨宜因應，則開單與造册不過煩簡之分，皆可勉辦；若拘牽成格，動多駁詰，實無以善其后。似此切實聲叙，或可免部吏以后許多挑駁，卓見以爲何如。

津局事簡款少，擬九年以后奏銷，亦必仿照此意酌辦也。專泐奉復，祇頌勛祺，謹璧謙柬。不具。愚弟鴻章頓首。

中國第一歷史檔案館《光緒宣統兩朝上諭檔》光緒九年八月初五日 軍機大臣字寄，大學士兩江總督二等恪靖侯左、福州將軍穆、閩浙總督何、福建巡撫張，光緒九年八月初五日奉上諭，張夢元奏船政局在工員紳，向於例銷薪水外，加增津貼，局內苦無雜款動支，請准將撥解製船經費貼水銀兩，提作外銷雜款。員紳津貼，均於此款支放等語。著左宗棠、穆圖善、何璟、張兆棟覈議具奏。原片均著抄給閱看，將此各諭令知之，欽此。遵旨，寄信前來。

「中央研究院」近代史研究所《海防檔》乙福州船廠《光緒九年八月十八日總署收南洋大臣左宗棠文閩廠所造快船仍應照原圖製造以免改造糜費》 八月十八日，南洋大臣左宗棠文稱，光緒九年七月十九日，准船政大臣張咨，光緒九年六月二十三日，承准貴爵閣大臣咨開，光緒九年六月初八日，接准欽差出使大臣李四月十九日來函內開，月初由船政來電報云，現船政奉飭添造快船兩艘，令先速購龍骨鋏料，再購船身輪機各件，可派陳生兆翱往驗等因。遵已致函英廠，先訂龍骨所用上品之料矣。惟船政之圖，係光緒三年春日意格購於法國民廠，爲法國同治十一年所造之式，今各國久已不用。應請鈞裁改造穹甲艦之式，較爲得力。因近年各國巡海快船，俱有鋏甲平艙面也等因前來。查閩廠現造之巡海快船兩號，既稱尚係同治年間之舊圖。近日各國另有新式，是否應查照李大臣來函，改造穹甲艦之新式，以成利器，而期得力。相應咨商查照酌奪辦理，仍祈見復等因，承准此經飭工程處委員商議。隨據覆稱，查西國頭等大號快船，係製於西歷一千八百七十一年，合中國同治十年，第二等中號快船。係製於西歷一千八百七十五年，合中國光緒元年，其最盛在於光緒三四年間，前此未曾有也。船政所得圖式，即西國中號新式快船。其圖始草創於卑職等之手，繼潤色於法國地中海船廠，屈計該圖葳事，當在光緒四年秋間，正西國創製初盛之時，爲船政始議仿製之日，並非十一年之式。且近日海上快船所最利用最便捷者，固莫如法之嘟嘁哄嗏咵呢，英之咿嗨吐嘐唧唎之數船者，類皆不用穹甲而能稱雄海上。船政所製快船，直與該各船等耳。至穹甲艦一節，按西國議製於西歷一千八百七十二年，實製於一千八百七十六年，約合中國同治十一年至光緒二年，該船創製，歷有年所，其利在於保護機械，而其病則在於儎重行緩，所費甚奢，且裝煤不多，遇有險阻，又少帆桅可駛，實有不便。查該船向有兩等之別，有有穹甲而無鋏砲台者，有有穹甲而兼有鋏砲台者，兩相評擬，各有疵病。其有穹甲而無鋏砲台者，就中等船言之，所費既不下五十萬銀，所得水程，亦不過十三海里，費多亦用少，如英所製之叿嘐吐叿嘓吐是已。其有穹甲而兼有鋏砲台者，就大號船言之，所費約需三百萬兩，所得水程，約可十六七海里，費鉅而製難，如意之噫噠唎啞嚧嗙哆是已。此外尚有最少之式，如北洋定購有穹甲而無鋏砲台名超勇、揚威者，其甲較薄，其價較廉，然每艦亦不下三十三萬兩。其水程在外國廠試港之時，據報稱至十六海里。今已落至十二海里，且顛簸異常，難於出洋行駛。又如北洋定購有穹甲兼有鋏砲台者，船小而價昂，查每艦約銀六十萬兩。一切砲費回費保險在外，其水程據稱可得十五海里，以意揣之。恐日後必落至十二海里，蓋一時勉強，理有或然，而日後回華歷一二年，速率自必鋭減。又以船小底狹，上覆穹甲，下難勝儎，汽渦機器，既難安置，煤炭帆纜，又難多配，以是知該船之必行緩也。竊以爲小號穹甲，有快船之名，無快船之實，未稱完善，似無庸仿製。設或欲製，亦必中號穹甲兼有鋏砲台之船，行程約十六海里，較益於用。然價逾百萬，似非易易。若快船則所費不過三十數萬兩，所得水程，可至十五海里半。具此小費，得此水程，儘力籌算。即歐西諸國，亦計惟出此。應請毋庸更改，以免糜費，而成曠延等情，據此。查核所稟，不爲無見，據情咨覆察照示覆等因。到本爵閣督大臣，准此，查閩廠所造快船圖式，既係西國創製未久，且又無甚不合。自應仍照原圖製造，以免虛糜經費。除咨覆船政大臣查照辦理外，相應咨明，爲此。合咨貴總理衙門，請煩查照施行。

「中央研究院」近代史研究所《海防檔》乙福州船廠《光緒九年八月二十九日總署收船政大臣張夢元文附合約稿管輪洋教習師丟瓦換立應聘合約》 八月二十九日，船政大臣張夢元文稱，竊照前准出使曾爵大臣咨，由英國海部大臣選募管輪洋教習師丟瓦一員，於中歷五月初八日抵工，即令入堂教導，業經咨呈在案。該管輪洋教習到工之日，應查照在英原立合同第十款，聲敍俟到福州船政衙門另與換立合約。茲已查照另換華英字合約各二分互執，相應抄粘合約稿咨呈。爲此，咨呈欽命總理各國事務衙門，謹請察照施行。

照録合約稿，管輪學堂洋教習師丟瓦，現奉船政衙門准募在工，應換立合約各款列後。

計開：

一，師丟瓦熟識輪機一切奥妙，願應福建船政大臣之聘，爲船政學堂管輪教習。抵福州日，即當起手教導在堂生徒及各管車。無論在船在岸，師丟瓦應盡心竭力，教以管輪理法手藝。此外凡屬管輪本分應曉之事，衙門或派其兼辦，師丟瓦即應遵照，不得於第五條所載月俸定數之外，再請加添。

二，師丟瓦定此合同，以三年爲限。自抵工之日起，光緒九年五月初八日，西歷一千八百八十三年六月十二日，限內倘逢難料之事，須行停工，以致師丟瓦不得在堂施教，船政大臣可以作主撤其回國。惟應於其本月應得薪水之外，另給貼薪四箇月，並回英盤費。師丟瓦不聽吩咐，或辦理不善，或教導不力，船政大臣亦可撤其回國，只給盤費，不給貼薪。

三，師丟瓦在工，立限三年，限内應盡心竭力，認真教導各生徒。如第一條内所載云云，除應授課程以外，不得干預別項各種事宜。無論或明做或暗攬，未經告明船政大臣，及告明而尚未允准者，一概不許擅行。

四，師丟瓦應受船政大臣，或署理船政大臣節制。並應聽稽查學堂委員之諭，以外不准私自越躐干謁中國官員。

五，師丟瓦薪水銀，月給船政局平二百兩。自抵工之日起，按西歷月分，每月支領。其由英國起程赴中國時，另發一箇月貼薪銀，爲行裝之用。

六，師丟瓦應住合式房間，由船政衙門給予，有病時給予醫生，其費由公項動支。

七，照以後第八，第九兩條情形，師丟瓦應得由英至閩，及由閩回英各項船票，或領局平銀三百七十八兩，以作由英赴閩盤費。及同數之銀，由閩回英。

八，如在約期限内，師丟瓦或因病回英，或爲本國召回，船政衹給回費。或如第七條所云局平銀數，倘係自己有事回國，須先四箇月稟明衙門，第如此情形回國，師丟瓦不得向衙門問取川資，及別項等費。

九，師丟瓦三年期滿，衙門應給予回英盤費，及貼薪兩箇月。若衙門與教習願意再留，再立新約，其回費並貼薪，應俟下次期滿之日支領。

十，師丟瓦既到福州，船政衙門另與換立華英字合約各二分，一存衙門，一發交師丟瓦收執爲憑。師丟瓦既得新合約，舊合約即爲廢紙。

光緒九年五月　日，船政衙門。西歷一年八百八十三年六月　日，管輪洋教習師丟瓦。

「中央研究院」近代史研究所《海防檔》乙福州船廠《光緒九年八月二十九日總署收船政大臣張夢元文管輪洋教習師丟瓦到工》 八月二十九日，船政大臣張夢元文稱，竊照前因福建船政後學堂原募管輪洋教習穆勒登限滿回國，尚有新派練習管輪學生頗衆，仍須由英國海部聘請洋教習一員教導，俾期得力，定以三年爲限，薪水一切，照章辦理。當經前督辦黎大臣抄録合約，呈請察鑒照會英國海部選募洋教習一員，剋期來閩在案。旋准出使曾爵大臣咨會，准海部大臣於各海口調取應選之員，揀得水師總管輪官師丟瓦，堪充斯任，並由海部大臣出具考語咨送前來。經本爵大臣照覆申謝，該教習師丟瓦隨於二月二十四日來署接見。察其言論舉止，似尚精細和平，即於二十六日互立合同，彼此畫押收執。並按照合同第七款，應給該教習由英赴閩船價，及第五條應發一個月行裝銀二百兩，飭由駐英支應委員先行付給。並由本爵大臣給予漢洋合璧護照，交給該教習收執。即催該教習於交卸英國差務後，趁三月中旬公司輪船，附搭啓程。先將與師教習簽押合同，暨與英外部往來照會各二件，分別譯漢抄稿咨送，旋准咨明。據師教習面稱，訂三月十九日由英啓行，並請將照合同應付之款，由肄業經費項下，就近撥還，以免周摺各等因。業將曾爵大臣墊付前銀，咨請出使德國李大臣在於出洋肄業經費項下，先行就洋照數提撥歸還去後。兹該教習師丟瓦，已於中歷五月初八日抵工，即令入堂教導，一切查照合同辦理。除咨明曾爵大臣查照外，相應呈報。爲此，咨呈欽命總理各國事務衙門，謹請查照施行。

「中央研究院」近代史研究所《海防檔》乙福州船廠《光緒九年九月五日總署收兵部文核議輪船修理期間員弁支薪辦法及催報歷年成船隻數》 九月初五今該大臣所擬遇大修概給五成，未免漫無區別，誠如所咨，船既修工，該管駕舵水人等均無所事，是與閒員無異，以閒員仍支五成薪糧，殊覺虚縻帑項。自應按照支銀之優絀，定扣成之多寡，方昭平允。應將月支銀自二百六十兩至一百兩者，遇修工期内，改爲支給二成薪糧。月支銀自六十兩至四十兩者，遇修工期内，改爲支給三成薪糧。月支銀自三十兩至二十兩者，遇修工期内，改爲支給四成薪糧。其餘月支銀十六兩至八九兩者，遇修工期内，即照來咨所擬，支給五成薪糧。無論大小修，一律照扣。倘有經年始能修竣之船，其管駕人等，應即先行撤遣。俟修竣試洋之日，再行照額募補，以節虚縻。如此分別酌定，在該員等足資日用之需，而於帑項益昭核寔矣。至該廠自創設以來，共成船若干隻，迭經行令繪圖聲覆報部。迄今未據咨覆，並令查照本部迭次咨支，趕緊補行繪具圖説，送部核辦，毋任再延可也。

中國第一歷史檔案館《光緒宣統兩朝上諭檔》光緒九年十月初三日 軍機大臣字寄，督辦船政事宜翰林院侍讀學士何，光緒九年十月初三日奉上諭，張夢元奏，舊定輪船經費名額，酌覈變通一摺。據稱，閩廠輪船各項薪糧名額，以及公費一切，因今昔情勢不同，酌易舊章，分別當減當裁，當仍開單呈覽等語。自係爲覈實撙節起見，張夢元交卸在即，著何如璋到閩後，詳細酌覈，奉明辦理。另片奏擬將第五號鐵脅船，改作練船等語，著一併酌度辦理。原摺片並單，均著抄給閱看，將此諭令知之，欽此。遵旨寄信前來。

左宗棠等《船政奏議匯編》卷二二張夢元《舊定輪船薪費名額分別裁減酌核變通摺》 奏爲舊定輪船薪費、名額分別當減、當裁，當仍酌核變通，恭摺具陳，仰祈聖鑒事。

竊查閩廠輪船各項薪糧名額以及公費一切，皆經前總理船政沈葆楨按照船身大小，分別兵輪、商輪酌定，奏明在案。嗣是續造各船，率皆比照辦理。惟今昔情勢不同，舊章不妨酌易，積年成船益多，經費益巨，尤不得不力求撙節，以裕度支。臣謹悉心酌核，有當議減者，有當議裁者，有當仍其舊者。船政初設之時，東南各省間有購置輪船，率募西人駕駛。沈葆楨務矯其弊，概以華人充之，事當創始，不得不稍從優异，以勵將來。近則風氣日開，嫻技者多，所有管駕以下各項之薪水與夫月支之公費，皆不妨損過就中，以節經費。此其所當減者也。

船上執事及舵水、礮勇，名額各有專司，本無浮冒。第當定額之時，慎重駕駛，間或稍有寬餘，由今細加察核，則有事可兼攝而不妨議裁者，有額設稍多而不妨議裁者；又有暫募添而事后尚未遣撤者；有續經酌汰而他船未能一律者。凡此皆在所當裁者也。水手、升火等出没風濤，熏灼炎炎，事極勞而境極險，況升桅、理索、轉舵、捩機尤非技藝嫻熟不能。原定工值本未過優，即減亦爲數無多，轉不足以示體恤。此則所當仍其舊者也。

臣謹就舊章分别當減、當裁、當仍酌定各船薪費、名額，計閩廠所造大小輪船現有二十號，月共減銀五千五百餘兩。通年計之，可省銀六萬六千餘兩，相應開列表單，恭呈御覽。惟各船現支銀數久經奏定，臣未奉俞允，不敢擅專。且各船有於役臺灣及分防他省者，勢難同日截支。擬俟奉到俞旨，恭録行知各該船，即以奉支之日起改照新章支領。嗣后，在閩及分防各省輪船，設有因時因地應行增減名額、薪糧之處，當另由各該督、撫奏咨立案。再，查工次尚有八匹馬力「祥麟」小輪船、十六匹馬力「威鳳」小輪船二號，該二船原定名額、銀數本屬無多，莫從裁減，所有薪費仍前支給。合并陳明，是否有當。謹會同南洋大臣大學士兩江總督二等恪靖侯臣左宗棠、福州將軍臣穆圖善、閩浙總督臣何璟、福建巡撫臣張兆棟恭摺具陳，伏乞皇太后、皇上聖鑒訓示。謹奏。

光緒九年九月十一日拜發。奉旨：留中。欽此。

謹將各號輪船經裁減后額配官弁舵水員名，并月支薪糧公費銀數開列清單，恭呈御覽。

計開：

二百五十四馬力兵輪船：

管駕官一員，月支銀一百八十兩；大副一名，月支銀六十兩；二副一名，月支銀四十兩；三副一名，月支銀三十兩；管隊一名，月支銀三十兩；水手正頭目一名，月支銀二十五兩；水手副頭目一名，月支銀二十兩；管帆桅頭目一名，月支銀二十兩；舢板頭目一名，月支銀一十六兩；舵工六名，月各支銀一十五兩，共銀九十兩；頭等水手三十名，月各支銀一十二兩五錢，共銀三百七十五兩；二等水手二十名，月各支銀一十兩，共銀二百兩；管礮正頭目一名，月支銀二十五兩；管礮副頭目一名，月支銀一十三兩；礮勇二十名，月各支銀八兩，共銀一百六十兩；正號手一名，月支銀一十兩；副號手一名，月支銀九兩；鼓手一名，月支銀九兩；正管輪一名，月支銀一百兩；副管輪一名，月支銀五十兩；三管輪一名，月支銀四十兩；管小水缸一名，月支銀二十兩；管油二名，月各支銀一十八兩，共銀三十六兩；管水汽表二名，月各支銀一十六兩，共銀三十二兩；頭等升火一十二名，月各支銀一十四兩，共銀一百六十八兩；二等升火六名，月各支銀一十一兩，共銀六十六兩；醫生一名，月支銀一十兩；木匠一名，月支銀一十五兩。銅鐵匠一名，月支銀一十五兩。

以上官、弁、舵、水人等一百一十九員，計月支薪糧銀一千八百六十四兩；公費月支銀二百六十兩；統共月支薪費銀二千一百二十四兩，小建照扣。查此項馬力輪船只「揚武」一號，現配官、弁、舵、水人等除學生、聽差、厨夫外，計一百四十七員名，月支薪費銀二千七百四十六兩；此次裁撤二十八名，連同減支，月共銀六百二十二兩。

七百五十四馬力兵輪船：管駕官一員，月支銀一百四十兩；大副一名，月支銀五十兩；二副一名，月支銀四十兩；三副一名，月支銀三十兩；管隊一名，月支銀三十兩；水手頭目一名，月支銀二十五兩；舵工六名，月各支銀十五兩，共銀九十兩；頭等水手二十九名，月各支銀一十二兩五錢，共銀三百六十二兩五錢；二等水手一十名，月各支銀一十兩，共銀一百兩；管礮一名，月支銀二十五兩；礮勇一十名，月各支銀八兩，共銀八十兩；正號手一名，月支銀一十兩；副號手一名，月支銀九兩；鼓手一名，月支銀九兩；正管輪一名，月支銀八十兩；副管輪一名，月支銀四十兩；三管輪一名，月支銀三十兩；管油一名，月各支銀一十八兩；管水汽表一名，月支銀一十六兩；頭等升火六名，月各支銀一十四兩，共銀八十四兩；二等升火六名，月各支銀一十一兩，共銀六十六兩；醫生一名，月支銀一十兩；木匠一名，月支銀一十五兩。

以上官、弁、舵、水人等八十四員名，計月支薪糧銀一千三百五十九兩五錢；公費月支銀二百二十兩。統共月支薪費銀一千五百七十九兩五錢；小建照扣。查此項馬力輪船三號：「超武」、「澄慶」二船各現配官、弁、舵、水人等八十四員名，月支薪費銀一千七百七十一兩五錢；此次不裁名額，各減支銀一百九十二兩。「威遠」一船，前派直隸，現配名額未知，是否一律，茲照「超武」、「澄慶」科計三船，月共省銀五百七十六兩。

一百五十四馬力兵輪船：管駕官一員，月支銀一百四十兩；大副一名，月支銀五十兩；二副一名，月支銀四十兩；三副一名，月支銀三十兩；管隊一名，月支銀三十兩；水手頭目一名，月支銀二十五兩；舵工六名，月各支銀一十五兩，共銀九十兩；頭等水手二十九名，月各支銀一十二兩五錢，共銀三百六十二兩五錢；二等水手一十名，月各支銀一十兩，共銀一百兩；管礮一名，月支銀二十五兩；礮勇一十名，月各支銀八兩，共銀八十兩；正號手一名，月支銀一十兩；副號手一名，月支銀九兩；鼓手一名，月支銀九兩；正管輪一名，月支銀八十兩；副管輪一名，月支銀四十兩；三管輪一名，月支銀三十兩；管油一名，月支銀一十八兩；管水汽表一名，月支銀一十六兩；頭等升火六名，月各支銀一十四兩，共銀八十四兩；二等升火六名，月各支銀一十一兩，共銀六十六兩；醫生一名，月支銀一十兩；木匠一名，月支銀一十五兩。

以上官、弁、舵、水人等八十四員，計月支薪糧銀一千三百五十九兩五錢；公費月支銀二百二十兩；統共月支薪費銀五百七十九兩五錢。小建照扣。查此項馬力輪船共六號：「飛雲」、「濟安」二船各現配官、弁、舵、水人等一百零四員名，月支薪費銀一千九百三十一兩五錢。此次各裁撤二十名，連同減支，共銀三百五十二兩。「伏波」一船現配官、弁、舵、水人等九十八員名，月支薪費銀一千九百九十兩五錢，此次裁撤一十四名，連同減支，共銀四百一十一兩。「元凱」、「登瀛洲」、「泰安」三船前派浙江、江南、山東等省，現配名額未知是否一律，茲照「伏波」科計，六船月共省銀二千三百四十八兩。

一百五十四馬力商船：管駕官一員，月支銀一百四十兩；大副一名，月支銀五十兩；二副一名，月支銀四十兩；三副一名，月支銀三十兩；水手頭目一名，月支銀二十五兩；舵工六名，月各支銀一十五兩，共銀九十兩；頭等水手一十名，月各支銀一十二兩五錢，共銀一百二十五兩；二等水手一十名，月各支銀一十兩，共銀一百兩；頭等礮勇三名，月各支銀八兩，共銀二十四兩；二等礮勇三名，月各支銀七兩，共銀二十一兩；正管輪一名，月支銀八十兩；副管輪一名，月支銀四十兩；三管輪一名，月支銀三十兩；管油一名，月支銀一十八兩；管水汽表一名，月支銀一十六兩；頭等升火六名，月各支銀一十四兩，共銀八十四兩；二等升火六名，月各支銀一十一兩，共銀六十六兩；木匠一名，月支銀一十五兩。

以上官、弁、舵、水人等五十五員名，計月支薪糧銀九百九十四兩；公費月支銀二百六十兩。查商船與兵船情形略异，兵船雖有巡洋、操練，尚有駐防各口。商船則往來裝運，開行之日爲多，費用較巨。故此款較之一百五十四馬力兵輪船多給四十兩。統共月支薪費銀一千二百五十四兩。小建照扣。查此項馬力商船計「萬年清」、「永保」、「海鏡」、「琛航」共四號，各現配官、弁、舵、水人等五十五員名，月支薪費銀一千三百七十六兩。此次不裁名額，各減支共銀一百二十二兩；月共省銀四百八十八兩。

八十四馬力兵輪船：管駕官一員，月支銀一百二十兩；大副一名，月支銀四十兩；二副一名，月支銀三十兩；三副一名，月支銀二十五兩；水手頭目一名，月支銀二十兩；舵工六名，月各支銀一十五兩，共銀九十兩；頭等水手一十六名，月各支銀一十二兩，共銀一百九十二兩；二等水手一十名，月各支銀一十兩，共銀一百兩；管礮一名，月支銀二十兩；礮勇六名，月各支銀八兩，共銀四十八兩；號手一名，月支銀一十兩；鼓手一名，月支銀八兩；正管輪一名，月支銀八十兩；副管輪一名，月支銀四十兩；三管輪一名，月支銀三十兩；管油一名，月支銀一十八兩；管水汽表一名，月支銀一十四兩；頭等升火六名，月各支銀一十四兩，共銀八十四兩；二等升火六名，月各支銀一十一兩，共銀六十六兩；木匠一名，月支銀一十二兩。

以上官、弁、舵、水人等六十四員名，計月支薪糧銀一千四十七兩；公費月支銀一百八十兩；統共月支薪費銀一千二百二十七兩。小建照扣。查此項馬力輪船共五號：「福星」、「振威」二船各現配官、弁、舵、水人等八十員名，月支薪費銀一千五百一十二兩。此次裁撤一十六名，連同減支，共銀二百八十五兩。「湄雲」、「鎮海」、「靖遠」三船前派奉天津、直隸、江南等省，現配名額未知是否一律，茲照「福星」、「振威」科計。五船月共省銀一千四百二十五兩。

五十四馬力兵輪船：管駕官一員，月支銀八十兩；大副一名，月支銀三十兩；二副一名，月支銀二十兩；水手頭目一名，月支銀一十八兩；舵工四名，月各支銀一十二兩，共銀四十八兩；頭等水手八名，月各支銀一十兩，共銀八十兩；二等水手八名，月各支銀八兩，共銀六十四兩；管礮一名，月支銀一十四兩；礮勇四名，月各支銀八兩，共銀三十二兩；號手一名，月支銀八兩；鼓手一名，月支銀七兩；正管輪一名，月支銀六十兩；副管輪一名，月支銀三十兩；管油兼水汽表一名，月支銀一十八兩；頭等升火六名，月各支銀一十二兩，共銀七十二兩；二等升火四名，月各支銀一十兩，共銀四十兩；木匠一名，月支銀一十兩。

以上官、弁、舵、水人等四十五員名，計月支薪糧銀六百三十一兩；公費月支銀一百兩；統共月支薪費銀七百三十一兩。小建照扣。查此項馬力輪船只「藝新」一號，現配官、弁、舵、水人等四十五員名，月支薪費銀七百七十五兩。此次不裁名額，月減支銀四十四兩。

左宗棠等《船政奏議匯編》卷二二張夢元《甫造第五號鐵脅船仿照西國練船配製備用片》 再，閩廠舊有「建威」帆船一號，爲練習學生、水手之用。后因年久朽壞，不堪修理，權以「揚武」兵輪作爲練船，年來南、北洋皆經調用學生、練童，非多爲教練不敷調撥。而「揚武」本系兵船，艙位、桅檣均與練船較异，欲另購帆船，則須另行籌款。查南、北洋先后以「威遠」、「澄慶」二艘改作練船，玆若改拓「揚武」，則所費亦匪輕。臣愚以爲不如以未成之船而預圖之，擬將閩廠甫造未成之第五號鐵脅船，仿照西國練船之式，其船身、機器皆同，所异者艙堵、桅檣耳，於工費無大出入，將來造成后，即留閩作爲練船。而以「揚武」仍作兵船，或留防閩疆，或分撥他省，庶幾兩得其宜。設遇有用兵船之時，該練船仍可充兵船之用，蓋練船本安礮位，可作兵船，兵船則不能竟作練船也。是否有當，謹會同南洋大臣大學士兩江總督二等恪靖侯臣左宗棠、福州將軍臣穆圖善、閩浙總督臣何璟、福建巡撫臣張兆棟合詞附片陳明，伏乞聖鑒訓示。謹奏。

同日拜發。奉旨：留中。欽此。

左宗棠等《船政奏議匯編》卷二二張夢元《船政宜籌變通摺》 奏爲船政宜籌變通，恭摺具陳，仰乞聖鑒事。

竊臣於本年七月十三日謹將察看船政情形，通盤籌劃具摺瀝陳，八月三十日遞回原摺后，并軍機大臣奉旨：知道了。欽此。伏念船政爲海防根柢，既有成效，不能盡棄前功，尤當力圖經久。再四籌維，惟有經費足，則先開拓而后收束；經費不足，則早收束而無庸開拓。舍此兩端，無可中立。近年製船新法愈巧，馬力愈增。從前所置機器、廠地、船塢均不敷用。所撥製船之費以之製船尚形竭蹶，焉能兼顧及此？現當各處經費支絀，亦不敢再請撥添，但求閩海關奉旨準撥之年額六十萬兩不再短解，乘此明、后兩年有南洋快船可造，撙節閩廠製船之費，即爲添機、拓廠、置塢之需。機器既敷，成船可速，造船必多，未有不立見節省者。

至此后製船之費，閩廠製船仍動閩海關款，不必格外請加。若沿海各省何省需船，何省籌款，援照閩廠代造南洋快船成案辦理。若慮及養船經費日增，亦不得不爲節流之計，惟有於無事之時將船歸塢，派員看守。用人既少，經費所省必多。嚴課學生勤習駕駛，整頓練船出洋試練。設遇用船之際，管駕由學堂挑選，水手由練船派撥，其餘次等水手以及升火人等隨時不難立募。以學堂練船之經費較之各輪船之經費，所省不可以道里計。迨至成船既多，無須多造，則規模縮小。既有藝成學生、藝徒，再將船工最爲得力之員紳酌留若干；猝不易得、必不可少之工匠酌留若干；已成之船，每年常有修理，工程不少，所留員紳、工匠薪、辛工亦非虛糜。遇有應造之船，廠內之機器、廠地、船塢皆備而熟悉船工之員紳、工匠俱存，添募次等工匠、健丁亦非難事。既不至有棄前功，亦可爲經久之計。此經費足，則先開拓而后收束之情形也。

經費固應節省，若徒減工併廠，則似省實糜。成船遲而且少，亦屬非計，欲多且速，非經費充足不可。閩海關洋稅六成月撥三萬兩，光緒七年以前每年解六個月，八年則解兩個月，本年結至八月，尚未解到一個月。四成月撥二萬兩光緒八年以前皆按月解足。本年結至八月，解到五個月，總計六成。四成奉撥之六十萬兩，現解到十萬兩。本年幸有代造南洋之船，否則本廠所造之鐵脅船雖已開工，既須購料，復須發工，又須給薪水、養贍，即製造一船，尚恐停工待料，更何速且多之足云。且查現在船工所造南洋之船，應歸南洋項下報銷，而員紳薪水、書役辛工以及零星添置器具、修理廠所，皆開支於閩廠。同是公家之款，何敢故爲區別？惟將來閩廠報銷，連同洋教習之薪伙、各學生之養贍，費用多而工程少已屬勢所必然。然有南洋之船可造，經費究不爲虛糜。若南洋之船造完，閩廠經費不足，儻再不求變通，工程甚少，費用甚多，則船廠之設，實成無當漏卮。現在閩海關分撥拮據，自屬實在情形。若以后仍不能多解，不若早爲收束，仿照天津機器局、江南製造局辦法，但留前、后學堂及藝成學生、藝徒，最爲得力之員紳，必不可少，猝不易得之工匠，以儲修船之用。設遇亟須造船，有款撥解，則添人即可集事，亦不至有隳前功，且可經久。此經費不足早爲收束、無庸開拓之情形也。惟是經費之足與不足，悉視關款之撥解，臣無自主之權。拓之與收束，臣管見所及，不敢不據實直陳。謹將閩省船工擬籌變通情形縷悉奏陳，伏乞皇太后、皇上聖鑒訓示遵行。謹奏。

光緒九年九月二十日拜發。奉旨：著咨行何如璋悉心酌核，奏明辦理。欽此。

左宗棠等《船政奏議匯編》卷二二張夢元《開濟快船試洋訂期駛往南洋并廠工情形摺》 奏爲「開濟」快船試洋，訂期駛往南洋并廠工一切情形，恭摺具陳，仰祈聖鑒事。

竊查閩廠創製二千四百匹馬力「開濟」快船，所有開工、下水日期暨長短廣狹、喫水深淺丈尺，每時行程里數以及購料、製機、安放礮位、全船噸載數目，并備極繁難情形，均經前督辦船政臣黎兆棠先后奏明在案。迨黎兆棠請假回籍，皆由提調道員呂耀斗督率員紳、工匠悉心講求，盡力工作，歷時四閱月，全船工程已得十之八九。臣抵工后，察看未竣工程尚多，均屬新式，非數月所能蕆。南洋需船孔殷，當與呂耀斗詳細籌商，督令工程處出洋回華學生魏瀚、吴德章、李壽田、楊廉臣等及各廠員紳，將未竟之工何者提前，何者在后，何者及早添工，何者改歸他廠，晝夜兼營，在事人人出力，八月二十六日大致完備。臣於二十七日辰刻躬率提調呂耀斗及各員紳，致祭天后，展輪試洋。九月初一日，會同督臣何璟又試驗一次。十一日，派委員紳駛往外洋。

是日北風大作，潮聲甚壯，迎風冲潮而行。逆風逆水，每一點鐘行英海里十六迷盧，每一時計行中國九十一里。餘若遇風平浪静，燒用上等英煤，每一時可行百里有餘。船身尚屬牢固，輪機尚屬靈捷，洵中華所未曾有之巨艦，海防必不可少之利器。

試洋后，即飭南洋委派之管駕官都司何心川，將船上機器、帆索及一切器具整理妥貼，定九月二十二日展輪開往南洋，聽候南洋大臣驗收遣用。所有管駕官以下銜名礮勇、水手人等，額數月給薪糧、公費數目，咨由南洋大臣奏咨立案。

閩廠自快船工竣，即飭員紳督率工匠加緊趕造第五號鐵脅輪船。全船鐵脅、鐵截堵現均製齊安就。其餘輪機、汽鼓、冷水櫃、水缸諸大件，工程有十得五六者，有十得三四及十得二三者。外層鐵板、木舭已起首裝釘。其第二、三號快船所需柚木，早經向德商博那飛訂定價值，當可陸續運華。其鐵件、鋼件購自外洋者，前經詳具圖册，咨由出使德國大臣李鳳苞就近購寄，并派留洋監造鐵艦之學生幫同驗收。據電報，龍骨、斗鯨等料已經起運，刻尚未到工。船身鐵板暨各樣鋼件，俟選定次第飭運。其有應由閩廠自製者，各廠現已鑄造。此廠務近日大概情形也。

伏查此次創制二千四百匹馬力「開濟」快船乃外洋新式，與從前廠造尋常輪船不同，歷時兩年有餘。在事員紳不無微勞足録。可否吁懇天恩，將出力之文武員紳、工匠人等容臣擇優請奬，以資鼓勵，出自逾格鴻慈。謹會同南洋大臣大學士兩江總督二等恪靖侯臣左宗棠、福州將軍臣穆圖善、閩浙總督臣何璟、福建巡撫臣張兆棟恭摺，由驛四百里馳陳，伏乞皇太后、皇上聖鑒訓示。謹奏。

同日拜發。奉旨：準其擇優酌保，毋許冒濫。欽此。

左宗棠等《船政奏議匯編》卷二二張夢元《恭謝天恩遵旨即赴廣西新任并報交卸船政、起程日期摺》 奏爲微臣叩謝天恩，遵旨即赴廣西新任并報交卸船政、起程日期，恭摺具陳，仰祈聖鑒事。

竊臣於九月二十七日承準軍機大臣遵旨傳諭寄信：光緒九年九月初九日，奉上諭：本日已有旨，倪文蔚調補廣東巡撫，徐延旭補授廣西巡撫，張夢元補授廣西布政使。張夢元著即赴新任，所有船政事宜著會商何璟、張兆棟派員暫行代理。倪文蔚著俟張夢元到任后再赴新任，均毋庸來京請訓等因。欽此。臣即恭設香案，望闕叩謝天恩。伏念臣畿輔庸才，海疆末吏，由舉人起家牧令，歷任監司。春間奉命督辦船政事宜，到工半年，涓埃未報，兹復渥承温簡，補授廣西藩司。感激悚惶，罔知所措。惟有遵旨迅速赴任，遇事禀商撫臣，悉心經理，以仰答高厚鴻慈於萬一。所有福建船政，遵即會商閩浙督臣何璟、福建撫臣張兆棟，派委船政提調道員呂耀斗暫行代理。臣趕緊料理交代事件，定於十月初三日交卸，十二日起程。所有微臣感激下忱，遵旨即赴新任并報交卸船政、起程日期，理合繕摺具陳，恭謝天恩。伏乞皇太后、皇上聖鑒。謹奏。

光緒九年十月初一日拜發。奉旨：知道了。欽此。

左宗棠等《船政奏議匯編》卷二二張夢元《展留洋員教習酌加薪水并陳學堂現辦情形摺》 奏爲展留洋員教習，酌加薪水并陳學堂現辦情形，恭摺仰祈聖鑒事。

竊閩廠后學堂駕駛洋教習鄧羅於六年八月到工，約限三年，扣至本年八月三十日期滿。該教習在堂教導頗稱得力，因與續約，再留一年。查駕駛教習每月向給薪銀二百兩，前洋教習嘉樂爾限滿續留，曾加給月薪五十兩。今該教習因教導得力，限滿續留，亦予援照嘉樂爾之例，每月加給薪銀五十兩以示鼓勵。又，前學堂算學教習邁達約限扣至今年年終期滿，該教習在堂多年，成就頗衆，亦擬再留一年。其月薪原給二百兩，嗣因兼辦翻譯事務，加給五十兩；現既限滿續留，其教習薪水應照鄧羅一例每月二百五十兩。另每月加給洋錢五十元，以作翻譯公費。前學堂尚有製造洋教習一缺。前教習德尚因病回國，久懸未補。現在生徒加多，邁達一員未能兼顧，亟應遴充。查有出洋回華學生鄭清濂在洋肄習有年，學問尚優，擬令兼充前學堂製造教習。其后學堂管輪教習一缺，自前教習理格遣回后，前督辦船政黎兆棠咨商總理各國事務衙門轉向英國延聘，嗣由出使英國大臣曾紀澤聘得英國水師管輪師丟瓦一員，於今年四月到堂，現因水土不服，力辭斯任，察其情詞屬實，不便强留。若再向英國延聘，往返需時，徒糜川費，查有派廠監工學生魏瀚兼通英文，熟悉輪機，擬令兼充后學堂管輪教習，諒可勝任。

至兩學堂肄業學生，除續批出洋肄業及派赴閩省南、北洋各練船外，臣到工后，即出示招考遴取材質聰穎之幼童百二十名，充實兩學堂肄習，督令各監督、教習嚴密課程，認真教導。現合新舊各班學生計之，前學堂學生共四十七名，后學堂駕駛學生共七十一名，管輪學生共三十一名。臣每届季考，親自秉公考校，給予獎賞。其有魯鈍不堪造就以及不率教者，皆隨時斥革，不稍姑息，務期學有專長，廪無虛費，以仰副我聖主陶育人才之至意。所有展留洋員教習，酌加薪水并學堂現辦情形，理合會同南洋大臣大學士兩江總督二等恪靖侯臣左宗棠、福州將軍臣穆圖善、閩浙總督臣何璟、福建巡撫臣張兆棟恭摺具陳，伏乞皇太后、皇上聖鑒訓示。謹奏。

光緒九年十月初三日拜發。奉旨：「該衙門知道。欽此。」

左宗棠等《船政奏議匯編》卷二二張夢元《閩廠因製造快船添拓廠所船臺動用工料片》 再，前奉户部奏定外省報銷新章，第十四條内載：各省設立機器局并閩省船政局，如有添購機器，經費若干，事前奏明，咨部立案。事后方準核銷等因。查閩廠本年因造南洋快船，廠地不敷，添蓋南洋快船地圖房一所，以繪地圖。計用工料銀三千餘兩；添蓋木料亭一座，以收儲洋商運到各木，計用工料銀三百兩有奇，應歸九年份銷案造報。除咨部查照并飭另行匯案造銷外，合行照章聲明。此外，尚有第二座船臺太小，不足以容快船，應行修拓，以備續造快船之用。其落水坪亦并添修。鑄鐵廠因舊烘模爐尚小，不足以烘大模，添砌烘模磚爐一座；鐵脅廠因拗鐵平床不敷，添製鐵平床一座。所有工程均有十之七八，容俟一律完竣，核明動用工料銀兩，即行照章立案。合將應行聲明各款緣由，謹會同南洋大臣大學士兩江總督二等恪靖侯臣左宗棠、福州將軍臣穆圖善、閩浙總督臣何璟、福建巡撫臣張兆棟，附片具陳，伏乞聖鑒訓示。謹奏。

同日拜發。奉旨：知道了。欽此。

左宗棠等《船政奏議匯編》卷二二張夢元《侍衛佟在棠入都供職片》 再，漢籍頭等侍衛佟在棠前因丁憂，后於光緒六年四月措資來閩。五月間，經前督辦船政黎兆棠留工，學習水雷、洋操，十二月十三日奏明在案。嗣因船工加緊，改派鐵脅廠監造，至今三年，勤慎得力。該侍衛現已服滿起復，并無經手未完事件，應行給咨入都供職。理合附片陳明，伏乞聖鑒訓示。謹奏。

同日拜發。奉旨：知道了。欽此。

中國第一歷史檔案館《德宗景皇帝實録》卷一七一《光緒九年十月》 諭軍機大臣等，張夢元奏，舊定輪船經費名額酌核變通一摺。據稱閩廠輪船各項薪糧名額，及公費一切，因今昔情勢不同，酌易舊章，分别當減當裁當仍，開單呈覽等語。自系爲核實撙節起見，張夢元交卸在即，著何如璋到閩后，詳細酌核，奏明辦理。另片奏，擬將第五號鐵脅船改作練船等語，著一并酌度辦理，原摺片并單，均著鈔給閱看，將此諭令知之。

「中央研究院」近代史研究所《海防檔》乙福州船廠《光緒九年十一月六日總署收船政大臣張夢元文附劄付一道洋教習師丟瓦回國給予劄獎》 十一月初六日，船政大臣張夢元文稱，竊照船政管輪學堂洋教習師丟瓦銷差回國，業經呈報在案。兹據該教習稟稱，教習回國時，於英國水師，例應領一文憑，仰懇恩准照給。緣英國海部以文憑爲據，俾知教習來華教法如何，能否稱職等由。據此，除給予該教習劄付一道外，相應咨呈。爲此，咨呈欽命總理各國事務衙門，謹請察照俯賜照會英國海部知照施行。

左宗棠等《船政奏議匯編》卷二二何如璋《恭報到工任事日期叩謝天恩摺》

奏爲恭報到工任事日期，叩謝天恩，仰祈聖鑒事。

竊臣於九月初九日欽奉諭旨，著督辦福建船政事宜業經恭摺謝恩。旋于十月初二日陛辭，荷蒙訓示周詳，莫名欽感，遵即束裝出都，由天津航海赴閩。十一月二十六日，行抵馬尾工次，十二月初一日，由提調道員吕耀斗呈送木質關防前來。當即恭設香案，望闕叩謝天恩，敬謹任事。

伏念臣一庸愚，濫叨侍從，愧學術之至陋，尤器數之不諳，聞命以來，日夕惶悚。查海防以水師爲要，圖水師以船政爲根柢，際此時艱孔亟，備御爲先，凡製造、駕駛等事，在在均關緊要。自維鈍拙，懼弗克勝，所幸船政創設近二十年，經前各督辦臣次第經營，規模略備。提調道員吕耀斗廉勤誠樸，熟悉工程，亦可藉資臂助。臣惟當悉心講求，督率各員紳認真考核，有應行酌籌變通情形，容俟詳細察看，就近會商將軍、督、撫臣并咨商南、北洋大臣，隨時奏明辦理。庶事歸實用，款不虛糜，以期仰副朝廷慎重要工之至意。所有微臣接印任事日期并感激下忱，謹繕摺由驛馳陳，伏乞皇太后、皇上聖鑒訓示。謹奏。

光緒九年十二月初二日拜發。奉旨：知道了。欽此。

中國第一歷史檔案館《光緒宣統兩朝上諭檔》光緒九年十二月十四日　軍機大臣字寄，督辦船政事宜詹事府少詹事何，光緒九年十二月十四日奉上諭：左宗棠奏，閩省船政局製造巡海快船，任意玩延，開濟船，甫經試洋，偶遇風浪，抽水機器即不合用，行駛不前。前船政大臣張夢元有意諱飾，請旨嚴行申飭等語。即著何如璋確切查明，據實參奏，毋稍徇隱，並將船政局務破除情面，切實整頓。各員紳人等，隨時酌量，分別勸懲，以重要工。原摺著給閱看，將此諭令知之，欽此。遵旨，寄信前來。

「中央研究院」近代史研究所《海防檔》乙福州船廠《光緒九年十二月二十一日總署收前船政大臣張夢元文附合約稿四件洋教習邁達留工增訂合約》　十二月二十一日，前船政大臣張夢元文稱，竊照福建船政前學堂製造洋教習邁達，於光緒四年正月十九日，由法國重募來閩，約定三年爲限。每月薪水洋平銀二百兩，扣至七年正月二十二日限滿，應行回國。因查該教習先後兩次來華，充當教習，訓迪精勤，多所成就。經黎前大臣請留一年，連同津貼，兼理辦公所帳務公費，每月改給薪水洋平二百五十兩，扣至八年正月初三日，又屆限滿。復照舊增留在工兩年，計至十年正月二十二日限滿。緣該教習在堂多年，成就頗衆，擬再留一年。惟須酌加月薪，方肯應允。因查舊教習加薪，可省募延新教習往返盤費。且邁達初次同治七年三月十九到工，十二年十二月三十限滿回國，續於光緒四年正月重來，計前後在工十餘載，既有功效，自應仍舊留工，俾期得力，已與添立合約，各同畫押爲憑。茲將原立合約並留工添約，相應鈔録具文呈明欽命總理各國事務衙門。謹請察照施行，照録合約。

前學堂教習邁達，現奉船政衙門准募在工，應立合約各款列後。

計開：

一，邁達係募在船政前學堂充爲教習，邁達素性耐勞，派教新班各藝童，兼授化學理法。除堂課外，遇有邁達素諳之事，衙門若令其兼辦，邁達即應遵照，不得另請加薪。

二，邁達應受船政大臣約束，並應聽從稽查學堂委員之諭。現前學堂已延教導代微積等項算學，兼諳製造之監工教習一人。嗣後堂內生童凡所應習各學，兩教習應分別各盡本分，傳授無遺，一切功課。遇有兩教習交涉之處，均應先事籌商，和衷辦理。

三，邁達應自光緒四年正月十九抵工之日起，截至六年十二月　日止，以三年爲限，限內倘逢難料之事，須停學堂。中國大憲將邁達卸回，則給予四個月貼薪並回費。若限內因教導不力，行爲不善，或擅打生童等情被撤者，船政只給回費，不給兩月貼薪。

四，邁達應於三年限內，將所知所能，盡心教導各生童。該教習須不負初心。到底無懈，至船政以外事務或他事可以付託者，候船政大臣頒諭後，即應盡力兼辦。舍此不得私自包攬別事，並干涉於船政之外者。

五，邁達如有應稟之事，須先送稽查學堂委員察閲代呈衙門。除學堂委員素有交接外，不准私自越躐干謁中國官長。

六，邁達薪銀，月定洋平番銀二百兩。自抵工之日起，按西歷月分支領，立同合之日，另給借薪一個月，爲其安家行裝之費。

七，船政衙門應給予邁達住屋，有病時給予醫生，在辦公所公費項下動支。

八，邁達由法至閩來費，發由辦公所轉給，其回費應由辦公所照數報明領給，以後如無辦公所。

衙門照洋平番銀三百七十八兩給領。

九，如三年限內，邁達抱病，經洋醫驗明，必須回國，方服水土，船政只給回費。不給貼薪。若自己有事辭回，應先四個月稟明衙門，以便募人接代。

十，三年限滿時，中國不留邁達，則給予貼薪二個月並回費。如再留教導，其貼薪回費，應俟遣散之日給領。

十一，邁達重來工次，衙門應與新立合約，所列各款，該教習已自願遵從。

兹照抄漢洋字合約兩分，一留衙門存案。一發邁達收執爲憑，邁達既得新合約。舊合約及一切函信，即爲廢紙。

光緒四年正月　日立合約，船政衙門，前學堂教習邁達。正教習邁達現留在工，應增合約列後。

光緒七年正月二十二日，前學堂正教習邁達在工三年，扣至是日限滿。

兹奉憲諭再留學堂一年，照西歷月數計算，仍充學堂正教習，兼理辦公所管賬文案事務。從七年正月二十三日起，按月支領洋平番銀二百五十兩，邁教習須加意闡授各學生各項深奥算學。如代微積等等，其應約各款，悉照舊合同辦理。無庸贅叙，倘限内遇有緊要事務，或患重病須回法國。其所限應得兩月貼薪及回費，仍准照給。今既約明，合行標註，各再畫押爲憑。

光緒七年正月二十三日，船政衙門。

一千八百八十一年二月二十一日，正教習邁達。

正教習邁達再留在工，應增合約列後，正教習邁達約限。奉憲諭再增留兩年，自光緒八年正月初三日起，西歷一千八百八十二年二月二十日起。所有應約條款，均照前約。惟邁達在此兩年之内，應指授學生工課，照法國專課之大學堂一體。其應授課程款目，理合列册附約存案。

光緒八年正月初三日，船政衙門。

西歷一千八百八十二年二月二十日，正教習邁達。

正教習邁達再留工次，應增合約列後，正教習邁達約限，奉憲諭再增留一年，自光緒十年正月二十三日起，西歷一千八百八十四年二月二十日起，按西歷月數計算，每月學堂項下，應給洋平番銀二百五十兩。辦公所項下，應給番銀五十元，以示優異。邁教習務須加意教授，冀收實效，所有應約條款。均照前約，如限内遇有緊要事務，或患重病須回法國，應得之貼薪每月二百五十兩兩箇月。仍照前議，其辦公所項下五十元，不得支取。其回費亦照前議，不再加增。今既約明，合行標註，各再畫押爲憑。

光緒九年十月初一日，船政衙門。

一千八百八十三年十一月初一日，正教習邁達。

左宗棠等《船政奏議匯編》卷二三何如璋《南洋定制兩號快船安上龍骨并廠務情形摺》　奏爲南洋定制之兩號快船安上龍骨并陳廠務情形，恭摺仰祈聖鑒事。

竊閩廠承造南洋快船兩號，自定議后即將應用之機器、料件分別購製，一面修理船臺，準備安上龍骨。其一切辦理情形，經前督辦船政臣張夢元奏明在案。嗣由出使德國大臣李鳳苞將定購之龍骨、斗鯨、船身鐵料等陸續運閩，如數到齊。臣莅工后，即據提調道員吕耀斗稟請，諏吉安上龍骨。前來爰擇於本月初七日安上第二號快船龍骨，十五日安上第三號快船龍骨，均經臣親率在事員紳、匠徒如法安置。

本年所造之第五號鐵脅輪船，其船身製已及半，船臺鼎峙，合此而三。雖并製兼營，工程不易，而通盤扯算，究於經費較省。現届歲暮，照例停工，擬乘隙查閲各廠，點盤器具，明正開工，即可添招匠徒，并力興作矣。臣甫經莅事，規制粗諳，惟有矢慎矢勤，加意董率，以仰副朝廷軫念要工之至意。所有南洋定制之快船兩號安上龍骨并廠務情形，理合會同南洋大臣大學士兩江總督二等恪靖侯臣左宗棠、福州將軍臣穆圖善、閩浙總督臣何璟、福建巡撫臣張兆棟恭摺，由驛四百里具奏，伏乞皇太后、皇上聖鑒訓示。謹奏。

光緒九年十二月二十四日拜發。奉旨：知道了。欽此。

左宗棠等《船政奏議匯編》卷二三何如璋《修拓船臺水坪并各廠火爐機器動用工料片》　再，前奉户部奏定外省報銷新章，内載各省設立機器局并閩省船政局，如有添購機器，經費若干，事前奏明立案，事后方準核銷等因。十月間，前督辦船政臣張夢元將本年添蓋、修拓、添製各款陳明在案。内有未經核明工料銀兩者，現均一律完竣。計修拓第二座快船船臺連落水坪，用銀一萬三千五百餘兩；添砌鑄鐵廠烘模磚爐一座，用銀二千七百餘兩；添製鐵脅廠鐵平床一座，用銀四千餘兩。又，查閩廠本年續造第五號鐵脅船所用第三座船臺間有朽壞，陸續修理，計用銀二千七百餘兩；塢内起重鐵水枰并鐵車道已歷十年，枰面率多損壞，鐵轍亦有傾斜，兼行修整，計用銀二千餘兩；水缸廠廠地不敷，添蓋水缸亭一座，計用銀二百餘兩。各廠機器不敷，計小輪機廠添製旋螺絲小輪架一副，用銀一百餘兩；拉鐵廠添製拉銅鐵小碾輪二副，用銀二百餘兩；輪機廠添製旋螺絲小輪架二副，用銀二百餘兩；添購起重機器鐵鏈輪一副，用銀七百餘兩。均應歸於九年份銷案造報。除咨部查照并飭另行匯案造銷外，合行照章聲明。至於各廠廠屋、爐溝、機器間有修理，各廠家伙，學堂、繪事院器具間有添置，名目既屬紛繁，用款又極瑣碎，礙難專案奏咨。惟有飭令極力撙節，據實匯銷。所有應行聲明各款緣由，謹會同南洋大臣大學士兩江總督二等恪靖侯臣左宗棠、福州將軍臣穆圖善、閩浙總督臣何璟、福建巡撫臣張兆棟附片具陳，伏乞聖鑒訓示。謹奏。

同日拜發。奉旨：該部知道。欽此。

左宗棠等《船政奏議匯編》卷二三何如璋《遵旨酌核輪船薪費名額練船各事宜現籌變通整頓情形摺》 奏爲遵旨酌核輪船薪費、名額，練船各事宜，現籌變通整頓情形，恭摺復陳，仰祈聖鑒事。

竊臣於光緒九年十月初三日承准軍機大臣字寄，本日奉上諭：張夢元奏舊定輪船經費、名額，酌核變通一摺，據稱：閩廠輪船各項薪糧、名額以及公費一切，因今昔情勢不同，酌易舊章，分別當減當裁，當仍開單呈覽等語。自系爲核實撙節起見，張夢元交卸在即，著何如璋到閩后詳細酌核，奏明辦理。另片奏：擬將第五號鐵脅船改作練船等語，著一并酌度等因。欽此。臣客臘莅工后，檢查卷案，細加考核，前船政大臣沈葆楨創辦之始，所定各輪船名額、薪糧及一切公費，斟酌再三，本無浮冒。惟礮勇名額間有辦防時添設，嗣后未經裁撤者。年來經費支絀，張夢元奏請分別裁減，誠如聖諭。爲核實撙節起見，臣謹就閩廠所製兵、商輪船，參以泰西定制及上海招商局現辦章程，詳細酌核，分別釐定：一爲名額，查輪船官、弁、舵、水系按馬力之大小、船身之寬狹分配定額，然同一馬力而輪機有繁有簡；同一船身而桅帆或少或多，必欲比而同之，其勢轉多窒礙。今即製式相同者酌分等類，有溢額者裁歸一律。礮勇額設仍以平時無事爲衡，其派駐各省份口岸，如在籌防之時應否添設及添設若干，應歸各省督、撫隨時酌辦。其有前此辦防時添設，未經裁撤者，現照舊額開列，能否裁撤，亦應由各督、撫酌辦。臣緣各省防務情形不同，未便預爲懸斷，此名額之應行酌定者也。一爲薪糧，查全船執事各有專司，必須熟悉風、潮、沙綫、天文測算、輪機關竅、火候湯汽，方足勝管駕、管輪之任。其餘則上桅理索、捩舵張帆、升火司油及操演舢板、槍礮各技，類皆勞心勞力，危險异常，必學而后能習而后熟，非尋常水師可比，故向章稍從優給。然較之內地水師固優，例之外國海軍則絀。現值操防緊要，若復驟議核減，無以鼓士氣而固軍心。此薪糧之應行照舊者也。

公費一款，月支尤大。查輪船巡行以機器油、棉紗等件爲大宗。閩廠各船先系盡用盡報，頗涉浮糜。嗣乃包定數目，按月支給。相沿日久，視爲固然。各管駕竟有覬覦所贏而憚於差操者，此章不改，流弊不可勝言。現擬將船面油漆、繩索及辦公零雜等款按船核定，總數歸之月給。其行船時輪機艙內所需機器油、棉紗等件，則按行駛時刻、程途遠近，酌定各船每時需費若干，附入用煤册內，據實開報，按次核給，庶各船樂於趨事，日起有功。又言撙節，計近年各船行駛日期歲可省五六萬金，即此后常日操巡而按次開支，斷不致有逾原包之數。此公費之應行酌改者也。

至練船爲練習風濤而設，輪船不如帆船。查泰西操練駕駛人等，未有用輪船者，誠以帆船便於習帆纜而壯膽智也。惟議購帆船技窳價貴，且須修改，所費不貲。故閩廠自「建威」朽壞后，歷議購置未果，暫以「揚武」兵輪代之；南、北洋亦用「威遠」、「澄慶」。然不如帆船之容人較多，成材較速。臣擬由廠自造，以期廣育人才。辰下帆船未制，且仍就「揚武」練習，况值防務需船，新製第五號鐵脅船似應配成兵輪，以備巡防之用。抑臣更有請者：輪船之製，器械實繁，駕駛之方，毫釐必慎；惟人船相習，庶指臂可聯。閩廠成船之始，駕駛乏人，所有船中各執事，均由管駕招充。每值量移全船，更換管帶，則支留任便，難免偏私。在事以聚散不常，幾同傭保。就現在情形而論，閩廠有已成十年之輪舶，而船上獨無十年老練之舵工。欲期教練以成軍，不啻望前而却步。因查泰西兵船統隸海部，自管駕以下，校藝叙資，按班推補，即舵水、升火之微亦不能濫竽充數，故各船專心執業。分之則自成一隊，合之則幾若長城，萬里縱横，聲勢聯絡，所恃以争雄海上者此也。今沿海所有兵船，惟北洋調集於旅順、威海一帶，特延洋師教練結營合隊，稍具規模。余則分隔乖離，十羊九牧。各管駕經時停泊，絶少操巡，偶一差調，輒復飾詞守候，數日之程，動淹旬月。似此情形，緩急決不可恃，非專設海軍衙門嚴定章程辦理，難收實效。不得已暫籌權宜整頓之法，擬請旨飭下各督、撫，札調各輪船於駕駛、輪機、桅舵、帆纜、槍礮、舢板、泅水等技，分操合校，嚴加甄別。俟有額缺，按格遞遷。下至升火、礮勇，須禀由練船挑補，不準各管駕任意更易。庶幾人與船習，久練成軍。或飭令次第回工，由臣認真考核，以資整頓。當此時局艱難，海防要緊，有船尤須有駕船之人，一船務求得一船之用。臣不敢見小欲速，稍涉紛更；亦不敢遠怨避嫌，自甘推諉。所有遵旨酌核輪船薪費、名額及鐵脅船不必改製練船各緣由，謹將現籌變通整頓情形，分別開列清單，恭呈御覽。是否有當，理合繕摺由驛四百里具奏，伏乞皇太后、皇上聖鑒訓示。謹奏。

光緒十年二月二十八日拜發。奉旨：該衙門議奏。單三件交發。欽此。

謹將奉旨發交各號輪船額配官、弁、舵、水員名并月支薪糧、公費銀數，分別酌核，繕具清單，恭呈御覽。

計開：

二百五十匹馬力兵輪船：管駕官一員，月支銀一百八十兩。臣復查此項，原設月支二百六十兩。張夢元擬減支八十兩。現擬核減公費，飭將原定公費内所支幕友、書識、各口引港三款在於薪水動支。原定薪水，擬無庸裁減，月仍支二百六十兩，理合登明。

大副一名，月支銀六十兩；二副一名，月支銀四十兩；三副一名，月支銀三十兩。臣復查以上三項，張夢元原單均照原設銀數開列，理合登明。

管隊一名，月支銀三十兩。臣復查該船，原設正管隊一名，月支四十兩；副管隊一名，月支三十兩。張夢元擬裁一名，改爲管隊一名，月支三十兩。現擬照裁照改，理合登明。

水手正頭目一名，月支銀二十五兩；水手副頭目一名，月支銀二十兩；臣復查以上二項，張夢元原單均照原設銀數開列，理合登明。

管帆桅頭目一名，月支銀二十兩。臣復查此項，原設三名，月各支銀二十兩。張夢元擬裁二名，實配一名。惟該船配全桅三枝，現暫作練船，各桅隨時操練必須有人專管，未便議裁，擬照原設三名。理合登明。舢板頭目一名，月支銀一十六兩；臣復查此項，張夢元原單均照原設銀數開列，理合登明。

舵工六名，月各支銀一十五兩，共銀九十兩。臣復查此項原設八名，月各支銀一十五兩。張夢元擬裁二名，實配六名。惟該船暫作練船，正須多人練習，擬仍照原設八名，理合登明。

頭等水手三十名，月各支銀一十二兩五錢，共銀三百七十五兩。臣復查此項原設四十名，月各支銀一十二兩五錢。張夢元擬裁一十名，實配三十名。惟該船暫作練船，正須多人練習，擬仍照原設四十名，理合登明。

二等水手二十名，月各支銀一十兩，共銀二百兩；管礮正頭目一名，月支銀二十五兩；管礮副頭目一名，月支銀一十三兩。臣復查以上三項，張夢元原單均照原設銀數開列，理合登明。

礮勇二十名，月各支銀八兩，共銀一百六十兩。臣復查此項，原設二十六名，月各支銀八兩，張夢元擬裁六名，實配二十名。查船上礮勇一項，前此遇有辦防，即行奏請添設。該船配礮一十一尊，又系暫作練船，擬仍照原設二十六名，理合登明。

正號手一名，月支銀一十兩；副號手一名，月支銀九兩；鼓手一名，月支銀九兩。臣復查以上三項，張夢元原單均照原設銀數開列，理合登明。

正管輪一名，月支銀一百兩。臣復查此項，原設月支銀一百二十兩。張夢元擬減支二十兩，現擬照減，理合登明。 副管輪一名，月支銀五十兩。臣復查此項，原設月支銀六十兩。張夢元擬減支一十兩，現擬無庸議減。仍照原支六十兩，理合登明。

三管輪一名，月支銀四十兩。臣復查此項，張夢元原單均照原設銀數開列，理合登明。

管小水缸一名，月支銀二十兩。臣復查此項，原設月支銀二十四兩，張夢元擬減支四兩。現擬無庸議減。仍照原支二十四兩，理合登明。

管油二名，月各支銀一十八兩，共銀三十六兩。臣復查此項，原設二名，月各二十兩，張夢元擬減支二兩。現擬無庸議減，仍照原支二十兩，理合登明。

管水汽表二名，月各支銀一十六兩，共銀三十二兩；頭等升火一十二名，月各支銀一十四兩，共銀一百六十八兩。臣復查以上二項，張夢元原單均照原設銀數開列，理合登明。

二等升火六名，月各支銀一十一兩，共銀六十六兩。臣復查此項，原設一十二名，月各支一十一兩。張夢元擬裁六名，實配六名。惟該船水缸、鍋爐多只，此項升火未便議裁，擬仍照原設一十二名，理合登明。

醫生一名，月支銀一十兩；木匠一名，月支銀一十五兩。臣復查以上二項，張夢元原單均照原設銀數開列。理合登明。

銅鐵匠一名，月支銀一十五兩。臣復查該船原設銅匠一名，鐵匠一名，月各支一十五兩。張夢元擬裁一名，改爲銅鐵匠一名，月支一十五兩。現擬照裁，理合登明。

公費月支銀二百六十兩。臣復查此項，原支四百兩。張夢元擬減支一百四十兩。現擬將原在此項動支之幕友、書識、引港三款改由薪水支用，其船上各費分別月給及行船按時支給，另單開列。理合登明。

七百五十匹馬力兵輪船：管駕官一員，月支銀一百四十兩。臣復查此項，原設月支二百兩。張夢元擬減支六十兩。現擬核減公費，飭將原定公費内所支幕友、書識、各口引港三款在於薪水動支，原定薪水擬無庸裁減，月仍支二百兩。理合登明。

大副一名，月支銀五十兩；二副一名，月支銀四十兩；三副一名，月支銀三十兩。臣復查以上三項，張夢元原單均照原設銀數開列，理合登明。

管隊一名，月支銀三十兩。臣復查此項，原設月支銀四十兩。張夢元擬減支一十兩。現擬照減，理合登明。

水手頭目一名，月支銀二十五兩；舵工六名，月各支銀一十五兩，共銀九十兩；頭等水手二十九名，月各支銀一十二兩五錢，共銀三百六十二兩五錢；二等水手一十名，月各支銀一十兩，共銀一百兩；管礮一名，月支銀二十五兩。臣復查以上五項，張夢元原單均照原設銀數開列。惟水手頭目原設名爲水手正頭目、管礮原設名爲正管礮，張夢元擬將「正」字刪去。該船既無水手副頭目及副管礮，其「正」字應即照刪，理合登明。

礮勇一十名，月各支銀八兩，共銀八十兩。臣復查此項，張夢元系照原單設銀數開列。惟原設礮勇名額只供平時操演之用，遇有辦防，即須添設。閩廠造成七百五十四馬力兵船三號，内除「威遠」現作北洋練船；「澄慶」現作南洋練船，額設不在此論外；「超武」現駐浙江，該船配礮七尊。辰下應否添設礮勇，由該省巡撫自行奏明辦理。其原設只照此數，理合登明。

正號手一名，月支銀一十兩；副號手一名，月支銀九兩；鼓手一名，月支銀九兩。臣復查以上三項，張夢元原單均照原設銀數開列，理合登明。

正管輪一名，月支銀八十兩。臣復查此項，原設月支一百兩。張夢元擬減支二十兩。現擬照減，理合登明。

副管輪一名，月支銀四十兩。臣復查此項，原設月支銀五十兩。張夢元擬減支一十兩。現擬無庸議減。仍照原支五十兩，理合登明。

三管輪一名，月支銀三十兩。臣復查此項，原設月支銀四十兩。張夢元擬減支一十兩。現擬無庸議減。仍照原支四十兩，理合登明。

管油一名，月各支銀一十八兩。臣復查此項，原設月支銀二十兩。張夢元擬減支二兩。現擬無庸議減。仍照原支二十兩，理合登明。

管水汽表一名，月支銀一十六兩；頭等升火六名，月各支銀一十四兩，共銀八十四兩；二等升火六名，月各支銀一十一兩，共銀六十六兩；醫生一名，月支銀一十兩；木匠一名，月支銀一十五兩。臣復查以上五項，張夢元原單均照原設銀數開列，理合登明。

公費月支銀二百二十兩。臣復查此項，原支三百兩。張夢元擬減支八十

兩。現擬將原在此項動支之幕友、書識、引港三款改由薪水支用。其船上各費，分別月給及行船按時支給，另單開列，理合登明。

一百五十四馬力商輪船：管駕官一員，月支銀一百四十兩。臣復查此項，原設月支一百八十兩。張夢元擬減支四十兩。現擬核減公費，飭將原定公費内所支幕友、書識、各口引港三款在於薪水動支，原定薪水擬無庸裁減，月仍支一百八十兩，理合登明。

大副一名，月支銀五十兩；二副一名，月支銀四十兩；三副一名，月支銀三十兩；水手頭目一名，月支銀二十五兩；舵工六名，月各支銀一十五兩，共銀九十兩；頭等水手二十九名，月各支銀一十二兩五錢，共銀三百六十二兩五錢；二等水手一十名，月各支銀一十兩，共銀一百兩；頭等礮勇三名，月各支銀八兩，共銀二十四兩；二等礮勇三名，月各支銀七兩，共銀二十一兩。臣復查以上九項，張夢元原單均照原設銀數開列，理合登明。

正管輪一名，月支銀八十兩。臣復查此項，原設月支一百兩。張夢元擬減支二十兩，現擬照減，理合登明。

副管輪一名，月支銀四十兩。臣復查此項，原設月支五十兩。張夢元擬減支一十兩。現擬無庸議減，仍照原支五十兩，理合登明。

三管輪一名，月支銀三十兩。臣復查此項，原設月支四十兩，張夢元擬減支一十兩。現擬無庸議減，仍照原支四十兩，理合登明。

管油一名，月支銀一十八兩。臣復查此項，原設月支二十兩。張夢元擬減支二兩。現擬無庸議減，仍照原支二十兩，理合登明。

管水汽表一名，月支銀一十六兩；頭等升火六名，月各支銀一十四兩，共銀八十四兩；二等升火六名，月各支銀一十一兩，共銀六十六兩；木匠一名，月支銀一十五兩。臣復查以上四項，張夢元原單均照原設銀數開列，理合登明。

公費月支銀二百二十兩。臣復查此項，原支三百兩。張夢元擬減支四十兩。現擬將原在此項動支之幕友、書識、引港三款改由薪水支用。其船上各費，分別月給及行船按時支給，另單開列。再，查閩廠造成一百五十四馬力商船三號，又將「萬年清」兵船改作商船一號，共四號。現「海鏡」派往直隸供差，「萬年清」、「永保」、「琛航」在福州、臺灣各處轉運，理合登明。

八十四馬力兵輪船：管駕官一員，月支銀一百四十兩。臣復查此項，原設月支一百六十兩。張夢元擬減支四十兩。現擬核減公費，飭將原定公費内所支

幕友、書識、各口引港三款在於薪水動支，原定薪水擬無庸裁減，月仍支一百六十兩，理合登明。

大副一名，月支銀四十兩。臣復查此項，原設月支五十兩。張夢元擬減支一十兩。現擬照減，理合登明。

二副一名，月支銀三十兩；三副一名，月支銀二十五兩。臣復查以上二項，張夢元原單均照原設銀數開列，理合登明。

水手頭目一名，月支銀二十兩。臣復查此項，原設名爲水手正頭目，月支二十五兩。張夢元擬減支五兩。現擬無庸議減，仍照原支二十五兩。惟該船既無水手副頭目，「正」字應即照删，理合登明。

舵工六名，月各支銀一十五兩，共銀九十兩；頭等水手一十六名，月各支銀一十二兩，共銀一百九十二兩；二等水手一十名，月各支銀一十兩，共銀一百兩。臣復查以上三項，張夢元原單均照原設銀數開列，理合登明。

管礮一名，月支銀二十兩。臣復查此項，原設名爲「正管礮」，月支二十四兩，張夢元擬減支四兩。現擬無庸議減，仍照原支二十四兩。惟該船既無副管礮，「正」字應即照删，理合登明。

礮勇六名，月各支銀八兩，共銀四十八兩。臣復查此項，張夢元原單系照設銀數開列。惟原設礮勇名額，只供平時操演之用，遇有辦防，即須添設。閩廠造成八十四馬力兵船五號：「湄雲」配礮五尊，現駐奉天；「福星」配礮五尊，現駐海壇；「鎮海」配礮六尊，現駐直隸；「靖遠」配礮五尊，現駐江南；「振威」配礮五尊，現駐厦門。辰下各該船有無添設礮勇，應由各該省督、撫奏明辦理。其原設只照此數，理合登明。

號手一名，月支銀一十兩。臣復查，該船原設正號手一名，月支一十兩；副號手一名，月支八兩。張夢元擬裁副號手一名，將正號手改爲「號手」名目，月支照舊。現擬照裁照改，理合登明。

鼓手一名，月支銀八兩。臣復查此項，張夢元原單均照原設銀數開列，理合登明。

正管輪一名，月支銀八十兩。臣復查此項，原設月支一百兩。張夢元擬減支二十兩，現擬照減，理合登明。

副管輪一名，月支銀四十兩。臣復查此項，原設月支五十兩。張夢元擬減支一十兩，現擬照減，理合登明。

三管輪一名，月支銀三十兩。臣復查此項，張夢元原單均照原設銀數開列，理合登明。

管油一名，月支銀一十八兩。臣復查此項，原設月支二十兩。張夢元擬減支二兩。現擬無庸議減，仍照原支二十兩，理合登明。

管水汽表一名，月支銀一十四兩。臣復查此項，張夢元原單均照原設銀數開列，理合登明。

頭等升火六名，月各支銀一十四兩，共銀八十四兩；二等升火六名，月各支銀一十一兩，共銀六十六兩。臣復查該船原設頭等升火八名，月各支一十四兩；二等升火四名，月各支一十一兩。張夢元擬將頭等升火八名內移二名作爲二等升火，其銀數照二等升火支給。現擬照移，理合登明。

木匠一名，月支銀一十二兩。臣復查此項，張夢元原單均照原設銀數開列，理合登明。

公費月支銀一百八十兩。臣復查此項，原支二百四十兩。張夢元擬減支六十兩。現擬將原在此項動支之幕友、書識、引港三款改由薪水支用，其船上各費，分別月給及行船按時支給，理合登明。

五十四馬力兵輪船：管駕官一員，月支銀八十兩。臣復查此項，原設月支一百兩。張夢元擬減支二十兩。現擬核減公費，飭將原定公費内所支幕友、書識、各口引港三款在於薪水動支，原定薪水擬無庸裁減，月仍支一百兩，理合登明。

大副一名，月支銀三十兩；二副一名，月支銀二十兩；水手頭目一名，月支銀一十八兩；舵工四名，月各支銀一十二兩，共銀四十八兩；頭等水手八名，月各支銀一十兩，共銀八十兩；二等水手八名，月各支銀八兩，共銀六十四兩。臣復查以上六項，張夢元原單均照原設銀數開列，理合登明。

管礮一名，月支銀一十四兩。臣復查此項，原設月支一十六兩。張夢元擬減支二兩。現擬無庸議減，仍照原支一十六兩，理合登明。

礮勇四名，月各支銀八兩，共銀三十二兩。臣復查此項，張夢元原單系照設銀數開列。惟原設礮勇名額，只供平時操演之用，遇有辦防，即須添設。該船配礮三尊，現駐福寧，應否添設礮勇，由閩省督、撫奏明辦理。其原設只照此數，理合登明。

號手一名，月支銀八兩；鼓手一名，月支銀七兩；正管輪一名，月支銀六十兩；副管輪一名，月支銀三十兩。臣復查以上四項，張夢元原單均照原設銀數開列，理合登明。

管油兼水汽表一名，月支銀一十八兩。臣復查此項，原設月支二十兩。張夢元擬減支二兩。現擬無庸議減，仍照原支二十兩，理合登明。

頭等升火六名，月各支銀一十二兩；二等升火四名，月各支銀一十兩，共銀四十兩；木匠一名，月支銀一十兩。臣復查以上三項，張夢元原單均照原設銀數開列，理合登明。

公費月支銀一百兩。臣復查此項，原支一百二十兩。張夢元擬減支二十兩。現擬將原在此項動支之幕友、書識、引港三款改由薪水支用，其船上各費分別月給及行船按時支給，另單開列，理合登明。

謹將各號輪船經酌核后額配官、弁、舵、水員名額并月支薪糧銀數開具清單，恭呈御覽。

計開：

二百五十匹馬力兵輪船：管駕官一員，月支銀二百六十兩；大副一名，月支銀六十兩；二副一名，月支銀四十兩；三副一名，月支銀三十兩；管隊一名，月支銀三十兩；水手正頭目一名，月支銀二十五兩；水手副頭目一名，月支銀二十兩；管帆桅頭目三名，月支銀二十兩，共銀六十兩；舢板頭目一名，月支銀一十六兩；舵工八名，月各支銀一十五兩，共銀一百二十兩；頭等水手四十名，月各支銀一十二兩五錢，共銀五百兩；二等水手二十名，月各支銀一十兩，共銀二百兩；管礮正頭目一名，月支銀二十五兩；管礮副頭目一名，月支銀一十三兩；礮勇二十六名，月各支銀八兩，共銀二百八兩；正號手一名，月支銀一十兩；副號手一名，月支銀九兩；鼓手一名，月支銀九兩；正管輪一名，月支銀一百兩；副管輪一名，月支銀六十兩；三管輪一名，月支銀四十兩；管小水缸一名，月支銀二十四兩；管油二名，月各支銀二十兩，共銀四十兩；管水汽表二名，月各支銀一十六兩，共銀三十二兩；頭等升火一十二名，月各支銀一十四兩，共銀一百六十八兩；二等升火一十二名，月各支銀一十一兩，共銀一百三十二兩；醫生一名，月支銀一十兩；木匠一名，月支銀一十五兩；銅鐵匠一名，月支銀一十五兩。

以上官、弁、舵、水人等共一百四十五員名，月支薪糧銀二千二百七十一兩，小建照扣。

七百五十匹馬力兵輪船：管駕官一員，月支銀二百兩；大副一名，月支銀五十兩；二副一名，月支銀四十兩；三副一名，月支銀三十兩；管隊一名，月支銀三十兩；水手頭目一名，月支銀二十五兩；舵工六名，月各支銀一十五兩，共銀九十兩；頭等水手二十九名，月各支銀一十二兩五錢，共銀三百六十二兩五錢；二等水手一十名，月各支銀一十兩，共銀一百兩；管礮一名，月支銀二十五兩；礮勇一十名，月各支銀八兩，共銀八十兩；正號手一名，月支銀一十兩；副號手一名，月支銀九兩；鼓手一名，月支銀九兩；正管輪一名，月支銀八十兩；副管輪一名，月支銀五十兩；三管輪一名，月支銀四十兩；管油一名，月支銀二十兩；管水汽表一名，月支銀一十六兩；頭等升火六名，月各支銀一十四兩，共銀八十四兩；二等升火六名，月各支銀一十一兩，共銀六十六兩；醫生一名，月支銀一十兩；木匠一名，月支銀一十五兩。

以上官、弁、舵、水人等八十四員，月支薪糧銀一千四百四十一兩五錢；小建照扣。

一百五十匹馬力兵輪船：管駕官一員，月支銀二百兩；大副一名，月支銀五十兩；二副一名，月支銀四十兩；三副一名，月支銀三十兩；管隊一名，月支銀三十兩；水手頭目一名，月支銀二十五兩；舵工六名，月各支銀一十五兩，共銀九十兩；頭等水手二十九名，月各支銀一十二兩五錢，共銀三百六十二兩五錢；二等水手一十名，月各支銀一十兩，共銀一百兩；管礮一名，月支銀二十五兩；礮勇一十名，月各支銀八兩，共銀八十兩；正號手一名，月支銀一十兩；副號手一名，月支銀九兩；鼓手一名，月支銀九兩；正管輪一名，月支銀八十兩；副管輪一名，月支銀五十兩；三管輪一名，月支銀四十兩；管油一名，月支銀二十兩；管水汽表一名，月支銀一十六兩；頭等升火六名，月各支銀一十四兩，共銀八十四兩；二等升火六名，月各支銀一十一兩，共銀六十六兩；醫生一名，月支銀一十兩；木匠一名，月支銀一十五兩。

以上官、弁、舵、水人等八十四員，計月支薪糧銀一千四百四十一兩五錢；小建照扣。

一百五十匹馬力商輪船：管駕官一員，月支銀一百八十兩；大副一名，月支銀五十兩；二副一名，月支銀四十兩；三副一名，月支銀三十兩；水手頭目一名，月支銀二十五兩；舵工六名，月各支銀一十五兩，共銀九十兩；頭等水手一十名，月各支銀一十二兩五錢，共銀一百二十五兩；二等水手一十名，月各支銀一十兩，共銀一百兩；頭等礮勇三名，月各支銀八兩，共銀二十四兩；二等礮勇三名，月各支銀七兩，共銀二十一兩；正管輪一名，月支銀八十兩；副管輪一名，月支銀五十兩；三管輪一名，月支銀四十兩；管油一名，月支銀二十兩；管水汽表一名，月支銀一十六兩；頭等升火六名，月各支銀一十四兩，共銀八十四兩；二等升火六名，月各支銀一十二兩，共銀六十六兩；木匠一名，月支銀一十五兩。

以上官、弁、舵、水人等五十五員名，月支薪糧銀一千五十六兩；小建照扣。

八十四馬力兵輪船：管駕官一員，月支銀一百六十兩；大副一名，月支銀四十兩；二副一名，月支銀三十兩；三副一名，月支銀二十五兩；水手頭目一名，月支銀二十五兩；舵工六名，月各支銀一十五兩，共銀九十兩；頭等水手一十六名，月各支銀一十二兩，共銀一百九十二兩；二等水手一十名，月各支銀一十兩，共銀一百兩；管礮一名，月支銀二十四兩；礮勇六名，月各支銀八兩，共銀四十八兩；號手一名，月支銀一十兩；鼓手一名，月支銀八兩；正管輪一名，月支銀八十兩；副管輪一名，月支銀四十兩；三管輪一名，月支銀三十兩；管油一名，月支銀二十兩；管水汽表一名，月支銀一十四兩；頭等升火六名，月各支銀一十四兩，共銀八十四兩；二等升火六名，月各支銀一十一兩，共銀六十六兩；木匠一名，月支銀一十二兩。

以上官、弁、舵、水人等六十四員名，計月支薪糧銀一千九十八兩；小建照扣。

五十四馬力兵輪船：管駕官一員，月支銀一百兩；大副一名，月支銀三十兩；二副一名，月支銀二十兩；水手頭目一名，月支銀一十八兩；舵工四名，月各支銀一十二兩，共銀四十八兩；頭等水手八名，月各支銀一十兩，共銀八十兩；二等水手八名，月各支銀八兩，共銀六十四兩；管礮一名，月支銀一十六兩；礮勇四名，月各支銀八兩，共銀三十二兩；號手一名，月支銀八兩；鼓手一名，月支銀七兩；正管輪一名，月支銀六十兩；副管輪一名，月支銀三十兩；管油兼水汽表一名，月支銀二十兩；頭等升火六名，月各支銀一十二兩，共銀七十二兩；二等升火四名，月各支銀一十兩，共銀四十兩；木匠一名，月支銀一十兩。

以上官、弁、舵、水人等四十五員名，月支薪糧銀六百五十五兩；小建照扣。

謹將各號輪船分別按月常給公費及行船按時照給公費開具清單，恭呈御覽。計開：

按月常給公費項下：

二百五十四馬力輪船，月支銀一百兩；七百五十匹實馬力輪船，月支銀八十兩；一百五十四馬力輪船，月支銀七十兩；八十四馬力輪船，月支銀五十兩；五十四馬力輪船，月支銀四十兩。

以上所給公費銀兩，系備隨時磨擦輪機、礮械應用之松節水、棉紗、砂布、紅丹各項，油斤、洋燭等件，洗刷船艙、補油、船身、輪機、舢板應用之胰皂、船帚、各色漆油、煤油、油漆刷等件，暨更換旗幟、號衣、零碎修補、帆纜并各項燈油、辦公心紅紙張等件。惟全刮船身、舢板重加油漆，由廠另行勘辦，不在此內。所給銀兩，小建照扣，理合登明。

行船按時照給公費項下：

二百五十四馬力輪船，每行船一點鐘支銀七錢，一日夜二十四點鐘共支銀一十六兩八錢；七百五十匹實馬力輪船，每行船一點鐘支銀五錢，一日夜二十四點鐘，共支銀一十二兩；一百五十四馬力輪船，每行船一點鐘支銀五錢，一日夜二十四點鐘共支銀一十二兩；八十四馬力輪船，每行船一點鐘支銀四錢，一日夜二十四點鐘共支銀九兩六錢；五十四馬力輪船，每行船一點鐘支銀三錢，一日夜二十四點鐘共支銀七兩二錢。

以上所給公費銀兩，系備行船時輪機艙應用之機器油、牛油、花生油等件，按照進出口報單行船時刻及速率海里、提驗日記簿核實支給。其停船、留火概不準支，理合登明。

左宗棠等《船政奏議匯編》卷二四何如璋《船政關係海防擬請協籌經費以擴成規而期實效折》 奏爲船政關係海防，擬請協籌經費，以擴成規而期實效，遵旨酌核，吁陳聖鑒事。

竊前督辦船政臣張夢元，於光緒九年九月二十日附奏船政宜籌變通一折，奉旨：著咨行何如璋悉心酌核，奏明辦理，欽此。欽遵。臣莅工數月，詳加考察，竊以船政爲海防根本，萬無收束之理。查閩海關歲撥經費六十萬兩，近來積欠甚巨，計去年所解，不過二十萬兩。張夢元目擊情形，莫從措手，不得已而爲收束之請，核其原奏，曰收船歸塢，曰整頓練船，曰裁撤工匠。就現在制成之船，各省分防，深虞不足，非特無塢可歸，亦且無船可練。工匠在工年久，西法漸通，一旦散而之他，勢難復聚。費千百萬之帑金，經十餘年之締造，乃以經費支絀盡棄前功，貽笑强鄰，自乖本志。其爲失計，當在聖明洞鑒之中。

竊維時局艱危，需船孔急，惟有協籌經費，力圖開擴，庶足壯海軍之規模，立自强之根柢。臣謹悉心酌核，約舉數端，敬爲我皇太后、皇上陳之：一曰添機擴廠。查閩局創造輪船，馬力不過二百五十匹，故廠機較小，取給一時。嗣仿造二千四百匹馬力快船，機器即不敷用。所有鋼鐵大件，不得不購自外洋，駁運固屬紆迴，製造尤虞停待。今計拉鐵廠應添者曰廠屋，曰五百匹馬力水缸，曰五百匹拉鐵大機，與夫起重汽錘、磚爐之屬，凡十有餘具。在輪機、水缸兩廠，應添者曰轉輪軸大機，曰旋内徑大機與並剪床、鑽床、刨床之屬，凡十有餘具。如就廠製造鐵甲，則拗龍骨、烘鐵脅與夫拉甲、烘甲、削甲、刨甲之機器、磚瓦等項，均須加擴廠地，一律增添，庶工程事事應手，不致仰給外洋。此廠地機器之應籌展擴者也。

二曰仿造鐵甲。泰西兵艦以鐵甲爲最堅，堵口、冲鋒，端恃此種。與其購諸外國，利權屬之他人，不如制自廠中，臨事尚能適用。查沿海各港，水不甚深，仿造鐵甲不宜過大，今擬制甲厚八寸之船，馬力二千餘匹，容重二千餘噸，吃水不過二十尺，每時約行八十里，制價較廉，用煤亦省。駕駛靈快，攻守兼資，進可摧敵艦之堅，退不阻内河之淺，地形異便，器用隨之。此鐵甲之應籌仿造者也。

三曰購造船塢。制船在廠，修船在塢。閩廠舊用鐵螺絲船槽，容重二千餘噸，去年制成之「開濟」快船，即不能修。何況鐵甲大沽與上海先後建塢，修船較便，然以港道稍淺，亦不能收納快船，此事實難再緩。查閩廠左近有英商船塢一所，意欲出售，如能購就，則展大開深，將塢門改制加長，便可合用。否則亦須擇地築造，備各船隨時驗修，庶不致利歸外商，事多捍格。此船塢之應籌購造者也。

四曰開辦鐵礦。制船以鋼鐵爲大宗，閩廠所用，除購洋產外兼資古田。第古田之鐵，取煉未能如法，價本較昂。查福州穆源鐵礦，前船政臣黎兆棠曾督洋師，前往踏勘，苗砂甚旺，只以銷路未廣，舉辦維艱。如能添機擴廠，仿造鐵甲，則歲需鋼鐵較多。擬即由閩廠劃撥官本招商開採，所出礦砂，悉以西法提煉。先盡閩廠購用，次及南、北洋機器各局，從此資給不竭，又可設局制炮，供各省海、陸軍炮臺之用。庶財源不致外溢，軍實亦可日精。此鐵礦之應籌開辦者也。

綜此四端，需款頗巨。計添機、擴廠、建塢、開礦應須百餘萬兩。若此後每年仿造中等鐵甲船一號、上等兵船一號，額定經費非歲籌一百二十萬兩不可。當此時局艱難，庫儲支絀，議增制船經費固未易言。第以强鄰日逼，事變日深，欲固沿海之防，必先壯海軍之勢；欲壯海軍之勢，必先增巡海之船。

臣通籌大局，再三考核，舍力求開擴之外，别無辦法。蓋經費充，則制船自速，成本自輕。鋼鐵取諸域中，漏卮可塞；兵艦交乎海上，外釁潛消。即以近事徵之，法之圖越，非伊朝夕我。苟海軍足恃，以艦隊進扼東京海口，則北圻一帶屹若長城。法人雖横，斷難狡逞。彼即欲移師恫嚇，而我軍聲勢聯絡，或掎之，或角之，或遮其前，或尾其後。彼將長慮，却顧自防之不暇，何暇謀人？是沿海七千餘里，我但擇要堅築炮臺，護以蚊子船，調營扼守，已足操必勝之權，制敵人之命矣！又何致紛紛募勇，處處設防，勞費周章，尚覺毫無把握乎。伏願朝廷早定大計，整練海軍，擬請旨飭下户部，通盤籌劃，責成閩海關核計協撥各款，移緩就急，將積欠百餘萬兩設法解清。其定額六十萬，仍舊按年解足，並劃撥各省關歲協六十萬兩充經費，以濟要工。如蒙俞允，一俟奉部酌定，臣謹當督率各員紳核實估計，分别開具清單，次第奏明辦理，斷不敢稍涉苟且因循，有辜高厚。所有遵旨酌核、應籌、開擴各緣由，理合會同北洋大臣一等肅毅大學士臣李鴻章、二等恪靖侯大學士臣左宗棠、福州將軍臣穆圖善、閩浙總督臣何璟、福建巡撫臣張兆棟恭折，由驛五百里馳陳，伏乞皇太后、皇上聖鑒訓示。謹奏。

光緒十年四月十三日拜發。奉旨：另有旨。欽此。

左宗棠等《船政奏議匯編》卷二四何如璋《光緒六年至八年制船用款遵照部頒格式變通辦理折》 奏爲光緒六年至八年制船用款，遵照部頒四柱格式變通辦理，開具清單，懇恩準予支銷。恭折仰祈聖鑒事。

竊閩廠自光緒六年正月起，截至八年十二月底止，造船收支各款，經張夢元援案具折，開單請銷。光緒九年七月二十七日，軍機大臣奉旨：該衙門知道。單並發。欽此。欽遵在案。嗣準户部咨，稱光緒八年十月間本部奏定報銷章程，擬將各省向來開單者，截至八年十二月止，照舊開單，先開兵勇員弁名數與口糧實數及增裁四柱清單，再開收支銀數，款目四柱清單；其開單應遵照部頒格式開列等因。奏奉俞允，由部將奏定章程及清單格式刷印通行，遵照在案。今據該廠所銷係光緒八年十二月以前之款，其開單奏報之處，核與本部前奏向開單者仍開單之語相符，按單核算散、總數目，亦屬符合。惟查閲原單，一切人數、餉數、起止日期及支放章程均未聲叙，殊與新章格式不符，礙難核銷，相應移咨。速將本部應銷各款，如支給員紳並出洋肄業生徒暨前後學堂、繪事院生徒、藝童、健丁、工匠人等，醫療、薪水、經費、贍養、飯食、盤費、獎賞、口糧、雜費暨書役、工伙、心紅、油蠟、洋員匠薪費等款，務須按照部頒單式，將員役人等名數、餉數，起止日期並照何項章程支發；其無例案可援者是否奏定有案，逐款詳晰，另行開具清單，迅速專案奏報等因。又准兵部咨，令將洋員匠恤賞，運夫、排工各口糧，輪船薪糧四款所支銀數造具細册，送部核銷。又，支款單内製造鐵脅「澄慶」兵輪船撥用前屆報銷，案内存剩銅、鐵、木、煤各料價脚銀一萬六千二百三十二兩一錢六分四厘一毫，應將運脚數目劃分清楚；其如何分別支發之處，隨案詳細聲明，以憑核辦等因。又准工部咨，令將單開製造及修理各輪船並舢板等船用過工料、銀兩詳細分晰，造册報部查核等因，各移咨前來。

臣查船政用款均係開單請銷。所有不能造册緣由，歷屆奏銷折内經據情人告，久在聖明洞鑒之中。臣莅工以來，悉心體察，覺工程錯綜，款目紛繁，誠非筆墨所能盡罄。一切用款皆屬據實支銷，並無浮冒。今部臣所查者曰「四柱清單」，曰「支款細册」，曰「運脚數目」，曰「工料細册」，自應遵飭局員分別辦理。惟户部指查之匀撥第二屆出洋肄業學生經費，續派出洋肄業藝徒經費，各生童獎賞、盤費等四款，或係按年匀撥，匯解外洋，或係遇事必需，隨時支用，均無起止四柱可開。其洋員匠薪費一款，係照西歷月份支發，與中歷月日起止不同。每月日數多寡不等，僅僅載明起止，究亦無從積算。兵部指查之墊支輪船薪費一款，查輪船薪費自同治十三年四月十六日起，經沈葆楨奏明歸並臺防項下支銷。惟省局批解養船經費不敷支放，間於制船項下零星湊款墊支，既不能指明專支何船，亦不能指明墊支何月，且墊支銀數將來應由省局登收，所有各輪船員名、薪糧、起止細數，省局自當匯同全數造册請銷。臣衙門自無庸造册。其製造「澄慶」兵輪船撥用前届報銷，案内存剩銅鐵、木煤各料，運脚數目一款，查船政採辦各料，向係由商攬辦包運到工，統計價值。報銷單内所稱「價脚」者，「脚」在價中，實即到地之物價也。工部指查之製造及修理各輪船並舢板等船，用過工料細册，查此項用款在光緒八年十二月前，自應遵照奏定新章，向開單者仍開單辦理。

以上各條，理合據情懇恩飭下部臣，免予開具四柱清單及劃分數目，詳造細册，迅即照單核銷。至員弁並出洋肄業生徒，各學堂、繪事院生徒，藝童、健丁、工匠人等，薪水、贍養、飯食、口糧、雜費，書役、工伙、心紅、油蠟暨廣儲所運夫、儲材所排工口糧，洋員匠恤等賞款，均遵照部頒四柱單式變通開列員名、餉數、起止日期，送部備核。惟各款四柱清單卷帙繁多，未便附折。茲謹將截至光緒八年十二月底，實存員弁、生徒、書役、丁夫名數、餉數，開具簡明清單，連同支款清單，恭呈御覽。伏懇天恩逾格，準予開銷，以清積牘。除咨總理衙門、户部、兵部、工部查照外，理合會同南洋大臣大學士兩江總督二等恪靖侯臣左宗棠、福州將軍臣穆圖善、閩浙總督臣何璟、福建巡撫臣張兆棟合詞，恭折具陳，伏乞皇太后、皇上聖鑒。謹奏。

同日拜發。奉旨：該部議奏。單二件並發。欽此。

謹將截至光緒八年十二月止，實存員弁、生徒、書役、丁夫人等名數並月支薪水、贍養等項銀數，開具簡明清單，恭呈御覽。

謹開員弁薪水項下：

道員一員，月支銀四十兩；郎中、員外郎各一員，各月支銀三十兩；主事通判共四員，各月支銀二十兩；知縣七員，各月支銀一十六兩；鹽大使、教諭、府經歷、縣丞共十二員，各月支銀一十二兩；訓導一員，月支銀一十兩；舉人從九品共四員名，各月支銀八兩；副貢生、附生、監生共四名，各月支銀六兩；承襲一等輕車都尉一員，月支銀一十八兩；千總九員，各月支銀一十兩；把總三員，各月支銀八兩；外委七員，各月支銀六兩；軍功九員，各月支銀五兩；外科醫士一名，月支銀六兩。

肄業藝成回華生徒薪水項下：

學生四名，内一名月支銀八十六兩四錢，三名各月支銀七十二兩；藝徒六名，内一名月支銀二十二兩，五名各月支銀二十兩。

前學堂藝生、童贍養及飯食項下：

駐堂幫教二員，内一員月支銀二十二兩，一員月支銀一十七兩；派廠幫教二員，内一員月支銀二十二兩，一員月支銀一十九兩；藝童三十四名，内一名月支銀九兩，一名月支銀八兩，一名月支銀七兩，三名各月支銀五兩，二十八名各月支銀四兩，又每名日支飯食銀七分五厘。

後學堂藝生、童贍養及飯食項下：

幫教五員，内一員月支銀三十六兩，一員月支銀一十八兩，一員月支銀一十七兩，二員各月支銀一十六兩；

藝童四十四名，内一名月支銀六兩，一十三名各月支銀五兩，三十名各月支銀四兩；又每名日支飯食銀七分五厘。

後學堂美國回華學生贍養及飯食項下：

學生四名，內二名各月支銀九兩，二名各月支銀七兩，又每名日支飯食銀七分五厘。

繪事院畫童贍養及飯食項下：

幫教二員，各月支銀一十六兩；畫童一十名，內一名月支銀一十二兩，一名月支銀六兩，二名各月支銀五兩，六名各月支銀四兩，又每名日支飯食銀七分五厘。

學習管輪藝童贍養及飯食項下：

幫教二員，內一員月支銀一十二兩，一員月支銀一十兩；藝童一十八員，內一名月支銀一十一兩，一名月支銀九兩五錢，一名月支銀九兩，一名各月支銀八兩，一十四名各月支銀四兩，又每名日支飯食銀七分五厘，內有在船學習六名加倍支給；在船學習藝童雇用厨夫一名，月支銀四兩；聽差一名，月支銀三兩。

學習電綫藝童贍養及飯食項下：

藝童六員，內一名月支銀二十兩，二名各月支銀一十六兩，一名月支銀一十兩，二名各月支銀四兩，又每名日支飯食銀七分五厘。

藝徒工食項下：

藝徒六十二名，內八名各日支銀一錢九分，二名各日支銀一錢七分，五十二名各日支銀一錢五分；伙夫六名，各日支銀一錢。

書役工伙項下：

經書九名，各月支銀四兩；繕書二十一名，各月支銀三兩；驛書、號書各一名，各月支銀三兩；聽差六名，各月支銀二兩四錢；遞夫二名，各月支銀二兩四錢。

健丁口糧項下：

管帶官一員，月支銀二十兩；隊長一名，月支銀六兩；什長五名，各月支銀四兩八錢；健丁五十名，各月支銀四兩二錢；伙夫五名，各月支銀三兩。

看管船槽匠丁工食、雜費項下：

船槽機器匠二名，各月支銀一十二兩；小工一十二名，各月支銀四兩二錢；磨擦機器油料絲紗各雜費，月支一十二兩；挖土大機船一號，配用正管機器匠一名，月支銀一十二兩；副管機器匠一名，月支銀八兩；小工一十六名，各

月支銀四兩二錢；挖土煤炭油料各雜費月支銀七十二兩；刮土小機船一號，配用小工六名，各月支銀四兩二錢；裝土船四號，配用小工二十四名，各月支銀四兩二錢。

廣儲所盤運料件運夫口糧項下：

夫長一名，月支銀六兩；什長五名，各月支銀三兩六錢；運夫四十五名，各月支銀三兩三錢。

儲材所運送木料排工口糧項下：

排長一名，月支銀六兩；排工六名，各月支銀五兩四錢。

謹將制船經費自光緒六年正月初一日接造起，截至八年十二月底止，支過各款數目，開具簡明清單，恭呈御覽。

謹開：

一支製造湊成第二十三號七百五十匹實馬力鐵脅「澄慶」兵輪船一號工料銀一十六萬六千二百七兩二錢六分九厘六毫；

一支製造未成第二十四號二千四百匹實馬力鐵脅「開濟」巡海快船一號，已動用工料銀二十六萬八千七百一十三兩一錢五分四厘三毫；

一支製造未成卧機七百五十匹實馬力「康邦」輪機胚一副，已動用工料銀五千八百六十三兩二錢三分三厘四毫；

一支匀撥第二届出洋肄業學生第一、第二兩年經費銀一萬五千九百九兩九分九毫；

一支第一届續派出洋肄業藝徒第三年經費銀六千一百三十八兩二錢四分七毫；

一支添造鑄鐵輪機、水缸模子、小輪機，各廠水缸爐並烟筒工料銀四千七百五十七兩二錢七厘五毫；

一支添蓋巡海快船樣板房工料銀一千五十八兩六錢三分三厘二毫；

一支修拓巡海快船船臺工料銀七千五兩九錢六分八百一毫；

一支修理鐵船槽並機器房工料銀一萬六千五百一十五兩一錢五分八厘五毫；

一支歲修各廠火爐、火溝、風溝等項工料銀四千一兩六錢六厘六毫；

一支歲修各廠所並七年份遭風大修，工料銀五千六百五十七兩九錢一分三厘；

一支添制各廠機器工料銀二萬一千五百九十一兩二錢四分三厘二毫；
一支歲修各廠機器工料銀七千九百六十六兩六錢七分一厘八毫；
一支購制各廠所家伙、器具工價銀二萬八千二百八十兩五錢四分一厘三毫；
一支洋員匠薪費銀三萬二千二百五十九兩四錢七分二厘六毫；一支洋員匠路費、借辛銀四千六百二十兩二錢二分二厘一毫；
一支洋員匠恤賞銀一千六百六兩二分一厘七毫；
一支員弁薪水銀四萬七千三百一兩一錢三分三厘三毫；
一支肄業藝成回華生徒薪水銀一萬四千三百七十三兩三錢七分五厘三毫；
一支前學堂藝生童贍養銀一萬二百四十二兩六分六厘四毫；
又，飯食銀二千八百四十九兩九錢二分五厘；
一支後學堂藝生童贍養銀九千三百五十五兩七錢九分九厘七毫；
又，飯食銀三千四十四兩七錢；
一支美國回華學生贍養銀一千七百四十三兩二錢六分六厘六毫；
又，飯食銀三百八十四兩五錢二分五厘；
一支繪事院畫童贍養銀三千五百三十六兩二錢一分六厘九毫；
又，飯食銀七百四十三兩三錢二分五厘；
一支學習管輪藝童贍養銀四千一百七兩一錢一分六厘九毫；
又，飯食銀一千八百四十二兩一錢五分；
一支學習電綫藝童贍養銀二千四十九兩六錢一毫；
又，飯食銀三百九十四兩六錢五分；
一支藝徒工食銀五千九百八十四兩六錢一分；
一支續派出洋肄業藝徒贍養銀一千二百五十八兩六錢六分六厘七毫；
一支前、後學堂、繪事院、管輪各生童獎賞銀五百二十三兩三錢九厘一毫；
一支購買學堂、繪事院洋書、器具，價值銀四千七百八十五兩九錢七分八厘六毫；
一支各生童盤費銀六百三十六兩八錢七分二厘七毫；
一支書役工伙銀四千四百一十九兩九錢二分七厘；
一支心紅紙張銀四百五十三兩七錢四分九厘四毫；
一支油蠟銀五百四十八兩五錢八分三厘；
一支健丁口糧銀一萬二千一百六十一兩八錢三分三厘三毫；
一支看管船槽匠丁工食雜費銀一萬三千五百五十一兩一分三厘三毫；
一支廣儲所盤運料件運夫口糧銀六千四百三十二兩七錢二分；
一支儲材所運送木料排工口糧銀二千一十一兩九錢二分；
一支購存用剩銅鐵、木料、煤炭，價值銀六萬一千九百四十兩七錢七分七厘七毫；
一墊支各輪船薪費銀四萬七百七十四兩三錢七分八厘七毫；
一墊支各輪船領用煤炭價值銀四萬四千一百六十四兩一錢九分三厘七毫；
一墊支修理各輪船工料銀一十萬八千九百二十五兩四錢三厘六毫；
一支撥借省會善後局議購鐵甲船經費銀七萬兩。

以上共支銀一百六萬八千六百九十三兩四錢三分五厘五毫。

左宗棠等《船政奏議匯編》卷二五何如璋《遵旨查明船政前此承造開濟快船並無玩延諱飾據實復陳折》　奏爲遵旨查明恭折復陳，仰祈聖鑒事。

竊臣承準軍機大臣字寄，光緒九年十二月十四日奉上諭：左宗棠奏，閩省船政局製造巡海快船任意玩延，「開濟」船甫經試洋，偶遇風浪，抽水機器即不合用，行駛不前。前船政大臣張夢元有意諱飾，請旨嚴行申飭等語。即著何如璋確切查明，據實參奏，毋稍徇隱，並將船政局務破除情面切實整頓。各員、紳人等，隨時酌量分別勸懲，以重要工。原折著抄給閱看。將此諭令知之。遵旨寄信前來等因。欽此。欽遵。臣於去年十二月莅工時，張夢元早既奉命前赴粵西，「開濟」船亦既駛抵江寧。從中有無玩延、諱飾等情，當即檢核案卷，察問在事之員紳弁匠，按條逐節細加研究。一面咨令張夢元據實聲復，並飛札「開濟」管駕何心川，吊取發還原稟。

茲據各復，前來經臣復查，尚無玩延、諱飾情弊。謹將確切情形剖陳御鑒。左宗棠原折稱「開濟」自十二月初三日船身告成，下水裝配機器，一切約計五個月，本可試洋。乃至本年九月間始報啓行，遲至十一月初十日始抵上海，並述管駕何心川所稟，原估該船下水後五閱月可以蕆工，繼又展至八月告竣等語。臣查「開濟」快船係八年十二月初三日下水，始擬並力專趕，約九年五月間試洋。嗣因北洋催修「海鏡」、「湄雲」兩船，分去一萬九千工；南洋催修「澄慶」一船，又分去八千八百餘工；而閩省之「揚武」、「萬年清」、「福星」、「長勝」等船，又復先後接修，必不可緩者九千餘工。閩局向以經費不充，故廠地未拓，機器未添，值此趕制快船之時，各船待修孔亟，雖亦鳩工並力，而限於廠地、機器，未免顧此失彼。張夢元九年四月初三日到工督辦，距始擬試洋之期不及一月，經累次嚴飭員紳、學生人等，將未竟工程何者提前，何者在後，何者及早添工，何者匀廠分制，夜以繼日，設法兼營。八月二十七日及九月初一日，兩次駛出內港試驗。九月十一日，各廠員紳弁匠及「揚武」管駕張成會同該管駕何心川駛出向來試船之媽祖洋，逐一試驗，隔宵始返。九月二十二日，由何心川駕赴江寧，二十七日遭風折回。經張夢元迭次派員勘驗，船身、輪機並無損壞。查係該船人等不能得力於汽鼓之泄，蒸汗銅管久啓不，遂致熱水入艙，浸化艙底抽水機所配樹膠（洋名「因陳勒勃」）者，因而施展不靈。一面飭予修理，一面於十月初二日專函密商左宗棠，另撥南洋諸練管駕協駕此船，原期慎重。十月二十三日，始據咨復：南洋各船管駕未能抽派，仍飭何心川小心駕駛來寧。而張夢元既於十月十三日啓程赴粵矣。當經提調道員呂耀斗稟商督、撫臣，以洋商福克所購各炮適到，應乘該船折回之便剋日配齊，俾資應用而免往返。十一月初八日配竣赴寧，初十日報抵上海。此皆當日實在情形。

在事人等晝夜趕趲，異常勞瘁，實無泄沓玩延情事。原折述何心川所稟該船忽遇颶風，抽水機器竟不合用，致水積艙中，激翻鐵板，礙及輪機，不能旋轉，極力保護無恙，急用側帆收泊北礌。一連三晝夜設法抽水，至二十七日，不得已駛回工次。據情稟請改制，船政憲將稟發還，飭即換具「遭風」稟報都司，只求製造完固，不得不遵等語。臣查該船所配抽水機凡五項：曰艙底抽水機二件，備專抽輪機艙底水出船外也；曰旋轉抽水機二件，備專抽海水入冷水櫃，兼抽輪機艙底水入冷水櫃也；曰艙面抽水機二件，務專抽各艙底水出船外也；曰小馬力抽水機二件，備專抽輪機艙底水出船外，兼抽海水共入水缸也；曰手運抽水機二件，亦備專抽各艙底水出船外也。檢查洋廠購來原圖，僅配艙底抽水機及旋轉抽水機兩項，工程處按照尺寸配備，已足抽艙底積水，其三項則工程處另行出圖添配，以臻周密者。具此五項抽水機，儻船臨時能知運用，何至有倉惶失措之事？乃該船當日遇風，艙底抽水機之「因陳勒勃」竟爲熱水浸化，施展不靈。尚有各項之機，不知運用，遂至積水太多，冲翻艙底踏脚鐵板。又值風濤大作，全船忙亂，事勢幾危。幸船機堅固，得乘風折回工次。

據張夢元復稱，該管駕所稟不實，稟內詞語亦與面稟情形不同，是以飭令另行據實具稟：曾將銅管頭須修、「因陳勒勃」爲熱水浸化、抽水機施展不靈情節函告左宗棠，有稿可核。該管駕如肯據實稟陳，豈有不令管駕稟陳之理等語。臣查無異，復核何心川所呈張夢元發還原稟，有駛至大洋，天色驟變，浪如山壓，風若雷鳴，顛簸情形，不可言狀等語，是何心川原稟即報「遭風」，非張夢元飭其改稟遭風也。原稟且有汽鼓泄，蒸汗銅管焊頭經茲風浪，既將剥裂等語。是託此語以文飾蒸汗銅管久啓不閉之過。張夢元核與查勘情節不符，原稟擲還，亦屬衙門常例。此「開濟」抽水機非不合用，張夢元尚無諱飭之實在情形也。

原折述何心川所稟該船應需之海圖、羅經及備用之輪機要件，或採辦尚未到工，或應造並不趕制，諸見附會。並稱輪機應制備用各件，開單稟請制備，乃轉輪臂及大件，三船只備一副等語。臣查海圖、羅經等件，其購自外洋者往返自稽時日，雖海圖於十月十七日發船，羅經於十月二十四日發船，皆在該船折回之後。但查該船早領有廠存海圖及向盤、日規等件，似不得以遭風諉之。至備用各件，查外洋向無定章，此船欲備某件，彼船又欲備他件，件數之多寡，視需用之緩急、經費之盈絀爲衡。年來，船政以關款短解，支絀異常，故擬以大件不易壞並不便在船儲備者，「開濟」及第二、三號快船共制一副；其小件，核照向來各船所給之目，當即分別寄洋購配及飭廠製造有案。一時未能全備，該船安能久候？自應飭先駛赴江寧。原折述何心川所稟原定吃水一丈七尺，茲驗吃水一丈九尺；原定每時可行百里，今茲試洋只行九十餘里。工程處揑稱英海里與法海里不同，其實英、法海里原無二致等語。臣查原定吃水尺寸係照洋廠原圖法尺五尺五寸，合營造尺十七尺四寸。言一丈七尺者，舉成數也。若合英尺，則係十八尺零三分，合魯班尺則係十八尺三寸三分。何心川所驗一丈九尺似是英尺與魯班尺耳。法國每海里全法尺一千八百五十二尺，歐洲各國亦通用之。英國每海里合法尺一千六百零九尺，惟英獨用之。法海里合中國三里，三英海里合中國二里八六，是英、法海里兩不相同。黎兆棠於「開濟」下水折稱每時可行百里，該船試洋時，逆風逆水行九十一里餘，若遇風平浪靜、燒用上等英煤，可行百里有餘。經張夢元奏明並無欺蒙。原折述何心川所稟「該船原估經費三十萬兩，現聞將及四十萬兩」等語。臣查「開濟」工料原估係四十萬，經前督辦黎兆棠會同閩浙督臣何璟奏明在案。至南洋續定兩號，因圖模既備，工作既熟，故約估三十三萬之數。臣維製造與駕駛藝雖各執，用實相資，故創立船政之始，即開前、後兩學堂，招致生徒，不惜重費帑金，延師課督，原冀其觀摩集益，砥礪成材，固不宜遇事推諉，徒爲護短便私之計。何心川係駕駛學生，臣去冬過滬時接見一次，人尚樸訥。揆「開濟」折回情節，始因泄蒸汗銅管久啓不閉，致抽水機之「因陳勒勃」爲熱水浸化，懼獲譴於張夢元，遂匿報以文過。及張夢元擲還原禀，且聞馳函密商南洋，又懼獲譴於左宗棠，文過之心，乃變爲諉過之舉，肆意辯飾，牽引多端，只圖卸責之工，不顧措詞之過。至船機製造，術本精微，即西人專門，亦復時有增改。此次仿制新式快船，圖件實繁，設或粗心，便虞疏漏。工程處學生李壽田等初膺重責，惟惴惴焉「不克成船是懼，胡驕肆之敢萌？嗣因「開濟」試洋，行駛自如，審視船機各要件，悉臻完固，非特在事各員紳匠徒深喜。巨工告成，不負勞苦。即工程處各學生，亦私幸多年練習，小效微長。雖一二小件尚費修飾，然揆之大局無礙，似可不事苛求，庶足鼓該學生等奮發任事之心，而怯其掩飾彌縫之習。

左宗棠以昔年創立船局深費苦心，據何心川禀詞，恐滋流弊。請旨申飭張夢元，並請飭下臣切實整頓，自係關顧要工之至意。嗣聞左宗棠以何心川駕駛該船於去年十一月十九日、今年二月十七日兩次擱淺，亦經撤調具徵，爲公起見，毫無成心。現臣遵查各節，委無玩延諱飾情事，可否準予免行申飭張夢元之處，出自天恩。至在事各員紳，臣謹當隨時考察，分別勸懲。其督造「開濟」異常出力者，可否準照前奉批旨，由臣擇優酌褒，候旨遵行。所有微臣遵查各情形，謹專折復陳，伏乞皇太后、皇上聖鑒訓示。謹奏。

光緒十年五月二十四日拜發。奉旨：知道了。既據查明，張夢元尚無諱飾情事，即著毋庸置議。其在事各員，製造究未盡善，所請褒獎之處，著不準行。嗣後如續有勞績，再行奏請。欽此。

左宗棠等《船政奏議匯編》卷二五何如璋《法船驟泊馬江敵情叵測應亟調各省兵船協防折》 奏爲法船驟泊馬江，敵情叵測，應亟調各省兵船協防，恭折馳陳，仰祈聖鑒事。

竊法人此次派員來議越事，乃一面令該海軍提督孤拔率領艦隊，駛泊馬江，以圖要挾。閏五月二十二日，法艦「安菩黎」入口，行至羊嶼，擱淺船壞，於二十六日開往香港。二十四日又到「費盧茶」法船一號，二十五日又到「益士弼」法船一號，二十六日又到「都杰」、「端臘士」法船二號，共駐泊馬江者大小四艘，孤拔即在其中。而我之「揚武」、「福星」兩兵船，並「福勝」、「建勝」兩炮船即與之銜尾停泊。飭令各管駕嚴密預備，以爲互相牽制之計。但法船仍有一號停泊芭蕉口外，聞尚有陸續至者。彼衆我寡，非飛調各省兵船應援，則我船形勢孤危，攻守均無把握。

臣先經函商福州將軍臣穆圖善等，電請調船赴援。如各省兵輪能迅速來閩，則我勢稍强，彼謀自戢。不特船局可保，即法人索賠之願，亦不致過奢。儻法船移向別口，而我船跟踪前駛，於各省防務，决不致稍有疏虞。至陸路防營，則填扎海口要隘，及防護各炮臺外，其駐防馬江者新、舊兩營，現又由會辦大臣張佩綸親率二營來工屯扎，陸兵尚不過單。惟彼以兵船、大炮相攻，防護頗難措手。又彼此兵船銜尾相拒，萬一决裂，先發制人，後發即爲人制。以法人横肆性成，臨事必圖狡逞，使各船静以待變，深恐爲敵所乘。若各船不扼其冲，則船局尤爲難保。此事如何措置，臣謹當與張佩綸等悉心籌度，隨時相機因應。

至船廠製造，臣自應督率員紳，分飭各匠徒照常工作，以安人心。斷不敢稍涉張惶，致誤大局。所有法船聚泊馬江各緣由，謹繕折由輪船馳陳，伏乞皇太后、皇上聖鑒訓示。謹奏。

光緒十年閏五月二十六日拜發。

左宗棠等《船政奏議匯編》卷二五何如璋《近察法船舉動請調南北洋兵輪以相牽制折》 奏爲近察法船舉動，請調南、北洋兵輪以相牽制，恭折馳陳，仰祈聖鑒事。

竊臣於閏五月二十六日馳報法兵船大、小四艘驟泊馬江，嗣於二十七早駛入碰快大兵船一只。又，停泊芭蕉口外大兵船二只，情形日急。遂有傳二十八日限滿即攻馬尾之謡，船局各學堂洋師相率求避，人情汹懼。臣乃飭各兵輪管駕嚴密備戰，不得擅移一步。萬一開仗，勝則破格優奬；如不戰自潰，定按軍法。且告以電調南北洋援船陸續即至，各管駕感奮聽命，矢以死報。並密飭後山防營擇要埋伏，杜敵人登岸包抄。又分飭各廠弁丁，將炮械、火藥周密安放，預備法人侵占廠地，爲拚敵俱焚之用。布置粗定，一面飭各員紳督率匠徒照常工作，以安人心。

二十八日清晨，會辦大臣張佩綸親率提督黄超群兩營馳至，軍心益固。法提督孤拔見我防軍大集，戒備加嚴，遂函向「揚武」兵船探詢。臣與張佩綸令張成答以戰必彼此約期，囑該提督無須疑慮。該提督因邀張成相見，言彼船擬即先退兩艘。二十九日晨，法兵船大、小兩號乘潮駛出壺江。

查此次法提督孤拔率領艦隊直趨馬江，原欲以虛聲恫嚇，圖占船局，爲要索巨款地。詗見我師船銜尾相拒，船局安固不摇，而會辦大臣張佩綸又復親率兩營繼至。自知詭計不行，乃明約先退兩艘，顯若露不侵馬尾之形，隱實似趨重長門之意。其横肆狡詐，不過欲遂其要索本謀，俾我懼而易從耳。現在講款未就，敵船來往自如，而我船竟無一至。設一旦彼艦紛來，則閩船只此數艘，雖復獨力支撑而强弱勢殊，彼必將肆意要求，多方挾制，冀飽所欲而後已。應請旨飭下南、北洋大臣，迅派快船，剋期赴閩，以助聲援。儻法船移向别口，我船即銜尾並驅，互相接應，庶足杜法人狡逞之心，而議款亦較易得力矣。所有微臣近察法船舉動，應調南、北洋兵輪牽制各情形，謹繕折由輪船馳陳，伏乞皇太后、皇上聖鑒訓示施行。船局幸甚！大局幸甚！又，總理衙門印有電報密本，船政未承頒發，是以近日情形不敢由局傳電，恐致宣泄。合並陳明。謹奏。

光緒十年閏五月二十九日拜發。奉旨：覽奏。因應機宜頗中肯綮。南、北洋迭稱：船不能撥。著就現有兵力妥籌備御，以遏凶鋒。所需電報密本，已諭令該衙門頒發矣。欽此。

王樹枏《張文襄公全集》卷七三《致總署光緒十年六月十二日發》 屢接閩電，情形危急，船廠若援，各處皆震。合懇南北洋飛速各派數艘帶水雷艇，合力援閩。法注意在閩，敵入内河，頗慮斷後。故大小船分屯五虎門内外，若有十船於口門外，遥尾綴之，勿與搏戰，待敵入内，則下雷於口門斷之。欲犯他口，亦然，往南亦南，往北亦北，處處作勢牽制，則各口皆不敢深入，此十船可作十萬人之用。南北各口，皆有大益，非獨爲閩也。惟必須十艘八艘，少則無益，水雷艇尤要事急，敬陳管見，祈鈞署代奏請旨，速行。文。

中國第一歷史檔案館《德宗景皇帝實録》卷一八九《光緒十年七月》 又諭，電寄穆圖善等，叠據李鴻章電稱，閩軍與法接仗，擊船轟廠，尚未據該省電報。殊深廑係，此次法人詭計取勝，何璟等株守省城，不能援應。張佩綸等臨事遲疑，未經先發，實屬失算。頃又據李鴻章轉電滬信，有孤拔已死之語，如果屬實，我軍似已獲勝，正可鼓勵將士，誘彼陸戰。穆圖善現扎長門，可以遏其出路，該將軍督撫及張佩綸等，務當同力協力，督率各軍，在陸路竭力截擊，切勿坐待援師，致失事機。船廠如何情形，並著迅速電聞。

中國第一歷史檔案館《德宗景皇帝實録》卷一八九《光緒十年七月》 又諭，電寄何璟等，有人奏，法人來閩時，係福防同知，閩縣知縣，豫派魚船，爲之引入。法船擱沙碰損一只，有通商局道員爲之稟請借船廠修理，經張佩綸面斥乃止等語，如果屬實，罪不容誅。著何璟、張兆棟確切查明，據實奏聞。尋奏，福防同知等，並無引入法船情事，報聞。

左宗棠等《船政奏議匯編》卷二五何如璋《恭報交卸船政局務遵旨來京折》 奏爲恭報微臣交卸船政局務，遵旨來京，仰祈聖鑒事。

竊八月十五日接會辦大臣張佩綸咨稱，准吏部咨，七月十八日奉上諭：張佩綸著以會辦大臣兼署船政大臣，詹事府少詹事。何如璋著來京。欽此。伏念臣莅工甫及半年，守廠勉支逾月，兵輪遽挫，機料粗存，負職忝恩，深爲惶悚。自劾之疏既上，召還之命適頒，感激隆施，曷有紀極！

船廠被法船攻擊後，臣連日親自巡閲各廠、所，外圍殘缺屋宇多傷，機器、料件亦間有損壞。七月初十後，工匠稍稍回廠，因飭令趕撈船、炮，修補架、具，以備擇要安置，並督催各廠所經手員紳，將料件逐一點查，分别造册送核。理合將船政所有卷册暨局存經費等件，並木質關防一顆，於本月十五日移交兼署船政臣張佩綸接收。臣即於是日交卸，遵旨來京。所有微臣交卸船政日期，相應專折具陳，伏乞皇太后、皇上聖鑒。謹奏。

光緒十年八月十五日拜發。

左宗棠等《船政奏議匯編》卷二五何如璋《船廠受傷查造機料清册並局存經費一起移交折》 奏爲船廠受傷，查造機料清册並局存經費一起移交，恭折仰祈聖鑒事。

竊臣於七月初五日親帶經費赴省，與督、撫臣晤商戰守事宜。經將我軍與法接仗，船廠受傷各情馳報在案。隨於初七日回工，巡閲各廠，瀕江外圍殘缺而校練門尤甚。緣門内新設炮臺，戰時經廠中差弁冼懿林等擊壞法船，彼乃聚船攢攻，致該處墻門悉毁，炮架亦傷。其各廠爲敵擊傷者，砌磚之廠以合攏廠、畫樓爲最，水缸廠次之，炮廠、輪機廠又次之，鑄鐵廠爲最輕。架木之廠以拉鐵廠爲最，廣儲所、磚灰廠次之，船亭、棧房又次之，模廠爲最輕。船槽陡出江干，受炮最烈。新制第五號鐵脅船身將次下水，被敵炮擊穿九十餘孔。至學堂、匠房等處，雖受炮較輕而器具、書籍亦有殘缺。各廠機器則輪機、水缸等廠微有損壞，據學生勘驗，略爲修整尚堪運用。至制船所需之鋼鐵、銅、鉛、油漆、帆纜、木植等料件，經催集經手員紳，督同看守各廠、所並差弁丁役，截至七月初五日止，逐件盤查，分別造具清册。

臣詳加查核，除廠存炮彈、槍子運藏後山藥庫、儲材所，木植失數十根外，其餘各廠，所料件傷損亦復無多。惟制船經費及南洋快船撥款爲數頗巨，查向來採購外洋料件，係由香港南臺洋商銀號匯兑，自閏月杪法船日逼，恐有疏虞，陸續將經費飭支應處密行匯出，以重帑項。仍存用款四萬有奇，七月初四晚由臣派員弁帶領親兵與黄超群營勇搬小船運至後山，初五日臣帶省寄存藩庫，經費數十萬幸無遺失。衙署雖被十餘炮，尚未大傷。各工匠初十後稍稍來工，因飭令趕撈船、炮，修補架、具，分置各要隘，以資防禦法船之賺入馬江也。原欲以虚聲恫嚇，規占船廠，藉遂其要償款之謀。嗣見我水、陸軍防備加嚴，相持逾月，窮而無所，知我援絶守疲，乃以全力注閩，希圖一逞。三日之戰，彼船猝發，我將士感國家豢養之恩，悉力抵御，血戰逾時。統計我兵輪馬力不及九百匹，額勇不過千人，强弱迥不相敵，竟能壞其堅船，傷其大將。

彼船攻廠兩日，欲圖占據，終以一月來見我廠前後穴地穿坎，疑有地雷埋伏，故不敢由正道登岸；其間僻要隘又爲陸軍分扼，勢不得逞。仰賴朝廷福庇，船廠獲全。初五後，彼因船壞將傷，力難内犯，始移攻下游炮臺，爲出口計。至初十日，駛出芭蕉口外媽祖澳。迭派小船往探，報稱數艘駛赴香港外，停泊該澳者尚有七艘，内三艘損壞，難涉大洋，出口後數日，集夫修葺，使有大隊堅艦搏之，恐彼族且只輪不返也。

閩口防務現由會辦大臣張佩綸會同將軍穆圖善等妥籌布置。本局機器、料件名目繁多，各廠、所逐具查點造册需時。臣現將各廠所具報傷損、實存各册，並局存經費移交兼署船政臣張佩綸接收。將來核計實用若干，另行奏咨立案。所有廠屋受傷各緣由，理合繕折，付驛馳陳，伏乞皇太后、皇上聖鑒。謹奏。

同日拜發。奉旨：該衙門知道。欽此。

左宗棠等《船政奏議匯編》卷二五何如璋《兵輪傷亡弁勇由船政籌款撫恤片》 再，馬江之役，大小兵、商輪船被法船擊壞九艘，弁勇傷亡五百餘員名。謹由會辦大臣張佩綸遵奉懿旨賞銀四萬兩，内籌撥銀一萬兩，會同臣示給各該家屬，分别具領。以各兵輪弁勇均係船政招致，募集之人，復由臣於本局經費提款，酌量加給各家屬，以廣皇仁而示體恤。所有撫恤一款，俟事竣附册造報外，理合附片陳明，伏乞聖鑒。謹奏。

同日拜發。奉旨：該部知道。欽此。

左宗棠等《船政奏議匯編》卷二五何如璋《船政九年份報銷及應行奏咨各件暫展限期片》 再，前奉户部頒到《外省軍需善後報銷奏定新章》十四條，第六條内開，光緒八年八月以後各省報銷仍按各省舊章，或半年奏報一次，或一年奏報一次。上半年者，限本年十二月到部，下半年者限次年六月到部；一年者限次年八月到部，不準經年累月匯案造報等因。船政制船經費，截至光緒八年十二月底止，業經分案奏報。其光緒九年份報銷，自應遵照部章按年造報，依限達部。惟自去年閩省辦理海防，一切炮臺、器械多由廠中代制，接續不斷。所有動用工料，年終未能截清。至本年四月間，始將辦防應用各工料剔出，制船款目方清。臣當即分飭廠員，將九年份制船用款趕造細册，以期應限奏報。詎料閏五月間法船駛入閩港，停泊廠前，防務尤形吃緊。廠中添庀戰具，趕制杆雷；廠員晝夜兼營，迄無暇晷，因將報册暫行緩辦。辰下限期已届，而法船尚停泊口外，眈眈窺伺。廠中員弁督率各工匠，趕撈船、炮，修補架、具。臣又以交代在即，催造各廠、所機器、料件清册，而銷册仍復未能起辦。臣不勝焦灼，合無仰懇天恩，俯準將船政光緒九年份銷案及一切應行奏咨部查照外，所有報銷不能依限各緣由，理合附片陳明，伏乞聖鑒。謹奏。

同日拜發。奉旨：該衙門知道。所有船政用項，俟防務稍松，即行報銷，以免積壓。欽此。

左宗棠等《船政奏議匯編》卷二六張佩綸《兼署船政恭謝天恩折》 奏爲兼署船政恭謝天恩仰祈聖鑒事。竊七月十八日奉上諭：三品卿銜、翰林院侍講學士張佩綸，著以會辦大臣兼署船政大臣。欽此。當經臣電奏懇辭，嗣準北洋大臣李鴻章電稱，七月二十三日奉旨：李鴻章電稱張佩綸懇辭船政等語。張佩綸應遵前旨，將船政委妥爲籌辦，不得藉詞推諉。欽此。本月十五日，部文到閩。準少詹事何如璋，將船政木質關防一顆，及卷册文案，派員賫送前來。臣當即恭設香案，望闕叩頭，祇領兼署訖。伏念船政爲海軍根本，非深諳制作、嚴核工程，不能日起有功。法人窺伺以後，振墜補殘，尤非易易。臣以戎行待罪之庸材，猶復仰荷恩言，飭其妥爲籌辦，敢不競競自勉，以贖前愆。所有機器各廠，因臣駐軍馬尾，於部文未到之先，已經查閲一過。復因南洋電報，及省城傳聞，與船廠情形稍有歧異。商由臬司裴蔭森幫同點驗。當經電陳大略。除俟再行詳核，分别奏咨外，臣惟有督率員紳，相度事機，勉力措置，以期仰答高厚鴻兹於萬一。所有微臣兼署船政日期，理合恭折叩謝天恩。伏乞皇太后、皇上聖鑒。謹奏。

光緒十年八月十六日拜發。奉旨：知道了。欽此。

左宗棠等《船政奏議匯編》卷二六張佩綸《籌辦船政事宜折》 奏爲籌辦船政事宜恭折仰祈聖鑒事。竊臣奉命兼署船政，電奏懇辭。奉旨：張佩綸應遵前旨，將船政妥爲籌辦。欽此。臣自六月間引軍駐廠，因前奏寄諭，察核船政事宜，每與何如璋上下議論，反復研求，稍得崖略。法事未定，不敢遽陳。自八月十五日視事以後，檢查案卷，咨方員紳，以衆論之異同，定全局之利弊。竊謂張夢元意主收束，爲經費計也，而稍失老成籌海之壯圖。何如璋意主擴充，爲海軍計也，而未權天下用財之全數。微臣暫膺斯寄，又適當馬江戰後，工匠或散，輪機或傷，墻屋或圮，擴充固有所不能，收束亦有所不可。獨居深念，酌勢準情，惟有因時制宜，循名責實。雖攝官承管乏，冀不附左宗棠、沈葆楨立法之初意。若夫遠大之模，變通之策，有志未逮，以俟後來。謹將現在籌辦事宜，條列上聞。

一整飭局章也。沈葆楨立局之始，人才衆多，條章縝密，支應雖米鹽零雜，大臣皆與聞之，伏弊尚少。局中最有關係者，惟工匠及學生兩途。臣惟善事，必先利器鳩工，尤貴庀材器不求新，而致憾船式之舊，材不預蓄，而苛責工匠之疲殆，非揣本推源之論。顧購機儲料今非易言，惟有修補快船，招集舊匠，爲船政目前要義。至前後學堂生徒，固在博習遠游，以免孤陋寡聞之誚，尤在澄心養性，以洗夸詐嗜利之風。海防即未解嚴，功候不容作輟。現已查照舊章，令工匠動工，學生入學，既一切悉循往制，即不免致怨招尤。適沈葆楨之孫世襲一等輕車都尉沈翊清在局當差，家學淵源，不染習俗，酌令總司稽查，以復沈葆楨之舊規，以補微臣之疏失。

一兼籌軍火也。閩防所缺在炮，現金牌、獺石、嗚牛、射馬、廠石、馬尾各臺所置炮位，均各船起出之炮。炮架現已配齊，炮子尤宜儲備。長門克虜伯炮五尊，每尊存子百餘出，非閩廠所能創造。此外前後膛各炮，核計大小約三十餘尊，每尊擬各造子五十出。惟廠中所造開花子，創自洋總監工舒裴，有偏左偏右之病，現在廠匠不能神明規矩，仍有此弊，不及洋購之佳。而軍儲不足，不得不仿造以應急需。至臺呆土脆、河直港支，求所以輔炮力而固軍心者，惟水雷、地雷兩種。閩廠儲雷不多，現飭學生等修改碰雷，並令設法創造地雷，價廉工速，旬日可成。用以塞港阻船，出奇設伏，較爲靈便。雖雷學未盡精深，雷引未能齊備，然巧由於習，有勝於無。强寇在門，外援不至，亦惟有竭力從事耳。

一擬增臺炮也。馬尾設立船廠，中外通商各國兵船，即泊羅星塔下，相距陸行一里許，水行二里許，以數百萬金之機器，露置河干，設兩營以衛之，而夾岸無一堅臺，無一大炮，無乃慢藏誨盜乎？羅星塔有林則徐原建炮臺，頗得形勢。四十年來，臺式迭更，炮法愈巧，不可拘於故常。其地近亦民居稠密矣。臣聞沈葆楨建廠時，原擬近廠築臺，已命日意格繪圖勘地。適以臺防中止，今圖與地已不可考。臣駐廠時，令陸桂山於馬尾山左，急壘一臺，以克虜伯行仗，炮擊敵船，頗能命中，惜炮小臺脆也。現就壞船舊炮，治一臺於山前，稍稍堅實，而船炮究不及遠。爲經久之計，宜於馬尾及對岸各山，擇地爲炮臺兩座；購克虜伯十七生的邁當炮六尊分置之，既夾河衛廠，亦省城門户也。惟船局無款可籌而閩防需炮實亟。臣函商督撫，臣以二十萬金購炮，止能顧海口各臺，未能顧廠。再四思維，擬於制船項下，動用一二萬。咨商穆圖善，於海關六成項下，酌撥舊欠二三萬，並查前由李鴻章動用出使經費，購置洋械，撥閩克虜伯小炮四隊，哈乞開思槍一千二百杆，共銀約五六萬。擬懇天恩，俯念閩省爲瀕海瘠區，船政爲水師根本，準將此款免其繳還。飭司解廠，湊足十萬兩，並款買炮，以爲增臺衛廠之計。

一統計船費也。制船經費舊定六十萬。近年僅解二十餘萬。員紳薪水、工匠稟給及局用，均取給於此。因船設局，轉因局累船，積三年之費，不能成一新式快船。爲時愈久，所費愈昂，船政幾不能自立。現在籌辦閩防海關司庫，均有入不敷出之虞。事定之後，欲關清年款，司協船資，此必無成矣。惟查此次所毁各船，每年管駕薪水在省應支者，八萬九千餘兩。在臺者五萬六千餘兩。每年共約十四萬餘兩。擬請飭下閩浙督撫臣，將此項養船經費，仍按月照數解局，並作造船經費，庶免停工待費待料之苦。將來改造大船，分撥省防、臺防。爲船政計，即爲閩省計，本無畛域可分，該督撫籌畫海疆必已見及。「飛雲」、「濟安」兩艘，每年養船之費，約二萬餘兩，船歸粤省轉運，款即由粤省發給。張之洞於海軍洋務極所關懷，必能同心共濟，能否將兩船薪水挹注閩廠造船之處，容臣具咨商榷。屬其體察粤省戰船軍餉情形，酌復辦理。以上四端，前二事爲施行之急務；後二事爲補救之淺謀。輾轉綢繆，苦無遠慮。臣既治軍不效，亦思以考工將作塞憾贖愆。顧其理曲折精深，其道樸屬微至，實非末學所能遽窺。而又苦於事雜言哤，用宏費絀，欲於振廠拾殘之後，興事半功倍之規；於提綱挈領之中，得舍舊謀新之意，深恐心因力阻，志與願違。惟有任一日之寄，勵一日之勤。以冀無負生成，稍寬疚責耳。所有微臣勉籌船政應辦事宜，理合繕折具陳。伏祈皇太后、皇上聖鑒訓示施行。謹奏。

光緒十年九月初五日拜發。奉旨：覽奏，均悉。所有購置槍炮等項銀兩，照所請行。其養船經費即著咨行楊昌濬等，源源解濟。張佩綸務將船廠事宜認真整頓，以期日有起色。該衙門知道。欽此。

左宗棠等《船政奏議匯編》卷二六張佩綸《遵旨毋庸會辦閩防折》 奏爲微臣遵旨毋庸會辦閩防恭折仰祈聖鑒事。竊臣於光緒十年九月二十七日准閩浙督臣楊昌濬，咨准總理衙門二十五日電。本日奉旨：閩省軍事，張佩綸毋庸會辦等因。欽此。臣查楊昌濬到閩以後，臣本當静候處分，以符人臣省過待罪之義。前奏已陳愚悃，仰荷聖明鑒及，感愧難名，伏念臣甫至閩中，即與軍事相值。倉卒顧廠，支拄月餘，未嘗自調一將，未嘗自增一營，隨臣者僅三五文員、六七差弁而已。黄超群、方勛派充營務處各治其軍，皆授以虚名，並未加給薪水，現即檄令撤銷。文案處委員亦即咨令回省，北洋調來差弁，應候藩司給資歸伍。至會辦事宜文牘，略一料簡，截至本月三十日止，應將刊用「會辦福建海疆事宜」木質關防照例截銷。臣八月間兼署船政，因支領會辦公費六百兩，船政公費並未兼支。十月以後，暫由船政局照例支用，以資辦公。所有微臣毋庸會辦閩防緣由，理合恭折馳陳。伏乞皇太后、皇上聖鑒訓示。謹奏。

光緒十年九月三十日拜發。

左宗棠等《船政奏議匯編》卷二六張佩綸《委提調代拆代行片》 再船政向派道員提調廠務，自吕耀斗卸辦提調後，尚未遴員接辦。兹查有福建補用道、丁憂開缺臺灣府知府周懋琦，才識明通，練習時務，上年李鴻章商同何璟擬派船政差務，以該員丁憂回籍，未能即來。本年七月間，經何如璋函催來閩，派充總監工。現該員將屆服闋，而提調虚懸已久，經臣飭委署理提調事務，藉資臂助。臣病體增劇，實虞貽誤，暫令代拆代行，遇有緊要事件，臣仍隨時指示。理合附片陳明，伏祈聖鑒訓示。謹奏。光緒十年十月十一日拜發。

左宗棠等《船政奏議匯編》卷二六張佩綸《横海鐵脅輪船下水折》 奏爲横海鐵脅輪船下水，循例具陳，仰祈聖鑒事。竊船局鐵脅輪船造成四艘，第五艘於光緒九年四月十一日安上龍骨，已經前船政臣張夢元奏明。本年七月初間本可竣工，馬江之戰此船被傷。臣攝官後，飭令並工修補，以夜繼晝。現已鑲配灰艙，外加銅板，於十月杪工竣。輪機亦已上船，乘本月初二日大潮吉日下水。臣現在因病奏請開缺，派一等輕車都尉沈翊清，致祭各神，定名曰「横海」。據工程處禀稱，船縱二十一丈七尺一寸，横三丈一尺一寸，船唇刻水一丈二尺，船尾刻水一丈四尺，配七百五十匹馬力康邦卧機，暗輪旋轉，前加耳臺兩坐，船底加鑲龍骨兩條。加耳臺者，放炮旋轉較寬，可至一百三十度；加鑲龍骨者，使船不欹側，駕駛較穩。耳臺應配後膛十五生大炮二尊，船尾應配十二生炮一尊，船旁左右應配十二生炮四尊，望臺上應配糯等飛炮四尊，以便懸桅擊遠。現飭廠員將水缸、烟筒、煤艙、帆纜等件，配造完備，兩月後即可展輪試洋。計鐘漏一點能行海里幾買，應俟試行後再行繪圖貼説，咨明總理各國事務衙門及户、兵、工各部存案。現在閩防需船甚亟，應即將「横海」兵船酌留閩口。臣查泰西造船，始以曲木爲船脅，旋因曲木中材者甚少，改木爲鐵，費省質輕。閩廠自「威遠」改用鐵脅，「超武」因之，然猶沿用立機，「康濟」「澄慶」與此船則均用卧機，由閩廠創立名字，謂之鐵脅船。實則各國鐵木兵船、快船無非鐵脅。此特外洋之三等快船耳。臣詳加考究，留載之地位過寛，則配炮之墩數尚少，仍不免參用商輪之式，應飭工程處學生於第六艘酌改機件，全按兵船圖式，以期推陳出新，程能效技，用副朝廷振頓船工、講求機算之至意。所有「横海」兵船下水緣由，理合會同欽差大臣、大學士、二等恪靖侯臣左宗棠，福州將軍臣穆圖善，閩浙總督臣楊昌濬，福建巡撫臣張兆棟，新授福建巡撫臣劉銘傳恭折，由驛馳陳。伏乞皇太后、皇上聖鑒訓示。謹奏。光緒十年十一月初八日拜發。

左宗棠等《船政奏議匯編》卷二六張佩綸《恭報交卸船政遵旨北上日期折》 奏爲恭報微臣交卸船政遵旨北上日期，仰祈聖鑒事。竊臣恭閲邸抄，本月十二日奉上諭：張佩綸著即行革職，尚有被參之案，即著來京聽候查辦等因。欽此。旋准楊昌濬電知總署二十二日電報，本日奉旨：裴蔭森著即赴船政大臣署任。欽此。伏念臣愚暗粗疏，愆尤山積，恩寛譴薄，感激悚惶。現裴蔭森於二十四日由省到工，臣委員將船政關防、文卷賫交該署大臣祇領。臣即於是日交卸，遵旨刻期北上，聽候查辦。所有微臣交卸任日期理合繕折具陳。伏祈皇太后、皇上聖鑒。謹奏。光緒十年十二月二十四日拜發。

左宗棠等《船政奏議匯編》卷二六張佩綸《購配横海炮位片》 再，「横海」兵船自張夢元任内即奏明留閩，而炮位尚未訂定。臣於本年十月訂購德國克虜伯廠十二生的邁當後膛鋼炮二尊，十五生的邁當後膛鋼炮五尊，拿騰飛連珠炮四尊，配齊架具、子藥，共需銀七萬八千五百餘兩。旋以克虜伯廠定造鋼炮運至上海，須明年九月始到，横海兵船已於本年十一月初三下水，明年二月可以試洋。有船無炮，緩不濟急。復據德商福克稱英國埃姆斯得郎廠有造成之六寸口徑後膛新式水師鋼炮六尊，限八十日運至福州。英炮亦係名廠，且能迅速達閩，安配「横海」輪船，較可應期利用，已與訂立合同，刻限運閩。又購荷乞開思五管連珠炮四尊，懸桅擊遠，配齊架具、子藥並水脚保險等費，共需銀九萬六千三百餘兩。此項炮位到閩，先配「横海」，明年德炮運回，移配續造新船，庶免懸船待炮。船政並無置備炮械經費，此船既歸閩防，由善後局籌給炮價，開單報部，理合附陳。伏乞聖鑒。謹奏。同日拜發。

左宗棠等《船政奏議匯編》卷二六張佩綸《延訂英國教習片》 再，船政建有學堂兩區，前學堂學製造，後學堂學駕駛管輪。沈葆楨詳立章條，遴選俊造，學規極爲整肅。十餘年來考較生徒，不無徇濫。而泰西機巧日辟，船局經費南絀，不免因陋就簡，狃一得以自封，偷惰寬疲，後學堂尤甚。臣以生徒所習藝術，由粗及精，期於致用。屬洋教習鄧羅，酌將水師將弁應讀之書，應學之技，增購洋籍，加定課程，務令日擴新知，勿狃故步。並咨取北洋水師學堂章程，以補閩學疏漏。監督學堂須有正紳，挽回風氣。茲訪有前甘肅即用知縣何履亨，咸豐丙辰進士，家居養親，教授自給，成就後學甚衆，品望素優，委令爲後學堂監督，俾諸生有所矜式。惟西洋機算水師，專門精詣，一知半解而遽令出洋游學必不能爲國工；孤陋寡聞而遽令駕船領兵，必不能爲名將。擇善而從，務在講習、討論。臣電商曾紀澤，延訂英國上等格致教習兩員，英國上等管輪教習一員，來閩教導，學徒均以三年爲期。俟到閩後，由裴蔭森督率整頓章則，由舊學則知新，庶幾日起有功，不負船政儲材初意。理合附陳，伏乞聖鑒。謹奏。同日拜發。

左宗棠等《船政奏議匯編》卷二六張佩綸《傷亡弁勇恤款片》 再馬江戰後，奉懿旨，發内帑銀四萬兩，由福建藩庫提存善後局。經臣賞給各營將士銀五千九百餘兩，均飭營官赴局具領。又飭委船政員紳，查明水師輪艇各船及陸營弁勇傷亡者八百一十九員名，現已截數共給恤銀二萬三千七百餘兩。以上兩款動用銀二萬九千餘兩，尚存局庫銀一萬餘兩。俟事竣核明細數，造册報部。所有動支賞恤銀兩緣由，理合附片陳明，仰祈聖鑒。謹奏。同日拜發。

左宗棠等《船政奏議匯編》卷二七裴蔭森《接篆任事日期並叩謝天恩折》 奏爲恭報微臣抵工任事日期，叩謝天恩，仰祈聖鑒事。竊臣恭閱邸抄，光緒十年十二月十三日奉上諭：裴蔭森著署理船政大臣。福建按察使，著該督撫派員署理。欽此。又於二十三日承準閩浙督臣咨開接總署來電，本日奉旨：楊昌濬電奏已悉。裴蔭森著即赴船政大臣署任等因。欽此。遵於二十四日申刻行抵馬江工次，準前署船政大臣張佩綸飭提調道員周懋琦、管帶福靖營總兵彭定太等呈送總理船政木質關防、文卷前來，當即恭設香案望闕叩謝天恩，敬謹任事。伏念臣江左輇才，由庚申進士觀政工部，改官道員，分發湖南，題補辰永沅靖道缺。上年二月，仰蒙皇上特達之知，擢授福建按察使。適值蜃島戒嚴，鱗編待輯，涓埃未報，競惕方深。茲復渥荷温綸，權典船部。查製造爲海軍之根本，工程隨財力爲盈虚。法人肆擾以後，張佩綸振墜補殘，焕然復舊。現與臣擬商添購機爐，推廣廠塢，而臺氛未靖，經費尤難。船政本大學士臣左宗棠創議，現在駐軍閩海，就近咨詢，實力講求，督率提調員紳人等，認真考核。遇有應行酌籌變通情形，會商將軍督撫臣，並咨商南北洋大臣，隨時奏明辦理。庶事歸實用，款不虚糜，以期仰副朝廷「慎重海防，籌固要工」之至意。除臬司篆務另候督撫臣派員接署外，所有微臣抵工任事日期，並感激下忱，謹繕折由驛馳陳。伏乞皇太后、皇上聖鑒訓示。謹奏。

光緒十年十二月二十七日拜發。奉旨：知道了。欽此。

中國第一歷史檔案館《德宗景皇帝實録》卷一九九《光緒十年十二月》 諭軍機大臣等，彭玉麟奏，在籍主事梁宏謙，敬陳海防管見，呈請代奏一摺。據稱現在船政機器各局，所造皆小輪船，防内河有餘，防外洋不足。若移此鉅款，購買鐵甲船，或就内地各機器局自造，可得二十艘。並飭各省各捐購一號，照河工例給獎等語，所奏是否可行，著各將軍督撫等，酌度情形。奏明辦理，原摺均著鈔給閲看，將此由四百里各諭令知之。

左宗棠等《船政奏議匯編》卷二七裴蔭森《察看福州海口及填塞港道大概情形折》 奏爲察看福州海口及填塞港道大概情形，恭折具陳，仰祈聖鑒事。竊臣於光緒十年十二月二十四日馳赴馬江工次莅事，業經奏明在案。伏維大易垂象，王公設險以守其國。有風濤潮汐以爲天險，有砂礁扼塞以爲地險，而未陰未雨桑土綢繆，尤賴人謀，扼險以預爲之備。若恃其自然之險要，而貿貿焉苟且目前僥幸無事，彼鴟張狼顧者，方伏伺於床榻幾席之前，斯開門揖盗之勢成，而有險與無險者等矣。是以國家不患無天地之險，而患無人險。臣嘗乘輪，上下周覽形勢，知馬尾一區，上抵省垣南臺，水程四十里；下抵五虎門海口，水程八十里有奇。自五虎門以至南臺，歷壺江、王埔、金牌、長門、琯頭、亭頭、閩安鎮、員山寨、羅星塔、烏龍江、鼓山、林浦，皆形勢之區。而壺江港道居長門之外，總扼芭蕉、五虎兩路要沖，實爲海門第一重險要。馬江地隸閩縣，居省城南臺、林浦、鼓山之南，踞羅星塔之上流，三江交匯中間，港又旁通長樂、福清、連江等縣。重山環抱，層層鎖鑰，固沿海七省形勢最勝之區。船政公署建於馬尾山之麓，製造兵輪，設廠一十有三，而輪機廠、鑄鐵廠尤爲江、粵所罕見。船塢傍山列屋，夾道隘巷，處處可以伏兵。故去歲七月間，守者扼險以待，彼族亦未敢闌入也。過羅星塔，田螺灣，稍折而東，爲閩安。南、北岸兩山相距不及百丈，鑿山開洞，安設炮位，敵船不能飛渡。蓋露處炮臺，容有被敵損破之時，兩山鑿洞安炮，斷無被敵摧殘之理，實爲省城東路重鎮。鎮南出爲琅岐門，其最險者，梅花汛之汛。石澳與琅琦島對峙，口門有鐵沙三道，迴環交互，横亘於中，居民素稱鐵港。又閩安鎮之東爲金牌、長門，中流一束，兩崖相距皆不越一百二十丈。現在，金、長炮臺及射馬干炮臺、劃鰍炮臺，均能直擊壺江來路；又擬於熨斗山坡掘土爲臺，安設巨炮，宿重兵於山坳，以爲堅護。一切攔江之物，臣前在臬司任内，奉檄督辦填塞海口事宜，經督撫臣奏明在案。先填林浦，以固近省之門户；次塞梅港，以杜旁竄之途徑。數月以來，次第蕆事。惟金牌、長門雙龜對峙，水深溜急，非人力可施。現於金、長外之壺江，擇中間港道淺隘處所，外用木櫃、竹簍，壘石爲堆，中用木毬、鹿角、海馬、鐵冲拒，計一百五十架；内用新造平底方舟三十號，裝石沉水；最後一層編巨木爲長牌，横列港路，截斷衆流。層層布置，藉可遏敵船入口之咽喉，庶可復當年天險之舊，而敵人不敢萌窺伺之心。壺江四面皆山，其地若壺，故名壺江；又四面皆水，其地若浮，亦名浮江。一切商船皆停輪待潮，非用海户漁船引水，不能自達於馬江。該處有鐵沙可以擱舟，有活沙可以膠舟，勢甚險阨，敵人憚之。故塞壺江者，所以扼芭蕉、五虎之要冲也。查馬江爲船政重地，本不應停泊商輪。臣現與督撫臣議商，照會英美各國領事官，請將壺江封口，一切商船改停芭蕉山側，貨物用駁船由壺江從分流小港起運，仍於通商無礙。所有船署需用木料、鋼鐵等件向由外洋購回。及香港、上海轉運者，應由壺江起駁，亦須水師、陸軍更番照料，庶免意外之虞。「伏波」輪船歲前修竣，惜非康邦機器，且炮位較小，不能冲擊，現飭駐防瑄頭一帶。「横海」一船，二月底亦可完工，但前購之炮，一時尚難運到。至添補機錘、推廣船塢，講求兵輪、水雷，應如何寬籌經費之處，容俟查明吁請。理合先將大概情形，謹會同欽差大臣、大學士二等恪靖侯臣左宗棠、福州將軍臣穆圖善、閩浙總督臣楊昌濬、革職暫緩交卸福建巡撫臣張兆棟恭折，由驛具奏以聞。伏乞皇太后、皇上聖鑒，訓示遵行。謹奏。

光緒十一年正月十五日拜發。奉旨：覽奏，已悉。所籌尚妥。仍著隨時會商左宗棠等，相機布置，嚴密防守，並將船政應辦事宜，實心經理，以副委任。欽此。

左宗棠等《船政奏議匯編》卷二七裴蔭森《懇準撥款試造鋼甲兵船折》

奏爲中法議約已成，懇由船政試造新式雙機鋼甲兵船，以壯軍心而堅和局，恭折會陳，仰乞聖鑒，俯準撥款事。竊查同治十三年，倭兵擾臺，前總理船政臣沈葆楨迭次商辦鐵甲兵船。在事官紳有婉辭諷止者，有直言駁辯者，而沈葆楨與洋將之言曰：有鐵甲而兵輪乃得用其長，無鐵甲而兵輪終恐失所恃。議者謂其慮患之深，不遽信其謀兵之善也。迨上年法人犯順，各處新報開列法國兵船，綜計不足三十號，而差遣轉運各船，亦充其數。至上等炮船，不過與「福勝」、「建勝」等争猛；上等兵船不過與「南琛」、「南瑞」等船争快。徒以二三鐵甲，縱横閩、浙洋面，致有馬江、石浦之失。雖管船者不得其人，而虛聲所播，士膽先靡，要皆無鐵甲而兵輪失所恃之明證也。然則懲前毖後之計，整頓海軍必須造辦鐵甲，時勢所趨，無庸再決者矣。查有船政出洋學生，同知銜知縣魏瀚，參將銜游擊陳兆翺，都司鄭清濂等，在洋肄業時逾七年，曾經委令監造德國鐵甲兵船，閱歷頗深。據稱，法國於光緒十一年創造雙機鋼甲兵船，名「柯襲德士」、「迪克士」、「飛禮則唐」等三船，計船身長中尺十七丈三尺九寸，船腰闊四丈，船旁鋼甲厚八寸，艙面鋼甲厚二寸，每時可行中國海道八十里。配用新式康邦卧機，計算實馬力一千七百匹，較北洋德國訂造之「定遠」鐵甲，船身較小，與「濟遠」鐵甲馬力稍輕，而駕駛較易，費用較減。除炮位、魚雷、電燈另購外，每船工料估銀四十六萬兩。兩船並造，二十八個月可成；三船同造，三十六月即竣。閩省若有此等鋼甲兵船三數號，炮船、快船得所護衛，膽壯則氣揚，法船斷不敢輕率啓釁。禀由提調道員周懋琦，繪圖通禀請示。並據稱試造雙機鋼甲以魏瀚、鄭清濂、吳德章監造船身，陳兆翺、李壽田、楊謙臣監造船機，確有把握，如果虛縻公費，甘與該學生等一同科罪等語。臣等復查，疆臣議辦鐵甲十有餘年，或因吃水動逾二丈三四尺，中國海口較淺，出入不能自如。所可慮者一。閩、粵等省船塢過小，修理不能勝載；所可慮者二。船身滯重，轉掉未靈，管駕不能如法；所可慮者三。該道員周懋琦等所呈總、分船圖，據開全船噸載一千八百噸，吃水止深一丈二尺三寸，沿海各口均可駛行，則出入不難矣。船政前爲南洋承辦「開濟」等項快船，實馬力大至二千四百匹，本勘定附廠紅山山麓，另造砌石大塢，預備修理南、北洋快兵船、鐵甲船之用，核估工料需銀一十萬兩，三四月可以竣工。現將次第造辦，則修理不難矣。三届出洋學生，另案請加展年限，每年在外國兵船閱歷，須扣足六個月爲期。船政現又另購舦舨，復設練船，爲出洋訓練學生、水手之用，則管駕亦不難矣。自來兵家有恃乃可無恐，先聲足以奪人。南、北洋籌辦水師，頗費財力。援閩之師久而不出，出則遲回，觀望畏葸不前。法人得窺其微，遂乃截商阻漕，欺中國鐵甲未成，兵船無護，不敢輕於嘗試，將以大肆要求。幸而諒山復爲我克，臺、澎不能安據，孤拔又伏冥誅，餉絀民嘩，暫時就範。然而，法人豈能一日忘臺、澎耶？該道員久官閩、臺，該學生等籍隸福省，均無希圖名利之心，只以馬江死事，諸人非其親故即屬鄉鄰，以報仇雪憤之心，寄於監作考工之事，其成效必有可觀。至所需制船經費一百三十餘兩，或在洋款内酌撥，抑或另籌協濟。現雖經費異常支絀，然必需之款，臣等不敢稍有畏難。應俟奉旨後，由臣昌濬等隨時妥籌辦理。所有船政試造雙機鋼甲兵船緣由，理合會同馳奏。抑臣等更有請者，歐洲大局已成連横之勢，中國若再拘於成見，情形岌岌可危。除制炮、造船、教將、練兵别無自强之道。然不開礦、煉鐵、購機、造爐，事事購自外洋，財源溢出，軍火之費較之洋藥漏卮尤爲繁巨。臣宗棠日前拓增船炮大廠一疏，仍求宸衷獨斷，天下幸甚。此折係臣蔭森主稿，臣宗棠、臣穆圖善、臣昌濬、臣兆棟會商，意見相同，謹恭折附輪船到滬，交上海縣由驛五百里馳陳。伏乞皇太后、皇上聖鑒訓示。謹奏。

光緒十一年五月二十二日拜發。奉旨：留中。欽此。

左宗棠等《船政奏議匯編》卷二七裴蔭森《購修舦舨復設練船折》 奏爲購修舦舨復設練船，恭折馳陳，仰乞聖鑒事。竊查泰西水師章程，凡習駕駛者，先由學堂肄業數年，於天文、羅經、測量、算法粗具根柢，大約年十八九歲以後，派入練船，周涉海洋，閱歷風沙，演試炮彈，嚴定年限，按時考試，按資升調。蓋海上交綏，非衽席風濤者不能確有把握耳。練船以舦舨爲多，輪船用火，帆船用風，汪洋大海之中，偶遇機器損傷，抑或煤炭缺乏，非帆纜無以繼輪機之窮。故學御帆船，較輪船爲尤要，亦較輪船爲尤難也。同治九年，原任大學士臣英桂於閩浙總督任内，曾以萬金購日耳曼國舦舨一號，從新修改，名曰「建威」練船，另延英國水師官遜順等爲教習，頗著成效。嗣「建威」損壞，經費支絀，改派「揚武」爲練船，有名無實，練務廢馳。馬江、石浦諸役死事獲咎各學生内，有迭經英國水師兵船總統書院教習甚爲褒奬，出具切考給憑回工者，乃臨事倉惶，不能出奇制勝。固由船小力單，形見勢絀，要亦各船士卒疏於訓練所致。蓋練船不但練水手、炮勇，即管駕、大二副，無不因練成熟，臨機決勝，此泰西海軍尤必多設練船者也。臣等以爲，諸費可省，練船之費必不能省。創深痛巨之餘，懲前毖後，萬難再事因循。前任船政臣何如璋奏請，由廠新造舦舨，估費須二萬餘兩，又恐耽誤别船工程，因未造辦。適有英商美那二枝半桅舦舨一號，去冬守風，泊住羅星塔江次。該船主遂先回滬，其船託英商天裕洋行拍賣洋平番銀四千元。委員勘估，該船身長英尺一百四十尺，腰闊英尺三十一尺三寸，艙深英尺十七尺七寸，商噸可載重四百五十七噸；船身係硬木，枰面係金山松木，均無腐爛；艙底底栓銅、鐵各半；船底全鑲銅片；桅身係鐵木，船上鐵索、錨鏈、舦舨、抽水機器、起錨車件，一切器具俱全。查閱驗船公司憑照，係同治十年在德廠制成，光緒八年至十年保險公司照一等夾船保險。即飭知縣魏瀚購定，並由英領事繕立契據。惟去冬今春久泊江灘，舦板應須修理，帆纜亦須更换。商船改練，所有帆艙、索艙、火藥艙、彈子艙及炮門、戰枰、官廳住房等處，又須添備。核估修費減於「建威」，而船身較爲堅結。查船政前届出洋章程，習駕駛者，每年在船僅兩個月。現擬咨商北洋大臣大學士臣李鴻章，請改爲每年在船必扣足六個月，冀增功課。惟核計每人每届三年勻算，需銀一萬元之多，勢難多派學生。而學生根柢未深，出洋亦屬無益。整頓海軍，惟有多設帆船訓練，庶有實效。現在所購舦舨，擬名曰「平遠」，已飭廠員趕修於船政。駕駛學堂各生，取其年逾十八歲以上、二十五六以下，材貌魁梧，膽氣壯定者；另選精壯水手多人，赴船肄業。嚴定課程，稽核日記，由近及遠，東則日本、高麗各洋；南則新加坡、檳榔嶼各埠；北則旅順、大連，環海參衛；西則印度洋、紅海、地中海。每年春出秋歸，冬出夏歸。學堂所習天文海圖，證之於礁沙實境，是否測算合符；所習槍炮、陣法驗之於風水疑難，是否施放定準。三年爲期，與學堂輪番更换，學業愈練愈熟，人才愈練愈多。同是出洋，同習駕駛，用費較減，收效較易。果有膽略非常，人才出衆，再赴各國兵船涉歷一年半載，便能得其體用。據提調道員周懋琦禀請前來，臣查駕駛與製造不同，外洋廠多器備習，製造者非親至廠中，不能深窺窾竅；習駕駛者則無論何國水師，不外嚴密二字。「嚴」則一律整齊，「密」則不留疏懈，而要在乎熟而已。至臨陣對敵，運用在乎一心，但須出洋久練，不必定至外國兵船始識兵機也。惟管駕練船與管駕輪船不同，管駕輪船固須熟習船學，管駕練船即爲各輪船管駕。執事、水手之教習，必須曾歷各國洋面，通曉水師章程，爲洋員所素知者，始能勝任，未便輕率派委。船政向延西員，又頗煩費，現擬會商李鴻章，於北洋兵船管駕内，或於水師學堂、教習内，揀派管駕以資得力。理合會商大學士二等恪靖侯臣左宗棠、福州將軍臣穆圖善、閩浙總督臣楊昌濬、革職暫緩交卸福建巡撫臣張兆棟，恭折附輪船遞上海縣，由驛四百里馳陳。伏乞皇太后、皇上聖鑒訓示。謹奏。

光緒十一年六月初六日拜發。奉旨：該衙門知道。欽此。

左宗棠等《船政奏議匯編》卷二七裴蔭森《粤省劃收快船購料存銀請飭撥還並催積欠關款片》 正在繕折拜發間，承準兩廣督臣咨據，廣東善後局司道，詳請將前任船政臣何如璋寄存匯豐銀行二十萬元一款抵收，代閩省購辦軍火之款，飭藩司籌還船政等語。臣查何如璋兑存匯豐銀行番銀，係臣左宗棠南洋解造快船經費，並非閩款。現第三號快船輪機鑄件三萬餘兩，鐵板、鐵槽各件五萬餘兩，一個月内即到；船政續造三等快船，鐵料正月改電英廠鑄辦，需銀十萬餘兩，約四個月後可以到，均須在香港兑給洋商。故奏案辦結，未將番銀提回，以省往返兑費。今廣東抵收代閩購辦軍火各款，自應照辦。惟南洋快船購件，轉瞬到粤，提單寄閩，無銀付給，必需認息。各件墩載奇重，棧租甚昂，守候付銀，估算棧租，多至千餘元數千元不等。南洋不能承認，船政何從賠墊。請旨飭下閩浙督臣，飭藩司迅速撥款，解還船政，各清各款。楊昌濬顧全大局，必不令臣爲難，爲南洋藉口。再，船政造船，歷奉恩旨於海關六成項下月撥三萬兩，四成項下月撥二萬兩。現核六成項下積欠二百四十餘萬兩，四成項下上年連閏欠解十四萬兩。本年時屆六月，應解十二萬兩，甫解四萬兩。前蒙將軍臣穆圖善洞悉臣爲難情形，允本年四成項下全數解足。現在閩省茶市正旺，南洋第三號快船柚木，月内起運到工，須付價十餘萬兩，並求恩旨飭下閩海關將軍，籌解足數，以應急需，曷勝急切悚惶之至。理合附片陳明，伏乞聖鑒。謹奏。

同日拜發。奉旨：著照所請。即由裴蔭森知照楊昌濬、穆圖善，將應還應解款項迅速撥解，以濟急需。欽此。

左宗棠等《船政奏議匯編》卷二八裴蔭森《第五號横海鐵脅輪船試洋折》

奏爲「横海」輪船出洋，恭折具陳，仰祈聖鑒事。竊船政第五艘鐵脅輪船下水日期暨船身縱横長廣、吃水丈尺、馬力及擬用炮位緣由，經前任署理船政大臣張佩綸於光緒十年十一月初八日奏明在案。張佩綸於十二月二十四日交卸赴京時，法船連䑸北發，另以鐵艦游駛於媽祖澳洋面，往來窺視，閩口情形緊要。臣嘗親至壺江、琅崎、青嶼、梅花各港，督飭員紳，填堵旁流，勘辦炮路，不敢稍分畛域。各廠工匠任令調往金牌、長門南北岸各路軍營，幫築炮壘，修制炮架等事，侵占船工之六七。正月以後，南洋輪船被阻，不出臺、澎，求援雖殷，閩省陸軍望洋徒嘆。乃收回各路撥出工匠，專力船工。據報，水缸機爐安置妥貼，上月初三日於塢前試車。查有記名簡放總兵潘順，上年隨同督臣楊昌濬來閩，派交船政差遣。臣察看，潘順身經戰陣，歷練老成，商明督臣，委令上船管駕。據報，船艙之機器管軸，船面之帆纜桅杆，船身之粉油髹漆，自下水後陸續估辦三萬工有奇，一律制配齊全。閩口分流支港現已開行，遂於六月初四日臣親督各員紳，八點鐘升火，十點鐘展輪，由馬江出芭蕉山，放洋至白犬洋。行駛數周，申刻回至媽祖澳洋面寄椗。臣復乘舢舨上岸，由北風澳翻山至南風澳，周覽形勢，訪查去冬今春法船寄泊踪迹。倘有鐵艦三艘，上等、中等快兵輪十號，統以學識兼備、知兵大員，當可扼江、浙、臺、厦之隘，爲閩江五虎口外添一重保障也。次日風色尤順，復令滿張桅帆，由媽祖澳復駛出白犬洋數轉。午後，乘潮入芭蕉山口，緩緩而行，申刻抵工。計自芭蕉以内，兩山相向，左右回抱，層層收束，轉轉灣環，闊處至二百餘丈，狹處不及百丈。上年倘以「福勝」、「建勝」等巨炮之船，泊駐於金、長各處，與炮臺相爲輔助；其餘各兵船，每船添購連珠炮數架，孤拔雖凶，豈能深入重地、僥幸償試哉？則相與太息，追悔於九船調泊馬江一隅之非計，及知連珠炮之猛，而惜費不購之誤也。計「横海」在洋，升大火，用水缸、汽力四倍半天氣，一分鐘輪轉百周，每閲時可行七十四里；順風順潮，加滿帆纜，每閲時可行八十里。升常火，用水缸汽力二倍半天氣，一分鐘輪轉七十二周，每閲時可行六十里。船身前遭法船連珠炮打穿百餘彈，經飭匠重新修換。現在驗其船機轉運靈捷，船身亦極堅固。五月二十日，據泰來洋商福克電稱，張佩綸訂購英國埃姆斯得郎六寸口徑後膛新式水師鋼炮六尊、荷乞開思五管連珠炮四尊，已由香港起運。後又據稱，舦舨觸礁，另須换船起運。俟炮位運到，鑲配工程完竣，再行繪圖貼説，咨送總理衙門及户、兵、工各部存案。據提調道員，轉據工程處員紳具禀前來。臣復查「伏波」輪船雖已修竣，前經臣加委督帶，候補游擊陳友定、準督辦臺灣防務福建巡撫臣劉銘傳，咨調東渡赴臺差遣。「横海」係三等快船，北洋咨調用。臣以閩省兵輪止有此號，應留防閩口。該船新糧請照章由閩善後局支應。所有「横海」兵輪出洋緣由，理合會同督辦軍務大學士二等恪靖侯臣左宗棠、福州將軍臣穆圖善、閩浙總督臣楊昌濬、革職暫緩交祁福建巡撫臣張兆棟恭折，由輪船遞滬交上海縣發，驛四百里馳陳。伏乞皇太后、皇上聖鑒訓示。謹奏。光緒十一年六月初八日拜發。奉旨：該衙門知道。欽此。

左宗棠等《船政奏議匯編》卷二八裴蔭森《制船養船經費請飭地方官寬籌濟應片》 再，閩廠初造成「萬年清」、「湄雲」兩船，薪糧及各項費用無出。同治八年五月，福建巡撫臣卞寶第奏請以福、厦兩口洋藥票税，作爲養船經費。嗣成船愈多，費用愈廣。原任督辦臺灣海防船政大臣沈葆楨，同治十三年十二月，奏請養船經費撥入臺防項下，輪船薪糧歸並報銷。奉旨：該衙門知道。欽此。光緒元年十二月原任船政大臣丁日昌奏明，養船經費不敷，各輪船薪糧以外，如「建威」練船薪費，「鎮海」水師營薪費，出洋肄業，學生游歷，學生繪圖，學生各項贍養，洋教習薪水，洋匠辛工，各輪船修費，煤價各款，統歸地方官設籌支應。光緒二年五月十一日，欽奉寄諭：如何籌劃款項，寬爲應付，著文煜、沈葆楨、李鶴年，丁日昌斟酌情形，妥議章程，奏明辦理等因。欽此。船政以地方官遵旨籌措支應，不便稍分畛域。歷年將制船經費挪移墊給，往往無款購料。船政造船少，成船遲，估船貴，練船廢，悉由養船各款應付不前所至也。去冬馬江事後，張佩綸請將被毁九船薪糧飭局照解，並作造船經費。蓋以造船原款，代司局墊應養船等款。自同治八年八月起，截至光緒八年十二月止，共墊支九十八萬八千餘兩，銷案具在，可復核也。而九、十兩年，尚未並計在内，乃省城善後局誤以養船經費只支應被毁九船薪糧，其餘練船水師營薪費各項概無著落。臣以一切經費由船政籌，由省局籌，同爲國帑，本可從容商榷，斷不敢稍爲爭執。即如何如璋任内訂購藥彈價銀一萬四千六百餘兩，應歸海防案内支銷；現欲船政籌應，船政挪無可挪，墊無可墊。此臣萬不得已，仍請省局籌解者也。查船政只有養船、制船兩款，養船經費本無定數，已挪墊一百餘萬兩；制船經費，海關六成項下月撥三萬兩，截至本年六月止，積欠二百四十餘萬兩，四成項下月撥二萬兩，上年亦欠解十四萬兩，本年時閲六個月，甫解四萬兩。幸而不至工匠嘩散者，南洋二、三號快船經費全數解存，暗中挹注耳。臣仰蒙天恩，派署船政已閲半年，不得不將實在情形上達君父之前，伏懇聖慈垂念海軍以船政爲根本，船政隨經費爲轉移。預先儲材，則工程倍出；臨時購料，則糜耗無形。臣惟有督率員紳，力求撙節，應請旨飭下閩海關、將軍、閩浙總督、福建巡撫諸臣，遵照歷奉諭旨，籌畫款項，於張佩綸所奏九船薪糧年解銀十四萬兩之外，仍寬爲籌備，隨時接濟，俾養船制船，經費兩無所虧。現在法議雖成，而防務不容稍緩，宜及此海道疏通之時，趕將外洋鋼鐵、柚木各料，荷士基糯等飛四管、五管連珠炮位及輪船應用之電燈、水雷應用之電纜各件，設法購置，庶幾綢繆未雨，預備不虞。合並附片陳明，伏乞聖鑒謹奏。同日拜發。奉旨：著即知照該將軍、督撫，於九船薪糧外，仍寬爲籌備，隨時接濟。該衙門知道。欽此。

左宗棠等《船政奏議匯編》卷二八裴蔭森《洋教習到工添蓋學堂洋房片》 再，船政前學堂專習製造兵船、輪機等學，法員教之；後學堂專習駕駛、天算等學，英員教之。各取其長，互相爲用也。海防事起，除英士鄧羅不受英海部、外部節制外，其法教習邁達早已辭退。上年十一月間，張佩綸電致出使英、法大臣曾紀澤，由英國格尼址書院山長柏爾訥薦舉，英員賴格羅、李家孜來華，訂立合同。於中歷三月十七日，即西歷五月初一日到館。賴格羅派爲駕駛學堂管輪教習，李家孜派爲製造學堂格致、算學教習。製造學生先習法文，已三四年，若令改習英文前功盡廢，而駕駛學生亦不敷用。因另招幼童百餘名入堂，先教以語言文字，俟半年後，用行甄别去留。賴格羅、李家孜到館已將三月，和平勤慎，尚屬相安。曾紀澤墊給船價、俸薪銀兩均已匯還。並委紳士於學堂隙地添蓋學舍，洋式樓房各四十間，樓上樓下，隔作八十間；並將馬限山頂舊日洋房二十四間重新修整，爲賴格羅、李家孜寓處。俟工程事竣，查照向章，匯案核銷。再，船政上距省城四十里，下距長門八十餘里，辦理海防，時虞隔閡。張佩綸任内，購買電機全副，於船政公署内另蓋洋式樓房一座，作爲電報房。派學生數人，專遞緊要之事，以與將軍行營、督撫、省署互通消息。所有購買機器、添造屋宇等經費，應匯歸船署報銷。理合附片陳明，伏乞聖鑒。謹奏。同日拜發。奉旨：知道了。欽此。

中國第一歷史檔案館《德宗景皇帝實録》卷二〇九《光緒十一年六月》 又諭，左宗棠等奏，整頓海軍，擬仿照法國鋼甲兵船新式，由裴蔭森督率試造等語。前據左宗棠奏請拓增船炮大廠，當諭令李鴻章等妥議奏辦，海疆善後，亦飭各據所見。現在覆奏，尚未到齊，左宗棠等所請仿照新式試造鋼甲之處，著俟李鴻章等覆奏到日，定議後再降諭旨，將此由四百里各諭令知之。

左宗棠等《船政奏議匯編》卷二八裴蔭森《九十兩年份歲入歲出册籍請展限片》 再，臣於六月十三日準閩浙督臣咨送到部頒出入款項章程一卷，内載户部奏定各省督撫，各將通省各項出入，按新頒册式填造。光緒八、九兩年收支款數，均於光緒十一年八月間造送到部。其光緒十年一年收支款數，仍均令於光緒十一年十二月間封印以前造册送部，限定於封印日到部。嗣後按年，即將其前一年收支各款，均於次年十二月封印以前造册，加結報部，不許宕延等因。臣查船政光緒八年分，歲入歲出業經造齊，應即援照前咨六、七兩年分歲入歲出之案，開具清單咨報。其光緒九、十兩年分，亦應遵照限期，造册達部，以重考成。惟是船政用款，以製造爲大宗；若非縷晰條分，不能各歸各款，即不能匯造册籍。閩省自九年間起辦海防，以迄辰下，一切修建炮臺、修制炮械以及御敵各器械，均由船政代籌工料，悉力兼營。其款目應歸省局匯銷，其册籍均由廠員匯造。目下，海防制器款項尚屬糾葛不清，制船用款萬難分晰。去年八月間，因光緒九年分奏銷届限，經何如璋奏明防務吃緊，請將光緒九年分銷案及一切奏咨各件，暫展限期；奉旨允準，欽遵在案。此届亦因海防款目糾纏，不能匯造册籍，事同一律。且船政入款係由閩海關及南洋協撥，非實入之款。出款總不越閩海關及南洋撥款之中，不致因船政册籍未齊有礙部中會計。合無仰懇天恩俯準，將船政應造光緒九、十兩年，分歲入歲出册籍展限一年，一俟省局海防款目稍能清理，即飭廠員趕造，不敢再事稽遲。除咨部查照外，所有收支款數册籍，不能依限各緣由。理合附片陳明，伏乞聖鑒。謹奏。同日拜發。奉旨：著照所請。户部知道。欽此。

左宗棠等《船政奏議匯編》卷二九裴蔭森《厘定員紳書役薪工並一切雜費據實復陳折》

奏爲遵旨厘定員紳書役薪工並一切雜費據實復陳，恭折仰祈聖鑒事。竊臣於接管卷内查有户部咨文，内稱議復前兩江總督左宗棠等奏《船政員紳書役薪工請準實支實銷》一折，光緒十年五月二十五日具奏，本日奉旨：依議。欽此。欽遵抄録原奏恭録諭旨，飛咨前來。臣查閲原奏，緣前船政大臣張夢元奏請，將制船經費貼水銀兩提作外銷津貼員紳等款，經左宗棠等議奏，以船政係創開之局，差事既異尋常，員紳薪水、書役辛伙，例外從優，亦非過濫。此外尚有公干員紳，盤費大小，差船工食，以及醫藥、犒賞、油蠟、紙張，一切雜費，按之例章雖難造報，而揆之事理，實應開銷。請旨飭由船政衙門逐一厘定，奏明準予實支實銷，分晰造册報部，毋庸另提貼水，作爲外銷津貼。復經部臣議奏，以左宗棠等所奏，情節尚屬實事求是。請旨飭令該大臣，遵照該督等原奏，請上自總理提調，下至員紳書役人等，月支薪工並一切雜費，逐一厘定，奏明立案，以憑核辦各等因。前船政大臣何如璋、張佩綸，均以防務吃緊，未及籌議。臣莅任之始，將各項支款，逐一查核，亟思厘定章程，奏請立案，著爲令典，俾部中易於勾稽。督辦者亦不得以愛憎爲厚薄，庶幾良法美意可以垂示將來。迨考察數月，始知薪工數目參差之故，爲歷任諸大臣之苦心，有不如此不能集事者。敬爲我皇太后、皇上陳之，船政用人之難，張夢元等先後陳奏，已屢及之，然其中尚有未盡者。員紳當札委之始，薪水視其官階，津貼則視責任之重輕、廠務之繁簡，以爲區别。支款既極參差，任事以後，或由簡調繁，或由繁調簡，支款又從而增減，且廠員中有能留心西法，通曉工程者，復加增津貼，以優異之。即隨同員紳、辦事書役，按月支款，亦以此法行之。於量能授食之中，寓獎勸人才之道。皆歷任諸大臣所行之而有效者。故均此一廠，而各員支款不同；均此一人，而前後支款不同。張夢元督辦時，目擊情形不得已，而有外銷之請。乃蒙天恩優渥，準予逐一厘定，實支實銷。誠以船政爲創開之局，關涉洋務，本爲成例所無，但能款不虚糜，事收實效，即可著爲定章。臣敢不仰體聖慈，參酌盡善，第以歷任諸大臣聰明才力，皆遠過於臣，所定成法行之二十年而有效者，臣何敢率議紛更，致滋流弊。惟有將員紳書役原支薪工津貼，改爲實支薪工，及一切雜費數目，據實開具清單，恭呈御覽，懇恩飭下部臣立案。嗣後如有添裁員弁，增減薪費，按年報部，以憑核銷。臣不敢稍存畏難之見，只以事關大局，與其勉强以就範圍，何如規隨以承矩矱。伏查提調道員月支薪水津貼，係左宗棠前在閩浙總督任内核定，照閩省現任道員，津貼銀數支給，無論在工久暫不復增減。其餘稽查學堂管理、學堂文案支應，以及各廠員紳當差勤慎者，擬請自本年起，月支薪水總不得過五十兩，以示限制。至部查貼水銀數，張夢元原奏業已陳明，除將張夢元原奏抄録送部查核外，所有員紳書役，不支津貼改爲實支薪工及一切雜費據實開報，並酌量厘定各緣由，謹會同福州將軍臣穆圖善、閩浙總督臣楊昌濬、革職暫緩交卸福建巡撫臣張兆棟恭折，由驛四百里具陳。伏乞皇太后、皇上聖鑒訓示。謹奏。光緒十一年七月二十六日拜發。奉旨：户部知道。單並發。欽此。

謹將船政員弁書役按月原支薪工津貼，改爲薪工名目並一切雜費，自光緒九年正月起實支銀數開具清單，恭呈御覽。

謹開員弁薪水項下：

督辦船政大臣薪水六百兩。

提調道員、前翰林院編修吕耀斗，原支薪水四十兩，津貼二百六十兩，今改爲薪水三百兩。

謹查船政提調開局之初，奏派曾任實缺司道周開錫、吳大廷、夏獻綸三員充當，嗣後裁並一員，辦理責任愈重，用度愈煩，且無養廉可支。其原支津貼，左宗棠任內係仿照閩省實缺道員津貼之案支給。今經厘定，統行改爲薪水，不列津貼名目，理合聲明。

稽查學堂郎中嚴良勛，原支薪水三十兩，津貼二十兩，今改爲薪水五十兩。

稽查學堂員外郎林泗淑，原支薪水三十兩，津貼二十兩，今改爲薪水五十兩。

管理文案知縣施魯濱，原支薪水一十六兩，津貼二十四兩，今改爲薪水四十兩。

管理文案應襲一等輕車都尉、生員沈翊清，原支薪水一十八兩，津貼一十二兩，今改爲薪水三十兩。

管理文案舉人陳與同，原支薪水八兩，津貼一十八兩，今改爲薪水二十六兩。

管理支應知縣李聖培，原支薪水一十六兩，津貼二十四兩，今改爲薪水四十兩。

管理支應生員陳允豫，原支薪水六兩，津貼一十四兩，今改爲薪水二十兩。

管理前學堂兼繪事院縣丞夏允晃，原支薪水一十二兩，津貼一十四兩，今改爲薪水二十六兩。

管理前學堂兼繪事院府經歷朱慶生，原支薪水一十二兩，津貼一十二兩，今改爲薪水二十四兩。

管理前學堂兼繪事院舉人范繼馨，原支薪水八兩，津貼一十六兩，今改爲薪水二十四兩。

管理後學堂兼管輪學堂主事黃軒齡，原支薪水二十兩，津貼二十兩，今改爲薪水四十兩。

管理後學堂兼管輪學堂縣丞林憲曾，原支薪水一十二兩，津貼一十二兩，今改爲薪水二十四兩。

管理後學堂兼管輪學堂訓導梁鳳翔，原支薪水一十兩，津貼一十四兩，今改爲薪水二十四兩。

管理船廠縣丞鄭鏞，原支薪水一十二兩，津貼一十二兩，今改爲薪水二十四兩。

管理船廠教諭林世仁，原支薪水一十二兩，津貼一十二兩，今改爲薪水二十四兩。

管理鐵脅廠從九品程華湘，原支薪水八兩，津貼一十四兩，今改爲薪水二十二兩。

管理輪機廠知縣王樹翰，原支薪水一十六兩，津貼一十四兩，今改爲薪水三十兩。

管理輪機廠知縣張家湄，原支薪水一十六兩，津貼八兩，今改爲薪水二十四兩。

管理輪機廠縣丞林豐鑫，原支薪水一十二兩，津貼一十二兩，今改爲薪水二十四兩。

管理鑄鐵廠知縣陳慶辰，原支薪水一十六兩，津貼四兩，今改爲薪水二十兩。

管理水缸廠知縣鄭逢時，原支薪水一十六兩，津貼八兩，今改爲薪水二十四兩。

管理水缸廠監大使鄭孝穎，原支薪水一十二兩，津貼八兩，今改爲薪水二十兩。

管理水缸廠縣丞孟宗洛，原支薪水一十二兩，津貼一十八兩，今改爲薪水三十兩。

管理小輪機廠貢生何炳如，原支薪水六兩，津貼一十四兩，今改爲薪水二十兩。

管理拉鐵廠府經歷林希曾，原支薪水一十二兩，津貼一十兩，今改爲薪水二十二兩。

管理帆纜廠兼炮廠知縣鄭瓊書，原支薪水一十六兩，津貼一十四兩，今改爲薪水三十兩。

管理帆纜廠兼炮廠監生孟宗韓，原支薪水六兩，津貼九兩，今改爲薪水一十五兩。

管理磚灰廠從九品楊嵩年，原支薪水八兩，津貼八兩，今改爲薪水一十六兩。

管理船槽縣丞孟宗伊，原支薪水一十二兩，津貼一十八兩，今改爲薪水三十兩。

管理廣儲所通判馮敏功，原支薪水二十兩，無津貼。

管理廣儲所縣丞陳耕，原支薪水一十二兩，津貼一十兩，今改爲薪水二十二兩。

管理儲材所縣丞許桐，原支薪水一十二兩，津貼八兩，今改爲薪水二十兩。

管理東考工所生員謝纘，原支薪水六兩，津貼一十四兩，今改爲薪水二十兩。

管理西考工所通判張慶鈞，原支薪水二十兩，津貼四兩，今改爲薪水二十四兩。

發審委員通判呂葆孫，原支薪水二十兩，津貼一十兩，今改爲薪水三十兩。

銀庫差弁千總李得升，原支薪水一十兩，無津貼。

銀庫差弁千總李得標，原支薪水一十兩，無津貼。

船廠差弁外委阮友性，原支薪水六兩，無津貼。

船廠差弁外委李得泰，原支薪水六兩，無津貼。

船廠差弁軍功阮友華，原支薪水五兩，津貼一兩，今改爲薪水六兩。

鐵脅廠差弁千總叶景祺，原支薪水一十兩，津貼二兩，今改爲薪水一十二兩。

鐵脅廠差弁軍功傅金榜，原支薪水五兩，津貼一兩，今改爲薪水六兩。

輪機廠差弁外委梁渭熊，原支薪水六兩，無津貼。

鐵脅廠差弁軍功吴一升，原支薪水五兩，津貼一兩，今改爲薪水六兩。

鑄鐵廠差弁軍功鄭元標，原支薪水五兩，津貼一兩，今改爲薪水六兩。

鑄鐵廠差弁軍功朱木松，原支薪水五兩，津貼一兩，今改爲薪水六兩。

水缸廠差弁外委李玉雲，原支薪水六兩，津貼一兩，今改爲薪水七兩。

水缸廠差弁外委張金福，原支薪水六兩，無津貼。

水缸廠差弁軍功陳標，原支薪水五兩，津貼一兩，今改爲薪水六兩。

小輪機廠差弁千總鄭福泉，原支薪水一十兩，無津貼。

小輪機廠差弁軍功鄭東桂，原支薪水五兩，津貼一兩，今改爲薪水六兩。

拉鐵廠差弁千總王本成，原支薪水一十兩，津貼二兩，今改爲薪水一十二兩。

拉鐵廠差弁把總鄭康泰，原支薪水八兩，無津貼。

帆纜廠兼炮廠差弁軍功吴道濟，原支薪水五兩，津貼二兩，今改爲薪水七兩。

船槽兼挖土船差弁千總何佩琳，原支薪水一十兩，津貼二兩，今改爲薪水一十二兩。

船槽兼挖土船差弁軍功林勝超，原支薪水五兩，津貼二兩，今改爲薪水七兩。

版築所差弁把總侯定邦，原支薪水八兩，無津貼。

皮廠差弁把總冼懿林，原支薪水八兩，津貼四兩，今改爲薪水一十二兩。

廣儲所差弁千總王明貴，原支薪水一十兩，無津貼。

查驗塢口差弁千總梁湘，原支薪水一十兩，無津貼。

查驗塢口差弁外委鄧復升，原支薪水六兩，津貼四兩，今改爲薪水一十兩。

查驗水坪差弁外委叶長發，原支薪水六兩，津貼一兩，今改爲薪水七兩。

武巡捕千總林高升，原支薪水一十兩，津貼六兩，今改爲薪水一十六兩。

外科醫士林世蔭，原支薪水六兩，津貼一十四兩，今改爲薪水二十兩。

書役工伙項下：

經書九名，各原支工伙四兩，津貼二兩，今改爲各工伙六兩。

繕書二十一名，各原支工伙三兩，津貼一兩，今改爲各工伙四兩。

幫書一十四名，各原支工伙四兩，向歸津貼，今各改爲繕書，工伙照支。

聽差六名，各原支工伙二兩四錢，無津貼。

添雇聽差六名，各原支工伙二兩四錢，向歸津貼，今各改爲聽差，工伙照支。

號書一名，驛書一名，共二名，各原支工伙三兩，無津貼。

遞夫二名，各原支工伙二兩四錢，無津貼。

心紅紙張油蠟項下：

公署心紅紙張原支四兩，津貼八兩，今改爲一十二兩。

公署油蠟原支二兩，津貼四兩，今改爲六兩。

公干委員盤費項下：

由福州赴天津每人每次支輪船載番三十元。

由福州赴上海每人每次支輪船載番一十五元。

由福州赴香港每人每次支輪船載番一十四元。

由福州赴廈門每人每次支輪船載番七元。

由福州赴臺灣，由官輪附搭，每人每次支輪船飯食番三元。

大小差船工食項下：

大差船一號，月支工食一十六兩。

小差船一號，月支工食八兩。

犒賞藥費項下：

新船下水，各廠匠首每名犒賞一兩六錢，散匠每名犒賞八錢。

工匠因工作受傷，每日給藥費二錢，傷愈停給，如歷久未愈，亦惟給至三個月，以示限制。

左宗棠等《船政奏議匯編》卷二九裴蔭森《製造各種水雷並廠署被風損傷估修片》 再，海防利器，攻剿莫捷於魚雷，守口莫猛於水雷，此外洋各國之通義也。上年七月以後，法船聚泊媽祖澳洋，馬江師船悉沉，南、北岸炮臺亦毁，急謀堵口，只存有何如璋任内電請前出使德國臣李鳳苞購到水雷一百具，尚存五十具。張佩綸由南洋借到水雷二十具，派學生林慶平帶赴長門一帶，聽候臣穆圖善指示布置。惟水深潮急，港道寬長，不敷安插。而戰局既成，縱使加價十倍，各國同守局外之例，不能再購。查有丁憂廣東學生陸汝成，上年冬月自粵回閩。該生向從英人哈倫授學有年，通曉化學，能自造各種油藥、白藥，及水雷、火箭諸法，尤能自造電引，極爲靈捷。因飭繪算圖式，發廠制成子母新式水雷二十具，每子雷一具，應煉熟鐵三百數十斤，每母雷一具，應鑄生鐵一千五百數十斤。統核各廠工料，比較德國購到水雷原價有減無增。臣嘗會同恪靖營營務處、前浙江提督黄少春，於烏龍江口驗放。以巨木扎成九層方簰，貫以數百鐵條，厚及八尺，該水雷炸力能擊起木簰離水十數丈，裂爲五斷，較德雷力尤猛烈。臣穆圖善亦派林慶平，臣楊昌濬亦訪有建寧學增生楊仰曾，飭到船廠，各抒所見，各用所學，分制各種鱉殼沉雷，現擬仍飭各制二三十具，留備攻守。所有制雷經費，由制船項下先行挪墊，將來專案歸入海防案内報銷。再船署各廠屋，被法人用連珠炮彈擊破多處。去冬今春，經張佩綸及臣先後派匠修理復舊。七月十五六七等日，秋臺大作，風力奇猛，查與光緒七年情形尤甚。在船槽修理之舦舨，在船臺續造之快船，岌岌可危。經臣督同在事文武員紳、弁丁設法支撑，多方保護，仰賴聖慈福庇，一律平順。在江停泊各兵輪，並無擱損。惟船政公署廳堂，及各廠新修各屋宇，土木尚未黏結牢固，狂雨連宵，屋飛椽折，墻壁亦間有倒塌。現在派員核估工料，查照光緒七年成案辦理，所有修費歸入本年分匯案核銷。理合會同附片奏明，伏乞聖鑒訓示。謹奏。

同日拜發。奉旨：户部知道。欽此。

左宗棠等《船政奏議匯編》卷二九裴蔭森《駕駛洋教習鄧羅援案請奬片》 再，查洋員在工供差，著有勞績者，限滿之日例應奏請賞給頂戴、寶星以示奬勵，歷辦在案。現在駕駛學堂洋教習鄧羅，由英國應募來閩，於光緒六年八月二十七日抵工。按照外國月日，約定三年爲限，扣至九年八月三十日期滿。嗣因該教習到工以來，教導尚屬認真，學生著有功效。張夢元任内再留一年，俾期得力。自九年九月初一日起，换立合約，扣至十年八月十二日止。張佩綸任内，復因教導精勤，再留一年，自十年八月十三日起，扣至十一年八月二十三日止。現届該教習期滿，所授第一班學生堂課已畢，現候出洋肄業。臣現復議留三年，加訂合同，接授第二班學生。按照年月排定功課，庶期駕駛人才陸續成就，以備任使。惟該教習在工已歷五年，盡心教導，合無吁懇天恩，準照歷届洋員限滿請奬成案，賞給五品頂戴並二等寶星，以示鼓勵之處。伏乞訓示遵行。理合附片具陳，伏乞聖鑒。謹奏。

同日拜發。奉旨：著照所請。該衙門知道。欽此。

沈桐生《光緒政要》卷一一《欽差大臣左宗棠奏請增拓船礮大廠》 疏云，竊惟防海以船礮爲先，船廠以自製爲便，此一定不易之理。臣於同治五年，奏設船政局於福建，仿造外國兵船，甫蒙俞允。即拜西征之命，一切製造，經歷任船政大臣斟酌辦理。所製各船，多仿半兵半商舊式。近年雖造鐵脅快船，較舊式爲稍利然仿之外洋鐵甲，仍覺强弱懸殊。船中槍砲概然購配，較外洋兵船所用，又有多寡利鈍之分，所以夷釁一開，皆謂水戰不足恃也。夫中國之地，東南濱海，外有臺澎金厦瓊州定海崇明各島嶼之散布，内有長江津滬閩粵各港口之洪通，敵船一來，處處皆爲危地。戰固爲難，守亦非易。現今守口之炮，率購自外洋，子彈火藥，形色雜出，各砲各彈南北洋雖能配補，而砲身槍管，久必損缺。各國既守公法，一概停賣，將來由雜而少，由少而無，誠有不堪設想者。臣去冬布置閩粵海防務親歷長門金牌，察看砲臺，飭將馬江被敵擊沉之砲，起出配用粗足自固。然砲位少而海口多，陸師仍不能省，兵多餉巨，司庫難支，不得已而有商借洋款之舉夫借款必還。且耗巨息，幸而軍務順手，尚不失爲權宜，倘夷燄日張，海防日棘，而徒剜肉醫瘡，勉强支持，何以抑强寇而靖海疆。臣愚以爲攘夷之策，斷宜先戰後和，修戰之備，不可因陋就簡，彼挾所長以淩我，我必謀所以制之，因於船政局舊斑出洋學生内，詢考製砲大略，據稱泰西砲廠不一，當以法華士廠，克虜伯廠，安蒙士唐廠，好雨鶯廠四處爲最。法克兩廠，砲身砲筒砲箍，皆煉成全鋼，安蒙士唐廠，筒用精鋼，身用熟鐵，好雨鶯廠筒箍用精鋼，身用鑄鐵，皆擅專長。然半鋼半鐵，製費雖減，惟有用久裂縫之虞，不如純用全鋼，價雖貴而無弊，參觀比較，仍以德國克虜伯。英國法華士作法爲妙，故中外各國，用該局廠之砲爲最多。中國欲興砲政必於此兩廠，擇一取法，僱其上等工匠，定購製砲機器就船政造船舊廠，開拓加增，剋日興工鑄造。雖經始之費，需銀五六十萬兩，而從此不向外洋買砲，即以買砲經費，津貼砲廠，當亦有贏無絀。惟製砲之鐵，與常用鐵器煉法不同，必須另開大礦、添機煉冶，始免向外洋購鐵。查福州穆源礦苗極佳，閩中官民屢議開採，以銷路不旺而止。若用以製砲，取之甚便，如能籌得二三百萬金，礦砲並舉，不惟砲可自製。推之鐵甲兵船，與夫火車鐵路，一切大政，皆可次第開辦。較向外洋購買，終歲以銀易鐵，得失顯然，泰西各强國。於此等工程，斷不貪購買之便而自省煩勞，良有以也。各等語，稟由船政局提調道員周懋琦轉稟前來。臣查西洋各國，二十年前，尚無鐵艦。所有兵船，與中國船政局現製相符，即砲位藥彈，亦多前膛笨重之物。論其昔年兵力物力，本非能與我爲難。孰料該夷逐漸講求，日新月異，兵船鐵甲，至厚一尺有餘，更以一二尺厚之陰丁魯泊。如象皮膠者，貼襯其裏，以故剛柔摩盪，堅實異常，其後膛巨砲，全重能力，突過從前。上海製造局所譯克虜伯砲準心法，及兵船海岸砲位架圖説，言之甚詳，申報所載英國新造巨砲，可受藥彈一千餘磅之重，能洞穿五尺餘厚。不過與南琛南瑞等船争快，徒以二三鐵甲，縱横閩浙洋面，馬江之役，七船同沈。石浦之役，五船俱退，管船者得其鐵甲，聞者莫不咋舌。而自泰西各國視之，亦尋常工作耳，該夷修明武備，不惜財力。至於如此，此次法夷犯順，游奕重洋，不過恃其船堅砲利。而我以船砲懸殊之故，匪獨不能海上交綏，即臺灣數百里水程，亦苦難於渡涉。及待開廠製辦，補牢顧犬，已覺其遲。若更畏難惜費，不思振作，何以謀自强而息外患耶。穆源鐵礦，臣接見閩省官紳，均謂便於開採，似應委員試辦，並拓馬江船廠，興工鑄砲。臣又聞江南徐州鐵礦，礦苗之旺甲五大洲，若能籌款開辦，即於楚吴交界之處，擇要設立船政砲廠，專造鐵甲兵船，後膛巨砲，實國家武備第一要義。臣老矣，無深謀至計可分。聖主憂勞，目睹時艱不勝愧憤，惟急開鐵礦，製船砲各節，事雖重大，實係刻不容緩。理合請旨敕下内外臣工，迅速妥議具奏。仍乞宸衷獨斷，期於必行，天下幸甚。

謹奏。

沈桐生《光緒政要》卷三二《六月監察御史陳璧奏請整頓福建船政局事宜》 疏云，竊臣前奏請另簡專員，規復船政，仰蒙聖明洞鑒。近日敬聞命福州將軍裕禄兼充船政大臣，朝廷知人善任，以榷税之官，兼將作之選。工程款項，並責諸裕禄，觀成可指日而待矣。然臣有不能已於言者，泰西以水師爲命源，水師以船政爲根本。外國幅員，不及中國二三行省，製造之廠林立，養廠養船之費，君臣上下，併力任之。中國沿海萬餘里，所佔海面最廣，左宗棠沈葆楨議創福建船政，實海防第一要著，自由德國購鎮遠定遠數船歸後，侵蝕虚冒，無有發其覆者且照例有異常勞績保案。將校無搴旗斬將之功，坐致專閫委員，無經商服賈之勞，立成臣富，蠅營狗苟，傾軌成風，勢不至詆諆船政，使師船盡出於購買不止也。豈知船政所製之寰泰鏡清開濟，較南洋之南琛南瑞爲優，已見諸劉坤一之奏。船政新致之平遠鋼甲，較北洋定購之致靖經來，式不甚遠，費且大減，大東溝之役，並駕齊驅。屢受巨彈，船身並未損裂，謂自製之船，不足以任戰，豈平情之論哉。今朝廷以船政委裕禄，若以裕禄爲一國勳舊，休戚相關，必能任怨任勞，力顧大局，然後以籌款專責將軍。而户部總理衙門便可不問，則海關一出一入，各有指撥即使按月五萬，舊案稍解，於製造鐵甲一年一船之用，猶恐不敷，況其力顧京餉，及新派洋款考成，解數斷不能足，則船政屬之將軍。與屬之總督，何以異乎，沈葆楨在船政先後十年，廉以持己，嚴以率屬，取廠中一草一木者，立按軍法，令行禁止，其取材多用士人，成效必獲信賞，人無異念，咸有競心臣居同里閈，實親見之，亦中外所備聞，而無異詞者也。蓋以船政關乎重大，非他省機器等局可比，不以軍法從事，則整齊畫一之規模不立，不多用士人，則官場習氣删除不盡，老成規畫，用意至爲深遠。自英將琅威里回國，北洋海軍之操演虚，自出洋局之監督撤，船政學生之肄業廢，工用濩落，消息阻絶，解款日蹙，成船日稀，良可惜也。夫上海製造局，以道員管理，每年造礮數尊，江海關二成洋税，按月劃濟，歲約百萬，船政以專派大員，責成製造師船，解款又不及十之二三，無米爲炊，在事雖鋭意翻新，其可得耶，應請飭户部及總理衙門。於三五年之間，每年籌的款二百萬兩，交船政之臣，爲製船開礦之用，並由總理衙門照會德國外部，由該國國家代中國精選洋總監工一員，洋匠數員，礦師二三員，立定合同，來華交裕禄委用。限定每年成船若干，得礦若干，即以此爲船政大臣之考成，數年之後，成船可敷海軍之用。礦産可濟船工之窮，縱使一時無可籌畫，多借洋款，一氣呵成，未爲失算，裕禄任安徽巡撫湖廣總督，甚有政聲，將軍衙門旗務極簡，且有副都統同城足以助理，所管海關各口，多在沿海一帶。船政離省水程五十里，往返不便，前此督臣兼管，每月莅工僅一二次，駐工之員，奔走禀陳。尤多曠職，則此次裕禄之兼辦船政，非移駐船署，躬親督率不可。甲申之役，穆圖善出駐長門，敵船恐塞出路，不敢登陸，以迫船廠，是其明證，閩省海口，重山叠嶂，波流紆折。若兩岸礮台得力，水陸控制得宜，敵船斷難飛越，船廠既屬深藏，新成之羅星塔船塢，尤占形便，一切新式鐵甲。出入俱屬相宜，僅可自製，是爲船政計，將軍應專駐船政，爲控制海防稽察税務計，將軍亦應移駐船政也。抑臣更有請者，船政員紳，薪水本不甚優，雖屬在官，無異寒士，而海關處脂膏之地，在事員役，積習相沿，由來已久，雖將軍正已率屬。一時亦驟難轉移，應請飭下該大臣查照舊案，遴選官紳士人，分執其事，勿得參用海關員役，致壞風氣，所有督催工程，驗收料物，支發款項，稽查工課，皆按開廠初年成法。而加密焉，在事官紳人等，濫竽者革逐，舞弊者治罪，弁役竊盜官物者，立時以軍法從事，俾人心知儆，耳目一新，將軍任滿之日，應如何特加委任，使奏全功，則朝廷自有權衡，固非微臣所敢妄擬。總之以船政責成裕禄者實爲朝廷破格用人之異數，不得視爲將軍照例應得之兼差，籌船政款項，爲中外臣工之公職，非裕禄一人之私責，則船政幸甚，大局幸甚。臣爲海防根本起見，理合具摺瀝陳。伏乞 皇上聖鑒訓示施行，謹奏。

王樹枏《張文襄公全集》卷一二五《致福州船政大臣裴光緒十一年八月十九日戌刻發》 鄧、周二星使往勘滇桂邊界，不日抵粵，須通法文法語者，隨往閩廠。前學堂係其專習，望速選兩名，資送來粵。十九。

左宗棠等《船政奏議匯編》卷三〇裴蔭森《光緒九十兩年份歲入歲出款目懇準略展限斯折》 奏爲光緒九、十兩年份船政歲入、歲出款目，實與閩省海防轇轕不清，懇恩仍準略展報部限期，恭折仰祈聖鑒事。竊臣前因船政製造款項與福建省局海防制器一時不能分晰，附片請將光緒九、十兩年份歲入歲出册籍，按照部限暫展一年。八月四日奉旨：著照所請。户部知道。欽此。欽遵在案。嗣部臣以船政造報，一經準緩，恐各省聞風相效，託詞延宕，致部中通籌出入之要政化爲空談。專折請旨更正，仍請飭令迅將光緒九、十兩年份歲入歲出款數按照部頒册式，原限原章一並於本年封印前造報到部，勿得延緩等因。八月二十六日奉旨：依議。欽此。遵抄録原奏，恭録諭旨：飛咨飭令，遵照辦理。前來臣捧誦之下，無任悚惶，自應督飭廠員，依期趲辦，何敢再瀆干冒宸嚴。惟是所以不能依限造送情形，有部中未能深悉者，敬再爲我皇太后、皇上陳之。船政用款，以工料爲大宗。尋常無事之日，所用工料，一曰制船，一曰修船，一曰建蓋，一曰制器，一曰修廠，一曰修機。制船、修船之中，又别爲某號之船；建蓋、修廠之中，又别爲某所之廠；制器、修機之中，又别爲何廠何項之器，何廠何項之機。雖款目紛繁，各有册籍登記。誠如部臣折内所稱，細目宏綱，有條不紊者，以此照格填寫，固可計日而成。迨閩省籌辦海防，凡御敵所資者，若炮臺，若炮具，若水雷，若杆雷，若地雷，若木簰，若鐵鏈，以及零星修制，皆船政爲之兼營。工料則由制船墊給，款目則應省局造銷。其初皆由省局備文請制，飭廠興工，另册登記，眉目未始不清。及敵船進港，戎機瞬息，制庀軍需以速爲要，自不敢泥守向章，文領未及具也。即營弁以片紙列單，均行照付，新制不及待也。或廠儲之制船成件，立飭改鑲，只期器備之無缺，數目之糾纏，初不暇計也。如果事平之後，所有海防挪用工料，省局一一承認，何難照册剔除？則制船款項立時即可清出，無如列單移局清算。省局以各項工料未經具文請領，現值部章嚴密，必須指明請制者何人，承領者何人，確鑿有據，方能歸款造銷。臣亦恐廠員倉卒之中，登記舛錯，飭其歷檢單據，省憶請制、承領之人，列單行令，營員及管帶、炮臺員弁，逐一核對，據實聲覆，務期各歸各款，無稍混淆。歷時既久，各營員弁更代已歷數員，新任者諉諸不知，舊任者或另差，或回籍，輾轉行查，動稽時日。總之，海防工料一日未清，即制船工料一日未清。歲入歲出册籍，實難依限造送。臣係十年十二月二十四日到工，此項工料皆動支於臣未莅任之前，原無所用其迴護，只以支銷國帑，必求核實，斷不敢苟且遷就，强應限期。合無仰懇天恩，逾格俯準，將船政光緒九年份歲入歲出款數，展至明年三月送部；十年份歲入歲出款數，展至明年六月送部。至部臣慮各省相效宕延，船政無實入之款，非他省有實入之款者，所得援以爲例。去歲馬江之戰，即在船政廠塢之前，尤非他省無被兵海防者所得藉口。除咨部查照外，所有請展歲入歲出款目，報部限期各緣由，理合會署理福州將軍臣古尼音布、閩浙總督兼署福建巡撫臣楊昌濬，合詞恭折，由驛四百里馳陳。伏乞皇太后、皇上聖鑒訓示。謹奏。

光緒十一年十月初六日拜發。奉旨：著照所請，户部知道。

中國第一歷史檔案館《光緒宣統兩朝上諭檔》光緒十一年十月十七日 軍機大臣字寄，閩浙總督兼署福建巡撫楊，傳諭署船政大臣福建按察使裴蔭森，光緒十一年十月二十七日奉上諭：御史殷如璋奏，福建船政局收用員紳過多，需款太鉅，致造船經費，不能統歸實用。請飭詳加考試，認真覈辦等語。福建船政局，近年瞻徇積習，濫用委員，支銷浮冒，朝廷早有所聞。當此整頓海防，綜覈名實之際，豈容不肖員紳虛糜無已，致辦理不收實效。著裴蔭森會同楊昌濬，將該衙門現用各員，認真考覈。其冗濫充數者，悉行裁汰，並將實能通曉製造，當差勤慎人員，開單具奏。一面咨報總理各國事務衙門查覈考驗，儻再因循瞻顧，不能破除情面，仍有濫保浮支情事，必惟該大臣等是問。原片著鈔給閱看，將此諭知楊昌濬，並傳諭裴蔭森知之。欽此。遵旨，寄信前來。

左宗棠等《船政奏議匯編》卷三〇裴蔭森《第六號鐵脅輪船安上龍骨並陳廠務情形折》 奏爲第六號鐵脅輪船安上龍骨並陳廠務情形，恭折仰祈聖鑒事。竊船政所造第五號鐵脅輪船曰「橫海」，已於六月初四日告成試洋，經臣具折奏明在案。其第六號鐵脅輪船，自應接續照制，以備海防要需。惟查廠中歷來制成之兵船，如一百五十四、七百五十四等號，意在有事利於攻戰，無事便於轉輸。其制係參兵船、商船之度，轉致行程不速。去歲馬江之戰，兵、商兩絀。張佩綸任内知有此病，飭令嗣後所造七百五十匹鐵脅船式，稍爲變通，務期合兵船體制。臣莅工後，堅與員紳約，專造兵輪，永不準再造商船。經工程處委紳魏瀚等議，將船身加闊一尺三寸，馬力加增至一千六百匹，加闊則船穩，增馬力則行速。以法推算，可每時行九十五里，較之往常鐵脅船每時僅行八十里者有別，費省工簡，行速機靈；亦爲海上攻戰利器，可輔快船、鐵甲船之用。臣核所議，自是精益求精，密益求密之事，飭照所議辦理。所有應用柚木各料，去年十二月已飭暹羅洋商購辦，現已陸續運到。其鐵料機件，因廠中趕趲二、三號快船工程，礙難兼營分力。因照前此「萬年清」、「揚武」及八十四等船成案，寄由英國採購康邦新式機件，全副運回工次，鑲配合攏，以期速成。諏於十月十八日，臣親率在事員紳匠徒，將全鐵龍骨安上船臺，一俟鐵木料件到齊，便可興工分制。至南洋兩號快船，自去年海防吃緊以後，各廠工匠均着力於辦防，趕制水雷、炮彈、炮架等事，工程不無停緩。現時和局已成，炮具亦已完竣。臣已催飭趕行，並力工作。查二號快船本年十一月間可下水，明年夏間可試洋；三號快船明年夏間可下水，明年冬間可試洋，合並聲明。所有第六號鐵脅輪船安上龍骨，並廠務情形，理合會同署理福州將軍臣古尼音布、閩浙總督兼管福建巡撫臣楊昌濬恭折，由驛四百里具奏。伏乞皇太后、皇上聖鑒訓示。謹奏。

光緒十一年十月二十五日拜發。奏旨：該衙門知道。欽此。

左宗棠等《船政奏議匯編》卷三〇裴蔭森《委弁千總邱水生請恤片》 再，監工委弁、五品軍功，留閩盡先補用千總邱水生，督帶匠丁，在撈起之「琛航」船上拆卸銅鐵各件，以備修理。詎意九月十二日午後，風暴驟作，江濤洶起，船爲之簸。該弁正在船旁透板上指揮匠作，被翻入水身故。查該弁在工供差幾二十年，勤奮出力。此次在船率作，因公淹斃，實堪憫惻。合無仰懇天恩，飭部照軍營陣亡例，從優議恤，以慰幽魂。出自鴻慈，謹會同署理福州將軍臣古尼音布、閩浙總督兼管福建巡撫臣楊昌濬附片陳明。伏乞聖鑒，謹奏。

同日拜發。奉旨：邱水生著照軍營陣亡例，從優議恤，該部知道。欽此。

中國第一歷史檔案館《德宗景皇帝實録》卷二一七《光緒十一年十月》 又諭，前據左宗棠等奏，中法議約已成，懇由船政試造鋼甲兵船一摺，據稱法國現在創造雙機鋼甲兵船，雖較鐵甲稍遜，而駕駛較易，費用較減，每船估需工料銀四十六萬兩。閩省擬請試造三數號等語，現當創辦海軍之際，洋面兵船，自應次第籌備，以資操練。著裴蔭森即將新式雙機鋼甲兵船，先行試造一號，如果試驗合用，將來再行奏明陸續添造。目前所需造船經費，即由閩省前存洋款内撥用，餘賸洋款，著楊昌濬解交神機營存儲。裴蔭森務當督飭員役工匠，核實經理，不是虛糜帑項，以重要需。楊昌濬亦當隨時會商妥籌辦理，將此由五百里諭知楊昌濬，並傳諭裴蔭森知之。

左宗棠等《船政奏議匯編》卷三〇裴蔭森《謹陳船政形勢及應行次第舉辦事宜折》 奏爲微臣莅工視事已滿一年，謹將船政形勢及應行次第舉辦事宜恭折瀝陳，仰祈聖鑒事。竊臣自去歲十二月莅工，經將察看福州海口情形，及復設練船，試造鋼甲並請飭催積欠關款各緣，先後奏明在案。數月以來，臣復細加考察，催趲工程。時與在事員紳及監造工程學生往復講求，每至夜分，必盡得其蘊而後已。稍閑則獨乘小舟，隨潮上下，詳看工次一帶地勢港道。竊維閩之設船政也，原爲天下海防至計，非一切機器局、製造局可比。造成兵輪派駐各省而巡防，皆賴學生藝成，亦派赴各處。而洋務漸開，二十年來，實有成效。形勢非不足恃，防守密則無虞；工程非不日興，經費足則皆舉。應將形勢及應辦事宜實在情形，敬爲我皇太后、皇上陳之。

船政廠地在馬尾山麓，群峰繞其背，狀若匡床；前瀕大江，踞林浦下流，羅星塔之上流。前閩浙督臣左宗棠議設船政，疏稱羅星塔一帶，開槽浚渠，水清土實，爲粵、浙、江、蘇所無。前船政大臣沈葆楨，察看海口及船塢，折内亦指林浦以下爲重重天險。臣自臬司任內，奉檄填港，至工後巡勘較詳。閩江自芭蕉、五虎入口以來，兩山環抱，層折轉彎，至馬尾八十里，實爲自然天險。論者徒以去歲七月馬江之戰，遂疑船廠之露處，爲孤危可慮。不知去歲法船肆擾，深入口内，已犯兵家之忌。不過行險僥幸，賺入長門，地方官以中外尚未失和，不早封口，誤墮其術；使能扼之於海門以外，何至受其所欺？譯法國官報，孤拔上書其海部，具言閩廠之所以不能毀者，緣大兵船吃水過深，只能停泊羅星塔以外，不能直逼船廠；廠之左近，有馬限山爲之屏蔽，炮彈巨者，不能遠及廠屋；其船小炮輕者，又不足以毀之等語。臣則以爲，該敵酋冒險深入，終不敢占留一日以索償者，實懼海口之險，南、北洋援軍之將合圍耳。引閩廠地勢形勝，最踞險要，無容改設之明證也。或謂吴楚適中之地，如湖口地方，可以建設船塢。不知海潮有定，江潮無定，每當伏秋盛漲，江水挾四川三峽而下，必將漫過船塢；至交冬後，水落石出，巨船又必不能進槽，此湖口長江一帶，只能造軍火機器局，不能造鐵甲船塢，固不待智者而知也。船政舊用鐵螺絲船槽，容重二千餘噸，比年制成之「開濟」、「鏡清」快船，即不能修。津之大沽、蘇之上海、粤之黄埔，雖皆有塢，亦以港道稍淺不能收納。此事實難再緩。經前大臣黎兆棠、何如璋奏明有案。臣曾勘定船政左近紅山之麓，可造船塢。在羅星塔之下，員山寨之上，兩山中間生成小港，實爲天然船塢，距船政僅水程八里，工匠往來，取携甚便。亟宜砌石造就大塢，以備勘修南洋快船及臺灣所用快船；即北洋之鐵艦，如「定遠」、「鎮遠」者，亦可來閩修理。此閩廠急宜增造船塢之實在情形也。現在出洋回華、藝成之學生如魏瀚、鄭清濂、陳兆翱、吴德章、李壽田、楊廉臣等，於製造船身輪機工程，測算工夫，具有本領。本年所成之「横海」鐵脅船並「開濟」、「鏡清」兩快船，實已均臻美備。南洋三號快船，明秋亦可下水，六號鐵脅船亦已安上龍骨。此次奉準試造鋼甲一號，只待省局經費解到，便可購料開工。推該學生等造詣所到，如果添機拓廠，即大鐵艦之鐵甲及輪機大件，亦可自制，無庸購於外洋。前督辦黎兆棠、何如璋均經奏請，以經費難籌而止。臣擬擇其急者，陸續添置，庶經費可寬籌，而工程亦能起色。此閩廠亟宜添拓之實在情形也。戰守之利器，近今以水雷、魚雷爲要。去秋之戰，人皆以前向德國採購魚雷、水雷緩不濟急爲憾。及何如璋所購伏雷百具到時，福州封口，方有藉手，尚慮港道寬長不敷布置。因商督臣楊昌濬，招募廣東學生陸汝成、建寧增生楊仰曾，各抒所學，分制各種沉雷二三十具，以供守口之助。嗣購到德國魚雷十具，在德習制魚雷、伏雷學生陳才錨亦已藝成回華。臣飭逐件修配，以便試演。一面出圖仿造，不使外人傲我所無。惟建造廠屋、購置各雷機器，所費又已不貲。至於開礦鑄炮，以及製造各項火藥槍彈，船政皆有藝成回華之學生，可以承辦。廠屋機器之費，動輒巨萬，此皆海防必不可緩之事。即船政所不容已之圖，惟是經費難籌，深爲焦灼。年來閩海關月僅解到四成項下二萬兩，其六成項下三萬，截至今年六月止，積欠二百四十萬有奇。經臣奏，奉旨：飭速撥，以濟急需。迄今未承解應。制船經費尚且不敷，何況别項？此又必須外省協濟之實在情形也。現值進行整練海軍，所需船炮必多。臣愚以爲，應拓船政以爲表里，請旨飭下，閩海關四成、六成項下，按月解清；所有遞年積欠，速爲設法陸續籌補。並請飭下海疆各省督撫，酌籌協款解濟。所有事宜，臣再隨時函商，以期開拓工程不囿故步，上副國家力圖自强之至意。本年歲底封印期内，照例停工。開正初旬，臣當乘輪馳赴金陵，與南洋大臣曾國荃面商一切。所有船政並應行舉辦事宜實在情形，理合會同署理福州將軍臣古尼音布、閩浙總督兼管福建巡撫臣楊昌濬，恭折由驛四百里具奏。伏乞皇上聖鑒訓示遵行。謹奏。

光緒十一年十二月初二日拜發。奉旨：留中。欽此。

左宗棠等《船政奏議匯編》卷三〇裴蔭森《廠造第二號快船工竣下水折》

奏爲廠造第二號快船工竣下水恭折具陳，仰祈聖鑒事。竊船政前年創造快船第一號「開濟」撥駐南洋後，復經前南洋大臣左宗棠定造兩號，當於九年十二月間次第安上龍骨，經前督辦船政臣何如璋奏明在案。去春開工興作，與第五號之鐵脅船兼營並制，三艘同工。夏秋之間，法人肆擾，兼辦閩口防守，各船工程大爲所分。臣莅工後，飭令並力趲造。五號鐵脅船曰「横海」，於今春蕆事試洋；十月間，第六號鐵脅船龍骨接續安上，經臣先後兩次奏明。兹據工程處稟，稱二號快船鐵脅已配，舨板已封，阻漏鐵堵已隔，鐵梁鐵柱已竪，艌灰、穿孔、塞罅、漚釘已妥，船首之銅刀，船尾之銅夾、銅套，船面之鐵戰枰，船旁之鐵耳臺，船中、船後之炮位，船上之鐵望臺、鐵厨房，船内之輪機艙、水缸艙、煤炭艙、鐵練艙、水手艙、帆纜艙、糧食艙、淡水艙，亦已一律竣工。輪機、水缸及冷水櫃、抽水機、大小鋼鐵各件，亦已在廠合攏就序。現在船身可以下水，下水後即可鑲配齊全。其餘火藥艙、彈子艙以至桅檣、帆纜、舵車、向盤等件，亦俟下水方能照配。臣飭各廠員紳等，覆驗無異，因命之曰「鏡清」，諏十一月十八日下水。届期風日清和，午潮如鏡。臣躬率各員紳致祭各神，抽撑攫楔如法，臺上之船便砉然循滑軌而下。在事人等及士民來觀者無不鼓掌歡呼，爲之快意。查該船長二十六丈有奇，寬三丈六尺，吃水深一丈七尺，高三丈四尺；全船噸載計二千二百噸，每噸合中國一千六百八十斤。儲煤之艙可積三百五十噸。配新式三汽鼓康邦省煤卧機一副，計實在馬力二千四百匹。圓式水缸八個，可出汽力六十八磅，計每時可行水程百里。一切制度與第一號「開濟」相等。惟船底兩旁添制幫龍骨兩條，日後船行愈穩而不簸；更於望臺上添配雙燈電機一副，以燭黑夜防雷艇之暗劫也。船後改配十九生口徑大炮一尊，以便阻擊敵船之尾追。因配電燈，故設小水缸，以出汽力；因配大炮，故改尾枰艙，以舒炮度。原式本係三枝木桅，今改木爲鋼，靡特鋼片之制甚便，可濟木料之窮，而且桅盤保護，可置連珠之炮。慮敵船之近迫，特於船之首向另設魚雷機二具，以資冲擊。慮機艙之炎熱，特於船之中艙另配引風箱二具，以大風力。因設風箱，而日後輪機馬力可增至三千匹，船行又當加速。凡此皆原式快船所無，今皆燦然大備，兵船之利用至此極矣。倘得十數艘，輔以鐵艦、魚雷艇，訓練成軍，庶幾進戰退守，兩有把握，上可副國家自强之至意，外可杜異族要挾之詭謀。臣自去冬權篆莅工以來，無分巨細親自講求，始知創制快船工程繁難，較於常式兵輪何止數倍。在工各執事頻年趨效，晝夕兼營，餐雨櫛風，不憚勞苦，皆能各稱厥職而益求其精。前制輪船多係百五十四馬力，今則由七百五十匹推而大至二千四百匹馬力。前皆倚賴洋匠，今則由熟生巧，出圖自造，克盡快船之能事。且屢請試制鋼甲，以展其長，其實心可嘉，其微勞足録。臣查光緒十年前，督辦臣何如璋任内請奬奉旨：嗣後如續有勞績，再行奏請。欽遵在案。現在續制二號快船，較之「開濟」更加完備，各員紳等實屬異常出力。可否吁懇天恩，準俟該船試洋後，容臣將在事文武員紳、工匠人等，擇尤請奬，以資鼓勵。出自逾格鴻慈，合將「鏡清」快船工竣下水緣由，謹會同南洋大臣、兩江總督臣曾國荃、署福州將軍臣古尼音布、閩浙總督兼管福建巡撫臣楊昌濬恭折具陳，伏乞皇太后、皇上聖鑒訓示。謹奏。

光緒十一年十二月初二日拜發。奉旨：此項輪船着俟試洋後，如果駕駛得力，毫無流弊，再將出力人員擇優請奬。欽此。

左宗棠等《船政奏議匯編》卷三〇裴蔭森《添蓋廠屋修船添機照章聲明片》

再，前奉户部奏定，外省報銷新章第十四條内，載各省設立機器局，並閩省船政局，如有添購機器，經費若干，事前奏明咨部立案，事後方準核銷等因。兹據員紳稟稱，閩廠去年因並造南洋兩號快船及鐵脅船，廠地、機器均有不敷。鑄鐵廠起卸重件，添制鐵柱大懸機一具，計用工料銀五千三百餘兩。輪機廠添制轉輪軸轂旋機一具，計用工料銀四百餘兩。合攏廠換鋪地枰，計用工料銀八百餘兩。水缸廠添制梁上起重鐵車一具，計用工料銀六百餘兩。小輪機廠狹隘，有礙工作，將原設行鋸機器移置模廠，一切拆鑲安配，計用工料銀五百餘兩。磚灰廠試造洋火磚，添蓋廠屋一所，計用工料銀三百餘兩。水缸廠新造二百五十四馬力水缸胚一副，原備換配「揚武」船所用。去年海防吃緊，未及拆換，該船旋即被炮沉失，現將該水缸留備別用，計用工料銀八千五百餘兩。船上電燈爲泰西防敵要需，因購電燈一具，留備各快船配用，計用價值銀二千八百餘兩。去秋三日之戰，船槽陡出江干，受炮最烈，修理機器、屋宇等項，計用工料銀五千四百餘兩。塢前挖土機船被炮擊沉，設法起撈，修刮機器，修補船底、船舦及添配家伙，計用工料銀六千二百餘兩。又修裝土船二號，計用工料銀一千二百餘兩。以上各款，應歸船政十年份銷案造報。再查光緒九年份「海鏡」輪船經北洋大臣調往差遣，大加修理，以利遄行，計用工料銀一萬六千九百餘兩。「琛航」輪船拆修水缸等件，計用工料銀一萬六千餘兩，其餘「揚武」、「福星」、「萬年清」三船，或小爲補葺，或换配物件，計共用工料銀四千六百餘兩。去秋「伏波」輪船被創之後，沉擱林浦，龍骨及船身機件均損傷，須加大修。當因本塢船槽被炮，該船未能上槽勘修。賃用馬尾英商船塢租費，並本廠修理工料，計用銀一萬六千五百餘兩。以上各款係由船政墊支，歸省局匯銷等語，呈請立案前來，經臣復查無異。除咨部查照，並飭另行匯案造銷外，合將應行照章聲明各款緣由，謹會同南洋大臣、兩江總督臣曾國荃、署福州將軍臣古尼音布、閩浙總督兼管福建巡撫臣楊昌濬附片具陳，伏乞聖鑒訓示。謹奏。同日拜發。奉旨：户部知道。欽此。

左宗棠等《船政奏議匯編》卷三一裴蔭森《會同考核船政員紳分別應裁應留及應備咨取各銜名折》

奏爲遵旨會同考核，謹將船政員紳分別應裁應留及應備咨取各銜名開列清單，恭折覆陳，仰祈聖鑒事。竊臣等承準軍機大臣字寄，光緒十一年十月二十七日奉上諭：御史殷如璋奏福建船政局收用員紳過多，需款太巨，致造船經費不能統歸實用，請飭詳加考試，認真核辦等語。福建船政局近年瞻徇積習，濫用委員，支銷浮冒，朝廷早有所聞。當此整頓海防、綜核名實之際，豈容不肖員紳虚糜無已，致辦理不收實效，著裴蔭森會同楊昌濬，將該衙門現用各員認真考核，其冗濫充數者悉行裁汰。並將實能通曉製造當差勤慎人員，開單具奏。一面咨報總理各國事務衙門查核考驗，倘再因循瞻顧，不能破除情面，仍有濫保浮支情事，必惟該大臣等是問。原片著抄給閲看。將此諭知楊昌濬，並傳諭裴蔭森知之。欽此。欽遵臣等跪誦之下，仰見朝廷慎重用人，制節謹度之至意，欽悚莫名。伏查船政爲海防水師根本，非一切機器局製造局可比，工程繁巨，用人尤難。非有穎悟之心思，不能體會於意象形聲之表；非有强干之才力，不能率作於暑寒風雨之中。監工者必諳機器之法程；庀料者必審華夷之物質；理文案者，兼調度工程之事，不徒案牘奉行；筦支應者，兼考核工料之能，不僅銀錢出納，得人任事之難有如此者。故或用候補人員，或用在籍紳士，無不因材器使，遴擇維嚴，更設提調以提調之，設稽查以稽查之。在工各執事初無定額，視工程之緩緊，隨時增減。溯查同治五年，督構伊始，工作繁興，或經理收發，或監視工程，或分司稽察，或採購料件，量能授事，將及百員。同治十二年間，以建蓋工竣，便將儲石所、磚瓦所及管理督造之員裁撤，並遣散各洋匠，又將機器所並歸廣儲所，鐘表廠並歸輪機，水缸等廠。兩項員紳亦即裁撤。迨光緒六年四月，復將舢舨廠並歸船廠，藝圃並歸東考工所，又裁撤若干員。初設提調三員，今則僅用其一；初設總監工、總考工各一員，今則此缺尚懸。七年以後，因廠務稍松，復於每廠中暫裁一二員，即將所裁員額，作爲懸曠。惟九年以來，廠造鐵脅兵輪及承造南洋兩號快船，同時並工。去歲，法船猝臨閩口，海防吃緊，兼爲省局趕造戰守各具，如炮臺、炮架、彈子、杆雷、地雷、水雷，及横江鐵練、阻船木簰等件，工程繁緊，督視需人，不得不添員差遣，然亦不過五十七員而已。臣蔭森到工後，防具稍備，「横海」鐵脅船試洋，二號快船下水，廠工漸緩，仍行裁汰數員。現在，此缺亦懸而未補，實因慎重工程，節省經費起見，未敢稍事虚糜。復查各員紳當札委之始，薪水視其官階，告假者按日扣除。間有責任較重，廠務較繁，尤爲出力者，另籌津貼，以優異之於量能授食之中，寓奬勸人才之道。此固歷任督辦大臣勸功集事之苦心也。上年，前船政大臣張夢元議奏，以員紳津貼應改爲薪水作正開銷。經臣等於本年七月二十六日奏明，已蒙天恩優渥，準臣蔭森逐一釐定，實支實銷在案。臣昌濬到閩後，亦嘗查驗。船政規模日新月異，比年所造「開濟」、「横海」、「鏡清」等船，實已全臻美備。該員紳等籌畫精詳，不辭況瘁。其薪資皆累勞而日增，其工程亦隨時而俱進。統計各廠員紳，職有專司，尚無外間素食乾館等流弊。茲復欽奉諭旨，經臣等精心氛擇，嚴加考核。其辦公竭蹶、假期過多者，應裁撤以昭核實；其治事惟勤，歷著勞績者，當留用以策將來。其在事員紳，及出洋學生實能通曉製造者，計十有四人，均不愧奇才異能之選，可備總理衙門，咨取考驗。至該員等月支薪水，雖屬稍優，係按照前閩浙督臣左宗棠奏定藝局章程「子弟學成監造者，即照外國監工銀數」。然較初開船政時，所用外國員匠，每員月支五百兩至百餘兩者，亦屬有減無浮。此皆實在情形，臣等不敢稍有欺飾。現值國家整練海軍之際，需用快船、鐵艦、魚雷艇必多，船政正宜開拓工程，多制以圖報效。臣蔭森受恩深重，惟有實心整頓，破除情面，無任冗員，稍縻經費，冀仰副皇上綜核名實之至意。臣昌濬亦不敢稍分畛域，隨時互相妥商，以重要工，而歸實用。所有遵旨會同考核緣由，謹恭折由驛四百里馳陳。伏乞皇太后、皇上聖鑒訓示。再，此折係臣蔭森主稿，理合聲明。謹奏。光緒十一年十二月初十日拜發。奉旨：該衙門知道。單並發。單内鄧承修、周德潤均稱星使，殊屬不合。著飭行。欽此。

謹將船政已經考核員紳應裁、應留及應備咨取考驗各銜名，開具清單恭呈

御覽。謹開應裁撤各員紳内：

委紳後學堂監督、户部候補郎中梁佟年一員，月支薪水三十兩。查船政人員凡告假者，按日扣除薪水。該員梁佟年性情好動，往往擅回省城，並不告假。本年五六月間，借差請假赴滬，甫回工兩月，又面稱渠京寓尚有舊宅賃人租住，欲借差赴都門清理屋宇。揆諸學堂監視督率之義，因循作輟，實非所宜，應即裁撤。

委紳管理學堂刑部候補主事黄軒齡一員，月支薪水三十兩。該員志氣伉爽，才具開展，惟不能常川在工。去歲馬江戰事，離工數月，請假在省。本年五月銷假回工，原支薪水四十兩。酌減十兩，復又請假渡臺，數月尚未回工，亦未領支薪水，應即裁撤。

委員總稽查各廠、浙江候補知縣夏獻鋆一員，月支薪水五十兩。該員由前大學士、督辦福建軍務左宗棠調來閩，咨商船政，委派各廠稽查事務。到工三月即請假，借差回浙，聞該員前在浙江署理東陽、武義、瑞安等縣，尚有錢糧經手未完事件，急須回省清理交代，應即裁撤。

委員管理磚灰廠、福建候補知縣盧紹昌一員，月支薪水二十四兩。該員在磚灰廠督率工作，尚無貽誤。惟查省局章程，凡錢糧經手未清者，例不準給予差委。該員因代理武平縣，錢糧欠款，奏參摘頂，急須清理交代，應即裁撤。

委紳後學堂候選訓導梁鳳翔一員，月支薪水二十四兩。該員兩次經該學堂教習羅熙祿等禀訐，謂該紳袒護厨丁，有剋減在堂學生伙食等事。雖查無確據，而素無清望，不足以折服人心，應即裁撤。

委員支應處候選訓導鄧承基一員，月支薪水三十兩。該員借差赴粵，業經數月尚未來工，查船政章程，凡請假數月未回者，應即裁撤。

委員文案處候選縣丞常鼎一員，月支薪水十六兩。委員核對處候選從九品嚴樹立一員，月支薪十六兩。該二員性情好動，不能常川在工，應即裁撤。

委員廣儲所管理煤鐵、軍功武舉廖雄勛一員，月支薪水十六兩。該員性氣粗浮，每與同事好爲争競，惟膂力方剛，尚耐辛苦，酌減薪水四兩，降充差弁，專管挖土機船，如再不知愧奮，即行裁撤。

應留用各員紳內：

提調委員、補用道周懋琦一員，月支薪水銀三百兩。該員講求用世之學，才識明通，籌商一切工程，措理裕如，深裨大局，應留用。現已奏明監督出洋學生提調員缺，尚須揀派。總監工一員，查此項差使從前係委用熟悉洋務道員。自出洋肄業學成各生，回華設立工程處，總核工料，此缺久懸未補。

總稽查委員紳二員：

委紳承襲一等輕車都尉、生員沈靖清一員，月支薪水銀五十兩。該員淵源家學，品粹才優，督課工程堅任勞怨，應留用。

又一員懸曠。

稽查各學堂兼辦文案、候選知府嚴良勛一員，月支薪水銀五十兩。該員學有根柢，兼通西文，督課精勤，諸生多所成就，辦理中、西文牘，均臻周密，應留用。

稽查各學堂委紳、員外郎林泗淑，月支薪水銀五十兩。該員才器宏遠，約束學生、查察功課，甚爲得力，應留用。

文案處管理核議各廠所、各輪船、各學堂事宜，厘校工料册卷、辦理中外交涉事件，委員紳四員：

委紳知縣施魯濱一員，月支薪水銀五十兩。該員學優才展，熟悉船政情形，於海防事宜亦能洞達，應留用。

委員知縣張思敬一員，月支薪水銀二十八兩。該員品粹學通，練達公事，應留用。

委紳武平縣學訓導許貞幹一員，月支薪水銀二十四兩。該員志行端謹，才具穩練，應留用。

委紳生員、五品軍功梁孝熊一員，月支薪水銀一十六兩。該員才潔品端，辦公勤慎，應留用。

支應處管理收發制船、養船經費，稽核工料數目等事，委員紳三員：

委紳知縣李聖培一員，月支薪水銀四十兩。該員勾稽精詳，久耐繁劇，於一切工料款目最爲熟悉，應留用。

委紳五品軍功、監生韓沐之一員，月支薪水銀三十二兩。該員公正廉潔，精於勾稽，應留用。

委紳五品軍功、生員葛晉謙一員，月支薪水銀二十二兩。該員學優行謹，會計精晰，應留用。

前學堂兼繪事院管理，督課藝童，防閑誘掖等事，委員紳三員：

委紳刑部主事鐘大焜、吴徵駒等二員，各月支薪水銀三十兩。該二員品粹學優，足資表率，應留用。

委紳舉人范繼馨一員，月支薪水二十四兩。該員認真勸導兼善防閑。

後學堂兼管輪學堂，管理督課藝童、防閑誘掖等事委員紳四員：

委紳大挑教職沈輝宗一員，月支薪水銀二十八兩。該員著有《學庸疏解》，於西學外兼示漢文義理，足資矜式，應留用。

委紳舉人林宗開一員，月支薪水銀二十四兩。該員誘掖後進，悉心化導，應留用。

又二員懸曠。

船廠管理，監造船身、桅擔、舢板器具，並建蓋廠屋，籌度用料，調度工作等事，委員紳三員：

委紳縣丞鄭鏞一員，月支薪水銀二十四兩。委員從九品程華湘一員，月支薪水銀二十二兩。該二員熟悉船工，辦事勤奮，應留用。

委紳訓導吴豐昌一員，月支薪水銀二十兩。該員年富力强，勤於任事，應留用。

鐵脅廠管理監造船身、鐵脅，各艙鐵梁、鐵板，籌度用料，調度工作等事，委員二員：

委員巡檢徐泰來一員，月支薪水銀一十六兩。該員才具開展，振作有爲，應留用。

委紳從九品夏慶餘一員，月支薪水銀二十兩。該員心地樸誠，兼通鐵脅造法，應留用。

輪機廠管理監造輪機並各廠機器、籌度用料、調度工作等事委員紳三員：

委紳知縣王樹翰一員，月支薪水銀三十兩。該員精明强干，熟悉輪機窾竅，應留用。

委紳縣丞王毓珍一員，月支薪水銀二十兩。該員心思精細，辦事勤能，應留用。

委員巡檢楊嵩年一員，月支薪水銀二十四兩。該員心精力果，調度有方，應留用。

鑄鐵廠管理監鑄銅鐵機件，籌度用料，調度工作等事，委員紳二員：

委紳教諭林世仁一員，月支薪水銀二十四兩。該員品粹才優，爲匠徒所敬服，應留用。

委員鹽大使李雲樞一員，月支薪水銀一十八兩。該員曾在德國使館供差，通曉西洋廠務，應留用。

水缸廠管理監造鍋爐、汽管、鐘表、向盤，籌度用料，調度工作，委員紳三員：

委紳知縣鄭逢時，委員府經歷林希曾等二員，各月支薪水銀二十四兩。該二員才干優長，工程熟悉，應留用。

委紳縣丞孟宗洛一員，月支薪水銀四十兩。該員熟悉鍋爐造法，才大心細，隨時兼派勘估起蓋修葺工料，應留用。

小輪機廠管理監造船工、鑲配銅鐵，並修制各廠機器，籌度用料，調度工作等事，委員府經歷朱慶生一員，月支薪水銀二十四兩。該員心細才優，兼通法國語言文字，應留用。

拉鐵廠管理監造船身輪機、鋼鐵胚件，並拉銅鐵等件，籌度用料，調度工作等事，委員紳二員：

委紳監生孟宗韓一員，月支薪水銀一十五兩。該員廉干勤奮，熟悉廠務，應留用。

又一員懸曠。

模廠管理監造鑄件木模，並轆餅索串，籌度用料，調度工作等事：

委紳舉人鄭籛一員，月支薪水銀二十兩。該員才敏心靈，勤於任事，應留用。

帆纜廠兼炮廠管理、監造帆纜、起卸重件，並驗收炮械、籌度用料、調度工作等事，委紳二員：

委員知縣鄭瓊書一員，月支薪水銀三十兩。該員勤能諳練，兼曉外洋炮械，應留用。

委紳訓導梁益謙一員，月支薪水銀二十四兩，該員辦事認真，兼曉帆纜造法，應留用。

磚灰廠管理監造火磚、煅灰、煅煤，籌度用料，調度工作等事。

委紳知縣陳慶辰一員，月支薪水銀二十六兩。該員樸誠勤奮，曉暢工程，應留用。

船槽管理調度，輪船上槽，排日江干挖土督趲工作，巡視勤惰等事：

委紳縣丞孟宗伊一員，月支薪水銀三十兩。該員公正老成，精勤穩練，熟悉船身制法及一切工程，甚資得力，應留用。

版築所管理監造爐溝及輪船鍋爐砌磚、船底築灰，籌度用料，調度工作等事。查此項差使應派員一名。現懸曠未補，暫由船廠委員紳兼管。

廣儲所管理驗收銅、鐵、帆、纜、煤、油各料，監守藏儲，稽核支放等事，委員二員：

委員縣丞陳耕一員，月支薪水銀二十二兩。該員謹慎，耐勞，諳熟船料，應留用。

委員縣丞鄧慶光一員，月支薪水銀二十二兩。該員當差勤慎，稽核必親，應留用。

儲材所管理驗收制船、蓋廠各項木植，監守、藏儲、稽核、支放等事：

委員縣丞許桐一員，月支薪水銀二十二兩。該員出納必慎，才具優長，應留用。

東西考工所管理鈐束工匠、支放薪銀等事，委員紳四員：

委員通判張樾雲一員，月支薪水銀二十二兩。該員認真約束，寬嚴得宜，應留用。

委紳知縣林昌謨一員，月支薪水銀二十四兩。該員老成、諳練、守潔、才優，應留用。

委紳監生楊廷綸一員，月支薪水銀一十八兩。該員年富力强，辦公勤慎，應留用。

又一員懸曠。

藝圃管理鈐束藝徒，兼課讀、支放辛銀等事：

委紳生員王煜一員，月支薪水銀二十兩。該員品行端正，廉干有爲，應留用。

香港採辦分局，管理採辦外洋船料，收支料價等事，委員二員：

委員縣丞何定求一員，月支薪水銀三十兩。該員熟悉船料，辦事勤能，應留用。

委員五品軍功、附生於成泰一員，月支薪水銀四十兩。該員老成謹慎，爲守兼優，應留用。

發審所管理審勘工次、匠徒，關涉詞訟，兼查保甲等事：

委員通判嚴毓瑞一員，月支薪水銀三十兩。該員穩練精明，勤於聽斷，應留用。

出洋學成回華匠作藝徒三員：

藝徒千總任照一員，月支薪水銀二十二兩。該藝徒同治八年十月入廠學習技藝，粗通法國語言、文字、繪算，光緒三年九月出洋，肄業；在法國專學拉打鐵脅、鐵甲，兼習提煉鋼鐵諸法；六年十月學成回華。現充鐵脅廠兼船廠監工，應留用。

藝徒千總王桂芳一員，月支薪水銀二十二兩。該藝徒同治七年六月入廠，學習技藝，粗通法國語言、文字、繪算，光緒三年九月出洋肄業；在法國專學拉打銅鐵，兼習提煉銅、鐵、鋼諸法。六年十月學成回華，現充拉鐵廠監工，應留用。

藝徒千總吴學鏘一員，月支薪水銀二十二兩。該藝徒同治七年六月入廠學習技藝，粗通法國語言、文字、繪算；光緒三年九月出洋，肄業；在法國專學打鑄銅、鐵，兼習輪機諸法；六年十月學成回華。現充鑄鐵廠監工，應留用。

應備咨取考驗各員紳內：

繪事院管理督課藝童等事：

委員同知董毓琦一員，月支薪水銀三十六兩。該員向習天文、弧算、機器、船械、重電各學，兼習占風、望氣、映相、水墨畫藝，著有《星算補遺》、《笠寫壺金》、《交食南車》、《籌筆初梯》、《髀矩測營》、《九環西解》各書。識解名通，可備咨取考驗。

水雷處管理、監造、調度工程等事，委員二員：

委員翰林院待詔陸汝成一員，月支薪水銀四十兩。該員向從英人哈倫受學有年，心思靈敏，通曉化學，能自造各種油藥、白藥，及水雷、火箭、洋槍諸法；尤能自造雷引，極爲靈捷。繪算圓式，制成新式子母水雷，可以洞穿鐵艦，曾在烏江口演放，以巨木扎成九層方簰，貫以數百鐵條，厚及八尺，該水雷礫力能擊起木簰，離水十數丈，裂爲五段；較德雷尤爲猛烈，可備咨取考驗。

委紳附生、兼襲雲騎尉世識楊仰曾一員，月支薪水銀二十兩。該員苦心研慮，精求西學，旁通默悟，推陳出新，能自造電雷、碰雷、連環地雷及一切神機火弩之法，尤能造自發蚌雷，其形如蚌，兩雷相對，能開能合，在水中輕不滿斤，使善泅水者挾之，伏水而往至敵船之下，機發人離，其雷自能緊貼船底，四五分鐘時兩雷並發，礫力極大。可備咨取考驗。

出洋學成回華，通曉製造學生十一員：

學生知縣魏瀚一員，月支薪水銀八十六兩四錢，又監造南洋快船，加給銀五十兩，共一百三十六兩四錢。該學生同治五年十二月，選入前學堂，學習法國語言、文字、格致、算學。光緒元年正月出洋肄業，在英、法、德、比四國專學制船諸法，兼習制洋槍，及鋼鐵甲等學。五年十一月學成回華，派在工程處總司制船。六年十二月復出洋，在德國監驗「定遠」、「鎮遠」鐵甲船工料。八年十二月回華，仍派工程處供差。出圖自制「橫海」、「鏡清」等船。現總司快船、鋼甲船工程，可備咨取考驗。

學生花翎游擊陳兆翱一員，月支薪水銀八十六兩四錢。又監造南洋快船，加給銀五十兩，共一百三十六兩四錢。該學生同治七年四月選入前學堂，學習法國語言、文字、格致、算學。光緒元年正月出洋肄業，在英、法、德、比四國專學輪機制法。五年十一月學成回華，派在工程處總司制機。六年十二月復出洋，在德國監驗「定遠」、「鎮遠」鐵甲船、「濟遠」裝甲船工料。十年十一月回華，仍派工程處供差。現總司快船、鋼甲船輪機工程，可備咨取考驗。

學生花翎都司鄭清濂一員，月支薪水銀八十六兩四錢，又監造南洋快船加給銀五十兩，共一百三十六兩四錢。該學生同治五年十二月選入前學堂，學習法國語言、文字、格致、算學。光緒三年二月出洋肄業，在英、法、德、比四國，專學制船諸法，兼習洋槍造法。在德國監驗「定遠」、「鎮遠」鐵甲船工料。九年九月學成回華，派在工程處總司制船出圖，自制「橫海」、「鏡清」等船。現總司快船、鋼甲船工程，可備咨取考驗。

學生守備吴德章一員，月支薪水銀七十二兩，又監造南洋快船，加給銀五十兩，共一百二十二兩。該學生同治六年十一月選入前學堂，學習法國語言、文字、格致、算學。光緒元年，自制藝新輪船，經沈前大臣奏明「獨出心裁，並無藍本」等語。三年二月出洋肄業，在英、法、比三國，專學制船諸法，兼習英、法二國洋炮造法。六年十月學成回華，派在工程處，總司制船出圖，自制「開濟」、「橫海」、「鏡清」等船。現總司快船、鋼甲船工程，可備咨取考驗。

學生都司銜守備楊廉臣一員，月支薪水銀七十二兩，又監造南洋快船，加給銀五十兩，共一百二十二兩。該學生同治七年四月選入前學堂，學習法國語言、文字、格致、算學。光緒三年二月出洋肄業，在英、法、比三國專學輪機制法，兼習英、法二國洋炮造法。六年九月學成回華，派在工程處總司制機出圖，自制「開濟」、「橫海」、「鏡清」等船輪機。現總司快船、鋼甲船輪機工程，可備咨取考驗。

學生都司銜守備李壽田一員，月支薪水銀七十二兩，又監造南洋快船，加給銀五十兩，共一百二十二兩。該學生同治七年五月選入前學堂，學習法國語言、文字、格致、算學。光緒三年二月出洋肄業，在英、法、比三國專學輪機制法。六年五月學成回華，派在工程處總司制機出圖，自制「開濟」、「橫海」、「鏡清」等船輪機，接續總司快船、鋼甲船輪械工程。現隨鄧星使承修赴廣西勘界，可備咨取考驗。

學生花翎都司林庚昇一員，月支薪水銀三十六兩。該學生同治六年十二月選入繪事院，學習繪事，並法國語言、文字、格致、算學。光緒三年二月出洋肄業，在英、法、比三國專學礦務採鐵、煉鐵、煉鋼等學。六年十月學成回華，覓得福州穆源鐵礦，並赴臺灣總司煤礦工程，嗣派在拉鐵廠料理拉鐵工程。現隨周星使、德潤赴雲南勘界，可備咨取考驗。

學生守備池貞銓一員，月支薪水銀三十六兩。該學生同治六年十二月選入會事院，學習繪事，並法國語言、文字、格致、算學。光緒三年二月出洋肄業，在英、法、比三國專習礦務，採鐵、煉鐵、煉鋼等學。六年七月學成回華，覓得福州穆源鐵礦，現派拉鐵廠料理拉打銅、鐵工程，兼仿造洋火磚，可備資取考驗。

學生縣丞林日章一員，月支薪水銀三十二兩。該學生同治七年七月選入繪事院，學習繪事，並法國語言、文字、格致、算學。光緒三年二月出洋肄業，在英、法、比三國專學礦務，兼習輪機。六年十月學成回華，勘驗北洋開平煤礦、福州穆源鐵礦。現派輪機廠制機工程，可備咨取考驗。

學生從九品魏暹一員，月支薪水銀三十二兩。該學生同治八年三月選入前學堂，學習法國語言、文字、格致、算學。光緒七年十二月出洋肄業，在法國專學輪機制法，十一年四月回華，現派工程處幫理快船、鋼甲船工程，可備咨取考驗。

學生從九品陳才鍴一員，月支薪水銀三十二兩。該學生同治十年十二月選入繪事院，學習繪事，並法國語言、文字、格致、算學。光緒七年十二月出洋肄業，在德國專學制配魚雷、伏雷，兼通德國語言、文字。十年十一月學成回華，現派總司魚雷工程，可備咨取考驗。

左宗棠等《船政奏議匯編》卷三一　裴蔭森《請留道員吴仲翔接辦船政提調片》　再，船政提調道員周懋琦現經奏派，充當第三届出洋肄業學生監督，奉旨允準在案。所遺提調差事，有襄理工程、表率員紳之責，非體用賅備，爲守兼優，弗克勝任。查有分省補用道吴仲翔，前會派充提調，熟悉廠中情形，能任勞怨，現辦天津水師學堂練船事宜。本年二月，前大學士臣左宗棠曾以該員究心洋務，船政章程多其手定，請仍飭回船政辦事。經北洋大臣李鴻章，以津局乏員接辦，奏懇恩準暫留在案。該員才具端謹，任事實心，在工十有餘年；經書工程，探討利弊，實堪干濟時艱。昨適由津請假回籍，擬即留充提調，藉資熟手，而收臂助。經臣電商大學士、北洋大臣李鴻章，並會商署福州將軍臣古尼音布、閩浙總督兼管福建巡撫臣楊昌濬，均屬意見相同。當此裁汰冗員，撙節經費之時，得該員悉心綜核，必能條理得宜。所有道員吴仲翔應留船政，接辦提調緣由，理合附片具陳，伏乞聖鑒訓示。謹奏。同日拜發。奉旨：該衙門知道。欽此。

左宗棠等《船政奏議匯編》卷三一　裴蔭森《添蓋學舍復設藝圃招考生徒片》

再，查船政舊章，學堂招考文學聰穎子弟，學習製造及駕駛管輪，名曰藝童。自選充入堂之日始，日給飯食銀七分五厘，並月給銀四兩，俾贍其家。繪事院習圖算者，亦照此例。藝圃招考膂力壯健子弟，分派各廠學習工作，名曰藝徒。自選充入圃之日始，日給工食銀一錢五分。經前大臣歷辦在案。溯自開局迄今，學堂、藝圃、繪事院均多成就。年來向學者漸衆。臣蔭森莅工後，因於前後學堂、繪事院增添學舍，以廣育藝童。前裁藝圃並歸考工，本年復設藝圃，以多招藝徒，改定章程。自光緒十一年起，各學堂、繪事院新招藝童，只給飯食，不給贍銀，學習三個月後，考定留堂者，始行於日給飯食外，月給贍銀四兩。藝圃新招藝徒，日只給工食銀七分五厘，隨時察看學藝，有進再行加給。於培植人材之中，仍寓撙節經費之意。除咨部查照，並匯案造銷外，臣蔭森謹將節省藝童、藝徒贍銀工食緣由附片奏明，伏乞聖鑒訓示。謹奏。同日拜發。奉旨：該衙門知道。欽此。

中國第一歷史檔案館《德宗景皇帝實録》卷二二二《光緒十一年十二月》

署船政大臣福建按察使裴蔭森奏，鏡清快船工竣，請俟試洋後，將出力人員保獎，得旨。此項輪船，著俟試洋後，如果駕駛得力，毫無流弊，再將出力人員擇尤請獎。

左宗棠等《船政奏議匯編》卷三二裴蔭森《横海輪船在澎湖觸礁派員起重撈救折》 奏爲「横海」輪船在澎湖洋面遇霧觸礁，派員起重，設法撈救，恭折會陳，仰祈聖鑒事。竊查光緒十二年二月初八日，署臺灣道陳鳴志，由閩口乘坐「横海」輪船，解餉赴臺過厦。是時，臣昌濬出巡海口，適將由厦渡臺，先乘「美富」輪船進發。因水師提督彭楚漢亦擬會勘海口情形，與署臺灣道陳鳴志同坐「横海」輪船東渡。於十一日早由厦展輪出口，向澎進駛。是時，海霧迷濛，竟越過澎湖口岸，轉輪回駛。十二日早，船抵澎湖北礁吉貝目嶼地方，仍大霧迷天，莫辨行徑。忽聞聲響，船已觸礁擱淺，人餉無恙。即據該船管駕忻成發馳禀前情，當由臣昌濬派令「美富」輪船前往，拖帶不起，僅將索纜等件搬運寄存。其船身機器均關緊要，誠恐被風飄散，派令已革前任澎湖右營都司鄭漁，會同該管駕忻成發，妥爲看守保護。並飭由興泉永道奎俊，於十九日電達到工，派船援救。適「伏波」、「萬年清」兩船在工修理。臣蔭森當飭修竣要工，即於二十二日駛赴澎湖，相機設法起救。旋據鄭漁等禀稱，是船於十七、十八等日，迭經風颶，板片漂散無存，惟機器半存礁上者，仍竭力設法起救等語。臣等查臺灣、厦門、澎湖各海口，風霧不時，礁砂錯布，自昔稱爲奇險。同治十三年，沈葆楨督師臺灣，「安瀾」、「大雅」兩船在安平旂後遭風，同時沉没。本年正月間，洋商「得忌利士」輪船在厦門附近之南汕頭地方迷霧觸礁。又本年二月十一、十二等日，洋商「時和」輪船亦有在浙江臺州洋面遇霧觸礁之事，是其明證。此次「横海」輪船觸礁擱淺，雖因霧氣深重，人力難施。然該副將忻成發職司管駕，未能預識於幾先，補救於臨事，實屬咎無可辭，相應請旨，將總兵銜副將忻成發即行革職。該船大副、五品軍功容尚謙，係學生出身，在外洋肄業十年之久，夙諳沙綫羅經，何以一逢濁霧，遂至迷於所往？應即咨部斥革。仍由臣等一並發交福州府，會同船政局發審。委員提集舵工、水手人等，確訊真實情形，分別辦理，以示懲戒，而警將來。所有「横海」輪船在澎湖洋面擱沉，委員設法護起機器，並將管駕各員分别參處緣由，謹合詞恭折，由驛四百里馳陳。伏乞皇太后、皇上聖鑒訓示。再，此折係臣蔭森主稿，合並聲明。謹奏。

光緒十二年三月初一日拜發。奉旨：覽奏，均悉。忻成發著即革職，容尚謙著一並斥革。仍著將觸礁實在情形，確切研訊，分別辦理。該部知道。欽此。

左宗棠等《船政奏議匯編》卷三二裴蔭森《核估第三届出洋用款並另委洋監督折》 奏爲選派第三次出洋肄業學生核估按年用款，並另委洋員接充洋監督，恭折仰祈聖鑒事。竊臣等以駕駛、製造在在需才，於去年十月間奏請續選學生出洋肄業，分别扣足在船月日，展拓在洋年限。荷蒙恩準，欽遵在案。臣等悉心遴選，於北洋水師學生中選取：陳恩燾、劉冠雄、曹廉正、陳燕年、黄裳吉、伍光鑒、鄭汝成、陳杜衡、王學廉、沈壽堃等十名；於船政駕駛學生中選取：黄鳴球、羅忠堯、賈凝禧、鄭文英、張秉圭、羅忠銘、周獻琛、王桐、陳鶴潭、邱志范等十名，凡二十名，以備往習駕駛。於船政製造學生中選取：鄭守箴、林振峰、陳慶平、王壽昌、李大受、高而謙、陳長齡、盧守孟、林志榮、楊濟成、林藩、游學楷、許壽仁、柯鴻年等十四名，以備往習製造。當飭華監督道員周懋琦率領出洋。內除黄裳吉在北洋供差尚未抵閩外，其餘三十三生均乘坐洋商輪船開赴香港，於三月初三日由香港搭坐西國公司輪船出洋。其按年用款，臣蔭森督飭華監督周懋琦，查照舊章細加參酌。計駕駛二十生在洋三年，製造十四生在洋六年；一切經費，約共需銀三十萬兩有奇。援照成案，由閩省厘金項下籌撥四分之二，閩海關四成洋税及船政制船經費項下各籌撥四分之一，分年匯解。計第一年應解銀八萬三千兩有奇；第二年應解銀六萬兩有奇；第三年應解銀五萬四千兩有奇；第四年應解銀三萬六千兩有奇；第五年應解銀三萬九千兩有奇；第六年應解銀三萬四千兩有奇。依期勻匯，以資源源接濟。惟英國行用金錢，每枚謂爲一磅，兑款向按英金磅數購匯。而磅價長落靡常，一時不能預定。臣等核估之數，僅照辰下時價，每磅以洋番六圓一角科計。將來設有盈絀，自應據實支銷。至各生抵洋後，分途投學，必須洋監督會同照料。臣等前折所派之日意格，已於本年正月在其本國病故。臣等查有法員斯恭塞格，由水師出身，前在船政幫同日意格辦理工程，均臻妥協；前兩届學生出洋肄業，該洋員充洋監督之幫辦，與華員和衷共濟，克底有成。擬令該洋員接辦洋監督事務，以資熟手。經電商出使大臣許景澄，意見相同。當由許景澄與之定議，飭俟各生到洋後，一切延師課授，及各生赴船、赴廠學習各事宜，隨時會同華監督周懋琦認真經理，務使各生學業，在在咸有裨益。此次出洋章程，駕駛學生，既令扣足在船月日，製造學生，復予展拓在洋年限；各該生自應益求深造，藉副培成。臣等仍當隨時督飭華、洋監督，悉心籌畫，期於款不虛糜，學有成效，以無負朝廷倡練海軍、甄陶繼起之至意。所有選派學生，核估用款，另委洋員緣由，理合會同南洋大臣兩江總督臣曾國荃、署福州將軍臣古尼音布、閩浙總督兼福建巡撫臣楊昌濬，合詞恭折，由驛四百里馳陳。伏乞皇太后、皇上聖鑒。再，此折係臣蔭森主稿，合並陳明。謹奏。

光緒十二年四月初七日拜發。奉旨：該衙門知道。欽此。

左宗棠等《船政奏議匯編》卷三二裴蔭森《學生匠首出洋習制鐵甲學成回華請獎片》 再，臣鴻章前向外洋訂造「定遠」、「鎮遠」等號鐵艦，再工之初，經前出使大臣李鳳苞咨留出洋肄業期滿之留閩補用都司鄭清濂，先赴該廠查核圖幅，勘驗工料，並資學習；復經電商黎兆棠，選派出洋肄業期滿回華之留閩補用游擊陳兆翱、同知銜分發省分補用知縣魏瀚，並會充管輪之都司銜留閩浙補用守備陸麟清，帶同匠首守備用留閩補用千總黃戴、陳和慶、五品軍功、留閩補用千總譚秀、補用千總黎晉賢、補用外委記名把總程好、五品軍功把總李祥光、六品軍功陸昭愛等，續行出洋學習。洎所造鐵艦一律竣工，經李鳳苞將各該員匠分別咨送回華。內除陸昭愛一名，到津供差，旋即病故外，其鄭清濂等續派在洋學習，閱時三稔，中間迭赴各國研究製造管輪各項新法，具有心得，與二屆出洋各生期滿學成，事同一律，自應一並奏請獎勵，以勸來茲。鄭清濂可否免補本班，以游擊留閩盡先補用，並賞加副將銜？陳兆翱可否免補本班，以參將留閩盡先補用，並賞加總兵銜？魏瀚可否免補本班，以直隸州知州分發省分，盡先補用，並賞加四品銜？陸麟清可否免補本班，以都司留閩浙盡先補用，並賞給四品封典？黃戴、陳和慶、譚秀、黎晉賢可否均免補本班，以守備留閩盡先補用？程好、李祥光可否均免補本班，以千總留閩盡先補用，並賞加守備銜？出自天恩逾格，臣等爲激勸人才起見，謹合詞附片具陳。伏乞聖鑒訓示。謹奏。

同日拜發。奉旨：該部議奏。欽此。

左宗棠等《船政奏議匯編》卷三二裴蔭森《軍功陸昭愛病故請從優議恤片》

再，六品軍功陸昭愛，諳習輪機技藝，供差閩廠歷有年所經黎兆棠選派，隨同陳兆翱等出洋學習。在洋三年，倍加攻苦，及訂造之各號鐵艦一律竣工。李鳳苞以該軍功習制鐵艦及雷艇等工，尤能得心應手。適北洋訂造之導海船，需人經理，並有未合攏之大雷艇二艘，需人襄助，飭令該軍功隨同導海船回華。既抵津門，經臣鴻章派赴旅順船塢供差，甚爲得力。上年正月，以積勞病發，在差身故。據陳兆翱等稟，懇照章奏恤前。來臣等查光緒二年奏定選派船政生徒出洋肄業章程，內開生徒因攻苦積勞，致有不測之事，酌量奏恤等因。今陸昭愛選派出洋數年，藝成而歸，遽因攻苦積勞，在差病故，殊堪憫惻。相應據情吁懇天恩俯準，飭部從優議恤，以慰幽魂。謹合詞附片陳請，伏乞聖鑒訓示。謹奏。

同日拜發。奉旨：陸昭愛着交部從優議恤。欽此。

左宗棠等《船政奏議匯編》卷三二裴蔭森《二屆出洋學生援案請獎折》 奏爲二屆出洋期滿學生，學均有成，並襄辦肄業事宜，學生始終出力，援案懇恩分別獎勵，以昭激勸，恭折仰祈聖鑒事。竊查閩省船政二屆選派學生出洋肄業，期滿學成。臣等業將英、法等國官學教習，洋員及使館出力各員，暨原派之洋監督，分別附片奏請獎勵在案。茲查二屆出洋學生派赴法國，專習營造者二，曰黃庭、王迴瀾；專習槍炮者一，曰李芳榮；專習硝藥者一，曰王福昌；專習製造者一，曰魏暹。派赴德國專習魚雷者一，曰陳才鍴。派赴英國專習駕駛者二，曰陳兆藝、李鼎新。前經出洋專習製造，藝成回華襄辦。二屆肄業翻譯各事宜者一，曰吳德章。各該生率皆在洋三年，經歷英、法、德各國官學、名廠，提督兵船、海口要隘。其習營造者，於測量算繪、久暫臺堡、守城防隘、水底設防各項；習槍炮者，於槍炮軍械、熔煉鋼料各項；習硝藥者，於藥彈、棉藥、新藥、爆藥、造藥、鍋爐各項；習製造者，於水師製造輪機、船身各項；習魚雷者，於新式魚雷尺寸、制雷、修雷各項；習駕駛者，於行兵、布陣、風濤、沙綫、駛船、用炮各項，莫不詳求博覽，理法兼精，當期滿學成，經前出使大臣李鳳苞、出使大臣許景澄查録，各該生在洋課程，出具考語，先後咨送回華。內除李芳榮一名，臨時咨留駐日參贊官署，代辦翻譯事宜外，其黃庭等均已到華供差。際今倡練海軍之會，臣等公同考察各該生所學，若營造，若掄炮，若硝藥，若製造，若魚雷，若駕駛，莫不各具專長，或爲前屆學生所未備習，實足以仰備國家因材器使。吳德章以製造學生，襄辦肄業事宜，始終不懈，亦屬着有微勞。此次學成各生，事同一律，合無援案。仰懇天恩，俯準分別獎勵，以資鼓舞，而勸將來。謹開具清單，呈候宸裁。理合會同福州將軍臣古尼音布，恭折附驛馳陳。伏乞皇太后、皇上聖鑒訓示。再，此折係臣蔭森主稿，合並聲明。謹奏。

光緒十二年四月初七日拜發。奉旨：黃庭等均著照所請獎勵。該衙門知道。單並發。欽此。

左宗棠等《船政奏議匯編》卷三二裴蔭森《三屆出洋製造學生先予請獎片》

再，查出洋肄業章程，向以三年爲限，生徒期滿學成，則予一律請獎。此次北洋、閩廠所派第三屆出洋學生，習駕駛者，仍以三年爲限；習製造者，則酌予變通，以以六年爲限。凡以使各生於其所學益求精密，期必盡窺奧窔，而後歸也。惟駕駛、製造同一出洋，而相較年月，增至一倍。若使製造學生必俟六年期滿方予獎勵，彼此相形，恐無以作其歷久不衰之氣。臣等細加體察，擬請俟此次出洋駕駛學生，三年期滿學成回華之日，責成監督將因展限期留洋學習之製造學生，按名出具切實考語，備文呈送。由臣等先予擇優匯案請獎一次。俟六年期滿回華，若果各生所學均能益臻深造，再予一律請獎，以符向章，而昭公允。使各生咸知朝廷作育人才，令其重瀛遠涉，期限倍增，所以獎勵之者，亦復有加無已，必能爭先奮發，相勸有成，庶於變通肄業事宜不無裨補。倘邀天恩俯準，可否飭下部臣立案，遵行之處，出自宸裁。謹合詞附片具陳，伏乞聖鑒訓示。謹奏。

同日拜發。奉旨：著照所請。該部知道。欽此。

左宗棠等《船政奏議匯編》卷三二裴蔭森《員紳薪水請照原數支銷折》奏爲員紳薪水懇恩準照原數據實支銷，免予核減，以勸在事，而濟要工，恭折仰祈聖鑒事。竊臣於上年七月間，厘定員紳、書役薪工折內，恭陳員紳原支薪水、津貼情形，請將津貼改並薪水，據實支銷。於八月二十日奉旨：户部知道。單並發。欽此。欽遵在案。嗣準户部來咨，以單内各款，第將津貼名目改爲薪水名目，其中之數並未減去分毫，仍令嚴行裁減，以節款項而昭核實等因。又，臣上年十二月間，會同考核員紳案內，續準户部來咨，行令遵照前咨，速將員紳薪工從實核減。至所派員紳，現在留用者，連藝徒、學生等尚有六十餘員，足供任使。其懸曠各缺，自應裁汰，毋庸添補。並令將該廠委員酌定額數奏報立案，以示限制各等因前來。臣承準之下，伏念際今帑項奇絀，事事咸籌撙節。臣職司考工，但令於無可裁減之中，尚堪裁減分毫，均應嚴加綜核，期歸實用。何敢稍執前說，上瀆宸聰。惟船政得人任事之難，迥非尋常局務可比，不能不優其廩餼，藉資激勸。歷任大臣，於此具有苦心，久邀聖明洞鑒。從前只以員紳薪水，格於例銷，不得已而有津貼名目。前大臣張夢元始請改歸外銷，前兩江督臣左宗棠等會議復奏，有「與其强符成例，而津貼仍應外銷，何如照款動支，俾造報胥歸核實」之語。凡所反復論列，皆只厘定主名辦析銷款，非於動支多寡之數前後有所出入也。莅工接辦是案，亦以爲與其異名同實，不若使名實相符之爲愈。是以前奏輒請將津貼改並薪水，據實支銷。其數未經裁減者，亦以只屬並二爲一，在各該員紳月得多寡之數，前後無所出入也。查現在閩局員紳薪水、津貼數目，以提調一員月共支銀三百兩爲最巨。左宗棠前在閩浙總督任內，核定此數，誠以提調有調度全局工程、辦理交涉事宜之責，自延幕友，聯絡洋人，在在因公耗費，獨爲較巨故也。遞是以降，最多者只五十兩，亦僅寥寥數人，其餘率在二、三十兩上下，至十餘兩不等。要皆量能任事，課功授食，核其原支數目，或因歷著成效，遞次加增；或因具有奇材，量予優異，多寡參差，蓋又莫不有爲而然。夫優加薪水，所以示勸，則核減薪水，所以示懲，在事稍不得力之員，經臣前已裁汰。現所留者，胥能矢慎矢勤，奉公無過，似未便只以厘定主名，概予核減。且船政成船工料侈約，實與在事員紳精神怠奮互爲乘除，得其人則費約功倍，失其人則費侈功半。但令在事員紳，咸出實心實力。爲國家區畫鈎稽，俾木屑、竹頭均收實用，則一船人役較量歲時所撙節，裨益於無形者，實非淺鮮。録厥微勞，厚以薪俸，度亦朝廷寬厚所東予優容者也。臣再四籌思，惟有據情剖吁，仰懇天恩俯念，船政用人第資廩餼以相激勸。此次改並津貼民爲薪水，在各該員紳月得多寡之數，前非有出入，飭下部臣立案，準照原數據實支銷，免其核減。嗣後在事員紳，臣仍嚴加考察其勤慎得力，應加薪水者，自稽查學堂、管理文案、支應以下，仍不得過五十兩之數，以示限制。如或任事不力，立予罰減薪水，或徑行撤差。其所增所減數目，按年報部，以憑核銷。至臣前奏單開懸曠各員，自應遵照部咨，悉行裁汰。惟分廠員額向視工程緩急以爲增減，應增之時，不敢以乏員墜公；應減之時，亦不敢以徇情糜費。若予先時預定，誠恐轉多窒礙，合無並懇恩準。如果將來工作繁興，或新設廠所，必須添用人員，仍由臣隨時酌派咨部立案，以重工程而照體制。除咨部查照外，所有在事員紳薪水，據實支銷，懇免核減緣由。謹會同署理福州將軍臣古尼音布、閩浙總督兼管福建巡撫臣楊昌濬，恭折附驛馳陳。伏乞皇太后、皇上聖鑒訓示。謹奏。

光緒十二年四月初七日拜發。奉旨：户部議奏。欽此。

左宗棠等《船政奏議匯編》卷三二裴蔭森《研訊横海輪船觸礁情形據實復陳折》奏爲遵旨研訊「横海」輪船觸礁情形，據實復陳，恭折仰祈聖鑒事。竊「横海」輪船前在澎湖目嶼吉貝地方，遭霧觸礁沉没。經臣等將大概情形繕折馳報，並管駕大副人等，發交福州府訊究在案。嗣準兵部火票遞回原折，後開軍機大臣奉旨：覽奏均悉。忻成發著即行革職，容尚謙著一並斥革。仍著將觸礁實在情形，確切研訊，分別辦理。該部知道。欽此。臣等當即恭録諭旨，札飭福州府知府張國正，船政局發審委員、通判嚴毓瑞，提同管駕、大副、舵工、水手人等，確切研究。旋由該府等訊，據管駕忻成發供，浙江寧波府鄞縣人，由軍功迭保副將。光緒十一年九月間到閩，奉委管駕「橫海」輪船。先後駛歷上海、金陵及臺北、基隆各處，從無貽誤。本年二月初八日，由閩口駛往厦門，十一日七點半鐘放定羅經，由厦開船出口。駛至中途，適值大霧迷漫。越過澎湖，是夜二點鐘，轉輪回駛，至十二早七點半鐘，行抵澎湖吉貝地方，霧蔽益甚，咫尺莫辨，以致船碰暗礁失事。經「美富」輪船前來拖拉不起，遂將人衆、餉銀搬救過船等語。質之大副容尚謙、舵工水手陳金存、江四等，供均相同，究詰不移等情具詳前來。臣等復查，本年二月十一、十二等日，洋商「時和」輪船，在浙江臺州洋面，遇霧觸礁，適當其時。即臣昌濬乘坐「美富」輪船先期抵澎，亦親見大霧四塞，十步之外不辨人物，該管駕等供稱遭霧失事，人力難施，尚屬實在情形。惟據供由厦出口，中途遇霧，該管駕不即設法停輪，候晴開駛，以致迷霧擱淺；復不能盡將煤物搬卸，使船身輕浮，冀可出險，未免昧於幾先，疏於臨事，究有應得之罪。除將大副容尚謙、舵工水手陳金存、江四等由臣等分別片辦外，相應請旨將已革副將忻成發永不敘用，並不準赴各省防營投效，以示懲儆。所有訊明「橫海」輪船觸礁實在情形，分別辦理緣由。謹合詞恭折，由四百里馳陳。伏乞皇太后、皇上聖鑒，訓示施行。再，此折係臣蔭森主稿，合並聲明。謹奏。

光緒十二年五月初六日拜發。奉旨：著照所請。該衙門知道。欽此。

左宗棠等《船政奏議匯編》卷三三裴蔭森《鏡清快船試洋折》　奏爲「鏡清」快船試洋，恭折仰祈聖鑒事。竊臣於去年十二月初二日，業將第二號「鏡清」快船下水日期，並該船丈尺、行程里數，及加配電燈、風機、魚雷、格林炮改換鋼桅炮位各情形，具折奏明，並請將在事員紳人等擇優保獎。奉旨：此項輪船，著俟試洋後，如果駕駛得力，毫無流弊，再將出力人員擇優請奬。欽此。欽遵在案。臣督率在事員紳催趲工程，務期堅實，一面電商李鴻章，於曾經出洋之駕駛學生，酌派一人來閩管帶。當準電復學生何心川，可遣札令來閩試用；並準曾國荃以派令何心川來工管駕，咨會前來。臣當即飭其將該船自大副以至舵水、升火人等，嚴加遴選，以備試洋。適據各廠員紳及工程處製造學生禀報，該船輪機、鍋爐、桅檣、帆纜一律完竣。臣諏於七月十二日，躬率員紳工匠，乘坐該船，並飭學堂洋教習鄧羅，邀同英國兵船水師官二人，前往看驗。届期四點鐘升火，六點鐘由羅星塔展輪，八點鐘一刻出港，九點鐘到媽祖澳，即在該處及白狗山一帶，放洋試驗。是早北風大作，波濤澎湃，該船鎮定不簸；是晚七點鐘回工。據何心川禀稱，輪機每分鐘至八十一轉，每點鐘船行法海里十四迷盧半，合英海里十六迷盧零。嗣復開滿車，輪機每分鐘旋至八十七轉，每點鐘船行法海里十五迷盧零，合英海里十七迷盧零。核與工程處學生所禀相符，並據何心川面稱，該船機件均各堅利、靈快，並無疵病，即前往看驗之。英國水師官亦無不盛稱美備，謂非經目覩，尚難信閩廠之有此精工巨制也。臣復細加周視，船上一切部位機器，咸屬穩固。現飭該管駕將應配零件，趕備齊全，即行駛赴金陵，聽候南洋大臣驗收、遣用。其應配炮位、魚雷，係由外洋定購，一俟運到，再爲配置。至管駕官以下，銜名水手人等額數，月給薪費數目應由南洋大臣奏咨立案，以昭核實。此次工程處監造學生及員紳工匠，殫竭思力，精益求精，成此海防利器，實屬異常出力。自應欽遵前奉諭旨：「俟該船駛到南洋後，將在事出力人員，擇優保奬。」所有「鏡清」快船試洋各緣由，理合會同南洋大臣、兩江總督臣曾國荃、署福州將軍臣古尼音布、閩浙總督兼管福建巡撫臣楊昌濬，恭折由驛四百里馳陳。伏乞皇太后、皇上聖鑒訓示。謹奏。

光緒十二年七月十五日拜發。奉旨：著照所請。該衙門知道。欽此。

左宗棠等《船政奏議匯編》卷三三裴蔭森《平遠舦舨船配設官弁舵水名額並月支薪費銀數片》　再，臣於去年六月間擬設學生練船，購修「平遠」舦舨，業經奏明在案。該船船身由廠加修堅固，並換配帆纜，添設炮堞，展拓水艙。所有船面戰枰、艙内住房，均改照戰船式樣，以備各生練習。嗣因第三届出洋肄業之議已成，經於駕駛學生中選派十名，隨同監督道員周懋琦西行。其餘在堂堪以上船者，僅林葆懌等七名，人數無多，若專設一船訓練，一切規模概照練船辦理，經費稍嫌過巨。因函商李鴻章，將此七生附入北洋「威遠」練船學習。在各生既無曠學之虞，在閩廠可收節費之實，殊屬兩有裨益。該七生已於六月初一日飭其北行矣。至「平遠」一船，因臺灣建蓋衙署，應用内地各料，需船裝運，而臺煤、臺樟又爲廠中所急需，當札委升用守備林高輝，暫充該船管駕，大副、舵水人等力加删減，只予雇募二十三員名，飭其往來省、臺，專司轉運。謹將該船員弁名並月支薪費，繕具清單，恭呈御覽。將來新班駕駛學生堂課畢時，應往海上練習。仍將該船作爲練船，以培後進。除咨部查照外，理合附片陳明，伏乞聖鑒。

謹奏。

同日拜發。奉旨：該衙門知道。單並發。欽此。

左宗棠等《船政奏議匯編》卷三三裴蔭森《定購第六號鐵脅輪船炮位片》

再，第六號鐵脅輪船，於上年十月間。安上龍骨，經臣恭折奏報在案。該船係變通從前所造鐵脅，改依外洋三等快船新式製造，馬力、速率等項，前奏並經聲明。嗣因所需鐵料、機件寄英購辦，遲遲未來，而廠中方在趲造第二、三號快船，此項鐵脅工程遂暫從緩。現在機件雖尚未到，而鐵料業已陸續到工，木料亦經先時購備，適當第二號快船造成之會，堪以接續興工。惟該船所需炮位，亦應先期定購。經臣於去臘函商督臣楊昌濬，與德商福克訂立合同，向外洋克虜伯廠定購十二生水師後膛鋼炮四尊，架具全備，配各種彈子一千二百顆，棕色藥餅一千二百袋；又十五生水師後膛鋼炮三尊，架具全備，配各種彈子九百顆，棕色藥餅九百袋，共配銅拉火二千二百枝；又荷士基五管連珠炮四尊，架具全備，配各種彈子四千顆。約明限十三、四個月包運到閩，價值並水脚保險等費，統共銀一十二萬一千四十八兩七錢七分，應先付一半，並該商作爲定銀，其餘一半，俟炮件到閩驗收，找給所有。第六號鐵脅輪船，係專爲閩防而設，此項炮位需用銀兩，經與楊昌濬商定，即就閩省善後局隨時籌撥應付。理合附陳，伏祈聖鑒。謹奏。

同日拜發。奉旨：該衙門知道。欽此。

左宗棠等《船政奏議匯編》卷三三裴蔭森《制船用款造册報銷難拘成例請飭部立案折》 奏爲制船用款造册報銷難拘成例，瀝陳實在情形，懇恩飭部立案，恭折仰祈聖鑒事。竊前準户部咨議復《軍需善後報銷內外辦法折》內，擬請光緒八年十二月以前，各省未經報銷各案，向開單者仍開單，向造册者仍造册。其九年正月以後各款，無論何省、何處，概令一律造册報銷，不準再有開單等因。奉旨：依議。欽此。欽遵在案。查船政從前歷届報銷，均屬開單，良以事爲創舉，器具、工作，皆耳目所未經。言造船，或丈數同，而間架不同；言蓋廠，或馬力同，而配制不同；言購器，或斤重同，而機關體質不同；言辦料，或名色同，而精粗巨細不同。所有不能造册緣由，歷届報銷折內，叠經各前大臣據情陳奏，久在聖明洞鑒之中。兹準前因各省報銷，光緒九年以後一律造册，船政自不能不照新章辦理。惟制船用款，非他項可比，初次改造細册，實無成例可循，勢難悉協部章，又難據初次所造細册以爲定案，責令將來報銷，尺寸符合，有不得不爲我皇太后、皇上詳晰陳之者。此次户部新章於「機器局」專條云：「船料物件，購自外洋，並無繩墨可守」；工部新章於「製造洋式物件」專條云：「外洋式樣，概爲定例所無，是制船用款之難繩以成例」，已爲部臣之所深知。而工程之項，勾稽之難，前後銷册之不能較若劃一，容亦有未及備悉者。夫船式機件，新者貴益求新，利者貴益求利。選料、課工，固者貴益求固，精者貴益求精。當製造之頃，既不容强後符前；及造銷之時，自無從執前概後。工師洋法，料資洋産，故同一匠工日辛或至二兩有奇，或僅二錢以内；同一料件，商販缺則價漲，商販足則價平。問有逕由外洋採辦者，前後物價同，而前後兑銀之磅價又或不同。則前後不能劃一者，此其一。然猶曰，此特辛工料價之因人而異、因時而異也。乃同制一物，材木中度，則工省而耗亦省；稍不中度，斫削求合，則工多而耗亦多。銅鐵之質，有精粗火耗，即分多寡；斧鑿之鋒，有利鈍工，作因以參差。則前後不能劃一者又其一。然猶曰，此特因物料之不同，致工耗之各異也。乃有同此料、同此器，同此工，前後工耗亦終不能同者。船機銅鐵巨件，動輒萬斤，形質離奇，尺寸不容差以半黍。和金入冶，百數十人奔走左右，一煅而適合者有之，再煅、三煅而始合者有之。萬斤之鐵，火候必以竟日，再煅、三煅不特火耗增多，即工、煤亦當倍計。謂匠有巧拙，則前後均此人也；謂事有難易，則前後均此物也；而其不同也竟若此？則前後不能劃一者，又其一。然猶曰，此特人事之不齊也。廠中工作，半資機器，機器之動，必藉革帶，以掣衆輪。閩地瀕海，燥濕靡常。天氣燥則革帶緊，而輪轉多；天氣濕則革帶松，而輪轉少。天氣過燥，則革帶又易斷，而輪轉停轉。多則工程速轉，少則工程緩轉，停則工程愈緩。緩速係乎天時，而費之繁節視焉。則前後不能劃一者，又其一。夫至天時所限，人力已幾爲窮。又況一船專營，則工費較侈；數船並造，則工費較約。譬諸炊斗米者，必不用炊升米者十倍之薪與無十倍之人力，此則又係乎經費之充與不充，而非盡天時、人事之咎矣。凡此數者，一有不同，即前後斷難劃一。而向所謂新益求新、利益求利、固益求固、精益求精者，猶不與焉。今後，凡諸用款改造細册，若必繩以成例，微特洋法之工，洋産之料，無從劃一，即中華工料，亦斷難持。乾隆、嘉慶年間價值以例今日，而將來銷册必不能與初次所造尺寸符合，又屬不問可知。比而同之，雖使在事員紳，曠厥專司，咸事勾稽，猶難强合。即能强合，終不免於移甲就乙，亦甚非朝廷實事求是本意也。再四籌思，維有仰懇天恩，飭部立案，今後制船用款，發行細册，仍準隨時實支實報，免以成例相繩，庶款項咸歸據實支銷，而製造亦得益求精密，船工幸甚！制船用款，造册報銷，難拘成例緣由，謹會同南洋大臣、兩江總督臣曾國荃、署理福州將軍臣古尼音布、閩浙總督兼管福建巡撫臣楊昌濬，合詞恭折，附驛馳陳。伏乞皇太后、皇上聖鑒訓示。謹奏。

光緒十二年七月十五日拜發。奉旨：照所請。該部知道。欽此。

左宗棠等《船政奏議匯編》卷三三裴蔭森《修理萬年清輪船動用工料銀數片》 再，「萬年清」輪船向係派駐臺灣供差，間有船機損蝕，回工修膳。其修費概由省會善後局造銷，歷辦在案。去年十一月間，準督辦臺灣防務、福建巡撫臣劉銘傳咨稱，該船曾在滬尾遭風，艙縫綻裂，全船滲漏，船底龍骨、船身木脅，及輪機、鍋爐、帆纜、器具歷年既久，多有損壞，請予照修。前來當即飭廠興修。計自去年十一月回工，至本年二月工竣，核用工料，並另領備用繩索，共銀一萬四千九百四十餘兩。遵照部定新章，應先行奏咨立案。除咨部查照外，理合附片陳明。伏乞聖鑒。謹奏。

同日拜發。奉旨：該部知道。欽此。

左宗棠等《船政奏議匯編》卷三三裴蔭森《修理泰安輪船動用工料銀數片》

再，「泰安」輪船向駐山東烟臺供差，間有船機損蝕，回閩修理。其修費概由該省造銷，歷辦在案。去年八月間，該船因鍋爐年久朽壞，兼以年來海防吃緊，時往來於朝鮮、烟臺、旅順一帶，北海風日燥烈，波濤險惡，致船底艙縫、銅皮，船面帆纜、器具，在在松裂殘缺。來閩稟請大修，經山東撫臣咨部立案，並咨請照修前來旋準工部來咨，以修理該船用過銀數，應先行奏咨立案等因。查該船自去年九月興修，到十二月工竣，飭據各廠開列工料，核計用銀二萬六千四百九十餘兩。又，修竣啓行時，領用煤炭，核共價銀四百九十七兩零，均係船政墊支，應由山東籌還，匯案造銷。除咨部查照外，理合附陳，伏乞聖鑒。謹奏。

同日拜發。奉旨：該部知道。欽此。

左宗棠等《船政奏議匯編》卷三三裴蔭森《洋監督日意格積勞病故懇請議恤片》 再，準出使大臣許景澄咨稱，據出洋肄業監督日意格胞弟日意吉呈稱，胞兄日意格由法國水師參將，歷充中國寧波、漢口稅務司，因剿發逆獲勝，克復城池，身受槍傷，屢次蒙恩，賞給正一品銜，黄馬褂花翎，一等寶星，權授總兵，嗣委出洋採辦船料，派充出洋肄業監督。上年，因驟發舊傷，醫治無效，於本年正月十六日病故。可否照軍營立功後病故例，奏請賜恤等情。照録原呈咨請，前來臣查日意格前在浙江助剿發匪，克復上虞縣城，首立戰功，經前閩浙督臣左宗棠奏，奉上諭：賞加總兵銜，欽此。嗣充船政正監督。經前船政大臣沈葆楨奏請獎勵，同治七年二月初二日，奉上諭：賞加提督銜。並賞戴花翎。欽此。同治十二年船工告成，蒙恩賞加一品銜，準穿黄馬褂，並賞給一等寶星。光緒二年，經前船政大臣吴贊誠奏派會辦出洋肄業監督。該洋員於安置生徒一切事宜，俱極妥協，克收成效。該洋員宣力中華二十餘年，始終不懈，忠勇可嘉。生既叠荷恩施，殁當更邀曠典。應如何從優賜恤之處，惟有仰懇天恩，飭下總理各國事務衙門，核議施行。除照録日意吉原呈，咨送軍機處暨總理各國事務衙門外，理合會同北洋大臣、直隸總督、大學士一等伯臣李鴻章附片具奏。伏乞聖鑒。謹奏。

同日拜發。奉旨：該衙門議奏。欽此。

左宗棠等《船政奏議匯編》卷三三裴蔭森《廠造第三號快船下水並陳現在工程情形折》 奏爲廠造第三號快船下水，並現在工程情形恭折具陳，仰祈聖鑒事。竊臣於本年七月十五日，業將第二號「鏡清」快船試洋各緣由奏明在案。旋飭該船管駕、都司何心川於八月初二日駛赴金陵，聽候驗收遣用。去後，臣即督同各員紳，催趲第三號快船工程。嗣據工程處稟稱，該船經已配齊鐵脅，封固重舨、鐵梁、鐵柱以及牽鉗截堵，經已鑲竣船首之銅刀，船尾之銅夾、銅套，船面之鐵戰枰，船旁之鐵耳臺，船中、船後之炮路，船上之鐵望臺、鐵厨房，船内之輪機艙、水缸艙，並煤炭艙、鐵練艙、水手艙、帆纜艙、糧食艙、淡水艙，亦已一律竣工。現在船身可以下水。下水後，則輪機、水缸以至桅檣，帆纜、舵車，向盤、抽水機、電燈等件，便當次第安配齊全。臣飭各廠員紳等復驗無異，因命之曰「寰泰」，擇九月十八日下水。届期臣率員紳致祭各神，命工抽撑拔楔如法。午潮正滿，船循滑軌而下中流，容與水波不興，船身之靈快穩重，已可共信。查該船長二十六丈有奇，寬三丈六尺，吃水深一丈七尺，高三丈四尺，全船噸載計二千二百噸。每噸合中國一千六百八十斤。儲煤之艙可積三百五十噸。配新式三汽鼓康邦省煤卧機一副，計實在馬力二千四百匹。圓式水缸八個，可出汽力六十八磅，計每時可行水程百里。一切制度與二號「鏡清」之船相同。推陳出新，迥非常式舊制之兵輪可比。其工料堅實，亦遠過於泰西所售，此皆臣所勘驗而確信之者也。辰下嚴催廠中趲工，以期早日蕆事、試洋。配大炮、魚雷，一俟運到，亦即接續安置。六號鐵脅船工逐漸趕造，至遵旨試制之鋼甲艦圖式、木模，亦漸就緒。省局撥解之經費四十六萬兩，業經陸續到齊。臣派工程處學生魏瀚，赴外洋選購鋼甲、龍骨及各料件。現在，龍骨之料已經到工，其他鋼料不日亦可運到。十月初旬，便當開工起制矣。合將「寰泰」快船下水並廠中工程情形各緣由，謹會同南洋大臣、兩江總督臣曾國荃、署福州將軍臣古尼音布、閩浙總督兼管福建巡撫臣楊昌濬，合詞恭折，由驛四百里具陳。伏乞皇太后、皇上聖鑒，訓示遵行。謹奏。

光緒十二年十月初八日拜發奉旨：該衙門知道。欽此。

左宗棠等《船政奏議匯編》卷三三裴蔭森《添蓋廠屋並添制機器動用銀數片》 再，前準户部咨奏定外省報銷新章，內載各省設立機器局並閩省船政局，如有添購機器經費若干，事前奏明，咨部立案，事後方準核銷等因，歷經遵辦在案。茲據製造工程處學生、分省補用直隸州知州魏瀚等禀稱，去年因快船工作繁興，廠屋機器均有不敷，拉鐵廠添制拉鐵碾輪三副，計用工料銀一千餘兩；輪機廠添制轉輪軸轂旋機一架，計用工料銀二百餘兩；小輪機廠添制挂壁鑽機二架，計用工料銀一百餘兩。又因料件繁多，就小輪機廠旁添蓋棧房一座，計用工料銀二百餘兩；十年七月初三日馬江之戰，拉鐵廠大烟筒被炮倒壞，從新砌造一座，計用工料銀一萬一千六百餘兩；興造第六號鐵脅三等快船，將舊日船臺重加修理，計用工料銀一千四百餘兩；仿制水雷，建蓋水雷廠一座，計用工料銀四百餘兩；前後兩學堂添招藝童，學舍不敷，經於十一年六月間奏明，嗣就學堂隙地添蓋樓屋，上下共一百一十八間，計用工料銀七千三百餘兩；復設藝圃，廣植藝徒，經於十一年十二月間奏明，嗣將舊日藝圃屋宇重加修葺，計用工料銀六百餘兩；船局添設電報，經於十一年六月間奏明，嗣就署内添蓋電報樓屋一座，計用工料銀七百餘兩；購制電報應用機器、料件，計用工價銀六百餘兩；船政衙署學堂暨各廠所，十一年七月間遭風損壞，當經奏明，陸續大加修整，計用工料銀五千一百餘兩；學堂洋教習賴格羅、李家孜來工，經於十一年六月間奏明，將馬限山舊日洋房二十四間修理，以爲該教習等寓所，計用工料銀一千三百餘兩；馬江陣亡員弁、舵水、兵勇前經張佩綸奏明，由船政建立「昭忠祠」，茲就馬江山麓，舊日洋匠住屋一所，修葺改建，計用工料銀九百餘兩；廠中制船，需用煤、鐵、銅、鉛，悉以遠購爲艱，擬令礦務學生，於附近處所探覓礦苗，以期自行開採，購驗礦鑽地機二副，計用價值銀一千八百餘兩；後學堂洋教習請購電學、氣學、重學、水學各機件，用以兼課藝童，計用價值銀六百餘兩；十一年六月間奏明，購買英商美那二枝半桅舦舨船一號，以作練船，名曰「平遠」，經由廠修改各艙，添備各件，計用工料銀一萬四千七百餘兩。以上各款，應歸船政十一年分銷案造報。「藝新」一船，馬江戰後沉於林浦，嗣經撈起大修，計用工料銀一萬三千六百餘兩。查此款係屬船政墊支，應歸省局匯銷，呈請立案前來，經臣復查無異，除咨部查照，並飭另行匯案造銷外，合將應行照章聲明緣由，謹會同南洋大臣、兩江總督臣曾國荃、署福州將軍臣古尼音布、閩浙總督兼管福建巡撫臣楊昌濬，合詞附片具陳。伏乞聖鑒。謹奏。

同日拜發。奉旨：該衙門知道。欽此。

王樹枏《張文襄公全集》卷一二七《致福州船政大臣裴光緒十二年十月初六日發》 望電悉，代造淺水輪船，祇須半價，感甚。擬長英尺一百五十六尺，闊十七八尺，喫水英尺八尺，配新式上等機器兩副，須能出大洋。每船半價，約須若干，馬力若干匹，一點鐘行若干里，或雙車，或單車船首、船尾、礮房用鋼板。兩旁安諾登飛各一尊，桅盤礮一尊，請飭學生約估一價，速示。礮價不計。魚。

左宗棠等《船政奏議匯編》卷三四裴蔭森《請撥款仿制穹甲快船折》 奏爲核計閩廠造船實較外洋所購料堅價廉，請旨飭議撥款，仿制穹甲快船，恭折仰祈聖鑒事。竊臣於今春二月間，派令製造工程處學生、分省補用直隸州知州魏瀚，出洋選購鋼甲艦料件，業經陸續運工。該學生於九月初旬回華，茲據禀稱：竊瀚此次三至泰西，職司購料，志在採訪新船。歷英、法、德十餘廠，較量圖式，查探情形，並於曾、許兩大臣訂購之四船制度、工價考核最爲詳悉。許大臣訂購之船舦有甲臺、有堡，船可載重二千九百噸，馬力三千四百匹，行可十五海里；應配二十一生大炮二尊、十五生大炮二尊、魚雷筒四具，價每艘約英金十七萬磅，合銀七十五萬兩，炮械保運各費在外。曾大臣訂購之船無甲無堡，船可載重二千三百噸，馬力五千五百匹，行可十八海里。應配之炮械、雷筒與許大臣之船相若。價每艘英金十四萬二千五百磅，合銀六十三萬兩，炮械保運各費在外。按兩大臣所購四船均勝於「濟遠」，誠爲巡海利器。而曾大臣之船艙有穹甲，厚處四寸，薄處二寸，半在水上，半在水下，制法尤遠勝於「濟遠」。蓋「濟遠」穹甲全在水下，若穹上中炮，水浸其上，船將不穩。又查法蘭西今年七月開制穹甲一船，長英尺三十丈，寬三丈有八寸，中匡吃水十六尺六寸，可載重一千八百噸，馬力六千零六十匹，穹甲厚四十密里，合英尺計一寸五分，行十九海里半，應配十五生大炮四尊，魚雷筒四具，價約銀五十六萬兩，炮械保運各費在外。此船亦爲中國水師合用之式。以上三種之船，經瀚切實核算，如由閩廠仿制曾大臣所購之船，每艘只需銀五十三萬兩，較外洋定辦可省十萬兩；如由閩廠仿制許大臣所購之船，每艘只需銀六十三萬兩，較外洋訂辦可省十二萬兩；如由閩廠仿制法蘭西所制之船，每艘只需銀四十五萬兩，較外洋定辦可省十一萬兩。蓋外洋匠資貴於華匠，洋廠每日每工扯計一二兩有奇，而閩廠匠資每日每工只扯二錢餘銀。且洋廠有貪求資本之息，而閩廠則實用實報，故同此一船，中外之價相懸什二。況自制且免駕駛回華保運各費，每船又可省數萬兩。竊維自制較之外購，每船所省不輕，際此經費支絀之時，與其利溢於人，何如藝精於己之爲得乎！查日本近在英、法兩國定購十八海里穹甲快船各兩號，式與曾大臣所辦相同，而船較大，又在本國仿制四號，是日本水師一二年後即有十號、八號十八海里之穹甲快船。中國整頓海防，更宜早籌多制。現在閩廠承造南洋之快船，業經歲事，「寰泰」將次試洋，廠中工程只有遵旨試辦之鋼甲一艦及第六號鐵脅一船耳。儻再添制十八九海里快船一二只，於船工不無裨益。如制不合法，瀚與在工學生甘任其咎等語，稟請奏咨籌款添制。

前來臣查該學生等於制船工程閱歷頗深，前爲南洋協造之「開濟」快船，視所購之「南琛」、「南瑞」規制相同，靈快相似，而堅實則過之；本年告成之「鏡清」、「寰泰」兩艘，其制法之精密，船機之穩快，又遠過於「開濟」，則該學生等於製造確有把握，實可共驗而深信之。刻下鋼甲船料購自外洋者陸續到工，十月間即可開辦，如趁此時添機多制，則料以分用而益省，工因合作而速成，工程所裨實非淺鮮。惟辰下船政經費萬難，閩海關四成、六成兩項，歲應六十萬，撥解不及其半；藩司應解之養船經費，遞年皆解濟不敷，今年尚未解到；前大臣張佩綸疏請奉準九船薪糧十四萬按年仍解，以爲制船經費者，去年僅解六萬，本年則絲毫未解。在省局雖亦因經費支絀，非不關顧巨工，無如船工以經費爲衡，經費充則易於起色。船政叠奉恩旨指撥之款，向使按年解清，不至積欠二百餘萬，添機拓廠，其成效必有可觀。年來猶恃南洋兩快船之款全數解齊，稍資挹注，而工程便覺振作，略展其益求精密之能。此臣去年所以有催解關款並各省協款之請，而不敢稍安緘默者也。今春，臣赴金陵晤商南洋大臣曾國荃，初猶欲造鋼甲兩艘，嗣因南洋海防經費二百萬已提歸海軍衙門，其養船之費方慮不給，不復能兼顧造船矣。

茲據該學生魏瀚所稟，如由閩廠仿造穹甲快船，每船必較外購者節省十數萬，經臣再三考核，均係實在情形，並無一毫虛飾，既不糜夫國帑，且有益於船工。臣何敢壅於上聞，稍負朝廷整頓海防、垂顧船工之至意。合無仰懇恩旨，飭交海軍衙門籌議，由南、北洋海防經費項下撥款數十萬，發交閩廠仿制穹甲快船一號，歸北洋海軍差遣。俟告成驗收後，再行撥款續造，以壯海軍之勢。所有核計閩廠造船實較外購料堅價廉，請旨飭議撥款，仿制穹甲快船各緣由。謹會同南洋大臣、兩江總督臣曾國荃，署福州將軍臣古尼音布，閩浙總督兼管福建巡撫臣楊昌濬，合詞恭折，由驛馳陳，伏乞皇太后、皇上聖鑒訓示施行。謹奏。

光緒十二年十月初八日拜發。奉旨：該衙門議奏。欽此。

左宗棠等《船政奏議匯編》卷三四裴蔭森《核定魚雷艇名額薪費並擬由廠仿造折》 奏爲閩口新購魚雷艇核定名額、薪糧、公費，並擬由廠仿造數艇，恭折具陳，仰祈聖鑒事。竊臣查前署船政大臣張佩綸任內，以魚雷快艇爲水師必不可少之利器，奏請定購一船，到工後鑲合試行，並擬如式仿造數艇，在船政對渡之烏龍江隨時訓練，奏準在案。本年八月二十七日，德國挨呂屏什好廠如約造竣，由水師兵官駕駛到閩。經派工程處學生逐加勘驗，臣復親出芭蕉口外，試其行程速率，均屬完固靈快。此項價腳銀兩已由船政墊支，應歸省局撥給報銷。至該艇應配駕弁、舵水名額、薪糧、公費及廠中修整合攏，魚雷十具各工料，亦應由船政隨時墊發，歸省局撥給報銷。

臣經於十月初八日附片奏明所有該艇駕駛訓練事宜。臣查前船政駕駛學生，軍功陳應濂，曾充廣東「震威」練船管駕，兼充魚雷學堂教習，年强技熟，可以勝任，隨即派令管駕。該艇係按德國頭等新式制度，較之津、粵所購者，船身加大，而行亦較速，因命之曰「福龍」。應配各執事名額及月支薪費銀兩，據該管駕參照津、粵章程稟請。前來經臣再三酌量核減，尚無浮額濫費，當即咨明省局查照開支。一俟廠中所購魚雷配合完妥，便令駛赴烏龍江驗試訓練。惟閩口僅此一艇，未免單弱，應請準照張佩綸原議，由閩浙督臣飭局籌撥經費，發交臣廠仿造數艇，俾成一隊，以壯聲威。

所有「福龍」魚雷艇員弁名額、薪費銀數，除咨海軍衙門、總理衙門及户、兵兩部查照外，合行開單恭呈御覽。謹會同南洋大臣、兩江總督臣曾國荃，署福州將軍臣古尼音布，閩浙總督兼管福建巡撫臣楊昌濬恭折，由驛馳陳，伏乞皇太后、皇上聖鑒訓示。

光緒十二年十一月初三日拜發。奉旨：該衙門知道。單並發。欽此。

謹將「福龍」魚雷艇官弁、舵水名額，月支薪費，開具清單，恭呈御覽。

計開：

管駕官兼充教習一員，月支銀八十兩；

大副一名，月支銀三十六兩；

二副一名，月支銀二十四兩；

水手頭目一名，月支銀一十八兩；

舵工三名，月各支銀一十五兩，共銀四十五兩；

頭等水手八名，月各支銀一十二兩，共銀九十六兩；

二等水手八名，月各支銀一十兩，共銀八十兩；

正管輪一名，月支銀四十六兩；

副管輪二名，月各支銀三十兩，共銀六十兩；

管油三名，月各支銀一十六兩，共銀四十八兩；

頭等升火二名，月各支銀一十四兩，共銀二十八兩；

二等升火二名，月各支銀一十二兩，共銀二十四兩；

煤夫二名，月各支銀一十兩，共銀二十兩；

廚夫一名，月支銀五兩；

伙夫二名，月各支銀四兩，共銀八兩；

辦公經費，月支銀七十兩。

以上共三十八員名，大建月支銀六百八十八兩，小建月支銀六百六十五兩六分六厘七毫。

左宗棠等《船政奏議匯編》卷三四裴蔭森《定購外洋大炮請準支銷立案折》

再，臣於本年八月初六日準户部咨開：七月十一日，遵旨議奏閩浙總督兼福建巡撫楊昌濬奏《臺事需款甚急，籌撥維艱》一折，内載「以後各省及統兵大臣如有購買外洋船械、槍炮等事，務於未經定議之先，咨報部中暨海軍衙門，俟核準請旨之後，該省再與洋人定議，以免失信遠人之虞。如有自行定議者，即令該省自行籌款辦理，不準開支正項，以杜冒濫，而嚴限制」等因。臣按部臣所議，原爲慎重軍火，限制款項起見，船政自應一律遵照辦理。臣查船政八月奉到部文之後，尚無定購槍炮之議，惟二月間委派工程處學生魏瀚赴外洋採購鋼甲船料件時，曾囑其就洋順購二十六生口徑水師後膛鋼炮一尊，以備鋼甲船之用；二十一生口徑陸軍後膛鋼炮一尊，以備馬尾山護廠炮臺之用。嗣據該學生禀稱，該炮兩尊業於六月間在洋向德國克虜卜炮廠定辦，約明二十六生口徑水師後膛鋼炮一尊，重四萬六千五百斤，長英尺三十尺，炮架零件全備，實價德銀二十一萬九千九百六十九馬克四十分，約合中國銀四萬七千七百九十兩；二十一生口徑陸軍後膛鋼炮一尊，重二萬二千六百斤，長英尺二十四尺，炮架零件全備，實價德銀八萬九千一百五十馬克，約合中國銀一萬九千三百六十八兩。共先付定銀三萬三千五百九十兩，其餘銀兩俟炮位制便再行找付。其二十六生大炮應配鋼開花子三十顆，生鐵開花子七十顆，實價德銀一萬九千六百五十五馬克四十分，約合中國銀四千二百七十兩，外加保運到閩等，費英銀一千四百磅，約合中國銀六千一百七十五兩；至二十一生大炮應配藥彈，查省局存儲尚多，應可挪用，不必另購。臣經細加復核，所有價脚均屬廉實，並無浮濫，準予照購在案。此項兩尊大炮，係配鋼甲船及護廠炮臺之需，容臣籌定配用之時，續將詳細情由分別具報。所有購制該炮彈實情係該學生在洋六月間議定，計在船政未奉部文之先。此項價脚銀兩合無仰懇天恩準予開支，飭部立案。除咨海軍衙門及户、兵兩部外，合將未奉部文之先，在洋定議炮彈價脚數目各緣由，謹會同南洋大臣、兩江總督臣曾國荃，署福州將軍臣古尼音布，閩浙總督兼管福建巡撫臣楊昌濬，附片陳明，伏乞聖鑒訓示。謹奏。

同日拜發。奉旨：着照所請，該衙門知道。欽此。

左宗棠等《船政奏議匯編》卷三四裴蔭森《派員暫行代辦提調片》 再，船政提調，分省補用道吴仲翔，近因舉發濕熱舊疾，一時不克到工，續請銷差，自應準如所請，俾得安心調理，俟病痊日，再行給咨送部引見。所有船政提調事務，應由臣遴員奉派接充，以昭慎重。惟提調有表率員紳、稽查工程之責，一時慎選尚難其人，而事體殷繁，又未便久令懸曠，自應先行揀員代辦，藉專責成。查有在籍四品頂戴、升用同知、曾任浙江餘杭縣知縣王崧辰，老成練達，熟悉情形，堪以暫行代辦。除檄飭外，所有提調道員吴仲翔因病銷差並委員代辦緣由，謹會同署理福州將軍臣古尼音布、閩浙總督兼管福建巡撫臣楊昌濬附片陳明，伏乞聖鑒。謹奏。

同日拜發。奉旨：知道了。欽此。

左宗棠等《船政奏議匯編》卷三四裴蔭森《鋼甲船安上龍骨請俟船成照異常勞績奬勵折》 奏爲試造雙機鋼甲兵船安上龍骨，並懇俟全船告成，恩準將監造各員紳按照異常勞績擇尤奬勵，以資激勸，會折吁陳，仰祈聖鑒事。竊臣於上年十一月奏請試造雙機鋼甲兵船，荷蒙俞允在案。隨於本年二月間飭出洋學生、四品銜分省補用直隸州知州魏瀚，前赴外洋，購辦船身鋼料，運帶回閩，克日興工，並力趲造。兹據代理提調知縣王崧辰禀請，諏吉安上龍骨，前來爰擇本月十二日率同在事員紳、工匠，親捧龍骨安置船臺。其船身鋼脊業已陸續拗制，輪機亦已先後制模，發廠開鑄。所有外洋定購之船身鋼板並輪機、水缸、鋼料等件，今冬來春漸次到工。臣即策勵匠徒加緊興作，計至明年冬間可以全船下水。臣維泰西輪船之制，由木質而鐵脅，而快船，其堅韌至於鋼甲而極；輪機之制由立機而卧機，而康邦，其靈巧至於三脱汽而極。洋人負其殊，能頗爲矜秘。此番閩廠仿造，該監造等絶無師授，竟能獨運精思，匯集新法，繪算圖式，累黍無差，其苦心孤詣，直湊單微，即外國師匠入廠游觀，莫不詫爲奇能，動色相告。儻能廓充廠地，寬籌經費，多制數艘，以備海上緩急之用，匪特可固各口之藩籬，亦可隱懾强鄰之心志。

國家設立船政垂二十餘年，糜費不爲不巨。今兹仿制鋼甲，不用一洋員洋匠，脱手自造，按圖以成範，課實以求精，是可知其確有把握，而不愧奇才異能之選矣。臣昕夕莅廠，逐加稽核，親見該監造等思慮周詳，締造艱苦，實非尋常勞績可比。日後工竣試洋，仍當駛赴天津，由北洋大臣派員勘驗。如果製造合法，可否仰懇天恩，準將監造各員紳按照異常勞績擇尤獎勵，以資激勸。先行飭部立案，出自逾格鴻慈。理合會同署福州將軍臣古尼音布、閩浙總督兼管福建巡撫臣楊昌濬恭折，由驛四百里具陳，伏乞皇太后、皇上聖鑒訓示。祗遵謹奏。

光緒十二年十一月十六日拜發。奉旨：着俟工竣試驗後，如果製造得宜，準照所請，擇尤褒獎，該部知道。欽此。

王樹枏《張文襄公全集》卷一二七《致福州船政大臣裴光緒十二年十一月初九日發》

淺輪函圖感悉。粤無造船鉅款，此係零星羅掘，聊資海口内河巡防，擬照式照價，請協造八艘。極知貴廠經費不裕，此係搭造小品，不過大局緒餘，併造多隻，或可省費竣工，期以半年，是否可行，即示復。佳。

王樹枏《張文襄公全集》卷一二八《致福州船政大臣裴光緒十三年正月二十九日發》

聞臺灣託貴局造出海快船四艘，每艘價十六萬兩。粤擬懇照樣，協造四艘，每艘半價八萬兩。一年半造成，或兩年，價分三起匯寄。如蒙允，祈將船式、深廣、尺寸、馬力、速率、喫水深淺、鋼板厚薄、配礮幾尊幾頓電示，即匯價。豔。

王樹枏《張文襄公全集》卷一二八《裴大臣來電光緒十三年二月初三日未刻到》

電悉，臺灣所造價二十萬，非兵輪，頃已派工程處學生魏瀚赴粤面陳一切，森叩。

左宗棠等《船政奏議匯編》卷三五裴蔭森《核定魚雷廠名額薪工懇恩飭部立案折》 奏爲核定魚雷廠名額、薪工，謹繕清單，恭折仰祈聖鑒事。

竊查前署船政大臣張佩綸訂購德國刷士考甫廠磷銅魚雷十具，連同做汽機、放汽機、灌氣機各一具，於前年九月運到閩口。經臣蔭森添建廠屋，派令出洋回華學生陳才鍴修整合攏，於去年十月初八日附片奏明在案。臣等深維魚雷爲海防制勝利器，必須中國能自製造，始足以張我軍威。陳才鍴曾在德國專習製造魚雷，於魚雷工程確能深窺機鍵，究其精微，自應專設廠所，飭其招集匠徒於修整之餘兼課製造。數月以來，鑲配合攏，深中肯綮，從此因熟生巧，當能專門製造，爲國家備防禦之資。惟此項魚雷係爲閩口海防而備，其添建廠屋、購置機器兩款經費，擬由船政制船項下支銷。此外，如修整魚雷所需料件以及魚雷廠月支薪工等費，統歸福建善後局由海防項下撥給報銷。兹據學生陳才鍴將去年六月初一日起該廠興工額數支數參照船政各廠章程，稟請核定。前來臣等再三酌量裁減，尚無浮額濫支等情，相應開列清單，恭呈御覽，懇恩準予飭部立案。儻將來開制魚雷工程推廣，尚須添派匠徒、添購料件之處，再由臣等隨時據實奏報。

除咨部查照外，所有臣等核定魚雷廠名額、薪工緣由，謹開單合詞，會同署福州將軍臣古尼音布，恭折由驛馳陳，伏乞皇太后、皇上聖鑒訓示。再，此折係臣蔭森主稿，合並聲明。謹奏。

光緒十三年三月十二日拜發。奉朱批：該部知道，單並發。欽此。

謹將新設魚雷廠監工、教習、匠徒、書吏人等額數、支數開具清單，恭呈御覽。謹開：

監造出洋學成回華學生一員，月支薪水銀五十兩。

該學生前在德國學習制配魚雷，藝成回華，派往北洋候遣，嗣因閩省定購魚雷到工，復由北洋咨調回閩。該學生於十一年六月回工。其時，魚雷廠屋始行建蓋，即派該生監造布置一切。月先支薪水銀三十二兩，迨十二年五月廠屋告成，招集匠徒人等於六月初一日興工，該學生月始起支五十兩薪水。理合聲明。

教習演放學生二員，月各支薪水銀二十二兩。

匠首一名，月支工食銀一十八兩。

又一名，已向北洋咨調，尚未到工，俟其到工，酌定工食若干，再行咨部立案。

散匠一名，月支工食銀一十兩八錢。

又四名，各月支工食銀六兩六錢。

又二名，各月支工食銀六兩。

藝徒二十一名，日各支工食銀七分五厘，月各支銀二兩二錢五分。

該藝徒等均係新招入廠學習，照船政新定藝徒章程，各日支工食銀七分五厘，俟技藝稍精，隨時酌量加給，加至一錢九分爲度。其年節、假期亦照船政藝徒章程，均行扣給。理合聲明。

小工十五名，各月支工食錢四兩二錢。

藝徒伙夫二名，各月支工伙銀三兩。

繕書一名，月支工伙銀四兩。

紙張月支銀五錢。

左宗棠等《船政奏議匯編》卷三五裴蔭森《閩、厦兩口輪船薪費名額請飭部改照舊章立案折》 奏閩、厦兩口輪船名額、薪費，仍請改照舊章，恭折具陳，仰祈聖鑒事。

竊閩廠輪船各項名額、薪糧以及公費，一切皆經前總理船政沈葆楨按照船身大小，分別兵輪、商輪酌定，奏明在案。嗣於光緒十年二月二十八日復經前總理船政何如璋重爲奏定，將名額、薪糧酌核裁減，並將原包公費一款改按行船點鐘核給，奉部議準，並行南、北洋遵照各在案旋準。南、北洋大臣以閩廠新章礙難照辦，咨復兵部並抄稿咨會。前來臣查何如璋所定新章，原爲核實起見，然輪船爲防海而設，兵輪操巡，商輪轉運，皆須不時行駛，勢不能終日停泊口門。若必按日、按時核給公費，則停泊日少，行駛日多，綜計一月所支勢必倍於原定之數。且恐法久弊生，將有浮開水程、虚報時刻情事，轉不足以昭核實。臣細繹南、北洋大臣復部之文，所論尤爲詳盡。溯自甲申七月戰後，閩、厦兩口只餘「藝新」、「琛航」二船，該二船於奉公往來香、滬、臺、厦之餘，尤須時時出口巡緝。若以行駛點鐘核計公費，誠不免溢出原包數目之外。現在南、北洋以及粵洋、浙洋、臺洋各輪船均係按照舊章包定公費，閩、厦兩口事同一律。合無仰懇天恩，準將「藝新」、「琛航」二船改復沈葆楨原定公費數目，按月照給？至名額、薪糧各項，沈葆楨開局之初原按船身大小酌中核定，本無浮濫等弊，自應一體規復舊章，以期畫一。如蒙俞允，應請飭部改照舊章立案。「藝新」係五十四馬力兵船，「琛航」係一百五十匹馬力商船，原定名額、薪費數目，部中均有成案可稽，無庸另繕清單。

除咨部查照外，所有微臣請將閩、厦兩口輪船薪費、名額改照舊章緣由，謹會同署福州將軍臣古尼音布、閩浙總督兼管福建巡撫事臣楊昌濬恭折馳陳，伏乞皇太后、皇上聖鑒。謹奏。

光緒十三年三月十二日拜發。奉朱批：該部議奏。欽此。

左宗棠等《船政奏議匯編》卷三五裴蔭森《補派後學堂委員片》 再，竊準户部咨開：議復船政員紳薪水，懇準照數支銷。折内聲稱「嗣後該廠所用員紳名數，亦即按照單開之數作爲定額，不得率行添派」等語，於光緒十二年五月十九日具奏。奉旨：依議。欽此。欽遵移咨前來。臣謹查船政各廠所額設員紳，經歷任各大臣斟酌盡善，並無冗員，間遇廠工稍松，就中懸曠數員，或以一廠兼二廠之事，或以一人兼二人之責。誠以國家帑項，絲毫必惜，有可撙節之處，無不力求撙節。辰下廠工尚未繁興，所有久經懸曠廠員自應暫照部章，不復添派。惟臣原奏單内後學堂兼管輪學堂額設四員，懸曠二員。此二員者，非久懸未補之缺，因其時考核裁撤，郎中梁佟年、訓導梁鳳翔所遺之員缺也。學堂爲人才所從出，實船政根本。該兩堂學生百二十有八人，管理者於支放贍養飯食之外，凡課督學業，稽查出入，所以防閑誘掖於無形者，以四員之耳目精神，尚恐其日不暇給。若更誤會部章，以爲懸曠二員不復派補，該兩堂僅設二員，惜微費以誤要圖，臣雖至愚，斷斷不敢出此。故於梁佟年等撤差後，以遴選難乎其人，暫派他廠員紳兼攝以承其乏。又以廠員兼攝照料難周，於去年十月間添派刑部主事曾福謙，月支薪水銀四十兩；十一月間，添派候選直隸州知州劉宗駿，月支薪水銀四十兩，會同管理，始臻妥協。臣因公起見，斷不敢糜費以濫用冗員，惟有仰懇天恩，俯念該項員缺本非懸曠，不在部議不得添派之列，準予派補，以肩重任。

除咨部查照外，所有後學堂兼管輪學堂仍照額設四員管理各緣由，謹合詞附片陳明，伏乞聖鑒訓示。謹奏。

同日拜發。奉朱批：户部議奏。欽此。

左宗棠等《船政奏議匯編》卷三五裴蔭森《出洋藝成學生回華委派差事給薪片》 再，查出洋藝成學生，或回華供差，或留洋監制，皆在奏定考核員紳之後，未曾咨部立案者，計有陳林璋、黄庭、王迴瀾、王福昌、鄭誠、李芳榮六員。陳林璋於六年六月回華，曾充閩廠制船副監工，旋調赴浙江、山東兩省辦理機器局事務，十二年五月由山東撫臣咨送回工，仍派充會辦制船監工，月給薪銀五十兩。黄庭於十二年二月回華，派充前學堂洋文教習，月給薪銀四十兩。王迴瀾於十二年二月回華，曾充前學堂洋文教習，旋經調赴臺灣遣用，十二月由臺回工，派辦翻譯事務，月給薪銀三十六兩。王福昌於十一年十二月回華，調赴廣東遣用，十二年六月咨回工次，派辦翻譯事務，月給薪銀三十六兩。鄭誠於七年八月派隨駐美使臣鄭藻如在洋辦理翻譯，十二年三月回華，仍派辦翻譯事務，月給薪銀三十六兩。李芳榮出洋藝成後尚未回華，經留洋辦理參贊官署翻譯，十二年七月起復派在洋監造鋼甲，月給薪銀七十二兩，津貼公費英金三十磅。該學生等均屬國家造就成材，足資器使，自未便置之閑散，荒棄前功，經臣前後委派差事。合無仰懇天恩，準予飭部立案。謹附片陳明，伏乞聖鑒。謹奏。

同日拜發。奉朱批：該部知道。欽此。

左宗棠等《船政奏議匯編》卷三五裴蔭森《監造快船委員學生加給薪水仍請準銷片》 再，臣準户部咨開：「船政光緒九年支用各款送部立案，册内有南洋監造委員薪水並加給學生薪水。查上案銷册無此款項，此次亦未據該大臣奏報，至委員月支薪水，前據該大臣於厘定案内聲稱不得過五十兩之數，何以監造委員每月竟支銀一百三十兩之多？應令該大臣將派委監造員名及一切詳細緣由補行奏報」等因。查閩廠承造南洋快船，始於光緒八年十二月，經前兩江督臣左宗棠札派熟習機器、由製造學生出身之布政司理問汪喬年駐工監造，月支薪水銀一百兩，公費銀三十兩，一切該員應用之書役、紙張等費均在其内。又經提調道員吕耀斗以南洋船只係另款工程，先後禀請兩江督臣札委在工藝成回華學生魏瀚、吳德章、李壽田、楊廉臣等專司其事，一切工料歸其調度考核。迨十年間，德國監造鐵艦學生陳兆翱、鄭清濂回華，復經前船政大臣張佩綸札委會同襄造。該學生等均於船局原薪之外，月各加銀五十兩，由派委之日起支，並先後咨明兩江督臣在於南洋經費項下開支。嗣因兩江督臣曾國荃來咨，以南洋快船工料既歸船政造銷，所有監造等員薪水亦統歸船政造報，以免兩歧，自應將此項薪水並入支用册内咨部立案。至臣厘定員紳薪水案内所稱薪水不得過五十兩之數者，第指未經出洋各廠所員紳而言。該學生等藝精製造，自應稍加優異，以勵其才。且查左宗棠奏定《藝局章程》單内：子弟學成監造者，即令作監工，其薪水照外國監工辛工銀數發給，原所以開風氣而奬異能也。近來，閩廠製造均係出洋學成回華學生，核其所給薪水，合原薪、加給兩項，尚不及當日洋員薪水之半，茲準部臣咨令補行奏報，相應請旨飭部立案準銷。

除咨復户部外，謹會同南洋大臣、兩江總督臣曾國荃、署福州將軍臣古尼音布、閩浙總督兼管福建巡撫事臣楊昌濬，附片陳明，伏乞聖鑒施行。謹奏。

同日拜發。奉朱批：户部知道。欽此。

左宗棠等《船政奏議匯編》卷三五裴蔭森《船政添築護廠炮臺經費擬從制船項下支銷懇請飭部立案折》 奏爲船政添築護廠炮臺經費擬從制船項下支銷懇請飭部立案，恭折具陳，仰祈聖鑒事。

竊查閩口自芭蕉、五虎而入，叠鎖重關，本屬自然天險。船廠地據羅星塔上游，馬限山屹立其旁，形勢最爲扼要。光緒十年七月間馬江之役，法人鐵艦艱於涉淺，皆停泊羅星塔下，其炮彈縱猛烈異常，終不能越馬限山而過船塢之前；小船雖能駛進，然船小則炮微，其力亦不足以轟廠屋，是以弭首帖耳，匆匆出長門而去。使當日馬限山早設炮臺，則近可守而遠可攻，不特敵人不敢逞其先發之狡謀，方其連檣銜尾而來，已足以一炮摧其凶焰，其理勢固確有可信也。既戰之後，前署大臣張佩綸毖後懲前，思爲亡羊補牢之計，由是察勘地勢，分建炮臺，馬限山兩座，中岐山一座，船塢旁臨江一座。維時敵船尚游弋於白犬洋、媽祖澳之間，既無良工可集，亦無巨炮可資，草草經營，原爲急就權宜之策。臣於是年冬間奉命署理船政，深維守廠之道，守口爲先，與其臨事御之於廠前，不如先事扼之於口外。既商同督臣於長門以外堅築炮臺，密布水雷，以阻塞壺江港路，而内顧船廠露處江干，僅恃張佩綸新造之炮臺，其孤危誠爲可慮。夫常人家有餘貲，且汲汲然嚴鎖鑰、厚垣墉，以防暴客。况船廠費數百萬之金錢，經二十年之締造，爲島族素所垂涎。四面儻無堅實炮臺連環保衛，則慢藏誨盜，其何以杜窺伺而遏戎心，此護廠炮臺所宜亟謀改築也。因就馬限山前坡張佩綸原築炮臺基址，開廣挖深，用鐵鈔木平鋪七層，内嵌螺絲巨釘，填以三合土，後面環掘避炮之洞，俾守臺兵勇得以潛藏，上安二十一生口徑克鹿卜後膛巨炮一尊，左右分置安蒙士唐後膛炮十五生者二尊。又於馬限山中間新築炮臺一座，先從廠中運置十五生克鹿卜後膛炮二尊，仍擬添購二十四生口徑巨炮一尊，下設卡樓，酌移兵勇駐之，以防羅星塔後小港劃船之登岸。其馬限山後路炮臺，亦仍張佩綸原址鳩工庀材，再行堅築。先撥運廠中十五生安蒙士唐後膛炮二尊，亦擬添購二十一生口徑巨炮一尊安置其中。犄角之勢既成，吞噬之謀自戢，庶幾綢繆未雨，思患豫防，以冀仰副聖主綏靖岩疆、慎重海防之至意。至張佩綸前築炮臺，其款項係由船政墊給，省局經費支絀，迄今尚未解還。臣思炮臺雖專固船政之藩籬，亦兼扼省垣之門户，事屬一家，何分畛域，此次建築炮臺用款，擬徑從制船經費項下開支，應請飭部立案，以省周折。

所有船政添築護廠炮臺經費擬從制船項下支銷緣由，謹會同署福州將軍臣古尼音布、閩浙總督兼管福建巡撫事臣楊昌濬合詞恭折，由驛具陳，伏乞皇太后、皇上聖鑒訓示。謹奏。

光緒十三年四月初九日拜發。奉朱批：該衙門議奏。欽此。

左宗棠等《船政奏議匯編》卷三五裴蔭森《鏡清快船業經南洋驗收所有在事出力員紳遵旨擇尤請奬折》 奏爲「鏡清」快船業經南洋驗收，所有在事出力員紳人等遵旨擇尤請奬，繕具清單恭折，仰祈聖鑒事。

竊臣於十一年十二月初二日奏報「鏡清」快船下水，並請擇尤奬勵一折，奉旨：「此項輪船着俟試洋後，如果駕駛得力，毫無流弊，再將出力人員擇尤請奬。欽此。」復於去年七月十二日奏報，該船試洋赴寧折內更申前請，奉旨：「着照所請，該部知道。欽此。」欽遵各在案。嗣准南洋大臣曾國荃咨稱：「驗得該船機器精良，行駛迅速，有駕於各船之上，洵稱靈快，出自中國放手自造，實爲近今所僅見」等語，咨復前來。臣查船政邇年以來，製造之精不亞於外洋，工程之大有倍於曩昔。昔者匠作悉藉洋員，今則尚象考工，華人能集其事也。昔者機器購由外國，今則繪圖模式廠所各擅其能也。昔者船皆木質，器盡立機，馬力不過百五十匹，今則由木質而鐵脅，而快船，由立機而卧機，而康邦，其馬力且由七百五十匹推而大至二千四百匹也。藝益精則功益茂，時愈久則勞愈深。溯自光緒五年間鐵脅告成，經前總理船政大臣吴贊誠奏奬以後，員紳之殫勤，匠徒之勞瘁，與夫將弁、書吏之辛苦，則又時更八年船成六號也。在事者櫛沐風雨，宣力積年，不能不資以鼓舞。而在臣考核有素，尤不敢稍涉冒濫之愆。既蒙天恩鑒及微勞，疊準褒奬，自應擇其尤爲出力者分繕清單，加具考語，恭呈御覽，吁候鴻施。

除將工程處員紳擬作異常勞績另片請奬，並將出力稍次者咨部奬叙外，所有微臣遵旨擇尤請奬緣由，謹會同南洋大臣、兩江總督臣曾國荃、署福州將軍臣古尼音布、閩浙總督兼管福建巡撫事臣楊昌濬，合詞恭折，附驛具陳。伏乞皇太后、皇上聖鑒訓示。

再，此項勞績係在海軍衙門議定褒奬章程以前奉旨俞允，在先合並聲明。謹奏。

光緒十三年四月初九日拜發。奉朱批：該衙門議奏。單三件、片二件並發。欽此。

左宗棠等《船政奏議匯編》卷三五裴蔭森《總司製造各學生請照異常勞績奬勵片》 再，閩廠代造南洋快船三艘，其總司製造之四品銜分發省分盡先補用直隸州知州魏瀚、花翎總兵銜留閩盡先補用參將陳兆翱、花翎副將銜留閩盡先補用游擊鄭清濂、都司銜留閩盡先補用守備陳林璋、六品銜不論雙單月遇缺盡先選用鹽大使吴德章、雙月選用縣丞李壽田、六品銜盡先選用縣丞魏暹、縣丞職銜楊廉臣，皆工程處曾經出洋之學生；其監視船工之雙月選用布政司理問汪喬年，則委自南洋，亦係學堂學生。查船政仿制兵輪，其始皆資洋匠，嗣由吴德章等自出心裁，造成「藝新」一艘，而「超武」等船繼之，製造乃以有成。然此特尋常輪船耳。洋人之性耻襲，故常力求新異，其創爲快船也，雖承輪船之餘沫，已開鋼甲之先聲。欲學鋼甲而不能造快船，是猶循斷港支流而欲抵海也。此次三號快船之制，華匠既莫名其竅要，洋匠復甚秘其師傳，該學生等敢毅然承辦者，緣出洋日久，於泰西造船各廠皆悉心考求，得其要領，而復運以穎異之心思，持以精專之詣力，故能神明規矩，屹然成防海之巨觀。臣昕夕在廠，親見該學生等索隱鈎深，困心衡慮，或一圖而屢易其稿，或一器而屢改其模，或於獨悟而戛戛生新，或於會商而心心相印，寒暑無間，寢饋胥忘，歷四五年如一日。大海上争衡，全憑利艦，而船非自制終苦良窳莫辨，緩急難資。閩廠設立學堂，學製造者先後奚啻數百人，而心領神會，曲鬯旁通，亦僅此數人無愧瑰奇之選。學者如牛毛，成者如麟角，呈材蓋若斯之難也。國家方廣求諳習洋務之人，儻從而激勵裁成之，於戰艦、槍炮一途，必能殫竭血誠，力圖報效。該學生等積年辛苦，臣不敢没其微勞。可否仰懇天恩，按照異常勞績，魏瀚以知府仍分發省分盡先補用；陳兆翱以副將仍留閩盡先補用；鄭清濂以參將仍留閩盡先補用；陳林璋以都司仍留閩盡先補用；吴德章、李壽田、魏暹三員均以知縣不論雙單月遇缺盡先選用；楊廉臣以縣丞不論雙單月遇缺盡先選用；汪喬年以知州不論雙單月遇缺盡先選用？之處出自逾格鴻施。謹合詞附片具陳，伏乞聖鑒訓示遵行。謹奏。

同日拜發。奉朱批：覽。欽此。

左宗棠等《船政奏議匯編》卷三五裴蔭森《船工員弁積勞病故請恤片》 再，臣查船政歷年在工員弁積勞病故者，計有應襲一等輕車都尉舉人沈瑋慶，工部員外郎林洄淑，縣丞林憲曾、陳桂，從九品鍾飛鴒，林寶琛、叶捷魁，附生於成泰，副將銜張清標，補用游擊都司繆承勛，守備陳清福、楊嘉樹，千總郭瑞珪、周泰和、陳玉春等十五員。或派稽查，或司採辦，或肩廠務，或任考工，以及回華藝徒、水師員弁，並書吏人等，均係積年出力，在工病故，微勞不没，優恤宜加。兹據代理提調、知縣王崧辰轉據各該故員家屬等禀匯請，前來臣查光緒元年船工告成案内，所有在工病故人員經前大臣沈葆楨請恤有案，此次事同一律，相應援案匯請。合無仰懇天恩，準將沈璋慶等十五員名，飭部均照軍營立功後病故例從優議恤，以昭激勸，而慰幽魂。

謹開單合詞附片陳明，伏乞聖鑒訓示。謹奏。

同日拜發。奉朱批：覽。欽此。

左宗棠等《船政奏議匯編》卷三五裴蔭森《復陳户部删減奏銷各款仍懇恩準照銷折》 奏爲船政奏銷經户部删減各款，據實復陳，仰懇天恩，仍準如數支銷，恭折仰祈聖鑒事。

竊準户部咨開：本部具奏，船政登復《光緒六、七、八等三年閩廠開支員紳薪水等款分别準駁行查》一折，光緒十二年十月二十一日具奏。本日奉旨：依議。欽此。遵鈔録原奏，恭録諭旨。移咨前來，足見部臣慎重度支。減一分支銷即多一分國帑，臣雖至愚，敢不深體此意。且此項用款，非臣任内之事，臣亦無所用其回護。如果核删各款，略可遵辦，斷不敢嘵嘵置辯，瀆陳於君父之前。惟檢查案卷，體察情事，實屬無可删減。謹逐款開列，恭呈御鑒：

原奏稱：「支給員弁薪水項下，册造總監工一員，檢查該大臣奏報裁留員紳清單，内開自出洋學成各生回華設立工程處，總核工料久懸未補，今册造六年份回華生徒已分派監工各差，則是總核工料者，已不乏人，何以仍設總監工一員，開支薪水？殊與清單所載不符，應將支過銀四百五十三兩三錢三分三厘三毫如數删除、追繳」等語。臣謹查，船政開辦之始即設總監工一員，以總核工料。光緒五年十一月至六年十月，出洋學生先後藝成回華，設立工程處，其總監工一員原可裁撤，因其時各學生年齒尚稚，驟膺重任，或恐號召不靈，故暫緩數時，以資董率。是年冬間，各學生稍經歷練，駕馭有方，總監工道員王葆辰即於十二月間自行辭退。經前督臣何璟於光緒七年二月間《查明船政局務據實復陳折》内奏明有案。厥後總監工一員即作爲懸缺，歷七、八、九三年不復派員接充。惟光緒十年間，因提調道員吕耀斗於正月間銷差，前督辦船政何如璋未派提調，暫派道員周懋琦代辦總監工，月支薪水銀一百五十兩，名爲代辦總監工，實則代辦提調。嗣經前署理船政大臣張佩綸附片奏派周懋琦接充提調，即於十月間起支提調薪水，其總監工仍作爲懸缺。是光緒六年十二月十六以前之總監工，因恐工程處學生未嫻調度，暫緩裁撤，十六以後總監工一員實久懸未補，與臣裁留員紳清單所載非有不符。所有册支光緒六年正月初一日起至十二月十五日止總監工薪水銀兩，臺無仰懇天恩，仍準如數支銷，以昭核實。

原奏稱：「册造肄業藝成回華生徒薪水項下，查各生徒自派差之日支給薪水，並因派辦正監工等差從優支給，核與録送章程内所載『子弟學成監造者，即令作監工，薪水照外國監工發給』等語尚屬相符，亦與洋人支款有減。至楊廉臣、李壽田、吴德章等三名已月支銀五十七兩有奇，揆諸計功授食之義，已屬從優，均不應復有加給。且李壽田、吴德章二名業因監造得力，派辦監工，加至前數，尤不應再行加給，漫無限制。所有册造『楊廉臣等三名因調度有方，各加銀十四兩四錢』均應删除。仍令嗣後遵照此次酌定銀數，不得任意加增，致涉冒濫。計此款删除，番折庫平銀四百二十六兩七錢六分三厘零七絲，如數追繳」等語。臣謹查，前此廠中監工洋員月薪多者四百兩，少者亦不下二百兩；各該生等藝成回華，均得有堪爲總監工憑據，當差委之始，本應即照奏定章程給與洋員支數。緣該生等年齒尚稚，技藝雖精，或恐董率未能勝任，故雖假以名號，猶靳其廩糈，當諭以辦有成效，隨時加給。該生等均踴躍任事，歷造各號快船，不辭勞苦，是以迭次量加，藉資鼓舞。今部臣以「屢行加給，漫無限制」，遽令删除，所支尚未及半。合無仰懇天恩，俯準將楊廉臣、李壽田、吴德章等三名薪水仍照册造銀數支銷，並懇飭部立案：所有回華學生薪水仍準隨時酌加，以加至二百兩爲止，以示限制。

原奏稱：「册造支給前、後學堂生童贍養項下，查閩廠章程，生童月支贍養銀四兩，並無『隨時加給』明文，即因生童學有進益，酌量加給，亦應分别等次，立定限制，庶不致任意增添，漫無稽考。今前、後學堂各處藝童既無額定名數，亦無額定支數，或同係生童，復有教習名目，生童支數前後互有參差，幫教支數，彼此亦未畫一；所開贍養由四兩至二三十兩不等，較舊定之數加至數倍，實屬毫無限制。應令該大臣遵照章程，參酌情事，將生童贍養加至十餘兩、二三十兩者大加删減，並將生童分爲等次，厘定在何等者準支若干，仍不得過若干，庶該廠以後易於遵循，部中亦便於稽考。所有各學堂生童支過贍養銀三萬零一百八十九兩七錢五分，應俟該省自行删減，立定等次之後再行核辦」等語。臣謹查，册内月支至二三十兩以上者，均幫教薪水，非學生贍養也。船政開設學堂之始，教習、幫教均用洋員，迨學習有年，學生堂課已深，除選派出洋外，遇有幫教需人，即由此項學生選充，酌給薪水，不支飯食，其有訓迪精勤者，隨時量加，間有曾歷外洋及曾充輪船管駕者，不能不略爲優給，而較之雇用洋員，所省已多。此幫教支數不能畫一之情形也。學堂原定章程雖無加給明文，然學堂老班學生入堂既久，其諳熟洋務，技藝優長，實堪備異能之選，非酌與加給，不足以作養人才，故有月支十餘兩者。他如繪事院之繪圖精致，電報局之報打靈捷者，均予優加，係量能授食，與學生加贍微有不同。此學生贍養較舊定之數加至數倍之情形也。今部臣令將生童厘定等次支數，庶以後易於遵循而便稽考，允爲良法，應請自光緒十三年起，凡考試學生另列特等一項，學生經考列特等三次者，除照章獎賞外，月加贍養銀一兩，再考列特等三次者，月再加銀一兩，以此類推。其入堂未滿三年者，不得列入特等，庶有限制。部中按獎賞册籍，亦便稽考。至光緒十二年以前各學生歷經加給者，爲數既屬無多，若必概行追減，殊失從前鼓舞之意。合無仰懇天恩，準予如數支銷，以清積牘。

原奏稱：「册造支給藝徒工食項下，查藝徒係奏明添設，核與録送原案相符；第原奏並未聲明每名日給工食若干，亦未有聲叙隨時考校酌加之語。檢查該大臣奏《閩廠藝童等分别支款附片》内稱：『藝徒自選充之始，日給工食銀一錢五分』。今據册報，每名日給工食銀一錢九分，殊屬不符，自應將以銀一錢九分者删銀四分，支銀一錢七分者删銀二分，統以日給銀一錢五分準其開銷，計此款删除銀三百四十八兩九錢六分，應令轉飭追繳」等語。臣謹查，閩廠有藝童、藝徒之分。藝童即指前、後學堂習學製造、駕駛之學生而言。是以初次遣散洋匠，該學生等脱手自造一船，命曰「藝新」，言藝童所新造也。至輪機、水缸、拉鐵、截鐵及鐵脅各廠，其習學技藝者，概稱曰「藝徒」。是藝徒之設，亦備選派出洋，本與藝童相附，而行入廠學習之始，給予工食銀一錢五分，係作本人飯食，兼以略贍其家，猶之藝童入堂，給予飯食、贍養也。藝童閲三四個月考校一次，藝徒亦如之。藝童考列一等，則有獎賞，歷考三次一等，則有加贍，藝徒則不給獎賞。惟擇其手藝精進者酌加工食，本爲鼓舞人才起見。前大臣沈葆楨奏報添設之時，未奉事前奏明立案新章，故未聲明章程支數。臣奏請將工食一錢五分改爲七分五厘，係指新招入廠者而言，故只言選充入廠之支數，未及入廠以後考校酌加之支數。若概不準加增，則此後入廠藝徒日僅工食銀七分五厘，殊不足以廣招徠而示鼓舞。合無仰懇天恩，仍準如數支銷，並懇飭部立案？此項藝徒仍準隨時考校量加，以加至一錢九分爲度，以示限制。

原奏稱：「册造支給續派出洋肄業藝徒贍養項下，查贍養銀兩係援照前次出洋肄業成案給發。惟臺防案内養船項下出洋藝徒每名原支十六兩，經臣部核定月删銀四兩，準支銀十二兩。此次續派出洋肄業藝徒，自應比照每名準月支銀十二兩，删銀四兩，計張啓正等五名統共删除番折庫銀三百十四兩六錢六分六厘七毫，應令該大臣如數追繳」等語。臣謹查，藝徒必技藝精良，且通洋文、繪算者，始足以膺出洋之選。此項藝徒早經拔升作匠，月支或已十兩有奇，更復使之遠涉數萬里，若不略爲加給，何以鼓勵其心？前大臣吴贊誠定爲月給贍養銀十六兩，本無濫予。迄今三年限滿，該藝徒等均已藝成回華，派廠監工，方期宣力，以圖報稱，一旦追減其前領贍銀，責令繳納，不特失鼓舞人才之本意，且恐無以勉勵將來。合無仰懇天恩，俯念該藝徒等遠涉重洋，所有加給贍銀免予追減，以廣皇仁。至臺防養船册支此項藝徒，亦由船政支放，事同一律，自當另案請免追繳。合謹陳明。

原奏稱：「册造支給船槽匠丁工食雜費項下，查臣部核復臺灣格林炮案内，機器匠月支銀八兩，閩省碰雷案内機器匠亦月支銀八兩在案；今册造管槽機器匠二名，每名月支銀十二兩，支數浮多，應照成案每名月删銀四兩，準支銀八兩。又小工十二名，每名支銀四兩二錢，比照本案，辦公所小工支銀三兩六錢，亦有浮支之處，應每名月删銀六錢，準支銀三兩六錢。計此款共删銀五百五十四兩二錢九分三厘二毫四絲，應令如數追繳」等語。臣謹查，船槽爲修船必需之所，槽身袤長三十餘丈，機括叢雜，運以四十匹馬力輪機，看管之匠必通曉汽力，洞悉窾竅，始無僨事之虞。固輪船管輪之流亞，非格林炮及碰雷案内雇用修整零件工匠所可比。前大臣沈葆楨原定月辛十二兩，係照船上管輪支數，按馬力遞減；又以在廠工作無涉歷風濤，減之又減，酌給此數，本無浮濫。至該槽雇用小工，專爲磨擦輪機槽身機括而設，係匠作小工，亦非辦公所但供洋人使令之小工所可比，其辛工仿照本案健丁支給，亦屬省之又省，並無浮支。合無仰懇天恩，俯念該匠等責任綦重，所給月辛實由量能授食，免予追繳，以重要工。

原奏稱：「册造支給洋員匠薪水項下，查出洋監督薪費清折内開洋監督一員，薪水每年支銀七千二百兩，今册開出洋監督日意格既由出洋本款月支銀六百兩，復於制船項下支銀四百兩，殊與奏定數目不符；又嘉樂爾因兼辦公所，月支洋平番銀三十五兩八錢五分，檢查合同並未登注，均應照數删除。計此款共删除洋平番銀六千九十二兩九錢九分一厘九毫，折合庫平紋銀五千五百九十四兩二分五厘八毫八絲一忽四微，應令將删除銀兩在於承辦之員名下如數追繳歸款」等語。臣謹查，洋員日意格於同治五年經前閩浙督臣左宗棠奏派爲船政正監督，月支薪水銀一千兩，載在原立條議第十條。同治十二年，洋匠限滿遣撤，即行住支。迨同治十三年臺灣有事，經前船政大臣沈葆楨附片奏明，挈該洋員東行，以收指臂之助，每月薪水照舊支銀一千兩，在於閩省臺防案內支銷，均屬有案可考。光緒二年，議遣閩廠學生出洋學習，復奏派該洋員爲洋監督，其時臺灣炮臺監工、洋槍教習甫經裁撤，而仿造鐵脅船及新式省煤輪機各洋匠已陸續到工。此項匠工皆先經該洋員訂募，是於船政尚有應辦事件，出洋監督係屬兼差，自無減支薪水之理。經前船政大臣吴贊誠議，由出洋本款月支銀六百兩，船政制船項下月支銀四百兩，以昭平允。出洋薪費清折係北洋大臣李鴻章主稿具奏。該大臣不知日意格薪水於船政更有找給，僅將出洋本款支數列折入告。而吴贊誠以爲日意格月薪一千兩早經奏報有案，此次雖匀作出洋及制船經費兩項開支，於原額初無浮溢，故未將此節聲明奏報。部臣所謂與奏定數目不符，職是故也。厥後，第一屆出洋學生陸續回華，第二屆出洋學生人數稀少，工次雇用洋員匠又所剩無多。經前船政大臣黎兆棠與出使德國大臣李鳳苞往返函商，議定該洋員只就出洋本款月支銀六百兩，其由船政找給之四百兩，於光緒七年四月起截支。是承辦之員凡有一毫可省之款，無不力爲撙節，其不至以國帑市惠可知。臣又查，辦公所原設洋文案一員，名曰額蘭，凡工次洋員匠薪水由其承領支放，中外交涉文件由其翻譯，洋人來廠者由其安插，出洋局往來函稟由其轉遞。光緒五年十二月間，額蘭因病撤回。其時工次洋員匠無多，此項洋文案不復雇募補充，所有應辦各事，議令後學堂英學教習嘉樂爾兼之。嘉樂爾病故，復以前學堂法學教習邁達兼之，均於月薪之外另加七一七洋平番五十元，折合銀三十五兩八錢五分，以爲紙筆酬應之費，亦爲撙節經費起見。惟嘉樂爾合同未經登注，無怪致啓部臣之疑，不知嘉樂爾留工增立合同在於光緒五年四月，兼辦洋文案，起支公費在於是年十二月，立合同在先，兼文案在後，是以未經登注，然合同雖未登注，而辦公所月支雜款，據字內第一條即已載明。該據字早經送部，可爲確據，其無浮冒可知。合無仰懇天恩，俯念此項洋員薪費均屬應支之款，非承辦之員有所冒濫，其未經聲明奏報之故，係在未奉新章以前，準予如數支銷，免予追賠，以清積牘。

原奏稱：「册造支給洋員匠路費貼辛項下，鄧羅、理格及妻室來工路費各支銀七百二十餘兩，理格及妻室回國路費支銀七百五十六兩。查雇募洋匠所費已屬不貲，即間有帶妻室者，理宜由洋人自行設措，中國不應於洋匠路費之外再爲籌及眷口路費，致糜費竟無既極。雖據合同內將此項聲明，究係原立合同之員辦理不善。臣部礙難核準。所有鄧羅、理格來工路費及理格回國路費，均應照三百七十八兩之數支給，其溢支銀兩即着落原立合同之員如數賠繳，以重庫款。計此款共删洋平番銀一千零四十四兩四錢二分零四毫，折合庫平紋銀九百五十八兩四錢九分二厘五毫，應令將删除銀兩在於承辦之員名下如數追繳」等語。臣謹查鄧羅、理格均於光緒六年間應募來工，係洋監督日意格在洋與之訂立合同，合同之內載有眷口一名，來回路費均由船政發給，並聲稱「異國人奔走數萬里，效順天朝，挈眷偕來，酌給路費，以資鼓舞。天朝所謀者大，斷不肯惜小費以失有用之材」等語。當時見其措詞正大，且所給僅只一名，爲數亦屬無多。合同既經訂定，自當準予照支。今部臣以爲原立合同之員辦理不善，着令賠繳，自應遵辦，惟原合同係洋監督日意格在洋代船政訂立，該洋員業已病故，無從責賠。合無仰懇天恩，逾格準予支銷，以免轇轕。嗣後如有雇用洋人，自應遵照部章，不準開支眷口路費，以期撙節。

原奏稱：「册造甄别考取各生童加獎項下，查録送章程內載：『開局之日起，每三個月考試一次，其學有進境、考列一等者，賞洋十元，連考一等者，於獎賞外另賞衣料，以示鼓舞』等語。今據册造考取生童每名加獎一二元至十六元不等，殊與定章不符，應將開報過十元者均行删減，其賞給十元不及十元者，俱準照給。計此款删除洋番二十二元，折合紋銀十四兩四錢，應令將删除銀兩如數追繳」等語。臣謹查，原定章程，凡學生考列一等者均賞洋十元，然同考一等之中，學問不無微分高下，若概行照章統給十元，雖能恪守成規，轉恐未成鼓舞。歷任各大臣參酌變通，因於每次甄别案內，計一等若干人，就中復第爲甲、乙或給予十餘元，或僅給一二元，大抵多給之數不敵短給之數，以勵人才，亦以節經費。今若令多給者照章追繳，若短給者照章請補，轉恐纏糾不清。合無仰懇天恩，準予如數支銷，並懇飭部立案，此項加獎仍準於十元之數酌量變通，每名照十元之數匀扯加匀，總不得有逾原額，以示限制。

統計此案户部共删減銀八千六百六十四兩九錢三分四厘六毫九絲一忽四微，行查銀三萬一千二百三十四兩五錢五分。臣再四勾稽，見前支各款均屬核實支銷，並無浮濫，即間有未經奏明立案者，實緣用款在於未奉新章以前，自未便以新章繩其既往。

除行查各款另行登、復咨部請銷外，所有删減各款，仍請如數支銷各緣由。

謹會同署福州將軍臣古尼音布、閩浙總督兼管福建巡撫事臣楊昌濬合詞恭折具陳，伏乞皇太后、皇上聖鑒訓示。謹奏。

光緒十三年四月十六日拜發。奉朱批：户部議奏。欽此。

王樹枏《張文襄公全集》卷一三〇《裴大臣來電光緒十三年閏四月初八日申刻到》 淺水兵輪喫水英尺八尺，當詢魏牧，據稱出水面略高，自可出海協造鋼脅淺輪四艘。每船協庫平番銀二萬五千兩，閩廠即可遵辦。船長英尺一百四十四尺，馬力三百匹，船寬英尺二十八尺，船頭應用十二生大礮一尊，連珠礮二尊，森謹覆。庚。

〔附〕王樹枏《張文襄公全集》卷一三〇《致福州船政大臣裴光緒十三年閏四月初七日發》 託造快船四號，每船養船費薪糧，修理煤炭雜用，共歲需若干，望約計大略速示。其第一號快船，擬只將船頭兩耳臺配十五生礮二尊，船腰只配兩荷乞連珠礮，可騰出兩十五生大礮，作他船頭礮用。船腰暫空其位，俟力裕時，再添船腰大礮，有此辦法否，餘託造三快船，頭礮是否一尊，均即復。陽。

王樹枏《張文襄公全集》卷一三〇《致福州船政大臣裴光緒十三年閏四月十三日發》 四淺輪馬力四百匹，喫水十英尺，每點鐘行三十六中里，餘礮罩鋼板活桅各節，均照尊電定議。此外機器一切，未盡事宜，俱用新式。每艘庫番三萬兩，懇免貼水，五日内匯六萬。又八箇月，至本年臘月，匯三萬餘，造成付清。請速購料，開工趕辦，一面繪圖寄粵。此四輪名「廣庚」、「廣辛」、「廣壬」、「廣癸」，限期能再稍速尤佳，統望籌酌閩前訂之礮及彈藥等，價十二萬，粵俱留用。礮到付六萬，餘六萬明年還清。礮可留閩，俟船成配好，併送粵，此舉諸賴蓋畫協規，感謝。元。

左宗棠等《船政奏議匯編》卷三五裴蔭森《南洋監造快船員生薪水懇準照支並專案具報折》 奏爲南洋監造快船委員、學生薪水，懇恩仍準照支，遵照部議，專案具報，恭折仰祈聖鑒事。

竊臣前將南洋監造委員汪喬年薪水並南洋加給工程處學生魏瀚等六員薪水支銷數目，附片請旨飭部立案，於光緒十三年四月初一日欽奉朱批：户部知道。欽此。欽遵。嗣準部議：以汪喬年薪水只準照金陵監造機器局委員之例，月支七十兩，其從前溢支銀兩，即由臣核明數目，於嗣後應給該員薪費内扣抵；又以魏瀚等六名加數太巨，應令或酌減人數，或酌減支數，即行專案奏報等因，抄録奏稿咨行。前來臣查魏瀚等六員薪水支數，臣於光緒十一年十二月間會同督臣楊昌濬，遵旨考核員紳單内，曾經開列學生魏瀚等於月支薪水銀若干兩外，又監造南洋快船，加給銀五十兩，並經部臣核準有案。至其人數，臣於光緒十一年五月間與左宗棠等聯銜奏請試造雙機鋼甲折内亦經聲明，以魏瀚、鄭清濂、吳德章監造船身，以陳兆翱、李壽田、楊廉臣監造船機，奉準在案。

溯自船政創辦之始，製造悉用洋員，月薪多者四百兩，少者亦不下二百兩。誠以其事甚創，名家爲難。此左宗棠奏定章程内所以有「子弟學成監造者，即令作監工，其薪水照外國監工發給」之語。今魏瀚等藝成而上，勞勩非常，而所給月薪尚不及洋員三分之一；即益以南洋加給，亦不及洋員三分之二。且既經核準有案，當此工程吃緊，似未便驟與議裁。若以人數六員恐浮於事，抑知製造工程或繪圖式，或制輪機，或定船身，或造器械，各有專精之藝，必合衆技而成之。六員者分工集事，責有攸專，實爲船政局必不可少之員，現在於監造快船外，更復趲造鋼甲並第六號鐵脅，各船工程倍於曩時，不特無慮人浮，而且各有兼人之任，是其人數亦實在無從核減。合無仰懇天恩，仍準將該學生等加給薪水人數、支數飭部立案照支，以示鼓勵？至汪喬年駐工監造，實與金陵、上海各機器局監造不同。查上海機器局專制槍炮軍火，偶一制船，係雇募洋員出圖製造。其監工之委員不過巡視工作而已。若汪喬年由船政前學堂學生出身，當其肄業之時，半日在堂研習功課，半日赴廠習制船機，曾經七年之久。只以體氣素弱，未經出洋，然其藝學之專、研精殫慮，亦爲學生中之翹楚矣。光緒元年五月間，閩廠開造十七號「藝新」輪船，爲船政學生學成放手自制之始。查該船船身圖式爲學生吳德章等所測算，而測算船内輪機、水缸等圖，則出自汪喬年一人之手。經前總理船政沈葆楨奏明在案。迨南洋興造快船，左宗棠遂以該學生藝學有成，派作委員駐工監造。而前船政提調道員呂耀斗亦準照奏定《藝學章程》第八條學生學成監工，薪水照洋監工之例酌劑，其中稟由左宗棠核定月給薪水公費銀共一百三十兩。該委員自駐工以來，實能與工程處各學生互出心裁，精求製造。其所監造之快船，一曰「開濟」，曾駛赴北洋會操；二曰「鏡清」，亦經南洋驗收；其第三號「寰泰」，業經下水，秋間即可試洋。是該委員監造各船確有功效，與他局監造委員只事巡視工作者未便同日而語。既準部咨前因，臣自應遵照部議，將該員薪費自奉到部文之日起，月以七十兩開支，以期撙節。惟從前已支銀兩薪費均屬因公，可否仰懇天恩，俯念該委員駐工數載，著有微勞，其已支者準予飭部立案照支，免其扣抵，出自逾格鴻慈。臣不勝吁懇悚惶之至。

除將歷届奏案鈔録咨復户部外，所有監造委員、學生薪水，仍請飭部立案緣由。謹會同南洋大臣、兩江總督臣曾國荃，署福州將軍臣古尼音布，閩浙總督兼管福建巡撫事臣楊昌濬合詞恭折，由驛四百里馳陳，伏乞皇太后、皇上聖鑒。謹奏。

光緒十三年五月十五日拜發。奉朱批：著照所請，該部知道。欽此。

左宗棠等《船政奏議匯編》卷三五裴蔭森《補派後學堂委員改爲留工候差片》 再，臣於本年三月間奏請將閩廠後學堂監督兩缺，添派刑部主事曾福謙、候選直隸州知州劉宗駿二員會同管理。欽奉朱批：户部議奏。欽此。嗣經部議：礙難核準，各情於閏四月初二日具奏。奉旨：依議。欽此。欽遵。恭録諭旨，抄録原奏。飛咨前來，臣查後學堂監督兩缺，自梁佟年等撤差後，實係難乎其人，暫派他廠員紳兼攝。臣前奏曾經聲明在案，中間並無懸曠多時。今部臣以節費爲辭，臣亦何敢堅持前見，計惟仍復派員兼理，以期事無貽誤。其添派之曾福謙、劉宗駿二員，自應遵照部議，於奉到部文之日即行裁撤。惟曾福謙精明穩練，事事講求實際，亦復留心洋務；劉宗駿由諸生出洋，歷充英、德、法各國出使大臣隨員，在洋十有二年，通曉中、西語言文字。該兩員皆爲有用之才，以之充當船工差事，尤爲相宜，容臣仍留工次，俟有相當缺出，再行酌補。至該員等已支後學堂監督薪銀，本應遵照部議追繳，惟念該兩員自委辦以來經理一切，尚見勤勞，似未便令其枵腹從事。可否仰懇天恩，免其追繳？之處出自逾格鴻慈。除咨復户部外，謹會同署福州將軍臣古尼音布、閩浙總督兼管福建巡撫事臣楊昌濬合詞附片具陳，伏乞聖鑒訓示。謹奏。

同日拜發。奉朱批：該部知道。欽此。

左宗棠等《船政奏議匯編》卷三六裴蔭森《協造廣東兵輪八號請由船政報銷折》 奏爲閩廠協造廣東兵輪大小八號，定議協款統由船政報銷，吁懇天恩，飭部立案，恭折具陳，仰祈聖鑒事。

竊查户部奏定外省報銷章程第十四條内開：「各省設立機器局並閩省船政局，總計常年經費若干，如有添購機器，經費若干，雖不能限以定數，亦當立有範圍，事前奏明，報部立案，事後方準核銷」等因。閩廠前爲南洋製造二千四百匹馬力快船三號，一曰「開濟」，二曰「鏡清」，早經竣役，駛回金陵；三曰「寰泰」，業已下水，與本廠自造第六號鐵脅快船，約九、十月間均可完工。廠中更有鋼甲一船，當於去冬安上龍骨，入春以來，亦已鑲配脅骨，次第施工。惟一届秋間，三船中當竣兩船，匠作較松，必預籌接續之工，庶不致虚糜廠用。臣查閩海關應解船政經費積欠甚巨，近得以連艘並制者，蓋藉南洋代造之款，騰挪挹注，日起有功。現在南洋三船工程既畢，船政月款有限，專造鋼甲兵船而外，匠力縱可分給，而辛資、料件苦無可指之款乘間兼營。積二十年來締造苦心，養才儲器，不爲不備。乃以費絀之故，能盡數圖之量者，限於一圖；能應數所之需者，限於一所。體察時勢，固不敢任令曠延，又不敢輕言收束，若不設法力持，其後則前功盡廢，殊非所以體國家自强之意，恢海宇利濟之模。正擘畫間，適準兩廣督臣張之洞函詢製造大小兵輪船情形，因將閩廠新舊所制各船，分别馬力之大小、駛行之遲速，酌估工料價值，繪圖貼説以告。時廣東方制淺水輪船，而海上巡防，東、西相距二千餘里之遥，實乏巨艦分扎其間，用資號召。因商就閩廠製造一千六百匹馬力快船一號，二千四百匹馬力穹式快船三號。徒以籌款不易，零星湊集，每號各協番銀九萬兩，共三十六萬兩。又商於工隙搭造中等淺水兵輪船四號，每號各協番銀三萬兩，共十二萬兩，均自開制以訖工蕆，酌分三次兑解。當經臣通盤牽算，八船協價雖僅而得半，然粤濟閩廠經費之不足，閩協粤省工力所有餘。制船、用船，均屬公家，自無庸兩相計較。臣既先後函復如議，飭廠分辦。其鐵脅一艘，擬即以現制第六號快船秋間竣後撥應粤防，並上年經臣奏明由閩廠在德國克虜伯炮廠定購十五生口徑炮三尊、十二生口徑炮四尊，荷乞開士連珠炮四尊，各配藥彈等項，計價十二萬一千零四十餘兩，亦歸粤省籌撥，以資分配。其新造穹式第一艘自本年四月起約十八個月，第二艘約二十四個月，第三艘約三十個月，可以次第完竣。其淺水四船，自本年閏四月起約十六個月可成兩號，又八個月工竣。亦如之，兼擬於船旁左右出水加高，吃水加深，仍可出洋駛行，以期得力。當於四月閏月間由粤先後兑閩，於鐵脅穹式項下解到協造番銀二十萬兩；又於淺輪項下解到協造番銀六萬兩。經臣飭工程處學生、直隸州知州魏瀚，游擊陳兆翱等陸續匯寄外洋，商由洋員福禮士在法國科兒蘇制廠定購鋼板料件，咨由出使法國大臣許景澄驗收，運閩應用。以上協造粤省輪船大小計共八號。閩廠一面遵照奏案趲造鋼甲船只，按時銜接辦理，以重要工。臣維船政往者制成各船，輒派赴南、北洋各口備防，頗擴舟楫之利。閩、粤比鄰，緩急與共，此次粤省籌款製造兵輪，事屬海防船政，又何敢稍分畛域！且洋舶入華，以粤海爲首冲，粤繕舟師，閩之臺、厦隱隱然亦門庭之益，固海疆唇齒，關係邊防，微特通力合作，爲閩廠一時周轉之計。至將來成船，動用工料總數仍歸船政報銷。仰懇天恩，俯準飭部立案，以符向章，而昭核實。

理合將協造廣東輪船大小八號定議協款緣由，謹會同署福州將軍臣古尼音布、閩浙總督兼管福建巡撫事臣楊昌濬，恭折具陳，伏乞皇太后、皇上聖鑒訓示。謹奏。

光緒十三年五月十日拜發。奉朱批：該衙門知道。欽此。

左宗棠等《船政奏議匯編》卷三六裴蔭森《寰泰快船試洋並陳廠務情形折》

奏爲「寰泰」快船試洋並現在廠務情形，恭折具陳，仰祈聖鑒事。

竊臣於光緒十二年十月初八日業將第三號「寰泰」快船下水日期並該船丈尺、行程里數，專折奏報在案。數月以來，督率在事員紳，工匠並力趲造，七月初旬，全船工竣。遂擇於十二日卯刻躬率代理提調王崧辰及工程處各廠所員紳致祭天後，展輪試洋。是日北風大作，潮聲甚壯，該船由羅星塔駛至媽祖澳，放洋而行，船身穩固，如履平地，水缸升大火，輪機每分鐘旋至九十一轉，每點鐘行法速率十五迷盧半，合英速率十八迷盧，若遇浪静風平，燒用上等英煤，每時可行一百里許。臣查製造此等快船，每點鐘能行法速率十五迷盧，即爲絶技，今得十五迷盧有半，則其輪機之靈快，已有逾於原定之數。該學生等於製造之學研慮殫精，不特創中華未有之奇能，抑且駸駸乎駕泰西而上之。矧三船皆爲南洋代造，而制法則日新月異，復有不同。「開濟」之堅韌靈捷，既非「南瑞」、「南琛」所能及，而「鏡清」又勝於「開濟」，「寰泰」又勝於「鏡清」，所謂進而益精，熟能生巧。南洋得此三艘，洵足以壯東南海疆之聲勢矣。閩廠自快船工竣，一面營造雙機鋼甲輪船，兼爲粵省協造穹式快船及淺水兵輪。巨工並集，其材木之駢羅，夫役之奔赴，期限之嚴急，製造之繁難，非藉群策群力以圖功，殆難計月計時而畢事。臣仍督飭工程處學生魏瀚、陳兆翱、鄭清濂、吴德章、楊廉臣、李壽田等接聯監造，俾資熟手而重要工。其南洋監造之委員汪喬年，本係製造學生出身，現雖快船工竣，而閩廠工役繁興，自應仍留船廠當差，藉收臂助。

除飭管駕官吴安康將該船定期駛赴金陵驗收遣用，並將該船所用員弁銜名及炮勇、水手人等月給薪糧，咨由南洋大臣曾國荃奏咨立案外，所有「寰泰」快船試洋並現在廠務緣由，謹會同南洋大臣、兩江總督臣曾國荃，署福州將軍臣古尼音布，閩浙總督兼管福建巡撫事臣楊昌濬，恭折由驛四百里馳陳，伏乞皇太后、皇上聖鑒。謹奏。

光緒十三年七月二十六日拜發。奉朱批：該衙門知道。欽此。

左宗棠等《船政奏議匯編》卷三六裴蔭森《遵議復奏核減快船保案文職員數折》

奏爲遵議復奏並核減保案文職員數，吁懇天恩准予獎勵，以昭激勸，謹繕清單，恭折具陳，仰祈聖鑒事。

竊臣於光緒十三年四月初九日奏請《鏡清快船業經南洋驗收將在事出力員紳人等遵旨擇尤請獎》一折，欽奉朱批：該衙門議奏，單三件、片二件並發。欽此。嗣經部議，以此案文職員紳保至一百四十餘員之多，較光緒五年間鐵脅奏獎成案員數計加一倍有餘，不免浮濫，應令將各該員等分別在工之久暫、勞績之優次，按照鐵脅請獎成案員數核實删減，並聲明船成六號，除「鏡清」快船外，其餘係何項船只，是何船名，及各員紳到工年月，詳細查明復奏，再行核辦。至另片奏獎閩廠總司製造各員，亦令一並核實復奏，照成案給獎等因，於七月十二日具奏。奉旨：依議。欽此。欽遵恭録諭旨，抄録原奏，飛咨前來。

伏查船政保案，自光緒五年間鐵脅告成，奏獎後迄今八年中間，成船「鏡清」而外，更有「康濟」、「澄慶」、「開濟」、「横海」、「寰泰」五艘並「鏡清」共成六號，前後奏報有案。現在「廣甲」下水，則又不止成船六號矣。自中國開廠造船以來，至「開濟」而規模始拓，至「鏡清」而機括愈靈。近日「寰泰」試洋，速率又視「鏡清」爲勝，蓋亦精益求精之明效。且此等快船計長二十六丈有奇，寬三丈六尺，高三丈四尺，吃水深一丈四尺，配新式三汽鼓康邦省煤卧機一副，計實在馬力二千四百匹，每時可行水程百里許，全船噸載計二千二百噸，每噸合中國一千六百八十斤，其規模之宏敞，機器之精良，行駛之迅速，迥非常式舊制之兵輪可比。視外國所謂次等鐵甲者已有過無不及之。而閩廠不用洋員，放手自造，竟能臻其美備，創中華未有之奇。此皆聖主日省月試，稱事勸工，所以在事人員感激思奮，日起有功，遂以二十餘年之締造，駸駸乎駕技巧於外洋，其勞績正有不可没者也。臣前兩次奏請將製造「鏡清」出力人員擇尤獎勵，迭經奉旨允準。夫勞則必録者，激勵人才之心；賞無濫施者，慎重名器之道。臣雖迂拙，具有天良，斷不敢以國家逾格之恩，市惠僚屬。前單所列在工各該員，均係擇其供差已久、積有勞績者，方予開保。其有到工在「鏡清」快船下水之後者，業已一概删除，不敢濫爲厠列。即以勞績而論，於員紳則擇其始終勤勞者，於將弁則擇其防護勇奮者，於工匠則擇其技藝優長者，然猶再三審慎，僅以尋常勞績列保，惟於船工總匯之工程處學生魏瀚等爲之另片請獎，量加優異。是此案列保之員均係在工年久，而其勞績之優次，在臣固已早爲分別也。至所保員數較之前屆鐵脅成案，誠如部臣所議，不無加多，然其所以加多，蓋亦有故，委非出於浮濫，請爲我皇上陳之。

臣維光緒五年六月鐵脅告成保案，距元年五月船工告成保案，中間相去僅有四年，所有在事員紳少所更换，故其員數僅就在工開列而見少。此次保案距五年鐵脅保案更隔八年之久，其間在事員紳不無供差數年，或赴本任，或調别差者，一缺交替，前後兩人，既著勞績於先，自未便因離工而不爲匯保，此員數之加多者一也。鐵脅開保之時，其間監工、匠首半用洋員，故員數特少，洎製造快船，各廠日異月新，工程浩大，凡安設炮械、鑲配魚雷、電燈，快船中所必需者均須添設廠員，以專其事，而向之用洋員者，今皆以學成藝成之學生、藝徒代之，此員數之加多者二也。部議所駁員數專指文職而言，查鐵脅告成案内，前、後學堂學生多以武職保獎，其時學堂教習亦半用洋員，今則兩學堂僅以四洋員爲總教習，其餘每班教習均以學成製造、駕駛、管輪之學生充當，且自捐例既開，各學生多有量力報效，指捐文職者，此次保案自不能不仍其職銜列保，此員數之加多者三也。此皆實在情形，其不敢有絲毫冒濫，自在聖明洞鑒之中。若必責令照鐵脅成案删減，則同一赴業程功，臣既目擊其勤勞，自未便臆爲軒輊。況閩廠現在遺造鋼甲，並協造廣東穹式淺水各兵輪，工程正在吃緊，尤當有以作其氣而策其能，但既準部議前因，臣特就前單所列文職員紳於無可删減之中，視其離工較早、勞績較次者極力删減三十三員名，以副部臣核實之意。合無仰懇天恩，俯念臣廠在事員紳人等出力有年，不無微勞足録，且案奉俞允在先，業經遵照部議删減，準予飭部照單獎叙，以示激勸，出自逾格鴻慈。至前奏另片請獎總司製造各員，委係勞績優異，可否並懇天恩，飭部準照原片獎勵？臣不勝屏營悚惶之至。

除將員紳到工年月開單咨復吏部外，所有遵議核減保案文職員數緣由，謹會同南洋大臣、兩江總督臣曾國荃，署福州將軍臣古尼音布，閩浙總督兼管福建巡撫事臣楊昌濬，合詞恭折具陳，伏乞皇太后、皇上聖鑒訓示。謹奏。

光緒十三年八月念四日拜發。奉朱批：着照所請，吏部知道。單並發。欽此。

朱壽朋《光緒朝東華録》卷八四光緒十三年八月 裴蔭森奏，閩廠鐵脅輪船造成上艘，第六艘於光緒十一年十月十八日安上龍骨，經臣奏明在案。本年六月初旬，據工程處監造學生直隸州知州魏瀚、參將陳兆翱等稟稱，該船自灰艙廂鈴以及包裹銅板各工，一律告竣，請諏吉下水。臣謹擇是月十七日午時致祭天后江神土神船神，乘潮推送，勢極靈穩，擬名曰廣甲。該船計長英尺二百二十二尺，寬三十三尺七寸，深二十五尺三寸，船腰刻水深十一尺，船唇刻水深十二尺五寸，船尾刻水深十三尺九寸，全船可載一千三百墩。配新式一千六百匹馬力康邦三，脱汽一，汽鼓卧機一座，以法推算每點鐘應行十四海里，合中國每時可行九十二里。船首兩旁月臺，配新式後膛十二生鋼礮二尊，每尊可施放一百二十度。船中兩旁配新式後膛十五生鋼礮四尊，每尊可施放九十度。船後配新式中樞旋轉後膛十五生鋼礮一尊，可施放一百一十度。瞭臺上配連珠礮兩尊，鋼桅上配連珠礮二尊，以備攻擊魚雷艇之用。船前旁左右應配魚雷十二具，用以衝擊敵船。艙面配鋼桅兩枝，木桅一枝，張樹帆席，以收風力而省煤斤。船之美備，較前製各船(儘)[僅]七百五十四馬力者殆爲過之。臣復詳加體察目下工程，全船鐵脅均已配就，内外兩舨均已封完。船内阻漏鐵堵暨鐵梁鐵柱鐵牽鐵鉗等項既安設咸宜，輪機水缸帆纜鐵練軍火淡水等艙亦布置就緒，輪機水缸業已製成。其礮械藥彈前由德國克虜伯廠定購者，亦經掃數運到，只俟次第分配，約三月後即可展輪試洋。臣查閩廠現爲粤省協造大小兵輪八號，成船尚需時日，前准兩廣督臣張之洞函商需船甚切。臣允俟此船竣工即先撥赴粤，於五月間奏報定議協造粤輪摺内聲明在案。除試洋之後，另將行駛情形咨明海軍總理各國事務兩衙門及户兵工各部存案外。理合會同兩廣總督臣張之洞、廣東巡撫臣吳大澂、署福州將軍臣古尼音布、閩浙總督兼管福建巡撫事臣楊昌濬恭摺由驛馳陳。下所司知之。

左宗棠等《船政奏議匯編》卷三六裴蔭森《奏復協造廣東兵輪援案動支官款折》 奏爲閩廠協造廣東兵輪八號應援照「開濟」快船成案動支官款，吁懇天恩，仍由船政報銷，飭部立案，恭折具陳，仰祈聖鑒事。

竊臣於光緒十三年五月十五日奏陳《閩廠協造廣東兵輪八號，定議協款統由船政報銷》一折。六月初五日欽奉朱批：該衙門知道。欽此。欽遵在案。嗣由户部奏稱：「粤省所造兵輪，係由官紳捐辦，與南洋之動支官款者不同，將來應由廣東督撫匯案開報。該大臣所請由廠報銷，先行立案之外，應毋庸議。至於造船價銀，該大臣既與粤省自行定議，將來即由該大臣與粤省自行清算，不得於官款内先爲墊付，亦不得開支監造員紳薪水」等因。七月二十一日奉旨：依議。欽此。欽遵恭録諭旨，並抄粘原奏，飛咨前來。

臣查船政開支，涓滴皆關帑項，在部臣慎重度支，固應嚴爲考核，惟協造者但協船工所不足，非全船工料毫不動支官款而能成也。溯自船廠創設垂二十年，當締造之初，財源較裕，取材既便，成船亦多，故南、北洋各口需用輪船，無不隨時派赴，固無所謂協造也。光緒四五年以後，閩海關四成項下應月解二萬金者近來尚勉强敷額，六成項下應月解三萬金者或全年停解，或每年僅解兩三月，積欠竟至二百餘萬之多。制船之費既無巨款可資，乃以協造酌劑其盈虛，亦甚不得已之計也。光緒六年前，督臣何璟、前督辦船政黎兆棠議造「開濟」快船，需銀四十萬餘兩，以官款不足，請由南洋撥解二十萬兩，以助其成，船成仍歸南洋遣用。此協造之船曾動支官款，有案者也。自時厥後，閩海關之欠解如故，閩廠之支絀亦如故，而能維持不墜者，則因「開濟」竣工，又有「鏡清」、「寰泰」兩船承乎其後，得以南洋解款，展轉支拄，以迄於今。現在三船均已告成，船政除專造鋼甲兵輪及六號「廣甲」船業已下水外，原可自制穹式兵輪以資利濟，無如月入有限，不能儲成大款，爲外洋購買鋼料之需，勢且至待料停工，貽誤大局，殊非所以體國家講求海防之至意。時值兩廣督臣張之洞以「粵省巡防需船頗急，鳩集官紳捐款僅數十萬，以之自造則萬萬不敷，因與閩廠商爲協造辦法。粵濟閩經費之不足，閩助粵工力所有餘，撥銀四十八萬，協造大小兵輪八艘」等語，函商前來。惟核計兵輪八艘，工料需款在一百一十萬左右，粵之協款四十八萬尚不及工料之半，因援照閩廠協造南洋「開濟」成案，其不敷工料即由船政官款開支協辦。此臣原奏所以有「協價僅而得半」之語，而請將動用工料統歸船政報銷也。臣維船政之設，原以籌備沿海七省，非福建一省所得而私。方今「威遠」、「康濟」、「鎮海」供差於直隸之津沽，「湄雲」在奉天之牛莊，「泰安」在山東之烟臺，「靖遠」、「登瀛洲」在南洋之金陵，「超武」、「元凱」在浙江之寧波，「伏波」、「海鏡」在臺灣，此數船皆係船政所造，及其派撥各省，並不索取原價分文，誠以同屬海疆，彼此無所分其畛域，況粵東毗連閩海，復爲洋舶入華之首沖，內而港、澳，外而瓊、廉，近守遠攻，在在皆關形勢。即使閩治舟師，粵省力難協濟，亦應酌派巨艦，以固藩籬，矧協以巨貲，與各省尤不容歧視。臣聞張之洞經營是項兵輪，其邀集官紳捐辦，幾於舌敝唇焦，僅得此數，若閩廠不合力通財，勢不能再籌接濟，功墜垂成，不特莫慰粵民報效之忱，且恐陰啓他族窺伺之念。兵輪之成否，係粵備之堅瑕，其有關於海防者，誠非淺尠。雖款由捐集，應歸粵省報銷，而料件、辛工既從閩廠開支，非由船政報銷不足以昭核實。可否仰懇天恩，俯念粵省協造兵輪八艘，原與外洋購買合同訂價者不同，雖曰捐款而成，船均爲公家防海之用，與通商口岸鳩貲造船、裝貨貿易者更自有別，既於閩廠可資周轉，復於粵洋有裨巡防，事屬一家，計爲兩得，準予援照「開濟」快船成案，成船以後動用工料總數統由船政報銷，仍飭部先行立案，出自逾格鴻慈。其粵省官紳捐款，應由粵東督撫臣另案具報，不至有所歧異。至監造委員魏瀚等，自「寰泰」快船試洋後，業經停支南洋津貼銀兩。其雙機鋼甲兵輪原本廠應辦之事，亦不敢另籌津貼。現在協造粵船，係屬兼營並繕，自應按照部議無庸另款開支，以節糜費。合並陳明。

所有閩廠協造廣東兵輪八號應動支官款緣由，謹會同署福州將軍臣古尼音布、閩浙總督兼管福建巡撫事臣楊昌濬，恭折附輪船到滬，交上海縣由驛四百里馳陳，伏乞皇太后、皇上聖鑒訓示。謹奏。

光緒十三年十月十七日拜發。奉朱批：該衙門議奏。欽此。

左宗棠等《船政奏議匯編》卷三六裴蔭森《建修廠所船臺添配各項機器照章聲明立案片》 再，前準户部咨奏定外省報銷新章，内載：「各省設立機器局並閩省船政局，如有添購機器，經費若干，事前奏明，咨部立案，嗣後方準核銷」等因，歷經遵辦在案。兹據各廠員紳禀稱，製造鋼甲艦較之從前木殼鐵脅等船，工程浩大，料件繁多，所有機器棧房均須添拓。鐵脅廠計添購鉋鋼板機器一副，並合攏添配工價銀二千二百餘兩；添購碾鋼板機器一副，並合攏添配工價銀二千一百餘兩；添購拗鐵平床一座，並合攏添配工價銀三千六百餘兩；添購開鋼鐵圓孔手機一副，價值銀一百餘兩；添購大洋磅機器一副，並建蓋木亭安放，工價銀三百餘兩。拉鐵廠計添制八匹馬力鐵水缸一副，工料銀一千七百餘兩；添制八匹馬力磚爐一座，工料銀六百餘兩；添制拉鐵碾輪三合，工料銀九百餘兩。輪機廠添蓋棧房一座，工料銀五百餘兩。儲材所添蓋木料亭一座，工料銀三百餘兩。又，船臺鐵水坪、鐵車路，石道頭，年久不無朽蝕坍塌。船臺爲鋼甲船身所託，而鐵水坪等處爲起卸重大料件之地，均宜修整堅固，以免疏虞。計修鋼甲船臺一座，工料銀二千五百餘兩；修鐵水坪、鐵車路，工料銀一千五百餘兩；修石道頭工料銀四百餘兩。又前學堂法學教習邁達應募來工，修理洋樓一座與其住宿，計工料銀六百餘兩。又藝圃藝徒既多，添蓋誦堂、繪圖房二座，計工料銀九百餘兩。又閩省籌辦海防，購置炮位，均存工次，計添蓋儲炮廠一座，工料銀四千五百餘兩；添蓋炮廠棧房一座，工料銀一千五百餘兩。又前署大臣張佩綸向德國訂購魚雷十具到工，經臣於十二年十月間奏明：所有添建魚雷廠屋並該廠添制機器兩項用款，由船政制船項下支銷在案，計起蓋魚雷廠一座，工料銀五千二百餘兩；魚雷廠制配鐵劃坪一座，工料銀四百餘兩；制配驗魚雷鐵水櫃一副，工料銀三百餘兩。以上各款，應歸船政十二年銷案造報。又「琛航」一船，馬江之戰被炮轟沉江干，嗣經撈起，由廠大修，配换機器，添補船身，工程幾及新造之半，計工料銀六萬五千三百餘兩。此款係由船政墊支，應歸閩省善後局匯銷等語，呈請立案。前來經臣復查無異。

除咨部查照並飭另行匯案造銷外，合將應行照章聲明各款緣由，謹會同署福州將軍臣古尼音布、閩浙總督兼管福建巡撫事臣楊昌濬，合詞附片具陳，伏乞聖鑒。謹奏。

同日拜發。奉朱批：該衙門知道。欽此。

左宗棠等《船政奏議匯編》卷三七裴蔭森《廣甲輪船出口試洋並陳現辦廠務情形折》 奏爲「廣甲」輪船出口試洋，並現辦廠務情形，恭折具陳，仰祈聖鑒事。

竊臣於光緒十三年六月二十二日業將第六號鐵脅「廣甲」輪船下水緣由奏報在案。十月中旬據工程外監造學生、直隸州知州魏瀚，參將陳兆翱等報稱：「廣甲」船上應需之桅杆、帆纜、水缸、機爐並鋼炮、藥彈均已配置完備，業就塢前試輪，堪以定期放洋，當遣由粵遴派之守備武永泰上船管駕，並派後學堂駕駛學生、把總程璧光作爲幫帶。是月二十日，臣親督該駕弁等六點鐘升火，九點鐘展輪，出芭蕉口，至白犬洋，行駛數周，申刻回工。當出口放洋之時，適值潮汛初平，水缸臺煤、英煤並用，升大火，輪機每分鐘旋至一百二十五轉，驗船行，速率十四諾半有奇，合四十八中里，視原算行程殆爲過之。船身堅固，機器精良，帆纜一切均各如法案。該船深、長尺寸與前五號鐵脅船相同，惟船中較寬二尺。前鐵脅船馬力只七百五十匹，其速率故僅及四十中里而止。茲船配英國極新康邦三脱汽卧機，其馬力至一千六百匹，所以速率亦增至四十八中里，是亦精益求精之效也。臣查閩廠製造兵輪，其現存十餘艘，均撥赴沿海各省，以備巡防。「廣甲」未經完工之先，適兩廣督臣張之洞函商，由閩廠協造大小兵輪八號，因興辦需時，粵洋亟需巡緝，經臣奏明，俟第六號鐵脅兵船告成，先行撥應。蓋閩粵比鄰，緩急固有相通之義也。現該船業已出洋，應即飭赴粵東。時正冬防，俾資調遣。除將船中執事人等咨由粵省按照名額募充，其薪糧亦由粵自行籌給外，臣仍督飭各廠、所員紳、工匠並力趲造雙機鋼甲快船，並以餘工協造粵省大小兵輪，期於早日完工，以仰副聖主綏靖海疆之至意。所有「廣甲」兵輪船出口試洋並現辦廠務情形各緣由，理合會同兩廣總督臣張之洞、廣東巡撫臣吴大澂、署福州將軍臣古尼音布、閩浙總督兼管福建巡撫事臣楊昌濬，恭折由驛四百里馳陳，伏乞皇太后、皇上聖鑒訓示。謹奏。

光緒十三年十月二十五日拜發。奉朱批：該衙門知道。欽此。

左宗棠等《船政奏議匯編》卷三七裴蔭森《雙機鋼甲兵船下水並陳現在廠務情形折》 奏爲雙機鋼甲兵船下水，並現在廠務情形，恭折具陳，仰祈聖鑒事。

竊臣於光緒十二年十一月十六日業將廠造雙機鋼甲兵船安上龍骨各緣由，奏明在案。自時厥後，臣復嚴飭員紳、工匠並力趲造。本年十二月初旬，據工程處監造學生、直隸州知州魏瀚，參將陳兆翱等稟稱：該船自脅舨、梁柱以及枰堵，臺艙均已一律竣工，請諏吉下水。臣復驗無異，擬名之曰「龍威」，謹擇是月十七日午時致祭天后、江神、土神、船神，抽撑拔楔，如法推送，風潮順滿，循軌徐趨，勢極靈穩，萬目共瞻，莫不同聲稱快。查該船計長英尺十九丈七尺，寬四丈，吃水深一丈三尺一寸，兩重鋼底，中間相距二尺。其船身外甲近在水綫帶者寬、厚不等，屬在機器、鍋爐、彈子各艙者，甲寬五尺，厚八寸；前段甲厚五寸，後段甲厚六寸；船唇甲寬七尺，船尾甲寬四尺二寸；艙面甲厚二寸，炮臺甲厚八寸；炮罩甲厚二寸。全船可載二千一百噸，配新式省煤康邦輪機兩副，計實馬力二千四百匹。以法推算，每點鐘應行水程四十五里。載煤二百五十噸，升大火，足供一百二十點鐘之需，行五千四百里；升常火，足供二百五十點鐘之需，行八千二百五十里。較之前造各快船，船身之重有過，船行之捷相當。前設炮臺，可配二十六生口徑、長三十五倍、重二十八噸大鋼炮一尊。左、右耳臺，可配十二生口徑鋼炮兩尊。船後可配十二生口徑大鋼炮一尊。均以一人司機，三面施放，無不如意。且周圍護以炮甲衛炮，兼可衛人，法至善也。船上可配電燈二具，用以遠照敵舟，防其暗劫，更配連珠炮四尊，用以近擊雷艇，勿使前侵。其船前、後各配魚雷炮一具，亦以備冲擊敵船之用。雖目下全功未竟，鑲鈴尚在需時，然船式之精良、輪機之靈巧、鋼甲之堅密、炮位之整嚴，該學生等損益泰西新法，其聰明才力，亦已殫竭無遺矣。臣維近日海上爭衡全資鐵艦，該船工料堅實，萬一海疆有事，不特在深水洋面縱横蕩決，可壯聲威，即使港汊淺狹，進退艱難，斯船吃水不深，其攻守尤資得力。儻能寬籌經費，多制數艘，分布各省，互相聯絡，洵足内固沿海之防，外杜强鄰之窺伺，尤臣區區之心所日深其企望者耳。現歲闌，循例暫停工作，臣當督同各員紳將廠儲料件逐細盤查，一俟開工，仍將該船趕緊營繕，期於早日試洋，以仰副聖主綏靖海邦之至意。

所有雙機鋼甲兵船下水並現在廠務情形，理合會同福州將軍臣善慶、閩浙總督兼管福建巡撫事臣楊昌濬，恭折由驛四百里馳陳，伏乞皇太后、皇上聖鑒。謹奏。

光緒十三年十二月二十四日拜發。奉朱批：該衙門知道。欽此。

左宗棠等《船政奏議匯編》卷三七裴蔭森《請加給工程處學生薪水片》 再，工程處製造船身學生魏瀚、鄭清濂、吳德章，製造輪機學生陳兆翱、李壽田、楊廉臣等六員，自出洋藝成回華，先後派充工程處製造，以代洋員之任，歷制「開濟」、「横海」、「鏡清」、「寰泰」、「廣甲」、「龍威」等船，均能精益求精，創中華未有之奇，以副朝廷培植之意。溯船政創辦之始，所用製造洋員月薪多者四百兩，少者亦二百餘兩，自派該學生等充當製造，而船政所省洋員薪水每歲不下數千金，此該學生等前造南洋快船，左宗棠所以有每員加給五十兩之數，誠爲奇才異能，量加優予，所以示獎勵而勸有功也。今年秋間，「寰泰」試洋，此項加給薪銀業經遵照部議截止。在該學生等渥荷國家豢養之恩，原不敢更萌奢望，而在臣際此經費支絀，亦何敢虚糜庫帑，市惠屬員。惟查左宗棠奏定《船政章程》内，有「子弟學成監造者，即令作監工，其薪水照外國監工發給」之語。今該學生等所得月薪尚不及洋員三分之一，而所司製造日新月異，實不亞於洋員。揆之餼廪稱事之經，似不能不稍厚勸工，以資鼓舞。合無吁懇天恩，準將該學生等薪銀每員月加三十兩，飭部立案準銷。此係微臣考核數年，確知該學生等積勞有素，技藝優長，故敢酌劑其中，仰冀鴻施於萬一，以後斷不敢援以爲例。

所有請加薪水緣由，謹附片陳明，伏乞聖鑒訓示。謹奏。

光緒十三年十二月二十四日拜發。奉朱批：户部議奏。欽此。

左宗棠等《船政奏議匯編》卷三七裴蔭森《訂募並展留洋教習片》 再，閩廠前後學堂學生共分四班，前學堂兩班曰法學、曰英學，後學堂兩班曰駕駛、曰管輪。每班設總教習一員，以洋員充之。四員之中，計法員一，曰邁達；英員三，曰鄧羅、曰李家孜、曰賴格羅。經臣將各該洋員所立合同咨部立案。兹準户部來咨，以「事關動支庫款，未便據咨立案，應由臣奏明辦理，以昭慎重」等因。竊查李家孜、賴格羅二員，於光緒十一年三月十七日應募來工，經臣於是年六月間附片陳明在案。鄧羅一員於光緒六年八月二十七日應募來工，經前督辦船政黎兆棠於是年九月間奏報第四號鐵脅輪船下水折内陳明在案。嗣復展留兩年，扣至光緒十一年八月二十三日期滿。該洋員歷年教導生徒灼有成效，因與續訂合約，再行留工三年。邁達一員，前充法學教習，歷有年所，造就人才不下數十人，因中法失和撤退回國。經臣復行電聘，該洋員於光緒十二年七月二十日到工，訂立合同，仍派前職。

除咨部查照外，所有延留洋教習各緣由，理合附片陳明，伏乞聖鑒。謹奏。

光緒十三年十二月二十四日拜發。奉朱批：該衙門知道。欽此。

左宗棠等《船政奏議匯編》卷三七裴蔭森《船署電報名額支數片》 再，船政公署添設電報房，並派學生數人專司其事。經臣於光緒十一年六月間附片奏明在案，並列入十一年報部名額四柱册内。兹準户部來咨，以「新添電報員藝暨繕書雜費，未據專案奏咨，礙難核準」等因。伏查船廠爲造制兵輪之所，與南、北洋，廣東、浙江、烟臺各海口均有交涉事件，必須電報可以逕達船署，以冀靈通。此項報房内用正打報學生一名，月支薪水銀二十兩；副打報學生一名，月支薪水銀一十六兩；繕書一名，月支工伙銀四兩；聽差一名，月支工食銀二兩四錢。又辦公雜費月支銀一十六兩。人數既無浮濫，支數亦屬無多。既準部咨前因，理合附片陳明，吁請飭部立案，照册核銷。伏乞聖鑒。謹奏。

光緒十三年十二月二十四日拜發。奉朱批：該衙門知道。欽此。

左宗棠等《船政奏議匯編》卷三七裴蔭森《武職保案請免撤銷以昭激勸折》

奏爲保獎武職員數實無冒濫，吁懇天恩準免撤銷，以昭激勸，謹繕清單，恭折具陳，仰祈聖鑒事。

竊臣於光緒十三年四月初九日，奏請「鏡清」快船業經南洋驗收，將在事出力員紳人等遵旨擇尤請獎一折，欽奉朱批：該衙門議奏，單三件、片二件並發。欽此。嗣準兵部議復，以「船廠在事出力人員，光緒十二年七月十四日以前原在不準保獎之列。七月十四日以後即應遵照海軍衙門奏定章程，自奏定之日起五年限滿，方準列保，不得復以出力在前爲詞，補請保獎。且以一船而保至數百員之多，亦恐易滋冒濫，除文職由吏部辦理外，應請將此次奏咨所保武職暫行撤銷」等因，於九月二十八日具奏。奉旨：依議。欽此。欽遵恭録諭旨，抄録原奏，飛咨前來。

伏查此案列保武職人員，除將官職較卑、勞績較次者咨部獎叙外，開單請獎不過七十餘員。計自光緒五年間鐵脅告成奏獎以後，閱時八年之久，成船六號之多，在事出力之武職，上自製造學生、廠員，下至水陸營弁以及各廠匠首，統計不下數百人。經臣慎擇其尤，僅以七十餘人列保。是臣激勵人才之心與慎重名器之念，所不敢稍滋冒濫者，自在聖明洞鑒之中。而部臣更繩以海軍衙門奏定章程之例，以爲必自十二年七月十四日起五年限滿，方準列保，而以此案爲出力在前補請保奬之案，概行撤銷。此則臣所不能不辨者，請爲我皇上陳之。查「鏡清」快船請奬一案，經臣於十一年十二月初二日奏報「鏡清」下水折內，請予擇尤奬勵，奉旨：此項輪船着俟試洋後，如果駕駛得力，毫無流弊，再將出力人員擇尤請奬。欽此。復於十二年七月十二日奏報該船試洋赴寧折内，更申前請，於八月初十日奉旨：着照所請，該部知道。欽此。欽遵各在案。是此案奏請月日在海軍衙門定章之前，而此案奉準在海軍衙門定章之後，其不得繩以十二年七月十四日新定之章程，不辨而明。所以遲之又久，於本年四月間始行開保者，實因慎重其事，將各該員等八年中所著勞績詳細考校，計其久暫，權其優次，致需時日。其不得視爲出力在前補請保奬之案，更不辨而明。且臣前準吏部抄咨議復此案文職奏稿，内開製造「鏡清」快船出力各員請奬，前經該船政大臣兩次奏奉諭旨，準擇尤褒奬在案。此次片查海軍衙門既據復稱「與定有年限者不同，自無庸另扣年限」等語，而臣遵議復奏文職一折，亦經於九月二十二日賚回原折，欽奉朱批：着照所請，該部知道。欽此。欽遵在案。是此項保案迭奉恩準在先，而扣計八年，所著勞績更逾新章五年之數。誠如吏部所云，與定有年限者不同，不必另扣年限。況文職既蒙允準，武職獨予撤銷，同一赴業程功，而邀恩判若霄壤。在部臣無非冀昭核實，而微臣仰體朝廷勸功之意，既無絲毫冒濫，誠不忍使勞勩一體，武職獨抱向隅。合無仰懇天恩，俯念臣廠在事武職人等出力有年，不無微勞足録，準予飭部免其撤銷，照單奬敘，以示激勸，出自逾格鴻慈。至前請另片請奬總司製造各員内，有武職三員，委係勞績優異，可否並懇天恩飭部準照原片奬勵。臣不勝屏營悚惶之至。

除咨部外，所有保奬武職員數實無冒濫，請免撤銷緣由，謹會同南洋大臣、兩江總督臣曾國荃，福州將軍臣善慶，閩浙總督兼管福建巡撫事臣楊昌濬，合詞恭折，附驛具陳。伏乞皇太后、皇上聖鑒訓示。謹奏。

光緒十三年十二月二十四日拜發。奉朱批：着照所請，兵部知道，單並發。欽此。

王樹柟《張文襄公全集》卷一三一《致福州船政大臣裴光緒十四年二月二十九日發》 庚、辛、壬、癸四淺輪，請毋庸製造。其甲、乙、丙、丁四輪辦法，擬由粵奏，容籌定，再奉商。豔。

〔附〕王樹柟《張文襄公全集》卷一三一《船政局來電光緒十四年正月初二日到》 司農有意作梗，閩未便再頂。此節除非由粵籌給全價，改協爲代，算無善策。惟巨款亦恐湊集爲難，姑想一變通之法。甲、乙作爲閩廠自製，撥歸粵防，由閩報銷，粵不協價。丙、丁作爲全價代造，惟按實估計二艘三十六萬，殊覺不敷，須照始議，每艘二十萬，粵再找足四萬，閩廠方能承辦。蓋丙、丁，粵不報銷，閩廠墊款無從開報，故須稍增耳。淺水四輪，亦照此辦法，無庸增價。蓋每艘六萬爲數，已足也。然雖如此辦理，户部未必不駮。應請主裁，如屬可行，請由粵專奏，較見得力。至庚、辛、壬、癸四艘，料已辦齊，礙難從緩，擬仍遣魏牧赴粵面請温諭。

〔附〕王樹柟《張文襄公全集》卷一三一《致福州船政大臣裴光緒十四年三月初五日發》 豔電計達覽。甲、乙、丙、丁四艘，每作二十萬兩，算共八十萬金，擬料由粵給，工由閩給，以符原奏。魏牧云，四分中料居三，而工居一，則粵應解六十萬金矣。然粵力不支，當於前議四艘三十六萬兩外，更籌一十六萬兩，統共五十二萬兩。其餘歸閩工項下任之。既減四淺輪，又多出協價，即由粵具奏，可期就緒，祈裁覆。歌。

左宗棠等《船政奏議匯編》卷三七裴蔭森《閩廠開辦船塢由制船經費撥用報銷折》 奏爲閩廠開辦船塢擬由制船經費撥用報銷，請旨飭部立案，恭折具陳，仰祈聖鑒事。

竊臣查閩廠原設船槽一座，以鐵抄木爲梁柱，用機器旋轉，將船挽而登陸，以便勘底修理，核計槽身任重可勝一千五百噸左右，以修一百五十匹馬力之船，力足支載。自開設船政迄今，用之垂二十餘年，近來廠制之船規模日廓，如「開濟」、「鏡清」、「寰泰」各快船，並雙機「龍威」鋼甲艦，除安配炮位不計外，船身已重至二千二百餘噸，斷非舊日船槽所能勝任。且船槽經用已久，係屬木質，儻使任過其量，不無意外之虞。必須另有石底船塢以備常修，始足以昭慎重。臣於光緒十一年十二月瀝陳船政應行舉辦事宜折内，所以有開辦紅山谷船塢之請也。旋經海軍衙門議復：「俟籌有定款，再行舉辦」等因。臣維快船鋼艦每年必須油刷船底一二次，香港、上海各商塢原可借修，而一船入塢，修理工料以外，更須計噸加費，未免虛糜。即北洋旅塢告成，亦能修理，而由南赴北，波路修遠，偶逢冬凍，勢更需時。儻閩廠建一大塢，不特南洋、浙洋、粵洋、臺灣各兵船就近勘修甚便，即北洋鐵艦每冬避凍南下，亦可備不時之需。是閩塢工程以臣竊計，亦先務之急矣。前此所勘紅山地段，距廠八里，臣猶以爲遠，因復與工程處出洋學生鄭清濂、吴德章等就船廠近處羅星塔青洲地方再三踏勘，得一塢所。固知一經開辦，籌款誠難，然第就閩廠制船經費項下按年勻銷，似亦輕而易舉。臣再四思維，勢難更緩，已於去年十一月間諏吉開辦。計塢身通長三十八丈，寬十丈，深二丈八尺，以備極大兵輪皆可入塢修理。該塢前臨大江，塢口潮平計深三丈有奇，各國兵商輪船之抵港者，均萃泊於此。羅星塔控其右，海口出其左，擁馬限山之背，中間隔一均竹港，去船廠三里，而近因築木橋一所，名曰「通濟」，跨港流以達船廠，俾聯一氣。臣嘗與鎮閩將軍臣善慶、閩浙總督臣楊昌濬、北洋水師統領天津鎮總兵臣丁汝昌親歷其地，均以爲土實港深，天然船塢，而且逼近山根，大半石骨，以爲石底之塢，料省工堅，其便一；與船廠接近，工匠、料件，水陸均可往來，無庸另建修船之廠，其便二；塢口江干，可泊輪船百艘，無庸另建泊船之塢，其便三。惟始事之初，内挖塢身，外砌壩口，風潮暴猛，頗有冲擊之防。臣惟有督飭該學生等認真從事，早告成功，以仰副朝廷講求海防之至意。至全塢工料應用若干，一時尚難逆揣。臣尤當在在撙節，慎重度支，斷不敢稍從寬假。臣爲巨款未易遽籌，而塢工又難久待，是以權衡緩急，酌量辦理。合無仰懇天恩，準予飭部立案，將此項船塢應用經費由制船項下勻年撥用報銷，以集要工，而分巨款。

除咨呈海軍衙門並咨户部，南、北洋大臣外，所有微臣開辦船塢並勻撥制船經費緣由，謹會同鎮閩將軍臣善慶、閩浙總督兼管福建巡撫事臣楊昌濬，恭折由驛具陳。伏乞皇太后、皇上聖鑒。謹奏。

光緒十四年三月初六日拜發。奉朱批：該衙門知道。欽此。

左宗棠等《船政奏議匯編》卷三七裴蔭森《恭謝天恩折》 奏爲恭謝天恩，仰祈聖鑒事。

竊臣接準總理各國事務衙門咨開：「光緒十四年二月初五日，由軍機處抄出内閣奉上諭：『福建按察使裴蔭森着開缺以三品京堂候補督辦福建船政事宜。欽此。』」當即恭設香案，望闕叩頭謝恩訖。伏念臣淮東輇質，江左菲才，由庚申進士、備職工曹，改官湘省，於辰永沅靖兵備道任内，蒙恩擢授福建按察使，時值閩口辦防，勉效馳驅，未遑報稱。旋奉特旨，署理船政大臣。竊維廠塢近臨馬瀆，遠控虎門，舟楫以備濟川，戈樓實兼防海。臣涓埃未答，方滋攝乏之慚；寵渥迭邀，更拜真除之命。特遷京秩，俾督船官。躋三品之崇班，職隆清望；合五材而並用，任重考工。檮昧如臣，能無感奮？際此海軍經營之始，帑項支絀之時，臣惟有督率員紳，激勵徒匠，講求樸屬，工程必究其精微慎重，度支經費悉期乎撙節，勉殫駑鈍，仰副鴻慈，以冀答高厚生成於萬一。

所有微臣感激下忱，謹繕折恭謝天恩，伏乞皇太后、皇上聖鑒。謹奏。

光緒十四年三月初六日拜發。奉朱批：知道了。欽此。

左宗棠等《船政奏議匯編》卷三八裴蔭森《調回靖遠輪船改設練船折》 奏爲調回「靖遠」輪船，改作練船，懇恩飭部立案，恭折具陳，仰祈聖鑒事。

竊臣於光緒十一年六月間奏明購修「平遠」舢舨作爲練船，俾駕駛學生得資練習。旋因三屆出洋議成，將學生撥隨監督道員周懋琦西行肄業，其餘在堂學生堪以上船者既已無多，而練船經費亦籌無所出，復於十二年七月間附片奏明，將「平遠」船應用舵水人等力加删減，飭其來往閩臺，專司轉運，各在案。前年十一月間，準臺灣撫臣劉銘傳電稱，「臺灣急需磚瓦、木料，借用『平遠』運載，餉由臺發」等因。臣當將「平遠」一船撥歸臺灣遣用。因思後學堂駕駛、管輪之頭二班學生將届五年期滿，必須另籌一船，以爲練習地步。適聞南洋以經費支絀，將「靖遠」輪船暫行收塢。該船本由閩廠派赴江南者，因函商兩江督臣曾國荃，將「靖遠」調回工次，略加修理，改作練船。伏查練船兼用舢板者，原爲帆纜，可以濟輪機之窮也。惟駕駛學生習之舢板，管輪學生則必習之輪船。臣原期經費稍充，更當於舢舨練船外添設一兵輪練船，俾駕駛、管輪兩項學生得以衽席風濤，以備海軍之器使。乃遲之又久，經費總無所籌，而駕駛、管輪各學生陸續期滿，又不可無練船以竟其事。即使「平遠」不撥借臺用，而僅練習駕駛一途，已有偏而不舉之處。再四思維，惟有求目前兩得之計，仍以輪船爲練船，即以管駕爲教習，俾得認真訓練，以仰副朝廷培植人才之至意。合無仰懇天恩飭部立案，將此項練船薪糧、公費歸養船經費支銷，由福省善後局造報。查「靖遠」係八十匹馬力兵船，原定名額、薪費數目，部中均有成案可稽，無庸另繕清單。

除咨呈海軍衙門並咨户部、兵部查照外，所有微臣調回「靖遠」改作練船緣由，謹會同南洋大臣、兩江總督臣曾國荃，兼署福州將軍、閩浙總督兼管福建巡撫事臣楊昌濬，恭折由驛馳陳。伏乞皇太后、皇上聖鑒訓示。謹奏。

光緒十四年四月十六日拜發。奉朱批：派衙門知道。欽此。

左宗棠等《船政奏議匯編》卷三八裴蔭森《延留洋教習片》 再，閩廠學堂共設總教習洋員四員，經臣於去年十二月間附片陳明在案。就中李家孜、賴格羅二員扣至本年三月間限滿，本應屆期遣撤回國，另募充補。緣李家孜一員於去年十一月間，經兩廣督臣張之洞調赴廣東充當水師學堂教習。其時，適有英人斐士博者素精管輪學問，來華游歷，緣與工程處學生魏瀚等前在英國倫敦時相處最久，稔其於輪機之學大有根柢，堪勝管輪教習之任，是以就近與之訂立合同，以補李家孜之缺。較之由英另募既無曠延時日之虞，亦藉省由英來閩之費。其賴格羅一員，平日循循善誘，所課各生學業日進，亦教習之良者，因與續立合同，再行留工一年，藉資熟手。

除咨呈總理各國事務衙門並咨部查照外，所有延留洋教習各緣由，理合附片陳明，伏乞聖鑒。謹奏。

同日拜發。奉朱批：該衙門知道。欽此。

左宗棠等《船政奏議匯編》卷三八裴蔭森《報銷運夫等項工食請準照支片》

再，竊準兵部咨開：光緒十三年十一月十九日本部附奏《核復閩廠光緒六年至八年船政報銷》一片，奉旨：依議。欽此。抄録原片。移咨前來，臣伏查原片内稱：「前據船政所報廣儲所盤運料件運夫口糧項下，其夫長月支銀六兩，什長月支銀三兩六錢，運夫月支銀三兩三錢。又儲材所運送木料排工口糧項下，其排長月支銀六兩，排工月支銀五兩四錢等語。前項運夫、排工按照江南籌防成案，每月只應銷銀三兩及二兩四錢。今每名請銷銀自六兩至三兩三錢不等，與成案均有浮多。又看管船槽匠丁工食雜費項下，挖土大機船一號，配正管機器匠一名，月支銀十二兩；副管機器匠一名，月支銀八兩；小工十六名，各月支銀四兩二錢；挖土、煤炭、油料各雜費，月支銀七十二兩。又刮土小機船一號，配用小工六名，各月支銀四兩二錢；裝土船四號，配用小工二十四名，各月支銀四兩二錢，各等語。前項挖土、裝土各船與江南運船相同，所有工食銀數亦較江南每月支銀三兩之數浮多，均應分別核減，並行查曾否奏明有案。今既據該大臣詳細聲復，係在新章以前之款，擬請準予開銷，以清積案。其九年在新章以後，應令該大臣遵照前次駁查之案，分別減支，以示限制」等因。足見部臣慎重度支，減一分支銷，即多一分國帑。臣雖至愚，敢不深體此意？惟檢查案卷，體察情事，就中各款實屬無可減支，請爲我皇太后、皇上詳悉陳之。船政爲創辦之局，本無例案可循。各款額支銀數皆前大臣沈葆楨所手定，該前大臣公忠體國，久在聖明洞鑒之中。當時餼廩，稱事必得其平，斷不肯市私恩而糜國帑。二十年來，歷任各大臣規隨而不變者，職是故也。今部臣以江南運船比較，行令減支，不知運夫、排工遇有大幫料件到工，須通宵搬運，非如尋常轉運朝作暮息者比。然運夫月支僅三兩三錢，較之江南成案月支三兩之數所多亦屬無幾，惟排工支數爲較優耳。工次木料鱗叠江干，用時則須撑運，未用則須看守，溪漲江潮時防漂失，非熟諳水性者不能操作裕如。閩省本有此項工作之人，傭於商而受其直。閩中木商最旺，故受直常豐，傭於官者勢不能減其數，而强使供差，且事在必需，所以創辦之初即照民間工資以相招募。夫長、排長有鈐束督率之責，口糧自應略優。至挖土、刮土、裝土各船匠工，尤非運船民夫所可比，挖土、機船配用輪機計實馬力四十匹，看管之匠即輪船管輪之流亞。前大臣沈葆楨原定月辛十二兩及八兩者，係照船上管輪支數，按馬力遞減，又以僅在内河工作，無涉歷風濤，減之又減，酌給此數，本無浮濫。其配用小工兼以磨擦輪機，非僅撑運泥沙而已。此項匠工與本案船槽匠工事體相同，船槽匠工支數曾經户部核減。臣於光緒十三年四月間據實復陳，復經户部核準，照數支銷，奏奉俞允在案，此款自當援案開支。以上各款，前此雖未奏咨立案，然此届既經奏明，奉旨準銷，九年以後，支數亦經咨部立案。合無仰懇天恩，俯念此項運夫、排工、匠丁口糧、工食實屬無可減支，準予照舊支給，以濟要工。

除咨部查照外，理合附片陳明，伏乞聖鑒。謹奏。

同日拜發。奉朱批：兵部議奏。欽此。

左宗棠等《船政奏議匯編》卷三八裴蔭森《快船保案文職各員請改獎照獎片》

再，臣於光緒十三年八月間遵議復奏核減保案文職員數一折，欽奉朱批：着照所請，吏部知道。欽此。欽遵在案。嗣準吏部查核各該員到工年月，按照尋常勞績定章分別準駁具奏，奉旨：依議。欽此。欽遵，恭録諭旨，抄録原奏，飛咨前來，足見部臣慎重名器，恪守定章。臣雖至愚，亦何敢至再至三嘵嘵瀆請？惟如越級之過優，加銜之失當，既經部臣議減議改，自應一一仰遵。其有因分省人員而撤銷者，有因鹽務人員而撤銷者，有因未滿三年而撤銷者，揆其情形，既有不同之處，論其勞績，尚有足録之微，殊不忍概令撤銷，使有向隅之抱。臣再四思維，不能不吁懇聖主之前，冀邀恩準於萬一。兹謹就部臣原奏，逐條叙列，恭呈御覽：

原奏稱：「遇缺盡先選用。知縣鄭誠，請仍以知縣不論雙、單月，遇缺盡先選用。所請係屬重復，應令另核奏明請獎」等因。鄭誠可否懇恩準改，俟得缺後以同知直隸州遇缺盡先補用，以示激勸。

原奏稱：「江蘇候補班前補用知縣李聖培、湖南候補巡檢徐泰來、江蘇試用布理問樊棻，均係有省份人員，所請奬勵核與例章不符，應請撤銷」等因。查定章所謂分省人員不準在他省例保者，似指已到省人員而言。李聖培係在籍人員，於同治七年到工，至今仍在工次，並未到省；樊棻於光緒八年派駐上海採辦，至今仍在差次，亦未到省。該二員均係指分未到省人員，與已經到省、在他省列保者不同。茲遵照例章將徐泰來一員撤銷外，其李聖培、樊棻二員，可否仰懇天恩，準予飭部將該二員仍照原單所請奬叙，以昭激勸？

原奏稱：「遇缺盡先選用鹽大使吳德章，不論雙、單月，盡先選用鹽大使李雲樞，均係鹽務人員，所請奬勵，核與定例不符，應請撤銷」等因。查吳德章由出洋學生報捐鹽大使職銜，經臣於光緒十二年間奏奬襄辦二届出洋肄業出力案內，請以鹽大使不論雙、單月遇缺盡先選用，奉部核準在案。李雲樞於光緒元年到工，旋派充出使德國使館供事，三年期滿，準保今職，仍回工次供差。該二員均係候選鹽大使，未經分省，且係在籍人員，始終供差工次，與河工鹽務人員不準因地方差委奏請奬勵者原自有別，儻拘以成例不準列保，是該員既無省分，而勞績雖著，始終莫得進階，殊不足以昭激勸。合無仰懇天恩，飭部準將吳德章、李雲樞二員仍照原單所請奬叙，俾資鼓勵。

原奏稱：「呂耀斗等二十七員，其在事均未滿三年，所請奬勵應請撤銷」等因。查道員呂耀斗提調船政之時，適值前船政臣黎兆棠病假回粵半年之久，係該員以提調兼代督辦之事。洎前船政臣張夢元赴粵之後，前船政臣何如璋未到任之前，中間尚隔數月，亦係該員以提調兼代督辦之事。該員二次兼代督辦，任勞任怨，辛苦倍越尋常；而適當快船開辦之初，事事悉資謀始，雖年份稍有未足，而勞績實有足嘉。又道員周懋琦，以船廠提調派充出洋局監督，此項差事仍係屬在船政，與銷差者不同，似未便以出洋月日作爲離工月日扣算。又知府范錫鵬於光緒元年十一月到工，二年六月調赴日本，復於十年二月到工，十二年十月銷差，計其前後在工年月已逾三年以外。又知府嚴良勛，於光緒二年到工，十年咨送總理衙門，十一年復到工，十二年銷差赴選核，其在工前後不下十年。除光緒五年以前勞績歸之鐵脅案內，而自六年以後計之，亦已不止三年之久。其餘各員，除劉應曾一員於光緒三年到工，有逾五年；張樾雲一員於光緒七年到工，因原册錯誤，業已咨部更正，請予照保；又林宗開、王毓珍二員遵議撤銷外，更有通判呂保孫、附生葛晉謙、廩生陳充豫、翰林院待詔銜陸汝成、附生楊仰曾、縣丞鄧慶光、刑部主事吳征駒、同知董毓琦、附生王煜、通判張慶鈞、監生楊廷綸、通判嚴毓瑞、知縣張飛鵬、縣丞何定求、縣丞何世昌、舉人陳文濂、揀選知縣林志濂、廩生楊承箕、廩生林鑒波等十九員名，核其在工年月，雖或未滿三年，然當馬江戰事之後，該員等均以船工人員兼辦海防善後事務，如陸汝成精造子母水雷，能擊飛九層木簰，其堪以洞中敵船，已可概見，經臣於光緒十一年七月間奏明有案。是年九月，適現任吏部尚書臣錫珍、現任浙江巡撫臣衛榮光由臺來閩，道出馬江，臣復邀同試驗，咸稱如法。其餘各員，或製造水、陸碰雷，或用木簰、鐵沖填塞海口，或起撈沉炮、沉船，或制設金牌、長門鐵鏈，沐雨櫛風，備嘗勞苦，並未加給兼差薪水。即如呂保孫、陳充豫、張慶鈞三員，業已銷差，亦嘗檄飭來工，分任其事。原其情事是各該員等尚有挈長補短之微勞，足以仰邀奬勵。臣前遵議核減員數之時，非不知其年分不足，所以不忍删汰者，亦實因其效力海防之故。可否仰懇天恩，俯念該員呂耀斗等二十五員，或已滿足三年，或著有分外勞績，準予飭部仍照原單所請奬勵，以録微勞，而收後效。

除咨部外，理合附片陳明。伏乞聖鑒訓示。謹奏。

同日拜發。奉朱批：吏部議奏。欽此。

王樹枬《張文襄公全集》卷二四《加增閩廠協造兵輪經費並聲明辦法摺光緒十四年五月初八日》 竊查臣等上年具奏，廣東分年捐款由閩廠協造鐵脅穹甲快船四艘，共協銀三十六萬兩。又協造中號兵輪四艘，協銀一十二萬兩，聲明請免報銷等因一摺。欽奉硃批，該衙門知道，欽此。嗣准户部咨議覆船政大臣裴蔭森奏請動用工料，仍歸船政報銷一摺。以所造兵輪，係由捐辦，與南洋之動支官款者不同。將來應由廣東彙報，該大臣所請，由廠報銷之處，應毋庸議。又於裴蔭森奏請援照開濟快船成案，動支官款，仍由船政報銷。摺内議以此項兵輪，係粵省官商捐辦，與開濟快船事由官辦者不同，所請動支閩省官款，及代爲報銷之處，礙難核准各等因，會同海軍衙門奏奉懿旨，依議，欽此。先後咨行到粵，並准船政大臣裴蔭森咨會籌辦前來。伏查兩次部咨，皆議駁閩廠所請報銷，而令照粵省原擬辦法。夫粵省原議，本謂粵濟閩費，閩濟粵工，不論需費若干，惟以大船每艘協銀九萬，中船每艘協銀三萬爲率。緣訂議之初，工料皆從約估，未能絲絲入扣，且謂公款公用，尤不必過較錙銖。其實各船需用繁鉅，斷非數萬之資所能造成。若如部議不准閩支官款，則不敷之物料，將自何出。不准閩爲報銷，似常年之工資，亦歸粵認。在閩廠有難行之勢，即粵船有中輟之虞，有不得不縷晰上陳於聖主之前者。臣等溯議辦此事之初，粵省並無可籌之款，徒以官紳商民，忠忱激發，報效銀八十萬兩，以三年之力，成十艘之用。而有船不可無礮，除備購礮價二十餘萬兩，並粵省船局自造廣戊、廣已兩小輪，工價五萬數千兩外，以之再製大中八輪，實有不敷。適值閩廠爲南洋代造三船告竣，器全工暇，遂商爲協造之舉，誠以閩廠工匠，豢養有常，不令造船，便成坐食，且虞荒惰。而閩廠造船經費，又苦難支，是以臣等前奏，有粵濟閩經費之不足，閩助粵工力所有餘之語。此蓋兩省均有利益，資閩廠之成局，成粵防之利器，非欲使閩廠爲粵之故，驟然多請撥支數十萬也。粵省原奏所謂不動庫款者，謂粵協數十萬，全出捐資，不動粵省庫款。閩廠就原有經費協造，亦不另撥閩省庫款也。閩省原奏所謂，船政自行報銷者，乃就閩廠原有之常年經費中，分晰造報，協造粵省某船，用過工費若干，其應銷之數目當循照閩省舊章辦理。如部駁所云，則是經費工力，皆須粵認。是直粵省雇賃閩廠、閩工而爲之耳，何名爲協造乎。與臣等原奏既有末符，與他省協造成案，亦不畫一。夫南洋前製快船，動用官款，閩廠且爲代造，助以工料之不足。今粵省兵輪，出自民捐，實歸官用。將來造成，尚須遵照海軍衙門奏定章程，駛赴津沽聽候查驗，與民捐民用者，迥然不同。雖非全數報效，較之南洋究可省官款一半而轉不令協助工費。臣等反覆思之，未解其理，江粵同爲海疆，户部斷無厚於江而苛於粵之理。竊揆部臣之意，似係誤會閩奏，疑爲閩廠將因此於年例外，多支多銷若干萬，以致嚴切駁阻。查粵省於歷年悉索之餘，能捐船礮費八十萬，可謂急公好義，竭盡緜力。而船政大臣於作輟兩難之際，思爲協造之法，其支持籌畫，亦實具見苦心。玆粵價已匯，閩料已買，而閩廠奉駁欲停辦而不能。欲續捐，而無力。不但失此次商民之心，且以阻後來勸捐之路，則是反不如不捐之爲愈也。惟既屢經部駁，且又謂協費未能及半，自不得不勉籌辦法，以冀兩全。臣等與裴蔭森往復函商，切實估計，廣甲一艘，約計工料銀二十二萬兩。乙、丙、丁三船，每艘約二十萬兩。庚、辛、壬、癸四艘，每艘約六萬兩。合計約共需工費銀一百零六萬兩。以協濟各半計之，粵省應協助五十三萬兩，除原議協銀四十八萬兩外，擬再統行協助銀五萬兩，湊足半價五十三萬兩。其餘一半，由閩支銷，庶閩廠不致掣肘，粵船得以告成，與兩省原奏之案，亦相符合。然粵省於捐定鉅資之外，復增數萬之多，實已萬分爲難矣。竊念國家設立船政，原爲海疆各省造船而設。經費有專款，員匠有常額，自造與協造，本無區別。協粵與協江更無差等，不過爲粵省多造一船，即爲別省少造一船。要之於閩廠經費，並無出入。合無仰懇天恩，俯念此舉有益粵防，無損閩款，敕部立案。准照臣等所議辦理，仍由船政自行造報，以清款目。至於各船礮位，現擬改設耳臺，添配一尊，並須較大者，原備礮價二十餘萬，仍有不敷，尚須勉籌集捐，彌補以成斯舉，而裨海防。

硃批，該衙門知道，欽此。

左宗棠等《船政奏議匯編》卷三八裴蔭森《請增價協造粵船折》 奏爲廣東捐造兵輪，屢經部駁，現擬勉增協費，並聲明閩廠交非額外多支經費，恭折瀝陳，仰祈聖鑒事。

竊查臣等上年具奏「廣東分年捐款由閩廠協造鐵脅穹甲快船四艘，共協銀三十六萬兩，又協造中號兵輪四艘，協銀一十二萬兩，聲明請免報銷」等因一折，欽奉朱批：該衙門知道。欽此。嗣準户部咨議復：「船政大臣裴蔭森奏《請動用工料仍歸船政報銷》一折，以所造兵輪係由捐辦，與南洋之動支官款者不同，將來應由廣東匯報，該大臣所請由廠報銷之處應毋庸議。」又於裴蔭森奏《請援照開濟快船成案動支官款仍由船政報銷》折内，議以「此項兵輪係粵省官商捐辦，與『開濟』快船事由官辦者不同，所請動支閩省官款及代爲報銷之處礙難核準」各等因，會同海軍衙門奏，奉懿旨：依議。欽此。先後咨行到粵，並準船政大臣裴蔭森咨會籌辦。前來伏查兩次，部咨皆議駁閩廠所請報銷而令照粵省原擬辦法。夫粵省原議本謂，粵濟閩費，閩濟粵工，不論需費若干，惟以大船每艘協銀九萬，中船每艘協銀三萬爲率。緣訂議之初，工料皆從約估，未能絲絲入扣，且謂公款公用，尤不必過較錙銖。其實各船需用繁巨，斷非數萬之資所能造成。若如部議不準閩支官款，則不敷之物料將自何出？不準閩爲報銷，似常年之工資亦歸粵認，在閩廠有難行之勢，即粵船有中輟之虞，有不得不縷晰上陳於聖主之前者。

臣等溯議辦此事之初，粵省並無可籌之款，徒以官紳商民忠忱激發，報效銀八十萬兩，以三年之力成十艘之用。而有船不可無炮，除備購炮價二十餘萬兩，並粵省船局自造「廣戊」、「廣己」兩小輪，工價五萬數千兩外，以之再制大、中八艘，實有不敷。適值閩廠爲南洋代造之船告竣，器全工暇，遂商爲協造之舉。誠以閩廠工匠豢養有常，不令造船便成坐食，且虞荒惰；而閩廠造船經費又苦難支，是以臣等前奏有「粵濟閩經費之不足，閩助粵工力所有餘」之語。此蓋兩省均有利益，資閩廠之成局，成粵防之利器，非欲使閩廠爲粵之故驟然多請撥支數十萬也。粵省原奏所謂不動庫款者，謂粵協數十萬全出捐資，不動粵省庫款。閩廠就原有經費協造，亦不另撥閩省庫款也。閩廠原奏所謂船政自行報銷者，乃就閩廠原有之常年經費中，分晰、造報協造粵省某船用過工費若干，其應銷之數自當循照閩省舊章辦理。如部駁所云，則是經費、工力皆須粵認，是直粵省雇賃閩廠，閩工而爲之耳，何名爲協造乎？與臣等原奏既有未符，與他省協造成案亦不盡一。夫南洋前制快船動用官款，閩廠且爲代造，助以工料之不足；今粵省兵輪出自民捐，實歸官用，將來造成，尚須遵照海軍衙門奏定章程，駛赴津、沽聽候查驗，與民捐民用者迥然不同。雖非全數報效，較之南洋究可省款一半，而轉不令協助工費。臣等反復思之，未解其理。江、粵同爲海疆，户部斷無厚於江而薄於粵之理。竊揆部臣之意，似係誤會閩奏，疑爲閩廠將因此於年例外多支多銷若干萬，以致嚴切駁阻。查粵省於歷年悉索之餘，能捐船炮費八十萬，可謂急公好義，竭盡綿力。而船政大臣於作輟兩難之際，思爲協造之法，其支持籌畫亦實具見苦心。兹粵價已匯，閩料已買，而閩廠奉駁，欲停辦而不能，欲續捐而無力；不但失此次商民之心，且以阻後來勸捐之路，則是反不如不捐之爲愈也。惟既屢經部駁，且又謂協費未能及半，自不得不勉籌辦法，以冀兩全。臣等與裴蔭森往復函商，切實估計，「廣甲」一艘，約計工料銀二十二萬兩。乙、丙、丁三艘，每艘約二十萬兩，庚、辛、壬、癸四艘，每艘約六萬兩，合計約共需工費銀一百零六萬兩。以協濟各半計之，粵省應協助銀五十三萬兩，除原議協銀四十八萬兩外，擬再統行協助銀五萬兩，湊足半價五十三萬兩，其餘一半由閩支銷，庶閩廠不致掣肘，粵船得以告成，與兩省原奏之案亦相符合。然粵省於捐定巨資之外，復增數萬之多，實已萬分爲難矣。竊念國家設立船政，原爲海疆各省造船而設，經費有專款，員匠有常額，自造與協造本無區別，協粵與協江更無差等，不過爲粵省多造一船，即爲别省少造一船，要之，於閩廠經費並無出入。合無仰懇天恩，俯念此舉有益力粵防，無損閩款，敕部立案，準照臣等所議辦理，仍由船政自行造報，以清款目。至於各船炮位，現擬改設耳臺，添配一尊並須較大者。原備炮價二十餘萬仍有不敷，尚須勉籌集捐彌補，以成斯舉，而裨海防。

所有廣東捐造兵輪，現擬勉增協費暨聲明閩廠並非額外多支經費各緣由，除咨呈海軍衙門暨咨户部外，臣謹會同福建船政大臣裴蔭森合詞恭折具陳，伏祈皇太后、皇上聖鑒訓示。謹奏。

光緒十四年五月十四日拜發。奉朱批：該衙門知道。欽此。

按：協造粵船屢經部駁，嗣由粵督張公之洞、粵撫吴公大澂合詞陳請。奉旨後，復經户部議復。欽奉懿旨：依議。欽此。附刻於此，俾協造粵船顛末後來有所考焉。

左宗棠等《船政奏議匯編》卷三八裴蔭森《粵船先後安上龍骨並廠務情形折》

奏爲協造粵船先後安上龍骨並廠務情形，恭折具陳，仰祈聖鑒事。

竊臣前與粵省定議，協造大、小兵輪八艘，曰「廣甲」、「廣乙」、「廣丙」、「廣丁」、「廣庚」、「廣辛」、「廣壬」、「廣癸」，經於光緒十三年五月、十月兩次奏請立案，當即購料制機，逐一開造。旋因部議未即核準，停工緩辦，是以未將安上龍骨日期及時奏報。嗣兩廣督臣張之洞會銜申請，奉旨允準，並準户部抄録懿旨，飛咨欽遵前來，自應將協造工程接續興辦。

查粵船八艘，除將廠造第六號鐵脅作爲「廣甲」先行撥應粵用，於去年十月間該船試洋折内奏明在案外，其餘七艘，穹甲三艘，淺輪四艘。所謂穹甲者，内用鐵脅，外加穹甲一層，以保衛輪機、鍋爐、藥彈等艙，以便冲擊敵船。所謂淺輪者，船身吃水較淺，既可往來海上，更可駛入支港内河，以廣巡緝之用。均係參酌新式，與前此鐵脅現制不同。「廣乙」一艘於去年十一月十九日安上龍骨，「廣庚」一艘於去年十二月二十日安上龍骨，「廣丙」一艘於本年五月念八日安上龍骨。三艘並制，工程繁緊，臣惟有督率工程處學生並各廠員紳等沐雨櫛風，不辭勞瘁。船身必求其堅固，機件必究其精微，以副朝廷慎重海軍、購求利器之至意。

閩廠自去歲冬間開辦羅星塔青洲船塢，塢内排打木樁漸次就緒。現在累砌壩口，尤爲開塢第一緊要工程。該地與船廠相隔一水，臣按日親往督飭員紳、工匠，在在冀求堅牢，不敢稍從寬假。至雙機「龍威」鋼甲艦，亦晝夜催趲工程，約計臘底可以試洋，俟明春津沽開凍後，駛赴北洋勘驗。緣該艦安設大炮、機件繁多，船身下水之後方能逐一鑲配，故其試洋日期去下水日期以視他船較爲遲緩。合並聲明。

所有匯報協造粵船先後安上龍骨日期，並陳廠務情形各緣由，謹會同兩廣總督兼署廣東巡撫臣張之洞，調任陝甘總督、署理福州將軍臣楊昌濬，閩浙總督兼管福建巡撫事臣卞寶第恭折，由驛馳陳，伏乞皇太后、皇上聖鑒。謹奏。

十月二十五日拜發。奉朱批：該衙門知道。欽此。

王樹枏《張文襄公全集》卷一三一《致福州船政文案廣東監工委員梁孝熊光緒十四年十二月二十二日發》 舊年廣甲造法頗多，未能盡善處，煙通迫近將臺絞錨未設機，杉板攙舊物。其艙中船面欄隔門户之屬，亦經酌改多件，甚煩工費。現穹淺各艘，分年竣役。該員職司監造，責成有在，務求一一合法，工料均須精良，船艙内外務須布置妥協，勿得有名無實，敷衍緘默，以致將來費手。養。

左宗棠等《船政奏議匯編》卷三八裴蔭森《建蓋廠屋炮臺購制機器爐座聲明立案片》 再，前準户部咨奏定外省報銷新章，内載「各省設立機器局並閩省船政局，如有添購機器，經費若干，事前奏明，咨部立案，嗣後方準核銷」等因，歷經遵辦在案。茲據各廠員紳稟稱：「製造鋼甲艦需大爐以燒鍛鋼板，添湯汽以掣轉機輪。鐵脅廠砌造燒鋼板大磚爐一座，工料銀三千零兩；又砌造二十五匹馬力水缸磚爐一座，工料銀八百餘兩；又添制二十五匹馬力鐵水缸一副，工料銀二千一百餘兩；又砌造大烟筒一座，工料銀二千四百餘兩。又因製造鋼甲艦及拉鐵機器不敷，鐵脅廠添購鑽機六架，連制木架及合攏、添配工價銀一千六百餘兩；又添購鑽剪機器二副，連合攏、添配工價銀三千四百餘兩；又添購刨鋼板邊機器一副，連合攏、添配工價銀一千九百餘兩；又添購開鋼鐵圓孔大手機一副，價銀二百餘兩；又添購鐵起重機五副，工料銀四百餘兩。鐵脅、水缸兩廠添購鑽孔軟手機二十四副，價銀二千三百餘兩。拉鐵廠添制拉鐵碾輪四副，工料銀九百餘兩。又因鋼甲艦工程繁重，間有未便停輟，須日夜兼營者，設電燈以利夜工，添水龍以備不虞。計添購各廠夜工通用電燈機器一副，並起蓋電燈房及安裝合攏、添配工價銀二千八百餘兩；又添購滅初火藥水銅殼水龍二副，價銀九千餘兩；又添置制水龍一架，工料銀二百餘兩。又因鋼甲艦輪機鑄件繁多，鑄鐵廠狹小，不敷鼓鑄，添蓋洋式廠屋一座，工料銀二千零兩；又因儲模日多，前建模房不足庋藏，添蓋洋式模房一座，工料銀六百餘兩；又因採購外洋鋼鐵繁多，原設棧房不敷庋置，廣儲所添蓋洋式棧房一座，並添造起駁水坪，工料銀四千一百餘兩。又因稱收鋼甲重件，帆纜廠添購三十噸懸機洋磅一架，價銀二百餘兩。又因教導藝童，後學堂添購化學、氣學、電學各種機器、料件，價銀一千零兩。又因安置魚雷料件及試驗魚雷，添蓋洋式棧房、馬力房二座，工料銀三百餘兩。又添制壓氣機一副，連通氣筒、通氣管工料銀一千四百餘兩。又因護廠拓建炮臺、卡樓，以資捍御，計拓建馬限山前坡護廠洋式炮臺一座，工料銀一萬三百餘兩。又起蓋馬限山洋式卡樓一座，工料銀八百餘兩。前二款經於光緒十三年三月間奏明，在於制船經費項下開支在案。以上各款應歸船政十三年銷案造報。又修理『伏波』輪船工料，除料價銀兩由臺灣解還外，計各匠辛工銀五千八百餘兩，係由制船經費墊支，將來應歸閩省善後局匯銷」等語，呈請立案。前來經臣復查無異。

除咨部查照並飭另行匯案造銷外，合將應行照件聲明各款緣由，謹會同調任陝甘總督、署理福州將軍臣楊昌濬，閩浙總督兼管福建巡撫事臣卞寶第，合詞附片具陳，伏乞聖鑒。謹奏。

同日拜發。奉朱批：該衙門知道。欽此。

王樹枏《張文襄公全集》卷一三一《致福州船政大臣裴光緒十五年正月十八日丑刻發》 來咨船工，推展太遲，祇可按停工八月之期推展。本年所成各船，雖有遲逾，尚可勉從。其丁、壬、癸三船務請提前趕辦，於本年一律告成，並須精緻堅好。此三船能限内趕成，格外獎銀三千兩，逾限不給。未成之船，粵亦不用，只可將原款提回，船聽閩辦矣。祈俯加鑒原，轉諭局員是荷，咨另細覆。嘯。

左宗棠等《船政奏議匯編》卷三九裴蔭森《龍威鋼艦試洋折損螺絲修好回工折》 奏爲「龍威」雙機鋼甲兵輪出口試洋，右副輪機折損螺絲小件，現已修整完好，駛回工次，恭折具陳，仰祈聖鑒事。

竊臣於光緒十三年十二月二十四日業將閩廠試造雙機鋼甲兵輪下水緣由奏明在案。自時厥後，臣復嚴飭員紳、工匠並力營繕，無如工繁件夥，非急切所可圖成。本年四月中旬，始據工程處監造學生、直隸州知州魏瀚，參將陳兆翱稟稱：「『龍威』船上鋼甲均已鈐釘齊全，其水缸、機、爐並鋼炮、藥彈亦已一律配置，業就塢前試輪，堪以定期放洋，當派『靖遠』練船管駕千總林承謨暫行上船管帶。是月十六日，臣親督該駕弁等駛至琯頭停泊。次早六點鐘升火，九點鐘展輪出芭蕉口，至白犬洋，行駛數周。時值潮汛初平，水缸臺煤、英煤並用，升大火，每點鐘得速率十二諾半有奇，合四十二中里。船身極爲堅固，機器極爲靈動，行駛極爲穩快。申刻折回，將近芭蕉，演放二十六生大炮，方欲鼓輪前進，頓覺右副輪機轉旋遲鈍，不能如左副之運掉自如，亟停輪審視，見右輪所鑲螺絲折損者一枚，脱落者一枚，以致礙及開車機軸。是右邊輪機本無弊病，只因螺絲折落，補救尚易爲功。是時天晚潮退，因就深處拋錨。次日駛入壺江暫行停泊，飭將螺絲等件修整完好，已於三十日駕駛回工。

臣查鋼甲兵輪爲閩廠初次創辦之工，該學生等竭慮殫精，原不敢絲毫苟且，惟工程煩巨，其爲圖、爲范、爲輪、爲軸，少常累百，多且盈千，製造非出一人，斗合不由一手，難保兩輪互較不無纖芥之異，累黍之差。故外洋定例，必先期試洋，考驗純疵，參觀利鈍，俾得補偏救弊，損過就中，是亦月令所云「使舟牧治舟，五復五反」之義也。此次「龍威」試洋，始則甚見輕靈，繼則稍形遲緩，實因成船伊始，該學生等雖職司製造，亦只能綜其宏綱，其情尚爲可原。惟螺絲等件既有折損，誠恐合攏鑲配百密不免一疏。擬將康邦三脱汽兩副卧機逐件拆卸，一一較對，必求疾徐罔背，銖兩適均，然後再行合攏，以昭慎重。一俟蕆功，並將電光燈鑲配齊全，即行駛赴津沽，聽候海軍衙門勘驗，不敢稍事稽延，致滋咎戾。所有「龍威」雙機鋼甲兵輪出口試洋，右副輪機折損螺絲小件，現已修整完好，駛回工次各緣由，謹會同福州將軍世襲一等繼勇侯臣希元、閩浙總督兼管福建巡撫事臣卞寶第，合詞恭折，由驛四百里馳陳。伏乞皇上聖鑒訓示。謹奏。

光緒十五年五月初一日拜發。奉朱批：該衙門知道。欽此。

左宗棠等《船政奏議匯編》卷三九裴蔭森《定購制炮鋼坯機件照章聲明立案片》 再，炮位爲防海要需，而各處製造未精，遂讓德國克虜伯廠以獨步，然未嘗不可跂而至也。閩廠二届出洋學生李芳榮曾在德國炮廠學習製造槍炮，藝成回華，臣細加考察，於制炮之道頗能得其要領，跂通其精微，即擬開廠試辦，以覘其能。無如建蓋廠所、購置機件，估款甚巨。當此經費支絀，實覺力難爲籌。顧天下事欲爲高掌遠蹠之圖，須有銖積寸累之業。儻以畏難自阻，必至畢世無成。因於常年經費内極力省啬，得有贏餘，即予擇要購辦，庶幾一簣有基，後來有所藉手。乃飭該學生測繪圖算，於十三年九月間，函囑出洋局洋監督，向法國科兒蘇廠先訂辦鋼坯六塊，其價值約合銀一千九百餘兩，現已運送至工。又向英國炮廠訂辦鑽炮膛、刨炮膛機各一副，量炮箍炮筒内外徑機尺各一架，其價值約合銀五千三百餘兩，尚未至工，故運費未計。其餘尚有應行購置者，亦擬於節省項下隨力續辦，統歸船政常年制船經費内報銷。一俟機件齊備，款項寬舒，再行察看情形，奏請開廠試辦，以期有成。此則臣區區之心所願望焉，而不敢必者也。

除咨部查照並飭另案造銷外，合將照章應行聲明，謹會同福州將軍世襲一等繼勇侯臣希元、閩浙總督兼管福建巡撫事臣卞寶第附片具陳，伏氣聖鑒訓示。謹奏。

同日拜發。奉朱批：該衙門知道。欽此。

左宗棠等《船政奏議匯編》卷三九裴蔭森《定購魚雷戰頭棉花藥照章聲明立案片》 再，防海利器以魚雷爲最重。閩廠於光緒十年經前署船政大臣張佩綸向德國刷次考甫廠購置魚雷十具，到工後，派學生陳才鍴督率工匠合攏校定，隨時演放在案。嗣據該學生稟稱，原購魚雷所配雷頭第宜於操演，必須另備攻敵雷頭十具，以防戰事，繪具圖式，請並應配之戰雷機、銅引信、爆藥管、棉花藥等件分別寄購。前來臣考魚雷全具分爲九節，其首節曰槍，操演之槍不裝棉藥，攻敵之槍則内藏三節，前爲轟雷機，中爲爆藥斗，後爲引藥管，所用既異，制亦微殊。且既有攻敵之槍，更不容無機、信、爆管、棉藥等物，以期全備。因於光緒十三年三月，咨由使德大臣許景澄向德廠照樣定購。該件於是年十二月暨本年正月陸續到工，一切價值並保險運費計共番銀一千三百餘兩。查前購魚雷係爲閩防而設，現在續購各件，係原購魚雷應配應備之需，其價銀係屬船政塾支，應由閩省善後局撥解歸款。

除咨部查照並飭另案造銷外，合將應行照章聲明，謹會同福州將軍世襲一等繼勇侯臣希元、閩浙總督兼管福建巡撫事臣卞寶第，附片具陳，伏乞聖鑒訓示。謹奏。

同日拜發。奉朱批：該衙門知道。欽此。

王樹枏《張文襄公全集》卷一三二《致福州船政大臣裴光緒十五年五月十九日發》 船政學堂因節省經費，裁撤學生，聞所學多已就緒，棄之可惜。粵設水陸師學堂，正需人學習，請擇材堪造就學經四五年者，咨送三四十人來粵，可否。望電復。效。

王樹枏《張文襄公全集》卷一三二《裴大臣來電光緒十五年六月初七日未刻到》 效電敬悉，駕駛管輪兩班學生，經陸續傳到，考選材堪造就在堂已經三年者，約定三十餘人，擬酌給盤川，日内附輪咨送。森肅。陽。

中國第一歷史檔案館《德宗景皇帝實録》卷二七〇《光緒十五年五月》 督辦船政候補三品京堂裴蔭森奏，自制龍威兵輪出口試洋情形。又奏，擬委出洋學生試造槍炮，請於節省經費項下，購置機件。均下部知之。

左宗棠等《船政奏議匯編》卷三九裴蔭森《定購修理魚雷機件照章聲明立案片》 再，閩省於光緒十年經前署大臣張佩綸購辦魚雷艇一號、魚雷十具，到工後，又經臣添購放雷炮筒、蓄汽櫃、壓汽機、哈乞開司連珠炮，並增蓋廠屋，派出洋學生陳才鍴督課匠徒合攏修整，其規模亦已略備矣。惟查魚雷機器畸零瑣細，與各輪船機件迥不相同。其雷中所裝者，或爲引火轟藥之機，或爲裝藥轟雷之機，或爲蓄雷裝雷之機，或爲駛雷浮雷之機，或爲四輪箱之機，或爲十字架之機，或爲隨雷深淺之機，或爲令雷升降之機。合之則細針密縷，晰之則繭絲牛毛，心目偶睽，往往迷於所向。且機件脆薄，屢經演放，易致損傷，是則不能無資於修整之機器、料件矣。

查閩廠機件頗夥，而以修魚雷則無一可適於用，若不先事籌維，必至日漸銷磨，功用盡廢。因於光緒十二年二月間咨由使德大臣許景澄，向德國刷次考甫廠訂辦修理魚雷機件二十三項，現已節次到工。目下度支未裕，且留爲修整之資，日後經費稍充，可移爲製造之用。所有價值，機器、料件，各居其半，約合銀一萬九千餘兩，屬在機器者，應同合攏鑲配各工料，遵照光緒十二年十月、十三年三月奏明成案，歸船政報銷；屬在料件者，係修整魚雷所用，應歸閩省善後局撥給。

除咨部查照並飭另案造銷外，合將應行照章聲明，謹會同福州將軍世襲一等繼勇侯臣希元、閩浙總督兼管福建巡撫事臣卞寶第，附片具陳，伏乞聖鑒訓示。謹奏。

同日拜發。奉朱批：該衙門知道。欽此。

左宗棠等《船政奏議匯編》卷三九裴蔭森《閩廠經費奇絀請另籌解濟折》

奏爲閩廠經費奇絀，海關六成未能照撥，吁懇天恩，飭部通盤籌畫，設法解濟，以救燃眉，恭折具陳，仰祈聖鑒事。

竊船政製造工程應需經費，原經部定月撥閩海關六成洋税五萬兩，開工伊始，遞年解清。嗣因兑解愆期，經前總理船政沈葆楨奏奉諭旨：嗣後，六成項下每月應解之五萬兩，着盡先籌解等因。欽此。並經户部會同總理各國事務衙門議，自光緒二年正月爲始，六成洋税内月撥銀三萬兩，四成洋税内月撥銀二萬兩，仍先盡解船政衙門兑收，不得再有蒂欠。奉旨允准在案。

計自奉議以後，四成項下尚準遞年解足，而六成之款積欠竟至三百餘萬兩之多。臣於光緒十年冬間受事，維時正值代制「鏡清」、「寰泰」快船，繼以仿辦「龍威」鋼甲，尚有兩處撥款得以騰挪。今則快船久已蕆功，鋼甲亦將畢役，目下協造粵船尚餘七艘，外洋購料動用浩繁，而買鐵、購煤、駁運、船費、出洋經費、前後學堂暨畫院、練船各學生贍養，員紳薪水、工匠飯食，在在需財，尤恃六成關款按月解齊，庶足以資接濟。查光緒十二年正月間，前將軍古尼音布奏六成洋税入難敷出，請停解船政經費，經户部核議：「輪船係海防第一要需，若使經費不足，難期整頓。從前籌議由閩海關盡先撥解者，誠以該關與船政最近，取其籌解妥速，不致有誤要工，是此項經費斷難另籌改撥。雖六成用款以入抵出誠似不敷，然該關向有前後套搭，開支由下結歸還，足資周轉」各等語。是船政必需六成解款，久在聖明洞鑒之中。無如比年以來，洋税短絀，雖經部臣竭力代籌，而十三、四兩年，亦只各解四個月，聊資敷衍。本歲茶季不旺，較之去年，征僅及半，經將軍臣希元目睹艱危，於無可設法之中力籌一個月以應。此後茶市若少轉機，六成殆難指望。然則欲維持廠務，似宜稍予變通。臣查六成項下，其提歸京餉者事關根本，不容輕請挪移。其餘各省協餉爲數甚多，中間豈無可停可緩，抑洋藥厘税儲在關庫者，或有贏餘。可否仰懇天恩，飭下部臣從長核計，於此兩款之内權其緩急，分別指撥若干，專顧船政，庶巨工不虞中輟。沿海愈固，邊防大局幸甚。微臣幸甚。

所有閩廠經費奇絀，請籌解濟各緣由，謹會同福州將軍、世襲一等繼勇侯臣希元、閩浙總督兼管福建巡撫事臣卞寶第，合詞恭折，由驛四百里馳陳，伏乞皇上聖鑒訓示。謹奏。

光緒十五年七月十五日拜發。奉朱批：户部議奏。欽此。

左宗棠等《船政奏議匯編》卷三九裴蔭森《分別減支夫長排長排工片》 再，竊準兵部咨開：光緒十四年十二月二十五日具奏，議復船政運夫、排工、匠丁口糧、工食仍令查照前奏分別減支一折，本日奉旨：依議。欽此。欽遵恭録諭旨，鈔録原奏咨行。前來臣謹查原奏，内稱：「船政支放運夫、排工口糧，挖土機、船匠丁工食，按照江南籌防運船成案，均有浮多，前經行令分別減支，以示限制。兹雖據該大臣奏稱，前項運夫、排工、機船與江南運夫、運船情形不同，惟口糧、工食支數過優，若遽行議準，儻各省紛紛援引，殊非慎重帑項之道，應仍令該大臣查照。臣部前次奏令分別減支之案，酌量核減，以節糜費。所請照舊支給之處應毋庸議」等因。伏維船政爲創辦之局，本無例案可循，一切支數礙難援照他省章程，亦非他省尋常工程所得援引。第際此經費奇絀之時，臣敢不力求撙節以重帑項，惟有於無可議減之中，遵照部臣原奏酌量核減，就中如夫長、排長，月各原支銀六兩，現各減支銀六錢，月各支銀五兩四錢；排工月各原支銀五兩四錢，現各減支銀六錢，月各支銀四兩八錢，均自光緒十五年正月起照減支之數支銷。其光緒十四年十二月以前染經支放之款，合無仰懇天恩，逾格免予追繳，以示體恤。至挖土機船匠工與本案看管船槽匠工操作，皆同船槽機器匠月支銀一十二兩，小工月各支銀四兩二錢，經户部核準照數支銷，於光緒十三年五月間奏奉俞允在案。此款事同一律，自未便案有兩歧。運夫在廠昕宵盤運，勞苦異常，非尋常轉運朝作暮息者所可比，月僅支銀三兩三錢，即較之江南成案月支三兩之數，所多亦屬無幾；什長有鈐束運夫之責，月支銀三兩六錢，較之運夫月支之數，亦僅多銀三錢，實屬無可減支。統乞飭部立案，照數核銷，以清積牘，而濟要工。

除咨部查照外，所有分別減支夫長、排長、排工各緣由，理合附片陳明，伏乞聖鑒訓示。謹奏。

同日拜發。奉朱批：該衙門知道。欽此。

左宗棠等《船政奏議匯編》卷三九裴蔭森《協造粵東廣庚廣乙兵輪先後下水折》 奏爲閩廠協造粵東「廣庚」、「廣乙」兵輪先後下水，並廠務情形，恭折具陳，抑祈聖鑒事。

竊臣於光緒十四年十月二十五日將協造粵東「廣乙」、「廣庚」、「廣丙」兵輪三號安上龍骨，奏明在案。「廣庚」係淺水兵輪，購料庀材，程工較易，故下水在本年五月初一日。「廣乙」爲新式穹甲配機制殼，集料甚繁，故下水在本年八月初三日。此兩日，臣均親率在事員紳，致祭天后、江神、土神、船神，乘潮推送，雖船身大小不同，而順軌徐趨靈快，則有如一轍。查兩船原定圖式，「廣庚」馬力四百匹，長約一百四十四英尺，寬約二十二尺，吃水深約十尺，全船載重三百二十噸，每半時約行三十六中里，應配船頭十二生長炮一尊，船尾十生半長炮一尊，船腰桅盤各荷乞開士聯珠炮二尊。「廣乙」馬力二千四百匹，長約二百三十五英尺，寬約二十七尺，吃水極深處約十三尺，全船載重一千噸，每半時約行五十五中里，應配船頭十五生長炮一尊，船尾十二生長炮一尊，船腰桅盤荷乞開士聯珠炮二尊。興辦時，又悉心參酌長短廣狹，或略有增減，炮臺炮位或稍有添移，緣邇來西法軋變，其故趨華，學亦臻其新智，隨時損益，與原定規制初不相妨也。辰下工作將竣，堪以鑲配，一俟活桅、鋼罩、烟筒等項趕制齊備，便可展輪試洋。所餘各船亦陸續圖功，不敢稍參作輟。惟本年茶税不旺，海關解濟難期，籌料募工實覺不敷甚巨。臣惟有勉强支撐，以期毋誤大局。

所有協造粵東「廣庚」、「廣乙」兵輪先後下水，並廠工情形，謹會同兩廣總督兼署廣東巡撫臣張之洞，福州將軍、世襲一等繼勇侯臣希元，閩浙總督兼管福建巡撫事臣卞寶第，合詞恭折，由驛四百里馳陳，伏乞皇上聖鑒訓示。謹奏。

光緒十五年八月初十日拜發。奉朱批：該衙門知道。欽此。

左宗棠等《船政奏議匯編》卷三九裴蔭森《請暫停船塢工程片》 再，臣前就船廠左近青洲地方開辦船塢，以備修理極大兵輪之用，於光緒十四年三月間奏明在案。其經費原擬在制船項下按年勻撥，以冀輕而易舉。計自開辦以來，該塢工程已得有十分之四，甚願竭力籌辦，竟此巨工。惟查船廠常年經費取源於閩海關四成、六成兩項，滿擬可以源源接濟，則於開支薪工、採辦料件外，盡可以其餘力協造粵船、兼造船塢。乃本年，閩海關於四成項下猶能按月撥解，其六成項下迄今八個月只準解到三萬兩。加以粵船工程正在趲趕，以致左支右絀，幾成無米之炊。臣通盤籌算，既無別項挹注之謀，只得請將船塢工程暫行停止，一俟經費充裕，再行陸續接辦。

除將用過經費勻年歸於歲出歲入冊内咨部核銷外，所有暫停船塢工程緣由，謹附片陳明，伏乞聖鑒。謹奏。

同日拜發。

奉朱批：該衙門知道。欽此。

左宗棠等《船政奏議匯編》卷三九裴蔭森《叩謝天恩折》 奏爲恭謝天恩，仰祈聖鑒事。竊臣於光緒十五年十月初六日凖吏部咨：本年九月初七日奉朱筆：裴蔭森補授光禄寺卿。欽此。即恭設香案，望闕叩頭，敬謹謝恩訖。伏念臣江左樗材，淮東輇質，前以庚申進士觀政工曹，嗣由湘楚備兵陳臬閩省，光緒十年十二月間，仰承恩命，署理船官。五材並用，豈斤斧之爲勞；一藝至微，究涓埃之未報。十四年二月，欽奉上諭，開去臬司員缺，以三品京堂候補。時值經費艱難，工程緊迫，荷隆施之稠迭，愈夙夜以傍徨。茲復渥被温綸，補授卿職，自天聞命，向日銜恩。光禄爲尚食之官，卿寺屬清華之選。得膺典膳，深愧濫竽。臣惟有殫竭悃誠，勉圖報稱。咏伐輪之什戒，先凛乎素飧；佩和羹之言用，即通於作楫。從此御厨春滿，旨甘紓旰食之勤；庶幾寰海波清，尊俎寓折冲之義。顧鞭駑鈍，冀答鴻慈。

所有微臣感激下忱，謹繕折叩謝天恩，伏乞皇上聖鑒。謹奏。

光緒十五年十月十二日拜發。奉朱批。

左宗棠等《船政奏議匯編》卷四〇裴蔭森《廣庚輪船試洋赴粵並現辦廠工情形折》 奏爲「廣庚」輪船試洋赴粵，並現辦廠工情形，恭折具陳，仰祈聖鑒事。

竊臣於光緒十五年八月初十日，業將協造粵東「廣庚」、「廣乙」兩兵輪先後下水日期並該船丈尺、行程里數專折奏明在案。「廣庚」係屬淺水輪船，程工較速。九月中旬，據工程處監造學生、直隸州知州魏瀚，縣丞楊廉臣等報稱：「廣庚」船上應需之活桅、鋼罩、水缸、機爐均已配置齊全，業就塢前試輪，堪以定期放洋。當遣由粵遴派之都司張斌上船管駕，並派後學堂駕駛學生外委林占熊作爲幫帶。十月初七日，臣親率該駕弁等，卯正升火，巳初展輪，出芭蕉口，至白犬洋，行駛數周，申刻回工。當放洋時，潮汛方平，北風甚勁，水缸英煤、臺煤並用，升大火，輪機每分鐘一百二十轉，驗船行速率十二諾，合四十中里，視原算僅及三十六中里者殆爲過之。船身堅穩，機器靈捷，其餘亦一切如法。定期十二日，飭將該船駛赴粵東，驗收遣用。除船中執事人等應由粵省按照名額募充，其薪糧亦由粵自行籌給外，臣仍督飭員紳、工匠，將已下水之「廣乙」催令試洋；已上龍骨之「廣丙」催令下水。惟制船全資經費，而經費出自閩海關。本年六成項下僅據解到一個月，既瓶罍之交罄，即斤斧之難營。臣惟有隨時婉商將軍臣設法解濟，庶巨工罔墜，以仰副聖主整頓舟師之至意。至續制粵船，其穹甲之「廣丁」、淺水之「廣辛」，亦擇於本月十二日安上龍骨，合並聲明。

所有「廣庚」兵輪試洋赴粵，並現辦廠工各緣由，謹會同兩廣總督臣張之洞、署理廣東巡撫臣游智開、福州將軍世襲一等繼勇侯臣希元、閩浙總督兼管福建巡撫事臣卞寶第，恭折由驛四百里馳陳，伏乞皇上聖鑒。謹奏。

光緒十五年十月十二日拜發。奉朱批：該衙門知道。欽此。

左宗棠等《船政奏議匯編》卷四〇裴蔭森《添拓廠地並購修機器請飭部立案片》 再，前奉户部奏定外省報銷新章第十四條，內載「各省設立機器局，並閩省船政局，如有添購機器，經費若干，事前奏明，咨部立案，事後方準核銷」等因。茲據廠員稟稱：「去年，因合攏鋼甲艦輪機，原設合攏廠地址逼狹，不敷位置，將隔墻原蓋之大鐵廠騰出空地，遍釘木樁，添鋪地坪，並將添配製造鋼甲艦之大架機器安置其中，以便分班工作。計添鋪地坪，用銀一千七百餘兩。添配大旋機一副，用銀二千九百餘兩；大鑽機一副，用銀二千八百餘兩；大刨床一副，用銀五千零兩；掣機總輪軸全副，用銀一千五百餘兩。又因仿制鋼甲鐵皮，各船及船桅換用鋼片，所資機器有前此製造木船、木桅之時未經籌備者，特於鐵脅廠添配一百噸壓水機一副，用銀四千五百餘兩；鋸冷鋼鐵鋸機一副，用銀一千四百餘兩；鋸熱鋼鐵鋸機一副，用銀一千三百餘兩；卷鋼桅機一副，用銀九百餘兩；小輪機廠添配鋸鋼鐵小鋸機一副，用銀五百餘兩；大鐵座螺絲旋床一副，用銀二千零兩。鋼甲船機内多巨件，運送維艱，添配四輪鐵車起重機二架，以省人力，計用銀一千五百餘兩。又因起制穹甲船，舊設船臺經用日久，間有朽蝕，酌量拆修，計用銀八百餘兩。閩省前購魚雷十具，操演修整所需機件爲工次所無，因添配十五匹馬力輪機水缸一副，用銀三千三百餘兩；旋床三副，用銀一千五百餘兩；制魚雷尾機器一副，用銀一千三百餘兩；刨床二副，用銀八百餘兩；刨齒輪機器一副，用銀四百餘兩；雙機鑽床一副，用銀五百餘兩；壓水力驗雷氣櫃一副，用銀三百餘兩；蓄氣櫃一具，用銀七百餘兩；較定魚雷各機件全副，用銀三百餘兩；操魚雷用入水衣服、機具全副，用銀五百餘兩；掣機總輪軸全副，用銀一千三百餘兩。以上各款應歸光緒十四年份制船經費項下造銷。又因「靖遠」輪船改作練船，修整拓改，用銀七千四百餘兩。閩、港「藝新」輪船自光緒十一年大修以後，行駛又歷三載有奇，船機不無損蝕，酌核興修用銀一千三百餘兩。此二款係由船政墊支，應歸省局匯銷」等語，呈請立案。前來臣復查無異。

除咨部查照並匯案造銷外，所有遵照新章應行立案各緣由，謹會同福州將軍世襲一等繼勇侯臣希元、閩浙總督兼管福建巡撫事臣卞寶第，謹附片具陳，伏乞聖鑒。謹奏。

同日拜發。奉朱批：該衙門知道。欽此。

左宗棠等《船政奏議匯編》卷四〇裴蔭森《龍威鋼甲在滬修機請暫摘制機學生頂戴片》 再，閩廠仿制雙機鋼甲兵輪，本年四月間試洋，因折損螺絲，曾經奏明留工修理。工竣之後遂派都司楊永年上船管駕，並派後學堂出洋駕駛學生黃鳴球作爲幫帶，於九月初四日復行出洋試驗，一切尚爲合法。初十日由閩開行，十四日抵滬，擬竟駛赴天津，聽候勘驗。二十六日在滬展輪之初，覺小抽汽機軸折損，動掣未能如意，即駛回吳淞，就耶松洋廠定購抽汽小軸兩具。據監送制輪學生、參將陳兆翱等稟報換配，前來臣當委後學堂管輪洋教習斐士博赴滬切實查明。據復稟稱，該船大機兩副毫無弊病，惟此抽汽小機吃力最重，該件鐵質稍松，應易以純鋼，便臻美備。自應準其換配，以昭慎重。惟鑲配工程非旬餘不辦，瞬屆北洋冰凍，似未便遽駛入津，而北洋兵船即須避凍南下；該船至津亦恐無人收管，應俟明春北上。目下既爲節候所限，不克駛赴津沽。查該船下水年餘，船底久經浸漬，苔衣蠣殼叢生膠附，應乘此次過滬之便，一並進塢驗視船底，刮垢、傳油，俾臻完善。已飭該管駕等遵照辦理。至該船看底、換機各已竣事，或仍留滬濱，或飭返閩江，或隨北軍巡洋，總俟明歲冰融，即令其隨同北洋各兵輪北上。

臣查雙機鋼甲爲閩廠初次創辦之船，該製造學生等當夏初試洋回工修理之時，宜如何詳慎精勤，力求美善。茲何以由滬開行展輪之初便將小機軸折損，雖曰小疵，究屬大意，應請旨將制機學生、參將陳兆翱，知縣李壽田，縣丞楊廉臣等暫行摘去頂戴，以示儆警。仍責成該學生等在船在工加意修整，不得再有疏虞。

所有閩廠仿制雙機鋼甲兵船修機勘底，請展緩明春北上，並將制機學生摘頂各緣由，謹會同福州將軍世襲一等繼勇侯臣希元、閩浙總督兼管福建巡撫事臣卞寶第，附片具陳，伏乞聖鑒訓示。謹奏。

同日拜發。奉朱批：着照所請，該衙門知道。欽此。

左宗棠等《船政奏議匯編》卷四〇裴蔭森《閩廠製造輪船支用各款造册核實報銷折》 奏爲閩廠製造輪船支用各款，遵照新章造册核實報銷，恭折仰祈聖鑒事。

竊閩廠制船各款，自同治五年十一月十七日起，截至光緒八年十二月底止，動支閩海關洋稅及南洋協撥等款，迭經各前大臣先後匯數分款，開具簡明清單，奏奉諭旨，並經各部核復準銷在案。茲核閩廠自光緒九年正月接造起，截至十一年十二月底止，計湊成二千四百匹實馬力鐵脅巡海快船一艘，曰「開濟」；制成七百五十匹實馬力鐵脅兵船一艘，曰「横海」；製造未成二千四百匹實馬力鐵脅巡海快船兩艘，曰「鏡清」，曰「寰泰」；一千六百匹實馬力鐵脅三等快船一艘，曰「廣甲」。五船接續兼營，廠地或過狹也，是以有添蓋之廠；機器或不足也，是以有添設之機；增學舍，復藝圃，以廣育生徒；蓋水雷廠，建電報樓，以講求防務；議興練艦，購舢舨而修之；新募洋員，葺山樓以寓之。他如鐵水坪、船臺、船槽、挖土船、裝土船及各廠所、學堂、衙署，或經歲久而修，或經炮火而修，或經颶風震撼而修。十年馬江之役，葺舊宇以妥忠魂，籌加恤以撫難眷。凡屬動支款項，均經先事奏咨，其常年支放，有額可稽者如薪水、贍養、飯食、工伙、口糧等款，亦經遵照部章，按年開列名額四柱送部備案。其有經部復準不能專案奏咨者，則如歲修之機器、廠屋、爐溝，添置之家伙、書籍、器具，款目紛繁，實難枚舉。此製造一切之情形也。

閩海關洋稅應解船政者，經户部議奏，自光緒二年正月爲始，六成月撥銀三萬兩，四成月撥銀二萬兩。今核制船經費，自光緒九年正月起，截至十一年十二月底止，上届報銷案内存銀三十四萬四千九百六十三兩五錢九分三厘九毫；又存用剩銅、鐵、木、煤各料價值銀六萬一千九百四十兩七錢七分七厘七毫；又存鋼炮價值銀八千一百二十五兩四錢五分四厘。閩海關六成洋稅，月奉撥銀三萬兩，自光緒九年正月起，截至十一年十二月底止，連閏計三十七個月，内除九年二月起，至十一年十二月止，連閏共三十六個月欠解外，實解到一個月銀三萬兩；又四成洋稅，月奉撥銀二萬兩，自光緒九年正月起，截至十一年十二月底止，連閏計三十七個月，内除十年份四、五、閏五、六、七、八、九凡七個月欠解外，實解到三十個月，共銀六十萬兩。南洋協撥第一號快船經費，原奏請撥二十萬兩，除上届列收及未解外，實解到銀一萬六千兩；又續造第二號、第三號快船經費，原奏撥銀六十六萬兩，除未解外，實解到銀六十一萬七千一百九十兩六錢五分四厘八毫。閩省善後局撥解試造鋼甲艦經費，原奏請撥四十六萬兩，除未解外，實解到銀一十六萬兩。上届奏銷員弁薪水項下，核删總監工薪水追繳銀四百五十三兩三錢三分三厘三毫。核計管收共銀一百八十三萬八千六百七十三兩八錢一分三厘七毫。内除造船、購器、修廠、贍工等項支用銀一百一十四萬四千八百五十三兩七分五厘七毫；又墊支光緒九年至十一年各輪船薪費銀三萬五百九十五兩八錢九分二厘七毫；各輪船煤炭價值銀二萬三千七百八十四兩二錢八分一厘；修理輪船工料銀六萬八千一百六十兩六錢七分二厘九毫，統共支銀一百二十六萬七千三百九十三兩九錢二分二厘三毫。實存銀四十四萬九千三百五十六兩八錢六分二厘六毫；又存用剩銅、鐵、木、煤各料價值銀一十二萬一千九百二十三兩二分八厘八毫。查輪船薪糧、煤炭、修費，船政第一次報銷係另歸養船項下開報，沈葆楨奉命巡臺時奏明。自同治十三年四月十六日起，將所撥養船經費並入臺防項下，各船薪糧亦歸臺防項下支銷，奉旨：該衙門知道。欽此。嗣後歷届報銷，各前大臣均因輪船薪糧等款除由臺防本款支給外，船政墊支銀兩，無款劃還，截清年月匯入制船經費單内作正開銷，歷奉户部復準在案。所有光緒九年至十一年税厘局奉撥養船經費，仍復批解不前，各船應領之項，除將解到養船銀兩盡數支給，並赴臺、赴厦就於差次支領外，制船項下尚墊支各船薪糧、煤價、修費三款共銀一十二萬二千五百四十兩八錢四分六厘六毫，莫從支收歸款。自應援照成案，將墊支前項銀兩歸入本案作正開銷，其款應由閩省善後局登收匯總造册，以昭核實。此支銷一切之情形也。

竊維制船費絲毫均關國帑，各前大臣於製造則日求美備，於款項則力節虚糜，即在事員紳亦皆恪守舊章，潔身自愛。此固臣莅工以來默察焉而確有可信者。惟是輪船爲制器之創舉，改造細册爲船政報銷之創舉，一切造船、蓋廠、購件、制機，微特間架造法與則例不能相符，而名目紛歧，尤非尋常所經見，所以，臣於光緒十二年七月間有造册報銷難拘成例之請也。兹將三年中用款匯造細册，飭員逐件鈎稽，臣復加詳核，深悉一切支銷並無浮冒。伏懇天恩，飭部免以成例相繩，照數核銷，以清積牘。

除咨海軍衙門、總理衙門，並將細册咨送户部、兵部、工部核銷外，理合會同南洋大臣、兩江總督臣曾國荃，福州將軍世襲一等繼勇侯臣希元，閩浙總督兼管福建巡撫事臣卞寶第，恭折具陳，伏乞皇上聖鑒。謹奏。

光緒十五年十一月十二日拜發。奉朱批：該衙門議奏。欽此。

左宗棠等《船政奏議匯編》卷四〇裴蔭森《龍威鋼甲修整回工請復學生頂戴並暫定名額薪糧請飭部立案折》　奏爲「龍威」鋼甲修整完竣，驗試回工，吁懇天恩，賞還制機各學生頂戴，並將暫定名額、薪糧，飭部立案，恭折具陳，仰祈聖鑒事。

竊臣於光緒十五年十月十二日曾經奏明，「龍威」鋼甲兵輪由滬開行，折損小機軸等件，請將制機學生陳兆翱等暫行摘去頂戴，責令修整完好。欽奉朱批：着照所請，該衙門知道。欽此。欽遵在案。嗣據該學生等稟稱，小機軸等件均就上海修配，一律完固。十一月二十日，北洋舟師巡歷過滬，經海軍提督丁汝昌偕副統領琅威里帶同洋管輪等到船勘驗，旋準提督丁汝昌電稱：「龍威」於二十日出海駛驗三點鐘之久，推算風差水溜，每點鐘約近十一海里，倘升火得法，再用好煤，當不止十一海里；又函稱：「龍威」艙位工程布置妥貼，大機器兩副亦復堅固靈通，閩廠首先試造之船能是亦足各等語。維時以節逾大雪，津沽計已封河，因飭該船駛回工次。自滬展輪，僅歷四十六點鐘即抵閩江羅星塔停泊。視在上海試驗速率亦復相符。臣親行登輪復勘，復飭該學生等加意閱視，隨宜添修，一俟春融冰解，即行駛赴天津，聽候北洋大臣驗收。臣查閩廠初次仿造鋼甲，該學生鋭意發端，竟能成此巨制，雖從前折損小軸不無疏忽，而修整之後，自驗試以及回閩經行大洋，並無絲毫疵病。揆諸朝廷愛惜人才之意，似宜寬其既往，以策將來。可否仰懇天恩，將制機學生參將陳兆翱、知縣李壽田、縣丞楊廉臣三員摘頂處分準予開復，俾資激勸，出自逾格鴻慈。

至該船自五月試洋後，經臣暫定名額、薪糧、公費，在工時支給半餉，出海時支給全餉。此項經費，該船未到天津以前應歸福建善後局養船項下造報。謹繕清單，恭呈御覽，伏乞飭部立案，用昭核實。

除咨呈海軍、總理各衙門並咨户、兵兩部外，所有「龍威」兵輪試驗回工，並請復各學生頂戴，暫定名額、薪糧各緣由，謹會同福州將軍世襲一等繼勇侯臣希元，閩浙總督兼管福建巡撫事臣卞寶第，恭折由驛四百里馳陳，伏乞皇上聖鑒訓示。謹奏。

光緒十五年十二月十三日拜發。駟坫擅拆盗换，復於十六年二月初六日補奏。

奉朱批：着照所請，該衙門知道。單並發。欽此。

謹將二千四百匹實馬力「龍威」鋼甲艦官弁、舵水員名並月支薪糧、公費銀數繕具清單，恭呈御覽。計開：

管帶官一員，月支銀二百一十六兩；

會帶官一員，月支銀一百兩；

大副一員，月支銀六十兩；

駕駛二副一員，月支銀四十八兩；

槍炮二副一員，月支銀四十八兩；

船械三副一員，月支銀三十六兩；

舢板三副一員，月支銀三十六兩；

正炮弁一員，月支銀二十四兩；

水手總頭目一員，月支銀二十四兩；

副炮弁二員，每員月支銀一十六兩，共月支銀三十二兩；

總管輪一員，月支銀一百四兩；

大管輪二員，每員月支銀六十四兩，共月支銀一百二十八兩；

二等管輪二員，每員月支銀四十八兩，共月支銀九十六兩；

三等管輪二員，每員月支銀三十二兩，共月支銀六十四兩；

水手正頭目六名，每名月支銀一十四兩，共月支銀八十四兩；

水手副頭目四名，每名月支銀一十二兩，共月支銀四十八兩；

一等水手一十六名，每名月支銀一十兩，共月支銀一百六十兩；

二等水手二十二名，每名月支銀八兩，共月支銀一百七十六兩；

三等水手二十二名，每名月支銀七兩，共月支銀一百五十四兩；
管旗一名，月支銀一十四兩；
一等升火一十六名，每名月支銀一十二兩，共月支銀一百九十二兩；
二等升火一十六名，每名月支銀一十兩，共月支銀一百六十兩；
三等升火六名，每名月支銀八兩，共月支銀四十八兩；
二等管艙一名，月支銀一十六兩；
一等管油六名，每名月支銀二十兩，共月支銀一百二十兩；
三等管油六名，每名月支銀一十六兩，共月支銀九十六兩；
一等管汽六名，每名月支銀一十八兩，共月支銀一百八十兩；
油漆匠一名，月支銀一十六兩；
木匠頭目一名，月支銀一十六兩；
二等木匠一名，月支銀一十兩；
電燈匠一名，月支銀三十兩；
鍋爐匠一名，月支銀二十二兩；
夫役六名，每名月支銀六兩，共月支銀三十六兩；
三等文案兼支應一員，月支銀二十兩；
三等醫官一員，月支銀二十兩。
以上官弁、舵水人等一百五十九員名，計月支薪糧銀二千五百六十二兩。
行船公費月支銀四百四十兩。
統共月支薪費銀三千零二兩。

左宗棠等《船政奏議匯編》卷四〇裴蔭森《派知府楊廷傳充提調片》　再，船政提調有襄理工程、表率員紳之責，應派專員以昭慎重。前緣道員吳仲翔因病銷差，經臣委令總辦文案處補用直隸州知州王崧辰代理，於光緒十二年十一月奏明在案。歷辦三年，深資臂助。惟文案公牘既繁，提調責任尤重，必須兩得其人，而後兼收其益。茲查有告養在籍鹽運使銜、前甘肅甘州府知府楊廷傳才具穩練，綜核精詳，堪以派充提調。王崧辰仍總辦文案，以專責成。

除分別檄飭外，謹會同福州將軍、世襲一等繼勇侯臣希元，閩浙總督兼管福建巡撫事臣卞寶第附片陳明，伏乞聖鑒。謹奏。

同日補奏。

奉朱批：該衙門知道。欽此。

左宗棠等《船政奏議匯編》卷四〇裴蔭森《船塢添派員弁專駐梭巡督率片》

再，閩廠於光緒十三年十一月間開造石船塢，經臣奏報在案。當夫開挖伊始，匠作日數百人，時有乘潮趕辦工程，非有專駐之員梭巡督率，難保無偷惰誤工。臣察度情事，於開工之日即派委員二員，一員月支薪水銀三十兩，一員月支薪水銀二十兩；差弁二員，每員月支薪水銀六兩，列入是年員弁名額四柱册内，作爲暫添員額咨報户部備案。嗣準部咨，以「閩廠員弁悉以兩次奏單爲定額，不應再有添派。且船塢之設，係因舊設船槽經用已久，始另修船塢一所，或令各廠差使較簡之員分辦，或令船槽原設員弁兼辦，自無不可，所有新添員弁均應删除」等因。經臣將不能分辦、兼辦情形備咨聲復，復準來咨，以「如因船塢開挖伊始，非專設員弁不足以資遣用，亦應將實在情形詳細叙明，奏請添派，此時未便據咨率準」等因。咨復前來，竊維制船經費年來支絀異常，臣具有天良，有可略從節省者，無不力求節省，惟是新塢工程綦重，其地距船廠將及三里，舊槽日有工作，原設船槽員弁各日有專司，即各廠差使之員，經户部照單删裁後，常苦不敷遣用，就中欲籌兼辦則有不能，欲籌分辦則人患不足。合無仰懇天恩，準予暫添船塢委員二員，差弁二員，薪水均自開造船塢之日起支。將來石塢告成，此項暫添員弁或留或撤，仍隨時察看，期於工無曠誤，款不虚糜。

除咨部查照外，所有暫添船塢員弁各緣由，謹附片具陳，伏乞聖鑒訓示。謹奏。

同日補奏。

奉朱批：該部議奏。欽此。

左宗棠等《船政奏議匯編》卷四〇裴蔭森《遵旨補奏折》　奏爲遵旨補奏，恭折具陳，仰祈聖鑒事。

竊臣於光緒十六年二月初一日，承準軍機大臣字寄本年正月初八日奉上諭：「兵部奏《驛站撤擅拆夾板，請旨飭查究辦》一折，據稱本年正月初四日，接到裴蔭森於上年十二月十三日拜發夾板一副，奏折公文均已無存。前於光緒十四年九月、十一月間，楊昌濬兩次奏報折件均經拆毁盜去。該部奏明，飭查僅據浙江咨報，並無拆動情形，福建省迄今一年之久，並未查明報部。且他省奏報並無似此情形，獨福建省驛站屢屢擅拆，實屬目無法紀，請飭查參等語。昨據劉銘傳咨報，兵部發回夾板僅有大婚恩詔滿、漢文各一紙，並無批折，當令該部詳查，並着該撫確切查辦。茲據該部所奏，復有此等情事，殊堪詫異。驛站遞送折報，膽敢屢次擅拆夾板，盜換折件，若不確切查明，從嚴懲辦，何以肅郵政而儆效尤？着卞寶第、劉銘傳飭屬認真挨站查究，係何處私拆更換，限四個月復奏，毋許延宕。裴蔭森此次所奏折件並着該京卿迅速補奏兵部。原折均着抄給閱看，將此各諭令知之。欽此。」跪聆之下，欽悚莫名。謹查臣上年十二月十三日拜發折件計正折一件，係報「龍威」鋼甲修整完竣，驗試回工，並附暫定該船薪糧、名額清單；附片兩件，一係遴充提調，一係暫添船塢員弁薪水，經臣親自封固，發驛遞送。此次被人擅拆夾板，盜換折件，由督臣卞寶第飭屬挨站查究，另行具報外，臣應將前遞折片敬謹補繕，恭呈御覽。

所有遵旨補奏緣由，理合恭折由驛四百里馳陳，伏乞聖鑒。謹奏。

光緒十六年二月初六日拜發。奉朱批：兵部知道。欽此。

左宗棠等《船政奏議匯編》卷四一裴蔭森《遵旨裁員依限具報折》　奏爲遵旨裁員依限具報，恭折仰祈聖鑒事。

竊於光緒十五年十二月二十三日準户部咨開：光緒十五年十一月十五日，内閣奉上諭：「國家綜核度支，必先嚴除冗濫，從前各省辦理軍務，創立支應、採辦、轉運等局，本屬一時權宜，不能視爲常例。迨軍事敉定，又以善後爲名，凡事之應隸藩司者分設各局，名目衆多。鹽務則督銷、分銷，局卡林立，大率以候補道員爲總辦，而會辦、隨辦各員，其數不可勝計。所有專管之藩、運兩司，轉以循例畫諾爲了事。又如清訟、保甲、捕盜等事，本係臬司專責，亦皆另設一局，授權委員。論公事則推委轉多，論庫款則虚糜甚巨。至船政、機器各局，原爲當務之急，而局用開支尤屬弊竇叢生，漫無稽考。若不一律認真整頓，何以昭核實而塞漏卮！前於光緒十一年八月二十二日欽奉懿旨：『各省設立各局，種種名目，濫支濫應，無非瞻徇情面，爲位置閑員地步。飭令大加裁汰，定議復奏。』仰見聖慈，誥誡嚴明，各該省雖經遵議奏明量爲裁減，總未能將煩費認真革除。近年以來，冗員愈多，浮費愈甚。着各直省將軍、督撫破除情面，將所有各局通行查核，或删減，或歸並。其有必不能裁者，即將按月經費限定數目，不準任意增添。自接奉此旨後，勒限三個月，將議定限留各局開單奏報，並將各局經費每月若干咨報户部存案。該部於每年報銷册内逐一查對，毋任稍有含混。理財與用人相輔而行，實爲圖治之大端。各將軍、督、撫身膺重寄，務當振刷精神，切實經理，不得狃於積習，敷衍塞責。將此通諭知之。欽此。」欽遵。恭録飛咨前來，臣跪聆之下，欽悚莫名。伏查光緒十五年九月間，海軍衙門遵議詹事志鋭條奏海軍事宜折内，於福建船政局一項陳明：「應將局面變通裁減，改歸海軍衙門節制，就現有經費將已開工之石塢造竣，專爲修理鐵甲之用。北洋兵輪冬令赴南巡操，至福州即可就近進塢，停歇修理，俟將來經費稍充，再議製造。其應如何變通，裁減員役糜費，擬請飭下船政大臣，會同將軍、督、撫悉心妥議，詳咨海軍衙門，酌核請旨辦理」等因，奉旨：依議。欽此。欽遵。亦經恭録咨行前來。

國家慎重度支，凡屬臣工，敢不深體此意！竊維船政之設，綜其大綱，不過製造輪船而已。然製造輪船，非一廠一所所能集事也。約舉條目，一曰制船身，而船身有木脅、鐵脅之分，且鑲配之件以及桅舵、舢舨不能不分廠營焉。一曰制輪機，而輪機胚件或鍛或鑄，以及鑄件木模，亦不能不分廠營焉。一曰制鍋爐，而所用之鐵版、鐵槽、鐵條，由荒鐵拉鍛而成者，咸仰給於他廠焉。一曰制帆纜，而所配之轆輪索串、銅鐵鈎環非本廠所能製造者，亦仰給於他廠焉。凡此數者，工異料殊，各不相習。他如修船有槽，儲料有所，學堂有英、法之分，住宿有匠、徒之别。名目紛繁，不勝枚舉。前大臣沈葆楨爲之分門别類，始克綱舉目張。嗣復仿制水雷，開辦石塢，計先後設廠、所者三十，兼以署中應設之提調、總稽查、文案、支應、發審以及採辦各員，統共員紳七十二員。遞年以來，裁並廠、所者六，裁汰員、紳二十一員。截至光緒十五年十二月底止，計實存廠所二十有四，員紳五十一員，常苦不敷遣用。至於各學堂教習，本不在定額之内，平日分班授課，藉以培育人才，亦未便多所裁減。茲經設法騰挪，請自光緒十六年二月起裁減鐵脅廠委員一員，東考工所委員一員，發審所委員一員，水雷所委員二員，前學堂漢文教習一員，後學堂幫教一員，槍炮教習一員，漢文教習一員，管輪學堂幫教一員，繪事院派廠幫教一員，計共裁員紳五員，教習六員。經將所裁員額支數連同弁役各項，咨呈海軍衙門，聽候酌核，請旨辦理。

竊恐輾轉奏報有逾限期，合將所裁員額依限先行具報。

除分咨海軍衙門、户部查照外，所有裁員依限具報各緣由，理合會同福州將軍世襲一等繼勇侯臣希元、閩浙總督兼管福建巡撫事臣卞寶第，恭折馳陳，伏乞皇上聖鑒訓示。謹奏。

光緒十六年閏二月初八日拜發。奉朱批：該衙門知道。欽此。

左宗棠等《船政奏議匯編》卷四一裴蔭森《塢前泥積擬於對岸插篙引水刷沙片》　再，船政廠地憑陵大江，開辦之始，擇江流深處，傍岸設立船臺，以便下水，船槽以便修船，鐵水坪以便起卸，法至善也。嗣以水力漸微，刷沙不暢，因購置大機器挖土船，排日起挖泥沙，用資補救。詎邇年以來，溪流盡歸對港，船槽及鐵水坪前水勢日消，沙痕日長，雖有挖土船亦無以施功。臣因親乘小舟，沿江測驗，確見溪流改道，近廠之處，淤墊有加，非亟予疏通，數年後成陸成洲，將廠地盡成廢棄，所關大局非淺尠也。查疏浚江流只有引水刷沙一法。察看現在情形，能於上流鼇頭鄉以下別開深港，暢引溪流，俾資冲激，策之上也。其次，則於對岸上游密插竹篙，使水到茜前折回，近港水流既暢，亦可挾沙而行。惟沿流開港，動費浩繁，當此庫藏支絀之時，力難舉辦。擬先遍插竹篙，引水徐回，仍用挖土船常川開掘，約估工料，至省亦須數千金。所患水性無常，難保其必能移流就軌，仍應隨時揆度，期於泥沙盡刷，廠地無虞。所需款項，仍由制船經費項下支銷。仰懇天恩，先予飭部立案，俟工竣之日，核計支用，統歸本年份歲入歲出册內報銷。

除分咨户、工兩部外，所有試辦插篙引水緣由，謹會同福州將軍世襲一等繼勇侯臣希元、閩浙總督兼管福建巡撫事臣卞寶第附片陳明，伏乞聖鑒訓示。謹奏。

同日拜發。奉朱批：該衙門知道。欽此。

左宗棠等《船政奏議匯編》卷四一裴蔭森《沾患肝痛懇恩賞假兩月調理片》

再，臣自去年秋間沾患肝痛，時發時止，初不以爲病也。今歲時交春令，木氣日旺，土氣漸衰，因而頭目眩暈，兩耳常鳴，胃脘之間結成痞隔，筋絡旁掣，逆氣上冲，伏枕終宵不能成寐，病狀迭出，服藥數十劑，迄不見差。据醫者言，病由操勞太過，以致心血虧損，肝燥脾傷，非静攝數時，恐成怔忡之證。臣當時即欲請假醫調，因「龍威」鋼甲工程未畢，只得勉强支撑。今該船將次赴津，而協粤各艘亦陸續圖功，具有機緒，但得經費少舒，即可按常營繕。可否仰懇天恩，賞假兩個月，藉資調理？日間尋常公事暫委提調代拆代行。其事屬要公，仍由臣力疾核辦。一俟醫治稍痊，即行銷假，不敢自耽安逸，有負生成。所有微臣因病請假緣由，謹附片陳明，伏乞聖鑒。謹奏。

同日拜發。奉朱批：着賞假兩個月。欽此。

左宗棠等《船政奏議匯編》卷四一裴蔭森《三届出洋學生學成並襄辦肄業各員出力分别奬勵折》 奏爲三届出洋期滿學生學均在成，並華、洋各員襄辦肄業事宜，始終出力，懇恩分别奬勵，以昭激勸，恭折仰祈聖鑒事。

竊臣等續派北洋閩廠學生出洋肄業，經將分别扣足在船月日，展拓在洋年限，並核估按年用款，以及出洋製造學生在洋三年，先予擇尤請奬，六年期滿再予一律匯保，先後奏明，荷蒙恩準，欽遵在案。兹三届出洋學生三十四名，内除黄裳吉一名在北洋供差未經出洋外，其派赴英國專習測繪海圖、巡海練船，兼駕駛鐵甲兵船之學者陳恩燾、賈凝禧、周獻琛三員；專習操放大炮、槍隊陣圖、大副等學，兼駕駛鐵甲兵船者劉冠雄、黄鳴球、邱志范、王學廉、鄭汝成、陳杜衡、沈壽堃、鄭文英八員；專習兵船管輪機之學者王桐一員；專習水師兵船、算學、格物學者伍光建、陳伯涵、曹廉箴三員；專習水師海軍公法、捕盗公法及英國文字語言之學者張秉圭、羅忠堯、陳壽彭三員；專習海軍製造之學者陳慶平、李大受、陳長齡、盧守孟四員。其派赴法國專習海軍製造家、算學、化學、格物學者鄭守箴、林振峰二員；專習萬國公法及法文法語者林藩、游學楷、高而謙、王壽昌、柯鴻年、許壽仁六員。各學生抵洋後，陳恩燾、賈凝禧、周獻琛均由英國海部送上巡海練船，周歷東、南、西洋，歐、亞、澳、美各洲。陳恩燾復由法國海部送入繪海圖衙門學習繪圖、並圖之法；賈凝禧歷過海海軍大操後，又入雷學，並上英屬地中海海軍部、丹麥雷鐵甲兵船；周獻琛又調入糯次安伯倫鐵甲兵船，習練船、用帆、駛風之學，均經法國海圖總辦各兵船船主出考給據。劉冠雄、黄鳴球、邱志范前由英海部派上槍炮練船，復入英兵部武力士炮廠操練各種大炮，洋槍陣圖及修理、製造理法，更調英海海軍部愛倫求克等兵船講求雷學。王學廉、鄭汝成、陳杜衡、沈壽堃、鄭文英均先入英國格林書院肄業算學法、格物學、水機水汽等學，又派上槍炮練船學習操炮、操彈、操機、操轉輪炮臺、操洋槍隊學制槍、炮理法、準法及腰刀、手槍等學，均考列優等，由英國監督船主等各出考給據。王桐派入英海部格林書院肄業，考列二等，嗣在英海海軍部莫納克耳克鐵甲兵船幫辦三等管輪人員，亦經船主出考給據。伍光建、陳伯涵、曹廉箴同在英海部格林書院肄業兩年，同時考試代數、三角學、圓錐學、重學、動學、水學、積分微分學、雜學、算學、格致理法、化學理法、汽機學、圖學，均列上等，又赴英國公司遇尼外耳及金士哥利士兩書院肄業一年，所學益精，經該書院給據奬賞。張秉圭、羅忠堯學習臘丁文字及英刑司各種律例、海軍捕盗等項公法，皆深知旨要。陳壽彭充當翻譯，亦音字無訛；陳慶平、李大受入法國工部製造大書院肄業，於開河、築壩，起造鐵石橋梁，試估輪車、鐵道各項工程，皆能繪圖、算料、計工、科程，該書院總監督稱其可勝橋路總監工之佐；陳長齡、盧守孟入法國海部製造大書院肄業，於船身、輪機各學均有心得；鄭守箴、林振峰考入法國學部娜鑾大書院，均取中算學科、格致科舉人；林藩、游學楷、高而謙、王壽昌、柯鴻年、許壽仁入法國學部律例大書院肄業，均列上上等，高而謙、游學楷又取中律科舉人。至翻譯李隆芳、洋支應貝西保兒、供事熊應斌、通事張寶章，皆能各稱厥職。其考未入格者，僅制船學生楊濟成一人而已。該學生等期滿學成，由出使大臣劉瑞芬查録各該生在洋課程，出具考語，先將學習駕駛三年期滿者咨送回華。臣等公同考驗各該生等，所學莫不盡探奧妙，各具等長，較之前届學生亦學業較邃，創獲實多。當此倡練海軍之時，得此有用之才，洵足仰備國家器使。而華、洋監督周懋琦、斯恭塞格率領生徒出洋，能與英、法各部互相款洽，使生徒得入官學、官廠，並上各兵船練習考證，盡得秘傳，實屬調度有方，始終出力。而隨帶各學生出洋肄業並襄辦出洋肄業事務魏瀚、李壽田、吴德章、王崧辰、許貞幹、沈翊清、韓沐之、梁孝熊、李聖培等，於應辦事務均能措理得宜，三年罔懈，亦不無微勞足録。查前兩届出洋生徒學成回華，並華、洋襄辦各員，均照異常勞績奏請給獎。此次事同一律，合無仰懇天恩，准予援案獎勵，以資鼓舞，而勸將來。謹開具清單，恭呈御覽。

除咨呈海軍衙門並咨吏、兵二部外，所有出洋學生並華、洋各員援案請獎緣由，謹會同福州將軍世襲一等繼勇侯臣希元，恭折附驛馳陳，伏乞皇上聖鑒。

再，此折係臣裴蔭森主稿，合並聲明。謹奏。

同日拜發。奉朱批：周懋琦等均着照所請獎勵。該衙門知道。單並發。欽此。

左宗棠等《船政奏議匯編》卷四一裴蔭森《出洋學生積勞病故從優請恤片》

再，船政駕駛學生、五品頂戴陳鶴潭，製造學生、五品頂戴林志榮，經臣等選取，隨同三届各學生出洋肄業。抵洋之後，陳鶴潭在英國高士博呢學堂温習語言文字，又在蘇格蘭製造船廠學習輪機制用各法，探秘窮微，曉夜攻苦，遂得咯血之疾，病歿於法國醫院。林志榮入法京營造官學堂學習，在洋三載，夙夜勤劬，亦以積勞咯血，洋醫審爲不治，扶病回閩，隨即身故。查光緒二年奏定選派船政生徒出洋肄業章程，内開生徒因攻苦積勞致有不測之事，酌量請恤等因。今陳鶴潭、林志榮選派出洋，藝已垂成，遽因勤學病故，殊堪憫惻，相應吁懇天恩，俯準飭部從優議恤，以慰幽魂。謹合詞附片陳明，伏乞聖鑒訓示。謹奏。

同日拜發。奉朱批：着照所請，該部知道。欽此。

左宗棠等《船政奏議匯編》卷四二裴蔭森《閩廠製造輪船支用各款造册核實報銷折》 奏爲閩廠製造輪船支用各款造册核實報銷，恭折仰祈聖鑒事。

竊閩廠制船各款，自光緒九年正月起，截至十一年十二月底止，動支閩海關洋税及閩省善後局南洋協撥等款，經臣於去年十一月間遵照新章造册請銷，奏奉朱批：該衙門議奏。欽此。欽遵在案。茲核閩廠自光緒十二年正月接造起，截至十四年十二月底止，計湊成二千四百匹實馬力鐵脅巡海快船兩艘，曰「鏡清」、曰「寰泰」；一千六百匹實馬力鐵脅三等快船一艘，曰「廣甲」；製造未成二千四百匹實馬力鐵脅鋼甲艦一艘曰「龍威」；二千四百匹實馬力鐵脅穹甲快船兩艘，曰「廣乙」、曰「廣丙」；四百匹實馬力鐵脅淺水兵船一艘，曰「廣庚」。七船接續並營，廠機益資添拓，兼以開石塢以備巨船之修葺，建炮臺以固廠地之藩籬。魚雷之斗合宜精，購新機以興役；巨炮之收儲宜慎，擇隙地而鳩工，黽勉經營，洵皆當務之急。他如船臺、鐵水枰爲任重之區，誦堂、繪圖房爲課學之所，或修或建，亦未敢置爲緩圖。

凡此應辦緣由，均經隨時奏報。其常年支放，有額可稽者如薪水、贍養、飯食、工伙、口糧等款，亦經遵照部章，按年開列名額，四柱送部備案。其有經部復準不能專案奏咨者，則如歲修之機器、廠屋、爐溝、添置之家伙、書籍、器具，款目紛繁，實難枚舉。此製造一切之情形也。

閩海關洋税應解船政者，經户部議奏，自光緒二年正月爲始，六成月撥銀三萬兩，四成月撥銀二萬兩。今核制船經費，自光緒十二年正月起，截至十四年十二月底止，上届報銷案内存銀四十四萬九千三百五十六兩八錢六分二厘六毫，又存用剩銅、鐵、木、煤各料，價值銀一十二萬一千九百二十三兩二分八厘八毫。閩海關六成洋税月奉撥銀三萬兩，自光緒十二年正月起，截至十四年十二月底止，連閏計三十七個月，内除十二年份欠解一十個月，十三年份欠解九個月，十四年份欠解八個月外，實解到一十個月，共銀三十萬兩。又四成洋税月奉撥銀二萬兩，自光緒十二年正月起，截至十四年十二月底止，連閏計三十七個月，共解到銀七十四萬兩。又南洋協撥第一號快船經費，原奏請撥二十萬兩，除上届列收外找解銀九千七百七十七兩。又續造第二號、第三號快船經費，原奏撥銀六十六萬兩，除上届列收及未解外實解到銀二萬二千五百二十九兩三錢四分五厘二毫。又閩省善後局撥解試造鋼甲艦經費，原奏請撥四十六萬兩，除上届列收外找解銀三十萬兩。又廣東撥解協造輪船八艘經費，原奏番銀五十三萬兩，除未解外實解到番銀三十九萬兩，折合銀三十五萬四千五百四十五兩四錢五分四厘五毫。又匯存廣東快船經費，生息番銀二千六百九十七兩五錢六分四厘七毫六絲六忽六微，折合銀二千四百五十二兩三錢三分一厘六毫。核計管收共銀二百三十萬五百八十四兩二分二厘七毫。內除造船、購器、修廠、贍工等項支用銀一百七十五萬九千九百三十兩九錢三厘九毫，又墊支各輪船薪費銀九萬三百二十九兩六錢五分四厘六毫，各輪船煤炭價值銀一萬五千八百九十九兩一錢二分九厘九毫，修理輪船工料銀八萬三十一兩九錢六分六毫，統共支銀一百九十四萬六千一百九十一兩六錢四分九厘，實存銀一十一萬七千八百三十五兩四錢一分九厘六毫。又存用剩銅、鐵、木、煤各料價值銀二十三萬六千五百五十六兩九錢五分四厘一毫。查輪船薪糧、煤炭、修費，船政第一次報銷係另歸養船項下開報。沈葆楨奉命巡臺時，奏明自同治十三年四月十六日起，將所撥養船經費並入臺防項下，各船薪糧亦歸臺防項下支銷，奉旨：該衙門知道。欽此。嗣後歷屆報銷，各前大臣均因輪船薪糧等款，除由臺防本款支給外，船政墊支銀兩無款劃還，截清年月，匯入制船經費單內作正開銷，歷奉户部復準在案。所有光緒十二年至十四年稅厘局奉撥養船經費，仍復批解不前。各船應領之項，除將解到養船銀兩盡數支給，並赴臺、赴廈就於差次支領外，制船項下尚墊支各船薪糧、煤價、修費三款共銀一十八萬六千二百六十兩七錢四分五厘六毫。莫從支收歸款，自應援照成案，將墊支前項銀兩歸入本案作正開銷。其款應由閩省善後局登收，匯總造册，以昭核實。此支銷一切之情形也。

竊維船政用款，多制船則費似奢而實節，少制船則費似省而實糜。蓋多制船而稽察之員紳、司帳之書吏、各廠日用之煤炭、油斤各款所支者此數；少制船而稽察之員紳、司帳之書吏、各廠日用之煤炭、油斤所支者亦此數。所以臣莅工以來，力籌多制船只，以求無形之節省。此臣沾沾焉圖報恩遇之私忱也。惟船機之興作日繁，工料之支銷日巨，若不及時截報，竊恐轇轕不清。茲將三年中用款匯造細册，飭員逐件勾稽，臣復加詳核，深悉一切支銷均無浮冒。伏懇天恩，飭部查照臣光緒十二年七月間造册報銷，難拘成例奏案，免以則例相繩，照數核銷，以清積牘。

除咨呈海軍衙門、總理衙門，並將細册咨送户部、兵部、工部核銷外，理合會同南洋大臣兩江總督臣曾國荃、兩廣總督臣李瀚章、福州將軍世襲一等繼勇侯臣希元、閩浙總督兼管福建巡撫事臣卞寶第，恭折具陳，伏乞皇上聖鑒。謹奏。

光緒十六年三月二十八日拜發。奉朱批：該衙門議奏。欽此。

左宗棠等《船政奏議匯編》卷四二裴蔭森《試造鋼甲兵船溢用銀數聲明立案片》

再，竊據工程處監造船身學生魏瀚、鄭清濂、吴德章，監造船機學生陳兆翱、李壽田、楊廉臣等禀稱：「竊學生等於光緒十一年間禀請試造鋼甲艦，原估除炮位、魚雷、電燈另購外，每船約銀四十六萬兩。當經鳩工庀材，於光緒十二年間安上龍骨，十三年十二月間下水，迄十五年九月間工竣。蒙飭駛赴天津，聽候勘驗。嗣由滬展輪，小抽汽機軸折損，即駛回吴淞，就洋廠修整完固。復蒙飭駛回閩，加意閱視，隨宜添修。刻已將船機緊要之件全行拆視，隨宜添改，一律完好，可以隨同北軍前赴津沽候驗。核計工料自興工起至現在止，連電燈價值約共銀五十二萬餘兩。內除不在原估數内之電燈價值五千餘兩外，尚需銀五十一萬餘兩，較之原估銀數溢用銀五萬餘兩。所以溢用緣由，有不能不詳晰陳者：學生等原擬所造之船，船身長十七丈三尺九寸，船尾吃水深一丈二尺三寸，全船噸載一千八百噸，實馬力一千七百匹。今所造之船，船身長十九丈七尺，吃水深一丈三尺一寸，全船噸載二千一百噸，實馬力二千四百匹。噸載馬力既增，則船身丈尺自不能不增，工料所以溢於原估者，此其一。學生等原擬三船並造，請款一百三十八萬兩。凡三船可以通用者，如船身之版樣、鑄件之木模以及船架、船撑、木楔、木槽，造三船只需一分，造一船亦需一分，是原擬均諸三船者，今專萃於一船，工料所以溢於原估者，又其一。學生等原估船上炮位、電燈各項歸於另購，應由用船省份自行購配，故一切安鑲炮位、電燈工費，未及估計在內。嗣因大炮、電燈業已購到，乘其船工未竣，先行配置，免致將來周折。凡安裝大炮、嵌鑲電燈以及炮臺之鐵罩、電機之鍋爐，亦皆制配齊全，工料所以溢於原估者，又其一。凡此數端，第就目前核計而言。聞該船派歸天津水師差遣，凡屬一軍必須整齊畫一，倘閩船與津船中配件不能一式者，將來又須添改，尤非學生等意計所及，應請另案續銷，理合禀請奏咨立案等因。前來臣復核所禀各節，均屬實在情形。至船身丈尺、噸載、馬力加增，有請造及下水奏案可稽，且到船尚可按驗，非該學生等所能捏飾。合無仰懇天恩，俯準飭部立案，以爲報銷根據。

除咨呈海軍衙門，分咨户部、工部外，所有試造鋼甲艦工料溢於原估各緣由，理合會同福州將軍世襲一等繼勇侯臣希元、閩浙總督兼管福建巡撫事臣卞寶第，附片具陳，伏乞聖鑒。謹奏。

同日拜發。奉朱批：該衙門知道。欽此。

中國第一歷史檔案館《德宗景皇帝實録》卷二八三《光緒十六年三月》 船政事宜，極關緊要，近年以來該局積習甚深，所委各員，多有不實不盡之處。裴蔭森性情長厚，於刁劣員紳，未能鈐束，以致諸務漸就廢弛。本日已明降諭旨，令裴蔭森來京供職，派卞寶第兼管船政事務。該督平日辦事，尚屬認真，務當破除情面，實力整頓，將從前弊端，悉心禁革，凡一切應辦事宜，隨時咨商總理海軍事務衙門，奏明舉辦，總期實事求是，毋蹈因循粉飾舊習，以副委任，將此諭令知之。

左宗棠等《船政奏議匯編》卷四二裴蔭森《龍威鋼甲兵船修整完竣改名平遠駛赴天津折》 奏爲「龍威」鋼甲兵船修整完竣，接準北洋大臣電寄，改名「平遠」，現已駛赴天津，恭折具陳，仰祈聖鑒事。

竊臣於光緒十五年十二月間，曾將「龍威」鋼甲兵輪修整完竣，驗試回工，吁懇天恩，賞還制機各學生頂戴，並將暫定名額、薪糧奏明飭部立案。奉朱批：着照所請，單並發。欽此。查該船於去冬在滬時，經北洋副統領琅威理驗視後駛回閩洋，照兵船新式增修、鑲配，約有百數十件，已於三月二十八日由海軍提督丁汝昌統率北上。方北軍各輪舟在香港之時，適接北洋大臣李鴻章電寄：「『龍威』既擬歸北洋操演，宜改名『平遠』，庶與北軍『鎮遠』、『定遠』等合隊，堪以隨時號召，即交提督丁汝昌統率北上」等語。該船隨同北軍由閩赴滬，只歷四十四點鐘已抵上海，行駛尚爲合法。一切名額薪糧，皆照「龍威」定制，其薪糧餉項暫由制船項下墊給，未抵津沽之前，既應歸閩省善後局開支，即應由閩省解還歸款。

所有「龍威」鋼甲船改名「平遠」隨同海軍北上各緣由，謹會同北洋大臣、大學士、直隸總督臣李鴻章，福州將軍、世襲一等繼勇侯臣希元，閩浙總督兼管福建巡撫事臣卞寶第，恭折由驛馳陳，伏乞皇上聖鑒訓示。謹奏。

光緒十六年四月初六日拜發。奉朱批：該衙門知道。欽此。

左宗棠等《船政奏議匯編》卷四二裴蔭森《展留洋教習片》 再，駕駛學堂洋教習鄧羅，由英國應募來閩，於光緒六年八月二十七日抵工，按照外國月日約定三年爲限，扣至九年八月三十日期滿。嗣因該教習到工以來教導尚屬認真，張夢元任内再留一年，俾資得力，自九年九月初一日起扣至十年八月十二日止。張佩綸任内復留一年，自十年八月十三日起扣至十一年八月二十三日止。其所授學生堂課已畢，堪以出洋肄業。由臣復議留三年，接授二班學生，經於光緒十一年七月二十六日奏明在案。嗣自十一年八月二十四日起，扣至十四年八月二十五日止限滿。臣詳加察看，該教習於督課各學生甚屬盡心教導，因復議留三年，加訂合同，按照年月排定功課，以期廣收駕駛人才之益。理合附片陳明，伏乞聖鑒。謹奏。

同日拜發。奉朱批：該衙門知道。欽此。

左宗棠等《船政奏議匯編》卷四二裴蔭森《青洲石塢復行開辦片》 再，閩廠於青洲地方創設石塢，藉以修理鐵甲巨船，經臣於光緒十四年三月初六日奏明開工試辦。嗣因閩海關六成項下報解不前，經費無從籌墊，不得已於光緒十五年八月初十日奏明暫行停辦。是年冬間，承準海軍衙門來咨，以閩省石塢可備北洋兵船避凍南下及時修整之需，應分工兼辦，以重海防各等因。臣與將軍臣、督臣熟商議，以六成項下兩個月六萬金作爲按年籌辦船塢之資，咨呈海軍衙門請爲轉奏。現雖未據咨復，而石塢既爲現時之急務，似不容置爲緩圖。業於本年二月二十七日委飭員紳，酌帶工役，復行開辦。目下規模略具，其如何斟酌損益，仍由督臣隨時核辦以竟前功。所有續辦船塢緣由，理合附片陳明，伏乞聖鑒。謹奏。

同日拜發。奉朱批：該衙門知道。欽此。

左宗棠等《船政奏議匯編》卷四二裴蔭森《恭謝天恩並報明交卸船政起程日期折》 奏爲恭謝天恩並報明交卸船政、起程日期，恭折具陳，仰祈聖鑒事。

竊臣於光緒十六年三月三十日，承準海軍衙門咨開：「三月初二日奉上諭：『光禄寺卿裴蔭森着來京供職，所有船政事務着派閩浙總督卞寶第兼管。欽此。』」臣當即恭設香案，望闕叩頭謝恩訖。伏念臣六載船官，毫無報稱，乃蒙聖恩不加譴責，仍令以本職入都，能無感極涕零，奮思自效！四月初六日，準閩浙督臣卞寶第來馬江任事，臣即於是日交卸篆務，定期十六日起程。臣籍隸清淮，由閩入江，地當孔道。前於閏二月初八日，因患肝病吁請假期，仰荷聖慈，賞假兩個月。無如假期屆滿而病未全瘳，伏乞天恩，再賞假兩個月，就醫江北。倘蒙聖主福庇得以速痊，即行入都供職，藉盡犬馬圖報之私。

所有微臣感激下忱，並交卸起程日期，謹繕折恭謝天恩，附驛陳明，伏乞皇上聖鑒訓示。謹奏。

同日拜發。奉朱批：着再賞假兩個月。欽此。

左宗棠等《船政奏議匯編》卷四三卞寶第《恭報接受船政關防叩謝天恩折》 奏爲恭報接受船政關防，叩謝天恩，並陳船廠距省較遠，難於兼顧情形，仰祈聖鑒事。

竊臣於光緒十六年三月二十九日承準總理海軍衙門咨照，光緒十六年三月初二日内閣奉上諭：光禄寺卿裴蔭森着來京供職，所有船政事務着派閩浙總督卞寶第兼管。欽此。臣跪聆之下，感悚難名，當即恭設香案，望闕謝恩。隨經咨明裴蔭森清理交代事宜，兹於四月初六日準前船政大臣、光禄寺卿裴蔭森將總辦船政關防一顆委員賫送前來。臣敬謹接受，應即欽遵兼管辦理。惟查船廠設立馬江地方，距省六十里，廠中銀款料物，匠人工作，學堂課程，委員勤惰，均須逐日稽查，加以水陸營勇，傭趁夫役，人衆類繁，易於滋事，必須大員駐廠，方足以資彈壓。臣職兼督、撫兩署公事，統轄浙江、臺灣並鹽政洋務，事極繁重，萬不能舍此就彼。若不常時駐廠，又恐查察難周，廠員稟事，每日來往一百二十里，且非乘潮上下不能行走，諸多未便。可否仰懇天恩，另派大員管理，或添派大員，代臣駐廠彈壓稽查？恭候欽定。

所有微臣感悚下忱，理合繕折恭謝天恩，並陳難於兼顧情形，伏乞皇上聖鑒訓示。謹奏。

光緒十六年四月初七日拜發。奉朱批：另有旨。欽此。

軍機大臣字寄：光緒十六年四月二十六日奉上諭：卞寶第奏船廠距省較遠，難於兼顧一折。福建船政關係緊要，聞近年來弊竇叢生，虚糜甚巨，亟應實力整頓。卞寶第向來辦事尚能不避嫌怨，船廠離省六十里，並不甚遠，雖不能在彼久駐，盡可隨時前往督率經理。至逐日稽查課程等事，着於道府中遴派廉干之員常川駐局，認真查核。仍責成該督綜理一切事宜，毋得稍有推諉。將此諭令知之。欽此。

左宗棠等《船政奏議匯編》卷四三卞寶第《恭復寄諭片》 船廠自同治六年開辦，前江西巡撫沈葆楨總理其事，經營創造極費苦心，用人尤爲慎重，雖其至親舊交，不濫收録，以故不利衆口，謗議紛騰。是時臣任福建巡撫，知之最悉。迨沈葆楨總督兩江，此後接辦船政諸臣欲思弭謗，不得不稍涉圓融，各路薦書難於拒絶，廠員皆係本地紳衿，尤覺礙於情面，此近年濫收濫委之實在情形也。臣愚以爲，任事全在得人，提調、支應、監工等差最爲緊要，非選端人正士不足以收實效而除積弊。臣惟有不避嫌怨，訪查刁劣員紳，隨時裁汰、更换，務期諸務振興，不致虚糜帑項，以仰副皇上實事求是之至意。謹附片具陳，伏乞聖鑒。謹奏。

同日拜發。奉旨：知道了。欽此。

中國第一歷史檔案館《德宗景皇帝實録》卷二八四《光緒十六年四月》 諭内閣，卞寶第奏，船廠文案，捏開保獎，請旨懲辦等語。知縣王崧辰在福建船廠總辦文案，本年閏二月閑，保獎出洋學生，該員竟敢乘裴蔭森患病之際，自開保獎，並未呈由卞寶第等會核，徑行繕摺發遞，實屬膽大妄爲。且據該督奏稱，該員代辦船廠提調，聲名最劣，自應嚴行懲辦，所請撤銷保案，並交部議處之處，不足蔽辜。王崧辰著即行革職，永不敘用。裴蔭森失於覺察，並著交部議處。至前保出洋學生案内，如尚有似此冒濫之員，即著卞寶第確查，一並奏明撤銷。

諭軍機大臣等，卞寶第奏，船廠距省較遠，難於兼顧一摺。福建船政，關係緊要，聞近年來弊竇叢生，虚糜甚巨，亟應實力整頓。卞寶第向來辦事，尚能不避嫌怨。船廠離省六十里，並不甚遠，雖不能在彼久駐，盡可隨時前往，督率經理。至逐日稽查課程等事，著於道府中遴派廉干之員，常川駐局，認真查核，仍責成該督綜理一切事宜，毋得稍有推諉，將此諭令知之。

左宗棠等《船政奏議匯編》卷四三卞寶第《閩防擬設水雷營變通籌款折》

奏爲閩防擬設水雷營，變通籌款，請旨飭撥，恭折仰祈聖鑒事。

竊臣維海口防禦之道，岸防以炮臺爲先，水防以水雷爲最，至魚雷快艇用以輔助兵輪，水戰轟擊，必須練成大隊，方資制勝。閩口自甲申戰後，兵輪盡毁，現存「琛航」、「伏波」兩船，修之沉撈之餘，聊供轉運料件、巡緝近洋，本非兵輪制式。更有「福龍」魚雷艇，經前大臣張佩綸購自德國，原屬冲鋒利器，而孤行一艇，殊不足以助聲威。現在閩口如長門、金排、厂石等處，炮臺分峙，在在可壯岸防，而港道紆回，尤宜添布水雷，庶水防無空虚之慮。船政庫藏如洗，勢不能添制兵艦，兼護炮臺。而雷艇一艘停泊江干，月費數百金，於防務仍屬無益。臣再四思維，不如撤去魚雷艇，於海口改設水雷營。即以歲養魚雷經費爲水雷營經費，無事之日相度水流，測量演練，一經有事即可布列要冲，以與炮臺相依護。閩口既乏兵輪，是水雷一營尤爲當務之急。臣因函商北洋大臣李鴻章，囑其選派精熟水雷將弁來閩管帶教練，以資得力。查「福龍」魚雷艇薪糧公費歲計八千餘金，益以歲修添置等項，已不下萬金。水雷一營官弁兵匠，月餉以及操用號衣、雨衣、油紗、繩索、五金雜料，歲計亦不過萬金。經臣兩兩比較，贏絀尚屬無多，惟開辦之始需費頗巨，如購用電器、電綫布置，合用約須二萬兩。浮雷、沉雷由廠自造，而棉藥須購五萬磅，約須一萬四五千兩。又雷廠雷電庫、電綫池工程，約須一萬四五千兩。下雷小火輪一只、平船兩只、舢舨四只，由廠自造，約須七八千兩。此皆按照西法必不可少之需，合計已在六萬兩左右。船署既無款可籌，而閩省司庫又支絀異常，無從動撥。臣查閩省前購魚雷艇並配炮筒汽機、連珠炮等件，價銀七萬二千餘兩，又購魚雷十具並配戰頭等件，價銀三萬六百餘兩，此項船雷均係重價購置，統計十萬有奇。今雖擬裁撤，必須置之有用之地。現時南、北洋均有兵船成軍訓練，則此雷艇一號、魚雷十具，皆爲操防所必需。其可否請旨飭下南、北洋大臣，或北洋，或南洋，籌度所宜，將此船雷留防應用。其前購之價亦不必如數給還，但將閩省現需雷廠等項經費六萬兩籌撥，分期解閩濟用，一轉移間於海防均有裨益。臣爲熟籌閩口防務起見，於無可籌措之中爲此變通之計，想南、北洋之於閩省當必畛域不分，樂於解濟，以仰副朝廷慎重海防之至意。

除分咨南、北洋大臣外，所有閩防擬設水雷營變通籌款請旨飭撥緣由，謹會同福州將軍臣希元恭折具奏，伏乞皇上聖鑒訓示。謹奏。

光緒十六年六月二十一日拜發。奉旨：該衙門議奏。欽此。

左宗棠等《船政奏議匯編》卷四三卞寶第《遵議查復並另核請獎折》 奏爲遵議查復並另核請獎，恭折，仰祈聖鑒事。

竊三届出洋學生褒案於光緒十六年閏二月二十二日欽奉朱批恩準，欽遵在案。嗣準吏部按照奏定章程核議，分別準駁具奏，奉旨：依議。欽此。欽遵抄稿並單咨由北洋大臣轉咨前來，内開：「柯鴻年、許壽仁所請銜翎，核與定章不符，應另核奏明請獎；陳恩燾履歷册内未聲叙報捐指省年月；陳長齡履歷册開官銜與原褒清單不符，均令查明復奏，再行核辦」各等因。臣查柯鴻年、許壽仁二員所請既與定章不符，自應另核請獎。陳恩燾係於十六年二月間在京捐局，遵新海防例報捐縣丞，並捐分直隸試用，前開履歷僅叙報捐縣丞，其指分省份一層漏未聲叙。陳長齡係於光緒十四年十一月間在江南捐局，遵蘇皖賑捐例報捐從九品職銜，該員請褒時自漏聲明，故原褒清單内未爲叙入。茲據該二員呈驗報捐執照，經臣查核無異。合無仰懇天恩，飭部準將陳恩燾、陳長齡二員均照原保單開官銜獎叙，將柯鴻年、許壽仁二員改作以巡檢歸部盡先選用，並加六品銜，以示獎勵。

除咨復吏部外，所有遵議查復並另核請獎各緣由，謹會同北洋大臣、大學士、直隸總督臣李鴻章，南洋大臣、兩江總督臣曾國荃，福州將軍、世襲一等繼勇侯臣希元恭折具陳，伏乞聖鑒訓示。謹奏。

光緒十六年八月二十一日拜發。

奉旨：吏部議奏。欽此。

左宗棠等《船政奏議匯編》卷四三卞寶第《褒獎學堂製造駕駛管輪洋教習片》 再，臣查船政前、後學堂製造、駕駛、管輪三項之總教習向係延訂洋員在堂授課，其在工供差、限滿著有勞績者，應行奏請賞給頂戴寶星，以示獎勵，歷辦在案。茲查前學堂英文、格致、算學教習賴格羅於光緒十一年三月十七日抵工，定限三年，復經展留一年，於十五年三月限滿，業已回國；後學堂駕駛教習鄧羅於光緒六年八月二十七日抵工，前經兩次展留，於十一年七月間經前大臣裴蔭森附片請獎，蒙恩賞給五品頂戴並二等寶星在案，十一年八月間又展留三年，十四年限滿復予展留，現仍在工供差；後學堂管輪教習斐士博於光緒十三年十月二十九日抵工，定限三年，轉瞬十月限滿，即須回國。以上洋教習三員均係英國人，在堂授課均能精勤教導，著有功效，自應按照歷届洋員限滿請獎成案，匯核請獎。賴格羅擬請賞給二等寶星，斐士博擬請賞給五品頂戴，鄧羅擬請賞換三品頂戴。合無仰懇天恩準予照獎，以示鼓勵而柔遠人。

所有循案匯獎在工洋員緣由，理合附片陳明，伏乞聖鑒訓示。謹奏。

同日拜發。奉旨：着照所請，該衙門知道。欽此。

左宗棠等《船政奏議匯編》卷四三卞寶第《閩廠工程稍松接造穹甲快船折》

奏爲閩廠工程稍松，接造穹甲快船，恭折仰祈聖鑒事。

竊維船政之設，所以開中國製造之先，備沿海防禦之用。創立以來，廿有餘載，成船三十一艘，除撥駐烟臺、牛莊、浙、粵、南北洋各處外，其在閩口者，毁於甲申一役，僅存「伏波」、「琛航」兩艘，「伏波」調換於臺灣，棄置之餘；「琛航」修理於馬江，撈獲之後，且係兵、商參制，供轉運而不足以備巡防。臣以爲，閩海口岸雖雲天險，而防禦必不可以無船，船政經費雖際萬難，而製造尤不容以中輟，此臣所以早夜籌維，恒以續造兵輪爲先務也。閩廠自本年春間鋼甲告成，經北洋大臣驗收後，專爲粵省協造「廣乙」、「廣丙」兩船。「廣乙」本月内即可試車，「廣丙」大件輪機近亦將次完竣。現在輪機、拉鐵、鐵脅各大廠工程極松，厚辛良匠，若令其雜作細工，未免有虚糜之費。臣查協粵各船，更有「廣丁」一艘於光緒十五年十月間亦已安上龍骨，經前大臣裴蔭森奏報在案。嗣準兩廣督臣李瀚章咨請暫行緩辦，前來故將該船停止製造。惟核計該船已動工程約有一萬三千餘工，購備料件亦已過三分之一，與其半途而廢，不若竟其未完之工，就其已有之料接續兼營，俾廠工有日起之功，而匠丁無星散之慮。臣因粵省既議緩辦，閩省又在需船，故欲趁工程稍松之時，將該船作爲本廠自造之船，改名「福靖」，以爲閩防之用；如果以後粵省仍照原議辦理，臣廠再當爲之購件另制。則一轉移間粵料既不至於滯留，廠工尤不至於懸曠，而閩口亦不至於空虛矣。至該船制成之日，其養船經費當由福州善後局設法籌備，或即就「伏波」、「琛航」兩船挑舊換新，酌劑辦理。總期一船得一船之實用，無廢船亦無糜費，以仰副我皇上撙節度支、講求防務之至意。

除咨呈海軍衙門並咨部立案外，所有接造穹甲快船緣由，謹會同福州將軍世襲一等繼勇侯臣希元恭折，由驛馳陳，伏乞皇上聖鑒。謹奏。

光緒十六年八月二十八日拜發。奉旨：該衙門知道。欽此。

左宗棠等《船政奏議匯編》卷四三卞寶第《船政局添制機器並修造船炮各臺動用經費奏咨立案折》 奏爲船政局添制機器，並修造船炮各臺動用經費，遵照新章，恭折具陳，仰祈聖鑒事。

竊前奉户部奏定外省報銷新章第十四條，内載「各省設立機器局並閩省船政局，如有添購機器經費若干，事前奏明，咨部立案，事後方準核銷」等因。茲據廠員稟稱，輪機廠汽機經用日久，機括松蝕運動不靈，應添制十五匹馬力汽機一副，以備抽换，工料共銀一千四百餘兩。又輪機、水缸兩廠製造銅鐵小機件，藉欲節省汽力，輪機廠添制旋鐵小輪床三副，工料共銀一千五百餘兩；水缸廠添制挂壁小鑽機二架，工料共銀一百餘兩。又船槽、機器、屋宇，自光緒十年間大修之後，歷用將及五年，該槽爲任重之區，日久不無松朽，用特興修以昭慎重，工料共銀二千一百餘兩。又工次船臺，歷時已久，木質間有朽蝕，凡起制新船，均應先行驗明其應修者即與興修，始堪任重。計修第三號穹甲艦船臺，工料銀七百餘兩。又建造馬限中坡、後坡洋式護廠炮臺兩座。經前大臣裴蔭森將建造緣由於光緒十三年三月間奏明在案：「工程現已造竣，計中坡炮臺工料共銀八千七百餘兩，後坡炮臺工料共銀一萬七百餘兩。以上各款均應歸於光緒十五年份制船經費項下造銷」等語，呈請立案。前來臣復查無異。

除咨部查照並匯案造銷外，所有遵照新章應行立案各緣由，謹會同福州將軍世襲一等繼勇侯臣希元恭折具陳，伏乞皇上聖鑒。謹奏。

光緒十六年九月十三日拜發。奉旨：該部知道。欽此。

中國第一歷史檔案館《德宗景皇帝實録》卷二八九《光緒十六年九月》 以教練勤能，賞福建船政學堂洋教習賴格羅寶星，鄧羅三品頂戴，斐士博五品頂戴。

左宗棠等《船政奏議匯編》卷四三卞寶第《船政扣平銀兩列入收款折》 奏爲船政制船經費支絀異常，請將扣平銀兩列入收款作正開銷，恭折仰祈聖鑒事。

竊船政制船經費，經户部議奏，自光緒二年正月爲始，在於閩海關六成洋税項下月撥解銀三萬兩，四成洋税項下月撥解銀二萬兩，全年共應解銀六十萬兩。凡造船、購器、修廠、修機及一切薪贍、工伙、雜支等項均出其中。邇來閩省茶税不旺，其六成洋税應解制船之款蒂欠累累。數年以來，藉有南洋廣東協造之船，挹彼注茲，通挪支放。辰下快船久已告竣，粵船又經議緩。他省既無協撥之款，而閩口又不能無續造之船，兼之開辦石塢工費浩繁，費不寬籌，則工虞中輟。伏查户部減平新章，凡船政支放之薪水、工匠贍飯工伙及一切雜項，均照湘平每兩扣平四分支放，扣出銀款另行存儲，造册報部候撥。計船政自光緒十三年奉到部章分别核扣起，截至十四年十二月底止，共扣存銀一萬四千八百五十兩四錢五分二厘三毫。經前船政大臣裴蔭森於本年三月間造册報部，旋準部咨復核相符，照數登記，備撥咨行。前來臣維本年閩口茶税極淡，六成項下只能解濟兩個月，工繁費絀，竭蹶立形，計惟有將扣存之款略濟要工，雖爲臨渴掘井之謀，暫免懸釜待炊之患。再查部章内載：「如有將扣平銀數仍行列入收款作正開銷，亦必另款詳細聲明」等語，是此項扣平銀兩作正列收，與部章亦非相背。合無仰懇天恩，俯念船政爲海防所係，籌款維艱，準將光緒十三、十四兩年份扣平銀一萬四千八百五十兩四錢五分二厘三毫，仍收入制船經費作正開銷，俾資接濟，並懇飭部立案。光緒十五年以後，船政扣平銀兩按年均準予列入收款造銷，另册報部備核。如將來關款稍充，六成洋税全年可以解足，則扣平銀數仍應存儲候撥，庶與部臣酌盈劑虚之意隱相符合。

除分咨海軍衙門、户部外，所有請將扣平銀兩列入收款緣由，謹會同福州將軍世襲一等繼勇侯臣希元恭折具陳，伏乞皇上聖鑒訓示。謹奏。

光緒十六年十一月二十五日拜發。奉旨：户部議奏。欽此。

左宗棠等《船政奏議匯編》卷四三卞寶第《廣乙輪船出海試洋並現辦廠務情形折》 奏爲「廣乙」輪船出海試洋，並現辦廠務情形，恭折具陳，仰祈聖鑒事。

竊「廣乙」輪船於光緒十五年八月間下水，經前船政臣裴蔭森將船身尺寸、馬力匹數、吃水淺深、噸載多寡，以及行船速率，並應配炮位若干尊，奏明在案。

茲據工程處學生將該船桅杆、帆纜、水缸、機爐鑲配齊備，稟請試洋。前來臣查協粵各船如「廣甲」、「廣庚」均係由粵派員管帶應期試洋。茲「廣乙」試洋期近，而粵員未到，當由臣派令「靖遠」管駕千總林承謨暫行代理該船試洋事務，並飭提調知府楊廷傳率同員紳前赴該船，定期出海驗試。旋據提調楊廷傳稟稱：「本月十九日辰刻，該船由羅星塔下起碇開駛，半車緩進，於午刻出芭蕉口；升大火開滿車，放絡驗㖊，約一沙漏十四杪許，放絡十五結，每結法尺七尺二寸三分，核計速率每點鐘可行法海里十五㖊盧，合中國四十九里半。倘使升火更能得法，汽力滿量，則㖊數尚不止此。放洋約半點之久，至馬祖澳而回，於申刻仍至羅星塔下寄碇。是日壺江以外微有風浪，而船身安穩尚不顛簸，至進出港道如田螺灣、南北龜等處，疾徐回轉，機舵亦甚靈捷」等語。臣查該船出海放洋，經該提調等眼同驗試，船身、機器尚屬堅靈，雖行船里數與原定稍有不符，其因升火未盡得法之故，亦屬實在情形。應俟粵省將該船應配炮位、魚雷辦運到閩，配置完備，即當由粵派員駛赴北洋勘驗，其薪糧名額亦應由粵核定開報。

現在閩廠趕辦「廣丙」、「福靖」兩船，並開辦羅星塔船塢，工程繁浩，雖經責成提調楊廷傳駐工辦理，臣仍隨時前赴工次，悉心督率，總期工無廢曠，費不虛糜，以仰副朝廷整頓船政之至意。

除咨部外，所有「廣乙」試洋並現辦廠務各緣由，謹會同兩廣總督兼署廣東巡撫臣李瀚章、福州將軍世襲一等繼勇侯臣希元，恭折由驛馳陳，伏乞皇上聖鑒。謹奏。

光緒十六年十月廿九日拜發。奉旨：該衙門知道。欽此。

朱壽朋《光緒朝東華録》卷一〇〇光緒十六年十月　卞寶第奏，自本年春間鋼甲告成，經北洋大臣驗收後，專爲粵省協造廣乙廣丙兩船。廣乙本月内即可試輪，廣丙大件輪機近亦將次完竣。現在輪機拉鐵鐵脅各大廠工程極鬆，厚辛良匠，若令其雜作細工，未免有虛糜之費。臣查協粵各船，更有「廣丁」一艘，於光緒十五年十月間亦已安上龍骨，經前大臣裴蔭森奏報在案。嗣准兩廣督臣李瀚章咨請暫行緩辦前來，故將該船停止製造。惟核計該船已動工程約有一萬三千餘工，購備料件亦已過三分之一，與其半途而廢，不若竟其未完之工，就其已有之料，接續兼管。俾廠工有日起之功，而匠丁無星散之慮，臣因粵省既議緩辦，閩省又在需船，故願趁工程稍鬆之時，將該船作爲本廠自造之船，改名「福靖」，以爲閩防之用。如果以後粵省仍照原議辦理，臣廠再當爲之購件另製，則一轉移間，粵料既不至於滯留，廠工尤不至於懸曠。至該船製成之日，其養船經費，當由福州善後局設法籌備，或即就「伏波」、「琛航」兩船挑舊换新，酌劑辦理。總期一船得一船之實用，無廢船亦無糜費，以仰副我皇上撙節度支講求防務之至意。得旨，該衙門知道。

左宗棠等《船政奏議匯編》卷四四卞寶第《船政奏銷經户部删除加給生徒薪水等項據實聲復折》　奏爲船政奏銷經户部删除加給生徒薪水及繕書工伙、心紅銀兩，據實聲復，恭折仰祈聖鑒事。

竊準户部咨開：「本部議復，閩廠光緒十二、十三、十四等年製造輪船支用各款造册報銷，分别準駁行查一折，光緒十六年十月三十日具奏，本日奉旨：『依議，欽此。』欽遵抄録原奏，恭録諭旨移咨。」前來臣檢查前大臣裴蔭森報銷案卷，細心酌核，有不得不詳細代陳者。如原奏内稱：「藝成回華學生池貞銓接支之外加銀十四兩，魏暹月加銀八兩，又藝徒吴學鏘月加銀六兩，任照、王桂芳各月加銀四兩，核與上案暨裁留奏單不符。雖據聲稱，因調度有方或監工得力是以加給，惟生徒在廠監工是其本分，若因調度有方即加給薪水，將來各生徒皆可借口，勢必紛紛請加，於經費大有關礙，未便遽準加給。應將該生徒所加薪照數删除、追繳，計此款删除番折銀九百七十八兩九錢九厘」等因。查藝成回華學生池貞銓原支薪水銀三十六兩，於光緒十二年四月間加銀十四兩，月共支五十兩；魏暹原支薪水銀三十二兩，於光緒十二年八月間加銀八兩，月共支四十兩；藝成回華藝徒吴學鏘原支薪水銀二十兩，於光緒十二年十一月間加銀六兩，月共支二十六兩；任照原支薪水銀二十二兩，於光緒十二年九月加銀四兩，月共支二十六兩；王桂芳原支薪水銀二十二兩，於光緒十二年十一月間加銀四兩，月共支二十六兩。當時所以加給之故，實緣前督臣左宗棠奏定《藝局章程》第八條内載「子弟學成監造者，即令作監工，薪水照外國監工銀數發給」等語。該學生等藝成回華，均得有堪爲監工憑據。查前此廠中所募外洋監工，即次等者月薪亦在百兩以外，該學生等雖不足當總監工現任，然以充次等監工固綽綽有餘。派廠之始，以其年齒尚稚，技藝雖精，或恐調度匠丁未能得力，故較之洋員，支數減之又減，月薪僅給予三十餘兩及二十餘兩之多，當諭以果能調度有方、監工得力，隨時再行加給，留餘地以資鼓舞，就中寓有權衡。該生等均默體此意，踴躍從事，於調度、監工咸能勝任，是以略爲加給，究之雖經加給其月支之數，以視定章尚未及半。查光緒六、七、八等三年銷案內，藝成回華學生楊廉臣、李壽田、吴德章等三名，亦以薪水屢加至七十二兩之多，經户部核删，嗣經前大臣裴蔭森據案復陳，由部議奏，以該學生楊廉臣等既據聲稱「得有憑據，月支薪水雖經遞加較定章尚未及半，自應準照册報銀數核銷」等語。此案藝成回華學生池貞銓等，亦係得有監工憑據，雖經加給月薪均在五十兩以内，亦以較定章尚未及半，事同一律，未便案有兩歧。合無仰懇天恩，俯準將池貞銓、魏暹、吴學鏘、任照、王桂芳等五名薪水，援照楊廉臣等加給成案，仍照册報銀數支銷。

又原奏内稱「册造書役工伙、心紅項下新添船塢繕書一名。查該廠新添船塢員弁，業經查照奏案删除，此項繕書一名共支過工伙、心紅銀十九兩七錢，自應一並照删」等語。查閩廠石塢開辦之始，經前大臣裴蔭森派設員弁、繕書支給薪水、工伙、心紅、紙張各項銀兩，迭經部議，將此項員弁删除，支過薪水照數追繳，其船塢工程委令在廠之員兼辦咨行，遵辦在案。惟是繕書一項必須常川在塢登記工料，匯造册籍，非他廠所能兼。他廠原派經書、繕書不過兩三名，各有專司，亦屬無可抽撥。是以員弁雖不專設，仍設繕書一名登記料件、工程，以備稽考。至心紅、紙張尤不能與他廠互相兼用，且支數無多，確爲必需之款。合並仰懇天恩，俯準將新添船塢繕書一名所支工伙、心紅銀兩，仍照册造銀數支銷，以清積牘。

除行查各款另行登復咨部請銷外，所有删除加給生徒薪水及繕書工伙、心紅銀兩仍請如數支銷各緣由，謹會同福州將軍世襲一等繼勇侯臣希元恭折具陳，伏乞皇上聖鑒訓示。謹奏。

光緒十七年二月二十二日拜發。奉旨：着照所請，户部知道。欽此。

左宗棠等《船政奏議匯編》卷四四卞寶第《協粤廣丙穹甲船下水折》 奏爲協粤「廣丙」穹甲船下水，恭折具陳，仰祈聖鑒事。

竊閩廠協造粤船於光緒十四年十月二十五日經前船政大臣裴蔭森將「廣乙」、「廣庚」、「廣丙」安上龍骨情形奏報在案。「廣乙」、「廣庚」工程先竣，業已先後下水試洋。本年二月下旬，據工程處道員魏瀚等將「廣丙」船身工程將次完竣，稟請諏吉下水。前來臣謹擇三月初三日大潮之日，派令提調知府楊廷傳致祭天后、江神、土神、船神，乘潮推送。旋據該府稟稱：是日午刻潮平，該船下水勢極靈穩。計船身長二百二十六尺，寬二十六尺四寸，艙深一十八尺七寸，船腰吃水深一十一尺六寸。艙面左、右耳臺並船梢各配十二生快炮一尊，兩旁配五管三生七哈乞開司炮四尊，又六磅子哈乞開司炮四尊，船中艙配魚雷筒四具，底艙配新式鍋爐三座，康邦卧機兩副，每副馬力一千二百匹，裝煤一百五十噸等因。臣查該船上施穹甲，與「廣乙」同其規制。下水之後，艙内尚有裝配鍋爐、輪機各工程，艙面尚有鑲配炮位、艙位、烟筒、桅纜各工程。臣當隨時前赴工次，督率提調、各員紳，將該船應辦工程催趱趕辦，秋間當可試洋。

所有協粤「廣丙」穹甲船下水緣由，理合會同兩廣總督臣李瀚章、廣東巡撫臣劉瑞芬、福州將軍世襲一等繼勇侯臣希元恭折馳陳，伏乞皇上聖鑒。謹奏。

光緒十七年三月二十一日拜發。奉旨：該衙門知道。欽此。

左宗棠等《船政奏議匯編》卷四四卞寶第《已革總兵王正道當差出力請賞還頂戴片》 再，船政差委已革總兵王正道，湖南永定縣人，於咸豐六年投效軍營，隨剿發逆，轉戰浙江、福建、廣東等省，積功保至副將，留閩、浙補用。同治十二年，管帶船政「福靖」後營。光緒元年，經前船政大臣沈葆楨以船工告成，積年出力保奏。奉旨：王正道着以總兵記名簡放。欽此。二年，前船政大臣丁日昌以該員操防不力，請旨革職。十二年，前船政大臣裴蔭森以該員前帶「福靖」營，部勒有方，巡查勤謹，匪類斂迹，民有去思，札調船政衙門差遣，派委總巡查事務。臣查該員到差五年，梭巡地面，晝夜辛勤，捕獲賭、竊各匪多名，驅逐游兵散勇，道路清平，居民安堵，實屬著有微勞。合無仰懇天恩，賞還王正道總兵頂戴，以示鼓勵出自鴻慈。謹附片陳請，伏乞聖鑒訓示。謹奏。

同日拜發。奉旨：王正道着賞還頂戴，兵部知道。欽此。

左宗棠等《船政奏議匯編》卷四四卞寶第《大員遺愛在人工次員紳僉請建立合祠據情轉奏折》 奏爲大員遺愛在人，工次員紳僉請建立合祠，據情轉奏，仰祈聖鑒事。

竊據船政提調知府楊廷傳暨在工各員紳許貞幹等呈稱：懷德者故吏之同情，褒功者熙朝之盛典。同治五年間，福建馬江始設船廠，其時原任大學士左宗棠適任總督，實創厥謀；原任兩江總督沈葆楨丁憂在籍，首任其事，締造之艱難，經營之縝密，考工育才之宏遠，所謂蕭規曹隨，交濟其美也。於是二十餘年來，船廠成船不下數十艘，各省口岸藉以固圉。是固朝廷講求洋務、防務，有以開風氣之先，而左宗棠、沈葆楨之卓見遠識，其辟中華未有之奇，裕濱海自强之本者，亦不無勤勞可紀。且福州地瘠民貧，謀生不易，自有船廠，趨工若騖，仰食者不下萬家。至今福州士民言之，無不稱誦。敢援崇德報功之義，稍展水源木本之思，擬請在於廠所左近自籌經費建立合祠，春、秋官爲致祭等情，呈請具奏。前來臣查已故大學士左宗棠，已故兩江總督沈葆楨，均經欽奉恩旨，准在原籍及立功省分建立專祠，是該故員等功績卓著，久在聖明洞鑒之中，而所以寵飾之者備極優渥。況船廠開辦之始，形制一無憑借，卒能不辭艱巨，不避勞怨，和衷共濟，成此宏規，準以有功，則祀之文允宜不忘尸祝。臣兼管船政以來，稽閱案牘，竊嘆其始事之難，而謀國之忠之不可及也。茲該員紳等篤念遺愛，出乎至誠，而自行籌款建祠，更不必動及官帑，尤足以仰副朝廷樽節經費之意。合無仰懇天恩，准其就近廠地建立合祠，以順輿情，以彰勞勩。

所有僉請建祠據情轉奏緣由，謹會同福州將軍世襲一等繼勇侯臣希元恭折具陳，伏乞皇上聖鑒訓示。謹奏。

光緒十七年六月十八日拜發。奉旨：着照所請，禮部知道。欽此。

左宗棠等《船政奏議匯編》卷四四卞寶第《船政局添購機器並修制機船土船動用經費奏咨立案片》再，前奉户部奏定外省報銷新章第十四條，内載「各省設立機器局並閩省船政局，如有添購機器經費若干，事前奏明咨部立案，事後方准核銷」等因。

茲查船政添購制炮機器並炮胚，價值共銀七千一百餘兩。其添購緣由，經前船政大臣裴蔭森於光緒十五年八月附片奏明有案。又據廠員禀稱，拉鐵廠碾輪經用日久，不無損蝕，應予制換，計添制鐵碾輪三件，工料共銀四百餘兩；挖泥機船自光緒十年間大修後歷用將及六年，損蝕之處應予修理，計用工料銀二千七百餘兩；工次裝土船向係配用三號，光緒十年間合修二號，更有一號歷用多年，日形朽壞，應予修理，計用工料銀四百餘兩。以上四款，應歸光緒十六年份制船經費項下造銷。又「藝新」輪船於光緒十一年間大修以後，光緒十四年雖經修理船機，而水缸、帆纜等項歷用五年有餘，均宜制換、修配，以昭慎重，計用工料銀七千三百餘兩。此款修費係由船政墊支，應歸省局匯銷等語，呈請立案。

前來臣復查無異，除咨部查照並匯案造銷外，所有遵照新章應行立案各緣由，謹會同福州將軍世襲一等繼勇侯臣希元附片具陳，伏乞聖鑒。謹奏。

光緒十七年九月二十二日拜發。奉旨：該部知道。欽此。

左宗棠等《船政奏議匯編》卷四四卞寶第《船政經費支絀異常懇請改撥廣西解款仍將扣平銀兩作正開銷折》奏爲船政經費支絀異常，懇請改撥廣西解款，仍將扣平銀兩收作正款開銷，恭折仰祈聖鑒事。

竊臣接準部咨會議廣西巡撫奏廣西省修築炮臺請撥銀兩，分年籌解，開單會奏一折，於光緒十七年九月初八日具奏，奉旨：依議。欽此。欽遵抄録原奏清單，飛咨前來，内開「福建省船廠光緒十五、十六兩年扣存減平項下動撥銀一萬兩，於十七年籌解一半，十八年如數解清」等因。查船廠扣平銀兩，其十三、十四兩年存款，經臣於十六年十一月内以船政經費支絀，奏請列入收款作正開銷，奉部議準在案。其自十五年起，扣平銀兩雖奉部議仍令存儲候撥，然以船政目前情形而論，閩省茶征欠旺，海關應解六成項下驟難冀復原額，所資經費惟洋税四成項下按年撥解二十四萬兩及六成項下兩個月撥銀六萬兩，統計全年入款僅及三十萬兩。現在製造「福靖」穹甲船之外，更兼趕辦青洲船塢，工程浩繁，日不暇給，其船塢經費雖經前大臣裴蔭森奏明在於制船項下匀年分撥，而工程緊急，期於從速竣事，勢不能緩工待費。所藉以挪緩濟急者惟此扣平一款。此臣前奏所以請將十五年起扣平銀兩仍歸收款作正開銷者，雖未明指爲制塢之用，而實因制塢需費，擬留此款藉以通融接濟，然猶杯水車薪耳。夫船政經費既在奇絀之時，而船塢工程又在吃緊之際，本應請旨籌撥以濟要工。臣因知帑項空乏已屬萬難，部臣籌畫更屬匪易，尤不敢遽行上請，重煩宵旰之廑懷，是以臣接辦伊始，於請不敢請、籌無可籌之餘，不得已函商北洋大臣於北洋新海防捐項下撥借十萬兩，暫充船塢經費，俟北軍南來修船陸續扣抵。然全塢需款不下數十萬金，北洋借款雖經全數撥付，而入不敷出，依然竭蹶時形。茲準部咨前因，在部臣全局通籌酌劑，原無分彼此，即在臣以公家之款撥作公家之用，亦何敢此疆彼界，稍存畛域之分？惟廣西之修炮臺與閩廠之辦船塢，同一爲國家慎防固圉之經營，則款之可撥以修炮臺者，似亦可留以濟塢工也。查閩省善後局一切用款扣平銀兩收作正款開銷，歷由部準辦有成案，船政十三、十四兩年扣平銀兩亦經奏準在案。合無仰懇天恩，準將籌撥廣西解款由部另籌改撥，並將船塢扣平銀兩自十五年起仍照十三、十四兩年成案列入收款作正開銷，免予指撥，飭部立案。俟將海關六成洋税撥解足額仍應存儲候撥。微臣不勝悚惶吁懇之至。

除咨復户部外，所有懇請改撥廣西解款、仍將扣平銀兩收作正款開銷緣由，謹會同福州將軍世襲一等繼勇侯臣希元恭折具陳，伏乞皇上聖鑒訓示。謹奏。

光緒十七年十月二十五日拜發。奉旨：户部議奏。欽此。

左宗棠等《船政奏議匯編》卷四四卞寶第《廣丙輪船出海試洋並擬續制船只折》奏爲「廣丙」輪船出海試洋，並擬續制船只，恭折具陳，仰祈聖鑒事。

竊「廣丙」輪船於本年三月間下水，經臣將船身尺寸、馬力匹數、吃水淺深、噸載多寡及行船速率，並應配炮位若干尊，奏報在案。

茲據工程處學生將該船艙面、艙底所有應配器件鑲配齊備，稟請試洋。前來臣即派令「靖遠」管駕、千總林承謨暫行代理該船試洋事務，並飭提調知府楊廷傳率同員紳前赴該船，定期出海驗試。旋據報稱：「該船於十八日試洋，升火滿車，每點鐘可行十五嗹盧，合中國四十九里半。自羅星塔下駛出芭蕉口外放洋，往返八點鐘，進出港道，周回旋轉，尚屬靈捷」等語。俟將粵省所購該船應配炮位、魚雷飭廠配齊，即當由粵派員駛赴北洋勘驗。

現在，閩廠專造「福靖」快船，匠工稍松。臣擬添制中號快船，以資轉運、梭巡之用。查閩口向稱天險，臣於電光山建造炮臺一座，鎮以二十八生大炮，守御之資，頗有把握。惟虎門以外，上下沿海千餘里，支港歧出，海盜出没其中，梭巡亦爲急務。現在，閩口雖有「伏波」、「琛航」、「靖遠」、「藝新」四船，然「伏波」收回於臺灣棄置之餘，「琛航」撈獲於馬江轟沉之後，尋常轉運，間歲一修，未免多所糜費。「靖遠」不過容載百十人，「藝新」不過日行百餘里，梭巡洋面不足以張軍威，不如趁匠工稍松之時，兼制中號快船，將此四艘陸續抽舊换新。成船之後，口糧、公費出入無多，萬一海疆有事，軍裝、糧米多有阻格，該船與「福靖」快船裝運護送，俾無疏失，並可壯炮臺防禦之聲威，實於海防大有裨益。閩廠經費雖極支絀，然以歲入之款匀年分制，不過稍需歲月而已。

除飭工程處學生將船式、機件繪圖核計，俟安上龍骨之日另行奏報外，所有「廣丙」試洋並擬添制船只情形，謹會同福州將軍世襲一等繼勇侯臣希元恭折具陳，伏乞皇上聖鑒。謹奏。

光緒十七年十一月二十二日拜發。奉旨：該衙門知道。欽此。

左宗棠等《船政奏議匯編》卷四四卞寶第《閩廠製造輪船支用各款造册核實報銷折》 奏爲閩廠製造輪船支用各款造册核實報銷，恭折仰祈聖鑒事。

竊閩廠制船各款，自同治五年十一月十七日起，截至光緒十四年十二月底止，動支閩海關洋税及閩省善後局、南洋廣東協撥等款，迭經各前大臣先後開單造册，奏奉諭旨，並經各部核復，分别準駁行查在案。

茲核閩廠自光緒十五年正月接造起，截至十六年十二月底止，計湊成二千四百匹實馬力鐵脅鋼甲艦一艘，曰「平遠」；四百匹實馬力鐵脅淺水兵船一艘，曰「廣庚」；製造未成二千四百匹實馬力鐵脅穹甲快船三艘，曰「廣乙」、曰「廣丙」、曰「福靖」。兵艦既竭兼營之力，石塢復籌躉造之方。斤斧雷厖，畚挶雲集。增炮臺並增炮位，以佐設防，購炮機並購炮胚，以期學步。他如船臺因造船而修，船槽因修船而修，挖土、裝土各船又因開浚淤泥而修。凡此應辦緣由，均經隨時奏報。其常年支放有額可稽者，如薪水、贍養、飯食、工伙、口糧等款，亦經遵照部章按年開列名額四柱送部備案。其有經部核準不能專案奏咨者，則如歲修之機器、廠屋、爐溝，添置之家伙、書籍、器具，款目紛繁，實難枚舉，此製造一切之情形也。

閩海關洋税應解船政者，經户部議奏，自光緒二年正月爲始，六成月撥銀三萬兩，四成月撥銀二萬兩。今核制船經費，自光緒十五年正月起，截至十六年十二月底止，上届報銷案内存銀一十一萬七千八百三十五兩四錢一分九厘六毫，又存用剩銅、鐵、木、煤各料，價值銀二十三萬六千五百五十六兩九錢五分四厘一毫。閩海關六成洋税月奉撥銀三萬兩，自光緒十五年正月起，截至十六年十二月底止，連閏計二十五個月，内除十五年份欠解一十個月，十六年份欠解一十一個月外，實解到四個月，共銀一十二萬兩。又，四成洋税月奉撥銀二萬兩，自光緒十五年正月起，截至十六年十二月底止，連閏計二十五個月，共解到銀五十萬兩。又北洋解還「平遠」船炮價銀五萬二千一百七十八兩一錢五分一厘八毫又光緒九年至十一年，奏銷案内核删繪事院畫童贍養追繳銀一十七兩六錢，又光緒十二年至十四年，奏銷案内核删船塢員弁薪水，追繳銀八百三十二兩五錢三分三厘三毫，藝童獎賞追繳銀二十五兩九錢二分，船塢田地價值追繳銀三百一十兩八錢，核計管收共銀一百二萬七千七百五十七兩三錢七分八厘八毫，内除造船、購器、修廠、贍工等項支用銀七十五萬三千一十八兩三錢三分三厘四毫，又墊支各輪船薪費銀二萬七千九百一十七兩四分七厘一毫，各輪船煤炭價值銀一千八百九十三兩二錢三分二厘，修理輪船工料銀七千三百七十八兩六錢三分一厘九毫，統共支銀七十九萬二百七兩二錢四分四厘四毫，實存銀一十一萬八千二百九兩二錢二分八厘一毫，又存用剩銅、鐵、木、煤各料價值一十一萬九千三百四十兩九錢六厘三毫。查輪船薪糧、煤炭、修費，船政第一次報銷係另歸養船項下開報。沈葆楨奉命巡臺時，奏明自同治十三年四月十六日起，將所撥養船經費並入臺防項下，各船薪糧亦歸臺防項下支銷。奉旨：該衙門知道。欽此。嗣後歷届報銷，各前大臣因輪船薪糧等款，除由臺防本款支給外，船政墊支銀兩無款劃還，截清年月，匯入制船經費單内作正開銷，歷奉户部復準在案。

所有光緒十五、十六兩年，稅厘局奉撥養船經費仍復批解不前。各船應領之項，除將解到養船銀兩盡數支給外，制船項下尚墊支各船薪糧、煤價、修費三款，共銀三萬七千一百八十八兩九錢一分一厘，莫從支收歸款，自應援照成案，將墊支前項銀兩歸入本案作正開銷，其款應由閩省善後局登收匯總造册，以昭核實。此支銷一切之情形也。

竊維制船經費絲毫均關國帑，各大臣於製造則日求精密，於款項則力節虛糜，即在事員紳亦皆恪守舊章，潔身自愛。此固臣莅工兼辦以來默察焉，而確有可信者。惟是輪船爲制器之創局，工資、洋法、料資、洋產，一切造船、蓋廠、購件、制機，微特間架造法，與則例不能相符，而名目紛歧，尤非尋常所經見。前大臣裴蔭森奏請造册報銷難拘成例，實職是故。兹工作又逾兩年，亟應及時截報，謹將此兩年中用款匯造細册，飭員逐件勾稽。臣復加詳核，深悉一切支銷並無浮冒。伏懇天恩，飭部免以成例相繩，照數核銷，以清積牘。再，制船經費支絀異常，所有此兩年中核扣四分平餘銀兩，擬請援照上届成案，懇恩準予作正列收，以濟要工。

除咨呈總理海軍衙門、總理各國事務衙門，並將細册咨送户部、兵部、工部核銷外，理合會同南洋大臣兩江總督臣劉坤一、兩廣總督臣李瀚章、福州將軍世襲一等繼勇侯臣希元，合詞恭折具陳，伏乞皇上聖鑒。謹奏。

光緒十八年正月二十二日拜發。奉旨：該衙門議奏。欽此。

左宗棠等《船政奏議匯編》卷四四卞寶第《展留前學堂洋教習邁達以資教導片》 再，閩廠前、後學堂向訂洋教習四員：法國邁達，英國鄧羅、賴格羅、斐士博，分班教授後學堂駕駛、管輪各學生。功課既完，而該洋教習等訂限亦先後期滿，業經陸續遣撤回國。至後學堂教習事務，經臣派令出洋回華學生分班充當，尚能勝任。其邁達一員，係屬法人，於光緒十二年七月間電聘來工，派充前學堂製造教習，訂限五年，扣至本年七月間亦已期滿。惟查前學堂爲製造學生而設，凡船身、機器推陳出新，繪算之精微，窾竅之奧妙，較之駕駛、管輪兩項尤爲微至。雖歷届出洋肄習製造者回華尚不乏人，然僅敷派司工程，而於教習事務仍難兼顧。該洋教習在工多年，督課生徒著有成效，臣擬再與訂定合同，留辦三年，以資教導，實於船工大有裨益。

除咨部查照外，理合附片陳明，伏乞聖鑒。謹奏。

同日拜發。奉旨：該衙門知道。欽此。

「中央研究院」近代史研究所《海防檔》乙福州船廠《光緒十八年十月十五日總署收閩浙總督譚鍾麟文附片稿一件船政製購各項機器應歸十七年分造銷等款項先行奏咨户部立案》 十月十五日，閩浙總督譚鍾麟文稱，爲照本督大臣於光緒十八年九月初二日，在福州省城會同福州將軍世襲一等繼勇侯希附奏，船政各廠添製購用各項機器，應歸十七年分造銷等款奏咨立案一片，相應抄録片稿咨呈，爲此，咨呈總理各國事務衙門，謹請查照施行。

照録片稿

譚鍾麟片：

再，前奉户部奏定外省報銷新章第十四條内載，各省設立機器局並閩省船政局，如有添購機器經費若干，事前奏明咨部立案，事後方准核銷等因。兹據船政局委紳稟稱，拉鐵廠碾輪，爲逐日拉鐵所必需，日久半已損蝕，添製鐵碾輪八件，計工料銀九百餘兩。又各廠原設鍋爐，經用日久，不勝火力，湯汽日患不足，應添設鍋爐，以資工作。拉鐵廠添製鐵水缸二副，計工料銀三千一百餘兩。添砌水缸甎爐二座，計工料銀一千一百餘兩。小輪機廠模廠添製通用鐵水缸一副，計工料銀一千五百餘兩。添砌通用水缸甎爐一座，計工料銀六百餘兩。又鐵脅廠添購鑽孔軟手機一十四副，價值計銀二千四百餘兩。又船塢添購梨式抽水機四副，價值計銀三千二百餘兩。又修理裝士船二號，計工料銀九百餘兩。以上各款，應歸船政局十七年分銷案造報等語呈請立案前來。臣覆查無異，除咨部查照並飭另行彙案造報外，合將照章聲明各款緣由，謹會同福州將軍世襲一等繼勇侯臣希元，附片陳明，伏乞聖鑒。謹奏。

左宗棠等《船政奏議匯編》卷四五譚鍾麟《閩廠試造鋼甲兵船告成照異常勞績擇優請獎叙折》 奏爲閩廠試造鋼甲兵船告成，經北洋驗收，遵旨照異常勞績擇優請獎，恭折仰祈聖鑒事。

竊查閩省船局試制新式雙機鋼甲兵船，於光緒十二年十一月十六日，經前船政大臣裴蔭森奏請，俟全船告成，將監造各員紳照異常勞績擇尤獎勵，以資激勸。十二月初六日奉朱批：着俟工竣試驗後，如果製造得宜，準照所請，擇尤褒獎。該部知道。欽此。欽遵在案。嗣於十六年四月，該船全功告竣，駛赴北洋驗收，經北洋大臣直隸督臣李鴻章親行出海試驗，據稱該船鋼甲、鍋爐等項均係新式，洵屬精堅合用，奏報在案，並録稿咨會。前來臣維鋼甲兵輪係奉特旨撥款飭造，啓外洋獨得之秘扃，創中國未有之利器，視從前木質鐵脅快船等工異常艱巨，經始於十二年冬，告成於十六年夏。在工員紳盛暑嚴寒，昕夕無間，其勞勩迥異尋常，既經北洋試驗，確係製造得宜，自應欽遵諭旨，擇其尤爲出力者，分繕清單，吁懇鴻施，以仰副朝廷鼓勵人才、慎重名器之至意。

除咨海軍衙門、總理各國事務衙門並吏、兵二部外，所有遵旨擇尤請獎緣由，謹會同北洋大臣直隸總督臣李鴻章、福州將軍世襲一等繼勇侯臣希元，恭折具陳，伏乞皇上聖鑒訓示。謹奏。

光緒十八年十一月十九日拜發。奉旨：該衙門議奏，單二件並發。欽此。

左宗棠等《船政奏議匯編》卷四五譚鍾麟《船局在工人等五年限滿照例請獎折》 奏爲船局在工人等五年期滿，遵照海軍衙門奏定章程開單請獎，恭折仰祈聖鑒事。

竊前准海軍衙門奏定章程内開：「各省水陸操防、船政機器，或與海軍相輔而行，或爲海軍必需要務，凡沿海省份應褒營局各員以五年爲限」等因，咨行遵照在案。查閩省船政衙門自光緒十三年四月間「鏡清」快船告成請獎之後，迄今已逾五年，中間製造「廣甲」、「廣乙」、「廣丙」、「廣丁」暨「平遠」鋼甲艦，共計五艘，並修理南洋、北洋、浙洋、粤洋各處兵輪均經奏咨有案。船廠十餘所，工程浩大，人數衆多，該員紳、將弁等均能勤慎奉公，始終出力，不無微勞，足録其在鋼甲船告成案内擇尤請獎。經臣再三核減，所褒無多，而未經開列者雖勞績稍次，亦未可獨令向隅。兹特並其勞績，扣足年限，仍從嚴考核，分繕清單，恭呈御覽。合無吁懇天恩，俯念該員紳、將弁等在事五年之久，著有成效，準予飭部照單獎叙，以昭激勸，而溥鴻慈。

除咨海軍衙門、總理各國事務衙門並吏、兵二部外，所有船局五年期滿遵照定章請獎緣由，謹會同福州將軍世襲一等繼勇侯臣希元合詞恭折具奏，伏乞皇上聖鑒訓示。謹奏。

同日拜發。奉旨：該衙門議奏，單三件、片二件並發。欽此。

左宗棠等《船政奏議匯編》卷四五譚鍾麟《洋教習邁達請獎片》 再，法國舉人邁達於同治七年間延訂來華充前學堂教習十二年，教導功成，請獎案内曾經賞給四品銜、二等寶星。光緒十二年七月間，續聘到工，仍充教習，數年以來，謹慎勤勞，教授學生，著有成效。可否吁懇天恩，準照前届請獎成案，將該洋員邁達賞給三品銜，以示鼓勵。出自逾格鴻施。謹附片陳請，伏乞皇上聖鑒訓示。謹奏。

同日拜發。奉旨：覽。欽此。

左宗棠等《船政奏議匯編》卷四五譚鍾麟《船政局員弁積勞病故請恤片》

再，船政局自開辦以來，員弁積勞病故者均經奏請給恤在案。兹據提調知府楊廷傳查明，數年來在工病故者二十餘員，該故員家屬等禀請給恤。前來臣查在工病故人員，從前既准給恤，此次事同一律，相應匯列清單，援案請恤。合無仰懇天恩，飭部準照軍營立功後病故例，從優議恤，以慰幽魂。謹附片陳請，伏乞聖鑒訓示。謹奏。

同日拜發。奉旨：覽。欽此。

左宗棠等《船政奏議匯編》卷四五譚鍾麟《遵議核減褒案員數分繕異常尋常勞績清單復陳折》 奏爲遵議核減褒案員數，分繕異常、尋常勞績清單，恭折復陳，仰祈聖鑒事。

竊臣准海軍衙門咨開議復「前褒『平遠』鋼甲輪船一案，請獎至五十八員之多，未免漫無限制，只準照異常勞績酌褒數員，其餘均匯入五年例褒案内，照尋常勞績核給獎叙，應飭酌定員數，核明應褒官階，分繕清單，統俟復奏到日，再行核辦」等因。抄録原奏，飛咨前來。臣即飭船政局提調嚴行核減。

兹據提調楊廷傳禀稱：查試造鋼甲輪船係前船政臣裴蔭森於光緒十二年奏請照異常勞績褒獎，欽奉諭旨：準其擇優褒奏。時閲四年，始得告成。局廠各員紳分任其事，始終無間，勞勩實莫分軒輊，獎叙亦難定去留，前單所列，委無冒濫。兹既准海軍衙門以人數過多議令核減，因查鋼甲試造之初，以魏瀚、鄭清濂、吴德章監造船身，以陳兆翱、李壽田、楊廉臣監造船機，曾經奏明有案。其稽查廠務催趲工程，則候補知府沈翊清專其責；制成之後駛赴津滬交收，則候選知府許貞幹總其成。擬將此八員仍照原列異常勞績獎叙，其餘文武員紳均改尋常勞績請獎，以定限制。至各員紳内有分發指省者，均係在廠當差，並未到省。合無仰懇天恩，俯準照單獎叙，以昭激勸，出自逾格鴻慈。

除咨復海軍衙門暨吏、兵二部外，所有遵議核減褒案員數，並改褒各員官階緣由，謹會同北洋大臣直隸總督臣李鴻章、福州將軍臣希元恭折具陳，伏乞皇上聖鑒訓示。

再，船局提調知府楊廷傳督率員紳綜核一切原單請獎，曾經開列在前，兹因核減員紳過多，該員自行禀請不敢仰邀議叙，合並聲明。謹奏。

光緒十九年四月十九日拜發。奉旨：該衙門議奏，單二件並發。欽此。

左宗棠等《船政奏議匯編》卷四五譚鍾麟《委楊道總辦船政局片》 再，臣兼管船政局在馬江，距省五十餘里，未能常川往駐，所有公事逐日封送臣署核辦，至稽查工程、收發銀錢，各有員紳專司，而以提調總其成。前船政臣裴蔭森委在籍紳士、前甘州府知府楊廷傳爲提調，在局日久，瞻徇太甚，呼應不靈。現在因病辭差，另委福建即補道楊正儀總辦局務。該道老練穩慎，不避勞怨，令其督飭員紳，嚴核工程，撙節費用。從前支應所通融借支各款，悉令繳還，如繳不足數，即稟明參追。員紳尚有可裁者，隨時撤退，以杜糜費，而重公帑。

除檄飭遵照外，謹附片具陳，伏乞聖鑒。謹奏。

光緒十九年八月二十日拜發。奉旨：知道了。欽此。

左宗棠等《船政奏議匯編》卷四五譚鍾麟《船政各廠添制購用各項機器應歸十八年份造銷等款奏咨立案片》 再，前奏户部奏定報銷新章：「各省機器局並閩省船政局，如有添購機器經費若干，必先奏明立案，事後方準核銷」等因。茲據總辦船政局記名道楊正儀詳據各廠委員稟稱：船塢内抽水必需添購雙汽鼓兩機、合戽大副抽水機並鍋爐及附配進水機、噴水機等件，計價脚銀二萬三百餘兩，於光緒十七年五月、十八年閏六月咨報海軍衙門、户部復準。又碾輪爲拉鐵廠拉銅板所需，年久損壞，應購鑄鋼碾輪二個，共價脚銀五百餘兩，亦於光緒十七年三月、十八年閏六月咨報海軍衙門、户部復準在案。又各廠通用鐵水缸並磚爐毗連五座，開廠以來歷經修理，而鐵質炙鍛日薄，茲擇損傷較甚者先行換配三座，計工料銀五千七百餘兩。又船槽爲修船所必需，其木機架、橫直梁並鑲配各鐵件，日久均有損壞，計修理工料銀三千一百餘兩。又廠前臨江鐵馬頭爲起卸重件之區，其水坪木板、木梁並廠内鐵車路諸多朽壞，計修理工料銀二千六百餘兩。以上各款應歸十八年份銷案造報呈請立案。前來臣復查無異。

除咨部查照外，謹附片陳明，伏乞聖鑒。謹奏。

光緒十九年九月二十四日拜發。奉旨：户部知道。欽此。

左宗棠等《船政奏議匯編》卷四五譚鍾麟《福靖穹甲船出海試洋情形片》 再，船政續造「福靖」穹甲船，經前督臣卞寶第於光緒十六年八月奏明有案。是船按圖定制，計長二百三十三尺，寬二十六尺四寸，艙深一十八尺七寸，船腰吃水深一十一尺六寸，全船載二千餘噸。内配康邦雙汽鼓卧機兩副、圓鍋爐三個，實馬力二千四百匹，大致與「廣乙」、「廣丙」二船相埒，於十八年十二月初三日船殼工竣下水。臣親到工次勘驗如式。茲據工程處將該船輪機、鍋爐等件鑲配齊備，稟請擇期試洋。適臣由泉、厦閲兵回省，登舟閲看，即派記名道楊正儀率同員紳暨「靖遠」練船管駕林承謨，於十九年十一月初九日乘潮展輪，赴馬祖澳外洋驗試，船身堅穩，機器輕靈。是晚，駛回工次，進退旋轉尚屬便捷。計風逆水急，用馬力一千六百匹，每點鐘可行三十四里；馬力二千匹，每點鐘行四十六里；若用上等煤炭、久練升火人等，馬力應得二千四百匹，每點鐘可行五十里。艙面炮臺七座，左右配十二生快炮二尊、六磅子快炮四尊，船尾配十二生快炮一尊，演放均屬穩便。稟報前來，臣查「福靖」一船原議爲閩防之用，尚有零星工程應即配造。現調「藝新」輪船管駕、都司楊永年到船，接帶應配員弁、舵水人等及需用經費，另核辦理。

除咨海軍衙門暨户、工二部察照外，謹會同福州將軍臣襲一等繼勇侯世希元附片具陳，伏乞聖鑒。謹奏。

光緒十九年十二月初八日拜發。奉旨：該衙門知道。欽此。

左宗棠等《船政奏議匯編》卷四五譚鍾麟《運糧船安上龍骨奏咨立案片》

再，前督臣卞寶第議造中號快船爲轉運梭巡之用，曾於奏報「廣丙」輪船試洋折内聲明，飭工程處將船式機件繪圖核計，俟安上龍骨之日另行奏報在案。茲據船政局記名道楊正儀稟報，所造運糧船業於本年三月初三日安上龍骨，由工程處核實，估計除炮械外，全船價值約銀二十二萬兩零。

除咨户、工二部立案外，謹附片陳明，伏乞聖鑒。謹奏。

同日拜發。奉旨：該部知道。欽此。

左宗棠等《船政奏議匯編》卷四五譚鍾麟《閩廠制船十七八九等年用款造册報銷片》 再，閩省船政局自光緒十七年正月起至十九年十二月止，製造已成鐵脅穹甲快船三艘，未成鐵脅運糧快船一艘，添購各項機器、料件及炮位配購彈子，浚河採辦篙竹，均經隨時奏報，其常年額支薪水等款亦照部章按年開折咨送在案。制船經費向章，由閩海關洋税月撥六成銀三萬兩，四成銀二萬兩。茲查六成洋税自光緒十七年至十九年僅解到五個月銀十五萬兩，又解四成洋税銀七十二萬兩。又上届報銷案内存銀一十一萬八千二百九兩零。又前督臣卞寶第用剩薪水備充公用銀五千五百八十一兩零。又光緒十三年至十六年準銷各款内核扣四分減平銀二萬七千八百五十兩零。又十五、十六兩年份奉部核删工匠盤費追繳銀一十八兩零。又流存用剩銅、鐵、木、煤各料價值銀一十一萬九千三百四十兩零。共銀一百一十四萬一千一兩零。内除造船、購器、修廠、贍工等項支用銀九十六萬五千五百一十三兩零，又墊支各輪船薪費銀一萬四千九百四十四兩零，各輪船煤炭價值銀二千六百三十九兩零，共支銀九十八萬三千九十七兩零。實存現銀六萬七千七百五十九兩零，又用剩各料價值合銀九萬一百四十三兩零。

據委辦船政局福建記名道楊正儀詳請奏咨，前來臣復核無異。除分咨海軍、總理各衙門並造細册咨送户、兵、工部核銷外，臣謹附片具陳，伏乞皇上聖鑒。謹奏。

光緒二十一年二月十六日拜發。奉旨：該衙門知道。欽此。

左宗棠等《船政奏議匯編》卷四六邊寶泉《洋教習邁達再行展留聲明立案片》再，製造學堂正教習、法國舉人邁達前於光緒十二年七月間延訂來工教導，扣至十七年七月間五年限滿，經前督臣卞寶第留辦三年，計至二十年七月展留之限復滿。惟該教習在工有年，心明氣和，知敦品節，督課生徒，各有造就，已於二十年八月起再與訂定合同，留辦三年，俾資教導。適前督臣譚鍾麟交卸赴粵，未及核辦，由總辦船政局道員楊正儀稟請奏咨立案。前來臣復核無異。除咨部查照外，理合附片陳明，伏乞聖鑒。謹奏。

光緒二十一年八月十三日拜發。奉旨：該衙門知道。欽此。

左宗棠等《船政奏議匯編》卷四六邊寶泉《添購起重轆餅軟手機皮管聲明立案片》再，前準户部咨奏定外省報銷新章，内載「各省設立機器局並閩省船政局，如有添購機器經費若干，事前奏明咨部立案，事後方準核銷」等因，歷經遵辦在案。兹據總辦船政局道員楊正儀稟稱：光緒二十年份，輪機廠添購起十噸重全鐵連鏈轆餅二副，價值銀二百九十餘兩；鐵脅廠添購鑽孔軟手機皮管二十條，價值銀一千五百餘兩，均係船廠所必需，呈請立案。前來臣復查無異。除咨部查照並飭匯案造銷外，理合照章附片聲明，伏乞聖鑒。謹奏。

光緒二十一年九月十三日拜發。奉旨：户部知道。欽此。

左宗棠等《船政奏議匯編》卷四六邊寶泉《二十二十一兩年各處修船工價暫由制船項下開銷聲明立案片》再，船政經費向供制船之用，修理福建、臺灣輪船工料銀兩仍由閩、臺善後局解還歸款，歷經辦理在案。前督臣譚鍾麟以從前協造廣東輪船只由粵解濟半款，閩、臺與船政既屬一家，應收代辦物料銀兩，不收工價，將來修船項下另列貼工一款，報部核銷。臣查船政經費奇絀，閩海關四成、六成撥款均有定額，歲解多不如數，誠恐難資挹注。惟前督臣譚鍾麟係爲不分畛域起見，擬請將二十年、二十一年各處修船工價，暫由制船項下開銷。嗣後，制船項下能否常挪作修船工價之用，須視經費贏絀，由臣隨時察看情形分別辦理。

除咨户部外，理合附片陳明，伏乞聖鑒。謹奏。

同日拜發。奉旨：户部知道。欽此。

左宗棠等《船政奏議匯編》卷四六邊寶泉《復部駁船塢購買田地懇準照銷餘款遵删片》再，準户部咨復：「十七、十八、十九等年銷案内開册造支給船塢地價銀一千二百七十八兩二錢一分八厘二毫。查閩廠新建石船塢，自光緒十三年開工起至十九年已歷六七年之久，一切工程亦當將次告竣，何以復購地三十餘畝？且此次購買地畝並未先行專咨報部，所有請銷地價銀兩礙難核準，應即全數删除，以杜冒濫」等語。臣查石船塢工程事屬創舉，製造之初本無把握，應需地畝只準擇要先購，其未用者一概從緩，以期撙節。迨鐵閘安妥，規模粗具，前督臣譚鍾麟以將來在塢修船尚須添蓋廠屋安放小馬力等項，就近製造零星銅鐵小件，藉省工費，飭令該局購地備用，所有價銀均照十六年準銷成案核給造銷。今户部行令删除，原爲慎重度支起見，惟飭查此項地畝爲船塢添蓋廠屋所必需，實屬費無可省。合無仰懇天恩，準予作正開銷，俾清積牘。其餘部駁各項遵照删除，列入二十一年份收款以充制船費。

除咨户部外，理合附片具陳，伏乞聖鑒。謹奏。

光緒二十一年九月二十八日拜發。奉旨：户部知道。欽此。

左宗棠等《船政奏議匯編》卷四六邊寶泉《光緒十七十八十九等三年扣平銀數列入二十一年份收款作正開銷片》再，查部章内開「如將扣平銀數，仍行列入收款詳細聲明」等語，並經前督臣卞寶第請將光緒十五年以後船政扣平銀兩按年均準收入制船經費作正開銷，另册報部備核，如將來關款稍充，六成洋税全年解足，則扣平銀數仍應存儲候撥，奏明在案。現在關餉奇絀，船政四成項下本年截至九月止只撥七萬兩，六成則全未批解，所有十七、十八、十九等三年支用各款，應扣四分平，餘銀一萬五千九百八十四兩一錢九分三毫。合無仰懇天恩，照案準作二十一年份收款，俾充制船經費之用。

除咨户部外，理合附片具陳，伏乞聖鑒。謹奏。

同日拜發，奉旨：户部知道。欽此。

左宗棠等《船政奏議匯編》卷四六邊寶泉《閩廠續造福安鐵殼船安上龍骨並派各省輪船修改工程片》再，閩省船廠新造「建靖」一船，工漸就緒，準直隸督臣王文韶咨稱：「北洋添設練船，擬備料價銀兩向船政調取，一俟工竣即由天津派員管駕北駛。」「福靖」兵船經署兩江督臣張之洞調赴旅順差遣，「伏波」一船準兩廣督臣譚鍾麟調粵巡洋，均已分飭前往。查閩船現只「琛航」、「飛捷」兩船較大，迭次送散勇赴鄂、滬、厦各處，亦復奉公絡繹。若再有征調，誠恐不敷差派，當飭總辦船政局道員楊正儀，將陸續抽辦之七百五十匹馬力輪機接連配成鐵殼，取名「福安」，於十月十六日安上龍骨。核實估計，除炮械外，全船船身、機器價值約銀二十萬兩之譜。除咨户、工二部立案外，理合附片具陳，伏乞聖鑒。

再，查各廠工程，「靖遠」練船鍋爐已壞，應予制换；「元凱」兵船前準部咨交廠拆卸另裝，兹自浙江駛回，勘明艙底滲漏，機件亦有損傷，即令局員核實估價，擇要興修。合並陳明，謹奏。

光緒二十一年十二月十八日拜發。奉旨：該部知道。欽此。

左宗棠等《船政奏議匯編》卷四六邊寶泉《復陳船政實在情形折》 奏爲查明船政實在情形，恭折復陳，仰祈聖鑒事。

竊臣承準軍機大臣字寄光緒二十一年十一月初八日奉上諭：昨據御史陳璧奏請派大員查明福建船政實在情形，本日據户部奏船政事宜可否仍循舊章特派大臣總理各折片。福建船政局興辦已久，近年來製造日稀，雖撥款較少，總難免濫支、濫用情弊。邊寶泉到任後，業經飭令兼管，所有一切情形有無弊竇，着邊寶泉確切查明，據實具奏，應如何整頓辦理，聽候諭旨。户部片、陳璧折均着抄給閱看，將此諭令知之。欽此。

遵查船政在事員紳，經調任督臣譚鍾麟力加裁汰，臣抵任後復歸並刪節所有一切浮費，實已較前大減。惟撥款漸少，製造日稀，而廠、所多至二十餘處，未免人浮於事，此即該御史原奏所稱「經費絀則愈見虛糜」者也。竊以船政之設，經營垂三十年，糜帑至千百萬兩，綱舉目張，規模畢具，只以財力短絀，因陋就簡，積習日深，若不及時整頓，設法擴充，則墮棄前功，殊屬可惜。臣謹就管見所及，爲我皇上縷晰陳之。

造船宜講求實際也。泰西製造各有專門，雷、快、甲船，日新月異，閩廠所制如「琛航」、「靖遠」等船，以之運糧、載勇、巡洋、緝盜，頗爲得力。惟馬力既微，行駛較緩，不能與商船争一日之長。船政本爲海防而設，若所造之船無事但借以轉輸，有事難任以冲擊，徒糜巨款，無裨實用。轉不如停撤之爲愈矣。應添置機器，募精於工作之洋員，督率在事員匠認真講求，改造新式巨艦，務使堅固迅捷，成一船即得一船之用，庶不致有名無實。

物料宜内地採辦也。廠中制船一切需用料件，均係購諸外洋。紋銀易鎊，經手分肥，運脚、包險費用浮濫，名爲造船，實與買船無異。查船工以煤、鐵爲先，閩省礦務現已遵旨委查。一經興辦，當可就地取資。至於煉鋼、熔鐵，大小機器必須潛心考究，依法仿造，自成機杼，不常仰給於人，則權自我操，而財不外溢矣。

學生宜認真造就也。講求西學乃製造之權輿。從前學生出洋期限太蹙，粗涉門庭，未窺堂奥，一經回華，便詡成材。監制各船不過按圖湊集，初無心得。查選派出洋需費較巨，不特人多年久，財力未逮，且遠在異域，賢否工拙稽察亦苦難周，不若延致洋教習數人在廠督課，凡天文、算學、工程、駕駛及一切技藝，分門講習，按時甄别。考其優劣而賞罰隨之，庶幾人知奮勉，所業日進，程功速而省費亦多。

經費宜通籌的款也。船政經費向由閩海關洋税每年撥銀六十萬兩，按月分解。數年前不過解至二、三十萬，近則並不及二十萬。閩地瘠苦，無可再籌，每造一艘，左支右絀。查内地船廠只此一處，沿江、沿海各省輪船在所必需，與其展轉借手而購之外洋，何如通力合作而造諸内地。且即以購船之費分年撥解，陸續興造，在各省既化總爲散，可以舉重若輕；在船政則積少成多，足以通功易事。但能剔除糜費，涓滴歸公，不過數年當有成效。

以上四條粗陳梗概。至於匠役之巧拙，工作之勤惰，料件之良窳，支銷之盈縮，以及委紳丁役如何減裁，廠所學堂如何歸並，必須事事考求，時時稽察，任專日久，辦理方有把握。總督事繁，不能兼顧，委員總辦，權勢較輕，非有專管大員駐工督率，破除情面，不足以振全局而擴前功。應請如户部原奏，簡派廉干精核之大員來閩接辦，並將撥款造船各事宜，飭下户部暨南、北洋大臣會籌妥議，請旨遵行。臣愚昧之見，是否有當？謹據實復陳，伏乞皇上聖鑒訓示。謹奏。

光緒二十二年三月二十九日拜發。奉旨：該衙門議奏。欽此。

左宗棠等《船政奏議匯編》卷四六邊寶泉《船塢告成報銷立案並請獎叙折》 奏爲閩廠船塢告成，分别報銷立案並懇將在事各員擇優褒奬，以示鼓勵，恭折仰祈聖鑒事。

竊查船塢係光緒十三年間前大臣裴蔭森奏請開辦，約計經費銀三十餘萬兩，旋因制船項下無款勻撥，暫飭停止。十六年二月，前督臣卞寶第重議開工。

截至是年底止，已用銀一十萬七千有奇，當咨海軍衙門撥借十萬兩，並叙明兩年工竣，須湊銀二十二萬，三年工竣，須湊銀二十三萬。合計裴蔭森原咨已估未辦之鐵水坪、房棧等項銀十萬餘兩，共應四十萬餘兩。臣到任後，準戶部咨「船塢通濟橋工料銀數核與原估多用十九萬兩」等因，復經行局澈查咨復，由部改咨爲奏以此項加增要工、添購機器尚屬實在，準予歸案作正開銷，各在案。

茲大工一律告成，統計全塢前後用款不過四十九萬餘兩，除十九年以前已報部準銷外，其二十、二十一兩年用款細數，即飭分起趕造報部。至塢内按時車水，塢外逐日挖泥，及管理機器、爐座各匠丁薪糧名額，常時限定二十八名，按照廠内船槽銷銀一千餘兩之譜比例酌加，每年約需一千八百兩。緣該塢在羅星塔青洲地方，與船廠相隔一山一水，地段寬廣，機器繁多。再三詳核，實爲必不可少之需。據總辦船政局道員楊正儀、辦理船塢道員沈翊清稟請具奏，前來臣查此塢仿照洋式，事屬創辦，無可依據。且歷年既久，作輟相尋，始以滲漏加工，繼以開拓添費，核計現銷數目較原估所增無多，辦理尚屬撙節。所有在事各員協力監造，向未開支薪水。臣到閩後，即飭具限竣工，各該員昕夕勤勞，優爲出力。查光緒十二年十一月，裴蔭森奏鋼甲船成請照異常勞績奬叙；又十七年五月，前北洋大臣李鴻章等奏查勘海口臺塢工程，請將在事出力人員照章奬叙，均經奉旨允準。閩廠創造船塢較制船優難，且與北洋建塢情事相同，可否仰懇天恩，俯念船塢爲海防要工，準將在事各員照異常勞績擇優褒奬，之處出自逾格鴻施。

除歷辦情形及委員銜名業經先後咨部，並飭將前項銷册趕緊造送核咨、分別報銷立案外，理合恭折具陳，伏乞皇上聖鑒訓示。謹奏。

同日拜發。奉旨：準其擇尤酌褒，毋許冒濫。欽此。

左宗棠等《船政奏議匯編》卷四六邊寶泉《船政局廠招商迄無成議請作罷論片》 再，閩省船政局廠前經粵督會奏，飭派道員延年招商承辦，迄今尚無成議。緣該廠需費較繁，華商既無力承攬，洋商又未便招致，臣詳加體察，事屬爲難。現既奉旨整頓船政，招商一節應請作爲罷論，以免糾紛而杜弊竇。除咨兩廣督臣查照飭委員延年遵照外，理合附片陳明，伏乞聖鑒。謹奏。

同日拜發。奉旨：知道了。欽此。

中國第一歷史檔案館《德宗景皇帝實録》卷三八九《光緒二十二年四月》

閩浙總督邊寶泉奏，查明船政一切浮費，較前實已大減，惟撥款漸少，製造日稀，籌擬整頓擴充辦法四條，下所司議。

中國第一歷史檔案館《光緒宣統兩朝上諭檔》第二二册《光緒二十二年六月十八日》 軍機大臣字寄，福州將軍裕、閩浙總督邊，光緒二十二年六月十八日奉上諭：總理各國事務衙門奏遵議閩浙總督邊寶泉奏，查明船政情形，請派大員督辦一摺。福州將軍裕禄著兼充船政大臣，船政一事，爲海防根本。經前大學士左宗棠等經營締造，實事求是，卓著成效。後因經費支絀日漸廢弛，現在泰西各國製造日新，鐵甲愈堅，快船愈速，非大加整頓，不足以建威銷萌。該衙門所議各節，均極周妥，其添置機器招募精於工作之洋人，督造新式巨艦，即著照邊寶泉所請，行造船物料名目不一，著裕禄督率在事員匠，隨時講究奏明辦理。内地煤鐵各礦，業經該督委員查勘，即著從速興辦，不準猾吏劣紳等阻撓，以收實效。船政學生延請教習數人在廠督課，仍照成案出洋，其業有心得者，咨送總理衙門考驗，酌量位置，經費一項從前積欠過多，亟應源源撥解，以濟要工。著裕禄邊寶泉將閩海關等處，每月應解五萬兩，並養船各經費，均照光緒二三年以前，按月清解。儻解不足額，即照甘餉、邊餉之例，由該衙門嚴定功過，奏明辦理。並著咨行南北洋大臣及沿海沿江各督撫，將應定甲船快船繪圖估價奏明，撥款興辦。現在從新整頓，船政實於時局大有關係。該將軍務當破除積習，實力實心認真辦理，方爲不負委任。直隸候補道徐建寅熟悉機器情形，已由總理衙門電飭該員，前赴船政局，聽候差遣，著裕禄察看能否派充提調酌量辦理。原摺著鈔給閲看，將此由四百里各諭令知之，欽此。遵旨，寄信前來。

中國第一歷史檔案館《德宗景皇帝實録》卷三九六《光緒二十二年十月》

福州將軍兼理船政事務裕禄奏，察看船政要務，約有數端。一、續辦生徒出洋，以教練人材。一、整頓應用工匠，以講究新志。一、開辦礦務，以期物料省資。一、籌撥款項，以期經費有著。下所司議，尋總理各國事務衙門奏，船政以籌備工料爲先。開煤煉鐵，亟應設廠興辦。學生出洋，爲練習新法起見，亦應續派，惟挑選宜精不宜多。所募洋匠到工，宜訂明先就小者試辦，漸次擴充。至籌款一節，出使經費，斷難挪用。南北洋海防經費，亦無可勻撥。擬請由江海關道，於部存備撥款内，提銀十萬，解交應用，從之。

左宗棠等《船政奏議匯編》卷四六邊寶泉《酌褒船塢在事人員折》 奏爲遵旨酌褒船塢在事人員，繕具清單，恭折仰祈聖鑒事。

竊照閩省船塢告成，經臣援案奏請照異常勞績擇尤奬勵，奉朱批：準其擇尤酌褒，毋許冒濫。欽此。當即轉行欽遵辦理。

兹據總辦船政道員楊正儀查明在事文武官紳開折稟褒。前來臣查閩省創辦船塢歷時既久，所有在事出力員紳均先後咨部有案，惟此數年中，或先經引退，或續派供差，勞勩不無差等。謹詳加考核，分别酌擬請獎。合無仰懇天恩，俯準照單獎叙，以昭激勸，出自逾格鴻慈。謹會同福州將軍臣裕禄繕單恭折具陳，伏乞皇上聖鑒訓示。謹奏。

光緒二十二年六月二十六日拜發。奉旨：該部議奏，單並發。欽此。

左宗棠等《船政奏議匯編》卷四六邊寶泉《總辦船政局楊道正儀總稽查沈道翊清送部引見以備録用片》再，福建記名遇缺題奏道楊正儀，係原任陝甘總督楊岳斌之子，由附生工部主事薦歷今職，光緒十九年奏委總理船政局務。該員穩練篤誠，實事求是，稽察綜核，勞怨不辭，此次塢工依限告成，深資督率。又江西盡先補用道沈翊清，係原任兩江總督沈葆楨之孫，由舉人、一等輕車都尉薦褒今職，光緒七年調辦船政文案，旋奏派總稽查事務，兼管船塢工程。該員在事最久，恪守前規，器識閎通，志趣遠大。以上兩員稟承家學，不染時趨，才略優長，均堪任使。合無仰懇天恩，俯準送部引見，以備録用，出自鴻慈逾格。除履歷咨部外，理合附片具陳，伏乞聖鑒訓示。謹奏。

同日拜發。奉旨：楊正儀、沈翊清均着送部引見。欽此。

左宗棠等《船政奏議匯編》卷四六邊寶泉《查明船塢褒獎人員復陳仍照前單獎叙折》奏爲查明閩省船塢褒獎人員，恭折復陳，仰祈聖鑒事。

竊準部咨「閩省船塢出力各員援案奏請照異常勞績擇優獎勵，係於何年月日奉旨允準，援照何案奏請，應令查明復奏。至文内聲明，光緒十七年間將派辦各員弁一十員名，咨呈海軍衙門等語，部中亦無案可稽，一並查明補咨」等因。於光緒二十二年九月十八日復奏，奉旨：依議。欽此。粘連原奏知照。前來遵查閩省創造船塢在事應褒各員，前經援照十二年十一月鋼甲船成，奏準照異常勞績專案奬叙；又十七年五月，北洋校閲海軍並修建臺塢工程，奏準將出力人員照章匯獎，均經由部復準立案，於本年三月二十九日奏請褒獎，奉朱批：準其擇優酌褒，毋許冒濫。欽此。至派往稽查兼辦各員弁，先於十六年間準海軍衙門咨取銜名，經前兼管船政臣卞寶第於十七年三月開單呈復，並聲明各廠、處、所承辦員紳時有更調，未盡開列。二十一年十二月復經查明，續派員弁列單分咨，各在案。此案事屬創舉，工程繁瑣，歷時已八九年，經費逾四十萬，承辦、兼辦各員隨時調换，何止二十餘人。所有續派各員，昕夕勤勞，依限蕆事，實屬異常出力。其先派之員，或補缺赴任，或因事告退，雖未始終其事，而締造之艱，劻勷之力，亦未便没其微勞。臣稟遵批旨，斟酌再三，惟有就咨報有名之二十餘員内核定等差，照鋼甲船工請獎成案，分别異常、尋常勞績，擇其優爲出力者量擬優獎。並將出力稍次之知府吴德章等五員，酌擬予應升，附列單末，庶昭公允而杜冒濫。合無仰懇天恩，俯準仍照前單奬叙，以示激勸，出自逾格鴻慈。

除將前派十員抄案開單補咨吏部查核外，謹會同福州將軍兼管船政臣裕禄合詞恭折復陳，伏乞皇上聖鑒，飭部核復，施行。謹奏。

光緒二十二年十月二十九日拜發。奉旨：吏部議奏。欽此。

左宗棠等《船政奏議匯編》卷四六邊寶泉《船塢褒案重復各員聲請改獎片》

再，查船塢在事各員請獎案内，福建上杭縣峰市縣丞任德溥，請在任以知縣歸候補班前補用並加同知銜，福建試用縣丞陳煊，請仍以縣丞歸候補班前補用並加六品銜，均經列單具奏在案。兹查任德溥已於直隸勸辦光緒十八、九年賑捐案内，保準以知縣在任候補，陳煊已於閩省辦理洋務出力案内，經部議加六品銜。以上二員保案均屬重復，應請將任德溥改「俟補知縣後以同知留原省補用，先換頂戴」，陳煊改「仍以縣丞歸候補班前補用，俟補縣丞後以知縣留原省補用」，俾昭核實而示激勸。謹附片具陳，伏乞聖鑒訓示。謹奏。

同日拜發。奉旨：吏部議奏。欽此。

左宗棠等《船政奏議匯編》卷四六邊寶泉《總理衙門復奏遵議閩督奏船政情形請派大員督辦一折》謹奏：爲遵旨議復事。光緒二十二年四月二十一日，準軍機處抄交閩浙總督邊寶泉奏查明船政情形一折，奉朱批：該衙門議奏。欽此。欽遵到臣衙門。據原奏内稱：「船政之設，經營垂三十年，糜帑至千百萬，若不及時整頓，設法擴充，則墮棄前功，殊屬可惜」等語。臣等查船政始於前大學士臣左宗棠，成於前兩江總督臣沈葆楨，樸實耐勞，實事求是，其所用又多本地寒士，布衣草笠，親執撲以巡功，故弊絶風清，爲各省官廠所僅見。近十餘年來，泰西製造日精月新，閩廠出洋回華學生，雖不無穎悟之資，能自出圖制樣，而財力短絀，既不能添機拓廠，又不能制料儲材。自光緒八、九年以來，購買現成機器，就廠合龍，制就「寰泰」、「鏡清」、「開濟」、「平遠」各快船後，即得有更新之法，亦因無機、無廠，不能如法更制。而木質輪船如同治年間所制之「琛航」、「靖遠」等船，經費較輕，馬力較微者，又不合於時用。於是製造日稀，人多閑曠，不得已而裁汰、歸並，苟爲省費儲款之謀。至於急迫用船，則勢須勉捐重資，種種吃虧，展轉而購諸外國，既傷財力，復誤事機，誠可惜也。所請造船宜求實際，添置機器，募精於工作之洋員，督率在事員匠，認真講求，改造新式巨艦各節，應請旨飭行，以期有裨實用。

原奏又稱：「物料宜由内地採辦，閩省礦務現已遵旨委查，一經興辦，當可就地取資，其煉鋼、熔鐵機器必須依法仿造，自成機杼」等語。查一船價值，料居七，工居三。各料之中，如煤、鐵、土、木之類爲生料，有産自中國者，有不産自中國者；如鋼甲、鐵甲、帆纜之類爲熟料，有中國現能自制者，有必待雇匠、添機、拓廠而後能自制者。應由船政大臣督同洋員、學生隨時考究，奏明辦理。至煤、鐵各礦，雖經該督委查，將來興辦能否速效應用，尚無把握，應請飭下該督，不準猾吏蠧役、土豪劣紳阻撓擾亂，以期刻日課功。

原奏又稱：「學生宜認真造就，從前出洋學生限期太促，初無心得，經費太巨，財力未逮，不如延致教習在廠督課」等語。查船政本有前、後兩學堂，前學堂習法文，學製造；後學堂習英文，學駕駛。學成，擇其優爲聰穎者派令出洋。在中國既學有根柢，再令游習泰西各大學堂及各國炮臺、兵輪，以資練習、廣見聞，此必非在廠一師教授之所能及。前據船政大臣會同南、北洋奏請設立肄業局，委派監督帶同出洋，已歷三届，所謂置之莊岳之間也。日本現在執政大臣，多與我第一届出洋學生同堂肄業，豈中國學生資質盡出人下哉？蓋用之則奮發有爲，人人有自請自獻之思；不用則日就頹落，人人有自暴自棄之境。聞船政學生學成回華，皆散處無事，饑寒所迫，甘爲人役，上焉者或被外國聘往辦事，其次亦多在各國領事署及各洋行充當翻譯。我才棄爲彼用，我用轉需彼才，揆諸養才、用才初心，似相制謬。若以此而並廢出洋之舉，是因噎廢食，從此更難儲上品之才矣！應如該督所請，延致教習數人在廠督課，其優爲異等者，仍照成案絡繹出洋，俾後出更新之法，不至絶無聞見。至學成回華之學生，如所造尚淺，仍令再行出洋，其業有心得者，應令分别有差無差，咨報臣衙門聽候調取考驗，咨送各督撫酌量位置，以昭激勸。

原奏又稱：「經費宜通籌的款。船政經費向由閩海關洋税每年撥解六十萬，按月分解。數年前不過解至二三十萬，近則並不及二十萬。請沿海各省通力合作，即以購船之費分年撥解，又請如户部原奏，簡派廉干精核大員來閩接辦」等語。臣等查船政用款，初由閩海關六成項下月撥三萬兩，四成項下月撥二萬兩，其養船經費則隨時由善後局撥解，本無定數。光緒二、三年以前，前兩江督臣沈葆楨、前福建撫臣丁日昌任内，位望較崇，隨時將需款爲難情形據實奏明，每奉特旨催解。將軍、督撫亦氣誼交孚，力籌應付，故經費裕而成船多。此後船政大臣如黎兆棠、張夢元、裴蔭森皆以兩司調管船政，不能不事事稟承督撫、將軍，名爲專管，實與司道兼權無異，所謂權勢較輕，不足振全局、擴前功者也。所以光緒四、五年以後，閩海關積欠幾至三百萬兩，善後局積欠亦不下百萬兩。從前但制木質輪船，每年六十萬兩尚可敷用，現既責令改造鐵甲、鋼甲，雇募洋匠，一船之費動值百十萬金，洋匠薪水費亦不貲，斷非月款數萬金所能敷用，況此數萬者又皆不能應手。至各省通力合作一層，非有一定章程，恐亦徒成畫餅。可否仰懇天恩，俯念船政爲海防根本，較邊防優爲吃緊，飭下閩海關及該督，將每月應解五萬兩並養船各經費，仿照光緒二、三年以前按月清解；倘解不足額，請照甘餉、邊餉之例，由臣衙門嚴定功過奏明，請旨辦理。並飭下南、北洋大臣及沿海、沿江各督、撫，應定何項快船、甲船，繪成圖式、估價若干，奏明由臣衙門會同户部指款分期派撥。其造不如式以及愆期告成者，應請將該大臣及在事人員分别議處。果有限内告竣及堅固速率如法者，亦準擇尤保獎。

該督所稱總督事繁，勢難兼顧，自屬實在情形，應請援照舊案，欽派大臣馳往督辦，隨時與該省將軍、總督，南、北洋大臣聯銜具奏，一切兵輪各船統歸節制，以重事權。

所有遵議整頓船政擬請援案，特派大臣督辦緣由，是否有當？謹具折復陳，伏乞皇上聖鑒，請旨遵行。謹奏。

左宗棠等《船政奏議匯編》卷四七裕禄《恭報接任船政關防日期折》 奏爲恭報奴才接任船政關防日期，叩謝天恩，仰祈聖鑒事。

竊奴才於光緒二十二年七月初六日承準軍機大臣字寄，光緒二十二年六月十八日，欽奉上諭：總理各國事務衙門奏，遵議閩浙總督邊寶泉奏查明船政情形，請派大員督辦一折，福州將軍裕禄着兼充船政大臣等因，欽此。當經閩浙總督邊寶泉於七月初八日飭委辦船政局福建記名道楊正儀賫送船政關防並將文卷等項移交接辦。前來奴才當即恭設香案，望闕叩謝天恩，祗領任事。伏念船政與海防相維係，工程視財力爲盈虛。福建船政自左宗棠、沈葆楨經營締造以來，迄今垂二十餘年，規模具備，成效漸臻。近年，外洋之鐵甲快船日求新異，制作愈精，而閩廠則以經費支絀力難推廣。值此整飭海防之際，講求船炮尤爲當務之急，歷成之功不可隳棄，未精之藝亟宜擴充。奴才賦質庸愚，知識淺陋，於機器製造之學素無閱歷，兹荷聖恩，卑兼船政重務，才輇任巨，彌切悚惶。顧當時事多艱，治艦爲籌防根本，奴才受恩深重，不敢不勉竭駑駘，力圖報稱。惟有隨時親在工次，於經畫工程，探討利弊及各堂學生肄業等事，督同在局員紳，認真考求，實力整頓。其船廠經費向恃閩海關歲撥洋稅爲大宗，奴才兼管關務，職任所在，自當並顧兼籌，酌劑緩急，將額解之款竭力設籌，期濟工用。至總理各國事務衙門奏派來工差遣之直隸候補道徐建寅，不日計可到閩。該員於機器製造素爲熟諳，其應如何添置機器，招募精於工作之洋人，督造新式巨艦及考核各項物料名目，並廠中一切應行整頓各事宜，容奴才詳細體察，與徐建寅並在廠各員紳，研求討論，妥細通籌，隨時具奏，庶期集事勸工，冀圖寸效，以仰副聖主經武整軍、慎重巨工之至意。所有奴才接任船政關防日期並感激下忱，理合繕折，叩謝天恩，伏乞皇上聖鑒。謹奏。

光緒二十二年七月初八日拜發。奉朱批：知道了。欽此。

左宗棠等《船政奏議匯編》卷四七裕禄《通濟輪船下水試洋日期並現辦廠務情形折》 奏爲「通濟」輪船下水試洋日期並現辦廠務情形，恭折具陳，仰祈聖鑒事。

竊奴才接管卷內查船政前擬製造運糧一船，原名「建靖」，光緒十九年十二月初八日，前督臣譚鐘麟將安上龍骨日期並核估價值銀二十二萬兩零恭折奏明在案。該船身長二十五丈二尺七寸，舨寬三丈四尺一寸，艙深二丈五尺一寸，全船噸載一千九百噸，船頭吃水深一丈四尺，船尾深一丈六尺，於二十一年三月十八日下水。內配康邦雙汽鼓卧機一副，長式鍋爐兩個，短式鍋爐兩個，實馬力一千六百匹，本於去年竣工；以北洋船只稀少，準直隸督臣王文韶咨調改作練船，更名「通濟」，由直隸酌貼閩廠料價銀十七萬兩，前兼管船政督臣邊寶泉遂議歸直隸差遣。除炮位由北洋運配應由北洋奏報外，本年秋間，據工程處監造船機道員魏瀚等報稱「通濟」船上應需之桅杆、帆纜、鍋爐、機器，均已配置齊備，堪以定期放洋。八月初九日，奴才帶同道員楊正儀等親督「飛捷」管駕、千總王以彰乘潮駛赴媽祖澳，分別按照西法量驗，鍋爐汽力至一百磅，每分鐘機器八十四轉，量得每點鐘能行十一海里半，合中國三十五里，如再用上等白煤，每點鐘當能行十三海里。試驗船身堅穩，機器靈捷，是日酉刻，回工灣泊，即將該船交北洋派來之管駕官李和收管。其船中執事人等，由北洋按照名額募充，薪糧亦由北洋籌給。又，上年閩廠造成之「福靖」一船，先經調防旅順，後亦歸北洋差遣，工價歸閩，料價仍擬由直隸劃還；其炮位已商明運回船廠，以便新造鐵脅船分設配用等情，由總辦船政局道員楊正儀詳請具奏。前來奴才伏查「通濟」輪船現照直隸議改練船之式修造完竣，試洋合用，應即飭令駛赴北洋，聽候差遣。其「福靖」一船既留北洋，自當照案工價歸閩，料價由直隸劃還。應由奴才咨會直隸督臣陸續劃撥解閩，以清款目。至目下所造之「福安」船，輪機、水缸已備，船脅截堵亦將次完工，惟俟外洋採辦鋼斗鯨到廠，即可次第排釘鐵舨下水合攏機件，並再接修「元凱」輪船。

現議整頓船政，推廣製造兵艦，應俟所延之洋員匠等明春到工後，奴才督飭提調道員徐建寅等，再擬照新式繪算船機次第修造。所有應辦事宜隨時奏明辦理，總期閩廠工作與外洋工作無異，則各省購船無涉遠之勞，閩廠制船有自立之勢。

所有「通濟」輪船下水試洋日期及現在船政情形，理合會同北洋大臣、直隸總督臣王文韶，閩浙總督臣邊寶泉恭折具奏，伏乞皇上聖鑒訓示。謹奏。

光緒二十二年九月十二日拜發。奉朱批：該衙門知道。欽此。

左宗棠等《船政奏議匯編》卷四七裕禄《道員徐建寅到工派充提調總辦楊正儀改充提調片》 再，奴才前奉寄諭：直隸候補道徐建寅熟悉機器情形，已由總理衙門電飭該員前赴船政局聽候差遣。着裕禄察看能否派充提調，酌量辦理等因。欽此。兹該道徐建寅於八月十五日到閩。察看該員，才識練達，究心時務，歷辦津、滬、江南、山東製造等局，並曾至外洋各國，多所閱歷，於機器製造情形極爲熟悉，堪以委充船政局提調。在局提調、福建記名道楊正儀廉正勤明，辦事結實，任事數年，情形極熟，深資得力。現值整頓船政，工務重要，且延有洋員，交涉事繁，應飭會同徐建寅並總稽查道員沈翊清、工程處道員魏瀚協力整頓，以收實效。

除分咨飭遵外，理合會同督臣邊寶泉附片陳明，伏乞聖鑒。謹奏。

同日拜發。奉朱批：知道了。欽此。

左宗棠等《船政奏議匯編》卷四七裕禄《整頓船政延訂法國洋員謹將辦理情形及議定各洋員薪費數目折》 奏爲整頓船政，延訂法國洋員，謹將辦理情形及議定各洋員薪費數目恭折具陳，仰祈聖鑒事。

竊奴才前奉上諭：總理各國事務衙門奏，遵議閩浙總督邊寶泉奏查明船政情形，請派大員督辦一折。船政一事爲海防根本，經前大臣左宗棠等經營締造，實事求是，卓著成效。後因經費支絀，日漸廢弛。現在，泰西各國製造日新，鐵甲愈堅，快船愈速，非大加整頓，不足以建威銷萌。該衙門所議各節均極周妥，其添置機器、招募精於工作之洋人，督造新式巨艦，即着照邊寶泉所請行。造船物料名目不一，着裕禄督率在事員匠隨時講究，奏明辦理等因。欽此。並接準總理各國事務衙門函電：「從前創設船廠，本延法人日意格開辦。曾接法使照會中國，如果整頓船政，其國家極願選薦名手相助爲理，現令其國兵船官卜玳來閩，晤商延訂法員之事，當妥籌因應」等因。該兵官卜玳隨於八月初四日到閩，接見連次商論。該兵官以現在延請洋員來工助理，總欲多用洋員匠。奴才告以從前左宗棠等時設立船政，雖曾延用洋員匠五十餘人，原因事係初創，今則規模具備，匠徒有人，所學只新式輪機，情形與前不同。當與商定先延洋員五員，內洋正監督一員，幫辦製造監工一員，制煉鋼鐵礦務監工一員、繪圖一員、書記一員。將來如有應需洋匠幫同教習之處，俟該正監督到工後，看明情形，再行核實。商訂其正監督到工承辦事件，一如日意格時章程管理。船政工程、藝學學堂並所屬各廠，及羅星塔船塢修船之事，倘監工及各匠人等辦理不妥，係歸正監督責成。正監督由法國海部水師軍工人員内遴選，並出使法國大臣所許約者延聘。餘員皆由該洋正監督從法國大製造廠及法國水師人員内選擇，均以五年爲限。五年限滿，或復用舊員，或另換新員，或無須再請，再行續議。

該正監督等皆可於明年正月到工，由該兵官開具合同規約，各條大致以該洋正監督到後，凡中國兵船來船政修理者，皆可修理。現在船廠之前水淺，潮退時吃水僅止二丈餘，尚難修造極大兵艦。現當先就現在船臺修造二千二百噸以內之船，及推求制鐵之法，幫同創設錘鐵鋼廠，俾供船政要需。次再於羅星塔察看地勢、吃水淺深，籌造巨艦。其船政學堂妥立規條，該洋員到工後用心整頓，推廣中國匠人肄業才能，以備後來揀選監工、匠首之用。並即繪成圖樣，定以期限，先造新式輪船兩只，教練匠人製造，余則申明洋員來廠約束及洋工匠在工過犯分別辦理之法。

至洋員所需薪費，該兵官卜玳以此時銀價太低，如從前日意格時每銀一兩合法國八佛郎零，今則四佛郎換銀一兩，僅止一半。如照前以銀定價爲數太少，難以延致。議將洋正監督薪俸每年六萬佛郎，幫辦製造監工每年三萬佛郎，制煉鋼鐵礦務監工每年三萬六千佛郎，繪圖洋員每年一萬九千二百佛郎，書記洋員每年一萬五千佛郎。並照左宗棠延訂日意格時每月公費一千兩定章，一體改照佛郎支發，月給四千佛郎，年共四萬八千佛郎，應歸正監督支領，爲在工各洋員零碎公費。以上各款，均應照佛郎數目按每月底日行市折算發給。其起支薪俸日期，正監督以合同畫押日起，餘員皆由到閩日起。該洋員等在法國合同畫押後，由中國出使大臣各按一個月俸禄及公費數目發給一萬七千三百五十佛郎，由該洋員等分領，以備該洋員等安家及制備行囊等用。其來華路費，正監督再發二千六百佛郎；監工二員，共給五千二百佛郎；繪圖、書記各一員，共給三千六百佛郎，亦由出使大臣發給。以上由出使大臣先行墊發者統合二萬八千七百五十佛郎。其餘如告假回國及因事撤退，並因工作受傷或限滿回國各條，均按薪俸、路費各佛郎數目分別議給。貼薪、路費、賞恤之款，除因工作傷重成廢及受傷身死，均照六個月薪工恤賞並給路費外，余則或貼給一、二月至四個月並路費佛郎，或無庸給發薪工、路費，均詳載合同之内。此外，該兵官以原延在船政局前學堂教習之法員邁達，因在明年七月限滿，請續立合同，亦照佛郎議支薪俸，每月改爲二千佛郎，附在差遣法員人數之内，可於明年正月先定合同，其改爲佛郎薪俸，仍從舊限滿日算起接支。又，洋匠俟監督到後再訂，但察看情形，將來匠首五人似不可少，亦應先將月薪説明，每人一千一百佛郎，容或稍有多寡，總以此數勻定。

奴才復查該兵官卜玳所擬規約辦法，尚能申明洋員約束助裨工作。其擬議各洋員薪費，所言現在銀價太低，尚屬實情。按現在佛郎時價每四百佛郎約合銀一百兩，該兵官所擬洋員薪費應發之數，約月需銀三千八百餘兩上下。在該兵官以現延洋員與日意格時佛郎數目比較，其薪俸固無多加，而在中國以銀核算，則比從前日意格時爲數較費，當以莫若仍照從前以銀折中定價與之。駁辯數次，而該兵官總以外國專用佛郎，此時銀價太低，情形與日意格時不同，堅執不肯照銀改定。

竊念朝廷馭使遠人，但令所延技藝精良，來工教習有效，固不必惜此小費。彼既堅不肯改，自無須再與深較。其餘所議條款内，有辦理稍有窒礙之處，皆經反復駁議更正。至九月初四日，始將合同議妥，於初五日同該兵官卜玳並駐閩法國領事官高樂待，在馬江船政衙門彼此於合同内畫押鈐印立案。所有造船、購機一切應辦事宜，應俟該洋員到工後妥細籌商，再當隨時奏明，督同在事員紳悉心經理。

除將所定畫押合同漢文、法文各一份，咨呈總理衙門察核備案，並抄録一份咨部外，理合恭折具陳，伏乞皇上聖鑒訓示。謹奏。

同日拜發。奉朱批：該衙門知道。欽此。

左宗棠等《船政奏議匯編》卷四七裕禄《察看船政新造石塢籌辦善後事宜片》 再，青洲船塢工程業由前兼船政臣邊寶泉督修完竣，奏報在案。奴才接任後，察看該處依山臨江，地勢軒敞，船塢規制足可供備鋼鐵戰艦修理之用。此塢工大費巨，歷任大臣經營數載始成。刻下雖經告竣，而以後管塢、購機應辦之事尚多，必當隨時講求，次第舉辦，以期周密經久。惟該塢創造時並未另請專款，均係由制船項下層累而成，且現只專備塢工所用抽水機、拉船機及起卸船物機器，其餘修船應用機器，雖設有房屋而器具尚未待購備。現值整頓之際，欲造大號新式鋼鐵戰艦，亟須接續預籌。至如塢中一切零星歲修及妥募管塢工匠並添備挖泥機船，以防潮壅沙淤，阻礙閘路，亦當妥爲籌備，塢工並無專款。

所有以上待辦之事，當由奴才隨時察度情形奏明辦理。應用款項，請仍於制船經費項下動撥造報，以資脩膳而重要工。理合附片陳明，伏乞聖鑒。謹奏。

同日拜發。奉朱批：該部知道。欽此。

左宗棠等《船政奏議匯編》卷四七裕禄《二十一年份換配廠用鐵水缸修理船臺工料照章聲明立案片》 再，户部奏定外省報銷新章第十四條，內載「各省設立機器局並閩省船政局，如有添購機器經費若干，事前奏明咨部立案，事後方準核銷」等因。茲據局員稟稱：輪機、水缸、鑄鐵各廠通用鐵水缸五座，曾於光緒十八年擇其損傷較甚者先行換配三座，尚有二座並抽水機一副復經使用三年，鐵質炙煅日薄，機關損蝕日松，不堪修理，應予換配，共工料銀五千八十餘兩。又船廠第二號船臺歷時已久，木質朽腐，因開造「福安」鐵脅新船，修理共工料銀二千七百七十餘兩，呈請立案。前來奴才復查無異。除咨部查照並匯案造銷外，理合遵照新章，附片具陳，伏乞聖鑒。謹奏。

同日拜發。奉朱批：該部知道。欽此。

左宗棠等《船政奏議匯編》卷四七裕禄《察看船政情形應行整頓各事宜折》

奏爲察看船政情形，應行次第整頓各事宜，恭折具陳，仰祈聖鑒事。

竊奴才奉命兼理船政，業將整頓船政、延訂洋員來工教習辦理情形，恭折具奏在案。奴才接辦船政兩月有餘，時駐工次，察看現時工作，考核從前定章，並將在廠各項機器逐一點驗，一切規模及整理機器諸務，尚均能循守左宗棠、沈葆楨所定成規，未致大形隳廢。只緣近年經費支絀，力難推廣，而在廠員紳、匠作人等，於外洋之新式輪機鮮所習見，以致僅能恪守已成之緒，而不能推求新異，日起有功。此時整頓之要，非教練人材、講究新法，改造鋼鐵巨艦，不足以適海防之用。而欲期費省效速，尤必在物料有資、經費有着，方足以利功用而塞漏卮。奴才就現時船政情形詳加體察，並將所需經費暨關稅目前出入款項，通盤籌畫，所有應行整頓、次第舉辦者約有數端，謹爲皇上縷晰陳之：

續辦生徒出洋，以教練人材也。查現在延募洋員在工教習，原屬一時權宜之舉。而自强之要，尤在人材有所成就，以備接續有人。從前船政定章：前學堂專習法文及製造船機等學，後學堂專習英文及駕駛、管輪、測量等學，藝圃匠徒則專習各廠機器工作之事。在堂肄業有成，挑選出洋，分插英、法各國，深究各學精奥，俾升堂而可入室。自光緒二年至十一年，業經先後辦過三次。現在廠中監工、製造暨南、北洋各學堂所用，多係曾經出洋肄業之人，是已漸著成效。迨光緒十九年，擬辦第四届，出洋之期尚未商有定議，即值日人事起，未及舉辦。刻下各堂舊班生徒應習課程多已報滿，待期揀選出洋，亟宜接續辦理，庶得擴充所學，增廣識見，以備將來任使，不致終藉異地之才。查首届出洋學生，藝徒三十名，限期三年，議撥經費，銀二十萬兩；次届出洋學生十名，亦限期三年，議撥經費銀十萬兩；第三届出洋學生三十一名，習駕駛者仍以三年爲限，習製造者因理法太深，期限太促加展三年，以六年爲限，共議撥經費銀三十萬九千兩。此項經費均經奏明閩海關匀解四分之一，福建税厘局匀解四分之二，船政局匀解四分之一，分年解交船政衙門，隨時匯兑出洋，以資應用。現如接辦，應即詳加揀擇，選定人數，查照第三届成案，分别三年、六年爲限，以定經費數目。所需銀兩，亦仍循歷辦章程，由福建厘金、閩海關洋税、船政經費按成匀撥。現當庫款支絀，綜計歷届用款雖爲數頗巨，第由地方關税及船政衙門三處按六年分解，每年籌措尚不甚多，而於整頓船政實大有裨益。俟奏準後，奴才即將在堂學生詳爲考選，以定人數，並妥派監督，帶同出洋，仍照案咨商北洋會奏辦理。

整頓應用工匠，以講究新法也。查船政初設，原只習造木質輪船，延聘洋員日意格帶同洋匠等來工教習，五年限滿，成船十五號，後即照約遣散回洋。自此續辦船工，皆由廠内學生、匠徒繪圖自造，亦先後成船十九號。其中除木質外，如「開濟」、「寰泰」、「鏡清」、「平遠」、「廣甲」、「廣丙」、「通濟」等船，或仿造鐵甲，或仿造穹甲快船，分於南、北洋及廣東等省，尚皆堅實可用。是在工員匠等於製造技藝非僅墨守成規，無自圖精進之志，只以所習之法皆係從前舊式，而外洋製造則講求日新，輪機愈臻精巧，船身愈形靈便，凡船中要緊之處無不易鐵爲鋼，是以煤省行速，堅利無比。我則不特廠中之匠徒於新法未得指授，即曾經出洋之學生亦在十數年以前，於近時新式造法鮮所閲歷，以故造詣不深，難及洋廠所制。現既復延洋員來工教習指授新法，該生徒等本已明習造船之理，一經推闡，似無難融會貫通，得其奥竅。惟自光緒十六年以後，經費支絀，工程稀少。從前在廠肄業已成及曾經出洋生徒，或經別省調往，或自另謀生計。現計在廠人數不多，而離廠生徒頗有。現已回籍閑居者散處於外，棄置可惜。此時推廣制作，工務繁興，各廠自須添機增匠，與其另招新手，不若仍用舊時已學之人，隨同習造，較諸未識門徑者自覺事半功倍。且在工能明西法者多，則洋員不能借口多用洋匠，於經費亦資節省。奴才擬將此等生徒詳加察選，列名存記，俟廠中出缺或應增添，即擇其可用者分別派令入局充差。其曾經因事斥退及藝業荒疏者，仍不濫行收入。至學堂及藝圃等處，久未招考新童，恐後接續無人，亦宜及時舉辦。擬按從前定章，招考年十四、五歲以上，十八歲以下之聰慧幼童挑選入學，交各學教習認真教導，兼令在各廠觀習製造新法，五年之後庶可成就有人，以儲後來之選。凡此皆目前應辦要務，容俟揀選、招考後，詳立章程，奏咨立案。至各廠機器本從前木質輪船之具，現在改造鋼、鐵甲等項快船並籌自煉鋼鐵，尚有必須添置之件，應於所延洋員到工後，詳細妥商，核實辦理。

開辦礦務，以期物料有資也。查制船物料現以鋼鐵爲大宗，外洋各國製造諸廠，大半皆有自開煤、鐵之礦，以資興作應用。物料取之本地而皆足，故得費省功多，日求新異。福建船廠所用煤、鐵向皆購自遠方，費重運遲，功用迥難與比。近年木質輪船已成舊式，防海不適於用。若制新船，必須專意於鋼鐵快艦，一經推廣製造，則需用鋼鐵更多，購運之費益巨。若不亟籌變通，即匠徒講求新式學習有成，而物料猶待外求，漏卮莫塞，則仍治標而未及本，與從前之未能擴充者無異。是開採煤、鐵實爲船工之本原，而制鐵煉鋼尤爲整頓之要務。奴才於接辦船政後，即與在事員紳詳細考求。查得侯官縣屬之穆源地方有鐵可採，迭次派委熟於礦學之員前往查看，僉言該處礦苗甚旺，質係養鐵，爲鐵礦最上之品。如採煉合法，每砂百斤約可得鐵五十餘斤。礦山近省，距船廠僅百餘里，一水可通。沿山樹木叢茂，取用木炭亦便。其上游建寧之黎山，下游厦門之廈島、南太武山，並皆見有煤礦可供採用。卷查穆源産有鐵礦，曾經前船政臣裴蔭森奏明有案。彼時即擬開辦，因集款不易因而中輟。現既需用方殷，自當先就此處亟籌開採，未可視爲緩圖。奴才因於此次延聘洋員内，訂定製造鋼鐵礦務監工一員，俾得教習採煉，以冀漸獲成效。將來開採之事擬招商承領，提煉則歸船廠自辦，所採之鐵悉供船政之用。惟估計此項成本至少總需數十萬金，雖爲費較巨，一時籌集不易，而事關船政要需，不敢畏難中止。惟當會同督臣暨藩、臬兩司，延致鄉望素著之紳耆，廣爲勸募，招集商股。如果集有端倪，再將如何設廠雇匠、置辦提煉機器各事宜，妥爲籌辦，隨時奏明。其礦務未能辦成以前，廠中應需鋼鐵，聞湖北鐵政局所煉頗屬可用，現擬購試。如果合宜，價不貴於外洋，即可先由鄂省辦運。若有大件鋼件及精巧料物，湖北不能製造者，仍由外洋訂購。總當隨事妥酌辦理，以期省便。

籌撥款項，以期經費有着也。查船政製造所需經費，大率工三料七。料有一定之價值，工則視成船之遲速以爲費省。近年所購外洋諸物，每因磅價增昂，折合規銀均較昔時爲貴。全賴工價減省，稍爲補苴之助。故欲節省經費，必在工程捷速，而欲工料應手，尤須經費充餘，此一定不易之理。況現在延募洋員來工教習，每年薪費不少，如果船能多造，則於海防方有成效，而於經費不致虚糜。查船政經費自創設以來，向藉閩海關歲撥四、六成洋税銀六十萬兩，以供船工之用。至光緒元年以後，因洋税協撥日增，六成洋税久已不能如額撥解，而四成洋税自近年辦理海防，亦多欠解。近來洋税減色，以近三年收數按每年四結比較，每届四結所收税款，綜計不過合銀二百二十餘萬。通核撥款，本已征不敷解，本年又奉攤撥，歸還洋款銀四十萬兩，不敷之數竟至五十餘萬。雖此次派撥歸還洋款案内部議除常年應解京餉、東北邊防經費、甘肅新餉、籌備餉需、加放俸餉及内務府經費，税務司經費、本關經費、出使經費等項，仍照常分别批解留支外，其餘無論何款俱準酌量劃提，但只能匀顧借還洋款一項，而於船政經費仍無款可以匀撥。關務亦爲奴才兼管，現在通盤核計，爲兼顧統籌之舉，若以後洋税收數不能加增，而期船政經費仍歸有着，其六成内應撥之三十六萬，似非於洋藥厘金撥款内及六成洋税之應解出使經費内匀挪湊撥，不能以濟工用。查出使經費各關幸均有提解，原不專指閩海一關。而辦理船政延募洋員所用款項亦關洋務，似不妨移緩就急，暫爲挪濟，以顧目前要需。如果洋税修數暢旺，六成撥款充裕，再行分年補解，似亦通融應急之一法。然即按照此數勉挪匀濟，而征解相抵，每年連四成洋税項下所撥之二十四萬，統計亦僅能匀出有着之款五十萬，其餘十萬仍尚無着。再四思維，在閩關所可設籌者，舍此别無他策。惟現在議造鋼鐵巨艦，一切料物用款與從前所造木質輪船不同，誠如總理各國事務衙門所奏：改造鐵甲、鋼甲，雇募洋匠，一船之費動值百十萬金，斷非月款數萬金所能敷用。各省通力合作一層，非有一定章程，恐亦徒成畫餅等語，實屬洞見症結之論。船廠所募洋員明正即可到工，訂明先行開辦新式輪船兩只，應需料物必須趕速籌備，專賴閩關撥款斷難濟事；且造船亦爲備南、北洋之用，可否由户部於各省應解南、北洋海防經費項下匀撥四五十萬兩，於本年冬間迅解來閩，俾船工得資藉手。

以上各節，奴才愚昧所及，皆目前應行整頓要務。除開辦穆源礦務由奴才會商地方官招商集股妥爲籌辦，如辦有端倪再行具奏外，所有籌撥出洋經費、借撥出使經費，請撥制船經費各款，合無仰懇天恩，飭下總理各國事務衙門，會同户部分別核復指撥，以重船工而免延誤。其餘應辦各事宜及仍有應行整頓者，奴才仍當督同在事員紳，認真講求，悉心辦理，以期仰副聖主籌固海防、整理要工之至意。

所有察看船政情形，擬議應行整頓事宜各緣由，理合恭折具陳，伏乞皇上聖鑒訓示。謹奏。

光緒二十二年九月二十三日拜發。奉朱批：該衙門議奏。欽此。

左宗棠等《船政奏議匯編》卷四八裕禄《元凱輪船修改練船規制估需銀數折》 奏爲現修「元凱」輪船擬改照練船規制修配，俾資學生習練，恭折仰祈聖鑒事。

竊查船政定章設立前、後學堂，在堂學生分習製造、駕駛、管輪等學。其習駕駛、管輪者肄業數年，於天文、羅星、測量、算法粗具根柢，即須派上練船，涉歷海洋，熟悉風濤沙綫，以資練習而壯膽識。從前，船廠設立「建威」練船，嗣因損壞改以「揚武」兵船爲練船，又於光緒十年間在馬江被毀。迨十四年四月間，復經前船政大臣裴蔭森奏明，以「靖遠」兵輪改爲練船。該船僅只八十匹馬力，船身不大，一切艙位不合練船規制，本係將就配用。奴才兼管船政後，據管帶「靖遠」練船、補用守備林承謨禀，以該船艙面逼仄，練生諸形擁擠，且練習風濤須帆、輪兼用。該船僅有輪機，並無桅帆，於教練亦未能全備。現既「元凱」輪船在工修理，可否即照練船規制，修配改作練船，庶於生徒肄業有裨等情。當經奴才飭令船政提調道員徐建寅、總稽查道員沈翊清、工程處道員魏瀚等詳加勘議。茲據該提調徐建寅等禀稱，「元凱」輪船身長二十丈零八尺，寬三丈二尺，艙面寬展，現在拆卸另裝，以之改照練船規制修配，派令學生上船練習，自較「靖遠」爲合宜。其加配桅帆，查勘船上地位，只容安配桅杆兩支，不能改配三支，若將風帆加大，駕駛亦可合用。至船上教練須用快炮，現廠中存有十二生的炮二尊、六磅子炮四尊，配用該船亦尚合式，無須另購。查該船上年十月間由兵部咨交閩廠拆卸另裝，經前兼辦船政大臣邊寶泉飭廠議換鍋爐一副，並修船殼，改配銅輪，估需應費銀二萬餘兩。現若改照練船規制修配，核計加配桅檣、帆纜暨裝修學生艙位，學堂安設操演炮位等工，並添置天文、駕駛、測量各儀器，及一切應用書籍、器具，約再增銀九千餘兩，即可照練船規制修配完備，禀請核辦。前來奴才復查「元凱」本係木質輪船，鍋爐、機器均屬舊式，如照原式修理，不過僅供差巡，轉運之用。若照練船修改，加配帆檣、炮位，則在堂生徒皆資練習，且於巡緝，轉運等事仍可兼顧。所增修費無多，而比之只作巡運等船爲益較大，自當即照練船規制妥爲修理，以期適用。現已將該船拖上船槽，督匠興修。所需工料及添置器具等項銀兩，事竣歸於制船經費案内核實報銷。

所有現修「元凱」輪船，擬改照練船規制修配緣由，除咨部立案外，理合恭折具陳，伏乞皇上聖鑒。謹奏。

光緒二十二年十一月二十六日拜發。奉朱批：該衙門知道。欽此。

左宗棠等《船政奏議匯編》卷四八裕禄《修理洋式樓屋並購備化學器具估需銀數片》 再，船廠初設時延聘洋員匠來工教習，經前船政大臣沈葆楨修建洋式樓屋爲洋員匠居住之所。自前次洋員匠遣散回洋後，迄今二十餘年未經修理，房屋多有滲漏，椽柱黴朽，墻壁閃裂，灰飾剥落，窗扇不全。此次整頓船政，與法員卜玳商訂洋監工五員，限六個月内來閩，計明年正月到工。合同載明，該洋員所住房屋由官撥給，自應將原建洋房修葺整齊，分撥居住。奴才當飭工程處道員魏瀚核實估修。據該道勘明，應修鶯脰山洋樓一所，船政署後山洋樓一所，船政署西洋樓一所，前、後學堂洋樓各一所，辦公所洋樓一所，繪事院洋樓一所，馬限山洋房一所，工程處洋房一所，計上、下樓房並洋房共九十二間，統共需工料銀九千五百六十六兩零。現飭趕爲修理，以便該洋員等到後辦公、栖止。又，近時製造需用鋼鐵甚多講求，煉鋼必須詳加試驗，其採看礦砂亦必有化學器具，始能詳考優劣。廠中此等器具均屬不全，現擬購備手力試驗鋼鐵拉機、壓機兩件，約價英金五百磅；化學器藥料、礦石玻璃匣、天平等件，共英金三十六磅半；每磅按照時價以六兩八錢七分二厘科計，共約合銀三千六百八十六兩零。謹遵部章先行奏明立案，歸於制船經費報銷。除咨部外，理合附片陳明，伏乞聖鑒。謹奏。

光緒二十二年十一月二十六日拜發。奉朱批：該衙門知道。欽此。

左宗棠等《船政奏議匯編》卷四八裕禄《接造光緒二十二十一兩年制船各款報銷折》 奏爲閩廠接造輪船支用各款造册核實報銷，恭折仰祈聖鑒事。

竊查船政制船經費，光緒十七年正月至十九年十二月以前，支用各款業經前兼辦大臣譚鐘麟造册奏銷，由户、兵、工各部核復，分别準駁行查各在案。兹自光緒二十年正月起，截至二十一年十二月止，前兼辦大臣譚鐘麟、邊寶泉任内接造一千六百匹實馬力鐵脅運糧中號快船一艘，開造七百五十匹實馬力鐵殼輪船一艘，湊款修造羅星塔石船塢等項工程，均經隨時奏報，並常年額支薪水等款，亦照部章按年開折，咨部查核立案。所有收支各款，應行接續報銷。計自光緒二十年正月起至二十一年十二月止，舊管上届報銷案内存銀六萬七千七百五十九兩九錢二分八厘八毫，新收光緒十七年至十九年準銷各款内核扣四分減平銀一萬五千九百一兩二錢六分二厘三毫，奉部核删洋員貼薪、路費銀三百七十五兩三錢五分一毫，核删養傷藥費銀六兩八錢，閩海關解到四成洋税銀三十萬兩，六成洋税銀一萬兩，北洋解到津貼一千六百匹馬力快船料價一十萬兩，北洋提用船政第二届報銷案内廠制已成未合攏一百五十匹輪機一副，撥還價銀一萬四千三百二十三兩六錢五分八厘六毫。又，流存用剩銅、鐵、木、煤各料價值銀九萬一百四十三兩七錢四分七厘四毫。以上舊管、新收共銀五十九萬八千五百一十兩七錢四分七厘二毫。内開除二十年正月起至二十一年十二月支用造船、購器、修廠、贍工等項，共銀四十一萬五千一百二十七兩六錢六分九厘三毫，墊支各輪船薪費銀九千三百五十四兩八錢七分一厘六毫，墊支煤炭銀一千八百九十九兩二錢三分三厘六毫，統共開支銀四十二萬六千三百八十一兩七錢七分四厘五毫。除支外，實存銀一十一萬三千六百五十三兩四錢二分四厘二毫。又，用剩各料價值合銀五萬八千四百七十五兩五錢四分八厘五毫。據船政提調、直隸候補道徐建寅督同承辦各員造具清册詳請奏銷，並請隨折聲明：「將本届核扣四分減平銀八千一百三十九兩零，照案歸入二十二年份報銷册内列收」等情。前來奴才復核無異。

除分咨總理衙門，並將細册咨送户、兵、工部核銷外，理合會同閩浙總督臣邊寶泉恭折具陳，伏乞皇上聖鑒，敕部核銷施行。謹奏。

光緒二十二年十一月二十六日拜發。奉朱批：該部知道。欽此。

左宗棠等《船政奏議匯編》卷四八裕禄《候選知縣施魯濱派辦文案請免予扣選片》 再，候選知縣施魯濱，福建長樂縣人，由生員於同治六年間經前船政大臣沈葆楨札派船政委員，在工委辦船機各廠並管製造學堂等差，薦保以知縣選用。光緒十六年庚寅科中式進士，奉旨以原班勞績遇缺先知縣選用，在吏部投供候選。因閩現在整頓船政，情殷投效，呈經總理各國事務衙門，以該員施魯濱前在船政衙門當差有年，諸事自應諳練，咨送船政衙門酌量差遣委用。該員旋即來工，聽候差委。伏查定例：「在部投供候選各官，如因公出差，遇輪選到班，照例擬選。俟差竣回京附入月選，官後補行驗看考試引見」各等語。該候選知縣施魯濱係經總理各國事務衙門咨送船政衙門差遣委用人員，與候選人員因公出差之例相符。應懇天恩，敕下吏部，將該員施魯濱一體按班銓選，免其扣資。理合附片陳請，伏乞聖鑒訓示。謹奏。

光緒二十二年十一月二十六日拜發。奉朱批：吏部知道。欽此。

左宗棠等《船政奏議匯編》卷四八裕禄《船政延訂法國洋員到閩日期折》

奏爲船政延訂法國洋員到閩日期，恭折奏聞，仰祈聖鑒事。

竊奴才前因奉旨整頓船政，擬延訂法國洋員五員來工，教習製造。當將與法兵船官卜玳等在閩訂立合同辦理情形，於光緒二十二年九月間恭折具奏，欽奉朱批：該衙門知道。欽此。旋於本年二月間，先後接準駐法出使大臣慶常來咨，該大臣接法國外部大臣哈諾德照會，該國海部按照合同選派該國水師製造學堂幫辦教習、二等監工杜業爾應聘來華，充當福州船政正監督。該洋員杜業爾應聘日期擬自光緒二十二年十一月二十八日，即西曆一千八百九十七年正月初一日算起。隨帶勘礦、煉鋼監工達韋德一員，水師製造監工畢爾第一員，繪圖官李嘉樂一員，書記官伯樂一員赴工差遣。業由慶常按合同載明，在法應先墊發該洋員等薪費、川資二萬八千七百五十佛郎，照數送交法國外部，轉給洋員杜業爾等收領取具，杜業爾領據存案，並發給該洋員等護照，於本年正月十三日由法國馬賽開船起程。前往福州任差，咨會奴才查照等因。兹該洋員杜業爾、達韋德、畢爾第、李嘉樂、伯樂等五員，均於二月二十二日抵閩。奴才連日接晤，詳與談論。該洋員等均屬初到中國，人俱誠實，議論工程具有條理。

除將現在整頓船政應辦事宜與該洋員杜業爾等妥商，次第籌議隨時奏明辦理，並將出使大臣慶常墊發該洋員等薪費、川資二萬八千七百五十佛郎，照數由福州太古洋行電匯法國巴黎，轉交慶常兑收歸款外，所有整頓船政、延訂洋員到閩日期，理合恭折奏聞，伏乞皇上聖鑒。謹奏。

光緒二十三年三月初二日拜發。奉朱批：該衙門知道。欽此。

左宗棠等《船政奏議匯編》卷四八裕禄《閩省前辦法防墊支各款就船政款內銷案折》 奏爲閩省前辦法防船政墊支各款，歷因款絀，未能歸墊，請就船政款內開除銷案，以清款目，恭折具陳，仰祈聖鑒事。

竊查光緒十年間，前督臣何璟等任內因法防事起，司庫經費不支，由船政支墊各項薪費，購制炮械、雷艇、魚雷、水雷以及起撈船炮各款，除陸續解還外，核計尚有司庫未經撥還銀七萬三千八百一十七兩零。經前督臣在於閩省光緒十年、十一、十二、十三、十四、十五等年善後報銷案內列款報銷，並於案內聲明欠解船政墊支數目，奉部核准。歷因庫款支絀，以致久未歸墊，而歷屆船政報銷之案只得仍列實存項下。臣裕禄於上年七月到任後，查明此款尚在久懸，屢經咨催解還歸墊。據善後局司道以福建庫款支絀，出入相抵不敷甚巨，所以前此法防案內船政墊支各項早應解還之款至今未能歸清。近年稅厘收數更形短絀，加以添撥歸還洋款等項，解款益巨，庫儲奇絀，無可設籌。查此項船政墊支銀兩，本經善後報銷案內奉部準銷，有案，與未經報部準銷者不同，且係辦防要需，事在一省通融協濟，原無畛域可分。刻下司庫既實無款籌還，可否將此項未還銀七萬餘兩奏明在於船政款內開除銷案，無庸由司撥還，以清款目等情，由該司道等詳請會核辦理。前來臣等查光緒十年因法防事起，籌辦防務及辦理善後各事宜，由船政經費款內墊支各項銀七萬三千八百一十七兩零，均經列入光緒十年至十五年善後報銷案內報部準銷，並經隨案聲明欠解船政墊支數目。歷因庫款支絀，未能撥還歸墊。詳核該司道等所詳現在協撥增巨，庫款艱窘，所欠銀兩無款可還，委屬實在情形。船政雖待用孔殷，第值款絀用繁之際，別項協撥同關緊要，亦不能不統顧兼籌。臣等公同商酌，此款懸欠有年，可否即如該司道所請，將前項未經撥還銀七萬三千八百一十七兩零，準在於船政經費款內開除銷案，無庸再由司庫撥還。謹將閩省前辦善後報銷案內準銷年份款目繕具清單，恭呈御覽。如蒙俞允，臣裕禄即於船政實存項下照數登除，以清懸欠而免轇轕。謹合詞恭折具奏，伏乞皇上聖鑒，飭部核復施行。謹奏。

光緒二十三年四月初十日拜發。奉旨：户部議奏，單並發。欽此。

謹將閩省前辦善後報銷案內列入籌辦法防及善後事宜、船政墊支各款，經户、兵、工等部準銷，未由司、局撥還數目，開列清單，恭呈御覽。

謹開：

一墊給馬江堵剿「飛雲」、「永保」、「琛航」、「振威」、「福勝」、「建勝」等船，截至光緒十年七月初三日，薪費共銀六千九百一十三兩七錢四分八厘六毫，該款經善後局匯入光緒十年起到十二年底止，造册報銷。奉兵部核復，照準。

一墊給起撈琛航輪船領用物料價值、工費，除解還外，共銀七千二百七十二兩九錢六分七厘八毫。該款經善後局匯入光緒十二年底止，分款造册報銷。

一墊給委員翰林院待詔廣東學生陸汝成製造子母雷工料價值，除解還外，尚銀一萬兩。

一墊給洋商福克訂購雷艇價值，除解還外，尚銀一萬一百二十五兩。該二款均經善後局匯入光緒十一年八月底止造册報銷。奉工部核復，準銷。

一墊給雷艇配用連珠炮二尊，價脚銀六千三百九兩九錢。該款經善後局匯入光緒十二年底止，造册報銷。奉兵、工二部核復，照準。

一墊給增生楊仰曾製造各項碰雷工料銀九千五百四十二兩五錢六分四厘二毫。

一墊給魚雷艇。光緒十四年份，上槽修理工料銀八百八十四兩二錢三分九厘三毫。該二款均經善後局匯入光緒十三、十四兩年份，造册報銷。奉工部核復，準銷。

一墊給魚雷廠。光緒十三、十四兩年薪工及修整料件，共銀六千八百六兩七分五厘八毫。該款經善後局匯入光緒十三、十四兩年份款，造册報銷。奉户、工二部核復，準銷。

一墊給魚雷、戰雷頭並配件、棉藥價脚銀一千三百七十五兩八錢四分二厘一毫。

一墊給修理魚雷料件價脚銀一萬三百五十四兩七錢五分八厘七毫。

該二款均經善後局匯入光緒十五年份，分款造册報銷。奉兵、工二部核復，準銷。

一墊給魚雷廠。光緒十五年正月起至六月止，薪工及合攏修整料件共銀一千六百五十三兩八錢三分四厘四毫。該款經善後局匯入光緒十五年份，分款造册報銷。奉户、工二部核復，準銷。

一墊給馬尾中岐添築護廠炮臺，撥用鐵板制給各件。光緒十年八月十六日起至十一年四月底止，工料共銀三千六百七十八兩五錢四分六厘九毫。該款經善後局匯入光緒十年起至十二年底止，分款造册報銷。奉兵、工二部核復，準銷。以上共墊支銀七萬三千八百一十七兩四錢七分七厘八毫。

左宗棠等《船政奏議匯編》卷四八裕禄《船政代修泰安船並墊支臺灣款無從歸還片》 再，查從前船政代各省修理輪船墊支款内，尚有光緒十一年間山東咨送「泰安」輪船來工修理，共墊支銀二萬六千四百九十五兩零，應由山東撥還。曾經前任船政大臣裴蔭森於光緒十二年七月間奏明在案。嗣除由山東陸續撥還銀一萬一千兩外，尚欠解銀一萬五千四百九十五兩零。屢次咨催，未據解還清款。迨至光緒二十二年間，準北洋大臣王文韶咨會，據辦理輪船招商局道員盛宣懷呈稱：「泰安」輪船於光緒十八年十月，經前署山東登萊青道李正榮與該道盛宣懷遵飭會議，將該輪船撥歸招商局自行籌款修理，並常年養船經費，亦歸該局籌支。詳經前北洋大臣李鴻章轉咨户部核飭遵辦。自招商局收領之後，十九、二十年兩次修理，共用規銀二萬一千餘兩，僅將船身銅皮修换而鍋爐、機器仍屬舊壞。嗣因軍興，經南洋租用運兵，共收水脚一萬九千七百餘兩，除開支辛工、煤費外，仍虧銀九千四百餘兩，現在閑擱海濱。據商董等會商，該船機器、鍋爐既不值修换，惟有仍照原議改作躉船，實不能承運商貨，來往南洋各路碼頭。現東海關因該船已歸招商局承運商貨，所欠閩省修費銀兩無款可解，詳請飭令招商局分年認還。如果該船尚可承運商貨，自應遵照代山東認還所欠修費；無如該船實難運貨，前經南洋租用運兵，水脚不敷煤薪之用，已屬明證。現在改作躉船，而招商局所墊兩年修費二萬一千餘兩，又屬無着，勢難再令商局代賠十餘年以前之款。查此項山東前欠修費，除已還外，尚欠銀一萬五千四百餘兩，山東既不能歸還，該道等與商董再四籌商，或請將此船照咨部原議，仍歸招商局改作躉船，即由招商按照驗船官估價，繳還閩廠。其餘山東尚欠閩廠十一年修費銀八千四百餘兩，不得不請豁除銷案，以免虛懸轇轕等情，咨商前任船政大臣未及核定。

奴才到任後，清理庫款，查此項墊支銀兩，尚在懸欠未清。詳核案卷，該輪船已經山東裁撤，撥歸招商局領用。議將前欠未清修費，令由招商局分年認還；而招商局又以此船現改躉船，不能承運商貨，勢難再代山東認還舊欠。是前項欠款在山東既不能歸還，而船政亦不能無着，既據該局商董會商，請將此船由招商局按照驗船官估價規銀七千兩繳還閩廠。刻下船政需費甚殷，應請飭下北洋大臣轉飭招商局，迅將前項規銀七千兩如數解閩清還，以濟要需。其餘山東尚欠閩廠修費八千四百餘兩，該省既無款解還，招商局又力難代認，應否豁除銷款？並請飭下户部，核議辦理。又，光緒二十年、二十一年臺灣辦理防務，咨調測繪學生楊則哲、林鑒殷、鄭奉時、林兆燕、董壽棟、林咏塤、陳振家、王韶聰、陳寶煊九名，墊發盤費薪銀及澎湖雷營領用料件、家伙，「飛捷」輪船兩次修費、「靖海」輪船領用煤炭價銀，統共墊支庫平番銀一萬五百六十九兩九分五毫，未經解還歸款。從前臺灣借用之項，現在無從歸還。所有前項銀兩，應否歸入船政案内造報核銷，以清款目，相應一並奏明，請旨飭下户部，核議施行。謹附片具陳，伏乞聖鑒。謹奏。

光緒二十二年四月初十日拜發。奉旨：户部議奏。欽此。

左宗棠等《船政奏議匯編》卷四八裕禄《報明福安鐵殼輪船下水日期折》 奏爲奏報「福安」鐵殼輪船下水日期，恭折仰祈聖鑒事。

竊查前經前兼管船政大臣邊寶泉因「福靖」、「伏波」等船調往旅順、廣東差遣，「通濟」一船工漸就緒，應撥歸北洋，閩船只「琛航」、「飛捷」兩艘較大，亦復奉公絡繹，若再有徵調，誠恐不敷差派。奏明將陸續抽辦之七百五十匹馬力輪機配成鐵殼，取名「福安」，於光緒二十一年十月間安上龍骨，督匠修造。

奴才接辦後，該船輪機、水缸已備，船脅、截堵亦將完工，惟俟外洋採辦鋼斗鯨到廠，即次第排釘鐵舨下水，合攏機件，曾於上年奏報「通濟」輪船試洋折内，將辦理情形具奏在案。嗣外洋採辦之鋼斗鯨，於去歲十月間運到，奴才即督飭提調及在廠員紳趕緊排釘鐵舨，於本年三月間將船身造齊。計船長英尺二十三丈八尺，寬三丈二尺二寸，艙深二丈四尺，船頭吃水一丈四尺，船尾吃水一丈六尺；全船噸載一千八百噸，擇吉於三月十八日下水。察看體質靈便，工亦堅實。現在督飭工匠，趕將造成七百五十匹康邦省煤立機一副、鍋爐四座安配，並將船面、艙房等項裝修妥協，約在六月中旬前後即可一律修竣，定期試洋。除俟該船全工告竣，再將試洋情形奏報外，所有「福安」輪船下水日期，理合恭折具奏，伏乞皇上聖鑒。謹奏。

光緒二十三年四月初十日拜發。奉朱批：該衙門知道。欽此。

左宗棠等《船政奏議匯編》卷四八裕禄《延募洋員到閩商擬製造船工大概情形折》 奏爲延募洋員到閩，商擬製造船工大概情形，恭折具陳，仰祈聖鑒事。

竊照前因整頓船政所延洋監督杜業爾、監工達韋德、畢爾第，繪圖官李嘉樂、書記官伯樂等五員，於光緒二十三年二月二十一日抵閩。當將該洋員等到工日期恭折奏報在案。奴才於該洋員等到工後，即飭洋監督杜業爾先赴船政各廠，將所用機器逐加考驗，並就現時在廠機爐能造何等新式船艦，暨一切噸重、速率、料物、工作等事，詳晰討論，籌議辦法。據杜業爾詳看各廠情形，一切器具只須略加整理，即如外洋之廠相埒。凡小號、中號噸載之船，及可入塢上槽各項船艦，均能就廠修造。按現時截鐵、鑄鐵、模子、舢板、船廠等處所用各項機具，均屬合式，不須添制。其輪機廠機器亦多合式得用，惟須略爲修理，並尚有必不可缺之新式機器數件，須籌添備。目前，大號輪船尚不能就廠自制，其制大號輪船機器之機具無庸急於購辦。其鐵脅、鍋爐二廠，現時鐵脅廠所用機器，僅有馬力十五匹，力量太小；鍋爐廠所用機器亦屬力小、陳舊。刻下專造鋼鐵之船，工多用廣，必須由廠自制大號馬力機器各一副更換，並將亟須添置不可缺乏新式家伙、機具籌議添備，方可程工迅速，費用節省。大略估計，鐵脅、鍋爐、輪機等廠修改添購機具，約有十五萬餘佛郎，合銀四萬兩以內，即敷整理。此外，如運送、鑲配鋼甲，安置炮械，炮臺與各項重大之件，必須有可起至二十五噸重之浮水起重輪機一架，可載至八十噸重之鐵質方舟二號，並購買德果非李鐵軌及小車十副，用以轉運重器，亦爲舉辦大工必不可缺之件，應須次第籌備。其青洲新修船塢，察看鐵閘口門，水勢溜急，若大船進塢修理，挽進不易，稍有疏虞，恐於塢、船兩礙，必須修造三百匹馬力拖船一只，以爲帶船進塢之用。該船並可照兵船式樣製造，身長十丈四尺，寬一丈八尺八寸，深九尺八寸三分，船尾吃水深七尺二寸六分，全船噸載一百三十五噸，每點鐘行十一哩半。上配三百二十七厘徑小號快駁二尊，遇輪船修理時，無論船身大小，均可拖帶進塢，不至爲急溜阻礙；無事兼可梭巡內港，查緝奸宄。此船由廠製造，估價不過十九萬佛郎，均有裨益。至提煉鋼鐵機器，現爲廠中所無，購買之價約需二十五六萬兩；其開礦應用機器，尚不在內。據杜業爾之論，以開辦此項鋼鐵廠，必須煤、鐵所產應手，尤須銷路暢旺，方有成效可觀。按現在廠中所用機器，只能製造小號、中號之船，需用鋼鐵猶不甚多。若購機提煉，其一年出數，必遠浮於所需。如但就本廠所需煉用，必致或作或輟，不特空費重本，抑且多有糜費，轉不若採購製造較爲合算。此時似可暫從緩議，俟船政整頓、開拓，廣有銷路，再行購辦，庶有把握。此杜業爾到工後考驗各廠機器及察看船塢等處，商籌整理、添備之大概情形也。

至此次整頓船政，延募洋員來工教習，以製造新式快艦，俾在廠工匠習學新法，爲第一要義。奴才督同提調等酌度現在款力，與杜業爾迭次面商。據杜業爾估計，三年之內，可先籌造魚雷鋼艇兩艘，鋼板魚雷快艦一艘，均按現在法國名廠極新式樣製造。其魚雷鋼艇，每艘噸載在一百五十噸左右，安配二千五百匹馬力雙輪機器，速率可行二十一咪；鋼板魚雷快艦噸載八百噸，安配六千五百匹馬力雙輪機器，速率可行二十三咪。料物本廠能辦者，由廠自行製造；內地所無，一時不能自造者，先在外洋購買。大略三艘工料價值連駁具、魚雷及船上應用器具等項，一並估計，約需銀一百二十萬兩以內，即可造成。當以所擬船式，尚屬合用。現飭分繪細圖，估開各項料價，再與詳細推求，議定開辦。此與杜業爾現在商籌製造船工之大概情形也。

奴才復查洋監督杜業爾所議，添修機器、鍋爐並擬造船塢需用之拖船，均係現在整頓船政必不可省之工，所估需費亦尚無多。刻下「福安」輪船業經下水，工漸就緒，而新船起造、繪圖、購料，尚需時日，亟宜乘時將以上各廠應辦之工及擬造之拖船，先行開辦，以資整理而免懸曠。一面飭令杜業爾細繪擬造新船各圖，詳開應用料件。奴才督同提調等與之隨處講求，逐加討論，總期工堅、行速，費無虛糜。一俟將圖繪成，估算詳妥，即擬次第舉辦。待三船造有眉目，續應製造何船，再行察度籌議。除仍妥爲督辦並將應用、採辦料物隨時遵章奏明立案外，所有洋員杜業爾到閩後商擬製造船工大概情形，理合恭折具陳，伏乞皇上聖鑒訓示。謹奏。

光緒二十三年四月初十日拜發。奉朱批：該部知道。欽此。

左宗棠等《船政奏議匯編》卷四八裕祿《挑取生徒入堂肄業並定年限課程片》　再，奴才前奏察看船政情形，應行整頓各事宜折內奏明：學堂、藝圃等處，久未招考新童，宜及時舉辦；擬按從前定章，招考年十四五歲以上十八歲以下之聰慧幼童，挑選入學，交各學教習認真教導，兼令在各廠觀習製造新法，以儲後來之選。奏奉飭交總理各國事務衙門、户部議準在案。

奴才當查船政前學堂、藝圃兩處專學法國語言文字、製造等學，現在洋員已到，應即先行挑補，俾資教習。隨於三月初間招考，年幼聰穎幼童投考甚多，逐加遴選，挑取學生八十名，送入前學堂肄業；挑取藝徒六十名，送入藝圃肄業。並與洋監督杜業爾商定章程：前學堂課程限制以六年爲期；初入學堂，先照法國初學學堂課程辦法，學習《數學入門》、《幾何入門》並《格致淺語》等書；次則再按法國水師學堂課程辦法，學習《數學》、《理解代數》、《平面及立面幾何》、《八綫算術》、《幾何畫法》、《重學》、《格物入門》、《化學入門》等書；至第五、六兩年，則學《上等代數學》、《幾何代數》、《重學》、《理解微分微積》、《化學》、《格物》等書，循序肄業。除習洋學外，每日仍兼習漢文。藝圃學堂擬分爲兩學，一爲藝徒學堂，一爲匠首學堂，課程限制各以三年爲期。初入學堂，按照法國初學學堂辦法，學習法國語言文字、《數學》、《幾何入門》、《常用藝學淺義》並《畫法》等書。各徒均於每日下午赴學肄業，上午入院學習船身、輪機各種繪事，並時時派赴各廠歷練。工作三年之後大考一次，考校所習各業，並令試制匠人手藝器件。其所制精熟者，即予升爲匠人，赴廠辦工。擇其優者，派入匠首學堂肄業三年，教以稍深藝學，並講説製造輪機、汽機、打煉鋼鐵法度，以爲升補匠首管輪之用。技尚未精者，可以分派各廠充當小匠，俟其歷練嫻熟，再升爲匠人。各生徒在學或性情懶惰不肯勤學，或資質魯鈍，於學難期心得者，均隨時剔退，另行挑補，現均飭令入學，按章辦理。此外，並尚挑有年幼聰穎幼童造册存記，令其在家候傳，以備後學堂挑補。及前學堂、藝圃兩處魯鈍生徒剔退者之用。奴才惟當率同提調等隨時留心稽察督飭，認真教習，俾期皆有成就，仰副聖主教育人材之至意。除在堂舊班學生應派出洋學習，現在精加挑選，俟遴選妥協，另行奏明辦理外，所有先行挑取前學堂、藝圃兩處生徒入學肄業緣由，理合附片具陳，伏乞聖鑒。謹奏。

光緒二十三年四月初十日拜發。奉朱批：該衙門知道。欽此。

左宗棠等《船政奏議匯編》卷四九裕禄《選派第四届出洋肄業學生核估用款並派監督帶往折》 奏爲選派第四届出洋肄業學生名數，核估按年用款並擬派監督帶同出洋，恭折仰祈聖鑒事。

竊奴才接準總理各國事務衙門咨，議核奴才前奏，察看船政情形折内所陳「續辦生徒出洋，以教練人材」一條，以學生出洋爲練習新法起見，亦應續辦。惟挑選之法，宜精而不宜多。應擇其姿性聰穎而又勤奮好學，可望有成者，精選十名或十餘名，妥派監督帶同出洋。仍分别三年、六年爲限，以資歷練等因，於光緒二十二年十二月二十三日奏，奉朱批：依議，欽此。並抄録原奏咨行前來，應即遵照辦理。

查泰西各國向收外來生徒入學肄業，皆在西歷每年正月間，過期則須候至次年再收。本届所派學生自應及時選定，俾於冬間到彼，無誤明春入學。船政歷届挑選學生，皆係將前、後兩學堂學生一並選取。此次奴才與提調等公商，原擬照案於前、後兩學堂中挑選學生十名上下，分赴英、法兩國肄業。惟現接出使英國大臣羅豐禄來電，英外部函致該大臣云：格林書院額滿，華生暫不能收。是赴英學生暫時可緩選派，應即先將前學堂派赴法國肄業六年之生徒挑選派往，以資學習。兹率同提調暨洋監督杜業爾等，就前學堂舊班學生中逐加考選。揀選得施恩孚、丁平瀾、盧學孟、鄭守欽、黄德椿、林福貞等六名，均在學堂肄業有成，人俱聰穎好學，堪以揀派出洋。擬請即以該六名派赴法國，入該國各大學堂練習製造新法。

其每届學生初涉重洋，皆派有華、洋監督各一員。此次學生無多，只須於船政各員中選派監督一員，帶同前往，毋庸再派洋員，以節經費。奴才現經詳加選擇，查有三品銜江蘇候補知府吴德章，本係首届出洋學生出身，老成練達，學有根柢。以之帶領此届學生出洋肄業，洵堪勝任。擬請即派該員爲出洋監督，將該學生等到外洋入學肄業各事宜，查照歷届成案，妥爲經理，以資表率。

至學生出洋經費，除應赴英國之後學堂學生暫不出洋可從緩議外，其選派前學堂學生在洋六年一切款項，應查照第三届成案核算定擬。惟從前此等用款多以英國金磅核定，溯第三届學生出洋，時在光緒十二年，是時，英金磅價每磅不過洋錢六圓零。今則磅價日增，每磅漲至洋錢十圓左右，此後仍恐復有加漲。本届學生出洋用款，若仍以英磅核付，任隨磅價增長，未免漫無限制。當此經費支絀，必須概用銀數酌定，以免繁費。現擬核照第三届出洋用款當時磅價合銀數目，凡從前以金磅支給之款，今皆以銀兩數目核定撥付，由該出洋監督帶同學生撙節動用，不得再以磅價科算支領。統計此届學生出洋六年，應用款項共需七一七洋平銀十萬七千餘兩。謹將擬議各款經費細數繕具清單，恭呈御覽。仰懇敕下總理各國事務衙門、户部核準施行，並請將此項應用銀兩仍照歷届成案，由閩省厘金項下籌撥四分之二，閩海關四成洋税及船政制船經費項下各籌撥四分之一，撥解船政衙門分年匀解。計：

第一年應解銀二萬二百一十兩有奇，

第二年應解銀一萬七千一百三十二兩有奇，

第三年應解銀一萬七千三百九十五兩有奇，

第四年應解銀一萬七千一百三十二兩有奇，

第五年應解銀一萬七千九百八十三兩有奇，

第六年應解銀一萬七千二百四十二兩有奇。均由閩省厘局、閩海關、船政衙門分年照撥，以備隨時按期接濟，免有貽誤。除分咨總理各國事務衙門暨户部查照外，理合會同北洋大臣、直隸總督臣王文韶、閩浙總督臣邊寶泉恭折具陳，伏乞皇上聖鑒訓示。謹奏。

光緒二十三年五月初三日拜發。奉朱批：該衙門知道，單並發，欽此。

謹將閩省船政第四届選派學生出洋肄業核估用費繕具清單，恭呈御覽。

謹開：

一學生行裝。謹查歷届奏定，每名五十磅。此届六名，共三百磅。

一監督在外洋安插生徒，查閱功課來往路費。謹查第三届奏定，六年支數不得逾三千二百磅。此届學生六名，擬照數核減支給，六年共合八百磅。

一學生房租、脩膳、雜費。謹查第三届奏定，每名年支一百四十四磅。此届六名，六年共合五千一百八十四磅。

一學生游費。謹查第三届奏定，製造生六年各游歷四次，每名每次約五磅。此届六名，擬定爲游歷三次，每名每次五十磅，三次共合九百磅。

一學生另延教習脩金。謹查第三届奏定，製造生十四名，每年約七百磅。此届按六名算，每年應三百磅，六年共合一千八百磅。

一學生另給外洋衣資。謹查第三届奏定，製造生每名共四十磅。此届六名，六年共合二百四十磅。

一學生添購書籍、圖件等費。謹查第三届奏定，製造生每名約共五十磅。此届六名，六年共合三百磅。又，第三届另有學生回華購買書籍，存船政衙門備考，約五百磅一項，此届擬將此款節省。

一電報、信資及醫藥等費。謹查此款歷届成案，均係實用實報，作正開銷，無預先估計之數。照第三届用過數目，製造生十四名六年，駕駛生二十名三年，共用過一千九百二十磅。此届六名，仍應實用實報，六年支數不得逾四百八十磅。

以上八款，係查照第三届出洋奏定，磅款按以現定額名照核開列，共計一萬四磅。以第三届出洋時金磅價核之，每磅計六圓一角，合七一七洋平銀四兩三錢七分三厘七毫，共應七一七洋平銀四萬三千七百五十四兩四錢九分四厘八毫。近年金磅日見價昂，按現在時價，每磅七兩一錢四分合算，即需七一七洋平銀七萬一千六百七兩六分，較前增至十分之四。此後仍恐再長。值此經費支絀之時，豈可漫無限制？現擬不計金磅時價，仍照第三届出洋時所用銀數，概行按銀核給，以示限制。此届六名，照現定銀數，六年共合支七一七洋平銀四萬三千七百五十四兩四錢九分四厘八毫。

兹將此届該八款應支銀數照列於後：

一學生行裝。每名合銀二百一十八兩六錢八分五厘，六名共七一七洋平銀一千三百一十二兩一錢一分。

一監督在洋安插生徒，查閱功課來往路費，六年合七一七洋平銀三千四百九十八兩九錢六分，分年給領。

一學生房租、脩膳、雜費。每名年支銀六百二十九兩八錢一分二厘八毫，六名六年共七一七洋平銀二萬二千六百七十三兩二錢六分八毫。

一學生游費。六年各游歷三次，每名每次合銀二百一十八兩六錢八分五厘，六名六年共七一七洋平銀三千九百三十六兩三錢三分，分第二至第五年給領。

一學生另延教習脩金。每年合銀一千三百一十二兩一錢一分，六年共七一七洋平銀七千八百七十二兩六錢六分。

一學生另給外洋衣資。每名合共銀一百七十四兩九錢四分八厘，六名六年共七一七洋平銀一千四十九兩六錢八分八厘，分第二、第四兩年給領。

一學生添購書籍、圖件等費。每名合共銀二百一十八兩六錢八分五厘，六名六年共七一七洋平銀一千三百一十二兩一錢一分，分第一、第三兩年給領。

一電報、信資及醫藥等費。實用實報，六年支數合共不得逾銀二千九十九兩三錢七分六厘，分年給領。

以上八款，共計七一七洋平銀四萬三千七百五十四兩四錢九分四厘八毫。

一監督、翻譯薪水。謹查第三届奏定，華、洋監督各一員，各年支銀七千二百兩；翻譯兼支應一員，年支銀一千二百兩。三員六年共支七一七洋平銀九萬三千六百兩，文案由監督自理。此届擬派監督一員，年支銀七千二百兩；翻譯兼管支應一員，年支銀一千二百兩。兩員六年共合支七一七洋平銀五萬四百兩。因此次監督只派一人，事務殷繁；文案由監督派人辦理，其薪水即由監督薪費項下劃支。

一監督辦公所雜費。謹查第三届奏定，華、洋監督辦公所雜費，年支銀二千四百兩，六年共支七一七洋平銀一萬四千四百兩。此届擬派華監督一員，照數減半，應年支銀一千二百兩，六年共合支七一七洋平銀七千二百兩。

一監督、翻譯往返路費。謹查歷届奏定，華洋監督及隨員翻譯、文案，坐上等艙位，每員每次約番五百三十元，合銀三百八十兩，火車費及各雜費在内。兩員往返共支七一七洋平銀一千五百二十兩。此届監督一員，翻譯兼支應一員，路費查照現在法國輪船公司來單内開，由滬至馬賽輪船價，每員每次三百六十兩，外加火車費及各雜費銀一百兩，計四百六十兩，兩員往返共合支七一七洋平銀一千八百兩。往費起程照發，回費分第五、第六兩年給領。其文案一員往返路費，即按照學生舟車二等艙位，由監督薪水項下開支。

一學生往返路費。謹查歷届奏定，學生各坐二等艙位，每名每次約番三百二十元，合銀二百二十九兩四錢四分，火車費及各雜費在内。按六名額數核計，往返共支七一七洋平銀二千七百五十三兩二錢八分。此届學生六名，查照現在該公司來單輪船二等艙位價，每名每次二百三十五兩，外加火車費及各雜費七十兩，計三百零五兩，六名往返共支七一七洋平銀三千六百六十兩。往費啓程照發，回費分第五、第六兩年給領。以上路費，因磅價昂貴，故該公司寄來船費單内所開銀數較從前增多。

一奬賞洋教習寶星金牌。謹查第三届奏定，銀一千兩。以十四名六年、二十名三年科計，此届六名，六年應合支銀二百四十三兩，在第六年給領。

以上五款，係查照第三届出洋奏定，銀款按以現定額名，照核開列，共計六年七一七洋平銀六萬三千三百四十三兩。連前八款七一七洋平銀四萬三千七百五十四兩四錢九分四厘八毫，總計七一七洋平銀一十萬七千九十七兩四錢九分四厘八毫。至其中各項用款，除薪費外，或有應爲互相增減之處，俟到洋後憑監督詳察情形，酌核辦理。所有遞年匯付銀數，附單列後：

第一年監督並翻譯薪水，全年共銀八千四百兩；監督辦公所雜費，全年共銀一千二百兩；監督並翻譯一員，往費每員銀四百六十兩，共銀九百二十兩；學生六名，往費每名銀三百五兩，共銀一千八百三十兩；學生六名，每名行裝銀二百一十八兩六錢八分五厘，共銀一千三百一十二兩一錢一分；在洋安插學生、查閲功課來往路費，共銀五百八十三兩一錢六分；學生六名，房租、脩膳、雜費，每名銀六百二十九兩八錢一分二厘八毫，共銀三千七百七十八兩八錢七分六厘八毫。另延教習脩金，共銀一千三百一十二兩一錢一分；學生六名，添購書籍、圖件等費，每名銀二百一十八兩六錢八分五厘，第一年各先給銀八十七兩四錢七分四厘，共銀五百二十四兩八錢四分四厘；電報、信資、醫藥等費，共銀三百四十九兩八錢九分六厘。

以上計，第一年應匯七一七洋平銀二萬三百一十兩九錢九分六厘八毫。

第二年監督並翻譯薪水，全年共銀八千四百兩；監督辦公所雜費，全年共銀一千二百兩；在洋安插學生、查閲功課來往路費，共銀五百八十三兩一錢六分。學生六名，房租、脩膳、雜費，每名銀六百二十九兩八錢一分二厘八毫，共銀三千七百七十八兩八錢七分六厘八毫；學生六名，每名另給外洋衣資銀一百七十四兩九錢四分八厘，第二年各先領八十七兩四錢七分四厘，共銀五百二十四兩八錢四分四厘。學生六名，六年各游歷三次，每名每次游費銀二百一十八兩六錢八分五厘，六年共銀三千九百三十六兩三錢三分，分第二至第五年給領，第二年應給銀九百八十四兩八分十厘五毫。另延教習脩金，共銀一千三百一十二兩一錢一分。電報、信資及醫藥費，共銀三百四十九兩八錢九分六厘。

以上計，第二年應匯七一七洋平銀一萬七千一百三十二兩九錢六分九厘三毫。

第三年監督並翻譯薪水，全年共銀八千四百兩；監督辦公所雜費，全年共銀一千二百兩；在洋安插學生、查閲功課來往路費，共銀五百八十三兩一錢六分；學生六名，房租、脩膳、雜費，每名銀六百二十九兩八錢一分二厘八毫，共銀三千七百七十八兩八錢七分六厘八毫；學生六名，游費共銀九百八十四兩八分二厘五毫；另，延教習脩金，共銀一千三百一十二兩一錢一分，添購書籍、圖件等費，每名找給銀一百三十一兩二錢一分一厘，共銀七百八十七兩二錢六分六厘；電報、信資及醫藥費，共銀三百四十九兩八錢九分六厘。

以上計，第三年應匯七一七洋平銀一萬七千三百九十五兩三錢九分一厘三毫。

第四年監督並翻譯薪水，全年共銀八千四百兩；監督辦公所雜費，全年共銀一千二百兩；在洋安插學生、查閲功課來往路費，共銀五百八十三兩一錢六分。學生六名，房租、脩膳、雜費，每名銀六百二十九兩八錢一分二厘八毫，共銀三千七百七十八兩八錢七分六厘八毫；學生六名，找給半領外洋衣資，共銀五百二十四兩八錢四分四厘；學生六名，游費共銀九百八十四兩八分二厘五毫。另，延教習脩金共銀一千三百一十二兩一錢一分。電報、信資及醫藥費，共銀三百四十九兩八錢九分六厘。

以上計，第五年應匯七一七洋平銀一萬七千九百八十三兩一錢二分五厘三毫。

第六年監督並翻譯薪水，全年共銀八千四百兩；監督辦公所雜費，全年共銀一千二百兩；在洋安插學生、查閱功課來往路費，共銀五百八十三兩一錢六分；學生六名，房租、脩膳、雜費，每名銀六百二十九兩八錢一分二厘八毫，共銀三千七百七十八兩八錢七分六厘八毫；另延教習脩金，共銀一千三百一十二兩一錢一分；電報、信資及醫藥費，共銀三百四十九兩八錢九分六厘；奬賞洋教習寶星金牌，共銀二百四十三兩；監督並翻譯一名，各領回費二分之一，共銀四百六十兩；學生六名，各領回費二分之一，共銀九百一十五兩。

以上計，第六年應匯七一七洋平銀一萬七千二百四十二兩四分二厘八毫。

以上六年統共七一七洋平銀一十萬七千九十七兩四錢九分四厘八毫。其第一年經費，於起程時由監督具領，帶往支發；及起程八個月，續由船政匯付第二年經費，再十二個月又匯付第三年經費，均交監督收存備用。嗣後遞年匯付，經費均照第三年辦理。

左宗棠等《船政奏議匯編》卷四九裕禄《福建候補道楊正儀仍回船政當差片》　再，福建候補道楊正儀，前經督臣邊寶泉於船政船塢告成案内保奏，奉旨送部引見。該員領咨赴京，現於光緒二十三年六月初三日回省。查該員前經奴才於上年九月間附片奏明，現值整頓船政，工務重要，且延有洋員，交涉事繁，請以奉旨發交船政差遣之直隸候補道徐建寅派充提調；仍將楊正儀留工，飭令會同徐建寅協力辦理。現在該員引見回閩，應令仍回船政局當差，以資熟手。理合附片陳明，伏乞聖鑒。謹奏。

光緒二十三年六月二十二日拜發。奉朱批：知道了。欽此。

左宗棠等《船政奏議匯編》卷四九裕禄《籌造新式快艦現與洋員議定辦理情形折》　奏爲船政籌造新式快艦，謹將現與洋員杜業爾議定辦理情形，恭折具陳，仰祈聖鑒事。

竊照福州船廠議造新式快船，自延聘之洋員杜業爾等到工後，經奴才率同提調各員酌度現時款力，與杜業爾商籌辦法。據杜業爾估計，就廠中現在情形，三年之内，可先籌造二千五百匹馬力魚雷鋼艇兩艘，六千五百匹馬力鋼板魚雷快艦一艘。當以所擬船式，尚屬合用，飭令分繪細圖，估開各項料價，再與詳細推求，議定開辦。先將商擬大概情形，於本年四月間恭折陳奏。旋由杜業爾繪呈魚雷鋼艇、鋼板魚雷快艦各圖，並開明船中安配機爐、炮械及應用各件。因其所議魚雷鋼艇圖式，只擬配二千五百匹馬力輪機船之速率，亦每點鐘只可行二十一咪，與總理各國事務衙門行知上年八月間在德國實碩廠訂購之輪機馬力五千匹速率，每點鐘可行三十二海里魚雷艇船相較，船之大小不甚懸殊而馬力則少一半，速率少至十一海里，恐尚非近年新式。復與逐細考究。據杜業爾議論，以爲造船非惟專貴速率，尤須船殼、輪機堅實，煤艙廣大，並可多安炮位，以涉遠耐久，攻御兼資，方爲全美。大凡速率過大之船，其船身必形輕脆。蓋速率關於馬力，馬力由於輪機。速率愈大，則輪機不得不因之愈重。輪機重則勢不得不薄其船殼，減其御具，狹其煤艙，以取輕便。且展其至快速率，亦只能於晴和天氣，海平若鏡之時。若遇洪濤巨浪，速率即減。況體質輕脆，輪機、鍋爐均屬繁巧，雖有管輪之人工藝絶等，亦必時有損壞，修理不遑。力言此時船政議造新船，講求工藝，當以經久適用爲宜，不可專求非常速率。所論雖亦近理，惟近年外洋製造此項雷艇，推求新法，莫不先以速率爭勝。若廠中所造速率不能相及，終屬不爲美備。況一船製造之費，船殼、輪機、炮位、雷具等項工料並計，總須三十金上下，造法未能埒於外廠，縱堅固可用，亦覺徒費無益。但杜業爾既所論如此，而在廠工匠於製造新法亦不如外洋之廠人手精熟，似當再加考求，未可勉强輕試。

奴才當與提調及在工各員詳細商酌，擬將此項二千五百匹馬力魚雷鋼艇暫行緩辦。核其所繪六千五百匹馬力魚雷快艦圖説，船身通長英尺二百五十七尺十寸，船寬處二十六尺七寸。船中吃水九尺六寸，船頭吃水八尺二寸，船尾吃水十尺十寸；全船噸載八百三十噸。安配新式大汽力鍋爐四座，馬力六千五百匹至七千匹，速率每點鐘能行二十二半海里至二十三海里。煤艙裝煤二百噸，升常火每點鐘能行十二海里，煤炭足敷五千七百海里之用。船頭配十生口徑快炮一尊，船尾配六生半口徑快炮一尊，船旁配六生半口徑快炮二尊，能前後施放。又，船旁配三十七密里連珠炮六尊，内二尊能向前施放，二尊能向後施放，二尊向左右施放。配魚雷炮二尊，魚雷四具。隨船配電機二副，電光燈二架，又十枝光電燈三百盞，轉舵機一架、起錨機一架、大號抽水機二副、魚雷壓汽機一副、小機通用冷水櫃一個，外配小機船一號、差使舢板船一號。船上各員，舢板船二號。按圖製造，計工料價值以法國佛郎科算，用洋銀二百四十萬佛郎上下可造一號。惟在外洋採辦物料須用金磅。磅價時有長落，佛郎合銀，難以預定。經奴才飭令在工熟悉工程之道員魏瀚等詳加研求，僉謂此項船只洵屬現在新式，比所擬二千五百匹馬力雷艇大而得用，速率猶多三海里，而估價在二百四十萬造成一號，與造小號雷艇兩艘用費亦復相等。因與杜業爾議定，即先照所繪六千五百匹馬力魚雷快艦圖式造辦二號。兩船共需四百八十萬佛郎左右，款目較巨，經費自須陸續籌撥，方可應手。擬將第一號先行購料興造，其第二號俟第一號辦有眉目，再爲接造。自開工之日起，分作三年，兩船均令告竣。由內地辦理，內地所無，及一時不能自造者，先在外洋購買。現已飭杜業爾按照議定辦法妥爲開辦。該洋員擬於諸事布置停妥後，照上年所立合同，自赴法國購辦緊要機器、料件等項，迅速回工，以濟工作。除需用料價隨時購定，遵章奏明立案外，所有現在議定辦理情形，恭折具陳，伏乞皇上聖鑒訓示。謹奏。

光緒二十三年六月二十四日拜發。奉朱批：該衙門核議。具奏片並發。欽此。

左宗棠等《船政奏議匯編》卷四九裕禄《添募洋匠分隸各廠指教議給月薪片》 再，前因整頓船政，延聘洋員，與來閩之法國兵官卜玳訂約合同，當商定先延洋員五員，內洋監督一員，幫辦製造監工一員，制煉鋼鐵礦務監工一員，繪圖一員，書記一員。將來如有應需洋匠幫同教習之處，俟該監督到工後看明情形再行核實商訂。曾將辦理情形，於光緒二十二年九月間奏明在案。現該監督杜業爾到工已歷四月，據稟各廠情形均經看明，現在籌造新船，大致亦均議定。查上年所立合同內，原議延用員弁，不可缺五名廠首，現該洋員到工，詳加體察，只須輪機、鐵脅、拉鐵、鍋爐四廠延用廠首四人。惟此時所造輪機均屬新式，本廠工匠皆未經歷，其鑲配、合攏等事甚關緊要，必須延一熟悉匠首隨時指點相助，俾資得力。又，現在製造新式輪船需用鋼件甚多，本廠向未購設煉鋼機器，工匠多未學習，亦須募一鑄鋼匠首來爲導引。又，此次新船鍋爐均用新式，其機器極屬繁巧，所有安配試驗以及試火、試車等事，亦關重要。又，船塢造成，凡修造大號船只，需用拖船帶領進出，一不如法，則恐船、塢兩礙。現時，在工員匠於此等事件素未閱歷，亦各有一精通之人詳爲教導，方無貽誤。此外，繪圖事件繁多，在廠學生藝徒只能照圖摹繪，當添募洋匠兩人來工繪畫，庶工程不至遲緩。以上十人，再四斟酌，實屬必不可少，均請由該洋員在外洋雇募，以備使令。

其該員等薪俸，廠首四人，原立合同次章第十三條內業經議定，每員每月一千一百佛郎，應請照原議發給。其匠首四名，擬請每名月給薪俸八百佛郎；繪圖匠二名，擬請每名月給薪俸六百佛郎。其來華盤費、住屋，並在洋起程時借與一月薪俸，均請悉照原議合同辦理。如蒙允準，該洋員於在廠工程布置停妥後，即乘回國購辦機器、料件之便，自行妥擇，親帶來華，用資臂助等情前來。奴才伏查該洋員杜業爾所稟，現擬延用廠首四人，較原訂立合同減少一人，尚爲核實。其另擬延雇輪機、合攏、籌鋼、管塢、駛船、鍋爐、試火等匠首四人及繪圖洋匠二名，詳察亦均實情。現時，通籌全廠舉辦大工，此等匠人，俱屬不可缺少。統計此項薪俸，每月合洋銀八千八百佛郎，所費尚不爲多，而於廠工甚有裨益，似可準如所請，令其延募，以濟要工。除咨明總理各國事務衙門、户部外，理合附片具陳，伏乞聖鑒。飭部立案施行。謹奏。

光緒二十三年六月二十四日拜發。奉朱批：覽。欽此。

左宗棠等《船政奏議匯編》卷四九裕禄《遵照部議約扣六分平余分別一年原扣添扣數目先行專案奏報折》 奏爲遵照部議，將船政一年約扣六分減平，分別原扣、添扣數目先行專案奏報，恭折仰祈聖鑒事。

竊奴才準户部咨，議復御史宋伯魯奏請添扣各項減平，以裕利源一折，本年五月十二日具奏，奉旨：依議，欽此。鈔録原奏，行令一體遵辦。先將各該省各項減平一年約扣數目，專案奏報，勿稍遲延等因咨行，前來應即欽遵辦理。奴才伏查船政每年應扣減平款項，除部議雇募洋人薪工、購買外洋物料毋庸議減外，按照歷年用款計，員弁薪水，藝成回華生徒薪水，前後學堂、繪事院教習薪水，藝童贍養，飯食、獎賞，藝徒工食，書役工伙，驛遞工伙，健丁口糧，廣儲所運夫口糧，儲材所篷工口糧，看管船槽匠丁工食，挖泥機船匠丁工食，差船工食，工匠犒賞，養傷、藥費，造船工費及各廠歲修工費，計共十四款。核照光緒二十一年送部銷册，全年共用銀九萬五千七百餘兩，科算該扣四分減平銀三千八百二十八兩。現在，遵照部章添扣二分減平，約計一年應增扣銀一千九百一十四兩；其四分減平，歷年均經報部。此後添扣之二分減平，亦當自光緒二十三年七月初一日起，遵照部章隨時核扣，匯同報解。統計每年按六分減平核算，共約扣銀五千七百四十二兩。惟各項用款，以後情形不無增減，而匠工亦視工程之多寡爲支數之盈絀。如有增減之處，總須每處用款截數時核扣，總數方能準確。應於辦理奏銷時，將一年所扣數目專案咨部，隨同報解。除先造具應行扣平款目清册，咨送户部外，理合恭折具陳，伏乞皇上聖鑒。謹奏。

光緒二十三年六月二十四日拜發。奉朱批：户部知道。欽此。

左宗棠等《船政奏議匯編》卷四九裕禄《福安鐵殼輪船告成擬留閩差遣辦理情形折》 奏爲「福安」鐵殼輪船現已告成，擬留閩防差遣，謹將辦理情形，恭折具陳，仰祈聖鑒事。

竊查福州船廠製造七百五十匹馬力鐵殼輪船，取名「福安」，於採辦鋼斗鯨到工，排釘鐵舨後，即於本年三月十八日下水合攏機件，曾由臣裕禄於四月間將該船下水日期恭折奏報在案。隨督在廠員匠，將船内鍋爐、機器趕緊安配，並將船面、艙房等項裝修妥協。據工程處道員魏瀚等報稱：該船全工於六月二十六日一律修竣，堪以定期放洋。臣裕禄當即於七月十九日帶同提調道員徐建寅、楊正儀等各員，親督「琛航」管駕，把總周永庚乘潮駛赴媽祖澳，分別按照西法量驗。該船五倍天氣新式鍋爐升大火，汽力至七十五磅，平潮每點鐘可得速率十一海里半，約合中國三十六里有奇。該船船長英尺二十三丈八尺，寬三丈二尺二寸，艙深二丈四尺。船頭吃水一丈四尺，船尾吃水一丈六尺。前後配桅二只，全船噸載一千八百噸，實得載米一萬二三千擔。試驗船身堅穩，機器靈捷，是日申刻回工。

臣等伏查該「福安」輪船係前經臣寶泉因「福靖」、「伏波」等船調往旅順、廣東差遣，「通濟」一船撥歸北洋，閩船只「琛航」、「飛捷」兩艘較大，亦復奉公絡繹，若再有徵調，誠恐不敷差派，奏明將該船陸續抽辦，現在全工告竣。臣等公同商酌，閩省船少差繁，擬請即將該船留閩駛用，以供差防。惟留船則須增養船之費，當此庫款支絀，亦當力求撙節。現擬參仿外洋養船之法，可與閩省現有之船撥並駕駛，擬即派令「琛航」輪船兼管該「福安」新船，養船經費只添派管守輪船官弁一員，月支薪水銀三十兩；經理機艙弁丁四名，内頭目一名，月支薪水銀二十四兩。其餘三名，每名月給口糧銀六兩；内頭目一名，月給口糧銀七兩。其餘五名，每名月給口糧銀五兩。又，該船每月應需擦器油、油紗、胰皂等項一切雜費，擬月給銀二十六兩。以上共添看船弁兵人等十一名，以爲看守「福安」輪船之用。如遇新船行駛時，即將「琛航」自管駕起所有一切官弁、管輪、水手人等全數調歸新船駕駛，將新船所派看管弁兵移入「琛航」看守。「琛航」行駛時，一切辦法亦如之。其「琛航」輪船向支養船經費，原因庫款支絀，迭經核減二成發給，刻下「福安」輪船亦歸駕駛，該船人等輪流調用，不無稍有搬運之費，擬於前次迭減兩成經費内，酌撥銀六十三兩五錢，分給該船一切人等，以資貼補。以上各項，每月共添銀一百九十三兩五錢，其向章應扣建者，小建仍行照扣，較之

全添養船經費，每年可節省銀一萬餘兩。如此相間輪用，撙節辦理，在平時既可稍減糜費，如將來遇有多用船只之處，再爲添足人數，亦可自成一船之用。擬於現在養船經費内按月開支，歸於每年善後報銷案内匯案造銷。除將添支細數開單咨部察核外，謹合詞恭折具陳，伏乞皇上聖鑒。飭部察照立案施行。謹奏。

光緒二十三年八月初六日拜發。奉朱批：該衙門知道。欽此。

左宗棠等《船政奏議匯編》卷四九裕禄《修造挖泥裝土刮土各船並皮管工料立案片》 再，前奉户部奏定外省報銷章程，各省設立機器局並閩省船政局，如有添購機器，經費若干，事前奏明，咨部立案，事後方准核銷等因。茲據廠員稟稱：「船廠新造船塢告成於光緒二十二年九月間，奏明必須添備挖泥機船，以防閘外潮壅沙淤，阻礙閘路。計購買閩省善後局舊挖土機船一號並修理工費，共合用銀三千九百四十餘兩；又，配造裝土船二號，工料銀二千九百三十餘兩；又因船塢之塢身内及閘口時虞泥沙污塞，造辦刮土船一號，以備洗刷，計用工料銀一百九十餘兩；又，各廠公用水龍進水之因陳勒勃管經用日久，朽壞不堪修理，應行購換，計用價銀四百二十餘兩；又，船槽挖土機船，自光緒十六年修理後，又歷六年有餘，常年使用，船機日形損蝕，折造修補計用工料銀三千五百餘兩；又船槽裝土船，工次向配用三號，於光緒十六年間修理一號，十七年間修理二號，今亦經用日久，又復損蝕。先修二號，計用工料銀九百餘兩。」呈請奏咨立案等情。前來奴才核查無異，除咨部查照並匯案造銷外，理合附片具陳，伏乞聖鑒。敕部立案施行。謹奏。

光緒二十三年十月二十日拜發。奉朱批：該部知道。欽此。

「中央研究院」近代史研究所《海防檔》乙福州船廠《光緒二十三年十一月十七日總署收福州將軍裕禄文籌造快艦續議速率砲位情形及洋監督杜業爾出洋日期》 十一月十七日，福州將軍裕禄文稱，承准總理各國事務衙門咨，光緒二十三年八月初四日，本衙門會同户部具奏議復福州將軍裕奏籌造快艦辦理情形一摺。本日奉硃批，依議，欽此。相應恭録諭旨，照抄原奏，粘抄咨行查照欽遵等因，到本將軍大臣，承准此。查原奏内開，戰艦莫利於快船，莫先於速率。現外洋各國快船速率，有每點鐘行至二十四五咪者。該監工既自赴法國購辦緊要機件，似不妨即與訂明速率，愈多愈妙。如該監工以業經定議，不能再加，亦須確與訂明。將來製就試驗，總須與約相符，不得復有短少。又兵船砲位轉度須多，

以便多砲共指一處施放。今該船只有船旁六生半口徑快砲二尊，可前可後餘皆有一定方向。倘臨時對向之砲，機括損壞，餘砲又不得力，將若之何。應行該將軍與洋員杜業爾再行詳議，如有安置善法，可期得力。即由該將軍繪圖貼説，咨復備查各等因。當經遵照原奏所指各節，與洋員杜業爾詳加商論。據杜業爾稟稱，快艦之制，速率至二十四⿰口迷者，外國所造亦不多。有其具有此數以及更進於此數者，非雷艇獵艦之屬。即係四千五百噸以上之大船，現有所造之船衹有噸載八百五十噸。原議速率每點鐘能行二十二海里半至二十三海里，已屬至求快捷。蓋船身通長衹英尺二百五十七尺十寸，寬處衹英尺二十六尺七寸，機器馬力衹六千五百匹。若速率加多，則馬力必須加增，機器尤須加大。施於八百餘噸載之船，難免多佔地位，有機重船小，碍設砲械，少裝煤斤之病。今欲必至二十四⿰口迷以上之數，則必須更改船式。船身加大，機器馬力加重，廣其煤斤，厚其噸載，而價值必因之加昂。現在所議造辦，皆按外國成法，已有定議。竊謂仍照原擬，無須加大增改爲宜。至該洋員現赴外國親自購辦料件，原定速率數目，必能與約相符，不至有誤。又現議所造魚雷快艦，擬配大小快砲十尊。前繪之圖，衹係畧言船頭尾船旁安砲部位，其於某砲可與某砲會集施放，未及載明。茲奉前因，查原議船頭所設十生口徑快砲一尊，左右輔以三十七密里連珠快砲二尊，船尾所設六生半口徑快砲一尊，左右輔以三十七密里連珠快砲二尊，船左右兩旁各設六生半口徑快砲一尊，各輔以三十七密里連珠快砲一尊，以上共計十尊。是船頭前之能向正左右三面施放者，有十生砲一尊，六生半砲二尊，連珠砲四尊。船尾後之能向正左右三面施放者，有六生半砲三尊，連珠砲四尊。其船左右兩旁之能向正左右三面施放者，各有六生半砲一尊，連珠砲三尊。所有船頭之十生砲，船尾之六生半砲，亦能兼顧兩旁。以上各砲，凡前後左右轉度方向內，皆可會集施放。謹繪圖貼説呈請咨送察核備案。至砲械製造，日新月異。如近時尚有更良之器，當乘赴洋之便，詳細考察現時新法情形，以求至善等情。本大臣復督同提調及在工各員，詳加參酌。該洋員杜業爾所稱，增求速率，必須加添馬力。現造之船，衹重八百餘噸，恐機重船小，難期合式，尚屬實在情形。現在所定速率數目，據稱必能與原約相符，應不至有差誤。自當仍照原議督飭認真妥辦，至造船安設砲位。據該洋員詳細稟復，並繪具圖説所擬砲位轉度方向之處。在船頭及船尾之正左右三面可以會集施放者，各俱有七尊。船左右兩旁之正左右三面可以會集施放者，各俱有六尊。尚非各有一定方向，船中砲位，要在轉動靈活，應俟船成安砲時，督飭講求，務合新法，以期得力。相應將所繪砲位轉度圖説咨呈察核備案，再該洋員杜業爾現已於九月十五日由閩起程出洋，其所辦洋監督事務，稟請暫交副監工畢爾第代理。合併咨明，爲此。咨呈總理各國事務衙門，謹請察照施行。

左宗棠等《船政奏議匯編》卷五〇裕禄《船政局道員沈翊清給咨晉引請旨分發四川遣用片》 再，二品頂戴世襲一等輕車都尉分發江西候補道沈翊清，自光緒七年派充船政委員，在工年久，勞績甚多。光緒二十二年六月間，閩浙總督前兼辦船政大臣邊寶泉，於青洲新建船塢告成，保奬出力人員案內，以該員在事最久，恪守前規，器識閎通，志趣遠大，奏奉朱批：沈翊清著送部引見。欽此。時值奉旨整頓船政，講求製造新法，延募洋員來工教習。奴才接任後，仍留該員在工，會同提調道員徐建寅等協力整頓，現在船工各事，大致皆有頭緒，該員並無經手未完事件，應即給咨赴部引見，聽候録用。現值時事多艱，需才孔亟。奴才在船政年餘，深知該員辦事精勤，能耐勞苦，留心時務，通達有爲。在工歷事多年，於各項西學素所講求。奴才欽承恩命，調補四川總督，迭奉諭旨，飭將川省開礦事宜認真籌辦，必有諳習之員，方收指臂之助。可否仰懇天恩，於該員引見後，將該員沈翊清發往四川，交奴才差遣委用，以資得力。出自鴻慈，謹附片具陳，伏乞聖鑒。謹奏。

同日拜發。奉旨：留中。欽此。

左宗棠等《船政奏議匯編》卷五〇裕禄《船政接造輪船光緒二十二年份支用各款核實造册報銷折》 奏，爲船政接造輪船支用各款造册報銷，恭折仰祈
聖鑒事。

竊查閩廠制船經費，光緒二十年正月至二十一年十二月以前支用各款，業經奴才於光緒二十二年十一月二十六日會同督臣邊寶泉造册奏銷，由兵、户、工各部核復，分别準駁行查各在案。茲據船政提調直隸候補道徐建寅等督同承辦各員造册詳報，自光緒二十二年正月起至十二月止，前兼辦大臣邊寶泉及奴才接辦任内，接造、湊成第三十四號「通濟」一千六百匹實馬力運糧中號快輪船一艘，接造未成第三十五號「福安」七百五十匹實馬力鐵殼輪船一艘，購買修造船塢挖土、裝土各船，修葺延募洋員五員來廠辦公、居住之洋樓、洋房各工，暨歲修廠屋、爐溝、機器，添置各廠機器、學堂、繪事院、藝圃書籍、器具等項及常年額支薪水等款，均隨時奏報，遵照部章，按年開折咨部查核立案。所有收支各款，應

行接續報銷：計舊管上届報銷案内存銀一十一萬三千六百五十三兩四錢二分四厘二毫；又流存用剩銅、鐵、木、煤各料價值銀五萬八千四百七十五兩五錢四分八厘五毫；新收光緒二十、二十一兩年，準銷各款内，核扣四分減平銀七千七百二兩九錢四分六厘四毫；閩省善後局解還光緒二十、二十一兩年份，奉部飭除修理各輪船廠匠工銀三千五百二十六兩七錢八分八厘二毫；閩海關解四成洋税銀一十六萬兩；北洋解接造未成一千六百匹實馬力「通濟」中號快輪船料價銀五萬八千三百六兩三錢四厘五毫。以上舊管、新收共銀四十萬一千六百六十五兩一分一厘八毫，内開除二十二年全年支用造船、購器、修廠、贍工等項，共銀一十九萬八千一百九十一兩八錢一分七厘，墊支各輪船薪費銀四千三百二十八兩八錢四分七厘九毫，墊支煤炭銀一千二十一兩一分六厘，統共開支銀二十萬三千五百四十一兩六錢八分九毫。除支外，實存銀一十二萬三千六百九十兩一分六厘二毫。又用剩各料價值合銀七萬四千四百三十三兩三錢一分四厘七毫。並請隨折聲明：以上存銀一十二萬三千六百九十兩零一分六厘二毫，内有光緒十年閩省籌辦法防案内銀七萬三千八百一十七兩四錢七分七厘八毫一款，今尚未由閩省善後局解還，曾於光緒二十三年四月間奏明。現在奉部行查，應俟定案後再行開除造報，又有光緒十一年山東「泰安」輪船修費銀一萬五千四百九十五兩八錢九分三厘六毫一款，現奉部行令招商局解還，尚未解到，又有光緒二十年臺灣辦理海防，墊支各款銀一萬五百六十九兩九分五毫一款，奏奉飭部復準，歸於船政報銷，應匯入二十三年船政報銷册内開除造報。又本届核扣四分減平銀三千五百二十二兩零，應請照案歸入二十三年份報銷册内列收。俟二十三年七月起，遵照部章，改扣六分平再行分別解部及報部候撥等情，詳請具奏前來。奴才復核無異，除分咨總理各國事務衙門，並將細册咨送户、兵、工三部核銷外，理合會同閩浙總督臣邊寶泉恭折具奏，伏乞皇上聖鑒。飭部核銷施行。謹奏。

同日拜發。奉朱批：該衙門知道。欽此。

左宗棠等《船政奏議匯編》卷五〇裕禄《續到洋匠應給住房添修工料並蓋鍍鉛廠及修補廠屋用款奏咨立案片》 再，船政延募洋監督杜業爾等，於上年到工後，詳勘各廠及察酌辦工情形，議請於鐵脅、拉鐵、鍋爐、輪機四廠，各添洋匠首一名，並雇用教習鑲配、合攏新式輪機等事洋匠首一名，教習煉銅、鑄鋼洋匠首一名，教習考驗鍋爐試火、試車等事洋匠首一名，教習使用拖船帶領進出船塢等事洋匠首一名及繪圖洋匠二名，以資工作。經奴才於光緒二十三年六月間附片奏明，並奉部核復，照募在案。現在所雇洋匠人等均將次到工。按前歲九月與洋員卜玳原訂合同，船廠延募洋員匠所住房屋皆由官撥給。此次所募洋匠等十名，照合同撥給房數，需洋房三十六間，並其跟丁及厨屋等房，亦須隨同撥給。查船廠原建洋房，自同治十三年洋員匠遣散之後，俱年久未修，坍塌、破爛情形輕重不等。上年杜業爾等到工時，僅將該洋員五員辦工、居住各處房屋修理。現在續募洋匠等到工，其撥住房屋亟當爲之修葺，以俾栖止。當飭提調等核實、估修。據該提調等就原建成洋匠住房處所勘明，分別修補。計洋房及厨屋並洋匠等跟丁住房大小四十五間，共需工料銀七千二百餘兩。現飭趕爲修理，以便洋匠等到後分撥居住。又現在造船鐵工居多，鐵脅廠最爲工繁之地，而造成船上鐵料，非按新法鍍鉛，不能久無銹蝕，廠中尚少此廠。前據洋監督杜業爾察看，鐵脅廠原豎木架均年久欹側，亟須修理。議乘修理之時，即用廠存鋼鐵、料件，照西法易以鐵架，並添砌打鐵爐一十四座，以利工作。其拆下木料，可湊爲添蓋鍍鉛廠房屋之用。當查現值造辦快艦船工緊要，修此兩處廠屋，均實未可延緩。飭據估計用費，修理鐵脅廠動用廠存鋼鐵、料件，約合價三千六百餘兩；購辦磚瓦、木、石、洋灰料，並匠人工價等項，約銀五千六百餘兩，修蓋鍍鉛廠屋，添補木料及購辦洋灰、洋磚、瓦石並匠人工價等項，約銀一千五百餘兩，已飭次第修辦。謹遵部章，先行奏明立案，歸於制船經費報銷。除咨詢部外，理合附片陳明，伏乞聖鑒。謹奏。

同日拜發。奉朱批：該衙門知道。欽此。

朱壽朋《光緒朝東華録》卷一四三光緒二十四年三月 甲申朔，裕禄奏，查船廠製造，爲整頓海防要務，現既延募洋員教習修造新式之船，所造船隻必須依限告成，方能程工節費，早濟海防之用。前經奴才奏明議造新式魚雷快艦兩號，與洋員杜業爾訂定三年内造成，工料並計，每號約需法銀二百四十萬佛郎，兩號共合四百八十萬佛郎。内製船應用鋼料機器等件廠中一時不能製造者，皆先由外洋採購，以資工匠觀習。所有製造魚雷快艦兩號應用鋼件及輪機電燈魚雷礮械子彈等項料物，約共需法銀三百二十六萬佛郎。製造各廠又須添補新式修船機器並造拖帶輪船進塢拖船，及先令本廠學造新式小魚雷艇一隻之各項料物及雷礮等件，共約需法銀二十三萬七千二百佛郎。以上二項，約共法銀三百四十九萬七千二百佛郎。上年杜業爾出洋回法採購物料，已由奴才先撥給三十九萬佛郎爲該洋員分投採購時發付定銀之用，其餘三百一十萬餘佛郎，訂明勻作三年料物運到閩廠隨時分付，按三年勻付，每年即應攤法銀一百零三萬餘佛郎。以現在磅價約量估計，須合銀三十萬兩上下，加以廠中船匠丁工價及在工華洋各員弁並學堂各教習生徒薪水工食贍銀等項，與銅鐵煤木雜料一切用度，每年又約需銀二十餘萬兩，統計現三年内船廠經費，一年至少總須銀五十餘萬兩。工作方不誤事，自船廠開設以來，雖經部核定，歲撥閩海關四成洋税銀二十四萬兩六成洋税銀三十六萬兩作爲經費，而歷因六成洋税徵不敷支，皆未能按數照解。奴才到任後，竭力經營，(儘)[僅]能將四成洋税内應解銀兩勉籌足數，其六成洋税應解之款，實因海關比年協撥增繁，已屬竭蹶萬分，難再有餘分濟船政。是以奴才於光緒二十二年九月間具奏整頓船政事宜摺内將經費支絀情形縷晰陳明，恐工費難期應手，曾有於洋藥釐金撥數内及六成洋税之應解出使經費内勻挪湊撥之請，且以造船原備南北洋海防需用，並請户部於各省應解南北洋海防經費項下勻撥解濟。奉旨交總理各國事務衙門會同户部議覆，以勻撥出使經費一節，難以准行，由各省應解南北洋海防經費勻撥解濟一節。電詢南北洋大臣，亦皆稱無餘力分濟，由部奏撥銀十萬兩先爲開工之用，其新造船隻，令仍照光緒二十二年六月十八日諭旨辦理。時值所募洋員業已到工，原訂合同有來工後即定以期限先造新式輪船兩隻，以俾在廠工匠學習，現在各省經費皆非充裕，何省有款購船，非一時所能商定。若俟各省議定再辦，必多時日，洋員無工坐待，月支辛俸不免虚糜，因即察度情形，與杜業爾商定，先行籌造六千五百匹力魚雷快艦兩隻，奏奉允准修造在案。現在船已開辦，用款正殷，此後所購物料絡繹而至，尤須隨時付價，方不致有逾期貼息及停工待料之累。而通籌歷年海關六成洋税收數照額撥解，自顧實難，奴才目覩情形，不敢以交卸在即稍存推諉。而當此用款喫緊之際，又無別法可籌，再四思維，查有閩海關向有歲撥洋藥釐項下應解南北洋海防經費銀二十四萬兩，近年因洋藥釐金收數減色，未能按年撥解。本年户部奏催，並令於此項二十四萬兩内撥銀十萬兩解交北洋修理旅順礮臺工用。竊念船廠籌造快艦，本爲南北洋海防調用，與北洋之整頓海防修理臺工，事無二致。此次應解海防經費，除撥旅順之款外，其餘銀兩，若以撥濟船工，是仍以南北洋海防之需，爲南北洋海防之用。現既造船經費待濟甚殷，合無仰懇天恩俯准將閩海關洋藥釐項下應解南北洋海防經費銀二十四萬兩，除修理旅順礮臺銀十萬兩撥解北洋外，其餘十四萬兩暫留船政，爲湊濟閩廠造船經費之用，俾期快艦速成，要工無誤。俟三年限内快艦造就，再行照舊解部，實於船工裨益非淺，下户部議奏。

左宗棠等《船政奏議匯編》卷五〇裕禄《製造第一號新式魚雷快艦安上龍骨日期折》　奏，爲船廠製造第一號新式魚雷快艦安上龍骨日期，恭折奏報，仰祈聖鑒事。

竊福州船廠製造六千五百匹馬力新式魚雷快艦兩號，曾經奴才將籌辦情形暨擬先購料興造第一號，其第二號俟第一號辦有眉目，再爲接造。自開工之日起，分作三年，兩船均令上竣各情，於光緒二十三年六月間恭折奏明在案。旋經洋監督杜業爾將造船各項分圖繪妥後，即飭匠將船身、龍骨趕緊製造，並先就内地可辦各廠，能造等料件，按圖工作。一面由杜業爾自行出洋採辦應需新式機件。兹據代辦洋監督畢爾第禀：所造第一號快艦龍骨，業經制成。奴才當擇於三月十七日親率在事員紳、匠徒，將龍骨如法安置上臺。該船龍骨上臺後，即可接配脅皮、截堵，督匠依次修造，先將第一號船身造成下水，即將第二號龍骨上臺接造。現杜業爾購料亦將回工，並俟各項機件陸續運到，分督各廠修制、合攏，次第裝安上船，以副議定期限。所有第一號魚雷快艦安上龍骨日期，理合恭折具陳。伏乞皇上聖鑒。謹奏。

光緒二十四年三月二十六日拜發。奉朱批。

左宗棠等《船政奏議匯編》卷五〇裕禄《元凱練船修改工竣折》　奏，爲「元凱」練船修改工竣，恭折具陳，仰祈聖鑒事。

竊查「元凱」輪船，前於光緒二十一年十月間，由兵部咨交閩廠拆卸另裝，經前兼辦船政大臣邊寶泉飭廠議換鍋爐一副，並修船殼，改配銅輪。嗣奴才兼管船政後，因在船政之「靖遠」練船，本係將就配用，不合練船規制，艙面逼窄，練生諸形擁擠，且僅有輪機，並無桅帆、炮位，於教練亦未能全備。「元凱」船本木質，鍋爐、機器均屬舊式，現既在廠修理，如照原式修成，不過僅供巡緝、轉運之用。若照練船式修改，加配帆檣、炮位，則在堂生徒，皆資練習，於巡緝、轉運等事，仍可兼顧。所增修費無多，而爲益較大。曾將擬辦情形，於二十二年十一月間，恭折奏明在案，隨即督飭在廠員紳，將該船應換鍋爐並修理船殼、改配銅輪暨加配桅檣、帆纜，裝修學生艙位，學堂安設、操演炮位等工以及該船應添天文、駕駛、測量各儀器及一切應用書籍、器具，督飭分別修造、購辦。兹據船政提調直隸候補道徐建寅等禀報，該船於本年二月十四日將各工一律如式修竣，炮位亦俱安設妥協，應添儀器、書籍等項均已備齊。奴才親赴該船察驗，工程堅實，運掉亦甚靈便，俱與練船規制符合。

奴才伏查「元凱」輪船係前經奏明，照練船規制修改，爲船政學堂肄業諸生上船練習之用。此船艙位較寬，船身較大，輪機、桅帆俱備，比「靖遠」可以涉歷大洋，於習練風濤甚爲有益。現經修理完竣，即將「靖遠」練生移於該船練習。「靖遠」前因船小，練生不能多容。現在更換「元凱」，其在後學堂功課已滿。待上船習練之生，並可多撥數名赴船，隨同學習，俾資造就。至該船應用管駕、教習、管輪、駕駛各項人等，若將「靖遠」船原設之名額酌量調撥，不過略爲增改，即可敷用。其「靖遠」一船所有應用員弁、舵水人數，應如何於現有輪船裁並，分派，當由奴才與督臣會商，妥爲議定，另行奏明辦理。除將工料等項用款歸入制船經費報銷內造報外，所有「元凱」練船修理工竣緣由，理合恭折具奏，伏乞皇上聖鑒。謹奏。

同日拜發。奉朱批。

左宗棠等《船政奏議匯編》卷五一增祺《恭報兼理船政日期叩謝天恩折》

奏，爲恭報兼理船政日期，叩謝天恩，仰祈聖鑒事。

竊奴才於赴閩途次，準軍機大臣字寄，光緒二十四年閏三月初十日奉上諭：總理各國事務衙門奏請簡派船政大臣等語，福州將軍增祺著充船政大臣等因，欽此。奴才於四月初二日行抵福州省城，準前福州將軍兼船政大臣裕祿，飭提調道員徐建寅呈送總理船政木質關防文卷前來。奴才當即恭設香案，望闕叩謝天恩，敬謹任事。伏念奴才叨蒙恩遇，擢授福州將軍，巨任初膺，正深祗懼。茲復荷蒙聖恩，兼船政事務。自天聞命，彌切悚惶。竊惟船政爲海防根本，奴才自維愚鈍，於製造工程夙鮮閱歷，材輇任重，深恐弗勝。顧當時勢多艱，船工關係重要，何敢不勉竭駑駘，力圖報稱。惟有殫矢愚忱，倍加勤慎，欽遵諭旨。於到馬江船廠後，查照裕祿所定章程，督率該廠提調各員並工匠等將一切製造機器事宜認真講求，核實辦理，砥礪群材，冀收實效，以期仰答高厚鴻慈於萬一。所有奴才兼理船政日期，並感激下忱，理合繕折叩謝天恩，伏乞皇上聖鑒。謹奏。

光緒二十四年四月初二日拜發。奉朱批：知道了，欽此。

左宗棠等《船政奏議匯編》卷五一增祺《船工緊要遵旨遴員接辦提調折》

奏，爲船工緊要，遵旨遴員接辦提調，恭折仰祈聖鑒事。

竊奴才於光緒二十四年七月初七日承準總理各國事務衙門電寄奉旨：徐建寅現已賞給三品卿銜，督理農工商總局，著增祺迅即遴員接辦船政提調，傳知該員趕緊起程來京，勿稍延緩等因。欽此。奴才遵即一面傳知徐建寅，一面趕即揀員接辦提調。惟刻值整頓船工，提調有稽核一切，表率員紳之責，非熟悉廠務爲守兼優，不足以相助爲理。會辦提調楊正儀現經督臣委署福建督糧道篆，並兼辦通商局務，交涉事繁，未能駐工，工程處道員魏瀚管理工程，各有專責，一時慎選尚難其人。而徐建寅係奉旨趕緊來京，未便稍事延緩。當查有前船政總稽查道員沈翊清，現奉旨發往四川補用，由上海便道回籍措資。該員穩練老成，才優識卓，在船政歷有年所，情形尤爲熟悉，隨商督臣邊寶泉，亦以該員勤慎有爲，堪資臂助，因令暫行接辦提調，以便徐建寅交卸起程。惟恐該員係發往四川補用人員，合無仰懇天恩，俯念船工緊要，準其暫留差委，實出逾格鴻慈。其在部所領赴川執照，即由奴才先行咨送四川督臣，查照繳部。應以繳照之日，即作爲到省日期，一俟船政揀派提調有人，再飭該員赴川候補。除分咨查照外，謹會同閩浙督臣邊寶泉恭折具陳。是否有當，伏乞皇上聖鑒訓示。謹奏。

光緒二十四年七月二十一日拜發。奉朱批：著照所請。該衙門知道。欽此。

左宗棠等《船政奏議匯編》卷五一增祺《恭録上諭》 軍機大臣字寄各將軍、督撫，光緒二十四年六月初十日奉上諭：國家講求武備，非添設海軍，籌造兵輪，無以爲自强之計。茲經召見裕祿，詢以福州船廠情形。據奏：工匠、機器一切均足以資興造，惟所需款項較巨，必須於原撥常年經費外，另籌的款，按年撥解，庶足備製造船炮之用，著各該將軍、督撫遵照單開指撥數目，妥籌辦理。方時勢艱難，朕宵旰焦勞，力求振作。思御外侮，則整軍經武，難再視爲緩圖。各將軍、督撫受恩深重，蒿目時艱，亦當仰體朕懷，協力同心，急其所急。當此度支匱乏，艱於挹注，惟於無可設法之中力籌撥濟。如厘金之剔除，中飽局務之酌量歸並，該當破除情面，實力籌維。倘指款實有不敷，除應解各項京餉暨應還洋款不準擅動外，其餘無論何款，準其移緩就急，如數撥解，不準託詞延宕。國計安危所係，我君臣宜相感以誠，同維大局，用副朕殷殷訓誥之至意。仍將遵辦緣由，於接奉此旨十日內先行電奏，以慰廑係。原單著抄給閱看，將此各諭令知之。欽此。遵旨寄信前來。

直隸二十萬兩；奉天五萬兩；吉林尚未撥定，續定五萬兩；江蘇二十五萬兩；安徽五萬兩；江西八萬兩；福建十萬兩；浙江八萬兩；湖南十萬兩；湖北十五萬兩；河南五萬兩；山東五萬兩；山西五萬兩；四川尚未撥定，續定十萬兩；陝西五萬兩；甘肅五萬兩；出使經費三十萬兩；淮鹽督銷局十二萬兩。

中國第一歷史檔案館《光緒宣統兩朝上諭檔》光緒二十四年八月初十日

軍機大臣字寄，福州將軍船政大臣增，光緒二十四年八月初十日奉上諭：前因添設海軍一事，據裕禄面奏，曾與洋員杜業爾討論，以整興船政爲海上立一强軍，必須大小戰艦三十四隻。除已有穹甲鐵甲等快船，及各式魚雷艇艦等船十三隻外，尚應添造一等守口甲船一隻，二等守口甲船二隻，二等魚雷艇十八隻。曾據杜業爾估需造價及礮械等項，約合中國銀六百七十萬兩上下。如限四年造成，每年約需銀一百六十餘萬兩。當經諭令各直省，分别數目籌撥。現除四川、吉林尚未撥定，其餘各省將軍、督撫俱已如數認解，共有一百七十三萬兩。即著增祺按照單開，應行添製船礮數目，就閩廠趕緊興辦。現在上海製造鍊鋼機器，早已購就，應用鋼件能由滬局代辦，則工運等費更可節減。著增祺咨商南洋大臣，妥速辦理。其各省認撥各款，並由該大臣電催遲速如數籌解，以應要需。單二件，著鈔給閱看，將此諭令知之，欽此。遵旨寄信前來。

左宗棠等《船政奏議匯編》卷五一增祺《恭録懿旨》 光緒二十四年十月二十四日，奉懿旨：欽差大臣大學士榮禄奏《練兵籌餉大概情形》一折，所請將提督宋慶等所部，分爲左、右、前、後四軍，擇要駐扎布置，尚屬周妥。其自請另募中軍萬人，擇地安營，督率訓練，均著準行。所有新軍餉項，除將添練新建陸軍餉銀四十萬兩撥充外，不敷之數，準由各省撥解福建船政經費項下動用。至宋慶等各軍拱衛近畿，所關甚重，必使餉需無缺，方足以資飽騰。著户部仍按前定指撥的款，嚴催各省關，迅即如額協解。倘有任意延宕拖欠，即由該大臣批名嚴參。北洋淮練各軍，合計尚有三萬餘人，若任其窳惰，以有用之餉，養無用之兵，殊爲可惜。即著榮禄體察情形，認真裁並，仍歸榮禄督飭操練，隨時調遣。現當時事艱難，以練兵爲第一要務。該大臣責無旁貸，務當實力講求，俾各軍悉成勁旅，以副朝廷整軍經武之至意。余依議。欽此。由欽差大臣榮禄咨到福州將軍衙門，移會船政衙門，查照欽遵。

左宗棠等《船政奏議匯編》卷五一增祺《福建船廠現造船工暨擬續造各船情形折》 奏，爲謹將福建船廠現造船工暨擬續造各船情形，恭折具陳，仰祈聖鑒事。

竊福建船廠自同治年間創設以來，成船不下三十餘艘。續因經費支絀，因而製造日稀，幾至前功墮棄。自前大臣裕禄接管，奉旨重加整頓，復經延訂法國洋員杜業爾等十五員名，先後來廠教習、製造，察看廠中各項機器，有應修理者，有須添制者。並以青洲新修船塢鐵閘口水勢溜急，若大船進塢修理，挽進不易，於是議造三百匹馬力拖船一只，以爲帶船進塢之用。又與洋監督杜業爾議定，先造六千五百匹馬力新式魚雷快艦兩號，自開工之日起，分作三年造成，其款亦匀作三年，按月籌給。應用物件，内地所無及一時不能自造者，先在外洋購買。旋經杜業爾將船圖繪妥，一面趕制第一號船身龍骨，安置上臺；一面由杜業爾自行携款出洋採買應需各項新式機件，此前大臣裕禄先後整頓及籌造新式魚雷各船之大概情形也。

奴才伏查該前大臣自兼辦船政，重募洋員，力圖整頓籌劃，具有規模，奴才自當欽遵諭旨，查照所定章程核實經理。當於到任後，即親赴馬江工次，適杜業爾亦由外洋辦料回閩，隨率同該洋監督並廠中提調各員，將各廠挨次周歷，見其局勢宏敞，結構精良。據稱：外洋各廠規模亦不過是。所有各項機器應修、應添者，亦已陸續完備。親至船臺察看新造第一號魚雷快艦，正在接配脅皮、截堵等工。嗣迭次到工，與杜業爾詳加討論，詢以現時各國軍艦配合之制，暨將來續造，以何項船只爲合宜。曾據開呈節略船表，大致謂一船不能兼備衆善，應視船之作何用處，以定配制之所宜。以中國形勢而論，海口林立，又多大江、大河，則淺水之二等守口，甲艦目下最爲合用，亦名爲守邊甲艦。其式船身須短，船面須寬，舵機須靈，往來内河亦可無阻。其用不在於攻，而在於御，故裝煤不必求多，速率不必求大。至於保衛之方，炮械之力，亦不在頭等甲艦以下。因請將現造第一號魚雷快艦加工趕制，刻下排釘鐵皮將次竣工，冬臘月即可下水。第二號魚雷快艦亦在廠接造龍骨，以備第一號下水，即可安上船臺，漸次工作。俟第二號快艦下水，則此二等守口甲船，又可安上龍骨。如此接續趕造船只，可收速成之效。匠作自無停曠之虞，復經奴才與提調等商酌，先行飭造船模一具，以備咨送總理各國事務衙門詳加考較，以昭慎重。此奴才接辦船政現造船工之大概情形也。

第念成船匪難，所慮者，經費支絀。查船政一局，原定每年由閩海關四成洋税項下解銀二十四萬兩，六成洋税項下解銀三十六萬兩。續因六成洋税征不敷支所籌解者，僅只四成項下二十四萬兩，甚有僅解二十萬兩之時。以故前數歲之局面，日見收縮，造船亦屬寥寥。迨裕禄與杜業爾訂造魚雷快艦兩號，除撥給法銀三十九萬佛郎，爲該洋員分投採購物料之外，計三年内船廠經費一年至少總須有銀五十餘萬兩，工作方不誤手。復奏將閩海關每年應解南北洋海防經費内，劃留十四萬兩。比奴才接辦後，船只業已開工，所有由外洋購辦料價，照裕禄與杜業爾議定，須按月匀付八萬六千餘佛郎，加以洋員薪水及廠中員紳、學堂教習、生徒薪水、工食、贍銀，出洋委員、學生經費，匠丁工價與夫銅、鐵、煤、木雜料一切用度，統計每月需銀常在五萬兩以外，是每年需款已不下六十餘萬兩，而有著者只三十八萬兩而已。奴才迭與提調及支應處通盤核算，正擬奏請撥款，以濟要工。光緒二十四年九月初一日，承準軍機大臣字寄，奉上諭：據裕禄面奏，曾與洋員杜業爾討論以整興船政爲海上立一强軍，尚應添造一等守口甲船一只，二等守口甲船二只，二等魚雷艇十八只，約合中國銀六百七十萬兩上下。如限四年造成，每年約需銀一百六十餘萬兩。現除四川、吉林尚未撥定，其餘各省俱已如數認解，共有一百七十三萬兩。即著增祺按照單開添制船炮數目，趕緊興辦。現在上海製造煉鋼機器早已購就，應用鋼件能由滬局代辦，工、運等費更可節減，著咨商南洋大臣妥速辦理。共各省認撥各款，並由該大臣電催，迅速如數籌解。單二件，著抄給閱看等因。欽此。仰見我皇太后、皇上，整軍經武、慎重要工之至意。

奴才遵即電催各省，務將認解之款迅速起解，以應要需。現接各省復電或稱庫款支絀，或俟續即籌解。除甘肅銀五萬兩，已由閩海關協甘餉内兑解外，其已報批解之直隸、四川、河南、安徽、湖南等省，以及出使經費亦止三十五萬兩。至滬局現煉之鋼，曾準南洋大臣覆稱：「係專造軍械，與造船鋼甲煉法不同若購自外洋，其價亦不甚貴。」現與杜業爾商酌，頭等甲艦需款較多，仍擬先造二等守口甲船一只，魚雷艇四只，其餘再爲接續製造。並據該洋監督將應由外洋購辦料件，約需法銀四十萬佛郎，禀請先爲撥給，以資採買。查與前大臣裕禄訂造魚雷快艦辦法尚屬相符，批令俟款項解到時，即爲給發，以便開辦。除將該船木模圖式並尺寸、炮位，開折咨送總理各國事務衙門考究是否合式，以憑遵照制辦外，謹將現造船工暨擬續造各船情形，合先繕折具陳，伏乞皇太后皇上聖鑒訓示遵行。謹奏。

光緒二十四年十月初七日拜發。奉朱批：另有旨。欽此。

十月二十八日奉上諭：增祺奏，福建船廠現造船工暨擬續造各船情形，並請截留銀兩各折片，著準其在各省已經解到之三十萬兩内留銀十五萬兩，以資應用，餘仍盡數解部。至常年經費，據稱每年不下六十餘萬兩，著仍照原定章程由閩海關四成洋税項下解銀二十四萬兩，六成洋税項下解銀三十六萬兩，每年照數籌解辦理，自可裕如。現在外洋各國戰船速率日增，魚雷船每點鐘能行二十三海里者甚多，各項戰船速率亦不下十七八海里。此次該廠所造速率僅止十一海里，國家不惜巨款辦理船政，要貴適於戰守之用。若速率太少，必致相形見絀。該將軍務須督同洋員，將各船造法實力講求，勿稍遷就。將此由四百里諭令知之。欽此。

左宗棠等《船政奏議匯編》卷五一增祺《奏留撥款片》 再，正在拜折間，適準户部電稱：前令各省籌撥船廠經費一百八十八萬兩，現在奉旨，飭各該省解交部庫存儲。除分咨外，即將船廠收到前項經費銀兩，由閩省匯解部庫，並電復等因。奴才接閲之下，當將洋員杜業爾所請採購外洋物料之法銀四十萬佛郎，暨開送之二十一號艦艇估單，均飭其暫從緩辦。據稱已有向洋廠訂購之料，容俟查明，再行具奏。至此項續造船只，是否仍行製造，自應恭候諭旨遵行。惟查目下廠造之魚雷快艦兩號，工程甚關緊要，所有應給採購外洋料價及洋員薪水暨常用各款，每月總在五萬餘兩，且須隨時發給。洋税項下二十四萬兩，並截留南北洋海防經費十四萬兩，業已陸續撥解將完，暨甘肅兑解銀五萬兩均已搭放外，核計臘月應發之款，即已無可籌措。再四思維，萬不得已，惟有仰懇天恩，俯念工需緊要，別無款項可籌，準由現在各省已經報解之銀三十五萬兩内，再留十五萬兩以濟眉急。其餘銀二十萬兩，一俟解閩，自當趕即匯解部庫。除電復户部外，謹附片具陳，伏乞聖鑒訓示施行。謹奏。

同日拜發。奉朱批：覽。欽此。

左宗棠等《船政奏議匯編》卷五一增祺《吉雲試洋片》 再，廠内所造青洲船塢需用之三百匹馬力拖船一號，其船身長十丈四尺，寬一丈八尺八寸，深九尺八寸三分；船尾吃水深七尺二寸六分，全船噸載一百三十五噸。業經前大臣裕禄於光緒二十三年四月奏明在案。該船現已製造竣工，取名「吉雲」。本年八月初二日曾派「元凱」練船管駕官林承謨帶同試洋。計每點鐘得速率十一海里半，合中國里三十八里，馬力在三百五十匹左右，較原估時又爲充拓。船身、機器亦均屬穩捷。若用以拖帶一千噸至一千二百噸之船，其速率每半時可有五哩。現在北洋「海籌」兵船將次來閩，進塢修理，正需該船拖帶。除應配舵水人等所需薪糧經費，另行開單咨部查照外，理合附片陳明，伏乞聖鑒。謹奏。

同日拜發。奉朱批：知道了。欽此。

左宗棠等《船政奏議匯編》卷五一增祺《遵照部章應行聲明立案各款折》

奏，爲遵照部章，應行聲明立案各款，恭折仰祈聖鑒事。

竊照户部奏定，外省報銷新章第十四條内載「各省設立機器局，並閩省船政局，如有添購機器經費若干，事前奏明咨部立案，事後方準核銷」等因，奴才查接管卷内，光緒二十三年份所有添置機件、修蓋廠屋動支銀兩，前大臣裕禄未及核辦各款，兹據提調道員沈翊清等禀稱：船塢購用新式起重機器連吊架一副，共價脚銀一萬三千三百七十餘兩。該件爲船塢修船起吊重器所必需，經於光緒十九年四月、二十三年十二月，先後咨報户部復準定購有案又船廠鐵水坪爲廠中起卸運送重件之區，所有起重機並鐵車路及木板、木梁鑲配各鐵件，經用日久，諸多朽壞，計修理工料銀三千二百三十餘兩。又船槽爲修理船只任重之所，其升降軸路夾框鑲配木鐵各件，經用日久，均有損壞，計修理工料銀三千八百五十餘兩。又船槽配用裝土船三號，光緒二十二年曾經修理二號，尚有一號係十七年間修過一次，裝運日久，艙堵朽壞，船底損蝕尤甚，計修理工料銀五百餘兩。又第一號船臺歷時已久，木質不無朽壞，因開造「吉雲」拖船上臺鑲配，應予修理，計工料銀一千三百餘兩。又繪事院、前學堂均有添招學生，所有樓房、學舍委屬不敷居住，且多損壞，計添蓋繪事院洋式樓屋上下二十一間，並修理前學堂學舍，共工料銀三千三百三十餘兩。又船政署後山，原有洋樓一所，洋員不敷居住，因添蓋洋式樓屋上下八間，工料銀二千八百三十餘兩。又洋員辦公所添造走廊、欄干，工料銀二百四十餘兩。又各洋員公所添置器具、家伙，價值銀一千一百三十餘兩。又，礦務洋員達韋德帶同學生楊濟成等前赴厦門、林焙、湖頭等處勘礦，計往返路費共享銀四百五十餘兩，呈請立案前來。奴才復查無異，除照章咨部查照，並匯案造銷外，理合將應行聲明立案各款緣由，恭折俱陳，伏乞皇太后、皇上聖鑒。謹奏。

同日拜發。奉朱批：該部知道。欽此。

左宗棠等《船政奏議匯編》卷五一增祺《船政衙門並各廠所遭風動用工料銀兩請飭部立案片》

再，閩省夏秋之間，輒有風颱數次，大小不同。船政各廠濱臨大江，每遇暴雨狂風，波浪汹涌，廠屋墻院即不免有損壞之虞。自光緒十一年遭風損壞修葺之後，迄今十有餘年，雖間遇風颱，尚不爲害。

本年六月二十、七月十三等日大雨傾注，繼之以狂風怒吼，大木爲拔，平地水深數尺。船政公署、繪事院、船廠、拉鐵廠、健丁營、水師營、恪靖威營、工程處、護廠炮臺，或屋瓦被風吹掀，或墻垣爲水激倒，當飭勘估，擇要修理，尚不過需銀一千一百餘兩。

正在修葺間，詎八月十五、十六、十七等日，臺風又復大作，海潮冲涌，濁浪滔天，一望汪洋，幾成澤國。直至三晝夜之久，風颱始漸平息。幸各廠所先事預防，於六月間已將制船料件預爲高置，不致被水漂失。惟船政公署、前後學堂、繪事院、藝圃、東西考工所、健丁營、通濟橋、儲材所、廣儲所、船亭、畫圖房、水師營、船塢及磚灰、拉鐵船、船槽、輪機、帆纜、模子、鐵脅等廠，損傷情形較六七月爲尤甚，且係均關緊要，不能不從速興修。復飭核實勘查，續估工料約需銀四千四百餘兩。統計兩次應修各廠所共估需工料銀五千五百餘兩。據提調道員沈翊清等具報前來，除俟工竣，再將用過銀兩造册報部外，謹先附片陳明，伏乞聖鑒。飭部立案施行。謹奏。

同日拜發。奉朱批：該部知道。欽此。

中國第一歷史檔案館《光緒宣統兩朝上諭檔》光緒二十四年十月二十八日

軍機大臣字寄，福州將軍增，光緒二十四年十月二十八日奉上諭：增祺奏，福建船廠現造船工，暨擬續造各船情形，並請截留銀兩各摺片。著准其在各省已經解到之三十五萬兩内，留銀十五萬兩，以資應用，餘仍儘數解部。至常年經費，據稱本年不下六十餘萬兩，著仍照原定章程，由閩海關四成洋税項下，解銀二十四萬兩，六成洋税項下，解銀三十六萬兩，每年照數籌解，辦理自可裕如。現在外洋各國戰船，速率日增，魚雷船每點鐘能行二十三海里者甚多，各項戰船速率亦不下十七八海里。此次該廠所造速率，僅止十一海里。國家不惜巨款辦理船政，要貴適於戰守之用，若速率太少，必致相形見絀。該將軍務須督同洋員，將各船造法，實力講求，毋稍遷就。將此由四百里諭令知之，欽此。遵旨寄信前來。

中國第一歷史檔案館《德宗景皇帝實録》卷四三二《光緒二十四年十月》

湖南巡撫俞廉三奏，遵旨籌解福州船廠經費，湘省庫儲支絀，能否續解，届時另奏。得旨，仍著如數撥解部庫，不準藉詞延宕。

左宗棠等《船政奏議匯編》卷五一增祺《各省協撥船廠經費收到銀兩遵旨解交部庫折》

奏，爲各省協撥船廠經費，收到銀兩，遵旨解交部庫，恭折仰祈聖鑒事。

竊奴才於本年十一月十六日，承準軍機大臣字寄，光緒二十四年十月二十八日奉上諭：「增祺奏，福建船廠現造船工暨擬續造各船情形，並請截留銀兩各折片，著準其在各省已經解到之三十五萬兩內留銀十五萬兩，以資應用。餘仍盡數解部等因。欽此。」並準户部咨提前來。奴才伏查各省已經解到船廠經費，計陝西五萬兩，江蘇六萬兩，山東五萬兩，湖南三萬兩，河南五萬兩，四川十萬兩，出使經費五萬兩，共銀三十九萬兩。遵留銀十五萬兩，其餘二十四萬兩，應即解交部庫以應要需。所需匯費現準户部電復，令由閩海關籌給，作正開銷。除備具文批，發交號商蔚泰、厚源豐、潤協、同慶、蔚長、厚新、泰厚承領，於十二月初十日起程解赴户部投納，並分咨查照外，謹恭折具陳，伏乞皇太后、皇上聖鑒。謹奏。

光緒二十四年十二月初八日拜發。奉朱批：「户部知道。欽此。」

左宗棠等《船政奏議匯編》卷五一 增祺《一號快艦下水，二號安上龍骨暨原定速率折》 奏，爲福建船廠現造第一號魚雷快艦業已下水，二號快艦安上龍骨，各日期暨原定速率，一並復陳恭折，仰祈聖鑒事。

竊查前大臣裕禄延聘洋員教習，製造先行，訂造魚雷快艦兩號，限三年内造成；並因船塢水勢溜急，另造拖船一只，以備拖帶船只進塢之用。均經隨時奏明在案。

奴才接辦後，曾將現造船工並擬續造二等守口甲艦一艘、魚雷艇四艘，暨所造拖船，業已試洋，與原定每點鐘行十一海里之數尚屬相符，各等因，具奏。承準軍機大臣字寄，光緒二十四年十二月十八日奉上諭：「現在外洋各國戰船速率日增，魚雷船每點鐘能行二十三海里者甚多，各項戰船速率亦不下十七八海里。此次該廠所造速率僅止十一海里，國家不惜巨款，辦理船政，要貴適於戰守之用。若速率太少，必致相形見絀。該將軍務須督同洋員將各船造法實力講求，毋稍遷就等因，欽此。」仰見皇太后、皇上修明武備，精核考工之至意，欽悚莫名。維時第一號快艦正在加工趕制，船殼將次告成，遂諏吉於十二月十八日下水，取名「建威」。第二號快艦亦於本年正月二十二日安上龍骨。詢據洋員杜業爾禀稱：所購第一號快艦機器三月内可以到閩，冬間即可安配齊全。第二號快艦約六個月内外便可下水，查其現造船身尺寸及定購機器圖式，尚與原議相符。惟速率原定每點鐘能行二十二海里半及二十三海里之數。前裕禄亦曾與之再四研求，須俟全船試洋自能考徵的確。奴才於製造一途，本鮮閱歷，自到工後，時與杜業爾及在廠各員逐件討論，證以各國師船諸表，雖船之造法日異月新，名色不同，總不外乎戰、守兩類，以求各適其用。惟取用既殊，斯製造即不能盡歸一式。是以外洋各國欲造一船，必先定此船作何等用處，以爲配制之所宜。如重於甲厚及噸載多者，其速率即減；重於速率大者，其噸載必輕，船殼必薄。故鐵甲戰船速率能及二十海里甚少。快船雖以速率是尚，然速率關乎馬力，馬力由於機輪。速率愈大則輪機不得不因之愈重。輪機重，則勢不得不薄其船殼，減其御具，狹其煤艙，而其輪機、鍋爐又極繁巧，最易損壞，故平時只升常火，必緊要時，始以全力行駛。且其船身輕脆，不耐敵炮之中傷，故海面交鋒，仍以鐵甲戰船爲體，而以快船、雷艇爲因利乘便，追逐搏擊之資。亦猶陸軍之有馬、步、炮隊相輔爲用無異。又如北洋新購之二等穹甲快船三艘，其壓水力二千九百五十噸，其速率只十九海里半；船政現造之三等魚雷快艦，其速率只二十二海里半及二十三海里，其壓水力又只八百三十噸。是亦各有所長，各有所短之明驗也。

今重立海軍，船只尚少，操練未精，自不足涉遠以攻人之國，則莫如先謀自守口岸爲第一要務。且用兵之道，必進可以戰，退可以守，方能計出萬全。現在北洋雖購有頭、二等快船五艘，雷艇四艘，可以連爲一隊。然以戰事論之，則鐵甲戰艦實不可少。以中國各海口形勢論之，似又無須過大之船，即二等守口甲船，已爲合式。蓋此項船只，既不責其涉遠載煤，即不必求多速率，亦不必求其過大。減此速率，厚其甲，多其炮，既可扼守要口，又可保衛快船，誠一舉兩得之用。至雷艇一項，船既不大，用費無多，其轟擊之力甚猛，故自有雷艇以來，用攻可以代守，似亦不可不多爲制備。

奴才前已將洋員杜業爾所繪二等守口船式咨送總理各國事務衙門考察，是否合宜，應候核復，再行遵辦。該洋員於製造一切，尚屬勤懇認真，迭經禀請加工趕造及接辦甲艦，以期船可速成，工無停曠。奈船政歲需經費，專恃閩海關協濟，尚慮不敷，如再加工，即須添費。接造船只、購辦料件更須先籌有款辦理，方可裕如，是以不能不飭其仍舊勻工製造，稍可從容。除俟一號快船試洋速率是否相符，再行具奏，並仍督同洋員悉心考求，以求精進外，所有第一號快船下水，二號快船安上龍骨各日期及原定速率，謹一並恭折復陳，伏乞皇太后、皇上聖鑒訓示。謹奏。

光緒二十五年二月二十八日拜發。奉朱批：「知道了。欽此。」

左宗棠等《船政奏議匯編》卷五一增祺《酌定閩廠槽塢代修船只租費價目片》 再，船政修船之所，小有船槽，大有船塢。自塢工完竣，因水溜太急，各船未敢輕於一試。去年八月拖船造成後，洋員杜業爾禀，經奴才派令「福安」等船先行進塢試驗，藉資練習。適北洋大臣裕禄派來「海籌」、「海琛」、「海容」三船進塢油修船底，亦均毫無疏虞。是閩省船塢足爲南北洋修理中等船只之用。又，去年七月，美國西能達大舢舨船，法國兵船及藹和商船，俱因風損壞，相繼請爲代修。而西能達舢舨船並請上槽勘修船底，自不能不量予通融，以敦睦誼。即不能不於修費之外，酌收槽租，以補經費之不足。當即飭令提調道員沈翊清等與杜業爾商照香港槽塢容泊船艦章程，酌擬定數。計自一百至三百噸，收費一百五十元；三百至五百噸，收費二百元；五百至六百噸，收費二百五十元；六百至七百噸，收費三百元；七百至八百噸，收費三百五十元；八百至九百噸，收費三百七十五元；九百至一千噸，收費四百元。自一千噸以上，每噸加收費銀四角，按噸遞加。又於工料價銀之外，再行酌加二成，以充公費。惟香港有任拖帶船艦保險之責，其價略有不同。茲船政似可不任拖帶，如有上槽、入塢，請用拖船拖帶者，其拖費擬定每次五十元。所有駕駛法度，均歸請修之船主自專其責。倘有意外事變，與槽塢無涉。其船艦停泊槽塢，均以三日爲限，逾期照日加費。擬一千噸以內之船，每日每噸應加修費銀一角；一千噸以外之船，每日每噸應加修費銀九仙。若請修之船係外國戰艦，仍請將所擬槽塢價目，值什減二，以示優待各等情。

奴才查所擬價目，飭核尚屬酌中。此後除南北洋及各省官船不收槽塢租價外，凡遇中國商船暨各國兵商輪船來閩上槽入塢者，均令照此收費。倘日後修船較多，於經費不無小補。將來或尚有應行添收之款，再爲隨時酌量辦理。所有去年收過修費及上槽費，計洋四千三百八十七元三角四尖，已經奴才飭令歸入正款。除將動用工料匯案造銷並咨部查照立案外，謹附片陳明，伏乞聖鑒。謹奏。

同日拜發。奉朱批：該衙門知道。欽此。

左宗棠等《船政奏議匯編》卷五二上許應騤《代法國東京西貢製造小輪章程立案片》 再，本年三月間，迭據船政洋監督杜業爾禀稱：法國、東京、西貢總督擬備價，託由閩廠代制淺水小輪船等語。函牘往返，至再至三，因其以睦誼爲詞，未便峻拒。臣查上年船廠，曾代外國修理船艦，經前大臣增祺奏明有案，事與相符。當飭提調道員沈翊清與議章程，務求妥愜。所有輪機速率以及工料一切，概由該監督自理，船政不任其責，並議明每號小輪船估價洋平銀二萬一千圓，應貼補船政廠租機器等費，以二成科算，計應銀四千二百圓。其銀於訂定合同先付一半，工竣找清。如照此項船式再造數艘，亦可允許續制。其出海輪船及他項未經允許者，不在此例。倘此項輪機速率或有拓改，船價或有增減，則應納廠租等費，亦按二成推遞。至於估價之盈絀、工料之良窳、成船之早遲，皆杜業爾之責，與船廠無涉。據該提調禀送漢洋文章程前來，臣逐加細核，尚無窒礙。當經電請總理各國事務衙門據情代奏。奉旨允準，欽遵在案。除飭該監督，即便興工辦理，其先繳廠租半費銀二千一百圓，收入船政經費項下，作正開銷，並抄録章程，咨送總理各國事務衙門察核，暨咨户部立案外，謹附片具陳，伏乞聖鑒。謹奏。

光緒二十五年七月初五日拜發。奉朱批：該衙門知道。欽此。

左宗棠等《船政奏議匯編》卷五二上許應騤《添制方舟修蓋船臺洋房各款報明立案片》 再，前奉户部奏定外省報銷章程，各省設立機器局並閩省船政局，如有添購機器，經費若干，事前奏咨立案，事後方準核銷等因。茲據廠員禀稱：前因延募洋員製造快艦，所有機器、料件多購自外洋，必須鐵殼方舟以資盤運，計造成鐵殼方舟二號，共用工料銀一萬五千八百餘兩。又，工次船臺歷時既久，朽壞堪虞。凡遇開造新船，皆應先行驗明、修理，以昭慎重。計修理船臺工料銀二千八百餘兩。又洋員添蓋房舍、環屋欄杆等項，計馬限山洋房添蓋房舍一十四間，工料銀四千八十餘兩；鶯脰山洋樓添造環屋欄杆，工料銀四百餘兩；馬限山洋房添造環屋欄杆並填築路徑，工料銀一千四百餘兩。又洋員達韋德帶同學生往古田穆源等處勘礦，需用路費銀一百七十餘兩。以上各款，應歸二十四年份銷案造報，呈請奏咨立案等情前來。臣復核無異，除咨部查照並匯案造銷外，理合附片具陳，伏乞聖鑒。謹奏。

光緒二十五年十一月初三日拜發。奉朱批：該部知道。欽此。

左宗棠等《船政奏議匯編》卷五二下善聯《工需緊要經費奇絀懇飭户部北洋籌濟折》 奏，爲船政工需緊要，經費奇絀，吁懇天恩，敕下户部暨北洋大臣籌款協濟，以竟船工，恭折仰祈聖鑒事。

竊查船政現造快艦兩號，原限三年告成。當經前大臣裕禄奏，蒙飭部撥濟銀十萬兩，每年截留海軍經費十四萬兩，以資開辦。嗣奉諭旨，飭各省協撥款項，旋令改解部庫。船政常年經費不敷，經前大臣增祺奏，蒙允準截留銀二十萬兩，以資應用在案。現在第二號快艦亦已下水，第一號快艦五、六月内可以試洋，轉瞬明年二月已届限滿，而經費所短尚鉅。計上午已積欠洋員料價等項十五萬餘兩，本年十三個月約需銀六十五萬兩。船政常年入款全恃閩關，除六成洋税項下原撥之三十六萬兩，光緒元、二年即已欠解，四、五年以後便歸無着。歷經奏明有案，毋庸計議外，現在閩關情形，無論如何設法騰挪、兼顧。船政只能將四成洋税項下應解之二十四萬兩及截留海軍經費之十四萬兩勉籌解濟。自本年至明年二月限滿止，約尚短銀四十六萬兩。查此等製造工作，必須依限告成，方能呈功節費。洋員杜業爾因上年料價積欠五個月，業已聲明不能肩認成艦限期，若經費不繼，作輟遷延，必更多所糜費，亟應早爲計劃。現已支款環待，不容刻緩。此際部臣籌款爲難，時艱餉絀，上廑聖懷。但使奴才有可設法，斷不敢輕率瀆請。惟籌維無術，勢處萬難，只有仰懇天恩，飭部迅速籌劃，無論何款項下，先行挪撥濟用，俾獲竟此船工。再，查廠造之兩快艦，係專爲戰船之用，其船式與北洋「海籌」等船相仿。工竣後，若留福建本省，或南洋、浙、粤等省遣用，各該省均無新式兵艦，僅此兩艘亦不得力。惟北洋海軍已成，再添此船，聲威益壯，相應請旨飭下北洋大臣，將來快艦告成，即歸入北洋海軍，以期致用。船廠前代南洋制「寰泰」等船，代廣東制「廣甲」等船，與北洋撥用閩廠之「建靖」船，均由留船省份協助工料，所有兩船工料不敷之四十餘萬兩，應照案由北洋協助。此次所請部撥之款，即可由北洋協款内歸還。似此一轉移間，北洋認費不及一船料價之半，較之購自外洋，實已輕而易舉。且船政快艦工程，非迅速籌款應付，目前便難支持，舍此又無從籌款。此中爲難迫切情形，諒邀聖明洞鑒。除分咨查照外，所有船政工需緊要，經費奇絀，吁懇飭下户部暨北洋大臣籌款、迅速協濟緣由，理合恭折具陳，伏乞皇太后、皇上聖鑒。訓示施行。謹奏。

光緒二十六年初九日拜發。奉朱批：户部議奏。欽此。

左宗棠等《船政奏議匯編》卷五二下善聯《二號魚雷快艦下水日期片》 再，查接管卷内，廠造第二號魚雷快艦於光緒二十五年正月二十二日安上龍骨。經前大臣增祺恭折奏明在案。奴才接辦後，旋據洋員杜業爾禀稱，該船船殼已經鑲配完備，請諏吉下水等情前來。謹擇本年二月初三日大潮下水，取名「建安」。奴才是日親赴工次，督同提調等勘視，尚稱穩妥。除飭將應配機件趕緊鑲配，毋誤成船試洋期限外，理合附片陳明，伏乞聖鑒。謹奏。

同日拜發。奉朱批：知道了，欽此。

左宗棠等《船政奏議匯編》卷五二下善聯《四届出洋肄業學生交出使大臣照料監督並翻譯先撤回華折》 奏，爲船政第四届出洋肄業學生六名，擬交出使大臣照料，原派監督、翻譯撤令回華，以節糜費，恭折仰祈聖鑒事。

竊查接管卷内，船政前學堂選派第四届赴法肄業學生施恩孚等，飭派江蘇候補知府吴德章督帶前往，所有出洋經費，援照歷届成案，由閩省厘金項下籌撥四分之二，閩海關四成洋税及船政制船經費項下各籌撥四分之一，撥解船政衙門，分年匀解。經前大臣裕禄於光緒二十三年五月，恭折奏明在案。奴才接辦後詳加察核，此届出洋肄業學生只有六名，每年經費共需一萬五千餘兩。實則監督薪水已去其半，夫所謂監督者，不過挈同學生出洋到法國後，送入學堂肄業，按期支給房膳、修金，此外無所事事。至於學生功課之勤惰，造詣之淺深，自有該堂教習爲之課督，而原派往之華監督不與焉。即遇有學堂交涉事宜，乃須就近禀由出使大臣，始能轉達法國外部。其居恒約束學生以及稽考堂課，則又不如使館耳目之周，是監督一差，儼同虚設。

近年學生出洋，徒染習氣，鮮有裁成，未始不由於此。當兹時事艱難，尤應力求實際，斷不能以有用之帑款，稍涉虚糜。矧目下船政經費異常支出，閩省厘金、閩海關税征收亦均形減色，此項出洋用款籌措殊難。計自二十三年九月，學生由閩啓程赴法，扣至本年九月，已滿三年。第三年經費，只閩海關撥解四分之一，而閩省厘金應撥四分之二及船政應撥四分之一，均因款絀，催解不前。遠隔重洋，深恐難期接濟。在學生學習製造理法較深，期限六年，自未便半途使輟。奴才再四思維，監督既徒有虚名，轉滋糜費，則不如先期撤返。學生交由使臣認真照料，從此三年畢業，或者可冀成材。除飭出洋監督吴德章遵照，俟三年届滿，即挈同翻譯先行回華，另候差遣外，相應請旨敕下總理各國事務衙門，咨行出使法國大臣查照。一俟監督吴德章三年届滿回華，所有學生六名即歸就近妥爲照料，以專責成。奴才係爲造就人材、節省糜費起見，是否有當？理合將船政第四届出洋學生擬交出使大臣就近照料，原派監督、翻譯撤令回華各緣由，恭折具陳，伏乞皇太后、皇上聖鑒。訓示施行。謹奏。

同日拜發。奉朱批：着照所請。欽此。

左宗棠等《船政奏議匯編》卷五三許應騤《接管船政日期叩謝天恩折》 奏，

爲恭報接管船政日期，叩謝天恩，仰祈聖鑒事。

竊臣前奉上諭，暫行兼管船政大臣，當繕折瀝陳，懇恩收回成命，差弁賫回原奏。奉朱批：著不準行。欽此。臣跪聆之下，愧悚莫名。當由署福州將軍兼管船政大臣善聯，於本月十三日委提調道員沈翊清，將船政木質關防一顆並文卷等件移送前來。臣當即恭設香案，望闕叩頭謝恩，接受任事。伏念船政自訂造快艦，經費頓增，除閩關歲撥外，更無他款可恃，以至入不敷出，年甚一年。臣以菲材承乏其間，工程可核實以維持，款項難憑虚而策劃。查局中冗費比已裁汰净盡，所例應關領者，均洋人、工料及華匠口食等項必不可少之需。設閩關撥解稍不應手，必多貽誤。仰乞聖明鑒及，諭飭閩海關監督務核照船政支數寬爲籌足，按月解工，俾洋人無得借口刁難，而華匠亦不虞乘機鼓噪，洵屬有裨時局。署將軍臣善聯兼理船政數月，洞悉情形，且值多事之秋，一切均資共濟，諒必不分畛域。應請嗣後船政如詳求利弊，嚴察勤惰，事關工程者，由臣任之，其熟酌緩急豐籌挹注事關款項者，由臣善聯任之，庶幾相與有成，力圖補救大局。幸甚。所有微臣接受船政日期並感激下忱，謹繕折具陳，伏乞皇太后、皇上聖鑒。謹奏。

光緒二十六年八月十六日拜發。奉朱批：該衙門知道。仍著該督隨時會商善聯，妥籌辦理。欽此。

左宗棠等《船政奏議匯編》卷五三許應騤《四届出洋學生已歷三年因籌費爲難應一並遣撤回華片》 再，船政第四届出洋肄業學生六名，原派監督、翻譯帶同前往，歲需經費一萬五千餘兩，經署福州將軍兼理船政臣善聯以經費難籌，請將監督、翻譯先行裁撤回華，學生交由使臣就近照料，以節虚糜，於本年三月間奏明在案。臣接管船政後，準直隸總督臣李鴻章轉駐法出使大臣裕庚電稱：無款可墊，請將學生撤回，以免貽誤等因。臣查出洋經費一款，除裁撤監督、翻譯薪費不計外，學生六名，每年仍需銀七千餘兩。目下船政工需萬分竭蹶，將有懸釜待炊之慮，實屬無法騰挪。因會商善聯，亦以關征短絀，此項出洋經費，閩海關應攤四分之一尚能勉力籌解，而厘金劃由閩關代解四分之三，能否按期劃撥，難以預定等語。臣再四思維，該學生等遠隔重洋，倘未能常川匯款接濟，自不免作輟相乘，於學業進修不第毫無裨益，深恐淹留異域，别出事端。計自二十三年九月出洋肄業起，扣至本年九月，已歷三年。該生等於製造專門，當有心得，誠不如準照裕庚來電，遣撤回華，即令在閩廠與洋員匠講求工作，亦足以資印證，不致荒嬉。除電復，並一面籌給回費匯洋遣撤外，理合附片陳明，伏乞聖鑒。謹奏。

光緒二十六年九月二十六日拜發。奉朱批：該衙門知道。欽此。

左宗棠等《船政奏議匯編》卷五三許應騤《廠造快艦將次告成擬請改撥鄰省遣用即由該省籌款協助以清積欠折》 奏，爲廠造快艦兩號將次告成，擬請改撥鄰省遣用，即由該省籌款協助，以清積欠而免轇轕，恭折仰祈聖鑒事。

竊查廠造快艦兩號，原限三年告成，屈計明年二月已届限滿，試洋在即。所需經費及積欠洋員料價，除閩海關力能籌撥外，約共短銀四十六萬兩。經署福州將軍臣善聯於本年三月間具奏，請將快艦撥歸北洋遣用，此項短款四十六萬兩，即由北洋協助。奉旨依議，由部咨行，欽遵在案。臣接管船政後，通盤籌算，如善聯所稱，短銀四十六萬兩，係按閩海關應解船政經費四成項下，年解二十四萬兩；又截留南、北洋海防經費，年撥十四萬兩，全數解足而言。奈本年税收奇絀，前項經費關解多不足額，積欠漸增；且洋匠十名，三年限滿回國，川資以及酬賞等項未計在内。以臣綜核，至少亦須籌銀五十萬兩，始能蕆事。顧茲巨款無術取償，惟日向洋員展緩，轉瞬兩艦告成，又將何詞以對。若無款項清還，深恐别生枝節，肆意要求，愈久則愈難消納，綢繆未雨，焦急萬分。閩中瘠苦甲於他省，自籌辦防務以來，騰挪兵餉，羅掘已窮，兩艦告成，亦苦無養船經費。擱置則銹朽堪虞，糜費滋甚。目下時局艱難，北洋協款已成無著，而船工迫不及待，萬難再事緩延。再四思維，惟有將快艦兩號改撥鄰省遣用，所短之工料五十萬兩，即由籌款協助，庶可以期迅速而解倒懸。

伏查各省需船，北洋之外，莫如南洋，其次廣東。現北洋「海天」、「海圻」等艦概已南下，南洋供億浩繁，恐無餘力。粤省素稱富庶，設籌較易，即就本年新抽海防、緝捕經費一款，便可移緩就急，將來養船之費，似亦不難。且該省濱海，風氣早開，居民多業洋務，駕駛自不乏人。認費不及一船料價之半，而得兩船之用，於海防不無裨益。合無仰懇天恩，飭下廣東督撫臣，迅即如數協籌。無論何項，先盡挪撥，從速解濟。兩艦告成，即由該省派員驗收，撥歸遣用。庶船工得款，隱患藉以潛消；該省得船巡防，足資拱衛，是否有當，理合將快艦將次告成，擬請改撥鄰省遣用，即由籌款協助各緣由，恭折具陳，伏乞皇太后、皇上聖鑒、訓示、施行。謹奏。

光緒二十六年十月二十八日拜發。奉朱批：另有旨。欽此。

光緒二十六年十二月十二日，奉上諭：許應騤奏，廠造快艦將成，擬請改撥鄰省遣用，請飭籌款協助一折。據稱，閩廠製造快艦兩號將次告成，原係撥歸北洋遣用，現在北洋協款無著，擬請將快艦改撥粵省，以備海防之用，所需工料銀五十萬兩，即由該省籌款協助，以應要需等語。此項經費關係緊要，快艦尤爲廣東所必需，著陶模、德壽迅籌的款，如數撥解。俟兩艦告成，即由該省派員驗收、領用。原折著抄給陶模、德壽閲看，將此各諭，令知之。欽此。

左宗棠等《船政奏議匯編》卷五三許應騤《廠購機器一律鑲配所需價脚報明立案片》 再，前準户部咨，奏定外省報銷新章，内載「各省設立機器局並閩省船政局，如有添購機器，經費若干，事前奏明咨部立案，事後方準核銷」等因。又準兵部咨「購辦機件脚費，須另款造報，勿得以價脚籠統開列」等因，歷經遵辦在案。兹據船政局提調道員沈翊清稟稱：光緒二十五年份添購廠用電燈、電機並添造電光坪一座，鐵電綫杆二十架，一百三十四馬力輪機鍋爐一副，挂壁鑽孔汽機四架，安置電機、輪機、鍋爐、洋式房一座，共價值工料銀五萬四百餘兩。又鐵脅廠添購制泡釘汽機一副，鑽孔汽機三架，柳條鋸木汽機一架，礪石汽機二架，並添造卷鐵板汽機一架，拗鐵板手機四架，抽水汽機二副，懸挂鐵風箱一個，安放鐵料木棚一座，靠鐵板鐵架五十三架，鋼泡釘爐二個，鐵風爐二個，鐵水箱一十五個，打鐵磚爐八座，換配梁上掣機總輪軸全副，共價值工料銀三萬八千八百餘兩。又輪機廠添購制旋紋汽機、制螺餅汽機、移動鑽孔汽機、連環轉車鑽汽機各一架，共價值並鑲配工料銀三千二百餘兩。又水缸廠添購刨鋼板汽機一架，礪石汽機二架，鑽孔汽機二架，打泡釘水力機一架，並添造瓦上鐵汽通九個，驗湯鍋用小馬力抽水機鍋爐一副，添蓋驗鍋爐洋式房一座，共價值工料銀一萬一千五百餘兩。又模廠添購刨木汽機，刨木起綫汽機各一架，共價值並鑲配工料銀一千四百餘兩。又拉鐵廠添造六十五匹馬力鍋爐二座、抽水汽機一副，共工料銀九千五百餘兩。又鑄鐵廠添造鑄鋼、烘鋼磚爐各一座，工料銀二千二百餘兩。又輪機、水缸兩廠，添購洗湯鍋水龍二架，價值銀一百餘兩。又由外洋採辦暨代辦監造電報信資以及運閩脚費，共銀二萬六千七百餘兩。均因整頓船工，復募洋員教造巨艦，自正監督洋員杜業爾到工後，由其察看各廠情形，分別購置，業經一律鑲配完竣，所有前項款目呈請立案前。來臣復核無異，除咨部查照，並飭匯案造銷外，理合附片具陳，伏乞聖鑒。謹奏。

光緒二十六年十一月二十八日拜發。奉朱批：該部知道。欽此。

左宗棠等《船政奏議匯編》卷五三許應騤《總督衙門奏廠制安海小兵輪下水日期片》 再，閩省下游各處洋面遼闊，港汊紛歧，伏莽出没堪虞，防範不容稍懈。臣前於奏報酌裁緑營官兵、騰餉練軍折内，聲明所裁水師大艇節存之款，俟積有成數，添制輪船數艘，以資巡緝在案。兹飭船政提調、四川特用道沈翊清會商洋監督杜業爾，試造淺水小輪船一號，於光緒二十六年四月初六日安上龍骨，兼工製造，於十二月初六日工竣下水。經臣派員出海驗駛，尚屬靈捷，取名「安海」，以資號召。計該輪船身長法尺三十尺，合英尺一百尺；闊法尺五尺七寸，合英尺十九尺。吃水深法尺七寸，合英尺二尺四寸。重載六十五噸，馬力三百匹，係雙套機器，每點鐘可行十海里半到十一海里。共需工料銀一萬五千九百餘兩，由所裁水師大艇節存項下撥給，歸入海防匯案報銷。據福建善後局、司、道查照新章詳請奏咨立案前來，除分咨户、兵、工三部外，理合附片具陳，伏乞聖鑒，飭部查照施行。謹奏。

光緒二十七年三月初三日拜發。奉朱批：户部知道。欽此。

左宗棠等《船政奏議匯編》卷五三許應騤《船政勢難兼顧請簡員接管折》

奏，爲船政勢難兼顧，謹據實瀝陳，仰懇簡員接管事。

竊臣奉命暫理船政將届一年，但能勉力措持，何敢託詞諉卸？惟臣兼轄兩省政務殷繁，當今時局艱難，一切措施，尤不得不慮善而動。加以中外交涉，視昔倍增，公牘之往來，洋員之接晤，幾無虚日。悉心因應，已覺昕夕弗遑，更兼籌船政，深恐顧此失彼。查船政款項專於閩關取給情形，經叠次臚陳，則與其分之而仍待挹彼以注兹，似不若合之而常得移緩以就急。現臣景星已抵福建將軍任，察其精力，數倍於臣，而器宇恢宏，才識明敏，爲平時所深悉，若兼司船政，當綽綽有餘。且將軍事簡，經理更爲周妥，可否請旨飭其兼管，抑或另簡專員，恭候聖裁，不勝迫切待命之至。夫臣所以再三陳請者，委非畏難苟安之見，圖息仔肩，實欲殫竭愚誠於地方應辦各事，專心區劃，以自效於萬一，倘蒙俞允，彌感生成。嗣後遇有船政重大事宜，仍當和衷商榷，隨時相助爲理，萬不敢以瓜代有人，遂置身事外也。所有船政勢難兼顧，仰懇簡員接管緣由，謹繕折具陳，伏乞皇太后、皇上聖鑒、訓示。謹奏。

光緒二十七年四月十八日拜發。奉朱批：著景星兼管。欽此。

左宗棠等《船政奏議匯編》卷五四景星《恭報接管船政日期叩謝天恩折》

奏，爲恭報接管船政日期，叩謝天恩，仰祈聖鑒事。

竊奴才於七月初七日，準閩浙總督臣許應騤咨開，光緒二十七年四月十八日具奏，船政勢難兼顧，請簡員接管一折。奉朱批：著景星兼管。欽此。抄折恭録咨會，查照欽遵等因。奴才即於本月十三日接管，並準督臣派船廠提調道員沈翊清賫送關防前來，當即祇領，恭設香案，叩頭謝恩。伏念奴才樗櫟下質，無補涓埃，感荷生成，倍深悚愧。竊維船廠專司製造，經費爲先。時局正值艱難，籌款不易，是以近年兼管之員，每因籌辦之難，預爲持重之慮，輾轉陳請，固出有因，而難辦之情形，亦所共見。以奴才庸愚兼此繁劇，益覺隕越堪虞，惟有殫竭血誠，不辭勞怨，隨時督飭廠員，細心經理，遇有應商事宜，仍當會同督臣斟酌妥辦，以期仰答天恩於萬一。所有奴才接管船政日期，恭折具陳，伏乞皇太后、皇上聖鑒。謹奏。

光緒二十七年七月十五日拜發。奉朱批：知道了。欽此。

左宗棠等《船政奏議匯編》卷五四景星《仍留船政提調沈道在工以資熟手片》 再，船廠提調四川候補道沈翊清在工多年，情形熟悉。奴才接管後，查悉該員經理工程講求匠藝，實心任事，中外咸孚。應請仍留該員接充提調，以資熟手而獲臂助。謹附片具陳，伏乞聖鑒。謹奏。

同日拜發。奉朱批：知道了。欽此。

左宗棠等《船政奏議匯編》卷五四景星《閩廠添購機器報明立案片》 再，奴才所管船政衙門，前準户部咨，奏定外省報銷新章内載「各省設立機器局並閩省船政局，如有添購機器，經費若干，事前奏明咨部立案，事後方準核銷」等因，歷經遵辦在案。茲據船政局提調道員沈翊清稟稱：光緒二十六年份，輪機廠添購刨旋紋鑽汽機一架、磨鑽機家伙汽機一架、制旋紋機一架、制鋼瓣傢伙汽機一架，共價值並鑲配工料銀二千二百餘兩。又鐵脅、水缸兩廠添購通用泡釘電機二架，共價值銀四千二百餘兩。又添購廠用德果非李四輪小車，並鋪造鐵軌路，共價值工料銀二千二百餘兩。均因整頓船工，復募洋員教造巨艦。自正監督洋員杜業爾到工後，察看情形，分別購置，業經一律配造完竣。所有前項款目，呈請立案前來。奴才復核無異，除咨部查照並匯案造銷外，理合附片具陳，伏乞聖鑒。謹奏。

光緒二十七年十月二十九日拜發。奉朱批：該部知道。欽此。

左宗棠等《船政奏議匯編》卷五四景星《船廠兼顧難周據實薦舉船務真才懇恩簡用折》 奏，爲船廠兼顧難周，據實薦舉船務真才，吁懇天恩簡用，恭折仰祈聖鑒事。

竊查船政創設垂三十年，締造經營，本非容易。從前皆派大臣駐工督理，成效蒸然。近十餘年，徒以經費不充改爲兼辦，原屬一時權宜之計。迨二十二年議聘洋員，從新整頓，前閩浙總督臣邊寶泉即有另派大員駐工之請。總理衙門議奏意見，亦復僉同。嗣以經費出自閩關，竟歸將軍兼理。究之總督、將軍皆有職守應辦之事，勢難常川赴工，不無顧此失彼之慮。加之當日延聘洋員合同所載，遇事逕商船政大臣。工程瑣屑，言語不通，拊循非易。所以歷任船政諸臣，每因籌辦之難，均有請派專員之奏，船廠情形，早在聖明洞鑒。

奴才自上年七月奉命兼管，適值時局多艱，不敢稍有推諉，駑駘勉竭，期報涓埃，非萬不獲已，又曷敢瀆陳於君父之前。無如奴才於西法製造，向未講求，竭力經營，罔益事理。接管以來，特赴工次與洋員討論情形，諸多扞格，語論屢爲所窮。深賴提調道員沈翊清精思贊畫，從旁折服，藉以箝制。惟目下洋員限滿，讓艦待成，洋監督杜業爾又復紛請攬收外方託制工程，堅求爲法員留限，事機雜出，斷非奴才之檮昧所能因應。因思督臣許應騤去歲奏陳，原有專員之請。誠以兼管難期周妥，提調即能旁參贊助，究不能公然持論，與彼磋磨，而欲求工程熟悉，洋員信服，則未有逾於船政提調、四川補用道沈翊清者。該員係前船政大臣、兩江督臣沈葆楨之長孫，家學淵源，能持大體，且在工最久，諳熟洋情，爲歷任船政臣所倚重。奴才共事數月，深知其於廠務，一切措置咸宜，堪勝專任合無仰懇天恩，俯念船廠關係重要，將該員沈翊清破格擢用，得以專制船廠。惟必須準其專折奏事，方足以存體制而期整頓。如蒙俞允，可否賞以四五品京堂，作爲船政大臣，實於廠務大有裨益。奴才爲船工緊要，吁懇鴻施。所陳是否有當，伏乞皇太后、皇上聖鑒，訓示遵行。謹奏。

光緒二十八年正月二十八日拜發。奉朱批：另有旨。欽此。

光緒二十八年三月初三日，奉上諭：景星奏，船廠勢難兼顧，請派專員一折。四川補用道沈翊清前已賞加四品卿銜，派充會辦四川礦務、商務大臣。茲據該將軍奏稱，船廠關係重要，總督、將軍皆有職守，勢難常川赴工，必須另派專員，以資統攝，自係實在情形。沈翊清著暫留閩省會辦船政，藉資熟手。惟該廠經費本出閩關，近來交涉事件尤多轇轕，仍著，責成景星隨時籌商辦理，不得藉詞諉卸，以維成局而收實效。將此諭令知之。欽此。

左宗棠等《船政奏議匯編》卷五四景星《簡派船政大臣駐廠應準按月照支經費片》 再，如蒙天恩簡派道員沈翊清充當船政大臣，自當照舊駐廠，以資統攝。其船政提調一員即可裁去，以重款項。查船政大臣每月例支經費銀六百兩，船政提調每月薪水三百兩。近年船政大臣多係兼理，其經費並未支領。既派大員駐工專管其事，自應每月按照六百兩經費開支，以資辦公。該員沈翊清深明時局，斷不至稍涉糜費，多有妄用。謹附片具陳，伏乞聖鑒訓示。謹奏。

同日拜發。奉朱批：覽。欽此。

左宗棠等《船政奏議匯編》卷五四景星《閩廠洋員接造留限應視讓艦成否爲準的片》 再，奴才正在拜發前折，承準外務部來咨，接準法鮑使來照，以福州船廠聘用法國監工、匠役人等，中有限滿回國者，非再爲聘訂，或另聘法國他人代其執事，請電達照辦等因，抄録往來照會，咨行酌辦前來。奴才查法鮑使照内所稱，有謂船廠洋監督杜業爾所商承辦修造輪、艦等事，雖屬妥洽裨益，而船政大臣作難未允，事出情理之外各等語。此皆奴才誠信未孚，以致洋員内懷疑惑。查接造留限各督臣許應騤奏定讓艦之時，早有明言，應視讓艦之成否，以爲留造之準的。目下催辦讓艦，即是法員接辦留限之緣起，並非奴才接管之後另有意見，當爲洋員所共諒。除咨外務部電復法鮑使外，理合附片一並陳明，伏乞聖鑒。謹奏。

同日拜發。奉朱批：外務部知道。欽此。

左宗棠等《船政奏議匯編》卷五四景星《恭謝天恩報明任事日期折》 奏，爲恭謝天恩，報明任事日期，仰祈聖鑒事。

竊臣準福州將軍臣景星咨稱：承準軍機大臣字寄，光緒二十八年三月初三日奉上諭：景星奏船廠勢難兼顧，請派專員一折，四川補用道沈翊清，前已賞加四品卿銜，派充會辦四川礦務商務大臣。兹據該將軍奏稱，船政關係重要，總督、將軍皆有職守，勢難常川赴工，必須另派專員，以資統攝，自係實在情形。沈翊清著暫留閩省會辦船政，藉資熟手等因，欽此。臣恭設香案，叩謝天恩。隨準署福州將軍督臣許應騤委員將兼管總理船政木質關防賫送前來，臣祇領暫存工次，隨時啓用，並會銜印發。伏念臣以庸才迭承恩命，甫將趨闕，暫復留工。溯船政創立之初，惟臣祖實承其乏，造端不易，當日視爲長駕遠馭之圖，時會屢遷，及今已竭彌縫補苴之術。臣智絀能鮮，資淺望輕，考工而兼柔遠之艱振墜，況有圖新之責何敢視同傳舍，負聖主之殊知曷由，勉就規隨，尋先臣之遺緒，昕宵循省，進退彷徨。謹遵旨於本月初八日赴工任事，仍隨時會同兼管船政大臣籌商辦理，冀殫駑鈍之微誠，仰答鴻慈於萬一。所有微臣暫留閩省會辦船政任事日期，理合繕折報明，恭謝天恩。伏乞皇太后、皇上聖鑒。謹奏。

光緒二十八年四月初八日拜發。奉旨：知道了。欽此。

左宗棠等《船政奏議匯編》卷五四景星《經費支絀請飭下各省需船就廠購造並積欠洋員料價片》 再，臣一月之中兩奉恩命，以臣歷充船政提調等差有年，荷蒙特旨，暫留會辦，藉資熟手；而於經費、交涉諸事，仍責成兼管大臣隨時籌商辦理。仰見聖人明燭萬里，無微不至，莫名欽感。

竊以經費之難，難於目前之支撑，尤難於通盤之籌劃。當臣祖先臣沈葆楨開辦伊始，朝廷規劃閎遠，鑒其任事之難，準予寬籌經費。維時閩關旺征，籌款尚易。每年額定經費四成項下解足二十四萬兩，六成項下解足三十六萬兩，而洋員日意格等，咸能就我範圍勤奮效命，故觀成最速。自兹而後，款項漸絀，前大臣黎兆棠咨商兩江督臣劉坤一、左宗棠，因有代制南洋各船之舉；裴蔭森咨商前兩廣督臣張之洞，因有代制粤省各船之舉；大學士、前直隸總督王文韶與前兼管大臣邊寶泉往返咨商，因有在船政購買海軍運船之舉。大抵就本省現有之財力，供船政而不足，必推廣各省，以集其成。比年解款愈絀，致華洋員薪水、匠丁辛工、學堂經費，幾於按月蒂欠，事勢之難，至此已極。亦知目下度支奇窘，各省所同。然以中國之大，僅有閩省一船廠，而輪船又沿江、沿海各省所必需，與其向他國購船，而任其漏巵？不如就閩省制船，不窮於挹注。況積數十年經營之力，廠機林立，工匠輩興，近且延聘洋員講求新制，不於此時收效，反置已成之局於無用，臣竊惜之。可否請旨飭下沿江、沿海各督撫大臣，如有備造大小兵運各船，不必商購外洋，擬照南北洋、廣東成案，即就船政購造。約定工料、價目，訂明年月期限，以便考成。即華、洋各商，有託制商船者，亦可訂立合同，允爲製造，以廣招徠。庶人人知船政爲有用，而閩廠足以自立，即藉爲推廣之基。至交涉之事，亦往往以採辦帳目欠還，致有轇轕。查船政延聘洋員，訂造新式兩快船鋼鐵各料，多取諸外洋。約明勻年份還，後以經費欠解，截至二十七年五月底止，除已還外，尚約短銀六十餘萬元。經前兼管大臣奏明，並擬設法籌還各在案。現洋員限期已届，而宿逋未清，如能將已成之船易有著之款，一以清從前積欠，一留爲別項製造。此後酌盈劑虚，量入爲出，庶無竭蹶之患。此固一時權宜，而亦先事之所急也。臣以本籍紳士而參預要工，以新進外僚而過蒙任使，輊庸自揣，隕越時虞。聞命以來，寢食俱廢。惟有隨時會同兼管大臣籌商辦理，斷不敢以暫時留辦稍涉敷衍，自外生成。慺慺愚誠，伏乞聖鑒。謹奏。

光緒二十八年四月初八日拜發。奉旨：政務處議奏。欽此。

「中央研究院」近代史研究所《海防檔》乙福州船廠《光緒二十八年五月十二日外務部收軍機處交出船政會辦大臣沈翊清抄片及硃批請飭沿海沿江各省督撫備造兵運各船即由船政承造》 五月十二日，軍機處交出沈翊清抄片稱，再臣一月之中，兩奉恩命，以臣歷充船政提調等差有年，荷蒙特旨暫留會辦，藉資熟手，而於經費交涉諸事，仍責成兼管大臣隨時籌商辦理，仰見聖人明燭萬里，無微不至，莫名欽感。竊以經費之難，難於目前之支撐，尤難於通盤之籌畫。當臣祖先臣沈葆楨開辦伊始，朝廷規畫閎遠，鑒其任事之難，准予寬籌經費。維時閩關旺征，籌款尚易，每年額定經費，四成項下解足二十四萬兩，六成項下解足三十六萬兩。而洋員日意格等，咸能就我範圍，勤奮效命，故觀成最速，自茲而後，款項漸絀。前大臣黎兆棠咨商兩江督臣劉坤一、左宗棠，因有代製南洋各船之舉。裴蔭森咨商前兩廣督臣張之洞，因有代製粵省各船之舉。大學士前直隸總督王文韶，與前兼管大臣邊寶泉往返咨商，因有在船政購買海軍運船之舉。大抵就本省現有之財力，供船政而不足，必推廣各省，以集其成。比年解款愈絀，致華洋員薪水，匠丁辛工，學堂經費，幾於按月蒂欠，事勢之難，至此已極。亦知目下度支奇窘，各省所同，然以中國之大，僅有閩省一船廠，而輪船又沿江沿海各省所必需，與其向他國購船，而任其漏巵，不如就閩省製船，不窮於挹注，況積數十年經營之力，廠機林立，工匠輩興。近且延聘洋員，請求新製，不於此時收效，反置已成之局於無用。臣竊惜之，可否請旨飭下沿江沿海各督撫大臣，如有備造大小兵運各船，不必商購外洋，擬照南北洋廣東成案，即就船政購造，約定工料價目，訂明年月期限，以便考成。即華洋各商有託製商船者，亦可訂立合同，允爲製造，以廣招徠，庶人人知船政爲有用。而閩廠先有以自立，即藉爲漸推漸廣之基，至交涉之事，亦往往採辦帳目欠還，致有轇轕，查船政延聘洋員，訂造新式兩快船鋼鋏各料，多取諸外洋，約明勻年分還，後以經費欠解。至二十七年五月底止，除已還外，尚約短銀六十餘萬元，經前兼管大臣奏明，並擬設法籌還各在案，現洋員限期已屆，而宿逋未清。如能將已成之船，易有著之款，一以清從前積欠，一留爲別項製造，此後酌盈劑虛，量入爲出，庶無竭蹶之患，此固一時之權宜而亦先事之所急也。臣以本籍紳士，而參預要工，以新進外僚。而過蒙任使，輇庸自揣，隕越時虞。聞命以來，寢食俱廢，惟有隨時會同兼管大臣籌商辦理，斷不敢以暫時留辦，稍涉敷衍。自外生成，慺慺愚誠，伏乞聖鑒，謹奏。

光緒二十八年五月初十日，奉硃批，著會同兼辦大臣並咨商各督撫妥籌辦理，欽此。

「中央研究院」近代史研究所《海防檔》乙福州船廠《光緒二十八年八月二十三日外務部收法館甘司東函閩廠監督杜業爾擬接造商輪三艘恐閩督不准請設法辦理》 八月二十三日，法館甘司東函稱，西一千九百二年九月二十二日，法甘領事來函，聯大人鈞覽，敬啟者，現接福州船廠監督杜尼爾來函。內稱，有輪船公司現在該處定造輪船三艘，擬即代爲製造，藉可獲利。以爲廠中經費之助，蓋中國政府已久未帮給資款也。但恐該處總督不願准其製造，因求本國使館代請政府將此事諭知該總督等語。得函後，本領事已告代辦賈君云，杜監督此意，諒係誤會。因得獲此等意外之利，總督亦必同爲欣幸也。擬即不復行文照會外務部，而逕向閣下商議此事，即祈設法辦理，並請考驗該總督舉動是否如人所云。令其決定主意，總期船廠得獲利益爲要，此請鈞安。

佚名《船政奏議續編》沈翊清二《閩廠接造輪船支用各款造册核實報銷折》

奏，爲閩廠接造輪船支用各款，造册核實報銷，恭折仰祈聖鑒事。

竊查閩省船政局光緒二十二年份制船經費用款，經前兼辦大臣裕禄造册奏銷，業於光緒二十四年二月十二日具奏，由户、兵、工各部核復，分别準駁行查各在案。茲臣等查接管卷内核自光緒二十三年正月起，至二十四年十二月底止，計前兼管船政大臣裕禄、增祺任内接造湊成第三十五號七百五十匹實馬力「福安」輪船一艘，開造湊成第三十六號三百五十匹馬力「吉雲」，拖船一艘，開造未成第三十七號六千五百匹馬力「建威」魚雷快艦一艘，修理「元凱」練船一艘，添蓋洋員匠住所、學舍、廠屋，修理船臺、鐵水坪、裝土船，添購機器並歲修廠屋、爐溝，添置書籍、器具及添募洋員薪費，員弁、書役、生徒、工匠各項常年支銷，均係遵照部章，奏咨在案。惟制船項下，向由閩海關洋税月撥六成銀三萬兩，四成銀二萬兩。茲查六成洋税兩年，共解銀一十萬兩，四成洋税兩年共解銀四十六萬兩。又江海關道奉部準撥銀一十萬兩，勻撥銀一十二萬兩。又洋藥厘金項下，又甘肅省先解造船經費銀五萬兩。又前大臣增祺奏留各省協撥造船經費銀一十五萬兩。又光緒二十二年份準銷各款扣平銀三千五百二十二兩零。又二十二年底存銀一十二萬三千六百九十兩零。又存用剩各料價值合銀七萬四千四百三十三兩零。以上舊管新收共銀一百一十八萬一千六百四十五兩零，內除造船、購器、修廠、贍工等項支用銀七十七萬七千六百七兩零，又墊支各輪船薪費銀一萬一千八百七十七兩零，又墊支煤炭銀四千五百八十三兩零，補除閩省善後局將欠作墊銀七萬二千二百七兩零，又補除墊支臺灣各款銀九千六百八兩零，共支銀八十七萬五千八百八十四兩零。除支外，實存現銀九千三百六十一兩零。又用剩各料價值合銀二十九萬六千四百兩零。據承辦委員詳請奏咨前來。臣等復核無異。至二十三、四兩年，核扣減平銀兩，因船政經費支絀異常，應請歸於二十五年份列收，作正開銷，合並陳明。除分咨政務處、外務部，並造細冊咨送户、兵、工各部核銷外，謹繕折具陳，伏乞皇太后、皇上聖鑒。謹奏。

光緒二十八年九月初二日拜發。奉旨：該部議奏，欽此。

佚名《船政奏議續編》崇善二《察看船政近日製造情形折》 奏，爲察看船政近日製造情形，恭折仰祈聖鑒事。

竊臣等查船政自「建威」、「建安」穹甲艦工竣之後，督臣許應騤兼管船政任內，飭制淺水巡洋輪船兩艘，一曰「安海」，一曰「定海」。「安海」於去年春間告成，「定海」於本年夏間竣事，正在洋面驗試船、機，以便交與管駕接管。兹準督臣會商，以「安海」宜於江面駛用，藉以巡緝盜賊；「定海」舷高，可御風濤，改爲海口港汊偵獲賊船之用。每遇風逆潮退，大船不能前進者，該船可游弋自如。若果得力，尚擬再造數艘，俾成艦隊，此本省制船之情形也。

北軍南駐江陰之際，「海籌」、「海琛」二快船巡洋抵閩，擬就閩塢修理。適值春旱潮小，兼以塢前淤積，嗣經極力開挖，俾得進塢，業於七月間次第修竣，銜尾赴滬。此北軍到塢修理之情形也。

臣翊清本年三月奉旨會辦船政附片奏明：各省須向他國購船者，不如向閩廠制船等語，奉旨飭令咨商各督、撫妥籌辦理。適兩廣督臣陶模、署督臣德壽等咨商仿造淺水快船一號，又咨商改木質「琛航」舊船爲廉、欽一帶轉運軍火之用。蓋廉、欽盜匪出没，所恃只閩廠舊制「伏波」一船，深恐粵防單薄，故亟託修改「琛航」，以資調遣。至粵省之海口江面緝私、捕盜所用，則以淺水船爲宜。洋監督杜業爾於此等船只繪算，其吃水處不及二尺，頗盡淺水之能事。故本年廣東派員來閩考究，現擬陸續解款，先訂一號。此外省託制船只之情形也。

海關向有巡視各口標識、浮樁之船，閩關之「福星」船，近漸剥蝕，總稅務司託船廠代制一船，以爲替换。此海關託制船只之情形也。

以上各船馬力、機、鍋雖不甚大，然必聚中國數省之財力，以助閩廠工程之作興。大抵船大，每款鉅效遲；船小則費輕成易，故託制者頗形踴躍。船政大如穹甲船二號，南、北洋各省以養船多費，尚難承受，不如多制小船，取其適用。於百孔千瘡之時，藉以調和洋員，羈縻工匠，撑此局面。蓋目下所急者，在籌還採辦洋款；洋款還後，廠事皆可從容擘畫。臣等視事未久，善後事宜容與督臣許應騤並飭洋監督杜業爾熟籌詳商，冀有以報答聖慈於萬一。其關款按月二萬兩，臣崇善仍當隨時解濟，以免支絀。所有臣等察看近日船政製造情形，謹瀝折上陳，伏乞皇太后、皇上聖鑒。謹奏。

光緒二十八年十月初三日拜發。奉旨：該部知道。欽此。

佚名《船政奏議續編》崇善二《學堂招考學生就已聘洋員分派教導各學片》

再，船政製造、駕駛兩學堂，自左宗棠、沈葆楨創設以來，規模該備，人才輩出，爲中國南省開學風氣所最先。近各省奉旨設立大學堂、武備學堂，而船政三十年前所立之學堂，若以費絀而不設法鼓舞，殊未克以繼前功而責後效。臣等於視事之初，察看英、法文學堂各生，尚有七八十名，所歷堂課均在五六年以上。隨又招考聰穎子弟七十名以實兩堂，時爲黜陟，冀成後起之秀，將來於水師制船、駕船二藝，更番接替，不至乏材。業於七月初一日統令入學，除算學教習已有法員邁達一人外，其製造學堂就已聘洋員内，令礦師達韋德兼教化學，並令洋書記伯樂兼教測量。其駕駛學堂，令管塢洋員那戴爾兼教駕駛、天文之學。庶諸生藝學之外，於英、法文字亦有進境。臣等以船政經費支絀，即整頓學堂、聘請洋教習，亦多就船廠取已有薪水之洋員兼爲教授。此外，則多派堂中已畢業之生徒幫同課導，藉通語言，時爲翻譯，以期仰副聖主作育人才之至意。謹附片具陳，伏乞聖鑒。謹奏。

光緒二十八年十月初三日拜發。奉旨：覽。欽此。

佚名《船政奏議續編》崇善二《閩廠添購化學料件並歷次外洋運料脚費奏咨立案片》 再，前準户部咨，奏定外省報銷新章，內載各省設立機器局並閩省船政局，如有添購機器經費若干，事前奏明，咨部立案，事後方準核銷等因；又準兵部咨，購辦機件脚費須另款造報，勿得以價脚籠統開列等因，歷經遵辦在案。兹據承辦委員稟稱：光緒二十七年份，添購化學料件，共價值銀二千九十餘兩。該料件爲廠中考驗物質所必需，由正監督洋員杜業爾購辦到廠。又自光緒二十六年起至二十七年止，因造辦魚雷快艦，歷次採辦機器料件各項，經杜業爾由外洋承運到閩，共脚費銀一萬二千三百八十餘兩，應歸二十七年份造銷等語，呈請立案前來。臣等復核無異，除咨部查照，並飭匯案造銷外，理合附片具陳，伏乞聖鑒。謹奏。

光緒二十八年十月初三日拜發。奉旨：該部知道。欽此。

佚名《船政奏議續編》崇善三《閩廠建威、建安兩快艦請歸南洋收用片》

再，福建船廠制成六千五百匹新式魚雷快艦兩號，取名「建威」、「建安」，經前兼管船政大臣先後恭折奏明在案。當值工程將竣，核計積欠洋員採辦料價等款不下五十萬兩，取償乏術，議將兩艦撥歸南、北洋或鄰省遣用，所短之款即由該省協助。均因力有未逮，屢議無成。至上年十二月間，準署兩江督臣張之洞，咨詢兩艦規制，如合程度，擬購備江防之用。派員來閩勘估，繪具圖説，去後旋因卸任，未準核復。經奴才查「建威」、「建安」兩艦係新式快輪，確合兵船規制，利於戰攻，必隸歸艦隊相輔爲用，方期得力。閩洋未設艦隊，且無養船經費，艦成擱置，銹朽堪虞。在各省前以協款爲難，未能收用。現閩廠積欠洋員料價，經奴才訪聞，已歸大賠款内理結，於本年正月間，電詢外務部接準復稱：詢據法館魏翻譯函稱：福州船廠所欠地中海船廠之款，因庚子之亂未能付給，現已查悉，此項欠款已歸入大賠款之内等因。當經詢，據洋員杜業爾稱：兩艦炮價未入賠款之内，尚待確查。除炮價一項，共應八萬六千餘佛郎暫懸不計外，是閩廠積欠料價，既已清償，兩艦撥歸他省遣用，目下似可無須再求協助。相應請旨飭下南洋大臣，即將「建威」、「建安」兩艦收用，克日派員來閩驗收，酌量募配舵水人等，駕駛回江，編入艦隊，相資爲用，於江海巡防不無裨益。奴才係爲艦成久擱慎惜起見，是否有當，理合附片具陳，伏乞聖鑒。訓示施行。謹奏。

光緒二十九年六月十二日拜發。奉旨：著照所請。該部知道。欽此。

「中央研究院」近代史研究所《海防檔》乙福州船廠《光緒二十八年十月十六日外務部收法使呂班照會附電底四件説明閩廠洋員杜業爾承攬代造商船之益處》

十月十六日，法國公使呂班照會稱，照得前於本年七月間，經福州船政總監督杜，與駐滬本國立興洋行，商訂承造由滬至漢來往運貨商輪三支之合同。按照内載，其船定限二十五個月竣工，其價洋銀一百十五萬元。其事委係裨益船政良多，故杜監督因事期迫切。未俟船政大臣將擬定合同批准爲定，即行開工。且船政大臣同亦深明如此堪能足敷船政二年需費之事，未便遺漏。經該大臣於八月二十二日致函該監督，而函内雖有辯論專門詳細一二層。及將來或有商訂此項合同之時，務當先行報明之語，亦以該監督立即興工，實屬頗顧船政利益之辦法而言。既有該大臣如此之函，自係認允之據爲明，故該監督突接該大臣轉知京都批駁合同之電，立命停工。在該監督甚爲詫異之，至在本大臣想政府如此定意，莫非因由未經查明此事裨益良多所致。是以特將此層詳爲發明於左。查船政造習人才之所，用備將來各項礦工，委係中國極應存留。必在貴爵洞鑒，船政所有貴重精良種種機器，尤應日加運動。設若停工，自必銹敗，亦必在貴爵洞悉。又船政係衆多黎民仰畜之所，設若該廠無事，則此項黎庶老弱凍餒，壯健爲匪，必亦貴爵所明。再查福州船政現時既不得作爲修造兵輪之用，惟有仰賴承修商輪，以爲存留，備用將來國用之計。況訂修之船，係於江河通商之用，亦屬濟助商務興旺。至於此次訂造商輪之洋行，因停工所受虧累，自當請索賠補，乃顯明之理，以致中國心存公平，自應認賠，不特將應獲利益自行棄失。而又加之以賠補之損，爲此。相應照會貴爵，並希轉達政府，則政府自必爲然，始能覺維中國國家實利，將批駁訂船合同之語妥爲撤銷爲要。

「中央研究院」近代史研究所《海防檔》乙福州船廠《光緒二十八年十月十八日外務部收軍機處交出致船政大臣電底代造商船事務宜妥訂章程》 十月十八日，軍機處交出電底稱，致閩船政電、真電悉，代造三船，公司既畫押難廢，仍須設法儘每月二萬，不再加增，以免添累。并預籌償還善遣之策，務妥訂章程，俾三船早日造竣，勿久延貽患爲要。樞。巧。

佚名《船政奏議續編》魏瀚四《恭謝天恩並報明任事日期折》 奏，爲恭謝天恩，報明任事日期，仰祈聖鑒事。

竊臣伏讀閏五月初三日上諭：廣西候補道魏瀚，賞給四品卿銜，會辦船政事宜。欽此。臣時在河南許州臨潁鐵路工次，準兼署湖廣督臣端方電開，接外務部來電，奉旨：道員魏瀚已有旨飭令會辦船政事宜，該員現在湖北當差，端方傳諭，迅赴福建接辦。欽此。臣當將經手事件清理完竣，克日馳到福建省城，隨準兼署閩浙總督、福州將軍臣崇善委員將兼管總理船政木質關防賫送前來，臣謹收存工次，會銜啓用。當即恭設香案，望闕叩頭謝恩訖。

伏念臣早蒙甄育，數歷荒遐。廿載考工，未收「橫海」、「伏波」之用；一階監郡，不没竹頭、木屑之勞。茲復特錫清銜，俾參將作。當制用拮據之極，宜審要以先營鑒，借才駕馭之艱，貴收權於旁落。迂愚自揣，襄贊奚勝？惟有以漸程功，積誠感物。集衆思於象譯，庶幾舍舊圖新；效薄技於般、倕，敢謂駕輕就熟？謹於本月二十四日到工任事，仍隨時會同兼管船政大臣籌商辦理，冀殫駑鈍，仰答鴻慈。所有微臣遵旨回閩接辦任事日期，理合繕折報明，恭謝天恩。伏乞皇太后、皇上聖鑒。謹奏。

光緒二十九年六月二十四日拜發。奉旨：知道了。欽此。

佚名《船政奏議續編》魏瀚四《擬請旨飭沿江沿海各省量力籌款向船政定造各種魚雷艇片》 再，臣於近年以來，留心考察西國水師，船式日新月異，工料增美，費用愈煩。現在鋼鐵等船大者每艘用銀一千餘萬兩，次者或五六百萬、二三百萬不等，且其艘數、噸數、馬力猶復歲有增添。以中國現時財力，若欲驟與角逐，勢有不逮，何待臣言？然臣以爲，海戰利用鋼船守口，莫如雷艇。西國以侵略見長，故必廣營戰具；中國以安全爲務，但求先固疆防。伏見近來各省稍有民教不和等案，彼國借保護爲名，動用兵輪多艘，闌入腹地，示威要挾，忌憚毫無，實屬顯違公法。推原其故，雖皆有所借口，亦由守具未備所致。

臣嘗遍詢中外水師將領，均謂兵輪所畏首在魚雷。凡艦隊游弋之地，若有數號雷艇遥躡其後，即須徹夜覘防，全軍警備。蓋雷艇來去倏忽，便於蹈瑕襲擊，我攻彼守，我逸彼勞，故常爲敵所憚。臣愚竊謂，現在沿江、沿海各省，誠宜多造各種雷艇，以爲扼守之具。其便有四：雷艇工料每艘用銀三四十萬兩，下至五六萬兩不等，價值遞減，籌款靡難，其便一；製造雷艇易於陸續告成，不若鋼甲、鐵甲等船多需時日，其便二；各省港汊紛歧，沙泥淤淺，隨處可以收泊，但須於敵船不到之地建設屯煤、儲彈局所，不必全力營造澳塢，其便三；雷艇速率既快，吃水復淺，在內港駛行靈捷，無事之時可以上下梭巡，藉消内匪，其便四。臣前在湖北、兩江差次，嘗以此語商於前署兩江總督臣張之洞、署湖廣總督臣端方，均以爲是。而統領北洋水師南澳鎮總兵臣薩鎮冰，尤謂雷艇爲御敵利器，與其統領未成軍之快船，不若統領已成軍之雷艇，與敵相見，較爲有隙可乘等語。伏念船政爲中國造船創始之廠，經營數十年，規制粗備，各省尤應合力振興，以圖收效。可否請旨飭下沿江、沿海各省，各就力量所及，按年籌款，向船政定造各種魚雷艇，匀期批解，立限驗收。一面慎擇統將，訓練成軍，庶各省皆有守御之資，而船廠亦得維持之力。所有微臣擬請飭造魚雷艇緣由，是否有當，理合附片具陳，伏乞聖鑒訓示。謹奏。

光緒二十九年六月二十四日拜發。奉旨：政務處議奏。欽此。

佚名《船政奏議續編》魏瀚五《修挖土各船添配鍋爐修造石塢工料立案片》

再，準部咨奏定外省報銷新章內載，各省設立機器局並閩省船政局添購機器經費若干，事前奏明立案，事後方準核銷等因。茲據閩省船政各廠承辦員紳稟稱：光緒二十八年份，修理船槽，挖土、裝土各船及添配鍋爐，修造羅星塔石塢，動支工料銀兩，船槽臨江而處，衆流至此折而東行，淤垢所叢，增高繼漲，故前有挖土船之設。該船自二十二年修後，距茲六載，損蝕堪虞，於是有挖土船興修，工料銀三千六百餘兩之款。挖土機船鐵鍬千轉，需用鍋爐日夕煅炙，剥蝕澆薄，久不復堪，於是有换配鍋爐工料銀四千九百餘兩之款。挖土之後需有裝船，往時船槽裝土配用三船，二十二、二十三兩年之中，迭次報修，經時老朽，負重難勝，於是有興修二號裝土船工料銀九百餘兩之款。羅星塔石船塢規模軒敞，鐵閘門以御洪流，抽水機以泄滲漏。砌以方石，累以層坡，數千噸之巨艦無難內容。經營數載，稍稍可觀。所有應行動用款項，經前兼船政臣裕禄於光緒二十二年九月間附片奏明，在於制船經費項下開支、造報。計截至二十四年底止，照辦在案。嗣以洋員杜業爾到工製造魚雷快艦，則石塢是爲必要之圖，亟應隨時修造，撙節程工。計至二十八年底止並案造銷，於是有修造羅星塔石船塢工料銀二萬一千九百餘兩之款，呈請奏咨立案。前來臣等復查無異，除照章咨部並匯案造銷外，理合會同辦船政四品卿銜臣魏瀚附片具陳，伏乞聖鑒。敕部立案施行。謹奏。

光緒二十九年十月十七日拜發。奉旨：該部知道。欽此。

王樹枏《張文襄公全集》卷一八九《致福州崇將軍李制臺魏京堂光緒三十年四月十四日亥刻發》 兩公陽電悉，杜業爾跋扈把持，實爲閩廠積蠹。尊處苦心籌度，拔去病根，使全廠有回春之象，欽佩至深，鄙意極願與南洋合力保持此廠。惟詳細思之，核計歲需養廠經費三十萬兩，造船經費四五十萬兩，兩省斷無此力。若統沿江五省協籌合辦，則孰主張，是權限難定。即江楚合辦，事權即已不一，會奏措詞，殊難允當。況隔省遥制，呼應亦必不靈，種種窒礙，勢有難行，愛莫能助，無可如何。然鄙人竊有一策，敢以奉獻。蓋船政一局，萬不可廢，事理甚明，入奏亦必不允。若閩廠閩辦，熟手可資，所短者經費耳。現在各省制錢缺乏，錢價奇昂。若能就廠多添機器，鑄造銅元，洵爲利民要政。每年能出一百萬貫，必可獲贏餘三四十萬兩，再能多鑄，則更多贏。只可官辦，不可商辦。周轉甚速，無慮鑄本難籌，濟以閩關額款，是養廠造船費俱有。著所造之船，自以淺水兵輪爲最善，或魚雷船艇亦可補助爲用。果能堅穩靈捷，各省自必爭購，工價仍可收回，用資周轉，不惟江南必購用，即湖北亦必購用，此爲保全閩廠上策。不惟關繫閩省大局，實關繫中國大局，免帥老成謀國，亦必關心盍懇，切與勉帥商鑄銅元勝於協款百倍矣。愚慮一得，尚祈酌裁示復。顧。

佚名《船政奏議續編》崇善六《船政開廠鼓鑄銅元片》 再，查制錢奇絀，各省相同，多以鼓鑄銅元相輔而行，以維圜法。閩省設局鑄送多年，銅色既佳，流行甚廣，閭閻稱便。奴才此次親赴船政閱視，查内有魚雷一廠，因經費支絀，停造多年。現既空閑，擬即設法籌借款項，添購機器，就此鼓鑄銅元。無須購地、建廠，鍋爐馬力亦可由近廠帶用。機器零件，由輪機廠亦能自制。將來仿造鼓鑄各項機器，更可愈推愈廣。綜計現時用款，約止借銀十萬元，較諸各省便益良多。所有廠中一切，均照閩省章程，擇派精細廉干之員切實舉辦。俟有盈餘，先行歸還借購機器款項，余即留充船廠經費。查海關歲撥船政經費二十四萬兩，尚不敷用，得此盈餘，可以無虞支絀。將來鼓鑄擴充，能以盈餘巨款，亦可將海關歲撥經費逐漸截止，儲備要需。各處如購銅元，撥款到閩，亦可廣爲代鑄。似此不獨便商利民，猶能振興廠務，實爲有益無弊之舉。一俟開廠鼓鑄，即將銅元樣式並詳細章程恭呈御覽。相應仰懇天恩，準飭部立案。所有該廠用款並盈餘數目，按年匯總造册報部查核。除將開辦日期另文咨報外，是否有當，理合附片具陳，伏乞聖鑒訓示。謹奏。

光緒三十年五月初二拜發。

佚名《船政奏議續編》崇善六《密舉干濟賢員破格擢用以維船政折》 奏，爲密舉干濟賢員，吁懇天恩破格擢用，以維船政，恭折仰祈聖鑒事。

竊目下時局艱難，經費奇絀，懲先毖後，亟應痛戒虚糜，力求實際。續訂各洋員四年期内，凡籌辦工程，考稽勤惰，必須因時得宜，免蹈從前覆轍。奴才智慮短淺，深恐貽誤。若仍前敷衍，欺已竊名，具有天良，何以仰對君父？早夜焦思，非有諳熟情形、精思干濟之員提調廠務，不足相助爲理。現任福建延平府沙縣知縣高凌漢，辦理船政文案十年，留心廠務，巨細周知，勤能素著，爲歷任兼管船政臣所倚重。奴才二十八年到任，咨詢船政各事，該員知無不言，言無不盡，實屬留心廠務。去歲，奴才即擬奏明，請旨派充船政提調，藉收得人之效。而該員以親老思捧毛檄菽水承歡，堅辭而去。現船政諸務待理，急切需才，奴才昕夕憂勞，籌款、考工實難一身兼任。且省署離船廠數十里，諸多隔閡，耳目難周，實不可無干濟之員，以資臂助。欲求熟諳情形、勤能潔已，爲奴才深知確見，則無以逾於高凌漢。該員在工多年，久爲中外員匠所推許。惟職份較卑，委派提調與洋員會商廠務，表率員紳，勉勤懲惰，恐不足以昭鎮飭而息浮囂。再四思維，干濟之才實難其選。合無仰懇天恩，破格擢用，俯準將福建延平府沙縣知縣高凌漢開缺，以道員存記，發往船政充當提調。俾奴才藉資助理，將船政善後事宜認真整頓，設法維持，廠工幸甚。奴才爲急切需才起見，是否有當，謹繕折密陳，伏乞皇太后、皇上聖鑒。訓示施行。謹奏。

光緒三十年五月初二日拜發。奉旨：高凌漢着開缺，以知府候補。余依議，欽此。

佚名《船政奏議續編》崇善六《閩廠修制小機船並添機蓋房辦料脚費遵章奏咨立案片》 再，前奉户部奏定報銷章程：各省機器局並閩省船政局，如有添購機器，經費若干，事前奏明咨部立案，事後方準核銷等因。兹據船政提調、福建候補知府高凌漢詳據各廠委員紳禀稱：前督臣許應騤兼理船政任内，於光緒二十八年飭由前監督法員杜業爾就廠中工料湊制小機船一號，名曰「濟川」，馬力四十匹，船身長四十尺，寬八尺六寸，深六尺三寸，吃水深三尺七寸，共享工料銀五千一百四十餘兩。又洋監督杜業爾辦公差遣，製造小機船一號，名曰「祥雲」，馬力十六匹，船身長二十八尺六寸，寬七尺五寸，深五尺，吃水深三尺三寸，共用工料銀二千七百三十餘兩。又修理船槽、裝土船一號，工料銀四百八十餘兩，又船廠添設鋸木汽機，拓改廠屋，工料銀七千八百八十餘兩。又第一號船臺改用石料並造船屋，工料銀一萬二千九百二十餘兩。又船槽添配鐵梁柱，工料銀六百三十餘兩。又拉鐵廠添制拉鐵槽碾輪三副，工料銀一千四百九十餘兩。添制鐵圓水箱三個，工料銀一千一百零兩。又船政署後山脚起蓋洋式養病院一座，計四欄，工料銀九百四十餘兩。又船塢内起蓋洋式水龍房兩間，工料銀五百六十餘兩。又修理洋樓三座，工料銀五千八十餘兩。又採辦外洋機器料件、脚費共銀三萬一千六百餘兩。以上各款，應歸二十九年份銷案造報，呈請奏咨立案。前來奴才復查無異，除咨部查照並飭匯案造銷外，理合附片陳明，伏乞聖鑒。謹奏。

光緒三十年十月二十六日拜發。奉旨：該部知道。欽此。

佚名《船政奏議續編》崇善六《閩廠接造輪船支用各款造册核實報銷折》 奏，爲閩廠接造輪船支用各款，造册核實報銷，恭折仰祈聖鑒事。

竊查船政制船經費支用各款，業經造册報銷至二十四年十二月底止在案。茲自光緒二十五年正月起，至二十八年十二月止，接造未成六千五百匹馬力「建威」魚雷快艦一艘；開造未成六千五百匹馬力「建安」魚雷快舟一艘，開造未成五百五十四馬力「建翼」魚雷艇一艘；各廠添購電汽機、電光燈、四輪車；鐵脅廠添造輪機、鍋爐、磚爐、風爐、風箱、水箱、電光房、電光坪、木棚、鐵架，換配總輪軸；水缸廠添造鍋爐、鐵汽通驗漲力洋式房；拉鐵廠添造鍋爐、抽水機；鑄鐵廠添造磚爐；輪機廠、模廠添購各汽機；勻撥第四届學生出洋經費；採辦料件脚費；接續修造羅星塔石船塢；修理船槽、挖土、裝土各船，換配挖土船鍋爐；歲修廠屋、爐溝機器；添置書籍、家伙、器具、化學料件；洋員薪費、貼薪酬賞、盤費；員弁、書役、生徒、工匠各項常年支銷，均是遵照部章奏咨立案。惟制船經費，向由閩海關洋税月撥六成銀三萬兩，四成銀二萬兩。茲六成洋税未經撥解，四成洋税四年共解銀七十七刀兩。又洋藥、厘金項下，勻撥銀三十萬兩。又粤省協濟銀九萬九百九兩零。又洋員杜業爾代法國、東京、西貢製造小輪船五號，廠租等費銀六千三百九兩零。又光緒二十三年正月起至二十七年十二月止，各款扣平銀三萬五千五十五兩零。又上届報銷案内存銀九千三百六十一兩零。又存用剩各料價值銀二十九萬六千四百兩零。以上舊管新收共銀一百五十萬八千三十五兩零，内除造船、購器、修廠贍工等項，支用銀一百九十四萬三千一百七十四兩零。又墊支各輪船薪費銀二萬四千六百四十六兩零，又墊支煤炭銀一萬四千六十兩零，又墊支製造輪船平色銀二千九百一十六兩零，共支銀一百九十八萬四千八百九十八兩零。收支對除，實不敷銀四十七萬六千八百六十二兩零。據船政提調福建候補知府高凌漢督同承辦委員，將四年中用款造具清册，詳請奏咨。前來奴才復核無異。至歷年報銷各款内核扣減平銀數，因船政經費支絀異常，照案歸入遞年列收，作正開銷，合並陳明。除分咨政務處、外務部，並將細册咨送户、兵、工各部核銷外，理合恭折具陳，伏乞皇太后、皇上聖鑒。謹奏。

光緒三十一年八月十九日拜發。奉旨：該部議奏。欽此。

佚名《船政奏議續編》崇善六《江船廢約貼息船政認受接造估需價值立案片》 再，前船政洋監督杜業爾於光緒二十八年八月間，攬造漢口華法立興公司商船三號，旋又退造一號，實制兩號，而工料期限核估未定，擅行動工，收過該公司工料銀一十九萬五千元兑洋購料。遇事擅專，經議明撤退回國，並由外務部派令浙江寧紹臺道高英，會同法使所派上海總領事巨籟達來閩，勘辦杜業爾經手事件。反復辯論，將杜業爾攬造兩船合約作廢，其已收過公司工料銀一十九萬五千元，酌貼利息四萬元，合共二十三萬五千元，兑還公司了結。查該船第一號船身外皮兩脅鋼板均已鑲配，第二號僅安上龍骨，船政既經認受，自應接續興工。飭據總監工洋員柏奥鎧核實估計，該船身長二百八十三尺，闊四十三尺三寸，深一十八尺六寸，吃水深一十尺八寸，輪機馬力二千匹，每船工料價值銀三十八萬兩之譜。兩船共七十六萬兩。惟原配輪機、鍋爐尚須稍改合度等語。前來竊思船政經費支絀，斷難兩船並造，經飭先行接造第一號，應俟工竣察看情形，再將已安龍骨之第二號或仍造商船，或改造兵船，另行籌酌辦理，以收實用。除咨部立案外，理合附片具陳，伏乞聖鑒。謹奏。

光緒三十一年八月十九日拜發。奉旨：該部知道。欽此。

佚名《船政奏議續編》崇善六《遣撤杜業爾續訂柏奥鎧議立合同片》 再，船政原募法員杜業爾，派充正監督，遇事擅專，於光緒二十九年八月間遣撤回國。當經電請外務部奏明，閩廠無力再延洋監督，即就在廠法員中遴選洋員柏奥鎧派充總監工，率同洋員匠留廠辦理，與駐閩法國領事高樂待議訂合同，各洋員以四年爲限，洋匠以三年爲限。每年薪費不得逾二十七萬佛郎，仍按先後到工留辦名額，勻月支領，以示限制。除將續訂合同及各洋員到工日期、月支薪費數目，抄録分咨外務部、户部查照外，理合附片具陳，伏乞聖鑒。謹奏。

光緒三十一年八月十九日拜發。奉旨：該部知道。欽此。

「中央研究院」近代史研究所《海防檔》乙福州船廠《光緒三十一年六月二十五日外務部收署右翼翼尉烏珍禀呈交庫存損壞不齊船樣五隻》 十月二十二日，給法國公使吕班照會稱，光緒二十八年十月十六日准照稱，本年七月間，福州船政總監督杜，與在滬之本國立興洋行，商訂承造由滬至漢來往運貨商輪三支。按合同内載，其船定限二十五個月竣工，其價洋銀一百十五萬元。船政大臣亦深明如此堪敷船政二年需費。該大臣八月二十二日致函該監督，雖有辯論專門詳細一二層，及將來或有商訂此項合同之時，務先行報明之語。亦以該監督未俟合同批准，立即興工，實屬頗顧船政利益之辦法。該監督突接該大臣轉至京都批駁合同之電，立命停工，甚爲詫異。在本大臣想政府如此定意，莫非因未經查明此事裨益良多等因前來，本部查此事已由軍機處電閩，今其妥定章程，趕緊代造矣。相應照復貴大臣查照可也。

「中央研究院」近代史研究所《海防檔》乙福州船廠《**光緒三十一年八月二十一日外務部收北洋大臣文寶璧船價五萬元已於七月二十日由滬撥滙閩廠**》　光緒三十一年八月二十一日，收北洋大臣文稱，據北洋海防支應局詳稱，光緒三十一年七月初九日，奉憲台札開，准福州將軍兼船政大臣崇電開。前准外部冬電，寶璧船價，尊處允給五萬元，當經電請外部轉達尊處，容俟全案議結後，即當電請兑價。現孫使電准法外部稱，此案准駐使已向外部議結等語。是此案轇轕已清，應請尊處即將船價五萬元兑閩，以濟廠需。至盼等因，到本大臣，准此。除分行外，札局查照撥滙具報等因，奉此。當經職局電致上海電報局，在於本年應解報效款内，撥給洋銀五萬元，交薩軍門代收滙閩去後。兹准薩軍門復稱，此款於七月二十日，交滬號蔚長厚滙閩等因前來，職局核數相符。除俟電上海電報局咨復到日，核明銀數，再行列作收放，另文報咨外，理合詳報查核轉咨福州將軍兼船政大臣崇　直照數點收見復。並咨明外務部查照，寔爲公便等情。到本大臣，據此，除批示並分咨外，咨呈貴部，謹請查照。

「中央研究院」近代史研究所《海防檔》乙福州船廠《**光緒三十一年九月二十七日外務部行户部文閩廠所欠礮價是否歸入大賠款前詢法館魏縉譯查復亦未據聲敍**》　光緒三十一年九月二十七日，行户部文稱，接准來文，以船政大臣咨送閩廠歲出歲入册報，寔在不敷銀五十一萬三千餘兩，聲明係洋員杜業爾購辦製造鑲配「建威」、「建安」兩艦機器物料，積欠洋廠料價，迨二十九年訪查此項積欠料價，已歸大賠款内理結。即經電詢外務部，接准復稱，詢據法館魏縉譯函稱，福州船廠所欠地中海船廠之款，因庚子之乱，未能付給。現已查悉此項欠款已歸入大賠款内，詢據杜業爾稱，兩艦礮價未入大賠款之内。經於二十九年六月間奏明在案，又因此項欠款歸入大賠款内，究竟如何理結，數目若干，是否礮價未入賠款之内，尚待確查等語。查福州船廠所欠地中海船廠料價之款，既經歸入大賠款内，其兩艦礮價同係法廠，似亦歸入大賠款無疑。否則事隔數年，洋商安能久待，其理不辯自明。然庚子賠款，各國索賠款目銀數，外務部當有可稽考。究竟法國賠款内開，福州船廠所欠地中海船廠之款若干，有無礮價銀若干，自應確切查明。希即查明詳細聲復，以憑核辦等因前來。查庚子大賠款詳細數目，並未據各國知照本部，至福州船廠所欠地中海船廠款項，係前由本部函詢法魏縉譯查復，僅言此項欠款已歸入大賠款之内，有無礮價，亦未聲敘。相應咨行貴部查照可也。

「中央研究院」近代史研究所《海防檔》乙福州船廠《**光緒三十一年十一月一日外務部收署閩督文附續訂合同録送船政遴選洋員栢奥鐙充總監工及留用洋員匠等續訂合同**》　光緒三十一年十一月初一日，收署閩督文稱，船政原募法員杜業爾，派充正監督，遇事擅專。於光緒二十九年八月遣撤，即就在廠法員中遴選洋員栢奥鐙，派充總監工。率同洋員匠留廠辦理，與駐閩法國領事高樂待，議訂合同。各洋員以四年爲限，洋匠以三年爲限，每年薪費不得逾二十七萬佛郎，仍按先後到工留辦名額勻月支領，以示限制。除坿片奏明，並抄録片稿咨呈。相應將續訂合同，及各洋員到工日期，月支薪費數目，咨呈貴部查照。

抄洋員續訂合同

簡明約章續光緒二十二年原合同：

欽命福州將軍兼管船政事務大臣崇，欽命會辦船政大臣魏，奉大清國國家之命，與大法國一等監工栢粤鐙，經其外務部、海部准同立約。

大法國駐閩領事高樂待，彼此相議如左。

第一條，訂栢奥鐙爲船政總監工，四年爲限，專管廠中製造職事。所有在廠華法工匠，受其調度。

第二條，凡總監工要僱洋匠及購辦料件，須由船政大臣允准畫押，方准照行，否均作廢。惟僱洋匠購料件，船政大臣須備款應期撥還。

第三條，總監工栢奥鐙，如有疾病，須回法國，不能視工。中國國家應與法國國家，商訂才幹法監工一員，以充其缺。如栢奥鐙有事告假離工，聽其於在工各監工内擇一人暫代，惟須由船政大臣允准者。

第四條，各洋員匠薪費，每年限定二十七萬佛郎。即每月二萬二千五百佛郎，所有勻請各洋員匠數目，應照黏單辦理。其應請之各洋員匠，該總監工應隨時酌僱，其薪費每月不得逾二萬二千五百佛郎之數。

第五條，每月洋員匠薪費，應在西曆每月末日發給。

第六條，船政如有意外大工程，應行添僱洋員匠，准總監工斟酌禀請船政大臣允准。

第七條，黏單内所開洋員，限應四年，所有廠首匠首先以三年爲限。以到工之日爲始，三年限滿，總監工可與船政大臣禀商，將其不須留工之廠首匠首撤回。其可用者，多留一年，惟須於四箇月之前通知。所撤之人，不必另給賠償之費。四年之内，各洋員每月得薪在二千佛郎之上者，往返日數在内，准與告假六箇月，假内給薪三分之二。惟可否給假，須由總監工一人酌定。

第八條，年限於到工之日爲始，所僱洋員匠，極遲應於西曆一千九百零四年正月初一日以前到工。

第九條，所僱洋員匠路費，應由總監工轉發。凡每年得薪在二萬佛郎之上者，應發路費二千六百佛郎。每年得薪在一萬至二萬佛郎者，應發路費一千八百佛郎。每年得薪在一萬佛郎之下者，應發路費一千三百佛郎。新僱之洋員匠，於僱定畫押之日，即另借薪工一箇月。將來限滿無過失者，此項薪工免其扣繳。如限内回國，及犯事撤退者，均將此項一月薪工扣繳。惟因病離工者不在此例，年限滿時，如船政大臣不欲續限，該洋員匠每人應得二箇月薪水，其回費照來工路費發給。各洋員匠於限内如欲回國者，應於四箇月之前請示，以便總監工另僱他人代理，不得援例發給二箇月薪水，以及回費。惟經本廠醫生驗係因病回國者，不在此例。設各洋員匠限滿回國者，或係患病者，則總監工可以轉請船政大臣酬賞。該員多寡不拘，係隨船政大臣之便。

第十條，每年得薪二萬佛郎以上者，應給五榻住屋。每年得薪一萬至二萬佛郎者，應給四榻住屋。每年得薪一萬佛郎以下者，應給三榻住屋。

第十一條，該洋員匠在廠工作，受傷過四日不能來工者，總監工酌量其傷之輕重，給與養病之費，惟不得過二箇月薪水之數。如因工作受傷，變成偏廢，必須返國者，應酌給六箇月至十箇月之薪水。如工作受傷，變成全廢，或致死者，給與一年之薪水。

第十二條，惟總監工或代理總監工，得與中國官長往來。各洋員中，惟經總監工允充教習者，其章程載在第十五條，不在此例。所有洋員匠，該總監工均得派充各堂院教習，各洋員匠不准攬造廠外私工。凡洋員匠在廠不聽總監工約束，或行爲不善，或懶惰，或打罵廠中華員匠，該總監工得以撤退。凡因以上情節撤退者，不得發給二箇月薪水，其來華之日，所借一箇月薪水，應令扣繳。

第十三條，四年限内，或因中國戰事，船政不得已停工，並須撤退洋員。每員應得償費二箇月薪水之數，並其路費，惟須於一月之前知會。

第十四條，四年限内，或因要緊事件，致中國國家不得已將船政停工。每員應得償費四箇月薪水之數，並其路費，惟須於一月之前知會。

第十五條，法教習邁達，亦係四年爲限。其章程照光緒二十二年九月初五日所立合同辦理，外添訂法文並格致教習一員，以爲帮教。該員應聽邁達調度，該總監工所轄各堂，允聘英人洋教習一員，惟須由該總監工認可者。該英員須約明隨時代寫英文書信。所有各堂院，船政大臣得以直接管理。駕駛學堂若有整頓，照前次合同第二條，並十二條，延請法員辦理。

第十六條，法國外部派有頭等水師醫官威德海，駐紮福州地方。船政兼僱該醫，調治在工人員，每年津貼薪水八千佛郎。該員嗣後仍駐福州，每禮拜至少到工巡視一次，來工時可以請派船政小機船應用。凡福州及工次所有中國官員，請其調治，概行免給貲費。遇有時疫之際，如須施種治疫各藥，該醫亦須照辦。凡中國官員諮詢衛生之事，該醫均應勉力施爲。

第十七條，此項合同，法華文共繕三份，他日如有辯駁之事，以法文爲主。

光緒二十九年八月二十八日，即西曆一千九百三年十月十八日，在福州定立合同，法文漢文各三紙，共成六紙，照録一式，蓋印畫押。

大清欽命福州將軍兼管船政事務大臣崇

大清欽命會辦船政大臣魏

大法國一等監工栢奥鐙

大法國駐劄福州領事官高樂待

新訂合同洋員匠薪費章，計開：

總監工栢奥鐙壹員，全年薪肆萬佛郎，年限肆年。

副監工壹員，全年薪貳萬肆千佛郎，新訂年限肆年。

賬目書記壹員，全年薪壹萬貳千佛郎，新訂年限肆年。

正教習邁達壹員，全年薪貳萬肆千佛郎，年限肆年。

帮教習壹員，全年薪壹萬佛郎，新訂年限肆年。

繪事院監工薩巴鐵壹員，全年薪壹萬壹千佛郎，年限叁年。

船身廠首壹員，全年薪壹萬貳千佛郎，新訂年限叁年。

又泰貝壹員，全年薪壹萬貳千佛郎，年限叁年。

又匠首壹員，全年薪玖千佛郎，新訂年限叁年。

輪機廠首扈挨壹員，全年薪壹萬貳千佛郎，年限叁年。

合攏廠首壹員，全年薪壹萬貳千佛郎，新訂年限叁年。

匠首麥呂挨壹員，全年薪陸千佛郎，年限叁年。

匠首韋海壹員，全年薪陸千佛郎，年限叁年。

醫生威德海壹員，全年薪捌千佛郎，年限四年。

全年公費叁萬佛郎。

以上共計全年各洋員匠薪費貳拾貳萬捌千佛郎。

此約中議定，全年各洋員匠薪費，共應貳拾柒萬佛郎。除以上所開貳拾貳萬捌千佛郎，尚餘肆萬貳千佛郎。此項俟法領事奉到法公使覆函，商酌劃定。

福州船政延訂各法員約章專條

達韋德：法國海部一等監工船政總監工栢奧鏜，代聘法國官廠監工達韋德爲船政輪機鑄鐵鍋爐拉鐵等廠總監工，由一千九百三年十月十八日起，期限四年，全年給予薪俸三十六千佛郎。該總監工須遵守一千九百三年十月十八日，續訂奉差各法員約章內，第一、第二、第三、第五、第八、第九、第十、第十一、第十二、第十三、第十四、第十六並第七各條所載辦理。立此約後，即將一千九百三年十一月十九日所立之約作廢。

西曆一千九百三年十二月初五日立。

欽差會辦船政大臣魏押。船政總監工栢奧鏜押，達韋德押。

泰貝：法國海部一等監工福州船政總監工栢奧鏜，代聘法國一等匠首泰貝爲船政船廠廠首，由西曆一千九百三年十月十八日起，全年給予薪俸十二千佛郎。該廠首須遵守一千九百三年十月十八日，續訂奉差各法員約章內，第一、第二、第三、第五、第八、第九、第十、第十一、第十二、第十三、第十四、第十六並第七各條所載辦理。該員限內，應有六箇月假期，在假期內，衹給薪俸三分之二。

西曆一千九百三年十月三十日立。

欽差會辦船政大臣魏押。船政總監工栢奧鏜押。泰貝押。

那戴爾：法國海部一等監工船政總監工栢奧鏜，代聘法國水師三等兵官那戴爾爲起卸總監工，由一千九百三年十月十八日起，全年給予薪俸十二千佛郎。該員須遵守一千九百三年十月十八日，續訂奉差各法員約章內，第一、第二、第三、第五、第八、第九、第十、第十一、第十二、第十三、第十四、第十六並第七各條所載辦理。該員由一千九百六年正月初一日起，准其辭聘。辭聘之日，准照約章第九條所載，給予各費，回費則給予二千六百佛郎。此專條係照約章第七條所載，該員回國之日，由中國官員與總監工酌定酬賞薪俸。

西曆一千九百三年十一月二十一日立。

欽差會辦船政大臣魏押。船政總監工栢奧鏜押。那戴爾押。

扈挨：法國海部一等監工船政總監工栢奧鏜，代聘法國三等廠首扈挨爲船政輪機廠廠首，由西曆一千九百三年十月十八日起，全年給予薪俸十二千佛郎。該廠首須遵守一千九百三年十月十八日，續訂奉差各法員約章內，第一、第二、第三、第五、第八、第九、第十、第十一、第十二、第十三、第十四、第十六並第七各條所載辦理。該員由一千九百六年十月十八日起，如願銷去此約，亦可照約章第九條所載，請給應得各費。

西曆一千九百三年十月三十日立。

欽差會辦船政大臣魏押。船政總監工栢奧鏜押。扈挨押。

德爾美：法國海部一等監工船政總監工栢奧鏜，代聘法國人德美爾爲船政辦公所書記，並管賬，由一千九百三年十二月初四日起，期限四年，全年給予薪俸十二千佛郎。該書記須遵守一千九百三年十月十八日，續訂奉差各法員約章內，第一、第二、第三、第五、第八、第九、第十、第十一、第十二、第十三、第十四、第十六並第七各條所載辦理。

西曆一千九百三年十二月初四日立。

欽差會辦船政大臣魏押。船政總監工栢奧鏜押。德爾美押。

薩巴驥：法國海部一等監工船政總監工栢奧鏜，代聘法國育西呪馬海亭學堂舊班學生薩巴驥爲船政繪事院院首，由一千九百三年十月十八日起，全年給予薪俸十一千佛郎。該院首須遵守一千九百三年十月十八日，續訂奉差各法員約章內，第一、第二、第三、第五、第八、第九、第十、第十一、第十二、第十三、第十四、第十六並第七各條所載辦理。該院首由一千九百五年正月初一日起，如欲銷去此約，亦可照約章第九條所載，請給應得各費。

西曆一千九百三年十月三十日立。

欽差會辦船政大臣魏押。船政總監工栢奧鏜押。薩巴驥押。

韋海：法國海部一等監工福州船政總監工柏奧鏜，代聘法國人韋海爲船政輪機廠匠首，由一千九百三年十月十八日，全年給予薪俸六千佛郎。該匠首須遵守一千九百三年十月十八日，續訂奉差各法員約章內，第一、第二、第三、第五、第八、第九、第十、第十一、第十二、第十三、第十四、第十六並第七各條辦理。該匠首由一千九百五年十一月初一日起，如願銷去此約，亦可照約章第九條所載，請給應得各費。

西曆一千九百三年十月三十日立。

欽差會辦船政大臣魏押。船政總監工栢奧鏜押。韋海押。

麥吕埃：法國海部一等監工福州船政總監工栢奥鎧，代聘法人麥吕埃爲船政鍋爐廠廠首，由一千九百三年十月十八日起，全年給予薪俸六千佛郎。該廠首須遵守一千九百三年十月十八日，續訂奉差各法員約章内，第一、第二、第三、第五、第八、第九、第十、第十一、第十二、第十三、第十四、第十六並第七各條所載辦理。該員由一千九百四年六月初一日起，如願銷去此約。亦可照章請給回費，並加給一月薪俸。

西曆一千九百三年十月三十日立。

欽差會辦船政大臣魏押。船政總監工栢奥鎧押。麥吕埃押。

法員在福州船政奉差定聘合同，兹將約内署押各員次第開列如下：

栢奥鎧，名亞樂帛，法人也。在本國原爲水師製造頭等監工，奉委爲中國福建船政總監工。暨薛法黎，亦法人也。名璧挨阿馬亥曰塞弗，在本國原爲水師製造頭等工員，兹奉差職事。始於西一千九百四年四月二十六日，充合攏機器廠首，應辦所有機器合攏之事。暨船上合攏機器，並船政廠内所有機器應行修理各事宜。全年應領薪銀一萬二千佛郎，並認遵守法員奉差項下合同第一款至第十六款，自始至終，條條皆所遵守。而於西一千九百三年十月十八日，所立之合同第七款，尤爲特別應守之條。惟截至西一千九百七年四月二十六號，應歸總監工之權力銷去此項合同。至此，則薛以法黎應照例得合同第九款之利益，在福州船政。西一千九百四年四月二十六號，立此爲據。

監工達韋德簽代總監工押。

法國水師製造頭等工員薛法黎押。

法國駐紮福州領事官高樂待押。

大清國欽差會辦大臣魏押。

法員在福州船政奉差定聘合同，兹將約内署押各員次第開列如下：

栢奥鎧，名亞樂帛，法人也。在本國原爲水師製造頭等監工，奉委爲中國福州船政總監工。暨余挨，亦法人也。名馬佇咸馬亥，在本國原爲水師製造頭等幫工員，一道金線兹奉差職事。始於西曆一千九百四年四月二十六日，充鐵脅各項工程，全年應領薪銀一萬二千佛郎，並認遵守法員奉差項下合同，第一款至第十六款，自始至終，條條皆所遵守。而於西一千九百三年十月十八日，所立之合同第七款，尤爲特別應守之條。惟截至西一千九百七年四月二十六號，應歸總監工之權力銷去此項合同。至此，則余挨應照例得合同第九款之利益，在福州船政。西一千九百四年四月二十六日，立此爲據。

監工達韋德簽代總監工押。

法國水師製造頭等幫工員余挨押。

法國駐紮福州領事官高樂待押。

大清國欽差會辦大臣魏押。

福州船政製造監工竺蒲麅合同，法國海部一等監工福州船政總監工栢奥鎧，代聘法國官廠監工竺蒲麅，充爲船政製造監工。由西曆一千九百四年六月念二日起，每年計共薪俸二萬四千佛郎。並應遵守西曆一千九百三年十月十八日合同内所載，第一條，二條，三條，五條，八條，九條，十條，十一條，十二條，十三條，十四條，十六條各節，并中有第七條，尤宜遵守。此據，西曆一千九百四年六月念二日立。

福州船政法領事高樂待總監工栢奥鎧會辦船政大臣魏監工竺蒲麅押。

上查栢總監工，先後送到各法員專條約章十一份。復查原定洋員匠一十四員名内，栢奥鎧一員，派充總監工。邁達一員，仍充前學堂正教習。約章第十五條，已爲詳盡。威德海一員，本駐福州法國醫官，兼充船政醫官，約章第十六條，亦爲詳盡，均無須另立專章。至帮教習一員，船廠匠首一員，尚未募補。自無專章可立，惟前會辦船政魏，與栢奥鎧新定約章時，栢奥鎧仍留在工法員達韋德，那戴爾等二員，故專章仍復十一分。然每月所支薪俸，尚未及限定之數，合併聲明。

福州船政各洋員匠，間有因病及限滿回國。經前洋監督杜業爾，僱募暫代，並將此次續訂洋員匠到工日期，月支薪費數目清單計開。

洋員栢奥鎧，月支貳千佛郎，光緒貳拾捌年柒月初肆日到工。又續訂合同，月改支叁千叁百叁拾叁佛郎叁拾叁生丁，又公費貳千伍百佛郎，貳拾玖年捌月貳拾捌日起。

又達韋德月支叁千佛郎，光緒貳拾叁年貳月貳拾壹日到工。

又薩巴鐵月支玖百佛郎，光緒貳拾玖年肆月拾叁日到工。又續訂合同，月加壹拾陸佛郎陸拾柒生丁，貳拾玖年捌月貳拾捌日起。

又德爾美月支壹千佛郎，光緒貳拾玖年拾月初七日到工。

又邁達月支貳千佛郎，光緒貳拾叁年柒月貳拾貳日改支佛郎起。

洋匠余挨月支壹千佛郎，光緒叁拾年叁月拾壹日到工。

又扈挨月支壹千佛郎，光緒貳拾玖年捌月初六日到工。

又麥呂挨月支壹百叁拾壹兩肆錢伍分肆厘陸毫，光緒貳拾玖年肆月貳拾玖日到工。又續訂合同，月改支伍百佛郎，光緒貳拾玖年捌月貳拾捌日起。

又富樂月支陸百伍拾佛郎，光緒貳拾玖年貳月貳拾叁日到工。已離工。

又那戴爾月支玖百佛郎，光緒貳拾柒年捌月拾陸日到工。又續訂合同，月加壹百佛郎，貳拾玖年捌月貳拾捌日起。

又陸凱月支柒百佛郎，光緒貳拾伍年肆月初玖日到工。已離工。

又泰貝月改支壹千佛郎，光緒貳拾玖年捌月貳拾捌日續訂起。

又韋海月支陸拾伍兩柒錢貳分柒厘叁毫，光緒貳拾玖年叁月貳拾叁日到工。又月加銀叁拾貳兩捌錢陸分叁厘陸毫，貳拾玖年伍月初陸日起。又續訂合同，月改支伍百佛郎，貳拾玖年捌月貳拾捌日起。

醫生威德海，月支陸佰陸拾陸佛郎陸拾柒生丁，光緒貳拾玖年捌月貳拾捌日到工。

洋員竺蒲匏，月支貳千佛郎，光緒叁拾年伍月初玖日到工。

洋匠薛法黎，月支壹千佛郎，光緒叁拾年叁月拾壹日到工。

以上舊員，即按在工月日接給。新募員匠，係按到工月日起支。理合聲明。

「中央研究院」近代史研究所《海防檔》乙福州船廠《光緒三十一年十一月二十八日外務部收户部文查核閩省船廠歷年用款數目不符各節》 查二十九年底不敷銀兩，委係前監督洋員杜業爾向洋商公司購辦機器料件欠給價值，前於册內聲登。至從前購買外洋機器物料，一經運到，價值即須付清。惟自延聘杜業爾監督廠務，採辦物料，皆其經手，以法國人訂購法人廠機件，故能賒欠，隨運隨用。而船政歷年經費奇絀，未能隨時給還，遂致積欠鉅款。所購機器物料，皆製造鑲配「建威」、「建安」兩艦之用。其價值按年彙列製船項下造銷，此製造威安兩艦，積欠洋廠料價之寔在情形也。迨二十九年訪查此項積欠料價，已歸大賠款內理結。即經電詢外務部，接准覆稱，詢據法館魏繙譯函稱，福州船廠所欠地中海船廠之款。因庚子之乱，未能付給，現已查悉此項欠款，已歸大入賠款內等因。詢據洋員杜業爾稱，兩艦砲價未入大賠款之內，經於二十九年六月間奏明在案。又因此項欠款歸入大賠款內，究竟如何理結，數目若干，是否砲價未入大賠款之內，尚待確查。是以二十九年分册報，仍列不敷銀五十一萬三千餘兩，未經删除，至每年添置各廠所傢伙器具，各學堂書籍器具兩項，各廠所每日工作人數將及二千名之多，傢伙器具不容缺少，至學堂書籍器具，購自外洋，學生衆多，尚難遍給，而紙張鉛筆墨水等項，非洋產皆不適用。若多購華洋書籍，更不止此數，歷年所銷，皆省無可省，即未奉裁抑。船政已自示限制，至本年三月間電奏息借滙豐銀行之款，所謂尚欠洋廠料價，係杜業爾在工之日，擅攬法公司造船採辦機器料件之款。迨此事廢約，杜業爾撤退回國。該船工程十有五六。船政既經認受，棄之可惜。自應接續興工，更有未齊之料，應續行定購，以資配用。此係杜業爾攬造法公司船所欠之料價，非二十九年分册報不敷之威安兩艦料價也。嗣英法各領事催索，閩關別無騰挪之款，向號商暫貸六萬餘兩應付，訂明此款俟款洋借到，即日撥還。所謂挪墊應付者，非閩關暨船政別有款項可挪墊也。至應添購物料，有已購未購運者，有已運到未動用者，名目繁多。俟成船後，方能核寔造報。除借款按年匀還一節，已咨明閩海關外，相應將附奏建威、建安兩縣艦歸南洋收用。並三十年正月電請外務部代奏原稿，抄録咨覆查照等因前來。查此案該大臣咨覆各節，本部按來文逐加詳查，如閩廠光緒二十九年分歲入歲出册報，寔在不敷銀五十一萬三千餘兩。現據聲覆，前項不敷銀兩，委係洋監督杜業爾，向洋商公司購辦製造「建威」、「建安」兩艦機器物料，積欠洋廠價值，並稱此項欠款，曾經電詢外務部，詢據法館魏繙譯函稱，福州船廠所欠地中海船廠之款，因庚子之乱，未能付給。現已查悉此項欠款已歸入大賠款內，是此款既歸大賠款之內，船政無須撥付，所列不敷銀五十一萬餘兩自應照數登除，以清款項。至該兩艦砲價一節查杜業爾監督廠務，所有向外洋采辦製造「建威」、「建安」兩艦機器物料。並購砲之事，同係該監督經手，則福州船廠所欠地中海船廠之款。既經歸入大賠款之內，其兩艦砲價同係杜業爾經手。又同係購自洋廠，亦必歸入大賠款無疑，否則事隔數年，洋商安能久待，其理不辯自明。此款碍難承認，應令該大臣趕緊確寔查明，駁辯完結，專咨報部。毋稍遷延。其每年添置各廠所傢伙器具，各學堂書籍器具價銀二款。雖據聲覆前因，然現在該廠並未開造巨艦。所謂每日工作人數二千名之多，寔難憑信。且各學堂學生人數，比從前較少，而前項價銀，何以仍前按年開支。際此帑藏奇絀，仰屋難籌，亦當力求撙節，毋稍虛糜，方昭核寔。應令轉飭將此兩項價值，酌量核減報部，毋得延宕。至本年三月間電奏借款，原電內開，尚欠洋廠十餘萬兩。業據查覆，係杜業爾攬造法公司船所欠料價，非二十九年分册報不敷之威安兩艦料價。既經查明聲覆，應令將採買物料件數價值銀數，分晰造册報部查核，並將閩廠代法公司造船，係何時奏准，亦即抄案登覆。又來文所稱向號商暫貸六萬餘兩，訂明俟洋款借到，即日撥還一節。此項暫貸之款，於何月日借用，是否即就息借匯豐銀行三十萬兩內撥還，未據詳敘，應令查明聲覆。再查此次抄電內開，請飭責成招商局買此兩船，一面電商北洋飭局先行墊解三十萬兩，以濟燃眉等語，究竟招商局墊解若干，亦令查明，一併聲覆，均毋稍延。再杜業爾遇事擅專，既經該大臣奏明撤退。嗣後廠務當寔事整頓清釐，毋得再蹈覆轍，致滋轇轕，相應移咨福州將軍兼船政大臣查照辦理。暨咨呈外務部查照可也。

佚名《船政奏議續編・廠制一號江船下水日期並現辦廠務擬籌接造各情形折》 奏，為廠制第一號江船下水日期並現辦廠務，擬籌接造各情形，恭折仰祈聖鑒事。

竊廠造第一號江船，係前洋員杜業爾代華法立興公司所造，成本較昂，估價太賤。經奴才於二十九年查明，將合約作廢。該船收回自辦，於三十年五月接續興工，所有馬力、噸數業經奏明在案。隨據總監工洋員柏奥鏜禀稱：船身外皮、兩脅、艙位、格堵、隔房均已鑲配完妥，請示下水日期。當諏吉本年十月初三日，奴才率同提調等親臨看視。是日午刻潮平，將船推送循軌直趨，異常穩捷，同觀之中外人士咸拍掌稱快。下水後，工程則全在輪機、鍋爐安配如法，將來試洋，方無疵病。據總監工柏奥鏜稱：前洋員杜業爾原擬輪機、鍋爐圖式，尚須稍改，始能合度等語。除飭加意講求，勿得草率，並飭提調督同廠員等認真監視，一面催趲，勿任宕延外，奴才伏查船廠規模宏大，徒以費絀，未克振興。製造愈稀，則耗費愈鉅，一輪之轉動，須連以全廠之煤力，其餘油雜各料以及員匠薪工，制一船其費如是，即並制數船，其費亦相等。所以泰西製造工程，並務兼營，於多中取盈，未有全廠僅制一船而能省費速工，以獲餘利者。

船政經費每月只閩海關協撥二萬兩，以之發給中外員匠薪工、生徒贍火，而各廠油雜及煤炭等項已屬不敷，其大宗料件實屬無款可辦。本年閩關借貸洋款建設銅幣局，並清償船政料價，原擬以銅元餘利協濟船工，擴充製造。今銅元既奉部議飭停，則閩關重負債累，騰挪乏術，即每月應撥之二萬兩亦恐勢難按期撥付。工料稍不應手，曠日持久，廠費坐耗於無形。又其甚者，欠薪賒料攬造外工，釀成尾大之勢。

奴才再四思維，廠工正值青黄不接，洋員匠年限未滿，江船下水，亟須□籌接造，方免曠廢。查二號江船雖安龍骨，而材料未備，且與第一號同圖共式，均係商船，制而無用。現南、北洋重整海軍，正資艦隊，仍以改制兵船為當務之急。惟定議開工必需實款，而船政財力窘絀，無米為炊，久在聖明洞鑒。奴才三年兼管，百計籌維，始湊成「建威」、「建安」兩艦，撥交南洋核結。杜業爾轇轕款目，劃清積累，挪移力竭，羅掘已窮。設因而暫停工作，又不惟成規廢置可惜，且恐無以杜外人覬覦之心。計惟有仰懇天恩，俯念船工關要，飭下南、北洋大臣會議，現時海軍需用何式兵艦，早日商由船政定制，即著該省酌協餉項，以資挹注。近聞南洋擬向德國訂制輪船，如未定約，盡可劃撥一二，改由閩廠自制，庶工程有繼，無虞斷輟。在中國僅此船廠，疆臣具有公忠，亦應同為珍惜。且昔年廠造「平遠」鋼甲，中東之役，方之洋制，未遑多讓。應請明降諭旨，嗣後各省購船，應先商由船政核計圖式、價值，閩廠力能代制者，毋庸遠向外洋訂購，既免外溢，亦可藉以自强。是否有當，理合將一號江船下水日期並現辦廠務，擬請飭下南北洋議籌接造兵艦各緣由，恭折具陳，伏乞皇太后、皇上聖鑒。訓示施行。謹奏。

光緒三十一年十二月十七日拜發。奉旨：練兵處議奏。欽此。

佚名《船政奏議續編・船政在事人員積年出力請照異常勞績褒獎片》 再，閩廠歷次新式兵船告成，在事人員例準奏獎。查十三年「鏡清」快船，十八年「平遠」鋼甲，先後告竣，均經請照異常勞績，擇優獎叙在案。計自「平遠」船請獎，並同時舉行五年例褒後，迄今已逾十年，中間造成「通濟」、「福靖」、「福安」、「安海」、「定海」、「吉雲」、「建翼」各船，修改北洋「海籌」等兵船六艘，代制法國、西貢等輪船五艘，暨閩、厦兩口炮臺、雷營各工程。在事員紳等積年宣力，爭自奮勉，固已深堪嘉尚。迨二十七、八年間，復制成「建威」、「建安」新式魚雷兵艦兩艘，工程尤為浩大。查該艦係大臣裕祿與洋員杜業爾定議開制，歷時四載有奇，需費至一百二十餘萬兩之多，工作異常艱巨，固不待言。且兩艦專尚新式，其奥妙繁巧與從前之鐵脅快船迥異，馬力計六千五百匹，以較舊制最巨之鋼甲，其馬力二千餘匹者殆逾三倍。溯船局自節費收束之後，或一人而兼數事，或數廠而並一廠，工力乏絀，遠遜於前。當開造之初，外議紛然，恒恐廠力不繼。乃員紳等刻意求新，不辭勞瘁，前後五年奔走於嚴寒盛暑中者，卒以克蕆大役。況制艦吃緊之際，正值拳匪肇釁，其時中外戒嚴，馬江為五方雜處，群情浮動，凡在事之華、洋工匠，風鶴驚心，人懷去志，工廠岌岌，有朝不謀夕之虞。而各員紳等除督率匠役照常工作，製造炮械，趕修兵運各船，力贊防務外，兼能撫馭華洋，多方調護，俾各安堵無事，以竟船功，尤非尋常出力所可比。奴才去年夏間奏報「建威」、「建安」撥交南洋時，本擬將在事員紳奏請獎叙，惟念任事甫及經年，工次情形尚須察看，杜業爾料價轇轕，兩艦用款未經咨部報銷，不能不懸以有待。茲第一號江船如期下水，「建威」、「建安」項下積欠洋款，亦於本年設法劃清。奴才忝綜其成，端資群策群力；用能日起有功，所有各員紳等十數年中勤事趨公，始終罔懈，不無勞勛足録。且五年例褒亦逾兩届，合無仰懇天恩，俯念船政爲海防根本，際茲經費奇絀，非藉朝廷名器，不足以鼓舞人心。可否準將「建威」、「建安」兩艦告成並第一號江船下水在事出力各員紳，查照異常勞績並案，擇優褒獎之處，出自鴻慈逾格，理合附片具陳，伏乞聖鑒訓示。謹奏。

光緒三十一年十二月十七日拜發。奉旨：著準其酌褒數員，毋許冒濫。欽此。

中國第一歷史檔案館《德宗景皇帝實録》卷五五四《光緒三十二年正月》

福州將軍兼船政大臣崇善奏，廠制第一號江船下水，穩捷商用，請飭南北洋籌辦海運。需用兵艦，閩廠能代制者，毋庸遠向外洋訂購，早日商由船政定造，即著該省酌協餉項，以資挹注。下練兵處議，尋奏，請飭將該廠力加整頓，一面飭南北洋大臣按所奏情形，會籌辦法，以重海權而維大局。依議行。

又奏，閩廠新艦告成，出力員紳請獎。得旨，著準其酌保數員，毋許冒濫。

佚名《船政奏議續編・建威建安魚雷兵艦告成並一號江船下水所有積年出力遵旨擇優褒獎折》 奏，爲「建威」、「建安」魚雷兵艦告成並第一號江船下水，所有在事積年出力人員，遵旨擇優褒獎。謹分繕清單，恭折仰祈聖鑒事。

竊奴才於光緒三十一年十二月十七日奏報江船下水，附片請將「建威」、「建安」兩艦案内出力員紳人等，查照異常勞績獎叙，奉旨：準其擇優酌褒數員，欽此。奴才查船政近年工程精巧不亞於外洋，而營作艱難，實倍於曩昔。自費絀收束之後，極彌縫補救之功，調度者殫誠盡瘁，於無可籌劃之中，苦爲籌劃；製造者振墜圖新，於無可展拓之餘，力求展拓。餼廩雖微，而操作者踴躍從公，且有先事後食之義；員額雖減，而監工者奔走竭蹶，不憚一人數事之勞。在工各員紳人等，竭力奮身，始終罔懈。而尤以局勢艱危，靡不争激天良，以期成效，其急公勤事之忱，誠非尋常出力所可比。渥蒙天恩，鑒及微勞，準予獎叙，自應擇其尤爲出力者，按照異常勞績請獎。船政會辦提調、三品銜直隸候補知府馬慶麒，擬請免補本班，以道員留於福建，歸候補班補用；四品銜江蘇候補同知楊廉臣、福建候補直隸州知州文定祥等二員，均擬請免補本班，以知府仍留原省，歸候補班補用；分省補用；同知章運熺，擬請免補本班以知府留於福建，歸候補班前先補用；指分江西補用縣丞馬慶周，擬請免補本班，以知縣仍留原省補用；通判職銜附貢生林萱籌，擬請以通判不論雙單月，歸部盡先選用；福建試用縣丞銘綸、章光貴、羅士松、賴永福等四員，均擬請免補本班，以知縣仍留原省，歸候補班前先補用。以上各員，均常川駐工，或調度工程，或稽查廠務，或經理文牘，或專管收支，均能破除情面，力任勞怨，實爲船廠不可多得之員。擬懇恩施，照準給獎，以勵勤事。其餘出力各員，雖屬資格有別，而歷歲成船多號、廠屋十餘所，工程浩大，不資群力，未易成功。各該員等與同勞瘁，未忍獨令向隅，且扣計其積久出力，已兩愈五年例褒之期，茲並從嚴考核，另開清單附案請獎。合無仰懇天恩，俯念事係積年並案，準予一體獎叙，以昭激勸，而溥鴻慈。所有奴才遵旨請獎緣由，恭折具陳，伏乞皇太后、皇上聖鑒訓示。謹奏。

光緒三十二年閏四月初七日拜發。奉旨：該部議奏，單並發。欽此。

「中央研究院」近代史研究所《海防檔》乙福州船廠《光緒三十二年閏四月十八日外務部收法國公使巴樂禮照會請飭閩廠遵照合同續聘洋員並將杜業爾欠款一事見復》 光緒三十二年閏四月十八日，收法國公使巴照會稱，案查福州船政，於光緒二十九年八月二十八日，續定合同，緊要之條，在崇將軍違不遵行，實與目下經理廠務法員，任事大有不便一事，迭經前任公使向貴爵聲述在案。查該合同第四條内載，各洋員匠薪費，每年限定二十七萬佛郎，即每月二萬二千五百佛郎，所有勻請各洋員匠數目，應照粘單辦理。其應請之各洋員匠，該總監工應隨時酌僱，其薪費每月不得逾二萬二千五百佛郎之數等語，其文甚爲明切。然二年半以來，總監工迭次申催，而未得督辦大臣遵行。如粘單内開明之法文帮教習一員，匠首一人，督辦不肯付薪，又掌理出入船務一員。目前回國，迄今崇督辦亦未肯補聘他人，以致船廠薪費每年減省二萬八千佛郎，逮今二年半。違約減損西員者，已至七萬二千佛郎之多，此等情形。經柏總監工迭向督辦大臣申訴，並經本大臣於過閩時，與崇將軍面商。而該將軍總以業已奏請准在廠内修造兵船，迄未奉有批准之諭，俞允與否，以及能否籌備需款。無從揣度，設或准辦，則必當如柏君所請，添聘人員，延請法國工程師。否則目下在事之員匠，庶乎無工可修，何有添聘之處等詞答復，是該將軍竟將二十九年八月二十八日明定合同意向改易，蓋查所定各洋員薪水工費一切。已較前大減，每年二十七萬佛郎，微數爲限，合同所載之文極爲堅定，無留餘步，似無將軍於約定款内擅自減銷之理。在本大臣甚希貴爵迅飭該督辦大臣，遵照合同，續聘人員，以全訂額，而維廠務。在本大臣邇來路過閩省，周歷船廠，觸感之情，甚覺悒鬱，諒可乘機向貴爵表發，溯念歷任中國大吏。以及在事法國工程師等員，彼此盡心，至今已獲有實效，誹者難以爲公，該地乃係中國全境獨有之船廠。各項船隻，中國自行修理全備，華境亦獨此處。該廠歷年功效甚著，將來功效，亦可尤加擴充，而不予以報效之機。似未免可惜矣，再查中國尚欠前任總監工杜業爾各款一事，經前任吕公使於上年十二月三十日，並顧署使於本年四月二十四日，先後照會貴爵，在本大臣應即向貴爵回憶，並望見覆是荷可也。

「中央研究院」近代史研究所《海防檔》乙福州船廠《光緒三十二年五月二十五日外務部發福州將軍文咨詢船廠辭退洋員原因》　光緒三十二年五月二十五日，發福州將軍文稱，光緒三十二年五月十六日，准法巴使照稱，福州船廠一事，本大臣業於本年閏四月十六日，以該將軍欲視光緒二十九年八月二十八日合同爲具文，辦理不善各情形，照會在案。迄未見覆，近來更出有他故。如崇將軍又將該廠洋員五人擅行辭退。本大臣查，除該洋員等聘期未滿外，辭退洋員，其權專歸法總監工，有合同第七款明文可稽。此次復屬違背中國明訂合同，且查中國政府因此有應擔之咎，在我法國政府自有權宜索償之理等因前來，船廠洋員五人因何辭退，與二十九年所訂合同是否相符。相應咨行貴將軍查核見復可也。

「中央研究院」近代史研究所《海防檔》乙福州船廠《光緒三十二年六月八日外務部發法國公使巴樂禮照會福州船廠未續聘洋員並無違約之處》　光緒三十二年六月初八日，發法國公使巴照會稱，前准來照，以福建船政，於光緒二十九年八月，續定合同，緊要之條，崇將軍違不遵行，實與目下經理廠務法員，任事大有不便等因照會前來，當經咨行福州船政大臣核復去後。茲准復稱，續訂合同第四條所載，薪費每月不得逾二萬二千五百佛郎一節，係舉其最多數以爲限制之語，並非以二萬二千五百佛郎爲不能減退之額。至柏總監工催請添募員匠，前經本大臣批駁，已無准予延聘之事，更不得謂之不肯付薪。又照稱，掌理出入船務洋員，目前回國，不肯補聘他人一節。查限滿及因他故回國洋員匠，約中並無必需補聘明文，當視工程緩急，以定去留。現船廠修造寥寥，别無他項要工，是以本大臣飭令無庸補聘，係按照續約第九條，年限滿時，船政大臣不欲續限之語辦理，並非違約。至謂船廠薪費每年減省二萬八千佛郎，逮今二年半，違約減省西員者，已至七萬二千佛郎之多。工少則匠少，匠少則薪少。已經延聘，則薪水爲該員匠應享之利權，未經延聘，則此款又爲本廠應節之糜費，何得謂之違約減損。總之，用人之權，操之廠主，廠主權利之所在，即權限之所及，於任事法員，毫無不便之處等因。查福州船政大臣所稱各節，均係照約辦理，相應照復貴大臣，轉飭該法員遵照可也。

「中央研究院」近代史研究所《海防檔》乙福州船廠《光緒三十二年七月二十五日外務部收閩浙總督崇善函閩廠僱用洋員及杜業爾欠款事》　光緒三十二年七月二十五日，收閩浙總督崇善函稱，敬肅者，頃奉六月二十三日鈞函。謹聆一是，法使駁復各節，直視合同第四條所載薪費每月二萬二千五百佛郎，爲法員應享之利益。船政不能減少，實出情理之外，夫合同所載薪費，係舉其最多數以爲限制而言。至於延募洋員匠，原視本廠工程繁簡緩急，以定從違。合同雖有隨時酌僱之語，然不能視員匠之額，爲一定不可缺少者。倘本廠無一工程，亦必須照額募足，專爲開支薪俸利益起見，有是理乎。用人之權，操自廠主，中外皆同，豈得曰辭退員匠。須商合於廠主，延募員匠，則不須商合，而總監工便能專權獨斷耶，合同有明切之文，凡總監工要僱洋匠，及購辦料件，須由船政大臣允准。此則用人權限之歸廠主，抑歸總監工，不辯自明矣。又查合同第七條内載，洋員限應四年。廠首匠首先以三年爲限，三年限滿，總監工可與船政大臣稟商，將其不須留工之廠首匠首撤回，其可用者多留一年等語，現洋匠已届三年限滿，本廠所製江船，亦將竣工，能否籌有經費，接造船隻，目下毫無把握。此時萬不能任其延募。虛糜薪俸之事小，滋貽後累之害大，杜業爾前車不遠，可爲殷鑒，至寶璧船案，租價在外，製價十七萬元。法使雖未承認，當日巨總領事來閩核辦，証據確鑿，相持未能議結，將案送京。固昭昭在人耳目，售價五萬，雖非定自法使，船在北洋，儘可勘估，儘可領受，杜業爾如將製價賠繳。則船政欠杜之尾款，自應照數找清，以昭平允。船政受杜業爾之害，吃虧不可勝言。今寶璧一案，已屬格外含忍，置不追償，船政萬無再認找杜欠款之理。應請鈞部主持，仍照前咨轉復法使，倘萬不獲已，應如何轉圜。敬乞賜之教誨，總求無損廠權。有合公理，善無不唯命是從也。專肅陳復，敬請勛安。

「中央研究院」近代史研究所《海防檔》乙福州船廠《光緒三十二年八月四日外務部發法國公使巴樂禮照會閩廠辭退洋員及杜業爾欠款事》　光緒三十二年八月初四日，發法國公使巴文稱，本年六月十三、七月十八等日，迭准來照，以福州將軍辭退船廠法人五名，有違合同第七條，至尚欠杜業爾各款。文内並無一語，必因此事並無可疑等因。當經本部按照貴大臣所稱各節，函達福州將軍去後。茲准復稱，本廠僱用洋員匠，内有廠首、匠首韋海、泰貝、麥呂挨、扈挨等四員，按二十九年八月訂立合同之日起扣計，在工將届三年限滿。又繪事院院首薩巴鉄一員，按照三年扣計，亦將滿限。現在船工費絀，未能接造。毋庸預計留用，自應按照合同第七條，於四個月前知照，應得限滿之薪水回費。亦即查照續立合同，分别核給，札行柏總監工遵照辦理。與所訂合同，所載薪費，係舉其最多數以爲限制而言。至於延募洋員匠，原視本廠工程繁簡緩急，以訂從違。合同雖有隨時酌僱之語，然不能視員匠之額爲一定不可缺少者。用人之權操自廠，主中、外皆同，合同有明切之文。凡總監工要僱洋匠，及購辦料件，須由船政大臣允准。此則用人之權限專歸廠主，不辨自明。至寶璧船案，租價在外，製價十七萬元。當日巨總領事來閩核辦，證據確鑿，售價五萬。船在北洋，儘可勘估，杜業爾如將製價賠繳，則船政欠杜之尾款，自可照數找清。以昭平允，船政受杜業爾之害，吃虧不可勝言，今格外遷就，置不追償，萬無再認找杜欠款之理等情前來。本部查福州將軍以船廠無工可作，不能虛糜薪俸。按照合同第七條，先以三年爲限，限滿可將不須留工之廠首匠首撤回辦法，辭退洋員匠五人。本無不合，至寶璧船案，虧累至十二萬元之多。福州將軍既不追令杜業爾賠償，自不能再找尾欠，相應照復貴大臣查照可也。

「中央研究院」近代史研究所《海防檔》乙福州船廠《光緒三十二年八月九日外務部收法國公使巴樂禮照會請飭閩廠將辭退法員再行延用一年》 光緒三十二年八月初九日，收法國公使巴照會稱，爲照會事，福州船廠一事，本年八月初四日，接准照抄福州將軍咨覆，均已備悉。惟該將軍所稱，辭退法員五人，究係按照合同第七款辦理，在本大臣祗恐該將軍於此款未得詳究。蓋第七款文曰，三年限滿，總監工可與船政大臣稟商，將其不須留工之廠首匠首撤回，所撤之人，不必另給賠償之費云云。是撤退洋員，必須由總監工承允，有明文可查。此次既經柏總監工駁未允從，豈非有違合同。本大臣查所撤洋員中，有二人身體不安，自願辭責，可當作爲罷論。惟其餘三人，在本大臣援持光緒二十九年八月所定合同，相應固請將該三人在廠録用一年。至於貴國政府此次或有不依本大臣所請辦理，則在我國政府自必視爲疏交之舉，實恐日後有介於懷，感動即發。本大臣未便默掩不述矣。爲此，相應照會貴爵查照可也。

「中央研究院」近代史研究所《海防檔》丙機器局《光緒三十二年八月十一日外務部收福建試用縣丞陸汝成呈呈驗自製新式小口徑保中快槍圖式》 光緒三十二年八月十一日，收福建試用縣丞陸汝成呈稱，竊思外洋通議，守口莫猛於水雷，攻剿莫捷於快鎗，而水雷與快鎗，實有益於軍國利用。汝成前在福建船政，創製新式連環電氣子母水雷，經前任船政大臣裴蔭森，會同前任閩浙總督楊昌濬，由驛馳奏內開，陸汝成向從英人哈倫授學有年，心思靈敏，通曉化學電學，自造各種油藥白藥，及水雷火箭洋鎗諸法，尤能自造電引，極爲靈捷。繪算圖式，製成新式電氣子母水雷，可以洞穿鐵艦，曾在烏龍江口演放，以巨木紮成九層方簰，貫以數百鐵條，厚及八尺。該雷磔力，能擊起木簰離水數十丈，裂爲五段，較德國雷，尤爲猛烈。可備總理衙門咨取考驗等因。十二年正月二十二日，准兵部火票遞回原摺後開，十二年正月初二日，軍機大臣奉旨，該衙門知道，欽此。今汝成服闋在籍，竭心考究，繪算圖式，製成新式小口徑保中快鎗一桿，一排可裝無烟彈子十粒，兩度手法，即能發放，快捷駕於近時外洋一切兵鎗。查外洋所謂至快兵鎗者，如滿理黑鎗，一排可裝無烟彈子五粒，皆要三度手法，始能發放。汝成伏思中國多事之秋，邊防禦敵火器，實爲軍中利器。二十四年，總理衙門奏定章程第十一款，由本人所製之器，呈明查核辦理等因。咨行各省將軍督撫，飭各屬出示曉諭在案。汝成不忖冒昧，欲將保中快鎗一桿恭呈，倘蒙中堂王爺大人恩准考驗，如果合用，將原鎗俾各省仿製，或在外洋照式定購，以爲應用。汝成但欲有益於軍需而已，茲謹將保中快鎗圖式進呈，伏乞批示施行，由文報局寄廣東南海縣江浦司。汝成便得祗領，即可在籍親帶保中快鎗一桿前來，以備試驗。肅稟，敬叩福安，伏乞垂鑒。

「中央研究院」近代史研究所《海防檔》乙福州船廠《光緒三十二年九月二十一日外務部收閩督崇善文閩廠法員已分别去留》 光緒三十二年九月二十一日，收閩督崇文稱，案照承准外務部咨，福建船廠辭退法員五人，暨杜業爾欠款不能認找各節。本年六月二十一、七月二十五等日，先後接准文函。當經本部以辭退洋員，本無不合，杜款不能再找等語，撮要照復法國巴使去後。茲准照稱，撤退洋員，必須由總監工承允，載在合同第七款。此次既經柏總監工駁未允從，豈非有違合同。查所撤洋員中，有二人身體不安，自願辭責，可作罷論。其餘三人，固請在廠録用一年，或不依所請辦理。我國政府自必視爲疏交之舉，實恐日後有介於懷。感動即發等因前來，本部查此案彼此爭執，均以合同第七條爲據。

迄難收束，現該使以法員五人，自願辭退二人。其餘三人固請録用一年，似尚有轉圜之意，相應抄録往來照會，咨行查照酌核辦理，以期和平了結。仍聲復本部可也等因，附抄件到本將軍大臣，承准此。查福州船政輪機廠匠首韋海、船身廠首泰貝、鍋爐匠首麥吕挨、輪機廠首扈挨、繪事院院首薩巴鉄五員，先因將屆三年限滿，先期知照柏總監工，俾届時聲請應得薪水回費旋歸。嗣據監工先後禀報，麥吕挨、扈挨因病請假，依限回國，均經照給兩月薪俸路費，並酬賞銀兩發領在案。其韋海、泰貝兩員，據柏總監工禀以船廠輪機廠不可少之人，現在江船未竣，難以暫離，當經批准暫留數月，如無別項要工，即行照章先期知照銷差回國。薩巴鉄一員，據稱合約並未指明限期，該員既不在廠首匠首之列，准照四年限滿各員一律辦理，並經批行各在案。兹承准前因，除韋海、泰貝二員，先經批准暫留外，其薩巴鉄一員，應即通融准留一年。届滿之日，仍照約先期知照銷差回國。惟此次去留各法員，本大臣直視爲個人之交際，將來此項暫留之員，究不免有照約銷差之一日。應請法駐使勿再視爲兩國國家疏交之舉，至杜業爾索款，此次巴使不再提及，想已默許爲不應給之款矣。相應咨復，爲此，咨呈外務部，謹請察核轉照法國駐京巴使施行。

佚名《船政奏議續編·添配廠用輪機修理洋房外洋採辦料件脚費遵章奏咨立案片》 再，前奉户部奏定報銷章程，「各省機器局並閩省船政局，如有添購機器，經費若干，事前奏明咨部立案，事後方準核銷」等因。兹據廠員禀稱：光緒二十九年，鐵脅廠添配一百三十四馬力輪機一副，經前監督法員杜業爾經手制辦，於三十年鑲配完竣，共用工料銀一萬五千餘兩。又洋員匠住房，自光緒二十三年修理之後，已閲數年，中多破漏，經陸續修理洋房三座，計四十五間，共用工料銀四千四十餘兩。又採辦外洋機器料件脚費共銀二萬四千餘兩。以上各款，應歸三十一年份銷案造報，呈請奏咨立案。前來奴才復查無異。除分别咨部查照，並飭匯案造銷外，理合附片陳明，伏乞聖鑒。謹奏。

光緒三十二年九月二十五日拜發。奉旨：該部知道。欽此。

「中央研究院」近代史研究所《海防檔》乙福州船廠《光緒三十二年十月十日外務部收福州將軍宗室崇善文船廠兼差洋員酌加薪俸》 光緒三十二年十月初十日，收福州將軍宗室崇文稱，案據船政總監工洋員柏奥鏜禀稱，輪機廠首扈挨回國後，經監工飭合攏廠首薛法黎兼行管理輪機廠務。查該廠甚關緊要，不能無人料理，以資督率。該員既經兼理，則有調派工程，並與各洋員交接，以及料理法文片件，隨時答復監工調查各項，委屬繁劇。該員合約，祇管合攏，並無兼管他廠。今既添此重任，故該員懇請照其薪俸加給三分之一，以爲津貼，監工合代仰請俯准等情。到本大臣，據此。查洋員匠應聘來華，應得薪俸，載在合約，本無所用加薪。惟據稱合攏廠首薛法黎兼管輪機廠務，責任煩重，應准酌加薪俸每月二百佛郎，以資津貼。又查鉄脅廠首余挨，在工最久，勤奮有年，平日兼辦他廠工程，不辭勞瘁，從未自請加薪。本大臣考察所及，未便令抱向隅，自應援照薛洋員之例，月加薪俸二百佛郎，以示獎勵。該二洋員加給薪俸均自本年西十一月初一日起支，并聲明此係本大臣特别獎賞。嗣後不得援以爲例，批行該洋總監工柏奥鏜遵照在案。查加薪爲合同所不載，并經户部指駁有案，本難率予寬假。惟現在閩廠方擬實行遣散洋員之策，去一洋員，遺一差使，委一兼差，不得不畧爲操縱。除咨户部立案外，相應咨呈。爲此，咨呈外務部，謹請察照施行。

佚名《船政奏議續編·閩廠光緒二十五至二十八等年制船物價並無合同單據可檢請飭部核銷片》 再，前準工部咨附奏，光緒二十五年至二十八年閩廠接造輪船，歲修機器，不符各款，飭查詳復。光緒三十一年十月十七日奉旨：依議，欽此。抄録原奏，咨行欽遵查照等因。遵查二十五至二十八等年，凡購用外洋楢木、銅、鉛、鋼、錫各項，暨由洋監督杜業爾經手採辦，外洋磅價，自二十四年以後較前增漲，所有洋貨運銷中國成本既增，售價自倍。該洋員承辦各料，比較二十三、四等年準銷成案，價值雖有增多，然核與近年上海、香港銷售洋貨市價，則又有減無增，尚非浮冒。此外，如内地所産之楠木、杉木、白炭、棉紗各項，又因頻年捐輸重迭，百物昂貴，處處皆然。購料悉憑時價，斷難繩以舊章，閩廠實用實銷，無所用其捏飾。若令查照成案辦理，則承辦人員曲折彌縫，亦又何難。但恐教猱升木，此端一開，轉失核實之道。是以前次部臣指查楢木等款料價，比較準銷成案不符各節，即經奴才將磅價、物價昂貴、時景不同各情形，咨復在案。兹復接準部咨行令，此案必須遵照部議三十二年二月十八日奏定新章，將採辦物料原訂合同、清單一並檢送等因。復查邇年閩廠款項支絀，採辦外洋對象係由洋員陸續辦運，前後價值漲落不同。即採辦内地各物，亦係隨用隨辦，價目萬難劃一。用款瑣碎，名目紛繁，均係零星價單，並無大宗訂立合同之件。閩廠造銷案内，杜業爾經手採辦料件既無合同、單據可檢，且在未奉新章以前，事有區别。合無仰懇天恩，飭部查照閩廠銷册，準予核銷，以清積牘。此後制船用款，如遇洋匠大宗包工及購買外洋船械，自當飭取合同、單據，遵章隨册送部，以資考核。其餘零星購用物料，名目分歧，價單發票參差不齊，不勝查檢，仍請免予隨案檢送，以省繁瑣。除咨部查照外，謹附片具陳，伏乞聖鑒。飭部核復施行。謹奏。

光緒三十二年十一月十五日拜發。奉旨：該部知道。欽此。

佚名《船政奏議續編・船政請歸南北洋會籌管理縷陳利弊折》奏，爲船政請歸南、北洋會籌管理，縷陳利弊，仰祈聖鑒事。

竊奴才前於第一號江船下水，曾將現辦廠務並擬籌接造情形，奏奉朱批：練兵處議奏。欽此。仰見朝廷慎重海權，維持大局，欽佩莫名。嗣準練兵處咨稱：業經議復，請旨飭由南、北洋迅速會籌辦法等因。復準南、北洋大臣會委員弁，來閩詳細考察。去後，伏查船政之設垂四十年，全廠規模粗以成立，自前兼管船政臣延聘洋員，財屈弊叢，氣象日以不振。奴才以該廠爲中國製造肇端之地，接管以來，無時不飭各員匠認真整理，以求進步，並嚴定賞罰，以爲之程。數年中，制成及修竣船只雖亦不少，但廠務興衰，别有原理所在。僅恃督責之力，雖救一偏，難裨全局。

船政受病之深，揆厥由來，要非一時一事之所致。今請縷晰陳之：創造之初，集款頗厚，故能因應咸宜，毫無掣肘。後此關款改提，或解難足數，於是停工待料，購料待價，一方困難，百端牽動，逾期給價，又須貼息。且現銀交易，與訂期付值，價目之昂賤懸殊，其弊一；一輪之動，須運以全廠之機力，並造數船，其廠費如此，造一船費亦如之，且造船料件竹頭、木屑都無棄材，若只造一船，則宜於甲者，或不宜於乙。今款不應手，勢難並造數船，無形中實滋虧折，其弊二；匠薪廠耗，或合同之所載，或養廠必需，工則作輟相乘，費則一無可節，其弊三；消耗既多，間有攬造船只，自不能不權其工費，雖極克己，較之商廠，仍判低昂。故修配官船之外，商船之修造日稀，其弊四；閩廠久處困窮，人皆視爲殘局，即籌商協濟，舌敝唇焦，鮮有應者。閩關税款連年短絀，凡經部指撥之項，均有考成，自難專顧船政，自後廠需尤有日窘之勢，其弊五；船政前學堂爲製造專門之學，卒業後資遣出洋，學成回華，即以備本廠製造工程之用。連年經費不敷，無從遣送，而前届回華學生散諸四方，就食他省，禄養既窮，羈縻無術，間有才智之士留廠效用，亦以工程作輟之故莫罄所長，其弊六。綜上六弊，實出一源。奴才之愚，誠知閩關一隅之力，固萬萬不足以存船政，熟思而審處之，決非改歸南、北洋會籌管理不可。今請再言其利：中國海綫延長，欲立大枝海軍，不能不劃定海軍區域。長門口外媽祖一澳，天然盤渦，峰巒環繞，門户完固，可爲軍港屯船之區。而船塢尤海軍之母，舊有之羅星塔石船塢，稍加展拓，製造於此，修配於此，聲勢最爲聯絡。故有海軍區而無制廠者，未有制廠而不以爲海軍區者也。現在南、北洋軍艦奏派大員統帶，本有聯絡之勢，上海船塢亦即改劃。今以船政隸南、北洋，事不繁而功易舉，一利也；以閩關之餘力，供船政則常苦不足，以南、北洋之合力，供船政則又有餘。且船政改歸南、北洋，閩關例協船政之款，理當照舊籌解，轉移之間，無慮匱乏，二利也；費充則人集，人集則事舉。朝甫提議，夕已興造，朝言招工，夕且應募，外洋料價，不足爲要脅之資，員紳匠薪，不能爲坐耗之費，三利也；船政募一洋員，不過等諸技師而已，外人則視爲勢力範圍之點，往往一人去留，即爲全國視綫之所及，嚴重談判，制我偏方。若改歸南、北洋，力足以相頡頏，觀聽所傾，諸易就範，弭患無形之道，四利也。奴才百計籌維，以爲補苴之術，誠無益於頹廢之餘，而離之雙美，兼之兩傷，萬不能不爲改隸之策。不然五年之中，奴才既已勉爲其難，何必故爲曉瀆？徒以大局所關，不敢自安緘默，除函商南、北洋大臣外，所有縷陳船政利弊，擬請改歸南、北洋管理緣由，謹恭折具陳。伏乞皇太后、皇上聖鑒訓示。謹奏。

光緒三十二年十一月初三日拜發。奉旨：著陸軍部會同度支部、南北洋大臣妥議具奏。欽此。

中國第一歷史檔案館《德宗景皇帝實録》卷五六七《光緒三十二年十一月》

福州將軍兼署閩浙總督崇善奏，閩省船廠，經費不敷，工程時輟，擬改歸南北洋管轄，款項易集，於軍事上亦多便利。得旨，著陸軍部會同度支部南北洋大臣妥議具奏。

又奏，船廠遣散洋員，並請議覆船政事宜，下部知之，尋議，準其暫行停辦。所雇洋員，由外務部查照合同辦理。又議，船廠改歸南北洋遥領，鞭長莫及，改造新廠，又未可輕議，不如就原廠原款設法整頓，逐漸改良。請飭下閩浙總督詳擬辦法，隨時咨商臣部，會同籌辦，從之。

「中央研究院」近代史研究所《海防檔》乙福州船廠《光緒三十三年正月十八日外務部收法使照會閩廠法員合同限期將滿法國仍願照舊選備人員協助》光緒三十三年正月十八日，收法國公使巴照會稱，所有奉聘在福州船廠掌管工作法國人員一事。經本大臣迭向貴國述及在案，緣查船廠創興，歷年已久。嗣於光緒二十二年溯念前舉復行肇辦。從彼至今，無論在廠何項人員執事効力，貴國所獲實効匪鮮，而目下在廠供事人員，將來仍必誠心竭力，以期勝任。惟該合同届於本年九月十二日限期將滿。且聞貴國政府正在酌籌整頓辦法，或擬將該廠遷移他處。前承貴國面稱，惟俟南北洋大臣查覆具奏，再行核辦等語。查此情形，無論貴國酌定如何辦法，在我法國甚願仍舊資助，期使中國緊要國舉振興。故此遵奉我國訓示，相應特爲達知，貴國政府開辦船廠，視用人官品尊卑，及人數多寡，如何堪勝相當之意見，在我國均可循依照辦，選備人員。爲此，相應照會貴爵核奪，並希將貴國政府詳核後，意在酌派如何之處示覆爲荷可也。

佚名《船政奏議續編·船政提調高守應準銷差扶柩回籍終制楊廉臣派充提調片》 再，船政提調前福州府知府高凌漢，於上年二月在任，丁嫡母憂開缺。當據請咨扶柩回籍守制，經奴才以該員在工年久，情形熟悉，船工正關緊要，未便遽準銷差，附片奏留在案。茲復據該員聲請，銷差扶柩回籍終制。

前來查現在江船將次試洋，並無接造工程，洋員適將滿限，該員亦無經手未完事件，自應準其銷差，扶柩回籍終制。又船政前派會辦提調直隸候補知府馬慶麒，因銅幣局案撤差參革，所有船政提調一差，應行遴員接辦。查有船政總稽查江蘇補用知府楊廉臣，由船政學堂出洋畢業學生出身。回華後，歷充船政工程處總監工，諳熟製造，精干耐勞，堪以派充提調，以資整飭。除札委並分咨外，理合附片具陳，伏乞聖鑒。謹奏。

光緒三十三年四月初十日拜發。奉旨：該部知道。欽此。

佚名《船政奏議續編》松壽七《資遣閩廠洋員暫留教習邁達竺蒲匏二員教導學生折》 奏，爲蒙恩撥款資遣閩廠洋員，謹將船政近情，恭折仰祈聖鑒事。

竊奴才因福建船廠業經陸軍部奏停，前募洋員匠柏奧鏜等八員，照約扣至本年九月限滿，應行遣散，所需貼薪、路費、犒賞及柏奧鏜經辦外洋料價，共約銀五萬餘兩，計期已迫，自應先事預籌，以便届時給付。查船廠平時遣回一二員，需費無多，均就常年經費內支給。此次大幫期滿，需費較巨，擬援照前届洋員日意格等回國，由部撥款成案，請旨飭下度支部撥銀五萬兩，俾得如期遣散，以免洋員守候等情，於本年七月十二日電請外務部、軍機處奏明在案。十三日，承準軍機處元電，奉旨：松壽電奏，遣散前募洋員匠需款五萬兩，請援案由度支部撥給等語，著照所請。該部知道。欽此。復準度支部筱電，閩督奏遣散洋員匠需款由部撥給，奉旨允準。已電江海關，於該關洋稅內撥濟，希於解滬賠款內截留五萬兩備用等因。前來遵即就閩關解滬賠款內照數截留，歸船政衙門應用。查閩廠續訂合同之總監工柏奧鏜、副監工達韋德、醫生威測海、書記德爾美、監工薩巴鐵、廠首薛法黎、泰貝，匠首韋海等八員名，自光緒二十九年八月扣至本年九月，均届限滿。其應給貼薪、路費、犒賞及柏奧鏜經手採辦外洋料價，均查照原議核給，以憑散遣。旋據船政提調楊廉臣稟稱：該廠前學堂教習邁達一員亦届期滿，惟學堂兩班學生尚未畢業，邁達係學堂教習，與工程不同，可否不立合同，不定年限，暫行留堂以資教授。此外，尚有繪事教習、副監工竺蒲匏一員，到工稍遲，扣至三十四年五月滿期，擬令專課繪生、藝徒測繪圖理等事，且江船機器圖式經其手出，江船出售時，當面試驗，竺蒲匏自應擔任責成，懇請察酌等情。

前來伏思福建船廠自左宗棠、沈葆楨建議以來，爲中國特出之舉。其形勝利便，廠塲天然，宜東、西列强艷羡而盛稱不置也。奴才奉命兼理船政，親臨該廠，見其規制閎壯，相度咸宜，每服諸臣之計劃深遠，未可幾及。今方議振興海軍，而閩廠前學堂教以造船、制機，後學堂練習管輪、駕駛。自創設以迄於兹，尚多通曉時務英杰可用之才，嗣因經費支絀，不能逐漸推廣。其學成者，又皆分別任用。刻下學生不足百名，月需經費極意撙節，僅千數百兩。與其惜此小費，棄之於一旦，不如留以有待觀效於將來，擬將邁達、竺蒲匏二洋員暫留學堂，藉廣教益。其教習學生所需各費，仍由船政經費項下酌核開支，俟船政定議後，再行通籌辦理。除奉部撥銀五萬兩，飭令該提調就各洋員妥爲資遣，核實開報外，所有暫留洋員教習邁達、竺蒲匏二員及照舊辦理學堂各緣由，理合恭折具陳，是否有當，伏乞皇太后、皇上聖鑒訓示。謹奏。

光緒三十三年八月初三日拜發。奉旨：着照所請，該部知道。欽此。

佚名《船政奏議續編·賞給限滿回國各洋員寶星片》 再，查外洋員匠在工供差著有勞績者，限滿回國之日，例應奏請賞給寶星以示獎勵，歷辦在案。兹查總監工柏奧鏜，自光緒二十八年應募來閩，充當製造監工，嗣洋監督杜業爾因事撤退，即將監工續聘留廠，接管工程，升充總監工差使。該洋員自接辦以來，謹慎趨公，於一切工程尚無貽誤，且在廠前後六年，不無微勞足録，自應援照歷届洋員限滿成案，匯核請獎。總監工柏奧鏜擬請賞給三等第二寶星。前學堂總教習三品銜三等寶星邁達，擬請賞換二等第三寶星。醫生威測海擬請賞給三等第三寶星。副監工達韋德、竺蒲匏，書記德爾美，擬請賞給四品寶星。監工薩巴鐵，廠首薛法黎、泰貝、韋海，擬請賞給五品寶星。合無仰懇天恩，準予照奬，以示鼓勵而柔遠人。所有循案匯奬各緣由，理合附片陳明，伏乞聖鑒訓示。謹奏。

光緒三十三年八月初三日拜發。奉旨：着照所請，外務部知道。欽此。

「中央研究院」近代史研究所《海防檔》乙福州船廠《光緒三十三年九月十五日外務部收度支部文學堂經費及洋教習薪水開支查明報部並循案歸入製船經費項下報銷》 光緒三十三年九月十五日，收度支部文稱，案呈閩浙總督管理船政大臣松奏，閩廠資遣洋員，船政近情，並將暫留洋員教習邁達等二員，暫留學堂，藉廣教益一摺。光緒三十三年九月初六日，奉硃批，著照所請，該部知道。欽此。欽遵由軍機處交出到部，相應恭録硃批。移咨閩浙總督管理船政大臣遵照，至原奏内稱，前學堂教習邁達一員，自二十九年八月扣至本年九月限滿，其繪事教習副監工竺蒲匏一員，到工稍遲，扣至三十四年五月限滿，均請暫留學堂教課。刻下學生不足百名，月需經費僅千數百兩，仍由船政經費項下酌核開支等語。查洋教習邁達、竺蒲匏等二員，既經暫留學堂教授，所有該二員薪水，自應照舊核寔開支，學堂所需各項經費，每月開支若干，應令按款查明散總各數，分晰開單報部查核。仍將支過銀兩，循案造入製船經費項下報銷，暨咨呈貴部查照可也。

佚名《船政奏議續編・洋員限滿資遣回國情形折》 奏，爲閩廠洋員限滿，謹將資遣情形恭折仰祈聖鑒事。

竊查船廠於光緒二十九年八月續訂合同，雇用洋總監工柏奥鏜，副監工達韋德，醫生威洌海，書記德爾美，監工薩巴鐵，廠首薛法黎、泰貝，匠首衛海等八員名，扣至本年九月均屆期滿。其應給貼薪、路費、犒賞以及柏奥鏜經手採辦外洋料價，共約需銀五萬餘兩。經奴才奏蒙俞允，飭下度支部撥款五萬兩，由部轉飭江海關，於該關洋税内劃撥。遵就閩關解滬賠款内如數截留，歸船政衙門應用，復經奏明在案。嗣據該總監工柏奥鏜屆期，稟請銷差前來，當經督飭船政提調、知府楊廉臣，將各該員應給前項貼薪、路費、犒賞暨柏奥鏜經手採辦外洋料價等項，查照原議，分別核給。隨據柏奥鏜具稟聲明，船政各款均已清還，並無經手未了賬目及未完事件等情，當即批准銷差。各該洋員遵已陸續離工。一面照會福州法領事知照。此次奉部撥款資遣洋員動用細數，除俟照章造册咨部核銷外，所有資遣洋員離工緣由，理合恭折具陳，伏乞皇太后、皇上聖鑒。謹奏。

光緒三十三年十月初三日拜發。奉旨：該部知道。欽此。

佚名《船政奏議續編・修造石船塢鐵水坪並添蓋機器房工料立案片》 再，前奉户部奏定報銷章程，各省機器局並閩省船政局，如有添購機器，經費若干，事前奏明咨部立案，事後方準核銷等因。兹據廠員稟稱：羅星塔石船塢依山臨江，地勢軒敞，係供鋼鐵戰艦修理之用。該塢遞年均有修理，此次自二十九年起至三十二年底止照案匯核，陸續修理添配共動用工料銀二萬零數百兩。又鐵水坪爲起卸料件要區，歷年既久，木架板柱中多朽壞，難以任重，前經洋監工柏奥鏜並請修理，並將二十三年間購辦石船塢備用之新式起重機連吊架一副换配。是處並添蓋機器房一間，較之原配起重機尤爲任重靈捷，共動用工料銀八千六百餘兩。以上各款，應歸三十二年份銷案造報，呈請奏咨立案等情。前來奴才復查無異，除分别咨部查照並飭匯案造銷外，理合附片陳明，伏乞聖鑒。謹奏。

光緒三十三年十一月初三日拜發。奉旨：該部知道。欽此。

郵傳部《郵傳部奏議類續編・船政・遵飭招商局估驗閩廠新造江船情形折》 奉爲遵飭招商局估驗閩廠新造江船情形，恭摺覆陳，仰祈聖鑒事。竊臣部於光緒三十三年七月十六日，准軍機處片交閩浙總督松壽奏稱，洋款期迫，請飭下北洋大臣速飭招商局派員來閩，估變江船，以憑得價交付銀行等語。奉硃批，郵傳部查覈辦理，欽此。遵即咨行，署北洋大臣臣楊士驤欽遵辦理，並札飭招商局派員赴閩估驗。旋准覆稱，據招商局驗得該船身式上大下小，駛行欠穩，不合運載客貨之用。且商局前因生意淡薄，現款不敷週轉，請准從緩添輪。該輪估價雖減，尚須二十餘萬兩，無從挪借等語。並稱粤省需輪巡洋，當經會同電商。旋准兩廣總督臣張人駿電覆，内港緝捕，須用淺水小輪，每艘價衹數萬圓。該廠輪大款鉅，萬難籌購。咨覆前來，查閩省息借匯豐銀行銀三十萬兩，係由前署督臣崇善於光緒三十一年三月訂立合同，限三年還清，並以涵江泉州銅山三處常關税款，並馬江銅幣局所得餘利，作爲抵押。嗣因銅圓停鑄，餘利無着，始擬以船局所造江船出售抵還借款。兹經督臣松壽因還款期迫，奏由臣部查覈辦理，事關洋債，自應竭力代籌，無如該船身式，既不合商局運貨載客，暨粤省巡洋之用均不願購，且商局生意淡薄，挪借無從，尤未便强令買受，應請毋庸置議。至該省應還借款，擬請飭下閩浙總督，設法另籌，妥速辦理。所有遵飭招商局估驗閩廠新造江船無款認購緣由，理合恭摺覆陳。伏乞皇太后、皇上聖鑒訓示，謹奏。

光緒三十三年十一月二十八日，奉旨，依議，欽此。

佚名《船政奏議續編·船政未便全行停辦續準部咨令就原廠原款設法整頓片》 再，查船政接管卷内，前準陸軍部咨，令船工暫行停辦，聽候部議，再爲定奪等因。先經前任福州將軍崇善電達軍機處，以洋員限期未屆，江船尚未竣工，試洋工程礙難中輟，請旨飭交奴才一並接管情形，代奏在案。

奴才接管後，當即赴工考查。江船一項，雖大工報竣在即，而應辦未了工程，尚當接續趲趕。此時洋員未散，一切開支悉仍其舊。按月應需經費，不得不由閩税照常撥解，以資開發。迨江船試洋，洋員滿限，經奴才請旨飭部撥款，於上年九月間陸續遣散，而前總監工柏奥鏜尚有經手未完事件，糾葛帳目，直至九月底方磋磨妥協。斯時江船尚有零星配件，以及本省大小各號官輪待修，並各炮臺、炮械等項工程未竟，柏奥鏜經手石船塢，閘門關掩不密，種種工程均須隨時自行料理，一時似未便全行停辦。然體部議自不能不設法收束，力求節省以符暫停之意。伏查本省官船、炮臺，隨時請修之件，最爲繁夥。廠工一停，此項工作動須借助洋廠，殊多未便，且全廠機器林立，久廢極易銹壞，不能不酌留員匠監視擦洗。工次地段遼闊，廠屋散處，各廠均有儲積料件，不能不分段派人看管，以專責成。綜計應留人數及堂、院生徒，按月開支，亦不甚輕。蓋雖在暫停，大工收束之時，仍當寓臨時興辦，不至無所措手之意。當經奴才督飭提調、知府楊廉臣，將在工匠丁人數酌留，照料一切，並專辦修理各項工程，其餘匠工人等業已大加裁汰。現自十月起按月核計，約省經費銀七千餘兩，仍當隨時酌量廠情，撙節經費，以期工歸實用，款不虛糜。所有部議暫停，奴才接管後，察看廠情，酌留員匠，節省支銷，以維局勢各緣由，理合附片具陳，伏乞聖鑒。

再，續準部咨行令，就原廠原款設法整頓，容奴才另行咨商部，臣隨時奏明辦理，合並聲明。謹奏。

光緒三十四年正月二十五日拜發。奉旨：該部知道。欽此。

佚名《船政奏議續編·大員沈翊清視工年久功績最多工次員紳簽請附祀專祠並懇天恩宣付國史館立傳折》 奏，爲大員視工年久，功績最多，工次員紳簽請附祀專祠，並懇天恩宣付國史館立傳，據情轉奏，仰祈聖鑒事。

竊據船政提調、知府楊廉臣暨在工各員紳林萱籌等呈稱，馬江船廠爲中國自强之要圖，當日苦心經營，力開風氣，係原任兩江總督沈葆楨首創厥謀。伊孫陸軍部記名丞參沈翊清能繼其事，隨方整頓，漸拓成規。計沈翊清在工供差歷時二十餘年，任勞任怨，廠事賴以維持。當光緒二十年間辦理船塢，厥功最著。其建築之精良，形勢之利便，迄今西人考察其地者，推爲世界第二軍港。在工監造兵、商各艦不下數十艘，各省籌防藉以固圉。他如興學育材，籌措宏遠，成效昭然，在人耳目。甲午、庚子，北方有事，該員於視工之餘，猶能督隊設防，鎮撫大局，以鞏固省垣門户，一時人心賴之安堵。凡此立功，桑梓濟美箕裘，固不獨在工人員同情愛戴，即闔省紳民，亦未嘗不交口稱頌也。伏展水源木本之思，敢援崇德報功之義，擬請援照記名簡放總兵李桂馨以積勞病故，附祀其督祖，汀州鎮總兵李南華專祠，記名副都統慶恒，積勞病故，附祀其父，副都統金福專祠成案，準將記名陸軍部丞參、前四品卿銜、會辦船政大臣沈翊清，附祀其祖原任兩江總督沈葆楨馬江船政專祠暨本籍省城專祠，並將生平事迹宣付國史館立傳等情，呈請具奏。前來奴才復查沈翊清於上年入部供差，本年派查八省旗陸軍學堂，積勞病故。經欽奉諭旨，追贈優恤在案。惟念該員在船政效力最久，功績最多。兹該員紳等篤念遺愛，出於至誠，而大員積勞病故，附祀祖父專祠，並有成案可援。合無仰懇天恩，準予該故員沈翊清，附祀其祖沈葆楨船廠專祠，暨本籍省城專祠，並將生平事迹宣付國史館立傳，以順輿情。而彰勞勩之處，出自逾格隆恩。除將該故員事實清册咨部查核外，謹恭折具陳，伏乞皇上聖鑒訓示。謹奏。

光緒三十四年十二月初四日拜發。奉旨：沈翊清着準其附祀，該部知道。欽此。

佚名《船政奏議續編·洋員柏奥鏜陸續運到採辦外洋汽鼓等項價脚銀兩片》 再，前奉户部奏定報銷章程，各省機器局並閩省船政局，如有添購機器，經費若干，事前奏明咨部立案，事後方準核銷。並奉陸軍部咨，凡向外洋採辦機件，應給脚費，必須另款造報各等因。兹據廠員禀稱：前洋總監工柏奥鏜經手，陸續運到採辦外洋汽鼓並零星料件等項脚費，共銀八千四百餘兩，應歸三十三年份銷案造報，呈請奏咨立案。前來奴才復查無異。除分别咨部查照並飭匯案造銷外，理合附片陳明，伏乞聖鑒。謹奏。

光緒三十四年十二月初四拜發。奉旨：該部知道。欽此。

佚名《船政奏議續編·閩廠接造輪船支用各款造册核實報銷折》 奏，爲閩廠接造輪船支用各款，造册核實報銷，恭折仰祈聖鑒事。

竊照奴才檢查船政接管卷内，制船經費支用各款，經前兼辦大臣崇善造册報銷，至光緒二十八年十二月底止在案。兹自光緒二十九年正月起至三十三年十二月底止，所有接造湊成六千五百匹馬力「建威」、「建安」魚雷快艦各一艘，開造已成未完二千四馬力江船一號，造成「濟川」、「祥雲」小機船各一號，船臺前向改用石料，船廠添設木鋸機，拉鐵廠換配鐵水箱，添制拉鐵槽、輾輪，鐵脅廠添制一百三十匹馬力輪機，船槽添配鐵梁柱，船塢起蓋水龍房，署後起蓋洋式養病房，修理船槽裝土船暨洋樓、洋房數座，接續修造羅星塔石船塢，換配鐵水坪起重機，修造機器房，歷年採辦脚費，歲修各廠屋爐溝、機器，添置書籍、家伙、器具等項，並洋員匠薪費、貼薪、酬賞、盤費，員弁、書役、生徒、工匠各項常年支銷，均係遵照部章奏咨立案。 惟制船經費向由閩海關洋稅月撥六成銀三萬兩、四成銀二萬兩。 茲六成洋税未經撥解，其四成洋税一項，統共解銀一百二十九萬兩。又江南籌防局先後共解銀一十七萬一千七百兩；又江海關道奉部撥解銀五萬兩；又大賠款攤還杜業爾採辦機器料價銀四十七萬三千九十五兩零；又閩海關解到息借匯豐洋款番銀三十萬兩，折合銀二十七萬二千七百二十七兩零；又奉部核删運費保險銀九兩零；又光緒二十九年正月起至三十三年十二月底止，各款扣平銀三萬八千二百二十四兩零。 除上届報銷核結，不敷銀四十七萬六千八百六十二兩零，管收對除外，共收銀一百八十一萬八千八百九十四兩零。 内除造船、購器、修廠、贍工等項支用銀一百五十三萬七千二百二十八兩零，又補給洋員杜業爾結款銀八千八百四十九兩零，又剔除閩關銅幣局廠屋機器，備抵欠款銀二十三萬六千六百三十五兩零，又墊支各輪船薪費銀二萬七十九兩零，又墊支煤炭銀一萬七千八百六十兩，共支銀一百八十二萬六百五十二兩零。 收支對除，實不敷銀一千七百五十七兩零。 據船政提調、江蘇候補知府楊廉臣督同承辦各員，將五年之中用款造具清册，詳請奏咨。 前來奴才復核無異，除造册分咨度支部、陸軍部核銷外，理合恭折具陳，伏乞皇上聖鑒。 謹奏。

宣統元年四月初二日拜發。 奉旨：該部知道。 欽此。

開平煤礦部

論説

熊性美《開灤煤礦礦權史料》第一章《唐廷樞論開採開平煤鐵辦法》　敬禀者：竊職道去年九月奉伯中堂面諭，馳赴開平查看煤鐵礦，當於是月二十九日將察看情形，并聲明工程浩大，必須將帶回煤塊鐵石熔化成色，滿盤籌算，果有把握，另行禀請核示開辦，禀復在案。嗣將帶回煤塊鐵石，分寄京城同文館及英國有名之化學師巴施、賴禮、戴爾等熔化。現據各處分投函復，均評論其在山坡路旁所揀之紫色石，及從山頂挖取之黄色石，有净鐵六成四、五成八、五成五、五成一、四成五不等，其從山根石堆所取之紅石，只有三成八、三成二、二成三而已。煤之身骨略松，灰末頗重，惟燒焦炭却有六成八、六成四之多。查英國黑鐵石成色係二成九至四成七，黄石成色二成五至四成七，紅石成色四成至六成三，日斯巴爾亞鐵石裝往英國熔化者，四成七至五成九，英國焦炭成色五成至五成八。今開平之煤鐵，身骨雖不能與英國最高之煤鐵相比，但其成色既屬相彷，採辦應有把握。況磷酸乃鐵所忌，硫磺乃煤所忌，今驗開平所産，其鐵既無磷酸，其煤又無硫磺，却是相宜之事。夫取天地自然之利，濟民生日用之需，寰中之寶藏已興，海外之漏巵漸塞，誠屬富强要術，遠大宏猷。職道現與前天津丁道、津海關黎道熟商，意見相同。惟事體重大，又屬創始，必當詳核章程，專其責任，局用期於節省，事權不致旁撓，謀定後動，勝算先操，不徒飾以虚文，方克歸諸實用。除將化學評論翻譯附呈外，謹就管見所及，將開辦大略情形，繕具清摺，分條備陳伯中堂察核。如蒙採納，可否即派丁、黎兩道督辦，俾得事權劃一，呼應較靈之處，伏候憲裁。將來毋論專歸官辦，抑歸招商採辦，職道自合殫誠從事，竭力襄勞，借以仰副恩知，不敢置身事外。至招商局務，職道仍當照常辦理，斷不以開辦煤鐵，稍事推諉，合併聲明。

謹將開採煤鐵條陳事宜臚呈憲鑒：

一、論煤鐵乃富强根基極宜開採　查英吉利地輿一萬六千五百餘里丁方，除地面之利不計外，其地中所産，以煤鐵爲最。計生鐵一款，每年産近六百萬噸；煤一款，去年亦産有一萬三千四百十二萬噸。以其一國三千三百萬人分派，即生鐵煤項，每人名下已得銀十餘兩。若將一萬萬兩之生鐵轉了熟鐵器具，即更得幾倍之多，是無怪其富甲他國。今我國地畝人民十倍於英，不但無此進款，反每年出支六七百萬兩，以購他人之煤鐵，寧無彼盈我絀耶？且南方割蘆葦(爲)薪，北方則伐木爲薪，民間燒煤一擔，可抵柴薪數擔，煤價較柴價即減省數倍。英人皆燒煤而不燒柴，是其明證。使閭閻炊煮用煤，花費既輕，爲利甚溥，是煤鐵乃軍民日需之件。煤愈旺，價愈廉，不多耗財，民資可積，不多樵採，山木可蕃，木料由此廣儲，不但民生利用，更可無庸取木於他國。至鐵之利用相等，私則市肆所需釘鉸鍋鑊，官則軍械所鑄炮彈戈鋌，鉅細咸宜，流通易售。則是開採煤鐵，於國計民生均有利益，誠非虚謬也。

一、論開平開採煤鐵把握　天下各礦盛衰，先問煤鐵石質之高低，次審出數之多寡，三審工料是否利便，四計轉運是否艱辛。有一不全，均費籌畫。溯查英國産煤，十年之前每年不過數千萬噸，現在山價高者每噸二兩三四錢，中者一兩八九錢，次者一兩三四錢，礦主尚獲厚利。蓋英國煤夫扯價八錢，而每工每日取煤扯有二噸半。其生鐵山價，按同治十一年每噸二十二兩，現在只值半價。其市面發售鐵板、鐵條，高者每百斤山價二兩三四錢，中者一兩七八錢，次者一兩三四錢。其製造軍械機器鋼鐵，每噸三十兩至一百八十兩不等。查現在市鐵價值，廠主多有無(力)(利)可圖，因英國鐵匠(辛)(薪)工大，以致生熟鐵成本亦大。去年今年鐵廠聞多閉歇，足可證明。似此則將來不能再跌價相抗可知。前(去)(取)煤樣，其質雖不甚高，但好在無硫磺摻雜，故焦炭成數甚高。且所傾考之煤樣，乃係民間浮面所挖，如仿西法深取，其煤定必更佳。即使按照英國次煤山價一兩三四錢計之，亦必獲利。緣内地煤夫工食，每名一錢有零，即使每日取煤半噸，亦比英國成本一半耳。是臺北現在開採山價只合九錢，已有確據。至於石質成數既與英國相仿，毋論能否作鋼，即照次等市鐵每百斤一兩三四錢計之，亦有大利。我國夫力最廉，石灰煤炭又就地均有，大約熟鐵百斤，成本銀一兩左右，去年所呈節略經已聲明。若所煉之鐵能照該化學師評論，可與英國中等市鐵或次等鋼鐵相行，則其利更厚矣。是煤質鐵石質均可合算，而工料亦屬利便，已有把握。至出數多寡一層，雖屬該山連綿數十里，但或隱或顯，究竟鐵石入地深淺，必須精明地學，方能分曉。現已向英國請定精於地學及透熟煤鐵務者一人，每年(辛)(薪)金一千鎊，一俟此間電信發去，便可動身。至於轉運一層，查開平離蘆臺一百二十里，均屬平坦大道，計每百斤車力大錢二百有零。若取煤化鐵，將鐵挑出，仍屬有利。若煤鐵并運，即須自築鐵路，方可大見利益。是臺北礦務，煤井未開，鐵路先已築成，正此之謂。蓋煤本不難取，所難者使其逐日運出費力。若能仿照臺北，築作用馬拉車小鐵路一條，非但煤鐵容易運出，即熔鐵爐鍋、拉鐵機器等重物，均無難運進矣。

一、論專採煤一法　查前數年英國亮煤價每噸九兩、十兩，烟煤八九兩，新南煤七八兩，故來之頗多。至同治十年，東洋仿西法開採，煤色頗高，出數亦多，售價三元至六元不等，合至上海四兩至六兩零，故英國來煤不踴躍。且臺灣及湖南近年出煤亦旺，售價三元、四元，合至上海四兩、五兩。今開平之煤與臺灣、東洋中等煤相仿，若運至上海，亦只能按價至四兩、五兩之間。即使依照西法，每噸成本八九錢，由開平用牛車運至蘆臺銀二兩二三錢，由蘆臺用小船運至天津五六錢，天津上力、棧租二三錢，已合四兩矣，再加下力、關稅至輪船，即合每噸五兩之譜。以五兩之煤，輪船自燒尚可，若裝運回申，由申發售以拒洋煤，斷不行也。若係專採煤，即祇須籌銀五十萬兩開一窑，每年得煤十餘萬噸，除(招商)局船并機器局用二三萬噸之外，其餘在地方上出售。職道已定造七百尺深之鑽地機器一副，并雇定鑽地人一名，每年(辛)〔薪〕工銀四百鎊。擬着其先行鑽探煤田，占地若干，煤槽厚幾何，底煤比面煤較勝若干，煤田有無格石，并下面積水多少，是否易於開取，然後添辦機器開井。惟此匠人可否立即着其前來，仍須候示遵行。

一、論採煤兼熔鐵　土人與西人採煤之法各有不同，前經稟明在案。土人好在工食廉，西人好在立法善，故兩造成本相仿。觀英國山價每噸一兩三四錢，前十年臺灣山價每百擔十一二元，湖南各縣、江西樂平、直隸磁州山價每籮六七十斤，合每百斤百文或八十文，便可知矣。若將土工之廉，引之以西法，煤塊必多，煤本必輕無疑。是採煤一層本無難事，其難者在熔鐵耳。蓋鐵爐、鐵鍋、拉鐵機器等件，款式最多，大小不齊，應用何款何式，馬力多少，須審明地勢、石質、煤力等件，方不敢徒勞費力，虛費煤工。況熔鐵機廠機本最鉅，大者動以百萬，小者亦需三五十萬。多置固擱重資，少置又恐停工待具，苟非精於鐵工者，恐有東洋開辦時機器不合用之弊。試觀庵特生前年估價十三萬兩，乃至熔鐵廠一查，方知機器不全，前事已堪爲戒。大約頭號生鐵爐兩座，每日可熔生鐵一百噸，計每年可熔三萬噸；欲使萬噸生鐵化爲熟鐵，必須熟鐵小爐二十餘個。欲將熟鐵分拉大小鐵板、方圓鐵條、鐵支，又需拉機五六副。總而計之，全副爐鍋機器約需銀六萬鎊，連水脚、保險、運費，總須銀三十萬兩。職道曾寄清單，向英國有名鐵廠五六間估價，均不離譜。而仍不敢定造者，實欲俟(精於)地學(者)及鐵匠到來勘鑽地石之後，還須面商何樣應加，何件可減，生鐵爐二座是否足用，若再添一爐能否減省工費，取其所長，去其所短，寧可遲遲開辦，不可草草誤事。總而言之，大約開辦鐵工，連蓋造爐廠及附近安排小鐵路數里，必須資本五十萬兩，方足成事。以五十萬之資，得生鐵三萬噸，除煤工使費之外，每噸應餘净利五兩，每年應餘十五萬兩，却有三分利息。

席裕福等《皇朝政典類纂》卷一三九《開平礦務總局開辦條規》　一、規條宜先聲明也。按本局原定章程第五條，事無大小悉照買賣常規辦理。所有官場習氣，一概删除。是本局所用之人，所辦之事，均須仿照生意規矩，不得另開面目。

二、本局工程極宜聲明也。煤鐵兩宗，開採工程浩大，且深藏地下，苟非機器勢難得手。但用機器開採，必須用精於機器之人。今延定西國礦司、煤司、鐵司、機司等人，分別總管名目，到山道引。其餘工匠、抛手人等，悉由地方挑選學習。是凡係礦務辦事作工人等，極應分別各歸總管節制。庶該總管等辦事，有權不致掣肘也。

三、本局司事，宜分内外也。除督辦、總辦、幫辦之外，内司事即有公事房專管公文書信；銀錢房專管銀錢帳目；材料房專管木植磚瓦石灰；事務房專管採出煉成煤鐵事務；雜務房專管火食零用各物船隻牲口事務。外司事有監工、管工、機器房、班頭、監提、掌鐙各執事。

四、司事人員宜量材作用也。按原定章程第八條，所用司事應由股大者薦充。惟能司何職，應受薪水若干，仍由總局量材酌定，不得自□職任。除股大者經薦人員已量材派事外，嗣後事務繁多，應添人員暫由無股薦來者選充。俟股分招足，股大者均屬有人，甚至人浮於事應將無股薦來之人開除，以符定章而省糜費。

五、各經費必須立求撙節也。夫經費浩大，事難久長，且量進計出，乃生意千古不易之理。故本局用人不但不可使人浮於事，亦不可不計及日中所進，月中所需。且開辦之始，利未見費已□，更宜廣求撙節之道，不致成本深虧。是薪水須要從廉，日用格外從省，一粒一文莫非慎始之道。除尋常日用自有一定外，嗣後如有添置什物，須由雜務房回明總辦。若不待回明而擅行添置，該項不准在公帳開銷。

六、辦事宜認真不得虛應故事也。事無大小各有專司，專司事件固要每日清理，即與同事交涉事件，亦須和衷合辦，局事認作己事，毋得推宕躭延。若有偷閒，或草草了事，一經察覺，定必開除。總之，有一人應有一事，如官場之受干薪水，而不到局者，固所不准，即駐局人員無事者，亦不准留也。

七、司事人員與及各匠頭，乃工匠之表率，極宜端品，勤謹持躬和平接物。如有酗酒、嫖賭、慣使性氣、喜説是非，好逸偷安、旁攬閒事，或貪婪妄想、招摇妄作，或常出誤公，或逾支銀兩，但有一弊不守規矩，立即開除，不狥情面。若其人係股大者所薦，仍按定章請原人另派，否則由局另用。

八、工匠人等極宜挑選也。日間所起工程，全憑此輩做作。得人者，工程倍加，不得人者，工程減半。是用此項工匠極宜留心挑選。所有食洋煙、貪懶惰，身體單薄，或身帶殘疾，性喜爭鬧不聽約束均不可用。

九、跟人茶房局丁長夫等人，須立限制也。司事多用人必多，若不分别限制，定必濫用無稽。每飯一桌，只可公用茶房一人，由局發給工食。大司事每人只准用跟人一名，食局飯，工錢仍歸司事自發。局丁長夫人等，應按公事多寡，隨時由總辦酌定。騾馬大車，局中本有預備，但專爲辦公所需，除因公上山之外，一概不准取用。

十、本局立意宜詳細聲明也。按局章第一條，此局所設係專爲開採煤鐵等礦起見。查煤鐵兩項，乃人間日用所需。我國已經開採千年，無奈總不得法。遂致通商以來，反爲洋商侵佔其利。道光年間，用場不多，侵佔尚少。軍興以來，各省製造槍礮輪船所需煤鐵，較前不下十倍。舍己所有而轉購於外洋，不但耗財，更防有事之秋諸多掣肘。李爵相洞燭其情，立意招商舉辦。既可應軍中要需，又可供民間日用，且商販工人均可轉輪。凡局内大小司事工匠極宜留心煤鐵工夫。其煤斤能輕一文之成本，即用者可省一文之買價，既可鎔扯鐵條鐵板，便可製造輪機槍礮。將見國富民强，於兹可卜。且邇來開採煤鐵，以西國爲最，人力所不及者，以機代之。今本局仿其法，購其機、用其人，若各司事工匠肯留心推本求末、精益求精，將來爲國效力，顯身揚名，則我中國之人又焉可量哉！

煤礦章程：

一、煤礦穢氣最盛，勢必常令清氣貫入以攻之，方免其害。是礦中煤田煤槽養馬走路各處，務使透風以便作工行走。

二、煤氣積厚，便可燃燒。一經察覺，必須專派一人於未開工之前，攜帶防火燈，親赴其地與及相連路徑察看。若係一班人作工，每十二時辰察一次。倘係兩班人作工，每六個時辰察一次。即將通風透氣情形，登記畫押，日日如此辦法，以一年爲限。

三、所有煤礦未經察有可燃之煤氣者，或雖前有燃氣而事已逾一年，每十二時辰仍須攜燈察看一次。

四、凡有不作工之處，務宜圍欄周密，免使行人誤入。

五、由井底起，至各段煤槽，必須分設站所。礦裏工人，極應按站問明守站之人，可進而後進。

六、礦内無論何處，如遇有煤氣過重，或别項危險，一經察覺，必須盡將工人退出，立即疏修妥貼，派人驗明，方許復進。

七、礦内作工之處，若左近嗅有穢氣，必須立换防火燈，别項燈火概不准用。臨用防火燈時，專由掌燈逐一驗明緊鎖妥貼，方許取用。所用防火燈，除掌燈之外，别人均不得開鎖，身邊亦不准攜帶鑰匙、火石、自來火等件。

八、礦中不得安放火藥，即要用時，仍須用箱礶裝好，每箱不得過三斤。而每段作工之處，只准攜帶一箱，不准多帶。用藥時，不可用鐵器、鋼器舂藥。倘若引火失慎，亦不准用鐵器抽提。若礦中經察有煤穢氣，三月之内，如需火藥，只准攜帶包藥，仍須專司者驗明地位，方可燃用。其礦内石路需藥攻轟，遇有煤氣，仍須審明火力。煙氣不能透達槽段，而左近又無作工之人，方可燃用也。

九、礦内作工如近湧泉，則煤槽至多横開八尺爲度。仍須每次前進一丈五尺，當中鑽一水孔旁邊鑽數小孔以引溜。

十、煤礦内平埔工人往來之所，無論該礦係用人力，抑用機器做工，一經深入九丈，必須備設號响，使埔尾與站所相通。每六丈之遥，另設旁峒，俾工人可以避讓。

十一、礦中行人路徑，若係驢馬拉車者，每十五丈之遥，須設旁峒，以便避讓。惟該峒必須寬長，其走人之路與車煤之路，至少相離三尺。

十二、旁峒原爲避讓之所，必須時刻留空，毋許安放物件阻礙要道。

十三、所有井口業已停用，抑爲通風所設，必須圍欄週緊，庶無誤陷之虞。

十四、井面至井底一帶，無論該井係提煤，或抽水所設，井口路口必須圍欄堅固，即修理欄柵之時，亦須暫行防護。

十五、無論煤井水井，凡遇槽石鬆險，必須用磚石壘鑲堅固。

十六、所有路頂、路牆、槽頂、槽牆，必須堅固。設見不穩，立即派人修理。未經修妥之前，該處不得任聽行走。

十七、其井若係爲提煤及上落工人者，一經深至十五丈，必須備設夾引響號，使井底井面可以通傳。

十八、工人由井上落必須安設遮蓋，其係用轆轤提絞之井，或係提水之井，或當修井之時，或經總礦司給有圖記，方准免其設置遮蓋也。

十九、工人上落箱籠，不得用單環鍊，免有疏失之虞。惟箱籠旁邊牽鍊可用單環。

二十、工人上落若用機器，即其協輪必須有套圈，或圈齒。若協輪係角式非圓式，又須另行設法，以防繩帶側閃。

二十一、工人上落無論所用水火何項，機器必須設有氣門。提繩應記號碼，又須另設氣表。俾司機者，可以隨時知到箱籠之方位。

二十二、煤礦所用大飛輪，及當眼器件勢大猛列者，必須圍欄週密，以免走近誤觸。

二十三、每水氣鍋須置氣表、水表各一，俾知氣之重輕，水之多寡，又須設備放氣管。

二十四、凡煤礦一經察出，煤氣穢甚者，須置天氣表、寒暑表各一，在井口當眼處高挂。

二十五、礦內圍欄、遮板、响號、提籠、夾引、鍊索等件，一經損傷，必須立即修理更换。

二十六、礦內所需木植，必須先爲預備，並將木植鋸成掙木尺碼，分派各作工地段，俾可隨時取用。

二十七、須派專司驗看一人，每日盡將當眼、機器、機頭、作工之所，平埔處繩鍊等件逐一驗看。另每七日一次，將工人上落之井與及箱籠夾引細看，即將所看實在情形，登記驗看簿，親行畫押，留在礦中存查。

二十八、煤礦內所有十三歲以下之男童，及大小婦女一概不准僱用。其十三歲至十八歲之幼童准可僱用，但仍須分别管束。

二十九、管機器之人，必須二十歲以上，方可任用。

三十、煤礦若只有一井者，井下作工之人，不宜逾二十名。

三十一、每礦歸一人總辦，但該總辦仍須執有稱職牌照方可。

三十二、煤礦之督辦或總辦，須將每年所取之煤斤、所用之工人，若干開列清摺，送呈督轅查考。若礦中出有意外等事，亦須報明。

三十三、每處煤礦應另立專條。俾礦務各項人等有所遵守，所擬專條應先稟請督憲批准，札行照辦。此項專條與及煤礦章程，應發礦所張掛俾各咸知，仍由礦務局刊印，分給司事工人等每人一張。

內司事專條：

總辦：礦務大小事件，應由總辦會商，督辦定見。若督辦公出，尋常事件即由總辦作主，大事仍須函商督辦。所有洋匠，雖歸礦司節制，但遇事仍應向總辦會商辦理。

幫辦：幫辦幫同總辦買地用人佈置一切，及商辦各事。若幫辦不止一人，誰辦何事應由總辦酌定，俾專責成。若有公事總辦派出門者，亦不得推諉。

公事房：公事房專管筆墨公文，收發書信等事。跑信、脚夫歸公事房專管。若有要件需馬傳遞，准向雜務處取用。

銀錢房：總帳專管銀錢總帳。一進一出分門别户，務須日清月結。該存該欠，亦當逐日分明。外帳房仍歸總帳節制，每日將內外帳房存款，報知總辦。所有內外司事薪水，均按定數，由內總帳房支取，不得另向外帳房支取。毋論司事外人，均不得有透付挪借等弊，所有銀錢時價亦須留心。

外帳房：外帳房專管開發工人錢串。所須錢串係向總帳房取發。數無大小，均憑總辦監工字據，或總帳房吩咐方可照發，仍將所發工錢逐日撥歸各户登記。每月初二、十六日將前半月所發各工人之工錢計共幾工領錢若干，登列一榜發貼局門外。

材料處：材料處專管起造及做傢生等事。所有建造、住房、機器、棧房、煤廠與及辦理磚窑、灰爐、模廠，均係材料處責任。廠內所需掙木，及模廠所需木植，均由材料處辦理。若總辦派出門採辦木料，亦須前往不得推諉。礦內所需煤車、煤桶及各種木器傢生應添應修，均歸材料處辦理。

庫房：庫房專管煤鐵出進。礦中每日出煤若干，均憑秤手報單。堆存何處，應由庫房請示於總辦礦司。堆煤處仍歸庫房派人看守，及煤出堆毋論發往炭爐，或機器房，或發運别處，均憑總辦礦師字據倒换。庫房發票交看煤人照發。其焦炭亦是一體辦理。每日仍將所進所出數目，及工內所存煤炭開單，送呈總辦查覽。

考工處：礦內所用抛子、板子、牽夫、推子、馬夫、長夫、小工人等，均歸考工處挑選，發交監工録用。無論按日月，抑或按工程給發工食，仍由考工處請示於督辦總辦。所有轉運船車，亦由考工處經僱定價。工人發交監工時，仍將所定各工食開單送呈監工處查考。若其人身體殘弱，或情性懶惰，或人品凶惡不受約束，准監工辭退，另行知照考工處，僱補其每日需用工人數目，應於前一日由監工分別開單，送考工處預備。

繙譯處：繙譯處專管洋文公事。所有致總辦監工等洋信單，由繙譯處譯出漢文，分别送覽。總辦、幫辦、監工及各房與洋人有交涉公事，而本人不曉洋語者，均由繙譯傳語。

撫醫所：所有學習幼童，均歸所主人約束。除作工時刻之外，即入學堂讀書，其每年每人應領衣服零用錢若干；及成人之後，應如何辦理；由所主會商督辦、總辦定奪。另議章程張掛學堂，俾各幼童專心學習。學堂旁邊另設醫所，以便工人遇病或受傷，就近醫治。須攜有監工字據，方許入所。若非工人，即必須督辦、總辦字據，方可許入。

雜務處：雜務處專管局中火食雜用各件與及牲口馬料。局内所用門房、車夫、馬夫、更夫、茶房出店、挑水、掃地人等，均歸雜務處管束。若不遵依約束，准回明總辦更换。其幼童被帳衣帽，與及學堂、醫所所需各物，均由雜務處辦理。所有局中各房各處，因公需用之物，准可交代雜務處照辦。但應先回明總辦，方可購買。

煤礦專條：

督辦：一、督辦統操礦務綱領，督同地學礦司細勘礦地，定決行止。選用司事籌辦機器，妥擬規條及佈置一切。

總辦：二、礦務所用司事工人，全歸總辦節制。該司事工人品行是否端正，辦事能否認真，有無遵守定章規條，均屬總辦責任。礦中所需器件材料，仍歸總辦主政。

監工：三、監工之職原歸總辦節制，但作工諸端仍由本人主持。作工之人毋論係何名目，均歸管轄。是否認真務宜處處留心。所有通風、路透、風門、機器，各路徑旁峒，及作工之處有需修理，一經工人報到，立即派人督修。所有定章專條，務要督率工人遵守。若有不受管束，或性情疏懶，准其革除另用。

四、煤井、夾引、抽水機器等件，是否妥當，係監工之專責。

五、通風透氣，乃監工之專司，應按照第一條章程認真辦理。

六、驗看機器一事，應由監工按照第二十七條章程辦理。

七、所有木植如掙木之類，乃礦中要需監工，必須時刻留心。曾否足備，並著將掙木鋸成合式，尺寸按照第二十六條章程堆放槽段，以便利用。

八、凡遇有爲難應辦事件，監工未能自辦者，必須立即報知總辦或督辦，俾可專飭照行。

班頭：九、班頭專管井口工人礦中所用掙木等件，歸其一手取發。若所存掙木不足，應需由渠報知總辦。所有重桶，一經提至井口，立即妥率工人提開，仍將空桶放回吊籠。每日開工及换班時刻，必須在井口問明司機之人是否妥便，方許工人上籠，而上籠次第仍歸其人主持。惟係單層籠，只准容納四人，雙層籠八人一次，不多越額。其提籠若有煤桶，即不拘何人，均不能同搭。

十、班頭每日一次，不拘何時，須將提井所用鐵繩、鐵鍊、夾引、井欄及提籠上下各件，親行細看。若察覺一點不週之處，立即停止。毋許人口煤料上落。一面趕緊修理，以防險虞，又必須時刻關心，勿令井口石碎、煤塊等物墜入井中。若井口井邊提繩、鐵鍊、井欄等件有不妥之處，一經察覺，或工人告知，必須立即報明總辦、監工，另派能幹人修理。

十一、晚間收工後，班督必須親行督率，將井口緊圍。

秤手：十二、煤斤一經提至井口，秤手立即過秤登記。若煤塊中夾有土石碎渣等類，並非淨煤，仍即扣除剔出。

十三、秤手有專司煤斤之責，必須認真過秤。若因公他出，即以班頭兼理。

機司：十四、機司者，即司理井口機器之人也。當值班時，須時刻在機器旁邊，一刻不可離開，以便發止响應。所有機器、水鍋、抽水筒與及機器相連各件，務使妥實不得稍有弊病。其飛輪及當道器件，必須圍欄緊密，以免誤觸致干險虞。其掌鑪人聽其調動，其水鍋蒸氣是否足用，鍋竈有無滲漏，均屬機司責任。當工人未下井之前，須燃備蒸氣較活機輪，以便掌燈管工監工、總辦下井驗看之後，方許工人開工。

十五、提籠毋論裝人載物，抑是空籠一上一落，均有一定之記號在。機司必先將記號爛熟，及值班時留意分清，庶不致混亂誤事。其提籠一經到井口，須小心安放落地。當在井中載有重物，本立有準標與機器相連，以視偏正。該機司須要時刻留神準標，一經偏歪立即閂氣。又須時刻察看與火鍋相通各氣管、大小水喉是否妥適，以免疏虞。

十六、每晨當未開工之前，機司應將各提籠由井口放空至井底，試驗是否妥適。然後，復提至井口，由工人上籠。若有一點不妥之處，立即停機報知總辦或監工派人修理。若未修理妥當，毋論如何緊急，亦萬不能任工人下井也。即使機器提籠各件均妥，仍須守候掌燈驗明無煤氣，方許工人下井。

十七、當機器走動時，毋論是誰均不許沾涉其事。除督辦、總辦、監工之外，不得擅進機房。

十八、機司務要留心响號，不得大意干誤。所有回號，亦歸渠一人司理。

十九、出井响號，係歸監提專司。每次陞籠出渠發响號，其响號如左。

二十、每次陞籠毋論重輕摇鐘一响。

二十一、機司□響亦以一響應之。倘因事故提籠不起，或提籠正在提陞，而出井響號又響，機司須立即停機。

二十二、工人出井監提連響三鐘，即曰：人出井。機司以一響應之，曰：便矣！仍候監提再摇一響，方可動機。

二十三、提籠已陞，而監提要渠復回井底，即摇鐘二響著，機司倒輪。

掌鑪：二十四、掌鑪人係歸機司調動。除總辦、監工之外，別人不得調遣。

管工：二十五、管工之職，係每日將礦內一帶，由底井至各段抛煤走路作工地方，一概小心巡視。其路徑有無堆阻，是否寬舒通氣，各段格門有無週密，是否按照定章開關。若有不週妥之處，立即整理。其抛煤深處應否添置格門全歸管工操持。

二十六、礦內路上，如有應需鐵路之處，均歸管工辦理。其煤槽路徑之中，不論頂蓋兩旁遇有鬆陷，一經工人報到，立報總辦、監工修理。若總辦、監工不在前，准該管工自行修理。

二十七、煤槽路徑若有鬆陷之處，管工須立止人物往來。俟修好方許行走。若礦內有不通風，或別種危險事，一經工人報到，立即回明總辦或監工，派人修理。仍由該管工幫同照料。若礦內週年之前，經查有燃氣□修理之時，只准攜同防火燈，不得取用別種燈火及可燃燒之物。

二十八、煤槽蓋頂及兩旁所需掙木，係歸管工專司。該管工宜於抛煤各段，足備掙木以接工人要需。將用完時，立請總辦或監工添置掙木。一經放至井底，准該管工督率礦內牽夫、推子、馬夫分派作工地段。

二十九、煤槽應從何處抛起？應如何抛法？總有圖式。所有抛子，須按照圖式抛取。若不依圖而作，管工立即報知總辦或監工辦理。所有抛子路兒作工疏忽，草率從事，不將路上亂石搬開，或不將路徑按尺寸整□，或未將鬆動土石除盡，種種有□阻險，該管工務宜留心查察。一經知覺立告總辦監工辦理。

三十、行走路徑或通風路道，頂蓋鬆陷必須立即疏通修理。此事乃管工之責任，極宜留心照辦。若草率從事，固於工監無益，且於自己性命有關。是於修理鬆陷時，不可使抛子等走近阻礙作工。若陷處工程浩大，必須請總辦監工多發人夫材料方可興工。

三十一、除以上各條應辦事件之外，管工須當謹守後開五則：

一礦內無論何處，一經覺有險危，該管工須按照礦章第六款辦理。立著工人出井，各項工人須聽管工吩咐，不得執抗致誤。一面仍將危險情形報明總辦監工，並通知掌燈之人。

一礦內用藥最關緊要。若不按礦章第八款辦理，由管工告知總辦或監工核辦。

一礦內旁峒乃人避讓之所，管工極應按礦章第十二款辦理。時刻留空，以免阻礙往來。

一礦內柵欄、遮板、嚮號等件，一經碰壞，須查照礦章第二十五款，報明辦理。

一礦內路徑蓋頂兩旁，必須按照礦章第二十六款，常時巡察是否妥協，至少每日週巡一次。

三十二、管工責任匪輕，應辦各事必須勞心緊記。所有礦章規條，務宜爛熟，方稱其職也。

掌燈：三十三、礦中煤氣發覺以來，尚未及週年。總辦須要關切掌燈，以便攜帶防火燈，查照礦章第二款將各段煤槽路徑留心看過，登諸日記。

三十四、若十二個月以來，礦中未經有煤氣發覺，總辦仍須關切掌燈，查照礦章第三款，將各地段煤槽路徑看過，登諸日記。

三十五、掌燈察看煤氣所經地段，必須用白石粉在煤面留一日脚，以憑查考。其人必須認真將各段煤槽各處路徑逐一細驗，有無積有燃穢等氣。若覺稍有此氣，務須立即疏通。及疏通之後，關切左近工人，倘積氣過重一時無法疏通，須另設法辦理。仍俟穢氣出清又經驗過妥適，方許工人近前作工。若驗得各段煤槽各出路徑，並未積有穢氣，或經疏通始盡，務當通知各段工人俾渠安心作工。自己仍將所驗情形，登諸日記。

三十六、掌燈察看穢氣，毋論途中，或煤槽遇有頂蓋鬆陷即須停步。查明左近一帶，並鬆陷前頭有無穢氣，俾可設法除去。仍將未驗各處繞道細察，不可從鬆陷之處穿過。一經察看清楚，立將鬆陷情形報知總辦，派人修理。當修整之時，除修理人等之外，其餘抛子人等，一概不准近前。

三十七、若有煤礦因事停工多時而復開採，總辦監工掌燈應先下井，小心審察有無穢氣。若嗅有煤氣，或生氣不多時，須立即出井，設法疏通。回頭復驗後，方許工人下井。

三十八、圍欄一事乃掌燈之專責，極須查照礦章第四款，認真辦理。該掌燈在礦内察看時，仍將後開六則留心是否按章辦理。若有不符之處，立即報知總辦、監工。

一各處通風透氣，是否與礦章第一則相符；

一工人經過站所，是否遵照礦章第五則而行；

一礦内用藥一層，是否按照礦章第八則辦理；

一礦内旁峒，是否按照礦章第十二則留空；

一礦中走路作工各段頂蓋兩旁，是否堅固有無按照礦章第十五則妥辦；

一圍欄號綫等件有無損壞，是否與礦章第二十五則相符。

三十九、掌燈一經察有煤臭氣，立即按照礦章第六則，吩咐抛子等工人走開。該抛子等亦須遵依勿誤。自己當即按章分别查察，報明辦理。若有他段不甚透風，須設格帳使風貫入。該如何辦法，准其自主。

四十、抛煤有一定之法，不得上下亂抛，使蓋墻易於倒陷。掌燈每日至少向各抛段巡視一二週，細看抛子是否照法而行。若係亂抛有關鬆陷，立即止之，並著原手修好。若不遵依，准掌燈將其人逐出。若抛子見有鬆險地方，自己無能安放掙木，准向掌燈説知。俾可另派幹員驗明辦理，以期週妥不誤。該抛子仍須幫同作主。【略】

四十九、以上提陞響號乃一定辦法，萬不可更改。所有重籠提陞，毋論人物，監提必須親視安放妥貼，方可發響。

五十、當換班收工時刻，監提必須守候工人全數出井，自己方可上來。

五十一、礦務章程專條務宜緊記。若見有不依章規，立即報知總辦、監工。

抛手工人等：五十二、抛手工人等要遵依督辦、總辦、監工吩咐，仍歸管工、機司、掌燈、監提約束。務各遵守礦章專條。

五十三、工人至礦内，先要問明掌燈各段煤槽路徑，可進而後進。

五十四、礦内各段本設有路站，工人到站必須問明守站人可過而後過。若路上未經設站，即必須在井底問明，方可前進。

五十五、工人礦内作工，不拘何時何處，毋論耳聞目睹，有不通風透氣、頂蓋旁壁鬆險，務須立即報明總辦、監工、管工、掌燈，俾可飭派修理。

五十六、礦内如有鬆險之處，無論已陷未陷，抛子人等固不可進去，亦不可走近。若煤槽之中，遇有煤氣發燃，立即停工，報知管工、掌燈。俾可修理。俟修竣驗過無事，方可復行作工。

五十七、煤槽發氣，每有無知之工人將作工之燈點試煤氣之輕重，致有失誤。此事關係最大，萬不可行。

五十八、礦内作工毋論一字抛或十字抛，均須足備掙木。所有頂蓋旁墻，應需掙木，准抛子就近取用。按照礦章第二十六則妥辦。凡用此等掙木，或别項頂木，須隨時審度。何時安放應用幾根，應放何處，以期實用而免虚糜。

五十九、抛子安設掙木，固當隨機而安。但保無安置不宜之處，至有失誤，極應遵照管工、掌燈指示辦理。

六十、若在十字煤槽抛取格頭之煤，抛子須先將左近格頭之頂蓋用掙木掙立妥當，方可開取。

六十一、凡遇險陷，附近所存掙木不足以應需，抛子須立即行開，候示辦理。

牽夫、推子、馬夫：六十二、牽夫者，即拉煤車之人；推子者，即推煤車之小童；馬夫者，即趕車煤騾馬之人。此等夫子前往煤段作工，須俟抛子進去之後，方可前進。所有拉推重車，須要小心。一經到井底，立即停步，候監提指示，然後將煤車送入提籠。所有此輩夫子，須聽管工呼喚，按照專條第二十八條扛堆掙木，分派各作工地段。

板子：六十三、板子者，即作路之工人也。板子作路高、寬尺寸須要量準，毋得偷減工程。所有路中土石，一概劈除殆盡。旁墻必須認真壘好，所有不用之土石、木料，須要分別搬堆妥當。若開路打石需用火藥，務必按照礦章第八則小心辦理。其藥攻碎石，立即搬去。若於工程之中，忽見險裂之處，或偶遇煤氣發出，或有別項險危之事，必須立刻報知總辦、監工、管工，一面趕緊修理。若煤氣過盛難以作工，即須停作。俟修理完竣，復行開工。當未修理之前，板子人等不得走近。即有要事仍須隨同掌燈、管工攜有防火燈，方可前進。別種燈火不准取用。

六十四、板子在煤槽之中，向煤壁作路，工程緩急，必須跟隨抛子。隨抛隨作，不可過於落後。

司册：

六十五、司册者，即礦内筆墨之人也。所有工人小童姓名、籍貫、年歲，必須分別注册，按號繕發腰牌。每日一頁每月一册，分別長工、短工，送呈總辦查核。

看門：六十六、看門者，即看守礦内通風門之人也。當值班時，不許一步走開。工人閒時，經過或當開工收工一進一出，該門如何關閉，必須遵守總辦、監工、管工、掌燈吩咐辦理勿誤。

煤礦要略：六十七、驗看防火燈一層，所關甚重。無論有無委人專司其事，總辦、監工、管工均可照礦章第七則驗看。

六十八、工人進出無論在抛煤作工之所，或人馬行走之路，若見有頂蓋旁墻鬆陷，務須止步回頭，切不可試行走過。一面趕緊通報總辦、監工、管工修理。而總辦監工一經聞報，立即飭修萬不能延。

六十九、礦内工程最關緊要一點，失誤貽纍非淺。是礦中抛子、牽夫等工人，一經看見槽路、頂蓋、氣通、旁墻旁峒、煤井、氣井稍有鬆險阻礙情弊，立即報知總辦、監工、掌燈，派人修理。

七十、抛子牽夫人等井中上落最重，若見提籠、提索、夾鍊或機器相連各件稍有裂口損痕，亦當一體報明修理：

七十一、抛子等工人，無論如何事故不得擅帶生面人進礦。倘有要故，亦須請示於督辦、總辦，方可照行。

七十二、礦内作工幼童，自有工人帶作。一經作工時刻完備，該帶作工人，須著幼童出井。

七十三、抛子牽夫等工人，一進一出經過格門，仍須掩閉妥密不得任意打開。收工之後，工人等必須盡將格門全行關閉，庶不致生氣散開。若值次日停工，尤加留意關閉週密。

七十四、礦内道路氣通等處，工人不得任意抛□煤塊、土石、木梢等類，阻礙通氣。

七十五、礦中各地段若非本人作工之所，不許擅進。

七十六、礦内各地段如有記號，無論寫於牆壁或插於路旁，工人等不得擅行移抹。即煤格、挣木、煤車、鐵路等件，亦不准移動碰損。

七十七、礦内作工人等毋論在往來道路之中，或通風衖巷之内，或於井頭之間，均不許三五成羣聚談。

七十八、工人上落不許争先恐後。凡下井時，須俟提籠提至井口坐定，方許次第入籠。其籠至井底，亦須坐定，方許出籠。當提籠尚在走動之間，即使相離無幾，亦萬不可搶前進出，以致失誤。

七十九、工人帶有酒氣，毋許入井作工。

八十、凡近煤氣地段，工人不許食烟，又不准攜帶點烟各火種。

八十一、如有地段業用防火燈者，別項燈火一概不准取用。

洋人司事專條：

一、礦務所用洋人機司匠人等，統歸總辦會同總礦司節制。若總辦、總礦司，另委人員辦理，機司洋匠人等，亦歸該員約束。

二、機司匠人等，若不稱職，或不遵約束，或好嗜酒，或不守局規，應由總礦司，立將其人革除。小過者准留，三月期滿，發遣回國，船脚由局發給。其大過者，立即發遣不許逗留。回國船費，仍由局發，按照夾皈之價。

三、機司匠人等，須知本局乃中國自主之局，既承委用，極宜認真辦公，所有與局員司事人等有交涉事件，務必和衷辦理。若有任情致生争執，貽誤工程，定將原立合同註銷，並將其人革除。倘同事人等有干預不法情事，毋論干預之人是中國抑是洋人，許其立即報知總管辦理。若事關重大，總管當轉報總礦司核辦。

四、所有被革人等，辛工須在革除當日結算，只准算至革出之日爲止。

五、洋人住房、傢具、用器，由本局雜務處分別按照後開定式置辦。但一交一收，務須照點清白。掣取收條，登記號簿存查。如有短欠，歸收條原人賠補。

六、本局在上海、天津均設有司事。凡洋人所用各物，准其託司事代辦。

該司事亦自當妥辦，不得推諉。但途中有失壞等事，歸物主自認，與本局無涉。

七、洋人因公出門遠至六十里之外者，途中飯食車馬由局給發。若至通商口岸，其客寓繳費，須按後開數目算給，以示限制。如本人辛工在一百圓之内者，每日給寓費一圓半；一百圓至二百圓之辛工者，每日給寓費二圓；二百圓至三百圓者，每日二圓半；其三百圓以上之辛工者，每日三圓。

八、作工時刻，每日以作十點鐘爲限。若有要緊工程過限作者，按照時刻加五作算。所有過限工程合同，原有專條載明。但仍須向總管領取過限憑據，方准照算。凡遇工程緊急，即不拘時分一經呼唤，必須立即詣前作工，不得遲誤。

九、洋人有犯局章者，准總礦司將本人辛工停罰，以示薄懲。但每次所扣之數，不得逾二十圓。

十、局中僅有藥料，若遇尋常小病，准可收用。倘病勢增深，准其另延醫者醫治。其醫費由局發給。

十一、井下作工衣服，均由本人自備，與局無涉。

十二、洋人在工，必須自重行止，務存體面。與人交處，須要和平。宅内厨房、水溝、厠所，一切均宜潔净以免污臭熏人，致生疾病。

十三、煤井正副總管，生鐵正副總管，熟鐵廠正副總管，機器局總管歸列第一等；煤井管工、鐵匠、鍋爐匠、機器匠、打磨匠歸列第二等，其一等司事每人住房二三間，二等司事每人住房一二間。

「中央研究院」近代史研究所《礦務檔》第一册《開平礦務節略》 光緒四年，前直隸總督李鴻章批准道員唐廷樞在唐山地方開採烟煤，名爲開平礦局，資本一百萬兩。官督商辦，以半徑十華里爲限。十八年唐道物故，以道員張翼接辦，於距唐山五十里外林西地方，另開礦井。復於灤州屬之無水莊白道子等處，勘與唐山煤綫一脈貫通處所，購地開井。二十六年聯軍到津，唐山林西等處均被佔據。乃派税務司德璀琳爲公司代理，與英商墨林公司代表胡華，商訂加入各國商股。計中國舊股及新股共占五十萬鎊，各國洋商分認五十萬鎊，共資本銀一百萬鎊，名爲中外合辦有限公司，在英京駐册。所訂合同四條，載明所有直隸省開平煤山地畝，各礦礦質煤槽，凡與唐山西山半壁店馬家溝無水莊趙各莊林西地脈相接者，均在其内；所有自胥各莊蘆台之運煤河暨河地，及開平礦務局他處之運河，並開平礦局所有在通商口岸或他處之地畝院宇等等；以及利權與此相關者，即永遠執守。末附細單，除外省地畝不計外，惟秦王島地畝碼頭産業約一萬三千五百英畝，以華畝計之約八萬畝。

辛丑年四月，又由德璀琳（倫敦總辦）吴德斯嚴復梁誠等訂立試辦章程十八條。又由張翼與胡華等訂立副約十四條。載明老股每股一百兩者得新股二十五股，每股英金一鎊。張翼仍爲該公司駐華督辦，在華産業歸華部，華洋平沾利益。二十九年二月，英使以每股加價過半，又由墨林經手送給礦局銀五十萬兩，爲出賣之證據。經前北洋大臣袁世凱奏明，奉硃批著責成張翼趕緊設法收回，如有遲誤，惟該侍郎是問。欽此。并著外務部切實磋商妥辦，欽此。是年十月二十六日奉上諭：袁世凱奏，開平煤礦暨秦王島口岸請飭迅速收回一摺。開平煤礦係國家籌撥鉅款，提倡創辦。秦王島尤爲我自開口岸，疆土利權均關重要，豈容擅賣。前降旨責成張翼設法收回，如有遲誤，惟該侍郎是問。至今數月之久，乃敢支吾拖延，迄未收回，實屬罪有應得。張翼著先行革職，仍著袁世凱嚴飭張翼勒限收回，不准稍有虧失。倘再延宕，定將該革員從重治罪。並著該督切實挽回，俾資補救，以重疆域而保利權。將此諭令知之，欽此。光緒三十年十月初三日，經北洋大臣奏奉硃批，張翼著賞給三品頂戴，准其前往設法收回。如再遲誤，定行嚴辦，欽此。嗣經英京判文内開，原告理直。副約章程各條，斷令全行遵辦。德璀琳私主賣字，全不爲據，以副約爲主。三十一年二月三十日經北洋大臣奏奉硃批：仍著袁世凱嚴飭張翼全數收回，切實妥訂。不准含糊牽混，致貽後患，欽此。是年七月，張翼電請回華料理。經北洋大臣附片奏明：三十四年五月英使朱邇典送到節略内稱：「開平礦案，已派員商辦。惟灤州公司在陳家嶺馬家溝開挖礦峒，在張翼所立地契之内，應請設法停止，聽候議結等語。」先是前北洋大臣袁世凱，以開平礦務，久無成議，特籌設灤州礦務公司，以隱相抵制。至三十四年六月，大理寺少卿劉若曾等奏，請從速開辦灤州礦産。八月經前北洋大臣楊士驤奏明籌設北洋灤州煤礦有限公司，業已購器造房，於馬家溝先行試辦。其商股原定二百萬兩，現已陸續收集，派創辦人周學熙爲總理。並稱英人佔唐山林西秦王島等處，尤宜及早收回，以免別生枝節。並附片稱現由部派員與英使磋議，臣仍當隨時協商辦理，以期妥慎。旋經本部開具此案漢洋文詳細節略，送交英使。旋准該使逐條駁論，始終持定灤州不停，即不能議開平之主意。致令相持經年，雖經磋議，迄無頭緒。本年閏二月間復經御史史履晋片奏，於灤州唐山截然兩事，不得認而爲一，應否密飭外務部及張翼妥爲籌畫等因。奉旨外務部知道，欽此。此開辦唐山灤州礦產歷年轇轕之始末詳細情形也。伏查唐山礦產爲英人設騙佔據，雖經該國判定以副約爲憑，而正約暨合股試辦各章程，究屬未廢。所佔各處租地，並無交還之日。若非從速議結，則久假不歸。主權利權，俱爲所攘，其爲患曷可勝言。彼既以停辦灤礦爲要挾之地，我惟有統籌兼顧，將開平灤礦一併提議，庶可就我範圍，藉爲收束之計。前派本部記名丞參劉玉麟，與英商那森議商數次。其辦法係將開平灤州兩公司礦產，統由中國國家收回自辦。酌付股東利息若干，所餘紅利由中國國家與公司平分，衹以利息多寡彼此相持。而周學熙爲先辦開平現辦灤州兩礦產之員，適不在京，以致所議未定。前奉邸堂諭電：令周學熙趕速來京備議。而周學熙來京一見，仍因事他去。英使催辦此事，不遺餘力，勢難再延。竊以開平煤礦，係張翼一手經理，繫鈴解鈴，其關鍵仍在張翼。迭奉先朝嚴旨，諭令北洋大臣挽回補救，飭張翼設法收回。想見聖明洞悉情形，燭照無遺。張翼於此案赴控得直，足贖前愆。應否請旨賞還張翼官階？

飭令會同北洋大臣商定收回開平煤礦辦法，並應否飭令周學熙隨同備議，以保主權？而清宿案，謹具節略陳明，祇候鈞核。

開平礦務節略：以下所言，具述開平礦案實情，係由中國政府各檔案中得來。

開平礦局，亦名開平礦務公司，通稱之爲中國機器礦務公司。於西歷一千八百七十八年，有道員唐廷、樞號景星者，稟承前直隸總督大學士李文忠公之命，創辦經始。資本八十萬兩，以增至一百萬兩爲度。光緒七年四月二十八日，奉旨批准，並聲明爲官督商辦。所有開工辦事章程，先由直督認可，然後施行。其尤關重要者，須經直督奏准，方能舉辦。特辦官員，監察一切，清查出煤之數，完納稅課，及報効各款。若欲推廣工程，購置地畝。其地價雖由公司備給，然必照例稟明直督，非經允准，不得擅行開井。其地段界限之內，不許他公司與之爭競開採。按該公司創辦章程，係訂明以半徑十華里爲限，界內不得別容機器開井，以相爭競。欲知其界限若何？可觀之後篇。（附載第一）光緒四年十月二十二日，唐山礦務總辦三員，稟請直督專摺奏陳。訂明地段之界限，俾資日後遵守。要而論之，該礦產業發租之權，操自朝廷，不僅限令其納稅報効，且使之常隸官督之下也。辦理各事，須逐節稟報，並於礦場地段之內，尊崇國家應有之主權。無論該局具公司之資格，總辦具官員之資格，俱無權割讓其產業，或將其奏准之權利轉授與人。有一書刊行於上海，具述該公司歷史。自創設之日起，至西歷一千八百九十六年止，所有呈直督之稟報，與夫直督之奏摺，無不備載。以上所言之詳情，多取材於是焉。

過此以往，公司工程，逐漸擴充。遂於距唐山五十華里林西地方，另開一井，一切限制，悉照原訂章程。西歷一千八百九十二年，發起人及局中第一總辦之唐廷樞物化。公司一切事宜，由他員經理若干時。光緒十八年七月，派張燕謀爲總辦。二十四年七月初六日，奉旨派爲督辦直隸全省及熱河礦務幫辦關內外並津鎮鐵路事宜大臣，彼於是時仍照舊督理開平礦局各項事宜。惟彼既得督辦頭銜，其權限如何，容或有未知者，請爲明晰陳之。彼之位次，顯然仍列於直隸總督北洋商務大臣之下。各項新工程，非經直督核准，不能開辦。且彼雖爲督辦，若未與其上憲商允，仍無權訂立合同，或發給准照。所有一切應辦之事，祇可與其上憲直督聯銜會奏而已。

自張燕謀經理以來，幸礦務日有起色。產業價值年盛一年，盈餘之入，頗有可觀。惟欲以之舉辦應行推廣各事，則殊形不足。屢有外人催張與直督相商，加入外國資本。然終遭反對，蓋衆人意見祇願借債，以該礦所得之利作押也。當擬借債款或另設法以加添資本之時，適遇拳匪起事，繼之以聯軍在天津上岸，遂將公司之津沽產業佔據，迨後唐山亦爲聯軍所得。是時張燕謀自揣公司瀕於危險，用特專摺奏明。該摺譯文附載於末，並有詳論列於後篇。至其中情節，固無難一言以蔽之也。當日者目擊公司產業輪船，爲各國軍隊所分據者，已及其半，不難全數悉爲攘奪。張燕謀爲德璀琳與墨林公司代表胡華所說，乃派德璀琳爲公司代理，並予以便宜行事之全權。聽用其所籌最善之法，以保全煤礦產業股東利益。該公文係西歷一千九百年六月二十三號所發，列於後篇。（附載第二）按以上所言，張燕謀焉有此權以給德璀琳。然其奏摺則稱：無大員在津。時彼自己在塘沽稟承無自，既不敢聽其傾危，委諸氣數，又不敢拘泥物論，坐失機宜云云。當時德璀琳得委後，秉有代理之權，以胡華爲受託他商之墨林公司之代理也。遂與之訂立合同，將公司所有之地畝房屋，及各種建築等類，與夫一切所應享受之利益，悉數移交。遵照合同後列各款辦理。該合同訂於西歷一千九百年七月十九號，列於後篇。（附載第三）其中條款，已爲第二次合同所掩蔽，無庸贅述。惟內有一款，限墨林於簽押後九十日之內，明白回覆。胡華携此合同赴英，於西歷一千九百年十二月二十一號，在英京註冊。西歷一千九百一年二月，偕吴德斯回津，並携有修改合同一紙，欲張燕謀簽押。其實第一次合同，並未經張畫諾；而第二次合同之性質，比之第一次更覺包括無遺。所有地畝礦産，以及直隸省内屬於該礦之煤田，悉數移交。並按地脈相接，包括唐山西山半壁店馬家溝無水莊趙各莊林西等處煤與五金各礦苗，均在其内，並在界内獨享利權。尋探各種礦産，以及别項利權利益，盡歸新公司所有。另有一款，將舊公司所有其他各項産業，照附單開列，盡行移交。按以上各種移交之利權，内有非公司所屬者，若問其以何者爲報酬，則爲舊公司認還一切實在可信之債帳。該新公司設立，備資本英金一百萬磅，並即交英金一十萬磅，作爲借款云。

此項合同，當時欲張燕謀簽押，甚至施以壓力，加以恫嚇。謂將由英兵奪據其産業，終未見允。經四日風潮之後，張必欲連副約彼此一同簽押，並指明副約與合同並行（附載第三），然後始允畫諾。第此事似無須若是迫切。當時京津兩地，雖有聯軍佔踞，然各處固甚平靖。由鐵路入京，數時可到。英公司代表胡華吴德斯，儘可携其合同，呈由駐京英使照章請總理衙門核訂。觀西歷一千八百九十一年十二月四號，又一千八百九十八年十月二號照會各國公使公文。果使各件均屬妥協，然後照例交易。當時英使是否悉其底藴，抑僅知其約略，俱未可臆測。然即使彼知其事，亦未見有公文，知照總理衙門。至於總理衙門，於張燕謀德璀琳、胡華三人所爲之事，一無所知，則又不待言矣！夫謂張燕謀爲懾於威嚇所致，已出乎意料之外。若夫德璀琳於此事爲張之顧問，明知有不容催迫之實，乃轉助胡以逼張，就中國政府用人一面言之，誠覺難索解人。觀之張於光緒二十七年五月二十六日所上之奏摺，譯文見附載第五或是彼真被威嚇所偪，於合同中用意尚未深知。率行簽押，或是彼明知越權，任意妄爲，二者必居一於此。彼胡華、吴德斯雖爲徒有其名之英公司辦事，而二人皆非英籍，其行爲俟後再爲論及，請先以該奏摺言之。中國政府經張燕謀奏後，始知彼與墨林之代表經營此事。摺中於移交一節，全未聲叙。第奏稱爲保全公司産業起見，勿使淪亡，莫如在英國註册，作爲中英合辦公司。備足股本英金一百萬磅，中外股東各居其半。公司一切，仍照舊章辦理。所異者外人得與中國總辦同等治事耳！其預備款項英金十萬磅，或出債票借英金五十萬磅。附送紅股等事，亦未聲明。夫張以一切利權利益爲公司所有者，又有多數非公司所有者，悉行交出。辦事之權，盡落他人之手。而所得者僅於英金二百萬磅，内中國股東以舊易新，共計英金三十七萬五千磅。讀此摺者，果有一人能料及作此辦法乎！中國政府於此事全不知情，固非虚語。即總理衙門經見光緒二十七年五月二十六日張之奏報，亦不能洞悉其詳。該摺名爲李張聯銜會奏，然實非如此。當時李文忠公在北京，張將摺稿呈閲，所有西二月份開議之件，就商於彼，容或有之。然彼因不知此事細情如何，及辦到何等地步，不允聯銜。並謂張所辦各事，未與其上憲妥商，一切應惟他一人是問。有人謂：張辦此事，已奉有允准明文。則此摺硃批之語義，又不可不加意察繹也。

知道了，該大臣責無旁貸。著即認真妥爲經理，以保利源。

硃批之意，果屬如何？以之譯成明顯英文，無論作如何解釋，要不外以下説法，無他意也。

解曰：所奏已悉，兹特預先誥誡，此事惟該大臣一人是問。該大臣宜自盡其責，保全國家産業云云。須知當時行在尚在西安，該奏實情，無從查究。就其表面上觀之，何嘗允准，不過預先明示於彼。所辦之事，應當身任其責而已。觀後篇所論列之公文，即知其解釋明確矣！

西歷一千九百一年二月十九號，第二次合同與副約簽押後，所辦各事，此時正可討論及之。

此項約據，既經簽押後，張燕謀即赴上海。三月二十二號，始行回津。胡華以地契雖經强取不少，惟未全數交出，遂向之索取。頗聞胡華攘奪各件之時，張燕謀之關防亦在其内云。於是吴德斯入津局，與德璀琳辦理一切事宜。於西歷一千九百一年六月四號，訂一試辦章程。由德璀琳、吴德斯偕同會辦嚴復梁誠畫諾。（附載第六）又訂有副款，將地契及緊要文件，在津交一家銀行，或數家銀行存儲。但此項章程，未有一款見諸實行。西歷一千九百一年七月，比國稽查佛蘭治來津，似由比京特派者。彼允由歐洲寄一帳單與德璀琳，然卒未見其照辦。西八九兩月，繼佛蘭治而至者，又有十一人，英人二，比人九。彼等之來，並非由中國所聘也。又有美人名杜根者，於西九月到津。據胡華、吴德斯聲稱：係新派總理。此外接踵而至者，尚有歐人多名。胡華、吴德斯，於西九月作歐洲之行，又有一人名杜逸者出現，亦屬比人。據云係比京總理，彼到此未久，旋即復返歐洲。繼之者爲威英，接威英之任者，即爲英國武員那森。此時其名仍在常備之列，彼爲總理，另有工程員爲之副焉。以上諸總理，俱允將倫敦公司帳目開一清單寄來，終未見諸實行。公司中一切工程，悉惟倫敦部之命是聽，於中國督辦總辦及在中國之股東，均置之不理。舊公司有報効一款，每年銀五萬兩，計至此時，已欠數十萬兩。直督於公司一切事宜，向有統轄之權，乃竟遭其蔑視。即舊債由英公司認還一事，亦未見其照行少許也。

至所謂英公司，其在倫敦比京兩處董事部所辦之事，中國政府向祇得諸耳聞。迨張燕謀與墨林受審判之時，始有實情顯露，請詳陳之。墨林與其同党，設一公司，名曰東方公司。彼等於第二次合同及副約，自以爲得有利權，乃以之轉售與英公司，遂將東方公司即行解散。該東方公司之股東，多係比國財政家。彼等於註册之中國機器礦務新公司，亦占有多股。惟該公司股份，其交出真實款項者，寥寥無幾，約計僅得七股。問其股東爲誰，則以司事七人爲之傀儡，並未見發起人自己有款項交出。新公司認備英金十萬鎊，爲各項工程之用，在中國並不知其如何用去。所知者中國舊股盡所交之數，換得新股共值英金三十七萬五千鎊，然並無現銀交易，又債票英金五十萬鎊。此款原不待用，亦未與中國總辦商量發售。每張債票附送紅股一份，或一份之成數，並無利益得回。中國股東竟不知該債款作何用法，所有發出紅股，估之當值，得英金二十五萬鎊，統計資本英金一百萬鎊。除舊股紅股外，應尚餘英金三十七萬五千鎊，無從查考。即如以上所言，新公司爲舊公司認還實在可信之債帳，迄未見其辦到也。

迨至光緒二十八年，天津聯軍裁撤，都統衙門袁宫保亦於是年奉命實授直隸總督，旋即駐津視事，規復一切管轄之權。至此始行察覺礦局辦事情形。迨一經查明其交易之底蕴如何？即具摺奏劾張燕謀。該摺譯文列於後篇。（附載第七）觀摺中所言，可知中國政府於張燕謀所奏與所辦不符之處，當時全不知情。由其後來之舉動觀之，若果知之在先，當必嚴行拒絶。將該員所作違例之事，從速設法作廢矣！至謂英政府早知其詳，試問當時何不向外務部聲明，請其核實乎？

中國政府雖不承認張燕謀所作之事，然欲免與英人爭論，故仍待朝廷之命飭下張燕謀，使其自行設法將擅自讓出之産業收回。以此之故，英公司代理人得在唐山據有舊公司礦産房屋，從容佈置。實則當拳匪起事後，各事凌亂，外人紛擾，欲遽行補救挽回，良非易易。故直至光緒二十八年十月二十一日，從未見英使爲該公司之事，有照會外務部之公文。是日彼忽函告外務部，謂有人報稱：唐山英國開平礦務公司，忽被華兵佔踞，懸挂華旗。彼已電達本國管理兵隊總兵，將英國公司之地産，設法保護。並謂倘爲此礦有主權互執之處，自應設法從長商定。未便强行佔取云云。大英使未先將該産業知照外務部查明，遽稱爲屬於英國，驅逐華兵。若謂其舉動與從長商定之旨相符，殊難索解。彼英武員遵本國公使之命，强使唐山少數華兵退讓。中國亦無可如何？其實該公司産業何嘗有華兵佔踞，如英使之所言，適因是日爲皇太后萬壽。唐山華員升扯龍旗，與英旗對峙，以伸慶賀。而洋司員即將該旗扯下，謂英國産業之上，不容有華旗飛揚云。英公司洋員，藉英兵之力，長據此礦。而副約終未見實行，公司總董部竟置若罔聞。是時查得唐山煤礦，其中道行離井太遠，出煤維艱。外國總理欲開一新峒，張燕謀拒之，謂新峒祇有由政府核准，然後可開等語。於是英署使燾納理，秉承本國政府之命，於光緒二十九年五月二十四日，照會外務部，謂張大臣在倫敦涉訟，欲照粘附節略行事。惟彼自己有未肯按照所立字據，切實奉行者，乃係不准公司另開新峒。查英國公司産業，爲推廣起見。此實必不可緩之端也云云。

外務部復英署使謂：所請另開新峒，礙難准行。

光緒二十九年十一月二十二日，英使薩道義復發一照會稱：近在天津新報内，見有印登廷寄一段者，袁制軍嚴飭張翼，將開平煤礦及秦王島口岸，勒限收回等語。查開平礦産，爲英國公司所有，乃按照英律註册者，勢不能由中國政府自行强佔。現張大臣已在英京涉訟，不宜有此上諭宣示。倘中國政府率爾從事，俾本國政府出於無奈，殊覺可惜。總盼新報内所載未確爲幸云云。駐津英總領事，亦用同式公文，照會直督袁制軍。袁覆文如下：

開平礦局，係奏明中國朝廷開辦，並協以官款，專爲接濟公家用煤。張翼未經奏明，擅與人訂立合同，中國國家自不能認。現由本大臣委津海關唐道，和平與該公司商量。亦欲維持中國國家向來督率該礦局辦事之權限；並欲保全商股利益，毫無用力强佔之意。

並將以上公文照覆英使。

遲之又久，張燕謀力圖規復，一事無成。直督袁復於是年十月二十三日，具摺上奏。略謂自奉硃批，著責成張翼趕緊設法收回，已有九閲月之久，仍屬毫無眉目。該侍郎藉口與洋人興訟，冀可延宕。而英商在秦王島口岸暨開平煤礦，竭力經營，不惜資費。如再拖延愈久，該英商經營愈固，費用愈多。將來縱有轉機，可以由我收回，而計費清償，恐亦無此財力。本年四月杪，英署使燾納理來訪，仍堅稱該地段爲英公司産業，請准其指覓地段，另開煤井。當經臣駁以開平煤礦，由本國公家籌撥鉅款，提倡創辦。始爲接濟海軍，繼爲接濟鐵路。雖有商股，實同官産，無論何人，不能擅賣。秦王島係我自開通商口岸，本國自開國以來，向無人有此全權，能以擅賣疆土。該地段斷不能認爲英公司所有，不准另開新井。熹納理語塞而去。是張翼未經請命，擅賣公産，亦爲英人所深知。但我如不究詰，彼正可逐步經營。臣前奏所稱：在張翼情急自救，不得不支吾拖延。人正可乘我拖延，從容佈置。朦混愈深，規復無日等語。實洞知張翼之隱情，而窺見英人之伎倆也。夫開平爲東亞著名佳礦，秦王島爲北洋最要口岸。當庚子之亂，故大學士李鴻章，甫抵大沽，即托俄人遣兵護礦，始終無人佔踞。迨至次年正月，大局粗定，竟爲英人竊訂私約，攫之以去，殊堪痛惜！況張翼當日不過一局員，而胡華者僅一外國之商旅耳。以國家之土地産業，如聽其私相授受，而在朝廷無如之何？則羣起而效尤者，尚復何所顧忌。惟有仍請飭下外務部，督飭張翼，迅速設法收回。遵照前旨，一面與英使切實磋商，以期力圖補救云云。摺上旋於十月二十六日奉有諭旨録左：

袁世凱奏，開平煤礦暨秦王島口岸，請飭迅速收回一摺。開平煤礦，係國家籌撥鉅款，提倡創辦；秦王島尤爲我自開口岸，疆土利權，均關重要，豈容擅賣。前降旨責成張翼設法收回，如有遲誤，唯該侍郎是問。至今數月之久，乃敢支吾拖延，迄未收回。實屬罪有應得。張翼著先行革職，仍著袁世凱嚴飭張翼，勒限收回。不准稍有虧失，倘再延宕，定將該革員從重治罪。並著該督切實挽回，俾資補救，以重疆域，而保利權。將此諭令知之，欽此。

及後查得張燕謀領有督辦礦務關防，未見交出，復行奏明。旋奉旨飭令追繳。

張燕謀正在磋商英律之際，忽奉以上諭旨，乃即禀稱：律師勸其必須親赴英京，控告英公司董事，責令遵守所訂各款，至彼等蔑視副約一層，尤關切要云。如此不能容認之事，中國政府，乃甘心盡力設法，以冀和平解釋。特准張燕謀自備費用，前赴英京控告。並賞給三品頂戴，以存其身分。彼之前往興訟，仍作爲舊公司總理，並非中國政府代表。蓋中國政府始終謂其所爲違例，決不承認。且無論如何？中國政府斷不能往英法堂作爲原告也。此事已成爲交涉問題。當時英外部提議以張燕謀正在涉訟未完，可將此事暫行擱置。中國政府許表同情，故彼此暫無爲此事之公文往來。若謂英法堂判詞能使中國政府就其範圍，中國政府固絶不承認，然亦斷不肯承認也。英公司代表，藉英兵保護之力，始終佔踞唐山。所辦之事，全不使省中大員過問。彼等所應盡之責任，概未見其實行；積欠報効之款，延宕不交；副約所訂各條，立定主意，置之不理。平心而論，中國主權，被人欺侮。若是之甚，而政府於此種損礙國體之事，仍不遽行設法以廓清之，旁觀者苟無偏見存乎其間，能不認其爲克自容忍力保和平乎！

張燕謀墨林之案，於西歷一千九百五年三月，在英法堂開審。判詞不直英公司責令遵守副約各款，裁判官復以嚴厲之詞，譴責該公司發起人之行爲。意謂彼等所作之事，可作爲設騙及失信之案控告。此種舉動，爲各國法律所不容。又謂被告於公道限期内，如不將副約所訂各款及一切責任奉行無違，則本法堂當盡力而行，將礦産及産業收回，交與原告。如出於不得已，亦或頒發諭單，禁止被告公司代表及其所用人等享受該項産業。又謂審此案時，雖著兩造律師按華律辯駁，然並未提及華律。此種移交産業之事，如果真係移交，究竟是否按照華律而行？不能無疑云。以上判詞，另繕一紙存記，列於後篇。（附載第八）

被告公司不以判詞爲然，復行上控。於西歷一千九百六年正月，在上控法堂開審，判得以前法堂判詞。以西歷一千九百一年二月十九號之副約，墨林與其公司以及新公司，均應就其範圍一層，所言稱是。惟該副約所給張燕謀爲督辦之權，不得照辦。除非充公司總辦，爲彼分所應得者，方可允行。又謂雖如此判決，若原告以被告未將實情表明，是否設騙，欲別行控告。本法堂決不固執云云。（附載第九）

按英法堂判詞，爲中國政府所可得而明者，一似副約可以拘束英公司。惟張燕謀永作開平礦局督辦一層，據英法堂意見，不許其有此權。並謂中國政府若見得合宜，可將墨林公司設騙一節控告等語。至於論及張燕謀究竟可否按照所索，督辦該礦，此件無關重要。蓋此權向在中國政府掌握，按原始所發執照，註明各節，應由政府派員督理公司一切事宜。此時固仍可施行此權也。中國政府不能作原告赴英法堂，或索賠償，或求補救，上文言之詳矣！在中國政府之意見，固以爲按法堂判詞，使之切實施行。英政府有應盡之責，倘彼此或有意見不同之處，祇有用交涉了結之一法。悉憑公理，不依英國或中國之法律專條。以此之故，中國不復依英國上控法堂之提議，別有控告。英公司代表以其不再涉訟也。遂不遵守判詞，祇允給與舊公司英金三十萬鎊，以償七年來欠舊公司此數或過於此數之債。仍要求長據此産業，一切工程，照前辦理。觀本篇所言各節，即可見若照此辦法，殊不足以饜中國政府之望。中國之拒絶，自屬意中之事。於是英外部復提議將全案由英使與中國所派代表相商，中國政府許表同情。旋即將所争各條提出，兩國各派員開議。而英使復行堅執，欲將已經批准之陳家嶺煤井停工，然後就商。並聲明無論會議與否？陳家嶺必須停辦，因該井在英公司所索地段之内故也。中國政府得此種隱命，不勝駭異。殊覺其不公，且鄰於欺侮。蓋該合同未經認可，本無效力。即使英公司按該合同據有開平礦産之利權，而查舊公司之執照，曾經批明所開各礦地段，由中央井口，計不得越半徑十華里之外。夫該公司在倫敦各董事，亦何嘗不認此礦利權由井口計以十華里爲限。觀之西歷一千九百一年七月十六號股東開特别大會於倫敦，主席端納君之言曰：「公司産煤地利權，由井口計達半徑三英里之遥。」又曰：「公司得有地面利權，並未包括礦權在内云云。」按陳家嶺煤井，距唐山則三十華里，距林西井且不止此數，相去懸絶。要求停辦，此所以謂其不公也。彼此友邦，非遇有重要之事，焉可用此强硬之要求，此中國政府所以謂其隱命爲鄰於欺侮也。試令中國政府問諸英國，此種議案若遇其他平等交涉之國，英國果能作此索討乎？在中國政府欲解除此不幸之問題，甘於格外讓步，乃英使轉於一佔踞中國礦産，爲中國向所不認之公司。竟徇其請，欲使中國境内已經批准開採之礦停工，是必在所拒絶也。倘英使能將其要求作罷，中國政府於此問題自當從長計議，和平了結。非然者，祇有將此案交與公正裁判所，按海牙會議所訂章程定斷而已。

謹就篇末將此案中國所根據之實情，分别於後。

一、張燕謀與胡華所訂之合同，絶無效力。（甲）因張燕謀並未得中國政府給以賣産之權。該産在原始礦局，亦不過託由該局經理而已。（乙）因係合股公司産業。無論英律中律，該總辦未經商問股東願否，斷不能擅自出售。該公司之股東，並未允許將其産業讓與外人也。

二、移交公司利權産業，以及利益，未經外務部按西歷一千八百九十一年十二月四號與一千八百九十八年十月二號，照會各國公使公文，聲明各節核實。其第一照會開，總理衙門奉有諭旨。嗣後中國大小官員，如有借洋商銀兩，須令該商先稟告本國駐京大臣，問明總理衙門，果係奏明有案，方可借給。若無奏准，私自借給，設有事故，無論曾否盖用關防印信，朝廷概不與聞，亦不能代爲之追等因。其西歷一千八百九十八年十月二號之照會開，各省開辦礦務鐵路，訂借洋款，非奉有國家允准明文，其所立合同章程，一概作廢。又聲明如中國造路開礦，借用洋款，必須有路礦總局准辦明文，方能作準。其有未經總局批准，私與洋商訂立合同章程，一概視同廢紙云云。

三、張燕謀與胡華所訂之合同，當時英使並未請中國政府核實。

四、直隸總督，爲統轄全省礦務之大員，一經察覺合同中各款，即行奏劾。張燕謀不認其所辦之事，中國政府亦始終堅持。謂此項交易，全屬違例，絶無效力。

五、以一公司未經國家允准，竟在通商口岸界限之外開辦工程。英國審判法堂，斷不能以其爲合例。

六、除教士外，所有外人，非經中國政府特别允准，不得在通商口岸界限之外置地，更不得開礦。

七、英公司發起人，將中國原股，值英金三十七萬五千鎊，攙和新股，作爲英金一百萬鎊，並無好處給回。是中國舊股東之入息，已爲之騙去過半。

八、按原始公司執照，每年有報効一款，乃竟不完繳。並欠舊公司債款，亦未清還。

九、所用洋員，薪水極豐，悉由中國股東之産業所入款内支出。

十、綜觀以上實情，中國政府應將舊公司一切利權産業，悉數索回。

附載各檔案，列目於左：

一、開礦利權所限之地段。（西歷一千八百七十八年十一月十六號）

二、張燕謀發給德璀琳全權之諭條。（西歷一千九百年六月二十三號）

三、德璀琳與胡華簽訂之合同。（西歷一千九百年七月十九號）

四、第二次合同與副約。（西歷一千九百一年二月十九號）

五、張燕謀奏摺。（西歷一千九百一年七月十一號）

六、中英總辦合訂礦局試辦章程。（西歷一千九百一年六月四號）

七、袁宫保奏摺。（西歷一千九百三年十二月十號）

八、臬司卓候士判詞。（西歷一千九百五年三月一號）

九、上控法堂判詞。（西歷一千九百六年正月二十四號）

孫應祥等《嚴複集》補編《論收回開平煤礦説帖》 查開平礦案，自庚子以來紛紜轇轕，不獨中外各持異説，即中國輿論亦復人殊。蓋外人乘機攫利，則指賣約爲真，而舊日辦事之人始因籌本艱難，本謀合辦，繼以遇亂，倉促復求托庇，入後事變錯迕，固所不圖，則云賣約爲假。右之者，則取覆巢之完卵，以其事爲無如何；攻之者，則云賣國而私交，目其罪幾不容於死。此中或主子門户水火之見，或雜以護前怙過之私，而促訾吸汁因以爲利者又繁有徒。市怒室色，不合不公，遂令外人得以不正當之置産營業爲十年之久。據地不愛寶，絶彼貨囊，至最後而有北洋以一百七十八萬鎊三十年國家擔保債票將全礦作贖之瞽議，失算之甚，將過於前。章京於此案始末暨外人情形頗有所知，謹静氣平心，捐除成見，而爲鈞座一平議之，伏惟垂鑒。

一、此案之誤，首誤於北洋大臣袁世凱徒知參劾前督辦張翼，而不知以正式訴訟法直向有限公司交涉也。查開平礦案，緣庚子京津拳匪之亂而興，而開平礦務局所以成於今日之英人有限公司者，其最要案據有張翼、周學熙、唐紹怡三人公簽所付德璀琳以全權保護礦産之手據，有德璀琳與胡華所私立之賣約，有辛丑正月初一日張翼與胡華等所簽之移交約與副約。副約者，張翼所視爲抵制移交而以存合辦之實者也。夫德璀琳之立賣約，張翼之簽移交，以輕易兩券致中國二十年竭力經營之煤礦一旦淪失於外人。自其表而觀之，從其後而議之，其爲病狂喪心，膽大妄爲，雖五尺之兒孰不唾駡？然而右其説者，則以爲此係一時保全礦産，必不獲已之圖，而其説亦非盡無證也。即如遼陽鐵嶺之礦，則日本人已攫而久據之矣。且亦何必遠引，即如庚子天津之東西兩製造局、鹽坨武庫，所有官中産業局所經外人纂取而不歸者幾何，未聞前後北洋大臣以何等手段爲國家恢復損失也，則何可以德璀琳、張翼之説爲純出於藉辭？嗣而有限公司置張翼所訂之副約於不顧，争不能得，袁前督秉經引義加以嚴參。參之誠是也。顧律以事君無隱之義，則當最先之手據至於最後之副約，悉陳并列於宸鑒之前，以俟之科斷，更不應藏匿首尾，獨上售賣、移交二約。故砌危辭以入人於擅賣疆土之罪。彼張翼者，方執副約以争於新公司，以爲有此則售賣、移交二約將不廢而自廢。何則？産業業經移主，而既受代價之舊人，猶有種種監督規定之權者，此亘古今遍五洲所必無之事實故也。乃袁世凱身爲中國疆臣，其據以入告者，首以副約爲無效，獨以售賣、移交二約爲真，教猱草木，又何怪於英人得助而譸張乎？故使緣庚子數約而開平一礦坐以不收，秦(望)〔皇〕島口岸因而俱去。張翼等固無辭於謀始之不臧，而自事實觀之，誰生厲階將必有能辦之者矣。今之爲議者，咸云副約不可以責認，以認副約則必認移交，認移交則必認賣約。顧原其起點，自必以全權之手據爲胚胎，而手據則總辦周學熙在見，唐紹怡與督辦張翼所公同簽付者也。而袁世凱彈章則獨嚴於張翼，至周、唐二人不獨蕭然於事外，且爲無假之傪人，而袁世凱未嘗一過問。章京前所謂水火門户之私者，亦謂此耳，且袁世凱過矣。夫開平爲官督商辦之礦局，張翼雖爲朝廷所派之督辦，德璀琳雖爲張翼所派之全權，而經理保護在其權限之内者也，轉賣移主在其權限之外者也。故袁世凱原參亦云張翼當日不過一局員，胡華不過國外之商旅。即云其以約私相授受爲實，而出爾反爾自不能求之張翼，故責令廢約，正代表國家守土疆臣之事。譬如甲僕爲乙主經營莊田，以之私售於丙，他日責歸田産，非甲所能得之於丙也，而乙能之。又如，吾國以領事裁判權向無雜居之條，設有民人將地畝私售洋商，既已售矣，則申明條約不令享有，非該民人之所能也，而地方官能之。今使袁世凱有公忠體國之誠，則體察張翼當日所處爲難情形，幸佳礦之瓦全，助其責認副約，更有副約而謀所以廢移交可也。次即不諒張翼之所爲，而以私賣官礦爲實，則應奏明由地方官代表政府直接與有限公司交涉，向其獨立法庭正式起訴，申明張翼、德璀琳等并無轉賣礦産之權；而租界而外，英人無購置産業之權利，彼英公司雖甚狡展，其將何辭？若謂張翼所爲業經於光緒二十七年奏報，則朝廷所報可者，乃係加招洋股，中外合辦，非賣與英人，而化爲外人之産業也，彼英公司又將何所藉辭？故使袁前督用此兩途而於辛丑收回天津之時從速辦理，則該礦收回必已久矣，何止事經十年尚爲瘡疥乎？計不出此，而徒悻悻於張翼之一身，公指售賣、移交兩約爲實，而置其所以擒制新公司之副約於不顧。此何異礦經外人攫取，袁前督既不肯自行收回，而復破壞張翼所以爲收之微權，治絲而棼，又何怪案情之宕延日久愈增轇輵乎？

一、張翼赴英起訴，則其極大效果止於責守副約而不能直接求廢賣約、移交約以收回全礦也。查開平礦局，當庚子之先，已緣籌款爲難，外欠甚深，有岌岌不可終日之勢，維持楮柱，非添招股本不爲功。當時約計所有産業不過值銀五百萬兩，而積欠華洋各款乃有六十萬鎊之多。官中補助既已無由，拓本招商猶不易易。此華洋合辦之議之所由興，而前督辦張翼則尤持此爲振興礦業惟一之宗旨者也。胡華爲開平所雇礦師，亦即爲英資本家墨林之代表，其措辦秦(王)〔皇〕島自開碼頭經費即由彼措借，計二十餘萬鎊。庚子五月，拳匪事起，辦礦之人困於租界。故其始也，將以合辦爲興業之要圖，今則借合辦爲保礦之至計。此張翼既付德璀琳以全權手據之後，所以復有辦法八條之加札也。札中所言亦止招股合辦。然則德璀琳權立賣約，在張翼初無此心，亦可概見矣。迨聯軍嚷嚷踵至，事變益殷，而俄人亦果有占據唐山之事。其暴戾恣睢情節，至今開平員役曾經目擊尚能道之。又，李文忠公自甲午一役之後，意嘗主於聯俄，是秋北來，俄實陽爲保護，而俄自租借旅順軍港之後，需煤尤殷，使當此時俄據唐礦，復以此要之於文忠，文忠不能拒也。德璀琳心知其然，故於危機之時濫用全權，而有賣約之立。是時，張翼適在上海，德亦不使之知。是後將及年餘，德每見張只言到英招股合辦，經以中英公司在彼挂號等語。此章京在局之日所親見者也。辛丑正月，胡華自英回津，雇一律學，具移交之約，呈請張翼簽押施行。張本不識洋文，譯者於原文又多出入，然張見其中詞意與原譯八條辦法不符，當即堅持不肯簽押。如是四月，胡華恫猲百般，張不爲動，乃有增訂副約之事。經與移交一約同時成立，并言明此後公司辦事必以副約所訂各條爲之根本。凡此情形，皆經英國公堂切實訊勘，法司宣諸判詞之中，固皆可信。向使張翼於賣約一節實所與聞，或陰遣他人，己佯不與，則當簽訂移交之時，法宜補押，而經英公堂研鞫之餘，其實情尤難遁飾也。須知賣約移交本不足諱，蓋凡公司由舊入新，皆有售賣移交之約。所必争者，賣與何人，交於何處。而在張翼之所謂賣，乃賣與中英合辦之公司；張翼之所移交，亦交與中英合辦之公司。其始終宗旨，固未嘗改，其具摺入告亦未欺蒙。至於在英注册，而英人遂據爲己有，所增副約，而墨林乃指爲無效，此皆當日所不及知，而與騙股分肥，所同出意料之外者也。袁世凱即致痛恨於張翼，而謂雖有當日情形，舉不足以邀末減，然亦宜顧全大局，以索回礦産爲先圖，然後具實揭參，責以當時其魯莽。事驗明白，張翼將安所逃？而乃計不出此，徒取其人之身，中以危法，復使自往英廷控訴，責令收回。則不知張翼既爲立約一方面之人，極所能爲，不過責求遵守而已。張翼簽移交矣，而實未移交有限公司；立副約矣，而乃不遵副約。故下公堂判詞有移交、副約二者不得區分，有限公司不遵副約，即不得享有移交利益之語。此在張翼求仁得仁，至矣、盡矣。其後墨林上控，實因一己責賠過重之故。而中公堂判詞則於下公堂判詞輒加改定，其於副約雖同判爲必遵，而於墨林賠款則免其獨罰。又，最關緊要者，在於督辦事權依英商律申明限制。蓋中國官督商辦，督辦之力可以主持礦政，約束股東，而英國商律則督辦、總辦事權雖重，要爲股東全體選用之人，其權力既發生於衆股東，其舉措必受成董事會。法律所規定既已歧異，權力之大小遂相懸殊。況當庚子定約之際，開平老股約計尚有四成，其至於今，華股所存不過什一。今者張翼不知，尚以副約爲有大力，意謂若明降諭旨，開復前官，將公道一伸，自可徐與理論，即以礦利復礦，當屬無難。特不悟以中國之督辦入英人之公司，雖改其名稱，謂爲合辦，而此百萬股之股東，其九十萬票決之權，乃在歐人之手。選設董事監督指麾，雖爲督辦，庸有濟乎？此則事之至爲可（擬）〔疑〕者也。

一、直督所請以一百七十八萬鎊債票由度支部擔保，贖回開平全礦産業，將使外人再得最優之勝利，度支將有無窮之負擔，而其策乃必不可行也。吾國人心理所最忌者，外人以其資本營業於吾國之中。大則以主權損失爲言，小則以利權外溢爲病。此雖因領事裁判未除而有此擬似之現象，而其實則揆諸法學、計學之精義，是二説者，皆無當也。蓋使國定法律，可以平施物産，賦税照章完納，則主權之用既爲完全，而營業之事，必具資本，乃有贏利。施以功力，則有庸資方其未爲。是二者均爲無所利且無之溢於何有。夫謂我國力未張，致有此等虧失，則試問北美境内歐人之營業者幾何？德國界中英民之公司幾許？至於法之用比，俄之用法，率皆不可億計，未聞以損失主權、外溢權利爲詬病也。何獨於吾國而云然乎？坐法學、計學二理之不明，而以人我之私定國民之榮辱，於是營業、外交，隨地荆棘矣。將成者，則以拒款爲天經，已予者則以贖回爲民義。雖坐此，或以致領國之責言，或以竭度支之財力所不顧也。習非勝是，舉國若狂，真可爲長太息者矣。前此路礦之已事不必言矣，而今之開平議贖又爲其一。查直督之聽周學熙之言而爲此議也，則必曰開平礦利至厚，每年可收二十餘萬鎊重利。今雖以一百七十八萬鎊三十年債票贖之，行息七釐，計僅十二萬四千七百餘鎊。礦利之牛已足當之。外此所收皆爲餘利。故度支部擔任乃是空言，而礦利源源，方興未艾，三十年以往，此礦且大發達，收回債票當亦無難。不知此乃懸不可必得之大利於前途，而使國家冒無可逃之大險也。何以言之？夫礦之爲利，視經營之何如，而尤視銷場之衰旺。開平比年所由得利甚豐，至有一分五釐之股利者，乃時氣使然，如日俄之戰，抑亦由京奉鐵路與之以優先之輕率？開平爲外人所攫，言者方致痛恨於張翼，而郵傳部、路局則獨與輕載以優待之。若賞其久假不歸，爲占據也者。吾國事各成風氣，自相矛盾如此，不可解也。顧自添換電力機以來，已有所出過多難以盡銷之勢。況北方京奉一帶，煤礦頗多，質地亦差，相一與争銷，開平之利必以日減。今之主張必贖開平者，即係開採灤礦之家。今試（向）〔問〕贖回開平之後，開灤兩礦將合爲一乎？抑仍歧爲二乎？二則互戕，一則所出之煤萬萬無此銷路。因外國之煤，則有釜山、日本，本國之煤，則有井陘、臨城、山西、河南、萍鄉，相與發達故也。是以贖回之後，無論爲分爲合，開灤兩礦必有一大分停工。此近三十年所不違之現象也。開平有限公司知其然也，故於中國贖回之議極爲樂從。查開平近年分利一分五釐，而最後之倫敦市價，每股三十八先令，則百萬鎊股本，以現價言合一百九十萬鎊。今北洋許以一百七十八萬鎊，所差之數或彌以公積，或即取於從前存號未用之債款，非此則彼，計必取盈。故若此議得成，則彼無異以百萬鎊股票所難恃而不可長之二分五釐股利，轉爲三十年永遠無虞之一分四釐債息也。外人籌計，夫豈待再請而後樂從之乎？況礦利之不可預知，又前陳種種，則後此必度支之纍，殆可決也。且愚所尤不可解者，張翼以責認副約爲漸圖收礦之先着，而周學熙等則以爲必不可行，其所主理由則謂責認副約且坐實移交，而坐實移交則坐實賣約也。夫賣約之必不可認既如此矣。顧如北洋辦法，以一倍股本之金鈔所以贖回此礦者，豈非實認此礦已賣耶？夫有副約則非真賣，章京既已前言之矣。今即如議者之言，然極張翼責認副約之流弊，不過間接認賣約，而周學熙等猶且非之；而如北洋辦法，雖直接認賣，則指爲正當辦法，是真可謂知二五，而不知十者矣。且肯以倍價而購之，將天下何礦不可得？豈必開平也哉！議者又謂，開平不可不贖，不贖開平，則灤礦將與俱去。此讆言也。查開平礦田，依原案不外十方里之地，殆後開採林西且需另有奏案，則開平礦局於此界外本無獨專之權利，即德璀琳所立之假賣約，産業單内亦無灤州礦田，故雖移交約内外載第一項移交産業有種種含糊、包括之詞，此在當時固屬別有用意，而其實同於無效者，有限公司何得而有之。今有限公司雖懼灤礦之競争，而案之事實，且無辭以相迫矣。而周學熙則以必欲坐實袁世凱參案，與必遂目下所圖之故，乃不惜自毁權利，設謡辭而助之攻，私之害事有如此哉！至謂秦(王)〔皇〕島爲北方不凍口岸，公司所開碼頭，兵商所需，利在收取。此其説，固若有據，然與其購之以數倍之代價，直不如以此而自造其新者矣。總之，有限公司之占據開平，墨林公司、東方公司固以詐騙而獲不訾之利，徒以中國人自相漁肉之故，遂得坐享其利者十年有奇，此五洲商界所同認也。設今如北洋辦法，是使詐騙者再獲千萬之利而一洗從前不義之羞，其爲後此度支之纍不待言矣。獨不慮爲鄰國所訕笑耶。

一、開平案延宕十年，中間坐失機宜及中國政府之對待外人自相矛盾之外，未免授人口實。故至今爲之雖有正當辦法，而必操勝算頗爲難言。章京再四思維，復行博加延訪。竊以爲，朝廷欲辦理此案，即今方略，僅能取其必宜施行而無流弊者，先爲措注一二著，而後徐觀其變，再籌因應之方。但得事機稍轉，則數節之後似可迎刃而解之。謹條列如左：

(甲)北洋贖回之議，既已萬不可行，而所擬出之三十年七釐行息債票，度支部又斷斷不能爲之擔保，則宜及早行文，令其停議。文中宜列明駁議理由，以杜覬覦者之口實；次言寧另籌辦法，冀得收回此礦，而不至纍及度支云云。章京以謂此係第一步進行辦法。一則免北洋更與英政府交涉提議宗旨，既非徒滋轇轕，次亦使直隸紳士及周學熙等，知所議之必不可行，無取再相播從耳。

(乙)次宜請飭下外務部，照會駐京英使，明示朝廷於辦理開平礦案之扼要宗旨不可移易，方針其大意如下：

(一)開平礦産經有限公司占據，前所議具款購回一節，無論官款私款，國家決不準行；

(二)有限公司占據開平礦産，國家按照法律條約從未認爲正當管業，今亦不認爲正當管業，今據官私各款購回；

(三)開平礦産經前督張翼或其所派代理前後與英商訂約，致該礦有有限公司執管開採之事。前經將該督辦責降，但今曉然該督辦於訂約時本無以該礦歸有限公司執管之意。即光緒二十七年五月間，該督辦會同前直隸總督李鴻章所奏維持該礦情形，諭令認真妥爲經理以保利源，亦未將訂約後變局明白陳奏；

(四)開平乃官督商辦之礦，當經營之始，如置産、籌本諸事，得官中助力最多，國家前派張翼爲之督辦者，乃爲該礦股東領袖，又爲國家保護財富利源，本無將該礦産業轉付任何項人之權力，更無移交任何項外國人之權力。故該督辦所行而成於此等效果者，無論其爲有意妄爲，或係無心被蒙混，於法均爲無效；

(五)依中國法律，凡外國人不得執管地畝産業，亦不得在任何地開採各種礦苗，其得以爲此者，必有約章專款及特別奏明，經國家允許。今有限公司係英國法人，既非條約，又未經特別允許，并未向中國農工商部正式挂號，其在開平執管地産，開採礦苗，實屬違背中國法律。

爲此，應請貴國政府察照法例，飭令開平礦務有限公司將所有不應執管産業，全行退出，訂期交還中國，國家另派大臣妥慎接收。其因退出交還應得報償，即由該大臣秉公議給，至該有限公司於該礦所有改良費用，但使帳目有稽，索償合法者，中國國家準爲辦理，俾得早日歸結。但所有索償，除清查外，不爲擔保。須至照會者。

此文行後，竊料英公司必乘從前吾國行政官自相矛盾之間隙，以謂事閱十年，經政府種種默許爲詞，或徑云中國國家於開平主權本無所失，不應索還該礦，而中國股東於兑换股單以百兩爲英鎊，及嗣後收受十年股利均已無辭，是已承認各等語來相狡辯。然皆無大效力可慮。章京之意，此文行後，即使不得所欲，亦可爲朝廷宣布正當意旨之資，於此案必大有裨益。更有進者，依英國法律，占據産業經十二年，原主不相過問，即可視爲己有。此後原主即爲起訴，不能收回。今開平礦産自辛丑至今爲時已歷十年，故即目下未能收回，亦應由國家以正式交涉與之理論，庶該礦不致永淪，而爲後日徐圖之地。是否有當，謹詳具説帖，呈候鈞裁，伏維垂察。

紀事

熊性美《開灤煤礦礦權史料》第一章《唐廷樞向直隸總督李鴻章報告勘查開平煤田情形》 竊職道廷樞荷承伯中堂面諭，馳赴開平查看煤鐵礦情形，當於月之十九日乘坐小輪船由大沽而至北塘口進發，其河道灣闊深淺與大沽河相仿。二十日辰刻抵蘆臺，即由陸路東北五十里至王蘭莊歇宿。該莊之東有河名曰陡河，由該莊直南入澗河而出海，計路程約六十里，水程約一百八十里。查陡河發源在開平之北四十里榛子鎮，其河水尚深，惜乎灣曲窄狹，橋梁甚多，以致小船未便往來。二十一早由王蘭莊向東北行八十里，是晚抵開平，即古之縣城也。現在東屬灤州，西屬豐潤。二十二、二十三、二十四連日在開平一帶，東三十里至古冶，西南十五里至風山，北二十里至唐山，逐日將煤窑鐵石細看，似有把握。除將煤塊、鐵石採回傾試成色另行詳報外，僅將大略情形稟候察奪。

論山川形勢　查風山至古冶，由西而東連綿約五十里，離山脚里許有山根一道，與高山同行。看其形勢，現時之山根即古之山脚也，其鐵石即在此山根之中。由山根而至山脚，盡是舊煤井，土人呼爲舊桶者。查該處煤窑，乃明代開起，遍地皆有舊址。現在開挖者亦有數十處。登風山頂一望，則東西之山相連如新月。人煤井查看煤層，均係環拱而生。即如古冶係在開平之東北，其煤層向西南而生。馬家溝係在開平正北，其煤層向正南而生。唐山係在開平之西南，其煤層向東北而生。三面均望低處而走，則高低均有煤可知。且據該處開煤土人云，無一桶能採煤至底者，則其底煤多更可想見。蓋煤乃古之山林，洪荒之世，山崩地裂，樹木倒塌，土復其上，木墮其下，地氣發生，久而成煤，其重下墮，則低處之煤勝於高處，其勢然也。至現在所開之井，均同一槽。據西人馬立師稟稱，土人所採之一槽，已有煤六百萬噸，則將來探有別槽，其數更鉅矣。

論土人採煤情形　查土人所開煤桶，均係民業，或祖傳，或自租。其桶均係日字樣，寬四五尺，長六七尺，深十丈至十六丈不等。及見矸子，即斜開而入煤槽。矸子者，即煤面之火坭也。無論煤之高低厚薄，見煤即鋤，由面至底。每進三四尺，用木樁撑持，以防土陷。鋤至有水之處，又須戽水，不知鋤愈深，(水)愈涌，非止路遠，而且泥濘，遂至鋤煤戽水均有不堪之苦，勢必棄之。或有採至中途，忽遇煤槽側閃，無從跟尋，因而棄之；或有撑持不堅，致土傾陷；或因路不通風，點燈不着；或因工人不慎於火，以致失虞，種種艱難，無非不得其法。且採之愈艱，成本愈貴。現在開平煤塊每百斤山價銀一錢五六分，煤屑每百斤銀一錢左右。無怪土人之開煤者，缺本多而獲利少矣，緣每名工人每日至多採煤四五百斤而已。

論西人採煤情形　查西人採煤之法，先看地勢而尋煤之低處，然後用鑽探其虛實。低穴既得，即開井二處，徑十餘尺，深數十丈，或一二百丈，至煤槽之底爲止。即先開一路，高闊約七八尺，使兩井相連通氣後，由該路分開横路；横路之中再分汊路，務使路路相通，俾生氣養人，兼可點燈。無論横路汊路，均放小鐵路以利行走。其撑持均用堅木，其油燈均用玻璃密罩。井底另開小井，路旁通挖水溝，使各路之水聚於井底。其抽水機器，由大井而入小井，有水即提，路既干，燈既明，加以四邊通氣，俾工人易於行動。至採煤之法，先將煤底及兩旁挖深尺許，後用鐵錘一敲，則煤成塊自落矣。隨將煤裝入桶，推出峒角。用牲口拉至井底，仍用機器提上。每日每人可採煤二噸半，每井每日出煤六七百噸至千餘噸。無怪英國山價每噸售銀一兩已有大利矣。

論開平煤之價值　查開平之煤，身骨松脆，火高而不耐久，且價太昂，故來津輪船不肯買用。英國煤上海時價每噸(銀)八兩，新南煤七兩，東洋煤六兩，臺灣煤四兩五錢至五兩。大抵開平煤塊，只能按照臺煤之價而已。現在開平山價煤塊每百斤銀一錢六分，合每噸二兩七錢。由開平牛車至蘆臺每百斤大錢二百有零，合每噸二兩二錢。由蘆臺用小船運至天津，每噸計銀五錢；天津上力銀二錢，共五兩六錢。若輪船買用，每百斤加税銀四分，合銀七錢，又下力一錢，共六兩四錢，無怪輪船不肯買用。即使依照西法開採，計每噸銀一兩，可省山價一兩七錢，每噸亦需四兩七(錢)。此等當(價)值只可在天津售與民用，若運上海以拒洋煤，須加水脚銀一兩有零，上落棧租半税六錢，合計每噸六兩有多，斷難出售。就使將煤仿照臺煤新章，每噸抽税一錢，亦合到上海每噸五兩五錢左左（右），恐亦難以暢行。況仿照西法採煤，每天應運五六千擔，須雇大車三百乘方足敷用，不獨無此多車，且車價騰貴，更難化算。是現在運法則成本五兩五錢，猶恐有多無少。（如）築鐵路，則山價一兩，鐵路運費一兩，上海輪船水脚一兩五錢，進出口個半税銀一錢五分，上海經用（傭）一錢五分，棧租二錢，只需成本銀四兩，或可拒敵洋煤。是欲使開平之煤大行，以奪洋煤之利，及體恤職局輪船多得回頭儎脚十餘萬兩，苟非由鐵路運煤，誠恐終難振作也。

熊性美《開灤煤礦礦權史料》第一章《李鴻章命唐廷樞籌辦開平礦務并派丁壽昌與黎兆棠會辦》 稟摺閲悉。查開採煤鐵事宜，欽奉光緒元年四月間寄諭：着照所請，先在磁州、臺灣試辦，派員妥爲經理等因，是直省開採本係奉旨准行之事。徒以磁州煤鐵屢次委員往查，運道（難）〔艱〕遠，又機器局員與英商庵特生訂購熔鐵機器不全，未能成交，因而中止。兹臺灣開煤已照洋法興辦，直境亟應仿照試行。該道前次往查開平煤鐵，即將煤塊、鐵石分寄英國化學師等評論成色，與該國中等礦産相仿，核之中國市價工料，均尚合算利便，自宜趕緊設法籌辦，以開利源而應軍國要需。惟事體重大，又屬創始，處處與地方交涉，應派前任天津道遇缺題奏丁臬司、津海關黎道會同督辦，以一事權。該道熟精洋務，於開採機宜、商情市價，詳稽博考，胸有成竹，當能妥慎經營，力襄厥成。所訂鑽地機器洋匠，應令速來，鑽探明確，再籌辦機器開井。至煤師一節，盛道已商屬赫税司由英國雇來。現因武穴煤産不旺，另作他圖，可由該道商同盛道，飭令北來查勘。如伊於鐵務地學或非專精，再另延訂。其如何試辦開採章程，及官督商辦如何集資，立法務歸妥善之處，并由丁臬司、黎道與該道妥細籌議，陸續稟呈核奪。招商局務關係鉅要，該道仍照常會商辦理，勿得偏廢，致誤責成。除分行外，仰即遵照。繳。摺存。

國家清史編纂委員會《李鴻章全集》第三二册《復候選道馮瑞光光緒三年八月十七日》 吉雲仁弟大人閣下：

頃奉惠書，遠荷因時記注。敬審興居綏邕，動履咸宜，至符臆頌。令兄萬里尋親，於六月杪行抵秦中，計程已可出關。辰下西軍屢捷，道路暢行，扶櫬東歸，合家團聚，當可計日以俟。中國開採煤鐵，臺灣粗有端緒，武穴出産無多。杏蓀頃赴施，宜一帶查勘，該處山多礦富，若用洋法開採，或冀較有利益。開平煤鐵，上年經景星採取，寄往西國試煉，質地尚佳，現正擬議飭辦。渠自延英國礦師，諒亦可靠。此間夏秋以來雨澤稀少，收成不無減色，昨復得雨三寸，冀可及時種麥，人心稍定，知念并及。專泐，復賀節禧，順頌臺祺。不具。李鴻章頓首。

熊性美《開灤煤礦礦權史料》第一章《唐廷樞等擬出開平礦務局章程李鴻章批准實行》 謹將會擬直隸開平礦務局章程開呈憲鑒：

一、議設局立名，畫一事權也。擬於直隸開平設局，名曰「開平礦務局」，專爲開採開平一帶煤鐵等礦，并就地熔化生熟鐵等事。餘外生意概不攙越，以專經營。

一、議招徠商股，衆擎易舉也。擬集資八十萬兩，分作八千股，每股津平足紋一百兩。一股至千股皆可附搭。定於注册之日先收銀十兩，即給第一期收票。光緒四年正月再收四十兩，即發第二期收票，以便購辦機器。其餘五十兩限四年五月收清，即將兩期收票繳回，換發股票，以便開辦。

一、議創始立基，冀垂久遠也。生意由小至大，擬先開一煤井，建生鐵爐兩座，熟鐵爐二三十個，并錘鐵、拉鐵機器備全；總連買地、造房、築路，不得逾八十萬兩之數。將來生意興旺，或需添機器，或另開煤井，准再招新股二十萬兩，合足一百萬兩。此外不得再添，以示限制。但須先准舊股之人湊合。若舊股不加，再招新股。

一、議儲材幫辦，俾專責成也。擬創興之初，先由本司職道等招商舉行。俟辦有頭緒，隨時體察司事人員，有能勝任者，會同稟請札委幫辦。倘督辦升遷，或別有更調，即由幫辦接理，以資熟手。所有煤鐵兩廠規條，俟開辦後，隨時察看情形，會詳核奪。

一、議請删繁文，事舊簡易也。查此局雖係官督商辦，究竟煤鐵仍由商人銷售，似宜仍照買賣常規，俾易遵守。所有各廠司事，必須於商股之中選充，方能有裨於事。請免添派委員，并除去文案書差名目，以節縻費。其進出煤鐵銀錢數目，每日有流水簿，每月有小結，每年有總結，隨時可以查核。即領官本，應請亦以年結送核，免其造册報銷，以省文牘。

一、議結賬分紅，明定章程也。擬定每年結賬一次，刊刻分送有股之人。惟第一年總以煤鐵見着後十二個月爲期。即將每年所得利息，先提官利一分，後提辦事者花紅二成，其餘八成仍按股均分。

一、議撙節局用，限制不逾也。查廠内督工司事匠人等，均憑本人材干，酌給薪水，按月發給，不得挪移挂借分文。除飯食、油燭、紙張、雜用按照實數開銷公賬外，所有酬應等項一概不認，以重公本。

一、議股大任重，准派司事也。查股分一萬兩者，准派一人到局司事。其能當何職，應受薪水若干，由總局酌定。若其人不稱職，或不守分，任由總理辭退，仍請原人另派，以昭平允而免誤公。

一、議設棧堆貨，轉運有歸也。開平除生熟鐵廠之外，另設棧房，以便每日將所採所化之煤鐵分別進棧，收出數目，立簿登注。又在蘆臺設立分棧，以便配運天津。其煤鐵至津，即入招商局棧房，以免另行設棧，虛糜經費。該棧租等費，仍照市面大例算還。

一、議價照市情，貨盡公用也。所有生熟鐵至津，按照市面價值，先聽機器局取用。煤照市價，先聽招商局、機器局取用。其餘或在津售，或由招商局轉運別口銷售，其運脚及代售經用，仍照大例算還。

一、議分別官私，按地科賦也。開採煤鐵之山若係官地，由局報明，照章升科；若係民産，由局按照時價買定。所成之鐵，所採之煤，均遵新鈔兩關核定內地銷售及出口運售成章完税，以重錢糧而一體例。至釐金亦須酌核，熟鐵每百斤，擬完釐五分，生鐵每百斤，擬完釐三分，煤每百斤完釐銀一分，以充軍餉。

一、議股分各商，詳開姓氏也。凡入股者務將姓名籍貫注明，以便常通信息，所有股分銀兩，可就附近各口岸交招商局代收。總合天津平色爲准，以昭劃一。

熊性美《開灤煤礦礦權史料》第一章《據送擬定開平礦務設局招商凑股章程大致均尚妥協》 此事應以訂請礦師爲第一義。其地學高下，必應查訪明確，重價延聘。大約炫玉求售者未必信品，其高手則西國彼此争募，非重價不能羅致東來；若但從洋商諮訪，恐仍得其下乘。果能礦師得人，則訂購機器、開廠興辦諸事，皆可從容就理。

查第一條，專採開平煤鐵，并就近熔化生熟鐵，不得攙越餘外生意，自是正辦。

第二條及十二條，擬招股八十萬，每股作津平足紋一百兩，分期收清，換給股票；惟資本較鉅，必須廣爲招徠，凡入股者，詳開姓名籍貫，即交附近招商局代收，統以津平足紋爲准。

第三條，設局後擬先開一煤井，建生鐵爐兩座，熟鐵爐二三十個。俟生意興旺，或需添購機器，另開煤井，自應再招新股，凑成百萬，即不得再添，以示限制。此項股本專辦礦務，不得暫挪他用。至訂購機器，須查明礦産地勢，何式可以合用，採訪結實可靠洋商，與之交易，勿蹈庵特生故轍。

第四條，創辦之初，先行招商舉辦，再由該司道等體察司事人員中有可勝任者，稟請扎委幫辦。如督辦有升遷更調之處，即以幫辦接充。其煤鐵廠規條，須俟礦師到後，察看情形，審時度勢，并須詳考西國各廠章程辦法，悉心查核，參酌定議，會詳核奪，以期經久無弊。

第五條，摒除官場習氣，悉照買賣常規，最爲扼要。各廠司事人等，應於商股內選充，不得引用私人。除稽查税釐專派委員外，其餘無須添派委員、文案及書差人等，以節糜費。煤鐵銀錢出入，即派司事隨時登注流水簿，按月一結，每年總結，必應清楚明晰，俾衆周知，勿任含糊轇轕。該司道隨時調簿查核，如有弊端，立予查究，毋稍瞻徇，准免造册報銷。每年結賬時，將結賬刊本呈送一份，以備查考。

第六條，每年結賬所得利息，先提官利一分，後按十成分派，提辦事花紅二成，其餘八成按股均分，均准照議辦理。

第七條，廠內督工司事工匠人等均量材酌給薪水，除薪水、飯食、油燭、紙張等項開銷公賬外，無須局費、公費等名目；其餘酬應一切，無論何人皆不准擅用公款分文，違者議罰。

第八條，股分有上一萬兩者，准派一人入廠司事，仍由督辦察看，量材酌派，核給薪水；如日久不安本分，即由總局辭退，由原人另派接辦，亦甚公允。

第九條，開平、蘆臺設立棧房，運至天津即入招商局棧房，所有棧租等費仍照市面大例算還。其各處棧房出入煤鐵，必須慎選司事，立簿登記，彼此互相稽查，以杜流弊。

第十條，煤鐵兩項到津，按照市價先盡機器、招商兩局取用；餘者或在津售賣，或由輪船運往别口銷售，其運脚及代售經用，亦照市例核算，均無免讓。

第十一條，并另稟開出煤鐵轉運內地銷售者，照鈔關定章，熟鐵每百斤完銀一錢，生鐵完税銀五分；由(招)商局輪船夾皈運赴别口者，仍照新關税則，熟鐵完出口税銀一錢二分半，生鐵七分半。釐捐一項，熟鐵每百斤完釐銀五分，生鐵完釐銀三分，均由局按照本山出數完納。土煤出口，照例完税，每百斤由局繳釐銀一分，應准照辦。俟將來開辦時，由局稟請專派委員前往稽查，分别征報。

機器製造局所用煤鐵係屬因公，准免釐税；惟月需若干，爾應議有定數。招商船載運煤鐵出口，不得與機器製造局比例，仍應照納釐税，以示公允。

仰即遵照刊刻，永遠遵守。其餘未盡事宜，應由該司道等妥議商辦，隨時稟候核奪。繳。摺存。

熊性美《開灤煤礦礦權史料》第一章《唐廷樞等向李鴻章報告開平出煤情形申請採礦特權及實行減税》 敬稟者：竊本司等於九月二十七日稟陳礦務開辦情形核奏一案緣由，尚未祇奉批示。職道廷樞恐因凍河在即，若未凍之前不定井位，來春工程定必耽延，是以本月初八日稟辭赴礦局工次，督同礦司分班日夜開鑽。計至二十日止，共鑽入四百十二尺，穿煤五層。其深七十七尺之第一層，煤厚四尺，前經報明在案。至一百零八尺見第二層，煤厚一尺；至一百二十四尺見第三層，煤厚一尺八寸；旋至二百六十二尺見第四層，煤厚六尺；復至三百二十二尺見第五層，煤厚二尺半；其第六層煤日内便可鑽見。按上邊煤苗看來，第六層之煤應如第四層之厚。以外尚有煤三層，此係就鑽孔之北而論，若鑽孔之南，尚不知多少煤層。刻下井位已定，地基已購，擬俟第六層煤見後停鑽。冬間惟有平地鑿石做磚坯及應用物件，以待來春開井。謹將煤小樣一箱計十六種呈覽。其第一號至十二號乃係英國各處有名烟煤。其第十三、四、五、六種乃係現在鑽出之第二、三、四、五層之煤。兩相比較，煤質不甚參差。其第一層煤業經前届鄉人取空，無從鑽取煤樣，惟七月在其舊井邊撿得煤塊，傾化成色，却與第四層無異。今將鑽地煤層圖一幅送呈察核。伏念煤層如此之多，煤質如此之好，却係輪船局之後路。但出口關税可否由憲臺奏定，仿照臺灣、湖北用機器採取之煤，一律改歸每噸一錢之處，出自憲恩。如蒙俯允，輪船煤費又可減輕二成，此固栽培輪船一局之厚德，亦爲助興礦務一局之初基。惟查臺灣奏准原案，曾奉總理衙門行知，有北洋不得援以爲例之語。仰度總署之意，蓋因北方冱冷，以用煤爲大宗，設一律准行，出口煤多，價必昂貴，亦爲民生日用之計起見。殊未知北邊陸運之煤至津，脚價加增，甚不合算。且民採浮煤不合輪船之用，故歷年從無出口煤税，海關有案可稽。若礦局見煤，初則每日出近百十噸，漸至數百噸，二三年後日出千噸有奇，但慮無暢銷之路，不致有缺產之煤。應請憲臺賜加保護，援照臺案免税，(亟)[并]求將情節聲明，庶無違礙。再機器開煤成本甚重，幸有把握，已經苦力經營，惟恐礦務起色，人共争趨，或欲享現成之利，亦仿用機器於毗連之所興工，殊有關礙。除民間浮挖聽其照常辦理外，倘嗣後有用機器採取者，應請憲臺附奏定案，須離礦工十里之外，不得有違，以示限制而免旁撓。所有開平礦務局股份，業已招足採煤之貲，俟煤得利，再購鑄鐵爐開冶，寧可遲遲收效，毋須請領官款及挪用莊銀。合併聲明，伏乞鈞鑒。

朱壽朋《光緒朝東華録》卷四五光緒七年十一月十一日 戊子，李鴻章奏，灤州開平礦局，招集商賈，試採煤鐵，曾經臣專摺奏明，並派津海關道暨招商局道員唐廷樞會同經理在案。兹查該局參用西法，開辦數年，煤産甚旺。目前籌布海防機器製造各局及購到快碰蚊子等船需用煤鐵甚鉅，煤礦既辦有成效，附近鐵礦擬一併開採以資利用。飭唐廷樞親赴遷安縣屬清涼山、灤州屬之馬子溝、陳家嶺、風山一帶勘驗，均有鐵苗，形質甚佳。業已起得百擔，寄往英國試練。如果合用，來春即逐漸開採。惟該局煤鐵兼管，工程較大，必須有駐局大員督率經理。津海關道政務較繁，唐廷樞又有承辦輪船招商事件，均未能常川駐局。查有廣西候補知府吴熾昌，老成幹練，樸實精詳，通曉西國語言文字，於礦務商務尤爲熟悉。相應請旨飭下廣西撫臣，飭令該員吴熾昌迅速來直，由臣酌委會辦開平礦局，以資得力。上諭，李鴻章奏請調員差委等語，廣西候補知府吴熾昌，著慶裕飭令該員迅赴直隸，交李鴻章差遣委用。

葛士濬《皇朝經世文續編》卷五七李鴻章《直隸開平煤礦辦有成效疏光緒七年》 竊惟天地自然之利，乃民生日用之資。泰西各國，以礦學爲本圖，遂能争雄競勝。英之立國，在海中三島，物産非甚豐盈，而歲出煤鐵甚旺，富强遂甲天下。中國金銀煤鐵各礦，勝於西洋諸國。祇以風氣未開，菁華閟而不發，利源之涸，日甚一日。復歲出鉅款，購用他國煤鐵，實爲漏卮之一大宗。從前江西之樂平，及山西湖南等省，皆以土法開採煤鐵等礦，工力較繁，而所得較微，無裨大局。近來如臺灣之基隆，湖北之荆門，安徽之池州，經營煤礦，漸用洋法，然或因創辦伊始，或因經費未裕，尚難驟得大效。臣於光緒元年四月間，欽奉寄諭：著照所請先在磁州試辦，派員妥爲經理等因，欽此。仰見朝廷恢拓遠圖至意，旋經屢次委員往查磁州煤鐵，運道艱遠，又訂購英商鎔鐵機器不全，未能成交，因而中止。旋開灤州所屬之開平鎮，煤鐵礦産頗旺。臣飭招商局員候選道唐廷樞馳往察勘，攜回煤塊鐵石，分寄英國化學師鎔化，試驗成色。雖高低不齊，可與該國上中等礦産相仿，採辦稍有把握。三年八月，臣檄派前任天津道丁壽昌、津海關道黎兆棠會同唐廷樞熟籌妥辦。旋據酌擬設局，招商局章程十二條，條批令刊刻施行。迨丁壽昌、黎兆棠先後離津，現在津海關道鄭藻茹復會辦局務。查初定章程，擬招商股銀八十萬兩，開採煤鐵，並建生熟鐵爐機廠，就近鎔化。繼因招股驟難足額，鎔鐵爐廠成本過鉅，非精於鐵工者，不能位置合宜。遂先專力煤礦，採煤既有成效，則鍊鐵必可續籌也。唐廷樞奉檄設局後，勘得灤州所屬，距開平西南十八里之唐山，山南舊煤穴甚多，土人開井百餘口，祇取浮面之煤，因無法取水而止。光緒四年，鑽地探試深六十丈，得有高煙煤六層。第一層厚十八寸，第二層二尺，第三層七尺，第四層三尺，第五層六尺，第六層八尺。其第六層之下，尚有一二層。但計所得之煤，已足供六十年之用。因是不復深探，旋於五年購辦機器。按西法開二井，一提煤，一貫風抽水。其提煤井開深六十丈，貫風抽水井開三十丈。地下開橫徑三道，一在提煤井二十丈，開洞門作旋風之用；一在三十丈；一在五十六丈。兩道係取煤之用。所有地下橫徑直道，均與兩井相通。其第一條横徑南開四丈，得見第一層。煤質畧鬆，煤層過薄，豫備不用。北開八丈，得見第二、第三層煤，兩層相隔，祇有一尺。其質堅色亮，燃燒耐久，性烈而蒸氣易騰，燒燼之灰亦少。就目下二十丈深之煤論之，可與東洋頭號煙煤相較，將來愈深愈□，尤勝東洋。惟煤産出海，銷路較廣。由唐山至天津，必經蘆台陸路，轉運維艱。若夏秋山水漲發，節節阻滯，車馬亦不足供用。固於六年九月，議定興修水利。由蘆台鎮東起，至胥各莊止，挑河一道，約計七十里，爲運煤之路。又由河頭接築馬路十五里，直抵礦所，共需銀十數萬兩，統歸礦局籌捐。非但他日運送煤鐵，諸臻便利，抑且窪地水有所歸，無虞積澇。而本地所出鹽貨，可以暢銷，是以一舉而商旅農民皆受其益。所佔地畝，均照民價購買。本年二月興工挑挖，五六月可一律告蕆。從此中國兵商輪船，及機器製造各局用煤，不致遠購於外洋。一旦有事，庶不爲敵人所把持，亦可免利源之外洩。富强之基，此爲嚆矢！據總辦開平礦務局員唐廷樞將大畧情形具稟前來，臣查唐廷樞熟精洋學，於開採機宜，商情市價，詳稽博考，胸有成竹。經理數年，規模粗備。當夫籌辦之始，臣因事端宏大，難遽就緒，未經具奏。今則成效確有可觀，轉瞬運煤銷售，實足與輪船招商、機器製造各局相爲表裏。開煤既旺，則煉鐵可以漸圖。開平局務振興，則他省人才，亦必聞風興起，似於大局關係非淺。所有直境招商、購器、開辦、礦務、疏通、運道緣由，理合恭摺具陳，伏乞聖鑒。

朱壽朋《光緒朝東華録》卷六五光緒十年九月　曾國荃奏：臣等接准軍機大臣字寄，光緒十年七月二十六日奉上諭。左宗棠奏人才屈抑可惜請旨飭查一摺。據稱，直隸津海關道盛宣懷，前經部議降級調用，聞係因礦務辦理含混鋪張失實議處。查礦與電皆屬因公，該員將礦商股本挪入電線股本，是否稟明挪移，所收礦本有無虧耗，如何勒限辦理，請旨飭查妥議等語。著李鴻章、曾國荃將該員經辦開礦電線事務全案詳細查覈，據實具奏。原摺均著鈔給閲看等因。欽此。欽遵寄信前來。臣等伏查該道盛宣懷稟辦蘇、浙、閩、粤等省電線，係爲抵制洋線侵入各口以保自主權利起見。八年十二月間，臣鴻章奏明照津、滬陸線工本覈算，約需銀四十餘萬。因官款無所支撥，飭盛宣懷等籌資開辦。九年春間請假過滬，該道及員董來謁，即言法、越多事，滬市清寥，閩、粤電線道遠費繁，商股觀望，只得暫挪金州礦款十數萬以湊急需。此兩局商股，皆該道所招，自可允准。及秋後工至閩省，挪撥礦款用罄，而電股驟難招還。九月間該道稟報金州礦務情形案内，即經稟撥礦本銀十四萬六千兩抵作電股洋銀二十萬元，經臣鴻章批飭照辦。嗣於稟報蘇家屯鐵質及移鐵就煤各案内，均經該道將電股借撥礦股數目隨案聲敍各在案。臣國荃復飭上海道邵友濂就近赴電礦滬局，將全案詳細查覈。光緒九年四月間，電局移商礦局挪借銀十四萬六千兩。礦局如數移解，電局收銀覈作洋銀二十萬元。掣發電報股票二千股，每股洋一百元，移存礦局。其餘稟批，均與北洋咨案相符，臣國荃復覈委係稟明辦理，實非擅自挪移。至該礦局除退票不計外，實收股本並兩年息銀二十萬八千一百餘兩，電局股票抵用十四萬六千兩。所置機器開工經費，結至閏五月底止，共支五萬四千六百餘兩，現存七千五百餘兩，計實用四萬二千九百餘兩。本年閏五月間據該道詳稱，駱馬山五湖嘴土法煤窿，入夏水勢上湧，難以施工。若由鴨緑江買煤就蘇家屯一帶鍊鐵。運道又遠，擬運鐵石至直隸之開平，即就開平礦局碎煤鎔鍊。金州局可免另開煤礦之資，開平局可免碎煤久積之病，一舉兩得，當經批准。令俟電股招足，歸還礦股十四萬六千兩，專備鍊鐵之本。如中、法兵事久持，電股拄還無期，應將前借礦股改作電股。其購地置器等項動用銀兩，即將所存機器變價，並將電局應付之息湊入。凡礦股票銀一百兩，換給電股票洋一百元，合規平銀七十三兩，再找付規平銀二十七兩，以符原本百兩之數。沿海各省及長江電線，係已成之局，以礦易電，衆商皆所樂從，股本均有著落，無慮虧耗矣！西洋開礦，不惜重資，需以歲月，亦必先招股本，然後可僱募礦師匠工，確探試辦。兹事未及兩年，商股並未招齊實本太少。是以未能遽收成效，更值海疆戒嚴。各省市面大壞，而電線關係軍報，用款緊急，又須通融撥濟，以維軍國重務，尤非無事時從容籌辦一事者所可比例。綜覈前後情節，尚非鋪張失實，其挪礦股歸入電股，曾據一再稟詳。移緩就急，亦尚非有意含混。且蘇、浙、閩、粵電線之成，皆得該道移礦就電之力，於軍務裨益尤大，合無仰懇天恩。准將該道盛宣懷免其降調處分，出自聖裁，臣等仍當嚴飭該道，將各省電報認真經理，並照批准原案。責成該道俟電股招足歸還礦本銀兩，如不能招還，即以礦股改作電股，其不敷之四萬數千兩，將機器等件變價，益以電局應得之息，再有不足，令其照數賠補。倘不賠還，即由臣等從嚴參辦。得旨，覽奏已悉。盛宣懷前得降調處分，著加恩改爲降二級留任，餘依議。該部知道。

張燾《津門雜記》卷中《開平礦務局》 開平在津城東北二百餘里，其地多山，近灤州永平。山産煤鐵甚富。自光緒初年招股設局，本銀一百餘萬，仿洋法以機器開掘煤礦，所出煤觔極爲精美，可與洋煤並駕齊驅，價值又廉，銷路又廣，況章程頗善機器甚精。現在日可出煤五百餘墩。一千六百八十觔爲一墩將來更當日新月盛，取之不盡，用之不絶，是真中國之利也。目下已開新河一道，徑達天津，又建鐵路一條由礦直接河頭，規模大廓，氣象一新。運煤之火輪車絡繹於途。該處曩爲蕭瑟荒村現已成爲大市落矣。章程附署：督辦、總辦、幫辦、公事房、銀錢房、外帳房、材料房、庫房、考工處、繙譯處、撫醫所、雜務處、監工、班頭、秤手、機司、機器有提籠、提索、夾鍊等物。掌爐、管工、掌燈、監提監號、抛手工人等、牽夫推子馬夫、板子即作路之人、司冊、看門。

洋匠司事、煤井正副總管、生鐵廠正副總管、熟鐵廠正副總管、機器房總管、煤井管工鐵匠、鍋爐機器匠。

開平煤河起建十橋，均由督辦唐景星觀察酌定，每隔十里建築一座。稟由李傅相錫以嘉名，附近居人皆歡喜無量。第一橋名利涉，在蘆台至寧河大道。二曰通津，在斐莊子。三曰濟衆，在大田莊。四曰拱辰，在趙雞翎莊。五曰咏唐，在唐坊子。六曰履泰，在泰來號。七曰望豐，在侉子莊。八曰匯通，在胥各莊。九曰阜民，在王家河。十曰慶成，在唐山煤井南。

〔附詩〕芝九《唐尊恒》：摧利頻年起礦工，銀煤金鐵又鉛銅。阿誰能把苗頭識，還要西人注緑瞳。

國家清史編纂委員會《李鴻章全集》第一五册《開平礦務局報效慶典摺光緒二十年正月十九日》 奏爲開平礦務局報效慶典經費，據情代奏，仰祈聖鑒事。據辦理開平礦務局江蘇存記補用道張翼、浙江試用道徐潤、候選道陳善言、廣西補用道吴熾昌等稟，據該公司各股商等聯名呈稱，今歲恭逢慈禧端佑康頤昭豫莊誠壽恭欽獻皇太后六旬萬壽，普天同慶，薄海臚歡，中外臣民咸願勉攄微悃。竊維開平礦務局自光緒四年奏明仿照洋法，招集商股開辦，至今十有餘年。創造之初，工艱費鉅，竭力支拄，漸有規模。自十三年以來，始能按年派分股息，凡此稍沾餘利，維持保護無不出自皇仁。欣逢壽宇宏開，隆儀肇舉，聞各省鹽商均請報效銀兩，以助工需。該商等公同集議，謹擬援照籌備庫平銀三萬兩，借申頌祝等情，稟請具奏前來。臣查從前洋煤暢銷内地，實爲漏巵一大端。經臣奏定章程，招商創辦開平礦局，專用機器開挖地道，出煤甚旺；供支各兵艦、輪船及南北各局機器製造之用，洵足敵洋産而興利源。中國仿用西法開煤爲向來所未有。開辦之始百端繁賾，該商等力任艱鉅，成本極重，近年按股派息，雖獲利尚微，仍照章完税，裨助餉項，實於公家有益。茲因感戴仁施，恭逢盛典，吁請報效，出於至誠。合無仰懇天恩，俯準所請，俾得稍申獻曝之忱。如蒙俞允，即由臣匯齊輪船招商局報效銀兩，一併委員解交户部，聽候撥用。理合恭摺具陳，伏乞皇上聖鑒訓示。謹奏。

準其報效，聽候部撥。該衙門知道。

《申報》光緒二十一年四月二十五日《啓局總務礦平開》 啓者：本局按年總結，向於四月内一律核算清楚，刊刻分佈。於五月初一日，派分股利，歷辦在案。茲光緒二十年，分總結帳目，因海氛不靖，烟台營口各處之帳，未能如期報山。其統年總結，未免因之延悞。現已催令各處，將去年帳目尅日彙報，以憑結算分利。因將光緒二十年分甲午第十一届總結，展至六月初一日，在上海開平礦務滬局、廣東開平礦務粤局、天津開平礦務津局三處分派股利。預於五月内，在唐山總局彙算清楚，仍請在股諸君，枉臨查閲，以便發刊。至來回川資，仍由總局籌備。再此届分利祈各股友，務將息摺，連同股票一併持來。派利各局核算派息，俾於股票内加印戳記。如祇將息摺送來，取息即照議駁回。幸垂諒是荷，特此佈達。

中國第一歷史檔案館《光緒朝朱批奏摺》第一〇二輯《王文韶奏開平煤礦事光緒二十三年七月初十日》 跪奏，爲遵旨查明開平煤井方向里數，並山勢向背情形，於陵寢風脈無礙，繪圖貼説，恭摺覆陳，仰祈聖鑒事。竊臣於光緒二十二年十二月初六日，承准軍機大臣字寄，十二月初五日奉上諭：御史王廷相奏，開平煤鑛，穴採日深，有關陵寢風脈，請嚴定界限一摺。開平煤鑛興辦已久，現在是否於陵寢風脈有礙，關係甚重。著王文韶派員前往該廠，認真查勘，詳悉測量，並著繪圖貼說。應如何嚴定界限妥爲辦理之處，奏明請旨定奪。原摺著抄給閱看，將此諭令知之，欽此。遵旨寄信到，臣當即飭派候補道柯欣榮前往認真查勘，詳細測量，繪圖貼說。據實具覆，以憑核辦。茲據查勘明確繪具圖説稟覆前來。查開平煤鑛現止開辦唐山、林西兩處。唐山在豐潤縣東南五十里，距遵化州陵山二百十里。山長約三里，高不及五十丈，宛同培塿，並無别項大山聯脈。陵山拱居西北，唐山僻在東南，中間尚隔有還鄉河一道。並山海關至通州驛路鑛局，建於山南，距山約三里，許開井三號。第一號井深六百尺，第二號井深三百尺，第三號井現已挖深三百餘尺。井下橫開地道七層，上下皆有岔路相通。自第一槽至十二槽，皆由西向東挖取。開辦將及廿載，東西開挖至遠處，不過五里有餘。南北煤線僅寬六百九十餘尺，以外即無煤苗，縱使以後擴充開挖，亦祇能隨苗線向東採取，是開通愈長，距陵山之脈愈遠，此方位向背顯然者也。林西在唐山東五十餘里，其煤線係與唐山一氣貫通。現開二井，井下橫通地道三層，與唐山煤井大畧相同。此查明開平煤鑛各井，上下方向里數之實在情形也。臣查開挖煤井，利在深下不在橫遠。橫路愈遠，則出煤愈難，所需架木填石等項，爲費不貲。故該廠自開辦至今，其橫路僅挖長五里有奇。林西距唐山五十餘里，即須另開井口，不能由地道相通，此其明證。原奏謂鑛穴以內，寬可容大車四五乘，長不下二三百里等語，自係傳聞之訛。又查該廠初開之時，原任尚書祁世長以有關陵寢風脈具疏力阻，經前督臣李鴻章派員查明，陵山端拱於遵化州之西北，唐山在豐灤交界僻處東南，方位既已懸殊。且還鄉河之西山皆拱北水向西流。還鄉河之東山，俱趨南水歸東注。向背顯然，瞭如指掌。據實覆奏在案。現復查明該鑛煤線，南北衹寬六百餘尺，實係天然限制，不待禁而自無可採。原奏謂灤州東南近海西北山勢綿長，東陵一帶龍脈所鍾，地髓必沃。產煤之盛，定在於此等語，自係臆度之詞。至還鄉河以西諸山，近與陵山聯脈，向皆禁止開採。臣仍當隨時嚴禁，以資防護，斷不敢稍涉大意，自蹈愆尤。正在核奏間，復准軍機大臣字寄光緒二十三年四月初二日奉上諭：上年十二月初五日，據御史王廷相奏開平煤鑛，穴採日深，有關陵寢風脈。當經諭令王文韶派員前往，認真查勘，並著繪圖貼説。應如何嚴定界限，奏明請旨。王文韶奉到此旨，自應趕緊派員前往，詳細查勘，以昭慎重。乃迄今將屆四月，尚未據該督覆奏。著謹遵前旨，迅速具奏，毋得再涉遲延，欽此。遵旨寄信前來，臣跪聆之下，莫名惶悚。查此案先經查勘明確，因委員原繪圖説，未能詳備，復加再四考求，以昭慎重，是以稍稽時日。現在繪圖貼説，一律齊全，謹隨摺恭呈御覽。所有查明開平煤井方向里數，及山勢向背情形，理合恭摺馳陳，伏乞皇上聖鑒訓示。謹奏。

知道了，圖留覽。

中國第一歷史檔案館《光緒宣統兩朝上諭檔》第二四册《光緒二十四年六月十五日》　光緒二十四年六月十五日内閣奉上諭：鐵路、礦務爲時政最要關鍵，現在津榆、津盧鐵路早已工竣。由山海關至大淩河一帶，亦籌款接辦。其粵漢、盧漢兩路均歸總公司建造，是幹路規模大段已具。礦務以開平、漠河兩處辦理最爲得法，成效已著，現正一律推廣。惟路礦事務繁重，誠恐各省辦法未能畫一，或致章程歧出，動多窒礙。亟應設一總匯之地，以一事權著。於京師專設礦務鐵路總局，特派總理各國事務大臣王文韶、張蔭桓專理其事。所有各省開礦築路一切公司事宜，俱歸統轄，以專責成。欽此。

中國第一歷史檔案館《光緒宣統兩朝上諭檔》第二四册《光緒二十四年十月初三日》　交總理各國事務衙門，本日軍機大臣面奉諭旨：本日引見之江蘇試用道張翼，辦理開平唐山礦務，尚有成效。所有直隸遷安及熱河承德府一帶礦務，即著責成該員妥速籌辦，並准其設立公司。仍將籌辦情形，隨時稟由辦理鐵路礦務大臣察覈具奏，欽此。相應傳知貴衙門欽遵可也。

中國第一歷史檔案館《德宗景皇帝實録》卷四四七《光緒二十五年六月下》

又諭：有人奏，開平礦務局，弊大利深，請飭徹底清查等語。開平礦務局前經諭令北洋大臣裕禄，查明實在情形，督飭承辦之員，將近年收支數目，分晰開具清單。并將每年贏餘之數，據實和盤托出，酌定餘利歸公章程，專條奏報。該局開辦已久，早有成效，亟應酌提餘利，以期裨益公家。著裕禄迅即督飭承辦該局事務内閣侍讀學士張翼，確切核明，嗣後按年能提出餘利若干成歸公，擬定章程奏明辦理，毋得稍有不實不盡。將此諭令知之。

中國第一歷史檔案館《光緒宣統兩朝上諭檔》第二五册《光緒二十五年七月十二日》　軍機大臣字寄内閣侍讀學士張，光緒二十五年七月十二日奉上諭：張翼奏開辦直隸全省及熱河礦務公司，並查明秦王島詳細情形，擬先由開平礦局借款試辦馬頭各一摺，覽奏均悉。直隸爲首善之區，開礦一事宜争先著。秦王島地方关係海疆形勢，著即責成該京卿督同在事人等，分别妥籌，次第興辦，務須確有把握，漸收成效，方爲不負委任。將此諭令知之，欽此。遵旨寄信前來。

夏東元《鄭觀應集》下册《禀謝北洋通商大臣李傅相札委總辦開平煤礦粤局》 竊職道於三月初十日奉到憲札：據總辦開平礦務局唐道禀稱：「鄭道官應前蒙委辦電報、輪船兩局事務有年，頗著勤勞，生意日旺，已收實效，爲中外商情所信服；至機器織布局因公受纍之款概已籌墊清還，已由總辦織布局馬道建忠禀蒙恩準銷案。今職道在粤與該道面晤，每談身受中堂栽培，感激不勝，其報效之忱，時刻在抱，第以親老多病不敢遠離北上。職道現請轉運開平礦煤赴粤銷售一事，擬於奉準後即須摺回上海。惟開辦伊始，所有擇地立廠、建築輪船碼頭、照料銷售各事件兼顧維艱，素知該道辦事勤慎，公正廉明，并熟悉中外商情，於地方亦甚相宜，擬托該道代爲經理。但在籍人員辦理本地事務難免招忌，若非奉有明文委派，恐致呼應不靈，可否仰懇恩施賞給該道委札，以專責成之處，俾該道得以少伸報效之誠，職道亦免鞭長莫及之慮」等情到本大臣，據此，除批飭該局準在粤擇地立廠、建築碼頭、運煤銷售等事外，合行札委，札到，該道即便遵照妥慎辦理，仍將到局日期報查。等因奉此。伏念職道識短才疏，前辦機器織布局失於慎重，押款過多，法越之役，銀根驟緊，勢迫賠墊，免纍多人，此是咎由自取，理應閉門思過。今復蒙中堂逾格成全，敢不力圖報稱，彌蓋前愆。

查該局建築輪船碼頭、棧房須擇水深利便商民之地，載煤來，攬貨去，輕其成本，庶煤焦易銷。惟事皆創始難免招忌，自當遇事與唐道函商，妥慎辦理，勉益加勉，以期無負委任耳。

夏東元《鄭觀應集》下册《禀北洋通商大臣李傅相爲阻築開平粤局碼頭棧房事》 竊職道查開平礦煤運銷粤省一案，經唐道廷樞禀奉憲臺咨請兩廣總督部堂、廣東巡撫部院核準擇地建廠，當念粤省既用開煤，自宜寬備棧房，多儲煤斤，固以備冬令河冰，并以備不時要用。

惟建造煤棧尤以近海爲宜，運煤輪船吃水較深，馬頭亦以水深爲合。查有番禺縣治東南兩關鷄翼城外，自東炮台脚起迤西至南關東石角止，林姓原報篸塘口東、西税地兩段，計長二百丈，坐落海濱，以之建棧可與民房相隔，當由唐道購爲造廠基地，并於林姓税地之外，由官煤局出資照章接報子母相連之新坦，預備建築馬頭，停泊煤船。

唐道選購既定，禀請憲台札委職道駐粤經理。遵即鳩工庀材，遇事商行，於七月十九日開工填築，内造廠棧，外建馬頭。原擬一氣呵成，詎開工伊始，即有是處老龍橋邊所寄泊之老龍船户，蠻不移讓，有意滋阻，因商請番禺李令祖榮前往彈壓，嚴諭爲首之曹□□不得無理取鬧，許於老龍橋邊酌留一涌，以便小艇進出，事始帖服。未及旬日，又有勢惡土豪暗唆南關居民、鋪户出頭阻撓，謬稱煤性最烈，煤水有毒，甚至謂一建馬頭里面街衢即成澤國，紛紛聚訟不休。職道當即暫停工作，奉兩廣總督部堂、廣東巡撫部院飭令番邑李令會營履勘，公同核議。南關鋪户、居民所謬稱煤性最烈，煤水有毒兩層均係無稽讕語，況現造煤棧本與民房相隔，無所用其藉口，惟里街居民海邊貨物往來，擬將煤棧東西留出二丈寬大一條，以便通行出入；至於積雨成潦，實屬過慮之辭，且已預開寬大暗溝俾利宣泄，衆情已屬允洽。維時尚有爲首阻撓之張仲往來唆聳，經李令訪拿帶縣亦據具結了案。但該處居民所以聽訟糾聚出頭，無非爲圖占沿海坦地起見，即就唐道購定林姓報承税坦而論，按照原報四至應有地一百三十餘畝，兹因各户占據，僅收到實地六十餘畝，不獨職局并未有占地，抑且旁人轉有侵占實據，此固衆目昭彰，毋待置辯。即職局現收林姓地段之中，尚有蛋寮蓋占盤踞爲建造馬頭必需之處。因填築之坦除出河道、街路及各棧司事、委員住所外，只建棧四間，現計僅可儲煤二千噸之譜，如欲儲煤萬噸以上，需地尚多。凡敝局價買林坦及升科之處，惟有禀請兩廣總督部堂、廣東巡撫部院札飭地方官查明，如有蓋占盤踞恃强不遷者，即妥爲開導。其蛋寮中有果係窮苦無力遷移，可援照上年填築天字馬頭成案，酌量給資遷移，以竣全工。

職道仰蒙憲台委任經理開平官煤粤局，事係公務，地屬梓鄉，一應措置兢兢業業，無不先順輿情，其如粤中風氣，稍不如意動輒聚衆挾制，積習使然，不自今始。目前工作之地，雖經縣委調處妥洽，以後向東接造，誠恐不逞之徒尚多口舌，合再繪具唐道原購林姓地圖及擬造煤棧、局房、馬頭圖式，肅泐禀呈，仰祈鑒核訓示祇遵，實爲公便。

夏東元《鄭觀應集》下册《禀覆兩廣督憲朱(李)筱帥爲趕築開平煤棧事》 竊職道奉憲台批飭善後局移知：遵照迅將開平煤廠須用地段碼頭，按照勘定丈尺趕緊興築，務期年内一律竣工，俟工竣即繪具圖幅開明丈尺四至，呈請備查，毋稍稽延。等因奉此。查開平局原買林姓税坦及勘定子母相連報升水坦，現已動工興築，不及十分之一，只能建造煤棧兩大間，僅足儲煤二千噸左右。若照唐道原議，平時儲煤萬噸以上，必須造煤棧八間方足敷用，且煤船回北招裝客貨，亦必另造餘棧數間以備各商暫儲回津各貨之用。兹擬先造棧房十間，需地尚多，原可相連建築，第現造棧房東首爲崔姓占房屋租與温道子紹暫寓，地本林姓稅坦，因被陳永亨串合洋人出頭重承，已蒙總理衙門核復斷爲官荒，崔姓乘之占以建屋，現又向外填出，將開平局勘定報升新坦亦占築在内，開平局恐滋事端未敢與辨。但崔姓所占陳永亨重承林姓稅地既經充公，應由官斷，而陳永亨朦承之外沿海新坦，開平局因需建造出海碼頭已經勘定報升，崔姓何得一并僭占？此則非請憲台嚴諭讓還不足以振聾發聵也。又，由崔姓迤東乃旗營操場地界，前蒙軍憲面諭，番禺縣李令送開平局坦地一段，闊八丈五尺深四十五尺，開平局擬照旗營從前售與商民地價成例，或照所買林坦之價核已繳請番禺縣暨彈壓委員許倅轉稟軍憲裁示給發執照，繳銀開填，至今兩月亦未發給，此則還祈憲台轉飭縣委趕緊稟商。又，由操場迤東則有蛋寮占踞，查上年填築天字碼頭遷（摺）〔拆〕蛋寮，按寮舍大小分別酌給遷費，茲擬照案由縣與河泊所出示給予限期遷徙，并照上年填築江寬碼頭及天字碼頭辦法，由委員會營派勇督拆，庶免三五成群依然抗阻。粤省風氣浮動，遇事糾衆挾制，即如前次南關正昌張仲之糾衆滋擾，及將張仲帶案，群情遂爲貼伏，斯其明證。

職道仰蒙憲台暨北洋大臣垂委駐粤經辦煤棧碼頭，不得不格外謹慎以期周妥。現奉憲諭趕築，限於年内竣工，而察看目前情形，實苦無着手之處。以上三層，惟有懇乞憲台格外維持，俯準分別檄飭營縣會同督辦，俾可早底於成，則感戴鴻慈於無既矣。

夏東元《鄭觀應集》下册《致開平礦務總辦唐景星觀察書》　去冬曾寄一函、手摺二扣、（辦）〔辨〕誣一紙，想邀偉鑒。

邇來煤船日到，棧地不敷，必須填築。李筱帥傳諭現填之地盡改造煤棧，住人之所另租別處，聞之甚駭，擬托楊中協番禺、香山兩縣代達下情。據云筱帥已爲左右徇情，危言聳聽，謂崔姓地、蛋家寮均不可拆，拆則鬧事，勿專顧北洋，須顧己所治地方等語。所以筱帥對地方官言我局事之委員曰：「爾是廣東官須顧廣東，勿爲北洋事所纍。」聞致北洋之信措詞甚重。番禺初擬續辦蛋寮，繼亦畏縮不理，非北洋札委干員來粤商辦不行。筱帥既爲人所惑，深恐地方滋事，以爲弟借公濟私不顧大局，豈知弟自遭難後遇事慎重，惟壯志未銷，熱血未盡，如有益於大局總思竭力爲之。憶左文襄有云：「本地人與當道辦公事，任是天生孔子亦必多招嫌忌。既就其事，惟有殫誠竭慮，本我心所謂是者爲之。若多畏避，除是不辦事也。」弟不敏，深佩此言。故去臘所遞筱帥謹遵憲諭趕築煤廠并現在艱難仰賴維持之摺，雖蒙批縣酌辦，因爲謡言所惑旋囑停止，故崔鎮占築本局升科之坦亦置之不理，番禺縣因筱帥不肯認真嚴辦，崔某視告示爲具文，亦無能爲也。況崔鎮乃旗人，向與某友善，故力懇督幕同稟筱帥，止本局勿再填築與人紛争，名爲顧大局，實係受崔姓所托以遂痞棍之願耳。

操場所讓之坦，初蒙繼帥囑番禺縣傳諭送與本局，又承番禺縣稟定筱帥命繳價二千兩，不必納糧。豈料照數出莊票送往番禺縣轉呈，繼帥又索價三千兩，歲納糧銀一百兩，較諸商民與操場所租之地、本局與林姓所買之坦其價倍加；昨承番禺縣與彈壓委員來問可否再加五百金，弟嫌其反覆，價亦太昂，故答云：「崔姓沿河之坦不能歸我，縱得操場之坦，闊不過八丈五，東是八旗會館，西是崔姓地，不能相連，又聞不許我造民房，只許我造煤棧，核算不合，仍請詢明繼帥實要何價，能否免糧，示我確信，方敢再電總局，庶免朝令夕改經手爲難也。」現尚無回音，所交番禺縣轉呈操場坦價銀票亦未來收銀。姑俟之。

蛋寮一節，非仗當道恩威并濟不行，弟於去臘所遞填築價買升科之坦以建煤棧多被撓阻，摺内詳叙明白，惟恐遺失，茲再抄呈，一切應如何之處伏候示悉遵行。據各友云，必須如稟摺所稱，請北洋大臣委員到會同地方官商辦，免占築者播謡，力底於成；即將彈壓委員裁撤以其薪水再加若干移送該員，總期有益於事，否則日延一日徒糜費耳。不悉高明以爲何如？

再，聞當道説，本局所買林姓之坦只準其造煤棧，不準其造民房租人，更屬奇異。竊思民間以價買之地有印照爲據者皆可造屋租人，何開平局則不能如此？大商不若小民，所謂保商之道何在？不禁深爲感慨也。

攬載事三公司定否？聯絡權操滬局，此間太古代理之人不敢主持，香港亦無此權柄，怡和以太古爲重也。太古元月十六已先松江船來攬津貨，本局承津幫知己者關照，即備春茗邀該幫各客簽名停貨勿落，幸均允洽。其允單及一切情形，已由道紳兄另信縷詳矣。

本局帳目應早鈔上，因棧帳及工程帳係何湛棠、唐干卿經手，茲由仁立兄與渠對清逐款總結鈔呈台核，如有不妥，仍祈示知改正。弟自愧不才，無裨局事，所冀煤路日漸推廣以副塵注。茲由富平寄上摺二扣、允單一紙，即希察存。

夏東元《鄭觀應集》下册《謹將開平粤局現在填築價買之升科坦以建棧房多被阻撓情形列呈公鑒》　竊以古今宇宙内凡管産業者，皆以官照與賣契爲憑，否則爲王土官荒，未聞無照契者可以填築建造，有照契者反不能。若今開平局所價買林姓稅坦及升科子母相接之溢坦爲可異矣。原林坦於咸豐十一年由業户林祖蔭等繳息報承，其税載在番禺屬重岡三十一圖另甲林裕户歷年輸糧可據。此次開平局奉北洋大臣咨會來粤，擬將開煤運銷，禀奉督憲批示：擇地升科，事屬可行。檄海防善後局轉飭番禺縣會同駐粤之員，勘得省城鷄翼城外土名爹塘一帶海旁溢坦，可以填築建造并設碼頭。而該處内坦原爲林姓之業，乃備價與運司衔在籍江蘇候補道林桐芳買受原税一百三十七畝九分零，訂價三萬五千兩。因坦内有被人占築開街建屋，林姓業主只交出未被人占之坦六十二畝零，開平局按畝交價，其已被人占轇轕未清之坦概行劃出，俟業主自行理明然後交價，開平局并不干涉，所以示公而免藉口。而占築者心猶未已，糾集勢豪痞棍，擬捐出遞年占築租利，播謄當道，必令開平局不能填築建造而後已。初則糾衆滋鬧，標長紅，登日報，謂煤氣毒、煤性烈將不利於民居；繼則賄托勢要，誣開平局以多占人地，又謂開平局不用許多地，甚且以爲買承坦地填築官河爲建廠藉占官地。四布謡言，亂人耳目。不求其實亦疑此坦地有大利之可圖。積毁銷骨，衆口鑠金，即當道亦幾淆聽聽矣。

不知開平局之買林坦價本不賤，業主林道桐芳爲庚申榜眼林彭年之胞弟，告養回籍，丁艱後以病鄉居，少到省城，是以此坦久被人占，詩禮之家不喜與人構訟，故坦雖被人占并未一爲控告，現在被人占到如許糜爛，僅着家人報縣，仍静候地方官秉公理斷而已。外人不知，反以此坦爲道傍之李，人人可以過問，否則林姓業主何至隱忍如此？此次開平局與林道桐芳訂買，伊不肯零沽，亦不肯賤售，開平局急於覓地，故不計其價之昂，訂定後標簽登報并禀明地方官，然後交易。既交易後，乃報承子母相接之溢坦，其林姓原領内坦之藩照載明：西由珠光里起至東炮台脚止，共長二百丈，深四、五十丈不等，内坦東側税四十一畝六分零，西側税九十六畝二分零，其中有所謂老龍橋珠光里、咸蝦欄、將軍操場、崔姓鋪屋均在税内，林姓業主從前升科繪有圖説存在縣案可稽。開平局價買林坦升科溢坦先則禀承督憲批準檄局飭縣會勘，繼則繪有圖説由奉派彈壓之委員呈核并報明興工填築日期，奉檄局飭縣出示曉諭。不比占築者不知原委，顛倒是非，徒以口舌争也。

開平局係官局，屯煤亦係官用，凡有血氣者皆知事體。不解勢要混受賄托，竟多言以惑憲聽。設如民間執有照契管業，爲土豪勢惡所欺侵，不得已而訴之公庭，得不秉公持平判斷乎？現開平局已填之坦係照承平船主在升科坦邊測量水步最深之處，先建碼頭以泊輪船，因里面之林坦被占轇轕未清，故只填督憲所批準擇地升科之坦。計現在填起横闊不過二十六丈，除西邊留水涌二丈，東邊留公路一丈二尺，實得二十二丈八尺，深長不過十七丈，除前面石磡馬路六丈，後面火墻一丈，實得十丈，除建委員司事住所及帳房外，僅造得煤棧兩間，可儲煤二千餘噸耳。計開平局常要儲煤萬噸以上，需地尚多，現新建二棧迤東接連之處爲温道子紹公館，係崔鎮所占築陳永亨重承之坦，即在林坦税内。林坦既契賣與開平局，雖因被占而未交價，實與開平局無異。開平局爲北洋大臣所委，格外謹慎持重，不肯輕與人争，擬俟地方官公斷此坦究歸何人所管，然後再行定奪。不料崔姓以開平局之謹慎持重爲可欺，不獨占去價買之林坦，并督憲批準擇地升科之溢坦亦要并占越築，謂林坦之照契不足爲據，雖經番禺縣出示禁止彼亦視爲具文，是開平局價買升科有照契之坦，竟爲崔姓撓阻不能填築建造矣。

再，東爲將軍近年所竪石界指爲旗營操場亦在林坦税内，查該處紅廟前舊有旗營公所一區，自水師旗營奉撤後已移交地方官看管，上年始有旗員到公所前於林坦税内竪立石界，注有軍憲操場舊址等字樣，并收在林坦税内占蓋盤踞之地，價計每井收銀三兩零，每年輸銀二錢，由右師給與印照。查水師操場另有舊址可稽，并非在林坦之内，林姓業主於別人占築尚不肯控告，則於將軍之竪界與收價租更不敢過問矣。自開平局興工填築後，將軍曾面諭番禺縣伊送開平局坦地一段，闊八丈五尺，深四十一丈，開平局擬照其所收在林姓税内占蓋盤踞者之數核繳，請番禺縣探聽將軍之意禀商督憲。先奉飭繳銀二千兩，不用輸糧，開平局即照數繳送。後又云要繳銀三千兩，另歲輸糧銀一百兩，較所收於占蓋盤踞者已增數倍亦難成。本是開平局價買升科有照契之坦，又爲操場阻撓而不能填築建造矣。

再，東亦將軍填築之坦，計數尚多，擬建八旗會館，亦在標坦税内接連。即爲林姓業主所交出未被人占之坦，仍有蛋寮數百間。查蛋寮西側約共五十六間，東側約共一百五十間，上年有解差求當道準其築坦地一畝蓋屋居住，該解差等恃與各衙役聲氣相通，藉此影射，凡該處所蓋蛋寮均爲其收租，供應各費，恃而無恐，并在内窩臟聚賭如開字花、百鴿票等類，以其地污穢幽僻難行，非其黨不能到，到即必問何事，故人迹罕經，聽其藏垢納污，若不早驅逐，終貽後患。且有輸租於業主者，有不輸租於業主者，論事理則坦既易主應行遷徙。

開平局原擬仿照上年填築天字碼頭成案酌給遷費。查天字碼頭乃官地，當時給費遷徙所以廣皇仁；現開平局所買林姓之坦係有主之業，亦擬酌給遷費，所以卹貧乏。而酌給之費恐不能與天字碼頭一律也。查天字碼頭蛋寮不過五十二間，每間給費由十元至二十元不等，合之不過千金耳。今林坦不止數百間，其中多有欠租甚鉅者，有私自占蓋者，譬如佃丁欠租霸耕，亦必須補資而後退耕乎。今雖仍擬酌給，但不能如天字碼頭之數。先由縣出示曉諭，一律具限遷徙，再由委員酌給小費。如有糾衆逞强，依舊盤踞，則不得不繩之以法，事亦持平。粵省民情浮動，遇事糾衆，希圖挾制。地方官志在息事，不與深求，任彼得逞其私，遂至習成風氣，最爲地方之大害。上年江寬碼頭及今年老龍橋之滋鬧，若非將其爲首者理喻而勢禁之，恐亦幾於不可收拾。

開平局自開辦至今，諸事多被阻撓，以致未能就緒，辦理實爲棘手，在局各員深形慚愧，可否一律裁撤，即將坦地一事由北洋大臣咨請粵督檄飭地方官秉公持平澈底善辦，俟將占築者及寄居之蛋寮一律督拆，交還本局然後建棧。或恐遲緩，遇事必須函商，不若稟請北洋大臣檄委干員到粵查究本局有無占築官坦，并會同地方官妥辦，使占築者亦無所播謡，則事半而功倍矣。是否之處，伏候鈞裁。

夏東元《鄭觀應集》下册《致督辦開平礦務局張燕謀京卿書甲辰》　廣州城南地基公司一事，溯自辛卯年春唐景星觀察與雨之旋粵，因開平煤滯銷欲推廣銷路，設局廣州，親往沿河勘驗，以劉吉六引看城南林桐芳沿河之地最善，奈林地不肯剖沽，開平一時無此鉅款，亦不需此多地，故擬集股合買。各友素知林地久有劣紳地棍船艇蛋民盤踞，不易驅去，無敢入股。唐觀察曾對各友云：「出開平局名買地公用，請地方官設法令占地者遷徙，想不難辦。」故李玉衡認股五千兩，鄭合記認股五千兩，唐緯經堂認股五千兩，徐雨記認股五千兩，開平局認股一萬兩，名曰開平粵局城南地基公司。後徐雨記尚未交銀自願退股，唐景星交洋一萬元，李、鄭各五千兩，計共二萬七千二百兩，均登開平粵局往來賬簿，詳報總局在案。除買林桐芳之地六十二畝、官地七畝地價，及升科母子相連漲灘百畝之款，尚餘銀八千餘兩，擬留爲填築灘地之用。所買之地任開平局擇用：至探水者一段建馬頭，造棧房，爲開平局堆煤管棧之用，與地基公司無涉，應計地價若干，俟日後沽出所填之地何價，即照數計還公司。此係景星與雨之等商辦，陳瑞南、劉吉六、區次彭、唐道紳、徐仁立諸君所共見共聞，且地係區次彭、陳瑞南兩人經手，其人尚在羊城，可以面詢，非有股者可以謊言也。當建築碼頭之時，唐景星復致粵局信囑代開平擇一至深水地，其信應尚存粵局，或查稿簿便知。

今開平局不能代築，前年已承執事來電囑貴會辦徐雨之將各股銀劃還，不悉有無溢利，抑厚給息銀。據李玉衡云，地有厚利，不允收回。如何？尚祈示悉。想開平局場面闊大，熟悉商務者定能準情酌理，必不使股友吃虧也。兄代地基公司購地六十二畝外，升科河邊漲灘一百畝，合共一百六十九畝有零，現每井值銀百兩，每畝值銀六千兩，計共本利可得銀一百餘萬兩。以六股分計，每股應得利銀十七萬兩有奇。因兄與唐緯經堂急需，願減價相讓，每股欲得回銀三萬兩，來蒙允許。十年來所閲回信皆推不暇，容查明賬目自當奉達等語。各股銀係由粵局司賬徐會辦之弟徐仁立手收，業經兄與吴南皐有往來清賬，寄上一閲便知，不過片刻工夫，何必推延？且景星故後已有合同，各股東均經簽名，即交雨之帶上，請執事簽名，分派各人，不料束置高閣，雨之與藹廷兩會辦謂無可如何，真令人莫明其妙。查公司股銀，除支地價各費外，尚存銀不少。升科灘税，務請按年照納，幸勿延誤，致被充公，此經理人之責也。

夏東元《鄭觀應集》下册《致天津關道唐少村觀察書》　春初曾肅賀函，想邀台鑒，邇維升祺百益至以爲頌。

去冬因上年各股友與開平礦務局合股所買廣東省城篸塘口林文叔之地，由令叔景翁與徐雨翁偕弟經手，屢詢張督辦，延宕至今，各股友不得已，於去臘公稟北洋大臣，函請閣下轉呈，久未批復，不悉究竟如何？乞將批示鈔下，以慰遠懷。

該公司股份，開平礦出銀一萬兩，唐緯經堂出銀萬元，弟與李玉衡各出銀五千兩，均已載明稟内，早邀洞鑒。今傑臣已捐館，雲峰又赴滬清理公家之款，無暇兼顧，囑弟函懇閣下鼎力調停，向開平追回餘款及應分之地，藉得彌補。且該地係令叔景翁向各股東訂明由開平礦局妥爲代理，近被官築，隨築隨沽，不早清理，一經築成，已沽與人，事後追索，恐於例不符，則累已累人，悔尤不及，祈轉致開平局知之。素諗閣下顧大局，篤友誼，必不我却也。風便尚祈示悉爲荷。弟自左江歸來，仍在省城總辦粵漢鐵路廣東購地局，如蒙賜覆，寄廣東靖海門外粵漢鐵路購地公司便得矣。再，昔年弟代開平礦局地基公司所報升科子母相生海灘一百畝，連價買林文叔之地六十二畝有零，官地七畝，合共一頃六十九畝有零。據賣地經紀云：除填築外上下馬路，扯計每畝時值價銀六千兩至七千兩。姑照每畝值價六千兩計之，共值銀一百萬兩有奇。查公司原定六股，每股應值銀一十七萬兩。

昨據吳槐兄云：前經番禺縣屢催開平總局還糧。期逾十年未納，誠恐照例充公。如被充公，乃督辦與總辦之過。應如何之處，當乞大材會同公定，以慰衆望，是爲至禱。

夏東元《鄭觀應集》下册《致開平礦局徐雨之觀察書癸卯》 前在廣州聞唐君景星與執事云：「開平煤須推廣銷路，擬裝輪船兩艘運煤到粵，裝客貨回津，現看定廣州城南海邊地基計百餘畝，係林文叔産業，無人管理，已爲土豪侵占過半，不易收回。」謬承不棄，謂弟在粵總辦海防湘軍營務處日久，與官紳熟識，勸入局幫忙，勉爲其難，即由唐君禀請北洋大臣李傅相札委總辦開平粵局一切事宜。其時開平資本不足，又囑招外股相助，合購林文叔之地，訂定開平礦局六分二，唐君景星六分一，李君玉衡六分一，執事六分一，鄭合德堂六分一，計共六股，每股五千兩。惟唐君云執事現無餘資，由伊先交銀一萬元，囑即與業主交易。弟故挑選未有侵占者實地六十二畝有奇，與林文叔交易清楚。復升科海灘一百畝，先擇深水之處建築碼頭。碼頭已築，棧房已造，官煤已歲銷至萬噸，弟復入輪船招商局會辦，將開平粵局移吳君南皋接手。又擬定開平粵局地基公司，合同六分，各人俱已簽名，惟開平礦局未簽，弟親交執事請張督辦閲後簽名，分派各股東，并催即填築升科之海灘。公司除支尚餘之款計有八千金，歲將利息足納升科灘税，有盈無絀。不料迭次函催張督辦并各會辦，多不答覆，或得一復函，托詞無暇查帳，言語支離，前之合同不分交，地亦不築，銀亦不還，且聞番禺縣函催繳地税，又推延不納，令人不解何故。執事雖係建平金礦總辦，亦是開平礦局會辦，如有不妥，豈能全委過於督辦？均於名譽有關，況係張督辦未入局以前之事耶？或督辦推未見帳，何不飭總司帳將令弟仁立寄來開平粵局所抄地基公司往來帳目，面呈督辦一閲。

又，塘沽耕(值)[植]公司前代入股三千兩，其銀由存尊處之款撥交，若現無股票，應即給還收條，何以竟與開平地基公司一樣計收股銀數年，既不給收條，亦不發股票，實無道理。我公老於商務，定知中西公司章程，均應會同陳藹翁與督辦面商，催即清理以顧大局。又執事將弟所存尊處之款撥交同文印書局股銀六千六百兩，聞該局開辦數年，大有利益，何無股息分人？此局係執事與貴昆仲創辦者，未悉究竟如何？又建平金礦弟亦有二十餘股，數年來亦無股息，均不知内容如何，許久未見年結，特此函詢，尚乞明以告我爲幸。

夏東元《鄭觀應集》下册《致盛杏孫觀察書》 昨奉手示，論錦州礦産甚富，前經礦師察驗，現擬集股開辦，囑弟亦充該公司董事之列，素蒙末愛，不敢推辭，請將招股章程擲示，弟認招股銀十萬兩。

查英國之富雖出於商，亦由於礦産佳、工藝巧耳。然五金礦不如煤鐵之有把握，欲開煤礦必先選聘礦師開井驗看煤層厚薄、煤質優劣、煤綫深淺長短，逐一測量，遂知其中有煤若干，然後舉行，庶無中輟之患。如鑽驗煤質雖好，惟煤層薄而綫短，出煤必少；或煤質劣或夾石多，不合算，無利可圖，不須舉行，即將所收第一期股銀除支尚存若干，開列清單，登諸日報，派還股東。日前煤礦公司十開九不成者，皆未曾用機器金鋼鑽開井深至百數十丈驗看之故也。如果煤層多而厚，煤綫淺而長，并將煤質化驗，油重而灰少，是第一等好礦。照開平礦辦法確有把握可操勝算，何患其不成也。前承我公在烟臺集股所購之礦，不知有一佳礦否？近日欲振興實業、開礦辦有成效者，惟唐君景星、李君秋亭而已。

夏東元《鄭觀應集》下册《禀兩廣督憲爲定購開平粵局碼頭棧房事》 竊職道於本年四月間，曾將勘明篸塘口溢坦堪以建築開平局煤斤棧房情形具禀，四月二十日奉批：據察已悉，開平運煤來粵需用棧房，既經該道勘明鷄翼城外土名篸塘口一帶海旁溢坦堪以建造廠房，填築碼頭，已向縣繳息報承，并買林姓税坦等情，應即如禀開辦，仰海防善後局備移遵照，俟領有藩照即興工建築可也。等因在案。現已奉給藩照，應即遵批定日興工建築。惟該處篸塘口一帶海防溢坦未經報承，以前係屬官荒，不無蛋民搭蓋房舍、灣泊船只，附近痞棍因之爲利，一旦建築恐有三五成群出而撓阻。即如林姓税坦本係有主之業，今憑照賣業，竟有燕尾船、林公廟、三水碼頭等赴縣具控，已奉批斥；又有永曜坊職員船站水手等赴轅混瀆，幸我憲燭其奸僞，飭縣查案核明，分別飭遵，仰見以持平爲消弭至意。

現定於本月十九日興工建築，誠恐痞棍又從而混阻，擬請恩準仿照上年填築天字碼頭成案，準派彈壓委員二位，其薪水由開平粵局按月致送，遇有盤踞抗阻等情，即由彈壓委員會同地方官分別妥理，以免滋生事端。職道係爲辦事安靖起見，伏乞核示遵行。

中國第一歷史檔案館《德宗景皇帝實録》卷四八四《光緒二十七年六月》

侍郎銜前内閣侍讀學士張翼奏，開平礦局加招洋股，改爲中外合辦情形。得旨，該大臣責無旁貸，著即認真妥爲經理，以保利源。

王彦威《清季外交史料》卷一六七《魯撫周馥致外部開平礦局擬在德州設棧存煤電》 昨據德州袁牧禀，開平礦局英商來德面稱，擬在州設棧存煤，應否照准，候示等情。查德州非通商口岸，照約不准洋商開設行棧。惟開平煤局，原係華商自辦。庚子亂後，歸華英合股，究與洋商貿易情形不同。若不准其設棧，是自礙銷路；若逕准行，則其他洋商援例而來，無可阻止。應否將開平入内地煤行專懸龍旗，准其在内地開行棧，亦懸龍旗。一切概照華商内地行棧辦法，祈電示遵。

中國第一歷史檔案館《清代軍機處電報檔彙編》第二六册《發山東巡撫周馥電爲開平礦局德州設棧事光緒二十八年十月廿二日》 皓電悉。開平礦局，擬在德州設棧賣煤，原爲推廣銷路起見。該局係華洋合辦，船棧均令懸挂龍旂。一切概照華商内地行棧辦法，自屬可行。惟尚須訂明該棧盡用華人經理，以清界限。希查照飭遵。外務部。養。

中國第一歷史檔案館《德宗景皇帝實録》卷五一二《光緒二十九年二月》

直隸總督袁世凱奏：開平煤礦經侍郎張翼加招洋股，改爲中外合辦公司。乃上年以懸旗啓釁，英使遽謂該局已賣與洋商胡華，據私約始終堅持。查礦地乃國家産業，豈能未經奏準，私相授受。張翼等情急支吾，益滋蒙混，應請飭下外務部迅速照會英使，切實堀明。另定中外合辦章程，以復我疆土，保我利權。不至憑空斷送於外人之手。得旨，著責成張翼趕緊設法收回，如有遲誤惟該侍郎是問。并著外務部切實磋商妥辦。

王彦威《清季外交史料》卷一六九《直督袁世凱奏英商依據私約侵佔開平礦産請飭切實聲明以復疆土而保利權摺附合同》 直隸總督袁世凱奏：爲英商依據私約，侵佔産地，請旨飭下外務部切實聲明，以復疆土而保利權事。竊查直隸開平煤礦採辦多年，規模宏大，在東亞各礦中，殆亦首屈一指。光緒二十七年五月間，經侍郎臣張翼奏明，將該局加招洋股，改爲中外合辦公司。原爲保全中國礦産起見乃上年十月間，開平局員候補道楊善慶及地方官，認爲中外合辦公司，因在該局懸掛中國龍旗與英旗相對並峙。而英使薩道義函致外務部，詰責此事，請飭查辦。駐津英總領事金璋亦函請護督，飭將龍旗落下。適臣銷假回津道出上海邀晤薩使，以勒下國旗損辱國體，曾向理論，語以中外合辦公司，何以不許懸掛龍旗。該使謂：開平礦公司前已賣與洋商胡華，在英國掛號，現爲英國公司非中國合辦公司，斷不准懸掛龍旗。臣以與張翼奏案兩歧再三駁論，該使謂確有憑據存在天津領事署。當飭該領事鈔送核閲，便知始末。臣抵津後，檢據代理駐津英總領事施密士，録送張翼發給洋員德璀琳代理移交洋文憑單、德璀琳出賣礦局洋文合同、張翼移交礦局洋文合同各一件。經臣飭譯核閲，其移交合同第一款之二節内載：所有自胥各莊至蘆臺之運煤河道、河地及開平局他處之運河，並該局所有在通州口岸，或他處之地畝、院宇各項，均行移交，由接理人永遠執守各等語。末附地畝細單，内除外省地畝及天津、塘沽、新河、胥各莊地畝關係較輕外，惟秦皇島地畝碼頭産業計一萬二千五百英畝，以華畝計之不下八萬畝。即二十四年三月間，經總理衙門奏准，開設通商口岸之直隸撫寧縣屬秦皇島也。所有地畝，亦即籌備自開口岸之地畝也。臣忝膺疆寄，職在守土，河道口岸列入移交，自不得不澈查補救。迭向張翼一再詰詢，仍稱係中外合辦公司，並未賣與英人，公司已遣訟師赴英國控訴，正月内必有頭緒，而現屆二月十四尚無消息。日前，問德璀琳亦一味支吾。上月十六日，英署使焘納理來津，復由臣反復詰論。該署使復堅稱，開平礦局現實爲英國公司，並非中外合辦公司，無論如何斷不能改，亦非訟師所能挽回。縱使訟能得直，亦不過將紅股酌量斷減等語。臣又以聯軍所佔秦皇島地段日本最多，曾向日提督秋山好古商索，答稱：現爲英公司地段礙難退還。昨復招英公司總辦英人威英來署，諄切詰論。該英人呈驗出賣移交各合同，與英署總領事所送各件文義相符，並稱張翼、德璀琳實已將開平礦局全數賣給本公司所有。合同内載：地畝河道及秦皇島若干地段，均歸本公司收執管理。臣詰以出賣合同，係德璀琳簽訂，非張翼畫諾，應不足爲據。答稱：張翼曾發給德璀琳的確合例代理憑據，即與張翼簽訂無異。況嗣後，張翼又簽訂移交合同各件，更不能飾詞抵賴。又詰以凡交易買賣須有價值，開平礦局並未收價，何得稱爲出賣？答稱：舊股票每股祇值英金十一鎊，計銀百兩，本公司增爲二十五鎊，計銀二百餘兩，已加價過半。上年十一月間，由本公司墨林經手，送給礦局英金五萬鎊，計銀五十萬上下。玆有收條呈驗，並有英領事作證，此即出賣之價值各等語。臣查礦地乃國家産業，股資乃商人血本，口岸、河道、土地乃聖朝疆域，豈能任憑一二人未經奏准，私相授受。在張翼等情急思救不得不支吾拖延，外人正可乘我拖延，從容佈置，朦混愈深。所有口岸、河道、土地、礦産恐終無規復之日。且庚子之亂，環球□□□我尚未損失土地，又豈能憑片紙私約侵我疆域。臣自去冬以來，請查數月，辨論多次，幾於舌敝唇焦，而兩造各執一詞，迄無辦法。如再含混拖延，日深一日，恐人之□□愈久，即我之辦法更窮。應請飭下外務部，迅速照會英使，切實聲明。□開平礦局係經前直督李鴻章籌集官商股本奏准開辦，遠近中外靡不共知。而胡華私約並未奏明，我政府斷不承認，亦斷不能作爲英國公司，尤不能以我之口岸、河道、土地多交該公司管理。如英人必欲合辦，應由外務部查照奏定礦章，另訂中外合辦章程專案奏准，以資遵守各等語。庶可藉資挽救，早圖轉圜。而我之産地利權，不至憑空斷送於外人之手，實於大局裨益甚鉅。除將英署總領事録送洋文憑單、合同原件及飭譯漢文各三紙，咨呈外務部查核外，謹照録譯文清單恭呈御覽。臣爲規復疆土，保全利權起見，理合恭摺據實縷陳謹奏。光緒二十九年二月十八日，奉硃批張翼趕緊設法收復。倘有遲誤，惟該侍郎是問。並着外務部切實磋商妥辦。

謹將侍郎張翼與洋商胡華議訂移交礦局合同繕摺恭呈御覽。西歷一千九百零一年二月十九號，因督辦直隸全省及熱河礦務，開平礦務局幫辦、關内外鐵路大臣、前内閣侍讀學士張京卿燕謀於光緒二十六年五月二十八日，札飭津關稅務司德君璀琳招集股本英金一百萬鎊，中外同出接辦。凡開平礦務局之礦地等各産業後有細單詳載，均移交聽憑管理，且招集續股整頓開辦一切。德君璀琳於西一千九百年七月三十號，因奉此札特與墨林之代理人胡華可立合同，設立公司名爲開平礦務有限公司股本。英金一百萬鎊，將開平礦務所有之産業歸該公司管業辦理。又因該公司緣所訂合同，現已設立，即此合同内所指之開平礦務有限公司，今開平礦務局。其總局設在中國天津，張京卿燕謀乃該局之督辦，德稅司璀琳乃該局之總辦，與胡華暨開平礦務有限公司訂立合同，將開平礦務局之産業交與開平礦務有限公司。以下所訂各條均已允可。

一、開平礦務局暨督辦張京卿燕謀、總辦德君璀琳將下所開移交與開平礦務有限公司胡華允可，而督辦直隸全省及熱河礦務大臣張燕謀亦答應屬實。

一、所有直隸省開平煤山、地畝，各礦礦質、煤槽，凡與唐山、西山、半壁店、馬家溝、無水莊、趙各莊、林西地脈相接者，皆在其内。凡界内開礦尋礦均有專利之權；凡利權與此相關者，以及開平礦務局在該處所有一切利益，均行移交；所有自胥各莊至蘆臺之運煤河道河地，及開平礦務局他處之運河，並開平礦務局所有在通商口岸，或他處之地畝院宇等等，詳載細單以及利權與此相關者，並開平礦務局在彼處所有一切利益，均行移交。自此日起，開平礦務有限公司，或其接理人，即永遠執守。

二、按該合同開平礦務局暨張京卿燕謀、德君璀琳，將以下所開盡歸開平礦務有限公司，或其接理人接管，胡華君允可。

一、所有房屋、器具、機器、鐵路、碼頭、貨廠，凡一切不能移動之物，或在移交開平礦務有限公司地畝之上，或與其産業有相關者，均行移交。

二、所有開平礦務局之承平銀礦、建平永平金礦、唐山左近之洋灰廠、天津唐山鐵路各處股本及各户欠開平礦務之款，以及該局一切所訂合同應有之利益並物産，均行移交。

三、開平礦務局暨張京卿燕謀、德君璀琳，今允：開平礦務有限公司凡於移交全産與開平礦務有限公司所需文件，及頒行之事，均須註名簽押，以完全移交之事。

四、開平礦務有限公司允：開平礦務局將至此日爲止之可信賬目，代其承認該賬目等，即與開平礦務局張京卿燕謀、德君璀琳，不相干涉矣。

訂立此約，開平礦務局暨開平礦務有限公司蓋印於此。張京卿燕謀、德君璀琳及胡華君亦於西歷一千九百零一年二月十九號，簽押蓋印，以昭信守。細單附録於左：

天津，河東地畝碼頭約十六英畝，河西地畝碼頭約九英畝，並英新租界傍海大道賽馬路及密多斯路地基約二十英畝。

唐沽，地畝碼頭約四十英畝。

煙臺，口岸前升科地畝約一英畝半。

牛莊，地畝碼頭。

上海，浦東地畝碼頭約四英畝半，吴淞地畝約五英畝。

廣州，地畝碼頭約十一英畝。

新河，地畝。

杭州，地畝約一英畝半。

蘇州，地畝約一英畝半。

秦皇島，地畝碼頭産業約一萬三千五百英畝。

胥各莊，煤廠暨地畝。

督辦張燕謀。除署押之外，並用督辦直隸全省及熱河礦務總局關防，暨開平礦務總局關防。

謹照譯稅務司德璀琳與胡華議訂出賣礦局洋文合同，立合同人德璀琳、胡華，均住天津。今因開平煤礦之事業產業現擬移交與英國有限公司，按一千八百六十二年所訂公司條例註册。又因開平礦務局經已派定德璀琳爲全權代理之人，出售開平礦務局之產業，利益利權，復因胡華爲英國倫敦墨林所派之代理人，是以德璀琳、胡華訂此合同，彼此認允。如左：

一、德璀琳暨開平礦務局，兹將開平礦務局所有之地畝、房屋、產業、物件及一切所享受之利益利權，暨國家特施之恩，全行移交出賣與胡華，暨其後裔，或其受託司理者。至於不在通商口岸之產業及開平煤地等，如不移交，開平礦務局將租與胡華以九十九年爲期，期滿再展，永無已時。所納租款，係有名無實，承租者有全用該產及煤地之權，不得攔阻。

二、胡華允按一千八百六十二年所定公司條例，以墨林襄助設一英國有限公司。一俟有限公司設立妥當註册後，胡華有權將已得利益利權移交與該有限公司。凡胡華之以爲可者，彼皆可爲之，以使該公司得以設立也。

三、該有限公司註册之資本，特定英金一百萬磅分爲一百萬股，每股本英金一鎊。其開平礦務局之實在欠款約數開單附後，歸有限公司承認，與現時督總辦無涉。

四、有限公司設立至遲不得逾一千九百零一年二月二十八號，或早日設立亦可。胡華應允一俟設立，墨林將集辦事資本英金二十萬鎊或有可靠憑單以抵此數，分期匯存天津麥加利銀行入公司之賬，以便妥當辦理。公司生意，至分期匯交由墨林決斷。

五、開平礦務局老股計一萬五千股，每股一百兩，均由胡華換給有限公司股票二十五股，每股計英金一鎊以補還開平礦務局股友所有之利益、利權有限公司所有股東利益虧纍，自應公同享受。

六、有限公司設立妥當，按此合同佈置所有開平礦務局產業利益利權，及國家特施之恩。德璀琳暨開平礦務局，皆允簽押各項合同、契據、文件等，以便胡華交給有限公司俾得辦事。並將所有一切契據、文件，凡與有限公司有涉者，存放天津麥加利銀行。

七、有限公司須妥當設立註册，并接辦開平礦務局一切事宜，至遲不得逾西一千九百零一年二月二十八號。然看此地兵事如何，但不得逾此期太久。有限公司即當用應有之權，以使有限公司之股東獲利益也。

八、如墨林不以此合同所立各款爲然，墨林亦可推卸此合同，作爲廢紙。墨林與胡華並不爲此所拘，但合同簽字九十日內，或行或止，墨林必須知照。

九、德璀琳或開平礦務局於墨林尚未決定行止以前，不得將開平礦務局產業利權及國家特施之恩，另行移交他人。

西歷一千九百年七月三十號，德璀琳、胡華，見證人漢納根易美士。

開平礦務局產業列後：

天津河東河西碼頭，塘沽煙臺牛莊上海碼頭，出售應德香港碼頭價，廣東省城碼頭，新河地八萬畝，杭州蘇州地畝，秦皇島地四萬畝，唐山林西煤礦，胥各莊煤廠，運煤河長十四英里，承平銀礦，建平永平金礦股本，洋灰公司股本，鐵路天津至唐山股本，天津督礦局公事房及房屋，六平輪船，秦皇島借款餘項。

欠款列後：

老股本一百五十萬兩整頓後每百兩作英金廿五鎊，德華銀行借款十五萬兩，慶善銀號借款十四萬兩，銀錢所支應局共五十萬兩，秦皇島借款一百四十萬兩，張燕謀借款二十萬兩，一千九百年七月三十號德璀琳。

中國第一歷史檔案館《清代軍機處電報檔彙編》第二八册《收北洋大臣袁世凱電爲開平礦局秦皇島非英公司所有事光緒二十九年四月廿七日》　今年，英燾署使來稱，開平礦局久已賣與英公司，現擬覓地新開煤井，請毋阻攔，秦王島地段，各國亦認爲英公司所有。當駁以開平煤礦，由本國公家籌撥鉅款，提倡創辦。始爲接濟海軍，繼爲接濟鐵路。雖有商股，實同官產，無論何人不能擅賣。秦王島，係自開口岸。本國自開國來，亦無人有此大權，能以擅賣疆土。本處斷不能認礦島爲英公司所有。燾使謂，貴大臣既不肯認，我晚車即回，將行文外部申理等語。查此案英人不待我聲明，而先發其端，自有深意。務祈大部主持補救，竭力駁拒，大局幸甚。世凱謹。肅。宥。

盛宣懷《愚齋存稿》卷五五《奏總期地利不塞而大權不落四月二十九日》　開平礦已售出，事權盡屬洋人，中國煤礦止有萍鄉。二十六電奏，尚未奉旨。此與鐵廠、槍礮廠、輪船、鐵路凡用煤處，均有關係。該處運煤鐵路前經奏准有案，萍醴路工已及一半，地方甚熨貼。去夏因亂停工，現往續辦，皆係華商資本。請一電旨，係爲格外慎重。若請而不准，恐華商裹足中止，則煤礦、鐵路數百萬成本虛擲，將來必爲洋人所奪。事關大局，中堂總司路礦，用敢瀆陳。乞鈞示。

中國第一歷史檔案館《光緒宣統兩朝上諭檔》第二九册《光緒二十九年十月二十六日》 軍機大臣字寄直隸總督袁，光緒二十九年十月二十六日奉上諭：袁世凱奏，開平煤礦，暨秦王島口岸請飭迅速收回一摺。開平煤礦，係國家籌撥鉅款提倡創辦。秦王島，尤爲我自開口岸，疆土利權，均關重要，豈容擅賣。前降旨責成張翼，設法收回，如有遲誤，惟該侍郎是問。至今數月之久，乃敢支吾拖延，迄未收回，實屬罪有應得。張翼著先行革職，仍著袁世凱嚴飭張翼勒限收回，不准稍有虧失。倘再延宕，定將該革員從重治罪。並著該督切實挽回，俾資補救，以重疆域而保利權。將此諭令知之，欽此。遵旨寄信前來。

王彦威《清季外交史料》卷一七八《直督袁世凱奏英商私買開平煤礦無意交還張翼支吾拖延迄未收復請飭迅速收回摺》 直隸總督袁世凱奏：爲英商私買口岸煤礦無意交還，張翼始終支吾拖延，迄未收復。仍應請旨敕下外務部暨張翼迅速收回，以重疆域而保利權事。竊臣於本年二月間，以直隸開平煤礦暨秦皇島口岸經侍郎臣張翼賣給英公司胡華執管，曾奏請敕下外務部照會英使，切實聲明以資挽救等情。奉硃批：著責成張翼趕緊設法收回。如有遲誤，惟該侍郎是問。並著外務部切實磋商妥辦，欽此。該侍郎宜如何激發天良，力圖蓋愆。上以慰宸廑，下以贖己過。乃張翼始而朦混奏稱：加招洋股改爲中外合辦。繼因案據畢露，無可掩飾，又藉口與洋人興訟，冀可延宕。一則曰數十日即有端倪；再則曰一兩月必有頭緒。輾轉支吾現計已有九閱月之久，仍屬毫無眉目。該侍郎掩耳盜鈴，任意欺罔，姑無足論。而英商在秦皇島口岸，暨開平煤礦竭力經營，不惜繁費。即秦皇島碼頭一處，聞已費至百萬之多。如再拖延愈久，該英商經營愈固，費用愈多。將來縱有轉機可以由我收回，而計費清償，恐亦無此財力。本年四月，杪英署使燾納理來訪，仍堅稱該地段爲英公司産業，請准其指覓地段，另開煤井。當經臣駁以開平煤礦，由本國公家籌撥鉅款，提倡創辦。始爲接濟海軍，繼爲接濟鐵路。雖有商股實同官産，無論何人不能擅賣。秦皇島係我自開口岸，本國自開國以來，向無人有此全權，能以擅賣疆土。該地段斷不能認爲英公司所有，不准另開新井。燾納理語塞而去。是張翼未經請命，擅賣公産，亦爲英人所深知。但我如不究詰，彼正可逐步經營。臣前奏所稱：在張翼情急自救，不得不支吾拖延。英人正可乘我拖延，從容佈置，朦混愈深規復無日等語。實洞知張翼之隱情，而窺見英人之伎倆也。夫開平爲東亞著名佳礦，秦皇島爲北洋最要口岸。當庚子之亂，故大學士李鴻章甫抵大沽，即託俄人遣兵護礦，始終無人佔據。迨至次年正月，大局粗定，竟爲英人竊訂私約，攫之以去，殊堪痛惜！查天津之大沽、奉天之營口，每届冬令即行凍合。而奉天之青泥窪，通年可以行舟，俄人方經營之，以侵奪我天津、營口之商利。惟秦皇島向不結冰，以之開埠，足以抵制俄謀。乃又爲英人私買執管，損害大局，尤足令人寒心。且私買土地官産，此端亦萬不可開。現在國勢積弱，人心叵測，覬覦窺伺紛至沓來。以吾中國神皋隩區，豐腴沃壤不啻綺交綉錯，皆足動人垂涎。杜漸防微，慎固封守，猶恐有失！其何可投肉餧虎，拱手讓人。況張翼當日不過一局員，而胡華者僅一外國之商旅耳。以國家之土地産業，如聽其私相授受，而朝廷無如之何，則羣起效尤，尚復何所顧忌。設在我更有大於局員者，利令智昏，挾奸欺而甘心損國。在人更有大於商旅者，乘間蹈隙結宵小而陰售狡謀，徒使公家大受其虧，而若輩坐分其利。國上國産潛剜暗割，其爲後患更復何堪設想？不但此也，從來割據之事，大都起於紛争，即租界之條亦須互定盟約。今則我方未及覺察，而已含混而失之，人亦不費兵力而竟輕易而得之，不特爲環球所希聞，抑且爲萬邦所騰笑。將謂中國之要地佳産，任令一二人憑空斷送。如此，國法何在？國權何在？又安怪協以謀我者，不論其國之强弱、大小，皆視眈眈而欲逐逐耶！詩有之曰：「誰生厲階，至今爲梗。」臣言念及此，而不禁爲之太息痛恨者也！總之，此案關係極鉅，爲疆域計，爲利權計，爲目前之時局與將來之後患計，皆有必須挽回，斷無棄擲之理。臣賦性戇直，受恩深重，忝列封圻，職司守土寸壤尺地義所必争，區區愚誠，但知利國不敢畏避嫌怨，扶徇欺蒙。惟有仍請敕下外務部，督飭張翼迅速設法收回，並遵照前旨一面與英使切實磋商，以期力圖補救。大局幸甚，國家幸甚，微臣不勝迫切跂盼之至。謹奏。光緒二十九年十月二十六日，奉硃批：另有旨。

中國第一歷史檔案館《德宗景皇帝實録》卷五二三《光緒二十九年十一月》 直隸總督袁世凱奏，遵旨嚴飭革員張翼收回礦地并請追繳關防銀兩。得旨，著商部飭繳關防，并嚴追公款。尋奏已據該革員分別呈繳。得旨所繳銀兩，著交商部。

中國第一歷史檔案館《德宗景皇帝實録》卷五二七《光緒三十年二月》 直隸總督袁世凱奏：革員張翼收回礦産口岸，勒限已逾，請旨辦理。得旨仍著嚴飭張翼趕緊收回，不準虧失。

中國第一歷史檔案館《德宗景皇帝實録》卷五三六《光緒三十年十月》 直

隸總督袁世凱奏：開平礦案在英興訟。革員張翼，擬請前往對質。得旨，張翼賞給三品頂戴，準其前往設法收回。如再遲誤，定行嚴辦。

《申報》光緒三十年十二月二十三日《開平獲利》　京師訪事人云：開平礦務公司計至本年六月底止，盈餘英金十五萬一千六百八十五鎊有奇。入秋以來，出煤甚旺，且因各國煤價陡貴，開平煤價因亦隨之而昂。較之上半年，當可倍獲其利，是皆辦事者實心實力所致也。并聞公司所有房産、地基及秦皇島碼頭刻下價亦奇漲云。

《申報》光緒三十一年正月二十九日第三版《開平煤礦公司控案判詞》　《太晤士報》接正月二十七日倫敦來電云，華員張燕謀，及中國天津開平煤礦舊公司，控告英國勃惠客馬恩公司，及中國開平煤礦有限新公司一案，已由英公堂斷定。以原告爲是，並給以訟費。判詞中謂：「被告公司，有違背一千九百零一年所訂之合同，且與前經理之人，用欺騙之法，得原告産業，因此不准如被告公司不即遵斷，則公堂必將被告公司煤礦，歸還原告。至於賠款一端，將來再行定奪。」公堂又謂：「張燕謀並無違犯，及失信之事。」《文匯報》接正月二十八日倫敦來電云：「華員張燕謀控告英人馬恩等一案，在英國公堂審訊甚久，現已斷定。」其控詞中緊要數款，均以原告爲是。英太晤士報論及此判詞謂張燕謀回華後，必爲衆人欽佩。至此事本足減華人信，恃英人之意。但判詞如此公允，必仍可以服中國人之心。

中國第一歷史檔案館《清代軍機處電報檔彙編》第二六册《發北洋大臣袁世凱電爲辦礦事光緒三十一年二月十四日》　歌、文、寒電均悉，此案雖經英堂斷定，聞被告尚有上控之説。且照原斷，仍係中英合辦。如遽行派員接辦礦務，並令張翼回華。萬一再有反覆，張翼轉得置身事外。該局向歸北洋經理，即希尊處妥籌辦法，並酌覆張翼，外務部。寒。

中國第一歷史檔案館《德宗景皇帝實録》卷五四二《光緒三十一年二月》　直隸總督袁世凱奏，開平礦案張翼赴英質訟，僅争到照副約辦事，未便遽行還就。是否責成收回礦産土地。抑責令與該公司另訂詳約，以期實有主權，請旨定奪。得旨，仍著袁世凱嚴飭張翼全數收回，切實妥訂，不準含糊牽混，致貽後患。

「中央研究院」近代史研究所《礦務檔》第一册《英公堂判文》　西一千九百零五年三月初一日，即光緒三十一年正月二十六日，英公堂所定張燕謀控告墨林案判文。

法官卓候士判曰：此乃張大人及天津之中國礦務公司控告墨林等之案。該礦務公司本官令特名之曰中國公司。張大人請將案中所謂一千九百零一年二月十九日訂立之副約，其實訂立之期乃在數日以後責令被告照認，並將約中所載各節諭令奉行。若不如是，則案中所謂一千九百零一年二月十九日所立之移交約，即係由騙得來，理應諭令作廢。又諭令被告等，如不遵照副約所載各節，或本公堂所諭辦理，則不得享受上文所説之移交約之利益。此外原告又索賠償。查移交約由顧勃爾擬稿，文用英語。顧勃爾乃上海之訟師，特請前赴天津辦理此事。該約係用合同格式，立約之人，一爲督辦直隸全省及熱河等處礦務大臣、中國公司督辦張大人及德璀琳；一爲墨林之經紀人胡華；一爲被告公司。約中敘及一千九百年七月三十日所立之合同，此合同本官隨後再提。並作爲按照該合同訂立。將中國公司産業移交於被告公司，而並未載及給價值。惟訂明中國公司一切責任，均由被告公司擔當。如因該項責任而有虧失之處，被告公司亦爲補償。移交約中所説之産業，係何種物件，大小若何，以及價值甚鉅各節，本官可以一千九百零一年七月十六日，特别會議時，中國公司之總辦宣説各節而論之。立約各人，張大人爲最要緊之人。張大人既不暗英語，自於英國之公司法律，以及英國統律，皆所未曉，故該約譯有漢文。漢英兩稿除被告公司外，其餘各人皆經簽押，並蓋有督辦該省礦務張大臣關防。既蓋有該關防，即係中國政府代表，且蓋有中國公司之印，是該約簽押之地。在中國天津，約中所載之産業，亦在是處。在中國國中，凡可以搬移之産業，若按照該約是否按業主所住之地方之法律而論，本官不知，然竊以爲未必如是辦理。今按英文約中第三款載云：開平礦務局暨張京卿燕謀德君璀琳，今允開平礦務有限公司。凡於移交全産，與開平礦務有限公司所需文件，及應行之事，均必樹名簽押等語。中國律例于此各節，究竟若何？並未告知本官。本官雖謂此層須申辯明白，而兩造皆未申説及此。查移交之事，煞費議論。所議論者，乃欲將中國公司改成外國公司。該中外公司，即在英國議辦，其用意所在，必當時北方拳亂猖獗，地方不靖。照此辦理，可以保全中國公司産業，並得招進洋股，以便大興礦務。議辦此事之人，一爲被告墨林，及其公司；一爲督辦礦務張大人，及中國公司。襄助張大人商議此事者，有德璀琳。德君在華多年，在中國海關曾任要差。商議之始，凡中外公司應如何設立，如何經理各節，即經張大人一一條議。而新公司股本，須一百萬股，每股一鎊。又此一百萬鎊中，須提出三十七萬五千鎊，交與中國公司舊股友，作爲公司産業之半價。惟中國公司之債款，雖亦移交新公司。然老股友仍須擔認，凡此各節，初議時亦皆計及，而詳切訂明也。此外須立二部：一在中國，一在倫敦。産業之在中國者，歸華部經理，張大人仍充督辦，管理一切事務。今查被告公司，于一千九百年十二月二十一日，經墨林或某東方公司，在英挂號。墨林與該東方公司，於此一事，彼此頗有往來。故創立新公司一事，墨林遂轉付於該公司。本官且以爲墨林並將如何集股，如何經理新公司之處，一概交與辦理也。照東方公司所立之辦事草章而言，其最要之着，欲將該公司所立之辦事細章第三款所開之合同，酌量變通辦理。查該款載云：該公司即欲按照草約，訂立合同。該草約已經簽畫辦事細章之股友兩人，寫有暗號，以便别認。除略有更改外，本部即將施行云云。查此草約於審訊時，並未呈交出來，恐亦不能交出來，此實事之可異者也。如果有此草約，本官亦不知此約何似。當商議之初，在一千九百年八月間，曾訂立一合同，即本官上文所説之一千九百年七月三十日之合同。該合同作爲中國公司之代表人德璀琳，將中國公司産業移交於墨林之代表人胡華之據，並載有胡華應即將該産業代擬立之新公司，撫有經理等語。該約雖經被告及東方公司之代表人，如上海訟師顧勃爾等，迭經催取。德璀琳亦在傍爲之進言，而張大人始終以約中未將所訂新公司應如何設立，如何經理各節，詳切載入，不允照辦。就今而論，其不允也，實屬見事明亮。且當時呈送之各文件，張大人亦以爲俱不足以保護彼之政府，及彼與股友等之利益。彼之所見，亦屬甚是。而所訂定籌給老股友之三十七萬五千鎊，應如何給付之處？本官今亦知約中偏未載及也。張大人與東方公司及被告等之代表人，商量此事，計有四日之久。前日録取胡華口供時，胡華亦認曾經恫嚇張大人。其所供各節，本官今亦不必全讀。閲堂訊草底第八十頁一百六十四頁三百零七頁，便知之矣！張大人既不肯將移交約畫押，顧勃爾即謂所議各節，當另文訂明。此即本官前所謂之副約，此事亦經再三議論，張大人方乃允可。並經該各代表人等詳切告知，謂議行各事，均以副約爲主。約中所載各節，立約之人，均一律奉行勿違。因此切實之言，張大人始肯與墨林之代表人胡華及吴德斯想係東方公司及被告公司代表人等，將該副約之漢文，與德璀琳一同畫押。如果可以作移交産業論，則此副約實爲移交一事最要之關鍵。在簽押時在場之證見，即爲上文提及之顧勃爾。彼乃墨林公司及東方公司之代表人，移交約與副約，皆彼爲擬立。自此案争執事起後，德璀琳於一千九百零二年七月二十五日，代原告張大人，將所争執各節，函告上海顧勃爾訟師行。因該行係被告公司之訟師，一千九百零二年七月二十五日，該訟師函覆云：本官不必將全函宣讀因欲維持君與張大人之利權，是以訂立副約。移交約亦同日訂定。胡華與吴德斯皆以爲該約乃兩造遵守之約，而爲移交公司産業之先着。既如是，則副約所載，自必奉行勿違。惟君與張大人現既有不滿意之處，本行當即將來函鈔録一份。下次郵期屆時，即行寄交倫敦部，聽其酌奪辦理。君之所索各節，如不允從，則於公司大局必大有妨碍各等情，亦於致倫敦部函言提及之矣云云。今聽胡華口供，似胡華亦有此意。吴德斯則謂彼之簽押副約者，以約中所載無他，皆已定之事耳。此説亦是。此案所議各節，其應如何辦理之處？皆以副約所定爲本。審訊時兩造並未力辦其非，而該約亦爲後日移交中國公司之先着，亦兩造所深知。原告索償説帖之中，謂副約並未奉行。被告申辨説帖内，舍而弗提。審訊之時，於此亦未見大有争執，是索償説帖中所載副約未經遵行一節，顯係確有其事。且就所聽供詞而論，被告公司已佔有中國公司産業，並謂按照移交約，彼固應得而有之。然至此案開訊時，彼迄未認副約。約中所載，彼亦不肯奉行。讀一千九百零一年三月二十二日胡華信，知被告公司之所以得有中國公司産業者，乃用强硬手段。審是若准被告公司享受中國公司之産業，而不擔副約之責任，藉口於胡華、吴德斯無代表之權簽畫此約，或託詞於非將被告公司更立，則約中所訂各節，萬難奉行。夫若是，其如公理何，且不啻明准失信之事矣！本官以爲無論何國法律，此種失信之事，皆不能放縱也。按照英國法律，凡購買産業者，雖已得該産，然若不能行其所訂之事，則該産仍須交還。如欲援案以爲證，有大法官藹爾敦所斷梅克爾雷思控告賽挨孟一案之判文。文云無論爲法律爲公理，一人如欲他人奉行一約，彼雖不爲簽約之人，當先自奉行該約。今本官如欲秉此理，以辦理此案，應將移交約及副約兩項，不作兩件文件看，而作一件文件論。雖然被告人等終不以原告所言爲然，於是原告遂起而與之争執，而興此訟案矣！審訊之時，被告墨林與被告公司，各遞申辦説帖一，所辨各節，似可不必細提。然皆經本官披閲，所争各節，俱無甚道理。至後張大人與德璀琳一同來英，以便本公堂質訊此案。本官以爲被告於此，必大失所望也。張大人口供録取後，復經被告律師鞫問，德璀琳亦如是。而鞫問德璀琳時，本官曾問一語。因此一語，被告公司之律師，即謂彼等於副約一節，並無争執。此乃第一次聽見此語。供詞既已録取，而彼勿爲是言，欲望訟事有成，本官實不敢信。於是彼乃舉法學以難原告之案，嗣後墨林之律師，亦見其申辦之難。幾欲謂副約一層，彼亦並未争執不認也。今就本官所見而言，無論該副約與移交約視爲一件文件與否，要非爲本法官可以勒令奉行之合同，欲逕行勒令照行。本官無權，而原告如欲控告被告人等索討賠償，恐原告亦必大有所爲難。本官判得一千九百零一年二月十九日之副約，應當遵守奉行。又判得被告公司若不按照副約，奉行所載各節，則自今以前，及當今之時，俱不得享受移交約所説之産業，及其利益，是即謂本官意中。如副約所載各節，不能於近情之限期内，奉行勿違，則本法堂當盡力而行，將礦産及産業收回，交與原告。如出於不得已，亦或須發諭單，禁止被告公司及其所用之人等，享受該項産業，是此案中最要之争執之事。今判得原告得直，其所需訟費，即應由被告籌給。本官今擬進論賠償事，查被告公司，創設於一千九百年十二月二十一日，每謂按照一千九百零一年二月十九日所立之移交約，係按一千九百年七月三十日所立之合同辦理，該公司得享受中國公司産業。然按一千九百零二年五月初二日，東方公司與被告公司所訂之合同，東方公司詐將一千九百年七月三十日所訂合同之利益，售與被告公司，得價九十九萬九千九百九十三股，是即由分給東方公司之一百萬股内提算。此外又給與英金二千鎊。蓋被告公司掛號時，東方公司曾化費此數也。一千九百零一年五月初二日所立之約，似於是月二十五日被告公司會議時，蓋印簽押。會議之際，分給墨林五萬股，東方公司十五萬股，中國股友三十七萬五千股，此股友乃即所謂老股友。此外又給與東方公司指派之人四十二萬四千九百九十三股，此事實屬離奇。所有股本，除去七股歸簽畫該公司辦事草章七人外，餘剩之股，即爲該四十二萬四千九百九十三股。如本官記憶不差，此四十二萬多股，並未於該公司詳細節目外，載明銀已交足。然我知彼等却作如是想，此種辦法，無怪原告前往責問。如上文所説之五萬股又十五萬股，統共二十萬股，爲酬勞設立公司起見，則又何爲而給與東方公司指派之人四十二萬四千九百九十三股。本官欲求其故而不得，然就審訊時所得之實情而論之，似所謂被告公司，亦被騙去四十二萬五千股者，蓋非無因。而應得三十七萬五千股之中國股友，遂因而大受虧損。此三十七萬股之價值，並未虚有其名，皆係實在，且賣時高出原價。今原告云：此項股票價值，以被告等擅出以上所説各股票，遂致大減。此説本官亦以爲近理也。據被告等云，彼之所以分去二十五萬股者，以格外酧謝五十萬鎊股票。此五十萬之款，以借票作抵。惟出借票時，並未與中國股友説明。原告則答以不必出借票若是之多，查所籌之二十萬鎊，或二十萬鎊左右，並未用去，尚存在被告公司往來之銀行。如須用此款，本可取而得之，無害於各股本。據本官所知而言，借票並未問市，不過創立公司之人，將此分肥，並分贈各友耳。該友等我想現尚執有此等借票，並所謂銀兩交足之股票，四十二萬四千九百九十三股，其實各該股皆未交足股價也。一千九百零二年五月，被告公司總辦之辦理一切情形，本官雖不敢自以爲已經一一叙明，然甚以爲非常離奇。彼等所辦各節，亦未澈底根查。約而言之，此事創設之初，既未妥貼，今欲改而正之。本官亦殊有所不能，出賣所謂銀兩交足之股票，案中謂爲並未經股友核准。其所以説此者，意蓋重在索償。墨林既出賣此項股票，中國公司老股友之股本三十七萬五千股，即因而受損。索償之故，即在於是。就本官所見而論，如此事可以歸同本案辦理，則所索償者，須以不守副約爲詞，副約確由墨林之代表人胡華簽押者也。雖然副約之中並未訂明墨林不得籌集銀兩交足之股票，亦未訂明彼即爲正用，或爲實在好處起見，亦不得籌集該項股款。則今彼之妄用此款，給與東方公司。原告如何可以逕行前向墨林責問，是即謂原告之以被告公司總辦之妄爲，或以東方公司，即創立被告公司之人之妄爲。因而受有虧損者，本官不能責令惟墨林是問也。雖然將來被告公司如欲興訟，凡人之爲創立被告公司，或爲籌集該項銀兩交足之股票，或爲該公司，或該總辦等所辦各事欲控告各被告者，俱不得以本官今之所判而聽斷有偏。當開訊此案之時，原告律師曾請將索償説帖酌改，本官當即應允。其所改之處，閲説帖印本便見。嗣於第十三次堂期各供録取後，墨林律師正在結叙案情時，原告律師又請酌改索償説帖。謂德璀琳爲一千九百年十一月初九日墨林致伊之信所騙，因允從某某更改之處。其實竟將本官造次所説之一千九百年七月三十日所立之件，重行訂立。至如何有此更改之處？非一言兩語所能盡。雖將來或有以此爲極關緊要之一日，然於此案尚不十分關係。且本官又以爲此更改之處，既未與被告公司先行言明，則此亦不能遵守。若謂原告等因此受損，本官亦不能以爲然。且兩造今亦未嘗争辯，謂此更改之處必當遵守也。又原告律師請酌改索償説帖中，又謂張大人之所以肯立一千九百零二年二月十九日移交約者，亦爲一千九百零一年二月初十日胡華致德璀琳信所騙。但胡華非爲被告，乃爲墨林之代表人，讀所改之索償説帖之第十七段，即知非將副約判令作廢。則索償一節，是否要辨，本官未由深悉。如副約責令承認奉行如今所定，原告等，亦何得謂因張大人立有移交約，而遂受有虧損乎！總之，酌改各節，本官理應允許。但將來原告人等，如以上文所説兩信中有誆騙情事，因而再欲控告，則不得以本官今日之所斷，而有所偏聽也。又張大人因以失去優差，因向被告公司索償一節，其所謂優差者，本官想係指未照副約，仍給與華部督辦權利。一如一千九百零一年二月十九日彼爲中國公司督辦各節而言，然我不知張大人非仍爲中國公司督辦也。如欲此索償之事，可以有理申説。當以不守副約某款爲言，況又有爲難者。如判給賠償，則將與本官所判承認副約一節，不能並行不悖。本官既經判令承認副約，則副約所載各節，自當一律奉行。否則被告公司即不得享受所争産業，賬目或須查對。而被告公司所費之款，凡非取給於礦利者，亦或可以照還。至副約各款，如不肯奉行，或故躭延時日，則應如何賠償之處，我今姑不論。俟本官今日所下之判文之結果如何？而後再議。原告堂費，由被告公司付給。被告墨林既爲控告公司案内必須到之人，而審訊將畢之時，其一切辦法，以及其一切舉動情形，又此案堂費因其有此舉動有此辦法因而大增。凡此各情，今爲一併計及。墨林等應自給堂費。本官現尚有一言宣告：本官審訊此案各情，查得張大人絶無有失信義之處，亦絶無不端之處。至於被告一面，有數人我不能告以此言也。本官今尚有一言宣説：所録堂訊草稿中，内有差訛處，本官所説各節，有數處漏去一勿字。我欲將差訛之處，一一寫出，給與諸訟師。本官意蓋謂給與諸訟師，在此案上控之前也。

雷維德云：既蒙憲台判得原告得直，我等即將憲台所判全行承受。

法官云：甚好。惟爾須知判文有二。又賠償一節，我暫不論。又我之所定，人不得據以爲證而偏聽。將來或興之訟案，又責令被告等出堂費。

海米爾敦云：所需堂費，皆爲控告墨林誆騙。執是而言，憲台意中，是否責令被告公司出給全案堂費。

法官云：我意止令被告公司出給原告之堂費。

海米爾敦云：上控以前，憲台可否暫止判文施行。

法官云：我有何説，我有何可止？

海米爾敦云：此則除原告不計外，彼乃外邦人。

法官云：我有何説？雷維德，我不過下了判文，如欲上控，可自由。

雷維德云：退還堂費，我等當按照常例作保。

海米爾敦云：那是十分妥當。爾之意蓋謂訟師作保。

雷維德云：是訟師作保。原告在公堂中曾經押放一款，此款想可交還。

法官云：一定。我想爾意中，謂堂費押銀。

雷維德云：是。

《申報》光緒三十一年三月二十四日第四版《直督奏開平礦案摺》 直隸總督臣袁世凱跪奏，爲開平礦案。經英堂斷認副約，張翼質訟事畢，電請回華料理。謹將核辦情形，請旨定奪，並將原訂副約，暨試辦章程繕單具陳恭摺，仰祈聖鑒事。竊照開平礦産，暨秦王島口岸，迭次欽奉諭旨，責成張翼設法收回，不准稍有虧失等因。欽遵在案，嗣因張翼以開平礦案，遣抱告洋員慶世理。在英京興訟，請前往對質。經臣於上年十月奏，奉硃批張翼著賞給三品頂戴，准其前往設法收回，如有遲悮，定行嚴辦，欽此。當即照會張翼，遵照去後，兹於本年二月，據張翼由英京電稱：自遵旨來英後，英公堂於去臘十二問訊，新正初八始畢。擇録判文内開，原告理直副約章程各條，斷令全行遵辦。原告訟費被告賠償，一有偉背，當將礦産交還原主。其因背約侵騙之股款亦斷令賠償，但非墨林一人所吞。按英律，須由公司查明，另案控索德璀琳私立賣字，全不爲據，以副約爲主等因。責認副約，則官督商辦、國家主權及公司總辦之平權，全已收回。如欲撤銷中外合辦，恐有窒礙，非能辦到。請奏派大員接辦，以便料理。回華清釐善後，電請核奪前來。臣當以此案，經四次奉旨嚴飭收回，不准虧失，自應欽遵，將開平礦産悉數收回，由華自辦，尤要在秦王島商埠地畝馬頭，暨河道各土地，一律收回，與英公司無涉。今張翼電稱各節，收回礦産未能辦到。英堂斷主副約，其原立賣移正約是否作廢，又稱官督商辦華官有無管理之全權，其商埠河道各土地能否由我專主，英人不得干涉，來電均未聲明。電令詳確查復。續據電稱英堂不以賣約爲據，即係作廢明證，移交約未廢，但係詐騙而後亦不足爲據。斷主副約，華官全權無失，且國家特派督辦管理該公司一切事宜。礦産歸我主持，利權實已收回。秦王島係自開口岸，其地面工程巡警等事，應由津海關道分別官商辦理。其開平自置之地畝，自造之馬頭開辦時，奏明有案。開平代理之地畝，仍照前督臣裕禄批准札文辦理等語。臣查移交正約，載有移交各地段接理人永遠執守字樣，亦係賣約既未斷廢，何能不以爲據。副約權利多給英人，華官自不能收回全權。又另設英部，華督辦何能管理。先後電請外務部核示。旋准部電，此案雖經英堂斷定，聞被告尚須上控，且照原斷，仍係中英合辦。如遽行派員接辦礦務，並令張翼回華，萬一再有反覆，張翼轉得置身事外，屬由臣酌復等語。臣以張翼來電，核與收回，嚴旨不符，究竟能否遵旨收回，將來有無反覆，在英是否另有辦法？電飭詳陳。

中國第一歷史檔案館《德宗景皇帝實録》卷五五三《光緒三十一年十二月下》 直隸總督袁世凱奏：開平煤礦訟案，經張翼赴英質訟，祇能爭到照副約辦理。英使意在和平調停，擬請仍督飭張翼妥籌商辦。得旨，張翼著以道員發往北洋差遣委用，仍著袁世凱督飭妥籌辦理。

《申報》光緒三十一年十一月二十四日第九版《開平礦局煤斤紀數天津》 益聞西報云：開平礦局三處煤井，自西十一月二十六號至本月二號七日内，挖出之煤共計二萬二千一百五十墩。而該七日内，賣出之煤計一萬九千五百墩云。

「中央研究院」近代史研究所《礦務檔》第五册《廣東開平公司租地事》 光緒三十三年八月十六日，收護理粤督文稱，爲詳請轉咨立案事。據廣東省河隄工總局督辦署布政使吴煦、會辦署按察使龔心湛詳稱，竊照廣東省河建築隄岸，將附隄地址，及隄外馬頭，分給商民承領承租各辦法，先經前憲奏明立案。嗣因劃清隄岸界址，知界綫内有簝塘口官地，現由開平煤廠承管，必須收回，以資建築。又經前憲疊次咨明督辦，開平礦務張侍郎議辦。嗣於光緒三十二年三月間，有代理天津礦務局總班英國人杜路門，由津來粤，交到原領該地鈔白契約圖照等件。查悉簝塘口水坦六十二畝七分四釐，先由業户李邦耀等報承，續由李林氏賣與林文宿，復由林文宿轉賣與開平煤廠司事唐國俊承受。李邦耀等原領藩司印照，載明咸豐辛酉年，起征糧賦。又開平煤廠司事唐國俊，報承簝唐口海旁水白坦一頃，領有藩司印照，載明光緒辛卯年，起征糧賦。而調查該二户應完糧賦銀，歷年均未完納。又開平煤廠司事唐國俊，承租簝塘口街地四百二十井，領有番禺縣印照，載明承租後，按年完納地租銀二十一兩。而查此項租銀，歷來均未完納。前辦隄岸委員丁直牧平瀾等，查悉各前情，遂謂欺隱田糧者，其田例應入官。且承築海坦。逾限不築，例應另招承墾。況未遵照近年奏辦清佃章程，將契繳驗，及未按年完納地租。所有開平煤廠原承原租各該地址，均應照例收回入官，不能再作開平煤廠之業。惟念開平煤廠原買林文宿水坦六十二畝七分四釐，用過價銀一萬四千九百二十兩；又原承水白坦一頃，繳過花息銀二百兩；又原租街地四百二十井，繳過銀二千一百兩，三項共銀一萬七千二百二十兩。未便皆令無著，擬由隄局照數歸還。收回各地，歸入隄界，再三辯論。磋磨數月，始准廣州口英國總領事官滿思禮，出爲排解，送到議款四條。内開，該廠已有圍牆地址十七畝，計一千零二十井，由官發照，給與該公司永租管業。廠前水坦，由隄局填成新地，約二百六十五井，准該公司備價租領。每井繳價銀七十二兩五錢俟！該段隄地填築事後竣，該公司將應繳價銀，送由總領事官轉交核收，並將一切舊照繳換。又該公司欲於廠前建造馬頭一座，請准隨時建築，減半繳租各等語。丁直牧等覆加酌核，所議各款，尚無窒礙。因即據情稟報，旋奉前憲岑批，查核所議各款。雖未將該地全數收回。惟該煤廠原承各地，均係用價購買。現既無庸給還原價，祇請將圍墻内地址十七畝，永租管業，其餘坦地一百四十餘畝，全數歸官辦理，尚屬公允。其請領廠前築成新地，及建造馬頭二節，應即照准等因。丁直牧等遂與開平煤廠公司總班杜路門，及廣州口英國總領事官滿思禮，三面訂立合同，并經善後局將開平煤廠永租隄岸地址一千零二十井租照，填發交執。當據該總班杜路門檢出已廢契照等項，共十八件，交由丁直牧等備文繳銷。開平煤廠繼復備繳續租廠前新地半價銀一萬兩，即時轉解善後局核收。嗣本局接英國滿總領事官函詢：開平煤廠公司永租地址應否交納常年租銀；又經本局酌擬洋商租地，以六十井爲一畝，每畝按年收租銀四元，稟奉批准；又即函令照辦，除俟隄岸成時，收取該煤廠續租廠前新地後一半價銀，再行填給租照，並准其建築馬頭。照約減半收租外，所有前辦隄岸委員丁直牧等，收回開平煤廠原承原租各地，歸入隄界一案。現已逐層辦法，理合照鈔合同列摺。詳請察核，俯賜轉咨外務部立案。寔爲公便等由，連摺一扣，到本護督，據此。除詳批回外，相應咨呈，爲此咨呈外務部。謹請查照立案施行，須至咨呈者，計送摺一扣。

附鈔廣東省河隄工總局。謹將前辦隄岸委員丁直牧等，與開平煤廠公司總班杜路門，及廣州口英國總領事官滿思禮，所立合同，照鈔列摺，恭呈憲鑒。

計開：

《廣東開平公司租地合同》光緒卅三年二月。

第一款，開平煤廠原存唐國俊名下：價買林文宿水坦六十二畝，又在番禺縣報承税地四百二十井，又在沙田局報承水坦一頃。所有各項作廢契照，應一律繳送隄工局塗銷。此外公司如有未經繳銷之照契，概作廢紙。另由廣東善後局發給租照，將開平煤廠圍墻内地址，共計一千零二十井，永租與開平公司管業。

第二款，開平公司原承水坦税地，及價買林姓水坦，均將契照繳還歸官。其各坦地原買價銀，亦無庸隄工局撥還公司。惟煤廠門前，隄工局所填新地，南至馬路裡線爲界，東西橫寬三百英尺，現議准由公司備價領回。彼此會同丈量，核定寬長，伸計二百井。經會同大英國總領事官酌議，將現領廠前新地價值，格外通融，每井由公司繳價粵省通用銀七十二兩五錢，共計銀一萬□千□百□十兩。此後續領，不得援以爲例。

第三款，開平公司擬於廠前，建造馬頭一座。應准臨時聲明，係建某某等馬頭，即照某等章程。查明應繳按年租銀若干兩，減半繳納。並於照内聲明，係專運開平公司自己貨物，船隻到埗起卸。如日後改泊别項船隻，仍須補繳半價。

第四款，開平公司所領廠前新地。現查該段外隄，尚未築成。應繳地價，照隄局定章，先繳價銀一半。此段隄工，議以三個月内築成。餘俟隄成，照繳後一半價銀，交由英總領事官轉送善後局核收，發給租照管業。

中國第一歷史檔案館《德宗景皇帝實録》卷五九三《光緒三十四年六月》

又諭：大理院少卿劉若曾等奏，請將開平礦産，克日收回等語。著楊士驤按照所陳，懍遵前旨，迅速設法收回，以保利權。原片著鈔給閱看。

王彦威《清季外交史料》卷二一六《直督楊士驤奏遵籌灤州煤鑛暨收回開平局産片》 再，臣欽奉寄諭，飭籌灤州煤鑛，暨設法收回開平局産等因，業將撥款派員辦理情形及英使堅欲先停灤工，再議開案，現已逕向外務部要請照辦各節，專摺陳覆在案。竊維開平一案，懸擱有日，牽涉甚多。在我以速結爲宜，在彼以久假爲利。升任督臣袁世凱，上年議辦灤鑛固因公家需煤而設，實即隱以抵制開平，俾可早日就緒。乃英使現因將議開案，堅請先停灤工。灤工若不允停，開案意在擱置。如果竟輟灤工，則與認開約無異。現在徑情要挾，既可據開約爲調停之辭馳，至任意干求必將藉灤工爲併吞之計。其策甚狡，其謀甚深。現在部臣深知此案爲難，已成交涉，特派專員與該使磋議。臣仍當隨時協商辦理，以期妥慎而重外交。謹附片密陳，伏乞聖鑒。謹奏。光緒三十四年八月初二日，奉硃批，覽。

盛宣懷《愚齋存稿》卷三〇《寄香帥正月十三日》 吕柏因開平末批焦炭不好，萍焦不濟，年底停爐。今年開平祇允運焦八千噸，日本焦樣礦多灰重，又不合用。東流打鑽尚無把握，鐵廠惟有大辦萍鄉煤鑛一著。已借銀十萬兩，派張贊宸前往總辦，並調德鑛師賴倫仍由江西赴萍，順道兼勘宜春煤鑛，必須明幹委員同往，方可放心。去年所派惲令太拘泥，以致未能詳細勘定。查有汪丞鳳瀛堪勝此任，與張贊宸亦相洽，可否求俯。念鐵政成敗關係，准暫借汪丞一行，所有咨行公牘，擬會大銜以昭鄭重。

《通商各關華洋貿易總册》光緒三十四年下卷義理邇《光緒三十四年秦王島口華洋貿情形論畧》 開平礦務局在唐山開礦，并電器料件，次爲日本貨物，估值關平銀五十一萬四千兩，俱係木料，而英國所佔之數三十萬五千兩。

《申報》宣統元年六月初七日第三版《灤州煤礦開股東正式會直隸》 直隸灤礦公司於五月二十四日，開正式股東大會。凡政界、紳界、學界、工商界到者約百餘人。下午兩鐘開會，由總理周緝之廉訪報告灤礦開辦後至現在情形。復與協理孫蔭庭觀察演説，告退總協理之理由。旋由議長趙幼梅明府，提議選舉董事。議決後，衆股東遂各投票。開筒揭曉，選定李希明、周緝之、趙幼梅、劉仲魯、陳一甫、李嗣香、李伯芝、孫蔭庭、張伯訥、嚴範孫、盧慎之、王少泉、胡季樵、周實之、楊溥菴等十五人爲董事。旋用複選舉法，由董事中選有總、協理資格者各一人。其被舉爲總理者爲周緝之廉訪，得一千一百三十一權；被舉爲協理者爲孫蔭庭觀察，得一千零三十八權。其後又選舉孫君華伯、甄君鑄臣爲查帳員。并決議總協理任期以三年爲限，董事以二年爲限，查帳員以一年爲限。聞原訂二鐘開會六鐘閉會，因當時探討極詳，籌畫極細，直至魚更二躍始行竣事。

中國第一歷史檔案館《宣統政紀》卷二三《宣統元年十月上》 外務部奏：直隸唐山開平煤礦經前督辦張翼赴英控訴得直，而英商始終占據，不允歸還。復由直隸督臣袁世凱另籌開設灤州礦務公司，以救煤荒。而英使又以開辦灤礦，即是侵害開平利益，疊請停辦。直隸各紳則謂開平舊界不過十里，灤礦既在界外，爲中國自辦完全之礦。一則援成約以詰責，一則據舊界以立言，各執一詞，兩不相讓。臣部外迫交涉，内顧輿論，兼權并計，應付實窮。竊思開灤兩礦同在直境，同爲直隸所倡辦，而各紳又同係直隸之人。與其由臣部空言支拄，而事機逼處，補救終難爲功。何如由直督就近詢商，俾情事了然，解決或易爲力。擬請旨飭下新任直隸督臣陳夔龍妥籌辦法，以息争競而杜轇轕。從之。

陳夔龍《庸菴尚書奏議》卷一三《委派周學熙隨同籌辦開平礦案摺宣統元年十一月二十日》 奏爲籌辦開平礦案，派員隨同辦理，以維權利，恭摺仰祈聖鑒事。竊臣於宣統元年十月二十三日，在湖廣總督任内，接准外務部咨開，十月十二日具奏開平等處礦務，請旨飭下新任督臣陳夔龍，妥籌辦法一摺。奉硃批，依議欽此。鈔録原奏，咨行遵照等因。臣抵京後，復承准軍機大臣字寄十月二十九日奉上諭：有人奏開平礦案轇轕日久，請飭新任總督慎密妥籌另行設法收回一摺。著陳夔龍到任後，按照所奏各節，詳核原案，體察情形，妥籌辦理。據實覆奏，原摺著鈔給閱看。欽此。遵旨寄信前來，臣查直隸開平礦局一案轇轕未結至今，已及八年。歷經前任督臣，暨外務部王大臣力與辯駁，至再至三。現奉諭旨，飭臣妥籌，自應欽遵辦理。惟事關重要，非有熟悉情形大員隨同籌辦，仍慮難得要領。三品京堂張翼係關係此案之員，原難置身事外。茲查有前署直隸臬司周學熙，曾經總辦開平礦局有年，於此案始末極爲明悉。擬即奏明派令該司隨臣妥爲籌辦。臣當恪遵諭旨，督飭該員等詳核原案，體察情形，隨時會商外務部，妥慎辦理，以杜牽涉而圖挽救。除分行外，謹將派員隨同辦理開平礦案緣由恭摺具陳，伏乞皇上聖鑒。謹奏。

《東方雜志》第六年第十二期《開平煤礦交涉記聞》 開平煤礦，自英商占據後，經張侍郎翼在英京與之構訟，英國公堂判斷，不直該英商所爲。詎英商納森仍不遵英國公堂所判，不將礦産變還。外務部曾與駐京英使商議購回，謂此係直省與英國商人所締結之合同，未爲中央政府所核準。英使之意，則謂此合同雖爲紳士所反對，仍應核準，不能作廢云云。

前月忽有英商三人，由本國來京，要求其公使照會外部，願將該礦交還。其所填之虚股，均須按官利長年七釐，照分紅利，五十年爲限。限内派洋總辦一員駐局，權利與華總辦相等。并將國家新開之灤礦，并吞在内。限一禮拜答覆。時直督在京，即電招諮議局閻議長等數人赴京，詢商對付之法。閻君等當即力駁英人要求之無理。并云：事關全省，非一二人所敢主持，應回津開會公議。

直隸士紳旋在天津開會研究對待方法。賈君佩卿議定辦法兩條：一爲對外之策。將來開平礦案，萬一失敗，吾直人誓必聯合團體，自由不買英貨，以爲報償。一爲對内之策。按照英廷判詞，即張翼被脅畫押之約，亦久在當廢之例。據理相争，該商本無可挾制。至外部對於此事，尤以推出不管爲確當辦法。此本係張翼與該商交涉，與國際全然無關。況就案論案，早應廢約交還，勿論約中有無可争之件。一廢而無不廢，其他全爲贅語。英商不肯遵斷交回，只可着張翼重赴英國訴訟，外部不必聞問。總而言之，張翼能重訴英廷，外部肯推付張翼，必不至大有失敗云。

《通商各關華洋貿易總册》宣統元年下卷義理邇《宣統元年秦王島口華洋貿易情形論畧》 開平煤一項，計四十二萬七千二百十六噸。即值銀二百七十七萬六千九百四兩。而運出外洋貨物僅值銀六十二萬五千四百四十七兩，内有煤值銀五十八萬四千六十四兩，牛肉值一萬九千二百二十四兩，牛隻值一萬八千四十兩。出口往通商口岸者，共值銀二百三十八萬六千九百五十兩，其中最居多數者爲煤之一宗，計三十三萬七千三百六十噸，值銀二百十九萬二千八百四十兩，餘則花生值四萬七千五十兩，狗皮褥值二萬九千四百十五兩，開平礦務公司所造缸磚值二萬六千二百四十二兩，按此可知開平煤由本埠出口者，遠過於昔時，較上年幾多一倍也。

《通商各關華洋貿易總册》宣統元年下卷義理邇《宣統元年秦王島口華洋貿易情形論畧》 開平礦務公司港口未符去歲之期望。因挖工未曾實行，致吃水二十二英尺，或吃水較深之船不能泊岸。當初冬之時，連日西北風大作，將海灣水吹出，適有吃水二十三尺六寸之法國輪船名阿梅路烏瑞者，抵口竟候數日之久，未能泊岸，後無奈仍開往大沽，似此非實行挑濬港口，則吃水較深之大船難以進口。然開平礦務公司所出之煤并運出之數，實以本年爲最夥，誠歷來所未有。本年三礦井所出之煤共一百三十六萬一千七百三十一噸，内有唐山出者八十二萬三千九百十八噸，唐山西北礦井出者十二萬九千一百五十噸，林西出者四十萬八千六百六十三噸，由本埠出口四十二萬七千二百十六噸，核計即爲所出總數三分之一。及至將届年終，時運往上海南方各口煤斤頓減，頗堪注意。其故據云，因有撫順及日本之煤與其角逐。本年灤州官礦公司報運大宗開礦機器進口，於唐山附近開平境内鑿修礦井，且查本年貿易表足可證明。

陳夔龍《庸菴尚書奏議》卷一三《籌辦開平礦案摺宣統二年二月三十日》 奏爲瀝陳籌辦開平礦案情形，恭摺仰祈聖鑒事。竊臣奉旨籌辦開平礦案，當以事關重要，奏蒙允派熟悉情形大員三品京堂張翼、前長蘆鹽運使周學熙隨同辦理。數月以來，督同該員等悉心研究，并遴募深明法律洋員檢核案據，及中英條約互相參證。伏查此案轇轕日久，端緒紛繁，歷經前任督臣，暨外務部王大臣力與駁辯，持義甚嚴。當日英商騙訂私約，實違理法，有礙主權，始終未蒙朝廷允准。即英國公堂判斷此案，亦稱英商欺詐，公論所在，中外僉同。現在著手之初，若不先行證明私約應歸無效，則彼此争執，易滋牽混，難期公平了結。臣謹遵疊次諭旨，并查照外務部前致英使節略，擬具華洋文説帖，將英商私約不能强令中國承認之理由詳細聲明。先與駐京英使接洽，復派洋員前往英京，期與英國外部會晤談判。俟前項説帖解決之後，再行提議了結方法。此詳核案情擬定入手之次第也。旋准外務部轉據英使照會：現奉本國命令請將此案提歸公斷，并將開平有限公司所開條款附送前來。當經臣覆稱：公司所請公斷各條，似於私約無效一層，未經決定以前，尚非應議之件。全案關鍵重在此著，無論如何礙難聽人公斷。若果此關解決，將來細目或有未能允洽之處，再行商用公斷辦法較爲相宜等語，咨請照覆。近又准外務部轉據駐英使臣李經方電開英外部照稱：開平礦案，英商無理處，政府本不幫助。但非公斷難見曲直等因。臣仍按照原議函請電覆去後，兹接英京來電，所派洋員已由駐英使臣通知英外部定期接見，當飭遵照前議竭力磋商。此近日往復商辦之情形也。臣維此案中外注目，得失匪輕，非惟商業所關，實爲主權所繫。相持十載損失已多，若辦理稍失機宜，更貽隱患。臣奉旨籌辦，自當勉力進行，隨時會商外務部，一意堅持，以期補救於萬一。至所用華洋員司一切薪費用資等項，俱由臣先行設法挪墊。俟辦結後，再行籌還，另案核銷。所有籌辦開平礦案緣由，除咨外務部外，理合恭摺具陳，伏乞皇上聖鑒訓示。

陳夔龍《庸菴尚書奏議》卷一四《籌議收回開平礦產情形摺宣統二年八月初六日》 奏爲籌議收回開平礦產情形，並請飭下部臣預爲妥擬善後辦法，恭摺仰祈聖鑒事。竊臣於宣統元年十月十二日，奉旨籌辦開平礦案。十一月二十四日奏，蒙特派熟悉情形大員三品京堂張翼、前長蘆運司周學熙隨同辦理。嗣因案情重要，復遴委直隸紳士分省補用知府李士偉、分省補用知縣王劭廉，及深明法律華洋員司馬尼爾、慶世理等詳核文卷及中英約章參互考證，悉心研究。宣統二年二月三十日，業將籌辦大概情形，奏明在案。現在辦理漸有端倪，謹將詳細案情及所擬收回辦法，爲我皇上縷晰陳之。伏查開平礦產煤苗豐富，廣袤數十里，且近接鐵礦，地又瀕海，交通利便，爲國家莫大利源。光緒元年，前直隸督臣李鴻章奉特旨籌辦，以濟軍國要需。先派候選道唐廷樞會同現任司道設法集股創辦，並扶以官力，嗣後二十餘年，疊經困難卒著成效。不幸庚子拳亂，前礦務督辦張翼委洋員德璀琳設法保護礦產，詎德璀琳與礦師胡華私立賣約，繼復由張翼簽訂移交，約及副約，舉凡開平煤礦原定十里礦界以外之所有礦產，並推廣及於與礦產相連之利益全行包括在內，是以唐山、西山半壁店、馬家溝、無水莊、趙各莊、林西等處地脈相接數十里之礦產，以及奉旨代辦之秦王島通商口岸碼頭地畝，與附屬之承平、建平、金銀等礦，悉移交英公司執掌。其約中一則曰：照英律註册；再則曰：按英律存案。是不特地利入外人之手，即國家主權亦多所放棄。追前督臣袁世凱到任後，英公司竟有秦王島不准中國兵輪停泊，唐山礦廠不准升挂龍旗，胥各莊滘河不准民船行駛等事。遂一再陳奏，奉旨嚴飭張翼勒限收回。厥後，張翼呈請赴英控訴，僅責認副約，名爲得直，而迄今十年，外人仍安享權利。歷經前直隸督臣及外務部與英使據理力争，該使但憑該公司一面之詞故意拖延，甚且要求禁阻開採灤州煤礦。此開平礦案積年轇轕之實在情形也。臣奉命籌辦，檢核案據。竊以當日英商騙訂私約，實違理法，有礙主權。始終未蒙朝廷允准。即英公堂判斷此案亦稱英商欺詐。籌辦之初，自應先行證明私約應歸無效，乃易著手。爰與張翼、周學熙等通盤籌畫，商榷辦法。張翼堅主責認副約，謂實行副約可爲中外合辦，無須費款贖回，即可同享利益。不知副約原於移交約，移交約原於賣約，三約一脈相承。英國中公堂判詞明明斷爲移交約與副約應作一件看，是認副約即不能不認移交約，認移交約即不能不認賣約。一認賣約，主權何在？況副約中所謂張翼仍充該礦督辦有管理一切之權者，英國上公堂已並此而駁之。是即以副約論，亦毫無效力，何況有移交約、賣約爲之根據？且十年以來，英公司何曾實行副約一字？不過徒爲掩飾賣約之空文。往者尚幸國家並未承認，若今日復經國家允准，則該公司執約相繩，凡開平相連數十里之礦產，無論何種煤、鐵、金銀等礦，並他項利權皆非我有。設有緩急，海軍用煤泊船，均須仰給外人，後患何堪設想？經臣再三研究，未敢稍涉遷就。謹遵歷次諭旨，並依據外務部前致英使節略宗旨，督同周學熙及李士偉、王劭廉等籌議辦法，擬具説帖，聲明當日騙詐行爲，引證切實案據，派員向英使解釋，並派洋員馬尼爾等赴英向英外部詳晰剖陳。始而英外部一味偏袒，謂張翼從前控訴，僅責認副約，并未提議私約爲無效，機會已失。經該洋員詳切駁難，告以張翼赴英，中國國家實係責令收回，始終並無承認副約之説。

中國第一歷史檔案館《宣統政紀》卷四一《宣統二年八月上》 直隸總督陳夔龍奏：開平礦案，積年轇轕，歷經奏明在案。竊以當日英商騙詐行爲，張翼等堅主責認副約，主權大失，後患無窮。疊經派員向英使解釋，并派洋員馬尼爾等赴英，向英外部詳晰剖陳，始尚一味偏袒。繼知案無遁飾，乃復謂事閱十載，難言收回。臣當洋員赴英時，即豫定條件兩項：第一條件，爲將礦產收回後，所有公司股本一百萬鎊，換給國家擔保之債票。并接還舊債約四十餘萬鎊，均以七釐行息。五年之後，二十年之前，將債票全數贖回。第二條件，爲將礦產收回後，仍準洋商附股。所有公司股本，換給中國股票。一切遵照中國礦章辦理，并密諭洋員注重第一條件辦法，以爲完全收回地步。抗議半年，英外部及英公司恫喝要挾，變幻多端。臣隨時商承外務部，内外堅持，英公司始願收受債票，將産業交回。惟索款至二百七十萬鎊之多，繼經嚴拒，復減至一百七十八萬鎊，且要求贖回債票期限，展長至三十年以後。核與第一條件所定款數相差三千餘萬鎊，期限相差十餘年。而英外部照會，并云此事匪因細數，敗於垂成，殊屬可惜等語。旋準外務部知照，以中英友誼素敦，總宜互相退讓，期於了結爲要義。臣當電飭洋員謹守斯意，相機磋商。并函商度支部所有債票，將來擬由大清銀行發行，以昭大信。如能全數收回，國家暫時擔任百數十萬鎊之債票，而全礦産業皆爲國家所有，每年進利，足抵本息而有餘。至秦王島通商口岸，關係國家疆土，尤非尋常礦産可比。現在一面磋商；一面即須豫籌善後事宜。擬請飭外務部、度支部、農工商部，分別豫爲妥籌。接收礦産碼頭，發行債票辦法，以資準備而免貽誤。得旨，該部妥議。具奏。

中國第一歷史檔案館《清代軍機處電報檔彙編》第三二册《收直隸總督陳夔龍電爲開平礦案須中國不致吃虧太甚方可議結事宣統二年九月初一日》 勘電悉。開平礦案，原定條件，既認股本又認舊債，已極吃虧。英公司要求公積，不合情理，實難照給。敝處前允變通債票期限，已屬格外退讓，並無一百六十萬鎊之説。此案拖延已久，如果英公司真意了結，應向英外部切實聲明，有近情之退讓。並於十日内，定期開議。敝處亦飭洋員與之接議，必須中國不致吃虧太甚，方可議結。應請鈞部轉覆英使，連同前次照會，一並電英外部，飭公司遵照。夔龍。豔。

中國第一歷史檔案館《清代軍機處電報檔彙編》第三二册《收直隸總督陳夔龍電爲請照復英使開平礦案須互相退讓等事宣統二年九月初八日》 初六日電悉。開平礦案，英使照稱兩端。其金債票一節，原條件已經載明，由中國政府擔保。至債票期限，曾允變通。條件明定，且已展長。但只允許，在三十年後，方能贖回。此案糾葛多年，誠如英使所稱，必須互相退讓。敝處已予馬尼爾、慶世理開議之權，仍請照復英使，電達外部，轉飭公司從速定期開議，毋再拖延。夔龍。庚。

中國第一歷史檔案館《宣統政紀》卷四三《宣統二年十月》 都察院奏，翰林院修撰劉春霖等以開平礦案，關係重大，亟應力破奸謀，完全收回，以保疆土而復主權。呈稱開平礦産，煤鐵縱横，地居要點，海陸交通，爲東亞著名佳礦，實國家軍備要需。自庚子拳亂，前礦務督辦張翼，受外人欺騙，擅訂私約。舉數十里之礦産，併秦王島通商口岸，以及天津、烟臺、牛莊、上海、廣州、杭州、蘇州、各省碼頭地畝，悉移交外人掌管，主權喪失，於今十年，疾首痛心，莫此爲甚。先朝嚴飭收回，士民披瀝請命，仰蒙朝廷極力維持，飭令外務部北洋大臣妥籌辦理。近聞已有由國家發給債票，將礦産及秦王島各處口岸并他項利益，實行收回之議。全省士紳，同聲相慶，亟盼本此進行，早日議結。乃近見報章，紛載張京堂翼，疊上封奏，并布散流言，登諸報端。仍係固執己見，回護前失，謂責認副約，即可中外合辦，并以發給債票，收回礦産，有損無益，聞之曷勝詫異。伏查中外合辦之礦，流弊滋多，名爲合辦，實則重權盡屬外人。張翼所定合辦副約，係承接移交約賣約而來，且載明按英例在倫敦注册，受英例保護，其他條款，多本此爲根據。是其所謂中外合辦者，不過英國公司内，有華人一部分之少數股本而已。中國各通商口岸租界之設，本以限制洋商，不準於界外置産，用意至爲深遠。若以礦産而引外人施其律例於内地，此端一開，則中國徧地皆礦産，徧地皆可行外國律例，後患伊於胡底。此案爲中外所注目，關係全國實業，影響甚大。張翼以經理股分營業之人，而擅賣股東産業。若不據理挽回，則公司律將歸無效，全國實業，何以維持。又張翼以本省鉅紳，受朝廷委任，督辦礦務，竟自私賣礦産疆土。若國家因而承認其事，則主權何在，法律何在？將來各省紳商，相率效尤，外人援以爲例，更有何説以善其後？此開平礦産，關係國家主權，亟應收回者也。强國之道，係乎兵力。列强兵力，尤重海軍。欲興海軍，非沿海有大煤礦不能濟事。中國沿海七千餘里，江浙閩粵，礦産無多，山東濰縣、奉省撫順等礦，均非我有。將來恃有海軍命脈者，僅此開平一帶煤礦，爲一綫生機。若并此永屬外人，一旦海疆有事，處處受人挾制，噬臍何追？且秦王島爲不凍佳港，天然形勝，最便爲海軍根據之地。該島係自開口岸，爲開平産業，占地計一萬三千五百英畝，合中畝九萬四千六百餘畝。故欲利用該島，益宜力保開平。此開平礦産，關係國家軍備要需，尤應收回者也。綜之，此案所關甚鉅，爲主權計，爲軍備計，爲目前之大局，與將來之隱患計，勢在必争，理無妥棄。北洋大臣，乃奉特旨委辦此案之人，其與外務部所訂辦法，係懔遵先朝諭旨，實行收回。若不發給債票，則英國股本，斷難取消，注册之案，何由作廢？若不由國家擔保，則外人之信用，既無以堅明。礦務之營業，尤難免干涉。且礦産美富，每年債票本息，取資礦利，實屬有盈無絀，國家毋須另籌一款。英人自接辦以來，每年賬略歷獲厚利，即以上年而論，已有二十四萬七千鎊。即礦産之餘利，還債票之本息，確有把握，無須過慮。事關國家主權，軍備要需，現與外人竭力磋磨，始克就緒。吃緊之際，稍縱即逝，既不可聽其破壞，亦不可稍事遲延。此礦之存亡，實天下大局所係，非僅直隸一省之利害已也。請飭下度支部，迅速派員前往開平礦廠，實地確查，擔任發行債票；一面飭下北洋大臣，切速議結，以保利權而維大局。奉上諭，都察院代遞修撰劉春霖等呈稱，開平礦案，關係重大，亟應完全收回，以保疆土而復主權等語。著載澤、盛宣懷歸併前案，確切查明覆奏，原呈著鈔給閱看。

中國第一歷史檔案館《宣統政紀》卷四六《宣統二年十二月上》 諭軍機大臣等，載澤、盛宣懷奏查明開平礦務一案始末情形，及現擬收回辦法一摺，庚子之後，該公司改爲中外合辦，奏明有案，張翼外英涉訟得直歸國，英使願爲調處。袁世凱狃於成見，不肯實行助力，以致始終不克收回，實屬失機太甚。該礦本係華商公司，此次陳夔龍遽議發給國家重利債票，并不豫先請旨，殊屬非是，應毋庸議。至所擬灤州礦局加招商股，即就開灤兩礦，發給公司債票，歸併辦理如有把握，尚爲可行。惟中外公司從前款目轇轕甚多，張翼爲原經手之人，届時仍應赴北洋會商辦理，毋得置身事外。儻或英公使要求無厭，該大臣等不妨堅持定見，徐籌抵制。總之，此礦被占，英公堂判爲誆騙，公道自在，當無慮其久假不歸。著外務部、北洋大臣及張翼按照載澤等所奏各節，妥籌辦法，毋稍遷就。

盛宣懷《愚齋存稿》卷一五《遵旨覆查開平礦案情形及收回辦法摺宣統二年十二月度支部尚書澤公會奏》 奏爲遵旨查明開平礦務一案始末情形及現擬收回辦法，恭摺覆陳，仰祈聖鑒事。宣統二年九月初八日，承准軍機大臣字寄，欽奉上諭：張翼奏開平礦案，現與英人交涉漸次議結辦法，出入關係甚鉅。將大概情形，先行陳明，請特派大員切實妥籌一摺。著載澤、盛宣懷按照所奏各節確切查明，據實具奏。原摺著鈔給閱看，欽此。遵旨寄信前來，復於九月十六日、二十四日，十月初七日，十一月初一日，疊次欽奉上諭，并鈔交張翼原摺三件，直隸京官劉若曾等原摺一件，都察院代遞劉春霖等公呈二件，資政院原摺一件，九月十六日所奉諭旨中，并有誰是誰非，務期水落石出之明諭。仰見聖主於兼聽並觀之中，仍寓執兩用中之意，欽服莫名。臣等當即咨行外務部，及直隸總督調齊全案，研究詳情。一面派員至秦王島、唐山等處實行考察，并隨時備文咨查張翼。現已調查明確，始知開平一礦早可收回，延誤至今，實屬失機失利。惟事已至今日，若謂副約效力可不費一錢，臣等實不敢信張翼一面之詞。如謂收回自辦，宜不惜重資，臣等亦不能不爲直省籌萬全之計。謹將查明直隸官紳與張翼爭執之處，及現擬收回辦法，縷晰爲我皇上陳之。此案張翼所爭之處，謂如援照辛丑年，該員與英公司所訂之副約，則礦產即可以收回，不必如現在直隸辦法之重煩鉅款。是說也，臣等信其能行，於天津甫由聯軍交還我國之後，及張翼赴英控告得直之時，而不敢信其能行於今日，何以言之？開平礦務係光緒元年，前北洋大臣李鴻章欽奉先朝諭旨，飭令創辦，以應軍國要需，派委候選道唐廷樞往復察勘，擬具章程，聲明官督商辦。凡有興革，均由李鴻章隨時奏准，而後施行。是開平一局實爲完全官督商辦之局，非由公家允准不能任其變遷。乃於光緒二十六年北方拳亂之時，該局督辦張翼、總辦周學熙，證見唐紹怡、法拉士倉猝簽押，給函與前税務司德璀琳爲代理總辦，屬令保全礦產。德璀琳，即與英礦師胡華假立賣約，藉資保護而並未載及給與何等價值，此即非真賣之確證。二十七年正月，張翼回津，胡華以移交約逼令簽字。張翼不允，德璀琳謂移交約不過將開平礦務局産案移交與開平礦務有限公司，作爲中外合辦，乃加立副約以限制移交約，同日簽印。四月即舉嚴復、梁誠爲華總辦，與洋總辦會訂試辦章程十九條，聲明行用以十八個月爲期，如有不妥再行更改。在張翼當時意見，若非作爲中英合辦，不能得英人保護之力。又因該礦本有洋商借款，兵退之後即便准其合股，亦尚與礦務章程不背，故僅加立副約。會訂合辦章程，先令招洋股十萬鎊，爲一時權宜之計。而於胡華所立之移交約無實行之效力，亦無取消之明文。是年五月，張翼具奏，祇稱唐山、林西等處，凡該局廠棧處所聯軍一律被佔，不得已加招洋股改爲中外合辦，其向來稟定章程及應完税款均議定照舊辦理等語。是其所訂副約移交約，張翼並未奏明國家，無由知悉。若於聯軍退出之時，即由北洋大臣援照甲申法越之役，招商局産業移交旗昌洋行亦曾權註美册，事定仍復收回之例。即與英公司交涉，公論所在，英政府未必遽能袒護，亦尚無難收回。乃招商局可以收回，而開平不能者，因招商局係總辦馬建忠所訂賣約，隨即不認，另派大員廢約收回，故順而易；開平則張翼訂中外合辦之約，雖罪其專擅，而未即派員廢約收回，故逆而難。迨至收回不成，北洋大臣袁世凱以擅賣疆土奏參。經奉嚴旨，將張翼革職。張翼遂赴英控告得直。光緒三十一年，英公堂判詞有：如副約所載各節，不能於近情之期限内奉行勿違，則本法堂當盡力而行，將礦産及産業收回，交與原告等語。是英公司不能實行副約，即可將礦産收回，英公堂已垂爲信讞。當張翼未回國之先，北洋大臣袁世凱先派津海關道等，與英商那森協議收回未能辦到。及張翼回國後，英使薩道義函致侍郎唐紹怡，亟欲調停免再涉訟。其節略内稱，按副約意見，礦務局之操權應在天津，所立合同應照華人礦務公司爲底，其章程一切張翼可以簽押，須奉御批，方爲妥當。俟得御旨之後，由外務部移知英國欽差。現在開平礦務局即將所有之全業盡交中國礦務公司等語，其時張翼調往北洋又未與英人理論，致此説終未見諸施行。有此數因，事機已失，以致該礦爲英公司占踞者十年。華股東因見督辦撤銷，華部解散，知華洋勢力不敵，遂將股分紛紛出售，因而有洋股多至八九成，英公司獨占優勝之局；因而有公積三十萬鎊之盈餘，彼之憑藉已豐。與張翼在英控告時情勢又迥不同，即責以副約並未實行，應仍照英公堂判詞辦理。而境過情遷，亦恐非一紙空文遂能令礦産全行歸我。況現在張翼迭次奏陳之意，仍是落到責英公司實行副約，以爲他事即做不到。但能照副約華洋合辦，亦已無傷，不思從前華股實有三十七萬五千鎊，其時尚不能實行合辦，現在所存華股不過十之一二，尚何合辦之可言？且合辦而不能收回，亦恐非直省紳民所能樂從。此張翼謂照副約收回可以一錢不費之説，施之今日實未敢預必也。至直隸官紳所争之處，謂此礦關係主權疆土，若能收回自辦，即數千萬之鉅資不宜吝惜。況有該礦之蘊藏無盡，足可取償，决無損失。斯言也，臣等於收回自辦之説固無異辭。若主權疆土之言，該礦盈虧之數，亦尚不能不加審察。查直隸紳民所謂主權疆土，係根據前北洋大臣袁世凱奏參張翼之言，以秦王島口岸有開平公司地畝産業計一萬三千五百英畝一節爲最重。查秦王島爲我自開口岸，全屬我之主權，斷非一外國商辦公司所能侵損，況英公司亦認爲中國自開商埠有三十年，袁世凱奏案可憑，且該公司所有該處之地畝馬頭，現據臣處委員查得，開平局曾於光緒二十四、五年間先後託清丈局在秦王島圈地四萬一千三百零九畝。除去未買熟地、未買民地、官荒官買之地，及沙坨河溝窪地，實購得中國九千九百四十二畝七分六釐，其泛言一萬三千五百英畝者，或即指最初所圈留之地。而言此項田地，現仍歸原業主耕種，由該公司收租。其地之紅契糧串，悉存張翼處；歷年錢糧，亦由張翼完納並未移交。張翼送來清摺言地契錢糧事，亦同是祇須此次將英公司轇轕理清之後，即可於張翼處將地契取回。尚不至有礙主權疆土，其他承平、建平、永平等金銀礦，開平公司或有代還官款，或有附入股票，現仍歸張翼派員經理，契據均在口外，各存各局。尚有唐山洋灰廠，開平亦有股分，已劃歸周學熙，華商獨辦，開平公司並無理論。其餘各處碼頭地畝，移交約中謂詳載細單之内，而單内所列皆未嘗正式移交。此數層均無虞藉口。至開平爲東亞著名佳礦，人所共知。辛丑年胡華之報告謂：「足供八十年之採取。」本年，英公使照會外務部謂：「去年有二十四萬七千鎊之利息。」就此而論，即費重價收回，亦尚可收大利。然臣等據上海招商局所稱，開平現在煤質每百分中有灰三十分，該局已經少用。又據前開平美國律師林文得所遞説帖言：開平自灤礦既開之後，地位甚險。蓋因出煤過多，利不抵費，又有各處煤礦互相競争，恐非從前可比。是以華人議買英人樂從等語。是開平礦産雖旺，經纍年開採之後，煤質已差，本礦銷場因之漸滯。將來能否獲利如前，亦無十分把握。此臣等所以於直紳主權疆土之言，該礦盈虧之數不能不慎思明辨者也。惟此礦必須收回自辦，確有二故：一則張翼所訂之副約、移交約中國國家雖未承認，但英公司久占不還，并將各處之地畝碼頭據爲應有，長此不問即與承認此約何異。一則灤州開煤費款已多，兩礦相離不遠，售煤必致相争，開平若不收回，灤州亦受其敵。張翼奏稱德璀琳當日賣約，既係私訂，則今日但聲明廢約即可收回，何必備價？既未曾賣，何所謂贖？不知英人占礦之後，因華股售出，獨力營辦，亦有所費，舊債公積均可藉詞故議收回，必須補償英人所失，皆爲理勢所必然。惟收回之辦法，臣等以爲一在直隸須籌有的實之抵當。一則直督須派員確查公司之帳目，抵當之法。本年直隸督臣陳夔龍遣派洋員馬尼爾等赴英，向英外部解釋案情之時，曾給與英公司條件兩項：第一條件，爲將來財産移交時，中國國家發給該公司一百萬鎊，國家擔保之債票長年七釐行息，五年之後二十年之前贖回。至該公司原有之債票，或全數由中國國家還款，或全數換給國家七釐債票，均聽原票主自便。第二條件，爲中國國家接受有限公司之礦，即設立北洋官礦公司，資本作爲二千萬兩，每股十兩。以一百萬股分給灤州公司，以一百萬股分給有限公司。至有限公司原有之債票，或還款或換給北洋官礦公司之債票，聽原票主自便。此兩條件陳夔龍已於本年八月奏摺内具陳，並言密諭洋員注重第一條件辦法。而當其正月二十三日，將此條件給與洋員之時並未先行請旨。逮英使已據第一條件以相計較，而外務部猶以債票由中國國家擔保，欲得朝廷允准，恐有難處之語答復。殆亦以其先未奏明之故，而英使即以此言電知英外部。九月間，北洋所派洋員由英來電，曾述及之，即英使末次照會外務部，猶以未得政府允准爲不滿意。是國家擔保一層，外務部亦始終未經允許也。至度支部接直督來函，言及此事之後，臣載澤即派大清銀行監督張允言前往面詢辦法。陳夔龍告以應由大清銀行出立債票國家擔保，此即國債票也。以商辦之煤礦而出國債票一不可也；國債票而出七釐重息二不可也；大清銀行而代出外洋債票三不可也。故無論煤礦有利無利，度支部皆不當爲。蓋有利，則當藏富於商；無利，又不當貽禍於國，二者皆非部臣所應出。此是直督所定之第一條件實有難行。雖英人已藉此爲辭，但國家擔保一層既始終未奉朝廷允准，英人亦難妄肆要求。惟有就第二條件再籌辦法。正在商酌適於十月間，准直督咨度支部據灤州煤礦總理周學熙等條陳，開平收回之後，歸併灤州合辦之法。大致謂如將兩礦，合爲一事統歸商辦，由本礦股東添集資本擔任接辦，則産額可酌盈劑虛，價格可整齊畫一。直以本礦全力補助開平，確有把握。若使獨立一局與灤礦並峙，難免種種競争，是合之則兩益，分之則兩難等語，并附有三十年籌還此項收回鎊款之清單。臣等以爲如此辦法果有切實抵當，似尚可行。除另文咨復外，應請飭下直隸總督，即行責成周學熙等迅速加籌商股五百萬兩，連灤礦原有股分五百萬兩湊足商股一千萬兩，併作開灤煤礦公司。即以兩礦産業作爲抵保出立債票，分年清還英商應得之款，否則如能由公司另借輕息之款一起付還，尤爲直捷。此兩層應歸該公司自行妥議，呈請直隸總督酌核奏明辦理，揆之各國實業債票辦法，均屬相符，似亦足以取信於英人矣。照此籌款尚無流弊，然後再由外務部、直隸總督與英公使、英公司磋商辦理。惟一面須先行派員查明英公司歷年帳目，蓋該公司現索三款：一爲股票一百萬鎊；一爲舊債四十二萬鎊；一爲公積三十六萬鎊，共爲一百七十八萬鎊，加以三十年七釐重息，計需英金五百五十二萬餘鎊。照平均金價約合銀四千四百萬兩左右，爲數實屬太多，必當磋商核減，庶可於籌還時略輕擔負。查直督咨送洋員馬尼爾末次説帖内，稱開平煤礦擔負一百四十二萬鎊之七釐利息已屬甚重，原定債票之數斷不能加等語。又查外務部八月二十九日致直督電英使面稱：風聞中國有願給一百六十萬鎊之説。倘能彼此讓步，擬電本國外部飭英公司通融等語。是此兩數較一百七十八萬鎊原索之數已屬不同。而在英人以不可必得之礦息股票，换我必不能少之重息債票，以誑騙始，以美利終，孰得孰失似不待言而可決。再查英公堂判詞所敘，英公司掣發股票一百萬鎊給還華股僅有三十七萬五千鎊。此外均屬紅股私相授受，被人誑騙其舊債公積之數目，核諸張翼此次奏摺及開送清摺内所稱，并北洋譯送，開平帳略其中不實不盡者，頗多。應於查帳時，依據此數項文牘，切實與之商減。如有疑問，張翼本係宣統元年十一月，由陳夔龍奏奉。諭旨：隨同辦理此案之員，似不應任其置身事外，仍應責成該員會商北洋辦理以上辦法。如蒙聖明裁斷以爲可行，應請飭下直隸督臣陳夔龍及張翼妥籌辦理。再此次查辦該礦，因各處調查案據，並派員考核頭緒繁多，以致復奏稍遲。合併陳明所有遵查開平礦務實在情形，並酌擬辦法緣由，理合詳晰具陳，伏乞皇上聖鑒訓示。謹奏。

盛宣懷《愚齋存稿》卷一五《密覆開平礦案片宣統二年十二月度支部尚書澤公會奏》　再，調查卷内，有御史史履晉奏稱：英人見我灤礦漸有成效，知唐山不能居奇，急欲由我買回，其心不問可知。外務部何得過求速了，自取喫虧。我中國民窮財盡，已達極點，更何堪竭吾民之脂膏，以飽外人之谿壑等語。宣統元年閏二月初九日奉旨，著外務部知道，欽此。現在直省京官會奏北洋大臣所議，籌給債票實爲正當辦法。其數雖鉅，而取資於礦利，綽有餘裕。苟非調查確切，何肯爲地方增兹重纍等語。查會摺内御史史履晉亦復列名，何以本年北洋大臣議給之數，連七釐息計算不止倍於去年，而直人前以爲自取喫虧者，今乃以爲正當辦法。蓋聞英使照會内稱：按照上開一百七十八萬鎊數目，每年英商所得債票利息不及十二萬五千鎊。而此礦獲利即以去年而論，已有二十四萬七千鎊。故前以爲竭脂膏飽外人谿壑者，今以爲數雖鉅，可取資於礦利也。然而臣等奉查辦之命，若不將實在見聞質直言之，將來該省紳商如受鉅虧，臣等捫心難免欺飾。查英人代辦開礦，實交華商股票三十七萬五千鎊；又交張翼、德璀琳股票五萬鎊；又交北洋大臣銀三十一萬兩。所交者如此之少，所還者如彼之多，喫虧一也；開平原屬近海佳礦，五槽、九槽煤質尤爲著名。而開辦已逾三十年，目下五槽將已挖空，九槽亦甚稀少。煤道愈挖愈深遠，則成本較重，煤質不佳，則賣價愈薄，喫虧二也；開辦灤礦以逼開平未始非策，但既立意收復開平，則灤礦不應大舉，又糜數百萬，唐山、林西、灤州咫尺之間三礦齊舉，銷路必滯，如抽停一二，則虚糜更多，喫虧三也；直省有臨城、井陘，奉省有撫順、本溪，湖東省有博山、嶧縣，豫省有彰德、福公司，長江有萍鄉煤，上海有日本煤，各省紛開諸路，受擠非復從前可比，識者謂開平煤利斷不能再有二三十年之長，而英人欲我包利二三十年之久，喫虧四也。臣等兩月以來，明查暗訪，議論皆同。又查前北洋大臣袁世凱三十年二月奏稱，與西人之諳法律者，再四考核，僉謂收回必應償補英人所失，計非六七百萬金不足抵賠，中國亦難猝籌此款等語。可見當時非無收回之法，惟因鉅款難籌以致拖延時日。今臣等既奏請，擬照陳夔龍所咨，准歸灤州公司加招商股，出立債票，與英人另議收回辦法。然猶不敢不據實陳明鉅款收回，喫虧之故者，誠恐英人仍復要求北洋大臣先允國家擔保之債票，直隸官紳仍復執持國家不妨擔認借此鉅款，地方亦不惜增兹重纍，則貽害必非淺鮮。況查礦務新章本有中外合辦之條，直屬臨城、井陘已有成案，秦王島及承平、永平、建平等處，既無關於疆土主權所有。開平煤礦，萬一英人知我直省紳民，不惜鉅款必欲收回，遂致儘力要索，不能亟就範圍。如此，則我冒其險，彼償其慾，非計之得者。竊以爲不妨堅持定見，稍緩須臾徐籌抵制。現聞該礦票價已跌，在中外之明白礦務者，皆謂相持數載其煤必滯，其利必薄，其股票價必大落。届時將其股票盡行收買，或陸續收買過半，如一百萬鎊之股票，至多不過一百萬鎊之價值，全盤歸我，免致受此數千萬鉅虧，實爲計之最善者也。或又謂北洋大臣已允給鉅數國家擔保之債票，未便失信於外人。查本年九月二十九日，英使照會外務部，内稱：直督在倫敦開議，滿望商量日有起色，乃偶閲上諭所派之大員，並無全權。實屬常有之葛藤，是以在倫敦代直督所擬之策，發出中國政府債票贖回該公司，未經政府允准。若果如此，諒不如停止商議，仍然照舊辦理等語。可見未曾奉旨允准之事，彼亦不能强我所難。惟仍然照舊辦理一語，必須由外務部將英公司在我國内違背我國法律，辦理此項要緊事業，我政府既始終未經承認，即英公堂前斷亦定爲詐騙。可見并爲外國法律公理所不容，斷不能因此次北洋派員赴倫敦商議，即可承認張翼所不認，德璀琳私立之賣約。所以，照舊辦理一層，萬難承認等情，向英公使切實駁復。應請飭下外務部及北洋大臣一併堅持，不可鬆懈。至或謂開平不收回，灤礦恐爲所阻，此論尤妄。北洋大臣從前原奏開平礦界僅有十里，當日林西續開礦井，北洋大臣特又奏准而後行。就使英人受有張翼之副約，亦豈能越乎開平原有之權限？此固歷任北洋大臣所拒而未許者。其移交約内，各地名祇因開平局曾在該處買有民地數畝而言，並非所列地名皆准開礦。況該地畝至今並未税契，亦未在地方官衙門過割。是以開平洋人在彼打鑽即已禁阻，而周學熙等稟請開辦則已奏准，此斷非開平所能過問。至屢次參案所稱擅賣疆土等語，業經查明實無其事。英公司雖狡固無所用其譸張，凡此皆無待緦緦過慮者也。理合縷晰，密陳伏祈聖鑒。謹奏。

盛宣懷《愚齋存稿》卷一五《再密覆開平礦案片宣統二年十二月度支部尚書澤公會奏》

再，本年九月二十六日承准軍機大臣封交直隸總督陳夔龍一摺，奉硃批：著將此摺封交載澤、盛宣懷閲看，一併確查具奏。欽此。查原摺内稱據洋員近由倫敦稟稱：張翼曾派律師向英公司索取賠償三十萬鎊，並在英外部陳請此項賠償未經清付以前，公司不得移交産業。比向英外部查詢實有其事。因檢查全卷，張翼當光緒二十六年冬間，即有胡華私函允給五萬鎊與德璀琳平分之語，遂於次年正月簽訂副約、移交約。迨至赴英涉訟除責認副約之外，並索賠償箇人損失二百萬元。回華後，復與英公司經理那森增索公私賠償三百萬元。卷宗具在，歷歷可憑等語。臣等查核直隸總督咨送開平礦務卷内，此數事皆已有案，當即據以資查張翼。兹據張翼復稱所索賠款，係英公司應出之賠償，公私各款皆在其内。所指三十萬鎊乃英人模略之詞，並非成議。本年六月電致在英律師鶴士鼇查詢此款，並屬通告英外部，三次去電皆陳督所知。前呈英公堂索賠帳單共約需五六十萬鎊，現在又隔數年，除在英所用訟費應俟結案再計外，所有國家釐税項下，除交商部十萬兩外，尚欠八萬餘兩；報效項下五十餘萬兩；舊員司花紅項下六十四萬餘兩；舊股友餘利項下二百五十八萬餘兩；又二十七年舊股友應得而未派之股利十八萬餘兩，暨墊辦唐山巡警費，開平局員司薪水丁役工食。並翼因此案損失之款，非查據帳吕秉公核算，不能遽定。然計不止三十萬鎊之數，以上所開已可概見。至賠償未清不得移交産業之語，尤爲無此情理。翼已由北洋撤去督辦，何能有不准移交産業之權力。又胡華所交之開平新股五萬鎊一節，當時原擬不收，因德璀琳言可爲墨林詐騙證據，業由伊手付給收條，並在駐津英領事處聲明有案。二十八年翼回奏御史王祖同參摺，二十九年函復前北洋大臣袁飭繳五萬鎊照會，並經陳明在案，此項股票本存德璀琳處，嗣翼赴英控告，律師鶴士鼇以涉訟需款，向德璀琳取出四萬鎊，暫由銀行抵用。後因英公司賠款未繳，由翼回華後，在大清銀行押銀四十五萬兩歸還前欠。現四萬鎊股票，存大清銀行，一萬鎊暫歸德璀琳墊款，均屬有帳可稽，并將鶴士鼇往來電報，所向英公堂索賠華洋文帳單，前北洋大臣袁札件及與德璀琳往來函稿等件附鈔，聲復前來。臣等核其情節，原摺所稱張翼向英公司索取賠償三十萬鎊，既無其詞，自不能指此以爲肥私之據。惟索賠之公私款目，非與各處及英公司核對帳目，不能知其是否確實。應俟派員查帳時，一并查明再行核辦。至紅股五萬股，既據於光緒二十八九兩年將緣由奏明朝廷，函復北洋。現在又已分別抵押還墊，此係大衆皆知之事，將來結案時，應由張翼核實具報。惟按照張翼所呈英公堂帳單，英公司應償中國之款爲數甚多。前議中外合辦，尚可云款在公司之内不必計較；今議收回，應予者皆予之，則舊日照帳積存之款、積存之煤，以及中國老股應得光緒二十六年以前之公積餘利，應抵補者，亦應索其抵補。如德璀琳私立賣約中，所列各欠據，張翼查復其不符之數，亦不下數十萬兩。如果英公司代還舊欠，均於此次所列之舊債四十二萬鎊內撥還，則於議還舊債之時，亦可藉茲商減。此皆可於籌辦此案之時，仍令張翼詳細查核，不必令其置身事外。抑臣等尚有不能已於言者，此案張翼當庚子兵亂之時，委託德璀琳保全礦產，事出權宜，原非過舉。即德璀琳與胡華私立賣約，張翼不認，英公堂亦許其不認，可無疑義。惟辛丑正月回津後，不認賣約而認移交約，張翼之意，加立副約，則移交二字不過變華商獨辦爲華洋商合辦而已。然合辦二字，雖奏明有案，控英公堂有案，而卒不能實行無阻，貽誤至今，爲人口實，此則難爲該員解免者。此次該員摺內所陳辦法：一謂副約可行，一謂判詞可據。如英公司不服，尚可赴英上控。原屬理直氣壯，但上控即能得直，亦祇能照前判，照副約爭至中外合辦而止。今直人既決議收回，何如就灤州煤礦公司所擬之辦法，由北洋大臣督飭該公司自行籌款收回，使兩礦相厄者轉而爲一氣相生。惟北洋大臣既照英公司所索之價，允給一百四十二萬鎊。而中國所收者，僅老股三十七萬五千鎊，豈移交如許之產業而所值僅止此數乎！則張翼所訂中外合辦之約章，及英公堂之判斷，皆可爲查帳、算帳之根據。亦未嘗不可備北洋之採擇，但使中國多得一分，磋磨即少受一分虧損。此則臣等查明此案之實情及復陳辦法之微意也。所有遵旨查復，緣由合再附片，密陳伏乞聖鑒。謹奏。

盛宣懷《愚齋存稿》卷一五《查覆開平礦案片宣統二年十二月　度支部尚書澤公會奏》　再，臣等正在具摺，復於十一月二十六日承准軍機處鈔交直隸總督陳夔龍片奏一件。奉硃批，著交載澤、盛宣懷一併查核具奏。欽此。查原片內稱：開平礦案未結，現該公司頗有變動產業情事，如胥各莊一帶林木原爲礦道要需，近竟採伐出售。又井下材料漸行提出，應擴工程亦多停止。且礦廠西南平地塌陷，是其攘利貽害已露端倪。此種情形，當新舊交替之際，本在意計之中。是以臣原定條件，特先聲明所有該礦一切財產，悉以該公司最後年總結帳之日爲斷。嗣後七月間交涉將可就緒，當即奏請飭部預籌接收辦法，皆爲杜此流弊起見。嗣後張翼飾詞矇奏，停議數月，致予外人以可乘之機。現如早定接收辦法，或尚可以挽救。若再遷延不決，則全礦產業變更尤甚。雖國家以疆土主權爲重，不計利益之厚薄。然債票本息取資礦利，原定規畫，誠恐難副初心。與其貽釁將來，不如早爲之計。或竟撤銷條件，由部另議辦法等語。臣等查該礦一切財產，既經直隸督臣原定條件與之聲明，悉以該公司最後年總結帳之日爲斷，似此鉅款交割，如果產業或有變更，皆可與該公司理論，並可於付款內扣除。似不能聽該公司任意毀壞，況變動產業，或在議准給價。而尚未交收之日，今未議准而彼即毀傷，似無此理。至此項接收之法，總須先有接收之處，方能定見。督臣前奏，雖請飭部預籌接收辦法。然收價既未奉旨由部給付，此礦亦非部臣所應收辦。則接收之法，亦難由部預爲擬議。此礦原本爲北洋官督商辦之業，則收回後，自當照前辦理，方爲正當，斷無由部接收之理。此次臣等所擬就灤州煤鑛公司所籌開灤合辦之法，由督臣督飭籌辦一節，如蒙俞允，則一面與該公司議價，一面即可就近籌備接收，亦尚不難挽救。且如此辦法，與督臣原定第二條件不甚懸殊，至於所擬能否辦到，條件應否撤銷，奉旨後皆應由督臣酌度辦理。惟收回之法，臣等以爲前約既非國家承認，則現時所給之價，祇能作爲收買實在洋股及貼補英公司經理此礦歷年損失之用，不能作爲收回主權疆土之賠償。臣等正摺內已將此層反覆證明，無煩再計。此項付價既專爲貼補公司之用，則公司所有之帳目，所有之產業，自不能不於議價時，一一清查，然後再行給值。斷不能索價則任其爭多；交產則任其損少。是該公司攘利貽害一層，亦似可毋庸深慮。所有遵旨查核緣由，理合附片具陳，伏乞聖鑒。謹奏。

《通商各關華洋貿易總冊》宣統二年下卷義理邇《宣統二年天津口華洋貿易情形論畧》　查天津開平礦務局本年所出之煤，共計一百十五萬九千噸，售出之數共一百二十萬九千噸。若比較西歷一千九百九年，出煤一百三十五萬九千五百二噸，售煤一百二十三萬一千四百八十一噸。西一千九百八年，出煤一百二十二萬六千六十九噸，售煤一百十四萬九千三百三十六噸。西一千九百七年，出煤一百十一萬七千五百七十噸，售煤九十五萬九千三百九噸。該公司出煤之數實爲出售之額所限，按現時該局所設機力每年出煤可逾二百萬噸，該局曾運煤赴美之新金山以爲經營，美國太平洋沿濱一帶商業之先鋒。本年由海運銷售各處之數共計三十九萬二千噸，其間售於上海一帶者居多，數計有二十四萬二千噸，售於秦王島塘沽之華洋各船共十二萬一千餘噸，各鐵路共需約有十二萬噸。該局之唐山磚窑所製火磚出數逐見加增，並新近特備機器製成屋頂鋪地彩黝等瓦，銷路頗廣。近時該局又注意林業，將公產中之餘地遍植樹株，以供他日礦中之用。現今所需之木料悉購自日本，大批進口，該局先後栽種樹秧，約計已逾一百萬株，年内尚擬添植云。查福公司採挖河南硬煤，出數逐漸增加，本年共出三十五萬七千二百五噸，核與去歲增十二萬五千五百七十四噸，運來津沽者數逾四萬噸。半由船運，半載火車，有轉銷於太平洋沿濱各地，並滿洲上海各處，然統計所出之煤銷於内地者居多半焉。灤州官礦局進行各事，逐漸推展，日後出産當有良美之希望也。井陘礦務局新築鐵路一條，其軌道之寬，擬聯正太之路，並開一鉅穽，不久出煤諒必暢盛。然此時每日亦出有一千噸矣。臨城礦務局煤穽頗有水患阻礙，出煤以致每日僅出六百噸。現時採煤之穽口有二，各深一百九十米特，口徑各四米特八十分，以穽口度之，每日工作十小時，計每穽可出煤約二千噸矣。

《通商各關華洋貿易總册》宣統二年下卷義理邇《宣統二年秦王島口華洋貿易情形論畧》 開平煤向爲本口出口大宗，但本年運出之數則不及上年。然在美國太平洋口岸，又覓得一新銷場，銷售開平、山西二處煤斤。於本年八月間有船載山西硬煤二千噸、唐山煤二千九百噸，復於九月間有船載唐山煤一千五百三十噸，運往美國舊金山試賣，但此舉能有好結果與否，尚未發見。

孫應祥等《嚴複集》補編《奉告開平礦務有限公司中國諸股東啓》 謹啓者：

中國自海通以來，言礦利者衆矣。至於今日，以貧弱之故，於是扼腕言礦利者尤多。顧礦之爲物，非重本不興，非堅忍必廢。每聞某所礦苗絶佳，一二有力之家，方且集衆擘之力以求厚利，及股已集，局已設，則或以銷路之不通，或以水源之過旺，抑辦理之未得其人，母財之中道無措，故凡礦之事恒九十九廢，而其一僅成。此誠諸君所共聞共見之事，豈過論哉？至於中國之礦，則其勢尤有難者，道咸以降，外人足迹所掩，不僅在二三十口租界間，各國皆有上上礦師深入内地，繪圖立説，測其中藏，計其廣遠，凡神皋陸海之中，開辟以來歷劫未發者，彼皆指而數之，傳布歐美。而吾華人固未知，即知之亦不甚措意也，甚且持有明以礦丁致亂之瞽説，動色相戒。此何異匹夫窮子被褐懷玉，方且日日憂貧，而波斯賈胡則掀髯愁眼以議其後耶？故礦之爲物，中國雖多而不數見者，伏而難成，一也。成而外國垂涎，又懷攫取之心，二也。今夫開平煤礦者，中國幸而僅成之礦也，質佳苗深脈遠矣，而其地近海，其爲泰東上上煤礦無疑。溯開辦二十餘載以還，始也有中輟之慮，繼也有敗壞之憂，卒也有被占之虞。甲午中東之役，使日人朝飲馬於榆關，則唐山林西半壁店之煤田夕與俱去。至於客歲之亂，其保持無失尤難。初起之日，亂軍拳匪焚掠遍京東西，而於西法之事尤致恨，恨不問其爲誰主也。繼而俄繼而德。俄之入唐山也，其將帥争電告森彼得政府，謂既取北清最美之煤礦而據之。當此時，督辦張京卿乃以權宜之計，札津海關監榷德君璀琳爲開平總辦，假便宜使承繳得一切廢置，則告俄人曰：此不可據而有也。此局以前負故已質德國矣，乃遍插德旗以爲保護。已而德人又欲乘勢據之。德君又告之曰：此不可據而有也。此局以秦望島興作之故，已質之英國矣。枝左而梧右，其大局如千鈞之重，上懸一髮而下臨深淵。設是時彼中有出而曰：此固官局，吾軍所得籍者，籍而仞其所負，外人有股，仍一切分利，則雖十德君無如何也。德君知此乃請張京卿更札已令增募百萬鎊之新股，而以其局注於英商部之册，一切用英國商例爲有限公司，夫而後泰山可摇，而開平之煤局不得動矣。

蓋自客歲五月以還，三輔之間，萬里淫痍，上自國家之倉庾，下逮商民之鹽堆，彼中武人恃去國稍遠不爲君若相所悉知，則往往絶人理、背公法，寇攘而劫取之。我無所愬訴也。獨唐山林西無水半壁諸局，至於天津塘沽諸塢員司苦力，上下百千猶可致力其中保持危局，卒以無事。此固德君之動合機宜，而亦張京卿知人善任，深信不疑之故。不然，豈有幸哉。且德君固德人也，而注册之時，乃舍德而取英者，則又以英國商律之平，無詐虞而可恃。此其一出於公無私之心，尤不佞所欽嘆，而服其行事之磊落者也。而局中人與執券之股友，固未必盡知之。今者合辦之章規既定，一切公司之事，將統於支那之總局，置議事首領，而華洋之總理各二，事資平權，不爲畸重。全局舊母都一百五十餘萬金，百金舊股抵新之以一英鎊爲股者二十五股。蓋一轉移之間，前之出資百者，至今爲百八十五，以比去歲夏秋方亂之際，股價陡跌至於百爲四十五者，其同異之實，雖無目者猶睹之。煤局自開辦至今歷有年所，利之所在，弊亦叢之。新公司欲地寶之盡出，章程之可久也，則相與早夜孜孜爬垢振痂，而事或出於操促，其中身被之者，相與駢額蹙頞，嘆事權之日去，恐歲月之後將悉歸於洋人。雖然此非篤論，特近似之説耳。所以云其不篤者，蓋公司辦事之善否，以股利之盈絀爲歸。而股利之盈絀，視股價之上下爲表。近者滬港之間，開平股份百金舊者價騰自二百五十至於四百者有之，最下亦售百九十。此非有美利之實，則衆情難欺。誰復有以四易一者乎？故曰非篤論也。若夫恐吾人事權之日去，歲月之後悉歸洋人，則或有然者矣。然此權利則中國股東操之也。蓋開平礦業地畝餘利之積過百萬鎊者數倍不止，洋人知之稔矣。華股東聳於目前數倍之利市，勢將争以出售。使售之而盡，則華人於此礦爲無權，即謂之盡歸洋人可也。故曰近似之説也。使吾民而智，必欲與彼族爭此礦之權者，尚其藏弆股劵，以俟數年後之分利，則必有以吾言爲不欺者。嗟夫！此所爭者非僅一己之厚，實國民之權力實係之，則愼勿見小利而欲速也。

孫應祥等《嚴複集》補編《開平礦務有限公司廣告》 有股諸公公鑒：

啓者，我中國之言礦利者數十年，而開平之成效最著。此誠非旦夕之所經營，而亦非一手足之烈也。始也，李傅相具幾先之智，持堅毅之力，勞來匡翼，期以必成。而先後當事如唐景星、吳蘭皋諸公，皆極慘澹維持之意。至鄙人承乏是局，繼奉恩命督礦近畿十餘稔以來，鑿深縋幽，部署綜核，幸賴華洋同事贊襄之雅，得勉奠可大可久之基礎，而爲北方開數百載不竭不塞之利源。夫固有股諸公所共見耳。開平煤質致佳，礦苗盛厚，綿亘數百里，入土逾千尺，且産地瀕海，適當太平洋之沖，銷路四達，緣此列强眈眈，環伺興羨，蓋不徒商利之厚而已，海上兵力待此後行。故近十餘年間，邊烽或警，此礦輒摇。記自甲乙至今，全局之危而復安者，屢矣。平日股友之中，抱前識獨明之慮者，亦嘗謂欲此礦之不傾，股本之永固，非制爲中外合辦之局不可。顧當時鄙人及同事等見雖及此而未決然逕行者，亦以宋藝祖有言：卧榻之旁，不欲他人鼾睡故耳。迨庚子夏間，猝遘拳匪之亂。當是時，本局之爐廠、機器、屯棧、碼頭，水有舟船、陸有車軌，積煤成阜，何地而無？始則亂民潰勇有劫掠之慮，繼則聯軍入境，有占據之憂。今夫鹽者，民食所必需，運以商本，即遇用兵，公法例所不禁。彼俄法諸國，居然取之。何況開平有官督商辦之名。煤之爲物，軍興所用，公法既禁，取之有名，加以垂涎之素如前云云，則當日開平全局之危岌不問可知。何必張大其詞，詳列事狀以瀆諸君之清聽乎？顧更有難者，方事之棘也，前北洋大臣裕壽帥已殉楊村之難，而合肥相國旌麾猶在粤也。僕困租界圍地之中，彼族日以奸人偵探相待戍而守之，雖欲如無事時之周爰咨度勢有不能，而事機存亡懸於呼吸之際。竊不自揆自承後責與素稔有力之洋友定議招募新股，立華洋合辦有限公司，所畫非(合)同具在，於欽設礦路總局章程固未嘗敢違背也。當此之時，僕所汲汲求保全者，國合一方莫大之利源，并有股諸公百數十萬之本利與此後官府應征礦産之賦税已耳。至於萋家之繁興，謡諑之不相諒，則固前知其如此，竊惟妖民愚豎肇亂以來，上之宫寢府庫、中之廨署廠局，下洎窮簷編户之所蓋藏，其亡於兵若盜者，何限？獨唐山林西無水半壁，至於津沽水陸數百里間，寸鐵半煤無有占奪，購者不分主客，價入而後貨出，迄如平時，股友之本息有加，官府之征收如故。處茲膠擾之秋，當彼元黄之日，撫躬循省，夫亦可告無罪焉耳。至謂不能招數百萬之新股，無假尺寸之權，使不得同於吾事，設悠悠者以此罪僕，則僕信有罪矣。諸公洞明商務諳曉理財，察今昔之時勢與股價之低昂，意或者不隨俗爲附和歟！

總之，開平礦務總局今成開平礦務有限公司，事資合辦，義取平權。自倫敦注册以來，所與歐洲新股諸東往返熟議，所期兩得其平，不相侵抑，唇焦筆秃，至今年三月，始能粗具規模，勒爲辦法。所有先後畫諾合同及合辦章程等業已具咨北洋大臣、熱河都統、礦路總局大臣，并行陳奏各在案，當時計定倉卒(促)，欲集諸股東會議，固所不能，即如合同原議於本年内邀集同人詳告辦法一節，亦以屬有使事，不克承教。今僅能將前後情節，詳列報端，伏祈有股諸公均鑒而已。

孫應祥等《嚴複集》補編《論〈中外日報〉論開平礦事書》 閲上海《中外日報》三月初一日所論張燕謀侍郎復奏開平礦務一節，徒爲肆口詆諆，而於辦事者功過是非，如不識瘡痛者從旁説針砭。此誠中國報章之通病，以較西國報論，不啻霄壤之分。以是之故，雖年來報館之設，南北如林，於民智國是徒益紛淆，初無毫末裨補。間嘗竊思其故：一則以道德心程度之不高，不知報館爲人耳目，立言有體，將爲通國别白是非，非於其人有所憒好。二則以學識淺陋，於所論事勢全然隔膜，雖辯口懸河，其於閲報者猶以盲諭盲，益增迷罔。三則言爲私利，受人指嗾，其植所欲植也聳之九天，其傾所欲傾也抑之九地。坐此三端，遂使年來小人道長，君子道(清)(消)。每見朝貴要人所經報館特罵、屢罵，不一罵者，其人類多方正長厚，不屑或不解招呼報館之人。至於真實巧言奸人，其於報館固已早爲佈置，或以金貲，或加鉗制，或講交情，必使之不得直言而後已。諸公試於旦氣未亡時納手捫心，便知下走此言爲誣爲實。噫！公等日説言論自由，輒忿忿於其物之不可得。然須知自由之亡，緣於外加之壓力者寡，而起於自營之私意者多。私意大行，雖去其壓力，吾未見其民之果能自由而不終至於僨敗也！雖然，此不具論，請論其所論開平煤礦之一事。

《中外日報》言：於張侍郎所辦開平一事業已「誦言攻之，盡發其覆。」自不佞觀之，該報之攻侍郎則誠有之，至云「發覆」未免過於自許。何以故？張侍郎於所辦開平一事終始磊磊落落，惟恐人之不知其詳。本無所覆也，則該報又安所得其覆而發之？且中國常態往往以辦事者身由正道之故，轉爲時俗所攻；向使侍郎果有所覆，其事固已了結久矣！

夫該報與一時言者所指爲任事之罪案者，莫若賣礦一言。今姑無論其事不出於侍郎之本意，而總辦德璀琳與礦師胡華訂立塘沽合約，其初心純出於保礦而無可瑕疵。但就今如該報言，作爲真實賣礦，該報居滬瀆之中，於公司事例當亦耳熟日久，獨不知此所云賣者乃由無限之舊公司賣與有限之新公司，而新舊所異者，特派招洋股已耳！其中地主則仍然地主，股東則猶是股東，利息照分，税釐仍在，自督、總以下權責照約應行一切如故（此約於辛丑正月畫押）；此猶市中行店添本加記之所爲，非若田産屋宅，賣契既立，遂行易主也。然則賣與不賣，固已不足深争，而該報特爲故甚其詞。一則曰：將官商數十年佈置經營一旦付之烏有。再則曰：將中國礦利全讓與人。三則曰：完其贈與外人之初意。總觀前後詞義，一若三家村刀筆訟棍之呈詞，但恐鍛煉之不周，不論事理之分際。一若詈之愈厲，則其罪人之愈深也者。此吾國文人思想之所以爲幼稚也！

查侍郎回奏原摺，語語皆實，其事君不欺之誠，實爲晚近奏章所僅見。乃該報張皇揚厲，列爲欺罔十條，設謡辭而助之攻，每出鄙人意料之外。尚憶洋總辦威英初謁侍郎時語次諷曰：大人如此堅持，將徒爲一己之不利，而令旁人笑拙也。侍郎曰：吾上對朝廷，下對股東，若見查問，只有事實和盤托出。至於以此破家，以此失官，本所不顧，吾約一字不可背也。威英竦然。然則侍郎之忠信，且有以伏譸張反對之西人，而不能見諒於同種比肩與其平生所優厚者，則吾國人心世道之憂也！

該報有云：「懼聯軍者，懼毁壞耳！懼擄掠耳！地下之煤，彼不能盡載而歸也，即百萬快炮不能轟毁也。」此言於當日情事相去奚啻萬里！吾想言此之人固亦心知其不爾，特意在傾人，不得不爲此詞以聳淺者之聞聽。夫庚子當事諸公所謂保全此礦者，豈獨懼此毁驚二事而已乎？使當日所懼僅僅在此，則不獨塘沽之賣約爲無取，乃至添招洋股、倫敦挂號皆爲贅旒。但言者當知食鹽非軍興所禁，學堂、善局雖有戰争不能藉没，於公法皆有專條。而長蘆之鹽坨，昭昭前事在人耳目。至天津大學堂與浙江義園之屋宇，皆未聞完歸趙璧也。則開平煤礦無論何國席而踞之，彼復有後來賠款，假以爲摺償之資，吾不知卧榻之旁將何術以驅此睡漢也！且使果如該報所言，侍郎起意欲以全礦贈與外人，而己居間享其厚利，則所謂何王之門不可以曳長裾而得利分肥？想不獨胡華有此盛德，復何必間關數萬里，遠求諸南非戰事未已之倫敦？至該報以招商輪船前事比例開平，則不知海陸公律之歧異。即謂中外合辦之局，無論洋股洋款，大利皆歸洋人之手，亦隨俗附和，似是實非之謬談，與計學實理絶不相合。果使此説卒行，將中國終古食貧，而地下礦産勢亦不能長保，此其理甚繁，非此時所能暢論也。

該報又謂侍郎有保護礦産之責，宜死守勿去，與城存亡；吾於此尤見言者大節凛然，責人平恕之至意，獨惜其不知保礦之事與守城之事稍有不同。保礦存乎佈置，守城在乎戰争，使佈置得術，雖違而去之，礦固無恙也。近者南中風氣，好取庚子士夫遘侮受辱之事以爲談噱之資，如此報謂張受庇於德璀琳，亦其一也。噫！公等信皆勇者，然何必刺取同種之不幸而爲之快心乎？至回奏原摺中述周、唐兩觀察簽押見證之事，要不過據事直書；假使其事爲非，即侍郎亦豈能諉過？嗟嗟！自甲午東事以還，吾見有人身爲敗壞大局之戎首罪魁，但造作蜚語僞書，卸其責於素受卵翼之人，即因之而取尊官大權者矣！於周、唐二公尚何尤乎？該報若謂前節爲非所宜言，則試問置實事者，其措詞又當何若？

該報又以摺中有爲德税司道地之言爲侍郎自圖卸責之地。夫侍郎未肯卸責也，觀德税司纍次自任咎責，侍郎申飭不準復言，可知其意。且吾聞以督過他人爲自行卸責者矣，未聞贊其行事之爲卸責者也。又云言及外人，朝廷即無從過問。吾因憶東坡《上神宗書》至「宰相，人臣也，尚不欲以此自污；陛下獨安受其名而不辭」云云，輒嘆東坡蜀士，不忘抵巇之習。由此例之，則該報所謂居心深險者，明眼人當知誰屬矣。

自此以下，雖該報意主傾人，然不能自圓其説，既謂張、德利此礦之全歸外人矣，又云不利其歸胡華，胡華獨非外人耶？則又以胡華獨擅厚利之故。夫既曰贈之矣，則無論所贈爲誰焉，往而不擅厚利。又謂摺中所謂挽回，不過廢胡華所訂之約；而廢胡華所訂之約，又適完其贈與外人之初意。夫侍郎之以礦贈外人，外人之能受此贈者，毋亦有約在耳，何期廢約而贈礦之意反完！凡此真報館文章所獨有之名學，不佞雖百讀百思而不詣解者也！

且該報謂國家利益絲毫不能恢復。夫國家利益固有可指之實；今使庚子之變不生，開平之煤日出，則極該報之説，試問國家利益應爲何等？庸錢者，礦工與一切在事者之所得也。贏利者，有股諸公之所收也。而國家利益，在前兩物之外者，非賦税耶？且極該報所設思，要不過報效銀兩而已！然則雖不廢胡華一約，我國家猶將得之；顧何以此約既廢之餘，此等利益猶待恢復，猶云絲毫不能恢復，凡此又報館文章所獨深之計學，不佞雖百讀百思而不能詣解者也。

夫開平有洋股，固不始於庚子、辛丑間。如俄羅斯之昊王，如比利時之國主，皆鉅擘也。況自墨林等名代開平招股而實作爲紅股私肥，又代開舉私舉五十萬鎊之公債，此後母財不進，新債有加，而每歲分息之時須派一百五十五萬鎊六七釐之息利，本輕負重，雖目前可資敷衍，久後將至不勝，此不獨中國舊主之大虧，實亦西人新股之被賺。此張侍郎與彼族斷斷者在此，而英外部所云情願助力者亦在此。摺中所云「盡心竭力」、「勞怨不辭」、「上保國家利權」、「下顧衆商貲本」，實乃針針見血之言，非尋常奏章門面語，不圖議者尚有所云引繩排根也。《詩》曰「譏人罔極」，非是謂乎！

至言外稱合辦陰受苞苴，擅取公款千萬，別營私利，乘亂賤價收買股票等語，尤屬無聊不根，徒爲擲糞蟾蜍，不復自惜口舌。使侍郎有一節於此，則中外數百千家方將其短長以與侍郎爲難，無待該報之嘵嘵矣！總之處事後而出無責之言，其用意又欲毀其成功，以傾其所傾，植其所植；則淆亂是非、危詞聳聽，固其所耳！

不佞身處當局，目睹時論之誣，自不得不稍爲別白。雖然，侍郎獨無過乎？曰：有之。當庚子事起之日，使智者爲侍郎計，將不下一札，不畫一諾，聽其礦之自滅自存。無論爲何國所占據，或山水所淹没，離散腐敗不可復活，乃至如漠河金礦，但置數十萬之私股之於度外，則事後皆有以自解。至於商股，其存固不爲侍郎功，則其失自無由侍郎咎。區區商民之利害，本非中國官長所宜留意也。故爲侍郎計，其第一著之失策，在假德璀琳以保礦之實權。顧其事誰實爲之？查此事經在英、比兩都辦理，業有端倪，行將就緒；近因某西人電告倫部云，開平事勢可以就某大員之易而避張侍郎之難，遂致事機中沮，彼輩復持兩端。嗟天！外侮方深，內訌更作，吾恐他日中國滅亡，端由此道。豈獨開平一事也哉！豈獨開平一事也哉！

嚴復《嚴復集·爲張燕謀草奏》 奏爲謹將遵旨設法收回開平煤礦，近日辦理情形，先行陳奏，以紓宸廑，恭摺仰祈聖鑒事。

竊開平煤礦前經有人奏參，仰蒙天恩，著臣明白回奏，業將前後事勢及臣不得已苦衷，據實陳列。嗣復經直隸督臣袁世凱奏稱：英商依據私約，侵占産地，請旨飭部切實聲明。復荷聖慈，著臣趕緊設法收回，如有違誤，惟臣是問，并著外務部切實磋商妥辦等因，欽此。臣聞命自天，悚惶無地。伏念猥以一介庸愚，渥膺重寄，雖急則治標，事變乃起於倉猝，而授之以柄，圖慮或欠於周詳，以致内蒙衆口之交譏，外值洋情之爲幻。此即皇太后、皇上赫然震怒，治臣以應得之罪，以爲不才者戒，臣復何辭？而乃屢回日月之照，俯察螻蟻之誠，曲予優容，責其收復。臣雖無狀，具有天良，敢不勉竭駑駘，亟圖補救，上保國家之權利，下顧商賈之貲財。但以案情繁重，道里阻長，往返之間，稍需時日。昨得所派赴英辦事洋員慶世理來電謂：此案已由開平公司之舊股東交倫敦頭等律師告發。僉云理直，不宜更與前途理外。即欲理處，亦須由律師代辦，是爲至要。此案全勝，大有可望各等語。臣因欲仰紓宸廑，兹謹先將近日措辦情形，以及微臣用意所在，爲我皇太后皇上披瀝陳之。

夫開平前事，非一二言所能盡也。庚子事作之日，臣以京僚困於租界，云爲言動，在在爲西人所深疑。而煤局産業，近者在河東、塘沽，遠者在開灤、榆關各等處，遍地皆敵，消息不通。於此之時，臣若一無佈置，則無論何國皆可占據掠奪。縱令不然，而機匠礦工逃亡四散，戽水之機必停。停則山水泛濫，盡没煤槽，此礦雖存，亦同無有。蓋凡礦之有戽水機，猶於人身之有肺，肺俄頃不呼吸，則氣絶人死；戽水機月日不動作，則水溢礦亡。庚子兵亂之時，開平戽機所，嘗因俄兵占據而停者，僅十數日耳，乃礦内底槽，盡行淹没，距今三年之久，抽汲尚未全干。若復曠日持久，則又何如？此不待智者而後知其驗也。是以臣欲保存此礦，勢不能不派保護之洋員。而税司德璀琳，於甲午年間，亦以保護路礦之事，經前北洋大臣李鴻章委爲開平煤礦會辦，則臣所欲派者，舍德璀琳亦莫與屬。且既屬之矣，若不假之以便宜之全權，則於保礦，亦爲無濟。此臣當委派德璀琳爲開平總辦之頃，所身處不得不然之事局也。

繼而聯軍至津，以其兵機，令臣出境。然方臣未由塘沽以赴上海之先也，所與德璀琳要約者，迅往倫敦挂號，一也；添招新股，華洋合辦，二也；充拓舊股至百萬鎊，三也。凡此皆有案可稽者也。乃臣南行之後，聯軍勢正汹汹，德璀琳睹察情形，知前許三端，於保礦實際，皆屬緩不濟急計，不得不與胡華暫立賣礦之約，以開平地産由全屬華股之舊公司，賣與華洋合股之新公司。礦成公産，庶幾敵人雖負兵力，不能占據。且既立此約，而冀其有用，自不得不爲斬截净盡之文，方符賣斷之實。聯軍索驗，乃可無辭。又胡華者，乃臣全省礦局之礦師，誼關休戚，經英商墨林所薦。而墨林又新爲秦皇島澳工，爲開平集二十萬鎊之洋債，行息八釐，以唐山、林西煤礦爲押質。是以德璀琳欲立此約，舍胡華以外，亦無他人。此私立塘沽賣約之時，德璀琳所身處不得不然之事局也。

至交胡華赴英挂號之約文，與前約留示聯軍者有殊。但言胡爲托付經手之人而已，即此亦可知前者賣約之假而非真也。逮至次年辛丑正月，胡華由英挂號回津。惟時臣已北旋，議立過付之約。德璀琳心知賣約乃一時從權之舉，藉以抵制聯軍，即不宜向臣直言。但云曾付胡華草約，赴英試辦；至於正約，須待臣回親行畫押，方爲作準。臣於臨稿之時，告言添招新股，華洋合辦，外務部路礦總局原有定章。又開平爲官督商辦之局，今欲訂立正約，自應將舊公司應享權利，全行叙列。所最要者，如國家賦税，督總辦事權，舊股東應分餘利，以及在事日久員司之花紅，方稱權平利公，成爲合辦之局。當此之時，該胡華堅執不肯，聲稱開平此礦，所以每遇兵事，即有占奪之虞者，正坐官督商辦之故。且舊股東若所享權利過優，則持此合同招股，歐洲必無應者各等語。臣即決意不肯簽押，而往返詰商，如是相持者凡四月。嗣胡華見臣意堅，事將決裂，乃請將舊公司應享權利，另紙叙列，作爲副約，以取便挂號爲詞。臣於彼時，竊計聯軍尚滿京畿，和議尚未就緒，事未可知，若定與決裂，則保護之説成虚。至不得已，乃從其請，作爲正副兩約，分行署諾。實不料胡於此際，即懷狡心。其所以分別之者，於招股之時，即欲匿此副約，於合辦之日，又欲全廢此副約也。故今開平此案，全視辛丑正月所訂之副約爲樞紐。使有限新公司不守此副約，於英律不爲違背，則塘沽賣約雖假亦真，斯彼勝而我負。使其不守此副約，於英律即爲違背，則塘沽與辛丑諸約將同廢紙，斯彼屈而我伸。然則是副約者，固開平煤礦之命脈，而臣區區所恃以爲國家收回利權者，亦即在此。

故臣去歲在津，曾將此案全件面遞北洋大臣袁世凱察看。嗣於三月十二日，接到洋員慶世理來電云：所訂正副本同一約，查律彼應遵守，此案非訟不行，專候回電舉事，亦無須派員來英等語。由此觀之，是英京著名頭等律師暨慶世理所入之保商會諸名公衆口同稱，皆以有限新公司不守副約，即爲違背全約，彰彰明矣。顧臣愚所不解者，直隸督臣袁世凱，於陳奏開平礦事摺中，僅將塘沽賣約等三件呈瀆聖明，而於臣最關緊要全案樞紐之副約，則隱匿不呈，實令人不知該督所懷爲何意也。即其摺中所述之言，謂舊股百兩只值英金十一鎊，新公司增爲二十五鎊，加價過半，亦屬不實。蓋此等舊股，皆係光緒初年招集。以彼時鎊價而論，作二十五鎊尚屬不敷，更無論一時市價高低，雖多不能作準者矣。至墨林去年底來華交德璀琳經收之五萬鎊，乃是股票。明言退還紅股，并非現銀。在英領事署聲明在案，更不足强稱價值，即該督亦心知其僞。乃以於臣有意督過之故，偏取洋人一面之辭，據以入告。夫臣之功罪，固久在皇太后皇上聖明洞鑒之中，該督即不加曲諒於臣，然果有公忠體國之心，亦當爲收回開平道地。再不然，揭參可也，請旨懲辦可也，似不宜於此中外紛争之案，掩抑事實，淆亂是非，上以詿誤聖朝，下以助洋人張目也。

總之，中國自海禁既開之後，則閉關鎖港之説，固不可行，而甲午、庚子兩次兵事以還，華洋之交，更形密切。財匱餉殫，非廣濬自然之利勢，且無以自立。而遍地礦産之富，又爲西人所實測而周知。議者動言開礦之事，萬不可招用洋股，用則利權爲所獨操。然此皆知其一而不知其二者也。臣請更爲皇太后皇上詳晰言之。

礦學邃深，求之華人，則不任其事。成本宏大，集諸内地則應者無徒。又況官吏恣其婪索，則股東無信任之心。財力不足久持，則鉅工多中僨之禍。以臣檮昧，然從事於路礦，而身經其甘苦者，二十年於兹矣。竊謂使中國不求礦利，則亦已耳。必求礦利，揆之今日時勢，非借助於外洋之財力不行。臣聞西國理財學家之言曰：國之殖財，常資三物：地也，人也，母本也。三者缺一不行，而亦各有應得之分利。地主收其賦税，人工稟其庸錢，而出母本者則享出貨之贏息。今我與外洋合辦，所以分之者，不過贏息之一部分而已耳。勢既不能自辦又不樂利與人，均是謂靳其一而兼亡其三，則以爲理財長算可乎？乃若華洋合辦矣，而處之不得其方，則亦固多流弊。契約不明，任其侵欺，委棄利權，喧賓奪主，一也；見好外人，官爲所用，强稱官産，欺壓股東，二也。然使朝廷懸洞照於上，而任使得人，辦事者持毅力於下，而無滋以隙，則二者之弊，固亦易祛。蓋商務之與交涉，其因應之方，固不可同年而語也。是以今者開平一案，臣所爲齗齗力持，必求公道之大白者，所以爲開平一礦計者猶淺，而以爲中國後日礦利計者至無窮也。必使出財共利之外人，知神皋奥區之内，地大物博，百産所興，無所往而非利。但使循條守要，行以公信，則鄰人之富我無恡焉。乃至譸幻奸欺，滅棄公理，則雖傳質諸國，宣播五洲，亦將不憚勞勤，必求公道之伸而後已。此則臣區區綿薄，仰遵聖旨，趕緊設法之所爲也。

雖然，臣所能爲亦僅耳。向非皇太后皇上如天之明，洞矚幽隱，察臣誠悃而不爲誣辭浮説之所摇，則雖殺臣之身，以快言者之意，於中國礦事所補幾何？又使非外務部王大臣等仰體宸謨，深知此案事關商務，理資公平，未便闌入交涉，則該礦之舊股東等，亦無從合力一心，前往倫敦訟控。蓋洋商騙詐之行，不獨於我中國爲不利也，即彼西國所傷實多。故使事實分明，則亦不慮其偏袒。屈計月日之内，當有定評。一俟接到電音，即當再行陳奏。此時除將英京消息隨時咨呈外務部查核外，謹將副約譯文并電報留稿照録恭呈御覽。所有辦理情形，及微臣用意所在，理合據實恭摺先行縷陳，伏乞皇太后、皇上聖鑒。謹奏。

陳夔龍《庸菴尚書奏議》卷一五《開平礦案妥籌添股借款辦法摺宣統三年三月初五日》 奏爲開平礦案，遵旨飭令灤礦公司妥籌添股借款辦法，恭摺仰祈聖鑒事。竊臣於宣統二年十二月初五日欽奉上諭：載澤、盛宣懷奏，查明開平礦務一案始末情形及現擬收回辦法一摺，所擬灤州礦局加招商股，即就開灤兩礦發給公司債票，歸併辦理，如有把握尚屬可行。倘或英公使要求無厭，不妨堅持定見，徐籌抵制。著按照載澤等所奏各節，妥籌辦法等因欽此，並准軍機處鈔録查辦大臣載澤、盛宣懷原奏到直。查原奏内稱：責成灤州煤礦，迅速加籌商股五百萬兩，連灤礦原有股分五百萬兩湊足商股一千萬兩，併作開灤煤礦公司。即以兩礦產業作爲抵保，出立債票，分年清還英商應得之款。否則如能由公司另借輕息之款，一起付還，尤爲直捷。此兩層應歸該公司自行妥議，呈請直隸總督酌核奏明辦理。揆之各國實業債票辦法，均屬相符等語，是就灤礦接收開平，業經恭奉諭旨，自應欽遵辦理。惟查該公司上年股東會，決議由該礦添集資本，將兩礦合爲一事，擔任接辦還款。乃悉查照臣前定條件，俟國家擔保，發給債票，實行收回開平以後之辦法。今若照載澤等覆奏先由灤礦添股，出立公司債票，而以兩礦產業作爲抵保，辦法又不相同。自應飭令該公司切實研究，以速進行。茲據該公司股東會呈稱開灤兩礦對峙，關係至爲密切。現在恭奉諭旨，飭令就灤收開，主權所係，自不容外人假中外合辦之空名，以爲影射。惟此案交涉中途停議，現在所籌辦法尚未接續。磋商收回之期，既難預定，人心疑慮。招股借款，殊不易言。且原奏責成張翼查核英公司歷年款目，迄今亦未著手。給予債票之數，更難預計。惟有先將招股借款兩項辦法，公同妥議，列爲開灤公司招股章程二十二條、借款辦法四則，並預算表一紙呈請查核，奏明立案。一俟款目核定，交涉議結，再由公司按照所擬酌量情形，分别籌備。至張翼既負核算帳目之責，開平英商又有變動產業之議，將來交涉結局，所有該礦產業，必須力求完全，由灤礦遴派專員核明價值。其債票額數，亦務期少於前議一百四十二萬鎊之數，方足以輕負擔而免虧失等情。并據該公司總理周學熙呈請辭職前來，臣查所擬各節，悉遵查辦大臣載澤等原奏辦理，尚無不合。惟交涉一日未結，則所有招股借款辦法均屬空言，應請敕下外務部迅飭張翼遵照查辦大臣原奏，尅日與英公司核算歷年帳目，並磋商核減債票之數。俾臣得以早日接議收回辦法，免致要案久懸。至周學熙經營灤礦苦心籌畫，勞怨不辭。現當擴充營業，議收開平之時，事體更爲重要，自未便准其辭職，仍應責成賡續經理，以竟全功。所有開平礦案，遵旨飭令灤礦公司妥籌添股借款辦法緣由，除咨外務部查照外，理合恭摺具陳，伏乞皇上聖鑒訓示。謹奏。

王爾敏等《盛宣懷實業函電稿》上册《盛宣懷致黄建筦函》 花農仁棣世大人閣下：昨奉手示，以煤價已商張燕翁，自七月初一起，照單開減定之數，實屬無能再少等語。查來單，天津所用之煤已減二錢，只可暫行照辦。惟「公平」所裝之煤，上海商局來函，謂比較洋煤吃虧太鉅，請即停運，以後全買洋煤。弟想各局均係公司，不能不各顧成本。弟所以勉强勸用開平煤者，實係顧全大局。然相去太多，勢亦不便强其所難。查光緒二十年四月原訂合同，五槽末每噸二兩七錢，二十一年三月續訂合同，每年運足二萬噸，索價二兩八錢。如今年「公平」船斷不能運滿二萬噸，索價三兩之多，加以「公平」運腳一兩五錢，合價四兩五錢，比較東洋煤每萬噸吃虧銀一萬數千兩，無怪商董不能遵從。如開平局必欲如此，只好聽其另買洋煤矣。弟前日與燕翁談及，似亦知不大跌價難以抵敵洋煤。鄙見無論運煤多少，只好仍照二十年所訂合同，每噸二兩七錢，加以運腳一兩五錢，已合四兩二錢。即將二十一年合同暫行註銷。以後只可一年一議，因臺灣煤旺，來年必更跌價也。即乞閣下面與燕翁熟商示復，以便函告商局可也。此請勛安不一。世愚兄。

王爾敏《盛宣懷實業朋僚函稿》上册《張學周致盛宣懷函二》 杏憲大人鈞座：前夕杪曾肅一椷，計早邀鈞鑒。煤事周摺，無可著力，慚惕之至。始見欽憲許以全卸，當時電復眉翁，月之初六見天祥洋行上報招主售煤。下午船主來局，口稱船政不令全卸。周即詢之究竟船政退而不收，或是你要扣煤，須得明白説出。渠就支吾，大都因要扣煤償往日，致不收受也。其時值嚴子猷到省，切實託其排解。初八日接回信，今將原函附上台閲，付丙、擲下兩可。至于搭克些煤確係東洋之最高者，或有人説克拉子塊本大些，搭克些向來塊頭小些，烟少火力大，每墩六元二角，實在不貴。據義昌成夥友與朱樸齋説，由東洋運到馬尾，至少要六元二三角。嚴子猷説爐大塊小，必要大塊打底方可然其火力大。口衆我寡，難行著力云云。此初二三之説話也。價目實不買吃虧，諒無所對不住。裴欽憲憲台電請派員會同辦理，妙絶。專肅敬請鈞安。學周謹肅。

王爾敏《盛宣懷實業朋僚函稿》下册《蔡錫勇致盛宣懷函二》 杏翁仁兄大人閣下：昨飭德培會同委員收廠中機器物料圖籍，逐一清查，開具洋單，以憑核對。頃據復稱，作工之日，各廠器具四散分投，難於查點，擬請停工數日，專辦交代，隨點隨交，庶免遺漏等語。原函呈閲，應否暫停工作，謹請裁示。敬叩台安。小弟錫勇頓。初六。

王爾敏《盛宣懷實業朋僚函稿》下册《蔡錫勇致盛宣懷函三》 杏翁仁兄大人閣下：頃奉手書，祗悉一是。開平焦炭照初三日復電續運之百噸，十一、二當可到漢，原電呈閲，當再發電催令續運。近日爐已順適，馬鞍山焦炭應可多參。若專用開平炭恐來不及。容即函商吕柏。尊處亦請飭住廠各員與商計。十日後開平之三百噸必到，以後急催接運，參用馬鞍山炭，當可支持。萍煤商運到漢不少，上台不肯發款，未能收買。公能早日接辦，重新經畫，或可不至停火。匆復即請台安。小弟錫勇頓。初八。

王爾敏《盛宣懷實業朋僚函稿》下册《沈能虎致盛宣懷函二十一》 杏蓀仁弟大人閣下：前奉八月廿二日手示，聆悉一一。旋奉九月尚書電，以米事若非荒歉，無計分别官商，並准公牘抄函，滬關與英領事來往照會函稿，總署咨行英使照會，北洋據稟咨復暨總署致北洋函、抄録復英使各件，均經詳悉。查自秋初設法攬載米麥以來，至九月杪共近廿萬石，現已存棧者還有四、五萬，此外陸續而來聞尚不少，約略計之：開津之船至多不過半月，以十月十八爲大雪節也。然統約米數總有十餘萬，今又增出成記之三萬石，昨與芝、鳳預商，必須將各商之米悉數運出，否則必須租船與局船掉頭趕裝（米水脚租船亦有利，請公馳電租之。）以免商人怨望，以塞彼族之口。前來免照二百張，已用去一百五、六十張，通算每張不及千石，是以今早又電請尊處速發五十張濟用，大約截至封河總可裝運卅餘萬石，水脚銀數約可七八萬兩之譜，亦大宗也。至滬、鎮、蕪、潯、漢五關出口米麥大數，昨已查得，己、庚、辛三年每年拉算，滬約百萬内外；鎮約廿萬外，軍米在内；蕪約二百三、四十萬；潯自本年起約六、七萬；漢約十餘萬。共約三百六、七十萬石，皆輪運也。按此次所裝卅餘萬，每石水脚有二ㄨ，一ㄨ八卜，二ㄨ二卜五現甫一ㄨ而拉算已得七、八萬兩。以每歲三百數十萬石計之，遠近牽拉以二ㄨ而論，亦六、七十萬兩矣。鄭玉翁過滬時，曾與談及粵東出米向來不敷，往昔購粵西之米，近卅年來專購越南之米，以次及於皖，再次則由滬去。隨與詳談，渠蓄此志久矣。謂粵民歲出購米銀數多則千五百萬，少亦千萬，渠之族人做生意者不少，故知大譜。然千五百萬之銀，購諸越南者十之六、七，購諸皖、蘇者不過十之三、四。又詳考成憲，康熙間曾奉上諭，以陸路販賣米糧無庸稽察，外至水路客商於某處買米若干，清查甚易，每月終將買賣人姓名及米數一併奏聞一次，大有裨益。又乾隆間上諭，將直省各關口所有經過米荳應輪報税悉行寬免，永著爲例。有此兩層，即可大做文章。又詳查既有悉行寬免永著爲例之上諭，而現在俱不免者則自通商始，緣壬寅以前内地海船如由吴淞至江北海州，雖屬本省亦不准販載米糧。乾隆上諭指内地各關而言，自通商後始有輪船，始定洋商進出口各貨税。則米糧之准出海販運者，自洋商始，而華商亦悉照洋商税則，是以一體納税，其原委如此，鮮有知之者。至粵東購越南米由阮文達督兩廣時奏准。至今粵民感之。鳳墀曾言及當時用意，雖爲家小之義，亦多爲粵民計也。今欲大舉將通商出口滬、鎮、蕪、潯、漢五處，進口粵、汕、閩、廈、莊、津六處，米糧統歸局裝，必須一律免税，始可包羅。既有乾隆暨康熙兩朝諭旨，不難援引請奏。惟此進出口共十一處，必須想一局頭或公司名目。鄙意最好曰糧食公司官運局，（由局輪裝者悉歸公司，其餘民船小販仍如其舊。）凡大米、小米、麥子、粟米、高粱、蠶荳，凡可充飢者皆謂之糧食，由各口現做米糧各行户合辦，公舉正副董董其事，（每歲更易。）派商局爲稽查，以聯絡之。如開某船某口某户裝若干，由董公派開明數目，送交商局，每月由公司商局互核數目，開報進出口關道，亦正合康熙朝諭旨大有裨益之意。似此辦法，彼族無從藉口。先與玉軒妥商，由粵辦起，亦可即各口一氣呵成，亦不難辦。緣既歸米行合辦，則人人樂從，且既得如此永遠，大宗水脚，商局每年可酌提備販銀若干，（或報効北洋海防經費亦可。）以報國家。總之，米糧爲萬民養命之原，非比貨食，與洋商貿易絶不相干，且創此公司爲各省民食酌盈劑虚永久利賴之計，名正言順，極大題目。又自滬出口運津，歲約百萬石久矣，免税進口本無税。除此百萬外，其餘出口二百數十萬無不税以一錢五分，概請免征，在國家每歲不過短卅餘萬之税，而八省民間之受惠無窮，既便民生，又顧商局，亦振興商務之要道也。得此六、七十萬之水脚，加以江浙江廣漕糧水脚，幾將百萬，從此商局可萬歲不敗之基矣。敬祈我公悉力籌之。趁此傅相北洋，筱帥兩廣，公領津關，處處可以順手。又和興僅「和興」、「鯨龍」兩船必立不住，詢之霨霞，兩船身俱壞，謂租之則可。蕪米既歸局長江、長安等野雞亦肯出售，如成此舉，須添多船，則亦恰好併吞。

船，長江野雞亦少生意矣，更願出售。本年江浙間有蝗旱，新漕起運，恐無上局之多。然少運亦不過數萬，大約撥局運總在六十餘萬，明春運漕時已須租船濟用，則租餘□爲宜。此舉辦成，恰太必斂容，而後與訂合同，只要「各口貨客同水脚」七字談，此外俱無須訂説。夫天津少此分數，已無可做，芝局亦如此説，且既訂此分數，喫虧既大，包括米糧之舉亦無可辦。米糧事既辦到，我不願訂分數，想太古亦不敢仍前之胡橫矣。即使仍前跌價，我有稽得近百萬之水脚，則拼與鬥跌可耳。我無慮也。虎於此事窮思纍月，(言之寢食俱廢。)適得王韓之同志，總想做成此事。務祈於晉謁之際詳陳一切，傳相於意云何？或由各口米商合具公呈於北洋請核奏似最得體。半月後即停輪，書函較滯，故較難詳商。彼此俱明晰後。緊要處可電商也。此請台祺不具。能虎頓。九月杪四鼓。

再，接長江永須四萬外，誠如尊旨宜緩辦。至開平我局宜相顧，如稍稍喫虧，譬如用別種只須十萬，用開平須十一萬，只好勉行之。今合算多十之三，勢不能勉行矣。(惟有每船開回怕裝津煤以卻之然又恐非真五槽層煤也。)聞實情舊礦五槽已將取竭，所謂愈開愈深，道遠難致，有飭詞也。林西新産皆八槽、九槽，不適兵輪之用，成本又重，不敵民窟，銷路甚滯，不審燕謀將何計整頓耶？我彭兄爲漢局之副，一切不全手，紫卿月致百金，如交涉官場事，我彭可隨時接洽，却亦相宜。乃有普源長之信，想早已遞到，茲併奉覽。聞漢市廣幫共卅餘家，僅有廣興源一家主謀，餘俱不接洽。廣興源商約聯名，均不相熟，況西幫運茶係歸商局承裝，何關出入。雖名爲三幫公函，殊無謂也。藹亭既回開平，則仍舊貫，亦無痕迹，應否預爲揭曉。敬祈酌行。再前月旗昌攤帳人荁達來信，並復信録以奉覽。將五鐘矣，憊極。虎又頓。

王爾敏《盛宣懷實業朋僚函稿》中册《顧肇熙致盛宣懷函二十》 致開平局預訂來年用煤函稿奉覽。煤之名色與隨時作價，皆係輝庭來談所定，如此則花農處録寄信稿不必另託説項，故於回信中附及之，統析核定。花農寄台端信附繳與局信同稿也。敬請台安，名心頓首。十一日。吳清翁頃自蘇來，云即奉訪，已得晤談否。精神尚好也。

甘厚慈《北洋公牘類纂》卷一九《天津銀號詳開辦灤州煤礦擬呈辦法章程文附再稟并批》 爲詳請事，竊照光緒三十二年十二月奉憲台札，開灤州一帶煤礦，經鐵路總局勘定，飭令迅速籌議，招股開辦。當經職號將遴派員紳前往購地籌畫，開採各節，先後詳蒙憲台鑒核批示各在案。竊維富强之道，以開闢地利爲先，而礦務尤爲天地自然之利。近年北洋商務日盛，海船輪車運輸既便，人烟繁庶用煤益多。而官家水師製造等事，尤以煤爲命脈，迫非開平、林西兩礦井所能敷給。現遵飭勘定灤州一帶煤苗地畝，業經擇要購買，並擬於馬家溝先行借款開採，一面招集商股。惟事關公益，必須妥定辦法章程，以維久遠。本司職道等公同商酌，謹擬訂公司辦法，並招股章程，繪其礦界圖説，呈懇憲台察核。並將招股章程礦界圖説，各備一分，仰祈轉咨農工商部俯准立案。另由職號照章逕繳照費，承領開礦執照。理合備文，詳請憲台核奪示遵。爲此備由具詳，伏乞照詳施行。再查部章，每礦不得過三十方里。惟此礦係爲北洋官家用煤便益而設，與他礦事體不同，自宜稍事區別，其礦界特爲寬展。嗣後，他礦不得援以爲例，合併陳明須至詳者。

敬再稟者：竊查開平煤礦，當日初開唐山煤井之時，曾經唐道廷樞稟，蒙北洋大臣李批，准距唐山十里之内，不准他人開採。並訂明如煤價過於每斛東錢八百文，即仍准民間開礦等因。迨後添開林西煤井時，並無十里内不准他人開採之案。此次英公司移交約内，雖有半壁店、馬家溝、無水莊、趙各莊等地名，係指開平局曾在該處買有民地數段而言，並非有批准開礦之案。此不過同民間耕種完糧之地畝，一律管業而已，與開礦無涉。況該地畝，至今並未税契，亦未在灤州地方衙門過割立案。張道翼前在英公堂，即以此爲辯論，英官頗直之。所以前年開平洋人，在半壁店、馬家溝等處打鑽，經楊道善慶率同灤州知州禁阻，該洋人即將鑽停撤。又上年郭連山請領商部執照，在白道子、陳家嶺、馬家溝等處開礦，開平洋人並不過問。此開平移交約内所載地名，不足據之明徵也。至此次職號所定礦界，係按照距唐山十里以外作爲西界邊綫，其東界並酌距林西六里以外。因林西並無十里成案，祇按照商部礦章預留三十方里地步，實已仁至義盡，彼無可言。縱彼將來强詞爭較，而我亦理直氣壯。至職號將來開井之處，現已購買民地足敷應用，並不佔開平原買之地畝。此則各管各業，更不能越境阻撓，尤不足慮。此職號現訂礦界，並無與開平干涉之情形也。總之，礦産與地畝，係屬兩事，人人皆可買地，不能人人皆得開礦，此中外通例。開平距唐山十里之外，即非其礦界，無論是何地主，非經稟奉地方官批准，轉請商部執照，不得開採礦産。此即開平至今，在華人之手，亦應如此辦理。何況開平原買界外地畝，至今並未移交清楚，亦未呈明地方官過割立案。是其地畝管業之權，尚爲中國官所不承認，遑言開礦耶！以上各節，本司學熙，曾充開平總辦有年，知之甚確，故言之能詳。竊恐以後年久無人知其原委，爰縷晰陳明，伏乞憲台察核立案，並飭行礦政調查局，暨灤州一體遵照備案，實爲公便。肅此具禀恭請鈞安，伏乞垂鑒。

甘厚慈《北洋公牘類纂》卷一九《天津官銀號詳呈開辦灤州煤礦有限公司辦法》　一、請咨部立案，以憑註册也。查此項煤礦，在灤州地方，擬集股次第開辦，名爲北洋灤州煤礦有限公司。現已繪具圖說，擬請咨部查照立案，并請發給開礦執照，俾資遵守。二、刊刻關防，以昭信守也。查公司禀牘往還，及收款股票，均應蓋用關防。擬請北洋大臣刊發木質關防一顆，文曰：北洋灤州煤礦有限公司關防，以昭信守。三、宜定礦界，以免争端也。查此礦坐落灤州地面，計東自范各莊起，迤西無水莊、白道子、石佛寺、楊子嶺、陳家嶺、馬家溝，至半壁店止，其北依山脈爲界，南至開平窪里古治等車站，并八里莊、楊家套、于家莊爲界。東西約長四十里，南北約寬十八里。先擬在馬家溝開採，其餘以次擴充，陸續舉辦。此礦係於北洋官家用煤便益，而設與他處商礦事體不同，其礦界故較部章三十方里特别寬展，並定明他礦不得援以爲例。應請飭知該處地方官，出示曉諭。所有此礦指明地界之内，不准他人私行開採，以杜争端。四、招集商股，以彰公益也。查此礦産煤極富，地面甚廣，自須寬籌資本，以期擴充。擬招集商股，按天津行平北寶銀二百萬兩，分爲二萬股，每股銀一百兩。定於註册之日先收銀五十兩，即給收條。限至六個月後，再交五十兩，即行换給股票。自收銀之日爲始，先行發給官利六釐。俟出煤後，辦有餘利，再按第十一條分紅章程辦理。五、集股宜有限制，以保利權也。查此礦，係爲振興中國商務，并接濟北洋官用煤斤起見。即招股分均係華股，概不附搭洋股。凡入股者，務將姓名、籍貫，及寄居處址註明，以便常通信息，易於調查。如有外人冒名附股，本公司概不承認；或有華商所買股票轉售洋人情事，亦即作廢，以免糾葛。六、酌借本銀，以早開辦也。查購買礦地定購機器，及開挖井口建蓋房屋，現已起手部署。擬由天津銀號暫行主持，借銀開辦，按月起息。俟股本集有成數，即行歸還。七、明定事權，以專責成也。創辦之初，款由銀號籌借，事即由銀號主持兼辦，並禀委監督一員駐礦經理一切，仍遇事秉承銀號示行。至礦内應用礦師，及司事人等，由監督酌擬細章禀核。八、選舉董事，以維久遠也。俟股分集齊後，應照公司章程，由股東中選舉總董一人，正董二人，副董四人。總董正董常川駐局，專司查賬議事；副董非届大會議可不到。如正董出缺，可由副董選補。此三項董事，首期以五年爲限，以後以三年爲限，限滿另舉。惟首次限滿，須留正副各一人緩更一年，以資接續情形。總董正董給薪水，副董不給。惟至期會議，給川資。九、撙節經費，以昭核實也。查此項公司，全按商規辦理。所有官場習氣，一概屏除。所用之人亦照生意規矩。須一人得一人之用，不得瞻徇情面，以致人浮於事。薪水須酌量材幹，及辦事多少爲準。每月按定數發給，不得挪移挂借分文。至應酬一切，不准開支以重公本。十、詳稽簿籍，以防流弊也。所有出煤售煤，及各項銀錢出入數目，每日均有流水簿，每月有小結，每年有總結，并將四柱清册刊刻成本，分送稽核。如股東在二百股以上者，准其派人來廠察看細帳，以昭大信。十一、結賬分紅，以示公允也。每年結賬一次，刊刻分送有股之人。惟第一年總須見煤後十二個月爲期。即將每年所得餘利，除提官利六釐外，其餘作十成分派。内提辦事花紅一成，公積二成，報効二成，下餘按股均分。十二、劃一税釐，以免歧異也。查開平煤礦與此礦相近，所完税釐，必須援照開平成案，一律庶無畸輕畸重之弊。此擬禀請奏咨通行立案。十三、聲明法律，以資約束也。查礦廠工役人數衆多，難保無争鬭情事，應另訂章程，嚴申禁約，以免滋事。倘有違犯，輕則由礦懲罰；重則送交地方官究辦。應預行飭知地方官，隨時彈壓保護。至工役人等，遇有水火不測之事，應查照開平成案，擬具卹賞章程，另禀核定。以上十三條，係創始辦法。此外未盡事宜，仍隨時請示遵行。

甘厚慈《北洋公牘類纂》卷一九《天津官銀號詳呈灤州煤礦有限公司招股章程》　一、本公司開設北洋灤州地方，經北洋大臣咨部註册，名爲北洋灤州煤礦有限公司，並頒發關防一顆，所有收款股票，均蓋用關防，藉昭慎重。二、本公司招股處，即在天津北馬路天津銀號分號。外埠，如北京、上海、漢口、保定、張家口、唐山等處，均有天津官銀號分號。願附股交銀者，亦可就近繳款，填給股單。如無分號之處，亦可由票莊商號，匯寄天津銀號。惟匯費須股商自付，不得在股本内扣算。三、本公司招股數目，按天津行平化實銀二百萬兩，分爲兩萬股，每股一百兩。以招足兩萬股爲額，逾額附股不收。四、本公司收股銀色，無論各處，平色不同，總以申合天津行平化寶銀爲準，俾臻劃一。五、本公司招股期限，定於註册時。先收銀五十兩，即給收條爲據限。至六個月後，再交五十兩即行换給股票自收銀之日起，按長年算先給六釐官利。六、本公司股銀收條，須俟第二期銀數交清，再將收條撤回，换給股票。儻已到期，不能如數交銀，照章於十五日通知，逾期不繳，再展限十五日。若再不繳，則按其已交銀數，懸存公司帳内，不給官利。將未發股票，另招他人接受。七、本公司招股權限，專爲華商附股，概不搭入洋股。如查有託名華商，希圖影射情事，此項股票當註明作廢。八、本公司股票本銀，不得藉端提取，祗准轉售於人，以資挹注。惟須報明公司註册，方能作准。亦不許售與洋商，致違本章。九、本公司股商掛號，須將姓名、籍貫、住址、職業，及交銀地處某年月日，均詳細開列，以便公司註册，編次字號，填給股單，庶免訛悮。十、本公司股商列名，凡數人合購一股，及一人承購十股百股，均聽其便。惟應得權利，本公司祗認出名之人。承受至繳納股銀，不能應期交足，亦惟此出名人是問。十一、本公司股商薦人，須滿二百股者，准派一人到公司司事。其能充何職任，應受薪水若干，由公司監督酌定。若其人不稱職，或不守本分，當由監督辭退。仍請原薦人之股商，另行改派，以免誤公。併准該股商來公司考查，辭退原由俾昭公允。十二、本公司股商議事權限，須有股本全數百分之一以上，方可與議。凡各股商，欲舉行特别會議，須有全數股本三分之二股商，知照本公司，方可舉行。並須將請議事項及緣由，逐一聲明。經公司監督覆准，當於十五日内，定期開議。其公司遇有更改事件，須招集各股商會議，亦須於十五日前通知，並登報布告。其知單告白中應載明，所議事項。十三、本公司股商查帳，如附股在二百股以上者，准其派人來公司察看細帳；或糾合二百股股商内舉一股商，作爲衆股商代表人；亦准與二百股以上之股商，一同調查帳目，以期集思廣益。十四、本公司股商分紅，除將年總刊刻清册分送股商備查外，所得餘利，每年結帳一次，附刻清單布告有股之人。惟第一年總以見煤後十二個月爲期，將每年餘利先照章提付六釐官利外，其餘作十成分派内，提辦事人花紅一成、公積二成、報効二成，下剩按股均分。十五、本公司股票存本，實爲有利無害。公司遇有意外虧纍情事，當照有限公司律章，不得向各股商追補。十六、股票失事，如實係遺失被竊火燬等情，須向公司呈報。緣由由失票股商，將字號日期銀數先於地方衙門存案，併廣登各報聲明俟！一年結帳後，無人支取息銀，准取具殷實紳商保結，方能補給新票。儻查出揑冒情弊，當將票根塗銷。十七、本公司附股人等，不論職官紳商何項人等，皆得入股署名，股單所應得權利，一律享受無稍偏倚。十八、本公司招股章程，凡入股各商，無論股數多寡，一經附搭股分，即應遵守公司所定章程辦理，不得故意違背。

甘厚慈《北洋公牘類纂續編》卷一九《周前運司學熙孫道多森稟籌設北洋灤州礦地公司文附章程並批》 敬稟者：竊維礦産爲天地自然之美利，土地迺國家所有之主權。灤州地方礦産豐富，寶藏藴蓄，實爲北洋莫大之利源。本司職道等奉委創辦灤州煤礦公司，并蒙籌撥官股補助提倡。仰見憲台保全地利，杜漸防微之至意，欽佩莫名。惟是灤州礦産面積廣袤，匪特煤鐵所在，多有即玻璃磁釉等原料，亦取用不竭。外人固覬覦生心，而本處奸民，亦多勾串影射，弊端百出。若不及早提防，誠恐大利坐失，後患無窮。伏讀農工商部奏定礦章：第九款，外國礦商不能充地面業主。第十款，業主願得地價不願入股，則該地應由官收買，租與礦商合辦，官即作爲業主。第十四款，承辦地腹各礦之礦商，并不能有地面業主應有一切之權利。又曰無論華商洋商，均不能將地權給與該礦商掌管。又曰倘有民間私將礦産賣於外人，由官局查明，除礦地充公外，并將該業主照盜賣律治罪。第二十款，礦業不得私自換賣及質押，違者依私自買賣礦地律治罪。凡此限制立法至密，用意綦深，其斤斤於土地之主權也，固無微不至。灤州礦地散漫，向難查考。杜空穴之來風，須綢繆於未雨。本司職道等，再四思審，僉以籌設礦地公司，爲今日迫不可緩之圖。爰擬具章程二十四條繕摺，稟請鑒核。如蒙批准，擬懇憲台俯賜准，撥官股以示提倡。並請轉咨農工商部察核立案，用維久遠。本司職道等爲保全利權，預防流弊起見，所有籌設灤州礦地公司，緣由是否有當，理合稟請，憲台核示祗遵，實爲公便。

一、本公司定名爲灤州礦地有限公司，一切遵照商律股分有限公司辦理。

二、本公司呈請北洋大臣批准，發給木質關防，並咨明農工商部註册立案。總理處設在天津，經理處設在灤州地方，以便就近辦理。三、本公司股本以行化銀一百萬兩爲額，官商合力認籌。分爲十萬股，每股銀十兩。官利長年六釐，以交股次日起息。一切權利官股，均與商股一律，毋稍軒輊。四、本公司專集華股，不附洋股，除官股外，其商股凡係本國人民，無論官紳商庶，均可入股。如有華人影射洋股者，一經查覺，立將該股註銷。五、灤州礦産豐富，煤鐵尤夥。本公司以整齊礦業，保存地權爲宗旨。無論官地民地，凡關係礦産者，概歸本公司收買，後再行轉給礦商開採。作爲地股，如有私相授受者，由灤州地方官查究充公。將該礦封停，以杜隱患，而重地權。六、本公司收買地畝，均按照時值，公平給價。該業主，亦不得故意居奇。七、凡原業主如有實在礙難，不願出賣，可將訪地畝公平定價，作爲本公司股分；或將該地公平議租，由公司每年照繳租款。

惟至將來，該業主如願出賣時，仍應儘本公司收買，不得售於外人。八、本公司所有購買地畝，如有與原業主及租户商議不洽之事，均由灤州地方官秉公評斷。九、本公司遵照礦章第十四款，無論華商洋商，均不能將地權給與該礦商掌管等語，是地主與礦商劃分兩事。本公司既有收買灤州礦地之權。嗣後凡有礦地，無論該業主自行開採，或與人開採，均應將該地劃歸本公司管理；或作價賣或作股份或作租用，均可協商辦理。該地主不得藉口自有之地，遂不交割致滋淆混。十、本公司設立以後，無論華商洋商開礦，必須先將該地畝與本公司議妥訂明地股辦法。由本公司呈請北洋大臣批准後，方可作爲合格之礦商，然後再請發礦照。十一、本公司收買地畝，除開礦應用外，可以其餘地建造市房，或興辦種植，或建設他項工廠，或修築隨礦支路，藉資營運而興地面。十二、本公司可於礦廠左近相度地勢，開設市鎮，招商貿易。俾隨礦傭工相依居聚，其街道形勢，須預先繪圖、知照灤州立案。俟街市成立後，由灤州撥派巡警保護彈壓，以維治安。其修理街道，及巡警經費，可臨時酌量抽收舖捐，以資辦理。十三、凡交股款，隨時掣給收款執照爲據。其股票息單，另行定期填換，屆時登報告知。十四、股票不能提取股銀，只能轉售。其轉售時，應以本國人爲限，須先得公司聲明認可後，方准改名。註册換票，凡換票一紙者，繳行平銀三錢。倘未經聲明，及改名註册换票者，本公司不認買主爲股東。十五、股票如有遺失燬壞等情，先將緣由與號數、股數報告本公司，並登津滬各報一個月，無人干涉，始由公司給予准補股票憑單。屆一年結賬付利之期，並無人支取息銀，始准取股實紳商保證，連同原給憑單，到公司換取新票。凡換票一紙者，繳行平銀五錢。十六、每年贏餘，除官利及酌提公積外，分爲十四成。以九成歸股東按股均分，一成捐助欒州地方辦理公益之事，二成爲總協理及董事酬勞，二成爲在事員司花紅。十七、每年以年底截賬，二月開股東會議，三月憑單發息，並隨送賬略先期登報布告。其交款未及週年者，截日攤算，不計閏月。十八、本公司股東會議，分尋常、特别兩種。每年二月開會，一次宣布上年盈虧情形，預籌本年營業方針，是謂尋常會議。如遇有緊要事件，由總協理董事招集股東會議，是謂特别會議。至會期、會場及所議事件，在會期二十日前，先行函知或登報通告。十九、股東有願開臨時會議提議事件，但有數在十人以上者，能合全股十分之二，即可舉行招集開會。惟與議人數，須有全股過半之數，方爲合格，不及數不得開議。二十、本公司事當創始開辦三年内，頭緒紛繁，其總協理，暫由創辦人分任。俟股份招足公司成立後，開正式股東會時，即行選舉董事、查賬員。三年後，諸事就緒，再開會另舉總協理。其選舉總協理用複選舉法，董事、查賬員另用單式選舉法。二十一、凡年已逾冠之股東，五十股以上者，有發議權。百股以上者，有選舉權。五百股以上者，有一議決權，每一股東至多不得逾二十五議決權。二千股以上者，有查看細賬權。二十二、一千股以上，年已逾冠之股東，可被選爲董事與查賬員。二千股以上曾充董事之股東，可被選爲總協理。其查帳員，不得以在事人員兼任。二十三、總協理任期三年，董事任期二年，查帳員任期一年，任滿均得續舉連任。其未滿任期，將股份售出有失資格者，立即退任。二十四、以上所訂，係開辦章程。其餘公司辦事詳章，隨時另行擬訂。督憲楊批：據禀已悉。所請遵照農工商部新章，籌設灤州礦地公司，係爲保全地權，整齊礦業起見，應准照辦。兹將灤州礦地公司木質關防一顆，隨批發去，仰即妥爲經理所請，發給官股，容妥籌飭撥并候察酌章程。咨請農工商部核明立案。繳摺存。

甘厚慈《北洋公牘類纂續編》卷一九《續灤礦事實紀畧》 英廷判斷後，判詞寄來中國，袁宫保猶以爲未足，張亦不寔行，催結遽行返國。胡華且不甘心在英控，亦無直其所爲者。於是袁宫保力主，將胡華虚股一概作廢。胡華益不肯就範，霸據自若。張畏物議不敢復問，袁亦不能如願，案懸不結，彼愈得坐享霸産之利。嗣胡華又將所持案據，及霸産盡售歸納森承襲。計自庚子迄今，白手奪據此産，已歷八年有餘。袁宫保乃創别開灤礦之議，以與争利。而英人以有妨開平生意，藉詞抵賴。謂正約所載灤礦，已包在開礦之内。其實副約尚未履行一字，更何有於正約。納森今呈説帖於外部，外部不明原委，但見有股本百萬鎊之説，遂謂可將百萬鎊之股，改爲中國之借款，許以重息，庶可了結此案。不知英商之所謂股票，全係抵賴，並未出絲毫現銀。且百萬鎊中，並包含中國真股本三十七萬鎊在内。今外部欲將英人抵賴之虚股，全認作真實股本，又欲將中國原有之真股，併送於英商。若竟如此了結，不惟諸多窒閡，且成外交笑柄。吾同鄉京官探悉此事，乃有片奏阻止之舉，（史履晉）亦甚幸納森得步進步不允外部之所請，不然則外部早鑄成大錯矣！此開平礦庚子迄今日之大略也。

甘厚慈《北洋公牘類纂續編》卷一九《北洋灤州官礦公司詳爲開辦灤州官礦請咨部發給執照並懇減免照費文》 爲詳請事。竊查灤州煤礦於光緒三十二年間，奉前北洋大臣袁札，飭天津銀號籌辦。當將招股章程礦界圖説，詳請轉咨農工商部立案。旋復請發開礦執照。奉批：據禀已悉。查該銀號，籌辦灤州一帶煤礦，前經北洋大臣批准，將招股章程礦界圖說，咨送到部，並聲明此礦，係爲北洋官家用煤便益而設與他礦事體不同，其礦界特爲寬展，嗣後他礦不得援以爲例等語。經本部照准，咨復在案。現既稟請先用土法試採，自應發給開礦執照，以便開辦。惟本部奏定礦務新章，業經實行，填註礦照一切應照新章辦理。該礦界，雖在新章實行以前特准寬展，而佔地畝數及四至界限，必須聲明。官地民地尤宜分別。庶將來劃界繳租，便於稽覈。玆發交本部新定礦表一紙，仰即遵照款式詳細填註。暨隨文應送各件由該道咨照直隸礦政調查局。詳請北洋大臣咨部覈辦，可也。此繳附表一紙等因，各在案。本年四月間，復奉憲台札，委本司學熙爲該礦總理，職道多森爲協理。並蒙籌撥官股銀五十萬兩，諭以寬籌商股。大加擴充等因。奉此本司職道等，遵即籌集商股銀一百五十萬兩，於天津設立總理處，名曰北洋灤州官礦有限公司。並經詳准礦界以內，勘定馬家溝、石佛寺、窪里三處，劃分三礦募工，照西法次第開挖大井。派員赴歐洲，購新式機器。並與灤州礦地公司，稟定地股辦法規模，開拓股本不敷。復經招集商股銀三百萬兩，計共官商股份銀五百萬兩。伏查直隸礦產甲於他省，而灤礦尤爲命脈，所繫官家水師製造等事，在在需煤孔亟，本司職道等謬荷委任。目擊時艱，思開固有之利源，藉杜外人之覬覦。本年八月間，業蒙稟明在案。現在部署經理諸已就緒，亟應請領開礦執照，以符定章。玆特謹遵部頒礦表款式，逐條填註，及隨文應送之件各備二分，一併呈請憲台鑒核俯賜，轉咨農工商部，准予註册，並頒發開礦執照，以憑遵守。至應繳照費爲數過鉅，既係官礦可否併請准予減免，以示維持，實爲公便。除咨直隸礦政調查局備案外，所有開辦灤州官礦，請咨部准予註册，發給執照，並懇減免照費。緣由理合具文，詳請憲台察核批示祇遵。爲此備由具詳，伏乞照詳施行。須至詳者：計呈北洋灤州官礦有限公司礦表清摺二扣，附呈招股章程清摺二扣、股票息單式樣二紙。灤州官礦公司與業立礦地公司，商允會詳字據清摺二扣、灤州官礦圖二紙、灤州礦質二匣延、聘洋礦師合同清摺二扣。

甘厚慈《北洋公牘類纂續編》卷一九《北洋灤州官礦有限公司招股章程》

一、本公司定名爲北洋灤州官礦有限公司，一切遵照商律有限公司辦理。

二、本公司稟奉北洋大臣，咨准農工商部立案註册，並頒發木質關防，以昭信守。三、本公司宗旨在開闢地利，保守主權。官家得用煤之便益，股東享天然之美利。四、本公司係官督商辦。官任維持保護之責商任集股經理之事。凡關於營業內容，悉照商規辦理。由總協理主持其特別事件，隨時開股東會議，稟請北洋大臣核示辦理。五、本公司總理處暫設在天津玉皇閣内；其礦局設在灤州馬家溝地方。六、本公司礦界，坐落直隸灤州地方約占三百三十方里。礦界以内不准他人開採，詳奉北洋大臣咨部核准，並定明此係官礦特展礦界，嗣後他礦不得援以爲例。七、本公司礦界以内，曾延西洋礦師迺勘多次。並試鑽數處煤層極旺，煤質極佳，稱爲中國希有之礦產。八、礦界内地段廣袤，可開井處甚多。玆劃定馬家溝爲第一礦，石佛寺爲第二礦，窪里爲第三礦，此三處均開大井。中間所開小井，視與何處相近，即作爲某處附礦。現用西洋新式機器，先從第一礦開採。其第二第三兩礦，陸續舉辦。九、礦界以内應用開井地畝，已由本公司向礦地公司照撥。十、本公司上年，曾在第一礦附近陳家嶺地方先開附礦，用土法試辦。現在所出煤塊甚佳，遠近爭購，已可獲利。十一、本公司採出之煤，運銷各處，應完稅釐，悉照開平成案辦理。十二、本公司專集華股行平，化寶銀二百萬兩，分爲二十萬股。其股票分整股零股兩種，整股每股銀一百兩，零股每股銀十兩。凡本國人，無論官紳商庶，均可入股。十三、本公司奉北洋大臣楊札准籌撥官款銀五十萬兩，作爲官股五萬股，以示提倡、維持之意。該股與商股一律享受利益，不稍歧異。十四、本公司現開第一礦，所招股本，除官股款已交齊外，其商股分作兩期交納。第一期整股先收銀五十兩，零股先收銀五兩，其餘第二期再收。至交款期限，隨時由公司登報廣告，有願將股款全數在第一期交者，亦聽。十五、本公司自上年，已有先交股款者。現定光緒三十四年九月以前交股者，均作爲優先股，每十股另酬紅股一股。（無論整股零股，概按十成加一計算，給予紅股）十月以後，交款者，概作爲尋常股，其紅股將來官利餘利與正股同。十六、凡交股款，隨時掣給收款，執照爲據。其股票息單，另行定期填換。届時，登報告知。十七、凡股東交過第一期股本，而第二期股本逾公司定限未交者，由公司登報展限一月。倘再逾限不交，即失股東之利權。十八、本公司股息定爲常年八釐，均以交款次日起息。十九、每年贏餘，除官利及酌提公積外，分爲十四成。以七成歸股東，按股均分；一成報効北洋興辦實業；二成爲機廠摺舊；二成爲總協理及董司酬勞；二成爲在事人花紅。二十、每年以年底截賬二月，開股東會議；三月，憑摺發息，先期登報布告。其交款未及週年者，截日攤算，不計閏月。二十一、本公司因煤産既旺，儘力擴充。其交款招齊後，接續再招三百萬兩。其一切招股章程，仍照此次辦理。惟先儘原股東攤入，如不足時，再開股東會議，補招新股。二十二、本公司股份，每股一號。其股票願填若干股者，聽股票由總協理簽押，並蓋用關防爲憑。每股票附息單一紙，歲掣取息，數二十期之用期滿，續給。二十三、股票歸註册人收執。數人合股者，認首註册人，爲股東；行號公司出名者，認總協理爲股東；堂記出名者，認出股本之人爲股東。二十四、股票不能提取股銀，只能轉售。其轉售時，須先向公司聲明認可後，方准改名註册。若未經聲明者，本公司不認買主爲股東。二十五、股票如有遺失燬壞等情，先將緣由與號數股數報告本公司，並登津滬各報一個月，無人干涉，始由公司給予准補。股票憑單届一年結帳分利之期，並無人支取息銀，始准取股。實紳商保證書，連同原給憑單，到公司換領新票。凡換票一紙者，繳費行化銀一兩。二十六、本公司事當創始，其總協理與查帳員暫由創辦人分任。俟開正式股東會時，再行選舉。其選舉總協理，用複選舉法；選舉董事、查帳員，用單式選舉法。二十七、凡年已弱冠之股東，五十股以上有發議權，百股以上有選舉權滿，五百股者有一議決權，每一股東至多不得逾二十五議決權，二千股以上有查看細賬權。（凡五十股、一百股、一千股、二千股等數，均以零股爲衡。每一整股，即作十股計算）二十八、凡一千股以上，年已及壯之股東，可被選爲董事與查賬員。二千股以上，曾充董事之股東，可被選爲總協理。其查帳員，不得以在事之人兼任。（凡一千股、二千股等數，均以零股爲衡。）二十九、本公司簿記，參用中西式，半年一小結，年終一大結，刊布帳略，以昭大信。三十、本公司招股處，設在天津北馬路天津銀號，其外埠天津分銀號，亦可就近繳股。惟匯費須入股人自給有願將股款逕投本公司者，亦可統以本公司收股執照爲憑。三十一、以上所訂，係招股章程，其餘公司辦事各項細章，隨後另行擬訂。光緒三十四年五月　日

甘厚慈《北洋公牘類纂續編》卷一九《北洋灤州官礦公司股東會暫行章程》

第一章：會議規則。第一節，本公司，此次係舉行第一期正式股東大會。第二節，是會先期發有會劵，届期持劵入會，方可與議。第三節，會期由創辦董事中，舉一人爲議長，專司報告及提議各件。閉會即銷除議長名稱。第四節，遠省股東届期未能蒞會，先期可自請代表人持証書並會劵到公司驗明，即可一律入會預議。第五節，凡年已弱冠之股東，五十股以上，始有發議權。滿五百股者，始有一議決權。每一股東至多不得逾二十五議決權，其股數皆以零股爲衡。第六節，會議時，以多數爲決議。如股東可否同數，即於議長加一議決權。第七節凡集議時，五百股以上之股東，各負決事之責任。可者即可，否者即否，無言即爲默許。惟不得作兩可之詞。第八節，提議時，議長起立宣布事之原委，及如何辦法。如贊成者，即於議決劵内署一可字；或不能表同情者，即署一否字。第九節，凡提議時甲乙兩股東，或欲各抒所見，相辯詰者，應先向議長問明，並驗明所占發議權數，經議長認可後，先由甲表明意見後，由議長布告各股東。請贊成者舉手，計若干人登數簿内；再由乙表明意見，亦由議長布告，請贊成者舉手登數於簿。統行比較舉手人之多寡，再衡計股東全數議決權，以定從違。第十節，集議時，有三宗以上意見不能立決者，議長應即宣示先公舉臨時議員三人或五人，決此問題。基決事之法，仍視多數爲定。（即三人或五人中之多數）第十一節，凡各股東所延代表人，其議事與選舉權，均與股東本人無異。惟代表人，如非股東衹能代行議決，不得有被選舉及發難提議之權。第十二節，是會專議本日提議事件，不能牽涉他事。第十三節，議事須依秩序。第一事畢，再及第二事。第十四節，議事廳以内，應肅静無譁。如有紊雜及喧語情事，議長有禁止之權。第十五節，議廳内不得吸烟，及隨意涕唾，以昭潔凈。第十六節，議決事件，有未經宣布者，不得先行洩告他人。第二章：選舉規則。第十七節，照選舉章程，一百股爲一權，以次遞加。凡年已弱冠，有百股以上之股東，欲舉某某爲董事及查帳員，即將某某姓名簽明劵内。俟會務員收劵檢視，以權數多者爲準。另用複選舉法，舉總協理。各書姓名劵内投筒，仍從多數。第十八節，凡股東年已逾冠，有股分一千股以上者，方有被舉爲董事與查帳員之資格。有二千股以上，曾充董事之股東，方有被舉爲總協理之資格。其查帳員不得以在事之人兼充。第十九節，被選舉人劵内所得權數相等，即於議長加一議決權爲定。第二十節，總協理及董事與查帳員公舉定後，由議長布告周知。

甘厚慈《北洋公牘類纂續編》卷一九《北洋灤州官礦公司正式股東會報告現辦情形概畧》　本公司開辦迄今，倏逾一載。今日爲第一次開正式股東會之期，辱承諸君賁臨曷勝忻幸。除提議事件，由議長宣布，俟股東議決施行外，所有公司開辦原委，並次第集股施工、建廠、購機、敷路各種辦法，畧陳梗概。惟在股諸君，寔明鑒之。一、查開辦灤州煤礦，本以開闢地利、保守主權爲宗旨。光緒三十二年十二月間，由天津銀號，奉前督憲袁札飭招股，在陳家嶺地方試採。至三十四年四月，乃奉前督憲楊檄，令銀號移交敝總協理創照公司辦法，寬籌股本，擇要開工，並撥官股，以示提倡，名爲北洋灤州官礦有限公司。即於是月十六日

開辦，暫在玉皇閣內，設總理處訂立招股章程，一切悉遵商律有限公司辦理。除由北洋大臣奏明外，並在農工商部註册立案。此本公司創始開辦之情形也。一、查本公司礦界，經部核准，約占三百三十方里。劃定馬家溝爲第一礦，石佛寺爲第二礦，窪里爲第三礦。馬家溝現開二井，結至五月上旬止，第一號井挖深二百五十四尺；二號井二百九十九尺。又開馬路一道，挖深一百六十一尺；又在附近印字溝，開第三、第四號井，挖深一百七八十尺。陳家嶺第一附礦，現開六井，每日出煤，自百數十噸至三百餘噸不等，行銷甚暢。石佛寺第二礦，已於去冬設局，先從趙各莊開採，作爲第二附礦。去冬分開三井，工程將及二百餘尺。統計各礦辦法，惟陳家嶺附礦，係在本公司未立以前，由賈紳成璽招股承辦，先用土法試採。迨本公司既立以後，將該礦股本歸入公司總額之内，並由公司添撥股款共足成七萬餘兩。並以賈紳等首先冒險創辦，備歷艱辛，克見成效，以爲正礦先導。爰仿東西洋各國公司創辦人向有酬獎之例，特立專章。稟奉督憲批准，將餘利略爲從優提給。該創辦人，以酬勞勩此外，股東分利各事，仍統照正礦一律無稍歧異。至趙各莊第二附礦開辦在後，且由公司派員經理，無庸援陳家嶺例，是以無創辦人酬勞之説。此本公司正附各礦先後辦法之情形也。一、本公司原定先開第一礦，奏明招股銀二百萬兩。今春因接開第二礦，復稟奉咨部核准，續招股本三百萬兩。其原招股本，係分兩期交收。第一期填天字半票，第二期填地字半票，皆以實收銀數爲衡。溯自光緒三十四年開辦起，截至本年四月止，先後所招股本，極形踴躍，核計認股之數，已將足額。其實交之數，除支用外，尚存現款百餘萬兩。其隨時交款者，尚絡繹而來，惟近因交涉問題，認股諸君，亦間有未悉内容，意存觀望者。不知灤礦與開平礦界，本極分明。逆料將來我股東資本，必不至因此而生危險。一旦交涉事定，股款當不召自來。但願我股東，合力維持二三年後，定可得美滿之結果。此本公司大利，可操左券，並可爲入股，諸君預決者也。一、查礦井機器，上年派李希明君，前往歐西，調查各國最新機器。已在德國著名各廠，訂購汽機、鍋爐、抽水、機電、燈絞車、氣鑽、氣機、煤樓，及一切料件，分運來華。現在第三、四批已到，約計八九月間可以運齊。趕即安設，明春可告成功。惟將來，尚須添備副件，俾厚機力，而資保固。至各附礦，陳家嶺已安小機器；趙各莊井工漸深，應需機件，亦正擬購。此則隨時均須詳加擘畫者也。一、查礦地一項，於上年五月，遵照農工商部礦章，專設礦地公司。地礦分爲兩事。所有天津銀號移交地產，皆歸併該公司管理。本公司需用地畝，陸續向礦地公司撥用。每年按照銀股，給該公司常年八釐官利，並在餘利項下，提十成之二五，以爲酬報。另由開平至馬溝，敷設運煤岔道一條。由京奉局估工代築，將次告竣。其第二礦以及各附礦岔道，俟出煤漸旺，亦當陸續興修，將來皆歸地公司辦理。此本公司與礦地公司，彼此劃分之情形也。一、礦廠工程馬家溝第一礦，係仿唐山局勢辦理。其辦公樓房、電機房、機器房、庫房、鉛鐵庫、棚火藥庫，均一律告成。惟大機廠，須俟機件到齊，方可量地安設。至陳家嶺、趙各莊兩附礦，均從節省辦理，廠房規模，僅取苟完不求美備。又由唐山至馬家溝、陳家嶺、石佛寺、趙各莊等處，設立電杆，以期消息靈捷。此外，總理處事務所出煤堆棧，以及運煤碼頭，正在勘擇，不日亦可分别賃購。此本公司各項工程次第設施之情形也。一、本公司，原始係由天津銀號締造經營，承招鉅款。當時原定酌仿外，洋銀行代招公司股本通例，凡由該銀號代招之股照，二釐五扣用。（即每十萬提二千五）一以酬其開創之勞，一爲藉其信用之力。是以原招股本，不勞而集。嗣因續招股本爲數更鉅，特擬推廣辦法。凡有一人能招股十萬兩者，一律按二釐扣用，以資貼補。其展轉函電郵匯之費，概不另支。此爲厚集股本，用廣招徠起見。京師自來水公司三百萬股款，不兩月而足額者，即賴此鼓舞之。方今本公司仿而行之，其效果定可預卜也。

甘厚慈《北洋公牘類纂續編》卷一九《督憲楊據北洋灤州官礦公司詳陳家嶺附礦完納税釐情形札飭礦政調查局遵照文》　爲札飭事。據北洋灤州官礦有限公司詳稱：竊職公司於宣統元年正月初九日，奉憲台札，開據津海關道，詳稱現准唐山開平礦務局函開。現聞北洋灤州煤礦公司前在開平鎮西北距開平四五里，地名馬家溝開挖煤井一處，暫用土法，方挖至十五丈深。據説明春始開丈工，安設機器，即以其地爲總礦。又在開平東北十餘里，地名陳家嶺開挖煤井一處，名曰附礦。共井桶二個，全用土法，業已成功。其煤與開平礦局之煤相仿，現在每月約出百餘噸。四路以馬車購運者，日中絡繹不絶，銷場日見興旺。除選其佳者，留待自用外，其餘碎煤尚日售數十噸。據此情形，似應即早立局徵收税釐，以裕國課，而免漏遺。若待馬家溝一律告成，恐曠日持久，遺漏爲數愈多。理合據實奉聞，敬請查核。轉詳應如何辦理之處，懇祈酌奪施行等因，准此。查北洋灤州煤礦公司，在開平東北陳家嶺開挖煤井，每日出煤百餘噸，銷場日見興旺，自應照章徵收税釐。可否由開平煤礦税釐局就近徵收，抑由礦政調查局，按照新章派員徵收之處，理合詳請查核，俯賜批示祇遵。實爲公便等情，到本大臣據此除批示外，合行札飭札到該公司，即便查核詳辦此札等因。蒙此遵，即轉飭陳家嶺附礦經理員，切實稟覆。茲據稟稱：查開平局煤釐辦法，庚子以前，凡係由火車外運者，照章完稅完釐；當地土銷，一概免完。庚子後，無論外運土銷，始均照數完納。至自用燒鍋爐煉焦炭，仍一律免完釐稅。開平煤礦創辦有年，井深質佳，售價又昂，外運約居十之七八，是以照章完納稅釐。陳家嶺創辦伊始，煤井僅及二十餘丈，煤質尚次，售價又低，除自用燒鍋爐煉焦炭外，非特未曾外運各埠，即土銷亦屬有限。若遽完納稅釐，力實未逮。擬請轉稟，懇准照庚子以前，土銷免稅之例，將此項稅釐暫行從緩，或照開平局完納稅釐數目，每噸減收十分之六。俟煤質漸佳，煤價稍昂，外運漸多，再爲照章完納等情前來。伏查陳家嶺附礦，始用土法開採創辦，經營備歷險阻。近雖出煤，除自用外，土銷有限獲利綦難擬。懇憲恩俯，念礦產創辦匪易，可否檄飭津海關道，轉咨開平煤礦稅釐局，准緩繳納稅釐？如實難從緩，或照開平局完納稅釐數目每噸減定十分之六，以示體恤，而昭公允。所有查覆陳家嶺附礦暫免稅釐，或從輕完納緣由，理合詳請憲台鑒核，俯賜檄飭，實爲公便等情到。本大臣，據此除批：據詳已悉。陳家嶺附礦開辦未久，土銷有限，自應暫時減收稅釐俟！煤質漸佳，煤價稍長，再行照數完納。候行礦政調查局，遵照新章，派員經收具報。並先詳咨備案繳挂發外，合行札飭札到該局，即便查照辦理，此札。

甘厚慈《北洋公牘類纂續編》卷一九《北洋灤州官礦有限公司陳家嶺附礦續定章程》 一、該附礦股本，現議統歸公司發給。同式之股票，仍由公司與賈經理各半分招。並照章，凡在光緒三十四年九月以前交款者，概按十成之一加給紅股。其正股紅股官利，一律按長年八釐以歸劃一。惟賈經理承招之一半股票上，應加蓋戳記聲明。此股係賈某，經招陳家嶺附礦股本。官利餘利辦法，應照本附礦章程辦理。二、該附礦股本，前定洋十萬元，現議照公司招股章程，統作銀款，以彼時市價，每洋一元合行化銀七錢一分四釐二毫八絲五忽。原額十萬元，由公司與賈經理各半分招，共合行化銀七萬一千四百二十八兩五錢，按零股每股行化銀十兩。除將尾數退還外，計應作零股七千一百四十二股並照章加給紅股七百十四股，仍各按交股日期分別填寫股票息單。由公司與經理賈成璽，轉發各股東收執，以昭信實。三、該附礦股東，既經公司一律統計，即應將該附礦利益，亦歸公司統算。現議該附礦每年結賬後，除一切開支外，先將正股紅股應得之官利，繳由公司彙分各股東，再提公積二成，歸公司專存。俟足抵該附礦股本原數之外，方准提作他用。其餘作爲十成，以五成專津貼該礦經理員及執事人等辛勞。其應如何分給，由賈經理自主；以五成作爲該附礦股東之餘利，除賈經理承招之一半股東應得之數照股派給外，其公司所撥之一半股東應得之數，提歸公司彙入全公司。餘利項下，照章派分。惟該礦在事人，不再分給花紅。賈經理承招之一半股東，亦不得再分此餘利。四、該附礦如遇意外損失，致官利無從籌措，所有賈經理承招之一半股東官利，暫由公司墊發。惟不得再分公司之餘利，其公司一半股東，亦由公司墊發官利，並得與衆股東同分餘利俟！該附礦獲利時，應先將公司墊發之官利歸還，以昭公允。五、該附礦，如將來有不得已之故，至於停廢，應將該附礦所有產業器具統，歸公司接收。其股本，仍應歸入公司照給官利，並與正礦統分餘利。惟停廢時，應將公積之款，並該附礦所有產業器具，均公平作價。備抵所虧之股本，如尚不足抵股本之數，除公司一半股東官利餘利，應即與衆股東一律辦理外，至賈經理承招之一半股東，只將官利照給其所分之餘利，應扣歸公司，備抵該附礦。原虧之股本，俟抵足後再續給該股東，以免公司受虧並免衆股東饒舌。六、該附礦，係賈經理成璽開創。經營備歷艱險，始見成。功本公司，理應優加保護。且附礦首用土法，繼漸擴充成本無多，其利害得失，介在幾微，必須使在事之人，共甘苦同休戚，方可冀收效果。賈經理爲人公正耿直，能得人心。嗣後該礦，應責成賈經理一人，專辦所有。此次續定章程六條，及原定簡章十四條，除變通各條外，均應永遠切實遵行，不得輕議更變。惟本公司大局如有變動，屆時應邀請股東特別會議辦法，不在此例。

甘厚慈《北洋公牘類纂續編》卷一九《北洋灤州官礦有限公司陳家嶺附礦原定簡章》 一、陳家嶺煤礦，作爲北洋灤州官礦公司之附礦，其資本定集洋十萬，元分爲一千股，每股洋一百元，由灤州官礦公司與經理員各半認招。自收款之日，填給股票官利，按長年八釐。一舉賈成，璽爲駐礦經理員。既承招一半股本，即擔任該礦之盈虧得失，所有全礦重大事件，歸其主持。並舉陳金坡，爲庶務長，管理井上一切事務。舉劉勳，爲工務長，管理井下工作，指授一切。機宜遇有重要事件，該兩長均須與經理，悉心商酌，不得擅行。一、由灤州官礦公司，派委收支一人，經理一切。銀錢賬目，仍歸駐礦經理節制。一、附礦應歸灤州官礦公司督察保護。至該附礦一切用人行事，均責成經理員一人辦理。灤州官礦公司，除派司賬一人外，概不干預。一、出入款項，每月一小結，週年一總結，均須報知灤州官礦公司查核。一、年終結賬後，除一切開支，並官利外，所有餘利，先提二成公積。下餘再分爲十成，以五成爲股東紅利，以五成爲津貼。駐礦經理員，及執事人等，辛勞。一、附礦內支發銀錢各單據，必須駐礦經理員簽字後，方准照發。如或經理員因公他出，井上事務歸陳金坡簽字，井下事務歸劉勳簽字。俟經理員回廠，仍須補閲蓋章，以昭慎重。一、井上每月出高煤次煤煙子各若干，及是日發出售出高煤次煤煙子各若干，售錢若干，至晚管煤售煤處開單，報收支處登賬交錢，並取回條存查，月終核對一次。一、所出高煤留備洋灰公司，及灤州官礦公司之用。每噸現暫議定額價洋三元五角，運脚在外。惟應由附礦送至公司過磅，交數每月結算收價。倘遇市價有大漲大落，臨時再行另議。如以後出煤日多，洋灰公司及灤州官礦公司用之有餘，准由附礦設法銷售。至次煤煙子等項，概由附礦就地銷售。煤塊擇出另存，按塊煤議價。所有稅釐，遵照定章，由附礦自理。一、附礦所占礦地，由灤州官礦公司，照原購價值撥用。歸款仍繪具圖册二分：一送灤州官礦公司備案，一存附礦其文契等件，均歸附礦妥慎收存。一、股本若有盈餘，及售煤價集有成數，均交天津銀號生息。倘因擴充原本不敷週轉，應會議定收加股若干，仍由灤州官礦公司，及經理員各半籌集。一、創辦土法煤礦諸多險阻，頗見艱辛。如以後與灤州官礦公司大井無礙，及該經理員辦理得宜，不得無故勒令停歇，及另委他人接辦，以昭大信而勵實業。一、附礦設或虧摺，應照有限公司例以股本之數爲止，不得再向股東索賠。一、嗣後所有國家命令，及通行章程，凡灤州官礦公司所遵守者，該附礦應一律遵守，不得歧異。

甘厚慈《北洋公牘類纂續編》卷一九《直隸同鄉京官議決開平煤礦辦法公啟》 此事開宗明義，須定准此項交涉兩造，皆居股東地位，不能作爲國際交涉。此界一清，則英之公使、我之外部，皆居調人地位。勿論英商呈遞説帖，作何要索，我外部應概不可否。但令英商與張燕謀重開正式談判後，將彼此談判不協之要點，指出呈明英使外部，求爲解決。若仍不協，應令仍赴英廷再訟，或請局外公斷，此一定步驟也。外部若不推之張燕謀遽加可，否則該商必甚願舍卻張燕謀，直向外部開談判。是直變個人交涉爲國際交涉矣！於位置既不合，而情事之遠近，辦法之先後，亦殊失當然之次第。故第一須明此爲商股（一作個人），交涉決非國際交涉。次要點，則吾直同鄉所爭者，以開平礦爲吾全省官商公產，無端爲外人白手攫取，全省人士皆有放棄權利之恥，或不知而謂爭在灤礦者，此大錯也。灤礦與開平無涉，雖英商藉詞抵賴，有正約已包灤礦在中之説。抑知我國礦章以三十方里爲限，而各國商約具載，洋商必遵照中國礦章，准其一律入股渠國家。所允之約該商詎能逾越，又況迄今無論正約副約，皆在應廢之列（詳下）乎！故第二節，須明此番之爭專，在開平與灤礦無涉。以上兩節所以定此事之界限，次當論者，則爲爭持此事之主腦矣！蓋刻下誤點之亟宜辨者，爲履行副約之説。此説當英廷涉訟時，猶可以此爲詞。（其實彼時已當作廢姑不論）涉訟後，英判明云，不於合宜期內履行副約，即不能把持産業，此三十一年正月判也。判前硬覇産業，已四年有餘；判後仍不履約，仍行覇據者，又四年有餘。勿論何等鐵証，何國法律，此約已久同廢紙。乃失信，如彼強横如此，不名一錢，覇開我礦八九年之久。至於今若仍取當廢之約，迫我再認。使彼又得挾約以箝，我天下寧有是理哉？況副約爲中外合辦，而正約竟無異於賣休，兩約矛盾，萬難并合。今我倘認行副約，則彼將迫我以認正約，是再爲所騙也。正文中且殃及灤礦，是前此所失。僅開礦而認約所失，并灤礦而無之矣！今日宜倡言廢約，義正詞嚴，十分理足。故今日之第三要義，在專争廢約而不及履約。約既争廢，則彼覇産八年之賠償，自爲正當之要索矣！既云中外合辦，天下有不出分文之股東乎！該商自覇産以來，手執六十萬磅之債票，靦顔自號爲股東，而公司實未見絲毫現銀，此英判所明決者也。（此後容有收賣老股之票，然全由覇産項下所撥買者。）既未入股，則合辦公司之名目，應消滅。既純係攘奪而得者，則八年出産所得，自全應償還，自無異議矣！故第四，須要索八年礦産之賠償。八年之礦産應索，則該商所發之債票，全屬虚股。自又應一律作廢，可知矣！故第五應將彼之虚股，概不承認。此外，又有應索之賠償張燕謀之訟費，及失職又國家税，則八年均未交納。以上六條於三月初三，在京開會經同鄉京官，所公決者。

甘厚慈《北洋公牘類纂續編》卷一九《灤礦事實紀略》 庚子變起，督辦直隸全省，及熱河礦務、開平礦務局張京卿燕謀，以不諳戰時國際法，誤謂添招洋股，改名中外合辦公司，可以保全礦務。於是德璀琳得爲洋總辦，由道員周學熙、唐紹怡簽押作証。張避赴上海，礦師胡華因而百計煽惑，謂非詭立一約作賣託言與中國無關，不足拒聯軍之擾遂有賣與英商墨林（一譯模恩）胡華之草約。張於八月隨李文忠回津。胡與德等逼迫恫喝，令張承認，張不允，則又立正副合同二分：正合同作爲中外合辦，副合同加入張終身爲總辦，並設立華董云云。張乃簽押。（一云張僅簽副約）張乃調梁誠嚴復代伊，經理一切；已則隨今攝政王使德。胡華乃一概把持，不令中國人過問。聲言此礦已賣與英商，不論副約，但以德璀琳詭立之草約爲憑。又原定合辦公司，共招英金一百萬鎊，一鎊爲一股，舊股所有爲三十七萬五千股。下餘六十二萬五千股，胡華並未出分文，聲言共出借債票五十萬鎊，又津貼債票二十五萬鎊。均作實股。公司中未得絲毫現銀，反添股本虛數三分之二。股東屢開會議，訂定辦法。一應將胡華墨林侵騙之項，或紅股或銀款如數退還；一應將中國辦事之權，規復舊制；一應將國家釐稅，按課納交；一應按照副約合辦章程，實力奉行，否則照西律合同作廢。乃胡堅持不讓，張遂以賣礦失權爲袁項城奏參，革職。延律師與嚴幾道，復赴英廷控訴。英按察使佑斯君，以案關重大，派員至唐山調查。六月回英，乃當堂判決，畧云。統觀卷宗一千九百一年二月十九號之約，所關最鉅，實足限制各被告。被告不照原約辦理，則不應把持此項産業。若被告不於合宜期内，照約辦理，則本公堂必將各産業，送回原告。又查各供証，知被告所指四十二萬四千九百九十三股之實股，寔無其事，不過創辦者與其友人全行購去，實金尚在諸人之手。餘實不能使中國公司，受此莫大之虧損。此外，索償一項，俟結局再定。此判詞寄中國袁項城，猶以爲未足云。

甘厚慈《北洋公牘類纂續編》卷一九《北洋灤州官礦公司第二次股東會報告現辦情形成績概畧》　本公司開辦將近兩載。去歲五月間，開第一次正式股東會，業將公司開辦原委，暨次第辦法，當衆報告今日爲本公司第二次股東會之期，辱承諸君惠臨良深忻幸。除提議事件由議長宣布外，茲將公司現時井工機器情形，暨正附礦成績，摘要報告，以備公覽。一、查本公司馬家溝第一正礦，原開二井。第一號井，現時挖深將及四百餘尺；二號井，現深三百五十餘尺，均係用石鑲砌，而二號井現已安置罐道。其井下馬路斜度，現深七百五十餘尺。此外，另挖横峒數條。印字溝第三號井，現深三百七十尺。第四號井，現深三百六十餘尺。陳家嶺第一附礦，及桃園副井，現共有礦井八眼。每井現深三百尺至四百尺不等。趙各莊第二附礦，所開三井：一號井現深一百六十餘尺，二三號井現各深三百餘尺。其井下横峒透風路防水閘，均經分投工作。此本公司正附各礦井之大概情形也。一、本公司，前在德國訂購馬家溝第一正礦，應用之汽機，鍋爐、抽水機、電機、電燈、絞車、氣鑽、氣機、煤樓等件，業經分批陸續運到。現正分別井上井下工作，趕即安設，以期速成。綜核各項機件，均係最新式樣。至趙各莊需用之鍋爐、絞車、抽水機等件，亦經擇要揀購，分別裝置，並設有修機廠一處，嗣後各礦應備副件，隨時可以添備，更形穩固此本公司正附各礦機器設備之大概情形也。一、陳家嶺第一附礦，及桃園副井，本年每日可望出煤四百噸。除土銷二百噸外，近又在沿鐵路各段，招商開設煤廠八九處，分任運銷。現在該附礦，每日所出之煤，不敷銷售。該附礦上年所售煤價，除一切開支暨官利外，計贏餘四萬餘兩，利息之優已可概見。該附礦本年預算約可出煤十三四萬噸，計可售洋五十萬元大利。所在如操左券趙各莊第二附礦第三號井上年十二月已經出煤計每日五十噸至八十噸不等煤質極佳銷路異常暢旺俟三四月間與二號井横峒相通，鋪設鐵軌，安裝罐籠，出煤定必倍蓰。現正竭力籌備安設頂水泵，建造防水閘，以便開採五八及十二等槽之煤。至馬家溝第二號井，以及印字溝副井，本年夏秋之季，均可陸續出煤。現由洋礦師預估出煤數目，日增月盛，他日定可滿入股諸君之望。此本公司正附各礦辦理之成績情形也。一、本公司所有支銷款項，如開挖礦井，購置機器，建造房廠，及一切鉅細工程，靡不精算，妥籌撙節動用。其駐津駐礦各員司，均恪守商規。勤謹將事除二三洋員薪資稍豐外，餘皆量事給薪，毫無糜費。其公司帳目，均由查帳員，隨時查核。本擬將全年帳畧刊刻報告，惟因開辦各項工程，尚未告竣，一時未能結束，是以暫緩刊布。而公司内各項帳册，極爲清晰。各股東無論何時，儘可惠臨查看。現在股本足敷應用，其原列地字股者，近自登報後，亦争先投交，大約不日可齊。此可見衆志成城。我公司前途之發達，定能臻於極。點不禁爲諸君慶賀者也。

甘厚慈《北洋公牘類纂續編》卷一九《北洋灤州官礦礦地兩公司詳訂合同請予立案文並批》　爲會詳事。竊本司職道等，於本年四月間，奉憲台札飭勘辦。灤州官礦，遵即招股購機建廠，開辦。復因灤州礦地散漫，向難查考。本司職道等爲保全地權起見，於五月間籌設礦地公司，擬具章程，禀蒙憲台批准照辦。各在案並蒙准給官股，以示提倡。復蒙轉咨農工商部立案，仰見憲台維持礦産有加，無已之至意。伏查農工商部奏定礦章，各礦商不能有地面業主，應有一切之權利。無論華商洋商，均不能將地權，給與該礦商掌管。是礦商與業主，各有權限，立法至爲周密。今官礦與礦地兩公司，既經次第設立，所有兩公司辦理權限，亟應公同商酌，訂立合同。在灤州官礦，遵照原定礦界三百三十方里之内，次第開辦。惟暫難拘定畝數，擬隨時由礦地公司撥用俟！將來工程完竣，再行截數立界。此項地畝，即以撥用之日，作爲地股。照章專分餘利，不認虧耗。並照丙字類，礦餘利應得十成之二五。按年結帳後，與銀股同時分給。惟開礦事無把握，餘利遲速多寡，均未可必。此項地股，擬自撥地之日起，彼此議定相當之值，作爲股數，由官礦公司按年付給八釐官利。此項官利無論餘利之有無，均須照付。聖官礦公司所撥地畝，只能專用開礦，不得另作他用，亦不得轉給他人。如所撥之地，並非開礦所必需，或所開之礦至已停廢，均應即時仍將該地歸還礦地公司掌管。如礦地公司，願於礦廠左近建築市房興立街市，或興辦種植，及作他項工廠，或修築隨礦支路。其應如何佈置相宜之處均，得隨時與官礦公司協商辦理，以期兩無妨礙。至每年國家應徵礦界年租，應由官礦公司認繳；其隨地應徵錢糧，應由礦地公司認繳，以清界限。所有商訂兩公司權利辦法，并公立合同，緣由理合會詳，繕摺呈請憲台，俯賜鑒核准予，立案批示。衹遵實爲公便，爲此備由具詳，伏乞照驗施行。須至詳者。

督憲楊批：據詳兩公司會議辦法，查核所訂合同，尚屬平允。應准立案，仰即遵辦繳。

甘厚慈《北洋公牘類纂續編》卷一九《北洋灤州官礦公司預算馬家溝第一正礦出煤獲利説略》 本公司現在已開之礦，計高家溝、陳家嶺、趙各莊等處，辦法大小不同。而最注意者，爲馬家溝第一正礦。該處地居要點，煤産極旺。所有工程，均仿西式機器開採。按照將來每日出煤四千噸之佈置，惟須先將大井作深六百五十尺，並將井下各大行平硐作成，方能如數出煤。現約計一年後，每日可出煤二三百噸；二年後，每日可出煤六七百噸；三年後，每日可出煤一千六七百噸；四年後，每日可出煤三千噸；五年後，每日可出煤四千噸之譜。查開平局，現時出煤成本，每噸約在二元左右。本公司，係新開之礦，用費較省，洋員亦可少用，合計每噸成本尚不及二元之數。按現在唐山末煤售價，每噸五元、塊煤八元，茲通扯作爲五元每噸，可獲利三元有餘。每年售煤一百二十萬噸，即可獲三百數十萬元之利。除開支公積，以及釐税官利等項，約可淨獲利洋二百萬元。彼時開平局，即欲貶價爭售，本公司亦可立於不敗之地。此係專就馬家溝一處預算而言。若連陳家嶺、趙各莊等處附礦統計其利益，尚不止此。倘能事機順手，將來滿意之佈置，添設新法洗煤機器，及新法焦炭窰，另立輪船公司，於山海關、塘沽、上海等處各設碼頭，并將左近鐵礦，按照新法開採化，煉作成鐵軌，使中國鐵路所需鐵軌於此取求，均不由外洋購運，不獨爲股東開莫大之利源，實亦中國之幸福。第非四五千萬元成本不敷佈置，是在各股東，及吾國有志之士，通力合作，終有能達目的之一日。除將開辦情形，由議長報告外，特敘獲利厓畧，以供衆覽。

甘厚慈《北洋公牘類纂續編》卷一九《北洋灤州官礦礦地兩公司訂立地股合同》 一、灤州礦地公司，應允照灤州官礦現定之礦界三百三十方里，以及將來推展之礦界，隨時將開礦應用之地購辦，如數撥與灤州官礦公司作爲地股，即以撥地之日，作爲入股之期。二、官礦公司，應允所有開礦應用之地，彼此事前會商繪圖定界。概由礦地公司撥用，不向他人直接租買地畝，以歸劃一而符定章。三、礦地公司所撥地畝，議定專作開採煤礦。官礦公司，不得改作他用。四、官礦公司，每開一礦，自撥地之日起，限半年內，必須動工。倘逾期不即開採，或因資本不足中輟，至一年以上，礦地公司除收回地畝外，並令賠償相當之損失。五、所撥礦地，以官礦公司開辦日起停辦日止爲期限。礦地公司不得無故轉撥他人，官礦公司亦不得私授他人。如遇有窒礙不便開採，須知照礦地公司勘驗明確，亦可隨時退回。如所退地畝僅一部分無礙，全礦工作則原定官利餘利，仍應照給不得議減。六、官礦公司，既認地作股，即自撥用之日起，彼此議定地畝相當之值，（應統計地價及其辦公費合併攤算）由官礦公司比照銀股，一律按照常年八釐官利，付與礦地公司。此項官利，無論官礦盈虧，均須按年照付。七、官礦公司，除給官利外，應按照農工商部奏定礦章丙字類，礦在每年所得餘利，內提十成之二五。於銀股分息時，酬與礦地公司。此項餘利，專以官礦銀股全額爲準，不以用地多寡爲增減。八、官礦公司，如因開採，以致虧耗，及各項損失，均與礦地公司無涉。九、礦地公司，可派人在官礦公司會計處，充一職任。惟此人，須遵照官礦公司章程。任事設未合宜，應知會礦地公司，另舉堪勝任者，接充。十、官礦公司，除提官利花紅公積摺舊外，應將餘利按原訂章程分提，不得任意贏縮。十一、每年國家應徵之礦界年租，由官礦公司擔任。其隨地應納之錢糧，則歸礦地公司認繳。十二、礦地公司，既以地畝撥作地股所有，決議權，查賬權，選舉權與二千股以上之股東，無稍歧異。十三、礦地公司，如在礦廠左近建造市房，開通街衢，或興辦種植，及他項工廠，或修築隨礦支路，其應如何佈置相宜，均得隨時知會官礦公司商明辦理。其有關係公益互相輔助之處，隨時會商另訂細章。十四、官礦公司，如至停辦，所有礦廠房屋等項，應隨同地畝統交礦地公司收管。如有他人接辦，須先向礦地公司議訂地股合同，方准承受。倘一時無人承受，而官礦公司又不將廠房等産交管，則地股官利，仍向官礦公司收取。十五、此合同無論彼此兩公司將來如何，更變其承受接辦人，均應遵守。

如有未盡事宜，隨時會商增訂。倘實有窒礙，至須商改之處，應先期六個月彼此關照。開股東會議妥協後，再行呈請北洋大臣核准後，方可實行更改。十六、此合同由官礦公司與礦地公司，彼此總協理會。同簽字蓋用關防各執一紙，爲憑。並稟請北洋大臣察核立案，永遠恪守。

甘厚慈《北洋公牘類纂續編》卷一九《北洋灤州官礦有限公司詳擬再續招股本銀三百萬兩文並批》 爲詳請事。竊本司職道等，於本年四月初八日，奉憲台札飭勘辦灤州官礦。並以灤礦界内産煤甚富，亟當寬籌股本，大加擴充，以闢利源而供取給。並蒙籌撥官股銀五十萬兩，以示提倡。本司職道等，遵即公同招集商股銀百五十萬兩，勘定礦界，購訂新機，建廠開辦，迭經先後詳明各在案。伏查灤州官礦，原定礦界三百三十方里，劃分三段爲三大礦。現在馬家溝第一礦，業經興工開挖大井。其附礦之陳家嶺等處，亦已出煤甚旺，佈置經理諸已就緒。亟宜將第二、第三兩礦接續開辦，以冀速收成效。惟是規模既擴，股本宜充。原招官商股銀二百萬兩，實不足資展拓。經本司職道邀集各股東公同會議，擬再續招商股銀三百萬兩。其公司股票息單，及招股章程一切，均照前式辦理。仍分整股零股兩種，以便招集官利。仍常年八釐，先儘原股東攤入不足者，再招新股以資經營。而宏礦利所有擴充礦井添招股本，緣由擬合詳請憲台鑒核示，遵實爲公便。

督憲楊批：據詳已悉，該公司原招股本銀兩不敷展布，擬再續招商股銀三百萬兩。其利息股票息單，仍照前案辦理，事屬可行。仰仍將續招股本數目，隨時具報查核繳。